明刻本書傳大全

第一册

明　胡廣等撰

天津圖書館藏明刻本

山東人民出版社

圖書在版編目（CIP）數據

明刻本書傳大全 /（明）胡廣等撰 .— 濟南：山東人民出版社，2024.3
（儒典）
ISBN 978-7-209-14306-6

Ⅰ. ①明… Ⅱ. ①胡… Ⅲ. ①經學 - 注釋 Ⅳ. ① Z126.27

中國國家版本館 CIP 數據核字（2024）第 036367 號

項目統籌：胡長青
責任編輯：張艷艷
裝幀設計：武　斌
項目完成：文化藝術編輯室

明刻本書傳大全
〔明〕胡廣等撰

主管單位　山東出版傳媒股份有限公司
出版發行　山東人民出版社
出 版 人　胡長青
社　　址　濟南市市中區舜耕路517號
郵　　編　250003
電　　話　總編室（0531）82098914
　　　　　市場部（0531）82098027
網　　址　http://www.sd-book.com.cn
印　　裝　山東華立印務有限公司
經　　銷　新華書店

規　　格　16開（160mm×240mm）
印　　張　91.75
字　　數　734千字
版　　次　2024年3月第1版
印　　次　2024年3月第1次
ISBN 978-7-209-14306-6
定　　價　219.00圓（全五冊）

《儒典》選刊工作團隊

學術顧問　杜澤遜　李振聚　徐　泳

項目統籌　胡長青

責任編輯　劉　晨　劉嬌嬌　張艷艷

呂士遠　趙　菲　劉一星

前言

中國是一個文明古國、文化大國，中華文化源遠流長，博大精深。在中國歷史上影響較大的是孔子創立的儒家思想，因此整理儒家經典、注解儒家經典，爲儒家經典的現代化闡釋提供权威、典范、精粹的典籍文本，是推進中華優秀傳統文化創造性轉化、創新性發展的奠基性工作和重要任務。

中國經學史是中國學術史的核心，歷史上創造的文本方面和經解方面的輝煌成果，大量失傳了。西漢是經學的第一個興盛期，除了當時非主流的《詩經》毛傳以外，其他經師的注釋後來全部失傳了。東漢的經解祇有鄭玄、何休等少數人的著作留存下來，其餘也大都失傳了。南北朝至隋朝興盛的義疏之學，其成果僅有皇侃《論語疏》幸存於日本。五代時期精心校刻的《九經》、北宋時期國子監重刻的《九經》以及校刻的單疏本，也全部失傳。南宋國子監刻的單疏本，我國僅存《周易正義》、《爾雅疏》、《春秋公羊疏》（三十卷殘存七卷）、《春秋穀梁疏》（十二卷殘存七卷），日本保存了《尚書正義》、《毛詩正義》、《禮記正義》（七十卷殘存八卷）、《周禮疏》（日本傳抄本）、《春秋公羊疏》（日本傳抄本）、《春秋正義》（日本傳抄本）。南宋兩浙東路茶鹽司刻八行本，我國保存下來的有《周禮疏》、《禮記正義》、《春秋左傳正義》（紹興府刻）、《論語注疏解經》（二十卷殘存十卷）、《孟子注疏解經》（存臺北『故宫』），日本保存有《周易注疏》《尚書正義》（凡兩部，其中一部被清楊守敬購歸）。南宋福建刻十行本，我國僅存《春秋穀梁注疏》、《春秋左傳注疏》（六十卷，一半在大陸，一半在臺灣），日本保存有《毛詩注疏》《春秋左傳注疏》。從這些情況可以看出，經書代表性的早期注釋和早期版本國内失傳嚴重，有的僅保存在東鄰日本。

鑒於這樣的現實，一百多年來我國學術界、出版界努力搜集影印了多種珍貴版本，但是在系統性、全面性和準確性方面都還存在一定的差距。例如唐代開成石經共十二部經典，石碑在明代嘉靖年間地震中受到損害，明代萬曆初年西安府學等學校師生曾把損失的文字補刻在另外的小石上，立於唐碑之旁。近年影印出版唐石經拓本多次，都是以唐代石刻與明代補刻割裂配補的裱本爲底本。由於明代補刻采用的是唐碑的字形，這種配補本難以區分唐刻與明代補刻，不便使用，亟需單獨影印唐碑拓本。

爲把幸存於世的、具有代表性的早期經解成果以及早期經典文本收集起來，系統地影印出版，我們規劃了《儒典》編纂出版項目。

《儒典》出版後受到文化學術界廣泛關注和好評，爲了滿足廣大讀者的需求，現陸續出版平裝單行本。共收録一百十一種元典，共計三百九十七册，收録底本大體可分爲八個系列：經注本（以開成石經、宋刊本爲主。開成石經僅有經文，無注，但它是用經注本刪去注文形成的）、經注附釋文本、纂圖互注本、單疏本、八行本、十行本、宋元人經注系列、明清人經注系列。

《儒典》是王志民、杜澤遜先生主編的。本次出版單行本，特請杜澤遜、李振聚、徐泳先生幫助酌定選目。特此說明。

二〇二四年二月二十八日

目録

第一册

第二册

第三册

第四册

第五册

書傳大全凡例

一經文之下大書集傳而以諸說分註於其後者主蔡說也不拘諸儒時世先後者以釋經爲序也以朱子冠諸儒之首者集傳本朱子之意也

一朱子於書諄諄以闕疑爲言今采用諸說一以集傳爲準遇可疑處諸說理有通者亦姑存之

一朱子之說或有與蔡傳不合及前後說有相同異處亦不敢遺庶幾可備參攷其甚異者則略之至於諸家之說或節取其要語其有文勢辭旨未融貫處則頗加隱括云

一集傳舊爲六卷今采輯諸說卷帙增益復釐爲十卷

一引用先儒姓氏

孔氏安國子國　劉氏向子政

劉氏歆　孔氏光子夏

揚氏雄子雲　馬氏融季長

鄭氏玄康成　高堂氏隆升平

王氏弼輔嗣　王氏肅元雍

孔氏穎達仲達　李氏白太白

柳氏宗元子厚　周子惇頤茂叔濂溪

程子頤正叔伊川　張子載子厚橫渠

司馬氏 光 君實 涑水

顧氏 臨 子敦

陸氏 佃 農師

王氏 安石 介甫 臨川

蘇氏 軾 子瞻 東坡

曾氏 鞏 子固 南豐

尹氏 焞 彥明

劉氏 安世 器之 元城

孫氏 覺 莘老

陳氏 鵬飛 少南

胡氏 旦

歐陽氏 脩 永叔

范氏 純仁 堯夫

蘇氏 洵 明允 老泉

蘇氏 轍 子由 欒城

楊氏 時 中立 龜山

范氏 祖禹 淳夫 太史

沈氏 括 存中

葉氏 少蘊

王氏 日休

朱氏震子發　漢上
呂氏大臨與叔　芸閣

張氏行成文饒　觀物
胡氏宏仁仲　五峯

張氏栻敬夫　南軒
呂氏祖謙伯恭　東萊

蔡氏元定季通　西山
陸氏九淵子靜　象山

黃氏榦直卿　勉齋
蔡氏元度

陳氏埴器之　潛室
張氏九成子韶　范陽

張氏綱彥政
林氏之奇少潁

夏氏僎元肅　柯山
陳氏傅良君舉　止齋

眞氏德秀景元　西山
魏氏了翁華父　鶴山

宋氏遠孫仲山　靜吉
楊氏萬里廷秀　誠齋

王氏十明龜齡　梅溪　　薛氏肇明

張氏庭堅才叔　　胡氏伸

上官氏公裕　　張氏沂

張氏景　　李氏杞

李氏樗迂仲　　潘氏衡

高氏閌　　彭氏汝礪器資

劉氏一正行簡　茗溪　　馮氏時可當可

唐氏聖任　　張氏震眞父

史氏仲午正父　　劉氏貞子有　橫舟

史氏漸鴻漸　　鄒氏補之

李氏子材 謙齋　陳氏經 三山

陳氏梅叟 永嘉　鄭氏景望 永嘉

陳氏賓　張氏文蔚

袁氏默 思正　侯氏甫

葛氏興仁　成氏申之

吳氏棫 才老 新安　馬氏子嚴 建安

陳氏大猷 東齋　吳氏泳 鶴林

蕭氏滋　任氏淵

朱氏方大　施氏

曾氏　王氏炎

董氏 夢程 萬里 介軒　　董氏 琮 玉振 復齋

鄒氏 近仁 魯卿 歸軒　　李氏 舜臣 子思

沈氏 貴珤 誠叔 毅齋　　程氏 若庸 達原 徽庵

滕氏 和叔 新安　　許氏 月卿 太空 新安

馬氏 廷鸞 翔仲 碧梧　　李氏 謹思 明通 養吾

方氏 回 萬里 紫陽　　齊氏 夢龍 覺翁 節初

李氏 次僧 鳳林　　鄭氏 元珪 彥珍 合沙

金氏 履祥 吉父 仁山　　吴氏 澄 幼清 臨川

熊氏 禾 去非 武夷　　胡氏 一桂 庭秀 新安

王氏 希旦 愈明 葵初　　許氏 謙 益之 東陽

陳氏櫟壽翁 新安　余氏芑舒德新 息齋

馬氏永卿　董氏鼎

王氏充耘與耕　周氏希聖

吳氏亨壽　陳氏卿

陳氏師凱 新安　王氏雩

金氏燧 番昜　陳氏普尚德 三山

馬氏 東昜　鄒氏季友晉昭 番昜

陳氏雅言　彭氏勗 吉豐

一今奉

敕纂修

翰林院學士兼左春坊大學士奉政大夫臣胡廣

奉政大夫右春坊右庶子兼翰林院侍講臣楊榮

奉直大夫右春坊右諭德兼翰林院侍講臣金幼孜

翰林院脩撰承務郎臣蕭時中

翰林院脩撰承務郎臣陳循

翰林院編脩文林郎臣周述

翰林院編脩文林郎臣陳全

翰林院編脩文林郎臣林誌

翰林院編脩承事郎臣李貞

翰林院編脩承事郎臣陳景著

翰林院檢討從仕郎臣余學夔
翰林院檢討從仕郎臣劉永清
翰林院檢討從仕郎臣黄壽生
翰林院檢討從仕郎臣陳用
翰林院檢討從仕郎臣陳璲
翰林院五經博士廸功郎臣王進
翰林院典籍脩職佐郎臣黄約仲
翰林院庶吉士臣涂順
奉議大夫禮部郎中臣王羽
奉議大夫兵部郎中臣童謨

奉訓大夫禮部員外郎臣吳福

奉直大夫北京刑部員外郎臣吳嘉靜

承直郎禮部主事臣黄裳

承德郎刑部主事臣段民

承直郎刑部主事臣洪順

承直郎刑部主事臣沈升

承德郎刑部主事臣章敞

承德郎刑部主事臣楊勉

承德郎刑部主事臣周忱

承德郎刑部主事臣吴紳

文林郎廣東道監察御史臣陳道潛

承事郎大理寺評事臣王選

文林郎太常寺博士臣黃福

脩職郎太醫院御醫臣趙友同

迪功佐郎北京國子監博士臣王復原

泉州府儒學教授臣曾振

常州府儒學教授臣廖思敬

蘄州儒學學正臣傅舟

濟陽縣儒學教諭臣杜觀

善化縣儒學教諭臣顏敬守

常州府儒學訓導臣彭子斐

鎮江府儒學訓導臣留季安

書傳大全凡例畢

書傳大全圖

唐　虞　夏　商

黃帝—玄囂—橋玄—帝嚳—摯

帝嚳—唐堯

橋玄—窮蟬—敬唐—句望—橋牛—瞽瞍—虞舜

帝嚳—契—十四世—商湯

帝嚳—棄—十五世—周文王

黃帝—昌意—顓頊—鯀—夏禹

顓頊—伯益

禹—啓—太康

啓—仲康—帝相—少康—帝杼—帝槐—帝芒—帝泄

帝不降—帝扃—帝廑　孔甲繼立

帝不降—孔甲—帝皐—帝發—帝桀

周譜系圖

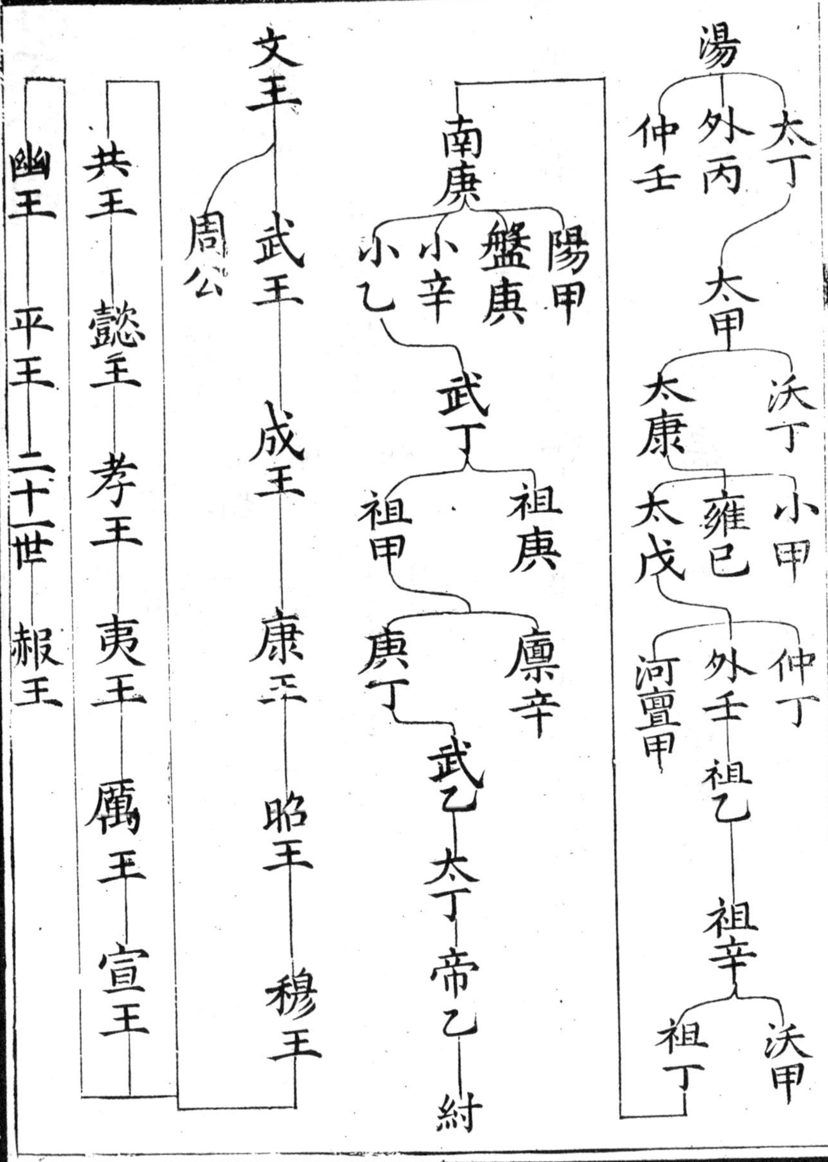

湯
太丁
外丙
仲壬
太甲
沃丁
太康
小甲
雍已
太戊
仲丁
外壬
河亶甲
祖乙
祖辛
沃甲
祖丁
南庚
陽甲
盤庚
小辛
小乙
武丁
祖庚
祖甲
廩辛
庚丁
武乙
太丁
帝乙
紂
文王
周公
武王
成王
康王
昭王
穆王
共王
懿王
孝王
夷王
厲王
宣王
幽王
平王
二十一世
赧王

曆象攷

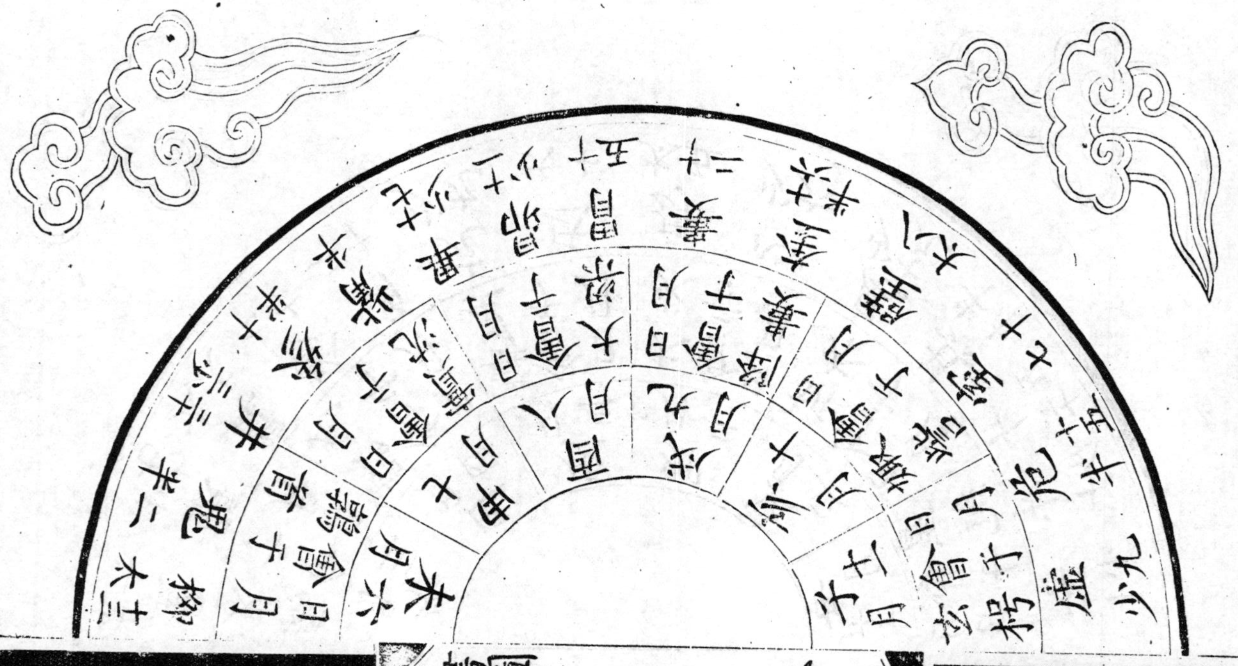

未六月
日月會于鶉首
申七月
日月會于實沈
酉八月
日月會于大梁
戌九月
日月會于降婁
亥十月
日月會于娵訾
日月會于玄枵

時之圖

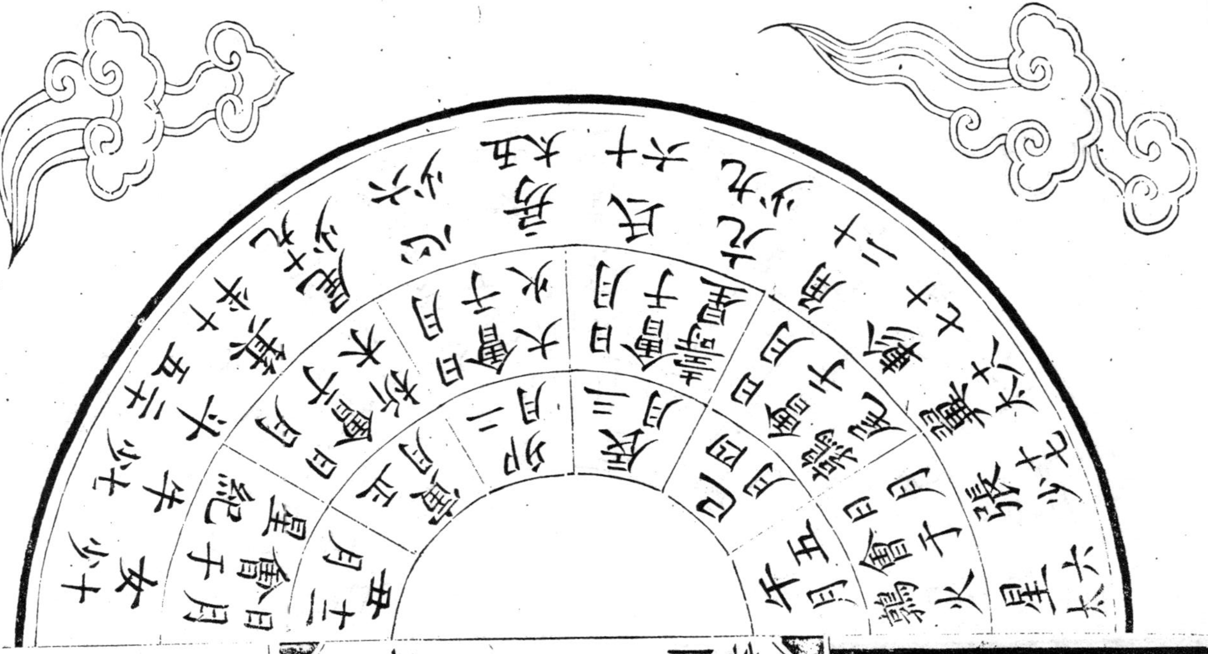

午五月
巳四月
辰三月
卯二月
寅正月
丑十二月
日月會于鶉火
日月會于鶉尾
日月會于壽星
日月會于大火
日月會于析木
日月會于星紀

堯典四仲

春分日在昴初昏

仲春

鶉鳥正七宿之中

星鳥

鄭氏云。二十八宿環列於四方。隨天而西轉。東方七宿自角至箕。是爲蒼龍。以次舍而言。則房心爲大火之中。南方七宿自井至軫。是爲鶉鳥。以形而言。則有朱鳥之

中星圖上

夏至日在星初昏

仲夏

大火正七宿之中

星火

象虛者北方七宿之中星也昴者西方七宿之中星也星本不移附天而移天傾西北極居天之中二十八宿半隱半見各以其時所以必於南方而考之仲春之月

堯典四仲

秋分日在房初昏

星虛正七宿之中

星火在東星鳥在南星昴在西星虛在北至仲夏則鳥轉而西火轉而南虛轉而東昴轉而北仲秋則火轉而西虛轉而南昴轉而東鳥轉而北至仲冬則虛轉而西昴轉而南鳥轉而

中星圖下

冬至日在虛初昏

星昴正七宿之中

星昴

東火轉而北。來歲仲春鳥復轉而南矣。循環無窮。此堯典考中星以正四時。甚簡而明。異乎呂令之星舉月本也。然聖人南面視四星之中。豈徒然哉。凡以授民時。秩民事而已

虞書日永

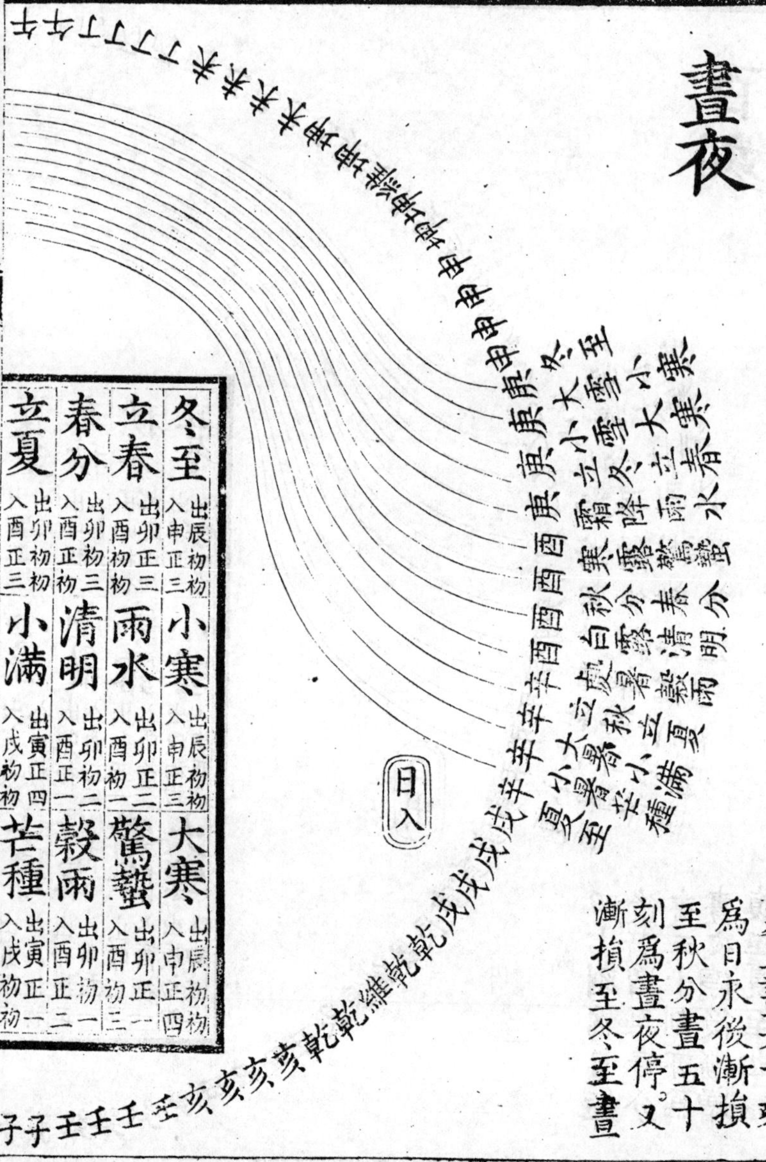

冬至 出辰初初 入申正三	小寒 出辰初初 入申正三	大寒 出辰初初 入申正四
立春 出卯正三 入酉初初	雨水 出卯正二 入酉初一	驚蟄 出卯正一 入酉初三
春分 出卯初三 入酉正初	清明 出卯初二 入酉正一	穀雨 出卯初一 入酉正二
立夏 出卯初初 入酉正三	小滿 出寅正四 入戌初初	芒種 出寅正一 入戌初初

夏至晝六十刻爲日永，從漸損，至秋分晝五十刻爲晝夜停。又漸損至冬至晝

日短之圖

百刻

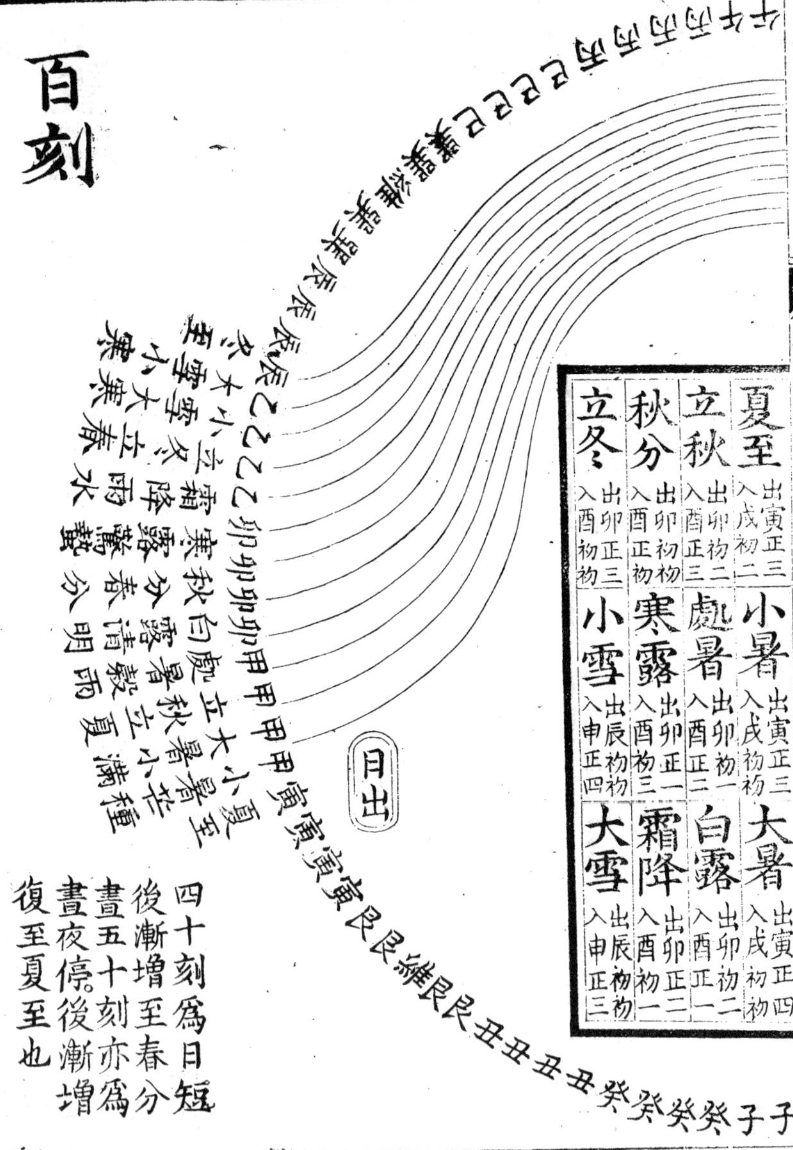

夏至 出寅正三 入戌初二	立秋 出卯初二 入酉正三	秋分 出卯初初 入酉正初	立冬 出卯正三 入酉初初
小暑 出寅正三 入戌初初	處暑 出卯初一 入酉正二	寒露 出卯正一 入酉初三	小雪 出辰初初 入申正四
大暑 出寅正四 入戌初初	白露 出卯初二 入酉正一	霜降 出卯正二 入酉初一	大雪 出辰初初 入申正三

四十刻爲日短後漸增至春分晝五十刻亦爲晝夜停後漸增復至夏至也

閏月定時

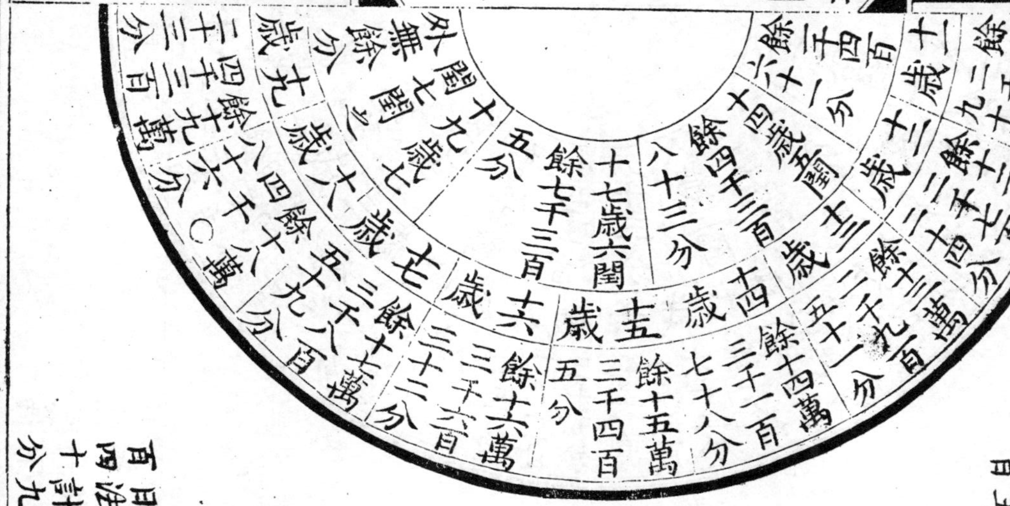

歲法三百五十四日三百四十八分

日法計九百四十分

按律曆諸書與周髀皆云日行一度月行十三度十九分度之七周天三百六十五度四分度之一故曰一周天爲歲歲十二月而無整數故以閏月定四時三歲一閏五歲再閏及十九年而餘一百九十日一萬五千七百十三分

成歲之圖

以日法除之共得二百六日六百七十三分爲七閏之數是謂一章然必以十九歲而無餘分者蓋天數終於九地數終於十。十九者天地二終之數積八十一章則其盈虛之餘盡而復始推此以定四時歲功其有不成乎 詳見蔡傳

歲餘法一萬二百二十七分

月法二萬七千一百五十九分

七政之圖

月

月行十三度十九分度之七二十七日有奇行一周天。二十九日九百四十分日之四百九十九而與日會。其行有九道。詳見於圖說云

日

日行一度循二十八舍。歲行三百六十五度四分度之一而爲一周天。行西陸謂之春。行南陸謂之夏。行東陸謂之秋。行北陸謂之冬。

漢天文志曰。木仁也。火禮也。土信也。金義也。水智也。金星與日同南北之行爲贏。與日分南北之次爲縮。出早爲月食。出晚爲天妖。主兵象也。木星所在國不可伐。而可以伐人。超舍爲贏。退舍爲縮。出入不當其次。必有天妖。水星出早爲日食。出晚爲彗。四時不出。則天下大饑。出於房閒。主地動也。火行一舍二舍爲不祥。東行疾。則兵聚于東方。西行疾。則兵聚于西方。填星失次而上一舍三舍則爲大水。失次而下二舍。有后戚五緯之變。其詳見於漢晉志

五辰之圖

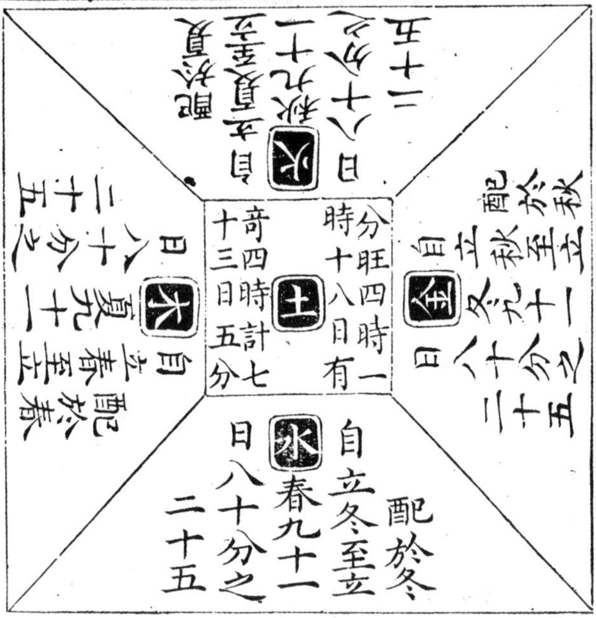

孔氏曰。五行之時。如四時也。言撫順五行之時。則衆功皆成。禮運曰。播五行於四時。蓋四時者氣也。五行者象也。四時各分九十一日八十分之二十五爲一時之正。而五行則以木配春。以火配夏。以金配秋。以水配冬。而土則分王於四時每季一十八日有奇胡氏曰。五行在地爲物。在天爲時。順其時而撫之。故仲春斬陽木。仲夏斬陰木。所以撫木辰。季春出火。季秋納火。所以撫火辰。司空相阪隰以撫土辰。秋爲徒杠。春達溝渠。以撫水辰。又春德在木。布德施惠。順木辰也。餘倣此

明魄朔望圖

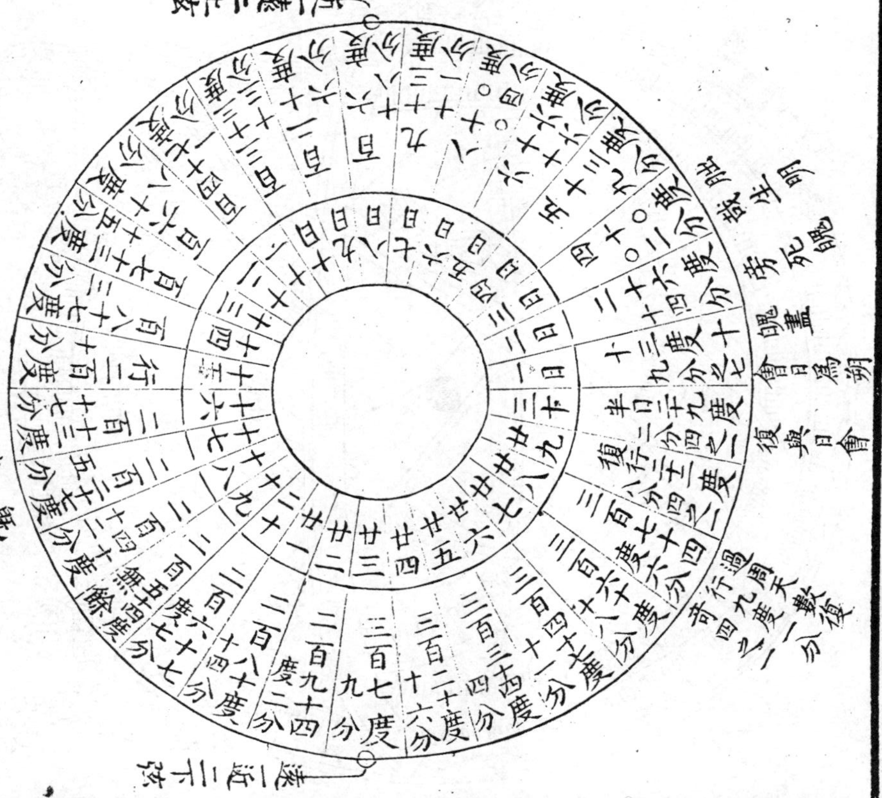

武成 旁死魄 哉生明 既生魄

康誥 哉生魄

召誥 既望 丙午朏

顧命 哉生魄

畢命 庚午朏

璿璣玉衡圖

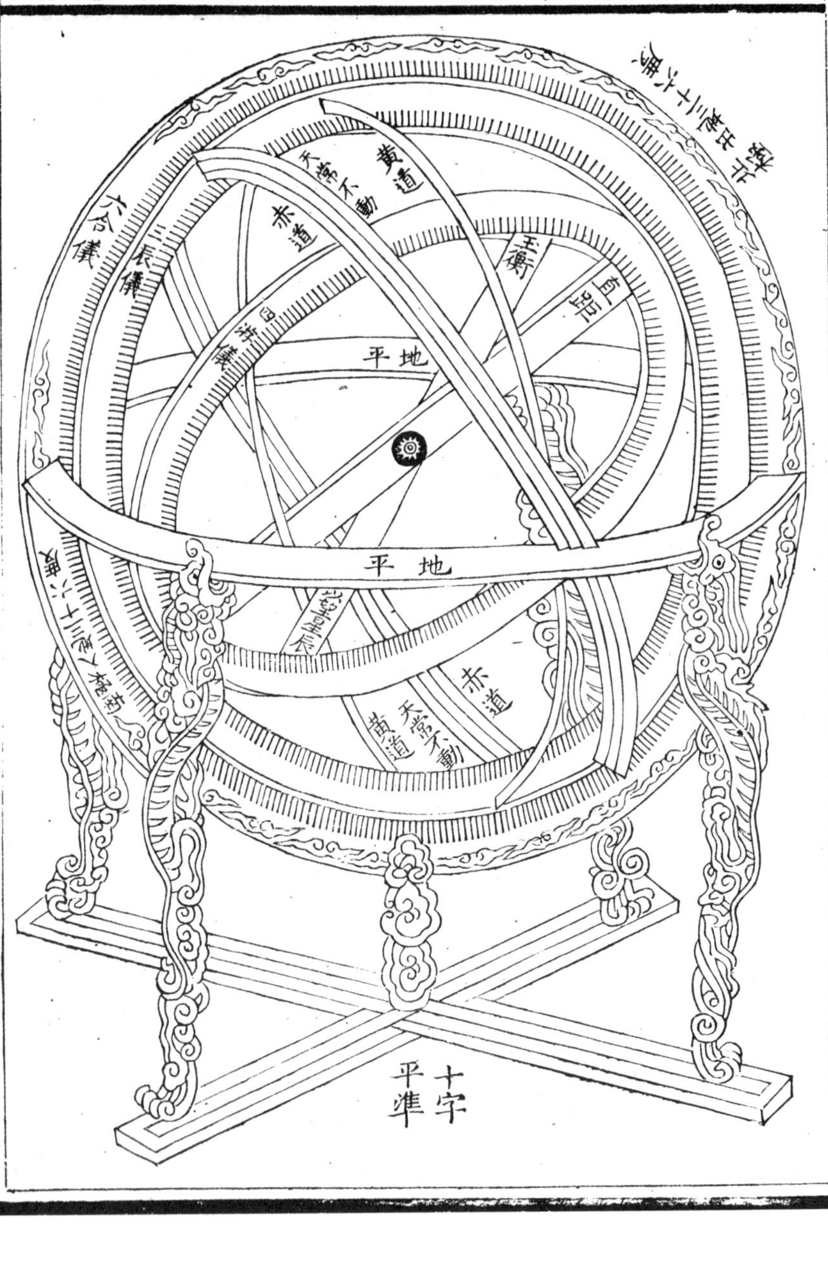
北極出地三十六度
六合儀
三辰儀
赤道
天常不動
黃道
玉衡
直距
四游儀
地平
地平
南極入地三十六度
赤道
天常不動
黃道
十字
平準

日　月　冬　夏

日有中道。月有九行。說見洪範本傳。今以陽曆陰曆之說推之。凡月行所交。以黃道內爲陰曆。外爲陽曆。冬入陰曆。夏入陽曆。月行青道。冬至夏至後。青道半交在春分之宿。當黃道東。立冬立夏後。青道半交在立春之宿。當黃道東南。至所衝之宿亦如之。冬入陽曆。夏入陰曆。月行白道。冬至夏至後。白道半交在秋分之宿。當黃道西。立冬立夏後。白道半交在立秋之宿。當黃道西北。至所衝之宿亦如之。春入

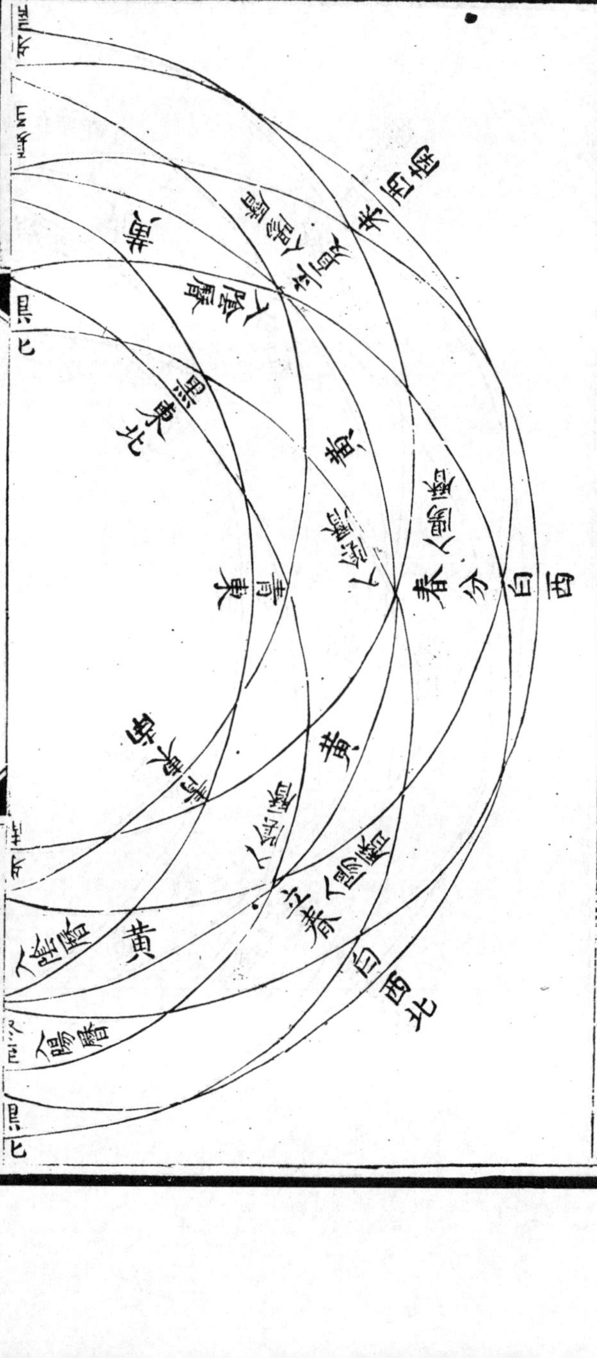

九道之圖

陽曆。秋入陰曆。月行朱道春分秋分後。朱道半交在夏至之宿。當黃道南。立春立秋後。朱道半交在立夏之宿。當黃道西。南至所衝之宿亦如之春入陰曆。秋入陽曆。月行黑道春分秋分後。黑道半交在冬至之宿。當黃道北。立春立秋後。黑道半交在立冬之宿。當黃道東。北至所衝之宿亦如之四序離爲八節。至陰陽之所交。皆與黃道相會。故月行有九道。所謂日月之行。則有冬有夏也

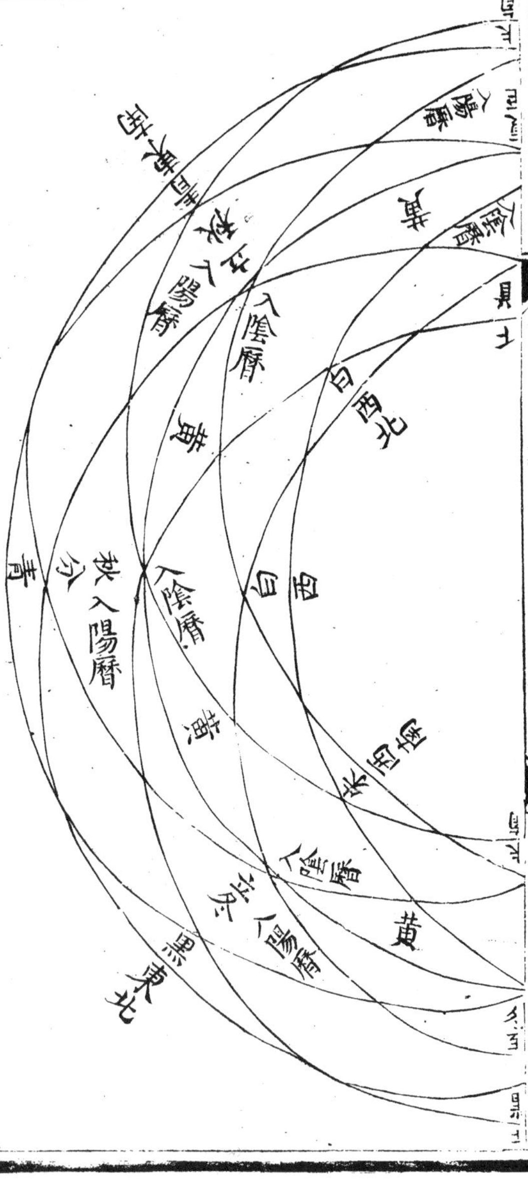

五聲八音圖

宮
絃數八十一
商
絃數七十二
角
絃數六十四
徵
絃數五十四
羽
絃數四十八
鍾 金音 鎛
生於兌
琴 絲音 瑟
生於離
塤 土音
生於坤
鼓 革音
生於坎
磬 石音
生於乾
簫 竹音 管
生於震
柷 木音 敔
生於巽
笙 匏音
生於艮

六律六呂圖

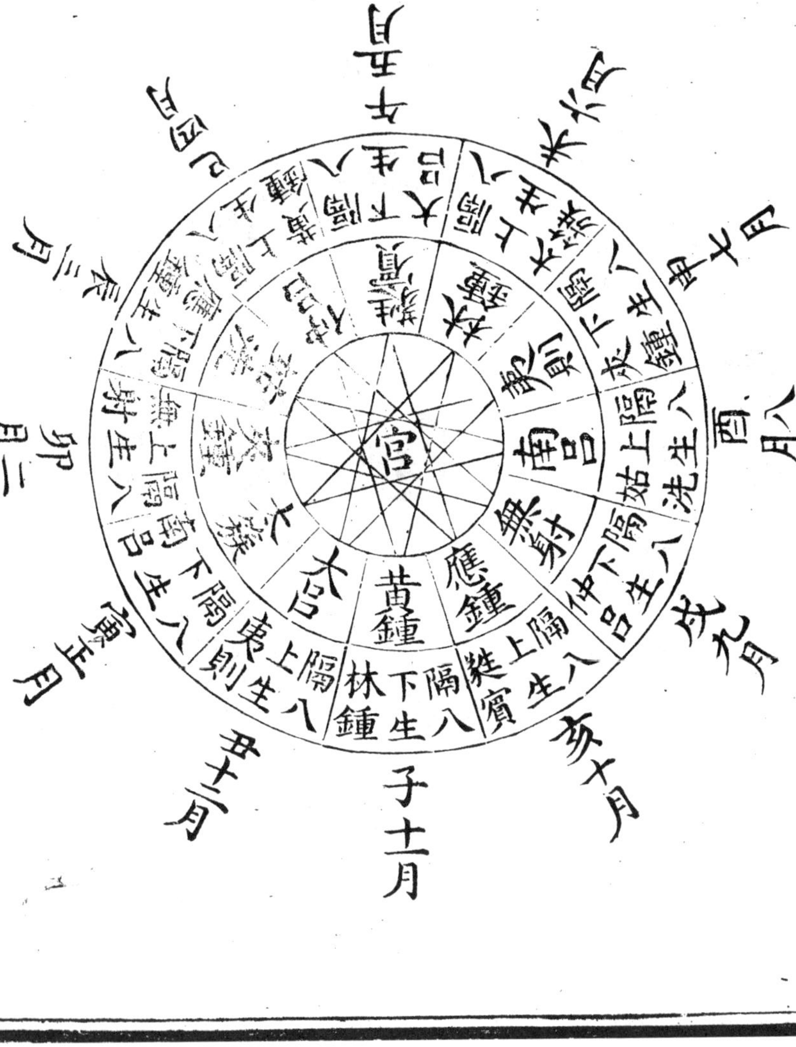
宮
黃鍾
大呂
太簇
夾鍾
姑洗
仲呂
蕤賓
林鍾
夷則
南呂
無射
應鍾
子十一月
丑十二月
寅正月
卯二月
辰三月
巳四月
午五月
未六月
申七月
酉八月
戌九月
亥十月

河圖之圖

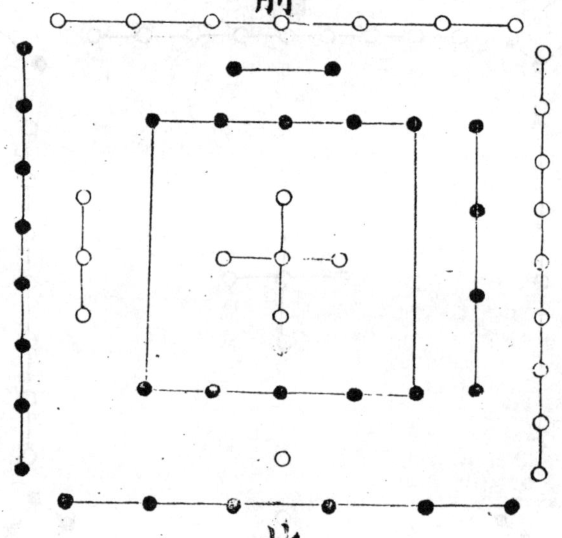

孔安國云。河圖者伏羲氏王天下。龍馬出河。遂則其文以畫八卦。洛書者。禹治水時。神龜負文而列於背。有數至九。禹遂因而第之以成九類。劉歆云。虙犧氏繼天而王。受河圖而畫之。八卦是也。禹治洪水。賜洛書。法而陳之。九疇是也。河圖洛書。相爲經緯。八卦九章。相爲表

洛書之圖

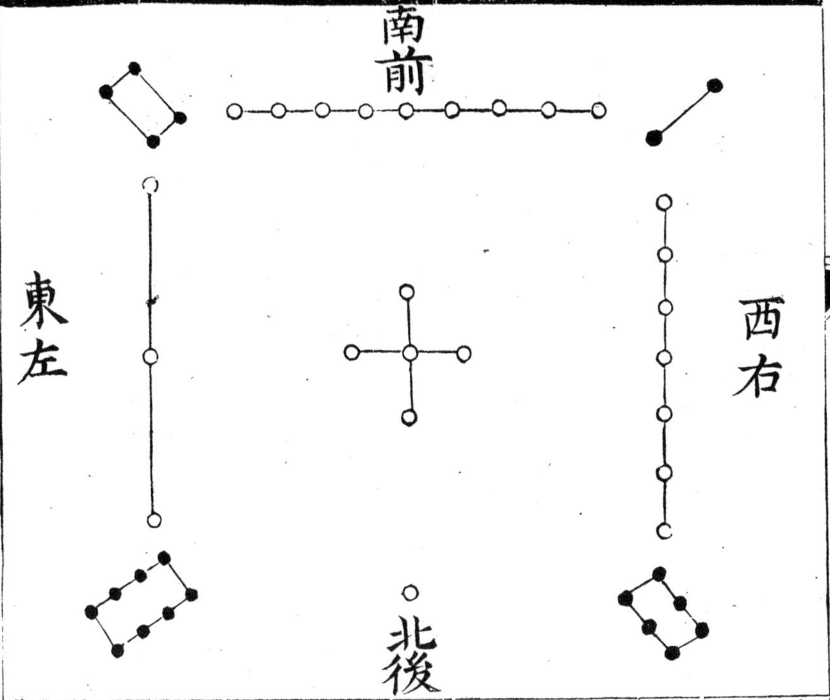

裏關子明云。河圖之文。七前六後。八左九右。洛書之文。九前一後。三左七右。四前左。二前右。八後左。六後右。邵子曰。圓者星也。星紀之數。其肇於此乎。方者土也。畫州井地之法。其放於此乎。蓋圓者河圖之數。方者洛書之文。故羲文因之而造易。禹箕叙之而作範也

九疇本洛書數圖

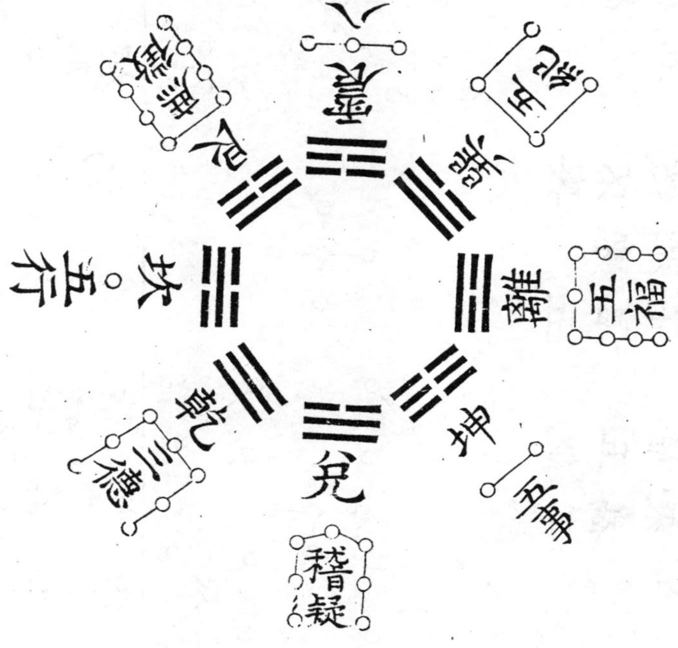

一合九而為十。二合八而為十。三合七而為十。四合六而為十。此洛書以虛數相合而為十者也。若九疇則以實數相合而為五十矣。

九疇相乘得數圖

五行五事相乘爲二十五

庶徵不與五相乘故不言五

五福五紀相乘爲二十五

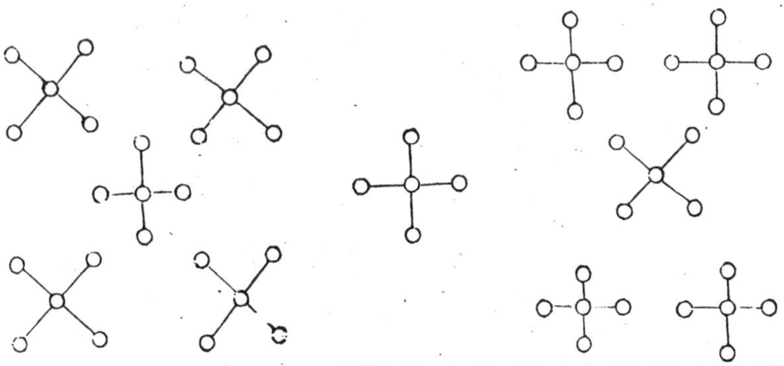

右五疇象天圓而有變

三德相乘爲九

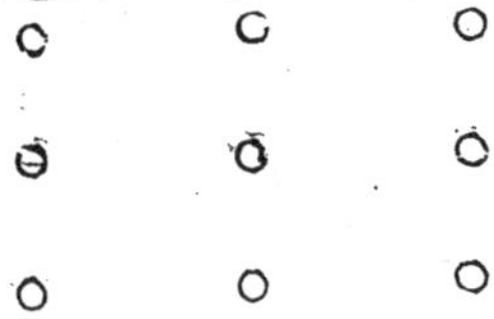

六極自相乘爲三十六

稽疑七相乘爲四十九

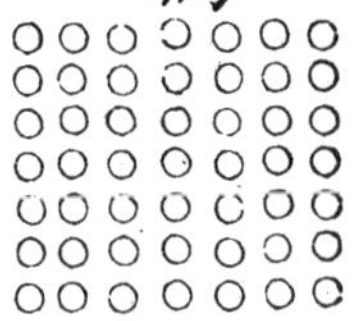

八政相乘爲六十四

右四疇象地方而無變

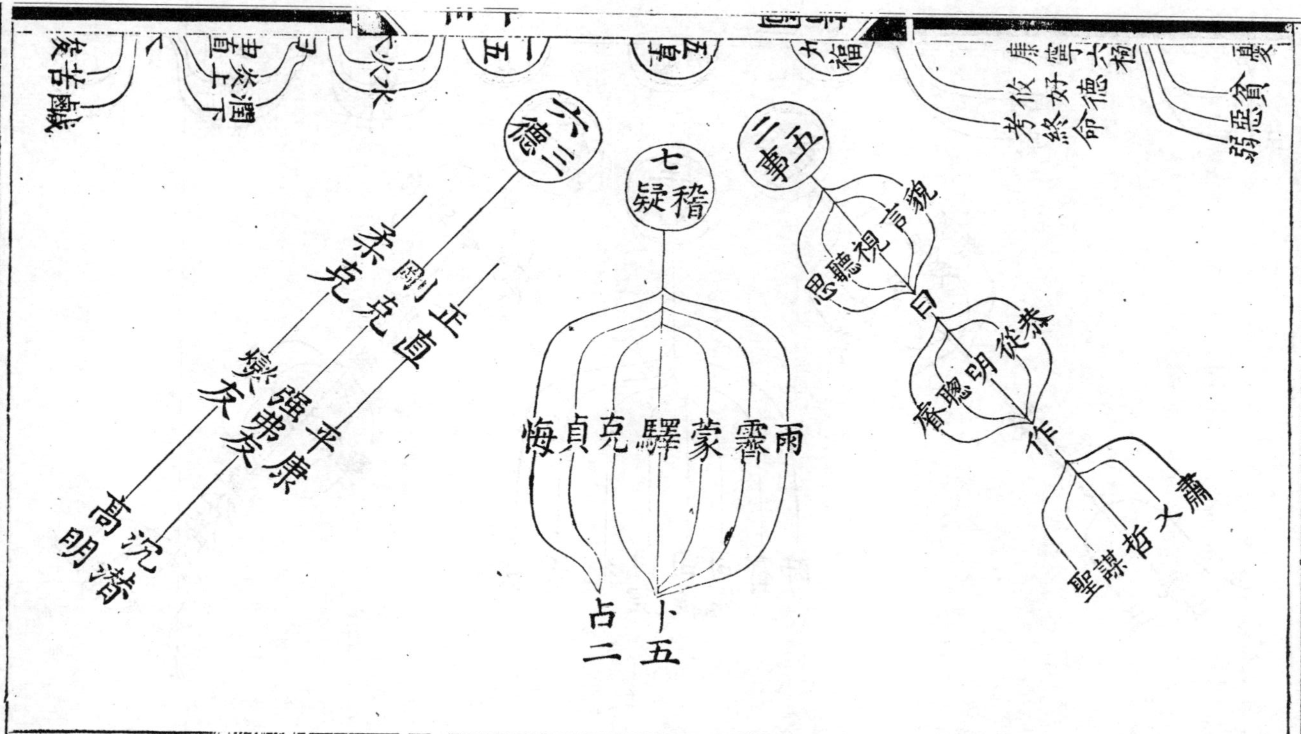
六極
憂
貧
惡
弱
康寧
攸好德
考終命
五福
二五事
貌
言
視
聽
思
曰
恭
從
明
聰
睿
作
肅
乂
哲
謀
聖
七稽疑
雨
霽
蒙
驛
克
貞
悔
卜五
占二
三六德
正直
剛克
柔克
平康
强弗友
燮友
沈潛
高明
水
火
木
金
土
潤下
炎上
曲直
從革
稼穡
鹹
苦

箕子洪範

九疇之圖

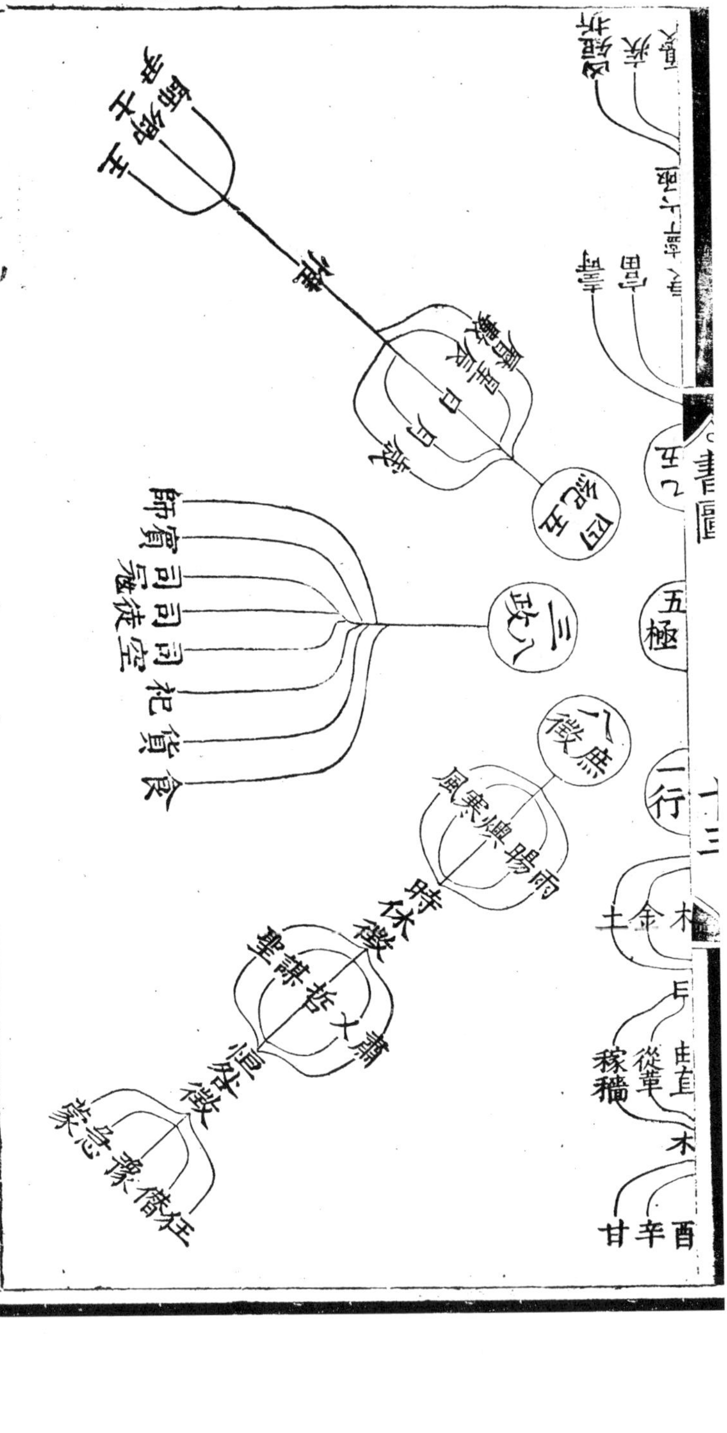

三八政
食
貨
祀
司空
司徒
司寇
賓
師
四五紀
歲
月
日
星辰
曆數
王
卿士
師尹
八庶徵
雨
暘
燠
寒
風
時
休徵
肅
乂
哲
謀
聖
咎徵
狂
僭
豫
急
蒙
五極
一行
木
金
土
甘
辛

皇極居次五圖

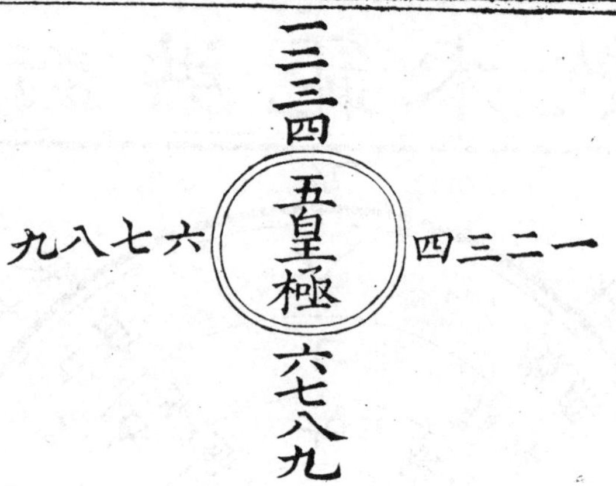

九疇虛五用十之圖

皇極虛五无數也九

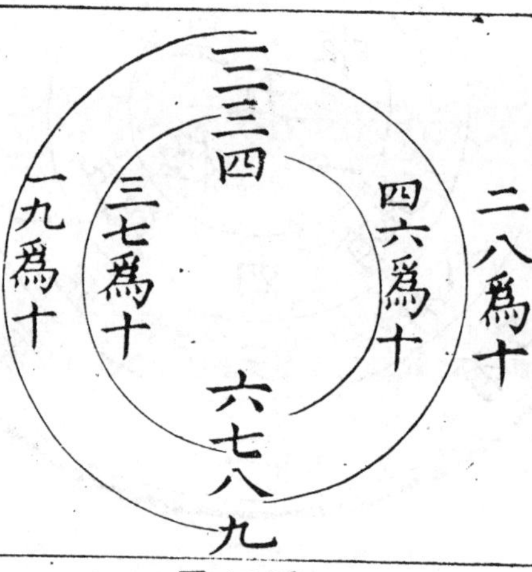

疇外有六極用十也

九疇合八疇數之圖

合爲十者二合爲十五者亦

二總而爲大衍之數五十

大衍洪範本數圖

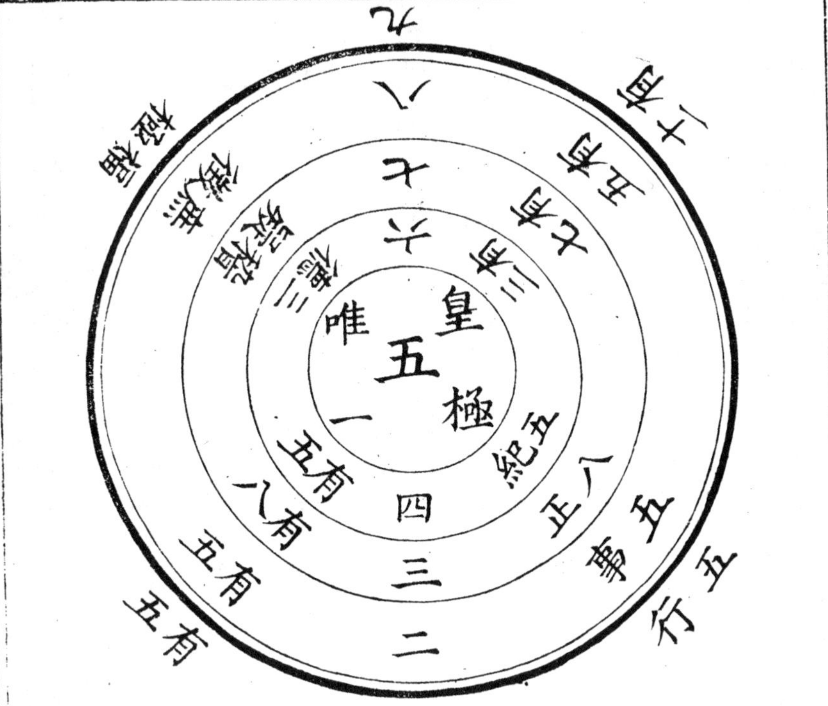

大衍之數五十者。一與九爲十。二與八爲十。三與七爲十。四與六爲十。五與五爲十。共五十也。其用四十有九者。一用五行其數五。二用五事其數五。三用八政其數八。四用五紀其數五。五用皇極其數一。六用三德其數三。七用稽疑其數七。八用庶徵其數五。九用五福六極。其數共十有一。積筭至五十也。又曰一而曰極。大衍所虛之太極也

虞書律度

律

方圓筭法

六觚筭法

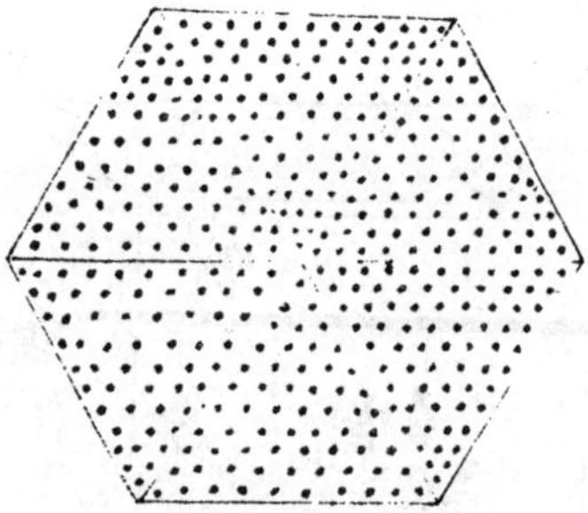

漢志云虞之律度量衡所以齊遠近立民信也數者一十百千萬也筭法用竹徑十分長六寸二百七十一枚而成六觚爲一握所以爲筭法之用也以之度圓取方則積一分而爲一寸積一寸而爲一尺方其尺而計之有百寸方尺之外謂之冪而不足於四角之庣也是以制爲之度則度長短者不失毫釐量多少者不失圭撮權輕重者不失黍絫是爲三平之法也

度始於黃鍾之長以秬黍中者一黍之廣度之九十分黃鍾之

量衡之圖

度

以銅爲之長一丈廣二寸高三寸

量

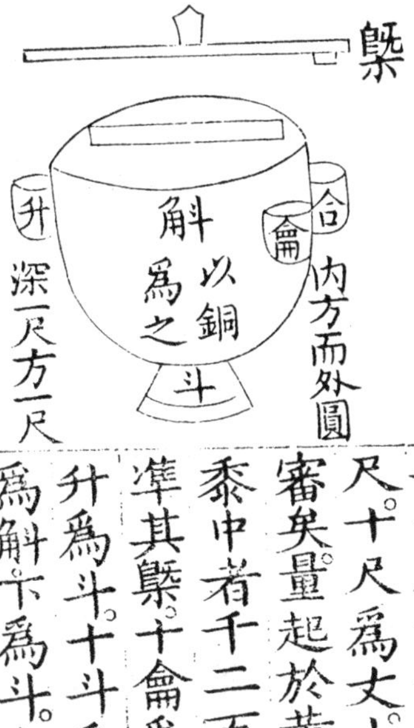

衡

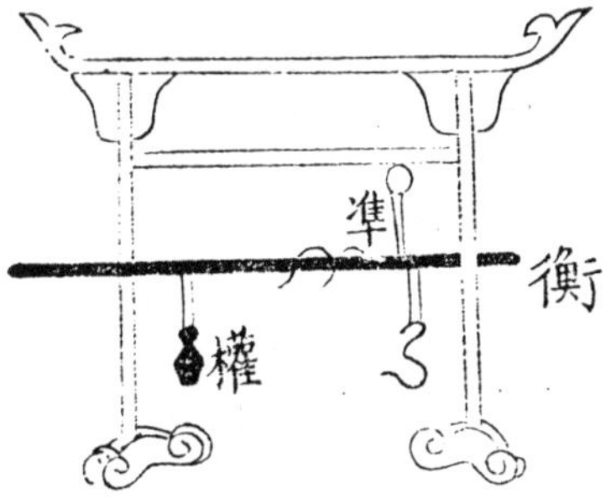

長。一爲一分。十分爲寸。十寸爲尺。十尺爲丈。十丈爲引。而五度審矣。量起於黃鍾之龠。其容秬黍中者千二百實龠中。以井水準其槩。十龠爲合。十合爲升。十升爲斗。十斗爲斛。斛之爲制。上爲斛。下爲斗。左耳爲升。右耳爲合。龠附于右合之下

衡起於黃鍾之重。一龠之黍重十二銖。積二十四銖而爲一兩。十六兩爲斤。而有三百八十四銖。三十斤而爲鈞。一月之數也。萬有一千五百二十銖。所以當萬物之數。四鈞爲石。重百二十斤。象十二月也

虞書諸侯

五五

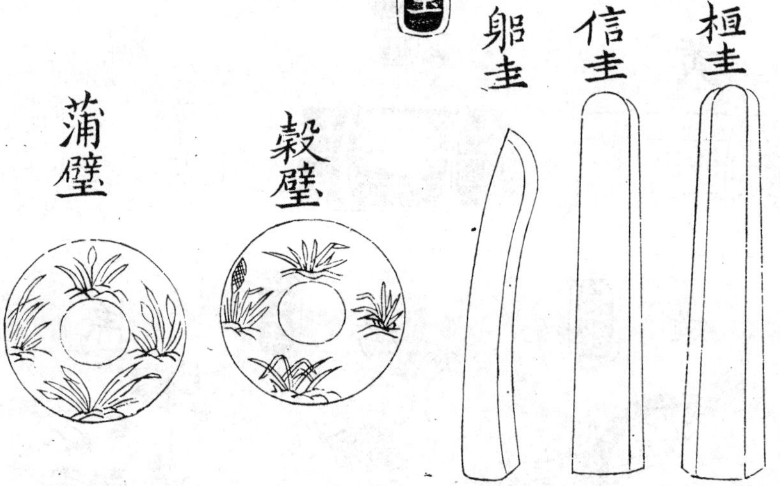

按禮公桓圭九寸。侯信圭。伯躬圭。各七寸。子穀璧。男蒲璧。各五寸。後鄭云雙植之謂桓。陳祥道謂強立不撓以安上爲任也。信伸也。注作身與躬同。皆象人形有瑑飾。陸佃云信圭直。躬圭屈。取詘直之義。爲人形誤矣。穀有養人之義。蒲有安人之義。子男之璧象之。雜記云公圭博三寸。厚半寸。剡上左右各寸半。其下方。璧註云肉倍於好。其形圜。其中虛。言其質曰玉。言其符合曰瑞。言其象而爲用曰器。子

玉帛之圖

男不用圭者言未成國也。三帛孔安國謂諸侯世子執纁。公之孤執玄。附庸之君執黃。陳祥道云。雖無經見然天子巡狩。卿大夫士皆贄見於方岳之下。則附庸之亦有贄。孔氏之說蓋有所受之也。古者制幣。其長丈八尺。其束十端。或素或玄纁。其色不同。羔。取其群而不黨。鴈。取其候時而行。雉。取其守介不犯。卿大夫士實似之。傳曰男贄大者玉帛。小者禽鳥。此大小所以異等云

虞書十二

日

月

星辰

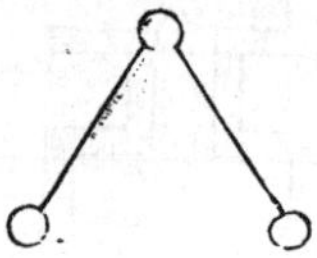

山

龍

華蟲

章服之圖

宗彝

藻

火

粉米

黼

黻

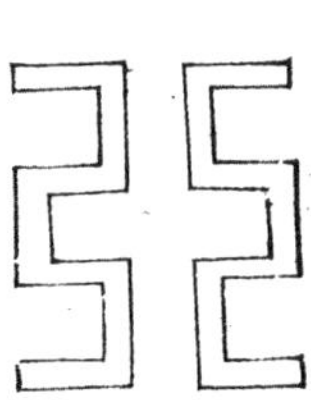

虞書樂

堂上樂

球

琴

瑟

堂下樂

管

鼗鼓

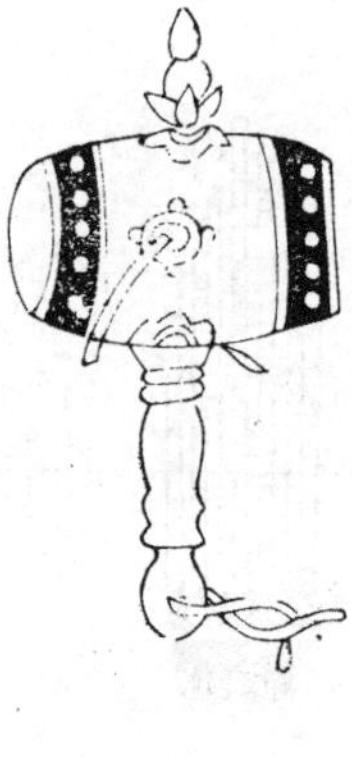

器之圖

柷

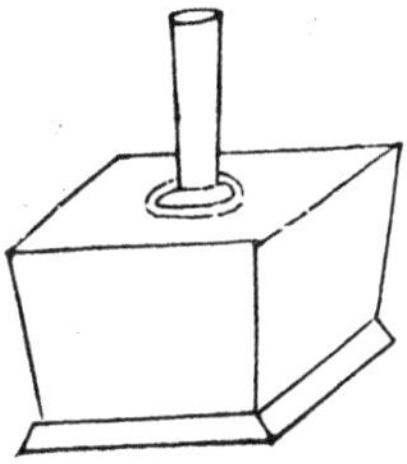

敔

笙

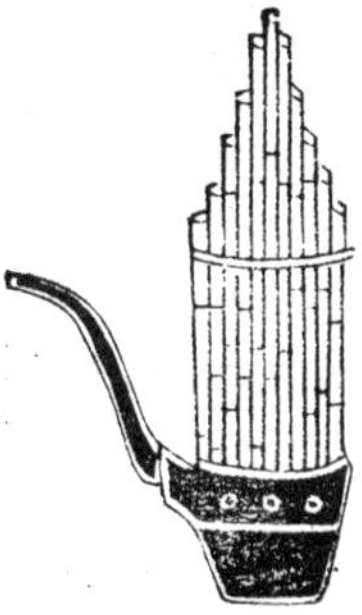

鏞

簫

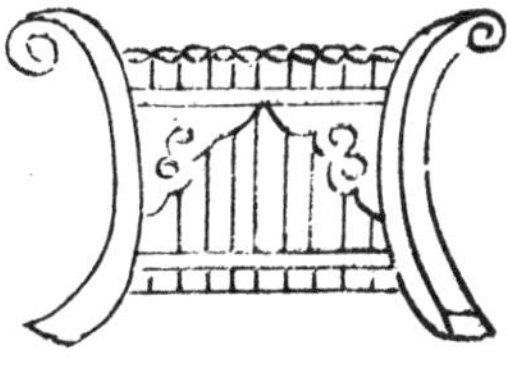

黼扆

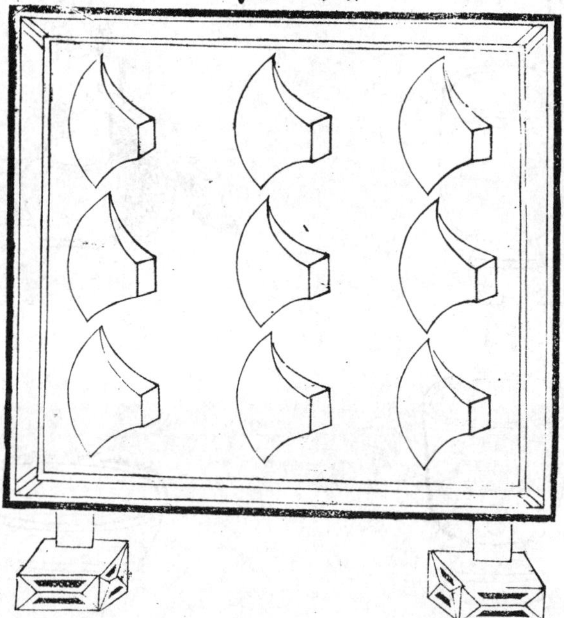

黼扆司几筵。凡大朝覲。大饗射。凡封國。命諸侯。王位設黼依。依音扆注。斧謂之黼。其繡白黑文。以絳帛爲質。扆其制如屏風。賈釋云。諸文多作斧字。若據采色而言。即繢人職白與黑。謂之黼。若據繡於物上。即爲金斧之文。近刃白。近銎曲恭切黑。則曰斧。取金斧斷割之義。屏風之名出於漢世。故引爲況。舊圖云。從廣八尺。畫斧無柄。設而不用之義

圭瓚。玉人云。裸圭尺有二寸。有瓚以祀廟。後鄭云。裸謂以圭瓚酌鬱鬯以獻尸也。瓚。如盤大五

圭瓚有盤

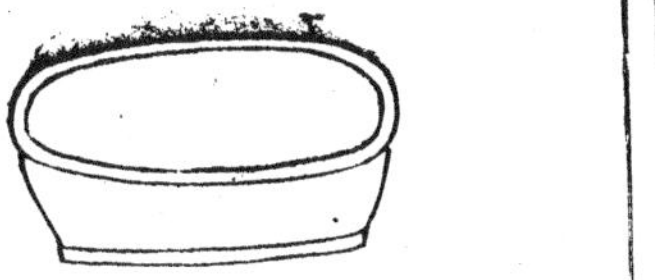

周彝

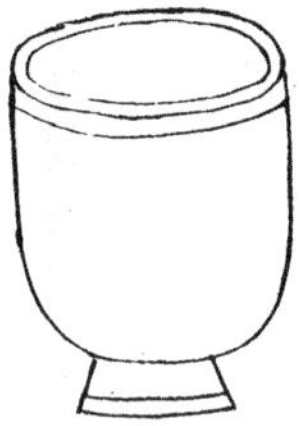

卣

升。口徑八寸。深二寸。詩箋以圭爲柄。黃金爲勺。青金爲外。朱中央。凡圭。博三寸。典瑞注云。漢禮瓚下有盤。聶崇義云。宜用黃金。青金爲外。朱中央。宜深一寸。足徑八寸。高二寸

彝書序曰。班宗彝。疏謂周禮有司尊彝之官。鄭云彝亦尊彝。鬱鬯曰彝。彝法也。言爲尊之法正。卣中尊。尊有三品。上曰彝。中曰卣。下曰罍。三禮圖。卣。謂獻素何切象之屬。受五斗。今案獻象二尊皆有畫飾。惟此尊未詳何飾。但圖其形耳

麻冕

冕

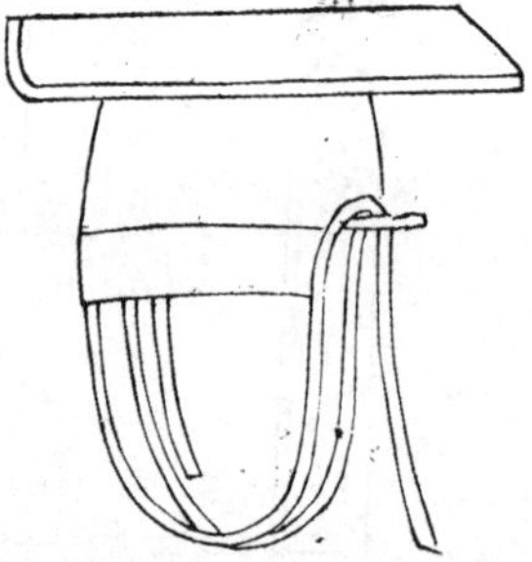

雀弁

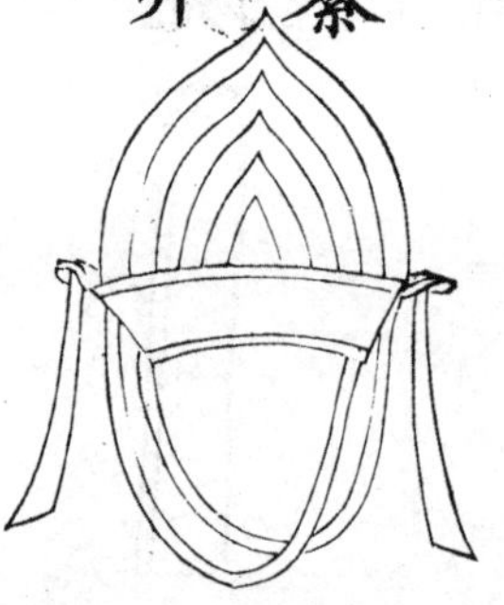

綦弁

麻冕。按三禮圖以漆布爲殼。緇縰其上。前廣四寸。高五寸。後廣四寸。高三寸。

冕。漢制度云。冕制皆長尺六寸。廣八寸。前圓後方。其旒皆以五采絲繩貫五采玉。每旒各十二垂於冕。禮有六冕。裘冕無旒。衮冕十二旒。鷩冕九旒。毳冕七旒。絺冕五旒。玄冕三旒。

雀弁。唐孔氏云。韋弁也。鄭云。冕之次也。其色赤而微黑。如爵頭然。用三十升布爲之。亦長尺六寸。廣八寸。前圓後方。無旒而前後平。

綦弁。孔傳。綦文鹿子皮弁。士冠禮注云。皮弁。以白鹿皮爲之。弁

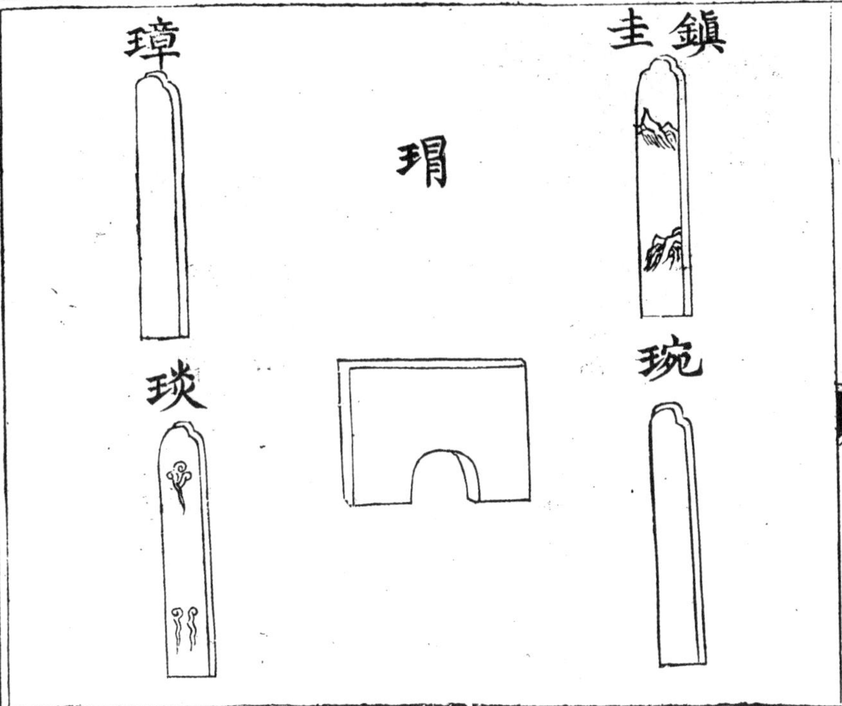

師云。王之皮弁會五采玉琪。象邸玉笄。注云。會。縫中也。琪。讀爲綦。綦結也。邸。謂下柢。梁正張謚圖云。弁縫十二。貫疏引詩會弁如星。謂於弁十二縫中結五采玉。落落而處。狀似星也

介圭。傳曰大圭也。唐孔氏云。考工記玉人云。鎮圭尺有二寸。天子守之。鎮圭。圭之大者。介訓大者。故知是彼鎮圭。非三尺大圭。

璋。禮書云。半圭曰璋

瑁方四寸。邪刻之以冒諸侯。之珪璧。以齊瑞信也

琬。琰。周禮典瑞。琬圭以治德。琰圭以易行。考工記。琬琰皆九寸。鄭玄云。大琬大琰。皆度尺二寸。

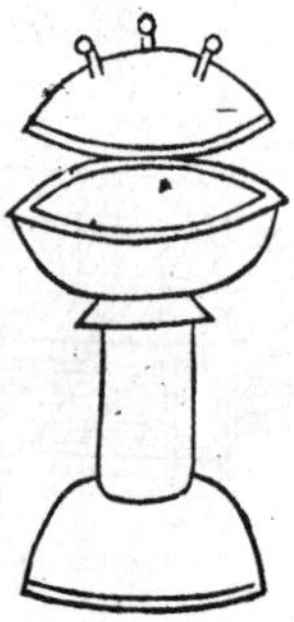

豆

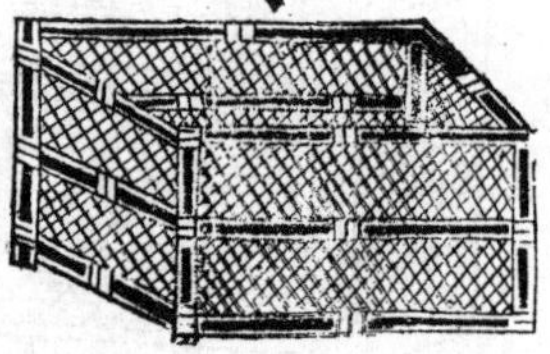

笥

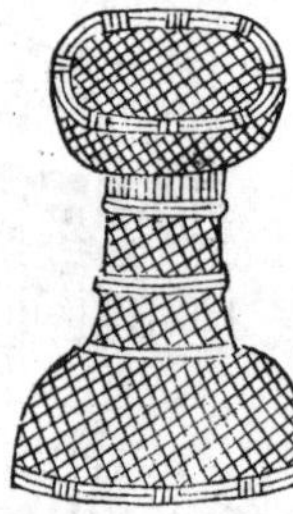

籩

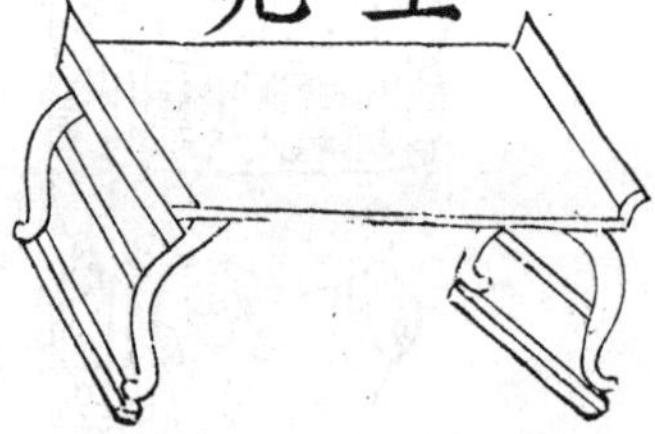

玉几

豆三禮舊圖云豆高尺二寸漆赤中大夫以上畫赤雲氣諸侯飾以象天子加玉飾皆謂飾口足也又鄭注周禮及禮記云豆以木爲之受四升口圓徑尺二寸有蓋盛昌本脾椓胎析之韲醓蠃兔鴈之醢韭菁芹筍之菹麋臡之屬鄭注鄉射記云豆宜濡物籩宜乾物故也

籩三禮圖云以竹爲之口有縢緣形制如豆受四升盛棗栗桃梅菱芡脯脩膴鮑糗餌之屬

笥說文飯及衣之器曲禮注云圓曰簞方曰笥

玉几阮氏圖几長五尺高尺二寸廣二尺兩端赤中央黑膝馬

木鐸

鼎

筐有蓋

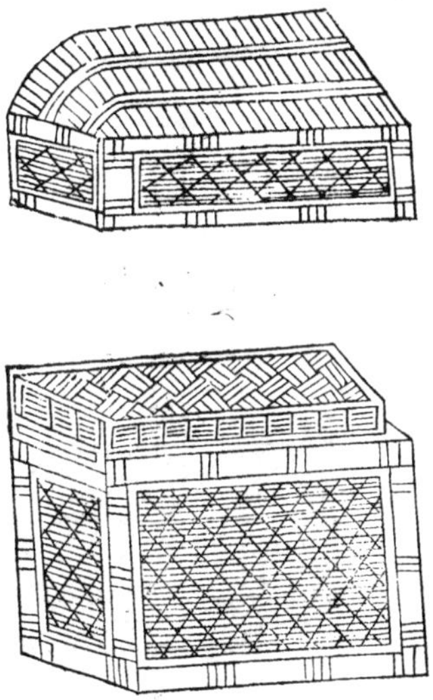

融以爲長三尺。按司几筵掌五几。左右玉雕彤漆素。詳五几之名。是無兩端赤中央黑漆矣。蓋取彤漆類而彔之也

木鐸。周禮小宰曰。正歲帥治官之屬而觀治象之法。徇以木鐸。注。木鐸。木舌也。賈䟽云。鐸皆以金爲之。以木爲舌。則曰木鐸。以金爲舌。則曰金鐸

鼎。古之鼎不一。按禮圖有曰牛。曰羊。曰豕。然雉雊之日。未審在何鼎也。惟牛鼎最大。可受一斛。今姑繪之以見其狀云

筐。按三禮舊圖云。筐以竹爲之。長三尺。廣一尺。深六寸。足高三寸。如今小車苓

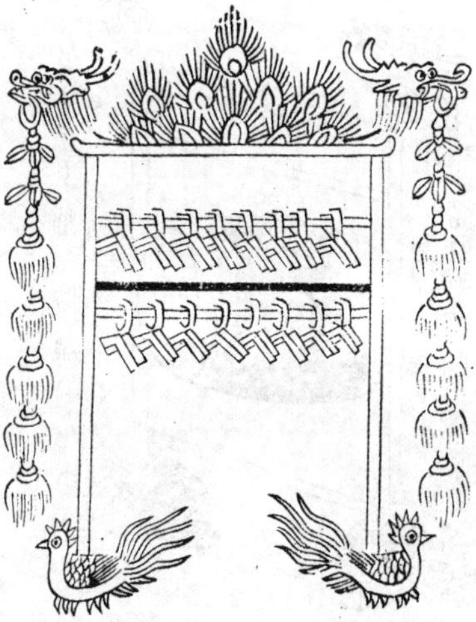
編磬

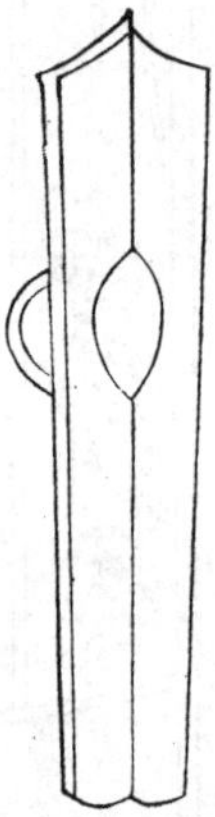
干

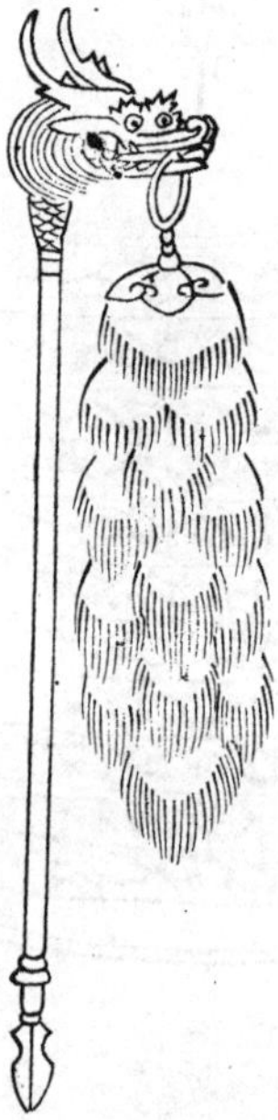
羽

經曰。於予擊石。拊石。傳曰。重擊曰擊。輕擊曰拊。磬有小大。故擊有輕重。大磬即球也。小磬即此編磬也。小胥云。凡縣鍾磬半爲堵。全爲肆。注云。鍾磬編縣之二八十六枚而在一簨虡謂之堵。鍾一堵磬一堵謂之肆。簨者下横者也。簨上板曰業。簨之上有崇牙。業之上樹羽。制度曰。爲龍頭及頷口銜璧。璧下有旄牛尾。植者爲虡。詳見周禮

干。楯也。羽。翳也。舞者所執。修闡文教。周禮兵舞即朱干也。周人用舞而祭山川。三禮圖曰。羽。析白羽爲之形如帗

太常。按。巾車。王乘玉輅建太常十有二斿以祀。又覲禮注云。王建太

太常

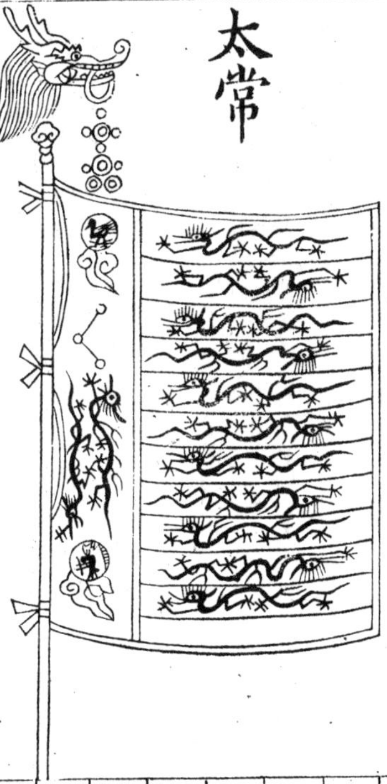

鼖鼓

常縿首畫日月楚下及斿交畫升龍降龍縿皆正幅用絳帛爲質斿則屬焉又用弧張縿之幅又畫柱矢於縿之上故輈人云弧旌柱矢是也凡旌旗之上皆注旄與羽於竿首故夏采注云緌以旄牛尾爲之綴於幢上其柱長九仞其斿曳地又左傳云三辰旂旗昭其明也據杜鄭二注皆以三辰爲日月星蓋太常之上又畫星也阮氏梁正等圖旂首爲金龍頭按唐志云金龍頭銜結綬及鈴綏則古注旄及羽於竿首之遺制也

鼖鼓按三禮圖云鼖鼓兩面鼓鼓人職曰鼖鼓鼓軍事注云大鼓曰鼖鼓長八尺韗人云鼓四尺謂鼓面也

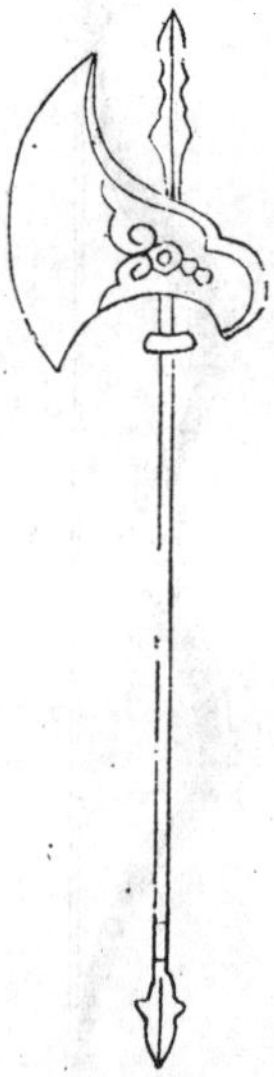

鉞

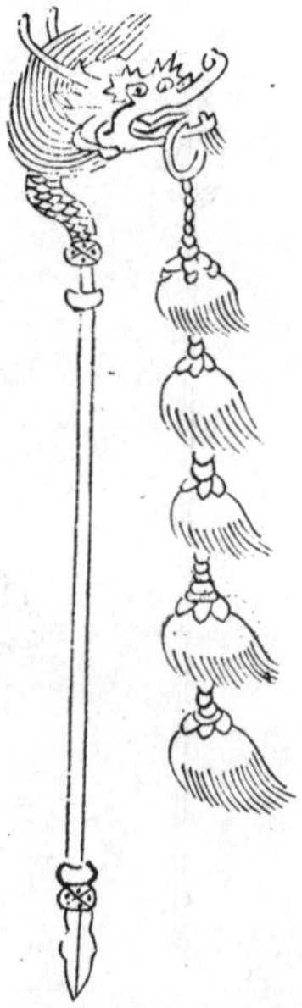

旄

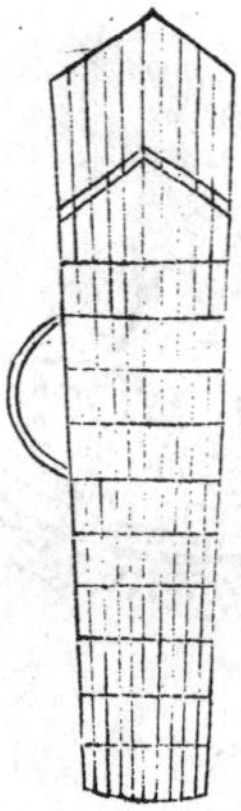

干

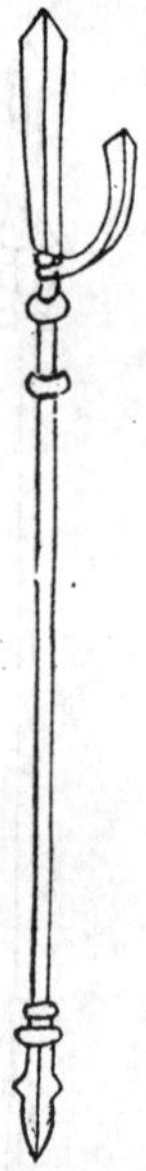

戈

鉞經曰左杖黃鉞傳云鉞斧也以黃金爲飾

旄經曰右秉白旄以麾傳云旄軍中指麾白則見遠

干楯也方言曰自關而東或謂之楯或謂之干關西謂之楯是干楯爲一也

戈廣二寸內四寸胡六寸援八寸柲六尺有六寸內謂胡以內接柲者胡謂矛之旁出者曲猶牛胡馬援謂直刃也柲謂柄也戈之用主於胡胡過於直則倨但可以刺胡過於曲則句但可以鉤人惟得其中制往無不利

矛

冑

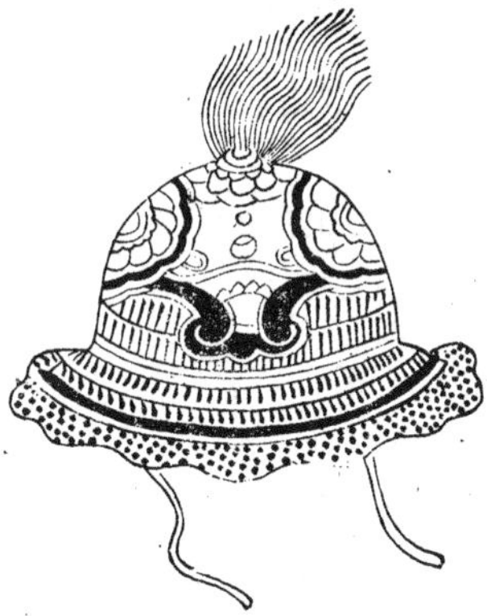

矢

弓

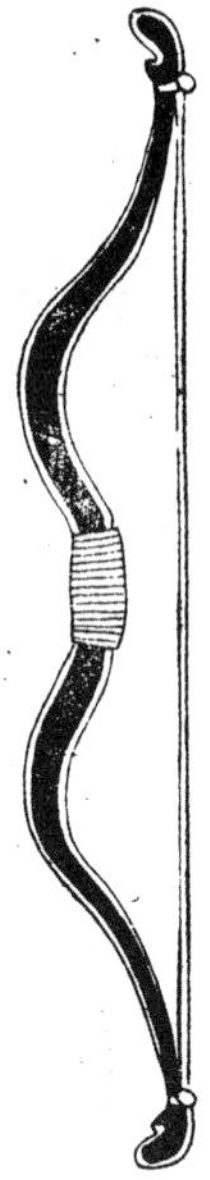

矛說文曰戈矛酋矛也建於兵車長二丈

冑說文曰兜鍪也兜鍪首鎧也經典皆言甲冑秦世以來始有鎧兜鍪之文古之甲用皮秦漢以來用鐵

弓長六尺有六寸謂之上制六尺有三寸謂之中制六尺謂之下制取幹角以膠漆筋絲爲之

按周禮司弓矢掌六弓其名五弧夾庚唐大

矢槀長三尺殺其前一尺令趣鏃羽六寸夾其括以設其羽分其羽以設其刃

書傳云。大輅玉輅也。綴輅金輅也。先輅木輅也。次輅象輅革輅也。天子五輅飾異制

同今圖玉輅之制兼太常之旂。以脩祭祀所乘其他金象革木之輅可類推之矣

堯制五服圖

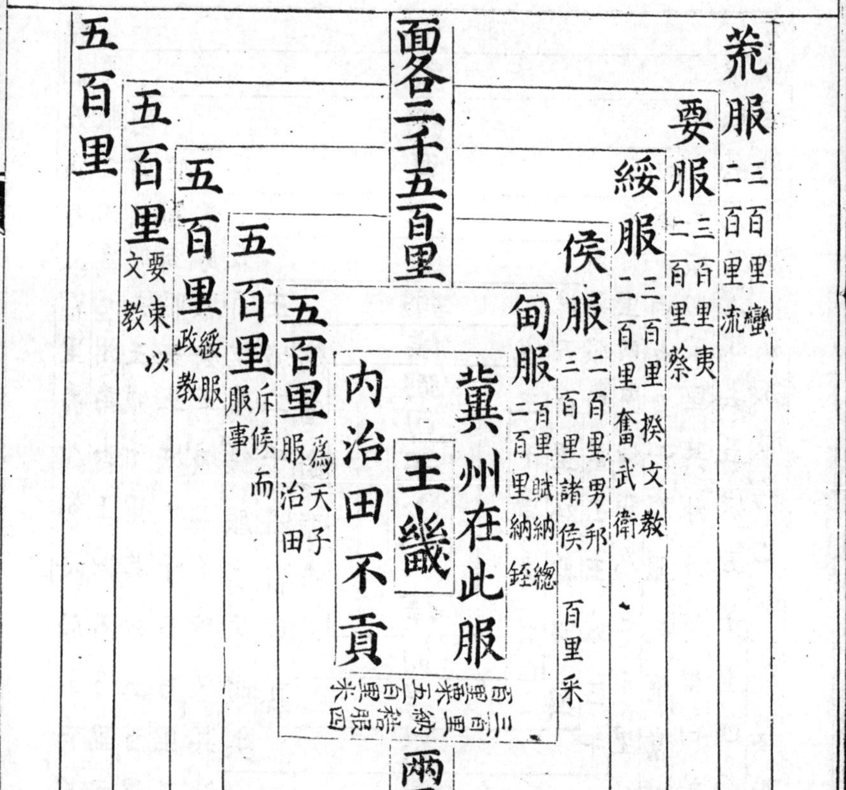

荒服 三百里蠻 二百里流
要服 三百里夷 二百里蔡
綏服 三百里揆文教 二百里奮武衛
侯服 二百里男邦 三百里諸侯 百里采
甸服 百里賦納總 二百里納銍
冀州在此服
王畿
内治田不貢
面各二千五百里
兩面相距五千里
五百里
五百里 要束以文教
五百里 綏服政教
五百里 侯服斥事
五百里 爲天子服治田

禹弼五服圖

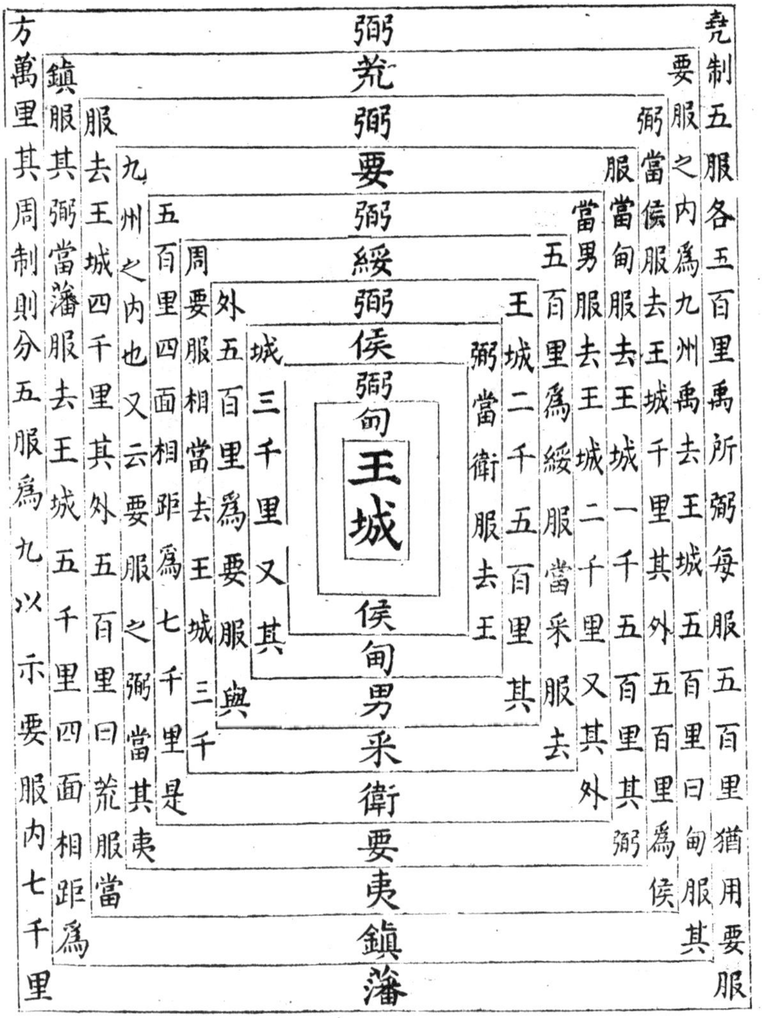

堯制五服各五百里禹所弼每服五百里猶用要服
要服之內爲九州禹去王城五百里曰甸服其
弼當侯服去王城千里其外五百里爲侯
服當甸服去王城一千五百里其弼
當男服去王城二千里又其外
五百里爲綏服當采服去
王城二千五百里其
弼當衛服去王
城三千里又其
外五百里爲要服與
周要服相當去王城三千
五百里四面相距爲七千里是
九州之內也又云要服之弼當其夷
服去王城四千里其外五百里曰荒服當
鎮服其弼當藩服去王城五千里四面相距爲
方萬里其周制則分五服爲九以示要服內七千里
弼
荒
弼
要
弼
綏
弼
侯
弼
甸
王城
侯
甸
男
采
衛
要
夷
鎮
藩

商七廟之圖

北

昭祧：遠廟昭五 遷者藏焉

昭：顯考亦曰高祖

昭：王考廟亦曰祖

太祖

西

東

穆祧：遠廟穆五 遷者藏焉

穆：皇考亦曰曾祖

穆：考亦曰禰

南

商遷都之圖

耿：祖乙都河東皮氏耿縣

相：河亶甲都今河北相州

囂：仲丁都開封陳留浚儀

亳：湯都河南偃師縣盤庚復遷此

周營洛邑圖

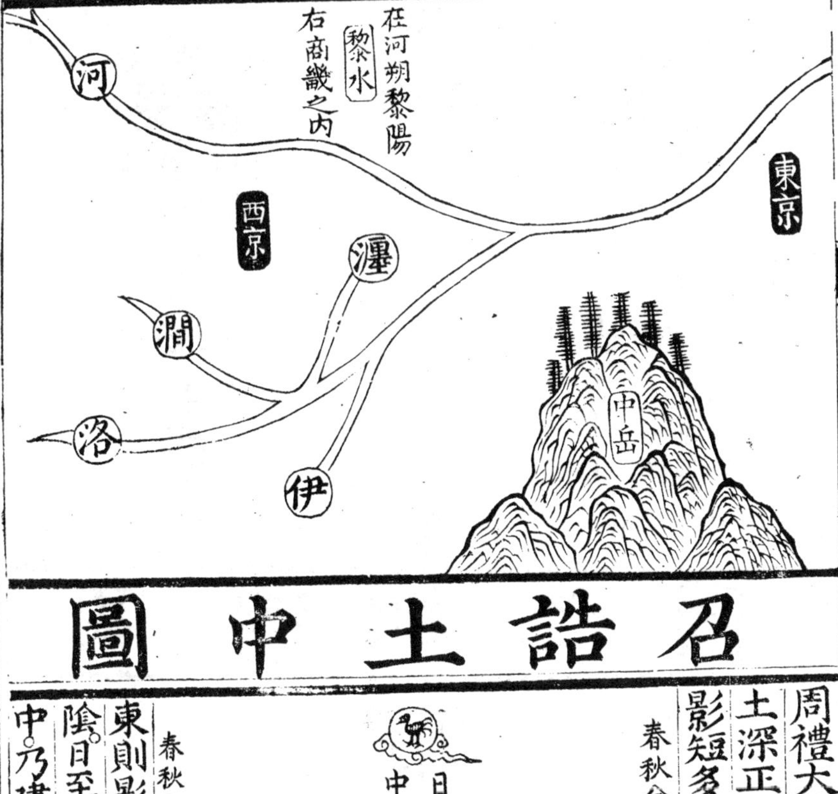

召誥土中圖

周禮大司徒云以土圭之法測土深正日影以求地中。日南則影短多暑。日北則影長多寒。日東則影夕多風。日西則影朝多陰。日至之影尺有五寸。謂之地中。乃建王國焉

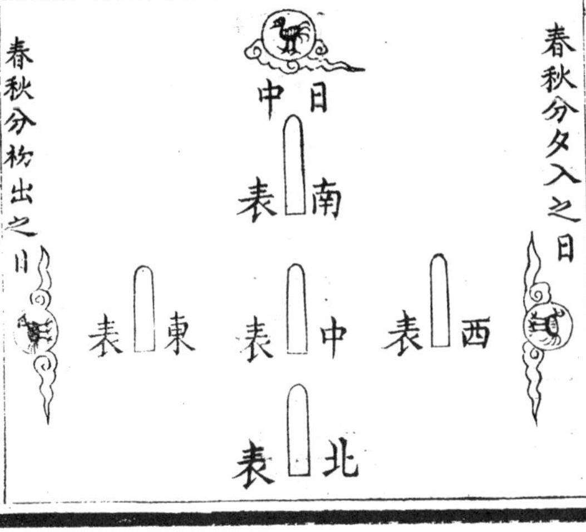

禹貢所載隨

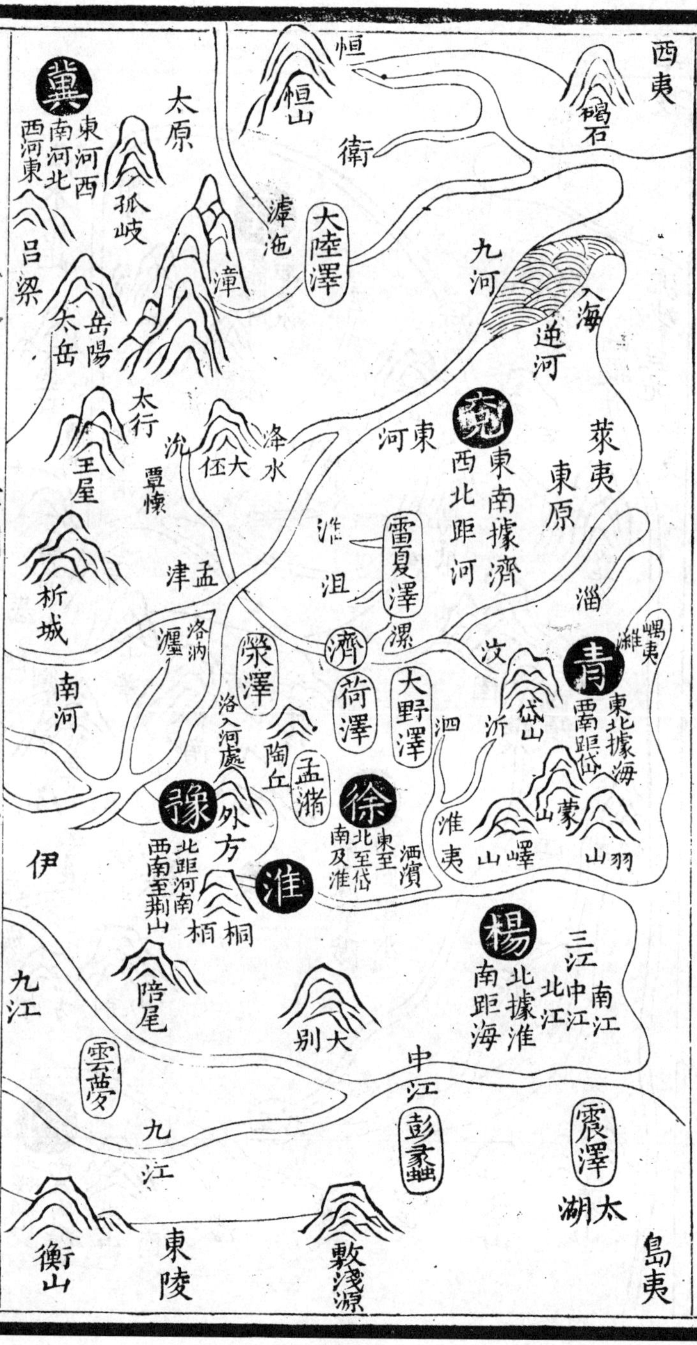

冀
東河西
南河北
西河東
太原
孤岐
吕梁
太岳
岳陽
太行
王屋
析城
恒
恒山
衛
碣石
西夷
滹沲
大陸澤
漳
九河
入海
逆河
兗
東南據濟
西北距河
河東
萊夷
東原
沇
大伾
洚水
覃懷
孟津
洛汭
瀍
南河
澭
沮
雷夏澤
漯
滎澤
濟
荷澤
大野澤
汶
淄
青
東北據海
西南距岱
嵎夷
濰
岱山
沂
泗
洛入河處
陶丘
孟豬
徐
東至海
北至岱
南及淮
泗濱
淮夷
嶧山
蒙山
羽山
豫
北距河
西南至荊山
外方
伊
淮
桐柏
陪尾
揚
北據淮
南距海
三江
南江
中江
北江
大別
九江
雲夢
中江
彭蠡
震澤
太湖
衡山
東陵
敷淺源
島夷

山濬川之圖

渠搜
弱水
流沙
黑水
三危
析支
合黎
積石
崑崙
河
雍
東距西河
西距黑水
西河
梁山
涇
荊山
漆
沮
岍山
岐山
汧水
逾于河
壺口
龍門
雷首
底柱
鳥鼠
渭
入于河
朱圉
西傾
桓水
太華
惇物
終南
熊耳
洛
梁
東據華陽
西距黑水
嶓冢
漾
沔水
漢水
滄浪
三澨
漢
岷山
源
江
沱
潛
荊山
內方
江
荊
北據荊山
南及衡陽
蒙山
蔡山
和夷
潛
澧
交
南
崇山

濬畎澮

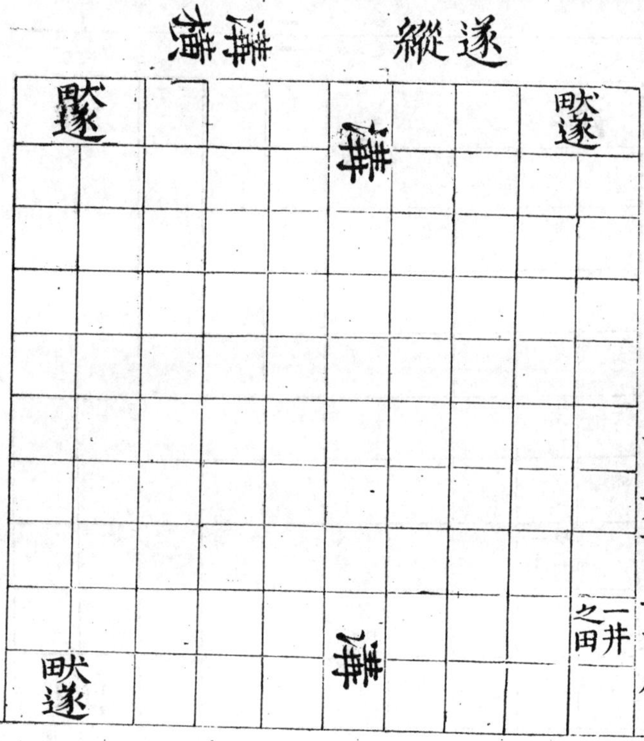

每一目當一井 百井謂之一成

壹成之田。耜廣五寸。二耜爲耦。一耦之伐廣尺深尺謂之畎。田首倍之。廣二尺。深二尺。謂之遂。九夫爲井。井廣四尺。深四尺。謂之溝。九遂入一溝。九溝入一洫。

距川圖

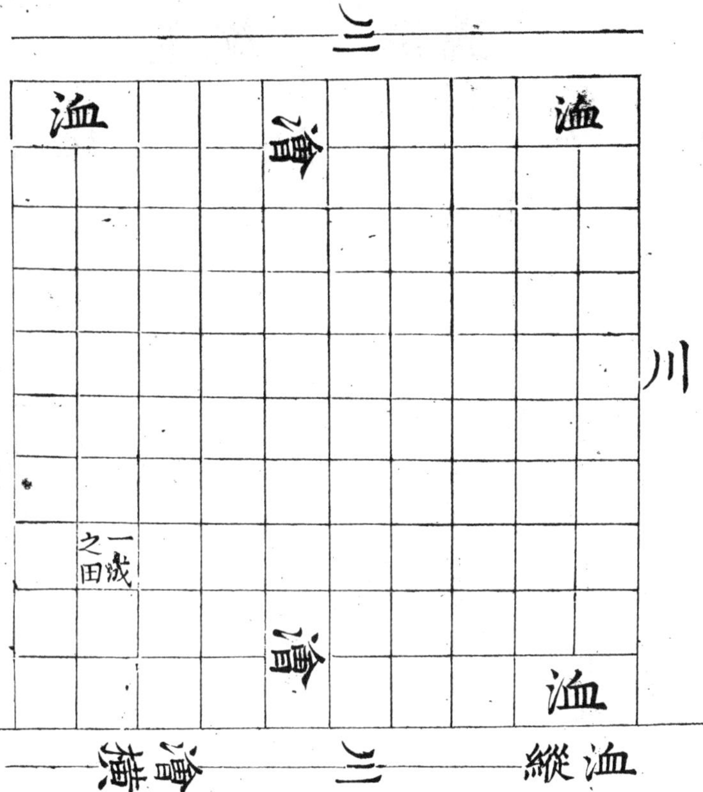

每一目當百井　百成謂之一同

一同之田。方十里爲成。成閒廣八尺。深八尺。曰洫。方百里爲同。同閒廣二尋。深二仞。曰澮。九澮共入大川。一同之田。其遂九千。溝九百。洫九十。澮九

任土作貢之圖

嵎夷既略　萊夷作牧　淮夷

兗　田中下　賦貞　土黑墳　貢漆絲　篚織文	冀　田中中　賦上上錯　島夷皮服　土白壤　貢闕　篚闕	雍　田上上　賦中下　土黃壤　貢球琳琅玕　篚闕
青　田上下　賦中上　土白墳　貢盐絺海物絲枲鈆松恠石　篚檿絲	豫　田中上　賦錯上中　土壤　下土墳壚　貢漆枲絺紵　篚纖纊　錫磬錯	梁　田下上　賦下中三錯　土青黎　貢璆鐵銀鏤砮磬熊羆狐狸織皮　篚闕
徐　田上中　賦中中　土赤埴墳　貢五色土夏翟孤桐浮磬蠙珠魚　篚玄纖縞	揚　田下下　賦下上上錯　土塗泥　貢金三品瑤琨篠簜齒羽毛木　篚織貝　包橘柚	荊　田下中　賦上下　土塗泥　貢羽毛齒革金杶幹栝栢礪砥砮丹箘簵楛包匭菁茅納錫大龜　篚玄纁璣組

泗濱　淮陽軍也有磬石山古下邳郡也

島夷卉服

崐崘　析支　渠搜　和夷

合沙鄭氏曰。召公曰。明王愼德。四夷咸賓。無有遠邇。畢獻方物。惟服食器用。予觀禹貢九州之貢篚。雖非四夷之獻。而亦以服食器用爲要。而冀州獨不言貢篚者。蓋畿甸之內。賦其總銍秸粟米也。總銍秸粟米者。倉廩之儲也。糇糧之濟也。是食爲土貢之要也。兖州之貢蠶絲。豫州之貢絺紵。其地則密邇於畿甸焉。是衣服之用。亦爲土貢之要也。自服食之外。則器用次之。器用之外。則不過寶玉玩好而已。不足爲國家慮也。帝王之建都。必擇衣食之地而謂之京師。京。大也。師。衆也。言天子之居。旣衆且大。非衣食之豐。不可以爲國也。若夫大賂南金犀革象齒珠貝之類。非服食器用之物。貴其土產也。皆遠於畿甸而或貢於要荒之服焉。苟帝王以爲貢篚之要。國家所急。則堯舜之都遷於荆梁久矣。其肯以冀爲都。區區禦大河之患。圖一日之安耶。及周之衰。荆揚陷于吳楚。貢金不入而天王求之於魯。蓋以魯邇於吳也。是豈聖人制貢之初意哉

書傳大全圖　畢

書集傳序

慶元己未冬先生文公令沉作書集傳明年先生殁又十年始克成編總若干萬言嗚呼書豈易言哉二帝三王治天下之大經大法皆載此書而淺見薄識豈足以盡發藴奥且生於數千載之下而欲講明於數千載之前亦已難矣然二帝三王之治本於道二帝三王之道本於心得其心則道與治固可得而言矣何者精一執中堯舜禹相授之心法也建中建極商湯周武相傳之心法也曰德曰仁曰敬曰誠言雖殊而理則一無非所以明此心之妙也至於言天則嚴其心之所自出言民則謹其心之所由施禮

樂敎化心之發也典章文物心之著也家齊國治而天下平心之推也心之德其盛矣乎二帝三王存此心者也夏桀商受亡此心者也太甲成王困而存此心者也存則治亡則亂治亂之分顧其心之存不存如何耳後世人主有志於二帝三王之治不可不求其道有志於二帝三王之道不可不求其心求心之要舍是書何以哉沈自受讀以來沈潛其義參考衆說融會貫通迺敢折衷微辭奥旨多述舊聞二典禹謨先生蓋嘗是正手澤尚新嗚呼惜哉先生改本已附文集中其間亦有經承先生口授指畫而未及盡改者今悉更定見本篇集傳本先生所命故凡引用師說不復識別四代之書分爲六卷文以時

異治以道同聖人之心見於書猶化工之妙著於物非精深不能識也是傳也於堯舜禹湯文武周公之心雖未必能造其微於堯舜禹湯文武周公之書因是訓詁亦可得其指意之大略矣嘉定己巳三月既望武夷蔡沉序

書說綱領

程子曰看書須要見二帝三王之道如二典即求堯所以治民舜所以事君

橫渠張氏曰尚書難看蓋難得胸臆如此之大只欲解義則無難也書稱天應如影響其禍福果然否大抵天道不可得而見惟占之於民人所悅則天必悅之所惡則天必惡之只爲人心至公也至衆也民雖至愚無知惟於私已然後昏而不明至於事不干礙處則自是公明大抵衆所向者必是理也理則天道存焉故欲知天者占之於人可也

朱子曰古史之體可見者書春秋而已春秋編年通紀以見事之先後書則每事別記以具事之首尾意者當時史官既以編年紀事至於事之大者則又採合而別記之若二典所記上下百有餘年而武成金縢諸篇其所紀理或更歲月或歷數年其間豈無異事蓋必已具於編年之史而今不復見矣

聖人千言萬語只是說箇當然之理恐人不曉又筆之於書自書契以來二典三謨伊尹武王箕子周公孔孟都只如此可謂盡矣只就文字間求之句句皆是做得一分便是一分工夫非茫然不可測也但恐

人自不子細求索之爾須是量聖人之言是說箇什
麽要將何用若只讀過便休何必讀
尚書初讀甚難似覺於已不相干後來熟讀見堯舜
禹湯文武之事皆切於已
某嘗患尚書難讀後來先將文義分曉者讀之聱牙
者且未讀如二典三謨等篇義理明白句句是實理
堯之所以爲君舜之所以爲臣皐陶稷契伊傅輩所
言所行最好紬繹玩味體貼向自家身上來其味自別
先生問鄭可學尚書如何看曰須要考歷代之變曰
世變難看唐虞三代事浩大闊遠何處測度不若求

聖人之心。如堯則考其所以治民。舜則考其所以事君。且如湯誓湯曰予畏上帝。不敢不正。熟讀豈不見湯之心。大抵尚書有不必解者。有須著意解者。有略須解者。有不可解者。如仲虺之誥太甲諸篇。只是熟讀。義理分明。何俟於解。如洪範則須著意解。如典謨諸篇稍雅奧亦須略解。若如盤誥諸篇已難解。而康誥之屬。則已不可解矣

問尚書難讀。蓋無許大心胸。他書亦須大心胸方讀得。如何程子只說尚書。曰他書却有次第。且如大學。自格物致知以至平天下。有多少節次。尚書只合下

不讓爭

會文字方可決科讀書君若不苦心去求不成業終

三代原頭處理會求又日且如做舉業亦須苦心理

理會令透今人只做得兩漢以下工夫無人就堯舜

度量衡五樂五禮之類禹貢山川洪範九疇須一一

學者須是有業次且如讀堯舜典曆象日月星辰律

不得一箇大底心胸如何了得

箇三百六十五度四分度之一底天方見得恁地若

雍度開是大不大令四時成歲便見心中包得一

便大如堯典自克明俊德以親九族至黎民於變時

尚書前五篇大槩易曉後如甘誓胤征伊訓太甲咸有一德說命此皆易曉亦好此是孔氏壁中所藏之書又曰看尚書漸漸覺得曉不得便是有長進若從頭尾解得便是亂道高宗肜日是最不可曉者西伯戡黎是稍稍不可曉者太甲大故亂道故伊尹之言緊切高宗稍稍聰明故說命之言細膩又曰讀尚書有一箇法半截曉得半截曉不得曉得底看曉不得底且闕之不可强通强通則穿鑿

語德粹云尚書亦有難看者昨日嘗語子上滕請問先生復言大略如昨日之說又云如微子洛誥等篇

讀至此且認微子與父師少師哀商之淪喪已將如何其他皆然若其文義知他當時言語如何自有不能曉矣

問書當如何看先生曰且看易曉處其他不可曉者不要强說縱說得出恐未必是當時本意近時解書者甚衆往往皆是穿鑿如呂伯恭亦未免此也

尚書中盤庚五誥之類實是難曉若要添減字硬說將去儘得然只是穿鑿終恐無益耳

書中易曉處直易曉其不可曉處且闕之如盤庚之類非特不可曉便曉得亦要何用如周誥等篇周公

不過說周所以合代商之意是他當時說話其間多
有不可解者亦且觀其大意所在而已
書中不可曉處先儒既如此解且只得從他說但此
一段如此訓詁說得通至別一段如此訓詁便說不
通不知如何
周公不知其人如何其言聱牙難曉如書中周公之
言便難讀立政君奭之篇是也最好者惟無逸一書
中間用字亦有譸張爲幻之語至若周官蔡仲等篇
却是官樣文字必出於當時有司潤色之文非純周
公語也

尚書只是虛心平氣。闕其所疑。隨力量看。教浹洽。便
自有得力處。不須預爲計較。必求赫赫之功也
道夫請先生點尚書。以幸後學。先生曰。某今無工夫。
道夫曰。先生於書既無解。若更不點。則句讀不分。後
人承舛聽訛。卒不足以見帝王之淵懿。曰。公豈可如
此說。安知後來無人。道夫再三請之。先生曰。書亦難
點。如大誥語句甚長。今人卻都碎讀了。所以曉不得。
某嘗欲作書說。竟不曾成。如制度之屬。祇以疏文爲
本。若其他未穩處。更與挑剔。令分明便得
尚書頃嘗讀之。苦其難而不能竟也。註疏。程張之外。

蘇氏說亦有可觀。但終是不純粹。林少穎說召誥以前亦詳備。閩新安有吴才老裨傳。頗有發明。却未曾見。試并考之。諸家雖或淺近。要亦不無小補。但在詳擇之耳。不可以篇帙浩汗。而遽憚其煩也

荆公不解洛誥。但云其閒煞有不可强通處。今姑擇其可曉者釋之。今人多說荆公穿鑿。他却有此處。後來人解書。則又却須要盡解

元祐說命無逸講義及晁以道、葛子平、程泰之、吴仁傑數書先附去。可便參訂序次。當以注疏爲先。疏節其要者。以後只以時世爲先後可也。西山閒有發明

經旨處。固當附本文之下。其統論即附篇末也。記得其數條理會點句。及正多方多士兩篇。可併攷之

或問諸家書解。誰者最好。莫是東坡書爲上否。曰。然。東坡書解。看得文勢好。又筆力過人。發明得分外精神。問但似失之簡。曰。也有只消如此解者

向在鵝湖。見伯恭欲解書。云。且自後面解起。今解至洛誥。有印本是也。其文甚鬧熱。某嘗問伯恭書有難通處否。伯恭初云。亦無甚難通處。數日間。却云果有難通處。今只是强解將去耳

書說未有分付處。因思向日諭及尚書文義貫通。猶

是第二義。直須見得二帝三王之心。而通其所可通。毋强通其所難通。即此數語。便已㕘到七八分。千萬便撥置此來議定綱領。早與下手爲佳。諸說此間亦有之。但蘇氏傷於簡。林氏傷於繁。王氏傷於鑿。呂氏傷於巧。然其間儘有好處。如制度之屬。秖以疏文爲本。若其間有未穩處。更與挑剔。令分明耳

婺源滕氏和叔曰。書之大意。一中字而已。允執厥中。書所以始。咸中有慶。書所以終。以此一字讀此一書。迎刃而解矣

程氏去華曰。前輩謂讀書要識聖賢氣象。某謂讀尚書。

亦當識唐虞三代氣象君臣交相儆戒夏商以後則
多臣戒君耳禹臯陶戒君儆於未然辭亦不費夏商
以後則事形而後正救之如太甲高宗肜日旅獒等
篇且反覆詳至不憚辭費矣觀啓與有扈戰于甘野
以天子之尊統六師與一强諸侯對敵前此未聞也
湯之伐夏自湯誓湯誥外未嘗數桀之惡且有慙德
武王伐紂則有泰誓牧誓武成凡五篇歷歷陳布惟
恐紂惡不白已心不明略無回護意矣伊尹諫太甲
不從而放之前此無是也使無尹之志則去鬻拳無
幾然太甲天資力量遠過成王太甲悔悟尹遂可以

告歸。周公則讒疑交起。雖風雷彰德之餘。宅中圖大之後。不敢去國。且切切挽召公以同心輔佐。用力何其艱也。堯以大物授舜。舜以大物授禹。此豈細事。而天下帖然無異辭。盤庚以圮于耿而遷國。本欲安利萬民。而臣民讙譁。至勤三篇訓諭。而僅濟。然盤庚猶可也。周之區處商民。自大誥以後。畢命以前。藥石之。飲食之。一以爲龍蛇。一以爲赤子。更三紀之久。君臣共以爲國家至大至重之事。幸而訖於無虞。視堯區處苗頑。又何甚暇而甚勞也。精一執中。無偩皇極之煩言。欽恤明刑。何至呂刑之騰口。降是而魯秦二誓。

見取於經。而王迹熄。霸圖兆矣。世變有隆污。風俗有厚薄。固應如此。引而伸之。觸類而長之。讀書者。其毋苟乎哉

書說綱領畢

書序

漢孔安國曰。古者伏犧氏之王天下也。始畫八卦。造書契。以代結繩之政。由是文籍生焉

陸氏曰。伏犧風姓。以木德王。即太皥也。書契刻木而書其側。以約事也。易繫辭云。上古結繩而治。後世聖人易之以書契。文。文字也。籍。書籍也

（楊氏易傳曰。☰☷。古之天地字也。曷由知之。由坎離知之。偃之爲☵☲。立之爲水火。若雷風山澤之字亦然。故漢書坤字作巛。八字立。而聲畫不可勝窮矣。豈待鳥跡哉。後世草書天字作乙。即☰也○新安胡氏曰。黄帝時。始有字。則黄帝以前。皆無字也。今則有之者。文籍既生之後而作也）

伏犧神農黄帝之書。謂之三墳。言大道也。少昊顓頊高辛

唐虞之書謂之五典言常道也至于夏商周之書雖設教
不倫雅誥奥義其歸一揆是故歷代寶之以爲大訓
陸氏曰神農炎帝也姜姓以火德王黄帝軒轅也姬姓
以土德王一號有熊氏少昊金天氏名摯已姓
黄帝之子以金德王顓頊高陽氏姬姓黄帝之孫以水
德王高辛帝嚳也黄帝之曾孫姬姓以木德王唐帝堯
也姓伊耆氏帝嚳之子初爲唐侯後爲天子都陶故號
陶唐氏以火德王虞帝舜也姓姚氏國號有虞顓頊六
世孫以土德王夏禹有天下之號也以金德王商湯有
天下之號也亦號殷以水德王周文王武王有天下之

號也。以木德王攙度也 問三皇所說甚多，當以何者爲是。朱子曰。無處理會。當且依孔安國之說。五峯以爲天皇。地皇。人皇。而伏犧神農黄帝堯舜爲五帝。却無顓頊高辛之數。要之也不可便如此說。又曰。只依孔安國之說。然五峯以羲農黄唐虞作五帝。云據易繫辭當如此。要之不必如此。○董氏鼎曰。周禮外史掌三皇五帝之書。左氏亦謂楚左史倚相能讀三墳五典。則三皇有書明矣。而孔子則云包羲氏始畫八卦。上古結繩而治。後世聖人易之以書契。是包羲以前。且未有字。安得有書。如此則三墳爲伏羲神農黄帝之書。安國之說近是。自伏羲至堯舜八聖人者。固皆主宰天下之帝也。而以其道之大。則羲農黄又謂之三皇。其實一也。少昊以下。爲君莫盛於堯舜。故書惟取二典。堯舜以前立法。蓋始於伏羲。故易兼言五聖。而黄帝亦曰帝。皇之與帝。初非本有定名。而不可通稱也。王氏曰。君天下之號有三。皇言大。帝言諦。王言公。不過以殊徽號。而非有所優劣也。惟邵子經世。乃有皇帝王覇之分。然亦以論其世耳。朱子曰。當且依孔安國。斯言盡之矣

八卦之說。謂之八索。求其義也。九州之志。謂之九丘。丘聚

也。言九州所有，土地所生，風氣所宜，皆聚此書也。春秋左氏傳曰：楚左史倚相能讀三墳、五典、八索、九丘，即謂上世帝王遺書也。

陸氏曰：索，求也。倚相，楚靈王時史官也。唐孔氏曰：丘、索，不知在何代，故

直總言帝王。

先君孔子生於周末，覩史籍之煩文，懼覽之者不一，遂乃定禮樂，明舊章，刪詩爲三百篇，約史記而修春秋，讚易道以黜八索，述職方以除九丘，討論墳典，斷自唐虞以下，訖于周，芟夷煩亂，翦截浮辭，舉其宏綱，撮其機要，足以垂世立教，典、謨、訓、誥、誓、命之文凡百篇，所以恢弘至道，示人主

以軌範也。帝王之制，坦然明白，可舉而行。三千之徒並受其義。

程子曰：所謂大道，若性與天道之說，聖人豈得而去之哉？若言陰陽四時七政五行之道，亦必至要之理，非如後世之繁衍末術也。固亦常道，聖人所以不去也。或者所謂羲農之書，乃後人稱述當時之事，失其義理，如許行爲神農之言，及陰陽權變醫方稱黃帝之說耳。此聖人所以去之也。五典既皆常道，又去其三，盖上古雖已有文字，而制立法度，爲治有迹，得以紀載，有史官以識其事，自堯始耳。○今按周禮外史掌三皇五帝之書，周公所録必非僞妄而春秋時三墳五典八索九丘之書猶有存者若果全備孔子亦不應悉刪去之或其簡編脱落不可通曉或是孔子所見止自唐虞以下不可知耳今亦不必深究其說也

問書斷自唐虞以下須是孔子意朱子曰也不可知且如三皇之書言大道有何不可便刪去五帝之書言常道少昊顓項高辛有何不可便刪去此皆不可曉也○典謨之書恐是曾經史官潤色来如周誥等篇恐只似如今榜文曉諭俗人者方言俚語隨地隨時各自不同林少頴嘗曰如今人即日伏惟尊候萬福使古人聞之亦不知是何等說話○尚書諸命皆分曉蓋如今制誥是朝廷做底文字諸誥皆難曉蓋是與下民說話後来追録而成之○書難曉者只是當時說話自是如此當時人曉得後人乃以爲難曉爾若使古人見今人俗語却理會不得也以其間頭緒多若去做文字時說不盡故只直記其言語而已○書有兩體有極分曉者有極難曉者某恐如盤庚周誥多方多士之類是當時召之来

而面命之。面教告之。自是當時一類說話。至於旅獒。畢命。微子之命。君陳。君牙。冏命之屬。則是當時修其詞命。所以當時百姓都曉得者。有今時老師宿儒所不曉也。今人之所曉者。未必當時之人。識其詞義也。○問周誥辭語艱澁。如何看。曰。此等是不可曉。林澤之說。艾軒以爲方言。曰。只是古語如此。切意當時風俗。恁地說話。人便都曉得。如這物事。喚做甚物事。今風俗不喚作這物事。便曉他不得。如蔡仲之命。君牙等篇。乃當時與卿大夫語。似今翰林所作制誥之文。故甚易曉。如誥是與民語。乃今官司行移曉諭文字。有帶時語在其中者。今但曉其可曉者。其不可曉者。則闕之可也。○唐孔氏曰。安國是孔子十一世孫。上尊先祖。故曰先君。孔子周靈王時生。敬王時卒。故云周末。職方。即周禮也。○董氏鼎曰。陸氏以六體分正攝。蓋以典謨訓誥誓命名篇者爲正。不以名篇。而在六體之類者爲攝。然古之爲書者。隨時書事。因事成言。取辭之達意而已。豈如後之作文者。求必合體制也。孔氏以六體言。大槩已舉。雖不以六字名篇。合其類。則是亦正也。何以攝爲。至若唐孔氏以征貢歌範。足爲十例。亦不必從。善乎林氏。謂讀書在求帝王之心。以充修齊治平之道。體例安足言哉

及秦始皇滅先代典籍。焚書坑儒。天下學士。逃難解散。我先人用藏其家書于屋壁

秦國名。始皇名政。并六國爲天子。自號始皇帝。焚詩書在三十四年。坑儒在三十五年。顏師古曰。家語云。孔騰字子襄。畏秦法峻急。藏尚書孝經論語。於夫子舊堂壁中。而漢記尹敏傳云孔鮒所藏。二說不同。未知孰是 唐孔氏曰。秦紀。始皇三十四年。因置酒於咸陽宮。丞相李斯。奏請天下敢有藏詩書百家語者。悉詣守尉雜燒之。有敢偶語詩書者棄市。令下三十日不燒。黥爲城旦。制曰。可。三十五年。以方士盧生。求仙藥不得。以爲誹謗。諸生連相告引四百六十餘人。坑之咸陽。又衛宏古文奇字序云。秦改古文以爲篆隸。多誹謗者。秦患天下不從。而召諸生。至者皆拜爲郎。凡七百人。又密令冬月種瓜驪山硎谷中溫處。瓜實乃使人上書曰。冬瓜有實。詔天下

博士諸生說之。人人各異。則皆使往視之。而爲伏機。諸生方相論難。因發機。塡以土。史記。孔子世家云。孔子生鯉伯魚。鯉生伋子思。伋生白子上。白生求子家。求生箕子京。箕生穿子高。穿生愼子順。爲魏相。愼生鮒。爲陳涉博士。鮒弟騰子襄。爲惠帝博士。長沙太守。騰生中。中生武。武生延陵。及安國。安國爲武帝博士。臨淮太守 ○新安陳氏曰。按鮒騰兄弟爾藏書必同謀。謂鮒藏可也。謂騰藏亦可也

漢室龍興。開設學校。旁求儒雅。以闡大猷。濟南伏生。年過九十。失其本經。口以傳授。裁二十餘篇。以其上古之書。謂之尚書。百篇之義。世莫得聞

漢藝文志云。尚書經二十九卷。註云。伏生所授者。儒林傳云。伏生。名勝。爲秦博士。以秦時禁書。伏生壁藏之。其後大兵起。流亡。漢定。伏生求其書。亡數十篇。獨得二十

九篇即以教于齊魯之間孝文時求能治尚書者天下
無有聞伏生治之欲召時伏生年九十餘老不能行於
是詔太常使掌故鼂錯往受之顏師古曰衛宏定古文
尚書序云伏生老不能正言言不可曉使其女傳言教
錯齊人語多與潁川異錯所不知凡十二三略以其意
熟讀而已陸氏曰二十餘篇即馬鄭所註二十九篇是
也孔穎達曰泰誓本非伏生所傳武帝之世始出而得
行史因以入於伏生所傳之內故云二十九篇也〇今
按此序言伏生失其本經口以傳授漢書乃言初亦壁
藏而後亡數十篇其說與此序不同蓋傳聞異辭爾至

於篇數亦復不同者伏生本但有堯典臯陶謨禹貢甘誓湯誓盤庚高宗肜日西伯戡黎微子牧誓洪範金縢大誥康誥酒誥梓材召誥洛誥多方多士立政無逸君奭顧命呂刑文侯之命費誓秦誓凡二十八篇今加泰誓一篇故爲二十九篇耳其泰誓眞僞之說詳見本篇此未暇論也

問尚書古文今文有優劣否朱子曰孔壁之傳漢時人却不傳只是司馬遷曾師授如伏生尚書漢世却多傳者晁錯以伏生不曾出其女口授有齊音不可曉者以意屬成此載於史者及觀經傳及孟子引享多儀出自大誥却無差只疑伏生偏記得難底却不記得易底然有一說可論難易古人文字有一般如今人書簡說話雜以方言一時記録者有一般是做出告戒之命者疑盤庚之類是一時告語百姓盤庚勸諭百姓遷都之類是出於記録至於蔡仲之命微子之命冏命之屬或出當時做成底詔誥文字

如後世朝廷詞臣所爲者。又問尚書未有解。曰。便是有貴力處。其間用字亦有不可曉處。當時爲伏生是濟南人。晁錯却潁川人。止得於其女口授。有不曉其言。以意屬讀。然而傳記所引。却與尚書所載。又無不同。只是孔壁所藏者皆易曉。伏生所記者皆難曉。如堯典舜典臯陶謨益稷。出於伏生。便有難曉處。如載采采之類。大禹謨便易曉。如五子之歌胤征有甚難記。却記不得。至如泰誓武成。皆易曉。只牧誓中便難曉。如五步六步之類。如大誥康誥夾著微子之命穆王之時冏命君牙易曉。到呂刑亦難曉。因甚只記得難底。却不記得易底。便是未易理會○唐孔氏曰。以其上古之書。謂之尚書。此文繼伏生之下。則知尚字乃伏生之所加也。尚。訓爲上○夏氏曰。此上代之書。爲後世所慕尚。故曰尚書○臨川吳氏曰。書者。史之所紀録也。從聿從者。聿古筆字。以筆畫成文字。載之簡冊。曰書。者。諧聲。伏羲始畫八卦。黃帝時。蒼頡始制文字。凡通文字能書者。謂之史。人君左右。有史以書其言動。堯舜以前。世質事簡。莫可考詳。孔子斷自堯舜以後。史所紀録。定爲虞夏商周。四代之書

至魯共王好治宮室。壞孔子舊宅。以廣其居。於壁中得先

人所藏古文虞夏商周之書及傳論語孝經皆科斗文字。王又升孔子堂聞金石絲竹之音乃不壞宅悉以書還孔氏科斗書廢已久時人無能知者以所聞伏生之書考論文義定其可知者爲隸古定更以竹簡寫之增多伏生二十五篇伏生又以舜典合於堯典益稷合於皐陶謨盤庚三篇合爲一康王之誥合於顧命復出此篇并序凡五十九篇爲四十六卷其餘錯亂摩滅弗可復知悉上送官藏之書府以待能者

陸氏曰。共王漢景帝子名餘傳謂春秋也一云周易十翼非經謂之傳科斗蟲名蝦蟇子書形似之爲隸古定。

謂用隸書以易古文吳氏曰伏生傳於既耄之時而安國爲隸古又特定其所可知者而一篇之中一簡之內其不可知者蓋不無矣乃欲以是盡求作書之本意與夫本末先後之義其亦可謂難矣而安國所增多之書今篇目具在皆文從字順非若伏生之書詰曲聱牙至有不可讀者夫四代之書作者不一乃至二人之手而遂定爲二體乎其亦難言矣二十五篇者謂大禹謨五子之歌胤征仲虺之誥湯誥伊訓太甲三篇咸有一德說命三篇泰誓三篇武成旅獒微子之命蔡仲之命周官君陳畢命君牙冏命也復出者舜典益稷盤庚三篇康王

之誥凡五篇又百篇之序自爲一篇共五十九篇即今所行五十八篇而以序冠篇首者也爲四十六卷者孔䟽以爲同序者同卷異序者異卷同序者太甲盤庚說命泰誓皆三篇共序凡十二篇只四卷又大禹皐陶謨益稷康誥酒誥梓材亦各三篇共序凡六篇只二卷外四十篇篇各有序凡四十卷通共序者六卷故爲四十六卷也其餘錯亂摩滅者汨作九共九篇槀飫帝嚳釐沃湯征汝鳩汝方夏社疑至臣扈典寶明居肆命徂后沃丁咸乂四篇伊陟原命仲丁河亶甲祖乙高宗之訓分器旅巢命歸禾嘉禾成王政將蒲姑賄肅慎之命亳

姑凡四十二篇今亡朱子曰書有古文有今文今文乃伏生口傳古文乃壁中之書大禹謨說命高宗肜日西伯戡黎泰誓等篇凡易讀者皆古文況又是科斗書以伏生書字文攷之方讀得豈有數百年壁中之物安得不訛損一字又却是伏生記得者難讀此尤可疑今人作全書解必不是○唐孔氏曰凡書非經則謂之傳言及傳論語孝經正謂孝經論語是傳也漢武帝謂東方朔云傳曰時然後言人不厭其言又漢東平王雲與其太師策書云傳曰陳力就列不能者止又成帝賜翟方進策書云傳曰高而不危所以長守貴也是漢世通謂孝經論語爲傳也聞金石絲竹之音懼其神異乃止不敢壞宅○或曰孔子子孫雖遭壞宅而不廢禮樂之常如漢兵欲屠魯而猶聞絃誦聲共王所以有感而不壞宅也

承詔爲五十九篇作傳於是遂研精覃思博考經籍採摭群言以立訓傳約文申義敷暢厥旨庶幾有補於將來書序序所以爲作者之意昭然義見宜相附近故引之各冠

其篇首定五十八篇

詳此章。雖說書序。序所以爲作者之意。而未嘗以爲孔子所作。至劉歆班固。始以爲孔子所作

既畢。會國有巫蠱事。經籍道息。用不復以聞。傳之子孫。以貽後代。若好古博雅君子。與我同志。亦所不隱也

陸氏曰。漢武帝末。征和中。江充造蠱。敗戾太子○今按安國此序。不類西京文字。疑或後人所託。然無據未敢必也。以其本末頗詳。故備載之。讀者宜考焉朱子曰。書序恐不是安國做。漢文粗枝大葉。今書序細膩。只似六朝時文字。小序斷不是孔子做○又曰。只是魏晉人文字。陳同父亦如此說。尚書孔安國註。其疑決非孔安國所註。蓋文字固善。不是西漢人文章。安國漢武帝時。文章豈如此。

但有太麤之法。不如此固善也。亦非後漢文○因說書
云。某常疑孔安國書是假書。比毛公傳如此高簡。大段
爭事漢儒訓釋文字。多是如此。有疑則闕。今此却盡釋
之。豈有千百年前人說底話收拾於灰燼屋壁中。與口
傳之餘。更無一字訛舛。理會不得。如此可疑也。兼小序
皆可疑。堯典一篇。自說堯一代爲治之次序。至讓于舜
方止。今却說是讓于舜後方作舜典。亦是見一代政事
之終始。却說歷試諸難。是爲要受讓時作也。至後諸篇
皆然。況他先漢文章。重厚有力量。他今大序。格致極輕。
却疑是晉宋間文章。況孔書至東晉間方出。前此諸儒
皆不曾見。可疑之甚○小序決非孔門之舊。安國序亦
決非西漢文章。向來語人。人多不解。惟陳同父聞之不
疑。要是渠識得文字體製意度耳○又曰。書序不可信。
伏生時無之○唐孔氏曰。蠱者惟惑之名。指體則藥毒
害人。與行符厭俗爲魅。令人蠱惑。夭年傷性者。皆是也。
以蠱皆巫之所爲。故曰巫蠱○元城劉氏曰。今之書。乃
漢所謂尚書。若復求孔子所定之書。今不見矣。漢承秦
火之後。諸儒各以所學談經。或得或失。然各自名家。自
濟南伏生以降。不獨一人。就其中取之。獨孔安國古文
尚書。尤勝諸家。則今尚書是也○林氏曰。孔傳成。遭巫

蠱而不出。杜預註左傳。韋昭註國語。趙岐註孟子。凡所舉書出二十五篇中。皆指爲逸書。實未嘗逸也。賈馬鄭服。亦皆不見。古文尚書。至晉齊間。其書漸出。及隋開皇二年。求遺書。得舜典。然後五十八篇方備。孔氏書始出。皆用隷書。至唐天寶三載。詔衛衡改古文從今文。今之所傳。乃唐天寶所定本也。○董氏鼎。曰。世傳古文尚書呂汲公跋。謂天寶前本。字多奇古。與蔡傳及諸書所引皆合

漢書藝文志云。書者古之號令。號令於衆。其言不立具。則聽受施行者弗曉。古文讀應爾雅。故解古今語而可知也

括蒼葉夢得曰。尚書文皆奇澀。非作文者故欲如此。蓋當時語自爾也。今按此說是也。大抵書文。訓誥多艱澀。而誓命多平易。蓋訓誥皆是記録當時號令於衆之本語。故其間多有方言及古語。在當時。則人所共曉。而於

今世反爲難知誓命則是當時史官所撰檃括潤色粗
有體製故在今日亦不難曉耳
孔穎達曰孔君作傳值巫蠱不行以終前漢諸儒知孔本
五十八篇不見孔傳遂有張霸之徒僞作舜典汨作九共
九篇大禹謨益稷五子之歌胤征湯誥咸有一德典寶伊
訓肆命原命武成旅獒冏命二十四篇除九共九篇共卷
爲十六卷蓋亦略見百篇之序故以伏生二十八篇者復
出舜典益稷盤庚二篇康王之誥及泰誓共爲三十四篇
而僞作此二十四篇十六卷附以求合於孔氏之五十八
篇四十六卷之數也劉向班固劉歆賈逵馬融鄭玄之徒

皆不見眞古文而誤以此爲古文之書服虔杜預亦不之見至晉王肅始似竊見而晉書又云鄭冲以古文授蘇愉愉授梁柳柳之内兄皇甫謐又從柳得之而柳又以授臧曹曹始授梅賾賾乃於前晉奏上其書而施行焉

漢書所引泰誓云誣神者殃及三世又云立功立事惟以永年疑即武帝之世所得者律歷志所引伊訓畢命字畫有與古文略同者疑伏生口傳而晁錯所屬讀者其引武成則伏生無此篇必張霸所僞作者也碧梧馬氏曰按孔傳所言則古文書其經已送之王官藏之中秘其傳則遭巫蠱而不復上聞藏之私家者也以其未立於學官是以經伏而傳不行於世耳是則所謂古文書豈惟未嘗逸蓋亦未嘗不在王官也劉歆移太常書所謂藏

於秘府。伏而未發者是也。中秘書非世儒所得見。宜乎後之引古文書者。皆不得其眞。若杜韋趙註諸書所引。皆指爲逸書也。如是幾七百年而後傳。斯文之興喪可畏哉。○臨川吳氏曰。書二十五篇。晉梅賾所奏上者。所謂古文書也。書有今文古文之異何哉。晁錯所受伏生書。以隸寫之。隸者當世通行之字也。故曰今文。魯共王壞孔子宅。得壁中所藏皆科斗書。科斗者。蒼頡所製之字也。故曰古文。然孔壁眞古文書不傳。後有張霸僞作舜典。汨作。九共九篇。大禹謨。益稷。五子之歌。胤征。湯誥。咸有一德。典寶。伊訓。肆命。原命。武成。旅獒。冏命。二十四篇。目爲古文書。漢藝文志云。尚書經二十九篇。古經十六卷二十九篇者。即伏生今文書二十八篇及武帝時增僞泰誓一篇也。古經十六卷者。即張霸僞古文書二十四篇也。漢儒所治。不過伏生書及僞泰誓共二十九篇。爾。張霸僞古文雖在。而辭義蕪鄙。不足取重於世。以售其欺。及梅賾二十五篇之書出。則凡傳記所引書語。註家指爲逸書者。收拾無遺。旣有證驗。而其言率依於禮。比張霸僞書遼絶矣。析伏氏書二十八篇爲三十三。雜以新出之書。通爲五十八篇。幷書序一篇。凡五十九。有孔安國傳及序。世遂以爲眞孔壁所藏也。唐初諸儒

從而爲之䟽義自是漢世大小夏侯歐陽氏所傳尚書
止有二十九篇者廢不復行惟此孔傳五十八篇孤行
於世伏氏書既與梅賾所增混淆誰復能辨竊嘗讀之
伏氏書雖不盡通然辭義古奥其爲上古之書無疑梅
賾所增二十五篇體製如出一手采集補綴雖無一字
無所本而平緩卑弱殊不類先漢以前之文夫千年古
書最晚乃出而字畫畧無脫誤文勢畧無齟齬不亦大
可疑乎吳才老曰增多之書皆文從字順非若伏生之
書詰曲聱牙夫四代之書作者不一乃至二人之手而
定爲二體其亦難言矣朱仲晦曰書凡易讀者皆古文
豈有數百年壁中之物不訛損一字又曰伏生所傳皆
難讀如何伏生偏記其所難而易者全不能記也又曰
孔書至東晉方出前此諸儒皆未見可疑之甚又曰書
序伏生時無之其文甚弱亦不是前漢人文字只似後
漢末人又曰小序決非孔門之舊安國序亦非西漢文
章又曰先漢文字重厚今大序格致極輕又曰尚書孔
安國傳是魏晉間人作托孔安國爲名耳又曰孔傳幷
序皆不類西漢文字氣象與孔叢子同是一手僞書蓋
其言多相表裏而訓詁亦多出小爾雅也夫以吳氏及
朱子之所疑者如此顧澄何敢質斯疑而斷斷然不敢

信此二十五篇之爲古書。則是非之心。不可得而昧也

今按漢儒以伏生之書爲今文。而謂安國之書爲古文。以今考之。則今文多艱澀。而古文反平易。或者以爲今文自伏生女子口授晁錯時失之。則先秦古書所引之文。皆已如此。恐其未必然也。或者以爲記錄之實語難工。而潤色之雅詞易好。故訓誥誓命有難易之不同。此爲近之。然伏生背文暗誦。乃偏得其所難。而安國考定於科斗古書錯亂磨滅之餘。反專得其所易。則又有不可曉者。至於諸序之文。或頗與經不合。而安國之序又絕不類西京文字。亦皆可疑。獨諸序之本不先經。則賴安國之序而見。故今定

此本。壹以諸篇本文爲經。而復合序篇於後。使覽者得見
聖經之舊。而又集傳其所可知。姑闕其所不可知者云董氏
鼎曰。帝王之書。歷代所寶。天下家傳人誦之。人生八歲入
小學。教之以詩書六藝之文。即此書也。蓋自孔子以前則
然矣。孔子初志。本期道行於天下。亦未肯止於刪詩定書
而已。及既老而道不行。然後始及於此。所以斷自唐虞訖
于周者。蓋以前乎五帝爲三皇。世尚洪荒。非後世所可考。
後乎三王爲五伯。習尚權譎。文非聖人所忍爲。故惟自唐
訖周。而百篇之書定。自是誦習者。簡要而不繁。舉行者。中
正而無弊。此夫子之意也。若夫一書之中。其於明德新民
之綱。修齊治平之目。即堯典以盡其要。而危微精一四言。
所以開知行之端。主善協一四言。所以示博約之義。務學
則說命其入道之門。爲治。則洪範其經世之要也。他如齊
天運。則有羲和之曆。定地理。則有禹貢之篇。正官僚。則有
周官之制度。修己任人。則有無逸立政諸書。惜煨燼壞爛之
餘。百篇僅存其半。而宏綱實用尚如此。故嘗謂六經莫古
於書。易雖始於伏羲。然有卦未有辭。辭始於文王。爾六經
莫備於書。五經各主一事而作耳。易主卜筮。即洪範之稽

競也。禮主節文。即虞書之五禮也。詩主詠歌。即后夔之樂教也。周禮設官。即周官六卿率屬之事也。春秋褒貶。即臯陶命德討罪之權也。五經各主帝王政事之一端。書則備紀帝王政事之全體。修齊治平之規模事業。盡在此書。學者其可不盡心焉

書傳大全卷之一

虞書

虞舜氏。因以爲有天下之號也。書凡五篇。堯典雖紀唐堯之事。然本虞史所作。故曰虞書。其舜典以下夏史所作。當曰夏書。春秋傳亦多引爲夏書。此云虞書或以爲孔子所定也。陸氏曰。虞書凡十六篇。十一篇亡○夏氏曰。二典禹謨。俱謂之虞書者。蓋三聖授受。實守一道。謂之唐書。則可以該舜。不可以該禹。謂之夏書。則可以該舜。不可以該堯。惟曰虞書。則見舜上承於堯。下授於禹

堯典

堯唐帝名。說文曰。典從冊在丌上。尊閣之也。此

篇以簡冊載堯之事故名曰堯典。後世以其所載之事可謂常法故又訓爲常也。今文古文皆有

朱子曰。死謚周道也。史云夏商以上無謚。以其號爲謚。如堯舜禹之類。看來堯舜禹也無意義。堯字從三土。如謂土之堯然而高也。舜只是花名。所謂顏如舜華之舜。也無意義。禹者獸跡。今說文篆禹字如獸跡之形。若死而以此爲號。也無意義。況虞舜側微時已云有鰥在下曰虞舜。則不得爲死而加之號矣。看來堯舜禹只是名。非號也。○看二典之書。堯舜所以卷舒作用。直如此熟。○程子曰。上古世淳人朴。順事而爲治耳。至堯始爲治道。因事制法。著見功跡。而可爲典常也。不惟隨時。亦其憂患後世而有作也。故作史者以典名其書。○呂氏曰。二典與他書不同。如易之有乾坤。○董氏鼎曰。按篇題下每書古今文有無者。孔壁伏生二書之分耳。非以字畫言辭論也。○臨川吳氏曰。此篇蓋舜崩之後。虞史紀舜之行事。然以舜徵庸攝位。皆在

堯時。故追紀堯之行事以該初終。一篇並載二帝之事。不名舜典而名堯典者。統於尊也。伏生書此篇止名堯典。梅頤始分慎徽五典以下爲舜典。陳振孫曰。孟子所引二十有八載。放勳乃殂落之文。曰堯典。則知古無舜典也

曰若稽古帝堯曰放勳欽明文思安安允恭克讓光被四表格于上下

曰粵越通古文作粵。曰若者發語辭。周書越若來三月。亦此例也。稽考也。史臣將叙堯事。故先言考古之帝堯者其德如下文所云也。曰者猶言其說如此也。放至也。猶孟子言放乎四海是也。勳功也。言堯之功大而無所不至也。欽恭敬也。明通明也。敬體而明用也。文文章也。

思意思也文著見而思深遠也安安無所勉強也言其德性之美皆出於自然而非勉強所謂性之者也允信克能也常人德非性有物欲害之故有強爲恭而不實欲爲讓而不能者惟堯性之是以信恭而能讓也光顯被及表外格至上天下地也言其德之盛如此故其所及之遠如此也蓋放勲者總言堯之德業也欽明文思安安本其德性而言也允恭克讓以其行實而言也至於被四表格上下則放勲之所極也孔子曰惟天爲大惟堯則之故書叙帝王之德莫盛於堯而其贊堯之德莫備於此且又首以欽之一字爲言此書中開卷第一

義也。讀者深味而有得焉。則一經之全體不外是矣。其可忽哉 朱子曰。曰若稽古帝堯。是作書者叙起。○堯是初頭出第一箇聖人。尚書堯典是第一篇典籍說堯之德。都未下別字。欽是第一箇字。如今看聖賢千言萬語。大事小事。莫不本於敬。收拾得自家精神在此。方看得道理盡。看道理不盡。只是不曾專一。○敬。是徹上徹下工夫。做到聖人田地。也只放下這箇敬不得。如堯舜也。只終始是一箇敬。如說欽明文思。須堯之德四箇字。獨將這箇敬爲首。如說恭已正南面而已。如說篤恭而天下平。皆是。○堯欽明文思。欽是箇本領。能敬便能明。惟明故文理詳察。粲然可觀。而其間意思自是深遠。又曰。敬字當理會。雖堯舜之聖。亦只從這下來。○安安。只是箇重疊字。若小心翼翼。成性存存。言堯之欽明文思。皆本於自然。不出於勉強也。允則是信實。克則是能。○允恭克讓。從張綱說。謂信恭能讓。作書者贊詠堯德如此。○元城劉氏曰。堯典下當爲粤若稽古。粤若。發語之辭。稽。考也。言史氏考古有此事也。蓋粤若者。則所謂越若來三月也。稽古者。則所謂惟稽古是也。○呂氏曰。散而在外則爲文。欽明之發見也。蘊而在內則爲思。

欽明之潛蓄也。文思表裏之謂○芸閣呂氏曰。君子莫不有是德。惟堯爲能安安。所謂安而行之。格。極其所至也。德之盛者。上下與天地同流而無間也○西山眞氏曰。堯之德以欽爲首。而其行以恭爲先。學者之學聖人。此其準的也○王氏充耘曰。欽明文思安安。是堯之得於天者異於人。允恭克讓。是堯之見諸行事者異於人。

欽明文思。或可能也。安安不可能也。恭讓或可能也。允克不可能也

克明俊德。以親九族。九族既睦。平章百姓。百姓昭明。協和萬邦。黎民於變時雍

明明之也。俊大也。堯之大德。上文所稱是也。九族高祖至玄孫之親。舉近以該遠。五服異姓之親亦在其中也。睦親而和也。平均。章明也。百姓畿內民庶也。昭明皆能自明其德也。萬邦天下諸侯之國也。黎黑也。民首皆黑

故曰黎民於歎美辭變變惡爲善也時是雍和也此言

堯推其德自身而家而國而天下所謂放勳者也朱子曰克

明俊德是明明德之意○克明俊德只是說堯之德與文王克明德同○問堯典自欽明文思以下皆說堯之德則所謂克明俊德者古註作能明俊德之人似有理曰且看文勢不見有用人意○問俊德或以爲己之明德或以爲俊德之士若以大學之序觀之則俊德爲己之明德似無可疑者曰俊德當依大學說○問堯典以親九族說者謂上至高祖下至玄孫林少頴謂若如此只是一族所謂九族者父族四母族三妻族二是否曰父族謂本族姑之夫姊妹之夫女子之夫家母族謂母之本族母族與姨母之家妻族則妻之本族與其母族是也上殺下殺旁殺只看所畫宗族圖可見○九族以三族言者較大然亦不必如此泥但其所親者皆是○平章百姓只是近處百姓黎民則合天下之民言之矣典謨中百姓只是說民如罔咈百姓之類若國語說百姓則多是說百官族姓○平章百姓只是畿内之民非百官族姓也此家齊而後國治之意百姓昭明乃三綱

五常皆分曉不鶻突也○王氏曰親者親之也睦者交相親也○唐氏曰睦者親之應昭明者平章之應時雍者協和之應也○陳氏大猷曰於如詩於穆之於蓋神化之妙難以形容與直言變者氣象不侔矣○西山真氏曰欽明文思者衆德之目大德即其總名也明俊德者脩身之事其下即齊家治國平天下之事也此帝者爲治之序也先言明俊德謂堯自明其德後言平章百姓而百姓昭明謂新民而民亦有以明其德也大學以明明德爲新民之端與夫脩身齊家治國平天下之序蓋本之堯典也堯典其大學之宗祖歟○新安陳氏曰克明俊德者明此德之全體以親九族至時雍者推此德之大用舉天地間盡在春風和氣中矣傳謂此言堯推其德自身而家而國而天下所謂放勳者也即指此爲放勳帝德之用無所不至者即功勳之無所不至者也豈功自功德自德哉○王氏充耘曰此盡己之性能盡人之性者也

乃命羲和欽若昊天曆象日月星辰敬授人時

乃者繼事之辭羲氏和氏主曆象授時之官若順也昊

廣大之意曆所以紀數之書象所以觀天之器如下篇璣衡之屬是也日陽精一日而繞地一周月陰精一月而與日一會星二十八宿衆星爲經金木水火土五星爲緯皆是也辰以日月所會分周天之度爲十二次也人時謂耕穫之候凡民事早晚之所關也其說詳見下文

朱子曰羲和主曆象授時而已非是各行其方之事○羲和即是那四子或云有羲伯和伯共六人未必是○曆是古時一件大事故炎帝以鳥名官首曰鳳鳥氏曆正也歲月日時既定則百工之事可考其成曆是書象是器無曆則無以知三辰之所在無璣衡則無以見三辰之所在○孔氏曰重黎之後羲氏和氏世掌天地四時之官昊天言元氣廣大○唐孔氏曰日月所會之辰十有二正月會亥辰爲陬訾二月戌爲降婁三月酉爲大梁四月申爲實沈五月未爲鶉首六月午爲鶉火七月巳爲鶉尾八月辰爲壽星九月卯爲大火十月

寅爲析木。十一月丑爲星紀。十二月子爲玄枵。星與辰一也。舉其人之所見爲星。論其日月所會謂之辰。○呂氏祖謙曰。作曆之前。欽若昊天。是先天而天弗違。作曆之後。敬授人時。是後天而奉天時。皆以欽敬爲主。○程子曰。事之最大最先。在推測天道。治曆明時。萬事莫不本於此。脩齊治平治之道也。順時治曆。創制立度。治之法也。聖人治天下。惟此兩端而已。○王氏曰。昔少昊氏命官。鳳鳥氏司曆。玄鳥氏司分。伯趙氏司至。青鳥氏司啓。丹鳥氏司閉。位五鳩五雉九扈之上。古聖人重曆數如此。堯出步占。曰欽曰敬。最爲詳嚴。及夏羲和合爲一。其職已畧。至周爲大史。正歲年以序事。以下大夫爲之。馮相氏掌日月星辰。以中士爲之。則其官益輕。蓋創端造始。推測天度。非上哲有所不能。及成法已具。有司守之。亦可步占。所以始重終輕。其勢然也。○新安陳氏曰。重黎自掌天地神民。羲和自掌四時作曆。疑是兩官。紛紛之說。不足深泥。四子先總命之。繼分命之。末復總命之。雖分方與時。其實通掌。正如春官正至冬官正。雖分四時。實通兼云。○陳氏雅言曰。敬授與允釐意相似。聖人事天治民。亦欽敬之心而已。敬天之心。嚴於曆象之際。勤民之心。嚴於授時之際。聖人於事。何往不敬。而況

於事天治民之大者乎

分命羲仲宅嵎夷曰暘谷寅賓出日平秩東作日中星鳥以殷仲春厥民析鳥獸孳尾

此下四節言曆既成而分職以頒布且考驗之恐其推步之或差也或曰上文所命羲伯和伯此乃分命其仲叔未詳是否也宅居也嵎夷即禹貢嵎夷既畧者也曰暘谷者取日出之義羲仲所居官次之名蓋官在國都而測候之所則在於嵎夷東表之地也寅敬也賓禮接之如賓客也亦帝嚳曆日月而迎送之意出日方出之日蓋以春分之旦朝方出之日而識其初出之景也

平均秩序作起也東作春月歲功方興所當作起之事也蓋以曆之節氣早晚均次其先後之宜以授有司也日中者春分之刻於夏永冬短爲適中也晝夜皆五十刻舉晝以見夜故曰日星鳥南方朱鳥七宿唐一行推以鶉火爲春分昏之中星也殷中也春分陽之中也析分散也先時冬寒民聚於隩至是則以民之散處而驗其氣之温也乳化曰孳交接曰尾以物之生育而驗其氣之和也

朱子曰宅嵎夷之類恐只是四方慶其日景如唐時尚使人去四方觀望○問寅賓出日寅餞納日如何曰恐當從林少頴解寅賓出日是推測日出時候如土圭之法是也暘谷南郊昧都幽都是測日景之處宅度也東作南訛西成朔易皆節候也東作如立春至雨水節之類寅賓則求之於日星鳥則求之

於夜。厥民析。因。夷。隩。非是使民如此。民自是如此。因者因其析後之事。夷者萬物收成。民皆優逸之意。孳尾至氄毛。亦是鳥獸自然如此。如今曆書紀鳴鳩拂羽等事。程泰之解暘谷南郊昧谷幽都。以爲築一臺而分爲四處。非也。若如此。則是東方之民得東作。他處更不耕種矣。西方之民享西成。他處皆不斂穫矣。大抵羲和四子皆是掌曆之官。觀於咨汝羲暨和之辭可見。敬致乃冬夏致日。春秋致月是也。春秋分無日景。夏至景短。冬至景長。○平秩東作之類。只是如今穀雨芒種之節候爾。林少頴作萬物作之作說。即是此意。○在地之位一定不易。在天之象運轉不停。惟天之鳥星加於地之午位。乃與地合。得天運之正。○王氏曰。分命使分陰陽而治之也。申命使繼二仲而治之也。○孔氏曰。暘明也。日出於谷而天下明。故稱暘谷。○蘇氏曰。嵎夷之類。乃四極之地。測候日景以定分至。而後曆可起。必驗之於四極。非常宅也。○唐孔氏曰。居治東方之官。居在帝都而遥統領之。以春位在東。因治於東方。其實主四方春政。○林氏曰。東作謂萬物發生於東。非全取農作之義。曾云春爲陽中。萬物以生。秋爲陰中。萬物以成。且引詩薇亦作止。老子萬物並作爲證。可補先儒之失。○孫氏曰。仲春陽中故舉日仲秋陰中故舉宵○永嘉鄭氏曰二十八宿環列四方隨天而西轉角亢氐房心尾箕東方宿也斗牛女虛危室壁北方宿也奎婁胃昴畢觜參西方宿也井鬼柳星張翼軫南方宿也四方雖有定星而星無定居各以時見於南方天形北傾故北極居天之中而常在天北二十八宿常半隱半見日東行歷二十八宿故隱見各有時必於南方考之○唐孔氏曰星鳥總舉七宿以象言夏言星火以次言獨指房心虛昴爲舉一宿以宿言文不同者互相通也○金氏曰午上有鶉鳥星在星星之東首西尾東故星爲星鳥未爲鶉首巳爲鶉尾是也○張氏曰南方星鳥則東方蒼龍北方玄武西方白虎可知東言大火則南之鶉火西之大梁北之玄枵可知西言虛北言昴則東之房南之星可知皆互推之也○武夷熊氏曰中星者非指天之中而言人君之位坐北而面南則日月五星之運行皆在北極垣外意亦是適在南北極之間故此而取中而謂之中星也大槩東嵎西谷南郊朔方是就平地而言東西南北也南方朱鳥東方蒼龍北方玄武西方白虎是就周天而言東西南北也○新安陳氏曰諸家解皆以分命申命四子爲作四時曆姑以義仲言使待春分之旦賓出

日而識其景。然後作春曆。不亦晚乎。其不通可知矣。惟朱子訂傳。以此四節爲曆既成而分職頒布。且恐其推步或差。而審訂考驗之。方爲可通。蓋乃命之初。旣按曆法之成法以作曆。分命申命。又恐其或戾於法而審訂之。以謹後來之曆。此敬重之至也。古者常以冬須來歲之朔。雖今亦然。豈待分至而後觀日景乎。此訂傳所以超出諸解而不可及也

申命羲叔宅南交。平秩南訛。敬致。日永星火。以正仲夏。厥民因。鳥獸希革

申。重也。南交。南方交阯之地。陳氏曰。南交下當有曰明都三字。訛。化也。謂夏月時物長盛。所當變化之事也。史記索隱作南爲。謂所當爲之事也。敬致。周禮所謂冬夏致日。蓋以夏至之日中祠日而識其景。如所謂日致之

景尺有五寸謂之地中者也永長也日永晝六十刻也
星火東方蒼龍七宿火謂大火夏至昏之中星也正者
夏至陽之極午爲正陽位也因析而又析以氣愈熱而
民愈散處也希革鳥獸毛希而革易也
問平秩南訛敬致林氏謂如周
禮致日之致此乃致南方之中星朱子曰致日乃考日
中之景如周禮土圭之法非考中星也敬致只是冬夏
致日之致寅賓是賓其出寅餞是餞其入敬致是致中
北方不說者北方無日故也伊川曰測景以三萬里爲
準若有窮然有至一邉已及一萬五千里者而天地之
位蓋如初也此言蓋誤所謂升降一萬五千里中者謂
冬夏日行南陸北陸之間相去一萬五千里耳非謂周
天只三萬里也○唐孔氏曰七宿房在其中但房心連
體心統其名左傳言火中火見詩稱七月流火皆指房
心爲火故曰火蒼龍之中星特舉一星與鳥不類○金
氏曰心宿有三星中一星名曰大火○林氏曰敬致猶
周禮冬夏致日左氏曰官居卿以底日前天文志云日

有黃道。一曰光道。黃道北至東井去北極近。南至牽牛去北極遠。夏至至于東井。近極故晷短。立八尺之表。而晷景長一尺五寸八分。冬至至于牽牛。遠極故晷長。立八尺之表。而晷景長一丈三尺一寸四分。晷景者。所以知日之南北也。春秋分日至婁角。去極中而晷中。立八尺之表。而晷景長七尺三寸六分。此日去極遠近之差。晷景長短之制也

分命和仲宅西。曰昧谷。寅餞納日。平秩西成。宵中星虛。以殷仲秋。厥民夷。鳥獸毛毨

西謂西極之地也。曰昧谷者。以日所入而名也。餞。禮送行者之名。納日。方納之日也。蓋以秋分之莫夕方納之日。而識其景也。西成。秋月物成之時。所當成就之事也。宵。夜也。宵中者。秋分夜之刻。於夏冬爲適中也。晝夜亦

各五十刻舉夜以見日故曰宵星虛北方玄武七宿之虛星秋分昏之中星也亦曰殷者秋分陰之中也夷平也暑退而人氣平也毛毨鳥獸毛落更生潤澤鮮好也

蘇氏曰秋獨曰宅西徐廣云今天水之西縣也○孔氏曰昧冥也日入於谷而天下冥故曰昧谷昧谷曰西則嵎夷東可知○唐孔氏曰谷者日所行之道非實有谷而日入也送行飲酒謂之餞故餞爲送也

申命和叔宅朔方曰幽都平在朔易日短星昴以正仲冬厥民隩鳥獸氄毛

朔方北荒之地謂之朔者朔之爲言蘇也萬物至此死而復蘇猶月之晦而有朔也日行至是則淪於地中萬象幽暗故曰幽都在察也朔易冬月歲事已畢除舊更

新所當改易之事也。日短晝四十刻也。星昴，昴西方白虎七宿之昴宿。冬至昏之中星也。亦曰正者，冬至陰之極，子爲正陰之位也。隩室之內也。氣寒而民聚於內也。氄毛，鳥獸生耎毳細毛以自溫也。蓋既命羲和造曆制器，而又分方與時，使各驗其實，以審夫推步之差。聖人之敬天勤民，其謹如是。是以術不違天，而政不失時也。又按此冬至日在虛，昏中昴。今冬至日在斗，昏中壁。中星不同者，蓋天有三百六十五度四分度之一，歲有三百六十五日四分日之一。天度四分之一而有餘，歲日四分之一而不足。故天度常平運而舒，日道常內轉而縮。

天漸差而西。歲漸差而東。此歲差之由。唐一行所謂歲差者是也。古曆簡易。未立差法。但隨時占候脩改。以與天合。至東晉虞喜。始以天爲天。以歲爲歲。乃立差以追其變。約以五十年退一度。何承天以爲太過。乃倍其年。而又反不及。至隋劉焯取二家中數七十五年爲近之。然亦未爲精密也。因附著于此

朱子曰。朔易。亦是時候歲一改易。於此有終而復始之意○中星自堯時至今。已差五十度○今之造曆者無定法。只是趕趁天之行度以求合。或過則損。不及則益。所以多差。因言古之鐘律。紐筭寸分毫釐絲忽皆是定法。如合符契。皆自然而然。莫知所起。古之聖人。其思之如是之巧。然皆非私意撰爲之也。意古之曆書。亦必有一定之法。而今亡矣。三代而下。造曆者紛紛莫有定議。愈精愈密。而愈多差。由不得古人一定之法也。季通常言天之運無常。日月星辰積氣皆動物也。其行度疾

餘。或過不及。自是不齊。使我之法。能運乎天。而不爲天之所運。則其踈密遲速。或過不及之間。不出乎我。此虛寬之大數。縱有差忒。皆可推而不失矣。何者。以我法之有定。而律彼之無定。自無差也。季通言非是天運無定乃其行度如此。其行之差處。亦是常度。但後之造曆者。爲數窄狹。而不足以包之耳○堯時昏旦星中於午月令差於未。漢晉以來又差。今比堯時似差四分之一。古時冬至日在牽牛。今却在斗○太史公曆書。說是太初然却是顓頊四分曆。劉歆三統曆。唐一行大衍曆最詳備。五代王朴司天考亦簡嚴。然一行王朴之曆。皆止用之二三年即差。王朴曆是七百二十加去。季通亦用。却依康節三百六十數○唐孔氏曰。朔。盡也。北方萬物盡故言朔。李巡曰。萬物盡於北方。蘇而復生。故北稱朔。王肅云。改易者。謹約蓋藏。循行積聚。引詩嗟我婦子。曰爲改歲。入此室處。釋宮云。西南隅謂之隩。孫炎云。室中隱隩之處也。隩是室內之名。故以隩爲室也○王氏曰。不言北而言朔。如月朔更始之意。北方以位言之。則日月星辰之象。皆伏而不見。以時言之。則草木歸根。昆蟲閉蟄。皆有隱伏之意。故謂之幽都。三時言平秩。主農事也。至冬農事畢矣。歲事且終。天氣更始。故言平在朔易○

孫氏覺曰。在者。存而有察意。朔者。終而有始意○呂氏曰。北方終其陰。而後始其陽。故曰朔方。既成今歲之終。又慮來歲之始。故謂之朔易。始而終。終而始。此天地生生不窮之道。而聖人體之以贊化育。艮始終萬物之意也○新安胡氏曰。東萊實本程子經說。而畧潤色之。程子又曰。古者功作之事。皆於冬月閑隙之際。如脩完室廬墻垣之類。皆爲來歲計。皆是一歲之事既終。則復慮其始也○顧氏臨曰。月令仲春日在奎。考之書則冬之時也。仲夏在東井。則書之春也。仲秋在角。則書之夏也。仲冬在斗。則書之秋也。月令與書異。蓋天道三十年小變。百年中變。五百年大變。故曰伏羲神農之曆。不可用於堯舜之時。堯舜之曆。不可用於夏商之際○金氏曰。堯典中星與月令不同。月令中星與今日又不同。歲有差數。先賢故立歲差之法以步之。差法當以七十三年一者爲稍的。堯時冬至日在虛七度。昏昴中。至月令時該一千九百餘年。月令冬至日在斗二十二度。昏奎中。至本朝初該一千七百餘年。冬至日在斗初度。昏壁中。今延祐又經四十餘年。而冬至日在箕八度矣。昏亦壁中。以此驗之。識有不同○問堯典仲春仲夏仲秋仲冬。與月令四仲昏旦中星不同何故。潛室陳氏曰。謂之中星者。當南方之正。直午位之中者也。然星隨天西轉。無刻不有中星。但其法以初昏爲候。故堯典之所指。即謂昏中也。其以星鳥言者。是以四象言也。其以星火言者。是以二十八宿言也。要皆不出於二十八宿。四分之則爲四象。十二分則爲十二辰耳。然堯典但提其大綱。若曆家則轉加密矣。故月令析爲十二。三統析爲二十四氣。且兼旦中而言。則愈析愈密。固不厭析也。蓋周天三百六十五度四分度之一。四分其度而得一。謂零散數也其一晝夜左旋一周天。而又奇一度。置周不數。而獨數其奇。故謂星日行一度。若甲日某星初度中。即乙日某星二度中。日有三百六十六。即中星亦有三百六十六。必星官以玉衡窺之。毫釐不差。斯可以定節氣而成四時。若三統分二十四氣。在曆家且爾。况月令堯典乎。古今曆法不同。大抵較疎密耳○新安陳氏曰。顧氏此條。當與訂傳歲差之說參看耳。訂傳謂今冬至日在斗。昏壁中。所謂今者。文公之時也。證之今日又不同矣。近歲方氏回當至元十八年辛巳。作孫君山經序。有曰今冬至日在箕九度。昏室中。由此觀之。烏可不用歲差法。隨時追其變而治曆。以與天合哉。既當隨時脩改。以與天合。則執經膠泥以求與古合。决所不可也○臨川吴氏曰。乃命。總命羲和也。就羲和之內分別之。羲掌春夏。和掌秋冬。故言分命。又就羲之內和之內重分之。旣命其仲。復命其叔。故言申命。堯命四時之官。明天時以授人。而其要在於度日景日晷。驗初昏中星。以定二分二至而已。蓋分至定。則四時之節候皆不差矣

帝曰。咨汝羲暨和。朞三百有六旬有六日。以閏月定四時成歲。允釐百工。庶績咸熙

咨嗟也。嗟歎而告之也。暨及也。朞猶周也。允信。釐治。工官。庶衆。績功。咸皆。熙廣也。天體至圓。周圍三百六十五度四分度之一。繞地左旋。常一日一周而過一度。日麗天而少遲。故日行一日亦繞地一周。而在天爲不及一度。積三百六十五日九百四十分日之二百三十五。而

與天會是一歲日行之數也月麗天而尤遲一日常不
及天十三度十九分度之七積二十九日九百四十分
日之四百九十九而與日會十二會得全日三百四十
八餘分之積又五千九百八十八如日法九百四十而
一得六不盡三百四十八通計得日三百五十四九百
四十分日之三百四十八是一歲月行之數也歲有十
二月月有三十日三百六十者一歲之常數也故日與
天會而多五日九百四十分日之二百三十五者爲氣
盈月與日會而少五日九百四十分日之五百九十二
者爲朔虚合氣盈朔虚而閏生焉故一歲閏率則十日

九百四十分日之八百二十七。三歲一閏。則三十二日九百四十分日之六百單一。五歲再閏。則五十四日九百四十分日之三百七十五。十有九歲七閏。則氣朔分齊。是爲一章也。故三年而不置閏。則春之一月入于夏。而時漸不定矣。子之一月入于丑。而歲漸不成矣。積之之久。至於三失閏。則春皆入夏。而時全不定矣。十二失閏。子皆入丑。歲全不成矣。其名實乖戾。寒暑反易。農桑庶務。皆失其時。故必以此餘日置閏月於其間。然後四時不差。而歲功得成。以此信治百官。而衆功皆廣也。朱子曰。天道左旋。日月亦只左旋。但天行健。一日一夜而周。常差過一度。日月違天而退。日是一日退一度。月退十

三度有奇。周天三百六十五度四分度之一。每歲只有
三百六十日。餘了五日四分日之一。又除小月計六日。
所以置閏。所餘六日爲氣盈。所少六日爲朔虛。○朞三
百有六旬有六日。而今一歲三百五十四日者。積朔空
餘分以爲閏。朔空者。六小月也。餘分者五日四分日之
一也。○如何見得天有三百六十五度。甚麽人去量來。
只是天行得過處爲度。天之過處。便是日之退處。日月
會爲辰。○問周天之度。是自然之度。是强分。曰。天左旋。
一晝一夜行一周。而又過了一度。以其行過處一日作
一度。三百六十五度四分度之一。方是一周。只將南北
表看。今日恁時看時有甚星在表處。明日恁時看這星
又差遠。或别是一星了。○天道與日月五星皆是左旋。
天道日一周天而常過一度。日一日一周天起度端。終
度端。故比天道常不及一度。月行不及天十三度十九
分度之七。今人却云月行速。日行遲。此錯説也。但曆家
以右旋爲説。取其易見日月之度爾。○伯静云。天是一
日一周。日則不及一度。非天過一度也。曰。此説不是。若
以爲天是一日一周。則四時中星如何不同。如此則日
日一般。却如何紀歲。把甚麽時節做定限。若以天爲不
過而日不及一度。則趲來趲去將次午時便打三更矣。

因取禮記月令疏指其中說早晚不同。及更行一度兩處。曰此說得甚分明。其他曆書都不如此說。而今若就天裏看時。只是行得三百六十五度四分度之一。若把天外來說。則是一日過了一度。季通常有言。論日月則在天裏。論天則在大虛空裏。若去大虛空裏看那天。自是日月衮得不在舊時處。謂如今日在這一處。明日自是又衮動着些子。又不在舊時處了。又曰。天無體。只二十八宿便是體。且如日月皆從角起。天亦從角起。日則一日運一周。依舊只在那角上。天則一周了又過角些子。日日累上去。則一年便與日會○問天道左旋自西而東。日月右行則如何。曰。橫渠說日月皆是左旋說得好。蓋天行甚健。一日一夜周三百六十五度四分度之一。又進過一度。日行速。健次於天。一日一夜周三百六十五度四分度之一。正恰好。被天進一度。則日爲退一度。二日天進二度。則日爲退二度。積至三百六十五日四分日之一。則天所進過之度。又恰周得本數。而日所退之度亦恰退盡本數。遂與天會而成一年。是謂一年一周天。月行遲。一日一夜行三百六十五度四分度之一行不盡。比天爲退了十三度有奇。至二十九日半强恰與日相値在恰好處。是謂一月一周天。進數爲順天而左。退數爲逆天而右。曆家以進數難筭。只以退數筭之。故謂之右行。且曰日行遲。月行速。○曆家只筭所退之度。却云日行一度。月行十三度有奇。此乃截法。故有日月五星右行之說。其實非右行也。橫渠云。天左旋處其中者順之少遲。則反右矣。此說最好。○問經星左旋緯星與日月右旋。是否。曰。今諸家是如此說。橫渠說天左旋。日月亦左旋。看來橫渠之說極是。只恐人不曉。所以詩傳只載舊說。或問此亦易見。且以一大輪在外。一小輪載日月在內。大輪轉急。小輪轉緩。雖都是左轉。只有急有慢。便覺日月似右轉了。曰。若如此。則曆家逆字皆着改作順字。進字皆着改作退字。○問日是陽。如何反行得遲如月。曰。正是月遲。又問日行一度。月行十三度有奇。如何却是遲。曰。曆家是將他退底度數。天至健故日行常少及他一度。月又遲。故不及天十三度有奇。且如月生於西。一夜一夜漸漸向東。便可見月遲。問如此。則日當此天行遲了一度。月比天行遲了十三度有奇。曰。曆家若如此說。則筭着那相去處度數多。今只以其相近處言故易筭。聞季通云。西域有九執曆。却是順筭。又云便是那這箇物事難說。曆家自有一種言語。○問曆法何以推月之大小。曰。只是以每月二十九日半九百四十分日之四百九十九計之。觀其合朔爲如何。
如前月大。則後月初二日月生明○中氣只在本月。若
遺得中氣在月盡。後月便當置閏○孔氏曰。四時曰
朞。未盈三歲。足得一月。則置閏焉。以定四時之氣節。成
一歲之曆象○唐孔氏曰。四分日之一入六日內。舉全
數言之。十日九百四十分日之八百二十七爲每歲之
實。餘。正十一日弱也○毅齋沈氏曰。天行速。每日過一
度。進而與日會以成一期。月行遲。每日不及日十二度
有奇。退而與日會以成一月○吳氏亨壽曰。歲無定日。
閏有定法。朞閏歲三字爲此一節之大要。朞者。一歲之
足日也。歲者。一歲之省日也。閏者。補三歲之省日。湊爲
三歲之足日也○蘇氏曰。有六旬有六日。有讀爲又。古
有又通○陳氏普曰。天繞地左旋。東出西入。一日一周
而少過之。日者天之精。與天左旋。日適一周。以天之過
也。而爲少不及焉。天日進而日日退也。日非退也。以天
之進而見其退耳。曆家謂日月皆右旋。以此。蓋不計天
之進。而但以日月之退爲右旋。以背而爲面也。然苟不
計天之進。則是四時昬旦中星常不移矣。無是理也。文
公以爲橫渠首發之。蓋隋書之說累。後人未有述之。而
横渠首得其說爾。積三百六十五日四分日之一。而天

與日復相遇於初進初退之地而爲一年。寒暑四時。更迭代謝。生成散歛。皆於是而周。夫天日者。氣數之始。其每日之進退。既有常則。故一日之進退。遂爲一度。三百六十五日四分日之一。進退一周。而周天之數。遂爲三百六十五度四分度之一。而凡天之東西南北。縱橫參伍。與夫星辰遠近之相去。月與五星之行。皆以其度爲度焉。度。數也。則也。天本無度。以與日離合而成。天日東西行。其周布本東西。而縱橫南北。皆以其度爲數。見日者數之本。日數既定。而在天在地無非其度也。月行遲常以二十七日千一十六分日之三百二十七而與天會。二十九日九百四十分日之四百九十九而與日會。一月一周天者。以與日會言也。其實二十七日有奇而周天。又二日有奇始與日會。文公註十月之交。以爲月二十九日有奇而周天。又遂及於日而與日會。蓋未詳也。其不及天日之度。於日之不及天。既多十餘倍。則其與天日會者自速十餘倍。此日之所以歲周。而月之所以月周也。日一年與天一會。月一年與天十三會。與日十二會。其與天會者無所用。故古今少道之。天以日爲天。故日與天會而爲歲功。月於氣無與。故其與天會者一無所用。而僅以與日會者紀乎二十四氣之行。日月每三十餘會而一閏。兩閏之中。謂十五十六會也。但以晦朔弦望爲度。則漸違乎氣。以晦朔弦望爲度而閏以追之。則雖暫違而常扳以及之。日月一會二十九日半有奇。二氣之日常在其内。每三十餘會。則中氣必出一會之外。入再會之初。而其月惟一氣在其月之中。於此置閏。天不用之而人用之也。人之用之者。以望前半月終前月。望後半月起後月。終前月。則月無久違而及日。起後月。則日有餘裕而待月。農桑之候。常不失序。而人與天。常不相違矣。十九年七閏。則日月二百三十五會。與天日一十九會平等。而無少不及。故爲一章也。○金氏曰。氣盈而不置閏。則晦朔弦望差。朔虛而不置閏。則春夏秋冬差。氣盈而失閏。則立春爲正月一日。驚蟄爲二月一日。隨節氣而爲月。累累皆然。當朔不朔。當晦不晦。安得合初一十五初八二十三之晦朔弦望乎。朔虛而失閏。則只以三箇月爲春。三箇月爲夏。又兩箇三月爲秋爲冬。隨十三月而爲一歲。累累皆然。而春非春。秋非秋。夏不熱。冬不寒矣。經三十三箇月。則氣盈朔虛之數。積及一月。便合置閏。前閏距後閏。亦三十三箇月。數为大月多。則過數而閏。三十四箇月者有之。大月少。則不及數亦閏。三十二箇月者亦有之。閏所以消其盈而息其虛也。大畧經三十三箇月。則消息停當。氣節差移自然月內無中氣而爲閏焉。○新安陳氏曰。四分度之一者。周天全度外。其零度有一度。四分中之一分也。以對周歲全日外。其零日亦有一日。四分中之一分。所謂四分日之一也。九百四十分爲一月。其二百三十五分即四分中一分。九百四十分日之二百三十五。即四分日之一也。月一日不及天十三度有奇。是不及日十二度有奇。積二十九日。零四百九十九分而月與日會。四百九十九分。是六時零三刻弱也。二十九日零六時三刻。實爲一月。十二會得全日三百四十八。乃十二箇二十九日。餘分之積。以日法筭之。其五千六百四十分該六日。而得六者得六日也。零者尚有三百四十八分。三百四十八日加六日。一歲通三百五十四日。此一歲小歲之數也。十九年閏餘通得二百單六日。須置七閏月。所以每十九年或二十年。必氣朔同日者一番也。然一歲只有三百五十四日。而經云朞三百有六旬有六日何也。此一歲大歲之數也。蓋今年立春到明年立春。二十四氣全數。並有三百六十五日。零二十五刻。二十五刻。即四分日之一。以二十五刻當一日。舉全數而言。故曰三百六旬有六日也。二氣爲一月。必有三十日零二時五刻始交後月節氣合二十四氣該三百六十五日零二十五刻此氣盈之溢數也十二月有六小盡者此朔虛之虧數也一朔無三十日全非朔虛而何二氣必三十日添二時五刻非氣盈而何節氣之有餘與小盡之不足二者並行而不相悖因此有餘不足而置閏於其間三者參合而交相成茲其爲萬世不能易之妙法一歟○林氏曰二十七章爲一會五百一十三年三會爲一統八十一章一千五百三十九年三統爲一元四千六百一十七年章統會元運於無窮○呂氏曰鼇工熙績二句乃史紀堯因治曆明時而致正官立治之力非堯言也○董氏鼎曰日月麗乎天宜皆隨天而行也而曰天左旋日月五星右轉何哉大要天最健而行速日月五星不相及耳然二十八宿亦星也何以與天並行而日月五星獨不能並行也朱子曰天無體二十八宿便是體二十八宿之行即天行也是以謂之經星猶機絲之有經一定而不動而日月五星緯乎其中所以分晝夜而列四時無非順天而成造化也故自地面而觀其運行則皆東升西沒繞地而左旋自天度而考其次舍則日月五星獨以漸而東爲逆天而右轉蓋由其行不及天而次舍日以退然舍雖退而行未嘗不進也退

雖逆而進未嘗不順也於天雖逆而右轉於地則未嘗不順而左旋也蔡氏書傳曰天左旋日月麗天亦左旋而語錄中載朱子引橫渠曰天左旋處其中者順之故日月星辰亦左旋此洞見天道之流行就地面而順觀之也論語或問曰經星隨天左旋日月五緯右轉詩十月之交傳曰周天三百六十五度四分度之一左旋於地一晝一夜則其行一周而又過一度日月皆右行於天一晝一夜則日行一度月行十三度十九分度之七此步占日月之躔次於天度而逆取之也儒家論天道則皆順而左旋曆家考天度則日月五星逆而右轉然其次舍雖逆其趨向則順自天度考之雖成右轉自地面觀之仍是左旋明於天與地之說則知左旋右轉雖異而實同矣又按論語或問乃朱子未定之書而語錄中又謂日月左旋之說恐人不曉故詩傳中只載舊說則蔡傳亦無可疑陳氏雅言曰閏之爲閏雖非天道之所有而亦人時之所不可無使天與日月之行氣朔之有餘不足而不置閏以歸之則時且不定歲且不成何以示信於下使及時趨事乎然則閏之有係於天時人事如此治曆者

庸可不盡心哉

帝曰疇咨若時登庸放齊曰胤子朱啓明帝曰吁嚚訟可乎

此下至鯀績用弗成皆爲禪舜張本也疇誰咨訪問也若順庸用也堯言誰爲我訪問能順時爲治之人而登用之乎放齊臣名胤嗣也胤子朱堯之嗣子丹朱也啓開也言其性開明可登用也吁者歎其不然之辭嚚謂口不道忠信之言訟爭辯也朱蓋以其開明之才用之於不善故嚚訟禹所謂傲虐是也此見堯之至公至明深知其子之惡而不以一人病天下也或曰胤國子爵堯時諸侯也夏書有胤侯周書有胤之舞衣今亦未見

其必不然。姑存於此云朱子曰。自疇咨若時登庸到篇末。只是一事。皆是爲禪位設也。一舉而放齊舉胤子。再舉而驩兜舉共工。三舉而四岳舉鯀。皆不得其人。故卒以天下授舜○問朱先稱啓明後又說他嚚訟。恐不相協。曰。便是驩兜以白爲黑。以非爲是。所以舜治他。但那人也是嶢崎。且說而今暗昧底人。解與人健訟不解。惟其是啓明。後方解嚚訟○堯問疇咨若時登庸。放齊不應舉一箇明於爲惡之人。此直是放齊不知子朱之惡。失於薦揚耳○呂氏曰。君子因啓明以爲善。小人因啓明以爲惡○新安陳氏曰。溺愛者不明。堯深知子之惡。至明也。史記載堯云終不以天下之病而利一人。至公也

帝曰。疇咨若予采。驩兜曰。都。共工方鳩僝功。帝曰。吁。靜言庸違。象恭滔天

采。事也。都。歎美之辭也。驩兜。臣名。共工。官名。蓋古之世官族也。方。且。鳩。聚。僝。見也。言共工方且鳩聚而見其功

也靜言庸違者靜則能言用則違背也象恭貌恭而心不然也滔天二字未詳與下文相似疑有舛誤上章言順時此言順事職任大小可見朱子曰共工驩兜看得來其過惡甚於放齊胤子朱方鳩僝功語未可曉此篇出於伏生便有此等處亦未灼然知僝功爲見功亦且依古註說○孔氏曰貌象恭敬而心傲很若漫天○新安陳氏曰兜共四凶之二同惡相濟敢爲欺罔堯已燭其姦未及誅之耳舜既受禪長惡不悛故罪之○象山陸氏曰堯之知共工丹朱不是於形跡間見之直是見他心術

帝曰咨四岳湯湯洪水方割蕩蕩懷山襄陵浩浩滔天下民其咨有能俾乂僉曰於鯀哉帝曰吁咈哉方命圮族岳曰异哉試可乃已帝曰往欽哉九載績用弗成

四岳官名一人而總四岳諸侯之事也湯湯水盛貌洪

大也。孟子曰：水逆行謂之洚水。洚水者，洪水也。蓋水涌出而未洩，故氾濫而逆流也。割，害也。蕩蕩，廣貌。懷，包其四面也。襄，駕出其上也。大阜曰陵。浩浩，大貌。滔，漫也。極言其大勢若漫天也。俾，使。乂，治也。言有能任此責者，使之治水也。僉，衆共之辭。四岳與其所領諸侯之在朝者同辭而對也。於，歎美辭。鯀，崇伯名。歎其美而薦之也。咈者，甚不然之之辭。方命者，逆命而不行也。王氏曰：圓則行，方則止。方命，猶今言廢閣詔令也。蓋鯀之爲人，悻戾自用，不從上令也。圮，敗。族，類也。言與衆不和，傷人害物，鯀之不可用者以此也。楚辭言鯀悻直，是其方命圮族之證也岳曰四岳之獨言也异義未詳疑是已廢而復强舉之之意試可乃已者蓋廷臣未有能於鯀者不若姑試用之取其可以治水而已言無預他事不必求其備也堯於是遣之往治水而戒以欽哉蓋任大事不可以不敬聖人之戒辭約而意盡也載年也九載三考功用不成故黜之

問四岳是十二牧之長否朱子曰周官言內有百揆四岳則百揆是朝廷官之長四岳乃管領十二牧者四岳通九官十二牧爲二十有二人則四岳爲一人矣又堯咨四岳以汝能庸命巽朕位不成堯欲以天下與四人也○問堯既知鯀如何猶用之曰鯀也是有才智想見只是很拗自是所以弄得恁地狼瑠所以楚辭說鯀悻直以亡身必是他去治水有不依道理壞了處弄了八九年無收殺了故舜殛之○异哉是不用亦可試可乃已言試而可則用之亦可已而已之也○庸命方命之命皆謂命令也庸命者

言能用我之命以巽朕位也。方命者。言止其命令而不行也○吕氏曰。鯀非無治水之才。其方命圮族。乃恃才而不順理。不能行其所無事。必矣。惟欽字可治鯀之病。鯀不能用也。堯時天下皆君子。惟此二人與衆異爲小人。故書之。乃春秋常事不書之意○陳氏大猷曰。祭法云。禹能脩鯀之功。鯀非無功。但不成爾。於人所共賢而賢之易。於人所共賢而知其非賢難。三人當時所賢。堯獨察其不然。此可見堯之知人也

帝曰。咨四岳。朕在位七十載。汝能庸命巽朕位。岳曰。否德忝帝位。曰。明明揚側陋。師錫帝曰。有鰥在下曰虞舜。帝曰。俞。予聞。如何。岳曰。瞽子。父頑母嚚象傲。克諧以孝。烝烝乂不格姦。帝曰。我其試哉。女于時。觀厥刑于二女。釐降二女于嬀汭。嬪于虞。帝曰。欽哉

朕。古人自稱之通號。吳氏曰。巽遜。古通用。言汝四岳能

用我之命。而可遜以此位乎。蓋丹朱既不肖。羣臣又多
不稱。故欲舉以授人。而先之四岳也。否。不通。忝。辱也。明
明。上明謂明顯之。下明謂已在顯位者。揚。舉也。側陋。微
賤之人也。言惟德是舉。不拘貴賤也。師。衆。錫。與也。四岳
羣臣諸侯同辭以對也。鰥。無妻之名。虞。氏。舜。名也。俞。應
許之辭。予聞者。我亦嘗聞是人也。如何者。復問其德之
詳也。岳曰。四岳獨對也。瞽。無目之名。言舜乃瞽者之子
也。舜父號瞽叟。心不則德義之經爲頑。母。舜後母也。象。
舜異母弟名。傲。驕慢也。諧。和。烝。進也。言舜不幸遭此。而
能和以孝。使之進進以善自治。而不至於大爲姦惡也。

女以女與人也時是刑法也二女堯二女娥皇女英也
此堯言其將試舜之意也莊子所謂二女事之以觀其
內是也蓋夫婦之間隱微之際正始之道所繫尤重故
觀人者於此爲尤切也釐理降下也嬀水名在今河中
府河東縣出歷山入河爾雅曰水北曰汭亦小水入大
水之名蓋兩水合流之內也故從水從內蓋舜所居之
地嬪婦也虞舜氏也史言堯治裝下嫁二女于嬀水之
北使爲舜婦于虞氏之家也欽哉堯戒二女之辭即禮
所謂往之女家必敬必戒者況以天子之女嫁於匹夫
尤不可不深戒之也朱子曰先儒多疑舜乃前世帝王之後在堯時不應在側陋此恐不

然。若漢光武只是景帝七世孫。已在民間耕稼了。況上古人壽長。傳數世之後。經歷之遠。自然有微而在下者○呂氏曰。烝烝二字。舜之工夫在此。烝烝者。有熏灌之意。詩曰。烝之浮浮。如甑之炊物。薪然不繼。則氣息不騰。烝烝之工間斷。不能熟物。火既不歇。則自然烝烝以至於熟。舜處頑父嚚母傲象之間。彼爲惡之力。日日不已。苟非孝誠熏灌。工夫源源。安能至於不格姦之地。若有間斷。則無以勝其爲惡矣。蓋爲善爲惡。各有力量。力者勝。此烝烝不格姦之意。○曾氏鞏曰。烝如烝之浮浮之烝。盛德上達。化而熟之。使不自知也。○問舜能使瞽叟之不格姦。何哉。潛室陳氏曰。不格姦。亦謂能感動其慈愛之心。至於和豫。使父子如初耳。非謂能移其氣性使作聖賢。○帝曰。我其試哉。女其時。觀厥刑于二女。皆堯之言。釐降二女于嬀汭。嬪于虞。乃史官之辭。言堯以女下嫁於舜爾。帝曰欽哉。是堯戒其二女之辭。若如此說不解亦自分明。但今解者便添入許多字來說。釐降只是他經理二女下降時事爾。○孔氏曰。堯年十六。以唐侯升爲天子。在位七十年。則時年八十六。以二女妻舜以治家觀治國。○唐孔氏曰。按世本。堯是黃帝玄孫。舜是黃帝八代孫。計堯女於舜之曾祖爲四從姊妹。以之爲妻。於義不可。世本之言未可據信。○孫氏曰。刑。謂以身儀之。與詩刑于寡妻之刑同。○周子曰。家難而天下易。家親而天下疏也。家人離。必起於婦人。故睽次家人。以二女同居而志不同行也。堯所以釐降二女於媯汭。舜可禪乎。吾茲試矣。是治天下觀乎家。治家觀身而已矣。○地志。河東郡青山中。有二泉。下南流者曰媯。下北流者曰汭。二水異泉而合流出西注于媯。○陳氏大猷曰。舜自處頑嚚傲之間。而盡其道固難。使二女處焉而亦盡其道尤難。使非化二女與已同德。安能如此。二女亦舜之儔也歟。○武夷熊氏曰。孔子定書斷自唐虞。以下堯典是第一篇書。以前更有文字。韓子曰堯以是道傳之舜。舜以是道傳之禹湯文武周公孔子。則堯典是第一傳道之祖。以前雖有伏羲神農黃帝三聖人者作。孔子作易大傳。不過畧述其開物成務大槩而已。剏制立法。蓋未詳也。堯典曰放勳。孔子稱之亦曰巍巍乎其有成功。煥乎其有文章。蓋混沌既判。至堯適當一元文明之會。讀書者。不可不熟玩而深求也。此一篇。當作五截看。首至黎民於變時雍。此第一節。是言堯之德。千萬世聖學源流。皆起於此。自義和欽若昊天。至庶績咸熙。此第二節。是言堯之理會天道。一截自疇咨若時至象恭。此第三節。是言理會人道。一截自帝曰咨四岳湯湯洪水。至績用弗成。此第四節。是理會地道。一截又自帝曰咨四岳。至欽哉。此第五節。是言禪讓之事。人君之職。以用人爲重。以知人爲難。一咨若時。而得丹朱之頑。再咨若采。而得共工之靜言庸違。三咨治水。而得鯀之方命圮族。直至咨四岳舉舜爲天下得人。命益命稷命禹命皋陶。皆是舉舜以後事。人君以一身出而爲天地人物之宗主。不過爲生民立極。盡其輔相裁成之道。以立人極之則。三才之責既盡。則聖人之能事畢矣。舜典言攝位。亦只是此三事。首言璿璣玉衡。是理會天道。次言朝覲巡狩。是理會人道。次言封山濬川。是理會地道。此後不過去四凶。咨岳牧。命九官而已。此外無餘事也。蓋人君職分之大綱。不過如此。○董氏鼎曰。帝堯爲五帝之盛帝。堯典爲百篇之首篇。呂氏謂書首二典。猶易首乾坤。乾君道。坤臣道也。天地之道。備於乾坤。而君臣之道。備於二典。至當之論也。然堯典篇中。不過三大節。脩齊治平一也。治曆明時二也。知人舉舜三也。節目有三。而綱領惟一。一者欽而已。欽敬者。一心之主宰。而萬事之根本。見於脩齊治平者此敬。見於治曆明時者亦此敬。見於知人傳賢。而不溺於親愛之子。不遺於疏賤之舜者亦此敬。一篇之中。言欽不一。曰恭曰寅。何往非一敬。所貫通者。先儒謂敬者百聖傳心之法。而實自堯啓其端焉。讀是書者。宜亦曰毋不敬。○范陽張氏曰。一吁一俞。治亂所係。不可忽也。放齊舉丹朱。堯曰吁。驩兜舉共工。堯亦曰吁。使堯於此時而俞之。則小人得志。必將召禍而起亂矣。師錫虞舜。堯曰俞。僉舉伯禹。舜亦曰俞。使堯舜於此時而吁之。則君子之道消矣。將何以致唐虞之治乎。惟可吁則吁。故一吁而天下莫不畏。可俞則俞。故一俞而天下莫不服。此所以爲堯舜之盛也。學者於此二字。當熟味之。然後知聖人一吁一俞。非偶然也。

○魯齋許氏曰。堯典一篇只四件事。一明德。二愛民。三用人。四處變。自稽古帝堯。至黎民於變。皆明德事也。自乃命羲和以下。皆敬授人時事也。授時不可緩。此愛民之至情也。先儒只說天象。非聖人定書意也。明德愛民二事。君道之大綱也。如四時纂要只是順時育物而已。命羲和只是如此。四岳謂胤子朱啓明。帝謂嚚訟可乎。又共工方鳩僝功。帝謂静言庸違。象恭滔天。此是堯知人用人處。丹朱必俊辨。共工必材幹。常人論人。所見只是俊辨材幹。便是人才。堯不如此。却只於言行上考察言忠信。行篤敬。此聖人取人之法也。堯以其子不肖。故

求天下之賢聖。禪以天位。付以天民。此豈常人之所能
而堯能之。此所以爲大聖人。到事行不得處。須看道理。
順天命。常人便用智
力。聖人則一順天命

舜典

今文古文皆有。今文合于堯典。而無篇首二十
八字○唐孔氏曰。東晉梅賾上孔傳。闕舜典自
乃命以位以上二十八字。世所不傳。多用王范
之註補之。而皆以愼徽五典以下爲舜典之初。
至齊蕭鸞建武四年。姚方興於大航頭得孔氏
傳古文舜典乃上之。事未施行。而方興以罪致
戮至隋開皇初。購求遺典始得之。今按古文孔

傳尚書。有曰若稽古以下二十八字。伏生以舜典合於堯典。只以慎徽五典以上。接帝曰欽哉之下。而無此二十八字。梅賾既失孔傳舜典。故亦不知有此二十八字。而慎徽五典以下。則固具於伏生之書。故傳者用王范之註以補之。至姚方興乃得古文孔傳舜典。於是始知有此二十八字。或者由此乃謂古文舜典一篇皆盡亡失。至是方全得之。遂疑其僞。蓋過論也朱子曰。東萊謂舜典止載舜元年事則是。若說此是作史之妙則不然。焉知當時別無文字在○程子曰。舜典篇末載舜死。是夏時所作可知。與堯典虞時所作同

曰若稽古帝舜。曰重華協于帝。濬哲文明。溫恭允塞。玄德升聞。乃命以位

華。光華也。協。合也。帝。謂堯也。濬。深。哲。智也。溫。和粹也。塞。實也。玄。幽潛也。升。上也。言堯既有光華。而舜又有光華可合於堯。因言其目。則深沈而有智。文理而光明。和粹而恭敬。誠信而篤實。有此四者。幽潛之德。上聞於堯。堯乃命之以職位也。朱子曰。濬哲文明溫恭允塞。細分是八字。合而言之。却只是四事。濬是明之發處。哲則見於事也。文是文章。明是明著。易中多言文明。此是就事上說。塞是其中實處○舜典自虞舜側微至乃命以位。一本無。云直自堯典帝曰欽哉而下。接起慎徽五典。所謂伏生以舜典合於堯典也○王氏日休曰。濬哲繼以文明。若曰濬哲而不文明。則若深藏智巧者。豈聖人之深智。溫恭繼以允塞。若曰溫恭而不允

塞。則若徒事外貌者。豈聖人之温恭。○程子曰。凡論聖人者。必取其德之煥發者稱之。隨其所取。不必同也。故稱堯曰欽明文思。稱文王曰徽柔懿恭。稱孔子曰温良恭儉讓。譬論玉之美者。或取其色之温潤。或取其質之堅正。或取其聲之清越。舉其一。則知其爲寶矣。○陳氏經曰。重華協帝。此見明兩作離。聖人繼出。不約而同。自内形之外。則濬哲之發。乃所以爲文明。由外本乎内。則温恭之實。乃所以爲允塞。○新安陳氏曰。堯德光華。舜德之光華與之重。故曰重華。舜繼堯曰重華。如武繼文曰重光。濬哲文明温恭允塞之盛德。由其光輝而不可掩言之。則曰重華。本於幽潛而未見言之。則曰玄德。幽潛之中。光華出焉。此與闇然而日章同意。又按允塞當從信實之説。然孔氏謂舜有深智文明温恭之德。信允塞上下。蓋如孟子則塞于天地之間。與格于上下同意○陳氏雅言曰。堯有是德之光。而舜復有是德之光。夫是之謂重。堯之光華既如此。而舜之光華復如此。夫是之謂協。此其德之發於外者無不同也。

慎徽五典。五典克從。納于百揆。百揆時敘。賓于四門。四門

穆穆納于大麓烈風雷雨弗迷

徽美也五典五常也父子有親君臣有義夫婦有別長幼有序朋友有信是也從順也左氏所謂無違教也此蓋使爲司徒之官也揆度也百揆者揆度庶政之官惟唐虞有之猶周之冢宰也時敘以時而敘左氏所謂無廢事也四門四方之門古者以賓禮親邦國諸侯各以方至而使主焉故曰賓穆穆和之至也左氏所謂無凶人也此蓋又兼四岳之官也麓山足也烈迅迷錯也史記曰堯使舜入山林川澤暴風雷雨舜行不迷蘇氏曰洪水爲害堯使舜入山林相視原隰雷雨大至衆懼失

常而舜不迷其度量有絶人者而天地鬼神亦或有以相之歟愚謂遇烈風雷雨非常之變而不震懼失常非固聰明誠智確乎不亂者不能也易震驚百里不喪匕鬯意爲近之問徽五典是使之掌敎納于百揆是使之宅百揆賓于四門是使之爲行人之官納大麓恐是爲山虞之官朱子曰若爲山虞則其職益卑且合從史記說使之入山雖遇烈風雷雨弗迷其道也○納于大麓當以史記爲據謂如治水之類弗迷謂舜不迷於風雨也若主祭之說某不敢信且雷雨在天如何解迷若是舜在主祭而乃有風雷之變豈得是好○烈風雷雨弗迷只當從太史公說若從主祭說則弗迷二字說不得弗迷乃指人而言也○夏氏曰五典之屬即命以位之事○王氏曰大麓泰山之麓也後世封禪之說傅會於此○董氏鼎曰此一節與堯典以親九族而九族睦至協和萬邦而民時雍語意氣象相似分明上句是感下句是應見二聖人隨感隨應功用神速處○呂氏曰此處與堯以親至時雍同有夫子立斯立道

斯行。綏斯來動斯和之意○陳氏雅言曰。聖德及人而人化之。聖德感天而天相之。功用神速。至誠不亂。非聖人不能也

帝曰。格汝舜。詢事考言。乃言底可績。三載汝陟帝位。舜讓于德弗嗣

格來。詢謀。乃汝。底致。陟升也。堯言詢舜所行之事而考其言。則見汝之言致可有功。於今三年矣。汝宜升帝位也。讓于德。讓于有德之人也。或曰。謙遜自以其德不足為嗣也

朱子曰。堯命舜曰三載汝陟帝位。舜讓于德弗嗣。則是不居其位也。其曰受終于文祖。則是攝行其事也。故舜之攝。不居其位。不稱其號。只是攝行其職事爾。到得後來舜遜於禹。不復言位。止曰總朕師爾。其曰汝終陟元后。則今不陟也。率百官若帝之初者。但率百官如舜之初爾○舜居攝時。不知稱號謂何。觀受

命。則是已將天下分付他了。○呂氏曰。敷言試功。此唐虞觀人之成法。舜登庸之初。非特歷試以事。必嘗敷陳以言。故堯於此美其言與實相稱也

正月上日。受終于文祖

上日。朔日也。葉氏曰。上旬之日。曾氏曰。始上戊上辛上丁之類。未詳孰是。受終者。堯於是終帝位之事而舜受之也。文祖者。堯始祖之廟。未詳所指爲何人也 唐孔氏曰。上日。言一歲日之上也。受堯終帝位之事。於堯文德之祖廟也。○王氏炎曰。文祖。堯所從受天下者也。○呂氏曰。堯已爲天下得人。則堯之責塞矣。故曰受終。言受終。則舜正始可知。○董氏鼎曰。堯老舜攝。堯之爲帝自若也。而遽以受終告祖者。蓋天子之有天下。當以其身爲始終。昔由祖以有其始。今告祖以受其終。此爲告攝而謂之受終。蓋以重舜之責也

在璿璣玉衡以齊七政

在察也美珠謂之璿璣機也以璿飾璣所以象天體之轉運也衡横也謂衡簫也以玉爲管横而設之所以窺璣而齊七政之運行猶今之渾天儀也七政日月五星也七者運行於天有遲有速有順有逆猶人君之有政事也此言舜初攝位整理庶務首察璣衡以齊七政蓋曆象授時所當先也○按渾天儀者天文志云言天體者三家一曰周髀二曰宣夜三曰渾天宣夜絶無師說不知其狀如何周髀之術以爲天似覆盆蓋以斗極爲中中高而四邊下日月傍行遶之日近而見之爲晝日

遠而不見爲夜。蔡邕以爲考驗天象，多所違失。渾天說曰：天之形狀似鳥卵，地居其中，天包地外，猶卵之裹黄，圓如彈丸，故曰渾天，言其形體渾渾然也。其術以爲天半覆地上，半在地下，其天居地上見者一百八十二度半强，地下亦然。北極出地上三十六度，南極入地下亦三十六度，而嵩高正當天之中。極南五十五度當嵩高之上，又其南十二度爲夏至之日道，又其南二十四度爲春秋分之日道，又其南二十四度爲冬至之日道，南下去地三十一度而已。是夏至日北去極六十七度，春秋分去極九十一度，冬至去極一百一十五度，此其大率也。其南北極持其兩端。其天與日月星宿斜而廻轉。此必古有其法。遭秦而滅。至漢武帝時。洛下閎始經營之。鮮于妄人又量度之。至宣帝時。耿壽昌始鑄銅而爲之象。宋錢樂又鑄銅作渾天儀。衡長八尺。孔徑一寸。璣徑八尺。圓周二丈五尺强。轉而望之。以知日月星辰之所在。即璿璣玉衡之遺法也。歷代以來。其法漸密。本朝因之爲儀三重。其在外者曰六合儀。平置黑單環。上刻十二辰八干四隅在地之位。以準地面而定四方。側立黑雙環。背刻去極度數。以中分天脊直跨地平。使其半入地下而結於其子午。以爲天經。斜倚赤單環。背刻赤道度數以平分天腹横繞天經亦使半出地上半入地下而結於其卯酉以爲天緯三環表裏相結不動其天經之環則南北二極皆爲圓軸虛中而内向以挈三辰四遊之環以其上下四方於是可考故曰六合次其内曰三辰儀側立黑雙環亦刻去極度數外貫天經之軸内挈黄赤二道其赤道則爲赤單環外依天緯亦刻宿度而結於黑雙環之卯酉其黄道則爲黄單環亦刻宿度而又斜倚於赤道之腹以交結於卯酉而半入其内以爲春分後之日軌半出其外以爲秋分後之日軌又爲白單環以承其交使不傾墊下設機輪以水激之使

其日夜隨天東西運轉以象天行。以其日月星辰。於是可考。故曰三辰。其最在內者曰四遊儀。亦爲黑雙環。如三辰儀之制。以貫天經之軸。其環之內。則兩面當中各施直距。外指兩軸。而當其要中之內面。又爲小竅以受玉衡要中之小軸。使衡既得隨環東西運轉。又可隨處南北低昂。以待占候者之仰窺焉。以其東西南北無不周徧。故曰四遊。此其法之大略也。沈括曰。舊法規環一面刻周天度。一面加銀丁。蓋以夜候天晦。不可目察。則以手切之也。古人以璿飾璣疑亦爲此。今太史局秘書省銅儀制極精緻。亦以銅丁爲之。曆家之說。又以北斗魁四星爲璣。杓三星爲衡。今詳經文簡質。不應北斗二字乃用寓名。恐未必然。姑存其說以廣異聞　朱子曰。孔註謂舜察天文齊七政。以審已當天心與否。未必然。只是從新整理起。此是最先當理會者。故從此理會去。○書疏載在璿璣玉衡處先說箇天。今人讀着亦無甚緊要。以其觀之。若看得此。亦可以想象天之形。與日月星辰之運。進退疾徐之度。皆有分數。而曆數大槩。亦可知矣。○一日論及璣衡及黃赤道日月躔度。潘子善曰。嵩山本不當天之中。爲是天形欹側。遂當其中耳。曰。嵩山不是天之中。乃是地之中。黃道赤道。皆在嵩山之北。南極北極。天之樞紐。只此處不動。如磨臍然。此是天之中至極處。如人之臍帶也。○曆法要當先論太虛。以見三百六十五度四分度之一。一一定位。然後論天行。以見天度加損虛度之歲分。歲分既定。然後七政乃可齊耳。○林氏曰。璣衡以步七政之軌度時數。兩不差焉。故曰以齊。日月五星。在天有常度。其災祥與政事相應。故曰七政。○西山真氏曰。舜受終之初。察璿璣以揆七政之運。正如人子之事親。候伺顏色。惟恐一毫少咈於親心。此大舜事天之敬也○陳氏經曰七者在天之政也君爲天與日月星辰之主君有缺政則日月薄食星辰變動安得而齊意與欽若曆象同○唐孔氏曰璣衡俱飾以玉史之立文猶左氏璿弁玉纓虞喜云宣明也夜幽也幽明之數其術兼之故曰宣夜髀股也股者表也其法始於庖羲周人志之故曰周髀蔡邕云即蓋天也渾天者以爲地在其中天周其外日月初登于天後入于地晝則日在地上夜則日入地下太史所用候臺銅儀則其法也○宋太史丞錢樂鑄銅儀傳於齊梁周平江陵遷器長安○陳氏雅言曰璣衡者在器之天也七政者在天之天也在天之天不可得而見在器之天所可得而察何莫非聖人心術淵源之所寓精神流通之所及豈可以淺窺哉與堯之欽若一心也

肆類于上帝禋于六宗望于山川徧于羣神

肆遂也類禋望皆祭名周禮肆師類造于上帝註云郊祀者祭昊天之常祭非常祀而祭告于天其禮依郊祀

爲之。故曰類。如泰誓武王伐商。王制言天子將出。皆云類于上帝是也。禋。精意以享之謂。宗。尊也。所尊祭者其祀有六。祭法曰。埋少牢於泰昭。祭時也。相近於坎壇。祭寒暑也。王宮。祭日也。夜明。祭月也。幽宗。祭星也。雩宗。祭水旱也。山川。名山大川。五嶽四瀆之屬。望而祭之。故曰望。徧。周徧也。羣神。謂丘陵墳衍。古昔聖賢之類。言受終觀象之後。即祭祀上下神祇。以攝位告也。朱子曰。類只是祭天之名。其義則不可曉。與所謂旅上帝同。皆不可曉。然決非是常祭。○問六宗。曰。古註說得自好。鄭氏宗讀爲禜。即祭法中所謂祭時。祭寒暑。祭日。祭月。祭星。祭水旱者。如此說則先祭上帝。次禋六宗。次望山川。然後徧及羣神。次序則皆順。又問五峯取張髦之說如何。曰。非惟用改易經文。兼之古者昭穆不盡稱宗。惟祖有功。宗有德。故云祖文王而宗武王。且如西漢之廟。惟文帝稱大宗。武帝稱世宗。至唐廟乃盡稱宗。此不可以爲據○鄭氏曰。泰昭。昭者明也。亦壇也。時。四時也。亦謂陰陽之神也。埋之者陰陽出入於地中也。凡此以下皆祭用少牢。相近讀爲禳祈。郤也。求也。寒於坎。暑於壇。王宮日壇。夜明月壇。宗讀爲禜。幽禜星壇。雩禜水旱壇○蘇氏曰。晉張髦以六宗爲三昭三穆。受終之初。既有事於文祖。其勢必及餘廟矣。春秋不郊猶三望。三望分野之星與國中山川。乃知古者郊天。必及天地間尊神。魯諸侯。故三望而已。此之禋六宗。望山川。徧羣神。蓋於類上帝爲一禮爾。考之祭法。其泰壇祭天。即此類上帝也。祭時寒暑日月星水旱。即此禋六宗也。四坎壇祭四方。與山林川谷丘陵能出雲爲風雨見怪物皆曰神。有天下者祭百神。即此望山川徧羣神也。祭法所叙舜典之章句義疏也○陳氏雅言曰。此史臣紀舜告攝位之事。先上帝而后六宗。次山川而後羣神。此一定之叙也。祭上帝曰類。六宗曰禋。山川曰望。羣神曰徧。此一定之名也。其叙秩然而不可亂。其名截然而不可易。此史臣紀載之書法也

輯五瑞。既月乃日。覲四岳羣牧。班瑞于羣后

輯。斂。瑞。信也。公執桓圭。侯執信圭。伯執躬圭。子執穀璧。男執蒲璧。五等諸侯執之。以合符於天子而驗其信否也。周禮。天子執冒以朝諸侯。鄭氏註云。名玉以冒。以德覆冒天下也。諸侯始受命。天子錫以圭。圭頭斜銳。其冒下斜刻小大長短廣狹如之。諸侯來朝。天子以刻處冒其圭頭。有不同者。則辨其僞也。旣盡覲見。四岳。四方之諸侯。羣牧。九州之牧伯也。程子曰。輯五瑞。徵五等之諸侯也。此已上皆正月事。至盡此月。則四方之諸侯有至者矣。遠近不同。來有先後。故日日見之。不如他朝會之同期於一日。蓋欲以少接之。則得盡其詢察禮意也。班。

須同羣后即侯牧也既見之後審知非僞則又須還其瑞以與天下正始也問輯五瑞既月乃日覲四岳羣牧班瑞于羣后恐只是王畿之諸侯輯斂瑞玉是命圭合信如點撿牌印之屬如何朱子曰不當指殺王畿如顧命太保率東方諸侯畢公率西方諸侯不數日間諸侯皆至如此之速○覲是正君臣之禮較嚴天子當依而立不下堂而見諸侯朝是講賓主之禮天子當宁而立在路寢門之外相與揖遜而入○陳氏大猷曰類帝而下見君受命於天輯五瑞而下見臣受命於君○陳氏曰瑞玉堯所賜也舜斂而復班之使是玉也在堯則爲堯賜在舜則爲舜賜矣○陳氏雅言曰輯瑞於攝位之初者將以驗其信否而盡其詢察之道班瑞於既覲之後者所以與之正始而示夫更新之義也

歲二月東巡守至于岱宗柴望秩于山川肆覲東后協時月正日同律度量衡修五禮五玉三帛二生一死贄如五

器卒乃復五月南巡守至于南岳如岱禮八月西巡守至于西岳如初十有一月朔巡守至于北岳如西禮歸格于藝祖用特

孟子曰天子適諸侯曰巡守巡守者巡所守也歲二月當巡守之年二月也岱宗泰山也柴燔柴以祀天也望望秩以祀山川也秩者其牲幣祝號之次第如五岳視三公四瀆視諸侯其餘視伯子男者也東后東方之諸侯也時謂四時月謂月之大小日謂日之甲乙其法畧見上篇諸侯之國其有不齊者則恊而正之也律謂十二律黃鍾太簇姑洗蕤賓夷則無射大呂夾鍾仲呂林

鍾南呂應鍾也。六爲律，六爲呂。凡十二管，皆徑三分有奇，空圍九分。而黃鍾之長九寸，大呂以下，律呂相間以次而短，至應鍾而極焉。以之制樂而節聲音，則長者聲下，短者聲高。下者則重濁而舒遲，上者則輕清而剽疾。以之審度，而度長短，則九十分黃鍾之長，一爲一分，而十分爲寸，十寸爲尺，十尺爲丈，十丈爲引。以之審量，而量多少，則黃鍾之管，其容子穀秬黍中者一千二百，以爲龠，而十龠爲合，十合爲升，十升爲斗，十斗爲斛。以之平衡而權輕重，則黃鍾之龠所容千二百黍，其重十二銖，兩龠則二十四銖爲兩，十六兩爲斤，三十斤爲鈞，四鈞爲石。此黃鍾所以爲萬事根本。諸侯之國。其有不一者則審而同之也。時月之差。由積日而成。其法則先粗而後精。度量衡受法於律。其法則先本而後末。故言正日在協時月之後。同律在度量衡之先。立言之叙。蓋如此也。五禮吉。凶。軍。賓。嘉也。修之所以同天下之風俗。五玉。五等諸侯所執者。即五瑞也。三帛。諸侯世子執纁。公之孤執玄。附庸之君執黃。二生。卿執羔。大夫執鴈。一死。士執雉。五玉。三帛。二生。一死。所以爲贄而見者。此九字當在肆覲東后之下。協時月正日之上。誤脫在此。言東后之覲。皆執此贄也。如五器。劉侍講曰。如。同也。五器。即五禮之器也。周禮六器六贄，即舜之遺法也。卒乃復者，舉祀禮、覲諸侯、一正朔、同制度、修五禮、如五器數事皆畢，則不復東行，而遂西向，且轉而南行也。故曰卒乃復。南岳衡山，西岳華山，北岳恒山。二月東，五月南，八月西，十一月北，各以其時也。格，至也。言至于其廟而祭告也。藝祖，疑即文祖，或曰文祖藝祖之所自出，未有所考也。特，特牲也，謂一牛也。古者君將出，必告于祖禰，歸又至其廟而告之，孝子不忍死其親，出告反面之義也。王制曰：歸格于祖禰。鄭註曰：祖下及禰皆一牛。程子以爲但言藝祖，舉尊爾，實皆告也。但止說祖廟共用一牛，不如時祭各設主於其廟也。二說未知孰是。今兩存之。問建牧立伯。小大相維。自可以垂拱無爲矣。何故復有巡守之舉豈牧伯不足任耶。或云因以祭天。且朝諸侯。又云君民一體。不可邈然不相接。故必躬親巡撫。然後上下情通而教化洽矣。此先王之誠心。二說孰是。朱子曰。建牧立監。與巡守之義。並行不悖。祭天朝諸侯。巡撫之意皆在其中矣。先王之政。體用兼舉。本末備具。非若後世儒者一偏之說。有體而無用。得本而遺末也。○巡守亦非舜創立此制。蓋亦循襲將來。故黃帝紀亦云。披山通道。未嘗寧居。○註家以至岱宗柴爲句。某謂當以柴望秩于山川爲一句。如柴望大告武成。漢郊祀志。亦云柴望秩于山川。○協時月正日。只是去合同其時月日爾。非謂作曆也。每遇巡守。凡事理會一遍。如文字之類。○同律度量衡。修五禮。五玉。三帛。二生。一死。贄。如五器。卒乃復。舊說皆云如五器。謂即是諸侯五玉之器。初既輯之。至此禮既畢。乃復還之。看來似不如此。恐書之顛倒了。五器。五禮之器也。五禮者。乃吉凶軍賓嘉之五禮。凶禮之器。即是衰絰之類。軍禮之器。即是兵戈之類。吉禮之器即是簠簋之類。如者。亦同之義。言有以同之。使天下禮器。皆歸于一。○問修五禮。吳才老以爲只是五典之禮。唐虞時無此。因說舜典此段疑有錯簡。當云肆覲東后。五玉。三帛。二生。一死。贄。協時月。正日。同律度量衡。修五禮。如五器。卒乃復。如者。齊一之義。卒乃復者。事畢復歸也。非謂復歸京師。只是事畢還歸。故亦曰復。前說班瑞于羣后。則是還之也。○又曰。卒乃復。是事畢而歸。非是以贄爲復也。○問舜之巡守。是一年中遍四岳否。曰。觀其末後載歸格于藝祖用特一句。則是一年遍巡四岳矣。問四岳惟衡山最遠。先儒以爲非今之衡山。别自有衡山。不知在甚處。曰。恐是嵩山之南。若如此。則四岳相去甚近矣。又云。唐虞時以潛山爲南岳。五岳亦近。非是一年往一處。然古之天子。一歲不能徧及四岳。則到一方境上會諸侯亦可。周禮有此禮。○林氏曰。律之十二。又生於曆之十二。前律曆志云。推曆成律。故同律度量衡。必先協時月正日。禮有因革損益。故謂之修。○陳氏經曰。時月日。正朔所自出。律度量衡。制度所自始。五禮。名分上下所由正。非天子不議禮。不制度。不考文。此所以大一統。而無國異政之患也。○夏氏曰。以物言。則曰物。以寶言。則曰瑞。以形言。則曰器。○鄭氏曰。羔取其羣而不失其類。鴈取其候時而行。雉取其守介。死不失節。

也。○孔氏曰。器。謂圭璧。禮終則還之。三帛生死則否。○陳氏曰。此言復。後言歸。復。自方岳返也。歸。至帝都也。春秋書公子遂如晉。至黃乃復。書自彼返也。又書季子來歸。書至國都也。○陳氏經曰。歸而告至。則出告可知。○呂氏曰。巡守而歸。苟民物有一不得其所。其見祖廟有愧必矣。想舜歸格之時。此心無愧。對越在廟。慰愜可知也。○林氏曰。胡旦疑一歲不能周萬五千里。此不然。叔恬問王通。舜一歲而巡守四岳。國不費而民不勞。何也。曰。儀衛少而徵求寡也。○陳氏大猷曰。天下非一人所能獨治。於是有封建諸侯。不能保其常治。於是有巡守。巡守。所以維持封建也。歲月易流。人心易懈。法度易弛。上下易隔。非天子時巡考察作新之。治豈能久而無弊哉。○呂氏曰。自此以下。至遏密八音以前。皆史雜載舜攝位二十八年中之事

五載一巡守。羣后四朝。敷奏以言。明試以功。車服以庸

五載之內。天子巡守者一。諸侯來朝者四。蓋巡守之明年。則東方諸侯來朝于天子之國。又明年。則南方之諸

侯來朝。又明年。則西方之諸侯來朝。又明年。則北方之諸侯來朝。又明年。則天子復巡守。是則天子諸侯。雖有尊卑。而一往一來。禮無不答。是以上下交通。而遠近洽和也。敷。陳。奏。進也。周禮曰。民功曰庸。程子曰。敷奏以言者。使各陳其爲治之説。言之善者。則從而明考其功。有功。則賜車服以旌異之。其言不善。則亦有以告飭之也。林氏曰。天子巡守。則有協時月日以下等事。諸侯來朝。則有敷奏以言以下等事。朱子曰。九載一巡守。此是立法如此。若一歲間行一遍。則去一方近處會一方之諸侯。如周禮所謂十二歲巡守殷國。殷國則是會一方之諸侯使來朝也。則巡守去回禮一番。○問五載一巡守。還是一年徧歷四方。還是止於一方。曰。恐亦不能徧。問古之巡守。不至如後世中騎萬乘否。曰。今以左氏觀之。如所謂國君以乘。卿以旅。國君則以千五百人衞。正卿則以五百人從。則天子亦可見矣。曰。春秋之時。與茅茨土階之時莫不同否。曰。也不然。如黃帝以師爲衞。則天子衞從。亦不應大段寡弱也。○孔氏曰。功成則賜車服。以表顯其能用。○鄭氏曰。巡守之年。諸侯各朝于方岳。其間四年。諸侯來朝于京師。以庸表顯其人有才能可用也。人以車服爲榮。故天子之賞諸侯。皆以車服賜之。覲禮云。天子賜侯氏以車服是也。又如采菽詩云。君子來朝何以予之。雖無予之。路車乘馬。又何予之。玄衮及黼。皆庸以車服之證也。○陳氏推言曰。五載之內。天子各以其時而巡守于四岳。諸侯各以其年而朝于京師。此上下相交之禮也。古之君臣情通政治。其以此矣

肇十有二州。封十有二山。濬川

肇。始也。十二州。冀兖青徐荆揚豫梁雍幽幷營也。中古之地。但爲九州。曰冀兖青徐荆揚豫梁雍。禹治水作貢

亦因其舊及舜即位以冀青地廣始分冀東恒山之地爲并州其東北醫無閭之地爲幽州又分青之東北遼東等處爲營州而冀州止有河內之地今河東一路是也封表也封十二山者每州封表一山以爲一州之鎮如職方氏言揚州其山鎮曰會稽之類濬川濬導十二州之川也然舜既分十有二州而至商時又但言九圍九有周禮職方氏亦止列爲九州有揚荆豫青兖雍幽冀并而無徐梁營也則是爲十二州蓋不甚久不知其自何時復合爲九也吳氏曰此一節在禹治水之後其次序不嘗在四罪之先蓋史官追記舜所行之大事初

不計先後之敘也朱子曰。肇十有二州。冀州堯所都。此去地已狹。若又分而爲幽并二州。則三州疆界極不多了。青州分爲并州亦然。葉氏曰。分冀州西爲并州。北爲幽州。青州又在帝州之東。分其東北爲營州。○蔡仲默集註尚書。至肇十有二州。因云禹即位後。又并作九州。曰。也見不得。但後面皆只說帝命式于九圍。以有九有之師。不知是甚時又復并作九州。○爾雅釋地九州之名。於禹貢無梁青而有幽營。孫炎以爾雅與禹貢職方皆不同。疑是殷制。○新安陳氏曰。舜即位初。咨十有二牧。後。又曰州十有二師。則終舜之世。分九州爲十二州可見矣。又曰。禹又并爲九州。有左傳可證。昔夏之方有德也。貢金九牧。○龜山楊氏曰。十二州九州。或分或合。因時而已。不必强爲之說。○劉氏貞曰。帝都冀州。冀州北接北狄。而其域大。於九州分冀爲幽并。以此二州捍狄。使不得接畿甸。所以壯帝畿之翼衛。而禦外夷之輕侮也。○陳氏經曰。禹貢之作乃在堯時。至舜時。分九州爲十二州。○呂氏曰。禹治水嘗濬川。今水平復濬。安不忘危也。川不言十二。川無大小皆濬也。○陳氏雅言曰。肇十有二州者。定疆理之制也。封十有二山者。表州域之鎮也。濬川者。防壅塞之患也。蓋洪水既平。州之九者。分爲十二也。山之封者。奠爲十二也。州十有二。山亦如之。至於川之濬者。則不可以數拘焉。川之大者濬之。川之小者亦濬之。不以小而不濬也。夫天下之患。常起於微。聖人之智。常察其幾。山之表識。無待於致詳。水之疏導。則不容以或畧。此史臣書法所以異也

象以典刑。流宥五刑。鞭作官刑。扑作教刑。金作贖刑。眚災肆赦。怙終賊刑。欽哉欽哉。惟刑之恤哉

象。如天之垂象以示人。而典者常也。示人以常刑。所謂墨。劓。剕。宮。大辟。五刑之正也。所以待夫元惡大憝。殺人傷人。穿窬淫放。凡罪之不可宥者也。流宥五刑者。流遣之使遠去。如下文流放竄殛之類也。宥。寬也。所以待夫罪之稍輕。雖入於五刑。而情可矜。法可疑。與夫親貴勳

勞而不可加以刑者則以此而寬之也鞭作官刑者木
木垂革官府之刑也扑作教刑者夏楚二物學校之刑
也皆以待夫罪之輕者金作贖刑者金黃金贖贖其罪
也蓋罪之極輕雖入於鞭扑之刑而情法猶有可議者
也此五句者從重入輕各有條理法之正也肆縱也眚
災肆赦者眚謂過誤災謂不幸若人有如此而入於刑
則又不待流宥金贖而直赦之也賊殺也怙終賊刑者
怙謂有恃終謂再犯若人有如此而入於刑則雖當宥
當贖亦不許其宥不聽其贖而必刑之也此二句者或
由重而即輕或由輕而即重蓋用法之權衡所謂法外

意也。聖人立法制刑之本末。此七言者大畧盡之矣。雖其輕重取舍。陽舒陰慘之不同。然欽哉欽哉。惟刑之恤之意。則未始不行乎其間也。蓋其輕重毫釐之間。各有攸當者。乃天討不易之定理。而欽恤之意行乎其間。則可以見聖人好生之本心也。據此經文。則五刑有流宥而無金贖。周禮秋官亦無其文。至呂刑乃有五等之罰。疑穆王始制之。非法之正也。蓋當刑而贖。則失之輕。疑赦而贖。則失之重。且使富者幸免。貧者受刑。又非所以爲平也。朱子曰。象以典刑。流宥五刑。鞭作官刑。扑作教刑。金作贖刑。眚災肆赦。怙終賊刑。欽哉欽哉。惟刑之恤哉。夫豈一於輕而已哉。又以舜命臯陶之辭考之。士官所掌。惟象流二法而已。其曰惟明克允。則或刑或宥。亦惟其當而無以加矣。又豈一於宥而無刑哉。今必曰堯舜之世。有宥而無刑。則是殺人者不死。而傷人者不刑也。是聖人之心。不忍於元惡大憝。而反忍於銜寃抱痛之良民也。是所謂怙終賊刑。刑故無小者。皆爲空言以誤後世也。其必不然也亦明矣。夫刑雖非先王所恃以爲治。然以刑弼教。禁民爲非。則所謂傷肌膚以懲惡者。亦旣竭心思而繼之以不忍人之政之一端也。今徒流之法。旣不足以止穿窬淫放之姦。而其過於重者。則又有不當死而死。如强暴贓滿之類者。苟采陳羣之議。一以宫剕之辟當之。則雖殘其支體。而實全其軀命。且絕其爲亂之本。而使後無以肆焉。豈不仰合先王之意。而下適當時之宜哉。況君子得志而有爲。則養之之具。教之之術。亦必隨力之所至而汲汲焉。固不應因循苟且。直以不養不教爲當然。而熟視其爭奪相殺於前也。○象以典刑。此一句乃五句之綱領。諸刑之總括。猶今之刑。皆結於笞杖徒流絞斬也。凡人所犯合墨。則加以墨刑。所犯合劓。則加以劓刑。剕宫大辟皆然。流宥五刑者。其人所犯。合此五刑。而情輕可恕。或因過誤。則全其支體。不加刀鋸。但流以宥之。屏之遠方。不與同齒。如五流有宅。五宅三居之類是也。鞭作官刑者。此官府之刑。猶今之鞭撻吏人。蓋自有一項刑。專以治官府之胥吏。如周禮至胥吏鞭五百鞭三百之類。扑作教刑。此一項學官之刑。猶今之學舍夏楚。如習射習藝。春秋教以禮樂。冬夏教以詩書。凡教人之事。有不率者。則用此刑扑之。如侯明撻記之類是也。金作贖刑。謂鞭扑二刑之可恕者。則許用金以贖其罪。如此解釋。則五句之義。豈不粲然明白。象以典刑之輕者。有流以宥之。鞭扑之刑之輕者。有金以贖之。流宥所以寛五刑。贖刑所以寛鞭扑。聖人斟酌損益。低昂輕重。莫不合天理人心之自然。而無毫釐杪忽之差。所謂既竭心思焉。繼之以不忍人之政者。如何說聖人專意只在教化。刑非所急。聖人固以教化爲急。若有犯者。須以此刑治之。豈得置而不用。問贖刑非古法。曰然。贖刑起周穆王。古之所謂贖刑者。贖鞭扑耳。夫既以殺人傷人矣。又使之得以金贖。則有財者。皆可以殺人傷人。而無辜被害者。何其大不幸也。且殺人者安然居乎鄉里。彼孝子順孫之欲報其親者。豈肯安於此乎。所以屏之四裔。流之遠方。彼此兩全之也。○聖人之心。未感於物。其體廣大而虛明。絕無毫髮偏倚。所謂天下之大本者也。及其感於物也。則喜怒哀樂之用。各隨所感而應之。無一不中節者。所謂天下

之達道也。蓋自本體而言。如鏡之未有所照。則虛而已
矣。如衡之未有所加。則平而已矣。至語其用。則以其至
虛。而好醜無所遁其形。以其至平。而輕重不能違其則。
此所以致其中和。而天地位萬物育。雖以天下之大。而
不外乎吾心造化之中也。以此而論。則知聖人之於天
下。其所以慶賞威刑之具者。莫不各有所由。而舜典所
論敷奏以言。明試以功。車服以庸。與夫制刑明辟之意。
皆可得而言矣。雖然。喜而賞者。陽也。聖人之所欲也。怒
而刑者。陰也。聖人之所惡也。是以聖人之心。雖曰至虛
至平。無所偏倚。而於此二者之間。其所以處之。亦不能
無少不同者。故其言又曰罪疑惟輕。功疑惟重。此則聖
人之微意。然其行之也。雖曰好賞。而不能賞無功之士。
雖曰惡刑。而不敢縱有罪之人。而功罪之實。苟已曉然
而無疑。則雖欲輕之重之而不可得。是又未嘗不虛不
平。而大本之立。達道之行。固自若也。故其賞也。必察其
言。審其功。而後加以車服之賜。其刑也。必曰象以典刑
者。畫象而示民以墨劓剕宮大辟五等肉刑之常法也。
其曰流宥五刑者。放之於遠。所以寬夫犯此肉刑而情
輕之人也。其曰鞭作官刑。扑作教刑者。官府學校之刑。
所以馭夫罪之小而未麗于五刑者也。其曰金作贖刑

者。使之入金而免其罪。所以贖夫犯此鞭扑之刑而情不幸而觸罪者。則肆而赦之。其曰怙終賊刑者。言有恃而不改者。則賊而刑之。此二者法外之意。猶今律令之名例也。其曰欽哉欽哉。惟刑之恤哉者。此則聖人畏刑之心。閔夫死者之不可復生。刑者之不可復續。惟恐察之有不審。施之有不當。又雖已得其情。而猶必矜其不教無知。而抵冒至此也。嗚呼。詳此數言。則聖人制刑之意可見。而其於輕重淺深。出入取舍之際。亦已審矣。雖其重者或至於誅斬斷割而不少貸。然本其所以至此。則其所以施於人者。亦必嘗有如是之酷矣。是以聖人不忍其所被酷者銜冤負痛。而爲是以報之。雖若甚慘。而語其實。則爲適得其宜。雖以不忍之心。畏刑之甚。而不得赦也。惟其情之輕者。聖人於此。乃得以施其不忍畏刑之意。而有以宥之。然亦必投之遠方以禦魑魅。蓋以此等之所犯。非殺傷人。則亦或淫或盜。其情雖輕。而罪實重。若使既免於刑。而又得使還鄉復爲平民。則彼之被其害者。寡妻孤子。將何面目以見之。而此幸免之人。髮膚肢體。了無所傷。又將得以遂其前日之惡而不悔。此所以必曰流以宥之。而又有五流有宅。五宅三居之文也。

若夫鞭扑之刑。則雖刑之至小。而情之輕者。亦必許其入金以贖。而不忍輒以真刑加之。是亦仁矣。然而流專以宥肉刑。而不下及於鞭扑。贖專以待鞭扑。而不上及於肉刑。則其輕重之間。又未嘗不致詳也。至於過誤必赦。故犯必誅之法。則又權衡乎五者之內。欽哉欽哉。惟刑之恤之旨。則常通貫乎七者之中。此聖人制刑明辟之意。所以雖或至於殺人。而其反覆表裏。至精至密之妙。一一皆從廣大虛明心中流出。而非私智之所爲也。而或者之論。乃謂上古惟有肉刑。舜之爲流爲贖爲鞭爲扑。乃不忍民之斬戮而始爲輕刑者。則是自堯以上。雖犯鞭扑之刑者。亦必使從墨劓之坐。而舜之心乃不忍於殺傷淫盜之凶賊。而反忍於見殺見傷爲所侵犯之良民也。聖人之心。其不如是之殘忍偏倚而失其正。亦已明矣。又謂周之穆王。五刑皆贖。爲能復舜之舊者。則固不察乎舜之贖。初不上及五刑。又不察乎穆王之法。亦必疑而後贖也。且以漢宣之世。張敞以討羌之役。兵食不繼。建爲入穀贖罪之法。初亦未嘗及夫殺人及盜之品也。而蕭望之等猶以爲如此。則富者得生。貧者獨死。恐開利路以傷治化。曾謂三代之隆。而以是爲得哉。嗚呼。世衰學絕。士不聞道。是以雖有粹美之資。而不免一偏之弊。其於聖人公平正大之心有所不識。而徒知切切焉。飾其偏見之私。以爲美談。若此多矣。可勝辨哉。若夫穆王之事。以予料之。殆必由其巡遊無度。財匱民勞。至其末年無以爲計。乃特爲此一切權宜之術以自豐。而又託於輕刑之說。以違道而干譽耳。夫子存之。蓋以示戒。而程子策試尚發問焉。其意亦可見矣。或者又謂四凶之罪不輕於少正卯。舜乃不誅而流之。以爲輕刑之驗。殊不知共兜朋黨鯀功不就。其罪本不至死。三苗拒命。雖若可誅。而蠻夷之國。聖人本以荒忽不常待之。雖有負犯。不爲畔臣。則姑竄之遠方。亦正得其宜耳。非故爲是以輕之也。若少正卯之事。則予嘗切疑之。蓋論語所不載。子思孟子所不言。雖以左氏春秋內外傳之誤且駁。而猶不道也。乃獨荀況言之。是必齊魯陋儒憤聖人之失職。故爲此說以夸其權。吾又安敢輕信其言。遽稽以爲決乎。聊并記之以俟來者。○問象以典刑。如何爲象。曰。此言正法。象。如懸象魏之象。或謂畫爲五刑之狀亦可。○或問欽哉欽哉。惟刑之恤哉。曰。多有人解書做寬恤之恤。某之意不然。若做寬恤。如被殺者不令償命。死者何辜。大率是說刑者民之司命。不可不謹。如斷者不可續。乃矜恤之恤耳。○今之法家。多惑於報應禍福之說。故多出人罪以求福報。夫使無罪者不得直。而有罪者反得釋。是乃所以爲惡耳。何福報之有。書曰。欽哉欽哉。惟刑之恤哉。所謂欽恤云者。正以詳審曲直。令有罪者不得幸免。而無罪者不得濫刑也。今之法官。惑於欽恤之說。以爲當寬人之罪而出其法。故凡罪之當殺者。莫不多爲可出之塗以俟奏裁。旣云奏裁。則大率減等。當斬者配。當配者徒。當徒者杖。當杖者笞。是乃賣弄條貫。侮法而受賕者耳。何欽恤之有。今之律令。謂法不能決者。則俟奏裁。今乃明知其罪之當死。亦莫不爲可生之塗以生之。惟壽皇不然。其情理重者皆殺之。○陳氏雅言曰。不欽。則或失之於怠慢。不恤。則或失之於慘刻。二者刑之所由不得其平也。故必主之以欽。而加之以恤。此傳所謂欽恤之心。未始不行乎其間者也

流共工于幽洲。放驩兜于崇山。竄三苗于三危。殛鯀于羽山。四罪而天下咸服

流。遺之遠去。如水之流也。放。置之於此。不得他適也。竄。

則驅逐禁錮之。極則拘囚困苦之。隨其罪之輕重而異法也。共工驩兜鯀事見上篇。三苗國名。在江南荆揚之間。恃險爲亂者也。幽洲。北裔之地。水中可居曰洲。崇山。南裔之山。在今澧州。三危。西裔之地。即雍之所謂三危既宅者。羽山東裔之山。即徐之蒙羽其藝者。服者天下皆服其用刑之當罪也。程子曰。舜之誅四凶。怒在四凶。舜何與焉。蓋因是人有可怒之事而怒之。聖人之心本無怒也。聖人以天下之怒爲怒。故天下咸服之。春秋傳所記四凶之名。與此不同。說者以窮奇爲共工。渾敦爲驩兜。饕餮爲三苗。檮杌爲鯀。不知其果然否也。朱子曰。放驩兜于崇山。或云在澧州慈利縣。殛鯀于羽山。想是偶然在彼而殛之。程子謂時適在彼是也。若曰罪之彰著。或害功敗事於彼。則未可知也。大抵此等隔絶遥遠。又無證據。只說得箇大綱如此便了。不必說殺了便受折難。○四凶只緣堯舉舜而遜之以位。故不服而抵于罪。在堯時則其罪未彰。又他畢竟是箇世家大族。又未有過惡故動他未得。○殛。非殺也。洪範云殛死。猶今言貶死。○問舜不惟德盛。又且才高。嗣位未幾。如齊七政。覲四岳協時月正日。同律度量衡。肇十二州。封十二山。及四罪而天下服。一齊做了。其功用神速如此。曰聖人作處自别。故書稱三載底可績。○程子曰。四凶之才皆可用。堯之時聖人在上。皆以其才任大位。而不敢露其不善之心。堯非不知其不善也。伏則聖人亦不得而誅之。及堯舉舜於匹夫之中而禪之位。則是四人者始懷憤怨不平之心而顯其惡。故舜得以因其迹而誅竄之也。○孫氏覺曰。放重於流。竄重於放。殛重於竄。○林氏曰。殛鯀竄苗。當在洪水未平之前。巡守肇十二州。當在禹平水之後。史因言舜之恤刑。遂舉四凶事繫于下耳。世徒見四凶得罪不在堯世。則謂堯不能去。不知舜之去四凶。乃在歷試之時。實受堯命。如禹居攝時亦受舜命征苗

也○新安胡氏曰觀此在帝乃殂落之前則可見矣

二十有八載帝乃殂落百姓如喪考妣三載四海遏密八音

殂落死也死者魂氣歸于天故曰殂體魄歸于地故曰落喪爲之服也遏絶密靜也八音金石絲竹匏土革木也言堯聖德廣大恩澤隆厚故四海之民思慕之深至於如此也儀禮圻內之民爲天子齊衰三月圻外之民無服今應服三月者如喪考妣應無服者遏密八音堯十六即位在位七十載又試舜三載老不聽政二十八載乃崩在位通計百單一年 朱子曰林少穎解殂落云魂殂而魄落說得好便是

魂升于天魄降于地底意思○堯崩百姓如喪考妣三
載四海遏密八音百姓如喪考妣此是本分四海遏密
八音以禮論之則爲過爲天子服三年之喪只是圻內
諸侯之國則不然爲君爲父皆服斬衰君謂天子諸侯
及大夫之有地者大夫之邑以大夫爲君大夫以諸侯
爲君諸侯以天子爲君各爲其君服斬衰諸侯之大夫
却爲天子服齊衰三月禮無二斬故也公之喪諸達官
之長杖達官謂通於君得奏事者各以其長其長杖其
下者不杖可知○問後世不封建諸侯天下一統百姓
當爲天子何服曰三月天下服地雖有遠近聞喪有先
後然亦不過三月○王氏炎曰此
言哀慕之情非言喪服之禮也

月正元日舜格于文祖

月正正月也元日朔日也漢孔氏曰舜服堯喪三年畢
將即政故復至文祖廟告蘇氏曰受終告攝此告即位
也然春秋國君皆以遭喪之明年正月即位於廟而改

元。孔氏云喪畢之明年。不知何所據也。朱子曰。堯舜之廟雖不可考。然以義理推之。堯之廟當立於丹朱之國。所謂修其禮物。作賓于王家。蓋神不歆非類。民不祀非族。故禮記有虞氏禘黃帝而郊嚳。祖顓頊而宗堯。伊川以爲可疑

詢于四岳。闢四門。明四目。達四聰。

詢。謀。闢。開也。舜既告廟即位。乃謀治于四岳之官。開四方之門。以來天下之賢俊。廣四方之視聽。以決天下之壅蔽。

問明四目達四聰。是達天下之聰明否。朱子曰。固是。曰。孔安國言廣視聽於四方。如何。曰。亦是以天下之目爲目。以天下之耳爲耳之意。○唐孔氏曰。明四方之目。使爲已遠視四方也。達四方之聰。使爲已遠聽聞四方也。恐遠方有所壅塞。令爲已悉聞見之。○陳氏大猷曰。舜初攝位則覲岳牧。初即位則復詢岳咨牧。蓋內外之要職莫先焉。○新安陳氏曰。自此至惟時亮天功。紀舜初即位事。四岳總四方諸侯。故以闢四方之門

廣視聽於四方者咨詢之。闢四門。有以天下爲一家之氣象焉。明四目達四聰。有以天下爲一身之精神焉

咨十有二牧。曰。食哉惟時。柔遠能邇。惇德允元。而難任人。蠻夷率服

牧。養民之官。十二牧。十二州之牧也。王政以食爲首。農事以時爲先。舜言足食之道。惟在於不違農時也。柔者寬而撫之也。能者擾而習之也。遠近之勢如此。先其畧而後其詳也。惇厚。允信也。德。有德之人也。元。仁厚之人也。難。拒絶也。任。古文作壬。包藏凶惡之人也。言當厚有德。信仁人。而拒奸惡也。凡此五者。處之各得其宜。則不特中國順治。雖蠻夷之國。亦相率而服從矣朱子曰柔遠能邇柔

遠却說得輕能邇是奈何得他使之帖服之意○孔氏曰所重在民食惟當敬授民時柔遠言當安遠乃能安近○陳氏曰能者馴服其教化之意○新安陳氏曰重民食一遐邇親君子遠小人則內治舉而外夷服欲州牧以是爲國而率諸侯也

舜曰咨四岳有能奮庸熙帝之載使宅百揆亮采惠疇僉曰伯禹作司空帝曰俞咨禹汝平水土惟時懋哉禹拜稽首讓于稷契暨皐陶帝曰俞汝往哉

奮起熙廣載事亮明惠順疇類也一說亮相也舜言有能奮起事功以廣帝堯之事者使居百揆之位以明亮庶事而順成庶類也僉衆也四岳所領四方諸侯有在朝者也禹姒姓崇伯鯀之子也平水土者司空之職時

是懋勉也指百揆之事以勉之也蓋四岳及諸侯言伯禹見作司空可宅百揆帝然其舉而咨禹使仍作司空而兼行百揆之事錄其舊績而勉其新功也以司空兼百揆如周以六卿兼三公後世以他官平章事知政事亦此類也稽首首至地稷田正官稷名棄姓姬氏封於邰契臣名姓子氏封於商稷契皆帝嚳之子暨及也皐陶亦臣名俞者然其舉也汝往哉者不聽其讓也此章稱舜曰此下方稱帝曰者以見堯老舜攝堯在時舜未嘗稱帝此後舜方真即帝位而稱帝也朱子曰禹以司空行宰相事汝平水土則是司空之職惟時懋哉則又勉以行百揆之事○林氏曰書於名分之際最嚴蓋恐涉於疑似而起

後世之論也。如舜居攝疑其稱帝。故於命禹稱舜曰以見前此未嘗稱帝也。周公攝疑其稱王。故於多方言周公曰王若曰以見周公雖攝。而號令皆成王之命也。後世尚有言舜南面而立。堯北面。而朝。及周公負黼扆以朝諸侯者○呂氏曰。當時紹堯極治。何用奮迅激昂蓋天下之治不進則退。必常存奮起之心。乃有日新不窮之理。雖極治之時。此意不可忘也○陳氏曰。舜豈不知禹。必詢於衆者。付之公論而我無與也○唐孔氏曰。伯。爵也。禹代父鯀爲崇伯。入爲天子司空。故稱伯禹○劉氏向曰。舜命九官。濟濟相讓。和之至也

帝曰棄。黎民阻飢。汝后稷。播時百穀

阻。厄。后。君也。有爵土之稱。播。布也。穀非一種。故曰百穀

此因禹之讓而申命之。使仍舊職以終其事也　唐孔氏曰。黎民阻飢。謂往者洪水時○張氏曰。棄以名命之。稷以官稱之○唐孔氏曰。稷五穀之長。故以名主穀之官○孔氏曰。播百穀。美其前功以勉之○葉氏曰。史記言稷少好耕農。民皆法則之。堯舉爲農師。使教民稼穡。則棄之爲

稷堯時已然舜以舊官申命之耳○呂氏曰阻饑猾夏當時豈有此事然尚憂此所以爲唐虞也

帝曰契百姓不親五品不遜汝作司徒敬敷五教在寬

親相親睦也五品父子君臣夫婦長幼朋友五者之名位等級也遜順也司徒掌教之官敷布也五教父子有親君臣有義夫婦有別長幼有序朋友有信以五者當然之理而爲教令也敬敬其事也聖賢之於事雖無所不敬而此又事之大者故特以敬言之寬裕以待之也蓋五者之理出於人心之本然非有强而後能者自其拘於氣質之偏溺於物欲之蔽始有昧於其理而不相親愛不相遜順者於是因禹之讓又申命契仍爲司徒

使之敬以敷教。而又寬裕以待之。使之優柔浸漬以漸而入。則其天性之眞。自然呈露。不能自已。而無無恥之患矣。孟子所引堯言。勞來正直輔翼。使自得之。又從而振德之。亦此意也

朱子曰。舜之命契。不過是欲使父子有親。君臣有義。夫婦有別。長幼有序。朋友有信。只是此五者。至於後來聖賢千言萬語。只是欲明此而已○問堯德化如此久。何故至舜猶曰百姓不親。五品不遜。曰。也只是怕恁地。○敬敷五教在寬。只是不急迫。慢慢地養他。○古人爲政。一本於寬。切謂今必須反之以嚴。蓋必須如是矯之。而後有以得其當。今人爲寬。至於事無統紀。緩急予奪之權。皆不在我。下梢卻是姦豪得志。平民不蒙其惠。反受其殃矣○今人說寬政。多是事事不管。某謂壞了這箇寬字○敬敷五教在寬。聖賢於事無不敬。而此又其大者。故特以敬言之。在寬。是欲其優游浸漬。以漸而入也○禮樂所以成教化。而兵刑輔之。當唐虞之時。禮樂之官析爲二。兵刑之官合爲一。詳畧之意可見○唐氏曰。命夔而後命契。富

而後教之序也○成四百家曰不親由於不遜○陳氏大猷曰以敬爲主則所以教之者無不至特慮其失之迫耳故言在寬寬得無縱弛之患乎曰主於敬而行之以寬自不至於縱弛也○新安陳氏曰施教之道敬寬二字不可闕一穆王命君牙曰敬明乃訓曰弘敷五典得敬寬之意舜此二義上以堯之匡直自得爲法下可以爲萬世法○陳氏雅言曰敷教之道必主於敬而尤在於寬敬以處已則人不敢慢寬以待人則人易於從二者不可偏廢苟一於敬則或失於急迫一於寬則或失於縱弛皆所不可史臣紀舜歷試諸難之事曰慎徽五典慎有敬敷之意徽有在寬之意此二字千萬世掌教者不能易也聖人之言辭簡而意盡於此可見

帝曰皋陶蠻夷猾夏寇賊姦宄汝作士五刑有服五服三就五流有宅五宅三居惟明克允

猾亂夏明而大也曾氏曰中國文明之地故曰華夏四時之夏疑亦取此義也劫人曰寇殺人曰賊在外曰姦

在內曰宄。士。理官也。服。服其罪也。呂刑所謂上服下服是也。三就。孔氏以爲大罪於原野。大夫於朝。士於市。不知何據。竊恐惟大辟棄之於市。宮辟則下蠶室。餘刑亦就屏處。蓋非死刑。不欲使風中其瘡。誤而至死。聖人之仁也。五流。五等象刑之當宥者也。五宅三居者。流雖有五。而宅之但爲三等之居。如列爵惟五。分土惟三也。孔氏以爲大罪居於四裔。次則九州之外。次則千里之外。雖亦未見其所據。然大槩當畧近之。此亦因禹之讓而申命之。又戒以必當致其明察。乃能使刑當其罪。而人無不信服也（問蠻夷猾夏。是有苗否。朱子曰。也不專指此。但官爲此而設。〇五服三就。若大辟則就市。宮刑則如漢時就蠶室。其墨劓剕三刑。度亦必有一所在刑之。旣非死刑。則傷人之肌體。不可不擇一深密之所。但不至如蠶室耳○王氏十朋曰。命皐陶次於契。刑所以弼教也○陳氏曰。易卦言用刑者如噬嗑。如賁。如旅。其象皆有取於離。用刑在惟明可知矣。居刑官不明。不足以盡人心。不允。不足以當人罪。故戒以惟明克允○夏氏曰。舜命契。教以一言曰寬。命皐陶。教以一言。曰明。簡而易守也⊙孫氏曰。惟明。則情僞畢知。克允。則輕重適當○復齋董氏曰。或言帝者之世。詳於化。而畧於政。王者之世。詳於政。而畧於化。虞時兵刑之官合爲一。而禮樂分爲二。成周禮樂之官合爲一。而兵刑分爲二。故此蠻夷猾夏亦以命皐陶。然經只言五刑五流。未嘗言兵也。後征苗之兵。禹實掌之。未嘗用皐陶。則兵刑非兼掌矣

帝曰。疇若予工。僉曰。垂哉。帝曰。俞。咨垂。汝共工。垂拜稽首讓于殳斨暨伯與。帝曰。俞。往哉。汝諧

若。順其理而治之也。曲禮六工。有土工。金工。石工。木工。

獸工草工。周禮有攻木之工。攻金之工。攻皮之工。設色之工。摶埴之工。皆是也。帝問誰能順治予百工之事者。垂臣名。有巧思。莊子曰。攦工倕之指。即此也。殳斨伯與三臣名也。殳以積竹爲兵。建兵車者。斨方銎斧也。古者多以其所能爲名。殳斨豈能爲二器者歟。往哉汝諧者。往哉汝和其職也。張氏曰。守法信度。因聖人創作之制而持循之。此之謂若。○新安陳氏曰。垂之巧。因萬物自然之理而爲之。行所無事之大智大巧耳。豈若後世之器械技巧。咸精其能。作爲淫巧以蕩上心之比哉

帝曰。疇若予上下草木鳥獸。僉曰。益哉。帝曰。俞。咨益。汝作朕虞。益拜稽首。讓于朱虎熊羆。帝曰。俞。往哉。汝諧

上下。山林澤藪也。虞掌山澤之官。周禮分爲虞衡。屬於夏官。朱虎熊羆。四臣名也。高辛氏之子有曰仲虎仲熊意以獸爲名者亦以其能服是獸而得名歟。史記曰。朱虎熊羆爲伯益之佐。前殳斨伯與當亦爲垂之佐也 朱子曰。孟子說益烈山澤而焚之。是使之除去障翳。驅逐禽獸耳。未必使之爲虞官也。至舜命之作虞。然後使之養育其草木鳥獸耳 ○ 孔氏曰。若。謂順施政教。取之有時。用之有節 ○ 張氏曰。聖人以萬物爲一體。故曰予草木鳥獸。先王之世。山澤爲之厲禁。獺祭魚。然後漁人入澤罟。與夫昆蟲未蟄。不以火田之類。皆若之之事。故獸魚咸若。所以爲夏后。鹿濯魚躍。所以爲文王。然至於禽獸繁殖。則有益之烈而焚。有周公之驅而寧。蓋若順也。居於山澤。順也。交於中國。非順也。豈以姑息爲若哉 ○ 呂氏曰。君爲天下萬物之主。故鳥獸草木。莫不有職以掌之。後世之君。不識代天理物。民與物。理一而分殊。民且不恤。安能用心到此。此見唐虞天函地育廣大氣象 ○

新安陳氏曰。所以盡人之性。亦必盡物之性也○林氏曰。益向雖掌火烈山澤。特爲禹之佐。至此方正爲虞○曾氏曰。周禮有山虞澤虞等。益蓋爲衆虞之長耳○陳氏大猷曰。餘官有教戒之辭。山虞獨無者。若字已該之矣

帝曰。咨四岳。有能典朕三禮。僉曰。伯夷。帝曰。俞。咨伯。汝作秩宗。夙夜惟寅。直哉惟清。伯拜稽首。讓于夔龍。帝曰。俞。往欽哉

典主也。三禮。祀天神享人鬼祭地祇之禮也。伯夷臣名。姜姓。秩序也。宗祖廟也。秩宗主叙次百神之官。而專以秩宗名之者。蓋以宗廟爲主也。周禮亦謂之宗伯。而都家皆有宗人之官。以掌祭祀之事。亦此意也。夙早寅敬

畏也。直者。心無私曲之謂。人能敬以直內。不使少有私曲。則其心潔清而無物欲之汚。可以交於神明矣。夔龍。

二臣名

朱子曰。惟寅故直。惟直故清。○問夙夜惟寅。直哉惟清。曰。人能敬。則內自直。內直。則看得那禮文分明不糊塗也。○問伯夷典禮。而曰夙夜惟寅。直哉惟清。何也。曰。禮是見成制度。夙夜惟寅。直哉惟清。乃所以行其禮也。○陳氏經曰。夙夜者。自早至暮。無時而不寅。亦無時而不直清也。此時之心。即天神地祇人鬼之心○陳氏曰。九官惟百揆秩宗。咨四岳而命。重可知矣。心者。神明之舍。所以交於神明之本也。敬則能直內。直內則清明在躬。敬其本而直清其效也。禮。敬而已矣。既戒以寅。猶勉以欽。丁寧至矣。○陳氏雅言曰。夫事神之道。必在於敬。敬則此心收斂。無少私曲而能直。直則此心虛明。無少雜亂而能清。夫然後可以感通神明。而盡事親之道矣

帝曰。夔。命汝典樂。教胄子。直而溫。寬而栗。剛而無虐。簡而

無傲。詩言志。歌永言。聲依永。律和聲。八音克諧。無相奪倫。神人以和。夔曰。於予擊石拊石。百獸率舞

胄。長也。自天子至卿大夫之適子也。栗。莊敬也。上二無字與毋同。凡人直者必不足於溫。故欲其溫。寬者必不足於栗。故欲其栗。所以慮其偏而輔翼之也。剛者必至於虐。故欲其無虐。簡者必至於傲。故欲其無傲。所以防其過而戒禁之也。教胄子者欲其如此。而其所以教之之具。則又專在於樂。如周禮大司樂掌成均之法。以教國子弟。而孔子亦曰。興於詩。成於樂。蓋所以蕩滌邪穢。斟酌飽滿。動盪血脉。流通精神。養其中和之德。而救

其氣質之偏者也。心之所之謂之志。心有所之，必形於言。故曰詩言志。既形於言，則必有長短之節。故曰歌永言。既有長短，則必有高下清濁之殊。故曰聲依永。聲者，宫、商、角、徵、羽也。大抵歌聲長而濁者爲宫，以漸而清且短則爲商，爲角，爲徵，爲羽。所謂聲依永也。既有長短清濁，則又必以十二律和之，乃能成文而不亂。假令黄鍾爲宫，則太簇爲商，姑洗爲角，林鍾爲徵，南吕爲羽。蓋以三分損益，隔八相生而得之。餘律皆然。即禮運所謂五聲六律十二管還相爲宫，所謂律和聲也。人聲既和，乃以其聲被之八音而爲樂，則無不諧協，而不相侵亂，失其倫次可以奏之朝廷薦之郊廟而神人以和矣聖人作樂以養情性育人材事神祇和上下其體用功效廣大深切乃如此今皆不復見矣可勝嘆哉夔曰以下蘇氏曰舜方命九官濟濟相讓無緣夔於此獨言其功此益稷之文簡編脫誤復見於此問禮書學禮首引舜命契爲司徒敷五教命夔典樂教胄子切謂古人教學不出此兩者契敷五教是欲使人明於人倫曉得這道理夔典樂教胄子是欲使人養其德性而實有諸己此是一篇綱領朱子曰固是如此後面只是明此一意如司徒之教即是契敷教事大司樂之教即是夔典樂事因曰直而溫寬而栗直與寬本自是好但濟之以溫與栗則盡善至如剛簡二字則微覺有弊故戒之以無虐無傲蓋所以防其失也其所以特與分開欲見防其失者專爲剛簡而設不蒙上直寬二句直寬但曰而溫而栗至剛簡則曰無虐無傲觀其立言之意自可見曰教以人倫者固是又欲養其

德性。便只是下面詩言志。歌永言。聲依永。律和聲四句。曰然。諷誦歌詠之間。足以和其心氣。但上面三句。抑揚高下尚且由人。到那律和聲處。直是不可走作。所以詠歌之際。深足以養人情性。至如播之金石。被之管絃。非是不和。終不若人聲自然。故晉人孟嘉有言。絲不如竹。竹不如肉。謂漸近自然。至八音克諧。無相奪倫。神人以和。此是言祭祀燕饗時事。又是一節。○直而溫。只是說所教冑子要得如此。若說做教者事。則於教冑子上都無益了。○古人以樂教冑子。緣平和中正。詩言志。歌永言。聲依永。律和聲。八音克諧。無相奪倫。古人詩只一兩句。歌便衍得來長。聲是宮商角徵羽。是聲依所歌而發。卻用律以和之。如黃鍾爲宮。則大簇爲商之類。不可亂其倫序也。○或問詩言志。聲依永。律和聲之說。曰。古人作詩。只是說他心下所存事。說出來。人便將他詩來歌。其聲之清濁長短。各依他作詩之語言。卻將律來調和其聲。今人卻又安排下腔調了。然後做言語去合腔子。豈不是倒了。卻是永依聲也。古人是以樂去就他詩。後世是以詩去就他樂。如何解興起得人。○詩言志。歌永言。聲依永。律和聲。以五聲永言。以律和聲之高下。○聲依永。律和聲。此皆有自然之調。沈存中以爲臣與民不〇要大事與物大不相妨。若合得自然。二者亦自大不得。

〇詩之作。本言志而已。方其詩也。未有歌也。及其歌也。未有樂也。以聲依永。以律和聲。則樂乃爲詩而作。非詩爲樂而作也。詩出乎志者也。樂出乎詩者也。詩者其本。而樂者其末也。〇樂聲是土金木火水。洪範是水火木金土。〇音律如尖塔樣。闊者濁聲。尖者清聲。宮以下則太濁。羽以上則太清。皆不可爲樂。惟五聲者。中聲也。〇問所論樂。今考之。若以黃鍾爲宮。便是太簇爲商。姑洗爲角。蕤賓爲變徵。林鍾爲徵。南呂爲羽。應鍾爲變宮。若以大呂爲宮。便是夾鍾爲商。仲呂爲角。林鍾爲變徵。夷則爲徵。無射爲羽。黃鍾爲變宮。其餘則旋相爲宮。周而復始。若言相生之法。則以律生呂。便是下生。以呂生律。則爲上生。自黃鍾下生林鍾。林鍾上生太簇。太簇下生南呂。南呂上生姑洗。姑洗下生應鍾。應鍾上生蕤賓。蕤賓本當下生。今卻復上生大呂。大呂下生夷則。夷則上生夾鍾。夾鍾下生無射。無射上生仲呂。相生之道。至是窮矣。遂復變而上生黃鍾之宮。再生之黃鍾不及九寸。只是八寸有餘。然黃鍾君象也。非諸宮之所能役。故虛其正而不復用。所用只再生之變者。就再生之變。又缺其半。所缺其半者。蓋若大呂爲宮。黃鍾爲變宮。特黃鍾管最長。所以只得用其半聲而餘宮亦皆倣此。曰然。又曰。宮商角徵羽。與變宮變徵。皆是數之相生。自然如此。非人力所能加損。此其所以爲妙○樂律自黃鍾至仲呂皆屬陽。自蕤賓至應鍾皆屬陰。此是一箇大陰陽。黃鍾爲陽。大呂爲陰。太簇爲陽。夾鍾爲陰。每一陽間一陰。又是一箇小陰陽○樂聲黃鍾九寸最濁。應鍾最清。清聲則四寸半○律管只以九寸爲準。則上生下生。三分益一損一。如破竹矣○禮記註疏。五聲六律十二管。還相爲宮處分明○十二律。自黃鍾而生。黃鍾是最濁之聲。其餘漸漸清。若定得黃鍾是入得樂○因論律呂曰。管有長短。則聲有清濁。黃鍾之管最長。應鍾之管最短。長者聲濁。短者聲清。十二律旋相爲宮。宮爲君。商爲臣。樂中最忌臣陵君。故有四清聲。清聲者。減正律之半。如應鍾爲宮。其聲最短而清。或蕤賓爲商。則商聲高如宮聲。是爲臣陵君不可用。遂用蕤賓減半律爲清聲以應之。雖減半律。然只是此律。故亦自能相應也。如方響鐵有十六片。乃是十二律外添四清聲也○問后夔典樂四語。與皋陶九德旨意如何。潛室陳氏曰。胄子之性。未免或偏。聖人因其性而教之。所以矯其偏而歸之中。若皋陶所言九德。乃其德之已成。寬而又栗。柔而又立者然也○周禮大司樂長成均之法以教國子弟以樂德教之曰中和祗庸孝友復以樂語教之曰興道風頌言語而尤以樂舞教之以律同聲音大合樂正自夔所職充廣之○程子曰先王之樂必須律以考其聲今律旣不可求而聲又不可全信正惟此爲難求中聲須得律律不得則中聲無由見律者自然之數○夏氏曰直溫以下所謂樂德也詩言志至律和聲所謂樂語也○林氏曰作樂必本之情性稽之度數本之情性樂所以生稽之度數樂所以成永言以上本之情性也形之於樂洪纖高下不可無法必稽之度數聲依永律和聲是也○陳氏經曰直溫以下德之中和也言志以下樂之中和也將教以中和之德必教以中和之樂○陳氏大猷曰以是爲教宜乎直寬可使溫栗剛簡可使無虐傲皆協于中德而不偏不過焉諧是衆音和協倫是各音條理○薛氏曰翕如純如八音克諧之謂也皦如無相奪倫之謂也○新安陳氏曰帝王立教始見於命契敷五教命夔教胄子二章朱子大學序所謂司徒之職典樂之官所由設也正謂此也直寬剛三句易看簡畧不煩者多至傲忽以常情驗之可見聲依永律和聲最難解歌永言者言之不足而永歌之也聲依永者宫商角徵

羽之五聲依傍於永言之歌而見也。律和聲者。又以十二律而和此五聲也。黃鍾爲宮。則其爲商。其爲角。及三分損益。隔八相生。今爲說以明之。陽律生陰呂曰下生。三分長而損一。陰呂生陽律曰上生。三分長而益一。皆是左旋。隔八律而相生。黃鍾爲第一宮。其長九寸。隔八下生林鍾爲徵。三分損一。其長六寸。林鍾隔八上生大簇爲商。三分益一。其長八寸。惟此三律長皆全寸而無餘分。餘律則餘分參差不齊矣。大簇下生南呂爲羽。南呂上生姑洗爲角。林鍾爲第二宮。宮生徵。徵生商。商生羽。羽生角。以下皆倣此。以至仲呂爲第十二宮。上生黃鍾爲徵。下生林鍾爲商。上生大簇爲羽。下生南呂爲角。十二宮各有五聲。凡六十聲。宮徵商羽角。隔八相生之序也。由宮聲之濁而長。以漸而清且短之序。則爲宮商角徵羽。假令黃鍾爲宮。則相去一律而大簇爲商。又相去一律而姑洗爲角。又相去二律而林鍾爲徵。又相去一律而南呂爲羽。羽距黃鍾之宮。又相去二律焉。相去一律。則音節和。相去二律。則音節遠。故徵角之間。近徵收一聲。比徵稍下。曰變徵。羽宮之間。近宮收一聲。少高於宮。曰變宮。所以濟五聲之不及也。詳見律曆志律呂新書等。此難盡具。禮運旋相爲宮。謂十二律迴還。迭相爲宮也。樂之功用。能感神人之和如此。則其教胄子而陶寫其性情。流通其精神。養其中和之德。而救其氣質之偏。蓋可想也。夔曰於以下。爲益稷錯簡無疑。○節初齊氏曰。天高地下。萬物散殊。而禮制行矣。流而不息。合同而化。而樂興焉。是禮者兩儀對待之體。而樂者一氣流行之用也。故禮常節。樂常和。禮常嚴。樂常泰。禮常辨異。樂常統同。聖人以其分殊者制禮。而使人心之不流。又以其理一者作樂。而使人心之不離。是豈可以鍾鼓玉帛視之哉。學者當知其本○陳氏雅言曰。天子之元子衆子。與公卿大夫之適子。皆將有天下國家之責。故不可不素教而預養之。教之之道。莫大於成其德。即大學之教。而此命夔掌之也

帝曰。龍。朕堲讒說殄行。震驚朕師。命汝作納言。夙夜出納朕命。惟允

堲疾。殄絶也。殄行者。謂傷絶善人之事也。師。衆也。謂其言之不正。而能變亂黑白以駭衆聽也。納言。官名。命令

政教。必使審之。既允而後出。則讒說不得行。而矯僞無所託矣。敷奏復逆。必使審之。既允而後入。則邪僻無自進。而功緒有所稽矣。周之內史。漢之尚書。魏晉以來。所謂中書門下者。皆此職也。朱子曰。殄行。是傷人之行。書曰亦敢殄戮用乂民。殄殲乃絕。皆傷殘之義○納言之官。如今之門下審覆。自外而進入者既審之。自內而宣出者亦審之。恐讒說殄行之震驚朕師也○納言之官。如漢侍中。今給事中。朝廷誥令。先過後省。可以封駁矣○新安陳氏曰。自孔註出納朕命。以爲聽下言納於上。受上言宣於下。蔡傳又分命令政教。敷奏復逆。以配出納。然終於朕命二字欠通。切意欲其審君命之當否。當者出之。否者納之。惟至於允當而止。如後世批勅審覆之官。庶於出納朕命文義明順也○新安胡氏曰。出納朕命。如詩出納王命。王之喉舌。欲其謹審上之命令。命之善者宣出之。不善者繳納之。如後世封還詞頭之類。則在我者既允信。尚何憂讒說之得入哉○陳氏經曰。讒人無世無之。雖唐虞極治。

而巧言孔壬。猶所可畏。豈可謂此時遂無此事○王氏曰。百揆。百官之首。故先命禹。養民。治之先務。故次命稷。富然後教。故次命契。刑以弼教。故次命臯陶。工立成器以爲天下利。爲治之末。故次命垂。如此治人者畧備矣。然後及草木鳥獸。故次命益。民物如此。則隆禮樂之時也。故次命夷夔。禮先樂後。故先夷後夔。樂作。則治加成矣。羣賢雖盛。治功雖成。苟讒間得行。則賢者不安。前功遂廢。故命龍於末。所以防讒間。衛羣賢。以成其終。猶命十二牧而終以難任人。夫子荅爲邦而終以遠佞人也

帝曰。咨汝二十有二人。欽哉惟時亮天功

二十二人。四岳九官十二牧也。周官言内有百揆四岳。外有州牧侯伯。蓋百揆者所以統庶官。而四岳者所以統十二牧也。既分命之。又總告之。使之各敬其職以相天事也。曾氏曰。舜命九官。新命者六人。命伯禹。命伯夷。

咨四岳而命者也。命垂命益迄咨而命者也。命夔命龍
因人之讓。不咨而命者也。夫知道而後可宅百揆。知禮
而後可典三禮。知道知禮。非人人所能也。故必咨於四
岳。若予工。若上下草木鳥獸。則非此之比。故迄咨而已。
禮樂命令。其體雖不若百揆之大。然其事理精微。亦非
百工庶物之可比。伯夷既以四岳之舉。而當秩宗之任。
則其所讓之人。必其中於典樂納言之選可知。故不咨
而命之也。若稷契皐陶之不咨者。申命其舊職而已。又
按此以平水土若百工各爲一官。而周制同領於司空。
此以士一官兼兵刑之事。而周禮分爲夏秋兩官。蓋帝

王之法。隨時制宜。所謂損益可知者如此朱子曰。稷契臯陶夔龍這

五官秀才底官。所以教他掌教。掌刑。掌禮樂。這便都是那秀才做底事。如那垂益之類。便皆是做麄畜底。聖人所以只教他治山虞治工之屬。便是他只會做這般事。○孔氏曰。各敬其職。惟是乃能信立天下之功。○陳氏大猷曰。皆當敬以趨時。以輔相顯明天之功。二十二人職雖不同。其爲天下之事則一。故提其綱而總戒之。○新安陳氏曰。益之嘉言見於書者甚多。禹臯陶之亞也。觀禹薦益可見矣。朱子謂益只做得麄畜底事。聖人固隨才授官。然隆古之才。何施不可。此語疑録者之誤。○陳氏雅言曰。二十有二人之職。皆天之職也。典。天叙。禮。天秩。服。天命。刑。天討。無一事之不本於天。天有是事。則人有是官。天不自爲而人代之。帝舜於此。語以欽哉亮天功者。欲使知所敬也

三載考績。三考黜陟幽明。庶績咸熙。分北三苗。

考核實也。三考九載也。九載則人之賢否事之得失可

見於是陟其明而黜其幽賞罰明信人人力於事功此所以庶績咸熙也北猶背也其善者留其不善者竄徙之使分背而去也此言舜命二十二人之後立此考績黜陟之法以時舉行而卒言其效如此也按三苗見於經者如典謨益稷禹貢呂刑詳矣蓋其負固不服乍臣乍叛舜攝位而竄逐之禹治水之時三危已宅而舊都猶頑不即工禹攝位之後帝命徂征而猶逆命及禹班師而後來格於是乃得考其善惡而分北之也呂刑之言遏絕則通其本末而言不可以先後論也唐孔氏曰此以下史述舜事非帝語也○陳氏大猷曰人情太寬則肆太嚴則拘故考績於三載時加警策以作其怠黜陟於九載期之

久遠以要其成。不肆不拘。所以為善。成周冢宰。歲終受會詔廢置。三歲計治行誅賞。世變不同故也。○臨川吴氏曰。帝既咨命羣臣。史因述其考績黜陟之法于後。而并及其効如此。且於堯舜二帝在位之事。皆以庶績咸熙四字終之。辭雖簡而所該大矣。○舜在位三十有三載。而始薦禹自代。今書所載。自初年咨命羣臣之外。惟有考績分北二條。其他無事可見。夫子曰。無為而治者。其舜也與。朱子曰。紹堯之後。又得人以任衆職。故無所為。徵以書稽之。猶信。○夏氏曰。分北三苗。不與上文相連。不可曲為之說。北只音如字。三苗國在南。遷之於北。如周遷頑民之類。○王氏曰。分北三苗。黜幽也。然止於三苗。黜者寡矣。○董氏鼎曰。分北只是分別義。故文兩相背。天地之氣始於北而終於北。北者陰陽之別也。○臨川吴氏曰。三苗之君。前既竄於三危。而三苗之民尚居故地。頑而習惡。治水之役。違拒上命。羣類衆多。終必為亂。故遷徙之。使分散各居。不得聚在一處。既全其生。又免於亂。聖人立心之仁。處事之義。兩盡其道矣。○陳氏雅言曰。聖人立法。必要其所終。稽其所弊。使徒考績於三載而不俟黜陟於九載。則失之太嚴。遲鈍者或不得以自見矣。使徒黜陟於三考而不先考績於三載。則

失之太寬玩法者或得以自縱矣

舜生三十徵庸三十在位五十載陟方乃死

徵召也陟方猶言升遐也韓子曰竹書紀年帝王之没皆曰陟陟昇也謂昇天也書曰殷禮陟配天言以道終其德協天也故書紀舜之没云陟其下言方乃死者所以釋陟爲死也地之勢東南下如言舜巡守而死宜言下方不得言陟方也按此得之但不當以陟爲句絶耳方猶云徂乎方之方陟方乃死猶言徂落而死也舜生三十年堯方召用歷試三年居攝二十八年通三十年乃即帝位又五十年而崩蓋於篇末總叙其始終也史記

言舜巡守。崩于蒼梧之野。孟子言舜卒於鳴條。未知孰是。今零陵九疑有舜塚云

朱子曰。舜生三十徵庸數語。只依古註點自好○孔氏曰。方。道也。舜即位五十年。升道。南方巡守。死於蒼梧之野而葬焉。三十徵庸。三十在位。服喪三年。其一在三十之數。爲天子五十年。凡壽百一十二歲○皇極經世紀舜丙辰即位。至禹十七年死。通爲一百一十年○臨川吳氏曰。舜以服堯喪畢之明年正踐位。而此五十載。數自堯崩之明年始。何也。蓋堯崩而天下無君。舜雖未爲天子。而紀年則當屬之舜。故始自堯崩之明年爲舜元年。如漢王五年方并項氏得天下。然秦亡而天下無君。漢王雖未稱皇帝。而紀年則當屬之漢。故始自入關之年爲漢元年也○涑水司馬氏詩曰。虞舜在倦勤。薦禹爲天子。豈有復南巡。迢迢渡湘水○新安陳氏曰。史於舜即位初。惟載巡岳牧。命九官。即以九載黜陟繼之。篇末總序舜一生始終結之。中間幾五十年無事可見。何也。孔子曰。舜有臣五人而天下治。又曰無爲而治者其舜也與。以此觀之。可見舜惟得聖賢之臣以共爲。故終身可恭己而無爲也。陟方。猶云升天一方○武夷熊氏曰。

舜典理會天道人道地道外。此後言恤刑討罪。所以去小人也。咨牧命官。所以用君子也。末言考績黜陟之法。其於君子小人之辨嚴矣。後之欲盡君道者。當以此爲法。讀二典者。當識此大意。而後可以論堯舜之治矣○五峯胡氏曰。愚讀五帝書。而後知聖人澤及斯民之遠也。後世有立功於一時。興利於一邦者。人猶追思而祀之。是數聖人者。有功於天下萬世。曾不得推苗裔。立宗子。建廟庭。春秋四時。饗天下之報也。有天下者。端拱九重之內。治其國家。上之天文。下之地理。中之人倫。衣食之原。器用之利。法度之章。禮樂之則。誰推明制作之也。而忘之乎。戎狄之人。駕一偏空說。失事理之正。而其神像乃得蟠據中華名山。巍業相望。又聽其雕梁畫棟。羣論滅三綱之人而豢養之。此何道也。其不耕不植。侵漁民利。耗蠹民財。乃細事耳。爲政者恬不以爲慮。中華無人。可悲之甚矣○董氏鼎曰。舜重華協于帝。與堯本無優劣。而夫子稱大哉堯之爲君。君哉舜也。尚不無異於一字之間何也。堯爲治無迹。蕩蕩難名。故謂之大。舜責成臣下。已若無爲。故謂之君。今讀舜典一篇可見矣。自愼徽五典至汝陟帝位。是堯試舜三年內事。先爲司徒。次爲百揆。次爲四岳。末爲君之時也。自受終文祖至遏密八音。是堯老舜攝。二十八年內事。不過以百揆代堯行天子之事。亦未爲君之時也。自格于文祖。然後即帝位。方始稱帝。舜之君道。乃可見爾。方攝位時。巡四岳。朝諸侯。封山濬川。考禮正刑。汲汲不少暇。至即位後。則惟責成於岳牧九官。舜不過執黜陟之權。以激勵臣下。外此皆不復以身親之。在位五十年間。有天下而已若不與。豈非得爲君之道故如是乎。攝政以前。可以見臣道之勞。即位以後。可以見君道之逸。乾知大始。坤作成物。君臣之道。猶乾坤也。故夫子以君哉稱之。非優堯而劣舜也。後之人主。有不任三公者。有親閱吏案下行文書者。安識君道也哉。叢脞惰墮。舜無是事。而皋陶猶有是戒。爲君者可以監矣

明刻本書傳大全

第二册

明 胡廣等撰

天津圖書館藏明刻本

山東人民出版社·濟南

書傳大全卷之二

大禹謨

謨謀也。林氏曰。虞史旣述二典。其所載有未備者。於是又叙其君臣之間嘉言善政。以爲大禹臯陶謨益稷三篇。所以備二典之未備者。今文無。古文有。朱子曰。大禹謨序。帝舜申之。序者之意見書中臯陶陳謨了。帝曰來禹。汝亦昌言。故先說臯陶矢厥謨。禹成厥功。帝又使禹亦陳昌言耳。今書序固不能得書意。後來說書者。又不曉序者之意。只管穿鑿求巧妙爾。○孔氏曰。禹稱大。大其功。○陳氏大猷曰。序言禹成厥功。指禹之實也。書名大禹謨。以此書多禹之謨也。禹之功。多見於謨之所述。○新安陳氏曰。諸臣惟禹稱大者。堯曰大哉堯之爲君。舜曰大舜有大焉。舜繼堯。稱大舜。禹繼舜。故亦稱大禹。三聖相承。皆以大稱。豈諸臣比哉○姜氏曰。禹以功顯。而稱謨何也。禹告舜曰。后克艱而政乂。德政養民而勿壞。此禹之嘉謨也。使治水之功雖成。而不克艱無德政。則水患雖去。患有甚於水者。是前日平患之功。必有資於此謨以保其終也。故夫子序書。以禹謨爲先。而禹貢爲後。以見嘉言之益。其在胼胝之功之上歟○王氏日休曰。禹以功。皋陶以謨。而禹亦謂之謨者。以其功已見於禹貢。此則紀其謨而已○臨川吳氏曰。典者。載堯舜二帝之善政。謨者。載禹皋陶二臣之嘉言

曰若稽古大禹。曰文命敷于四海。祗承于帝

命教。祗。敬也。帝謂舜也。文命敷于四海者。即禹貢所謂東漸西被朔南暨聲教訖于四海者是也。史臣言禹既已布其文教於四海矣。於是陳其謨以敬承于舜。如下

文所云也。文命。史記以爲禹名。蘇氏曰。以文命爲禹名。則敷于四海者爲何事耶　朱子曰。吳氏云。此書不專爲大禹而作。此十有七字。當是後世模倣二典爲之。皐陶篇首九字亦類此。今按此篇稽古之下。猶贊禹德。而後篇便記皐陶之言。其體亦不相類。吳氏之說。恐或然也○孔氏曰。言其外布文德教命。內則敬承堯舜○呂氏曰。聲教如此。亦已至矣。方祗承于帝。無一毫自有意見。禹有君民之大德。有事君之小心。然祗承與重華異。重華。有日月並明之意。祗承。不過坤承乾之象。此帝王之間也○陳氏雅言曰。禹之心。惟恐天下之不治。不自知其文命之四敷也。故責難之恭。陳善之敬。曷嘗斯須少忘也哉

曰。后克艱厥后。臣克艱厥臣。政乃乂。黎民敏德。

曰以下。即禹祗承于帝之言也。艱。難也。孔子曰。爲君難。爲臣不易。即此意也。乃者。難辭也。敏。速也。禹言君而不

敢易其爲君之道。臣而不敢易其爲臣之職。夙夜祗懼。各務盡其所當爲者。則其政事。乃能修治而無邪慝。下民自然觀感速化於善。而有不容已者矣朱子曰。自后克艱厥后。至四夷來王。只是一時說話。後面則不可知。德者。言其德化之深也○林氏曰。人知舜恭已以享無爲之治。不知舜之君臣。自一話一言。未嘗不以艱難爲戒。惟君臣不忘於克艱。此所以享無爲之治也○陳氏大猷曰。君臣克艱。乃政化之本原。禹謨之綱領也。忽其艱則玩。畏其艱則沮。徒以爲艱而不克盡其艱。則畏而沮。與忽而玩者均耳。故禹不徒曰艱。而必曰克也○新安陳氏曰。後世言政不及化。政乂而民敏德。政非徒政。政即化也。此其功用。皆本原於共政之君臣精神心術中。君臣克艱。憂勤戒懼。有未易以言語形容者。人知政乂而能使民敏德之不易。則知君臣克艱之所以不易者矣○陳氏雅言曰。克艱者。君必盡其爲君之道。臣必盡其爲臣之職。徒知其艱而不能盡其艱。則是知之未至。不能與不知者均耳。故必曰克艱也

帝曰俞允若茲嘉言罔攸伏野無遺賢萬邦咸寧稽于衆舍己從人不虐無告不廢困窮惟帝時克

嘉善攸所也舜然禹之言以爲信能如此則必有以廣延衆論悉致群賢而天下之民咸被其澤無不得其所矣然非忘私順理愛民好士之至無以及此而惟堯能之非常人所及也蓋爲謙辭以對而不敢自謂其必能舜之克艱於此亦可見矣程子曰舍己從人最爲難事己者我之所有雖痛舍之尤懼守己者固而從人者輕也 吕氏曰舜於克艱工夫深矣故聞禹言有當於心以爲信如此也嘉言以下舉堯克艱之道以證之堯之時克克此艱也○新安陳氏曰舜惟本有克艱之心故深信禹克艱之謨允若茲深信其當如此也惟帝時

克。以克艱歸之堯。惟堯能如此。謙言己未能如此也。今觀舜斯言。則舜眞能克艱。亦可知矣。○王氏曰。舜后也。故但言堯克艱事。今按定公問一言興邦。孔子對以君難臣不易。下文惟及君而不及臣。意亦類此。○孔氏曰。舜遂稱堯德以成其義。考衆從人。矜孤愍窮。凡人所輕。聖人所重。○蘇氏曰。無告。天民之窮者。困窮。士之不遇者。○陳氏經曰。言罔伏至咸寧。此時堯若可以自足。而尤稽衆從人。不虐不廢。堯之心不自足也。使於此自以爲足而不加之意。安足以爲堯哉。孔子以博施濟衆安百姓。爲堯舜其猶病諸。此足以形容堯之心矣。○程子曰。苟謂吾治已足。則便不是聖人。○西山眞氏曰。知爲君之難易。眞知其難而能盡其道者難。故曰允若茲。惟帝時克。世之人主。謂言已用而不必求言。而不知伏于下者之難達也。賢已得而不必求賢。而不知遺於野者之難進也。惟堯於此一以難視之。故能使言不伏。賢不遺。而致萬邦之安。雖然。堯尤慮其難也。方且稽衆以求事理之當。舍己以求人情之公。易虐者不虐。易廢者不廢。皆自克艱一念爲之

益曰。都。帝德廣運。乃聖乃神。乃武乃文。皇天眷命。奄有四

海爲天下君

廣者大而無外。運者行之不息。大而能運。則變化不測。故自其大而化之而言。則謂之聖。自其聖而不可知而言。則謂之神。自其威之可畏而言。則謂之武。自其英華發外而言。則謂之文。眷。顧。奄。盡也。堯之初起。不見於經。傳。稱其自唐侯特起爲帝。觀益之言。理或然也。或曰。舜之所謂帝者。堯也。群臣之言帝者。舜也。如帝德罔愆。帝其念哉之類。皆謂舜也。蓋益因舜尊堯。而遂美舜之德以勸之。言不特堯能如此。帝亦當然也。今按此說所引。比類固爲甚明。但益之語。接連上句惟帝時克之下。未應遽舍堯而譽舜，又徒極口以稱其美，而不見其有勸勉規戒之意，恐唐虞之際未遽有此諛佞之風也。依舊說贊堯爲是。朱子曰：都，歎美之辭也。都者，君子之居；鄙者，野人之居。故古者謂野爲鄙，謂都爲美也。○孔氏曰：益因舜言，又美堯也。言堯有此德，故爲天所命，所以勉舜也。○薛氏曰：聖神武文，即廣運之所發也。○陳氏大猷曰：廣，如天之無不覆；運，如天之行健不息。聖神，如天之造化不測；武文，如天之春生秋殺。聖神，自其妙於無迹者言之；武文，自其顯於可見者言之。知天德則知帝德矣。○西山真氏曰：廣運而與天同德，故能受天之命。益之勉舜，全在廣運二字。○新安陳氏曰：廣，聖德之全體也；運，聖德之大用也。聖神，全體之不可見者；武文，大用之不可見者也。其可見者，即不可見者之發見呈露也。

禹曰：惠迪吉，從逆凶，惟影響。

惠，順；迪，道也。逆，反道者也。惠迪從逆，猶言順善從惡也。

禹言天道可畏。吉凶之應於善惡，猶影響之出於形聲也。以見不可不艱者，以此而終上文之意。朱子曰：書中迪字，或解爲道，或解爲行。疑只是順字。惠迪吉，從逆凶。以逆對迪，可見書中迪字，用得皆輕也。問：須得邵堯夫之術。曰：吾之所知者，惠迪吉，從逆凶。滿招損，謙受益。若明日晴，明日雨，吾安能知耶。

益曰：吁，戒哉。儆戒無虞，罔失法度。罔遊于逸，罔淫于樂。任賢勿貳，去邪勿疑。疑謀勿成，百志惟熙。罔違道以干百姓之譽，罔咈百姓以從己之欲。無怠無荒，四夷來王。

先吁後戒，欲使聽者精審也。儆與警同。虞，度。罔，勿也。法度，法則制度也。淫，過也。當四方無可虞度之時，法度易至廢弛，故戒其失墜。逸樂易至縱恣，故戒其遊淫。言此三者所當謹畏也任賢以小人間之謂之貳去邪不能果斷謂之疑謀圖爲也有所圖爲揆之於理而未安者則不復成就之也百志猶易所謂百慮也咈逆也九州之外世一見曰王帝於是八者朝夕戒懼無怠於心無荒於事則治道益隆四夷之遠莫不歸往中土之民服從可知今按益言八者亦有次第蓋人君能守法度不縱逸樂則心正身修義理昭著而於人之賢否孰爲可任孰爲可去事之是非孰爲可疑孰爲不可疑皆有以審其幾微絕其蔽惑故方寸之間光輝明白而於天下之事孰爲道義之正而不可違孰爲民心之公而不可

咈。皆有以處之不失其理。而毫髪私意不入於其間。此其懲戒之深旨。所以推廣大禹克艱惠迪之謨也。苟無其本。而是非取舍決於一已之私。乃欲斷而行之。無所疑惑。則其爲害反有不可勝言者矣。可不戒哉

朱子曰。當無虞時。須是警戒者。何也。罔失法度。罔遊于逸。罔淫于樂。人當無虞時。易至於失法度。遊淫逸樂。故當戒其如此。既知戒此。則當任賢勿貳。去邪勿疑。疑謀勿成。如此方能罔違道以干百姓之譽。罔咈百姓以從已之欲也。聖賢言語。自有箇血脉貫在裏。如此一段。他先便說儆戒無虞。蓋制治未亂。保邦未危。自其未有可虞之時。必儆必戒。能如此。則不至失法度。淫于逸。遊于樂矣。若無箇儆戒底心。欲不至於失法度。不淫佚。不遊樂。不可得也。既能如此。然後可以知得賢者邪者正者。謀可疑者。無可疑者。若是自家身心顛倒。便會以不賢爲賢。以邪爲正。所當疑者亦不知矣。何以任之去之勿成之哉。蓋此三句便是從上面有三句了。方會恁地。又如此。然後能罔

違道以求名。罔咈民以從欲。蓋於賢否疑審。有所未明。則何者爲道。何者爲非道。何者是百姓所欲。何者非百姓所欲哉○吳氏曰。此益又言克艱之目也○陳氏大猷曰。多事之際。常情皆知儆戒。無事之時。明主猶或玩弛。儆戒。則強立而清明。玩弛。則頹放而昏塞○林氏曰。無怠無荒。所謂不倦以終之也。舜大聖人。益所戒乃如此。可見聖賢兢業之誠矣○王氏曰。罔失法度以下。修之身者也。任賢勿貳以下。修之朝者也。罔違道以下。施之天下者也○新安陳氏曰。自克艱至此五節。文意相連。實一時之言。禹以克艱告舜。舜不自居。歸時克於堯。故益因言帝德廣運以美堯。禹又申其未盡之蘊。以迪吉逆凶戒舜。故益因畫言畫一以戒舜若然。則以廣運一節爲美舜者。其非明矣

禹曰。於帝念哉。德惟善政。政在養民。水火金木土穀惟修。正德利用厚生惟和。九功惟叙。九叙惟歌。戒之用休。董之用威。勸之以九歌。俾勿壞

益言儆戒之道禹歎而美之謂帝當深念益之所言也
且德非徒善而已惟當有以善其政政非徒法而已在
乎有以養其民下文六府三事即養民之政也水火金
木土穀惟修者水克火火克金金克木木克土而生五
穀或相制以洩其過或相助以補其不足而六者無不
修矣正德者父慈子孝兄友弟恭夫義婦聽所以正民
之德也利用者工作什器商通貨財之類所以利民之
用也厚生者衣帛食肉不饑不寒之類所以厚民之生
也六者既修民生始遂不可以逸居而無教故爲之惇
典敷教以正其德通功易事以利其用制節謹度以厚

其生。使皆當其理而無所乖。則無不和矣。九功。合六與三也。叙者言九者各順其理而不汩陳以亂其常也。歌者。以九功之叙而詠之歌也。言九者既已修和。各由其理。民享其利。莫不歌詠而樂其生也。然始勤終怠者人情之常。恐安養既久。怠心必生。則已成之功。不能保其久而不廢。故當有以激勵之。如下文所云也。董。督也。威。古文作畏。其勤於是者則戒喻而休美之。其怠於是者則督責而懲戒之。然又以事之出於勉強者不能久。故復即其前日歌詠之言。協之律呂。播之聲音。用之鄉人。用之邦國。以勸相之。使其歡欣鼓舞。趨事赴功。不能自已。而前日之成功。得以久存而不壞。此周禮所謂九德之歌。九部之舞。而太史公所謂佚能思初安能惟始沐浴膏澤。而歌詠勤苦者也。葛氏曰。洪範五行。水火木金土而已。穀本在木行之數。禹以其爲民食之急。故別而附之也。

問水火金木土穀惟修。正德利用厚生惟和。正德是正民之德否。朱子曰。固是。水如隄防灌溉。金如五兵田器。火如出火納火。禁焚萊之類。木如斧斤以時之類。良久云。古人設官掌此六府。蓋爲民惜此物。不使之妄用。非如今世之民。用財無節也。戒之用休。言戒諭以休美之事。勸之以九歌。感動之意。但不知所謂九歌者如何。周官有九德之歌。大抵禹只說綱目。其詳不可考矣。問戒之用休。董之用威。勸之以九歌。林氏謂自戒自董自勸。未知此說如何。曰。九歌今亡其詞。不可稽考。以理觀之。恐是君臣相戒如賡歌之類。韶與武今皆不可考。但書所謂正德利用厚生惟和。九功惟敘。九敘惟歌。戒之用休。董之用威。勸之以九歌。此便是作韶樂之本。看得此歌。本是下之人作歌。不知當時如何取之以爲樂。却以此勸下之人。又曰。韶樂只是和而已。功以九叙。故樂以九成。所謂九德之歌。九韶之舞也。問戒之用休。董之用威。弁九歌。曰。正是匡之直之。輔之翼之之意。九歌。只是九功之叙可歌。想那時田野自有此歌。今不可得見。○唐孔氏曰。此言五行與洪範之次不同。洪範以生數爲次。此以相克爲次。○新安陳氏曰。五行相克。正洛書之序。此亦禹則洛書之一端。○王氏炎曰。政之大要。莫切於養民。六府。養民之具也。正德所以養其心。利用厚生。所以養其身。溝澮之導。瀦之蓄。井之汲。水之修也。鑽燧。有變。焚萊有禁。火之修也。産之於地。取之有時。鎔範而成之。金之修也。植於山林。斬之有時。掄材而取之。木之修也。辨肥瘠。相高下。以植百物。土之修也。播種有宜。耨穫有節。穀之修也。水以制火。火以煉金。金以治木。木以墾土。土以生穀。此六府之序。無恒産則無恒心。六府修。然後可以正民德。先富而後教。以正德爲先。三事之序也。織紝而衣。耒耜而耕。釜甑而爨。資六府以利用也。老有奉。幼有長。鰥寡廢疾皆有養。資六府以厚生也。六府出於天地。而修之在人。三事行於天下。而和之在人。○息齋余氏曰。六府當以五材言。洪範所謂潤下作鹹等皆言材耳。今曰水克火。火克金。金克木。木克土。而生五穀。似全以五氣言矣○蘇氏曰。利用厚生。先言正德者。德不正。雖有粟吾得而食諸○張氏曰。戒用休。若周官大比興賢能。明其有功者。屬其治地者之類。董用威。如周官宅不毛者有里布。田不耕者出穀粟。與鄉八刑糾萬民之類是也○夏氏曰。人情始勤終怠。或忽而不念。安保其不壞。故戒以休。使知勤於此者。有無窮之美。董以威。使知怠於此者。有可畏之刑。又勸以九歌。使歌詠其事。樂而忘勞。如是。則民將終身惟六府三事是賴。共起而終之。則養民之政。豈有壞耶○陳氏經曰。人情始勤終怠。安保其不壞。故戒以休。使知勤者有休美。則心有所慕。董以威。使知怠者有刑威。則心有所畏。然畏慕有時而忘。不若使心有所樂。樂則無時而忘。故勸以九歌。感動於自然。非有勉強矯拂。將樂事勸功而忘其勞。斯可見九功永久不壞也○吳氏曰。勸以九歌者。民已樂之。又因其情被之絃歌以助其樂事赴功。周官州正趨其家事。里宰趨其耕耨。籥章吹豳雅豳頌。與夫爲春酒殺羔羊。及百日之蜡。一日之澤。古之遺制。猶有存者○呂氏曰。俾字宜詳味。消息盈虛者。天理之常。輔相財成者。君道之大。天下之理。盛必有衰。成必有壞。今九功既叙。盛也。聖人所以戒之董之勸之。無非使之勿至於壞。俾之者。蓋聖人財成輔相。以贊消息盈虛之理。使之盛而不衰。成而不壞也。聖人無窮之心可見矣

帝曰。俞。地平天成。六府三事允治。萬世永賴。時乃功

水土治曰平。言水土既平。而萬物得以成遂也。六府。即水火金木土穀也。六者財用之所自出。故曰府。三事。正德利用厚生也。三者人事之所當爲。故曰事。舜因禹言養民之政。而推其功以美之也 朱子曰。地平天成。是包得下面六府三事在○問六府三事。林少頴云。六府本乎天。三事行乎人。吳才老說上是施。下是功。未知孰是。曰。林說是○張氏曰。天施地生。洪水之患。地不得以生。天雖施之。亦無自而成。今地既平。天之功始成也○王氏炎曰。謂之府。天地之藏。其出不窮者也○呂氏曰。雖歷萬世之遠。不能外天地以有生。外六府三事以爲治。是禹之功。與天地相終

始也

帝曰。格汝禹。朕宅帝位三十有三載。耄期倦于勤。汝惟不怠。總朕師

九十曰耄。百年曰期。舜至是年已九十三矣。總率也。舜自言既老。血氣已衰。故倦於勤勞之事。汝當勉力不怠。而總率我衆也。蓋命之攝位之事。堯命舜曰陟帝位。舜命禹曰總朕師者。蓋堯欲使舜眞宅帝位。舜讓弗嗣。後惟居攝亦若是而已 張氏曰。禹惜寸陰。過門不入。不怠可知

禹曰。朕德罔克。民不依。皐陶邁種德。德乃降。黎民懷之。帝念哉。念茲在茲。釋茲在茲。名言茲在茲。允出茲在茲。惟帝

念功

邁勇往力行之意。種。布。降下也。禹自言其德不能勝任。民不依歸。惟皋陶勇往力行以布其德。德下及於民。而民懷服之。帝當思念之而不忘也。茲。指皋陶也。禹遂言念之而不忘。固在於皋陶。舍之而他求。亦惟在於皋陶。名言於口。固在於皋陶。誠發於心。亦惟在於皋陶也。蓋反覆思之。而卒無有易於皋陶者。惟帝深念其功。而使之攝位也。朱子曰。念茲在茲。釋茲在茲。用舍皆在此人。名言茲在茲。允出茲在茲。語默皆在此人。名言。則名言之。允出。則誠實之所發見者也。○問念茲在茲。釋茲在茲。允出茲在茲。諸說皆以禹欲舜念皋陶。而林氏以爲禹自言其念之如此。未知二說如何。曰。林說是。舜命禹宅百揆。而禹讓稷契皋陶。今不及稷契者。史記載稷契。皆帝嚳之子。與堯爲兄弟。意其至是。必已不復存矣○蘇氏曰。種德。如農之種植。衆人之種德也近。朝種而暮穫。報亦狹矣。皋之種德也遠。栽培之深厚。滋養之豐裕。及其克溢不已。自沛然如雨露之降。民被其潤澤而懷之也○陳氏經曰。皋陶所掌者刑。德安在。至威之中。至愛存焉。慈祥惻怛之寓。雖刑也。而實種德也

論德。曰已德罔克。皋陶之德。可以克己。及繼以惟帝念

○王氏炎曰。禹所以宅百揆以平水之功。禹不論功而功。則皋之功。亦不可忘也○問舜之時。在廷之臣亦多矣。至傳禹以天下。而禹獨推皋陶。何也。龜山楊氏曰。舜徒得此兩人。而天下已治故也。禹總百揆。而皋陶施刑。內外之治舉矣。古者兵刑之官合爲一。觀舜之命皋陶。蠻夷猾夏。是其責也。則皋陶之職。所施於外者爲詳。故皋陶雖不可以無禹。而禹亦不可以無皋陶。是以當舜之欲傳位。禹獨推之。餘人不與焉。孟子曰。舜以不得禹皋陶爲已憂。而子夏亦言舜有天下。選於衆。舉皋陶。不仁者遠矣。蓋有見乎此○張氏震曰。禹所遜獨皋陶者。孟子論道之傳。亦曰若禹皋陶。則見而知之。書稱堯舜禹稽古。獨以皋陶配之。揚雄論絶德。亦曰舜以孝。禹以功。皋陶以謨。以是觀之。自禹之外。諸臣未有能先皋陶

者也

帝曰皐陶惟兹臣庶罔或干予正汝作士明于五刑以弼五教期于予治刑期于無刑民恊于中時乃功懋哉

干犯正政弼輔也聖人之治以德爲化民之本而刑特以輔其所不及而已期者先事取必之謂舜言惟此臣庶無或有干犯我之政者以爾爲士師之官能明五刑以輔五品之教而期我以至於治其始雖不免於用刑而實所以期至於無刑之地故民亦皆能恊於中道初無有過不及之差則刑果無所施矣凡此皆汝之功也懋勉也蓋不聽禹之讓而稱皐陶之美以勸勉之也朱子

曰。法家者流。往往常患其過於慘刻。今之士大夫。恥爲法官。更相循襲。以寬大爲事。於法之當死者。反求以生之。殊不知明于五刑以弼五教。雖舜亦不免。教之不從。刑以督之。懲一人。而天下人知所勸戒。所謂辟以止辟。雖曰殺之。而仁愛之實。已行乎中。今非法以求其生。則人無所懲懼。陷於法者愈衆。雖曰仁之。適以害之。聖人亦不曾徒用政刑。到德禮既行。天下既治。亦不曾不用政刑。故書說刑期于無刑。只是存心期於無。而刑初非可廢。又曰。欽哉惟刑之恤哉。只是說恤刑。○林氏曰。聖人制刑。非期於刑殺人。凡以輔吾教之不及而已。出教則入刑。出刑則入教。使民趨教。而刑爲無用。此聖人之本心也。皋陶體此意而行之。使天下知有契之教。而不知有皋之刑。蓋百官以無曠爲能。惟士不然。必使民皆不犯。官若虛設。始爲能其官也。○陳氏經曰。明刑以弼教。非特期至於治而已。又期無刑焉。且弼教以刑。民猶有所畏而爲善也。無刑而恊中。則無所畏而爲善矣。○陳氏大猷曰。明五刑。智也。法守也。期無刑。仁也。法外意也。恊于中。則不犯正不待論也。程子曰。中則不違於正。正未必中也。禹之功。脱民於昏墊。以全其生。皋之功。使民復其所受之中。以全其所以生也。

皐陶曰。帝德罔愆。臨下以簡。御衆以寬。罰弗及嗣。賞延于世。宥過無大。刑故無小。罪疑惟輕。功疑惟重。與其殺不辜。寧失不經。好生之德。洽于民心。玆用不犯于有司

愆。過也。簡者。不煩之謂。上煩密。則下無所容。御者急促。則衆擾亂。嗣。世。皆謂子孫。然嗣親而世疎也。延。遠及也。父子罪不相及。而賞則遠延于世。其善善長而惡惡短如此。過者。不識而誤犯也。故者。知之而故犯也。過誤所犯。雖大必宥。不忌故犯。雖小必刑。即上篇所謂眚災肆赦。怙終賊刑者也。罪已定矣。而於法之中有疑其可重可輕者。則從輕以罰之。功已定矣。而於法之中有疑其

可輕可重者。則從重以賞之。辜。罪。經。常也。謂法可以殺可以無殺。殺之。則恐陷於非辜。不殺之。恐失於輕縱。二者皆非聖人至公至平之意。而殺不辜者。尤聖人之所不忍也。故與其殺之而害彼之生。寧姑全之而自受失刑之責。此其仁愛忠厚之至。皆所謂好生之德也。蓋聖人之法有盡。而心則無窮。故其用刑行賞。或有所疑。則常屈法以申恩。而不使執法之意。有以勝其好生之德。此其本心。所以無所壅遏。而得行於常法之外。及其流衍洋溢。漸涵浸漬。有以入于民心。則天下之人。無不愛慕感悅。興起於善。而自不犯于有司也。皐陶以舜美其功。故言此以歸功於其上。蓋不敢當其褒美之意。而自謂已功也 朱子曰。但觀皋陶所言帝德罔愆以下一節。便是聖人之心涵育發生。眞與天地同德。而物或自逆于理以干天誅。則夫輕重取舍之間。亦自有決然不易之理。其宥過非私恩。其刑故非私怒。罪疑而輕非姑息。功疑而重非過予。如天地四時之運。寒凉肅殺。常居其半。而涵養發生之心。未始不流行乎其間。此所以好生之德。洽于民心。而自不犯于有司。非旣抵罪而復縱舍之也。夫旣不能止民之惡。而又爲輕刑以誘之。使得以肆其凶暴於人而無所忌。則不惟彼見暴者無以自伸之爲寃。而姦民之犯于有司者。且將日以益衆。亦非聖人匡直輔翼使民遷善遠罪之意也。○陳氏經曰。帝德無所過。皆中也。簡寬以下。忠厚仁恕。無非所以爲中。○孔氏曰。刑疑附輕。賞疑從重。忠厚之至。○呂氏曰。自臨下以簡以下。皆舜好生之德。此一段。苟無刑故無小一句。好生之義不備。聖人於故犯雖小必刑。蓋不事姑息。而濟仁以義。乃見聖人好生不偏處。過慈近於姑息。反所以害仁。○吳氏曰。與其殺不辜。寧失不經。蓋設辭以形容好生之德。○陳氏大猷曰。天地之大德曰生。君得天地生物之心以爲心。曰好生。上好人之生。人亦自好其生。仁心之相感也。○陳氏雅言曰。好生之德。是聖人所以配天地而育群生也。然人孰不好生而惡死哉。上好人之生。下亦自愛其生。而不犯于有司之法。○新安陳氏曰。舜以無刑爲臯陶之功。臯陶推原所以無刑。本於帝好生之德。而不敢以爲已功也。舜欲遜禹。禹欲遜臯陶。禹臯陶是時皆在帝之前。數章相聯。皆一時對面應答之言也

帝曰。俾予從欲以治。四方風動。惟乃之休

民不犯法。而上不用刑者。舜之所欲也。汝能使我如所願欲以治教化四達。如風鼓動。莫不靡然。是乃汝之美也。舜又申言以重歎美之 呂氏曰。掌刑何以能風動四方。蓋臯陶之刑非徒刑。乃德教也。四方鼓舞於德教中。休孰加焉。○陳氏雅言曰。臯陶能體其君心。使天下之民。鼓舞動盪於德教中。而莫見其有爲之迹。蓋明刑弼教。期于予治者。臯陶之職也。刑期于無刑者。臯陶法外意也。臯陶固可謂善體其君

之心。而帝舜亦可謂深知大臣之美矣

帝曰。來禹。洚水儆予。成允成功。惟汝賢。克勤于邦。克儉于家。不自滿假。惟汝賢。汝惟不矜。天下莫與汝爭能。汝惟不伐。天下莫與汝爭功。予懋乃德。嘉乃丕績。天之曆數在汝躬。汝終陟元后

洚水。洪水也。古文作降。孟子曰。水逆行。謂之洚水。蓋山崩水渾。下流淤塞。故其逝者輒復反流。而泛濫決溢。洚洞無涯也。其災所起。雖在堯時。然舜既攝位。害猶未息。故舜以爲天警懼於已。不敢以爲非已之責而自寬也。允。信也。禹奏言而能踐其言。試功而能有其功。所謂成

允成功也。禹能如此。則既賢於人矣。而又能勤於王事。
儉於私養。此又禹之賢也。有此二美。而又能不矜其能。
不伐其功。然其功能之實。則自有不可掩者。故舜於此
復申命之。必使攝位也。懋楙古通用。楙盛大之意。丕大。
績功也。懋乃德者。禹有是德。而我以爲盛大。嘉乃丕績
者。禹有是功。而我以爲嘉美也。曆數者。帝王相繼之次
第。猶歲時氣節之先後。汝有盛德大功。故知曆數當歸
於汝。汝終當升此大君之位。不可辭也。是時舜方命禹
以居攝。未即天位。故以終陟言也 呂氏曰。公孫弘謂堯
使禹治水。未聞舜有
洪水也。舜在當時。認洪水爲已責。弘居百世下。乃推而
歸之堯。聖人小人之心相萬也。禹繼父治水。人易疑之。

禹能使人信於未成功之先。故功成於人已信之後。○新
夏氏曰。常人恃功而怠。安能勤。矜功而侈。安能儉。○新
安陳氏曰。通曆曰。禹不貴尺璧而重寸陰。語曰。禹菲飲
食。惡衣服。克勤克儉之實也。○孔氏曰。自賢曰矜。自功
曰伐。○吕氏曰。纔立已。便有物與我對。對則必爭。一矜
伐其功能。便有爭之理。矜伐者。爭之對也。不矜不伐。無
我也。無我則無對。無對則無爭。○程子曰。禹不矜不伐。
至柔也。然乃見剛。○陳氏經曰。能者忌之媒。功者爭之
府。禹以不矜伐之心。而起天下不爭之心。聖賢所爲。盡
已而已。初無分外之事。事親若曾子者可也。初未嘗以
曾子爲過乎分外。蓋已所當爲之事。能盡此者。方能免
責爾。尚何矜伐之有。如禹之功。皆是禹所當然。故禹自
不見其爲功能也。○王氏曰。矜有執持之意。伐有夸大
之意。故以矜言能。以伐言功。伐甚於矜也。能過天下而
不矜。故天下愈服其能。功高天下而不伐。故天下愈服
其功。○陳氏雅言曰。成允成功者。功也。克勤克儉者。德
也。不自滿假者。惟勤儉。故不自滿假。滿則必不勤。假則
必不儉也。不矜不伐者。惟不滿假。故不矜伐。滿假者。矜
伐之根本。矜伐者。滿假之枝葉。禹之功能。所以爲不可
揜。而益賢於人者也。此舜將使攝位。故極言其功德之

盛如此

人心惟危道心惟微惟精惟一允執厥中

心者人之知覺主於中而應於外者也指其發於形氣者而言則謂之人心指其發於義理者而言則謂之道心人心易私而難公故危道心難明而易昧故微惟能精以察之而不雜形氣之私一以守之而純乎義理之正道心常爲之主而人心聽命焉則危者安微者著動靜云爲自無過不及之差而信能執其中矣堯之告舜但曰允執其中今舜命禹又推其所以而詳言之蓋古之聖人將以天下與人未嘗不以其治之之法并而傳

之。其見於經者如此。後之人君。其可不深思而敬守之哉

問人心是形氣之私。形氣則是口鼻耳目四肢之屬。朱子曰。固是。又問如此則未可便謂之私欲。曰。但此數件事。屬自家體段上。便是私有底物。不比道便公共。故上面便有箇私底根本。且如危亦未便是不好。只是有箇不好底根本○問程子曰。人心。人欲也。曰。人欲也未全是不好。謂之危者。危險欲墮未墮之間。若無道心以御之。則一向入於邪惡。又不止於危也。問聖人亦有人心。不知亦危否。曰。聖人全是道心主宰。故其人心自是不危。若只是人心。也危。故曰惟聖罔念作狂○問人心惟危。則當去了人心否。曰。從道心而不從人心。道心雖微。然非人欲亂之。則亦不至甚難見。惟其人心日熾。是以道心愈微也○問人心道心。曰。飲食人心也。非其道。非其義。萬鍾不取。道心也。若是道心爲主。則人心聽命於道心耳○問人心道心。曰。此心之靈。其覺於理者道心。其覺於欲者人心也。人心自是不容去除。但要道心爲主。即人心自不能奪。而亦莫非道心之所爲矣。然此處極難照管。須臾間斷。則人心便行矣○人心道心。只是這一箇心。知覺從耳目之欲上去。便是人心。知覺

從義理上去。便是道心。人心則危而易陷。道心則微而難著。自人心而收之。則是道心。自道心而放之。便是人心。人心如卒徒。道心如將○問人心道心之別。曰如喜怒則人心也。然無故而喜焉。喜至於過而不能禁。無故而怒焉。怒至於甚而不能遏。是皆爲人心之所使也。須是喜其所當喜。怒其所當怒。是乃道心。須是食其所當食。飲其所當飲。乃不失所謂道心。若飲盜泉之水。食嗟來之食。則人心勝而道心亡矣○問人心道心。曰。喚做人。便有形氣。人心較切近於人。道心雖先得之。然被人心隔了一重。故難見。道心正如清水之在濁水。惟見其濁。不見其清。故微而難見。人心如孟子言耳目之官不思。道心如言心之官則思。故貴先立乎其大者。人心只見那邊情欲利害之私。道心只見這邊道理之公。有道心。則人心爲人節制。人心皆道心也。道心。人心之理。須是知將道心去用那人心方得。道心惟微者難明。有時發見些子。便自家見得。有時又不見了。惟聖人便辨之精。守得徹頭徹尾。學者則須是擇善而固執之○問人心惟危。道心惟微。道心是先得。人心是形氣所有。但地步較闊。道心却在形氣中。所以人心易得陷了道心也。是如此否。曰。天下之物。精細底更難見。那人心便是麄底。且如饑渴寒暖。便是這麄底。言雖至愚之人亦知得。若以較細者言之。如利害。則禽獸已有不能知者。若是義理。則愈是難知。這只有些子不多。所以説人之所以異於禽獸者幾希。言所爭也不多○問人心道心。既云上智。何以更有人心。曰。掐著痛。抓著痒。此非人心如何。人自有人心道心。一箇生於血氣。一箇生於理。饑寒痛痒。此人心也。惻隱羞惡是非辭遜。此道心也。雖上智亦同。一則危殆而難安。一則微妙而難見。必使道心常爲一身之主。而人心每聽命焉。乃善也。道心爲主。則人心亦化而爲道心矣。如鄉黨所記飲食衣服。本是人心之發。在聖人分上。則渾是道心也。但謂之人心。則固未以爲悉皆邪惡。但謂之危。則固未以爲便至凶咎。但既不主於理。而主於形。則其流爲邪惡。以至凶咎。亦不難矣。此其所以爲危。非若道心之必善而無惡。有安而無傾。有準的而可據依也。故必致精一於此兩者之間。使公而無不善者。常爲一身萬事之主。而私而或不善者。不得與焉。則凡所云爲。不待擇於過不及之間。而自然無不中矣。人心亦未全是不好。故只言危。蓋從形體上言。泛泛無定向。故言其危。聖人不以人心爲主。而以道心爲主。蓋人心倚靠不得。人心如船。道心如柁。任船則所

在無定向。若執定枕則去住在我。道心是義理上發出
來底。人心是人身上發出來底。雖聖人不能無人心。如
饑食渴飲之類。雖小人不能無道心。如惻隱之心是。問
如何是惟微。曰。是道心畧畧瞥見些子便失了底意思。惟
危。是人心既從形骸上發出來。易得流於惡○問人心
道心。惟精惟一。曰。人心道心。元來只是一箇。精是辨之
明。一是守之專○程子曰。人心是血氣做成。故危。道心
則是本來稟受得仁義禮智之心。聖人以此二者對待
而言。政欲其察之精而守之一也。察之精則兩箇界限
分明。專一守著一箇道心。不令人欲得以干犯。堯舜所
以授受之妙。不過如此。因論惟精惟一。曰虛明安靜。乃
能精粹而不雜。誠篤確固。乃能純一而無間。人心是饑
而思食。寒而思衣底心。思食後思量合當食與不食。思
衣後思量合當著與不著。這便是道心。聖人也不能無
人心。但聖人常常合著那道心。不教人心勝了道心。惟
精是要揀教精。惟一是要常守得。今人固有其初揀得
精。後來被物欲引從人心去。所以又貴於惟一。精一是
舜教禹做工夫處。精是識別得人心道心。一是常守得
定。心只是一箇心。只是分別兩邊說。人心便成一邊。道
心便成一邊。精是辨之明。一是守之固。既能辨之明。又

能守之固。斯得其中矣。這中是無過不及之中○問人心惟危。道心惟微。微是微妙難體。危是危動難安否。曰。是危動難安。大凡徇人欲。自是危險。其心忽然在此。忽然在彼。又忽然在四方萬里之外。莊子所謂其熱焦火。其寒凝冰。凡苟免者皆幸也。動不動便是墮坑落塹。危孰甚焉。又問精一。曰。精是精別此二者。一是守之固。伊川云。惟精惟一。所以至之。允執厥中。所以行之。此語甚好。問人多要去人欲。亦太畏之。如未上船。先作下水計較。不若於天理上理會。理會得天理。人欲自退。曰。堯舜不如此。天理人欲是交界處。不是兩箇。人心不成都流。只是占得多。道心不成十全。亦是占得多。須是在天理則明天理。在人欲則去人欲。嘗愛五峯云。天理人欲。同行異情。此語甚好。問既曰精一。何必云執中。曰。允字有道理。惟精惟一。則信乎其能執中也○問道心者。喜怒哀樂未發之時。所謂寂然不動者也。人心者。喜怒哀樂已發之時。所謂感而遂通者也。人當精審專一。無過不及則中矣。曰。恁地則人心道心不明白。人心者。人欲也。危者。危殆也。道心者。天理也。微者。精微也。物物上有箇天理人欲。因指書几云。如墨上亦有箇天理人欲。硯上也有箇天理人欲。分明與他劈做兩片。自然分曉。堯舜所傳心法。只此四句。三聖相授。允執厥中。與孟子所論子莫執中者。文同而意異。蓋精一於道心之微。則無適而非中者。其曰允執。則非徒然而執之矣。子莫之爲執中。則其爲我不敢爲楊朱之深。兼愛不敢爲墨翟之過。而於二者之間。執其一節以爲中耳。故由三聖以爲中。則其中活。由子莫以爲中。則其中死。中之活者。不待權而無不中。中之死者。則非學乎聖人之學。不能有以權之而常適於中也。權者。權衡之權。言其可以稱物之輕重。而游移前卻以適於平。蓋所以節量仁義之輕重而時措之。非如近世所謂將以濟乎仁義之窮者也。中只是箇恰好底道理。堯告舜只是一句。舜告禹。又添人心道心精一三句。又較子細。三句是允執厥中以前事。是舜告禹做工夫處。堯告舜一句。是舜已曉得那三句了。不須更告。如論語後面說謹權量。審法度。修廢官。舉逸民之類。皆是恰好當做底事。這便是執中處。堯舜禹湯文武相傳治天下之大法。聖門所說。也只是這箇道理。雖是聖人治天下。纖悉不止此。然要處都不出此。舜禹相傳。只是說人心惟危。道心惟微。惟精惟一。允執厥中。只就這心上理會。也只在日用動靜之間求之。不是去虛空中討一箇物事來。惟皇上帝。降衷于下民。天叙有典。天秩有禮。天便是這箇道理。這箇道理。只在日用間存養。是要養這許多道理在中間。這裏正好著力○自堯舜以來所傳。未有他議論。時堯有此言。聖人心法無以易此。經中此意極多。所謂擇善而固執之。擇善則惟精也。固執則惟一也。又如擇乎中庸是精。得一善則拳拳服膺而勿失是一。又如博學之。審問之。慎思之。明辨之。皆惟精也。且如篤行。又是惟一也。至如明善是惟精也。誠身便是惟一也。大學致知格物。非惟精不可能。誠意則惟一矣。學是學此道理。孟子以後失其傳。亦只是失此○勉齋黃氏曰。人心道心。非是兩箇心。但看所發如何。就人身上發者。謂之人心。耳欲聲。目欲色。口欲味。鼻欲臭。四肢欲安佚之類是也。就義理上發者。謂之道心。耳目口鼻四肢之欲。發者皆中節之類是也。人心者。人所不能無。但發而易流於縱。至於縱。則人欲肆而天理滅矣。故名之曰危。道心者。亦人所不能無。但發之常微而不著。不著則難見矣。故名之曰微。聖人於此知乎發於形氣者惟危。發於義理者惟微。故欲人於此用工。而精以察之於始。一以守之於終。凡一念之發。必察其發於形氣乎。發於義理乎。發於形氣。則摧折之。發於義理。則擴充之。如是。則精之事得矣。又從而堅持固執。念念不忘。使前之擴充者。常昭著光明。前之摧折者。必潛遁退聽而至於無焉。此一之事也。既精且一。則心之所發。身之所爲。無不合乎中矣

無稽之言勿聽。弗詢之謀勿庸。

無稽者。不考於古。弗詢者。不咨於衆。言之無據。謀之自專。是皆一人之私心。必非天下之公論。皆妨政害治之大者也。言。謂泛言。勿聽可矣。謀。謂計事。故又戒其勿用也。上文既言存心出治之本。此又告之以聽言處事之要。內外相資。而治道備矣。陳氏經曰。勿聽勿庸。所以守護此中而勿失之

可愛非君。可畏非民。衆非元后何戴。后非衆罔與守邦。欽哉。愼乃有位。敬修其可願。四海困窮。天祿永終。惟口出好

興戎朕言不再

可愛非君乎。可畏非民乎。衆非君則何所奉戴。君非民。則誰與守邦。欽哉。言不可不敬也。可願猶孟子所謂可欲。凡可願欲者皆善也。人君當謹其所居之位。敬修其所可願欲者。苟有一毫之不善。生於心。害於政。則民不得其所者多矣。四海之民。至於困窮。則君之天祿。一絕而不復續。豈不深可畏哉。此又極言安危存亡之戒以深警之。雖知其功德之盛。必不至此。然猶欲其戰戰兢兢無敢逸豫。而謹之於毫釐之間。此其所以爲聖人之心也。好。善也。戎。兵也。言發於口。則有二者之分。利害之

幾可畏如此。吾之命汝。蓋已審矣。豈復更有他說。蓋欲

禹受命而不復辭避也陳氏大猷曰。人心惟危以下。示心法。傳道統也。可愛非君以下示治法。傳治統也。○新安陳氏曰。堯授舜。舜授禹。言有詳畧。而精微之理。敬畏之心。戒慎之辭。一也。堯之傳舜曰。天之曆數在爾躬。允執其中。四海困窮。天祿永終。舜之傳禹。凡所得於堯之四句。一一爲禹言之。中間不過增益十有三句。令義理益明。敬戒益至耳。合堯曰禹謨二篇而觀之可見矣

禹曰。枚卜功臣。惟吉之從。帝曰。禹。官占惟先蔽志。昆命于元龜。朕志先定。詢謀僉同。鬼神其依。龜筮協從。卜不習吉。

禹拜稽首固辭。帝曰。毋。惟汝諧

枚卜。歷卜之也。帝之所言。人事已盡。禹不容復辭。但請歷卜有功之臣而從其吉。冀自有以當之者。而已得遂

其辭也。官占，掌占卜之官也。蔽，斷。昆，後。龜卜、筮蓍，習重也。帝言官占之法，先斷其志之所向，然後令之於龜。今我志既先定，而衆謀皆同，鬼神依順，而龜筮已協從矣。又何用更枚卜乎。況占卜之法，不待重吉也。固辭，再辭也。毋者，禁止之辭。言惟汝可以諧此元后之位也。王氏曰：木榦曰枚。枝曰條。枚有條，故數物曰枚。數事曰條。枚卜，人人而卜之也。○蘇氏曰：命龜，令龜也。○王氏十朋曰：古人以昆爲兄，兄爲父後，故訓昆爲後。與後昆之後同。○夏氏曰：卜汝已吉，豈有更占他人而重吉者。○陳氏經曰：人謀、鬼謀，雖欲其合，大率以人謀爲先。就人謀中，又以謀及己之心爲主。

正月朔旦，受命于神宗，率百官，若帝之初。

神宗，堯廟也。蘇氏曰：堯之所從受天下者曰文祖，舜之所從受天下者曰神宗。受天下於人。必告於其人之所從受者。禮曰。有虞氏禘黃帝而郊嚳。祖顓頊而宗堯。則神宗爲堯明矣。正月朔旦。禹受攝帝之命于神宗之廟。總率百官其禮一如帝舜受終之初等事也吳氏曰。祭法必有所據。舜受堯之天下。今以授禹。其宗堯爲宜。或謂舜不當立堯廟。然堯與舜皆黃帝之後。其宗堯何嫌

帝曰。咨禹。惟時有苗弗率。汝徂征。禹乃會羣后誓于師曰。濟濟有衆。咸聽朕命。蠢茲有苗。昏迷不恭。侮慢自賢。反道敗德。君子在野。小人在位。民棄不保。天降之咎。肆予以爾衆士奉辭伐罪。爾尚一乃心力。其克有勳

徂往也。舜咨嗟言今天下。惟是有苗之君不循教命。汝

往征之征正也往正其罪也會徵會也誓戒也軍旅曰誓有會有誓自唐虞時已然禮言商作誓周作會非也禹會諸侯之師而戒誓以征討之意濟濟和整衆盛之貌蠢動也蠢蠢然無知之貌昏闇迷惑也不恭不敬也言苗民昏迷不敬侮慢於人妄自尊大反戾正道敗壞常德用舍顛倒民怨天怒故我以爾衆士奉帝之辭罰苗之罪爾衆士庶幾同心同力乃能有功此上禹誓衆之辭也林氏曰堯老而舜攝者二十有八年舜老而禹攝者十有七年其居攝也代總萬機之政而堯舜之爲天子蓋自若也故國有大事猶禀命焉禹征有苗蓋在

夫居攝之後。而稟命於舜。禹不敢專也。以征有苗推之。則知舜之誅四凶。亦必稟堯之命無疑。陳氏曰。舜時薄海內外。皆迪有功。弗率惟有苗耳。三苗之君。舜嘗竄之。三苗之民。又嘗分之。至此而尤弗率。故征之。○孫氏曰。指其君長。則曰有苗。兼其君民言。則曰苗民。以種類言。則曰三苗。○陳氏大猷曰。其預期之辭

三旬。苗民逆命。益贊于禹曰。惟德動天。無遠弗屆。滿招損。謙受益。時乃天道。帝初于歷山。往于田。日號泣于旻天。于父母。負罪引慝。祗載見瞽瞍。夔夔齊慄。瞽亦允若。至誠感神。矧茲有苗。禹拜昌言曰。俞。班師振旅。帝乃誕敷文德。舞干羽于兩階。七旬有苗格

三旬。三十日也。以師臨之閱月。苗頑猶不聽服也。贊。佐。

屆至也。是時益蓋從禹出征。以苗負固恃強。未可威服。
故贊佐於禹。以爲惟德可以動天。其感通之妙。無遠不
至。蓋欲禹還兵。而增修其德也。滿損謙益。即易所謂天
道虧盈而益謙者。帝。舜也。歷山。在河中府河東縣。仁覆
閔下謂之旻。日。非一日也。言舜耕歷山往于田之時。以
不獲順於父母之故。而日號呼于旻天。于其父母。蓋怨
慕之深也。負罪。自負其罪。不敢以爲父母之罪。引慝。自
引其慝。不敢以爲父母之慝也。祗。敬。載。事也。瞍。長老之
稱。言舜敬其子職之事。以見瞽瞍也。齋。莊敬也。慄。戰慄
也。夔夔。莊敬戰慄之容也。舜之敬畏小心。而盡於事親

者如此。允。信。若。順也。言舜以誠孝感格。雖瞽瞍頑愚。亦
且信順之。即孟子所謂底豫也。誠感物曰誠。盖又推極
至誠之道。以爲神明亦且感格。而況於苗民乎。昌言。盛
德之言。拜。所以敬其言也。班。還。振。整也。謂整旅以歸也。
或謂出曰班師。入曰振旅。謂班師於有苗之國而振旅
於京師也。誕。大也。文德。文命德教也。干。楯。羽。翳也。皆舞
者所執也。兩階。賓主之階也。七旬。七十日也。格。至也。言
班師七旬而有苗來格也。舜之文德非自禹班師而始
敷。苗之來格非以舞干羽而後至。史臣以禹班師而歸。
弛其威武。專尚德教。干羽之舞。雍容不迫。有苗之至。適

當其時故作史者因即其實以形容有虞之德數千載之下猶可以是而想其一時氣象也朱子曰號泣于旻天呼天而泣也于父母呼父母而泣也舞干羽之事想只是置三苗於度外而示以閑暇之意○呂氏曰苗民障蔽之深譬如春氣既至而陰崖寒谷猶未發榮○新安陳氏曰以禹不滿假不矜伐如此而益猶以滿損謙益爲言蓋兢業不已之誠猶懼其有一毫非苗是已之心故以此開端而引帝之負罪夔夔以實之欲其謙謙之益勉也益又凡三致意謂天道之遠而德可動瞽瞍之頑而孝可若神明之幽而誠可感苗亦人耳豈有德之盛誠之至而不可動者當不煩兵而自服也○新安胡氏曰禹誓師曰爾尚一乃心力欲以力而成功也三旬而力未足以成功於是益有惟德動天之說欲尚德而不尚力也禹於是班師帝乃誕敷文德而苗自格焉不尚力爭而務德化可見唐虞氣象若後世遇逆命則窮兵黷武而已肯班師乎○唐孔氏曰益贊禹修德而帝自誕敷文德見君臣同心○張氏曰帝之文德素敷至此又誕敷之聖人躬自厚之意○問帝乃誕敷文德則自班師之後然

後敷之也。敷文德之事何以見。龜山楊氏曰。舞干羽是也。古之時。文武一道。故干戈兵器也。用之於戰陣則爲武。用之於舞蹈則爲文。敷文德云者。已不爲武備矣。君臣之間要當一德一心。古之聖賢相與以濟大業。蓋無不然者。觀舜命禹征有苗。已誓師往伐。而益以一言贊禹。禹遂班師。舜以禹之班師便爲之誕敷文德。而有苗格。夫舜命禹徂征。禹既行。而益有言。宜告之舜。不告舜而告之禹。禹承命於舜。及其不遂行也。宜先禀之舜。乃擅反兵而不疑。舜於二人者。無責焉可也。乃狗其所爲。從而相之。益之意豈不曰禹猶舜。而禹之意豈不曰舜猶已也歟。夫是之謂一德一心。自今觀之。則益之言可以謂之沮壞幾事。而禹之事爲逗留君命矣。然古之君臣各相體悉如此。此古人立功所以易。而後世成事所以難也。○呂氏曰。禹自會此理。聞益之贊。神領心受。如曾子之唯。便班師而還。其從如響。略無疑滯。干羽舞階朝廷閑暇。自然而然。非故爲如此。而有苗自格。此如春風流暢。寒谷草木自皆發榮也。○唐孔氏曰。武舞執干。文舞執羽。○董氏鼎曰。禹雖以治水爲功。而功之外。有克艱之謨。是謨也。大關萬世爲君之道。其功其謨。非皋陶益稷所得而先也。且此篇所記。又有舜禹授受一大事。安得不以接二典之後。冠三謨之首哉。大抵一篇之中。自后克艱。至時乃功。皆所以發明究竟克艱之旨。自格汝禹至若帝之初。皆所以紀述授受之辭。而征苗一節。則攝位後事也。前一大節中。其綱領在后臣克艱。後一大節中。其綱領在人心道心。一者皆於心上用功。必能致察於人心道心之間。純乎義理之正。而不雜於形氣之私。則人心淨盡。天理流行。自然見得宇宙內事。皆職分內事。職分內事。皆性分內事。而於克盡君道之艱。自見其當然有不必勉而能之者矣

臯陶謨

今文古文皆有　碧梧馬氏曰。此篇首尾。皆與禹問答。而謂之謨者。實陳於帝之前也。故楊雄曰。臯陶以智爲帝謨

曰若稽古臯陶曰。允迪厥德。謨明弼諧。禹曰。俞。如何。臯陶曰。都。愼厥身修。思永。惇叙九族。庶明勵翼。邇可遠在茲。禹

拜昌言曰俞

稽古之下。即記皐陶之言者。謂考古皐陶之言如此也。皐陶言爲君而信蹈其德。則臣之所謀者無不明。所弼者無不諧也。俞。如何者。禹然其言。而復問其詳也。都者。皐陶美其問也。愼者。言不可不致其謹也。身修。則無言行之失。思永。則非淺近之謀。厚叙九族。則親親恩篤而家齊矣。庶明勵翼。則群哲勉輔而國治矣。邇。近。茲。此也。言近而可推之遠者在此道也。蓋身修家齊國治而天下平矣。皐陶此言。所以推廣允迪謨明之義。故禹復俞而然之也。○又按典謨皆稱稽古。而下文所記則異。典主記事。故堯舜皆載其實。謨主記言。故禹皋陶則載其謨。后克艱厥后。臣克艱厥臣。禹之謨也。允迪厥德。謨明弼諧。皋陶之謨也。然禹謨之上。增文命敷于四海。祗承于帝者。禹受舜天下。非盡皋陶比例。立言輕重。於此可見。問允廸厥德。謨明弼諧。是形容皋陶之德。或是皋陶之言。朱子曰。下文說謹厥身修思永。是允迪厥德意。庶明勵翼。是謨明弼諧意。恐不是形容皋陶底語。○蘇氏曰。虞世南而謂禹皋陶爲古者。自今以上皆古。何必異代。春秋傳引虞書。皆云夏書。安知非作於夏時乎。○林氏曰。此篇首尾皆與禹言。其實陳於舜前。史記曰。帝舜朝。禹皋陶相與語帝前是也。迪。如啟迪之迪。冏命曰。迪上。言臣欲允誠以啟迪君德。則謨必貴明。弼必貴諧。不明則不能開誠。不諧則秖以牴牾。皋陶欲與禹以此事舜也。○新安陳氏曰。允迪厥德。謨明弼諧。孔註不以爲皋陶之言。但謂君當信蹈古人之德耳。蓋迪德之君。則臣言易入。故謨易以明。而弼易以諧。皋陶欲君迪德

以爲已陳謨之地也○呂氏曰。此史言皋陶之爲人。有
德者有言。皋陶以謨聞。天下知其謨。不知其出於德。故
指其根本以示人○蘇氏曰。禹曰俞上當有闕文○李
氏舜臣曰。皋陶謨發端曰。慎厥身修思永。一書之要領
也。取人以身。修身者。知人安民之本歟○新安陳氏曰。
程子家人傳曰。正倫理。篤恩義。家人之道也。惇者篤恩
義。敘者正倫理。二字盡齊家之道○陳氏曰。九族宜厚。
其厚之也。有次序。不至爲夷子之二本也○呂氏曰。齊
家治國平天下。皆自修身出。故慎於身修必思永長之
理可久。而後功用無窮也○陳氏大猷曰。治無二本。邇
可則遠在此矣○王氏炎曰。皋陶之謨有三。修身也。知
人也。安民也。而修身爲本。故先言之。邇者既可由是推
之國於天下無不可者。其本在此而不在彼也。在此者
無他。修身而已矣○西山眞氏曰。皋陶陳謨。未及他事。
首以謹修其身爲言。蓋人君一身。天下國家之本。慎之
一言。又修身之本也。思永。欲其悠久不息也。爲君孰不
知身之當修。然心或放。則能暫而不能久。必悠久不息
常思所以致謹。然後謂之永。否則朝勤夕怠。作作乍止。
果何益哉。後世人主。有初鮮終。由不知思永也。慎則敬
而不忽。思永則久而不忘。修身之道備矣。然後以親親

尊賢二者繼之。九族必有以篤叙之。使均被吾恩。衆賢必有以勸勵之。使樂爲吾輔。身爲之本。而二者又各盡其道。則自家可推之國。自國可推之天下。其道在此而已。中庸九經之序。其亦有所祖於此歟○陳氏經曰。禹皐陶列之際。或都或俞。或吁或咈。或如何。無非眞情實意之所發。有合於心則都之俞之。不合。則吁之咈之。善之在人。猶在已也。故聞言而拜。不爲謟。善之在己。猶在人也。故自言而先曰都。不爲矜

皐陶曰。都。在知人。在安民。禹曰。吁。咸若時。惟帝其難之。知人則哲。能官人。安民則惠。黎民懷之。能哲而惠。何憂乎驩兜。何遷乎有苗。何畏乎巧言令色孔壬

皐陶因禹之俞。而復推廣其未盡之旨。歎美其言。謂在於知人。在於安民二者而已。知人。智之事。安民。仁之事也。禹曰吁者。歎而未深然之辭也。時。是也。帝。謂堯也。言

既在知人。又在安民。二者兼舉。雖帝堯亦難能之。哲。智之明也。惠。仁之愛也。能哲而惠。猶言能知人而安民也。遷。竄。巧。好。令。善。孔。大也。好其言。善其色。而大包藏凶惡之人也。言能哲而惠。則智仁兩盡。雖黨惡如驩兜者。不足憂。昏迷如有苗者。不足遷。與夫好言善色大包藏姦惡者。不足畏。是三者舉不足害吾之治。極言仁智功用如此其大也。或曰。巧言令色孔壬。共工也。禹言三凶而不及鯀者。爲親者諱也。○楊氏曰。知人安民。此皐陶一篇之體要也。九德而下。知人之事也。天叙有典而下。安民之道也。非知人而能安民者。未之有也。陳氏大猷曰。君道在知人安民兩者知人然後能安民又其序也○陳氏經曰咸若是謂悉如上所言皆如是也○孔氏曰帝堯亦以知人安民爲難○林氏曰舜既放流竄三苗其心惟恐又有如此之人復出爲惡未嘗忘憂畏之心也○横渠張氏曰萬事只一天理舜舉十六相去四凶堯豈不能堯固知四凶之惡然民未被其虐天下未欲去之堯以安民爲難遽去其君則民不安故不去必舜而後因民不堪而去之也

皋陶曰都亦行有九德亦言其人有德乃言曰載采采禹曰何皋陶曰寛而栗柔而立愿而恭亂而敬擾而毅直而温簡而廉剛而塞彊而義彰厥有常吉哉

亦總也亦行有九德者總言德之見於行者其凡有九也亦言其人有德者總言其人之有德也載行采事也總言其人有德必言其行某事某事爲可信驗也禹曰

何者問其九德之目也。寬而栗者寬弘而莊栗也。柔而立者柔順而植立也。愿而恭者謹愿而恭恪也。亂治也。亂而敬者有治才而敬畏也。擾馴也。擾而毅者馴擾而果毅也。直而溫者徑直而溫和也。簡而廉者簡易而廉隅也。剛而塞者剛健而篤實也。彊而義者彊勇而好義也。而轉語辭也。正言而反應者所以明其德之不偏皆指其成德之自然非以彼濟此之謂也。彰著也。成德著之於身而又始終有常其吉士矣哉朱子曰。亦行有九德。泛言人之行有此九德。故言其人之有德。則當以此論之。○九德凡十八種。是好底氣質。每兩件一家鬬合將來。○蘇氏曰。亦行有九德者。以此自修也。亦言其人有德者。以此求人也。論其人。則曰斯人也。有其德。論其德。則曰是德也。有某事某事。載采采者。歷言之也○象山陸氏曰。皐陶論知人之道曰。亦行有九德。亦言其人有德。乃言曰載采采。乃是謂必先言其人之有是德。然後乃言曰某人有某事。蓋德則根乎其中。達乎其氣。不可僞爲。若事。則有才智之小人可僞爲之。故行有九德。必言其人有德。乃言曰載采采。然後人不可得而瘦也○唐孔氏曰。恭其貌。敬其心。愿者遲鈍。失於外儀。故言恭。治者輕物。內失於心。故稱敬。剛彊相近。剛是性。彊是志○蘇氏曰。横流而濟曰亂。故才過人可以濟大難者曰亂。亂臣十人是也。才過人者。患於恃才而不敬○西山真氏曰。先儒以九德爲人之性。蓋指氣稟而言。若天命之性。則渾然全體無所偏也○新安陳氏曰。皐陶謂能以此九德觀人。則德之成不成全不全皆可知。而知人之道盡矣○孔氏曰。吉。善也。明九德之常以擇人而官之。則政之善○陳氏雅言曰。君之取人。不可徒徇其名而不究其實。徒徇其名而不究其實。幾何不虛譽隆而實德病矣。論人之德。先言行而後言德者。蓋由行而後可以見其德。稱人之事。先言德而後言事者。蓋因事而後有以驗其德一也○劉氏正一曰。常之爲義大矣。曰常人。曰吉士。其揆一也。皐陶謨曰。彰厥有常吉哉。立政曰庶常吉士。則知吉士未始不有常德。而常德所以爲吉士也。○葉氏曰。觀人不求其全。而求其常。常而不全。不害爲德。德而不常。皆矯僞耳。○臨川吳氏曰。此以下。自亦行有九德。至政事懋哉懋哉。言知人之事。自天聰明。至敬哉有士。言安民之事

日宣三德。夙夜浚明有家。日嚴祗敬六德。亮采有邦。翕受敷施。九德咸事。俊乂在官。百僚師師。百工惟時。撫于五辰。庶績其凝

宣。明也。三德六德者。九德之中有其三有其六也。浚。治也。亮。亦明也。有家。大夫也。有邦。諸侯也。浚明亮采。皆言家邦政事明治之義。氣象則有大小之不同。三德而爲大夫。六德而爲諸侯。以德之多寡。職之大小槩言之也。

夫九德有其三。必日宣而充廣之。而使之益以著。九德有其六。尤必日嚴而祇敬之。而使之益以謹也。翕合也。德之多寡雖不同。人君惟能合而受之。布而用之。如此則九德之人。咸事其事。大而千人之俊。小而百人之乂。皆在官使。以天下之才。任天下之治。唐虞之朝。下無遺才。而上無廢事者。良以此也。師師。相師法也。言百僚皆相師法而百工皆及時以趨事也。百僚百工。皆謂百官。言其人之相師。則曰百僚。言其人之趨事。則曰百工。其實一也。撫。順也。五辰。四時也。木火金水旺於四時。而土則寄旺於四季也。禮運曰。播五行於四時者是也。凝成也言百工趨時而衆功皆成也問曰宣三德。自九德咸事。如此則是天子諸侯大夫。九德各日以三宣。德亦不可借耶。若諸侯大夫。皆有九德。顧不美歟。朱子曰。九德之目。蓋言取人不可求備。官人當以等耳。豈德不可借之謂耶。問夙夜浚明至有邦。古註以爲可以爲卿大夫及諸侯。林氏謂卿大夫諸侯。用此三德六德之人。未知孰是。曰。林說恐得之。猶孝經說爭臣之類。蓋曰如是足矣。非必以是爲限也。○葉氏曰。皐陶既論知人之事。故因言官人之道。○夏氏曰。浚與濬通。治而深之之謂。○林氏曰。百工之事。各得其時。○馬氏曰。彰有常乃吉曰宣曰嚴。所謂有常也。○王氏曰。日宣三德之賢。使任有家。日嚴祗敬六德之賢使任有邦眞氏取之。皆作君用賢說。庶與下文翕受敷施九德之賢相協○胡氏且曰。五行在地爲物。在天爲時。順其時而撫之。則五物皆成其材而爲人用矣。故仲春斬陽木。仲夏斬陰木。所以撫木辰也。季春出火。季秋納火。所以撫火辰也。司空以時相阪隰。所以撫土辰也。秋爲徒杠。春達溝渠。所以撫水辰也。又曰。春盛德在木。布德施惠。所以順木辰。夏盛德在火。勞民勸農。所以順火辰。秋盛德在金。冬盛德在水。禁暴誅慢。謹蓋藏。歟積聚。所以順金水之辰。土寄旺四時。四辰順。土在其中矣○王氏曰。五辰分配四時。春則寅卯爲木之辰。夏則巳午。爲火之辰。餘倣此○臨川吳氏曰。天子有天下者。於九德之人。合而受之。敷而施之。使皆事其事。各效其能。以居其官。則百官長屬所職之事。悉不違時。故循四時之序。而衆功皆成也

無教逸欲有邦。兢兢業業。一日二日萬幾。無曠庶官。天工人其代之

無與毋通。禁止之辭。教。非必教令。謂上行而下效也。言天子當以勤儉率諸侯。不可以逸欲導之也。兢兢。戒謹也。業業。危懼也。幾。微也。易曰。惟幾也。故能成天下之務。蓋禍患之幾。藏於細微。而非常人之所豫見。及其著也。則雖智者不能善其後。故聖人於幾則兢業以圖之。所

謂圖難於其易爲大於其細者此也一日二日者言其日之至淺萬幾者言其幾事之至多也蓋一日二日之間事幾之來且至萬焉是可一日而縱欲乎曠廢也言不可用非才而使庶官曠廢厥職也天工天之工也人君代天理物庶官所治無非天事苟一職之或曠則天工廢矣可不深戒哉

○朱子曰幾者理雖已萌事則未著○周子曰動而未形有無之間者幾也○孔氏曰不爲逸豫貪欲之教是有國者之常當戒懼萬事之微位非其人爲空官不可以天官私非其才○陳氏大猷曰功成之後逸欲易生逸豫怠遊宴之類欲聲色嗜好之類逸欲生治功隳矣惟戒逸欲而存兢業則此心清明剛健事之幾微無不洞燭逸欲少肆兢業少間則此心昏惰何以察微恥而圖之又曰天子能以一心察天下之幾不能以一身兼天下之務任之庶官而已不可使曠非無其人之爲曠非其人之爲曠

也。君雖兢業。官或曠廢。亦危亂之道。終以無曠庶官。欲君臣同克艱。以保治也。天下之事。無一不出於天。天不自爲。人代爲之。一官曠。則一事闕矣。天工人代一句。結上文以生下文之意○臨川吴氏曰。承上文言天子所以用九德之人者。蓋不能自治天職故也。蓋天子所事。皆天之事。天以此事付之君。君不能自治。而分之人。是庶官所治之事。皆代天而爲之也。其可有一職之曠廢乎○陳氏雅言曰。人君不可教有邦逸欲者何哉。以一日二日爲至淺。而萬幾爲至多也。不可以非才曠庶官。以皆天之工而有人代之也。知萬幾之可畏。則必兢業以圖之。而不至於以逸欲教之矣。知天之可畏。則必能擇人以居之。而不至於以非才曠庶官矣。無教無曠。是兩陳其所當戒。幾與天。是兩陳其所當畏

天叙有典。勑我五典五惇哉。天秩有禮。自我五禮有庸哉。同寅協恭和衷哉。天命有德。五服五章哉。天討有罪。五刑五用哉。政事懋哉懋哉

叙者。君臣父子兄弟夫婦朋友之倫叙也。秩者。尊卑貴賤等級隆殺之品秩也。勑。正。惇。厚。庸。常也。有庸。馬本作五庸。衷。降衷之衷。即所謂典禮也。典禮雖天所叙秩。然正之使叙倫而益厚。用之使品秩而有常。則在我而已。故君臣當同其寅畏。協其恭敬。誠一無間。融會流通。而民彝物則。各得其正。所謂和衷也。章。顯也。五服。五等之服。自九章以至一章是也。言天命有德之人。則五等之服以彰顯之。天討有罪之人。則五等之刑以懲戒之。蓋爵賞刑罰。乃人君之政事。君主之。臣用之。當勉勉而不可怠者也。○楊氏曰。典禮自天子出。故言勑我自我。若

夫爵人於朝與衆共之刑人於市與衆棄之天子不得而私焉此其立言之異也

朱子曰天叙天秩天命天討既曰天便自有許多般在其中天人一理只有一箇分不同○因其生而第之以其所當處者謂之叙因其叙而與之以其所當得者謂之秩天叙便是自然底故君便教他居君之位臣便教他居臣之位父便教他居父之位子便教他居子之位天秩便是那天叙裏面物事如天子祭天地諸侯祭山川大夫祭五祀庶人祭其先天子八諸侯六大夫四士二皆是有這箇叙便是他這箇自然之秩許多典禮都是天叙天秩下了聖人只是因而勑正之因而用出去而已凡其所謂冠婚喪祭之禮與夫典章制度文物禮樂車輿衣服無一件是聖人自做底都是天做下了聖人只是依傍他天理行將去同寅協恭是君臣上下一於敬德之大者賞以服之大者德之小者則賞以服之小者罪之大者則罪以大底刑罪之小者則罪以小底刑盡是天命天討聖人未嘗加一毫私意於其間只是奉行天法而已萬物皆只是一箇天理已何與焉至如言天討有罪五刑五用哉天命有德五服五章哉此都

只是天理自然當如此。人幾時與。與則便是私意。有善有惡。善則理當喜。如五服自有一箇次第以章顯之。惡則理當惡。一作怒彼自絕於理。故五刑五用曷嘗容心喜怒於其間哉。五禮有庸。五典五惇。須是同寅協恭和衷。五服五章。五刑五用。須是政事懋哉懋哉。○西山真氏曰。按五禮。孔氏以爲公侯伯子男。先儒又以爲吉凶軍賓嘉。近世蔡氏曰。叙者君臣父子夫婦兄弟朋友之倫叙。秩者尊卑貴賤等級隆殺之品秩。於義爲得。○節初齊氏曰。人而無禮則諸侯得以請隧。卿得以反坫。大夫得以雍徹。娼優下賤得以后飾。而人道亂矣。故聖人爲禮以節之。歐陽公所謂順其情而節文之。使知尊卑長幼。凡人之大倫也。此其高下之宜。豐殺之别。貴賤偏全之等。所以萌於人心。習熟於人之耳目。而終其身不敢肆其情欲於度數之外也。此三代帝王防範人心之先務。隄防世變之大端也。○陳氏大猷曰。人受天地之中以生。能者養之以福。不能者敗以取禍。故全是衷者爲德。是不失天之所賦也。故天命之。君必體福善之天。制五等之服以章其德。戾是衷者爲罪。是失天之所賦也。故天討之。君必體禍淫之天。用五等之刑以威其罪。爵賞刑罰。乃政事之大者。當勉勉而不可怠也。典禮教化也。所以盡感發之妙。服刑。政事也。所以盡勸懲之方。皆承天以從事。而寅恭懋勉。又四者之本也。非寅恭懋勉。則典禮服刑。將失其當。烏能與天無間哉。至是則君師之道。代天理民之責盡矣。此盡發上文天工人代之意○呂氏曰。寅恭惇典庸禮之根源也。君臣聚精會神。與天無間。則所惇所庸。皆天之典禮。否則爲虛文矣。賞罰當純乎天。此心當懋勉不已。一有怠息。賞罰我之賞罰。非天之賞罰矣○蔡氏元度曰。周官司服。公服袞冕而下九章之服。如王之服侯伯服鷩冕而下七章之服。如公之服子男服毳冕而下五章之服。如侯伯之服孤服絺冕而下三章之服。如子男之服卿大夫服玄冕而下一章之服。如孤之服士服皮弁無章數也。孔氏以天子言之。非也○馬氏曰。周天子與上公皆服九章。然公有降龍。無升龍。別於天子○新安陳氏曰。蔡傳政事懋懋處。亦云君主之。臣用之。諸家所忽。最有照應。蓋自無曠庶官。已引上臣與君各盡其責。故同寅協恭。政事懋懋。皆當合君臣說。有庸。當作五庸。五禮當主吉凶軍賓嘉者爲是

天聰明。自我民聰明。天明畏。自我民明威。達于上下。敬哉

有土

威古文作畏二字通用明者顯其善畏者威其惡天之聰明非有視聽也因民之視聽以爲聰明天之明畏非有好惡也因民之好惡以爲明畏上下上天下民也敬心無所慢也有土有民社也言天人一理通達無閒民心所存即天理之所在而吾心之敬是又合天民而一之者也有天下者可不知所以敬之哉問聰明明畏不知明畏是兩字還是一字林氏以爲聰明言視聽明畏言好惡未知如何朱子曰林氏似是明畏言天之所明所畏所明如明明揚側陋之明所畏如董之用威威用六極之意○新安陳氏曰此因上文言天叙天秩天命天討而申言天人合一之理○林氏曰天明畏馬本作天明威自我民明威古文作自我民明畏畏威不必分也○唐孔氏曰

天無心。以民心爲心。即泰誓所謂天視自我民視。天聽自我民聽○陳氏經曰。有土之君。惟敬則不忽乎民。是乃不忽乎天。不敬。則徒知天之當嚴。而以民爲易虐。是天民有二理也。此皐陶安民之謨。必推極於此歟○王氏炎曰。以君臨民。敬心不存。則所以安民者必未盡也。自天子至諸侯卿大夫。有四封有采地者。皆爲有土之君。有土必有民。皆當以敬臨之○西山眞氏曰。武夷胡氏嘗舉皐陶謨天叙至有土章。曰。皐陶之學極純粹

皐陶曰。朕言惠可底行。禹曰。俞。乃言底可績。皐陶曰。予未有知。思曰贊贊襄哉

思曰之曰。當作日。襄。成也。皐陶謂我所言順於理。可致之於行。禹然其言。以爲致之於行信可有功。皐陶謙辭我未有所知。言不敢計功也。惟思日贊助於帝。以成其治而已　張氏曰。贊贊。所助非一事也○陳氏大猷曰。贊而又贊。贊之不已也○林氏曰。左傳定公十五

年。葬定公雨。不克襄事。註。襄。成也。訓襄爲成本此○董氏鼎曰。皐陶發明知人之謨。尤覺詳於安民之謨者。蓋二者雖均爲難事。而知人爲尤難。必明於知人。則安民有不難者矣。然於言知人之餘。則戒逸欲。崇兢業。惟恐人君不知戒懼。而至於曠官廢事。於安民之中。則懋政事。敬有土。惟恐人君不知懋敬。而至於褻天玩民。蓋以人君一心。又知人安民之根抵歟

益稷

今文古文皆有。但今文合於皐陶謨。帝曰來禹汝亦昌言。正與上篇末文勢接續。古者簡册以竹爲之。而所編之簡。不可以多。故釐而二之。非有意於其間也。以下文禹稱益稷二人佐其成功。因以名篇問皐陶矢厥謨。禹成厥功。帝舜申之。未知申字如何看。朱子曰。此是

三篇之叙。第一句說皐陶謨。第二句說大禹謨。第三句說益稷。所謂申之。即所謂汝亦昌言者也。此書伏生本只是二篇。皐陶謨益稷之間。語勢亦相連。孔壁中拆爲三篇。故其叙如此。亦不足據。而說者又多失之。○問益稷篇。禹與皐陶只管自叙其功。是如何。曰。不知怎生地。那前面且做是脫簡。後面却又有一段。那禹前面時。只是說他無可言。但予思日孜孜。皐陶問他如何。他便說他要恁地孜孜。却不知後面一段是怎生地。良久云。他上面也是說那丹朱。後故恁地說。丹朱緣如此。故不得爲天子。我如此勤苦故有功。以此相戒。教莫如丹朱。如我便是。古人直不似今人便要瞻前顧後

帝曰。來禹。汝亦昌言。禹拜曰。都。帝。予何言。予思日孜孜。皐陶曰。吁。如何。禹曰。洪水滔天。浩浩懷山襄陵。下民昏墊。予乗四載。隨山刊木。曁益奏庶鮮食。予決九川。距四海。濬畎

澮距川。暨稷播。奏庶艱食鮮食。懋遷有無化居。烝民乃粒。萬邦作乂。皐陶曰。俞。師汝昌言。

孜孜者。勉力不怠之謂。帝以皐陶既陳知人安民之謨。因呼禹使陳其言。禹拜而歎美。謂皐陶之謨至矣。我更何所言。惟思日勉勉以務事功而已。觀此。則上篇禹皐陶答問者。蓋相與言於帝舜之前也。如何者。皐陶問其孜孜者何如也。禹言往者洪水泛溢。上漫于天。浩浩盛大。包山上陵。下民昏瞀墊溺。困於水災。如此之甚也。四載。水乘舟。陸乘車。泥乘輴。山乘樏也。輴。史記作橇。漢書作毳。以板爲之。其狀如箕。擿行泥上。樏。史記作橋。漢書作梮以鐵爲之其形似錐長半寸施之履下以上山不蹉跌也蓋禹治水之時乘此四載以跋履山川踐行險阻者隨循刊除也左傳云井堙木刊刊除木之義也蓋水涌不洩泛濫瀰漫地之平者無非水也其可見者山耳故必循山伐木通蔽障開道路而後水工可興也奏進也血食曰鮮水土未平民未粒食與益進衆鳥獸魚鼈之肉於民使食以充飽也九川九州之川也距至濬深也周禮一畝之間廣尺深尺曰畎一同之間廣二尋深二仞曰澮畎澮之間有遂有溝有洫皆通田間水道以小注大言畎澮而不及遂溝洫者舉小大以包其餘

也先決九川之水使各通于海次濬畎澮之水使各通于川也播布也謂布種五穀也艱難也水平播種之初民尚艱食也懋勉也懋勉其民徙有於無交易變化其所居積之貨也烝衆也米食曰粒蓋水患悉平民得播種之利而山林川澤之貨又有無相通以濟匱乏然後庶民粒食萬邦興起治功也禹因孜孜之義述其治水本末先後之詳而警戒之意實存於其間蓋欲君臣上下相與勉力不怠以保其治於無窮而已師法也臯陶以其言爲可師法也 新安陳氏曰舜禹好善之心皆無窮當時昌言滿前舜猶聞不倦方使禹亦如臯陶之昌言此舜好善無窮之心也禹聞此言歎美此心謂臯陶言已至我復何言讓善於人也

思曰孜孜力行不怠勉爲善於己此禹好善無窮之心也孟子曰禹聞善言則拜大舜有大焉舜禹之所以聖其亦以此歟○蘇氏曰禹曰予何言亦猶皐陶之予未有知也曰予思曰孜孜亦猶皐陶思曰贊贊襄哉也皆相因之辭伏生以益稷合於皐陶謨有以也○陳氏大猷曰勤者萬事所由成不勤萬事所由廢皐陶問禹所以思曰孜孜者如何禹但述其治水之勤勞以答之而不及其他蓋以平生受用惟在孜孜勤勞而已意在言外也○王氏曰大水決而有所歸小水濬而有所入治水之次第也不決川則雖濬畎澮不能除水患也○陳氏曰益稷非人人而飲食之亦數之有方耳○呂氏曰禹用功如此艱難然後民乃粒食須看乃字○蔡氏元度曰水平之後天下知禹之功而已禹以益稷與有功焉故言曁益曁稷是禹不自有其功而與益稷同之不矜不伐乃在於此○呂氏曰禹不矜不伐今乃歷舉其功若矜伐何也蓋艱難之念易忘平成之功難保今雖平成昔日之心不可忘也所思日孜孜者正在此雖不陳謨乃陳謨之大者使自言其功而非有深意何以謂之昌言哉○董氏鼎曰禹爲司空稷爲田正益爲虞土田山澤鳥獸魚鱉其所掌也是三人者均主水土治水土

之役。所當偕行。隨時施宜。因利乘便。以救斯民於墊溺
窮餒之中。故所至之處。烈山澤之餘。有可採捕以供食
者。益致其利。有可播種漁取以得食者。稷授其方。播於
鮮食。既而有無相通。貨食兼足。始也不足。終乃有餘。禹
不忘益稷相從於艱苦之中。而述其
功如此。微禹之言。後世孰從而知之

禹曰。都。帝慎乃在位。帝曰。俞。禹曰。安汝止。惟幾惟康。其弼
直。惟動丕應徯志。以昭受上帝。天其申命用休

禹既歎美。又特稱帝以告之。所以起其聽也。慎乃在位
者。謹其在天子之位也。天位惟艱。一念不謹。或以貽四
海之憂。一日不謹。或以致千百年之患。帝深然之。而禹
又推其所以謹在位之意。如下文所云也。止者。心之所
止也。人心之靈。事事物物。莫不各有至善之所而不可

遷者。人惟私欲之念動搖其中。始有昧於理而不得其所止者。安之云者。順適乎道心之正。而不陷於人欲之危。動靜云爲。各得其當。而無有止而不得其止者。惟幾所以審其事之發。惟康所以省其事之安。即下文庶事康哉之義。至於左右輔弼之臣。又皆盡其繩愆糾繆之職。內外交修。無有不至。若是則是惟無作。作則天下無不丕應。固有先意而徯我者。以是昭受于天。天豈不重命而用休美乎

朱子曰。惟幾當審萬事之幾。惟康當求箇安穩處。弼直以直道輔之。應之非惟人應之。天亦應之。〇葉氏曰。愼乃在位。即前帝命禹所謨。愼乃有位。君臣更相告戒也。禹之言。即帝所與言。宜帝俞之。〇西山眞氏曰。人之一心。靜而後能動。定而後能應。若其膠膠擾擾。將爲物役之不暇。又何以宰萬物

子。先儒謂心者人之北辰。辰惟居其所。故能爲二十八宿之綱維。心惟安所止。故能爲萬事之樞紐○夏氏曰。安汝止而下。皆謹在位之事。又曰。動則大應天下徯望之志。徯望於君。欲其治安我爾。丕應徯志。猶丕從厥志○史氏漸曰。堯之安安。不待有所止也。舜於所止而安之。皆性焉安焉之聖。安行者也。太甲於所止而盡欽敬復焉執焉之賢。勉行者也。三言者聖賢之分量見矣○新安陳氏曰。安汝所當止。靜也。幾者動之微。動者幾之著。靜而知幾以圖康。又得直臣弼之。則下應人心。上當天心矣

帝曰。吁。臣哉鄰哉。鄰哉臣哉。禹曰。俞

鄰。左右輔弼也。臣以人言。鄰以職言。帝深感上文弼直之語。故曰吁。臣哉鄰哉。鄰哉臣哉。反復歎詠。以見弼直之義如此。其重而不可忽。禹即俞而然之也　孔氏曰。鄰近也。君臣道近。相須而成○陳氏經曰。臣當親近我而助我。故曰臣哉鄰哉。親我助我。乃盡爲臣之道。故曰鄰哉臣哉○

張氏綱曰。臣以分言。鄰以情言。一於分則離、一於情則褻○鄒氏補之曰。臣。謹其分也。鄰。忘其分也。臣而復鄰、嚴不至於苛。鄰而又臣。和不至於流○新安陳氏曰。一說鄰。親君如居有鄰也。臣、當如鄰。以親君。能如鄰以親君。乃臣也。臣鄰皆指禹言

帝曰。臣作朕股肱耳目。予欲左右有民。汝翼。予欲宣力四方。汝爲。予欲觀古人之象。日月星辰。山龍華蟲。作會宗彝藻火。粉米黼黻絺繡。以五采彰施于五色。作服汝明。予欲聞六律五聲八音。在治忽。以出納五言。汝聽

此言臣所以爲鄰之義也。君。元首也。君資臣以爲助。猶元首須股肱耳目以爲用也。下文翼爲明聽。即作股肱耳目之義。左右者。輔翼也。猶孟子所謂輔之翼之。使自

得之也。宣力者宣布其力也。言我欲左右有民則資汝
以爲助。欲宣力四方。則資汝以有爲也。象。像也。日月以
下物象是也。易曰。黄帝堯舜垂衣裳而天下治。蓋取諸
乾坤。則上衣下裳之制。創自黄帝而成於堯舜也。日月
星辰。取其照臨也。山。取其鎭也。龍。取其變也。華蟲。雉。取
其文也。會。繪也。宗彝。虎蜼。取其孝也。藻。水草。取其潔也。
火。取其明也。粉米。白米。取其養也。黼。若斧形。取其斷也。
黻。爲兩已相背。取其辨也。絺。鄭氏讀爲黹。紩也。紩以爲
繡也。日也。月也。星辰也。山也。龍也。華蟲也。六者繪之於
衣。宗彝也。藻也。火也。粉米也。黼也。黻也。六者繡之於裳。

所謂十二章也。衣之六章，其序自上而下；裳之六章，其序自下而上。采者，青黄赤白黑也。色者，言施之於繒帛也。繪於衣，繡於裳，皆雜施五采以爲五色也。汝明者，汝當明其小大尊卑之差等也。又按周禮以日月星辰畫於旂，冕服九章，登龍於山，登火於宗彝，以龍山華蟲火宗彝五者繪於衣，以藻粉黼黻四者繡於裳。衮冕九章，以龍爲首；鷩冕七章，以華蟲爲首；毳冕五章，以虎蜼爲首。蓋亦增損有虞之制而爲之耳。六律，陽律也。不言六吕者，陽統陰也。有律而後有聲，有聲而後八音得以依據，故六律五聲八音言之叙如此也。在，察也。忽，治之反也。聲音之道與政通。故審音以知樂。審樂以知政。而治之得失可知也。五言者。詩歌之協於五聲者也。自上達下謂之出。自下達上謂之納。汝聽者。言汝當審樂而察政治之得失者也。王氏曰。汝翼作肱。汝爲作股。汝明作目。汝聽作耳也。○孔氏曰。天子服日月而下。諸侯自龍而下至黼黻。士服藻火。大夫加粉米。上得兼下。下不得僭上。作尊卑之服。汝明制之。○鄭氏曰。自日月至黼黻。所取義皆君德也。服所以象德。服是服必有是德。當觀象而自省焉。○陳氏大猷曰。五采。五種華采之物。藍丹破粉墨之類是也。彰施施其采以彰明之。五色采施之爲青黃赤白黑也。納采詩而納之於上。如命太師陳詩以觀民風。與工以納言是也。出出詩而播之樂章。如關雎用之鄉人。用之邦國。與時而颺之是也。○呂氏曰。五言樂之成言者。如三百篇之詩是也○葉氏曰。五言即五聲。詩言志。歌永言。聲依永。律和聲。雖言也。播於律之所和則爲五聲。雖聲也。本於詩之所諷則爲五言。○呂氏曰。作服。禮之大者也。六律五聲八音樂之大者也。治定功成。制禮作樂之時也。禮樂非可以虛文舉。言禮樂必在左右宣力之後。民氣和洽。然後可以興禮樂。固爲次序也。○陳氏大猷曰。舜以臣鄰命禹。見君臣之忘勢。繼之以作股肱耳目。見君臣之忘形。君臣猶一身也。君猶心。臣猶體。臣作朕股肱耳目。君以臣爲體也。汝翼爲明聽。以遂予之所欲。臣以君爲心也○王氏曰。敬敷五教。司徒掌之。豈非左右有民。稷掌阻飢。皋陶治姦宄。豈非宣力四方。夷作秩宗。豈非制衣服。夔典樂。豈非察音聲。然彼皆各治一官。禹則總百官而治之者也。帝兼舉四事。而寄以股肱耳目。蓋如此

予違汝弼。汝無面從。退有後言。欽四鄰

違。戾也。言我有違戾於道。爾當弼正其失。爾無面諛以爲是。而背毀以爲非。不可不敬爾鄰之職也。申結上文弼直鄰哉之義。而深責之禹者如此王氏曰。拂我而相之謂之弼。故弼字或作拂。○呂氏曰。予違汝弼。不獨令禹爲股肱耳目。至此舜連一身是非之責。盡付之禹檢點。○孫氏曰。聖人

不以無違自處。而以有違求弼。不居其聖也○陳氏大猷曰。上言予欲汝。則翼爲明聽。謂當將順乎我也。此言予違汝弼。謂不當苟順乎我也○林氏曰。舜大聖人。豈有違待於弼。禹亦大聖人。豈有面從後言。而尤以爲警戒。所以爲聖○呂氏曰。舜非有慊。而畏人之後言。非容受未至。而致人之後言。禹又非肯欺君而爲面是背非者。聖人畏敬無已。惟恐過之不聞。言之不盡。故其求之之切如此○孔氏曰。四鄰。四近。前後左右之臣。勑使敬其職○唐孔氏曰。鄭玄以四鄰爲四近之臣。左輔右弼。前疑後丞。惟伏生書傳有此言。文王世子有師保疑丞。○此外經傳無此官。惟冏命云。實賴左右前後有位之士○新安胡氏曰。旣責禹以弼違。又欲其欽四鄰。謂所與同列之近臣。當敬之使同心而弼我也○陳氏大猷曰。四鄰諸臣。各有其職。而舜悉以責禹者。禹百揆無所不統也。於此可觀君道。亦可以觀相道矣○王氏炎曰。無面從。於上不諂。欽四鄰。於下不瀆○新安陳氏曰。欽四鄰。傳語欠明。當云不可不敬爾爲四鄰近臣之職也。又按欽四鄰上下疑有闕文。朱子嘗疑之。今於此等處。姑據衆說。雖畧可通。然深繹之。與上下文意皆不貫。闕之可也

庶頑讒說。若不在時。侯以明之。撻以記之。書用識哉。欲並生哉。工以納言。時而颺之。格則承之庸之。否則威之

此因上文而慮庶頑讒說之不忠不直也。讒說。卽舜所堲者。時。是也。在是。指忠直爲言。侯。射侯也。明者。欲明其果頑愚讒說與否也。蓋射所以觀德。頑愚讒說之人。其心不正。則形乎四體。布乎動靜。其容體必不能比於禮。其節奏必不能比於樂。其中必不能多。審如是。則其爲頑愚讒說也必矣。周禮。王大射則供虎侯熊侯豹侯。諸侯供熊侯豹侯。卿大夫供麋侯。皆設其鵠。又梓人爲侯。廣與崇方。三分其廣。而鵠居一焉。應古制亦不相遠也。

撻。扑也。即扑作教刑者。蓋懲之使記而不忘也。識。誌也。
錄其過惡以識于册。如周制鄉黨之官。以時書民之孝
悌。睦婣有學者也。聖人不忍以頑愚讒說而遽棄之。用
此三者之教。啓其憤。發其悱。使之遷善改過。欲其並生
於天地之間也。工。掌樂之官也。格。有耻且格之格。謂改
過也。承。薦也。聖人於庶頑讒說之人。既有以啓發其憤
悱遷善之心。而又命掌樂之官。以其所納之言。時而颺
之。以觀其改過與否。如其改也。則進之用之。如其不改。
然後刑以威之。以見聖人之教。無所不極其至。必不得
已焉。而後威之。其不忍輕於棄人也如此。此即龍之所

典。而此命伯禹總之也。問工以納言。時而颺之。格則承之庸之。否則威之一段。朱子曰。上文說欽四鄰。庶頑讒說。若不在時。侯以明之。撻以記之。書用識哉。欲並生哉。皆不可曉。如命龍之辭。亦曰朕聖讒說殄行。震驚朕師。命汝作納言。夙夜出納朕命。惟允。皆言讒說。此須是當時有此制度。今不能知。又不當杜撰。只得置之○呂氏曰。撻記書識。非絕之也。存其過。所以存其恥。恥則善心生矣○或曰。書用識其善惡。書其孝悌婣睦有學者書其善也。如左氏斐豹欲除冊書。書其惡也○呂氏曰。詩可見人真情。春秋會盟。賦詩一有不類。便能知之○葉氏曰。鄭伯享趙孟。七子從。趙孟使賦詩以觀其志。子展賦草蟲。伯有賦鶉之奔奔。叔向知伯有將爲戮。子展後亡。亦猶是也○葵初王氏曰。按易氏王大射解云。大射。祭祀之射也。王將有郊廟之事。以射擇諸侯。及群臣與邦國所貢之士。取其中多而可以與祭者。於是有三侯。二侯一侯焉。天子射虎侯。其道九十弓。六尺爲弓。弓二寸爲侯中。則虎侯之中廣一丈八尺。三分其廣。以其一爲之鵠。則鵠方六尺。侯之上中下皆用布。而兩旁飾以虎。其中設鵠爲的焉。諸侯射熊侯。七十弓。卿大夫射麋侯。五十弓。其鵠。其弓之數而降殺

之。凡侯。天子以三。諸侯以二。卿大夫以一。又梓人爲侯。天
曰張皮侯而棲鵠。則春以功。皮侯。即熊虎豹之三侯。天
子大射之侯也。張五采之侯。則遠國屬。五采即五正之
侯。天子賓射之侯也。張獸侯。則王以息燕。此又天子燕
射之侯也。其侯雖不見於經。而鄉射記言天子熊侯白
質。諸侯麋侯赤質。大夫布侯。畫以虎豹。士布侯。畫以鹿
豕。即獸侯爾。蓋大射以鵠。賓射以正。燕射以質。不可以
不辨。鄭氏周禮註云。崇。高也。方。猶等也。高廣等。謂侯中
也。畫布曰正。棲皮曰鵠。○孔氏詩疏。正鵠皆鳥名。難中。
以中爲雋。故以名的。○陳氏大猷曰。侯撻行於一時。書
識亦以悠久。存其愧恥而遷善改過以並生於天地間
也。○新安陳氏曰。射侯以禮教也。既撻書以愧恥之於
先。納言以樂教也。復時颺以感發之於後。有恥且格。欲
與並生之心遂矣。用之宜也。否者終不格。與並生之心
不獲遂。威之不容已也。○臨川吴氏曰。帝舜爲君爲師
之道。仁之至。義之盡也。○陳氏雅言曰。聖人愛人之無
已。雖甚不忠不直者。而不忍棄絕之。聖人之心。以天下
未嘗無不可化之人。而人未有終自絕於爲善之理。此
聖世所以無不化之人。
而有比屋可封之俗也。

禹曰。俞哉。帝光天之下。至于海隅蒼生。萬邦黎獻。共惟帝臣。惟帝時舉。敷納以言。明庶以功。車服以庸。誰敢不讓。敢不敬應。帝不時。敷同日奏罔功

俞哉者。蘇氏曰。與春秋傳公曰諾哉意同。口然而心不然之辭也。隅。角也。蒼生者。蒼蒼然而生。視遠之義也。獻。賢也。黎獻者。黎民之賢者也。共。同。時。是也。敷納者。下陳而上納也。明庶者。明其衆庶也。禹雖俞帝之言。而有未盡然之意。謂庶頑讒說。加之以威。不若明之以德。使帝德光輝達於天下。海隅蒼生之地。莫不昭灼。德之遠著如此。則萬邦黎民之賢。孰不感慕興起。而皆有帝臣之

願惟帝時舉而用之爾。敷納以言而觀其蘊。明庶以功而考其成。旌能命德以厚其報。如此。則誰敢不讓於善。敢不精白一心敬應其上。而庶頑讒說豈足慮乎。帝不如是。則今任用之臣。遠近敷同。率爲誕慢。日進於無功矣。豈特庶頑讒說爲可慮哉。林氏曰。禹不盡然帝之言。又廣帝之意。謂輔弼之責。雖在臣鄰。然當廣延萬邦之賢。無以爲止此而已○陳氏大猷曰。納言或以言揚。明功或以事舉也○孫氏曰。敷同。猶普同○新安陳氏曰。舜典所言以待諸侯。此以待黎獻。諸侯親天子。故直言奏。自下而奏上也。舜方求賢。故特言納。下陳而上納也○王氏十朋曰。諸侯以黜陟爲重。故言試。黎獻以多得爲盛。故言庶○陳氏曰。諸侯之功已著。特使奏其言而試其功。以驗其已然之效。黎獻之功未著。故受其言而明衆庶以功。以責其將然之效

無若丹朱傲。惟慢遊是好。傲虐是作。罔晝夜頟頟。罔水行
舟。朋淫于家。用殄厥世。予創若時。娶于塗山。辛壬癸甲。啓
呱呱而泣。予弗子。惟荒度土功。弼成五服。至于五千。州十
有二師。外薄四海。咸建五長。各迪有功。苗頑弗即工。帝其
念哉。帝曰。迪朕德。時乃功惟叙。皐陶方祗厥叙。方施象刑
惟明

漢志堯處子朱於丹淵。爲諸侯。丹朱之國名也。頟頟。不
休息之狀。罔水行舟。如奡盪舟之類。朋淫者。朋比小人
而淫亂于家也。殄。絕也。世者。世堯之天下也。丹朱不肖。
堯以天下與舜。而不與朱。故曰殄世。程子曰。夫聖莫聖

於舜。而禹之戒舜。至曰無若丹朱好慢遊作傲虐且舜之不爲慢遊傲虐雖愚者亦當知之。豈以禹而不知乎。蓋處崇高之位。所以儆戒者當如是也。創。懲也。禹自言懲丹朱之惡。而不敢以慢遊也。塗山。國名。在今壽春縣東北。禹娶塗山氏之女也。辛壬癸甲。四日也。禹娶塗山甫及四日。卽往治水也。啓。禹之子。呱呱。泣聲。荒。大也。言娶妻生子。皆有所不暇顧念。惟以大相度平治水土之功爲急也。孟子言禹八年於外。三過其門而不入是也。五服。甸侯綏要荒也。言非特平治水土。又因地域之遠近。以輔成五服之制也。疆理宇內。乃人君之事。非人臣之所當專者。故曰弼成也。五千者，每服五百里，五服之地。東西南北相距五千里也。十二師者，每州立十二諸侯，以爲之師，使之相牧，以糾群后也。薄，迫也。九州之外，迫於四海，每方各建五人，以爲之長而統率之也。聖人經理之制，其詳內畧外者如此。即，就也。謂十二師五長，內而侯牧，外而蕃夷，皆蹈行有功。惟三苗頑慢不率，不肯就工，帝當憂念之也。帝言四海之內，蹈行我之德教者，是汝功惟叙之故。其頑而弗率者，則皐陶方敬承汝之功叙，方施象刑惟明矣。曰明者，言其刑罰當罪，可以畏服乎人也。上文禹之意，欲舜弛其鞭扑之威，益廣其

文教之及。而帝以禹之功叙。既已如此。而猶有頑不即

工如苗民者。是豈刑法之所可廢哉。或者乃謂苗之凶

頑。六師征之。猶且逆命。豈皐陶象刑之所能致。是未知

聖人兵刑之叙。與帝舜治苗之本末也。帝之此言。乃在

禹未攝位之前。非徂征後事。蓋威以象刑。而苗猶不服。

然後命禹征之。征之不服。以益之諫。而又增修德教。及

其來格。然後分背之。舜之此言。雖在三謨之末。而實則

禹未攝位之前也 問禹稷三過其門而不入。若家有父母。豈可不入。朱子曰。固是。然事亦須量箇緩急。若只是那九年泛泛底水。未便會傾國覆都。過家見父母亦不妨。若洪水之患甚急。有傾國溺都。君父危亡之災。也只得奔君父之急難。雖不過家見父母。亦不妨也。苗頑弗即工。此是禹治水時。調役他國人夫

不動也後方征之既格而服則治其前日之罪而竄之竄之而後分北之今說者謂苗既格而又叛恐無此事又曰三苗想只是如今之溪洞相似溪洞有數種一種謂之猫未必非三苗之後史中說三苗之國左洞庭右彭蠡在今湖北江西之界其地亦甚濶矣頃在湖南見說溪洞蠻猺畧有四種曰犵曰狑曰獠而其最輕捷者曰猫近年數出剽掠爲邊患者多此種也豈三苗之遺民乎然則所謂三苗者亦當正作猫字耳詹元善說苗民之國三徙其都初在今之筠州次在今之興國軍皆在深山中人不可入而已亦難出其最後在今之武昌縣則據江山之險可以無所不爲人不得而過之矣○新安陳氏曰丹朱之不肖蔽以一言曰傲而已慢遊虐淫皆自傲出罔晝夜頟頟凶人爲不善惟日不足之意○東陽馬氏曰隆古君臣告戒乃如此後世諂諛忌諱者可以戒矣○西山眞氏曰舜以大聖之資安有可戒之事而益以怠荒戒臯陶以逸欲戒禹又有傲虐戒豈憂其有是而豫防之耶抑知其無是而姑爲是言耶人心惟危自昔所畏雖聖主不敢忘操存之功大臣事聖主不敢廢規儆之益後之君臣宜視以爲法○新安陳氏曰禹欲帝無恃刑威之用而益廣明德之及以丹朱

爲帝戒。復以己之懲戒丹朱者繼之。未言天下皆順。而苗民獨頑。若以爲不止於庶頑之頑者。欲帝念之也。○陳氏經曰。天下皆迪功。弗即工特一有苗。若不足介意也。聖人之心。以爲一物梗化。則有不能忘之意。○夏氏曰。洪水未平。九功未叙。人救死不贍。何暇迪德。舜謂今天下所以迪行我德。而各迪有功者。實汝之九功惟叙故也。皐陶方敬承汝功之叙。又慮迪德者怠。方施象刑。明示人以儆之。則已迪德者益勉。未迪德者益懼而勉矣。此正如九功惟叙之後。董之用威不容已也。○董氏鼎曰。禹戒舜以無若丹朱。無怪其然也。他山之石。可以攻玉。舜禹初不自知其聖。則其引以進戒。豈爲過哉。當時黎民於變。比屋可封。而內則有丹朱之可戒。外則有苗頑之可憂。憂未能忘情。惟此二者。此聖所以益聖也

夔曰。戛擊鳴球。搏拊琴瑟以詠。祖考來格。虞賓在位。群后德讓。下管鼗鼓。合止柷敔。笙鏞以間。鳥獸蹌蹌。簫韶九成。鳳皇來儀

戛擊考擊也。鳴球。玉磬名也。搏。至。拊。循也。樂之始作。升歌於堂上。則堂上之樂。惟取其聲之輕清者。與人聲相比。故曰以詠。蓋戛擊鳴球。搏拊琴瑟。以合詠歌之聲也。格。神之格。思之格。虞賓。丹朱也。堯之後爲賓於虞。猶微子作賓於周也。丹朱在位。與助祭群后。以德相讓。則人無不和可知矣。下。堂下之樂也。管。猶周禮所謂陰竹之管。孤竹之管。孫竹之管也。鼗鼓。如鼓而小有柄。持而搖之。則旁耳自擊。柷敔。郭璞云。柷如漆桶。方二尺四寸。深一尺八寸。中有椎柄。連底。撞之。令左右擊。敔狀如伏虎。背上有二十七鉏鋙刻。以籈櫟之。籈長一尺。以木爲之。

始作也。擊柷以合之。及其將終也。則櫟敔以止之。蓋節樂之器也。笙。以匏爲之。列管於匏中。又施簧於管端。鏞大鍾也。葉氏曰。鍾與笙相應者曰笙鍾。與歌相應者曰頌鍾。頌或謂之鏞。詩賁鼓維鏞是也。大射禮樂人宿縣于阼階東笙磬西面其南笙鍾西階之西頌磬東面其南頌鍾。頌鍾卽鏞鍾也。上言以詠。此言以間。相對而言。蓋與詠歌迭奏也。鄉飲酒禮云。歌鹿鳴。笙南陔。間歌魚麗。笙由庚。或其遺制也。蹌蹌。行動之貌。言樂音不獨感神人。至於鳥獸無知。亦且相率而舞。蹌蹌然也。簫古文作箾。舞者所執之物。說文云。樂名箾韶。季札觀周樂。見舞韶箾者。則箾韶蓋舜樂之總名也。今文作簫。故先儒誤以簫管釋之。九成者。樂之九成也。功以九叙。故樂以九成。九成猶周禮所謂九變也。孔子曰。樂者。象成者也。故曰成。鳳凰。羽族之靈者。其雄爲鳳。其雌爲凰。來儀者來舞而有容儀也。戛擊鳴球。搏拊琴瑟以詠。堂上之樂也。下管鼗鼓。合止柷敔。笙鏞以間。堂下之樂也。唐孔氏曰。樂之作也。依上下而遞奏。間合而後曲成。祖考尊神。故言於堂上之樂。鳥獸微物。故言於堂下之樂。九成致鳳。尊異靈瑞。故別言之。非堂上之樂獨致神格。堂下之樂偏能舞獸也。或曰。笙之形如鳥翼。鏞之虡爲獸形。

故於笙鏞以間言鳥獸蹌蹌風俗通曰舜作簫笙以象鳳蓋因其形聲之似以狀其聲樂之和豈真有鳥獸鳳凰而蹌蹌來儀者乎曰是未知聲樂感通之妙也瓠巴鼓瑟而游魚出聽伯牙鼓琴而六馬仰秣聲之致祥召物見於傳者多矣况舜之德致和於上夔之樂召和於下其格神人舞獸鳳豈足疑哉今按季札觀周樂見舞韶箾者曰德至矣盡矣如天之無不覆如地之無不載雖甚盛德蔑以加矣夫韶樂之奏幽而感神則祖考來格明而感人則群后德讓微而感物則鳳儀獸舞原其所以能感召如此者皆由舜之德如天地之無不覆燾

也。其樂之傳。歷千餘載。孔子聞之於齊。尚且三月不知肉味。曰不圖爲樂之至於斯。則當時感召從可知矣。又按此章。夔言作樂之效。其文自爲一段。不與上下文勢相屬。蓋舜之在位五十餘年。其與禹皋陶夔益相與答問者多矣。史官取其尤彰明者以詔後世。則是其所言者。自有先後。史官集而記之。非其一日之言也。諸儒之說。自皋陶謨至此篇末。皆謂文勢相屬。故其說牽合不通。今皆不取

唐孔氏曰。功成道洽。禮備樂和。史述夔言繼於後○陳氏大猷曰。戛。亦擊也。意其有輕重之異。球擊能鳴。故稱鳴球○王氏炎曰。搏。猶擊也。拊。輕手取聲。○林氏曰。楊子雲長楊賦云。戛滴鳴球。劉良註云。戛滴。拊擊也。以是知鳴球可以戛擊。古語云。拊鳴琴。吹洞簫。又曰。手拊五絃。目視雲漢。以是知琴瑟可以搏

拊○唐孔氏曰以詠歌詠詩章也○鄭氏曰琴五絃瑟二十四絃管如虎而有六孔十二簧爲笙○夏氏曰以間與堂上之樂間作也○林氏曰饗禮曰升歌清廟示德也下管象舞示事也燕禮曰升歌鹿鳴下管新宮蓋堂上之樂以歌爲主堂下之樂以管爲主其實相合以成別而言之則有堂上堂下之異合而言之則總名爲簫韶○陳氏經曰簫者細器作樂時小大之器皆備○新安陳氏曰此章夔言作樂之效乃史官載之以結典謨之終蓋功成作樂帝者致治之盛也郊特牲曰歌者在上匏竹在下貴人聲也即此說以證此章及儀禮皆無不合古文簡質下之一字別管鼗等爲堂下之樂顯見鳴球琴瑟爲堂上之樂矣戛擊之搏拊之以詠歌詩章所謂歌者在上也管鼗鼓柷敔笙鏞皆堂下之樂管竹也笙匏也皆在堂下以間此衆樂與堂上之樂更代而間作也所謂匏竹在下也奏石絲以詠歌之時則堂下之樂不作奏匏竹等衆樂之時則堂上之樂不作以今人之樂觀之亦如此耳

夔曰於予擊石拊石百獸率舞庶尹允諧

重擊曰擊，輕擊曰拊。石，磬也。有大磬，有編磬，有歌磬。磬有小大，故擊有輕重。八音獨言石者，蓋石音屬角，最難諧和。記曰：磬以立辨。夫樂以合爲主，而石聲獨立辨者，以其難和也。石聲既和，則金絲竹匏土革木之聲無不和者矣。詩曰：既和且平，依我磬聲。則知言石者，總樂之和而言之也。或曰：玉振之也者，終條理之事，故舉磬以終焉。上言鳥獸，此言百獸者，考工記曰：天下大獸五：脂者、膏者、臝者、羽者、鱗者。羽鱗總可謂之獸也。百獸舞，則物無不和可知矣。尹，正也。庶尹者，衆百官府之長也。允諧者，信皆和諧也。庶尹諧，則人無不和可知矣。王氏炎曰：八音以石爲君。而韶樂以球爲首。宜於此又單言石也。○孫氏曰。前先言祖考虞賓群后。而後及鳥獸。以貴賤爲序也。此先言鳥獸。而後及庶尹。以難易爲序也。○王氏炎曰。此又自爲一節。舜禹之議論。旣載於前。夔之作樂。所以形容治功之成。故以其言次之於後。亦非一日之言。史臣比而書之爾。夔。工於樂者也。有舜之德。不可無夔之樂以發之。有夔之樂。不可無舜之德以本之。二者交致。而天下之至和極矣。○臨川吳氏曰。夔言樂如此。蓋有舜之德。是以有夔之樂。道德樂之本。聲音樂之具。舜德極大極盛。而韶樂又盡善盡美。故其感應之妙。古今莫及

帝庸作歌曰。勑天之命。惟時惟幾。乃歌曰。股肱喜哉。元首起哉。百工熙哉。皐陶拜手稽首。颺言曰。念哉。率作興事。愼乃憲。欽哉。屢省乃成。欽哉。乃賡載歌曰。元首明哉。股肱良哉。庶事康哉。又歌曰。元首叢脞哉。股肱惰哉。萬事墮哉。帝

拜曰俞往欽哉

庸用也歌詩歌也勑戒勑也幾事之微也惟時者無時而不戒勑也惟幾者無事而不戒勑也葢天命無常理亂安危相爲倚伏今雖治定功成禮備樂和然頃刻謹畏之不存則怠荒之所自起毫髮幾微之不察則禍患之所自生不可不戒也此舜將欲作歌而先述其所以歌之意也股肱臣也元首君也人臣樂於趨事赴功則人君之治爲之興起而百官之功皆廣也拜手稽首者首至手又至地也大言而疾曰颺率總率也皐陶言人君當總率群臣以起事功又必謹其所守之法度葢樂

於興事者易至於紛更故深戒之也屢數也興事而數考其成則有課功覈實之效而無誕慢欺蔽之失兩言欽哉者興事考成二者皆所當深敬而不可忽者也此皐陶將欲賡歌而先述其所以歌之意也賡續載成也續帝歌以成其義也皐陶言君明則臣良而衆事皆安所以勸之也叢脞煩碎也惰懈怠也墮傾圮也言君行臣職煩瑣細碎則臣下懈怠不肯任事而萬事廢壞所以戒之也舜作歌而責難於臣皐陶賡歌而責難於君君臣之相責難者如此有虞之治茲所以爲不可及也歟帝拜者重其禮也重其禮然其言而曰汝等往治其

職。不可以不敬也。林氏曰。舜與臯陶之賡歌。三百篇之權輿也。學詩者當自此始

陳氏曰。用夔言功成樂作之意而寓之歌。所以保治功也。保治在勑天。勑天之要在時幾。人求天於天。聖人求天於己。人事之盡。即天也。不可失其時。不可忽其微。常存儆勑。天命可保矣。乃歌之意。謂吾欲勑天以謹時幾。必賴股肱之助。專責望於臣也。賡歌之意。專責望於君也。君臣交儆。各盡其職。則治功可保矣○陳氏大猷曰。舜之治。至於功成作樂。極矣。然危亂之機。常兆於治安之極。聖人安不忘危。上下交相儆戒。故史既載韶樂。復記歌詩。歌詩。亦樂之本也。簫韶九成。舜之治已極於至盛。惟時惟幾。舜之心方慮其至微。治功雖已極。聖心本無極也○新安陳氏曰。歌者。和樂之發也。當和樂之時。不忘戒謹之意。惟虞舜能之。後世歌工頌美之歌。安識此意。又曰。歌之序章。在於戒天命而謹時幾。歌之所謂喜。喜於乘時圖幾也。所謂起。起而乘時圖幾也。所謂熈。則共乘時圖幾之效驗也。君臣能如此。庶可戒勑天命而永保之矣○西山眞氏曰。范太史曰。君以知人爲明。臣以任職爲良。君知人。則賢者得行其所學。臣任職。則不

肖者不得苟容於朝。此庶事所以康也。若夫君行臣職
則叢脞矣。臣不任君之事。則惰矣。此萬事所以隳也。斯
言得之矣。然帝之歌。本爲勑天命而作。君臣倡和。乃無
一語及天者。修人事。所以勑天命也。後之人主。宜深體
焉。○陳氏大猷曰。喜起熙。帝欲振厲克廣也。臯陶意謂
无妄不可以復往。極治不可以更加。故因帝振奮增廣
之意。而欲其加謹愼省察之心。凡作興必謹守成憲而
欽哉。不可輕於有爲也。又必屢察已成之治而欽哉。不
可玩夫已爲也。於是賡成其歌。謂君臣惟當明良而已。
不必過於喜起。庶事惟底於康安而已。不必過於熙廣。
乃所以凝泰和也。君有賴於臣。故先股肱。臣有望於君。
故先元首。臯陶意猶未已。謂明非聰察之謂。聰察則流
於叢脞。良非軟熟之謂。軟熟則流於惰偷。君叢脞則臣
惰偷。萬事墮壞矣。前言庶事。此言萬事。甚言叢脞之害
事也。不過而失於激。亦不怠而失於廢。眞可以凝泰和
而保天命矣。往欽哉。欲君臣自此以往無不敬也。典謨
之書。皆以欽終之。九成之韶。勑天之歌。非可以二觀也。
虞之韶。不可得而聞。帝之歌。猶可得而詠。韶雖亡。不亡
者存焉。學者宜深玩繹也。○陳氏雅言曰。臯陶賡歌。蓋
欲帝加戒愼省察之功。於振厲克廣之中。謂帝舜當率

群臣以起事功。然猶必謹守成憲。欽哉。不可輕於有爲也。猶必屢省乃成。欽哉。不可恃其有成也。蓋當帝以股肱喜哉責其臣。則恐其不知率作興事之道。以元首起哉處其心。則恐其不知愼乃憲之道。以百工熈哉期其效。則恐其不知屢省乃成之道。此皐陶將述其賡歌之意。而先拜稽以致其禮。颺言以致其辭。復以念哉之一語以勉其君。此其忠愛之誠。激切之至。不自知其容貌辭氣之異乎常。欲以足歌之未備也。此帝舜皐陶之賡歌。爲勑天命一語而發。雖不明言。而其意在是矣

書傳大全卷之二

夏書

夏。禹有天下之號也。書凡四篇。禹貢作於虞時。而繫之夏書者。禹之王以是功也

禹貢

上之所取謂之賦。下之所供謂之貢。是篇有貢有賦。而獨以貢名篇者。孟子曰。夏后氏五十而貢。貢者較數歲之中以爲常。則貢又夏后氏田賦之總名。今文古文皆有朱子曰。禹貢一書。所記地理治水曲折。多不甚可曉。竊意當時治水事畢。却總作此一書。故自冀州王都始。如今人方量畢。總作一門單耳。禹自言予決九川。距四

海。濬畎澮距川。一篇禹貢。不過此數語。極好細看。今人說禹治水。始于壺口鑿龍門。某未敢深信。方河水洶湧。其勢迅激。縱使鑿下龍門。恐這石仍舊壅塞。又下面水未有分殺。必且潰決四出。蓋禹先決九川之水。使各通于海。又濬畎澮之水。使各通于川。使大水有所入。小水有所歸。禹只是先從低處下手。若下面之水盡殺。則上面之水漸淺。却方可下手。九川盡通。則導河之功。已及八分。故其嘗謂禹治水。當始于碣石九河。蓋河患惟兗為甚。兗州是河曲處。其曲處兩岸無山。皆是平地。所以潰決常必在此。故禹自其決處導之。用功尤難。孟子亦云。禹疏九河。瀹濟漯而注之海。蓋皆自下流疏殺其勢耳。若鯀則只是築堙之。所以九載而功弗成也。書說禹之治水。乃是自下而上了。又自上而下。後人以為自上而下。此大不然。不先從下泄水。却先從上理會。下水泄未得。上當愈甚。是甚治水如此。此書多句為文。而尤嚴於一字之用。其條理精密而義例可推。固不待旁引曲證而後通。學者當玩索而得之。○林氏曰。書有六體。錯綜於五十八篇中。可以意會。不可以篇名求。先儒增而為十。

曰。貢征歌範。亦不足盡。不可從也。禹貢實典之體。可觸類而長矣。貢乃賦稅之總稱。田賦包篚。皆在其中。○夏氏曰。此篇所載非一。獨以貢名篇者。治水成功後。條陳九州所有以為定法。實以任土作貢為主。故以貢名。○王氏炎曰。九州有賦有貢。凡賦。諸侯以供其國用者也。凡貢。諸侯以獻于天子者也。挈貢名篇。有大一統之義存焉

禹敷土。隨山刊木。奠高山大川

敷。分也。分別土地以為九州也。奠。定也。定高山大川以別州境也。若兗之濟河。青之海岱。揚之淮海。雍之黑水西河。荊之荊衡。徐之海岱淮。豫之荊河。梁之華陽黑水是也。方洪水横流。不辨區域。禹分九州之地。隨山之勢。相其便宜。斬木通道以治之。又定其山之高者。與其川

之大者。以爲之紀綱。此三者。禹治水之要。故作書者首述之○曾氏曰。禹別九州。非用其私智。天文地理。區域各定。故星土之法。則有九野。而在地者。必有高山大川。爲之限隔。風氣爲之不通。民生其間。亦各異俗。故禹因高山大川之所限者。別爲九州。又定其山之高峻。水之深大者。爲其州之鎮。秩其祭。而使其國主之也曾氏曰。祭法云。共工氏霸九州。其來久矣。洪水堙沒。禹治水復分別之。舜即位。分為十二州。分冀東為幷。東北為幽。分青之東北為營。至商又但言九圍九有。爾雅九州有幽營而無青梁。其商制歟。周禮職方氏。有幽并而無徐梁營。則周制也○孔氏曰。奠。定也。奠定其差秩。祀禮所視。○陳氏經曰。定高山大川為表識。乃疆理大規模○臨川吳氏曰。禹先分布九州之土地以別州界。隨山之勢。斬木通道。又定其山之高者。川之大者。以為各州之紀綱。然後因其界分。相其便宜而施功焉○陳氏雅言曰。水患未平。經其下流之蔽障者而疏通之。區域未辨。因其山川之高大者而奠定之。皆行其所無事之智也。下文九州所載田賦貢獻之異。皆敷土而後其等始分也。治水經歷之處。皆刊木而後其功可興也。史臣揭此三言於首。而一篇之旨在是矣

冀州

冀州。帝都之地。三面距河。兖河之西。雍河之東。豫河之北。周禮職方。河內曰冀州是也。八州皆言疆界。而冀不言者。以餘州所至可見。晁氏曰。亦所以尊京師。示王者無外之意朱子曰。冀都。正是天地中間底好風水。山脉從雲中發來。雲中正高脊處。自脊以西之水。則西流入于龍門西河。自脊以東之水。則東流入于海。前面一條黃河環繞。右畔是華山。自華來至中為嵩山。是謂前案。遂過去為泰山聳于左。淮南諸山為第二重案。江南諸山為第三重案○唐孔氏曰。冀堯都。諸州冀

爲先。治水先從冀起。爲諸州之首。記其役功之法○成
四百家曰。冀三面距河。河自積石東北流入中國。則折
而南流。雍州在其西。故曰西河。至華陰。折而東流。豫州
在其南。故曰南河。至大伾。又折而西北流。兖州在其東。
故曰東河。以三州考之。則冀州在東河之西。西河之東。
南河之北。此冀州境也。冀地最廣。兖最狹。冀今河東河
北皆在焉。居天下四分之一。舜分爲幽幷。幽州。燕薊幽
涿朔莫等州。是其域也。幷州。太原澤潞晉代汾絳等州。
是其域也○武夷熊氏曰。冀州北距長城。依山爲塞。即
北狄之境。玁狁匈奴突厥契丹。皆居其地。有天下者。定
都建邑。長安洛陽
之外。此亦一會也

既載壺口

經始治之謂之載。壺口。山名。漢地志在河東郡北屈縣
東南。今隰州吉鄉縣也○今按既載云者。冀州帝都之
地。禹受命治水所始。在所當先。經始壺口等處以殺河

勢。故曰既載。然禹治水施功之序。則皆自下流始。故次兗。次青。次徐。次揚。次荆。次豫。次梁。次雍。兗最下。故所先。雍最高。故獨後。禹言予決九川距四海。濬畎澮距川。即其用工之本末。先決九川之水以距海。則水之大者有所歸。又濬畎澮以距川。則水之小者有所泄。皆自下流以疏殺其勢。讀禹貢之書。求禹功之序。當於此詳之。朱子曰。既者。已事之辭。篇內凡言既者皆倣此。載者。始有事也。予決九川距四海。濬畎澮距川。聖人做事。便有大綱領。先決九川距四海了。却逐漸爬疏小水令至川。學者亦先識箇大形勢。如江河淮先合識得渭水入河。上面添沮涇等入渭。此是第二重事。論形勢先識大綱。如水則中國莫大於河。南方莫大於江。涇渭則入河者也。先定箇大者。則小者便易攷。又曰。天下有三大水。江河混同江是也。混同江不知所出。斜迤東南流入海。其下爲遼海。遼東遼西。指此水而分也。○林氏曰。洪水泛濫。其始必相水之大勢。順地之高下。漸次導之。其首尾本末。大槩相應。下文所紀導山導水之序是也。此序九州。但各記一州之事。及其山川所在。施功之曲折。非謂先治一州之水既畢。更治一州也

治梁及岐

梁岐。皆冀州山。梁山。吕梁山也。在今石州離石縣東北。爾雅云。梁山晋望。即冀州吕梁也。吕不韋曰。龍門未闢吕梁未鑿。河出孟門之上。又春秋梁山崩。左氏穀梁皆以爲晋山。則亦指吕梁矣。酈道元謂吕梁之石崇竦。河流激盪。震動天地。此禹既事壺口。乃即治梁也。岐山在今汾州介休縣狐岐之山。勝水所出。東北流注于汾。酈

道元云。後魏於胡岐置六壁。防離石諸胡。因爲大鎮。今六壁城在勝水之側。實古河逕之險阨。二山。河水所經。治之所以開河道也。先儒以爲雍州梁岐者非是。朱子曰。他所舉山川。皆先地後績者。覩成功而言也。壺口梁岐及太原。皆先績後地者。本用功之始而言也。豈治之有難易歟。○陳氏大猷曰。魏志。梁山北有龍門。禹所鑿。此最用功處。水患莫甚於河。河莫險於龍門。呂梁鑿闢。疑就狹處鑿而廣之。未必如賈讓所謂隳斷天地之性也。○呂氏曰。此禹最用功處。故首及之。孟子謂禹行其所無事。如鑿龍門。析底柱。闢伊闕。豈無事哉。鑿所當鑿。不憚難而止。乃是行所無事也。若避難就易。而謂行所無事可乎

既修太原。至于岳陽。

修因鯀之功而修之也。廣平曰原。今河東路太原府也。

岳。太岳也。周職方冀州。其山鎮曰霍山。地志謂霍太山。即太岳在河東郡彘縣東。今晉州霍邑也。山南曰陽。即今岳陽縣地也。堯之所都。揚子雲冀州箴曰。岳陽是都是也。蓋汾水出於太原。經於太岳東。入于河。此則導汾水也。曾氏曰。經始治之之謂載。因舊治之之謂修。記曰。禹能修鯀之功。○碧梧馬氏曰。九州。惟冀州所書。曰治曰修云者。有事之辭也。其餘則皆無事之辭 ○新安陳氏曰。惟冀州有修治之辭。餘州皆無之。非餘州皆無事也。以冀例之。見餘州之役。自禹創始者皆曰治。修鯀之功者皆曰修。蒙冀文也

覃懷底績。至于衡漳。

覃懷。地名。地志河内郡有懷縣。今懷州也。曾氏曰。覃懷平地也。當在孟津之東。太行之西。淶水出乎其西。淇水

出乎其東方。洪水懷山襄陵之時。而平地致功爲難。故
曰底績。衡漳水名。衡古横字。地志漳水二。一出上黨沾
縣大黽谷。今平定軍樂平縣少山也。名爲清漳。一出上
黨長子縣鹿谷山。今潞州長子縣發鳩山也。名爲濁漳。
酈道元謂之衡水。又謂之横水。東至鄴合清漳東北至
阜城入北河。鄴。今潞州涉縣也。阜城。今定遠軍東光縣
也。○又按桑欽云。二漳異源而下流相合。同歸于海。唐
人亦言漳水能獨達于海。請以爲瀆。而不云入河者。蓋
禹之導河。自洚水大陸至碣石入于海。本隨西山下東
北去。周定王五年。河徙砱礫。則漸遷而東。漢初漳猶入

河。其後河徙日東而取漳水益遠。至欽時。河自大伾而下。已非故道。而漳自入海矣。故欽與唐人所言者如此

朱子曰。從覃懷致功而北至衡漳。○孔氏曰。漳水橫流入河。故曰衡漳。○曾氏曰。河自大伾北流。漳水東流而注之也。形。東西爲橫。南北爲從。河北流而漳東注。則河從而漳橫矣

厥土惟白壤

漢孔氏曰。無塊曰壤。顏氏曰。柔土曰壤。夏氏曰。周官大司徒。辨十有二壤之物而知其種。以敎稼穡樹藝。以土均之法。辨五物九等。制天下之地征。則夫敎民樹藝與因地制貢。固不可不先於辨土也。然辨土之宜有二。白以辨其色。壤以辨其性也。蓋草人糞壤之法。騂剛用牛。

赤緹用羊墳壤用麋潟澤用鹿糞其治田疇各因色性而辨其所當用也曾氏曰冀州之土豈皆白壤云然者土會之法從其多者論也陳氏大猷曰白言色壤言質水患退而後土性復色質辨始可興地利定賦法也○周禮註釋五物地之五色九等騂剛以下之九等緹絳色也潟澤故水處也土會以土計貢稅之法○臨川吳氏曰水害既去土復其常故以土色質辨土之所宜也

厥賦惟上上錯厥田惟中中

賦田所出穀米兵車之類錯雜也賦第一等而錯出第二等也田第五等也賦高於田四等者地廣而人稠也林氏曰冀州先賦後田者冀王畿之地天子所自治併與場圃園田漆林之類而征之如周官載師所載賦非

盡出於田也。故以賦屬于厥土之下。餘州皆田之賦也。故先田而後賦。又按九州九等之賦。皆每州歲入總數。以九州多寡相較而爲九等。非以是等田而責其出是等賦也。冀獨不言貢篚者。冀天子封内之地。無所事於貢篚也。朱子曰。常出者爲正。間出者爲錯。錯在上上之下。則間出第二等也。賦有九等。此乃計九州歲入多寡相較以爲之等。非科定取民也。取民則皆用什一。賦入既有常數。而又有間出他等之時者。歲有豐凶。不能皆如其常。故有錯法以通之。然則雖夏法亦未嘗不通也。而孟子以爲不善者。雖間有通融。未若商周之僉通於民也。○孔氏曰。多者爲正。少者爲雜。○問禹貢賦法如何。潛室陳氏曰。九等賦法。不是槩以此取民。只是將諸州所管之賦。比較其高下如此。若是各以一等取民。則一州之廣。其田豈無肥瘠。如何一律輸賦。便有不均之患。○新安陳氏曰。場圃等之征。載師掌之。材木蒲葦等。林衡澤虞掌之。金錫齒魚。卝人牧人咼人掌之。

他以類推。周官九貢致邦國之用。用於諸侯。王畿則止於九賦歛財。亦此意○臨川吳氏曰。賦之九等。以各州歲入總數。較其多寡而爲高下也。數之最多者爲上上。田之九等。以各州土地所宜。較其肥瘠而爲高下也。地之最腴者爲上上

恒衛既從。大陸既作

恒衛二水名。恒水地志出常山郡上曲陽縣恒山北谷。在今定州曲陽縣西北恒山也。東入滱水。薛氏曰。東流合滱水至瀛州高陽縣入易水。晁氏曰。今之恒水西南流至眞定府行唐縣東流入于滋水。又南流入于衡水。非古逕矣。衛水地志出常山郡靈壽縣東北。即今眞定府靈壽縣也。東入滹沱河。薛氏曰。東北合滹沱河。過信

安軍入易水。從從其道也。大陸。孫炎曰。鉅鹿北廣阿澤
河所經也。程氏曰。鉅鹿去古河絶遠。河未嘗逕邢以行
鉅鹿之廣阿。非是。按爾雅高平曰陸。大陸云者。四無山
阜。曠然平地。蓋禹河自澶相以北。皆行西山之麓。故班
馬王橫。皆謂載之高地。則古河之在貝冀以及枯洚之
南。率皆穿西山踵趾以行。及其已過信洚之北。則西山
勢斷。曠然四平。蓋以此地謂之大陸。乃與下文北至大
陸者合。故隋改趙之昭慶以爲大陸縣。唐又割鹿城置
陸澤縣。皆疑鉅鹿之大陸不與河應。而亦求之向北之
地。杜佑李吉甫。以爲邢趙深三州爲大陸者得之。作者。

言可耕治。水患既息。而平地之廣衍者。亦可耕治也。恒
衛。水小而地遠。大陸。地平而近河。故其成功於田賦之
後。呂氏曰。言水土平於田賦之前者。其害大。當先治也。言於田賦後。其害小。徐治之也

島夷皮服

海曲曰島。海島之夷。以皮服來貢也新安陳氏曰。島。海中山。○孔氏曰。居
島之夷。還服其皮。明水害除。○林氏曰。衣皮夷性。不必
水平乃得服。諸夷不責其必貢。欲効誠亦不拒也。如蠙
珠織皮之類耳。○王氏炎曰。北地寒。故服用皮。南地暖。
故服用卉。此第志其服與中國異。聖人亦因其俗而不
革爾

夾右碣石入于河

碣石。地志在北平郡驪城縣西南河口之地。今平州之

南也。冀州北方貢賦之來。自北海入河。南向西轉。而碣石在其右轉屈之間。故曰夾右也。程氏曰。冀爲帝都。東西南三面距河。他州貢賦。皆以達河爲至。故此三方亦不必書。而其北境。則漢遼東西右北平漁陽上谷之地。其水如遼。濡。滹。易。皆中高不與河通。故必自北海。然後能達河也。又按酈道元言驪城枕海。有石如甬道數十里。當山頂有大石如柱形。韋昭以爲碣石。其山昔在河口海濱。故以誌其入貢河道。歷世既久。爲水所漸。淪入于海。已去岸五百餘里矣。戰國策以碣石在常山郡九門縣者。恐名偶同。而鄭氏以爲九門無此山也。朱子曰。碣石山負海當河。入海之衝。自海道來出碣石之右。然後入河而達帝都也。冀州三面距河。其建都實取轉漕之利。朝會之便。故九州之終皆言達河。以紀其入帝都之道。冀實帝都。亦曰入河者。爲北境絕遠者言之。以明海道亦可至也。夫河水之行。不得其所。故泛濫浸及他處。觀禹用功。初只在冀州及兖青徐雍。却不甚來東南。積石龍門。所謂作十三載乃同者正在此處。龍門至今橫石斷流。水自上而下。其勢極可畏。向未經鑿治時。龍門正道不甚泄。故一派西衮入關陝。一派東衮往河東。故此爲患最甚。禹自積石至龍門。着工夫最多。又其上散從西域去。往往亦不甚爲患。行河東者多流黄泥地中。故只管推洗泥汁。只管凝滯淤塞。故道漸狹。值上流下來纔急。故道不泄。便致橫湍他處。先朝亦多造鐵爲治河器竟亦何濟○蘇氏曰。夾。挾也。自海入河。逆流而西。右顧碣石。如在挾掖也

濟河惟兖州

兖州之域。東南據濟。西北距河。濟河見導水。蘇氏曰。河

濟之閒相去不遠兖州之境東南跨濟非止於濟也愚謂河昔北流兖州之境北盡碣石河右之地後碣石之地淪入於海河益徙而南濟河之閒始相去不遠蘇氏之說未必然也○林氏曰濟古文作泲說文註云此兖州之濟也其從水從齊者說文註云出常山房子縣贊皇山則此二字音同義異當以古文爲正林氏曰自兖而下入州皆以高山大川定逐州之疆界序所謂別九州篇首所謂奠高山大川也鄭漁仲謂禹貢以地名州爲萬代地理家成憲○王氏炎曰周定王五年河徙已非禹之故道漢元光三年河徙東郡更注渤海繼決瓠子又決魏之館陶遂分爲屯氏河大河在西屯河在東二河相並而行元帝永光中又決清河靈鳴犢口則河分流入于博州屯河始壅塞不通後又決於平原則東入齊入青以達于海而下流遂與漯爲一王莽時河遂行漯川夫河不行

於大伾之北。而道於相魏之南。則山澤在河之瀕者。支川與河相貫者。悉皆易位。而與禹貢不合矣。讀禹貢者。不可不知也○武夷熊氏曰。兗州當河之下流。西距河。東距濟。北濱海。南接徐豫之境。其地平廣演迤無高山。即今兗濟德棣魏博滄景等州之地○唐孔氏曰。據謂跨之。距至也。兗州之境。跨濟而過之

九河既道

九河。爾雅一曰徒駭。二曰太史。三曰馬頰。四曰覆鬴。五曰胡蘇。六曰簡潔。七曰鉤盤。八曰鬲津。其一。則河之經流也。先儒不知河之經流。遂分簡潔爲二。既道者。既順其道也○按徒駭河。地志云滹沱河。寰宇記云在滄州清池南。許商云在平城。馬頰河。元和志在德州安德平原南東。寰宇記云在棣州滳河北。輿地記云即篤馬河

也。覆鬴河。通典云。在德州安德。胡蘇河。寰宇記云。在滄之饒安無棣臨津三縣。許商云。在東光。簡潔河。輿地記云。在臨津。鉤盤河。寰宇記云。在樂陵東南。從德州平昌來。輿地記云。在樂陵。鬲津河。寰宇記云。在樂陵東。西北流入饒安。許商云。在鬲縣。輿地記云。在無棣。太史河。不知所在。自漢以來。講求九河者甚詳。漢世近古。止得其三。唐人集累世積傳之語。遂得其六。歐陽忞輿地記。又得其一。或新河而載以舊名。或一地而互爲兩說。要之皆似是而非。無所依據。至其顯然謬誤者。則班固以滹沱爲徒駭。而不知滹沱不與古河相涉。樂史馬頰乃以漢篤馬河當之。鄭氏求之不得。又以爲九河齊桓塞其八流以自廣。夫曲防。齊之所禁。塞河。宜非桓公之所爲也。河水可塞。而河道果能盡平乎。皆無稽考之言也。惟程氏以爲九河之地已淪於海。引碣石爲九河之證。以謂今滄州之地。北與平州接境相去五百餘里。禹之九河當在其地。後爲海水淪没。故其迹不存。方九河未没於海之時。從今海岸東北更五百里平地。河播爲九。在此五百里中。又上文言夾右碣石。則九河入海之處有碣石在其西北岸。九河水道變遷。難於推考。而碣石通趾頂皆石。不應仆没。今兖冀之地。既無此石。而平州正南有山而名碣石者。尚在海中。去岸五百餘里。卓立可見。則是古河自今以爲海處。向北斜行。始分爲九。其河道已淪入於海明矣。漢王橫言。昔天常連雨。東北風。海水溢西南出浸數百里。九河之地。已爲海水所漸。酈道元亦謂九河碣石苞淪於海。後世儒者知求九河於平地。而不知求碣石有無。以爲之證。故前後異說竟無歸宿。蓋非九河之地。而強鑿求之。宜其支離而不能得也

問齊桓塞九河以富國。事果然否。朱子曰。當時葵丘之會申五禁。且曰無曲防。是時令人不得私自防遏水流。他終不成自去塞了最利害處。便是這般說話亦難憑○孔氏曰。河分爲九道在此州界。平原以北是○呂氏曰。禹不惜數百里地。疏爲九河。以分其勢。善治水者不與水爭地也○新安陳氏曰。禹疏九河。不過因河之勢

自分而疏通之耳非自分之也

雷夏既澤

澤者水之鍾也雷夏地志在濟陰郡城陽縣西北今濮州雷澤縣西北也山海經云澤中有雷神龍身而人頰鼓其腹則雷然則本夏澤也因其神名之曰雷夏也洪水橫流而入于澤澤不能受則亦泛濫奔潰故水治而後雷夏爲澤唐孔氏曰洪水時高原亦水澤不爲澤今高地水盡此乃爲澤也〇孫氏曰既澤向未爲澤今始爲澤既豬向已爲澤今復舊也

灉沮會同

灉沮二水名灉水曾氏曰爾雅水自河出爲灉許慎云

河濰水在宋。又曰。汳水受陳留浚儀陰溝。至蒙爲濰水。東入于泗。水經汳水出陰溝東至蒙爲狙獾。則濰水即汳水也。濰之下流入于睢水。沮水。地志。睢水出沛國芒縣。睢水其沮水歟。晁氏曰。爾雅云。自河出爲濰。濟出爲濋。求之於韻。沮有楚音。二水河濟之別也。二說未詳孰是。會者。水之合也。同者。合而一也王氏炎曰。沮出濮陽。濰出曹州○周氏希聖曰。會同朝宗。皆諸侯見天子之禮。而以爲喻○王氏炎曰。二水勢均。故曰會同○陳氏經曰。兖略不及山。知多平地。河患爲甚也

桑土既蠶。是降丘宅土

桑土。宜桑之土。既蠶者。可以蠶桑也。蠶性惡濕。故水退

而後可蠶然九州皆賴其利而獨於兖言之者兖地宜桑後世之濮上桑間猶可驗也地高曰丘兖地多在卑下水害尤甚民皆依丘陵以居至是始得下居平地也

林氏曰九州皆賴蠶桑而兖貢絲織尤宜於此故特言之○王氏炎曰今德博河間產絲最多漢志稱齊人織作氷紈綉綺號爲冠帶衣履天下其地宜桑可知識之者農桑衣食之本故也

厥土黑墳厥草惟繇厥木惟條

墳土脉墳起也如左氏所謂祭之地地墳是也繇茂條長也○林氏曰九州之勢西北多山東南多水多山則草木爲宜不待書也兖徐揚三州最居東南下流其地卑濕沮洳洪水爲患草木不得其生至是或繇或條或夭

或喬而或漸苞。故於三州特言之。以見水土平。草木亦得遂其性也。陳氏大猷曰。兗徐揚居河濟江淮下流。水未平。則爲下濕。於草木非宜。水既平。則爲沃衍。於草木尤宜。故以三州言草木。

厥田惟中下。厥賦貞。作十有三載乃同。

田第六等。賦第九等。貞正也。兗賦最薄。言君天下者以薄賦爲正也。作十有三載乃同者。兗當河下流之衝。水激而湍悍。地平而土踈。被害尤劇。今水患雖平。而卑濕沮洳。未必盡去。土曠人稀。生理鮮少。必作治十有三載。然後賦法同於他州。此爲田賦而言。故其文屬於厥賦之下。先儒以爲禹治水所歷之年。且謂此州治水最在後畢。州爲第九成功。因以上文厥賦貞者。謂賦亦第九。與州正爲相當。殊無意義。且說非是 朱子曰。兗州水患最深。作治十三年。乃有賦法與他州同。按禹治水八年。此言十三載者。通始治水八年言之。則此州水平。其後他州五年歟。○洪水之患。意者只是如今河決之類。故禹用功處多在河。所以於兗州下記作十有三載乃同。此言專爲治河也。兗州是河患甚處。正今之澶衛州也若其他江水。兩岸多是山石。想亦無泛濫之患。禹自不須大段去理會。○王氏炎曰。水患未盡去。則賦難定其等。故十三載始校所收而定其賦之下下。州界既狹。又有浸灌之患。賦所以最少。○陳氏大猷曰。賦輕重最其當耳。什一天下中正。兗賦必第九。則無可疑者。○陳氏雅言曰洪水之害兗州尤甚。故田雖在第六。而其賦比於八州爲最下也。賦雖在第九。而尤必至十有三載然後同於他州也。蓋地利之美有未闢。故田稍高。而賦爲至下也。人工之修有未齊。故賦既薄。而其入尤後也。此可見非聖人責取於民也

厥貢漆絲厥篚織文

貢者下獻其土所有於上也兖地宜漆宜桑故貢漆絲也篚竹器筐屬也古者幣帛之屬則盛之以筐篚而貢焉經曰篚厥玄黃是也織文者織而有文錦綺之屬也以非一色故以織文總之林氏曰有貢又有篚者所貢之物入於篚也朱子曰貢者諸侯貢天子故畿外八州皆有貢織文綾羅之屬○林氏曰八州之貢兖雍最寡荆揚最多○呂氏曰八州之貢皆衣服器用之物所謂惟正之供也

浮于濟漯達于河

舟行水曰浮漯者河之枝流也兖之貢賦浮濟浮漯以達於河也帝都冀州三面距河達河則達帝都矣又按

地志曰。漯水出東郡東武陽。至千乘入海。程氏以爲此乃漢河。與漯殊異。然亦不能明言漯河所在。未詳其地也。陳氏經曰。因水入水曰達

海岱惟青州

青州之域。東北至海。西南距岱。岱。泰山也。在今襲慶府奉符縣西北三十里。唐孔氏曰。青州。東北跨海。至遼東。皆是。舜爲十二州。分青州爲營州。營州卽遼東是也。漢公孫度據遼東。自號青州刺史。越海收東萊諸郡。堯時青州。當越海而有諸郡也。○武夷熊氏曰。遼東朝鮮等處。皆青州之境。亦以其地曠隔。故分爲營州。今嶺南之平蠻等州是也。青齊。乃東方形勝要害之地。世號爲東西秦。秦得百二。齊亦得十二。蓋可見矣。古者建侯樹國。最爲重鎭。大抵齊之地最爲富强近利。故孔子謂齊變而後至魯也

嵎夷既略

嵎夷。薛氏曰。今登州之地。略。經略爲之封畛也。即堯典之嵎夷

濰淄其道

濰。淄。二水名。濰水。地志云。出琅琊郡箕縣。今密州莒縣東北濰山也。北至都昌入海。今濰州昌邑也。淄水。地志云。出泰山郡萊蕪縣原山。今淄州淄川縣東南七十里原山也。東至博昌縣入濟。今青州壽光縣也。其道者。水循其道也。上文言既道者。禹爲之道也。此言其道者。泛濫既去。水得其故道也。林氏曰。河濟下流兖受之。淮下

流徐受之。江漢下流揚受之。青雖近海。然不當衆流之衝。但濰淄二水順其故道。則其功畢矣。比之他州。用力最省者也

厥土白墳。海濱廣斥

濱。涯也。海涯之地。廣漠而斥鹵。許愼曰。東方謂之斥。西方謂之鹵。斥鹵鹹地。可煑爲鹽者也　孔氏曰。言復其斥鹵○林氏曰。此州土有二種。平地之土。色白而性墳。海濱之土。彌望皆斥鹵

厥田惟上下。厥賦中上

田第三。賦第四也

厥貢鹽絺。海物惟錯。岱畎絲枲鉛松怪石。萊夷作牧。厥篚

檿絲

鹽斥地所出。絺。細葛也。錯。雜也。海物非一種。故曰錯。林氏曰。既總謂之海物。則固非一物矣。此與揚州齒革羽毛惟木文勢正同。錯蓋別爲一物。如錫貢磬錯之錯。理或然也。畎。谷也。岱。山之谷也。枲。麻也。怪石。怪異之石也。林氏曰。怪石之貢。誠爲可疑。意其必須以爲器用之飾而有不可闕者。非特貢其怪異之石以爲玩好也。萊夷。顔師古曰。萊山之夷。齊有萊侯萊人。即今萊州之地。作牧者。言可牧放。夷人以畜牧爲生也。檿。山桑也。山桑之絲。其韌中琴瑟之絃。蘇氏曰。惟東萊爲有此絲。以之爲繒其堅韌異常萊人謂之山蠒朱子曰萊夷及揚之島夷間於貢篚之間竊意時貢土物以見來王之意歟○蔡氏元度曰貢物不以精麤爲叙而以多寡爲叙青州鹽居多故叙於先他倣此○林氏曰凡貢不言所出之地者以一州所出皆可貢也言所出之地者以此地所出爲良也○爾雅檿絲出東萊○孫氏曰檿絲出於萊夷玄縞出於淮夷纖貝出於島夷故青揚徐叙厥篚於三夷之下

浮于汶達于濟

汶水出泰山郡萊蕪縣原山今襲慶府萊蕪縣也西南入濟在今鄆州中都縣也蓋淄水出萊蕪原山之陰東北而入海汶水出萊蕪原山之陽西南而入濟不言達河者因於兖也

海岱及淮惟徐州

徐州之域。東至海。南至淮。北至岱。而西不言濟者。岱之陽。濟東爲徐。岱之北。濟東爲青。言濟不足以辨。故略之也。爾雅濟東曰徐州者。商無青。幷青於徐也。周禮正東曰青州者。周無徐。幷徐於青也。林氏曰。一州之境。必有四至。七州皆止二至。蓋以鄰州互見。至此州獨載其三邊者。止言海岱。則嫌於青。止言淮海。則嫌於揚。故必曰海岱及淮。而後徐州之疆境始別也。武夷熊氏曰。徐州沂泗諸水在其前。冀東與兖豫之地皆可接引而在懷抱拱揖之內。亦東方一形勝也。徐鄒魯境。地連淮海東夷。其俗有二。曲阜沂泗。則禮義文雅之邦。而彭城則其俗又雄傑鷙悍。自負。劉項起於豐沛。朱全忠以碭山人。淮夷徐戎。皆在其地。牧守之任。亦不可不重慎也

淮沂其乂

淮。沂二水名。淮見導水。曾氏曰。淮之源出于豫之境。至揚徐之間始大。其泛濫爲患。尤在於徐。故淮之治於徐言之也。沂水。地志云出泰山郡蓋縣艾山。今沂州沂水縣也。南至于下邳西南而入于泗。曾氏曰。徐州水以沂名者非一。酈道元謂水出尼丘山西北。徑魯之雩門。亦謂之沂水。水出太公武陽之冠石山。亦謂之沂水。而沂水之大。則出於泰山也。又按徐之水有泗。有汶。有沭。有瀰。而獨以淮沂言者。周職方氏青州其川淮泗。其浸沂沭。周無徐州。兼之於青。周之青。即禹之徐。則徐之川莫

大於淮。淮乂。則自泗而下凡爲川者可知矣。徐之浸莫大於沂。沂乂。則自沭而下凡爲浸者可知矣

蒙羽其藝

蒙。羽。二山名。蒙山。地志在泰山郡蒙陰縣西南。今沂州費縣也。羽山。地志在東海郡祝其縣南。今海州朐山縣也。藝者言可種藝也林氏曰。蒙山。即論語東蒙。詩奄有龜蒙。羽山。即鯀殛處。○王氏炎曰。先淮後沂。先大而後小也。先蒙後羽。先高而後下也。淮沂乂而後蒙羽可藝。事之相因也

大野既豬

大野。澤名。地志在山陽郡鉅野縣北。今濟州鉅野縣也。鉅即大也。水蓄而復流者謂之豬。按水經濟水至乘氏

縣分爲二。南爲菏。北爲濟。酈道元謂一水東南流。一水東北流入鉅野澤。則大野爲濟之所絶。其所聚也大矣。何承天曰。鉅野廣大。南導洙泗。北連清濟。徐之有濟。於是乎見。又鄆州中都西南亦有大野陂。或皆大野之地也。曾氏曰。職方。河東曰兖州。其澤藪曰大野。大野。濟水之所絶。則禹之時。蓋在徐之西。兖之東也。周無徐。故專屬兖。

東原底平

東原。漢之東平國。今之鄆州也。晁氏曰。東平自古多水患。數徙其城。咸平中。又徙城於東南。則其下濕可知。底平者。水患已去而底於平也。後人以其地之平。故謂之東平。又按東原在徐之西北。而謂之東者。以在濟東故也。東平國。在景帝亦謂濟東國云。益知大野東原。所以志濟也王氏炎曰。大野豬而後東原平。亦事之相因也。○曾氏曰。淮。沂。水之流者。大野。水之止者。蒙。羽。地之高者。東原。地之平者。無不治也

厥土赤埴墳。草木漸包

土黏曰埴。埴。膩也。黏泥如脂之膩也。周有搏埴之工。老氏言。埏埴以爲器。惟土性黏膩細密。故可搏可埏也。漸。進長也。如易所謂木漸。言其日進於茂而不已也。包。叢生也。如詩之所謂如竹包矣。言其叢生而積也

厥田惟上中。厥賦中中

田第二等。賦第五等也

厥貢惟土五色。羽畎夏翟。嶧陽孤桐。泗濵浮磬。淮夷蠙珠暨魚。厥篚玄纖縞

徐州之土雖赤而五色之土。亦閒有之。故制以爲貢。周書作雒曰。諸侯受命于周。乃建大社于國中。其壝東青土。南赤土。西白土。北驪土。中央舋以黄土。將建諸侯。鑿取其方面之土。苞以黄土。苴以白茅。以爲土封。故曰受削土于周室。此貢土五色。意亦爲是用也。羽畎。羽山之谷也。夏翟。雉具五色。其羽中旌旄者也。染人之職秋染夏。鄭氏曰。染夏者。染五色也。林氏曰。古之車服器用。以

雉爲飾者多。不但旌旄也。曾氏曰。山雉具五色。出于羽山之畎。則其名山以羽者以此歟。嶧山名。地志云。東海郡下邳縣西。有葛嶧山。古文以爲嶧山。下邳。今淮陽軍下邳縣也。陽者。山南也。孤桐。特生之桐。其材中琴瑟。詩曰。梧桐生矣。于彼朝陽。蓋草木之生以向日爲貴也。泗。水名。出魯國卞縣桃墟西北陪尾山。源有泉四。四泉俱導。因以爲名。西南過彭城。又東南過下邳入淮。卞縣。今襲慶府泗水縣也。濱。水旁也。浮磬。石露水濱。若浮於水然。或曰非也。泗濱非必水中。泗水之旁近浮者。若石浮生土中。不根著者也。今下邳有石磬山。或以爲古取磬之地曾氏曰不謂之石者成磬而後貢也淮夷淮之夷也蠙蚌之别名也曁及也珠爲服飾魚用祭祀今濠泗楚皆貢淮白魚亦古之遺制歟夏翟之出于羽畎孤桐之生於嶧陽浮磬之出於泗濵珠魚之出於淮夷各有所產之地非他處所有故詳其地而使貢也玄赤黑色幣也武成曰篚厥玄黄纖縞皆繒也禮曰及期而大祥素縞麻衣中月而禫禫而纖記曰有虞氏縞衣而養老則知纖縞皆繒之名也曾氏曰玄赤而有黑色以之爲衮所以祭也以之爲端所以齊也以之爲冠以爲首服也黑經白緯曰纖纖也縞也皆去凶即吉之所服也林氏曰桐

以向日孤生者爲良。猶言孤竹之管。陸農師曰。桐性便㬎地。不生於岡。詩傳曰。梧桐不生高岡。太平而後生朝陽。以此觀之。生山陽難得。而生孤者尤難得也。○孔氏曰。水中見石。可以爲磬。○陳氏大猷曰。石輕浮可爲磬者。成而貢之。磬聲清越。取輕浮者良。今海濱亦有浮石○新安胡氏曰。玄纖縞。三色繒也。耑取其正。謂士服衣袂二尺二寸。屬幅廣袤等也。○陳氏雅言曰。七州之貢各執其物。而不詳其地者。一州之所出。皆可爲貴也。獨徐之貢夏翟而必曰羽畎。孤桐而必曰嶧陽。浮磬而必曰泗濱。珠魚而必曰淮夷。指其物而詳其地者。蓋惟此地之所產爲善。非徐州之產。皆可充此貢也。蓋天下之地各有所宜。而天下之產各有所善。八州之貢皆是下獻其土所有於上。而非上之所責取。作書者每州謹而識之。以明彼之所有者。此之所無宜也。而於此謹之尤至。以見地利之美。材物之良。此之所善。彼之所否。即孔子先簿正祭器不以四方之食供簿正之意也

浮于淮泗達于河

許慎曰。汳水受陳留浚儀陰溝至蒙爲灉水。東入于泗

則淮泗之可以達于河者。以灉至于泗也。許愼又曰。泗受泲水東入淮。蓋泗水至大野而合泲。然則泗之上源。自泲亦可以通河也

淮海惟揚州

揚州之域。北至淮。東南至于海 問薛常州作地志。不載揚豫二州。朱子曰。此二州是其所經歷。古今不同。難下手。故不作。諸葛誠之要補之。以其只見冊子上底故也。地理最難理會。全合禹貢不著了○武夷熊氏曰。揚州在地東南隅。以地勢言也。山必起於西北。澤必匯於東南。經言淮海惟揚州。北距淮。東至南海。閩粵雖上古未通。亦當在要荒之服。禹會諸侯於塗山。會稽又禹迹之所至矣。西抵荆州之境。淮之西。當在桐栢荆州之界。江之西。當在衡漳之界。其地乃淮東西江東西及兩浙之地。建都於江南者。金陵豫章亦都會。然畫江淮以自保。僅可以偏霸。欲以規恢中原。奄有四海。則自古以來。未之有也

彭蠡既豬

彭蠡。地志。在豫章郡彭澤縣。東合江西江東諸水。跨豫章饒州南康軍三州之地。所謂鄱陽湖者是也。詳見導水

陽鳥攸居

陽鳥。隨陽之鳥。謂鴈也。今惟彭蠡洲渚之間千百爲羣。記陽鳥所居猶夏小正。記鴈北鄉也。言澤水既豬。洲渚既平。而禽鳥亦得其居止。而遂其性也　陳氏經曰。日。陽也。此鳥南北與日進退。故曰陽鳥　○唐孔氏曰。日行夏至漸南。冬至漸北。鴻鴈九月而南。正月而北。左思蜀都。所謂木落南翔。冰泮北徂。是也

三江既入

唐仲初吳都賦註。松江下七十里分流東北入海者爲婁江。東南流者爲東江。併松江爲三江。其地今亦名三江口。吳越春秋所謂范蠡乘舟出三江之口者是也○又按蘇氏。謂岷山之江爲中江。嶓冢之江爲北江。豫章之江爲南江。即導水所謂東爲北江。東爲中江者。既有東北二江。則豫章之江爲南江可知。今按此爲三江。若可依據。然江漢會於漢陽。合流數百里。至湖口而後與豫章江會。又合流千餘里而後入海。不復可指爲三矣。蘇氏知其說不通。遂有味別之說。禹之治水。本爲民去害豈如陸羽輩辨味烹茶爲口腹計耶亦可見其說之窮矣以其說易以惑人故并及之或曰江漢之水揚州巨浸何以不書曰禹貢書法費疏鑿者雖小必記無施勞者雖大亦略江漢荆州而下安於故道無俟濬治故在所不書況朝宗于海荆州固備言之是亦可以互見矣此正禹貢之書法也

朱子曰三江之說多不同董銖問東坡之說如何曰東坡不曾親見東南水勢只是意想硬說且漢沔之水到漢陽軍已合爲一不應至揚州復言三江薛士龍說震澤下有三江入海疑他曾見東南水勢說得恐是○書中極有難考處只如禹貢說三江及荆揚間地理是吾輩親目見者皆有疑至北方即無疑此無他是不曾見耳○新安陳氏曰三江不勝異說顏師古以爲中江南江北江郭景純以爲岷江浙江松江韋昭以爲松江浙江浦陽江王介甫以爲一江自義興一江自毗陵一江自吳縣皆據

所見而言。非禹舊迹也。皆不必取。既入。入海也。○陳氏大猷曰。古有九河。後合爲一。古有滎澤。後堙爲地。安知彭蠡之下。禹平水時有三江。而後或合爲一乎。酈道元謂東南地卑。萬水所湊。觸地成川。故川舊瀆。難以爲憑。禹迹之不可考者多矣。凡捨經文而指後世流派之分合。水道之通塞。地名之同異以爲說者。以論後世之地理則可。以論禹迹之舊則難也

震澤底定

震澤。太湖也。周職方。揚州藪曰具區。地志在吳縣西南五十里。今蘇州吳縣也。曾氏曰。震。如三川震之震。若今湖翻是也。具區之水。多震而難定。故謂之震澤。底定者。言底於定而不震蕩也。新安陳氏曰韋昭註國語。太湖。即五湖。書謂之震澤。爾雅謂之具區。職方曰。揚州藪曰具區。浸曰。五湖。又不同

篠簜既敷。厥草惟夭。厥木惟喬。厥土惟塗泥

篠。箭竹。簜。大竹。郭璞曰。竹闊節曰簜。敷。布也。水去竹已布生也。少長曰夭。喬。高也。塗泥。水泉濕也。下地多水。其土淖

王氏炎曰。少長曰夭。猶言桃之夭夭。上竦曰喬。猶言南有喬木。南方地暖。故草木皆少長。而木多上竦。河朔地寒。雖合抱之木不能高也。兗徐言草木皆居厥土之下。凡土無高下燥濕。其性皆然。兼山林言之也。若揚之塗泥。惟言沮洳之多。山林不與。故先草木也。青不言草木。而貢有松檿絲。則可知矣。揚言之而荊亦不言。然貢有杶榦等。亦可知矣。蓋兗青相同。荊揚爲一。惟徐漸包爲異耳

厥田惟下下。厥賦下上上錯

田第九等。賦第七等雜出第六等也。言下上上錯者。以本設賦九等。分爲三品。下上與中下異品。故變文言下

上上錯也王氏炎曰。土塗泥故其田下下。大抵南方水淺土薄。下如北方地力之厚也○林氏曰。田最下。而賦第七。或第六者。人工修也

厥貢惟金三品。瑤琨篠簜。齒革羽毛。惟木。島夷卉服。厥篚織貝。厥包橘柚錫貢

三品。金。銀。銅也。瑤。琨。玉石名。詩曰。何以舟之。惟玉及瑤琨。說文云。石之美似玉者。取之可以為禮器。篠之材中於矢之笴。簜之材中於樂之管。簜亦可為符節。周官掌節有英簜。象有齒。犀兕有革。鳥有羽。獸有毛。木。楩梓豫章之屬。齒革可以成車甲。羽毛可以為旌旄。木可以備棟宇器械之用也。島夷。東南海島之夷。卉。草也。葛越木

綿之屬。織貝錦名。織爲貝文。詩曰。貝錦是也。今南夷木綿之精好者。亦謂之吉貝。海島之夷。以卉服來貢。而織貝之精者則入篚焉。包。裹也。小曰橘。大曰柚。錫者。必待錫命而後貢。非歲貢之常也。張氏曰。必錫命乃貢者。供祭祀。燕賓客。則詔之。口腹之欲。則難於出令也　臨川吳氏曰。染其絲五色。織之成文者曰織貝。不染五色。而織之成文者曰織文　○蘇氏曰。橘柚荷常貢。則勞害如漢唐荔枝矣　○唐孔氏曰。橘柚與荆之大龜。豫之磬錯。皆非當貢。故言於厥篚之下

沿于江海。達于淮泗

順流而下曰沿。沿江入海。自海而入淮泗。不言達于河者。因於徐也。禹時江淮未通。故沿於海。至吳始開邗溝

隋人廣之。而江淮舟船始通也。孟子言排淮泗而注之江。記者之誤也。朱子曰。孟子言瀹濟漯而注諸海。決汝漢排淮泗而注之江。據今水路及禹貢所載。惟漢入江。汝泗自入淮。而淮自入海。分明是誤。蓋一時牽於文勢而不暇考其實爾。今人強爲之解釋。終是可笑。○陳氏大猷曰。循行水涯曰沿。水之險者莫如江海。遇風濤多沿岸而行。所以獨言沿不言浮。以著其險也。○王氏炎曰。兗言浮于濟漯達于河。故青言浮于汶達于濟。徐言浮于淮泗達于河。故揚言沿于江海達于淮泗。皆因上文以互見也。○臨川吳氏曰。林少穎云。禹時江淮未通。故揚州入貢。必由江以入海。然後達于淮泗。至吳夫差掘溝通水。與晉會黃池。然後江淮始通。孟子謂禹排淮泗而注之江。蓋誤指所通之水以爲禹跡。其謂江北淮南。地高於水。雖曰溝通江淮。止是江淮之間掘一横溝。兩端築堤壅水在溝中。若欲行舟。須自江中拽舟上溝。行溝既盡。又拽舟下淮。江淮二水。實未嘗通流也。

荆及衡陽惟荆州

荊州之域。北距南條荊山。南盡衡山之陽。荊衡各見導山。唐孔氏曰。荊州以衡山之陽爲至者。蓋南方惟衡山爲大。以衡陽言之。見其地不止此山。而猶包其南也 朱子曰。禹治水時。想亦不曾遍歷天下。如荊州乃三苗之國。不成一一皆到。往往是使官屬去彼。相視其山川。具圖說以歸。作此一書耳。故今禹貢所載南方山川。多與今地面上所有不同○曾氏曰有兩荊山。此荊州之荊山。非雍州荊岐既旅之荊山。此荊山其南爲荊州。其北爲豫州。漢志。此荊山在南郡。今襄陽府臨沮縣。衡山在長沙。今潭州湘南縣。北距荊山。南及衡陽爲荊州。即今湖南湖北之地也。今江西亦半屬荊州（武夷熊氏曰。荊州之地亦廣。北接雍豫之境。南逾五嶺（即越之南徼也越雖上古未通。已當在要荒之服。東抵揚州之境。西抵梁州及西南夷等處。皆楚地也。揚州之境。自兩浙爲吳越之外。江淮皆楚境。或謂建都於江南者。當以南陽爲正。其北接連中原。東通吳。西接巴蜀。南控蠻粤。故諸葛亮以爲用武之國。英雄之所必爭。凡自北而攻南。自南而窺比。未有不先得此而後可以有爲也。此又有國者之所當知也。

江漢朝宗于海

江漢見導水。春見曰朝。夏見曰宗。朝宗。諸侯見天子之名也。江漢合流于荊。去海尚遠。然水道已安而無有壅塞横决之患。雖未至海。而其勢已奔趨於海。猶諸侯之朝宗于王也。朱子曰。江漢發源梁州。及入海。則在揚州。至荊州合流迅疾以趨海。有似於朝宗。○王氏炎曰。漢水入江處在漢陽軍大別山下。正屬荊州之域。

九江孔殷

九江。即今之洞庭也。水經言九江在長沙下雋西北。楚地記曰。巴陵瀟湘之淵。在九江之間。今岳州巴陵縣。即楚之巴陵。漢之下雋也。洞庭正在其西北。則洞庭之爲九江審矣。今沅水。漸水。元水。辰水。敘水。酉水。澧水。資水。湘水皆合於洞庭。意以是名九江也。孔甚殷。正也。九江水道甚得其正也◯按漢志。九江在廬江郡之尋陽縣。尋陽記。九江之名。一曰烏江。二曰蚌江。三曰烏白江。四曰嘉靡江。五曰畎江。六曰源江。七曰廩江。八曰提江。九曰箘江。今詳漢九江郡之尋陽。乃禹貢揚州之境。而唐孔氏又以爲九江之名起於近代。未足爲據。且九江派別。取之耶。亦必首尾短長。大略均布。然後可目之爲九。然其一水之間。當有一洲。九江之間。沙水相間。乃爲十有七道。而今尋陽之地。將無所容。況沙洲出沒其勢不常。果可以爲地理之定名乎。設使派別爲九。則當曰九江既道。不應曰孔殷。於導江當曰播九江。不應曰過九江。反復參攷。則九江非尋陽明甚。本朝胡氏。以洞庭爲九江者得之。曾氏亦謂導江曰過九江至于東陵。東陵今之巴陵。今巴陵之上。即洞庭也。因九水所合。遂名九江。故下文導水曰過九江。經之例。大水合小水謂之過。則洞庭之爲九江。益以明矣新安陳氏曰。江漢朝宗于海。即繼曰九江孔殷。導江不曰播九江。而曰過九江。則大江自大江。九江自九水可見。孔氏所謂江於此分爲九道者。其非明矣。證以導江東至于澧。過九江至于東陵。則九江當在澧州之下。巴陵之上。而不在尋陽與今之江州。尤明矣。朱蔡以洞庭湖當之。辨證詳明。從之可也。謂江南凡水皆呼爲江。禹時澧州之下。巴陵之上。自有九水。今年代久遠。陵谷變遷。不可以今水證古水。而闕之亦可也

沱潛既道

爾雅曰。水自江出爲沱。自漢出爲潛。凡水之出於江漢者皆有此名。此則荆州江漢之出者也。今按南郡枝江縣有沱水。然其流入江。而非出於江也。華容縣有夏水。首出于江。尾入于沔。亦謂之沱。若潛水則未有見也王氏

炎曰。沱水。在今江陵府枝江縣。土人謂枝江爲百里洲。夾江沱二水之間。其與江分處。謂之上沱。與江合處。謂之下沱。隋志。南郡松滋縣有涔。涔即古潛字。故史記云。沱涔既道。今松滋分爲潛江縣矣

雲土夢作乂

雲夢澤名。周官職方。荆州其澤藪曰雲夢。方八九百里。跨江南北。華容枝江江夏安陸皆其地也。左傳楚子濟江入于雲中。又楚子以鄭伯田于江南之夢。合而言之則為一。別而言之則二澤也。雲土者。雲之地土見而已。夢作乂者。夢之地已可耕治也。蓋雲夢之澤。地勢有高卑。故水落有先後。人工有早晚也。朱子曰。江陵之下。岳州之上。是雲夢。又曰。江陵之下。連岳州是雲夢。

厥土惟塗泥。厥田惟下中。厥賦上下。

荆州之土與揚州同。故田比揚只加一等。而賦為第三。

厥貢羽毛齒革惟金三品。杶榦栝柏。礪砥砮丹。惟箘簵楛。

竿者。地闊而人工修也。

三邦底貢厥名。包匭菁茅。厥篚玄纁璣組。九江納錫大龜。

荆之貢與揚州大抵多同。然荆先言羽毛者。漢孔氏所謂善者爲先也。按職方氏。揚州其利金錫。荆州其利丹銀齒革。則荆揚所產。不無優劣矣。杶。栝栢。三木名也。杶木似樗。而可爲弓榦。栝木柏葉松身。礪。砥皆磨石。砥以細密爲名。礪以麤糲爲稱。砮者中矢鏃之用。肅慎氏貢石砮者是也。丹。丹砂也。箘簵竹名。楛。木名。皆可以爲矢。董安于之治晉陽也。公宮之垣。皆以荻蒿苫楚廧之。其高丈餘。趙襄子發而試之。其堅則箘簵不能過也。則箘簵蓋竹之堅者。其材中矢之笴。楛。肅慎氏貢楛矢者是也。三邦未詳其地。底。致也。致貢箘簵楛之有名者也。匭匣也。菁茅有刺而三脊。所以供祭祀縮酒之用。既包而又匣之。所以示敬也。齊桓公責楚貢包茅不入。王祭不供。無以縮酒。又管子云。江淮之間。一茅而三脊。名曰菁茅。菁茅一物也。孔氏謂菁以爲葅者非是。今辰州麻陽縣苞茅山出苞茅。有刺而三脊。纁。周禮染人夏纁玄纁。絳色幣也。璣。珠不圓者。組。綬類。大龜。尺有二寸。所謂國之守龜非可常得。故不爲常貢。若偶得之。則使之納錫於上。謂之納錫者。下與上之辭重其事也 曾氏曰。揚言惟木多不勝名也。荊木名之。貢止此也 ○周禮菁茅春官司尊彝醴齊縮酌。註云以茅縮去滓也 ○鄭氏曰。染纁者。三入而成。又再染以黑則爲緅。又再染以黑則爲緇。玄色在緅緇之間。其六入者。是染玄纁之法也。此州染玄纁色善故貢之○新安陳氏曰。錫貢。如敷錫之錫。上錫下也。納錫。如師錫之錫。下錫上也○史記龜策傳云。龜千歲滿尺二寸○臨川吳氏曰。大龜神物。國之所寶。則以入納而錫於上。謂納不謂貢。明其非貢物也

浮于江沱潛漢。逾于洛。至于南河

江沱潛漢。其水道之出入不可詳。而大勢則自江沱而入潛漢也。逾。越也。漢與洛不通。故舍舟而陸以達于洛自洛而至于南河也。程氏曰。不徑浮江漢。兼用沱潛者隨其貢物所出之便。或由經流。或循枝派。期於便事而已王氏曰。江沱潛漢。均與洛不通。必陸行逾洛。然後由洛可至南河。凡曰逾。皆水道不通。遵陸而後能達也。

逾于沔

荊河惟豫州

豫州之域。西南至南條荊山。北距大河問周公定豫州爲天地之中。東西南北各五千里。今北邊無極。而南方交趾際海。道里長短夐殊。何以云各五千里。朱子曰。此但以中國地段四方相去言之。未說極邊與際海處。周公以土圭測天地之中。則豫州爲中。而南北東西際天各遠許多。至於北遠而南近。則地形有偏耳。所謂地不滿東南也。○武夷熊氏曰。豫州居天下之中。四方道里適均。故古人於此定都。不但形勢之所在。亦朝會貢賦之便。湯之亳。今河南偃師縣是也。成王之洛邑。今河南洛陽縣是也。其地北距河。南抵荊山。東抵徐。西抵雍梁。今爲河南府虢郟鄭汝來蔡唐鄧汴宋等州之地

伊洛瀍澗既入于河

伊水。山海經曰熊耳之山。伊水出焉。東北至洛陽縣南北入于洛。郭璞云。熊耳在上洛縣南。今商州上洛縣也。

地志言伊水出弘農盧氏之熊耳者非是洛水。地志云出弘農郡上洛縣冢領山。水經謂之讙舉山。今商州洛南縣冢領山也。至鞏縣入河。今河南府鞏縣也。瀍水。地志云。出河南郡穀城縣替亭北。今河南府河南縣西北。有古穀城縣。其北山實瀍水所出也。至偃師縣入洛。今河南府偃師縣也。澗水。地志云。出弘農郡新安縣東南入于洛。新安在今河南府新安澠池之間。今澠池縣東二十三里新安城是也。城東北有白石山。即澗水所出。酈道元云。世謂之廣陽山。然則澗水出今之澠池至新安入洛也。伊瀍澗水入于洛。而洛水入于河。此言伊洛

瀍澗入于河。若四水不相合而各入河者猶漢入沔江
入海。而荆州言江漢朝宗于海意同。蓋四水並流。小大
相敵故也。詳見下文

滎波既豬

滎波。二水名。濟水自今孟州温縣入河。潛行絶河。南溢
爲滎。在今鄭州滎澤縣西五里。敖倉東南。敖倉者古之
敖山也。按今濟水但入河。不復過河之南。滎瀆水受河
水。有石門。謂之滎口石門也。鄭康成謂滎今塞爲平地。
滎陽民猶謂其處爲滎澤。酈道元曰。禹塞淫水於滎陽
下引河東南以通淮泗濟水。分河東南流。漢明帝使王

景即滎水故瀆東注浚儀。謂之浚儀渠。漢志謂滎陽縣有狼蕩渠首受濟者是也。南曰狼蕩。北曰浚儀。其實一也。波水。周職方。豫州其川滎雒。其浸波溠。爾雅云。水自洛出爲波。山海經曰。婁涿之山。波水出其陰。北流注于穀。二説不同。未詳孰是。孔氏以滎波爲一水者。非也

導菏澤被孟豬

菏澤。地志在濟陰郡定陶縣東。今興仁府濟陰縣南三里。其地有菏山。故名其澤爲菏澤也。蓋濟水所經。水經謂南濟東過寃句縣南。又東過定陶縣南。又東北菏水東出焉是也。被。及也。孟豬。爾雅作孟諸。地志在梁國睢

陽縣東北。今南京虞城縣西北孟諸澤是也。曾氏曰。被覆也。菏水衍溢。導其餘波。入于孟豬。不常入也。故曰被

厥土惟壤。下土墳壚

土不言色者。其色雜也。壚。疏也。顏氏曰。玄而疏者謂之壚。其土有高下之不同。故別言之王氏炎曰。壤則沃。墳壚則爲瘠。○顏氏臨曰。高地則壤。下地則壚。如青厥土白墳。海濱廣斥。是也

厥田惟中上。厥賦錯上中

田第四等。賦第二等。雜出第一等也臨川吳氏曰。田中上第四等。賦錯上中第二等。而間或第一等也。蓋冀賦第一。或時數少於豫。則降爲第二。而升豫爲上上。豫賦第二。或時數多於冀。則升爲第一。而降冀爲上中也

厥貢漆枲絺紵厥篚纖纊錫貢磬錯

林氏曰周官載師漆林之征二十有五周以爲征而此乃貢者蓋豫州在周爲畿內故載師掌其征而不制貢禹時豫在畿外故有貢也推此義則冀不言貢者可知顔師古曰纖紵以爲布及練然經但言貢枲與紵成布與未成布不可詳也纊細綿也磬錯治磬之錯也非所常用之物故非常貢必待錫命而後納也與揚州橘柚同然揚州先言橘柚而此先言錫貢者橘柚言包則於厥篚之文無嫌故言錫貢在後磬錯則與厥篚之文嫌於相屬故言錫貢在先蓋立言之法也 孔氏曰纖纊細綿也○新安陳

氏曰。徐之玄纖縞。則纖爲繒。此之纖纊。則當爲細。孔說是〇臨川吳氏曰。凡錫者非常貢。故於末特言之。竈非貢物。故言納不言貢。橘柚磬錯。雖是貢物。非常制所貢也。故言錫貢

浮于洛。達于河

豫州去帝都最近。豫之東境徑自入河。豫之西境。則浮于洛而後至河也

華陽黑水惟梁州

梁州之境東距華山之南。西據黑水。華山。即太華。見導山。黑水見導水。曾氏曰。華山即西岳。在梁雍之東。其陽爲梁州。其陰爲雍州〇武夷熊氏曰。梁州即今全蜀之地。成都。潼川。與元。利州。夔州等路五十四州之地是也。或言秦以前未嘗通。至秦鑿山開道。關塞始通。恐止言金牛一道耳。下言岷。嶓。沱。潛。蔡。蒙。和。夷。禹之故迹皆可見。何嘗不通中國也。大柢蜀地。北與秦

隴接境。實爲天下要膂。世治則順化服從。世亂則阻險割據。任擇牧守。最難其人。不可不重慎也。○王氏曰。後世爲巴蜀。今四川地也

岷嶓既藝

岷嶓。二山名。岷山。地志在蜀郡湔氐道西徼外。在今茂州汶山縣。江水所出也。晁氏曰。蜀以山近江源者。通爲岷山。連峯接岫。重疊險阻。不詳遠近。青城天彭諸山之所環遶。皆古之岷山。青城乃其第一峰也。嶓冢山。地志云。在隴西郡氐道縣。漾水所出。又云在西縣。今興元府西縣三泉縣也。蓋嶓冢一山跨于兩縣云。川原既滌。水去不滯而無泛溢之患。其山已可種藝也。王氏炎曰。江漢發源此州

方江漢之源未滌。水或汎溢二山下。其地有
荒而不治者。今既可種藝。知二水之順流也

沱潛既道

此江漢別流之在梁州者。沱水。地志蜀郡郫縣江沱在東。西入大江。郫縣。今成都府郫縣也。又地志云。蜀郡汶江縣。江沱在西南東入江。汶江縣。今永康軍導江縣也。潛水。地志云。巴郡宕渠縣潛水西南入江。宕渠。今渠州流江縣也。酈道元謂宕渠縣有大穴。潛水入焉。通罡山下西南潛出南入于江。又地志漢中郡安陽縣灊谷水。出西南入漢。灊音潛。安陽縣。今洋州貞符縣也〇又按梁州乃江漢之原。此不志者。岷之藝。導江也。嶓之藝。導瀁也。道沱則江悉矣。道潛則漢悉矣。上志岷嶓。下志沱潛。

江漢源流。於是而見

陳氏曰。沱潛發源此州而入荆州。故荆梁二州。皆言沱潛既道。○臨川吳氏曰。凡江漢支流皆名沱潛。不拘一處。岷嶓藝。則江漢之上源治矣。沱潛導。則江漢之下流治矣

蔡蒙旅平

蔡蒙。二山名。蔡山。輿地記。在今雅州嚴道縣。蒙山。地志。蜀郡青衣縣。今雅州名山縣也。酈道元謂山上合下開。沫水逕其間。溷崖水脉漂疾。歷代爲患。蜀郡太守李冰發卒鑿平溷崖。則此二山。在禹爲用功多也。祭山曰旅。旅平者。治功畢而旅祭也

陳氏大猷曰。古人舉事必祭。況治水土大事。必不敢忽。然旅獨於梁。雍言之者。蓋九州終於梁雍。以見前諸州名山皆有祭也。旅獨於蔡蒙荆岐言之者。蓋紀梁之山終

於蔡蒙。紀雍之山始於荆岐。以見州內諸名山皆有祭也。故下文復以九山刊旅總結之。然特言於諸州之後其先成民而後致力於神之意歟

和夷底績

和夷。地名。嚴道以西有和川。有夷道。或其地也。又按晁氏曰。和夷。二水名。和水。今雅州滎經縣北。和川水。自蠻界羅嵓州東西來。逕蒙山。所謂青衣水。而入岷江者也。夷水。出巴郡魚復縣東南。過佷山縣南。又東過夷道縣北。東入于江。今詳二說皆未可必。但經言底績者三。覃懷原隰。既皆地名。則此恐爲地名。或地名因水。亦不可知也。曾氏曰。嚴道有和川。夷人居之

厥土青黎

黎黑也孔氏曰沃壤也○臨川吳氏曰土不言質質不一也

厥田惟下上厥賦下中三錯

田第七等賦第八等雜出第七第九等也按賦雜出他等者或以爲歲有豐凶或以爲戶有增減皆非也意者地力有上下年分不同如周官田一易再易之類故賦之等第亦有上下年分冀之正賦第一等而間歲第二等也揚之正賦第七等而間歲第六等也豫之正賦第二等而間歲第一等也梁之正賦第八等而間歲出第七第九等也當時必有條目詳具今不存矣書之所載

特凡例也。若謂歲之豐凶。户之增減。則九州皆然。何獨於冀揚豫梁四州言哉

臨川吳氏曰。田下上。第七等。賦下中第八等。三錯者。或時錯出第七。則降揚於下中。而梁爲下上。或時錯出第九。則升兖於下中。而梁爲下下。通本等第八爲三。故曰三錯

厥貢璆鐵銀鏤砮磬。熊羆狐貍織皮

璆玉磬。鐵柔鐵也。鏤剛鐵可以刻鏤者也。磬石磬也。言鐵而先於銀者。鐵之利多於銀也。後世蜀之卓氏程氏以鐵冶富擬封君。則梁之利尤在於鐵也。織皮者。梁州之地。山林爲多獸之所走。熊羆狐貍四獸之皮。製之可以爲裘。其毳毛織之可以爲罽也〇林氏曰。徐州貢浮磬。此州既貢玉磬。又貢石磬。豫州又貢磬錯。以此觀之。

則知當時樂器。磬最爲重。豈非以其聲角而在清濁小大之間最難得其和者哉歸軒鄒氏曰。漢志。犍爲郡。朱提縣有朱提山出銀。每銀八兩爲一流。直一千五百八十。他銀一流但直一千。犍爲郡。正梁州之境。是梁州之銀。獨美於他州。故以爲貢

西傾因桓是來。浮于潛。逾于沔。入于渭。亂于河

西傾。山名。地志。在隴西郡臨洮縣西。今洮州臨潭縣西南。桓。水名。水經曰。西傾之南。桓水出焉。蘇氏曰。漢始出爲漾。東南流爲沔。至漢中東行爲漢沔。酈道元曰。自西傾而至葭萌。浮于西漢。西漢即潛水也。自西漢遡流而屆于晉壽界。阻漾枝津。南歷岡北。迤邐接漢沔。歷漢川至于褒水。逾褒而暨于衙嶺之南溪。灌于斜川。屆于武

功。而北以入于渭。漢武帝時。人有上書欲通褒斜道及漕。事下張湯問之。云褒水通沔。斜水通渭。皆可以漕。從南陽上沔入褒。褒絶水至斜間百餘里。以車轉從斜下渭。如此則漢中穀可致。經言沔渭而不言褒斜者。因大以見小也。褒斜之間。絶水百餘里。故曰逾。然於經文則當曰逾于渭。今曰逾于沔。此又未可曉也。絶河而渡曰亂。

朱子曰。西傾雖在雍州。其人有事於京師者。必道取梁州因桓水而來。故梁貢道及之。○葉氏曰。雍言織皮崑崙析支渠搜。非中國之貢明矣。疑西傾即西戎之境。熊羆狐貍織皮。文與西傾因桓是來相屬。謂四獸織皮。西傾之戎。因桓水而以此來貢也。○孔氏曰漢上曰沔

黑水西河惟雍州。

雍州之域。西據黑水。東距西河。謂之西河者。主冀都而言也。王氏炎曰。雍州之地。秦漢曰關中。○武夷熊氏曰。雍州。秦地。周之岐豐。鎬京。漢之三輔皆此焉。婁敬謂金城千里。天府之國。合天下形勢言之。所謂秦得百二者。實以據地勢之上游。當天下之要脊。四塞以爲固。全一面之險以東制諸侯。故言定都者必先焉。書以黑水西河爲界。而又西接弱水流沙之地。則其土地之廣漠可知。大抵關中之地。固是形勢可以爲都。但其地迫近西戎。周。秦。漢。唐世有羌胡之患。必盡陰山與唐三受降城。及靈夏河西五郡爲塞地。乃可爾。又嘗考之古今地志。雍州之地即無黑水。所謂導黑水至于三危者。三危山。或云在燉煌郡。則今瓜州也。曷嘗有此水。踰跨諸山以至於南海哉。若以河源崑崙推之。崑崙山脊以西。人迹所未到。其東中一支。則重岡積嶺。首至終南太華皆是雍之南山。而瓜州乃在河西五郡。實當西北界上。漢人所謂斷匈奴右臂者。以其不與西戎相接也。史當有錯

弱水既西

栁宗元曰。西海之山有水焉。散渙無力。不能負芥。投之則委靡墊沒。及底而後止。故名曰弱。旣西者。導之西流也。地志云。在張掖郡删丹縣。薛氏曰。弱水出吐谷渾界窮石山。自删丹西至合黎山。與張掖縣河合。又按通鑑。魏太武擊柔然至栗水西。行至菟園水。分軍收討。又循弱水。西行至涿邪山。則弱水在菟園水之西。涿邪山之東矣。北史。載太武至菟園水分軍搜討東至瀚海。西接張掖水。北度燕然山。與通鑑小異。豈瀚海張掖。水於弱水爲近乎。程氏據西域傳。以弱水爲在條支。援引甚悉。然長安西行一萬二千二百里。又百餘日方至條支。其

去。雍州如此之遠。禹豈應窮荒而導其流也哉。其說非是

程氏曰。弱水初必塹遏而東。旣導之西。則逆者順矣

○林氏曰。衆水皆東。而弱水獨西。黑水獨南。因其性與勢之自然也。必欲東之。則逆其自然。非行所無事矣

涇屬渭汭

涇。渭。汭。三水名。涇水。地志出安定郡涇陽縣西。今原州百泉縣岍頭山也。東南至馮翊陽陵縣入渭。今永興軍高陵縣也。渭水。地志出隴西郡首陽縣西南。今渭州渭源縣鳥鼠山西北南谷山也。東至京兆船司空縣入河。今華州華陰縣也。汭水地志作芮。扶風汧縣弦蒲藪芮水出其西北。東入涇。今隴州汧源縣弦蒲藪有汭水焉。

周職方。雍州其川涇汭詩曰汭鞫之即。皆謂是也。屬連屬也。涇水連屬渭汭二水也新安陳氏曰。孔云。水北曰汭。一云。水曲曰汭。又水口曰汭。夏書以洛表對洛汭。則汭水北之曲也。又如東過洛汭

漆沮既從

漆。沮。二水名。漆水。寰宇記曰。耀州同官縣東北界來。經華原縣合沮水。沮水。地志。出北地郡直路縣東。今坊州宜君縣西北境也。寰宇記。沮水自坊州昇平縣北子午嶺出。俗號子午水。下合榆谷慈馬等川。遂爲沮水。至耀州華原縣合漆水。至同州朝邑縣東南入渭。二水相敵。故並言之。既從者。從於渭也。又按地志。謂漆水出扶風

縣。晁氏曰。此豳之漆也。水經漆水出扶風杜陽縣。程氏曰。杜陽。今岐山普潤縣之地。亦漢漆縣之境。其水入渭。在灃水之上。與經序渭水節次不合。非禹貢之漆水也

蘇氏曰。從。如少之從長。渭大而漆沮小。故言從

灃水攸同

灃水。地志作酆。出扶風鄠縣終南山。今永興軍鄠縣山也。東至咸陽縣入渭。同者。同於渭也。渭水自鳥鼠而東。灃水南注之。涇水北注之。漆沮東北注之。曰屬。曰從。曰同。皆主渭而言也

蘇氏曰。灃渭相若。故言同

荊岐既旅。終南惇物。至于鳥鼠

荆岐。二山名。荆山。即北條之荆。地志在馮翊懷德縣南。今耀州富平縣掘陵原也。岐山。地志在扶風美陽縣西北。今鳳翔府岐山縣東北十里也終南惇物鳥鼠亦皆山名。終南地志古文以太一山爲終南山。在扶風武功縣。今永興軍萬年縣南五十里也。惇物。地志古文以垂山爲惇物。在扶風武功縣。今永興軍武功縣也。鳥鼠。地志在隴西郡首陽縣西南。今渭州渭源縣西也。俗呼爲青雀山。舉三山而不言所治者。蒙上既旅之文也

原隰厎績至于豬野

廣平曰原。下濕曰隰。詩曰。度其隰原。即指此也。鄭氏曰。

其地在幽。今邠州也。豬野。地志云。武威縣東北有休屠澤。古今以爲豬野。今涼州姑臧縣也。治水成功。自高而下。故先言山次原隰次陂澤也

三危既宅。三苗丕敘

三危。即舜竄三苗之地。或以爲燉煌。未詳其地。三苗之竄。在洪水未平之前。及是三危已既可居。三苗於是大有功敘。今按舜竄三苗。以其惡之尤甚者遷之。而立其次者於舊都。今既竄者已丕敘。而居於舊都者。尚桀驁不服。蓋三苗舊都。山川險阻。氣習使然。今湖南猺洞時猶竊發。俘而詢之。多爲猫姓。豈其遺種歟。歸軒鄒氏曰。按後漢西羌

傳註。三危山在今沙州燉煌縣東南。山有三峯。故曰三危○武夷熊氏曰首言弱水。終言三危。極其遠而言之也○呂氏曰。三苗有罪。自當竄逐。發政施仁。自當及之。故治水至三危。亦旣使安居。大得其欲。後世以爲投之四裔。若棄之者。非聖人之心也

厥土惟黃壤

黃者土之正色。林氏曰。物得其常性者最貴。雍州之土黃壤。故其田非他州所及。新安陳氏曰。土黃壤最貴。故雍田上上。塗泥最下。故揚田下下

厥田惟上上。厥賦中下

田第一等。而賦第六等者。地狹而人功少也王氏炎曰。東方朔云。關中之地。號爲畝直一金。田上上可知○唐孔氏曰。此州與荊州。賦田升降皆較六等。荊州升之極。故云人功

脩。此州降之極。故云人功少

厥貢惟球琳琅玕

球琳美玉也。琅玕石之似珠者。爾雅曰。西北之美者有崑崙虛之球琳琅玕。今南海有青琅玕珊瑚屬也孫氏曰貢非一類物者不言惟。一類物皆言惟

浮于積石。至于龍門。西河會于渭汭

積石。地志在金城郡河關縣西南羌中。今鄯州龍支縣界也。龍門山。地志在馮翊夏陽縣。今河中府龍門縣也。西河。冀之西河也。雍之貢道有二。其東北境則自積石至于西河。其西南境則會于渭汭。言渭汭不言河者。蒙

梁州之文也。他州貢賦。亦當不止一道。發此例以互見耳○按邢恕奏乞下熈河路打造船五百隻。於黄河順流放下至會州西小河内藏放。熈河路漕使李復奏。竊知邢恕欲用此船載兵。順流而下。去取興州。契勘會州之西小河鹹水。其闊不及一丈。深止於一二尺。豈能藏船。黄河過會州入韋精山。石峽險窄。自上垂流直下。高數十丈。船豈可過。至西安州之東。大河分爲六七道。散流渭之南山。逆流數十里方再合。逆溜水淺。灘磧不勝舟載。此聲若出。必爲夏國侮笑。事遂寢。邢恕之策。如李復之言可謂謬矣。然此言貢賦之路。亦曰浮于積石。至于龍門西河。則古來此處河道。固通舟楫矣。而復之言乃如此。何也。姑録之以備參考云武夷熊氏曰。正道皆從渭達河。惟山脊以西之地。謂道不可通處。必自積石之河經涉龍門、然後達於西河。以至帝都也

織皮。崑崙析支。渠搜西戎即敘

崑崙。即河源所出。在臨羌。析支。在河關西千餘里。渠搜。水經曰。河自朔方東轉經渠搜縣故城北。蓋近朔方之地也。三國皆貢皮衣。故以織皮冠之。皆西方戎落。故以西戎總之。即就也。雍州水土既平。而餘功及於西戎。故附于末○蘇氏曰。青。徐。揚三州皆萊夷、淮夷、島夷所篚。此三國亦篚織皮。但古語有顛倒詳略爾。其文當在厥

貢惟球琳琅玕之下。浮于積石之上。簡編脫誤。不可不正。愚謂梁州亦篚織皮。恐蘇氏之說爲然武夷熊氏曰。崑崙唐書以爲吐蕃界。析支。即今陰山河南等處。○歸軒鄒氏曰。按西羌傳。羌地在金城郡。河關縣之西南。濱於賜支至乎河首。賜支者。禹貢所謂析支也

導岍及岐。至于荊山。逾于河。壺口雷首。至于太岳。厎柱析城。至于王屋。太行恒山。至于碣石。入于海

此下隨山也。岍。岐。荊。三山皆雍州山。岍山。地志。扶風岍縣西吳山。古文以爲汧山。今隴州吳山縣吳嶽山也。周禮。雍州山鎮曰嶽山。又按寰宇記。隴州汧源有岍山。岍水所出。禹貢所謂岍山也。晁氏以爲今之隴山天井金

門秦嶺山者皆古之岍也岐荆見雍州壺口雷首太岳
底柱析城王屋太行恒山皆冀州山壺口太岳碣石見
冀州雷首地志在河東郡蒲坂縣南今河中府河東縣
也底柱石在大河中流其形如柱今陜州陜縣三門山
是也析城地志在河東郡濩澤縣西今澤州陽城縣也
晁氏曰山峯四面如城王屋地志在河東郡垣縣東北
今絳州垣曲縣也晁氏曰山狀如屋太行山地志在河内
郡山陽縣西北今懷州河内也恒山地志在常山郡上
曲陽縣西北今定州曲陽也逾者禹自荆山而過于河
也孔氏以爲荆山之脉逾河而爲壺口雷首者非是蓋

禹之治水。隨山刊木。其所表識諸山之名。必其高大可以辨疆域。廣博可以奠民居。故謹而書之。以見其施功之次第。初非有意推其脉絡之所自來。若今之葬法所言也。若必實以山脉言之。則尤見其說之謬妄。蓋河北諸山。根本脊脉。皆自代北寰武嵐憲諸州乘高而來。其脊以西之水。則西流以入龍門西河之上流。其脊以東之水。則東流而爲桑乾幽冀以入于海。其西一支爲壺口太岳。次一支包汾晉之源。而南出以爲析城王屋。而又西折以爲雷首。又次一支乃爲太行。又次一支乃爲恒山。其間各隔沁潞諸川。不相連屬。豈自岍岐跨河而

爲是諸山哉。山之經理者。已附于逐州之下。於此又條
列而詳記之。而山之經緯者可見矣。王鄭有三條四列
之名皆爲未當。今據導字分之以爲南北二條。而江河
以爲之紀。於二之中。又分爲二焉。此北條大河北境之山
也朱子曰。每州各言境内山川。首尾不相聯貫。且自東
而西。非自然之形勢。故於此通説九州山川。連貫首
尾。更從西而東。以著自然之形勢○問味別地脈之説
如何。曰。不知是要水有所歸。不爲民害。還是只要辨味
點茶。如陸羽之流。尋脈踏地。如後世風水之流耶。且太
行自西北發脈來。爲天下之脊。此是中國大形勢。其底
柱王屋等山。皆是太行山脚。今説者分陰陽列言。導岍
及岐至于荆山。荆山山脈。逾河而過爲壺口雷首底柱
析城王屋碣石。則是荆山地脈。却來做太行山脚。其所
謂地脈。尚説不通。況禹貢本非理會地脈耶○吕氏曰
山川之分。見於九州者其經也。山川之聚。見於後者其
緯也。無經則不知其定所。無緯則不知其脈絡。此作書

之妙也導山有二說。或以爲隨山通道。以相視其源委
脉絡。或以爲治山旁小水。二說當兼用。禹隨山以治水。
故以導言。如止於相其山勢。何導之有。山之有脉絡。條
列固不可誣。而水之源未有不出於山。水之勢未有不
因於山。既隨山通道。相其脉絡源委。又因以導山旁澗
谷之水而納之川。二說蓋並行而不相悖也○林氏曰。
禹本導川歸海。今乃先以導山。蓋方洪水懷襄。故川舊
瀆。皆浸没不可見。欲施工無所措手。故先以九州高山
巨鎮爲表識。自西決之使東。以殺其滔天之勢。水既順
下。漸入于海。則川流故迹。稍稍可求。於是濬川之功可
施。始決九川而距四海。蓋先隨山而後濬川。其序不得
不然也○新安陳氏曰。三條之說。出於馬融王肅。以岍
岐至碣石爲北條。西傾至陪尾爲中條。嶓冢至敷淺原
爲南條。然内方大別在荆州。岷在梁州。相去數千里。豈
可合爲一條。四列之說。出於鄭玄。謂岍岐爲正陰列。西
傾爲次陰列。嶓冢爲次陽列。岷山爲正陽列。四列雖是。
而陰陽正次。名稱未當。宜
蔡氏以二條四列訂之云

西傾朱圉鳥鼠至于太華。熊耳外方桐柏至于陪尾

西傾朱圉鳥鼠太華雍州山也熊耳外方桐柏陪尾豫州山也西傾見梁州朱圉地志在天水郡冀縣南今秦州大潭縣也俗呼爲白巖山鳥鼠見雍州太華地志在京兆華陰縣南今華州華陰縣二十里也熊耳在商州上洛縣詳見豫州外方地志潁川郡嵩高縣有嵩高山古文以爲外方在今西京登封縣也桐柏地志在南陽郡平氏縣東南今唐州桐柏縣也陪尾地志江夏郡安陸縣東北有橫尾山古文以爲陪尾今安州安陸也西傾不言導者蒙導岍之文也此北條大河南境之山也

孔氏曰西傾朱圉在積石以東鳥鼠渭水所出在隴西之西三者雍州之南山至于太華相首尾而東太華熊

耳外方桐柏。四山相連東南。在豫州界。洛經熊耳。伊經外方。淮出桐柏經陪尾。凡此皆先舉所施功之山於上。而後條例所治水於下互相備○曾氏曰。岍與西傾皆雍州之山。故西傾不言導。其文蒙於導岍也。岷嶓皆梁州之山。故岷山不言導。其文蒙於嶓冢也

導嶓冢至于荊山。內方至于大別。

嶓冢。即梁州之嶓也。山形如冢。故謂之嶓冢。詳見梁州。荊山南條荊山。地志在南郡臨沮縣北。今襄陽府南章縣也。內方大別亦山名。內方。地志章山古文以爲內方山。在江夏郡竟陵縣東北。今荊門軍長林縣也。左傳吳與楚戰。楚濟漢而陳。自小別至于大別。蓋近漢之山。今漢陽軍漢陽縣北大別山是也。地志水經云。在安豐者

非是此南條江漢北境之山也孔氏曰。漾水出嶓冢。在梁州。經荊山。荊山在荊州。內方大別。皆荊州山。漢水所經

岷山之陽。至于衡山。過九江。至于敷淺原

岷山。見梁州。衡山。南嶽也。地志在長沙國湘南縣。今潭州衡山縣也。九江。見荊州。敷淺原。地志云豫章郡歷陵縣南有博易山。古文以爲敷淺原。今江州德安縣博陽山也。晁氏以爲在鄱陽者非是。今按晁氏以鄱陽有博陽山。又有歷陵山。爲應地志歷陵縣之名。然鄱陽漢舊縣地。不應又爲歷陵縣。山名偶同。不足據也。江州德安雖爲近之。然所謂敷淺原者。其山甚小而庳。亦未見其

爲在所表見者惟廬阜在大江彭蠡之交最高且大宜所當紀志者而皆無考據恐山川之名古今或異而傳者未必得其眞也姑俟知者過經過也與導岍逾于河之義同孔氏以爲衡山之脉連延而爲敷淺原者亦非是蓋岷山之脉其北一支爲衡山而盡於洞庭之西其南一支度桂嶺北經袁筠之地至德安所謂敷淺原者二支之間湘水間斷衡山在湘水西南敷淺原在湘水東北其非衡山之脉連延過九江而爲敷淺原者明甚且其山川崗脊源流具在眼前而古今異說如此况殘山斷港歷數千百年者尚何自取信哉岷山不言導者

蒙導嶓冢之文也此南條江漢南境之山也問岷山之分何以見

朱子曰只是以水驗之大凡兩山夾行中間必有水兩水夾行中間必有山江出於岷山岷山夾江兩岸而行那邊一支去爲江北許多去處這邊一支爲湖南又一支爲建康又一支爲兩浙而餘氣爲福建二廣○禹貢西方南方殊不見禹施工處緣是山高少水患當時只分遣官屬而不了事底記述得文字不整齊耳其作九江彭蠡辨禹貢大槩可見於此禹貢只載九江無洞庭今以其地驗之有洞庭無九江則洞庭之爲九江無疑矣洞庭彭蠡冬月亦涸只有數條江水在其中○或問禹貢地理曰禹貢過字有三義有山過水過人過如過九江至敷淺原只是禹過此處去也若曰山過水過更不通○孔氏曰岷山江所出在梁州衡山江所經在荆州○林氏曰岍岐所導之水乃合河濟之流最爲奔悍當其隨山之初自西而決之東自東達之東北則已達于海矣故言入于海西傾嶓岷所導之水則未能達海且注于下流之地及濬川之功既施乃得入海故下文所載方是衆水入海之道故此止言至于陪尾大別敷淺原而止而下流之山皆所不及也○陳氏曰禹之導

山。雖曰因而治衆水。大槩岍岐之列。河濟所經。西傾之列。伊洛淮渭所經。嶓冢之列。漢水所經。岷山之列。江水所經也○新安陳氏曰。導山之役。分爲四路。乃懷襄方殷。未可下濬川之功。先隨山相視。可疏導者疏導之。兩條四列。實人功經歷之次第。爲濬川之經始。下文導水。詳言濬川之源委。乃收上文隨山之成功。林陳說是。獨岍岐入海一節。辭猶未備。岍岐一列。河濟所經。旣入海矣。何爲下文導河積石導沇水二條。又各言入于海歟。意者當時水患。河濟尤甚。比江漢淮用工尤難。故自發源以至入海。先之相視疏導。後之開鑿濬導。必極于歸宿之地。若江漢淮之屬。則初一番相視疏導。且可至陪尾大別敷淺原而止。下文方自源徂流言之歟

導弱水至于合黎。餘波入于流沙

此下濬川也。弱水見雍州。合黎山名。隋地志在張掖縣西北。亦名羌谷。流沙。杜佑云。在沙州西八十里。其沙隨風流行。故曰流沙。水之疏導者已附于逐州之下。於此

又派別而詳記之。而水之經緯皆可見矣。濬川之功自隨山始。故導水次於導山也。又按山水皆原於西北。故禹敘山敘水皆自西北而東南。導山則先岍岐。導水則先弱水也 朱子曰。流沙在合黎之西。自導弱水至導洛。凡九條。皆導水之事。大槩自北而南。先言山以爲水之經。故此言水以爲山之紀。弱水最在西北。水又西流。不經中國。故首言之○陳氏曰。弱水之正者入合黎。其餘則入于流沙○程氏曰。禹導弱水至合黎。則其逆行者已順。其遠而無所事治者。固不必極之於西海。近而無能爲害者。亦任其餘波之入流沙。則已矣。故於雍止曰既西。而於導水不必曰入于西海。皆紀實也。合黎流沙不可意度○林氏曰。禹惟先決山陵之積水。使有所歸。然後可施濬川之功。如上文既導岍岐至碣石。然後導河濟之功可施。導西傾至陪尾。然後導淮渭洛之功可施。導嶓至大別。導岷至敷淺原。然後導漢與江之功可施。所以先言導山。而後及導水也

導黑水至于三危入于南海

黑水地志出犍爲郡南廣縣汾關山水經出張掖雞山南至燉煌過三危山南流入于南海唐樊綽云西夷之水南流入于南海者凡四曰區江曰西珥河曰麗水曰瀰渃江皆入于南海其曰麗水者即古之黑水也三危山臨峙其上按梁雍二州西邊皆以黑水爲界是黑水自雍之西北而直出梁之西南也中國山勢岡脊大抵皆自西北而來積石西傾岷山岡脊以東之水既入于河漢岷江其岡脊以西之水即爲黑水而入于南海地志水經樊氏之說雖未詳的實要是其地也程氏曰樊綽

以麗水爲黑水者。恐其狹小不足爲界。其所稱西珥河者。却與漢志葉榆澤相貫。廣處可二十里。既足以界别二州。其流又正趨南海。又漢滇池。即葉榆之地。武帝初開滇嶲時。其地古有黑水舊祠。夷人不知載籍。必不能附會。而綽及道元。皆謂此澤以榆葉所積得名。則其水之黑。似榆葉積漬所成。且其地乃在蜀之正西。又東北距宕昌不遠。宕昌即三苗種裔。與三苗之敘于三危者又爲相應。其證驗莫此之明也朱子曰。黑水從雍梁西界入南海。亦不經中國。故次之。弱水黑水流水。言導而不著其地。未詳○陳氏大猷曰。萬水能載。而弱水獨弱且西流。萬水皆清。而黑水獨黑且南流。天地之間。有常有變。不可一律齊。聖人順其性而已

導河積石至于龍門南至于華陰東至于厎柱又東至于孟津東過洛汭至于大伾北過洚水至于大陸又北播爲九河同爲逆河入于海

積石龍門見雍州華陰華山之北也厎柱見導山孟地名津渡處也杜預云在河內郡河陽縣南今孟州河陽縣也武王師渡孟津者即此今亦名富平津洛汭洛水交流之內在今河南府鞏縣之東洛之入河實在東南河則自西而東過之故曰東過洛汭大伾孔氏曰山再成曰伾張揖以爲在成皋鄭玄以爲在修武武德臣瓚以爲修武武德無此山成皋山又不再成今通利軍黎

陽縣臨河有山。盖大伾也。按黎陽山。在大河垂欲趨北

之地。故禹記之。若成皐之山。既非從東折北之地。又無

險礙如龍門底柱之須疏鑿。西去洛汭既已大近。東距

洚水大陸又爲絶遠。當以黎陽者爲是。洚水。地志在信

都縣。今冀州信都縣枯洚渠也。程氏曰。周時河徙砱礫。

至漢又改向頓丘東南流。與禹河迹。大相背戾。地志魏

郡鄴縣有故大河。在東北。直達于海。疑即禹之故河。孟

康以爲王莽河。非也。古洚瀆自唐貝州經城北入南宫

貫穿信都。大抵北向而入故河。於信都之北爲合。北過

洚水之文。當以信都者爲是。大陸。見冀州。九河。見兖州

逆河。意以海水逆潮而得名。九河既淪于海。則逆河在其下流。固不復有矣。河上播而爲九。下同而爲一。其分播合同。皆水勢之自然。禹特順而導之耳。今按漢西域傳。張騫所窮河源。云河有兩源。一出葱嶺。一出于闐。于闐在南山下。其河北流。與葱嶺河合。東注蒲昌海。蒲昌海一名鹽澤。去玉門陽關三百餘里。其水停居。冬夏不增減。潛行地中。南出積石。又唐長慶中。薛元鼎使吐蕃。自隴西成紀縣西南。出塞二千餘里。得河源於莫賀延積尾。曰悶磨黎山。其山中高四下。所謂崑崙也。東北流。與積石河相連。河源澄瑩。冬春可涉。下稍合流。色赤益遠。

他水并注遂濁吐蕃亦自言崑崙在其國西南。二說恐

薛氏爲是。河自積石三千里而後至于龍門。經但一書

積石。不言方向。荒遠在所略也。龍門而下。因其所經。記

其自北而南。則曰南至華陰。記其自南而東。則曰東至

底柱。又詳記其東向所經之地。則曰孟津。曰洛汭。曰大

伾。又記其自東而北。則曰北過洚水。又詳記其北向所

經之地。則曰大陸。曰九河。又記其入海之處。則曰逆河。

自洛汭而上。河行於山。其地皆可攷。自大伾而下。垠岸

高於平地。故決齧流移。水陸變遷。而洚水大陸。九河逆

河。皆難指實。然上求大伾。下得碣石。因其方向。辨其故

迹。則尤可考也其詳悉見上文〇又按李復云。同州韓城北有安國嶺。東西四十餘里。東臨大河。瀕河有禹廟。在山斷河出處。禹鑿龍門。起於唐張仁愿所築東受降城之東。自北而南。至此山盡。兩岸石壁峭立。大河盤束於山峽間千數百里。至此山開岸闊。豁然奔放。怒氣噴風。聲如萬雷。今按舊說。禹鑿龍門。而不詳其所以鑿。誦說相傳。但謂因舊修闢。去其齟齬。以決水勢而已。今詳此說。則謂受降以東至於龍門。皆是禹新開鑿。若果如此。則禹未鑿時。河之故道。不知却在何處。而李氏之學極博。不知此說又何所考也朱子曰。釋水云河千里。一曲一直。河從積石北行。又東乃折而南。計應三千里。然後至龍門而爲西河。龍門地勢險。河率破山以行。禹功於此最難。自龍門南流至華陰而極。始折而東至于底柱。又東至孟津。東過洛汭而爲南河。至大伾而極。始折而北流爲東河。至兖州而分爲九。復合爲一而入海。河流於是終矣。河爲四瀆宗。其發源西北。故敘中國之水。以河爲先。逆河。是開渠通海。以泄河之溢。秋冬則涸。春夏則泄。○程氏曰。洛水至洛州鞏縣東北入河。其曰洛汭者。洛既北入于河。河之南。洛之北。其兩間爲汭。汭之爲言。在洛水之内也。渭水入河之間。亦名渭汭。正其義也。自洛汭以上。山水名稱迹道。古今如一。自大伾以下。不特水道難考。雖名山舊嘗憑河者。亦復不可究辨。非山有徙移也。河既變遷。年世又遠。人知新河之爲河。不知舊山之不附新河也。輒並河求之。安從而得舊山之眞歟。○蘇氏曰。河既分爲九。又合爲一。以一迎八。而後入海。○王氏炎曰。周定王五年河徙。已非禹之故道。漢元光三年。河徙東郡。更注渤海。繼決于瓠子。又決于魏之館陶。遂分爲屯氏河。大河在西。屯河在東。二河相並而行。元帝永光中。又決于清河靈鳴犢口。則河水分流入于博州。屯河始壅塞不通。後二年又決於平原。則東入齊入青以達于海。而下流與漯爲一。王莽時。河遂行漯川。大河不行於大伾之北。而遂行於相魏之南。則山澤在河之瀕者。支川與河之相貫者。悉皆易位。而與禹貢不合矣○方氏曰。建紹後。黄河決入鉅野。溢于泗以入于淮者。謂之南清河。由汶合濟至滄州以入海者。謂之北清河。是時淮僅受河之半。金之亡也。河自開封北衛州決而入渦河以入淮。一淮水獨受大黄河之全以輸之海。濟水之絶于王莽時者。今其原出河北温州。猶經枯黄河中以入汶而後趨海。清濟貫濁河。遂成虚論矣○新安陳氏曰。方氏得於身經目覩。與諸家據紙上而説者不同。合程王説而參觀之。可見古今河道之大不同。又因方説而後濟水之入河。復溢出於河者。顯然可見矣

嶓冢導漾。東流爲漢。又東爲滄浪之水。過三澨。至于大別。南入于江。東匯澤爲彭蠡。東爲北江。入于海

漾。水名。水經曰。漾水出隴西郡氐道縣嶓冢山。東至武都。常璩曰。漢水有兩源。此東源也。即禹貢所謂嶓冢導

漾者。其西源出隴西嶓冢山。會泉始源曰沔。逕葭萌入
漢。東源在今西縣之西。西源在今三泉縣之東也。酈道
元謂東西兩川俱出嶓冢而同爲漢水者是也。水源發
于嶓冢爲漾。至武都爲漢。又東流爲滄浪之水。酈道元
云。武當縣北四十里。漢水中有洲曰滄浪洲。水曰滄浪
水是也。蓋水之經歷隨地得名。謂之爲者。明非他水也。
三澨。水名。今郢州長壽縣磨石山發源東南流者名澨
水。至復州景陵縣界來。又名汊水。疑即三澨之一。然據
左傳漳澨薳澨則爲水際。未可曉也。大別。見導山。入江
在今漢陽軍漢陽縣。匯。迴也。彭蠡。見揚州。北江。未詳。入

海在今通州靜海縣○今按彭蠡古今記載皆謂今之番陽。然其澤在江之南。去漢水入江之處。已七百餘里。所蓄之水。則合饒。信。徽。撫。吉。贛南安。建昌。臨江。袁。筠。隆興南康數州之流。非自漢入而爲匯者。又其入江之處。西則廬阜。東則湖口。皆石山峙立。水道狹甚。不應漢水入江之後。七百餘里。乃横截而南入于番陽。又横截而北流爲北江。且番陽合數州之流。豬而爲澤。泛溢壅遏。初無仰於江漢之匯而後成也。不惟無所仰於江漢。而衆流之積。日過月高。勢亦不復容江漢之來入矣。今湖口横渡之處。其北則江漢之濁流。其南則番陽之清漲。

不見所謂漢水匯澤而爲彭蠡者。番陽之水既出湖口。則依南岸與大江相持以東。又不見所謂橫截而爲北江者。又以經文考之。則今之彭蠡既在大江之南。於經則宜曰南匯彭蠡。不應曰東匯。於導江則宜曰南會于匯。不應曰北會于匯。匯既在南。於經則宜曰北爲北江。不應曰東爲北江。以今地望參校。絶爲反戾。今廬江之北。有所謂巢湖者。湖大而源淺。每歲四五月間。蜀嶺雪消。大江泛溢之時。水淤入湖。至七八月大江水落。湖水方泄。隨江以東。爲合東匯北匯之文。然番陽之湖方五六百里。不應舍此而録彼。記其小而遺其大也。蓋嘗以事理情勢考之。洪水之患。惟河爲甚。意當時龍門九河等處。事急民困。勢重役煩。禹親莅而身督之。若江淮則地偏水急。不待疏鑿。固已通行。或分遣官屬往視亦可。況洞庭彭蠡之間。乃三苗所居。水澤山林。深昧不測。彼方負其險阻。頑不即工。則官屬之往者。亦未必遽敢深入。是以但知彭蠡之爲澤。而不知其非漢水所匯。但意如巢湖江水之淤。而不知彭蠡之源爲甚衆也。以此致誤。謂之爲匯。謂之北江。無足怪者。然則番陽之爲彭蠡信矣。因說禹貢。朱子曰。此最難說。蓋他本文自有繆處。且如漢水。自是從今漢陽軍入江。下至江州。然後江西一帶江水流出。合爲大江。兩江下水相淤。故江西水出不得。溢爲彭蠡。上取漢水入江處有多少路。今言漢水過三澨至于大別南入于江。東匯澤爲彭蠡。全然不合。又如何去强解釋得。蓋禹當時只治得雍冀數州爲詳。南方諸水皆不親見。恐只得之傳聞。故多遺闕。又差誤如此。今又不成說他聖人之經不是。所以難說。然自古解釋者紛紛。終是與他地上水不合。東匯澤爲彭蠡。多此一句

岷山導江。東別爲沱。又東至于澧。過九江至于東陵。東迆北會爲匯。東爲中江。入于海

沱。江之別流於梁者也。澧。水名。水經出武陵充縣西至長沙下雋縣西北入江。鄭氏云。經言道言會者。水也。言至者。或山或澤也。澧。宜山澤之名。按下文九江。澧水既與其一。則非水明矣。九江。見荊州。東陵。巴陵也。今岳州巴陵縣也。地志在廬江西北者非是。會匯中江。見上章

朱子曰禹治江。不見甚用力。書載岷山導江。東別爲沱。又東至于澧。過九江至于東陵。東迆北會爲匯。東爲中江。入于海。若中間更用工夫。如何載得恁畧。○嶓冢導漾。東流爲漢。又東爲滄浪之水。過三澨至于大別。南入于江。東匯澤爲彭蠡。東爲北江。入于海。又曰。岷山之陽。至于衡山。過九江至于敷淺原。此皆禹貢之文也。古今讀者。皆以爲是。既出於聖人之手。則固不容復有訛謬。萬世之下。但當尊信誦習。傳之無窮。亦無以覈其事實是否爲也。是以爲之說者。不過隨文解義。以就章句。如說九江。則曰江過尋陽。派別爲九。或曰。有小江九。北來注之。說彭蠡。則曰漢水所匯。而江水亦往會焉。說北江中江。則曰漢既匯而出爲北江。江既會而出爲中江也。說九江。則但指今日江州治所以當之。說敷淺原。則但以爲漢歷陽縣之博易山。在今日爲江州之德安縣而已。如是而言。姑爲誦說則可矣。若以山川形勢之實考之。吾恐其說有所不通。而不能使人無所疑也。若曰派別爲九。則江流上下。洲渚不一。今所計以爲九者。若必首尾長短。均布若一。則横斷一節。縱别爲九。一水之間。當有一洲。九江之間。沙水相間。乃爲十有七道。於地將無所容。若曰參差取之。不必齊一。則又不知斷自何許而數其九也。況沙渚出沒。其勢不常。江陵先有九十九洲。後乃復生一洲。是豈可以爲地理之定名乎。此不可通之妄說也。若曰旁計橫入小江之數。則自岷山以東至入海處。不知當爲幾千百里江矣。此又不可通之妄說也。且經文言九江孔殷。則正以見其吐吞壯盛。浩無津涯之勢。決非尋常分派小江之所當。又繼此而後。及夫沱潛雲夢。則又見其決非尋陽以東甚遠之下流。此又可以證前二說者。爲不可通之妄說也。若曰漢水匯爲彭蠡而江水亦往會焉。則彭蠡之爲澤也。實在大江之南。自今江州湖口縣南跨南康軍饒州之境。以接于隆興府之北。瀰漫數十百里。其源則東自饒徽信州建昌軍。南自贛州南安軍。西自袁筠以至隆興府分寧武寧諸邑。方數千里之水皆會而歸焉。北過南康揚瀾左里。則兩岸漸迫山麓。而湖面稍狹。遂東北流以趨湖口而入于江矣。然以地勢北高而南下。故其入于江也。反爲江水所遏而不得遂。因卻而自豬。以爲是瀰漫數十百里之大澤。則是彭蠡之所以爲彭蠡者。初非有所仰於江漢之匯而後成也。不惟無所仰於江漢。而衆流之積日遏日高。勢以不復容江漢之來入矣。又況漢水自漢陽軍大別山下南流入江。則其水與江混而爲一。至此已七百餘里矣。今謂其至此而後。一先一後以入于彭蠡。既匯之後。又復循次而出以爲二江。則其入也。何以識其爲昔日之漢水而先行。何以識其爲昔日之江水而後會。其出也。何以識其爲昔日之漢水而今分以北。何以識其爲昔日之江水而今分以居中耶。且以方言之。則宜曰南會而不應曰北會。以實計之。則湖口之東。今但見其爲一江而不見其分流。然則所謂漢水匯爲彭澤。而江水亦往會焉者。亦不可通之妄說也。此數說者。既無一之不窮。於是味別洲別之論出焉。而終亦不免於窮也。蓋曰味別。則不知凡禹之所爲過門不入。胼手胝足而不以爲病者。爲欲大濟天下昏墊之民。使得平土而居。以衣且食而遂其生耶。抑如陸羽張又新輩。但欲較其毫分於齒頰間。以爲茗飲一時之快也。嗚呼。彼以是而爲說者。亦可謂童騃不思之甚矣。且河之所會。漆。沮。涇。渭。伊。洛。瀍。澗。支川尤多。而初無味別之說。濟之所經。或潛或見。或止或流。其變不一。而亦無味別之說。何獨至此而辨之若是悉耶。此又可見其爲不通之妄說也。若曰洲別。則又九江之鑿吾既辨於前矣。若果如此。則漢水入江之後。便須當有一洲介於其間。以爲江漢之別。而湖口入匯之處。又當各分爲二。以爲出入之辨而後可也。今皆無之。而湖口横渡之處，亦嘗過之。但見舟北爲大江之濁流，舟南爲彭蠡之清漲而已。蓋彭蠡之水，雖限於江而不得洩，然其既平，則亦因其可行之隙，而又未嘗不相持以東也。惡睹所謂中江北江之別乎。此又可見其爲不通之妄說也。若曰古之九江，即今之江州；古之敷淺原，即今之德安縣，則漢九江郡本在江北，而今所謂江州者，實武昌郡之柴桑縣，後以江北之尋陽并柴桑而立郡，又自江北徙治江南，以故江南得有尋陽之名，後又因尋陽而改爲江州，實非古九江地也。又況經言過九江至于東陵，而後會于彭蠡，則自今江州城下至湖口縣纔四十里，不知東陵的在何處，何所表異，而其志之繁密促數乃如此。又曰過九江至于敷淺原，則已自江州順流東下湖口，又復泝流南上彭蠡百有餘里而後至焉，亦何說哉。此又不可通之妄說也。至于今之所謂敷淺原者，則其爲山也微，而其全體正脉，又特爲廬阜，以盡乎大江彭蠡之交矣。不取於此以記衡山東道一支之所極者，而獨有取乎彼之區區焉者，則吾恐其山川之名，古今或異，而傳者未必得其真也。凡此差舛，其類不一，讀而不思，思而不考者，既昏憒鹵莽而無足言矣。其間亦有心知其誤而

口不敢言。乃反爲之遷就穿鑿以蓋之。其巧愈甚。其謬
愈彰。使有識之士。讀之愈疑而不敢信。惟國初胡秘監
旦。近世晁詹事說之。皆以九江爲洞庭。則其援證皆極
精博。而莆田鄭樵漁仲獨謂東匯澤爲彭蠡。東爲北江
入于海。十三字爲衍文。亦爲得之。予既目睹彭蠡有源。
兩江不分之實。又參之以此三說者。而深以事理情勢
求之。然後果得其所以誤也。蓋洪水之患。惟河爲甚。而
兖州乃其下流。水曲而流緩。地平而土疏。故河之患。於
此爲尤甚。而作治之功。十有三載。然後同於諸州。竊料
當時惟此等處。事急民困。勢重役煩。禹乃親莅而身督
之。不可一日而舍去。若梁。雍。荆。揚。地偏水急。不待疏鑿
固已通行。則分遣官屬往而視之。其亦可也。况洞庭彭
蠡之間。乃三苗氏之所居。當是之時。水澤山林。深昧不
測。彼方負其險阻。頑不即工。則官屬之往者。固未必遽
敢深入其境。是以但見彭蠡之爲澤。而不知其源之甚
遠而且多。但見洞庭下流之已爲江。而不知其中流之
嘗爲澤而甚廣也。以此致誤。宜無足怪者。若其用字之
同異。則經之凡例亦自可攷。顧讀者未深思耳。今但刪
去東匯北江之衍字。而正以洞庭爲九江。更以經之凡
例通之。則過九江至于東陵者。言導岷山之水。而是水

之流橫截乎洞庭之口。以至東陵也。是漢水過三澨之例也。過九江至于敷淺原者。言導岷陽之山。而導山之人。至於衡山之麓。遂越洞庭之尾。東取山路以至于敷淺原也。是導岍岐荆山而逾于河。以盡常碣之例也。以是觀之。則經之文意。不亦既明矣乎○始余讀禹貢。即有所疑於此數條。復見鄭漁仲所論。以東爲北江入于海者爲衍文。初無意其有理。既而思之。去其所謂北江者。則下文之中江者無所措矣。晚以蒙恩。假守二年於彭蠡之上。乃得究觀其山川地理之實。而知經文之不能無誤也。至於以九江爲洞庭。則惟近世晁以通之說爲然。晁氏則本於胡秘監之說也。細以地理遠近之勢。度之。宜從二公爲是

導沇水。東流爲濟。入于河。溢爲滎。東出于陶丘北。又東至于菏。又東北會于汶。又北東入于海

沇水。濟水也。發源爲沇。既東爲濟。地志云。濟水出河東郘垣曲縣王屋山東南。今絳州垣曲縣山也。始發源王

屋山頂崖下曰沇水既見而伏東出於今孟州濟源縣
二源東源周迴七百步其深不測西源周迴六百八十
五步其深一丈合流至温縣是爲濟水歷虢公臺西南
入于河溢滿也復出河之南溢而爲滎滎即滎波之滎
見豫州又東出於陶丘北陶丘地名再成曰陶在今廣
濟軍西又東至于菏菏即菏澤亦見豫州謂之至者濟
隂縣自有菏派濟流至其地爾汶北汶也見青州又東
北至于東平府壽張縣安民亭合汶水至今青州博興
縣入海唐李賢謂濟自鄭以東貫滑曹鄆濟齊青以入
于海本朝樂史謂今東平濟南淄川北海界中有水流

入海。謂之清河。酈道元謂濟水。當王莽之世。川瀆枯竭。其後水流逕通津渠。勢改尋梁脉。水不與昔同。然則滎澤。濟河雖枯。而濟水未嘗絕流也。程氏曰。滎水之爲濟。本無他義。濟之入河。適會河滿溢出南岸。溢出者非濟水。因濟而溢。故禹還以元名命之。按程氏言溢之一字固爲有理。然出於河南者既非濟水。則禹不應以河枝流而目稱爲濟。蓋溢者指滎而言。非指河也。且河濁而滎清。則滎之水非河之溢明矣。況經所書。單立導沇條例。若斷若續而實有源流。或見或伏而脉絡可考。先儒皆以濟水性下勁疾。故能入河穴地。流注顯伏。南豐曾氏齊州二堂記云。泰山之北。與齊之東南諸谷之水。西北匯于黑水之灣。又西北匯于栢崖之灣。而至于渴馬之崖。蓋水之來也衆。其北折而西也。悍疾尤甚。及至于崖下。則泊然而止。而自崖以北。至于歷城之西。蓋五十里。而有泉湧出。高或致數尺。其旁之人。名之曰趵突之泉。齊人皆謂嘗有棄糠於黑水之灣者。而見之於此。蓋泉自渴馬之崖。潛流地中。而至此復出也。其注而北。則謂之濼水。達于清河以入于海。舟之通於濟者。皆於是乎達也。濟多甘泉。其顯名者十數。而色味皆同。以余驗之。蓋皆濼水之旁出者也。然則水之伏流地中。固多有之奚獨於滎澤疑哉吳興沈氏亦言古說濟水伏流地中今歷下凡發地皆是流水世謂濟水經過其下東阿亦濟所經取其井水煮膠謂之阿膠用攪濁水則清入服之下膈疏痰蓋其水性趨下清而重故也濟水伏流絕河乃其物性之常事理之著者程氏非之顧弗深考耳

新安陳氏曰方氏回嘗親過枯黃河見濟水出河北溫縣者今徑枯黃河以入汶而後趨海而謂清濟貫濁河遂成虛論以此觀之則濟水性下固能伏流而出爲滎然其性勁實能勁絕大河中而出爲滎也程泰之謂溢爲滎非濟溢辨之者以河濁滎清證其非當矣今太河改而南流而古太河遂爲枯礫濟之貫河其迹顯然泰之之非不辨而明矣

導淮自桐柏東會于泗沂東入于海

水經云。淮水出南陽平氏縣。胎簪山。禹只自桐柏導之耳。桐柏見導山。泗沂見徐州。沂入于泗。泗入于淮。此言會者。以二水相敵故也。入海在今淮浦

導渭自鳥鼠同穴。東會于灃。又東會于涇。又東過漆沮。入于河

同穴。山名。地志云。鳥鼠山者。同穴之枝山也。餘並見雍州。孔氏曰。鳥鼠共爲雌雄。同穴而處。其說怪誕不經。不足信也。酈道元云。渭水出南谷山。在鳥鼠山西北。禹只自鳥鼠同穴導之耳 新安陳氏曰。灃涇漆沮皆入渭。渭入河。東會于灃。即灃水攸同也。東會于涇。即涇屬渭汭也。東過漆沮。即漆沮既從也。灃涇大與渭並。故曰會。既得灃涇。渭愈大。漆沮皆小。故曰過。

前分言於。雍。而自源徂流。言於此也

導洛自熊耳。東北會于澗瀍。又東會于伊。又東北入于河

熊耳盧氏之熊耳也。餘並見豫州。洛水出冢嶺山。禹只自熊耳導之耳○按經言嶓冢導漾岷山導江者。漾之源出於嶓。江之源出於岷。故先言山而後言水也。言導河積石。導淮自桐柏。導渭自鳥鼠同穴。導洛自熊耳。皆非出於其山。特自其山以導之耳。故先言水而後言山也。河不言自者。河源多伏流。積石其見處。故言積石而不言自也。沇水不言山者。沇水伏流。其出非一。故不誌其源也。弱水黑水不言山者。九州之外。蓋略之也。小水

合大水謂之入。大水合小水謂之過。二水勢均相入謂之會。天下之水莫大於河。故於河不言會。此禹貢立言之法也。王氏炎曰。凡導川皆決而委之於海。然百川東注。而弱水獨西。黑水獨南。其入于東海。則天下之水。在北莫大於河。在南莫大於江漢。故先言導河而漢次之。江又次之。淮濟亦四瀆也。故先言濟而淮次之。皆自北而南也。四瀆之西有渭。東有洛。亦大川也。故以是終焉

九州攸同。四隩既宅。九山刊旅。九川滌源。九澤既陂。四海會同

隩。隈也。李氏曰。涯内近水爲隩。陂。障也。會同。與灉沮會同同義。四海之隩。水涯之地。已可奠居。九州之山。槎木通道。已可祭告。九州之川。濬滌泉源而無壅遏。九州之

澤已有陂障而無決潰四海之水無不會同而各有所歸此蓋總結上文言九州四海水土無不平治也呂氏曰水平而復疏滌其源爲經久計也○林氏曰九州辨之悉矣至此又言其所以同有以辨之則異制異俗異和異宜各得其所而不相亂有以同之則同軌同文同倫各要其歸而不見其異序言別此言同先別而後同也○上官氏曰天下山水見於禹貢者四十有五而九水爲大九山爲高大者既導則小者無不順矣高者既治則卑者無不平矣此九山九川所以敘於九州之後也

六府孔修庶土交正厎慎財賦咸則三壤成賦中邦

孔大也水火金木土穀皆大修治也土者財之自生謂之庶土則非特穀土也庶土有等當以肥瘠高下名物交相正焉以任土事厎致也因庶土所出之財而致謹

其財賦之入。如周大司徒以土宜之法。辨十有二土之名物。以任土事之類。咸皆也。則品節之也。九州穀土。又皆品節之以上中下三等。如周大司徒辨十有二壤之名物。以致稼穡之類。中邦。中國也。蓋土賦或及於四夷。而田賦則止於中國而已。故曰成賦中邦。

復齋董氏曰。九疇先五行。五行一曰水。水治。則六府皆理。○呂氏曰。底慎。其心也。則壤。其迹也。本末皆備。○林氏曰。準則上中下之土壤。即前九等之田。三等言其略。九等言其詳也。○陳氏大猷曰。上各州惟舉一隅。至此總結之。以見九州之所同。如宅土既宅。惟見於兗。雍。故以此四隩既宅總之。旅山惟見於梁。雍。故此以九山刊旅總之。各州所載川澤雖多。然九州川澤不止是也。故以九川九澤之滌陂總之。上雖各載達河之道。而四方之趨帝都者。不止是也。故以四海會同總之。六府孔修。則非特水土之治而已。庶土交正。則山林川澤丘陵墳衍原隰之土地無不正。非

特墳壤壚之復其性而已也。正庶土而愼財賦。所以總結九州所貢篚之物也。則三壤以成中邦之賦。所以總結九州九等之田與賦也

錫土姓

錫土姓者。言錫之土以立國。錫之姓以立宗。左傳所謂天子建德。因生以賜姓。胙之土。而命之氏者也。林氏曰。水土平。可以封建諸侯也。如契封於商。賜姓子。稷封於邰。賜姓姬。有土有社。昔固有矣。至是徧錫之

祗台德先。不距朕行

台。我。距。違也。禹平水土。定土賦。建諸侯。治已定。功已成矣。當此之時。惟敬德以先天下。則天下自不能違越我之所行也王氏炎曰。曰台曰朕。皆禹自言。指台朕爲堯舜。非經意也。○馬氏曰。水土已平。天子於是

封建分理。又敬己德以先之。而莫敢違。皆禹功所致也。即迪朕德時乃功惟敘之意

五百里甸服。百里賦納總。二百里納銍。三百里納秸服。四百里粟。五百里米

甸服。畿內之地也。甸。田。服事也。以皆田賦之事。故謂之甸服。五百里者。王城之外。四面皆五百里也。禾本全曰總。刈禾曰銍。半藁也。半藁去皮曰秸。謂之服者。三百里內。去王城爲近。非惟納總銍秸。而又使之服輸將之事也。獨於秸言之者。總前二者而言也。粟。穀也。內百里爲最近。故幷禾本總賦之。外百里次之。只刈禾半藁納也。外百里又次之。去藁麤皮納也。外百里爲遠。去其穗

而納穀外百里爲尤遠去其穀而納米蓋量其地之遠近而爲納賦之輕重精麤也此分甸服五百里而爲五等者也 朱子曰里者乃道途遠近之數非方井之里也甸治田也畿内天子之田其民主爲天子治田事故謂之甸服○近麤而遠精近者易致遠者難致故也畿内專言田賦者畿内不封諸侯故田賦入天子然五服各不同亦舉凡例互相見○張氏曰此以下因水土既平而言鄕成五服之事服服其事也内而甸侯綏外而要荒莫不各服其事於天子故皆謂之服○孔氏曰甸服爲天子服治田禾藁曰總供飼國馬○唐孔氏曰銍鎌也用以刈故以銍表禾穗秸言服舉中以明上下侯服以外貢不入穀甸主治田故服名甸○蘇氏曰獨言甸服之賦者内詳王賦之法而諸侯可推也○陳氏大猷曰禹之甸法達於天下詩奕奕梁山維禹甸之傳少康有田一成皆甸法也王畿獨以甸名服者農事國之本也京師聲名文物之所萃四方百貨之所聚其民易以棄本逐末制名甸服示天下以務本重穀也○新安陳氏曰或謂服如國服之服他有服役不但輸將

或又謂秸只納藁。以此三百里在遠近之中。故使只納藁。而服輸將之役也。○碧梧馬氏曰。秸服之服。先儒多以服字。就秸字上解。秸。藁也。若去禾中之粟米。而納空藁。惟使之服輸將之事。是其賦輕於四百里五百里矣。若存禾中之粟米而又納藁。又服輸將之事。是其賦重於百里二百里矣。惟蔡傳摘出服字。以爲總前二者言之。爲通。蓋孔氏亦以此明上下服。並皆有所納之役矣。第孔氏說。以服字貫總銍粟米言之。文勢爲礙爾

五百里侯服。百里采。二百里男邦。三百里諸侯

侯服者。侯國之服。甸服外四面。又各五百里也。采者。卿大夫邑地。男邦。男爵。小國也。諸侯。諸侯之爵。大國次國也。先小國而後大國者。大可以禦外侮。小得以安內附也。此分侯服五百里。而爲三等也朱子曰。第二之百里爲男爵之國○三百里。謂自三至五。爲百里者三。隨文生例。不可拘此○侯服惟言邑國者。畿外主於封侯。亦互相見○呂氏曰。采

邑。如今之職田。言男。則子在其間。言侯。則公伯在其間

五百里綏服。三百里揆文教。二百里奮武衛

綏安也。謂之綏者漸遠王畿。而取撫安之義。侯服外四面又各五百里也。揆。度也。綏服內取王城千里。外取荒服千里。介於內外之間。故以內三百里揆文教。外二百里奮武衛。文以治內。武以治外。聖人所以嚴華夏之辨者如此。此分綏服五百里。而爲二等也

陳氏大猷曰。綏服。內安中國。外安邊疆也。內三百里非全無武衛。以文教爲主。外二百里非全無文教。以武衛爲主。文教以善其生。武衛以護其生。民斯安矣。又曰。武以衛言。保護而已。治世武事易弛。故奮以脩之。聖人不黷武。亦不廢武也。與後世恃小康而銷兵者。異矣○林氏曰。漢魏使外夷入居中國障塞之地。至西晉有劉石之禍。石晉以盧龍賂契丹。至重

貴有耶律之難。綏服嚴華夷之辨。萬世不易之法也

五百里要服。三百里夷。二百里蔡。

要服去王畿已遠。皆夷狄之地。其文法略於中國。謂之要者。取要約之義。特覊縻之而已。綏服外四面。又各五百里也。蔡。放也。左傳云蔡蔡叔是也。流放罪人於此也。

此分要服五百里。而爲二等也

五百里荒服。三百里蠻。二百里流

荒服去王畿益遠。而經略之者。視要服爲尤略也。以其荒野。故謂之荒服。要服外四面。又各五百里也。流。流放罪人之地。蔡與流皆所以處罪人。而罪有輕重。故地有

遠近之別也。此分荒服五百里而爲二等也〇今按每服五百里。五服則二千五百里。南北東西相距五千里。故益稷篇言弼成五服至于五千。然堯都冀州冀之北境幷雲中涿易亦恐無二千五百里藉使有之亦皆沙漠不毛之地而東南財賦所出則反棄於要荒以地勢考之殊未可曉但意古今土地盛衰不同當舜之時冀北之地未必荒落如後世耳亦猶閩浙之閒舊爲蠻夷淵藪而今富庶繁衍遂爲上國土地興廢不可以一時槩也周制九畿曰侯甸男采衛蠻夷鎮藩每畿亦五百里而王畿又不在其中併之則一方五千里四方相距爲萬里。蓋倍禹服之數也。漢地志。亦言東西九千里。南北一萬三千里。先儒皆疑禹服之狹。而周漢地廣。或以周服里數。皆以方言。或以古今尺有長短。或以禹直方計。而後世以人迹屈曲取之。要之皆非的論。蓋禹聲敎所及。則地盡四海。而其疆理則止以五服爲制。至荒服之外。又別爲區畫。如所謂咸建五長是已。若周漢則盡其地之所至而疆畫之也。王氏曰。夷。易也。無中國禮法。易而已。蠻。慢也。甚於夷矣。○林氏曰。記言東夷。西戎。南蠻。北狄。相對而言。則有四名。舉一二言。則皆可通。如四夷來王。蠻夷車服是也。此處不必拘。東夷南蠻之名。夷易蠻慢之訓。其或然歟。○馬氏曰。甸侯綏爲中國。要荒已爲夷狄。聖人之治。詳內略外。觀五服名義可見。治中國。則法度宜詳。治以必治也。治夷蠻。則法度宜略。治以不治也。觀至于五千。見德化之遠及。觀要荒二服。見法度之不泛及。聖人不務廣地而勤遠略可見矣○曾氏曰。周之九服。述者終不能大異於作者。周之王畿。即禹之甸服。侯服甸服。即禹之侯服。男服采服。即禹之綏服。衛服介於其中。即綏服之奮武衛。蠻服夷服。即禹之要服。鎮服藩服。即禹之荒服也○王氏曰。東海在中國封疆內西南。北海則遠在夷徼之外。南獨以江與衡山爲限。蓋百粤未盡開也。惟河擧東西南北。河流縈帶中國也。自秦而上。西北袞而東南蹙。自秦而下。東南展而西北縮。此古今天地之大運也。當先王時。四方各有不盡之地。聽四夷居之。不勞中國以事外也

東漸于海。西被于流沙。朔南暨聲教訖于四海。禹錫玄圭。告厥成功

漸。漬。被。覆。暨。及也。地有遠近。故言有淺深也。聲。謂風聲。教。謂教化。林氏曰。振擧於此而遠者聞焉。故謂之聲。軌

範於此。而遠者效焉。故謂之教。上言五服之制。此言聲教所及。蓋法制有限。而教化無窮也。錫與師錫之錫同。

水土既平。禹以玄圭爲贄。而告成功于舜也。水色黑。故圭以玄云

林氏曰。此又推聖化所極至而言之。漸。如水之漸漬。被。如衣之被覆。朔南不言所至。以下文四海見之也○陳氏大猷曰。聖人政事所治。詳内略外。不求盡於四海。而道德所化。則無内外之限。而必極於四海。自禹敷土而下。槩舉治水規模言之。自冀州而下。以帝都爲主。自東而西。區別九州之疆域言之。自導岍而下。則自西而東。貫串九州之山水言之。自九州攸同而下。則總合九州成績言之。自五百里甸服而下。則以成五服。自内及外言之。自東漸而下。則遠舉四極言之。以至於告成功而終焉。經緯錯綜。法度森嚴。非聖經不及此○新安陳氏曰。禹貢一書。雖紀平水土。制貢賦之事。而有躬行教化之精微寓焉。曰祗台德先不距朕行。躬行心得以爲教化之本者也。曰文教。曰聲教。教化之流行。而躬行之效驗也。後之山經地志。與夫財用之

書。有是哉○董氏鼎曰。禹貢紀禹治水之規模次第。與水平後任土作貢之法。及弼成五服之事。自黃帝畫野分州。九州封域已定矣。禹治水。復取高山大川以別識之。使各州之官。率民以趨事也。其始於冀州。非徒以帝都爲先。蓋水患皆因下流壅塞而然。禹先用功於下流。以疏其壅塞之勢。然後用功於上流。以濬其發源之地。下流有所歸。則上流有所殺矣。天下大勢。西北高。而東南下。九水惟河爲大。水患惟河爲急。河始入於雍而經於冀。則冀當河之下流。而兗又其下流之入海處。所以禹之功役。自冀而兗。則疏濟之下流也。自青而徐。則疏淮之下流也。自揚而荊。則疏江漢之下流也。河。濟。淮。江漢。五水之下流既通。水患之平。已十七八矣。然上流不濬。則猶有壅塞之患。於是自荊而豫。以濬伊洛之源。自豫而梁。以濬江漢之源自梁而雍。以濬河渭之源。從北而東。從東而南。從南而西。從西而又北始於河。治水之能事畢矣。一書之中。觀其規模次第。若事乎法度之維持。求其綱領樞機。實關乎德化之感化。故曰祗台德先。不距朕行。讀此篇者。毋求作貢之法。當求其祗德之心

甘誓

甘。地名。有扈氏國之南郊也。在扶風鄠縣。誓。與禹征苗之誓同義。言其討叛伐罪之意。嚴其坐作進退之節。所以一衆志而起其怠也。誓師于甘。故以甘誓名篇。書有六體。誓其一也。今文古文皆有○按有扈夏同姓之國。史記曰。啓立。有扈不服。遂滅之。唐孔氏因謂堯舜受禪。啓獨繼父。以是不服。亦臆度之耳。左傳。昭公元年。趙孟曰。虞有三苗。夏有觀扈。商有姺邳。周有徐奄。則有扈亦三苗徐奄之類也。新安陳氏曰。禹征苗已有誓。專書一篇。則自此始。可觀世變矣

大戰于甘。乃召六卿。

六卿。六鄉之卿也。按周禮鄉大夫。每鄉卿一人。六鄉六卿。平居無事。則各掌其鄉之政敎禁令。而屬於大司徒。有事出征。則各率其鄉之一萬二千五百人。而屬於大司馬。所謂軍將皆卿者是也。意夏制亦如此。古者四方有變。專責之方伯。方伯不能討。然後天子親征之。天子之兵。有征無戰。今啓既親率六軍以出。而又書大戰于甘。則有扈之怙强稔惡。敢與天子抗衡。豈特孟子所謂六師移之者。書曰大戰。蓋所以深著有扈不臣之罪。而爲天不後世諸侯之戒也。李氏曰。六卿。非自冢宰至司空之六卿也。周禮鄉大夫。每鄉卿一人。蓋王之六卿。別有此六卿也。若以爲六卿分職之六卿。無緣冢宰亦屬於司馬。知其非也〇新安陳

氏曰。此書固見有扈之不臣。亦見啓之尚能爲君也

王曰。嗟。六事之人。予誓告汝

重其事。故嗟歎而告之。六事者。非但六卿。有事於六軍者皆是也　李氏曰。虞書言咨。其後變爲嗟。胤征嗟予有衆。湯誥嗟爾萬方有衆。皆是

有扈氏威侮五行。怠棄三正。天用勦絶其命。今予惟恭行天之罰

威。暴殄之也。侮。輕忽之也。鯀汨五行而殛死。况於威侮之者乎。三正。子丑寅之正也。夏正建寅。怠棄者。不用正朔也。有扈氏暴殄天物。輕忽不敬。廢棄正朔。虐下背上。獲罪于天。天用勦絶其命。今我伐之。惟敬行天之罰而

已。今按此章。則二正迭建。其來久矣。舜協時月正日。亦所以一正朔也。子丑之建。唐虞之前當已有之孔氏曰。自此至篇終皆誓辭○陳氏大猷曰。凡背五常之道。拂生長歛藏之宜。皆威侮五行也○馬氏曰。建子丑寅三正也○林氏曰。商方有改正朔事。夏以前未有也○夏氏曰。董仲舒謂舜紹堯。順天道。改正朔。易服色。此非夏以前事乎○新安陳氏曰。商以前。若果無子丑二正。則是自古以來皆建寅。孔子何獨言行夏之時乎。蔡氏以暴殄天物爲威侮五行。是偏以質具於地之五行言之。陳氏兼以氣行於天之五行。與五行之理言

左不攻于左。汝不恭命。右不攻于右。汝不恭命。御非其馬之正。汝不恭命

左車左。右車右也。攻治也。古者車戰之法。甲士三人。一居左以主射。一居右以主擊刺。御者居中以主馬之馳

驅也。左傳。宣公十二年。楚許伯御。樂伯。攝叔爲右。以致晉師。樂伯曰。吾聞致師者。左射。以菆。是車左主射也。攝叔曰。吾聞致師者。右入壘。折馘。執俘而還。是車右主擊刺也。御非其馬之正。猶王良所謂詭遇也。蓋左右不治其事。與御非其馬之正。皆足以致敗。故各指其人以責其事。而欲各盡其職而不敢忽也王肅菆側鳩反。矢之善者

用命賞于祖。不用命戮于社。予則孥戮汝

戮。殺也。禮曰。天子巡狩。以遷廟主行。左傳。軍行祓社釁鼓。然則天子親征。必載其遷廟之主。與其社主以行。以示賞戮之不敢專也。祖左。陽也。故賞于祖。社右。陰也。故

戮于社。孥子也。孥戮。與上戮字同義。言若不用命。不但戮及汝身。將併汝妻子而戮之。戰危事也。不重其法。則無以整肅其衆。而使赴功也。或曰。戮辱也。孥戮。猶秋官司厲孥男子以爲罪隸之孥。古人以辱爲戮。謂戮辱之以爲孥耳。古者罰弗及嗣。孥戮之刑。非三代之所宜有也。按此說固爲有理。然以上句考之。不應一戮而二義。蓋罰弗及嗣者。常刑也。予則孥戮者。非常刑也。常刑。則愛克厥威。非常刑。則威克厥愛。盤庚遷都。尚有劓殄滅之無遺育之語。則啓之誓師。豈爲過哉。新安陳氏曰。恭行天之罰一言。與汝不恭命之三言。然後知恭之一字。爲此篇之綱領。有扈之威侮怠棄。不恭故也。啓之行天罰。以恭爲本。我恭天之命。左右御當恭我之命。用命而賞。賞其恭命者也。不用命而戮。戮其不恭命者也。賞與戮不敢自專。必行之於祖與社。皆致其恭也。恭敬者。百聖相傳之心法。啓之恭敬之心。即禹祗承之心也。啓賢能敬承繼禹之道。於此亦可見云。○吳氏澂曰。甘誓一篇。僅八十字。而其間六軍之制。車乘之法。邦國賞刑之典。誓師之辭。靡不明備。蓋古人之學。精粗本末不廢。啓雖承禹傳道之後。而干戈行陣之事。亦曾從家學素講明來。一傳至仲康。而胤征所言。亦可以考當時人物。軍旅官名。制度。乃知明明我祖。萬邦之君。有典有則。貽厥子孫。真至言哉。○董氏鼎曰。以啓之賢。繼禹之道。而有扈小臣。敢於抗天子。勇於拒王師。史官作書曰大戰于甘。所以深著有扈之罪也。於此而不聲罪致討。則亂臣賊子。何所懼哉。以此知天下之患雖小。不可忽也。前人之功雖大。不可恃也。在我而已矣。世故有蒙祖父之烈。虐用其民。而顧自信人之不叛已者。吁。奚可哉。彼有功於天地生民者。莫若禹。能敬承繼禹之道者。莫若啓。猶有有扈氏之亂。況不如禹啓父子者乎。吁。萬世可以監矣。抑愚又有感焉。天下雖安。忘戰必危。禹自征苗以來。未嘗用師。軍旅之事。宜啓所未聞也。而一旦赫然以征有扈。召六卿而誓。與會羣后而誓者同科。威侮五行。怠棄三正。與侮慢自賢。反道敗德者同意。恭行天罰。用命不用命。與奉將天罰。爾尚一乃心力者同辭。蓋宛然神考家法也。然則禹固不以天下爲無事。而不訓以兵。啓亦不以天下爲無事。而不習於兵。講之以豫。用之以節。斯其爲王者之師歟

五子之歌

五子。太康之弟也。歌。與帝舜作歌之歌同義。今文無。古文有。張氏曰。美哉禹功。明德遠矣。再傳至太康。一盤遊田。便至失國。以禹之德之功。不能蓋也。爲人君可少肆乎

太康尸位。以逸豫滅厥德。黎民咸貳。乃盤遊無度。畋于有洛之表。十旬弗反

太康。啓之子。尸。如祭祀之尸。謂居其位而不爲其事。如

古人所謂尸禄尸官者也。豫。樂也。夏諺曰。吾王不遊。吾何以休。吾王不豫。吾何以助。一遊一豫。爲諸侯度。夏之先王非不遊豫。蓋有其節。皆所以爲民。非若太康以逸豫而滅其德也。民咸貳心。而太康猶不知悔。乃安於遊畋之無度。言其遠。則至于洛水之南。言其久。則十旬而弗反。是則太康自棄其國矣新安陳氏曰。此史序五子作歌之由。能敬必有德。逸豫則怠勝敬。所以至滅其德

有窮后羿。因民弗忍。距于河

窮國名。羿。窮國君之名也。或曰。羿。善射者之名。賈逵說文。羿。帝嚳射官。故其後善射者皆謂之羿。有窮之君。亦

善射。故以羿目之也。羿因民不堪命。距太康于河北。使不得返。遂廢之。

呂氏曰。姦雄何代無之。我之勢固。彼無因而入。苟有間隙。彼必投之。羿之變。所以因民弗忍也。因者。明禍亂之本。在此不在彼也。秦不築長城。起阿房。勝廣何所因。隋不伐遼東。遊江都。李密王世充何所因〇陳氏經曰。禹功在萬世。觀河洛者思之。再傳一爲遊田。而民遂貳。何也。民之於禹。如賴慈母。一遇太康。如嬰兒失母無依。所以貳也。然羿能奪之一時。不能禁民思禹於他日。少康以一成一旅。卒祀夏、配天。非民之不忘禹而何

厥弟五人。御其母以從。徯于洛之汭。五子咸怨。述大禹之戒以作歌

御。侍也。怨。如孟子所謂小弁之怨。親親也。小弁之詩。父子之怨。五子之歌。兄弟之怨。親之過大而不怨。是愈疎

也。五子知宗廟社稷危亡之不可救。毋子兄弟離散之不可保。憂愁鬱悒。慷慨感厲。情不自已。發爲詩歌。推其亡國敗家之由。皆原於荒棄皇祖之訓。雖其五章之間。非盡述皇祖之戒。然其先後終始。互相發明。史臣以其作歌之意。序於五章之首。後世序詩者每篇皆有小序。以言其作詩之義。其原蓋出諸此。呂氏曰。五子之歌。當以詩體觀。不當以書體觀。五子之歌。一章切於一章。一章述禹敬民之訓。二章自咎取亡之道。三章痛惜冀都之業。四章反覆家緒之本末。五章盡取憂愧歸之於已。其情極矣。欲觀詩者。當先觀書。觀舜皋之歌。則見詩之雅頌。觀五子之歌。則見詩之變風變雅。○陳氏大猷曰。五章俯仰節奏。怨而不怒。眞溫柔敦厚可以怨者也。

其一曰。皇祖有訓。民可近。不可下。民惟邦本。本固邦寧。

此禹之訓也。皇。大也。君之與民。以勢而言。則尊卑之分。如霄壤之不侔。以情而言。則相須以安。猶身體之相資以生也。故勢疎則離。情親則合。以其親。故謂之近。以其疎。故謂之下。言其可親而不可疎之也。且民者國之本。本固而後國安。本既不固。則雖强如秦。富如隋。終亦滅亡而已矣。其一其二。或長幼之序。或作歌之序。不可知也。

新安陳氏曰。五歌節奏有序。若出於一意者。五子相與共爲此歌。未必一歌必出一子。而循少長之序爲之也。否則出於夏史潤色次第歟。○陳氏雅言曰。君民以勢而言。則若下而不相近。以理而言。則可近而不可下也。蓋民之所以可近而不可下者。以民爲國之本。民安則國亦安。人君於此。其可下而不近之哉。舜告禹曰。可畏非民。又曰。后非衆。罔與守邦。大禹書訓之言。其得於授受之言也歟

予視天下愚夫愚婦一能勝予。一人三失。怨豈在明。不見是圖。予臨兆民。凜乎若朽索之馭六馬。爲人上者奈何不敬

予。五子自稱也。君失人心。則爲獨夫。獨夫則愚夫愚婦一能勝我矣。三失者。言所失衆也。民心怨背。豈待其彰著而後知之。當於事幾未形之時而圖之也。朽。腐也。朽索易絶。六馬易驚。朽索固非可以馭馬也。以喻其危懼可畏之甚。爲人上者奈何而不敬乎。前既引禹之訓言。此則以已之不足恃。民之可畏者。申結其義也。陳氏大猷曰。失至於三。不望其復改矣。頻復之凶也。民怨之蓄必深矣。○林氏曰。朽索馭六馬。猶晉人作危語。古車一乘四馬。

兩服兩驂。天子車六馬。服驂之旁。加兩騑也。馬在車中爲服。在車外爲驂。在驂外爲騑○陳氏經曰。此章言國以民爲本。君之固結民心。以敬爲本。以見太康失邦。由失民心。失民心。由於逸豫不敬也

其二曰。訓有之。內作色荒。外作禽荒。甘酒嗜音。峻宇彫牆。有一於此。未或不亡

此亦禹之訓也。色荒惑嬖寵也。禽荒耽遊畋也。荒者迷亂之謂。甘嗜皆無厭也。峻高大也。宇棟宇也。彫繪飾也。言六者有其一。皆足以致滅亡也。禹之訓。昭明如此。而太康獨不念之乎。此章首尾意義已明。故不復申結之也

林氏曰。此但言訓。承上章皇祖有訓也○王氏十朋曰。三風十愆。君有一於身。國必亡。與此同意○西山眞氏曰。大禹之訓凡六言。二十有四字爾。而古今亂亡之轍。孰非不由之。凜乎其不可犯也。古詩之體。實原乎此。

意者大禹爲之。使子孫誦而傳之乎。爲人主者。以此大訓揭之座隅。銘之楹席。若古聖人儼臨乎前。則保國之金湯。全生之藥石也○董氏鼎曰。聖人言善惡成敗。猶醫師之辨藥性。法司之明律令。某物食之殺人。某事犯之致死。不吾欺矣。輕生者。不顧而身試之。卒至禍敗。其太康之謂歟。禹之訓色荒禽荒。甘酒嗜音。峻宇彫牆。有一于此。未或不亡。太康一犯禽荒之戒。竟以失邦。如食殺人之毒。而犯致死之刑。何其嚴而不可違如此哉。禹訓之嚴。太康雖不悟。然後之爲君者有所警焉。所以四百年而後有桀。千有餘年而後有紂。不然。如太康者。豈若是踈乎

其三曰。惟彼陶唐。有此冀方。今失厥道。亂其紀綱。乃底滅亡

堯初爲唐侯。後爲天子。都陶。故曰陶唐。堯授舜。舜授禹皆都冀州。言冀方者。舉中以包外也。大者爲綱。小者爲

紀。底。致也。堯舜禹相授一道。以有天下。今太康失其道。而紊亂其紀綱。以致滅亡也。○又按左氏所引。惟彼陶唐之下。有帥彼天常一語。厥道作其行。乃底滅亡。作乃滅而亡陳氏大猷曰。道者。君天下之本。紀綱者。維持天下之制

其四曰。明明我祖。萬邦之君。有典有則。貽厥子孫。關石和鈞。王府則有。荒墜厥緒。覆宗絕祀

明明。明而又明也。我祖。禹也。典。猶周之六典。則。猶周之八則。所以治天下之典章法度也。貽。遺。關。通。和。平也。百二十斤爲石。三十斤爲鈞。鈞與石。五權之最重者也。關通。以見彼此通同。無折閱之意。和平。以見人情兩平無

乖爭之意。言禹以明明之德。君臨天下。典則法度。所以貽後世者如此。至於鈞石之設。所以一天下之輕重。而立民信者。王府亦有之。其爲子孫後世慮。可謂詳且遠矣。奈何太康荒墜其緒。覆其宗而絶其祀乎○又按法度之制始於權。權與物鈞而生衡。衡運生規。規圓生矩。矩方生繩。繩直生準。是權衡者。又法度之所自出也。故以鈞石言之毅齋沈氏曰。經常無詭。是之謂典。中正有準。是之謂則○節初齊氏曰。以理言。則以君臣父子兄弟夫婦朋友爲五典是也。就事言。則以堯舜所行爲二典是也。動則隨時取中。靜則守正不移。而皆自然有以爲之準。此所謂事理當然之極也。言其物之當然者。則曰物則。言其理之自然者。則曰天則○新安陳氏曰。關通和平。互文耳。法之與器。本末備具。爲子孫慮。遠矣詳矣其五曰。嗚呼曷歸。予懷之悲。萬姓仇予。予將疇依。鬱陶乎予心。顏厚有忸怩。弗慎厥德。雖悔可追。

曷。何也。嗚呼曷歸。歎息無地之可歸也。予將疇依。彷徨無人之可依也。爲君至此。亦可哀矣。仇予之予。指太康也。指太康而謂之予者。不忍斥言。忠厚之至也。鬱陶。哀思也。顏厚。愧之見於色也。忸怩。愧之發於心也。可追。言不可追也。

林氏曰。曷歸者。太康也。五子則曰予之悲。民仇者。太康也。五子則曰仇予。仁人之於兄弟。榮辱一體。有邦則同其安榮。失邦則同其危辱。親愛之至情也。○施氏曰。五子之怨。不深尤太康。乃若其身親爲不善以致之者。非其仁愛之意。充於中而發見於外。安能若是。孔子於書取此歌。於詩取小弁。其意一也。○陳氏大猷曰。五子不咎羿。而曰萬姓仇予。不咎萬姓。而曰弗慎厥德。不咎太康。而惟自怨自艾。所謂怨而不怨也。太康失國。因於不敬慎爾。故五子之歌。始之曰奈何不敬。終之曰弗慎厥德。以是始終焉。乃一篇之綱領也。故曰敬勝怠者吉。怠勝敬者滅

胤征

胤。國名。孟子曰。征者。上伐下也。此以征名。實即誓也。仲康丁有夏中衰之運。羿執國政。社稷安危。在其掌握。而仲康能命胤侯以掌六師。胤侯能承仲康以討有罪。是雖未能行羿不道之誅。明羲和黨惡之罪。然當國命中絶之際。而能舉師伐罪。猶爲禮樂征伐之自天子出也。夫子所以録其書者以是歟。今文無。古文有。○或曰。蘇氏以爲羲和貳於

羿。忠於夏者。故羿假仲康之命。命胤侯征之。今按篇首言仲康肇位四海。胤侯命掌六師。又曰胤侯承王命徂征。詳其文意。蓋史臣善仲康能命將遣師。胤侯能承命致討。未見貶仲康不能制命。而罪胤侯之爲專征也。若果爲簒羿之書。則亂臣賊子所爲。孔子亦取之爲後世法乎

惟仲康肇位四海。胤侯命掌六師。羲和廢厥職。酒荒于厥邑。胤后承王命徂征

仲康。太康之弟。胤侯。胤國之侯。命掌六師。命爲大司馬也。仲康始即位。即命胤侯以掌六師。次年方有征羲和

之命。必本始而言者。蓋史臣善仲康肇位之時。已能收其兵權。故羲和之征。猶能自天子出也。林氏曰。羿廢太康而立仲康。然其篡也。乃在相之世。仲康不爲羿所篡。至其子相。然後見篡。是則仲康猶有以制之也。羿之立仲康也。方將執其禮樂征伐之權。以號令天下。而仲康即位之始。即能命胤侯掌六師以收其兵權。如漢文帝入自代邸。即皇帝位。夜拜宋昌爲衛將軍。鎮撫南北軍之類。羲和之罪。雖曰沉亂于酒。然黨惡於羿。同惡相濟。故胤侯承王命往征之。以翦羿羽翼。故終仲康之世。羿不得以逞。使仲康盡失其權。則羿之篡夏。豈待相而後敢耶。羲氏和氏。夏合爲一官。曰胤后者。諸侯入爲王朝公卿。如禹稷伯夷。謂之后也問東坡疑胤征。朱子曰。袁道潔致得是。太康失河北。至相方失河南。然亦疑羲和是箇曆官曠職。誅之可也。何至誓師如此。大抵古書之不可攷。皆此類也○林氏曰。羲和夏爲一官。至周不復稱羲和。而爲馮相保章氏。隷於太宗伯。其任又輕於夏矣。太史公曰。文史星曆。近乎卜祝之閒。主上所戲弄。倡優畜之。愈益輕矣○息齋余氏曰。傳云。仲康始即位。即命胤侯以掌六師。次年方有征羲和之命。其曰始即位。以肇位言也。其曰次年。則不復著其所據。後又引唐志曰。日蝕在仲康即位之五年。當何所折衷歟。今按經世書。以征羲和爲仲康元年事。則是即位之次年也。古者逾年改元

告于衆曰。嗟予有衆。聖有謨訓。明徵定保。先王克謹天戒。臣人克有常憲。百官脩輔。厥后惟明明

徵。驗。保。安也。聖人訓謨。明有徵驗。可以定安邦國也。下

文即謨訓之語。天戒。日蝕之類。謹者。恐懼修省以消變異也。常憲者。奉法修職以供乃事也。君能謹天戒於上。臣能有常憲於下。百官之衆。各修其職以輔其君。故君內無失德。外無失政。此其所以爲明明后也。又按日食者。君弱臣强之象。后羿專政之戒也。羲和掌日月之官。黨羿而不言。是可赦乎王氏曰。使羲和守常憲以修輔。則仲康得慎天戒而修省矣。今畔官離次。不知有日蝕之變。則是不有常憲。昧先聖之謨訓。安能免於誅乎

每歲孟春。遒人以木鐸徇于路。官師相規。工執藝事以諫。其或不恭。邦有常刑

遒人。宣令之官。木鐸。金口木舌。施政教時。振以警衆也。

周禮。小宰之職。正歲帥治官之屬。徇以木鐸曰。不用法
者。國有常刑。亦此意也。官以職言。師以道言。規。正也。相
規云者。胥教誨也。工。百工也。百工技藝之事。至理存焉。
理無往而不在。故言無微而可略也。孟子曰。責難於君
謂之恭。官師百工。不能規諫。是謂不恭。不恭之罪。猶有
常刑。而況於畔官離次。俶擾天紀者乎張氏曰。相規。規君也。左傳。大夫規誨。詩沔水規宣王○蔡氏元度曰。周景王將鑄無射。伶州鳩諫曰。匱財罷民。魯莊丹楹刻桷。匠慶諫曰。無益於君。而替前人之令德。執藝事諫。此類是也

惟時羲和。顛覆厥德。沈亂于酒。畔官離次。俶擾天紀。遐棄
厥司。乃季秋月朔。辰弗集于房。瞽奏鼓。嗇夫馳。庶人走。羲

和尸厥官。罔聞知。昏迷于天象。以干先王之誅。政典曰。先時者殺無赦。不及時者殺無赦

次。位也。官以職言。次以位言。畔官。則亂其所治之職。離次。則舍其所居之位。俶。始。擾。亂也。天紀。則洪範所謂歲月。日。星辰。曆數是也。蓋自堯舜命羲和曆象日月星辰之後。爲羲和者。世守其職。未嘗紊亂。至是始亂其天紀焉。遐。遠也。遠棄其所司之事也。辰。日月會次之名。房。所次之宿也。集。漢書作輯。集輯通用。言日月會次不相和輯。而掩蝕於房宿也。按唐志日蝕在仲康即位之五年。瞽。樂官。以其無目而審於音也。奏。進也。古者日蝕。則伐

鼓用幣以救之。春秋傳曰。惟正陽之月則然。餘則否。今季秋而行此禮。夏禮與周異也。嗇夫。小臣也。漢有上林嗇夫庶人。庶人之在官者。周禮。庭氏救日之弓矢。嗇夫庶人。蓋供救日之百役者。曰馳曰走者。以見日蝕之變。天子恐懼于上。嗇夫庶人奔走于下。以助救日。如此其急。羲和爲曆象之官。尸居其位。若無聞知。則其昏迷天象。以干先王之誅。豈特不恭之刑而已哉。政典。先王政治之典籍也。先時後時皆違制失時。當誅而不赦者也。今日蝕之變如此。而羲和罔聞知。是固干先王後時之誅矣

朱子曰。日月一歲凡十二會。方會。則月光都盡而爲晦。已會。則月光復蘇而爲朔。朔後晦前各十五

日。日月相對。則月光正滿而爲望。晦朔日月之合。東西同度。南北同道。則月掩日。而日爲之食。望而日月之對。同度同道。則月抗日。而月爲之食。是皆有常度矣。王者修德行政。能使陽盛足以勝陰。陰衰不能侵陽。則日月之行。雖或當食。而月常避日。故其遲速高下。必有參差。而不正相對者。所以當食而不食也。若國無政。不用善。則陰盛陽微。當食必食。雖曰有常度。而實爲非常之變矣。○問月食如何。曰。至明中有暗處。其暗至微。望之時。月與之正對。無分毫相差。月爲暗處所射故食。雖陽勝陰。畢竟不好。若陰有退避之意。則不相敵。而不成食矣○孔氏曰。政典。若周官六卿之治典。先時。謂曆象之法四時節氣弦望晦朔。先天時。則罪死不赦。不及。謂曆象後天時。雖治其官。苟有先後之差則無赦。况廢官乎

今予以爾有衆。奉將天罰。爾衆士同力王室。尚弼予欽承天子威命

將行也。我以爾衆士奉行天罰。爾其同力王室。庶幾輔

我以敬承天子之威命也蓋天子討而不伐諸侯伐而不討仲康之命胤侯得天子討罪之權胤侯之征羲和得諸侯敵愾之義其辭直其義明非若五霸摟諸侯以伐諸侯其辭曲其義迂也

火炎崑岡玉石俱焚天吏逸德烈于猛火殲厥渠魁脅從罔治舊染汙俗咸與惟新

崑出玉山名岡山脊也逸過渠大也言火炎崑岡不辨玉石之美惡而焚之苟爲天吏而有過逸之德不擇人之善惡而戮之其害有甚於猛火不辨玉石也今我但誅首惡之魁而已脅從之黨則罔治之舊染汙習之人

亦皆赦而新之。其誅惡宥善。是猶王者之師也。今按胤征始稱羲和之罪。止以其畔官離次。俶擾天紀。至是有脅從舊染之語。則知羲和之罪。當不止於廢時亂日。是必聚不逞之人。崇飲私邑以爲亂黨。助羿爲惡者也。胤后徂征。隱其叛逆而不言者。蓋正名其罪。則必鋤根除源。而仲康之勢。有未足以制后羿者。故止責其曠職之罪。而實誅其不臣之心也

薛氏曰。殲渠魁。義也。赦脅從。仁也。所以爲王者之師。○新安陳氏曰。觀脅從之語。羲和聚黨助逆明矣。仲康於羿。勢既未能鋤其根株。不可不翦其羽翼。故乘日食之變。正其昏迷之罪。名正言順。羿亦不得庇之也。使非聚黨助逆。則曠職奪邑。司寇行戮足矣。何至勞大司馬興師誓衆。如臨大敵哉

嗚呼威克厥愛允濟愛克厥威允罔功其爾衆士懋戒哉

威者嚴明之謂愛者姑息之謂記曰軍旅主威蓋軍法不可以不嚴嚴明勝則信其事之必濟姑息勝則信其功之無成誓師之末而復嗟歎以是深警之欲其勉力戒懼而用命也

董氏鼎曰太康失邦仲康肇位正天下傒望新政之日也羲和天官所主曆象而乃沈亂於酒畔官離次俶擾天紀遐棄厥司至於日食大變尚罔聞知此而不誅何以責其餘哉胤侯之征所不能免也曰承王命徂征征伐自天子出也曰干先王之誅法令自先王制也曰以爾有衆奉將天罰有罪乃天所討也將帥奉天子之命天子奉天與先王之命仲康莅政之始命將出師而胤侯之誓如此則大本正大權立而大奸懼矣其克嗣祖考也宜哉然羲和在堯時爲四子既總於一合有司于朝有邑于野湎酒失職黜之可矣何至土煩王師之征無亦棄厥司荒厥邑羣飲凶酗不可教誨故不得不然耶其曰殲厥渠魁脅從

罔治。舊染汙俗。咸與惟新。則脅衆以拒命。染惡以成風。已非一日。傳謂助羿爲惡。特隱其叛逆而不言者。豈不當哉

明刻本書傳大全

第三册

明 胡廣等撰

天津圖書館藏明刻本

山東人民出版社·濟南

書傳大全卷之四

商書

契始封商湯因以爲有天下之號書凡十七篇史記湯黃帝後帝嚳生契爲唐虞司徒封於商賜姓子氏十三世生湯名天乙都亳今濟陰亳縣〇鄭氏曰商在太華之陽湯在位十三年崩壽百歲國號商盤庚遷殷以後號殷

湯誓

湯號也或曰謚湯名履姓子氏夏桀暴虐湯往征之亳衆憚於征役故湯諭以弔伐之意蓋師興之時而誓于亳都者也今文古文皆有朱子曰湯武固是反之但細觀其書湯反之之功恐是精密如湯誓與牧誓數桀紂之罪辭氣亦不同史

記。但書湯放桀而死。書武王則曰遂斬紂頭懸之白旗。又曰。湯有慙德。如武王。恐未必有此意

王曰。格爾衆庶。悉聽朕言。非台小子敢行稱亂。有夏多罪。天命殛之

王曰者。史臣追述之稱也。格。至。台。我。稱。舉也。以人事言之。則臣伐君。可謂亂矣。以天命言之。則所謂天吏。非稱亂也。張氏曰。天命殛之。豈諄諄然命之乎。蓋天以天下之心爲心。古之論天者。多以民心卜之。○林氏曰。非天吏而伐有罪。猶不爲士師而擅殺人也。爲天吏而不伐有罪。猶爲士師而故縱罪人也

今爾有衆。汝曰我后不恤我衆。舍我穡事而割正夏。予惟聞汝衆言。夏氏有罪。予畏上帝。不敢不正

穡。刈穫也。割。斷也。亳邑之民。安於湯之德政。桀之虐焰

所不及故不知夏氏之罪而憚伐桀之勞反謂湯不恤亳邑之衆舍我刈穫之事而斷正有夏湯言我亦聞汝衆論如此然夏桀暴虐天命殛之我畏上帝不敢不往正其罪也呂氏曰曰舍我穡事然則湯之伐桀不因民願乎曰亳民之不願而夏民之願也○新安陳氏曰湯之興順乎天而應乎人此一節可見商民以一己為心湯則以上天為心蓋是時夏之天命已絕湯所以順乎天也

今汝其曰夏罪其如台夏王率遏衆力率割夏邑有衆率怠弗協曰時日曷喪予及汝皆亡夏德若茲今朕必往

遏絕也割剝割夏邑之割時是也湯又舉商衆言桀雖暴虐其如我何湯又應之曰夏王率為重役以窮民力

嚴刑以殘民生。民厭夏德。亦率皆怠於奉上。不和於國。疾視其君。指日而曰。是日何時而亡乎。若亡。則吾寧與之俱亡。蓋苦桀之虐。而欲其亡之甚也。桀之惡德如此。今我之所以必往也。桀嘗自言。吾有天下。如天之有日。日亡吾乃亡耳。故民因以日目之呂氏曰。夏罪其如台。是夏民在塗炭。而商民自在春風和氣中也○新安陳氏曰。此一節見商民以一國爲心。湯則以大下爲心。蓋是時夏之人心已離。湯所以應乎人也

爾尚輔予一人。致天之罰。予其大賚汝。爾無不信。朕不食言。爾不從誓言。予則孥戮汝。罔有攸赦

賚。與也。食言。言已出而反吞之也。禹之征苗止曰爾尚

一乃心力。其克有勳。至啓則曰用命賞于祖。不用命戮于社。予則孥戮汝。此又益以朕不食言罔有攸赦。亦可以觀世變矣

新安陳氏曰。天生民而立之君。使司牧之。今桀虐其民。民欲其速亡如此。人心之所歸。即天命之所在。人心之所離。即天命之所棄也。天命湯伐之。湯敢違天乎。湯之誓師。拳拳惟以天言。曰天命殛之。曰予畏上帝。曰致天之罰。非湯罰之。天罰之也。湯曰予畏上帝。不敢不正。武王曰予弗順天。厥罪惟鈞。其心一也。堯舜之授受。禹啓之傳繼。湯武之征伐。事雖不同。其順乎天。適乎時。合乎義。一而已矣○董氏鼎曰。禹征苗有誓。啓征扈有誓。胤侯征羲和又有誓。皆征所當征。名正而言順。若湯之伐夏。而亦有誓。何歟。蓋誓者臨衆發命。述其興師之意。故禹也。啓也。胤侯也。猶可無誓。惟湯則不可無誓。湯無誓。則稱兵之意不明。而稱亂之罪滋大。苟可明目張膽言之而不怍。則順天應人。行之而無疑矣。今觀一書之旨。首以非予小子。敢行稱亂。有夏多罪。天命殛之。夫莫大於天。莫尊於君。君承天而臣承君。則爲治。君逆天而臣逆君。則爲亂。湯初不敢逆君

而爲亂。而桀則不能承天以爲治。彼既多罪。天命殛之。則我非敢稱亂。而迫於天命有不獲已。湯何以知其然哉。天之聰明自民。天之明畏亦自民。始於匹夫匹婦之復讎。而終於西夷北狄之怨望。吾亦彼君也。而曰徯我后。我何以得此於民哉。殆天啓之也。天之所啓。我固違之。是逆天矣。有如此意。天下皆知。惟亳之民不知。故有議湯之稱亂者。有咎湯之不恤我衆者。有止湯以夏罪其如台者。而湯則曰予畏上帝。不敢不正。是非敢於稱亂也。將以止天下之亂也。非不恤我衆也。將以恤天下之衆也。雖以夏罪無如我何而不止者。將以救彼之願與偕亡。而不得者之苦也。此湯之誓。所以專爲亳民而發也。其示之以賞罰者。誓師之體。不得不勵士氣而一人心。非誘以利。怵以禍。而强其從我也。呼。湯之不幸。乃天下之大幸也

仲虺之誥

仲虺臣名。奚仲之後。爲湯左相。誥。告也。周禮士師以五戒先後刑罰。一曰誓。用之於軍旅。二曰

誥用之於會同以喻衆也此但告湯而亦謂之誥者唐孔氏謂仲虺亦必對衆而言蓋非特釋湯之慙而且以曉其臣民衆庶也古文有今文無

問仲虺之誥似未見其釋湯慙德處朱子曰正是解他云若苗之有莠若粟之有秕他縁何道這幾句蓋謂湯若不除桀則桀必殺湯如說推亡固存處自是說伐桀至德日新以下乃是勉湯又如天乃錫王勇智他特地說他勇智兩字便可見尚書多不可曉固難理會然這般處古人如何說得恁地好

成湯放桀于南巢惟有慙德曰予恐來世以台爲口實

武功成故曰成湯南巢地名廬江六縣有居巢城桀奔于此因以放之也湯之伐桀雖順天應人然承堯舜禹

授受之後。於心終有所不安。故愧其德之不古若。而又恐天下後世。藉以爲口實也○陳氏曰。堯舜以天下讓後世好名之士。猶有不知而慕之者。湯武征伐而得天下。後世嗜利之人。安得不以爲口實哉。此湯之所以恐也歟新安陳氏曰。觀湯之慙。湯本心始見矣。以居萬世君臣之始變也。仲虺釋其慙。始則美之。又慮其愧心既釋。驕心或生。故終復警之。大臣之引君當道者如此○鄭氏曰。必往之師。以救生人。口實之慙。以慮後世○呂氏曰。此心之慙。此誥之釋。皆不可以

仲虺乃作誥曰。嗚呼。惟天生民有欲。無主乃亂。惟天生聰明時乂。有夏昏德。民墜塗炭。天乃錫王勇智。表正萬邦。纘禹舊服。兹率厥典。奉若天命。

仲虺恐湯憂愧不已。乃作誥以解釋其意。歎息言民生有耳目口鼻愛惡之欲。無主則爭且亂矣。天生聰明。所以爲之主。而治其爭亂者也。墜陷也。塗泥。炭火也。桀爲民主。而反行昏亂。陷民於塗炭。旣失其所以爲主矣。然民不可以無主也。故天錫湯以勇智之德。勇足以有爲。智足以有謀。非勇智則不能成天下之大業也。表正者表正於此。而影直於彼也。天錫湯以勇智者。所以使其表正萬邦。而繼禹舊所服行也。此但率循其典常以奉順乎天而已。天者典常之理所自出。而典常者禹之所服行者也。湯革夏而纘舊服。武革商而政由舊。孔子所謂百世可知者正以是也。林氏曰。齊宣王問孟子曰。湯放桀。武王伐紂。有諸。孟子曰。賊仁者謂之賊。賊義者謂之殘。殘賊之人。謂之一夫。聞誅一夫紂矣。未聞弒君也。夫立之君者。懼民之殘賊而無以主之。爲之主而自殘賊焉。則君之實喪矣。非一夫而何。孟子之言。則仲虺之意也。陳氏傅良曰。仲虺作誥。非但釋湯之慙。亦進德戒滿之書也。○呂氏曰。以湯勇智如此。惟循常行之理而已。○西山真氏曰。湯之伐桀。自謂不幸而處變。故有慙德。以爲不獨愧於人。亦愧於天。仲虺解之曰。此特循其常道。以順天命而已。蓋變而不失其正。即所謂常也。○新安陳氏曰。凡湯之表正纘率。乃所以奉若天命也。何慙之有。此以天之生湯者釋之。以見湯之順乎天也。禹有典則貽子孫。纘禹舊服。即云茲率厥典。典。指爲禹之典章亦通。孔氏云。循其典法。祖宗之服行典章。不肖之子孫失墜之。而異代之聖賢興復之。往往而然。○

陳氏雅言曰天錫湯以勇智之德者天豈私於湯哉欲其表正萬邦之民纘禹之所舊服而已湯惟率其典常之道蓋典常之理即禹之所服行而其原出於天者也天命湯以正萬邦而湯能爲之表正天命湯以纘禹服而湯能纘之天可謂厚於湯湯可謂能奉若天命矣此仲虺推天爲民立君之意以釋湯懋見湯之順乎天也

夏王有罪矯誣上天以布命于下帝用不臧式商受命用爽厥師

矯與矯制之矯同誣罔臧善式用爽明師衆也天以形體言帝以主宰言桀知民心不從矯詐誣罔託天以惑其衆天用不善其所爲用使有商受命用使昭明其衆庶也○王氏曰夏有昏德則衆從而昏商有明德則衆從而明○吳氏曰用爽厥師續下文簡賢附勢意不相

貫。疑有脫誤

簡賢附勢，寔繁有徒。肇我邦于有夏，若苗之有莠，若粟之有秕。小大戰戰，罔不懼于非辜。矧予之德，言足聽聞。

簡，略。繁，多。肇，始也。戰戰，恐懼貌。言簡賢附勢之人，同惡相濟，寔多徒衆。肇我邦於有夏，爲桀所惡，欲見翦除，如苗之有莠，如粟之有秕，鋤治簸揚，有必不相容之勢。商衆小大震恐，無不懼陷于非罪。況湯之德，言則足人之聽聞，尤桀所忌疾者乎。以苗粟喻桀，以莠秕喻湯，特言其不容於桀，而迹之危如此。史記言桀囚湯於夏臺，湯之危屢矣。無道而惡有道，勢之必至也。聞矧予之德。言足聽聞。據古註

云。道德善言。其竊意言足聽聞。自當作一句。言吾之德。言之足使人聽聞。彼安得不忌之。未知是否。朱子曰。是

○林氏曰。桀召湯而囚之夏臺。以戰戰懼非辜之言觀之。史不虛矣

惟王不邇聲色。不殖貨利。德懋懋官。功懋懋賞。用人惟己。改過不吝。克寬克仁。彰信兆民

邇。近。殖。聚也。不近聲色。不聚貨利。若未足以盡湯之德。然此本原之地。非純乎天德而無一毫人欲之私者不能也。本原澄澈。然後用人處己。而莫不各得其當。懋。茂也。繁多之意。與時乃功懋哉之義同。言人之懋於德者。則懋之以官。人之懋於功者。則懋之以賞。用人惟己。而人之有善者無不容。改過不吝。而已之不善者無不改。

不忌能於人。不吝過於已。合併爲公。私意不立。非聖人
其孰能之。湯之用人處已者如此。而於臨民之際。是以
能寬能仁。謂之能者。寬而不失於縱。仁而不失於柔。易
曰。寬以居之。仁以行之。君德也。君德昭著而孚信於天
下矣。湯之德足人聽聞者如此 葛氏曰。君子小人之進退。係於人君心術之正
邪。心術一正。則君子進。否則小人進矣。君子惑於聲色。
則便辟之臣得志。貪於貨利。則聚斂之臣得志。有功德
者。官賞何由及之。不邇不殖。乃懋德懋功之根本也○
孔氏曰。勉於德者。則勉之以官○林氏曰。用人惟已。如
自已出。若所謂善與人同。舍已從人。樂取諸人以爲善
也○新安陳氏曰。六經言仁。自克寬克仁一言始。遂開
萬世言仁之端。仁者心之德。愛之理。以心德之體言。則
仁爲體。寬爲用。以愛之用言。則寬以容人。仁以愛人。皆
用也。德莫大於仁。湯所以克仁者。實自不邇不殖之無
私欲始。德懋懋官。至彰信兆民。根本皆自不邇不殖中

來○陳氏雅言曰不邇聲色不殖貨利此君德本原之地德懋懋官至改過不吝此言湯用人處己之際兩盡其道也克寬克仁彰信兆民此言湯臨民之德昭著乎信於天下也使湯之心有一毫聲色貨利之私則用人處己之間必有不盡其道臨民之際亦豈能無愧哉以見人君一心政事之根本孟子謂惟大人爲能格君心之非此之謂也

乃葛伯仇餉初征自葛東征西夷怨南征北狄怨曰奚獨後予攸徂之民室家相慶曰徯予后后來其蘇民之戴商厥惟舊哉

葛國名伯爵也餉饋也仇餉與餉者爲仇也葛伯不祀湯使問之曰無以供粢盛湯使亳衆往耕老弱饋餉葛伯殺其童子湯遂征之湯征自葛始也奚何徯待也蘇

復生也。西夷北狄。言遠者如此。則近者可知也。湯師之未加者。則怨望其來。曰何獨後予。其所往伐者。則妻孥相慶。曰待我后久矣。后來我其復生乎。他國之民。皆以湯爲我君。而望其來者如此。天下之愛戴歸往於商者。非一日矣。商業之興。蓋不在於鳴條之役也○呂氏曰。夏商之際。君臣易位。天下之大變。然觀其征伐之時。唐虞都俞揖遜氣象。依然若存。蓋堯舜禹湯以道相傳。世雖降而道不降也新安陳氏曰。民之戴商如此。何慙之有。此以民之歸湯者釋之。以見湯之應乎人也○呂氏曰。後世師之所至。荆棘生焉。湯師所至。民皆欣欣。蓋弔民伐罪。布其寬仁。如旱餘時雨。所至則蘇也

佑賢輔德顯忠遂良兼弱攻昧取亂侮亡推亡固存邦乃其昌

前既釋湯之慙此下因以勸勉之也諸侯之賢德者佑之輔之忠良者顯之遂之所以善善也侮說文曰傷也諸侯之弱者兼之昧者攻之亂者取之亡者傷之所以惡惡也言善則由大以及小言惡則由小以及大推亡者兼攻取侮也固存者佑輔顯遂也推彼之所以亡固我之所以存邦國乃其昌矣 林氏曰天之生物必因其材而篤焉故栽者培之傾者覆之天道之自然也佑輔顯遂爲善者必爲人所助也兼攻取侮爲不善者必爲人所侵也聖人因其常理以應世有亡之道則推而亡之有存之道則輔而固之桀有亡道湯因其將亡而推之果何容心哉○復齋董

氏曰推亡固存一句乃總結上意

德日新萬邦惟懷志自滿九族乃離王懋昭大德建中于民以義制事以禮制心垂裕後昆予聞曰能自得師者王謂人莫已若者亡好問則裕自用則小

德日新者日新其德而不自已也志自滿者反是湯之盤銘曰苟日新日日新又日新其廣日新之義歟德日新則萬邦雖廣而無不懷志自滿則九族雖親而亦離萬邦舉遠以見近也九族舉親以見踈也王其勉明大德立中道於天下中者天下之所同有也然非君建之則民不能以自中而禮義者所以建中者也義者心之

裁制。禮者。理之節文。以義制事。則事得其宜。以禮制心。
則心得其正。內外合德。而中道立矣。如此。非特有以建
中於民。而垂諸後世者。亦綽乎有餘裕矣。然是道也。必
學焉而後至。故又舉古人之言。以爲隆師好問。則德尊
而業廣。自賢自用者反是。謂之自得師者。真知己之不
足。人之有餘。委心聽順。而無拂逆之謂也。孟子曰。湯之
於伊尹。學焉而後臣之。故不勞而王。其湯之所以自得
者歟。仲虺言懷諸侯之道。推而至於脩德檢身。又推而
至於能自得師。夫自天子至於庶人。未有捨師而能成
者。雖生知之聖。亦必有師焉。後世之不如古。非特世道

之降。抑亦師道之不明也。仲虺之論。遡流而源。要其極。
而歸諸能自得師之一語。其可爲帝王之大法也歟問禮
義本諸人心。惟中人以下。爲氣稟物欲所拘蔽。所以反
著。求禮義自治。若成湯尚何須以義制事。以禮制心。朱
子曰。湯武反之也。便也是有些子不那底了。但他能恁
地。所以爲湯。若不恁地。便是惟聖罔念作狂。聖人雖則
說是生知安行。便只是常常恁地不已。所以不可及。若
有一息不恁地。便也是凡人了。以義制事。以禮制心。此
自是內外交相養之法。事在外。義由內制。心在內。禮由
外作。○問禮莫是攝心之規矩否。曰。只是箇禮。如顏子
非禮勿視之類皆是也。又曰。今學者別無事。只是要以
心觀理。理是心中所有。常存此心以觀衆理。只是兩事
耳○新安陳氏曰。德與中。皆當兼體用而言。德即人所
得於天。以具衆理而應萬事者也。大德云者。全體大用
無非大也。懋勉以昭明之。則全體呈露。妙用顯行矣。由
是而建中道之標準。使民之罔中者。皆惟我之中。則不
偏不倚。無過不及。是中之體用。亦無不備矣。然禮義德
也。即昭德建中之要也。動而以義制事。即義以方外之

謂能以義方外。則此德應萬事之大用以行。而此中無過不及之用在是矣。靜而以禮制心。即敬以直內之謂。能敬以直內。則此德具衆理之全體以立。而此中不偏不倚之體在是矣。所謂垂裕固禮義之餘用也。亦即昭德建中之餘用也。非昭德專以建中於民。而禮義專以垂裕於後也。○陳氏大猷曰。德不大則梏於偏。如夷清惠和。各有偏之弊。何以建中。湯德本大。又欲其懋昭之。然後能建中以範斯民。所謂皇建其有極也。以義制事。則行於外者合宜。乃大德之所自行。中之用也。以禮制心。則存於內者合理。乃大德之所自出。中之本也。禮義之澤。傳之無窮。所以垂裕於後嗣也。又曰。能自得師。則天下之善皆歸於己。故可以王。謂人莫己若。則驕矜侮慢。善日消。惡日長。亡之道也。好問。則衆善集。故優裕。自用。則能有限。故狹小。○陳氏經曰。自得師。如自明自強不因乎人。尊德樂道。出於中心之自然也。當味自字。謂人莫己若。與自用則小。承志自滿而言。以爲戒也

嗚呼。慎厥終惟其始。殖有禮。覆昏暴。欽崇天道。永保天命

上文既勸勉之。於是歎息言謹其終之道。惟於其始圖

之始之不謹而能謹終者未之有也伊尹亦言謹終于始事雖不同而理則一也欽崇者敬畏尊奉之意有禮者封殖之昏暴者覆亡之天之道也欽崇乎天道則永保其天命矣按仲虺之誥其大意有三先言天立君之意桀逆天命而天之命湯者不可辭次言湯德足以得民而民之歸湯者非一日末言爲君艱難之道人心離合之機天道福善禍淫之可畏以明今之受夏非以利已乃有無窮之恤以深慰湯而釋其慙仲虺之忠愛可謂至矣然湯之所慙恐來世以爲口實者仲虺終不敢謂無也君臣之分其可畏如此哉王氏十朋曰殖禮覆暴即上文佑輔取侮

之事。董氏鼎曰。君臣。人倫之大經也。帝王綱紀天下。先謹乎此。而後人得安焉。世故無盡。人欲無涯。不忠之臣。何代無之。所以畏縮而不敢肆者。猶以古無是事。前無是人。無以籍口耳。苟一爲之。則後有潛蓄不軌之心。而囂然以逞者。其不借以爲辭乎。故湯以自慙。曰予恐來世以台爲口實。然湯豈至是而後知哉。蓋謂非台小子。敢行稱亂。則顏忸怩而心不寧已久矣。天人交迫。但知爲民除害。而非以爲己利也。及桀已放。夏已亡。而天下之不吾釋。然後慙於逐君而代立。聖人之本心。於是愈不自安矣。不有仲氏之誥。以明其不得不爲之意。與不可妄爲之理。則何以暴。白成湯之心事。而陰折來者之奸謀。自是而後。昏德不如桀。勇智不如湯。皆未可以籍口也。新安陳氏曰。推亡固存。與殖禮覆暴。同一裁培傾覆之理。特有人己之分。推亡固存。欲湯審此理以施之人。殖禮覆暴。欲湯審此理而謹諸己也

湯誥

湯伐夏歸亳。諸侯率職來朝。湯作誥以與天下

更始。今文無古文有

王歸自克夏至于亳誕告萬方

誕大也。亳湯所都在宋州穀熟縣

王曰嗟爾萬方有衆明聽予一人誥惟皇上帝降衷于下民若有恒性克綏厥猷惟后

皇大衷中若順也天之降命而具仁義禮智信之理無所偏倚所謂衷也人之禀命而得仁義禮智信之理與心俱生所謂性也猷道也由其理之自然而有仁義禮智信之行所謂道也以降衷而言則無有偏倚順其自然固有常性矣以稟受而言則不無清濁純雜之異故

必待君師之職而後能使之安於其道也故曰克綏厥猷惟后夫天生民有欲以情言也上帝降衷于下民以性言也仲虺即情以言人之欲成湯原性以明人之善聖賢之論互相發明然其意則皆言君道之係於天下者如此之重也問書所謂降衷朱子曰古之聖賢纔說出便是這般話成湯當放桀之初便說惟皇上帝降衷于下民若有恒性克綏厥猷惟后武王伐紂時便說惟天地萬物父母惟人萬物之靈亶聰明作元后元后作民父母傅說告高宗便說明王奉若天道建邦設都樹后王君公承以大夫師長不惟逸豫惟以亂民惟天聰明惟聖時憲見古聖賢朝夕只見那天在眼前○問降衷于下民曰何故不說降善却說降衷看得降衷是箇無過不及恰好的道理天之生物箇箇有一副當恰好底道理此與程子所謂天然自有之中劉子所謂民受天地之中相似與詩所謂秉彝張子所謂萬物一原又自不同彝是常道有物有則則字却似

衷字天之生物必有箇當然之則蓋君有君之則臣有臣之則耳有耳之則目有目之則止於仁君之則也止於敬臣之則也視曰明目之則也聽曰聰耳之則也故民執以爲常道也若說降衷便是秉彝則不可若說便是萬物一原亦不可萬物一原自說萬物皆出此也若統論道理固是一般然其中名字位分又自不同若只一般聖賢何故說許多名字若曉得名字訓義之不同方見其所謂同衷只是中今人言折衷者蓋以是爲準則而取正也○詩書所說便是有箇人在上恁地分付如帝乃震怒之類然這箇亦只是理如此天下莫尊於理故以帝名之降衷便是有主宰意○天地自有箇無心之復卦一陽生於下這便是生物之心如惟皇上帝降衷于下民天道福善禍淫便自分明有箇人在裏主宰相似○問降衷與受中之中二字義同異曰左氏云始終衷皆舉之又云衷甲以見看此衷字義本是衷甲以見之義爲其在衷而當中也然中字大槩因無過不及而立名如六藝折衷於夫子蓋是折兩頭而取其中之義後人以之爲善却說得未親切○又曰此蓋指大本之中也此處中庸說得甚明他日考之自見○自天而言則謂之降衷自人受此中而言則謂之性猷即道

也。道者。性之發用處。能安其道者。惟后也○西山真氏曰。成湯有天下之初。即以此自任。可謂知君師之職矣。厥後秉彝受中之言。相繼而發。至于孔孟。性善之理益明。而開萬世性學之原。則自成湯始○林氏曰。天能降衷于民。不能使民保其常性而勿失。故立之君而付以立教之任。師曠曰。天生民而立之君。使司牧之。勿使失性。謂不使失其所降之衷也。民既有降衷之性。至於順其固有之性。以安其所謂道者。是乃君之事○新安陳氏曰。六經言性。實始于此。中庸言命性道教。其淵源蓋出於此。諸家解若有恒性一句皆屬下文。以爲皆君之事。蔡氏獨屬之上文。以爲人性本然之天。降衷之初。順其自然。本有此恒性也。特氣禀不齊。率性而行之。或不其自然。本有恒性。此時君不必容力於其間也。至於脩能安於其道耳。若字本輕說。克字方重說。天賦人受。順道之教。使人各安其道。方有賴於君焉。諸解以惟后對性皇上帝作兩股說。蔡氏以帝衷民性后綏作三股說豈民本無恒性。必待君順其恒性。而後方有此性耶。此章蔡說最優。非可易及。朱子誠不輕付矣

夏王滅德作威。以敷虐于爾萬方百姓。爾萬方百姓。罹其

凶害弗忍荼毒並告無辜于上下神祇天道福善禍淫降災于夏以彰厥罪

言桀無有仁愛但爲殺戮天下被其凶害如荼之苦如毒之螫不可堪忍稱寃於天地鬼神以冀其拯己屈原曰人窮則反本故勞苦倦極未嘗不呼天也天之道善者福之淫者禍之桀既淫虐故天降災以明其罪意當時必有災異之事如周語所謂伊洛竭而夏亡之類

問天道福善禍淫此理定否朱子曰如何不定自是道理當如此問或有不如此者何也曰福善禍淫其常理也不如此便是失其常理天莫之爲而爲天亦何常有意只是理自是如此且如冬寒夏熱此是常理當如此若冬熱夏寒便是失其常理

肆台小子將天命明威不敢赦。敢用玄牡。敢昭告于上天神后請罪有夏聿求元聖與之戮力以與爾有衆請命

肆。故也。故我小子奉將天命明威。不敢赦桀之罪也。玄牡。夏尚黑。未變其禮也。神后。后土也。聿。遂也。元聖。伊尹也。

上天孚佑下民。罪人黜伏。天命弗僭。賁若草木。兆民允殖

孚。允。皆信也。僭。差也。賁。文之著也。殖。生也。上天信佑下民。故夏桀竄亡而屈服。天命無所僭差。燦然若草木之敷榮。兆民信乎其生殖矣 朱子曰。賁若。言草木之美。允殖。言兆民信安其生。罪人既黜伏。天命既弗差。故草木華美。百姓豐殖。謂人物皆遂 ○問賁若草木。兆民允殖。諸家說多不同。未知當如何

看曰。連上句天命不僭。明白易見。故人得遂其生也○新安陳氏曰。天命弗僭。賁若草木。如語譬諸草木區以別矣之意。兆民允殖。與罪人黜伏相應。罪人黜伏。則兆民信生殖。可見天命之弗僭差。如草木之燦然栽培傾覆。皆其自取耳

俾予一人。輯寧爾邦家。茲朕未知獲戾于上下。慄慄危懼。若將隕于深淵

輯。和。戾。罪。隕。墜也。天使我輯寧爾邦家。其付予之重。恐不足以當之。未知已得罪於天地與否。驚恐憂畏。若將墜於深淵。蓋責愈重則憂愈大也

凡我造邦。無從匪彝。無即慆淫。各守爾典。以承天休

夏命已黜。湯命惟新。侯邦雖舊。悉與更始。故曰造邦。彝。

法。即。就。慆。慢也。匪彝。指法度言。慆淫。指逸樂言。典。常也。
各守其典常之道。以承天之休命也

爾有善。朕弗敢蔽。罪當朕躬。弗敢自赦。惟簡在上帝之心。
其爾萬方有罪。在予一人。予一人有罪。無以爾萬方

簡閱也。人有善不敢以不達。已有罪不敢以自恕。簡閱一聽於天。然天以天下付之我。則民之有罪實君所爲。君之有罪。非民所致。非特聖人厚於責己。而薄於責人。是乃理之所在。君道當然也。問簡在帝心。何。朱子曰。善與罪。天皆知之。如天檢點數過相似。爾之有善。也在帝心。我之有惡。也在帝心。○林氏曰。所謂罪在朕躬。非必己身有可指之罪。然後爲罪也。蓋天降衷于民。而以克綏厥猷者。付之一人。爲君者必使天下之人。皆不失其降衷之性。以

安厥猷。方無負於天之所付。若民有罪。是爲君者教之不至。所以自棄於愚不肖之地而莫能返。非民之罪。乃君之罪也。所以曰罪在朕躬也。民有罪則君致之。君有罪。乃其自取。夫以一人之身。臨莅四海。而天下人之罪。皆歸其身。必使天下之人皆無罪。然後爲能盡君之職而無負於天之所任。論至此。則獲戾于上下。亦豈難哉。此所以危懼若將隕也。湯誥一書。多兢業之意○新安陳氏曰。此所以繳結篇首降衷有性綏猷之言。深味之。成湯可謂知君師之職矣

嗚呼。尚克時忱。乃亦有終

忱。信也。歎息言庶幾能於是而忱信焉。乃亦有終也。吳氏曰。此兼人已而言新安陳氏曰。歎息言尚克相與於是盡其忱誠。則乃亦有終焉。否則未保其所終也。曰尚。曰亦。皆不敢必之辭。蓋兢兢不忽之意。實兼人已而言。不特湯自謂當如此。亦欲萬方諸侯。皆勉於此也。此篇見成湯明命性之理。知君師之道。監夏之所以亡。而凜凜於今之所以興。且戒諸侯以相

與盡守邦圖終之道。真帝王之格言。聖學之淵源也。論語摘其要語曰。予小子履。敢用玄牡。敢昭告于皇皇后帝。有罪不敢赦。帝臣不蔽。簡在帝心。朕躬有罪。無以萬方。萬方有罪。罪在朕躬。但書詳而語略耳

伊訓

訓。導也。太甲嗣位。伊尹作書訓導之。史録爲篇

今文無。古文有　朱子曰。商書幾篇。最分曉可玩。伊訓太甲等篇。又好看似說命。盖高宗資質高。傅說所說底細了難看。若是伊尹與太甲說。雖是粗。却切於學者之身。太甲也不是箇昏愚底人。但欲敗度。縱敗禮耳○伊尹書及說命。大抵分明易曉。今人觀書。且看他那分明底。其難曉者且置之。政使曉得。亦不濟事

惟元祀十有二月乙丑。伊尹祀于先王。奉嗣王祗見厥祖。侯甸羣后咸在。百官總已以聽冢宰。伊尹乃明言烈祖之

成德以訓于王

夏曰歲商曰祀周曰年一也元祀者太甲即位之元年十二月者商以建丑爲正故以十二月爲正也乙丑日也不繫以朔者非朔日也三代雖正朔不同然皆以寅月起數蓋朝覲會同頒曆授時則以正朔行事至於紀月之數則皆以寅爲首也伊姓尹字也伊尹名摯祠者告祭於廟也先王湯也冢長也禮有冢子冢婦之名周人亦謂之冢宰古者王宅憂祠祭則冢宰攝而告廟又攝而臨羣臣太甲服仲壬之喪伊尹祠于先王奉太甲以即位改元之事祗見厥祖則攝而告廟也侯服甸服

之羣后咸在百官總已之職以聽冢宰則攝而臨羣臣也。烈。功也。商頌曰。衎我烈祖。太甲即位改元。伊尹於祠告先王之際明言湯之成德。以訓太甲。此史官叙事之始辭也。或曰。孔氏言湯崩踰月。太甲即位。則十二月者湯崩之年建子之月也。豈改正朔而不改月數乎。曰此孔氏惑於序書之文也。太甲繼仲壬之後。服仲壬之喪而孔氏曰。湯崩奠殯而告。固已誤矣。至於改正朔而不改月數。則於經史尤可攷。周建子矣。而詩言四月維夏。六月徂暑。則寅月起數。周未嘗改也。秦建亥矣。而史記始皇三十一年十二月。更名臘月嘉平。夫臘。必建丑月也。秦以亥正。則臘爲三月。云十二月者。則寅月起數。秦未嘗改也。至三十七年。書十月癸丑。始皇出遊。十一月行至雲夢。繼書七月丙寅始皇崩。九月葬酈山。先書十月十一月。而繼書七月九月者。知其以十月爲正朔。而寅月起數未嘗改也。且秦史制書。謂改年始朝賀。皆自十月朔。夫秦繼周者也。若改月數。則周之十月爲建酉月矣。安在其爲建亥乎。漢初史氏所書。舊例也。漢仍秦正。亦書曰元年冬十月。則正朔改而月數不改。亦已明矣。且經曰元祀十有二月乙丑。則以十二月爲正朔而改元何疑乎。惟其以正朔行事也。故後乎此者復政厥辟亦以十二月朔奉嗣王歸於亳蓋祠告復政皆重事也故皆以正朔行之孔氏不得其說而意湯崩踰月太甲即位奠殯而告是以崩年改元矣蘇氏曰崩年改元亂世事也不容在伊尹而有之不可以不辨又按孔氏以爲湯崩吳氏曰殯有朝夕之奠何爲而致祠主喪者不離於殯側何待於祇見蓋太甲之爲嗣王嗣仲壬而王也太甲太丁之子仲壬其叔父也嗣叔父而王而爲之服三年之喪爲之後者爲之子也太甲既即位於仲壬之柩前方居憂於仲壬之殯側伊尹乃至商之祖廟徧祠商之先王而以立太甲告之不言太甲祠而言伊

尹。喪三年不祭也。奉太甲徧見商之先王。而獨言祗見厥祖者。雖徧見先王。而尤致意於湯也。亦猶周公金縢之冊。雖徧告三王。而獨眷眷於文王也。湯既已祔于廟。則是此書初不廢外丙仲壬之事。但此書本爲伊尹稱湯以訓太甲。故不及外丙仲壬之事爾。餘見書序 朱子曰。春秋書元年春王正月。這如何要窮曉得。設使聖人復出。也便未易理會在。○問孟子集註。趙氏曰。太丁湯之太子。未立而死。外丙立二年。仲壬立四年。皆太丁弟也。徽庵程氏曰。古人謂歲爲年。湯崩時。外丙方二歲。仲壬方四歲。惟太甲差長。故立之也。先生兩存趙氏程氏之說。則康節之說。亦未可據耶。曰。也怎生便信得他。又問如此。則堯即位於甲辰年。亦未可據也。曰。此却據諸曆書如此說。恐或有之。然亦未可必。曰。若如此。則二年四年亦可推矣。曰。却爲中間年代不可紀。自共和以後方可紀。則湯時自無由可推。此類且當缺之。不可深究 ○問伊尹祠于先王。奉嗣王祗見厥祖。是時湯方在殯宮。太甲於朝夕奠常在。如何伊尹因祠而見之。曰。此與顧命康王之誥。所載冕服之事同意。古人自有一件人君居喪之禮。但今不存。無以考據。蓋天子諸侯。既有天下國家。事體恐難與常人一般行喪禮。伊尹祠于先王。若有服不可入廟。必有外丙二年仲壬四年○新安陳氏曰。序言太甲元年。序周人所作。故稱年。書言惟元祀。書商史所作。故稱祀。此元非即位之元年。乃即位之次年。先王崩。崩年即位。踰年改元。以崩年之十二月。爲後王元年之首月。蓋以正朔行事也○胡氏安國春秋傳曰。國君嗣世。定於初喪。必踰年然後改元。書即位者。緣始終之義。一年不二君。緣臣民之心。曠年不可無君也○陳氏大猷曰。祠。祭也。先王。商先祖。如詩言玄王之類也。喪三年不祭。不以凶服入宗廟。故太甲不親祠而尹攝祠。侯甸。舉五服之近者。以見其餘。胡氏春秋傳謂即位者。告廟臨羣臣是也。明言烈祖成德以訓。猶五子述禹之戒。周召陳文武之業。以祖宗艱難起家之事告子孫。則莫不信守之也○呂氏曰。當太甲居喪之始而訓之。秉其初心之虛也。後雖昏迷而終克終允德。訓之之早故爾曰。嗚呼。古有夏先后。方懋厥德。罔有天災。山川鬼神亦莫不寧。曁鳥獸魚鼈咸若。于其子孫弗率。皇天降災。假手于我有命。造攻自鳴條。朕哉自亳

詩曰。殷鑑不遠。在夏后之世。商之所宜監者。莫近於夏。故首以夏事告之也。率。循也。假。借也。有命。有天命者。謂湯也。桀不率循先王之道。故天降災。借手于我成湯以誅之。夏之先后。方其懋德。則天之降命如此。及其子孫弗率。而覆亡之禍又如此。太甲不知率循成湯之德。則夏桀覆亡之禍。亦可監矣。哉。始也。鳴條。夏所宅也。亳。湯所宅也。言造可攻之釁者。由桀積惡於鳴條。而湯德之

脩則始於亳都也陳氏大猷曰方者方見其進而未見其止之意日新而未可量也人君爲天地鬼神萬物之主而德者天地鬼神萬物之理所謂致中和天地位萬物育焉者也○呂氏曰夏先后懋德如此宜可憑藉桀纔弗率天即降災感應之速反覆手爾懋德而罔災感應之理存於懋德之中也弗循而降災災咎之理存於弗率之中也造攻雖鳴條一日之間而基本則兆於亳邑之素也○孫氏曰造爲攻伐自於鳴條國必自伐然後人伐之意○陳氏雅言曰人君者天地鬼神萬物之主也古有夏先后懋敬其德謂之方者日新不已之意所謂致中和也於是天道順山川寧而鬼神安所謂天地位也微而羽毛鱗甲之生亦莫不各遂其性所謂萬物育也古有夏先后懋德之效至於如此

惟我商王布昭聖武代虐以寬兆民允懷

布昭敷著也聖武猶易所謂神武而不殺者湯之德威敷著于天下代桀之虐以吾之寬故天下之民信而懷

之也陳氏雅言曰不徒謂之武而必謂之聖武以見其出於德義之勇故能除暴救民以安天下此聖武之實也至於天下之民莫不信而懷之此聖武之效也

今王嗣厥德罔不在初立愛惟親立敬惟長始于家邦終于四海

初即位之初言始不可以不謹也謹始之道孝悌而已孝悌者人心之所同非必人人教詔之立植也立愛敬於此而形愛敬於彼親吾親以及人之親長吾長以及人之長始于家達于國終而措之天下矣孔子曰立愛自親始教民睦也立敬自長始教民順也呂氏曰告以嗣德在初欲秉其天理正發之初而開導之也○新安陳氏曰此一節言湯以德得人心今王繼先王之德當以孝悌之順

德而通乎千萬人之心也○陳氏雅言曰即位者嗣德之立
之始親長者愛敬之始孝悌之道達諸天下而謂之立
者盡吾愛親之道於此使天下之愛其親者莫不視我
以爲法盡吾敬長之道於此使天下之敬其長者莫不
視我以爲準此即謂之建中建極也愛敬之道既立於
此則必形於彼始而一家次而一國終而四海之人莫
不各有親也莫不各有長也亦莫不各有愛敬之心也
觀感興起孝悌之心油然而生則各親其親各長其長
而天下平矣此即大
學所謂絜矩之道也

嗚呼先王肇修人紀從諫弗咈先民時若居上克明爲下
克忠與人不求備檢身若不及以至于有萬邦茲惟艱哉

人紀三綱五常孝敬之實也上文欲太甲立其愛敬故
此言成湯之所修人紀者如下文所云也綱常之理未
嘗泯沒桀廢棄之而湯始修復之也咈逆也先民猶前

輩舊德也。從諫不逆。先民是順。非誠於樂善者不能也。居上克明。言能盡臨下之道。爲下克忠。言能盡事上之心○呂氏曰。湯之克忠。最爲難看。湯放桀。以臣易君。豈可爲忠。不知湯之心最忠者也。天命未去。人心未離。事桀之心曷甞斯須替哉。與人之善。不求其備。檢身之誠。有若不及。其處上下人已之間又如此。是以德日以盛。業日以廣。天命歸之。人心戴之。由七十里而至于有萬邦也。積累之勤。茲亦難矣。伊尹前既言夏失天下之易。此又言湯得天下之難。太甲可不思所以繼之哉　朱子曰。湯工夫全在敬字上。看得來大段是一箇修飭底人。故當時人說他做工夫處。亦是說得大段地著。如禹克勤于

邦。克儉于家之類。却是大綱。說到湯便說檢身若不及
○或問如云以義制事。以禮制心。不邇聲色。不殖貨利
等語。可見日新之功。曰。固是。其於或問中所以持地詳
載者。非說道人不知。亦欲學者經心耳○與人不求備
檢身若不及。大槩是湯急已緩人。所以引爲日新之實
○張氏曰。君臣。父子。兄弟。夫婦。長幼。朋友。有禮義以相
維。謂之人紀。傳曰。禮義以爲紀○陳氏經曰。湯以肇修
人紀。爲一身之任。吾身有一毫之不盡。則於人紀必有
一毫之虧。於是不自足其足。從諫求之。今未已也。又求
之古。又欲兼天下之善。修人紀之道。不得不然也○新
安陳氏曰。人綱與人紀對。莫大於三綱。故曰人綱。小者
爲紀。綱之紀也。修。如修道之謂教之修。品節修理之也。
欲太甲立愛立敬。厚於人倫。故以湯之修人紀繼之。湯
以修人紀自任於身。吾身有未盡。則於人紀必有虧。凡
於今古之善。與處上下人已之間。各盡其當然者。皆修
人紀之實也○陳氏雅言曰。蔡傳謂德日以盛。業日以
廣。此八字是一章關鍵。湯之處上下人已之間各盡其
道。此德之盛也。由七十里而有天下。此業之廣也。伊尹
告太甲以此。意溢言表。謂成湯反之之聖也。德之修者。
尚如此其至。而況太甲困知之資。可不思所以勉進其

德乎。成湯創業之君也。業之積者如此其難。而況太甲守成之君。可不思所以保守其業乎。此伊尹進言之旨也

敷求哲人。俾輔于爾後嗣

敷廣也。廣求賢哲。使輔爾後嗣也。孫氏曰。敷求。求之非一方也。如立賢無方○陳氏經曰。湯得天下也甚難。故其慮天下也甚遠。宜求賢以遺後人也

制官刑。儆于有位。曰敢有恒舞于宮。酣歌于室。時謂巫風。敢有殉于貨色。恒于遊畋。時謂淫風。敢有侮聖言。逆忠直。遠耆德。比頑童。時謂亂風。惟茲三風十愆。卿士有一于身。家必喪。邦君有一于身。國必亡。臣下不匡。其刑墨。具訓于蒙士

官刑。官府之刑也。巫風者常歌常舞若巫覡然也。淫過也。過而無度也。比。昵也。倒置悖理曰亂。好人之所惡惡人之所好也。風。風化也。三風愆之綱也。十愆風之目也。卿士諸侯。十有其一。已喪其家。亡其國矣。墨。墨刑也。臣下而不能匡正其君。則以墨刑加之。具。詳悉也。童蒙始學之士。則詳悉以是訓之。欲其入官。而知所以正諫也。異時太甲欲敗度。縱敗禮。伊尹先見其微。故拳拳及此。劉侍講曰。墨。即叔向所謂夏書昏墨賊殺。皐陶之刑。貪以敗官爲墨。朱子曰。臣下不匡之刑。蓋施於邦君大夫之喪國亡家者。君臣一體。不得不然。如漢廢昌邑王賀。則誅其群臣。而本朝太祖下嶺南。亦誅其亂臣龔澄樞李托之類是也。又如文定論楚子納孔儀處。事雖不同。意亦類此。試參考之。則知成湯之制官刑。正是奉行天討。毫髮不差處。何疑之有哉○呂氏曰。古成童習舞。恒舞則爲愆。歌以永言。酣歌則爲愆。前六愆因後四愆而生○史氏仲午曰。意當時太甲。左右必有以歌舞貨色等惑其君者。尹未指其人明言。姑曰先王之制官刑如此。而徐爲之謀。後遂營桐宮。不使狎于弗順焉○西山真氏曰。殉。如殉葬之殉。蓋以其身陷于貨色之中。死而不顧也。臣下所以不匡。以其貪官固位故也。不諫之罪。與貪墨同。使人知不獨貪賄之有罪。而貪官不諫。亦有刑也○薛氏曰。善不必小。故一日克己。天下歸仁。惡不必多。故有一於身。家國必喪。虞公以垂棘之璧亡其國。吳太宰以越之女色覆其宗。先王之戒豈誣也。或曰。臣下不匡而遽入墨之重辟。無乃過乎。曰。置臣所以正主也。視主入喪亡而不之救。其可貸乎。重其刑。使之進而諫。未必死。退而不諫。必受刑。則雖中不欲諫。亦不得不諫也○唐孔氏曰。巫風二。淫風四。亂風四。爲愆十○新安陳氏曰。湯儆有位之官刑。爲後嗣慮至矣。三風十愆。以戒卿士邦君。而舉以訓太甲者。意謂卿士諸侯犯此。已足喪家亡國。况天子乎。微意見矣。况不匡刑墨儆臣下者。欲其以是儆天子也。太甲他時之欲縱。尹於此時已窺見其幾微。故預爲之戒。前章述湯德以勉其善。此述湯刑以防其失。勉其善在啓發其愛敬之良心。防其失在禁遏其欲縱之私心也

嗚呼。嗣王祗厥身念哉。聖謨洋洋。嘉言孔彰。惟上帝不常。作善降之百祥。作不善降之百殃。爾惟德罔小。萬邦惟慶。爾惟不德罔大。墜厥宗

歎息言太甲。當以三風十愆之訓。敬之於身。念而勿忘也。謨。謂其謀。言。謂其訓。洋。大。孔。甚也。言其謀訓大明。不可忽也。不常者。去就無定也。爲善則降之百祥。爲惡則降之百殃。各以類應也。勿以小善而不爲。萬邦之慶。積於小。勿以小惡而爲之。厥宗之墜。不在大。蓋善必積而

後成惡雖小而可懼。此總結上文。而又以天命人事禍福申戒之也。陳氏大猷曰。祗厥身。乃指太甲下手用功處。一篇之綱領也。○孫氏曰。以其謀之出於聖人。故曰聖謨。以其言之至美。故曰嘉言。即指三風十愆之戒也。○張氏曰。不敬其身。必納此身於風愆矣。能敬其身。則能如夏后之懋德。纘先王以嗣德。立愛立敬。作善之祥。惟德之慶。皆自敬其身出。敬立則百善從也。○陳氏經曰。既戒以祖訓。又戒以天。君所當畏。惟天惟祖宗也。○王氏十朋曰。善祥惡殃。天之不常。乃所以爲常也。○西山真氏曰。愆雖有十。苟能敬。則十者俱泯。一不敬。則十者俱生。故敬之一辭。乃治三風十愆之藥石也。篇將終。又深歎聖言之彰明。與天命之難保。以警動太甲之心。冀其必聽。真所謂社稷之臣歟。○新安陳氏曰。此篇伊訓太甲於即位之初。始終以興亡寓勸戒。夏以懋德興。桀以弗率亡。初意明矣。繼言湯以聖武興。而欲太甲以愛敬之良心嗣厥德。勸之也。繼言湯以艱難興。而防太甲以欲縱之私心敗厥德。戒之也。末章作善之降祥。爾德之惟慶。勸之。保其所以興。作不善之降殃。不德之墜宗。戒之陷於所以亡。而提綱挈領。則在祗厥身之一言。能祗敬其身。則嗣祖德而興。不祗敬其身。則背祖德而亡。言言忠愛。蓋以豫爲太甲憂矣。但猶包涵。未明言之。未至如太甲三篇之痛切耳

太甲上

商史録伊尹告戒節次及太甲往復之辭。故三篇相屬成文。其閒或附史臣之語。以貫篇意。若史家紀傳之所載也。唐孔氏曰。伊訓肆命徂后。太甲咸有一德。皆是告戒太甲。不可皆名伊訓。故隨事立稱也。林氏曰。此篇亦訓體。今文無古文有。朱子曰。伊尹之言極痛切。遂感發得太甲如此。君陳後亦好。然皆寬了。多是代言。如今代王言者做耳。伊尹之志。公天下以爲心。而無一毫之私者也。○新安陳氏曰。前一篇作於

未遷桐宮之先後二篇作於自桐宮歸亳之後○問伊尹放太甲周公攝政事亦相類當時不疑伊尹而疑周公豈世變耶潜室陳氏曰伊尹以義正君其義光明人人信得及周公以恩睦親其心忠愛懇惻間隙易開兼伊尹聖之任視世間一切難事一擔擔了不管人言周公思兼三王百事周密詳細須盡物情所以人或不敢言或敢言要之伊尹如秋冬肅殺周公則太和元氣人之疑不疑聖賢所不計

惟嗣王不惠于阿衡

惠順也阿倚衡平也阿衡商之官名言天下之所倚平也亦曰保衡或曰伊尹之號史氏録伊尹之書先此以發之葉氏曰阿保通阿亦保之意○王氏曰阿大陵之有助者保其君如阿平其國如衡○蘇氏曰阿衡尹之號猶太公尚父其號也

伊尹作書曰。先王顧諟天之明命。以承上下神祇。社稷宗廟。罔不祗肅。天監厥德。用集大命。撫綏萬方。惟尹躬克左右厥辟。宅師。肆嗣王丕承基緒。

顧。常目在之也。諟。古是字。明命者。上天顯然之理。而命之我者。在天爲明命。在人爲明德。伊尹言成湯常目在是天之明命。以奉天地神祇社稷宗廟。無不敬肅。故天視其德。用集大命。以有天下。撫安萬邦。我又身能左右成湯以居民衆。故嗣王得以大承其基業也。朱子曰。古註云。顧。謂常目在之也。此語最好。非謂有一物常在目前可見也。只是常存此心。知得有這道理光明不昧。方其靜坐未接物也。此理固湛然清明。及其遇事而應接也。此理亦隨處發見。只要人常提撕省察。念念不忘。存養久之。則是理益明。雖欲忘之而不可得矣○西山真氏曰。湯惟顧天之明命。故天監湯之厥德。曰顧。曰監。可見天人之交。至近而非遠也○新安陳氏曰。此言太甲今日之有天下。由於先王之明德以得天下。與伊尹之出身以輔先王也。有先王創業之祖。與尹開國之大臣。是以嗣王得以承此大業。今日豈可忘先王而不念。忽尹而不從哉○陳氏雅言曰。顧諟者。即敬也。推此心以奉天地神祇。社稷宗廟。罔不祇肅。即所謂顧是明命也。上天監觀聖人之德。故集大命於其身。而付以治民之責。蓋治民事神。初無二理。誠敬足以事神。則未有不能治民者也。夫在天爲明命。在人爲明德。聖人於天之明命而曰顧。上天於聖人之德而曰監。見天人之交。至近而非遠。非特聖人之心未嘗少忽乎天。而上天之心。未嘗或忘乎聖人也。太甲今日之有天下。由於先王之明德以得天下。其可有一念之不敬哉。曰顧諟者。如立則見其參於前。在輿則見倚於衡之意。曰監者。昊天曰明。及爾出王。昊天曰旦。及爾游衍之意

惟尹躬先見于西邑夏。自周有終。相亦惟終。其後嗣王罔

克有終相亦罔終嗣王戒哉祗爾厥辟辟不辟忝厥祖

夏都安邑在亳之西故曰西邑夏周忠信也國語曰忠信爲周○施氏曰作僞心勞日拙則缺露而不周忠信則無僞故能周而無缺夏之先王以忠信有終故其輔相者亦能有終其後夏桀不能有終故其輔相者亦不能有終嗣王其以夏桀爲戒哉當敬爾所以爲君之道君而不君則忝辱成湯矣太甲之意必謂伊尹足以任天下之重我雖縱欲未必遽至危亡故伊尹以相亦罔終之言深折其私而破其所恃也 問古註及諸家皆以周訓忠信切謂以忠信自周則可以忠信訓周恐未安未知如何朱子曰自周二字本不可曉○蘇氏曰自由也由忠信之道則有

終言君臣一體禍福同也○新安陳氏曰既以桀之無終戒之又以不敬而不君者戒之無終則累於相臣不君則辱於乃祖仍是以先王與尹躬儆之也

王惟庸罔念聞

庸常也太甲惟若尋常於伊尹之言無所念聽此史氏之言 問諸家皆以庸字絶句竊謂只作一句讀以庸訓用如說命中王庸作書以告之庸未知是否朱子曰六字一句○西山真氏曰辟不辟之言殆甚於漢人之所謂帝不諦也然漢君怒而誅之太甲雖以爲常無所念聽然不聞其怒也此所以卒至於思庸歟

伊尹乃言曰先王昧爽丕顯坐以待旦旁求俊彥啓迪後人無越厥命以自覆

昧晦爽明也昧爽云者欲明未明之時也丕大也顯亦

明也。先王於昧爽之時。洗濯澡雪。大明其德。坐以待旦。
而行之也。旁求者。求之非一方也。彥。美士也。言湯孜孜
爲善。不遑寧處如此。而又旁求俊彥之士。以開導子孫。
太甲毋顛越其命。以自取覆亡也。陳氏雅言曰。聖人之
心。惟恐脩於已有未
至而施於事者有未及。故既昧爽而丕顯。坐待旦而行
之。然猶不止此也。誠以吾身之德。能脩於吾身。而不能
使吾之子孫常脩其德。吾之政。能行於吾身。而不能使
吾之子孫常行是政。則吾之仁爲有限。而吾之心爲有
歉矣。又廣求賢才。求之一鄉而不足。又求之一國焉。求
之一國而不足。又求之於天下焉。夫求之所以如是其
廣者。誠使吾之子孫。得以有所依據。欲有爲焉。則有開
而發之者。有順而導之者。於是吾之子孫。可保其德無
不脩。政無不行矣。
此聖人之心也。

慎乃儉德。惟懷永圖。

太甲欲敗度。縱敗禮。蓋奢侈失之。而無長遠之慮者。伊尹言當謹其儉約之德。惟懷永久之謀。以約失之者鮮矣。此太甲受病之處。故伊尹特言之　新安陳氏曰。永圖即前所謂有終也

○西山真氏曰。此太甲不惠于阿衡之時也。故伊尹訓之者如此。夫儉則心小而爲慮者遠。侈則心大而爲謀者踈。方是時太甲方以欲敗度。縱敗禮。心爲二者所蔽。若浮雲之翳日月。未知斯言之爲忠也。一旦處仁遷義。而本心復明。然後知受病之源端在於此。克終之美。光昭簡冊。伊尹訓戒之功。夫豈小哉　○陳氏雅言曰。傳云此太甲受病之處。故伊尹特言之。夫儉者。非節儉之儉。乃儉約之儉。不侈然以自放之謂。太甲之病在於欲縱。與此相反。人能收斂其心。使常存於內。則精神聚會。志慮精明。義理昭著。言必稽其所從。行必稽其所敝。所懷者。孰非永圖哉。苟此心放辟。則昏於欲。失於縱。宴安鴆毒。安其危而利其災。樂其所以亡者。皆不知永圖矣。愼儉德懷永圖。此正太甲對病之藥。然古昔聖賢所以進德之方。實不外此。皐陶告舜。亦曰愼厥身修思永。愼厥

身脩者。即慎乃儉德之謂。思永者。即懷永圖之謂。但皐陶之言渾然。不若伊尹嚴切。舜與太甲之不同也

若虞機張往省括于度則釋欽厥止率乃祖攸行惟朕以懌萬世有辭

虞虞人也機弩牙也括矢括也度法度射者之所準望者也釋發也言若虞人之射弩機既張必往察其括之合於法度然後發之則發無不中矣欽者肅恭收斂止見虞書率循也欽厥止者所以立本率乃祖者所以致用所謂省括于度則釋也王能如是則動無過舉近可以慰悅尹心遠可以有譽於後世矣安汝止者聖君之事生而知者也欽厥止者賢君之事學而知者也問諸家多

訓虞爲度。切謂只作虞人說如何。朱子曰。作虞人說爲是○陳氏大猷曰。言欲永終。當謹始發也。萬事莫不有度。君所以爲度。在敬汝所當止。如君止於仁。子止於孝之類○王氏曰。語靜之道。則曰愼乃儉德。欽厥止。語動之道。則曰若虞機張。率乃祖攸行○陳氏大猷曰。萬世有辭。所謂永圖也○林氏曰。萬世有辭。所謂相亦惟終也○新安陳氏曰。罔不祗肅。言湯之敬也。欽厥止。率乃祖攸行。勉太甲盡敬以法先王也。曰有終。曰永圖。曰萬世有辭。勸之也。曰罔克有終。曰自覆。戒之也。此章仍是以先王始之。以尹躬結之。王能欽敬而有終。先王之望。尹之幸也。王不能欽敬而自覆。非先王之望。尹之不能盡其責也。尹本自任以天下之重。又受先王託孤之重任。故告戒之辭。節節提起先王。而以與尹躬相關繫收結之○陳氏雅言曰。此章上兩句設譬以起下兩句。若詩之比也。射有似乎君子。虞人之射。旣張其機矣。然猶必省其括之合于度。然後釋之。則發無不中矣。君子之處事。亦猶是也。天下之事。莫不各有其度。人君惟當欽其義理之所止。率夫乃祖之所行。曰止。曰祖。即事之度也。能欽其止。則率其祖之所行。祖之所行。亦即其所當止也。伊尹於此。特恐其察之不精。止而或非所當止。故

王未克變以繼之以率乃祖攸行者所以驗其所止之道地也

不能變其舊習也。此亦史氏之言

伊尹曰。茲乃不義。習與性成。予弗狎于弗順。營于桐宮。密

邇先王其訓。無俾世迷

狎習也。弗順者。不順義理之人也。桐。成湯墓陵之地。伊

尹指太甲所為。乃不義之事。習惡而性成者也。我不可

使其狎習不順義理之人。于是營宮于桐。使親近成湯

之墓。朝夕哀思。興起其善。以是訓之。無使終身迷惑而

不悟也陳氏經曰。習為不義。若與性俱成。賈誼曰。少成若天性。習慣如自然。

王徂桐宫居憂克終允德

徂。往也。允。信也。有諸已之謂信實有其德於身也。凡人之不善必有從臾以導其爲非者。太甲桐宫之居伊尹既使其密邇先王陵墓興發其善心。又絶其比昵之黨而革其汚染。此其所以克終允德也。次篇伊尹言嗣王克終厥德。又曰允德協于下。故史氏言克終允德結此篇以發次篇之義

董氏鼎曰。太甲嗣位。伊尹已述侮聖言逆忠直遠耆德比頑童之戒。太甲乃不惠阿衡。肅罔念聞。而狎于不順非亂風之猶存乎。苟非伊尹超然深識通權達變爲遷桐之舉有以動心忍性。增益其所不能。其不危乎○新安陳氏曰。伊尹此舉。蓋處君臣之變者。身任先王託孤之重。深軫宗廟顛覆之憂。知太甲之性不過中人。平日誘以爲惡之近習必多。而輔以善之大臣。尹之外無聞焉孤患不能勝引

誘之衆。徒言不能開迷惑之久。遂營桐宮以居之。如見先王之在前。而無羣小之在側。善心油然以生。而汙習脫然以除。此不言之教。達變之權。惟自任以天下之重。如伊尹之開國元老。大忠至公者能之。而非泛然之大臣敢爲也。又按千古性學開端於若有恒性之一言。其次則習與性成之言也。恒性以天地之性言。孟子性善之論。本恒性而言也。孔子性近習遠之論。自習與性成而發也。若有恒性。本有善而無惡。惟習於惡而後性流於惡。其既流也。性若成矣。然能謹所習而習於善則善反之。而天地之性存焉。此太甲所以終允德也。天地之性。氣質之性。雖至橫渠張氏始剖判言之。已肇端於湯尹言性之初矣

太甲中

惟三祀十有二月朔伊尹以冕服奉嗣王歸于亳

太甲終喪明年之正朔也。冕。冠也。唐孔氏曰。周禮天子六冕。備物盡文。惟衮冕耳。此蓋衮冕之服。義或然也。奉。

迎也。喪既除。以衮冕吉服。奉迎以歸也

作書曰。民非后罔克胥匡以生。后非民。罔以辟四方。皇天眷佑有商。俾嗣王克終厥德。實萬世無疆之休

民非君則不能相正以生。君非民則誰與爲君者。言民固不可無君。而君尤不可失民也。太甲改過之初。伊尹首發此義。其喜懼之意深矣。夫太甲不義。有若性成。一旦翻然改悟。是豈人力所至。蓋天命眷商。陰誘其衷。故嗣王能終其德也。向也湯緒幾墜。今其自是有永。豈不爲萬世無疆之休乎

林氏曰。太甲克終厥德。伊尹力也。而歸之天者。君子能致人於悔過遷善之地。不能必其人有悔過遷善之心。尹嘗五就桀矣。事雖不可見。即其感悟太甲者觀之。於桀必盡其忠

誠矣。而桀終不改。則太甲悔過。庸非天乎。湯宜有餘慶。故太甲爲之孫。始皇宜有餘殃。故扶蘇爲之子。天也。○陳氏經曰。若人事不盡。而一切諉於天。太甲之書。不作。桐宮之居不營。而謂太甲不明。天實爲之。則非聖賢以人合天。以義合命之道矣。○吕氏曰。使太甲不改。事將若何。今既克終。喜慰何如哉。玩味實字可見。○新安陳氏曰。克終厥德。即前篇所望其有終者也。此所謂萬世無疆之休。即前篇所望其萬世有辭者也。前願之而未得。今得遂其所願。向也湯緒幾覆。今也自是可久。先王之望遂矣。伊尹之責塞矣。其欣幸爲何如。烏得不因其遷善之一初。而許與期望之於悠久也哉

王拜手稽首曰。予小子不明于德。自底不類。欲敗度。縱敗禮。以速戾于厥躬。天作孽。猶可違。自作孽。不可逭。既往背師保之訓。弗克于厥初。尚賴匡救之德。圖惟厥終

拜手。首至手也。稽首。首至地也。太甲致敬於師保。其禮

如此不類猶不肖也多欲則興作而亂法度縱肆則放蕩而隳禮儀度就事言之也禮就身言之也速召之急也戾罪孽災逭逃也既往已往也已往既不信伊尹之言不能謹之於始庶幾正救之力以圖惟其終也當太甲不惠阿衡之時伊尹之言惟恐太甲不聽及太甲改過之後太甲之心惟恐伊尹不言夫太甲固困而知之者然昔之迷今之復昔之晦今之明如日月昏蝕一復其舊而光采炫耀萬景俱新湯武不可及已豈居成王之下乎 朱子曰古者天子尊師重傅太甲拜手稽首成王拜手稽首既言稽首稽留之意是首至地之久也○西山真氏曰德者得之於天者也不類猶不肖也天性本善人自昧之則反善而爲惡與天不相似矣

欲者嗜好也。縱者放肆也。率身當有法度。嗜好無節則敗度。修身當有禮。縱肆不恭則敗禮。二字乃太甲所以受病之源。故至此皆以自責。○新安陳氏曰。伊尹雖謂太甲克終厥德。太甲不敢自保。方賴伊尹正救。以圖惟厥終。

伊尹拜手稽首曰。修厥身。允德協于下。惟明后。

伊尹致敬以復太甲也。修身則無敗度敗禮之事。允德則有誠身誠意之實。德誠于上。協和于下。惟明后然也。

新安陳氏曰。惟明后與不明于德相應。太甲自謂不明于德。尹遂以修身協下而爲明后。若許與期望之。修身本諸身也。允德協下。徵諸庶民也。誠實之德孚契人心。其身修之驗與。○陳氏雅言曰。太甲自謂不明于德。故尹隨迎其端而以修身允德協下者勸勉之。復以爲明后期望之。蓋能修身而使誠實之德孚契於人心。此惟明后能之。非明后不足以及此也。惟允德故能協下。德協下故稱爲明后。此修身之效驗也。

先王子惠困窮民服厥命罔有不悅並其有邦厥鄰乃曰徯我后后來無罰

此言湯德所以協下者困窮之民若己子而惠愛之惠之若子則心之愛者誠矣未有誠而不動者也故民服其命無有不得其懽心當時諸侯並湯而有國者其鄰國之民乃以湯爲我君曰待我君我君來其無罰乎言除其邪虐湯之得民心也如此即仲虺后來其蘇之事

朱子曰並其有邦止后來無罰言湯與彼皆有土諸侯而鄰國之人乃曰徯我后后來無罰此可見得民心處

王懋乃德視乃烈祖無時豫怠

湯之盤銘曰苟日新日日新又日新湯之所以懋其德

者如此。太甲亦當勉於其德。視烈祖之所爲。不可頃刻而逸豫怠惰也 張氏曰。人志必有所準的。然後能有所立。舜不以堯爲的。則不能重華。孔子不以周公爲的。則不能大成。顔孟不以孔子爲的。則不能傳道統。視乃厥祖。欲太甲以成湯爲的也

奉先思孝。接下思恭。視遠惟明。聽德惟聰。朕承王之休無斁

思孝則不敢違其祖。思恭則不敢忽其臣。惟亦思也。思明。則所視者遠而不蔽於淺近。思聰則所聽者德而不惑於憸邪。此懋德之所從事者。太甲能是則我承王之美。而無所厭斁也 朱子曰。能視遠謂之明。所視不遠不謂之明。能聽德謂之聰。所聽非德不謂之聰。視聽是物。聰明是則。視不爲惡色所蔽爲明。聽不爲姦人所欺爲聰 ○陳氏大猷曰。孝恭聰明。懋德之

目人君修德須就受病處藥之太甲前日覆湯典刑不惠阿衡由不思孝思恭也既立不明背棄師訓由視溺於近聽惑於邪也今既盡此四者則病根去而德成矣尹恥其君不及堯舜太甲德成尹責始盡是承王之美於無窮也○新安陳氏曰伊尹提起先王子惠而勉以視乃厥祖然後以朕承王之休結之仍是以先王尹躬對言以警動期望之也○董氏鼎曰太甲之心前日陰霾昏蝕一旦天日開明迪哲之資誠不可及矣孝恭明聰四者修身之要允德之目也

太甲下

陳氏大猷曰伊訓作於太甲未有過之先尹欲預防其縱故其辭嚴太甲上篇作於太甲有過之時尹不欲激之而微轉其機故其辭婉中篇作於悔過之初尹深自喜慰故其辭溫下篇作於改過之後尹慮其或不克終故其辭深以厲大臣格言淺深有序蓋如此

伊尹申誥于王曰嗚呼惟天無親克敬惟親民罔常懷懷

于有仁。鬼神無常享。享于克誠。天位艱哉。

申誥重誥也。天之所親、民之所懷、鬼神之所享、皆不常也。惟克敬、有仁、克誠、而後天親之、民懷之、鬼神享之也。曰敬、曰仁、曰誠者、各因所主而言。天謂之敬者、天者理之所在、動靜語默、不可有一毫之慢。民謂之仁者、民非元后何戴、鰥寡孤獨、皆人君所當恤。鬼神謂之誠者、不誠無物、誠立於此、而後神格於彼。三者所當盡如此。人君居天之位、其可易而爲之哉。分而言之、則三。合而言之一德而已。太甲遷善未幾、而伊尹以是告之、其才固有大過人者歟。西山真氏曰、敬誠仁並言、始於此。三者堯舜禹湯之正傳也。○呂氏曰、君必上得天心。下得民心。幽得鬼神之心。始可以當天位。天位所以惟艱也。○陳氏雅言曰。天無常親。民無常懷。鬼神無常享。其可畏如此。太甲居天之位。於此三者。苟有一毫之不敬不仁不誠。則天之親我者安保其常親。民之懷我者安保其常懷。鬼神之享我者安保其常享。是豈可以易而爲之哉。蓋敬者事天之理也。仁者治民之理也。誠者。祭鬼神之理也。理無不盡。則天無不親。民無不懷。鬼神無不享矣。所謂無常者。其機不在我而在彼也。曰敬。曰仁。曰誠。機則在我。能盡其在我者。則無常者爲有常矣

德惟治。否德亂。與治同道罔不興。與亂同事罔不亡。終始慎厥與。惟明明后

德者合敬仁誠之稱也。有是德則治。無是德則亂。治固古人有行之者矣。亂亦古人有行之者也。與古之治者同道。則無不興。與古之亂者同事。則無不亡。治而謂之

道者蓋治因時制宜或損或益事未必同而道則同也
亂而謂之事者亡國喪家不過貨色遊畋作威殺戮等
事事同道無不同也治亂之分顧所與如何耳始而與
治固可以與終而與亂則亡亦至矣謹其所與終始如
一惟明明之君爲然也上篇言惟明后此篇言惟明明
后蓋明其所已明而進乎前者矣西山真氏曰與治同道罔不與道指全体
而言如堯舜之仁湯武之義是也與亂同事罔不亡事
指一事而言如太康畋遊桀紂暴虐之類是也必同道
乃興宋襄公以不禽二毛自比文王一事之同而他事
之不副其能有興乎苟同事必亡三風十愆或有其一
無不亡者蓋興之難而亡之易如此斯天位之所以難
歟○新安陳氏曰此因尚賴匡救圖惟厥終之説而進
圖終之道也圖終之道在常不變其始而已終始慎其
所與則不特初心之明而爲明后且悠久常保此初心

之明而爲明明后矣尹蓋慮太甲悔艾於初而轉移於終也故言及此

先王惟時懋敬厥德克配上帝今王嗣有令緒尚監茲哉

敬即克敬惟親之敬舉其一以包其二也成湯勉敬其德德與天合故克配上帝今王嗣有令緒庶幾其監視此也

新安陳氏曰此欲太甲與湯之治同道也○西山真氏曰惟時云者謂敬德之外無復他道所以深勉太甲也前言敬仁誠茲獨總之以敬者蓋敬而後能仁能誠故也○陳氏雅言曰人受天地之中以生莫不有是德也先王惟能勉敬其德至於與天爲一先王於此非於性分之外别有所增益也其工夫之深至惟在於懋而已故能用集大命撫綏萬邦則嗣王今日之繼有天下其可不以先王爲監而思所以懋敬其德求所以克配上帝者乎曰尚監者庶幾其能監視亦期望之辭也伊尹於此語先王用工之要則曰懋敬厥德語用工之極則曰克配上帝蓋徹上徹下以告太甲者也能敬則必能仁而且誠能配上帝則天親民懷而鬼神亦

無不享矣傳謂舉其一以包其二者此也

若升高必自下若陟遐必自邇

此告以進德之序也中庸論君子之道亦謂譬如行遠必自邇譬如登高必自卑進德脩業之喻未有如此之切者呂氏曰自此乃伊尹畫一以告太甲也新安陳氏曰觀法先王豈一蹴能至自下自邇欲其希賢進德之有序也

無輕民事惟難無安厥位惟危

無毋通毋輕民事而思其難毋安君位而思其危

慎終于始

人情孰不欲善終者特安於縱欲以爲今日姑若是而

他日固改之也。然始而不善而能善其終者寡矣。桐宮之事往已。今其即政臨民。亦事之一初也新安陳氏曰。前言終始慎厥與。則慎終爲重。此言慎終于始。則謹始爲重。固當謹終而常如其始。圖終尤當先善其始也

有言逆于汝心。必求諸道。有言遜于汝志。必求諸非道

鯁直之言。人所難受。巽順之言。人所易從。於其所難受者。必求諸道。不可遽以逆于心而拒之。於其所易從者。必求諸非道。不可遽以遜于志而聽之。以上五事。蓋欲太甲矯乎情之偏也朱子曰。治道別無說。若使人主恭儉好善。有言逆于汝心。必求諸道。有言遜于汝志。必求諸非道。如何會不治。這別無說。從古來都有見成樣子。直是如此○西山真氏曰。聽言之道。當求義理之當。不當順意見之偏。苟合乎理。雖逆吾意不可不從。苟咈乎理。雖順吾意不可不察○陳氏大

猷曰。忘其言之逆順。而揆諸道之當否。合道。則逆者乃所以爲遜。非道。則遜者乃所以爲逆。前日欲縱之時。尹之言固嘗逆心。而臣下之言固嘗有遜志者矣。故復以爲戒

嗚呼。弗慮胡獲。弗爲胡成。一人元良。萬邦以貞。

胡。何也。弗慮何得。欲其謹思之也。弗爲何成。欲其篤行之也。元。大。良。善。貞。正也。一人者。萬邦之儀表。一人元良。則萬邦以正矣。陳氏雅言曰。所慮所爲者。即欲其於上文所陳進德之序。矯乎情之偏。五事。而慮之爲之也。能慮能爲。則知行兩盡。一人有大善之德。而萬邦有皆正之效。所謂勸勉之也

君罔以辯言亂舊政。臣罔以寵利居成功。邦其永孚于休。

弗思弗爲。安於縱弛。先王之法廢矣。能思能爲。作其聰明。先王之法亂矣。亂之爲害。甚於廢也。成功非寵利之

所可居者至是太甲德已進伊尹有退休之志矣此咸有一德之所以繼作也君臣各盡其道邦國永信其休美也○吳氏曰上篇稱嗣王不惠于阿衡必其言有與伊尹背違者辯言亂政或太甲所失在此罔以寵利居成功已之所自處者已素定矣下語既非泛論則上語必有爲而發也 林氏曰自古受託孤之寄者於進退之際可謂至難爲幼主者類多血氣未定趨舍未堅苟未能離師輔而不反則吾退而小人乘間以進必將以辯言亂舊政而貽國家之禍矣所以伊尹明告以堅其心而遂示以引身求退之意焉○陳氏曰伊尹爲桐宮不得已之舉必輕寵利然後可絕天下之疑而杜讒賊之口使功成居之有一毫利之之心則好議論者安知不以前日之事爲疑乎所以作書未終而歸志已露也○新安陳氏曰老氏云功成而不居蔡澤云四時之序功成者去伊尹聖之任者也耕莘之初天

下何與於我。自慉然從湯以後。則以身任責。不容釋矣。不幸湯崩。主少不明。幾覆商祚。身任此責。愈不容釋矣。大不得已。置君於桐。不容不犯臣子之至難。非可諉其責於他人也。觀其告戒拳拳。言言忠愛。必以先王尹躬對言。幸而太甲悔過修德。遂亟復政於君。欲奉身以退。尹至是。上無負於先王。次無負於太甲。下無負於天下。以身任重。可以釋矣。由其任重恐恐不勝之心。而復還耕莘囂囂自得之身。其欣幸當何如哉。此而不退。則寧無貪戀寵利之疑。置君於桐。大不獲已。至忠至公之本心。誰白之者。伊尹可謂自任之重。自處之審矣。使湯有太甲爲之孫。而無伊尹爲之佐。其不一再傳而斬者幾希。尚何六百年之敢望哉。〇董氏鼎曰。伊訓作於太甲嗣位之初。重在謹始。故曰今王嗣厥德。罔不在初。太甲上篇作於不惠阿衡之時。重在謹習。故曰習與性成。予弗狎于弗順。中篇作於克終允德之後。重在懋德。故曰王懋乃德。無時豫怠。下篇申言懋德之意。重在謹終。故曰終始慎厥與。又曰慎終于始。蓋方其未悟也。惟恐無以善始。及其既悟也。又惟恐無以善終。伊尹之於太甲。先憂而喜。後喜而憂。拳拳忠愛。言有盡而意無窮。蓋如此。

咸有一德

伊尹致仕而去。恐太甲德不純一。及任用非人。故作此篇。亦訓體也。史氏取其篇中咸有一德四字以爲篇目。今文無。古文有。新安陳氏曰。一德二字。實此篇之綱領

伊尹既復政厥辟。將告歸。乃陳戒于德

伊尹已還政太甲。將告老而歸私邑。以一德陳戒其君。

此史氏本序

曰。嗚呼。天難諶。命靡常。常厥德。保厥位。厥德靡常。九有以亡

諶。信也。天之難信。以其命之不常也。然天命雖不常而常於有德者。君德有常。則天命亦常而保厥位矣。君德不常。則天命亦不常而九有以亡矣。九有。九州也

蔡氏元度曰。常厥德。所謂德惟一。不常厥德。所謂德二三。惟一爲能常 ○新安陳氏曰。一者。無雜無息。一可以包常。常則一之無間斷者也。惟純而不雜。所以久而不息

夏王弗克庸德。慢神虐民。皇天弗保。監于萬方。啓迪有命。眷求一德。俾作神主。惟尹躬暨湯。咸有一德。克享天心。受天明命。以有九有之師。爰革夏正

上文言天命無常。惟有德則可常。於是引桀之所以失天命。湯之所以得天命者證之。一德。純一之德。不雜不

息之義。即上文所謂常德也。神主百神之主。享當也。湯之君臣皆有一德。故能上當天心。受天明命。而有天下。於是改夏建寅之正。而爲建丑正也。

問咸有一德。竊謂一者。是純一而不雜。德至於純一而不雜。所謂至德也。所謂純一而不雜者。蓋歸於至當無二之地。無纖毫私意人欲間雜之。猶易之恒。中庸之誠也。說者多以咸。有一德。爲君臣同德。咸有一德。固有同德意。而一非同也。言君臣皆有此一德而已。朱子曰。此篇先言常德庸德。後言一德。則一者常一之謂。○爰革夏正。只是正朔之正。○新安陳氏曰。臣當先君後已。善則稱君。今曰尹躬暨湯。則臣先君。曰咸有一德。則臣儕於君。何也。蓋尹聖之任。湯學焉而後臣。天生齊聖之湯。又生元聖之尹。君臣同德。聖聖相逢。非泛然君臣比也。又何區區形跡之嫌哉。○陳氏雅言曰。純一之德者。即天之德也。惟與天合德。故能上當天心。明命而能受之。九有而能有之。則嗣王今日之有天下。亦當純一其德。以克享於天。然後可以承祖宗之基業。膺上天之付托。慰生民之屬望。此伊尹將致仕而歸恐太甲德不純一。故以成湯一德之效以為之告。而必言尹躬暨湯咸有一德者。亦猶太甲上篇言先王顧諟天之明命。而繼之以惟尹躬克左右厥辟宅師之意也

非天私我有商惟天佑于一德非商求于下民惟民歸于一德

上言一德故得天得民此言天佑民歸皆以一德之故。

蓋反復言之陳氏雅言曰。一德者。天人合應之機也。商之君臣。惟同有一德。故自然為天所佑。為民所歸。是則天雖非私於商。而不能不私於商之一德也。商雖非求於民。而民求歸于一德也。一德之效。固如是其大乎

德惟一動罔不吉德二三動罔不凶惟吉凶不僭在人惟天降災祥在德

二三則雜矣。德之純，則無往而不吉；德而雜，則無往而不凶。僭，差也。惟吉凶不差在人者，惟天之降災祥在德故也。張氏曰：一者，純乎天理；二三者，雜於人欲。天理無往而不吉，人欲無往而不凶，以其體即凶也。○林氏曰：降於天者爲災祥，受於人者爲吉凶。○呂氏曰：一則動皆合理，故無不吉；二三則動皆背理，故凶。○陳氏大猷曰：德純乎天理，本一而已，人欲之私間之，一者始二三矣。○新安陳氏曰：在人在德，不過分天人乎說。吉凶不差在人，何如？吉人則吉，凶人則凶。天降災祥在德，何如？德一則祥，德二三則災。

今嗣王新服厥命，惟新厥德。終始惟一，時乃日新。

太甲新服天子之命，德亦當新。然新德之要，在於有常而已。終始有常而無間斷，是乃所以日新也。朱子曰：終始惟一，時乃日新。這箇道理須是常接續不已，方是日新；纔有間斷，便不可。○張氏曰：此告太甲以繼湯之一德也。太甲即位已久。此自復位時言。既新服受天命。其德亦當俱新○新安陳氏曰。太甲復位之初。自怨自艾。始能自新矣。然終或間斷。則非日新也。湯之盤銘曰。苟日新。日日新。又日新。其自儆如此。仲虺之誥曰。德日新萬邦惟懷。仲虺告湯亦如此。是日新。乃太甲乃祖之家學也。尹以湯之日新望太甲。必以湯之一德勉太甲。故時乃日新必先之以終始惟一焉。視湯之銘發明精密○陳氏雅言曰。此告之以新德爲服命之始也。然而太甲自怨自艾。處仁遷義而歸。則始固能新矣。伊尹慮其終或間斷。則非純一之德。非日新之道。蓋惟有一德。然後可謂之日新。惟能日新。然後方有純一之德。日新者。成湯昭德檢身之工夫也。觀盤銘之言。仲虺之誥可見。伊尹告太甲以一德。而又必告太甲以日新者。蓋欲其以日新爲一德之要也。伊尹此言。因其所已能。而勉其所未至也

任官惟賢材。左右惟其人。臣爲上爲德。爲下爲民。其難其慎。惟和惟一

賢者。有德之稱。材者。能也。左右者。輔弼大臣。非賢材之

稱可盡故曰惟其人夫人臣之職爲上爲德左右厥辟也爲下爲民所以宅師也不曰君而曰德者兼君道而言也臣職所係其重如此是必其難其愼難者難於任用愼者愼於聽察所以防小人也惟和惟一和者可否相濟一者終始如一所以任君子也

問臣爲上爲德爲下爲民諸家說不同不知此四爲字當作如何音朱子曰爲字並去聲爲上者輔其德而不阿其意之所欲爲下者利於民而不徇己之所安○問如逢君之惡也是爲上而非是爲德爲宮室妻妾之奉也是爲下而非是爲民曰然伊尹告太甲却是與尋常人說話便恁地分明恁地切身至今看時通上下皆使得至傳說告高宗語意却深緣高宗賢明可以說這般話故傳說輔之說得較精微伊尹告太甲前三篇許多說話都從天理窟中抉出許多話分明說與他今看來句句是天理○論其難其愼曰君臣上下相與甚難○張氏曰尹欲堯舜其君則爲上爲德

可知。欲堯舜其民則爲下爲民可知○陳氏大猷曰人君莫不欲日新其德然或不克終者由小人蠱之則不間斷於已亦必間斷於人也故又告以用人之道所以貴於用有德有能而必得其人者蓋臣職在於致君澤民爲上則欲輔成君德爲下則欲澤潤生民所係之重如此任用之際其難之而不易謹之而不忽待之恊和而無乖信之專一而無二此言用人之當一也○新安陳氏曰左右作近習說接下二句不來語録想非定說蔡傳得之○王置諸其左右相成王爲左右豈皆近習乎三公官不必備亦曰惟其人蓋其選至重必其人足以當之者可也○陳氏雅言曰伊尹既告太甲以一德又恐其任用非人則心志蠱惑德不能以統一故又告以用人之道任官則必賢才而後可非賢才則不可任也左右則必得其人而後可又非賢材之可比也所以爲是者以人臣之職在上則必陳善閉邪獻可替否以成其爲君之德在下則必養之以全其生教之以復其性而澤潤生民臣職之所係其重如此是豈可輕於任用哉故任用之始必其難其慎以防小人任用之終必惟和惟一以待君子蓋言用人之當一也君德之一未始不由於用人之一用人之一亦足以見其君德之一

德無常師主善爲師善無常主協于克一

上文言用人。因推取人爲善之要。無常者不可執一之謂。師法。協合也。德者善之總稱。善者德之實行。一者其本原統會者也。德兼衆善。不主於善。則無以得一本萬殊之理。善原于一。不協于一。則無以達萬殊一本之妙。謂之克一者。能一之謂也。愽而求之於不一之善。約而會之於至一之理。此聖學始終條理之序。與夫子所謂一貫者幾矣。太甲至是而得與聞焉。亦異乎常人之改過者歟。張氏曰。虞書精一數語之外。惟此爲精密。問德無常師四句。或言主善人而爲師。若仲尼無常師之意如何。朱子曰。非也。橫渠說德主天下之善。善原天下之一。最好。四句三段。一段緊似一段。德且是大體說。有吉德。有凶德。然必主於善始爲吉爾。然亦且是大段說。或在此爲善。或在彼爲不善。或在前日則不善。而今日則爲善。惟須協于克一。是乃爲善。謂以此心揆度彼善耳。故橫渠言原。則若善之原於一耳。蓋善因一而後定也。德以事言。善以理言。一以心言。大抵此篇只是幾箇一字上有精神。須與細看。此心纔一。便終始不變而有常也。協字。雖訓合字。却是以此合彼之合。非已相合之合。與禮記協於分藝。書協時月正日之協同義。蓋若揆度參驗之意耳。張敬夫謂虞書精一四句與此。爲尚書語之最精密者。而虞書爲尤精○此言於天下之德。無一定之師。惟善是從。則凡有善皆可師也。於天下之善無一定之主。惟一其心。則其所取者無不善矣。協。猶齊也。如所謂協時月○德無常師四句。上兩句是教人以其所師。下兩句是教人以其所擇善而爲之師○問協于克一。莫是能主一則自黙契於善否。曰。橫渠云。德主天下之善。善原天下之一。這見得他說得極好處。蓋從一中流出者。無有不善。所以伊尹從前面說來。便有此意。曰常厥德。曰庸德。曰一德。常庸一只是一箇○問橫渠之言如何。曰。一故善。一者。善之原也。善無常主。如言前日之受非也。協于克一。如言皆是也。蓋均是善。但易地有不同者。故無常主。必是合于一。乃爲至善。一者。統於理而無二三之謂。一則無私欲。而純乎義理矣○陳氏大猷曰。有事一之一。終始惟一是也。有統一之一。協于克一是也。無一善之或遺。無一息之或間。然後盡一德之全體。尹既言惟一之旨。復明協一之義。德之所在。初無常師。凡主於善。皆所當師。謂博而取之也。善有萬端。亦無常主。必貴協合。統會于克一之地。謂一以貫之也○新安陳氏曰。理之一本萬殊處。擇之貴乎精。理之萬殊一本處。融之貴乎一。德無常師。主善爲師。精以擇之也。即所謂惟精也。善無常主。協于克一。一以貫之也。即所謂惟一也。南軒張子謂精一數語外。惟此最爲精密。深味之。伊尹之言。即自惟精惟一而充廣之也。伊尹樂堯舜之道。淵源甚遠。學識甚精。今復摘舜禹授受之微旨以告太甲。其欲使是君爲堯舜之君之心。至老不變也如此夫○夏氏曰。學未有得。不可執一定之見。學既有得。不可忘一貫之理。德既無常師。吾不敢拘。凡主於善者皆師之。泛觀博取也。善雖無常主。吾不敢泛。必即夫一者而合之。反觀約盡也○陳氏雅言曰。仁義禮智。德也。德何常師之有。以言乎仁。則自親親仁民。以至愛物。皆仁之善。所當取以爲師者也。以言乎義。則自從兄敬長以至尊賢。皆義之善。所當取以爲師者也。則德主天下之善者無不師。而有以盡夫博矣。然善亦何常主之有。仁之善雖有萬端。貫而通之。則凡所謂仁者。皆本於吾此心之一理也。義之善雖有萬緒。融而會之。則凡所謂義者。又皆本於吾此心之一理也。則善原天下之一者。無不叶。而有以會夫約矣。蓋德而師於善。此資於人者也。善而叶于一。此反諸己者也

俾萬姓咸曰。大哉王言。又曰。一哉王心。克綏先王之祿。永底烝民之生

人君惟其心之一。故其發諸言也大。萬姓見其言之大。故能知其心之一。咸應之理。自然而然。以見人心之不可欺。而誠之不可掩也。祿者先王所守之天祿也。烝衆也。天祿安。民生厚。一德之效驗也 陳氏大猷曰。咸曰見須之無間。又曰見須

之無已。人心孚感。若有使之者。此一德之驗。綏祿底民。此一德之效。○陳氏雅言曰。人君有純一之德存諸心。則發諸言者大。天下之民。人聞其言之大。而皆曰大哉王言。因以知其心之一。而又曰一哉王心。感應之妙。自然而然。于以見人心之理。無異於君心之理。君心之理。深契乎民心之理也。所謂一德之感應。夫如是。先王之祿則克綏之。克綏云者。基圖之鞏固。如置諸磐石之壯也。烝民之生則永底之。永底云者。海宇之寧謐。如措諸衽席之康也。所謂一德之效驗

嗚呼。七世之廟。可以觀德。萬夫之長。可以觀政。

天子七廟。三昭三穆。與太祖之廟七。七廟親盡則遷。必有德之主。則不祧毀。故曰七世之廟可以觀德。天子居萬民之上。必政教有以深服乎人。而後萬民悅服。故曰萬夫之長可以觀政。伊尹歎息。言德政修否。見於後世。

服乎當時有不可掩者如此

后非民罔使民非后罔事無自廣以狹人匹夫匹婦不獲自盡民主罔與成厥功

罔使罔事則上僭民非后罔克胥匡以生后非民罔以辟四方之意伸言君民之相須者如此欲太甲不敢忽也無毋同伊尹又言君民之使事雖有貴賤不同至於取人為善則初無貴賤之間蓋天以一理賦之於人散為萬善人君合天下之萬善而後理之一者可全也苟自大而狹人匹夫匹婦有一不得自盡於上則一善不備而民主亦無與成厥功矣伊尹於篇終致其警戒之

意。而言外之旨。則又推廣其所謂一者如此。蓋道體之純全。聖功之極致也。嘗因是言之。以爲精粹無雜者一也。終始無間者一也。該括萬善者一也。一者通古今達上下萬化之原。萬事之幹。語其理則無二。語其運則無息。語其體則幷包而無所遺也。咸有一德之書。而三者之義悉備。前乎伏羲堯舜禹湯。後乎文武周公孔子。同一揆也

新安陳氏曰。觀德觀政。欲太甲致謹於修德行政之際也。德則一德。政則一德之見於行事者。

又謂一德雖全。尤不可以自足。矜心一生。而匹夫匹婦有懷不得以自盡。則一善之或遺。即一德之有虧。何以大有成於天下哉。此節言后非民。民非后。及不可使匹夫匹婦不獲自盡。其與舜命禹以精一。而未及於衆。非后何戴。后非衆罔與守邦。四海困窮。天祿永終者。亦有合焉。伊尹之學其樂堯舜之道而有得。豈不信哉

書傳大全卷之四

書傳大全卷之五

盤庚上

盤庚陽甲之弟。自祖乙都耿。圮於河水。盤庚欲遷于殷。而大家世族安土重遷。胥動浮言。小民雖蕩析離居。亦惑於利害。不適有居。盤庚喻以遷都之利。不遷之害。上中二篇未遷時言。下篇既遷後言。王氏曰。上篇告羣臣。中篇告庶民。下篇告百官族姓。左傳謂盤庚之誥。實誥體也。三篇今文古文皆有。但今文三篇合爲一。問商書又却較分明。朱子曰。商書亦只有數篇如此。

盤庚依舊難曉。曰。不知怎生地盤庚抵死要恁地遷那都。若曰。有水患也不曾見大故爲害。曰。他不復更説那事頭。只是當時小民被害。而大姓之屬安於土而不肯遷。故説得如此○史記。盤庚祖乙之曾孫也。歷祖乙子祖辛。祖辛子開甲。開甲弟祖丁。開甲子南庚。祖丁子陽甲。及盤庚凡七世都耿矣。亳殷。亳之殷地。殷者。亳之别名。在河南。耿在河北○吳氏曰。此書説者多言其篇爲告臣。其篇爲告民。其篇爲兼告臣民。以余觀之。臣民並集之時。固不當呼臣與言。而使民不與聞。又呼民與言。而使臣不與聞。特以遷都之利。反覆開諭。事之係乎臣者主臣言之。事之係乎民者主民言之。君心初無適莫。臣民皆欲其盡曉也○林氏曰。遷都利害甚明。而臣民傲上從康。誠常情所不堪。盤庚諄復懇到。曉以利害禍福之理。不啻如慈母之於子。非優游不斷。不能奮其剛決也。蓋從容開諭。使其曉然中心悅從。以共享安利。而無絲毫之牽强。所以爲王者之政也。又曰。耿地障塞沃饒。易以致富。富家巨室。久居殖貨。閭閻細民。則苦蕩析離居。今遷亳乃小民之利。而巨室所不欲。故爲浮言以揺民情。此三篇所由作也

盤庚遷于殷民不適有居率籲衆慼出矢言

殷在河南偃師適往籲呼矢誓也史臣言盤庚欲遷于殷民不肯往適有居盤庚率呼衆憂之人出誓言以喻之如下文所云也○周氏曰商人稱殷自盤庚始自此以前惟稱商自盤庚遷都之後於是殷商兼稱或只稱殷也

曰我王來旣爰宅于兹重我民無盡劉不能胥匡以生卜稽曰其如台

曰盤庚之言也劉殺也盤庚言我先王祖乙來都于耿固重我民之生非欲盡致之死也民適不幸蕩析離居

不能相救以生。稽之於卜。亦曰此地無若我何。言耿不可居。決當遷也。

新安陳氏曰。此地蕩析於水。既不能相救以生。所以卜以稽之而卜遷也。○林氏曰。古者將遷國。必考之卜。如綿詩曰。爰始爰謀。爰契我龜。曰止曰時。築室于茲。衛文楚丘之遷。亦曰降觀于桑。卜云其吉。是也。

先王有服。恪謹天命。茲猶不常寧。不常厥邑。于今五邦。今不承于古。罔知天之斷命。矧曰其克從先王之烈。

服。事也。先王有事。恪謹天命。不敢違越。先王猶不敢常安。不常其邑。于今五遷厥邦矣。今不承先王而遷。且不知上天之斷絕我命。況謂其能從先王之大烈乎。詳此言。則先王遷徙。亦必有稽卜之事。仲丁河亶甲篇逸。不可考矣。五邦。漢孔氏謂湯遷亳。仲丁遷囂。河亶甲居相。祖乙居耿。并盤庚遷殷爲五邦。然以下文今不承于古。文勢考之。則盤庚之前。當自有五遷。史記言祖乙遷邢。或祖乙兩遷也薛氏曰。不遷故罔知天之斷命。則遷乃天欲求我命也。不遷故不克從先王之烈。則遷乃欲紹復先王之業也○陳氏經曰。命在天。而曰恪謹天命。天其求命。何也。古人以當然之理爲命。而不以或然之數爲命。勑天之命。祈天求命。皆自己而言之。使盤庚不遷都。而苟安于耿。民不聊生。國將滅亡。而歸之命可乎

若顛木之有由蘖。天其永我命于兹新邑。紹復先王之大業。底綏四方

顛仆也。由古文作㽕。木生條也。顛木譬耿。由蘖譬殷也。

言今自耿遷殷。若巳仆之木。而復生也。天其將永我國家之命於殷。以繼復先王之大業。而致安四方乎。魏氏曰。書言由蘗。由字。左傳註木。再萌芽謂之由。故云枿其復由。又昭八年。今在析木之津。猶將復由。韻書蘗本作㰒。今作㭊。㭊。槁木之餘也。馬氏云。顛木而肄生曰㭊〇陳氏大猷曰。京師爲諸夏本。國都定。則四方安矣。承天命。復祖業。綏四方。三者盤庚圖遷之本意。故史總述于篇首

盤庚斆于民。由乃在位。以常舊服正法度。曰無或敢伏小人之攸箴。王命衆悉至于庭

斆。教。服。事。箴。規也。耿地潟鹵墊隘。而有沃饒之利。故小民苦於蕩析離居。而巨室則總于貨寶。惟不利於小民。而利於巨室。故巨室不悅而胥動浮言。小民眩於利害

亦相與咨怨。間有能審利害之實而欲遷者。則又往往爲在位者之所排擊阻難。不能自達於上。盤庚知其然。故其教民必自在位始。而其所以教在位者。亦非作爲一切之法。以整齊之。惟舉先王舊常遷都之事。以正其法度而已。然所以正法度者。亦非有他焉。惟曰使在位之臣。無或敢伏小人之所箴規焉耳。蓋小民患瀉鹵墊隘。有欲遷而以言箴規其上者。汝毋得遏絶而使不得自達也。衆者。臣民咸在也。史氏將述下文盤庚之訓語。故先發此。陳氏大猷曰。遵故事。則人情不駭。達微辭。則人情不壅。此遷都之大綱。史特先舉之。

王若曰。格汝衆。予告汝訓。汝猷黜乃心。無傲從康。

若曰者。非盡當時之言。大意若此也。汝猷黜乃心者。謀去汝之私心也。無與毋同。毋得傲上之命。從已之安。蓋傲上則不肯遷。從康則不能遷。二者。所當黜之私心也。此雖盤庚對衆之辭。實爲羣臣而發。以斆民由在位故也。王氏曰。凡言若曰。或臣述上旨而代作。非其自言。或史撮大意。刪潤之。非其本言○陳氏經曰。當謀去其傲上從康之心。傲上者。違王命而不肯從。從康者。懷久安而不爲後日慮。當時羣臣所以不遷。其病根在此二者。故直指其病而戒之○陳氏梅叟曰。盤庚戒諭羣臣。惟汲汲於治其心耳。黜乃心。再見於首篇。求肩一心。申嚴於終篇。不宜乃心。恐迂乃心。不暨予同心。有戕在乃心。各設中于乃心。又條見於中篇。至于歷告朕志。敷心腹腎腸。無非開心諭之也

古我先王。亦惟圖任舊人共政。王播告之修。不匿厥指。王

用丕欽罔有逸言民用丕變今汝聒聒起信險膚予弗知乃所訟

逸過也盤庚言先王亦惟謀任舊人共政王播告之脩則奉承于內而能不隱匿其指意故王用大敬之宣化于外又無過言以惑衆聽故民用大變今爾在內則伏小人之攸箴在外則不和吉言于百姓譊譊多言凡起信於民者皆險陂膚淺之說我不曉汝所言果何謂也詳此所謂舊人者世臣舊家之人非謂老成人也蓋沮遷都者皆世臣舊家之人下文人惟求舊一章可見新安陳氏曰民用丕變以前謂先王時世家舊人能使上敬下化如此下文責今世家不能然也

非予自荒茲德惟汝含德不惕予一人予若觀火予亦拙謀作乃逸

荒。廢也。逸。過失也。盤庚言非我輕易遷徙自荒廢此德。惟汝不宣布德意不畏懼於我。我視汝情明若觀火。我亦拙謀。不能制命而成汝過失也　新安陳氏曰。含德。掩晦遮蔽意。與不匿厥指正相反。不惕一人。即傲上也。成乃安逸。即從康也

若網在綱有條而不紊若農服田力穡乃亦有秋

紊。亂也。綱。舉則目張。喻下從上。小從大。申前無傲之戒。勤於田畝。則有秋成之望。喻令雖遷徙勞苦而有永建乃家之利。申前從康之戒

汝克黜乃心，施實德于民，至于婚友，丕乃敢大言汝有積德。

蘇氏曰：商之世家大族，造言以害遷者，欲以苟悅小民爲德也，故告之曰：是何德之有？汝曷不去汝私心，施實德于民與汝婚姻僚友乎？勞而有功，此實德也。汝能勞而有功，則汝乃敢大言曰：我有積德。曰積德云者，亦指世家大族而言。申前汝猷黜乃心之戒。蕭氏曰：言不欲遷者，徒爲順民之虛名，遷則爲安民之實德。○李氏杞曰：言不遷似姑息，若可以得虛譽，然民被水患而不救，豈實德乎？○林氏曰：黜私心而施實德，欲其愛人以德，而不以不遷之姑息爲愛也。○夏氏曰：先王時汝祖父率民以遷，今汝又率民遷，是世有積德及人也。○陳氏大猷曰：不遷則徇人情而患在後，雖若愛民，實害民也；遷則若拂人情。

而利在後。雖若勞民。實福民也。在位以使民不遷爲有德於民。故戒之如此。此章總告以利。下二章分告以害。○新安陳氏曰。前言猷黜乃心。此言克黜乃心。是前言所謀爲之者。今眞能爲之矣。所以贊其決也

乃不畏戎毒于遠邇惰農自安不昏作勞不服田畝越其罔有黍稷

戎。大也。昏强也。汝不畏沈溺大害於遠近。而憚勞不遷。如怠惰之農。不强力爲勞苦之事。不事田畝。安有黍稷之可望乎。此章再以農喻申言從康之害。唐孔氏曰。惰農。對上服田力穡。而反言之。○林氏曰。此篇文勢大抵反覆辯論。皆相顧成文。既曰若農服田力穡。乃亦有秋。又曰惰農自安。不昏作勞。不服田畝。越其罔有黍稷。既曰予若觀火。又曰若火之燎于原。文雖渙散。而意則相屬。以是知盤庚之言。雖佶屈聱牙。不可遽曉。然反覆求之。於人情甚近也

汝不和吉言于百姓惟汝自生毒乃敗禍姦宄以自災于厥身乃既先惡于民乃奉其恫汝悔身何及相時憸民猶胥顧于箴言其發有逸口矧予制乃短長之命汝曷弗告朕而胥動以浮言恐沈于衆若火之燎于原不可嚮邇其猶可撲滅則惟爾衆自作弗靖非予有咎

吉好也先惡爲惡之先也奉承恫痛相視也憸民小民也逸口過言也逸口尚可畏況我制爾生殺之命可不畏乎恐謂恐動之以禍患沈謂沈陷之於罪惡不可嚮邇其猶可撲滅者言其勢熖雖盛而殄滅之不難也靖安咎過也則惟爾衆自爲不安非我有過也此章反復

辯論申言傲上之害林氏曰。不導民以遷。而先不樂遷。民亦從之。是謂先惡○陳氏大猷曰。恫痛不急去之。乃奉而養之。猶安其危。利其菑之意。旣先惡於始。又護疾於今。後雖悔之身無及矣○張氏曰。毒曰自生。禍敗姦宄曰自災。言非自外來。皆汝自取之罪也

遲任有言曰。人惟求舊。器非求舊惟新

遲任。古之賢人。蘇氏曰。人舊則習。器舊則敝。當常使舊人。用新器也。今按盤庚所引。其意在人。惟求舊一句。而所謂求舊者。非謂老人。但謂求人於世臣舊家云耳。詳下文意可見。若以舊人爲老人。又何侮老成人之有張氏曰。器惟新者。但以證人求舊爾。故下文繼以乃祖乃父。非以器喻新邑也

古我先王。曁乃祖乃父。胥及逸勤。予敢動用非罰。世選爾

勞予不掩爾善。茲予大享于先王。爾祖其從與享之。作福作災。予亦不敢動用非德

胥相也。敢。不敢也。非罰。非所當罰也。世。非一世也。勞。勞于王家也。掩。蔽也。言先王及乃祖乃父。相與同其勞逸。我豈敢動用非罰以加汝乎。世簡爾勞。不蔽爾善。茲我大享于先王。爾祖亦以功而配食於廟。先王與爾祖父臨之在上。質之在旁。作福作災。皆簡在先王。與爾祖父之心。我亦豈敢動用非德以加汝乎。孔氏曰。古功臣配食於廟。○陳氏大猷曰。配。對也。大勳勞之人。方得配食。非遍及有功者。此言與享。如周禮司勳。凡有功者祭於大烝耳。盤庚總告羣臣。豈盡皆配享乎。○孫氏曰。前言胥及逸勤。則曰乃祖乃父。此與享。止曰乃祖。蓋逸勤不止一人。配享則非

有功之祖不與也○新安陳氏曰此以羣臣世有勳勞當與國同休戚者感動之乃申言前圖任舊人之意

予告汝于難若射之有志汝無侮老成人無弱孤有幼各長于厥居勉出乃力聽予一人之作猷

難言謀遷徙之難也蓋遷都固非易事而又當時臣民傲上從康不肯遷徙然我志決遷若射者之必於中有不容但已者弱少之也意當時老成孤幼皆有言當遷者故戒其老成者不可侮孤幼者不可少之也爾臣各謀長遠其居勉出汝力以聽我一人遷徙之謀也新安陳氏曰謀遷固難然如射必志於中有志者事竟成則不沮於難矣

無有遠邇用罪伐厥死用德彰厥善邦之臧惟汝衆邦之

不臧惟予一人有佚罰

用罪猶言爲惡用德猶言爲善也。伐猶戮也。言無有遠近親踈凡伐死彰善惟視汝爲惡爲善如何爾邦之善惟汝衆用德之故。邦之不善惟我一人失罰其所當罰也陳氏大猷曰死者刑之重舉重故言死○張氏曰不從遷者罪也從遷者善也

凡爾衆其惟致告自今至于後日各恭爾事齊乃位度乃口罰及爾身弗可悔

致告者使各相告戒也。自今以往各敬汝事整齊汝位法度汝言不然罰及汝身不可悔也呂氏曰其惟致告當時所諭惟造在王庭者故欲其轉相告語也○孫氏曰恭爾事則無傲上齊乃位則無從康度乃口則無浮言三者盤庚所深

戒也○呂氏曰三書反覆折難須於包容處看其德量於委曲訓誥處看其恩意於規畫纖悉處看其措置○林氏曰使盤庚驅以刑罰而使之遷誰敢違之今其言乃若有所甚畏者蓋得天下有道得其民也得其民者得其心也得其心不過所欲與之聚爾今之遷惟欲聚民所欲而已苟以埶力與臣民較以失人心雖能强之使遷而民心已離矣故寧爲優游不忍之辭開諭其心使知吾之本意既不失民之心亦不害吾之遷此盤庚所以爲仁也○陳氏大猷曰世主之懦者惟知徇人事所當爲慮拂人情而輒阻其果者惟知徇已事苟當爲遽拂人情而不恤二者皆非也盤庚內不失已外不失人所以爲兩全歟

盤庚中

盤庚作惟涉河以民遷乃話民之弗率誕告用亶其有衆咸造勿褻在王庭盤庚乃登進厥民

作起而將遷之辭殷在河南故涉河誕大亶誠也咸造

皆至也。勿褻。戒其毋得褻慢也。此史氏之言。蘇氏曰。民之弗率。不以政令齊之。而以誥言曉之。盤庚之仁也。呂氏曰。已離舊邦。未至新邑。則王庭蓋道路行宮。如周禮掌次是也。班次。臣在前。民在後。故升進其民於前而告之

曰。明聽朕言。無荒失朕命

荒。廢也

嗚呼。古我前后罔不惟民之承。保后胥感。鮮以不浮于天時

承。敬也。蘇氏曰。古謂過為浮。浮之言勝也。后既無不惟民之敬。故民亦保后。相與憂其憂。雖有天時之災。鮮不以人力勝之也。林氏曰。憂民之憂者。民亦憂其憂。罔不惟民之承。憂民之憂也。保后胥感。民亦憂其憂也

殷降大虐。先王不懷。厥攸作視民利用遷。汝曷弗念我古

后之聞。承汝俾汝惟喜康共。非汝有咎比于罰

先王以天降大虐。不敢安居。其所與作。視民利當遷而

已。爾民何不念我以所聞先王之事。凡我所以敬汝使

汝者。惟喜與汝同安爾。非爲汝有罪比于罰而謫遷汝

也。臨川吳氏曰。先王以天降大害。不懷其居之故。其所以起而遷者。視民所利而用遷也。汝民何不思念所聞先后之事。我奉承汝者。蓋欲使汝共享喜樂安康之利

予若籲懷玆新邑。亦惟汝故。以丕從厥志

我所以招呼懷來于此新邑者。亦惟以爾民蕩析離居

之故。欲承汝俾汝康共。以大從爾志也。或曰。盤庚遷都

民咨胥怨而此以爲丕從厥志何也蘇氏曰古之所謂從衆者非從其口之所不樂而從其心之所不言而同然者夫趨利而避害捨危而就安民心同然也殷亳之遷實斯民所利特其一時爲浮言揺動怨咨不樂使其即安危利害之實而反求其心則固其所大欲者矣臨川吳氏曰民志本欲安其所居所以不肯遷者以苟目前之暫安而不圖他日之久安我所以招呼汝遷者亦惟汝故將以大從爾民欲安之志不遷則舉國無安定之時

今予將試以汝遷安定厥邦汝不憂朕心之攸困乃咸大不宣乃心欽念以忱動予一人爾惟自鞠自苦若乘舟汝弗濟臭厥載爾忱不屬惟胥以沈不其或稽自怒曷瘳

上文言先王惟民之承。而民亦保后胥慼。今我亦惟汝故。安定厥邦。而汝乃不憂我心之所困。乃皆不宣布腹心。欽念以誠感動於我。爾徒為此紛紛自取窮苦。譬乘舟不以時濟。必敗壞其所資。今汝從上之誠間斷不屬安能有濟。惟相與以及沈溺而已。詩曰。其何能淑。載胥及溺。正此意也。利害若此。爾民而罔或稽察焉。是雖怨疾忿怒。何損於困苦乎臨川吳氏曰。爾民不得安居。此我心之憂。而至於困者。我憂爾民之憂。而汝不憂我心之憂。乃皆大不宣布其心。欽敬思念。以誠心動我。爾惟苟安。坐待水患之至。是自取窮苦。譬之乘舟者。若遲滯不濟。必臭敗所載之物。從上之心間斷不屬。則不能復濟。惟相與以及沈溺而已。利害若此。汝不考察。但自怨怒。何能瘳乎。言無益也

汝不謀長以思乃災汝誕勸憂今其有今罔後汝何生在上

汝不爲長久之謀以思其不還之災是汝大以憂而自勸也孟子曰安其危而利其災樂其所以亡勸憂之謂也有今猶言有今日也罔後猶言無後日也上天也今其有今罔後是天斷棄汝命汝有何生理於天乎下文言迓續乃命于天蓋相首尾之辭臨川吳氏曰上天也今日偷生後日必死何能有生命於天乎

今予命汝一無起穢以自臭恐人倚乃身迂乃心

爾民當一心以聽上無起穢惡以自臭敗恐浮言之人倚汝之身迂汝之心使汝邪僻而無中正之見也臨川吳氏

曰。言爾民既從我涉河矣。或有二心而遲滯。今予命汝專其一心。無再起穢惡。間其從上之心。以自致臭敗。恐人之浮言誑惑。偏倚汝之身。迂曲汝之心。使汝身心顛倒。利害昏迷。不知遷。則將有沈溺之禍

予迓續乃命于天。予豈汝威。用奉畜汝衆

我之所以遷都者。正以迎續汝命于天。予豈以威脅汝哉。用以奉養汝衆而已 臨川吳氏曰。言我今因水患未至之時而遷。是迓續爾命于天而使汝更生也。我豈用威驅迫汝以遷乎。蓋欲汝得全其生爾

予念我先神后之勞爾先。予丕克羞爾。用懷爾然

神后。先王也。羞。養也。即上文畜養之意。言我思念我先神后之勞爾先人。我大克羞養爾者。用懷念爾故也

失于政。陳于茲。高后丕乃崇降罪疾。曰曷虐朕民

陳久。崇大也。耿圮而不遷。以病我民。是失政而久于此也。高后湯也。湯必大降罪疾於我。曰何爲而虐害我民。蓋人君不能爲民圖安。是亦虐之也

汝萬民乃不生生。暨予一人猷同心。先后丕降與汝罪疾。曰曷不暨朕幼孫有比。故有爽德。自上其罰汝。汝罔能迪

樂生興事。則其生也厚。是謂生生。先后。泛言商之先王也。幼孫。盤庚自稱之辭。比。同事也。爽。失也。言汝民不能樂生興事與我同心以遷。我先后大降罪疾於汝。曰汝何不與朕幼小之孫同遷乎。故汝有失德。自上其罰汝。汝無道以自免也

古我先后既勞乃祖乃父汝共作我畜民汝有戕則在乃心我先后綏乃祖乃父乃祖乃父乃斷棄汝不救乃死

既勞乃祖乃父者申言勞爾先也汝共作我畜民者汝皆爲我所畜之民也戕害也綏懷來之意謂汝有戕害在汝之心我先后固已知之懷來汝祖汝父汝祖汝父亦斷棄汝不救汝死也

兹予有亂政同位具乃貝玉乃祖乃父丕乃告我高后曰作丕刑于朕孫迪高后丕乃崇降弗祥

亂治也具多取而兼有之謂言若我治政之臣所與共天位者不以民生爲念而務富貝玉者其祖父亦告我

成湯。作丕刑于其子孫。啓成湯丕乃崇降弗祥而不赦也。此章先儒皆以爲責臣之辭。然詳其文勢。曰。茲予有亂政同位。則亦對民庶責臣之辭。非直爲羣臣言也。按上四章言君有罪。民有罪。臣有罪。我高后與爾民臣祖父一以義斷之。無所赦也。王氏曰。先王設教。因俗之善而導之。反俗之惡而禁之。方盤庚時。商俗衰。士大夫棄義即利。故盤庚以具貝玉爲戒。此反其俗之惡而禁之者也。自成周以上。莫不事死如事生。事亡如事存。故其俗皆嚴鬼神。以經考之商俗爲甚。故盤庚特稱先后與臣民之祖父崇降罪疾爲告。此因其俗之善而導之者也問盤庚言其先王與其羣臣之祖父。若眞有物在其上。降災降罰。與之周旋從事日用之間者。竊謂此亦大槩言理之所在。質諸鬼神而無疑爾。而殷俗尚鬼。故以其深信者導之。夫豈亦眞有一物耶。朱子曰。鬼神之理。聖人蓋難言之。謂眞有一物固不可。謂非眞有一物亦不可。若未能曉然見得。且缺之可也。○新安陳氏曰。神后言神靈在天。高后言功德崇高。與先后。皆指先王之遷都者言之。大意言我不率民以遷。先王必罪我。汝不從上以遷。不特先王罪汝。汝之祖父亦禍汝矣

嗚呼。今予告汝不易。永敬大恤。無胥絕遠。汝分猷念以相從。各設中于乃心。

告汝不易。即上篇告汝于難之意。大恤。大憂也。今我告汝以遷都之難。汝當永敬我之所大憂念者。君民一心。然後可以有濟。苟相絕遠而誠不屬。則殆矣。分猷者。分

君之所圖而共圖之。分念者。分君之所念而共念之。相從。相與也。中者極至之理。各以極至之理存于心。則知遷徙之議爲不可易。而不爲浮言横議之所動搖也新安陳氏曰。告汝不易。一說告汝于難之意。一說告汝者一定不易矣。永敬我所大憂者。汝當以君之心爲心。中者。人心同然之理。何待于設。正緣羣臣徇於私情之一偏。則中之理亡矣。汝不當偏爲私已計。當分汝所謀所念以從上。各設中理于心。則明見利害自有不偏之準在於胷中。不至於偏私矣。不設中于心。則人必倚汝身迁汝心也

乃有不吉不迪。顛越不恭。暫遇姦宄。我乃劓殄滅之。無遺育。無俾易種于茲新邑

乃有不善不道之人。顛隕踰越。不恭上命者。及暫時所

遇爲姦爲宄。劫掠行道者。我小則加以劓。大則殄滅之。無有遺育。毋使移其種于此新邑也。遷徙道路艱關。恐姦人乘隙生變。故嚴明號令以告勑之

往哉生生。今予將試以汝遷。永建乃家

往哉。往新邑也。方遷徙之時。人懷舊土之念。而未見新居之樂。故冊以生生勉之。振起其怠惰。而作其趨事也。試用也。今我將用汝遷。永立乃家爲子孫無窮之業也

新安陳氏曰。生生。生養不窮之道也。末二句。應前今予將試以汝遷。安定厥邦。前以邦言。此以家言。互文見意。民惟邦本。本固邦寧。必民家永建而後邦國安定也

盤庚下

盤庚既遷奠厥攸居乃正厥位綏爰有衆

盤庚既遷新邑定其所居正君臣上下之位慰勞臣民遷徙之勞以安有衆之情也此史氏之言

曰無戲怠懋建大命

曰盤庚之言也大命非常之命也遷國之初臣民上下正當勤勞盡瘁趨事赴功以爲國家無窮之計故盤庚以無戲怠戒之以建大命勉之臨川吳氏曰無戲欲其敬事無怠欲其勤事大命兼民命國命而言建命謂命雖在天立之在我使民有以遂其生國有以永其祚也當時傲上從康習於戲怠未遷則以爲憚既遷則以爲足不復爲自勉自立之計故以此戒之○新安陳氏曰戲即傲上怠即從康戲怠乃其故習未遷則憚以爲難既遷則苟以爲足未必不謂不必更勉而自可以永命矣命雖在天建立之在

我必懋勉而後能立大命必無戲怠而後能懋勉故首以無戲怠矯其舊習而新其精神也

今予其敷心腹腎腸歷告爾百姓于朕志罔罪爾衆爾無共怒協比讒言予一人

歷盡也百姓畿內民庶百官族姓亦在其中 臨川吳氏曰敷心腹腎腸謂無一不布露也臣民雖旣遷盤庚猶慮其強從上令非出本心怨怒未忘故明白洞達以釋其疑○新安陳氏曰朕志下文所言是也意前日浮言之徒必有唱爲事定後有罪責之說者故以此言釋衆疑而絕謗讒也

古我先王將多于前功適于山用降我凶德嘉績于朕邦

古我先王湯也適于山往于亳也契始居亳其後屢遷我湯欲多于前人之功故復往居亳按立政三亳鄭氏

曰東成皋。南轘轅。西降谷。以亳依山。故曰適于山也。降下也。依山地高水下。而無河圮之患。故曰用下我凶德。嘉績美功也臨川吳氏曰。凶德。謂民受水患。適亳依山。自此民獲其吉。所以降其凶德。又成美功於我邦。謂湯由亳。而興有天下也○王氏啖曰。自此至用宏茲賁。言所以遷之意。以諭臣民也。自邦伯師長至篇終。旣遷之後。言欲爲之意。以望羣臣也。此所謂朕志也

今我民用蕩析離居。罔有定極。爾謂朕曷震動萬民以遷今耿爲河水圮壞。沈溺墊隘。民用蕩析離居。無有定止。將陷於凶德而莫之救。爾謂我何故震動萬民以遷也

肆上帝將復我高祖之德。亂越我家。朕及篤敬。恭承民命。用永地于新邑

乃上天將復我成湯之德而治及我國家我與一二篤敬之臣敬承民命用長居于此新邑也

肆予沖人非廢厥謀弔由靈各非敢違卜用宏茲賁

沖童弔至由用靈善也宏賁皆大也言我非廢爾衆謀乃至用爾衆謀之善者指當時臣民有當利害之實以爲當遷者言也爾衆亦非敢固違我卜亦惟欲宏大此大業爾言爾衆亦非有他意也蓋盤庚於旣遷之後申彼此之情釋疑懼之意明吾前日之用謀略彼旣往之傲情委曲忠厚之意藹然於言辭之表大事以定大業以興成湯之澤於是而益永盤庚其賢矣哉張氏曰盤庚非特不

廢人謀。卜者鬼謀。亦不敢違之。是人謀鬼謀。皆以爲當遷○新安陳氏曰。此篇如多。于前功以下。朱子本疑之。如弔由靈宏兹賁等語實難曉。姑依前註觀之可也

嗚呼。邦伯師長百執事之人。尚皆隱哉

隱痛也。盤庚復歎息言爾諸侯公卿百執事之人。庶幾皆有所隱痛於心哉臨川吳氏曰。自此至篇終。誥臣也。新遷之民。生理未復。諸臣當惻然憫痛。愛護封殖之

予其懋簡相爾。念敬我衆

相爾雅曰。導也。我懋勉簡擇導汝以念敬我之民衆也

朕不肩好貨。敢恭生生。鞠人謀人之保居敘欽

肩任。敢勇也。鞠人謀人未詳。或曰。鞠養也。我不任好賄

之人。惟勇於敬民。以其生生爲念。使鞠人謀人之保居者。吾則叙而用之。欽而禮之也臨川吴氏曰。言我不任貪人。有能敢於恭承民之生生。俾貧富各保其居者。則任之敬之

今我既羞告爾于朕志若否罔有弗欽

羞進也。若者如我之意。即敢恭生生之謂。否者非我之意。即不肩好貨之謂。二者爾當深念。無有不敬我之言也

無總于貨寶生生自庸

無。毋同。總。聚也。庸。民功也。此則直戒其所不可爲。勉其所當爲也

式敷民德永肩一心

式。敬也。敬布爲民之德。永任一心。欲其久而不替也。盤庚篇終戒勉之意。一節嚴於一節。而終以無窮期之。盤庚其賢矣哉。蘇氏曰。民不悅而猶爲之。先王未之有也。祖乙圮於耿。盤庚不得不遷。然使先王處之。則動民而民不懼。勞民而民不怨。盤庚德之衰也。其所以信於民者未至。故紛紛如此。然民怨誹逆命。而盤庚終不怒。引咎自責。益開衆言。反復告諭。以口舌代斧鉞。忠厚之至。此殷之所以不亡而復興也。後之君子厲民以自用者。皆以盤庚藉口。予不可以不論。臨川吳氏曰。用敷布其德於民。永久守此一心而不變也。始終不貳之謂一。○新安陳氏曰。前告衆民。後告羣臣。言庶幾皆有惻隱之仁心哉。新遷之民生理未復。尤當視之如傷。惻隱以愛之。我其懋簡相爾。爾當念我衆而不忘。敬我衆而不忽也。好貨之人。不能念敬我衆者也。我則不肩任之。敢於恭以生民生而安養人者。能念敬我衆者也。我則叙欽之。今我既盡告爾以朕之志所順與否。敢恭。所順者好貨。所否者也。汝當無不敬我言也。敬我之所否而無總貨寶。申不肩好貨之戒也。敬我之所若而以生生自用。申敢恭生生之訓也。爾其用敷爲民之德。而永肩一心焉。此篇始曰。歷告爾百姓于朕志。終曰。今我既羞告爾于朕志若否。始以朕志告百姓。終以朕志告羣臣。明示一人之心。以通臣民千萬人之心。告民以朕志者。以釋其疑懼之情。告臣以朕志者。欲其審好惡之辨。前日羣臣唱浮言以惑民者。傲上從康。其病證也。具乃貝玉。其病根也。今雖已遷。而病證猶未退。病根猶未除。故始曰。無戲怠。以革傲上從康之病證。終曰。不肩好貨。無總貨寶。使除具乃貝玉之病根。然後上能敬君命。下能仁民生。而可以永建國家無窮之基矣

說命上

說命。記高宗命傅說之言。命之曰以下是也。猶蔡仲之命。微子之命。後世命官制詞。其原蓋出於此。上篇記得說命相之辭。中篇記說爲相進戒之辭。下篇記說論學之辭。總謂之命者。高宗命說實三篇之綱領。故總稱之。今文無。古文有。問傅說版築亦讀書否。朱子曰。不胥讀書。如何有說命三篇之文。○史記。高宗。盤庚弟小乙之子也。名武丁。以夢得說於傅險中。遂以傅險姓之。號曰傅說。

王宅憂。亮陰三祀。既免喪。其惟弗言。羣臣咸諫于王曰。嗚呼。知之曰明哲。明哲實作則。天子惟君萬邦。百官承式。王

言惟作命不言臣下罔攸稟令

亮亦作諒陰古作闇按喪服四制高宗諒陰三年鄭氏註云諒古作梁楣謂之梁闇讀如鶉鵪之鵪闇謂廬也即倚廬之廬儀禮翦屏柱楣鄭氏謂柱楣所謂梁闇是也宅憂亮陰言宅憂於梁闇也先儒以亮陰爲信默不言則於諒陰三年不言爲語復而不可解矣君薨百官總已聽於冢宰居憂亮陰不言禮之常也高宗喪父小乙惟既免喪而猶弗言羣臣以其過於禮也故咸諫之歎息言有先知之德者謂之明哲明哲實爲法於天下今天子君臨萬邦百官皆奉承法令王言則爲命不言

則臣下無所稟令矣問諒陰以他經考之。皆以諒陰爲信默。惟鄭氏獨以爲凶廬。天子居凶廬。豈合禮制。朱子曰。所引剪屏柱楣是兩事。柱。音知主反。以是從手不從木也。蓋始者戶北向。用草爲屏。不剪其餘。至是改而西向。乃剪其餘草。始者無柱與楣。簷著於地。至是乃施短柱及楣以拄其楣。架起其簷。令稍高而下可作戶也。梁闇未詳古定制如何。不敢輒爲之說。但假使不如鄭說。亦未見天子不可居廬之法○陳氏雅言曰。此羣臣進戒高宗之辭。知之曰明哲。明哲實作則。此言有德者之爲法於天下也。天子惟君萬邦。百官承式。此言有位者之爲法於百官也。王言惟作命。不言臣下罔攸稟令。此言高宗既有明哲之德。固可作則於天下。又居天子之位。宜爲式於百官也。於是而言則爲命。奈之何可不言哉。上言天子是泛說。下言王方是指言高宗

王庸作書以誥曰。以台正于四方。台恐德弗類。茲故弗言。恭默思道。夢帝賚予良弼。其代予言

庸用也。高宗用作書告諭羣臣以不言之意。言以我表正四方。任大責重。恐德不類于前人。故不敢輕易發言。而恭敬淵默以思治道。夢帝與我賢輔。其將代我言矣。蓋高宗恭默思道之心。純一不二。與天無間。故夢寐之間。帝賚良弼。其念慮所孚。精神所格。非偶然而得者也

朱子曰。高宗夢傅說。分明有箇傅說在那裏。高宗却不知。所以夢見。亦是朕兆先見者如此。○高宗夢傅說。據此則是眞有箇天帝與高宗對。曰吾賚汝以良弼。今人但以主宰說帝。謂無形容。恐也不得。若世間所謂玉皇大帝。恐亦不可。又曰。夢之事。只說到感應處。高宗夢帝賚良弼。必是夢中有帝賚之。不得說無此事。只是天理亦不得。○程子曰。夢說之事。是傅說之感高宗。高宗感傅說。高宗只思得聖賢之人。須是聖賢之人方始應其感。若傅說非聖賢。自不相感。如今人卜筮。蓍在手。事在未來。吉凶在書策。其卒三者必合矣。使書策之言不合

於理。則自不驗。高宗至誠思得賢相。寤寐不忘。故兆朕先見於夢。如常人夢寐間事有先得者多矣。亦何足怪。問高宗往求說耶。說來入夢耶。曰。譬懸鏡於此。有物必照。亦非鏡往照物。亦非物來入鏡。大抵人心虛靈。善不善必先知之。○張子曰。高宗夢傅說。先見容貌。此是最神。○張氏文蔚曰。誠心求賢。寤寐不忘。此心足以合上天生賢之心矣。高宗之心有以合上天生賢之心。上天之心得不應高宗求賢之心○陳氏經曰。至誠之道。可以前知。嵩前有董五經。隱者也。伊川聞其名。特往造焉。至中途遇之。曰。君非程先生乎。先生欲來。信息甚大。尹子問於伊川。伊川曰。靜則自明。觀此則高宗夢說之事不誣矣。然此不可以常情拘常事論也。有高宗。有傅說則可。君非高宗。臣非傅說。而效其所為。必有以私意用人。不合於公論者。若漢文以夢得鄧通。光武以讖得王梁。豈足憑哉。○陳氏雅言曰。天之生賢。將欲以用世。而高宗求賢之心。能合上天生賢之心。賢之處世。將欲以得君。而高宗求賢之心。又能合賢人用世之心。

乃審厥象。俾以形旁求于天下。說築傅巖之野。惟肖審。詳也。詳所夢之人。繪其形象。旁求于天下。旁求者求之非一方也。築。居也。今言所居猶謂之卜築。傅巖在虞虢之間。肖。似也。與所夢之形相似

爰立作相。王置諸其左右

於是立以爲相。按史記高宗得說。與之語。果聖人。乃舉以爲相。書不言。省文也。未接語。而遽命相。亦無此理。置諸左右。蓋以冢宰兼師保也。荀卿曰。學莫便乎近其人。置諸左右者。近其人以學也。史臣將記高宗命說之辭。先叙事始如此新安陳氏曰。王置諸左右。蓋不徒相之。而必親近之也

命之曰。朝夕納誨。以輔台德

此下命說之辭。朝夕納誨者。無時不進善言也。孟子曰。人不足與適也。政不足與閒也。惟大人爲能格君心之非。高宗既相說。處之以師傅之職。而又命之朝夕納誨。以輔台德。可謂知所本矣。呂氏曰。高宗見道明。故知頃刻不可無賢人之言新安胡氏曰。相業莫大於輔君德。高宗命相。未及他事。而責之以納誨。輔德爲第一義。眞知本之論矣。蓋其思道精。見道明。又素學於甘盤而有得。故其言如此

若金。用汝作礪。若濟巨川。用汝作舟楫。若歲大旱。用汝作霖雨

三日雨爲霖。高宗託物以喻。望說納誨之切。三語雖若一意。然一節深一節也王氏曰。作礪。使成已。舟楫。使濟難。霖雨。使澤民

啓乃心。沃朕心

啓。開也。沃。灌溉也。啓乃心者。開其心而無隱。沃朕心者。溉我心而厭飫也陳氏大猷曰。相業莫要於輔德。輔德莫切於格心。格心之道。非可外求。惟以心格心。啓。開而發之也。沃。灌而入之也。如渴之沃漿。初神受心領。而入之深也○新安陳氏曰。高宗命說之初。已有渴教之意。今欲遂沃其渴教之心。說果開誠心以進言。高宗心心相孚。必有如土受水之沃。如所謂江海之浸。膏澤之潤。渙然氷釋。怡然理順者矣○陳氏雅言曰。金而非礪。則無以成器。此望於說者切矣。而猶未也。巨川而非舟楫。則無以濟險。此望於傅說者加切矣。而所及猶有限也。至大旱而非霖雨。則民無以爲食。望於傅說者至是愈至矣。傅說當何如而慨高宗之望哉。當啓其心而無隱。沃君心而厭飫。蓋是時高宗於傅說。謂若大旱之望霖雨。有渴教之意也。必知無不言。言無不盡。以遂沃其渴教之心。飫之一辭。有若土壤之焦。而受江河之潤。欲其漸涵浸漬而入。蓋言而不倦。而聽之者神領心受而入之深也

若藥弗瞑眩。厥疾弗瘳。若跣弗視地。厥足用傷

方言曰。飲藥而毒海岱之閒謂之瞑眩。瘳。愈也。弗瞑眩。喻臣之言不苦口也。弗視地。喻我之行無所見也 王氏炎曰。已之有失。非說之苦口不能藥。已之不明。非說之開導不能行。○呂氏曰。又恐說視已爲成德。無以扶持之。故譬如跣足之人。不視地。則爲物所傷。此高宗倚說爲兩耳目。一時不可無說也○陳氏經曰。受苦口之言。免妄行之害。皆有望於說

惟暨乃僚。罔不同心。以匡乃辟。俾率先王。迪我高后。以康兆民

匡。正。率。循也。先王。商先哲王也。說既作相。總百官。則卿士而下。皆其僚屬。高宗欲傅說暨其僚屬。同心正救。使

循先王之道。蹈成湯之迹。以安天下之民也陳氏雅言曰。相臣之職。下統百官。上佐天子。高宗之於傅說。不特望其以已正君。而又望其暨百僚同心以正君者。誠以君德之進退。係乎羣臣之賢否。苟小人衆。則說雖賢。亦無以獨成正君之功。故謂之暨乃僚。罔不同心者。欲其擇羣才以居庶職。則道同德合。庶能左右輔弼。交脩不逮。以正其君。然而正君之道當何如哉。亦惟使循先王之道。蹈成湯之迹。以安天下之民而已。夫成湯之創業垂統。所以遺後嗣者至矣。後世之君莫不遵守之。故高宗之命傅說。先之以俾率先王。而後言迪我高后者。與君牙所謂用奉若于先王。以對揚文武之光命同也。成湯之迹。商之先王能迪蹈之。故高宗欲傅說使其率先王以迪高后也。能使其君率先王以迪高后。以康光民。則安民之道盡。而匡君之道亦盡

嗚呼。欽予時命。其惟有終

敬我是命。其思有終也。是命。上文所命也新安陳氏曰。即相亦惟終

意之

說復于王曰惟木從繩則正后從諫則聖后克聖臣不命其承疇敢不祗若王之休命

答欽于時命之語木從繩喻后從諫明諫之決不可不受也然高宗當求受言於已不必責進言於臣君果從諫臣雖不命猶且承之況命之如此誰敢不敬順其美命乎新安陳氏曰主聖臣直導人使諫在德不在言君有聖德則有從諫之實雖不命亦諫能爲江海何憂百川之不歸君無聖德必無從諫之實雖命之亦不諫如器既滿水將焉入高宗以納誨輔德爲命知命相之大本說以從諫克聖復命尤知致君之大本也○陳氏雅言曰高宗之命傅說托物以喻其意故傅說之復高宗亦托物以進其辭謂君之從諫而聖猶木之從繩而正也木之生豈生而皆正惟從繩則無不正君之德

豈生而皆聖。惟從諫。則無不聖。傳說於此。將進其中篇陳戒之辭。故先說此以廣其從諫之量。從諫者。人君作聖之功。人臣進言之機也。高宗欲資之於人。故以納誨責其臣。傳說使反求諸已。故以從諫之道望其君。納誨者相臣之職。從諫者人君之道也

說命中

惟說命總百官

說受命總百官冡宰之職也

乃進于王曰。嗚呼明王奉若天道。建邦設都。樹后王君公。承以大夫師長。不惟逸豫。惟以亂民

后王。天子也。君公。諸侯也。治亂曰亂。明王奉順天道。建邦設都。立天子諸侯。承以大夫師長。制爲君臣上下之

禮以尊臨卑。以下奉上。非爲一人逸豫之計而已也。惟欲以治民焉耳

孫氏曰。后王君公。皆有君道。故曰樹。大夫師長。皆臣道。故曰承。后王君公皆有大夫師長以承之。大夫以下官各有長。故曰師長○武夷熊氏曰。明王奉若天道。至惟以亂民。至哉斯言。千萬世爲人君者之龜鑑也。桀惟不知此。而湯有鳴條之師。紂惟不知此。而武有孟津之會。師曠言於晉侯曰。天之愛民甚矣。豈其使一人肆於民上。以從其淫。而棄天地之性。爲人君者。聞斯言可以悚然懼矣○新安陳氏曰。說初見高宗。上篇所言只及大略。至是乃詳及爲君立政之道。始望君從諫。自此以下至事神則難。乃其進諫之綱領條目也○陳氏雅言曰。奉若天道。孔疏以爲象天以設官。其說穿鑿。不足取。集傳又無明白訓釋。大意謂天生民。而不能以自治。故立之君。君奉天。而不能以獨治。故任之臣。建邦設都。立天子諸侯。承以大夫師長。分地而居之。分職而任之者。非欲以天下奉一人。而使爲逸豫之計也。惟欲以一人治天下。而使之亂民焉耳。下文憲天聰明。以至事神則難。方是詳及爲君治民之道

惟天聰明惟聖時憲惟臣欽若惟民從乂

天之聰明無所不聞無所不見無他公而已矣人君法天之聰明一出於公則臣敬順而民亦從治矣呂氏曰高宗已造明哲之地若火然泉達故說欲廣充高宗之明哲必憲天之聰明而後已也○陳氏大猷曰始告以從諫則聖欲其取人爲善也此告以惟聖憲天欲其與天合德也取人爲善固可成性必與天合德始可以言聖可謂善責難於君矣○新安陳氏曰憲天聰明則君與天一臣民之心均此天理自有不容違者此四句因上文而申言之

惟口起羞惟甲冑起戎惟衣裳在笥惟干戈省厥躬王惟戒茲允茲克明乃罔不休

言語所以文身也輕出則有起羞之患甲冑所以衛身

也。輕動則有起戎之憂。二者所以爲己。當慮其患於人也。衣裳所以命有德。必謹於在笥者。戒其有所輕予。干戈所以討有罪。必嚴於省躬者。戒其有所輕動。二者所以加人。當審其用於己也。王惟戒此四者。信此而能明焉。則政治無不休美矣

朱子曰。口非欲起羞。而出言不當。則反足以起羞。甲冑本所以禦戎。而出謀不當。則反足以起戎。衣裳在笥。易以與人。則不可不謹。干戈討有罪。則因以省躬。四句皆是審度意。○呂氏曰。此憲天聰明之條目也。上二事。人加於我者。不可不防。下二事。我加於人者。不可不省。四者皆聰明之發用也。知羞戎於未起之前。知衣裳干戈於在笥省躬之日。非聰明之大者乎。○王氏炎曰。此所戒。皆恐其聰明蔽於私欲。而不與天相似也。克明。則庶幾於天之聰明矣。○陳氏大猷曰。信於此能明其所當用。乃無不休美。而無起羞起戎等患矣

惟治亂在庶官。官不及私昵。惟其能。爵罔及惡德。惟其賢。

庶官。治亂之原也。庶官得其人則治。不得其人則亂。王制曰。論定而後官之。任官而後爵之。六卿百執事。所謂官也。公卿大夫士。所謂爵也。官以任事。故曰能。爵以命德。故曰賢。惟賢惟能。所以治也。私昵惡德。所以亂也。○按古者公侯伯子男爵之於侯國。公卿大夫士爵之於朝廷。此言庶官。則爵爲公卿大夫士也。○吳氏曰。惡德猶凶德也。人君當用吉士。凶德之人。雖有過人之才。爵亦不可及。呂氏曰。官爵及私。惡是蔽於私意。非憲天聰明矣。○董氏鼎曰。至聰明者莫如天。能法天聰明者莫如聖。聖則聰明與天一。而臣民莫敢不敬順矣。然世之聰明者。多明於人。而暗於己。故必先自治。然

後可以治人。自惟口起羞。至乃罔不休。聰明之見於脩
己者也。自惟治亂至惟其賢聰明之見於用人者也

慮善以動動惟厥時

善當乎理也。時時措之宜也。慮固欲其當乎理。然動非
其時。猶無益也。聖人酬酢斯世。亦其時而已王氏曰。事固有善而
非時所宜者。善如裘葛之良。時如寒暑之時。時非葛裘。
雖善何施。惟未動審於慮善。將動審於時宜。然後事順
理。而當其可矣。不顧可
否。于時而動。非聰明也

有其善喪厥善。矜其能喪厥功

自有其善則已不加勉。而德虧矣。自矜其能則人不效
力。而功隳矣

惟事事乃其有備有備無患

惟事其事乃其有備有備故無患也張氏曰修車馬備器械事乎兵事則兵有其備故外侮不能爲之憂簡稼器修稼政事乎農事則農有其備故水旱不能爲之害

所謂事事有備無患者如此

無啓寵納侮無恥過作非

毋開寵幸而納人之侮毋恥過誤而遂已之非過誤出於偶然作非出於有意新安陳氏曰啓寵納侮即女子小人近之不遜之意過而改之則無過矣恥過而作非則遂非而爲惡矣本只無心之過反成有心之惡

惟厥攸居政事惟醇

居止而安之義安於義理之所止也義理出於勉强則

猶二也。義理安於自然。則一矣。一。故政事醇而不雜也

朱子曰。伊尹傳說之言。雖爲告君而發。然人人皆可玩味。無不切於已者○陳氏雅言曰。此篇以憲天聰明爲一篇綱領。此皆推言其用工之地。慮善以動。動惟厥時。戒其妄動。則必至於有失。非憲天之聰明也。有其善。喪厥善。矜其能。喪厥功。戒其自滿。則必至於招損。非憲天之聰明也。惟事事乃其有備。有備無患。此欲其能思患預防。不思患預防。則蔽於淺近。非憲天之聰明也。無啓寵納侮。無恥過作非。此欲其無溺愛徇己。或溺愛徇己。則縱於私欲。非憲天聰明也。於此數者。能隨事而致其戒。則聰明之用與天爲一。可謂聖矣。然其本則又在於人主之一心。能先正其心。而安於義理之所止。則政之所行醇而不雜。自無數者之失矣。傳說戒高宗。可謂至矣。而又必總結之惟厥攸居。誠以君者政事之根本。君心正而事無不正

黷于祭祀時謂弗欽禮煩則亂事神則難

祭不欲黷。黷則不敬。禮不欲煩。煩則擾亂。皆非所以交

鬼神之道也。商俗尚鬼，高宗或未能脫於流俗，事神之禮必有過焉。祖己戒其祀無豐昵，傅說蓋因其失而正之也。陳氏曰：瀆祀將以爲欽，不知反所以爲不欽。瀆煩皆以爲善而爲之，而乃陷於不善，非禮之禮也。○新安陳氏曰：事神則難以上，皆憲天聰明之事。事事物物皆有天然至當之理，惟聰明者能盡之，苟加一毫損益，即是私意，并天之聰明矣。

王曰：旨哉！說。乃言惟服。乃不良于言，予罔聞于行。

旨，美也。古人於飲食之美者，必以旨言之，蓋有味其言也。服，行也。高宗贊美說之所言，謂可服行，使汝不善於言，則我無所聞而行之也。蘇氏曰：說之言譬如藥石，雖散而不一，然一言一藥，皆足以治天下之公患，所謂古

之立言者

說拜稽首曰。非知之艱。行之惟艱。王忱不艱。允協于先王成德。惟說不言有厥咎。

高宗方味說之所言。而說以爲得於耳者非難。行於身者爲難。王忱信之。亦不爲難。信可合成湯之成德。說於是而猶有所不言。則有其罪矣。上篇言后克聖。臣不命其承。所以廣其從諫之量。而將告以爲治之要也。此篇言允協先王成德。惟說不言有厥咎。所以責其躬行之實。將進其爲學之說也。皆引而不發之義。朱子曰。南軒云。非知之艱。行之惟艱。此特傳說告高宗耳。蓋高宗舊學甘盤。於義理。知之亦多。故知得這說。若常人則須以致知爲先也。

此等議論儘好。○南軒張氏曰。孔子觀上世之化。曰大哉知乎。雖堯舜之民。比屋可封。亦能使之由之而已知者。聖凡之分也。豈可云易乎哉。傅說之告高宗。高宗蓋知之者。恭默思道。夢帝賚予良弼。非知之明哲者有此乎。故君奭篇言在武丁時則有若甘盤。而未及乎傅說。蓋發高宗之知者甘盤也。說故告之以雖已知之。此非艱也。貴於身親實履之耳。此爲已知者言也。若高宗未克知之。而告之曰。知之非艱。則說爲失言矣。○西山眞氏曰。忱。誠也。使高宗以誠爲主。何患於行乎。○李氏經曰。未高宗望說以有言。而說勸高宗以力行。○陳氏知。則知之爲難。既知。則行之爲難。高宗明哲如此。不患不知。患行之不力耳。知而不行。是亦徒知。以至誠行之。不見其難矣。○新安陳氏曰。說之意以爲王能行。而說不言。則咎在說。說已言。而王不行。則咎在王。不在說也。上篇復君以從諫。此則責君以行言。必實見於行。而後始不爲徒從也。又按知對行言。古所未發。自傅說始發之。而後致知力行。爲萬世學者爲學之法程。觀南軒復文公說知字如此其重。而文公稱賞其說如此。則可見矣。○陳氏雅言曰。知之非艱。行之惟艱。此謂已知者而言。王能誠信之。行亦非難。此謂能行者而言也。知行兩盡信可合於成湯之成德矣。蓋高宗舊學於甘盤明哲作則。恭默思道。知之有素矣。當其望說以有言。而說則勸之以力行。知之而不能行。則義理雖聞於人。而與我猶二也。知之而能行。則義理斯得於己。而與我爲一矣

說命下

碧梧馬氏曰。前篇訪以政事。故說以政事對。此篇訪以學。故說以學對

王曰。來汝說。台小子舊學于甘盤。旣乃遯于荒野。入宅于河。自河徂亳。曁厥終罔顯

甘盤。臣名。君奭言在武丁時則有若甘盤。遯。退也。高宗言我小子舊學於甘盤。已而退于荒野。後又入居于河。自河徂亳。遷徙不常。歷敘其廢學之因。而歎其學終無所顯明也。無逸言高宗舊勞于外。爰曁小人。與此相應國語亦謂武丁入於河。自河徂亳。唐孔氏曰。高宗爲王

子時。其父小乙欲其知民之艱苦。故使居民間也。蘇氏謂甘盤遯于荒野。以台小子語脉推之。非是。朱子曰。予小子舊學于甘盤。既乃遯于荒野。東坡解作甘盤遯于荒野。據某看只是高宗自言。觀上文曰。予小子可見。但不知當初高宗因甚遯于荒野。不知甘盤是甚樣人。是學箇甚麽。今亦不敢斷。但據文義疑是如此。兼無逸云高宗舊勞于外。亦與此相應。想見高宗三年不言。恭默思道。未知所發。又見世間未有箇人强得甘盤。所以思得大賢如傅說。高宗若非傅說。想不能致當日之治。傅說若非高宗。亦不能有所爲。故曰惟后非賢不乂。惟賢非后不食。言必相須也。

爾惟訓于朕志。若作酒醴。爾惟麴糵。若作和羹。爾惟鹽梅。爾交修予。罔予棄。予惟克邁乃訓。

心之所之謂之志。邁。行也。范氏曰。酒非麴糵不成。羹非鹽梅不和。人君雖有美質。必得賢人輔導。乃能成德。作酒者。麴多則太苦。糵多則太甘。麴糵得中。然後成酒。作羹者。鹽過則鹹。梅過則酸。鹽梅得中。然後成羹。臣之於君。當以柔濟剛。可濟否。左右規正。以成其德。故曰爾交修予。爾無我棄。我能行爾之言也。孔氏曰。交者。非一之義。陳氏大猷曰。訓志。猶云格心○陳氏經曰。中篇說謂患高宗之不能行。不患臣之不能言。此篇高宗謂患說之不能言。不患我之不能行○蘇氏曰。麴糵鹽梅。和而不同也○林氏曰。交修者。剛柔可否相濟。以輔予之不逮也○新安陳氏曰。此高宗因說行之惟艱之言而許之以能行其言也

說曰。王。人求多聞。時惟建事。學于古訓。乃有獲。事不師古。以克永世。匪說攸聞。

求多聞者資之人。學古訓者反之巳。古訓者古先聖王之訓。載修身治天下之道。二典三謨之類是也。説稱王而告之曰。人求多聞者。是惟立事。然必學古訓。深識義理。然後有得。不思古訓而能長治久安者。非説所聞。甚言無此理也○林氏曰。傅説稱王而告之。與禹稱舜曰。帝光天之下。文勢正同 朱子曰。而今人只管説治心脩身。若不見這箇理。心是如何地治。身是如何地脩。若如此説。資質好。便養成箇無能底人。資質不好。便都執縛不住了。傅説曰。學于古訓。至匪説攸聞。蓋聖賢説出道理在裏。必學乎此。後可以有得。經籍古人言學字。方自説命始有○呂氏曰。學問之博。貴有實用。非徒爲觀美也。夫而建立大經。經綸大業。彌綸大化。至於贊天地化育。皆所謂建事也。此所謂有用之學。否則所聞雖多。亦奚以爲○西山眞氏曰。大學之道。自格物致知。推而至於治國平天下。蓋致知所以明理。理明。則見諸行事者。舉而措之耳。此求多聞見事之意也。古者學與事爲一。故精義所以致用。利用所以崇德。本末非二致也。後世學與事爲二。故求道者以政事爲粗迹。任事者以講學爲空言。不知天下未嘗有無理之事。無事之理。老莊言理而不及事。是有無事之理也。管商言事而不及理。是有無理之事也。深味傅說之言。則古先聖王之正傳可以識矣○王氏曰。求多聞而不惟古訓是式。則是非無所考正。而所聞愈惑矣○陳氏雅言曰。自此以下。乃傅說論學之辭。古人言學。自傅說君臣始。王者。傅說稱其君之辭。所以起其君之聽也。蓋求多聞者。建事之本。而學古訓者。明理之要。欲建事而非多聞之求。則所知有限。固不足以立事。既能多聞而非古訓之學。則擇而不精。亦安保其無失哉。此建事者。不徒貴於多聞。而尤貴於學古也

惟學遜志務時敏厥修乃來允懷于茲道積于厥躬

遜。謙抑也。務。專力也。時敏者。無時而不敏也。遜其志。如有所不能。敏於學。如有所不及。虛以受人。勤以勵己。則

其所修如泉始達源源乎其來矣茲此也篤信而深念乎此則道積於身不可以一二計矣夫修之來來之積其學之得於己者如此

朱子曰遜順其志捺下這志入那事中子細低心下意與他理會若高氣不伏以爲無緊要不能入細理會得則其修亦不來矣既遜其志又須時敏若似做不做或作或輟亦不濟事須是遜志又務時敏則厥修乃來爲學之道只此二端而已又戒以允懷于茲二者則道乃積于厥躬積者來得件數多也○李氏曰爲學之道常以卑遜自下爲心以能問不能以多問寡有若無實若虛遜志之謂也○呂氏曰爲學之初先要虛心下氣方能受天下之善若氣高則便與爲學工夫相背○陳氏經曰信道不篤則所脩雖來亦不堅凝惟允懷于此篤信不忘則來者積聚不散來如日知其所無積如月無忘其所能也○新安陳氏曰驕與怠最害於學驕則志盈善不可入怠則志惰功不可進學不謙卑退遜則無以爲入門一於謙退而不務時敏則又不能進步遜則不驕敏則不怠遜而濟以敏厥修所以來也道我所固有非自

外來。來云者。如斯仁至矣之謂也。積云者。如由有諸己之信。而進於充實之美也。○陳氏雅言曰。厥修乃來。是遜志時敏之效。道積厥躬。是允懷于茲之效。修之來。來之積。其功效雖有淺深之不同。然合而言之。則皆自學之事也

惟斆學半。念終始典于學。厥德修罔覺

斆。教也。言教人居學之半。蓋道積厥躬者。體之立。斆學于人者。用之行。兼體用。合內外。而後聖學可全也。始之自學。學也。終之教人。亦學也。一念終始。常在於學。無少間斷。則德之所脩。有不知其然而然者矣。或曰。受教亦曰斆。斆於爲學之道半之。半須自得。此說極爲新巧。但古人論學語皆平正的實。此章句數非一。不應中間一

語獨爾巧險。此蓋後世釋教機權。而誤以論聖賢之學也。

朱子曰。惟斅學半。蓋已學既成。居于人上。則須教人。既自學者。學也。而教人者。亦學也。蓋初學得者是半。既學而推以教人。是斅之功亦半也。念終始典于學。始之所以學者。學也。終之所以教人者。亦學也。自學教人。無非是學。自始至終。日日如此。忽不自知其德之修也。又曰。傅說此段說爲學工夫極精密。伊尹告太甲者極痛切。○因說斅學半。或舉葛氏解云。傅說與王說。我教你者只是一半事。那一半要你自去行取。故謂之終始。曰。近見喻子才跋某人說命解後。亦引此說。呂伯恭亦如此說。其舊爲同安簿時。學中一士子作書義如此說。見他說得新巧。大喜之。先說王人求多聞。後面說得監于先王成憲。其求無愆。數語是平正實語。不應中間翻空一句如此深險。如斅得一半。不成那一半掉放冷處。教他自得。此語全似渾語。五通仙人問佛六通如何是那一通。那一通便是妙處。且如學記引此。亦只依古註。○西山真氏曰。曰終始。不曰始終。學無止法也。上言道之積。下言德之修。以理之共由言之。謂之道。以理之自得言之。謂之德。非有二也。○任氏曰。修乃來者可見。修罔覺者不可見。惟其有可見之功。此厥修之進於乃來。惟其無可見之迹。此德修之妙於罔覺○陳氏雅言曰。自學。學之半也。教人。亦學之半也。能自學而不能教人。則是能成已而不能成物。能明德而不能新民。非學之全也。必始之自學。念念不忘。常在于學。終之教人。亦念念不忘。常在於學。則德之所修有不知其然而然者矣。此爲學之極功也

監于先王成憲其永無愆

憲。法。愆。過也。言德雖造於罔覺。而法必監于先王。先王成法者。子孫之所當守者也。孟子言遵先王之法而過者。未之有也。亦此意。張氏曰。監先王成憲。欲高宗以湯爲法也○陳氏大猷曰。德修罔覺。則德盛矣。必監先王成憲。始能無愆。何耶。蓋先王之道德法度。皆成憲之所在。歷萬世而無弊者也。佛老之學其凝神坐忘。亦幾於德修罔覺者矣。惟不知監先王成憲。故學其所學。而非先王之學。德其所德。而非先王之

德。是以流弊不可勝救○呂氏曰。無愆。德之至難也。舜德盛矣。皐陶惟曰罔愆而已○陳氏經曰。自遜志至典學。乃學之次序。監先王成憲。乃學之準的

惟說式克欽承旁招俊乂。列于庶位

式。用也。言高宗之德。苟至於無愆。則說用能敬承其意廣求俊乂。列于衆職。蓋進賢雖大臣之責。然高宗之德未至。則雖欲進賢。有不可得者 彭氏曰。大臣以己事君。不若以天下之賢事君。一相得其人。則天下之賢兼收並蓄。庶位皆得其人○陳氏大猷曰。君莫大於務學以進德。相莫大於爲君以求賢○武夷熊氏曰。甞讀孟子謂湯執中。立賢無方者。今觀商書。一則曰敷求哲人。二則曰。旁招俊乂。伊尹萊朱巫賢傅說諸大臣。非以其親。以其賢也。主於賢。則有德是視。故不間親。主於親。則未必皆賢。且妨天下之賢路矣。信矣。立賢無方。爲不易之中道○陳氏雅言曰。爲君之道。莫大於法祖訓。以行其政。爲相之道。莫大於[illegible]

賢才而任之職然必君德脩而后相職舉蓋人君之德苟未至於無慾則惑於聲色而便辟之臣得志惑於貨利而聚斂之臣得志相臣雖欲招俊乂而用之其可得乎故進賢之責雖在於相而用舍之權則在於君君德之脩替乃賢才進退之所係此欽承之言必繼於無慾之後而旁招之語特爲欽承而發也歟

王曰嗚呼說四海之內咸仰朕德時乃風

風教也天下皆仰我德是汝之教也

股肱惟人良臣惟聖

手足備而成人良臣輔而君聖高宗初以舟楫霖雨爲喻繼以麴糵鹽梅爲喻至此又以股肱惟人爲喻其所造益深所望益切矣 新安陳氏曰高宗潛默之久一旦舉說而相之風聲所動四海仰德然非輔君作聖則無以慰人心之仰說始告君以從諫則聖惟聖時憲是臣以聖期待其君今高宗語說以良

臣惟聖。是君亦以聖自期待矣

昔先正保衡。作我先王。乃曰。予弗克俾厥后惟堯舜。其心愧恥。若撻于市。一夫不獲。則曰。時予之辜。佑我烈祖格于皇天。爾尚明保予。罔俾阿衡。專美有商。

先正。先世長官之臣。保。安也。保衡。猶阿衡。作。興起也。撻于市。恥之甚也。不獲。不得其所也。高宗舉伊尹之言。謂其自任如此。故能輔我成湯。功格于皇天。爾庶幾明以輔我。無使伊尹專美於我商家也。傅說以成湯望高宗。故曰。協于先王成德。監於先王成憲。高宗以伊尹望傅說。故曰。罔俾阿衡。專美有商。陳氏大猷曰。尹在畎畝。則欲使君爲堯舜之君。民爲堯舜之民其自任之重如此說起版築爲相迹與尹同則其自任不可不與尹同○周子曰伊尹恥其君之不及堯舜一夫不獲則曰時予之辜學者當志伊尹之所志○西山真氏曰學者口不可一日不誦此言心不可一日不存此念

惟后非賢不乂惟賢非后不食其爾克紹乃辟于先王永綏民說拜稽首曰敢對揚天子之休命

君非賢臣不與共治賢非其君不與共食言君臣相遇之難如此克者責望必能之辭敢者自信無慊之辭對者對以已揚者揚於衆休命上文高宗所命也至是高宗以成湯自期傅說以伊尹自任君臣相勉勵如此異時高宗爲商令王傅說爲商賢佐果無愧於成湯伊尹

也宜哉朱子曰。伊尹告太甲。便與傅說告高宗不同。伊尹之言。諄切懇到。蓋太甲資質低。不得不然。若高宗則無許多病痛。所謂黷于祭祀。時謂弗欽之類。不過此等小事爾○陳氏雅言曰。高宗言令我而獲說。則后得賢矣。當與爾共治也。說而遇我。則賢得后矣。當與我共食也。以君臣相遇之難。而見今日相遇之盛。爾其克紹汝君於先王。安斯民於永久。此以致君澤民之事責其臣也。說於是拜稽首以致其敬君之禮。而謂之敢對揚天子之休命者。此以致君澤民之事任諸巳也。君臣之相勉勵如此。罔俾阿衡專美有商。信哉

高宗肜日

高宗肜祭。有雊雉之異。祖己訓王。史氏以爲篇。亦訓體也。不言訓者。以旣有高宗之訓。故只以篇首四字爲題。今文古文皆有高堂隆曰。大戊有桑穀生朝。武丁有雊雉升鼎皆因災恐懼。側身修行。故號曰中宗高宗。興也勃焉

高宗肜日越有雊雉

肜祭明日又祭之名。殷曰肜。周曰繹。雊。鳴也。於肜日有雊雉之異。蓋祭禰廟也。序言湯廟者非是陳氏曰。祭之明日。以禮享尸。行事之有司。助祭之賓客。皆與焉。然謂之又祭。而不謂之享者。以尸猶有鬼神之道也

祖己曰惟先格王正厥事

格。正也。猶格其非心之格。詳下文高宗祀豐于昵。昵者禰廟也。豐於昵。失禮之正。故有雊雉之異。祖己自言當先格王之非心。然後正其所失之事。惟天監民以下。格王之言。王司敬民以下。正事之言也。蘇氏曰。武丁不修人事。數祭媚神。又豐於親廟。儉於遠者。敬其父。薄其祖。此失德之大者。故傅說祖己皆先格而正之。○孔光曰。上天聰明。苟無其

事變不虛生書曰惟先格王正厥事言變異之來起事有不正也○王氏曰祖考罔非天嗣祀有典不可豐殺訓之使改所謂正厥事

乃訓于王曰惟天監下民典厥義降年有永有不永非天夭民民中絕命

典主也義者理之當然行而宜之之謂言天監視下民其禍福予奪惟主義如何爾降年有永有不永者義則永不義則不永非天夭折其民民自以非義而中絕其命也意高宗之祀必有祈年請命之事如漢武帝五時祀之類祖已言永年之道不在禱祠在於所行義與不義而已禱祠非永年之道也言民而不言君者不敢斥

也

民有不若德不聽罪天既孚命正厥德乃曰其如台

不若德。不順於德。不聽罪。不服其罪。謂不改過也。孚命者。以妖孽爲符信而譴告之也。言民不順德。不服罪。天既以妖孽爲符信而譴告之。欲其恐懼脩省以正德。民乃曰孽祥其如我何。則天必誅絶之矣。祖己意謂高宗當因雊雉以自省。不可謂適然而自恕。夫數祭豐昵。徼福於神。不若德也。瀆於祭祀。傅說嘗以進戒。意或吝改。不聽罪也。雊雉之異。是天既孚命正厥德矣。其可謂妖孽其如我何耶

嗚呼王司敬民罔非天胤典祀無豐于昵

司主胤嗣也王之職主於敬民而已徼福於神非王之事也況祖宗莫非天之嗣主祀其可獨豐於昵廟乎孔氏曰昵近也豐於近廟○馬氏曰昵考也謂禰廟○陳氏經曰爲雊雉訓王而書不及雉本以訓王而辭屢及民未始指王而言辭不迫而意獨至矣○呂氏曰災異有二失道之君與天隔絕災異之應常遲賢君與天貫通災異之應常速高宗恭默夢帝精神素與天通又聰明憲天脩德又與天合故於祀事畧過豐飛雉隨即應之此雖過於厚亦過也精誠積久天既賚之過失微形天遽警之固見天之警君無私亦見天之愛君甚速也黷于祭祀禮煩則亂說已知高宗之偏在此旨哉惟艱領畧警省深矣而此心終難除氣質偏厚者尚難變乃知行之果爲艱也此篇爲雊雉作而進戒之言不及災異獨指大公之道示之非祖己諷諫不敢直言蓋高宗聰明從諫不待深言也

西伯戡黎

西伯。文王也。名昌。姓姬氏。戡。勝也。黎。國名。在上黨壺關之地。按史記。文王脫羑里之囚。獻洛西之地。紂賜弓矢鈇鉞。使得專征伐。爲西伯。文王既受命。黎爲不道。於是舉兵伐而勝之。祖伊知周德日盛。既已戡黎。紂惡不悛。勢必及殷。故恐懼奔告于王。庶幾王之改之也。史錄其言以爲此篇。誥體也。今文古文皆有○或曰。西伯武王也。史記嘗載紂使膠鬲觀兵。膠鬲問之曰。西伯曷爲而來。則武王亦繼文王爲西伯矣朱子曰。西伯戡黎。便是這箇事。難判斷。觀戡黎。大故逼近紂都了。豈有諸侯臣子。而敢稱兵於天子之都乎。看來文王只是不伐紂耳。其他事亦都做了。如伐崇戡黎之類。若說文王終守臣節。何故伐崇侯虎。只是後人因孔子以服事殷一句。遂委曲回護箇文王說教好看。殊不知孔子只是說文王不伐紂耳。嘗見雜說云。紂殺九侯。鄂侯爭之强。辨之疾。併醢鄂侯。西伯聞之切歎。崇侯虎譖之曰。西伯欲叛。紂怒囚之羑里。西伯歎曰。父有不慈。子不可以不孝。君有不明。臣不可以不忠。豈有君而可叛者乎。於是諸侯聞之。以西伯能敬上而卹下也。遂相率而歸之。看來只這般說得平○問西伯戡黎。舊說西伯多指文王。惟陳少南吕伯恭薛季隆以爲武王。吴才老亦曰乘黎恐是伐紂時事。按書序言殷始咎周。周人乘黎。則殷自此以前未嘗惡周也。殷始有惡周之心。而周又乘襲戡勝近畿之黎國。迫於王都。且見征伐。此祖伊所以恐而奔告於受曰。天既訖我殷命。曰恐。曰奔告。曰訖我殷命。則其事勢亦且迫矣。恐非文王時事也。文王率殷之叛國以事紂。而孔子亦稱其三分天下有其二。以服事殷爲至德。所謂有事君之小心者。正文王之事。孔子所以謂之至德也。當時征伐雖或有之，未必迫近於畿甸。然史記又謂文王伐犬戎，伐密須，敗耆國。耆即黎也。音相近。文王得專征伐，故伐之。二說未知孰是。曰。此等無證據，可且缺之。殷始咎周，周人乘黎。祖伊恐，奔告于受。這事勢便自是住不得。若曰奔告于受，則商之忠臣義士何嘗一日忘周。自是昏迷耳。○問孔氏傳謂書序是後人傳會，不足信。曰。亦不必序，只經文謂祖伊恐，奔告于王曰天子，天既訖我殷命，則是已交手爭競了。紂固無道，然亦是武王事勢不相安，住不得了。仲虺告成湯曰肇我邦于有夏，若苗之有莠，若粟之有秕，小大戰戰，罔不懼于非辜。則仲虺分明言事勢不容住，我不誅彼，則彼將圖我矣。後人多曲爲之說以諱之，要之自是避不得。○臨川吳氏曰。黎，畿內之國。文王三分天下有其二，以服事殷，決不稱兵於紂之畿內。武王嗣爲西伯，其事殷猶文王也。其伐殷在於嗣位十有二年之後。蓋天命未絕，則爲君臣，一日命絕，乃行天罰。此事間不容髮。今兵既逼王畿，祖伊恐而奔告，則震撼甚矣。豈得戡黎之後，班師而去，復就臣位，而紂恬不以爲意也。竊疑戡黎之

師。當是伐紂之時。當時近畿有小國。周師先戡黎。而遂乘勝以進紂都也

西伯既戡黎。祖伊恐。奔告于王。

下文無及戡黎之事。史氏特標此篇首。以見祖伊告王之因也。祖姓。伊名。祖已後也。奔告。自其邑奔走來告紂也

曰。天子。天既訖我殷命。格人元龜。罔敢知吉。非先王不相我後人。惟王淫戲用自絕

祖伊將言天訖殷命。故特呼天子以感動之。訖。絕也。格人。猶言至人也。格人。元龜。皆能先知吉凶者。言天既以絕我殷命。格人元龜。皆無敢知其吉者。甚言凶禍之必

至也。非先王在天之靈。不佑我後人。我後人淫戲用自絶於天耳

故天棄我。不有康食。不虞天性。不迪率典

康安。虞度也。典常法也。紂自絶於天。故天棄殷。不有康食。饑饉荐臻也。不虞天性。民失常心也。不迪率典。廢壞常法也。新安陳氏曰。詩曰。自天降康。豐年穰穰。以豐穰爲降康。則不有康食。爲天降饑饉明矣。書之言性。此第三見。蓋謂人所受於天之性。爲私欲所蔽。而不能省察也

今我民罔弗欲喪。曰天曷不降威。大命不摯。今王其如台

大命。非常之命。摯。至也。史記云。大命胡不至。民苦紂虐。無不欲殷之亡。曰天何不降威於殷。而受大命者何不

至乎。今王其無如我何言紂不復能君長我也。上章言天棄殷。此章言民棄殷。祖伊之言。可謂痛切明著矣

王曰。嗚呼。我生不有命在天

紂歎息謂民雖欲亡我。我之生。獨不有命在天乎

祖伊反曰。嗚呼。乃罪多參在上。乃能責命于天

紂既無改過之意。祖伊退而言曰。爾罪衆多參列在上。乃能責其命於天耶。呂氏曰。責命於天。惟與天同德者方可。呂氏曰。責命于天。必大人與天合德。如孔子謂天生德於予。天未喪斯文。桓魋匡人其如予何是也

○臨川吳氏曰。前與紂言。故稱王。此以下祖伊退而私言之。故稱乃

殷之即喪。指乃功不無戮于爾邦

功事也言殷即喪亡矣指汝所爲之事其能免戮於商邦乎○蘇氏曰祖伊之諫盡言不諱漢唐中主所不能容者紂雖不改而終不怒祖伊得全則後世人主有不如紂者多矣○愚讀是篇而知周德之至也祖伊以西伯戡黎不利於殷故奔告於紂意必及西伯戡黎不利於殷之語而入以告后出以語人未嘗有一毫及周者是知周家初無利天下之心其戡黎也義之所當伐也使紂遷善改過則周將終守臣節矣祖伊殷之賢臣也知周之興必不利於殷又知殷之亡初無與於周故因戡黎告紂反覆乎天命民情之可畏而略無及周者文武公

天下之心於是可見林氏曰。即喪。言不旋踵而亡也○葉氏曰。凡事積而成者。皆曰功○陳氏經曰。善有善之功。惡有惡之功。蓋其惡之成也○王氏十朋曰。指乃功。與惟府辜功之功同。辜功。猶言罪狀○呂氏曰。伊反歸于家。亦無咎周之辭。大凡作事。黨友親姻以爲是。未必是。至仇敵亦以爲是。則是可知矣。於此知周之盛德也

微子

微。國名。子。爵也。微子名啓。帝乙長子。紂之庶母兄也。微子痛殷之將亡。謀於箕子比干。史錄其問答之語。亦誥體也。以篇首有微子二字。因以名篇。今文古文皆有孔氏曰。微。圻內國名○唐孔氏曰。鄭玄以爲微箕俱在圻內。孔雖不言箕。亦當在圻內也。比干不言封爵。或本無爵。或有而不言也○呂氏曰。天下有道。君子相與公議於朝。

各盡致君之道。天下無道。君子相與私議於家。各盡致身之道。微子與二師。宗室大臣。與社稷爲存亡。當紂之時。無所致力。不得已。謀各行其志。以不失其義。欲知三仁之心。此篇可見○陳氏經曰。賢人君子。忠孝之心。不見於安平無事之際。每見於悲傷惻怛之時

微子若曰。父師少師。殷其弗或亂正四方。我祖底遂陳于上。我用沉酗于酒。用亂敗厥德于下

父師。太師三公。箕子也。少師。孤卿。比干也。弗或者。不能或如此也。亂。治也。言紂無道。無望其能治正天下也。底。致。陳。列也。我祖成湯致功陳列於上。而子孫沉酗于酒。敗亂其德於下。沉酗言我而不言紂者。過則歸已。猶不忍斥之言也 王氏肅曰。箕子紂諸父○家語曰。比干紂諸父○呂氏曰。其者。未定之辭。或者。非斷

然之辭。商亡形決矣。猶曰商其不或能治正四方乎。微子猶冀紂一旦悔悟。不謂其果不能也○釋文以酒爲凶。曰酗○呂氏曰。沉酗紂自爲。微子歸之我者。蓋以君爲體。視同己過。以商家體統言之。故總而言我。亦不忍斥言紂也。如五子之歌曰。萬姓仇予○新安陳氏曰。敗于下。對陳于上而言。祖宗在上如彼。而子孫在下如此。忝厥祖甚矣。深歎傷之

殷罔不小大。好草竊姦宄。卿士師師非度。凡有辜罪。乃罔恒獲。小民方興。相爲敵讎。今殷其淪喪。若涉大水。其無津涯。殷遂喪。越至于今

殷之人民。無小無大。皆好草竊姦宄。上而卿士。亦皆相師非法。上下容隱。凡有冒法之人。無有得其罪者。小民無所畏懼。强凌弱。衆暴寡。方起讎怨。爭鬬侵奪。綱紀蕩

然淪喪之形茫無畔岸若涉大水無有津涯殷之喪亡乃至於今日乎微子上陳祖烈下述喪亂哀怨痛切言有盡而意無窮數千載之下猶使人傷感悲憤後世人主觀此亦可深監矣新安陳氏曰有罪罔常獲紂爲逋逃主如楚無宇之闕逃入王宮執法者不能得之也越及也

曰父師少師我其發出狂吾家耄遜于荒今爾無指告予顛隮若之何其

曰者微子更端之辭也何其語辭言紂發出顛狂暴虐無道我家老成之人皆逃遁于荒野危亡之勢如此今爾無所指示告我以顛隕隮墜之事將若之何哉蓋微

子憂危之甚。特更端以問救亂之策。言我而不言紂者。亦上章我用沉酗之義張氏曰。微子有去之之意○陳氏經曰。老成皆遁。留者父師少師耳○鄭氏曰。其。語助辭。齊魯之間聲讀如姬記曰何居。義與此同

父師若曰。王子。天毒降災荒殷邦。方興沉酗于酒

此下箕子之答也。王子。微子也。自紂言之。則紂無道。故天降災。自天下言之。則紂之無道。亦天之數。箕子歸之天者。以見其忠厚敬君之意。與小旻詩言旻天疾威。敷于下土。意同。方興者。言其方興而未艾也。此答微子沉酗于酒之語。而有甚之之意。下同王氏炎曰。自此以下。箕子以其意剖析微子之言而答之○新安陳氏曰。紂之惡皆原於酒。若天所使。乃無所歸咎之辭。惟紂之沉酗方興而未艾。下民

化之。無怪其爲敵讎。亦方興而未艾也

乃罔畏畏咈其耇長舊有位人

乃罔畏畏者。不畏其所當畏也。孔子曰。君子有三畏。畏天命。畏大人。畏聖人之言。咈。逆也。耇長。老成之人也。紂惟不畏其所當畏。故老成舊有位者。紂皆咈逆而棄逐之。即武王所謂播棄黎老者。此答微子發狂耄遜之語以上文特發問端。故此先答之 陳氏大猷曰。沉酗昏迷。故當畏者皆無所畏。無所畏。則無所不至矣。以下諸惡。皆無畏所致

今殷民乃攘竊神祇之犧牷牲用以容將食無災

色純曰犧。體完曰牷。牛羊豕曰牲。犧牷牲。祭祀天地之

物禮之最重者猶爲商民攘竊而去有司用相容隱將
而食之且無災禍豈特草竊姦宄而已哉此答微子草
竊姦宄之語
降監殷民用乂讎斂召敵讎不怠罪合于一多瘠罔詔
讎斂若仇敵掊斂之也不怠力行而不息也詔告也下
視殷民凡上所用以治之者無非讎斂之事夫上以讎
而斂下則下必爲敵以讎上下之敵讎實上之讎斂以
召之而紂方且召敵讎不怠君臣上下同惡相濟合而
爲一故民多饑殍而無所告也此答微子小民相爲敵
讎之語

商今其有災我興受其敗商其淪喪我罔爲臣僕詔王子出迪我舊云刻子王子弗出我乃顛隮

商今其有災我出當其禍敗商若淪喪我斷無臣僕他人之理詔告也告微子以去爲道蓋商祀不可無人微子去則可以存商祀也刻害也箕子舊以微子長且賢勸帝乙立之帝乙不從卒立紂紂必忌之是我前日所言適以害子子若不去則禍必不免我商家宗祀始隕墜而無所托矣箕子自言其義決不可去而微子之義決不可不去也此答微子淪喪顛隮之語　王氏炎曰微子不去殺身之禍恐不獨在比干尚何宗祀之可續乎故曰我乃顛隮○陳氏經曰忠臣之於國明知天命之將絶未甞不

勉強扶持之。以求萬一之幸。未有安坐而視其亡者。○新安陳氏曰。箕子自言我罔爲臣僕。其後終不臣周。不負斯言矣。微子本有欲去之意。故箕子於此深贊其去之之謀。前後文尤相照應

自靖人自獻于先王我不顧行遯

上文既答微子所言至此則告以彼此去就之義靖安也。各安其義之所當盡以自達其志於先王使無愧於神明而已。如我則不復顧行遯也。按此篇微子謀於箕子比干。箕子答如上文。而比干獨無所言者得非比干安於義之當死。而無復言歟。孔子曰。殷有三仁焉。三仁之行雖不同。而皆出乎天理之正。各得其心之所安故孔子皆許之以仁。而所謂自靖者即此也○又按左傳

楚克許。許男面縛啣璧衰經輿櫬以見楚子。楚子問諸逢伯。逢伯曰。昔武王克商。微子啓如是。武王親釋其縛。受其璧而祓之。焚其櫬禮而命之。然則微子適周。乃在克商之後。而此所謂去者。特去其位。而逃遯於外耳。論微子之去者當詳於是

問微子篇曰。詔王子出迪我舊云刻子一段。於三仁之去就死生未知其所以當留。當去。當死之切當不可易處。蓋嘗因是妄謂微子以宗國將亡不勝其憂愁無聊之心而謀出處於箕子比干。故箕子爲言我興受其敗。不可逃免。當與宗國俱爲存亡。故雖商祀或至淪亡。我亦誓不臣屬他人。蓋將諫紂。紂不聽。亦不敢苟全逃死。而比干無以言者。孔氏所謂心同。不復重言是也。其後比干果以諫死。而箕子乃不死者。比干初心豈欲徒死以沽名哉。所以諫者。庶幾吾言得行。而紂改焉耳。紂既不改。而言益切。故紂遂殺之。則比干亦不得而逃死耳。箕子初心。亦豈欲隱晦自存。以苟全其生哉。亦猶比干之諫。異

吾言得行而紂改爲耳。紂既不改而因之。偶不死耳。紂囚之而不置之死。則箕子豈固欲自經於溝瀆。而爲匹夫之諒哉。故因遂佯狂而爲奴。蓋亦未欲即死。庶幾彌縫其失。而冀其萬有一之開悟耳。蓋諫行而紂改過者。二子之本心也。諫不行而或死或因者。二子所遇之不同耳。使紂而囚比干。意比干亦未敢即死也。使紂而殺箕子。箕子敢求全哉。二子易地則皆然矣。至於箕子爲微子之計。則其意豈不以謂吾三人者。皆宗國之臣。利害休戚。事體一同。皆當與社稷俱爲存亡。不可復顧明哲保身之義。然而微子國之元子也。往者紂未立。吾嘗言於帝乙而立子。帝乙不從而立紂。是以紂卒疑吾兩人。故吾舊所云者足以害子。子若起諫紂。則紂益生疑。非惟不從。害必先及子。而併我危矣。死分也。不足惜。而未有毫髮益於紂而遽死。可惜也。東萊所謂人先有疑心。則雖盡忠與言而未必聽。蓋疑心先入而爲之主。是也。故微子不可留。留但當遯逃而出。乃合於道。又況我與比干。既留諫以事紂。則存亡未可知。萬一不死。固罔爲人臣僕。此心已堅定。則亦不可使成湯以來。廟不血食。光汝爲元子。又居危疑之地。義當逃去。萬有一全宗祀可也。此三子者其制行不同。各出於至誠惻怛之心。無所爲而爲之。故孔子並稱三仁。或以此歟。朱子曰。此說得之。史記亦說箕子諫而見囚也○延平先生說三仁事云。當理而無私心則仁矣。今以此語推之。三仁之心。只欲紂改過而圖存。比干之殺身蓋非得已。箕子亦偶未見殺耳。非有意於爲奴也。事勢既爾。微子自是亦只得全身以存先王之祀。皆理不得不然者。使其先有殺身強諫之心。則亦不得爲仁人矣。箕子比干都是一樣心。箕子偶然不衝著紂之怒不殺他。然見比干恁地死。若更死諫。無益於國。徒使人君有殺諫臣之名。他處此最難。微子去却易。比干一向諫死。又却索性。箕子在半上落下。最是難處。被他監繫在那裏。不免佯狂。所以易中特說箕子之明夷。可見其難處。故曰利艱貞。晦其明也。內難而能正其志。箕子以之。他外雖狂。心則定也○張氏廷堅曰。君子之去就死生。其志在於天下國家。而不在於一身。故其死者非沽名。生者非懼禍。引身以去者非忘君也。故微子得奉先之孝。比干盡事君之節。箕子全愛君之仁。微子自獻以其孝。箕子比干自獻以其忠。然書載箕子微子之言。而比干不與焉。蓋人臣之義。莫易明於死節。莫難明於去國。而屈辱用晦者。尤所難辨也。比干以死自誓。無足爲疑。而箕子不免云云者。重去就之義也○張氏曰三仁之志各有所在微子自謀在宗祀以獻于先王比干自謀死諫以獻于先王箕子自謀佯狂俟紂改過以獻于先王後世以死生爲重古人以義理爲重後世志慮淺狹故見死爲高節古人智慮廣大故以死爲常事或去或死或生初無高下義之所在三人各安之矣○李太白比干廟碑曰昔殷王毒痛公獨死之非捐生之難處死之難故不可死而死是輕其生非孝也可死而不死是重其死非忠也周武以三分之業有諸侯之師實其十亂之謀總其一心之衆當公之存也乃戢彼西土及公之喪也乃覲于孟津公存而殷存公喪而殷喪興亡兩繫豈不重歟夫子稱殷有三仁豈無微旨敢須之曰存其身存其宗亦仁矣存其名存其祀亦仁矣亡其身圖其國亦仁矣若進死者退生者在狷之士將奔走之褒生者貶死者宴安之人將寘力焉故同歸諸仁各順其志○柳子厚箕子碑曰當其周時未至殷祀未殄比干已死微子已去向使紂惡未稔而自斃武庚念亂以圖存國無其人誰與興理是固人事之或然者也然則先生隱忍而爲此其有志於斯乎○五峯胡氏曰堯舜與賢三王與嫡所以一民心重天下也然大君人命所係興亡之本聖人有權焉

未嘗執一也。是以武王雖弟。上承文王之命。而終不釋爲君。帝乙亦賢君也。泥於立嫡。而不知紂之足以亡天下也。亦不知變之過矣。使帝乙而知是道。商之卜世。猶未可知也○新安陳氏曰。我以不去爲義之所安。微子則以去爲義之所安也。反之吾心而果安。則獻之先王而無愧。對越先王之心。不外乎吾心而已。若比干則死其心之所安歟。箕子又謂若我則留而不去。不復顛慮行遯矣

周書

周文王國號後武王因以爲有天下之號書凡三十二篇史記后稷封於邰別姓姬氏傳十三世至季歷季歷生昌爲西伯西伯崩太子發立是爲武王○陳氏曰文王二十四年生武王四十八年即諸侯位在位五十年年九十七而終武王年七十三而嗣位嗣位十三年而伐紂爲天子七年而終年九十三也

泰誓上

泰大同國語作大武王伐殷史録其誓師之言以其大會孟津編書者因以泰誓名之上篇未渡河作後二篇既渡河作今文無古文有○按

伏生二十八篇本無泰誓武帝時僞泰誓出與伏生今文書合爲二十九篇孔壁書雖出而未傳於世故漢儒所引皆用僞泰誓如曰白魚入于王舟有火復于王屋流爲烏太史公記周本紀亦載其語然僞泰誓雖知剽竊經傳所引而古書亦不能盡見故後漢馬融得疑其僞謂泰誓按其文若淺露吾又見書傳多矣所引泰誓而不在泰誓者甚多至晉孔壁古文書行而僞泰誓始廢○吳氏曰湯武皆以兵受命然湯之辭裕武王之辭迫湯之數桀也恭武之數紂也

傲學者不能無憾。疑其書之晚出。或非盡當時之本文也朱子曰。文王之事紂。惟知以臣事君而已。都不見其他。茲其所以爲至德也。若謂三分天下紂尚有其一。未忍輕去臣位。以商之先王德澤未亡。曆數未終。紂惡未甚。聖人若之何而取之。則是文王之事紂。非其本心。蓋有不得已焉爾。若是。則安得謂之至德哉。至於武王之伐紂。觀政于商。亦豈有取之之心。而紂罔有悛心。武王灼見天命人心之歸己也。不得不順而應之。故曰予弗順天。厥罪惟鈞。以此觀之。足見武王之伐紂。順乎天而應乎人。無可疑矣。此處不容有毫髮之差。天理人欲王道霸術之所以分。其端特在於此爾○王氏炎曰。古文太字只用大字。今文遂以泰易大。太者大之至。吳氏曰。按帝辛本紀稱紂。書稱受。或二字古通用

惟十有三年春大會于孟津

十三年者武王即位之十三年也。春者孟春建寅之月也。孟津見禹貢○按漢孔氏言虞芮質成爲文王受命改元之年。凡九年而文王崩。武王立二年而觀兵。三年而伐紂。合爲十有三年。此皆惑於僞書泰誓之文而誤解九年大統未集。與夫觀政于商之語也。古者人君即位。則稱元年。以計其在位之久近。常事也。自秦惠文始改十四年爲後元年。漢文帝亦改十七年爲後元年。自後說春秋因以改元爲重。歐陽氏曰。果重事歟。西伯即位。已改元年。中間不宜改元而又改元。至武王即位。宜改元而反不改元。乃上冒先君之元年。并其居喪稱十一年。及其滅商而得天下。其事大於聽訟遠矣。而又不改元。由是言之。謂文王受命改元。武王冒文王之元年者。皆妄也。歐陽氏之辨。極爲明著。但其曰十一年者亦惑於書序十一年之誤也。詳見序篇。又按漢孔氏以春爲建子之月。蓋謂三代改正朔。必改月數。改月數。必以其正爲四時之首。序言一月戊午。既以一月爲建子之月。而經又係之以春。故遂以建子之月爲春。夫改正朔不改月數。於太甲辨之詳矣。而四時改易。尤爲無藝。冬不可以爲春。寒不可以爲暖。固不待辨而明也。或曰。鄭氏箋詩維暮之春。亦言周之季春。於夏爲孟春。曰。此漢儒承襲之誤耳且臣工詩言維暮之春亦又何求如何新畬於皇來牟將受厥明蓋言暮春則當治其新畬矣今如何哉然牟麥將熟可以受上帝之明賜夫牟麥將熟則建辰之月夏正季春審矣鄭氏於詩且不得其義則其攷之固不審也不然則商以季冬爲春周以仲冬爲春四時反逆皆不得其正豈三代聖人奉天之政乎

朱子曰泰誓序十有一年武王伐殷經云十有三年春大會于孟津必差誤說者乃以十一年爲觀兵尤無義理舊有人引洪範十有三祀王訪于箕子則十一年之誤可知矣問子丑寅之建正如何曰此是三陽之月若秦用建亥之月爲正直是無謂大抵三代更易須着如此更易一番

王曰嗟我友邦冢君越我御事庶士明聽誓

王曰者。史臣追稱之也。友邦。親之也。冢君。尊之也。越及
也。御事。治事者。庶士。衆士也。告以伐商之意。且欲其聽
之審也

惟天地萬物父母。惟人萬物之靈。亶聰明作元后。元后作民父母

亶。誠實無妄之謂。言聰明出於天性然也。大哉乾元。萬
物資始。至哉坤元。萬物資生。天地者。萬物之父母也。萬
物之生。惟人得其秀而靈。具四端。備萬善。知覺獨異於
物。而聖人又得其最秀而最靈者。天性聰明。無待勉強。
其知先知。其覺先覺。首出庶物。故能爲大君於天下。而

天下之疲癃殘疾得其生。鰥寡孤獨得其養。舉萬民之衆。無一而不得其所焉。則元后者。又所以爲民之父母也。夫天地生物而厚於人。天地生人而厚於聖人。其所以厚於聖人者。亦惟欲其君長乎民。而推天地父母斯民之心而已。天之爲民如此。則任元后之責者可不知所以作民父母之義乎。商紂失君民之道。故武王發此。是雖一時誓師之言。而實萬世人君之所當體念也

朱子曰。氣質之性。古人雖不曾説着。考之經典。却有此意。如人惟萬物之靈。亶聰明作元后。天乃錫王勇智。皆此意也。湯武征伐。皆先自説一段義理 ○ 新安陳氏曰。萬物莫不稟氣於天。受形於地。乾稱父。坤稱母。此天地所以爲萬物一大父母也 ○ 孫氏曰。天地能生萬物。而不能成。所以成之者。君也 ○ 唐氏曰。配天地以作民父母。與

易象言后以財成天地之道。輔相天地之宜。以左右民者一也。○陳氏經曰。人者萬物之一也。物得氣之偏。人得氣之全。此人性所以獨靈於物。然人雖有此靈。有不能保此靈者。必得聰明之君以父母之。斯民始得以各全其靈。聰明亦靈也。聖人先得我心之所同然。而爲靈之靈者耳○呂氏曰。此雖誓師之辭。乃六經之統攝。百王之標準○碧梧馬氏曰。作民父母一語。武王以之首泰誓。箕子以之終皇極○陳氏雅言曰。造化生物之仁。聖人養民之仁。亶聰明作元后者。天之意也。作民父母者君之責也。天地爲萬物之父母。聖人爲萬民之父母。武王於誓師之首言此。以見人君當與天地同其德。而盡君師之責也

今商王受弗敬上天。降災下民

受。紂名也。言紂慢天虐民。不知所以作民父母也。慢天虐民之實。即下文所云也

沈湎冒色。敢行暴虐。罪人以族。官人以世。惟宫室臺榭陂

池。修服以殘害于爾萬姓。焚炙忠良。刳剔孕婦。皇天震怒。
命我文考。肅將天威。大勳未集。

沈湎溺於酒也。冒色冒亂女色也。族親族也。一人有罪
刑及親族也。世子弟也。官使不擇賢才。惟因父兄而寵
任子弟也。土高曰臺。有木曰榭。澤障曰陂。停水曰池。侈
奢也。焚炙炮烙刑之類。刳剔割剥也。皇甫謐云。紂剖比
干妻以視其胎。未知何據。紂虐害無道如此。故皇天震
怒。命我文王敬將天威。以除邪虐。大功未集而文王崩。
愚謂大勳在文王時未嘗有意。至紂惡貫盈。武王伐之。
叙文王之辭。不得不爾。學者當言外得之。問諸儒之說。以爲武王未

誅紂。則稱文王爲文考。以明文王在位未嘗稱王之證。及既誅紂。乃稱文考爲文王。然既曰文考。則其謚定矣。若如其言將稱爲文公耶。朱子曰。此等事無證佐。皆不可曉。闕之可也。文武無伐紂之心。而天與之。人歸之。其勢必誅紂而後已。故有肅將天威。大勳未集之語。但紂罪未盈。天命未絕。故文王猶得以三分之二而服事紂。若使文王未崩。十二三年紂惡不悛。天命已絕。則孟津之事。文王亦豈得而辭哉。以此見文武之心未嘗不同。皆無私意。視天與人而已。○因說文王事商曰。文王但是做得從容不迫。武王便去伐商。大猛耳。文王伐崇伐密戡黎等事。又自顯然。書說王季勤勞王家。詩云太王翦商。都是他子孫自說。不成他子孫誣其父祖。春秋分明說泰伯不從。是不從甚底事。若泰伯當武王之世。也只是爲諸侯。但時措之宜。聖人又有不得已處。橫渠云商之中世。都棄了西方之地不管他。所以戎狄復進入中國。太王所以遷於岐。然岐下也只是箇荒涼之地。太王自去立箇家計如此。○陳氏大猷曰。敬者萬善之本。不敬者萬惡之本。人雖至愚。猶知敬天。今紂天且不敬。宜其衆惡日深也

肆予小子發以爾友邦冢君觀政于商惟受罔有悛心乃夷居弗事上帝神祇遺厥先宗廟弗祀犧牲粢盛既于凶盜乃曰吾有民有命罔懲其侮

肆故也觀政猶伊尹所謂萬夫之長可以觀政八百諸侯背商歸周則商政可知先儒以觀政爲觀兵誤矣悛改也夷蹲踞也武王言故我小子以爾諸侯之向背觀政之失得於商今諸侯背叛既已如此而紂無有悔悟改過之心夷踞而居廢上帝百神宗廟之祀犧牲粢盛以爲祭祀之備者皆盡于凶惡盜賊之人即箕子所謂攘竊神祇之犧牷牲者也受之慢神如此乃謂我有民

社。我有天命。而無有懲戒其侮慢之意朱子曰。伊川謂無觀政之事。非深見文武之心。不能及此。非爲存名教而發也。若有心要存名教。而於事實有所改易。則夫子之録泰誓武成。其不存名教甚矣。近世有存名教之說。大害事。將聖人心迹。都做兩截看了。殊不知聖人所行。便是名教。若所行如此。而所教如彼。則非所以爲聖人矣○程子曰。觀政之說。必無此理。如今日天命絕。則紂今日便是獨夫。豈容更留之三年。今日天命未絕。便是君也。爲之臣子者敢以兵脅君乎○林氏曰。夷如原壤夷俟之夷。紂不祀。武伐之。如葛不祀。湯伐之也

天佑下民。作之君。作之師。惟其克相上帝。寵綏四方。有罪無罪。予曷敢有越厥志

佑。助。寵。愛也。天助下民。爲之君以長之。爲之師以教之。君師者。惟其能左右上帝。以寵安天下。則夫有罪之當

討。無罪之當赦。我何敢有過用其心乎。言一聽於天而
已
朱子曰。這箇道理。雖人所固有。若非聖人。如何得如
此光明盛大。你不曉得。我說在這裏教你曉。你不會
做底。我做下樣子在此與你做。只是要持守這箇道理。
教他常立在世間。上拄天。下拄地。常如此端正。纔一日
無人維持。便顛倒了。少間脚拄天。頭拄地。顛倒錯亂。便
都壞了。所以說天佑下民。作之君。作之師。惟其克相上
帝。寵綏四方。天只得生你。付得這道理與你。做與不做
却在你。做得好。也由你。做得不好。也由你。所以又爲之
立君師以作成之。既撫養你。又教導你。便無一夫不遂
其性。如堯舜之時。眞箇是寵綏四方。只是世間不好底
人。不定疊底事。纔遇堯舜。都安帖平定了。所以謂之克
相上帝。蓋助上帝之所不及也。自秦漢以來。講學不明。
世之人君。固有因其才智做得功業。然無人知明德新
民之事。君道間有得其一二。而師之道則絕無矣。○陳
氏經曰。後世之君。刑政徒尚。教化不立。不知師道不盡。
則不足以盡君道矣。武王之意。謂紂既不能當君師之
任。則任君師獨不在我乎。我當相天以討紂之有罪。而
綏定天下之無罪者。所不得而私也。○陳氏雅言曰。天

能與人以耳目口鼻之形而不能使之無饑餓凍餒之患天能賦人以仁義禮智之性而不能使之無氣稟物欲之蔽故立之君以養之爲之師以教之爲君師者當曰天之命我者非以君位而貴我非以師位而尊我惟其能相上帝之所不及撫養之使無一之不遂其生教導之使無一之不成其性然後可以無負乎上天立君師之意蓋是時紂暴虐君師之道廢故武王誓師之際首及乎此

同力度德同德度義受有臣億萬惟億萬心予有臣三千惟一心

度量度也德得也行道有得於身也義宜也制事達時之宜也同力度德同德度義意古者兵志之詞武王舉以明伐商之必克也林氏曰左氏襄三十一年魯穆叔曰年鈞擇賢義鈞以卜昭二十六年王子朝曰年鈞以

德德鈞以下蓋亦舉古人之語文勢正與此同百萬曰億紂雖有億萬臣而有億萬心衆叛親離寡助之至力且不同況德與義乎

林氏曰凡勝負之理力同則有德者勝德同則有義者勝度德校善惡也度義校曲直也○介軒董氏曰行道有得於身身當作心按孟子曰道若大路然邵子曰道猶路也萬古在前萬世在後誰能不由此道而行凡日用事物當然之理決不可不由者是之謂道道乃衆人公共之路必須能行此道而有得於吾心然後可謂之德禮記鄉飲酒曰德者得也得於吾身也朱子暮年榜公堂取據於德一條改有得於身爲有得於心仍俾六經用此爲通例禮記其身已是切已終必曰心益見向裏下工夫耳○新安陳氏曰此謂百萬曰億洛誥中又謂十萬曰億韋昭註楚語云十萬曰億古數也秦改制始以萬萬爲億今解尚書合主十萬爲億之說百萬爲億未見所本

商罪貫盈天命誅之予弗順天厥罪惟鈞

貫通。盈滿也。言紂積惡如此。天命誅之。今不誅紂。是長惡也。其罪豈不與紂鈞乎。如律故縱者與同罪也。唐孔氏曰

紂之惡。如繩貫物。其貫已滿

予小子夙夜祇懼。受命文考。類于上帝。宜于冢土。以爾有衆。底天之罰

底。致也。冢土。大社也。祭社曰宜。上文言縱紂不誅。則罪與紂鈞。故此言予小子畏天之威。早夜敬懼。不敢自寧。受命于文王之廟。告于天神地祇。以爾有衆致天之罰於商也。王制曰。天子將出。類乎上帝。宜乎社。造乎禰。受命文考。即造乎禰也。王制以神尊卑爲序。此先言受命

文考者以伐紂之舉天本命之文王武王特稟文王之命以卒其伐功而已陳氏經曰紂之惡在不敬上天文王之德在肅將天威武王之德在夙夜祗懼敬與不敬聖狂分焉興亡判焉

天矜于民民之所欲天必從之爾尚弼予一人永清四海時哉弗可失

天矜憐於民民有所欲天必從之今民欲亡紂如此則天意可知爾庶幾輔我一人除其邪穢永清四海是乃天人合應之時不可失也林氏曰天之立君專以爲民故武王於一篇之中三致意焉首言元后作民父母以見紂之不能爲民父母也次言作之君師以見紂之不能爲君師也末言民欲天必從以見民心欲亡紂而伐之必克也去一紂則惡根除故永清四海堯授舜舜授禹天實與之則堯舜不可失

其與之之時。湯放桀。武王伐紂。天實奪之。則湯武不可失其取之之時。故韓獻子曰。文王率商之叛國以事紂惟知時也。禮運亦曰。堯授舜。舜授禹。湯放桀。武王伐紂。時也○陳氏經曰。君。源也。民。流也。源清則流清。四海本清。紂汚濁之。伯夷太公所以避之。以待天下之清也。去紂而除其穢惡。則清其源而天下清矣

泰誓中

惟戊午。王次于河朔。群后以師畢會。王乃徇師而誓

次。止。徇。循也。河朔。河北也。戊午以武成考之。是一月二十八日

唐孔氏曰。左莊三年。凡師一宿爲舍。再宿爲信。過信爲次。此直取止舍之義。非春秋三日例也○林氏曰。漢律歷志曰。周師初發。以殷之十一月戊子。後三日。得周正月辛卯朔。至戊午渡孟津。孟津去周九百里。師行日三十里。凡三十一日渡河。三日三誓師。上篇不言日。以中篇攷。當是丁巳日。在河南。將渡孟津時。誓而後渡河也。中篇是戊午既渡而次河北所誓。下篇戊午明日將趍商郊。誓而後行也。三令五申。謹之

至也

曰嗚呼西土有衆咸聽朕言

周都豐鎬其地在西從武王渡河者皆西方諸侯故曰

西土有衆　呂氏曰上篇言友邦冢君御事庶士先諸侯先及西土立法自近者始○新安陳氏曰伐紂之誓凡四上篇併諸侯凡從者誓之中下篇惟誓西伯所統者至牧誓又併諸侯凡從者誓之篇末軍法甚明

我聞吉人爲善惟日不足凶人爲不善亦惟日不足今商王受力行無度播棄犂老昵比罪人淫酗肆虐臣下化之朋家作仇脅權相滅無辜籲天穢德彰聞

惟日不足者言終日爲之而猶爲不足也將言紂力行

無度。故以古人語發之。無度者。無法度之事。播。放也。犁黧通。黑而黄也。微子所謂耄遜于荒是也。老成之臣。所當親近者。紂乃放棄之。罪惡之人。所當斥逐者。紂乃親比之。酗。醉怒也。肆。縱也。臣下亦化紂惡。各立朋黨。相爲仇讎。脅上權命。以相誅滅。流毒天下。無辜之人。呼天告冤。腥穢之德。顯聞于上。吕氏曰。爲善至極。則至治馨香。爲惡至極。則穢德彰聞。

惟天惠民。惟辟奉天。有夏桀弗克若天。流毒下國。天乃佑命成湯。降黜夏命。

言天惠愛斯民。君當奉承天意。昔桀不能順天。流毒下

國故天命成湯降黜夏命

惟受罪浮于桀剝喪元良賊虐諫輔謂已有天命謂敬不足行謂祭無益謂暴無傷厥鑒惟不遠在彼夏王天其以予乂民朕夢協朕卜襲于休祥戎商必克

浮過剝落喪去也古者去國為喪元良微子也諫輔比干也謂已有天命如荅祖伊我生不有命在天之類下三句亦紂所嘗言者鑒視也其所鑒視初不在遠有夏多罪天既命湯黜其命矣今紂多罪天其以我乂民乎襲重也言我之夢協我之卜重有休祥之應知伐商而必勝之也此言天意有必克之理張氏曰即所謂商鑒不遠在夏后之世○

林氏曰。其者未定之辭。猶曰天其永我命于茲新邑。言之於未然之前。辭當如此○新安胡氏曰。蔡傳言伐商。以伐訓戎。謂以兵戎伐之也

受有億兆夷人。離心離德。予有亂臣十人。同心同德。雖有周親。不如仁人

夷。平也。夷人。言其智識不相上下也。治亂曰亂。十人。周公旦。召公奭。太公望。畢公。榮公。大顛。閎夭。散宜生。南宮括。其一文母。孔子曰。有婦人焉。九人而已。劉侍讀以爲子無臣母之義。蓋邑姜也。九臣治外。邑姜治內。言紂雖有夷人之多。不如周治臣之少而盡忠也。周。至也。紂雖有至親之臣。不如周仁人之賢而可恃也。此言人事有

必克之理 朱子曰。馬氏云亂。治也。或曰亂本作乿。古治字

天視自我民視。天聽自我民聽。百姓有過。在予一人。今朕必往

過。廣韻責也。武王言天之視聽。皆自乎民。今民皆有責於我。謂我不正商罪。以民心而察天意。則我之伐商。斷必往矣。蓋百姓畏紂之虐。望周之深。而責武王不即拯已於水火也。如湯東面而征。西夷怨。南面而征。北狄怨之意 天視自我民視。天聽自我民聽。或問此若有不同。如何。朱子曰。天豈曾有耳目以視聽。只是自民之視聽。便是天之視聽。如帝命文王。豈天諄諄然命之。只是文王要恁地。便是理合恁地。便是帝命之也。又曰若一件事。民人皆以爲是。便是天以爲是。若民人皆歸往之。便是天命之也。此處甚微。故其理難看。○問天視。天

聽。謂天即理也。曰天固是理。然蒼蒼者亦是天。在上而有主宰者亦是天。各隨他所說。今旣曰視聽即理。又如何會視聽。雖說不同。又却只是一箇。知其同。不妨其爲異。知其異。不害其爲同○新安陳氏曰。百姓有過。恐只如萬方有罪之意耳○王氏曰。在予一人。蓋以其身任天下之責。不如是不足以爲天吏也

我武惟揚侵于之疆取彼凶殘我伐用張于湯有光

揚。舉。侵。入也。凶殘。紂也。猶孟子謂之殘賊。武王弔民伐罪。於湯之心。爲益明白於天下也。自世俗觀之。武王伐湯之子孫。覆湯之宗社。謂之湯讎可也。然湯放桀。武王伐紂。皆公天下爲心。非有私於已者。武之事。質之湯而無愧。湯之心。驗之武而益顯。是則伐商之舉。豈不於湯爲有光也哉 朱子曰。武王威武奮揚。侵彼紂之疆界。取其殘賊。而殺伐之功因以張大。比於湯之

伐桀。又有光焉

勗哉夫子。罔或無畏。寧執非敵。百姓懍懍。若崩厥角。嗚呼。乃一德一心。立定厥功。惟克永世

勗勉也。夫子將士也。勉哉將士。無或以紂爲不足畏。寧執心以爲非我所敵也。商民畏紂之虐。懍懍若崩摧其頭角然。言人心危懼如此。汝當一德一心。立定厥功。以克永世也　林氏曰。考之孟子。疑此二篇必有所增損潤色。其字大抵相同。其意旨則有不同者。蓋康誥伏生所傳。泰誓孔壁續出。孔氏爲隸古定。其間必有不能曉。而以意增損者。則今泰誓康誥。與孟子所舉不同者。以此○董氏鼎曰。勗哉數語。固不以至仁伐至不仁。而萌倖勝輕敵之心。亦不以群臣同心同德。而忘一德一心之戒。聖人之重用民命。臨事而懼也。如此

泰誓下

時厥明。王乃大巡六師。明誓衆士。

厥明。戊午之明日也。古者天子六軍。大國三軍。是時武王未備六軍。牧誓敘三卿可見。此曰六師者。史臣之詞也

王曰。嗚呼。我西土君子。天有顯道。厥類惟彰。今商王受。狎侮五常。荒怠弗敬。自絶于天。結怨于民

天有至顯之理。其義類甚明。至顯之理。即典常之理也。紂於君臣父子兄弟夫婦典常之道。褻狎侮慢。荒棄怠惰。無所敬畏。上自絶于天。下結怨于民。結怨者非一之

謂下文自絕結怨之實也林氏曰君子統上下而言越王勾踐伐吳以其私卒君子六千人爲中軍則士卒亦可言君子

斮朝涉之脛剖賢人之心作威殺戮毒痡四海崇信姦回放黜師保屏棄典刑囚奴正士郊社不修宗廟不享作奇技淫巧以悅婦人上帝弗順祝降時喪爾其孜孜奉予一人恭行天罰

斮斫也孔氏曰冬月見朝涉水者謂其脛耐寒斫而視之史記云比干強諫紂怒曰吾聞聖人心有七竅遂剖比干觀其心痡病也作刑威以殺戮爲事毒病四海之人言其禍之所及者遠也回邪也正士箕子也郊所以

祭天。社所以祭地。奇技。謂奇異技能。淫巧。爲過度之巧。
列女傳紂膏銅柱。下加炭。令有罪者行。輒墮炭中。妲己
乃笑。夫欲妲己之笑。至爲炮烙之刑。則其奇技淫巧以
悅之者宜無所不至矣。祝。斷也言紂於姦邪則尊信之。
師保則放逐之。屏棄先王之法。囚奴中正之士。輕廢奉
祀之禮。專意汚褻之行。悖亂天常。故天弗順。而斷然降
是喪亡也。爾衆士其勉力不怠奉我一人而敬行天罰
手
古人有言曰。撫我則后。虐我則讎。獨夫受洪惟作威乃汝
世讎。樹德務滋。除惡務本。肆予小子誕以爾衆士殄殲乃

雔爾衆士其尚迪果毅以登乃辟功多有厚賞不迪有顯戮

洪大也獨夫言天命已絶人心已去但一獨夫耳孟子曰殘賊之人謂之一夫武王引古人之言謂撫我則我之君也虐我則我之雔也今獨夫受大作威虐以殘害于爾百姓是乃爾之世雔也務專力也植德則務其滋長去惡則務絶根本兩句意亦古語喻紂爲衆惡之本在所當去故我小子大以爾衆士而殄絶殲滅汝之世雔也迪蹈登成也殺敵爲果致果爲毅爾衆士其庶幾蹈行果毅以成汝君若功多則有厚賞非特一爵一級

而已。不迪果毅。則有顯戮。謂之顯戮。則必肆諸市朝以

示衆庶西山眞氏曰。武王舉古人之言。以明民之常情如此。若君民之分。豈以虐我而遂讎之哉。然君民之分不可恃而民之常情不可不察

嗚呼。惟我文考。若日月之照臨。光于四方。顯于西土。惟我有周。誕受多方

若日月照臨。言其德之輝光也。光于四方。言其德之遠被也。顯于西土。言其德尤著於所發之地也。文王之地。止於百里。文王之德。達于天下。多方之受。非周其誰受之。文王之德。實天命人心之所歸。故武王於誓師之末。歎息而言之陳氏雅言曰。此武王稱文王聖德輝光。被於遠而著於近。故能受天命而得民心也。

予克受。非予武。惟朕文考無罪。受克予。非朕文考有罪。惟予小子無良

無罪。猶言無過也。無良。猶言無善也。商周之不敵久矣。武王猶有勝負之慮。恐爲文王羞者。聖人臨事而懼也如此

林氏曰。聖人至誠畏懼之心。充實於中。則發於言自然如此。非有一毫作僞於其間也。○董氏鼎曰。事幸而集。則文考之功。不幸不集。則予小子之過。善則稱親。過則稱己。禮所當然也。又按三篇三數紂之惡。發舒萬民之氣。天怒已極。人怨已深。不待牧野之戰。而天下已無商矣。嗚呼。豈非萬世之永鑑哉

牧誓

牧。地名。在朝歌南。即今衛州治之南也。武王軍於牧野。臨戰誓衆。前既有泰誓三篇。因以地名

別之。今文古文皆有。陳氏曰。禹征苗。誓只數語。甘誓湯誓則一篇。武王之誓至四篇。世愈降而文愈繁也

時甲子昧爽。王朝至于商郊牧野。乃誓。王左杖黃鉞。右秉白旄以麾。曰。逖矣西土之人

甲子。二月四日也。昧。冥。爽。明也。昧爽。將明未明之時也。鉞。斧也。以黃金爲飾。王無自用鉞之理。左杖以爲儀耳。旄。軍中指麾。白則見遠。麾非右手不能。故右秉白旄也。○按武成言癸亥陳于商郊。則癸亥之日。周師已陳牧野矣。甲子昧爽。武王始至而誓師焉。曰者。武王之言也。逖。遠也。以其行役之遠而慰勞之也。林氏曰。言日不言月。上本泰誓文也。○孔

氏曰牧野紂近郊三十里也

王曰嗟我友邦冢君御事司徒司馬司空亞旅師氏千夫長百夫長

司徒司馬司空三卿也武王是時尚爲諸侯故未備六卿唐孔氏曰司徒主民治徒庶之政令司馬主兵治軍旅之誓戒司空主土治壘壁以營軍亞次旅衆也大國三卿下大夫五人士二十七人亞者卿之貳大夫是也旅者卿之屬士是也師氏以兵守門者猶周禮師氏王舉則從者也千夫長統千人之帥百夫長統百人之帥也

及庸蜀羌髳微盧彭濮人

左傳庸與百濮伐楚庸濮在江漢之南羌在西蜀髳微在巴蜀盧彭在西北武王伐紂不期會者八百國今誓師獨稱八國者蓋八國近周西都素所服役乃受約束以戰者若上文所言友邦冢君則泛指諸侯而誓者也

陳氏曰文王化行江漢自北而南故八國皆來助舉其遠則近者可知○蘇氏曰楚饑庸與百濮伐之庸上庸縣濮即百濮又楚伐羅羅與盧戎兩軍之蓋南蠻之屬楚者羌先零罕幵之屬彭今屬武陽有彭亡髳微缺則知此數國皆西南之夷

稱爾戈比爾干立爾矛予其誓

稱舉戈戟干楯矛亦戟之屬長二丈唐孔氏曰戈短人

執以舉之。故言稱。楯則並以扞敵。故言比。矛長。立之於
地。故言立。器械嚴整。則士氣精明。然後能聽誓命
王曰。古人有言曰。牝雞無晨。牝雞之晨。惟家之索
索。蕭索也。牝雞而晨。則陰陽反常。是爲妖孼。而家道索
矣。將言紂惟婦言是用。故先發此
今商王受。惟婦言是用。昏棄厥肆祀。弗答。昏棄厥遺王父
母弟不迪。乃惟四方之多罪逋逃。是崇是長。是信是使。是
以爲大夫卿士。俾暴虐于百姓。以姦宄于商邑
肆。陳。答。報也。婦。妲己也。列女傳云。紂好酒淫樂。不離妲
己。妲己所舉者貴之。所憎者誅之。惟妲己之言是用。故

顛倒昏亂。祭所以報本也。紂以昏亂棄其所當陳之祭祀而不報。昆弟先王之胤也。紂以昏亂棄其王父母弟。而不以道遇之。廢宗廟之禮。無宗族之義。乃惟四方多罪逃亡之人。尊崇而信使之。以爲大夫卿士。使暴虐于百姓。姦宄于商邑。蓋紂惑於妲己之蠱。背常亂理。遂至流毒如此也。孫氏曰。泰誓言紂之惡。終於悅婦人。牧誓言紂之惡。始於用婦言。豈非紂之終始出於此乎。○臨川吳氏曰。四方多罪之人。逃亡而歸紂者。乃尊寵而任用之。以之居顯位。俾毒民爲惡也。此言紂反人道之常。天罰所宜加也。○新安陳氏曰。厥遺王父母弟。如左傳所謂先君之遺姑姊妹

今予發。惟恭行天之罰。今日之事。不愆于六步七步。乃止齊焉。夫子勗哉。

愆過。勗勉也。步進趨也。齊齊整也。今日之戰不過六步七步乃止而齊。此告之以坐作進退之法。所以戒其輕進也

不愆于四伐五伐六伐七伐乃止齊焉。勗哉夫子

伐擊刺也。少不下四五。多不過六七而齊。此告之以攻殺擊刺之法。所以戒其貪殺也。上言夫子勗哉此言勗哉夫子者。反覆成文。以致其丁寧勸勉之意。下倣此　王氏炎曰。六步七步。足法也。六伐七伐。手法也　○　呂氏曰。大司馬之法。伍兩卒旅。各有其長。使止齊之者。使其部伍之長。各自止其止。各自齊其齊。故當戰時。井然有序。不失紀律。三軍如一人

尚桓桓如虎如貔。如熊如羆。于商郊。弗迓克奔以役西土。

勗哉夫子 桓胡官反

桓桓威武貌。貔執夷也。虎屬。欲將士如四獸之猛。而奮擊于商郊也。迓迎也。能奔來降者勿迎擊之以勞役我西土之人。此勉其武勇而戒其殺降也 陳氏大猷曰。用兵以制節爲尚。以武勇爲主。武王慮其或拘。故喻以虎貔之勇。又慮過於勇而妄殺。故以殺降爲戒

爾所弗勗其于爾躬有戮

弗勗。謂不勉於前三者。愚謂此篇嚴肅而溫厚。與湯誓誥相表裏。眞聖人之言也。泰誓武成一篇之中。似非盡出於一人之口。豈獨此爲全書乎。讀者其味之 王氏曰。功多厚賞。前誓已言。此不再言。而獨言有戮者。軍事以嚴終。亦威克厥愛之意。○董氏鼎曰。此臨戰誓師之辭。杖鉞秉

旄。所以肅己之容。稱戈。比干。立矛。所以肅人之容。軍容既肅。然後發命。則人無譁。而聽者審矣。自古人有言。至恭行天罰。所以聲罪致討。而激士卒之義也。自今日之事至乃止齊焉。所以明審法令。而示行陣之禮也。自勗哉以下。又勉之以臨陣之勇。撫衆之仁也。以至仁伐至不仁。而謹畏戒懼尚如此。斯其爲王者之師歟

武成

史氏記武王往伐歸獸。祀羣神。告羣后。與其政事共爲一書。篇中有武成二字。遂以名篇。今文無。古文有

問武成一篇。諸家多以爲錯簡。然反覆讀之。竊以爲自王若曰以後。皆是史官歷敘以前之事。雖作武王告羣后之辭。而實史官敘述之文。故其間如有道曾孫周王發。及昭我周王之語。皆是史官之言。非武王當時自稱如此也。亦如五誥中王若曰以下。多是周公之語。若如此看。則似不必改移。亦自可讀。又既生魄。恐是晦日。既者言其魄之既足也。以歷

推之。當爲四月晦。未知此篇先生尋常如何看。
朱子曰。王若曰以下。固是告羣后之辭。兼欽其
致禱之辭。亦與湯誥相類。但此辭却無結殺處。
只自敘其功烈政事之美。又書戊午癸亥甲子
日辰。亦非誥命之體。恐須是有錯簡。然自王氏
程氏劉原父以下所定。亦各不同。舊嘗考之。劉
以爲王語之末有缺文。似得之。彼有七經小傳
否。可檢看。又漢書歷志謂是歲有閏。亦是也（）
呂氏曰。武成見武王有取商之規模。有定商之
規模。取商以至公大義。定商以常典成法。秦晋
隋。亦能一天下。而亡不
旋踵。蓋無以定之也

惟一月壬辰旁死魄越翼日癸巳王朝步自周于征伐商

一月。建寅之月。不曰正而曰一者。商建丑以十二月爲
正朔。故曰一月也。詳見太甲泰誓篇。壬辰。以泰誓戊午
推之。當是一月二日。死魄。朔也。二日。故曰旁死魄。翼明

也。先記壬辰旁死魄。然後言癸巳伐商者。猶後世言某日。必先言某朔也。周。鎬京也。在京兆鄠縣上林。即今長安縣昆明池北鎬陂是也

朱子曰。漢志引武成篇惟一月壬辰旁死魄。若翌日癸巳。武王乃朝步自周。于征伐商。又曰。越若來三月既死魄。粤五日甲子。咸劉商王紂。又曰。惟四月既旁生魄。粤六日庚戌。武王燎于周廟。翌日辛亥祀于天位。粤五日乙卯。乃以庶國祀馘于周廟。又畢命豐刑曰。惟十有二年六月庚午朏。王命作策豐刑。今按伏生今文尚書無武成。獨孔氏古文尚書乃有此篇。今顏氏註劉歆所引兩節。見其與古文不同。遂皆以爲今文尚書。不知何所考也。諸家推歷。以爲此年二月。有閏四月。丁未爲十九日。庚戌爲二十二日。然二日皆在生魄之後。則古文爲倒。而此志所引者爲順。但其言燎于周廟。似無理耳。況古文此篇文皆錯謬。安知既生魄庶邦冢君暨百工受命于周十四字。非本在示天下弗服之下。丁未祀于周廟之上。而王若曰以下。乃大告武成之文耶○王氏日休曰。翼。輔也。以此日爲主。則明日爲輔翼此日者。故以明

日爲翼日○唐孔氏曰舉事貴早朝故皆言朝

厥四月哉生明王來自商至于豐乃偃武修文歸馬于華山之陽放牛于桃林之野示天下弗服

哉始也始生明月三日也豐文王舊都也在京兆鄠縣即今長安縣西北靈臺豐水之上周先王廟在焉山南曰陽桃林今華陰縣潼關也樂記曰武王勝商渡河而西馬散之華山之陽而弗復乘牛放之桃林之野而弗復服車甲衅而藏之府庫倒載干戈包以虎皮天下知武王之不復用兵也○此當在萬姓悦服之下唐孔氏曰生明死魄俱是月初上云死魄此云生明互言耳○吕氏曰但歸放用以伐紂之牛馬耳天子十二閑與丘甸之賦

自不廢與晉武平吳而去武備唐穆平兩河而銷兵不
同○王氏曰軍行戰車用馬任載之車用牛服乘用也
急於偃武如此見以兵
定天下非其本心也

丁未祀于周廟邦甸侯衛駿奔走執豆籩越三日庚戌柴望大告武成

駿爾雅曰速也周廟周祖廟也武王以克商之事祭告祖廟近而邦甸遠而侯衛皆駿奔走執事以助祭祀豆木豆籩竹豆祭器也既告祖廟燔柴祭天望祀山川以告武功之成由近而遠由親而尊也○此當在百工受命于周之下

陳氏曰歸馬放牛此偃武之事祀于周廟
以下皆修文之事○唐孔氏曰六服侯甸
男采衛要
此舉其要

旣生魄庶邦冢君暨百工受命于周

生魄。望後也。四方諸侯。及百官。皆於周受命。蓋武正新即位。諸侯百官。皆朝見新君。所以正始也○此當在示天下弗服之下

問生明生魄如何。朱子曰。日爲魂。月爲魄。魄是黯處。魄死則明生。書所謂哉生明是也。老子所謂載營魄。載。如人載車。車載人之載。月受日之光。魂加於魄。魄載魂也。明之生時。大盡則初二。小盡則初三。月受日之光常全。人望在下。却在側邊了。故見其盈虧不同。或云月形如餅。非也。筆談云。月形如彈丸。其受光。如粉塗一半。月去日近。則光露一眉。漸遠則光漸大。且如月在午。日在酉。則是近一遠三。謂之弦。至日月相望。則去日十矣。故謂之望。日在西而月在東。人在下面。得以望見其光之全。月之中有影者。蓋天包地外。地形小。日在地下。則月在天中。日甚大。從地四面光起。其影則地影也。地礙日之光。所謂山河地影是也。如星亦受日光。凡天地之光。皆是日光也。自十六日生魄之後。其光之遠近如前之弦。謂之下弦。至晦則月與

日相疊。月在日後。光盡體伏矣〇新安陳氏曰。諸家多謂生魄。望後也。而不察既字。以望與既望例之。則哉生魄。十六日。既生魄。十七日也。夏氏又謂既。盡也。與舜典既月同。謂盡此生魄以後之日。殊不知此既字。乃已然之辭。與食之既既月不同。其實十七日受命。十九日丁未祀周廟簡倒耳。所以云此當在示天下弗服之下。而丁未祀于周廟。當在百工受命于周之下也

王若曰。嗚呼。羣后惟先王建邦啓土。公劉克篤前烈。至于太王肇基王迹。王季其勤王家。我文考文王克成厥勳。誕膺天命。以撫方夏。大邦畏其力。小邦懷其德。惟九年。大統未集。予小子其承厥志

羣后。諸侯也。先王。后稷。武王追尊之也。后稷始封於邰。故曰建邦啓土。公劉。后稷之曾孫。史記云。能修后稷之

業。太王。古公亶父也。避狄去邠居岐。邠人仁之。從之者如歸市。詩曰。居岐之陽。實始翦商。太王雖未始有翦商之志。然太王始得民心。王業之成。實基於此。王季能勤以繼其業。至於文王克成厥功。大受天命。以撫安方夏。大邦畏其威而不敢肆。小邦懷其德而得自立。自爲西伯專征。而威德益著於天下。凡九年崩。大統未集者非文王之德不足以受天下。是時紂之惡未至於亡天下也。文王以安天下爲心。故予小子亦以安天下爲心 ○此當在大告武成之下 問先生近定武成新本。朱子曰。前輩定本。更差一節。王若曰一段。或接于征伐商之下。以爲誓師之辭。或連受命于周之下。以爲命諸侯之辭。以爲誓師。固當錯連下說了。以爲命諸侯之辭者。此去祭日。只爭一兩日。無緣有先誥命之理。其看却諸侯來便教他助祭。此是祭畢臨遣之辭。當在大誥武成之下。比前輩。只差此一節。○周自積累以來。其勢日大。又當商家無道之時。天下趨周。其勢自爾。至於文王三分天下有其二。以服事商。孔子乃稱其至德。若非文王。亦須取了。孔子稱至德只二人。皆可爲而不爲者也。○問文王更在十三四年。將終事紂乎。抑爲武王牧野之舉乎。曰。看文王亦不是安坐不做事底人。如詩中言文王受命。有此武功。既伐于崇。作邑于豐。則武功都是文王做來。詩載武王武功却少。但卒其伐功耳。觀文王一時氣勢如此。度必不終竟休了。一似果實。文王待他十分黄熟自落下來。武王却似生拍破一般。○商紂之世。文王三分天下有其二。以服事商。至武王十三年。乃伐紂而有天下。張子曰。此事間不容髮一日之間。天命未絶。則是君臣。當日命絶。則爲獨夫。然命之絶否。何以知之。人情而已。諸侯不期而會者八百。武王安得而止之哉。詳考詩書所載。則文武之心可見。若使文王漠然無心於天下。則三分之二。亦不當有矣。此等處難說。孔子謂可與立。未可與權。到那時事勢自是要住不得。後來人把文王說得忒恁地。却做一箇不做聲不做氣。如此形容文王。都沒情理。以詩書考之。全不是如此。如伐崇一節。不是一項小小侵掠。又如說侵自阮疆。看見都自據有其土地。這自大段施張了。事勢自是不可已。只當商之季。七顛八倒。上下崩頹。忽於岐山下突出許多人也。是誰當得。○歐陽氏曰。漢儒謂西伯受命稱王十三年者妄也。以紂之暴虐。西伯竊歎。遂執而囚之。至其叛已稱王。反優容不問者十三年。此豈近於人情乎。孔子曰。三分天下有其二。以服事殷。使西伯不稱臣而稱王。安能服事商乎。謂西伯稱王起於何說。而孔子之言。萬世之信也。夷齊義士也。方其辭國而去。聞西伯之賢。共往歸之。使西伯稱王。是僭叛之國。二子不以爲非。依之久而不去。至武王伐紂。始以爲非。不非其父而非其子。此豈近於人情耶。泰誓稱十有三年。說者因謂文王受命九年。及武王居喪三年。并數之爾。故以西伯聽虞芮之訟。謂之受命。以爲元年。古者人君即位。必稱元年。西伯即位久矣。中間不宜改元而又改元。至武王即位。宜改元而反不改元。乃上冒先君之元年。并其居喪稱十一年。及其滅商而得天下。其事大於聽訟遠矣。而又不改元。由是言之。謂文王受命改元。武王冒文王之元年者。皆妄也。學者知西伯生不稱王。中

間不再改元。則詩書所載。粲然不誣矣。孔子當衰周之
時。患衆說之紛紜。惑亂當世。故修六經以示信萬世。孔
子沒。去聖稍遠。諸家小說。復興。與六經相亂。自漢以來
莫能辨正。今卓然一信於六經。則十有三年。武王即位
之十三年。爾。復何疑哉○新安陳氏曰。后稷稱先王。如
周語云。昔我先王后稷。又云我先王不窋。韋昭註王之
先祖。故稱王。商頌亦以契爲玄王是也。武王告諸侯。謂
周之基業。自后稷。公劉。大王。王季。文王。建之。篤之。基之。
勤之。成之。有自來矣。我不過承先志而爲之耳。意謂十
五六世。數千百年積德累功。前作後述以有今日。非一
朝一夕之崛起以聳動諸侯之聽也○陳氏曰。大邦以
力自強。遇文王而力無所施。故以文王爲可畏。而有以
畏其力。小邦以德望人。遇文王而獲適所願。故以文王
爲可懷。而有以懷其德。文王初無心於德力之辨也

底商之罪。告于皇天后土。所過名山大川。曰惟有道曾孫周王發。將有大正于商。今商王受無道。暴殄天物。害虐烝民。爲天下逋逃主。萃淵藪。予小子旣獲仁人。敢祗承上帝

以遏亂略華夏蠻貊罔不率俾

厎至也。后土。社也。句龍爲后土。周禮大祝云。王過大山川。則用事焉。孔氏曰。名山謂華。大川謂河。蓋自豐鎬往朝歌。必道華涉河也。曰者。舉武王告神之語。有道。指其父祖而言。周王二字。史臣追增之也。正。即湯誓不敢不正之正。萃。聚也。紂殄物害民。爲天下逋逃罪人之主。如魚之聚淵。如獸之聚藪也。仁人。孔氏曰。太公周召之徒。略。謀略也。俾。廣韻曰。從也。仁人既得。則可以敬承上帝而遏絕亂謀。內而華夏。外而蠻貊。無不率從矣。或曰。太公歸周。在文王之世。周召。周之懿親。不可謂之獲。此蓋

仁人自商而來者。愚謂獲者。得之云爾。即泰誓之所謂仁人。非必自外來也。不然。經傳豈無傳乎○此當在于征伐商之下

林氏曰。稱有道曾孫。本其祖父而言。言已乃有道之人之曾孫。明周之世世修德有道。非一世也○復齋董氏曰。下言受無道。故於此言有道。亦對稱之辭。曾孫。主祭者之稱。曲禮外事曰。曾孫某侯某。詩甫田曰。曾孫不怒。左哀二年。蒯聵臨戰禱辭亦稱曾孫○葉氏曰。湯伐桀。曰。聿求元聖。武王伐紂。曰。既獲仁人

恭天成命。肆予東征。綏厥士女。惟其士女。篚厥玄黄。昭我周王。天休震動。用附我大邑周

成命。黜商之定命也。篚。竹器。玄黄。色幣也。敬奉天之定命。故我東征安其士女。士女喜周之來。筐篚盛其玄黄

之幣。明我周王之德。若是蓋天休之所震動。故民用歸附我大邑周也。或曰玄黃天地之色。篚厥玄黃者。明我周王有天地之德也○此當在其承厥志之下朱子曰。商人而曰我周王。猶商書所謂我后也○陳氏曰。成命。一定不易。決於伐商也。肆。遂也。武王爲西伯。紂在東。故曰東征。士女。猶曰男女。詩中士。多連女言之

惟爾有神。尚克相予。以濟兆民。無作神羞。旣戊午。師渡孟津。癸亥。陳于商郊。俟天休命。甲子昧爽。受率其旅若林。會于牧野。罔有敵于我師。前徒倒戈。攻于後以北。血流漂杵。一戎衣。天下大定。乃反商政。政由舊。釋箕子囚。封比干墓。式商容閭。散鹿臺之財。發鉅橋之粟。大賚于四海。而萬姓

悅服

休命。勝商之命也。武王頓兵商郊。雍容不迫。以待紂師之至而克之。史臣謂之俟天休命。可謂善形容者矣。若林。即詩所謂其會如林者。紂衆雖有如林之盛。然皆無有肯敵我師之志。紂之前徒倒戈。反攻其在後之衆以走。自相屠戮。遂至血流漂杵。史臣指其實而言之。蓋紂衆離心離德。特刼於勢而未敢動耳。一旦因武王弔伐之師。始乘機投隙。奮其怨怒。反戈相戮。其酷烈遂至如此。亦足以見紂積怨于民若是其甚。而武王之兵。則蓋不待血刃也。此所以一被兵甲。而天下遂大定乎。乃者繼事之辭。反紂之虐政。由商先王之舊政也。式。車前横木。有所敬。則俯而憑之。商容。商之賢人。閭。族居里門也。賚。予也。武王除殘去暴。顯忠遂良。賑窮賙乏。澤及天下。天下之人皆心悅而誠服之。帝王世紀云。殷民言王之於仁人也。死者猶封其墓。况生者乎。王之於賢人也。亡者猶表其閭。况存者乎。王之於財也。聚者猶散之。况其復籍之乎。唐孔氏曰。是爲悅服之事。○此當在罔不率俾之下

朱子曰。血流漂杵。孟子說盡信書。不如無書者。只緣當時恁地戰鬬殘戮。恐當時人以此爲口實。故說此。然看上文自說前徒倒戈。攻于後以北。不是武王殺他。乃紂之人自蹂踐相殺。荀子云。所以殺之者。非周人也。商人也。觀武王興兵。初無意於殺人。所謂今日之事。不愆于六伐七伐。乃止齊焉。是也。武王之心。非

好殺也杵或作鹵楯也一戎衣言一著戎衣以伐紂也○唐孔氏曰周語曰王以二月癸亥夜陳未畢而雨是雨而畢陳○蔡氏元度曰詩云肆伐大商會朝清明蓋謂雨止清明也○林氏曰武王臨戰不敢以勝自必待天之佑已而勝之此謂俟天之休命先儒雨止畢陳蓋過論也周師未嘗血刃而紂衆自相屠戮人心之叛商歸周如此是即天命去商佑周之驗也天之休命豈不昭然在此哉○陳氏曰先驅商之平民陳後乃紂之惡黨民怨之深遂因此易鄉反攻之○李氏曰湯伐夏曰纘禹舊服武王伐商曰反商政政由舊禹湯所行桀紂棄之湯武復之適所以爲之資耳○新安陳氏曰萬姓悅服實總結乃反商政以下數句大學平天下一章不過好惡財用二者與天下爲公而已釋箕子至發粟賚四海皆反商政之大者釋箕子以下好惡與民爲公也散財以下財用與民爲公也○董氏鼎曰漢高入關除苛解嬈與父老約法三章得武王反商政之意獨不能由舊襲用秦法所以周不愧商而漢有愧於周也

列爵惟五分土惟三建官惟賢位事惟能重民五教惟食

喪祭。惇信明義。崇德報功。垂拱而天下治

列爵惟五。公侯伯子男也。分土惟三。公侯百里。伯七十里。子男五十里之三等也。建官惟賢。不肖者不得進。位事惟能。不才者不得任。五教。君臣。父子。夫婦。兄弟。長幼五典之教也。食以養生。喪以送死。祭以追遠。五教三事。所以立人紀而厚風俗。聖人之所甚重焉者。惇厚也。厚其信。明其義。信義立而天下無不勵之俗。有德者尊之以官。有功者報之以賞。官賞行而天下無不勸之善。夫分封有法。官使有要。五教修而三事舉。信義立而官賞行。武王於此。復何爲哉。垂衣拱手而天下自治矣。史臣

述武王政治之本末言約而事博也如此哉○此當在

大邑周之下。而上猶有缺文。按此篇編簡錯亂。先後失

序。今考正其文于後新安陳氏曰。所重教。食。喪。祭。四者。證以堯曰可見。重五教而次以食。則斯民日用飲食徧爲爾德。否則君不君。臣不臣。雖有粟。吾得而食諸。食足矣。即繼以愼終之喪。報本之祭。皆所以感發斯人之良心。而維持天下之教化也○王氏曰。惇厚其信。使天下不趨於詐。顯明其義。使天下不徇於利。崇德。使人知所以尚賢。報功。使人知所以勸忠○呂氏曰。武王至此。夫何爲哉。無爲而天下自治。以見武王能還唐虞風俗於千載之下。武成與堯舜氣象不同矣。終篇一語。堯舜無爲之治。乃恍然若存焉○陳氏雅言曰。聖人詳於有爲。然後可以享夫無爲。蓋有爲者。所以致無爲之本。無爲者。所以收有爲之效。呂氏謂武成篇末有堯舜氣象。信斯言也

今考定武成

惟一月壬辰旁死魄越翼日癸巳王朝步自周于征伐
商底商之罪告于皇天后土所過名山大川曰惟有道
曾孫周王發將有大正于商今商王受無道暴殄天物
害虐烝民爲天下逋逃主萃淵藪予小子既獲仁人敢
祗承上帝以遏亂略華夏蠻貊罔不率俾惟爾有神尚
克相予以濟兆民無作神羞既戊午師渡孟津癸亥陳
于商郊俟天休命甲子昧爽受率其旅若林會于牧野
罔有敵于我師前徒倒戈攻于後以北血流漂杵一戎
衣天下大定乃反商政政由舊釋箕子囚封比干墓式
商容閭散鹿臺之財發鉅橋之粟大賚于四海而萬姓

悅服厥四月哉生明王來自商至于豐乃偃武修文歸
馬于華山之陽放牛于桃林之野示天下弗服既生魄
庶邦冢君暨百工受命于周丁未祀于周廟邦甸侯衛
駿奔走執豆籩越三日庚戌柴望大告武成王若曰嗚
呼群后惟先王建邦啓土公劉克篤前烈至于太王肇
基王迹王季其勤王家我文考文王克成厥勳誕膺天
命以撫方夏大邦畏其力小邦懷其德惟九年大統未
集予小子其承厥志恭天成命肆予東征綏厥士女惟
其士女篚厥玄黃昭我周王天休震動用附我大邑周
列爵惟五分土惟三建官惟賢位事惟能重民五教惟

食喪祭。惇信明義。崇德報功。垂拱而天下治

按劉氏王氏程子。皆有改正次序。今參考定讀如此。

大畧集諸家所長。獨四月生魄丁未庚戌一節。今以

上文及漢志日辰推之。其序當如此耳。疑先儒以王

若曰。宜繫受命于周之下。故以生魄在丁未庚戌之

後。蓋不知生魄之日。諸侯百工雖來請命。而武王以

未祭祖宗。未告天地。未敢發命。故且命以助祭。乃以

丁未庚戌祀于郊廟。大告武功之成。而後始告諸侯。

上下之交。神人之序。固如此也。劉氏謂予小子其承

厥志之下。當有缺文。以今考之。固所宜有。而程子從

恭天承命以下。三十四字屬于其下。則已得其一節。而用附我大邑周之下。劉氏所謂缺文。猶當有十數語也。蓋武王革命之初。撫有區夏。宜有退托之辭。以示不敢遽當天命。而求助於諸侯。且以致其交相警勑之意。略如湯誥之文。不應但止自序其功而已也。列爵惟五以下。又史官之詞。非武王之語。讀者詳之

朱子曰。武成月日。以孔註漢志參考。大抵多同。但漢志二月既死魄。越五日甲子爲差速。而四月既生魄。與丁未庚戌小不同耳。蓋以上文一月壬辰旁死魄推之。則二月之死魄後五日。且當爲辛酉。或壬戌。而未得爲甲子。此漢志之誤也。又以一月壬辰。二月甲子。并閏推之。則漢志言四月既生魄。越六日庚戌。當爲二十二日。而經以生魄居丁未庚戌之後。則恐經文倒也。歷法雖無四月俱小之理。然亦不過先後一

二日耳。不應所差如此之多也。宗廟內事。日用丁巳。當用。而燎又非宗廟之禮。且以翌日辛亥。祀于天位。而燎于周廟。則爲剛日。非所漢志乃無丁未。而以庚戌燎于周廟。則爲剛日。非所而粤五日乙卯。又祀馘于周廟。則六日之間。三舉大祭。禮數而煩。近於不敬。抑亦經文所無有。不知劉歆何所据也。顔註以爲今文尚書。則伏生今文二十八篇中。本無此篇。顔氏之云。又未知其何所据也。讀者詳之

洪範

漢志曰。禹治洪水。錫洛書法而陳之。洪範是也。

史記武王克殷。訪問箕子以天道。箕子以洪範陳之。按篇內曰而曰汝者。箕子告武王之辭。意洪範發之於禹。箕子推衍增益以成篇歟。今文古文皆有 朱子曰。洪範一篇。首尾都是歸皇極上去。蓋人君以一身爲至極之標準。

最是不易。又須斂是五福。所以斂聚五福。以爲皇極之本。又須是敬五事。順五行。厚八政。協五紀。以結裏箇皇極。又須乂三德。使事物之接。剛柔之辨。須區處教合宜。稽疑。便是考之於神。庶徵。便是驗之於天。五福是體之於人。這下許多。是維持這皇極。○讀洪範。且各還他題目。一則五行。二則五事。三則八政。四則五紀。五則皇極。至其後庶徵。五福六極。乃權衡聖道。而著其驗耳。○說洪範。曰。看來古人文字。也不被人牽強說得出。只是恁地熟讀。少間字字都自會着實。又曰。今人只管要說治道。這是治道最切緊處。這箇若理會不通。又去理會甚麽零零碎碎。○陳氏大猷曰。箕子之陳洪範。文王之演易。皆當殷之末。周之初也

惟十有三祀。王訪于箕子

商曰祀。周曰年。此曰祀者。因箕子之辭也。箕子嘗言商其淪喪。我罔爲臣僕。史記亦載箕子陳洪範之後。武王

封于朝鮮而不臣也。蓋箕子不可臣武王。亦遂其志而不臣之也。訪就而問之也。箕國名。子爵也○蘇氏曰。箕子之不臣周也。而曷爲爲武王陳洪範也。夫以是道畀之禹。傳至於我。不可使自我而絶。以武王而不傳。則天下無可傳者矣。故爲箕子之道者。傳道則可。仕則不可

朱子曰。柯國材言武王伐殷。序謂十有一年。書謂十有二年。序不足憑。洪範謂十有三祀。則十三年明矣。必是當年初克商。便釋箕子。因而問之。若十一年釋了。十三年方問他。不應如此遲遲。此說有理○伊川說周書惟十有三祀。與惟十有一年。三與一。須有一字錯。泉州高其說。一字錯○孔氏曰。箕子稱祀。不忘本○張氏曰。稱祀不稱年。稱王訪箕子。而不稱箕子朝王。稱王乃言。而後箕子乃言。深見箕子爲天下萬世大法。不得已之意○陳氏經曰。稱祀者。存商之舊。見箕子義當不屈也。稱訪者。就而見。不敢屈而致見。武王義當有所屈也。箕子

之不屈其守正不撓當如是也武王之有所屈其尊德樂道不如是不足與有爲也○新安陳氏曰武王下車之初以道統爲重即就問箕子孟子所謂不召之臣欲有謀焉則就之者也雖封朝鮮終稱箕子而洪範終篇稱武王曰而曰汝而自稱我終不臣周也不臣周所以正萬世君臣之大法陳洪範所以傳萬世天人之大法歟○陳氏雅言曰十有三祀即泰誓載武王伐紂之年想其散財發粟之後偃武脩文之時箕子之囚既釋而其罔爲臣僕之志終不渝也武王於此知其賢不可得而臣而其道則當師也於是不遑他務首屈身以訪之誠以爲君而不知爲治之道何以爲君可謂知所先務矣史臣録其問荅以爲此篇不稱十有三年而稱十有三祀不稱箕子朝于王而稱王訪于箕子蓋深見箕子不臣周爲天下萬世大計而爲武王陳洪範之意亦深見武王遂箕子不臣之志爲天下萬世大計而就見箕子以訪道之意可謂善記載者矣唐孔氏謂此篇不是史官敘述必是箕子既對武王之問退而自撰其事故稱祀夏氏謂古者史官於人君言動無不書者豈有武王訪箕子其事如此之大史乃不録而箕子自録之理此說極是且如孔說則於惟十有三祀一句雖說得通

而於王訪于箕子一句。說不通矣。此亦可辨

王乃言曰。嗚呼。箕子。惟天陰騭下民。相協厥居。我不知其彝倫攸敘

乃言者。難辭。重其問也。箕子。稱舊邑爵者。方歸自商。未新封爵也。騭。定。協。合。彝。常。倫。理也。所謂秉彝人倫也。武王之問。蓋曰天於冥冥之中。默有以安定其民。輔相保合其居止。而我不知其彝倫之所以敘者如何也 朱子曰。彝倫。指洪範九疇而言。切意箕子在商。潛心九疇之學。如文王之潛心於八卦。殷滅之後。武王恐其學不傳。故訪而問之。且退託於不知以發其言○新安陳氏曰。斯民之生。其上棟下宇。羣居聚處。是孰使之然哉。天意之陰騭默相。蓋存乎其間。而常理即寓乎其間。理雖高出乎無極太極之表。而其實不離乎日用常行之間。武王於

陰騭相協而繼以彝倫之所以叙攸者所也即所以然之意武王其默識之矣姑退託於不知以問耳○陳氏雅言曰此武王訪於箕子之辭武王意謂天陰騭下民而相協其居人君代天理物必仰承天意以治民而使其居之順其常得其正以無負上天陰騭相協之心者其道在於叙其秉彝人倫也我欲叙之不知所以叙之之謂當何如此問箕子以爲治之道也箕子於是告以洪範九疇爲爲治之大法蓋九疇之叙即彝倫之所敘也

箕子乃言曰我聞在昔鯀陻洪水汨陳其五行帝乃震怒不畀洪範九疇彝倫攸斁鯀則殛死禹乃嗣興天乃錫禹洪範九疇彝倫攸叙

乃言者重其荅也陻塞汨亂陳列畀與洪大範法疇類斁敗錫賜也帝以主宰言天以理言也洪範九疇治天

下之大法。其類有九。即下文初一至次九者。箕子之答。
蓋曰洪範九疇原出於天。鯀逆水性。汩陳五行。故帝震
怒。不以與之。此彝倫之所以敗也。禹順水之性。地平天
成。故天出書于洛。禹别之以爲洪範九疇。此彝倫之所
以叙也。彝倫之叙。即九疇之所叙者也○按孔氏曰。天
與禹神龜負文而出。列於背有數至九。禹遂因而第之
以成九類。易言河出圖。洛出書。聖人則之。蓋治水功成。
洛龜呈瑞。如簫韶奏而鳳儀。春秋作而麟至。亦其理也。
世傳戴九履一。左三右七。二四爲肩。六八爲足。即洛書
之數也 問洪範之書。林氏以爲洛出書之說。不可深信。文帝乃震怒。不畀洪範九疇。彝倫攸斁。猶言天

奪之監也。天乃錫禹洪範九疇。彝倫攸叙。猶言天誘其衷也。又云洪範之書。大抵發明彝倫之叙。本非由數而起。又曰天乃錫禹洪範九疇。猶言天乃錫王勇智耳。不必求之太深也。某竊謂易明言河出圖。洛出書。豈得不之信耶。未知林說如何望折衷。朱子曰。便使而今天錫洛書。若非天啓其心。亦無人理會得。兩說似不可偏廢也○鯀禹皆治水。天不以開發鯀。而以開發禹。故言畀不畀。要之洛書。乃天下之至理。鯀不順是理。自無可得之道。禹順是理。自有可得之道。畀不畀。一歸之天者。特言理之至公無私爾○問鯀既被誅。禹又出而委質。不知如何。曰。蓋前人之愆。又問禹以鯀爲有罪而入一蓋其愆非顯父之惡否。曰。且如而今人其父打碎箇人一件家事。其子買來填還。此豈是顯父之惡○問箕子爲武王陳洪範。言彝倫攸叙。見事事物物中。得其倫理。則無非此道。非道便無倫理。曰固是○劉氏歆曰。河圖洛書相爲經緯。八卦九章。相爲表裏○蘇氏洵曰。五行一疇耳。一汩而九不畀。蓋五行綱。九疇目。綱壞而目廢也○呂氏曰。洪水湮而五行汩。便見五行一源。以堯舜之時。法度彰。禮樂著。彝倫何嘗斁。此只就鯀身上說。自斁一身之彝倫爾○陳氏曰。九疇謂之彝倫。蓋天下自然之理也。聖人推之天下，則爲彝倫；勅之於書，則爲洪範。○西山眞氏曰：龜所負者數爾。大禹聖人，心與天通，見其數而知其理，因次之以爲九類，即今九疇是也。○新安陳氏曰：帝即天也，天者理而已。水，五行之首，鯀乃陻之，一行汨而餘皆汨，是逆理而獲罪於天，故天不畀以九疇，謂洛不爲之出書。天錫禹九疇，即洛出書也。且天錫之，惟有洛書之九數，自禹則之，則爲洪範之九疇。推道之大原出於天，故謂之天錫禹云爾。○節初齊氏曰：彝倫乃天理之自然，而人類之所一日不可無者也。○問：天乃錫禹洪範九疇，或謂即是洛書，不知經何取證？潛室陳氏曰：天以洛書之數闡道之秘，聖人以洪範敘道之用。道非數不闡，數非疇不敘，疇非聖人不能明其用也。易大傳曰：洛出書，聖人則之。今觀神龜負文而出，列於背有數，戴九履一，左三右七，二四爲肩，六八爲足，而五則居其中，各有定位，而縱横錯綜，其數皆十五，非有次第之序也。自禹欲因之以明大法，遂因而第之以成九疇，而洛書之序始有條而不紊。故以洛書之一居初，而則之曰此五行也；以洛書之二居次，而則之曰此五事也；以其三又居次，而曰此八政也；以其四又居次，而曰此五紀也；以其五又居次，曰此皇極也。下四疇皆自然。要之自一至九。洛書之本數。加初次於上者。乃禹之所以次第之。疇凡言數者。未有言初次其上。旣次其數。又復加初次者。非贅也。蓋別初次爲禹之次第。而九者之數。則洛書之本文也。洛書之文具此章。而讀者不明其讀。洛書當以初一次二爲讀。槩以爲禹叙九疇。而不悟其中含洛書至以洛書爲不經無據之誕説。是不精洪範之學者。孔安國註九疇爲洛書。註初次爲禹所第次法則。註一五行以下。爲箕子所演。最爲得之。○臨川吴氏曰。洛書不出於鯀治水之時。而出於禹治水之時。是天不以畀鯀而以錫禹也。洛書不出。洪範不作。人不得見此常道之次序。所謂斁也。洛書出。洪範作。人皆得見此常道之次序。所謂叙也。然洛之出書。不過龜背有一二三四五六七八九之文而已。五行至六極。皆禹所分配。則洪範之書。禹所自作也。今曰天錫禹。何也。蓋禹心得此道。前此未嘗爲書。因龜文有九。感觸其心。遂作洪範九疇。雖禹之自爲。然實因龜文發之。若天啓其衷云爾。故爲天所錫也

初一。曰五行。次二。曰敬用五事。次三。曰農用八政。次四。曰

協用五紀次五曰建用皇極次六曰乂用三德次七曰明用稽疑次八曰念用庶徵次九曰嚮用五福威用六極

此九疇之綱也在天惟五行在人惟五事以五事參五行天人合矣八政者人之所以因乎天五紀者天之所以示乎人皇極者君之所以建極也三德者治之所以應變也稽疑者以人而聽於天也庶徵者推天而徵之人也福極者人感而天應也五事曰敬所以誠身也八政曰農所以厚生也五紀曰協所以合天也皇極曰建所以立極也三德曰乂所以治民也稽疑曰明所以辨惑也庶徵曰念所以省驗也五福曰嚮所以勸也六極

曰威所以懲也。五行不言用。無適而非用也。皇極不言
數。非可以數明也。本之以五行。敬之以五事。厚之以八
政。協之以五紀。皇極之所以建也。乂之以三德。明之以
稽疑。驗之以庶徵。勸懲之以福極。皇極之所以行也。人
君治天下之法。是孰有加於此哉問洪範諸事。朱子曰。此是箇大綱目。天下
之事。其大者大槩備於此矣。又問皇極。曰。此是人君爲
治之心法。周禮一書。只是箇八政而已。○初一曰次二。此
讀也。全讀是以一二爲次第。不見洛書本文。又不見聖
人法象之義。故後人至以此章總爲洛書本文。皆爲句
讀不明也。○洛書本文。只有四十五點。班固云六十五
字。皆洛書本文。古字畫恐自有模樣。但今無所考。漢儒
說此未是。恐只是以義起之。不是數如此。蓋皆以天道
人事參互言之。五行最急。故第一。五事又參之於身。故
第二。一身既脩。可推之於政。故八政次之。政既成。又驗
之於天道。故五紀次之。又繼之以皇極居五。蓋能推五

行。敬五事。厚八政。脩五紀。乃所以建極也。六三德。乃是權衡。此皇極者也。德旣脩矣。稽疑庶徵繼之者。著其驗也。又繼之以福極。則善惡之效。至是不可加矣。皇極非大中。皇乃天子。極乃極至。言皇建此極也。東西南北到此恰好。乃中之極。非中也。但漢儒雖說作中字。亦與今不同。如云五事之中是也。今人說中。只是含糊依違善不必盡賞。惡不必盡罰。如此豈得謂之中。○凡數自一至五。五居中。自九至五。五亦居中。戴九履一。左三右七。五亦在中。若有前四者。則方可以建極。前四者。乃一五行。二五事。三八政。四五紀是也。後四者。却自皇極中出。三德是皇極之權。人君所總用。五福所威用六極。此曾南豐所說。惟此說好。○箕子爲武王陳洪範。首言五行。次便及五事。蓋在天則是五行。在人則是五事。○五氣運行。而人稟之以成形。於是有五事。故次二曰敬用五事。用者。人所有事也。凡用。皆主人君而言。○德雖應變無方。而事又有非人謀所能決者。故當謀之鬼神。故次七曰稽疑。○洛書者。大禹治水之時。神龜負文而列於背。禹則之而爲疇也。洛書本無文字。但有奇耦之數。自一至九。其數如此。禹叙而次第之。以其一居初而爲五行。以其二居次而爲五事。三又次之而爲八政。四又次之而爲五紀。五又次之而爲皇極。六又次之而爲三德。七又次之而爲稽疑。八又次之而爲庶徵。九居次之末。而爲福極。自一至九。洛書之本數。初次若。禹次第之文。五行以下。即禹法則之事。蓋因洛書自然之數而垂訓於天下後世也。若其效法次第之義。大抵因洛書之位與數而爲之。洛書一位在子。其數則水之生數。氣之始也。故爲五行。五行則陽變陰合。交運而化生萬物。則爲人事之始矣。二位在坤。其數則火之生數。氣之著也。故爲五事。五事則五氣運行。人之禀形賦色。妙合而凝。脩身踐形之道立矣。三位在卯。其數則木之生數。氣至此而益著也。故爲八政。八政則脩身不止於貌言視聽思之事。而立經陳紀。創法立度。舉而措之天下矣。四位在巽。其數則金之生數。氣至此而著益久也。故爲五紀。五紀則治不止於食貨政教之事。而察數觀象。治曆明時。仰以觀於天文矣。五居中央。爲八數之中。縱橫以成十五之變。蓋土之冲氣。所以管攝四時。故爲皇極耳。則人君居至尊之位。立至理之準。使四方之面內環觀者。皆於是而取則。所以總攝萬類也。六位在乾。其數則水之成數。氣合而成形也。故爲三德。三德則不徒立至極之準。而臨機制變。隨事制宜。且盡其變於人矣。七位在西。

火之成數。氣合而形已著矣。故爲稽疑。稽疑則不徒順時措之宜。而嫌疑猶豫。且決之人謀鬼謀。而盡其變於幽明矣。八位在艮。木之成數。氣合而形益著矣。故爲庶徵。庶徵則往來相盪。屈伸相感。而得失休咎之應定矣。九位在午。其數則金之成數。氣合而著已久矣。故爲福極。福極則休咎得失。不徒見於一身。而通行於天下矣。其事廣大悉備。故居終焉。大抵九疇之序。順而言之。則五行爲始。故五行不言用。不言用者。乃衆用之所自出。錯而言之。則皇極爲統。故皇極不言數。不言數者。乃衆數之所由該。以五行爲始。則自一至九。愈推愈廣。大衍相乘之法也。以皇極爲統。則生數主常。成數主變。太極動靜之分也。九疇本於洛書者如此。後學不悟此章具洛書之文。例以空談而說之。則陋矣。○孔氏曰。此以上禹所第叙。一五行以下。箕子所陳。○陳氏大猷曰。五氣運行於天地間。未嘗停息。故名五行。○西山眞氏曰。五行者。天之所生以善乎人者也。其氣運於天而不息。其材用於世而不匱。其理則賦於人而爲五常。以天道言。莫大於此。故居九疇之首。五事。天之所賦而具於人者。貌之恭。言之從。視之明。聽之聰。思之睿。皆形色中天性之本然也。必以敬用之。則能保其本然之性。不以敬用之則貌必慢言必悖視聽則昏且窒思慮則粗且淺而本然之性喪矣五者治心治身之要以人事言莫切於此故居五行之次○史氏曰劉歆以初一曰至威用六極六十五字皆洛書本文豈知洛之所出者其數也禹之所叙者今之九疇也箕子所陳洪範則九疇之義疏也○張氏曰九疇雖多人君所守惟在敬用五事心敬則貌言視聽思極於肅人哲謀聖其精神所運上而五行下而福極無不得其所洪範之要在於敬而已○王氏曰皇極立本三德趨時○新安陳氏曰建用皇極爲九疇之宗主而敬用五事乃建用皇極之本根敬以用五事則身脩而極建而天人之道備矣不敬以用五事則身不脩而極不建而天人之道胥失之矣此九疇之極在皇極而皇極之要在五事五事之要又在敬之一字也又曰自歲至曆數五者如綱之有紀天時所以相維者也故曰五紀民政既舉則欽天授人有不可後推步占驗以人合天故五紀居八政之次庶徵驗吾之得失於天也福極驗吾之得失於民也五事之得失極之所以建不建也何從而驗之觀諸天而已雨暘燠寒風皆時建極之驗也五者恒而不時不極之驗也此人君所當念念省察者也皇極建則舉世蒙其澤而五福應

之此君所當嚮用以爲勸者也極不建則舉世蒙其禍
而六極隨之此君所當威用以爲懲者也嚮與威蓋君
心所畏慕而兢業以制生民之命者故以福極終焉○
徽庵程氏曰九疇圖說曰朱子曰洛書九數而五居中
洪範九疇而皇極居五順五行敬五事以脩其身厚八
政協五紀以齊其政皇極之所以立也又謂成就此極
權之以三德審之以十筮驗其休咎於天考其禍福於
人皇極之所以行也又謂維持此極竊謂在天爲五行
言其所自然在人爲五事言其所當然厚乎人而爲八
政言其利不言其弊占乎天而爲五紀言其常不言其
變序其目於皇極之先者皆皇極之本也皇極建則乂
之以三德而威福玉食出於上否則三德失其宜而威
福玉食移於下矣皇極建則明之以稽疑而龜筮臣民
從之而吉否則稽疑有不審而龜筮臣民逆之而凶矣
皇極建則肅乂哲謀聖而卿士師尹舉其職庶民遂其
生五氣順而四時和否則狂僭豫急蒙而卿士師尹失
其職庶民傷其生五氣戾而四時舛矣皇極建則斂五
福以錫民爲壽富康寧攸好德考終命否則斂六極以
厲民爲凶短折疾憂貧惡弱矣序其目於皇極之後者
皆皇極之驗也本之前四疇以立其體至嚴至容而無

一毫之或失。驗之後四疇以達其用。至寬至廣而無一物之或遺。信乎天子作民父母。以爲天下王。可以參天地而贊化育矣。此大禹則龜文以叙九疇。箕子本禹疇以陳洪範。必以皇極爲天地人之宗主歟○復齋董氏曰。董仲舒劉向洪範傳以五行五事皇極庶徵福極五者牽合相從。雖其援引春秋經傳以發明其說。粗若可信。然其所配止於五者。而八政五紀三德稽疑四者則不可得而配。此其爲說固已拘泥不通。至於庶徵分配五福而六極。行其一而無所當。則於咎徵各增其一曰皇之不極。厥咎眊。厥罰常陰。厥極弱。此則於箕文之外别立此以遷就其說。其失箕子之意遠矣。眉山蘇氏雖不若漢儒之鑿然相配亦止於五疇而已○蘇氏曰。威畏也。古者畏威通用。六極之極。窮也。苦也○張氏曰。福極之柄。以人主論之。則在天。以民論之。則在人主○臨川吴氏曰。數之初爲一。一洛書文之在後者。一之次爲二。二洛書文之在右前者。凡言用者。有所待於人而後然也。蓋主於君人者而言。人稟五行之氣而成形。故以五事配數之二。二之次爲三。三洛書文之在左者。先身而後及於人。故以八政配數之三。三之次爲四。四洛書文之在左前者。先人而後及於天。故以五紀配數之四。四四之次爲五。五。洛書文之在中者。皇極居天下之中。洛書之五亦居中。故以皇極配數之五。五之次爲六。六。洛書文之在右後者。惟皇作極。民所視效。日遷善而不知。無所事乎治也。或有未然。則治之各有所宜。故以三德配數之六。六之次爲七。七。洛書文之在右者。德雖應變無方。然有疑事非人謀所能決者。必須謀之鬼神。故以稽疑配數之七。七之次爲八。八。洛書文之在左後者。雖聽命於鬼神。猶不敢自是也。必驗吾之得失於天。故以庶徵配數之八。八之次爲九。九。洛書文之在前者。五福人心所同嚮慕也。君之所向在此。而常願民之獲此福。則凡可以致福者。靡不勉矣。六極人心所同畏避也。君之所畏在此。而常恐民之至此極。則凡可以致極者。靡不戒矣。自五行至庶徵皆得其道。則協氣成象。人蒙休祥。而五福應之。或失其道。則乖氣成象。人罹殃咎。而六極應之。故以五福六極配數之九而爲九疇之終。○陳氏雅言曰。此大禹因洛書之數而叙洪範之疇。初一。次二。次三。次四。次五。次六。次七。次八。次九。此神龜所負之數也。曰五行。曰敬用五事。曰農用八政。曰協用五紀。曰建用皇極。曰乂用三德。曰明用稽疑。曰念用庶徵。曰嚮用五福。威用六極。此大禹所第之疇也。蓋數之出於天者。九前一後。三左七右。四前左。二前右。八後左。六後右。五居中。此自然之數也。大禹於此。見其數之一二三四五。則以五行五事八政五紀皇極當之。見其數之六七八九。則以三德稽疑庶徵福極當之。夫五行。五事。八政。五紀。皇極。固非至是而始有。三德。稽疑。庶徵。福極。亦非至是而始具。特聖人因其數而敘是疇。以立萬世爲治之法

一五行。一曰水。二曰火。三曰木。四曰金。五曰土。水曰潤下。火曰炎上。木曰曲直。金曰從革。土爰稼穡。潤下作鹹。炎上作苦。曲直作酸。從革作辛。稼穡作甘

此下九疇之目也。水。火。木。金。土者。五行之生序也。天一生水。地二生火。天三生木。地四生金。天五生土。唐孔氏曰。萬物成形。以微著爲漸。五行先後。亦以微著爲次。五

行之體。水最微爲一。火漸著爲二。木形實爲三。金體固爲四。土質大爲五。潤下。炎上。曲直。從革。以性言也。稼穡以德言也。潤下者。潤而又下也。炎上者。炎而又上也。曲直者。曲而又直也。從革者。從而又革也。稼穡者。稼而又穡也。稼穡獨以德言者。土兼五行。無正位。無成性。而其生之德莫盛於稼穡。故以稼穡言也。稼穡不可以爲性也。故不曰曰。而曰爰。爰。於也。於是稼穡而已。非所以名也。作。爲也。鹹。苦。酸。辛。甘者。五行之味也。五行有聲色氣味。而獨言味者。以其切於民用也。朱子曰。一五行者。次第之辭。與前章異。後倣此。○五行質具於地。而氣行於天。以質而語其生之序。則曰水火木金土。以氣而語其行之序。則曰木火土金水○問水火木金土。竊謂氣之初溫而已。溫則蒸溽。蒸溽則條達。條達則堅凝。堅凝則有形質。五者雖一。然推其先後之序。理或如此。曰。向見吳斗南說五事庶徵皆常依此爲序。其言亦有理○自水曰潤下至稼穡作甘。皆是二意。水能潤能下。火能炎能上。金曰從曰革。從而又能革也○潤下。潤濕而下流。炎上。炎熱而上升。曲直。謂生而有曲有直。從革。謂可因可革。無定體。種曰稼。歛曰穡。土性發生。稼穡乃所生之大者○問如何是金曰從革。是從人之革否。曰不然。是或從或革爾。從者從所鍜制。革者又可革而之他。而其堅剛之質。依舊自存。故與曲直稼穡皆成雙字。炎上者。上字當作上聲。潤下者。下字當作去聲。亦此意○金曰從革。一從一革。互相變而體不變。且如銀打一隻盆。便是從。更要別作一件家事。便是革。依舊只是這物事。所以云體不變○從革作辛。是其氣辛辣。曲直作酸。今以兩片木相擦。則齒酸。是其驗也○陳氏雅言曰。此箕子所衍之疇。此一字。與初一之一字不同。初一之一。乃洛書之數。此所謂一。乃次第之辭。箕子於此將衍五行之疇。而先以一五行之辭總之。蓋目中之綱也○介軒董氏曰。大抵天地之間。太極判而爲陰陽。陰陽分而爲五行。太極。理也。陰陽五行氣也理必寓乎氣氣不離乎理故天一生水天三生木天五生土三者皆陽之所生地二生火地四生金二者皆陰之所生析而言之爲五行對而言之爲二氣豈無其理而自爾哉五行之質形於地是以潤下之水炎上之火曲直之木從革之金稼穡之土五行之神運於天則爲春夏秋冬土寄旺於四季而名曰冲氣五行一陰陽也陰陽一太極也本未嘗相離也五行之質存於人心者爲肝心肺腎脾五行之神舍於人身者爲仁義禮智信質者其粗也神者其精也亦未嘗相離也○微庵程氏曰五行者八疇之體八疇者五行之用造化之初一濕一燥濕之流爲水燥之爍爲火濕之融爲木燥之凝爲金其融結爲土自輕清而重濁先天之五行其體也四時主相生六府主相尅後天之五行其用也其體對立其用循環○陳氏經曰洪範所言則五行生數必得地六天七地八天九地十成之然後陰陽各有匹配然五行之生一二三四五亦未始無其序蓋有生於無著生於微自無而有自微而著五行之體水爲至微自無而始入有者也火則漸著故火次水木則性實故次於火金則體固故次於木土則質廣大故次於金○陳氏大猷曰物之生其初皆爲水其終皆爲土五行之

相生。所以相繼也。其相克。所以相治也。潤以質言。炎以氣言。上下以位言。曲直以形言。從革以村言。稼穡以用言。土非止於稼穡。以生民粒食之用言之也。即稼穡而推五行。則潤下用之於灌溉也。炎上用之於烹飪也。曲直之斲削。從革之鎔範。用之於宮室器用也。○唐孔氏曰。六府以土穀爲二。五行以土穀合爲一。○陳氏雅言曰。曰者。本然之體。作者。脩爲之用。○夏氏曰。五味必言作者。水之發源。未嘗鹹也。流而至海。凝結既久。而鹹之味成。則鹹者。潤下之所作。火之始炎。未嘗苦也。炎炎不已。焦灼既久。而苦之味成。則苦者。炎上之所作。木之初生。金之初鑛。土之始稼穡亦然。○董氏鼎曰。草木之實多酸。雖甘者至乾壞亦酸。本攃鹵酸之說。恐未然

二五事。一曰貌。二曰言。三曰視。四曰聽。五曰思。貌曰恭。言曰從。視曰明。聽曰聰。思曰睿。恭作肅。從作乂。明作哲。聰作謀。睿作聖。

貌言視聽思者。五事之叙也。貌澤水也。言揚火也。視散

木也。聽收金也。思通土也。亦人事發見先後之叙。人始生。則形色具矣。既生。則聲音發矣。既又而後能視。而後能聽。而後能思也。恭從明聰睿者五事之德也。恭者敬也。從者順也。明者無不見也。聰者無不聞也。睿者通乎微也。肅乂哲謀聖者五德之用也。肅者嚴整也。乂者條理也。哲者智也。謀者度也。聖者無不通也 朱子曰。自外而言之。則貌外於言。自內而言之。則聽內於視。自貌言視聽言之。則思所以爲主於內。故曰貌。曰言。曰視。曰聽。曰思。彌遠者彌外。彌近者彌內。此其所以爲次序也○洪範五事。以思爲主。蓋不可見。而行乎四者之間也。然操存之漸。必自其可見而爲之○物則切近明白。而易以持守。故五事之次。思最在後○貌言視聽思。皆只以次第相屬。問貌如何屬水。曰。容貌光澤。故屬水。言發於氣。故屬火。眼主肝。故屬木。金聲清亮。故聽屬金。問凡上四事皆原於思。亦猶水火木金皆出於土也。曰然。又問禮如何屬火。曰。以其光明。問義之屬金。亦以其嚴否。曰然○問視聽言動比洪範五事。動是貌否。如動容貌之謂。曰。思也在裏了。動容貌是外面底。心之動便是思。又問五行比五事。曰。嘗見吳人傑說得順。他云貌是水。言是火。視是木。聽是金。思是土。將八庶徵來說。便都順。問貌如何是水。曰。他云貌是濕潤底。便是水。故其徵便是肅時雨若。洪範乃是五行之書。看得他都是以類配○問視曰明。聽曰聰。思曰睿。曰視。曰明。是視而便見之謂明。聽曰聰。是聽而便聞之謂聰。思曰睿。是思而便通之謂睿○恭作肅。恭屬水。水有細潤意思。人之舉動。亦欲細潤。聰作謀。謀屬金。金有靜密意思。人之爲謀。亦貴靜密○又謂理○治○恭作肅至睿作聖。此學問之極功。盡性踐形之事○伯謨云老蘇著洪範論。不取五行傳。而東坡以爲漢儒五行傳不可廢。此亦自是。既廢。則後世有忽失之心。曰。漢儒也穿鑿。如五事一事錯。則皆錯。如何却云聽之不聰。則某事應。貌之不恭。則某事應○西山眞氏曰。貌言視聽思。各有攸主。而總以敬之一言。何哉。蓋敬者五事之主也。敬不存於中。則形於貌者。必輕且慢。無由而能恭。發於言者必易以肆。無由而能從。視聽蔽於物。何由而明且聰。思慮汨於多端。何由而通於微。故敬。則五事皆得。不敬。則五事皆失。程子曰。聰明睿智皆此出。信哉。○勉齋黃氏曰。水貌雨太陰。火言暘太陽。木視燠少陽。金聽寒少陰。四者或偏於陽。或偏於陰。惟土思風也。通乎四者而不同焉。質陰氣陽。身之全體。故貌言爲大。耳目聰明。體之虛者。故視聽次之。又曰。以造化生人之初驗之。便自胞合。天一生水。水便有形。人生精血湊合成形。亦若造化之有水也。地二生火。火便有氣。人有體便能有聲者。氣之所爲。亦若造化之有火也。水。陰而火陽。貌亦屬陰。而言亦屬陽也。水火雖有形質。然乃造化之初。故水但能潤下。火但能炎上。其質終是輕清。至若天三生木。地四生金。則形質已全具矣。亦如人身耳目既具。則人之形成矣。木陽而金陰。亦猶視陽而聽陰也。只以此配之。則人之身。便是一箇造化。理自分明。○洪範五行五事。皆以造化之初。及人物始生而言也。造化之初。天一生水。而三生木。地二生火。而四生金。蓋陰陽之氣。一濕一燥。而爲水火。濕極燥極而爲木與金也。人物始生。精與氣耳。大傳曰。精氣爲物。子產曰。物生始化曰魄。既生魄。陽曰魂。此皆精妙之語。人物之生。如此而已。精濕而氣燥。精實而氣虛。精沉而氣浮。故精爲貌而氣爲言。精之盛者濕之極。故爲木。爲肝。爲視。氣之盛者燥之極。故爲金。爲肺。爲聽。大抵貌與視屬精。故精衰而目暗。言與聽屬氣。故氣塞而耳聾。此曉然易見者也。然精衰則氣衰。精盛則氣盛。又初無間隔也。若以醫書所屬而疑之。則不知變之論也。○徽庵程氏曰。人之始生。精與氣耳。精之凝爲貌。氣之出爲言。精之顯爲視。氣之藏爲聽。其主宰爲思。又曰。洪範五事配五行。與素問五行傳不合。自西京以來。說者不一。牽合傳會。莫能相通。千有餘年。至黃勉齋而後定。其言曰。配與屬不同。配者比並之謂。屬者管屬之謂。嘗得其說而推之。配與屬不同。配者對峙而爲體。猶易之先天卦圖也。屬者流行而爲用。猶易之後天卦圖也。洪範之五事配水火木金土。乃先天之五事。言其體也。素問屬土金木水火而相生。五行傳屬木金火水土而相克。乃後天之五事。言其用也。配與屬不相妨。體與用不相悖。千古之疑。於是判矣

按素問言相生亦有不合。木水易置乃可。五行傳言相克亦與六府五行五事之序自上克下者不同。乃倒相克自下克上耳○陳氏經曰。五事以思爲主。猶五行以土爲主。土居中央。心亦虛中而居中者也○李氏杞曰。曰者。自然之理。作者。脩爲之効。貌之必恭。以至思之必

睿。有物必有則也。作肅以至作聖。聖人而後可以踐形也○新安陳氏曰。五事皆當以敬用之。能以敬爲主。則物循其則。而貌言視聽思。皆能盡性以踐形。恭從明聰睿。充而極於肅乂哲謀聖矣。不以敬爲主。則物失其則。性不盡而無以踐形矣。盡性踐形之學。貴乎內外交盡。以致夾持之功。五事固以思爲主。而思必以貌言視聽爲先。貌言視聽在外而可見者也。思在內而不可見者也。於外而可見者。先致持守之功。則百體各職其職。於內而不可見者。復致操存之力。則百體於天君而從其令。一敬之功。內外夾持。庶幾其無滲漏乎。又按五事以思爲終。四勿不言思。眞氏曰。勿云者。正指思而言。乃人心所以爲主。而勝私復禮之機也。或曰。動兼貌與思而言。貌是動於外。思是動於內。引程子動箴誠之於思守之於爲以證之。愚以爲五事自五事。四勿自四勿。不必牽合強說也

三八政。一曰食。二曰貨。三曰祀。四曰司空。五曰司徒。六曰司寇。七曰賓。八曰師。

食者民之所急貨者民之所資故食爲首而貨次之食貨所以養生也祭祀所以報本也司空掌土所以安其居也司徒掌教所以成其性也司寇掌禁所以治其姦也賓者禮諸侯遠人所以往來交際也師者除殘禁暴也兵非聖人之得已故居末也

唐孔氏曰八政用於民以緩急爲次食貨祀賓師指事爲名三卿舉官爲名名者三官所主事多若以一字爲名則所掌不盡故舉官名以見義○陳氏經曰八政或言事或言官互見也○史氏漸曰政莫大於是舜總之九官周分之六卿箕子裂而爲八名雖異實無殊也○陳氏大猷曰八政以緩急爲序民可百年無貨不可一朝有饑養生莫急於食而貨次之養生矣當事死報本故次祀然皆貴安居故次司空不可逸居無教故次司徒教不從而刑之刑以弼教故次司寇內治舉而後外治興故次賓師賓諸侯而或不庭則不得已征之故師終焉○呂氏曰衣食足則教以祀所以報本反始

教已行乎其中矣。司寇以上皆内治，賓師爲外治。○徽庵程氏曰：食貨與土，亦出於五行。皇極之政，必先有司三卿率庶官以理其政者也。○臨川吴氏曰：民生所最急者，務農重穀，以足其食。有食，則種樹阜通以殖其貨。既有以養生，必有以事死，故祀以報本追遠。養生事死，在乎安居，故司空掌土以定其居。居既得安，不可無教，故司徒掌教以導其善。教之不從，則齊之以刑，故司寇掌禁以懲其惡。内治舉而後及外，故賓以親邦國。往來交際有其禮，師以平邦國。立武足兵有其備，用師非得已，故最後。○陳氏雅言曰：人之生不可以無養，故君之治民，莫先於以政養之。此八政所以厚民生，而居五事之次也。八政之目，自一曰食至六曰司寇，此治内之事也。七曰賓，八曰師，此治外之事也。治内之事，則必致其詳；治外之事，則不過兩端而已。

四五紀：一曰歲，二曰月，三曰日，四曰星辰，五曰曆數。

歲者，序四時也。月者，定晦朔也。日者，正躔度也。星，經星緯星也。辰，日月所會十二次也。曆數者，占步之法，所以紀歲月日星辰也孔氏曰歲所以紀四時月所以紀一月日紀一日二十八宿迭見以叙氣節十二辰以紀日月所會曆數節氣之度以爲曆敬授民時○唐孔氏曰五者爲天時之經紀也○陳氏曰五紀即堯典羲和所掌者○徽庵程氏曰五紀四經而一緯五氣順布四時行焉歲月日星辰經也曆數者推步歲月日星辰之數以爲曆者也曆象日月星辰敬授人時緯也與庶徵相通而不同彼以證王與卿士師尹庶民之得失此特主於授時○臨川吴氏曰歲自冬至至來歲冬至凡三百六十五日四分日之一日行天一周也以分至啓閉定歲之四時是爲一歲之紀月自合朔至來月合朔凡二十九日六辰有奇月與日一會也以晦朔弦望定月之大小是爲一月之紀日自日出至來日日出歷十二辰日繞地一匝也以晨昏出没定晝夜長短是爲一日之紀星謂二十八宿衆經星辰謂天之壤因日月所會分經星之度爲十二次觀象測候以驗天之體也是爲星辰之紀曆謂日月五緯所歷之度數謂一二三四五六七八九十百千萬七政行度各有盈縮疾遲立數推筭以步天之用也是爲曆數之紀○陳氏雅言曰紀者如綱之有紀天時所以相維者也歲者

紀周天之度。故居一。月者。紀月行之數。故居二。日者。正天與月之躔。故居三。星者在天之象。辰者在天之舍。故居四。四者皆係於天。天之示乎人者也。天與日月五星之運。雖有遲速順逆之不同。而皆有數以稽之。有曆以紀之。使四時以定。而歲無不成。晦朔以辨。而月無不協。甲乙以審。而日無不正。經緯以彰。而星辰無不著。是曆者。所以紀歲月日星辰之數。以人而合於天者也。歲。月。日。星辰。此天道之所有曆數。此人事之所不可無

五皇極。皇建其有極。斂時五福。用敷錫厥庶民。惟時厥庶民于汝極。錫汝保極

皇。君。建。立也。極。猶北極之極。至極之義。標準之名。中立而四方之所取正焉者也。言人君當盡人倫之至。語父子則極其親。而天下之爲父子者。於此取則焉。語夫婦則極其別。而天下之爲夫婦者。於此取則焉。語兄弟則

極其愛而天下之爲兄弟者於此取則焉以至一事一物之接一言一動之發無不極其義理之當然而無一毫過不及之差則極建矣極者福之本福者極之效極之所建福之所集也人君集福於上非厚其身而已用敷其福以與庶民使人人觀感而化所謂敷錫也當時之民亦皆於君之極與之保守不敢失墜所謂錫保也言皇極君民所以相與者如此也

朱子曰皇極一章乃九疇之本○今人將皇極作大中解都不是皇建其有極不成是大建其有中時人斯其惟皇之極不成是時人斯其惟大之中皇須是君極須是人君建一箇表儀於上且如北極是在天中喚作北中不可屋極是在屋中喚作屋中不可人君建一箇表儀於上便有肅乂哲謀聖之應五福備具推以與民民皆從其表儀下文凡厥庶民以下言人君

建此表儀。又須知天下有許多名色。人須逐一做道理區處着始得。於是有念之受之錫之福之類。隨其人而區處之。大抵皇極是建立一箇表儀。後又有廣大含容區處周備底意思。無偏無陂以下。只是反覆歌詠。若細碎解。都不成道理。○皇指人君。極便是指其身爲天下做箇樣子。但緣聖人做得樣子高大。人所難及。而不可以此盡律天下之人。故雖不協于極者。君亦受之。至於而康而色。自言好德者。亦錫之福。○皇極不可以大中訓之。只是前面五行五事八政五紀是已。却都載在人君之身。包括盡了。五行是發源處。五事是操持處。八政是修人事。五紀是順天道。就中以五事爲主。視明聽聰。便是建極。如明如聰。只是合恁地。三德亦只是就此道理上權衡。或放高或捺下。是人事盡了。稽疑又以卜筮參之。若能建極。則推之於人。使天下皆享五福。驗之於天。則爲休徵。若是不能建極。則其在人事便爲六極。在天亦爲咎徵。其實都在人君身上。又不過敬用五事而已。此即篤恭而天下平之意。以是觀之。人君之所任者。豈不重哉。如此則九疇方貫通爲一。若以大中言之。則九疇散而無統。○極有湊會之義。所謂三十輻共一轂。歛福錫民。聖人亦豈別有福以錫之。只取則於此。各正其身。順理而行。則爲福也。孟子謂君仁莫不仁。亦此意。人君先正其身。故又有五事之說。若以皇極爲大中。則與五事似不相干。漢儒如谷永書建大中正。五事循相通說。今之所謂皇極者。只是順從。無所可否。○漢儒說中字。只是五事之中。猶未爲害。最是近世說中字不是。近日之說。只是含糊苟且。不分是非。不辨黑白。遇當做底事。只畧畧做些。不要做盡。此豈聖人之意。○極。盡也。因指前面香桌四邊盡處是極。所以謂之四極。四邊視中央。中央是極也。堯都平陽。舜都蒲坂。四邊望之。一齊看着平陽蒲坂。如屋之極。極高之處。四邊到此盡了。去不得。故謂之極。宸極亦然。至善亦如此。應于事到至善。是極盡了。更無去處。故君子無所不用其極。書之皇極。亦是四方所瞻仰者。皇有訓大處。惟皇極之皇不可訓大。皇只當作君。所以說遵王之義。遵王之路。直說到後面以爲天下王。其意可見。蓋皇字下從王。○問先王言皇極之極不訓中。只是標準之義。然無偏無黨無反無側亦有中意。曰只是箇無私意。問標準之義如何。曰此是聖人正身以作民之準則。問何以能歛五福。曰當就五行五事上推究。人君修身。使貌恭。言從。視明。聽聰。思睿。即身自正。五者得其正。則五行得其序。以之稽疑。則龜從筮從卿士從庶民從各在庶徵則有休徵而無咎徵和氣致祥有仁壽而無鄙夭便是五福反是則福轉爲極矣○自皇建其有極以下是總說人君正心脩身立大中至正之標準以觀天下而天下化之之義無偏無陂以下乃是反覆賛歎正説皇極體段曰皇極之敷言以下是推本結殺一章之大意○東坡書傳中說得極字亦好○洛書九數而五居中洪範九疇而皇極居五故自孔氏傳訓皇極爲大中而諸儒皆祖其說余獨以經之文義語脉求之而有以知其不然也蓋皇者君之稱也極者至極之義標準之名常在物之中央而四外望之以取正焉者也故以極爲在中之準的則可而便訓極爲中則不可若北辰之爲天極脊棟之爲屋極其義皆然而禮所謂民極詩所謂四方之極者於皇極之義爲尤近顧今之說者既誤於此而並失於彼是以其說展轉迷謬而終不能以自明也即如舊說姑亦無問其他但即經文而讀皇爲大讀極爲中則夫所謂惟大作中大則受之爲何等語乎今以余說推之則人君以眇然之身履至尊之位四方輻輳面内而環觀之自東而望者不過此而西也自南而望者不過此而北也此天下之至中者也既居天下之至中則必有天下之絶

德。而後可以立至極之標準。故必順五行。敬五事。以脩其身。厚八政。協五紀。以齊其政。然後至極之標準。卓然有以立乎天下之至中。使夫面內而環觀者。莫不於是而取則焉。語其仁。則極天下之仁。而天下之爲仁者莫能加也。語其孝。則極天下之孝。而天下之爲孝者莫能尚也。是則所謂皇極者也。由是而權之以三德。審之以卜筮。驗其休咎於天。考其禍福於人。如挈裘領。豈有一毛之不順哉。此洛書之數。所以雖始於一。終於九。而必以五居其中。洪範之疇。所以雖本於五行。究於福極。而必以皇極爲之主也。皇建其有極云者。則以言夫人君。以其一身而立至極之標準於天下也。歛時五福。用敷錫厥庶民云者。則以言夫人君。能建其極。則爲五福之所聚。而又有以使民觀感而化焉。則是又能布此福而與其民也。惟時厥庶民于汝極。錫汝保極云者。則以言夫民視君以爲至極之標準而從其化。則是復以此福還錫其君。而使之長爲至極之標準也。○蘇氏曰。至而無餘之謂極。○林氏曰。皇極居中。可以包括上下。○馮氏曰。皇極居中。上總下貫。與八疇爲九。○徽庵程氏曰。皇極者。九疇之樞紐。五行之統會。○新安陳氏曰。五行之統會者。五居中。固合五行之數。而極者。仁義禮智信之至。五性亦合五五行之理。五行散見諸疇中。皇極一疇以五行之理統會之也。皇建其有極者。君尊爲天子。德爲聖人。能建實有之極。以爲天下之標準也。有極當借無極對觀。自至理之妙。而無形可見者言之。曰無極。自至理之實有言之。曰有極。歛時五福。五福即第九疇之五福。九疇雖至五福而終。五福實自皇極而出。第九疇之五福。豈捨皇極疇中所歛之五福。而他有所謂福哉。錫汝保極。蔡西山曰。民享君之福。所以歸於君之極。而與君保此極也。九峯蓋用父說而畧師說。蓋師說有析錫汝與保極爲二義者。然語録一條。又與蔡說合云

凡厥庶民無有淫朋人無有比德惟皇作極

淫朋。邪黨也。人。有位之人。比德。私相比附也。言庶民與有位之人。而無淫朋比德者。惟君爲之極。而使之有所取正耳。重言君不可以不建極也　朱子曰。凡厥庶民無有淫朋人無有比德。惟皇作極云者。則以言夫民之所以能有是德者。皆君之德。有以爲其至極之標準也○新安陳氏曰。書之知

人安民。詩之宜民宜人。皆以人爲有位者。民爲下民。此亦當然。證之三德疇。人用側頗僻。民用僭忒。可見。朱子單言民。大約言之耳。民人所以然。惟以君建極。故也。作有扶植振起之意。建立作興。大畧相似。不建不作。則斯道廢墜矣○陳氏雅言曰。人君在上。而能示之以大公至正之道。則臣民在下。相率而爲大公至正之行。此孟子所謂君正莫不正者也。作極與建極大畧相似。而微有不同。建者。植立之謂。作。則有鼓舞振起之意。匡直輔翼之意。提撕警覺之意。欲其無一時一事之不作也

凡厥庶民有猷有爲有守汝則念之不協于極不罹于咎。皇則受之而康而色曰予攸好德汝則錫之福時人斯其惟皇之極

此言庶民也。有猷有謀慮者。有爲有施設者。有守有操守者。是三者君之所當念也。念之者。不忘之也。帝念哉

之念。不協于極。未合於善也。不罹于咎。不陷於惡也。未合於善。不陷於惡。所謂中人也。進之則可與爲善。棄之則流於惡。君之所當受也。受之者。不拒之也。歸斯受之之受。念之。受之。隨其才而輕重以成就之也。見於外而有安和之色。發於中而有好德之言。汝於是則錫之以福。而是人斯其惟皇之極矣。福者爵祿之謂。或曰錫福。即上文斂福錫民之福。非自外來也。曰祿。亦福也。上文指福之全體而言。此則爲福之一端而發。苟謂非祿之福。則於下文。于其無好德。汝雖錫之福。其作汝用咎。爲不通矣

朱子曰。有猷。有爲。有守。是有德之人。○凡厥庶
民有猷。有爲。有守。汝則念之。不協于極。不罹于

咎。皇則受之。云者。則以言夫君旣立極於上。而下之從化。或有淺深緩速之不同。其有謀者。有才者。有德者。人君固當念之而不忘。其或未能盡合。而未底乎大戾者。亦當受之而不拒也。而康而色。曰予攸好德。汝則錫之福。時人斯其惟皇之極云者。則以言夫人之有能革面從君而以好德自名。則雖未必出於中心之實。人君亦當因其自名。而與之以善。則是人者。亦得以君爲極。而勉其實也。○陳氏雅言曰。見於外而有安和之色。發於中而有好德之言。此其好善之誠。見於色辭之間。所謂容貌辭氣。乃德之符者也。時人。卽指上三等之人。言廣收樂育。使皆知所以自勉。則人莫不觀感興起。因其所已能。而益勉進其未至。皆歸於皇之極矣

無虐煢獨而畏高明

煢獨。庶民之至微者也。高明。有位之尊顯者也。各指其甚者而言。庶民之至微者有善則當勸勉之。有位之尊顯者有不善則當懲戒之。此結上章而起下章之義孔氏

曰。煢。單無兄弟也。無子曰獨。○新安陳氏曰。煢獨如云孤寒。指民言。高明。如云高明之家。指人言

人之有能有爲。使羞其行。而邦其昌。凡厥正人。既富方穀。汝弗能使有好于而家。時人斯其辜。于其無好德。汝雖錫之福。其作汝用咎。

此言有位者也。有能有才智者。羞進也。使進其行。則官使者皆賢才。而邦國昌盛矣。正人者在官之人。如康誥所謂惟厥正人者。富祿之也。穀善也。在官之人。有祿可仰。然後可責其爲善。廩祿不繼。衣食不給。不能使其和好于而家。則是人將陷於罪戾矣。於其不好德之人。而與之以祿。則爲汝用咎惡之人也。此言祿以與賢。不可

及惡德也。必富之而後責其善者。聖人設教。欲中人以

上皆可能也朱子曰。無虐煢獨。而畏高明。人之有能有爲。使羞其行。而邦其昌云者。則以言夫君之於民。一視同仁。凡有才能。使皆進善。則人才衆多。而國賴以興也。凡厥正人。既富方穀。汝不能使有好于而家。時人斯其辜。于其無好德。汝雖錫之福。其作汝用咎云者。則以言夫凡厥正人者。必先有以富之。然後可以納之於善。不能使之有賴於其家。則此人必將陷於不義。至於無有好德之心。而後始欲教之以脩身。勸之以求福。則已無及於事。而其起以報汝。惟有惡而無善矣。蓋人之氣禀。或清或濁。或純或駁。有不可一律齊者。是以聖人所以立極乎上者。至嚴至密。而所以接引乎下者。至寬至廣。雖彼之所以化於此者。淺深遲速。其效或有不同。而吾之所以應於彼者。長養涵育。其心未嘗不一也。○西山蔡氏曰。進其行者。進於皇之極也。○陳氏大猷曰。上一節。是廣大以獎育人才。此一節。是公平以拔用人才。○新安陳氏曰。正人有四說。引康誥惟厥正人。以爲官之長者爲妥。於人民之分。及上下文理相協。此疇首言建極錫福。皆爲民言。至此。則錫之福。雖錫之

福皆爲有位之人言。然於此三四節。首以庶民與人對言。繼而念之受之。爲民言也。則錫。雖錫爲人言也。雖若雜舉。而實有條理。大意欲君於建極之餘。於民。則隨才以成之。於有位之人。則隨才而富以祿之。不特斂福以錫庶民。且錫福於有位之人也。又按朱子欠分别民人。三德疇人頗僻。民僭忒。其證甚明。○陳氏雅言曰。朝廷有以福君子。則君子有以福斯民。此富之祿之。雖所以爲君子計。而實所以爲斯民計也

無偏無陂。遵王之義。無有作好。遵王之道。無有作惡。遵王之路。無偏無黨。王道蕩蕩。無黨無偏。王道平平。無反無側。王道正直。會其有極。歸其有極

偏。不中也。陂。不平也。作好作惡。好惡加之意也。黨。不公也。反。倍常也。側。不正也。偏陂好惡。己私之生於心也。偏黨反側。己私之見於事也。王之義。王之道。王之路。皇極

之所由行也。蕩蕩廣遠也。平平平易也。正直不偏邪也。皇極正大之體也。遵義遵道遵路。會其極也。蕩蕩平平。正直。歸其極也。會者合而來也。歸者來而至也。此章蓋詩之體。所以使人吟詠。而得其情性者也。夫歌詠以協其音。反覆以致其意。戒之以私。而懲創其邪思。訓之以極。而感發其善性。諷詠之間。恍然而悟。悠然而得。忘其傾斜狹小之念。達乎公平廣大之理。人欲消熄。天理流行。會極歸極。有不知其所以然而然者。其功用深切。與周禮大師教以六詩者同一機。而尤要者也。後世此意不傳。皇極之道。其不明於天下也宜哉。朱子曰。無有作好。無有作惡。謂好所當好惡所當惡不可作爲耳○曰王道蕩蕩又曰王道平平曰無黨無偏又曰無偏無黨只是一箇道反覆說○無偏無陂遵王之義無有作好遵王之道無有作惡遵王之路無偏無黨王道蕩蕩無黨無偏王道平平無反無側王道正直會其有極歸其有極云者則以言夫天下之人皆不敢徇其己之私以從乎上之化而會歸乎至極之標準也蓋偏陂好惡者己私之生於心者也偏黨反側者己私之見於事者也王之義王之道王之路上之化也所謂皇極者也遵義遵道遵路方會其極也蕩蕩平平正直則已歸於極矣○孫氏曰老子云大道甚夷而民好徑王之道王之路所謂甚夷者也蕩蕩通達之意平平坦夷之意○張氏曰天下有公好惡不必作也作則非公矣○陳氏大猷曰此承上文言人君能作成人故人皆趨極以申第一節凡厥庶民惟皇作極之義○呂氏曰會如會聚之會歸如歸宿之歸有所會然後有所歸○唐孔氏曰天下歸仁焉此歸意與彼同○新安陳氏曰六王字即指皇極之君義路道即指皇極互辭協韻耳遵猶有不敢違之意至王道蕩蕩三句則自合乎王道無事於遵矣會合于君所建之有極結遵義六句歸宿于君所建之有極結蕩蕩六句

二有極字與章首皇建其有極之有極相應實有之極亦君民同有之極也○陳氏雅訓曰會極者如行者之赴家食者之求飽與極猶二也歸極者如行者之到家食者之得飽與極爲一也

曰皇極之敷言是彝是訓于帝其訓

曰起語辭敷言上文敷衍之言也言人君以極之理而反復推衍爲言者是天下之常理是天下之大訓非君之訓也天之訓也蓋理出乎天言純乎天則天之言矣

此贊敷言之妙如此

朱子曰皇極之敷言是彝是訓于帝其訓云者則以言夫人君以身立極而布命于下則其所以爲常爲教者皆天之理而不異乎上帝之降衷也○夏氏曰二曰字皆箕子更端之言○蘇氏曰天錫禹九疇不能如是諄諄也粗有象數而已禹與箕子推而廣之至皇極尤詳曰此皆非帝之言也皇極之敷言也帝以象數告而我敷廣其言爲彝訓耳與帝言無異故曰于帝其訓○陳氏雅言曰聖

人在上。既建極而以身教於天下。復敷言而以言教於天下。蓋身教者。示以躬行踐履之實。言教者。使其歌誦吟詠而得。二者不可偏廢也。天下惟理爲至常。惟理爲至大。皇極之敷言。純乎一理。故謂之常理。故謂之大訓。是理也。本之於天。惟皇上帝降衷之理也。言而不異於降衷之理。是豈可以君之訓視之哉。乃天之訓也。天者其不言之聖人。聖人者。其能言之天。一而二。二而一者也

凡厥庶民極之敷言是訓是行以近天子之光曰天子作民父母以爲天下王

光者道德之光華也。天子之於庶民。性一而已。庶民於極之敷言是訓是行。則可以近天子道德之光華也。曰者民之辭也。謂之父母者。指其恩育而言。親之之意。謂之王者。指其君長而言。尊之之意。言天子恩育君長乎

我者如此其至也言民而不言人者舉小以見大也朱子
曰凡厥庶民極之敷言是訓是行以近天子之光云者
則以言夫天下之人於君所命皆能受其教而謹行之
則是能不自絕遠而有以親被其道德之光華也天子
作民父母以爲天下王云者則以言夫人君能立至極
之標準所以能作億兆之父母而爲天下之王也不然
則有其位無其德不足以首出庶物統御人群而履天
下之極尊矣是書也原於天之所以錫禹雖甚茫昧微
眇有不可得而知者然箕子之所以言之而告武王者
則已備矣顧其辭之宏深奧雅若有未易言者然試嘗
虛心平氣而再三反覆焉則亦坦然明白而無一字之
可疑但先儒未嘗深求其意而不察乎人君所以脩身
立道之本是以誤訓皇極爲大中又見其詞多爲含
洪寬大之言因復誤認中爲含糊苟且不分善惡之意
殊不知極居中而不可直謂之中中之得名又以其無
過不及至精至當而無有毫釐之差亦非如其所名之
義也乃以誤認之中爲誤訓之極不謹乎至嚴至密之
體而務爲至寬至廣之量其弊將使人君不知脩身以
立政而墮於漢元帝之優游唐代宗之姑息卒至於是

非顛倒。賢否貿亂。而禍敗隨之。尚何歛福錫民之可望哉。嗚呼。孔氏則誠誤矣。然迹其本心。亦曰姑以隨文解義爲口耳呫嗶之計而已。不知其禍之至此也。而自漢以來。迄今千有餘年。學士大夫。不爲不衆。更歷世變。不爲不多。幸而遺經尚存。本文可考。其出於人心者。又不可得而昧也。乃無一人覺其非是而以一言正之者。使其患害流于萬世。是則豈獨孔氏之罪哉○呂氏曰。此彛此訓。非我所自作。乃帝之訓也。庶民不可視爲空言。必當踐行此訓可也。不言近皇極。而言近天子之光。天子既建極。則天子即皇極也○陳氏雅言曰。近者。非親近之近。乃性相近之近。譬之水焉。天子之光。則如水之至清。庶民則未免少有查滓者也。譬之鏡焉。天子之光。則如鏡之至明。庶民則未免少有昏翳者也

六三德。一曰正直。二曰剛克。三曰柔克。平康正直。彊弗友剛克。燮友柔克。沈潛剛克。高明柔克

克。治。友。順。燮。和也。正直剛柔。三德也。正者無邪。直者無

曲。剛克柔克者。威福予奪。抑揚進退之用也。彊弗友者。彊梗弗順者也。燮友者。和柔委順者也。沉潛者。沉深潛退。不及中者也。高明者。高亢明爽。過乎中者也。蓋習俗之偏。氣禀之過者也。故平康正直。無所事乎矯拂。無爲而治是也。彊弗友。剛克。以剛克剛也。燮友柔克。以柔克柔也。沉潛剛克。以剛克柔也。高明柔克。以柔克剛也。正直之用一。而剛柔之用四也。聖人撫世酬物。因時制宜。三德乂用。陽以舒之。陰以斂之。執其兩端。用其中于民。所以納天下民俗於皇極者。蓋如此 朱子曰。沉潛剛克。高明柔克。克。治也。言人資質沉潛者。當以剛治之。資質高明者。當以柔治之。此說爲勝 ○張氏景曰。三德馭臣之道。見下文 ○唐氏曰。以德行權。則威福不下移○陳氏經曰。皇極以體常。三德以盡變○林氏曰。三德者。聖人所以臨機制變。爲皇極之用。而權其輕重也。正直。剛克。柔克。此三德之目。自平康正直而下。則釋三德之用。以盡其義也。三德乂用之得其宜。平安無事之世。則用正直以治之。彊禦弗順之世。則用剛克以治之。和順之世。則用柔克以治之。一於剛。則失之亢。一於柔。則失之懦。聖人宰制天下之權。可謂盡矣○新安陳氏曰。習俗之偏。以彊燮言。氣稟之過。以沉潛高明言○徽庵程氏曰。三德一經而四權。正直之用一。經也。剛柔之用四。權也。四權之中。其二政以治之。其二教之自治也○臨川吳氏曰。平康者。治之以正直。如周官所謂刑平國用中典也。彊弗友者。治之以剛克。如周官所謂刑亂國用重典也。燮友者。治之以柔克。如周官所謂刑新國用輕典也

惟辟作福。惟辟作威。惟辟玉食。臣無有作福。作威。玉食。

福威者。上之所以御下。玉食者。下之所以奉上也。曰惟辟者。戒其權不可下移。曰無有者。戒其臣不可上僭也

林氏曰。此三者。人主之權勢。所操以用夫三德者也。此三者。苟人君能自操持。則威福在己。名分謹嚴。故能操縱予奪。以用乎三德。其或假於臣下。則權勢下移。紀綱紊亂。其何以操縱三德。而爲皇極之用哉○吳氏曰。玉食非帝王所急。足以觀王威之不下移也○陳氏經曰。三德之用。莫易於正直。莫難於剛柔。君道主剛。剛之失其過小。柔之失其過大。故又言威福玉食之柄在君。唯恐失之柔。而柄下移。如漢元成也

臣之有作福作威玉食。其害于而家。凶于而國。人用側頗僻。民用僭忒

頗不平也。僻不公也。僭踰忒過也。臣而僭上之權則大夫必害于而家。諸侯必凶于而國。有位者固側頗僻而不安其分。小民者亦僭忒而踰越其常。甚言人臣僭上之患如此 新安陳氏曰。此所謂臣。大臣也。大臣僭天子。則次而邦君。次而大夫。次而小臣。次而庶民。

皆效而陵僭。無一安其分者。夫皇極。立本者也。三德。趨時者也。皇極建。則三德適時措之宜。而權出於上。皇極不建。則三德失時措之宜。而柄移於下矣

七稽疑擇建立卜筮人。乃命卜筮

稽考也。有所疑。則卜筮以考之。龜曰卜。蓍曰筮。蓍龜者。至公無私。故能紹天之明。卜筮者。亦必至公無私。而後能傳蓍龜之意。必擇是人而建立之。然後使之卜筮也

朱子曰。龜歲久則靈。蓍生百年。一本百莖。亦物之神靈者。卜筮實問鬼神以蓍龜神靈之物。故假之以驗其卦兆。卜法。以明火爇柴。灼龜為兆。筮法。以四十九蓍。分卦揲扐。凡十有八變而成卦。○孔氏曰。考正疑事。當選擇卜筮人而建立之。使為卜筮之事。○西山蔡氏曰。皇極之君。以人謀。未免乎有心。有心未免乎有私。此所以洗心齋戒以聽天命。而無所容其心也。擇建立卜筮人者。非其人則不可。非其職則不專。必得其人而立之。然後

乃可命之卜筮。定天下之吉凶。成天下之亹亹。非細事也

曰雨。曰霽。曰蒙。曰驛。曰克

此卜兆也。雨者。如雨。其兆爲水。霽者。開霽。其兆爲火。蒙者。蒙昧。其兆爲木。驛者。絡驛不屬。其兆爲金。克者。交錯有相勝之意。其兆爲土 朱子曰。易占不用龜。而每言蓍龜。皆具此理也。蓍短龜長者。謂龜惟鑽灼之。易。而蓍有扐揲之煩。龜之兆一灼便成。亦有自然之易。洪範卜五。即龜。用二。即蓍

曰貞。曰悔

此占卦也。內卦爲貞。外卦爲悔。左傳蠱之貞風。其悔山。是也。又有以遇卦爲貞。之卦爲悔。國語貞屯悔豫皆八。是也 問貞悔不止一說。如六十四卦。則每卦內三畫爲貞。外三畫爲悔。如揲蓍成卦。則正卦爲貞。之卦爲

悔。如八卦之變。則純卦一爲貞。變卦七爲悔。朱子曰。是如此。○胡叔器問內卦爲貞。外卦爲悔。曰貞悔出洪範。貞是正底。便是體。悔是過底。動則有悔。又問一貞八悔。曰如乾。夬。大有。大壯。小畜。需。大畜。泰。內體皆乾。是一貞。外體八卦。是八悔。餘倣此。○貞。訓正。事方正如此。悔吝皆是事過後方有。內卦之占。是事正如此。外卦之占。是已如此。二字有終始之意。○西山蔡氏曰。內卦曰貞。貞者事之幹也。外卦曰悔。悔者生乎動也。六爻不動。以內卦爲貞。外卦爲悔。見左傳蠱之貞風。其悔山。是也。有動爻者。以遇卦爲貞。之卦爲悔。見國語貞屯悔豫皆八是也

凡七卜五占用二衍忒

凡七。雨。霽。蒙。驛。克。貞。悔也。卜五。雨。霽。蒙。驛。克也。占二。貞。悔也。衍。推。忒。過也。所以推人事之過差也 朱子曰。衍。推。忒。變也。上七者。卜筮之大凡。而其變則無窮。皆當推衍以極其變。卜之變在經。兆之體百有二十。其頌千有二百體。色墨折

方功義引之類筮之變如老陽變爲少陰老陰變爲少陽一卦變爲六十四卦六十四卦可變爲四千九十六卦之類引而伸之觸類而長之其變無有終窮○衍疑是過多剩底意思忒是差錯了○高氏曰有心未若無心之爲公有情未若無情之爲信故盤庚遷都成王東征皆以卜筮爲主

立時人作卜筮三人占則從二人之言

凡卜筮必立三人以相參考舊説卜有玉兆瓦兆原兆筮有連山歸藏周易者非是謂之三人非三卜筮也 唐孔氏曰三人從二善鈞從衆也卜筮各有三人如金縢乃卜三龜儀禮士喪卜葬占者三人○周禮太卜掌三兆之法杜註玉兆顓帝之兆瓦兆堯之兆原兆周之兆○西山蔡氏曰恐非是禹敘洛書之時未有原兆與周易也○崧庵程氏曰皇極雖建不敢自是國有大事參諸人謀鬼謀以決其疑人謀本陰陽五行之理鬼謀則以陰陽五行之象數參之一從一逆可以驗其得失矣然稽疑以卜筮爲重而龜爲尤重也

汝則有大疑。謀及乃心。謀及卿士。謀及庶人。謀及卜筮

朱子曰。卜筮處末者。卜法先斷人志。後命於蓍龜之靈。不至越於人也。周禮。卜人國之大事。先筮而後卜

汝則從。龜從。筮從。卿士從。庶民從。是之謂大同。身其康彊。子孫其逢吉

朱子曰。心者。人之神明。其虛靈知覺。無異於鬼神。雖龜筮之靈。不至踰於人。故自此以下。必以人謀爲首。然鬼神無心。而人有欲。人之謀慮。未必盡能無適莫之私。故自此以下。皆以龜筮爲主。人雖不盡從。不害其爲吉。若龜筮而逆。則凶咎必矣。此條無問尊卑。其謀皆配於龜筮。故爲大同之吉

汝則從。龜從。筮從。卿士逆。庶民逆。吉

朱子曰。此條惟君謀配於龜筮。亦吉

卿士從。龜從。筮從。汝則逆。庶民逆。吉

朱子曰此條惟卿士謀配於龜筮亦吉

庶民從龜從筮從汝則逆卿士逆吉

朱子曰此條惟民謀配於龜筮亦吉

汝則從龜從筮逆卿士逆庶民逆作內吉作外凶

朱子曰此條龜筮一從一違本不可以舉事但筮短龜長又尊者之謀配合故內事則可外事則凶

龜筮共違于人用靜吉用作凶

稽疑以龜筮爲重人與龜筮皆從是之謂大同固吉也人一從而龜筮不違者亦吉龜從筮逆則可作內不可作外內謂祭祀等事外謂征伐等事龜筮共違則可靜不可作靜謂守常作謂動作也然有龜從筮逆而無筮

從龜逆者龜尤聖人所重也故禮記大事卜小事筮傳謂筮短龜長是也自夫子贊易極著蓍卦之德蓍重而龜書不傳云

朱子曰此條龜筮皆逆人謀縱有從者動則凶矣○王氏曰周官有大事衆庶得至外朝與群臣以序進而天子親問焉○張氏曰決疑主於者龜故進於卿士庶民之上龜筮既從而卿士庶民逆亦吉者以我心與鬼神合也我與庶民雖逆而亦吉者以卿士與龜筮同也我與卿士逆而亦吉者以庶民與龜筮同也○高氏曰舜之禪禹朕志先定詢謀僉同龜筮協從此大同也故歷數在躬啓能敬承成王宅洛周召營相四方和會卜惟洛食此大同也故卜世卜年卒過其歷○呂氏曰五者之中三從二逆從之理多吉之所在也然三從之中必龜筮之從乃可蓋龜筮無心既已皆從卿士庶民或別有私心未可知也如盤庚遷都心已無疑卜稽如台獨臣民懷居而不欲遷何妨於吉哉汝與民逆而吉者如周公東征成王既不知周公民又不靖反曰艱大惟在朝大臣與二公及卜筮從故亦吉也聖人假至公無私之物以寓吾之誠惟龜筮皆

從庶足驗吾無一毫之未盡苟龜從而筮不從必尚有未盡者故内事猶可外事則否苟我與臣民皆從而龜筮皆違則是於理必有未盡人已雖從終未免於人爲靜而不爲則吉動爲則凶矣此義至精微雖天下擧以爲然不知又自有不然者○林氏曰卜筮天所示也人事盡而後可以求之天故必皇極建三德乂至於有疑然後盡人謀而斷之卜筮苟人事不盡而惟卜筮是拘雖吉何補故龜筮稽疑必在皇極三德之後不可驟語也○董氏鼎曰舜命禹曰朕志先定詢謀僉同鬼神其依龜筮協從蓋所謂官占惟先蔽志昆命于元龜若此言謀及乃心卿士庶民然後及卜筮亦初不以卜筮爲先也事之可否固已默成於胷中而人謀又協矣猶有待於鬼神不敢率意而行故卜之此見聖人謹重之至亦所以示於民使之信從其事而不懼與惑也若人謀未從惟龜是聽誠有如吳氏所慮矣然天下之事有我所欲爲而人不悅有人所欲爲而已不從亦有已與人皆疑其不可而天地鬼神自以爲可者是皆當於卜筮決之蓋人則有欲而卜筮無私筮猶出於人而龜純乎天矣此稽疑一疇尤以龜爲重非茫然無底止而一聽於卜也

八庶徵曰雨曰暘曰燠曰寒曰風曰時五者來備各以其
敘庶草蕃廡

徵驗也庶豐茂所驗者非一故謂之庶徵雨暘燠寒風
各以時至故曰時也備者無缺少也敘者應節候也五
者備而不失其敘庶草且蕃廡矣則其他可知也雨屬
水暘屬火燠屬木寒屬金風屬土吳仁傑曰易以坎爲
水北方之卦也又曰雨以潤之則雨爲水矣離爲火南
方之卦也又曰日以烜之則暘爲火矣小明之詩首章
云我征徂西二月初吉三章云昔我往矣日月方燠夫
以二月爲燠則燠之爲春爲木明矣漢志引狐突金寒

之言。顏師古謂金行在西。故謂之寒。則寒之爲秋爲金。明矣。又按稽疑以雨屬水。以霽屬火。霽。暘也。則庶徵雨之爲水。暘之爲火。類例抑又甚明。蓋五行乃生數自然之叙。五事則本於五行。庶徵則本於五事。其條理次第。相爲貫通。有秩然而不可紊亂者也。朱子曰。自五行而下。得其道。則有衆休之徵。失其道。則有衆咎之徵。得失在於身。休咎應於天。匹夫尚然。況人主乎。○五者備叙。則庶草滋蕃豐廡。即下文之休徵也。有無相反。常雨則無暘。常燠則無寒。則草木不茂。百穀不成。即下文之咎徵也。○問入庶徵曰時。林氏取蔡氏說。謂是歲月日之時。自五者來備而下。所以申言雨暘燠寒風之義。自王省惟歲而下。所以申言曰時之義。其切謂此時字。當如孔氏五者各以其時之說爲長。林氏徒見時字與雨暘燠寒風五者並列而爲六。則遂以此時字爲贅。不知古人之言。如此類者多矣。且仁義禮智。是爲四端。加一信字則爲五常。非仁義禮智之外。別有所謂信也。故某以爲時之在庶徵。猶信之在五常。不知是否。曰。林氏之說。只與古說無異。但謂有以歲而論其時與不時者。有以月而論其時與不時者。有以日而論其時與不時者。可更推之。○問吳斗南說如何。曰。舊謂雨屬水。暘屬金。燠屬火。寒屬水。與五行相配。皆錯亂了。雨只屬水自分曉。怎生屬得木。問寒如何屬金。曰。他引左傳金寒之證甚佳。又曰。貌言視聽思。皆只以次第相屬。○孔氏曰。雨以潤物。暘以乾物。燠以長物。寒以成物。風以動物。五者各以其時。所以爲衆驗。○林氏曰。雨與暘對。燠與寒對。風行於四者之間。○陳氏大猷曰。陰陽之氣交。則蒸而成雨。氣散則開而成暘。陰退陽進。則成燠。陽退陰進。則成寒。陰陽吹扇。則成風。雨暘風。則遊氣之聚散飛揚者爲之。燠寒。則二氣之循環往來者爲之。備。謂皆有而不缺。敘。謂應期而不亂。

○陳氏曰。燠熱涼寒。四時之氣也。雨暘風。佐四時之氣以生育者也。止言燠寒者。燠者熱之始。寒者涼之極也。

○新安陳氏曰。雨暘燠寒。吳氏引證其屬水火木金甚當。風之屬土。獨缺其證。當如莊子風生於土囊之口。及大塊噫氣。其名爲風。證之。風爲土氣。豈不章章明矣乎

○葵初王氏曰。按吳斗南以雨暘燠寒風。屬水火木金

土。序與五行五事相符。引諸證甚明。但風土無所證。今以陳氏之說補。極合造化○陳氏雅言曰。庶徵之效。獨言庶草蕃廡者。草木得氣之先。庶草又爲易瘁者也。觀庶草之微。蕃廡如此。則大者可知矣

一極備凶一極無凶

極備過多也。極無過少也。唐孔氏曰。雨多則澇。雨少則旱。是極備亦凶。極無亦凶。餘准是。朱子曰。一極備凶。一極無凶。多些子不得。無些子不得。

曰休徵曰肅時雨若曰乂時暘若曰哲時燠若曰謀時寒若曰聖時風若曰咎徵曰狂恒雨若曰僭恒暘若曰豫恒燠若曰急恒寒若曰蒙恒風若

狂。妄。僭。差。豫。怠。急。迫。蒙。昧也。在天爲五行。在人爲五事。

五事脩。則休徵各以類應之。五事失。則咎徵各以類應之。自然之理也。然必曰某事得則某休徵應。某事失。則某咎徵應。則亦膠固不通。而不足與語造化之妙矣。天人之際。未易言也。失得之機。應感之微。非知道者孰能識之哉

朱子曰。今人讀書麤心大膽。如何看得古人意思。如說八庶徵這若不細心體識。如何會見得肅時雨若。肅是恭肅。便自有滋潤底意思。所以便說時雨順應之。乂時暘若。乂是整治。便自有開明底意思。所以便說時暘順應之。哲時燠若。哲是昭融。便自有和煖底意思。所以便說時燠順應之。謀時寒若。謀是藏密。便自有寒結底意思。所以便說時寒順應之。聖時風若。聖是通明。便自有爽快底意思。所以便說時風順應之。符舜功云。謀自有顯然著見之謀。聖是不可知之妙。不知於寒於風果相關否。曰。凡看文字。且就地頭看。不可將大底便來壓了。箕子所指謀字。只是且說密謀意思。聖只是說通明意思。如何將大底來壓了便休。如說喫棗

固是有大如瓜者。且就眼下說。只是常常底棗。如煎藥合用棗子幾箇。自家須要說棗如瓜大。如何用得許多。人若心下不細。如何讀古人書。洪範庶徵。固不是必定如漢儒之說。必以爲有是事。多雨之徵。必推說道是其時做某事不肅。所以致此。爲此必然之說。所以教人難盡信。但古人意思精密。只於五事上體察是有此理。如王荆公。又却要一齊都不消說感應。只把若字做如似字義說了。做譬喻說了。這也不得。荆公固是。也說道此事不足驗。然而人主自當謹戒。如漢儒必然之說。固不可。荆公全不相關之說。亦不可。古人意思精密。恐後世見未到耳。○人主之行事。與天地相爲流通。故行有善惡。則氣各以類而應。然感應之理。非謂行此一事。即有此一應。統而言之。一德脩則凡德必脩。一氣和則凡氣必和。固不必曰肅自致雨。無與於暘。乂自致暘。無與於雨。但德脩而氣必和矣。分而言之。則德各有方。氣各有象。肅者雨之類。乂者暘之類。求其所以然之故。固各有所當也。咎徵亦然。○問休徵咎徵。諸家多以義推說。舉切以爲此猶易中取象相似。但可以髣髴看。而不可以十分親切求也。庶徵雖有五者。大抵不出陰陽二端。雨寒。陰也。暘燠風。陽也。肅謀深而屬靜陰類也。故時雨時寒應之。乂哲聖。發見而屬動。暘類也。故時暘時燠時風應之。狂反於肅。急失於謀。故恒雨恒寒應之。僭則不乂。豫則不哲。蒙則不聖。故恒暘恒燠恒風應之。未知如此看得否。曰。大槩如此。然舊以雨屬木。暘屬金。燠屬火。寒屬水。而或者又以雨屬水。暘屬火。燠屬木。寒屬金。其說孰是。可試思之○林氏曰。五者中節。爲五福之證。不中節。爲六極之證。來備以叙。非其自爾。是君休嘉之證也。極備極無。亦非自爾。是君咎過之證也。休咎在此。而徵驗在彼。肅乂哲謀聖者。休之本。五者之時。休之徵也。狂僭豫急蒙者。咎之本。五者之恒。咎之徵也。氣一失其和則必自省曰。是吾之咎歟。故思去其咎而反其休。五者之咎。聖人雖無之。其徵則不可不自省也○陳氏大猷曰。肅之反爲狂。狂則蕩。故常雨若。乂之反爲僭。政不治。則僭差也。僭則亢。故常暘若。哲之反。則猶豫不明。故爲豫。豫則解緩。故常燠若。謀之反。則不深密而急躁。急則縮栗。故常寒若。聖之反。則蔽塞不通而爲蒙。蒙則冥其心思。無所不入。以濟四者之惡。故常風若。又曰。天地之間。有必然之理。有或然之數。周末無寒歲。秦亡無燠年。理之常也。堯有九年之水。湯有七年之旱。數之變也。理者聖賢之所守。數非聖賢之所泥。然堯湯雖不能無水旱之變。而卒能消水旱之災。蓋或然之數。終不能勝必然之理。聖人所以能回天地之造化也○李氏杞曰。休咎之分。皆起於君一念之微○西山蔡氏曰。君卽五者之應。以察吾之得失。一事得。則五事從。休徵無不應矣。一事失。則五事違。咎徵無不應矣。鯀堙洪水。水失其性爾。而五行爲之汨陳。以是理也。漢儒不得其意。而自爲之說。驗之於古。則鑿而不經。推之將來。則膠而不應。又以福極強配五行。而以弱配皇之不極。非鑿歟○復齋董氏曰。將以防其君之失。適以啓其君之惑

曰。王省惟歲。卿士惟月。師尹惟日

歲月日。以尊卑爲徵也。王者之失得。其徵以歲。卿士之失得。其徵以月。師尹之失得。其徵以日。蓋雨暘燠寒風。五者之休咎。有係一歲之利害。有係一月之利害。有係一日之利害。各以其大小言也 朱子曰。王省惟歲。言王之所當省者。一歲之事。

卿士所當省者。一月之事。以下皆然。○問王省惟歲三句。曰。此但言職任之大小如此。○林氏曰。自五者來備以下。申言曰雨至曰風之義。自王省惟歲以下。申言曰時之義。或以曰王省惟歲以後。爲五紀一疇之傳錯簡在此。非也。九疇雖別爲九。實更相經緯。故庶徵有五事。而皇極有五福。○新安陳氏曰。周禮。太宰歲終受百官之會。而詔王廢置。小宰月終受群吏之要。宰夫旬終正日成。以證此章。亦一說。但王卿尹省休咎於歲月日之時者。所包甚大。安止此哉。曰字。更端而言庶徵之候。王之得失。其徵以歲。故王乃所省察。惟一歲之時之休咎。卿士得失。其徵以月。故卿士所省察。惟一月之時之休咎。師尹放此。卿尹不言省。蒙上文也。歲統月。月統日。猶王統卿士。卿士統師尹。尊者所理大而要。卑者所理小而詳也。雨暘燠寒風之休咎。實行乎歲月日之中。五者時若。則歲月日之時無易。而休徵見矣。五者恒若。則日月歲之時既易。而咎徵見矣。氣行乎候之中。非氣自氣。候自候也

歲月日時無易。百穀用成。乂用明。俊民用章。家用平康。

歲月日三者雨暘燠寒風不失其時則其效如此休徵

所感也

日月歲時既易百穀用不成乂用昏不明俊民用微家用

不寧

日月歲三者雨暘燠寒風既失其時則其害如此咎徵

所致也休徵言歲月日者總於大也咎徵言日月歲者

著其小也朱子曰此覆說時之徵歲統月月統日職尊

者所理大而要職小者所理小而詳取象於

歲月日也君秉君道臣行臣職君君臣臣猶歲

月日時之不易則休徵可致反是則爲咎徵

庶民惟星星有好風星有好雨日月之行則有冬有夏月

之從星則以風雨

民之麗乎土。猶星之麗乎天也。好風者箕星。好雨者畢星。漢志言軫星亦好雨。意者星宿皆有所好也。日有中道。月有九行。中道者黄道也。北至東井去極近。南至牽牛去極遠。東至角。西至婁。去極中。是也。九行者黑道二出黄道北。赤道二出黄道南。白道二出黄道西。青道二出黄道東。并黄道爲九行也。日極南至于牽牛則爲冬至。極北至於東井。則爲夏至。南北中東至角。西至婁。則爲春秋分。月立春春分從青道。立秋秋分從白道。立冬冬至從黑道。立夏夏至從赤道。所謂日月之行。則有冬有夏也。月行東北入于箕。則多風。月行西南入于畢。則多雨。所謂月之從星。則以風雨也。民不言省者。庶民之休咎。係乎上人之得失。故但以月之從星。以見所以從民之欲者如何爾。夫民生之衆。寒者欲衣。饑者欲食。鰥寡孤獨者之欲得其所。此王政之所先。而卿士師尹近民者之責也。然星雖有好風好雨之異。而日月之行。則有冬有夏之常。以月之常行。而從星之異好。以卿士師尹之常職。而從民之異欲。則其從民者。非所以徇民矣。言日月而不言歲者。有冬有夏。所以成歲功也。言月而不言日者。從星惟月爲可見耳

問庶民惟星一句。解不通。并下文星有好風。星有好雨。意亦不貫。朱子曰。家用不寧以上。自結上文了。下文却又說起星之意。似是兩段。○庶民衆多。衆星之象也。

當在師尹惟日之下。但其取證不同。故各發此義以互相見。○二十八宿環繞日月行道之側。故月行必經歷之。經于箕則多風。歷于畢則多雨。蓋二星各有所好。月經行其處。順時當候。則陰陽和而風雨時應。言無差忒也。按星非有嗜好。但氣類相感。月亦非有順從。但行度所次耳。今曰好。曰從。乃假設以喻人事。民之情性莫不有所好。上之人能順其所好。所欲與聚。所惡勿施。則和氣致祥。猶如風雨之應。上言職分明。則至治成。此言人心順。則和氣應。皆庶徵之事也。○問箕星好風。畢星好雨。曰。箕是簸箕。以其簸揚而鼓風。故月宿之則風。古語云。月宿箕。風揚沙。畢是叉網漉魚底。叉子亦謂之畢。漉魚則其汁水淋漓而下。若雨然。畢星名義蓋取此。今畢星上有一柄。下開兩叉。形象亦類畢。故月宿之則雨。漢書謂月行東北入軫。若東南入箕。則風者。蓋箕是東南方屬巽。巽爲風。所以好風。恐未必然。○唐孔氏曰。箕東方木宿。畢西方金宿也。詩云月離于畢。俾滂沱矣。經箕多風。傳記無其事。鄭氏引春秋緯云。月離于箕則風揚沙。○西山蔡氏曰。王卿士師尹其得失驗之於歲月日若庶民之得失則在君。所謂百姓有過。在予一人。故此以庶民省之於星。以驗其安與不安而已。漢志言日行陽道多風旱。行陰道多雨水。日象人君之行。不可指而知。以正行言之。冬則南。夏則北。然君行急則日行疾。君行緩。則日行遲。疾則過乎中道。遲則不及乎中道。日之所行。月之所隨也。日失中道。則月亦變行。故去中道。移而東北入于箕。則多風爲旱。移而西南入于畢。則多雨爲水。所謂月之從星。則以風雨也。蓋民之安否。省之於星。星之風雨。本之於日月。月之九道。本之於日。故庶民惟星。繼之以日月之行。則有冬有夏。月之從星。則以風雨也。雨暘燠寒風。既徵於貌言視聽思。又以所職大小。別之於歲月日。又以民之安否。參之於星。于以見皇極之君。視履考祥如此之周旋而不敢忽也。○新安陳氏曰。按前漢五行志。元光中天星盡搖。上以問候星者。對曰。星搖者。民勞也。又云五星同色。天下偃兵。百姓安寧。歌舞以行。以此觀之。則以庶民省之於星。以驗其安否之說。信矣。○息齋余氏曰。庶徵者。合五事五紀以參驗者也。於此不言曆數者。曆數所以推天運之常。庶徵所以參人事之感。其進退飛伏。有出於曆數所推之外者矣。唐一行日食議中。有曆與占之說甚精。○沈存中曰。曆法。天有黄赤二道。日月有九道。此皆强名而已。非實有也。亦猶天之有三百六十五度。天何嘗有度。以日行三百六十五日而一朞。强謂之度。以步日月五星行次而已。日之所由。謂之黄道。南北極之中度最均處。謂之赤道。月行黄道之南。謂之朱道。行黄道之北。謂之黒道。黄道之東。謂之青道。行黄道之西。謂之白道。黄道内外各四。幷黄道爲九。日月之行。有遲有速。難可以一術御也。故因其合散分爲數段。每段以一色名之。欲以别筭位而已。如筭法用赤籌黒籌以别正負之數。曆家不知其意。遂以爲實有九道。甚可嗤也

九五福。一曰壽。二曰富。三曰康寧。四曰攸好德。五曰考終命

人有壽。而後能享諸福。故壽先之富者。有廪禄也。康寧者。無患難也。攸好德者。樂其道也。考終命者。順受其正也。以福之急緩爲先後朱子曰。休咎徵於天。則禍福加於人。福極。通天下人民而言。蓋人主不以一身爲福極。而以天下爲福極。民皆仁壽。堯舜之福也。民皆鄙夭。桀紂之極也。五福以人所尤好者

爲先○孔氏曰。壽百二十年○唐孔氏曰。世有長壽云。百二十年。故傳言之。未必有正文○林氏曰。唐李泌云。天命他人皆可言。惟君相不可言。君相。造命者也。民命雖禀於天。君實制之。自五行至庶徵。各得其敘。則民歸於五福矣。五福雖天所畀。實自造命者嚮而致之也。自五行至庶徵。失其敘。則民陷於六極矣。欲民不陷於極。亦造命者。威而避之也。使民享五福而不知六極。此治道之極功也。故九疇以是終焉○陳氏大猷曰。人莫不好生惡死。壽則生之長者。四代皆尚齒。故五福壽爲先。雖壽不可無以養其生。故富次之。壽且富。或不免於憂患。則身心不安。故康寧又次之。形康心寧。安之至也。壽富康寧而不好德。則老而不死。爲富不仁。作僞心勞。何足貴哉。攸好德則心逸日休。自求多福。福之本實在此。其爲福大矣。故好德又次之。考。成也。諸福備矣。必成其正命。則全而歸之。順受其正。然後爲福之至。使年雖壽而死非正命。雖壽何補。非福矣。故考終命終焉。此之五福。即皇極疇之五福。五福以攸好德爲根本。五福之目。雖至第九疇而列。而五福之根本。則已於第五疇而基。曰予攸好德。汝則錫之福是也。好德。則必得其壽。爲世考老。無德而壽。罔之生也。好德則得祿而富。無德而富。

然之府也。好德。則心廣體胖。無入不自得。無德。則小人長戚戚。非安也。至於考終命。又未有不由德而能戰兢以全歸者。諸福固必本於好德。而好德又豈非本於建皇極哉○凶者。考終命之反。短折者。壽之反。貧者。富之反。疾憂者。康寧之反。惡弱者。好德之反。陷於不善者。惡也。雖欲爲善而不能自強者。弱也○王氏炎曰。年未六十。死以正命。雖考終不得謂之壽。年過六十。而死非正命。雖壽不得謂之考終。故壽與考終命。各一福也○王氏曰。富貴人所欲。貧賤人所惡。而福極不言貴賤。何也。曰。五福者自天子至庶人皆可使慕而嚮。六極亦皆可使畏而遠。若貴賤則有常分矣。使自公侯至庶人。皆慕貴欲其至。而不欲賤之在已。則陵犯篡奪。何有終窮。詩曰寔命不猶。蓋王者之世。欲賤者之安其賤如此○顧氏臨曰。不言貴。雖以嚴分。然貴者未必爲福。賤者未必爲極。故桀紂貴爲天子。而不得其死。顔回原憲到今稱之○徽庵程氏曰。壽。富。康寧。考終命。全五行之氣。攸好德者。全五行之理

六極。一曰凶短折。二曰疾。三曰憂。四曰貧。五曰惡。六曰弱。

凶者不得其死也。短折者橫夭也。禍莫大於凶短折，故先言之。疾者身不安也。憂者心不寧也。貧者用不足也。惡者剛之過也。弱者柔之過也。以極之重輕爲先後。五福六極在君則係於極之建不建，在民人則由於訓之行不行，感應之理微矣。

朱子曰：六極以人所尤惡者爲先。○三衢夏唐老作九疇圖，因執以問。讀未竟，至所謂皆天也，非人之所能爲也，遂指前圖子云：此乃人爲，安得而皆天也？洪範文字最難作。向來亦將天道人事分配爲之，後來覺未盡，遂已之。直是難以私意安排。若只管外邊出意推將去，何所不可？只是理不如此。蘇氏以皇極之建爲雨暘寒燠風之時，皇極不建則反此。漢儒之説尤踈，如以百般皇極配庶徵，却外邊添出一箇皇極，或此邊減却一箇庶徵，自增自損，皆出己意。然此一篇文字極是不齊整，不可曉解。如五福對六極，一曰壽，正對凶短折；二曰富，正對貧；三曰康寧，對疾與弱，皆其類也。攸好德却對惡，參差不齊。

不容布置。如曰歛時五福。錫厥庶民。不知如何歛。又復如何錫。此只是順五行。不違五事。自已立標準以示天下。使天下之人。得以觀感而復其善耳。今即以皇極爲大中者。更不賞善。亦不罰惡。好善惡惡之理。都無分别。豈理也哉。說夏唐老九疇圖五福六極也是配得。但是畧有不齊。問皇極五福。即此五福否。曰便即是這五福。如歛時五福。用敷錫厥庶民。歛底即是盡得這五事。以此錫庶民。便是使民也盡得這五事。盡得五事。便有五福。○王氏炎曰。比干死刑。仇牧死亂。狼瞫死戰。亦凶乎。楚執晉觧揚。揚曰。下臣獲考。死又何求。死而合義。雖不斃牖下。非凶也。惡者小人之剛。自暴者也。弱者小人之柔。自棄者也。○吕氏曰。弱何以與六極。蓋弱。人之大患。人所以不自強於善。或牽引入於惡。而不能自拔。皆弱故也。故特以居六極之終。○息齋余氏曰。六極大率五行之反。好德無反者。求在我者也。○董氏鼎曰。自初一曰五行。至威用六極。禹之本文。九疇之經也。自一五行至篇終。箕子之叙論。九疇之傳也。先經以明其綱。後傳以詳其目。洪範可得而讀矣。蓋天地之所以爲造化者。陰陽五行而已。聖人不能違也。天地以其氣生育民物。而理行乎其中。聖人以其理脩已治人。而氣參乎其上。大抵一二三四。皆經常之疇。法天以治乎人者也。六七八九。皆權變之疇。即人以驗諸天者也。而五皇極一疇。則守常制變之主。與天爲徒。爲民之則者也。伏羲本河圖而畫八卦。八卦一陰陽也。神禹本洛書而叙九疇。九疇一五行也。然易不言五行。範不言陰陽。蓋陰陽一五行也。五行一太極也。河圖洛書。相爲經緯。八卦九章。相爲表裏。一而二。二而一者也。洪範法之大。不出九疇外。則彝倫道之常。即在九疇中矣。否是何以叙彝倫哉

書傳大全卷之六

明刻本書傳大全

第四册

明 胡廣等撰

天津圖書館藏明刻本

山東人民出版社·濟南

旅獒

西旅貢獒召公以爲非所當受作書以戒武王亦訓體也因以旅獒名篇今文無古文有朱子曰近諸孫將旅獒來讀是時武王已八十餘歲矣太保此書諄諄告之如教小兒相似若自後世言之爲非所宜言不尊君矣○西山眞氏曰武王大聖人也西旅貢獒初未之受召公恐其恃大德而忽細行以獻獒之受爲無損故豫戒之如此蓋積行而成德猶累土而成山一行失則全體皆失亦猶一簣虧而全功俱虧也彼以聖人而猶致其謹今人未有寸善則曰吾知顧其大不暇卹其細可乎哉

惟克商遂通道于九夷八蠻西旅底貢厥獒太保乃作旅獒用訓于王

九夷八蠻。多之稱也。職方言四夷八蠻。爾雅言九夷八蠻。但言其非一而已。武王克商之後。威德廣被。九州之外。蠻夷戎狄。莫不梯山航海而至。曰通道云者。蓋蠻夷來王。則道路自通。非武王有意於開四夷。而斥大境土也。西旅。西方蠻夷國名。犬高四尺曰獒。按說文曰。犬知人心可使者。公羊傳曰。晉靈公欲殺趙盾。盾躇階而走。靈公呼獒而屬之。獒亦躇階而從之。則獒能曉解人意。猛而善搏人者。異於常犬。非特以其高大也。太保召公奭也。史記云。與周同姓姬氏。此旅獒之本序。朱子曰。舉夷蠻以見其餘也。子欲居九夷。東方夷有九種。八蠻。今猶云然。明堂位。言六戎五狄。職方言五戎六狄。召地在岐邦內。召公食采於召。後封燕。○張氏曰。當未克商。王未必受。此既克商。於此受而不卻。王心亦少懈矣。召公此訓。若嚴父師訓子弟。然非公高識。安能見微格非如此。○林氏曰。公恐四夷聞之。將爭以珍奇進也。○呂氏曰。創業之君。有一毫之失。後世便有丘山之害。此於王業已成。則爲謹終。於示後嗣。則爲謹始。以此爲防。後猶有求白狼白鹿。如周穆王者。○陳氏經曰。武王非求之。公諫之。若其失德。何也。聖狂遠矣。而根於一念之微。流金爍石。而一陰生寒於此始。隳指折膠。而一陽生暑於此萌。諫於微。則爲力易。待其著。則難矣。○公羊傳音釋踖丑略反

起遽不暇以次也

曰嗚呼明王愼德四夷咸賓無有遠邇畢獻方物惟服食器用

謹德。蓋一篇之綱領也。方物。方土所生之物。明王謹德四夷咸賓。其所貢獻。惟服食器用而已。言無異物也。新安

陳氏曰。一篇皆自明王愼德一句推廣之。曰昭德之致。曰惟德其物。曰德盛不狎侮。曰玩人喪德。曰終累大德。德之一辭。諄諄焉。惟愼德。所以自能致貢物。惟所貢無異物。所以見其愼德。若奇玩之物。非所當獻。亦非所當受。一受之。則荒怠之心生。而愼德之意失矣○陳氏雅言曰。四夷專指中國之外而言。遠邇兼指中國之内而言○林氏曰。穎達以器用爲一。或謂羽毛齒革之類。器也。牛馬犬龜之類。用也。先王於四夷。不責彼之難得。不求我之所無用

王乃昭德之致于異姓之邦。無替厥服。分寶玉于伯叔之國。時庸展親。人不易物。惟德其物

昭。示也。德之致。謂上文所貢方物也。昭示方物于異姓之諸侯。使之無廢其職。分寶玉于同姓之諸侯。使之益厚其親。如分陳以肅愼氏之矢。分魯以夏后氏之璜之

類。王者以其德所致方物。分賜諸侯。故諸侯亦不敢輕易其物。而以德視其物也問時庸展親。諸家多訓展作信。是否。朱子曰。展審視也。不當訓信。○王氏十朋曰。苟非王德所致。其須也以物不以德○陳氏經曰。四夷不敢私其物。所以表奉上之誠。聖人不敢私其物。所以示錫予之恩。予異姓。固昭德之致。分同姓以寶玉。亦德所致也。以物視物。則金玉輕如鴻毛。以德視物。雖一介重於九鼎。○林氏曰。獒之爲物。小不可爲服食。大不可爲器用。疏不可昭德於異姓。親不可展親於同姓。○呂氏曰。聖人公天下爲心。天下之物。與天下共之。非如秦皇以千七百國。獨奉一身而已。然一視同仁之中。文理密察。未嘗無等差。自親及疏。待同姓必厚於待異姓。非如墨子之兼愛也。○陳氏雅言曰。昭其德之所致。其所分賜之物。雖若有親疏厚薄之殊。然皆所以昭其德之所致。而欲堅其事上之義。示其厚下之恩也。故昭德之致。雖於異姓之邦言之。而寶玉之分。亦爲昭德之致者可知。寶玉之分。雖於伯叔之國言之。而昭德之致。必爲方土之物者可知。其文互相備也。無替厥服。雖又於異姓之邦言之。而伯叔之國。亦欲使之堅其事上之義者可知。時庸展親。雖文於伯叔之國言之。而異姓之邦。亦所以示其厚下之恩者可知。其文亦互相備也。聖人於一視同仁之中。而有文理密察之别。仁之至。義之盡也○新安陳氏曰。必服食器用之常物。始足以見君德之所致。若異物。適足以昭君之不德。物皆君德之所致。則此物非徒物也。即君之德也○王氏曰。人以王德所致。故不敢易其物。而德其物

德盛不狎侮。狎侮君子。罔以盡人心。狎侮小人。罔以盡其力

德盛。則動容周旋皆中禮。然後能無狎侮之心。言謹德不可不極其至也。德而未至。則未免有狎侮之心。狎侮君子。則色斯舉矣。彼必高蹈遠引。望望然而去。安能盡其心。狎侮小人。雖其微賤畏威易役。然至愚而神。亦安

能盡其力哉陳氏大猷曰。德愈盛者禮愈恭。德盛則心無限量。自不狎侮人。狎侮之形。由德薄心隘。而驕矜乘之也。此因言慎德而推廣言之。狎侮。則非所以慎德矣○孫氏曰。君子者。天下之所歸心也。待之不以禮。則君子去矣。何以盡人之心。小人以力輔我者也。使之不以禮。則小人怠矣。何以盡彼之力○新安陳氏曰。君子人心所同歸。狎侮之。則惡人之所好。失人心矣。安能得人盡心。小人以力事人。狎侮之。雖刑驅勢迫。勉强用力爾。安能得盡其力。必如文王感民子來。方爲盡其力。須玩味人與其字

不役耳目。百度惟貞

貞。正也。不役於耳目之所好。百爲之度。惟其正而已王氏炎曰。心官爲主。而耳目從其令。則非禮勿聽視。百度正矣。耳目爲主。而心爲所役。則物交物而爲所引。百度何由而正○陳氏大猷曰。受褻。是役於耳目之玩也

玩人喪德。玩物喪志

玩人。即上文狎侮君子之事。玩物。即上文不役耳目之事。德者。己之所得。志者。心之所之。王氏十朋曰。玩人。則以驕而滅敬。故喪德。玩物。則以慾而勝剛。故喪志○呂氏曰。玩人玩物。反覆論狎侮之弊○陳氏大猷曰。受獒。則玩人玩物也○林氏曰。恃獒之所指如意。而有玩忽人之心。則人必以為薄德矣。故喪德。以獒如人意而受之。則玩弄於物。溺志於此而不自覺。豈不喪志○新安陳氏曰。喪志。則亦必喪德矣。未有溺志於物。而可以脩德者。受獒即玩物

志以道寧。言以道接

道者。所當由之理也。己之志以道而寧。則不至於妄發。人之言以道而接。則不至於妄受。存乎中者。所以應乎外。制乎外者。所以養其中。古昔聖賢相授心法也。問志以道寧。言以道接。接字如何。朱子曰。接者。酬應之謂。言當以道酬應也。又曰。志。我之志。言。人之言○陳氏大猷曰。受獒

則志動於物。而非以道寧矣○林氏曰。獒之獻。必井言以求納。亦必有言其可納者。太保言不當受。乃若言逆耳。以道揆之。則知所從違矣○呂氏曰。既說玩好之害。又說存養工夫。志以道寧。孟子所謂持其志。言以道接。孟子所謂我知言。內外交養如此。自然不作無益。不貴異物○陳氏雅言曰。志以道寧。即舜授禹以人心惟危道心惟微。惟精惟一。允執厥中者也。言以道接。即舜授禹以無稽之言勿聽。弗詢之謀勿庸者也

不作無益害有益。功乃成。不貴異物賤用物。民乃足。犬馬非其土性不畜。珍禽奇獸不育于國。不寶遠物。則遠人格。所寶惟賢。則邇人安

孔氏曰。遊觀爲無益。奇巧爲異物。蘇氏曰。周穆王得白狐白鹿。而荒服因以不至。此章凡三節。至所寶惟賢。則益切至矣　陳氏曰。志言如此。則本正矣。豈復有作無益貴異物之事。不貴異物賤用物。則珍玩不貴。

所貴皆服食器用之物矣。遠格。則邇者可知。邇安。則遠者可知。又曰。寶賢則天下安。然其安自近始○林氏曰。漢文却千里馬。光武以駕鼓車。三代後能行召公之言二君是也。虞寶璧乘。故視宮之奇爲路人。齊寶四臣。故視照乘之珠爲土苴○唐孔氏曰。晉惠乘小駟。旋濘見獲。馬非土性故也。趙簡子問王孫圉。楚白珩在乎。對曰。楚所寶。觀射父。左史倚相也。白珩先王所玩。何寶爲。知所寶矣

嗚呼。夙夜罔或不勤。不矜細行。終累大德。爲山九仞。功虧一簣

或。猶言萬一也。呂氏曰。此即謹德工夫。或之一字最有意味。一暫止息。則非謹德矣。矜。矜持之矜。八尺曰仞。細行一簣。指受獒而言也 問不矜細行。與矜而不爭之矜如何。朱子曰。相似。是箇矜惜持守之意○王氏十朋曰。此書始終皆曰嗚呼。始欲其慎。終欲其勤也○新安陳氏曰。武王治定功成如此。或受

一獒。遂略大德而虧成功。實深可惜。此篇始以慎言。終以勤言。必無一息不勤。始爲慎德之至。夙夜罔或不勤。體天之行健。而自强不息也。一受獒。是怠忽而勤息矣。豈所以慎德哉○陳氏雅言曰。旅獒一篇。以慎德爲綱領。而此之夙夜罔或不勤。又慎德之工夫也○陳氏大猷曰。細行。猶言小節。即畢命所謂小物。易所謂庸行。受一獒雖若小節。所損甚大○吕氏曰。當於一顰一笑一動一作之時。于細體察。蓋小處易得放過。功虧一簣非止欠一簣。做了便是聖人。雖作之不已。常若欠一簣○林氏曰。世豈有爲山者哉。蓋假設以見意爾。孔子之言。蓋本乎此。夫却一獒之獻。亦細行爾。而世王之兆。實見於此。箕子曰。彼爲象箸。必爲玉盃。爲玉盃。必思遠方。珍異之物。紂之亡原於此。豈在大乎。此所以言不矜細行。而欲享世王之功也○陳氏經曰。一簣之虧。是爲山未成也。人主常持未成之心。於既成之日。此見純亦不已之意○張氏曰。受獒。是一簣之虧也

允迪茲。生民保厥居。惟乃世王。

信能行此。則生民保其居。而王業可永也。蓋人主一身。

實萬化之原。苟於理有毫髮之不盡。即遺生民無窮之害。而非創業垂統可繼之道矣。以武王之聖。召公所以警戒之者如此。後之人君。可不深思而加念之哉王氏日休曰。兹。謂此一篇之言。謂誠能行此言也○董氏鼎曰。前則告以慎德昭德。後則戒以喪德累德。然其曰志以道寧。言以道接。雖不待竟其說。而旅之獒可以不受。吾之訓不可以不從。固已明矣。聖人不以細行而不謹。大臣不以細過而不諫。此古者所以君明臣良。而後世鮮儷也

金縢

武王有疾。周公以王室未安。殷民未服。根本易搖。故請命三王。欲以身代武王之死。史錄其冊祝之文。并敘其事之始末。合爲一篇。以其藏於金縢之

匱。編書者因以金縢名篇。今文古文皆有○唐孔氏曰。發首至王季文王。史敘將告神之事也。史乃冊祝至屏璧與珪。記告神之辭也。自乃卜至乃瘳。記卜吉及王病瘳之事也。自武王既喪巳下。記周公流言居東。及成王迎歸之事也 朱子曰。金縢之作。在周公東征而歸之後。以其記武王時事。且備東征本末。故敘之於此。○孔氏曰。書藏於匱。緘之以金。不欲人開○鄭氏曰。凡藏秘書皆然。非始周公○王氏日休曰。縢緘也。以金緘封。若今鎖然

既克商二年。王有疾弗豫

記年。見其克商之未久也。弗豫。不悅豫也 蘇氏曰。弗豫。猶言不懌○陳氏梅叟曰。是時成王生纔五年

二公曰。我其爲王穆卜

二公。大公召公也。李氏曰。穆者敬而有和意。穆卜。猶言共卜也。愚謂古者國有大事卜。則公卿百執事皆在。誠一而和同。以聽卜筮。故名其卜曰穆卜。下文成王因風雷之變。王與大夫盡弁。啓金縢之書以卜者是也。先儒專以穆爲敬。而於所謂其勿穆卜。則義不通矣張氏大猷曰。穆敬和而有深遠之意○新安陳氏曰。蔡傳非孔註專以穆爲敬。是矣。以昭穆之穆證之。又有幽陰深遠之意

周公曰。未可以戚我先王

戚。憂惱之意。未可以武王之疾。而憂惱我先王也。蓋欲二公之卜

公乃自以爲功爲三壇同墠爲壇於南方北面周公立焉植璧秉珪乃告太王王季文王

功事也築土曰壇除地曰墠三壇三王之位皆南向三壇之南別爲一壇北向周公所立之地也植置也圭璧所以禮神詩言圭璧既卒周禮祼圭以祀先王周公卻二公之卜而乃自以爲功者蓋二公不過卜武王之安否爾而周公愛兄之切危國之至忠誠懇懇於祖父之前如下文所云者有不得盡焉此其所以自以爲功也又二公穆卜則必禱於宗廟用朝廷卜筮之禮如此則上下喧騰而人心搖動故周公不於宗廟而特爲壇墠

以自禱也孔氏曰。公自以請命爲己事。○復齋董氏曰。古者有事祖考。當夫無廟。與不得入廟。則爲壇以祭。禮。支子不得祭祖。故周公不敢入廟而爲壇也○臨川吳氏曰。古禮。凡於遠祖之無廟者。及宗子去其宗廟而在他國者。及支子雖在本國。而於禮不得入廟者。或有禱告。必須墠地爲壇。以棲祖考之神。周公支子爲臣。故不敢告于廟。而爲壇以告也○林氏曰。植壁於壇。秉珪於手○鄭氏曰。植古置字。置壁於三王之壇以禮神。秉珪。公自執桓圭也○或曰。金縢之禱。不知命乎程子曰。周公誠心欲代其兄。豈問命耶○陳氏經曰。孔子曰某之禱久矣。孔子之不禱。爲己也。周公之禱。爲君親也。爲己而禱。是不知命。爲君親而不禱。是不知義

史乃冊祝曰。惟爾元孫某。遘厲虐疾。若爾三王。是有丕子之責于天。以旦代某之身

史。太史也。冊祝。如今祝版之類。元孫某。武王也。遘。遇。厲惡。虐。暴也。丕子。元子也。旦。周公名也。言武王遇惡暴之

疾若爾三王是有元子之責于天蓋武王爲天元子三
王當任其保護之責于天不可令其死也如欲其死則
請以旦代武王之身于天之下疑有缺文舊說謂天責
取武王者非是詳下文予仁若考能事鬼神等語皆主
祖父人鬼爲言至於乃命帝庭無墜天之降寶命則言
天命武王如此之大而三王不可墜天之寶命文意可
見又按死生有命周公乃欲以身代武王之死或者疑
之蓋方是時天下未安王業未固使武王死則宗社傾
危生民塗炭變故有不可勝言者周公忠誠切至欲代
其死以輸危急其精神感動故卒得命於三王今世之

匹夫匹婦。一念誠孝。猶足以感格鬼神。顯有應驗。而況於周公之元聖乎。是固不可謂無此理也

問周公代武王死。亦有此理否。朱子曰。聖人爲之。亦須有此理。○林氏曰。自太王王季言。則曰元孫。自文王言。則曰丕子。元。長。丕。大。皆指武王也。○問或問正叔。周公欲以身代武王之死。其知命乎。正叔曰。只是要代兄死。豈更問命。此語如何。龜山楊氏曰。是也。曰。聖人不應不知天理。天理既不然而必行之。其誠不幾於無物否。曰。聖人固知天理。然只爲情切。猶於此僥倖萬一也。故至誠爲之○臨川吳氏曰。武王喪于克商七八年之後。天下大勢已定。猶有武庚之叛。周室幾危。設使喪于克商甫二年之時。則禍變又將若何。周公蓋覩事勢之必至於此。所以欲代武王之死也。或曰。死生有命。而周公欲代死。理有之乎。曰。有匹夫匹婦。發一誠心。可動天地。況聖人至誠至公。心與天一志一則動氣。固有轉移造化之理。若理之所無。則周公豈爲之哉

予仁若考。能多材多藝。能事鬼神。乃元孫不若旦多材多

藝不能事鬼神

周公言我仁順祖考多材幹多藝能可任役使能事鬼神武王不如旦多材多藝不任役使不能事鬼神材藝但指服事役使而言

朱子曰周公以身代武王之說只緣人看錯了此乃周公誠意篤切以庶幾其萬一至子之責于天只是以武王受事天之責任如今人說話他要箇人來服事周公便說是他不能服事天不似我多材多藝自能服事天○元孫不若旦非周公自誇而貶武王蓋欲代其死不得不然言武王不救則天命墜宗社亡非過爲危言理勢實然也後來王崩在定商八年後三監之變尚如此況克商二年乎周公忠誠懇切欲代武王死以輸危急蓋以武王一身宗社生民之身周公之禱非獨弟爲兄臣爲君乃爲先王禱爲天下禱爲萬世社稷生靈禱也至聖至誠卒感通於先王而轉移乎造化烏可謂無此理哉

乃命于帝庭敷佑四方用能定爾子孫于下地四方之民

罔不祗畏。嗚呼。無墜天之降寶命。我先王亦永有依歸

言武王乃受命於上帝之庭。布文德以佑助四方。用能定爾子孫於下地。使四方之民。無不敬畏。其任大其責重。未可以死。故又歎息申言三王不可墜失天降之寶命。庶先王之祀。亦永有所賴以存也。寶命。即帝庭之命也。謂之寶者。重其事也

朱子曰。若爾三王有丕子之責于天。以旦代某之身。此一段先儒都解錯了。只有晁以道說得好。他解丕子之責。如史傳中責其侍子之責。蓋云上帝責三王之侍子。侍子指武王也。上帝責其來服事左右。故周公乞代其死。云以旦代某之身。予仁若考。能多材多藝。能事鬼神。乃元孫不若旦多材多藝。不能事鬼神。用能定爾子孫于下地。四方之民。罔不祗畏。言三王若有侍子之責于天。則不如以我代之。我多材多藝。能事上帝。武王不若我多材多藝。不能事鬼神。不如且留他在世上。定爾之子孫。與

四方之民。文意如此。伊川却疑周公不應自說多材多藝。不是如此。他止是要代武王之死爾○林氏曰旦多材藝。元孫之死。不若旦之死。元孫能畏服四方。則旦之生。不若元孫之生

今我即命于元龜爾之許我我其以璧與珪歸俟爾命爾不許我我乃屏璧與珪

即。就也。歸俟爾命。俟武王之安也。屏。藏也。屏璧與珪。言不得事神也。蓋武王喪。則周之基業必墜。雖欲事神。不可得也。其稱爾稱我。無異人子之在膝下以語其親者。此亦終身慕父母與不死其親之意。以見公之達孝也

林氏曰。自惟爾元孫某。至我乃屏璧與珪。即冊上所書祝辭全文。本用武王名。記載代以某字。周人以諱事神。諱名始於周也○張氏曰。武王若死。事未可知。大位者奸之窺覦。危病者邪之伺。異時三監之畔。周公之先見微

矣

乃卜三龜一習吉啓籥見書乃并是吉

卜筮必立三人以相參考三龜者三人所卜之龜也習重也謂三龜之兆一同開籥見卜兆之書乃并是吉朱子曰或曰三王前各一龜卜之○林氏曰習與習坎之習同舜亦曰卜不習吉

公曰體王其罔害予小子新命于三王惟永終是圖茲攸俟能念予一人

體兆之體也言視其卜兆之吉王疾其無所害我新受三王之命而永終是圖矣茲攸俟者即上文所謂歸俟也一人武王也言三王能念我武王使之安也詳此言

新命于三王不言新命于天以見果非謂天責取武王也薛氏曰體與詩爾卜爾誓體無咎言之體同周禮占人云是卜君占體大夫占色史占墨卜人占拆然證以詩之語則卜看兆體亦可通上下言之○新安陳氏曰茲攸俟上下疑有闕誤

公歸乃納册于金縢之匱中王翼日乃瘳

册祝册也匱藏卜書之匱金縢以金緘之也翼日公歸之明日也瘳愈也按金縢之匱乃周家藏卜筮書之物每卜則以告神之辭書於册既卜則納册於匱而藏之前後卜皆如此故前周公乃卜三龜一習吉啓籥見書者啓此匱也後成王遇風雷之變欲卜啓金縢者亦啓此匱也蓋卜筮之物先王不敢褻故金縢其匱而藏之

非周公始爲此匱藏此册祝。爲後來自解計也。朱子曰。既克商二年至王翼日乃瘳。此敘周公請命之事○問周公既禱三王而藏其文於金縢之匱中。豈逆知成王之信流言將以語之乎。程子曰。以近世觀焉。祝册既用則或焚之。或埋之。豈周公之時未有焚埋之禮也。而欲敬其事。故若此乎○王氏曰。卜筮既畢而不敢褻。必納其册書於匱。異時將卜。則復啓焉。乃國家故事。非特爲此匱藏其册爲後來自解之計也○問周公代武王以有瘳。有如此理否。和靖尹氏曰。盡周公之意而已。然有瘳乃感應也○林氏曰。請代武王之死者。周公之本心也。王瘳而公不死者。天也。非人之所能爲也

武王既喪。管叔及其群弟乃流言於國曰。公將不利於孺子。

管叔名鮮。武王弟。周公兄也。群弟。蔡叔度霍叔處也。流言無根之言。如水之流。自彼而至此也。孺子。成王也。商

人兄死弟立者多。武王崩成王幼。周公攝政。商人固已疑之。又管叔於周公爲兄。尤所覬覦。故武庚管蔡流言於國。以危懼成王。而動揺周公也。史氏言管叔及其群弟而不及武庚者。所以深著三叔之罪也。朱子曰。武王既喪。此以下記周公成王時事。○管叔及其群弟至不利於孺子。此即大誥所謂三監及淮夷叛也。意其稱兵舉事。必以誅周公爲辭。若王敦之於劉隗刁協爾。詩序所謂周公遭變。陳后稷先公風化之所由。而作七月之詩。以陳王業。風諭成王者。蓋此時也

周公乃告二公曰。我之弗辟。我無以告我先王

辟讀爲避。鄭氏詩傳。言周公以管蔡流言。辟居東都。是也。漢孔氏以爲致辟於管叔之辟。謂誅殺之也。夫三叔

流言。以公將不利於成王。周公豈容遽興兵以誅之耶。

且是時。王方疑公。公將請王而誅之耶。將自誅之也。請

之固未必從。不請自誅之。亦非所以爲周公矣。我之弗

辟。我無以告我先王。言我不避則於義有所不盡。無以

告先王於地下也。公豈自爲身計哉。亦盡其忠誠而已

矣朱子曰。周公乃告二公曰。至告我先王。作大誥。遂東征。○呂氏曰。舜封象於有庳。所以爲至仁。周公之誅三叔。所以爲大義。事異而心則一也。○張氏行成曰。仁人之於兄弟也。有怨於身則不宿。獲罪於天下則必誅

周公居東二年。則罪人斯得

居東。居國之東也。鄭氏謂避居東都。未知何據。孔氏以

居東爲東征。非也。方流言之起。成王未知罪人爲誰。二

年之後王始知流言之爲管蔡斯得者遲之之辭也朱子曰周公居東二年則罪人斯得殺武庚致辟管叔于商囚蔡叔于郭鄰降霍叔于庶人命微子啓代殷後作微子之命皆此時事○周公東征不必言用權自是王室至親與諸侯連衡背叛當國大臣豈有坐視不救之理帥師征之乃是正義不待可與權者而後能也若馬鄭以爲東行避謗乃鄙生腐儒不達時務之說可不辨而自明若夫所謂周公之志非爲身謀也爲先王謀也非爲先王謀也以身任天下之重也此語極佳○罪人斯得須看箇極廣大無物我底心胷看方得若有一毫私吝自愛惜避嫌疑之心則與聖人做處天地懸隔矣萬一成王終不悟周公更待罪幾年不知如何收殺○問罪人斯得或以爲管蔡或以爲周公官屬如何曰非也管蔡既流言成王疑之未知罪人之爲誰也及周公居東二年成王因風雷之變啓金縢而悟乃知罪在管蔡也若曰所謂罪人者今得之矣又問所謂居東二年即東征否曰成王方疑周公豈得便東征乎二年待罪也東征三年非二年也○董銖問金縢我之弗辟我無以告我先王馬鄭皆音辟爲避其意蓋謂管蔡流言成王

既疑周公。公乃避居東都。二年之久。以待成王之察。及成王遭風雷之變。啓金縢之書。迎公來返。返乃攝政。方始東征。所謂罪人斯得者。成王得其流言之罪人也。陳少南吳才老從之。而詆先儒誅辟之說。切謂周公之誅管蔡。與伊尹之放太甲。皆聖人之變。惟二公至誠無愧。正大明白。故行之不疑。未可以淺俗之心窺之也。此辟字。與蔡仲之命。所謂致辟之辟同。安得以辟爲避。且使周公委政而去。二年之久。不幸成王終不悟。而小人得以乘間而入。則周家之禍。可勝言哉。周公是時。不知何以告我先王也。觀公之告二公。曰。我之弗辟。我無以告我先王。其言正大明白。至誠惻怛。則區區嫌疑。有所不敢避矣。惟有此心無愧。而先王可告也。自潔其身而爲匹夫之諒。周公豈爲之哉。曰。辟字當從古註說。與蔡沈帖曰。弗辟之說。只從鄭氏爲是。向董叔重得書。亦辨此條。一時信筆答之。謂當從古註說。後來思之。不然。是時三叔方流言於國。周公處兄弟骨肉之間。豈應以片言半語。便遽然興師以誅之。聖人氣象。大不如此。又成王方疑周公。周公固不應不請而自誅之。若請之於王。王亦未必見從。則當時事勢。亦未必然。雖曰聖人之心。公平正大。區區嫌疑。似不必避。但舜避堯之子於南河之南禹避舜之子於陽城自是合如此若居堯之宮逼堯之子即爲簒矣或又謂成王疑周公故周公居東不幸成王終不悟不知周公又如何處曰亦惟盡其忠誠而已矣○呂氏曰方是時內而少主疑惑外而四國倡亂周公何恃而敢出征二年之久蓋十亂尚有如二公者爲太師太保而在內可以委付內事調護鎮定於其間故也後世權臣安敢輕去君側舉足左右變不旋踵矣

于後公乃爲詩以貽王名之曰鴟鴞王亦未敢誚公

鴟鴞惡鳥也以其破巢取卵比武庚之敗管蔡及王室也誚讓也上文言罪人斯得則是時成王之疑十已去其四五矣管蔡朱子曰于後公乃爲詩至誚公公既滅武庚東方而周大夫爲作破斧伐柯九罭狼跋之詩○管蔡流言使成王疑周公周公雖已滅之然成王之疑未釋則亂未弭也故周公作鴟鴞之詩以遺王而告以王業艱難不忍毀壞之意所以爲救亂也○管蔡流言以謗

周公而公征之。不知者以爲公之爲是。以救其身而已。故爲此詩者。爲之發明其心如此。學者於此玩味而有得焉。則正大而天地之情可見矣○呂氏曰。王欲誚公而未敢。所謂未敢。則悔過之根本也

秋大熟。未穫。天大雷電以風。禾盡偃。大木斯拔。邦人大恐。王與大夫盡弁以啓金縢之書。乃得周公所自以爲功代武王之說

王與大夫盡弁以發金縢之書。將卜天變。而偶得周公冊祝請命之說也。孔氏謂二公倡王啓之者非是。按秋大熟。係于二年之後。則成王迎周公之歸。蓋二年秋也。東山之詩言自我不見。于今三年。則居東之非東征明矣。蓋周公居東二年。成王因風雷之變。既親迎以歸。三

叔懷流言之罪。遂脅武庚以叛。成王命周公征之。其東征往反。首尾又自三年也

二公及王乃問諸史與百執事。對曰。信。噫。公命。句 我勿敢言

周公卜武王之疾。二公未必不知之。周公册祝之文。二公蓋不知也。諸史百執事。蓋卜筮執事之人。成王使卜天變者。即前日周公使卜武王疾之人也。二公及成王得周公自以爲功之說。因以問之。故皆謂信有此事。已而歎息言此實周公之命。而我勿敢言爾。孔氏謂周公使之勿道者。非是。朱子曰。秋大熟至我勿敢言。金縢所藏代武王之說。○葵初王氏曰。如蔡

點當云我莫敢言耳說文勿莫也

王執書以泣曰其勿穆卜昔公勤勞王家惟予冲人弗及知今天動威以彰周公之德惟朕小子其新逆我國家禮亦宜之

新當作親成王啓金縢之書欲卜天變既得公用祝之文遂感悟執書以泣言不必更卜昔周公勤勞王室我幼不及知今天動威以明周公之德我小子其親迎公以歸於國家禮亦宜也按鄭氏詩傳成王既得金縢之書親迎周公鄭氏學出於伏生而此篇則伏生所傳當以親爲正親誤作新正猶大學新誤作親也馬融本新逆作親逆

王出郊。天乃雨。反風。禾則盡起。二公命邦人。凡大木所偃。盡起而築之。歲則大熟

國外曰郊。王出郊者。成王自往迎公。即上文所謂親迎者也。天乃返風。感應如此之速。洪範庶徵。孰謂其不可信哉。又按武王疾瘳四年而崩。群叔流言。周公居東二年。罪人既得。成王迎周公以歸。凡六年事也。編書者附于金縢之末。以見請命事之首末。金縢書之顯晦也朱子曰。王執書至歲則大熟。歸東嘉禾之書。皆此後作。周公自是歸。大夫美之。而作東山之詩也○成王方疑周公。二公何不爲周公辨明。若天不雷電以風。二公終不進說矣。當是時。成王欲誚周公而未敢。蓋周公東征。其勢亦難誚也。此成王雖深疑之。而未敢誚之也。若成王終不悟。周公須有所處矣○書中可疑諸篇。若一齊不信。

恐倒了六經。如金縢。亦有非人情者。雨反風。禾盡起。也是怪異。成王又如何悔恨去啟金縢之書。然當周公納策於匱中。豈但二公知之○林氏曰。公尚欲以身代兄之死。況肯奪兄子之位乎。此成王所以感悟也。出郊者及公至。則郊勞而親迎之也。孔氏以爲郊天。誤矣。又謂木有偃拔起而立之。亦非。凡禾爲木所仆。而不能自立者。則爲之起而築之。加人力焉。築者。築禾也○新安陳氏曰。成王未知周公。則天爲之雷風偃禾。既知周公。則天爲之反風起禾。感應之速。如影響然。天豈在君心外耶○林氏曰。自周公居東而下。其事迹皆在大誥之後。然實與周公請死之事。相爲終始。故於此并載之○董氏鼎曰。帝王之興。自有天命。必至於極而後見。武王崩。成王幼。天下之重。懸於周公。公負謗而不遑自安。王得詩而尚猶未悟。文武之業。危如一髮。非天其孰能警悟而扶持之。故天之動威。不特以彰周公之德。實以表見三監之罪。而顯相文武之業也。如漢高困於項籍。而大風爲之揚沙。光武窘於王郎。而河冰爲之自合。庸非天乎

大誥

武王克殷。以殷餘民。封受子武庚。命三叔監殷。武王崩。成王立。周公相之。三叔流言。公將不利於孺子。周公避位居東。後成王悟。迎周公歸。三叔懼。遂與武庚叛。成王命周公東征以討之。大誥天下。書言武庚而不言管叔者。爲親者諱也。篇首有大誥二字。編書者因以名篇。今文古文皆有○按此篇誥語。多主卜言。如曰寧王遺我大寶龜。曰朕卜并吉。曰予得吉卜。曰王害不違卜。曰寧王惟卜用。曰矧亦惟卜用。曰予曷其極卜。曰矧今卜并吉。至於篇終。又曰卜陳惟若茲。意邦君御事有曰。艱大不

可征。欲王違卜。故周公以討叛卜吉之義與天命人事之不可違者。反復誥諭之也

朱子曰。大誥一篇不可曉。據周公在當時。外則有武庚管蔡之叛。內則有成王之疑。周室方且岌岌然。他作此書。決不是備禮苟且為之。必欲以此聳動天下也。而今大誥大意。不過說周家辛苦。做得這基業在此。我後人不可不有以成就之而已。其後又却專歸在卜上。其意思緩而不切。殊不可曉。○因言武王既克紂武庚三監及商民叛。曰。當初紂之暴虐。天下之人胥怨。無不欲誅之。及武王既奉天下之心以誅紂。於是天下之怨皆解而歸德於周矣。然商之遺民及與紂同事之臣。一旦見故主遭人戮。宗社為墟。寧不動心。玆固畔心之所由生也。蓋始於苦紂之暴而欲其亡。固人之心。及紂既死。則怨已解而人心復有所不忍。亦事勢人情之必然者。又況商之流風善政。畢竟尚有在人心者。及其頑民感商恩意之深。此其所以叛也。後來樂毅伐齊。亦是如此。○陳氏大猷曰。武王以公義封武庚。而不虞其怨。以親愛用

三叔。而不料其反。仁人之過也。使捨武庚而立微子。三監雖欲叛而不從。捨三叔而任他人。武庚雖欲反而不敢。○陳氏經曰。使三叔監殷。亦如舜之封象。不得有爲於其國。使吏治其國之意。讀泰牧誓而知武王取商之易。讀大誥諸篇而知周家安商之難。○新安陳氏曰。傳避位之說。蓋以照應金縢

王若曰。猷大誥爾多邦。越爾御事。弗弔天降割于我家。不少延。洪惟我幼沖人。嗣無疆大歷服。弗造哲。迪民康。矧曰其有能格知天命

猷。發語辭也。猶虞書咨嗟之例。按爾雅猷訓最多。曰謀。曰言。曰已。曰圖。未知此何訓也。弔恤也。猶詩言不弔昊天之弔。言我不爲天所恤。降害於我周家。武王遂喪而

不少待也。冲人。成王也。歷。歷數也。服。五服也。哲。明哲也。格。格物之格。言大思我幼冲之君。嗣守無疆之大業。弗能造明哲以導民於安康。是人事且有所未至。而况言其能格知天命乎

朱子曰。王若曰。若字只是一似如此說底意思。如漢書中帝意若曰之類。蓋或宣道德意者敷演其說。或記錄者失其語。而追記其意如此也。○書中弗弔字。只如字讀。解者欲訓弔爲至。故音的聲。非也。其意止如詩中所謂不弔昊天耳。言不見閔弔於上帝也。○林氏曰。政雖攝於周公。而成王在上爲天子。故必稱王命以告也。猷。發語之辭。若二典所謂咨。甘誓胤征所謂嗟。切意至周時發語之辭變而爲猷。故微子之命。多士多方。皆言王若曰猷。越。及也。○呂氏曰。叛者。三監武庚耳。何必大誥多方。蓋天下初定人情未安。三監煽變。恐亂之牽引。不止於此。所以大誥諭之。人心有定。則變無由生也。○西山真氏曰。聖賢舉事。必先誥諭多方者。所以昭大公而一衆志。非但防亂而已○馬融讀不少延爲句○薛氏曰。洪惟。與洪惟作

威同○復齋董氏曰。幼。謂年少。冲。童也○陳氏大猷曰。格知。格。格之至也。下文將言用龜紹天命。故先謙言已不知天命也○王氏安石曰。大誥疑有脱誤。其不可知者輒闕之。而釋其可知者○新安陳氏曰。朱子所以取荆公者在此。此可爲解盤誥諸篇之法

已予惟小子若涉淵水予惟往求朕攸濟敷賁敷前人受命。茲不忘大功予不敢閉于天降威用

已承上語詞。已而有不能已之意。若涉淵水者。喻其心之憂懼。求朕攸濟者。冀其事之必成。敷。布。賁。飾也。敷賁者。脩明其典章法度。敷前人受命者。增益開大前王之基業。若此者。所以不忘武王安天下之大功也。今武庚不靖。天固誅之。予豈敢閉抑天之威用而不行討乎朱子

因論點書曰人說荊公穿鑿只是好處亦用還他如天降割于我家不少延用寧王遺我大寶龜皆非諸家所及○葉氏曰禮天子在喪稱予小子詩閔予小子是也○陳氏大猷曰渡水曰涉渡訖曰濟○夏氏曰敷布賁飾之事以敷布恢張前人所受之命於此不忘前人之大功烈也○孔氏曰我不敢閉絕天所下威用而不行○新安陳氏曰若涉淵水畏之之深也往求攸濟濟之之道也知懼自強兩者並行方能濟難不知畏者忽徒知畏者沮皆非也惟天惟祖宗所以付任我者甚重今日不敢不力不敷賁敷受命是不能繼志述事而忘祖宗之大功也不用兵伐四國是不能奉行天討而閉天之降威也○西山眞氏曰天降威謂天以商有罪降之黜罰非我所敢拒也王者用威聽乎天而已天未降威不敢先文王事殷是也天既降威不敢後武王伐殷是也○王氏曰閉拒也天降威成王不敢拒故用寧王所用大寶龜紹天之明以斷吉凶而即天命也

寧王遺我大寶龜紹天明即命曰有大艱于西土西土人亦不靜越茲蠢

寧王武王也下文又曰寧考蘇氏曰當時謂武王爲寧王以其克殷而安天下也蠢動而無知之貌寧王遺我大寶龜者以其可以紹介天命以定吉凶曩嘗即龜所命而其兆謂將有大艱難之事于西土西土之人亦不安靜是武庚未叛之時而龜之兆蓋已預告矣及此果蠢蠢然而動其卜可驗如此將言下文伐殷卜吉之事故先發此以見卜之不可違也呂氏曰寧王遺我大寶龜大誥一篇之綱領也自始至終皆以卜爲言○林氏曰天之吉凶示人甚明然其道幽冥無介紹以傳其意惟卜之以龜則天之明曉然可見此成王所以即而受命焉○薛氏曰即命與金縢即命于元龜同意○蘇氏曰曰有大艱于西土西土人亦不靜此龜所以告也及是三監果動○史氏漸曰文武成之際事之大者凡三皆以卜而决文王將

獵得非虎非熊之卜而太公起於渭濱造周之謀自此而成武王師渡孟津曰朕夢協朕卜與周之基自此而定成王主少國疑之際而三監商奄相煽而起賴朕卜弁吉故周公寧違衆而舉師不敢違卜而逆天而安周之功自此而著周家三世以三卜而興則大龜爲世守之寶也亦宜○新安陳氏曰武庚之亂在東非西土也孔註四國作大難于京師意其指流言於國歟○蔡初王氏曰西土指鎬京爲是即牧誓所謂西土之人大艱以下艱大例之是因流言而有東征之役

殷小腆誕敢紀其叙天降威知我國有疵民不康曰予復反鄙我周邦

腆厚誕大叙緒疵病也言武庚以小厚之國乃敢大紀其既亡之緒是雖天降威于殷然亦武庚知我國有三叔疵隙民心不安故敢言我將復殷業而欲反鄙邑我

周邦也呂氏曰反鄙之鄙如鄭子産曰鄭鄙邑也

令蠢今翼日民獻有十夫予翼以于敉寧武圖功我有大事休朕卜并吉

于往敉撫武繼也謂今武庚蠢動今之明日民之賢者十夫輔我以往撫定商邦而繼嗣武王所圖之功也大事戎事左傳云國之大事在祀與戎休美也言知我有戎事休美者以朕卜三龜而并吉也按上文即命曰有大艱于西土蓋卜於武王方崩之時此云朕卜并吉乃卜於將伐武庚之日先儒合以爲一誤矣林氏曰民之賢者有十夫來助予往征以撫安武王所圖之功則得人心矣朕卜并吉則得天心矣天人俱應則我周有必勝之理武庚

有必亡之勢。如之何不征。民獻與黎獻同。欒武子以三卿爲主。不與楚戰。亦周公從十夫之意。曰鄭大者雖衆皆不知天者也。知天之十獻爲主。可謂衆矣。惜十民獻名氏不見於後世耳。○楊氏曰。惟至誠爲能通天下之志。誠而不疑。其類自合。方是時。危疑之甚。惟周公以身任之而不疑。故十夫予翼。此勿疑朋盍簪之謂也。○新安陳氏曰。公之東征。邦君御事。皆疑民獻十夫先至。故公表其人以告天下。蓋天之視聽在民。而民之去就視賢。蓍龜固可以紹天明。賢人尤可以占天意。賢人。人中之蓍龜也。此章言武庚作亂。不可不征。而决之賢與卜民獻龜卜。乃大誥之綱領也

肆予告我友邦君越尹氏庶士御事曰予得吉卜予惟以爾庶邦于伐殷逋播臣

此舉嘗以卜吉之故。告邦君御事往伐武庚之詞也。肆。故也。尹氏。庶官之正也。殷逋播臣者。謂武庚及其群臣

本逋亡播遷之臣也

爾庶邦君越庶士御事罔不反曰艱大民不靜亦惟在王宮邦君室越予小子考翼不可征王害不違卜

此舉邦君御事不欲征欲王違卜之言也邦君御事無不反曰艱難重大不可輕舉且民不靜雖由武庚然亦在於王之宮邦君之室謂三叔不睦之故實兆釁端不可不自反害曷也越我小子與父老敬事者皆謂不可征王曷不違卜而勿征乎

肆予冲人永思艱曰嗚呼允蠢鰥寡哀哉予造天役遺大投艱于朕身越予冲人不卬自恤義爾邦君越爾多士尹

氏御事綏予曰無毖于恤不可不成乃寧考圖功
造爲卬我也故我冲人亦永思其事之艱大歎息言信
四國蠢動害及鰥寡深可哀也然我之所爲皆天之所
役使今日之事天實以其甚大者遺於我之身以其甚
艱者投於我之身於我冲人固不暇自恤矣然以義言
之於爾邦君於爾多士及官正治事之臣當安我曰無
勞於憂誠不可不成武王所圖之功相與戮力致討可
也此章深責邦君御事之避事朱子曰卬字即我字沈存中以爲秦語平音故謂之卬○新安陳氏曰以大任責已以大義責臣非不知遺我以大投我以艱而責不得辭也以義言之當如此反觀之則以艱大沮撓者其爲不義大矣

已。予惟小子。不敢替上帝命。天休于寧王。興我小邦周。寧王惟卜用。克綏受茲命。今天其相民。矧亦惟卜用。嗚呼。天明畏。弼我丕丕基。

卜伐武庚而吉。是上帝命伐之也。上帝之命。其敢廢乎。昔天眷武王。由百里而有天下。亦惟卜用。所謂朕夢協朕卜。襲于休祥。是也。今天相佑斯民。避凶趨吉。況亦惟卜是用。是上而先王。下而小民。莫不用卜。而我獨可廢卜乎。故又歎息言天之明命可畏如此。是蓋輔成我丕丕基業。其可違耶。天明。即上文所謂紹天明者。呂氏曰。天之明示威畏。非以困我。乃欲輔成我大業也。如孟子言天將降大任。必先苦其心志。畏之者。乃所以弼之也。多難興邦。殷

憂啓聖。此周公自强
虞。即所以畏天命

王曰。爾惟舊人。爾丕克遠省。爾知寧王若勤哉。天閟毖我成功所。予不敢不極卒寧王圖事。肆予大化誘我友邦君。天棐忱辭。其考我民。予曷其不于前寧人圖功攸終。天亦惟用勤毖我民。若有疾。予曷敢不于前寧人攸受休畢

當時邦君御事。有武王之舊臣者。亦憚征役。上文考翼不可征。是也。故周公專呼舊臣而告之曰。爾惟武王之舊人。爾大能遠省前日之事。爾豈不知武王若此之勤勞哉。閟者。否閉而不通。毖者。艱難而不易。言天之所以否閉艱難。國家多難者。乃我成功之所在。我不敢不極

卒武王所圖之事也。化者。化其固滯。誘者。誘其順從。棐。輔也。寧人。武王之大臣。當時謂武王爲寧王。因謂武王之大臣爲寧人也。民獻十夫以爲可伐。是天輔以誠信之辭。考之民而可見矣。我曷其不於前寧人而圖功所終乎。勤毖我民若有疾者。四國勤毖我民。如人有疾。必速攻治之。我曷其不於前寧人所受休美而畢之乎。按此三節謂不可不卒終畢寧王寧人事功休美之意。言寧人。則舊人之不欲征者亦可愧矣。朱子曰。諸家棐字。並作輔字訓。固爲可通。後讀漢書顏師古註。云匪棐通用。如書中棐字。亦合作匪字義。忱諶字只訓信。天棐忱。如云天不可信。○唐孔氏曰。三節文辭畧同。義不甚異。○林氏曰。武庚之叛。是天閟塞之而欲其毖慎。蓋將使我操心危而慮患深。養其德慧術智於疢疾之中。此正我戡定禍難以成武功之所也 ○新安許氏曰。天意欲征武庚。故此歸之於天。非諄諄然命之也。民心之所欲。即是天意如此 ○陳氏大猷曰。圖事。以其所行言。圖功。以其所成言。休。以受命言。反覆諭之耳

王曰若昔朕其逝。朕言艱日思。若考作室。既底法。厥子乃弗肯堂。矧肯構。厥父菑。厥子乃弗肯播。矧肯穫。厥考翼其肯曰予有後弗棄基。肆予曷敢不越卬敉寧王大命

昔。前日也。猶孟子昔者之昔。若昔我之欲往。我亦謂其事之難而日思之矣。非輕舉也。以作室喻之。父既底定廣狹高下。其子不肯為之堂基。況肯為之造屋乎。以耕田喻之。父既反土而菑矣。其子乃不肯為之播種。況肯

俟其成而刈穫之乎。考翼父敬事者也。爲其子者如此。
則考翼其肯曰。我有後嗣弗棄我之基業乎。蓋武王定
天下。立經陳紀。如作室之底法。如治田之旣菑。今三監
叛亂。不能討平以終武王之業。則是不肯堂不肯播。況
望其肯構肯穫。而延綿國祚於無窮乎。武王在天之靈。
亦必不肯自謂其有後嗣。而不棄隆其基業矣。故我何
敢不及我身之存。以撫存武王之大命乎。按此三節申
諭不可不終武功之意

若兄考乃有友伐厥子民養其勸弗救

養民未詳。蘇氏曰。養。廝養也。謂人之臣僕。大意言若父

兄有友攻伐其子爲之臣僕者。其可勸其攻伐而不救乎。父兄以諭武王。友以諭四國。子以諭百姓。民養以諭邦君御事。今王之四國毒害百姓。而邦君臣僕乃憚於征役。是長其患而不救。其可哉。此言民被四國之害。不可不救援之意

王曰。嗚呼。肆哉爾庶邦君越爾御事。爽邦由哲。亦惟十人。迪知上帝命。越天棐忱。爾時罔敢易法。矧今天降戾于周邦。惟大艱人。誕鄰胥伐于厥室。爾亦不知天命不易

肆。放也。欲其舒放而不畏縮也。爽。明也。爽厥師之爽。桀昏德。湯伐之。故言爽師。受昏德。武王伐之。故言爽邦。言

昔武王之明大命於邦皆由明智之士。亦惟亂臣十人。蹈知天命。及天輔武王之誠以克商受爾於是時不敢違越武王法制。憚於征役。矧今武王死。天降禍於周。首大難之四國。大近相攻於其室。事危勢迫如此。爾乃以爲不可征。爾亦不知天命之不可違越矣。此以今昔互言。責邦君御事之不知天命。按先儒皆以十人爲十夫。然十夫民之賢者。爾恐未可以爲迪知帝命。未可以爲越天棐忱。所謂迪知者。蹈行真知之詞也。越天棐忱。天命已歸之詞也。非亂臣昭武王以受天命者。不足以當之。況君奭之書。周公歷舉虢叔閎夭之徒。亦曰迪知天

威於受殷命。亦曰若天棐忱。詳周公前後所言。則十人之爲亂臣。又何疑哉

予永念曰。天惟喪殷若穡夫。予曷敢不終朕畝。天亦惟休于前寧人

天之喪殷。若農夫之去草。必絕其根本。我何敢不終我之田畝乎。我之所以終畝者。是天亦惟欲休美於前寧人也

林氏曰。我長念於心。則謂天以紂之暴虐而改命我周。其於殷人也。若穡夫治田。去其稂莠。必芟夷蘊崇之。絕其本根。勿使能植而後已。今也有遺種焉。則我何敢不於田畝之中而畢其事乎。蓋武庚之叛而不去。則爲不終朕畝矣

予曷其極卜。敢弗于從率寧人有指疆土。矧今卜并吉。肆

朕誕以爾東征。天命不僭。卜陳惟若茲

我何敢盡欲用卜。敢不從爾勿征。蓋率循寧人之功。當有指定先王疆土之理。卜而不吉。固將伐之。况今卜而并吉乎。故我大以爾東征。天命斷不僭差。卜之所陳蓋如此。按此篇專主卜言。然其上原天命。下述得人。往推寧王寧人不可不成之功。近指成王邦君御事不可不終之責。諄諄乎民生之休戚。家國之興喪。懇惻切至。不能自已。而反復終始乎卜之一說。以通天下之志。以斷天下之疑。以定天下之業。非聰明睿知神武而不殺者孰能與於此哉朱子曰。如周誥諸篇。不過說周合代商之意。是當時說話。其間多有不可解者。

亦且觀其大意所在而已。○書亦難點。如大誥語句甚長。今人都碎讀了。所以曉不得。○新安陳氏曰。東征之舉。以天命與先王之責決之。本不待卜。況今卜又幷吉。故我大以爾東征。天命討罪。決不僭差。卜之所陳蓋如此。此總陳前諸章之意。而結之以哲人與元龜知天意之當從。前業之當終。而決於東征也。○西山眞氏曰。此章以予永念發端。下分三說。天命喪殷。我不可不終其事。一也。天降休命于武王。凡今所有之疆土。皆前人之所區畫。我可不率其舊如韓愈所謂惟天惟祖宗所以付任予者。庶其在此。予曷敢不力。二也。其下乃言今卜幷吉。是天實命我所不可違。三也。予曷其極卜。言不必窮極於卜也。卜陳惟若茲。言卜亦不外乎此也。先以理斷。而後以卜參之。蓋不特不違卜。亦本不專恃於卜也

○董氏鼎曰。帝王之決大疑。必詢謀僉同。謀及乃心卿士庶民而後及卜筮。蓋以人謀既協。乃決於天。商之七也。格人元龜罔敢知吉。周之東征也。民獻十夫予翼。而卜又幷吉。此大誥書所以始終言之

微子之命

微。國名。子。爵也。成王既殺武庚。封微子於宋。以奉湯祀。史錄其誥命。以爲此篇。今文無。古文有。史記。帝乙長子曰微子啓。母賤不得嗣。少子辛之母正后。辛立。是爲紂。○林氏曰。詔王子出迪。語云微子去之。微子當紂之時。處可疑之地。而去商。亦遯于荒野而已。及武王克商始抱祭器歸周。武王使復其位。初以殷之封爵居舊位也。不曰宋公之命。而曰微子之命。蓋周以賓待之。非欲臣之也。箕子微子雖歸周而未嘗臣周。所以與比干並稱三仁。○吳氏曰。武王克殷。封武庚於殷墟。封微子於宋。樂記言武王下車。投殷後於宋是也。及武庚叛。成王殺之。始即微子已封之宋國。建之爲上公以奉湯祀。蓋申命之書。非先未封。至此始封之也。凡策命諸侯。必有初封之辭。如蔡仲之命。乃命諸王邦之蔡之類。此篇初無此等語也。史記世家言周公既承王命誅武庚。乃命微子代殷後。奉其先祀。作微子之命以申之。其說爲是。且武王猶封箕子於朝鮮。豈有捨微子不封。待成王而後封乎。○陳氏經曰。當武庚叛後。殷餘民猶思商。以微子之賢。處疑忌之地。

而命之之辭如此。聖人寬大公平之用心也。○新安陳氏曰。殺武庚始命微子奉湯祀者。蓋紂以嫡子立爲天子。武庚紂子。實爲大宗子。微子不過支子爾。武庚在。爲殷後奉湯祀者。武庚也。微子不得與也。武庚死。殷命黜。微子始得代之爲殷後歟○王氏炎曰。紂之後可絕。湯之祀不可絕也

王若曰。猷。殷王元子。惟稽古崇德象賢。統承先王。脩其禮物。作賓于王家。與國咸休。永世無窮

元子。長子也。微子。帝乙之長子。紂之庶兄也。崇德。謂先聖王之有德者。則尊崇而奉祀之也。象賢。謂其後嗣子孫有象先聖王之賢者。則命之以主祀也。言考古制。尊崇成湯之德。以微子象賢而奉其祀也。禮。典禮。物。文物也。脩其典禮文物。不使廢壞。以備一王之法也。孔子曰。

夏禮吾能言之。杞不足徵也。殷禮吾能言之。宋不足徵也。文獻不足故也。殷之典禮。微子脩之。至孔子時已不足徵矣。故夫子惜之。賓以客禮遇之也。振鷺言我客戾止。左氏謂宋先代之後。天子有事膰焉。有喪拜焉者也。呂氏曰。先王之心。公平廣大。非若後世滅人之國。惟恐苗裔之存。爲子孫害。成王命微子。方且撫助愛養。欲其與國咸休。永世無窮。公平廣大氣象於此可見張氏曰。本湯言之曰崇德。自微子言之曰象賢○王氏炎曰。脩禮物者自正朔外。不用時王制度。而用其舊儀○呂氏曰。象非止訓似。曰象者。欲其盛德之象。形容長存而不泯也。先王封先代之後。欲存先代典禮者。蓋以損益之理若循環然。先代禮物不脩。後聖有作。扶衰救弊。何所稽考乎。孔子歎文獻之不足徵。與商頌僅得十二之五。皆後世不能脩禮物故也。○新安陳氏曰：稽古崇德象賢一句，爲一篇之綱領。此章自崇德象賢至作賓王家，皆承稽古二字。崇德象賢，固稽古典爲之；使脩先代禮物，作時王之賓客，亦稽古典爲之也。如立堯後以作虞賓，立夏後以脩夏禮，皆古人所已行者。稽古以下四句，所以考之於既往；與國咸休二句，所以期之於方來。又曰：象賢之賢，獻也；禮物，文也。文非獻不能脩。宋初所以能脩禮物，以有微子之賢也。孔子時，宋文獻不足徵，繼之者不能賢如微子故也。故尤以象賢爲重。前日失之於武庚，今日得之於微子，所以下文深取其踐脩厥猷，恪慎孝恭。有此賢德，上可象湯德以繼前聖，下可脩禮物以俟後聖焉。

嗚呼！乃祖成湯，克齊聖廣淵，皇天眷佑，誕受厥命。撫民以寬，除其邪虐，功加于時，德垂後裔。

齊，肅也。齊則無不敬，聖則無不通。廣言其大，淵言其深也。誕，大也。皇天眷佑，誕受厥命，即伊尹所謂天監厥德用集大命者。撫民以寬。除其邪虐。即伊尹所謂伐虐以寛兆民允懷者。功加于時。言其所及者衆。德垂後裔。言其所傳者遠也。後裔。即微子也。此崇德之意。呂氏曰。齊聖廣淵。於此識湯德之全體。湯克寬克仁。代虐以寬。則其開六百年基業。正在於寬。○新安陳氏曰。齊。誠一也。齊如中庸所謂惟天下至誠。聖。即惟天下至聖。廣淵。即所謂溥博淵泉。湯之寬。亦非縱弛之寬。乃自齊聖廣淵盛德中流出。總言之。皆垂後裔之德之源也。功加于時。功即德之效。德垂後裔。德即功之本。互言之爾。湯之功德。傳祀六百。開闢以來莫加焉。而可使之不祀乎。此所以生下文之意也

爾惟踐脩厥猷。舊有令聞。恪慎克孝。肅恭神人。予嘉乃德曰篤不忘。上帝時歆。下民祗協。庸建爾于上公。尹茲東夏

猷道。令善。聞譽也。微子踐履脩舉成湯之道。舊有善譽。

非一日也。恪敬也。恪謹克孝。肅恭神人。指微子實德而言。抱祭器歸周。亦其一也。篤厚也。我善汝德。曰厚而不忘也。歆饗。庸用也。王者之後稱公。故曰上公。尹治也。宋亳在東。故曰東夏。此象賢之意

張氏曰。恪慎在心。肅恭在貌。克孝內也。故言恪慎。神人外也。故言肅恭。○唐孔氏曰。左傳僖十二年王命管仲有曰。謂督不忘。即此曰篤不忘之類也。○王氏曰。宋商後得郊天。故云上帝時歆。記曰宋之郊也契也○西山眞氏曰。恪慎克孝。是事親以敬也。肅恭神人是事神治人亦以敬也。敬以事神。故上帝時歆。敬以治人。故下民祗協。古聖賢惟於敬用功而已。微子之德信乎其爲象賢也○葉氏曰。周制三公在朝八命。有功德出封作伯。九命謂之上公。二王後亦出封之公也○陳氏經曰。鎬在西。故以宋爲東夏○息齋徐氏曰。抱祭器歸周。與商書微子篇末傳異

欽哉。往敷乃訓。愼乃服命。率由典常。以蕃王室。弘乃烈祖。

律乃有民永綏厥位毗予一人世世享德萬邦作式俾我

有周無斁

此因戒勉之也服命上公服命也宋王者之後成湯之

廟當有天子禮樂慮有僭擬之失故曰謹其服命率由

典常以戒之也弘大律範毗輔式法斁厭也即詩言在

此無斁之意○林氏曰偪生於僭僭生於疑非疑無僭

非僭無偪謹其服命遵守典常安有偪僭之過哉魯實

侯爵乃以天子禮樂祀周公亦既不謹矣其後遂用於

群公之廟甚至季氏僭八佾三家僭雍徹其原一開末

流無所不至成王於宋謹慎如此必無賜周公以天子

禮樂之事。豈周室既衰。魯竊僭用。託爲成王之賜。伯禽之受乎 西山眞氏曰。微子既篤於敬矣。而猶勉以欽哉欲其敬而益敬也。能敬。始能全敷教訓愼服命以下之衆美。因以戒勉期望之也。○陳氏大猷曰。此章廣上文統承先王至永世無窮之意。○陳氏雅言曰。以者。承上之辭。如以親九族之以。蓋能戒其所不當爲者。即能勉其所當爲。非於所戒之外。別有所勉之事也。○蘇氏曰。當武庚叛餘。以新造之周。侯前代未盡亡之賢子。則微子蓋處可疑之地。禁戒之辭。隄防之具宜悉也。乃命之曰上帝時歆。曰弘乃烈祖。曰萬邦作式。此三代之事。後世胡可及也

嗚呼。往哉惟休。無替朕命

歎息言汝往之國。當休美其政。而無廢棄我所命汝之言也 呂氏曰。君子所過者化。殺武庚。叛者殺之爾。封微子。賢者封之爾。周何心哉。殺武庚。義也。封微子。仁也。○陳氏曰。武庚以叛黜。復命微子。常情於此。孰不暴白其罪。明黜殷之由。今此篇丁寧惻怛。無一言及武庚

事。以傷微子之心。蓋誥命賢者。其體當如此○西山眞氏曰。此非特得誥命賢者之體。蓋武庚之罪當行天討。微子之德當加天命。非有一毫喜怒之私。故其從容和平。畧無忿疾之意。於此可見聖人之心矣○王氏炎曰。泰誓牧誓言紂之失。至于再三。與周之友邦及從征之臣言也。酒誥言紂之失。亦無所隱。兄弟之間。相與言也。至多士多方言紂之失則畧。與殷之遺民言也。微子之命。並無一字及紂與武庚之事。不可對商之賢子言也。而惟言湯之聖。微子之賢。其言有體也哉

康誥

康叔。文王之子。武王之弟。武王誥命爲衛侯。今文古文皆有○按書序以康誥爲成王之書。今詳本篇康叔於成王爲叔父。成王不應以弟稱之。說者謂周公以成王命誥。故曰弟。然既謂之王若曰。則

爲成王之言。周公何遽自以弟稱之也。且康誥酒誥梓材三篇言文王者非一。而略無一語以及武王。何耶。說者又謂寡兄勗爲稱武王。尤爲非義。寡兄云者。自謙之辭。寡德之稱。苟語他人。猶之可也。武王。康叔之兄。家人相語。周公安得以武王爲寡兄而告其弟乎。或又謂康叔在武王時尚幼。故不得封。然康叔武王同母弟。武王分封之時。年已九十。安有九十之兄。同母弟尚幼不可封乎。且康叔文王之子。叔虞成王之弟。周公東征。叔虞已封於唐。豈有康叔得封反在叔虞之後。必無是理也。又按汲冢周書克殷篇。言王即位於社南。群臣畢從。毛叔鄭奉明水。衛叔封傳禮。召公奭贊采。師尚父牽牲。史記亦言衛康叔封布茲。與汲書大同小異。康叔在武王時非幼亦明矣。特序書者不知康誥篇首四十八字爲洛誥脫簡。遂因誤爲成王之書。是知書序果非孔子所作也。康誥酒誥梓材篇次。當在金縢之前。或問孔氏小序以康誥爲成王周公之書。而子以武王言之。何也。朱子曰。此五峯胡氏之說也。嘗因而考之。其曰朕弟寡兄。皆爲武王之自言。乃得事理之實。而其他證亦多。小序之言。不足深信。○胡氏於皇王大紀考究得康誥非周公成王時。乃武王時。蓋有朕其弟之語。若成王。則康叔爲叔父矣。又首尾只稱文考。成王周公必不只稱文考。又有寡兄之語。亦是武王自稱無疑。如今人稱劣兄之類。又唐叔得禾。傳記所載。成王先封唐叔。後封康叔。決無姪先叔之理。○康誥三篇。此是武王書無疑。其中分明說王若曰孟侯朕其弟。小子封。豈有周公方以成王之命命康叔。而遽述已意以告之乎。決不解如此。五峯吳才老皆說是武王書。只緣誤以洛誥書首一段。置在康誥之前。故叙其書於大誥微子之命之後。問如此。則封康叔在武庚未叛之前矣。曰。想是同時。商畿千里。紂之地亦甚大。所封必不止三兩國也。惟三月哉生魄一段。自是脫落分曉。且如朕弟寡兄。是武王自告康叔之詞無疑。蓋武王。周公康叔同叫作兄。豈應周公對康叔一家人說話安得叫武王作寡兄以告其弟乎。蓋寡者。是向人稱我家我國長上之詞也。只被其中有作新大邑於周數句。遂牽引得序來作成王時書。若是成王。不應所引多文王而不及武王。且如今人纔說太祖便必及太宗也。○問殷地。武王既以封武庚。而使三叔監之矣。又以何處封康叔。曰。既言以殷餘民封康叔。豈非封武庚之外。又以封之乎。○孔氏曰。康。圻內國名。叔。封字。○林氏曰。康。乃叔未受封時食采之地。或曰。康。謚也。○鄭氏曰。
康叔初封衛。至子孫而并邶鄘地

惟三月哉生魄。周公初基作新大邑于東國洛。四方民大和會。侯甸男邦采衛百工播民和。見士于周。周公咸勤。乃洪大誥治

三月。周公攝政七年之三月也。始生魄。十六日也。百工。百官也。士。說文曰事也。詩曰勿士行枚。呂氏曰。斧斤版築之事。亦甚勞矣。而民大和會。悉來赴役。即文王作靈臺庶民子來之意。蘇氏曰。此洛誥之文。當在周公拜手稽首之上 唐孔氏曰。男下獨有邦。以五服男居其中。則五服皆有邦可知。禹貢五服。通王畿。此在畿外○林氏曰。周九服。侯。甸。男。采。衛。蠻。夷。鎮。藩。會于洛邑者。惟內五服也○潘氏曰。勤。猶杖杜以勤歸之勤。洪。大

也。經之言複者多矣○新安陳氏曰。初基。定基址也。鎬在西。洛在東。故曰東國洛。見士。朝見而趨事也。民大和會。人心本自和也。播民和。因人心之和而播敷宣暢其和也。悅以使民。民忘其勞。公不忘民之勞而勤勞之。所以得民心也。以召誥攷之。周公以三月十二日乙卯至洛。先觀召公營洛規模。十四日丁巳行郊禮。十五日戊午行社禮。十六日己未初基作洛。繼此五日内號召齊集。計度區畫。分配科派。至二十一日甲子朝乃用書命庶殷。諸侯丕作。召誥所謂用書命丕作。即此所謂洪大誥治也。如召誥傳中引春秋傳士彌牟營成周之類。參以召誥日月。脗合洛誥。冠以此九句。方有頭緒。强附之此。全不相應。其爲洛誥脫簡。何可疑者。諸家阿附牽强解之。非矣○陳氏雅言曰。遷都定國之事。非民之和。則不足以有爲。非民力之勤。則不足以有成。然其所以能勤者。皆由於能和也。其心既和。則其力自勤。而況有百工以播其和。有周公以咸其勤

王若曰。孟侯。朕其弟。小子封。

王。武王也。孟。長也。言爲諸侯之長也。封。康叔名。舊說周

公以成王命誥康叔者非是吳氏曰詩序言衛不能脩方伯連帥之職康叔之爲方伯無疑先儒謂康叔受封時尚幼者以此書稱小子之故康叔與武王周公皆太姒之子安得爲尚幼今陝右之俗凡尊命卑貴命賤雖長且老者亦以小子呼之表見親愛之辭此所謂小子亦然

惟乃丕顯考文王克明德慎罰

左氏曰明德謹罰文王所以造周也明德務崇之之謂謹罰務去之之謂明德謹罰一篇之綱領不敢侮鰥寡以下文王明德謹罰也汝念哉以下欲康叔明德也敬明乃罰以下欲康叔謹罰也爽惟民以下欲其以德行罰也封敬哉以下欲其不用罰而用德也終則以天命殷民結之林氏曰此篇多及慎罰用刑者按左傳周克商蘇忿生以温爲司寇立政司寇蘇公是也

又曰。武王之毋弟入人。康叔爲司寇。則康叔以衛侯入繼蘇爲之。故弁以詰姦刑暴之事告之。其曰外事外正。以外言者。治殷民於衛也。以衛爲外。則内事者。王朝司寇之事也。故於刑罰爲詳○陳氏大猷曰。治天下不過德刑兩端。德者人所同慕。感化人心之本也。文王則克明之。使民慕而入於德。罰者人所同畏。防範人心之具也。文王則克謹之。使民畏而不入於罰

不敢侮鰥寡。庸庸。祗祗。威威。顯民。用肇造我區夏。越我一二邦以脩。我西土惟時怙冒。聞于上帝。帝休。天乃大命文王。殪戎殷。誕受厥命。越厥邦厥民。惟時敘。乃寡兄勗。肆汝小子封在茲東土

鰥寡。人所易忽也。於人易忽者而不忽焉。以見聖人無所不敬畏也。即堯不虐無告之意。論文王之德而首發

此。非聖人不能也。庸用也。用其所當用。敬其所當敬。威其所當威。言文王用能敬賢討罪。一聽於理。而已無與焉。故德著於民。用始造我區夏。及我一二友邦。漸以脩治。至磐西土之人。怙之如父。冒之如天。明德昭升。聞于上帝。帝用休美。乃大命文王。殪滅大殷。大受其命。萬邦萬民各得其理。莫不時敘。汝寡德之兄亦勉力不怠。故爾小子封。得以在此東土也。吳氏曰。殪戎殷。武王之事也。此稱文王者。武、王不敢以爲己之功也。○又按東土云者。武王克商。分紂城。朝歌以北爲邶。南爲鄘。東爲衛。意邶鄘爲武庚之封。而衛即康叔也。漢書言周公善康叔不從管蔡之亂。似地相比近之辭。然不可攷矣陳氏大猷曰。不敢侮鰥寡者。仁民也。庸庸。使能也。祗祗。尊賢也。明德之事。威威。懲惡也。愼罰之事。是是非非。使民曉然知所好惡。所以顯民也。恐康叔以受封爲當然。故歷言文王之積累。汝兄之勉勵。故汝得以有此土地。庶其念所自之艱難。而不敢慢易也○新安陳氏曰。諸儒泥周公命康叔之說者。謂公呼武王爲寡有之兄。言其德不群也。豈事理名稱之實乎。惟是武王自言。故稱文王詳而自謂甚略。只以一勗字見其自勉。若周公之言。豈論武王如此簡略。且勗字。惟自謙乃可言耳

王曰。嗚呼。封汝念哉。今民將在祗遹乃文考紹聞衣德言。往敷求于殷先哲王。用保乂民汝丕遠惟商耇成人宅心知訓别求聞由古先哲王用康保民弘于天若德裕乃身。不廢在王命

此下明德也。適述衣服也。今治民將在敬述文考之事。繼其所聞而服行文王之德言也。往之國也。宅心處心也。安汝止之意。知訓知所以訓民也。由行也。曰保乂曰知訓。曰康保。經緯以成文爾武王既欲康叔祗適文考。又欲敷求商先哲王。又丕遠惟商耇成人。又別聞由古先哲王。近述諸今。遠稽諸古。不一而足。以見義理之無盡。易曰君子多識前言往行以蓄其德。弘者廓而大之也。天者理之所從出也。康叔博學以聚之。集義以生之。眞積力久。衆理該通。此心之天。理之所從出者。始恢廓而有餘用矣。若是則心廣體胖。動無違禮。斯能不廢在王之命也○呂氏曰康叔歷求聖賢問學至於弘于天德裕身可謂盛矣止能不廢王命才可免過而已此見人臣職分之難盡若欲爲子必須如舜與曾閔方能不廢父命若欲爲臣必須如舜與周公方能不廢君命林氏

曰雖求老成法往古又當弘于天召誥曰則無遺壽耇
其稽我古人之德又能稽謀自天即此意○陳氏雅言
曰明德之道固當全備衆理而後有以窮天下之善尤
當貫通一理而後有以廓此心之天此即伊尹告太甲
以主善爲師協
于克一之意也

王曰嗚呼小子封恫瘝乃身敬哉天畏棐忱民情大可見小人難保往盡乃心無康好逸豫乃其乂民我聞曰怨不在大亦不在小惠不惠懋不懋

恫痛瘝病也。視民之不安，如疾痛之在乃身，不可不敬之也。人命不常，雖甚可畏，然誠則輔之。民情好惡，雖大可見，而小民至爲難保。汝往之國，所以治之者非他，惟盡汝心，無自安而好逸豫，乃其所以治民也。古人言怨不在大，亦不在小，惟在順不順、勉不勉耳。順者順於理，勉者勉於行。即上文所謂往盡乃心無康好逸豫者也。朱子曰：恫瘝常如疾痛之在身，則無不覺矣。○孔氏曰：治民務除惡政，當如痛病在汝身，欲去之。○夏氏曰：民之休戚，汝之休戚也。故曰恫瘝乃身。敬哉以下，即當敬之事。呂氏曰：命爾爲侯，非富貴之也，乃委痛病于爾身。爾上則天棐忱，下則民難保，非恫瘝乃身乎。○陳氏經曰：不必求之天，求之民可也。○林氏曰：致怨無小無大，皆足以召亂。當順而不順，當勉而不勉，皆致怨之道。必順於理而勉於行，怨庶可弭也。

已汝惟小子乃服惟弘王應保殷民亦惟助王宅天命作新民

服事應和也汝之事惟在廣上德意和保殷民使之不失其所以助王安定天命而作新斯民也此言明德之終也大學言明德亦舉新民終之朱子曰鼓之舞之之謂作言振起其自新之民也○鼓之舞之之謂作曰如擊鼓然自然使人跳舞踴躍然民之所以感動者由其本有此理但上之人既自有以明其明德時時提撕警發則下之觀瞻感化各自有以興起其同然之善心而不能已耳○林氏曰應保者因人情而安之謂應其所欲也如人情莫不欲壽則生之而不傷人情莫不欲富則厚之而不困人情莫不欲安則扶之而不危所欲與聚所惡勿施皆所以應而保之也○陳氏大猷曰殷民乃天命所視以去留人心所視以觀化保殷民所以助王宅天命而作新民也○新安陳氏曰此欲康叔法文王之明德而極於新

民也。大學傳引康誥曰克明德。即截上文克明德愼罰一句上三字。引作新民即此章此一句也。大學三綱領之二。其源實出於康誥。二帝夏商以來。言明德者有矣未有言新民者。言克明德作新民體用相對。首見於康誥。而大學祖述之。謂康誥非大學之宗祖。可乎

王曰。嗚呼。封。敬明乃罰。人有小罪。非眚。乃惟終。自作不典。式爾。有厥罪小。乃不可不殺。乃有大罪。非終。乃惟眚災。適爾。既道極厥辜。時乃不可殺

此下謹罰也。式。用。適。偶也。人有小罪非過誤。乃其固爲亂常之事。用意如此。其罪雖小。乃不可不殺。即舜典所謂刑故無小也。人有大罪。非是故犯。乃其過誤。出於不幸。偶爾如此。既自稱道盡輸其情。不敢隱匿。罪雖大。時

乃不可殺。即舜典所謂宥過無大也。諸葛孔明治蜀。服罪輸情者。雖重必釋。其旣道極厥辜。時乃不可殺之意歟。朱子曰。不典式爾。古註式訓勉。蘇云爾。是人自言法當如此。皆迂。予謂此不可曉。大槩是宥過刑故之意○蘇氏曰。此設爲死罪之大小。以明其情之有輕重。非謂小罪爲可殺也。如甲乙皆有死罪。而甲之罪小於乙。非謂其罪不至死也。今世之法。謀殺已傷雖未殺。皆死。雖未傷而寘人於必死之地。亦死。過失殺雖已殺。皆贖。與此意略相似○蔡氏元度曰。欽哉欽哉。用刑不可不敬也。惟明克允。用刑不可不明也○新安陳氏曰。小罪不可不殺。小罪怙終。刑之可也。殺之無乃過乎。蓋敗常越軌。其罪雖小。其情乃亂之原。不殺。則爲害將甚大。曰有者。謂小罪中有如此者。非謂凡有小罪而怙終者皆殺之也。此又宜於作不與觀之

王曰。嗚呼。封。有敘時。乃大明服。惟民其勑懋和。若有疾。惟民其畢棄咎。若保赤子。惟民其康乂

有叙者。刑罰有次序也。明者。明其罰。服者。服其民也。左氏曰。乃大明服。已則不明而殺人以逞。不亦難乎。勅。戒勅也。民其戒勅而勉於和順也。若有疾者。以去疾之心去惡也。故民皆棄咎。若保赤子者。以保子之心保善也。故民其安治

○朱子曰。若有疾。刑人如痛在已。又恫瘝之意人之心。必不紊刑之倫序。時乃大明刑罰而足以服其心。宜民勅懋而且和也。○林氏曰。若有疾。若保赤子。皆出於中心之誠然。蓋人有疾而欲去之。有赤子而欲保之。此豈可以僞爲。舉斯心以加諸彼。則無往而不爲仁矣。○陳氏大猷曰。去民之惡如去已疾。則調治無所不至。必盡棄其咎矣。保其民如保已之赤子。則愛護無所不至。民必康且乂矣。先言有疾。後言赤子。蓋民棄咎。然後可康乂也。○新安陳氏曰。此處三言惟民其。必加以後之二譬。使民棄咎康乂。而後可全其勅懋和也。

○張子曰。刑罰足以制人之形。而不足以服

非汝封刑人殺人。無或刑人殺人。非汝封。又曰。劓刵人。無或劓刵人

刑殺者。天之所以討有罪。非汝封得以刑之殺之也。汝無或以巳而刑殺之。刵。截耳也。刑殺。刑之大者。劓刵。刑之小者。兼舉小大以申戒之也。又曰。當在無或刑人殺人之下。又按刵。周官五刑所無。呂刑以爲苗民所制 朱子曰。康叔爲周司寇。故一篇多說用刑。須改其句。呂氏說非汝封刑人殺人。則人亦無敢刑人殺人。又曰非汝封劓刵人。則人亦無敢劓刵人。蓋言用刑之權。正在康叔。不可不謹之意耳

王曰。外事汝陳時臬司師茲殷罰有倫

外事未詳。陳氏曰。外事有司之事也。臬。法也。爲準限之

義言汝於外事但陳列是法使有司師此殷罰之有倫者用之爾○吕氏曰外事衛國事也史記言康叔爲周司寇司寇王朝之官職任内事故以衛國對言爲外事今按篇中言往敷求往盡乃心篇終曰往哉封皆令其之國之辭而未見其留王朝之意但詳此篇康叔蓋深於法者異時成王或舉以任司寇之職而此則未必然也陳氏大猷曰上章槩言用刑此章專言衛國之刑故以外事别之猶下文言外庶子外正也臬門梱也有限準之義故以訓法猶謂法爲律也衛居殷墟法乃殷民所安也

又曰要囚服念五六日至于旬時丕蔽要囚

要囚獄辭之要者也服念服膺而念之旬十日時三月

爲囚求生道也。蔽。斷也蘇氏曰。服念。爲囚求生道也。求之旬時而終無生道。乃可殺。○林氏曰。唐太宗謂群臣曰。死者不可復生。決囚須三覆奏。頃刻之間。何暇思慮。自今宜五覆奏。正得康誥要囚之意。○新安陳氏曰。按歐陽公瀧岡阡表。載其父崇公任獄官。每爲囚求生道。嘗曰爲之求生道而不得。夫然後我與死者可以俱無憾矣。亦合此意

王曰。汝陳時臬事。罰蔽殷彝。用其義刑義殺。勿庸以次汝封。乃汝盡遜。曰時敘。惟曰未有遜事

義宜也。次次舍之次。遜順也。申言敷陳是法與事罰斷以殷之常法矣。又慮其泥古而不通。又謂其刑其殺。必察其宜於時者而後用之。既又慮其趨時而徇己。又謂刑殺不可以就汝封之意。既又慮其刑殺雖已當罪。而

矜喜之心乘之。文謂使汝刑殺盡順於義雖曰是有次

敘汝當惟謂未有順義之事。蓋矜喜之心生。乃怠惰之

心起。刑殺之所由不中也。可不戒哉孔氏曰。用舊法典刑宜於時世者○陳氏大猷曰。罰獨言之。則兼刑殺。上文殷罰有倫。是也。與刑殺對言。則罰輕刑重。殺尤重也○新安陳氏曰。雖盡遜而惟曰未遜。心常不自是。則虛明公正之體不失。而審慎矜恤之念常存。刑罰之不中者鮮矣。即呂刑所謂雖休勿休。曾子所謂如得其情則哀矜而勿喜也

已汝惟小子。未其有若汝封之心。朕心朕德惟乃知

已者。語辭之不能已也。小子。幼小之稱。言年雖少而心

獨善也。爾心之善。固朕知之。朕心朕德。亦惟爾知之。將

言用罰之事。故先發其良心焉新安陳氏曰。能慎罰者汝之心。欲汝慎罰者我

之心。我之心。惟欲以德行罰耳。我之與汝心實相知。所以深相孚契。相戒飭也

凡民自得罪寇攘姦宄殺越人于貨暋不畏死罔弗憝

越顛越也。盤庚云顛越不恭暋强憝惡也。自得罪非爲人誘陷以得罪也。凡民自犯罪爲盜賊姦宄殺人顛越人以取財貨。强狠亡命者。人無不憎惡之也。用罰而加是人。則人無不服。以其出乎人之同惡而非即乎吾之私心也。特舉此以明用罰之當罪

唐孔氏曰。顛越人。謂不死而傷○夏氏曰。此不待教而誅之者也○陳氏大猷曰。此一節上下疑有闕文○呂氏曰。說者以凡民自得罪以下。與上文不叶。蓋舉一端以爲證驗也。蓋謂如此等罪之人。人所同惡而刑加焉。豈容以次汝封乎。所謂刑加於自犯之罪也。用刑皆如此。則弃公理矣。所刑苟非人所同惡。是移法就已也○新安陳氏曰。呂說奇。蔡亦略取之。然乎心

讀此五句實與上文不貫缺之良是

王曰封元惡大憝矧惟不孝不友子弗祗服厥父事大傷厥考心于父不能字厥子乃疾厥子于弟弗念天顯乃弗克恭厥兄兄亦不念鞠子哀大不友于弟惟弔茲不于我政人得罪天惟與我民彝大泯亂曰乃其速由文王作罰刑茲無赦

大憝即上文之罔弗憝言寇攘姦宄固為大惡而大可惡矣況不孝不友之人而尤為可惡者當商之季禮義不明人紀廢壞子不敬事其父大傷父心父不能愛子乃疾惡其子是父子相夷也天顯猶孝經所謂天明尊

甲顯然之序也。弟不念尊卑之序。而不能敬其兄。兄亦不念父母鞠養之勞。而大不友其弟。是兄弟相賊也。父子兄弟至於如此。苟不於我爲政之人而得罪焉。則天之與我民彝。必大泯滅而紊亂矣。曰者。言如此。則汝其速由文王作罰。刑此無赦。而懲戒之不可緩也。朱子曰。惟弔茲。惟痛憫此得罪之人也。不于我政人得罪。憫痛之深。恨不自我得罪也。○蔡氏元度曰。先責子之不孝。然後責父之不慈。先責弟之不恭。然後責兄之不友。周禮有不孝不弟之刑。而無不慈不友之罪。即此意也。○張氏曰。民之秉彝。民彝。常性之謂也。○呂氏曰。前言殷罰殷彝。此言文王作罰刑者。殷法常事。用之父子兄弟之獄。則用文王之法。經紂之惡。人倫戕敗。文王於維持綱常之罰有作焉。如地官不孝不弟之刑之類。故以殷罰治殷俗。因人情之所安也。以文王罰刑誅不孝不友。撥殷亂之所在也。○新安陳氏曰。按前已告康叔明德以作新

民矣。此言愼罰而速懲不孝不友者。蓋已致新民之功不率而後方嚴齊民之刑。何用法峻急之有。又按此章孔註甚明。蔡傳從之當矣

不率大戛。矧惟外庶子訓人。惟厥正人。越小臣諸節。乃別播敷造民大譽弗念弗庸瘝厥君。時乃引惡惟朕憝。已。汝乃其速由茲義率殺

戛法也。言民之不率教者固可大寘之法矣。況外庶子以訓人爲職與庶官之長及小臣之有符節者乃別布條教。違道干譽。弗念其君。弗用其法。以病君上。是乃長惡於下。我之所深惡也。臣之不忠如此。刑其可已乎。汝其速由此義而率以誅戮之可也○按上言民不孝不

友。則速由文王作罰刑茲無赦。此言外庶子正人小臣背上立私。則速由茲義率殺。其曰刑曰殺。若用法峻急者。蓋殷之臣民。化紂之惡。父子兄弟之無其親。君臣上下之無其義。非繩之以法。示之以威。殷民孰知不孝不義之不可干哉。周禮所謂刑亂國用重典者是也。然曰速由文王。曰速由茲義。則其刑其罰。亦仁厚而已矣孔氏曰。戛。常也。凡民不循大常之教。猶刑之無赦。○新安陳氏曰。不率大戛一句。或以屬上文。或以屬下文。不勝異說。此句合缺疑。○吳氏曰。速由茲義率殺。即前文王所作罰刑。無非義也。○王氏日休曰。前言速由文王作罰刑。此言茲義。豈非指文王之義刑義殺乎

亦惟君惟長。不能厥家人。越厥小臣外正。惟威惟虐。大放

王命乃非德用乂

君長指康叔而言也。康叔而不能齊其家。不能訓其臣。惟威惟虐。大廢棄天子之命。乃欲以非德用治。是康叔且不能用上命矣。亦何以責其臣之瘝厥君也哉

朱子曰。乃非德用乂。言汝若寬縱。則小臣外正。皆得爲威虐。汝之爲此。欲以德乂民。而實非德也。姑息而已。蘇等說懲王氏之弊。一槩以寬爲說。恐非聖人刑人正法之意也。○林氏曰。不能厥家人。如左傳云不能其大夫。至于君祖母以及國人也。

汝亦罔不克敬典。乃由裕民。惟文王之敬忌。乃裕民。曰我惟有及。則予一人以懌

汝罔不能敬守國之常法。由是而求裕民之道。惟文王

之敬忌。敬則有所不忽，忌則有所不敢。期裕其民曰：我惟有及於文王，則予一人以悅懌矣。此言謹罰之終也。穆王訓刑，亦曰敬忌云。朱子曰：文王之敬忌，忌，惡也。○林氏曰：裕民豈他求哉，惟文王之敬忌而已。敬則有所尊而能順其所爲，忌則有所畏而能戒其所不爲。○陳氏大猷曰：敬則律已嚴而感率者盡，裕則待人寬而從容自從。然敬典而不知忌刑，亦非所以全裕民之道。惟法文王之敬典忌刑，乃能裕民耳。弗念弗庸，既以爲朕憝，則敬忌裕民，人其有不懌乎。○唐孔氏曰：敬忌，謂敬德忌刑。○新安陳氏曰：前言速由文王罰刑，速由茲義率殺，兩言速由，何其急速也。此言乃由裕民，乃裕民，兩言乃裕，又何其寬緩也。始欲其以刑齊民，以懲戒人之惡習；終欲其以身率人，以容養人之善心。其急其緩，並行而不相悖也。○陳氏大猷曰：此上三節疑有錯簡，諸家皆意其然耳。

王曰：封，爽惟民迪吉康，我時其惟殷先哲王德，用康乂民

作求矧今民罔迪不適不迪則罔政在厥邦

此下欲其以德用罰也求等也詩曰世德作求言明思夫民當開導之以吉康我亦時其惟殷先哲王之德用以安治其民爲等匹於商先王也迪即迪吉康之迪況今民無導之而不從者苟不有以導之則爲無政於國矣迪言德而政言刑也前既嚴之民又嚴之臣又嚴之康叔此則武王之自嚴畏也西山眞氏曰欲導民於吉康其何以哉惟於殷先哲王之德用以康乂民者作而求之而已蓋殷先哲王之所爲無非導民吉康之道也導之以仁義而民趨於仁義導之以孝弟而民趨於孝弟此則所謂吉康也政者所以正民不能導民俾知所遵尚何政之有古之所謂政者合教化而言後世所謂政者離教化而言

王曰封予惟不可不監告汝德之說于罰之行今惟民不靜未戾厥心迪屢未同爽惟天其罰殛我我其不怨惟厥罪無在大亦無在多矧曰其尚顯聞于天

戾止也又言民不安靜未能止其心之狠疾迪之者雖屢而未能使之上同乎治明思天其殛罰我我何敢怨乎惟民之罪不在大亦不在多苟爲有罪即在朕躬況曰今庶群腥穢之德其尚顯聞于天乎

新安陳氏曰我惟不可不監視古義即指文王明德慎罰之義故告汝以德之說於罰之行之時蓋欲以德行罰而非以罰行罰也今惟民不安靜未定其心迪之雖屢而猶未同民之不靜未同天將不罪民而罪導民者故爽明惟天其將罰殛我我其不當怨也惟其罪不在大與多一毫不盡且爲有罪況曰其已上顯聞于天而欲逭天之罰殛可乎爽惟天

其罰殛我。與奭惟民迪吉康同。奭惟蓋當時語。此王責已以勵康叔也。要之此等語言。多不可強解。難通者不如缺之

王曰。嗚呼。封敬哉。無作怨。勿用非謀非彝蔽時忱。丕則敏德用康乃心。顧乃德。遠乃猷。裕乃以民寧。不汝瑕殄

此欲其不用罰而用德也。歎息言汝敬哉。毋作可怨之事。勿用非善之謀。非常之法。惟斷以是誠。大法古人之敏德用以安汝之心。省汝之德。遠汝之謀。寬裕不迫。以待民之自安。若是。則不汝瑕疵而棄絕矣　陳氏經曰。毋作致怨之事。用敗事之謀。變常之法。皆起怨之道也。蔽。如一言以蔽之之蔽。惟斷以至誠。則能不惑於非謀非彝矣。心之不安。則不喜異而厭常。德之不顧。則無內省之實。猷之不遠。則貪目前之利。忘他日之患。凡此皆基於不誠也○

陳氏大猷曰。爲治有不易之定論。通行之常道。明德愼罰是也。捨是則爲非謀非彝。王恐叔惑於邪說異術。謂民難以德化。易以刑服。如封德彝之惑太宗者。故戒以勿用。而惟斷以至誠也。丕則敏德。大法古人之敏德。如上章法文王之明德。作求殷先哲王德是也。慮其悠悠而欲其汲汲。故以敏德言。又恐其欲速也。故又欲其安汝心。安則恐其警省不至也。故又欲其回顧汝德。顧則又恐其察慮之太迫也。故又欲其弘遠汝謀。庶能優游寬裕。而與民相安矣。○西山眞氏曰。裕乃以民寧。不必言行寬政。但自無作怨以下數句行之優裕。即所以致民之寧。而民不瑕絶之也。蓋爲善未至於優裕。皆勉强也。與前德裕乃身之裕同。至此則不言用罰而純言用德矣。○陳氏雅言曰。非謀非彝。即作怨之事。用康乃心顧乃德遠乃猷裕乃以民寧。皆敏德之事

王曰。嗚呼。肆汝小子封。惟命不于常。汝念哉。無我殄享。明乃服命。高乃聽。用康乂民

肆未詳。惟命不于常。善則得之。不善則失之。汝其念哉

毋我殄絕所享之國也明汝侯國服命高其聽不可畀忽我言用安治爾民也爾雅曰肆今也○復齋董氏曰肆語辭如肆徂厥敬勞肆往姦宄皆語辭也○陳氏大猷曰無使我所與爾之爵土殄絕而不能享也服命即所服受之誥命高乃聽猶尊所聞

王若曰往哉封勿替敬典聽朕告汝乃以殷民世享

勿廢其所敬之常法聽我所命而服行之乃能以殷民而世享其國也世享對上文殄享而言朱子曰殄享世享皆享於天子○李氏杞曰康誥一篇始終以敬哉敬典為言是知致敬之道乃脩身治民之本康叔所以化商民之綱要莫大於此○新安陳氏曰勿替所當敬之典常即所謂罔不克敬典者篇將終復申言之大學引惟命不于常而斷之曰道善則得之不善則失之矣弗念弗聽則殄享不善而失之也敬典聽告則世享善則得之也武王封

康叔拳拳反覆於文王明德慎罰之家法無慮數百言末復以天命之無常享國之難必者警戒之康叔實能敬聽而力行其言衛之享國卒與周家相爲長久吁豈偶然哉

酒誥

商受酗酒天下化之妹土商之都邑其染惡尤甚武王以其地封康叔故作書誥教之云今文古文皆有○按吳氏曰酒誥一書本是兩書以其皆爲酒而誥故誤合而爲一自王若曰明大命于妹邦以下武王告受故都之書也自王曰封我西土棐徂邦君以下武王告康叔之書也書之體爲一人而作則首稱其人爲衆人而作則首稱其衆爲一

方而作則首稱一方爲天下而作則首稱天下君奭書首稱君奭君陳書首稱君陳爲一人而作也甘誓首稱六事之人湯誓首稱格汝衆此爲衆人而作也湯誥首稱萬方有衆大誥首稱大誥多邦此爲天下而作也多方書爲四國而作則首稱四國多士書爲多士而作則首稱多士今酒誥爲妹邦而作故首言明大命于妹邦其自爲一書無疑

按吴氏分篇引證固爲明甚但既謂專誥毖妹邦不應有乃穆考文王之語意酒誥專爲妹邦而作而妹邦在康叔封圻之內則明大命之責康叔實

任之。故篇首專以妹邦爲稱。至中篇始名康叔以致誥。其曰尚克用文王教者。亦申言首章文王誥毖之意。其事則主於妹邦。其書則付之康叔。雖若二篇。而實爲一書。雖若二事。而實相首尾。反復參究。蓋自爲書之一體也 朱子曰。當初周公使管蔡者。想見那時好在。必不疑他。後來必是武庚與商之頑民。每日將酒去灌啗他。乘醉以語言離間之曰。你是兄。却出來在此。周公是弟。反執大權以臨天下。管蔡獃。想得被這幾箇喚動了。所以流言說公將不利於孺子。這箇都是武庚與商之頑民教他。所以使得這管蔡如此。後來周公所以做酒誥丁寧如此。必是當日因酒做出許多事。中間想煞有說話。而今書傳只載得大槩。其中更有幾多機變曲折在○徐孟寶問楊子雲言酒誥之篇俄空焉。答曰。孔書以巫蠱事不曾傳。漢儒不曾見者多。如鄭康成晉杜預皆然。想楊子雲亦不曾見○林氏曰紂以酒亡國餘習猶存酒誥所以作也○新安陳氏曰此篇初以酗酒戒妹土之人不專爲康叔言但責之康叔使明戒酒之命於國人後方呼康叔名以丁寧之至末云矧汝剛制于酒則專戒康叔之身欲其以身率國人也

王若曰明大命于妹邦

妹邦即詩所謂沬鄉篇首稱妹邦者誥命專爲妹邦發也孔氏曰妹地紂所都朝歌以北是○薛氏曰妹古沬字沬水名因水名地○新安陳氏曰提起頭說令明大命令于妹邦大命即下文是

乃穆考文王肇國在西土厥誥毖庶邦庶士越少正御事朝夕曰祀茲酒惟天降命肇我民惟元祀

穆敬也詩曰穆穆文王是也上篇言文王明德則曰顯

考。此篇言文王誥毖則曰穆考。言各有當也。或曰文王世次爲穆。亦通。毖。戒謹也。少正。官之副貳也。文王朝夕勑戒之曰。惟祭祀則用此酒。天始令民作酒者。爲大祭祀而已。西土庶邦。遠去商邑。文王誥毖亦諄諄以酒爲戒。則商邑可知矣。文王爲西伯。故得誥毖庶邦云。新安陳氏曰。按昭穆之穆。與左傳合。不易之論。以穆考爲穆穆之穆。則詩稱武王曰率見昭考。此昭字又如何訓耶。穆穆之證非也。○王氏炎曰。官正曰長。亞曰少。御事。治事之臣也。有正有少。○唐孔氏曰。世本云儀狄造酒。又云杜康造酒。本人以意爲之。今言天降命。蓋人爲。亦天之所使也。○林氏曰。非大祀而用酒。則非大之所以降命之本意矣

天降威。我民用大亂喪德。亦罔非酒惟行。越小大邦用喪

亦罔非酒惟辜

酒之禍。人也。而以爲天降威者禍亂之成。是亦天爾箕子言受酗酒。亦曰天毒降災。正此意也。民之喪德君之喪邦。皆由於酒。喪德故言行。喪邦故言辜朱子曰。南軒酒誥一段。解天降命。天降威處。誠千百年儒者所不及。今備載其說曰。酒之爲物。本以奉祭祀。供賓客。此即天之降命也。而人以酒之故。至於失德喪身。即天之降威也。釋氏本惡天之降威者。乃併與天之降命者去之。吾儒則不然。去其降威者而已。降威者去。而降命者自在。如飲食而至於暴殄天物。釋氏惡之。必欲食蔬茹。吾儒則不至於暴殄而已。衣服而至於窮極奢侈。釋氏惡之。必欲衣壞色之衣。吾儒則去其奢侈而已。至於惡淫慝而絕夫婦。吾儒則去其淫慝而已。釋氏本惡人欲。并與天理之公者去之。吾儒去人欲。所謂天理者昭然矣。譬如水焉。釋氏惡其泥沙之濁。而窒之以土。不知土既窒。則無水可飲矣。吾儒不然。澄其泥沙。而水之清者可酌。此儒釋之分也○呂氏曰。天降命。所以使民置酒者。以祭祀無酒。無以薦馨香。非以資人之酣飲也。後人失其本意。乃以酒得禍。而亦曰天降者。天理不在人心外。民爲酒所困。即天降威也○林氏曰。聖人所爲而以爲天降命。人以酒喪德喪邦。皆自作孽而以爲天降威。蓋古人於事之成敗。未嘗不歸之天。天雖高高在上。人之起居動靜。未有不與之俱者。則人之所爲。孰非天之所爲哉○陳氏曰朝夕曰之下。此文王誥毖庶邦庶士之辭○新安陳氏曰。天降命。與天降威當對觀。設酒之初意。本爲祭祀。乃天之降命也。酒之流生禍。亦天之降威也。酒一而已。用以祀者。此酒也。喪德喪邦者。亦此酒也。天理人欲。同行異情。人之於酒。知其祭祀而本於降命之天。又能於燕飲而凜然知有降威之天。則天理行而人欲窒。方無酒禍矣○史氏漸曰。吾切喜衛人何其服酒誥之訓。世守於無窮也。始也商俗淫湎。武王以酒誥戒之。逮幽王之世。上下沈湎。衛武公作賓之初筵。以見衛人非特一時聞訓。不敢自越於禁防。又能以其所以爲禁防者。傳爲子孫法焉

文王誥教小子。有正有事。無彝酒。越庶國飲。惟祀。德將無

醉

小子少子之稱以其血氣未定尤易縱酒喪德故文王專誥教之有正有官守者有事有職業者無毋同彝常也毋常於酒其飲惟於祭祀之時然亦必以德將之無至於醉也陳氏大猷曰此文王又誥教庶邦庶士之小子○林氏曰禁於未發之謂豫發然後禁則扞格而難勝故湯訓蒙士文王教小子穆王告幼子童孫與易養蒙一也○蘇氏曰溺酒則正事曠矣故不可彝酒○陳氏曰有官則不敢飲有事則不暇飲飲惟祀酒飲福受胙也○林氏曰無常者非不飲也蓋不可非所當飲而飲之故於庶國之飲者惟因賜祀胙而已○呂氏曰以德將之不至於醉中無所主則爲麴蘖所迷矣○新安陳氏曰以德將之不至於醉天理足以制人欲也及亂而燕喪威儀無德以將之故耳

惟曰我民迪小子惟土物愛厥心臧聰聽祖考之彝訓越

小大德小子惟一

文王言我民亦常訓導其子孫惟土物之愛勤稼穡服田畝無外慕則心之所守者正而善日生爲子孫者亦當聰聽其祖父之常訓不可以謹酒爲小德小德大德小子爲一視之可也薛氏曰糜穀爲酒非愛土物也○吕氏曰大抵縱酒者多不事稼穡勤稼心臧者必不暇縱酒聽貴聰不聰則誨諄諄聽藐藐矣當時飲酒者必以爲小德無害於事但於大德用力足矣殊不知以酒爲小德正病之根源也以爲小而不戒必至縱而不已故欲其合而爲一不可分彼爲大德此爲小德當以一體觀之也○西山眞氏曰民蒙文王之化亦各訓迪子弟惟土地所生之物是愛故其心臧蓋一溺於酒則必旁求珍異以自奉其欲廣則其心蠹矣是時爲子弟者亦各聰聽祖考之常訓訓之常則入于耳者熟聽之聰則志于心也恪故於小大之德視之惟一不以謹酒爲小焉謹酒非小德則湎酒非小過

亦明
矣

妹土嗣爾股肱純其藝黍稷奔走事厥考厥長肇牽車牛

遠服賈用孝養厥父母厥父母慶自洗腆致用酒

此武王教妹土之民也嗣續純大肇敏服事也言妹土

民當嗣續汝四肢之力無有怠惰大脩農功服勞田畝

奔走以事其父兄或敏於貿易牽車牛遠事賈以孝養

其父母父母喜慶然後可自洗腆致用酒洗以致其潔

腆以致其厚也薛氏曰或大脩農功或遠服商賈以養

父母父母慶則汝可以用酒也葵初王氏曰既種黍稷肇牽車牛民以農爲本

賈爲末○西山眞氏曰妹土之民久染沉酣之俗繼自今宜純用股肱之力以從事於農商以養其父母兼農

商言之於理爲長○新安陳氏曰此以下武王通教妹土之民與臣及康叔也蓋欲妹土臣民與康叔先藝黍稷後遠服賈以嗣續其股肱之力而凡用心惟在於事考長養父母不敢分心於他適也先用心於黍稷餘力始從事於服賈見急於務本而不急於逐末亦風俗之厚也服田與服賈者皆以孝養爲先尚奚暇於縱酒哉○呂氏曰前禁酒如此之嚴至此復教之使用酒者聖人之教至於斷絕人情則不行所以開其飲酒之門者多矣故開其一而使之有節但不可踰此節耳

庶士有正越庶伯君子其爾典聽朕教爾大克羞耉惟君爾乃飲食醉飽丕惟曰爾克永觀省作稽中德爾尚克羞饋祀爾乃自介用逸茲乃允惟王正事之臣茲亦惟天若元德永不忘在王家

此武王教妹土之臣也伯長也君子者賢之也典常

也。羞養也。言其大能養老也。惟君未詳。丕惟曰者。大言也。介。助也。用逸者。用以宴樂也。言爾能常常反觀内省。使念慮之發。營爲之際。悉稽乎中正之德。而無過不及之差。則德全於身而可以交於神明矣。如是。則庶幾能進饋祀。爾亦可自副而用宴樂也。如此。則信爲王治事之臣。如此。亦惟天順元德而永不忘在王家矣。按上文父母慶。則可飲酒。克羞耇。則可飲酒。羞饋祀。則可飲酒。本欲禁絶其飲。今乃反開其端者。不禁之禁也。聖人之敎不迫而民從者。此也。孝養羞耇饋祀。皆因其良心之發而利導之。人果能盡此三者。且爲成德之士矣。而何憂其湎酒也哉林氏曰。先王養老之禮。執醬執爵。割牲奉俎。凡以致其醉飽耳。作而稽於中德。
未嘗過差。則庶幾能進饋食於祖考。乃自助而用逸也。
喪德喪邦。皆以爲天之降威。則永觀省稽中德者。天安
得不若其元德乎。○呂氏曰。開人飲酒之門。不過奉親
養老祭祀三節。皆自其良心發見處開之也。○西山眞
氏曰。此乃武王誥教庶正庶伯之詞。欲其能長自觀省
每有動作。必稽乎中德。無過與不及也。中德。即中道也。
即身而言。則曰中德。即事而言。則曰中道。○新安陳氏
曰。此數句以稽中德爲主。能稽中德。則無過不及。飲惟
見於羞饋祀。而非祀不飲。以此乃可爲王正事之臣。以
此天亦若其元德。由中德可充之爲大德也。德之一字。
爲酒誥一篇之綱領。譬之救千丈渾之一寸膠也。上文
之德將無醉。下文之經德。德顯。德馨。與此之稽中德。若
元德。實互相照應云

王曰。封。我西土棐徂邦君御事小子。尚克用文王教。不腆于酒。故我至于今克受殷之命

徂。往也。輔佐文王往日之邦君御事小子也。言文王惎

酒之教。其大如此。西山眞氏曰。夫有司之不腆酒於天命何預。而王乃以克受殷命爲職此之由。何耶。但觀幽厲陳隋之朝。上下沈酗。以致墜失天命。則謹酒而受天命。復何疑哉。○吴氏曰。凡稱我皆武王自謂也。余謂三篇皆武王書。觀此一節可以無疑矣。或者終謂周公代成王之言。何爲三篇無一言及武王。周公達孝。不應遽忘之若是也。若果周公之言。則尚克用文王教。不腆于酒之下。但繼以故我至于今克受殷之命。乃周公受之而武王不與也。無是理矣。○新安陳氏曰。上文言邦君以下用文王教。故武王即以我受殷命承之。若以爲周公之言。則是用文王教之下略無一字及武王。周公敢自謂我克受殷命耶。我受殷命。武王可自言。周公不可言。不待明者而後知也。

王曰。封。我聞惟曰。在昔殷先哲王。迪畏天顯小民。經德秉哲。自成湯咸至于帝乙。成王畏相。惟御事厥棐有恭。不敢

自暇自逸矧曰其敢崇飲

以商君臣之不暇逸者告康叔也殷先哲王湯也迪畏者畏之而見於行也畏天之明命畏小民之難保經其德而不變所以處已也秉其哲而不惑所以用人也湯之垂統如此故自湯至于帝乙賢聖之君六七作雖世代不同而皆能成就君德敬畏輔相故當時御事之臣亦皆盡忠輔翼而有責難之恭自暇自逸猶且不敢况曰其敢尚飲乎唐孔氏曰周受命於殷兼衛居殷地故舉殷代以酒興亡爲戒○林氏曰經德秉哲乃商先王持養到處○陳氏大猷曰經德秉哲乃畏天畏民之實○王氏炎曰御事猶言治事凡經言御事兼小大之臣皆可稱也○新安陳氏曰上文言周受殷命故舉殷之以酒興亡以爲戒此先言殷先王以不

湎酒而興也。迪畏以下數句。與崇飲相反。迪畏天民。則
常若上帝之臨汝。常見小人之難保。敢縱酒乎。一縱酒。
則玩而不知畏。天顯雖可畏。酣飲則不暇顧。小民雖可
畏。酣飲則不暇恤矣。常其德。持其哲。則有守而不昏。必
不縱酒。一縱酒。則酗于酒德而所守變。荒迷于酒而所
見昏矣。畏相樂恭。不暇不逸。則有敬畏。無暇逸。必不縱
酒。一縱酒。則君臣淪胥醺酣之場。而荒酖逸豫。不暇顧
矣。商人以尚敬爲法。尚飲爲戒。曰畏曰恭。皆尚敬之謂
也。尚敬則百善成。尚飲則百邪生。○西山眞氏曰。此章
乃一篇之根本。凡人敬則不縱欲。縱欲則不敬。商之君
臣既一於敬。舉天下之物不足以動之。况荒敗於
酒乎。此正天理人欲相爲消長之幾。宜深味之

越在外服。侯甸男衛邦伯。越在內服。百僚庶尹。惟亞惟服。宗工。越百姓里居。罔敢湎于酒。不惟不敢。亦不暇。惟助成王德顯。越尹人祗辟。

自御事而下。在外服。則有侯甸男衛諸侯與其長伯。在

內服則有百僚庶尹惟亞惟服宗工國中百姓與夫里居者亦皆不敢沉湎于酒不惟不敢亦不暇不敢者有所畏不暇者有所勉惟欲上以助成君德而使之昭著下以助尹人祗辟而使之益不怠耳成王顧上文成王而言祗辟顧上文有恭而言呂氏曰尹人者百官諸侯之長也指上文御事而言陳氏大猷曰越及也伯諸侯之長內服畿內也庶尹衆官之正樂正酒正之類亞次大夫惟服奔走服事之人下士府史之屬宗工尊官及百官族姓不仕而居閭里者朝廷君臣風化如此宜乎內外皆不敢湎于酒不敢畏而不敢縱耳不暇則有職者勤於職無職者勤於德自不暇飲縱之爲亦不爲也祗辟敬君也○陳氏經曰商先哲王以迪畏爲心已之所行無非此畏子孫之所遵無非此畏群臣之所效法無非此畏前乎此堯舜之兢業此畏也後乎此文王之不侮鰥寡武王之夙夜祗懼

此畏也。商先王恭行敬畏。不惟其子孫爲能然。王朝之御事皆然。不惟御事皆然。外服之諸侯。内服之百官。里居之百姓亦然。以見君臣上下內外。無一不在敬畏中。豈惟不敢飲。亦且不暇飲。所以不暇者。果何事哉。上以助成君德之顯明。下以盡正人之道。而自敬其法而已矣○新安陳氏曰。此一全章言商先王之前後君臣內外。一皆以敬畏脩德爲心。故不暇湎酒。而與欲康叔法其所以興也

我聞亦惟曰在今後嗣王酣身。厥命罔顯于民。祇保越怨不易。誕惟厥縱淫泆于非彝。用燕喪威儀。民罔不衋傷心。惟荒腆于酒。不惟自息乃逸。厥心疾狠。不克畏死。辜在商邑。越殷國滅無罹。弗惟德馨香祀登聞于天。誕惟民怨。庶羣自酒。腥聞在上。故天降喪于殷。罔愛于殷。惟逸。天非虐。惟民自速辜

以商受荒腆于酒者告康叔也後嗣王受也受沉酣其身昏迷於政命令不著於民其所祇保者惟在於作怨之事不肯悛改大惟縱淫泆于非彝泰誓所謂奇技淫巧也燕安也用安逸而喪其威儀史記受爲酒池肉林使男女倮而相逐其威儀之喪如此此民所以無不痛傷其心悼國之將亡也而受方且荒怠益厚于酒不思自息其逸力行無度其心疾狠雖殺身而不畏也辜在商邑雖滅國而不憂也弗事上帝無馨香之德以格天大惟民怨惟羣酗腥穢之德以聞于上故上天降喪于殷無有眷愛之意者亦惟受縱逸故也天豈虐殷惟殷

人酗酒自速其辜爾。曰民者，猶曰先民。君臣之通稱也。陳氏大猷曰。殷先王之興，邦在於迪畏。紂死滅且不畏。此所以喪邦也○西山眞氏曰。今之小人，一醉之餘，急疾強狠。水火可入。兵刃可蹈。則受之情狀可知矣○馬氏曰。古民人字通用○新安陳氏曰。此繼言紂以湎酒而亡也。紂之君臣上下。一以荒淫爲心。故沈湎于酒而亡。欲康叔戒其所以亡也。此章與前多相反相應。前曰祀茲酒。此曰弗惟德馨香祀庶羣自酒腥聞在上。設酒初意。本以祭祀。今不以祭祀而惟用於羣飲。無馨香之聞而惟腥穢之聞。不亡何待。前曰天降喪小大邦用喪罔非酒惟辜。此曰天降喪于殷惟民自速辜。前乃泛言其理。此專指殷亡之事以實其說也。前曰自介用逸，繼曰不敢自逸，此又曰不惟自息乃逸。罔愛于殷惟逸。自介用逸。以介用逸逸也。自逸乃逸惟逸。以逸爲逸也。使不以剛介之介訓之。而但曰助曰副。則與此所云逸者。何以異哉

王曰。封。予不惟若茲多誥。古人有言曰。人無於水監。當於

民監。今惟殷墜厥命。我其可不大監撫于時

我不惟如此多言。所以言湯言受如此其詳者。古人謂人無於水監。水能見人之姸醜而已。當於民監。則其得失可知。今殷民自速辜。旣墜厥命矣。我其可不以殷民之失爲大監戒。以撫安斯時乎新安陳氏曰。此總結上文。引殷先哲王後嗣王兩章而起下章。欲康叔率羣臣以剛制酒之意

予惟曰。汝劼毖殷獻臣。侯甸男衛。矧太史友。內史友。越獻臣。百宗工。矧惟爾事。服休。服采。矧惟若疇圻父薄違。農父若保宏父定辟。矧汝剛制于酒

劼。用力也。汝當用力戒謹殷之賢臣。與鄰國之侯甸男

衛。使之不湎于酒也。越殷獻臣。侯。甸。男。衛。與文王越庶邦庶士同義殷之賢臣諸侯。固欲知所謹矣。況太史掌六典。八法。八則。內史掌八柄之法。汝之所友者。及其賢臣百寮大臣。可不謹於酒乎。太史。內史。獻臣。百宗工。固欲知所謹矣。況爾之所事。服休坐而論道之臣。服采起而作事之臣。可不謹於酒乎。曰友曰事者。國君有所友。有所事也。然盛德有不可友者。故孟子曰古之人曰事之云乎。豈曰友之云乎。服休服采。固欲知所謹矣。況爾之疇匹而位三卿者。若圻父迫逐違命者乎。若農父之順保萬民者乎。若宏父之制其經界以定法者乎。皆不可不謹于酒也。圻父。政官。司馬也。主封圻。農父。教官。司徒也。主農。宏父。事官。司空也。主廓地居民。謂之父者。尊之也。先言圻父者。制殷人湎酒。以政爲急也。圻父。農父。宏父。固欲知所謹矣。況汝之身。所以爲一國之視傚者可不謹於酒乎。故曰矧汝剛制于酒。剛制。亦劼毖之意剛果用力以制之也。此章自遠而近。自卑而尊。等而上之。則欲其自康叔之身始。以是爲治。孰能禦之而況毖於酒德也哉

朱子因論點書曰。人說荊公穿鑿。只是好處。亦用還他。且如矧惟若疇至定辟。古注從父字絕句。荊公從違保辟絕句。夐出諸儒之表 ○ 王氏曰。殷獻臣。謂獻臣嘗仕商。而今里居者。侯。甸。男。衛。謂四方諸侯接於衛者。服休者。以德爲事。謂在位者也。服采者。以事爲事。謂在職者也。戒康叔劼毖于酒。先當劼

毖所賓所友所事之人。亦畏相之類也○林氏曰。康叔爲諸侯長。故劼毖及侯甸男衛。上言殷獻臣。下言獻臣之爲百宗工者。此獻臣。乃周官之致仕里居者○薛氏曰。二史掌邦法。在王朝。則貳冢宰。在侯國。則居賓友之地○陳氏傅良曰。諸侯有太史。無内史。内史惟天子有之。内史是商故臣。康叔所當親之爲友者也○王氏虔曰。服休。以德爲事。休。德也。作德日休是也。服采。以事爲事。采。事也。若予采是也○蘇氏曰。酒非剛者不能制○呂氏曰。剛制二字最有意。當時酒之爲病甚深。茍泛泛悠悠。則不能制○新安陳氏曰。剛制固劼毖之意。而用力加重焉。亦前自介之意也。此章有四剛字。一節重於一節。所職愈重。則所戒愈嚴。劼毖以上所戒勑言。剛制。以己所檢制言。在羣臣。則當謹上之戒。在康叔。則當防己之欲。嚴於身以率其下也

厥或誥曰。羣飲。汝勿佚。盡執拘以歸于周。予其殺

羣飲者。商民羣聚而飲爲姦惡者也。佚。失也。其者。未定辭也。蘇氏曰。予其殺者。未必殺也。猶今法曰當斬者。皆

具獄以待命不必死也。然必立法者。欲人畏而不敢犯也。羣飲蓋亦當時之法。有羣聚飲酒。謀爲大姦者。其詳不可得而聞矣。如今之法有曰。夜聚曉散者皆死罪。蓋聚而爲妖逆者也。使後世不知其詳而徒聞其名。凡民夜相過者輒殺之可乎

林氏曰。西土邦君御事小子克用文王教。不腆于酒。是周人已率教者也。而或羣飲。不可不嚴爲之法。商人則反是○史氏漸曰。王非果於殺也。飲至於羣。壞風俗者也。商人羣飲。固已不善。此風又及於周人。則何以爲國耶。故於商人則待之以教而使悛。於周人則嚴之以殺而使懼。其云者。非必殺也。有殺之之理。語曰其然。豈其然乎。傳曰天其或者。其之爲言。有疑意存焉。將開其恐懼脩省之心。而激其遷善遠罪之念。初不必於殺也○劉氏眞曰。此書不責商民之湎淫。而責在位之躬化。商之故都大家世族猶多。而康叔之百官有司自周而往者亦有之。自矧太史友以下。皆康叔之百官有司也。曰羣飲。指

此輩也。使民爲羣飲。有司之事耳。康叔以國君治之。豈曰不可。而何必歸之于京師乎。執歸于周。亦恐康叔之專殺。曰予其殺。嚴爲之刑。而未必殺也。忠厚之意。寓於嚴厲之言。豈不明哉。一篇始終之意。皆以在位者爲言。而解者不察。盡以民言之。過矣

又惟殷之迪諸臣惟工。乃湎于酒。勿庸殺之。姑惟教之

殷受導迪爲惡之諸臣百工。雖湎于酒。未能遽革。而非羣聚爲姦惡者。無庸殺之。且惟教之 新安陳氏曰。殷諸臣湎酒者勿殺而姑教之。以其染惡深而被化淺也

有斯。明享。乃不用我教辭。惟我一人弗恤。弗蠲乃事。時同于殺

有者。不忘之也。斯。此也。指教辭而言。享。上享下之享。言

殺諸臣百工不忘敎辭。不湎于酒。我則明享之。其不用我敎辭。惟我一人不恤於汝。弗潔汝事。時則同汝于羣飮誅殺之罪矣 ○王氏日休曰。此三節。皆王告康叔之辭 ○呂氏曰。明享。彰明使享祿位。以示勸也

王曰。封。汝典聽朕毖。勿辯乃司民湎于酒

辯。治也。乃司。有司也。即上文諸臣百工之類。言康叔不治其諸臣百工之湎酒。則民之湎酒者。不可禁矣 唐氏曰。或曰誥毖。或曰典聽朕敎。或曰典聽朕毖。何也。曰。毖者爲敎之心。敎者爲毖之辭 ○新安陳氏曰。汝當常主於聽我毖謹之言。酒誥一篇。始終以毖慎言。始曰厥誥毖庶邦庶士。將終曰劼毖殷獻臣。篇終又曰汝典聽朕毖。毖之一辭。一篇三致意。又提其要以致諄切之訓云。按勿辯乃司民湎于酒。說者不同。句讀亦異。孔氏作一句讀。

曰辯使也。勿使汝所司之民沉湎于酒。唐孔氏略轉一機。謂勿使汝所司民之吏沉湎于酒。吏當正身以率民也。王氏曰。汝司民有湎于酒。則以正治之。勿爲之辯以爲無罪。蘇氏曰。當專一司以察沉湎。若以汎責羣吏而不辯其司。禁必不行矣。吕氏讀勿辯爲句。謂復有循舊習者。汝不可辯說誘之舊習。實乃所司牧之民湎于酒。是誰之過歟。蔡氏讀勿辯乃司爲句。其說最優於諸家。然此句恐有脫誤。不如缺之。○董氏鼎曰。古之爲酒。本以供祭祀灌地降神。取其馨香下達求諸陰之義也。後以其能養陽也。故用之以奉親養老。又以其能合歡也。故用之冠婚賓客。然曰賓主百拜而酒三行。又曰終日飲酒而不得醉焉。未嘗過也。自禹飲儀狄之酒而疏之。寧不謂其太甚。已而亡國之君。敗家之子。接踵於後世。何莫由斯。然則文王之教。不惟當明於妹邦。家寫一通猶恐覆車之不戒也

梓材

亦武王誥康叔之書。諭以治國之理。欲其通上下

之情寬刑辟之用而篇中有梓材二字比稽田作室爲雅故以爲簡編之別非有他義也今文古文皆有○按此篇文多不類自今王惟曰以下若人臣進戒之辭以書例推之曰今王惟曰者猶洛誥之今王即命曰也肆王惟德用者猶召誥之肆惟王其疾敬德王其德之用也已若兹監者猶無逸嗣王其監于兹也惟王子子孫孫永保民者猶召誥惟王受命無疆惟休也反覆參考與周公召公進戒之言若出一口意者此篇得於簡編斷爛之中文既不全而進戒爛簡有用明德之語編書者

以與罔厲殺人等意合。又武王之誥。有曰王曰監云者。而進戒之書。亦有曰王曰監云者。遂以爲文意相屬。編次其後。而不知前之所謂王者。指先王而言。非若今王之爲自稱也。後之所謂監者。乃監視之監。而非啓監之監也。其非命康叔之書。亦明矣。讀書者優游涵泳。沉潛反覆。繹其文義。審其語脉。一篇之中。前則尊諭卑之辭。後則臣告君之語。蓋有不可得而强合者矣

朱子曰。吳才老辨梓材後半截不是梓材。緣其中多是勉君。乃臣告君之辭。未嘗如前一半稱王曰。又稱汝。爲上告下之辭。亦有此理○又説梓材是洛誥中書。甚好。其他文字。亦有錯亂而移易得出人意表者。然無如才老此樣處恰恰好○吳才

老考究得梓材。只前面是告戒臣下。其後都稱王。恐别是一篇。不應王告臣下不稱朕予而自稱王。斷簡殘編。無從考正。只得於言語句讀中有不曉者缺之。又曰。梓材後半篇。又不知何處録得來。此與他人言皆不領。嘗與陳同父言。陳曰每嘗讀亦不覺。今思之。誠然

王曰。封以厥庶民暨厥臣達大家。以厥臣達王。惟邦君

大家。巨室也。孟子曰。爲政不難。不得罪於巨室。孔氏曰。卿大夫及都家也。以厥庶民暨厥臣達大家。則下之情無不通矣。以厥臣達王。則上之情無不通矣。王言臣而不言民者。率土之濱。莫非王臣也。邦君上有天子。下有大家能通上下之情而使之無閒者。惟邦君也。陳氏大猷曰。大家。如晉六卿。魯三桓。齊諸田。楚昭屈景之類。左傳載封康叔。分以殷民七族。自陶氏至終葵氏。即衛之大家也。

大家之清。與國君常䟽。與國之臣民常親。蓋臣民素服
屬於大家。而大家之强阻。亦臣民擁助之也。國君能施
仁政。撫其臣民。由臣民以達其情於大家。則巨室之所
慕。一國慕之。又由臣以達其情於天子。而邦君之責盡
矣○吕氏曰。自康叔言。則有臣民大家三等。自王言之。
則率土皆王臣。但言厥臣。皆在其中矣○新安陳氏曰。
邦君處上下之間。達王必自達大家始。得罪於巨室者
不公正而無以服其心也。巨室難以强力服。而可以公
心化。以庶民及臣達之。是邦君一人之心。其公正能通
乎一國千萬人之心。以一國臣民千萬人之心通達於
大家之心。以其下達者而上
達其流通而無留滯也。必矣

汝若恒越曰我有師師司徒司馬司空尹旅曰予罔厲殺人。亦厥君先敬勞肆徂厥敬勞肆往姦宄殺人歷人宥肆亦見厥君事戕敗人宥

恒。常也。師師。以官師爲師也。尹。正官之長。旅。衆大夫也。

敬勞恭敬勞來也徂往也歷人者罪人所過律所謂知
情藏匿資給也戕敗者毀傷四肢面目漢律所謂疻也
此章文多未詳朱子曰亦厥君先敬勞至戕敗人宥之類都不成文理不可曉○新安陳氏曰
蔡傳僅訓字而云此章文多未詳信當缺之今姑采合諸說解之曰汝若常發越謂羣臣言我有交相師師之
三卿與正長之尹衆大夫之旅我意言我欲無虐殺人耳亦以其君先恭敬勞來其民爲臣者遂往效君以敬
勞遂與往日爲姦宄殺人者罪人所經歷者今皆寬宥與之爲新羣臣遂亦見其君之事凡戕傷人毀敗人物
者亦寬宥之矣君宥其大者臣亦宥其小者大意欲康叔率其臣以戒虐殺施寬宥也○王篇疻之移之氏二
反毆傷也

王啓監厥亂爲民曰無胥戕無胥虐至于敬寡至于屬婦
合由以容王其效邦君越御事厥命曷以引養引恬自古

王若兹監罔攸辟

監三監之監康叔所封亦受畿内之民當時亦謂之監故武王以先王啓監意而告之也言王者所以開置監國者其治本爲民而已其命監之辭蓋曰無相與戕殺其民無相與虐害其民人之寡弱者則哀敬之使不失其所婦之窮獨者則聯屬之使有所歸保合其民率由是而容畜之也且王所以責效邦君御事者其命何以哉亦惟欲其引掖斯民於生養安全之地而已自古王者之命監若此汝今爲監其無所用乎刑辟以戕虐人可也 陳氏大猷曰周禮建牧立監以爲邦國自黃帝已立左右監以監視萬國乃諸侯之長也康叔孟侯

故稱之爲監○新安陳氏曰。三篇意相承而相濟。康叔以衛侯爲司冦。故武王命之多及於刑。康誥反覆於明德愼罰。悉矣。不得已而及於速由文王罰刑速由玆義率殺。酒誥又以懲羣飲爲務。而曰予其殺。時同于殺。皆非得已也。逮至梓材。告戒於此終矣。慮康叔因前二篇之屢及於殺。而意或偏倚於刑也。故此篇惟以尚寛宥無刑辟爲言。仁哉武王之心。其帝舜刑期于無刑之心歟

惟曰若稽田。既勤敷菑。惟其陳脩。爲厥疆畎。若作室家。既勤垣墉。惟其塗墍茨。若作梓材。既勤樸斲。惟其塗丹雘

稽治也。敷菑廣去草棘也。疆畔也。畎。通水渠也。塗墍。泥飾也。茨蓋也。梓良材可爲器者。雘采色之名。敷菑以喻除惡。垣墉以喻立國。樸斲以喻制度。武王之所已爲也。疆畎。墍茨。丹雘。則望康叔以成終云耳朱子曰。梓材一篇有可疑者。如

稽田垣墉之喻。却與無胥戕無胥虐之類不相似。以至於欲至于萬年惟王。子子孫孫永保民。却又似洛誥之文。乃臣、戒君之辭。非酒誥語也○蘇氏曰。敷。治也○陳氏大猷曰。敷。開墾也○孫炎曰。菑。始去草也○孔氏曰。陳。列。脩。治。疆。畔也。左傳。如農之有畔○周禮匠人爲溝洫。廣尺深尺曰畎○孔氏曰。垣。墻也。馬氏曰。卑曰垣。高曰墉○說文。塈。傳塗也○穀梁傳焚雍門之茨。范寧註茨。謂茅蓋屋也○陳氏大猷曰。具粗曰樸。致巧曰斲○唐孔氏曰。雘。是朱色之名。有青有朱。丹雘。則是朱色者○新安陳氏曰。三者之譬。謂武王既盡勞以始之。叔當因舊成就潤飾以終之。不可變成規而隳前功也

今王惟曰。先王既勤用明德懷爲夾。庶邦享作兄弟方來。亦既用明德。后式典集。庶邦丕享

先王。文王武王也。夾。近也。懷遠爲近也。兄弟。言友愛也。泰誓曰友邦冢君。方來者。方方而來也。既。盡也。先王盡

勤用明德而懷來于上。諸侯亦盡用明德而視效於下也。后後王也。式用也。典舊典也。集和輯也。此章以後若臣下進戒之辭。疑簡脫誤於此。唐孔氏曰。夾者。是人左右而夾之。故言近。夾音協○左傳。以夾輔周室。夾。音甲○陳氏曰。人心會君親上之天。惟用明德。足以感動之。懷來諸侯。爲已夾輔。庶邦享上。親若兄弟。各以其方而來。其來享也。亦皆盡用明德。非勉强而然也。式。法也。用明德。則先王之典也。後王式典。法先王之用明德而已。如是。則集庶邦丕享矣。前之庶邦享。未盡丕享。今曰丕享。則無乎不享也○新安陳氏曰。朱子旣謂自此章以後爲他書錯簡。誤綴於此。則不當復以武王命康叔解之。只作臣告君之辭。可也

皇天旣付中國民越厥疆土于先王

越。及也。皇天旣付中國民及其疆土于先王也。朱子曰。尚書句

讀有長者。如皇天既付中國
民越厥疆土于先王。是一句

肆王惟德用。和懌先後迷民。用懌先王受命

肆。今也。德用。用明德也。和懌。和悅之也。先後。勞來之也。迷民。迷惑染惡之民也。命。天命也。用慰悅先王之克受天命者也 陳氏大猷曰。迷民未率。故王惟德是用以和懌先後之。和之使不乖。懌之使不怨。先引之於前。後助之於後。不惟以悅民心。亦所以悅先王受命之心○新安陳氏曰。蔡氏訓肆爲今。未安。肆。故也。遂也。朱子曰。承上起下之辭。書中肆字在句首者。如肆類于上帝。肆嗣王丕承基緒。肆惟王其疾敬德。與上文肆往姦宄。肆亦見厥君事。皆故與遂之意耳。不必訓爲今也。又按明德者。人心虛靈不昧之理。無上下之間。亦無前後之間。先王所勤用以懷諸侯。諸侯所既用以享天子。均用此明德也。何上下之間乎。王惟德用。德即所謂明德。後王所用以懌迷民。及用以懌先王受命。無非用此明德也。何前後之間乎

已。若茲監。惟曰欲至于萬年惟王。子子孫孫永保民

已。語辭。監。視也。此人臣祈君永命之辭也。按梓材有自古王若茲。監罔攸辟之言。而編書者誤以監爲句讀。而爛簡適有已若茲監之語。以爲語意相類。合爲一篇。而不知其句讀之本不同。文義之本不類也。孔氏依阿其說。於篇意無所發明。王氏謂成王自言必稱王者。以覲禮考之。天子以正遏諸侯則稱王。亦強釋難通。獨吳氏以爲誤簡者爲得之。但謂王啓監以下。即非武王之誥。則未必然也

新安陳氏曰。已若茲監。與自古王若茲監相似。而實不同。上文之監平聲。三監之監。此之監去聲。監觀之監。已乎君其監觀于茲。臣所祈於君。惟曰欲自今至于萬年。當爲天下王。王之子子孫孫

永保民而已。曰萬年惟王。若止於長有天下。曰子子孫孫永保民。則欲世王之長保安天下也。意實公而非私於王家也。其人臣祈君永命。忠愛無窮之心歟。讀此篇只依朱子以殘編錯簡讀之。庶其免於穿鑿云○蘇氏曰。此書專言王惟不殺。則子孫萬年享國。故以皇天所付爲言。詳考大誥。康誥。酒誥。梓材四篇。反覆丁寧以殺爲戒。以不殺爲德。此易所謂聰明睿智。神武而不殺者。故周有天下八百餘年。後之王者以不殺享國。以好殺殃其身。及其子孫者多矣。而世主不以爲監。小人又或附會六經以勸之殺。悲夫殆哉。唐末。五代之亂。殺人如飲食。周太祖叛漢。漢隱帝役開封尹劉銖屠其家百口。太祖既克京師。夜召其故人知星者趙延義。問漢祚所以短促。延義答曰。漢本未亡。以刑殺冤濫。故不及期而滅。時太祖方以兵圍劉銖及蘇逢吉第。期滅其族。聞延義言。矍然貸之。誅止其身。予讀至此。未嘗不流涕太息。故表其義以救世云○葵初王氏曰。蘇氏此論。大爲有勸戒。有裨世主。述作必有此等義論。方可行世

書傳大全卷之八

召誥

左傳曰。武王克商遷九鼎于洛邑。史記載武王言。我南望三塗。北望嶽鄙。顧詹有河。粤詹洛伊。毋遠天室。營周居于洛邑而後去。則宅洛者。武王之志。周公成王成之。召公實先經理之。洛邑既成。成王始政。召公因周公之歸。作書致告。達之於王。其書拳拳於歷年之久近。反復乎夏商之廢興。究其歸則以諴小民爲祈天命之本。以疾敬德爲諴小民之本。一篇之中。屢致意焉。古之大臣。其爲國家長

遠慮蓋如此。以召公之書。因以召誥名篇。今文古文皆有

問周誥辭語艱澀如何看。朱子曰。此等是不可曉。林文說艾軒以爲方言。曰只是古語如此。切意當時風俗。恁地說話。人便都曉得。如這物事喚做這物事。今風俗不喚做這物事。便曉不得。如蔡仲之命君牙等篇。乃當時與士大夫語。似今翰林所作制誥之文。故甚易曉。如誥是與民語。乃今官司行移曉諭文字。有帶時語在其中。今但曉其可曉者。不可曉處。則闕之可也。如詩景員維河。上下文皆易曉。却此一句不可曉。又如三壽作朋。三壽是何物。歐陽記古語亦有三壽之說。想當時自有此般說話。人都曉得。只是今不可曉○王氏曰。洛者。天下之中。以天事言。則日東景夕多風。日西景朝多陰。日南景短多暑。日北景長多寒。以人事言。則四方朝聘貢賦道里均焉。非特如此而已。懲三監之難。毖殷頑民。遷以自近。洛距妹邦爲近。則易使之遷作王都焉。則易以鎮服也。雖然。鎬京宗廟社稷。官府宮室具在。不可遷也。故於洛邑會諸侯而已○陳氏大猷曰。成王實都鎬京。特

往來朝諸侯。祀清廟於洛。故鎬京謂之宗周。以其爲天下所宗也。洛邑謂之東都。又謂之成周。以周道成於此也。洛邑。天下之至中。豐鎬。天下之至險。成王於洛邑。定鼎以朝諸侯。所以承天地冲和之氣。宅土中以莅四海。其示天下也公。於鎬京定都以壯基本。所以據天下形勝。處上游以制六合。其慮天下也遠。漢唐並建兩京。蓋亦識形勢之所在。而有得於成王周公之遺意歟○林氏曰。周自后稷。始封於邰。在漢右扶風斄縣。夏后政衰。稷之子不窋。出奔於戎狄之間。至孫公劉。始立國於豳。在栒邑豳鄉。十世至太王。避狄人。遷於岐山之下。在美陽縣岐山。文王遷於豐。在鄠縣東豐水。武王遷于鎬。在長安西南昆明池。所謂鎬池也。岐在邰西北無百里。豳又在岐西北。四百餘里。豐在岐山東南。一百餘里。鎬在豐東。二十五里○新安陳氏曰。宅洛之事。武王志之。成王述之。上告祖廟。迭咨大臣。一日而建千萬年宅中圖大之基。謹重如此。以至於召公因周公之歸而作誥以告王。序不及之何也。宅中圖大固難。保大定功尤難。王之在豐。召之相宅。固見宅中圖大之難矣。召公拳拳以敬德

永命戒王。敬不敬之異效。凡七言之。至謂不敬德。則必墜厥命。其辭甚危。見保大定功之尤難也

惟二月既望。越六日乙未。王朝步自周。則至于豐

日月相望謂之望。既望。十六日也。乙未。二十一日也。周。鎬京也。去豐二十五里。文武廟在焉。成王至豐。以宅洛之事告廟也

朱子曰。豐鎬去洛邑三百里。長安所管六百里。王畿千里。亦有橫長處。非若今世畫圖之爲方也。恐井田之制亦是此類。此不可執畫方之圖以定之。○或問周都豐鎬。則王畿之內。當有西北之戎。如此。則稍何縣都如之何其可爲也。曰。周禮一書。聖人作爲一代之法爾。到不可用法處。聖人須別有權變之道。○王氏曰。以朏望明魄紀月。以甲子紀日。書法也○林氏曰。漢志曰。周公攝政七年。二月乙亥朔。庚寅既望

惟太保先周公相宅。越若來三月。惟丙午朏。越三日戊申。

太保朝至于洛。卜宅厥既得卜。則經營

成王在豐使召公先周公行。相視洛邑。越若來。古語辭言召公於豐迤邐而來也。朏孟康曰月出也。三日。明生之名。戊申。三月五日也。卜宅者用龜卜宅都之地。既得吉卜。則經營規度其城郭宗廟郊社朝市之位林氏曰。漢志曰

三月甲辰朔三日丙午

越三日庚戌太保乃以庶殷攻位于洛汭越五日甲寅位成

庶殷。殷之衆庶也。用庶殷者意是時殷民已遷于洛。故就役之也。位成者左祖右社前朝後市之位成也唐孔氏曰。

庚戌三月七日甲寅三月十一日○葉氏曰攻位者闢荆棘平高下以定所經營之位也庶殷所遷殷民也雖民爲役則友民可知○林氏曰盤庚之遷亳太王之遷岐衛文之遷楚丘未嘗不卜然君臣旣有定議故至洛乃卜洪範所以先乃心卿士庶民而後卜筮也太王聿來胥宇而後爰契我龜衛文望楚與堂而後卜云其吉皆此類也○臨川吳氏曰召公之攻位但用殷民不用周民何也蓋洛邑畿內之民不征其力諸侯四方之民又未至洛惟殷民遷在洛者可役而攻位之功力亦省且易故也

若翼日乙卯周公朝至于洛則達觀于新邑營

周公至則徧觀新邑所經營之位唐孔氏曰乙卯十二日也○蘇氏曰按後篇是日冊卜○呂氏曰召公已成位周公方來觀上相之體然也

越三日丁巳用牲于郊牛二越翼日戊午乃社于新邑牛一羊一豕一

郊祭天地也故用二牛社祭用大牢禮也皆告以營洛之事唐孔氏曰丁巳十四日也戊午十五日也○呂氏曰郊祭天社祭地○孔氏曰社稷共牢○馬氏曰言社則稷在其中○陳氏經曰郊不曰新邑者郊在國外社在國內故也○王氏曰於尊以簡爲誠於卑以豐爲貴故郊特牲而社稷太牢先祭告於郊社然後用工○陳氏大猷曰此蓋卽洛邑新立之郊社以告作洛於天地不告廟者在豐已告也時洛邑宗廟未成故至十一月始烝祭宗廟也

越七日甲子周公乃朝用書命庶殷侯甸男邦伯

書役書也春秋傳曰士彌牟營成周計丈數揣高低度厚薄仞溝洫物土方議遠邇量事期計徒庸慮材用書餱糧以令役於諸侯亦此意○王氏曰邦伯者侯甸男服之邦伯也庶邦冢君咸在而獨命邦伯者公以書命邦

伯。而邦伯以公命命諸侯也唐孔氏曰。甲子。二十一日也。書。賦功屬役之書也。侯甸男服之邦伯。不偏舉五服者。文略耳。邦伯。州牧也○葉氏曰。不及采衛者。不以遠役衆也

厥既命殷庶。庶殷丕作

丕作者。言皆趨事赴功也。殷之頑民。若未易役使者。然召公率以攻位而位成。周公用以書命而丕作。殷民之難化者猶且如此。則其悅以使民可知也陳氏大猷曰。獨言庶殷丕作。則諸侯可知○林氏曰。召公營洛。自戊申至甲寅。七日而成。周公繼至。自乙卯距甲子。十日而用書。庶殷丕作。周召之規模。其敏如此。總而計之。自成王至豐。距甲子。凡一月耳。萬年之業。成於一月之間。此豈後世可及哉○新安陳氏曰。觀此。則殷民之遷。在未作洛之前明矣。讀此當參看洛誥。洛誥曰。予惟乙卯朝至於洛師。此云乙卯周公朝至於洛。其日同。但洛誥言是日再卜。此不言者。周公之吉卜。不殊召公之吉卜也。兼洛誥自詳

之。此可略也。乙卯至甲子十日。乙卯日卜及達觀新營。丙辰不言事。蓋丁巳戊午。將行郊社大禮。前一日養精神以無爲也。己未至癸亥五日。又不言事。乃將用書命丕作。竭精神以有爲也。此五日中。必會集臣庶。計丈數。揣高卑等事。役書一定。然後甲子朝頒布之。洛誥脫簡之在康誥者。曰惟三月哉生魄。周公初基至乃洪大誥治。即是三月十六日己未。戊午祭社後一日也。曰大誥治。即用書命丕作也。細而考之。脗合無間。誰謂殘編斷簡。不可見聖人經理之微密哉

太保乃以庶邦冢君出取幣。乃復入錫周公。曰拜手稽首。旅王若公。誥告庶殷越自乃御事

呂氏曰。洛邑事畢。周公將歸宗周。召公因陳戒成王。乃取諸侯贄見幣物以與周公。且言其拜手稽首。所以陳王及公之意。蓋召公雖與周公言。乃欲周公聯諸侯之

幣與召公之誥。併達之王。謂洛邑已定。欲誥告殷民。其根本乃自爾御事。不敢指言成王。謂之御事。猶今稱人爲執事也

問據召誥文。只說召公先至洛而周公繼至。不說成王亦來也。然召公出取幣入錫周公。乃曰旅王若公。其辭又多是戒成王。未知如何。朱子曰。此蓋因周公以告于王耳○王氏曰。庶邦冢君諸侯會于洛者。洛邑成而獻幣。所以爲禮。且致慶也○新安陳氏曰。作洛之急務。在化殷人。而化殷之大本。在於王身。下文遂詳言之。此召公納忠之大者。幣特恭敬之寓焉耳。取幣獨言庶邦而不及庶殷者。蓋用書命丕作無間於庶殷。而取幣陳王不及庶殷歟。篇末奉幣供王。即此出取之幣。前後相照應

嗚呼。皇天上帝。改厥元子。茲大國殷之命。惟王受命。無疆惟休。亦無疆惟恤。嗚呼。曷其奈何弗敬

此下皆告成王之辭。託周公達之王也。曷。何也。其。語辭。

商受嗣天位爲元子矣。元子不可改而天改之。大國未易亡而天亡之。皇天上帝。其命之不可恃如此。今王受命。固有無窮之美。然亦有無窮之憂。於是歎息言王曷其奈何弗敬乎。蓋深言不可以弗敬也。又按此篇專主敬言。敬則誠實無妄。視聽言動。一循乎理。好惡用捨。不違乎天。與天同德。固能受天明命也。人君保有天命。其有要於此哉。伊尹亦言。皇天無親。克敬惟親。敬則天與我一矣。尚何疎之有朱子曰。此數句者。一篇之大旨也。元子者。天之元子也。下文至篇終。反覆推衍此數句意耳○呂氏曰。人君代天作子。是爲天之長子○西山眞氏曰。大明詩云。天位殷適。使不挾四方。亦改厥元子。大國殷命之意○新安陳氏曰。此元子字。當與下文元子哉對觀。元子。天之元子。即大君者。

吾父母宗子之意。此元子謂殷紂。後元子謂成王。天命靡常。人君所以保天命。惟有敬耳。昔殷元子嘗受天命矣。天竟改其命而王受之。固有無窮之美。然今日之受。安知不爲他日之改。是亦有無窮之憂也。何可以不敬哉。此一節始曰嗚呼。末又曰嗚呼。元老大臣。拳拳忠愛。嗟歎以深警上心。不能自巳之至情也

天既遐終大邦殷之命。茲殷多先哲王在天。越厥後王後民。茲服厥命。厥終智藏瘝在。夫知保抱攜持厥婦子。以哀籲天。徂厥亡。出執。嗚呼。天亦哀于四方民。其眷命用懋。王其疾敬德

後王後民。指受也。此章語多難解。大意謂天既欲遠絕大邦殷之命矣。而此殷先哲王。其精爽在天。宜若可恃者。而商紂受命。卒致賢智者退藏。病民者在位。民困虐

政。保抱攜持其妻子。哀號呼天。往而逃亡。出見拘執。無地自容。故天亦哀民。而眷命用歸於勉德者。天命不常如此。今王其可不疾敬德乎

孔氏曰。殷多先哲王。精神在天。不能救者。以紂不能敬歟○漢上朱氏曰。人之死各反其根。體魄陰也。故降而在下。魄氣陽也。故升而在上。則無不在矣。衆人物欲蔽之。故魄散而氣不能升。惟聖人清明在躬。志氣如神。故其死也。精神在天。與天爲一○袁氏曰。疾敬德者。更無等待遲疑。只今便下手○新安陳氏曰。祖宗之不可憑藉如此。言外之意。蓋謂成王今日安可盡恃大王王季文武也。此章言天命不可恃。祖宗不可恃。惟敬德。庶可凝固天命而迓續祖德爾。敬德而言疾。最有力。蓋人心操則存。捨則亡。必緊著精神。汲汲用工。則莊敬日强而能敬。苟悠悠玩怠。則安肆日偷而不能敬矣。後又言肆。惟王其疾敬德。一篇綱領在敬字。而敬之工夫又在疾字

相古先民有夏。天迪從子保。面稽天若。今時既墜厥命。今

相有殷。天迪格保。面稽天若。今時既墜厥命

從子保者。從其子而保之。謂禹傳之子也。面。鄉也。視古先民有夏。天固啓迪之。又從其子而保佑之。禹亦面考天心。敬順無違。宜若可爲後世憑藉者。今時已墜厥命矣。今視有殷。天固啓迪之。又使其格正夏命而保佑之。湯亦面考天心。敬順無違。宜亦可爲後世憑藉者。今時已墜厥命矣。以此知天命誠不可恃以爲安也

朱子曰。此一節。間有不可曉處 ◎新安陳氏曰。從其子而保之。即孟子天與子。則與子之意。開萬世傳子之端自禹始。故於夏言從子保。而於商只言格保。蒙上文也。兩面稽天若。即對越在天之意。此一節。蓋謂天與祖宗。皆不可恃也

今沖子嗣。則無遺壽耇。曰其稽我古人之德。矧曰其有能

稽謀自天

稽考。矧況也。幼沖之主。於老成之臣。尤易疎遠。故召公言今王以童子嗣位。不可遺棄老成。言其能稽古人之德。是固不可遺也。況言其能稽謀自天。是尤不可遺也。稽古人之德。則於事有所證。稽謀自天。則於理無所遺。無遺壽耇。蓋君天下者之要務。故召公特首言之。朱子曰。已陳夏商敬德墜命之所由。又戒王也。○新安陳氏曰。老成知古。又能知天。所賴以稽古道天道。幸有壽者如太公周畢諸公在。不可遺也。稽考古德。非壽者聞見之遠。無所質。稽考天意以定謀慮。非壽耇者德盛智明。不能決也。

嗚呼。有王雖小。元子哉。其丕能諴于小民。今休。王不敢後。

用顧畏于民碞

召公歎息言王雖幼沖。乃天之元子哉。謂其年雖小。其任則大也。其者。期之辭也。誠和碞險也。王其大能誠和小民爲今之休美乎。小民雖至微。而至爲可畏。王當不敢緩於敬德。用顧畏于民之碞險可也。蘇氏曰。民猶水也。水能載舟。亦能覆舟。物無險於民者矣。〇新安陳氏曰。誠于小民而今休矣。猶欲王汲汲於畏民碞者。蓋民之碞險可畏。常伏於太和盛美之中。恃其已和且美。而不回顧却慮以畏之。則福兮禍所伏矣。此所以爲險也。是以莊生曰。人心險於山川。

王來紹上帝。自服于土中。旦曰。其作大邑。其自時配皇天。毖祀于上下。其自時中乂。王厥有成命治民今休。

洛邑天地之中故謂之土中王來洛邑繼天出治當自服行於土中是時洛邑告成成王始政故召公以自服土中爲言又舉周公嘗言作此大邑自是可以對越上天可以饗答神祇自是可以宅中圖治成命者天之成命也成王而能紹上帝服土中則庶幾天有成命治民今即休美矣○王氏曰成王欲宅洛邑者以天事言則日東景夕多風日西景朝多陰日南景短多暑日北景長多寒洛天地之中風雨之所會陰陽之所和也以人事言則四方朝聘貢賦道里均焉故謂之土中 朱子曰言王來居洛邑繼天爲治服事也土中洛邑爲天下中也林氏以此句王來爲王亦至洛邑之驗恐未必然但王命來

此定邑耳。○稱周公言當作大邑而自此以祀上帝。以及愼祀上下神祇。又自此居中以爲治。則是王受天成命以治民矣。蓋召公述周公宅洛之意。○陳氏大猷曰。君前臣名。故稱旦曰。又舉周公之言以告。謂今作大邑。其自是而配天。使仰無愧於天。自是而毖祀上下。使幽無愧於鬼神。自是而宅中爲治。使俯無愧於民。王其有成命而治民。今休。可也。周公所期如此之重。王可不思所以稱之。○新安陳氏曰。作洛之事。召公任之而未嘗明言之。至此方言服于土中而舉周公之言。以見作洛所以配上帝。奉祭祀。成治功。凝天命。其重如此。蓋下文將自進其敬德祈天之忠言。所以先引周公期望之語以開其端也。○陳氏雅言曰。是時召公知成王已有退辟于周之意。故言此以勸勉之也。活動之意。全在來字

王先服殷御事。比介于我有周御事。節性。惟日其邁。

言治人當先服乎臣也。王先服殷之御事。以親近副貳我周之御事。使其漸染陶成。相觀爲善。以節其驕淫之

性則日進於善而不已矣

王敬作所不可不敬德

言化臣必謹乎身也。所處所也。猶所其無逸之所。王能以敬爲所。則動靜語默。出入起居。無往而不居敬矣。不可不敬德者。甚言德之不可不敬也

朱子曰。王敬作所不可不敬德。只是一句。○召誥中。其初說許多言語。艱深難曉。却緊要處。只是惟王不可不敬德而已。○林氏曰。周遷殷頑民于洛。蓋與洛之舊民雜居。其善惡之習不同。非有以和一之。不能相安以處。故必有以服殷御事。使之親比介助於周之御事。然後可。蓋周御事習於教令。無事於服之。故以服殷御事爲先也。然服殷御事。在節其性而已。蓋人性無不善。殷人特化紂之惡。是以不義之習。遂與性成。而忘反耳。上之人有以節之。使日進於善。則與周人亦何異哉。然欲節民之性。又在王之所化。故王又當以敬爲所。不可不敬德。以率之。非政刑所及也。○陳氏大

猷曰既以周臣率之使之相觀而善又以身率之使之下觀而化也○新安陳氏曰王敬作所不可不敬德朱子本孔氏只作一句說蔡氏以所字爲句作兩句說眞氏乙記以蔡說爲長然蔡說實自呂氏所其無逸之所發之殷人污於舊染而其性流今欲節之而使其性復亦惟化之以敬德爾敬者一身之主宰性即心所具之理也敬則此心收歛於天理之中而性可節不敬則此心放縱於人欲之僞而性日流日其邁即上達反天理而日進乎高明之意也謂之不可不敬蓋敬者人心所當然而不可不然者非有所勉强而然如饑食渴飲之常無所爲而爲者也能如是則敬盡於此而人化於彼矣

我不可不監于有夏亦不可不監于有殷我不敢知曰有夏服天命惟有歷年我不敢知曰不其延惟不敬厥德乃早墜厥命我不敢知曰有殷受天命惟有歷年我不敢知曰不其延惟不敬厥德乃早墜厥命

夏商歷年長短。所不敢知。我所知者。惟不敬厥德。即墜其命也。與上章相古先民之意相爲出入。但上章主言天眷之不足恃。此則直言不敬德。則墜厥命爾 林氏曰。古人於天命。不以爲必有。不以爲必無。故召公於歷年。不其延。皆不敢知者。疑之也。至於敬德。則有歷年。不敬德。則墜厥命。蓋無可疑者

今王嗣受厥命。我亦惟茲二國命。嗣若功。王乃初服

今王繼受天命。我謂亦惟此夏商之命。當嗣其有功者。謂繼其能敬德而歷年者也。況王乃新邑初政。服行敎化之始乎 陳氏大猷曰。此章言尤懇切○新安陳氏曰。王乃初服者。善始可以善終。法二國之敬德而歷年。尤當謹之初服也。此句呂蔡以屬上章。孔朱眞陳以冠下章。使與初生初服宅新邑爲一套語亦通。但

此句實結上生下。若生子一段議論。實因此句而申明之

嗚呼。若生子。罔不在厥初生。自貽哲命。今天其命哲。命吉凶。命歷年。知今我初服

歎息言王之初服。若生子。無不在於初生。習爲善。則善矣。自貽其哲命。爲政之道。亦猶是也。今天其命王以哲乎。命以吉凶乎。命以歷年乎。皆不可知。所可知者。今我初服如何爾。初服而敬德。則亦自貽哲命而吉與歷年矣。呂氏曰。人自初生而保養。乃可以全其善。哲命者。人心所有之明哲。非自外求也○林氏曰。天以正性命人。初無智愚之別。所以有智愚者。於己取之而已。下愚爲自暴自棄。則上智豈非自貽乎○葉氏曰。哲命。以哲爲天所命也○新安陳氏曰。按呂林皆以哲命爲性命之命。然哲命之哲。不應遽有性命眷命之分。當以葉氏

之說爲正

宅新邑肆惟王其疾敬德王其德之用祈天永命

宅新邑所謂初服也王其疾敬德容可緩乎王其德之用而祈天以歷年也朱子曰王之初服不可不謹其習猶子之初生不可不慎其初所教蓋習于上則智習于下則愚矣故今天命正在初服之時敬德則哲則吉則歷年不敬則愚則凶則短折也○天無一物之不體已知我初服宅洛矣王其可不疾敬德哉所以求天永命者只在德而已矣○陳氏曰自貽哲命命在我也天其命哲命在天也○西山真氏曰天命至公不可以求而得也曰祈者蓋一於用德乃不祈之祈也○呂氏曰祈永命無他術惟敬德爲可耳曰祈者欲王知天命之未定也○新安陳氏曰明哲之性與生俱生初生之時習於善則明可作哲習於惡則靡哲不愚哲則爲天所命愚則天不命焉是自貽哲命如所謂自求多福此所謂無不在其初生時自貽哲命者王之初服亦猶是也此一節發明王乃初服之意蓋今日

作邑而自服土中。乃所謂初服。是又中天下定四海之一初也。天之命吉凶。判於此。王之能敬德祈永命與不能。亦判於此。召公所以欲王乘此一初之機。而疾敬德也。疾敬德。則能用德。疾云者。欲其乘此機而速勉之。有今罔後之謂也。疾敬德者。勿失此機於今日之初。而能用德以祈天者。可永命於千萬年之久。今此一初。豈可又以悠悠失之哉。肆惟王其疾敬德。蓋申上文王其疾敬德之語。而致重復懇切之意云

其惟王勿以小民淫用非彝。亦敢殄戮用乂民。若有功

刑者。德之反。疾於敬德。則當緩於用刑。勿以小民過用非法之故。亦敢於殄戮用治之也。惟順導民。則可有功。民猶水也。水泛濫横流。失其性矣。然壅而遏之。則害愈甚。惟順而導之。則可以成功

其惟王位在德元。小民乃惟刑用于天下。越王顯

元首也。居天下之上。必有首天下之德。王位在德元。則小民皆儀刑用德于下。於王之德益以顯矣朱子曰。其惟王勿以小民至越王顯爲一節。○蘇氏曰。商俗靡靡。其過用非常也久矣。召公戒王勿以小民過用非常之故。亦敢於法外殄戮以治之。蓋民之有過。罪實在我。及其有功。則王亦有德。何也。王之位。民德之先倡也。如此則法行於天下。而王亦顯矣。○陳氏大猷曰。順夏商之有功者。猶上言嗣若功。王位不在於土地人民。惟在德元而已。德元。亦猶乾元坤元之始生萬物者也。○呂氏曰。以小民淫用非彝。而敢於殄戮。忿嫉一生。則損君德矣。人君之德。止於好生。元者善之長。君以德元覆冒天下。安可以小民淫用。遂損君德。○新安陳氏曰。至此。則非彝之小民。化爲用德之小民。正所謂若順導之而有功者。王奚以尚刑不尚德爲哉

上下勤恤。其曰。我受天命。丕若有夏歷年。式勿替有殷歷年。欲王以小民受天永命

其亦期之辭也。君臣勤勞期曰。我受天命。大如有夏歷年。用勿替有殷歷年。欲兼夏殷歷年之永也。召公又繼以欲王以小民受天永命。蓋以小民者勤恤之實。受天永命者。歷年之實也。蘇氏曰。君臣一心以勤恤民。庶幾王受命歷年如夏商。且以民心爲天命也。朱子曰。以小民如以其師之以○林氏曰。王能敬德于上。而小民儀刑於下。則天永命之矣。所謂用小民以受天永命也。○吕氏曰。召公拳拳言小民者。國之根本。全在小民。其興其亡。不在大族。不在諸侯。止在小民之身。○陳氏曰。小民。人所易忽。澤及小民。則無不及矣。堯之不虐無告。文王之施仁先四者。是也。○新安陳氏曰。勤恤。即無疆惟恤之恤。上下勤勞以軫無疆之恤。惟期於兼二代之歷年。非他有以也。惟欲王以小民受永命耳。三節三言小民。始戒王以非彝殄戮之。繼欲以元德儀刑之。末欲以之而受永命。以之者何。惟尚德不尚刑。知其生。雖至微而關於天命者。至大至久也○西山眞氏曰。前言王其德之用祈天永命。此言欲王以小民受天永命。蓋永命之道無他。惟脩德與愛民而已。命在天。於小民何與。蓋天無心。以民爲心耳。一篇之中。言敬者凡七八。曰曷其柰何弗敬。曰王敬作所。曰不可不敬德。曰王其疾敬德。兩言惟不敬厥德。乃早墜厥命。曰肆惟王其疾敬德。言之諄望之切。老臣事少主。惓惓之心也。異時成王爲守文令主。而周家卜世卜年過於夏商。且過其曆。然後知召公之言。眞人主之藥石。國家之蓍龜也哉○臨川吳氏曰。勤恤。猶帝典言欽哉欽哉。惟刑之恤。欲王以小民受天永命一語。通結上三節。與王其德之用祈天永命一語相始終

拜手稽首曰。予小臣敢以王之讎民百君子。越友民。保受王威命明德。王末有成命。王亦顯。我非敢勤。惟恭奉幣。用供王能祈天永命

讎民。殷之頑民。與三監叛者。百君子。殷之御事庶士也。

友民周之友順民也保者保而不失受者受而無拒威命明德者德威德明也末終也召公於篇終致敬言予小臣敢以殷周臣民保受王威命明德王當終有天之成命以顯于後世我非敢以此爲勤惟恭奉幣帛用供王能祈天永命而已蓋奉幣之禮臣職之所當恭而祈天之實則在王之所自盡也又按恭奉幣意即上文取幣以錫周公而旅王者蓋當時成王將舉新邑之祀故召公奉以助祭云薛氏曰先讐民後友民者作洛以鎮靜商人爲先也與前言先服殷御事同意○陳氏經曰保受王之威德奉行之此臣之職也王既有成命當求所以永命成命在今日永命在子孫保受王之威德者臣下之所能至於祈天永命則非人臣之所能在于君疾敬德以祈天命我非敢勤者召公

不敢自以治洛爲功勞也。至此。則責望於王之身者甚重。恐成王專倚恃臣下也。我但能恭奉幣以供王。慶王之能祈天永命而已。則祈天永命。在王而不在召公矣○陳氏大猷曰。篇終復總始末之要以告王。敢以讐民等保受威命明德者。因庶殷侯甸和會作洛而言。敢以者。自任之辭。如命侯甸庶殷。即王之威命。宅洛圖治。即王之明德。和會丕作。即保受也。王末有成命。與上王厥有成命相應。王亦顯。與上越王顯相應。我非敢自居其勤。慮王以人心已從。天命已定。而自足也。惟恭奉幣。指前取幣旅王而言。待王能祈天永命。將以致慶而已。期望不已之意。可謂婉而篤矣。記曰。頌而無諂。諫而無驕。召公以之。○新安陳氏曰。所謂能祈天永命。不過上文敬德愛小民之事。敬德愛小民。即祈天永命之能也。上文已盡之。故於篇終特以能字該之。○臨川吳氏曰。王末有成命。因上文王厥有成命而言。顯字勤字。因上文越王顯。上下勤恤而言。恭奉幣。因上文取幣旅王若公而言。能祈天永命。亦因上文而言。以結一篇之意

洛誥

洛邑既定。周公遣使告卜。史氏録之以爲洛誥。又并記其君臣答問。及成王命周公留治洛之事。今文古文皆有。○按周公拜手稽首以下。周公授使者告卜之辭也。王拜手稽首以下。成王授使者復公之辭也。王肇稱殷禮以下。周公教成王宅洛之事也。公明保予冲子以下。成王命公留後治洛之事也。王命予來以下。周公許成王留洛。君臣各盡其責難之辭也。伻來以下。成王錫命毖殷命寧之事也。戊辰以下。史又記其祭祀册誥等事。及周公居洛歲月久近以附之。以見周公作洛之始終。而成王舉祀發政之後。即歸于周而未嘗都洛也朱子因讀尚書曰。其間錯誤解不得處煞多。昔呂伯恭解書。因問之云。尚書還有解不通處否。曰。無有。因舉洛誥問之云。據成王只使周公往營洛。故伻來獻圖及卜。成王未嘗一日居洛。後面如何却與周公有許多答對。又云王在新邑。此如何解。伯恭遂無以答。後得書云。誠有解不得處。○洛誥之文。有不可曉者。其後乃言王在新邑。而其前已屢有答問之詞矣○葉氏曰。此篇當與召誥參看。蓋非一時之言。史取周公得卜。至遣使告卜。相與往來告戒。本末序次之。以示後世也○王氏安石曰。此誥有不可知者。當缺之而釋其可知者○新安陳氏曰。此篇大可疑者。惟有公告王宅洛。行祀出命之辭。而不載王至洛之事。與其日月。觀十二月在洛祭告命周公留治洛之事。尚謹書之。則自三月後至十二月前。此數月中。至洛之大事。其當書也必矣。又此篇首章九句。脫簡在康誥之首。則首至洛之事。其脫簡又可想矣。且孺子其朋。及汝惟沖子惟終等處。聱牙難通。又王曰公功棐迪篤之下。無

周公答辭。而即又繼以王曰。豈非此等處有脫簡錯簡耶

周公拜手稽首曰朕復子明辟

此下周公授使者告卜之辭也拜手稽首者史記周公遣使之禮也復如逆復之復成王命周公往營成周周公得卜復命于王也謂成王爲子者親之也謂成王爲明辟者尊之也周公相成王尊則君親則兄之子也明辟者明君之謂先儒謂成王幼周公代王爲辟至是反政成王故曰復子明辟夫有失然後有復武王崩成王立未嘗一日不居君位何復之有哉蔡仲之命言周公位冢宰正百工則周公以冢宰總百工而已豈不彰彰

明甚矣乎。王莽居攝。幾傾漢鼎。皆儒者有以啓之。是不

可以不辨。○蘇氏曰。此上有脱簡在康誥自惟三月哉

生魄至洪大誥治四十八字

王氏安石曰。復。如復逆之復。成王命公往營成周。公

得卜復命于王。曰子。親之也。曰明辟。尊之也。先儒以周

公代王爲辟。至是反政。以書攷之。周公位冡宰。正百工

而已。未嘗代王爲辟。何復之有。○程子曰。猶言告嗣天

子王矣。○葉氏曰。復。如孟子有復于王之復。自孔氏以

復子明辟。謂周公攝而歸政之辭。古今儒者從之不敢

易。獨王氏以爲不然。世或未之信焉。以予考之。周公踐

天子位以治天下。初無經見。獨明堂位云爾。明堂位非

出吾夫子也。蓋武王崩。周公以冡宰攝政。此禮之常。攝

者。攝其事。非攝其位。世見周公在喪之攝。亦不知其非。以

成王幼而攝。故至卜洛猶有歸政之言。則王氏之言爲

有證。○新安陳氏曰。按王莽廢漢孺子嬰爲安定公。執

其手流涕曰。昔周公攝位。終得復子明辟。今予獨迫皇

天威命。不得如意。蓋因孔氏釋經之誤。莽遂借此以文其姦

王如弗敢及天基命定命。予乃胤保大相東土。其基作民明辟

凡有造。基之而後成。成之而後定。基命。所以成始也。定命。所以成終也。言成王幼沖退託。如不敢及知天之基命定命。予乃繼太保而往。大相洛邑。其庶幾爲王始作民明辟之地也。洛邑在鎬京東。故曰東土　朱子曰。周公不欲斥言王幼不能。故言王若不敢及天之初命定命。則不得不嗣攝政事。保佑王躬。而相此洛邑。以爲王當於此初作民主也 ○ 王氏炎曰。承天命以作新邑。是謂基命。都邑既成。久安長治。是謂定命 ○ 葵初王氏曰。朱子釋胤保。不若傳順。正與太保先周公相宅合

予惟乙卯。朝至于洛師。我卜河朔黎水。我乃卜澗水東。瀍

水西惟洛食我又卜瀍水東亦惟洛食伻來以圖及獻卜

乙卯即召誥之乙卯也洛師猶言京師也河朔黎水河北黎水交流之内也澗水東瀍水西王城也朝會之地瀍水東下都也處商民之地王城在澗瀍之間下都在瀍水之外其地皆近洛水故兩云惟洛食也食者史先定墨而灼龜之兆正食其墨也伻使也圖洛之地圖也獻卜獻其卜之兆辭也○張氏曰王者以民爲重故曰師○袁氏曰黎水言河朔則知澗瀍皆河南○陳氏經曰先言惟洛食即今河南後言惟洛食即今洛陽言公於洛卜此二處也召誥曰太保朝至于洛卜宅則卜乃召公卜今周公曰我卜者三公同心同謀召公之卜即周公之卜也○蘇氏曰黎水今黎陽也營洛以處殷民民重遷以河朔爲近便卜不吉然後卜洛也○呂氏曰卜都之意主於商民先卜河朔黎

水者。固其所安也。意在近地者。商民之心。意在地中者。周公之心。並列二說以聽於天而已。卜黎於先者。先人後己之心也。黎既不吉。改卜洛邑。龜乃協從。蓋周公之心。即天心也。無間。故無違也。○史氏漸曰。世或謂周公三卜而後洛。初於黎水。再於澗東瀍西。又於瀍東。皆不若洛之吉。豈知澗瀍之東西。即洛之中也。澗水之東。即洛之偏也。同名爲洛。而王城頑民之居不同。非洛自爲洛。澗瀍自爲澗瀍洛邑居天下之中。伊洛瀍澗實周流於其間。天子南嚮。則澗水在洛之右。瀍水在洛之左。周公於澗瀍之中。龜兆告吉。遂營王城以建王宮。定郊社宗廟。是爲郟鄏之地。今之河南是也。又循之左。越瀍水之東。龜復告吉。遂營下都。名曰成周。又曰東郊。以居殷民。今之洛陽是也。二城相距。蓋十有八里○臨川吳氏曰。龜卜占法今不傳。據褚少孫所録在史記龜策傳者。每一事有一占。法各不同。疑卜宅之占以兆食墨而明爲吉。不食。則其兆曖昧。非吉兆也。先卜黎陽不吉。乃卜洛邑二處。而龜兆皆食其墨也

王拜手稽首曰。公不敢不敬天之休。來相宅。其作周匹休。

公既定宅伻來來視予卜休恒吉我二人共貞公其以予萬億年敬天之休拜手稽首誨言

此王授使者復公之辭也王拜手稽首者成王尊異周公而重其禮也匹配也公不敢不敬天之休命來相宅爲周匹休之地言卜洛以配周命於無窮也視示也示我以卜之休美而常吉者也二人成王周公也貞猶當也十萬曰億言周公宅洛規模宏遠以我萬億年敬天休命故又拜手稽首以謝周公告卜之誨言 朱子曰拜受公言猶禹之拜昌言也○呂氏曰營洛實配宗周其作我周匹休之地匹者對宗周之辭以予者使之之辭倚之者甚重而望之者甚長也○或曰王不在洛言來者順公所在而言○王氏十朋曰詩之作豐伊匹與此匹休同意

○夏氏曰。貞。如厥賦貞之貞。謂相當也。王欲與公共當此吉祥○王氏曰。言宅洛之事定矣。公當以予求遠敬天之休。以承此休常吉之卜也。○新安陳氏曰。視與示同。古通用。漢書凡示字例作視。十萬曰億。泰誓又云。百萬曰億。不同何也。詩禾三百億。鄭注十萬曰億。毛公萬萬曰億。孔疏今九章筭術皆以萬萬爲億。鄭以古數言之。韋昭注楚語曰。十萬曰億。古數也。秦始以萬萬爲億。百萬爲億。未見所本

周公曰。王肇稱殷禮。祀于新邑。咸秩無文

此下周公告成王宅洛之事也。殷。盛也。與五年再殷祭之殷同。秩。序也。無文。祀典不載也。言王始舉盛禮祀于洛邑。皆序其所當祭者。雖祀典不載。而義當祀者。亦序而祭之也。呂氏曰。定都之初。肇舉盛禮。大饗群祀。雖祀典不載者。咸秩序而祭之。有告焉。有報焉。有祈焉。始建

新都。昭假上下。告成事也。雨暘時若。大役以成。報神賜
也。自今以始。永奠中土。祈鴻休也。後世不知祭祀之義。
鬼神之德。觀周公首以祀于新邑爲言。若闊於事情者。
抑不知人主臨鎮新都之始。齊祓一心。對越天地。達此
精明之德。放諸四海。無所不準。而助祭諸侯。下逮胞翟
之賤。亦皆有孚顒若。收其放而合其離。蓋格君心。萃天
下之道。莫要於此。宜周公以爲首務也。朱子曰。自此以下。漸不可曉。蓋
不知是何時所言。傳疏以爲王與公俱在洛對問之言。
葉氏以爲王得卜而至洛。既祭復歸鎬。因留周公居守。
而周公有此言。皆不可考。然葉氏說後數章貫穿。今從
之。○復齋董氏曰。易曰。殷薦之上帝。禮有殷祭殷奠。皆
取殷盛之義。○新安陳氏曰。王氏謂此殷禮疑即篇末
十二月戊辰之祭。史述其語於前。而記其事於後也。竊

意十二月之祭。不過以周公留治洛之事。就冬烝以告文武耳。此曰殷禮。曰秩無文。乃非常盛禮。豈十二月之祀。足以當之。三月後以至十一月。王必當親至洛。行大祀禮。今脫去矣。自此下。至無遠用戾。乃洛邑既成。公自洛歸鎬。告王以宅洛所當行之事。及欲退老之辭也。肇稱殷禮以下。乃周公至鎬。請王往新邑。舉祀禮及朝諸侯。證之召誥。公至洛定宅後。當還鎬京。觀召公取諸侯之幣錫公。由公以達王。則可見矣。孺子其朋以下。必有訛誤脫簡漏却。王祀新邑。必在此處無疑也。況梓材庶邦享集丕享等語。其爲敬識百辟享之上下。文脫簡在彼尤爲顯然乎

予齊百工。伻從王于周。予惟曰庶有事

周公言予整齊百官。使從成王于周。謂將適洛時也。予惟謂之曰。庶幾其有所事乎。公但微示其意。以待成王自教詔之也 夏氏曰。王祭于新邑。我則整齊百官。使從王往新邑。惟謂百官言汝從王而往。庶幾

必有事於周。欲禮樂自天子出也○新安陳氏曰。周公言我今整齊共營洛之百官。使從王于宗周。我惟謂之曰。王庶幾將適新邑而有事乎。國之大事。在祀與戎。故古人於祭祀皆曰有事。公但微示王將行祀事於洛之意於百官。以待王之自教詔之也

今王即命曰。記功宗以功作元祀。惟命曰。汝受命篤弼。

功宗。功之尊顯者。祭法曰。聖王之制祭祀也。法施於民則祀之。以死勤事則祀之。以勞定國則祀之。能禦大災則祀之。能捍大患則祀之。蓋功臣皆祭於大烝。而勳勞之最尊顯者。則爲之冠。故謂之元祀。周公敎成王即命曰。記功之尊顯者。以功作元祀矣。又惟命之曰。汝功臣受此褒賞之命。當益厚輔王室。蓋作元祀。既以慰答功

臣。而又勉其左右王室。益圖久大之業也呂氏曰。洛邑既成。周業既定。論創業之勳。不可後也。功臣之冠。天下觀瞻。鎮服羣下。實繫此舉。論功莫先於宗。言宗則凡功臣可得而推矣。報功莫重於祀。言祀則凡慶賞可得而推矣

丕視功載。乃汝其悉自教工

丕。大。視。示也。功載者。記功之載籍也。大視功載而無不公。則百工效之。亦皆公也。大視功載而或出於私。則百工效之。亦皆私也。其公其私。悉自汝教之。所謂乃汝其悉自教工也。上章告以襃賞功臣。故戒其大視功載者如此朱子曰。令王乃命曰。我當記人之功而尊之。又以此功因新邑殷祀而告之神明矣。○吳氏曰。已死者祀之。其生者。則載以旌賞之。○新安陳氏曰。公因告王今當即出命曰。新邑之祀。將記錄創業功臣之宗。勳

勞最顯者。以其功。列之大祀。使與享矣。又當專命君臣曰。汝之受命而能厚輔王室者。亦將大視其功。而紀載之於冊書。以功作元祀者。所以報功臣於既往。丕視功載者。所以勵功臣於方來。載之今日。又當祀之後日也。公又謂王言上即命惟命二說。乃汝其悉自敎詔於百工。其機雖自公發之。其敎當自王出之也

孺子其朋。孺子其朋。其往無若火始燄燄。厥攸灼敍。弗其絕

孺子。稚子也。朋。比也。上文百工之視傚如此。則論功行賞。孺子其可少徇比黨之私乎。孺子其少徇比黨之私。則自是而往。有若火然。始雖燄燄尚微。而其灼爍將次第延爇。不可得而撲滅矣。言論功行賞。徇私之害。其初甚微。其終至於不可遏絕。所以嚴其辭而禁之於未然

也朱子曰。周公言旣如此。則孺子往矣。燄。火始然尚微而方進之貌。灼焚也。敘次第也。○林氏曰。如漢之朋黨。始於甘陵南北部。唐之朋黨。始於牛李。其終搢紳稔禍。海內塗炭。是也

厥若彝及撫事如予。惟以在周工往新邑。伻嚮即有僚。明作有功。惇大成裕。汝永有辭

其順常道。及撫國事。當如我爲政之時。惟用見在周官。勿參以私人。往新邑。使百工知上意嚮。各就有僚。明白奮揚而赴功。惇厚博大以裕俗。則王之休聞。亦永有辭于後世矣朱子曰。戒成王歸宗周。其所順之常道及撫臨衆事。皆當如我所行也。在周百工。皆我所總齊者。習於事。當惟用此人。明作有功之事。務爲惇大之道。以成寬裕之政。則汝亦長有寬裕之辭於後世矣。言往者。如云來相宅。順王所在而言。趨事赴功常失之急薄。故又言惇大成俗以救其失。○呂氏曰。漢文近於

惇大成裕。而無所謂明作有功。漢宣近於明作有功。而無所謂惇大成裕。○新安陳氏曰。彰明振作以有功績。而又惇厚廣大以成寬裕。是亦精明之治功。而存渾厚之治體也

公曰已。汝惟沖子惟終

周之王業。文武始之。成王當終之也此上詳於記功教工內治之事。此下則統御諸侯教養萬民之道也 朱子曰周公言已矣乎。汝成王惟沖子當惟其終。猶伊尹言慎厥終也

汝其敬識百辟享。亦識其有不享。享多儀。儀不及物。惟曰不享。惟不役志于享。凡民惟曰不享。惟事其爽侮

此御諸侯之道也。百辟。諸侯也享。朝享也儀。禮。物幣也。諸侯享上。有誠有僞。惟人君克敬者能識之。識其誠於

享者。亦識其不誠於享者。享不在幣。而在於禮。幣有餘而禮不足。亦所謂不享也。諸侯惟不用志於享。則國人化之。亦皆謂上不必享矣。舉國無享上之誠。則政事安得不至於差爽僭侮。隳王度而爲叛亂哉。人君可不以敬存心。辨之於早。察之於微乎

朱子曰。享朝而以幣享王。誠以奉上之辭。幣有餘而禮不及者。往往有輕上之心。以爲可以幣交也。曰吾幣足矣。何以禮爲。如是者猶不享也○蘇氏曰。小人賄以悅人。必簡於禮。公戒王責諸侯以禮不以幣。恐其役志乎物。而不役志乎禮。則諸侯慢而王室輕矣。此治亂之本。故公特言之。春秋傳曰。晉趙文子爲政。薄諸侯之幣。而重其禮。晉穆叔曰。自今已往。兵其少弭矣。夫以列國之卿。輕幣重禮。猶足以弭兵。王而賄。其致寇也必矣。唐之衰。君相皆可以賄取。方鎮爭貢羨餘。行苞苴。而天子始失其政。以至於亡。周公之戒至矣○新安陳氏曰。此因將往新邑。朝諸侯而言。亦因召公取諸侯之幣。

旅王而言也

乃惟孺子頒朕不暇聽朕教汝于棐民彝汝乃是不蘉乃時惟不永哉篤叙乃正父罔不若予不敢廢乃命汝往敬哉茲予其明農哉彼裕我民無遠用戾

此教養萬民之道也頒朕不暇未詳或曰成王當頒布我汲汲不暇者聽我教汝所以輔民常性之道汝於是而不勉焉則民彝泯亂而非所以長久之道矣正父武王也猶今稱先正云者篤者篤厚而不忘敘者先後之不紊言篤敘武王之道無不如我則人不敢廢汝之命矣呂氏曰武王沒周公如武王故天下不廢周公之命

周公去。成王如周公。則天下不廢成王之命。戾至也。王往洛邑。其敬之哉。我其退休田野。惟明農事。蓋公有歸老之志矣。彼謂洛邑也。王於洛邑。和裕其民。則民將無遠而至焉

朱子曰。周公戒成王。使聽我教汝以輔民常性之道。若汝不勉則不能永保天命也。然則所以輔民常性者。惟在乎勉而已。篤敘汝武王之所行。無不如予之所以厚敘者。○陳氏經曰。汝當頒我前日未暇爲之事。一一行之。○息齋余氏曰。說命先正訓爲先世長官之臣。此指武王。而引先正爲比。何也。或曰。武王撥亂反正。故稱正父。○新安陳氏曰。此一節。除汝往敬哉。茲予其明農哉。二句外。皆不可曉。皆當缺之。味此二句。可見公時在鎬。欲王往新邑而已。將退老也。此章之下。當必有公從王至新邑。舉祀發命之事。而今缺矣

王若曰。公明保予沖子。公稱丕顯德。以予小子揚文武烈。奉答天命。和恒四方民居師

此下成王答周公及留公也大抵與上章參錯相應明
顯明之也保保佑之也稱舉也和者使不乖也恒者使
可久也居師者宅其衆也言周公明保成王舉大明德
使其上之不忝於文武仰不愧天俯不怍人也朱子曰居師營洛邑定民居也○新安陳氏曰此王既至洛舉祀後與公言將留公治洛先叙述公之功德以慰藉之也

惇宗將禮稱秩元祀咸秩無文

宗功宗之宗也下文宗禮同將大也孔氏曰厚尊大禮舉秩大祀○新安陳氏曰此蓋王述已行之事之辭即答公所謂王肇稱殷禮祀于新邑咸秩無文也

惟公德明光于上下勤施于四方旁作穆穆迓衡不迷文武勤教予沖子夙夜毖祀

旁。無方所也。因上下四方爲言。穆穆。和敬也。迓。迎也。言周公之德。昭著於上下。勤施于四方。旁作穆穆以迎治平。不迷失文武所勤之敎於天下。公之德敎加於時者如此。予沖子夫何爲哉。惟早夜以勤祭祀而已。蓋成王知周公有退休之志。故示其所以留之之意也

朱子曰。穆穆。和敬之貌。美天子之容。旁作。謂周公輔成己德。以迎迓太平之治。而不迷於先王之敎。○陳氏大猷曰。不自已太平。方且和敬以迓之。已治猶未治也。使以爲既平。則無亹亹方進之意。盈而不可久矣。○蘇氏曰。祭則我沖子。政則周公。成王言我歸宗周。毖祀而已。○唐孔氏曰。衛獻公云。政由甯氏。祭則寡人。亦畧猶是。言祭則我小子。迓太平。明敎化。皆委重於公也。○新安陳氏曰。此王推美歸重於公。猶欲其益因德業之盛。而加自强不息之誠。我小子但主祀而已。此已示留公之意也。

王曰公功棐迪篤罔不若時

言周公之功所以輔我啓我者厚矣當常如是未可以言去也朱子曰公之功輔導我已厚矣無不若是以上所稱也

王曰公予小子其退即辟于周命公後

此下成王留周公治洛也成王言我退即居于周命公留後治洛蓋洛邑之作周公本欲成王遷都以宅天下之中而成王之意則未欲捨鎬京而廢祖宗之舊故於洛邑舉祀發政之後即欲歸居于周而留周公治洛謂之後者先成王之辭猶後世留守留後之義先儒謂封伯禽以爲魯後者非是攷之費誓東郊不開乃在周公

東征之時。則伯禽就國。蓋已久矣。下文惟告周公其後。

其字之義。益可見其爲周公。不爲伯禽也。朱子曰。上文王曰兩段。周公無咎辭。疑有缺文。成王言我當歸即政于宗周。而命公留于洛。猶唐節度留後之意○史丞相說書。亦有好處。如命公後。衆說亦皆云命伯禽爲周公之後。史云。成王既歸。命周公在後。看公定予往已一言。便見得是周公且在後之意○西山眞氏曰。接史記。魯世家。伯禽即位之後。管蔡等反。淮夷徐戎亦並興。於是伯禽帥師伐之於肹。遂平徐戎。據此。則蔡說當矣○新安陳氏曰。成王自謂其退即辟于周。味退之一字。則王時進在洛邑可知。據身在洛邑言。故以還歸宗周爲退。退固王之謙辭。亦述往迓語勢之當然耳。先儒於此皆忽之。故不敢質言此章。爲王至洛後之辭也。

四方迪亂。未定于宗禮亦未克敉公功

宗禮。即功宗之禮也。亂。治也。四方開治。公之功也。未定功宗之禮。故未能敉公功也。敉功者，安定其功之謂。即下文命寧者也。朱子曰。迪，順也。四方雖已順治，猶未定于尊公之禮，未有以撫治公之功。

迪將其後監我士師工。誕保文武受民亂爲四輔。

將，大也。周公居洛，啓大其後，使我士師工有所監視。大保文武所受於天之民，而治爲宗周之四輔也。漢三輔蓋本諸此。今按先言啓大其後，而繼以亂爲四輔，則命周公留後於洛明矣。朱子曰。周公在後監我百官。士也。師也。工也。四輔，猶四鄰。○新安陳氏曰。王制曰。設四輔及三公。四輔，左輔。右弼。前疑。後丞也。引王制之四輔，解此四輔。亦與朱子四鄰之說合。王以治爲四輔之大臣望公。下文公以治爲四方之新辟望王。君臣交相期望也。

王曰。公定，予往已。公功肅將祗歡。公無困哉。我惟無斁其

康事。公勿替刑。四方其世享

定爾雅曰。止也。成王欲周公止洛。而自歸往宗周。言周公之功。人皆肅而將之。欽而悅之。宜鎮撫洛邑。以慰懌人心。毋求去以困我也。我惟無厭其安民之事。公勿替所以監我士師工者。四方得以世世享公之德也。吳氏曰。前漢書。兩引公無困哉。皆以哉作我。當以我為正。朱子曰。此王與公決而歸之言也。公定居洛。予往歸周已。公無困哉。言公無以事自困。猶漢所謂閔勞公以官職之事也。我則當無厭倦於安國安民之事。公但勿廢其所以儀刑四方者。則四方其世享矣○一說世享。世世尊享我周。無困勿替。皆欲公留而勿去之意○新安陳氏曰。此章之上。必有公答王之辭。蓋不許王留後之請也。所以王言公止。我往歸周矣。公無困我。是以不許留為困我。其辭危。勿替刑以下。其望遠。又上章言予沖子夙夜毖祀。成王全倚重於公。而已俾主祭。宜公未許留。至此曰我惟無倦於康安之事。是王能以安天下自任。而不全倚於公。宜公下章慉然許留也

周公拜手稽首曰。王命予來。承保乃文祖受命民。越乃光烈考武王。弘朕恭

此下周公許成王留等事也。來者。來洛邑也。承保乃文祖受命民。及光烈考武王者。答誕保文武受民之言也。責難於君謂之恭。弘朕恭者。大其責難之義也陳氏曰。弘大我事君之恭

孺子來相宅。其大惇典殷獻民。亂為四方新辟。作周恭先。曰其自時中乂。萬邦咸休。惟王有成績

典典章也殷獻民殷之賢者也言當大厚其典章及殷
之獻民蓋文獻者爲治之大要也亂治也言成王於新
邑致治爲四方新主也作周恭先者人君恭以接下以
恭而倡後王也公又言其自是宅中圖治萬邦咸底休
美則王其有成績矣此周公以治洛之效望之成王也

新安陳氏曰孺子來相宅乃公述王之此行也作周恭
先爲周家恭敬之王之先以恭而率先後之爲王者也
曰者公期望於王之辭其自
時中乂其即將然之辭也

予旦以多子越御事篤前人成烈答其師作周孚先考朕
昭子刑乃單文祖德

多子者衆卿大夫也唐孔氏曰子者有德之稱大夫皆

稱子。師衆也。周公言我以衆卿大夫。及治事之臣。篤厚

文武成功。以答天下之衆也。孚。信也。作周孚先者。人臣

信以事上。以信而倡後人也。考。成也。昭子。猶所謂明辟

也。親之故曰子。刑。儀刑也。單。殫也。言成我明子儀刑。而

殫盡文王之德。蓋周公與群臣篤前人成烈者。所以成

成王之刑。乃殫文祖德也。此周公以治洛之事自效也

新安陳氏曰。作周孚先。爲周家孚信之臣之先。以信而

率先後之爲臣者也。亂爲四方新辟。當與亂爲四輔對

觀。作周孚先。當與作周恭先對觀。蓋公與王交相期望。

各盡責任之辭也。○陳氏大猷曰。此處上下疑有缺文

伻來毖殷。乃命寧予。絶句以秬鬯二卣。曰明禋。拜手稽首休

享

此謹毖殷民而命寧周公也。秬黑黍也。一稃二米。和氣所生。鬯鬱金香草也。卣中尊也。明潔禋敬也。以事神之禮事公也。蘇氏曰。以黑黍爲酒。合以鬱鬯。所以祼也。宗廟之禮。莫盛於祼。王使人來戒敕庶殷。且以秬鬯二卣。綏寧周公。曰明禋。曰休享者何也。事周公如事神明也。古者有大賓客。以享禮禮之。酒清人渴而不飲。肉乾人飢而不食也。故享有體薦。豈非敬之至者。則其禮如祭也歟新安陳氏曰。寧。如歸寧父母之寧。曰明禋。拜手稽首休享者。述王命使之辭。曰。此明潔以禋祀之酒。今拜稽而致休美以享公焉。敬之至者。其禮如祭。傳曰享有體薦。一證也。記曰。君子敬則用祭器。又一證也

予不敢宿。則禋于文王武王

宿。與顧命三宿之宿同。禮。祭名。周公不敢受此禮。而祭
於文武也。息齋余氏曰。顧命宿訓爲進爵。孔氏說也。唐孔氏申其義。以爲進爵於神前
惠篤敘。無有遘自疾。萬年厭于乃德。殷乃引考。
此祭之祝辭。周公爲成王禱也。惠。順也。篤敘。與篤敘乃
正父同。順篤敘文武之道。身其康彊。無有遘遇自罹疾
害者。子孫萬年厭飽乃德。殷人亦永壽考也。陳氏大猷曰。惠順文武之道。篤敘而行之。
王伻殷乃承敘萬年。其永觀朕子懷德。
承。聽受也。敘。敘條次第也。王使殷人承敘萬年。其永觀
法我孺子。而懷其德也。蓋周公雖許成王留洛。然且謂

王伻殷者。若曰。遷洛之民。我固任之。至於使其承敘萬年。則實繫于王也。亦責難之意。與召誥末用供王能祈天命。語脉相類

張氏曰。觀此書。周公不敢當成王秬鬯之禮。則天子之禮樂。公其敢當乎。所以春秋於魯之郊禘。皆貶其僭。則成王之賜。伯禽之受。其失可見。豈周公之所敢安乎

戊辰。王在新邑。烝祭歲。文王騂牛一。武王騂牛一。王命作冊。逸祝冊。惟告周公其後。王賓殺禋咸格。王入太室祼

此下史官記祭祀冊誥等事。以附篇末也。戊辰。十二月之戊辰日也。是日成王在洛。舉烝祭之禮。曰歲云者。歲舉之祭也。周尚赤。故用騂。宗廟禮太牢。此用特牛者。命周公留後於洛。故舉盛禮也。逸。史佚也。作冊者。冊書也。

逸祝冊者。史逸爲祝冊以告神也。惟告周公其後者。祝冊所載。更不他及。惟告周公留守其後之意。重其事也。王賓。猶虞賓。杞宋之屬。助祭諸侯也。諸侯以王殺牲禋祭祖廟。故咸至也。太室。清廟中央室也。祼。灌也。以圭瓚酌秬鬯。灌地以降神也

王命周公後作冊逸誥在十有二月

逸誥者。史逸誥周公治洛留後也。在十有二月者。明戊辰爲十二月日也

惟周公誕保文武受命惟七年

吴氏曰。周公自留洛之後。凡七年而薨也。成王之留公

也。言誕保文武受民。公之復成王也。亦言承保乃文祖受命民。越乃光烈考武王。故史臣於其終。計其年。曰惟周公誕保文武受命惟七年。蓋終始公之辭云

多士

商民遷洛者。亦有有位之士。故周公洛邑初政。以王命總呼多士而告之。編書者因以名篇。亦誥體也。今文古文皆有。○吳氏曰。方遷商民于洛之時。成周未作。其後王與周公患四方之遠。鑒三監之叛。於是始作洛邑。欲徙周而居之。其曰昔朕來自奄。大降爾四國民命。我乃明致天罰。移爾遐逖。比

事臣我宗多遜者，述遷民之初也。曰今朕作大邑于茲洛。予惟四方罔攸賓，亦惟爾多士攸服奔走。臣我多遜者，言遷民而後作洛也。故洛誥一篇，終始皆無欲遷商民之意。惟周公既誥成王留治于洛之後，乃曰伻來毖殷。又曰王伻殷乃承敘。當時商民已遷于洛，故其言如此。愚謂武王已有都洛之志，故周公黜殷之後，以殷民反覆難制，即遷于洛。至是建成周，造廬舍，定疆場，乃告命與之更始焉。爾此多士之所以作也。由是而推，則召誥攻位之庶殷，其已遷洛之民歟。不然，則受都今衛州也。

洛邑。今西京也。相去四百餘里。召公安得捨近之

友民。而役遠之讎民哉。書序以爲成周既成。遷殷

頑民者。謬矣。吾固以爲非孔子所作也。呂氏曰。遷洛之事。召

誥經營之。洛誥考成之。多士則慰安之也。○張氏

曰。周之頑民。乃商之忠臣也。○王氏曰。篇名多士。

而序以爲頑民。何也。在官者謂之士。鄉大夫士。是

也。在民者謂之士。士農工商是也。此書稱士。皆在

官之殷士也。且周公未始以殷民爲頑。成王命君

陳。始有無忿疾于頑之語。夫殷民不附周。謂之頑

可也。不忘殷。謂之頑可乎。故頑之一字。周公於康

誥酒誥多士多方等書。未嘗出諸口也。○新安陳

氏曰。諸家過信小序。所以於昔

朕來自奄全說不通。吳蔡當矣

惟三月。周公初于新邑洛。用告商王士。

此多士之本序也。三月。成王祀洛次年之三月也。周公

至洛久矣。此言初者。成王既不果遷。留公治洛。至是公始行治洛之事。故謂之初也。曰商王士者。貴之也孔氏曰。周公致政明年三月也。或曰。于。於也。○王氏曰。殷民遷于成周。從舊長所治。故先告之。殷士順從。則殷民皆然矣

王若曰。爾殷遺多士。弗弔旻天大降喪于殷。我有周佑命。將天明威。致王罰。勑殷命。終于帝

弗弔未詳。意其爲歎憫之辭。當時方言爾也。旻天。秋天也。主肅殺而言。歎憫言旻天大降災害而喪殷。我周受眷佑之命。奉將天之明威。致王罰之公。勑正殷命而格之。以終上帝之事。蓋推革命之公。以開諭之也息齋余氏曰。弗弔。大誥引不弔旻天爲訓甚明。○呂氏曰。以天言之。曰明威。以人言之。曰王罰。○王氏曰。終。與受終于文祖之

終同

肆爾多士。非我小國敢弋殷命。惟天不畀。允罔固亂。弼我。我其敢求位

肆與康誥肆汝小子封同。弋取也。弋鳥之弋。言有心於取之也。呼多士誥之。謂以勢而言。我小國亦豈敢弋取殷命。蓋栽者培之。傾者覆之。固其治而不固其亂者。天之道也。惟天不與殷。信其不固殷之亂矣。惟天不固殷之亂。故輔我周之治。而天位自有所不容辭者。我其敢有求位之心哉 蘇氏曰。固。如推亡固存之固。信矣天之固治。不固亂也。○林氏曰。告殷士以天命之公。使知殷失天命而亡。則誰能與之。周得天命而興。則誰能違之

惟帝不畀惟我下民秉爲惟天明畏

秉持也言天命之所不與即民心之所秉爲民心之所秉爲即天威之所明畏者也反覆天民相因之理以見天之果不外乎民民之果不外乎天也詩言秉彝此言秉爲者彝以理言爲以用言也陳氏經曰紂之惡至於失人心則天命之所去周之德至於下民秉爲即天命之所與○新安陳氏曰既曰惟天不畀又曰惟帝不畀既曰將天明威又曰惟天明畏反覆以天命之去留曉殷士而潛消其覬覦猜疑之私耳○息齋余氏曰明畏只如皋謨篇所訓爲明

我聞曰上帝引逸有夏不適逸則惟帝降格嚮于時夏弗克庸帝大淫泆有辭惟時天罔念聞厥惟廢元命降致罰

引導逸安也降格與呂刑降格同呂氏曰上帝引逸者

非有形聲之接也。人心得其安。則亹亹而不能已。斯則上帝引之也。是理坦然。亦何間於桀。第桀喪其良心。自不適於安耳。帝實引之。桀實避之。帝猶未遽絶也。乃降格災異。以示意嚮於桀。桀猶不知警懼。不能敬用帝命。乃大肆淫逸。雖有矯誣之辭。而天罔念聞之。仲虺所謂帝用不臧是也。廢其大命。降致其罰。而夏祚終矣

陳氏大猷曰。天於人君。常欲導之於安逸之地。如爲善最樂。作德日休。即帝之引逸也。桀乃不適於逸。自趨於危。○呂氏曰。天人之際。惟極乃通。治極則通。格于皇天是也。亂極亦通。惟帝降格是也。桀惡升聞。故帝降格。譴告災異以示所嚮。於是覆邦。董子曰。天心仁愛人君。必出災異以警戒之。即降格之謂也。自絶于天。天亦絶之。國之元命。猶人之元氣。有則生。無則死者也。

乃命爾先祖成湯革夏俊民甸四方

甸治也伊尹稱湯旁求俊彥孟子稱湯立賢無方蓋明揚俊民分布遠邇甸治區畫成湯立政之大經也周公反復以夏商爲言者蓋夏之亡即殷之亡湯之興即武王之興也商民觀是亦可以自反矣新安陳氏曰甸如奄甸萬姓之甸

自成湯至于帝乙罔不明德恤祀

明德者所以修其身恤祀者所以敬乎神也

亦惟天丕建保乂有殷殷王亦罔敢失帝罔不配天其澤

亦惟天大建立保治有殷殷之先王亦皆操存此心無敢失帝之則無不配天以澤民也薛氏曰無所不浹天之澤也王者宅天下

無彼疆此界之殊。配天其澤也〇新安陳氏曰此之罔不明德與下文惟天不畀不明厥德當對觀恤祀與罔失帝配天澤皆自克明德中來也商先王以明德而得天命也如此

在今後嗣王誕罔顯于天矧曰其有聽念于先王勤家誕淫厥泆罔顧于天顯民祗

後嗣王紂也紂大不明於天道况曰能聽念商先王之勤勞於邦家者乎大肆淫泆無復顧念天之顯道民之敬畏者也

惟時上帝不保降若茲大喪

大喪者國亡而身戮也

惟天不畀不明厥德

商先王以明德而天丕建。則商後王不明德而天不畀矣

凡四方小大邦喪，罔非有辭于罰

凡四方小大邦國喪亡。其致罰皆有可言者。況商罪貫盈。而周奉辭以伐之者乎呂氏曰。天也。祖宗也。民也。自古帝王所共畏也。紂不聽念先王。罔顧天顯民祇。三畏皆亡。無所不至矣。○新安陳氏曰紂之衆惡皆自不明德中來。其以不明德而失天命也如此

王若曰。爾殷多士。今惟我周王。丕靈承帝事

靈。善也。大善承天之所爲也。武成言祗承上帝以遏亂略是也

有命曰割殷告勑于帝

帝有命曰割殷則不得不戡定翦除告其勑正之事于帝也。武成言告于皇天后土。將有大正于商者是也

惟我事不貳適。惟爾王家我適

上帝臨汝毋貳爾心。惟我事不貳適之謂。上帝既命侯于周服。惟爾王家我適之謂。言割殷之事非有私心。一於從帝而無貳適。則爾殷王家自不容不我適矣。周不貳于帝。殷其能貳於周乎。蓋示以確然不可動揺之意。而潛消頑民反側之情。爾然聖賢事不貳適。日用飲食莫不皆然。蓋所以事天也。豈特割殷之事而已哉

予其曰惟爾洪無度我不爾動自乃邑

三監倡亂予其曰乃汝大爲非法非我爾動變自爾邑

猶伊訓所謂造攻自鳴條也

予亦念天即于殷大戾肆不正

予亦念天就殷邦屢降大戾紂旣死武庚又死故邪慝

不正言當遷徙也

王曰猷告爾多士予惟時其遷居西爾非我一人奉德不

康寧時惟天命無違朕不敢有後無我怨

時是也指上文殷大戾而言謂惟是之故所以遷居西

爾非我一人樂如是之遷徙震動也是惟天命如此汝

毋違越我不敢有後命謂有他罰爾無我怨也唐孔氏曰從殷適洛南行而西向故爲西

惟爾知惟殷先人有冊有典殷革夏命

即其舊聞以聞諭之也殷之先世有冊書典籍載殷改夏命之事正如是耳爾何獨疑於今乎

今爾其曰夏迪簡在王庭有服在百僚予一人惟聽用德

肆予敢求爾于天邑商予惟率肆矜爾非予罪時惟天命

周公旣舉商革夏事以諭頑民頑民復以商革夏事責周謂商革夏命之初凡夏之士皆啓迪簡拔在商王之庭有服列于百僚之間今周於商士未聞有所簡拔也

周公舉其言。以大義折之。言爾頑民。雖有是言。然予一人所聽用者。惟以德而已。故予敢求爾於天邑商。而遷之於洛者。以與率德改行焉。予惟循商故事。矜恤於爾而已。其不爾用者。非我之罪也。是惟天命如此。蓋章德者。天之命。今頑民滅德而欲求用。得乎 陳氏大猷曰。迪簡王庭。職之大者。有服百僚。職之小者。聽用德。聽察其有德者而用之。○陳氏經曰。聽用德者。爾有德我何敢不用。爾無德我何敢苟用。商士所言皆私情。王所言皆天理。不擇賢否而用非天理矣○呂氏曰。商猶謂之天邑者。蓋言其地舊爲天子之都。重其事而敬其辭。裁之者固甚正。待之者亦甚厚矣

王曰。多士。昔朕來自奄。予大降爾四國民命。我乃明致天罰。移爾遐逖。比事臣我宗多遜

降猶今法降等云者。言昔我來自商奄之時。汝四國之民。罪皆應死。我大降爾命。不忍誅戮。乃止明致天罰。移爾遠居于洛。以親比臣我宗周。有多遜之美。其罰蓋亦甚輕。其恩固已甚厚。今乃猶有所怨望乎。詳此章。則商民之遷。固已久矣朱子曰。奄東方之國○陳氏大猷曰。此奄與淮夷三監。同助武庚以叛。周公東征。一舉而誅四國。獨言來自奄者。伐奄在後。誅奄即來也。四國。殷。管。蔡。霍也。以親我。事我。臣我。宗法成周濟濟多遜之盛

王曰。告爾殷多士。今予惟不爾殺。予惟時命有申。今朕作大邑于茲洛。予惟四方罔攸賓。亦惟爾多士。攸服奔走臣我多遜

以自奄之命爲初命則此命爲申命也言我惟不忍爾殺故申明此命且我所以營洛者以四方諸侯無所賓禮之地亦惟爾等服事奔走臣我多遜而無所處故也詳此章則遷民在營洛之先矣吳氏曰來自奄稱昔者遠日之辭也作大邑稱今者近日之辭也移爾遐逖比事臣我宗多遜者期之之辭也攸服奔走臣我多遜者果能之辭也以此又知遷民在前而作洛在後也

爾乃尚有爾土爾乃尚寧幹止

幹事止居也爾乃庶幾有爾田業庶幾安爾所事安爾所居也詳此章所言皆仍舊有土田居止之辭信商民

之遷舊矣孔氏不得其說而以得反所生釋之於文義似矣而事則非也

爾克敬天惟畀矜爾爾不克敬爾不啻不有爾土予亦致天之罰于爾躬

敬則言動無不循理天之所福吉祥所集也不敬則言動莫不違悖天之所禍刑戮所加也豈特竄徙不有爾土而已哉身亦有所不能保矣新安陳氏曰蔡傳釋不啻不有爾土加竄徙二字尤善

今爾惟時宅爾邑繼爾居爾厥有幹有年于茲洛爾小子乃興從爾遷

邑西井爲邑之邑。繼者。承續安居之謂。有營爲有壽考。皆于茲洛焉。爾之子孫乃興自爾遷始也。夫自亡國之末裔。爲起家之始祖。頑民雖愚。亦知所擇矣

王曰。又曰。時予乃或言。爾攸居

王曰之下。當有缺文。以多方篇末王曰又曰推之可見。時我或有所言。皆以爾之所居止爲念也。申結上文爾居之意

王氏炎曰。王曰下。必有脫簡。又曰下。必有脫文。不可強解○新安陳氏曰。多士一書中。言興喪則祖於天。言天命。則繫於德。言德則本於敬。終之以爾土爾邑。有恒產者有恒心。而非誘之以利也

無逸

逸者。人君之大戒。自古有國家者。未有不以勤而

興以逸而廢也。益戒舜曰。罔遊于逸。罔淫于樂。舜大聖也。益猶以是戒之。則時君世主。其可忽哉。成王初政。周公懼其知逸而不知無逸也。故作是書以訓之。言則古昔。必稱商王者。時之近也。必稱先王者。王之親也。舉三宗者。繼世之君也。詳文祖者。耳目之所逮也。上自天命精微。下至畎畝艱難。閭里怨詛。無不具載。豈獨成王之所當知哉。實天下萬世人主之龜鑑也。是篇凡七更端。周公皆以嗚呼發之。深嗟永歎。其意深遠矣。亦訓體也。今文古文皆有。張氏曰。周召之於成王。所陳在敬。所戒在逸。蓋敬則不逸。逸則不敬。敬逸之分。而歷

年之延否。享國之壽夭判焉。召公以敬陳於前。周
公以無逸戒於後。不如是。不足以爲周召○呂氏
曰。逸者。禍亂之源。三年東征。以定外亂。此特治其
末流爾。無逸者。治源之書也。無逸作於作洛之後。
成王即政之初○陳氏大猷曰。逸者。萬惡之根。戒
無逸者。萬善之本。無逸一書。所以爲百代元龜

周公曰。嗚呼。君子所其無逸

所猶處所也。君子以無逸爲所。動靜食息。無不在是焉。作輟則非所謂所矣 萍鄉柳兄言呂東萊解無逸一篇極好。朱子扣之曰。伯恭如何解君子所其無逸。柳兄曰。呂東萊解所字爲居字。曰。若某則不敢如此說。諸友請曰。先生將如何說。曰。恐有脱字則不可知。若説不行。而必强立一說。雖若可觀。只恐道理不如此○呂氏曰。凡人作勤作怠。亦有無逸之時。然能暫而不能居。非所其無逸者也。惟君子以無逸爲所。如魚之於水。鳥之於林。有不可得而離者焉○陳氏大猷曰。所。若北辰居其所之所。蓋居而不移之謂○李氏杞曰。所。安也。猶止其所之所。所其無逸。安於無逸也○新

安陳氏曰。所其無逸。與王敬作所。不可不敬德。朱子皆不欲以處所安居之意釋之。懼其巧鑿。非古人之本意也。然呂說爲可喜。所以朱子非之。而蔡氏仍本之

先知稼穡之艱難乃逸則知小人之依

先知稼穡之艱難乃逸者。以勤居逸也。依者。指稼穡而言。小民所恃以爲生者也。農之依田。猶魚之依水。木之依土。魚無水則死。木無土則枯。民非稼穡則無以生也。故舜自耕稼以至爲帝。禹稷躬稼以有天下。文武之基起於后稷。四民之事。莫勞於稼穡。生民之功。莫盛於稼穡。周公發無逸之訓。而首及乎此。有以哉。林氏曰。惟知稼穡之艱難爲念。而不留意於逸者。乃所以能逸。蓋好逸者未必能逸。無逸者乃能逸也。○呂氏曰。此非始於憂勤。終於逸

樂之論也。蓋言先備嘗稼穡之艱難。乃處於安逸。則深
知小人之所依。未嘗知稼穡之艱難。而遽處安逸。興一
宮室。起一力役。視若易然。而民有不得其死者矣。成王
生於深宮。遽處人上。公深爲之懼。故以此章警之。若以
始勤終逸釋之。是乾健之體。有時而息矣。後世漸不克
終之患。未必非此論啓之。○陳氏經曰。乃逸。非先艱難
而後逸樂也。艱難之中。自有逸樂之理。君子當以艱難
爲逸。不當以逸爲逸也。○南軒張氏曰。周自后稷。以農
事開國。歷世相傳。相與咨嗟歎息。服習乎艱難。而詠歌
其勞苦。此實王業之根本也。周公之告成王。詩有七月。
皆言農桑之候。書有無逸。欲其知稼穡。知小人之依。帝
王所傳心法之要。端在於此。夫治常生於敬畏。而亂常
起於驕逸。使爲國者。每念稼穡之艱難。而心不存焉者
寡矣。是心常存。則驕矜逸豫何自而生。豈非治之所由
興歟。○陳氏大猷曰。所其無逸。知小人之依。此一篇之
綱領。後章言三宗文王及怨詈之事。皆反覆推明乎此
也。○新安陳氏曰。先知稼穡之艱難乃逸。以爲先艱難
而後可謀安逸。固非矣。以爲艱難乃所以爲安逸。亦非
也。蓋君逸於上。君本逸也。惟以勤居逸。雖逸而能無逸。
呂氏此論。超出諸家。下文厥子不知稼穡之艱難。乃諺

既誕。文勢似若六字一句。蔡氏提出。謂此爲以逸爲逸與上文乃逸。以勤居逸者爲對。提得精神。如兩眼然。雖六字仍作一句讀。亦不妨如此說云

相小人厥父母勤勞稼穡厥子乃不知稼穡之艱難乃逸乃諺既誕否則侮厥父母曰昔之人無聞知

不知稼穡之艱難乃逸者。以逸爲逸也。俚語曰諺。言視小民。其父母勤勞稼穡。其子乃生於豢養。不知稼穡之艱難。乃縱逸自恣。乃習俚巷鄙語。既又誕妄無所不至。不然。則又訕侮其父母曰。古老之人。無聞無知。徒自勞苦。而不知所以自逸也。昔劉裕奮農畝而取江左。一再傳後。子孫見其服用。反笑曰。田舍翁得此。亦過矣。此正

所謂昔之人無聞知也。使成王非周公之訓。安知其不以公劉后稷。爲田舍翁乎 蘇氏曰。農夫之子。生而飽暖。且不知艱難。而況於王乎○南史。宋高祖劉裕。孫孝武帝。駿壞高祖所居陰室爲玉燭殿。牀頭有土障。壁上掛葛燈籠。麻蠅拂。袁顗因盛稱高祖儉德。上曰。田舍翁得此。已爲過矣

周公曰。嗚呼。我聞曰。昔在殷王中宗。嚴恭寅畏天命自度。治民祗懼。不敢荒寧。肆中宗之享國七十有五年

中宗。太戊也。嚴則莊重。恭則謙抑。寅則欽肅。畏則戒懼。天命。即天理也。中宗嚴恭寅畏。以天理而自檢律其身。至於治民之際。亦祗敬恐懼。而不敢怠荒安寧。中宗無逸之實如此。故能有享國永年之效也。按書序。太戊有

原命咸乂等篇意述其當時敬天治民之事今無所攷

矣孔氏曰以敬畏之故得壽考之福下文言逸樂之損壽○呂氏曰上旣論無逸之理此復舉無逸之君以示之法此中宗無逸之實嚴恭寅畏合而言之敬也因桑穀而修省亦其畏天命之一端天人一理旣畏天命必不敢輕下民祗懼不敢荒寧皆敬也惟敬故壽也主靜則悠遠博厚自强則堅實精明操存則血氣循軌而不亂收斂則精神内固而不浮至於儉約克治去戕賊之累又不在言凡此皆敬之力壽之理也自此至文王其壽莫非此理○陳氏經曰以天命之理自爲法度凡身所躬行合於法度者無非天命之流行○李氏杞曰無逸必寡慾寡慾而不壽者鮮矣逸樂必多慾多慾而能全生者亦鮮矣旣以無逸致壽者爲之勸又以逸樂損壽者爲之戒使前有所慕後有所警有所慕則知無逸之可法有所警則知逸樂之不可縱

其在高宗時舊勞于外爰曁小人作其即位乃或亮陰三年不言其惟不言言乃雍不敢荒寧嘉靖殷邦至于小大

無時或怨肆高宗之享國五十有九年

高宗。武丁也。未即位之時。其父小乙。使久居民間。與小民出入同事。故於小民稼穡艱難。備嘗知之也。雍。和也。發言和順。當於理也。嘉。美。靖。安也。嘉靖者。禮樂教化。蔚然於安居樂業之中也。漢文帝與民休息。謂之靖則可。謂之嘉則不可。小大無時或怨者。萬民咸和也。乃雍者。和之發於身。嘉靖者。和之達於政。無怨者。和之著於民也。餘見說命。高宗無逸之實如此。故亦有享國永年之效也。

呂氏曰。三年不言。聖賢之君。未必盡然。故謂之乃或。是或一道也。小大無怨。民氣大和。導迎和氣。是亦壽考之理。又發此意以申勸成王。下章論文王咸和萬民。亦是意也。篇末二章之論。違怨詛祝怨詈。實申此而晝發之○張氏曰。不敢荒寧。則志氣凝定。精神純一。此長年之基。民心大和。導迎善氣。又所以致長年也。蓋神氣耗散。則根本不固。厲氣外襲。則天和日消。有一于此。皆足致夭

其在祖甲。不義惟王。舊爲小人。作其即位。爰知小人之依。能保惠于庶民。不敢侮鰥寡。肆祖甲之享國。三十有三年

史記。高宗崩。子祖庚立。祖庚崩。弟祖甲立。則祖甲。高宗之子。祖庚之弟也。鄭玄曰。高宗欲廢祖庚。立祖甲。祖甲以爲不義。逃於民間。故云不義惟王。按漢孔氏以祖甲爲太甲。蓋以國語稱帝甲亂之。七世而殞。孔氏見此等記載。意爲帝甲必非周公所稱者。又以不義惟王。與太甲此乃不義文似。遂以此稱祖甲者爲太甲。然詳此章

舊爲小人。作其即位。與上章爰暨小人。作其即位。文勢正類。所謂小人者。皆指微賤而言。非謂憸小之人也。作其即位。亦不見太甲復政思庸之意。又按邵子經世書。高宗五十九年。祖庚七年。祖甲三十三年。世次歷年。皆與書合。亦不以太甲爲祖甲。況殷世二十有九。以甲名者五帝。以太。以小。以沃以陽。以祖別之。不應二人俱稱祖甲。國語傳訛承謬。旁記曲說。不足盡信。要以周公之言爲正。又下文周公言自殷王中宗及高宗及祖甲及我周文王。及云者。因其先後次第而枚舉之辭也。則祖甲之爲祖甲而非太甲。明矣 呂氏曰。商去周未遠。故公以王耳目所接者言之○

陳氏經曰。中宗近生知。高宗學知。祖甲困知者也

自時厥後立王。生則逸。生則逸。不知稼穡之艱難。不聞小人之勞。惟耽樂之從。自時厥後。亦罔或克壽。或十年。或七八年。或五六年。或四三年

過樂謂之耽。泛言自三宗之後。即君位者。生則逸豫。不知稼穡之艱難。不聞小人之勞。惟耽樂之從。伐性喪生。故自三宗之後。亦無能壽考。遠者不過十年七八年。近者五六年三四年。爾耽樂愈甚。則享年愈促也。凡人莫不欲壽而惡夭。此篇專以享年永不永爲言。所以開其所欲。而禁其所當戒也陳氏經曰。逸樂人所好。然所好有甚於逸樂者。苟以艱難而得

壽。奚爲而逸樂。艱難人所惡。然所惡有甚於艱難者。苟以逸樂而促壽。奚爲而不艱難。公之言。奪常情之好惡。而示以所甚好甚惡也○蘇氏曰。人莫不好逸欲。而其所甚好者。生也。以其所甚好。禁其所好。庶幾必信。然猶有不信者。以逸豫爲未必害生也。漢武帝唐明皇。豈無欲者哉。而壽如此。夫多欲不享國者。皆是也。武帝明皇。千一而已。豈可專望乎此哉○吕氏曰。憂勤者必壽。逸豫者必夭。此周公格言大訓。非特以戒成王。實萬世人主之龜鑑也。蓋人之一心。苟有所操存。則精神思慮日由乎天理之中。其壽固可必。孔子所謂仁者壽。詩人所謂樂只君子。萬壽無期。亦即其理而推之耳。後世之君。憚憂勤而恣逸樂。伐性傷生。靡所不至。乃欲慕神仙之術以求長年。何其愚之甚也歟○蔡初王氏曰。蘇氏之說。於經有助。使好逸者無以漢武明皇藉口。吕氏求神仙延壽之說。三代前未有也。然亦可備經筵進讀之一義

周公曰。嗚呼。厥亦惟我周太王王季。克自抑畏

商猶異世也。故又即我周先王告之。言太王王季。能自

謙抑謹畏者。蓋將論文王之無逸。故先述其源流之深長也。大抵抑畏者。無逸之本。縱肆怠荒。皆矜誇無忌憚者之爲。故下文言文王曰柔。曰恭。曰不敢。皆原太王王季抑畏之心發之耳陳氏大猷曰。克自者。眞能自用其力。而人不與也。抑者所以下之也。如制忿欲。去奢侈。皆是也。畏。敬畏也。人所以肆行無畏。不能自抑故也。抑其私欲。惟義是從。則必畏天命。畏祖宗。畏小民矣

文王卑服。即康功田功

卑服。猶禹所謂惡衣服也。康功。安民之功。田功。養民之功。言文王於衣服之奉。所性不存。而專意於安養斯民也。卑服。蓋舉一端而言。宮室飲食自奉之薄。皆可類推

孔氏曰。就田功以知稼穡之艱難。○新安陳氏曰。孔氏以即田功爲知稼穡之艱難。甚好。知稼穡艱難。乃無逸之根本。一篇之綱領也。迪哲四君。皆由於此。彼生則逸之君。只爲不知稼穡艱難耳

徽柔懿恭。懷保小民。惠鮮鰥寡。自朝至于日中昃。不遑暇食。用咸和萬民

徽懿皆美也。昃。日昳也。柔謂之徽。則非柔懦之柔。恭謂之懿。則非足恭之恭。文王有柔恭之德而極其徽懿之盛。和易近民。於小民則懷保之。於鰥寡則惠鮮之。惠鮮云者。鰥寡之人垂首喪氣。賚予賙給之。使之有生意也。自朝至于日之中。自中至于日之昃。一食之頃。有不遑暇。欲咸和萬民。使無一不得其所也。文王心在乎民。自

不知其勤勞如此。豈秦始皇衡石程書。隋文帝衛士傳餐。代有司之任者之爲哉。立政言罔攸兼于庶言。庶獄庶慎。則文王又若無所事事者。不讀無逸。則無以知文王之勤。不讀立政。則無以知文王之逸。合二書觀之。則文王之所從事可知矣問徽柔懿恭。是一字。是二字。朱子曰。二字。柔者須徽。恭者須懿。柔而不徽。則姑息。恭而不懿。則非由中出。柔易於暗弱。徽者。發揚之意。恭形於外。懿則有蘊藏之意○陳氏大猷曰。卑服。非止惡衣服。凡服用皆卑損

文王不敢盤于遊田。以庶邦惟正之供。文王受命惟中身。厥享國五十年

遊田國有常制。文王不敢盤遊無度。上不濫費。故下無

過取。而能以庶邦惟正之供。於常貢正數之外無橫斂也。言庶邦。則民可知。文王爲西伯。所統庶邦。皆有常供。春秋貢於霸主者班班可見。至唐猶有送使之制。則諸侯之供方伯舊矣。受命言爲諸侯也。中身者。漢孔氏曰。文王九十七而終。即位時年四十七。言中身舉全數也。上文崇素儉。恤孤獨。勤政事。戒遊佚。皆文王無逸之實。故其享國有歷年之永呂氏曰。凡有血氣。患於上陵。必學問以下之。抑損祗畏以自下。則用力於無逸深矣。力不分於奉已。故功全歸於恤民。惠澤之。使鮮鮮有生意。盤遊田曰不敢。翼翼之小心也。此章言文王家法。凡無逸之條目。如崇儉素。重農畝。恤窮困。勤政事。戒遊田。損橫斂。大略皆備。其稱文王之壽。即前章之意。以此爲防。後世猶爲文王憂勤損壽之說。以啓人主之好逸如鄭玄者

周公曰嗚呼繼自今嗣王則其無淫于觀于逸于遊于田以萬民惟正之供

則法也其指文王而言淫過也言自今日以往嗣王其法文王無過于觀逸遊田以萬民惟正賦之供上文言遊田而不言觀逸以大而包小也言庶邦而不言萬民以遠而見近也

無皇曰今日耽樂乃非民攸訓非天攸若時人丕則有愆無若殷王受之迷亂酗于酒德哉

無與毋通皇與遑通訓法若順則法也毋自寬假曰今日姑爲是耽樂也一曰耽樂固若未害然下非民之所

法。上非天之所順。時人大法其過逸之行。猶商人化受而崇飲之類。故繼之曰毋若商王。受之沈迷。酗于酒德哉。酗酒謂之德者。德有凶有吉。韓子所謂道與德爲虛位。是也。陳氏經曰。兩惟正之供。皆不以貢賦爲吾逸樂之用也。觀逸遊田。人君未甞無。特不可過其則耳。一日暫樂若未害也。而以爲不可者。蓋此心不可以斯須忘。斯須而忘。是放其心。自此以往。不可收拾矣○呂氏曰。雖戒成王。實欲後嗣。共守此訓。故以繼自今嗣王言。觀覽以舒其目。安逸以休其身。遊豫以省風俗。田獵以習武備。人君不能無也。不可過爾。過則人欲肆而入於亂亡矣。故公使之無淫過于此。必絕之使無。則迫蹙拘制矣。觀逸遊田。横歛之源。四者既省。用有常經。自應以萬民惟正之供。始耽樂者毋自恕曰。今日耽樂爾是心一流。將一日二日。浸浸終身不返矣。苟不戒一日之耽樂。必至爲紂之徒。無皇曰今日耽樂。蓋原淫樂之始。使之深絕其微。無若殷王受。蓋要淫樂之終。使知必至此極。始終備矣○林氏曰。隱公觀魚。莊公觀社。觀也。

唐敬宗日晏坐朝。逸也。周穆所至有車轍馬迹。遊也。太康畋洛表。田也。皆淫於此者○西山眞氏曰。前舉三宗後舉文王。俾王知所法。又舉紂。俾王知所戒。紂之惡無不有。酗酒其最也。人無智愚。皆知憂勤必享國。逸欲必戕生。惟沈湎于酒。心志昏亂。則雖死亡在前。亦不知畏。故欲無逸。則不可酗酒。酗酒。則必不能無逸。公所以專以此申戒也○薛氏曰。今日耽樂。與詩所謂一醉日富同義

周公曰。嗚呼。我聞曰。古之人猶胥訓告。胥保惠。胥教誨。民無或胥譸張爲幻

胥相訓。誡。惠順。譸。誑。張。誕也。變名易實以眩觀者曰幻。歎息言古人德業已盛。其臣猶且相與誡告之相與保惠之。相與教誨之。保惠者。保養而將順之。非特誠告而已也。教誨。則有規正成就之意。又非特保惠而已也。惟

其若是。是以視聽思慮。無所蔽塞。好惡取予。明而不悖。故當時之民。無或敢譸誕爲幻也。呂氏曰。訓告。教誨。皆見於言語。保惠。則調護於日用。功用相表裏也。○新安陳氏曰。訓誨。忠言也。譸張。邪說也。忠言交進。則邪說莫行

此厥不聽。人乃訓之。乃變亂先王之正刑。至于小大。民否則厥心違怨。否則厥口詛祝。

正刑。正法也。言成王於上文古人胥訓告保惠教誨之事而不聽信。則人乃法則之。君臣上下。師師非度。必變亂先王之正法。無小無大。莫不盡取而紛更之。蓋先王之法。甚便於民。甚不便於縱侈之君。如省刑罰以重民命。民之所便也。而君之殘酷者。則必變亂之。如薄賦歛

以厚民生。民之所便也。而君之貪侈者。則必變亂之。厥心違怨者。怨之蓄于中也。厥口詛祝者。怨之形於外也爲人上而使民心口交怨。其國不危者。未之有也。此蓋治亂存亡之機。故周公懇懇言之陳氏大猷曰。承上章無怨咸和之意。遂及於違怨詛祝〇唐孔氏曰。請神加殃謂之詛。以言告神謂之祝

周公曰。嗚呼。自殷王中宗。及高宗。及祖甲。及我周文王。茲四人迪哲

迪。蹈。哲。智也。孟子以知而弗去爲智之實。迪云者。所謂弗去是也。人主知小人之依。而或忿戾之者。是不能蹈其知者也。惟中宗。高宗。祖甲。文王允蹈其知。故周公以

迪哲稱之

厥或告之曰小人怨汝詈汝則皇自敬德厥愆曰朕之愆允若時不啻不敢含怒

詈罵言也其或有告之曰小人怨汝詈汝汝則皇自敬德反諸其身不尤其人其所誣毀之愆安而受之曰是我之愆允若時者誠實若是非止隱忍不敢藏怒也蓋三宗文王於小民之依心誠知之故不暇責小人之過言且因以察吾身之未至怨詈之語乃所樂聞是豈特止於隱忍含怒不發而已哉○唐孔氏曰皇大大自敬德朱氏方大曰聞謗而自反以敬德則凡怨詈之來皆箴砭之益吾方資之以自反何止不敢含怒於心而已苟非發於中心之誠惟不

敢含怒而止。則是僅能恕人之言。而未盡反己之功也
○陳氏大猷曰。四君至明。故能如此。凡聞謗而責人。皆
不明所
致也

此厥不聽。人乃或譸張爲幻。曰小人怨汝詈汝。則信之。則若時。不永念厥辟。不寬綽厥心。亂罰無罪。殺無辜。怨有同。是叢于厥身

綽。大。叢。聚也。言成王於上文三宗文王迪哲之事。不肯聽信。則小人乃或誑誕變置虛實曰。小民怨汝詈汝。汝則聽信之。則如是。不能永念其爲君之道。不能寬大其心。以誑誕無實之言。羅織疑似。亂罰無罪。殺戮無辜。天下之人受禍不同。而同於怨。皆叢於人君之一身。亦何

便於此哉。大抵無逸之書。以知小人之依爲一篇綱領。而此章則申言既知小人之依。則當蹈其知也。三宗文王能蹈其知。故其胸次寬平。人之怨詈不足以芥蔕其心。如天地之於萬物。一於長育而已。其悍疾憤戾。天豈私怒於其間哉。天地以萬物爲心。人君以萬民爲心。故君人者。要當以民之怨詈爲己責。不當以民之怨詈爲己怒。以爲己責。則民安而君亦安。以爲己怒。則民危而君亦危矣。吁。可不戒哉

林氏曰。以譸張之說妄殺如幽厲之監謗。秦立誹謗法之類。○陳氏經曰。以一人之身。當天下之怨。皆自幻言有以惑之。始人主憂勤。則心莊氣肅而一身和。下無怨詛而天下和。壽所以長也。人主逸樂。則心有所蠱壞。而一身失其和。邪說進。小人怨。殺戮肆行。而天下失其和。此壽所

以短也。推言人主之壽。下及小人怨詈之情。可謂深切矣○夏氏曰。向之怨詈。猶有限也。至此普天同怨。是怨叢於一身矣。民氣如此。欲享國長久。得乎。此意蓋在言外也○范氏曰。明君惟聽正直。故讒慝之言不入於耳。暗君好聽讒佞。故欺誑之言日至於前。人君當修德以弭怨。不可以刑殺止怨。以刑殺止怨。怨之愈甚。夫決所潰。不可收拾矣○吕氏曰。無逸始以逸豫爲戒。終則以棄忠言。惑邪說。壞法度。治誹謗結之。惟無逸。然後能去是疾。而所以保無逸者。亦不過戒是數者也○新安陳氏曰。末章承上章以論處怨詈之道。然召民和而使自無時或怨。上也。因怨言而自反。次也。以殺罰止怨而怨叢。無次矣。周公以怨詈等事。寬廣君心而伸舒民氣。其爲邦本國脉計。豈淺淺哉

周公曰。嗚呼。嗣王其監于兹

兹者。指上文而言也。無逸一篇七章。章首皆先致其咨嗟詠歎之意。然後及其所言之事。至此章。則於嗟歎之

外。更無他語。惟以嗣王其監于兹結之。所謂言有盡而意則無窮。成王得無深警於此哉　董氏鼎曰。此篇挈所其無逸以爲之綱。而分先知稼穡艱難與不知艱難以爲之目。此一書之大旨也。商三君。先知艱難者也。後王生則逸。不知艱難者也。戒嗣王之觀逸遊田。懼其不知艱難也。遠引古人。恐不盡信。故尤欲其師文王。懲商紂。以耳目所及者爲言焉。眞萬世之龜鑑哉

君奭

召公告老而去。周公留之。史氏録其告語爲篇。亦誥體也。以周公首呼君奭。因以君奭名篇。篇中語多未詳。今文古文皆有○按此篇之作。史記謂召公疑周公當國踐祚。唐孔氏謂召公以周公嘗攝

王政。今復在臣位。葛氏謂召公未免常人之情。以爵位先後介意。故周公作是篇以諭之。陋哉斯言。要皆爲序文所誤。獨蘇氏謂召公之意。欲周公告老而歸爲近之。然詳本篇旨意。迺召公自以盛滿難居。欲避權位。退老厥邑。周公反復告諭以留之爾。熟復而詳味之。其義固可見也。朱子曰。召公不悅。這意思曉不得。若論事亦儘未了。看來是見成王已臨政。便也小定了。許多事。周公自可了得。所以求去○程子曰。師保之任。古人難之。故召公不說者。不敢安於保也。周公作書以勉之。以爲在昔人君所以致治者。皆賴其臣。而使召公謀所以裕已也○問召公不悅之意。朱子曰。召公不悅。只是小序恁地說。裏面却無此意。這只是召公要去後。周公留他。說道朝廷不可無老臣。又問又曰等語不可曉。曰。這箇只是大綱綽得箇意脉子便恁地說。不要逐箇字去討便無理會。這箇物事難理會。又曰弗弔只當作去聲讀。又曰。召公不悅。蓋以爲周公歸政之後。不當復留。而已亦老而當去。故周公言二人不可不留之意。曰嗚呼。君已曰時我。我亦不敢寧于上帝命。弗永遠念天威。越我民罔尤違。又歷道古今聖賢倚賴老成以固其國家之事。又曰予不惠若茲多誥。予惟用閔于天越民。只此便見周公之心。每讀至此。未嘗不喟然太息也。試於此等處虛心求之如何○呂氏曰。召公以盛滿欲去。周公反復留之。後世權位相軋。排使去者有之。挽之留者鮮矣。大臣之秉心。公則深恐無助。私則惟恐不專也。又曰。成功不可居。洛邑成而周公告歸。召公亦同此心也。已而成王留周公。周公幡然改矣。召公猶守欲退之心也。周公遂力留之。及其既諭。非特留於一時。終相成王。且相康王。身任托孤之責而不辭。惟不苟於隨。所以篤於信也○陳氏大猷曰。或謂周公去朝居洛。召公獨執政柄。所以欲去。今以洛誥君陳攷之。周公故居洛以化殷民。以無逸蔡仲等攷之。周公未嘗不在朝以輔大業。意其往來鎬洛

之間也。方是時洛邑雖成。而殷民尚未孚。四方雖定。而天命人心尚未固。宜周公諄諄於留召公歟

周公若曰。君奭

君者。尊之之稱。奭。召公名也。古人尚質。相與語。多名之

弗弔。天降喪于殷。殷既墜厥命。我有周既受。我不敢知曰。厥基永孚于休。若天棐忱。我亦不敢知曰。其終出于不祥

不祥者。休之反也。天既下喪亡于殷。殷既失天命。我有周既受之矣。我不敢知曰。其基業長信於休美乎。如天果輔我之誠耶。我亦不敢知曰。其終果出於不祥乎○按此篇周公留召公而作此。其言天命吉凶。雖曰我不敢知。然其懇惻危懼之意。天命吉凶之決。實主於召公

留不留如何也呂氏曰。自後世之私觀之。殷之禍。周之福也。述殷之喪亡。亦曰弗弔。聖賢公天下之心也。人之於天。或恃而不自修。或懼而不自强。謂求孚于休。恃而不自修也。意天不福已也。謂終出不祥。懼而不自强也。意天必禍已也。皆非也○新安陳氏曰。此數句與召誥不敢知曰有歷年。不其延。語脉略同○臨川吴氏曰。不幸天大降喪于殷。殷既墜其命。而我有周既受之矣。然天命難諶。有德則常留。無德則旋去。孚者。以實感。以實應也。求孚于休。命之留也。不祥者。休之反。出于不祥。命之去也。雖曰我周既受天命。然謂其基必可久長。我所不敢知也。雖曰天非可信。然謂其終必至失墜。我亦不敢知也

嗚呼。君已曰時我。我亦不敢寧于上帝命。弗永遠念天威。越我民罔尤違。惟人。在我後嗣子孫。大弗克恭上下。遏佚前人光。在家不知

尤。怨。違。背也。周公歎息言召公已嘗曰。是在我而已。周

公謂我亦不敢苟安天命。而不永遠念天之威。於我民無尤怨背違之時也。天命民心。去就無常。實惟在人而已。今召公乃忘前日之言。翻然求去。使在我後嗣子孫。大不能敬天敬民。驕慢肆侈。遏絕佚墜文武光顯可得謂在家而不知乎 朱子曰。諸誥多是長句。如君奭弗永遠念天威越我民罔尤違只是一句。越只是及。罔尤違。是總說上天與民之意。漢藝文志註謂誥是曉諭民。若不速曉。則約束不行。便是誥辭如此只是欲民易曉

天命不易。天難諶。乃其墜命。弗克經歷嗣前人恭明德

天命不易。猶詩曰命不易哉。命不易保。天難諶信。乃其墜失天命者。以不能經歷繼嗣前人之恭明德也。吳氏

曰。弗克恭。故不能嗣前人之恭德。遏佚前人光。故不能嗣前人之明德

在今予小子旦。非克有正。迪惟前人光。施于我沖子

吳氏曰。小子。自謙之辭也。非克有正。亦自謙之辭也。言在今我小子旦。非能有所正也。凡所開導。惟以前人光大之德。使益焜燿而付于沖子而已。以前言後嗣子孫遏佚前人光而言也

又曰。天不可信。我道惟寧王德延。天不庸釋于文王受命

又曰者。以上文言天命不易。天難諶。此又申言天不可信。故曰又曰。天固不可信。然在我之道。惟以延長武王

之德。使天不容捨文王所受之命也 新安陳氏曰。周公舉召公前日之言以質之。謂君昔已嘗言。是其責在我矣。周公自述已意。謂我亦不敢安於天命。而不永遠念天威。及我民之無怨尤違背也。若果委之而去。使我後嗣子孫無所輔助。將大不能敬天敬民而至於遏佚前人之光顯。此時吾等可諉以退老在家而不知乎。天命不易保。天難諶信。恐其墜命者。以嗣君涉歷未深。弗能經歷而嗣前人恭明之德故也。我非能有正。我所啓迪。惟以前人光明之德施及於我冲子而已。施。如詩所謂施于孫子。此章大意。謂今日天命人心未爲固。成王經歷未爲深。所當輔之以嗣前人之光。延長世德。凝固天命。吾等當留而不當去也。此篇語句多有難曉。只得其大意可也

公曰。君奭。我聞在昔成湯既受命。時則有若伊尹。格于皇天。在太甲。時則有若保衡。在太戊。時則有若伊陟臣扈。格于上帝。巫咸乂王家。在祖乙。時則有若巫賢。在武丁。時則

有若甘盤

時則有若者，言當其時有如此人也。保衡即伊尹也。見說命。太戊、太甲之孫。伊陟，伊尹之子。臣扈與湯時臣扈二人而同名者也。巫氏，咸名，祖乙，太戊之孫。巫賢，巫咸之子也。武丁，高宗也。甘盤，見說命。呂氏曰：此章序商六臣之烈，蓋勉召公匹休於前人也。伊尹佐湯，以聖輔聖，其治化與天無間。伊陟、臣扈之佐太戊，以賢輔賢，其治化克厭天心。自其徧覆言之，謂之天；自其主宰言之，謂之帝。書或稱天，或稱帝，各隨所指，非有重輕。至此章對言之，則聖賢之分，而深淺見矣。巫咸止言其乂王家者。

咸之爲治。功在王室。精微之藴。猶有愧於二臣也。亡書有咸乂四篇。其乂王家之實歟。巫賢甘盤而無指言者。意必又次於巫咸也○蘇氏曰。殷有聖賢之君七。此獨言五。下文云殷禮陟配天。豈配祀于天者止此五王。而其臣偕配食于廟乎。在武丁時不言傅說。豈傅說不配食於配天之王乎。其詳不得而聞矣 陳氏曰。湯初勝夏。已有臣扈。湯至太戊。百三十年。必有臣而名同也。詩有家父。春秋又有家父。亦此類○復齋董氏曰。言甘盤者。高宗舊學之臣○呂氏曰。捨傅說。言甘盤。盤源也。說委也○息齋余氏曰。不言說。即下文不言尚父之意○臨川吳氏曰。周公舉商家所以能創業守成中興者。皆得大臣爲之輔相。以見召公未可去也。成湯之時。其臣有如伊尹能相湯以格于皇天。湯雖聖。亦賴伊尹之助也。湯孫太甲之時。有臣有如保衡。保衡即伊尹。以其保護王躬。而天下之事皆取平焉。故曰保衡。蓋太甲始立。是號以尊伊尹而不名。太甲孫太戊之時。則有如伊尹之子陟與臣扈。亦能治王家之事。巫賢。巫咸子。保衡巫賢甘盤之下。不言其事。蓋無可指定而言者也。○陳氏雅言曰。此周公叙商六臣之烈。以告召公而勉其匹休於前人也。伊尹之佐成湯。保衡之佐太甲。伊陟臣扈巫咸之佐太戊。巫賢之佐祖乙。甘盤之佐武丁。雖其君臣有聖賢之分。治化有淺深之異。然皆爲一代之名臣。格皇天者。無間於天之辭。與天爲一者也。格上帝者。克厭於天之辭。與天猶二者也。乂王家者。功著於民之辭。召公於此。上比伊尹而無所讓。次比伊陟臣扈巫咸而有餘。下比巫賢甘盤而遠過之。今而求去。則殷民反側之未安。成王守成之無助。寧不愧於商之諸臣者乎。此周公所以勉留之之意也。周公此言。雖主於留召公而發。非爲人物評論。然其立言之意。抑揚高下。自是如此

率惟茲有陳保乂有殷故殷禮陟配天多歷年所

陟升遐也。言六臣循惟此道。有陳列之功。以保乂有殷。

故殷先王終以德配天。而享國長久也葉氏曰。以其祭上陟而配天。猶言郊祀后稷以配天。宗祀文王於明堂以配上帝○唐孔氏曰。多歷年之次所

天惟純佑命。則商實百姓王人。罔不秉德明恤。小臣屏侯甸。矧咸奔走。惟茲惟德稱用乂厥辟。故一人有事于四方。若卜筮罔不是孚

佑。助也。實。虛實之實。國有人則實。孟子言不信仁賢。則國空虛是也。稱。舉也。亦秉持之義。事。征伐會同之類。承上章六臣輔君格天致治。遂言天佑命有商。純一而不雜。故商國有人而實。内之百官著姓。與夫王臣之微者無不秉持其德。明致其憂。外之小臣。與夫藩屏侯甸。矧皆

奔走服役。惟此之故。惟德是舉。用乂其君。故君有事于
四方。如龜之卜。如蓍之筮。天下無不敬信之也王氏炎曰。商大
臣事業至於有爲而罔不孚。今四國多方諄諄告命。猶
懼不信。召公豈可求去○陳氏雅言曰。周公言不特上
文六臣能有輔君之功。天之於商。其佑命之也。純一而
不二。故商國賢才衆多而能實。言國以有人爲實也。是
以當時在內。則大而百官著姓。小而王臣之微。莫不秉
德明恤。此其在內者之皆賢也。在外。則微而小臣。大而
藩屏侯甸者。又莫不奔走服役。此其在外者之皆賢也。
惟天佑命之純之故。故君之用人。惟有德者是舉。而此
衆賢之多。皆能治君之事以與君共理也。是則商之賢
才登庸。無間內外。其衆多如此。群臣有輔君之功。故君
有化民之效。一人有所命令於天下。天下之民如敬聽
於卜筮。而無不孚信也。周公此言。意謂商賢聖之君。其
始以得五六大臣佐佑之助。故能得天佑命之純。是以
衆賢維持而出。無內外大小之間。明商之得人。實由於
五六大臣之得人也。周公此意。政欲召公知吾二人。其
進退係於國體者如此。豈可以盛滿難居爲懼。而果於

求退也

公曰。君奭天壽平格。保乂有殷。有殷嗣天滅威。今汝永念則有固命。厥亂明我新造邦

呂氏曰。坦然無私之謂平。格者。通徹三極而無間者也。天無私壽。惟至平通格于天者則壽之。伊尹而下六臣。能盡平格之實。故能保乂有殷。多歷年所。至于殷紂亦嗣天位。乃驟罹滅亡之威。天曾不私壽之也。固命者。不墜之天命也。今召公勉爲周家久永之念。則有天之固命。其治效亦赫然明著於我新造之邦。而身與國俱顯矣孔氏曰。言天壽有平至之君。故安治有殷。殷嗣子紂不能平至。天滅亡加之有威。今汝長念平至者安治。

反是者滅亡。以爲法戒。則有堅固之命。其治理足以明
我新成國矣○臨川吳氏曰。平格。謂無一事不與天通
者也。心通乎天。必得其壽。伊尹而下六臣。能相其君以
平格于天。故能保乂有殷。多歷年所。至于殷紂。亦嗣天
位。乃驟罹滅亡之威。天不壽之者。何哉。蓋無賢臣輔之
以格于天故爾。今汝永念及此。則我周可有堅固不墜
之命。其能常治而顯明我新造之周邦歟

公曰。君奭。在昔上帝割。申勸寧王之德。其集大命于厥躬

申。重。勸。勉也。在昔上帝降割于殷。申勸武王之德。而集
大命於其身。使有天下也。新安陳氏曰。寧王。孔註以爲文王。蔡傳以爲武王。果武王也。則下接惟文王尚克脩和我有夏。必有缺文矣

惟文王尚克脩和我有夏。亦惟有若虢叔。有若閎夭。有若
散宜生。有若泰顛。有若南宮括

號叔。文王弟。閎散。泰。南宫。皆氏。夭。宜生。顛。括。皆名。言文王庶幾能修治爕和我所有諸夏者。亦惟有虢叔等五臣爲之輔也。康誥言一二邦以修。無逸言用咸和萬民。即文王修和之實也

又曰。無能往來。兹迪彝教文王蔑德降于國人

蔑無也。夏氏曰。周公前既言文王之興本此五臣。故又反前意而言曰。若此五臣者。不能爲文王往來奔走於此導迪其常教。則文王亦無德降及於國人矣。周公反覆以明其意。故以又曰更端發之

亦惟純佑。秉德迪知天威。乃惟時昭文王。迪見冒聞于上

帝。惟時受有殷命哉

言文王有此五臣者。故亦如殷爲天純佑命。百姓王人。罔不秉德也。上既反言文王若無此五臣爲迪彝教。則亦無德下及國人。故此又正言亦惟天乃純佑文王。蓋以如是秉德之臣。蹈履至到。實知天威。以是昭明文王啓迪其德。使著見於上。覆冒於下。而升聞于上帝。惟是之故。遂能受有殷之天命也。新安陳氏曰。此言以文王之聖。猶不可無五臣之助也。○陳氏雅言曰。亦惟純佑者。即上章天惟純佑命之謂也。秉德迪知天威。乃惟時昭文王。迪見冒聞于上帝者。即上章罔不秉德明恤。惟茲惟德稱。用乂厥辟之意也。上章言商賢聖之君。皆已受天命之君也。故以一人有事於四方。若卜筮罔不是孚言之。言其效足以化民也。此言文王始受天命之君也。故以惟時受有殷命哉言之。言其效有以得於天也。周公言此。意謂文王得此五臣之助。亦如商之衆君得上六臣之助。五臣之輔周。無異於六臣之輔商。故佑命之純於周。無異於昔之純於商也。天眷厚而賢才衆多者。蓋以大臣之德有以契於天。故其道有以顯其君。賢臣輔而君德脩著。不惟其君之德有以被於時。而其極有以格夫天。是則文王之所以受有殷命之故。雖文王之德也。亦五臣之助也。周公此言。主於留召公。故皆歸重於臣之辭。召公縱不以商之六臣爲念。獨不以周之五臣爲意乎

武王惟茲四人。尚迪有祿。後暨武王誕將天威。咸劉厥敵。惟茲四人。昭武王惟冒。丕單稱德。

號叔先死。故曰四人。劉。殺也。單。盡也。武王惟此四人。庶幾迪有天祿。其後暨武王盡殺其敵。惟此四人。能昭武王。遂覆冒天下。天下大盡稱武王之德。謂其達聲教于

四海也。文王冐西土而已。丕單稱德。惟武王爲然。於文王言命。於武王言祿者。文王但受天命。至武王方富有天下也。呂氏曰。師尚父之事文武。烈莫盛焉。不與五臣之列。蓋一時議論。或詳或略。隨意而言。主於留召公而非欲爲人物評也。新安陳氏曰。此言以武王之聖。猶不可無四臣之助也。上言殷先王猶有賴於六臣。此二章言周文武猶有賴於五臣四臣。召公可不鑒之而遽求去乎。留之之意切矣。○陳氏雅言曰。武以定亂。文以致治。武王之興。皆賴此四臣之功也。四臣之才德兼全。志慮中正。出之可以爲將。入之可以爲相。無所不可。於此可見其即立政所謂義德容德之士也歟。○臨川吳氏曰。林氏云。文武佐命元功多矣。獨稱虢叔等五人者。豈其逮事王季。遂及文武耶。伊尹事湯。又事太甲。伊陟乃尹子。臣扈非湯舊臣。即殷世臣。巫咸巫賢世爲大臣。甘盤。小乙舊臣。以遺武丁。周公所舉。皆世臣舊德。故武丁世不及傅說。文武世不及太公。今周公

與召公。正如殷之六臣。文武之五臣。豈可去乎

今在予小子旦。若游大川。予往暨汝奭其濟。小子同未在位。誕無我責。收罔勗不及。耇造德不降。我則鳴鳥不聞。矧曰其有能格

小子旦。自謙之稱也。浮水曰游。周公言承文武之業。懼不克濟。若浮大川。罔知津涯。豈能獨濟哉。予往與汝召公其共濟可也。小子。成王也。成王幼冲。雖已即位。與未即位同。誕。大也。大無我責上。疑有缺文。收罔勗不及。未詳。耇造德不降。言召公去。則耇老成人之德。不下於民。在郊之鳳。將不復得聞其鳴矣。况敢言進此而有感格

乎。是時周方隆盛。鳴鳳在郊。卷阿鳴于高岡者。乃詠其實。故周公云爾也

夏氏曰。大無盡責於我一人○息齋余氏曰。召公若收斂退藏。罔勗勉成王之所不逮。亦通○張子曰。耇造德降。則民誠和而鳳可致。故鳴鳥聞。所以爲和氣之應也○王氏炎曰。文王之興。鳳鳴岐山。爲周受命之符。召公苟去。固不能如五臣輔文王以聞鳴鳳之祥。况能如伊陟臣扈之格天格帝乎○孔氏曰。我徃與汝奭其共濟渡成王○新安陳氏曰。大無專責於我。召公苟收斂退藏。不勉王所不及。以老成之德自居。我恐鳴鳳之祥。不復聞矣。况曰其有能如古人之格天格帝乎。然此等句。實聱牙難通。唯挽留召公之意。猶可認耳

公曰。嗚呼。君肆其監于茲。我受命無疆惟休。亦大惟艱。告君乃猷裕。我不以後人迷

肆。大。猷。謀也。茲。指上文所言。周公歎息。欲召公大監視

上文所陳也。我文武受命。固有無疆之美矣。然迹其積累締造。蓋亦艱難之大者。不可不相與竭力保守之也。告君謀所以寬裕之道。勿狹隘求去。我不欲後人迷惑而失道也。○呂氏曰。大臣之位。百責所萃。震撼擊撞。欲其鎮定。辛甘燥濕。欲其調齊。盤錯棼結。欲其解紓。黯闇汚濁。欲其茹納。自非曠度洪量。與夫患失乾沒者。未嘗無翩然捨去之意。況召公親遭大變。破斧缺斨之時。屈折調護。心勞力瘁。又非平時大臣之比。顧以成王未親政。不敢乞身爾。一旦政柄有歸。浩然去志。固人情之所必至。然思文武王業之艱難。念成王守成之無助。則召公義未可去也。今乃汲汲然求去之不暇。其迫切已甚矣。盍謀所以寬裕之道。圖功攸終。展布四體。爲久大規模。使君德開明。未可捨去而聽後人之迷惑也鄭氏曰。召公不悅。似隘急。故令謀於寬裕○呂氏曰。周公自言。我終不獨善而使後人迷惑。自言所以不去者。以勉召公也○陳氏曰。不以後人迷。謂欲使後人嗣前人恭明德。不至於過佚前人光也○新安陳氏曰。不以後人迷。如以其君霸以其君顯之以留而明保。啓迪成王。是不以後人迷也。去而聽其迷惑。是以後人迷也

公曰。前人敷乃心。乃悉命汝作汝民極。曰。汝明勗偶王在亶乘茲大命。惟文王德丕承無疆之恤

偶。配也。蘇氏曰。周公與召公同受武王顧命輔成王。故周公言前人敷乃心腹。以命汝召公位三公以爲民極。

且曰。汝當明勉輔孺子。如耕之有偶也。在於相信。如車之有駁也。并力一心。以載天命。念文考之舊德。以丕承無疆之憂。武王之言如此。而可以去乎張氏曰。臣者君之偶。如婦者夫之偶。○陳氏曰。乘。載也。猶負荷也。○呂氏曰。命作民極。置之具贍。以爲民極也。其命之辭則曰。汝明明勉勵。以偶配輔佐後王。命之大如此。在今當亶誠以乘載此大命。不可失墜。今而遽去。是墜此命。非乘此命矣。又欲其追念文王眷遇之德。爲我周大受無窮之憂責。洛誥周公之復留。實以文武之故。今召公欲去。周公復舉文武以感動之

公曰。君告汝朕允保奭。其汝克敬以予。監于殷喪大否。肆念我天威

大否。大亂也。告汝以我之誠。呼其官而名之。言汝能敬

以我所言。監視殷之喪亡大亂。可不大念我天威之可畏乎 西山眞氏曰。周公言天威曰。肆念我天威。蓋天在我而不在外。此心少有不存。則是不念天威矣。豈必求之外乎。○新安陳氏曰。我天威。如召誥言我受天命。大臣與國同體。天命天威。皆以我負荷之。不敢以不切已視之也

予不允惟若茲誥。予惟曰。襄我二人。汝有合哉。言曰在時二人。天休滋至。惟時二人弗戡。其汝克敬德。明我俊民。在讓後人于丕時

戡。勝也。戡堪古通用。周公言我不信於人而若此告語乎。予惟曰王業之成。在我與汝而已。汝聞我言而有合哉。亦曰在是二人。但天休滋至。惟是我二人將不堪勝。

汝若以盈滿爲懼。則當能自敬德。益加寅畏。明揚俊民。布列庶位。以盡大臣之職業。以答滋至之天休。毋徒惴惴而欲去爲也。他日在汝推遜後人于大盛之時。超然肥遯。誰復汝禁。今豈汝辭位之時乎朱子曰。襄我二人。周公自謂已與召公○王氏曰。大臣之善。在乎能讓。讓則推賢揚善。而無妨功害能。此所以能明俊民○陳氏經曰。今時未至盛大。未有賢俊可讓。召公未可去也。大臣進退。常以得人爲憂。有賢者可以讓。則身可以退。蕭何且死。必引曹參。管仲不能薦賢。所以不免於譏也

嗚呼。篤棐時二人。我式克至于今日休。我咸成文王功于不怠。丕冒海隅出日。罔不率俾

周公復歎息言篤於輔君者。是我二人。我用能至于今

日休盛然我欲與召公共成文王功業于不怠丕冒
斯民使海隅日出之地無不臣服然後可也周都西土
去東爲遠故以日出言吳氏曰周公未嘗有其功以其
留召公故言之蓋叙其所已然而勉其所未至亦人所
說而從者也 蘷氏曰以我二人厚輔之故周室乃有今
日之休然今日之休未可以爲足也惟至
於日月所照莫不率服乃已耳○陳氏大猷曰伐淮夷
踐奄在此書後可見當時未能罔不率俾也右二章以
文武留召公也○新安陳氏曰告汝朕允與予不允惟
若茲誥下文予不惠若茲多誥語皆相應告汝皆我允
信之心也我豈不信而惟若此誥語乎我豈不相惠順
而若此多誥乎末謂今日之休不可恃前人之功所當
終必極人所覆日之所照皆臣服然後文王之功方可
以成言我與汝當同任其責而咸成之惟不倦可以成
終召公殆未可去也前以商六臣周五臣四臣留之末
以文武與身留之諄切至此召公得不留哉○陳氏雅

言曰。是時洛邑既宅。頑民既遷。有卷阿鳳凰之歌。有既醉鳧鷖之雅。謂之今日休。宜矣。然而淮夷未滅。西奄未踐。東夷未伐。肅慎氏未來。謂之我咸成文王功于不怠。召公得不留意哉。吴氏之言。可謂深達周公之心。而善達人情之論者矣

公曰。君予不惠若茲多誥。予惟用閔于天越民

周公言我不順於理。而若茲諄複之多誥耶。予惟用憂天命之不終。及斯民之無賴也。韓子言畏天命而悲人窮。亦此意。前言若茲誥。故此言若茲多誥。周公之告召公。其言語之際。亦可悲矣夏氏曰。天命難諶。民心難保。大臣去留。繫天命之從違。民心之向背。今召公欲去。實周公之憂也○陳氏大猷曰。召公去。則天命將替。民生失所。此周公所閔也

公曰。嗚呼。君惟乃知民德。亦罔不能厥初。惟其終。祗若茲。

往敬用治

上章言天命民心。而民心又天命之本也。故卒章專言民德以終之。周公歎息謂召公踐歷諳練之久。惟汝知民之德。民德。謂民心之嚮順。亦罔不能其初。今日固罔尤違矣。當思其終。則民之難保者。尤可畏也。其祗順此誥。往敬用治。不可忽也。此召公已留。周公飭遣就職之辭。厥後召公既相成王。又相康王。再世猶未釋其政。有味於周公之言也夫 張氏曰。召公初輔成王。有始矣。而求去。不能終也。○董氏鼎曰。一書之中。首言憂國之心。非人所知。次言天民可畏。惟人是賴。又次言殷先王與我文武得人之功。然文王時五人。至武王時四人。今又惟我二人而已。君若求去。豈我一人所能戡哉。憂之深。是以留之切。留之切。是以言之詳。召公同功一體之人均有忠君愛國之心者也安得不油然而感幡然而留哉○新安陳氏曰盤誥聱牙君奭尤甚多不可解惟留召公之意可想耳姑采衆說之略通者而缺其不可通者可也

蔡仲之命

蔡國名仲字蔡叔之子也叔沒周公以仲賢命諸成王復封之蔡此其誥命之詞也今文無古文有

○按此篇次叙當在洛誥之前

惟周公位冢宰正百工群叔流言乃致辟管叔于商囚蔡叔于郭鄰以車七乘降霍叔于庶人三年不齒蔡仲克庸祗德周公以爲卿士叔卒乃命諸王邦之蔡

周公位冢宰正百工武王崩時也郭鄰孔氏曰中國之

外地名。蘇氏曰。郭。號也。周禮。六遂五家爲鄰。管。霍。國名。
武王崩。成王幼。周公居冢宰。百官總已以聽者。古今之
通道也。當是時。三叔以主少國疑。乗商人之不靖。謂可
慼以非義。遂相與流言倡亂以揺之。是豈周公一身之
利害。乃欲傾覆社稷。塗炭生靈。天討所加。非周公所得
已也。故致辟管叔于商。致辟云者。誅戮之也。囚蔡叔于
郭鄰。以車七乗。囚云者。制其出入。而猶從以七乗之車
也。降霍叔于庶人。三年不齒。三年之後方齒録以復其
國也。三叔刑罰之輕重。因其罪之大小而已。仲。叔之子。
克常敬德。周公以爲卿士。叔卒。乃命之成王而封之蔡

也周公留佐成王食邑於圻内圻内諸侯孟仲二卿故周公用仲爲卿非魯之卿也蔡左傳在淮汝之閒仲不別封而命邦之蔡者所以不絶叔於蔡也封仲以他國則絶叔於蔡矣呂氏曰象欲殺舜舜在側微其害止於一身故舜得遂其友愛之心周公之位則繫于天下國家雖欲遂友愛於三叔不可得也舜與周公易地皆然史臣先書惟周公位冢宰正百工而繼以群叔流言所以結正三叔之罪也後言蔡仲克庸祗德周公以爲卿士叔卒即命之王以爲諸侯以見周公蹙然於三叔之刑幸仲克庸祗德則亟擢用分封之也吳氏曰此所謂冢

宰正百工。與詩所謂攝政。皆在成王諒闇之時。非以幼冲而攝。而其攝也。不過位冢宰之位而已。亦非如荀卿所謂攝天子位之事也。三年之喪。二十五月而畢。方其畢時。周公固未嘗攝。亦非有七年而後還政之事也。百官總已以聽冢宰。未知其所從始。如殷之高宗已然。不特周公行之。此皆論周公者所當先知也

問周公誅管蔡自公義言之。其心固正大直截。自私恩言之。其情終有不自滿處。所以孟子謂周公之過。不亦宜乎。朱子曰。是。但他豈得已爲此哉。莫到恁地較好看。周公當初做這一事。也大段蹺脫。他也看那兄弟。不過怕武庚叛。故遣管蔡霍去監他。爲其至親可恃。不知他反去與那武庚同作一黨。不知如何紂出得箇兒子也恁地狡猾。想見他當時日夜去炒那管叔。説道周公是你弟。今却欲篡爲天子。汝是兄。今却只恁地。管叔被他炒得心熱。他性又急。所以便發

出這件事來。李先卿問是時可調護莫殺否。曰。他已叛。只得殺。如何調護得。蔡叔霍叔性較慢。罪較輕。所以只囚于郭鄰。降于庶人。想見當時被管叔做出這事來。騷動許多百姓。想見也怕人。鴟鴞鴟鴞。既取我子。無毁我室。當是時。也是被他害得猛。義剛曰。周公也豈不知管叔狡猾。但當時於義不得不封他。曰。看來不是狡猾。只是獃子。周公使三叔監殷。他却與武庚叛。此是一段大踈脱事。若當時不便平息得。模樣做出西晉初年時事。想見武庚日夜去說誘三叔。以爲周公弟也。却在周作宰相。管叔兄也。却去監商。故管叔生起不肖之心如此。○史記。武王同母兄弟十人。長伯邑考。次武王。次管叔鮮。次周公。次蔡叔度。次霍叔處。○孔氏曰。蔡仲能用敬德。稱其賢也。明王之法。誅父用子。言至公也。叔之所封。圻内之蔡。仲之所封。淮汝之間。圻内之蔡名已滅。故取其名以名新國。欲其戒之。○唐孔氏曰。管在滎陽京縣東北。不立管叔之後者。罪重。或無子。或有而不賢也。杜預曰。武王封叔度於汝南上蔡。胡徙新蔡。昭侯徙九江下蔡。圻内蔡地。不知所在。○張氏震曰。象得罪於舜。安得不貸之以恩。管叔得罪於周。安得不斷之以義。霍叔不絶其身。蔡叔不絶其子。而管叔獨不免誅。

絶恩與義並行而不悖也○林氏曰蔡叔有罪則囚之不以弟而私蔡仲賢而封之不以父而棄○葉氏曰舜殛鯀而興禹周公囚蔡叔而命仲一也○魏氏了翁曰左傳定公四年云蔡仲改行率德周公舉之以爲己卿士己字極好玩味可見周公大聖人蔡叔有罪而囚之有子仲祗德則以爲己卿士眞與天地同其大也○蘋氏曰蔡叔未卒仲無君國之理蒯聵在而輒立衛所以亂所以封仲必在叔卒之後也

王若曰小子胡惟爾率德改行克愼厥猷肆予命爾侯于東土往即乃封敬哉

胡仲名言仲循祖文王之德改父蔡叔之行能謹其道故我命汝爲侯於東土往就汝所封之國其敬之哉呂氏曰敬哉者欲其無失此心也命書之辭雖稱成王實周公之意

爾尚蓋前人之愆惟忠惟孝爾乃邁迹自身克勤無怠以垂憲乃後率乃祖文王之彝訓無若爾考之違王命

蔡叔之罪在於不忠不孝故仲能掩前人之愆者惟在於忠孝而已叔違王命仲無所因故曰邁迹自身克勤無怠所謂自身也垂憲乃後所謂邁迹也率乃祖文王之彝訓無若爾考之違王命上文所謂率德改行也呂氏曰子之新善著則父之舊愆庶乎可掩蔡叔之惡既無以貽子孫仲乃一國始封之祖創業垂統之責繫焉盡進其步武自我作古克勤無怠以垂法於後斯須之怠則流弊或在於數百年後不可不謹其源也○張氏曰邁迹自身謂生於群叔之間而能脫身自立爲善○陳氏傅良曰舜命禹未嘗戒以鯀周公命微子未嘗及武庚今命仲而尤其父者於越人踈之於其兄戚之也父子兄弟之間猶有諱而不敢盡言是愈踈矣成王於仲親

親之道也。有禹。故鯀得以郊。有安世延年。故張湯杜周得不列於酷吏。蔡仲在。人其謂叔曰。幸哉有子如此歟。故曰。蓋前人之愆○西山眞氏曰。按書蔡仲之命。爾尚蓋前人之愆。惟忠惟孝。人子不幸。如大禹之承鯀。蔡仲之承蔡叔。又當思所以蓋之。故治水成功。而鯀配夏郊率德改行。而蔡叔世祀。豈非孝之大乎。後世如沈充。叛臣也。其子勁以死節著。李義甫。姦臣也。其子湛以忠義聞。若勁與湛。可謂能蓋其父之愆矣○新安陳氏曰。子能改父之惡而爲善。則孝矣。爲子而孝。斯爲臣而忠。古人云。求忠臣於孝子之門。是惟忠本於惟孝也。克勤無怠。以垂憲乃後。卽所謂邁迹自身。此一語不必分也

皇天無親。惟德是輔。民心無常。惟惠之懷。爲善不同。同歸于治。爲惡不同。同歸于亂。爾其戒哉

此章與伊尹申誥太甲之言相類。而有深淺不同者。太甲蔡仲之有間也。善固不一端。而無不可行之善。惡亦

不一端。而無可爲之惡。爾其可不戒之哉

愼厥初。惟厥終。終以不困。不惟厥終。終以困窮

惟思也。窮。困之極也。思其終者。所以謹其初也 呂氏曰。建國之始。必審其始而思其終。終始具舉。然後可久可大而不至於困。徒謹初而不思其終。則終必困窮。雖葸然憂懼。無益也。語以謹始。而即援以慮終。竭兩端之教也 ○ 陳氏大猷曰。仲率德改行。能謹初矣。尤當克勤無怠。是在於惟厥終也 ○ 張氏曰。感激者。多銳於初而怠於終

懋乃攸績。睦乃四鄰。以蕃王室。以和兄弟。康濟小民

勉汝所立之功。親汝四鄰之國。蕃屛王家。和協同姓。康濟小民。五者諸侯職之所當盡也 陳氏雅言曰。此成王命蔡仲爲諸侯。傳云五者。諸侯職之所當盡也。所謂盡一以告之。亦以見侯職之所當盡者。不一而足也

率自中。無作聰明亂舊章。詳乃視聽。罔以側言改厥度。則予一人汝嘉

率。循也。無。毋同。詳。審也。中者。心之理。而無過不及之差者也。舊章者。先王之成法。厥度者。吾身之法度。皆中之所出者。作聰明。則喜怒好惡皆出於私。而非中矣。其能不亂先王之舊章乎。戒其本於己者然也。側言。一偏之言也。視聽不審。惑於一偏之說。則非中矣。其能不改吾身之法度乎。戒其徇於人者然也。仲能戒是。則我一人汝嘉矣。呂氏曰。作聰明者。非天之聰明。特沾沾小智耳。作與不作。而天人判焉 陳氏經曰。舊章法度。皆中之所寓。度。即舊章也。舊章。則已然之

法度。則當然之制。無非中也。周公慮仲懲創乃父之愆用意過當。反以生事爲奇。故有此戒○呂氏曰。舊章往往不與新進喜事者合。故作聰明者。尤欲亂之。聽覽不貴於速而貴於詳。迎刃立決。見事風生。宜若可喜。然忽略疎快。動皆愆尤。讒說姦言。每乘其忽遽而入之。惟詳其視聽。安徐審訂。表裏畢陳。側媚之言。將不得售。故詳者。乃聽覽之大法也。規矩準度。未至於樂循理者。則常若爲其縶維。側言。乃解其縶維而縱之放逸之塲者。故從之也輕。仲以英妙之年，任國事。周公老成深慮。故戒如此○陳氏大猷曰。舊章常度。則中道所存。內不變於已之私智。外不變於人之私言。則中道合而侯職盡矣○陳氏雅言曰。中者。人心所同有之理。成王之命蔡仲。特欲率之而已。舊章法度。皆中之理所寓。能遵夫舊章。守夫法度。則不替於已然之法。不廢其當然之制。無非中也。苟不循聰明之自然。則矜肆之心生。未免有非古之愆。此非能率中者也。不審視聽之間。則一偏之言易入。未免有敗常之愆。亦非能率中者也。故必循其聰明之自然。而不至於妄作。則有所守而內無所恃。孰肯非古是今而亂先王之典章乎。審於視聽之際。而不至於或苟。則公心益持。而私意不奪。孰肯從欲背理而更其

常行之法度乎。內外不變。則中道合而侯職盡。成王之於蔡仲。勉之者未幾。而戒之者隨至也

王曰。嗚呼。小子胡。汝往哉。無荒棄朕命

董氏鼎曰。此篇大體與微子之命相似。而微子之辭溫厚。蔡仲之辭嚴厲。蓋微子先代之後。周賓而不臣。又本賢人也。蔡仲父爲不道。忠孝兩虧。已無足法。所望仲能率祖德。改父行。邁迹自身。以垂憲乃後耳。蓋以拳拳剴終之說。且戒之以無亂舊章。無改法度。無同歸于亂。嗚呼仁哉

明刻本書傳大全

第五册

明 胡廣等撰

天津圖書館藏明刻本

山東人民出版社・濟南

書傳大全卷之九

多方

成王即政。奄與淮夷又叛。成王滅奄。歸作此篇。按費誓言徂茲淮夷徐戎並興。即其事也。疑當時扇亂不特殷人。如徐戎淮夷四方容或有之。故及多方。亦誥體也。今文古文皆有。○蘇氏曰。大誥康誥酒誥梓材召誥洛誥多士多方八篇雖所誥不一。然大略以殷人心不服周而作也。予讀泰誓武成常怪周取殷之易。及讀此八篇。又怪周安殷之難也。多方所誥。不止殷人。乃及四方之士。是紛紛焉不心服者。非獨殷人也。予乃今知湯已下七王之德深矣。方殷之虐。人如在膏火中。歸周如流。不暇念先王之德。及天下粗定。人自膏火中出。即念殷先七王如父母。雖以武王周公之聖。相繼撫之。而莫能禦也。夫以西漢道德比之殷。猶碔砆之與美玉。然王莽公孫述隗囂之流。終不能使人忘漢。光武成功若建瓴然。使周無周公。則亦殆矣。此周公之所以畏而不敢去也 朱子曰。大誥。梓材。多士。多方等篇。乃當時編人君告其民之辭。多是方言。故諸誥等篇。當時士民曉得。而今士人不曉得○林氏曰。奄即淮夷之一種。總言則謂之淮夷。如春秋赤狄之有潞氏甲氏也。周公攝政時。奄嘗與三監同叛。多士曰。昔朕來自奄。

已肆征之。今成王即政。奄又叛。成王滅之而歸鎬京。諸侯來朝。周公又稱王命以告之。故作此篇○唐孔氏曰。雖普告多方。意在殷之舊國○呂氏曰。自大誥至多方。所以處殷民者何其勞也。武王崩。以喜亂之徒。因思舊之情。乘內難之隙。三者參合。其禍至此。是固周之不造。實則天之大扶持保佑有周者也。人之稚齒。百疾先見。則必過加調護。凡伐性傷生者。一切不敢萌。所以培固眞源。克登上壽者。少年多疾之力也。成周八百年之基業。可於此占之。多士多方。辭旨相出入。多士既遷殷民而獨告新民也。故視多方爲略。多方既踐奄而徧告庶邦也。故視多士爲詳

惟五月丁亥。王來自奄。至于宗周

成王即政之明年。商奄又叛。成王征滅之。杜預云。奄不知所在。宗周。鎬京也。呂氏曰。王者定都。天下之所宗也。東遷之後。定都于洛。則洛亦謂之宗周。衛孔悝之鼎銘

曰。隨難于漢陽。即宮于宗周。是時鎬已封秦。宗周蓋指洛也。然則宗周初無定名。隨王者所都而名耳孔氏曰。周公歸政之明年。淮夷奄又叛。魯征淮夷作費誓。王征奄滅之。五月還鎬京○新安陳氏曰。洛誥戊辰。王在新邑。孔註十二月戊辰晦。此七年之十二月。即成王即政之年也。多士作於是年三月。曰昔朕來自奄。是述東征時事。乃自武王誅紂伐奄後。第二畨叛也。多方作於即政之明年五月。成王政序曰。成王遂踐奄。多方序曰。王歸自奄。書曰。王來自奄。乃奄之第三畨叛。王隨墮其地。遷其君。又因以告多方也。以去年十二月戊辰晦筭之。則次年正月朔已巳。五月朔非丁夘則戊辰。丁亥非二十日即二十一日也。多士與多方之作。先後蓋一年有三月云

周公曰。王若曰。猷告爾四國多方。惟爾殷侯尹民。我惟大降爾命。爾罔不知

呂氏曰。先曰周公曰。而復曰王若曰。何也。明周公傳王

命而非周公之命也周公之命誥終於此篇故發例於此以見大誥諸篇凡稱王曰者無非周公傳成王之命也成王滅奄之後告諭四國殷民而因以曉天下也所主殷民故又專提殷侯之正民者告之言殷民罪應誅戮我大降宥爾命爾宜無不知也

洪惟圖天之命弗永寅念于祀

圖謀也言商奄大惟私意圖謀天命自底滅亡不深長敬念以保其祭祀呂氏曰天命可受而不可圖圖則人謀之私而非天命之公矣此蓋深示以天命不可妄干乃多方一篇之綱領也下文引夏商所以失天命受天

命者。以明示之

呂氏曰。徧告四方者。何也。般奄屢叛。驅肺腑間。恐或有時而發也。故渙發大號。歷叙天命之公。扇者廣。今雖平殄。譬餘邪遺疾。猶或在前代之事。征誅安集之本末。俾四方咸與聞之。大破羣疑。深絶亂根。蓋本於是。兵寢刑措者四十餘年。其亦訓誥之助歟

惟帝降格于夏有夏誕厥逸不肯慼言于民乃大淫昏不克終日勸于帝之迪乃爾攸聞

言帝降災異以譴告桀。桀不知戒懼。乃大肆逸豫。憂民之言。尚不肯出諸口。况望其有憂民之實乎。勸。勉也。迪。啓迪也。視聽動息日用之間。洋洋乎皆上帝所以啓迪開導斯人者。桀乃大肆淫昏。終日之間。不能少勉。於是天理或幾乎息矣。况望有惠迪而不違乎。此乃爾之所

聞欲其因桀而知紂也。厥逸與多士引逸不同者，猶亂之爲亂爲治耳。逸豫以民言，淫昏以帝言，各以其義也。

此章上疑有缺文王氏曰：惟帝降格于夏，與多士則惟帝降格嚮于時夏同意

厥圖帝之命，不克開于民之麗，乃大降罰，崇亂有夏。因甲于內亂，不克靈承于旅，罔丕惟進之恭，洪舒于民。亦惟有夏之民叨懫日欽，劓割夏邑。

此章文多未詳。麗猶日月麗乎天之麗，謂民之所依以生者也。依於土，依於衣食之類。甲，始也。言桀矯誣上天，圖度帝命，不能開民衣食之原於民依恃以生者。一皆抑塞遏絶之，猶乃大降威虐于民，以增亂其國，其所因

則始于内嬖蠱其心。敗其家。不能善承其衆。不能大進
於恭而大寛裕其民。亦惟夏邑之民貪叨忿懫者則日
欽崇而尊用之。以戕害於其國也呂氏曰。原其所因。蓋始於内亂。妹喜之嬖是也。蠱其心。敗其家。然後流毒於國與天下。探其根而言之也

天惟時求民主。乃大降顯休命于成湯。刑殄有夏

言天惟是爲民求主耳。桀既不能爲民之主。天乃大降
顯休命於成湯。使爲民主。而伐夏殄滅之也○呂氏曰。
曰求。曰降。豈眞有求之降之者哉。天下無統。渙散漫流。
勢不得不歸其所聚。而湯之一德。乃所謂顯休命之實。
一衆離而聚之者也。民不得不聚於湯。湯不得不受斯

民之聚。是豈人爲之私哉。故曰天求之。天降之也

惟天不畀純。乃惟以爾多方之義民。不克永于多享。惟夏之恭多士。大不克明保享于民。乃胥惟虐于民。至于百爲。大不克開

純。大也。義民。賢者也。言天不與桀者大。乃以爾多方賢者。不克永于多享以至于亡也。言桀於義民不能用。其所敬之多士。率皆不義之民。上文所謂叨懫日欽者同惡相濟。大不能明保享于民。乃相與播虐于民。民無所措其手足。凡百所爲。無一能達。上文所謂不克開于民之麗者。政暴民窮。所以速其亡也。此雖指桀多士。爾殷

俟尹民嘗逮事紂者，寧不惕然內愧乎

葉氏曰：天佑之則曰純佑命，不畀之則曰不畀純。○林氏曰：此篇陳桀紂之亡、商周之興，皆出於天。天之所奪，非人力所能支；天之所予，非人力所能移。而其所以爲予奪者，以其德與不德耳。爾多方當知天命，不可有他志也。○保享于民，安民而以之享國長久也。○呂氏曰：義民，知義之民也。桀之時，三宅無義民，義民在下，雖多何補。以爾多方之義民，不能永受衆多之服享，如負米而饑，載泉而渴，蓋哀之也。百爲大不克開，欲耕害其耕，欲賈害其賈，四向皆窮，無一能達，民窮如此也

乃惟成湯克以爾多方簡代夏作民主

簡，擇也。民擇湯而歸之。葉氏曰：簡如簡在帝心之簡

慎厥麗乃勸厥民刑用勸

湯深謹其所依，以勸勉其民，故民皆儀刑而用勸勉也。

人君之於天下仁而已矣仁者君之所依也君仁則莫不仁矣

以至于帝乙罔不明德慎罰亦克用勸

明德則民愛慕之謹罰則民畏服之自成湯至于帝乙雖歷世不同而皆知明其德謹其罰故亦能用以勸勉其民也明德謹罰所以謹厥麗也明德仁之本也謹罰仁之政也

要囚殄戮多罪亦克用勸開釋無辜亦克用勸

德明之而已罰有辟焉有宥焉故再言辟而當罪亦能用以勸勉宥而赦過亦能用以勸勉言辟與宥皆足以

使人勉於善也

呂氏曰。赦而民勸。猶可也。刑而民亦勸。則有黙行於刑赦之間者矣。毋語結之以勸者。天下非可驅以智力。束以法制。惟勸化其民。使常有欣欣不自已之意。乃維持長久之道也。○陳氏經曰。商家法在明德慎罰。明德化民。用德其本心。慎罰不濫及民。用刑不得已也。本原既正。則或刑或宥。皆足以勸民於善。刑一也。先王用之而使民勸。後世用之而爲民毒。何也。先王之刑。皆仁之寓。後世之刑。不仁之具也。夫子未嘗不釣弋也。而仁見於不綱不弋宿之際。文王非不蒐田也。而仁見於一發不再擧之時也。○新安陳氏曰。明德以慎罰。所以亦能用勸。戮之釋之。刑所當刑。宥所當宥。無不能用勸也。○陳氏雅言曰。仁者君之所依。湯能以仁爲依。而致謹於上。所以爲民之勸。故民亦以仁爲勸。而儀刑於下。用以自勉其身。是上下同一心也。自是而後。至于帝乙。雖歷世不同。而皆能明其德。慎其罰。故亦能用以勸勉其民。罰之所慎。於要囚而多罪者。或殄戮之。亦能用以勸勉其民。無辜者。或開釋之。亦能用以勸勉其民。蓋德者。化民之本。使人知所慕而樂於爲善。刑者。輔治之具。使民知所畏而不敢爲惡。有商哲王。不徒以刑用刑。而以德用刑故也。慎厥麗者。以仁之全體而言。明德慎罰者。以仁之目而言。乃勸者。上之勸下也。刑用勸者。下之自勸也。亦克用勸者。蓋兼上下而言也。人知明德之爲仁。而不知慎罰之防範人心者。蓋亦所以爲仁也。人知開釋無辜之爲慎罰。而不知殄戮多罪之懲創人心者。尤所以止罰也。有商以仁爲家法。於是深可見矣

今至于爾辟。弗克以爾多方享天之命

呂氏曰。爾辟。謂紂也。商先哲王。世傳家法。積累維持如此。今一旦至于汝君。乃以爾全盛之多方。不克坐享天命而亡之。是誠可閔也。天命至公。操則存。舍則亡。以商先王之多基圖之大。紂曾不得席其餘蔭。其亡忽焉。危微操舍之幾。周公所以示天下深矣。豈徒曰慰解之而已哉。陳氏曰。多方。一也。湯以之而作民主。紂不能以之而享天命。在所以如何耳○王氏曰。此言殷之興

甚詳。言其亡甚略。蓋對殷遺民。不忍痛言其失也

嗚呼。王若曰。誥告爾多方。非天庸釋有夏。非天庸釋有殷

先言嗚呼。而後言王若曰者。唐孔氏曰。周公先自歎息而後稱王命以誥之也。庸用也。有心之謂。釋去之也。上文言夏殷之亡。因言非天有心於去夏。亦非天有心於去殷。下文遂言乃惟桀紂自取亡滅也○呂氏曰。周公先自歎息。而始宣布成王之誥告。以見周公未嘗稱王也。入此篇之始。周公曰王若曰。復語相承。書無此體也。至於此章先嗚呼而後王若曰。書亦無此體也。周公居聖人之變。史官豫憂來世傳疑襲誤。蓋有竊之爲口實

矣。故於周公誥命終篇。發新例二。著周公實未嘗稱王。所以別嫌明微。而謹萬世之防也夏氏曰。誥告。以誥辭告之也

乃惟爾辟。以爾多方大淫圖天之命。屑有辭

紂以多方之富大肆淫泆。圖度天命。瑣屑有辭。與多士言桀大淫泆有辭義同。殷之亡。非自取乎。以下二章推之。此章之上當有缺文孔氏曰。惡事盡有辭說布在天下○呂氏曰。惡之播於人口者。謂之辭。惡之未熟。大者傳道。瑣屑者未盡舉。至惡已熟。瑣屑之惡。極口歷數。一一有辭

乃惟有夏圖厥政不集于享。天降時喪。有邦間之

集。萃也。享。享有之享。桀圖其政。不集于享而集于亡。故天降是喪亂。而俾有殷代之。夏之亡非自取乎唐孔氏曰。湯是

夏之諸侯。故曰有邦

乃惟爾商後王逸厥逸。圖厥政。不蠲烝。天惟降時喪

蠲。潔。烝。進也。紂以逸居逸。淫湎無度。故其爲政。不蠲潔而穢惡。不烝進而怠惰。天以是降喪亡于殷。殷之亡非自取乎。此上三節。皆應上文非天庸釋之語

陳氏曰。上逸。過逸也。下逸。安逸也。謂過逸其安逸。猶言安其危。林氏曰。逸厥逸。甚言其逸也。猶言醇乎醇○

惟聖罔念作狂。惟狂克念作聖。天惟五年須暇之子孫。誕作民主。罔可念聽

聖。通明之稱。言聖而罔念。則爲狂矣。愚而能念。則爲聖矣。紂雖昏愚。亦有可改過遷善之理。故天又未忍遽絕

之。猶五年之久。須待暇寬於紂。覬其克念。大爲民主。而紂無可念可聽者。五年。必有指實而言。孔氏牽合歲月者非是。或曰。狂而克念果可爲聖乎。曰。聖固未易爲也。狂而克念。則作聖之功。知所向方。太甲其庶幾矣。聖而罔念果至於狂乎。曰。聖固無所謂罔念也。禹戒舜曰。無若丹朱傲。惟慢遊是好。一念之差。雖未至於狂。而狂之理亦在是矣。此人心惟危。聖人拳拳告戒。豈無意哉。朱子曰。艾軒云。文字只看易曉處。如尚書惟聖罔念作狂。惟狂克念作聖。不與上下文相似。下文便不可曉。只看這兩句。○或謂性相近。習相遠。惟上智與下愚不移。書中謂惟聖罔念作狂。惟狂克念作聖。若如此。則又有移得者。如何。曰。上智下愚不移。如狂作聖則有之。既是聖人。決不到作狂。此只是甚言不可不學。○問惟聖罔念作狂惟狂克念作聖竊謂聖者謂有聖人資質一不念則流入於狂狂者進取曾晳之徒是也借如顔子不能拳拳服膺亦必至於此若是聖人則從心所欲不踰矩雖不念亦無害也程子曰六德智仁聖義中和聖通明之稱狂狂愚之稱○王氏曰操則存舍則亡其心之謂歟思曰睿睿作狂操其心以思所謂念也罔念雖聖可以作狂故克念則狂亦可以作聖○林氏曰念不念之間聖狂所以分也苟其質之聖矣自恃其聖而不之思日復一日天命之性益就彫喪其作狂也何有苟其質之狂矣自耻其狂而思之日復一日天命之性忽然而復其作聖也何有○陳氏經曰子曰惟上智與下愚不移書乃曰聖可作狂狂可作聖則可移歟曰孔子之言聖狂之成也其習既成則不移矣書之言聖狂之分也聖狂之分生於一念之頃堯舜而忘兢業豈不趨於狂桀紂而能改過遷善豈不趨於聖孔子雖曰不移實有可移之理但恐下愚自暴自棄不肯移耳肯移之是狂之克念也公言此者明紂之爲惡倘一旦改悔天不終棄之也○呂氏曰紂固無能改之事而有可改之理罔念克念之機所謂可改之理聖通明之稱周官六德聖居其一非大而化之之聖也若大而化之寧有罔念又豈

狂者一克念而遽可至哉。然大而化之。亦通明之極而
至於化耳。狂而克念。亦大而化之之基也。雖曰通明。不
念則狂。雖曰狂惑。克念則通。其機惟在念不念之間耳。
紂雖狂惑。使其克念。作聖孰禦。惟其有可改之理。天故
以商先王之故。徘徊五年。須待寛暇之。依依於商王子
孫而冀其改焉。○李氏樗曰。紂惡甚矣。天猶待之如此。
見天心仁愛人君。自非大無道。天皆欲扶持而全安之。
惟終無悛心。所以禍不可過也。○林氏曰。晉武帝以孫
皓淫暴。有問罪之志。王濬曰。孫皓荒淫。宜速征伐。若一
旦皓死。更立賢主。則彊敵也。晉武之心。惟恐吳之有賢
主。武王之心。惟恐紂之不能改
過。觀於晉武。尤知武王之為德

天惟求爾多方大動以威開厥顧天惟爾多方罔堪顧之

紂既罔可念聽天於是求民主於爾多方大警動以祲
祥譴告之威以開發其能受眷顧之命者而爾多方之
衆皆不足以堪眷顧之命也

惟我周王靈承于旅。克堪用德。惟典神天。天惟式教我用休。簡畀殷命。尹爾多方

典主。式。用也。克堪者。能勝之謂也。德輶如毛。民鮮克舉之。言德舉者莫能勝也。文武善承其衆。克堪用德。是誠可以爲神天之主矣。故天式教文武用以休美。簡擇畀付殷命。以正爾多方也。呂氏曰。式教用休者。如之何而教之也。文武既得乎天。天德日新。左右逢原。其思也若或起之。其行也若或翼之。乃天之所以教。而用以昌大休明者也。非諄諄然而教之也。此章深論天下向者天命未定。眷求民主之時。能者則得之。孰有過汝者。乃無

一能當天之眷。今天既命我周而定于一矣。爾猶洶洶
不靖。欲何爲耶。明指天命。而讋服四海姦雄之心者。莫
切於是 呂氏曰。前論夏之亡。本於不克靈承于旅。此論
周之興。亦曰靈承于旅。文武於德能勝而用之。
其力過孟賁遠矣。漢唐賢主。豈無欲布德於天下者。惟
力薄而奪於私欲。故駁而不純。是知德非眞力。則莫能
勝。莫能用也○新安陳氏曰。克堪二字。下得極有力。非
有仁以爲己任之弘。兼死而後已之毅。不能堪而用之
也。克堪用之。必有非力之力。如眞積力久之力而後可
○陳氏大猷曰。可爲神與天之主。山川鬼神之得其安。
三光寒暑之得其序。皆人君有以主之○陳氏雅言曰。
成王言昔者。天求民主於爾多方之時。惟我文武能溫
然以愛其民。毅然以脩其德。是誠可以爲神天之主。故
上天於是式敎之。而使之治用以休美焉。復簡擇之。而
畀付以殷命。尹爾多方。使爲天下之主也。德者。事神治
民之本。人君者。兼有事神治民之責。文武之克堪用德。
既有以靈承其旅於先。則能治民者。未有不能推以事
神者也。上天之式敎用休。蓋將以簡畀殷命於後。蓋可

以事神未有不可付以治民者也於此見文武之得天
下固非苟得於天而天之予以天下者亦不輕畀於文
武矣爾多方於此
寧不爲之釋然乎

今我曷敢多誥我惟大降爾四國民命

言今我何敢如此多誥我惟大降宥爾四國民命舉其
宥過之恩而責其遷善之實也

爾曷不忱裕之于爾多方爾曷不夾介乂我周王享天之
命今爾尚宅爾宅畋爾田爾曷不惠王熙天之命

夾夾輔之夾介賓介之介爾何不誠信寬裕於爾之多
方乎爾何不夾輔介助我周王享天之命乎爾之叛亂
據法定罪則瀦其宅收其田可也今爾猶得居爾宅耕

爾田。爾何不順我王室。各守爾典以廣天命乎。此三節。責其何不如此也呂氏曰。教以誠信寬裕。惟詐故迫。惟誠故裕○陳氏大猷曰。乂我周王。如乂用厥辟之乂。謂治其君之事

爾乃迪屢不靜爾心未愛。爾乃不大宅天命。爾乃屑播天命。爾乃自作不典圖忱于正

爾乃屢蹈不靜。自取亡滅。爾心其未知所以自愛耶。爾乃大不安天命耶。爾乃輕棄天命耶。爾乃自爲不法。欲圖見信于正者。以爲當然耶。此四節。責其不可如此也陳氏大猷曰。自作不典。亂綱常之事。苟欲人信以爲正。蓋四國從殷以求興復。自以爲正義也

我惟時其教告之。我惟時其戰要囚之。至于再。至于三。乃

有不用我降爾命。我乃其大罰殛之。非我有周秉德不康寧。乃惟爾自速辜。

我惟是教告而誥諭之。我惟是戒懼而要囚之。今至于再。至于三矣。爾不用我降宥爾命。而猶狃於叛亂反要復。我乃其大罰殛殺之。非我有周持德不安靜。乃惟爾自爲凶逆以速其罪耳。孔氏曰。教告之。謂訊之以文誥。戰要囚。謂誅其禍亂。執其朋黨。再。謂三監淮夷叛。三。謂王即政又叛。言屢迪不靜之事

王曰。嗚呼。猷告爾有方多士。暨殷多士。今爾奔走臣我監五祀

監。監洛邑之遷民者也。猶諸侯之分民。有君道焉。所以

謂之臣我監也。言商士遷洛奔走。臣服我監。於今五年
矣。不曰年而曰祀者。因商俗而言也。又按成周既成。而
成王即政。成王即政。而商奄繼叛。事皆相因。纔一二年
耳。今言五祀。則商民之遷。固在作洛之前矣。尤爲明驗

越惟有胥伯小大多正。爾罔不克臬

臬事也。周官多以胥以伯以正爲名。胥伯小大衆多之
正。蓋殷多士授職於洛。共長治遷民者也。其奔走臣我
監亦久矣。宜相體悉。竭力其職。無或反側偷惰而不能
事也

自作不和。爾惟和哉。爾室不睦。爾惟和哉。爾邑克明。爾惟

克勤乃事

心不安靜則身不和順矣身不安靜則家不和順矣言爾惟和哉者所以勸勉之也和其身睦其家而後能協于其邑驩然有恩以相愛粲然有文以相接爾邑克明始爲不負其職而可謂克勤乃事矣前旣戒以罔不克臬故以克勤乃事期之也

爾尚不忌于凶德亦則以穆穆在乃位克閱于乃邑謀介

忌畏也穆穆和敬貌頑民誠可畏矣然如上文所言爾多士庶幾不至畏忌頑民凶德亦則以穆穆和敬端處爾位以潛消其悍逆悖戾之氣又能簡閱爾邑之賢者

以謀其助。則民之頑者且革而化矣。尚何可畏之有哉。
成王誘掖商士之善。以化服商民之惡。其轉移感動之
機微矣哉

爾乃自時洛邑。尚永力畋爾田。天惟畀矜爾。我有周惟其
大介賚爾。迪簡在王庭。尚爾事。有服在大僚

爾乃自時洛邑。庶幾可以保有其業。力畋爾田。天亦將
畀予矜憐於爾。我有周亦將大介助賚錫於爾。啓迪簡
拔置之王朝矣。其庶幾勉爾之事。有服在大僚不難至
也。多士篇商民嘗以夏迪簡在王庭。有服在百僚爲言。
故此因以勸厲之也新安陳氏曰。爾能和身及家。以及爾邑。則爾邑之教化能修明。爾方

爲能勤乃事矣。又告以和之之道。爾庶幾寬綽其心。不忌嫉凶德者。亦則以和敬居爾位。蓋服凶人。莫如和敬也。又能簡閱爾邑。求賢以謀自介助。和敬盡於己。而介助資於人。庶凶德化而人和洽矣。爾果能此。庶幾自此洛邑長保田祿。豈惟此哉。天亦惟畀矜爾。豈惟天哉。我周亦大介助賚錫爾。介。如佑賢輔德。賚。如錫之土田。且將自此洛邑之胥伯正。而迪簡在王朝矣。又有尊尚爾職事者。且將有事而升在大僚矣。此即所謂大介賚也。蓋遷殷民時。就拔其豪俊爲胥伯正以共長治之。乃用其素所服習者。此安集新民之要道。故今特勸勵之。使表率殷士殷民。而躋于泰和也。○呂氏曰。多士序商民之愆。周。曰夏迪簡在王庭。有服在百僚。予一人惟聽用德。肆予敢求爾于天邑商。予惟率肆矜爾。非予罪。時惟天命。則以大義裁之。此乃以迪簡在王庭。尚爾事。有服在大僚爲勸。何也。爵位上之所命。非下之可干。自其怨望而許之。姑息之政也。示以好惡而勸之。磨厲之具也。此周公御商士之開闔大用也

王曰。嗚呼。多士。爾不克勸忱我命。爾亦則惟不克享。凡民

惟曰不享爾乃惟逸惟頗大遠王命則惟爾多方探天之威我則致天之罰離逖爾土

誥告將終乃歎息言爾多士如不能相勸信我之誥命爾亦則惟不能享上凡爾之民亦惟曰上不必享矣爾乃放逸頗僻大違我命則惟爾多士自取天威我亦致天之罰播流蕩析俾爾離遠爾土矣爾雖欲宅爾宅畋爾田尚可得哉多方疑當作多士上章既勸之以休此章則董之以威商民不惟有所慕而不敢違越且有所畏而不敢違越矣王氏曰上告以承之庸之此告以威之也

王曰我不惟多誥我惟祗告爾命

我豈若是多言哉我惟敬告爾以上文勸勉之命而已
陳氏經曰我豈欲多言以告惟敬告爾以天命而已不知天命乃商民之病根故此篇言天命尤詳○張氏曰稱天者無慮二十稱帝者三

又曰時惟爾初不克敬于和則無我怨

與之更始故曰時惟爾初也爾民至此苟又不能敬于和猶復乖亂則自底誅戮毋我怨尤矣開其爲善禁其爲惡周家忠厚之意於是篇尤爲可見○呂氏曰又曰二字所以形容周公之惓惓斯民會已畢而猶有餘情誥已終而猶有餘語顧盼之光猶曄然溢於簡冊也呂氏曰是又爾更端爲善之一初也蓋殷民與紂同惡武王克紂是維新之一初也不能而從三監之叛則既失此

初矣。遷洛又一初也。復不能而屢迪不靜，則又失此初矣。今歸自踐奄，而又爲多方之誥，丁寧反覆，諭以時惟爾初，初之過一皆洗滌，今之善當相與維新，豈非又一初乎。若又失此初，不能敬以納民于和，則永無可望矣。但曰則無我怨，而自取誅戮之意隱然於不言之表，周家忠厚，何其至哉。

立政

吳氏曰：此書戒成王以任用賢才之道，而其旨意則又上戒成王專擇百官有司之長，如所謂常伯、常任、準人等云者。蓋古者外之諸侯，一卿已命於君，內之卿大夫，則亦自擇其屬，如周公以蔡仲爲卿士，伯冏謹簡乃僚之類。其長既賢，則其所舉用無不賢者矣。葛氏曰：誥體也。今文古文皆有。呂氏曰：無逸立政二篇。相爲經緯。以無逸之心。明立政之體。君道備矣。自立政後。周公不復有書納忠於王。此絶筆也。爲治體統。固臻其極。而反覆申重之意。忠愛惇篤之誠。深長遠大之慮。學者當於言外體之○新安陳氏曰。此篇以用三宅爲立政用人之綱領。立政二字。毋段多提掇之。故以名篇。孟子曰。人不足與適也。政不足與間也。唯大人爲能格君心之非。無逸。周公格心之書也。立政。公言用人爲政之書也。忠愛拳拳。體用備矣

周公若曰。拜手稽首。告嗣天子王矣。用咸戒于王曰。王左右常伯常任準人。綴衣虎賁。周公曰。嗚呼。休兹知恤。鮮哉

此篇周公所作。而記之者周史也。故稱若曰。言周公帥羣臣進戒于王。贊之曰。拜手稽首。告嗣天子王矣。羣臣用皆進戒曰。王左右之臣。有牧民之長曰常伯。有任事

之公卿曰常任。有守法之有司曰準人。三事之外。掌服
器者曰綴衣。執射御者曰虎賁。皆任用之所當謹者。周
公於是歎息言曰。美矣此官。然知憂恤者鮮矣。言五等
官職之美。而知憂其得人者少也。吳氏曰。綴衣虎賁。近
臣之長也。葛氏曰。綴衣。周禮司服之類。虎賁。周禮之虎
賁氏也。唐孔氏曰。周公既拜手稽首而後發言。還自言拜手稽首者。示已重其事。欲君受其言。如召誥
言拜手稽首旅王若公。亦是召公自言。與此同也。○陳
氏大猷曰。嗣天子今臨政天下矣。此王初即政時。前此
幼沖。皆倚成於公。故警之如此。用悉意以告王。○林氏
曰。下文宅乃牧。即常伯。此以爲伯。下以爲牧。以伯爲牧
氏之長也。而曰左右者。以牧伯兼公卿也。三宅固不可
不得人。然進見有時。虎賁綴衣之類。則朝夕與王處。最
親且密。苟非其人。則主德内蔽。大臣雖賢。何所施其力
哉。○呂氏曰。常伯等。即三宅。三代之書。他無所見。意者

公卿輔相之別名歟。官有別名。如相曰阿衡保衡。三卿曰圻父農父宏父。此亦三代輔政大臣別名耳。綴衣虎賁特於侍御僕從中。錯舉二者。以見其餘耳。職重者有安危之寄。職親者有習染之移。其繫天下之本。一也。能休嘉此數職。知憂恤審擇之者鮮焉。先言休茲而繼以知恤。必知建官之美意。然後深以爲恤也。三宅。左右大臣。綴衣。虎賁。左右小臣。職有小大。而經綸康濟薰陶涵養賴焉。知其美而加之憂。庶不以非人處之矣。○新安陳氏曰。常任即宅事。所職必廣。凡任事之大臣也。常伯即宅牧。主牧養之大臣也。準人即宅準。主平法之大臣也。又按虞有十二牧。夏周有九牧。皆在邦國。意必有大臣在朝者以統之。如虞四岳統十二牧。周六卿倡九牧。立政所謂常伯宅牧。必掌牧養而在朝以統牧伯者歟

○陳氏雅言曰。周公言立政之道。以得人爲本。是以統率羣臣將有言於王。而先贊之以拜手稽首。竭其事君之禮。復稱嗣天子王。尊其爲君之名。所以開其進言之端也。羣臣於是咸戒于王。謂王之左右常伯常任準人之當謹。綴衣虎賁之當擇。所以致其告君之說。周公於是復歎息而言。謂五者之職雖美。而自古知恤爲鮮。所以申其陳戒之義也。○臨川吴氏曰。伯。長民者也。文武

時。召公爲伯而宣化於外。蓋其職也。任。任事者也。文武時周公爲宰而兼政於中。蓋其職也。準人。掌法之官。刑法當如準之平。故曰準人。綴衣。幄帳也。如幕人掌次之類。虎賁。衛王者。如虎賁氏旅賁氏之類。周公帥羣臣進戒于王而賛之曰。拜手稽首。告嗣天子王矣。羣臣用皆進戒而曰。王左右之臣。有長民者。有任事者。有平法者。有居而張設者。有行而護衛者。皆不可不謹選其人。周公不待其辭之畢。於王前嗟嘆。謂能以五官不得其人爲憂者鮮哉

古之人迪惟有夏。乃有室大競。籲俊尊上帝。迪知忱恂于九德之行。乃敢告敎厥后。曰拜手稽首后矣。曰宅乃事。宅乃牧。宅乃準。茲惟后矣。謀面用丕訓德。則乃宅人。茲乃三宅無義民

古之人有行此道者。惟有夏之君。當王室大強之時。而

求賢以爲事天之實也。迪知者，蹈知而非苟知也。忱恂者，誠信而非輕信也。言夏之臣，蹈知誠信于九德之行，乃敢告敎其君，曰拜手稽首后矣云者，致敬以尊其爲君之名也。曰宅乃事，宅乃牧，宅乃準，茲惟后矣云者，致告以敘其爲君之實也。茲者，此也。言如此而後可以爲君也。即皐陶與禹言九德之事，謀面者，謀人之面貌也。言非迪知忱恂于九德之行，而徒謀之面貌，用以爲大順於德，乃宅而任之。如此，則三宅之人，豈復有賢者乎。蘇氏曰：事，則向所謂常任也。牧，則向所謂常伯也。準，則向所謂準人也。一篇之中，所論宅俊者，參差不齊，然大要不出是三者。其餘則皆小臣百執事也。吳氏曰古者凡以善言語人皆謂之教。不必自上教下而後謂之教也。林氏曰。惟禹以籲俊爲心。故其臣亦以薦揚爲務。○陳氏大猷曰。宅者。居而安之之謂。或才德不稱。或委任不篤。皆非宅也。○呂氏曰。自皐陶以九德告禹。夏后蓋世守以爲知人之法焉。方夏之盛。任三宅者如此。及其衰也。並至於會無義民。言所任者。皆不義之人。無一君子也。茲乃云者。此乃三宅之位。非他位也。猶無義民則他可知矣。○新安陳氏曰。公旣漢知恤者鮮。歷舉古之知恤者以告王。夏后商湯文武。皆知恤此者。以次言之也。無競維人。人中之俊。乃天生之以遺國家者。九德之行。即皐陶謨亦行有九德。自寬栗至彊義之德之見於躬行者也。俊。非徒才俊。必有德。如所謂以克俊有德。皐陶亦曰。九德咸事。俊乂在官。未嘗岐俊與德而二之。○陳氏雅言曰。有夏之君。信能行此用賢之道。不以國家之盛治爲已足。惟以賢俊之當籲爲未至。其事天之道至矣。有夏之臣。信能有此九德之行。故不徒致敬以尊其爲君之名。而且致告以敘其爲君之實。其事君之道得矣。夏之君臣。各盡其道。此其立政之要也。以上迪字。與下迪知忱恂作對說。呂氏謂周公之戒成王。自綴衣虎賁之外。其禮其辭與夏略同。然則以圖任三宅爲人君之職者。三代告君之常法也。表親近之職。使人君不敢輕者。周公養源之精意也

桀德惟乃弗作往任是惟暴德罔後

夏桀惡德弗作往昔先王任用三宅。而所任者乃惟暴德之人。故桀以喪亡無後呂氏曰。非人才果異於往日之任用而已往惟俊德是任。效見於有室大競。桀惟暴德是任。效見於絶世無後。信乎存亡在所任也也。桀之惡德。弗作往日先王

亦越成湯陟丕釐上帝之耿命乃用三有宅克即宅曰三有俊克即俊嚴惟丕式克用三宅三俊其在商邑用協于厥邑其在四方用丕式見德

亦越者。繼前之辭也。耿。光也。湯自七十里升爲天子。典禮命討昭著於天下。所謂陟丕釐上帝之光命也。三宅。謂居常伯常任準人之位者。三俊。謂有常伯常任準人之才者。克即者。言湯所用三宅。實能就是位而不曠其職。所稱三俊。實能就是德而不浮其名也。三俊。說者謂他日次補三宅者。詳宅以位言。俊以德言。意其儲養待用。或如說者所云也。惟。思。式。法也。湯於三宅三俊嚴思而丕法之。故能盡其宅俊之用。而宅者得以效其職。俊者得以著其才。賢智奮庸。登于至治。其在商邑。用協于厥邑。近者察之詳。其情未易齊。畿甸之協。則純之至也。

其在四方用丕式見德遠者及之難其德未易徧觀法之同則大之至也至純至大治道無餘蘊矣曰邑曰四方者各極其遠近而言耳陳氏大猷曰事事物物之理莫非天命之流行典禮刑賞則其大者湯升天位大理治上帝之明命謂大治天下使事物昭然各當於理即丕釐上帝之耿命也○呂氏曰漢高儲參陵平勃於身後迄定再世之亂孔明儲琬禕允等於身後亦維持數十年況三代爲天下長慮固宜儲三俊以繼三宅也嚴惟丕式嚴思賢者惟大則效之然後能用宅俊所謂學於伊尹而後臣之其一證也未用宅俊之前知之者惟湯既用之後則夫人而信之○新安陳氏曰宅俊用而遠近孚蓋舉用當而人心服好人所好不咈人之性故也嚴惟丕式君大法乎賢也用丕式見德下之人因之而大法乎君也湯用三宅而且儲三俊以供無窮之用上廣夏后之所未及而下爲文武之所取法焉

嗚呼其在受德暋惟羞刑暴德之人同于厥邦乃惟庶習

逸德之人同于厥政帝欽罰之乃伻我有夏式商受命奄甸萬姓

羞刑進任刑戮者也庶習備諸衆醜者也言紂德强暴又所與共國者惟羞刑暴德之諸侯所與共政者惟庶習逸德之臣下上帝敬致其罰乃使我周有此諸夏用商所受之命而奄甸萬姓焉甸者井牧其地什伍其民也

王氏曰羞進也有崇尚之意桀紂所用非人皆本於身有惡德故曰桀德受德者推本言之也○呂氏曰論夏商之興亡不出於任用得失之間立政之體統端在此矣○鄒氏季友曰井牧周禮小司徒井牧其田野註云井牧者春秋傳所謂井衍沃牧隰皋是也田制一夫百畝故百畝爲夫九夫爲井隰皋之地九夫爲牧二牧而當一井以田有不易一易再易通率二而當一也什伍周禮士師掌其民人之什伍又族師云五家爲比

十家爲聯。五人爲伍。十人爲聯。以受邦職。以役國事

亦越文王武王。克知三有宅心。灼見三有俊心。以敬事上帝。立民長伯

三宅三俊。文武克知灼見。皆曰心者。即所謂迪知忱恂而非謀面也。三宅已授之位。故曰克知。三俊未任以事。故曰灼見。以是敬事上帝。則天職脩而上有所承。以是立民長伯。則體統立而下有所寄。人君位天人之兩閒。而俯仰無怍者。以是也。夏之尊帝。商之丕釐。周之敬事。其義一也。長。如王制所謂五國以爲屬。屬有長。伯。如王制所謂二百一十國以爲州。州有伯。是也 呂氏曰。論成湯文武。皆以

亦越發語。蓋與上文相參也。桀之時若不可爲矣。亦於成湯而遽如昇焉。紂之時若不可爲矣。亦於文武而遽如是焉。治亂同機而異發。聖狂同心而異念。賢才同世而異用。人君盍於此深省乎。三宅。共政者也。知其心者猶未盡。則不能無間。惟文武眞能知其心也。三俊。待用者也。未與事遇。則底蘊不外見。惟文武灼然見其心也。知宅俊皆曰心者。君臣相與。萬化之源。苟貌親口惠。相期於肝膽之外。則無其本矣○新安陳氏曰。立民長伯。當時宅俊。或有出而封爲長伯者歟。諸侯入爲王官。王官出爲諸侯。古常有之

立政任人準夫牧作三事

言文武立政三宅之官也。任人。常任也。準夫。準人也。牧。常伯也。以職言故曰事

虎賁綴衣趣馬小尹左右攜僕百司庶府

此侍御之官也。趣馬掌馬之官。小尹。小官之長。攜僕攜

持僕御之人。百司若司裘司服。庶府若內府大府之屬也。鄒氏季友曰。趣馬。掌馬。周禮校人掌王馬之政。趣馬。其屬也。註云趣馬。下士趣養馬者。馬七十二疋。立趣馬一人

大都小伯。藝人表臣百司太史尹伯庶常吉士

此都邑之官也。呂氏曰。大都小伯者。謂大都之伯。小都之伯也。大都言都不言伯。小伯言伯不言都。互見之也。藝人者。卜祝巫匠。執技以事上者。表臣百司。表外也。表。對裏之詞。上文百司。蓋內百司。若內府內司服之屬。所謂裏臣也。此百司。蓋外百司。若外府外司服之屬。所謂表臣也。太史者。史官也。尹伯者有司之長。如庖人內饔

膳夫。則是數尹之伯也。鍾師尹鍾。磬師尹磬。大師司樂。則是數尹之伯也。凡所謂官吏。莫不在内外百司之中。至於特見其名者。則皆有意焉。虎賁。綴衣。趣馬。小尹。左右攜僕。以扈衛親近而見。庶府。以冗賤人所易忽而見。藝人。恐其或興淫巧機詐以蕩上心而見。太史。以奉諱惡公天下後世之是非而見。尹伯。以大小相維體統所係而見。若大都小伯。則分治郊畿不預百司之數者。既條陳歷數文武之衆職。而總結之曰。庶常吉士。庶。衆也。言在文武之廷。無非常德吉士也。復齋董氏曰。周官註。大都。公之采邑。小都。卿之采地。是也。古人立言之法。有互文見意者。如詩鉦人伐鼓之類。是也。○鄒氏季友曰。禮記王制。太史掌所

執簡記奉諱惡註云諱
先王名惡忌日若子卯

司徒司馬司空亞旅

此諸侯之官也司徒主邦教司馬主邦政司空主邦土。

餘見牧誓言諸侯之官莫不得人也諸侯之官獨舉此

者以其名位通於天子歟問司徒司馬司空亞旅不知

士之下呂氏以爲諸侯之官未知是否朱子曰謂三官

之副與其屬耳亞謂小司徒之屬旅即下士也見周禮

序

官

夷微盧烝三亳阪尹

此王官之監於諸侯四夷者也微盧見經亳見史三亳

蒙爲北亳穀熟爲南亳偃師爲西亳烝或以爲衆或以

爲夷名。阪。未詳。古者險危之地。封疆之守。或不以封而使王官治之。參錯於五服之間。是之謂尹。地志載王官所治非一。此特舉其重者耳。自諸侯三卿以降。惟列官名而無他語。承上庶常吉士之文。以内見外也。夫上自王朝内而都邑。外而諸侯。遠而夷狄。莫不皆得人以爲官使。何其盛歟。王氏曰。此篇屢言三宅。而先後之序不同者。官使之際。皆當致謹。初無一定之先後也。○陳氏曰。伯舉其長。亞旅舉其屬。互相備也。以上詳言文武用人。凡大小内外遠近。皆各得其人也。君子用心常久。則爲吉士。小人用心不常。則爲凶人。彰厥有常吉哉。亦此意。夷。微。盧。烝。四國也。三亳。商故地。分而爲三也。如後世三楚三吳。阪險之地。皆立官以長之。故曰尹。言四國三亳與阪險之地。皆有尹也。文武以一人之聰明。豈能周知内外遠近小大之臣哉。三宅大臣。人主所親擇。其下小大之臣。又各委之三宅。高宗曰。惟暨乃僚。穆王亦曰。愼簡乃僚。皆然也。○新安陳氏曰。文武立政之本。在用任人準夫牧三宅。以作三宅之職事而已。百司庶府以上。此内百司。所謂裏臣也。表臣百司以下。此外百司。所謂表臣也。以下之表臣。見上爲裏臣也。文武時得人之盛如此。推其本原。由其知立政綱領在用三宅。三宅得人。故内外衆職。皆得人也。下文遂復以三宅參錯言之

文王惟克厥宅心。乃克立兹常事司牧人。以克俊有德。

文王惟能其三宅之心。能者能之也。知之至。信之篤之謂。故能立此常任常伯。用能俊有德也。不言準人者。因上章言文王用人。而申克知三有宅心之說。故略之也

朱子曰。文王惟克厥宅心。人皆以宅心爲處心。非也。即前面所說三有宅心耳。若處心。則云克宅厥心。○西山眞氏曰。不曰克宅厥心。而曰克厥宅心。猶皐陶不曰愼脩厥身。而曰愼厥身修也。○新安陳氏曰。以宅心爲三

宅之心。與上文克知三有宅心。合爲一說。○臨川吳氏曰。惟能心其心。故能於其官而能得其人也。三克字。皆謂文王能之。○陳氏雅言曰。天下之賢。固莫難於獲其用。尤莫難於盡其用。用而不能盡。猶未用也。是以文王之於三宅。謂之以克俊有德者。蓋才德雖常事司牧人之所固有。然所以能究其才德之用者。實由於文王之克厥宅心有以致之也。克厥宅心者。知之至。信之篤。文王之心。與三宅之心。脗合交契。無毫髮彼此之閒。故能立此常事司牧人。而其有才有德。莫不竭盡其蘊。無敢或隱其賢。是豈徒常事司牧人之所自能哉。皆以文王克之而後能也

文王罔攸兼于庶言庶獄庶慎惟有司之牧夫是訓用違

庶言。號令也。庶獄。獄訟也。庶慎。國之禁戒儲備也。有司。有職主者。牧夫。牧人也。文王不敢下侵庶職。惟於有司牧夫。訓勑用命及違命者而已。漢孔氏曰。勞於求才。逸

於任賢

庶獄庶愼文王罔敢知于兹

上言罔攸兼則猶知之特不兼其事耳至此罔敢知則若未嘗知有其事蓋信任之益專也上言庶言此不及者號令出於君有不容不知者故也呂氏曰不曰罔知于兹而曰罔敢知于兹者徒言罔知則是莊老之無爲也惟言罔敢知然後見文王敬畏思不出位之意毫釐之辨學者宜精察之王氏曰君道以擇人爲職上必無爲而用天下下必有爲而爲天下用此君臣之分也○新安陳氏曰文王用三宅得人則委任責成不復侵其職惟加重於有司之爲牧夫者訓勑其用命與否而已牧夫即宅牧之屬上文只及常事司牧人而不及準人庶獄即準人之事也此篇論三宅

有全言之者。有舉其二者。有舉其一者。參錯及之耳○
陳氏雅言曰。庶言。庶獄。庶慎。文王於三者一無所兼。但
於有司牧夫之用違。則訓之而已。有司牧夫。即任庶言
庶慎者也。訓其用命。則其事可以不問而自理。訓其不
用命。則其事可以不嚴而自治。文王豈屑屑焉於此三
者而下侵於衆職哉。抑有司者治之耳。有司治庶獄庶言
庶慎之事。而吾則治有司之不治者焉。於此三者固罔
攸兼。而於庶獄庶慎。則又罔敢知焉。罔攸兼者。委任之
至。不敢以身與其事也。罔敢知者。敬忌之至。不敢以心
與其事也。常人之任人。或能不以身與其事。而不能不
以心慮其事。文王則不然。所當知者。不得不知則特不
兼之而已。不當知之者。不惟不兼。并於罔敢與知焉。此
所以於庶言庶慎庶獄。則言罔攸兼。於罔敢知。則止及
於庶獄庶慎二者也。蓋命令之奉行於有司者。人君雖
不得兼。而樞機之發於一人者。人君豈容有所不知哉。
論者以爲聖人之道猶天然。天無爲而歲功成者。四時
之佐。五行之吏。分其氣矣。聖人無爲而天下治者。百官
分治。羣賢共理。代其職也。知天之所以爲天。則知文王
之所以爲文矣

亦越武王率惟敉功不敢替厥義德率惟謀從容德以並
受此丕丕基

率循也敉功安天下之功義德義德之人容德容德之人蓋義德者有撥亂反正之才容德者有休休樂善之量皆成德之人也周公上文言武王率循文王之功而不敢替其所用義德之人率循文王之謀而不敢違其容德之士意如號叔閎夭散宜生泰顛南宮括之徒所以輔成王業者文用之於前武任之於後故周公於君奭言五臣克昭文王受有殷命武王惟茲四人尚迪有禄正猶此敘文武用人而言並受此丕丕基也葵初王氏曰紂

用綦德逸德之人。正與此相反。○新安陳氏曰。蔡氏承上文之用三宅而言。蓋不改父之臣之意。此說出於夏氏。眞氏取之。以其切於立政用人故也。○臨川吳氏曰。武王率循文王之功。其於義德之人。用之而不敢替。率循文王之謀。其於容德之人。從之而不敢違。蓋拯民危急。必資剸裁之能。詒謀宏遠。必資寬大之度。此武王述事繼志而不改父之臣。故父子並受此大大之基業也

嗚呼孺子王矣。繼自今我其立政立事準人。牧夫我其克灼知厥若。丕乃俾亂相我受民和我庶獄庶愼時則勿有間之。

我者指王而言。若順也。周公既述文武基業之大。歎息而言曰。孺子今既爲王矣。繼此以往。王其於立政立事準人牧夫之任。當能明知其所順。順者其心之安也。孔

子曰。察其所安。人焉廋哉。察其所順者。知人之要也。夫既明知其所順。果正而不他。然後推心而大委任之。使展布四體以爲治。相助左右所受之民。和調均齊獄慎之事。而又戒其勿以小人間之。使得終始其治。此任人之要也。民而謂之受者。言民者乃受之於天。受之於祖宗。非成王之所自有也。呂氏曰。申前告嗣天子王矣之意。屢言深警之。非前日委重視成比也。物莫不有所順。水順而下。火順而上。蓋有湮之而不下。鬱之而不上者矣。終非其所順也。人豈無矯飾以勉爲善者。苟能灼知其所順。則心之所安。不得遁矣。夏后宅人。亦曰用丕訓德。訓。順也。知厥若。又勿使異意者間之。知人不可不盡。任人不可不專。竭兩端告之也。一篇之間。所謂王矣者。蓋屢言而屢歎之。深恐成王今猶不自知身當職分之大。故警之不一而足也。○陳氏大猷曰。我者。我其君。君臣一體也。○張氏曰。王繼文武以立政。可謂難矣。而難之中自有簡易之道。亦曰立事準人牧夫。我其克灼知厥若而已。知三宅之心。即所以立政。○復齋董氏曰。孔氏以立政爲大臣。立事爲小臣。諸家皆以立政立事爲一意。而於準人牧夫。則以爲舉其二以包其一。理所未安。竊意從張氏之說。則立政乃作書之本意。立事乃任人之官。庶於經意爲兩得。○葵初王氏曰。提起立政二字。最是下文商人周文王立政。國則罔有立政用憸人。在今後嗣王立政。皆是提起作書之本意。立政之要。在於事牧準人。○新安陳氏曰。孔氏謂立政大臣。立事小臣。以事字爲句。非也。惟張氏辨句讀甚合經旨。證以上下文。上提三政。而下列三宅甚協。兼之繼自今立政立事準人牧夫。與我周文王立政立事牧夫準人。立政下列三宅。則並有立事字。國則罔有立政用憸人。繼自今立政。其勿以憸人。立政下不列三宅。則並無立事字。尤爲顯證。○陳氏雅言曰。克灼知厥若者。此明於知人。時則勿有間之。此誠於任人。始焉而非知之明。則無以得賢才之用。終焉而非任之誠。則無以盡賢才之用。成湯之克宅。克即。文武之克知灼見。皆克知厥若之謂也。成湯之嚴惟丕式。文王之罔攸兼。罔敢知。皆時則勿有間之之意也。周公前舉三事以爲

告此則欲其法三代之法以爲政上言知人之要則舉三宅之名下言任人之要則舉三宅之職立政一篇之旨萃於此矣

自一話一言我則末惟成德之彥以乂我受民

末終惟思也自一話一言之間我則終思成德之美士以治我所受之民而不敢斯須忘也王氏曰一話言一事之始終一言一句而已○新安陳氏曰相受民牧之責也和庶獄準之責也和庶所當愼之事事之責也三宅備矣話言樞機之發也委任三宅欲勿以小人間之苟或一話言間微不終於專主君子則小人乘間入之矣此公戒王以委任三宅專一周密之法也

嗚呼予旦已受人之徽言咸告孺子王矣繼自今文子文孫其勿誤于庶獄庶愼惟正是乂之

前所言禹湯文武任人之事無非至美之言我聞之於人者已皆告孺子王矣文子文孫者成王武王之文子文王之文孫也成王之時法度彰禮樂著守成尚文故曰文誤失也有所兼有所知不付之有司而以已誤之也正猶康誥所謂正人與宮正酒正之正指當職者爲言不以已誤庶獄庶愼惟當職之人是治之下文言其勿誤庶獄惟有司之牧夫即此意

自古商人亦越我周文王立政立事牧夫準人則克宅之克由繹之茲乃俾乂

自古及商人及我周文王於立政所以用三宅之道則

克宅之者能得賢者以居其職也。克由繹之者能紬繹用之而盡其才也。既能宅其才以安其職。又能繹其才以盡其用。茲其所以能俾乂也歟陳氏曰。繹。如繹絲。謂窮其端緒。克宅。任之當矣。又紬繹之。詳其所行。考其所就。猶堯之詢事考言。舜之明試考績也。○呂氏曰。由繹。由其外而繹其中也。由其言而繹其心。由其才而繹其德。由其發舒於一時而繹其持久於歲晏者。繹之蓋不一端而足也。克宅之。則人與位相稱。克由繹之。則表與裏相符。其審如是。然後俾之爲治。既俾之爲治。則一委之其人矣○陳氏雅言曰。三宅之官。百官有司之長也。擇之不審。則以正爲邪。以不肖爲賢。固不足以得賢才之用。用之不至。則禮貌之或衰。意見之或殊。亦何足以盡賢才之用。故克宅之者。以心相照。此知人之明也。克由繹者。以心相與。此待人之誠也。始能明於知人。終能誠於待人。人雖欲自隱。其可得乎。是以謂之乃者。言必如是而後有以得其心也。謂之俾者。言下之治。由於上之使也。立政一篇之旨。皆是言人君之用人。當擇之於始。善用之於終

國則罔有立政用憸人不訓于德是罔顯在厥世繼自今立政其勿以憸人其惟吉士用勱相我國家

自古爲國無有立政用憸利小人者小人而謂之憸者形容其沾沾便捷之狀也憸利小人不順于德是無能光顯以在厥世王當繼今以往立政勿用憸利小人其惟用有常吉士使勉力以輔相我國家也呂氏曰君子陽類用則升其國於明昌小人陰類用則降其國於晻昧陰陽升降亦各從其類也 張氏曰憸人者傾巧辯給之人詐足飾非言足拒諫悅其心則譽桀紂爲堯舜失其意則誣伯夷爲盜跖○陳氏大猷曰憸人矯飾以爲德然非其心之所順與丕訓厥若正相反○呂氏曰人主惟以別白君子小人爲職國之興亡常必由之此篇反覆於君子小人之際有

吉哉。文武有庶常吉士。公復以其惟吉士望王。召公之歌詩。王多吉士。亦至于再。穆王命伯冏。吉士猶在口也。是則周家父祖所傳。師保所訓。子孫所守。惟在吉士。一代治體可識矣。憸人者。吉士之反。周之家法所嚴惡斥絕者也

今文子文孫孺子王矣。其勿誤于庶獄。惟有司之牧夫

始言和我庶獄庶愼。時則勿有閒之。繼言其勿誤于庶獄庶愼。惟正是乂之。至是獨曰其勿誤于庶獄。惟有司之牧夫。蓋刑者天下之重事。挈其重而獨舉之。使成王尤知刑獄之可畏。必專有司牧夫之任。而不可以已誤之也。呂氏曰。始言庶言庶獄庶愼。繼去其一。止曰庶獄庶愼。又去其一。獨曰庶獄。蓋挈其尤重獨舉之。獄曷爲其獨重也。民命所繫。亦國命所繫也。導迎善氣。祈天永命者。獄也。並告無辜。無世在下者。亦獄也。宜周公

獨言而獨戒之○蔡氏元度曰以庶獄庶慎對庶言則獄慎尤重故不及庶言以庶獄對庶慎則庶獄尤重故不及庶慎○唐孔氏曰言庶獄欲其重刑言有司牧夫欲其謹官人○王氏曰獄者政之終牧者官之長政舉其終官舉其長則無不舉矣

其克詰爾戎兵以陟禹之迹方行天下至于海表罔有不服以覲文王之耿光以揚武王之大烈

詰治也治爾戎服兵器也陟升也禹迹禹服舊迹也方四方也海表四裔也言德威所及無不服也覲見也耿光德也大烈業也於文王稱德於武王稱業各於其盛者稱之○呂氏曰兵刑之大也故旣言庶獄而繼以治兵之戒焉或曰周公之訓稽其所弊得無啓後世好大喜

功之患乎。曰。周公誥兵之訓。繼勿誤庶獄之後。幵獄之間尚恐一刑之誤。況六師萬衆之命。其敢不審而誤舉乎。推勿誤庶獄之心。而奉克詰戎兵之戒。必非得已不已而輕用民命者也

林氏曰。呼文子文孫。言守成以文。終以詰爾戎兵。則武不可弛。○呂氏曰。公非教王用兵。恐其宴安而使之自强。如易謙卦言利用侵伐。亦是於謙抑之中。有自强之意也。是役也。蓋奮張其氣。而不使墮偷。操握其衆。而不使扞格。摧壓其姦。而不使覬覦。保治之良圖也。古人治兵。乃所以弭兵。後世銷兵。乃所以召兵。○陳氏大猷曰。耿。亦光也。耿光。光之著也。○陳氏雅言曰。治平無事之時。乃禍患之所自起。苟安於逸樂。憚於自强。則偷墮之氣。由是而益勝。扞格之衆。由是而難化。覬覦之奸。由是而或生。豈所以厓王室而壯天威。豈所以繼志述事。而承祖宗全付予有家之托者乎。故周公之告成王。使之治其戎服兵器。以陟禹之迹。而方行於天下。使至於四海之外。地之所至。皆德威之所至。德威之所至。無敢有不服者。夫如

是。文王之耿光。能覲之使益顯。武王之大烈。能揚之使益著。豈惟無愧於前王。亦無負於前王矣。前王可謂能紹前代之休。後王可謂能繼前王之志。述前王之事也。周公以此告成王。其推廣勿誤庶獄之音。而并及於此者。固非後世導其君以窮兵黷武好大喜功者比也

嗚呼。繼自今後王立政。其惟克用常人

并周家後王而戒之也。常人。常德之人也。皋陶曰。彰厥有常吉哉。常人與吉士。同實而異名者也

呂氏曰。常人之於國也。蓋食之穀粟。衣之布帛。雖無異味異文。而有生者常用。而不可一日易也。然每多重遲木訥。不能與小慧新進者。爭長於頰舌之間。故世主惑於取捨而治亂分焉。此周公所以慨歎而深致意於卒章歟○陳氏大猷曰。理之常行而不可易者。爲常道。行此常理而不易者。爲常人。常。言其體之不易。吉。言其用之休祥也。言常人於兵刑之後。以常人尤宜任此而謹之歟○新安陳氏曰。庶常吉士。文王用人家法也。故上文言其惟吉士。此又言克

用常人。常人。常德之人。吉士。吉德之士。
未有常人而不吉。吉士而不常者也

周公若曰。太史司寇蘇公。式敬爾由獄。以長我王國。茲式有愼。以列用中罰

此周公因言愼罰。而以蘇公敬獄之事告之太史。使其并書。以爲後世司獄之式也。蘇。國名也。左傳蘇忿生以溫爲司寇。周公告太史以蘇忿生爲司寇。用能敬其所由之獄。培植基本。以長我王國。今於此取法而有謹焉。則能以輕重條列。用其中罰而無過差之患矣。孔氏曰。忿生爲武王司寇。封蘇國。能用法敬汝所用之獄。言主獄當求蘇公之比。此法有所愼行。必以其列用中罰。不輕不重蘇公所行。太史掌六典有廢置官人之制。故告之。○陳氏大猷曰。周公舉太史所記蘇公之事以告王。蘇公能

以法式而敬其所用之獄。重民命以延國命。治獄者當以爲法式而有謹焉。列者前後相比。猶今言例也。以舊事爲比。而用其輕重之中者也。立政以用人爲本。而兵刑乃政之大者。故以此終焉。○新安陳氏曰。立政之綱領在三宅。三宅中所重。尤在準人之刑獄。故旣告王以勿誤庶獄。末復命太史書蘇公敬獄事以示法焉。蘇公所以爲司寇在乎敬。後人之法蘇公在乎愼。能愼則能敬矣。固爲後之司獄者慮。尤爲後之君用人以司獄者慮。能如蘇公者則用。否則斥。蓋以此終立政用人之意歟。○陳氏雅言曰。刑罰重事也。民心天命之本實係於此。周公作立政。舉司寇蘇公敬獄之事以告太史。使書以爲歷代後世司獄之法。謂昔武王之時。蘇忿生以溫爲司寇。小大之獄。莫不由之。而所由之獄。莫不能敬。故能重民命以延國命。蓋民命之有永。乃天命之所由永也。用刑之極功。至是蔑以加矣。後之典獄者。於此取法而能謹焉。則能用其中罰。而無過差之患。此無他。蘇公之爲司寇。其道惟在乎敬。後人之法蘇公。其道惟在乎愼。敬者愼之存於心。愼者敬之見於事。愼謹之心。一敬畏之心也。蘇公一念之敬。可以通天人而無間。可以垂百世而無愆。用刑之法。不可以復加於此。雖舉以告太史。而實以告之於王。雖爲後世之司獄者慮。而實爲後之用司獄者慮。使後世之用司獄。得蘇公其人而用之。豈非所謂吉士常人者乎。立政之道。以任賢爲本。以庶獄爲大。故一篇之中。凡五致意於獄。而終結之以此云

○董氏鼎曰。周公復政成王而作立政。以王政莫大於用人。用人莫先於三宅。三宅得人。則百官皆得人。而王政立矣。公前日攝政。猶可無言。今歸政留洛。心在王室。豈容默乎。此立政所以作也。一篇之中。宅事牧準。其綱領也。休茲知恤。其血脈也。自迪惟有夏。至暴德罔後。言夏先后知恤乎此。乃室大競。休何如哉。桀不知恤也。故罔有後。而成湯陟焉。自亦越成湯至奄甸萬姓。言商先王知恤乎此。故用協用見德。休何如哉。紂不知恤也。故帝罰之。而我周式商受命焉。自亦越文王武王至並受丕丕基。言文武亦猶夏商先王之知恤也。是以並受丕基。式克至今日休也。自孺子王矣以下至終篇。拳拳以去憸人。用常吉。詰戎兵。謹刑獄。爲王告。蓋欲王以先王之知恤爲法。以夏商後王之不知恤爲鑒。忠愛之至。至今可挹也

周官

成王訓迪百官史録其言以周官名之亦訓體也
今文無古文有○按此篇與今周禮不同如三公
三孤周禮皆不載或謂公孤兼官無正職故不載
然三公論道經邦三孤貳公弘化非職乎職任之
大無踰此矣或又謂師氏即太師保氏即太保然
以師保之尊而反屬司徒之職亦無是理也又此
言六年五服一朝而周禮六服諸侯有一歲一見
者二歲一見者三歲一見者亦與此不合是固可
疑然周禮非聖人不能作也意周公方條治事之
官而未及師保之職所謂未及者鄭重而未及言

之也。書未成而公亡。其間法制有未施用。故與此異。而冬官亦鈌要之周禮。首末未備周公未成之書也。惜哉讀書者。參互而考之。則周公經制可得而論矣

問司徒。司馬。司空。三公。三少之官。朱子曰。漢自古文尚書出。方有周官篇。伏生口授二十五篇無周官。故漢只置太尉司徒司空爲三公。而無周三公三少。蓋未見古文尚書。但見伏生書。牧誓立政篇中。所說司徒司馬司空而置也。古者諸侯之國。只置得司徒司馬司空三卿。惟天子方爲諸侯。故不及三公三少。及周官篇所說。則周方得置三公三少六卿。牧誓立政所說。周家是時是時已得天下矣。三公三少。本以師道。輔佐天子。只是加官。周公以太師兼冢宰。召公以太保兼冢宰。是以加官而兼宰相之職也。後世官職益紊。今遂以三公三少之官爲階官。不復有師保之任。論道經邦之責矣。然古者猶是文臣之有功德重望者。方得加師保之官。以其有教輔天子之名也。後

世遂以諸子。或武臣爲之。旣是天子之子與武臣豈可任師保之責耶。訛謬傳襲。不復改正○陳氏經曰。周官。立政之效也。二篇大率相爲表裏。周公作立政告成王。王能推行之。考此篇如撫萬邦。征弗庭。即詰戎兵行天下之意也。立太師傅保以下。即用三宅之意也。戒有官以典常作師。即克用常人之意也。成王尊所聞。行所知如此。其高明光大宜哉○吕氏曰。金縢。成王初年之書也。洛誥。周公還政之書也。無逸立政。周公教戒成王之書也。周官。成王親政開物成務之書也。合是數篇以觀成王。可以見其本質焉。可以見其昏明疑信之變焉。可以見其講貫啓發之深焉。可以見其知類通達。離師傅而不反焉。過此而有君陳。乃周公旣沒之後。又過此而有顧命。乃其身將沒之時。成王進德始終之序備矣。周公格君始終之功著矣○新安陳氏曰。周禮。乃周公擬議未全未行之書。周官。則成王建置訓迪而已施行之書也。今只當據周官以解周官。其與周禮未脗合處。姑略之可也。及吕氏以作周官時。爲周公尚在。此亦以亡書序及君陳揆排而意之耳。未見其必然也。深玩周官文意。

周公時不在矣。此殆成王老於世故後之書也。如以不學驕侈戒卿士可見

惟周王撫萬邦巡侯甸四征弗庭綏厥兆民六服羣辟罔不承德歸于宗周董正治官

此書之本序也。庭直也。葛氏曰。弗庭弗來庭者。六服侯甸男采衛幷畿內爲六服也。禹貢五服通畿內。周制五服在王畿外也。周禮又有九服。侯甸男采衛蠻夷鎮蕃。與此不同。宗周鎬京也。董督也。治官凡治事之官也。言成王撫臨萬國。巡狩侯甸。四方征討不庭之國。以安天下之民。六服諸侯之君。無不奉承周德。成王歸于鎬京。督正治事之官。外攘之功舉。而益嚴內治之脩也。唐孔

氏曰。周制無萬國。惟伐淮夷。非四征也。大言之爾呂氏曰。天下大物也。非綿力小才。所能運量。非薄物細故。所能維持向也。成王不出閨闥之孱王耳。今撫萬邦。至罔不承德。乾開坤闔。秋殺春生。四海皆隨其運轉。功成治定。歸于宗周。董正治官。訓督裁正。品式備具。本末内外。體統相承。萬世皆入其維持。不如是。何以覲文王之耿光。揚武王之大烈乎。○新安陳氏曰。巡侯甸。即六服而略言之也。六服承德。即九服而以内五服并王畿言之也。内五服。九州内。外五服。九州外。以内五服并畿内爲六。正與侯甸男邦采衛之辭合。略外四服耳。無不同也。又按成王巡狩征討綏御之大。力量如此。可謂能以周公詰戎兵陟禹迹。行天下。至海表。罔不服之言而眞見之行事矣。周公宗臣。成王賢君。蓋兩得之。○王氏充耘曰。史臣記周之成王爲萬邦之君。盡撫綏之道。侯甸之諸侯。以時而來朝者。則巡守其土而察其政治焉。四方之諸侯。其或有弗庭者。則征伐其國而使畏懼焉。或巡守而省之。或征伐而討之。皆以綏安億兆之民而已。六服之羣辟。無有一之不承順於德者。兆民既安。羣辟承德。巡守征伐。在外之事。無不舉矣。於是歸于鎬京國都。以爲端本澄源之計。庶官者。天子所與共治於內者也。庶官莫大於三公。而其亞爲三孤。又次爲六卿。而其下各有屬。昔非無是官也。有是官而綱紀之未定。昔非無是職也。有是職而體統之未明。故立三公使論道。而三孤則輔之於後。命六卿使分職。而其屬則任之於下。如絲牽而繩聯。如臂動而指隨。以立一代之定制。以承歷代之弘規。庶事之官。亦無有董之而不治。正之而或紊者。既治其外。復詳其內。傳所謂外攘之功舉。而益嚴內治之修者如此。○陳氏雅言曰。史臣記成王之君天下也。當功成治定之日。而致謹於建官分職之命。蓋天下以一人爲主。致治以任官爲要。萬邦雖廣。而承德之心無不同。外攘既舉。而治官之政不敢後。史臣將欲述成王訓迪之辭。而先敘其本末如此所以著成王之善於爲政也

王曰。若昔大猷。制治于未亂。保邦于未危

若昔大道之世。制治保邦于未亂未危之前。即下文明王立政是也

曰。唐虞稽古建官惟百。內有百揆四岳。外有州牧侯伯。庶政惟和。萬國咸寧。夏商官倍。亦克用乂。明王立政。不惟其官。惟其人

百揆。無所不總者。四岳。總其方岳者。州牧各總其州者。侯伯。次州牧而總諸侯者也。百揆四岳。總治于內。州牧侯伯。總治于外。內外相承。體統不紊。故庶政惟和。而萬國咸安。夏商之時。世變事繁。觀其會通。制其繁簡。官數加倍。亦能用治。明王立政。不惟其官之多。惟其得人而已。張氏震曰。唐虞官百。夏商倍之。周又倍之。事繁故官多。然大體未嘗變也。舜命九官。至商列爲八政。至周合爲六典。大綱皆出於一。所增特其屬耳○陳氏雅言曰。唐虞之時。稽古之制。建官惟百。有百揆四岳以總治

於內。有州牧侯伯以總治于外。內外相承。何其簡也。而當時之庶政無不和。萬國無不寧。夏商之時。建官之數。視唐虞之制加倍。因時制宜。亦何簡也。而當時之官亦能用以制乂。惟百而治。倍百而又治。是果何道哉。明王之立政。不惟其官之多。惟在於得人而已。嘗考之唐虞之官所謂百者。無非三德六德之賢。曰俊曰乂之才。夏商之官所謂倍者。無非惟賢惟能之人。即宅即俊之士。此宜四代之官。自其數而論。則曰惟百。曰官倍。自其效而論。則曰和寧。曰用乂。所以致是者有本也。成王之言可謂深知歷代建官之道。而得訓迪厥官之本者矣

今予小子。祗勤于德。夙夜不逮。仰惟前代時若。訓迪厥官

逮及時。是若順也。成王祗勤于德。早夜若有所不及。然蓋修德者。任官之本也。張氏曰。仰惟前代時若。即前所謂若昔大猷也。○陳氏經曰。仰前代唐虞夏商建官之意而時若之。○林氏曰。董正者。立太師以下是也。訓迪者。凡我有官君子以下是也。董正而後訓迪之也。○新安陳氏曰。王意謂今兆民綏。六服承。若已安已治。然治亂在庶官。當先幾而備之。將言

唐虞夏商周之建官。故以此三言開端焉。唐虞稽古至亦克用乂。此唐虞夏商之建官。所以制治保邦者也。立政而官惟其人。爲政在人也。訓官而先祇勤于德。取人以身也。此成王仰若唐虞夏商而訓官以制治保邦者也

立太師。太傅。太保。兹惟三公。論道經邦。燮理陰陽。官不必備。惟其人

立。始辭也。三公非始於此。立爲周家定制。則始於此也。賈誼曰。保者保其身體。傅者傅之德義。師道之教訓。此所謂三公也。陰陽以氣言。道者陰陽之理。恒而不變者也。易曰。一陰一陽之謂道是也。論者講明之謂。經者經綸之謂。燮理者。和調之也。非經綸天下之大經。參天地

之化育者豈足以任此責故官不必備惟其人也陳氏雅言曰居非常之位者必任非常之責必求非常之才三公之設雖不始於此而王公之制則蓋定於此所謂定其制也講明天人之道經綸乎邦國燮理乎陰陽所謂專其職也有其人則使之居是官非其人不若虛是職所謂難其人也嗚呼三公之官位尊責重如此是豈可以庶官百職事之才例任之哉

少師少傅少保曰三孤貳公弘化寅亮天地弼予一人

孤特也三少雖三公之貳而非其屬官故曰孤天地以形言化者天地之用運而無迹者也易曰範圍天地之化是也弘者張而大之寅亮者敬而明之也公論道孤弘化公燮理陰陽孤寅亮天地公論於前孤弼於後公孤之分如此孔氏曰師天子所師傅傅相天子保保安天子孤卑於公尊於卿特置此三者副貳

三公。弘大道化○葉氏曰。成王以周召爲師保。而太傅無聞。周公沒。召公仍爲保。而不聞設師傅。蓋難之也○陳氏傅良曰。周召以師保爲冢宰。是卿兼三公也。顧命自同召太保奭以下皆卿也。是時召公爲保兼冢宰。芮伯爲司徒。彤伯爲宗伯。畢公爲司馬。皆是以三公兼之。衛侯康叔爲司寇。毛公爲司空。審如是。則三公多是六卿兼之。但其人足以兼公。則加其公之職位。無其人則止爲卿而已。三公三孤。皆無其人。則闕焉而已。而六卿自若也。要之成周以三公三孤。待非常之德。故曰官不必備。惟其人○呂氏曰。明則邦國。幽則陰陽。幽明之所以然。所謂道也。經綸之用。藏於無迹。和調之妙。間不容聲。何待於論。論云者。擬議以成其變化。講明啓沃而精一之者也。陰陽以氣言。天地以形言。燮理。運之者也。寅亮。承之者也。公孤之分。於此著矣。然弼予一人。乃格君心之任。獨於孤言之。而公之職反不與焉。何也。論道經邦。燮理陰陽。未有不自君心者。特成王尊三公之至。若不敢以身煩之。蓋曰斯人也。乃造化之友。非予一人之弼也○新安陳氏曰。文王時。太公已爲太師。武王時。召公已爲太保。是三公非自成王始立也。貳公弘化。蓋貳公以弘大其論道經邦之化耳。弘大道化。以寅亮天地。

體用之謂也。孔註當矣○陳氏雅言曰。公者。無私之義。孤者。無朋之義。太者。尊無以加之辭。少者。位次於尊之辭。此其立言之異也。道與化。陰陽與天地。其辭若一。其職實殊。道者。化之體。化者。道之用。陰陽者。氣也。天地者。形也。化待道而後立。天地待陰陽而後立。公論道。孤弘化。公燮理陰陽。孤寅亮天地。論道者。弘化之本也。燮理者。寅亮之本也。公濬其源。孤導其流。公正其本。孤治其末。公提其綱。孤張其目。公孤之職。雖異而實同。雖同而實異者如此。然於三公。則曰官不必備。於三孤。則曰弼予一人。豈三公無與於格心之論。而三孤可不擇人以居之乎。無他。公孤之職。比他官尤重。而三公之職。比他官爲尤重。曰官不必備者。以開世之才。非天下所常有。不可同於他官也。曰弼予一人者。以致君之功。雖臣職所當盡。君不可累於三公也。公孤輕重之分。豈不於此益可見乎

冢宰掌邦治。統百官。均四海

冢。大。宰。治也。天官卿治官之長。是爲冢宰。內統百官。外

均四海。蓋天子之相也。百官異職。管攝使歸于一。是之謂統。四海異宜。調劑使得其平。是之謂均

鄭氏曰。山頂曰冢。○呂氏曰。三公三孤。天子所與調精侵之原。而無所治者也。統萬事而分治之。則六卿之職。六卿者。萬事之綱也。冢宰管攝百官。非官官而控制之。自百而歸六。自六而歸一。所操至簡也。所調劑者。非人人而稱量之也。大與之爲大。小與之爲小。所居至易也。明乎簡易之道。相業無餘蘊矣○復齋董氏曰。周禮太宰掌建邦之六典。一曰治典。二曰教典。三曰禮典。四曰政典。五曰刑典。六曰事典。六典。太宰兼掌。此言掌邦治者。教禮政刑之屬。莫非治也○新安陳氏曰。冢宰雖與五卿並列而各爲一卿。實總統乎五卿。所掌雖邦治。必教禮兵刑土之並舉其職而後可以治歟○陳氏雅言曰。此六官之長。綱在綱中也。冢宰與六卿。雖分掌一職。而其官則尊於衆卿。故以冢言。六卿之事。雖各列一職。而冢宰得以兼之。故以宰言。此董正其官也。統百官者。即亮采之謂。均四海者。即惠疇之謂。百官異職而能統之。則有倫有要。有綱有紀。咸得其序矣。四海異宜而能均之。則或遠或近。或多或

寡。咸得其正矣。
此訓迪其職也

司徒掌邦敎。敷五典。擾兆民

擾。馴也。地官卿主國敎化。敷君臣。父子。夫婦。長幼。朋友。五者之敎。以馴擾兆民之不順者而使之順也。唐虞司徒之官。固已職掌如此陳氏大猷曰。徒。衆也。主民衆。故稱司徒○呂氏曰。擾者。馴習而熟之。拊摩而入之。畜養而寬之之謂○張氏曰。擾。猶擾龍之擾。馴習而安之也○新安陳氏曰。擾者。順其自然而導之。即舜典在寬之意

宗伯掌邦禮。治神人。和上下

春官卿主邦禮。治天神。地祇。人鬼之事。和上下尊卑等列。春官於四時之序爲長。故其官謂之宗伯。成周合樂

於禮官謂之和者。蓋以樂而言也孔氏曰。春官卿治天神地祇人鬼之事。及國之吉凶軍賓嘉五禮。禮所以辨上下。定民志。上下辨。民志定。則和矣。和有樂之意耳〇呂氏曰。治。理也。壇坎昭穆之等。聘享射御之節。貫本末而等文質。所謂禮也。神人所以治。上下所以和者也。一失其禮。則僭亂諂妄而瀆乎神。陵犯乖爭而悖乎人。上下皆失其分。安得而和乎〇新安陳氏曰。秩宗典天神地祇人鬼之三禮。此之治神人。蓋以神包祇。即三禮也。

司馬掌邦政。統六師。平邦國。

夏官卿。主戎馬之事。掌國征伐。統御六軍。平治邦國。平謂強不得陵弱。衆不得暴寡。而人皆得其平也。軍政莫急於馬。故以司馬名官。何莫非政。獨戎政謂之政者。用以征伐而正彼之不正。王政之大者也呂氏曰。自夏命胤侯掌六師舉政典以誓。則邦政掌於司馬舊矣。國之大事。何莫非政。獨戎政謂之政。何也。天下無事。寓兵於農。然後賦役百爲。始有所施。是固政之所從出也。天下有事。舉兵討亂。邦之存亡安危係焉。其爲政之大。固不待論矣。此戎政所以獨謂之政也。統六師而謂之平邦國。則王者用師之本旨。特欲平邦國之不平者耳

司寇掌邦禁詰姦慝刑暴亂

秋官卿。主寇賊法禁。羣行攻劫曰寇。詰姦慝刑彊暴作亂者。掌刑不曰刑而曰禁者。禁於未然也。呂氏曰。姦慝隱而難知。故謂之詰。推鞫窮詰而求其情也。暴亂顯而易見。直刑之而已。陳氏大猷曰。詰而後刑。刑者必詰。互文也。○陳氏經曰。刑曰邦禁。此初設刑美意。禁民使不爲惡。而非以虐民也。虞禮樂分二官。周合爲一。虞以士兼兵。周分爲二。帝世詳於化而略於政。王世詳於政而略於化。世道升降之異也

司空掌邦土。居四民。時地利

冬官卿主國空土。以居士農工商四民。順天時以興地利。按周禮。冬官則記考工之事。與此不同。蓋本闕冬官。漢儒以考工記當之也　陳氏大猷曰。為治莫先於教化。故冢宰之後。司徒次之。教化莫先於禮樂。故宗伯次之。教之和之而猶有不率者。則大者加以甲兵。小者加以刑罰。不得已也。故司馬司寇次之。暴亂去而後民得安居。故以司空之居民終焉

六卿分職。各率其屬。以倡九牧。阜成兆民

六卿分職。各率其屬官。以倡九州之牧。自內達之於外。政治明。教化洽。兆民之衆。莫不阜厚而化成也。按周禮每卿六十屬。六卿三百六十屬也。呂氏曰。冢宰相天子。

統百官。則司徒以下。無非冢宰所統。乃均列一職而併數之爲六者。綱在綱中也。乾坤之與六子。並列於八方。冢宰之與五卿。並列於六職也呂氏曰。冢宰列於六卿。綱固在綱之中。而首非處身之外也。六卿分職各率其屬。以倡九牧。自內而達之外。九牧各率其州之諸侯。以應六卿之令。自外而承乎內。內倡外應。周浹泰和。此成周治天下之體統也○新安陳氏曰。成周以六卿倡九牧。亦猶唐虞以揆岳統牧伯。故阜成之效。不減和寧。泰和在唐虞成周。豈非以治天下之綱紀立而體統定歟

六年五服一朝。又六年王乃時巡。考制度于四岳。諸侯各朝于方岳。大明黜陟

五服。侯甸男采衛也。六年一朝會京師。十二年王一巡狩。時巡者。猶舜之四仲巡狩也。考制度者。猶舜之協時

月正日。同律度量衡等事也。諸侯各朝方岳者。猶舜之肆覲東后也。大明黜陟者。猶舜之黜陟幽明也。疏數異時。繁簡異制。帝王之治。因時損益者可見矣 呂氏曰。六卿倡九牧。既立爲治之綱矣。繼以朝覲巡狩之制。所以振其綱也。卿牧倡和。固有體統。然多歷年歲。非時有以振之。豈無壅滯而不達乎。六年一朝。所以達其壅也。豈無廢壞而不脩乎。又六年王時巡至。大明黜陟。所以脩其廢也。諸侯既親承德意於天子。天子復親考制度於諸侯。禮樂刑政。斯四達而不悖矣。是制也。嘗一見於虞書。後千餘年復出於此。驗其疏數。而世之升降。事之繁簡。兵衛之多寡。用度之豐約。與夫成王觀會通以行其典禮者。皆可得而推矣○張氏曰。周官行人之職曰。侯服歲一見。其貢祀物。甸服二歲一見。其貢嬪物。男服三歲一見。其貢器物。采服四歲一見。其貢服物。衛服五歲一見。其貢材物。要服六歲一見。其貢貨物。是六年六服各一朝也。今止言五服者。要服不必其來。周官又云。十有二年王巡狩服國。是五服已更兩朝矣○王氏曰。毋一歲一服入見。五服有一年休息。又六年五服兩朝。然後王一巡狩也。○林氏曰。大明黜陟。即王制所謂不敬者君削以地。不孝者君黜以爵。有功德於民者加地進律是也。此皆斟酌舜事行之。舜五載一巡狩。此十二年。何也。文中子曰。舜一歲而巡四岳。兵衛少而徵求寡也。以是觀之。則周時兵衛日多。徵求日衆。故不能五年而以十二年也。

王曰。嗚呼。凡我有官君子。欽乃攸司。慎乃出令。令出惟行。弗惟反。以公滅私。民其允懷。

建官之體。統前章既訓迪之矣。此則居守官職者咸在。曰凡有官君子者。合尊卑小大而同訓之也。反者。令出不可行而壅逆之謂。言敬汝所主之職。謹汝所出之令。令出欲其行。不欲其壅逆而不行也。以天下之公理。滅一己之私情。則令行而民莫不敬信懷服矣。陳氏經曰。令未出而致謹可也。既出則有行無反矣。不謹於未令之先。必反於既令之後。何以示信乎○呂氏曰。戒以審令於未出之前。令出則惟行而不可反矣。令之大者固出於君。百司庶府。自下教條於其屬亦令也○王氏曰。令出而反。民輕上而不信令矣。然必謹出令不至於反○蘇氏曰。此教以謹令。非欲其遂非也○新安陳氏曰。民之從違。視公私之消長。滅私者。純乎天理而私欲淨盡之謂。欲民之允懷。非以公盡滅其私者不可。允懷。誠服之謂也。滅字允字。皆須勘破

學古入官。議事以制。政乃不迷。其爾典常作之師。無以利口亂厥官。蓄疑敗謀。怠忽荒政。不學牆面。蒞事惟煩

學古。學前代之法也。制。裁度也。迷。錯繆也。典常。當代之法也。周家典常皆文武周公之所講畫。至精至備。凡蒞

官者謹師之而已。不可喋喋利口更改而紛亂之也。積疑不決。必敗其謀。怠惰忽略。必荒其政。人而不學。其猶正牆面而立。必無所見。而舉錯煩擾也。○蘇氏曰。鄭子產鑄刑書。晉叔向譏之曰。昔先王議事以制。不爲刑辟。其言蓋取諸此。先王人法並任。而任人爲多。故律設大法而已。其輕重之詳則付之人。臨事而議以制其出入。故刑簡而政清。自唐以前。治罪科條止於今律令而已。人之所犯日變無窮。而律令有限。以有限治無窮。不聞有所闕。豈非人法兼行吏猶得臨事而議乎。今律令之外科條數萬而不足於用。有司請立新法者日益不已。

嗚呼任法之弊一至於此哉王氏炎曰議事以古義裁之故曰以制○呂氏曰議事斷之以制制即前日所學之成法也○陳氏大猷曰事有施於古而不宜於今施於今而不合於古者皆非典常典常者理之通古今常行而不可易者也爾當以之爲師法○呂氏曰有疑則辨可否立決蓄而不辨一前一却謀所以不成也怠失之不及忽失之過荒其政均也既歷數莅官之病復勉以學之不可已學者應事以理雖萬變而不勞不學者應事以才不通於理觸事面牆始猶以才力營之事漸多則不勝其煩矣○新安陳氏曰成王訓官以學勉之以不學戒之學古而後入官則謀事必能以古制裁酌之而政不迷矣然世亦有好古而至於好異者如王荆公是已故又欲其以典常之理爲師也不學則於理不明惟見其煩擾而已學不學之得失相去如此成王此言眞萬世有官君子之龜鑑也○陳氏雅言曰前代之法者堯舜禹湯之所垂訓其法固善然有宜於古而不宜於今者故學之於入官之先而議之於制事之際則事得其宜而無或有迷繆矣當代之法者文武周公之所講畫其法亦善是皆宜於今而不戾於古者故爲典常而不可易但當講師而

不可亂則事皆有所守而不至或輕改矣為政之道二者兼盡豈復有餘蘊乎

戒爾卿士功崇惟志業廣惟勤惟克果斷乃罔後艱

此下申戒卿士也王氏曰功以志崇業以仁廣斷以勇克此三者天下之達道也呂氏曰功者業之成也業者功之積也崇其功者存乎志廣其業者存乎勤勤由志而生志待勤而遂雖有二者當幾而不能果斷則志與勤虛用而終蹈後艱矣陳氏大猷曰事之所成為功職之所務為業如士業於學學問思辨皆學業至於道充德備則學之功成矣農業於田播耨耘耔皆農業至收穫有秋則農功成矣功之高卑由立志之高下欲功之高立志固貴乎高然必勤以廣業則職業日勉日高其基立而其成高也否則事業以怠隋而狹小如築臺然安有基狹而臺高者雖有此志終不遂矣○林氏曰猛虎之猶豫不若蜂蠆之致螫貴

育之狐疑，不若童子之必至，所以貴於果斷也。志非果斷則不立，勤非果斷則易倦。○新安陳氏曰：功崇至後艱四句，乃申言上文蓄疑敗謀怠忽荒政之意，而加警策耳。功崇惟志，業廣惟勤，怠忽荒政之反也；惟克果斷，乃罔後艱，蓄疑敗謀之反也。○陳氏雅言曰：功以志崇，柔懦而無志，則功無自而崇矣；業以勤廣，若怠惰而不勤，則業無自而廣矣。然所以崇功廣業之道，又在於當幾而能果斷，然後無後艱之患矣。

位不期驕，祿不期侈。恭儉惟德，無載爾偽。作德心逸日休，作偽心勞日拙。

貴不與驕期而驕自至，祿不與侈期而侈自至，故居是位當知所以恭，饗是祿當知所以儉。然恭儉豈可以聲音笑貌爲哉？當有實得於己，不可從事於偽。作德則中外惟一，故心逸而日休休焉；作偽則擀護不暇，故心勞而已藝其拙矣。或曰：期，待也。位所以崇德，非期於為驕；祿所以報功，非期於為侈。亦通。呂氏曰：天下之至逸而無憂者莫如德，天下之至勞而無益者莫如偽。○陳氏經曰：制驕莫如恭，制侈莫如儉。實有得於恭儉則為德，以聲音笑貌為之則偽矣。恭儉出於德者，逸而休；恭儉出於偽者，勞而拙。

居寵思危，罔不惟畏，弗畏入畏。

居寵盛，則思危辱，常無所不致其祗畏。苟不知祗畏，則入于可畏之中矣。後之患失者，與思危相似。然思危者以寵利為憂，患失者以寵利為樂，所存大不同也。新安陳氏曰：居寵之寵，即指祿位言。利祿與危辱為鄰，甚可畏也。思其危則畏懼不暇，何敢驕侈乎。

推賢讓能，庶官乃和；不和政厖。舉能其官，惟爾之能；稱匪

其人。惟爾不任

賢有德者也。能有才者也。王氏曰。道二。義利而已。推賢讓能。所以爲義。大臣出於義。則莫不出於義。此庶官所以不爭而和。蔽賢害能。所以爲利。大臣出於利。則莫不出於利。此庶官所以爭而不和。庶官不和。則政必雜亂而不理矣。稱。亦舉也。所舉之人能修其官。是亦爾之所能舉。非其人。是亦爾不勝任。古者大臣以人事君。其責如此。陳氏經曰。人能推讓。樂善故也。不能推讓。忌嫉故也。九官相讓。衆賢和朝。范宣子讓。其下皆讓。安有不和者。我忌嫉人。人必忌嫉我。交相忌嫉。何有於和。○董氏鼎曰。因所稱舉之賢否。益足以見我之賢否。則推人之賢。乃我之賢也。讓人之能。乃我之能也。爲人臣者。以是觀之。必無妬賢嫉能之事。賢者有所勸。而不肖者。

亦可以自警矣○新安陳氏曰以上成王畫一以教戒
卿士言言精當脫佶屈聱牙而得此猶芻豢之悅口云

王曰嗚呼三事暨大夫敬爾有官亂爾有政以佑乃辟求康兆民萬邦惟無斁

三事即立政三事也亂治也篇終歎息上自三事下至大夫而申戒勑之也其不及公孤者公孤德尊位隆非有待於戒勑也

呂氏曰訓戒既終復提要總告之各敬爾官以治爾政即前所謂欽乃攸司也統而言之惟在於輔君以永安民耳○陳氏大猷曰前言阜成兆民指當時言此言永康兆民期於永久也○董氏鼎曰唐虞建官庶政和萬國寧我周建官庶政之和亦若是則我周萬邦之寧者其有厭斁乎此成王歸于宗周不暇他及而汲汲於董正治官以國家紀綱所係根本所關至不輕也○陳氏雅言曰成王訓迪厥官之末發爲嗟嘆之辭呼三事大夫而告之蓋總上文六卿百執事之人而申戒勑之也蓋謂爾之所有官也不

可以不敬。爾之所有。政也。不可以不治。敬則無怠忽慢易之失。治則無瘝曠廢弛之憂。則爲能佑乃之辟。以永康兆民矣。蓋天下之民。其數有兆。饑者欲食。寒者欲衣。勞困者欲求休息。而永康者尤未易也。所以任永康之責者在於君。所以分永康之任者在於臣。官雖有不同。政雖有或異。然所以佐佑乃辟。永康兆民者。則無或殊也。兆民之衆而果能使之。永底于康。則萬邦之廣。親附愛戴者。豈復有厭斁之心乎。此以安民無窮之效期之也。成王於此。期之至。訓之切。而歎之深。茲善於命官者歟

君陳

君陳。臣名。唐孔氏曰。周公遷殷頑民於下都。周公親自監之。周公既歿。成王命君陳代周公。此其策命之詞。史録其書。以君陳名篇。今文無。古文有。夏氏曰。必封國爲君。故稱君。○李氏曰。亦猶君奭君牙稱君。貴之也。○鄭氏註中康云。君陳。周公子。○蔡

初王氏曰。觀篇中爾尚式時周公之猷訓。與畢命今予祇命公以周公之事。語意略同。不見君陳爲周公之子。使是其子。則當如微子之命云殷王元子。乃祖成湯。康誥云朕其弟。酒誥云乃穆考文王。蔡仲之命云率乃祖文王之彝訓。無若爾考之違王命。此書中命體大抵然也。今不曰爾考周公。而但與畢命同稱周公。若言他人耳。周公以王叔父有大勳勞於天下。安有命其子以繼父職。獨無一語及父子相繼以寵之乎○呂氏曰。此篇戒勅之詞。與畢命輕重不類。見君陳蓋新進者也○李氏舜臣曰。周公化商民已無不盡。繼其後者。不必創爲新政以駭之。惟一循周公軌轍可也。故王命君陳。三舉周公之訓以告之。今但一遵周公之訓。無忿嫉。無求備。有忍從容。則東郊之民。耳目不駭。常如周公之在其左右。安靜帖息。可前卜也。此命君陳之大指也。宜康王曰。惟君陳克和厥中

王若曰。君陳。惟爾令德孝恭。惟孝友于兄弟。克施有政。命汝尹兹東郊。敬哉

言君陳有令德事親孝事上恭惟其孝友於家是以能施政於邦孔子曰居家理故治可移於官陳氏曰天子之國五十里爲近郊自王城言之則下都乃東郊之地故君陳畢命皆指下都爲東郊呂氏曰令德即孝恭也令者所以形容孝恭之粹美孝恭者所以指其德之實也○西山眞氏曰惟孝者必友不友于兄弟則戚其親之心非孝矣詩曰兄弟既翕和樂且湛子曰父母其順矣乎必兄弟和而後父母順友之關於孝蓋如此○陳氏曰商民難化由於民彝泯亂王屬之孝友之君陳所以正其本又曰王化頑民不求威猛剛克之臣而屬之孝恭孝友之君陳仁哉○新安陳氏曰治洛化商民爲重故君陳畢命皆曰尹兹東郊保釐東郊其任一也孝恭之恭其德性本敬也敬哉之敬勉其加敬也

昔周公師保萬民民懷其德往愼乃司茲率厥常懋昭周

公之訓惟民其乂

周公之在東郊有師之尊有保之親。師教之。保安之。民懷其德。君陳之往。但當謹其所司。率循其常。勉明周公之舊訓。則民其治矣。蓋周公既歿。民方思慕周公之訓君陳能發明而光大之。固宜其翕然聽順也呂氏曰。民深懷周公之德。苟君陳一事少異於公之初。一法少變於公之舊則觀聽疑駭。民不可得而治矣。○新安陳氏曰。化商之要。莫大於法周公。爾今所司。即周公之舊所司也。周公之訓。即公舊日所以師保萬民者也。繼公所司之職。以化公所化之民。豈可少異於公之訓乎。曰慎曰懋。上文所謂敬哉者。莫大於是。○陳氏雅言曰。遷殷頑民于洛。周公實師保之。謂之師。則所以教之者至矣。謂之保。則所以養之者至矣。周公教養斯民之至。故民懷慕周公之德。今周公往矣。命君陳往繼周公之任。尹茲東郊之民。所居之職。前日周公之職也。所理之民。前日周公之民也。繼周公之職。治周公之民。其道豈在他求哉。亦惟率循其常法。勉明周公之訓而已。蓋周公舊訓。即所謂常法也。周公既沒。民之思慕。惟在於周公。君陳爲治。政之取法者。亦惟在於周公。我既能以周公之道待彼。彼亦安得不以周公之道待我哉。此民懷其德。與惟民其乂。雖有叙已往期方來之不同。然其爲效則一而已

我聞曰。至治馨香。感于神明。黍稷非馨。明德惟馨。爾尚式時周公之猷訓。惟日孜孜。無敢逸豫

呂氏曰。成王既勉君陳昭周公之訓。復舉周公精微之訓以告之。至治馨香以下四語。所謂周公之訓也。既言此而揭之以爾尚式時周公之猷訓。則是四言爲周公之訓明矣。物之精華。固無二體。然形質止而氣臭升。止者有方。升者無間。則馨香者。精華之上達者也。至治之

極。馨香發聞。感格神明。不疾而速。凡昭薦黍稷之苾芬。是豈黍稷之馨哉。所以苾芬者實明德之馨也。至治舉其成。明德循其本。非有二馨香也。周公之訓固爲精微。而舉以告君陳。尤當其可。自殷頑民言之。欲其感格非可刑驅而勢迫。所謂洞達無間者。蓋當深省也。自周公法度言之。典章雖具。苟無前人之德。則索然茉爾徒爲陳迹也。故勉之以用是猷訓。惟日孜孜。無敢逸豫焉。是訓也。至精至微。非日新不已。深致敬篤之功。孰能與於斯

陳氏大猷曰。治本無馨香。然善治之極。則曰至治馨香。協氣休聞之所發越。猶馨香之旁達而可愛也。惡政之極。則曰刑發聞惟腥。醜聲穢德之彰聞。猶腥臭之旁達而可惡也。故善譽謂之流芳。惡聲謂之遺臭。神聰

明不可欺。故曰神明。○林氏曰。德之昭明。發爲至治。至治之馨香。即明德之馨香。合而爲一者也。使但黍稷之苾芬。可以爲馨香。則隨之粢盛豐備。虞之享祀豐潔。亦可以感神明矣。王意謂德之馨香尚能感神。豈不能感化商民哉。式時猷訓。孜孜無逸豫。上文所謂懋昭周公之訓者。即此是也。○陳氏經曰。至治之馨香。非以黍稷。以明德也。有其德有其物。則假物以薦德之馨。非專在物也。有其物無其德。則物徒物耳。論馨香之效。至於感神明。極所以馨香之本。又根諸明德。有是德則有是治。有是治則有是馨香。有是馨香則有是感應。○董氏鼎曰。益贊禹曰。惟德動天。至誠感神。周公化商之訓曰。明德惟馨。感于神明。幽遠難通。莫天與神若。猶可以德感動。況苗民商民乎。周公與益之言。其意一也。○陳氏雅言曰。周公之訓。惟在於明德。法公之訓。惟在於篤敬。能明其德。則治無不至。能篤於敬。則德無不明。明德者。致治之本。篤敬者。明德之功。至治之極。雖神明之難感者。猶且感之。況殷之頑民乎。即所謂懋昭周公之訓。惟民其乂者也。

凡人未見聖。若不克見。既見聖。亦不克由聖。爾其戒哉。爾

惟風下民惟草

未見聖如不能得見既見聖亦不能由聖人情皆然君陳親見周公故特申戒以此君子之德風也小人之德草也草上之風必偃君陳克由周公之訓則商民亦由君陳之訓矣陳氏大猷曰戒哉戒其勿如凡人也○董氏鼎曰秉彝好德誰無是心故未見聖若不克見者凡人皆然而志氣昏惰不能自彊者又多見聖而亦不克由聖也孔門弟子朝夕遊從尚有非不悅子之道力不足也之歎況他人乎然學者不得爲聖人特一身之病耳君陳繼周公之後撫周公之民而不能用周公之化殷頑苟有不服豈不大爲國家之病乎又爾所當戒也風之動物也妙於無迹草之從風也亦不知其然而然所謂神而化之使民宜之者誠在君陳自求之周公而已○陳氏雅言曰凡人之情未見聖則惟恐不能見聖者秉彝好德之良心也既見聖則又不能由聖者氣稟物欲之所蔽也君陳親見周公之聖往繼

周公之任。其可不以常人徒然慕聖人之情爲戒哉。君子之德。風也。小人之德。草也。此喻夫德化之速。猶易所謂神而化之者。君陳能式時周公之訓。不至如常人之不克由聖。則民將待周公者待我。風行草偃之速。有不足以喻其從化之易矣。此申言上文懋昭周公之訓。惟民其又之意。而反其辭以戒之。喻其效以勉之

圖厥政。莫或不艱。有廢有興。出入自爾師虞。庶言同。則繹。

師。衆。虞。度也。言圖謀其政。無小無大。莫或不致其難。有所當廢。有所當興。必出入反覆。與衆共虞度之。衆論既同。則又紬繹而深思之。而後行也。蓋出入自爾師虞者。所以合乎人之同。庶言同則繹者。所以斷於己之獨。孟子曰。國人皆曰賢。然後察之。國人皆曰可殺。然後察之。庶言同則繹之謂也。陳氏大猷曰。周公之訓。所不可易。至於政。則謹始和中由俗而革。或

當廢或當興必出謀之國人入謀之左右○呂氏曰廢興者非更革周公之誥蓋政事舉措之間斟酌權量以求其當而已○陳氏雅言曰事有當廢事有當興即所圖謀之政也虞之於人繹之於己即能致其艱者矣

爾有嘉謀嘉猷則入告爾后于內爾乃順之于外曰斯謀斯猷惟我后之德嗚呼臣人咸若時惟良顯哉

言切於事謂之謀言合於道謂之猷道與事非二也各舉其甚者言之良以德言顯以名言或曰成王舉君陳前日已陳之善而歎息以美之也○葛氏曰成王殆失斯言矣欲其臣善則稱君人臣之細行也然君既有是心至於有過則將使誰執哉禹聞善言則拜湯改過不吝端不爲此言矣嗚呼此其所以爲成王歟陳氏大猷曰臣人猶

言人臣○王氏炎曰。良言其善。顯言其善之昭著也○呂氏曰。此王舉君陳前日之善也。君陳平昔謀猷入告。及既施行。則澹然不有前日尚忘已之善。而皆歸之於君。今日豈忘人之善。而欲出於已乎○西山眞氏曰。善則稱君。舍美從王。此義乃人臣自處者所當知。若君以是語其臣。則不可也。漢高祖稱李斯善則稱君。而王衛尉深非之。衛尉之名不著。然其言足爲萬世法。呂氏說亦回護之辭耳○新安陳氏曰。此承上文謂謀於衆。審於已。而有嘉謀猷。則入告爾后于內。爾乃順之于外。曰斯謀斯猷。惟我后之德。嗚呼。臣人咸若時。惟良顯哉。非特善則稱君。臣之義當然。以善言上聞。而君不我違。使得行之於外。非有德之君不能若此。此乃人臣宣上德意。以明示於衆也。成王非欲臣之譽已。蓋欲君陳審謀猷以見之設施。庶幾君蒙其歸美。而臣遂其良顯耳。又按成王此言。前此聖帝明王未有是也。葛眞之疑亦未爲過。蓋恐啓導諛之漸也

王曰。君陳爾惟弘周公丕訓。無依勢作威。無倚法以削寬而有制。從容以和

此篇言周公訓者三。曰懋昭。曰式時。至此則弘周公之丕訓。欲其益張而大之也。君陳何至依勢以爲威。倚法以侵削者。然勢我所有也。法我所用也。喜怒予奪毫髮不於人而於已。是私意也。非公理也。安能不作威以削乎。君陳之世。當寬和之時也。然寬不可一於寬。必寬而有其制。和不可一於和。必從容以和之。而後可以和厥中也

呂氏曰。周公之訓大矣。猶欲弘之者。繼前人之政。苟止以持循因襲爲心。其所成必降前人數等。惟奮然開拓。期以光大前業。然後僅能不替。蓋造始之與繼成。其力量不同也。和中之時。大體固當寬。苟無制則流蕩放肆。安能從容以和乎。馴擾調娛於品制之中。游息化養於範圍之內。斯其所以和也。又曰。寬而有制。從容以和。此最難。常人欲爲防閑。則多失之迫切無和氣。此雖寬而有制。雖有制而能和。○孔氏曰。無倚法制以

行刻削之政。○夏氏曰：上文言周公之訓不可不遵，然未言今日治商民當如何，故此及之。無依勢至以和，此言商民不犯法者待之當如此；其下則言不幸入於法者待之當如此。姦宄敗亂，又非此比，故三細不宥。○陳氏雅言曰：成王於此非以周公之訓爲未弘，蓋持循繼守之道，非奮迅作興其力，則必今日之治有未至，而視前日之成爲有歉，故以弘周公丕訓爲言。勢我所有，不可依之以至於作威；法我所用，不可倚之以至於以削。苟毫髮之不得平，即爲非所當用，此戒之以所當慮之事也。寬固得衆，然不可失於縱，而必行之有制；和固爲貴，然不可失於流，而必出於從容。苟毫髮之或過於中，即爲陷於一偏，此勉之以所當爲之則也。上文告以廢興，恐君陳易於變易，故此復戒之以弘周公丕訓。君陳之政以寬和爲主，故下文皆反覆言寬和之意。作威以削，此寬和之反也。

殷民在辟，予曰辟，爾惟勿辟；予曰宥，爾惟勿宥，惟厥中。

上章成王慮君陳之徇己，此則慮君陳之徇君也。言殷民之在刑辟者。不可徇君以爲生殺。惟當審其輕重之中也。陳氏經曰。君之喜怒無常。情法之輕重有常理。不徇君而徇理之中可也。君言苟是。從君可也。非從君。乃從理也。君言苟未是。則從理可也。從理。乃所以從君也

有弗若于汝政。弗化于汝訓。辟以止辟。乃辟。

其有不順于汝之政。不化于汝之訓。刑之可也。然刑期無刑。刑而可以止刑者。乃刑之。此終上章之辟

狃于姦宄。敗常亂俗。三細不宥。

狃。習也。常。典常也。俗。風俗也。狃于姦宄。與夫毀敗典常。壞亂風俗。人犯此三者。雖小罪亦不可宥。以其所關者大也。此終上章之宥

爾無忿疾于頑無求備于一夫

無忿疾人之所未化。無求備人之所不能 陳氏曰。頑不率教者。不可忿疾之。率教者。則當獎掖之。然不可以求備。下文分言之。必有忍至德乃大。即無忿疾于頑之意。簡厥修至率其或不良。即無求備之意

必有忍其乃有濟有容德乃大

孔子曰。小不忍則亂大謀。必有所忍而後能有所濟。然此猶有堅制力蓄之意。若洪裕寬綽恢恢乎有餘地者。斯乃德之大也。忍言事容言德。各以深淺言也。 林氏曰。忍者。勉強而行。人與己猶二。容者。自然而然。人己渾乎爲一矣。自有忍而充於有容。則忍之迹泯。而廣大之德成矣。又曰。勾踐於吴。太王於狄。忍也。使其不忍。則趣亡矣。其何以濟。湯之於葛。文王於昆夷。容也。包之度内。若天地然。

孰得而測度之。非德之大而何○侯氏曰。無忿疾于頑。有忍者也。無求備于一夫。有容者也○陳氏傅良曰。習忍可以至容

簡厥修亦簡其或不修進厥良以率其或不良

王氏曰。修謂其職業。良謂其行義。職業有修與不修。當簡而別之。則人勸功。進行義之良者。以率其不良。則人勵行。

林氏曰。殷民雖染紂之惡。然亦已薰陶於周公之訓。故有修者。亦有不修者。有良者。亦有不良者。以其或已化。或未化故也○陳氏大猷曰。修者。方修於善。良者。已進於善○夏氏曰修者簡別之。不使與不修者混。不修者亦簡別之。不使與修者雜。既簡別之如此。然後於中選其能自修而至於爲良善者進用之。則不良者知所愧慕。亦必修飭而至於良善。是進其良。所以率其不良者也○新安陳氏曰。修不修皆可簡別。故不修者亦以簡言。惟良者可進用。故不良者以率言。此其立言所以不同也

惟民生厚因物有遷違上所命從厥攸好爾克敬典在德時乃罔不變允升于大猷惟予一人膺受多福其爾之休終有辭於永世

言斯民之生其性本厚而所以澆薄者以誘於習俗而爲物所遷耳然厚者旣可遷而薄則薄者豈不可反而厚乎反其歸厚特非聲音笑貌之所能爲爾民之於上固不從其令而從其好大學言其所令反其所好則民不從亦此意也敬典者敬其君臣父子兄弟夫婦朋友之常道也在德者得其典常之道而著之於身也蓋知敬典而不知在德則典與我猶二也惟敬典而在德焉

則所敬之典。無非實有諸已。實之感人。捷於桴鼓。所以時乃罔不變。而信升于大猷也。如是。則君受其福。臣成其美。而有令名於永世矣

孔氏曰。民不從所令而從所好。在上者不可不慎所好。○夏氏曰。向之厚者雖化而爲薄。而其本厚者未嘗不存。爾能敬典在德以化之。民無不變薄爲厚。而躋於大道者。○呂氏曰。化之博。福之厚。名之長。所以致之不出於敬典在德而已。東郊之命。君陳始以令德孝恭得之。成王終以敬典在德勉之。取之以實。期之以實。始終一實也。○張氏曰。觀康誥所言商民父子兄弟之倫如此。風俗之薄可知。君陳欲藥其病。惟敬典在德而已。人君不言福。風俗淳厚。偕之大道。此人君之福也。○鄭氏景望曰。時乃罔不變。允升于大猷。成王自謂膺受多福。道洽政治。澤潤生民。康王亦自謂膺受多福。成康言福。皆以商民之化爲說。然則民俗趨化。非人君受福之實乎。天保。報上受福之詩也。其詩曰。羣黎百姓。徧爲爾德。詩之意。即成康之意。○陳氏經曰。民變其舊俗。而後進於大道。允升大猷。則化頑成仁。反薄歸厚矣。○新安陳氏曰。

敬典在德。是能謹其所好。時罔不變。是即從厥攸好也。商民未化。原於昧天敘之典。惟敬天敘之典。可以化之。敬典在德以化民。惟令德孝友之君陳能之。君陳厚於天敘之典久矣。成王即其所素履以勉之也。其成和中之化也亦宜。蓋德者。化商民之本。敬者。又以德化商民之本。始曰命汝尹茲東郊敬哉。終曰爾克敬典在德。始終一敬。而德有諸已矣。德有諸已。而商民可化矣。一篇綱領中之綱領。捨敬。吾何以觀之哉○陳氏雅言曰。民之厚。即升于大猷可知。蓋所謂猷者。其本厚之理也。違命從好。即乃罔不變而可見。蓋所以變其從好之實也。民之厚雖遷而薄。而其厚者亦未甞不存。已之典能敬而有得。而其所得者又即其本厚。且敬典在德。則上之好無不謹矣。升于大猷。則下之典無不謹矣。以康誥觀之。殷民之病。在於不能敬典。故必求敬典之人而道之。莫令德孝友之君陳若也。成王此言。蓋因其素履者勉之

顧命

顧。還視也。成王將崩。命羣臣立康王。史序其事爲

篇謂之顧命者。鄭玄云。回首曰顧。臨死回顧而發命也。今文古文皆有○呂氏曰。成王經三監之變。王室幾搖。故此正其終始特詳焉。顧命成王所以正其終。康王之誥。康王所以正其始呂氏曰。天子。天下之共主也。成王力疾。臨廟朝而命之。二公受遺。率諸侯而輔之。所以公天位而嚴大寶也。世稱漢武帝拔霍光於宿衛。託以幼孤。爲知人。抑不知所謂大臣者非可寄安危屬存亡者。不在此選。如周召。內爲師保。外統諸侯。君存則輔政。君歿則託孤。所謂受遺。蓋其一職也。武帝垂歿。始拔一人付之。平時大臣果安用乎。無具甚矣○陳氏經曰。死生。夜旦也。人道之常。始終之義也。非學問之深。不足以語此。成王自幼得周召二公。養成其德。緝熙其學。至於臨死生始終之變。卓然不亂。觀此書。當與曾子易簀春秋書公薨于路寢參看。又書載顧命。獨成王有焉。蓋自艱難變故中得之。王當幼沖。遭四國之難。

一二六二

事亦殆矣。經一變。長一智。顧命之重。成王亦折肱而知醫歟。又曰。後世之主。以死爲諱。繼成之際。鮮有能正其終始者。唐順宗嗣子巳壯。一旦病不能言。不能召宰相託孤。使宦寺得擬議所立。非因衛次公等草詔得入。抗議立廣寧王。事亦危矣。可不監哉

惟四月。哉生魄。王不懌

始生魄。十六日。王有疾。故不悅懌 皇極經世書。成王在位三十七年。起丙戌。盡壬戌。○臨川吴氏曰。惟四月。成王崩年之四月也。不懌疾甚也。天子之疾。曰不懌。曰不豫。崩曰登遐。曰晏駕。皆臣子不忍斥言之也

甲子。王乃洮頮水。相被冕服。憑玉几

王發大命。臨羣臣。必齊戒沐浴。今疾病危殆。故但洮盥頮面。扶相者被以衮冕。憑玉几以發命 唐孔氏曰。漢律歷志。成王即位

三十年。四月庚戌朔。十五日甲子哉生魄。即引此顧命之文。此劉歆說也。孔以爲十六日。則不與歆同矣。下云彌留。則疾已多日。甲子是發命之日耳。○夏氏曰。漢志言哉生魄。即甲子日恐不然。武成言一月壬辰旁死魄越翼日癸巳。今此哉生魄上無日辰。故甲子不可考其爲何日也。○呂氏曰。甲子去崩纔一日耳。猶盥洗以致潔。冕服以致嚴。顧託之言。淵奥精明。蓋臨衆之敬。不以困憊廢。素定之理。雖垂歿固烱如也。惟善治氣者能歷疾病而不惰。善養心者能臨死亡而不昏。豈一朝一夕之積哉。○陳氏曰。加朝服拖紳。孔子疾不敢以褻服見君也。此即成王不敢以褻服臨臣也。○臨川吳氏曰。洮。盥手也。頮。沃面也。水。以水洮頮之也。發大命臨羣臣必齊戒沐浴。今疾病。故但洮頮也。相。相禮者。被冕服。以袞冕服被王身也。凡所憑以爲安。玉几。以玉飾几也。凡大朝覲。王位設黼扆。前設左右玉几

乃同召太保奭芮伯彤伯畢公衛侯毛公師氏虎臣百尹御事

同召六卿下至御治事者。太保。芮伯。彤伯。畢公。衛侯。毛公。六卿也。冢宰第一。召公領之。司徒第二。芮伯爲之。宗伯第三。彤伯爲之。司馬第四。畢公領之。司寇第五。衛侯爲之。司空第六。毛公領之。太保。畢。毛。三公兼也。芮。彤。畢。衛。毛。皆國名。入爲天子公卿。師氏。大夫官。虎臣。虎賁氏百尹。百官之長。及諸御治事者。平時則召六卿使率其屬。此則將發顧命。自六卿至御事。同以王命召也

朱子曰。顧命排得三公三孤六卿齊整。如曰太保奭。芮伯。彤伯。畢公。衛侯。毛公。召公與畢公毛公是三公。芮伯彤伯衛侯是三孤。太保是冢宰。芮伯是司徒。衛侯是康叔爲司寇。所以康誥中多說刑。三公只是以道義傳保王者。無職事官屬。却下行六卿事。漢時太傅亦無官屬○唐孔氏曰。高官兼攝下司者。漢世以來謂之領。故召畢毛言領。

王肅云彤姒姓之國其餘五國姬姓畢毛文王庶子○林氏曰後世人君將託後嗣獨引親信入受遺詔謂之顧命之臣漢唐末國嗣多立於戚宦或有夜半禁中出片紙以某人爲嗣羣臣拱手莫敢違雖有嫡嗣不能屬於大臣倉卒之際廢立紛然顧命之書誠萬世之法

王曰嗚呼疾大漸惟幾病日臻既彌留恐不獲誓言嗣玆予審訓命汝

此下成王之顧命也自嘆其疾大進惟危殆病日至既彌甚而留連恐遂死不得誓言以嗣續我志此我所以詳審發訓命汝統言曰疾甚言曰病　夏氏曰恐其既死則不得出誓以言嗣續之事

昔君文王武王宣重光奠麗陳教則肄肄不違用克達殷

集大命

武猶文謂之重光。猶舜如堯謂之重華也。奠定。麗依也。

言文武宣布重明之德。定民所依。陳列教條則民習服。習而不違。天下化之。用能達於殷邦而集大命於周也。

問奠麗陳教則肄。麗字據孔氏音力馳反。施也。諸家多作附麗之麗。麗謂王著也。奠麗謂養之。陳教謂教之。未知其說如何。某竊謂從孔氏說亦自平直。奠麗者謂定其所施之號令也。陳教則陳其所以教之之道也。肄或訓勞。或訓習。愚意謂從習爲長。未敢自決。朱子曰。前篇有以麗訓刑者。肄。當訓習。○蘇氏曰。奠定民所麗。著定民居也。○陳氏雅言曰。宣重光。言先王相繼而能明其德也。奠麗至不違。言能盡教養之政而化服民心也。用克至天命。言能推教養之效以大受天命也。成王意謂昔者。文武相繼爲君。皆有大德。故有重光之宣著。此聖德之盛無不同也。惟德之盛者無不同。故其政之善者無或異。言夫養民之政。則九一世祿。此文王奠民之所麗也。武王之奠麗。亦無異於文王。觀其散財發粟。則其初蓋可知矣。言其教民之道。則明德慎罰。此文王已陳之教條也。武王之陳教。亦無異於文王。觀其惇信明義。則其初又可知矣。是以斯民至于服習不違者。武王之民無異於文王之民。由是自友邦之修治。以至于西土之怙冒。自東征之撫綏。以至于蠻貊之率俾。教養之效。無遠不及。謂之用克達殷者信矣。有商之季而不能盡教養之道。則大命之集。非文武而誰歟。于以見文武以德爲善政之本。以善政爲化服民心之本。以化服民心爲大受天命之本。成王此言。可謂深知文武有天下之故也

在後之侗。敬迓天威。嗣守文武大訓。無敢昏逾

侗愚也。成王自稱。言其敬迎上天威命而不敢少忽。嗣守文武大訓而無敢昏逾。天威。天命也。大訓。述天命者也。於天言天威。於文武言大訓。非有二也

今天降疾，殆弗興弗悟。爾尚明時朕言，用敬保元子釗，弘濟于艱難。

釗，康王名。成王言今天降疾我身，殆將必死，弗興弗悟。爾庶幾明是我言，用敬保元子釗，大濟于艱難。曰元子者，正其統也。夏氏曰：王業以艱難而成。成王今既死，則艱難之業，將責之康王矣。○臨川吴氏曰：弗興，弗能起。弗悟，不蘇醒。明是朕言者，不昧我所命而遵用之也。宗社之重，基業之大，付之一人，可謂艱難。言當敬保護康王，大渡脫艱難也。

柔遠能邇，安勸小大庶邦。

懷來馴擾，安寧勸道，皆君道所當盡者。合遠邇小大而言，又以見君德所施，公平周溥，而不可有所偏滯也。

思夫人自亂于威儀爾無以釗冒貢于非幾

亂治也威者有威可畏儀者有儀可象舉一身之則而言也蓋人受天地之中以生是以有動作威儀之則成王思夫人之所以爲人者自治於威儀耳自治云者正其身而不假於外求也貢進也成王又言羣臣其無以元子而冒進於不善之幾也蓋幾者動之微而善惡之所由分也非幾則發於不善而陷於惡矣威儀舉其著於外者而勉之也非幾舉其發於中者而戒之也威儀之治皆本於一念一慮之微可不謹乎孔子所謂知幾子思所謂謹獨周子所謂幾善惡者皆致意於是也成

王垂絕之言而拳拳及此。其有得於周公者亦深矣○
蘇氏曰。死生之際。聖賢之所甚重也。成王將崩之一日。
被冕服以見百官。出經遠保世之言。其不死於燕安婦
人之手也明矣。其致刑措宜哉 問非幾。幾字多訓危。竊謂幾即事也。猶萬幾之
幾。冒貢于非幾。謂冒進于非所當爲之事。未知是否。朱子曰。幾者。事之微也○陳氏經曰。成王所得於周召者
在敬。既以敬而迓天威。復以敬授羣臣。使輔嗣王。曰弘
濟艱難。天下本非逸樂之具。乃艱難之器也。柔能安勸
之要自一身始。下文遂及威儀非幾焉。此成王平生學
問所得處○陳氏大猷曰。夫人。猶言大凡人○新安陳
氏曰。曾子將終。示孟敬子以君子所貴乎道者三。惟在
於容貌顏色辭氣之間。與成王臨崩告戒之言。如出一
律。其聞聖學之淵源於周公。
而垂其流派於洙泗者歟
茲既受命還。出綴衣于庭。越翼日乙丑。王崩

綴衣。幄帳也。羣臣既退。徹出幄帳於庭。喪大記云疾病。君徹懸東首於北墉下是也。於其明日王崩

復齋董氏曰。周禮射人。掌國之三公。三孤卿大夫之位。公北面。孤東面。卿大夫西面。此受命還。謂還就此位也。○王氏曰綴衣。其衣連綴。帷幄之屬。在旁曰帷。在上曰幕。四合象宮室曰幄。幄上承塵曰帟。庭路寢之庭。○王氏炎曰。成王幼立。三叔流言。王不無疑。則其性非卓然高明也。臨歿之際乃能如此。得非周召師保輔翼教誨。有以養成其德意誠心正。雖死生之際。而志氣清明如是乎。是知三代而下。人主天資未必不及古人。而德不逮者。無古帝王之學也

太保命仲桓南宮毛。俾爰齊侯呂伋。以二干戈虎賁百人。逆子釗於南門之外。延入翼室恤宅宗

桓。毛。二臣名。伋。太公望子。爲天子虎賁氏。延。引也。翼室。

路寢旁左右翼室也。太保以冢宰攝政。命桓毛二臣。使齊侯吕伋以二干戈。虎賁百人。逆太子釗于路寢門外。引入路寢翼室爲憂居。宗。主也。吕氏曰。發命者冢宰。傳命者兩朝臣。承命者勳戚顯諸侯。體統尊嚴。樞機周密。防危慮患之意深矣。入自端門。萬姓咸覩。與天下共之也。延入翼室爲憂居之宗。示天下不可一日無統也。唐穆敬文武以降。閹寺執國命。易主於宫掖。而外廷猶不聞。然後知周家之制。曲盡備豫。雖一條一節。亦不可廢也。

夏氏曰。桓。毛。必宿衛之臣。○王氏曰。稱子者所以正名。明父子繼世之義。稱名。未成君也。王宫南向。南門。王宫之外門也。○范氏曰。成王崩。太子必在側。當是時本在内。特出而迎之。所以顯之於衆也

丁卯命作冊度

命史爲冊書法度傳顧命於康王。復齋董氏曰成王命周公留後康王命畢公保釐皆作冊此將以父命傳子故亦作冊○陳氏大猷曰成王雖有遺命未有冊書將傳之康王故作冊書紀先王之言以授之因弁作受冊法度下文升階即位及受同祭饗等其法度也○臨川吳氏曰丁卯王崩之第三日也命亦太保命也成王有遺命將傳之於康王故作冊以紀其言而授之也既作冊因作受冊之度也凡喪禮厥明而小斂又厥明而大斂尊卑皆同命作冊度者既大斂之後也

越七日癸酉伯相命士須材

伯相召公也召公以西伯爲相須取也命士取材木以供喪用 鄭氏曰大夫以上殯斂皆以死之來日數天子七日而殯於死爲八日癸酉者殯之明日也○王氏肅曰召公爲方伯居冢宰故又曰伯相○薛氏曰士山虞匠人之屬命士取材木須待以供凡喪事之用

○呂氏曰。自成王崩後。訖康王受命。前命皆出於召公。曰太保命仲桓南宮毛。又曰命作冊度。又曰伯相命士。所以一號令而無二門也○臨川吳氏曰。癸酉。王崩之第九日。天子七日而殯。自死之明日數。此既殯之後也。殯畢。則送死之事畧具矣。故於此時傳顧命於嗣君也。命士取材木以供喪用。士喪禮獻材于殯門外。檀弓旬而布材與明器

狄設黼扆綴衣

狄。下士。祭統云。狄者。樂吏之賤者也。喪大記。狄人設階。蓋供喪役而典設張之事者也。黼扆。屛風畫爲斧文者。設黼扆幄帳。如成王生存之日也 唐孔氏曰。自設黼扆至陳輅車。各有所司。皆是相命。不言命者。蒙上命士之文也。此下皆爲將傳顧命而陳儀物也。經於四座上言設黼扆綴衣。則四座皆設也。先施屛風於前。又施帳幄於上

牖間南嚮敷重篾席黼純華玉仍几

此平時見羣臣覲諸侯之坐也敷設重席所謂天子之席三重者也篾席桃竹枝席也黼白黑雜繒純緣也華彩色也華玉以飾几仍因也因生時所設也周禮吉事變几凶事仍几是也呂氏曰牖戶夾房牖塾前指路寢言之牖間南嚮就路寢牖間南嚮設此座也間者總東戶西戶牖之間也即當宁之所

西序東嚮敷重厎席綴純文貝仍几

此旦夕聽事之坐也東西廂謂之序厎席蒲席也綴雜彩文貝有文之貝以飾几也呂氏曰就路寢西廂設座東嚮也

東序西嚮敷重豐席畫純雕玉仍几

此養國老饗羣臣之坐也。豐席筍席也。畫彩色。雕刻鏤也。呂氏曰。東序西嚮。就路寢東廂。設座西嚮也

西夾南嚮敷重筍席玄紛純漆仍几

此親屬私燕之坐也。西廂夾室之前。筍席竹席也。紛雜也。以玄黑之色雜爲之緣。漆漆几也。牖間兩序西夾。其席有四。牖户之間謂之扆。天子負扆朝諸侯則牖間南嚮之席坐之正也。其三席各隨事以時設也。將傳先王顧命。知神之在此乎。在彼乎。故兼設平生之坐也夏氏曰。廂之夾室謂之夾。又謂之房。西夾。乃西廂之夾室。即下文所謂東房西房。以其夾中央之大室。西夾南嚮。蓋在西廂之夾室中。南嚮設此座也○說文。筍。竹胎。筍席。取筍皮織爲席也

越玉五重陳寶赤刀大訓弘璧琬琰在西序大玉夷玉天球河圖在東序胤之舞衣大貝鼖鼓在西房兌之戈和之弓垂之竹矢在東房

於東西序坐北列玉五重及陳先王所寶器物赤刀赤削也大訓三皇五帝之書訓誥亦在焉文武之訓亦曰大訓弘璧大璧也琬琰圭名夷常也球鳴球也河圖伏羲時龍馬負圖出於河一六位北二七位南三八位東四九位西五十居中者易大傳所謂河出圖是也胤國名胤國所制舞衣大貝如車渠鼖鼓長八尺兌和皆古之巧工垂舜時共工舞衣鼖鼓戈弓竹矢皆制作精巧

中法度。故歷代傳寶之。孔氏曰。弘璧。琬琰。大玉。夷玉。天球。玉之五重也。呂氏曰。西序所陳。不惟赤刀弘璧。而大訓參之。東序所陳。不惟大玉夷玉。而河圖參之。則其所寶者斷可識矣。愚謂寶玉器物之陳。非徒以爲國容觀美。意者成王平日之所觀閲。手澤在焉。陳之以象其生存也。楊氏中庸傳曰。宗器於祭陳之。示能守也。於顧命陳之。示能傳也。陳氏大猷曰。此陳先王世傳之寶也。越。及也。承上文而言。王五重陳寶。總言之。下復分別焉。玉一雙曰重。古雙玉爲瑴。圓玉曰璧。銳上曰圭。琰有鋒芒。琬無鋒芒。大玉。華山之玉。夷玉。東夷之美玉。○王氏曰。宗社守器。明前王所守。後王所受。皆在是也。

大輅在賓階面。綴輅在阼階面。先輅在左塾之前。次輅在

右塾之前
大輅。玉輅也。綴輅。金輅也。先輅。木輅也。次輅。象輅革輅也。王之五輅。玉輅以祀不以封。爲最貴。金輅以封同姓。爲次之。象輅以封異姓。爲又次之。革輅以封四衛。爲又次之。木輅以封蕃國。爲最賤。其行也貴者宜自近。賤者宜遠也。王乘玉輅。綴之者金輅也。故金輅謂之綴輅。最遠者木輅也。故木輅謂之先輅。以木輅爲先輅。則革輅象輅爲次輅矣。賓階西階也。阼階東階也。面。南嚮也。塾。門側堂也。五輅陳列。亦象成王之生存也。周禮典路云。若有大祭祀則出路。大喪大賓客亦如之。是大喪出輅爲常禮也。又按所陳寶玉器物。皆以西爲上者。成王殯在西序故也。爾雅。阼階。主階也。○鄭氏曰。阼。猶酢也。東階所以答酢賓客。○夏氏曰。階面者。據人在堂上面。向南方北輅陳之。其輳向南。故謂之面。蓋在階之南面也。先輅在左塾之前。蓋在門內之西。以塾在堂之前。故自內向外言之雖在西。自外向內言之實在左也。次輅在右塾之前。蓋在門內之東。自內向外言之雖在東。自外向內言之實在右也。○顧氏曰。先輅在寢門內之西北面。對玉輅。次輅在寢門內之東北面。對金輅。○呂氏曰。此非獨盛彌文而彰備物。天位峻極。幄座覩深。寶鎮煒華。車輅峙列。入其庭。肅然起敬。懼不克承委重投艱之意。不言而已傳矣。禮記周人殯於西階之上

二人雀弁執惠。立于畢門之內。四人綦弁執戈上刃。夾兩階戺。一人冕執劉。立于東堂。一人冕執鉞。立于西堂。一人冕執戣。立于東垂。一人冕執瞿。立于西垂。一人冕執鋭。立

于側階

弁士服雀弁赤色弁也綦弁以文鹿子皮爲之惠三隅

矛路寢門一名畢門上刃刃外嚮也堂廉曰戺冕大夫

服劉鉞屬戣瞿皆戟屬鋭當作鈗說文曰鈗侍臣所執

兵從金允聲周書曰一人冕執鈗讀若允東西堂路寢

東西廂之前堂也東西垂路寢東西序之階上也側階

北陛之階上也○呂氏曰古者執戈戟以宿衛王宮皆

士大夫之職無事而奉燕私則從容養德而有膏澤之

潤有事而司禦侮則堅明守義而無腹心之虞下及秦漢

陛楯執戟尚餘一二此制既廢人主接士大夫者僅有

視朝數刻而周廬陛楯或環以椎埋嚚悍之徒有志於復古者當深繹也

孔氏曰側階北下階土○唐孔氏曰垂旒爲冕無旒爲弁弁冕皆廣八寸長尺六寸前圓後方雀弁色赤而微黑如雀頭也吾堂上之遠地也堂廉廉者稜也立在堂下近於堂稜鄭王皆以側階爲東下階然立于東垂者已在東下階上何由此人復共並立故傳以爲北下階上謂當北階北階則惟堂北一階而已側猶特也執兵宿衛先東後西者以王在東宿衛敬新王故也○夏氏曰四人既立於東西廂之前堂二人又立於東西廂堂上之遠地則堂之南宿衛備矣故此一人冕執鋭立于堂北之特階○呂氏曰凡弁士也皆立堂下冕大夫也皆立堂上○陳氏經曰自設黼扆至此典章文物之備豈爲華侈之具哉一以象前王平生所坐所寶所秉所衛以起嗣王之追慕而盡誠紹述也一以昭前王委重投艱之意使嗣王肅敬以祗承也一以起羣臣諸侯之尊敬想慕前王而繫心於嗣王也一以表人主之崇高富貴尊無二上而傳授之正如此以絕天下覬覦之萌也

王麻冕黼裳由賓階隮卿士邦君麻冕蟻裳入即位

麻冕三十升麻爲冕也隮升也康王吉服自西階升堂以受先王之命故由賓階也蟻玄色公卿大夫及諸侯皆同服亦廟中之禮不言升階者從王賓階也入即位者各就其位也○呂氏曰麻冕黼裳王祭服也卿士邦君祭服之裳皆纁今蟻裳者蓋無事於奠祝不欲純用吉服有位於班列不可純用凶服酌吉凶之間示禮之變也 呂氏曰儀物既備然後延嗣王受顧命而踐位自此始稱王○夏氏曰麻冕用極細布即袞冕○蘇氏曰麻冕之裳四章此獨用黼示變也由賓階隮未受顧命猶以子道自居不敢當主也○復齋董氏曰孔氏以卿士爲公卿大夫按左傳鄭武公爲平王卿士洪範曰卿士惟月則卿士指朝之執政者而言○唐孔氏曰

禮祭服。皆玄衣纁裳。纁，赤色之淺者。蟻，色玄如蟻。

太保、太史、太宗，皆麻冕彤裳。太保承介圭，上宗奉同瑁，由阼階隮。太史秉書，由賓階隮，御王册命。

太保、太宗、宗伯也。彤，纁也。太保受遺，太史奉册，太宗相禮，故皆祭服也。介，大也。大圭，天子之守，長尺有二寸。同，爵名，祭以酌酒者。瑁方四寸，邪刻之，以冒諸侯之珪璧，以齊瑞信也。太保、宗伯以先王之命奉符寶以傳嗣君，有主道焉，故升自阼階。太史以册命御王，故特書由賓階以升。蘇氏曰：凡王所臨所服用，皆曰御。蘇氏曰：彤裳亦變也。彤，赤色。○董氏曰：介圭，天子所守。瑁，以朝諸侯。○陳氏大猷曰：太保冢宰，總大權，故承鎮圭。宗伯主祭祀朝覲禮，故奉同瑁。書即冊命也。秉。言持之以升。御。言奉之以進○夏氏曰。圭瑁先王所執。今將授嗣王。若先王予之。故自阼階而升。太史執書將進之嗣王。故與王接武同升○陳氏經曰。上宗。即宗伯。或言大宗伯一人。小宗伯二人。凡三人。使其上二人也。其一人奉同。一人奉瑁

曰皇后憑玉几。道揚末命。命汝嗣訓。臨君周邦。率循大卞。燮和天下。用答揚文武之光訓

成王顧命之言。書之冊矣。此太史口陳者也。皇。大。后。君也。言大君成王。力疾親憑玉几。道揚臨終之命。命汝嗣守文武大訓。曰汝者。父前子名之義。卞。法也。臨君周邦。位之大也。率循大卞。法之大也。燮和天下。和之大也。居大位。由大法。致大和。然後可以對揚文武之光訓也陳氏

大猷曰道言揚稱也顧命中成王自言嗣守文武大訓故此言命汝嗣訓燮亦和也答揚文武光訓即所謂嗣訓也竊意冊命中必述成王命召畢之因載顧命之語史畧其前之已見者而獨載此口陳語也

王再拜興答曰眇眇予末小子其能而亂四方以敬忌天威

眇小而如亂治也王拜受顧命起答太史曰眇眇然予微末小子其能如父祖治四方以敬忌天威乎謙辭退托於不能也顧命有敬迓天威嗣守文武大訓之語故太史所告康王所答皆於是致意焉 陳氏大猷曰其未定之辭

乃受同瑁王三宿三祭三咤上宗曰饗

王受瑁爲主受同以祭宿進爵也祭祭酒也咤奠爵也

禮成於三。故三宿三祭三咤。葛氏曰。受上宗同瑁。則受

太保介圭可知宗伯曰饗者傳神命以饗告也林氏曰。受瑁。必授之人。受同。則以祭○鄭氏曰。釋詁云。肅。進也。宿。即肅也。三肅爲三進爵。從立處而三進至神所也。三祭。三酹酒於神座也。每一酹酒。則一奠爵。王肅以咤爲奠爵。經典無此咤字。曰饗。所謂嘏也。詩箋曰。予福曰嘏。特牲少牢之禮。尸嘏主人。此則上宗嘏王也○新安陳氏曰。咤有兩說。孔氏以爲奠爵。諸儒多因之。蘇氏以爲至齒不飲。與嚌同義。初疑咤從口。意蘇說爲是。及考字書。方知咤與吒同。吒。怒也。禮記無咤食。亦怒也。詫與吒同。陟駕反。祭奠酒爵也。咤本詫字。傳爲訛耳。孔註音釋下有云。說文作詫。由此觀之。則咤訓奠爵不可易也。若與嚌同義。則此處何爲君咤而臣嚌。且與呂氏太保飲福不甘味。王飲福亦廢之說不合矣

太保受同降盥。以異同秉璋以酢。授宗人同。拜。王答拜

太保受王所咤之同。而下堂盥洗。更用他同。秉璋以酢。

酢報祭也。祭禮君執圭瓚祼尸。太宗執璋瓚亞祼。報祭亦亞祼之類。故亦秉璋也。以同授宗人而拜尸。王荅拜者代尸拜也。宗人小宗伯之屬。相太保酢者也。太宗供王。故宗人供太保。新安陳氏曰。報祭者。亞祼之類。即今之亞獻也。王祭告成王。言已已受顧命也。太保秉璋以酢。授同而拜。告成王言已傳顧命也。

太保受同祭嚌宅授宗人同拜王荅拜

以酒至齒曰嚌。太保復受同以祭。飲福至齒。宅居也。太保退居其所。以同授宗人又拜。王復荅拜。太保飲福至齒者。方在喪疚。歆神之賜而不甘其味也。若王則喪之主。非徒不甘味。雖飲福亦廢也。新安陳氏曰。王荅拜。蔡氏則曰代尸拜。王氏則曰因太保拜而對拜。夏氏則曰王亦拜成王柩紛紛揣度。要之王答召公拜何疑焉。君在廟門外則全於君在廟門內則全於子。況康王方在廟中柩前受顧命未出廟門臨朝堂而受羣臣朝也。冢宰以元老大臣受託孤重寄。先王臨之在上。先之拜。告傳顧命。繼之拜。告禮成。康王爲喪主立柩前。其答拜禮亦宜之。冢宰傳顧命以相授。見大臣如見先王也。答之拜。敬大臣即所以敬先王也。何必如諸說之紛紜哉

太保降。收。諸侯出廟門俟

太保下堂。有司收撤器用。廟門路寢之門也。成王之殯在焉。故曰廟。言諸侯則卿士以下可知。俟者俟見新君也

新安陳氏曰成王以乙丑崩。越九日癸酉命士須材。傳顧命不言日。其在癸酉後必矣。曷不如後世嗣君當日於柩前即位而涉旬日乎。曰。君薨百官總已以聽於冢宰尚矣。有召公爲冢宰以攝政紀綱政令周密備具如此。故嗣君可以旬日方即位也。古今異宜何必同哉○西山眞氏曰。此篇見周公養成君德之效又見召

公當危疑之際。區處周密。皆可爲來世法

康王之誥

今文古文皆有。但今文合于顧命

朱子曰。伏生以康王之誥。合於顧命。今除却序文讀着。則文勢自相接連

王出在應門之內。太保率西方諸侯。入應門左。畢公率東方諸侯。入應門右。皆布乘黄朱。賓稱奉圭兼幣。曰。一二臣衛。敢執壤奠。皆再拜稽首。王義嗣德。答拜

漢孔氏曰。王出畢門。立應門內。鄭氏曰。周禮五門。一曰臯門。二曰雉門。三曰庫門。四曰應門。五曰路門。路門一曰畢門。外朝在路門外。則應門之內。蓋內朝所在也。周中

分天下諸侯主以二伯自陝以東周公主之自陝以西召公主之召公率西方諸侯蓋西伯舊職畢公率東方諸侯則繼周公爲東伯矣諸侯入應門列于左右布陳也乘四馬也諸侯皆陳四黃馬而朱其鬛以爲廷實或曰黃朱若篚厥玄黃之類賓諸侯也稱舉也諸侯舉所奉圭兼幣曰一二臣衛一二見非一也爲王蕃衛故曰臣衛敢執壤地所出奠贄皆再拜首至地以致敬義宜也義嗣德云者史氏之辭也康王宜嗣前人之德故答拜也吳氏曰穆公使人弔公子重耳重耳稽顙而不拜穆公曰仁夫公子稽顙而不拜則未爲後也蓋爲後者

拜。不拜。故未爲後也。弔者。舍者。襚者。升堂致命。主孤拜稽顙。成爲後者也。康王之見諸侯。若以爲不當拜而不拜。則疑未爲後也。且純乎吉也。答拜既正其爲後。且知其以喪見也夏氏曰。敢執土地所有。獻之於王庭○新安陳氏曰。奠。如奠鴈之奠

太保暨芮伯咸進相揖。皆再拜稽首。曰。敢敬告天子。皇天改大邦殷之命。惟周文武誕受羑若。克恤西土。

冢宰及司徒與羣臣皆進相揖定位。又皆再拜稽首陳戒於王。曰敢敬告天子。示不敢輕告。且尊稱之。所以重其聽也。曰大邦殷者。明有天下不足恃也。羑若未詳。蘇氏曰。羑。羑里也。文王出羑里之囚。天命自是始順。或曰

羑若。即下文之厥若也。羑。厥。或字有訛謬。西土文武所興之地。言文武所以大受命者。以其能恤西土之衆也。進告不言諸侯。以內見外

呂氏曰。二伯率諸侯列門左右。朝會分班儀也。太保及芮伯。咸進相揖。朝會合班儀也。始而分班。則諸侯兩列。西伯與東伯之位相對。今而合班。則六卿前列。冢宰與司徒之位相次○蘇氏曰。康王生長富貴。告以文王羑里之難。欲其知創業之艱難也○張氏曰。言克恤西土。以文武基業。本於西土。示不忘本也○臨川吳氏曰。前之拜。諸侯拜。羣臣不拜。此之拜。羣臣拜。諸侯不拜也。王答諸侯拜。而不答羣臣拜。蓋諸侯自外初見。羣臣在內日見也。曰者。太保言也。太保爲外諸侯之伯。內羣臣之長。故率諸侯羣臣進戒于王也。羑若未詳。或曰若順也。羑里之囚逆境也。而文王以順處之。因此遂受天命。或曰。文王自出羑里之囚。而天命始順。或曰。羑善也。天所善。天所若。謂眷佑之也。或曰羑若。即下文厥若。或字有訛。

按四說俱未安。西土。文武所興之地。言文武所以誕受天命。以其能恤西土之民也

惟新陟王。畢協賞罰。戡定厥功。用敷遺後人休。今王敬之
哉。張皇六師。無壞我高祖寡命
陟。升遐也。成王初崩。未葬未謚。故曰新陟王。畢盡協合
也。好惡在理不在我。故能盡合其賞之所當賞。罰之所
當罰。而克定其功用。施及後人之休美。今王嗣位其敬
勉之哉。皇大也。張皇六師。大戒戎備。無廢壞我文武艱
難寡得之基命也。按召公此言。若導王以尚威武者。然
守成之世。多溺宴安而無立志。苟不詰爾戎兵。奮揚武
烈。則廢弛怠惰。而陵遲之漸見矣。成康之時。病正在是。
故周公於立政亦懇懇言之。後世墜先王之業。忘祖父

之雠。上下苟安。甚至於口不言兵。亦異於召公之見矣。

可勝嘆哉 問太保稱成王。獨言畢協賞罰。何也。朱子曰。只爲賞不當功。罰不當罪。故事差錯。若畢協賞罰。非至公至明。何以能此。又問張皇六師。曰。古者兵藏於農。故六軍皆寓於農。張皇六師。則是整理民衆底意思。○張氏曰。今王繼新陟王。惟敬而已。敬則歷年。不敬則早墜。此召公平生所學。昔以告成王。今又以告康王。然有疑焉。新王即位。元老大臣。當以道德進戒。乃先區區以賞罰六師言。何也。曰。周自祖宗以來。仁深澤厚。規模已定。惟商民猶伺間隙。欲逞其禍。元老深謀遠慮。不得已而及此。是說也。施於康王之時則可。不可泛言之於新王之前也。○孔氏曰。高德之祖。寡有之命。○一說高祖。猶說命言高后。○新安陳氏曰。周以仁厚立國。盈成之久。其流弊易至於弛而弱。弊政雖甚於東遷之後。幾微已兆於一再傳之餘。周召畢諸公。已預見先憂於未然之前矣。正如太公言魯後世浸弱者此也。康王之子昭王。即有舟膠楚澤之陵夷。召公之言。豈過也哉

○臨川吳氏曰。賞當功。罰當罪。盡合其宜。克勝其任。安定文武之功。用能延及於今。後人有此休美。今王嗣位。

其敬之哉張猶張弓之張言無弛也六師六軍也天子六軍高祖謂文武寡命言周之受命世所寡有今王不忘戎備無或弛怠而隳壞我文武不易得之天命也

王若曰庶邦侯甸男衛惟予一人釗報誥

報誥而不及羣臣者以外見内康王在喪故稱名春秋嗣王在喪亦書名也林氏曰報誥者諸侯戒我故我以誥報之報答也

昔君文武丕平富不務咎底至齊信用昭明于天下則亦有熊羆之士不二心之臣保乂王家用端命于上帝皇天用訓厥道付畀四方

丕平富者溥博均平薄歛富民言文武德之廣也不務咎者不務咎惡輕省刑罰言文武罰之謹也底至者推

行而厎其至也。齊信者兼盡而極其誠也。文武務德不務罰之心。推行而厎其至。兼盡而極其誠。內外充實。故光輝發越。用昭明于天下。蓋誠之至者。不可揜也。而又有熊羆武勇之士。不二心忠實之臣。勠力同心。保乂王室。文武用受正命於天上。天用順文武之道。而付之以天下之大也。康王言此者。求助羣臣諸侯之意。新安陳氏曰。王資助於內外。而首述文武得熊羆勇士。不二心忠臣之助者。蓋有感於張皇六師之言也。○臨川吳氏曰。丕平富。謂無一人不富也。平者各得其分願。富者家給人足也。不務咎。不以咎人之咎爲務。慎刑罰也。厎至。致于極也。齊信。盡其誠也。文武之心如是。用能顯著于天下。文武既聖。則亦有勇猛如熊羆之士。忠一不二心之臣。共保乂王家。用能受正命于上帝。若仁於民。臣忠於君。兩盡其道。天用順之而付畀以四方。謂得天下也。○

陳氏雅言曰。昔君文武至昭明于天下。言聖人之仁極其誠。故其德有以著于民也。則亦有熊羆之士至保乂王家。言才德之臣爲之輔。故其治有益於國也。用端命于上帝。言文武之德既如此。其賴羣臣之助又如此。所以能受正命於天。皇天用訓厥道。付畀四方。言上天眷於聖人之德。而付之以天下之大也。則亦云者。康王意謂文武之聖。本無賴於羣臣之助力。而當時則亦有羣臣謂之輔佐。而况我之今日得不賴爾臣之助乎。其求助羣臣諸侯之意可見矣。唐孔氏云。文武既聖。時臣亦賢。以君聖臣賢之故。用能受端正之命于上天。言文武得賢臣之力也

乃命建侯樹屏。在我後之人。今予一二伯父。尚胥暨顧綏爾先公之臣服于先王。雖爾身在外。乃心罔不在王室。用奉恤厥若。無遺鞠子羞

天子稱同姓諸侯曰伯父。康王言文武所以命建侯邦。

植立蕃屏者。意蓋在我後之人也。今我一二伯父。庶幾相與顧綏爾祖考。所以臣服于我先王之道。雖身守國在外。乃心當常在王室。用奉上之憂勤。其順承之。毋遺我稚子之恥也。

林氏曰。諸侯祖父。嘗臣服于周先王。今汝當相與顧安之。顧。謂顧念而不忘。則先公在天之靈。於是安矣○呂氏曰。戒之以用奉承憂恤其所當順者而順行之。順理則一。而時位則殊。厥若者。諸侯之所當順也。人孰不欲順理。時位之不識。則其順。或非所當順者矣○林氏曰。鞠子。未離鞠養之嗣子。康王自謂○臨川吳氏曰。文武封建諸侯。樹立藩屏。在我後之人。言先王之有臣以保乂王家。所以厲羣臣也。言先王之建侯以藩屏後人。所以厲諸侯也。天子稱同姓大國曰伯父。小國曰叔父。異姓大國曰伯舅。小國曰叔舅。今獨舉同姓大國以包其餘也。王室若此。汝則奉承而同恤之。言以王室之憂為憂也。鞠子。王自謂。諸侯不能盡職。豈不貽我之羞乎

羣公既皆聽命相揖趨出王釋冕反喪服

始相揖者揖而進也此相揖者揖而退也蘇氏曰成王崩未葬君臣皆冕服禮歟曰非禮也謂之變禮可乎曰不可禮變於不得已嫂非溺終不援也三年之喪既成服釋之而即吉無時而可者曰成王顧命不可以不傳既傳不可以喪服受也曰何爲其不可也孔子曰將冠子未及期日而有齊衰大功之喪則因喪服而冠冠吉禮也猶可以喪服行之受顧命見諸侯獨不可以喪服乎太保使太史奉冊授王于次諸侯入哭於路寢而見王於次王喪服受教戒諫哭踊答拜聖人復起不易斯

言矣。春秋傳曰。鄭子皮如晉葬晉平公。將以幣行。子産曰。喪安用幣。子皮固請以行。既葬。諸侯之大夫欲因見新君。叔向辭之。曰。大夫之事畢矣。而又命孤。孤斬焉在衰絰之中。其以嘉服見。則喪禮未畢。其以喪服見。是重受弔也。大夫將若之何。皆無辭以退。今康王既以嘉服見諸侯。而又受乘黄玉帛之幣。使周公在。必不爲此。然則孔子何取此書也。曰。至矣。其父子君臣之間。教戒深切著明。足以爲後世法。孔子何爲不取哉。然其失禮則不可不辯。問。康王釋喪服而被衮冕。受虎賁之逆于南門之外。且受黄朱圭幣之獻。諸家皆以爲禮之變。獨蘇氏以爲失禮。使周公在。必不爲此。未知當此際合如何區處。朱子曰。天子諸侯之禮。與士庶人不同。

故孟子有吾未之學之語。蓋謂此類耳。如伊訓元祀十有二月朔。亦是新喪。伊尹已奉嗣王祗見厥祖。固不可用凶服矣。漢唐新主即位。皆行用禮。君臣亦皆吉服。追述先帝之命以告嗣王。韓文外集。順宗實錄中。有此事可考。蓋易世傳授。國之大事。當嚴其禮。而王侯以國爲家。雖先君之喪。猶以爲已私服也。五代以來。此禮不講。則始終之際。殊草草矣。康王釋斬衰而服裘冕。於禮爲非。孔子取之。又不知如何。設使制禮作樂。當此之職。只得除之○葉氏曰。天子即位之禮。後世無傳焉。春秋猶有可考。君薨。世子嗣位於喪次。殯而未葬。葬而未踰年者。不敢死其君。故不敢踐其正位。不敢朝廟而主祭封內。三年稱子。緣臣民之心。不可一日無君。則不得已而嗣位。緣始終之義。一年不可以兩君。則猶不敢當君位。故必至明年。而後朝廟正君位改元。春秋始書公即位焉。然則成王始殯。而康王即內朝以見諸侯。禮歟。諸侯踰年而朝廟即位。以吉服乎。以凶服乎。不可知也。然古者吉凶不同事。孔子曰。羔裘玄冠不以弔。吉服不可爲凶事。則凶服不可爲吉事亦明矣。魯莊未終桓喪。王命主王姬嫁。說者曰。衰麻不可以接弁冕。諸侯大夫葬晉平公。將以幣行。子產曰。喪安用幣。子皮固請以行。既葬。

諸侯之大夫欲因見新君。叔向辭之。曰大夫之事畢矣。而又命孤。孤斬焉在衰絰之中。其以嘉服見。則喪禮未畢。其以喪服見。是重受弔也。古人謹於吉凶之服。如此其嚴也。康王之事必有不得已而然者。蓋成王初即位。猶有三監淮夷殷民之變。微周公天下未可知。況不及成王周公者乎。故召公權一時之宜。而遽正君臣之分。若曰三年之喪。天下之通喪也。繼世以正大統。亦天下之大義也。通喪上下之所同。而大義天子諸侯之所獨。故不以通喪廢大義。而吉凶不可相亂。則以冕服朝諸侯。以爲常禮則不可。以爲非禮則亦不可。傳及後世。卒不能奪康王之爲。然後知二書之録於經。非孔子不能權之於道。以盡萬世之變也。○呂氏曰。舜除堯喪。格廟而咨岳牧。成王除武王喪。朝廟而訪羣臣。皆百代之正禮。然成湯方殁。伊尹遽偕侯甸羣后以訓太甲。禮固有時而變也。說者不疑太甲受伊尹之訓於居憂之時。乃疑康王受召畢諸侯之戒於宅恤之日。過矣。○復齋董氏曰。伊尹以冕服奉嗣王歸于亳。乃在三祀之十有二月。是時三年之喪畢。去凶即吉。禮之常也。伊訓所謂惟元祀十有二月乙丑。伊尹祠于先王。乃太甲居仲壬之喪。伊尹攝政。則祭于湯廟者。伊尹也。援此爲證。恐未爲安○陳氏傳良曰。釋冕反喪服。東坡嘗疑之。其嘗以問之鄉先生。鄉先生曰。惜乎東坡疑之而不加察也。召公畢公皆盛德。又老於更事者。豈不知禮。蓋其身先見周公以叔父之親。擁輔太子。而流言之變。起於兄弟。非周公之忠誠。則社稷岌岌乎殆哉矣。故於康王之立。特爲非常之禮。迎之南門。衛之干戈。奉之冊書。被之冕服。而又率諸侯北面而朝之。以與天下共立新君。使之曉然知所定而無疑。其意遠矣。蓋自秦漢而下。授受成於宮闈之曖昧。而擁立出於一人之予奪。禍天下國家不少。然後知二公老練坐鎭安危之機。送往事君。中外無間。未易以泥常論也○新安陳氏曰。蘇氏之論。主於守經。葉呂陳氏之論。出於達權。守經合理之正而不可破。達權亦當察事之宜而不可膠。召公在當時。必有迫於不得已。懲創於往事而不敢輕者。觀其布置舉措重大周密。徵召會集。翕合安徐。若臨大敵。當大難然。諸侯咸在。或謂問疾者尚留而因受其朝。非也。觀其言曰。庶邦侯甸男衛。曰率西方諸侯入左。率東方諸侯入右。則徵召於既崩之餘。翕集於一旬之內可見。又觀張皇大師一語。則當時事勢亦可想矣。紀載始末。節節備具。兩篇之中。辭繁不殺。前後五十六篇。紀載無似此之詳者。復齋援伊尹事。謂祠先王者。伊尹攝行固然矣。然奉嗣王祗見厥祖。即其下一句。不知伊尹奉太甲廟見成湯。其凶服乎。抑吉服乎。證之朱子之說。當制禮職一條。固主蘇氏。答潘子善一條。未嘗必主蘇氏。但未知二說孰先孰後耳。莫若兩存之

書傳大全卷之九

畢命

康王以成周之衆。命畢公保釐。此其冊命也。今文無。古文有。○唐孔氏曰。漢律歷志云。康王畢命豐刑。曰惟十有二年。六月庚午朏。王命作冊書豐刑。此僞作者。傳聞舊語。得其年月。不得以下之辭。妄言作豐刑耳。亦不知豐刑之言何所道也

呂氏曰。周公始遷商民。戒長治者不忌于凶德。包涵大度。善惡並育。以安反側也。至君陳則商民寖服周化。故簡修進良。猶未大區別也。至康王。則世變風移矣。苟猶兼蓄並容。則餘孽不除。終爲良民之害。故命畢公分別居里。不惟惡不能以染善。亦將無以自容。勢不得不入於善矣。此周之治所以成也。蓋惟此時。

然後可以舉此政。爲治之序固如此○問商之代夏。去唐虞未遠。而湯之得民。不聞有誥諭之勤。至周之代商。自后稷公劉至于文武成王之世。商民未愜周化。尚勤諸書之訓。而世變風移。僅見於三紀之後。其遺風猶未殄何耶。潛室陳氏曰。三代子孫。惟商多賢君。故其德意在人。久而未忘。雖王澤既斬之後。猶有一線之微在也

惟十有二年六月庚午朏。越三日壬申。王朝步自宗周。至于豐。以成周之衆。命畢公保釐東郊

康王之十二年也。畢公嘗相文王。故康王就豐文王廟命之。成周。下都也。保。安。釐。理也。保釐。即下文旌別淑慝之謂。蓋一代之治體。一篇之宗要也陳氏大猷曰。釐雖有辨別分理之意。曰保。則有恩意行乎其間。非斬然割裂。無復潤澤也。以保爲釐。蓋有欲並生哉之意

王若曰。嗚呼。父師。惟文王武王敷大德于天下。用克受殷命

畢公代周公爲太師也。文王武王布大德于天下。用能受殷之命。言得之之難也

惟周公左右先王。綏定厥家。毖殷頑民。遷于洛邑。密邇王室。式化厥訓。既歷三紀。世變風移。四方無虞。予一人以寧

十二年曰紀。父子曰世。周公左右文武成王。安定國家。謹毖頑民。遷于洛邑。密近王室。用化其教。既歷三紀。世已變而風始移。今四方無可虞度之事。而予一人以寧。言化之之難也

道有升降。政由俗革。不臧厥臧。民罔攸勸。

有升有降，猶言有隆有汚也。周公當世道方降之時。至君陳畢公之世。則將升於大猷矣。爲政者因俗變革。故周公毖殷而謹厥始。君陳有容而和厥中。皆由俗爲政者。當今之政。旌別淑慝之時也。苟不善其善。則民無所勸慕矣。新安陳氏曰：臧厥臧。即下文旌淑彰善之事。所謂勸，則使慝惡者皆克畏慕也。

惟公懋德。克勤小物。弼亮四世。正色率下。罔不祗師言。嘉績多于先王。予小子垂拱仰成。

懋，盛大之義。予懋乃德之懋。小物，猶言細行也。言畢公既有盛德。又能勤於細行。輔導四世。風采凝峻。表儀朝著。若大若小。罔不祗服師訓。休嘉之績。蓋多於先王之時矣。今我小子復何爲哉。垂衣拱手以仰其成而已。康王將付畢公以保釐之寄。故敘其德業之盛而歸美之也。唐孔氏曰。小物。猶小事也。能勤小事。大事必勤矣。故舉此以爲畢公之善。晉語言文王之事云。詢于八虞訪于莘尹。重之以周召畢榮。是畢公文王之世。已爲大臣也○呂氏曰。畢公天下大老。康王不稱其成德。而稱其懋德。不稱其總大體。而稱其勤小物者。蓋以成德自居則止矣。於小物忽焉。亦非造次必於是者。惟勉於德者。貫稚耄而不息。故勤於物者。一小大而無間○新安陳氏曰。不矜細行。終累大德。公於小物克勤。所以愈見其懋德之誠也○林氏曰。正色率下。所謂正其衣冠。尊其瞻視。儼然人望而畏之者也○史氏漸曰。忠厚近迂闒。老成若遲鈍。先王終不以此易彼者。蓋世臣舊德。功業已見於時。聞望已孚於人。商功利課殿最。雖不若新進者。至於雍容廟堂。天下想聞其風采。足以廉頑立懦。敦薄厲偷。如泰山喬嶽。初無運動之勞。而功之及人厚矣。畢公四世元老。雖有不可及之盛德。常有不自足之誠心。小物不以不必勤而不勤。嘉績不以已多於前時而或怠。正色斂容而使人之非意自消。出辭吐氣而使天下之羣心胥服。保釐之任。捨公其誰

王曰。嗚呼。父師。今予祗命公以周公之事。往哉

今我敬命公以周公化訓頑民之事。公其往哉。言非周公所爲。不敢屈公以行也

旌別淑慝。表厥宅里。彰善癉惡。樹之風聲。弗率訓典。殊厥井疆。俾克畏慕。申畫郊圻。慎固封守。以康四海

淑。善。慝。惡。癉。病也。旌善別惡。成周今日由俗革之政也表異善人之居里。如後世旌表門閭之類。顯其爲善者。而病其爲不善者。以樹立爲善者風聲。使顯於當時。而

傳於後世所謂旌淑也其不率訓典者則殊異其井里疆界使不得與善者雜處禮記曰不變移之郊不變移之遂即其法也使能畏爲惡之禍而慕爲善之福所謂别慝也圻與畿同郊圻之制昔固規畫矣曰申云者申明之也封域之險昔固有守矣曰謹云者戒嚴之也疆域障塞歲久則易湮世平則易玩時緝而屢省之乃所以尊嚴王畿王畿安則四海安矣王氏曰彰善者而著之則惡者耻其不若然則惡者病矣使人有所感動曰風使人有所聽聞曰聲○夏氏曰庶望風而化聞聲而應如風動於此而物偃於彼聲振於此而響應於彼也○吕氏曰榮辱不止於一時而流芳遺臭將傳百世而未泯所謂樹之風聲也人存政舉人亡政息惟風聲所傳則可以鼓動千百年之遠雖事往迹陳而興起如新弗率者殊其井疆豈

眞欲絶之而置之人類之外哉。欲其畏慕而卒歸於善而已。此旌別之本心也。五陽一陰。然後可以夬決揚庭。不知時義而錯施之。爲惡者衆。或以召亂矣。因區別里閭。遂并郊圻封守而整齊之。公其念哉。當以渾厚敦朴鎭之也。○新安陳氏曰。旌別淑慝一句。綱也。表厥至風聲三句。旌淑也。弗率至畏慕三句。別慝也。東郊之政。以保爲釐。旌別淑慝者釐也。義之盡也。本心欲其畏慕。而同歸于善者。以保爲釐也。仁之至也。又樹立爲善者之風聲。見其善善之長。俾爲惡者畏慕。見其惡惡之短。有以人治人改而止之意。愛之深。待之厚如此。卒化浮薄爲忠厚。宜哉。風必有聲。聞夷惠之風。聞即聞風之聲也。王夏分爲二字未當。呂以使惡者遺臭兼言。不若專以樹善者風聲。使流芳而人聞風興起。表宅里。樹風聲使人知善之可慕。旌淑也。弗率訓。殊井疆。使人知惡之可畏。別慝也。不可爲癉惡所礙。彰善即癉惡

政貴有恒。辭尚體要。不惟好異。商俗靡靡。利口惟賢。餘風未殄。公其念哉。

對暫之謂恒。對常之謂異。趣完具而已之謂體。衆體所會之謂要。政事純一。辭令簡實。深戒作聰明。趨浮末好異之事。凡論治體者皆然。而在商俗則尤爲對病之藥也。蘇氏曰。張釋之諫漢文帝。秦任刀筆之吏。爭以亟疾苛察相高。其弊徒文具。無惻隱之實。以故不聞其過。陵夷至於二世。天下土崩。今以嗇夫口辯而超遷之。臣恐天下隨風靡。爭口辯。無其實。凡釋之所論。則康王以告畢公者也。夏氏曰。體則具於理而無不足。要則簡而亦不至於有餘。謂辭理足而簡約也。政辭如此皆不好異者能之。政而好異。則悅須臾而厭持久。不能有恒。言而好異。則言浮於理。言徒多而理不足。安能體要。○唐孔氏曰。韓宣子稱紂使師襄作靡靡之樂。靡靡者。相隨順之意。○新安陳氏曰。利口。即辭體要之反。惡

利口。遠佞人。所關大矣○陳氏雅言曰。政有恒。則純清
而不擾。故以爲貴。辭體要。則典重而不浮。故以爲尚。若
政而好異。則安能有恒。言而好異。則安能體要。畢公
四世元老。雖無此失。而所以告戒之道。當如此也

我聞曰世祿之家。鮮克由禮。以蕩陵德。實悖天道。敝化奢
麗。萬世同流

古人論世祿之家。逸樂豢養。其能由禮者鮮矣。旣不由
禮。則心無所制。肆其驕蕩。陵蔑有德。悖亂天道。敝壞風
化。奢侈美麗。萬世同一流也。康王將言殷士怙侈滅義
之惡。故先取古人論世族者發之。家氏復禮曰。觀此則洛邑所遷。豈多世祿之家歟

茲殷庶士。席寵惟舊。怙侈滅義。服美于人。驕淫矜侉。將由

惡終。雖收放心。閑之惟艱

吕氏曰。殷士憑籍光寵。助發其私欲者有自來矣。私欲公義。相爲消長。故怙侈必至滅義。義滅則無復羞惡之端。徒以服飾之美。侈之於人。而身之不美。則莫之耻也。流而不反。驕淫矜侉。百邪並見。將以惡終矣。洛邑之遷。式化厥訓。雖已收其放心。而其所以防閑其邪者。猶甚難也。陳氏經曰。人之心。莫難收。於已放之時。尤莫難閑於既收之後。苟其根尚在。雖一時知所收斂。將觸事而發。此閑之所以爲難也。○夏氏曰。周公君陳。相繼化商。雖收其放心。然閑之尚難。畢公當有以閑之。下文訓以德義古訓。又言閑之之道。

資富能訓。惟以永年。惟德惟義。時乃大訓。不由古訓。于何

其訓

言殷士不可不訓之也。資資財也。資富而能訓。則心不遷於外物。而可全其性命之正也。然訓非外立教條也。惟德惟義而已。德者心之理。義者理之宜也。德義人所同有也。惟德義以爲訓。是乃天下之大訓。然訓非可以已私言也。當稽古以爲之說。蓋善無證。則民不從。不由古以爲訓。于何以爲訓乎　陳氏經曰。禮義生於富足。既富以養其身。又訓以養其心。全正性。所以順正命。此所以永年也。所謂能訓。豈外人心天理。而他有所謂訓哉。德者。人心之所得。義者。人心之所宜。根於人心之所同然。此之謂大訓。古訓所載。亦惟德義而已。即人心之所同然。而證諸古所已然。非德義之外有古訓也。畢公之化。本諸同然而民易從。參諸已然而民易信。闢之之道。孰過於此。君陳尚有辟以止辟三細不宥之說。此篇雖歷數商俗之不美。然惟務區別以生其愧。教訓以導其善。無片言及於刑。蓋純以德化。而刑措不用信矣。○新安陳氏曰。訓以德。所以化其陵德。訓以義。所以化其滅義。旌別淑慝。以商人化商人也。所以興起其勸慕之微機。崇德義。稽古訓。反身以化商人也。所以反求其訓化之大本。化商之道。至是盡矣○陳氏大猷曰。不由古人德義之訓以訓之。是非德之德。非義之義也。如老氏以清靜爲德。楊氏以爲我爲義何以爲訓乎○陳氏雅言曰。殷民固不可以不使之富而尤不可以不使之知所訓也。富而不知所訓。則不與驕奢期而驕奢至。不與危亡期而危亡至。求欲永年。其可得乎。故既富之餘。則必當使之知訓。而訓之大者。則惟在於德義而已。蓋殷士之失。在於以蕩陵德。怙侈滅義。失其同然。故訓以德。所以化其陵德。訓以義。所以化其滅義。亦因其所同然者。還以導之而已。然而德義雖出於人心同然之理。故爲訓之大也。而非稽諸古以爲訓則吾恐德其德。而非古人之所謂德。義其義。而非古人之所爲義。禮記所謂無徵不信。不信民弗從者也。故不由古訓。其將何以爲訓乎。

此欲反求其爲訓之本也

王曰嗚呼父師邦之安危惟茲殷士不剛不柔厥德允修是時四方無虞矣蕞爾殷民化訓三紀之餘亦何足慮而康王拳拳以邦之安危惟繫於此其不苟於小成者如此文武周公之澤其深長也宜哉未剛所以保之不柔所以釐之不剛不柔其德信乎其修矣

王氏炎曰忿其不從而以剛制之則必怨慮其難制而以柔遇之則必玩惟不偏於剛柔而處之以中則德允修而商人化矣○呂氏曰始皇以安危係於匈奴而急之以剛德宗以安危係於藩鎮而緩之以柔皆以致亂○葉氏曰不剛不柔即寬而有制從容以和之意周公君陳畢公非有意於同同合於道耳

惟周公克慎厥始惟君陳克和厥中惟公克成厥終三后協心同底于道道洽政治澤潤生民四夷左衽罔不咸賴

予小子永膺多福

殊厥井疆非治之成也使商民皆善然後可謂之成此曰成者預期之也三后所治者洛邑而施及四夷王畿四方之本也吳氏曰道者致治之道也始之中之終之雖時有先後皆能即其行事觀其用心而有以濟之若出於一時若成於一人謂之協心如此也朱子曰衽衣衿俗○張氏曰三后猶四時之序不同而同於成歲功也左衽夷狄之○陳氏經曰慎始毖殷頑民也和中從容以和也今日惟防閑之使前日之功不壞耳事莫難於成終少有懈弛則二公之化皆爲之不終矣聖賢之政雖有始中終之異其心與道則無始中終之殊謂之治謂之潤漸漬積累豈二日之功遽能如此哉商民蕞爾甚微而所係甚重遠而四夷尊而人主近而畢公之身遠而畢公之子孫皆有賴於此可見周家以化商民爲重必如是而

後可以盡成終之責○陳氏雅言曰。殷民初遷。周公治之。造端正始。不可少懈也。故曰克愼。周公既沒。君陳繼之。保養撫摩。以和爲貴也。故曰。克和。既歷三紀。世變風移。旌別淑慝。申畫郊圻。此政畢公其時也。有周公君陳以愼之和之於始中。而無畢公以任之於其後。則是猶耕而不穫。前人之功皆爲虛棄矣。故曰克成。三后之政。雖有克愼克和克成之不同。三后之時。雖有厥始厥中厥終之或異。然其心則無不協。論其道則無不同。猶四時之運。寒暑溫涼之候有異。生長收藏之化有殊。而皆相資以成歲功一也。三后之意。皆期於化殷而已。故曰協心。所施雖異。然因時制宜。各得當於理。故曰同底于道。聖賢心協道同。故能仁漸義摩。而道化浹洽。綱擧目張。而政事修治。漸漬積累。澤之深入於民者。豈一朝一夕所能致哉。康王此言。期望於畢公者至矣

公其惟時成周建無窮之基亦有無窮之聞子孫訓其成式惟乂

建立。訓順式法也。成周指下都而言。呂氏曰。畢公四世

元老豈區區立後世名者而勳德之隆亦豈少此康王所以望之者益相期以無窮事業乃尊敬之至也

嗚呼罔曰弗克惟既厥心罔曰民寡惟愼厥事欽若先王成烈以休于前政

蘇氏曰曰弗克者畏其難而不敢爲者也曰民寡者易其事以爲不足爲者也前政周公君陳也 陳氏大猷曰事之不立非視之太重而畏其難則視之太輕而忽其易能盡其心則雖難無不舉不謹其事則雖易不能舉○王氏炎曰觀殷民不輕於從周見殷先王德澤之深○觀三后化殷殷卒依於周者八百年見周家仁厚之至○張氏曰觀周公之處商民其忠厚仁恕激勵之方非後人可及也在白起項羽處之則坑之矣若晉武苻堅處之則有劉元海慕容垂之亂矣周公肯爲此乎嗚呼殺之既不可用之又不可於是遷之洛邑使日見周之仁政日聞周

之仁聲。日親周之仁人君子。優游涵養。以變易其不服之心。如此者三十六年矣。難化者或老或死。已化者方少方生。於是時也。得不有激勵之方。以一新其耳目。爲永久之計乎。君陳分正。固有其兆矣。至於畢公。乃曉然旌別淑慝。使善惡有所勸戒。又申畫郊圻。慎固封守。使姦者無所覬。而居者常慮危。抑又思風俗之根本。在於世禄之家。乃訓之使皆由於德義。既有善惡之分以起其心。又有德義之訓以美其俗。則非特中國尊榮。而四夷亦皆受其賜矣。皆周公經營之。君陳祖述之。而畢公成就之也。三后協心。同底于道。豈虛辭哉。〇董氏鼎曰。或曰成湯革夏。未幾繼以太甲敗度敗禮。伊尹居之桐者三年。夏之餘民帖然安靜。伊尹輔商。不見有區處夏人事。何其易也。武王克商。繼以武庚之叛。周公成王康王所以區處殷人。今見於大誥洛誥多士多方君陳畢命諸書。何其難也。豈夏之民醇。至商獨頑歟。得非湯僅放桀。武王乃殺紂。成王又殺武庚。商之餘民。豈無忠臣義士痛心疾首者乎。況又辟管叔于商。骨肉至親。尚猶不免。何以服懾民哉。所以紛紛久而不定歟。愚曰不然。湯武於桀紂同謂之伐。桀敗而遁。因放之巢。紂敗而死。遂謂之殺。乃紂同罪浮于桀。非武不仁於湯也。紂既死。立

其子以奉其祀。終武之世無叛意。武崩成幼。管蔡流言
以王室至親。反率前代餘孽以叛。由此一動而不復靜。
則管叔之罪也。故曰民不靜亦惟在王宮邦君室。蓋謂
亂始於汝。而禍延於我。管叔不叛。則武庚不誅。以此不
服。而非讎於武王成王也。然其所以久而未革者。則以
殷俗尚質。其蔽也易惑而難曉。盤庚遷都。爲民利耳。浮
言胥動。至煩三書之訓諭。猶父兄之訓子弟。尚且如是。
況視鄰人爲讎者。於其言肯遽從乎。雖然無殷人之頑。
不見周家之仁。錮陰沍寒。終消融於春風和氣中。嗚呼
仁哉。○呂氏曰。成康並稱。成王見於詩書者多。康王自
誥諸侯外。惟畢命耳。
讀此亦可見其賢矣

君牙

君牙臣名。穆王命君牙爲大司徒。此其誥命也。今
文無古文有問君牙冏命等篇。見得穆王氣象甚
好。而後來乃有車轍馬迹馳天下之
意何如。朱子曰。此篇乃內史之屬所作。猶今之翰
林作制誥然。如君陳周官蔡仲之命。微子之命等

篇。亦是當時此等文字。自有格子。首呼其名而告之。末又爲嗚呼之辭以戒之。篇篇皆然。觀之可見○呂氏曰。穆王書三篇。君牙冏命。初年書也。呂刑。末年書也。中雖放逸。不克保其始之祗畏。然暮年哀敬。初心復還。舜命契爲司徒止一語。而君牙贊書至一篇。世降而文勝也。然周家之典刑文獻在焉

王若曰。嗚呼。君牙。惟乃祖乃父。世篤忠貞。服勞王家。厥有成績。紀于太常。

王。穆王也。康王孫。昭王子。周禮司勳云。凡有功者。銘書於王之太常。司常云。日月爲常。畫日月於旌旗也

惟予小子。嗣守文武成康遺緒。亦惟先王之臣。克左右亂四方。心之憂危。若蹈虎尾。涉于春冰。

緒統緒也。若蹈虎尾。畏其噬。若涉春冰。畏其陷。言憂危之至。以見求助之切也張氏曰。穆王父昭王。南征不復。故有蹈虎涉冰之喻。然隱諱其事。又迂緩其辭。不足以感動人心。無志可知矣。其後車轍馬迹周於天下。周道衰焉。○新安陳氏曰。先王之臣。或作先正。孔註亦惟祖父之臣。正作先正。東齋云先正說見說命。作先正當從孔註。又按君牙稱君必有國。成康時芮伯爲司徒。伯爵諸侯也。君牙當是其後

今命爾予翼。作股肱心膂。纘乃舊服。無忝祖考

膂脊也。舊服。忠貞服勞之事。忝辱也。欲君牙以其祖考事先王者而事我也

弘敷五典。式和民則。爾身克正。罔敢弗正。民心罔中。惟爾之中

弘敷者大而布之也。式和者敬而和之也。則有物有則之則。君臣之義。父子之仁。夫婦之別。長幼之序。朋友之信是也。典以設教言。故曰弘敷。則以民彝言。故曰式和。此司徒之教也。然教之本。則在君牙之身。正也。中也。民則之體。而人之所同然也。正以身言。欲其所處無邪行也。中以心言。欲其所存無邪思也。孔子曰。子率以正。孰敢不正。周公曰。率自中。此告君牙以司徒之職也。張氏曰。和民則在我而已。惟正與中。民則和矣。○葉氏曰。示以正在身。復其中在心。此言教之本。○陳氏大猷曰。以其常行而不可易。謂之典。以其截然而不可越。謂之則。教之理。雖不外乎人之性。然教之本。則在君牙之身與心。正者容有不中。中則無有不正。身之正。勉强修飭者能心之中。非存養純熟不能也。故穆王既欲君牙正身以之率民身之正。尤欲其存心之中。以感民心之中。則民則和。五典惇矣。敷典和則因民心之同得者教之。爾正爾中。即吾心之先得者率之也。於身先言爾。於心先言民。互文耳○陳氏雅言曰。典曰弘敷。欲其大而布之。使民無不聞也。則曰式和。欲其敬以和之。使民無不化也。然此特爲教之道耳。至於立教之本。則在君牙之身與心焉。爾身正。爾心中。則爾之典修而則治。民身正。民心中。則民之典。亦無不修。民之則。亦無不治矣。此立教之本也

夏暑雨。小民惟曰怨咨。冬祁寒。小民亦惟曰怨咨。厥惟艱哉。思其艱以圖其易。民乃寧

祁大也。暑雨祁寒。小民怨咨。自傷其生之艱難也。厥惟艱哉者。嘆小民之誠爲艱難也。思念其難以圖其易。民乃安也。艱者饑寒之艱。易者。衣食之易。司徒敷五典。擾

兆民。兼教養之職。此又告君牙以養民之難也陳氏雅言曰。夏而暑。暑而至於雨。此天時之常也。然小民不得其食。始其怨咨。冬而寒。寒而至於祁。此亦天時之常也。然小民之不得其衣者。始其怨咨。暑雨之時。而阻之以無食。祁寒之時。而厄之以無衣。民生之艱。艱誠何如也。爲人上者。其可以肥甘適口。輕煖適體而或忘之。故民饑寒之艱。既不可不爲之思。而其衣食之易。尤不可不爲之圖。能思其艱而不能圖其易。則亦徒思而已耳。與不知者奚以異。惟能思之。而又能圖之。則所謂艱者易。而怨咨者寧矣。司徒之職。實兼教養。穆王告君牙以此。欲其共此心也

嗚呼。丕顯哉文王謨。丕承哉武王烈。啓佑我後人。咸以正罔缺。爾惟敬明乃訓。用奉若于先王。對揚文武之光命。追配于前人丕。大。謨。謀。烈。功也。文顯於前。武承於後。曰謨。曰烈。各指

其實而言之。咸以正者。無一事不出於正。咸罔缺者。無一事不致其周密。若。順。對。答。配。匹也。前人。君牙祖父。唐孔氏曰。文始謀造周。故美其謀。武功業成就。故美其業。○張氏曰。先王。指成康。○新安陳氏曰。先命即顯謨武烈。不過承文謨。雖烈亦謨也。所以於文武總言先命也。文武之先命。成康以對揚之。今又能奉若成康。所以對揚文武之意也。如此。則君牙可追配其祖父矣。舜命契爲司徒。不過曰敬敷五教在寬。今穆王命君牙。其詳雖至於一篇。其要不出舜之一語。前曰弘敷五典。式和民則。敷五教在寬也。此曰敬明乃訓。敬敷五教也。帝舜此言。豈惟穆王不能易。萬世掌教者不能易也。○陳氏雅言曰。文王之謨。大而能顯。則其造有周之謀者。於是至矣。武王之烈。大而能承。則其成有周之功者。亦於是至矣。文顯於前。武承於後。曰謨曰烈。所以開啓佑助我之後人者。無一事而不出於正。亦無一事而不致其周。前王之爲子孫慮至矣。今爾君牙爲司徒之官。所居之職。前日乃祖乃父之職。所訓之民。昔君文武成康之民也。爲訓之道。不可以不敬。而尤不可以不明。敬以待之。明以告之。則爲教之道得矣。如是。豈特司徒之職。能盡而已。將以奉若先王之道道兼得之也。豈但先王之道。能奉若之而已。將以追配前人之美在於此也。能敬明乃訓。則於先王之道。見其能奉承而不墜。若順而不違於祖父之政。能追及而不失。配合而不爽。是則君牙豈惟無負於君。抑無負於先王。無負於文武矣。豈惟無愧於己。抑無愧於乃祖乃父矣。此在君牙所當深勉也

王若曰。君牙。乃惟由先正舊典時式。民之治亂在茲。率乃祖考之攸行。昭乃辟之有乂

先正。君牙祖父也。君牙由祖父舊職而是法之。民之治亂。在此而已。法則治。否則亂也。循汝祖父之所行。而顯其君之有乂。復申戒其守家法以終之。按此篇專以君牙祖父爲言。曰纘舊服。曰由舊典。曰無忝。曰追配。曰由

先正舊典曰率祖考攸行然則君牙之祖父嘗任司徒之職而其賢可知矣惜載籍之無傳也陳氏曰康王時芮伯爲司徒君牙豈其後耶董氏鼎曰司徒職在掌教敷五典擾兆民所當爲也蓋必先教之以倫理明然後治之而爭奪息苟非以教化爲急先務則爲之民者冥行罔覺卒犯刑辟是所謂罔民以陷罪也爲民父母豈忍爲之哉穆王肆其侈心所至將有車轍馬迹而猶知以大司徒爲重此所以雖荒而不至於亡歟

冏命

穆王命伯冏爲太僕正此其誥命也今文無古文有○呂氏曰陪僕暬御之臣後世視爲賤品而不之擇者曾不知人主朝夕與居氣體移養常必由

之潛消默奪於冥冥之中而明爭顯諫於昭昭之際抑末矣自周公作立政而嘆綴衣虎賁知恤者鮮則君德之所繫前此知之者亦罕矣周公表而出之其選始重穆王之用太僕正特作命書至與大司徒畧等其知本哉陳氏大猷曰周禮止有太僕下大夫二人此言太僕正正其長也又有祭僕御僕隸僕戎僕齊僕道僕田僕等正皆長之上薰陶涵養乎君德下簡擇表率乎羣僚所繫甚重故册命焉○蘇氏曰昭王南征不復至齊桓乃以問楚是終穆王之世君弑而賊不討也王終無憤耻之心乃欲車轍馬迹周於天下今觀君牙伯冏二書皆無哀痛慘怛之意但曰嗣先王宅丕后而已非祭公謀父以祈招之詩收王放心王其不沒乎○張氏曰伯冏之爲太僕正穆王馳騁天下而不能正救者也然三復二篇其言殷勤懇惻何也曰唐德宗何人哉陸贄作奉

天詔書。山東父老爲之感泣。則二篇之命。豈非當時仁人君子。閔王之無志。故修辭立誠以勸勵其臣下歟○復齋董氏曰夫子何爲録之。曰聖人不以人廢言。亦取秦穆悔過之意

王若曰。伯冏惟予弗克于德。嗣先人宅丕后。怵惕惟厲。中夜以興。思免厥愆

伯冏臣名。穆王言我不能于德。繼前人居大君之位。恐懼危厲。中夜以興。思所以免其咎過○復齋董氏曰。穆王命君牙曰。心之憂危。若蹈虎尾。命伯冏曰。怵惕惟厲。中夜以興。此即位之初。知以父辭爲恥。故言如此。然終穆王之世。復辭之事無聞焉。二篇之書。豈果出穆王之口也哉

昔在文武。聰明齊聖。小大之臣。咸懷忠良。其侍御僕從。罔匪正人。以旦夕承弼厥辟。出入起居。罔有不欽。發號施令。

罔有不臧下民祗若萬邦咸休

侍給侍左右者御車御之官僕從太僕群僕凡從王者承承順之謂弼正救之謂雖文武之君聰明齊聖小大之臣咸懷忠良固無待於侍御僕從之承弼者然其左右奔走皆得正人則承順正救亦豈小補哉陳氏大猷曰聰明自其質之生知者言之齊聖自其德之充於極至者言之出入起居發號施令就太僕職掌而言蓋太僕掌正王之服位出入王之大命掌諸侯之復逆復王之答報逆下之敷奏君之起居號令皆與有職焉○呂氏曰文武動容周旋何嘗不中禮號令何嘗不善今必先言近臣承弼之功而後及此蓋左右交修近臣之常職而內外交相養亦聖人不已之誠也又曰世主出入起居漫不加省徒欲謹於議令之時所謂咸其輔頰舌感人之末者也民若邦休豈口舌所能辦哉○林氏曰左右近習非人則朝夕漸染入於邪僻而不自知大臣雖賢君心

已盡矣。故須小大忠良。必羣僕皆正人而後可○陳氏雅言曰。穆王命伯冏爲太僕正。意謂昔在文武之爲君。有聰明齊聖之德。其小大之臣。又皆懷忠良之志。君聖臣賢。若無待於侍御僕從之助矣。而當時給侍左右。與凡車御之官。其太僕羣僕。與凡從王之職。又莫匪正直之人。而能自旦至夕。以承其君之善。以弼其君之過。則其得近臣之助者如此。是以文武之德修於上。舉動之間。無有不敬。號令之出。無有不善。是以文武之化行於下。下民之衆。無不祗若。萬邦之廣。無不休美。以文武之聖。且必得近習之助。而況於穆王乎。以文王武王之臣。咸懷忠良。且尤謹此。而況穆王之時乎。

穆王此言。蓋有求助於伯冏之意也

惟予一人無良。實賴左右前後有位之士。匡其不及。繩愆糾謬。格其非心。俾克紹先烈

無良。言其質之不善也。匡。輔助也。繩。直。糾。正也。非心。非僻之心也。先烈。文武也　問格其非心之格訓正。恐是如格式之格。以此律人之不正者

否。朱子曰。今人如言合格。只是將此一物。格其不正者。使歸于正。如格其非心。是說得深者。大人格君心之非。是說得淺者○陳氏大猷曰。文武猶資左右。況予之無良乎。匡救其惡而不知格其心。則止於東而生於西。惟格其非心。則拔本塞源。末流自善

今予命汝作大正。正于羣僕侍御之臣。懋乃后德。交修不逮

大正。太僕正也。周禮太僕下大夫也。羣僕謂祭僕隸僕戎僕齊僕之類。穆王欲伯冏正其羣僕侍御之臣。以勉進君德。而交修其所不及。或曰。周禮下大夫不得爲正。漢孔氏以爲太御中大夫。蓋周禮太御最長。下又有羣僕。與此所謂正于羣僕者合。且與君同車。最爲親近也。

張氏曰。公卿進見有時。僕御褻近無間。有時者見其尊嚴。無間者知其情性。方其進見。君臣之分甚嚴。未易犯其顏色。及其褻近。君臣之情無間。故可糾其過失。救過於無間之時易爲力。救過於已發之後難爲功。懋德交修。正侍御僕從之職也。○鄭氏季友曰。周禮夏官司馬。祭僕掌眡祭祀。隷僕掌五寢掃除。戎僕掌馭戎車。齊僕掌馭金輅以賓

慎簡乃僚。無以巧言令色便辟側媚。其惟吉士。

巧。好。令。善也。好其言善其色。外飾而無質實者也。便者順人之所欲。辟者避人之所惡。側者姦邪。媚者諛悅。小人也。吉士。君子也。言當謹擇汝之僚佐。無任小人。而惟用君子也。又按此言謹簡乃僚。則成周之時。凡爲官長者。皆得自舉其屬。不特辟除府史胥徒而已。呂氏曰。治有體統。王雖急於求助。苟徧擇之。則叢脞矣。故命一伯冏作大正。使精擇其僚。固不待王親擇也。此爲治之體統也。陸贄

在唐。欲使諸司長官各舉其屬。亦庶幾有見於此 ○張氏曰。其惟吉士。見巧令便嬖爲凶人也

僕臣正。厥后克正。僕臣諛。厥后自聖。后德惟臣。不德惟臣。

自聖。自以爲聖也。僕臣之賢否。係君德之輕重如此。呂氏曰。自古小人之敗君德。爲昏爲虐。爲侈爲縱。曷其有極。至於自聖。猶若淺之爲害。穆王獨以是蔽之者。蓋小人之蠱其君。必使之虛美熏心。傲然自聖。則謂人莫已若。而欲予言莫之違。然後法家拂士日遠。而快意肆情之事。亦莫或齟齬其間。自聖之證既見。而百疾從之。昏虐侈縱。皆其枝葉而不足論也

爾無昵于憸人。充耳目之官。廸上以非先王之典。

汝無比近小人。充我耳目之官。導君上以非先王之典。

蓋穆王自量其執德未固。恐左右以異端進而蕩其心也

非人其吉。惟貨其吉。若時瘝厥官。惟爾大弗克祗厥辟。惟予汝辜

戒其以貨賄任羣僕也。言不于其人之善。而惟以貨賄爲善。則是曠厥官。汝大不能敬其君。而我亦汝罪矣　呂氏曰。後世近習。更相表裏。鮮不以利合。捨人才而論貨賄近習之通弊也。自盤庚總貨寶之戒。至此復見之。成湯文武之隆。未數數以貨防其臣也。其商周之衰乎　○陳氏經曰。穆王於此及呂刑皆言貨。亦可見其風俗之漸衰矣

王曰。嗚呼。欽哉。永弼乃后于彝憲

彝憲常法也。呂氏曰。穆王卒章之命。望於伯冏者深且長矣。此心不繼。造父爲御。周遊天下。將必有車轍馬跡。導其後者。果出於僕御之間。抑不知伯冏猶在職乎否也。穆王豫知所戒。憂思深長。猶不免躬自蹈之。人心操捨之無常。可懼哉王氏曰。近習之臣。不患其不能將順而莫之承。惟患其不能正救而莫之弼。故在先王則稱其承弼。在已則責之以永弼。而不及於承焉

呂刑

呂侯爲天子司寇。穆王命訓刑以詰四方。史録爲篇。今文古文皆有〇按此篇專訓贖刑。蓋本舜典

金作贖刑之語。今詳此書。實則不然。蓋舜典所謂贖者。官府學校之刑爾。若五刑則固未嘗贖也。五刑之寬。惟處以流。鞭扑之寬。方許其贖。今穆王贖法。雖大辟亦與其贖免矣。漢張敞以討羌兵食不繼。建爲入穀贖罪之法。初亦未嘗及夫殺人及盜之罪。而蕭望之等。猶以爲如此。則富者得生。貧者獨死。恐開利路。以傷治化。曾謂唐虞之世。而有是贖法哉。穆王巡遊無度。財匱民勞。至其末年。無以爲計。乃爲此一切權宜之術。以斂民財。夫子録之。蓋亦示戒。然其一篇之書。哀矜惻怛。猶可以想見三代忠厚之遺意云爾。又按書傳引此。多稱甫刑。史記作甫侯言於王。作修刑辟。呂後爲甫歟。朱子曰。呂刑一篇。如何穆王說得散漫。直從苗民蚩尤爲始作亂道起。若說道都是古人元文。如何出於孔氏者。多分明易曉。出於伏生者。都難理會○問贖刑所以寬鞭扑之刑。則呂刑之贖刑如何。曰。呂刑蓋非先王之法也。故程子有一策問云。商之盤庚周之呂刑。聖人載之於書。其取之乎。抑將垂戒後世乎○蔡仲默論五刑不贖之意。曰。是穆王方有贖法。嘗見蕭望之言。古不贖刑。甚疑之。後來方省得贖刑不是古。因取望之傳看畢。曰。說得也無引證○問鄭敷文所謂甫刑之意是否。曰。便是他門都不去致那贖刑。如古之金作贖刑。只是刑之輕者。如流宥五刑之屬。皆是流竄。但有鞭作官刑。扑作教刑。便是法之輕者。故贖想見那穆王胡做。到那晚年無錢使。後撰出那般法來。聖人也是志法之變處。但是他其中論不可輕於用刑之類也有許多好說話。不可不知○唐孔氏曰。書傳引此篇語多稱甫刑者。呂侯子孫後改封甫。如詩之生甫及申。不與我戍甫。穆王時未有甫名。後人以子孫國號名之。追稱甫刑若叔虞封唐。子孫封晉。而史記作晉世家。○林氏曰。呂與甫。猶荆與楚。殷與商○王氏炎曰。此書穆王之言。而名呂刑者。呂侯爲王司寇言於王。王命之參定刑書。乃推作刑之意。以訓四方司政典刑者。故以呂刑名之

惟呂命。王享國百年。耄荒。度作刑。以詰四方

惟呂命與惟說命語意同。先此以見訓刑爲呂侯之言也。耄老而昏亂之稱。荒忽也。孟子曰。從獸無厭謂之荒。穆王享國百年。車轍馬跡遍于天下。故史氏以耄荒二字發之。亦以見贖刑爲穆王耄荒所訓耳。蘇氏曰。荒大也。大度作刑。猶禹曰予荒度土功。荒當屬下句。亦通。然

耄亦貶之之辭也孔氏曰。王享國百年。耄亂荒忽。度時世所宜。訓刑以治四方○唐孔氏曰。記云。八十九十曰耄。是耄荒爲年老。周本紀云。穆王即位。春秋已五十矣。立五十五年崩。無逸言其享國。皆謂在位之年。此乃從王生年而數。文不害意。不與彼同○新安陳氏曰。王享國百年耄荒。如舜典云。朕在位三十有二載。耄期。耳當百年耄荒之時。而能裁度作刑以詰四方。乃見其篤老而尚精明仁厚。非眞耄亂荒迷也。荒度雖有益稷語可證。然土功可言荒度。作刑何荒度之有。蔡氏只存蘇曰於下以備一說。得之矣。詰。如詰姦慝之詰○臨川吳氏曰。吕侯爲王司寇。更定贖刑新制。具載刑書。因諸侯來朝。王使吕侯以書之意告命諸侯也。穆王嗣位時。年已五十。享國百年。蓋在位五十年之後也。詰。治也。揆度作爲刑書以詰治四方也

王曰若古有訓。蚩尤惟始作亂。延及于平民。罔不寇賊鴟義姦宄奪攘矯虔

言鴻荒之世。渾厚敦龐。蚩尤始開暴亂之端。驅扇熏炙。

延及平民無不爲寇爲賊。鴟義者。以鴟張氏扈爲義。矯虔者。矯詐虔劉也。史記五帝本紀。神農世衰。諸侯侵伐。蚩尤最强暴。黄帝與蚩尤戰于涿鹿之野。殺之

苗民弗用靈。制以刑。惟作五虐之刑。曰法。殺戮無辜。爰始淫爲劓刵椓黥。越兹麗刑。并制。罔差有辭

苗民承蚩尤之暴。不用善而制以刑。惟作五虐之刑。名之曰法。以殺戮無罪。於是始過爲劓鼻刵耳椓竅黥面之法。於麗法者必刑之。并制無罪。不復以曲直之辭爲差別。皆刑之也孔氏曰。九黎之君。號曰蚩尤。爲鴟梟之義。三苗之君。習蚩尤之惡。頑凶若民。○唐孔氏曰。楚語云。少昊氏之衰。九黎亂德。顓帝受之。使復舊常。則九黎在少昊之末。非蚩尤也。楚語又云。三苗

復九黎之惡。鄭氏以苗民即九黎之後。顓帝誅九黎。至其子孫爲三國。有罪者無辭。無罪者有辭。苗民斷獄。並皆罪之。無差簡有直辭者○新安陳氏曰。蚩尤苗民。前後隔遠。不必以九黎混雜言之。二孔鄭氏之說。皆未敢信。又按呂氏謂古未有五刑。自苗民制之。然後聖人始不得已而用之。非也。舜典稱象以典刑。流宥五刑。下文方及誅四凶。三苗居一焉。蓋五刑其來久矣。豈有苗民始作五刑。舜乃效尤用之之理。鄭殺鄧析而用其竹刑。傳猶譏之。孰謂舜以三苗虐威而竄其身。乃效其虐威而用其法乎。曰作五虐之刑。曰淫爲劓刵椓黥。曰虐與淫。可見非即古之五刑。必又暴虐淫過用之。或如紂之炮烙剖心。孫皓之鑿人目剝人面之類耳。天討有罪。五刑五用。帝王二千年相承莫之能改。而謂始於苗民乎。使果創始於苗民。穆王方諄諄以苗民爲戒。乃遵用其法乎。不然必矣○臨川吴氏曰。苗民。三苗之君也。蠻獠之處。擅自長雄。雖君其國。非受天子命而爲諸侯也。其實一民而已。五虐之刑。比舊五刑更加酷虐也。曰法。非法而謂之法也。殺戮。大辟也。劓刵皆劓辟。不言剕辟者包於劓宮。或曰刖字誤爲刵也。椓。宮辟。黥。墨辟。幷制。一幷制之。不分輕重也。有辭。無罪者也。凡對獄。有罪者無辭、無罪者有辭。苗民承蚩尤之暴。不用善而制以刑。攺作五虐之、刑爲法。大辟旣施於無罪。而又過爲四者深刻之刑。凡麗於刑不分輕重而幷其制。無復簡別其無罪而有辭者

民興胥漸泯泯棼棼罔中于信以覆詛盟虐威庶戮方告無辜于上。上帝監民罔有馨香德刑發聞惟腥

泯泯昏也。棼棼亂也。民相漸染爲昏爲亂無復誠信相與反覆詛盟而已。虐政作威衆被戮者方各告無罪於天。天視苗民無有馨香德。而刑戮發聞莫非腥穢。呂氏曰。形於聲嗟窮之反也。動於氣臭惡之熟也。馨香陽也。腥穢陰也。故德爲馨香而刑發腥穢也。陳氏曰。罔中于信。信無中心出於誠信者。信不由中也。無馨香之德。而發聞者惟腥穢之虐刑。觀二始字。見蚩尤爲作亂之始。而苗民爲淫刑之

始

皇帝哀矜庶戮之不辜報虐以威遏絶苗民無世在下

皇帝舜也以書攷之治苗民命伯夷禹稷臯陶皆舜之事報苗之虐以我之威絶滅也謂竄與分比之類遏絶之使無繼世在下國

乃命重黎絶地天通罔有降格羣后之逮在下明明棐常鰥寡無蓋

重少昊之後黎高陽之後重即羲黎即和也吕氏曰治世公道昭明爲善得福爲惡得禍民曉然知其所由則不求之渺茫冥昧之間當三苗昏虐民之得罪者莫知

其端無所控訴相與聽於神祭非其鬼天地人神之典雜揉瀆亂此妖誕之所以興人心之所以不正也在舜當務之急莫先於正人心首命重黎修明祀典天子然後祭天地諸侯然後祭山川高卑上下各有分限絕地天之通嚴幽明之分烝蒿妖誕之說舉皆屏息羣后及在下之羣臣皆精白一心輔助常道民卒善而得福惡而得禍雖鰥寡之微亦無有蓋蔽而不得自伸者也○按國語曰少皥氏之衰九黎亂德民神雜揉家爲巫史民瀆齊盟禍災荐臻顓頊受之乃命南正重司天以屬神北正黎司地以屬民使無相侵瀆其後三苗復九黎

之德。堯復育重黎之後。不忘舊者使復典之唐孔氏曰。羲。是重之子孫。和是黎之子孫。司天屬神。司地屬民者。命神與天在上。民與地在下。定上下之分。使民神不雜。則祭享有度。○蘇氏曰。自苗民瀆於詛盟。人神相亂。虢之亡也。有神降于莘。即此類也。○張氏曰。傳曰國將興聽於民。將亡聽於神。三苗之俗以詛盟爲事。是聽命於神也。姦人每假神以作亂。如漢末張角謀叛。一日同起者三十六方。張魯起兵。亦以五斗米首過於神以誘人。皆是也。絕地天通。罔有降格者。絕在地之民。使人不得以妖術格在天之神。絕在天之神。使人不得假其名字以降于在地之民。○龜山楊氏曰。楊雄云南正重司天。北正黎司地。羲近重。和近黎。羲和非重黎也。近之而已。重黎司天地之官也。羲和掌日時之官也。春夏陽也。故羲近重。秋冬陰也。故和近黎。○吕氏曰。治世神怪所以不與者。只爲善惡分明。自然不求之神。亂世善惡不明。自然專言神怪。言鬼言命。○新安陳氏曰。此非專重黎之力。亦由朝之羣后及在下之衆臣。明顯明之理。使人不惑於茫昧之說。輔經常之道。使人不撓於妖怪之習。雖窮民亦無蔽蓋而不得自伸者。民心坦然無疑。而不復求之於

神。此重黎所以得舉其職也。蓋人惟昧正理，悖常道，而
後惑神怪，亂祀典。明明棐常，乃絕地天通之本也。使人
心未知顯明之理，未順彝常之經，則必惑於冥昧，撓於
怪異。重黎雖禁絕之，未易行也。惟明明棐常，人心先正，
自將求之明而不求之幽，于其常而不于其怪，絕地天
通，庶其易於絕乎。又按北正黎，或作火正黎。北字與火
字相似。又黎以北正兼火正，黎即祝融也，所以秘
註楊子云北正黎，即火正黎也。北正對南正爲是

皇帝清問下民，鰥寡有辭于苗。德威惟畏，德明惟明

清問，虛心而問也。有辭，聲苗之過也。苗以虐爲威，以察
爲明。帝反其道，以德威而天下無不畏，以德明而天下
無不明也

乃命三后，恤功于民。伯夷降典，折民惟刑。禹平水土，主名
山川。稷降播種，農殖嘉穀。三后成功，惟殷于民

恤功。致憂民之功也。典禮也。伯夷降天地人之三禮。以折民之邪妄。蘇氏曰。失禮則入刑。禮刑一物也。伯夷降典以正民心。禹平水土以定民居。稷降播種以厚民生。三后成功。而致民之殷盛富庶也。吳氏曰。二典不載有兩刑官。蓋傳聞之謬也。愚意臯陶未爲刑官之時。豈伯夷實兼之歟。下文又言伯夷播刑之迪。不應如此謬誤

夏氏曰。九州各有名山大川爲之主名。如揚州山有會稽。川曰三江之類。○臨川吳氏曰。伯。爵。夷。名。猶崇伯名禹稱伯禹也。稷封於邰。以有邰之君入爲稷官。故稱后稷。恤功。以民事爲憂也。自上教下曰降。內則曰降德于衆兆民。伯夷教民以禮。民入於禮而不入於刑。折絕斯民入刑之路也。禹爲司空治水。水由地中行而上可居九州各主有名之山川以表疆域。稷降下播種之法。三農得以豐殖其嘉穀。三后各成其事。惟務繁盛其民之

生聚降典教之也平水土安之也降播種養之也

士制百姓于刑之中以教祗德

命皋陶爲士制百姓于刑辟之中所以檢其心而教以祗德也○吳氏曰皋陶不與三后之列遂使後世以刑官爲輕後漢楊賜拜廷尉自以代非法家言曰三后成功惟殷于民皋陶不與蓋吝之也是後世非獨人臣以刑官爲輕人君亦以爲輕矣觀舜之稱皋陶曰刑期于無刑民協于中時乃功又曰俾予從欲以治四方風動惟乃之休其所繫乃如此是可輕哉呂氏曰呂刑一篇以刑爲主故歷敘本末而歸之於皋陶之刑勢不得與

伯夷禹稷雖稱言固有賓主也

穆穆在上明明在下灼于四方罔不惟德之勤故乃明于刑之中率乂于民棐彝

穆穆者和敬之容也明明者精白之容也灼于四方者穆穆明明輝光發越而四達也君臣之德昭明如是故民皆觀感動盪爲善而不能自已也如是而猶有未化者故士師明于刑之中使無過不及之差率乂于民輔其常性所謂刑罰之精華也　呂氏曰苗既過絶而猶有辭于苗蓋苗在舜世叛服不常元惡遏絶餘孼猶存或竄或分北或徂征考之書可見當時承蚩尤之弊妖誕怪神深溺人心重黎絶地天通固區別其大分矣然蠱惑之久未易遽勝伯夷復降天地人之祀典使知天地之性鬼神之德森然各有

明法。向之蠱惑消蕩不留。所謂折民于刑也。自不知本者觀之。平水播穀若所急。而降典可緩。抑不知人心不正。胥爲禽夷。雖有土安得而居。有粟安得而食。伯夷降典。先其本也。後之知道者。亦謂先神祠。然後人爲善。其旨微矣。自伯夷之典。迄臯陶之刑。制度文爲之具也。自穆穆在上。明明在下。至率乂于民棐彝。精神心術之運也。苟無其本。則前數者。不過卜祝工役農圃胥史之事耳〇新安陳氏曰。鰥寡得言其害於清問之下。其無蓋可知。表記引德威惟畏。德明惟明。繼之曰非虞帝其孰能如是乎。則皇帝爲舜明矣。夫舜不輕於用刑也。先命重黎絕地天褻瀆之禮。次首命伯夷降天地人之禮。又命禹除民害。稷與民利。夫然後始命臯陶以刑。且本之以威明之德。繼期民以祗德勤德。刑之本必主於德。而刑之用必合於中。德與中爲呂刑一篇之綱領。繼此曰惟克天德。曰以成三德。曰有德惟刑。無非以德爲本也。曰觀于五刑之中。曰中聽獄之兩辭。曰罔非在中。曰咸庶中正。曰非德于民之中。曰咸中有慶。無非以中爲用也。刑必合於中而後刑。即所以爲德。以此意讀呂刑。其庶幾乎〇陳氏雅言曰。此穆王言帝舜之世。在上者君也。而能有穆穆和敬之容。在下者臣也。而能有明明精白之容。君臣之德。充積於中。發見於外。無遠弗屆。可謂極其盛矣。是以當時之民。感慕於君臣盛德之容而能勤於德者。此不待教之而能自勉於善。畏服於士師明刑之中而能復其性者。于以見帝舜之時。不徒以刑治民。而必以德爲化民之本。初非以刑殘民。而必以刑爲輔治之法。傳所謂刑罰之精華者也

典獄。非訖于威。惟訖于富。敬忌。罔有擇言在身。惟克天德。自作元命。配享在下

訖。盡也。威。權勢也。富。賄賂也。當時典獄之官。非惟得盡法於權勢之家。亦惟得盡法於賄賂之人。言不爲威屈。不爲利誘也。敬忌之至。無有擇言在身。大公至正。純乎天德。無毫髮不可舉以示人者。天德在我。則大命自我作而配享在下矣。在下者。對天之辭。蓋推典獄用刑之

極功。而至於與天爲一者如此呂氏曰。典獄不得行其公者。非爲威脅。則爲利誘。欲威不能屈。富不能淫。惟在敬忌。無擇言在身而已○夏氏曰。行之於身。皆可言之於口。不必擇而後言。則汝之所爲。無瑕可指矣。是能與天合德。如此。則典獄之官。身雖在下。而仰合天德。如所謂配天其澤。仰當天意如所謂克享天心。謂之配享在下。豈不信哉○張氏曰。穆王戒典獄諄諄以富貨言。當時風俗衰敝可知。敬則善心生。忌則惡念滅○陳氏經曰。天德無私。威富之事絶於外。敬忌之誠存於中。此無私之天德也。死生壽夭之命。乃天以制斯人者。令典獄者。德與天一。則制生人之大命。不在天而在我矣。天能制入之大命。典獄者亦能制人之大命。豈非在下而與天配合乎。自作元命。猶言自貽哲命○新安陳氏曰。敬忌。如康誥文王之敬。忌畏忌。敬之一事也。罔有擇言也。口無擇言也。言行相表裏罔有擇言在身。併身無擇行言矣。典獄之事。天實臨之。非惟天實臨之。吾身即天也。天德克於我。則天之元命自作於我。配天澤。享天心。皆我也。配享在下。與苗之無世在下對。典獄者欲配享在下。不至如苗之無世在下。何怵於富威。而不加之敬忌乎。念念知有天在上。且知天實在吾一心中。斯爲得之○董氏鼎曰。穆王諄諄以富貨戒臣下。而五刑皆有贖。貨莫甚焉。可謂不揣其本而齊其末者矣○陳氏雅言曰。威者。法所未易加。富者人鮮能自克。虞廷典獄之官。非惟不怵于勢而心無所憚。亦且不誘於利而心無所陷。此其不徇於人也。敬者。事無敢或忽。忌者。意無敢或縱。虞廷典獄之官。旣能察其情。而心無所慢。又能愼其法。而心無所易。此其致謹於已者也。推敬畏之心。以之聽獄折辭。宜無一言之可愧。不待擇而出諸口者。無片言之少愆。備衆善而有諸身也。吾見上下之閒。彼此交契。天此心而人此心。天此理而人此理。栽培傾覆。有以見天道之至公。賞善罰惡。有以見人心之至公。或刑或宥。一出於公。則元命之作。不在天而在我也。自天工人代而言。謂之天作。自至公無私而言。謂之自作。天能制人之大命。典獄者亦能制人之大命。非克配在下者乎。天欲折民之邪妄。典獄者亦能折人之邪妄。非克享在下者乎。用刑之極功。至於與天爲一者如此。蓋能無閒於天。斯能無負於君矣。穆王之言。蓋欲當時典獄之官。取此以爲法也

王曰嗟。四方司政典獄。非爾惟作天牧。今爾何監。非時伯

夷播刑之迪。其今爾何懲。惟時苗民匪察于獄之麗。罔擇
吉人。觀于五刑之中。惟時庶威奪貨。斷制五刑。以亂無辜。
上帝不蠲。降咎于苗。苗民無辭于罰。乃絕厥世
司政典獄。漢孔氏曰。諸侯也。爲諸侯主刑獄而言。非爾
諸侯。爲天牧養斯民乎。爲天牧民。則今爾何所監懲。所
當監者。非伯夷乎。所當懲者。非有苗乎。伯夷布刑以啓
迪斯民。捨臯陶而言伯夷者。探本之論也。麗。附也。苗民
不察於獄辭之所麗。又不擇吉人。俾觀于五刑之中。惟
是貴者以威亂政。富者以貨奪法。斷制五刑。亂虐無罪。
上帝不蠲。貸而降罰于苗。苗民無所辭其罰。而遂殄滅

之也陳氏大猷曰惟吉人能總祥哀矜察刑之中理而不妄用察獄既不得其情任獄又不得其人是人與法俱弊也○新安陳氏曰此因上章言苗民及虞廷之刑而欲典獄者有所監懲也伯夷典禮而言播刑之迪實難強通或謂降典以折絕民於刑是乃伯夷播刑之道未知是否庶威奪貨蔡氏分說與上文訖威訖富相照應優於諸家不蠲不蠲貨其所爲也○陳氏大猷曰自古酷吏如郅都甯成嚴延年王温舒周興來俊臣之流未有不反中其身及其子孫者上帝不蠲而絕厥世古今一律也

王曰嗚呼念之哉伯父伯兄仲叔季弟幼子童孫皆聽朕言庶有格命今爾罔不由慰日勤爾罔或戒不勤天齊于民俾我一日非終惟終在人爾尚敬逆天命以奉我一人雖畏勿畏雖休勿休惟敬五刑以成三德一人有慶兆民賴之其寧惟永

此告同姓諸侯也。格。至也。參錯訊鞫。極天下之勞者莫
若獄。苟有毫髮怠心。則民有不得其死者矣。罔不由慰
日勤者。爾所用以自慰者。無不以日勤。故職舉而刑當
也。爾罔或戒不勤者。刑罰之用。一成而不可變者也。苟
頃刻之不勤。則刑罰失中。雖深戒之。而已施者亦無及
矣。戒固善心也。而用刑豈可以或戒也哉。且刑獄非所
恃以爲治也。天以是整齊亂民。使我爲一日之用而已。
非終即康誥大罪非終之謂。言過之當宥者。惟終即康
誥小罪惟終之謂。言故之當辟者。非終惟終。皆非我得
輕重。惟在夫人所犯耳。爾當敬逆天命。以承我一人。畏。

威古通用。威辟之也。休宥之也。我雖以爲辟。爾惟勿辟。我雖以爲宥。爾惟勿宥。惟敬乎五刑之用。以成剛柔正直之德。則君慶於上。民賴於下。而安寧之福。其永久而不替矣。

呂氏曰。慰者非得其情而喜。蓋以不弛其職自慰也。罔或戒者。必常惰而後戒。雖曰追悔。方其惰時。刑必有失其平者矣。○夏氏曰。於五刑所當重者重。無愧於三德之剛。而剛不至於太苛。所當輕者輕。無愧於三德之柔。而柔不至於太縱。介輕重之間者。無愧於三德之正直。而正直不至於偏倚。如是則足以敬迎天命矣。○新安陳氏曰。此章言刑出於天。天俾之我。故望爾逆天命以奉我。所以承天者。勤也。敬也。能勤能敬。則刑非刑也。德也。刑非刑也。福也。可不念哉。○陳氏雅言曰。今爾所以自慰者。罔不由於能勤。而不可或戒於不勤。蓋勤可也。不勤不可也。戒勤。固善也。戒不勤。不善也。然所以可勤而不可戒不勤者。誠以刑罰之原。天以齊民。而俾我有一日之用也。非終惟終。而在人無一定之罪也。蓋刑不出於我而出於天。刑不在我而在於人。

爾同姓諸侯。均有一日掌刑之責。知上天之心。惟在於以刑齊民。則無能敬逆之而不違。知我一人之心。惟在於以刑齊民。則必當有以奉承之而不慢。敬者。勤之本。勤者。敬之發。惟其用心也敬。故其臨事也勤。俾宥不可以徇君之命。敬刑惟當以成民之德。刑之用無不敬。則民之德無不成。民之德無不成。則民之亂無不齊矣。由是君受其福。民蒙其惠。福之至於永久安寧而不替。又豈非勤敬之效乎。勤敬之效。其大如此。穆王言此。蓋勉諸侯之同姓者。以勤敬爲用刑之道也

王曰吁來。有邦有土。告爾祥刑。在今爾安百姓。何擇非人。何敬非刑。何度非及

有民社者皆在所告也。夫刑。凶器也。而謂之祥者。刑期無刑。民協于中。其祥莫大焉。及。逮也。漢世詔獄所逮。有至數萬人者。審度其所當逮者而後可逮之也。曰何。曰

非問答以發其意以明三者之决不可不盡心也張氏曰此并同姓異姓諸侯而戒之○蘇氏曰罪非已造爲人所累曰及秦漢間謂之逮獄吏以株連支黨爲忠以多逮廣繫爲利漢大獄有逮萬人者國之安危運祚長短咸寄於此○新安陳氏曰刑而曰祥以好生之德寓焉擇人敬刑而謹所及則民安矣民安則刑可言祥矣○臨川吳氏曰刑而曰祥刑蓋慈良惻怛詳審謹重主之以不忍行之以不得已所以謂之祥也在今日爾諸侯欲安百姓何者當擇非人乎何者當敬非刑乎何者當揆度非及乎人謂用刑之人及謂刑之所加猶罰及爾身之及○陳氏雅言曰刑而謂之祥刑者蓋刑非所以殘民而以安民謂之祥刑可也安民之道何所擇而非人言人不可以不擇何所敬而非刑言刑不可以不敬何所度而非及言及不可以不度能擇人而後能敬刑能敬刑而後能度及三言何者設爲問辭以致其疑三言非者設爲答辭以致其决當時有邦之諸侯有土之卿大夫果能於此三者而致其擇致其敬致其度則民無不安而刑斯爲祥矣

兩造具備師聽五辭五辭簡孚正于五刑五刑不簡正于五罰五罰不服正于五過

兩造者兩爭者皆至也周官以兩造聽民訟具備者詞證皆在也師衆也五辭麗於五刑之辭也簡核其實也孚無可疑也正質也五辭簡核而可信乃質于五刑也不簡者辭與刑參差不應刑之疑者也罰贖也疑於刑則質于罰也不服者辭與罰又不應也罰之疑者也過誤也疑於罰則質于過而宥免之也張氏曰兩造非偏辭師聽非偏見一人獨聽恐聰明有不及思慮有不至必衆聽之也○呂氏曰獄辭所及故欲審度而兩造詞證復欲具備蓋不當逮者不可擾一人當逮者不可缺一人又曰古者因情而求法故有不可入之刑後世移情而合法故無不

可加之罪

五過之疵惟官惟反惟內惟貨惟來其罪惟均其審克之疵病也官威勢也反報德怨也內女謁也貨賄賂也來干請也惟此五者之病以出入人罪則以人之所犯坐之也審克者察之詳而盡其能也下文屢言以見其丁寧忠厚之至疵於刑罰亦然但言於五過者舉輕以見重也孔氏曰五過之病出入人罪使在五過罪與犯法者同○呂氏曰刑降而為罰罰降而為過然以私而故縱則又非天討也故縱之疵病有此五者又曰審者察之盡其心克者治之盡其力

五刑之疑有赦五罰之疑有赦其審克之簡孚有衆惟貌有稽無簡不聽具嚴天威

刑疑有赦正于五罰也罰疑有赦正于五過也簡核情實可信者衆亦惟考察其容貌周禮所謂色聽是也然聽獄以簡核爲本苟無情實在所不聽上帝臨汝不敢有毫髮之不盡也夏氏曰簡孚有衆即前師聽五辭五辭簡孚之意而此簡孚之法又當惟貌有稽辭或可僞而貌不可掩不正則眊有愧則泚於此稽之不得遁矣苟無可簡核則疑獄明矣此在所不必聽竟捨之可也○張氏曰具俱也謂上所言皆敬天威也○臨川吳氏曰有疑而當赦者所宜審克之推究得實者罪之當刑者也惟當更於容貌有所考察慎之至也無可推究者疑而當赦者也疑獄難明不復再聽蓋過於尋求或至誤入必受天譴天威俱所當畏故疑者不問而赦之也

墨辟疑赦其罰百鍰閱實其罪劓辟疑赦其罰惟倍閱實其罪剕辟疑赦其罰倍差閱實其罪宮辟疑赦其罰六百

鍰。閱實其罪。墨罰之屬千。劓罰之屬千。剕罰之屬五百。宫罰之屬三百。大辟之罰其屬二百。五刑之屬三千。上下比罪。無僭亂辭。勿用不行。惟察惟法。其審克之

墨。刻額而涅之也。劓。割鼻也。剕。刖足也。宫。淫刑也。男子割勢。婦人幽閉。大辟。死刑也。六兩曰鍰。閱。視也。倍二百鍰也。倍差。倍而又差。五百鍰也。屬。類也。三千。總計之也。周禮。司刑所掌五刑之屬。二千五百。刑雖增舊。然輕罪比舊爲多。而重罪比舊爲減也。比。附也。罪無正律。則以上下刑而比附其罪也。無僭亂辭。勿用不行。未詳。或曰。

亂辭。辭之不可聽者。不行。舊有是法而今不行者。戒其無差誤於僭亂之辭。勿用今所不行之法。惟詳明法意而審克之也○今按皐陶所謂罪疑惟輕者。降一等而罪之耳。今五刑疑赦而直罰之以金。是大辟宮。剕劓墨皆不復降等用矣。蘇氏謂五刑疑各入罰不降。當因古制。非也。舜之贖刑。官府學校鞭扑之刑耳。夫刑莫輕於鞭扑。入於鞭扑之刑。而又情法猶有可議者。則是無法以治之。故使之贖。特不欲遽釋之也。而穆王之所謂贖雖大辟亦贖也。舜豈有是制哉。詳見篇題 陳氏曰。此下言贖法。載於法謂之刑。加於人謂之辟。犯墨辟而情罪之可疑者。則赦之使贖其罰。則罰之納贖也。然必檢閱核實其罪。使與罰相當。不可苟也。下做此○夏氏曰。每條。必言閱實其罪。恐聽者或不詳其意。止閱實其一而忽其他。故不嫌其費辭也○孔氏曰。序五刑。先輕轉至重者。事之宜。五刑疑各入罰不降。相因古之制也。別言罰屬。合言刑屬。明刑罰同屬。互見其義○呂氏曰。墨劓所增皆輕刑。宮所損二百。大辟所損三百。皆重刑也。剕無增損。居輕重之間者也。輕罪則多於前。重罪則損於舊。觀其目。則哀矜之意固可見。觀其凡。則文勝俗弊。亦可推矣○夏氏曰。上言罰。下言刑者。罪實而加以法。謂之刑。罪疑而贖以金。謂之罰。互見其義以明刑罰之條。其數一同也。上下比罪。謂於法無此條。則上比重罪。下比輕罪。上下相比。觀其所犯當與誰同。然後定其輕重之法。如今律無明文。則許用例也。然當上下比罪之時。吏多因緣爲姦。差錯妄亂。實由以生。故又戒以不可用私意而僭差妄亂其辭。僭。謂辭在此。乃差而之彼。亂。謂辭本直。乃亂而爲曲也。惟內察以心。外合以法。內外兩盡。情法相推。惟詳審者能之○陳氏曰。三千已定之法。載之刑書者也。天下之情無窮。刑書所載有限。不可以有限之法。而盡無窮之情。又在用法者斟酌損益之。古者任人不任法。法所載者任法。法不載者參以人。上下比罪是也。以其罪而比附之上刑。則見其重。以其罪而比附之下刑則見其輕。故於輕重之閒裁酌之。然必以辭爲主。辭若僭亂。情與罪不相合。是不可行者也。當勿用其不可行之法。惟當察其情。求之法。二者合而後允當乎人情法意。是乃可行者也。在審克之而已○陳氏大猷曰。三千者。法之正條。載之刑書者也。刑如律。比如例。法有限。情無窮。三千之屬衆矣。猶不能盡天下之情罪。以此知人情無窮。而法不可獨任也。既無正律。復僭亂而無定辭將安所據依乎。且又有此例。昔嘗有之。而今不可行者矣。必無差亂其辭而妄比附。勿用今不可行之法而強比附。如漢長安賈人。與渾邪王市者。罪當死。凡五百餘人。汲黯曰。愚民安所知。市賈長安中。而文吏以爲闌出財物如邊關乎。此類乃以不可行者比附也○蘇氏曰。察。我心也。法。國法也。內合我心。外合國法。乃爲得之○唐孔氏曰。古者金銀銅鐵總號爲金。孔氏以爲黃鐵。舜典金作贖刑者。則以爲黃金。蓋古人贖罪。悉皆用銅。或稱黃金。或稱黃鐵

上刑適輕下服。下刑適重上服。輕重諸罰有權。刑罰世輕

世重惟齊非齊有倫有要

事在上刑而情適輕則服下刑舜之宥過無大康誥所謂大罪非終者是也事在下刑而情適重則服上刑舜之刑故無小康誥所謂小罪非眚者是也若謂罰之輕重亦皆有權焉權者進退推移以求其輕重之宜也刑罰世輕世重者周官刑新國用輕典刑亂國用重典刑平國用中典隨世而爲輕重者也輕重諸罰有權者權一人之輕重也刑罰世輕世重者權一世之輕重也惟齊非齊者法之權也有倫有要者法之經也言刑罰雖惟權變是適而齊之以不齊焉至其倫要所在蓋有截

然而不可紊者矣此兩句總結上意 張氏曰殺人者死此上刑也然有誤殺者此適輕也則服下刑矣鬬毆不死此下刑也然有謀殺而適不死者此適重也則服上刑矣用刑豈可不問情之輕重哉至於用罰亦當權其輕重情輕則罰亦輕情重則罰亦重以情爲權而論疑罪之輕重則罰亦當矣刑權輕重以爲上下罰權輕重以爲多少○陳氏曰罪重莫如殺人然所殺奴婢也非適輕乎罪輕莫如詬罵然所罵父兄也非適重乎上服非服最上刑比之下刑爲重耳○陳氏大猷曰刑法有權權人情而爲輕重也世輕世重權世變而爲輕重也○王氏曰情之輕重世之治亂不同則刑罰之用當異而欲爲一法以齊之則其齊也不齊以不齊齊之則齊矣惟齊非齊以不齊齊之之謂也先後有序謂之倫衆體所會謂之要○陳氏雅言曰法緣人情世變而吾斷於理而定情有故誤世有變亂刑罰之用亦當各異此齊之以權也若上罪而使之服上刑下罪而使之服下刑前世刑輕吾亦從輕前世刑重吾亦從重此惟齊也乃所以爲不齊故必以不齊齊之而後可然而雖齊之以不齊至於先後次序之倫則秩乎其不可紊衆體所會之謂要則截乎

其不可易。蓋法之或輕或重。雖原於人情世變而爲之不同。而其所以輕之重之。則皆出於理之當然。而非以已之私意爲之也。蓋自經權之異者觀之。變法以求當於人情世變者。權也。自經權之同者觀之。法雖變而能當於理者。是即經也。理通則人情世變無不通。人情世變無不通。則法無不通矣。穆王訓刑。雖在耄荒之年。而拳拳及此。猶有唐虞忠厚惻怛之意。此夫子所以猶有取於是書也

罰懲非死。人極于病。非佞折獄。惟良折獄。罔非在中。察辭于差。非從惟從。哀敬折獄。明啓刑書胥占。咸庶中正。其刑其罰。其審克之。獄成而孚。輸而孚。其刑上備。有并兩刑

罰以懲過。雖非致人於死。然民重出贖。亦甚病矣。佞口才也。非口才辯給之人。可以折獄。惟溫良長者。視民如傷者。能折獄而無不在中也。此言聽獄者當擇其人也

察辭于差者。辭非情實。終必有差。聽獄之要。必於其差而察之。非從惟從者。察辭不可偏主。猶曰不然而然。所以審輕重而取中也。哀敬折獄者。惻怛敬畏以求其情也。明啓刑書胥占者。言詳明法律。而與衆占度也。咸庶中正者。皆庶幾其無過忒也。於是刑之罰之。又當審克之也。此言聽獄者當盡其心也。若是。則獄成於下。而民信之。獄輸於上。而君信之。其刑上備。有并兩刑者。言上其斷獄之書。當備情節。一人而犯兩事。罪雖從重。亦并兩刑而上之也。此言讞獄者當備其辭也。蘇氏曰。佞。口給也。口辯者。服其口。不服其心也。從其差者察之。多得其情。○林氏曰。佞人禦人以口給。如周亞夫。詣廷尉責問。曰。君侯欲反。何也。答曰。臣所買器。乃葬器也。何謂反手。吏曰。君縱不反地上。即反地下矣。所謂佞折獄也。○張氏曰。惟良所以能折獄。以其無不在中也。○林氏曰。哀矜勿喜。即此哀敬也。哀則不忍。敬則不忽。○陳氏曰。庶者見中正之爲難。典獄者。不當自足。以爲已得中正也。輸之於上。備載罪法之輕重。事情之本末。不可缺畧。兩刑謂一人有兩罪。一罪有二法。并具上之。以聽命於上。不敢專也○陳氏大猷曰。此章首云告爾祥刑。至安百姓。言制刑之本意也。何擇至非及。言用刑之綱領也。自兩造至天威。言聽獄之節奏也。自墨辟至三千。言贖法及刑書之定目也。自上刑至有要。言用刑之權變也。自罰懲至克之。言折獄而用法也。自獄成至兩刑。言折獄而奏案也。反覆丁寧備矣

王曰。嗚呼。敬之哉。官伯族姓。朕言多懼。朕敬于刑。有德惟刑。今天相民。作配在下。明清于單辭。民之亂。罔不中聽獄之兩辭。無或私家于獄之兩辭。獄貨非寶。惟府辜功。報以

庶尤。永畏惟罰。非天不中。惟人在命。天罰不極。庶民罔有令政在于天下

此總告之也。官典獄之官也。伯諸侯也。族同族。姓異姓也。朕之於刑。言且多懼。況用之乎。朕敬于刑者。畏之至也。有德惟刑。厚之至也。今天以刑相治斯民。汝實任責作配在下可也。明清以下。敬刑之事也。獄辭有單有兩。單辭者。無證之辭也。聽之爲尤難。明者無一毫之蔽。清者無一點之汚。曰明曰清。誠敬篤至。表裏洞徹。無少私曲。然後能察其情也。亂治也。獄貨鬻獄而得貨也。府聚也。辜功猶云罪狀也。報以庶尤者。降之百殃也。非天不

中。惟人在命者非天不以中道待人。惟人自取其殃禍之命爾。此章文有未詳者。姑缺之

張氏曰。官伯。官之長。前曰自作元命。配享在下。今曰今天相民。作配在下。則獄官乃配天者也。○唐孔氏曰。襄十二年左傳云。異姓臨於外。同族於禰廟故族爲同族。姓爲異姓。獄官致富成私家。故欲無成私家於獄之兩辭。○葉氏曰。私家。私其家也。○呂氏曰。不可用私意而家于獄之兩辭。家云者。出沒變化於兩辭之中。以爲囊橐窟穴者也。貨積而罪亦積。乃所以聚汝辜罪之功狀。○陳氏大猷曰。明清以聽單辭。以中而聽兩辭。鬻獄而降罰。非天道不中。以獄乃人命生死之所在故也。苟用刑不中。而天罰不極至。則典獄無所懲戒。自此庶民無復蒙善政而在於天下矣。任刑之大本。在敬與中。用心以敬爲主。用法以中爲主。前已論之。此復提敬與中訓之。後章復申以中焉。○新安陳氏曰有德惟刑。謂有德於民者。惟此刑耳。兩辭之獄。每可容私家于獄。如君子不家於喪之家。無或以私意而求成家于獄之兩辭。天報之以庶罪。受貨而富若可喜。計貨爲罪。永可畏也。惟人在命。大槩謂獄之於人。乃性命之所在。

關繫匪輕也○臨川吳氏曰非天不中而偏罰之葢以人之爲人在於有生之命陷人命以至於死天豈容之哉若天之罰不如此其極則獄吏將無所畏恣爲深刻而施之庶民者皆酷虐之政無復有令善之政在于天下矣

王曰嗚呼嗣孫今往何監非德于民之中尚明聽之哉哲人惟刑無疆之辭屬於五極咸中有慶受王嘉師監于茲祥刑

此詔來世也嗣孫嗣世子孫也言今往何所監視非用刑成德而能全民所受之中者乎下文哲人即所當監者五極五刑也明哲之人用刑而有無窮之譽葢由五刑咸得其中所以有慶也嘉善師衆也諸侯受天子良

民善衆當監視于此祥刑。申言以結之也孔氏曰。智人用刑。有無窮之善名。○吕氏曰。中者。吕刑之綱領也。苗民罔是中者也。臯陶。明是中者也。穆王之告司政典獄。勉是中者也。末章訓迪。自中之外。亦無他説焉。今爾何所當監。豈非德於民之中乎。用刑者有意干譽。欲以德名而不足以爲德。所以爲德者。必於民之中而後可也。○或曰。非有德于民所受之中乎。民失其受中之性。我以德導之。使復其性。是我有德于民所受之中也。○夏氏曰。民受天地之中以生。未嘗不善。其陷於罪惡。非其本然也。故民曰嘉師。刑雖主於刑人。然刑姦究。所以扶善良。雖曰不祥。乃所以爲祥也。故刑曰祥刑。嘗爲之説曰。民之犯刑。無非惡也。而謂之嘉師。刑本不祥之器也。而謂之祥刑。能以惡爲嘉。以不祥爲祥。而後知用刑之道矣。○新安陳氏曰。折獄能繫屬于五刑之準則。所以皆合乎中理而有福慶也。師曰嘉師。良民也。刑曰祥刑。良法也。此申明前告爾祥刑之意。而欲其監觀于所告之祥刑也。○毅齋沈氏曰。嘗讀冏命吕刑二書。竊有感於人心之無常。操存之不易。蓋穆王一人之身。而此心凡三變焉。方其命伯冏也。既以怵惕惟厲自儆。復以格其非心責臣。

罔有不欽之訓。嗚呼欽哉之辭。其憂思深且長矣。此心不繼。血氣方盛。馭八駿而略四方。幾至亡國。前日預知儆戒者。不免躬自蹈之。逮其期頤篤老之際。度作刑以訓四方。而敬忌罔有擇言在身。惟敬五刑以成三德。與夫嗚呼敬哉之說。三四致意焉。雖周道自是而衰。然罔命之書。專主乎欽。呂刑之書。專主乎敬。心法之傳。千載猶可想也。吁。人心操捨存亡之變。抑可畏哉。○董氏鼎曰。周書未有捨文武成康而不言者。穆王命君牙伯冏既然矣。獨於訓刑之作。無一語及之。豈耄荒而遂忘其祖歟。竊意其重於贖刑。則非其家法所有。故遠取金作贖刑以爲據。孔子未定書以前。舜典猶曰夏書。序者謂訓夏贖刑。蓋本諸此。則知書序決非孔子作。贖刑亦非禹刑明矣。且舜既以五流而宥五刑矣。鞭朴之輕者。乃許以金贖。所以養其愧耻之心。而開以自新之路。曰眚災肆赦。則直赦之而已。穆王乃以刑爲致罪。以罰爲贖金。既謂五刑之疑有赦。而又曰其罰若干鍰。則雖在疑赦。皆不免於罰。贖五刑盡贖。非鬻獄乎。自是有金者雖殺人可以無死。而刑者相半於道。必皆無金者也。中正安在哉。然不見斥於孔子。則猶拳拳於哀矜畏懼。雖越先王之良法。而美意尚存歟。

文侯之命

幽王爲犬戎所殺。晉文侯與鄭武公迎太子宜白立之。是爲平王。遷於東都。平王以文侯爲方伯。賜以秬鬯弓矢。作策書命之。史録爲篇。今文古文皆有

呂氏曰。此篇作於東遷之初。可以上。可以下。由此而上。爲成康爲文武。由此而下。爲春秋爲戰國。乃世道消長升降之交會也。使平王能復文武成康之遺澤。則可以繼二帝三王之盛。天下無復有春秋戰國矣。惟平王止於苟且因循。自然降爲列國。夫子編此書於二帝三王之後者。深惜平王不能推文武之餘澤。而流爲春秋戰國也。法語舊典。尚有一二未泯。而陵遲頽墮之意。已見於辭命間。學者當審察而明辯也。○夏氏曰。古之謂書。自此篇以下。無復王者之誥命。然此乃平王初年書錫命文侯。猶有天子之權。苟能自是振刷。周道亦未至盡墜。奈何至魯隱初在位且五十年。竟以不

振。故孔子託始隱公而春秋作焉。書終文侯之命。孔子猶有望於平王。春秋始於隱公。孔子蓋絶望於平王也。○新安陳氏曰。此書畧無立志。全不以綱常雠恥爲務。其戍許戍申之師。歸惠公仲子之賵。雖於詩與春秋而見其兆。已於不能善始之書先見矣。幽王之禍。始於嬖褒姒。而夫婦之綱紊。繼於逐宜臼。而父子之綱淪。成於昭申侯犬戎叛弑而君臣之綱掃地。平王親罹其禍。俱襲其失。夏氏謂春秋始於隱公。夫子始絶望於平王。吾謂書終於文侯之命。夫子蓋已不滿於平王云

王若曰。父義和。丕顯文武。克慎明德。昭升于上。敷聞在下。惟時上帝集厥命于文王。亦惟先正克左右昭事厥辟。越小大謀猷。罔不率從。肆先祖懷在位。

同姓故稱父。文侯名仇。義和其字。不名者尊之也。丕顯者。言其德之所成。克謹者言其德之所修。昭升敷聞言

其德之所至也。文武之德如此，故上帝集厥命於文王。亦惟爾祖父能左右昭事其君，於小大謀猷無敢背違，故先王得安在位。

張氏曰：天子同姓稱伯父叔父。今曰父，親之之甚。平王將言已無耆壽俊之助，故先言先王得先正之助也。○臨川吳氏曰：文武之德，昭明而上升于天，廣布而下聞于民，惟以是之故，天集其命于文王之身。周家之命，集於文王，定於武王。故集命則以文王言，明德則兼文武言。先正，文武之臣也，能於左右昭事其君，及小大謀猷之事，皆率循從順，以此貽後，故文武而下諸君爲平王之祖者，得以安於其位也。

嗚呼！閔予小子，嗣造天丕愆，殄資澤于下民，侵戎我國家純。即我御事，罔或耆壽俊在厥服，予則罔克。曰惟祖惟父，其伊恤朕躬。嗚呼！有績予一人，永綏在位。

歎而自痛傷也。閔。憐也。嗣造天丕愆者。嗣位之初。爲天所大譴。父死國敗也。殄。絕。純。大也。絕其資用惠澤於下民。本既先撥。故戎狄侵陵。爲我國家之害甚大。今我御事之臣。無有老成俊傑在厥官者。而我小子又材劣無能。其何以濟難。又言諸侯在我祖父之列者。其誰能恤我乎。又歎息言有能致功予一人。則可永安厥位矣。蓋悲國之無人。無有如上文先正之昭事。而先王得安在位也

呂氏曰。殄資澤于下民。如所謂喪亂蔑資。曾莫惠我師。蓋推本禍亂所由。邦本既先撥也。百圍之木。膏液內涸。然後風得而拔之。未有斯民資澤未殄而戎狄能乘之者也。無競維人。周室所以不競。又以無人之故。下民之殄資澤。既爲致亂之本。厥服之無耆俊。又乏拯亂之助。平王之失。大抵求於人者重。而自任者輕。徒

延頸企踵以望諸侯之助。而不思反身以自強。燕昭。小國之君耳。慨然有復讎之志。而士爭趨之。平王豈可以罔或者壽俊在厥服而但已哉○張氏曰。永綏在位。對上文先祖懷在位而言。平王惟自幸永安其位。卑卑以位爲樂。奄然無氣如此。其無有爲之志可見矣。哀哉

父義和。汝克昭乃顯祖。汝肇刑文武。用會紹乃辟。追孝于前文人。汝多修扞我于艱。若汝予嘉

顯祖文人。皆謂唐叔。即上文先正昭事厥辟者也。後罔或耆壽俊在厥服。則刑文武之道絕矣。今刑文武自文侯始。故曰肇刑文武。會者合之而使不離。紹者繼之而使不絕。前文人。猶云前寧人。汝多所修完扞衛我于艱難。若汝之功。我所嘉美也　孔氏曰。戰功曰多○薛氏曰。刑與詩言儀刑文王同

王曰父義和其歸視爾師寧爾邦用賚爾秬鬯一卣彤弓一彤矢百盧弓一盧矢百馬四匹父往哉柔遠能邇惠康小民無荒寧簡恤爾都用成爾顯德

師衆也黒黍曰秬釀以鬯草卣中尊也諸侯受錫命當告其始祖故賜鬯也彤赤盧黒也諸侯有大功賜弓矢然後得專征伐馬供武用四匹曰乘侯伯之賜無常以功大小爲度也簡者簡閲其士恤者惠恤其民都者國之都鄙也○蘇氏曰予讀文侯篇知東周之不復興也宗周傾覆禍敗極矣平王宜若衛文公越句踐然今其書乃旋旋焉與平康之世無異春秋傳曰厲王之禍諸

侯釋位以間王政。宣王有志而後効官。讀文侯之命。知平王之無志也。愚按史記幽王娶於申。而生太子宜臼。後幽王嬖褒姒。廢申后去太子。申侯怒與繒西夷犬戎。攻王而殺之。諸侯即申侯而立故太子宜臼。是爲平王。平王以申侯立已爲有德。而忘其弑父爲當誅。方將以復讎討賊之衆。而爲戍申戍許之舉。其忘親背義得罪於天已甚矣。何怪其委靡頹墮而不自振也哉。然則是命也。孔子以其猶能言文武之舊而存之歟。抑亦以示戒於天下後世而存之歟張氏曰。文侯。平王腹心之臣也。當如周公留相朝廷。而侯其子如伯禽。與之圖復國讎。可也。乃使之歸視爾師。寧爾邦。其志可知。可謂不知輕重者矣○或曰。平王賚文

矣以秬鬯得非用成王寧周公故事歟至襄王賜晉文
公弓矢傳曰平禮也則又接此爲故事矣○呂氏曰周
終於東周蓋於此書見之東遷之初大讎未報王畧未
復正君臣卧薪嘗膽之秋也奔亡之餘僅得苟安乃釋
然遽自以爲足曰歸視爾師寧爾邦兵已罷矣曰用賚
爾秬鬯一卣彤弓一彤矢百盧弓一盧矢百馬四匹功
已報矣曰往哉柔遠能邇惠康小民無荒寧告以平世
之政軍旅不復講矣曰簡恤爾都勉以本邦之治王室
無復事矣嗚呼周其終於東乎○林氏曰書於呂刑之
下有文侯之命費誓秦誓三篇竊意周太史所藏典謨
訓誥誓命之文纔至呂刑而止自時厥後歷幽厲之亂
簡編不接其間如宣王中興會諸侯復境土任賢使能
南征北伐錫命韓侯申伯用張仲仲山甫其時大誥命
多矣乃無一篇見於書意宣王之書必失亡於東遷之
亂孔子既取周太史所藏斷自堯典至于呂刑而於列
國復得命誓三篇遂取而附益於其後按左傳鄭子産
曰鄭書有之曰安定國家必大焉先大學舉楚書曰楚
國無以爲寶惟善以爲寶是知春秋之世列國皆有書
夫子周流遍觀而於晉得文侯之命於魯得費誓於秦
得秦誓故以附于帝王書之末歟○葵初王氏曰孔子

西見趙簡子及河而反。又西行不到秦。則文侯之命與秦誓未必於晉於趙得之也。不知林說何據○董氏鼎曰。此篇書體與微子之命。蔡仲之命同。其事則彼爲封建。此爲錫賚耳。平王。幽王子。宣王孫。宣王承厲王之後修車馬。備器械。復會諸侯於東都。而周室爲之中興。幽王繼之荒淫失道。爲犬戎所殺。平王苟能赫然發憤。率天下諸侯。以報不共戴天之讎。則諸侯必有能敵王所愾。而中興之功烈。可以增光於乃祖矣。不知務此。東遷于洛。惟晉焉依。自幸於苟偷。而不復念及君父。自安於卑陋。而不思興復王室。此所以詩自黍離。列爲國風。而春秋始於平王。則以王政自是不綱矣。文侯非有方叔召虎之功。平王所以深嘉之者。不過曰汝多修扞我于艱耳。不知昭顯祖刑文武而紹乃辟者。果若先正之克左右昭事厥辟否乎。方當戡亂之際而使之歸。方當圖治之時而遣之往。賚以秬鬯。錫以弓馬。果何謂哉。拳拳於爾師爾邦爾都。而置我君我父我王家於不問。是可忍。孰不可忍。而夫子猶錄其書者。尚以其能錫命諸侯。文武之遺澤未泯。特平王自不振耳

費誓

費地名。淮夷徐戎並起爲寇。魯侯征之。於費誓衆故以費誓名篇。今文古文皆有○呂氏曰。伯禽撫封於魯。夷戎妄意其未更事。且乘其新造之隙。而伯禽應之者。甚整暇有序。先治戎備。次之以除道路。又次之以嚴部伍。又次之以立期會先後之序。皆不可紊。又按費誓秦誓。皆侯國之事。而繫於帝王書末者。猶詩之録商頌魯頌也 朱子曰。費誓秦誓。亦皆有說不行。不可曉處○孔氏曰。費。魯東郊地名。伯禽爲方伯。監七百里諸侯。帥之以征諸侯之事而連帝王。孔子序書。以魯有治戎征討之備。秦有悔過自誓之戒。足爲世法。故録以備王事。猶詩録商魯之頌○唐孔氏曰。伯禽於成王即政元年。始就封於魯。禮諸侯不得專征伐。惟州牧於當州之內有不順者。得專征之。記明堂位云。封周公於曲阜。地方七百里。孔意以周之大國不過百里。云七百里者。監七百里之諸侯耳。下云魯人三郊三遂。指言魯人。明於時軍內更有諸侯之人也○蘇氏曰。費在東海郡。後爲季氏邑。國外十里爲郊。費非魯東郊。當時治兵於費也○張氏沂曰。逸書成王政之序言成王東伐淮夷。唐孔引費誓序。言王伐淮夷。魯伐徐戎。然則魯侯乃佐王征討也○蔡氏元度曰。魯侯。蓋承王命率諸侯以征徐戎。故曰。我惟征徐戎。征者。上伐下也。言征。非承王命故耶○張氏震曰是書詳於自治而畧於治人。有志於征守而無志於戰。王者之兵也。故孔子取之○吕氏曰徐戎淮夷。世爲周患。武王崩。三監及淮夷叛。載於大誥。命召公平淮夷。載於江漢。徐方繹騷。載於常武。自成王至宣王。每有叛亂。朝廷爲之揺動。非小寇也。禹之家學。見於甘誓。周公之家學。見於費誓。啟之嗣位。騶當有扈之變。伯禽就封。騶當徐夷之變。觀其誓師曲折纖悉。若老於行陣者。是以知禹周公之家學。蓋本末具舉而無所遺也

公曰。嗟。人無譁聽命。徂茲淮夷。徐戎並興

漢孔氏曰。徐戎淮夷並起寇魯伯禽爲方伯。帥諸侯之師以征。歎而敕之使無喧譁。欲其靜聽誓命。蘇氏曰。淮夷叛已久矣。及伯禽就國。又脅徐戎並起。故曰徂茲淮夷徐戎並興。徂茲者。猶曰往者云

善敹乃甲冑。敿乃干。無敢不弔。備乃弓矢。鍛乃戈矛。礪乃鋒刃。無敢不善

敹。縫完也。縫完其甲冑。勿使斷毀。敿。鄭氏云猶繫也。王肅云敿楯當有紛繫持之。弔。精至也。鍛。淬礪磨也。甲冑。所以衛身。弓矢戈矛。所以克敵。先自衛而後攻人。亦其

序也孔氏曰善簡汝甲鎧冑兜鍪施汝楯紛○唐孔氏曰世本云少康子杼作甲兜鍪首鎧也經典皆言甲冑秦世以來始有鎧兜鍪之文古作甲用皮秦漢以來用鐵鎧鍪二字皆從金蓋用鐵爲之鄭云斁謂穿徹之謂甲繩有斷絕當使斁理穿治之楯紛如綬而小繫紛於楯以爲飾備訓具每弓百矢弓十矢千使其數備足毛傳云五十矢爲束或臨戰用五十矢爲束凡金爲兵器皆須鍛礪有刃之兵非獨戈矛其文互相通

今惟淫舍牿牛馬杜乃擭斂乃穽無敢傷牿牿之傷汝則有常刑

淫大也牿閑牧也擭機檻也斂塞也師既出牛馬所舍之閑牧大布於野當窒塞其擭穽一或不謹而傷閑牧之牛馬則有常刑此令軍在所之居民也舉此例之凡川梁藪澤險阻屛翳有害於師屯者皆在矣此除道路

之事唐孔氏曰既言牛馬在牿遂以牿爲牛馬之名禮冥氏掌爲穽擭擭以捕虎豹穽地爲深坑又設機其上防其躍而出也穽以捕小獸穿地爲深坑入必不能出其上不設機也穽以穿地爲名擭以得獸爲名擭亦設於穽中但穽不設機爲異耳杜欽皆閉塞之義○張氏曰牛馬爲車戰及負載之用

馬牛其風臣妾逋逃勿敢越逐祗復之我商賚汝乃越逐不復汝則有常刑無敢寇攘踰垣墻竊馬牛誘臣妾汝則有常刑

役人賤者男曰臣女曰妾馬牛風逸臣妾逋亡不得越軍壘而逐之失主雖不得逐而人得風馬牛逃臣妾者又當敬還之我商度多寡以賞汝如或越逐而失伍不復而攘取皆有常刑有故竊奪踰垣墻竊人牛馬誘人

臣妾者。亦有常刑。此嚴部伍之事唐孔氏曰。左傳風馬牛不相及。賈逵云。風。放也。牝牡相誘謂之風○蘇氏曰。軍亂生於動。故軍以各居其所。不動爲法○呂氏曰。自古喪師。每因剽掠失部伍。爲敵所乘。本部不敢離局。他部不敢匿姦。何潰亂之憂

甲戌。我惟征徐戎。峙乃糗糧。無敢不逮。汝則有大刑。魯人三郊三遂。峙乃楨榦。甲戌。我惟築。無敢不供。汝則有無餘刑。非殺。魯人三郊三遂。峙乃芻茭。無敢不多。汝則有大刑。

甲戌。用兵之期也。峙。儲備也。糗。糧食也。不逮。若今之乏軍興。淮夷徐戎並起。今所攻獨徐戎者。蓋量敵之堅瑕緩急而攻之也。國外曰郊。郊外曰遂。天子六軍。則六鄉六遂。大國三軍。故魯三郊三遂也。楨榦。板築之木。題曰

楨牆端之木也。旁曰榦。牆兩邊障土者也。以是日征。是
日築者。彼方禦我之攻。勢不得擾我之築也。無餘刑非
殺者。刑之非一。但不至于殺爾。芻茭。供軍牛馬之用。軍
以期會芻糧爲急。故皆服大刑。楨榦芻茭獨言魯人者。
地近而致便也 夏氏曰。不言淮夷。蓋前已言之。○唐孔
氏曰。周禮萬二千五百人爲軍。一家出
一人。三鄉爲一軍。天子六軍。出自六鄉。則諸侯大國三
軍。亦出自三鄉也。諸侯之制。亦當鄉在郊內。遂在郊外。
此云三郊三遂。三郊。謂三鄉也。○林氏曰。此所謂三遂
意若指魯之三軍。故説者多引以爲魯有三軍之證。然
苟指魯之軍制言。謂之三鄉三遂則可。謂之三郊則不
可。蓋國必有四郊。郊外爲遂。其曰三郊三遂。蓋夷戎爲
寇。東郊正受敵處。故使此郊之民。專意於攻守。而調發
儲峙。則使西南北。三郊三遂之民。蓋取給於不受敵之
地也。○李氏杞曰。常刑。刑有定名者也。大刑。死刑也。無
餘刑。刑之不至於死也。○臨川吳氏曰。峙糗糧不言魯

人。蓋伯禽爲侯伯。監七百里内諸侯。率以同征。糧食當自賫持。蓋統告諸侯在會之人也。楨榦芻茭非遠國所能自賫。故責之魯人也。芻茭所以供牛馬。若不繼則牛馬饑疲。故亦服死刑也。○董氏鼎曰。此國史所書。而孔子存之於帝王之後者。以周禮猶在魯也。雖一時禦敵。未足以盡魯侯之美。而國之大事。在祀與戎。於此而盡其心。則他可知矣。即此一事。而本末先後輕重緩急。井然有條。規模整暇。魯侯其賢矣哉

秦誓

左傳。杞子自鄭使告于秦曰。鄭人使我掌其北門之管。若潛師以來。國可得也。穆公訪諸蹇叔。蹇叔曰。不可。公辭焉。使孟明西乞白乙伐鄭。晉襄公帥師敗秦師于殽。囚其三帥。穆公悔過。誓告群臣。史録爲篇。今文古文皆有春秋僖公三十二年。晉人及姜戎敗秦于崤。○胡氏

安國傳曰。書序專取穆公悔過。主於勸善。其詞恕春秋備書秦晉用兵之失。兼於懲惡。其法嚴。故人晉君而以狄視秦也○王氏炎曰。書之所取。取其知悔。春秋之所貶。貶其悔而不改。過而不改。春秋不得赦其罪。悔過美意。書亦不得廢其言○李氏杞曰。春秋敗崤之後。復有彭衙濟河之師。初亦徒悔耳。徒悔不改。穆公所以僅爲穆公也。夫子於書取其一念之悔。而於春秋責其遂非之失。一寬一嚴。意各有主○陳氏實曰。夫子存二誓於魯以著伯禽之是。於秦以著穆公之非。伯禽之時。其征徐戎。奉王命以討亂華。大義也。襲杞之役。無王擅兵。雖敗而自悔。其心終在於報怨。夫子於書以秦誓終。以見周室之不復振也。夏書終於胤征。商書終於西伯戡黎。而周書終於秦誓。其旨一也○新安陳氏曰。此篇乃初喪師懲悔之辭。未幾再用三用孟明。與晉連兵。易世不止。殊與誓中悔過初意相反。安在其能悔過也

公曰。嗟。我士。聽無譁。予誓告汝群言之首

首之爲言第一義也將舉古人之言故先發此

古人有言曰民訖自若是多盤責人斯無難惟受責俾如流是惟艱哉

訖盡盤安也凡人盡自若是多安於徇己其責人無難惟受責於人俾如流水畧無扞格是惟難哉穆公悔前日安於自徇而不聽蹇叔之言深有味乎古人之語故舉爲誓言之首也　朱子曰民訖自若是多盤想只是說人情多要安逸之意

我心之憂日月逾邁若弗云來

已然之過不可追未來之善猶可及憂歲月之逝若無復有來日也　夏氏曰若弗云來憂改過之無日也如日月逝矣歲不我與

惟古之謀人。則曰未就予忌。惟今之謀人。姑將以爲親。雖則云然。尚猷詢茲黃髮。則罔所愆。

忌疾。姑且也。古之謀人。老成之士也。今之謀人。新進之士也。非不知其爲老成。以其不就已而忌疾之。非不知其新進。姑樂其順便而親信之。前日之過雖已云然。然尚謀詢茲黃髮之人。則庶罔有所愆。蓋悔其既往之失。而冀其將來之善也 孔氏曰。古之謀人。謂蹇叔等。以來就我所欲反忌之○唐孔氏曰。今之謀人。謂杞子等

番番良士。旅力既愆。我尚有之。仡仡勇夫。射御不違。我尚不欲。惟截截善諞言。俾君子易辭。我皇多有之。

番番老貌仡仡勇貌截截辯給貌諞巧也皇遑通旅力旣愆之良士前日所詆蹇叔者我猶庶幾得而有之射御不違之勇夫前日所誇過門超乘者我庶幾不欲用之勇夫我尚不欲則辯給善巧言能使君子變易其辭說者我遑暇多有之哉良士謂蹇叔勇夫謂三帥諞言謂杞子先儒皆謂穆公悔用孟明詳其誓意葢深悔用杞子之言也

葉氏曰番番如世稱皤然○王氏十朋曰番番與申伯番番同仡仡與崇墉仡仡同○陳氏大猷曰旅膂通脊骨也不違中度無失也○王氏炎曰巧言變亂是非君子仁而不佞往往爲其所奪故易辭○新安陳氏曰穆公悔過不力改過不勇已可窺其微意於辭氣之間曰尚猷曰尚有之尚不欲當謀急謀當有急有當不欲急不欲何以尚爲朱子訓過勿憚改謂有過當速改不可畏難而苟安三味

尚之一辭。優游緩慢。宜其悔用孟明。而卒用之。悔不用蹇叔。而卒不用也。正如隱公欲傳桓。營菟裘。而曰吾將授之矣。吾將老焉。當授即授。當老即老。豈容有所謂將者乎。二公之遂非速禍。可於尚與將之辭覘之

昧昧我思之。如有一介臣。斷斷猗無他技。其心休休焉。其如有容。人之有技。若已有之。人之彥聖。其心好之。不啻如自其口出。是能容之。以保我子孫黎民。亦職有利哉

昧昧而思者。深潛而靜思也。介。獨也。大學作箇。斷斷。誠一之貌。猗。語辭。大學作兮。休休。易直好善之意。容。有所受也。彥。美士也。聖。通明也。技。才。聖。德也。心之所好。甚於口之所言也。職。主也。陳氏大猷曰。惟無技。能容人之技。其無技而休休有容。所謂不可小知而可大受也。曰。其如有容。莫測其限量。而難乎形容也。心之好。不啻如口之稱。口之稱美有限。心之好慕無

窮。此其好有德之眞切。又甚於視有才者之若已有矣。是眞實能容。非勉强也。好善之利。流澤無窮。亦職有利。即孟子所謂好善優於天下。况魯國乎之意○陳氏雅言曰。穆公意謂大臣之道。不貴乎用一已之能。而在於容天下之善。如有一介臣。斷斷兮無他技能。而休休焉有容人之量。蓋惟無善於已。而後能容人之善。故於人之有技。則視彼之才。若有於已。而在人之能。無異於在已之能也。於人之彦聖。則好彼之德。誠發於心。而在心之好。有甚於在口之好也。若已有之。則人已一致。而無彼此之殊。其心好之。則心口一致。而無表裏之異。是非眞能有容人之量者乎。人君於此。能得是臣而用之。則必能廣致羣賢以圖治功。子孫者。我之子孫也。而是人也能保之。蓋尊其成憲。被其餘澤。子孫之利。莫大於此也。黎民者。我之黎民也。而是人也能保之。蓋樂其政教。安其田里。而黎民之利。亦莫大於此也。一已之技能爲有限。而天下之才德爲無窮。大臣惟不用已而用人。故善之集國者衆。而福之集國者遠也

人之有技。冒疾以惡之。人之彦聖。而違之俾不達。是不能

容。以不能保我子孫黎民。亦曰殆哉

冒。大學作媢。忌也。違。背違之也。達。窮達之達。殆。危也。蘇氏曰。至哉穆公之論此二人也。前一人似房玄齡。後一人似李林甫。後之人主。監此足矣 新安陳氏曰。此章大學平天下之傳引之其形容能容不能容者之情狀利害。可謂至言。宜孔子定書不能廢其言也

邦之杌隉。曰由一人。邦之榮懷。亦尚一人之慶

杌隉。不安也。懷。安也。言國之危殆。繫於所任一人之非。國之榮安。繫於所任一人之是。申繳上二章意 張氏曰。杌。如木之動搖。隉。如阜之圮壞 ○新安陳氏曰。國之安危。繫所用一人之是非。是。如上所稱有利。非。如上所稱殆哉。本孔註。即老蘇管仲論。一國以一人興。以一人亡之意。結上文兩節有照應 ○張氏九成曰。孔子深意若曰。平王

錫文侯而言不及復讎王道不可望也得如伯禽之用兵庶幾於王道矣又得如秦穆之悔過亦庶幾於王道矣取魯秦以補王道所以深痛王道之不復興也夫國風始於平王春秋始於平王王道終於平王而以秦魯補之則平王之罪可勝言哉天下之讎莫大於弒君父天下之惡莫大乎安於爲弒逆者所立事至於此王道絕矣夫子之意謂使平王用兵得如伯禽申侯犬戎庶可誅乎使平王悔過得如秦穆懲創用賢周家庶其中興乎今皆無之故痛憤而以伯禽穆公繼其後也以謂如此二人猶勝於平王也○宋氏曰秦有誓而書亡魯有頌而詩絕謂魯不風而頌○龜山楊氏曰或謂秦誓聖人專以其悔過而取之非也書之有二誓以志帝王之誥命於是絕也聖人以恕待人於人之有過而悔嘉之可也如但以悔爲是而不問其改與不改則改過者鮮矣故聖人於人不徒嘉其悔又欲其改且殺人至於被刑未有不悔者使殺人而不必死其肯悔乎戰不敗秦自以爲功矣何以知之以濟河之師知之也濟河之師何義哉○朱氏養吾曰或謂周書終於文侯之命而以秦誓附焉蓋世變往來之會王霸升降之機書終文侯之命而王迹熄書附秦誓而霸圖興周遷洛邑而周

日弱。秦得鎬京而秦日强。讀文侯之命。見平王之忘君父。忘讎耻也如此。讀秦誓見穆公之欲改過遷善。任賢去邪也如此。周欲不弱。秦欲不强。得乎。平王之詩下儕列國。而秦車鄰附見焉。平王之書。續以列國。而秦誓附終焉。進秦於詩書之末。以警周也。春秋之筆。於秦每人之。又且狄之。又以尊周也。天下之勢駸駸而趨於秦。夫子得不見其幾微於定書删詩作春秋之際乎○董氏鼎曰。此亦國史所録。孔子定書。斷自唐虞以下。訖于周。而周又訖于秦。蓋取其悔過也。自非聖人誰能無過。過而能悔。悔而能改。善之善者也。太甲悔而聽伊尹之訓。成王悔而迎周公以歸。不然。敗度敗禮。成湯之業隳矣。内詛外訌。文武之基墜矣。悔過之功。豈不大哉。成康以後。昭王以南征不復。而穆王繼之。復拒祭公之諫。肆後心而行天下。不知悔者也。宣王中興。幽王爲犬戎所弑。而平王繼之。不報君父之讎。思小惠而忘大耻。不知悔者也。君者。天下之主也。心者。人君之主也。君心如此。天下何賴哉。秦穆輕信杞子逢孫楊孫之謀。固違蹇叔之諫。至於喪師辱國。而悔過之誓作焉。使有天下國家者。皆如其知過而能悔。又必自知悔而能改。則雖以挽回三代之治。亦何難哉。惜乎穆公徒悔而不能改也。然夫

子之微意。讀書者

可以深長思矣

書傳大全卷之十

書序

漢劉歆曰。孔子脩易序書。班固曰。孔子纂書凡百篇而爲之序。言其作意。今攷序文。於見存之篇。雖頗依文立義。而識見淺陋。無所發明。其間至有與經相戾者。於已亡之篇。則依阿簡畧。尤無所補。其非孔子所作明甚。顧世代久遠。不可復知。然孔安國雖云得之壁中。而亦未嘗以爲孔子所作。但謂書序。序所以爲作者之意。與討論墳典等語。隔越不屬。意亦可見。今姑依安國壁中之舊。復合序爲一篇。以附卷末。而疏其可疑者於下云

昔在帝堯聰明文思光宅天下。將遜于位。讓于虞舜作堯

典

聰明文思欽明文思也光宅天下光被四表也將遜于
位讓于虞舜以虞書也作者追言作書之意如此也朱子
曰小序多可疑堯典一篇自是說堯一代爲治之次第
至讓于舜方止今却說是讓于舜後方作舜典亦是說
一代政事之始終却說歷試諸難是爲要受讓而作也
○芸閣呂氏曰宅謂居而有之光宅天下猶言光有天
下○碧梧馬氏曰此所謂書序也林少穎謂昔在者篇
首起語之辭書序自爲一篇故以昔在帝堯起於篇首
如孔子序云古者伏羲氏之王天下也今按堯典之後
接舜典則曰虞舜側微堯聞之聰明將使嗣位歷試諸
難作舜典接禹謨則曰皋陶矢厥謨禹成厥功帝舜申
之作大禹皋陶謨益稷益足證古序自爲一篇而相續
之辭如此蓋史氏舊文也又按維昔黃帝法天則地四
聖遵序各成法度唐堯遜位虞舜不台厥美帝功萬世
載之作五帝本紀第一此太史公五帝本紀序傳之文
與今書序堯典之說一也是皆古策書史官之序語如

此今史記序傳
亦自爲一篇

虞舜側微堯聞之聰明將使嗣位歷試諸難作舜典

側微微賤也歷試徧試之也諸難五典百揆四門大麓之事也今按舜典一篇備載一代政治之終始而序止謂歷試諸難作舜典豈足以盡一篇之義

帝釐下土方設居方別生分類作汩作九共九篇槀飫

漢孔氏曰言舜理四方諸侯各設其官居其方生姓也別其姓族分其類使相從也汩治作興也言治民之功興也槀勞飫賜也凡十一篇亡今按十一篇共只一序如此亦不可曉朱子曰方設居方逐方各設其居之道九共九篇劉侍讀以共爲丘言九丘也

劉原父云古文丘共相近誤爲共○問張子以別生分類爲明庶物察人倫恐未安曰書序本無證據今引來解說更無理會了○唐孔氏曰凡此皆不見其經暗射無以考中孔氏順其文爲傳耳是非不可知也他皆倣此○葉氏曰別生因生以賜姓也分類胙土以命氏也故禹平水土後亦曰錫土姓○陳氏經曰隨方別居方之法如所謂量地制邑度地居民○新安陳氏曰

按亡書序尤不可强解姑存舊說耳餘並倣此

皐陶矢厥謨禹成厥功帝舜申之作大禹皐陶謨益稷

矢陳申重也序書者徒知皐陶以謨名禹以功稱而篇中有來禹汝亦昌言與時乃功懋哉之語遂以爲舜申禹使有言申皐陶使有功其淺近如此而不知禹昌嘗無言皐陶昌嘗無功是豈足以知禹皐陶之精微者哉

朱子曰大禹謨序帝舜申之序者之意見書中皐陶陳謨了帝曰來禹汝亦昌言故先說皐陶矢厥謨禹成厥

功。帝又使禹亦陳昌言耳。今書序固不能得書意。後來說書者。又不曉序者之意。只管穿鑿求巧妙耳。帝舜申之之說。亦嘗疑之。既而考其文。則此序乃三篇之序也。皋陶矢厥謨。即謂皋陶謨篇也。禹成厥功。即謂大禹謨篇也。陳九功之事。故曰成厥功也。申。重也。帝舜因皋陶陳九德而禹俞之。因復申命禹曰來禹。汝亦昌言。而禹遂陳益稷篇中之語。此一句序益稷篇也。以此讀之。文意甚明。不煩生意。小序不是漢人作。只是周秦間低手人作。然後人亦自理會他本義未得。且如禹謨序申重也。序者本意。先說皋陶後說禹謂舜欲令禹重說。故將申字繫禹字。蓋伏生書以益稷合於皋陶謨。而思曰贊贊襄哉。與帝曰來禹汝亦昌言相連。申之二字。便是見舜令禹重言之意。此是序者本意。今人都不如此說。說得雖多。皆非其本意也。

禹別九州。隨山濬川。任土作貢。

別。分也。分九州疆界是也。隨山者。隨山之勢。濬川者。濬川之流。任土者。任土地所宜而制貢也。呂氏曰。先別九州。使疆界既定。

水乃可治。隨山有兩說。一謂水源皆出於山。山脉與水脉通。隨山即所以導水。一謂隨山開道。以觀水勢而治之。隨山濬川。見禹之智。任土作貢。見禹之仁。○陳氏大猷曰。隨與任。所謂行其所無事也。隨其土之所有而不責其所無。是謂任土

啓與有扈戰于甘之野。作甘誓

經曰大戰于甘者。甚有扈之辭也。序書者宜若春秋筆。然春秋桓王失政。與鄭戰于繻葛。夫子猶書王伐鄭。不曰與。不曰戰者。以存天下之防也。以啓之賢征有扈之無道。正禮樂征伐自天子出也。序書者曰與曰戰。若敵國者。何哉。孰謂書序爲夫子作乎

太康失邦。昆弟五人須于洛汭。作五子之歌

經文已明。此但疣贅耳。下文不註者放此 碧梧馬氏曰。五子作歌之由。史臣元載詳矣。書序本自爲一篇。安國引以各冠篇首。予謂如湯誓大誥等。初未嘗言所作之意。而引序以冠之。此爲得體。否則安知是篇何自而作乎。至五子歌旅獒之類。復加以序。則爲贅矣。所冠之序。是非蓋相半也。○董氏鼎曰。五子作歌。可也。作五子之歌者。又誰歟

羲和湎淫。廢時亂日。胤往征之。作胤征

以經攷之。羲和蓋黨羿惡。仲康畏羿之强。不敢正其罪而誅之。止責其廢厥職荒厥邑爾。序書者不明此意。亦曰湎淫廢時亂日。亦有所畏而不敢正其罪耶 或曰。羲和至夏合爲一官。廢時。失分至之節。亂日。紊甲乙之序

自契至于成湯八遷。湯始居亳。從先王居。作帝告釐沃

新安陳氏曰。契帝嚳子。舜封之商。賜姓子。嚳元都亳。帝告疑即帝嚳。釐理。治。沃。沃饒之土也

湯征諸侯。葛伯不祀。湯始征之。作湯征○伊尹去亳適夏。既醜有夏。復歸于亳。入自北門。乃遇汝鳩汝方。作汝鳩汝方

漢孔氏曰。先王。帝嚳也。醜。惡也。不期而會曰遇。鳩方。二臣名。五篇亡 新安陳氏曰。右五篇皆商書。其次在湯誓前。今遂附夏書末

伊尹相湯伐桀。升自陑。遂與桀戰于鳴條之野。作湯誓

以伊尹爲首稱者。得之咸有一德。亦曰惟尹躬暨湯咸有一德。陑在河曲之陽。鳴條在安邑之西。升自陑。義未詳。漢孔氏遂以爲出其不意。亦序意有以啟其陋歟 問湯

書升自陑。先儒以爲出其不意。如何。朱子曰。此乃序說。經無明文。要之今不的見陑是何地。何以辨其正道奇道。湯武之興。决不如後世之譎詐。若陑是取道近。亦何必迂路。大抵讀書須求其要處。如食肉。畢竟肉中有滋味。有人却要於骨頭上咀嚼。縱得些肉亦能多少。古人所謂味道之腴最有理。又問凡書傳中如此者皆可且置之。曰。固當然○蘇氏曰。升陑以戰。記事之實。猶泰誓師渡孟津而已○林氏曰。誓而後升陑戰鳴條。非如甘誓牧誓。臨陣誓陣地也。序蓋以爲戰時誓非矣

湯既勝夏。欲遷其社。不可。作夏社。疑至。臣扈

程子曰。聖人不容有妄舉。湯始欲遷社。衆議以爲不可而不遷。是湯有妄舉也。蓋不可者。湯不可之也。唐孔氏以於時有議論其事者。詳序文以爲欲遷者。湯欲之也。恐未必如程子所言。要之序非聖人之徒。自不足以知

聖人也。三篇亡唐孔氏曰。疑至臣扈。二臣名○程子曰。湯以爲國既亡。則社自當遷。然遷之不若不遷之愈。故但屋之。春秋書亳社災。是魯有亳社。屋之故有火災也。記喪國之社屋之○張氏曰。欲遷社者華變之義。卒不遷者。忠厚之仁○新安陳氏曰。孔註謂後世無及勾龍者。故不可而止。此易社神。非遷社也。書亡本無所考。據以序意詳之。初欲遷夏社。作夏社篇。繼以二臣之議而止。故又作疑至臣扈篇。自商初不遷夏社。垂爲後法。周遂亦不遷商社。所以亳社春秋猶存焉。忠厚之仁。監戒之義。蓋兩得之。始以爲可。卒也不可。縱以人言而不可。主之者亦湯也

夏師敗績。湯遂從之。遂伐三朡。俘厥寶玉。誼伯仲伯作典寶

三朡。國名。今定陶也。俘。取也。俘厥寶玉。恐亦非聖人所急。篇亡孔氏曰。桀走保三朡。典寶。國之常寶也○唐孔氏曰。桀載寶而行。棄於三朡○葉氏曰。非貪其

寶也。國之庸器也。則非以珍異爲寶可知矣○陳氏傅良曰。寶玉。夏后氏之璜之類也○張氏曰。二臣之書。意以傷桀而戒湯也

湯歸自夏。至于大坰。仲虺作誥

大坰。地名李氏舜臣曰。湯未及國而負深慙。疑若不可沮而害新政。故亟開釋之。若曰是役也。順天命。應人心。不邇不殖。官賞與賢共之。非貪一世之利爲己私。此心彰信久矣。無以慙爲也。王姑置是念。日新厥德。否則何但止於一慙哉。廣哉斯言。湯盤銘曰。苟日新。日日新。又日新。非取仲虺之言而誰歟

湯既黜夏命。復歸于亳。作湯誥。咎單作明居

一篇亡新安陳氏曰。諸侯來朝。湯告之以與天下更始。序意欠明。或曰咎單爲湯司空。孔氏曰。明居民之法。未知是否

成湯既沒太甲元年伊尹作伊訓肆命徂后

孟子曰湯崩太丁未立外丙二年仲壬四年太甲顛覆湯之典刑史記太子太丁未立而死立太丁之弟外丙二年崩又立外丙之弟仲壬四年崩伊尹乃立太丁之子太甲序書者以經文首言奉嗣王祇見厥祖遂云成湯既沒太甲元年後世儒者以序爲孔子所作不敢非之反疑孟子所言與本紀所載是可嘆也肆命徂后二篇亡○吳氏曰太甲諒陰爲服仲壬之喪以是時湯葬已久仲壬在殯太甲太丁之子視仲壬爲叔父爲之後者爲之子也祇見厥祖謂至湯之廟蓋太甲既立伊尹

訓于湯廟。故稱祇見厥祖。若止是殯前。既不當稱奉。亦不當稱祇見也。孔氏曰。湯沒而太甲立。稱元年。肆命。陳天命以戒也。徂后。陳往古明君以戒也。○新安胡氏曰。按湯後有外丙仲壬二王。蔡氏力主之。邵子經世書。又合孔註。朱子孟子集註。亦云二說未知孰是。缺之可也。

太甲既立不明。伊尹放諸桐。三年復歸于亳思庸。伊尹作太甲三篇

按孔氏云。桐。湯葬地也。若未葬之辭。蓋上文祇見厥祖。言湯在殯。故此不敢爲已葬。使湯果在殯。則太甲固已密邇其殯側矣。捨殯而欲密邇湯於將葬之地。固無是理也。孔氏之失。起於伊訓序文之繆。遺外丙仲壬二帝。

故書指不通新安胡氏曰思庸思用伊尹之言也○薛氏曰太甲終不變則伊尹如之何曰太甲之變天所與也尹安得不與之歸若其不變天所棄也尹安得私而與之復視天之命而我無心焉此所以爲伊尹○董氏鼎曰伊尹營桐宮爲太甲居憂之所耳序則曰伊尹放諸桐豈可以成湯放桀於南巢例之乎其君不賢則固可放亦此序啟之也

伊尹作咸有一德○沃丁既葬伊尹于亳咎單遂訓伊尹事作沃丁

皇甫謐曰沃丁八年伊尹卒年百有餘歲自克夏至沃丁五十三年○蘇氏曰咎單訓伊尹事猶曹參隨蕭何規也○陳氏曰訓伊尹事以伊尹事訓沃丁也○李氏舜臣曰自稷契以下盡臣道者代不乏人而伊尹周公之葬獨紀於書

伊陟相大戊亳有祥桑穀共生于朝伊陟贊于巫咸作咸

又四篇○太戊贊于伊陟作伊陟原命

王氏曰。兆乎物者。禍福特未定。皆謂之祥。應以德則爲福。應以不德則爲禍○釋文。贊。告也○孔氏曰。贊告也原。臣名○新安陳氏曰。咸乂者。以巫咸能乂王家也。意此臣下自相警戒之書。太戊又告二臣。意此君臣交相警戒之書。按史記。亳有桑穀之異。太戊懼。伊陟曰。妖不勝德。太戊遂修先王之政。早朝晏罷。問疾弔喪。三日而祥桑枯死。商道復興。以此觀之。此數篇之意。畧可想見矣

仲丁遷于囂。作仲丁○河亶甲居相。作河亶甲○祖乙圮于耿。作祖乙

沃丁。太甲之子。咎單。臣名。伊陟。伊尹之子。太戊。沃丁弟之子。桑穀二木。合生于朝。十日而拱。妖也。巫咸。臣名。囂相耿。皆地名。囂相在河北。耿在河東。耿鄉河水所毀曰

圮。凡十篇亡新安胡氏曰。仲丁。太戊子。自亳遷囂。河亶甲。仲丁弟。相。即今相州。祖乙。河亶甲子○新安陳氏曰。按殷本紀。祖乙嘗遷于邢。汲冢書云。盤庚自奄遷商。未知孰是。下篇云。于今五邦。亳。囂。相。耿。只四處耳。豈祖乙嘗兩遷耶。今不可考矣

盤庚五遷。將治亳殷。民咨胥怨。作盤庚三篇

以篇中有不常厥邑。于今五邦。序遂曰。盤庚五遷。然今詳于今五邦之下。繼以今不承于古。罔知天之斷命。則是盤庚之前。已自有五遷。而作序者攷之不詳。繆云耳也。又五邦云者。五國都也。經言亳。囂。相。耿。惟四邦耳。盤庚從湯居亳。不可又謂之一邦也。序與經文既已差繆。史記遂謂盤庚自有五遷。誤人甚矣

高宗夢得說。使百工營求諸野。得諸傅巖。作說命三篇

按經文乃審厥象。俾以形旁求于天下。是高宗夢得良弼形狀。乃審其狀貌。而廣求于四方。說築傅巖之野。與形象肖似。如序所云。似若高宗夢得傅說姓氏。又因經文有群臣百官等語。遂謂使百官營求諸野。得諸傅巖。非惟無補經文。而反支離晦昧。豈聖人之筆哉

高宗祭成湯。有飛雉升鼎耳而雊。祖己訓諸王。作高宗肜日。高宗之訓

經言肜日。而序以爲祭成湯。經言有雊雉。而序以爲飛雉升鼎耳而雊。載籍有所傳歟。然經言典祀無豐于昵。

則爲近廟。未必成湯也。宗廟都宮。堂室深遠。幽邃。而飛雉升立鼎耳而鳴。亦已異矣。高宗之訓篇亡孔氏曰。耳不聰之異○胡氏旦曰。孔謂耳不聰。使雉在鼎足。爲足不良乎。或謂鼎象三公。小人將居公位。亦鑿

殷始咎周。周人乘黎。祖伊恐。奔告于受。作西伯戡黎

咎惡。乘勝也。詳祖伊所告。無一言及西伯者。蓋祖伊雖知周不利於商。而又知周實無所利於商。序言殷始咎周。似亦未明祖伊奔告之意袁氏曰。周人乘其勢以戡之。戡。如左傳戡定禍亂曰武○董氏鼎曰。祖伊奔告于受。蓋謂民罔弗欲喪。而大命者不至耳。初無怨于周。而曰殷始咎周。何也。經明曰西伯。而序曰周人。何也

殷既錯天命。微子作誥父師少師

董氏鼎曰。錯。亂也。如孟子所謂逆天

惟十有一年。武王伐殷。一月戊午。師渡孟津。作泰誓三篇

十一年者。十三年之誤也。序本依放經文。無所發明。偶三誤而爲一。漢孔氏遂以爲十一年觀兵。十三年伐紂。武王觀兵。是以臣脅君也。張子曰。此事間不容髮。一日而命未絕。則是君臣。當日而命絕。則爲獨夫。豈有觀兵二年。而後始伐之哉。蓋泰誓序文。旣有十一年之誤。而篇中又有觀政于商之語。僞泰誓得之傳聞。故上篇言觀兵之事。次篇言伐紂之事。司馬遷作周本紀。因亦謂十一年觀兵。十三年伐紂。訛謬相承。展轉左驗。後世儒

者遂謂實然。而不知武王蓋未始有十一年觀兵之事也。且序言惟十有一年。武王伐殷。繼以一月戊午。師渡孟津。即記其年某月某日之事也。夫一月戊午。既爲十三年之事。則上文十一年之誤審矣。孔氏乃離而二之。於十有一年。武王伐殷。則釋爲觀兵之時。於一月戊午。師渡孟津。則釋爲伐紂之時。上文則年無所繫之月。下文則月無所繫之年。又序言十一年伐殷。而孔氏乃謂十一年觀兵。十三年伐殷。是蓋繆中之繆。遂使武王蒙數千百年脅君之惡。一字之誤。其流害乃至於此哉新安陳氏曰。或引洪範十有三祀。王訪于箕子爲證。則十一年之誤可知○按此之一月。即武成之一月壬辰也。戊午即中篇之戊午次于河朔也。二曰旁死魄壬辰。則戊午二十八日也。經之十有三年。即洪範之十有三祀也。一年之一字誤。顯然矣○董氏鼎曰。泰誓三篇。非一時一日所作。序謂作於一日。豈理也哉

武王戎車三百兩。虎賁三百人。與受戰于牧野。作牧誓

戎車。馳車也。古者馳車一乘則革車一乘。馳車戰車。革車。輜車。載器械財貨衣裝者也。司馬法曰。一車甲士三人。步卒七十二人。炊家子十人。固守衣裝五人。廐養五人。樵汲五人。馳車七十五人。革車二十五人。凡百人。二車。故謂之兩。三百兩。三萬人也。虎賁。若虎賁獸之勇士。百人之長也 新安陳氏曰。一虎賁必長百人。一乘車總用百人。以車數合虎賁數。蓋三萬人也○董氏鼎曰。經無戎車。而序乃自言之。何也。豈其附會記禮革車三百兩。虎賁三千人。而爲此序歟。孟子蓋亦本

於此歟

武王伐殷往伐歸獸識其政事作武成

歸獸歸馬放牛也武成所識其事之大者亦多矣何獨先取於歸馬放牛哉

武王勝殷殺受立武庚以箕子歸作洪範

唐孔氏曰言殺受立武庚者序自相顧爲文未見意也程子曰武王不曾殺紂紂自殺遂言殺紂也○王氏炎曰紂死而武庚不立箕子必不從武王歸序述其始末以明箕子歸周之意○呂氏曰殷之當勝紂之當殺武庚之當立箕子之當以歸並行而無心循天命之正由至公之理也除天下之大害傳天下之大法事之重一也以箕子歸以字當深玩箕子自言殷其淪喪我罔爲臣僕又言我不顧行遯其無臣周歸周之意久矣曰以箕子歸見箕子不欲歸以箕子歸者武王也自武王言

之。見其能尊德樂道。屈致賢者。自箕子言之。見其道統在身。欲遺範百王。未嘗踰其不欲歸周之意。而又不得不言也

武王既勝殷邦諸侯班宗彝作分器

宗彝宗廟彝尊也。以爲諸侯分器篇亡　左傳昭公十二年。楚靈王曰。昔我先王熊繹。與呂伋王孫牟燮父禽父並事康王。四國皆有分。我獨無有。又十五年。傳曰。諸侯之封。皆受明器於王室。杜註謂明德之分器也。○胡氏仲曰。如分魯以夏后氏之璜。分陳以肅愼氏矢之類。皆分器也。序單言宗彝。惟以其孝也。器以祭器爲重。故即宗彝以該其餘。秬鬯二卣。周公得之成洛之後。秬鬯一卣。文侯得之東遷之初。乃知宗彝亦朝廷之重禮重器歟

西旅獻獒太保作旅獒

獻。貢也

巢伯來朝芮伯作旅巢命

篇亡　孔氏曰。巢伯。殷諸侯。南方遠國。武王克商。慕義來巢伯。旅。陳也○李氏杞曰。巢。今無爲軍巢縣。即其地也。命其曰來朝。書始來朝也。湯放桀南巢。巢人納之。商封爲伯。亦足見巢之忠矣。商亡而周興。於是始來朝。夫子録其書。蓋有所感也○張氏曰。商亡而巢朝周。周之子孫苟蹈商之覆轍。則其朝又未可保。旅巢命中。必有戒飭之意。如孔氏之言。武王自稱威德以命之耳。如齊桓所以語楚屈完者。適足致完之有辭。武王必不如此。陳王之教命。以命巢伯而已

武王有疾周公作金縢

新安陳氏曰。周公納祝冊于金縢之匱中耳。周公東征而歸之後。史作此書。述禱疾事爲始耳。書非周公作也。此序不特不能盡此書之事。大意全非

武王崩。三監及淮夷叛。周公相成王將黜殷。作大誥

三監管叔蔡叔霍叔也。以其監殷。故謂之三監孔氏曰。黜。絶也。以誅叛之義大誥天下○吕氏曰。序言三監而不及武庚。武庚之叛。生於三監之謀也。書言武庚而不及管蔡。爲親者諱也

成王既黜殷命。殺武庚。命微子啓代殷後。作微子之命

黜殷命。絶其爵也。殺武庚。誅其身也

微子封於宋爲湯後。陳氏經曰。特曰成王。見周公所行無非奉成王之命。而非敢自專也

唐叔得禾。異畝同穎。獻諸天子。王命唐叔歸周公于東。作歸禾○周公既得命禾。旅天子之命。作嘉禾

唐叔。成王母弟。畝。壟也。穎。穗也。禾各一壟。合爲一穗。葛氏曰。唐叔雖幼。因禾必有獻替之言。成王既悟風雷之

變。因命唐叔以禾歸周公于東。旅。陳也。二篇亡。孔氏曰。唐叔食邑內。得異禾。異畝同穎。天下和同之象。周公德之所致。公東征未還。故命唐叔以禾歸周公。唐叔後封晉。公又推美成王。善則稱君。天下和同。政之善者。故以嘉禾名篇○唐孔氏曰。歸禾年月。史傳無文。不知在金縢之先後也。王啟金縢。正當禾熟之月。若前年得之。於時王疑未解。未嘗肯歸禾周公。當是啓金縢之後也。禾者和也。天地之和氣所生也。後世同穎之禾。襲名嘉禾由此○陳氏經曰。此天地委和。借草木之靈以彰成王周公始疑終信之象。乃君臣和同之德之所感召也。唐叔獻諸天子。必以此意歸美稱德。成王不有。歸美於周公。知有公。不知有已也。周公不有歸美於成王。知有王。不知有已也。二書雖亡。君臣和氣藹然。猶可想見。當王之疑也。禾不爲之偃。金縢啓也。禾爲之起。及君臣之和同也。禾又爲之異畝同穎。周公之忠誠。上通于天。亦王之眞誠。上通于天也。心與天通。感應如響。以見天人之果無二理也

成王既伐管叔蔡叔。以殷餘民封康叔。作康誥。酒誥。梓材

按胡氏曰。康叔成王叔父也。經文不應曰朕其弟。成王。康叔猶子也。經文不應曰乃寡兄。其曰兄曰弟者。武王命康叔之辭也。序之謬誤。蓋無可疑。詳見篇題。又按書序。似因康誥篇首錯簡。遂誤以爲成王之書。而孔安國。又以爲序篇亦出壁中。豈孔鮒藏書之時。已有錯簡耶。不可攷矣。然書序之作。雖不可必爲何人。而可必其非孔子作也

成王在豐。欲宅洛邑。使召公先相宅。作召誥

新安陳氏曰。召公告王。序全不言。簡畧之非。詳見本篇

召公既相宅。周公往營成周。使來告卜。作洛誥

新安陳氏曰序只說得伻來以圖及獻卜以前耳以後全該不及

成周既成遷殷頑民周公以王命告作多士

遷殷頑民在作洛之前序書者考之不詳以爲成周既成遷殷頑民謬矣詳見本篇題新安陳氏曰書稱商王士殷多士殷遺多士未始目爲頑民小序之云然殊失周家忠厚之意其失不但昧遷殷民之先後也

周公作無逸〇召公爲保周公爲師相成王爲左右召公不悅周公作君奭

蘇氏曰舊說或謂召公疑周公陋哉斯言也愚謂序文意義含糊舊說之陋有以啓之也新安陳氏曰書中畧不見召公不悅之意諸說揣摩皆序之陋啓之

蔡叔既沒。王命蔡仲踐諸侯位。作蔡仲之命〇成王東伐淮夷。遂踐奄。作成王政

踐滅也。篇亡 孔氏曰。成王即政。淮夷奄國又叛。王親伐之。遂滅奄而徙之〇唐孔氏曰。周公攝政之初。奄與淮夷。從管蔡作亂。周公征而定之。成王即政。淮與奄又叛。成王親往征之。成王即政。始封伯禽。費誓之稱。淮夷徐戎並興。魯侯征之。王伐淮夷。魯伐徐戎。時同時討伐。知成王即政之年。復叛也

成王既踐奄。將遷其君於蒲姑。周公告召公。作將蒲姑

史記作薄姑篇亡 孔氏曰。蒲姑。齊地。從近中國教化之〇呂氏曰。淮夷與奄。成王時蓋皆再叛。大誥東征。淮夷叛矣。此序復云多士言昔朕來自奄矣。此序又云。可見也。將遷而告召公。見周公於軍國大議。未嘗敢專也〇李氏杞曰。青州千乘縣有薄姑城。遷奄君臣於薄姑。遷奄民於魯。祝鮀所謂因商奄之民。而命伯禽也

成王歸自奄在宗周告庶邦作多方○周公作立政○成王既黜殷命滅淮夷還歸在豐作周官

成王黜殷久矣而於此復言何耶新安陳氏曰序言王歸在豐書云歸于宗周乃歸鎬非豐也自惟周王撫萬邦至董正治官乃此書之本序辭甚明白小序贅矣

成王既伐東夷肅慎來賀王俾榮伯作賄肅慎之命

賄賂也義未詳篇亡蘇氏曰東夷即淮夷也在周為東○孔氏曰肅慎氏東北遠夷榮國名周同姓諸侯為王卿士

周公在豐將沒欲葬成周公薨成王葬于畢告周公作亳姑

此言周公在豐漢孔氏謂致政歸老之時而下文君陳

之序。乃曰周公既沒。命君陳分正東郊成周。方未命君陳時。成周蓋周公治之。以公沒。故命君陳。然則公蓋未嘗去洛矣。而此又以爲在豐將沒。則其致政歸老果在何時耶。篇亡

吳氏曰。周公沒時適在豐○唐孔氏曰。帝王世紀云武王葬于畢。畢在杜南長安西北。序說葬周公之事。其篇乃名亳姑。篇與序不相允會。其篇既亡。不知所道○蘇氏曰。畢有文武墓。亳姑蒲姑也。周公告召公作將蒲姑。至此并告以遷歟○呂氏曰。公欲葬成周。蓋宗臣垂死憂國之心。以邦之安危惟茲殷士。致不忘之意。意不在葬也。成王領其意。不從其葬。使祔于文武也

周公既沒。命君陳分正東郊成周。作君陳

陳氏曰。分正。分善惡而正之。簡修進良是也○新安陳氏曰。治洛以化殷民爲重。故君陳畢命曰。尹茲東郊保釐東郊。雖以東郊言。實全付以治洛之任也。君陳繼周公。畢公繼君陳。其任一也。小序一分字。辭意欠明。或者

遂謂分東郊之地。成周之邑。使君陳爲之正長。王城之事。君陳不與焉。此說蓋小序誤之也

成王將崩。命召公畢公率諸侯相康王。作顧命○康王既尸天子。遂誥諸侯。作康王之誥

尸天子。亦無義理。太康尸位。羲和尸官。皆言居其位而廢棄其事之稱。序書亦用其例。謬矣

康王命作冊畢。分居里。成周郊。作畢命

分居里者。表厥宅里。殊厥井疆也附見武城篇○新安陳氏曰。按此序康王命作冊畢一句。文義難通。必有缺誤。孔傳以爲得之。而朱子非之。何也。又曰。大意謂王命作冊書以任畢公耳

穆王命君牙爲周大司徒。作君牙

序無所發明。曰周云者。殊無意義。或曰。此春秋王正月

例也。曰。春秋魯史。故孔子繫之以王。此豈其例耶。下篇亦然

穆王命伯冏爲周大僕正。作冏命○吕命穆王訓夏贖刑。作吕刑

此序亦無所發明。但增一夏字。自古刑辟之制。豈專爲夷狄。不爲中夏耶。或曰。訓夏贖刑。謂訓夏后氏之贖刑也。曰。夏承虞治。不聞變法。周禮亦無五刑之贖。其非古制明甚。穆王耄荒。車轍馬跡。無所不至。吕侯竊舜典贖刑二字。作爲此刑。以聚民財。資其荒用。夫子以其書猶有哀矜之意而録之。至其篇首。特以耄荒二字發之。其

意微矣。詳見本篇陳氏大猷曰。吕命二字爲句。疑有缺文○新安陳氏曰。舜典載舜陟方乃死。夏史所載。古亦稱爲夏書。作序者遂云夏贖刑

平王錫晉文侯秬鬯圭瓚。作文侯之命

經文止言秬鬯。而此益以圭瓚有所傳歟。抑錫秬鬯者必以圭瓚。故經不言歟○孔氏曰。以圭爲杓柄。謂之圭瓚○唐孔氏曰。圭瓚。酌秬鬯之杓。杓下有盤。瓚即盤之名。以圭爲之。賜以秬鬯。以圭瓚副焉○新安陳氏曰。成王以秬鬯。錫周公於作洛之餘。見西周所以盛。平王以秬鬯錫文侯於遷洛之始。見東周所以衰。蓋以我周東遷。於晉焉依。已位苟定。不啻足矣。能事畢矣。錫賚之重。可以成王待周公者待之矣○董氏鼎曰。或曰賜圭瓚然後爲鬯。賜弓矢然後征。賜鈇鉞然後殺。未賜圭瓚。則資鬯於天子。今賜圭瓚。則文侯自爲鬯矣。是天子之禮也。賜弓矢。則文侯專征伐矣。是天子之權也。禮與權既去。豈復知有天子乎。周室陵夷。實自此始。愚竊謂序所以爲作者之意。書但曰秬鬯一

卣。而序乃曰秬鬯。圭瓚。使誠出於天子。則唯器與名。不可假人。肯自增圭瓚於秬鬯之下乎。詩之彤弓。亦曰天子賜有功諸侯。前則商王受以賜西伯。後則周襄王以賜重耳。正以晉文能繼文侯之業也。似不必議

魯侯伯禽宅曲阜。徐夷並興東郊不開。作費誓

徐。徐戎也。夷。淮夷也蘇氏曰。二寇皆在魯東。東郊門不開。非謂寇已至東郊也。如漢烽火通甘泉。而棘門霸上皆屯兵。吳楚七國反。而閉函谷關耳。蓋戒嚴也

秦穆公伐鄭。晉襄公帥師敗諸崤。還歸作秦誓

以經文意攷之。穆公之悔。蓋悔用杞子之謀。不聽蹇叔之言。序文亦不明此意新安陳氏曰。穆公名任好。襄公名驩。○唐孔氏曰。崤。晉險地。在弘農澠池。秦鄭路經崤關而東。禮。征伐朝聘過人之國。必遣使假道。事詳見左傳僖三十二年。○歸軒鄒氏曰。伯禽魯之先君。當諱其名。而乃斥言伯禽。秦本伯爵。故春秋書秦伯任好卒。而乃稱秦穆公。此決非孔子筆削

例之

清長沙王氏本尚書孔傳參正

第一册

清 王先謙撰

天津圖書館藏清光緒三十年長沙王氏虛受堂刻本

山東人民出版社·濟

圖書在版編目（CIP）數據

清長沙王氏本尚書孔傳參正 /（清）王先謙撰 .— 濟南：山東人民出版社，2024.3
（儒典）
ISBN 978-7-209-14285-4

Ⅰ.①清… Ⅱ.①王… Ⅲ.①《尚書》-研究 Ⅳ.① K221.04

中國國家版本館 CIP 數據核字（2024）第 039078 號

項目統籌：胡長青
責任編輯：劉一星
裝幀設計：武　斌
項目完成：文化藝術編輯室

清長沙王氏本尚書孔傳參正
〔清〕王先謙撰

主管單位　山東出版傳媒股份有限公司
出版發行　山東人民出版社
出 版 人　胡長青
社　　址　濟南市市中區舜耕路517號
郵　　編　250003
電　　話　總編室（0531）82098914
　　　　　市場部（0531）82098027
網　　址　http://www.sd-book.com.cn
印　　裝　山東華立印務有限公司
經　　銷　新華書店

規　　格　16開（160mm×240mm）
印　　張　71
字　　數　568千字
版　　次　2024年3月第1版
印　　次　2024年3月第1次
ISBN　978-7-209-14285-4
定　　價　169.00圓（全四册）
如有印裝質量問題，請與出版社總編室聯繫調換。

《儒典》選刊工作團隊

學術顧問　杜澤遜　李振聚　徐　泳

項目統籌　胡長青

責任編輯　劉　晨　劉嬌嬌　張艷艷
　　　　　呂士遠　趙　菲　劉一星

前言

中國是一個文明古國、文化大國，中華文化源遠流長，博大精深。在中國歷史上影響較大的是孔子創立的儒家思想，因此整理儒家經典、注解儒家經典，爲儒家經典的現代化闡釋提供权威、典范、精粹的典籍文本，是推進中華優秀傳統文化創造性轉化、創新性發展的奠基性工作和重要任務。

中國經學史是中國學術史的核心，歷史上創造的文本方面和經解方面的輝煌成果，大量失傳了。西漢是經學的第一個興盛期，除了當時非主流的《詩經》毛傳以外，其他經師的注釋後來全部失傳了。東漢的經解衹有鄭玄、何休等少數人的著作留存下來，其餘也大都失傳了。南北朝至隋朝興盛的義疏之學，其成果僅有皇侃《論語疏》幸存於日本。五代時期精心校刻的《九經》、北宋時期國子監重刻的《九經》以及校刻的單疏本，也全部失傳。南宋國子監刻的單疏本，我國僅存《周易正義》、《爾雅疏》、《春秋公羊疏》（三十卷殘存七卷）、《春秋穀梁疏》（十二卷殘存七卷），日本保存了《尚書正義》、《毛詩正義》、《禮記正義》（七十卷殘存八卷）、《周禮疏》（日本傳抄本）、《春秋公羊疏》（日本傳抄本）、《春秋正義》（日本傳抄本）。南宋兩浙東路茶鹽司刻八行本，我國保存下來的有《周禮疏》、《禮記正義》、《春秋左傳正義》（紹興府刻）、《論語注疏解經》（二十卷殘存十卷）、《孟子注疏解經》（存臺北『故宫』），日本保存有《周易注疏》《尚書正義》（凡兩部，其中一部被清楊守敬購歸）。南宋福建刻十行本，我國僅存《春秋穀梁注疏》、《春秋左傳注疏》（六十卷，一半在大陸，一半在臺灣），日本保存有《毛詩注疏》《春秋左傳注疏》。從這些情況可以看出，經書代表性的早期注釋和早期版本國内失傳嚴重，有的僅保存在東鄰日本。

鑒於這樣的現實，一百多年來我國學術界、出版界努力搜集影印了多種珍貴版本，但是在系統性、全面性和準確性方面都還存在一定的差距。例如唐代開成石經共十二部經典，石碑在明代嘉靖年間地震中受到損害，明代萬曆初年西安府學等學校師生曾把損失的文字補刻在另外的小石上，立於唐碑之旁。近年影印出版唐石經拓本多次，都是以唐代石刻與明代補刻割裂配補的裱本爲底本。由於明代補刻采用的是唐碑的字形，這種配補本難以區分唐刻與明代補刻，不便使用，亟需單獨影印唐碑拓本。

爲把幸存於世的、具有代表性的早期經解成果以及早期經典文本收集起來，系統地影印出版，我們規劃了《儒典》編纂出版項目。

《儒典》出版後受到文化學術界廣泛關注和好評，爲了滿足廣大讀者的需求，現陸續出版平裝單行本。共收録一百十一種元典，共計三百九十七册，收録底本大體可分爲八個系列：經注本（以開成石經、宋刊本爲主。開成石經僅有經文，無注，但它是用經注本删去注文形成的）、經注附釋文本、纂圖互注本、單疏本、八行本、十行本、宋元人經注系列、明清人經注系列。

《儒典》是王志民、杜澤遜先生主編的。本次出版單行本，特請杜澤遜、李振聚、徐泳先生幫助酌定選目。特此説明。

二〇二四年二月二十八日

目録

第三册

第四册

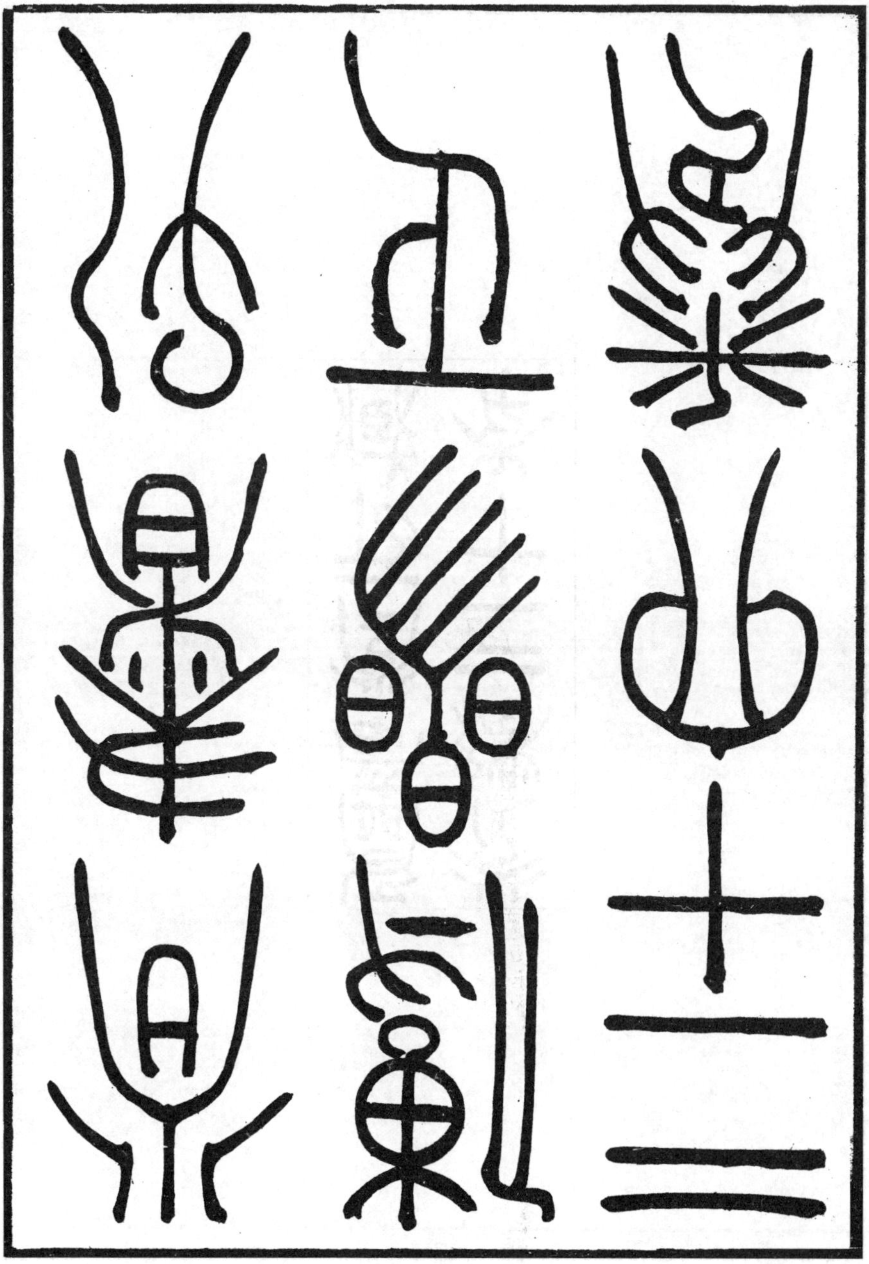

光緒三十年

盛受堂刊藏

尚書孔傳參正序例

賜進士出身前翰林院編修國子監祭酒加五級王先謙謹撰

自伏先生脫秦燼發壁藏以延三代聖經一綫之脈厥功甚鉅歐陽張生傳習本經志記明白而治古文尚書學者誣之曰口授鄙之曰俗儒不恤虛誕競勝過甚其辭文人相輕豈有量乎古文之阨婁矣阻於巫蠱厭於博士亡於永嘉亂於梅姚且若顯若晦於數百年閒劉向取校三家文字異者七百有餘脫字數十賈逵復奉詔撰歐陽夏侯古文同異三卷此於本經爲有實益其卒增訂與否莫能明也馬鄭諸儒可云篤好然其所述不及逸篇致文誼罕通積久澌滅是所謂古文尚書者徒供僞學藏身之固發千古爭鬨之端已耳獨馬鄭二十九篇傳注於今古文同異藉資推究有助經恉有宋朱子吳草廬氏發僞孔之覆明梅氏鷟繼之

國朝諸儒扶僞扶經既美既備惜其散而無紀尋繹爲難學者束髮受尚書垂老而不明眞僞古今之辨豈不哀哉先謙從事斯經自史漢論衡白虎通諸書迄於熹平石經可以揮發三家經文者采獲略備兼輯馬鄭傳注旁徵諸家義訓其有未達閒下己意今古文說炳焉著明以僞孔古文雖經

純皇帝論定然功令所布家傳僮習莫敢廢也仍用其經傳元文坿諸考證爲尚書孔傳參正三十六卷以便讀者雅才好博亦或取斯云爾

漢書藝文志尚書下云經二十九卷班自注大小夏侯二家顏注此二十九卷伏生傳授者先謙案此一篇爲一卷也伏生之二十九篇堯典一（連慎徽五典以下）皋陶謨二（連帝曰來禹以下）禹貢三甘誓四湯誓五盤庚六高宗肜日七西伯戡黎八微子九坶誓十鴻範十一大

誥十二金縢十三康誥十四酒誥十五梓材十六召誥十七雒誥十八多士十九無佚二十君奭二十一多方二十二立政二十三顧命二十四康王之誥二十五粊誓二十六甫刑二十七文侯之命二十八秦誓二十九史記周本紀作顧命作康誥明爲二篇則二十九已足並無太誓在內隋書經籍志伏生口傳二十八篇又河內女子得太誓一篇獻之宋王應麟說同釋文云太誓與伏生所誦合三十篇書疏云伏生二十九篇數幷太誓序在外皆非藝文志班自注又云歐陽經三十二卷志又云歐陽章句三十一卷大小夏侯章句各二十九卷先謙案云大小夏侯章句各二十九卷者堯典一仝上皋陶謨二仝上禹貢三甘誓四湯誓五盤庚六高宗肜日七西伯戡黎八微子九太誓十三篇同卷坶誓十一鴻範十二大誥十三金縢十四康誥十五酒誥十六梓材十七召誥十八雒誥十九多士二十無佚二十一君奭二十二多方二十三立政二十四顧命康王之誥二十五粊誓二十六甫刑二十七文

侯之命二十八秦誓二十九知顧命康王之誥爲一篇者僞孔序云伏生康王之誥合於顧命（以歐陽夏侯爲即伏生本誤）釋文云歐陽大小夏侯同爲顧命此其明證也既以康王之誥合於顧命則二十八矣仍爲二十九者王充房宏皆云後得太誓二十九篇始定是後漢人見歐陽夏侯本皆有太誓合爲二十九篇之明證也云歐陽章句三十一卷者分盤庚爲三篇故也（詳盤庚本篇）云歐陽經三十二卷者併經三十一卷序一卷數之經三十二卷而章句三十一卷者西漢人不爲序作解詁也（馬鄭始爲序作傳注）藝文志又云尚書古文經四十六卷班自注云爲五十七篇先謙案云四十六卷者據藝文志云孔安國所得壁中古文以考伏生二十九篇（云伏生二十九篇則是無太誓者）得多十六篇（據此篇爲一卷）共四十五卷釋文云馬鄭之徒百篇之序總爲一卷以一加四十五是四十六卷也馬鄭序總一卷蓋本孔壁

之舊陸德明但見馬鄭本如此故據以爲言也得多十六篇者書疏引鄭注書序云舜典一（別有舜典非梅賾所分）汨作二九共九篇十一大禹謨十二益（當作弃）稷十三五子之歌十四胤征十五湯誥十六咸有一德十七典寶十八伊訓十九肆命二十原命二十一武成二十二旅獒二十三冏命二十四（漢書律歷志有畢命文此劉歆載之三統術者是古文有畢命矣穎達作冏命冏當爲畢字之誤也惠棟王鳴盛說同）以此二十四爲十六卷者九共九篇共卷除八篇故爲十六是也云爲五十七篇者書疏又云鄭於伏生二十九篇之內（案此歐陽夏侯本云伏生誤）分出盤庚二篇（此歐陽所分以爲鄭分誤）康王之誥（此歐陽夏侯合於顧命之後鄭又分之）又泰誓三篇爲三十四篇（此就歐陽夏侯本有太誓者分出二篇足證上云伏生之誤）更增益僞書二十四篇（此孔穎達祖僞孔傳以此二十四篇爲張霸僞書惠棟云漢志先述逸書後稱張霸百兩篇明逸書非百兩經典敘錄云百二篇文意淺陋成帝時劉向校之非是後遂黜其書校古文者向也識百兩之非古文亦向也豈有向撰別錄仍取張霸僞書者篤學如康成亦豈以民間僞書信爲壁中逸典者邪）爲

五十八桓譚新論亦云古文尚書舊有四十五卷爲五十八除序言之

篇僞武成疏引鄭云武成逸書建武之際亡譚云五十八者譚沒

於世祖時在建武前武成未亡班云五十七者班作漢書在顯宗

時武成已亡故也

書疏引馬融書傳序云太誓後得案其文似若淺露此孔壁不見

太誓之明證也使民間得之孔壁又與之符合馬豈能爲此言乎

然龔自珍以爲今古文皆無太誓則又非也謂今文無太誓何以

處王充房宏之說彼二人皆親見今文有太誓者也明伏生與夏

侯歐陽二本之不同則諸說無所閡礙矣鄭書論依尚書緯云孔

子求書定可以爲世法者百二十篇百二篇爲尚書十八篇爲中

候讀後得太誓赤烏白魚之文與中候合明其爲中候則有以處

太誓矣

漢魏人無謂伏書爲今文者晉宋之閒始有之如徐廣史記音義
今文尙書作不怡之類裴松之三國志注今文尙書曰優賢揚歷
是也至釋文正義則今文之稱愈顯皆對僞古文而名之龔自珍
云伏生壁中書實古文也歐陽夏侯之徒以今文讀之傳諸博士
後世因曰伏生今文家之祖此失其名也孔壁固古文也孔安國
以今文讀之則與博士何以異而曰孔安國古文家之祖此又失
其名也先謙謂今文固無定之稱因時代而異秦漢今文是謂隸
書隋書經籍志今字尙書十四卷孔安國傳案隋世已有衛包所今字蓋劉焯炫等所爲
改亦號今文則今之楷字是已周代以倉頡所作爲古文籒書爲
今文秦初則李斯小篆爲今文其改用隸書在始皇焚書之際伏
生當漢文時年九十餘上溯爲秦博士齒方壯强所習尙書應從
篆體未必尙是古文元本亂定之後發壁藏以敎齊魯亦早易作

今文非歐陽夏侯始以今文讀之也藝文志云六體者古文奇字篆書隸書繆書蟲書顏注古文謂孔子壁中書志又云史籀篇者周時史官教學童書也與孔氏壁中古文異體說文序云宣王太史籀著大篆十五篇與古文或異至孔子書六經左丘明述春秋傳皆以古文葢古文乃書之本文如今所摹鐘鼎款識籀篆則周代通俗文字與古文兩體並行漢志云異體說文云或異雖變古不全異也孔子以古文書六經不用時字葢尊經之意安國以今文讀尙書其古文眞本固在實有專稱通儒傳授不沒其本來而以爲與今文博士無異稱古文者失其名又非也

司馬遷爲史記時止歐陽尙書立學故遷書敘述五帝三代秦本紀魯衞宋蔡晉齊燕世家無不原本伏書漢書儒林傳云司馬遷亦從安國問故遷書載堯典禹貢洪範微子金縢諸篇多古文說

然則堯典諸篇以外皆今文說可知孫星衍以遷爲用古文誤也兩漢博士治歐陽夏侯尚書載在令甲平帝詔立古文莽滅遂廢後漢古文雖盛不立學官詔冊章奏皆用博士所習蔡邕石經亦據學官本至應劭徐幹之論箸介於漢魏之閒則頗有出矣緯書漢人所作漢碑通用今文皆與書義相證發明其時代限斷而後可以言今古文之別也

法言問神篇云昔之說書者序以百漢書藝文志云故書之所起遠矣至孔子纂焉上斷於堯下訖於秦凡百篇論衡正說篇引俗儒說云（俗儒謂今文博士）尚書二十九篇法北斗七宿四七二十八其一曰斗直至孔安國書出方知有百篇之目漢書劉歆傳歆移太常博士書云往者綴學之士保殘守缺以尚書爲備臣瓚注當時學者謂尚書惟有二十八篇（除序言之）不知本百篇書疏云鄭序以爲虞

夏書二十篇商書四十篇周書四十篇是百篇之說在孔壁書出後壁書止多十六篇云百篇者當是據序知之然史記本紀世家所云作某篇者五十餘條其文字說解與古文書序多異墕是今文書序據此已不止二十九篇至大傳之引九共帝告佚文史記之引湯征湯誥佚文及書文之見於孟荀禮記左傳所引皆不止二十九篇之明證博士之以尚書爲備特專己守殘之成見非眞不知有百篇也

據漢書儒林傳安國古文都尉朝膠東庸生胡常徐敖涂惲桑欽遞相傳授後漢書稱張楷作注衞宏作訓旨賈逵作訓則得多之十六篇不容無說而書疏引馬序云逸十六篇絕無師說疑都尉朝等所傳但習其句讀而不釋其文義張衞賈之注訓皆止解二十九篇其後康成作注分伏書爲三十四逸篇爲二十四凡五十

八篇見書疏而逸篇仍無注釋文云馬鄭所注並伏生所誦非古文也案陸所謂古文卽指梅賾僞書言陸及見馬鄭注若鄭有二十四篇之注當有流傳於後陸不得爲此言以此知鄭惟注三十四篇也又堯典疏云鄭注尚書篇數並與三家同是鄭未注二十四篇也說本江聲其故皆不可曉朱子云孔壁得古文儀禮五十六篇鄭康成曾見且引其文於注中不知緣何止解十七篇而三十九篇不解竟無傳焉案鄭於尚書逸篇不注與儀禮同王鳴盛以爲古文在東漢未立學官故鄭亦不注其或然邪

或疑後漢杜林所得西州桼書一卷見本傳非古文尚書眞本然後漢儒林傳載尹敏楊倫孫期周防以及周磐張楷皆習古文所稱授受淵源與林無涉又孔僖自其祖安國以下世傳古文是安國眞本具存林何從而僞之且賈逵傳言逵父徽受古文於涂惲逵悉傳父業儒林傳又言杜林傳古文尚書同郡賈逵爲之作訓馬融作傳鄭元注解由是古文遂顯於世使林傳贋本逵豈肯舍父

業而爲林書作訓乎葢必桼書與孔壁文字頗有同異足資考證或且有勝於安國所傳者（古文四十六卷桼書一卷葢非全本）故逵既作訓而馬鄭諸儒雖於古文別有師承益重此本也

安國本藏於中秘其副本流傳民間庸生之徒私相授受不無譌脫變亂如我其試哉上脫帝曰（史記五帝紀有堯曰）夔曰八字重出優賢揚作心腹腎腸殷三宗無太宗而有祖甲必非孔壁之舊據此知薄今愛古者未嘗平心考覈也歐陽夏侯三家皆今文說小夏侯當古文出後其文義乃頗合於古文亦趨時之一驗矣王莽時古文立學義說漸盛如禹貢所述水地桑欽輩𠜊之立六宗建三公三統厤之文王受命九年崩武王十三年克殷劉歆𠜊之厥後衛賈馬出古文之說大明康成作注雜糅今古旁通曲暢又爲書學一大變風會日新涂軌歧出高才超世囊括眾家葢有不得不然者

近儒强仞爲今文知亦非鄭所心許耳向疑賈馬許鄭皆大儒何以必舍今從古及觀石經漢碑文字多譌乃知今文因當時通行不免譌俗諸君好古故鄙棄今學也但今文有譌俗不妨以古文參攷古文無說解仍兼采三家所長庶爲盡善乃諸君詆諆今文別張幟志學官未立微顯不常王肅輩得乘其隙僞造孔安國傳後人誤信之而東漢古文與西漢今文同歸於盡且諸君之崇古文崇其文字之古耳唐衞包乃盡易以譌俗之字又豈諸君所及料者哉說本皮錫瑞

僞孔之辨定於

國朝

天子考文之功美矣盛矣諸儒力闢僞經推見至隱擿其精粹各載本篇自熹平石經亡後今文遂無完本二十九篇反藉僞傳而

存古書遺碣可以參證文字同異馬鄭傳注亡佚宋以來頗有輯本所當全采以暢經恉衆家疏解治爲一鑪時有管闚弗忍割棄增塵足嶽庶其企而

梅書廿五詞旨坦明益之傳語祇形駢贅宅篇舛謬隨文記注閒襲馬鄭亦加披抉假託安國初無主名唐陸德明云王肅注大類古文孔穎達又云其言多是孔傳已頗滋疑議矣近儒推勘皆謂傳出肅手尤莫詳於丁晏尚書餘論今取傳義與王注合者條繫經下以資證明晉書皇甫謐傳言古文授受淵源謐亦與撰古文者也肅之孔叢家語謐之汲郡紀年本冀輔眞轉以證僞心勞日拙其自贊邪

凡以古字易經文如郭忠恕薛季宣所造作自唐至今有集古篆繕寫之尚書號壁中本二十四篇亦在其中蓋集說文字林魏石經及一切離奇之字爲之釋文序錄云穿鑿之徒務欲立異依傍字部改變經文疑惑

後生不可承用據此唐以前久有此僞書至郭忠恕作古文尚書釋文晁公武刻石於蜀薛季宣爲書古文訓宋人多誤仞此爲壁中眞本 **以時字易經文如衞包所改** 唐明皇不喜古文天寶三載命集賢學士衞包改古文爲時字名之曰今文尚書其改古字多錯謬詳段玉裁古文尚書撰異至宋開寶中陳鄂等奉詔刪改釋文令與包相應而舊音古字無可尋求矣 **以古書易經文如近儒取經傳諸子說文所引尚書以改本經** 其意以爲安國眞本如是但馬鄭與僞孔不同處梗槩已具於釋文正義不當於釋文正義外斷其妄竄且魏晉人作僞時衞賈馬鄭之書尚存皆知爲安國遞傳之本作僞者斷不敢取三十四篇塗改字句令與安國傳本不類以啓天下之疑故堯典雖析一爲二而愼徽之上未著一字後有愚者乃爲之耳說本段玉裁其或僞書偶有竄易證據塙鑿者仍各揭明於本篇句下 **以臆說易經文如近儒點竄經字以伸己見若宋儒改經之爲皆亂經之甚者包改之謬詳具本篇餘屏不取光緒三十年歲次甲辰秋八月**

書序百篇異同表

僞古文孔傳	馬鄭古文（書疏：鄭依賈逵所奏別錄爲次）	史記大傳今文	伏生二十九篇	歐陽大小夏侯二十九篇
虞書	虞夏書	虞夏書（大傳有虞夏傳）		
一 堯典一	堯典	堯典（五帝紀）	堯典一（連愼徽五）	堯典一（連愼徽五）
二 舜典二	舜典（書疏鄭云二十四逸篇 逸一）	舜典（序有書無）	典以下	典以下
三 汨作 傳	汨作 逸二	汨作（五帝紀無）		
四 九共一 云	九共一 逸三	九共一 大		
五 九共二 以	九共二 逸四	九共二 傳虞		
六 九共三 下	九共三 逸五	九共三 夏傳		
七 九共四 十	九共四 逸六	九共四 引九		
八 九共五 一	九共五 逸七	九共五 共篇		

九	九共六篇	九共六逸八	九共六 文五		
十	九共七 皆	九共七逸九	九共七 帝紀		
十一	九共八 亡	九共八逸十	九共八 無		
十二	九共九	九共九逸十一	九共九		
十三	槀飫	槀飫鄭云亡	槀飫五帝紀無		
十四	大禹謨三	大禹謨逸十二	大禹謨夏紀無		
十五	皋陶謨四	皋陶謨	皋陶謨夏紀	皋陶謨二連帝	皋陶謨二連帝
十六	益稷五	弃稷逸十三	益稷有書無序	曰來禹以下	曰來禹以下
	夏書	虞夏書	虞夏書		
十七	禹貢一	禹貢	禹貢見夏紀	禹貢三	禹貢三
十八	甘誓二	甘誓	甘誓見夏紀	甘誓四	甘誓四
十九	五子之歌三	五子之歌逸十四	五子之歌見夏紀		

二十 胤征四	胤征 鄭引佚文逸十五	胤征 見夏紀		
二十一 帝告 傳云二篇	商書 釋文此下五篇馬鄭以爲商書案與今文同	商書 帝誥以下五篇今文當入商書		
二十二 釐沃 皆亡	帝告	帝誥 見殷紀大傳引佚文		
二十三 湯征 傳云亡	釐沃 鄭云亡	釐沃 殷紀無		
二十四 汝鳩 傳云二篇	湯征 鄭云亡	湯征 殷紀引佚文		
二十五 汝方 皆亡	女鳩	女鳩 見殷紀		
商書	女方 鄭云亡	女房		
二十六 湯誓一	夏社	湯誓 見殷紀	湯誓五	湯誓五
二十七 夏社 傳云三	疑至 鄭云三篇亡	典寶 見殷紀		
二十八 疑至 篇	臣扈	疑至 殷紀無		
二十九 臣扈 皆亡	湯誓 書疏云鄭在臣扈後	臣扈		
三十 典寶 傳云亡	仲虺之誥 鄭云亡	夏社 見殷紀		

二

三十一 仲虺之誥二	湯誥逸十六	中䨻之誥見殷紀
三十二 湯誥三	咸有一德逸十七緇衣注今亡蓋鄭時亡之云在湯誥後	湯誥見殷紀
三十三 明居傳云亡	典寶逸十八	咸有一德見殷紀
三十四 伊訓四	伊訓逸十九	明居見殷紀
三十五 肆命傳云二篇	肆命逸二十	伊訓見
三十六 祖后亡	祖后鄭云亡	肆命殷
三十七 太甲上五	明居鄭云咎單亡明居一稱咎單	祖后紀
三十八 太甲中六	太甲上鄭云三篇亡	太甲訓一
三十九 太甲下七	太甲中	太甲訓二
四十 咸有一德八	太甲下	太甲訓三見殷紀
四十一 沃丁傳云亡	沃丁鄭云亡	沃丁見殷紀
四十二 咸乂一以下	咸乂一鄭	見

四十三	咸乂二 篇四	咸乂二 云四	咸 殷紀		
四十四	咸乂三 傳云	咸乂三 篇皆	乂 不言		
四十五	咸乂四 皆亡	咸乂四 亡	四篇		
四十六	伊陟 傳云二篇	伊陟 鄭云亡	太戊 見殷紀莊述祖云飭伊陟		
四十七	原命 皆亡	原命 逸二十一	原命 見殷紀		
四十八	仲丁 傳云亡	仲丁 鄭云亡	仲丁 殷紀云書闕不具		
四十九	河亶甲 傳云亡	河亶甲 鄭云亡	河亶甲 殷紀無		
五十	祖乙 傳云亡	祖乙 鄭云亡	祖乙 殷紀無		
五十一	盤庚上九	盤庚上 鄭云盤庚	盤庚上 殷紀小辛	盤庚六	盤庚六 歐陽盤庚
五十二	盤庚中十	盤庚中 爲臣至爲	盤庚中 時民思盤		分三篇故漢志爲三十一
五十三	盤庚下十一	盤庚下 王時事	盤庚下 庚作三篇		卷大小夏侯仍二十九卷
五十四	說命上十二	說命上 鄭云	說命上 見		

五十五 說命中十三	說命中 三篇亡	說命中 殷		
五十六 說命下十四	說命下	說命下 紀		
五十七 高宗肜日十五	高宗肜日	高宗肜日 見	高宗肜日七	高宗肜日七
五十八 高宗之訓 傳云亡	高宗之訓 鄭云亡	高宗之訓 殷紀		
五十九 西伯戡黎十六	西伯戡黎	西伯戡黎 見殷紀	西伯戡黎八	西伯戡黎八
六十 微子十七	微子	微子 見殷紀宋世家	微子九	微子九
周書	周書	周書		
六十一 泰誓上一	大誓上	大誓上 見		大誓十 王充房宏皆云後得大誓二十九篇始定是東漢人見歐陽夏侯本如此
六十二 泰誓中二	大誓中	大誓中 周		
六十三 泰誓下三	大誓下	大誓下 紀		
六十四 牧誓四	牧誓	牧誓 見周紀	牧誓十	牧誓十一
六十五 武成五	武成 逸二十二鄭又云建武之際亡	武成 見周紀		

六十六洪範六	洪範	洪範見周紀	洪範十一	洪範十二
六十七分器亡傳云	分器亡鄭云	分器見周紀		
六十八旅獒七	旅獒逸十二三	旅獒周紀無		
六十九旅巢命亡傳云	旅巢命亡鄭云	旅巢命周紀無		
七十金縢八	金縢	大誥見周紀大傳在金縢前	大誥十二	大誥十三
七十一大誥九	大誥	金縢	金縢十三	金縢十四
七十二微子之命十	微子之命亡鄭云	微子之命見周紀宋世家		
七十三歸禾亡傳云	歸禾亡鄭云	餽禾見周紀魯世家		
七十四嘉禾亡傳云	嘉禾亡鄭云	嘉禾見周紀魯世家		
七十五康誥十一	康誥	康誥見	康誥十四	康誥十五
七十六酒誥十二	酒誥	酒誥周	酒誥十五	酒誥十六
七十七梓材十三	梓材	梓材紀	梓材十六	梓材十七

七十八 召誥十四	召誥	召誥 見周紀	召誥十七	召誥十八
七十九 洛誥十五	洛誥	雒誥	雒誥十八	雒誥十九
八十 多士十六	多士	多士 見周紀魯世家	多士十九	多士二十
八十一 無逸十七	無逸	無佚	無佚二十	無佚二十一
八十二 君奭十八	君奭	君奭 見燕世家	君奭二十一	君奭二十二
八十三 蔡仲之命十九	成王政 鄭云亡馬政作征	成王政 見大傳周紀		
八十四 成王政 傳云亡	將薄姑 鄭云亡馬蒲作薄	將薄姑 見周紀		
八十五 將蒲姑 傳云亡	多方	多方 見周紀	多方二十二	多方二十三
八十六 多方二十	周官 鄭云亡在立政前	周官 見周紀		
八十七 立政二十一	立政	立政 見周紀	立政二十三	立政二十四
八十八 周官二十二	賄息慎之命 鄭云亡	賄息慎之命 見周紀		
八十九 賄肅慎之命 傳云亡	亳姑 鄭云亡	亳姑 周紀無		

九十	亳姑傳云亡	君陳鄭云亡	君陳周紀無		
九十一	君陳二十三	顧命	顧命見周紀	顧命二十四	顧命康王之
九十二	顧命二十四	康王之誥	康誥見周紀	康誥二十五	誥二十五釋文
九十三	康王之誥二十五	畢命鄭云亡段云疑當作逸	畢命見周紀	周紀明爲二篇	云敘歐陽大小夏侯同爲
九十四	畢命二十六	君牙鄭云亡	君牙周紀無		顧命
九十五	君牙二十七	冏命逸二十四段云疑當作亡	冏命見周紀		
九十六	冏命二十八	蔡仲之命鄭云在粊誓前	蔡仲之命見蔡世家		
九十七	呂刑二十九	粊誓鄭云在呂刑前	肸誓見魯世家	粊誓二十六	粊誓二十六
九十八	文侯之命三十	呂刑	甫刑見周紀	甫刑二十七	甫刑二十八
九十九	費誓三十一	文侯之命	晉文侯命見晉世家	文侯之命二十八	文侯之命二十九
一百	秦誓三十二	秦誓	秦誓見秦紀	秦誓二十九	秦誓二十九

尚書孔傳參正目錄

卷二十二 洛誥

卷二十三 多士

卷二十四 無逸

卷二十五 君奭

卷二十六 蔡仲之命梅氏古文二十 多方

卷二十七 立政

卷二十八 周官梅氏古文二十一 君陳梅氏古文二十二

卷二十九 顧命

卷三十 康王之誥 畢命梅氏古文二十三 君牙梅氏古文二十四 冏命梅氏古文二十五

卷三十一 呂刑

卷三十二 文侯之命 費誓 秦誓

尚書。藝文類聚引春秋說題辭云尚者上也上世帝王之遺書也。又云尚書者二帝之迹三王之義所以推期運明受命之際尚書璇璣鈐云尚書篇題號尚者上也上天垂文象布節度書者如也如天行也又云書務以天言之緯書多同今文此皆今文說論衡正說篇尚書者以爲上古帝王之書或以爲上所爲下所書又須頌篇或說尚書曰尚者上也上所爲下所書也下者誰也曰臣子也王充所引亦今文說釋名釋書契云尚書尚上也以堯爲上始而書其時事也其義大同鄭君書贊云孔子尊而命之曰尚書尚者上也尊而重之若天書然故曰尚書引璇璣鈐云因而謂之書加尚以尊之孔穎達書疏云鄭康成依緯以尚字爲孔子所加今遺其文此古文說仍本之今文說惟云孔子加尚異

孔傳參正一

堯典第一。本書疏本疏前標目作古文尚書堯典第一疏云檢古本竝石經直言堯典第一無古文尚書以孔君從隸古仍號古文故後人因而題於此以別伏生所出大小夏侯及歐陽所傳爲今文故也先謙案云古本者葢歷代相傳尚書本漢石經書是今文尚書穎達及見搨本則尚書止以堯典第一標目也今依之

虞書。書疏云堯典雖曰唐事本以虞史所録故謂之虞書鄭玄云舜之美事在於堯時是也馬融鄭玄後編馬鄭別録題皆曰虞夏書以虞夏同科雖虞事亦連夏鄭序以爲虞夏書二十篇商書四十篇周書四十篇贊云三科之條五家之教是虞夏同科也案據此馬鄭古文題虞夏書所謂三科者虞夏一科商一科周一科謂作三書之時代也堯典皋陶謨禹貢三篇或曰虞史記之或曰

夏史記之莫能別異故相承謂之虞夏書商史所記爲商書周史所記爲周書古文例也五家者唐一家虞一家夏一家商一家周一家五家之敎猶言五代之書堯典爲唐書皋陶謨爲虞書禹貢以下爲夏書湯誓盤庚以下爲商書牧誓以下爲周書今文例也大傳堯典前題唐傳後題虞傳夏傳所治尙書實爲五家掤例僞孔傳託於古文尙書則應依三科之條題曰虞夏書今反用今文五家之例分題曰虞書夏書斯爲謬矣段玉裁云（後稱段云）左傳以愼徽五典六句繫之虞書以敷內以言三句繫之夏書（二句是皋陶謨文）是孔子時原以堯典爲虞書皋陶謨及禹貢爲夏書漢初不分別則謂之虞夏書合商書周書而有三科之說說文引堯典假于上下平豑東作宅堣夷鳥獸秏氄鳥獸褻毛帝曰𠷎咨方救僝功旁逑孱功洪水浩浩有能俾𢿁方命圮族岳曰异哉䌛類于上帝雉埶明試以功竄三苗殛鯀于羽山放勛乃殂闕四門時惟懋哉臮咎繇僉曰伯夷敎育子八音克龤龍朕塈讒說殄行皆言虞書五品不愻稘三百有六旬（此條徐鍇本）言唐書此從五家之說者也所引假于上下等句本皆作唐書蓋盡爲淺人轉寫所改獨留此一二處耳論衡正說篇唐虞夏殷周者土地之名堯以唐俟嗣位舜從虞地得達禹由夏而起湯因殷而興武王階周而伐皆本所興昌之地重本不忘始故以爲號若人之有姓矣說尙書謂之有天下之代號唐虞夏殷周者功德之名盛隆之意也故唐之爲言蕩蕩也虞者樂也夏者大也殷者中也周者至也堯則蕩蕩民無能名舜則天下虞樂禹承二帝之業使道尙蕩蕩民無能般則道得中周武則功德無不至其立義美矣其褒五家大矣然而違其正實失其初意唐虞夏殷周猶秦之爲秦漢之爲漢秦起於秦漢興於

漢中故曰由秦漢亦猶王莽從新都侯起故曰亡新使秦漢在經傳之上說者皆復爲秦漢作道德之說矣王充引今文家言而駁正之其說不同而以唐虞夏殷周爲五家則同

孔氏傳○依書疏本舊題　　王先謙參正

堯典言堯可爲百代常行之道○風俗通皇霸篇引大傳云堯典可以觀美孫星衍云後稱孫云典者釋詁常也釋言經也楚語申叔時曰教之訓典韋昭注訓典五帝之書也是其稱在孔子序書前說文典下云从冊在六上尊閣之也一曰典大典也莊都說古文作籅案漢衞尉卿衡方碑典謨作籅謨籅卽籅之變體先謙案典是書名僞孔因典有常義釋爲百代常行之道非也僞孔以書序列入堯典前以下每篇皆然並爲之傳攷書序本自爲卷不在每篇之前今彙入書末爲一卷

曰若稽古帝堯若順稽考也能順考古道而行之者帝堯○曰若稽古帝堯今文與古文同僞孔傳云能順考古道而行之者帝堯本王肅說堯順考古道而行之○見三國魏志高貴鄉公紀引後儒以爲僞傳出肅所造此一證也○曰若稽古者桓譚新論云秦延君說堯典篇目兩字之說至十餘萬言但說曰若稽古至三萬言據漢書儒林傳延君名恭爲夏侯建再傳弟子是小夏侯今文尚書以曰若稽古四字絕句逸周書武穆解粵若稽古昭天之道熙帝之載班固東巡頌曰若稽古在漢迪哲王文考靈光殿賦粵若稽古帝漢祖宗曰或作粵三家文異曰若皆詞也曰又通作越釋詁粵曰也漢書楊雄傳注越曰也召誥若翼日又云越翼日漢書律

厤志引武成若翌日僞武成作越翼日越與若義同也連言之則爲曰若召誥越若來三月來之言至也越若與此曰若同稽古猶考古漢書武紀詔郊祀志律厤志董賢傳王莽傳後漢章帝紀范升傳馬融誣奏李固疏班固東都賦張衡陳事疏黃瓊請舉藉田禮疏桓榮傳安帝策夏勤文郭丹傳蔡邕和熹鄧后謚議趙岐孟子題辭荀悅漢紀續漢律厤志劉寬碑引用稽古之文並作考古解書言考之於古有帝堯云云耳詩殷武疏引契握云若稽古王湯詩譜引擿雒戒云曰若稽古周公旦同劉逢祿云（後稱劉云）左傳引堯典多曰夏書墨子明鬼篇云尚書夏書其次商周之書孔子序三統之書首夏書而唐虞者夏之三統也故皆以曰若稽古四字首之以別於三代可見曰若稽古四字或是孔子尊稱加之詞或周史臣所加史公述五帝本紀無此四字於夏商亦稱帝（說詳呂刑皇帝注）則以此四字屬下讀者由白虎通不得其說馬鄭從而誤之也（說詳皋陶謨）先謙案古文家說相承謂之通虞夏書猶存孔子序書微意至曰若稽古蓋周史之詞以爲聖人所加失尼山不作之指矣三國魏志引賈馬云順考古道又引鄭云稽古同天書疏云稽同古天李固傳注引作稽同也古天也言能同天而行者孫云小宰職注稽合也說文同下云合會也是稽義近同周書周祝解天爲古樂記久則天古猶久也或鄭亦以帝號同天起義先謙案此古文異說書疏云古之爲天經無此訓高貴鄉公以鄭爲長非篤論也帝者白虎通號篇帝王者何號也德合天地者稱帝帝者天號號言爲帝者何帝者諦也象可承也璇璣鈐曰帝者天號王者人稱在政不私公位稱之曰帝樂稽耀嘉曰德象天地爲帝仁義所生爲王莊述祖云孔穎達書疏亦以唐虞稱帝夏殷周稱王謂名號以

功德爲優劣案春秋繁露三代改制質文篇云德侔天地者稱帝天祐而子之號稱天子故聖王生則稱天子崩遷則存爲三王絀滅則爲五帝下至附庸絀爲九皇下極其爲民雖絕也廟號祝牲猶列于郊號宗于岱宗此六經之通義也鄭司農周禮解詁云四類三王五帝九皇六十四民咸祀之荀卿禮論云郊者并百王於上天而祭祀之所謂列于郊號也管子云古者封泰山禪梁父者七十二家而夷吾所記者十有二焉謂無懷伏羲神農炎帝黃帝顓頊帝嚳堯舜禹湯周成王太史公亦云所謂宗于岱宗也然則由王而帝而皇而民親疏之稱遠近之詞尊卑之號也此百王之所同也有功德者三代以來則有禘郊祖宗之禮子孫雖至絀絕猶列于郊號宗于岱宗此伏羲神農黃帝堯舜禹湯文武所以百世祀也又云王者之法必正號絀王謂之帝封其後以小國使奉祀之下存二王之後以大國使服其服行其禮樂稱客而朝故同時稱帝者五稱王者三所以昭五端通三統也是故周人之王尚推神農爲九皇而改號軒轅謂之黃帝因存帝顓頊帝嚳帝堯之帝號絀虞而號舜曰帝舜錄五帝以小國下存禹之後於杞存湯之後於宋以方百里爵號公皆使服其服行其禮樂稱先王客而朝史公聞春秋於董生故夏殷紀表皆稱帝而周稱王褚少孫等不得其說遂於殷本紀釐入周後世貶帝號號爲王以爲之解由不明春秋之義也春秋傳云周禮未改今之王古之帝也大傳云惟十有三祀帝乃稱王而入唐注云帝謂舜也是帝舜在當時亦稱王也易曰古者庖犧氏之王天下也是皇亦稱王也從後錄之或謂之帝或謂之皇非當時紀事者所稱名號然也孔子序書據周太史所錄唐虞稱帝夏商周稱王其帝典乃大禹皋陶謨上紀唐虞之際首以曰若稽古者所以別之於三代也故皆謂之夏書聖人述而不作六經之所論定託諸微言以示後世云爾帝王之號古今

之稱無優劣之別也皮錫瑞云後稱皮云周世稱王推前二代並爲三王又推前五代爲五帝又推前九代爲九皇後人以夏殷周爲三王黃帝顓頊帝嚳堯舜爲五帝皆沿周制言之漢舊儀云祭三王五帝九皇六十四民皆古帝王凡八十一姓蓋用董子之說蒼頡黃帝史臣其製字以王居門中爲閏是黃帝當時亦稱王據董子說黃帝乃周人追諡耳此西漢今文說東漢以後知之者尟矣先謙案周代傳世久遠戰國七雄並王後遂有尊秦爲帝之說及嬴政混一自稱皇帝而漢祖因之暴秦絕祀封存前代之典泯焉非董子書則古義湮滅矣堯者說文云高也从垚在兀上高遠也風俗通皇霸篇引大傳說云堯者高也饒也言其隆興煥炳最高明也舜者推也循也言其推行道德循堯緒也白虎通號篇書曰帝堯帝舜謂之堯者何堯猶嶤嶤也至高之貌清妙高遠優游博衍眾聖之主百王之長也謂之舜者何舜猶僢僢也言其能推信堯道而行之劉熙諡法云以爲其尊高堯堯然物莫之先故謂之堯也義本大傳又白虎通諡篇帝者天號也以爲堯猶諡顧上世質直死後以其名爲號耳所以諡之爲堯何諡有七十二品禮諡法記曰翼善傳聖曰堯仁聖盛明曰舜皮云此今文家以堯爲名死後卽以名爲諡也檀弓曰死諡周道也自殷以上未有諡法但以生前之號卽爲死後之稱如黃帝顓頊帝嚳堯舜皆是也大傳說五帝之稱皆一例是伏生以堯爲號故史記三代世表云號唐堯正義引譙周說亦以堯爲號先謙案釋文引馬云堯諡也翼善傳聖曰堯與白虎通合生名死諡爲號死諡亦爲號古文說以堯爲諡今文說以爲生名死諡說不同爲諡一也或謂白虎通引諡法有堯舜爲後人所加非是

曰放勳欽明文思安

安動功欽敬也言堯放上世之功化而以敬明文思之四德安天下之當安者○曰放勳今文與古文同欽明文思安安古文也今文作欽明文塞晏晏僞傳言堯放上世之功化讀放爲方往反不以爲名安安晏晏並疊字爲訓僞傳云安天下之當安者二字串說謬○曰放勳者王引之云曰者實有所指之詞如此及下文曰暘谷曰昧谷曰幽都洪範一曰水二曰火三曰木四曰金五曰土之類皆是放勳者史記堯本紀云帝堯者放勳釋文引馬云放勳堯名一云放勳堯字是今古文說同釋文鄭如字讀爲放從之放放有大義段玉裁說放勳猶言大勳是古文說與僞孔異云放勳堯字者蓋以堯是名疑放勳是字然皋陶一名庭堅則古有二名孟子萬章篇放勳乃殂落滕文公篇引放勳曰大戴禮五帝德篇宰我問孔子曰請問帝堯曰放勳則放勳是堯名無疑御覽八十引中候運衡曰帝堯刻璧率羣臣東沇于雒書曰天子臣放勛德薄施行不元白虎通爵篇亦引天子臣放勛祀天自稱名也武梁祠畫象云帝堯放動帝舜名重華是放勳重華皆名可知段云說文勳古文作勛司動注故書勳作勛鄭司農云勛讀爲勳勳功也以說文殂下引勛乃殂證之則壁中故書作放勛孔安國庸生易爲勳許存壁中之舊故殂下引書作勛注中凡言讀爲者皆易其本字若勳勛一字先鄭不當言讀爲蓋古文既絕漢初不識周禮初出時以意定之至許乃敢斷爲一字異體耳皮云緯書多同今文亦作勛者段以爲壁中亦有今文伏生亦有古文非孔氏者皆古文無今字伏生者皆今文無古字是也○欽明文塞晏晏者後漢馮衍傳李注引尚書攷靈燿云放勳欽明文塞今本作思淺人所改晏晏第五倫傳注引考靈燿云堯文塞晏晏陳寵傳注引考靈燿云堯聰當作欽明文塞晏

晏段云思塞同部雙聲故古思今塞今古文異不盡關音韻此則闕乎音韻者塞字從土或改從心作寋以傳合說文攷詩燕燕定之方中常武字皆作塞魏受禪碑欽明文塞刻畫可稽不得偏據許書盡改古籍所有以爲尊許也案後漢和熹鄧后紀崇晏晏之政第五倫傳體晏晏之姿陳寵傳宏崇晏晏何敞傳諫爲篤景起第疏云陛下履晏晏之姿又奏記宋由云明公履晏晏之純德又上疏論郅壽云誠不欲聖朝行誹謗之誅以傷塞晏之化馮衍傳顯志賦思唐虞之晏晏祭祀志注引東觀書云孝順皇帝寬裕晏晏崔瑗司隸校尉箴昔唐虞晏晏庶績以熙蔡邕司空袁逢碑其惠和也晏晏然衡方碑少以文塞敦庬允元長以欽明耽詩悅書唐扶頌崇晏晏之惠康皆漢人引今文義也爾雅晏晏溫和也古安晏通用左傳安孺子漢書人表作晏孺子是也論衡恢國篇唐之晏晏明王充用今文須頌篇云問說書者欽明文思以下誰所言也曰篇家也篇家誰也孔子也此指書序言今序作聽明充作欽明或今古文書序字不同然不得執是爲今文一作文思之證釋文引馬云威儀表備謂之欽照臨四方謂之明經緯天地謂之文道德純備謂之思書疏引鄭云敬事節用謂之欽照臨四方謂之明經緯天地謂之文慮通深敏謂之思馬義本周書謚法解表作悉此字誤郅壽傳注引鄭考靈燿注云道德純備謂之塞言道德純備充實故以訓塞今古文鄭各依字釋之馬云道德純備謂之思讀思爲塞也安安與晏晏義同考靈燿鄭注寬容覆載謂之晏狀其寬和之德故曰安安晏安聲義同

允恭克讓

光被四表格于上下

允信克能光充格至也既有四德讓故其名聞充溢四外至于天地○又信恭能允恭克

讓古文也今文作允恭克攘光被四表今文與古文同一作橫被
一作廣被格于上下今文與古文同格一作假僞傳訓光爲充本
今文說○允恭克攘者說苑敬愼篇昔堯履天子之位猶允恭以
持之虛靜以待下漢書藝文志道家者流淸虛以自守卑弱以自
持此人君南面之術也合於堯之克攘説文攘下云推也讓下云
相責讓也明今文作攘正字古文作讓借字堯紀所稱富而不驕
貴而不舒卽其義也書疏引鄭云不懈於位曰恭推賢尙義曰讓
孫云詩韓奕夙夜匪懈虔共爾位鄭云古之恭字或作共此用其
義晉語文公曰讓推賢也荀子成相篇云堯讓賢以爲民讓賢推
德天下治是也○光被四表者漢書宣紀蕭望之傳載黃霸于定
國等議皆云聖德充塞天地光被四表荀爽易注聖王之信光被
四表樂緯注言德被四表黃瓊言宦官縱恣疏云光被八極胡廣
邊都尉箴云光被八埏班固典引云光被六幽蔡邕注六幽謂上
下四方也引尙書曰光被四表格于上下蔡邕釋誨云舒之足以
光四表高誘淮南注云頗讀光被四表之被史晨祀孔廟碑光于
上下魏公卿上尊號奏碑光被四表曹植求通親親表云欲使陛
下崇一光被時雍之美吳封禪國山碑格于上下光被六幽皆用今
文也一作橫被者漢書王襃傳聖主得賢臣頌云化溢四表橫被
無窮王莽傳昔唐堯橫被四表後漢馮異傳昔我光武受命橫被
四表崔駰傳聖德滂以橫被兮班固傳是故橫被六合張衡東京
賦惠風橫被東巡誥帝道橫被旁行海表是也一作廣被者禮緯
含文嘉堯廣被四表漢書禮樂志平當正雅樂議云況於聖主廣
被之資成陽靈臺碑爰生聖堯名蓋世兮廣被之恩流荒外兮樊
毅復華下民租田口算碑云廣被四表沈子琚縣竹江堰碑云廣

被四表唐扶頌云追惟堯德廣被之恩五經通義云舞四夷之樂
明德澤廣被四表也三國魏志文帝紀注引獻帝傳廣被四表是
也皮云光廣古通用光橫古同聲亦通用漢人引用或作橫或作
廣或作光皆歐陽大小夏侯三家今文異字然字異義同光被卽
廣被亦卽橫被皆充塞之義後漢陳寵傳云聖德充塞假于上下
是其明證戴震云郭本爾雅桄頌充也注皆充盛也釋文桄孫作
光古黃反爾雅桄字六經不見說文桄充也孫愐唐韻古曠反樂
記號以立橫橫以立武鄭注橫充也謂氣作充滿也釋文橫古曠
反孔子閒居篇必達於禮樂之原以致五至而行三無以橫於天
下堯典橫被四表正如記所云橫於天下橫乎四海是也橫四表
格上下對擧溥徧所及曰橫貫通所至曰格橫轉寫爲桄脫誤爲
光追原古初當讀古曠反庶合充霩廣遠之義而釋文於堯典無
音切於爾雅乃云古黃反殊少精覈段云伏生作橫壁書作光皆
卽桄字爾雅說文桄充也桄橫通用與今文尚書合孫本爾雅作
光充也與古文尚書合孟子擴而充之擴卽橫字之異體四表者
開元占經引考靈耀云二十八宿之外各有萬五千里是謂四遊
之極謂之四表書說云日照四極九光東日日中南日日永西日
宵中北日日短光照四十四萬六千里又云日道出於列宿之外
萬有餘里正月假上八萬里假下一十萬四千里又云地與星辰
四遊升降於三萬里之中春則星辰西遊夏則星辰北遊秋則星
辰東遊冬則星辰南遊地有四遊冬至地上行北而西三萬里夏
至地下行南而東亦三萬里春秋二分則其中矣月令疏引鄭注
考靈耀云天傍行四表之中冬南夏北春西秋東皆薄四表而上
地亦升降於天之中冬至而下夏至而上二至上下蓋極地厚也

詩噫嘻疏引鄭云言堯德光燿及四海之外至于天地所謂大人與天地合其德與日月齊其明鄭以經文光爲光燿就本義釋之非是王祖郃云被及也光被四表猶言廣及四表禹貢導荷澤被孟豬言導菏澤及孟豬也○格于上下者蔡邕典引注張超靈帝河閒舊盧碑王粲無射鐘銘樂緯注獻帝傳吳國山碑皆引格于上下用今文也一作假者楚詞招魂王逸注假至也書曰假于上下逸多用今文尚書後書明帝紀順帝紀陳寵傳皆引假于上下馮異傳安帝詔云昭假上下白虎通禮樂篇引尚書曰前歌後舞假于上下所引雖太誓之文然作假當無異此三家尚書異文段云說文假下引虞書曰假于上下許自序云其稱易孟氏書孔氏詩毛氏禮周官春秋左氏論語孝經皆古文也然則許所稱尚書皆孔安國壁中本凡壁中本有安國以今文讀之改定其字者如棚改作朋舀定作斷截定作蠢之類是也許存故書本字往往與今本乖異職此之由許見壁書是假字而今本堯典格字五見詩楚茨抑作格毛傳來也至也雲漢作假毛傳至也是古時格假通用尚書作格其來已久

克明俊德以親九族

能明俊德之士任用之以睦高祖玄孫之親○克明俊德今文與古文同一作峻德一作馴德以親九族今文與古文同僞傳能明俊德之士任用之本馬鄭說以睦高祖玄孫之親本馬鄭說○克明俊德者論衡程材篇堯以俊德致黎民雍王充習歐陽尚書蓋歐陽別本有作俊者又講瑞篇云然而唐虞之瑞必眞是者堯之德明也充以明德屬堯與大學自明義合郙閣頌云降茲惠君克明俊德允武允文亦以明德爲自明其德也一作峻德者大學引帝典作峻德大小戴與夏侯尚書同師是夏侯本作峻漢書平當傳

昔者帝堯南面而治先克明峻德以親九族而化及萬國當習歐陽尚書見儒林傳則歐陽家亦作峻也當引此以證聖人之德亡以加於孝亦以峻德爲堯德一作馴德者堯紀作能明馴德克能故訓字集解引徐廣曰馴古訓字索隱史記馴字徐皆讀曰訓訓順也言聖德能順人也段云書五品不訓史記作不馴周禮土馴鄭司農讀馴爲訓今本作杜訓注云訓讀爲馴淺人妄改別有說而釋以告道引爾雅訓道也以明之周易馴致其道徐仙民音訓堯典釋爲順者本紀作馴馴予工馴予上下草木鳥獸是也或徑作順順此事是也洪範于帝其訓世家訓作順知馴訓順三字通用今文蓋作克明訓德與五品不訓用字正同徐中散在晉末雖今文尚書已佚而祖飢謚哉之類尚存一二又采集舊聞知馴即訓字故稱古訓字也書疏引鄭云俊德賢才兼人者孫云春秋繁露爵國篇萬人曰英千人曰俊百人曰傑十人曰豪說文俊下云才千人也故以俊爲兼人鄭意以明爲明揚俊德爲賢才蓋言九族中之賢才如論語所云汎愛眾而親仁也先謙案此鄭古文說與今文說以俊德爲堯德者異今文義較長○以親九族者堯紀如此書疏引夏侯歐陽等以爲九族者父族四母族三妻族二皆據異姓有服異義引尚書歐陽說九族乃異姓有屬者父族四五屬之內爲一族父女昆弟適人者與其子爲一族己女昆弟適人者與其子爲一族己之女子子適人者與其子爲一族母族三母之父姓爲一族母之母姓爲一族母女昆弟適人者與其子爲一族妻族二妻之父姓爲一族妻之母姓爲一族古尚書說九族者從高祖至元孫凡九皆同姓許慎案禮緦麻三月以上服恩之所及禮爲妻父母有服明在九族中九族不得但施於同姓鄭駁云元之聞也婦人歸宗女

子雖適人子猶繫姓明不得與父兄爲異族其子則然昏禮請期辭曰唯是三族之不虞欲及今三族未有不億度之事而迎婦也如此所云三族不當有異姓異姓其服皆緦麻禮雜記下緦麻之服不禁嫁女取婦是爲異姓不在族中明矣據此許從今文鄭從古文白虎通宗族篇族者何也族者湊也聚也謂恩愛相流湊也生相親愛死相哀痛有會聚之道故謂之族尙書曰以親九族族所以有九何九之爲言究也親疏恩愛究竟謂之九族也父族四母族三妻族二四者謂父之姓爲一族也父女昆弟適人有子爲二族也身女昆弟適人有子爲三族也身女子適人有子爲四族也母族三者母之父母爲一族也母之昆弟爲二族也母之女昆弟爲三族也母昆弟者男女皆在外親故合言之也妻族二者妻之父爲一族妻之母爲二族妻之親略故父母各一族禮曰惟氏三族之不虞尙書云以親九族案此與異義引歐陽說同惟歐陽以母之父母各爲一族班以母之父母合爲一族略異母之昆弟郎母之父族不得別爲一族班引夏侯義不如歐陽義墕也白虎通又云一說合言九族者欲明堯時俱三也禮所以獨父族四何欲言周承二弊之後民人皆厚于末故與禮母族妻之黨廢禮母族父之族是以貶妻族以附父族也或言九者據有交接之恩也若邪侯之姨譚公惟私也言四者據有服耳不相害所異也盧文昭云語不甚了大約謂三代之季民有厚母族薄父族厚妻族族薄母族者故矯其弊損妻族三爲二增父族三爲四也喪服傳云禽獸知母而不知父野人曰父母何算焉是厚於末之義則此一說意謂堯時父母妻皆三族合爲九周時則父族四母族三妻族二也此今文家異說妻族三當與母族相同父族亦止於三則四族

中當少一族不知所少者爲何其詳不可得聞矣釋文云九族上自高祖下至玄孫凡九族馬鄭同是馬以九族爲同姓與鄭同孫云小宗伯掌三族之列名喪服小記說服之義曰親親以三爲五以五爲九以此言之知高祖至元孫昭然察矣詩葛藟序云周道衰棄其九族傳云九族者據己上至高祖下及元孫漢書高帝紀七年置宗正官以序九族是漢初俱以九族爲同姓夏侯歐陽說爲異姓者蓋因堯德光被自家及外族鄭不然者以經文下云百姓可該異姓也先謙案據下文百姓爲別族定姓之事此九族宜從古文說**九族既睦平章百姓**既已也百姓百官言化九族而平和章明○九族既睦平章百姓今文與古文同一作便章一作辯章一作辨章僞傳言百官化九族而平和章明本鄭說而誤會其指天子建有德爲公卿若其先不平和章明不當在百官之位釋平爲平和望文生義尤爲巨失○九族既睦者堯紀如此後漢班固傳李注引鄭云睦親也○平章百姓者自虎通姓名篇人所以有姓者何所以崇恩愛厚親親遠禽獸別昏姻也故禮別類使生相愛死相哀同姓不得相娶皆爲重人倫也姓生也人所稟天氣所以生者也尚書曰平章百姓姓所以有百何以爲古者吹律定姓以紀其族人含五常而生正聲有五宮商角爲便轉而相雜五五二十五轉生四時異氣殊音悉備故姓有百也皮云據此平章百姓蓋辨別章明之卽吹律定姓之事白虎通用今文亦作平者平便一聲之轉三家異文或同古文作平崔騶章帝謚議云唐書數堯之德曰平章百姓曹植求通親親表引平章百姓蔡邕封事云平章賞罰亦引用今文經字也一作便章者堯紀如此集解引徐廣曰下云便程東作然則訓平爲便也索

隱平既訓便便因作便便章皮云洪範王道平平史記張釋之馮唐傳引作王道便便便平便一聲之轉史公所據今文尚書本必作便字非訓平爲便便以訓詁代經也一作辯章一作辨章者索隱云其今文作辯章便既訓辯遂爲辯章鄒誕生本亦同後漢劉愷傳職在辯章百姓注引尚書曰九族既睦辯章百姓鄭元注辯別也章明也鄭亦用今文義詩采菽疏堯典平章百姓書傳作辨章今尚書大傳無辨章百姓之語散佚非完書癸辛雜識前集引尚書大傳曰辨章百姓百姓昭明班固典引云惇睦辨章之化洽答賓戲云辨章舊聞御覽引東觀漢記云臣下百僚力誦聖德紀述明詔不能辯章三國魏志景元元年有司議奏曰朝廷所以辨章於天下者也皆用今文段云詩毛傳平平辯治也論語鄭注便便辨也古便平辨辯四字通用百姓者集解引鄭云百姓羣臣之父子兄弟孫云周語富辰曰百姓兆民注百姓百官也官有世功受氏姓也楚語觀射父曰民之徹官百王公之子弟之質能言能聽徹其官者而物賜之姓以監其官是爲百姓鄭說所本先謙案堯於九族之外又辨別章明百官之姓鄭言羣臣以別於下文之黎民言父子兄弟亦卽定姓別族之義至禹平水土錫土姓於中國則姓氏之受偏於九州矣**百姓昭明協和萬邦黎民於變時雍**昭亦明也協合黎眾時是雍和也言天下眾民皆變化從上是以風俗大和○百姓昭明今文與古文同協和萬邦古文也今文作協和萬國協一作叶黎民於變時雍古文也今文作黎民於蓄時雍○百姓昭明者堯紀如此說文昭下云日明也○協和萬國者堯紀作合和萬國協合故訓字段云古文邦字今文皆作國漢人詩書不諱不改經字蔡邕所書今文般庚試以爾遷安定厥

國可證宋史禮志禮部太常寺言漢法邦之字曰國盈之字曰滿
止是讀曰國讀曰滿本字見於經傳者未嘗改易史記先王之制
邦內畿服邦外侯服又曰盈而不持則傾邦盈字俱不改易蓋引
經傳皆仍其舊若常雨若常暘若則以故訓字代之皮云史記高
祖侯功臣年表序漢書宣紀成紀地理志皆引協和萬國法言先
知篇堯親九族協和萬國王莽傳萬國和協東觀記和帝賜彭城
王恭詔云蓋聞堯親九族萬國協和漢紀杜業云昔唐虞協和萬
方致雍熙之政易國爲方臨文不拘也後漢明帝紀論衡儒增篇
引作協和萬邦疑後人改之地理志云昔在黃帝作舟車以濟不
通旁行天下方制萬里畫壄分州得百里之國萬區是故易稱先
王以建萬國親諸侯書曰協和萬國此之謂也據此今文說以萬
國爲實有萬國非虛數也協一作叶者論衡齊世篇引如此說曰
唐之萬國固增而非實者也又蓺增篇云尙書協和萬國是美堯
德致太和之化化諸夏並及夷狄也言協和方外可也言萬國增
之也欲言堯之德大所化者眾諸夏夷狄莫不雍和故曰萬國王
充以萬國爲增而非實蓋歐陽說與班用夏侯說不同協作叶者
叶是協古文大傳不叶于極白虎通叶時月皆引作叶是伏生今
文亦有古文之證○黎民於蕃時雍者漢書成紀詔曰黎民於蕃
時雍明以陰陽爲本也應劭曰黎眾也時是也雍和也言眾民於
是變化用是大和也韋昭曰蕃多也段云應用古文讀蕃爲變正
如五行志思心曰容應亦用古文讀容爲睿韋訓蕃爲多則如今
文說不改字顏引應注蓋刪去古文作變之語漢孔宙碑於元時
雍元卽今之卞字弁之變體弁蓋蕃之假借古音弁讀如盤孫云
應釋於爲於是則於讀如字於變猶爰變也爰於釋詁文潛夫論

考績篇此堯舜所以養黎民而致時雍也以養釋蕃云致時雍疑又以時爲時代之時皮云後漢魯恭傳夫王者之作因時爲法深惟古人之道助三正之微定律著令冀承天心順物性命以致時雍則今文說有以時爲時代之時者**乃命羲和欽若昊天厤象日月星辰敬授人時**重黎之後羲氏和氏世掌天地四時之官故堯命之使敬順昊天昊天言元氣廣大星四方中星辰日月所會厤象其分節敬記天時以授人也此舉其目下別序之○乃命羲和欽若昊天厤象日月星辰今文與古文同乃一作迺羲一作曦敬授人時者天文皆當作敬授民時僞傳以羲和爲掌天地四時用今文說○今古命羲和者堯紀如此孫云今文說以羲仲等四人即是羲和禮月令云乃命太史司天日月星辰之行是羲和於周爲太史之職史記天官書昔之傳天數者於唐虞羲和以爲六卿漢書成紀陽朔元年詔曰昔在帝堯立羲和之官命以四時之事令不失其序百官公卿表書載唐虞之際命羲和四子順天文授民時食貨志堯命四子以敬授民時魏相傳明王謹於尊天慎於養人故立羲和之官以乘四時節授民事論衡是應篇堯候四時之中命曦和察四星以占時氣是以仲叔等四子爲郎羲和今文說也皮云羲和專掌天文不治民事孫所引外如史記厤書云堯立羲和之官明時正度則陰陽調風雨節茂氣至漢書律厤志云厤數之起上矣傳述顓頊命南正重司天火正黎司地其後三苗亂德二官咸廢而閏餘乖次孟陬殄滅攝提失方堯復育重黎之後使纂其業故書曰迺命羲和欽若昊天厤象日月星辰敬授民時藝文志云陰陽家者流蓋出於羲和之官敬順昊天厤象日月星辰敬授

民時此其所長也古今人表有羲中羲叔和中和叔別無羲和後漢質帝紀詔曰昔堯命四子以欽天道續漢天文志云故星官之書自黃帝始唐虞之時羲仲和仲律麻志云承聖帝之命若昊天典麻象三辰以授民事立閏定時以成歲功羲和其隆也中論麻數篇堯復育重黎之後不忘舊者使復典敎之故書曰乃命羲和三國魏志注引王沈魏書云丙戌令史官奏修重黎羲和之職諸說皆以羲和為司天無異義乃一作迺者見漢書律麻志𡈼漢書引經乃皆作迺羲一作曦者論衡是應篇引如此案廣雅釋天日御謂之羲和楚詞離騷天問王逸注並云羲和日御也淮南子爰止羲和爰息六螭是謂懸車潛夫論愛日篇化國之日舒以長舒長者非謂羲和安行乃君明民靜而力有餘也此皆以羲和為日御漢志云黃帝使羲和占日楊雄河東賦云羲和司日李尤漏刻銘乃建日官又云乃命羲和是羲和郎日官此皆以羲和為日官蓋羲和本日御之名黃帝取其名立是官以司日堯命羲和蓋亦因於古耳王充引作曦則三家今文有別本從日作曦者亦可證羲和必非兼治民事之官矣釋文引馬云羲氏掌天官和氏掌地官四子掌四時周禮序及書疏引鄭云高辛氏之世命重為南正司天黎為火正司地堯育重黎之後羲氏和氏之子賢者使掌舊職天地之官亦紀於近氏命以民事其時官名蓋曰稷司徒馬鄭皆云此命羲和者命為天地之官下云分命申命為四時之職天地四時於周則冢宰司徒之屬六卿是也案馬鄭說本之鄭語楚語及左昭十七年傳文其以羲和四子為六卿則傳合周禮以春為秩宗夏為司馬秋為士冬為共工通稷與司徒為六官云虞有九官見尚書無六官之名九官中亦無司馬舜以蠻夷猾夏屬

之作士是兵刑合爲一官班固作漢書刑法志兼言兵不別立兵志卽用今文尚書義稷爲天官古無明文國語云稷爲大官不爲天官鄭蓋以緯書云稷爲司馬又云司馬主天故爲是說然據鄭義夏爲司馬則司馬非主天鄭又云初堯天官爲稷禹登用之年舉棄爲之時天下賴后稷之功故以官名通稱其箋詩又云堯登用之使居稷官民賴其勞後雖作司馬天下猶以后稷稱焉如其說則棄於堯時已爲天官其職最尊若周之冢宰矣何以堯舜禪讓皆不及棄且稷爲天官司馬爲夏官天官尊於夏官后稷有功於民何以又由天官降爲司馬舜時九官並命皆屬要職何以舉其五而遺其四又於其內增一司馬是其說皆不可通鄭掤爲是說者蓋以重黎司天地似近天官地官四子分主四時近春夏秋冬之官但唐虞官制與周制不同非可強合爲一羲和司天之官不得兼治方岳之事漢書百官公卿表云書載唐虞之際命羲和四子順天文授民時咨四岳以舉賢才揚側陋是今文家於四子四岳分別甚明古文家無師說專據周官等書比附爲之卽此可見其槩據伏生大傳古有三公九卿無六卿虞時九官當卽九卿大傳曰舜攝時有三公九卿百執事此堯之官也故使百官事舜其時三公不知何名或如周制三公在六卿中或時三公卽在九卿之中或別有三公蓋未可知司徒司空之外或增太尉或增司馬亦未可知要與羲和四子司天之官不相涉也○欽若昊天者堯紀作敬順昊天以故訓代經漢書藝文志亦作敬順詩黍離疏大宗伯疏云今尚書歐陽說春曰昊天夏曰蒼天秋曰旻天冬曰上天總爲皇天爾雅亦然許氏謹案尚書堯命羲和欽若昊天總救四時知昊天不獨春鄭氏云春氣博施故以廣大言之浩浩昊

天求天之博施尚書所云者論其義也則堯命羲和欽若昊天無
可怪耳疏又引古文說云天有五號各用所宜稱之尊而君之則
稱皇天元氣廣大則稱昊天仁覆閔下則稱旻天自上監下則稱
上天據遠視之蒼蒼然則稱蒼天先謙案今爾雅春夏互昜蓋許
鄭所據與李巡孫郭本不同說文昦下云春爲昦天元氣昦昦兼
採今古文說旻下云虞書曰仁覆閔下則稱旻天所引虞書謂古
文說也○麻象日月星辰者堯紀作數法日月星辰以詁訓代經
孫云麻數釋詁文王逸楚詞懷沙注作象法也大戴禮五帝德篇帝
嚳麻日月而迎送之昜繫辭云天垂象見吉凶聖人則之史記麻
書方士唐都分其天部而巴落下閎運算轉麻落下閎之法郎所
謂麻如周馮相氏所掌今之推步學也唐都之法郎所謂象如周
保章氏所掌今之占驗學也漢書李尋傳書曰麻象日月星辰此
言仰視天文俯察地理觀日月消息候星辰行伍尋言俯察地理
蓋謂下宅嵎夷宅南交等亦以羲和郎羲仲等四子也皮云尋師
張山拊受小夏侯尙書所引小夏侯說文燿鉤云堯眉八彩是謂
通明麻象日月璇璣玉衡白虎通聖人篇堯麻象日月璇璣玉衡
以璇璣玉衡當書之星辰卽今文家以璇機爲北極玉衡爲斗建
之說也後書襄楷傳臣閭皇天不言以文象設敎堯舜雖聖必麻
象日月星辰察五緯所在故能亨百年之壽爲萬世之法又以星
辰爲五緯所在書疏云鄭以星辰爲一孫云大宗伯職以實柴祀
日月星辰注星謂五緯辰謂日月所會於十二次是辰當作曟鄭
以星辰爲一則謂中星也魯語展禽曰帝嚳能序三辰以固民注
三辰日月星謂能次序三辰以治麻明時敎民稼穡以安也亦以
星辰爲一○今古文作敬授民時者堯紀作敬授民時段云自來

尚書無作人時者卽以注疏本證之洪範孔傳皋陶謨疏皆以作民
唐初本不誤也自孝明天寶三載始命衞包改古文尚書包以民
字在卷首非他民字可比竟改爲人而古人引用如漢書律麻志
食貨志藝文志李尋傳王莽傳漢孫叔敖碑鄭注大傳徐幹中論
麻數篇韋注鄭語皆引敬授民時是今古文並作民皮云漢書百
官公卿表序漢官儀潛夫論愛日篇班祿篇後漢書劉陶改鑄大
錢議亦皆引作敬授民時惟大傳云主春者張昏中可以種稷主
夏者火昏中可以種黍主秋者虛昏中可以種麥主冬者昴昏中
可以收歛蓋藏田獵斷伐當上告之天子而下賦之民故天子南
面而視四星之中知民之緩急急則不賦籍不舉力役故曰敬授
人時此之謂也大傳人時蓋後人所改御覽十一引大傳作民時
禮月令疏引尚書攷靈燿云主春者鳥星昏中可以種稷主夏者
心星昏中可以種黍主秋者虛星昏中可以種麥主冬者昴星昏
中則入山可以斬伐具器械王者南面而坐視四星之中者而知民
之緩急急則不賦力役故敬授民時文與大傳略同說苑雜言篇
文亦與大傳略同引書曰敬授民時蓋亦全攄大傳之文而作民
不作人則大傳亦必作民時也孫云五行大義引曾子云亦
同所云據昏中星以授民時亦以義和郎四子與馬鄭義異**分命**

羲仲宅嵎夷曰暘谷宅居也東表之地稱嵎夷暘明也日出於谷而天下明故稱暘谷暘谷嵎夷一也羲仲居
治東方之官○分命羲仲今文與古文同宅嵎夷古文也今文作
度嵎夷一作禺銕一作郁夷曰暘谷今文與古文同一作曰崵谷
一作曰湯谷○分命羲仲者堯紀如此周禮疏序及聖賢羣輔錄
引鄭云官名蓋春爲秩宗夏爲司馬秋爲士冬爲共工通稷與司

徒是六官之名見也仲叔亦羲和之子堯既分陰陽爲四時命羲仲和仲羲叔和叔等爲之官又主方岳之事是爲四岳掌四時者曰仲叔則掌天地者其曰伯乎孫云大傳有羲伯和伯等樂與陽伯夏伯秋伯冬伯爲六周禮序引鄭注云堯始得羲和命爲六卿其主春夏秋冬者並掌方嶽之事是爲四嶽出則爲伯後稍死鵙吺共工等代之乃分置八伯又注大傳儀伯云儀當爲羲羲仲之後也羲伯羲叔之後也和伯和仲之後也不及和叔者脫文皮云鄭據大傳爲說實與伏羲不同伏以四子卽羲和無四子卽四嶽之說大傳云惟元祀巡狩四嶽八伯是其時四嶽八伯並列鄭云四嶽死乃分置八伯明與大傳不合大傳有儀伯又有羲伯何以知儀當爲羲一是仲後一是叔後大傳八伯缺一又何以知爲和叔之後鄭據大傳爲說不過因其中有羲伯和伯與經所云羲和偶合遂傳會爲一以證其四子卽四嶽之說耳伏羲雖難詳知據漢儒所引今文皆不以四子爲四嶽則不得如孫氏傳會鄭義爲今文說也○度嵎夷者段云周禮注引度西曰柳穀此鄭引今文也然則宅嵎夷宅南交宅朔方今文本皆作度方言度尻[illegible][illegible]也東濟海岱之間或曰度攷三危既宅夏本紀作既度是降丘宅土風俗通作度土五流有宅五宅三居五帝紀作有度五度然則凡古文皆作宅凡今文皆作度五帝紀居郁夷居南交居西土居北方皆以故訓代之書疏卷二引夏侯歐陽等書宅嵎鐵字作宅者蓋誤依古文嵎本當作堣說文堣下云堣夷在冀州暘谷立春日日値之而出从土禺聲尚書曰宅堣夷案許用古文惟从土與从山異蓋字本从土轉寫誤从山說文土部堣夷山部封嵎二字畫然玉篇堣夷日所出虞書分命羲仲宅堣夷本亦作嵎蓋有堣嵎

二本後人舍是從非耳釋文引馬云嵎海隅也夷萊夷也王鳴盛云寅賓出日自當於正東之青州蓋青州上言嵎夷下言萊夷上言既略總指海隅之地下言作牧專就萊夷言之以經解經較說爲冀州遼東西者更確一作禺銕者說文暘下云嵎銕大徐作銕小徐作鐵暘谷也此用今文嵎當本是禺或增山旁耳夏本紀索隱嵎夷今文尚書及帝命驗並作禺鐵堯典釋文云尚書考靈燿及史記作禺銕書疏卷二夏侯等書宅嵎夷爲宅嵎鐵案嵎鐵即禺銕銕者古文鐵字鐵者鐵之譌體也廣韻峓下云嵎峓山名書作嵎夷以指切集韻銕下云嵎銕東表之地延脂切廣韻集韻十二齊皆有銕字引字林云鐵名然則夷銕峓三字通用集韻無峓字疑廣韻峓乃銕之誤凡緯書皆出漢人手故考靈燿帝命驗皆用今文也禮月令注云今尚書曰分命羲仲宅嵎夷疏云今尚書今文尚書也案鄭注經引今文尚書絕少惟周禮有度西曰栁穀一條且古文堣夷今文作禺銕皆有左證不當以宅嵎夷系之夏侯歐陽書也或云今尚書者猶言今月令蓋本作度禺銕而後人用所習古文改之余以爲周禮注引栁穀者爲櫝讀栁之證此引書爲命田舍東郊之證不必援禺銕字也非有脫文則今爲術字一作郁夷者堯紀作居郁夷乃禺銕之別本見上釋文引史記案釋文之史記二字疑說文二字之誤謂暘下所云也或陸所據史記與司馬貞張守節本不同皮云或據詩周道倭遲漢書地理志引作郁夷謂郁夷即倭夷之地郁音近倭即今日本地據後漢東夷傳說夷者九種云昔堯命義仲宅嵎夷曰暘谷蓋日之所出也或說似近之而說文云暘山在遼西索隱案今文尚書及帝命驗並作禺鐵在遼西則今文說以爲在遼西非倭夷地○曰暘谷者段云說文暘下云日出也从日昜聲虞書曰曰暘谷大小徐本皆有脫賸此與土部宅堣夷相屬許引古文也釋文引馬云暘谷海嵎夷之地名今文同者堯紀如此一作曰暘谷者說文暘下云一曰嵎銕暘谷也暘上當有曰字轉寫失之段云許引

今文也以嵎銕今文則知相屬之嵎谷爲今文無疑許云其偁書孔氏古文也然則引書必皆孔氏古文今攷許序述言其梗槩其所引禺銕暘谷戔戔甹梓褱毛旁逑孱功則不廢今文正如偁詩毛氏而江之永矣偁毛江之羕矣則偁韓偁春秋左氏而引公羊非一也一作曰湯谷者索隱云史記舊本作湯谷今並依尚書字案淮南子曰日出湯谷浴于咸池據索隱說史記本作湯谷亦出今文尚書它如楚詞天問出自湯谷王逸注言日出東方湯谷之中又遠遊云朝濯髮於湯谷兮山海經云黑齒之北曰湯谷論衡說日篇云禹貢山海經言日有十在海外東方有湯谷又談天篇云且日火也湯谷水也說文叒下云日初出東方湯谷所登榑桑叒木皆作湯與史記同

寅賓出日平秩東作

寅敬賓導秩序也歲起於東而始就耕謂之東作東方之官敬導出日平均次序東作之事以務農也〇寅賓出日平秩東作今文與古文同平秩一作便程一作辯秩一作辨秩古文一作平斅僞傳賓導也本史記說訓平爲平均謬下同〇寅賓出日者堯紀作敬道日出以故訓代經段云說文寅下云辰名夤下云敬愓也尚書古本多作夤字故唐人引書多作夤李仲璇孔子廟碑作夤賓集韵引寅餞作夤淺也釋文賓如字徐音儐說文儐導也或从手作擯如字非也皮云大傳云古者帝王躬率有司百執事而以正月朝迎日於東郊以爲萬物先而尊事天也祀上帝於南郊所以報天德迎日之辭曰維某年月上日明光於上下勤施於四方旁作穆穆維予一人某敬拜迎日東郊迎日謂春分迎日也堯典曰寅賓出日此之謂也蔡邕獨斷云天子父事天母事地兄事日姊事月常以春分朝日於東門之外示有所尊訓民人事君之道

也正用大傳之義帝命驗云春夏欲早作故令民先日出而作是
謂寅賓出日其解經與大傳殊蓋三家義異也釋文引馬云寅從
也孫云釋詁賓服也服義近從書疏引鄭云謂春分朝日鄭亦用
今文說○平秩東作者趙岐孟子萬章篇注引平秩東作或三家
今文有作平者如辯章亦作平章之比先謙案以例下文夏秋冬
今文本皆當有作平秩者大傳云東方者何也動方也物之動也
何以謂之春春出也萬物之出也故謂東方春也平秩一作便程
者堯紀如此索隱云劉伯莊傳皆依古文作平秩音然尚書大傳
曰辯秩東作則是訓秩爲程言便課其作程者也正義云便程並
如字後同耕作在春故言東作命義和恭勤道訓萬民東作之事
使有程期孫云平便秩程聲俱相近說文戴从大𢦔聲讀若詩載
戴大猷今作秩是也平秩謂使課其事薛綜西京賦注程謂課其
技能也皮云史記作便程蓋歐陽尚書異文非訓秩爲程也一作
辯秩一作辨秩者索隱引大傳曰辯秩東作馮相氏注引仲春辨
秩東作仲夏辨秩南譌仲秋辨秩西成仲冬辨在朔易賈疏云據
書傳而言是鄭引今文與索隱引合辯辨一字風俗通祀典篇引
青史子云歲終更始辨秩東作萬物觸戶而出與大傳合段云平
辨皆訓使雒誥伻來以圖賈昌朝羣經音辨作平來以圖漢書劉
向傳同雒誥伻來來示予漢人引作辨來來示予釋文引馬云苹
使也案詩桑柔傳莽使也釋詁拼抨使也集韵十三耕云拼抨伻
迸儗[illegible]平苹六字同詩書作从屮之莽苹皆字之假借也古文一
作平黜者說文黜下云爵之次弟也虞書曰平黜東作段云此蓋
壁中古文今本古文皆作秩由孔安國以今文字讀之易黜爲秩
也壁書初出時少通其讀者孔以隸書定其音讀通其假借如黜

易爲秩詔易爲斷繇易爲肆載易爲蠢此定其音讀也如敢易爲好狟易爲桓敀易爲伯堋易爲朋炪易爲拙莫易爲蔑緢易爲須此通其假借也豑字不見於他經許以會意說之云爵之次第也爵與豐同爲禮器故其字以豐弟會意秩字經典多用許以形聲說之曰積也从禾失聲引詩積之秩秩是則用爲次序之義二字皆屬假借近人云豑其本字秩其借字漫改秩爲豑好古而不通其原也孫云月令天子迎春東郊還反賞公卿諸侯大夫於朝命相布德和令行慶施惠下及兆民疑即謂此事葢依其爵秩次序而賞之也東作者皮云趙岐孟子注東野人東作田野之人書曰平秩東作謂治農事也漢書王莽傳每縣則耕以勸東作每縣則薅以勸南僞每縣則穫以勸西成每縣則粟以勸葢藏後漢質帝紀續漢禮儀志皆云方春東作蔡邕行考城頌云勸茲穡民東作是營應劭漢書注東作耕也是兩漢今文家以東作爲耕皆無異義列子楊朱篇宋有田父曁春東作則其義古矣書疏云鄭以作爲生計秋言西成春宜言東生駁云四時之功皆須作力不可不言力作直說生成也

日中星鳥以殷仲春

日中謂春分之日鳥南方朱鳥七宿殷正也春分之昏鳥星畢見以正仲春之氣節轉以推季孟則可知○日中星鳥以殷仲春今文與古文同僞傳云春分之昏鳥星畢見書疏云馬鄭以爲星鳥星火謂正在南方春分之昏七星中仲夏之昏心星中秋分之昏虛星中冬至之分昴星中皆舉正中之星不爲一方盡見舉仲月以統一時孔氏直取畢見迂闊○日中星鳥者堯紀如此日中者月令仲春之月日月分詩東方未明疏引馬云日中宵中者日見之漏與不見者齊也鄭說同書疏引馬云古制刻漏晝夜百刻晝

長六十刻夜短四十刻晝短四十刻夜長六十刻晝中五十刻夜
亦五十刻孫云開元占經引張衡渾儀注云春分秋分日在黃赤
二道之交中去極俱九十一度少强出卯入酉晝行地上夜行地
下俱一百八十二度半强後漢律厤志云孔壺爲漏浮箭爲刻下
漏數刻以考中星昬明生焉禮樂記百度得數而有常注百度百
刻也言日月晝夜不失正也是漏刻本古制也月令疏引鄭注尚
書云日見之漏五十五刻不見之漏四十五刻與詩疏異者月令
疏云馬據日出日入爲限蔡邕以爲星見爲夜日入後三刻日出
前三刻皆屬晝晝有五十六刻夜有四十四刻與鄭注日見之漏
與不見者齊不同者馬氏又多一刻屬晝是漢厤之不同也星鳥
者大傳云主春者張昬中則鳥卽張也天官書云張嗉卽鳥之嗉
也淮南子高注三月昬張其星中于南方詩七月疏釋文文選陸
士衡樂府注引鄭云星鳥鶉火之方王鳴盛云南方三次鶉尾鶉
火鶉首舉其中一次言之僞傳以爲總舉南方朱鳥七宿非也孫
云大傳云天子南面而視四星之中故說經者知昬中于南方也
張南方朱鳥之宿天官書七星頸卽鳥之頸此云星鳥昬中爲仲
春宿總爲鳥星井星卽鳥星之分故云星鳥與此同也案春分之
昬斗指卯角亢在卯則井星柳星張正在南方也以星鳥爲七星
者柳七星卽鳥之體在七星之中故曰正中古無歲差之說故鄭
以月令舉其月初尚書總舉一月是中星不同案月令仲春之月
日在奎呂覽古樂篇黃帝鑄十二鐘以和五音以施英韶以仲春
之月乙卯之日日在奎始奏之此先秦人說黃帝時日躔與周時
無差之證中星亦必同也云鶉火之方者南方三次鶉首鶉火鶉
尾此言其中後人疑仲春之月星鳥未中揤爲歲差之說豈知經

不言昏更不以昏幾刻爲限既舉仲月鄭又以爲總舉一月則昏後數刻鳥星正中無可疑矣○以殷仲春者堯紀仲作中皮云西嶽華山廟碑云皆以四時之中月是今文作中段云古字多以中爲仲蓋古文亦然後人改之釋文殷馬鄭云中也文選陸士衡樂府注引鄭云春秋言溫涼也孫云殷中釋詁文春秋言溫涼者春溫秋涼也

厥民析鳥獸孳尾 冬寒無事並入室處春事既起丁壯就功厥其也言其民老壯分析乳化曰孳交接曰尾○厥民析今文與古文同鳥獸孳尾古文也今文作鳥獸字微段云史記集解云尚書微作尾說云尾交接也此用僞傳說云轉寫作說文云大誤○厥民析者堯紀厥作其故訓字呂覽仲夏紀耕者少舍高注皆耕在野少有在都邑者也尙書曰厥民析散布在野風俗通祀典篇春者蠢也蠢蠢搖動尙書以殷仲春厥民析段云厥其釋言文若汗簡等之古文尙書作𡳐則與爾雅不相應矣○鳥獸字微者堯紀如此孳字尾微古通用說文孳下云汲汲生也字下云言孳乳而寖多也尾下云微也釋名釋形體云尾微也承脊之末稍微殺也江聲云後稱江云魯語鳥獸孕韋昭注謂春時又曰鳥獸成韋注謂立夏鳥獸以成是則春時鳥獸方字乳而尙微也

申命羲叔宅南交 申重也南交言夏與春交舉一隅以見之此居治南方之官○申命羲叔今文與古文同宅南交今文當作度大交僞傳言夏與春交者史記索隱云孔注未是然則冬與秋交何故下無其文且東嵎夷西昧谷北幽都三方皆言地而夏獨不言地乃云與春交斯不例之甚也○申命羲叔者堯紀如此○度大交者度義見上堯紀作居南交度作故訓字古文作南交此史公用古文說之一也大傳云堯南撫交

阯先謙案交阯卽大交墨子節用篇古者堯治天下南撫交阯北際幽都韓子十過篇文同淮南修務訓堯北撫幽都南道交阯說苑反質篇臣聞堯有天下其地南至交阯北至幽都東西至日所出入大戴禮少閒篇虞舜以天德嗣堯朔方幽都來服南撫交阯以交阯幽都對舉南交卽交阯無疑大傳無北服幽都文不具耳大傳又云中祀大交鄭注中仲也古字通春爲元夏爲仲五月南巡守祭大交之氣於霍山也南交稱大交書曰宅南交是也段云疑今文作大交鄭以古文釋之凡鄭注大傳言書曰經曰者皆謂古文尚書王引之云大傳所稱皆今文鄭注大傳所引皆古文是古文作南交今文作大交幽都山名大交與之相對則亦山名先謙案書疏引鄭云夏不言日明都三字摩滅也駮云伏生所誦與壁中舊本並無此字非摩滅也

平秩南訛敬致

訛化也掌夏之官平敘南方化育之事敬行其教以致其功四時同之亦舉一隅○平秩南訛今文與古文同一作便程南爲一作辨秩南僞敬致今文與古文同劉云僞傳說與王肅云夏無明都避敬致意合非也敬致卽周官馮相氏義視舉一隅也○平秩南訛者說見上後同不復出一作便程南爲者堯紀如此據館本作爲汲古本作譌隱爲依字讀春言東作夏言南爲皆是耕作營爲勸農之事孔讀爲訛字雖則訓化解釋亦甚紆回也段云據此知孔本作南爲鄭注東作曰生則知南爲鄭必訓化由生而化而成是禾之節次淮南天文訓曰禾不爲蔌麥不爲是也小司馬直云作爲同義則爲混於東作高誘注爲成也則爲混於西成僞傳亦合古音義而淺人謂爲不得訓化必是孔讀作訛衞包因徑改爲訛字則言音義者誤之也小司馬開元時人其所據尚是南爲一作辨秩南僞

者馮相氏鄭注引如此段云釋文僞五禾反今俗本改注作南譌並妄改釋文之僞作譌而宋本釋文不誤葉林宗影鈔宋本在蘇州朱奐文游處通志堂本作譌非羣經音辨人部僞化也音訛引書平秩南僞此據周禮音義集韻類篇亦本之曰僞同吪吾禾切古僞爲通用荀卿書分別性與僞人爲曰僞也漢書王莽傳予之南巡必躬載耨每縣則薅以勸南僞顏注僞讀曰訛訛化也莽用今文此今古文同作僞之證顏注卽用僞孔而增讀曰訛數字僞孔注書大致做毛詁訓傳無讀爲讀曰之例皮云以南僞爲耘薅亦今文說大傳云南方者何也任方也任方者物之方任何以謂之夏夏者假也吁荼萬物養之外者也故曰南方夏也○敬致者堯紀如此江云馮相氏冬夏致日春秋致月以辨四時之敘注冬至日在牽牛景長三尺夏至日在東井景尺五寸此長短之極極則氣至冬無愆陽夏無伏陰春分日在婁秋分日在角而月弦於牽牛東井亦以其景知氣至不春秋冬夏氣皆至則是四時之敘正矣左桓十七年傳日官居卿以底日注蘇林曰底致也漢律厤志

日永星火以正仲夏

永長也謂夏至之日火蒼龍之中星舉中則七星見可知以正仲夏之氣節季孟亦可知○日永星火以正仲夏今文與古文同○日永星火者堯紀如此日永者白虎通日月篇日所以有長短何陰陽更相用事也故夏節晝長夏日宿在東井出寅入戌凡十二時日見有其八故極長也書疏引馬云日長則晝漏六十刻夜漏四十刻挈壺氏疏詩東方未明疏及書疏引鄭云日長者日見之漏五十五刻於四時最長也日不見之漏四十五刻孫云考靈燿鄭注五日增減一刻計春分至夏至九十二日當增十刻春分晝漏五十刻則夏至六十刻矣此與馬義異者馬

云春秋分晝夜五十刻據日見之漏若兼日未見日沒後五刻晝五十五刻夜四十五刻若夏至晝六十刻通日未見日沒後五刻則晝六十五刻夜三十五刻一年通閏有三百六十五日四分日之一四分之閒九日有餘較一刻爲率是也呂覽高注夏至之日晝漏水上刻六十五夜漏水上刻三十五各不同者日自長至漸長日增刻數各據一月上中下旬言之也星火者考靈燿云立夏者心星昏中則火卽心也又云鳥星爲春候火星爲夏期專陽相助同精感符詩七月疏引鄭云星火大火之屬司馬之職治南岳之事得則夏氣和夏至之氣昏火星中孫云月令仲夏昏亢中仲夏斗指午杓攜龍角角亢在午則氐房心尚在巳此云星火與月令不同者月令疏引鄭荅孫顥云星火非謂心星也卯之十三度總爲大火其曰大火之次有心者月令舉其月初尚書總舉一月故不同也一案月令是月朔登明堂頒政之書故據朔日之昏言尚書總舉一月通朔至晦而言仲夏之晦與季夏之朔僅差一日火星已移至午矣後世求其說不得疑爲歲差不察鄭義葢歲氣有差日躔盈縮使然天體無差二十八宿隨斗杓視而可識也云星火大火之屬者夏小正五月初昏大火中傳曰大火者心也是星火卽大火亦卽鶉火也云夏至之昏火星中者夏至火星未中月令疏引鄭志總舉一月則夏至在五月上旬加十五日小暑又十五日大暑角亢西移火亦正中矣○以正仲夏者堯紀仲作中說見上

厥民因鳥獸希革

因謂老弱因就在田之丁壯以助農也夏時鳥獸毛羽希少改易革改也○厥民因鳥獸希革今文與古文同○厥民因者堯紀厥作其孫云釋詁儴因也說文漢令解衣耕謂之襄葢謂民相就而助成耕耨之事○

鳥獸希革者堯紀如此詩斯干疏引鄭云夏時鳥獸毛疏皮見孫云希稀省文說文稀疏也从禾希聲說文無希蓋𥠖字省文漢書鼂錯傳揚粵之地鳥獸希毛其性能暑鄭以希爲疏用說文義革爲皮者說文革獸皮治去其毛革更之

分命和仲宅西曰昧谷

昧冥也日入於谷而天下冥故曰昧谷曰西則嵎夷東可知此居治西方之官掌秋天之政也○分命和仲今文與古文同一作申命和仲宅西古文也今文作度西曰昧谷○曰谷僞古文也今文作曰栁谷一作曰柳穀古文當作曰丣谷○分命和仲者縫人鄭注引書曰分命和仲度西曰桺穀既與度西句連引知今文作分命也一作申命和仲者堯紀如此孫云申重釋詁文以和仲卽義和之和承乃命曰重命也先謙案孫說是也義和卽四子和仲夏秋冬三重命承乃命言之義仲司春居首特冠分字以明上總下分非有異人經文簡而義見蓋歐陽本與夏侯異較以二分承二申言者爲長○度西者縫人鄭注引如此堯紀作居西土以故訓代經集解引徐廣曰一無土字又引鄭云西者隴西之西今人謂之兑山先謙案漢書地理志隴西郡有西縣後漢改屬漢陽一統志故城今秦州西南百二十里禹貢嶓冢山在境內○僞古文曰昧谷今文曰桺谷古文曰丣谷者堯紀作曰昧谷集解引徐廣曰一作桺谷段云壁書作卯谷鄭一讀作昧谷吳志虞翻傳注引翻別傳曰翻奏鄭注尚書違失四事一曰古大篆丣字讀當爲桺古桺丣同字而以爲昧甚違不知蓋闕之義又云古篆丣字反以爲昧桺按虞翻言則鄭本作丣鄭云丣讀當爲昧虞意今文作桺近是故非之也裴松之云翻謂大篆丣字讀當爲桺竊謂翻言爲然與日辰丣字字同音異據裴語益證經文作丣鄭讀作

昧矣虞說鄭失丣即桺而誤易為昧與月似同而從誤作同八似兆而從誤作兆洮濯音近而更洮為濯四事一例偽孔作昧即用鄭說偽孔意謂壁中丣字孔安國己易為昧在鄭之前非鄭郝見也余案史記用今文徐云一作桺者是司馬眞本今作昧者淺人以所習古文改之也或疑班書說史記堯典諸篇多古文說余謂至鄭而後讀丣為昧見駁於虞翻司馬安能逆知而從之乎虞以為壁中丣字即伏書桺字其云讀當為桺者據伏書而云然余謂虞說非也伏作桺者蓋其壁書本作桺或作丣而伏讀為桺皆未可定丣者古文作酉桺从丣聲古字多同聲假借虞見鄭注丣讀當為昧之說疑其何不讀為桺較有依據以余審之丣丣二字易溷壁中必是丣字鄭於雙聲求之而讀為昧正與詩箋茅蒐韎聲茅韎雙聲一例若壁中是丣字則鄭豈不能比合今文桺谷為說伏生作桺孔壁作丣形聲皆畧相似（丣丣古音同在第三部尤幽內）虞不細考輒謂壁中與伏生合而妄識鄭裴亦云丣與卯字同音異夫二字豈得云同哉皮云書疏引夏侯等書昧谷為柳谷是今文作柳谷之明證案莊逑祖云說文丣古文酉字丣為春門萬物以出酉為秋門萬物以入故秋日丣谷伏生借桺作丣如字讀之今文之誤漆書本作丣鄭誤以為丣而讀昧虞又從今文以改古文今當從古文正作丣愚謂莊說非是論衡說日篇儒者論日旦出扶桑暮入細柳扶桑東方地細柳西方野也桑柳天地之際日月常所出入之處蓋柳谷卽細柳之地故索隱以為日入處地名東為暘谷西為柳谷相對為義不必作丣字今文一作日柳穀者縫人衣婁柳之材鄭注桺之言聚諸飾之所聚書曰分命和仲度西曰桺穀故書桺作櫝鄭司農讀為桺賈疏書曰者是濟南伏生書傳文（俗本誤作）

書柳者諸色所聚日將沒其色赤兼有餘色故曰柳穀大傳云秋祀柳穀華山鄭注八月西巡守祭柳穀之氣於華山也柳聚也齊人語據此今文作谷亦作穀其實作穀字者亦即假借爲谷大傳用假借史記夏侯等書用本字乃三家異文谷穀古通莊子臧與穀二人相與牧羊崔譔本穀作谷是其證也柳

寅餞納日平秩西

谷乃日入處地名鄭賈訓柳爲聚非今文義餞送也日出言導日入言送因事之宜秋西方萬物成平序其

成

政助成物○寅餞納日僞古文也今文作寅餞入日古文當作寅淺納日平秩西成今文與古文同一作便程西成一作辯秩西成僞傳餞送也本今文義○僞古文寅餞納日今文寅餞入日古文寅淺納日者經文納本作入僞孔改之也堯紀作敬道日入以故訓代經道猶導導兼迎送二義寅賓迎日之出故云敬道日出寅餞送日之入故云敬道日入大傳云寅餞入日辯秩西成傳曰天子以秋命三公將率選士厲兵以征不義決獄訟斷刑罰趣收斂以順天道以佐秋殺帝命驗云秋冬欲早息故令民候日入而息是謂寅餞納日納當爲入淺人所改春迎其來秋送其去無不順王應麟漢藝文志攷載漢人引書異字作寅餞入日者今文作寅淺納日者古文也大戴禮五帝德篇帝嚳厤日月而迎送之與今文義合大傳以寅賓出日爲春分朝日此文缺焉弗詳然據鄭注以寅賓出日爲春分朝日與大傳同則此注以寅餞納日爲秋分夕月亦必與大傳同鄭亦用今文義也段云納當爲內其誤已久內讀入聲凡古文出內字今文多作入如寅餞入日見大傳內于百揆作徧入百官內于大麓作入于大麓出內朕命作出入朕命出納五言作出入五言內錫大龜作入賜大龜見史記皆今文本文如此

非史公所易古文當作寅淺納日藝文志攷引如此釋文餞賤衍反馬云滅也滅猶沒也段云集韻淺在演切滅也書夤淺納日馬融讀通作餞案馬意不讀爲餞直就淺字訓爲薄迫之義故云滅也滅猶沒也羣經音辨云淺送也滅也音餞書寅淺納日江云士虞禮鄭注古文餞爲踐是餞踐同字今文尙書作餞古文或作踐亦作淺踐與淺義相近鄭注成王政序訓踐爲滅馬云淺滅也是踐以踐爲淺○平秩西成者崔駰西巡頌云惟秋穀既登上將一省斂平秩西成此今文作平秩之證一作便程西成者堯紀如此一作辯秩西成者大傳如此引見上大傳又云西方者何也鮮方也鮮訊也訊者始入之皃始入者何以謂之秋秋者愁也愁者萬物愁而入也故曰西方者秋也白虎通情性篇西方亦金成萬物也

宵中星虛以殷仲秋

宵夜也春言日秋言夜互相備虛玄武之中星亦言七星皆以秋分日見以正三秋○宵中星虛今文與古文同以殷仲秋古文也今文作以正中秋○宵中星虛者堯紀宵作夜故訓字挈壺氏疏引鄭云夜中者日不見之漏與見者齊孫云注意與日中同馬義亦如此惜已缺略司寤氏鄭注宵定昏也書日宵中星虛星虛者詩月令疏引鄭云虛元武中虛宿也孫云天官書北宮元武虛月令疏云仲秋之月昏牽牛中尚書日宵中星虛其仲冬之月云東壁中尚書云日短星昴不同者亦是月令舉其初朔尚書總舉一月之中理亦不異孔注尚書與此則別案牽牛亦北宮七宿經文不限初昏宵分則虛亦移而南矣○以正中秋者堯紀如此廣雅釋詁殷正也

厥民夷鳥獸毛毨

夷平也老壯在田與夏平也毨理也毛更生整理○厥民夷鳥獸毛毨今文與古文同古文一作鳥獸毨

毨僞傳毨理也毛更生整理本鄭說○厥民夷者堯紀作其民夷易臧琳云（後稱臧云）當是以易代夷轉寫誤兩存之易平也孫云夷當讀如泰誓夷居之夷諡法解安心好靜曰夷時無農功也○鳥獸毛毨者堯紀如此司裘疏引鄭云毨理也毛更生整理說文毨下云仲秋鳥獸毛盛可選取以爲器用也从毛先聲讀若選孫云此賈馬諸君孔壁古文說古文亦作鳥獸毨毨段云司裘注中秋鳥獸毨毨釋文毨音毛集韻亦作毨此蓋壁中堯典古文鄭未定爲毛字（倘是毛字則不當與下文毛異體）故仍其舊如巾車故書有旣字亦或爲[illegible][illegible]者鬣之古文[illegible]者[illegible]之譌體釋文云旣或音毛者或以爲髦字也釋文之毨音毛用今本尚書定之今本古文尚書蓋自孔安國都尉朝膠東庸生久易毨爲毛矣鄭不易之或別有見

申命和叔宅朔方曰幽都平在朔易

北稱朔亦稱方言一方則三方見矣北稱幽則南稱明從可知也都謂所聚也易謂歲改易於北方平均在察其政以順天常上總言義和敬順昊天此分別仲叔各有所掌○申命和叔今文與古文同宅朔方古文也今文作度北方曰幽都今文與古文同平在朔易古文也今文作便在伏物一作辯在朔易僞傳云北稱幽則南稱明從可知也影附鄭說曰明都爲言晛○申命和叔者堯紀如此○度北方者堯紀度作居故訓字皮云大傳云北方者何也伏方也○大傳於朔易云朔始也而朔方朔字無訓則伏生今文不作朔方○曰幽都者大傳云幽都宏山祀鄭注宏山恆山也十有一月朔巡守祭幽都之氣於恆山也互言之者明祭山北稱幽都也淮南地形訓西北方曰不周之山曰幽都之門高注幽闇也都聚也元冥將始用事順陰而聚故曰幽都之門幽都即幽州也下

文流共工於幽州莊子淮南子作幽都○便在伏物者堯紀如此索隱使和叔察北方藏伏之物謂人畜積聚等冬皆藏伏尸子亦曰北方者伏方也尚書作平在朔易今案大傳云便在伏物太史公據之而書又大傳云北方者何也伏方也伏方也者萬物伏藏之方也故曰北方冬也一作辯在朔易者大傳云辯在朔易日短星昴朔始也傳曰天子以冬命三公謹蓋藏閉門閭固封境入山澤田獵以順天道以佐冬固藏也段云此朔易二字乃淺人所改朔始也三字亦淺人妄增命三公云云所謂辯在伏物絕無始易之意漢人多用今文尚書王莽傳予之北巡以勸蓋藏蓋藏卽伏物此今文說也侯康云段說非也段所疑者以大傳下數語絕無始易之意然大傳於辯秩西成傳亦與西成意不相涉蓋渾舉大意而已況書疏引王肅此注云改易者謹約蓋藏循行積聚詩嗟我婦子曰爲改歲入此室處言人物皆易正與大傳意合使大傳果爲伏物言之王肅必不取以解朔易此今文之不作伏物又一證也皮云段侯二說皆失之御覽引大傳作辯在朔易與賈疏合不得以朔易非大傳說史記作便在伏物小司馬以爲據大傳亦不得以伏物非大傳說也其所以異者大傳乃伏生沒後歐陽張生各記所聞蓋亦如三家今文互有同異故伏物朔易二本不同若以今文必不作伏物大傳明曰北方者何伏方也伏方卽北方與伏物義合不必定作朔方始與上東南西三方相配也王肅亂經之人其說何足依據肅蓋影附朔易伏物二義而兼用之耳

日短星昴以正仲冬日短冬至之日昴白虎之中星亦以七星並見以正冬之三節○日短星昴以正仲冬今文與

古文同○日短星昴者堯紀如此日短者白虎通日月篇冬節夜長冬日宿在牽牛出辰入申凡十二時日見有其四故極短也呂覽日短至高注冬至之日晝漏水上刻四十五夜漏水上刻五十五史記集解及書疏引馬云日短晝漏四十刻夜六十刻挈壺氏疏引鄭云日見之漏四十五刻於時最短與高說同星昴者攷靈燿云虛星爲秋候昴星爲冬期陰氣相佐德乃不邪子助母收母合子符詩七月疏引鄭云昴白虎中宿也孫云天官書西宮咸池參爲白虎昴與參連體宋翔鳳云後稱宋云後世言歲差者據堯典月令謂唐虞與周末中星輒差一月漢儒未嘗言也劉歆三統術推昏旦中星見月令疏二月節昏井廿二度中春分昏柳五度中三月節昏張二度中清明昏翼四度中則春分之後七星已中月令頒月朔之令故紀月初之中星堯典敬授民時必俟一月之中氣季春之初二月中氣未盡故可云七星中三統術推五月節昏氐二度中仲夏之初四月中氣未盡故月令五月言昏亢中也五月中昏房二度中六月節昏尾七度中季夏之初五月中氣未盡故月令言昏火中也則夏至後大火已中三統術推八月節昏斗十六度中八月中昏女三度中九月節昏虛二度中則秋分後虛星已中是堯典與月令未始相差也惟三統術言大雪昏壁五度中冬至昏奎十度中小寒昏婁十度中大寒昏昴二度中馬鄭以爲冬至昴昏中三統術冬至則昴實未中似未可通案大寒前一日昴初度已中節氣可入前月是昴星中適是十一月晦則是月爲無中氣之月而閏月生焉堯典紀星昴於仲冬乃閏月定四時之法也說歲差者又云夏小正星象與堯典合與月令輒差一氣此更不然小正正月初昏參中與月令孟春昏參中未嘗差也小正惟四月南門正五月大火中與月令昏中星不合然小正正月始启蟄十月

記時有養夜其節氣已入前月則南門大火亦是後月之節氣於前月紀之也至小正八月辰則伏辰是房而非心周書周月冬至日月俱起於牽牛之初是中氣而非節氣月令仲冬月在斗三統衍大季日在斗十二度冬至日在牛初度其節氣與月令同其中氣與周月同後儒必謂周初在牽牛周末在南斗者俱不辨自明又案小正正月啓蟄莊氏說推正月甲寅朔旦啓蟄爲厤元以夏正建寅也周月篇惟一日既南至此以朔旦冬至爲日月權輿此周正建子也故推朔旦冬至堯正建丑故推朔旦大寒以定厤並據中氣也一行日度議云梁武帝據虞劆術百八十六年差一度則唐虞之際日在斗牛閒而冬至昴尚未中以爲皆承閏後節前月卻使然予案節前月卻者是也然惟昴中爲承閏後以見建丑之法以爲四仲皆承閏後則爲支離宜一行以頓有四閏譏之也○以正仲冬者堯紀仲作中說見上

厥民隩鳥獸氄毛

隩室也民改歲入此室處以辟風寒鳥獸皆生耎毳細毛以自溫焉○厥民隩今古文並當作厥民奧鳥獸氄毛今文與古文同古文一作鳥獸褻毛一作鳥獸⿰毛隹髦○厥民奧者堯紀作其民燠厥其故訓字釋文隩馬云煖也段云史記當作奧後人因馬訓加火旁但讀奧爲燠自可引伸兼煖義不俟加火旁洪範說庶徵字本作奧史記漢書公羊傳注皆然又古文亦本作奧故僞孔云室也書疏引爾雅室西南隅爲奧經文斷不作隩釋宮音義雖云奧本或作隩然又云尚書並說文皆云奧室也可證尚書經傳本作奧字文選赭白馬賦李注云鄭元尚書注日奧內也此鄭注古文作奧之明證○鳥獸氄毛者堯紀如此釋文氄馬云溫柔貌皮云漢書鼂錯傳夫胡貉之地積陰之處也木皮三寸冰厚六尺食肉而飲酪其人密理鳥獸毳毛錯親受書於

伏生疑今文有作氄毛者一作褎毛者說文褎下云虞書曰鳥獸褎毛从朕从衣一作毴髦者說文毴下云毛盛也以毛隼聲虞書日鳥獸毴髦段云蓋壁書如是玉篇毴眾也聚也氄同

帝曰咨汝羲暨和朞三百有六旬有六日以閏月定四時成歲

咨嗟暨與也帀四時日朞一歲十二月月三十日正三百六十日除小月六爲月六日是爲一歲有餘十二月未盈三歲足得一月則置閏焉以定四時之氣節成一歲之厤象○帝曰咨汝羲暨和古文也今文無朞三百有六旬有六日以閏月定四時成歲今文與古文同朞一作歲古文朞一作稘今文定一作正○帝曰咨汝羲暨和者堯紀及漢書律厤志皆無此七字非消文段云女者對己之詞假借之字本如字讀後人改爲汝字非也女爾雙聲爾古音近禰今俗用伱字見玉篇郎古爾字經籍中絕不用汝字自唐天寶開寶兩朝荒陋尚書全用汝字與羣經乖異如此條音義必同他經有女音汝之文因衞包既改尚書之女爲汝開寶中陳鄂遂刪音義暨壁書當作臬以許引臬咎繇知之蓋亦漢人以今文讀爲暨臬字罕識故易之○朞三百有六旬有六日者白虎通四時篇作朞三百有六旬有六日四時篇又云所以名爲歲何歲者遂也三百六十六日一周天萬物畢成故爲一歲也元命包云歲之言遂也宋均注遂出也出行事於所直辰也朞一作歲者堯紀作歲三百六十六日易旬爲十以故訓代之漢書律厤志作歲三百有六旬有六日知堯紀約文刪兩有字古文朞一作稘者說文稘下云復其時也从禾其聲唐書曰據小徐本大徐作虞書稘三百有六旬段云作稘者壁中故書作期者孔安國以今字讀之易稘爲期也宋衮道家之古

文尚書作𣍘則好事者皮傳期字古文爲之而已矣○以閏月定四時成歲者漢書律厤志白虎通四時篇公羊隱元年傳注並如此白虎通日月篇月有閏餘何周天三百六十五度四分度之一歲十二月日過十二度故三年一閏五年再閏明陰不足陽有餘也故讖曰閏者陽之餘獨斷云閏月者所以補小月之減日以正歲數故三年一閏五年再閏淮南天文訓日行十三度七十六分度之二十六二十九日九百四十分日之四百九十九而爲月而以十二月爲歲二歲有餘十日九百四十分日之八百二十七故十九歲而七閏後漢律厤志引杜預長厤云書稱朞三百有六旬有六日云云是以天子必置日官諸侯必置日御世修其業以考其術舉全數而言故曰六日其實五日四分之一日日行一度而月行十三度十九分度之有畸日官常會集此之遲疾以考成晦朔錯綜以設閏月閏月無中氣而斗指兩辰之間所以異於他月也積此以相通四時八節無違乃得成歲其微密至矣得其精微以合天道事序而不悖今文無定一作正者堯紀作以閏月正四時無成歲二字蓋因上朞作歲而刪約其文孫云詩疏引孫炎爾雅注定正歲也段云困學紀聞曰晁景迂云古文定作正開元誤作定閻若璩云開元當作天寶案晁氏所謂古文即宋次道王仲至家之古文尚書薛季宣書古文訓作正是也此竊史記正字晁氏臆斷耳衛包自改僞孔作傳之古文非改宋次道家之古文也公羊隱元年傳疏引鄭云以閏月推四時使啟閉分至不失其常著之用成歲將以授民時且記時事孫云分謂春分秋分至謂夏至冬至啟謂立春立夏閉謂立秋立冬是爲八節推四時以置閏皆當其節不失其正則歲厤成所謂舉正於中也

允釐百工庶績

咸熙允信釐治工官績功咸皆熙廣也言定四時成歲麻以告時授事則能信治百官眾功皆廣歎其善○允釐百工庶績咸熙今文與古文同一作庶績咸喜○允釐百工者堯紀作信飭百官孫云易噬嗑鄭注飭猶理也詩傳釐理也釐飭同義詩傳工官也漢書律麻志作允釐百官並以故訓代經○庶績咸熙者蔡邕薦皇甫規表臣聞唐虞以師師咸熙太尉橋公廟碑庶績既熙此今文作熙之證堯紀作眾功皆興漢書律麻志引作眾功皆美熙興釋詁文郭注引書庶績咸熙下熙帝之載舜本紀作美堯之事是熙兼興美二義史漢並以訓故字代段云釋詁熙光也周語毛詩傳皆云熙廣也鄭虞韋皆曰廣當爲光美卽光意偽孔泥周語而不從爾雅此其有心異鄭者古廣光字通如積厚者流光卽流廣是也一作庶績咸喜者楊雄美新云百工伊凝庶績咸熹雄所用皆今文段云疑今文尚書別本作咸熹熹熙古通用見文選注引李登聲類賈魴作滂熹篇言滂沱大盛見書斷或誤作滂喜隋書經籍志庾元威論書及匡謬正俗亦言熹誤爲喜字誤讀喜音然則咸喜咸熹之誤皮云段說非漢膠東令王君碑云庶績咸喜續漢律麻志云今欲改行四分以遵於堯以順孔聖奉天之文冀百君子越有民同心敬授獲咸喜以明予祖之遺功皆作咸喜與美新所引合是喜非熹字之誤今文尚書本然也

帝曰疇咨若時登庸疇誰庸用也誰能咸熙庶績順是事者將登用之○帝曰疇咨若時登庸今文與古文同一作訓咨古文一作噣咨○帝曰疇咨若時登庸者漢西嶽華山廟碑是以唐虞疇咨四嶽是其證一作訓咨者漢劉寬碑訓咨儒林魏元丕碑訓咨羣寮吳谷朗碑訓咨羣司後漢書崔篆慰志賦云亦號咷以訓咨是其證書疏云咨嗟

嗟人之難得也先謙案方言嚋誰繼以嗟歎堯獨憂深念史臣狀
其語聲如此段謂當作咨嚋而倒易二字者史臣紀帝語恐失其
眞不求明順未解其意古文一作𠳊咨者說文𠳊下云詞也从白
𠳊聲虞書曰帝曰𠳊咨段云此壁書也蓋孔安國以今文讀之改
爲嚋訓爲誰依漢人所習用也𠳊字从白白者自之省自鼻也詞
言之气從鼻出與口相助𠳊从自故訓爲詞說文𠳊下云誰也然
則誰之訓當作𠳊詞之訓當作𠳊田之訓當作嚋畮說斆𠳊𠳊字皆
不行漢人多假嚋訓誰堯典五嚋字壁書蓋皆作𠳊許止偁其一
近人注尙書者依用說文分別異義似是而非凡治經不得以本
字易其假借字堯紀作堯曰堯書睎帝下日鉏紀鬫敗誰可訓此事先謙案此
併下經義檃括成文順此事郎若予采也故堯紀下文但云又曰
誰可者不更舉其事皮云張守節正義言將登用之嗣位也以登
庸爲登用嗣位蓋本漢人舊說三家今文之遺楊雄美新云陛下
以至聖之德龍興登庸此今文說以登庸爲登帝位之證如今文
說可解書疏求官而薦太子之疑僞傳以胤子朱爲胤國君其謬
不待辨矣書疏引馬云羲和爲卿官堯之末年皆以老死庶績多
闕故求賢順四時之職欲用以代羲和孫云馬說或本衞賈諸人
故鄭注大傳亦云堯始得羲和命爲六卿後稍死鴅吺共工等代
之也

放齊曰胤子朱啓明帝曰吁嚚訟可乎

放齊臣名胤國子爵朱名啓開也吁疑怪之辭言不忠信爲嚚又好爭訟可乎言不可○放齊曰胤子朱啓明古
文也今文啓作開朱一作絑帝曰吁嚚訟可乎古文也今文嚚訟
作頑凶僞傳胤國子爵憑虛臆造爲僞夏書胤侯伏根疑誤後學
之甚者○啓作開者堯紀作放齊曰嗣子丹朱開明釋文引馬云

胤嗣也史記正義引鄭云帝堯胤嗣之子名曰丹朱案釋詁胤嗣繼也是胤嗣義同正義又引帝王世紀云堯娶散宜氏女曰女皇生丹朱范汪荆州記丹水縣在丹川堯子朱之所封也括地志丹水故城在鄧州內鄉縣西南百三十里故爲縣皮云漢書律麻志堯使子朱處於丹淵爲諸侯朱之封丹必在舜徵庸之後其先則朱爲太子故曰胤子丹字乃史遷以意增之非今文尙書本然也大傳子堯爲天子丹朱爲太子舜爲左右堯知丹朱之不肖必將壞其云社滅其社稷而天下同賊之故堯推尊舜而尙之屬諸侯焉略廟曰古之帝王必立大學小學使王太子王子羣后之子以至公卿大夫元士之適子十有三年始入小學年二十入大學小師取小學之賢者登之大學大師取大學之賢者登之天子天子以爲左右鄭注天子當爲太子禮志曰周公居攝踐阼而治亢世子法於伯禽使之與成王居欲使成王之知父子君臣長幼之義所以善成王也據大傳堯使舜爲丹朱左右如周公使伯禽與成王居抗世子法之意其後灼知舜聖而丹朱不肖乃使朱處丹淵爲諸侯以舜爲太子下文賓于四門馬注云諸侯羣臣朝者舜賓迎之皆有美德也馬云舜迎諸侯正與大傳云孟侯者於四方諸侯來朝迎於郊相合葢堯既廢朱乃使舜居太子之職此時舜未登用放齊稱朱爲胤子則不得稱丹朱史遷就其後日所封言之欲人易曉段云今文作開與古文作啟異非必爲漢諱也金滕開籥乃見書同此禮古文作啟今文啟皆爲開可證朱一作絑者說文絑下云虞書丹朱如此段云按此謂壁書也故書作絑以今文讀之乃易爲朱字許云虞書丹朱如此則知他經丹朱字不作絑也先謙案淮南泰族訓云雖有天下而絑勿能統也高注絑堯子

也淮南時古文之學未行高用今文則知朱一作絑非特古文尚
書如此○嚚訟作頑凶者堯紀作堯曰吁頑凶不用不用二字說
經不可意也皮云史記嚚訟爲頑凶或云今文作頑訟史遷訓訟
爲凶或云爾雅說文皆曰訩訟也疑本作訩誤爲凶二說皆無確
證案頑嚚各有本義對文則別散文則通下文父頑母嚚史遷文
亦相同非頑易曉而嚚難知何必以頑代嚚故知所引爲今文非
以故訓改經也潛夫論論榮篇堯聖父也而丹凶傲傲見皋陶謨
丹朱傲凶卽史記所云之凶又今文作凶之證也漢樊毅修西嶽
廟碑建武之初彗埽頑凶莽用今文釋文訟馬本作庸段云訟作
庸莽假借字古訟通作頌頌通作庸周禮注頌或作庸儀禮注古
文頌爲庸是也孫云說文吁驚也左傳二十四年傳口不道忠信
之言爲嚚說文訟爭也楚詞王逸注讙譁爲訟言其妄言而好爭
帝曰疇咨若予采采事也復求誰能順我事者○帝曰疇咨若予采今文與古文同○帝曰疇咨若予采者堯紀
作堯又曰誰可者承上文說之釋文采馬云官也今文說訓事古文說訓官用釋詁文**驩兜曰都共工方鳩**
僝功驩兜臣名都於歎美之辭共工官稱鳩聚僝見也歎共工能方方聚見其功○驩兜曰都古文也今文驩作讙共工方鳩
僝功古文也今文作旁述孱功古文一作旁救僝功僞傳訓方爲
方方僝爲見皆謬○驩作讙者堯紀如此漢書人表同段云廣韻
腸下云驩兜四凶名古文尚書作腸今本廣韻不爾者後人改也說文吺下徐
鍇注古文尚書驩兜字作吺集韻廿六桓腸吺四凶之一通作鴅
今通作驩案此出宋次道王仲至家之本陸氏所謂穿鑿之徒務
欲立異依傍字部改變經文者汗簡鳥部云鴅驩字也見尚書口

部云吺兜字也見尚書正是竊此管子侈靡篇鳩然若謞之靜注鳩然和順貌作僞者謂古驩歡同字鳩亦歡字則鳩假之而鳥咠相似又致譌亂吺字則取諸說文與兜同音其不可信如此辨之以曉好古而惑者經傳子史惟驩作讙爲異耳山海經有讙頭國服虔本之注左傳渾敦博物志有驩兜國神異經亦言南方有人面鳥喙有翼名鴅兜一名驩兜並以爲驩兜之後此等書疑皆僞作未必東方朔所爲張華所注也而服注檮杌饕餮亦引神異經則自漢有之學者闕疑可也都者堯紀無消文其它述尚書咨皆爲嗟兪皆爲然都皆爲於皋陶謨言都者五皆作於段云漢初說尚書者以爾雅故史遷仍之釋詁都於也有兩義一今人通用之語助本義也烏呼之烏亦作於今文家據爾雅釋爲於於訓爲歎此別一義僞傳用其說亦云都於復益之曰歎美之辭僞孔意於訓歎都訓義合和爲此說不知都於美之訓不容相牽也○共工旁逑孱功者堯紀作共工旁聚布功以故訓代經說文逑下云斂聚也虞書曰旁逑孱功古文一作旁救僝功者說文僝下云具也讀若汝南潺水虞書曰旁救僝功小徐作方鳩大徐作旁救汲古閣刻改作方鳩今案當是方救小徐僝作僝玉篇人部作僝引虞書方鳩僝琳皮云旁逑孱功古說指治水言張衡引春秋識云共工理水淮南本經訓舜之時共工振滔洪水以薄空桑此今文說也史記集解引鄭云共工水官名書疏引鄭云其人名氏未聞先祖居此官故以官氏也周禮疏序引鄭云堯末義和之子皆死庶績多闕當此之時驩兜共工更相爲舉孫云周語太子晉曰昔共工棄此道也虞于湛樂淫失其身欲壅防百川墮高堙庳以害天下皇天弗福庶民弗助禍亂並興共工用滅注賈侍中云共工諸侯炎帝之後姜姓也顓頊氏衰共工氏侵陵諸侯與高辛

爭而王也或云共工堯時諸侯爲高辛所滅昭謂言爲高辛所滅不得爲堯諸侯又堯時共工與此異也案周語共工賈逵以爲姜氏左傳說窮奇爲少皞氏之不才子少皞已姓又非一人故鄭亦云其人名氏未聞以疑之此古文說也段云凡古文尚書作方今文尚書作旁如方施象刑白虎通作旁方告無辜論衡作旁皆可證士喪禮注今文旁爲方予謂儀禮則今文爲方古文爲旁尚書則今文爲旁古文爲方廣雅釋詁方大也此古文家說也又曰旁大也此今文家說也鳩壁書作救集韻勼聚也古作救通作鳩大司徒職正日景以求地中鄭注故書求爲救是古文以救爲求也尚書借救爲勼孔安國以今文讀之易爲鳩字左昭十八年傳五鳩鳩民者也襄十六年傳敢使魯無鳩乎襄二十五年傳鳩藪澤皆借鳩爲勼而訓聚故以之易救字也釋文孱馬云具也與說文合古文說也說文逑下引書作孱假借字後漢楊賜傳引亦作孱堯紀作布今文說也參釋互證知許偁古文不廢今文

帝曰

吁靜言庸違象恭滔天靜謀滔漫也言共工自爲謀言起用行事而違背之貌象恭敬而心傲很若漫天言

不可用○帝曰吁靜言庸違今文與古文同一作靖言庸違一作靖言庸回一作靖譖庸回象恭滔天今文與古文同一作象龔滔天○靜言庸違者堯紀作堯曰共工善言其用僻滫吁字以善詁靜以用僻詰庸違說文靜下云審也周書謚法解恭己鮮言曰靜蓋出言沈審令善爲靜言漢書翟義傳莽詔義兄宣靜言令色外巧內嫉靜言二字卽本經文徐幹中論考僞篇亦引書曰靜言庸違象恭滔天靜又與竫通帝堯碑竫恭祈福蔡邕王子喬碑作靜言祈福是其證廣雅釋詁竫善也公羊文十二年傳惟諓諓善竫

言楚詞九辯王注靜言讒讒而無信九歎注又引尚書讒讒竫言是竫言言卽靜言亦卽善言也廣雅釋訓讒讒善也賈逵外傳注讒讒巧言言也是善言卽巧言也一作靖言庸違者漢書王尊傳引如此藝文類聚八十七引韓詩靖善也史記周宣王靜漢書人表作靖是靜靖字通一作靖言庸回者潛夫論明暗篇引如此論衡恢國篇是驩兜之行靖言庸回共工私之稱薦於堯共工驩兜乃傳寫倒互其作靖言庸回則同也一作靖譖庸回者左文十八年傳少皞氏有不才子靖譖庸回天下之民謂之窮奇窮奇謂共工靖譖庸回卽靖言庸違也吳志陸抗傳抗疏曰靖譖庸回唐書攸戒以堯典爲唐書用五家說尤今文作靖譖庸回之證衆經音義十七引三倉云譖讒也楚詞九歎王注讒讒言貌潛夫論救邊篇淺淺善靖是靖譖卽謂善讒也周語韋注違邪也文選西征賦薛注回邪僻也詩大雅厥德不回傳回違也違回同義左傳晏子云君無違德下云若德回亂明回與違同回邪辟也論衡引作回德回邪辟也史記云其用僻是訓違爲僻與回義同楚詞天問康回馮怒地何故以東南傾王注康回共工名或以爲共工名無出典古庸字或作康康回卽庸回案共工與顓頊爭帝不得怒觸不周山地柱折東南傾出淮南子非堯時共工且庸回馮怒不詞無當經義不可從○象恭滔天者堯紀作似恭漫天不可以故訓代經以不可足經意也象孫云象爲似者漢書集注亦云滔爲漫者漫與慢同詩蕩云天降滔德傳云天君滔慢也蓋謂其貌似恭敬而慢其天性白虎通壽命篇又欲使民務仁立義無滔天滔天則司命舉過皮云據史記作漫天與下文洪水滔天仍作滔字者不同疑經文兩滔字本非一字水旁與心旁易亂此滔字當作慆史記漫天字當作慢先

謙案訓滔天爲慢天近之政滔爲慆漫爲慢則非矣楊雄司空箴
象恭滔天班彪北征賦巨滔天以猾夏今漢書敘傳述王莽傳云
篡漢滔天及白虎通之無滔天仍作滔不作慆也蓋謂共工爲人
貌似恭謹而其橫肆不敬之心彌漫充滿上極於天詞義自明不
煩曲說段云宋人林之奇朱子蔡沈皆疑滔天二字涉下文而誤
然據史記則伏壁所藏與孔壁所出若合一契可無疑矣一作象
龔滔天者王尊傳湖三老公乘興等上書訟尊曰今御史大
夫奏尊靖言庸違象龔滔天段云古以龔爲恭或誤爲龔**帝曰**

咨四岳四岳卽上羲和之四子分掌四岳之諸侯故稱焉○帝曰
咨四岳古文也今文咨一作諮岳作嶽一作岳僞傳云四
岳卽羲和四子分掌四岳諸侯本鄭說○咨一作諮者白虎通號
篇或稱天子或稱帝王何以爲接上稱天子者明以爵事天也接
下稱帝王者得號天下至尊言稱以號令臣下也故尚書曰帝曰
諮四嶽岳作嶽者說文嶽下云从山獄聲岳下云古文象高形是
岳爲古文嶽爲今文也堯紀作堯又曰嗟四嶽大傳同一作岳者
漢書百官公卿表云或說四岳謂四方諸侯蓋夏侯尚書本作岳
與古文同其引或說以四岳爲四方諸侯又韋昭國語注云四岳
官名主四岳之祭爲諸侯伯今文說也史記集解引鄭云四岳四
時官主方岳之事周禮疏序引鄭云始羲和之時主四岳者謂之
四伯至其死分岳事置八伯皆王官其八伯惟驩兜共工放齊鮌
四人而已其餘四人無文可知古文說也孫云堯時稱岳殷周稱
伯曲禮云五官之長曰伯是職方王制云二百一十國以爲州州
有伯八州八伯各以其屬屬於天子之老二人分天下以爲左右
二伯公羊隱五年傳云天子三公者何天子之相也則何以三自

陝以東者周公主之自陝而西者召公主之一相處乎內然則一四岳之職堯時四人殷周則二人也周語太子晉云四岳佐禹爲一王四伯則唐虞亦稱伯故鄭又云是爲四岳謂之四伯也云至其死分岳事置八伯者大傳有陽伯儀伯夏伯羲伯秋伯和伯冬伯其一人缺文鄭彼注以陽伯爲伯夷掌之夏伯棄掌之秋伯咎繇掌之冬伯垂掌之餘則羲仲和叔之後此云驩兜等四人其餘四人無文可知者鄭以大傳所言在舜即眞之年此在堯時當別有人也周語云共之從孫四岳佐之又云胙四岳國命爲侯伯賜姓曰姜氏曰有呂鄭不據之爲說以是佐禹治水者此時方薦用鯀事在前也玉篇鯀下引世本顓頊生鯀鯀生高密是爲禹也骸是鯀之誤鯀又鯀之誤段云覲禮四享皆束帛加璧鄭注四當爲三書作三四或皆積畫此篇又多四字字相似由此誤也疏云古書作三四之字或皆積畫者堯典云帝曰咨三岳皋陶謨云外薄三海是古文作四字積畫也案尚書自有此一種與今本絶異者如郭璞說茂才茂才賈公彥說三岳三海釋元應說高宗夢㝵說說砯砥砮丹陸德明說沓徽五典孔穎達說壁內之書治皆作亂顏師古說湯斷奴翡徐鍇說才生明說雖吺皆在宋次道以前

湯湯洪水方割

湯湯流貌洪大割害也言大水方方爲害○湯湯洪水方割古文也今文作湯湯洪水滔天僞傳訓方爲方方與上文訓方鳩之方同謬○湯湯洪水滔天者堯紀如此無方割字說詳下說文洪下云洚水也洚下云水不遵道呂覽審爲篇昔上古龍門未闢呂梁未發河出孟門大溢逆流無有丘陵沃衍平原高阜盡皆滅之名曰鴻水皮云石經作鴻水夏本紀亦作鴻水疑堯紀本是鴻水後人改洪蘇輿云孟子云洚水警子洚

水者洪水也是孟子所見尚書作洚而以洪釋之今本作洪已非古書之舊鴻又後來假借字耳孫云方與旁通說文旁溥也大誥天降割于我家釋文馬本割作害廣雅釋言害割也是方割爲溥害段云詩唐譜疏引堯典湯湯洪水方割割訓害音同故徑引作害

蕩蕩懷山襄陵浩浩滔天蕩蕩言水奔突有所滌除懷包襄上也包山上陵浩浩盛大若漫天○蕩蕩懷山襄陵浩浩滔天古文也今文作浩浩懷山襄陵○浩浩懷山襄陵者堯紀如此無蕩蕩字滔天見上臧云論語君子坦蕩蕩鄭注魯讀坦蕩爲坦湯今從古魯論今文也是古文蕩蕩今文作湯湯古文尚書蕩蕩洪水今文尚書湯湯洪水孔本不當別出湯湯蓋懷山上誤衍蕩蕩二字俗人欲區別之因據今文改上蕩蕩爲湯湯湯也皮云臧說是據史記今文直當作湯湯洪水滔天浩浩懷山襄陵皋陶謨云鴻水滔天浩浩懷山襄陵此經當同特上多湯湯二字若方割字蓋今文本無之非史遷省文無二字文義爲順論衡感虛篇堯之時洪水滔天懷山襄陵帝堯吁嗟博求賢者此今文尚書以洪水滔天爲句懷山襄陵爲句之證王充引經惟省去湯湯浩浩四字耳懷亦作褱見漢書地理志蓋夏侯尚書多古字段云廣雅釋訓湯湯浩浩潒潒流也說文潒下云水潒瀁也讀若蕩潒潒即蕩蕩也說文浩下云澆也从水告聲虞書曰洪水浩浩案此隱括書詞如引詩東方昌矣合二句爲一句之類孫云蕩即潒借字文選西京賦襄岸夷途薛注襄謂高也大阜曰陵說文滔下云水漫漫大貌先謙案襄岸與夷途對文襄亦夷意也說文解衣耕謂之襄襄有墾闢剗除之義經意洪水漫大山則包之陵之小於山者則剗除無有故謂之襄呂覽所謂平原高阜盡皆

滅之**下民其咨有能俾乂**俾使乂治也言民咨嗟憂愁病水困苦
是也故問四岳有能治者將使之○下民其
咨有能俾乂今文與古文同古文乂一作嬖○下民其咨有能俾
乂者堯紀作下民其憂有能使治者以故訓代經皮云乂今文當
作艾大傳從作艾石經艾用三德可證古文乂一作嬖者說文嬖
下云治也从辟乂聲虞書曰有能俾嬖段云此蓋壁中故書孔安
國以今文讀之易爲
乂以漢時嬖不行也**僉曰於鯀哉**僉皆也鯀崇伯之名朝臣舉之○僉曰於鯀哉今文與古文同
○僉曰於鯀哉者堯紀作皆曰鯀可皮云今文亦作鮌漢書人表
開母廟碑皆作鮌釋文鯀馬云禹父也史記集解引鯀臣名禹父作詩文王疏
引鄭云於者烏聲孫云說文烏下云孔子曰烏
吁呼也取其助氣故以爲烏呼古文烏皆作於**帝曰吁咈哉方命**
圮族凡言吁者皆非帝意咈戾圮毀族類也言鯀性很戾好此方
名命而行事輒毀敗善類○帝曰吁咈哉方命圮族今文與
古文同一作放命圮族僞傳好此方名云云書疏釋爲好此方直
之名內有姦回之志命而行事輒毀敗善類以方爲好此方名不
詞之甚阮氏校勘記據纂傳改此爲比義亦未安○帝曰吁咈哉
方命圮族者堯紀作堯曰鯀負命毀族不可以故訓代經夏本紀
同此湝吁咈哉三字以不可足經意也說文咈下云違也言所舉
違錯也孟子梁惠王篇引晏子言方命虐民卽用經文孫云史記
方爲負者方負聲之轉孟子趙注方猶逆也逆意近負圮毀釋詁
文漢書敘傳孟康注引此經云言鯀之惡壞其族類韋昭楚語注
類善也言敗善一作放命圮族者漢書傳喜傳傅太后詔曰同心
背畔放命圮族薛宣朱博傳制曰今晏放命圮族應劭注放棄教

命毀其族類是今文作放釋文引馬云方放也徐云鄭音放書疏云鄭以方爲放謂放棄教命此古文作方馬鄭依今文讀之段云說文圮下云虞書曰方命圮族此古文也馬鄭讀方爲放如黎民阻飢馬用今文祖飢爲說讀阻爲祖也張載魏都賦注方命放棄王命也書曰咈哉方命此用馬鄭說羣經音辨云匚放也甫妄切書匚命圮族賈氏此條與薄韋農父及亂字冰字頗信郭忠恕輩所傳之古文尚書集韻放逐也古作匚蓋其所據一也今古文方放皆常語作匚命太奇且賈丁僅用爲方命之駁文讀去聲近注尚書者凡方字皆作匚何也先謙案圮族卽謂毀其族類傳喜等傳可證孫依僞傳釋爲善類亦非

岳曰異哉試可

乃已異已也已退也言餘人盡已唯緜可試無成乃退○岳曰異哉今文作嶽曰異哉試可乃已今文與古文同僞傳訓異哉爲餘人盡已與上不貫增文成義無當經恉○嶽曰異哉者堯紀如此岳嶽今古文之異釋文徐云鄭音異說文異下云舉也从廾呂聲咎書皆從己聲己誤爲呂虞書曰岳曰異哉段云鄭音異蓋讀異哉爲異哉四岳賢緜聞堯短之輒驚愕而歎曰異哉鄭注不傳往往可於音求義此類是也許訓異爲舉就从廾釋之其於虞書不必訓舉觀圖莫墍等字注可知其說先謙案段說非也夏本紀云岳曰等之未有賢於緜者願帝試之就鄭音推之以爲惟緜獨異哉卽本夏紀未有賢於緜之意非驚異之謂帝以爲不可而岳以爲獨賢亦與許釋異爲舉無不合也廣韻異哉歎也退也舉也退義用僞傳誤本今本脫退上已字說詳校勘記○試可乃已者堯紀作試不可用而已錢大昕云古人語急以不可爲可也古經簡質得史記而義益明

帝曰往欽哉勑緜往治水命使敬其事堯知其性很戾

圮族未明其所能而據衆言可試故遂用之○帝曰往欽哉今文與古文同○帝曰往欽哉者堯紀作堯於是聽嶽用鯀此釋經意也後漢鄭興傳堯知鯀不可用而用之者屈己之明因人之心也後漢紀作帝知鯀不可然猶屈己之是從嶽之非重違衆也書疏引馬云堯以大聖知時運當然人力所不能治也下民其咨亦當憂勞屈己之是從人之非遂用於鯀今古文說同**九載績用弗成**載年也三考九年功用不成則放退之○九載績用弗成古文也今文弗作不載一作歲○弗作不者後漢張衡傳衡疏云尚書堯使鯀理洪水九載績用不成崔駰尚書箴四岳阿鯀績用不成東觀書杜林郊祭上疏羣臣僉薦鯀考績不成九載乃殛吳越春秋云受命九載功不成亦與古文九載同論衡恢國篇云鯀不能治水知力極盡也載一作歲者堯紀作九歲功用不成汲古本如此 官本改載績作功故訓字臧云史記下云七十載故知此非訓載爲歲乃本異也下文三載考績史記亦作三歲一攷功**帝曰咨四岳朕在位七十載**堯年十六以唐侯升爲天子在位七十年則時年八十六老將求代○帝曰咨四岳古文也今文岳作嶽朕在位七十載今文與古文同僞傳云堯年十六爲天子書疏云偏檢書傳無堯卽位之年孔氏必當有所案據未知出何書則僞傳外無言堯卽位之年者論衡氣壽篇堯典曰朕在位七十載求禪得舜舜徵三十歲在位堯退而老八歲而終至殂落九十八歲未在位之時必已成人今計數百有餘矣男子二十冠爲成人非年十六之謂王充習今文尚書而論衡言如此則所見大傳書緯必皆無堯卽位之年僞孔何從而知之臆造顯然○岳作嶽者堯紀作堯曰嗟四嶽岳嶽今古文之異咨

嗟故訓字○朕在位七十載者堯紀如此白虎通號篇或稱朕何亦王者之稱也朕我也釋文引馬云朕我也蔡邕獨斷云三代年歲之別名唐虞曰載載歲也言一歲莫不覆載故曰載也堯曰朕在位七十載書緯云初堯在位七十載矣見丹朱之不肖不足以嗣天下乃求賢以巽于位**汝能庸命巽朕位**巽順也言四岳能用帝命故欲使順行帝位之事○汝能庸命巽朕位古文今文巽作踐○巽作踐者堯紀作汝能庸命踐朕位漢書王莽傳往踐乃位蔡質立宋皇后儀云立貴人爲皇后其往踐爾位皆用今文釋文巽馬云讓也史記集解引鄭云言汝諸侯之中有能順事用天命者入處我位就治天子之事巽爲入用易說卦文皆古文說**岳曰否德忝帝位**否不忝辱也辭不堪○岳曰否德忝帝位古文也今文岳作嶽否作鄙○岳作嶽否作鄙者堯紀作嶽應曰鄙德忝帝位段云論語予所否者論衡問孔篇作予所鄙者解爲鄙陋公治長篇古論猶吾大夫崔子魯讀崔爲高而論衡有猶吾大夫高子之文則王充實治魯論子所鄙者亦魯論也魯讀否爲鄙今文尚書蓋本作否說者讀爲鄙而史遷仍之僞孔釋否德爲不德音方久反釋文云又音鄙蓋他家義與今文同周易釋文云否音鄙惡也**曰明明揚側陋**堯知子不肖有禪位之志故明舉明人在側陋廣求賢也○曰明明揚側陋今文與古文同揚一作敭側一作仄○明明揚側陋者堯紀作堯曰悉舉貴戚及疏遠隱匿者以悉舉總訓明揚貴戚訓明疏遠隱匿訓側陋僞傳以明舉總訓明揚明人在側陋者平列即用史記文例也貴對隱匿言戚對疏遠言皆明者孫云淮南高注側伏也釋言陋隱也是側陋爲隱匿疏遠揚一作

敭側一作仄者文選宋書恩倖傳論明敭幽仄李注引尚書明明敭仄陋張衡思玄賦幽獨守此仄陋兮李注又引尚書帝曰明明揚仄陋後漢劉毅論鄧太后注紀疏云顯揚仄陋三國魏志堯復使嶽揚舉仄陋又漢書循吏傳孝宣縣仄陋而登至尊班固北征頌拔所用於仄陋左雄疏興於仄陋敭字兩見仄字七見皆今文作敭作仄之證

師錫帝曰有鰥在下曰虞舜

師眾錫與也無妻曰鰥虞氏舜名在下民之中眾臣知舜聖賢恥己不若故不舉乃不獲已而言之○師錫帝曰有鰥在下曰虞舜今文與古文同鰥一作矜僞傳云恥己不若不獲已而言之妄以私意揣測古人抑何鄙淺乃爾○師錫帝曰者堯紀作眾皆言於堯曰是今文訓師為眾書疏引鄭云師諸侯之師周禮鄭注師長也言諸侯之長此古文說○有鰥在下者大傳云男三十而娶女二十而嫁書有鰥在下曰虞舜又引孔子曰舜父頑母嚚不見室家之端故謂之鰥論衡吉驗篇舜未逢堯鰥在側陋用今文皆作鰥風俗通皇霸篇引亦作鰥鰥一作矜者堯紀作有矜在民閒易下為民閒以故訓代經大傳矜寡字多作矜矜鰥古通用○曰虞舜者堯紀如此王符志氏姓云舜姓虞鄭語史伯稱舜之先曰虞幕虞是國名後以封國為姓氏也今山西虞城縣是其地書疏曰舜居虞地以虞為氏堯封之虞為諸侯及王天下遂為天子之號故從徵至著常稱虞氏皮云風俗通皇霸篇舜禹本以白衣砥行顯名升為天子雖復更制不如名著故因名焉經曰有鰥在下曰虞舜僉曰伯禹禹平水土是也則今文家以舜禹為名不為謚蔡邕瑯琊王傳蔡公碑四嶽稱名帝曰予聞尤以舜為名之切證江聲云後稱江云戰國策宋人有學者三年反而名其毋其母

曰子學三年反而名我者何也其子曰吾所賢者無過堯舜堯舜名則其義甚古書疏引鄭云虞氏舜名亦用今文義釋文引馬云舜謚也舜死後賢臣錄之臣子爲諱故變名言謚馬以舜名爲重華也白虎通謚篇引禮記謚法曰仁聖盛明曰舜史記集解引同皮云此亦生號死謚之說中候鄭注云禹號也因爲德謚是其證是今古文說同義異段云風俗通山澤篇謹案尚書舜生姚墟此今文說當在曰虞舜下

帝曰俞予聞如何俞然也然其所舉言我亦聞之其德行如何○帝曰俞予聞如何今其文與古文同○帝曰俞予聞如何者堯紀作堯曰然朕聞之其何如俞然故訓字書疏解堯使人舉舜之意引鄭六藝論云若堯知命在舜舜知命在禹猶求於羣臣舉於側陋上下交讓務在服人亦古文遺說也

岳曰瞽子父頑母嚚象傲無目曰瞽舜父有目不能分別好惡故時人謂之瞽配字曰瞍瞍無目之稱心不則德義之經爲頑象舜弟之字傲慢不友言並惡○岳曰瞽子古文也今文岳作嶽父頑母嚚象傲古文也今文象作弟僞傳云舜父有目不能分別好惡故時人謂之瞽書疏云孔以經說舜德行美其能養惡人父自名瞍何須言之身有固疾非善惡之事輒言舜是盲人之子意欲何所見乎史記又說瞽瞍使舜上廩從下縱火焚廩使舜穿井下土實井若其身自能然不得謂之無目先謙案史記明言舜父瞽瞍盲此又云盲者子文義互證益明則瞽瞍是名身實無目下文父頑即是明著其惡若經止言盲不及其惡尚爲有詞既說父頑何取更以瞽喻舜方在下而岳舉之兼及先世有無聞人情理應爾而謂輒言盲子欲何所見斯不通之論也孟子述象言謨蓋都君咸我績是棼廩實井

瞽瞍使象爲之，非其身自能然，不得以此爲有目之證。徧檢傳記無瞽瞍有目之文，僞傳妄說，書疏曲袒，適以增成其謬。○岳作嶽者，堯紀作嶽。曰盲者子以故訓說經，近人或以瞽爲官名，望文生義，非。○象作弟者，堯紀如此。皮云：象獨稱名，與上云父母不一例，當從史記作弟。論衡云舜兄狂弟傲，言舜有兄，乃今文家異說，而云弟傲則同。先謙案：岳言象，不言弟，則堯無緣知爲何人，今文較長。段云：傲，經典多作敖，音五報反，此恐亦天寶所改。

克諧以孝烝烝乂不格姦

諧，和；烝，進也。言能以至孝和諧頑嚚昬傲，使進進以善自治，不至於姦惡。○克諧以孝烝烝乂不格姦，今文與古文同。僞傳云進進以善自治，不詞之甚。○克諧以孝烝烝乂不格姦者，堯紀作能和以孝烝烝治不至姦。能和、治至，並故訓字。王引之云：克諧句，以孝烝烝句，乂不格姦句。列女傳云：舜父頑母嚚，父號瞽叟，弟曰象，傲遊於嫚，舜能諧柔之，承事瞽叟以孝。蔡邕九疑山碑：志逮于虞舜，聖德克明，克諧頑傲，以孝蒸蒸。是讀克諧爲句，以孝烝烝爲句也。列女傳又云：母憎舜而愛象，舜猶內治，靡有姦意。是讀乂不格姦爲句也。經言以孝烝烝，烝烝郎孝德之形容，謂之烝烝者，言孝德之厚美也。大雅文王有聲云：文王烝哉。韓詩云：烝美也。魯頌泮水云：烝烝皇皇。傳云：烝烝，厚也。故漢魏人多以烝烝爲孝者。新語道基篇：虞舜蒸蒸於父母。論衡恢國篇：舜之烝烝。後漢紀靈帝紀：崇有虞之孝，昭蒸蒸之仁。後漢章帝紀：陛下至孝烝烝。又云：仰惟先帝烝烝之情。和熹鄧后紀：以崇陛下烝烝之孝。宗意傳：陛下至孝烝烝。張禹傳：陛下體烝烝之至孝。馬融傳：陛下履有虞烝烝之孝。袁紹傳：伏惟將軍至孝烝烝。張衡東京賦：蒸蒸之心，感物曾思。巴郡太守張納碑：修烝烝之孝友高陽令楊著碑孝烝內發又云烝烝其孝蔡邕胡公碑夫烝烝至孝德本也朱公叔墳前石碑孝于二親蒸蒸雝雝續漢祭祀志引蔡邕議云孝章皇帝至孝烝烝魏志甄后傳注引三公奏云陛下至孝烝烝魏卞蘭贊引太子表云昔舜以烝烝顯其德曹植鞞舞歌盡孝於田隴烝烝不違仁廣雅蒸蒸孝也則知兩漢經師皆以烝烝爲孝皮云王氏引證外後漢黃香和帝冠頌云躬烝烝之至孝後漢書謝弼論青蛇封事云願陛下仰慕有虞烝烝之化蔡邕陳留太守胡公碑孝于二親養色寍意蒸蒸雍雍東觀漢記丁鴻上奏云陛下尊履蒸蒸魏志陳留王紀云俯順聖敬烝烝之心陶潛孝傳云以孝烝烝皆今文家說也後漢紀東平王蒼上疏云昔虞氏克諧君象有鼻不及以政亦以克諧屬待象與列女傳合惟楊孟文石門頌云烝烝艾寍則漢人亦有以烝烝乂斷句者今文尚書乂皆作艾石經可證惠棟謂今文作乂古文作艾非也孫云乂訓治謂舜能內治己僞傳云使以善自治是謂舜化其父母及弟孟子述象日以殺舜爲事又有捐階掩井等事知治訓自治爲安先謙案不格姦者言象欲殺兄舜惟務自克治不至以惡意待弟也

帝曰我其試哉

言欲試舜觀其行迹○帝曰二字今文有古文無僞孔增之傳云試舜行迹亦非○帝曰我其試哉者堯紀作堯曰吾其試哉論衡正說篇堯老求禪四嶽舉舜堯曰我其試哉說尚書曰試者用也我其用之爲天子也明今文有帝曰書疏云馬鄭王本說此經皆無帝曰當時庸生之徒漏之也[illegible]明古文無帝曰皮云此直以我其試哉爲四岳語不可通古文不如今文即此可證王充以爲試者試之於職俔與用爲天子皆今文說而充說爲長後漢章帝紀引建武詔書云堯

試臣以職不直以言語筆札後漢紀楊賜疏云昔堯用舜猶尚先試考績以成厥功賜習歐陽尚書與充說同無四岳試舜之事書疏引鄭云試以爲臣之事王肅云試之以官鄭王皆以舜典合於此篇故指歷試之事充此試哉之言先謙案鄭義即用今文說

女于時觀厥刑于二女

女妻刑法也堯於是以二女妻舜觀其法度接二女以治家觀治國○女于時觀厥刑于二女今文與古文同僞傳堯於是以二女云云用史記說○女于時者堯紀作於是妻之二女時是釋詁文女于時堯紀以爲於是妻之經倒文也書疏引鄭云不言妻者不告其父不序其正段云鄭注禮記亦云舜不告而娶不立正妃凡言妻者必爲其正妻如以子妻之以其兄之子妻之是也凡言女者不必爲其正妻如左傳驪戎男女晉以驪姬孟子齊景公涕泣而女於吳是也左桓十一年傳鄭昭公之敗北戎也齊人將妻之以其未有嫡妃也又曰宋雍氏女於鄭莊公曰雍姞明非莊公夫人也僖二十三年傳云齊桓公妻之此謂正妻凡言妻之一人而已雖有娣姪之媵從必統於所尊也凡言女之不分尊卑故曰二女曰三妃曰納女五人皆不分尊卑之詞也當時頑嚚情形告則不得娶帝深知之故萬章問孟子舜不告而娶及帝妻舜不告之故帝妻舜不告謂帝不預告舜也帝知告則不得妻者謂帝預告舜舜必告父母或告而從或不從而帝親告其父母皆不免挾天子以令其父母予舜以大難有損於大孝且舜重傷父母心必出於辭是不得妻舜即不得試舜而巽位矣故反復思之不使舜預知舜不知而二女已至舜與其父母皆有所不能違當時禮不備故言女不言妻孟子時百篇未亡舜不告父母而娶帝不預告舜而妻之及焚廩浚

井云云皆百篇中語也○觀厥刑于二女者堯紀作觀其德於二
女以故訓代經易刑爲德者釋詁刑法也觀舜之德行爲二女法
則者何如也論衡正說篇說尚書曰女于時觀厥刑于二女觀示
本作爾段云爾乃示之譌刑近示又誤爲爾今據正不虞舜於天下不謂堯自觀之也若此
者高大堯舜以爲聖人相見已審不須觀試精燿相炤曠然相信
夫聖人才高未必相知也舜難知佞使皋陶陳知人之法佞難知
聖亦難別堯之才猶舜之知也堯聞舜賢四嶽舉之心知其奇而
未必知其能故言我其試哉試之於職妻以二女觀其夫婦之法
王充引當時博士書說以爲試者用之爲天子觀者觀之於天下
聖人相信不待試之觀之充以爲非謂試者試之於職觀者觀其
夫婦之法也先謙案帝曰我其試哉堯答岳之詞當時尚未見舜
不應遽云用爲天子將欲觀其治家之法非卽以之觀示天下也
充說較長書疏引列女傳云二女長曰娥皇次曰女英舜旣
升爲天子娥皇爲后女英爲妃然則初適舜時卽娥皇爲妻

釐降

二女于媯汭嬪于虞降下嬪婦也舜爲匹夫能以義理下帝女之心於所居媯水之汭使行婦道於虞氏○釐

降二女于媯汭嬪于虞今文與古文同僞傳能以義理下帝女之
心云云用史記說○釐降二女于媯汭嬪于虞者孟子萬章篇趙
注引堯典曰釐降二女太宰職注引堯典曰釐降二女嬪于虞是
其證堯紀作舜飭下二女于媯汭如婦禮解釐爲飭屬舜言如婦
禮謂嬪于虞而行婦道也後漢荀爽傳爽對策曰降者下也嬪者
婦也言雖帝堯之女下嫁於虞猶屈體降下勤修婦道降以妻道
言嬪以婦道言漢書五行志谷永對云昔舜飭正二女以崇至德
釋釐降與史記同舜本紀亦云舜居媯汭內行彌謹堯二女不敢

以貴驕事舜親戚甚有婦道不敢以貴驕卽釐降義親戚謂父母嬪者有舅姑之詞嬪于虞至虞地見舅姑而行婦禮也水經河水注引馬云水所出入曰汭以嬀爲水名釋文引杜預注左傳亦云水之隈曲曰汭河水又云河東郡南有歷山舜所耕處也有舜井嬀汭二水出焉南曰嬀水北曰汭水西逕歷山下尚書所謂釐降二女于嬀汭也虞原上道東有虞城堯妻舜以嬪于虞者也以嬀汭爲二水名此如衛詩淇澳爲淇水隩曲處或說以淇澳爲二水也汭漢河東郡蒲坂縣今山西蒲州府虞故國名後爲姓氏故僞傳亦言虞氏段云周語伶州鳩說武王反及嬴內韋注嬴內地名宋庠曰舊音上音嬀下音汭今案本或作嬴非是古文尚書作嬴與嬀同玉裁案舊音者唐人所爲也云今按者宋說也宋引古文尚書卽宋次道王仲至所藏晁公武刻石於蜀者也本當作嬴蓋由國語古本作嬴相傳讀若嬀內讀若汭僞作古文尚書者遂比附竄改此正陸氏所謂穿鑿之徒務欲立異者也段又云女于時二句連上我其試哉俱爲四岳之語釐降二句自堯言之上三句記言此二句記事又云降者禮不備也若如史記釐降自舜言之聞逆王姬矣聞尚公主矣未聞人臣婚帝女而曰降之者也皮云段說謬堯使九男事舜二女女焉當出堯之獨斷今文說最塙若如古文說四岳試舜而遽請以帝女妻舜殊非人情經云女于時觀厥刑于二女言堯試舜之事也釐降二女于嬀汭嬪于虞言舜刑于二女之事也蓋舜時在嬀汭其父母在虞故舜妻二女而其父母不知舜以理義飭下二女于嬀汭乃使行婦道於虞故堯見而善之列女傳云四嶽薦之於堯堯乃妻以二女以觀厥內二女承事舜於畎畝之中不以天子之女故而驕盈怠慢謙謙恭儉思盡

婦道又頌云云嬪列有虞承舜於下與史記飭下義同漢書外戚傳云書美釐降夫婦之際人道之大倫也是班亦以釐降屬舜若秦漢尚主之事惡足以說唐虞之書哉**帝曰欽哉**歎舜能修己行敬以安人則其所能者大矣○帝曰欽哉今文與古文同僞傳歎舜能行敬用史記義○帝曰欽哉者堯紀作堯善之此釋經意也書疏云帝歎曰此舜能敬其事哉歎其善治家知其可以治國或以四字屬下愼徽五典或以謂帝飭戒二女之詞史錯舉記之未安

舜典第二

○釋文王氏注相承云梅賾上孔氏傳古文尚書云訛舜典一篇時以王肅注頗類孔氏故取王注從謹徽五典以下為舜典以續孔傳徐仙民亦音此本今依舊音之先謙案陸氏敘錄云王肅亦注今文而解大與古文相類或肅私見孔傳而秘之乎則釋文言王注一類孔者今文王注也敘錄又云元帝時梅賾上古文尚書亡舜典一篇購不能得乃取王肅注堯典從慎徽五典以下分為舜典篇以續之案言亡舜典一篇者趙岐注孟子有舜典亡失之語而今梅書所上別無舜典羣以為梅書亡此篇也言取王注堯典分為舜典者或以為王肅分之案敘錄云孔傳堯典止於帝曰往欽哉而馬鄭王之本同為堯典又堯典孔疏云鄭王皆以舜典合於此篇是肅未嘗割分舜典此梅書出後時人見偽孔序云伏生以舜典合於堯典競以伏生為誤從而分王本為兩篇也後范甯變為今文集注段云今是古之譌云變者變孔傳古文尚書為之蓋孔注五十八篇采馬兼鄭王三十一篇隋志有晉豫章太守范甯注古文尚書舜典一卷云梁時有甯注尚書十卷亡唐初釋元應作眾經音義引范甯尚書集解寇賊姦宄之說所以獨存舜典一篇者正固陸氏孔氏所云用此注補孔傳之亡也至正義用方興經用方興而此一篇又亡不見於舊唐書經籍志唐書藝文志矣俗閒或取其舜典篇以續孔氏案此言或用肅傳或用范注補之也敘傳又云齊明帝建武中吳興姚方興采馬王之注造孔傳舜典一篇云於大航史通作航隋書作桁尚書正義作航頭買得上之案此雜取馬王古文注本偽為孔傳也段云偽傳五十七篇出一人之手偽孔傳之眞者舜典一篇出方興之手偽孔傳之偽者陸所音舜典王肅注也正義所疏舜典姚方興采馬王注所造也陸不信姚注而孔穎達信之以此為眞孔傳而方興

得之故爲之正義猶謂二十五篇爲眞古文而梅賾得之故捨鄭王本而用孔本也

虞書　孔氏傳　王先謙參正

舜典

典之義與堯同○惠棟云（後稱惠云）連叢子孔臧與侍中從弟安國書曰堯典說者以爲堯舜同道弟素常以爲雜有舜典今果如所論案此以僞扶僞欲欺天下後世謂分析者果壁中本也劉云堯典舜典異序同篇故序言將孫于位讓于虞舜卽前半篇咨岳岳舉舜之事也又序言虞舜側微堯聞之聰明將使嗣位歷試諸難作舜典卽下半篇賓四門以下之事也今文二典合爲一篇猶顧命康王之誥伏生本皆合爲一篇則亦一書而兩序也惟趙岐孟子注云孟子時尚書凡百二十篇逸書有舜典之序亡失其文孟子諸所言舜事皆舜典及逸書所載攷漢人多以百篇爲尚書二十篇爲中候孟子所載舜往于田完廩之事不稱典曰又不稱書曰其祇載見瞽瞍稱書曰蓋逸書之類也又曰不及貢以政接于有庳亦傳記書說未足爲舜典之證卽史記云逸書得十餘篇所作舜本紀亦無出堯典所述之外可知非別有篇矣先謙案堯典割分舜典後姚方興因之加二十八字以冠其首然篇目雖分它書所引經文不能假借孟子萬章篇引二十有八載放勳乃殂落（僞孔改放勳爲帝）作堯典曰不作舜典證一周禮春官序官鄭司農注引帝曰咨四岳有能典朕三禮作堯典曰證二論衡氣壽篇引舜生三十徵庸三十在位五十載陟方乃死作堯典云證三漢書王莽傳兩引肇十有二州皆曰堯典證四後漢張純傳光武時奏宜遵唐堯之典二月東巡狩證五陳寵傳章帝時寵言唐堯著典

眚災肆赦證六晉武帝時幽州秀才張髦上書引肆類于上帝云云作堯典曰證七釋文釋典藝云五典今皆亡唯堯典存也是劉熙所見尚書惟堯典一篇不分舜典證八魏公卿上尊號奏云欽唐典之明憲尊大麓之遺訓大麓文在唐典卽堯典證九晉書禮志摯虞表案尚書堯典祀山川之禮惟於東岳備陳牲幣之數其餘則但曰如初證十鄭氏詩譜引虞書詩言志四語疏云鄭注在堯典之末證十一周頌般疏云堯典說巡守之禮望秩於山川證十二周禮疏序云堯典曰伯禹作司空證十三又云堯典有典樂納言之職證十四大宗伯疏案尚書堯典禋于六宗證十五唐孔盛行而馬鄭眞古文尚存故諸儒猶得據爲堯典說文心部愻下引五品不愻作唐書曰不作虞書證十六尚書大傳引明試以功車服以庸作唐傳曰不作虞傳證十七至史記五帝紀云堯妻之二女觀其德于二女舜飭下二女於嬀汭如婦禮堯善之乃使舜愼和五典五典能從文勢相承不斷尤經文本一篇之明證史公親從孔安國問故而贊稱尚書獨載堯以來惟其止有堯典故有獨載堯之語後漢周磐傳學古文尚書臨終寫堯典一篇置棺前示不忘聖道正惟彼時堯舜典合爲一今古文皆然故單稱堯不及舜不然孔書列學官後志聖道者胡不並舉二典之名是古文未嘗分堯典爲舜典也以上多諸儒所已言復次第之如此

曰若稽古帝舜亦言其順考古道而行之○說見前**曰重華協于帝**華謂文德言其光文重合於堯俱聖明○閻若璩云後稱閻云史記五帝紀云虞舜者名曰重華夏本紀夏禹名曰文命孟子引放勳曰同楚詞離騷云就重華而陳詞

涉江云吾與重華遊兮瑤之圃懷沙云重華不可遻兮重華凡三見皆實謂舜自僞古文出重華協于帝文命敷于四海重華文命不斷句竟連下協于帝敷于四海自不得不謂是史臣贊頌之詞矣段云宋書禮志明帝卽位有改正朔之議侍中高堂隆議曰書曰曰若稽古帝舜曰重華建皇黃誤授政改朔御覽八十一引同案此書緯尚書中候之文古人稱引多有以緯書及經說稱經者首九字卽方興藍本而贅以協于帝三字方興不解重華爲舜名致與堯典句法僻背

濬哲文明溫恭允塞濬深哲智也舜有深智文明溫恭之德信允塞上下○惠云詩商頌濬哲維商溫恭朝夕易乾文言天下文明周詩王猷允塞明鄭曉說同○

玄德升聞乃命以位玄謂幽潛潛行道德升聞天朝遂見徵用○惠云玄德本淮南鴻烈訓舜執玄德于心而化馳若神鄭曉云乃命以位掠史記伯夷傳用乃試之於位胡渭云升聞二字掠大戴禮用兵篇姚際恆云王延壽魯靈光殿賦粵若稽古帝漢祖宗濬哲欽明王粲七釋云稽若古則叡哲文明溫恭玄塞皆襲前人之文又不僅襲詩與易也舜典出南齊二王漢魏人何由皆與舜典增加之字預相暗合其爲方興所襲自明先謙案釋文云曰若稽古帝舜曰重華協于帝此十二字是姚方興所上孔氏傳本無阮孝緒七錄亦云然方興本或此下更有濬哲文明溫恭允塞玄德升聞乃命以位凡二十八字聊出之猶言姑存之於釋文大書十二字綴書十六字以爲是方興本之別本尤不可信於王注無施也言王本無注段云方興傳則採馬王注造之其經比馬鄭所注多曰若稽古帝舜曰重華協于帝十二字梁武時爲博士議曰孔序稱伏生誤合五篇皆文相承接所以致誤舜典首有曰若稽古伏生雖昏耄何容合之

遂不行用方興本或十二字下更有濬哲以下十六字共二十八字既未施行方興以罪致戮隋開皇初始購得之冠於妄分舜典之首盛行至今阮元校勘記云方興奏上孔傳不容遽有異本疑經文濬哲以下十六字及傳三十六字又後人所加鄭曉謂舜典孔傳乃劉光伯僞撰託名姚方興細按方興之事見釋文序錄不可誣也惟濬哲以下十六字或劉氏所增耳或問陸氏著釋文時已知世有劉光伯乎曰隋文帝得舜典在開皇二年壬寅陸氏著書在癸卯較後一年時南北雖未混一陸氏或遥聞其説而筆之於書也程廷祚云（後稱程云）梁武之言雖若證孔氏之不誣實以明伏生之非誤濬哲下十六字出開皇二年購募遺典之時二十八字自齊建武至是百年而後具

慎徽五典五典克從

徽美也五典五常之教父義母慈兄友弟恭子孝舜慎美篤行斯道舉八元使布之於四方五教能從無違命○慎徽五典五典克從今文與古文同左文十八年傳舜臣堯舉八元使布五教于四方父義母慈兄友弟恭子孝故虞書數舜之功曰慎徽五典五典克從無違命僞傳所本○慎徽五典五典克從者堯紀堯善之下作乃使舜慎和五典五典能從徽和克能故訓字釋文引馬云徽善也史記集解引鄭云五典五教也蓋試以司徒之職案釋詁典常也五常之教司徒之職見後經文

納于百揆百揆時敘

揆度也度百事總百官納舜於此官舜舉八凱使揆度百事百事時敘無廢事業○納于百揆百揆時敘古文也今文納作入敘作序左傳云舜臣堯舉八凱使主后土以揆百事莫不時敘又云虞書數舜之功曰納于百揆百揆時敘無廢事也亦僞傳所本百揆非官名見下○納作入敘作序者堯紀作

乃徧入百官百官時序史記舜本紀云於是堯乃試舜五典百官皆治總上文言之左傳言主后土是試以司空之職總度百事皮云史記敘皆作序蔡邕太尉楊公碑遷少府光祿勳敬揆百事莫不時序太傳前銘越尹三卿百揆時序禰衡顏子碑百揆時序皆今文作序之證少府光祿勳三卿皆非相位而蔡引此經以美之蓋不以百揆爲相名又以百揆爲敬揆百事並不以爲官名史遷以爲徧入百官謂使舜入百官揆事之處則舜命禹使度百揆亦謂使居百官揆事之處入百揆在徽五典賓四門之閒五典四門非官名則百揆亦非官名可知淮南泰族訓堯乃妻以二女以觀其內任以百官以觀其外任以百官與史記義合卽入于百揆之事也撰僞古文者誤以百揆爲官名乃造周官篇云內有百揆四岳沿其誤者遂以百揆爲相又以四岳共爲一人皆由僞孔亂經致違古義論衡恢國篇舜以司徒因堯授禪禹以司空緣功代舜王充舉司徒司空而不及百揆是今文家說以司徒司空爲官名不以百揆爲官名孫云廣雅釋詁選入也則徧入爲徧選也先謙案後漢百官志注引古史考云說者以百揆堯初別置於周更名家宰是蜀漢之末僞說已萌牙矣

賓于四門四門穆穆 穆穆美也四門四方之門舜流四凶族四方諸侯來朝者舜賓迎之皆有美德無凶人○賓于四門四門穆穆今文與古文同左傳言舜臣堯流四凶族虞書數舜之功曰賓于四門四門穆穆無凶人也僞傳本之○賓于四門四門穆穆者堯紀如此申之曰遠方賓客皆敬釋訓穆穆敬也是今文說以穆穆爲敬集解引馬云四門四方之門諸侯羣臣朝者舜賓迎之皆有美德也釋詁穆穆美也是古文說以穆穆爲美舜本紀云舜賓于四門乃

流四凶族於是四門辟言無凶人也書疏引鄭云賓擯謂舜爲上
擯以迎諸侯孫云擯郎儐字聘禮卿爲上擯大夫爲承擯士爲紹
擯大宗伯云朝覲會同則爲上相注云出接賓曰相古者朝諸侯
必於明堂御覽五百三十二引明堂東應門南庫門西皋門北雉
門周書明堂解禮記明堂位皆云九夷之國東門之外八蠻之國
南門之外六戎之國西門之外五狄之國北門之外是四門也皮
云今文說蓋以賓四門爲攝太子之職大傳云天子太子年十八
曰孟侯孟侯者於四方諸侯來朝迎於郊問其所不知也白虎通
朝聘篇遣世子迎之五十里之郊孝經鄭注天子使世子郊
迎儀禮疏以爲異代之制疑本唐虞舊法四門四郊之門也**納于**
大麓烈風雷雨弗迷麓錄也納舜使大錄萬機之政陰陽和風雨
時各以其節不有迷錯愆伏明舜之德合於
天○納于大麓烈風雷雨弗迷古文也今文弗作不納或作入麓
或作鹿烈或作列僞傳大錄萬機之政用今文說○今文弗作不
納作入者歐陽本也史記論衡可證作納者夏侯本也麓作鹿烈
作列者今文異字納于大麓云云者堯紀云堯使舜入山林川澤
暴風雷雨舜行不迷舜紀云舜入于大麓烈風雷雨不迷堯乃知
舜之足授天下大傳云納之大麓之野烈風雷雨不迷乃致以昭
華之玉又云致天下於大麓之野是史公伏生皆以麓爲山麓今
文說也水經濁漳水注引應劭說云鉅鹿鹿者林之大者也尚書
曰堯將禪舜納之大麓之野烈風雷雨不迷而縣取目焉十三州
志云鉅鹿唐虞時大麓也虞舜百揆納于大麓麓者林之大也堯
欲使天下皆見之故置諸侯合羣臣與百姓納之大麓之野然後
以天下授之明己禪之公也大陸縣今有堯臺高與城等乃堯禪

舜之處據此則大麓之地實有可攷其以大麓爲大錄者漢書于定國傳上報定國曰萬方之事大錄於君王莽傳張竦引書曰納于大麓列風雷雨不迷公之謂矣（班氏燕然山銘作納明夏侯本如此）又莽改鑄錢書曰予前在大麓桓譚新論云昔堯試舜於大麓者領錄天下事如今尚書官矣論衡正說篇尚書曰四門穆穆入于大麓烈風雷雨不迷言大麓三公之位也居一公之位大總錄二公之事衆多並吉若疾風大雨以大麓爲大錄此夏侯博士說三公丞相皆可稱大錄也論衡又自爲說云試之於職妻以二女觀其夫婦之法復令人庶之野（人是人誤鹿是鹿誤中脫大字）而觀其聖烈風疾雨終不迷惑堯乃知其聖又吉驗篇使入大麓之野虎狼不搏蟲蛇不噬逢烈風疾雨行不迷惑又亂龍篇舜以聖德入大麓之野虎狼不犯蟲蛇不害以麓爲山麓與正說篇所引尚書說三公位不同淮南泰族訓既入大麓烈風雷雨而不迷高注林屬於山曰麓堯使舜入林麓之中遭大風雨不迷也鹽鐵論除狹篇大夫曰賢者處大林遭風雷而不迷蓋引用此經以大林爲大麓風俗通山澤篇謹案尚書堯禪舜納于大麓麓林屬於山者也並與史公佚生說合皮云堯必使舜入山林川澤者夏本紀云舜登用攝行天子之政巡狩行視鯀之治水無狀行視治水必入山林川澤亦非一時之事有時或遇暴風雷雨而舜不迷則天與之可知鄭注書序於舜典云入麓伐木正歷試諸艱之一事入麓卽入于大麓此古說之僅存者先謙案鄭注大傳云山足曰麓麓者錄也古者天子命大事命諸侯則爲壇國之外堯聚諸侯命舜陟位居攝致天下之事使大錄之既訓麓爲山足又釋大麓爲大錄立說未免兩歧釋文引王云麓錄也馬鄭云山足也是馬鄭古文說與王異並不以麓爲錄

何獨鄭注大傳顯違伏生之恉疑麓者錄也以下數語爲後人羼入魏公卿上尊號奏云遵大鹿之遺訓魏受禪表云義莫顯於禪德美莫盛於受終故書陳納于大麓桓階等奏云舜受大麓桑蔭未移而已陟帝位直以大麓爲受禪之地與應劭闞駰說合則漢末博士傅會之詞也陳喬樅云（後稱陳云）山麓歐陽說大錄大小夏侯說史公王充皆用歐陽尚書周堪孔霸事夏侯勝授元帝經元帝報于定國用夏侯尚書說俱出今文家非今古文異也

帝曰格汝舜詢事考言乃言厎可績三載汝陟帝位

格來詢謀乃汝厎致陟升也堯呼舜曰來汝所謀事我考汝言汝言致可以立功三年矣三載考績故命使升帝位將禪之○帝曰格汝舜詢事考言乃言厎可績三載汝陟帝位古文也今文無乃言二字○帝曰格汝舜者堯紀說云堯以爲聖召舜曰孫云言召舜者以格爲來也○今文作詢事考言厎可績者堯紀作汝謀事至而言可績孫云釋詁詢謀也乃言疑衍古文考作丂似乃故重出二字史記無之釋言厎致也周語注厎至也致即至也先謙案孫說今文無乃言二字是也厎指詢事可績指考言謂謀事既至而考言又見功也釋文引馬云厎定也孫云釋詁厎定止也厎義同定○三載汝陟帝位者堯紀作三年矣汝登帝位釋詁陟登升也陟義同登史記集解引鄭云三年者賓四門之後三年也江云鄭以納大麓命陟位爲一時事賓四門在納大麓前知此三年是賓門之後三年也段云案裴駰於此當云鄭本作載云三載者云云乃合依史記改載爲年非也惠棟因改經文之載爲年尤誤如禹貢作十有三載馬鄭本作年釋文必識之此處鄭果作年亦必識之也先謙案古文作載今文作

年段
說是

舜讓于德弗嗣辭讓於德不堪不能嗣承帝位○舜讓于德弗嗣古文也今文作舜讓于德不台○舜讓

于德不台者堯紀作舜讓於德不懌集解引徐廣注今文尚書作

不怡怡懌也先謙案釋詁怡懌樂也故史公以故訓代之不怡本

作不台史記自序云唐堯遜位虞舜不台索隱台音怡怡說也又

云惠之早賈諸呂不台徐廣注不爲百姓所說後漢書班固傳典

引云有于德不台淵穆之讓皆用今文也說不台有兩義以薄德

不爲百姓所說爲遜讓之詞六字作一句讀是一義請更擇有德

不以有天下爲樂舜讓于德一句不台一句又一義史公報任安

書云主上爲之食不甘味聽朝不怡用此經字屬武帝說以例唐

堯遜位虞舜不台之文則不台當屬舜說與諸呂不台義異孔子

言舜有天下而不與郎謂此也索隱五帝紀注云古文作不嗣文

選典引李注引漢書音義云昭曰古文台爲嗣章懷典引注云前

書曰舜讓于德不台音義曰台讀曰嗣前書謂王莽傳文今本不嗣後人所改漢書音義郭

倨魏公卿上尊號奏云光被四表讓德不嗣裴松之引魏王上書

云猶執謙讓于德不嗣皆用古文今古文並作不惟僞傳作弗

正月上日受終于文祖上日朔日也終謂堯終帝位之事文祖者堯文德之祖廟○正月上日受終于文祖

今文與古文同僞傳以文祖爲堯文德之祖廟語意含混○正月

上日者堯紀如此白虎通三正篇王者受命必改朔何明易姓示

不相襲也明受之於天不受之於人所以變易民心革其耳目以

助化也故大傳曰王者始起改正朔易服色殊徽號異器械別衣

服也是以舜禹雖繼太平猶宜改以應天漢書董仲舒傳孔子曰

亡爲而治者其舜乎改正朔易服色以順天命而已其餘盡循堯

道更何爲哉尚書中候云若稽古帝舜曰重華欽翼皇象建黃授
政改朔詩緯推度災云軒轅高辛夏后氏漢皆以十三月爲正少
昊有唐有殷皆以十二月爲正高陽有虞有周皆以十一月爲正
緯書多同今文書疏引鄭云帝王易代莫不改正堯正建丑舜正
建子此時未改堯正故云正月上日卽位乃改堯正故云月正元
日故以異文是今古文說正月同史記集解引馬云上日朔日也
孫云鄭注禮記云朔初也唐以十二月爲正當如殷以鷄鳴爲朔
見大傳御覽十四引大傳云上日元日王引之云上旬之善日非
謂朔日也元日善日也吉日也王制元日習射上功習鄉上齒正
義以元日爲善日月令孟春天子乃以元日祈穀于上帝盧植蔡
邕並曰元善也先謙案大傳以上日爲元日其說亦當是善日則
今古文說上日異○受終于文祖者堯紀云舜受終于文祖復申
之曰文祖者堯太祖也孫云堯與舜同始祖故受終於其廟王制
疏引禮稽命徵云唐虞五廟親廟四始祖廟一則黃帝爲堯四世
祖此太祖不知何人舜祖黃帝則亦同太祖矣又云漢書元后傳
云黃帝姓姚氏八世生虞舜舜起嬀汭以嬀爲姓則舜與堯別姓
而爲昏禮大傳云四世而緦服之窮也又云系之以姓而弗別綴
之以食而弗殊百世而昏姻不通者周道然也釋文引馬云文祖
天也天爲文萬物之祖故曰文祖史記集解引鄭云文祖五府之
大名猶周人之明堂孫云馬以文祖爲天者荀子禮論王者天太
祖堯之祖黃帝亦必以配天說與史記合尚書帝命驗云五府五
帝之廟蒼曰靈府赤曰文祖黃曰神斗白曰顯紀黑曰元矩注云
唐虞謂之五府夏謂之世室殷謂之重屋周謂之明堂皆祀五帝
之所也史記正義云文祖者赤帝赤熛怒之府名曰文祖火精光

明文章之祖故謂之文祖周曰明堂孝經云宗祀文王於明堂以配上帝上帝卽五府之帝唐時蓋以黃帝配之明堂既爲五府之總稱又爲南向室之尊名也離火文明故曰文祖鄭說亦與史遷馬氏同義江云帝堯火德赤帝之所感生故以文祖爲五府之大名受終于文祖告感生之帝卽告天也皮云漢書王莽傳以漢高廟爲文祖廟莽自以己之代漢如舜之代堯故以漢高廟比堯太祖廟是以文祖爲太祖廟與史記說同論衡譴告篇云受終于文祖是不言受終于天堯之心知天之意也堯授之天亦授之是以文祖爲天與馬同史遷王充皆用歐陽尚書一以爲太祖廟一以爲天足徵二說之異而不異矣桓譚新論云明堂堯謂之五府府聚也言五帝之神聚於此此亦古說文祖卽明堂之證

在璿璣玉衡以齊七政

在察也璿美玉璣衡王者正天文之器可運轉者七政日月五星各異政舜察天文齊七政以審己當天心與否○在璿璣玉衡以齊七政今文與古文同璿璣一作旋機政一作正僞傳云以審己當天心與否本鄭說觀受禪是非也○在璿璣玉衡以齊七政者堯紀云於是帝堯老命舜攝行天子之政以觀天命舜乃在璿璣玉衡以齊七政璿璣一作旋機者大傳云齊中也七政者謂春夏秋冬天文地理人道所以爲政也道正而萬事順成故天道政之大也旋機者何也傳曰旋者還也機者幾也徵也其變幾微而所動者大謂之旋機是故旋機謂之北極皮云旋機玉衡今文當兼北極北斗言之史記律書云旋機玉衡以齊七政卽天地二十八宿十母十二子天官書云北斗七星所謂旋機玉衡以齊七政索隱春秋運斗樞云斗第一天極第二璇第三璣第四權第五衡第六開陽第七搖光第一至

第四爲魁第五至第七爲標合而爲斗文耀鉤云斗者天之喉舌玉衡屬杓魁爲璇璣又塡星下引文耀鉤云鎭黃帝含樞紐之精其體旋璣中宿之分也說郛引運斗樞有旋星明旋星散璣星散玉衡星散云云此以旋璣玉衡皆爲北斗文耀鉤以旋璣爲中宿則近旋璣北極之義渾言則合析言則分續漢志注引星經云璇璣謂北極星也玉衡謂斗九星也說苑辨物篇書曰在璿璣玉衡以齊七政璿璣謂北辰句陳樞星也（孫云疑脫玉衡謂斗九星也一句）以其魁杓之所指二十八宿爲吉凶禍福天文列舍盈縮之占各以類爲驗據星經說苑兼用大傳旋機北極史記玉衡北斗之說漢書律厤志衡平也其在天也佐旋機斟酌建指以齊七政故曰玉衡是北斗名玉衡而佐旋機北斗非即旋機也疑伏生專就北極言之史公專就北斗言之旋機玉衡各舉其一古書簡略不分析也古書旋或作琁或作璇或作璿機或作璣參錯不一據大傳當以旋機爲正其改從玉者因古文說以爲渾天儀云以美玉爲之其字從玉併改諸書從玉耳攷兩漢人引經皆以機衡爲星春秋感精符云人主含天光據璣衡齊七政操八極楊子太玄攡云運諸桼政繫之太始極焉以通璇璣之統正玉衡之平長楊賦云是以玉衡正而泰階平玉衡與泰階對舉亦必以爲星名劉歆遂初賦云惟太階之侈闊兮機衡爲之難運懼魁杓之前後兮遂隆集於河濱歆習古文尙書而以機衡與太階魁杓並言則以爲星名與今文不異其時馬鄭異說尙未出也書疏及史記索隱引馬云璿美玉也璣渾天儀可轉旋故曰璣衡其中橫箭（書疏作簫）所以視星宿也以璿爲璣以玉爲衡蓋貴天象也七政者北斗七星各有所主第一曰主日法天第二曰主月法地第三曰命火謂熒惑也第四曰

伐水謂辰星也第五曰煞土謂塡星也第六曰危木謂歲星也第七曰罰金謂太白也日月五星各異故名七政也日月星皆以瑢璣玉衡度知其盈縮進退失政所在聖人謙讓猶不自安視瑢璣玉衡以驗齊日月五星行度知其政是與否重審己之事也史記集解及宋書天文志引鄭云瑢璣玉衡渾天儀也七政日月五星也動運爲璣持正爲衡皆以玉爲之視其行儀觀受禪是非也此古文說僞傳本之初學記引尙書攷靈燿云觀王儀之旋昏明主時鄭注以玉爲渾儀故曰玉儀晉書天文志引文耀鈎云唐虞卽位義和立渾儀隋書天文志引晉劉智云或問曰顓項造渾儀黃帝爲蓋天開元占經六十七引詩含神霧云七政者斗上一星天位二主地三主火四主水五主土六主木七主金諸說又馬鄭所本段云璣當作機唐石經以下皆作璣因上文瑢从玉旁而誤也釋文瑢音旋並無璣音機之文而禹貢璣字則詳釋之可知陸本作機人所共識故不爲音也文選宋元皇后袁策文云仰陟天璣李注天璣喻帝位也尙書考靈燿曰瑢璣玉衡尙書爲此璣曹植秋胡行曰歌以永言大魏承天璣然璣與機同也予案此當云尙書爲此機以別於考靈燿之從玉曹植秋胡行亦作機其下總申言之曰璣與機同也後漢安帝紀永初二年詔曰據璇機玉衡以齊七政魏受禪表上在瑢機周公禮殿記旋機離常堯廟碑據旋機之政王弼周易略例故處璇璣以觀大運釋文璣又作機此其字之不同也先謙案段說璣本作機是也據馬說渾天儀可轉旋故曰璣鄭說運動爲璣皆就機字訓釋若作璣則不可通卽僞孔傳璣衡王者正天文之器可運轉者旣以運轉爲義其字亦必作機今作璣者皆後人妄改之也玉海天文書引大傳云七政布位

日月星之主五星時之紀日月有薄食五星有錯聚七者得失在
人君之政故謂之爲政與御覽所引大傳不同而與馬鄭以七政
爲日月五星合大傳乃伏生沒後歐陽張生所記錄或所承師說
有殊孫以玉海所引爲歐陽說理或然也緯書多同今文既有造
立渾儀之文不得謂唐虞時無測天儀器特經馬鄭推衍而其說
始大顯耳魏志魏王上書曰堯禪重華舉其克諧之德舜授文命
采其齊聖之美猶下咨四岳上觀璿璣蜀志先主傳議郎陽泉侯
劉豹等上言時時有景雲祥風從璿璣下來又管寧傳王基薦寧
曰上正璇璣協和皇極其時馬鄭說雖已出而斗極爲璣衡之義
又何嘗廢絕不用乎段云在之言司也司何古今字故假在爲何
政一作正者史記律書
引書曰七正正即政也
肆類于上帝
堯不聽舜讓使之攝位舜察
天文考齊七政而當天心故
行其事肆遂也類謂攝位事類遂以攝告天及五帝○肆類于上
帝今文與古文同肆一作遂古文肆一作繇○肆類于上帝者論
衡祭意篇引尚書曰肆類于上帝李氏家書引亦作肆肆一作遂
者堯紀云遂類于上帝封禪書漢書王莽傳引同蓋今文本然非
故訓也五經異義云今尚書夏侯歐陽說類祭天名也以事類祭
之柰何天位在南方就南郊祭之是也古尚書說非時祭天謂之
類言以事類告也肆類于上帝時舜告攝非常祭許慎謹案周禮
郊天言無言類者知類非常祭從古尚書說而說文示部作禷云以
事類祭天也仍從今尚書說蓋今古文義不相遠三代異物唐虞
之禮不得以周禮繩之詩文王是類是禡毛傳於內曰類於外曰
禡釋天是類是禡師祭也王制天子將出類乎上帝非必告攝乃
有類祭馬云上帝太一神在紫微宮天之最尊者史記集解引鄭

云禮祭上帝於圜丘案天官書中宮天極星其一明者太一常居也孫云鄭注禮經所言周祀天之禮夏至祀五帝于南郊冬至祀天于圜丘此言圜丘者所祭卽天皇大帝北極燿魄寶與馬義合古文肆一作繇者說文繇下云古文肆引虞書曰繇類于上帝段云此壁中故書也作肆者孔安國以今文讀之夏小正傳肆遂也

禋于六宗

精意以享謂之禋宗尊也所尊祭者其祀有六謂四時也寒暑也日也月也星也水旱也祭亦以攝告○禋于六宗今文與古文同禋一作湮一作煙一作埋僞傳精意以享謂之禋本馬說其祀有六云云者書疏云祭法云埋少牢於太昭祭時相近於坎壇祭寒暑王宮祭日夜明祭月幽禜祭星雩禜祭水旱此言六宗彼祭六神故傳以彼六神謂此六宗必謂彼之所祭是此六宗者彼文上有祭天祭地下有山谷丘陵此六宗之文在上帝之下山川之上二者次第相類故知是此六宗王肅亦引彼文乃云禋于六宗此之謂矣案其文亦見僞家語據此王肅所引與家語僞傳同近人言家語僞傳出肅所造又一證也○禋于六宗者堯紀及封禪書漢書郊祀志王莽傳敘傳後漢光武紀說苑辨物篇論衡祭意篇引皆作禋于六宗釋文引馬云禋精意以享也禋一作湮者大傳如此俔續漢志尚書歐陽家說謂六宗者在天地四方之中爲上下四方之宗劉昭注引李氏家書曰六宗者上不及天下不及地旁不及四方在六合之中助陰陽化成萬物漢祀甘泉汾陰天地亦禋六宗孝成時匡衡奏立南北郊祀復祀六宗及王莽謂六宗卽易六子是漢初已祭六宗用今文義王莽始用劉歆異說耳五經異義引今尚書歐陽夏侯說六宗者上不及天下不及地旁不及四時居中央恍惚無有神助陰陽變化

有益於人故郊天並祭之漢書郊祀志引三家說曰上不及天下不及地旁不及四方在六者之閒助陰陽變化實一而名六變四時爲四方者東方春南方夏西方秋北方冬其義不殊論衡謂六宗居六合之閒助天地變化王者尊而祭之故曰六宗魏景初中劉劭言萬物負陰抱陽沖氣以爲和六宗者太極沖和之氣晉書禮志載摯虞奏亦依之諸說並同大傳云萬物非天不生非地不載非春不動非夏不長非秋不收非冬不藏故書曰湮于六宗此之謂也呂覽月令高誘注宗尊也凡天地四時皆爲天宗下文與大傳同惟湮字作禋以宗爲天地四時與在天地四方之中其義微異公羊僖三十一年傳何氏解詁引禮曰六宗五嶽四瀆角尺禮稽命徵云天子祭天地宗廟六宗五嶽是六宗在五嶽四瀆之外下文明言山川當以今文說爲合書疏引馬云萬物非天不覆非地不載非春不生非夏不長非秋不收非冬不藏此其謂六也用今文說大宗伯疏引古尚書說云六宗天地神之尊者謂天宗三地宗三天宗日月星辰地宗岱山河海日月爲陰陽宗北辰爲星宗岱爲山宗河爲水宗海爲澤宗祀天則天文從祀地則地理從書疏引賈逵以爲六宗者天宗三日月星也地宗三河海岱也續志劉昭注引賈逵云六宗謂日宗月宗星宗岱宗河宗海宗也明古文說乃賈說儀禮通解續因事之祭引大傳鄭注云馬氏以爲六宗謂日月星辰泰山河海也與上馬說不同疑書疏誤大傳爲馬說書疏引鄭云禋之言煙周人尚臭煙氣之臭聞者也大宗伯疏引許慎異義云謹案夏侯歐陽說云宗實一而有六名實不相應春秋魯郊祭三望言郊天日月星河海岱凡六宗魯下天子不祭日月星故祭分野星國中山川故言三望六宗與古尚書同

元之聞也書曰肆類于上帝禋于六宗望于山川偏于羣神此四
物之類也禋也望也偏也所祭之神各異六宗言禋山川言望則
六宗無山川明矣周禮大宗伯曰以禋祀祀昊天上帝以實柴祀
日月星辰以槱燎祀司中司命風師雨師凡此所祭皆天神也禮
記郊特牲曰郊之祭也迎長日之至也大報天而主日也兆於南
郊就陽位也埽地而祭於其質也祭義曰郊之祭大報天而主日
配以月則郊祭幷祭日月可知其餘星也辰也司中司命風師雨
師此之謂六宗亦自明矣此則許從古文說而鄭駮之書疏云孔
光劉歆以六宗謂乾坤六子水火雷風山澤也赫現鄰䚍大傳禋
作禋假借字一作煙者魏公卿上尊號奏云煙于六宗疑因鄭說
改字一作堙者續志注以堙谿脺甄郎爾雅之祭地曰瘞薶引虞
喜云虞書改士正合祭義是梁世尚書其字作埋所據不同如此

望于山川偏于羣神九州名山大川五岳四瀆之屬皆一時望祭之羣神謂巨陵墳衍古之聖賢皆祭之○望
于山川偏于羣神今文與古文同一作望秩于山川一作辯于羣
神一作班偏于羣神僞傳羣神謂巨陵墳衍本鄭說○望于山川者
堯紀如此論衡祭意篇同白石神君碑類帝禋宗望于山川偏于
羣神所引亦今文陳云蓋歐陽經無秩字一作望秩于山川者郊
祀志王莽傳續漢祭祀志光武封泰山刻石文作望秩于山川說
苑辨物篇引書禋于六宗望秩山川漢書敘傳類帝禋宗望秩山
川東觀書趙熹請封禪疏言望秩羣神以承天心皆引此經文也
大傳鄭注引經望秩于山川魏公卿上尊號奏云告類上帝望秩
五岳皆用今文江云穀梁僖三十一年傳范注引鄭云望者祭山
川之名○偏于羣神者黃圖載元始儀說苑辨物篇漢書王莽傳

論衡祭意篇白石神君碑魏公卿上尊號奏皆作徧于羣神一作辯于羣神者堯紀如此徐廣注辯音班樊毅修西岳廟記同一作班于羣神者光武封泰山刻石文黃圖載元始儀楊雄太常箴皆如此案辨神辯一字段云辯讀班蓋今文家相傳如此王莽傳辨社諸侯義作班左襄二十五年傳男女以班哀元年蔡人男女以辨與此同皮云士虞禮明日以其班祔鄭注古文班或爲辨鄉飲酒禮大射儀鄭注今文辯皆爲徧是辨古文班徧皆今文然班辨一聲之轉辨徧音近故古亦通用詩時邁疏及般正義引鄭云徧以尊卑次秩祭之羣神若丘陵墳衍之屬孫云大司樂凡六樂者一變而致川澤之示再變而致山林之示三變而致丘陵之示四變而致墳衍之示上言山川則此羣神當爲丘陵墳衍鄭據周禮推之**輯五瑞既月乃日覲四岳羣牧****班瑞于羣后**輯斂既盡覲見班還后君也舜斂公侯伯子男之瑞圭璧盡以正月中乃日日見四岳及九州牧監還五瑞於諸侯與之正始○輯五瑞今古文並當作揖五瑞既月乃日覲四岳羣牧班瑞于羣后古文也今文作擇吉月日見四嶽諸牧班瑞僞傳云舜斂公侯伯子男之瑞還班于諸侯本馬說訓既月乃日爲盡以正月中乃日日謬甚○揖五瑞者堯紀作揖五瑞汲古本如是官本併注改輯漢書郊祀志魏封孔羨碑引同漢書兒寬傳顏注引書作楫五瑞其字從木乃揖之誤字白虎通引書輯五瑞淺人改之段云唐石經以下作輯衞包所改釋文大字作輯當是開寶中改改詩螽斯羽揖揖兮傳云揖揖會聚也板辭之輯矣傳云輯和也聚和分二義玉篇廣韻皆云輯和也不言聚也史記秦始皇紀摶心揖志索隱揖音集白虎通瑞贄篇王者始立諸侯皆見何當受

法稾正教也尚書輯五瑞覲四岳謂舜始即位見四方諸侯合符
信何謂五瑞謂圭璧琮璜璋也禮曰天子珪尺有二寸又曰博三
寸剡上左右各寸半厚半寸半珪爲璋方中圓外曰璧半璧曰璜
圓中牙外曰琮五玉者各何施葢璜以徵召璧以聘問璋以發兵
珪以質信琮以起土功之事也皮云據白虎通義今文家以珪璧
琮璜璋爲五瑞亦即下文五玉易林需之井否之訟皆云珪璧琮
璋執贄見王漸之履云圭璧琮璜執贄見王是古以珪璧琮璜璋
皆爲見王之贄易林四字爲句故文以互見爲義公羊定八年傳
何氏解詁云不言璋言玉者起珪璧琮璜璋五玉盡亡之也珪以
朝璧以聘琮以發兵璜以發衆璋以徵召與白虎通言五玉所施
正同焦何皆習今文也白虎通朝聘篇諸侯來朝天子親與之合
瑞信者何正君臣重法度也尚書曰輯五瑞釋文輯馬云斂也史
記集解引馬云揖斂也明釋文馬注作輯後人改之又云五瑞公
侯伯子男所執以爲瑞信也堯將禪舜使羣牧斂之使舜親往班
之皮云據白虎通爵篇引含文嘉禮王制鄭注皆云殷爵三等則
周以前不得有公侯伯子男五等之爵當從今文說爲正○擇吉
月日見四嶽諸牧班瑞者堯紀如此封禪書漢書郊祀志引同明
今文本異非史公以故訓代經也既月乃日言既擇月乃卜筮吉
日也大傳云古者圭必有冒言不敢專達之義也天子執冒以朝
諸侯見則覆之故冒圭者天子所與諸侯爲瑞也瑞也者屬也無
過行者得復其圭以歸其國有過行者留其圭能改過者復其圭
三年圭不復少絀以爵六年圭不復少絀以地九年圭不復而地
畢此所謂諸侯之朝於天子也義則見屬不義則不見
屬孫云馬以爲堯使羣牧斂瑞僞傳以爲舜斂皆誤

歲二月東

巡守至于岱宗柴諸侯為天子守土故稱守巡行之既班瑞之明月乃順春東巡岱宗泰山為四岳所宗燔柴祭天告至○歲二月東巡守至于岱宗柴今文與古文同守一作狩柴一作祡○歲二月者堯紀如此集解引馬云舜受終後五年之二月鄭云建卯之月也公羊隱八年傳疏引建上多歲二月者正歲六字孫云知為受終後五年者以下云五載一巡狩知之皮云春秋運斗樞云舜以太尉受號即位為天子五年二月東巡狩馬注本緯書羅泌路史非之云云歲二月者乃次一年二月也世不究虞夏傳云惟元祀巡守四岳八伯馬說非也案羅據大傳說似更墧段云或問鄭云堯建丑舜建子上文正月為丑月此二月非寅月而何曰周禮凡言正月之吉皆謂周正正月凡言正歲言歲言歲十有二月皆謂夏正寅月丑月詳見戴氏周禮太史正歲年解推之他書孟子言七八月之間旱七八月之間雨集注謂周之七八月也不言歲也歲十月脁訏一徒杠成十一月脁訏二輿梁成注謂夏正十月十一月也系之歲也爾雅石杠謂之徛今本郭注孟子曰歲十一月徒杠成邢疏引孟子歲十一月徒杠成而云此注作十月誤脫或所見本異然則邢本爾雅注故作歲十月也攷孟子注疏本注作周十月夏九月周十一月夏十月推求文義當是孟子正文作十月徒杠成十一月輿梁成注作周十月夏八月周十一月夏九月今轉改譌亂耳近曲阜孔氏刊孟子趙注作周十一月夏九月周十二月夏十月理是而文恐非矣趙氏不知歲字之解其說謬誤上推虞書早郴斯例曰正月者唐正月也云歲二月者建寅之二月也鄭以經文此云歲二月即知上文正月之上不言歲者非建寅也二月系之歲則建卯之月也惟寅數得天之稱

歲自唐虞已無異議作堯典者夏之史官書法精嚴如是陳云小宰鄭注正歲謂夏之正月則知巡狩必以寅正之仲月○東巡守者白虎通巡狩篇王者所以巡狩何巡者循也狩者牧也爲天下巡行守牧民也道德太平恐遠近不同化幽隱不得所者故必親自行之謹敬重民之至也又曰巡狩所以四時出何當承宗廟故不踰時也以夏之仲月者同律度當得其中也二月八月晝夜分五月十一月陰陽終漢書郊祀志禮王制皆作守皮云班習夏侯尚書戴記與夏侯尚書同一師承蓋夏侯本作守也白虎通亦出班氏據其故訓亦當作守後人妄加犬旁先謙案公羊隱八年傳疏引鄭云巡守者行視所守也語本孟子是今古文同作守一守作狩者堯紀如此或歐陽本不同○至于岱宗柴者白虎通巡狩篇巡狩必祭天何本巡狩爲天祭天所以告至也尚書曰東巡狩至于岱宗柴禮郊特牲天子適四方先柴鄭注所到必先燔柴有事于上帝也書曰歲二月東巡守至于岱宗柴此今古文同之證至于岱宗者釋山河東岱又曰泰山爲東嶽巡狩篇云嶽之爲言桷也桷功德也東方爲岱宗何云萬物更相代於東方也史記封禪書岱宗泰山也皮云至于岱宗柴今文家以爲封禪後漢張純傳請封禪奏云書曰歲二月東巡狩至于岱宗柴則封禪之義也風俗通正失篇謹案尚書天子巡狩歲二月至于岱宗孔子稱封泰山禪梁父可得而數七十有二蓋王者受命易姓改制應天功成封禪以告太平也所以必於岱宗者長萬物之宗陰陽交代觸石而出膚寸而合不崇朝而徧雨天下唯泰山乎風俗通山澤篇岱者長也續漢書引岱者胎也宗者長也此脫文萬物之始陰陽交代一王者受命易姓改制應天功成封禪以告天地五經通義云泰山一名岱宗言

王者受命易姓報功告成必於岱宗東方萬物始交代之處宗長也言爲羣嶽之長是以至于岱宗柴卽是封禪今文義也漢人引經作柴者漢世今文通行取其便俗故中有俗字西嶽華山碑云五歲壹巡狩皆以四時之中月各省其方親至其山柴祭燔燎此石刻之可據者釋文引馬云祭時積柴加牲其上而燔之孫云大宗伯禋祀實柴槱燎注三祀皆積柴實牲體焉或有玉帛燔燎而升煙所以報陽也鄭司農云實柴實牛柴上也又王制鄭注柴祭天告至也疏云謂燔柴以祭上天而告至其祭天之後乃望祀山川所祭之天則蒼帝靈威仰以此爲祭靈威仰蓋亦今文義東觀漢記丁鴻上奏云臣聞古之帝王統治天下五載巡狩至于岱宗柴祭於天又曰柴祭之日白氣上升與燎煙合古皆以柴字斷句不連望字爲義柴一作祡者堯紀云至于岱宗祡（汲古本改柴如是）說文祡下云燒柴尞祭天也虞書曰至于岱宗祡禷下云古文祡𥛘爲古文則祡爲今文楊雄甘泉賦於是欽祡宗祈燎熏皇天樊毅修華嶽碑故帝舜受堯厤數親自巡省設五鼎之奠祡燎堙埋史記集解引鄭云祡祭東嶽者考績祡燎也（汲古本改柴如是）段云此語出孝經緯禮器注引孝經說云封乎泰山考績燔燎禪乎梁父刻石紀號是也考績謂考己之功績禮器疏云考績諸侯功績非也

望秩于山川東岳諸侯竟內名山大川如其秩次望祭之謂五岳牲禮視三公四瀆視諸侯其餘視伯子男○望秩于山川今文與古文同一作望秩于山川班于羣神一作望秩于山川徧于羣神僞傳云岳一瀆視公侯伯子男本鄭說○望秩于山川者堯紀如此封禪書同一作望秩于山川班于羣神者續漢祭祀志載光武封禪刻石文云望秩于山川班于羣神引此經以明巡

守封禪之義一作望秩于山川徧于羣神者詩時邁鄭箋引書曰歲二月東巡守至于岱宗柴望秩于山川徧于羣神鄭所據尚書亦多一句皮云今文多此四字與上文同此經孔疏書二月不言徧于羣神此一句衍文蓋不知今文與古文異也其或作班或作徧者亦猶上文所據本異耳白虎通封禪篇於岱宗何明知易姓也刻石紀號知自紀于百王也燎祭天報之義也望祭山川祀羣神也班氏所據今文亦有班于羣神一句無此四字者或歐陽本公羊隱八年疏引鄭云望秩于山川者徧以尊卑祭之五嶽視三公四瀆視諸侯其餘小者或視卿大夫或視伯子男矣秩次也鄭注書傳云所視者謂其牲幣粢盛籩豆爵獻之數

肆覲東后遂見東方之國君○肆覲東后古文也今文作遂覲東后一作遂見東后○遂覲東后者史記封禪書如此復申之曰東后者諸侯也漢書郊祀志續漢律麻志祭祀志載光武封禪刻石文白虎通巡狩篇公羊隱八年傳解詁引皆作遂覲一作遂見東后者堯紀作遂見東方君長以東方君長釋東后以故訓代經大行人注風俗通山澤篇引作遂見

協時月正日同律度量衡合四時之氣節月之大小日之甲乙使齊一也律法制及尺丈斛斗斤兩皆均同○協時月正日同律度量衡今文與古文同一作叶時月正日一作乃同律度量衡○協時月正日者公羊隱八年傳解詁引此一作叶時月正日者白虎通巡狩篇續漢律麻志元和二年詔月令章句引並作叶段云叶旪皆古文協字書大傳不協于極作不叶五行志協用五紀作旪用於此見今文尚書之字未嘗無古文也古文今文猶言古本今本非古文皆用蒼頡古文今文皆用秦隸書也堯紀協作合以故訓代經

集解引鄭云協正四時之月數及日名備有失誤通典吉禮巡狩篇引鄭云其節氣晦朔恐諸侯有不同故因巡狩而合正之孫云文選六代論注月數謂閏月正四時日名謂甲乙之類云備有失誤者失閏則四時乖誤○同律度量衡者堯紀如此釋文引馬云律法也鄭云陰呂陽律也又史記集解引鄭云同音律度丈尺量斗斛衡斤兩也孫云律法釋詁文同音律有誤字陰呂陽律也當作同陰律呂陽律也太師掌六律六同之和以辨天地四方之六律以銅爲管竹陽也銅陰也名順其性漢書律麻志律十有二陽六爲律陰六爲呂是六同又名六呂先謙案典同鄭注同陰律也不以陽律名官者謂其先言耳書曰協時月正日同律度量衡太師職日執同律以聽軍聲陰呂陽律也謂同陰呂律陽律也釋文淆字致閲者不明若改同陰律呂陽律轉不誤爲誤矣皮云此鄭據古周禮說以易今尚書說之明證也此同字古書皆不以爲陰呂漢書律麻志虞書曰乃同律度量衡所以齊遠近立民信也上加乃字則同謂齊等下言律度量衡無一語及同又云同律審度嘉量平衡鈞權正準直繩亦不以同爲實義新莽量銘云改正建丑長壽隆崇同律度量衡東觀漢記丁鴻上奏云協時月正日同斗斛權衡使人不爭白虎通巡狩篇一考禮義正法度同律麻叶時月皆爲民也張衡東京賦同衡律而一軌量亦以同爲齊等之義蔡邕明堂月令論云書曰歲二月同律度量衡仲春月令曰日夜分則同度量鈞衡石魏封孔羡碑鈞衡石同度量皆不以同爲陰呂一作乃同律度量衡者漢書律麻志引如此垷蓋本夏侯尚書度量衡詳律麻志

修五禮五玉

修吉凶賓軍嘉之禮五等諸侯執其玉○修五禮五玉古文也今文當作修五禮五樂五

玉僞傳以五禮爲吉凶軍賓嘉本馬說○修五禮五樂五玉者堯
紀及封禪書作修五禮五玉漢書郊祀志作修五禮五樂顏注五
樂謂春則琴瑟夏則笙竽季夏則鼓秋則鐘冬則磬也五樂尚書
作五玉今志亦有作五玉者五玉卽五瑞孫云大傳五玉作五樂
虞夏傳云樂正定樂名元祀代泰山貢兩伯之樂焉陽伯之樂舞
侏離其歌聲比余謠名曰哲陽儀伯之樂舞鼚哉其歌聲比大謠
名曰南陽中祀大交霍山貢兩伯之樂焉夏伯之樂舞謾或其歌
聲比中謠名曰初慮羲伯之樂舞將陽其歌聲比大謠名曰朱于
秋祀柳穀華山貢兩伯之樂焉秋伯之樂舞蔡俶其歌聲比小謠
名曰苓落和伯之樂舞元鶴其歌聲比中謠名曰歸來幽都弘山
祀貢兩伯之樂焉冬伯之樂舞齊陽曰緩緩今本作舞齊落歌曰緩緩并論八
音四會鄭注上下有脫詞其說未聞大傳又云樂者人性之所自
有也故聖王巡十有二州觀其風俗習其性情因論十有二俗定
以六律五聲八音七始著其素簇以爲八此八伯之事也分定於
五此五嶽之事也五聲天音也八音天化也七始天統也與漢志
合是今文有五樂在五禮之下或卽五玉之異文陳云王制曰禮
樂制度衣服正之則其所據堯典亦有修五禮五樂之文足與漢
志相證明班書多用夏侯尚書禮記與夏侯尚書同一師承故脗
合也後人傳寫史漢或存五樂而去五玉或存五玉而去五樂此
志所以有作玉作樂之不同耳皮云今文有五樂字無疑然帛所
以薦玉下有三帛無五玉則文義不完經文五樂五玉皆當有之
廣韻帛字注引大傳舜修五禮五玉三帛則又存五玉而去五樂
非大傳之舊也師古釋五樂之名必有所受蓋出服虔如湆諸人
舊注今文遺說也史記集解引馬云五禮吉凶賓軍嘉也又引鄭

云五玉卽五瑞也執之曰瑞陳列曰玉**三帛二生一死贄**三帛諸侯世子執纁公之孤執玄附庸之君執黃○二生卿執羔大夫執雁一死士執雉玉帛生死所以爲贄以見之○今文作三帛二生一死今文與古文同二生一作二牲贄古文也今文作爲摯一作爲贄古文一作摯僞傳云三帛纁玄黃者書疏云經言三帛必有三色所云纁玄黃者孔時或有所據未知出何書王肅云三帛纁玄黃也附庸與諸侯之適子公之孤執皮帛其執之色未詳聞或曰孤執玄諸侯之適子執纁附庸執黃王肅之注尚書其言多同孔傳案僞傳言纁玄黃三色他無所見惟肅與之同此又僞傳出肅之一證也二生羔雁本馬說○三帛者堯紀如此集解引馬云三孤所執也集解及公羊隱八年傳疏引鄭云帛所以薦玉也必三者高陽氏後用赤繒高辛氏後用黑繒其餘諸侯皆用白繒周禮改之爲纁也案用纁詳見典瑞云虞時不聞有三孤馬用古周禮孤執皮帛爲說非也通典五十五引尚書中候云高陽氏尚赤薦玉以赤繒高辛氏尚黑薦玉以黑繒陶唐氏尚白薦玉以白繒鄭據爲說與大傳三統三正之義合當本今文家說禮檀弓疏云推鄭之意謂堯以十二月爲正尚白諸侯奉堯正朔故曰其餘諸侯皆用白繒高辛氏以十三月爲正尚黑故其後用黑繒高陽氏以十一月爲正尚赤故其後用赤繒少皞以十二月爲正尚白黃帝以十三月爲正尚黑神農以十一月爲正尚赤女媧以十二月爲正尚白伏羲以上未聞禮緯含文嘉云天子三公諸侯皆以三帛薦玉宋均注其殷禮三帛謂朱白蒼象三正其五帝之禮薦玉用一色之帛宋是鄭弟子而說不同先謙案書明言三帛則宋謂五帝一色之帛非也○二生者堯紀如此白虎通朝

聘篇同一作二牲者封禪書漢書郊祀志風俗通山澤篇續漢祭祀志載光武封禪刻石文同孫云白虎通文質篇臣見君所以有贄何贄者質也質己之誠致己之悃愊也公侯以玉爲贄者取其燥不輕溼不重公之德全卿以羔者取其羣不黨大夫以雁爲贄者取其飛成行列又云卿大夫贄古以麑鹿今以羔雁何古者質取其內謂得美草鳴相呼今文取其外謂羔跪乳雁有行列也禮相見經曰上大夫相見以羔左顧右贄執麛今儀禮作左頭如麛明古以麑鹿今以羔也據此知唐虞二生是麑鹿非羔雁史記集解引馬云摯二生羔雁卿大夫所執○一死者堯紀如此白虎通文質篇士以雉爲贄者取其不可誘之以食懾之以威必死不可生畜集解引馬云一死雉士所執說同○爲摯者堯紀如此一作爲贄者漢書郊祀志如此史記正義引鄭云贄之言至所以自致也皮云封禪書作贄無爲字後人改之段云釋文贄本又作摯贄俗字定從摯古文一作𡡃者說文𡡃下云至也从女執聲商書曰大命不𡡃讀若摯同一曰虞書雉𡡃段云即堯典之一死摯也大命不𡡃字之本義雉𡡃引申段借故引虞書在商書後中以讀若贄同一曰隔之古文商書虞書皆不作𡡃而作摯者孔安國以今字讀之既改從今字矣許存其壁中元字於說文猶鄭君注禮每云故書作某古文作某也

如五器卒乃復

卒終復還也器謂圭璧如五器禮終則還之三帛生死則否○如五器卒乃復今文與古文同僞傳云五玉還之三帛生死則否本馬說○如五器卒乃復者堯紀如此集解引馬云五器上五玉五玉禮終則還之三帛以下不還也此以經文卒爲終復爲還公羊隱八年傳疏引鄭云如者以物相授與之言授贄之器有五卿大夫上士中士下

士也器各異飾飾未聞所用也周禮改之飾羔鴈飾雉執之而已皆去器卒已也復復歸也巡守禮畢乃反歸矣每歸用特牛告于文祖矣以卒乃復爲巡守還歸孫云禽止三種而器有五蓋上中下士三等器各異飾幷羔鴈之器爲五士相見禮云摯冬用雉夏用腒左頭奉之下大夫相見以鴈飾之以布維之以索如執雉上大夫相見以羔飾之以布四維之結於面左頭如麛執之是周禮不用器也皮云馬鄭二注不同未知孰與今文義合鄭以藝祖爲文祖與今文尚書禰祖異則鄭用古文說馬以卒爲禮終復爲還玉蓋用今文說也段云集韻如乃個切若也書曰如五器卒乃復鄭康成讀案此讀今釋文不載蓋開寶中陳鄂等刪之丁度自據未改釋文本也如字本有那音論語如之何即柰之何也詩柔遠能邇鄭箋能伽也伽字當亦音乃個反鄭不作音後人推以物相授與之訓爲之凡釋文馬鄭音皆後人於解得音爲尚書者四人中有鄭君後人所託江聲云鄭讀如爲筊筊鳥籠也大誤器以盛羔鴈雉相授謂器爲筊筊可通如亦訓筊則復矣

五月南巡守至于南岳如岱禮南岳衡山自東岳南巡五月至○五月南巡守至于南岳如岱禮古文也今文岳作嶽○岳作嶽者大傳如此史記封禪書云南嶽衡山也孫云漢書郊祀志用之或孔安國說地理志長沙國湘南縣衡山在東南今在湖南衡州府西白虎通巡狩篇引大傳云五嶽謂岱山霍山華山恆山嵩山也又云南爲霍山何霍之爲言護也言太陽用事護養萬物也論衡書虛篇舜巡狩東至岱宗南至霍山西至太華北至恆山以爲四嶽者四方之中諸侯之來並會嶽下幽深遠近無不見者聖人舉事求其宜適也此以霍山爲南嶽皆今文說爾雅釋山說

五嶽云江南衡用孔安國古文說也又云霍山爲南嶽用今文說
也郭璞注漢武帝以衡山遼曠因讖緯皆以霍山爲南嶽故移其
神於此案緯書皆本今文漢武案古圖書遂復南嶽之舊非漢武
始以霍山爲南嶽也通典引三禮義宗云唐虞以衡山爲南嶽周
氏以霍山爲南嶽蓋傳寫互誤非崔靈恩之失周禮以衡山爲南
嶽唐虞南嶽卽是霍山也竊謂經言五月南巡守至于南岳舜都
平陽吉行五十里計一月可至霍山若至衡山遼遠且又涉江不
便以覲南方諸侯故歐陽夏侯等說爲霍山蓋本之伏生是以大
傳又有中祀霍山及奠南方霍山之文也皮云大傳中祀大交霍
山鄭注謂五月南巡守所祭是鄭從今文說說苑辨物篇五嶽者
何謂也泰山東嶽也霍山南嶽也華山西嶽也常山北嶽也嵩高
山中嶽也說文嶽東岱南霍西華北恆中太室許叔重治古文其
言五嶽亦從今文說廣雅釋山岱宗謂之泰山天柱謂之霍山華
山謂之太華常山謂之恆山外方謂之嵩高岣嶁謂之衡山以霍
山列泰華之閒而衡山別見於後則亦以霍山爲南嶽矣衡霍兩
山皆有二名古多謂霍爲衡後多謂衡爲霍史記黥布列傳九江
廬江衡山豫章郡皆屬布淮南衡山列傳徙爲衡山王王江北皆
卽霍山始皇本紀乃西南渡淮水之衡山南郡浮江至湘山祠案
由淮水至南郡不過今之衡山衡山又在湘山南此云之衡山亦
卽霍山與淮水近然則封禪書之南嶽衡山亦是霍山非別用古
文說矣孫引郭注因讖緯皆以霍山爲南嶽攷詩書左傳疏皆無
此十字先謙案水經昔人以爲桑欽撰第四十卷禹貢山水澤地
所在篇乃古文尙書家相傳舊說與班志所引桑欽言及古文以
爲云云悉合欽治古文尙書則水經爲欽撰無疑其列衡霍二山

云霍山爲南嶽在廬江灊縣西南衡山在長沙湘南縣南是古文家不以衡山爲南嶽而屬之霍山與今文家說無異

八月西巡守至于西岳如初

西岳華山初謂岱宗○八月西巡守至于西岳如初古文也今文岳作嶽○岳作嶽者大傳如此封禪書西嶽華山也白虎通巡狩篇西方爲華山者何華之爲言穫也言萬物成熟可得穫也山水澤地篇華山爲西嶽在宏農華陰縣西南明今古文同在今陝西華陰縣南

十有一月朔巡守至于北岳如西禮

北岳恆山○十有一月朔巡守至于北岳古文也今文朔巡守朔作北北岳作嶽如西禮僞古文也今古文竝作如初據陸氏釋文王注本作如西禮○睍王肅稱用古文而與梅賾方與本同此又僞書出肅之一證也○朔作北岳作嶽者堯紀如此封禪書北嶽恆山也白虎通巡狩篇北岳爲恆山恆山者何恆者常也萬物伏藏於北方有常也山水澤地篇恆山爲北嶽在中山上曲陽縣西北今直隸曲陽縣西北○今古文作如初者堯紀云五月南巡狩八月西巡狩十一月北巡狩皆如初此史公消約其文然據史記則此文作如初無疑是今文作如初之證釋文如西禮方興本同馬本作如初公羊隱八年傳疏引鄭云五月不言初者以其文相近八月十一月言初者文相遠故也段云陸用王注本作音義謂王本作如西禮方興本亦然書疏本即方興本也據鄭注本文馬同先謙案據此馬鄭本作如初是古文作如初之證段云何休公羊注引尚書此下又有還至嵩如初禮封禪書於皆如岱宗之禮下亦云中嶽嵩高也郊祀志同或云假令尚書元文無中嶽必不敢增竄余謂史漢不言至中嶽但言中嶽嵩高也然則備五嶽之訓故而已

風俗通山澤篇中嶽嵩高也王者所居故不巡焉可證今文古文本皆無至于中嶽之文何補經文曰還至嵩如初禮蓋亦今文家說而較封禪書郊祀志爲蛇足矣論衡書虛篇舜巡狩東至岱宗南至霍山西至太華北至衡山不言中嶽亦可以證今文尚書本無中嶽皮云嵩高王者所居惟於東周爲合唐虞都平陽蒲坂嵩高豈王者所居應氏兼通今古文風俗通所云蓋用古文說而以周制說虞制殊爲疏失先謙案何云還至嵩如初禮亦必一指東周言之唐虞都在今山西省不得於今河南省地言還也十一月至北岳往返之後一歲告終必無還至平陽復往河南之事大傳云分定於五此五嶽之事也五嶽皆觸石而出雲扶寸而合不崇朝而雨天下以嵩高列五岳中白虎通巡狩篇中央爲嵩高者何嵩言其高大也中央之嶽獨加高字者何中央居四方之中而高故曰嵩高山皆與史漢合亦不言至中嶽足明何說非

歸格于藝祖用特巡守四岳然後歸告至文祖之廟藝文也

言祖則考著特一牛○歸格于藝祖用特古文也今文作歸假于禰祖用特特禰祖一作祖禰僞傳以藝祖爲文祖本鄭說○歸格于禰祖用特者大傳一如此禰祖一作祖禰者堯紀作歸至于祖禰廟用特牛禮是禰祖一作祖禰格作至增廟字牛禮字以故訓明之大傳又云天子游不出封圻不告祖廟又云古者巡守以遷廟之主行出以幣帛皮圭告於祖遂奉以載於齊車每舍奠焉然後就舍反必告奠卒斂幣玉藏之兩階之閒蓋貴命也白虎通巡狩篇王者出必告廟何孝子出辭反面事死如事生尙書曰歸假于祖禰三軍篇云王者將出辭於禰還格于祖禰者言子辭面之禮尊親之義也尙書曰歸假于藝祖段云據巡狩篇及此篇上下文不當獨作藝後人妄改公羊

隱八年傳注亦引尚書歸假于禰祖禮王制說苑修文篇後漢肅宗紀安帝紀皆作祖禰皮云此傳本偶異而今文義不異故白虎通引書一作禰祖一作祖禰也禮曾子問云天子諸侯將出造乎禰義雖不備而與大傳白虎通說同禮記與夏侯尚書同一師承班氏亦習夏侯尚書故白虎通兩引禮文大傳云以遷廟主行又云以幣帛告于祖載于齊車者蓋無遷廟主則以幣帛故曾子問曰古者師行無遷主則何主孔子曰主命下郎大傳所引白虎通巡狩篇王者諸侯出必將主何示有所尊故孔子曰王者將出必以遷廟主行載於齊車示有尊也無遷主以幣帛皮圭告于祖禰廟遂奉以出每舍奠焉蓋貴命也必以遷主者明廟不可空也較大傳尤詳明大傳云告不云告禰蓋舉祖以晐禰釋文引馬云藝禰也先謙案藝禰聲近通借馬用今文說詩我將疏及通典巡守篇引鄭云藝祖文祖猶周之明堂每歸用特者明祭一岳郎歸也如尚書王制之文所以不一之後而云歸者因明四岳禮同使其文相次是以終巡狩之後乃始云歸耳案明堂義見上文祖注段云續漢祭祀志劉昭注引晉武帝初幽州秀才張髦上疏引書格于藝祖晉初皆治古文尚書故髦引作藝祖書疏云王制說巡狩之禮云歸格于祖禰用特特者獨也故爲一牛偏告諸廟廟用一牛故鄭彼注云祖下及禰皆一牛也

五載一巡守羣后四朝

各會朝于方岳之下凡四處故曰四朝將說敷奏之事故申言之堯舜同道舜攝則然堯又可知○五載一巡守今文與古文同一作五歲一巡狩羣后四朝今文與古文同○五載一巡守者大傳如此封禪書作五載一巡狩郊祀志同皮云白虎通四時篇有二帝言載之文則今文有作載者非盡後人

所改一作五歲一巡狩者堯紀如此西嶽華山碑作五歲壹巡狩
白虎通巡守篇所以不歲巡狩何爲太煩也過五年爲太疏也因
天道時有所生歲有所成三歲一閏天道小備五載再閏天道大
備故五年一巡狩三年二伯出述職黜陟風俗通山澤篇所以五
載一出者五載再閏天道大備御覽引逸禮云所以五年一巡守
何五歲再閏天道大備公羊隱八年傳解詁云三年一使三公黜
陟疏云書傳文又云五年親自巡守巡猶循也守猶守也循行守
視之詞亦不可國至人見爲煩擾故至四嶽知四方之政而已疏
云堯典文陳云堯典無此文蓋皆出伏生堯典傳疏脫傳字耳○
羣后四朝者堯紀如此大傳云古者諸侯之於天子五年一朝朝
見其身述其職述其職者述其所職也公羊桓元年傳諸侯時朝
乎天子何氏解詁云五年一朝王者亦貴得天下之歡心以事其
先王因助祭以述其職故分四方諸侯爲五部部有四輩輩主一
時孝經曰四海之內各以其職來助祭尚書曰羣后四朝敷奏以
言明試以功車服以庸是也陳云禮王制疏引鄭孝經注云諸侯
五年一朝天子天子亦五年一巡守案鄭注孝經與注尚書異孝
經注蓋用今文尚書說故與何休說略同漢書藝文志載孝經后
氏說后氏爲夏侯始昌弟子與夏侯勝同師故孝經說有與尚書
說合者以其同一師授也五經異義云公羊說諸侯比年一小聘
三年一大聘五年一朝天子左氏說十二年之閒八聘四朝再會
一盟許愼謹案公羊說虞夏制左氏說周禮傳曰三代不同物明
古今異說是許君亦以五年一朝爲虞夏之制也但鄭孝經注與
何公羊傳注又同中有異鄭言四方諸侯分爲四部四年乃偏則
是巡守之年諸侯不朝於京師也據何云五年一朝者所重不僅

述職兼重在助祭京師故分四方諸侯爲五部部分四輩輩主一
時則五年之中四時祭祀皆有諸侯助祭至巡守之年諸侯各就
其方以四時朝於方嶽之下而所分之第五部於是年亦分四輩
以四時朝于京師因助祭而述職故五年乃偏也若如鄭説止分
四部四年而偏則巡守之年四方諸侯無一來京師助祭者於大
典有缺是不如何説爲長釋文引馬云四面朝于方岳之下孫云
言諸侯因天子巡守四面來見於方岳之下不復來朝京師也釋
文又引鄭云四朝四年朝京師也史記集解及王制疏引鄭云巡
守之年諸侯見于方岳之下其閒四年四方諸侯分來朝于京師
歲偏是也先謙案如何説諸侯分爲五部助祭京師天子巡守之
年仍有一部來朝助祭者巡守之年四時在外若諸侯既朝方嶽
復朝京師奔走守候一重爲煩擾所謂合天下之歡心以事先王者
疑不如是不如鄭説一年朝方嶽四年分朝京師爲允當也詩韓
奕疏引賈逵周禮説一方四分之或朝春或覲秋或宗夏或遇冬
藩屏之臣不可虛方俱行故分趣四時助祭也王制諸侯礿則不
禘禘則不嘗嘗則不烝烝則不礿注云虞夏之制諸侯歲朝廢一
時祭魯語曹劌曰先王制諸侯五年四王一相朝也注唐
尚書云先王謂堯也五載一巡守諸侯四朝與鄭義同　**敷奏以**
言明試以功車服以庸　敷陳奏進也諸侯四朝各使陳進治理之言明試其言以要其功功成則賜車服以
表顯其能用○敷奏以言明試以功車服以庸今文與古文同敷
一作傅僞傳明試以言云云誤解○敷奏以言者堯紀作徧告以
言以故訓代經告下告上也偏奏國政非書契所能罄故必以言
敷一作傅者漢書宣帝紀傅奏其言考試功能師古注傳讀曰敷

後漢梁統傳統上疏曰謹表其尤害於體者傳奏於左是今文敷一作傳辭覩大傳鄭注云奏猶白公羊桓元年傳疏敷奏以言謂諸侯來朝之時徧奏以言語也○明試以功車服以庸者堯紀如此說文試下云用也从言試聲虞書曰明試以功公羊桓元年傳疏言明試以功者國功曰功謂明試以國事之功也言車服以庸者民功曰庸若欲賜車服之時以其治民之功高下也先謙案經謂巡狩之時諸侯畢見明顯試用者必以其治事之功錫予車服以者必以其治民之庸合許書公羊疏觀之其義始明疏云明試以國事之功非也大傳云見諸侯問百年命太師陳詩以觀民風俗命市納賈以觀民好惡山川神祇有不舉者爲不敬不敬者削以地宗廟有不順者爲不孝不孝者黜以爵變禮易樂者爲不從不從者君流改衣服制度爲畔畔者君討有功者賞之尚書曰明試以功車服以庸白虎通考黜篇禮說九錫車馬衣服樂則朱戶納陛虎賁鈇鉞弓矢秬鬯皆隨其德可行而賜能安民者賜車馬能富民者賜衣服書曰明試以功車馬以庸後漢書章帝詔敷奏以言則文章可采明試以功則政有異迹續漢輿服志書曰明試以功車服以庸夫禮服之興也所以報功章德尊仁尚賢故禮尊尊貴貴不得相踰所以爲禮也非其人不得服其服所以順禮也

肇十有二州肇始也禹治水之後舜分冀州爲幽州并州分青州爲營州始置十二州○肇十有二州今文與古文同州一作兆十有二州僞傳訓肇爲始用馬鄭說○肇十有二州者堯紀如此一作兆十有二州者大傳云惟元祀巡守四嶽八伯壇四奧沈四海封十有二山兆十有二州濬川案虞傳以爲巡守時事二句互相前後肇作兆今文說也鄭注祭者必封封亦禪也兆域

也爲營域以祭十有二州之分星也壇沈封兆皆因所宜爲之兆十有二州在封十有二山之下皮云兆肇古通用詩生民后稷肇祀禮表記引作后稷兆祀元鳥肇域彼四海箋云肇當作兆小宗伯兆五帝于四郊鄭注兆爲壇之營域說文垗下引周禮垗五帝于四郊然則垗古文兆乃今文消借字肇乃今文通段字史記作肇義當與大傳作兆不殊江云十二州蓋自古有之伏傳謂爲兆域以祭分星於義允愜天有十二次爲十二州之分野天象見於某次則祭灾祥見於某州是相繫屬者也史記集解引馬云禹平水土置九州舜以冀州之北廣大分置并州燕齊遼遠分燕置幽州分齊爲營州於是爲十二州也釋地釋文引鄭云舜以青州越海而分齊爲營州冀州南北太遠分衞爲并州燕以北爲幽州新置三州並舊爲十二州也蓋本漢書地理志冀北創并部之名燕齊起幽營之號此或古文以肇十有二州居上或後人據馬鄭注移易其文皆未可知皮云地理志云堯遭洪水褱山襄陵天下分絕爲十二州使禹治之水土既平更治九州又谷永傳永對曰堯遭洪水之灾天下分絕爲十二州王莽傳堯典十二州後定爲九州據今文家說十二州之分因洪水之故蓋州本水中可居之名洪水橫流天下分絕水中可居者十有二處因分爲十二州水土既平更制九州西漢今文無分九州爲十二州之說若如馬鄭之義既以分十二州在平水土置九州後則分九爲十二又合十二爲九紛紛更置不太煩乎

封十有二山濬川

封大也每州之名山殊大之以爲其州之鎮有流川則深之使通利○封十有二山濬川今文與古文同一無封十有二山句○封十有二山者大傳如此垷鄭注祭者必封封亦壇也十有二山十有二州

之鎮也孫云職方氏九州皆有山鎮揚州會稽荆州衡山豫州華山青州沂山兖州岱山雍州嶽山幽州醫無閭冀州霍山幷州昭餘祁凡九山唐虞十有二州則山鎮當十有二無文可知一無封十有二山句者堯紀如此○濬川者堯紀作決川濬決故訓字集解引鄭云更爲之定界濬水害也更爲定界指肇十有二州言孫云說文㕡下云深通川也或作濬古文作濬周語爲川者決之使導

象以典刑象法也法用常刑用不越法○象以典刑今文與古文同○象以典刑者堯紀如此象者畫象也釋詁典常也大傳云唐虞象刑而民不敢犯苗民用刑而民興相漸又云唐虞之象刑上刑赭衣不純中刑雜屨下刑墨幪以居州里而反於禮又云唐虞之象刑犯墨者蒙皁巾犯劓者赭其衣犯臏者以墨幪其臏處而畫之犯大辟者布衣無領周禮疏引孝經緯云三皇無文五帝畫象三王肉刑畫象者上罪墨蒙赭衣雜屨中罪赭衣雜屨下罪雜屨而已公羊襄二十九年傳注引孔子曰五帝畫象世順機徐疏以爲孝經說云畫猶設也其象刑者郎唐傳云唐虞之象刑上刑赭衣不純注云純緣也時人尚德義犯刑者但易之衣服自爲大恥中刑雜屨屨履也下刑墨幪幪巾也使不得冠飾周禮罷民亦然上刑易三中刑易二下刑易一輕重之差以居州里而民恥之是也白虎通五刑篇五帝畫象者其衣服象五刑也犯墨者蒙巾犯劓者以赭著其衣犯臏者以墨蒙其臏處而畫之犯宮者履雜扉犯大辟者布衣無領史記孝文帝紀蓋聞有虞氏之時畫衣冠異章服以爲僇而民不犯漢書武帝紀朕聞昔在唐虞畫象而民不犯元帝紀蓋聞唐虞象刑而民不犯楊雄廷尉箴唐虞象刑天民是全論衡儒增篇儒書稱堯舜之德至優至大天

下太平一人不刑風俗通云五帝畫象三王肉刑又云譔案尚書夏禹始作肉刑周禮司圜注弗使冠飾者著墨幪若古之象刑與三國志魏明帝詔云有虞氏畫象而民勿犯皆今文說也今文說以象刑爲畫象其義甚古荀子云古無肉刑而有象刑墨黥慅嬰共艾畢菲紂屨殺赭衣而不純墨子云畫衣冠而民不犯愼子云有虞氏之誅以幪巾當墨以草纓當劓以菲屨當刖以艾韠當宮布衣無領當大辟皆與今文義合大傳言刑無宮荄有闕佚又上刑當云赭衣不純墨蒙雜屨中刑墨蒙雜屨下刑墨蒙乃與鄭注上刑易三中刑易二下刑易一義合據鄭注則今本大傳有闕文觀孝經緯可見孝經緯言下罪雜屨大傳言下刑墨蒙則所傳之異也史記集解引馬云言咎繇制五常之刑無犯之者但有其象無其人也孫云時皋陶未制刑疑是皋陶謨方施象刑之注裴誤附於此大司徒職以鄉八刑糾萬民一曰不孝之刑二曰不睦之刑三曰不婣之刑四曰不弟之刑五曰不任之刑注鄭司農云任謂朋友是此八刑之立因五常而設疑卽馬義白虎通五刑篇五刑者五常之鞭策也馬以典爲常言無犯之惟有畫衣冠之象耳

流宥五刑 宥寬也以流放之法寬五刑○流宥五刑今文與古文同○流宥五刑者堯紀如此大傳云決關梁踰城郭而略盜者其刑髕男女不以義交者其刑宮觸易君命革輿服制度姦軌盜攘傷人者其刑劓非事而事之出入不以道義而誦不詳之辭者其刑墨降叛寇賊劫略奪攘撟虔者其刑死五刑少昊時九黎之君苗民所作呂刑謂之五虐之刑此五刑之條目飾其象以待犯者而已又以流放及三宥之法宥之故大傳稱唐虞象刑而民不敢犯也皮云古說象刑後世疑之者蓋疑五刑但飾畫象

則五刑反輕於流宥或云象刑成罪不復齒故重似亦不然疑所謂流宥五刑者流放之人又畫五刑以別異之如王制云屏之遠方終身不齒而玉藻有元冠縞武不齒之服也釋文引馬云宥三宥也史記集解引馬云流放宥寬也一曰幼少二曰老耄三曰惷愚五刑墨劓剕宮大辟司刑疏引鄭云五刑墨劓剕宮大辟正刑五加之流宥鞭扑贖刑此之謂九刑其輕者或流放之四罪是也史記正義引鄭云三宥一曰弗識二曰過失三曰遺忘也孫云司刺掌三刺三宥三赦之法一宥曰不識再宥曰過失三宥曰遺忘馬以三赦爲三宥亦見司刺職廣雅釋言宥赦也可通鄭說九刑左文十八年傳在九刑不忘是也案昭六年傳又云周有亂政而作九刑不應以說唐虞象刑之制鄭氏失之

鞭作官刑以鞭爲治官事之刑○鞭作官刑今文與古文同僞傳本馬說○鞭作官刑者堯紀如此後漢肅宗紀詔引書曰鞭作官刑三國志魏明帝紀詔曰鞭作官刑所以糾慢怠也史記集解引馬云爲辨治官事者爲刑孫云魯語薄刑用鞭扑注鞭官刑案庶人在官者有祿者過則加之鞭笞

扑作教刑扑榎楚也不勤道業則撻之○扑作教刑今文與古文同僞傳本鄭說○扑作教刑者堯紀如此鄉射禮注引書曰扑作教刑段云扑攴之隸變手與又同從木作朴非史記集解引鄭云扑榎楚也扑爲教官爲刑者孫云學記榎楚二物收其威也注榎稻也楚荊也二者所以扑撻犯禮者案犯禮是不率教故云爲教官爲刑

金作贖刑金黃金誤而入刑出金以贖罪○金作贖刑今文與古文同僞傳本馬說○金作贖刑者堯紀如此潛夫論述赦篇金作贖刑過宥罪皆謂良人吉士時有過誤不幸陷離者爾國語韋昭注小罪不

入于五刑者以金贖之有分兩之差今之罰金是也史記集解引馬云金黃金也意善功惡使出金贖罪坐不戒愼者孫云黃金者本漢法說經也功謂事如過失殺人之類然贖罪則死刑亦可贖固不止如馬所說職金掌受士之金罰貨罰入于司兵注引此經文案金可用以鑄兵淮南氾論訓齊桓公將欲征伐甲兵不足令有重罪者出犀角一戟有輕罪者贖以金分訟而不勝者作一束箭是赤金可鑄兵非黃金書疏引鄭駁異義云贖死罪千鍰鍰六兩大半兩爲四百一十六斤十兩大半兩銅與今贖死罪金三斤爲價相依附是古贖罪皆用銅

眚災肆赦怙終賊刑眚過災害肆緩賊殺也過而有害當緩赦之怙姦自終當刑殺之○眚災肆赦怙終賊刑今文與古文同古文一作眚𢦏過赦○眚災肆赦者後漢陳寵傳寵疏云故唐堯著典眚災肆赦孫云左莊二十五年傳云非日月之眚不鼓注眚猶災也是日月之食謂之眚乾象通鑑七引尚書緯云當赦不赦月爲之食是今文有說此眚災爲月食者開元占經引石氏云若月行疾則君刑緩行遲則君刑急故人君月有變則省刑書曰眚災肆赦古文一作眚𢦏過赦者堯紀如此史公堯典用古文說又其一也集解引鄭云眚𢦏爲人作患害者也過失雖有害則赦之孫云說文𢦏籀文作災肆作過者古文異字以眚災爲作患害者康誥云乃有大罪非終乃惟眚災時乃不可殺鄭用此義以眚爲患災爲害也鄭本肆亦作過故隨文解之穀梁莊二十二年經肆大眚傳云肆失也眚災也注云易稱赦過宥罪書稱眚災肆赦經稱肆大眚皆放赦罪人如其說則肆當讀如肆大眚之肆釋文本作佚謂縱佚之也左傳杜注云肆緩也緩卽寬宥之意漢魏諸儒堅持赦非善政之

說併此經義刪落之然經之言赦不一而足平法之代自可不赦若遇淫刑之時賴有赦以補救天災人怨未可執偏見也○怙終賊刑者堯紀如此孝經援神契云刑者側也過出罪施側爲著也行刑者所以著人身體過誤者出之實罪者施刑是以尙書云眚災肆赦怙終賊刑大傳云不赦有過謂之賊呂覽高注賊殺也經云怙終賊刑言有所恃而終不改過者如賊殺人之刑不赦之也史記集解引徐廣云終一作衆又引鄭云怙其姦邪終身以爲殘賊則用刑之孫云鄭以賊屬怙終解疑非此有虞氏之施刑雖不赦亦衣之畫象而已先謙案五刑之設在唐虞前堯舜時爲非者少刑措不用偶有犯者設爲畫象以示恥辱然禁令之出不必不可廢果有怙終爲惡者仍在所必刑若如孫說廢刑不用雖不赦但施畫象豈足以治天下殊失虞廷欽恤之恉終衆古書多借用孫云言恃衆爲亂望文生義

欽哉欽哉惟刑之恤哉

舜陳典刑之義敕天下使敬之憂欲得中○欽哉欽哉惟刑之恤哉今文與古文同恤一作卹一作謐○欽哉欽哉惟刑之恤哉者漢書刑法志成帝詔曰書不云乎惟刑之恤哉陳云儒林傳言鄭寬中習小夏侯尙書以博士授成帝經是作恤者小夏侯之本也皮云蔡邕文烈侯楊公碑云惟刑之恤恤一作卹者潘岳藉田賦欽哉欽哉惟穀之卹李注引尙書曰欽哉欽哉惟刑之卹哉說文引書無毖于卹字皆從卩說文卹憂也恤憂也二字音義皆同恤一作謐者堯紀作惟刑之靜哉集解引徐廣云今文云惟刑之謐哉爾雅曰謐靜也索隱案古文作恤哉且今文是伏生口誦卹謐聲近遂作謐也段云史記作靜以故訓代使讀者易通謐訓靜故易爲靜也古文作卹亦靜愼之意周頌誐以謐我春秋傳

引作何以恤我今毛詩作假以溢我釋詁毖神溢愼也又云氣謐愼豨謐顗頤密寍靜也卹恤謐假借字皆謂愼靜又云匡謬正俗云古文尚書作惟今文尚書作維此據漢石經拓本在祕書府者言洪适隸釋石經尚書殘碑維字八見皆從糸也先謙案顏據所見今古文本言之但以惟維爲今古文之分亦有不盡然者詳禹貢

流共工于幽洲象恭滔天足以惑世故流放之幽洲北裔水中可居者曰州○流共工于幽州今古文洲作州一作幽陵一作幽都僞傳幽州北裔本馬說○今古文洲作州者孟子萬章篇大戴禮淮南子及射義注左文十八年傳疏引經皆作流共工于幽州漢書王莽傳流棻于幽州是今文作幽州段云古文本作洲衞包以俗字改也一作幽陵者引見下一作幽都者後漢侯霸傳光武賜霸璽書曰崇山幽都何可偶是今文或作幽都與莊子在宥篇合史記集解引馬云幽陵北裔正義括地志云故龔城在檀州燕樂縣界故老傳云舜流共工幽州居此城

放驩兜于崇山黨於共工罪惡同崇山南裔○放驩兜于崇山古文也今文驩作讙崇山南裔本馬說○今文驩作讙者堯紀如此史記集解引馬云崇山南裔也孫云御覽四十九引盛宏之荊州記曰書云放驩兜于崇山崇山在澧陽縣南七十五里

竄三苗于三危三苗國名縉雲氏之後爲諸侯號饕餮三危西裔○竄三苗于三危今文與古文同僞傳三苗國名云云本馬說○竄三苗于三危者堯紀如此竄作遷故訓字釋文三苗馬云國名也縉雲氏之後爲諸侯蓋饕餮也史記集解引馬云三危西裔也後漢西羌傳舜流四凶徙之三危河關之西南羌是也注三危山在今沙州敦煌縣東南山有三峯曰三危也段云

說文竄下云塞也讀若虞書曰竄三苗之竄二竄字誤竄小徐本已然用本字爲音訛
文全書無此例竄字今音七亂切古音七外切竄音與竄同孟子萬章篇
作殺殺非殺𢻃卽竄之段借字也竄讀如鎩左昭元年傳周公殺
管叔而蔡蔡叔釋文蔡說文作𥻦按說文𥻦𥻦散之也私列桑割
二切經典竄蔡殺𥻦四字

殛鯀于羽山

方命圮族績用不成殛竄
同音通用皆謂放流之放流皆誅也異其文述作
之體羽山東裔在海中○殛鯀于羽山今文與古文同殛與流放
竄同義非誅殺也僞孔不明殛義並竄放流皆訓誅矣羽山東裔
本馬說○殛鯀于羽山者堯紀云讙兜進言共工堯曰不可而試
之工師共工果淫辟四嶽舉鯀治鴻水堯以爲不可嶽彊請試之
試之而無功故百姓不便三苗在江淮荊州數爲亂於是舜歸而
言於帝請流共工于幽陵以變北狄放讙兜於崇山以變南蠻遷
三苗於三危以變西戎殛鯀於羽山以變東夷集解引徐廣云變
一作燮又引馬云殛誅也羽山東裔也索隱變謂變其形及衣服
同於夷狄也徐云作燮燮和也皮云大戴禮亦作以變與史記同
謂流四凶於四夷使變夷狄之俗同於中國蓋用夏變夷非如索
隱說用夷變夏使同於夷狄也一作燮謂使四凶變和夷狄班固
西都賦北燮丁令其所據史記蓋作燮四凶皆有過人之才故使
變和夷狄之俗先謙案論衡恢國篇共工之行靖言庸回讙兜私
之稱薦於堯三苗巧佞之人或言有罪之國鯀不能治水知力極
盡罪皆在身不加於上唐虞放流死於不毛漢書刑法志唐虞之
際至治之極猶流共工放驩兜竄三苗殛鯀然後天下服鮑宣傳
昔堯放四罪而天下服劉向傳故舜有四放之罰息夫躬傳贊書
放四罪後漢楊震傳四凶流放天下咸服是殛亦放也夏本紀舜

登用攝行天子之政巡狩行視鯀之治水無狀乃殛鯀於羽山以死是因殛而死殛非死刑楚詞天問永遏在羽山夫何三年不施王逸注言堯長放鯀於羽山絕在不毛之地三年不舍其罪也鄭志荅趙商云鯀非誅死鯀放居東裔至死不得反於朝禹乃其子也以有聖功故堯興之若以爲殺人父用其子而舜禹何以忍乎大宰職八柄廢以馭其罪鄭注廢猶放也舜殛鯀于羽山是也是今古文說並以殛爲放葢殛之爲言極也投之極邊之地故謂之殛殛極音義並同洪範殛死本亦作極死爾雅殛誅也馬注漢書之說文殛殊也殊當爲誅之誤字誅訓責疑謂罪責而放殛之地理志東海郡祝其縣禹貢羽山在南鯀所殛山在今山東郯城縣東北七十里江南贛榆縣界

四罪而天下咸服皆服舜用刑當其罪故作者先敍典刑而連引四罪明皆徵用所行於此摠見之○四罪而天下咸服今文與古文同○四罪而天下咸服者堯紀如此罪作辠說文辠下云犯法也秦以辠似皇字改爲罪四凶族見左文十八年傳書疏云鄭具引傳文乃云命驩兜舉共工則驩兜爲渾敦也共工爲窮奇也鯀爲檮杌也而三苗爲饕餮亦可知禹治水事畢乃流四凶舜不刑此四人者以爲老臣不忍刑之王肅難云若待禹治水功成而後以鯀爲無功殛之是舜用人子之功而流放其父則禹之勤勞適足使父致殛舜失五典克從之義禹陷三千莫大之罪進退無據亦甚迂哉先謙案鄭謂流殛在治水功成後葢古文說夏紀云舜攝政巡狩見鯀治水無狀請於堯而殛之上引見是殛鯀在禹治水功成前今文說是

二十有八載帝乃殂落殂落死也堯年十六卽位七十載求禪試舜三載自正月上日至崩二十八載

堯死壽一百一十七歲○二十有八載帝乃殂落今文帝作放勳
古文作放勛僞孔改帝令文殂落作徂落古文無落字僞傳堯年
十六即位不實說見前○二十有八載帝乃殂落者堯紀云堯立
七十年得舜二十年而老令舜攝行天子之政薦之於天堯辟位
凡二十八年而崩本尚書爲說不言堯年正義引皇甫謐云堯即
位九十八年通舜攝二十八年也凡年百一十七歲案論衡氣壽
篇不記堯年引見在位七十載下漢人不知至晉何由知之謐亦造言也今
文殂落作徂落者孟子引堯典曰二十有八載放勳乃徂落趙岐
注放勳堯名徂落死也春秋繁露五十二御覽八十四引五經通
義作放勳御覽八十引帝王世紀作放勛古文無落字者說文殂
下云往死也虞書曰放勛乃殂小徐本無放字集韻十一模引王應麟藝
文志攷引漢儒所用異字同今大徐本作放勛乃殂落淺人增之案董子用今文許
慎皇甫謐用古文蓋古文作放勛今文作放勳皆不作帝段云自
僞傳不以放勳爲堯名而云堯放上古之功化則放勛乃殂不可
通於是方興傳會易爲帝字推見至隱其在斯乎說文無落字當
是古文尚書繁露白虎通有落字則同今文方興本僞古文有落
字未可爲據王莽傳師古注引虞書放勳乃徂从無落字當是馬
鄭王古文本或問爾雅殂落死也爾雅古文之學何以同今文曰
殂落死也無妨殂字落字各自爲句於古文亦無不合李巡乃後
漢中黃門必治今文尚書者故注云殂落堯死之稱而郭璞因之
耳二十唐石經作廿皮云中候考靈燿皆作放勛緯書多同今文
是今文作勳亦或作勛也孟子爾雅論衡皆作徂漢涼州刺史魏
元丕碑徂落不畱祝長嚴訢碑顛霣徂落劉
歆遂初賦幾不免乎徂落皆今文作徂之證

百姓如喪考妣考妣父母

言百官感德思慕○百姓如喪考妣今文與古文同○百姓如喪考妣者堯紀作百姓悲哀如喪父母以故訓代經江云四海乃謂民閒則百姓是羣臣白虎通崩薨篇喪者亡人死謂之喪言其喪亡不可復得見也不直言死稱喪何孝子不忍言孟子趙岐注如喪考妣思之如父母也釋親父爲考母爲妣

三載四海遏密八音

遏絕密靜也八音金石絲竹匏土革木四夷絕音三年則華夏可知言盛德恩化所及者遠○三載四海遏密八音今文與古文同載一作年遏一作閼僞傳訓四海爲四夷非說見下○三載者白虎通四時篇或言歲或言載或言年何言歲者以紀氣物帝王共之載之言成也載成萬物終始言之也二帝言載三王言年尚書曰三載四海遏密八音謂二帝也又曰諒闇三年謂三王也白虎通用今文引書作載又崔瑗和帝誄曰三載四海遏密八音亦用今文一作年者堯紀云三年四方莫舉樂以思堯以故訓代經孟子引經作三年春秋繁露煖燠孰多篇堯視民如子民視堯如母尚書曰二十有八載放勳乃徂落百姓如喪考妣三年三年陽氣厭陰陰氣大興此所以有水名也○四海遏密八音者孟子趙岐注遏止也密無聲也八音不作哀思甚也三國志魏明帝詔曰昔放勳殂落四海如喪考妣遏密八音明喪葬之禮同於王者也遏一作閼者春秋繁露五十二引作閼密八音八音者白虎通禮樂篇樂記曰土曰塤竹曰管皮曰鼓匏曰笙絲曰弦石曰磬金曰鐘木曰柷敔此謂八音也孫云塤作於周時唐虞八音蓋鼓兼皮土二音籥章掌土鼓注杜子春云土鼓以瓦爲匡以革爲兩面可擊周語單穆公言八音以瓦易土知白虎通所說八音非古也史記集解引皇覽云堯冢在濟陰城陽今

山東濮州有堯冢先謙案上文百姓
郎訓百官江說以四海爲民間是也

月正元日舜格于文祖

月正
正月
元日上日也舜服堯喪三年畢將卽位故復至文祖廟告○月正
元日今文無徵舜格于文祖今文與古文同○月正元日者孫云
舜改建子之月爲正也釋詁元始也說見上正月上日帝王世紀
云堯崩三年喪畢以仲冬甲子月次于畢始卽眞以土承火色尙
黃皮云皇甫謐知爲仲冬月者詩緯推度災言有虞以十一月爲
正時舜以改正故以夏之仲冬月爲月正也漢書王莽傳首冠以
戊子爲元日顏注元善也薛綜東京賦注引作正月元日蓋誤倒
非今文異文○舜格于文祖者史記舜本紀舜得舉用事二十年
而堯使攝政攝政八年而堯崩三年喪畢讓丹朱天下歸舜於是
舜乃至于文祖格至故訓字孫云孝經援神契曰明堂有五室天
子每於其室聽朔布敎祭五帝之神配以有功德之君案此知舜
畢堯喪至于文祖是宗祀堯于明堂以赤帝配也江云下文命官
授職是明
堂之事

詢于四岳闢四門

詢謀也謀政治於四岳開闢四方之
門未開者廣致衆賢○詢于四岳古
文也今文岳作嶽闢四門今文與古文同闢一作辟一作闢○岳
作嶽者舜紀作謀于四嶽岳嶽今古文之異詢謀故訓字○闢四
門者大傳云帝猶反側晨興闢四門來仁賢漢書王莽傳後漢申
屠剛傳鄧壽傳班昭傳潛夫論明闇篇風俗通十反篇引皆作闢
四門說文闢下云開也闢一作辟者舜紀如此漢書梅福傳福上
書云博覽兼聽謀及疏賤令深者不隱遠者不塞所謂辟四門明
四目也一作闢者說文闢下云虞書曰闢四門从門𠬞段云下古
文闢字從門𠬞會意𠬞引也普班切所引虞書壁中故書也書序

馬本東郊不閞此可證壁中闢皆作閞孔安國以**明四目達四聰**
今文讀之改爲闢而柴誓序則好古所畱遺者
廣視聽於四方使天下無壅塞○明四目達四聰古文也今文達
作通一作開四聰一作開四窗○明四目達四聰者舜紀作明通
四方耳目以詁訓代經達一作通者韓詩外傳云故牧者所以開
四目通四聰王莽傳崔發等曰虞帝闢四門通四聰潛夫論明暗
篇夫堯舜之治闢四門明四目通四聰今本誤作達據羣書治要引是以天下
輻輳而聖無不昭故共鯀之徒弗能塞也靖言庸回弗能惑也皮
云晁錯傳近者獻其明遠者通厥聰亦用此經義說苑君道篇引
作達蓋後人用古文改之一作開四聰一作開四窗者後漢郅壽
傳何敞疏曰臣聞聖王闢四門開四聰魯丕傳陛下旣廣納謇謇
以開四聰班昭傳隆唐虞之政闢四門而開四聰風俗通十反篇
蓋人君者闢門開窗號咷博求左文十八年傳杜預注闢四門達
四窗開作達後人誤改以賓禮衆賢是其證段云窗者窗之俗體蓋尚書
本作囪窗之或字聽又囪之同音字作囪而或如字或讀爲聽猶
之台可讀爲怡尼可讀爲昵庸可讀爲鏞也作窗正合惠氏棟明
堂之說陳云尚書釋文無聽字音義亦不言馬鄭本同異則古文
作聽可知史記言明通四方耳目則歐陽尚書作聽可知然則作
窗者大小夏侯尚書之文何敞班昭以闢門開窗彙舉蓋亦讀聽
爲窗窗與俞樾云釋名窗聽也於內窺外爲聽明也窗聽聲近義通
闢四門所以明四目也達四窗所以達四聽也門與目聲義隔故
兩言之窗與聽聲義通故一言之古明堂制四旁爲兩夾兩夾皆
有窗故曰四旁兩夾窗白盛四窗卽四旁之窗
也四門在前故以喻目四窗在旁故以喻耳

咨十有二牧曰食

哉惟時咨亦謀也所重在於民食惟當敬授民時○咨十有二牧
今文與古文同曰食哉惟時今文無徵據史公說咨十有
二牧下是論帝德語僞傳訓爲重民食敬授時謬○咨十有二牧
者白虎通封公侯篇唐虞謂之牧者何尚質使大夫往來牧諸侯
故謂之牧旁立三人[illegible][illegible]凡十二人尚書曰咨十有二牧何知堯
時十有二州也以禹貢言九州也韓詩外傳云王者必立牧方三
人者何所以使窺遠牧衆也說苑君道篇十二牧方三人出舉遠
方之民漢書朱博傳何武翟方進言古選諸侯賢者以爲州伯書
曰咨十有二牧所以廣聽明燭幽隱也百官公卿表敍引十有二
牧應劭注牧州牧也陳云禮王制州有伯鄭彼注云殷之州長曰
伯虞夏及周皆曰牧是知此牧卽州伯十有二牧十有二州之伯
也鄭說與何應同皆用今文說皮云白虎通亦用今文說而其義
不同使大夫牧諸侯蓋本王制天子使其大夫爲三監監于方伯
之國國三人之義不如何應說長大傳云維元祀巡狩四嶽八伯
疑四嶽外更置八伯蓋四方每方立一嶽每方又立二伯以佐嶽
如周制一州立一侯一州又立二伯以佐侯之比四嶽八伯合之
卽十二牧胡益之以爲四嶽寓於十二牧其說近是鄭云四嶽死
乃分置八伯說見與大傳不合史記數二十二人云禹皋陶契后
稷伯夷夔龍垂益彭祖共十人後又歷舉其功與十二牧之功則
以十人合十二牧爲二十二人可知二十二人中不別舉四嶽則
四嶽卽在十二牧中亦可知伏生史公今文家說當如是也○曰
食哉惟時者舜紀云命十二牧論帝德行厚德遠佞人則蠻夷率
服此句曰下是論帝德意孫云方言食勸也廣雅釋詁同爾雅釋
詁食僞也案僞卽爲也言勸使有爲魏志華陀傳陀恃能厭食事

言厭爲事也惟時下屬爲句皮云食哉疑是欽哉因偏旁形似缺
蝕譌脫陳說同先謙案惟時不下屬爲合食哉勸勉之意時是也
勉哉惟是猶言惟是勉哉與下文惟時懋哉同義文係倒裝上
文女于時史記釋爲于是妻之句法正同本文可通不勞改字**柔**

遠能邇惇德允元柔安邇近惇厚也元善之長言當安遠乃能安近厚行德信使足長善○柔遠能邇惇德允元

今文與古文同○柔遠能邇者漢書百官公卿表敘引如此說苑
君道篇十二牧方三人故牧者所以辟四門明四目達四聰也是
以近者親之遠者安之皮云安遠親近卽柔遠能邇也今文說以
柔遠與能邇相對漢督郵班碑作渘遠而邇亦今文也漢碑柔多
作渘能而古通用孫云能讀爲而而如也言安遠國如其近者說
苑以親訓能孟子趙岐注親愛也漢書師古注能善也義相近詩
民勞柔遠能邇釋文引鄭云能恣也箋云能猶伽也安遠方之國
順如其近者伽卽如字呂覽高注恣從也則此恣當謂順從其意
○惇德允元者漢官儀靈帝策書云司徒胡廣惇德允元是其證
案謂帝當厚德信善也舜紀總之曰行厚德惇厚允信釋詁文

而難任人蠻夷率服任佞難拒也佞人斥遠之則忠信昭於四夷皆相率而來服○而難任人蠻夷率服今文

與古文同率一作帥○而難任人者舜紀云遠佞人以故訓代經
孫云釋詁阻難也阻有遠意任人者段云咎繇謨作任王釋詁任王
佞也論語色厲而內荏皇氏義疏引江熙曰古聖難於荏人江所
據尚書作荏字○蠻夷率服者舜紀如此率一作帥者漢書景武
昭宣元成功臣表敘曰昔書稱蠻夷帥服許其慕諸夏也孫云舜
時卽位於明堂四方諸侯及蠻夷皆來朝與助祭天子耳目不能

周徧四方故勉十二牧以助聰明厚德信善屏遠凶人則蠻夷循服皆明堂布政之訓先謙案經文咨十有二牧以下史記正義云舜命十二牧論帝堯之德江孫諸儒從之大誤史記云論帝德者言君德當如是則遠人服與下踐帝位之帝同義至經下熙帝之載帝指堯言史公易爲美堯之事以彼帝訓堯則知此帝非謂堯矣舜與岳牧稱美堯德情理固然但案上下文義不合故知非也

舜曰咨四岳有能奮庸熙帝之載奮起庸功載事也訪羣臣有能起發其功廣堯之事者言舜曰以別堯○舜曰咨四岳古文也今文岳作嶽有能奮庸熙帝之載今文與古文同○岳作嶽者舜紀作舜謂四嶽曰岳嶽今古文之異此處首言舜曰以下乃言帝曰以別於前文之帝曰○有能奮庸熙帝之載者舜紀作有能奮庸美堯之事者以故訓代經集解引馬云奮明庸功也書疏引鄭云載行也孫云經文庶績咸熙漢書律厤志作眾功皆美是熙爲美也明勉也謂奮勉周書謚法解載事也國語韋昭注載行也案廣雅釋詁奮進也奮庸言進用

使宅百揆亮采惠疇亮信惠順也求其人使居百揆之官信立其功順其事者誰乎○使宅百揆亮采惠疇古文也今文宅當爲度○宅爲度者說見前舜紀作使居官相事夏本紀云有能成美堯之事者使居官皆以居官訓度百揆皮云史公不以百揆爲官名孫云經文納于百揆史公百揆亦作百官亮采爲相事者孫云釋詁亮相導也亮相義同采事釋詁文釋言惠順也易九家注疇類也言居官相事順其疇類

僉曰伯禹四岳同辭而對禹代鯀爲宗伯入爲天子司空治洪水有

作司空成功言可用之○僉曰伯禹作司空今文與古文同○僉

曰伯禹作司空者舜紀作皆曰伯禹爲司空可美帝功下四字足經意也風俗通皇霸篇引經曰僉曰伯禹大傳云天子三公一曰司徒公二曰司馬公三曰司空公溝瀆雍遏水爲民害則責之司空白虎通封公侯篇司馬主兵司徒主人司空主地又云司空主土不言土言空者空尙主之何況於實以微見著北堂書鈔五十引五經異義今尙書夏侯歐陽說云天子三公一曰司徒二曰司馬三曰司空九卿二十七大夫八十一元士凡百二十皮云史公不以百揆爲官名云爲司空即可美帝功非謂由司空遷百揆始可美帝功也尙書刑德放云禹長於地理水泉九州得括地象圖故堯以爲司空說苑鹽鐵論潛夫論論衡吳越春秋皆云禹爲司空不云禹爲百揆是今文家說無以百揆爲官名者周禮疏序引鄭云初堯冬官爲共工舜舉禹治水堯知其有聖德必成功故改命司空以官名寵異之非常官也至禹登百揆之任捨司空之職爲共工與虞故曰垂作共工益作朕虞是也孫云周禮司空主事故共工屬司空若山虞澤虞皆屬司徒鄭以虞與共工並言者以禹隨山刊木暨益奏庶鮮食則禹實兼虞而益佐之案馬氏注前堯舜俱以爲謚引謚法文則此當有禹謚也受禪成功曰禹蓋脫文今本謚法亦爲後人刪落經稱伯禹蓋禹此時已爵爲伯皮云古天子止有三公不得於三公之上更立一百揆之官鄭郲異說即僞孔所本**帝曰俞咨禹汝平水土惟時懋哉**然其所舉稱禹前功以命之懋勉也惟居是百揆勉行之○帝曰俞咨禹古文也今文俞咨當作咨俞汝平水土惟時懋哉今文也古文惟時作時惟僞孔號稱古文反從今文違謬顯然○俞咨當作咨俞者舜紀作舜曰嗟然禹以故訓代經夏本

紀同段云蓋今文何書咨在俞上是也○汝平水土惟時懋哉者舜紀作禹平水土維是勉哉時是故訓字今文如此古文惟時作時惟者說文懋下云勉也虞書曰時惟懋哉大小徐本及玉篇同是古文作時惟與今文維時異釋文懋音茂馬云美也段云古茂懋通用茂義近美故馬云美也釋故茂勉也董仲舒對策一爾雅郭璞注皆引書茂哉茂哉董用今文郭用古文則今古文皆一作茂可證

禹拜稽首讓于稷契暨皋陶居稷官者棄也契皋陶二臣名稽首首至地○禹拜稽首讓于稷契暨皋陶今文與古文同○禹拜稽首者舜紀如此段云稽者䭫之借字○讓于稷契暨皋陶者舜紀如此暨作與故訓字說文臮下云眾與詞也从乑自聲虞書曰臮咎繇眔下云古文臮段云蕭該漢書音義云臮尚書音巨泣反可證六朝時尚書作臮今本作暨蓋衞包本音義無臮開寶時刪之稷者書疏云棄也引鄭云時天下賴后稷之功故以官名通稱劉云稷不稱棄者周史以諱改之契者說文偰下云偰高辛氏之子堯司徒殷之先从人契聲別無他義蓋壁中尚書正作偰也卨下云讀與偰同可知漢人通用偰人所共曉不知何時遺去人旁借用書契偰乃高辛氏八元之一班書人表不得主名故既舉八元復舉卨卨者偰之借字許書云讀與偰同謂其音同非謂字同竊下云卨古文偰此淺人妄增非許語也釋文於孔序云皋本又作咎陶本又作繇攷自來古文尚書有作皋陶者有作咎繇者是以顏注漢書引尚書皆作咎繇李注文選皆作皋陶說文引虞書作咎繇則壁中原本也

帝曰俞汝往哉然其所推之賢不許其讓勅使往宅百揆○帝曰俞汝往哉今文與古文同僞傳然所推之賢不許其讓本鄭

說○帝曰俞汝往哉者舜紀作舜曰然往矣夏本紀作女其往視爾事矣集解引鄭云然其舉得其人汝往居此官不聽其所讓也案夏本紀序舜命在治水前禹奉帝命遂往治水也

帝曰棄黎民阻飢汝后稷播時百穀

阻難播布也眾人之難在於饑汝后稷布種是百穀以濟之美其前功以勉之○帝曰棄黎民阻飢偽古文也古文當作俎飢今文當作祖飢汝后稷偽古文也今古文皆當作汝居稷播時百穀今文與古文同○今文作祖飢古文作俎飢者舜紀作舜曰棄黎民始飢以故訓代經周本紀同集解引徐廣曰今文尚書作祖饑祖始也漢書食貨志舜命后稷以黎民祖飢是為政首孟康注祖始也黎民始飢命棄為稷官也古文言阻詩釋文引馬注尚書作祖云始也是馬用今文詩思文疏引鄭云阻讀曰俎阻戹也段云阻非難識之字蓋壁中故書作俎故鄭云俎讀曰阻阻戹也學人改經文作阻則注不可通乃又倒之云阻讀曰俎經書中此類甚多古文作俎鄭讀為阻此正如昧谷壁中作卯谷鄭讀為昧也古且與俎音義同且薦也俎所以薦肉也孔壁伏壁疑本作且伏讀且為祖訓始孔安國本或通以今字作俎而說者仍依今文讀為祖訓始馬注是也鄭意以九載績墮黎民久飢不得云始故讀作阻而訓為戹方與徑用鄭說易經字作阻不作俎亦如偽孔用鄭說易經文作昧谷不作卯谷釋文本簡略且開寶改竄之後原委尤不可孜宋蘇州袁廷檮藏宋本毛詩正義引黎民俎飢俎讀曰阻與日本七經孜文合○汝后稷當作汝居稷者居稷與下作司徒作士相對為文舜紀后誤字周本紀作爾后稷皆後人改之江云列女棄母姜嫄傳堯使棄居稷官更國部地遂封棄於部號日后稷及

堯崩舜卽位乃命之曰棄黎民阻飢汝居稷播時百穀其后世世居稷論衡初稟篇棄事堯爲司馬居稷官故爲后稷鄭注亦云汝居稷官刋見是今古文家引經皆作汝居稷又鄭箋詩閟宮云后稷長大堯登用之使居稷官據此尙書作汝居稷於義爲長正義其云單名爲稷尊而君之稱爲后稷非官稱后也此亦强說舜命其臣不當從尊稱疑作后直是誤字后與居形似又經傳多言后稷故因而致誤史記周本紀帝舜曰棄黎民始飢爾后稷播時百穀封棄于邰號曰后稷據史公號曰后稷之文則上文爾后稷之后亦當本是居字蓋因帝使居稷故號曰后稷也若上已云爾后稷下云號曰后稷不亦贅乎以此推之則五帝紀之汝后稷亦當爲汝居稷國語昔我先王世后稷世后稷不詞亦當是世居稷列女傳云居稷世世居稷此世居稷之明證也作后者皆淺人所改○播時百穀者舜紀如此周本紀同集解引鄭云始者洪水時衆民尼于飢汝居稷官種蒔土穀以救活之段云說文蒔下云更別種也周頌箋后稷播殖百穀殖植古通用亦卽易時作蒔之意也呂刑稷降播種農殖嘉穀祭法其子曰農能殖百穀周棄繼之鄭語周棄能播殖百穀蔬以衣食民人者也韋注殖長也先謙案周本紀堯舉棄爲農師天下得其利有功舜既命棄遂封於邰**帝曰**

契百姓不親五品不遜五品謂五常遜順也○帝曰契百姓不親五品不遜古文也今文遜作馴一作訓古文遜一作愻○遜作馴一作訓者舜紀作舜曰契百姓不親五品不馴殷本紀作不訓皆今文也集解引鄭云五品父母兄弟子也索隱史記馴字徐廣皆讀曰訓訓順也孫云鄭語史伯曰商契能合和五敎以保于百姓者也注云五敎謂父義母慈兄友弟恭子

孝也先謙案與上五典義同大傳云百姓不親五品不訓則責之司徒又曰臣多弒主孽多殺宗五品不訓責於人公皮云孝經援神契五更者訓於五品漢書霍光傳五品以訓韋賢傳韋玄成自劾責詩曰五品以訓王莽傳五品乃訓漢紀云契作司徒訓五品後漢鄧禹傳拜大司徒策云五品不訓劉愷傳陳忠疏云調訓五品周舉傳五品不訓陳蕃傳齊七政訓五典謝夷吾傳班固薦夷吾云下使五品咸訓於嘉時蔡邕獨斷云兄事五更者訓于五品也胡公碑云訓五品於司徒又云訓五品於羣黎太尉楊公碑將訓品物潛夫論五德志篇契爲堯司徒職親百姓訓五品地官鄭注敎所以親百姓訓五品皆用今文尚書說苑貴德篇引作五品不遜劉向用今文亦當作訓後人據古文尚書改之古文遜一作愻者說文愻下云順也从心孫聲唐書曰五品不愻段云案遜訓遁今本作遜未審衛包所改抑衛包前已然禮緇衣恭以涖之則民有孫心毛氏居正所見本孫心二字有作愻一字者漢魏人書內閒有愻字如王肅家語云小人以不愻爲勇學記不陵節而施之謂遜說苑作學不陵節而施之曰馴遜馴皆順也今文作訓訓通作馴非敎訓之謂鄭注詩禮用今文尚書絕少惟地官序官注訓五品一見

汝作司徒敬敷五敎在寬

布五常之敎務在寬所以得人心亦美其前功○汝作司徒敬敷五敎今文與古文同一敬上多而字敷一作傳在上當重五敎二字○汝作司徒者舜紀作汝爲司徒殷本紀同作爲故訓字白虎通引別名記曰司徒典名又曰司徒主人不言人言徒者徒衆也重民衆○敬敷五敎者後漢鄧禹傳後漢紀三十引書可證一敬上多而字者舜紀如此殷本紀列女傳同皮云蔡邕司空楊公碑命公作司徒而

敬敷五教是今文尚書多一而字也足利古本亦有而字敷一作傳者漢孔宙碑云祇傳五教三家今文異字也集解引馬云五品之教○在上當重五教二字者殿本紀重二字舜紀奪文蓋古人重字輒於字下加二後人誤删之後漢明帝紀和帝紀鄧禹傳大司徒策文王暢傳寇榮傳續漢志注引夏勤策文順帝紀注質帝紀注詩商頌譜後漢紀三十引書皆重五教二字唐石經五教下疊二字尚可辨是今古文並有之

帝曰皋陶蠻夷猾夏寇賊姦宄

猾亂也夏華夏羣行攻劫曰寇殺人曰賊在外曰姦在内曰宄言無教所致○帝曰皋陶蠻夷猾夏寇賊姦宄今文與古文同姦一作奸宄一作軌○帝曰皋陶蠻夷猾夏者舜紀如此帝作舜白虎通禮樂篇何以名爲蠻夷曰聖人本不治外國非爲制名也因其國名而言之耳一說曰因其短而爲之制名也夷者傳夷無禮義蠻者執心違邪風俗通云東方曰夷東方仁好生萬物觝觸地而生夷者觝也南方曰蠻君臣同川而浴極爲簡慢蠻者慢也今文家說蠻夷如此皮云漢書刑法食貨志王莽匈奴傳後漢馮緄傳皆作猾大傳潛夫論志氏族篇並引作滑法言孝至篇宗夷滑夏是今文作猾亦作滑史記酷吏傳滑賊任威漢書作猾荅篆體从水从犬之字偏旁相似而誤集解引鄭云猾夏侵亂中國也俞樾云孔宙碑是時東嶽黔首猾夏不寧東嶽黔首亦華夏之人而云猾夏不可通疑猾夏尚有別解說文夏中國之人也从夊从頁从臼臼兩手夊兩足也此說難通豈中國人有首手足而外國無之乎抑豈中國所以爲中國止以有首手足乎說文夒貪獸也又曰母猴从人从頁已止夊其手足然則夏夒二字意同而一以爲中國人一以爲貪獸何與愚意夒

从手則爲擾亂字疑夏字亦有擾亂義故漢碑擾字往往作擾李翊碑時益部擾攘樊敏碑京師擾攘周公禮殿記會値擾亂皆省嫛爲夏葢由義本相通不得竟謂漢隸之苟且也古語以猾夏二字連文同義猾亂也夏亦亂也此可卽孔宙碑以攷今文異說之遺○寇賊姦宄者漢書王莽傳潛夫論呂覽高誘注可證姦一作奸者大傳如此宄一作軌者舜紀如此漢書刑法食貨志後漢李固傳注同軌宄借字史記集解司刑疏引鄭云强取爲寇殺人爲賊由內爲姦起外爲軌說文宄下云姦也外爲盜內爲宄魯語里革曰毀則爲賊竊寶者爲軌用軌之財者爲姦注亂在內爲軌晉語長魚矯曰亂在內爲軌在外爲姦鄭注互誤引之者舛也

汝作士五刑有服之士理官也五刑墨劓剕宮大辟服從也言得輕重之中○汝作士五刑有服今文與古文同○汝作士者舜紀如此大傳云蠻夷猾夏寇賊姦宄則責之司馬白虎通封公侯篇司馬主兵不言兵言馬者馬陽物乾之所爲行兵用馬不以傷害爲文故云馬也則皋陶爲司馬三公之職史記集解引馬云獄官之長書疏引鄭云士察也主察獄訟之事孫云周禮士師在小司寇下而云獄官之長者唐虞三公無司寇之名其刑官名士卽當周之司寇故今文以爲司馬主兵士察釋詁文不以爲士師之士也皮云經列九官有司徒司空竝無司馬則虞時無司馬之官大傳云天子三公一曰司徒公二曰司馬公三曰司空公每一公三卿佐之鄭注此夏時之官也又王制注云此夏制也周禮序官疏引夏傳曰司馬在前攷工記序工疏引夏傳鄭注云坐而論道謂之三公通職名無正官名鄭兼通今古文說孔賈皆得見伏生大傳元本合觀諸說則大傳以司馬司徒司空爲三公

乃夏傳之文以爲夏制未以爲虞制其謂蠻夷猾夏寇賊姦宄則
責之司馬亦卽後世司馬之職推言之未嘗明指臯陶爲司馬如
孫說也陳喬樅又以后稷司徒秩宗司馬士共工爲六卿益以虞
及典樂納言爲九卿其制非虞非周不今不古自造官制尤不可
據尚書刑德放云益爲司馬說苑君道篇契爲司馬論衡初稟篇
棄事堯爲司馬蓋以司馬無明文故各以意言之其實虞時無司
馬也史記與說苑修文篇皆曰臯陶爲大理獨斷云唐虞曰士官
史記曰臯陶爲理尚書曰臯陶作士是士卽理官漢書刑法志引
孫卿曰若夫舜修百僚咎繇作士命以蠻夷猾夏寇賊姦軌而刑
無所用所謂善師不陳者也先謙案唐虞兵刑合爲一賊故述臯
陶作士之功而必舉蠻夷寇賊爲言漢儒謂臯陶爲司馬卽原於
此故班氏作刑法志仍以兵刑並敘也呂覽君守篇高注文選應
劭注皆引書汝作士師則今文別本有多一師字者○五刑有服
者舜紀如此集解引馬云五刑墨劓剕宮大辟孫云服謂畫衣冠

五服三就既從五刑謂服罪也行刑當就三處大罪於原野大夫於朝士於市○五服三就今文與古文同○五服三

就者舜紀如此集解引馬云三就謂大罪陳諸原野次罪於市朝
同族適甸師氏既服五刑當就三處書疏云鄭與馬同孫云就當
讀如繅藉五就之就鄭注云成也唐虞之象刑上刑赭衣不純中
刑雜屨下刑墨幪以居州里而民恥之而反於禮所謂五刑之服
有上中下三等故云三就魯語臧文仲曰大刑用甲兵其次用斧
鉞中刑用刀鋸其次用鑽笮薄刑用鞭朴故大刑者陳之原野小者
致之市朝五刑三次韋注次處也三處野朝市也案馬鄭以市朝
爲一增出甸師氏蓋以周法言之不如韋注之當御覽七百六十

四引大傳云古者中刑用鑽鑿而脫其全文是今文有以五刑爲
肉辟者江云蠻夷猾夏寇賊姦宄豈象刑足以威之乎則五刑自
當有甲兵斧鉞矣至於刀鋸鑽笮據韋注則是墨劓剕宮大辟也
葢制是刑而復設是象其時之民重恥畏象刑尤甚於畏肉刑罕
有犯者雖有象刑而用之葢尟況肉刑乎然刑制固不可廢也皋
陶見爲刑官安得謂唐虞無刑制哉先謙案江說是餘詳象以典
刑下謂不忍加刑則流放之若四凶者五刑之

五流有宅五宅三居流各有所居五居之差有三三等之居大罪
四裔次九州之外次千里之外○五流有宅五宅○三居古文也今
文作五流有度五度三居僞傳三等之居本馬說○五流有度五
度三居者舜紀如此孫云王制度地以居民五流者謂流宥五刑
王制司徒命鄉簡不帥教者以告不變命國之右鄉移之左國之
左鄉移之右不變移之郊不變移之遂不變屏之遠方又云屏之
遠方西方曰棘東方曰寄注云棘當爲僰僰之言偪使之偪寄於
夷戎不屏於南北爲其太遠案王制殷禮所本古矣疑可以說此
五宅三居又王制云公家不畜刑人屏之遠方唯其所之不及以
政示弗故生也鄭引此經五流有宅以謂左右鄉一郊二遂三東
西二爲五也三居者郊遂遠方也晉書刑法志舜命皋陶以五刑
有服五服三就五流有宅五宅三居方乎前古事既參倍謂五刑
有服即象以典刑五流有宅即流宥五刑增出三就三居故云參
倍前古也史記集解引馬云謂在八議君不忍刑宥之以遠五等
之差亦有三等之居大罪投四裔次九州之外次中國之外王制
疏引鄭云宅讀曰咤懲刈之器謂五刑之流皆有器懲刈五咤者
是五種之器謂桎一梏二拲三三居者自九州之外至于四海三

分其地遠近若周之夷鎮蕃也孫云八議小司寇職議親議故議賢議能議功議貴議勤議賓之八辟以周法推虞制四裔若四罪九州之外者萬里之外中國之外者五千里之外也咤卽叱字廣雅釋詁懲恔忿也宅與度通恔卽度字俗加心是宅爲懲刈之義江云桎一梏二拲三爲數不符掌囚云上罪梏拲而桎中罪桎梏下罪梏王之同族拲有爵者桎鄭言五種其此之謂與夷鎮蕃見職方氏九服之辨鄭注大行人職亦云九州之外夷服鎮服蕃服也皮云王制與大傳相出入孫說可補今文家說之遺**惟明**

克允言皋陶能明信五刑施之遠近蠻夷猾夏使咸信服無敢犯者因禹讓三臣故歷述之○惟明克允今文與古文同一作維明維允僞傳因禹讓三臣故歷述之本鄭說○惟明克允者舜紀作惟明能信以故訓代經集解引馬云當明其罪能使信服之周禮疏序引鄭云此三官是堯時事舜因禹讓述其成功一作維明維允者漢衡方碑如此皮云衡方碑用今文其云少以文塞與今文合可證則今文尚書有作維明維允者

帝曰疇若予工僉曰垂哉問誰能順我百工事者朝臣舉垂垂臣名○帝曰疇若予工僉曰垂哉今文與古文同○帝曰疇若予工僉曰垂哉者舜紀作舜曰誰能馴予工皆曰垂可以故訓代經馴亦順也集解引馬云謂主百工之官也段云工垂字他書皆作倕山海經南方不距之山巧倕葬其西郭傳倕堯巧工也音瑞顧命當同此篇

帝曰俞咨垂汝共工共謂供其職事○帝曰俞咨垂汝共工今文與古文同僞傳釋共爲供本馬說○帝曰俞咨垂汝共工者舜紀作於是以垂共工依經說之也集解引馬云爲司空共理百工之事漢書百官表敘云垂

作共工利器用應劭注爲共工理百工之事也先謙案舜紀云爲共工漢書云作共工以共工爲官名今文說也應注亦用今文說馬云共理百工之事釋共爲供工爲職事書疏云其官或以共工爲名要帝意言共謂共此職也鄭言堯冬官爲共工及舜舉禹堯改名司空以官名寵異之禹登百揆捨司空復爲共工故曰垂作共工(引見上)馬云爲司空者舉其前官名皆古文說**垂拜稽首讓于殳斨暨伯與**殳斨伯與二臣名○垂拜稽首讓于殳斨暨伯與古文也今文殳作朱伯與作柏譽○殳作朱伯與作柏譽者漢書人表朱斨柏譽二人列上中朱殳聲近柏伯與譽通用**帝曰俞往哉汝諧**汝能諧和此官○帝曰俞往哉汝諧今文與古文同○帝曰俞往哉汝諧者自垂拜稽首至此史公刪渻之崔瑗河間相張平子碑往才汝諧哉才通假字孫云諧者偕也俞則然其讓矣仍使偕往治事皮云東觀漢記桓榮傳歐陽尙書博士缺上欲用榮榮叩頭讓曰臣經術淺薄不如同門生郎中彭閎揚州從事臯宏帝曰俞往汝諧因拜榮爲博士引閎爲議郎用此經文與孫說合段云古文苑張平子碑章樵注古文尙書哉作才此謂宋次道家之古文尙書晁公武刊石於蜀者也薛季宣書古文訓正是此本故哉皆作才翙厥由來乃作僞者竊取張平子碑耳郭注爾雅引書茂才茂才卽懋哉懋哉也論語鄭注古字材哉同**帝曰疇若予上下草木鳥獸僉曰益哉**上謂山下謂澤順(順上疑奪文)謂施其政敎取之有時用之有節言伯益能之○帝曰疇若予上下草木鳥獸今文與古文同僉曰益哉僞古文也今古文作禹曰益哉閻云禹同治水者益稷稷旣仍舊職益時烈山

澤之功又畢虞適缺官禹深知其才習於草木鳥獸特薦之僞傳
竄爲僉曰欲與上下文一例不知聖朝大公衆知其賢則交譽而
不爲朋黨若獨知其賢卽越衆以對而不爲異也段云此方興之
謬非悔讀也○帝曰疇若予上下草木鳥獸者舜紀作舜曰誰能
馴予上下草木鳥獸以故訓代經集解引馬云上謂原下謂隰孫
云馴公羊昭元年傳上平曰原下平曰隰漢書楊雄傳昔者禹任益
虞而上下和屮木茂說文屮下云艸木初生也古文或以爲艸字
讀若徹劉云上下兼及天文地理之正夏小正詳之○禹曰益哉
者書疏云馬鄭王本皆作禹曰益哉詩秦譜疏引虞書禹曰益哉
皮云文選羽獵賦昔者禹任益虞李注亦引尚書禹曰益哉雄箸
述存於今者皆與今文尚書合則雄亦習今文不得因其好古文
字遂以爲用古文也賦云禹任益虞則今文亦作禹曰與馬鄭王
本同蓋今古文皆作禹惟方興本作僉耳史記亦當
作禹曰今作皆曰蓋後人據方興本以故訓字改之

帝曰俞咨益汝作朕虞

虞掌山澤之官○帝曰俞咨益汝作朕虞今文與古文
同僞傳本馬說○帝曰俞咨益汝作朕虞者舜紀作於
是以益爲朕虞依經說之漢書地理志爲舜朕虞養育草木鳥獸
百官公卿表序垂作共工𣏟作朕虞王莽傳更名水衡都尉曰予
虞漢記云垂作共工益作朕虞後漢劉陶傳益典朕虞文選二十
七注引應劭曰垂共工益朕虞兩漢人用今文尚書皆朕虞二字
爲官名王莽更曰予虞用今文義也書疏引鄭云言朕虞重草木
鳥獸秦詩譜有伯翳者舜命作虞官史記集解引馬云虞掌山澤
之官名是古文說亦作虞官名劉云虞官主歲虞汁月之事非
重草木鳥獸也先謙案史記秦本紀柏翳佐舜調馴鳥獸鳥獸多

馴服調馴是若之本義劉謂不重草木鳥獸非也**益拜稽首讓于朱虎熊羆帝曰俞往哉**

汝諧朱虎熊羆二臣名垂益所讓四人皆在元凱之中○益拜稽首讓于朱虎熊羆帝曰俞往哉汝諧今文與古文同僞傳以朱虎熊羆爲二臣名非說見下○益拜稽首讓于朱虎熊羆者舜紀如此于下增諸臣二字以多人故與上文殳斨伯與二人不同漢書人表有伯虎仲熊季熊無朱段云左氏傳伯虎仲熊叔豹季貍人表作季熊熊疑羆之誤蓋朱虎熊羆四人也○帝曰俞往哉汝諧者舜紀作舜曰往矣汝諧遂以朱虎熊羆爲佐孫云據此諧字當訓作偕審矣**帝曰咨四岳有能典朕三禮僉曰伯夷**三禮天地人之禮伯夷臣名姜姓○帝曰咨四岳古文也今文岳作嶽有能典朕三禮僉曰伯夷今文與古文同伯夷一作柏夷一作百夷○岳作嶽者舜紀作舜曰嗟四嶽岳嶽今古文之異咨嗟故訓字○有能典朕三禮僉曰伯夷者舜紀作有能典朕三禮皆曰伯夷可集解引馬云三禮天神地祇人鬼之禮也鄭云天事地事人事之禮也孫云典與敟同周禮鄭注典主也伯夷一作柏夷者見人表一作百夷者見蔡邕姜淮碑**帝曰俞咨伯汝作秩宗**秩序宗尊也主郊廟之官○○帝曰俞咨伯汝作秩宗古文也今文一作咨伯夷一作咨爾伯○一作咨伯夷者舜紀作舜曰嗟伯夷一作咨爾伯者白虎通王者不臣篇先王老臣不名親與先王戮力共治國有功於天下故尊而不名也尚書曰咨爾伯不言名也皮云齊太公世家其先祖嘗爲四嶽佐禹平水土甚有功虞夏之際封於呂或封於申陳杞世家云伯夷之後至周武王復封于齊曰太公望

潛夫論志氏姓篇炎帝苗冑四嶽伯夷爲堯典禮折民惟刑以封申呂是今文說以伯夷爲堯時四嶽故舜尊爲老臣而不名而伯夷卽在四嶽之中先謙案白虎通作伯者班用夏侯尚書作伯夷者史公用歐陽尚書故不同也○汝作秩宗者舜紀云以汝爲伯秩宗史記集解引鄭云主次秩尊卑論衡書虛篇案秩宗官缺帝舜博求眾稱伯夷稽首讓于夔龍秩宗卿官漢之宗正也皮云漢書百官表云王莽太常曰秩宗依古也莽用今文以太常典禮故也伯夷不與舜同宗以漢之宗正當之誤**夙夜惟寅直哉惟清**夙早也言早夜敬思其職典禮施政教使正直而清明○夙夜惟寅直哉惟清今文與古文同○夙夜惟寅直哉惟清者舜紀作夙夜惟敬直哉惟靜絜以故訓代經蔡邕胡公碑夙夜惟寅以允帝命孔彪碑云直哉維清皆其證孫云說文瀞無垢穢也**伯拜稽首讓于夔龍**夔龍二臣名○伯拜稽首讓于夔龍今文與古文同夔一作歸○伯拜稽首讓于夔龍者舜紀作伯夷讓夔龍淯約其文夔一作歸者水經江水注引樂緯曰昔歸典協聲律宋忠注歸卽夔尚書中候讓于益歸注云歸讀曰夔緯書多同今文蓋三家本有作歸者**帝曰俞往欽哉**然其賢不許讓○帝曰俞往欽哉今文與古文同○帝曰俞往欽哉者舜紀作舜曰然直接下以夔爲典樂淯約經文**帝曰夔命汝典樂教胄子**胄長也謂元子以下至卿大夫子弟以歌詩蹈之舞之教長國子中和祗庸孝友○帝曰夔命汝典樂教胄子今文與古文同胄子一作育子○帝曰夔命汝典樂者舜紀作以夔爲典樂依經說之○教胄子者漢書禮樂志昔者自卿大夫師瞽以下皆選有道德之人朝夕

習業以教國子國子者卿大夫之子弟也皆學歌九德誦六詩習六舞五聲八音之和故帝舜命夔曰女典樂教胄子此今文作胄之證一作教育子者楊雄宗正箴各有育子世以不錯則今文亦作育子說文育下云養子使從善也从𠫓肉聲虞書曰教育子所引今文也舜紀作教稺子段云釋言育稚也詩谷風鄭箋云昔育之育稚也鴟鴞鬻子之閔斯毛傳鬻子稚子也史記多以故訓代經此稺子即經之育子知古文作胄子者釋文胄直又反王云胄子國子也馬云胄長也教長天下之子弟者陸用王本爲音義馬王本作胄則鄭本作胄可知史記集解引鄭云國子也然則王注卽襲鄭注王制鄭注引虞書曰教胄子是鄭本同王本也大司樂注若舜命夔典樂教育子是也則鄭亦引今文陳云作育子者歐陽尚書也作胄子者大小夏侯尚書也皆三家今文也何以明之漢志云國子者卿大夫之子弟也故帝舜命夔曰女典樂教胄子是以胄子訓爲國子與史記不同馬鄭王本作胄子此古文經之同於夏侯尚書者也鄭國子之訓當卽本夏侯說歐陽尚書作育子史公以故訓字代之作稺子物稺不可不養許云養之使善卽馬所云教長天下之子弟長養義通則許馬皆用歐陽說也孫云王制樂正崇四術立四教注引經文云幼者教之於小學長者教之於大學尚書傳曰年十五始入小學十八入大學王制又云王太子羣后之太子卿大夫元士之適子國之俊選皆造焉是胄子爲適子也王引之云凡未冠者通謂之稺子稺子卽育子內則十有三年學樂誦詩舞勺成童舞象周書太子晉解云人生而重丈夫謂胄子胄子成人能治上官謂之士亦謂未冠者爲胄子也孔穎達誤以爲適長子而史記之教稺子更無通其義者矣案此今古

文說不同王氏合而一之非也僞傳謂元子以下至卿大夫子弟者阮元校勘記云王本謂上有子字案釋文王云胄子國子也馬云胄長也教長天下之子弟如馬說則教胄二字連文子字單出謂教長此子也如王說則教字單出胄子二字連文謂教此國子也僞孔云教長國子國子二字取之王教長二字取之馬則孔意亦教胄連文子字單出上文胄長也者乃長養之長非長幼之長當從古本謂上加子字爲是以疏考之則孔穎達時已譌脫矣又案胄無長義馬本未必作胄疑亦作育故訓作長長卽養也僞孔於文從王於義從馬殊爲牽率先謙案段又云大司樂釋文育音胄本亦作胄育胄二字音義皆通育从肉聲胄從由聲肉由同部爾雅猶如麂舍人本猶作鸞郭璞音育胄亦可讀余六育亦可讀直又也長養義近育胄訓同馬許教胄連讀其訓穉子國子則言其可長可養胄子連讀

直而溫寬而栗教之正直而溫和寬弘而能莊栗○直而溫寬而栗今文與古文同○直而溫寬而栗者舜紀如此漢書禮樂志同集解引馬云正直而色溫和寬大而謹敬戰栗也孫云聘義縝密以栗注栗堅貌性行寬大者勝之以堅栗溫和爲春生堅栗爲秋成此言仁義所本也表記虞帝寬而有辨注辨別也猶寬而栗也梗直者加以溫和寬厚者加以明辨性以相反者相成鄭箋詩云栗析也古者聲栗裂同也是鄭以栗爲分析與辨別義近今文栗一作慄皮云衡方碑引作寬慄蓋三家今文異字

剛而無虐簡而無傲剛失之虐簡失之傲教之以防其失○剛而無虐簡而無傲今文與古文同○剛而無虐簡而無傲者舜紀如此無並作毋字同漢書禮樂志傲作敖皮云蔡邕太尉橋公碑剛而不虐葢以意易

之陳仲弓碑亦作剛而無虐孫云淮南高注虐害也說文傲倨也
乾剛坤簡古敎學必先治性情法天地四時於虞書爲四德皋陶
謨爲九德洪範爲三
德此大學之道也
詩言志歌永言謂詩言志以導之歌詠其義以長其言○詩言志歌永言
古文也今文作歌咏言○詩言志歌永言者舜紀作詩言意詞長
言以故訓代經所用古文說集解引馬云詞所以長言詩之意也
汲古本如是官本詞作歌孫云禮檀弓鄭注志意也永長釋詁文詩序云詩者
志之所之也在心爲志發言爲詩樂記歌之爲言也長言之也說
之故言之言之不足故長言之今文作歌咏言者漢書禮樂志如
此又藝文志云書曰詩言志哥詠言故哀樂之心感而歌詠之聲
發誦其言謂之詩詠其聲謂之哥班用今文說作咏不作永皮云
禮樂志篇首云和說之情難形則發之於詩歌詠言鐘石筦弦是
以詠爲實字其義甚明說文歌下云詠也哥下云聲也古文以爲
詞字詠下云或作咏哥歌咏詠字並同論衡謝短篇云尚書曰詩
言志歌詠言此時已有詩也王充所據本與班同先謙案據馬注
知古文作永與班王用今文作詠不同史公作歌長言以長代永
此又堯典用古文說之一也馬注
是其明證以爲歐陽異義者非
聲依永律和聲聲謂五聲宮商角徵羽律謂六
律六呂十二月之音氣言當依聲律以和樂○聲依永律和聲古
文也今文作聲依咏○聲依永律和聲者舜紀如此官本如此汲古本永誤詠
上文既作永下不當作詠且與鄭注不合又集解引鄭云聲之曲折又依長言聲中律
乃爲和也今文作聲依咏者漢書禮樂志如此皮云顏注咏永也
永長也志明作咏顏以永長之義解之非釋文永徐音詠徐仙民
讀永爲咏卽本今文孫云淮南時則訓高注聲絲竹金石之聲也

陽聲六爲律陰聲六爲呂陽統陰故言律以該呂　**八音克諧無相奪倫神人以和**倫理也八音能
諧理不錯奪則神人咸和命夔使勉之○八音克諧無相奪倫神
人以和今文與古文同古文諧一作龤○八音克諧者舜紀如此
克作能故訓字春秋繁露正貫篇蔡邕文烈侯楊公碑並引八音
克諧諧一作龤者說文龤下云樂和龤也从龠皆聲虞書曰八音
克龤葢故書作龤○無相奪倫神人以和者舜紀如此無作毋字
同蔡邕文烈侯楊公碑亦引神人以和集解引鄭云祖考來格羣
后德讓其一隅也孫云以皋陶謨說經神人祖考爲神羣后爲人
繁露正貫篇德在天地神明休集並行而不竭盈于四海而頌聲
詠書曰八音克諧無相奪倫神人以和乃是謂也風俗通聲音篇
聲者宮商角徵羽也音者土曰塤匏曰笙革曰鼓竹曰管絲曰絃
石曰磬金曰鐘木曰柷書八音克諧無相奪倫　**夔曰於予擊石拊**
由是言之聲本音末也皆今文家推演之詞
石百獸率舞石磬也磬音之清者拊亦擊也舉清者和則其餘皆從矣樂感百獸使相率而舞則神人和可知○夔曰
於予擊石拊石百獸率舞今文與古文同○夔曰於予擊石拊石
百獸率舞者舜紀如此漢書禮樂志劉向傳風俗通聲音篇引經
同公羊哀十四年傳疏史記集解引鄭云石磬也百獸服不氏所
養者也率舞言音和也謂聲音之道與政通焉呂氏春秋云帝堯
立乃命質爲樂質乃效山谿澗谷之音以歌䪫卽乃以麋輅置缶
而鼓之乃拊石擊石以象上帝玉磬之音以舞百獸是堯時夔已
司樂故承舜命而言樂之感人如此樂緯叶圖徵云擊石以知民
磬音調則民道得鐘磬之音能動千里也論衡感虛篇尚書曰擊

石拊石百獸率舞此雖奇怪然尙可信何則鳥獸好悲聲耳與人耳同也皆今文說釋文於如字或音烏而絕句者非段云依釋文則當作于如孟子女其于予治尙書旣作於則音烏句絕是也史記正義云於音烏**帝曰龍朕堲讒說殄行震驚朕師**衆堲疾殄絕震動也言我疾讒說絕君子之行而動驚我與古文同行一作僞讒一作齊○帝曰龍朕堲讒說殄行震驚朕師今文師者漢書賈捐之傳引書讒說殄行震驚朕師潛夫論斷訟篇舜敕龍以讒說殄行震驚朕師乃自上古患之矣故先愼己惟舌以示小民並引今文楊雄尙書箴龍爲納言是機是密出入朕命王之喉舌獻善宣美而讒說是折雄據今文亦作讒說漢以尙書當古之納言也行一作僞者舜紀作舜曰龍朕畏忌讒說殄僞振驚朕衆以畏忌訓堲振訓震衆訓師讒一作齊者集解引徐廣云一云齊說殄行振驚衆皆今文段云齊者讒之駮文齊疾也謂利口捷給也說文堲下云古文壑虞書曰龍朕堲讒說殄行堲疾惡也孫云五帝本紀生而徇齊索隱引尙書大傳曰多聞而齊給鄭注齊疾也蓋謂有口辨卽讒說也僞亦爲也漢景君碑殘僞易心殘殄聲相近疑卽用此文言其說齊給而行貪殘也三國吳志注引馬云殄絕也絕君子之行史記集解引鄭云所謂色取仁而行違是驚動我之衆臣使之疑惑**命汝作納言夙夜出納朕命惟允**納言喉舌之官聽下言納於上受上言宣於下必以信○命汝作納言夙夜出納朕命惟允今文與古文同納一作入○命汝作納言者舜紀云命汝爲納言作爲故訓字漢書谷永傳治遠自近始習善在左右昔龍筦納言而帝命

惟允莞亦作也北堂書鈔設官部引鄭云納言如今尚書管王喉舌也夙夜出納朕命惟允者蔡邕西鼎銘出納帝命乃無不允雖龍作納言山甫喉舌靡以尚之太傅胡公碑夙夜出納紹跡虞龍後漢李固傳陛下之有尚書猶天之有北斗也斗爲天喉舌尚書亦爲陛下喉舌斗斟酌元氣尚書出納王命是今文作出納也納亦作入者舜紀作夙夜出入朕命惟信允信故訓字楊雄尚書箴出入朕命漢書百官表漢紀皆云出入帝命

帝曰咨汝二十有二人禹垂益伯夷夔龍六人新命有職四岳十二牧凡二十二人特敕命之○帝曰咨汝二十有二人今文與古文同○帝曰咨汝二十有二人者舜紀作舜曰嗟女二十有二人集解引馬云稷契皋陶皆居官久有成功但述而美之無所復敕禹及垂以下皆初命凡六人與上十二牧四嶽凡二十二人又引鄭云皆格于文祖時所敕命也書疏云鄭以爲二十二人數殳斨伯與朱虎熊羆不數四岳皮云史記禹皋陶契后稷伯夷夔龍垂益彭祖自堯時而皆舉用未有分職於是舜乃至于文祖云云又曰此二十二人咸成厥功皋陶爲大理平民各伏得其實伯夷主禮上下咸讓垂主工師百工致功益主虞山澤辟棄主稷百穀時茂契主司徒百姓親和龍主賓客遠人至十二牧行而九州莫敢辟違惟禹之功爲大據史記之文則史公用今文家說二十二人爲禹皋陶契稷伯夷夔龍垂益彭祖凡十人合十二牧適符其數不及四嶽者四嶽郎在十二牧之中故史公數二十二人之功不及四嶽九官之外增彭祖者蓋史公所據古說有之大戴禮五帝德篇孔子曰舉舜彭祖而任之則彭祖自堯時已舉正與史公說合據漢書儒林傳夏侯始昌爲伏生三傳弟子大小戴與大史

小夏侯同出始昌皆今文說故與史公說合說苑修文篇是故皋陶爲大理平民各服得其實伯夷主禮上下皆讓倕爲工師百工致功益主虞山澤辟成棄主稷百穀時茂契主司徒百姓親和龍主賓客遠人至十二牧行而九州莫敢僻違說與史記同或郎引用史文惟不及彭祖耳玹今文家說炳如日星史公云此二十二人咸成厥功則二十二人郎上所數之二十二人無可疑者乃後人不用古說多生異義馬不數皋陶稷契而數四嶽鄭不數四嶽而數殳斨伯與朱虎熊羆皇甫謐數九官十二牧及殳斨朱虎熊羆爲二十五人蔡沈以四嶽爲一人王引之以二十二人爲三十二人之誤紛紛臆說無一可通

欽哉惟時亮天功各敬其職惟是乃能信立天下之功○欽哉惟時亮天功今文與古文同功一作工段云方興假亮爲諒而訓爲信云信立天下之功拙甚○欽哉惟時亮天功者衡方碑逈亮天功是今文作功一作工者舜紀作敬哉惟時相天事段云蓋今文功作工故史公云天事皋陶謨天工人其代之亦詁以天事古者工有事訓也皮云丁孚漢儀夏勤策文云時亮天工蔡邕橋公廟碑時亮天工又陳太邱碑惟亮天工皆作工

三載考績三考黜陟幽明三年有成故以考功九載則能否幽明有別黜退其幽者升進其明者○三載考績三考黜陟幽明今文與古文同一作三考黜陟以幽明下屬載一作歲○三載考績三考黜陟幽明者大傳云書曰三歲考績三考黜陟幽明其訓曰三歲而小考者正職而行事九歲而大考者黜無職而賞有功也其賞有功也諸侯賜弓矢者得專征賜鈇鉞者得專殺賜圭瓚者得爲鬯以祭不得專征者以兵屬於得專征之國不得專殺者以獄屬於得

專殺之國不得賜圭瓚者貲鬯於天子之國然後祭谷永傳引經
曰三載考績三考黜陟幽明論衡治期篇上古之黜陟幽明考功
據有功而加賞按無功而施罰潛夫論考績篇書曰三載考績黜
陟幽明蓋所以昭賢愚而勸能否也風俗通山澤篇嶽者㨿功考
德黜陟幽明也皆同大傳之義於幽明句絕一作三考黜陟以幽
明下屬者舜紀作三歲一考功三考黜陟績功故訓字黜絀字同
載作歲與大傳同漢書食貨志谷永李尋傳白虎通潛夫論漢紀
八後漢楊賜傳引經皆作三載是載歲乃今文異字也白虎通考
黜篇諸侯所以考黜者何王者所以勉賢抑惡重民之至也尚書
曰三載考績三考黜陟後又引三考黜陟皆以陟字絕句食貨志
李尋傳三國志杜恕傳皆引三考黜陟與史記合此三家今文讀
異也皮云考績有二說一以爲三考黜陟路史注引大傳曰九
歲大考絀無職賞有功也一之三以至九年天數窮矣陽德終矣
積不善至於幽六極以類降故絀之積善至於明五福以類升故
陟之皆所自取聖無容心也春秋繁露考功名篇考績之法考其
所績也考試之法大者緩小者急貴者舒賤者促諸侯月試其國
州伯時試其部四試而一考天子歲試天下三試而一考前後三
考而絀陟命之曰計則以黜陟須至九年白虎通云所以三歲一
考績何三年有成故於是賞有功黜不肖尚書曰三載考績三考
黜陟何以知始考輒黜之尚書曰三年一考少黜以地書所言三
考黜陟者謂爵土異也小國考之有功增土進爵後考無功削黜
後考有功上而賜之矣五十里不過五賜而進爵土七十里不過
七賜而進爵土能有大小行有進退也公一削爲百里之侯再削
爲七十里伯三削爲寄公七十里伯一削爲五十里伯再削爲五

五十里子三削地盡五十里子一削爲三十里子再削爲三十里
男三削地盡五十里男一削爲三十里男再削爲三十里附庸三
削地盡所以至三削何禮成於三三而不改雖反無益也潛夫論
三式篇是故三公在三載之後宜明考績黜刺皆以爲一考郎黜
陟與大傳繁露所云三考始黜陟不同其黜陟爵土先後又有二
說白虎通瑞贄篇引書傳云三年珪不復少絀以爵六年珪不復
少絀以地九年珪不復而地畢削與儀禮集注引書傳云諸侯有
不率正者天子絀之一絀少絀以爵再絀則絀以地三絀而地畢
其說略同白虎通又云尚書曰三考黜陟先削地而後絀爵者何
爵者尊號也地者人所任也今不能治廣土衆民故先削其土地
也故王制曰宗廟有不順者君絀以爵山川神祇有不舉者君削
以地明爵土不相隨也則以爲先地後爵與大傳所云先爵後地
異亦三家今文說之不同也公羊隱八年傳解詁引書傳曰三年
一使三公絀陟白虎通巡守篇三歲一閏天道小備五歲再閏天
道大備故五年一巡守三年二伯出述職黜陟一年物有終始歲
有所成方伯行國時有所生諸侯行邑傳曰周公入爲三公出作
二伯中分天下出黜陟詩曰周公東征四國是皇言東征述職周
公黜陟而天下皆正也又曰蔽芾甘棠勿翦勿伐召伯所茇言召
公述職親說舍於野樹之下也是今
文說以三載考績爲三公述職之事**庶績咸熙分北三苗**考績法明衆功
皆廣三苗幽闇君臣善否分北流之不令相從善惡明○庶績咸
熙分北三苗今文與古文同熙一作喜○庶績咸熙者舜紀作遠
近衆功咸興以遠近詁幽明下屬爲句庶衆績功熙興故訓字熙
一作喜者說見前○分北三苗者舜紀如此書疏引鄭云流四凶

鄉爲伯子大夫爲男降其位耳猶爲國君故以三苗爲西裔諸侯猶爲惡乃復分北流之史記集解作分析流之謂分北西裔之三苗也吳志虞翻注引鄭云北猶別也翻奏鄭解尙書違失事曰尙書分北三苗北古別字鄭云北猶別也誠可怪也段云說文厶下云姦衺也韓非曰倉頡作字自營爲厶公下云平分也从八厶八猶背也韓非曰背厶爲公韓以背訓八故詩釋曰八猶背也古北背同音通用吳語韋注北古之背字許書云八別也象分別相背之形又云八猶背也與鄭注北猶別也互相發明分別之乃相瞬背義正相足故詩不云八背也而云猶背也鄭不云北別也而云猶別也凡訓故言猶者覦此虞不知經自作北鄭注古義輒欲改爲八字而譏鄭非也說文𠔁下云分也从重八八別也亦聲虞盇因北篆作夾疑爲𠔁字之誤不知北可訓別無煩改字且八別同音義而異字許未嘗以八爲古文別字繫之別後也王篇汗簡皆云八古文別虞誤之耳孫云此三苗似非竄三危者韓詩外傳云當舜之時有苗不服其不服者衡山之南岐山之北左洞庭之陂右彭澤之水由此險也以其不服禹請伐之而舜不許曰吾喩教猶未竭也久喩教而有苗民請服事見淮南子鹽鐵論說苑諸書堯時三苗已竄三危此有苗不服在楚荊州之地是舜時三苗非堯時所竄也呂覽召類篇舜卻有苗更易其俗淮南兵略訓舜伐有苗修務訓舜南征三苗道死蒼梧注云三苗之國在彭蠡舜時不服故往征之檀弓舜葬於蒼梧之野鄭注舜征有苗而死因葬焉書說舜曰陟方乃死蒼梧於周南越之地今爲郡分北者即呂覽所謂卻也先謙案此經文經言舜治天下大事三苗不服舜先喩教以柔之猶有梗化者始征伐之既破卻其人乃分析安置其黨類而變易其俗封象有庳又使吏治其國納其貢稅建立親賢以鎭撫之巡方觀俗遠至蒼梧皆平苗後事若云舜征有苗而死既與經文陟方不合二妃何以從軍而象何以封有庳乎論衡率性篇三苗之民或賢或不肖堯舜齊之恩教加也此亦今文說釋舜分北三苗之意

舜生三十徵庸言其始見試用〇舜生三十徵庸今文與古文同古

文徵一作登○舜生三十徵庸者舜紀云舜年二十以孝聞堯舉之古文徵一作登者書疏引鄭云登庸二十中庸鄭注徵或爲登宋本如是**三十在位**歷試二年攝政二十八年○三十在位古文也今文作二十○今文作二十八者舜紀云年五十攝行天子事案合上三十言爲五十也說詳下**五十載陟方乃死**方道也舜卽位五十年升道南方巡守死於蒼梧之野而葬焉三十徵庸三十在位服喪三年其一在三十之數爲天子五十年凡壽百一十二歲○五十載陟方乃死今文與古文同○五十載陟方乃死者舜紀云年五十八堯崩年六十一代堯踐帝位踐帝位三十九年南巡狩崩於蒼梧之野葬於江南九疑是爲零陵段云舜年五十八堯崩所謂二十有八載放勳乃殂落也年六十一代堯踐帝位此三年遏密之後乃踐帝位也踐位三十九年南巡狩崩此在位五十載陟方乃死也論衡氣壽篇堯典曰朕在位七十載求禪得舜舜徵二十歲今本誤作三十在位堯退而老八歲而終至殂落九十八歲未在位之時必已成人今計數百有餘矣又云舜生三十徵用二十今本誤作三十在位五十載陟方乃死適百歲矣孟子萬章篇五十而慕者予於大舜見之矣趙注書曰舜生三十徵庸二十今本注疏誤五十孔刻孟子注誤三十在位在位時尚慕故言五十也儻同古文尚書作三十在位則不爲五十而慕之證矣書疏云鄭元作云者誤讀此經云舜生三十謂生三十年也登庸二十謂歷試二十年在位五十載陟方乃死謂攝位至死爲五十年舜年一百歲也然則古本作登庸三十鄭注云三十當爲二十以今文正古文故孔疏謂之讀此經也假令鄭本作登庸二十與方興所據馬王本不同則釋文正義必縣別之云三十鄭本作二十不若是墨墨而

已大戴禮五帝德云二十以孝聞乎天下二十在位嗣帝所五十乃死與今文尚書合此鄭所以讀從今文也二十以孝聞之後又十年堯舉之又二十年乃攝行天子事是爲大戴禮之三十在位大戴之三十在位合上文二十言之今文尚書之二十在位合上文舜生三十言之皆五十歲合下文五十乃死則皆百歲也故曰大戴與今文尚書合二十有八載放勳乃殂落合舜之徵庸二十攝位八年言之孟子所謂舜相堯二十有八載也舜之在位五十載合攝位八年如喪三年卽眞四十年言之堯典自慎徽以下乃徵庸二十年之實乃言底可績三載此三載在二十年內也自正月上日受終于文祖以下乃攝位八年之實合二十年八年爲二十有八載自月正元日至分北三苗乃卽眞四十年之實併前攝位八年如喪三年其一在八年內爲在位五十載此今文家說也孫云僞傳云舜壽百一十二歲增多一十三歲與史記論衡不同誤計之也陟方者史公說爲巡守按巡守至五岳而止此至蒼梧葢此行分北三苗且行九歲之大考也淮南高注云書曰舜陟方乃死舜死蒼梧葬於九疑之山在蒼梧馮乘縣東北零陵之南千里也案馮乘在今廣西賀縣北一百二十里地理志零陵郡營道九疑山在南營道縣在今湖南道州西九疑山在甯遠縣南六十里皮云白虎通巡守篇王者巡守崩于道歸葬何夫太子當爲喪主天下皆來奔喪京師四方之中也卽如是舜葬蒼梧禹葬會稽何於時尚質故死則止

葬不重煩擾也

大禹謨第三

虞書　　孔氏傳　　王先謙參正

大禹謨 禹稱大大其功謨謀也○梅氏增多古文二十五篇此梅氏古文之一梅鷟云伏生今文無典謨誓雜者此篇自首至時乃功謨體也自帝曰格汝禹至若帝之初典體也自帝曰咨禹至有苗格誓體也混三體而成一篇變亂聖經如此且皋陶謨舜禹交相儆戒此篇禹以六府三事自述帝以地平天成歸功反易謨體也堯典乃言底可績可之一字不以舜功爲有餘默寓儆勉正天子告臣之體此篇以惟汝賢嘉乃丕績訣禹反易典體也會后誓師三旬逆命是征苗之誓茫無成算猶在甘湯泰牧之下反易誓體也又不惟變亂之而已

曰若稽古大禹 順考古道而言之○史記集解引諡法曰受禪成功曰禹 **曰文命敷於四海祗承于帝** 言其外布文德教命內則敬承堯舜○史記夏本紀夏禹名曰文命僞傳釋文命爲文德教命與敷於四海聯屬爲文謬甚敷於四海約禹貢敷土及東漸數句而成文惠云祗承于帝本孟子啟賢能敬承繼禹之道 **曰后克艱厥后臣克艱厥臣政乃乂黎民敏德** 敏疾也能知爲君難爲臣不易則其政治而衆民皆疾修德○梅云

后克二句本論語爲君難爲臣不易敏德本康誥曰丕則敏德也**帝曰俞允若茲嘉言罔攸伏野無遺賢萬邦咸寧**攸所也善言無所伏言必用如此則賢才在位天下安寧○梅云俞允字俱見前篇若茲見周誥諸篇嘉言卽昌言之別伏字見殷庚毋或敢伏小人之攸箴野無遺賢見詩小序萬邦咸寧見易傳惠云嘉言二句意本荀子正論篇堯舜南面而聽天下天下無隱士無遺善**稽于衆舍己從人不虐無告不廢困窮惟帝時克**帝謂堯也舜因嘉言無所伏遂稱堯德以成其義考衆從人矜孤愍窮凡人所輕聖人所重○梅云稽於衆用召誥稽我古人之德稽謀自天之稽舍己從人孟子稱舜語今入之舜語中以稱堯不虐無告本左文十五年傳君子之不虐幼賤孟子天下之窮民而無告者困窮二字兩用其一則商書子惠困窮惟帝時克儆惟帝時舉此其蒐輯之大略也程云莊子天道篇堯曰吾不敖無告不廢窮民**益曰都帝德廣運乃聖乃神乃武乃文**益因舜言又美堯也廣謂所覆者大運謂所及者遠聖無所不通神妙無方文經天地武定禍亂○惠云呂覽諭大篇引夏書曰天子之德廣運乃神乃武乃文左傳王甚神聖**皇天眷命奄有四海爲天下君**眷視奄同也言堯有此德故爲天所命所以勉舜也○惠云後漢黃瓊傳瓊疏云皇乾眷命詩奄有九有王先愼云洪範以爲天下王**禹曰惠迪吉從逆凶惟影響**迪道也順道吉從逆凶吉凶之報若影之隨形響之應聲言不虛○惠云御覽卷八十一引尸子曰舜云從道必吉

反道必凶如影如響**益曰吁戒哉儆戒無虞罔失法度**先吁後戒欲使聽者精其言虞度也無億度謂無形戒於無形備慎深秉法守度言有恆○梅云詩用戒不虞**罔遊于逸罔淫于樂**淫過也遊逸過樂敗德之原富貴所忽故特以為戒○梅云依無逸罔淫于逸兼用論語逸遊與莊子淫樂字也**任賢勿貳去邪勿疑疑謀勿成百志惟熙**一意任賢果於去邪疑則勿行道義所存於心日以廣矣○梅云戰國策趙武靈王引書云去邪勿疑任賢勿貳禮曰疑事毋質**罔違道以干百姓之譽**干求也失道求名古人賤之**罔咈百姓以從己之欲**咈戾也專欲難成犯衆興禍故戒之○梅云左僖二十年傳臧文仲曰以欲從人則可以人從欲鮮濟**無怠無荒四夷來王**言天子常戒慎無怠惰荒廢則四夷歸往之○惠云後漢崔駰傳引書矜矜業業無怠無荒先謙案詩商頌莫敢不來王**禹曰於帝念哉德惟善政政在養民**歎而言念重其言為政以德則民懷之○梅云此一節全宗左傳文六年傳郗文公曰命在養民**水火金木土穀惟修**言養民之本在先修六府○梅云惟修修字見禹貢左文七年傳郤缺曰水火金木土穀謂之六府姚際恆云使書文果有水火金木土穀等句郤缺何必屑屑釋之**正德利用厚生惟和**正德以率下利用以阜財厚生以養民三者和所謂善政○梅云左襄二十八年傳晏子曰夫民生厚而用利於是乎正德以幅之使無黜嫚謂之幅利郤缺又云正德利用厚生謂之

三事**九功惟敘九敘惟歌**言六府三事之功有次敘皆可歌樂乃德政之致○梅云郤缺又云九功之德皆可

歌也謂之九歌六府三事謂之九功**戒之用休董之用威勸之以九歌俾勿壞**休美董督

也言善政之道美以戒之威以督之歌以勸之使政勿壞在此三者而已○梅云郤缺又云夏書曰戒之用休董之用威勸之以九

歌勿使壞閻云楚辭離騷云啟九辨與九歌天問云啟棘賓商九辨九歌則九歌爲啟樂猶九鼎爲啟鑄也伏生大傳云惟十有四

祀還歸二年而廟中苟有歌大化大訓六府九原而夏道興鄭注四章皆歌禹獨無九歌明九歌乃啟樂也僞古文以爲禹告舜之

詞則似虞時已有此歌恐未然程云此郤缺恐趙宣子不知九歌之義故解之若今禹謨即古夏書郤何不直引其文而費辭如此

蘇輿云大司樂九德之歌九磬之舞先鄭引春秋傳六府三事謂之九功九功之德皆可歌也謂之九歌經以九德與九磬並列而

鄭以春秋傳釋之是亦以九歌爲虞時樂梅氏蕊因於此賈疏言先鄭不見古文尚書故引春秋不悟其僞也**帝曰俞地**

平天成六府三事允治萬世永賴時乃功水土治曰平五行敘曰成因禹陳九功而歎美

之言是汝之功明眾臣不及○梅云左僖二十四年傳夏書曰地平天成稱也皋陶謨時乃功六府三事見上惠云史記自序云厥

美帝功萬世載之**帝曰格汝禹朕宅帝位三十有三載耄期倦于勤汝惟**

不怠總朕師八十九十日耄百年曰期頤言已年老厭倦萬機汝不懈怠於位稱總我眾欲使攝○惠云格汝禹儆堯

命舜語汲郡古文云帝舜三十三年命夏后總師射義云旄期稱
道不亂者旄字本如此今作耄者說文眊目少精也虞書耄字從
此故薛季宣古文又作眊程云紀年出晚書前二百餘年晉書稱
所載自夏以來則以前皆其本書所無而爲造晚書者所增竄無
疑倦勤尤非聖人之語梅云柳下惠曰舜勤民事而野
死祭法亦以此爲言未嘗倦勤猶如此何遽以此示人**禹曰朕德**
罔克民不依皋陶邁種德德乃降黎民懷之邁行種布降下懷歸也言己無德民所不
能依皋陶布行其德下治於民民歸服之○梅云此因孟子言舜
以不得禹皋陶爲己憂又見下文皋陶妄意當時禹必讓皋陶也
民不依非臣子對君父之語閻云左莊八年傳夏書曰皋陶邁種
德德乃降姑務修德以待時乎杜注皋陶句曰夏書逸書也注德
乃降句曰言人苟有德乃爲人所降服也孔疏杜謂德乃降爲莊
公語案宣十二年詩曰亂離瘼矣奚其適歸歸於怙亂者也夫襄
三十一年詩曰靡不有初鮮克有終終之實難昭十年詩曰德音
孔昭視民不恌恌之謂甚矣皆其例也中庸引詩曰德輶如毛毛
猶有倫亦同作僞者不
察並竄入大禹謨中**帝念哉念茲在茲釋茲在茲**茲此釋廢也念此人在此
功廢此人在此罪言不可誣此**名言茲在茲允出茲在茲惟帝念功**名言此事必在此義信出
此心亦在此義言皋陶之德以義爲主所宜念之○惠云左襄二
十一年傳引夏書曰念茲在茲釋茲在茲名言茲在茲允出茲在
茲惟帝念功將謂由己壹也信由己壹而後功可念也程云此虞
夏大臣納誨於君之詞故其言諄復不厭念者存心之謂上茲以

時言下茲以地言念茲之時固在於茲釋茲之時亦在於茲名言允出出身加民皆在於茲如此則心無往而不存矣惟帝念功心存而天下之理得可久可大之德業成矣帝舜所謂敕天之命惟時惟幾蓋即此意晚書不知其解而以爲贊美皋陶之語可爲歎恨梅云書疏曰此斷章爲義故與尚書本文稍殊也案左襄二十四年傳仲尼曰夏書曰念茲在茲言順事恕施也非指皋陶又哀六年傳孔子曰楚昭王知大道矣其不失國也宜哉夏書曰惟彼陶唐帥彼天常有此冀方又曰允出茲在茲由己帥常可矣意與臧武仲由己壹也合安得謂之斷章

帝曰皋陶惟茲臣庶罔或干予正 或有也無有干我正言順命○先謙案孟子萬章篇惟茲臣庶

汝作士明于五刑以弼五教期于予治 弼輔期當也歎其能以刑輔教當於治體○閻云堯典命皋陶曰汝作士五刑有服先謙案孟子萬章篇汝期于予治

刑期于無刑民協于中時乃功懋哉 雖或行刑以殺止殺終無犯者刑期于無所刑民皆合於大中之道是汝之功勉之○惠云通典百六十九引商鞅書曰明刑之猶至于無刑也案通典載商鞅著刑名書大畧云晉文將欲明刑於是合諸卿大夫于冀宮顛頡後至遂斷顛頡之脊人皆曰顛頡之有寵也斷脊以徇而況于我乎乃無犯禁晉國大治昔周公誅管叔放蔡叔流霍叔曰犯禁者也天下皆曰親屬昆弟有過不違況疏遠乎故外不用甲兵于天下內不用刀鋸于周庭而海內治故曰明刑之猶至于無刑也云云是所謂刑期于無刑者特法立誅必而然乃申商之學非堯舜之治也梅云民協于中用呂刑士制百姓于刑

之中時乃功見臯陶謨淮南子詮言訓聽獄制中者臯陶也**臯陶曰帝德罔愆臨下以簡御衆**

以寬愆過也善則歸君人臣之義○惠云論語居敬而行簡以臨其民又曰寬則得衆**罰弗及嗣賞延于**

世嗣亦世俱謂子延及也父子罪不相及而及其賞道德之政○梅云二句用孟子罪人不孥仕者世祿**宥過無大**

刑故無小過誤所犯雖大必宥不忌故犯雖小必刑○惠云王充論衡故曰刑故無小宥過無大**罪疑惟輕**

功疑惟重刑疑附輕賞疑從重忠厚之至○蘇輿云宋蘇軾刑罰忠厚之至論引傳曰賞疑從與罰疑從去**與其**

殺不辜寧失不經好生之德洽于民心茲用不犯于有司辜罪經常司主

也臯陶因帝勉己遂稱帝之德所以明民不犯上也寧失不常之罪不枉不辜之善仁愛之道○梅云左襄二十六年傳夏書曰與其殺不辜寧失不經哀公問舜冠孔子不對曰其政好生而惡殺所謂好生之德洽于民心也蘇輿云御覽六百五十二引尚書大傳曰與其殺不辜寧失有罪與其增以有罪寧失過以有赦**帝曰俾予從欲以治四方風動惟**

乃之休使我從心所欲而政以治民動順上命若草應風是汝能明刑之美○梅云荀子大畧篇舜曰維予從欲而治**帝**

曰來禹降水儆予成允成功惟汝賢水性流下故曰下水儆戒也能成聲敎之信成治水之功

言禹最賢重美之○阮校勘記云纂傳引朱子云降水洪水也古文作洚惠云帝曰來禹臯陶謨文孟子書云洚水警予洚水者洪

水也蓋洚讀爲洪梅賾不識字訓爲下水左襄五年傳夏書曰成允成功**克勤于邦克儉于家不自滿假惟汝賢**滿謂盈實假大也言禹惡衣薄食卑其宮室而盡力爲民執心謙沖不自盈大○梅云夏本紀稱禹爲人敏給克勤論語禹菲飲食惡衣服卑宮室而盡力乎溝洫**汝惟不矜天下莫與汝爭能汝惟不伐天下莫與汝爭功**自賢曰矜自功曰伐言禹推善讓人而不失其能不有其勞而不失其功所以能絕衆人○顧炎武云左襄二十九年傳季札見舞大夏者曰美哉勤而不德非禹其孰能修之不矜不伐是勤而不德梅正用傳意惠云逸周書矜功不至易曰勞而不伐有功而不德程云荀子君子篇謂之聖不矜矜矣夫故天下不與爭能梅云老子曰不自伐故有功不自矜故長夫惟不爭故天下莫能與之爭後章又云自伐者無功自矜者不長**予懋乃德嘉乃丕績天之厤數在汝躬汝終陟元后**丕大也厤數謂天道元大也大君天子舜善禹有治水之大功言天道在汝身汝終當升爲天子○梅云論語堯曰篇咨爾舜天之厤數在爾躬舜亦以命禹**人心惟危道心惟微惟精惟一允執厥中**危則難安微則難明故戒以精一信執其中○梅云荀子解蔽篇昔者舜之治天下也不以事詔而萬物成處一之危其榮滿側養一之微榮矣而未知故道經曰人心之危道心之微危微之幾惟明君子而後能知之下云好義者衆矣而舜之獨傳者一也自古及今未有兩而能精者也又曰蚑蝱之聲聞則挫其精可謂危矣未可謂微此其精字一字之所自來也

論語允執其中**無稽之言勿聽弗詢之謀勿庸**無考無信驗不詢專獨終必無成故戒勿聽用○惠云荀子正名篇無稽之言不見之行不聞之謀君子愼之**可愛非君可畏非民衆非元后何戴后非衆罔與守邦**民以君爲命故可愛君失道民叛之故可畏言衆戴君以自存君恃衆以守國相須而立○梅云周語內史過曰夏書有之曰衆非元后何戴后非衆無與守邦**欽哉愼乃有位敬修其可願四海困窮天祿永終**有位天子位可願謂道德之美困窮謂天民之無告者言爲天子勤此三者則天之祿籍長終汝身○梅云四海二句見論語閻云四海困窮欲其俯而恤人之窮天祿永終欲其仰而承天之福亦如洪範考終命大雅高朗令終耳漢書王嘉傳不終其祿薛宣朱博傳序鮮終其祿方是不祥作僞者誤仍此二語爲一連故於上文先作儆詞曰欽哉云云卽以論語此文續之若極言安危存亡之戒而不知與元義相左班彪王命論云則福祚流於子孫天祿其永終矣漢武帝立子齊王閎策曰悉爾心允執其中天祿永終魏使鄭沖奉策晉王曰允執其中天祿永終皆節去四海困窮一句以聯上下文雋不疑謂暴勝之曰樹功揚名永終天祿靈帝立皇后詔曰無替朕命永終天祿孫權告天文曰左右有吳永終天祿倒置之義尤顯白終不訓絕也更傅徵之金縢惟永終是圖易歸妹象辭君子以永終知敝周頌以永終譽漢元帝紀詔曰不得永終性命朕甚閔焉韋賢傳匡衡曰其道應天故福祿永終外戚傳班婕妤賦共洒埽於帷幄兮永終死以爲期孫權傳文帝策命曰以勸相我國家永終爾顯

列又權詔公孫淵曰相我國家永終爾休虞翻傳非所以永終忠
孝揚名後世皆無絕訓何獨至論語而云然以絕訓終朱子及蔡
傳所未安處惟三國志載明帝詔曰山陽公深識天祿永終之運
禪位文皇帝又曰山陽公昔知天命永終於己深觀麻數久在聖
躬又陳留王奐咸熙二年十二月壬戌天祿永終麻數在晉詔禪
位於晉嗣王此方解終是畢也盡也與大禹謨說同益驗僞書出
晉魏閒郎其時人手筆也先謙案閻說是也但僞傳言爲天子勤
此三者則天之祿籍長終汝身仍依古訓不作畢盡解與輯僞經
之意相反似經傳出二人手各主一說如鄭沖策及明帝詔之惟
比至宋人乃順僞經訓終爲絕耳愼乃有位本益稷愼乃在位

口出好興戎朕言不再好謂賞善戎謂伐惡言口榮辱之主慮而宣之成於一也○惠云墨子尚同篇先王之書術令之道曰惟口出好興戎

禹曰枚卜功臣惟吉之從枚謂歷卜之而從其吉此禹讓之志○梅云左哀十七年傳王與葉公枚卜子良以爲令尹杜注枚卜不斥言所卜以令龜

帝曰禹官占惟先蔽志

昆命于元龜帝王立卜占之官故曰官占蔽斷昆後也官占之法先斷人志後命於元龜言志定然後卜○梅云左哀十八年傳夏書曰官占惟能蔽志昆命于元龜丁晏云左傳杜注官占卜筮之官蔽斷也昆後也言當先斷意後用龜也案左傳本作惟能故釋文云尚書能作克克亦能也今杜注從僞古文訓爲先又與孔傳說同是明據晚書竄改也先謙案釋文云尚書能作克陸所見蓋別一本克先形近致誤西伯戡黎曰格人元龜罔敢知吉

朕志先定詢謀僉同鬼神

其依龜筮協從卜不習吉習因也然已謀之於心謀及卜筮四者合從卜不因吉無所枚卜○梅云哀十

八年傳及巴師至將卜師王曰寗如志何卜焉此所謂朕志先定洪範曰汝則有大疑謀及乃心謀及卿士謀及庶人謀及卜筮汝則從龜從筮從卿士從庶民從是之謂大同此所謂詢謀僉同鬼神其依龜筮協從惠云禮表記曰卜筮不相襲注襲因也金縢曰一習吉左哀十年傳趙孟曰卜不襲吉襲習古字通**禹拜稽首固辭**再辭曰固○梅云堯典禹拜稽首儀禮敢固以辭**帝曰毋惟汝諧**言毋所以禁其辭禹有大功德故能諧和元后之任○梅云論語子曰毋堯典往哉汝諧**正月朔旦受命于神宗**受舜終事之命神宗文祖之宗廟言神尊之○程云汲郡古文曰帝舜三十三年春正月夏后受命于神宗案舜繼堯禹繼舜義與世及同舜嗣位別立親廟無毀堯祖廟之理則禹之受命仍於文祖廟無疑今曰神宗其卽文祖乎抑舜別立之廟乎以別立之廟命禹則舜無以對堯卽文祖則廟之更名何義爲此以增竄紀年而不顧其有所不受也**率百官若帝之初**順舜初攝帝位故事奉行之**帝曰咨禹惟時有苗弗率汝徂征**三苗之民數干王法率循徂往也不循常道言亂逆命禹討之○三顧棟高云經言有苗七見舜典言竄三苗又曰分北三苗皋陶謨言何遷乎有苗禹貢言三苗丕敘益稷言苗頑弗卽功此亦皐陶謨非益稷呂刑言過絕苗民與僞經徂征有苗凡七元儒王耘云謂之分北非止一人謂其丕敘非止一君云遷云過絕則不特遷絕其君長必併其國人俱徙之又何來徂征逆命之事邪且舜執其而無所難禹征以六師而反不服迨來格向化又從而分北之豈叛則討之服則舍之之義又云舜以倦勤而授禹禹豈宜舍朝廷

之事而親征有苗舜又安能以倦勤之餘而誕敷文德若果能之則亦不必授禹矣其言深合事理愚謂竄與分北若在徂征後則苗以逆命而班師以來格而遭竄則有苗當自悔其來若在徂征前則三苗已丕敘於三危流竄之地卽有不卽功者亦使皋陶施象刑威之足矣不煩興師動衆也先謙案禹征有苗作禹誓見墨子兼愛篇據荀子曰誥誓不及五帝則禹誓乃卽眞後事非攝位時事堯舜竄三苗于三危在堯老舜攝之年以左傳證之蓋是其君長或兼有其族姓皋陶謨云遷有苗與竄三苗實爲一事故禹治水至雍州而云三危既宅三苗丕敘則遷竄之三苗已安居就序矣至苗民居在洞庭彭蠡閒者恃其險遠叛服不常其來服者或分散其黨與堯典所謂分北三苗也或改變其習俗呂覽召類篇所謂舜卻有苗更易其俗也其不服者或加以喻教韓詩外傳所謂久喻教而苗民不服也或威以征伐淮南修務訓所謂舜南征三苗道死蒼梧也蓋舜在位五十年與有苗相首尾爲虞代一絕大政事足徵苗性頑獷馴服尤難干羽舞階卽致來格情理所不可通徒以竄入經文歷代侈爲盛事僞作古文者不知是何肺腸也

禹乃會羣后誓于師曰濟濟有衆咸聽朕命會諸侯共伐有苗軍旅曰誓濟濟衆盛之貌○惠云墨子兼愛篇引禹誓云禹曰濟濟有衆咸聽朕言**蠢茲有苗昏迷不恭**蠢動昏闇也言其所以宜討之○惠云禹誓又云非台小子敢行稱亂蠢茲有苗用天之罰**侮慢自賢反道敗德**狎侮先王輕慢典教反正道敗德義○程云道德二字德字最古唐虞郎有之道字後起三百篇但作道路之道說書惟洪範遵王之道亦道路之道

道也書傳所引諸逸篇皆然易爻詞復自道反復其道諸道字指其人所由而言非道理道法之道也惟周禮中始有以道得民以爲道本語至道德並稱尤屬後起詩書言天命無言天道者晚書多道字俱作道理道法解此文乃道德並稱又有天道之說他篇亦多有之**君子在野小人在位**廢仁賢任姦佞○惠云詩隰桑序曰小人在位君子在野**民棄不保天降之咎**言民叛之天災之**肆予以爾衆士奉辭伐罪**肆故也辭謂不恭罪謂侮慢以下事○惠云禹誓又云若予既率爾羣對諸羣以征有苗鄭語史伯曰君以成周之衆奉辭伐罪閻云左傳知瑤伐齊曰以辭伐罪**爾尚一乃心力其克有勳**尚庶幾一汝心力以從我命**三旬苗民逆命**旬十日也以師臨之一月不服責舜不先有文誥之命威讓之辭而便憚之以威脅之以兵所以生辭○閻云本左傳文王聞崇德亂而伐之軍三旬而不降退修敎而復伐之因壘而降**益贊于禹曰惟德動天無遠弗屆**贊佐屆至也益以此義佐禹欲其修德致遠○梅云詩致天之屆**滿招損謙受益時乃天道**自滿者人損之自謙者人益之是天之常道○梅云易謙彖傳天道虧盈而益謙易虧盈爲滿招損益謙爲謙受益然後以時乃天道終之藏形匿跡如此且於上下文皆無當**帝初于歷山往于田日號泣于旻天于父母**仁覆愍下謂之旻天言舜初耕于歷山之時爲父母所疾日號泣于旻天及父母克己自責不責於人○梅云史記舜耕于歷山孟子萬章曰舜往于田號泣于旻

天長息曰日號泣于旻天于父母

負罪引慝祗載見瞽瞍夔夔齊慄瞽亦允若慝惡載事也夔夔悚懼之貌言舜負罪引惡敬以事見于父悚懼齊莊父亦信順之言能以至誠感頑父○梅云孟子曰書曰祗載見瞽瞍夔夔齊慄瞽瞍亦允若此因典謨有父頑苗頑字相同遂蒐輯以立言堯典有瞽子之文故節去瞍字但舜在側微四岳在天子前稱瞽子無害今舜爲天子禹益皆其臣子瞽瞍爲天子父時地不同稱以瞽稱之不惟不敢亦不忍且以天子之父亦既允若底豫乃諄諄言之比諸流竄分北之苗擬不於倫亦厚誣矣

至誠感神矧茲有苗誠和矧况也至和感神况有苗

平言易感○梅云誠字用召誥其丕能誠于小民今休感神用孝經通于神明句

禹拜昌言曰俞班師振旅昌當也以益言爲當故拜受而然之遂還師兵入曰振旅言整衆○梅云禹拜句全用皋陶謨文左襄十年傳荀偃士匄請班師又曰出曰治兵入曰振旅

帝乃誕敷文德遠人不服大布文德以來之○先謙案此文卽以季氏將伐顓臾章語爲藍本

舞干羽于兩階干楯羽翳也皆舞者所執修闡文敎舞文舞于賓主階間抑武事

七旬有苗格討而不服不討自來明御之者必有道三苗之國左洞庭右彭蠡在荒服之例去京師二千五百里也○程云王者之師有不料敵慮勝而可輕用民命者今不能預知苗民之逆命而挫天威於絕遠何以號令天下至於引過以退而乃講求文德抑何見之晚也且使苗民干羽可格則亦不至逆命孰意典謨中有此迂誕之書邪又云典以記事謨以記言此虞書之體也此篇以謨名

乃載及受禪征苗諸大事體殊不類惠云淮南子繆稱訓禹執干戚舞於兩階之間而三苗服氾論訓舜舞干戚而服有苗齊俗訓當舜之時有苗不服於是舜修政偃兵執干戚而舞之苟子成相篇禹勞心力堯有德干戈不用三苗服舉舜甽畝任之天下身休息先謙案韓非子五蠹篇當舜之時有苗不服禹將伐之舜曰不可上德不厚而行武非道也乃修政三年執干戚舞有苗乃服說苑君道篇舜之時有苗氏不服禹欲伐之舜不許曰諭教猶未竭也究諭教焉而有苗氏請服蓋秦漢人有是說紀年帝舜三十五年命夏后征有苗有苗氏來朝紀年乃皇甫謐僞撰僞古文又謐等所爲影附古說兩相證合以愚後人耳餘詳舜典分北三苗下禹誓别爲一事辨見前來格之說韓非三載與僞書七旬遲速不同或是會逢其適非必干羽之舞致然古事流傳日久記者侈爲美談而不悟其非實也

尚書　孔傳參正四

皐陶謨第四

虞書　孔氏傳　王先謙參正

皐陶謨 謨謀也皐陶爲帝舜謀○大傳云皐陶謨可以觀治說文謨下云議謀也从言莫聲虞書曰段作云舡當咎繇謨史記夏本紀云皐陶作士以理民帝舜朝禹伯夷皐陶相與語帝前皐陶述其謀案夏紀言禹治水畢帝錫禹玄圭以告成功于天下天下於是太平治故大傳云皐陶謨可以觀治也孫云大戴禮誥志篇子引虞史伯夷曰明孟也幽幼也似解幽明庶績咸熙是伯夷爲虞史官史遷以皐陶方祗厥敘及夔曰戞擊鳴球至庶尹允諧爲史臣敘事之文則卽伯夷所述語也先謙案孫說是皐陶陳謨伯夷述語故史記云然否則伯夷二字爲衍文矣冠以曰若稽古者劉逢祿以唐虞夏初之事皆爲夏史所述故加此四字是也

曰若稽古皐陶 皆亦順考古道以言之夫典謨聖帝所以立治之本皆師法古道以成不易之則○曰若稽古今文與古文同皐陶下屬僞傳謬解說見前○曰若稽古者白虎通聖人篇何以言皐陶聖人也以目篇曰若稽古段云一日盱字轉寫奪皐陶聖人而能爲舜陳道朕言惠可底行又旁施象刑維明案此亦於曰若稽古句絕與堯典以此四字發端者同楚辭惜誦王注咎繇聖人也與白虎通義合書疏引鄭云以皐陶下屬爲句是今古文說同若皐陶上屬則下文曰字不可通

曰允迪厥德謨

明弼諧迪，踏；厥，其也；其，古人也。言人君當信踏行古人之德，謀廣聰明以輔諧其政。○曰允迪厥德謨明弼諧，今文與古文同。僞傳訓謨明爲謀廣聰明，謬。段云：帝堯曰放勳，此本紀記事之體也；皋陶曰云云，此記言之體也。僞孔不得其句讀，開端便非體矣。○曰允迪厥德謨明弼諧者，夏紀作皋陶述其謀曰信其道德謀明輔和，以故訓代經，可證曰字連上皋陶爲句。段云：史記信其道德，當爲信道其德，各本誤倒。皮云：蔡邕中鼎銘公允迪厥德，朱公叔墳前石碑允迪聖矩，陳留范史雲碑允迪德譽，張玄祠堂碑銘允迪懿德，皆以允迪連文，段說是也。孫云：釋詁繇，道也；明，成也。繇卽由，道亦導，言信由其德則謀成而輔和矣。**禹曰俞**

如何然其言，問所以行。○禹曰俞如何，今文與古文同。○禹曰俞如何者，夏紀作禹曰然如何，俞，然，故訓字。論衡問孔篇：皋陶陳道帝舜之前，淺略未極，禹問難之，淺言復深，略指復分，蓋起問難，此言說激而深切，觸而著明也。**皋陶曰都慎厥**

身修思永歎美之重也。慎修其身，思爲長久之道。○皋陶曰都慎厥身修思永，今文與古文同。○皋陶曰都慎厥身修思永者，夏紀作皋陶曰於慎其身修思長，都，於，厥，其，永，長，故訓字。漢書元紀永光四年詔曰慎身修永，此省約其文，以慎厥身爲句，修思永爲句。慎身猶謹身，修必思永，久言不懈也。自

惇敘九族庶明勵翼邇可遠在茲言慎修其身，厚次敘九族，則衆庶皆明其教而自勉勵翼戴上命，近可推而遠者在此道。○惇敘九族庶明勵翼邇可遠在茲，今文與古文同。惇一作敦，敘一作序。僞孔訓庶明爲衆庶皆明其教，謬。○惇敘九族者，漢書平紀元始五年詔曰昔堯睦九族，舜惇敘之。韋昭國語

注謂若惇敘九族並作惇敘蓋夏侯本如此惇一作敦敘一作序者夏紀如此王莽傳書不云乎惇序九族三國蜀志先主上書漢帝曰在昔虞書敦敘九族表於漢帝曰敦敘九族蓋歐陽本○庶明勵翼者蜀志先主上書漢帝曰庶明厲翼裴注引鄭云厲作也厲作釋詁文夏紀作衆明高翼以故訓代之庶衆釋詁文淮南修務訓高注厲高也段云厲作勵衞包所改也據書疏僞孔訓勉勵王訓砥礪古皆作厲無作礪者厲本旱石引申爲勉厲意孫云據史公說堯典明明此庶明當爲衆貴戚禮文王世子鄭注翼助也文選西都賦注引薛君章句云翼附也○邇可遠在茲者夏紀作近可遠在已以故訓代經集解引鄭云次序九族而親之以衆明作羽翼之臣書疏明晉賢字上此政由近可以及遠也案釋詁茲已此也故史公易茲爲已鄭訓茲爲此孫云經言謹身睦族貴近附助則道德可以自近及遠也**禹拜昌言曰俞**以皋陶言爲當故拜受而然之○禹拜昌言曰俞今文與古文同昌一作讜一作黨○禹拜昌言曰俞者夏紀作禹拜美言曰然以故訓代經說文昌下云美言也中論貴驗篇曰禹拜昌言三國吳志評曰或拜昌言釋詁昌當也郭注引書曰禹拜昌言昌一作讜者孟子公孫丑篇禹聞善言則拜趙岐注引尚書曰禹拜讜言是其證段云益稷禹拜昌言僞傳亦釋昌爲當釋文當丁浪反本亦作讜引李登聲類讜言善言也文選班固西都賦讜言宏說李注引字林讜言美言也音黨班蓋用今文尚書一作黨者逸周書蔡公解拜手稽首黨言荀子非相篇博而黨正注謂直言也張平子碑黨言允諧劉寬碑朝克忠讜又云對策嘉黨可見漢人讜黨通用蓋古止作黨漢人或加言旁故說文不收而聲類字林收之昌黨音義

並同如闇闒揚雄賦作闇闒鼓聲不過閶闔郎璧字可證字林訓讜亦是美言然則昌本字黨借字也陳云作讜黨者夏侯本也歐陽本但作昌皮云漢書敘傳吾久不見班生今日復聞讜言又述董仲舒云讜言訪對爲世純儒班用夏侯尙書陳說是也

皐陶曰都在知人在安民歎修身親親之道在知人所信任在能安民○皐陶曰都在知人在安民今文與古文同○皐陶曰都在知人在安民者夏紀如此都作於故訓字孫云人謂官人民謂衆民詩假樂宜民宜人傳云宜安民宜安人也疏云民人散雖義通對宜有別引此經文漢書薛宣傳亦引之皐陶既以修身睦族告禹又言此者宗族貴戚人才不一務在知而器使之民衆在下在徧安之其政乃可及遠也

禹曰吁咸若時惟帝其難之言帝堯亦以知人安民爲難故曰吁○禹曰吁咸若時惟帝其難之今文與古文同一作惟帝難之○禹曰吁咸若時惟帝其難之者夏紀如此咸若時作皆若是以故訓代經鹽鐵論論誹篇皐陶對舜在知人惟帝其難之自虎通封公侯篇引尙書曰惟帝其難之一作惟帝難之者漢書武紀元狩元年詔曰朕聞皐陶對禹曰在知人知人則哲惟帝難之後書虞延傳顯宗曰知人則哲惟帝難之東觀書同論衡定賢篇書曰知人則哲惟帝難之據才高卓異者則謂之賢耳何難之有然而難之獨有難者之故也夫虞舜不易知人而世人自謂能知賢者誤也又是應篇經曰知人則哲惟帝難之又答佞篇書曰知人則哲惟帝難之虞舜大聖驩兜大佞大聖難知大佞何易之有引經皆無其字蓋三家文異皮云惟帝其難之乃禹所言而武帝詔鹽鐵論並以爲皐陶對禹者蓋以其在皐陶謨中郎以爲皐

陶言不加分別如漢人引用論語皆以爲孔子之言也**知人則哲能官人安民則惠黎民懷之**哲智也無所不知故能官人惠愛也愛則民歸之○知人則哲能官人安民則惠黎民懷之今文與古文同哲一作悊○知人則哲能官人者夏紀如此哲作智故訓字漢書薛宣傳谷永疏曰帝王之德莫大於知人知人則百僚任職天工不曠故臯陶曰知人則哲能官人王莽傳陳崇張竦稱莽功德引書曰知人則哲後漢楊秉傳秉上疏曰臯陶誡虞在於官人哲一作悊者漢書五行志引知人則悊能官人顏注悊智也能知其材則能官之所以爲智也說文哲或作悊蓋三家異文作悊○安民則惠黎民懷之者夏紀如此後漢順帝紀詔曰書稱安民則惠左雄傳雄疏云臣聞柔遠和邇莫大寍人寍人之道莫重用賢用賢之道必存考黜是以臯陶對禹貴在知人安民則惠黎民懷之風俗通過譽篇歐陽歙教引書曰安民則惠黎民懷之**能哲而惠何憂乎驩兜**佞人亂眞堯憂其敗政故流放之○能哲而惠何憂乎驩兜古文也今文而作能一作且○而作能者夏紀云能知能惠何憂乎驩兜哲作知故訓字衡方碑能悊能惠悊字與漢志合能字與史記合皆用今文尉氏令鄭季宣碑能惠者也亦作能字江云而當爲耐據史記則此而實是能依古文當爲耐孫云而爲能者呂覽士容篇柔能堅虛能實高注能而也能而字通而一作且者淮南泰族訓引書如此皮云且與而義近**何遷乎有苗何畏乎巧言令色孔壬**孔甚也巧言靜言庸違令色象恭滔天禹言有苗驩兜之徒甚佞如此堯畏其亂政故遷放之○何遷乎有苗何畏乎巧言令色孔壬今

文與古文同一無次句僞傳以巧言令色屬共工是甚佞卽共工
也又以甚佞爲有苗驩兜自相違異其謬如此○何遷乎有苗何
畏乎巧言令色孔壬者夏紀如此令色孔壬作善色佞人以故訓
代經壬佞釋詁文一無次句者淮南修務訓引書曰能哲且惠黎
民懷之何憂驩兜何遷有苗故仁莫大於愛人知莫大於知人無
下何畏乎句論衡答佞篇云驩兜大佞恢國篇云三苗巧佞之人
是今文說以巧言令色孔壬卽指驩兜有苗言之不以佞人爲共
工史記集解引鄭云禹爲父隱故言不及鯀書疏引馬同是古文
說以巧言令色孔壬卽指共工白虎通五行篇父爲子隱何法法
水之藏火也子爲父隱何法法水逃金也聖人法天則爲父隱者
天道也非私也四凶爲三故云不
及鯀也是鄭義仍本之今文說

皋陶曰都亦行有九德

言人性行
有九德以
考察眞僞則可知○皋陶曰都古文也今文都下當有俞字亦行
有九德今文與古文同○都下有俞字者夏紀作皋陶曰然於可
證○亦行有九德者夏紀如此孫云亦行舊說爲捬行玉篇亦臂
也今作捬書云亦行有九德顧野王晉人或引舊說也行者師氏
以三德敎國子鄭注在心爲德施之爲行行謂寬柔愿亂擾直簡
剛彊之行九德謂栗立恭敬毅溫廉塞義之德所以扶捬九行

亦言其人有德乃言曰載采采

載行采事也稱其人有德必言其
所行某事某事以爲驗○亦言其
人有德今古文有德上並無人字乃言曰載采采今文與古文同
○今文無人字者夏紀作亦言其有德古文無人字者段云唐石
經每行十字獨此行其有德乃言曰載采采止九字諦視有德二
字初刻三字人字居首波撇可辨是亦言其人有德唐時有此本

唐元度覆定石經刪人字重刻今注疏本乃沿襲別本也唐石摩去重刻者多同今本獨此與今本異○乃言曰載采采者夏紀作乃言曰始事事以故訓代經書疏云薦舉人者稱其人有德欲上用之必須言其常行某事某事以爲有德之驗義當然也孫云載爲始者釋詁哉始也載同哉采爲事亦釋詁文論衡答佞篇云唯聖賢之人以九德檢其行以事效考其言行不合於九德言不驗於事效人非賢則佞矣

禹曰何問九德品例○禹曰何今文無徵

皋陶曰寬而栗性寬弘而能莊栗○皋陶曰夏紀無孫云六字或今文本無或史公節省經文未詳○寬而栗今文與古文同栗一作慄○寬而栗者夏紀如此栗一作慄者衡方碑作寬慄孫云寬綽近緩而能堅栗

柔而立和柔而能立事○柔而立今文與古文同○柔而立者夏紀如此孫云柔順近弱而能尌立

愿而恭愨愿而恭恪○愿而恭古文也今文作愿而共○愿而其者夏紀如此段云謹愿之人多不能供辦能治之人多不能敬愼德與才不能互兼也史記恭敬字不作共郎堯典允恭象恭可證此今文勝於古文

亂而敬亂治也有治而能謹敬○亂而敬今文與古文同○亂而敬者夏紀作治治而敬亂治故訓字釋詁亂治也孫云治事多能而能敬愼

擾而毅毅順也致果爲毅○擾而毅今文與古文同○擾而毅者夏紀如此孫云擾馴擾可狎而能果毅

直而溫行正直而氣溫和○直而溫今文與古文同○直而溫者夏紀如此孫云梗直不撓而能溫克

簡而廉性簡大而有廉隅○簡而廉今文與古文同○簡而廉者夏紀如此孫云簡大似放而能廉約釋詁簡大也釋名廉斂也說文廉仄也義似相反段云中庸簡

而文溫而理鄭注猶簡而辨直而溫也案此用尚書廉一作辨未詳豈鄭本有異與**剛而塞**剛斷而實塞○剛而塞今文與古文同古文一作剛而寒○剛而塞者夏紀如此塞作實故訓字孫云剛者內荏而能充實古文一作剛而寒者說文寒下云實也虞書曰剛而寒段云作寒者壁書孔安國以今文讀作塞也**彊而義**無所屈撓動必合義○彊而義今文與古文同○彊而義者夏紀如此王引之云詩傳義善也謂性發彊而又能良善也孫云此似相反而實相成五行生剋之用聖人法陰陽以治性情之學也先謙案書疏引鄭云凡人之性有異有其上者不必有下有其下者不必有上上下相協乃成其德又云鄭連言之寬謂度量寬宏柔謂性行和柔擾謂事理擾順三者相類卽洪範云柔克也愿謂容貌恭正亂謂剛柔治理直謂身行正直三者相類卽洪範云正直也簡謂器量凝簡剛謂事理剛斷強謂性行堅強三者相類卽洪範云剛克也而九德之次從柔而至剛也惟擾而毅在愿亂之下耳其洪範三德先人事而後天地與此不同**彰厥有常吉哉**彰明吉善也明九德之常以擇人而官之則政之善○彰厥有常吉哉今文與古文同○彰厥有常吉哉者夏紀作章其有常吉哉彰章字同厥其故訓字後漢鄭均傳元和元年詔云書不云乎章厥有常吉哉其賜均義穀各千斤注云章明也吉善也言爲天子當明其有常德者優其廩餼則政之善也疑今文義書疏引鄭云人能明其德行所行使有常則成善人矣意謂自明之與上說異易象上傳君子以常德行說文吉善也**日**

宣三德夙夜浚明有家三德九德之中有其三宣布夙早浚須也卿大夫稱家言能日日布行三德早夜思

之須明行之可以爲卿大夫○日宣三德今文與古文同夙夜浚明有家古文也今文作蚤夜翊明有家○日宣三德者夏紀如此書疏引鄭云三德六德皆亂而敬以下之文孫云是以三者爲簡剛彊三德○蚤夜翊明有家者夏紀如此段云翊同昱爾雅昱明也翊明重言之猶無逸之皇暇也皮云華嚴經音義七十四引尚書大傳翊輔也似解此經之傳則今文作翊是也但大傳以翊爲輔與段不同蔡邕文烈侯楊公碑翊明其政與史記文合乃今文作翊之明證史記於夙夜維寅夙夜出入朕命皆不作蚤夜此乃今文尚書本文非故訓字也書疏引馬云浚大也此古文說孫云釋言宣徇也周語劉康公曰宣所以教施也方言浚敬也釋詁明成也明又與孟通故孟諸即明都釋詁孟勉也有家謂有采地之臣春官家宗人鄭注家謂大夫所食采邑翊與翼同亦敬也馬以浚爲大者釋詁駿大也浚與駿同大明謂大勉也

日嚴祇敬六德亮采有邦

有國諸侯日日嚴敬其身敬行六德以信治政事則可以爲諸侯○日嚴祇敬六德今文與古文同亮采有邦古文也今文作亮采有國○日嚴祇敬六德者夏紀如此祇作振通用字段云般庚震動萬民石經作祇動柴誓祇復之無逸治民祇懼魯世家作振復振懼皆祇振通用之證內則祇見孺子注云祇或作振釋文嚴如字馬魚檢反段云經典多嚴儼不分如無逸嚴恭馬作儼論語儼然人望而畏之本又作嚴孫云詩傳儼矜莊貌說文嚴下云教令急也釋詁祇敬也祇敬重文者無逸云嚴恭寅畏亦皆敬不嫌重文說文肅下云持事振敬也振敬猶祇敬此六德鄭意以爲亂而敬至彊而義之文○亮采有國者夏紀如此古文邦今文多作國不關避諱說見前集解引

馬云亮信采事
也皆釋詁文

翕受敷施九德咸事俊乂在官

翕和也能合受三六之德而用之以布施政教使九德之人皆用事謂天子如此則俊德治能之士並在官○翕受敷施九德咸事俊乂在官今文與古文同乂一作艾○俊乂在官者夏紀如此敷作普故訓字孫云孟子萬章篇趙注普徧也敷普音義同釋詁翕合也詩傳敷徧也莊子釋文引馬注云施用也言合受三六德之人徧用之說文事職也咸事言皆任職漢書王尊傳三公與五常九德是謂下文俊乂也皮云後漢楊震傳方今九德未事班固薦謝夷吾云行包九德蔡邕太傅胡公碑九德咸修陳太邱碑兼資九德汝南周巨勝碑備九德廬江太守范式碑九德靡爽並屬臣下言東觀書章帝初即位賜東平王蒼書曰朕夙夜伏思念先帝躬履九德魏受禪碑九德既該疑今文家有以九德屬君德者○俊乂在官者夏紀如此鹽鐵論論衡後漢楊震楊賜傳同史公王充楊氏父子皆習歐陽尚書蓋歐陽本作乂乂一作艾者漢書谷永傳永對曰經云九德咸事俊艾在官未有衆賢布於官而不治者也孫云釋詁艾長也歷也郭注艾長者多更歷俊艾言大臣者老也漢書孔光傳詔曰誣愬大臣令俊艾者久失其位又云今年者有疾俊乂大臣惟國之重是俊爲大艾爲老也周語者艾修之韋昭注師傳也皮云今文乂多作艾漢碑亦多作艾樊敏碑書載俊艾李孟初碑劉俊字叔艾王褒聖主得賢臣頌俊艾將自至是俊乂字作艾之明證作艾者蓋用夏侯本書疏引馬鄭云才德過千人爲俊百人爲乂孫云春秋繁露爵國篇萬人曰英千人曰俊百人曰傑十人曰豪馬鄭以才爲才德者也望文生義也百人爲乂之文未見出典江云宣顯亮相也日

顯著其三德早夜敬明其德於家者謂未仕者也日益儼然敬行六德以相事於國者謂已仕者也合受而用之以敷施政教使九德之人皆任事則在官僚工皆官也師師相師法也百官皆是言政無官者皆俊乂之士矣

百僚師師百工惟時

非○百僚師師百工惟時今文與古文同○百僚師師百工惟時者鹽鐵論刺復篇中論譴交篇引如此鹽鐵論云尚書曰俊乂在官百僚師師百工惟時庶尹允諧言官得其人人任其事則官治而不亂事起而不廢士守其職大夫理其位公卿總要執凡是也中論云其爵之命也各隨其才之所宜不以大司小不以輕任重故書曰百僚師師百工惟時此先王取士官人之法也孫云公卿謂俊乂大夫謂百僚士謂百工也師師相師法也見漢書敘傳高平師師注引鄧展說西京賦薛注荀子致仕篇耆艾而信可以爲師謂師法俊艾也百僚二句夏紀說爲百吏肅謹詩傳工官也釋詁肅肅敬也師肅聲相近楚詞王逸注謹善也時亦訓善義同皮云漢官舊儀云漢拜丞相御史大夫皇帝延登親詔之皆曰朕鬱於大道獲保宗廟兢兢師師則師師與兢兢義近故史公訓爲肅蔡邕薦皇甫規表臣聞唐虞以師師咸熙

撫于五辰庶績其凝

凝成也言百官皆撫順五行之時眾功皆成

撫于五辰二句今文無徵僞傳凝成用鄭說○撫于五辰庶績其凝○者釋文凝馬云定也書疏引鄭云凝成也孫云楚詞王逸注撫循也詩傳辰時也禮禮運播五行於四時故五時謂之五辰白虎通五行篇土王四季各十八日合九十日爲一時後漢東平王蒼傳有五時衣各一襲是也淮南高注凝正也言循四海以正庶事郎明堂月令之政也廣雅釋詁凝定也中庸鄭注凝成也段云羣經

音辨云冰古文尚書凝字案此所謂古文尚書郎宋次道王仲至家本也**無敎逸欲有邦**不爲逸豫貪欲之敎是有國者之常○無敎逸欲有邦古文讀如此今文無敎佚欲句有邦下屬一作無敎逸遊一作亡敖佚欲○無敎逸欲有邦者玉篇人部佚下引書曰無敎佚欲有邦佚豫也顧引古文尚書今文作敎佚欲者夏紀作毋敎邪淫奇謀以故訓代經段云無作毋者今文多用毋古文多用無孫云佚爲邪淫者方言佚淫也故云邪淫欲爲奇謀者古欲或作猷猷猶一字禮器注引詩匪革其猷詩文王有聲猶作欲猷欲聲形相近釋詁猷謀也故云奇謀一作無敎逸遊者猷又與遊通師氏貴遊子弟注杜子春云遊當爲猶後漢陳蕃傳蕃疏云故皐陶戒舜無敎逸遊周公戒成王無槃于遊田虞舜成王猶有此戒況德不及二主者乎後漢紀陳蕃上書云皐陶誡舜曰無敢遊佚郎後漢書所載疏敢是敎之誤遊佚又佚遊倒文謝承後漢書云陳蕃諫桓帝曰故皐陶戒帝無敢遊佚亦郎此疏蓋今文說以逸遊爲敗遊漢書韋賢傳諫詩曰邦事是廢逸遊是娛引此經也一作亡敖佚欲者漢書王嘉傳嘉奏封事曰臣聞皐陶戒帝舜曰亡敖佚欲有國兢兢業業一日二日萬機顏注言有國之人不可傲慢逸欲但當戒愼危懼以理萬事之機也敖讀曰傲陳云亡與毋無同佚與逸同幾者機之省文機謂發動所由也敎作敖亦三家異文皮云有國當屬下讀顏斷句非是**兢兢業業一日二日萬幾**兢兢戒愼業業危懼幾微也言當戒懼萬事之微○有邦兢兢業業一日二日萬幾古文也今文邦作國幾作機○邦作國幾作機者漢書王嘉傳如此引見百官公卿表相國丞相助理萬機段云魏晉南北朝用萬

機字皆從木旁文選典引李注引尚書同皆用今文書疏引馬云一日二日猶日日也孫云釋訓兢兢戒也業業危也易繫辭云幾者動之微吉之先見者也本或作吉凶之先見

無曠庶官天工人其代之

曠空也位非其人爲空官言人代天理官不可以天官私非其才○無曠庶官天工人其代之今文與古文同無一作毋工一作功○無曠庶官天工人其代之者夏紀云非其人居其官是謂亂天事此說經意也風俗通過譽篇尚書無曠庶官中論爵祿篇書曰無曠庶官天工人其代之後漢馬嚴傳嚴上封事曰書稱無曠庶官天工人其代之言王者代天官人也無一作毋者論衡藝增篇尚書曰毋曠庶官曠空庶衆也毋空衆官寘非其人與空無異故言空也漢書孔光傳策免光曰書不云乎毋曠庶官天工人其代之引亦作毋潛夫論貴忠篇書稱天工人其代之王者法天而建官自公卿至于小司莫非天官也故明主不敢以私授忠臣不敢以虛受此訓天工爲天官後漢劉元傳李淑上書曰夫三公上應台宿九卿下括河海故天工人其代之論衡紀妖篇天官百二十與地之王者無以異也地之王者官屬備具法象天官稟取制度春秋說云立三台以爲三公北斗九星爲九卿二十七大夫內宿部衛之列八十一紀以爲元士凡百二十官焉此今文家法天建官之說王莽傳太后下詔言君年幼稚必有寄託而居攝焉引天工人其代之爲居攝義成此傳會之說非正解工一作功者大傳云書稱天功人其代之夫成天地之功者未嘗不蕃昌也漢書律厤志書繼天順地序氣成物以終天功說地之功書曰天功人其代之顏注書咎繇暮也言聖人稟天造化之功代而行之孫云肆師凡師不工注故書功爲工鄭

司農工讀爲功古工功同字先謙案史公云天事知所用尚書本作天功**天敘有典勑我五典五惇哉**天次敘人之常性各有分義當勑正我五常之敘使合于五厚厚天下○天敘二句今文無徵○敘者釋詁順敘也注謂次序天敘有典勑我五典五惇哉者釋文有典馬本作五典孫云釋詁典常也是五典即五常也白虎通性情篇五常者何謂仁義禮智信也云我五典者詩烝民天生烝民有物有則言人各有此五常之性也中庸天命之謂性鄭注木神則仁金神則義火神則禮水神則信土神則知知信蓋互舛釋詁順敘也郭注謂次序說文敕誡也釋詁惇厚也段云五經文字曰敕古勑字今相承皆作勑廣韻二十四職敕今相承用勑勑本音賚先謙案皐陶言天敘人以五常之性則施之政事者惟誡用我五常之德使五者愈歸於厚有典有禮有德有罪相配爲文馬本有典作五典誤字**天秩有禮自我五禮有庸哉**庸常自用也天次秩有禮當用我公侯伯子男五等之禮以接之使有常○天秩有禮今文與古文同自我五禮有庸哉今文無徵王鳴盛云此五禮與堯典不同泛言平日通於天下故鄭兼天子及庶民言之僞傳專指五等諸侯非○天秩有禮者漢書刑法志後漢應劭傳引如此言貴賤有等乃天自然之秩禮序而禮於是生故曰天秩有禮也自我五禮有庸哉者書疏引鄭云五禮天子也諸侯也卿大夫也士也庶民也釋文有庸馬本作五庸孫云自與循轉相訓庸常也俱見釋詁禮書云聖人緣人情而制禮又云禮由人起故云我五禮據堯典惟言典朕三禮則當爲五等之禮鄭以爲自天子至庶人者曲禮云天子穆穆諸侯皇皇大夫濟濟士蹌蹌庶人僬僬又云

天子之妃曰后諸侯曰夫人大夫曰孺人士曰婦人庶人曰妻王制殯葬廟祭之禮皆自天子達於庶人江聲以禮不下庶人疑鄭說之無本非也先謙案馬作五庸是也五禮當如鄭說自我爲五等之禮使五等之人皆守其常制黷亂不生而上下定矣

同寅協恭和衷哉衷善也以五禮正諸侯使同敬合恭而和善○同寅協恭和衷哉今文與古文同○同寅協恭和衷哉者蔡邕中鼎銘同寅協恭和衷以和天衷邕石經皆用今文足證今文尚書不異古文以和衷爲和天衷亦今文說也自朝廷至岳牧同敬協恭遵行典禮自能上合天心書疏引鄭云并上典禮共有此事是也江云恭在貌衷謂心言內外叶和也於義亦通

天命有德五服五章哉五服天子諸侯卿大夫士之服也尊卑采章各異所以命有德○天命有德五服五章哉今文與古文同○天命有德五服五章哉者禮書引大傳虞傳曰天子衣服其文華蟲作繢宗彝藻火山龍諸侯作繢宗彝藻火山龍子男宗彝藻火山龍大夫藻火山龍士山龍故書曰天命有德五服五章哉山龍青也華蟲黃也作繢黑也宗彝白也藻火赤也天子服五諸侯服四次國服三大夫服二士服一大宗伯疏引鄭云五服十二也九也七也五也三也孫云今文說五服爲五章蓋秦滅禮學郊祀之服易以袀玄伏生猶見先秦制度傳授其義似較可信至漢興服志稱孝明皇帝永平二年初詔有司采周官禮記尚書皋陶篇乘輿服從歐陽說公卿以下從大小夏侯氏說鄭據此爲說則漢時章服亦不能證明古義矣大傳以自天子至士皆有山龍者釋言衮黻也司服衮冕注鄭司農云衮卷龍衣也衮自天子至士總名之服故爾雅單舉之廣雅山龍彰也亦舉山龍以

該五章則今文家謂自天子至士皆有之說也論衡語增篇五服五采之服也服五采畫日月星辰王充以此釋弼成五服益誤大傳亦不云畫日月星辰也鄭以十二章爲五服者謂日一月二星辰三山四龍五華蟲六宗彝七藻八火九粉米十黼十一黻十二此十二章天子備有公自山龍而下侯伯自華蟲而下子男自藻火而下卿大夫自粉米而下則此十二章爲五等之服也皮云歐陽說乘輿備文日月星辰十二章大小夏侯氏說三公諸侯用山龍九章九卿以下用華蟲七章皆備五采則是歐陽說冕服章數以十二九七爲節大小夏侯氏說冕服章數天子至公侯以九爲節卿以下以七爲節皆與大傳言五服五章不同此三家今文之背其師說者以五經次序而論尚書應列周官之前而明帝詔首舉周官則當時必以周官爲重故三家博士變今文尚書之師說以傳會周官不知周禮非可以解虞書經明言五服五章不得有十二章九章七章之制鄭據周禮以推虞制其義正本於歐陽夏侯後世皆從鄭說不知亦本於三家博士然皆非伏生之義也白虎通攷黜篇言成章行成規卷龍之衣服表顯其德亦不及日月星辰也漢書王嘉傳曰臣聞爵祿土地天之有也書曰天命有德五服五章哉王者代天爵人尤宜愼之引書與今本同後漢應劭傳尚書稱天秩有禮五服五章哉天討有罪五刑五用哉蓋合**天**

上文引之非必今文異本胡廣傳亦曰五服五章天秩所作

討有罪五刑五用哉言天以五刑討五罪用五刑宜必當○天討有罪五刑五用哉今文與古文同用一作庸

○天討有罪五刑五用哉者夏紀如此罪作皐潛夫論述天敎篇天子在於奉天威命共行賞罰故書稱天命有德五服五章天討有

罪五刑五用漢書刑法志書云天秩有禮天討有罪故聖人因天秩而制五禮因天討而作五刑大刑用甲兵其次用斧鉞中刑用刀鋸其次用鑽鑿薄刑用鞭朴大者陳諸原野小者致諸市朝其所由來者上矣御覽引大傳云古者中刑用鑽鑿足證唐虞之世明有五刑特至治之時犯刑者少偶用象刑以示恥辱非竟廢不用專以象刑爲事也用一刑作庸者後漢梁統傳統對尚書問曰臣聞聖帝明王制立刑罰故雖堯舜之聖猶誅四凶經曰天討有罪五刑五庸哉用作庸與史記諸書不合或據夏侯尚書

政事懋哉懋哉言敘典秩禮命德討罰譔之無非天意者故人君居天官聽政治事不可以不自勉○政事懋哉懋哉古文也今文懋作茂○懋作茂者漢書董仲舒傳仲舒對策曰書云茂哉茂哉彊勉之謂也顏注茂哉茂哉虞書咎繇謨之詞也段云古茂懋音同通用左傳引康誥惠不惠茂不茂今尚書作懋不懋釋詁茂勉也郭注書曰茂哉茂哉釋文茂又作懋亦作悉同注以茂哉或作茂才孫云晉語韋昭注政職也先謙案茂美也言人君以此典禮服刑施之政事上下中外粲然有紀則可謂美哉美哉也

天聽明自我民聽明言天因民而降之福民所歸者天命之天視聽人君之行用民爲聽明○天聽明自我民聽明今文與古文同僞傳以聽明屬天非說見下○天聽明自我民聽明明者漢書李尋傳尋說王根曰書云天聽明孔光傳亦云上天聽明苟無其事變不虛生鄉大夫鄭注引書曰天聽明自我民聽明皮云鄭注禮在贊書之前所引尚書是當時立學官之本是今文不異也詩烝民鄭箋亦引天聽明自我民聽明疏云引書曰者泰誓文也彼注云天之所謂聽明有德者由民也言天所善惡

與民同引之者證天從民意也王鳴盛云詩言民好懿德又言周政教光明民之所謂聰明者天亦以爲聰明則聰明自指人君有聰明睿知之德者而言傳以聰明屬天則是泰誓天視聽自民視聽之義非此經意也孫氏箋疏誤爲泰誓注**天明畏自我民明威**天明可畏亦用民成其威民所叛者天討之是天明可畏之効○天明畏自我明明威僞古文也今古文畏並作威○畏並作威者鄉大夫鄭注引書曰天明威自我民明威據上文引皮說是今文作威釋文畏如字馬本作威是古文作威也段云困學紀聞古文自我民明畏今作威葢衞包所改案此非衞改王氏所云古文者卽宋次道家本也不可信上句從下句作威則可不當下句從上句作畏也考工記注故書畏作威杜子春云當爲畏案當爲畏今本作當爲威誤古威畏二字同音通用不分上去孫云明威謂賞罰呂刑德畏惟威德明惟明是也周語尊貴明賢韋注明顯也釋詁從自也自亦爲從

達于上下敬哉有土言天所賞罰惟善惡所在不避貴賤有土之君不可不敬懼○達于上下敬哉有土今文無徵達當爲通○達當爲通者以禹貢例之當然上下者江云上謂天下謂民天之賞罰皆由民是上下通孫云有土卽謂上有邦者重言以爲戒

皋陶曰朕言惠可底行其所陳九德以下之言順於古道可致行○皋陶曰朕言惠可底行今文與古文同○皋陶曰朕言惠可底行者夏紀作吾言底可行乎朕吾故訓字消皋陶曰孫云史公以前文俱皋陶之言不必再舉非今古文之異也先謙案底可疑誤倒白虎通聖人篇皋陶爲禹陳道朕言惠可底行獨斷云朕我也古者尊卑共之貴賤不嫌則可同號之義也堯

典曰朕在位七十載皋陶與帝舜言曰朕言惠可底行此其義也
據此今文尚書有惠字底可當爲可底也惠者言順於理江云下
云予未有知此必非自矜詡之言據史記乎字此是問詞是也**禹曰兪乃言底可績**然其所陳從而美之曰用
汝言致可以立功○禹曰兪乃言底可績今文與古文同○禹曰
兪乃言底可績者夏紀作禹曰汝言致可績行消兪字乃汝故訓
字說績爲績行者績與迹同亦謂行也左哀元年傳復禹之績釋
文本亦作迹績迹通王逸楚詞注迹行也文選顏延年詩注引春
秋合誠圖宋注云迹行迹謂功績也是績行猶云履而行之也**皋陶曰予未有知思曰贊贊襄哉**
言我未有所知未能思致於善徒亦贊奏上古行事而言之因禹
美之承以謙辭言之序○皋陶曰予未有知思曰贊贊襄哉今文
與古文同書疏引王肅云贊贊猶贊奏也僞傳云贊奏上古行事
與肅說合近儒以傳出肅手又一證也○皋陶曰予未有知思曰
贊贊襄哉者夏紀作皋陶曰余未有知思贊道哉消約其文孫云
周語內史贊之韋昭注贊道也道謂導之張守節正義以爲贊於
古道非也先謙案道猶言也謂以所言贊明帝德也段云書疏云
曰者謂我上之所言也是此字音越唐石經正作曰今俗本作日
讀人實反誤也先謙案曰亦言也書疏引鄭云贊明也贊之言揚
也一作暢下同孫從毛本言我未有所知所思徒贊明帝德暢我忠言而已謙
也孫云明之言勉贊贊猶明明明明卽勉勉也贊明帝德謂贊勉
之云揚我忠言者襄揚聲相近得爲揚云忠言者蓋以曰爲言也
釋文襄馬云因也王鳴盛云說文贊見也見有明義詩譜序疏亦
云贊明也謚法解因事有功曰襄鄭以皋陶爲謙今因人成事正

益稷第五

夏書　孔氏傳　王先謙參正

益稷禹稱其人因以名篇○帝曰來禹汝亦昌言以下本皋陶謨文自梅氏古文出其僞孔序云伏生以益稷合於皋陶謨時人因之分爲二篇書序云皋陶矢厥謨禹成厥功帝舜申之作大禹皋陶謨益稷劉云此今書也其言皆禹皋之言故以謨歸之所述兼益稷之功復以名繫之例至昭然以是知典謨皆完書也逸書十六篇乃有大禹謨及弃稷然書序孔子所定稷爲配天之祖周人以諱事神故典謨稷獨稱官惟帝命乃名耳據周立法必無以弃稷名之理其可信乎閻云益稷據書序原名弃稷馬鄭王本皆然益別爲一書中多載后稷之言或契之言是以楊雄親見之其法言孝至篇云或問忠言嘉謨曰言合稷契之謂忠謨合皋陶之謂嘉今虞書五篇皋陶矢謨固多矣稷契無一言謂流傳豈鑿空者邪胡爲輕立此論當雄時酒誥偶亡故謂酒誥之篇俄空焉賴劉向以中古文校今篇籍具存雄時弃稷見存故謂言合稷契之謂忠以篇名無謨字僅以謨屬皋陶惜永嘉之亂亡失今遂不知中作何語矣丁晏云後稱史記夏本紀皋陶述其謀云云至帝拜曰然往欽哉文義貫注史公親受安國古文此皋陶謨益稷合一之明證也續漢輿服志永初二年初詔有司宋周官禮記尚書皋陶謨篇乘輿服從歐陽說公卿以下從大小夏侯說即謂日月

星辰至絺繡之文蔡邕獨斷漢明皇詔釆尚書皋陶篇制冕旒是漢人皆以益稷本爲皋陶謨也禮王制疏引尚書皋陶謨注要服之弼當其夷服又引尚書皋陶謨予欲觀古人之象云云月令疏引鄭注皋陶謨曰釆施曰色又引尚書皋陶謨云日月星辰山龍華蟲作繪云云詩鄭譜序疏皋陶與虞舜相荅爲歌齊譜又引皋陶謨弼成五服至於五千商頌殷武疏引皋陶謨云禹曰惟荒度土功唐人猶依馬鄭王本亦以益稷爲皋陶謨也先謙案書疏云馬鄭王所據書序此篇爲弃稷又合此篇於皋陶謨謂其別有弃稷之篇皆由不見古文妄爲說耳孔沖遠謂馬鄭不見古文而妄說抑揚乖謬一至如此誠一言以爲不智也

帝曰來禹汝亦昌言因皋陶謨九德故呼禹使亦陳當言○帝曰來禹汝亦昌言今文與古文同○帝曰來禹汝亦昌言者夏紀作帝舜謂禹曰汝亦昌言案歐陽尚書作昌言大小夏侯尚書當作讜或作黨說見上**禹拜曰都帝予何言予思日孜孜**拜而歎辭不言欲使帝重皋陶所陳言已思日孜孜不怠奉承臣功而已○禹拜曰都帝予何言古文也今文無帝字予思日孜孜古文也今文孜孜作孳孳○今文無帝字者夏紀作禹拜曰於予何言都於故訓字皮云無帝字蓋今文本無○孜孜作孳孳者夏紀云予思日孳孳孫云孜孜古文孳孳今文也思猶斯也詩泮水思樂泮水禮器疏作斯又言歸思復唐石經作斯禹言予此日孜孜不遑耳廣雅釋訓孜孜劇也劇蓋勮字言勞勮說文孜下云汲汲也引周書曰孜孜無怠孳下云汲汲生也是孳與孜同皮云漢書谷永傳說王音曰夙夜孳孳東方朔傳此士所以日夜孳孳楊雄揚州牧箴殷肱不可

不孳孳後漢李固傳固疏曰夕惕孳孳皆用今文尚書**皋陶曰吁如何**問所以孜孜之事○皋陶曰吁如何今文與古文同○皋陶曰吁如何者夏紀作皋陶難禹曰何謂孳孳此說經意難猶問也滔吁字**禹曰洪水滔天浩浩懷山襄陵下民昏墊**言天下民昏瞀墊溺皆困水災○禹曰洪水滔天浩浩懷山襄陵古文也今文洪作鴻下民昏墊今文與古文同○今文洪作鴻者夏紀作禹曰鴻水滔天浩浩懷山襄陵說詳堯典○下民昏墊者夏紀作下民皆服於水孫云依史記昏疑當爲皆形相近以墊爲伏於水者廣雅釋詁墊伏藏也文選陸士衡詩李注伏服古字通是伏於水謂陷於水也書疏引鄭云昏沒也墊陷也禹言洪水之時人有沒溺之害方言墊下也是墊陷俱爲下溼義先謙案據鄭說昏墊皆謂伏於水史公說經意也不必改昏爲皆皮云蔡邕和熹鄧后謚議曰故自昏墊以迄康乂亦作昏不作皆孫說未可從**予乘四載隨山刊木**所載者四謂水乘舟陸乘車泥乘輴山乘樏隨行九州之山林刊槎其木開通道路以治水也○予乘四載古文也今文作予陸行乘車水行乘舟泥行乘橇山行乘欙一作陸行乘車水行載舟泥行蹈毳山行即橋一作陸行載車水行乘舟泥行乘毳山行則梮隨山刊木今古文皆當爲隨山栞木○今文作予陸行乘車水行乘舟泥行乘橇山行乘欙者夏紀如此紀前文序禹治水事亦有陸行乘車水行乘船泥行乘橇山行乘欙十六字惟舟作船異餘同舟船蓋故訓字集解引徐廣曰橇他書或作蕝欙一作橋一作陸行乘車水行載舟泥行蹈毳山行即橋者史記河渠書引夏書如此集解引徐廣曰橋一作欙欙直轅車也音已足反尸子曰山行乘樏音力追反尸子又曰作

行塗以楯行險以樶行沙以軌索隱毳亦作橇音昌芮反注以樶子芮反又子絶反與蕝音同一作陸行載車水行乘舟泥行乘毳山行則梮者漢書溝洫志引夏書如此孟康曰毳形如箕擿行泥上如淳曰毳音茅蕝之蕝謂以板置泥上以通行路也梮謂以鐵如錐頭長半寸施之履下以上山不蹉跌也韋昭曰梮木器如今轝牀人轝以行也說文欙下引虞書云予乘四載水行乘舟陸行乘車山行乘欙澤行乘⿰車川先謙案予乘四載引古文經水行十六字兼引今文以明之知者古文統言四載則下不析舉今文析舉四載則上不統言屬文一定之理也泥卽澤也書疏引應劭云梮或作欙爲人所牽引也呂覽愼勢篇水用舟陸用車塗用楯沙用鳩山用欙皆異字可依聲近推詳其義四載車舟諸書同橇毳蕝樶⿰車川楯輴爲一物⿰木輂輂橋樏欙梮爲一物段云欙輂梮橋同字⿰者橋⿰車輂語之欙樏與輂異字同義一物而異名也輂自其盛載而言欙自其輓引而言纍大索也此聲義之相倚者也韋訓輂云人轝以行應訓欙云人所牽引皆得其正解孟子滕文公篇虆梩而揜之趙注虆梩籠臿之屬案說文梩下云從土輂然則虆亦輓引之稱趙注未了如氏如錐長半寸之說是其物如齒屐不得稱四載之一豈履屐等皆可稱載乎顏張從之誤矣書疏引尸子曰泥行乘蕝引愼子曰爲毳者患塗之泥也徐引尸子作楯傳作輴說文作⿰車川毳橇蕝⿰車川楯一聲之轉⿰車川敕倫切本訓車約⿰車川此借爲板行泥上之字耳說文云虞書史漢云夏書者三科之條虞夏書爲一科故或以爲虞或以爲虞夏書又史公系皋陶謨於本紀故謂之夏書先謙案夏紀陸行乘車上有予字爲此經今文之確證史漢它處所引夏書不同乃三家今文異字無予字者刪之也○今古文當爲

隨山栞木者夏紀作行山栞木隨行故訓字廣雅釋詁隨行也段云唐石經以下栞作刊後人改也說文栞下云槎識也从木从𢆶闕夏書曰隨山栞木讀若刊栞下云篆文从幵案云闕者謂从𢆶不知何字象形會意諧聲何屬也篆文从幵則栞爲古文出於孔壁可知李斯改栞爲栞則孔安國以今文讀古文早易栞爲栞夏紀云行山栞木然則今文尚書亦作栞可證許云讀若刊謂音與刊同非栞刊同字也假令栞刊同字則當刊傳木部矣槎衺斫也衺斫木使其白多以爲道路高下表識故云槎識後人誤以栞刊爲古今字乃改栞爲刊刊剟也字不從木非謂斫木郎左傳有井堙木刊之語然不可用以改虞夏書亦明矣玩書疏則栞之改刊在天寶前

曁益奏庶鮮食奏謂進於民鳥獸新殺曰鮮與益槎木獲鳥獸民以進食○曁益奏庶鮮食古文也今文庶下多稻字○庶下多稻字者夏紀作與益予衆稻鮮食暨與奏予故訓字鄭注奏爲授㒄授予義同紀前序禹治水事云令益予衆庶稻可種卑溼而無鮮食字下又以鮮食爲食少段云此經鮮食今文作稻食而誤多稻鮮食之鮮字如大誥民獻儀之比先謙案釋文引馬云鮮生也詩思文疏引鄭云授以水之衆鱻食謂魚鼈也孫云說文稻稌也沛國謂稻爲稬穛稻不黏者秔稻屬是稻有此諸種也周禮庖人凡其死生鱻薧之物注鄭司農云鮮謂生肉蓋兼六畜六獸六禽言之馬意以益焚山澤禽獸逃匿可以爲民食也說文鱻下云新魚精也从三魚不變與鮮音相近皮云史記於下鮮食字代以食少則下鮮食不作鳥獸魚鼈解而此文作鮮與下文義不同今文不應舍禽獸魚鼈不言有鮮字是也

予決九川距四海濬畎澮距川距至

也決九州名川通之至海一畎之間廣尺深尺曰畎方百里之間廣二尋深二仞曰澮澮畎深之至川亦入海○予決九川距四海濬畎澮距川今文與古文同○予決九川距四海者夏紀作以決九川致四海距致故訓字說文決下云行水也九川謂弱黑河漾江沇淮渭雒九水非謂九州之川說見禹貢廣雅釋詁距至也漢書食貨志孟康注同致至聲義並通河入北海濰淄泲入東海江漢入南海弱水入西海不得以海晦之義解之段云廣韻八語距下云其呂切書傳云至也距下切同雞距也與說文合後人用距爲歫輒以改經而陸孫所據書傳固未誤文選三十注引尚書傳距至也不若廣韻所引爲正唐開元時釋慧苑華嚴音義引孔安國尚書傳曰歫違也見禹貢然則今本作距乃衞包所改○濬畎澮距川者夏紀作浚畎澮致之川說文浚下云抒也史公濬作浚假音字公羊莊元年傳浚之者深之也亦以浚爲濬釋言濬深也說文㕡下云深通川也从谷从𣦵𣦵殘地阬坎意也虞書曰㕡畎澮距川濬下云古文㕡又作濬く下云水小流也周禮一耦之伐廣尺深尺謂之く甽下云古文く从田川畎下云篆文く从田犬聲巜下云水流澮澮也方百里爲巜廣二尋深二仞川下云貫穿通流水也虞書曰濬くく距川段注距當爲歫今本作距誤言深くく之水會爲川也案濬濬同是古文段云濬者倉頡古文㕡者小篆く倉頡古文くく川三字必一人所制皆倉頡古从田川當是籀文今本說文籀誤爲故甽耳畎者小篆巜者倉頡古文澮者同音借字作濬く巜者壁中故書作㕡畎澮者孔安國以今字讀之也史記集解引鄭云畎澮田間溝也文選長笛賦注澮所以通水於川也孫云考工記匠人爲溝洫耜廣五寸二耜爲耦一耦之伐廣尺深尺謂之畎田首倍之廣二尺深二尺謂之遂

九夫爲井井間廣四尺深四尺謂之溝方十里爲成成間廣八尺深八尺謂之洫方百里爲同同間廣二尋深二仞謂之澮專達於水各載其名俱是在田間通水於川也管子桓公問篇水之出於他水溝流於大水及海者命曰川水

暨稷播奏庶艱食鮮食艱難也衆難得食處則與稷教民播種之決川有魚鼈使民鮮食之○暨稷播奏庶艱食鮮食今文與古文同經紀前序禹治水亦云命后稷予衆庶難得之食釋文艱馬本作根云根生之食謂百穀也孫云鄭語周棄能播殖百穀注播布也史記不言布疑今文本無播字決水致之川則有平土可以布穀不耕之土得食爲難故云艱食也說文艱下云土難治也史公云難得之食即謂百穀馬艱作根者釋名艱根也如物根也艱根形聲俱相近詩思文疏引鄭云禹復與稷教民種澤物菜蔬艱戹之食云復與者以上已與益奏鮮食此復奏艱食云澤物者司徒川澤其植物宜膏物注云膏當爲櫜蓮芡之屬有櫜韜是澤物爲蓮芡之屬也云菜蔬者魯語柱能播殖百穀百蔬周棄繼之注草實曰蔬是蔬與穀俱稷所植釋天疏不熟爲饉郭注凡草菜爲食者通名爲蔬是菜蔬亦兼草也云艱戹之食者遺人賙萬民之囏戹注囏戹即饑乏也說文作餽云飢也○鮮食者夏紀作食少前敘禹治水亦作食少說此鮮食與上不同江云鮮鱻尟三字誼別今俗混用一鮮字非依少誼則字當作尟說文尟下云是少也皮云今文尚書未必皆用古文字漢世通行今文字多消俗如漢碑所引用唐張參五經文字所引石經可證若古文出於山巖屋壁當時本不通行故字未改易劉向以中古文校三家尚書三家皆有

書五　四

二一七

脫簡可證故論文字則古文爲勝論說解則今文爲長如左氏春秋古經勝於公穀而說解則巨明不傳春秋其義當從公穀蓋今文傳自漢初遠有師承古文本無師承其說解乃諸儒附會爲之故與古書多不合也此鮮字或今文本用通假不必皆依說文而其義則當爲食少陳喬樅不從史記而用思文疏引鄭注鱻食魚鼈之訓失之

懋遷有無化居

化易也居謂所宜居積者勉勸天下徙有之無魚鹽徙山林木徙川澤交易其所居積○懋遷有無化居今文與古文同一作貿遷有無化居○懋遷有無化居者漢書食貨志食足貨通然後國實民富而教化成禹平洪水定九州制土田各因所生遠近入貢楙遷有無萬國作乂敘傳商以足用茂遷有無顏注楙與茂通勉也言勸勉天下遷易有無使之交足則萬國皆治案楙懋字同懋茂字通並訓爲勉言勸勉天下爲之合方氏注茂遷其有無是今文懋一作茂皮云楊雄大司農箴厥僚后稷有無遷易荀悅申鑒時事篇貿遷有無皆不連化居爲義或三家句讀不同一作貿遷有無化居者文選永明九年策秀才文李注引尚書曰貿遷有無化居宋王天與尚書纂傳元吳澄尚書纂言皆云伏生大傳作貿遷荀悅申鑒同晛夏紀說爲調有餘補不足徙居紀前敘禹治水作調有餘相給以均諸侯孫云說文貿下云易財也調者廣雅釋詁賣也經文有爲有餘無爲不足釋詁遷徙也化古貨字古布以化爲貨居者積貯之名晉語叔向曰假貸居賄韋注居蓄也史記呂不韋傳此奇貨可居漢書食貨志廢居居邑如淳注居賤物於邑中以待貴也江云調有餘補不足即貿遷有無徙居即化居謂遷徙其居積之貨也劉云懋遷有無謂行貨爲商徙居謂居貨爲賈先謙案調有餘相

給者相給即補不足之義以均諸侯者申明徙居之意使諸侯國貨物得以流通也據書疏云變化是改易之義則移民說亦可通大司徒大荒則令邦國移民通財稟人若食不能人二鬴則令邦移居就穀即其義史記作貿者用歐陽本漢書作楙茂者夏侯本也

烝民乃粒萬邦作乂

米食曰粒言天下由此爲治本○烝民乃粒萬邦作乂古文也今文作烝民乃立萬國作艾○烝民乃粒者詩思文疏引鄭作粒所見今文作烝民乃立者夏紀作衆民乃定以故訓代經烝衆釋詁文說文立住也住即定呂覽孝行篇高注定安也故史公改立爲定皮云詩思文立我烝民即此之烝民乃立也左傳周語皆引立我烝民並不作粒食解自古文尚書假借作粒鄭以粒食訓之又破詩之立字爲粒以致詩書皆失其解此由鄭本古文已誤僞孔不任咎也○萬國作艾者漢書食貨志引如此夏紀作萬國爲治以故訓代經思文疏引鄭云粒食也乂養也衆民乃復粒米萬國作相養之禮孫云乂養釋詁文王引之曰作之言乍乍者始也作與乃相對成文

皋陶曰俞師汝昌言

言禹功甚當可師禹法○皋陶曰俞師汝昌言今文也今文師作斯○師作斯者夏紀作皋陶曰然此而美也江云史公輒以故訓代經然則師當爲斯聲之誤先謙案禹所述者已往之迹皋陶何從師之今文作斯是也禹言己與益稷勤苦之事以見當居安思危非自伐

禹曰都

然禹言受其戒○禹曰都帝愼乃在位今文與古文同無帝曰俞○禹曰都帝愼乃在位

帝愼乃在位帝曰俞

者夏紀作禹曰於帝愼乃在位都於故訓字無帝曰俞者夏紀無

禹曰安汝止惟幾惟康其弼直

言愼在位當先安好惡所止念慮幾微以保其安其輔臣必用直人○安汝止今文與古文同無禹曰二字惟幾惟康四字其弼直今文當作其弼悳○無禹曰者夏紀無及上帝曰俞三字或今文本無或史公消文未詳安汝止者夏紀作安爾止汝爾故訓字孫云孟子盡心篇人能充無受爾汝之實爾汝聲之轉詩雄雉百爾君子箋爾汝也史記集解引鄭云安汝之所止無妄動動則擾民孫云止卽位也大學篇在止於至善注止猶自處也論語君子思不出其位呂覽任數篇古之王者其所爲少其所因多因者君術也爲者臣道也爲則擾矣因則靜矣史記蕭相國世家治道貴清靜而民自定又云愼勿擾也惟幾惟康者釋詁惟思也幾殆也康安也其弼悳者夏紀作輔悳弼輔故訓字孫云直當爲悳壞字段江職說文悳下云外得於人內得於己也言君能思危以圖其安其輔臣用有悳者

惟動丕應徯志徯待也帝先安所止動則天下大應之順命以待帝志○惟動丕應今文與古文同○惟動丕應者夏紀說爲天天下大應孫云惟動則天下大應之言無妄動動必依德其應如此徯志見下

以昭受上帝天其申命用休昭明也非但人應之又乃明受天之報施天又重命用美○徯志以昭受上帝天其申命用休今文與古文同○徯志以昭受上帝者夏紀作清意以昭待上帝命孫云釋詁徯待也徯志如管子曰虛心平意以待須也文侯之命馬注昭明也上帝下史記有命字疑此脫史以志爲清意者周語有不祭則修意韋注意志意也是志與意同說文精意以享爲禋初學記引作絜意誅　周北堂書鈔九十引白虎通云齋者言己之意念專一精明也是清意亦潔瀞其意此蓋言禋祀上帝○天其申

命用休者夏紀作天其重命用休集解引鄭云天將重命汝以美應謂符瑞也孫云禮器云升中於天而鳳皇降龜龍假饗帝於郊而風雨節寒暑時是也莊述祖云禹重在君德言九德之人皆所以輔成君德然後動則天下大應之帝又歎息又求助於臣鄰也

帝曰吁臣哉鄰哉鄰哉臣哉禹曰俞鄰近也言君臣道近相須而成○帝曰吁臣哉鄰哉鄰哉臣哉古文也今文作臣哉臣哉鄰哉鄰哉無禹曰俞○帝曰吁臣哉鄰哉鄰哉臣哉者書疏引鄭云臣哉汝當爲我鄰哉鄰哉汝當爲我臣哉反復言此欲其志心入禹孫云臣謂禹鄰謂下四鄰禹宅百揆故欲其兼助四輔之事下文翼爲明聽是諸臣之事爾違無面從是四鄰之事史公說鄰爲臣故下欽四鄰爲欽四輔一臣此單言臣似亦謂禹云欲其志心入禹者欲四輔之與禹一德一心也今文作臣哉臣哉鄰哉鄰哉者夏紀作帝曰吁臣哉臣哉三國魏志何晏奏曰舜戒禹曰鄰哉鄰哉言慎所近也史記無鄰哉句蓋涓文此與詩委蛇委蛇一作委委佗佗同此例無禹曰俞者夏紀無

帝曰臣作朕股肱耳目言大體若身○帝曰臣作朕股肱耳目今文與古文同無帝曰二字○無帝曰者夏紀無與上帝曰俞三字或今文本無或史記涓文未詳臣作朕股肱耳目者夏紀如此書疏引鄭云動作視聽皆由臣也孫云注義未備當云皆由臣助之也

予欲左右有民汝翼左右助也助我所有之民富而教之汝翼成我○予欲左右有民汝翼今文與古文同僞傳翼成我本馬說○予欲左右有民汝翼者夏紀作予欲左右有民汝輔之史公釋翼爲輔文王世子愼其身以輔翼之是翼有輔義今文說也集解引馬云我欲左右

助民汝當翼成我也釋翼爲成左文三年傳以燕翼子注翼成也
孔疏翼者贊成之義是翼有成義古文說也易泰象以左右民鄭
注左右助也

予欲宣力四方汝爲布力立治之功汝羣臣當爲之○予欲宣力四方今文當與古文同汝爲
今文無徵○今文同者漢夏勤策文云宣力四表蔡邕司空文烈
侯楊公碑云帝欲宣力於四方公則翼之可證夏紀湝文孫云宣
力言用力左傳杜注宣用也司勛治功曰力汝爲者詩箋云爲勛也

予欲觀古人之象欲觀示法象之服制○予
欲觀古人之象今文與古文同○予欲觀古人之象者夏紀如此
予作余同許愼說文解字序引作予孫云古人謂黃帝象者易象
也易繫辭云黃帝堯舜垂衣裳而天下治蓋取諸
乾坤後漢輿服志乾巛有文故上衣元下裳黃也

日月星辰山龍華蟲日月星爲三辰華象草華蟲雉也畫三辰山龍華蟲於衣服
旌旗○日月星辰山龍華蟲今文與古文同僞傳以華蟲爲
一物左昭二十五年傳九文杜注華若草華卽本僞傳近儒以
傳出王肅肅晉武帝外祖故杜阿附之不誣也梁武帝以裳有圓
花當之[illegible]引見○日月星辰者夏紀如此下云作文繡服色女明之
以作文繡服色總山龍以下經文皮云史公以日月星辰別出於
上者蓋不以日月星辰在文繡服色之中其義與伏生同若日月
星辰亦是服章何不以日月星辰並括於文繡服色之中而必單
舉四字以別見義乎日月星辰之用書傳無文或虞夏以畫旌旗
或別有所用不可孜自漢明帝永平二年采尚書皋陶篇乘輿服
備文日月星辰十二章而古義晦矣孫云今文不言日月星辰者
司馬法云章夏后氏以日月尚明也則日月星辰畫旌旗亦夏制

漢東平王南北郊服議云日月星辰山龍華藻天王袞冕十有二旒以則天數旂有龍章日月以備其文是古說以日月爲旂章也先謙案郊特牲云祭之日王被袞以象天鄭注謂有日月星辰之章鄭荅據下文云龍章而設日月以象天也論衡語增篇云服五采畫日月星辰莫知篇云繡之未刺恆絲庸帛加五采之巧施鍼縷之飾文章炫燿黼黻華蟲山龍日月御覽七十六引春秋合誠圖曰大帝冠五采衣青衣黑下裳抱日月日在上月在下黃色正方居日間名曰五光是言日月星辰畫衣者皆在前與伏生史公異鄭注王制云虞夏之制天子服有日月星辰此古文說仍本今文家說○山龍華蟲者大傳引見上五服五章下皮云大傳說山龍純青者東方爲蒼龍東方屬木木色青故山龍純青華蟲純黃者華蟲當是鳳皇大戴禮云羽蟲三百六十鳳皇爲之長是鳳皇可稱蟲釋言皇華也王制有虞氏皇而祭鄭注皇冕屬也畫羽飾焉周禮樂師教皇舞先鄭注皇舞者以羽冒覆頭上衣飾翡翠之羽後鄭注皇雜五采羽如鳳皇色合二鄭說是皇爲鳳皇五采之色飾於冠並飾於衣虞有鳳皇來儀之瑞故以皇名其冠又飾之於衣鳳皇羽蟲之長故惟天子得服之虞土德尚黃土數五故天子服五色尚黃故華蟲居首周木德色青尚山龍虞土德色黃尚華蟲周制與虞異也鳳皇五采而多黃五采故曰華蟲所以知色多黃者說文鷫下云鷫鷞也五方神鳥也東方發明南方焦明西方鷫鷞北方幽昌中央鳳皇左傳唐成公有兩肅爽馬賈逵曰色如霜紈然則西方鷫鷞蓋色白師曠禽經云白鳳謂之鷫以此推之東方發明色青南方焦明色赤北方幽昌色黑中央鳳皇當色黃矣隋書禮儀志古有冕服畫鳳皇者其文曰天監七年周捨

議詔旨以王者衮服宜畫鳳皇以示差降案禮有虞氏皇而祭深衣而養老鄭元所言皇則是畫鳳皇羽也（鄭注但曰畫此云是鳳皇）羽又案禮所稱雜服皆以衣定名猶加衮冕則是衮衣而冕明有虞言皇者是衣名非冕名矣（此謂皇是衣名跐徵皇畫於衣）畫鳳之旨事實灼然制可又王僧崇云今祭服三公衣身畫獸（此虎字唐避諱改）其腰及袖又有青獸形與獸（亦是虎）同義應是雉即宗彝也兩袖各有禽鳥形類鸞鳳（此則當時）祀（畫鳳若是雉得類鸞鳳）似是華蟲今畫宗彝即是周禮但鄭元云蜼蝸屬昂鼻長尾是獸之輕小者謂宜不得同獸（亦虎字）尋冕服無鳳應改為雉又裳有圓花於禮無礙疑是畫師加葩蘤耳藻米黼黻並乖古制今請改正並去圓花帝曰古文日月星辰此以一辰攝三物也山龍華蟲又以一山攝三物也藻火粉米又以藻攝三物也是為九章今衮服畫龍則宜應畫鳳明矣孔安國云華者花也則為花非疑若一向畫雉差降之文復將安寄鄭義是所未允據周說有虞氏皇是畫鳳皇羽於衣據王說當時冕服猶畫鳳蓋古制之僅存者非始於梁武也惟王氏專執鄭義欲改畫雉梁武以為上下皆畫雉無差降故仍用畫鳳耳

作會宗彝

會五采也以五采成此畫焉宗廟彝樽亦以山龍華蟲為飾○作會宗彝今古文並當作作繪宗彝偽傳誤詳下云宗廟彝樽以山龍華蟲為飾則與作服無涉矣可謂巨謬○古文會作繪者說文繪下云會五采繡也虞書曰山龍華蟲作繪左太沖魏都賦有虞作繪張載注引咎繇謨山龍華蟲作繪釋文云會胡對反馬鄭作繪可證今文作繪者尚書大傳虞傳咎繇謨作繪三見可證段云文選景福殿賦命共工使作績明五采之彰施李注尚書曰予欲觀古人之象作繪鄭元曰績讀曰繪凡畫者為繪胡對切玉裁案經本作繪

鄭以爲繪訓會五采繡也畫繪字當依考工記作繢故注尚書云繪讀曰繢讀曰與讀爲同易其字也繢音胡對反在十八隊繪音黃外反在十四泰此唐韻如是本於陸法言切韻故釋文云繪馬鄭作繢胡對反書疏云鄭云繪讀爲繢凡畫者爲繢左昭二十五年傳疏云鄭元讀繪爲繢謂畫也文選注云繪讀曰繢凡畫者爲繢胡對切此可細推而得者也僞孔本本作繪故傳云繪會五采也會五采三字卽說交繪下所云會五采繡也孔釋爲畫事故去繡字耳令本作會五采也此不成交理五采可謂之會乎揆其舛謬之由以繢繪二字俗既通用不分因之鄭讀繪爲繢者繢皆譌繪而不可通則去繪之半以通之此所以馬鄭僞孔尚書作繢而誤爲會釋文孔疏引鄭讀繪以爲繢而誤云讀會爲繪也選注引尚書作繪又引鄭注繪讀曰繢以爲何賦作繢之證必如是而後文理可讀令轉寫倒亂不可通矣洪範五行傳景福殿賦引書皆作繢字鄭注周禮司服注尚書大傳同此鄭易繪爲繢因徑用繢字與箋詩易田爲韎其注明堂位徑引詩應韎縣鼓同也司服釋文繢胡對反論語八佾篇釋文繪胡對反本又作繢同按又作本爲善繢漢志作繪宗彝此用鄭本尚書也劉昭注古文尚書作繢會此用僞孔誤本也鄭司農注周禮引論語繢事後素字作繢與考工記合與許本論語作繪異或謂說文引虞書論語作繪如其交是繡也非畫也豈得以作繪爲作畫乎曰其字从糸故本義爲繡其引虞書論語則六書之段借如朕塈讒說塈訓嫉非以土增道也尚狟狟訓威武非犬行也無有作玫玫卽好字非姓也堋淫于家堋卽朋字非葬下梋也繪本義訓繡何妨借爲畫繪字乎繢从糸亦非本字鄭據考工記當用此字故云繪讀曰繢也且大傳云

作繪黑也則今文家說作繪非謂畫也安知許不用今文說乎先謙案自三家今文有十二章之說東漢諸儒從之遂爲定解馬鄭皆從作繪斷句取與絺繡相配成文上句日月星辰山龍華蟲六章在衣用畫下句宗彝藻火粉米黼黻六章在裳用繡許雖從作繪斷句仍釋繪爲繡不以爲畫與鄭說異而與續漢志引三家今文乘輿刺繡公卿以下皆織成說合是許仍用今文說也至大傳作繪亦有二說隋書禮儀志大業元年虞世基奏近代故實依尚書大傳山龍純青華蟲純黃作繪宗彝純黑藻純白火純赤以此作繪宗彝爲一物陳祥道禮書引大傳山龍青也華蟲黃也作繪黑也宗彝白也藻火赤也又以作繪宗彝爲二事陳壽祺以爲陳所見係誤字當從隋志更正予案大傳乃伏生沒後歐陽張生輩各記所聞容有互異正如朔易之爲伏物皆出大傳而其說不同非必陳本誤也皮云作繪宗彝純黑者宗彝卽尊彝古宗尊通用左傳伯宗穀梁作伯尊可證據明堂位虞夏已有彝宗彝蓋繡尊彝之形如黼作斧形黻作亞形之比而尊彝古器年久色黑故爲黑作繪者作起也如攷工記作其鱗之而之作淮南天文訓高注作鄂皆物芒枝起之貌元衣纁黑章色不甚著故爲作起之勢以著其色如今之堦花孫云大傳云作繪黑黑者衣元質合青黃白赤四色爲五章故說文繪爲會五采元與黑同也說文黲沃黑色玉篇沃作浚說文又有嬒云女黑色也是繪音義當爲黑云宗彝白者釋文云彝音夷馬同又引鄭云宗彝虎也疑與青龍相對西方金色白也說文彝从糸糸綦也詩出其東門傳云綦巾蒼艾色艾爲白縞綦爲織文書疏引鄭云宗彝謂宗廟之鬱鬯樽也故虞夏以上盎取虎彝蜼彝而已案司尊彝有鷄彝鳥彝斝彝黃彝虎彝蜼

彝明堂位云夏后氏以鷄彝殷以斝周以黄目則鳥彝與雞同類爲夏物斝是殷黄目是周推知虎蜼是周之彝器蜼爲虎類故以虎說之

藻火粉米黼黻絺繡

藻水草有文者火爲火字粉若粟冰米若聚米黼若斧形黻爲兩己相背葛之精者曰絺五色備曰繡○藻火粉米黼黻絺繡今文與古文同藻火古文一作璪火粉米古文一作黺䋛絺古文一作希僞傳分粉米爲二及釋黼黻並誤詳見下○藻火者隋志禮書引大傳作藻火古文一作璪火者說文璪下云玉飾如水藻之文也从玉喿聲虞書曰璪火黺米既與黺文米連引知是古文段云此壁書也今本作藻蓋孔安國以今字讀之皮云大傳藻純白者卽玉藻之藻玉色白故爲白火純赤者當爲圜火形攷工記火以圜火色赤故爲赤也孫云大傳云藻火赤者火南方之行赤色今文家以經文上有五服五章下有五采五色故爲此說以釋之必有所本先謙案水藻色青飾衣以玉藻之文故色純白字從璪爲正梁武以藻火粉米爲以藻攝三物（引見上）蓋釋藻爲華采之義又別一說○粉米者說見下古文一作黺䋛者說文黺下云衮衣山龍華蟲黺畫粉也（黺與山龍華蟲不相屬蓋許之筆誤）从黹从粉省衛宏說又璪下亦引虞書璪火黺米（引見上）䋛下云繡文如聚細米也从系米米亦聲段云黺䋛蓋皆壁書本字釋文粉米說文作黺䋛徐米作䋛音米是徐仙民時尚有作䋛者說文璪下之黺米當是本作䋛轉寫佚其系旁司服注引作粉米則孔安國以今文讀之易爲粉米久矣書疏引鄭云粉米白米也是依所易之字說文依衛說以黺䋛爲二物又黺爲畫䋛爲繡皆與鄭不合許時鄭說未出後漢書云衛宏從杜林受古文尚書爲作訓旨黺畫粉也蓋訓旨中語困學紀聞云古文尚

書及說文璪火黺絲黼黻字皆從黹同謂之希冕所稱古文尚書
宋次道王仲至家本也其米字作𪓐實據誤本釋文先謙案今文
不言粉米詳孔安國以今字讀黺絲爲粉米則今文爲粉米甚明
孫云司几筵紛純注鄭司農紛讀爲豳又讀爲和粉之粉謂白繡
也論語繪事後素蓋以粉分畫界域繡以成文也漢書黃霸傳米
鹽靡密注米鹽細靡也此繡文細靡故謂之米○黼黻絺繡者孫
云今文不言粉米黼黻絺繡意以黼黻粉米爲刺繡之文衣裳並
用之惟衣有山龍以下五章裳則粉米黼黻絺繡而已知衣亦絺
繡爲今文說者白虎通衣裳篇聖人所制衣服何以爲絺綌蔽形
表德勸善別尊卑也云絺綌蔽形者上古始制衣服以絺蔽形亦
如市之蔽前後人因以爲飾云表德勸善別尊卑者即謂山龍等
五章以別尊卑也淮南主術訓云人主好黼黻文章絺綌綺繡高
注白與黑爲黼青與赤爲黻絺綌葛也精曰絺麤曰綌五采具曰
繡也是西漢人說絺繡爲絺綌之有文繡也五帝本紀堯乃賜舜
絺衣與琴孟子盡心篇舜被袗衣趙注袗畫也被畫衣黼黻絺繡
也袗衣即絺衣知以絺爲之說文袗元服以元衣加繪繡故大戴
禮五帝德稱帝堯純衣言衣之質則爲純言衣有華蟲則爲黃也
皆衣裳並用絺繡之明證矣攷工記白與黑謂之黼青與赤謂之
黻五采備謂之繡纁裳兼赤黃二色合黼黻白黑青三色亦成五
采故謂之繡裳也釋器斧謂之黼書疏引孫炎注黼文如斧形蓋
半白半黑似斧刃白而身黑此之謂斧扆禮書二引白虎通紼冕
篇云黻譬君臣可否相濟見善改惡此黻文爲兩己相戾其字作
市一名韠所以蔽前與此黻不同皮云古說皆謂繡不謂畫繢漢
輿服志乘輿服從歐陽氏說公卿以下從大小夏侯說乘輿刺繡

公侯九卿以下皆織成陳留襄邑獻之云後漢明帝紀注引董巴輿服志同是三家今文皆以爲刺繡織成鄭始云繪讀爲繢凡畫者爲繢徐廣車服注漢明帝案古禮備其服章天子郊廟衣皁上絳下前三幅後四幅衣畫而裳繡蓋用鄭說與董巴劉昭皆不合絺一作希者司服鄭注引書作希繡云希讀爲絺或作黹字之誤也案絺黹字互譌說文黹下云箴縷所紩衣紩縫也書疏引鄭云希讀爲黹黹紩也與周禮注合段云疏依附孔本不分別之曰鄭本作希云希讀爲黹輒改希爲絺使從孔非也釋文云絺徐勑私反又勑其反馬同孔謂同鄭陟里反刺也陟里者黹之反語鄭不作音此於義音得陸當云鄭作希而不爲分別之詞亦非也或開寶誤刪之說文無希字而字以希爲聲者多以虞書周禮斷之則希者古文黹字也俗借爲稀少字許云希讀爲黹是爲以令易古字孫又云大傳說自天子至士皆有山龍書疏引馬云上句日月星辰山龍華蟲尊者在上下句藻火粉米黼黻尊者在下黼黻尊於粉米粉米尊於藻火故從上以尊卑差之士服藻火大夫加以粉米并藻火爲四章又引鄭云自日月至黼黻凡十二章天子以飾祭服凡畫者爲繪刺者爲繡此繡與繪各有六衣用繪裳用繡至周而變之以三辰爲旂旗謂龍爲衮宗彝爲毳或損益上下更其等差案周以前冕服之制不可攷其見於經者禮器云天子龍衮諸侯黼大夫黻士元衣纁裳天子之冕朱綠藻十有二旒諸侯九上大夫七下大夫五士三鄭注云朱綠似夏殷之禮也周禮天子五采藻據鄭此注則龍衮以下之制亦夏殷禮也書疏云夏殷衣有日月星辰山龍此云龍衮者舉多文爲首耳日月之文不及龍也崔云然也但此經上文云禮有以文爲貴者疑是卑者讓爭者之等差非

定制也明堂位云有虞氏服韍夏后氏山殷火周龍章凡四代之
服器魯兼用之鄭注以爲韠又云韍或作黻則是蔽前之市非黼
黻衣裳也故與此經俱不合大戴禮五帝德云黃帝黼黻衣大帶
黼裳帝嚳帝堯黃黼黻衣大帶黼裳御覽八十引尸子曰君天下
者黼衣九種而堯大布九種卽是九章不數日月星辰爲十二此
先秦說黼黻亦爲衣不必如鄭注專以爲裳其餘旂常服色見於
儀禮禮記左傳者多周制不足證經大傳說士服一亦有山龍者
節服氏袞冕六人是士服山龍也史公說自山龍以下爲作文繡
者山龍至藻火謂之文粉米以下謂之繡說文文下云錯畫也象
文文卽是畫繢說文說春秋傳嫣馬爲畫馬是文卽畫謂畫此山
龍以下至藻火之文粉米黼黻之屬旣刺於絺皆謂之繡故以繡
該之說文絺細葛也刺繡必於絺紩漢書賈誼傳云薄紩之裏是
也堯賜舜絺衣卽謂畫繡之衣不必破字爲黹也鄭說自日月至
黼黻凡十二章天子以飾祭服者左哀七年傳子服景伯曰制禮
上物不過十二以爲天之大數也鄭云衣用繪裳用繡者謂日月
星辰山龍華蟲六章經文在作繪之上當爲衣宗彝藻火粉米黼
黻六章經文在絺繡之上當爲裳上衣下裳適配天數十二又黃
帝制衣裳象乾坤乾坤各六爻此正配之也鄭以日月星辰山龍
華蟲等在衣不在裳者論衡佚文篇衣裳在身文著於衣不在於
裳衣法天也與鄭說同知至周而變之以三辰爲旂旗謂龍爲袞
宗彝爲毳者司服享先王則袞冕享先公饗射則鷩冕祀四望山
川則毳冕祭社稷五祀則希冕祭羣小祀則元冕注鄭司農云袞
卷龍衣也鷩裨衣也毳罽衣也鄭謂王者相變至周而以日月星
辰畫於旌旗所謂三辰旂旗昭其明也而冕服九章登龍於山登

火於宗彝尊其神明也九章初一曰龍次二曰山次三曰華蟲次四曰火次五曰宗彝皆畫以爲繪次六曰藻次七曰粉米次八曰黼次九曰黻皆希以爲繡鷩畫以雉謂華蟲也毳畫虎蜼謂宗彝也可證此經之注云三辰爲旂旗者左桓二年傳臧哀伯之言也又昭二十五年傳九文杜注謂山龍華蟲藻火粉米黼黻也華若草華藻水草火畫火粉米若白米黼若斧黻若兩己相戾以華蟲爲二與鄭異僞傳及疏引顧氏取先儒等說同之不可從皮云經云五服五章無十二章九章七章之文虞土德土數五故天子服五不取日月星辰與粉米黼黻故王肅用今文義謂日月星辰舜時卽畫旌旗不在衣粉米黼黻或繡於裳或爲雜采亦不入正數也左傳云周之王也上物不過十二以爲天之大數是天子數用十二乃周制周以前無十二旒之冕卽不必有十二章之服不得以周制爲虞制也至三家博士說又不同歐陽說有日月星辰大小夏侯說無之日月星辰可不入章數則粉米黼黻亦可不入章數矣王充習歐陽尚書故論衡說有日月星辰鄭注尚書周禮兼采歐陽夏侯義以有日月星辰十二章爲虞制從歐陽說無日月星辰九章爲周制從夏侯說後人多宗鄭以爲刱解不知其出於歐陽夏侯也又解華蟲爲雉宗彝爲虎蜼以合周官之鷩冕毳冕說雖善於傳會然皆周制未可以解虞書也先謙案鄭以作繪與黹繡複出故讀繪爲繢而釋爲畫案孟子袗衣趙解爲畫衣趙用今文是今文家有畫衣之說非鄭刱義也史記易爲絺衣則絺亦是衣又不僅黼黻不專爲裳矣

以五采彰施于五色作服汝明

天子服日月而下諸侯自龍衮而下至黼黻士服藻火大夫加粉米上得兼下下不得僭上以五采

明施于五色作尊卑之服汝明制之○以五采彰施于五色作服汝明古文也今文彰作章○以五采彰施于五色作服汝明者夏紀云日月星辰作文繡服色女明之日月星辰作文繡見上服色女明之指此經言彰作章者鄭注大傳引經作章案彰厥有常夏紀作章是今文作章論衡量知篇染練布帛名之曰采五采者絲所以繡也五色者孫云攷工記畫繢之事雜五色東方謂之青南方謂之赤西方謂之白北方謂之黑天謂之元地謂之黃元出於黑故六者有黃無元爲五也禮禮運五色六章十二衣疏云六章者兼天元也以元黑爲同色則五中通元繢以對五方則爲六色爲六章也彰明也施用也如今文說山龍以下五章先以五色畫之又以五采絲刺繡也日月星爲衣飾疑服兼旂章都宗人正都禮與其服注云謂衣服及宮室車旗是也明者明其等差或訓爲成也又云五色畫也五采繡也禮月令命婦官染采以黼黻之文制於山龍等五章空隙之處復分畫爲界域俾五色不相亂故謂之黺視其文如聚米也荀子正論篇說天子則服五采雜間色重文繡云五采如今文說山龍等五色也間色如黼黻各有二色相間也重文繡謂衣裳俱用之重襲也書疏及月令疏引鄭云性曰采施曰色未用謂之采已用謂之色作服者此十二章爲五服天子備有焉公自山龍而下侯伯自華蟲而下子男自藻火而下卿大夫自粉米而下性之言質書疏云以本性施於繒帛是也司服公之服自袞冕而下如王之服侯伯之服自鷩冕而下如公之服子男之服自毳冕而下如侯伯之服孤之服自希冕而下如子男之服卿大夫之服自元冕而下如孤之服鄭注上文袞冕云袞之衣五章裳四章凡九也注鷩冕云其衣三章裳四章凡七也注毳

冕云其衣三章裳二章凡五也注希冕云希刺粉米無畫也其衣一章裳二章凡三也注元冕云衣無文裳刺黼而已是以謂之元焉凡冕服皆元衣纁裳是也

予欲聞六律五聲八音在治忽以出納五言汝聽

言欲以六律和聲音在察天下治理及忽怠者又以出納仁義禮智信五德之言施于民以成化汝當聽審之○予欲聞六律五聲八音在治忽以出納五言汝聽古文也今文作予欲聞六律五聲八音七始訓以出納五言女聽古文聞一作同○予欲聞六律五聲八音者白虎通禮樂篇引書如此夏紀予作余字同古文聞一作同者大傳洪範五行傳鄭注如此訓如堯典同律之同書疏引鄭云六律六呂言六律者舉陽陰從可知也漢書律麻志律十有二陽六爲律陰六爲呂律以統氣類物一曰黃鍾二曰太族三曰姑洗四曰蕤賓五曰夷則六曰無射呂以旅陽宣氣一曰林鍾二曰南呂三曰應鍾四曰大呂五曰夾鍾六曰仲呂其傳曰黃帝之所作也白虎通云予欲聞六律五聲八音五聲者何謂也宮商角徵羽土謂宮金謂商木謂角火謂徵水謂羽所以名之何角者躍也陽氣動躍徵者止也陽氣止商者張也陰氣開張陽氣始降也羽者紆也陰氣在上陽氣在下宮者容也含容四時者也八音者何謂也樂記曰土曰塤竹曰管皮曰鼓匏曰笙絲曰弦石曰磬金曰鐘木曰柷敔此謂八音也法易八卦也樂記曰壎坎音也管艮音也鼓震音也弦離音也鐘兌音也柷敔乾音也笙巽音也磬坤音也一說笙柷鼓簫瑟塤鐘磬也如其次笙在北方柷在東北方鼓在東方簫在東南方瑟在南方塤在西南方鐘在西方磬在西北方聲五音八何聲爲本出於五行音爲末象八風故樂記曰聲

成文謂之音知音而樂之謂之樂也孫云周語單穆公曰金爲羽石爲角瓦絲尚宮匏竹尚義革木一聲則以瓦以易土爲八音也案籥章掌土鼓豳籥注杜子春云土鼓以瓦爲匡以革爲兩面可擊也是古八音鼓爲土塤則周時所爲非唐虞八音之土也○在治忽者夏紀作來始滑集解云尚書作曶音忽引鄭云曶者臣見君所秉書思對命者也君亦有焉以出內政教於五官段云曶忽古今字小篆本作㫚隸變作曶說文㫚下云出气詞从曰上象形攟文作㫚一曰佩也鄭以笏訓曶與說文訓佩合小司馬所見古文尚書則作忽矣古忽曶通用如春秋鄭太子忽說文作太子㫚論語仲忽漢表作中曶是也又用云賈昌朝宋敏求之古文尚書治字作𤔔此蓋隋唐間有此本陸德明所謂務欲立異疑惑後生者盤庚疏云壁內之書安國先得治字作𤔔其字與始不類無緣誤作始字據此則孔穎達亦爲所惑也今本疏𤔔字譌亂而宋本不誤詳考古經此臯陶謨始滑作治忽序始宅殷作治亳殷皆始治形聲相近之故𤔔字恐無足依據也孔疏轉云𤔔字出眞古文東哲不見此爲顚倒見來始當爲七始者大傳云五載一巡守羣后德讓貢正聲而九族具成雖禽獸之聲猶悉關於律樂者人性之所自有也故聖王巡十有二州觀其風俗習其性情因論十有二俗定以六律五聲八音七始著其素簇以爲八此八伯之事也分定於五此五嶽之事也五聲天音也八音天化也七始天統也鄭注族當爲奏言諸侯貢其正聲而天子九奏之樂乃具成也闕猶入也五聲宮商角徵羽也八音鐘鼓笙磬塤篪柷敔琴也七始黄鍾林鍾大族南呂姑洗應鍾蕤賓也歌聲不應此則去之素猶始也族猶聚也樂音多聚以爲八也五謂塤在北方鼓在東方之屬天所

以理陰陽也漢書律厤志予欲聞六律五聲八音七始詠以出內五言女聽予者帝舜也言以律呂和五聲施之八音合之成樂七者天地四時人之始也順以歌詠五常之言聽之則順乎天地序乎四時應人倫本陰陽原情性風之以德感之以樂莫不同乎一唯聖人爲能同天下之意故帝舜欲聞之也又禮樂志高祖唐山夫人安世房中歌曰七始華始肅倡和聲孟康注七始天地四時人之始也又敘傳曰八音七始五聲六律劉德注天地四方人之始也方是時之誤是七始之義甚古惟漢志詠當作訓隋書律厤志引書予欲聞六律五聲八音七始訓以出納五言正用漢志段云藝文志考困學紀聞皆引作七始詠是宋時漢書已無善本訓字下屬與順同義如堯紀能明馴德徐廣讀馴爲訓而解爲順舜紀五品不馴殷紀作五品不訓亦解爲順皆今文訓順義同之證故漢志釋訓以出納五言爲順以歌詠五常之言以順釋訓非以歌詠釋詠也夏紀作來始滑來始郎七始之誤索隱云今文作采政忽來采字相近滑忽聲相亂案采政亦七政之誤段云大傳唐傳曰在琁璣玉衡以齊七政七政謂春秋冬夏天文地理人道所以爲政也蓋泛言之以爲七政在樂則爲七始左昭二十年傳謂之七音周語謂之七律賈逵注云周有七音謂七律謂七器音也當作爲七音器也先謙案爲謂同字器音誤劉黃鐘爲宮太蔟爲商姑洗爲角林鐘爲徵南呂爲羽應鐘爲變宮蕤賓爲變徵韋昭注略同皆與大傳七始鄭注合楚語觀射父曰先王之祀也以一純二精三牲四時五色六律七事八種九祭十日十二辰以致之天地民及四時之務謂之七事韋注八種八音也案六律七事八種卽六律八音七始書言七政七始傳言七事七音七律實一物也七字古多假柰爲之太元經元攡云運諸柰政柰政卽七政

三

也又元梘云梘擬之二桼方言云秦有桼娥之臺廣韻秦有榛娥臺今本旂諫臟𧍯王莽候鉦銘重五十桼斤楊子桼政蓋用今文尚書夏紀作來者桼之誤字漢隸桼作桼與來之變體作來不甚別轉寫竟成來字明楊愼謂史記來乃桼之誤誠然小司馬謂今文作采者乖嘉之亂三家書說已亡漢石經尚存書疏卷二引夏侯等書四條匡謬正俗所言今文作某皆據石經拓本小司馬所引今文數條非能憑臆必亦略見拓本其云今文作采者蓋石經作桼與新莽候鉦銘字同小司馬誤仞爲采字又以采與古文在字聲近此其原委之可知者也○以出入五言女聽者夏紀如此明今文納作入當讀爲滑以出入五言與漢志訓以出納五言同義說文滑下云利也利與順同義孫云忽當爲㞣㞣音近滑先謙案說文㞣下云水流也从川曰聲水流就下亦順意也出入五言者今文訓爲歌詠五常之言引見律麻志云協之五行則角爲木五常爲仁五事爲貌商爲金爲義爲言徵爲火爲禮爲視羽爲水爲智爲聽宮爲土爲信爲思以五常之言播之歌詠而以五聲節和之也以歌詠爲出入者歌詠亦長言之與出納敎命同故云出入也言必衷於五常則施於敎爲中和措之政無邪辟歌詠之美由是生焉下文帝庸作歌以慶治平是出五言也皋陶賡歌以陳諫戒是入五言也故樂記云審聲以知音審音以知樂審樂以知政而王道備矣汝聽者懼有乖戾爲我聽審之也孫云鄭說以出納政敎於五官者是言卽政敎周禮有六官虞時五者無明文鄭注堯典云蓋春爲秩宗夏爲司馬秋爲士冬爲共工通稷與司徒是六官此不數天官故六官爲五也

予違汝弼汝無面從退有後言我違道汝當以義輔正我無得面從我違而退

後○有言我不可弼○予違汝弼汝無面從退有後言今文與古文同○予違汝弼汝無面從退有後言者夏紀作予卽辟女匡拂予女無面諛退而謗予違與辟同義說文弼下云讀若予違汝弼段云弼弗古音同弼古文亦作𢐀孟子法家拂士孫氏音弼大戴禮保傅篇弼者拂天子之過者也孫云從史公讀爲慫漢書汲黯傳從諛承意從諛郎慫恿方言云勸也楚語韋注聳獎也說文誹謗也案漢書成紀建始三年詔曰公卿其各思朕過失明白陳之女無面從退有後言後漢章帝紀永平十八年詔曰予違汝弼汝無面從股肱之義也潛夫論明闇篇引此經云故爲國之道勸之使諫宣之使言然後君明察而治情通矣蔡邕文烈侯楊公碑云辟道或同公則弼之三國吳志孫權傳權報陸遜書曰書載予違汝弼汝無面從皆用今文

欽四鄰庶頑讒說若不在時

四近前後左右之臣勑使敬其職衆頑愚讒說之人若所行不在於是而爲非者當察之○欽四鄰庶頑讒說今文與古文同若不在時今文無徵○欽四鄰者夏紀作敬四輔臣欽作敬故訓字說四鄰爲四輔臣也大傳云古者天子必有四鄰前曰疑後曰丞左曰輔右曰弼天子中立而聽朝則四聖維之是以慮無失計舉無過事故書曰欽四鄰此之謂也又云天子必有四鄰前儀後丞左輔右弼直立而敢斷脫謂之儀廣心而從欲脫謂之丞輔善而相承謂之輔廉潔而切直謂之弼又云古者天子必有四鄰前曰疑後曰丞左曰輔右曰弼天子有問無以對責之疑可志而不志責之丞可正而不正責之輔可揚而不揚責之弼其爵視卿其祿視次國之君也書疏引鄭云四近爲左輔右弼前疑後丞是今古文說同禮文王世子云有師保有疑丞大戴禮保傅篇明堂之

位謂之前道左充右弼後丞周公太公召公史佚爲之用古制也虞之四弼不知何臣爲之皮云列子莊子皆有舜問乎丞之文丞卽四輔之一列子丞或作烝誤○庶頑讒說者夏紀作諸衆讒嬖臣孫云周禮庶子鄭注云諸子曲禮諸母注云庶母是諸卽庶也鄭語非親卽頑謂非親戚卽衆人是頑卽衆也○楚語韋注說媚也周語厲王說榮夷公謂嬖之是說卽嬖也○若不在時者孫云在察時是見上言如不能察是諸衆讒媚之人故設有土之君以明察之謂下識記其過之事劉云若詞也論語舉直錯諸枉不仁者遠矣言庶頑讒說皆不在是而遠去以應史記君德誠施皆淸矣之文於義亦通

侯以明之撻以記之當行射侯之禮以明善惡之敎笞撻不是者使記識其過○侯以明之撻以記之今文無徵古文撻字一作遽○侯以明之者孫云釋詁云侯君也儀禮喪服傳注天子諸侯及卿大夫有地者皆曰君皮云大傳說皋陶謨有諸侯貢士之義則此與下惟帝時舉皆言貢士古者諸侯歲獻貢士於天子天子試之於射宮故有侯以明之等語先謙案孫以侯訓君明訓淸夏紀云君德誠施皆淸矣以爲專釋侯以明之句非也大傳以此經有諸侯貢士之說射禮有序賓以賢詢衆擇善之義則諸侯射侯說皆可通○撻以記之者說文撻下云鄉飲酒罰不敬撻其背閭胥各掌其閭之政令凡事掌其比臏撻罰之事注臏撻者失禮之罰也臏用酒其爵兕角爲之撻扑也春秋繁露制度篇說誰敢弗讓之義云朝廷有位鄉黨有序朝廷有位謂侯以明之鄉黨有序謂鄉飲酒罰不敬也記之者謂記其過古文撻一作遽者說文遽下云古文撻周書曰遽以記之段云周是虞之誤古文撻从虍未詳唐釋元應衆經音義引古

文最多有遨敎戟無遽書識其非欲使改悔與
疑虍卽攴之誤字**書用識哉欲並生哉**共並生○書用識哉欲
並生哉今文無徵○書用識哉欲並生哉者書謂刑書也呂刑明
啟刑書胥占孫云司救凡民之有衺惡者三讓而罰之罰而士加
明刑注罰謂撻擊之也加明刑者去其冠飾而書其衺惡之狀著
之背也可證此經之義過小則記之大則識其罪欲並生者鄭注
周禮云生猶養也**工以納言時而颺之**工樂官當誦詩以納諫當是正其
義而颺導之○工以納言時而颺
之今文無徵○工以納言時而颺之者工官時是皆見上納言者
卽下文所云敷納以言孫云颺者文王世子或以言揚颺同揚堯
典揚側陋史公說揚爲舉文王世子云必取賢斂才焉或以事舉
或以言揚曲埶皆誓之以待又語三而有一焉乃進其等可證此
經之義**格則承之庸之否則威之**天下人能至於道則承用之任以
官不從敎則以刑威之○格則承
之庸之否則威之今文無徵○格則承之庸之否則威之者格來
也不必改假承同烝進也皆釋詁文詩傳庸用也言舉於官者來
則進用之廣雅釋詁否隔也易否象上傳崔憬注否不通也經言
蔽賢則加之罰也後漢紀魯丕對策云古者貢士得其人者有慶
不得其人者有讓潛夫論考績篇古者諸侯貢士一適謂之好德
載適謂之尚賢三適謂之有功則加之賞其不貢士也一則黜爵
載則黜地三黜則爵土俱畢附下而罔上者刑與聞國政而無益
於民者斥在上位而不能進賢者逐以上言舉賢則讒嬖自遠夏
紀自若不在時至此說爲君德誠施皆清矣徐廣注君一作
吾先謙案自舜言作吾亦通讒嬖旣遠賢才進用故曰皆清**禹曰**

俞哉帝光天之下至于海隅蒼生光天之下至于海隅蒼蒼然生草木言所及廣遠○禹曰俞哉帝今文與古文同光天之下至于海隅蒼生今文無徵蒼生民也僞傳以蒼生爲蒼蒼然生草木謬○禹曰俞哉帝者夏紀作禹曰然帝俞然故訓字○光天之下至于海隅蒼生者釋言桄充也孫炎作光光天之下猶充滿天之下與詩普天之下敷天之下義同釋地齊有海隅呂覽有始篇高注隅崖也文選史岑出師頌云蒼生更始李注蒼生黔首也史釋蒼生爲民是用今文尚書說**萬邦黎獻共惟帝臣惟帝時舉敷納以言明庶以功車服以庸**獻賢也萬國衆賢共爲帝臣帝舉是而用之使陳布其言明之皆以功大小爲差以車服旌其能用之○萬邦黎獻共惟帝臣惟帝時舉敷納以言明庶以功車服以庸古文也今文獻作儀共作具敷作傅一作賦庶作試車一作輿以一作有○萬邦黎獻者今文邦當爲國可以例推釋詁黎衆也獻作儀者漢孔宙碑黎儀以康堂邑令費鳳碑黎儀瘁傷斥彰長田君碑安惠黎儀是今文尚書作黎儀如民獻作民儀之比○共作具者張衡東京賦具惟帝臣薛綜注具之言俱也李善注引經文作具潘岳藉田賦具惟命臣潘尼贈陸機詩具惟近臣皆本今文○惟帝時舉者漢書敘傳時舉傅納聽斷惟精李奇注時是也時舉與傅納連引是今文惟帝時舉之證此與上惟竝當爲維可以例推○敷作傅者漢書敘傳作傅納垷文紀詔諸侯王公卿郡守舉賢良能直言極諫者傅納以言成紀鴻嘉二年詔曰古之選賢傅納以言明試以功師古注傅讀曰敷敷陳也一作賦者潛夫論考績篇引夏書賦納以言左僖二十七

年傳趙衰引書同○庶作試者漢書成紀潛夫論考績篇並作明試以功左傳趙衰引同又云君其試之疏云敷作賦庶作試師受不同古字改易耳山井鼎七經孟子考文云足利古本庶作試與左傳合○車服以庸者孫云此謂舉賢與堯典考績不同車服者謂車馬衣服庸卽用也車服以庸謂命爲士大傳云未命爲士車不得有飛軨又或作不得朱軒注云飛軨如今窗車也軒輿也士以朱飾之其文見文選注疑是此傳御覽六百三十七引韓詩傳云古者必有命民有能敬長憐孤取舍好讓者命於其君然後敢飾車駢馬未得命者不得乘車乘車皆有罰是故其民雖有錢財侈物而無禮義功德卽無所用其錢財故其民皆興仁義而賤不爭貴强不淩弱眾不暴寡是唐虞之所以象典刑而民莫敢犯也說苑修文篇說同潛夫論浮侈篇古者必有命民然後乃得衣繒綵而乘車馬皆說此經之義皮云攷工記輿人疏引殷傳未命爲士者不得乘飾車外紀卷二成湯令未命之爲士者車不得朱軒及有飛軨不得乘飾車駢馬衣文繡命然後得以順有德通志器服略說同則文選注所引乃殷傳文非此經之傳也惟詩頌人都人士疏周禮巾車疏禮玉藻大學疏後漢王符傳注蓺文類聚禮書御覽引大傳曰古之帝王必有命民民能敬長矜孤取舍好讓舉事力者命於其君得命然後得乘飾車駢馬衣文錦未有命者不得衣不得乘乘衣者有罰中有敬長好讓等語與下文誰敢不讓敢不敬應相合塙是此經傳文玉藻疏巾車疏明引唐傳更非殷傳可比其稱唐傳不稱虞傳者或與堯典車服以庸傳同其前數語與韓詩傳大同蓋韓詩傳亦卽引用此傳也續漢輿服志書日明試以功車服以庸夫禮服之興也所以報功章德尊仁尚賢

非其人不得服其服所以順禮也潛夫論考績篇引書車服以庸
車一作輿以一作有者春秋繁露制度篇曰故貴賤有等衣服有庸
別朝廷有位鄉黨有序則民有所讓而不敢爭所以一之也書曰
轝服有庸誰敢不讓敢不敬應此之謂也是今文一作輿服有庸
後漢左雄傳雄上疏曰輿服有庸鹽鐵論大夫曰古者
宮室有度輿服有庸漢樊安碑庸以輿輿服皆與董子合**誰敢不讓**
敢不敬應上惟賢是用則下皆敬應上命而讓善○誰敢不讓敢
不敬應今文與古文同敢一作能下多誰字○誰敢不
讓敢不敬應者春秋繁露制度篇引如此敢一作能下多誰字者
潛夫論考績篇辭言應對各緣其文以覈其實則奉職不解而陳
言者不得誣矣書曰賦納以言明試以功車服以庸誰能不讓誰
能不敬應此堯舜所以養黎民而致時雍也皆今文異字孫云據
王符說則讓**帝不時敷同日奏罔功**帝用臣不是則遠近布同而
爲推賢尙善日進於無功以賢愚並位優
劣共流故○帝不時敷同日奏罔功今文與古文同○帝不時敷
同日奏罔功者夏紀帝卽不時布同善惡則無功孫讀帝不時敷
句同日奏罔功句云敷分也奏進也罔無也帝不以是分別善惡
同日進用則無功肰謂讒說之人與黎獻同日進用無治績也先
謙案史公以敷爲布布亦徧也言旌賢宜徧薇賢宜懲萬邦皆爲
帝臣若不以是時颺否威善善惡惡之法布同於天下雖日進人
而用亦無功效帝不時**無若丹朱傲惟慢遊是好**丹朱堯子舉以
敷同句日奏罔功句戒之○無若丹
朱傲惟慢遊是好古文也今文上有帝曰字無傲作毋敖古文敖
一作奡惟作維○帝曰毋若丹朱敖者夏紀如此漢書楚元王傳

劉向奏云臣聞帝舜戒伯禹毋若丹朱敖周公戒成王毋若殷王紂論衡譴告篇舜戒禹曰毋若丹朱敖周公勑成王曰毋若殷王紂又問孔篇尙書曰毋若丹朱敖惟慢遊是好謂帝舜勑禹毋子不肖子也重天命恐禹私其子故引丹朱以勑戒之禹曰予娶若時辛壬癸甲開呱呱而泣予弗子陳已行事以往推來以見卜隱效己不敢私不肖子也段云後漢梁冀傳汝南袁著詣闕上書曰昔舜禹相戒無若丹朱敖周公戒成王無如殷王紂渾融其詞曰舜禹相戒蓋因古文尙書文異故更之丹朱見堯典胄子朱下傲本當爲敖衞包改傲管子宙合篇若敖之在堯也房注敖子堯子丹朱慢而不恭故曰敖引書無若丹朱敖知天寶以前本不作傲也古文一作奡者說文奡下云嫚也虞書曰若丹朱奡讀若敖段云此壁中故書先謙案釋文傲又作奡則非壁書也丹朱性敖因以敖著稱故管子書不言朱直名曰敖敖又爲奡論語稱奡盪舟是也○惟作維者夏紀云維慢游是好今文惟多作維孫云釋詁伊維也維爲綱維惟爲思惟俱假借字說文慢惰也

傲虐是作罔晝夜頟頟

傲戲而爲虐無晝夜常頟頟肆惡無休息○傲虐是作今文無徵罔晝夜頟頟古文也今文作鄂鄂○傲虐是作者夏紀無文釋文傲五羔反段云說文敖出游也僞傳云傲戲則字本作敖可知衞包改傲○今文頟頟作鄂鄂者潛夫論斷訟篇晝夜鄂鄂慢游是好是今文作鄂鄂頟卽頟字頟鄂雙聲通用釋名釋形體頟鄂也有垠鄂也故幽州人謂之鄂漢書霍光傳羣臣皆驚鄂失色顏注凡言鄂鄂者皆謂阻礙不依順也大戴禮曾子立事篇是故君子出言以鄂鄂注鄂鄂辨厲也出言不順人爲鄂鄂行事不順人亦爲鄂鄂晝作夜息人道之常今不

分晝夜無有休息是於天時人事皆阻礙不順故曰鄂鄂也

罔水行舟朋淫于家用殄厥世

朋羣也丹朱習於無水陸地行舟言無度羣淫淫於家妻妾亂用是絕其世世不得嗣○罔水行舟朋淫于家用殄厥世今文與古文同朋一作風古文一○一作堋○罔水行舟者夏紀作毋水行舟般古本行舟作舟行誤罔毋故訓字孟子梁惠王篇趙注書曰罔水行舟丹朱慢遊是好無水而行舟書疏引鄭云丹朱見洪水時人乘舟今水已治猶居舟中頟頟使人推行之孫云禹水行乘舟治洪水也今水已治釋罔水也猶居舟中是舟行以爲戲也頟頟使人推行之者水淺舟滯罔使人推舉行之所謂慢游也或以爲陸地行舟非○朋淫于家者夏紀如此朋一作風者後漢樂成靖王黨傳安帝詔曰風淫于家孫云朋讀爲風一放也風放聲又相近書疏引鄭云朋淫淫門內楚詞王逸注淫遊也詩傳朋比也丹朱朋比佚遊於門內亦謂慢遊也或以淫爲婬亂也非丹朱隱惡舜不應斥言於朝古文一作堋者說文堋下云喪葬下土也从土朋聲春秋傳曰朝而堋禮謂之封周官謂之窆虞書曰堋淫于家亦如是小徐本有三字大徐本無段云此壁中故書孔安國以今文讀之易堋爲朋此古書假借與假狟狟爲桓桓假莫爲蔑假玫爲好一例閻若璩謂堋淫爲居喪犯婬堋乃下棺之名此時斷無犯婬者果爾則于野非于家矣況說文引春秋傳之堋本義也故先引而用封窆申明之虞書之堋借義也故列於後而言亦如是謂義不同而字亦如是作也○用殄厥世者夏紀作用絕其世殄絕厥其故訓字周語韋注父子相繼曰世案丹朱之死書無明文據論語奡盪舟不得其死然則朱非善終舜亦不能爲之諱也若以不能繼位爲殄世舜方將禪禹豈肯爲

是言乎**予創若時娶于塗山辛壬癸甲**創懲也塗山國名懲丹朱之惡辛日娶妻至于甲日復往
治水不以私害公○予創若時娶于塗山辛壬癸甲古文也今文
娶于作予娶上多禹曰二字塗一作嵞○予創若時者夏紀作予
不能順是孫云說文創傷也若順也時是也言予以順是爲傷故
不順之孟子趙岐注順愛也義亦同先謙案是者指上文丹朱所
爲舜以其殄世爲懲戒故言不能順愛是也○禹曰予娶塗山辛
壬癸甲者夏紀作禹曰予辛壬娶塗山癸甲生啟索隱云蓋今文
尚書脫漏太史公取以爲言亦不稽其本意豈有辛壬娶妻經二
日生子不經之甚陳云史記予辛壬娶塗山癸甲生啟予不子當
爲予娶塗山辛壬癸甲生啟予不子予娶塗山句辛壬癸甲句生
啟予不子句集解引僞傳云辛日娶妻至于甲四日復往治水知
裴所見史記作予娶塗山辛壬癸甲正義亦云禹辛日至甲四日
往理水是張據史記本與裴同先謙案書疏引鄭云登用之年始
娶于塗山氏三宿而爲帝治水以辛爲娶日三宿歷壬癸甲日也
呂覽云禹娶塗山氏女不以私害公自辛至甲四日復往治水故
江淮之俗以辛壬癸甲爲嫁娶日也楚詞天問王逸注禹以辛酉
日娶甲子日去而有啟也吳越春秋云禹因娶塗山謂之女嬌取
辛壬癸甲諸說皆同塗一作嵞者說文嵞下云會稽山也一曰九
江當嵞也民以辛壬癸甲之日嫁娶虞書曰予娶嵞山此尚書作
予娶塗山之塙證許前說本左哀七年傳文禹會諸侯之所也一
曰以下則此經之塗山呂覽音初篇禹行功見塗山之女高誘注
塗山在九迴近當塗也漢書地理志九江當塗縣應劭注禹所娶
塗山氏國也有禹虛今安徽鳳陽府懷遠縣是論衡問孔篇禹曰

予娶若時辛王癸甲引上見予娶若時**啟呱呱而泣予弗子惟荒度**乃予娶塗山之誤文劉逢祿鄒漢勛皮錫瑞說並同啟禹子也禹治水過門不入聞啟泣聲不暇子名之以大治**土功**度水土之功故○啟呱呱而泣予弗子惟荒度土功古文也今文無而字弗作不啟一作開○啟呱呱而泣予弗子者夏紀作生啟予不子消約其文今文作啟呱呱泣者說文呱下云小兒嗁聲白虎通姓名篇人生所以泣何一幹而分得氣異息故泣重離母之義也尚書曰啟呱呱泣列女傳頌辛王癸甲禹往敷土啟呱呱泣母獨論序吳越春秋云禹行十月女嬌生子啟啟生不見父晝夜呱呱嗁泣皆無而字啟一作開者論衡作開今文啟多爲開弗作不者夏紀如此毘釋文子鄭將吏反是讀子爲字禮記易直子諒鄭注子讀爲不子之子列子楊朱篇惟荒土功子產不字過門不入弗皆作不子讀爲字疑今文亦然江云禹因帝引丹朱以相戒故言不子其子荒度是勤述往事以推來明不敢效丹朱也論衡說弗子之意云云已不敢私不肖子毘恐非經指○惟荒度土功者夏紀云以故能成水土功孫云廣雅釋詁度就也就亦成也列子作惟荒土功毘詩傳荒大也詩殷武疏引鄭云荒奄也奄大九州四海之土釋詁奄大也土功謂分土之功**弼成五服至于五千州十有二師**五服侯甸綏要荒服也服五百里四方相距爲方五千里治洪水輔成之一州用三萬人功九州二十七萬庸○弼成五服至于五千州十有二師今文與古文同古文弼作㢸○弼成五服者夏紀作輔成五服弼輔故訓字言以敷土輔成之論衡語增篇經曰弼成五服五服五采之服也服五采畫日月星辰段云此今文說與上下文不貫

可怪之甚皮云不知下文之解若何若以五服爲天子諸侯次國大夫士五章之服如後世所云冠帶之國義亦可通古文弼一作卽者說文卽下云輔信也从卩比聲虞書曰卽成五服段云輔信者以其字从卩卩瑞信也从比則有輔義比亦聲也蓋壁書如此詩殷武鄭箋引仍作弼成五服孫云職方氏鄭注服服事天子也詩云侯服于周周語韋注服其職業也五服禹貢甸服侯服綏服要服荒服○至于五千者夏紀作至于五千里王制疏引異義云今尚書歐陽夏侯說中國方五千里古文尚書說五服方五千里相距萬里釋文引馬云面五千里爲方萬里詩殷武疏書疏王制疏引鄭云五服已五千又弼成爲萬里敷土既畢廣輔五服而成之至于面方各五千里四面相距爲萬里堯制五服服各五百里要服之內四千里曰九州其外荒服曰四海此禹所受地記書曰崑崙山東南五千里名曰神州者禹弼五服之殘數亦每服者合五百里故有萬里之界萬國之封焉去王城五百里曰甸服其弼當侯服去王城千里其外五百里爲侯服當甸服去王城一千五百里其弼當男服去王城二千里又其外五百里爲綏服當采服去王城二千五百里其弼當衛服去王城三千里又其外五百里爲要服與周要服相當去王城三千五百里四面相距爲七千里是九州之內也要服之弼當其夷服去王城當四千里又其外五百里爲荒服當鎭服其弼當蕃服去王城五千里四面相距爲方萬里也孫云至于五千者甸服在千里內侯服二千里內綏服三千里內要服四千里內荒服五千里內史公說禹貢亦與今文同中國方五千里亦有萬國者五五二十五爲方千里者二十五除王圻千里則方千里者二十五也八州每州方千里者三依鄭

注建國之法差之一州方七十里之國二百方五十里之國四百方三十里之國八百餘方百里者三十國不在數內州共一千四百國以二百國爲名山大川不封之地八州共九千六百國四百國在圻內適得爲萬國也鹽鐵論結和篇伯翳之始封秦地爲七十里孟子亦云湯以七十里知虞夏封大不過七十里也知五千爲方五千里者舜本紀云禹定九州各以其職來貢不失厥宜方五千里下云至于荒服異義說中國方五千里者以五服四面相距爲五千里甸服千里侯綏要荒各五百里也史記說禹貢五服亦同云天子之國以外五百里甸服甸服外五百里侯服侯服外五百里綏服綏服外五百里要服要服外五百里荒服故詩殷武疏云司馬遷說以爲諸小數者皆是五百里之別名大界與堯不殊案禹貢甸服之外有百里賦納總之屬是謂小數史公不爲正數也鹽鐵論地廣篇古者天子之立於天下之中縣內方不過千里諸侯列國不及不食之地禹貢至於五千里民各供其君諸侯各保其國是以百姓均調而繇役不勞也說苑修文篇禹定九州各以其職來貢不失厥宜方五千里至于荒服漢書賈捐之傳以三聖之德地方不過數千里案三聖堯舜禹此西漢人說論衡別通篇殷周之地極五千里荒服要服勤能牧之漢氏廓土牧萬里之外俱同今文王制疏又引許慎謹案以漢地考之百里外至東海衡山之陽至于朔方經略萬里從古尚書說鄭云廣輔五服而成之至于面各五千里者鄭注禹貢云堯之五服服五百里耳禹平水土之後每服更以五百里輔之是五服別千里故一面而爲差至于五千也云禹所受地記書者河圖括地象也職方氏疏曲禮疏皆引括地象文與此同以崑崙山在東南地方五千里名曰

神州者史記孟子傳引騶衍說云中國一名曰神州赤縣神州內有
九州禹之序九州也說文丘从北从一一地也中邦之居在昆侖
東南是神州在崑崙東南釋詁神治也言神農至禹所治之地云
禹弼五服之殘數之內故有萬里之界也云去王城五百里曰甸
服云云者職方氏云乃辨九服之邦國方千里曰王畿其外方五
百里曰侯服又其外方五百里曰甸服又其外方五百里曰男服
又其外方五百里曰采服又其外方五百里曰衛服又其外方五
百里曰蠻服又其外方五百里曰夷服又其外方五百里曰鎮服
又其外方五百里曰藩服是周之九服爲方萬里其中方千里爲
王畿堯之五服甸侯綏要荒各五百里爲方五千里禹輔成之至
於面各五千里則亦爲方萬里而其中方千里爲甸服是甸服當
周之王畿甸服之弼當周之侯服由是以推則侯服當周之甸服
其弼當其男服綏服當其采服其弼當其衛服也要服於周爲蠻
服鄭言與周要服相當者大行人職於衛服之下言又其外方五
百里謂之要服注云要服蠻服也是周之蠻服亦爲要服也云是
九州之內者大行人職云又其外方五百里謂之要服六歲一見
其貢貨物九州之外謂之藩國世一見於要服下特言九州之外
明要服在九州之內也王篇云三千五百里曰華夏據一面言之
顧野王同鄭說也周禮蠻服之外爲夷鎮藩三服故鄭云要服之
弼當其夷服荒服當鎮服其弼當藩服也周書立政云其克詰爾
戎兵以陟禹之迹旁行天下至于海表罔有不服是周之幅員與
禹弼成五服同故鄭從古尚書說爲廣輔至於萬里也皮云史記
云令天子之國以外五百里甸服是甸服在天子之國以外天子
之地方千里此外甸侯綏要荒五服每服五百里五五二千五百

里四面相距爲五千里加以天子之地千里方六千里賈逵馬融說中國方六千里用史公之說此云弼成五服至于五千史公云輔成五服至于五千里當不兼天子之國言之未知歐陽夏侯之說何如恐亦不兼天子之國言之也白虎通爵篇帝王之德有優劣所以俱稱天子者何以其俱命於天而王治五千里也御覽引孫子云夫帝王處四海之內居五千里之中皆同今尚書說淮南子云禹平治水土定千八百國亦今文家說今文家不以爲實有萬國故不以爲有萬里也○州十有二師者夏紀作州十二師大傳云古之處師八家而爲鄰三鄰而爲朋三朋而爲里五里而爲邑十邑而爲都十都而爲師州十有二師焉家不盈三口者不朋由命士以上不朋鄭注州凡四十三萬二千家此蓋虞夏之數也段云此廣雅所本廣雅釋地十邑爲鄉十鄉爲都然則今本大傳十邑之下有脫文皮云此虞夏傳也禮雜記疏引作洛誥誤王念孫廣雅疏證云各本作十邑爲鄉十鄉爲都若加以十都爲師十二師爲州凡有四百三十二萬家與鄭注不合蓋後人以意加之晉書地理志初學記御覽路史疏佗紀並作十邑爲都今據以訂正晉志引此以爲昔在帝堯叶和萬邦之制陳袁所轄大傳以爲周傳文非也孫云州謂九州其一爲王畿餘有八也每州設一師十二八州當有九十六人大傳云十都爲師則三萬六千家有一師也周禮司徒之屬卿大夫注鄭司農云萬二千五百家爲鄉州長注鄭司農云二千五百家爲州與此不同故知爲虞夏之數也釋文書疏詩蓼蕭疏引鄭云猶用要服之內爲九州州更方七十里七七四十九得千里者四十九其一以爲圻內餘四十八八州分而各有六春秋傳曰禹朝羣臣於會稽執玉帛者萬國言執玉帛者則九州之內諸侯也其制特置牧以諸侯賢者爲之師蓋百國一師州十有二師則州千二百國也二千五百人爲師師長也計一州方百里之國二百七十里之國四百五十里之國八百計一州

有一千四百國以二百國爲名山大川不封之地餘有一千二百國八州凡九千六百國其餘四百國在圻内舉王制之法凖之八州通牽封公侯百里之國者一伯七十里之國二子男五十里之國四方百里者三封國七有畸至于圻内則子男而已九州州立十二人爲諸侯之師以佐其牧外則五國立長使各守其職孫云鄭謂要服之内爲九州州更方七十里者周之九服與禹輔成五服相等故以周禮推之知要服之内有九州也要服去王城三千五百里四面相距則爲方七千里矣方七千里者七以七乘七則四十九故云七七四十九得方千里者四十九云其一以爲畿内者詩殷頌曰邦畿千里唐虞稱服夏或稱縣王制云天子之縣内注云縣内夏時天子所居州界名也云餘四十八八州分而各有六者六八四十八故八八分之各有六也云執玉帛則九州之内諸侯者大行人職九州之外謂之藩國世一見各以其所貴寶爲贄是九州之外諸侯不執玉帛也云其制特置牧者王制鄭注凡長皆因賢侯爲之殷之州長曰伯虞夏及周皆曰牧蓋據堯典有十二州又云咨十有二牧是州長曰牧也云以諸侯賢者爲之師者師之言長爲諸侯之長以佐牧者也云百國一師者州千二百國當設十二師也云計一州方百里之國二百云云者鄭意以一州有方千里者六封三等之國各以方千里者二計方千里爲百里者百千里之方二則封方百里之國二百也計方百里爲方十里者百以封方七十里之國七七四十九得方百里者四十九兩之則九十八是方百里者截長補短可封方七十里者二國猶餘方十里者二也故方千里者二以封方七十里之國可四百有奇止言四百者約舉其凖數耳計方五十里者四當四百里之方一故

方千里者二可封方五十里之國八百也總此三等凡有一千四百國云以二百國爲名山大川不封之地餘有一千二百國者王制云名山大澤不以盼此據州十有二師則當千二百國故計以二百國爲名山大川不封之地也州有千二百國以八乘千則八千以八乘二百則千有六百故八州凡九千六百國計滿萬國之數當更益以四百國故云其餘四百國在圻內鄭志答趙商云公卿大夫有田祿者其四百國非采地爲何是鄭以采地在四百國之數也王制疏引異義古春秋左氏說禹會諸侯于塗山執玉帛者萬國唐虞之地萬里容百里地萬國其侯伯七十里子男五十里餘爲天子閒田其說略與鄭同云百里者三封國七有奇者王制疏云所以百里三封國七者以百里之方一爲公侯之國一又以百里之方一爲伯七十里之國二又以百里之方一爲子男五十里之國四是百里之方三封國七也言有奇者謂百里之方封七十里之國二有奇者以百里之方二故云有奇以此計之州有千里之方六以千里之方二爲公侯之國二百又以千里之方三爲子男之國八百總爲一千四百國也

外薄四海咸建五長

薄迫也言至海諸侯五國立賢者一人爲方伯謂之五長以相統治以獎帝室○外薄四海咸建五長今文與古文同古文薄一作敷○外薄四海咸建五長者夏紀如此釋詁薄至也大傳云夏成五服外薄四海東海魚須魚目南海魚革珠璣大貝西海魚骨魚幹魚脅北海魚劍魚石出瑱擊閭皮云據大傳則今文家說實有東西南北四海之名與爾雅云九夷八狄七戎六蠻謂之四海不同但其地不可考耳古文薄一作敷者詩蓼蕭鄭箋引此文釋文云諸本作外敷四海敷薄聲相近鄭云外則五國

立長使各守其職上引見鄭以要服之內有師有牧此立長當在四
海外也王制云五國以爲屬屬有長鄭獨言四海外者以曲禮云
九州之長入天子之國曰牧其在東夷北狄西戎南蠻雖大曰子
注云謂九州之外長也天子亦選其諸侯之賢者以爲之子子猶
牧也

各迪有功苗頑弗即工帝其念哉

九州五長各蹈爲有功惟三
苗頑凶不得就官善惡分別
○各迪有功苗頑弗即工帝其念哉古文也今文弗作不工作功
○弗作不工作功者夏紀作各道有功苗頑弗即工帝其念哉迪
作道故訓字釋詁迪作也詩傳即就也禹言各邦皆勤作有功惟
有苗頑凶梗化弗克就功願帝以爲念勿因天下將平遂涉怠忽
也故帝此後頻
有征苗之事

帝曰迪朕德時乃功惟敘

言天下蹈行我德是汝
治水之功有次序敢不
念乎○帝曰迪朕德時乃功惟敘古文也今文敘作序僞傳敢不
念乎是以上文禹念爲請念其功謬○敘作序者夏紀云帝曰道
吾德乃女功序之也迪道朕吾乃汝故訓字敘作序今古文之異
孫云晉語韋注道達也時是也敘者釋詁與順轉訓言禹功順成
之也

皋陶方祗厥敘方施象刑惟明

方四方禹五服既成故皋陶敬
行其九德考績之次序於四方
又施其法刑皆明白史因禹功重美之○皋陶方祗厥敘方施象
刑惟明古文也今文敘作緒方作旁惟作維○皋陶旁祗厥緒者
續漢志劉昭注引丁孚漢儀夏勤策文云旁祗厥緒魏志注引袁
宏漢紀建安二十五年詔同旁方今古文之異釋詁祗敬也緒敘
序字同釋詁敘緒也詩閔予小子傳序緒也廣雅釋詁緒業也釋
詁緒事也詩閟宮纘禹之緒箋云纘禹之事夏紀說此文爲皋陶

於是敬禹之德禹之德卽其治水之事業見於行則爲事業被於民卽爲德也故史公以德言之旁之言普言無所不敬○旁施象刑維明者白虎通聖人篇臯陶聖人而能爲舜陳道朕言惠可底行又旁施象刑維明王應麟藝文志考引同新序節士篇書曰象刑旁施維明及禹不能楊子先知篇唐虞象刑維明夏后肉刑三千崔駰大理箴旁施作明蔡邕司空文烈侯楊公碑旁施四方維明皆用今文以明屬刑言解如前文明于五刑之明一說也夏紀云明令民皆則禹不如言刑從之舜德大明以明屬舜德言又一說也孫云史公說方施爲令民皆則禹云云者詩傳方則也是說方爲則說象刑爲不如言刑從之者言設此畫象以示民告以不從教則當加刑而民無犯者故云舜德大明也皮云今文作旁施方可訓則旁不可訓則荀子云世俗之爲說者以爲治古者無肉刑有象刑墨黥之屬菲屨赭衣而不純是不然矣所謂象刑惟明者言象天道而作刑安有菲屨赭衣者哉然則象刑無肉刑乃古說相傳以爲象天道作刑乃荀卿掕論也先謙案旁溥施用也旁施象刑謂溥用象刑而民無犯者餘詳見堯典風俗通云臯陶謨虞始造律書疏引鄭云歸美于二臣大傳云昔舜左禹而右臯陶不下席而天下治卽謂此也孫云臯陶以下虞史所述非舜言也史公說伯夷語帝前卽此至庶尹允諧經文

夔曰戛擊鳴球搏拊琴瑟以詠祖考來格

戛擊祝敔所以作止樂搏拊以韋爲之實之以糠所以節樂球玉磬此舜廟堂之樂民悅其化神歆其祀禮備樂和故以祖考來至明之此○夔曰戛擊鳴球搏拊琴瑟以詠祖考來格今文與古文同戛擊一作拮隔格一作假○夔曰戛擊鳴球者夏紀云於是夔行樂則

曰不作言語解孫云夔曰至來儀爲虞史之言故史公說曰爲於是釋詁爰曰也洪範土爰稼穡史公爰作曰此曰當訓爰釋訓曰于也曹大家幽通賦爰于是也大司樂鄭注引下夔曰爲夔又曰則鄭以爲夔言與史公異戛擊鳴球者白虎通禮樂篇降神之樂在上何爲鬼神舉也故書曰戛擊鳴球搏拊琴瑟以詠祖考來格所以用鳴球搏拊何鬼神清虛貴靜賤鏗鏘也是今文作戛擊一作拮隔者漢書楊雄傳長楊賦云拮隔鳴球韋昭注拮擽也鳴球玉磬也古文隔爲擊段云古說皆謂戛擊爲柷敔拮即戛字擽謂擽敔也隔即擊字謂擊柷也韋云古文隔爲擊者謂今文尙書隔字古文尙書作擊也隔者擊之借字韋以隔字難曉故援古釋今不言今文尙書作隔者漢今文在學官韋時尙人人誦習不待言也不言古文拮爲戛者或當韋時今古文皆作拮或略之今難定也禮明堂位拊搏玉磬揩擊大琴大瑟中琴小瑟四代之樂器也拊搏即書之搏拊玉磬即鳴球揩擊即戛擊大琴大瑟中琴小瑟即琴瑟戛又作揩不同如秸稭鞂一字三形之比鄭注禮記云揩擊謂柷敔也古說不可易大傳云古者帝王升歌清廟之樂大琴練絃達越大瑟朱絃達越以韋爲鼓謂之搏拊何以也君子有大人聲不以鐘鼓竽瑟之聲亂人聲清廟升歌者歌先人之功烈德澤也故欲其清也故書曰搏拊琴瑟以詠祖考來格此之謂也又云搏拊鼓振以秉琴瑟練絲徽絃鳴者貴玉聲也又云拊革裝之以穅釋文引馬云戛櫟也書疏大司樂疏引鄭云戛櫟也戛擊鳴球三者皆總下樂櫟戛此四器也鳴球即玉磬也磬縣也而以合堂上之樂玉磬和尊之也搏拊以韋爲之裝之以穅所以節樂云以詠者謂歌詩也孫云大傳以爲禹之五祀則舜薦禹攝位之後

作樂於明堂也白虎通禮樂篇柷敔者終始之聲萬物之所生也柷始也敔終也柷敔在堂下而合樂以爲終始之節故特先言戛柷擊敔而堂上之聲應之也鳴球卽明堂位之玉磬亦先言之者班鄭俱以爲玉聲清故以合堂上之樂商頌那亦以鼓管之聲依我磬聲也搏拊卽明堂位之器亦名拊鼓亦名相大師大祭祀帥瞽登歌令奏擊拊注云謂拊形如鼓以韋爲之著之以穅樂記會守拊鼓注云言衆皆待擊鼓乃作樂記又云治亂以相注云相卽拊也拊搏擊在樂之先故大戴禮三本篇云縣一磬而尚拊搏史記禮書作拊膈亦作搏膈搏拊在堂上亦先及之琴瑟卽大琴大瑟中琴小瑟鄉飲酒禮鄉射禮燕禮記授瑟皆在工升西階之後是瑟在堂上琴亦從之也以詠謂工歌大師大祭祀帥瞽登歌郊特牲歌者在上匏竹在下貴人聲也大傳說爲升歌清廟之樂升歌者謂工升堂上歌詩清廟者明堂明堂位云季夏六月以禘禮祀周公于太廟下云升歌清廟也云大琴練絃達越云云者說文琴神農所作洞越練朱五絃周加二絃瑟庖犧所作弦樂也廣雅釋樂云神農氏琴長三尺六寸六分上有五弦曰宮商角徵羽通典引楊雄清音云舜彈五弦之琴而天下化堯加二弦以合君臣之思廣雅又云伏羲氏瑟長七尺二寸上有二十七弦呂覽古樂篇瞽叟乃拌以五弦之瑟作以爲十五弦之瑟舜乃拌瞽叟之所爲瑟益之八弦以爲二十三弦之瑟御覽引白虎通云大瑟謂之灑長八尺一寸諸家說各不同練者華嚴經音義引珠叢云煮絲令熟曰練越者韋昭注周禮云謂爲之孔也云以韋爲鼓者周禮疏云白虎通引大傳云拊革著以穅今見白虎通禮樂篇引云拊搏鼓振以秉多三字弁下云云今本脫之也釋名搏拊也以韋盛

穅形如鼓以手拊拍之也蓋一手振秉一手拊拍之云不以鐘鼓竽瑟之聲亂人聲者謂不以堂下之樂亂工歌也戛爲櫟者廣雅釋詁櫟擊也从木从手者誤櫟郎籈也釋樂所以鼓敔謂之籈郭注以木長一尺櫟之籈者其名云玉磬尊者郊特牲云擊玉磬諸侯之僭禮也是玉磬尊異也段云戛擊鳴球搏拊琴瑟皆謂器可戛者謂之戛可擊者謂之擊可鳴之球謂之鳴球可搏拊者謂之搏拊後人妄爲異説則非矣皮云搏拊本可單稱拊見周官禮記搏拊蓋搏其拊與鳴球句義同大傳引書與今本同又云以韋爲鼓謂之搏拊則大傳亦作搏拊不作拊革可知其謂拊革裝以穅者當以拊字略逗謂拊者革裝以穅耳或以拊革二字連讀非大傳云搏拊鼓振以秉者説文柄重文作棅史記天官書斗柄字作斗秉此謂振其秉以鼓之耳白虎通引此經爲降神之樂則當在初獻之時禮祭統云獻之屬莫重於祼聲莫重於升歌是祼獻之時降神之樂在上大傳以此爲禹之祭祀大傳鄭注舜既使禹攝天子之事於祭祀辟之居賓客之位獻酒則爲亞獻也大室明堂中央室也則今文説此爲禹攝位後祀明堂作樂之禮虞賓在位爲亞獻則來格以上爲初獻降神明矣史記於帝拜往欽之下即繼以天下於是皆宗禹云云是亦以爲舜薦禹於天爲嗣而作樂與伏生合也○祖考來格者白虎通禮樂篇引經如此夏紀云鬼神至格至故訓字一作假者大傳虞傳後漢書肅宗紀建初七年詔引書並作祖考來假蔡邕禮樂志云宗廟樂虞書所謂琴瑟以詠祖考來假東觀漢記引同據蔡志則今文説爲宗廟樂舜祭宗廟乃使禹攝事而自居賓客之位者二帝官天下禘郊祖宗不必皆其祖考則其祭祖考亦可使人攝事不以神不歆非類爲疑也大

傳云維十有三祀帝乃稱王而入唐郊猶以丹朱爲尸於時百執事咸昭然乃知王世不絕爛然必有繼祖守宗廟之君鄭注舜承堯猶子承父雖已改正易樂猶祭天於唐郊以丹朱爲尸至十三年天下既知已受堯位之意矣將自正郊而以丹朱爲王者後欲天下昭然知之然後爲之故稱王也晉祀夏郊以董伯爲尸知當以丹朱爲王者後使祭其郊也孫星衍云疑丹朱爲顓頊尸也知其天尸及帝嚳堯尸無文可知案孫說據祭法有虞氏祖顓頊故疑丹朱爲顓頊尸然據鄭注大傳以大室爲明堂明堂與郊不得爲一未知舜時明堂以何人爲尸也書疏引馬云此是舜除瞽叟之喪祭宗廟之樂孫云馬以經文稱考是爲瞽叟已卒之稱王制疏引禮稽命徵云唐虞五廟親廟四始祖廟一故馬以爲舜親廟之祭大司樂疏引鄭云祖考來格者謂祖考之神來至也孫云大司樂六變而致象物及天神九變則人鬼可得而禮矣古文以感神及致鳳皇舞百獸爲樂之效

虞賓在位羣后德讓

丹朱爲王者後故稱賓言與諸侯助祭班爵同推先有德○虞賓在位羣后德讓今文與古文同僞傳以虞賓爲丹朱本今文說○虞賓在位者白虎通王者不臣篇尚書曰虞賓在位不臣丹朱也大傳云陳喬樅輯本維十有四祀鐘石笙管變聲樂未罷疾風發屋天大雷雨帝沈首而笑曰明哉非一人之天下也乃見于鐘石帝乃雍而歌者重篇招爲賓客而雍爲主人始奏肆夏納以孝成還歸二年而廟中苟有歌大化大訓六府九原而夏道興維十有五祀祀者貳尸舜爲賓客而禹爲主人樂正進贊曰尚考大室之義唐爲虞賓至今衍於四海成禹之變垂於萬世之後鄭注舜既使禹攝天子之事於祭祀避之居賓客之位獻酒則爲亞獻也尚

考猶言往時也太室明堂中央室也義當爲儀儀禮儀也謂祭太室之禮堯爲舜賓也孫云漢書禮樂志九疑賓夔龍舞如渻注言以舜爲賓客也夔典樂龍管納言皆隨舜而來舞以樂神史記以此經爲舜薦禹于天與馬說舜除瞽叟之喪祭宗廟云云異也皮云漢書王莽傳莽乃策命孺子曰永爲新室賓又曰漢後定安公劉嬰位爲賓蓋用今文尚書之義莽自比如禹之代舜以孺子比舜非比丹朱也後漢獻帝紀贊曰獻生不辰身播國屯終我四百永作虞賓蓋蔚宗沿謝承華嶠舊文猶用今文家說以獻帝禪魏比舜禪禹故比獻帝於虞賓若依古文說以虞賓爲丹朱范氏擬不於倫矣據大傳則舜受禪十三祀猶以丹朱爲尸後乃以丹朱爲王者後至十四祀帝曰明哉非一人之天下已有禪禹之意十五祀卽自處賓位是舜在位五十載以大位自處者實無幾時足見聖人公天下之心矣先謙案以虞賓在位爲舜在賓位此歐陽說白虎通以虞賓在位爲丹朱在賓位班用夏侯說也光武封禪刻石文云漢賓二王之後在位用虞賓在位之義以爲丹朱亦用夏侯說也大司樂疏引鄭云虞賓在位者謂舜以爲賓卽二王後丹朱也據上文用殄厥世是禪禹時丹朱已死歐陽說長孫云郊特牲云王者存二代之後猶尊賢也尊賢不過二代史記堯本紀云堯子丹朱舜子商均皆有疆土以奉先祀服其服禮樂如之以客見天子天子弗臣示不敢專也詩振鷺疏引鄭駁異義云言所存二王之後者命使郊天以天子禮祭其始祖受命之王自行其正朔服色此之謂通天三統是丹朱稱賓得郊天又以天子禮祭其先舜存二王後更有高辛氏後當是帝摯子孫封於唐者○羣后德讓者夏紀作羣后相讓大傳云羣后德讓貢正聲而九族具

成孫云春秋繁露王道篇立明堂宗祀先帝以祖配天天下諸侯
各以其職來祭貢土地所有先以入宗廟故羣后亦在焉德讓猶
言陟讓陟德聲近說文德升也大卜注陟之言得也讀如王德翟
人之德得登亦音之轉故公羊傳以得來爲登來得此德讓依今文
義則是迎尸祭統君迎牲而不迎尸曾子問尸弁冕而出卿大夫
士皆讓之諸侯亦讓之大司樂疏引鄭云羣后德讓者謂諸侯助
祭者以德讓已上皆宗廟堂上之樂所感也孫云鄭以德爲讓之
美德魯語曹劌曰天子祀上帝諸侯會之受命焉韋昭注助祭受
政命也劉云德讓言升降揖讓無失容也

下管鼗鼓合止柷敔

堂下樂也上下合止樂各有柷敔明球弦鐘籥各自互見○下管鼗鼓古文也今文鼗作鞀合止柷敔今文與古
文同○下管鞀鼓者白虎通禮樂篇歌者在堂上舞在堂下何歌
者象德舞者象功君子上德而下功郊特牲曰歌者在上論語曰
季氏八佾舞於庭書曰下管鞀鼓笙鏞以間又云鞀者震之氣也
上通昴星以通王道故謂之鞀也管艮音也大司樂疏引鄭云下
管鼗鼓以下謂舜廟堂下之樂故言下太師下管注特言管者貴
人氣也鄭司農云下管吹管者在堂下宋書樂志引月令章句云
管形長尺圓寸有六孔無底風俗通聲音篇禮樂記云管桼竹長
一尺六孔十二月之音也物貫地而牙故謂之管尚書大傳曰舜
之時西王母來獻其白玉琯昔章帝時零陵文學奚景於泠道舜
祠下得笙白玉琯知古以玉爲管後乃易之以竹耳夫以玉作音
故神人和鳳皇儀也王制疏引漢禮樂器制度云鞀如小鼓長柄
旁有耳搖之使自擊釋名云鞉導也所以導作樂也鞀鼗鞉一名
異字孫云鼓者古以瓦爲質籥師土鼓杜子春注云土鼓以瓦爲

匡以革爲面考工記韗人爲皐陶陶亦瓦器之名周語單穆公說八音有瓦無無土下云節之鼓是以鼓兼革土二音也經文有八音無塤恐有疑其缺土音者故及之皮云樂節先升歌次或笙或管次間次合樂著於儀禮孔子閒居云下管象武夏籥序興明堂位升歌清廟下管象朱干玉戚冕而舞大武皮弁素積裼而舞大夏則舞在下管之後故白虎通引下管鞀鼓爲舞時所用鞀所以進舞大射儀鼗倚于頌磬西紘備舞勺設之是也樂記聖人作爲鞉鼓椌楬塤篪此六者德音之音也然後鐘磬竽瑟以和之干戚旄狄以舞之此所以祭先王之廟也論語樂則韶舞韓詩外傳韶用干戚詩簡兮左手執籥右手秉翟鄭箋云籥舞是知下管卽有舞合白虎通舞者在下言之是今文說以爲舞也○合止柷敔者風俗通聲音篇云柷謹案禮樂記柷漆桶方畫木方三尺五寸高尺五寸中有椎止用柷之音爲節書曰合止柷敔笙鏞以間詩有瞽疏引鄭云合止柷敔者合樂用柷敔柷狀如漆筩中有椎搖之以節樂合樂之者投椎於其中而撞之敔狀如伏虎背有刻以物櫟之所以止樂書疏引漢初以來學者相傳皆云樂之初擊柷以作之樂之將末戛敔以止之故謂之合柷敔之狀諸家說同惟釋名與鄭注相反蓋劉熙誤也

笙鏞以間鳥獸蹌蹌

鏞大鐘間迭也吹笙擊鐘鳥獸化德相率而舞蹌蹌然○笙鏞以間今文與古文同鳥獸蹌蹌古文也今文作鳥獸鶬鶬古文作牄牄○笙鏞以間者白虎通禮樂篇風俗通聲音篇引同垷段云鏞本作庸大司樂注引虞書笙庸以間疏引鄭注云笙庸以間者東方之樂謂之笙笙生也東方生長之方故名樂爲笙也西方之樂謂之庸庸功也西方物熟有成功亦謂之頌頌亦是頌其成也

以間者堂上堂下間代而作今俗人妄改庸爲鏞致不可讀眠瞭注頌或作庸庸功也疏云注頌或作庸尚書云笙庸以間孔以庸爲大鐘鄭云庸庸卽大射儀之頌一也又大射儀頌磬注云言成功曰頌古文頌爲庸庸疏云尚書笙庸以間庸亦功也亦有成功之義據此諸條鄭孔古文皆作庸惟訓不同耳僞孔訓笙庸爲二器蓋以庸爲鏞之叚借字鄭訓以大射儀之笙頌頌庸古通用尚書笙庸兼阼階之笙磬笙鐘西階之頌磬頌鐘言之自衞包依附孔訓改爲鏞字陳鄂等又依衞包改竄釋文鄭注遂無可附麗淺學者校以大司樂注疏遂併改庸爲鏞矣爾雅大鐘謂之鏞郭注書曰笙鏞以間案書疏云李巡曰大鐘音聲大鏞大也孫炎曰鏞深長之聲據此二家注知爾雅本作庸尚是金旁則但爲器名無庸別解李云庸大也孫云庸深長之聲俗間尚書旣改庸爲鏞乃併疏盡改之其爾雅作鏞亦非善本也孫云釋詁間代也謂如樂記鐘磬竽瑟以和之鄉飲酒義工人升歌三終主人獻之笙入三終主人獻之間歌三終合樂三終工告樂備釋樂大鐘謂之鏞郭注亦名鎛眂瞭掌凡樂事播鼗擊頌磬笙磬鄭以笙爲東方之樂庸爲西方之樂皆樂縣也大射禮云樂人宿縣于阼階東笙磬西面其南笙鐘其南鎛皆南陳建鼓在阼階西南鼓應鼙在其東南鼓注笙猶生也東爲陽中萬物以生是以東方鐘磬謂之笙皆編而縣之大射禮又云西階之西頌磬東面其南鐘其南鎛皆南陳一建鼓在其南東鼓朔鼙在其北一建鼓在西階之東南面簜在建鼓之間鼗倚于頌磬西紘注言成功曰頌西爲陰中萬物之所成是以西方磬鐘謂之庸古文頌爲庸義與此同鄭以經言笙庸而東西階樂器畢舉兼有磬鎛諸器縣也宮縣之制大傳云六律者何黃

鐘蕤賓無射大蔟夷則姑洗是也故天子左五鐘右五鐘天子將出則撞黃鐘右五鐘皆應入則撞蕤賓左五鐘皆應注五六律爲陽六呂爲陰凡律呂十二名一鐘天子宮縣黃鐘蕤賓在南北其餘則在東面又云黃鐘在陽陽氣動西五鐘在陰陰氣靜君將出故以動告靜靜者皆和也蕤賓在陰東五鐘在陽君入故靜告動動則亦皆和之也小胥正樂縣之位王宮縣注樂縣謂鐘磬之屬縣于筍簴者鄭司農云宮縣四面縣經又云凡縣鐘磬半爲堵全爲肆注鐘磬者編縣之二十八枚而在一虡謂之堵鐘一堵磬一堵謂之肆西縣鐘東縣磬此樂縣之大概見於經者○鳥獸鶬鶬者說苑辨物篇君子辟神也觀彼威儀游燕幽閒有似鳳也書曰鳥獸鶬鶬鳳凰來儀大傳云舟張辟雍鶬鶬相從八風回回鳳皇喈喈禮緯含文嘉云舜損己以安百姓致鳥獸鶬鶬鳳皇來儀皆今文作鶬鶬之證夏紀作鳥獸翔舞鳥以翔言獸以舞言大傳云雖禽獸之聲猶悉關於律又云維五祀定鐘石論人聲乃及鳥獸咸變於前翔舞咸變並說經蹌蹌意也古文蹌一作鶬者大司樂注引鄭云鳥獸鶬鶬者謂飛鳥走獸鶬鶬然而舞也仍用今文說說文鶬下云鳥獸來食聲也虞書曰鳥獸鶬鶬玉篇引作食穀聲段云此壁書作鶬孔安國以今字讀之改爲蹌也釋文引馬云鳥獸筍簴也孫云考工記梓人爲筍簴天下之大獸五贏者羽者鱗者以爲筍簴小蟲之屬以爲雕琢擊其所縣而由其簴鳴明堂位夏后之龍簨虡注云簨虡所以縣鐘磬也橫曰簨飾之以鱗屬植曰虡飾之以贏屬羽屬簨以大版爲之謂之業說文業下云大版也所以飾縣鐘鼓捷業如鋸齒以白畫之象其鉏鋙相承也虡下云鐘鼓之柎也飾爲猛獸从虍異象其下足或作鐻篆文作虡是筍

一名業爲橫版虡爲樂縣之拊飾爲猛獸擊
之由其虡鳴故馬以爲鳥獸蹌蹌卽此也

簫韶九成鳳皇來儀

韶舜樂名言簫見細器之備雄曰鳳雌曰皇靈鳥也儀有容儀備
樂九奏而致鳳皇則餘鳥獸不待九而率舞○簫韶九成鳳皇來
儀今文與古文同韶一作招○簫韶九成者夏紀如此論衡講瑞
篇公羊襄十四年傳注離騷王逸注引書同白虎通禮樂篇簫韶
者舜能繼堯之道也段云左襄二十九年傳季札見舞韶箾者說者
云韶箾卽簫韶說文韶下云虞舜樂也書曰簫韶九成鳳皇來儀
箾下云以竿擊人也从竹削聲虞舜樂曰箾韶案箾韶卽韶箾猶
拊搏卽搏拊箾韶決非以竿擊人之謂乃簫之假借字也說文音
部引書作簫竹部引左傳作箾古經傳異字顯然不必改書從左
囦學紀聞謂古文作箾韶此宋次道家之古文不足信也決矣宋
均注樂說云簫之言肅舜時民樂其肅敬而紹堯道故謂之簫韶
或云韶舜樂名舜舜樂者其秉簫乎今古文皆作簫韶宋說當可
信皮云風俗通聲音篇簫謹案尚書舜作簫韶九成鳳皇來儀其
形參差象鳳之翼十管長一尺其說簫韶以簫爲主鳳皇來儀爲
儀象鳳皇之形與馬注以鳥獸爲箾虡相似蓋古文說案樂記鄭
注韶之言紹也言舜能繼紹堯之德韶一作招者舜紀作招下引見
說苑修文篇同大傳云乃淳然招樂興於大鹿之野又云招爲賓
客而雍爲主人漢禮樂志云舜作招呂覽古樂篇帝嚳歌九招六
列六英帝舜乃令質修九招六列六英以昭帝德是今文韶一作
招之證書疏及公羊哀十四年疏引鄭云樂備作謂之成成猶終
也每曲一終必變更奏案韶樂九成故謂之九招大司樂作九磬
○鳳皇來儀者夏紀如此論衡講瑞篇說苑辨物篇公羊襄十四

年傳注漢書宣紀元康元年詔引同舜紀云於是禹乃興九招之樂致異物鳳皇來翔天下明德皆自虞帝始史公意謂此太室之祭是薦禹於天禹爲主人故云禹作九招也說苑修文篇與舜紀同論衡講瑞篇引大傳云鳳皇在列樹不言羣鳥從也齊世篇云無嘉瑞之應若叶和萬國鳳皇來儀之類又曰有虞氏之鳳皇宣帝以五致之矣書緯帝命驗云舜受終鳳皇來儀又曰舜舞終而絑鳳來考靈耀云明王之制鳳皇下之中候云帝軒提象鸞鳳來儀雒書靈準聽云正月上日舜受終鳳皇儀樂緯云是以清和上升天下樂其風俗鳳皇來儀百獸率舞後漢書章帝詔云獲來儀之旣左雄疏云故能降來儀之瑞田羽薦法眞疏云必能唱清廟之歌致來儀之鳳矣皆今文說以鳳皇爲瑞應之證公羊哀十四年傳疏引鄭云簫韶九成鳳皇來儀者若樂九變則人鬼可得而禮故致得鳳皇來儀雄曰鳳雌曰皇來儀止巢而乘匹孫云釋詁儀匹也釋鳥鶠鳳其雌皇列子黃帝篇堯使夔典樂擊石拊石百獸率舞鳳皇來儀簫韶九成此以聲致禽獸者也其義最古

夔曰於予擊石拊石百獸率舞庶尹允諧

尹正也眾正官之長信皆和諧言神人洽始於任賢立政以禮治成以樂所以太平○夔曰於予擊石拊石今文無百獸率舞庶尹允諧今文與古文同○夔曰於予擊石拊石者大司樂鄭注引作夔又曰知古文本有此二夔曰蒙上文故曰又也今文無者夏紀無孫云史公無夔曰八字者以禹伯夷皋陶相與語帝前時本無夔此文已見堯典不應重出也皮云漢書宣紀獲嘉瑞詔曰書不云虖鳳皇來儀庶尹允諧後漢明帝紀詔引書曰鳳皇來儀百獸率舞皆無夔曰八字明今文本無左莊二十二年

傳疏引服虔曰虞舜祖考來格鳳皇來儀百獸率舞引經文三句連文亦無夔曰八字○百獸率舞庶尹允諧者夏紀作百獸率舞百官信諧孫云庶衆故爲百廣雅釋詁尹官也釋詁允信也率循也說文循下云行順也率舞猶云順舞大司樂云大合樂以致鬼神祇以和邦國以諧萬民以安賓客以悅遠人以作動物大司樂疏公羊哀四年傳疏引鄭云夔說舜云聲有大小予擊大石磬拊小石磬則感百獸相率而舞百獸服不氏所養者謂音聲之道與政通焉庶衆也尹正也允信也言樂之所感使衆正之官得其諧和孫云磬有大小以經言二石知之釋器大磬謂之毊郭注毊形似犂錧以玉石爲之周禮服不氏掌養猛獸而教擾之注猛獸虎豹熊羆之屬鄭以舜作樂廟堂不應有野獸率舞故以爲服不氏之獸 **帝庸作歌曰勑天之命惟時**

惟幾用庶尹允諧之政故作歌以戒安不忘危勑正也奉正天命以臨民惟在順時惟在愼微○帝庸作歌曰勑天之命惟時惟幾古文也今文勑作陟○帝庸作歌者夏紀云帝用以作歌故訓代經段云句絕目下文○今文勑作陟者夏紀作曰陟天之命惟時惟幾江云帝位天命所在也陟帝位則膺受天命是爲陟天之命孫云釋詁假陟陞也陟假同義謂薦禹於天而告之經文作勑釋詁勑勤勞也勞勤也廣雅釋言勑謹也樂書太史公曰余每讀虞書至於君臣相勑惟是幾安而股肱不良萬事墮壞釋詁惟思時是幾危也說文幾微也殆也以幾爲危以康爲安安郎下庶事康哉之義皮云史公謂君臣相勑者勑猶戒也指帝用作歌及皋陶揚言皆君臣相戒之意或以爲兼用古文非書疏引鄭云戒臣孫云臣謂禹皋陶之屬 **乃歌曰股肱喜哉**

元首起哉百工熙哉元首君也股肱之臣喜樂盡忠君之治功乃起百官之業乃廣○乃歌曰股肱喜哉元首起哉百工熙哉今文與古文同○今文同者夏紀如此漢書魏相丙吉傳贊云經謂君爲元首臣爲股肱明其一體相待而成也王襃四子講德論云蓋君爲元首臣爲股肱明其一體相待而成也後漢陳蕃傳蕃疏云君爲元首臣爲股肱同體相須共成美惡者也皆用今文釋詁喜康樂也興起也熙興也工官也**皋陶拜手稽首颺言曰念哉**大言而疾曰颺承歌以戒帝○皋陶拜手稽首颺言曰念哉古文也今文颺作揚○颺作揚者夏紀云皋陶拜手稽首揚言曰念哉皮云釋詁賡續也此揚訓續承上帝曰言謂拜手稽首而續言也錢大昕云燕禮主人此媵觚於賓注媵送也讀爲揚禮檀弓杜蕢洗而揚觶注云禮揚作媵案禮賓主獻酢畢乃有媵觚媵爵者則揚觶之揚蓋取義於續矣此揚訓續之證集解引鄭云使羣臣念帝之戒荀子大略篇平衡曰拜下衡曰稽首**率作興事愼乃憲欽哉**憲法也天子率臣下爲起治之事當愼汝法度敬其職○率作興事愼乃憲欽哉今文與古文同○今文同者夏紀作率爲興事愼乃憲敬哉作爲欽敬故訓字**屢省乃成欽哉**屢數也當數顧省汝成功敬終以善無懈怠○屢省乃成欽哉今文當與古文同○屢省乃成欽哉者夏紀無文漢書谷永傳夙夜孳孳婁省無怠王莽傳張竦爲陳崇草奏云婁省朝政顏注並云婁古屢字揚雄揚州牧箴堯崇屢省中論貴驗篇帝舜屢省皆本此經屢省字則今文蓋同段云屢所改古本當止作婁如唐石經式居婁驕婁豐年尙不誤可證孫云釋言婁亟也此

言百工之事信守常法而數察之乃不敗壞也**乃賡載歌曰元首明哉股肱良哉庶事康哉**賡續載成也○帝歌歸美股肱義未足故續歌先君後臣衆事乃安以成其義也○乃賡載歌曰元首明哉股肱良哉庶事康哉今文與古文同○乃賡載歌曰夏紀作乃更爲歌曰段云說文賡下云古續字許蓋謂此字會意非形聲也釋文賡加孟反劉皆行反爾雅釋文亦云古孟反沈孫音庚羣經音辨云唐韻謂說文誤案宋廣韻本於唐韻廣韻十二庚有賡字三燭無蓋仍孫愐之舊徐鉉修說文云今俗作古行切正謂唐韻也攷詩大東西有長庚毛傳庚續也書疏引作賡爾雅賡續也詩疏引作庚古庚更通用列子云五年之後心庚念是非口庚言利害七年之後從心之所念庚無是非從口之所言庚無利害皆以庚爲更更有轉移相續二一訓相反而相成也賡之音訓亦同自爾雅至唐韻皆不合賡續爲一字夏紀以更代賡與列子合孫云晉語性利相更注更續也古文載者孟子滕文公篇自葛載注一說言當作再字言續帝歌再爲歌也史公說載爲爲者釋詁載僞也僞爲字通大宗伯鄭注載爲也書疏引鄭云載始始歌謂帝所作歌○元首明哉股肱良哉庶事康哉者夏紀如此大傳虞傳云元首明哉股肱良哉元首君也股肱臣也漢書元紀詔引股肱二句司馬相如傳引元首二句黄霸傳引股肱二句漢紀王閎上書曰元首明哉股肱良哉以法天地中論審大臣篇引元首三句孫云大戴禮誥志篇明孟也釋詁孟勉也是明卽勉也詩傳良善也康安也皮云大傳云明哉非一人之天下也此明哉義同**又歌曰元首叢脞哉股肱惰哉萬事墮哉**叢脞細碎無大

略君如此則臣懈惰萬事墮廢其功不成歌以申戒○又歌曰元首叢脞哉股肱惰哉萬事墮哉今文與古文同○又歌曰者夏紀誤作舜又歌曰宋本無舜字汲古本如此段云此今文不同也先謙案下文有帝拜曰此處不當爲舜歌且夏紀帝舜謂禹曰汝亦昌言之下四帝曰皆作帝不應此獨作舜明係誤衍段說非○元首叢脞哉者夏紀如此廣雅釋詁叢湊遽也俗本脫湊以七候反音叢治事急遽無序則眾務叢湊於前脞湊雙聲字釋文引馬云叢總也脞小也書疏引鄭云叢脞總聚小小之事以亂大政案說文無脞字叢下云聚也脞下云目小也徐鉉注云案尚書元首叢脞哉叢脞猶細碎也今从肉非是段云書脞字从肉自來古本如是豈得因說文無脞字妄思易之其流弊至趙凡夫而最甚此小學之妖魔障礙名尊說文而非所以尊說文經傳之字不見於許書者其說有三或意在別裁或當年失檢或傳寫遺亡不得一而廢二也○股肱惰哉萬事墮哉者夏紀如此說文惰不敬也樂書股肱不良萬事墮壞卽說此經文說文隓作陊方言陊壞也

帝拜曰俞往欽哉

拜受其歌戒羣臣自今以往敬其職事哉○帝拜曰俞往欽哉今文與古文同僞傳訓往爲自今以往謬○今文同者夏紀作帝拜曰然往欽哉愈然故訓字下云於是天下皆宗禹之明度數聲樂爲山川神主帝舜薦禹於天爲嗣十七年而帝舜崩集解引劉熙曰若此則舜格于文祖三年之後攝禹使得祭祀與案據此往欽哉指命禹攝位言與上文往哉同義孫云拜揖也司儀詔王儀南鄉見諸侯土揖庶姓時揖異姓天揖同姓注土揖推手小下之也時揖平推手也天揖推手小舉之又司士孤卿特揖說文引楊雄說拜从兩手下是君於臣亦拜也

清長沙王氏本尚書孔傳參正

第二册

清 王先謙撰

天津圖書館藏清光緒三十年長沙王氏虛受堂刻本

山東人民出版社·濟南

禹貢第一

夏書○古文尚書應題虞夏書僞孔誤說見虞書下

孔氏傳　王先謙參正

禹貢禹制九州貢法○大傳云禹貢可以觀事史記夏本紀禹乃行相地宜所有以貢及山川之便利又河渠書以別九州隨山浚川任土作貢漢書地理志堯遭洪水襄山襄陵天下分絶爲十二州使禹治之水土既平更制九州列五服任土作貢鹽鐵論文學曰禹平水土定九州四方各以土地所生貢獻書疏禹制貢法故以禹貢名篇

禹敷土隨山刊木洪水汎溢禹布治九州之土隨行山林斬木通道○禹敷土今文與古文同敷一作傳隨山刊木今古文皆當作隨山栞木僞傳布治九州之土斬木通道一本鄭說○今文同者地理志作禹敷土班用夏侯本與古文同敷一作傳者夏本紀云禹乃遂與益后稷奉帝命命諸侯百姓興人徒以傳土蒸歐陽本作傳索隱大戴禮作傳土故此紀依之今五帝德作敷土義人所改傳卽付也謂付工屬役之事令人分布理九州之土地也荀子成相篇作傳傳土張衡司徒呂公誄云四嶽在虞傳土佐禹並與史記合大司樂疏引鄭云敷布也布治九州之水土說文敷下云施也施有分布義釋文云敷馬云分也分之言別也書序禹別九

州馬義所本○今古文當爲隨山栞木者漢志如此夏紀作行山表木用故訓代經皋陶謨作行山栞木是今文作栞古文亦作栞說見前索隱表木謂刊木立爲表記淮南修務訓隨山栞木平治水土定千八百國鹽鐵論云隨山刊木定高下而度九州書疏引鄭云必隨州中之山而登之除木爲道以望觀所當治者則規其形而度其功焉

奠高山大川

奠定也高山五岳大川四瀆定其差秩祀禮所視○奠高山大川今文與古文同僞傳全用馬鄭說○今文同者漢志作奠高山大川夏紀云定高山大川奠定故訓字大傳云高山大川五嶽四瀆之屬五嶽謂岱山霍山華山恆山嵩山也五嶽皆觸石而出雲扶寸而合不崇朝而雨天下江淮河濟爲四瀆大川相間小川相屬東歸於海五嶽視三公四瀆視諸侯其餘山川視伯小者視子男鄭注所視者謂其牲幣粢盛籩豆爵獻之數非謂尊卑史記集解引馬云定其差秩祀禮所視也與大傳合是今古文說同案奠者定其主名呂刑云禹平水土主名山川高山大川其先無名自禹定之下文所列是也

冀州既載

堯所都也○先施貢賦役載於書○冀州既載今文與古文同書疏引王肅云言己賦功屬役載於書籍與僞傳意同近儒以爲傳出肅手又一證也○冀州既載者漢志如此夏紀同上文云禹行自冀州始漢志師古注載始也或據爲今文家說案史公明引書文上句敘述之詞不必執爲今文訓始之證史記集解公羊莊十年傳疏及書疏引鄭云兩河閒曰冀州不書其界者時帝都之使若廣大然載之言事事謂作徒役也禹知所當治水又知用徒之數則書於策以告帝徵役而治之劉讀冀州句既載屬下兩河曰冀州釋地文王鳴盛云郭璞注云自東河至

西河東西皆據冀州言河自積石龍門南流爲西河至華陰東經底柱孟津過洛汭爲南河至大伾北流過洚水大陸又北播爲九河同爲逆河入海爲東河然則東河之西西河之東爲冀州惟言兩河間不言南河南河之北從可知也據孫炎郭璞注釋地九州以爲殷制而鄭注此經用之者舜肇十二州鄭注謂舜於舊九州外分靑州爲營州冀州爲幷州幽州故十二州夏仍合爲九釋地九州有冀幽而無幷既非唐虞制又非夏制故郭以爲殷制於兩河間注云東河至西河而於燕曰幽州則注云自易水至北狄然則殷分夏冀州之東北爲幽而正北幷州之地仍屬冀視唐虞之冀則大而視夏之冀差小職方氏東北曰幽州河內曰冀州正北曰幷州鄭彼注云此州界與禹貢略同幽幷則冀之北也然則周之冀州不但小於禹貢幷小於釋地要之唐虞三代冀州互有更改者總在東北正北二境其居東西兩河之間則無不同故鄭即取釋地解之其義不可易也云不書其界者時帝都之使若廣大然者據疏引此以爲馬與鄭同此必周漢經師相承古義也知堯都在冀州者哀六年傳引夏書惟彼陶唐有此冀方疏云堯治平陽在冀州也漢書地理志河東郡平陽應劭曰堯都也在平水之陽今山西平陽府臨汾縣西南平陽故城是稱爲陶唐者其始本封於唐爲諸侯及升爲天子方都平陽其後又嘗居陶臣瓚云堯初居唐後居陶故曰陶唐是也唐今山西太原府太原縣陶今山東曹州府定陶縣詳見詩唐譜漢志太原郡晉陽縣續志泲陰郡定陶縣說文𨸏部各條下定陶雖在沇州要之太原平陽則皆在冀州故鄭以堯都在冀州也書疏云冀州之水不經沇州故河自冀州之降水大陸以東播爲九河其經流之徙駭尚在冀州域而八枝

已入沇域則冀州之水非不經沇州者疏謂九州之次卽治水之次其義甚確若謂冀水無經沇者故先冀次沇則不必泥也以今輿地約之山西全省河南懷慶衛輝彰德三府直隸順天永平保定廣平順德宣化承德等府及真定河間二府之西北境東北則奉天錦州等府北則踰塞抵陰山下西起西東受降城之北東訖於大遼水皆冀州域也

壺口治梁及岐

在冀州梁岐在雍州從東循山治水而西○壺口治梁及岐今文與古文同○壺口治梁及岐者夏紀漢志如此志河東郡北屈今山西省吉州云禹貢壺口山在東南左馮翊夏陽陝西省韓城縣南云禹貢梁山在西北右扶風美陽武功縣西南云禹貢岐山在西北水經注禹貢山水澤地所在篇與志合釋文引馬云壺口山名鄭引地理志同見史記集解明今古文無異說壺口古孟門山在吉州東南梁山在韓城縣西岐山在岐山縣東北書疏引鄭云於此言治梁及岐者蓋治水從下起以襄水害易也疏又云壺口西至梁山西至岐山從東向西言之也案梁岐是雍州山而見於冀州故云從下起王鳴盛云禹治壺口梁山以開河道岐雖與河無涉但旣至河西工宜並舉及岐者正謂治汧漆諸水以入渭也

旣修太原至于岳陽

高平曰太原今以爲郡名岳太岳在太原西南山南曰陽○旣修太原至于岳陽今文與古文同岳一作嶽○旣修太原者夏紀漢志如此大傳云大而高平者謂之太原詩唐譜疏引鄭云於地理志太原今以爲郡名案漢郡治晉陽今山西省太原府太原縣治太段云大唐石經以下作太非古也漢人書碑廟號如太宗官名如太尉太常太中地名如太原太陽皆作大泰山亦作大經典凡太子太學皆作大此經如大原大行大華大甲大戊等徧

包皆依俗讀改爲太而開寶中又刪釋文大音泰之語惟僞武成大王僞畢命大師未改王鳴盛云時堯都平陽太原據其上游鯀葢極意崇防然必河道旣通而汾水始有所受鯀但知治太原不知道壺口功用不成故禹必先事壺口梁山而後修鯀舊跡自太原以至岳陽也○至于岳陽者楊雄冀州箴岳陽是都今文有作岳者一作嶽者夏紀作至于嶽陽漢志同志河東郡彘縣今霍州東南云霍大山在東加霍以應周訓卽大嶽山也後志更彘曰永安山水澤地篇太嶽山在永安縣今山西霍州東南接趙城洪洞二縣周二百餘里謂之中鎭

覃懷底績至于衡漳

覃懷近河地名漳水橫流入河從覃懷致功至衡漳○覃懷底績至于衡漳今文與古文同漳一作章僞傳漳水橫流入河本鄭說○覃懷底績者漢志如此夏紀作覃懷致功底致績功故訓字集解引鄭云懷縣屬河內索隱葢覃懷二字或當時共爲一地之名案漢志河內郡懷縣河南省武陟縣西南卽覃懷後但稱懷荀子儒效篇武王伐紂至懷而壞是也王鳴盛云懷縣地當孟津之東少北太行山之正南沛水出其西淇水出其東爲河北沃壤葢太行乃河北之脊脊上諸州並山險惟太行南瀕河地平衍洪水時亦受河患今底績則孟津洛汭之河治矣○至于衡漳者夏紀如此一作章者漢志作至于衡章漳章字同釋文衡馬云水名古文異說王肅從之職方疏引鄭云衡漳漳水橫流入河漢志上黨郡長子今山西省長子縣西云鹿谷山濁漳水所出東至鄴入青清之誤漳沾縣平定州南云大黽奐之誤奐卽要字谷清漳水所出東北至邑城阜成之誤入大河据水經清漳水注清漳水出沾縣南流逕魏郡沙縣涉縣西北武安武安縣西南合濁漳水卽寑木先與絳水合鄴縣臨漳縣西梁期磁州東斥丘成安縣東南卽裴肥鄉縣南廣平國

列人肥鄉東北斥章曲周縣東南曹魏鑿渠引漳水東入清洹以通河漕漳津故瀆水斷舊溪東北出尚書所謂覃懷底績至于衡漳者也衡橫也言漳水橫流也衡漳故瀆又逕魏郡平恩邱縣西廣平國南曲邱縣北曲周曲周縣東北鉅鹿郡鉅鹿平鄉縣治堂陽新河縣西信都郡南宮南宮縣西北與絳水分流衡漳故瀆又歷堂陽逕信都國扶柳冀州西南昌城冀州西北西梁東鹿縣南桃縣冀州西北鉅鹿郡鄡縣東鹿縣東信都國下博深州南樂鄉深州東南河間國武隧武强縣東北信都國武邑武邑縣治東昌武邑東北河間國弓高阜城縣東南勃海郡阜城阜城東河間國樂成獻縣東南勃海郡建成交河縣東成平交河東南皮南皮縣東北浮陽滄州東南章武滄州東北入海

厥土惟白壤

無塊曰壤水去土復其性色白而壤○厥土惟白壤今文與古文同○厥土惟白壤者漢志如此夏紀厥改其無惟字三家本異釋名釋地壤瀼也瀼瀼肥濡意也釋文引馬云壤天性和美也

厥賦惟上上錯

賦謂土地所生以供天子上上第一錯雜雜出第二之賦○厥賦惟上上錯古文也今文無惟字○今文無惟字者漢志如此夏紀並淆厥字歐陽本異釋文引馬云地有上下相錯通率第一禮王制疏書疏引鄭云此州入穀不貢賦之差一井上上出九夫稅上中出八夫稅上下出七夫稅中上出六夫稅中中出五夫稅中下出四夫稅下上出三夫稅下中出二夫稅下下出一夫稅通率九州一井稅五夫孫云王制天子百里之內以共官千里之內以爲御注云謂此州之田稅所給也官謂其文書財用御謂衣食閭師疏引鄭志云田稅如今租矣王制又云千里之內曰甸注服治田出穀稅千里之外曰采注九州之內地取其美物以當穀稅據此知冀州畿內惟入穀稅也詩甫田疏引鄭志云凡所貢篚之物皆以稅物市之隨時物價

以當邦賦太宰以九貢致邦國之用疏云諸侯國內得民稅大國貢半次國三之一小國四之一所貢者市取當國所出美物則禹貢所云厥篚厥貢之類是也據此知餘州雖有厥貢之文不入穀準其賦之額買土物以貢此州不言厥貢以帝都所需令有司市買不煩諸侯貢篚故入穀不貢也劉云夏時正月農及雪澤初服於公田蓋畫井始於黃帝夏雖行貢法亦兼助法故有公田公劉當夏時徹田爲糧則徹亦夏制龍子所譏貢法蓋夏季之弊厥田政其初蓋亦以年之上下出斂法孟子所謂其實皆什一也

惟中中田之高下肥瘠九州之中爲第五○厥田惟中中古文也今文無惟字僞傳兼肥瘠言本王肅云言其土地各有肥瘠（書疏）王鳴盛云鄭以高下言不論肥瘠於賦之多寡可見肅務與鄭違故變言肥瘠與賦之多寡不合僞傳兼之尤非○今文無惟字者漢書志作厥田中中夏紀並淆厥字歐陽本異釋文引馬云土地有高下書疏引鄭云田著高下之等者當爲水害備也地當陰陽之中能吐生萬物者曰土據人功作力競得而田之則謂之田案漢書敘傳坤作墜埶高下九則劉德注九則九州土田上中下九等也班義與馬鄭同

恆衞既從大陸既作二水已治從其故道大陸之地已可耕作○恆衞既從大陸既作今文與古文同○恆衞既從者漢志如此夏紀恆作常歐陽本異作不關避諱志常山郡上曲陽（今曲陽縣西）云禹貢恆水所出東入滱代郡靈丘（靈丘縣東）云滱河東至文安（文安縣東北）入大河常山靈壽（靈壽縣西北）云禹貢衞水出東入虖沱鄭引地理志同見史記集解案滱河今靈邱縣唐河大河今文安西境西淀也據滱水篇滱河東南過上曲陽北恆水從西來注之注云滱水出靈丘逕廣昌（廣昌縣東）

中山唐縣（唐縣東）上曲陽合恆水自此滱水兼納恆水之稱禹貢所謂恆衛既從也又逕中山安險（定州東）盧奴（定州治）安國（祁州南）陸成（蠡縣南）涿郡高陽（高陽縣東）阿陵（任邱東北）又至長城入南易水自下滱易互受通稱又下至文安合滹沱經文舉恆水實包滱易通稱矣陸隴其衛水尋源記云今靈壽縣東北十五里有艮同村衛水發源於其北東南流四十里入滹沱源流甚近不足當禹功荒度之目蓋靈壽以下之滹沱本名衛水胡渭云滱即職方氏之漚夷衛即職方氏之滹池水經有自下目上互受通稱之例曾謂幽冀二大川禹不一及之而僅施功於恆衛小水邪○大陸既作者漢志如此夏紀作改爲故訓字志鉅鹿郡鉅鹿（今平鄉縣治）云禹貢大陸澤在北案淮南墬形訓晉之大陸趙之鉅鹿高注大陸魏獻子所游焚焉而死者是鉅鹿廣阿澤鄭志答張逸云鉅鹿今廣河（阿誤）之澤與班高合惟周禮疏引鄭注用爾雅十藪晉有大陸以釋禹貢失之在今山東任縣東北與鉅鹿隆平接界俗稱甯晉北泊焦循云治河之法備於冀州河出龍門得渭力挾之高而東恐其溢也修太原以通汾水而持之既至孟津將欲載之高地則用伊雒諸水挾之而北恐其溢也通沁水以持之覃懷底績沁水通也沁持於河內洛逼於河南而河乃北就衛漳矣渭之勢向東也河因之而東洛之勢向東北也河因之而東北漳之勢向北也河因之而北伊助洛北行故闢伊闕以通之恆衛助漳北行故通恆衛以從之水之合既多則灑之爲漯匯之爲大陸播之爲九河皆在北行之後禹之治水用諸水之力以相推挽此中消息微矣胡渭云恆衛大陸施功於九河既通之後故變例書於田賦之下

鳥夷皮服

海曲謂之鳥居鳥之夷還服其皮明水害除○鳥夷皮服今古文並

作鳥夷皮服○今古文作鳥夷皮服者夏紀漢志如此說苑大戴禮同釋文引馬云鳥夷北夷國書疏引鄭云鳥夷東方之民搏食鳥獸者也是今古文並作鳥自僞傳誤讀鳥爲島衞包徑改作島宋開寶中併釋文兩鳥字亦改爲島矣江云鳥夷衣皮故貢皮服青之萊夷徐之淮夷揚之鳥夷皆附於厥貢之末此州無貢篚之文故記於此不言貢者夷民本非州內不制其貢來則受之不來亦不徵它州之夷亦當然也

夾右碣石入于河

碣石海畔山禹夾行此山之右而入河逆上此州帝都不說境界以餘州所至則可知先賦後田亦殊於餘州不言貢篚亦差於餘州○夾右碣石入于河今文與古文同河一作海○夾右碣石入于河者漢志如此一作海者夏紀作入于海歐陽本異書疏引鄭云禹由碣石山西北行盡冀州之境還從山東南行入于河鄭以北行則東爲右南行西爲右故夾石兩旁山常居右又引鄭云戰國策碣石在九門縣今屬常山郡蓋別有碣石與此名同今驗九門無此山也治水既畢更復行之觀地肥瘠定貢賦上下王鳴盛云王肅以此所記卽治水所涉殊覺無謂若傳云每州畢還都白帝禹亟於治水過門不入啟生不子何暇僕僕道長輒還都乎僞傳非也先謙案漢志右北平驪成云大當作禹貢二字揭石山在縣西南揭當作碣說文碣下云特立之石東海有碣石山遼西郡絫縣直隸省昌黎縣南云有揭石水河水注云山海經曰碣石之山繩水出焉東流注于河河之入海舊在碣石今川流所導非禹瀆也漢王璜云往者天嘗連雨東北風海水溢西南出侵數百里故張折云碣石在海中蓋淪于海水也山水澤地篇碣石山在遼西臨渝縣南水中注云大禹鑿其石夾右而納河秦皇漢武皆嘗登之海水西侵

歲月逾甚而苞其山故言水中矣案驪成故縣地說家失所在自武紀文穎注云碣石在絫縣絫今罷入臨渝碣石著海旁始與班異後之言碣石者皆從穎說王鳴盛云續志遼西郡臨渝劉注碣石山在縣南晉省臨渝入肥如故元魏地形志肥如縣有碣石山隋唐省肥如入新昌尋改盧龍故隋志盧龍縣有碣石山自後漢至唐絫縣臨渝肥如盧龍名四變而山則一至唐志及寰宇記所云石城縣有碣石山而歐陽忞輿地廣記云石城故驪成也又據大碣石言之攷歷代沿革驪成故城大約在今撫甯縣界絫縣故城大約在今昌黎縣界河水注云驪成枕海有石如甬道數十里當山頂有大石如柱形立海中潮水大至不動不沒世名天橋柱韋昭亦指此爲碣石今石如甬道者在昌黎東南又仙人臺碣石之頂也在縣治北十里撫甯之西其臺崇廣絕壁萬仞頂石爲天橋柱人罕能至此山距海三十里今見在道元云淪海者葢偶然非遂泯滅也自漢武至碣石後曹操征烏桓遇碣石作詩曰東臨碣石以觀滄海元魏文成帝太安四年東巡登碣石觀滄海改山名樂遊此明係山在平陸而以爲淪海謬矣碣石當以在今昌黎北及撫甯西南者爲正

濟河惟兖州東南據濟西北距河○濟河惟兖州古文也今文作濟河維沇○濟一作泲河惟沇州○濟河維沇州者夏紀如此集解引鄭云言沇州之界在此兩水之間呂覽有始篇河濟之間爲兖州衛也高注河出其北濟經其南春秋說題辭云濟之爲言齊也齊者度也度者員也說文泲下云沇也从水𠂔聲濟下云水出常山房子贊皇山東入泜从水齊聲史記作濟歐陽尚書本假借字也兖作沇者段云說文口部云㕣山間陷泥地从口从水敗皃讀若沇州之沇九州之渥地

也故以沇名焉此當作古文以爲沇州之沇沇州者九州之渥地也故以㕣名焉今文譌舛文義不通水部云㕣古文沇也亦謂此也故徐鉉曰口部已有此重出今本水部譌作沿與緣水而下之沿相複口部又云㕣古文㕣蓋古文尚書作㕣州今文尚書作沇州㕣卽㕣之今字故水部又謂㕣爲古文沇口部謂古文以㕣爲沇州之沇而㕣字轉寫既久漢碑皆作兖參合㕣沇二體成此一字今隸又渻作兖耳許云九州之渥地故以㕣名此比附山閒陷泥地爲一說古文說也古文尚書蓋沇水字作沇㕣州字作㕣不以水名爲州名一作泲河惟兖州者漢志如此兖州亦當爲沇州志導沇水及河東垣下自注沇水所出天文志角亢氐沇州並作沇明此兖州字出後人妄改夏紀惟皆作維匡謬正俗云古文尚書爲惟今文尚書變維所云今文尚書據熹平石經言之但參考史漢諸書惟維字初無一定未可據爲今古文之辨蓋泲惟二字皆夏侯本如此王鳴盛云泲自滎至菏此沇州西南與豫分界處自菏至會汶則南與徐分界處自會汶後東北行則東與青分界處河自大伾北至逆河入海此沇州之西北與冀分界處此鄭義也書疏據漢志以濟陰山陽二郡屬沇州則以後世改流上擬禹迹非也爾雅泲河閒曰沇州則殷制與禹貢同職方河東曰沇州賈疏以爲侵禹貢青徐之地蓋言河不言泲則越泲而東得岱矣岱南爲徐北爲青禹貢徐州曰大野既豬而職方沇州山鎮曰岱山澤藪曰大野故知周沇州方跨泲也以今輿地約之河南衞輝府東南境直隸大名府及眞定河閒二府東南境山東東昌府及兖州曹州濟南青州四府之西北境皆兖州域也

九河既道河水分爲九道在此州界平原以北是○九河既道今文

與古文同九河皆在冀州既歸故道故流土可耕桑僞孔云在此州界孔疏謂嫌九河亦在冀州故云在此州界殊爲迂曲○今文同者夏紀漢志如此集解引馬云九河名徒駭太史馬頰覆釜胡蘇簡絜鉤盤鬲津詩般疏引鄭云河水自上至此流盛而地平無岸故能分爲九以衰其勢壅塞故通利之也九河之名一徒駭太史馬頰覆釜胡蘇簡絜鉤盤鬲津周時齊桓公塞之同爲一河今河間弓高以東至平原鬲津往往有其遺處焉此古文說漢書溝洫志河隄都尉許商以爲古說九河之名有徒駭胡蘇鬲津見在成平東光鬲界中自鬲以北至徒駭閒相去二百餘里今河雖數移徙不離此域許習夏侯尙書此今文說班志地理勃海郡成平今直隸省交河縣東云虖池河民當爲或曰徒駭河東光東光縣東云有胡蘇亭平原郡鬲縣山東省德州北云平當以爲鬲津班據今文家言九河止數其三馬氏後起不過據爾雅釋水舉九河空名故鄭參依今文仍約舉之春秋緯寶乾圖云移河爲界在齊呂塡閼八流以自廣鄭說齊桓塞河本之與溝洫志引王橫言九河之地爲海所漸並古世傳聞之詞漢書敘傳云商竭周移秦決南涯自茲距漢北亡八支統同言之不詳時代也

雷夏既澤灘沮會同

○雷夏澤名灘沮二水會同此澤○雷夏既澤今文與古文同此灘沮會同僞古文也今古文灘當爲雍○雷夏既澤者夏紀漢志如此志濟陰郡成陽今山東省濮州南云禹貢雷澤在西北山水澤地篇與志合詩曹譜疏引志作雷夏澤瓠子河注云瓠河左逕雷澤北其澤藪在大成陽縣故城西北十餘里郎舜所漁也澤在濮州東南接菏澤縣界○灘當爲雍者夏紀漢志並作雍沮會同周禮鄭注同是今古文並作雍王引之云此與蒙縣灘水遠不相涉晉人作

灉遂生謬解史記集解引鄭云雍水沮水相觸而合入此澤中也職方鄭注盧維當爲雷雍謂雷澤與雍水也王鳴盛云元和郡縣志云雷澤縣本漢郕陽縣屬濟陰郡隋開皇六年置因縣北雷夏澤爲名雍沮二源俱出縣西北平地中去縣十四里然則雍沮二水唐時尚存鄭生山左宜目見之爾雅水自河出爲雍郭注以書灉沮會同當之謬雷澤下流未知何往大抵不南注泲則北注濮濮亦終歸於泲也五代後河流經此雍沮二水蕩滅無存**桑土既蠶是降丘宅土**地高曰丘大水去民下丘居平土就桑蠶○桑土既蠶是降丘宅土今文與古文同一作民乃降丘度土○桑土既蠶者夏紀漢志如此詩譜疏引鄭云其地尤宜蠶桑因以名之今濮水之上地有桑間者○是降丘宅土漢志如此蓋夏侯本與古文同楊雄兗州牧箴亦云降丘宅土一作民乃降丘度土者風俗通山澤篇謹案尚書民乃降丘度土方言度居也夏紀作於是民得下丘居土以故訓代經段云是字作民乃二字此文字異者七百有餘之目也史公所據今文亦當作民乃降丘度土書疏引鄭云此州寡於山而夾川兩大流之間遭洪水其民尤困水害既除於是下丘居土以其免於厄尤喜故記之**厥土黑墳**色黑而墳起○厥土黑墳今文與古文同○厥土黑墳者漢志如此夏紀厥作其故訓字釋文引馬云墳有膏肥也王鳴盛云晉語地墳韋昭注墳起也有膏肥則墳起江云草人鄭注墳壤潤解然則墳是土之潤澤者故云有膏肥孫云墳肥聲之轉故漢地理志壤墳應劭讀墳爲肥**厥草惟繇厥木惟條**繇茂條長也○厥草惟繇厥木惟條古文也今文作草繇木條○今文作草繇木條者夏紀如此漢志作屮繇

木條班書草多作屮非今古文之異說文蘇下云草盛皃夏書曰厥艸惟繇（大徐本作蘇）知有厥惟者古文無者今文段云陸德明王應麟皆不引說文蘇爲異字小徐本作惟繇（說文有䌛無繇䌛即今繇字也）繇隨從也此引書以證蘇字从草繇會意正如引易百穀艸木麗于地以證蘺字从草麗會意引易豐其屋以證寷字从宀豐會意引易地可觀者莫可觀于木以證相字从目木會意蘇古音讀如由釋文引馬云繇抽也王鳴盛云繇爲抽者蓋以音近得義

厥田惟中下

田第六○厥田惟中下古文也今文作田中下○田中下者夏紀如此漢志作厥田中下宋祁云正文厥字別本無案別本是今文無也

厥賦貞

貞正也州第九賦正與九州相當○厥賦貞古文也今文無厥字○無厥字者夏紀漢志無集解引鄭云貞正也治此州正作不休十三年乃有賦與八州同言功難也其賦下下劉敞云田中下而言厥賦貞乃第六明矣何焯云賦迺與田正當不謂與州也王先愼云據鄭注當連下作字爲句訓作爲治水者誤禹貢言作皆謂耕作若訓治水其文不當在降丘宅土下九州之賦惟缺下下沉賦至少固當第九劉何說非

作十有三載乃同

治水十三年乃有賦法與他州同○十有三載乃同僞古文也今古文載皆作年乃一作迺貞作連文僞孔誤讀而唐宋人從之說見上○十有三年乃同者夏紀如此乃一作迺者漢志如此夏侯本異釋文載馬鄭本作年是今古文同僞孔改載王鳴盛云爾雅唐虞曰載夏曰歲商曰祀周曰年僞古文斤斤守之不失故大禹謨云朕宅帝位三十有三載肩征云每歲孟春伊訓云惟元祀太甲云惟三祀說命云王宅憂亮陰三祀泰誓云惟十有三年豈知古人臨文不拘堯典百姓如喪考

姚三載孟子作三年洪範惟十有三祀劉歆引伊訓云惟太甲元
年論語引書高宗諒陰三年不言多方前云五年後云五祀是皆
通稱此載字當從馬鄭作年林之奇尚書全解七玉海十七及書
疏引馬云禹治水三年八州平故堯以爲功而禪舜鯀既九年又
加三年爲十二年惟沇州未得盡平至明年乃畢皮云河渠書引
夏書曰禹抑鴻水十三年過家不入門三國志高堂隆傳洪水滔
天使鯀治之績用不成乃舉文命隨山刊木前後歷年二十二載
合鯀九年禹十三年計之是云禹治水十三年者今文說馬並鯀
九年爲十三年古文異說也先謙案鄭仍用今文說晛不從馬

厥貢漆絲厥篚織文地宜漆林又宜桑蠶織文
錦綺之屬盛之筐篚而貢焉○厥貢漆絲厥篚織文今文與古文
同篚一作匪○今文同者夏紀作其貢漆絲其篚織文厥其故訓
字篚一作棐者漢志如此夏侯本異棐借字依說文當作匪書
疏引鄭云貢者百功之府受而藏之其實於篚者入於女功故以
貢篚別之詩甫田疏引鄭志云凡所貢篚之物皆以稅物市之隨
時物價以當邦賦段云依說文桼木汁漆水名周禮桼林之征故
書桼爲漆杜子春云當爲桼然則自古通用江云織文染
絲織之若錦綺之屬此州出者良以充天子郊廟之服

浮于濟漯達于河順流曰浮濟漯兩水名因水入水曰達○浮于濟漯達
于河古文也今文達作通濟一作泲○浮于濟漯通于
河者夏紀漢志如此濟一作泲者漢志作浮于泲漯夏侯本異志
東郡東武陽今山東省朝城縣西云禹治當作貢漯水東北至千乘入海平原
郡高唐禹城縣西云桑欽言漯水所出班兼采今古文說據河水注河
水逕漢東武陽漯水出焉戴延之謂之武水也漯水上承河水於

武陽東南逕陽平（莘縣治）清（堂邑縣南）聊城（聊城縣西北）博平（博平縣西北）平原高唐與河水合再出爲源河逕瑗縣（禹城縣南）漯陰（臨邑縣西）濟南郡著縣（濟陽縣西南）朝陽（章邱縣西北）鄒平（鄒平縣北）千乘郡東鄒（青城縣境）建信（高苑縣西北）千乘（高苑北）入海地理風俗記云漯水東北至千乘入海河盛則通津委海水耗則微涓絕流書浮于濟漯亦是水者也又河水注云桑欽云漯水出高唐余尋其沿歷徑趣不得近出高唐也桑氏所言蓋津流所出次於是間也俗以是水上承於河亦謂之源河矣史記集解引鄭云地理志漯水出東郡東武陽仍用今文說漯通河河通濟故浮濟漯以通于河也說文漯作濕燥濕字之作溼今借濕爲濕而水名作漯俗誤王鳴盛云宋時河決濬滑東商胡朝城流絕舊迹不可復見惟指唐宋以後所行之大清河爲故濕小清河爲故泲耳

海岱惟青州

東北據海西南距岱○海岱惟青州今文與古文同○海岱惟青州者漢志如此夏紀惟作維公羊莊十年疏史集解引鄭云青州界東自海西至岱東岳曰岱山案漢志泰山博下云岱山在西北書疏云漢末公孫度竊據遼東自號青州刺史越海收東萊諸郡堯時青州當越海而有遼東也舜時分青州爲營州營州即遼東也王鳴盛云爾雅九州以青爲營者孫炎以爲殷制職方正東曰青州鄭注青州則徐州地也蓋以其山沂山川淮泗浸沂沭知之周官疏云青州於禹貢侵豫州地蓋以澤藪曰望諸知之望諸即禹貢豫州之孟豬也地理志瑯邪長廣縣西有奚養澤瑯邪郡屬徐州按長廣故城今山東登州府萊陽縣於東漢爲徐州實禹貢之青州職方幽州澤藪曰貕養疏謂幽侵徐實幽侵青也又幽州其川河泲其浸菑時亦皆侵青地也蓋今青登萊三府地在青域者周皆割入幽其西又爲

沇所侵乃以徐爲青地又割豫之東南境以益之然徐之岱山及大野皆入沇是青亦不全得徐也鄭言其大略耳又云以今輿地約之山東青州登州萊州等府及濟南泰山二府之北境東北跨海爲今奉天錦州等府及朝鮮國皆青州域也

嵎夷既略濰淄其道

嵎夷地名用功少曰略濰淄二水復其故道○嵎夷既略濰淄其道今文與古文同其一作既僞傳用功少曰略用馬說○嵎夷既略者夏紀漢志如此集解引馬云嵎夷地名用功少曰略索隱按今文尚書及帝命驗並作禺鐵在遼西鐵古夷字也段云鐵當作銕司馬貞所云今文尚書蓋漢一字石經拓本存於秘府及民間者也堯典釋文亦云尚書考靈耀及史記作禺銕凡緯書出於漢故考靈耀帝命驗皆今文尚書也餘詳堯典王念孫云說文略經略土地也廣雅略治也馬注失之○濰淄其道者漢志如此濰淄作惟甾通用字其一作既者夏紀作濰淄既道歐陽本異其既通用說詳徐州漢志惟或作維亦作淮皆一字琅邪郡箕縣（今山東省莒州東北）云禹貢維水北至昌都（都昌誤倒）入海泰山郡萊蕪（淄川縣東南）云原山甾水所出東至博昌入泲鄭引地理志同見史記集解据濰水注濰水出漢箕縣濰山北逕諸縣（諸城縣西南）東武（諸城治）高密國石泉（諸城東北）琅邪郡平昌（安邱縣南）高密國高密（高密縣西南）昌安（安邱治）北海郡淳于（安邱東北）平城（昌邑縣東）密鄉（昌邑東南）膠東國下密（昌邑東）北海郡都昌（昌邑西）入海又据淄水注淄水出萊蕪東逕齊郡臨淄（臨淄縣北）甾川國東安平（臨淄東）齊郡鉅定（樂安縣北）廣饒（樂安東北）千乘郡琅槐（樂安東北）合泲水入海王鳴盛云水經言入海者乃魏以後語與漢志不合況禹貢哉禹貢甾水當自利縣東至博昌入泲而止此所謂其道也水經注所言東安平以下與禹貢無涉河渠書於齊

通淄沛之間故淄得由博昌入沛入沛之後復由馬車瀆以下至琅槐與沛同入海耳先謙案濟水注引應劭云博昌東北八十里有琅槐鄉故縣也是琅槐後漢併入博昌博昌即琅槐也淄澠時沛亂流歸海地望相接故無病於參差矣**厥土白墳**濱涯也言復其斥鹵○厥土白墳今文與古文同海濱廣斥古文也今文作海濱廣瀉○厥土白墳者漢志如此夏紀厥作其故訓字○海濱廣斥者釋文引鄭云斥謂地鹹鹵說文鹵鹹地也東方謂之斥西方謂之鹵王鳴盛云青州東方故言斥鄭以鹵解之者對文異散文通鹹下注云北方味也故鄭連言鹹鹵陳奐云斥讀爲開拓之拓言海濱地廣可以煑鹹今文斥作瀉者夏紀漢志如此徐廣云一作澤又作斥下有鹹田斥鹵四字段以爲誤賸是也漢志濱作瀕作瀉瀕正字濱俗字段云瀉古作舄地理志齊地負海舄鹵溝洫志終古舄鹵兮生稻粱河渠書溉澤鹵之地索隱澤亦作舄本或作斥作瀉者或加水旁耳先謙案斥本字舄瀉假借詩閟宮傳舄大貌亦取廣斥之義也

海濱廣斥

厥田惟上下厥賦中上田第三賦第四○厥田惟上下厥賦中上古文也今文無厥惟字○無厥惟字者夏紀漢志作田上下賦中上

厥貢鹽絺海物惟錯絺細葛錯雜非一種○厥貢鹽絺海物惟錯古文也今文無厥字○無厥字者漢志無夏紀有史記厥字皆以其字代之此作厥明後人妄增集解引鄭云海物海魚也魚種類尤雜釋地中有岱岳與其魚鹽生焉

岱畎絲枲鈆松怪石畎谷也怪異好石似玉者岱山之谷出此五物皆貢之○岱畎絲枲鈆松怪石今文與古文同○今文同者夏紀漢志如此孫云說文畎作く云水小流也古文作𤰝篆文作畎釋

文引徐本作畎谷蓋作畎而訓爲谷也釋名釋山云山下根之受霤處曰𡻶𡻶吮也吮得山之肥潤也釋草枲麻也說文鉛青金也顏師古云怪石石之次玉美好者也**萊夷作牧**萊夷地名可以放牧○萊夷作牧今文與古文同○萊夷作牧者漢志如此夏紀作改爲故訓字齊語通齊國之鹽於東萊韋注東萊齊東萊夷也漢爲東萊郡治掖縣今萊州府孫云作牧以鳥獸爲貢太宰以九職任萬民四曰藪牧養蕃鳥獸下淮夷蠙珠暨魚鄭注以爲獻珠與魚此亦當是貢其所牧**厥篚檿絲**檿桑蠶絲中琴瑟弦○厥篚檿絲今文與古文同檿一作酓○今文同者漢志作厥棐檿絲篚作棐夏侯本異檿一作酓者夏紀作其篚酓絲厥其故訓字檿作酓蓋歐陽尚書異文段云二字音同讀如音猶毛詩懕懕韓詩愔愔古同音也其義當爲六書之假借汗簡酓古文檿出尚書乃依附說文史記爲之非眞見壁書如是也**浮于汶達于濟**○浮于汶達于濟古文也今文達作通○今文達作通者夏紀如此漢志作達于泲濟作泲夏侯本異王念孫云達本作通凡古文作達者今文皆作通上文達于河漢志作通于河此後人改之志泰山郡萊蕪見上云禹貢汶水出西南入泲桑欽所言先謙案瑯邪朱虛亦有汶水入濰禹貢無之此入泲之汶故冠以禹貢其舉欽言者明古文說之不易而今文家所未及也據汶水注汶水出萊蕪原山西南逕嬴今萊蕪縣西北奉高泰安縣東北博縣泰安東南鉅平泰安西南魯國汶陽寧陽縣東北泰山蛇丘肥城縣南剛縣寧陽東東平國章縣東平州東泰山桃鄉汶上縣東北東平無鹽東平東東平陸汶上北東郡壽良東平西南入泲故浮汶以達于濟也鄭引班志同見史記集解王鳴盛云元引汶絕泲爲會通河明永樂中又築戴村壩遏汶盡

出南旺資運而水經安山出沛故道久廢孫云今東平州安山鎮古汶達沛之道**海岱及淮惟徐州**東至海北至岱南及淮○海岱及淮惟徐州今文與古文同○今文同者漢志如此夏紀惟作維汲古本作惟公羊莊十年傳疏引鄭云徐州界又南至淮水王鳴盛云言又者蒙上海岱青州之文鄭青州以海岱分東西徐州當同徐之西境至大野東原而止大約在今東平州及汶上鉅野等縣境與沇分界此處僅越過岱南稍西正可言至岱也又云爾雅泲東曰徐州郭注自泲東至海以爲禹貢徐州舊域然堯時揚州跨江北至淮而爾雅江南曰揚州又不置青州蓋商制淮南江北地屬青揚者以益徐視堯時之徐大矣職方正東曰青州其山川皆禹貢徐州域蓋以徐爲青地大半入幽則徐西又入於沇也又云以今輿地約之江南徐州府泗州海州及鳳陽淮安二府北境山東兗州沂州二府濟甯州泰安府南境曹州府東南境皆徐州域也**淮沂其乂蒙羽其藝**二水已治二山已可種藝○淮沂其乂蒙羽其藝今文與古文同孫云廣雅釋詁藝治也僞傳云種藝非○淮沂其乂者漢志如此夏紀乂作治故訓字段云又今文作艾於漢石經鴻範殘字知之職方氏疏引鄭云淮沂二水名詳道川○蒙羽其藝者夏紀漢志如此藝作蓺是志泰山郡蒙陰今山東省蒙陰縣西南云禹貢蒙山在西南東海郡祝其今江蘇省贛榆縣西云禹貢羽山在南山水澤地篇與志合史記集解引鄭云蒙羽二山名案蒙山在蒙陰縣南四十里接費縣界羽山在贛榆縣西南江云其皆讀爲既先謙案上文濰淄其道史記作濰淄既道此經記禹成功篇內皆爲已然之詞故知既爲是古字其既通段駁江說非**大野既豬東原底**

（冀、青、豫、揚、荆、雍、梁、兗、徐）

九州

冀、兗、青、徐、豫、揚、荆、雍、梁。禹治水之後，分天下為九州。并分冀州為幽州、并州，分青州為營州，共為十二州。

樏輴

平大野澤名水所停曰豬東原致功而平言可耕○大野既豬東原底平今文與古文同豬一作都僞傳水所停曰豬用馬說○今文同者漢志作大壄既豬壄古野字夏侯本如此豬一作都者夏紀作大野既都歐陽本異志山陽郡鉅壄今山東省鉅壄縣南云大壄澤在北山水澤地篇作在東北史記集解引鄭云大野在山陽鉅野北名鉅野澤釋文引馬云水所停止深者曰豬濟水注何承天云鉅野湖澤廣大南通洙泗北接淸濟舊縣故城正在澤中故置戍於此城城之所在則鉅野澤也衍東北出爲大野矣昔西狩獲麟於是處也王鳴盛云是澤自漢元光石晉開運宋咸平天禧熙甯金明昌元至正河皆決入及河益南徙澤爲溢決所不及又是澤本汶沛所鍾明永樂九年開會通河過汶沛入運澤乾涸無存○東原底平者夏紀漢志如此集解引鄭云東原地名今東平郡即東原王鳴盛云東原在徐之西北謂之東者在沛東故也漢東平郡本侯國景帝亦名濟東國故城在今東平州東州及泰安縣西南境皆古東原地在岱之西南沛之東汶之北

厥土赤埴墳草木漸包土黏曰埴漸進長包叢生○厥土赤埴墳草木漸包僞古文用今文也古文作厥土赤戠墳草木蔪苞○僞古文用今文者漢志作厥土赤埴墳草木漸包夏紀厥作其故訓字此今文也古文作厥土赤戠墳者釋文埴鄭作戠徐鄭王皆讀曰熾韋昭音試文選蜀都賦李注引鄭云熾赤也孫云說文熾盛也古文作戠火盛色赤故戠爲赤也段云鄭不釋戠爲黏土者意以赤熾言色墳言性與白壤黃壤白墳等一例儻戠訓黏則與墳爲二性非經例晉成公綏天地賦云海岱赤⿰土戠華梁青黎[illegible]埴音義熾尺志反汲古本安改⿰土戠爲埴此用鄭本尚書加土戠旁玉篇廣韻皆作⿱戠土

而訓爲赤土御覽三十七尚書禹貢曰徐州土赤戠墳謝沈注曰戠音志案釋文序錄東晉會稽謝沈古文尚書注十五卷其字作戠足證後人加土又釋文云韋昭音試統於鄭作戠之下蓋陸氏所據漢書音義韋作戠音試也集韻七志戠式吏切本此蓋漢書每多古字古文作草木蔪苞者釋文漸如字本又作蔪字林才冉反草之相包裹也包或作苞非叢生也馬云相包裹也案說文蔪下云艸相蔪苞也从艸斬聲書艸木蔪苞段云蔪苞者稹也稹緻之貌苞字說文引禹貢正从艸釋詁苞蕪茂豐也釋言苞稹也釋木如竹箭曰苞皮云僞孔名傳古文尚書實多襲今文說蓋王肅兼通今文故每陰用今文義以駁馬鄭惟此文王從鄭作戠而僞孔作埴則不可解疑皇甫謐輩又間有與竄亂或肅故爲參差以掩其迹與

厥田惟上中厥賦中中 田第二 賦第五

○厥田惟上中厥賦中中古文也今文無厥惟字○今文無厥惟字者漢志作田上中賦中中夏紀同田上衍其字

厥貢惟土五色 王者封五色土爲社建諸侯則各割其方色土與之使立社燾以黃土苴以白茅茅取其潔黃取王者覆四方○厥貢惟土五色古文也今文作貢惟土五色一作貢維土五色○貢土五色者漢志如此用夏侯本貢惟土五色者夏紀如此用歐陽本也史記正義引韓詩外傳云天子社廣五丈東方青南方赤西方白北方黑上冒以黃土將封諸侯各取方土苴以白茅以爲社也蔡邕獨斷云天子大社以五色土爲壇皇子封爲王者授之大社之土以所封之方色苴以白茅使之立社謂之茅社史記集解引鄭云土五色者所以爲大社之封今古文說同正義又引太康地記云城陽姑幕有五色土封諸侯錫之茅土用爲社此土即禹貢

徐州土也案姑幕漢琅邪縣今山東省諸城縣西南

羽畎夏翟嶧陽孤桐

夏翟翟雉名羽中旌旄羽山之谷有之孤特也嶧山之陽特生桐中琴瑟○羽畎夏翟嶧陽孤桐今文與古文同翟一作狄僞傳嶧山之陽本鄭說○羽畎夏翟者夏紀如此汲古本作狄翟一作狄者漢志如此染人注染夏者染五色謂之夏者其色以夏狄爲飾禹貢曰羽畎夏狄段云古翟狄相假借有借翟爲狄者春秋傳翟人是有借狄爲翟者毛詩右手秉翟韓詩作秉狄禮王后揄翟闕翟亦作狄及此經是或以狄爲古文非○嶧陽孤桐者夏紀漢志如此志東海郡下邳今江蘇省邳州東云葛嶧山在南古文以爲嶧陽山水澤地篇嶧陽山在下邳縣西與志合說文嶧下云葛嶧山在東海下邳从山睪聲夏書曰嶧陽孤桐續漢志劉注山出名桐風俗通云梧桐出嶧陽山采東南孫枝以爲琴聲甚清雅皆以葛嶧山爲郎嶧陽山今古文說同史記集解引鄭云地理志嶧山在下邳此古文異說以陽爲山南案嶧山在邳州西北嶧縣東嶧縣以此名一曰嶧陽山一名柱子山

泗濱浮磬淮夷蠙珠暨魚

泗水涯水中見石可以爲磬蠙珠珠名淮夷二水出蠙珠及美魚○泗濱浮磬今文與古文同淮夷蠙珠暨魚古文也今文作淮夷玭珠臮魚僞傳以淮夷爲二水用馬說○泗濱浮磬者夏紀如此漢志濱作瀕正字詳道川○淮夷玭珠臮魚者說文玭下云玭珠也从玉比聲宋宏云淮水中出玭珠珠之有聲者段云小徐本作玭珠珠之有聲者案當作玭蚌之有聲者釋文引韋昭云玭蚌也廣韻云蠙珠母也然則本作蚌名因以爲珠名耳山海經西山經絮魮之魚其狀如覆銚鳥首而翼魚尾音如磬石之聲是生珠石郭注亦珠母珠類而能生出之江賦

所謂文魮磬鳴也玭蚌葢類是能鳴故曰蚌之有聲者說文蠙下云夏書玭字也从虫賓聲段云玭小篆蠙是壁中古文故許云夏書玭字作蠙尚書釋文云蠙字又作玭史記索隱蠙一作玭顏師古注蠙字或作玭大戴禮保傅篇玭珠以納其閒盧注玭亦作蠙葢今文作玭古文作蠙宋說是今文尚書淮夷玭珠訓故也釋文云又作玭韋昭薄迷反蚌也韋音及義系玭字下用宋說此韋本漢志作玭之明證漢志用今文之明證也以此知夏紀漢志之一作玭者皆是元本其作蠙者後人用古文改之古文尚書作蠙是元本其一作玭者乃或用今文尚書改之也詩泮水疏引禹貢徐州淮夷蠙珠洎魚可證唐初本暨有作洎者以臮咎繇例之壁書暨皆作臮後有改易耳夏紀漢志皆作臮魚則今文尚書與古文尚書同也皮云段說甚塙惟三家尚書不同史漢傳本各異或亦有作蠙者不盡由後人改之揚雄徐州箴亦作蠙續漢輿服志云明帝詔采周官禮記尚書臯陶謨篇乘輿服從歐陽說公卿以下從夏侯說冕係白玉珠青玉珠黑玉珠不同據漢時今文說是古以玉爲珠非謂蚌珠故此於蚌珠加蠙以明之也釋文引鄭云淮夷淮水之上夷民也馬云淮夷二水名先謙案馬以淮夷爲二水古文說宋云淮水中出玭珠不言夷水是以夷爲淮上之夷而鄭與之同用今文說也

厥篚玄纖縞

玄黑繒縞白繒纖細也纖在中明二物皆當細○厥篚玄纖縞今文與古文同○今文同者漢志作厥棐玄纖縞葢夏侯本作棐夏紀厥改其故訓字集解引鄭云纖細也祭服之材尚細

浮于淮泗逹于河

○浮于淮泗逹于河僞古文也今古文河並作菏今文逹作通○古文河作菏者沛水注引尚書曰浮于淮泗逹于菏酈

道元在後魏時所引古文尚書也今文河作菏達作通者漢志山陽郡湖陵下云禹貢浮于泗淮通于河水在南達作通即其證夏紀述禹貢作浮于淮泗通于河通不誤而菏誤漢志述禹貢作浮于淮泗達于河則通菏並誤湖陵下淮泗又誤倒段謂此文當作禹貢浮于淮泗通于菏菏水在南是也說文菏下云菏澤水在山陽湖陵南禹貢浮于淮泗達于菏从水苛聲山水澤地篇菏水在湖陵莽改名東漢後從之縣南並與一志湖陵合知一志作菏不作河也菏本又作荷湖陵下應劭注尚書一名湖當作一名荷張參五經文字云菏古本一作荷漢志菏多作荷下文道菏澤又東至于荷及濟陰郡下云禹貢荷澤在定陶東皆是水經泗水注引地理志亦作荷故應氏云然也黃公紹韻會舉要云說文引禹貢作菏則是菏非河陸氏於菏澤下注徐音柯又工可切於達于河下亦注云說文作菏工可切水出山陽湖陵南則非九河之河明矣其云河音如字誤也閻云豫之東北即徐之西北舟自淮而泗自泗而菏然後由菏入泲以達於河此徐之水道也上文沇州浮于濟漯達于河次靑州則浮于汶達于濟不復言達于河矣又次徐州浮于淮泗達于菏不復言達于濟矣至揚州則浮于江海達于淮泗不復言達于菏矣不復言者蒙上文也段云班志之例見於禹貢經文者則曰禹貢某山某水在某此正例也此條變例則菏水菏澤之不同故泲陰郡下云禹貢菏澤在定陶東湖陵下云禹貢浮于淮泗通于菏菏水在南複舉禹貢者謂此經文亦通于菏乃菏水而非菏澤也若但云禹貢菏水在南則恐混於菏澤矣王鳴盛云菏本澤名泲水所豬道沇水東至於菏主澤言此豫州菏澤也徐州之達于菏則自乘氏至湖陵乃菏澤之支流說文名爲菏澤水者也

自僞傳挪還都之說後人謂沇青徐揚四州水道前後相承總以入河爲歸宿於是有謂滎陽引河爲禹迹乃據誤書作達于河以鴻溝官渡汴水爲禹時已有者有明知禹時無汴而必展轉推求爲由菏入泲由泲入漯由漯入河者皆謬也先謙案諸說詳明足爲此經定論濟水注菏水注淮泗達于菏以上見菏澤自山陽郡湖陵今魚臺縣東南入泗澤水所鍾也尚書曰浮于淮泗達于菏是也又逕沛郡沛縣東北沛縣東泗與濟亂故濟納互稱矣菏水又出逕楚國留縣沛縣東南彭城銅山縣治臨淮郡徐縣泗州東南淮陰清河縣東南與泗水同注至角城入淮漢志濟陰乘氏下云菏水東南至睢陵淮陰形近而誤入淮是故浮淮泗皆可以通于菏也

淮海惟揚州

北距淮南距海○淮海惟揚州今文與古文同王鳴盛云傳云南距海者戰國策蔡澤曰吳越爲楚南收揚越史記尉佗傳秦以并天下略定揚越置桂林南海象郡集解引張晏曰揚州之南越正義亦曰夏禹九州本屬揚州故云揚越攷桂林南海象郡今廣東廣西交趾地漢爲交州吳分置廣州晉因之魏晉閒人以此爲禹揚州僞傳出魏晉之人故云然杜佑通典云揚州東南距海自晉後歷代史皆云五嶺之南至于海並揚州地然禹貢物產貢賦職方山藪川浸皆不及五嶺外且荊州南境至衡山之陽若五嶺之南在九州封域則宜屬荊豈有舍荊屬揚者杜說是僞傳非也禹敷土斥境爲方萬里交廣必在其中不待漢武始開但鄭注下文五服及注皋陶謨弼成五服皆以要服內方七千里置九州此外連要服之弼與荒服及荒服之弼方得滿萬里而不在九州州之數則知交廣但爲聲教所暨必在九州之外○淮海惟揚州者漢志如此夏紀惟作維宋本史記揚作楊景祐本地理志楊州藪楊州山楊州川亦作楊古書

揚楊通作本無一定李巡注爾雅云江南厥性輕揚故曰揚州釋名釋州國云揚州州界多水水波揚也皆後起之説段云古人字多假借所重惟音州名當依古從木唐石經作揚未可爲是公羊莊十年傳疏引鄭云揚州界自淮而南至海以東也王鳴盛云海岸雖自東北迤南而篇末云東漸于海則青揚之海皆主東故鄭云至海以東也又云殷割淮南江北地益徐故爾雅云江南曰揚州視夏揚州爲小然其西又得夏荆州地案道水漢至大別入江而爾雅曰漢南曰荆州蓋漢水之名至大別而止曰漢南者大別以西漢水之南也曰江南者大別以東江水之南也荆揚之界當於此分然則殷揚州境縮於北而嬴於西與夏之揚廣猨相當矣周禮東南曰揚州其藪澤川浸與禹貢同也以今輿地約之江南江淮蘇松安徽三布政司所轄及浙江江西西則河南之汝甯湖北之黃州等府皆揚州域也

彭蠡既豬陽鳥攸居

彭蠡澤名隨陽之鳥鴻雁之屬冬月所居於此澤○彭蠡既豬陽鳥攸居今文與古文同豬一作都一作瀦攸一作逌○彭蠡既豬者漢志如此豬一作都者夏紀作彭蠡既都索隱云都古文尚書作豬鄭云南方謂都爲豬先謙案夏侯本作豬與古文同非特古文作豬也一作瀦者楊雄揚州箴作彭蠡既瀦論衡書虛篇同漢志豫章郡彭澤今江西省湖口縣東云禹貢彭蠡澤在西鄭引同見史記集解山水澤地篇云在西北郎今鄱陽湖也今古文無異說釋文引張勃吳錄云今名洞庭湖此自別說不爲塙證詳見道川○陽鳥攸居者論衡書虛篇如此夏紀攸作所故訓字一作逌者漢志作陽鳥逌居夏侯本如此楊雄揚州箴作陽鳥攸處居處故訓字詩匏有苦葉疏引鄭云陽鳥謂鴻雁之屬隨陽氣南北呂覽

孟春紀候雁北高注候時之雁從彭蠡來北過至北極之沙漠仲秋紀候雁來注從北漠中來過周洛之彭蠡季秋紀注候時之雁從北方來南之彭蠡季冬紀雁北鄉注雁在彭蠡之澤是月皆北鄉將來至北漠也淮南時則訓注略同高誘習今文尚書與鄭義同今古文無異說或以陽鳥爲地名非也

三江既入震澤底定

震澤吳南大湖名言三江已入致定爲震澤○三江既入震澤底定今文與古文同震一作振僞傳大湖誤釋見下○三江既入者夏紀漢志如此三江者南江中江北江北江見經惟南江不具漢志丹陽郡石城今安徽省貴池縣南云分江水首受江東至餘姚入海會稽郡吳縣今江蘇省澤縣西南震云南江在南東入海此三江之南江亦卽分江水也分江水者江至石城分爲南江志以分江著其源以餘姚入海標其委合中江北江爲三江以應禹貢三江之文書疏引鄭云三江分於彭蠡爲三孔經東迆下引鄭云東迆者爲南江斷禹貢東迆爲句用班志南江之文言分於彭蠡則非分於震澤言分於彭蠡爲三孔則非合於彭蠡爲一孔言東入海則非三江入震澤亦非彭蠡與漢入三江可據班書鄭注一埽後世紛紜之說詳見道川○震澤底定者漢志如此史記底作致故訓字震一作振者索隱震一作振案廣雅釋地作振澤張揖多用今文蓋尙書今文有作振澤者漢志吳下又云具區澤在西古文以爲震澤山水澤地篇震澤在吳縣南五十里西南皆通然以南爲正志西字蓋誤釋地十藪吳越之間有具區郭注今吳南太湖卽震澤也案具區卽震澤郭依僞孔以太湖當之非是太湖乃五湖之總名揚州浸曰五湖葉夢得云周官九州有澤藪有川有浸藪者人資以爲利浸則水之所鍾也今平望八尺震澤之

間水瀰漫而極淺與太湖相接而非太湖積潦暴至無以洩之則溢而害田然蒲魚蓮芡之利所資甚廣亦可隄而爲田與太湖異所以謂之澤藪黄儀云今土人自包山以西謂之西太湖水始淵深自莫釐武山以東謂之南湖水極灘淺葢卽古震澤止以上流相通後人遂溷稱太湖耳成蓉鏡云疑禹時震澤本巨浸太湖水小故禹貢稱震澤不稱太湖歷商而周震澤漸淤爲藪而水乃瀦於太湖故職方以五湖爲浸震澤爲澤藪也平望今震澤縣西南四十五里平望鎮八尺在縣南二十里八赤鎮震澤在縣西南八十五里

篠簜既敷

篠竹箭簜大竹水去已布生○篠簜既敷今文與古文同一作竹箭既布○篠簜既敷者漢志如此夏侯本也說文筱下云箭屬小竹也隸變作篠大射儀疏引鄭云篠箭簜大竹也漢無極山碑揚越之杶□條蕩葢湝借字一作竹箭既布者夏紀如此歐陽本也孫云史公以篠簜作竹箭今文異字說文揞下引夏書竹箭如揞言夏書竹箭讀箭如揞也陳壽祺云史記紀九州貢物無易以訓詁者不應此處獨變葢今文作竹箭也說文書曰竹箭葢節引今文竹箭之詞皮云史記於禹敷土作傳不代以布字說文引布重莫席乃古文而敷亦作布是布亦今文本字所傳本異

厥草惟夭厥木惟喬

少長曰夭喬高也○厥草惟夭厥木惟喬古文也今文作草夭木喬○今文作草夭木喬者漢志作屮夭木喬志草皆作屮非異文夏紀多兩其字兩惟字後人妄增史記兗州作草繇木條與漢志同也釋文引馬云夭長也

厥土惟塗泥

地泉濕○厥土惟塗泥古文也今文無惟字○今文無惟字者漢志作厥土塗泥夏紀厥改其故訓字集解引馬云漸洳也詩汾沮洳傳其漸

洳義同　**厥田惟下下厥賦下上上錯**田第九賦第七雜出第六○厥田惟下下厥賦下上上錯古文也今文無厥惟字○今文無厥惟字者夏紀作田下下賦下上上雜錯雜故訓字漢志同仍作錯少一上字　**厥貢惟金三品**金銀銅也○厥貢惟金三品古文也今文無厥惟字王鳴盛云黃金白銀既不爲幣施於器又寡傳說非也先謙案詩泮水疏引王肅云三品金銀銅也與傳合近儒以爲傳出肅手又一證也○今文無厥惟字者夏紀漢志皆作貢金三品集解引鄭云銅三色也案三色青白赤孫云禹貢璆鐵錫鉛銀各表其名而不言銅故知鄭義爲的　**瑤琨篠簜**瑤琨皆美玉○瑤琨篠簜今文與古文同一作瑤琨篠簜一作瑤琨竹箭古文琨一作環書疏引王肅云瑤琨美石次玉者詩木瓜釋文云瑤說文云美石（今說文作玉之美者乃傳寫之誤）僞孔此傳與王異而誤○今文同者揚雄揚州箴云瑤琨篠簜一作瑤環篠簜者漢志如此說文環琨或體一作瑤琨竹箭者夏紀如此與上竹箭既同說文琨下云石之美者虞書曰揚州貢瑤琨釋文馬本作環皆古文也是古今文本各異說文簜下云大竹也从竹湯聲夏書曰瑤琨筱簜篠作筱亦古文家異字簜可爲幹筱可爲矢　**齒革羽毛惟木**齒象牙革犀皮羽鳥羽毛旄牛尾木楩梓豫章○齒革羽毛惟木古文也今文無惟木二字今古文毛皆作旄○今文無惟木者夏紀漢志並作齒革羽毛今文毛作旄者夏紀正義按西南常貢旄牛尾書詩通謂之旄荆州羽旄齒革作旄則揚州作毛淺人所改也汲古本漢書亦揚作毛荆作旄而揚州注內仍作旄則正文亦淺人所改皮云大傳禹成五服齒革羽毛器備毛字亦後人改之顏師

古注羽旄謂眾鳥之羽可爲旄者也解雖未當然證顏本漢志正
作旄古文作旄者段云僞傳毛旄牛尾及經毛字並衞包所改開
寶中依衞包並改釋文乃謂旄字見傳不見經移旄音毛於犀細
兮反之下不知經果作毛何由訓爲旄牛尾乎孔疏云說文犛西
南夷長旄牛也此犛牛之尾可爲旄旗之飾經傳通謂之旄牧誓
右秉白旄詩云建旐設旄皆謂此牛旄之尾故知旄是旄牛尾也可
證經傳本是旄字凡正義有唐宋人改之未盡者如此與高宗肜
日之經尾字是也宋元本故知下作毛字此最劣本江云惟木二字
衍史漢全載此經皆無惟木二字可知漢世尚書本無僞孔妄增
本應削去以相此傳既久姑存之先謙案木必具名荆州杶榦栝柏
是其例無渾舉之理惟木單讀及連上讀皆不成句江說是也惜無古文本證之

島夷卉服 南海島夷草服葛越○島夷卉服今古文並作鳥夷卉服○今文作鳥夷卉服者漢志如此
顏注鳥夷東南之夷善捕鳥者也夏紀作鳥夷卉服後人妄改古
文亦本作鳥孔讀爲島衞包徑改爲島字段云後漢度尚傳椎髻
鳥語之人李注鳥語謂語聲似鳥也書曰鳥夷卉服按此衞包未
改尚書也夏紀鳥字淺人用天寶後尚書改之裴駰集解冀州用
鄭注作鳥揚州用孔注作鳥張守節正義成於開元二十四年釋
以可居之島則史記作鳥在開元前王鳴盛云掌葛徵艸
貢之材於澤農鄭注艸貢出澤萯紵之屬可緝績者是也

厥篚織貝 織細紵貝水物○厥篚織貝今文與古文同王鳴盛云僞傳以織貝爲二物然經但曰織安知其爲細紵貝果水物不當入篚
傳說非○厥篚織貝者夏紀如此厥作其故訓字漢志作厥棐織
貝夏侯本如此書疏引鄭云貝錦名詩曰萋兮斐兮成是貝錦凡

爲織者先染其絲乃織之則文成矣禮記曰士不衣織案厥包橘
毛傳貝錦錦文也鄭箋錦文如餘泉餘蚳之貝文是也

柚錫貢小曰橘大曰柚其所包裹而致者錫命乃貢言不常○厥包橘柚錫貢今文與古文同古文包一作苞王鳴盛云僞傳以橘柚爲一物但大小異說文橘果出江南柚條也似橙而酢引夏書曰厥包橘柚傳誤又傳云錫命乃貢言不常也書疏引王肅云橘與柚錫其命而後貢之不常入當繼荆州之無也先謙案僞傳與肅說合近儒以爲傳出肅手又一證也○厥包橘柚者漢志如此夏紀厥作其故訓字古文包一作苞者詩木瓜箋引尚書曰厥苞橘柚○錫貢者夏紀漢志如此集解引鄭云有錫則貢之或時乏則不貢錫所以柔金也皮云史記錫大龜錫土姓皆改作賜惟此與錫貢磬錯作錫是今文說亦當爲貢錫與鄭說同

沿于江海達于淮泗○順流而下曰沿沿江入海自海入淮自淮入泗通淮泗一作均江海通于淮泗○均江海通淮泗者夏紀如此均江海通于淮泗者漢志如此釋文云沿鄭本作松松當爲沿馬本作均云均平段云今文作均馬依今文也鄭本作松松者沿之字誤故云當爲沿此葢壁書轉寫以水木淆溷公旹不分而鄭正之集解引鄭云均讀曰沿沿順水行也或疑裴何以與陸異答曰裴依史記正文作均耳裴當云均鄭本作松松讀曰沿乃合孔本依鄭作沿如堯典卯谷卯鄭讀爲昧而孔本因之作昧也孫云均葢袀字一切經音義引三蒼云循古文作袀則謂循於江海也王鳴盛云禹必沿江入海自海入淮者爲欲徧巡州境非爲邗溝未開江淮未通之故然通江淮之迹亦不可不攷左哀元年傳吳城邗

溝通江淮杜注於邗江築城穿溝東北通射陽湖西北至東口入淮通糧道也哀十三年吳會晉于黃池國語云掘爲深溝於商魯之閒北屬之沂西屬之泲然其水葢未能深廣故哀十年公會吳伐齊徐承率舟師將自海入齊齊敗之而還黃池之役於越入吳國語云越王命范蠡帥師沿海泝淮以絕吳路葢邗溝以北至沂泲水道猶淺狹故必沿海也至隋開皇七年將伐陳韓擒虎於揚州開山陽瀆以通漕運大業初大發淮南兵夫十餘萬開邗溝自山陽至楊子江三百餘里闊四十步可通龍舟而後淮始達江也以上敘通江淮始末乃自周季迄隋代事近儒閻若璩胡渭爲詳著之而此道之非禹迹乃明

荊及衡陽惟荊州

北據荊山南及衡山之陽○荊及衡陽惟荊州今文與古文同○荊及衡陽惟荊州者漢志如此夏紀惟作維志南郡臨沮今湖北省當陽縣西北云禹貢南條荊山在東北長沙國湘南今湖南省湘潭縣西云禹貢衡山在東南山水澤地篇與志合漳水注云荊山在景山東百餘里新城沶鄉縣界雖羣峰競舉而荊山獨秀衡山在衡山縣西三十里公羊莊十年傳疏引鄭云荊州界自荊山南至衡山之南王鳴盛云鄭意荊州北界起自荊山不越荊北書疏附會至荊山北則侵豫梁地非也又云殷有荊無梁爾雅漢南曰荊州郭注自漢南至衡山之陽漢水出嶓冢梁州山也自嶓冢以東至大別凡在漢水之南者皆爲荊州案李巡言殷時雍兼梁地玩郭氏漢南皆荊之說則梁地亦兼之不盡歸雍自大別以東江南之地爲揚所侵大別以西漢東之地亦皆入豫荊州之境縮於東北而嬴於西南也周禮正南曰荊州其山水如衡山雲夢江漢皆合禹貢惟其浸潁湛可疑鄭云潁出陽城宜屬豫州在此非也湛未聞案漢

志潁水出潁川陽城縣陽乾山東至下蔡入淮湛水見杜預左傳注襄十六年晉楚戰于湛阪注云襄城昆陽縣北有湛水東入汝潁湛皆在河南淮北周若割以屬荆則斗入豫域七八百里故鄭闕疑又周承殷制亦有荆無梁賈公彦言雍豫並兼梁地顏師古亦言周併梁合雍而皆不及荆殆未察漢南曰荆之義葢荆豫皆以漢水爲界梁州漢北之地豫兼之漢南之地荆兼之也又云以今輿地約之湖北武昌漢陽安陸黃州德安荆州宜昌施南等府及襄陽之南境湖南全省及四川敘州重慶夔州等府之江南地廣西桂林貴州遵義等府皆荆州域也

江漢朝宗于海 二水經此州而入海有似於朝百川以海爲宗宗尊也○

江漢朝宗于海今文與古文同僞傳釋朝宗本鄭說○江漢朝宗于海者夏紀漢志如此說文淖下云水朝宗于海也从水朝省聲衍下云水朝宗于海皃也从水行段云淖者今之潮字以淖釋朝宗于海此今文說也論衡書虛篇夫地之有百川也猶人之有血脉也血脈流行汎揚動靜自有節度百川亦然其朝夕往來猶人之呼吸氣出入也經曰江漢朝宗于海其發海中之時漾馳而已入三江之中殆小淺狹水激沸起故騰爲濤先謙案濤即潮漢郊祀志朝夕即潮汐字虞翻易習坎有孚注水行往來朝宗于海不失其時如月行天皆今文說洚水之時江漢不順軌不與海通海淖不上至禹治之江漢始與海通於揚州曰三江既入入於荆州曰江漢朝宗于海言淖一上達直至荆州也今海潮上至安慶而止至海淖上迎江漢下赴如君臣一德一心呼吸相通與前此雍閼者異先謙案廣雅釋詁宗聚也如段說此宗當訓聚史記集解引鄭云江水漢水其流遄疾又合爲一共赴海也猶諸侯之同心尊天子而朝事之荆楚之域國有道

則後服國無道則先强故記其水之義以著人臣之禮此古文說也楊雄荆州牧箴江漢朝宗其流湯湯風慓以悍氣鋭以剛有道後服無道先彊又鄭義所本閻云江所歷之州曰梁荆揚漢所歷之州曰梁豫荆

九江孔殷

江於此州界分爲九道甚得地勢之中○九江孔殷今文與古文同僞傳江分九道本應劭說○九江孔殷者漢志如此夏紀作九江甚中孔甚殷中故訓字志廬江郡尋陽云禹貢九江在南皆東合爲大江豫章郡芬曰九江柴桑芬曰九江亭河渠書太史公曰余南登廬山觀禹疏九江淮南王傳擊廬江有尋陽之船結九江之浦絶豫章之口龜筴傳廬江郡常歲時生龜長尺二寸者二十枚輸太卜官與九江納錫大龜合皆今文說釋文引太康記曰九江劉歆以爲湖漢九水入彭蠡澤也史記集解引鄭云地理志九江在尋陽南皆東合爲大江書疏引鄭云殷猶多也九江從山谿所出其孔衆多言治之難也皆古文說案鄭既引漢志則云其孔衆多者非有別解是劉鄭說與今文義同釋文引潯陽記云一曰烏江二曰蚌江三曰烏江四曰嘉靡江五曰畎江六曰源江七曰累江八曰提江九曰箘江張須元緣江圖云一曰三里江二曰五州江三曰嘉靡江四曰烏土江五曰白蚌江六曰白烏江七曰箘江八曰沙提江九曰廩江參差隨水張落或百里或五十里始於鄂陵終於江口會於桑落洲案此皆瑣瑣不足當禹九江之目應劭注漢志九江郡云江至廬江尋陽分爲九也本九水合入江而應謂江分爲九誤甚山水澤地篇九江地在長沙下雋縣西北本山海經九江洞庭爲文此古文說而劉班鄭皆不與之合酈道元亦不用之宋胡旦毛晃竊其說非也江云九江至尋陽東而合其未合於江之時則在尋陽

上固是荆州地故經於此言之甚中猶言水由地中行也孫云九江在豫章非荆州水而水經云沔至江夏沙羨縣北南入于江沔水與江合流又東過彭蠡澤是九江入此澤而合大江故云甚中皮云禹貢所言必合治水源流施功次序非必一州之水不可旁及他州冀州云治梁及岐梁岐即不在冀州境也合觀諸說亦可無疑於九水不屬荆州矣

沱潛既道 沱江別名潛水

名皆復其故道○沱潛既道今文與古文同○沱潛既道者夏紀作沱涔已道漢志作沱灊既道既已故訓字潛涔灊通用字毛詩潛有多魚韓詩潛作涔非今古文異也漢志南郡枝江（今湖北省枝江縣東）云江沱出西東入江山水澤地篇荆州沱水在枝江縣明今古文說同據江水注江水東過枝江縣南江氾枝分東入大江縣治洲上故以枝江爲稱地理志曰江沱出西東入江是也（今枝江縣東六十里百里洲是）釋文引馬云沱沱湖也其中泉出而不流者謂之潛書疏引鄭云水出江爲沱漢爲潛（集解引作涔）今南郡枝江有沱水其尾入江首不云於江出也華容有夏水首出江尾入沔蓋此所謂沱也潛則未聞象類王鳴盛云鄭意百里洲岐江爲二謂之分江則可謂之自江出則不可爾雅水決復入爲氾水自江出爲沱漢志華容云有夏水首受江東入沔水經夏水出江流於江陵縣東南又東過華容縣南又東至江夏雲杜縣入于沔酈注云江津豫章口東有中夏口（在今荆州府治）是夏水之首江之沱也（閩云今本沱誤氾）正與鄭注合至枝江之沱道元以爲江氾枝分是矣又引地志之江沱以證則微誤矣今考夏水自江陵縣東南首受北江東北流逕監利縣沔陽州與潛江縣分界又東北至京山縣東南注於漢此正沱水也至潛水昔人以漢志漢中安陽（今陝西省成固縣南）鬻谷水出西南北入漢當之經

孫正谷爲衍字然與荆州無涉先謙案潛涔通作此潛水卽涔水也說文涔陽渚在郢中屈原所謂望涔陽兮極浦也澧水注澧水至作唐縣後漢分孱陵立在今湖南省安鄉縣北左合涔水又東澹水出焉又南合澹水王仲宣詩悠悠澹澧涔水出天門郡界吳分武陵立南逕涔坪屯屯堨涔水溉田數千頃東南入澧案一統志涔水出澧州西北龍洞爲龍洞水分爲二又合流而東爲靑泥灘竹根灘又東合團潭水又東爲黃潭合黃溪水又東爲涔水逕州東入澧二水合流逕安鄉縣城西爲長河分爲二一東流逕華容縣入洞庭湖一東南於安鄉境入湖以此涔水當荆州之潛於地望適合經下言東至于澧似上古之世湖以南涔澧二水較沅湘尤著經流遷變今古不侔矣馬說沱潛皆不合

雲土夢作乂 雲夢之澤在江南其中有平土丘水去可爲耕作畎畝之治○雲土夢作乂今文也古文作雲夢土作乂今互譌○今古文互譌者漢志作雲夢土作乂夏紀作雲夢土爲治作爲乂治故訓字夏紀漢志皆今文雲夢土並當作雲土夢史記索隱單行本出雲土夢三字小注雲土夢二澤名引韋昭云雲土今爲縣屬江夏解之曰地理志江夏有雲杜縣是其地此史記作雲土夢之證段云韋昭注乃漢書音義此漢書作雲土夢之證今地理志作雲夢土顏注云雲夢之土皆用尙書妄改之本耳古土杜通用如韓詩桑杜毛詩作桑土毛詩自土沮漆齊詩作自杜是也本呼雲土單呼之爲雲此類甚多楚語雲連徒州卽雲土也徒土杜一字雲土長言之爲雲連徒州猶恂眘二字荀卿書則曰僩猶眘儒此如穀於菟之類皆方俗語言也古文尙書雲土夢當作雲夢土者據僞傳雲夢之澤在江南其中有平土丘是經作雲夢土故釋土於雲夢之下僞孔多襲馬鄭王之舊此雲

夢土作乂必馬鄭王本固然古文之誤作雲土夢始於唐石經而成於宋太宗晁公武石經考異序云蜀石經尚書十三卷僞蜀周德貞書以監本校之禹貢雲土夢作乂倒土夢字是宋以前雲夢土之本盛行僞蜀且以勒石唐石經作雲土夢而蜀石經不從此蜀勝於唐也宋沈括夢溪筆談云舊尚書禹貢作雲夢土作乂太宗皇帝時得古本尚書作雲土夢作乂詔改從古本所傳舊尚書者蜀石經之類也古本尚書者唐石經之類也唐石經名儒所不窺是以蜀石本及宋太宗以前本皆作夢土而太宗詔從土夢自後板本乃無作夢土者此非梅賾之咎亦非衞包之咎衞包敢於改字而不敢倒字開成中始從誤本刊石至正義云經之土字在二字之閒葢史文兼上下也此十六字葢太宗詔改土夢之後妄人增之元本所必無唐正義果如是何以夢土之本盛行至宋僞蜀且以勒石本哉皮云王逸楚詞注夢澤中也楚人名澤中爲夢中逸習今文則今文家說夢卽是澤非澤之名也左傳江南之夢卽江南之澤雲土夢亦卽雲土澤耳其作雲夢土者成蓉鏡云雲夢本一藪見周官爾雅呂覽戰國策淮南墬形訓鹽鐵論說文宋玉高唐賦司馬相如子虛賦或單稱雲見左定傳或單稱夢見左宣昭傳杜預云楚之雲夢跨江南北葢其地至廣中有澤有土當洪水汎濫皆在巨浸中至是而水瀦於澤其土乃可治有土以著澤之底定耳周官爾雅所記者雲夢澤而楚王宋玉所遊者則雲夢土矣先謙案雲土夢與雲夢土乃今古文異段說是雲杜漢以名縣是雲土連文確不可易今文是也古文作雲夢土則字有倒易說者依文釋之耳雲土單稱雲春秋時已然王逸解夢爲澤此最古義漢志南郡華容（今湖北省監利縣西北）雲夢澤在南山水澤地篇雲夢

澤在華容縣東今古文家說皆依俗稱於夢下加澤字小司馬以雲夢為二澤李吉甫諸儒並說江北為雲江南為夢非是夏水注監利縣晉縣地今監利縣治土卑下澤多陂池西南自州陵今沔陽州東南界迄於雲杜沔陽西北沌陽今縣為雲夢之藪**厥土惟塗泥厥田惟下中厥賦上下**田第八賦第三人功修○厥土惟塗泥厥田惟下中厥賦上下古文也今文有上厥字無惟字○今文有上厥字無惟字者漢志作厥土塗泥田下中賦上上下夏紀同厥改其故訓字**厥貢羽毛齒革惟金三品**土所出與揚州同○厥貢羽毛齒革惟金三品古文也今文無厥惟字○今文無厥惟字者夏紀漢志並作貢羽旄齒革金三品經文旄字衞包改毛說見前**杶榦栝柏**榦柘也柏葉松身曰栝○杶榦栝柏今文與古文同○杶榦栝柏者夏紀漢志如此志榦作幹經典通用字釋文引馬云栝白栝也史記集解引鄭云四木名段云栝說文作桰隱也一曰矢桰隱弦處也禹貢借栝為檜字爾雅毛詩說文皆云檜柏葉松身僞傳栝柏葉松身正是一字集韻十四太曰檜或作栝釋文杶又作櫄考工記注禹貢荊州貢櫄榦栝柏說文杶下云木也从木屯聲夏書曰杶榦栝柏櫄下云或从熏**礪砥砮丹**砥細於礪皆磨石也砮石中矢鏃丹朱類○礪砥砮丹今文與古文同○礪砥砮丹者夏紀漢志如此志礪作厲厲正字礪俗字書疏引鄭云礪磨刀刃石也精者曰砥賈逵云砮矢鏃之名也一切經音義引尚書砅砥砮丹段云砅同厲本於三體石經說文砮下云石可以為矢族从石奴聲夏書曰梁州貢砮丹梁是荊之誤**惟箘簵楛三邦底貢厥名**箘簵美竹楛中矢榦三物皆出

雲夢之澤近澤三國常致貢之其名天下稱善○惟箘簵楛三邦
厎貢厥名古文也今文作維箘簬楛一作箭足杆邦作國僞傳其
名天下稱善本馬說○今文作維箘簬楛者夏紀如此一作箭足
杆者集解引徐廣說如此段云說文箘下云箘簬也从竹路聲夏
書曰惟箘簬楛簵下云古文簬从輅蓋壁書作簵也說文枯下云
槖也从木古聲夏書曰惟箘輅枯輅當作簵木名也史記集解引徐廣
曰一作箭足杆杆卽楛也音怙箭足者矢鏃也或以箭足訓釋箘
簵乎玉裁按箭非矢鏃正謂矢槖雖釋名謂矢鏑爲足然此等首
足無定稱如淮南謂木根爲首賈逵左傳注謂人首爲末是也蓋
古文作枯今文作杆古文作箘簵今文作箭足非訓釋之謂也先
謙案許謂簵古文則簬是今文其木部引書簵枯連文則枯爲古
文段說是也竹部引書簬楛連文則楛亦今文不僅今文作杆也
汲古本史記作維箘簬楛集解駟案鄭玄曰箘簬聆風也皆作簬
今官本皆改作簵漢志用今文當作簬今志作惟箘簵楛蓋亦後
人所改或夏侯本與古文合也皮云史記篠簜作竹箭則箘作箭
宜矣足疑路之壞字釋文引馬云楛木名可以爲箭書疏引鄭云
箘簵簬史集解作聆釋文同風也段云合之說文則箘簵合二字爲名乃一
物孔疏云竹有二名或大小異也箘簵是兩種竹非是釋文引馬
云楛木名可以爲箭弦工疏引鄭云楛木類周之始肅愼氏貢楛
矢石砮此州中生聆風與楛者眾多三國致之三國底貢厥名者
漢志如此夏紀作三國致貢其名厎致厥其故訓字史記集解引
馬云言箘簵楛三國所致貢其名善也書疏云鄭以厥名下屬古
文異說江云禮雜記云凡宗廟之器其名者成則釁之以豭豚是
物之貴者特稱名也此以厥名表異之言其名者爲菁茅以其爲

宗廟所用而貴重之也**包**橘柚○書疏引王肅云揚州厥包橘柚從省而可知也王鳴盛云包匭連文自屬一事截包作注以
爲橘柚割裂穿鑿之甚且揚州明言橘柚荆州並無橘柚字反謂
荆州常貢而揚州特繼其乏貺注揚亦殊違反皆非也先謙案近
儒以爲僞傳出肅又一證也**匭菁茅**匭匣也菁以爲菹茅以縮酒○包匭菁茅今文與古文同段云匭从匚軌聲匚者受
物之器乃訓爲匣晉初已有此陋說僞孔襲之至唐武后乃有一設
匭受表之事不識字之弊也王鳴盛云管子輕重篇江淮之間一
茅三脊名曰菁茅僞傳以菁茅爲二物非○包匭菁茅者夏紀漢
志如此釋文菁徐音精馬同史記集解引鄭云匭纏結也菁茅
有毛刺者引釋文敚給宗廟縮酒重之故包裹又纏結也段云包當作
苞詳見上說文繫傳苞下左僖四年傳注穀梁僖四年傳疏引書作
皆作苞匭又匭古文簋字讀如九簋黍稷方器也故从匚鄭讀
爲糾而訓爲纏結從同音得義也先謙案晉志零陵泉陵縣有香
茅古貢之以縮酒括地志辰州盧溪縣西南三百
五十里有包茅山山際出包茅有刺而三脊因名**厥篚玄纁璣組**
此州染玄纁色善故貢之璣珠類生於水組綬類○厥篚玄纁璣
組今文與古文同○今文同者夏紀作其篚玄纁璣組厥其故訓
字漢志作厥棐玄纁璣組篚作棐夏侯本如此釋文璣音機馬同
又引馬云組文也案說文纁淺絳也江云組以貫璣謂之璣組璣
非篚實篚實止是組耳禮玉藻天子佩白玉而元組綬鄭注綬所
以貫玉相承受者則綬是組之下耑爲結以罥之玉者其上貫玉
中者則是組矣韓詩傳云佩玉上有蔥珩下有雙璜衝牙蠙珠以
納其閒是佩有珠亦必以組貫矣鄭沇州注云貢者百物之府受

而藏之實於篚者入於女功周禮珠入於王府不入女功此經徐州蠙珠𤩽州琅玕皆不入篚珠不圓者爲璣亦必不入篚矣段云馬說文 下 **九江納錫大龜** 尺二寸曰大龜出於九江水中龜不常有脫字同○九江納錫大龜用錫命而納之○九江納錫大龜今文與古文同○九江納錫大龜者漢志如此夏紀作九江入賜大龜納入錫賜故訓字釋文引馬云納入也案依僞孔說經文當作錫納大龜不當言納錫大龜皮云錫大龜三字連讀蓋天子錫諸侯之大龜禮樂記青黑緣者天子之寶龜也從之以牛羊之羣則所以賜諸侯也公羊傳言寶玉大弓有龜青純是公羊以寶卽是寶龜與樂記合明古天子有錫諸侯寶龜之禮納錫大龜謂納此賜諸侯之寶龜也釋義順成通典蘄州廣濟縣蔡山出大龜尙書曰九江納錫大龜卽此 **浮于江沱潛漢逾于洛至于南河** 江逾越也河在冀州南東流故越洛而至南河○浮于江沱潛漢逾于洛至于南河今文與古文同一漢上多于字逾作踰○今文同者漢志作浮于江沱灊漢逾于洛至于南河潛灊通用字洛本作雒後人依俗本改之凡伊雒瀍澗之雒字從佳旁各涇渭洛字從水旁各一爲雍州浸載在職方不相假借漢志宏農郡上雒下云禹貢雒水出冢領山東北至鞏入河豫州川左馮翊褱德下云洛水東南入渭雍州浸秩然不紊魏志黄初元年幸洛陽裴注引魚豢魏略云詔以漢火行火忌水故洛去水加佳魏於行次爲土土水之牡也故除佳加水變雒爲洛案漢以前用雒非漢去水加佳魏文帝妄爲之說自是經傳子史轉寫竄易雒洛錯出若今文尙書之作雒見於隸釋所載漢石經殘碑多士篇兩玆雒字此必伏生壁藏之本古文尙

書今本皆作洛考天官序官注引召誥朝至于雒攻位于雒汭字皆作雒則知黃初後傳寫者盡易之不然許君說文其偁書孔氏古文也何難據古文列熊耳之水於洛字下而必遵今文哉段玉裁王念孫言之甚詳今略舉之如此顏師古注南河在冀州南水道不通故曰逾一漢上多于字逾作踰者夏紀作浮于江沱涔于漢踰于雒至于南河涔潛字同案釋文云本或作潛于漢非段云今文尚書有此于字也或改古文同今文或今文本有皆未可知古文無逸篇無淫于觀于逸于游于田以淫領四于字此以浮領二于字句法正同陸誤絕其句故云非耳史記逾皆作踰三家本異江云每州末浮于云云皆是巡行州境此言浮于江沱潛漢是荊州境雒與南河則豫州境非荊州地矣經於荊州下卽記荊河豫州明禹治荊畢卽治豫州此逾雒至南河是將治豫州也

荊河惟豫州

西南至荊山北距河水○荊河惟豫州今文與古文同○荊河惟豫州者漢志如此史記惟作維汲古本誤惟公羊莊十年傳疏引鄭云豫州州界自荊山而北至于河王鳴盛云南條荊山其陰爲豫州其陽爲荊州乃豫之南界僞傳兼言西非也爾雅河南曰豫州漢南曰荊州呂覽亦云河漢之間曰豫州此所言皆殷制也荊豫二州禹以荊山爲界殷以漢水爲界河之南漢之北則豫州也殷無梁州梁州益豫州亦兼梁地周禮河南曰豫州其山鎮曰華山其澤藪曰圃田其川滎雒其浸波溠華山圃田滎雒皆在禹貢豫州域惟波溠可疑鄭注云波讀爲播禹貢曰滎播既都春秋傳曰楚子除道梁溠營軍臨隨則溠宜屬荊州在此非也見莊公四年案波卽滎播說詳下文溠水水經注云出隨縣西北黃山南逕㵫西縣西又東南逕隨縣故城西又南流注于溳溳水出蔡陽縣大

洪山東南逕隨縣至安陸入沔漢既合淯自下通稱則溠在漢北而鄭云宜在荆者蓋周時豫州不全得漢北地割以屬荆故於豫州曰河南與爾雅同而於荆州曰正南不曰漢南明乎兼有漢北與殷制異也馬融廣成頌以浸波溠意亦未嘗指爲豫州域馬又案周亦無梁州豫亦兼有其地當在華山之陽嶓冢之東也又王制曰自南河至于江千里而近鄭云豫州域自江至于衡山千里而遙鄭云荆州域然江北之地不盡屬豫而多有屬荆者荆豫本非以江爲界則鄭云云亦略言之耳又云以今輿地約之河南之河南開封陳州歸德南陽汝甯六府許陝汝光四州及直隸大名府山東曹州府江南潁州府之西境湖廣襄陽府德安府之北境鄖陽府之東境皆豫州域也

伊洛瀍澗既入于河

伊出陸渾山洛出上洛山澗出沔澠之誤池山瀍出河南北山四水合流而入河○伊洛瀍澗既入于河今文與古文同王鳴盛云四水所出漢志是傳多誤疏既引地志又曲護傳皆非也今考漢陸渾盧氏本二縣熊耳山在盧氏縣西南五十里不與陸渾接界安得以熊耳爲陸渾縣西之山而云伊出陸渾山乎陸渾山在今嵩縣東北四十里伊水經其下非出也新安黽池亦本二縣澗水出新安穀水出黽池雖下流同得通稱而上源本異今乃云澗出黽池山是以穀源爲澗源誤矣至於河南穀成本二縣魏始省穀成入河南晉因之故晉書地理志河南郡有河南無穀城傳云瀍出河南北山是豈西漢時穀城山已爲河南縣地乎若謂河南指郡言則上文伊出陸渾山洛出上洛山澗出澠池山皆縣也何獨於瀍而言郡不言縣乎孔安國爲武帝博士具見圖籍所言決不如此知爲魏晉人僞撰也○伊洛瀍澗既入于河者夏紀漢志如此洛竝作雒不誤四

水詳
道川
滎波既豬
滎澤波水已成遏豬○滎波既豬今文與古文同
一作滎播既都○滎波既豬者漢志如此夏侯本
也說文潘下云水名在河南滎陽陳云波乃潘之叚借詩番爲司
徒人表作司徒皮儀禮既夕設披鄭注今文披皆作藩是其證先
謙案此水說文作潘史記作播漢志作波葢三家尚書文異段謂
後人以梅書改漢志非也一作滎播既都者夏紀如此歐陽本也
釋文滎澤也馬本作播滎播澤名書疏云馬鄭王本皆作滎播謂
此澤名滎播史記索隱此及今文並云滎播播是水播溢之義鄭
玄云今塞爲平地滎陽人猶謂其處爲滎播今詩書正義引播皆作澤案小司
馬所謂今文指石經言釋播爲播溢非也楊雄豫州牧箴滎播臬
漆地理志顏注云檜國在豫州外方之北滎播之南溱洧之閒用
鄭詩譜語今鄭譜滎播之南及正義引禹貢滎播既都皆改播爲波職方其浸波溠鄭注波讀
爲播禹貢曰滎播既都賈疏禹貢有播水無波呂忱曰播水在滎
陽皆以播爲水名段云困學紀聞引古文云滎嶓既都此宋次道
王仲至本不必置辨滎澤字古從火不從水周官經詩定之方中
鄭箋左閟二年宣十二年傳杜預後序爾雅注釋文凡六熒字皆
從火左隱元年傳注號國今熒陽縣釋文云本或作滎非尤爲此
字起例漢韓敕後碑劉寬碑陰鄭烈碑唐盧藏用書紀信碑熒陽
字皆從火隋書王劭傳上表言符命曰龍鬭於熒陽者熒字三火
明火德之盛也然則熒澤熒陽古無從水者今文禹貢釋文從水
者崇文總目云宋開寶中詔以德明所釋乃古文尚書與唐明皇
所訂今文駁異令太子中舍陳鄂刪定其文改從隸書葢今文自
曉者多故音切彌省然則衞包庸妄改熒作滎而陳鄂和之所當
訂正者也經典史漢水經注皆爲淺人竄易善本時有存者先謙

案今古文皆波播豬都兩作如鄭君禮注之滎播既都及漢志導之滎波既豬可證非古文但作豬今文但作都也滎詳道川

菏澤被孟豬

菏澤在胡陵孟豬澤名在菏東北水流溢覆被之○導菏澤被孟豬古文也今文菏作荷孟豬作明都一作盟豬一作孟諸○今文菏作荷者夏紀漢志並作道菏澤孟豬作明都者夏紀作被明都一作盟豬者漢志作被盟豬一作孟諸者大傳云孟諸靈龜是其證段云周禮稱望諸明盟孟望古音皆讀如芒諸豬都皆同音通用此亦三家文異非必孟豬爲古文道今本作導釋文導音道此是道音導而倒之衞包改道爲導李昉陳鄂改釋文道導互易也五經文字云菏古本亦作荷漢志濟陰郡下云禹貢荷澤在定陶東梁國睢陽今河南省商邱縣南云禹貢盟諸澤在東北山水澤地篇與志合據濟水注南濟逕陳留郡濟陽今河南省蘭儀縣北又東北菏水東出焉菏水上承濟水於濟陽縣東爲五丈溝逕濟陰郡定陶山東省定陶縣西北乘氏鉅野縣境與南濟北濟濮水合入鉅野澤復出東南逕乘氏城南尚書曰導菏澤被孟豬孟豬在睢陽縣之東北十三州記云不言入而言被者明不常入也水盛方乃覆被矣菏水又逕山陽郡昌邑成武縣東北東緡金鄉縣東北方與魚臺縣北湖陵城魚臺縣南入泗其下水道見上文達于河孟豬澤在商邱縣東北接虞城縣界虞城北有孟豬臺俗謂之湄臺亦故澤地杜預所謂水草之交曰麋者也元時屢爲河水衝突禹迹不可復問矣

厥土惟壤下土墳壚

高者壤下者壚壚疏也○厥土惟壤下土墳壚今文與古文同一無惟字僞孔下者壚本馬說壚疏也本鄭說○今文同者漢志如此一無惟字者夏紀作其土壤下土墳壚厥其故訓字釋文引說文壚黑剛土也陳祥道禮書引鄭

云壚疏也史記集解引馬云豫州地有三等下者墳壚也**厥田惟中上厥賦錯上中**田第四賦第二又雜出第一○厥田惟中上厥賦錯上中古文也今文無厥惟字○今文無厥惟字者漢志作田中上賦錯上中夏紀同錯改雜故訓字江云此錯文在上是錯出上上之賦冀州錯文在下是上上雜出上中之賦也**厥貢漆枲絺紵厥篚纖纊**纊細綿○厥貢漆枲絺紵厥篚纖纊古文也今文無厥字枲作絲○今文無厥字者漢志如此枲一作絲者夏紀作貢漆絲絺紵其篚纖絮厥其纊絮故訓字枲作絲三家異文楊雄豫州箴作枲與志合禮既夕記注纊新絮也**錫貢磬錯**治玉石曰錯治磬錯○錫貢磬錯今文與古文同○今文同者夏紀漢志如此顏師古云○亦待錫命而貢江云錯厲石也詩曰他山之石可以爲錯豫州不產錫或謂如揚州貢錫非也**浮于洛達于河**○浮于洛達于河古文也今文洛當作雒達當作通○洛當作雒達當作通者夏紀作浮于雒達于河漢志作浮于洛入于河洛亦當依夏紀作雒達入二字皆誤依今文當作通于河與上浮于濟漯通于河同例**華陽黑水惟梁州**東據華山之南西距黑水○華陽黑水惟梁州今文與古文同○華陽黑水惟梁州者漢志如此夏紀同惟作維汲古本誤惟公羊莊十年傳疏引鄭云梁州界自華山之南至于黑水也王鳴盛云黑水在西徼外故梁雍皆以是爲西界梁在華陽雍在華陰故雍但以爲西界梁則兼以爲西南界因對華山言故云南也又云般周皆無梁州通典云梁當殷爲蠻夷此州遂廢賈公彥云雍豫皆兼梁地江漢發源梁州而職方爲荆州州川則荆亦兼梁地然三州雖兼梁地而

禹貢梁州山川無一入職方者大約不過羈縻不絕非九州內地比也又云以今輿地約之陝西漢中府之南境及興安州商州甘肅鞏昌府之南境及階州秦州湖北之鄖陽府四川全省由敘州重慶夔州府江南境宜屬府等及雲南貴州北境皆梁州域也**岷嶓既藝**

沱潛既道岷山嶓冢皆山名水去已可種藝沱潛發源此州入荆州○岷嶓既藝沱潛既道今文與古文同○岷嶓既藝者漢志如此藝作埶是夏紀作汶嶓既藝段謂汶今文臨古文蘇輿云嶓說文作臨岷即臨之消漢志作岷亦作嶓亦作汶夏紀作汶河渠書作岷參差不一未可據爲今古文之辨先謙案楚詞悲冋風云隱岐山以清江王逸注尚書曰岐山導江岐一作嶓一作岐說文無岐字山部臨下云臨在蜀郡湔氏西徼外从山敨聲臨字繁重故消變爲嶓再消爲岷或消變爲峎再消爲岐三消爲文漢書武紀文山郡是也或加水旁通借爲汶今四川汶山縣是也岷汶非今古文異蘇說是嶓即嶓冢見道山沱潛既道者夏紀作沱涔既道漢志作沱瀳既道潛涔瀳字同志巴郡宕渠今四川省渠縣東北云瀳水西南入江說文瀳水出巴郡宕渠西南入江一曰漢爲潛潛水注云潛水蓋漢水枝分潛出故受其稱有大穴潛水入焉通岡山下西南潛出謂之伏水或以爲古之潛水鄭玄云漢別爲潛其穴本小水積成潭流與漢合大禹自導漢疏通即爲西漢水也故書曰沱潛既道又江水篇江水在江州合強水涪水漢水白水宕渠水五水注云宕渠水即潛水渝水矣又漾水注云宕渠水自漢中南鄭東南流逕宕渠縣爲宕渠水入西漢水孜潛水入江與宕渠水入西漢方位正合則潛水即宕渠水也今四川省通江縣渠河是亦曰巴江說文一曰漢爲潛者與鄭說合一統志爾雅水自

漢出爲潛郭注有水從沔陽南流至梓潼漢壽入大穴中通峒山下西南潛出一名沔水卽禹貢之潛括地志潛水一名復水今名龍門水出龍門山大石穴下廣元縣志出縣北百三十里木寨山流經神宣驛又南二十里經龍洞口至朝天驛北穿穴而出入嘉陵江是潛水卽西漢水後人知有西漢而不知潛水久矣輿地紀勝云自朝天驛入谷十五里有石洞三水自第三洞發源貫通兩洞下合嘉陵江卽所謂入大穴中通峒山下西南潛出者也自此而下嘉陵水通謂之潛水矣案以西漢爲潛其說甚古惟大穴潛通源微流短後人覺其未安遂不從舊說而以宕渠當潛水之目說文兩存之漢志潛水西漢水並載知班氏不以西漢爲潛也沱見道川

蔡蒙旅平和夷厎績蔡蒙二山名祭山曰旅平言治功畢和夷之地致功可藝○蔡蒙旅平和夷厎績今文與古文同僞傳說旅平非見下○今文同者夏紀漢志如此集解引鄭云地理志蔡蒙在漢嘉縣索隱此非徐州之蒙在蜀郡青衣縣青衣後改漢嘉蔡山不知所在也先謙案漢志蜀郡青衣今四川省雅安縣北云禹貢蒙山谿依志例當爲禹貢蒙山在西有蒙谿志奪文一統志蒙山跨雅安名山蘆山三縣及邛州境又始陽山在蘆山縣東七里本名蒙山唐天寶中敕改爲始陽山案據鄭說蔡山亦在青衣不知何山是蔡王鳴盛云鄭云蔡蒙本一山亦可單稱蒙故也蘇輿云僞孔說旅平顏師古采以注漢書但旅平訓爲平治而陳祭既倒經文且禹貢三言旅皆屬山言治畢陳祭山川皆同何獨於山舉之傳說非也案旅陳也陳列也洪水汎濫山爲水懷水歸山出表識可驗粲然陳列而平治也故下以刊旅並言荆岐既旅義亦同江云司儀皆旅擯鄭注旅讀爲鴻臚

之臚此經旅字釋文言韋昭音盧如韋音則從周禮鄭讀矣臚陳敘也言可陳敘其平治之功也先謙案此處言陳敘平治之功似未合然則它處平治之功較此大且難者不陳敘何於此獨先乎蘇說較長○和夷厎績者夏紀漢志如此釋文引鄭云和讀曰桓史記集解引馬云和夷地名也桓水注引鄭云和夷和上夷所居之地也和讀曰桓地理志曰桓水出蜀郡蜀山西南行羌中者也餘見因桓是來下

厥土青黎

包青黑而沃壤○厥土青黎者今文與古文同黎一作驪段云僞傳以沃壤釋黎其說未聞○厥土青黎者漢志如此黎一作驪者夏紀作其土青驪厥其故訓字黎作驪歐陽本如此御覽三十七引尙書禹貢揚州土青驪釋文引馬云黎小疏也段云馬釋豫州之壚爲疏故釋黎爲小疏黎之言離合黎山水經作合離是也釋名釋地云土青曰黎似藜草色也江云史記作驪似當解爲黑色馬但此篇記九州之土色質並言青是色則黎當以質言故馬訓小疏先謙案驪借字

厥田惟下上厥賦下中三錯

田第七賦第八雜出第七第九三等○厥田惟下上厥賦下中三錯古文也今文無厥惟字僞傳說非見下○今文無厥惟字者夏紀漢志並作田下上賦下中三錯書疏引鄭云三錯者此州之地有當出下之賦者少耳又有當出下上中下者差復益小當作王鳴盛云經云下中三錯自當如鄭說於下品中品之中居其三若如傳說則云下三錯足矣非也

厥貢璆鐵銀鏤砮磬

璆玉名鏤剛鐵○厥貢璆鐵銀鏤砮磬僞古文也今古文並當作鏐今文無厥字○今文無厥字者夏紀漢志如此今古文並當作鏐者釋文璆徐又居虯反又閭幼反馬同韋昭郭璞云紫磨

金案郭注爾雅璆卽紫磨金史記集解引鄭云黃金之美者謂之
鏐鏤剛鐵可以刻鏤也案美玉之字從玉作璆紫磨金之字從金
作鏐不能混一段云釋文馬同之下當有鄭作鏐三字其引韋昭
云紫磨金者以其注地理志卽注禹貢也又引郭注爾雅證之如
此馬本古文多異如沿於江海作均于江海瑤琨作瑤瓉是也先
謙案此陳鄂改釋文爾鏐字作璆否則郭注爾雅鏐字不能亦作
璆也韋注作紫磨金知所見漢書本作鏐裴注鄭孔並引璆鏐雙
收疑所見史記本亦作鏐也江云僞孔改鏐爲璆璆乃球之或字
雍州所貢非梁州物產王鳴盛云左思蜀都賦金沙銀礫瞱麗灼
爍後漢書益州金銀之所出金固梁產也璆定當爲鏐幸裴駰尙
采鄭注猶可見眞古文也熊羆狐貍織皮貢四獸之皮織金罽集解引作織○
文同者夏紀漢志如此江云熊羆以爲射侯狐貍以爲裘此皮之
用獸人春秋獻獸物又云凡獸入于腊人皮毛筋角入于玉府冥
氏云若得其獸則獻其皮革齒須備則四獸之爲用正多王鳴盛
云僞孔以織皮屬上爲句以四獸爲貢皮以織皮爲罽孔疏曲附
之然經但舉四獸何以知其貢皮雍州織皮與昆侖析支渠搜西
連文不爲貢物則此亦當與西傾連文不爲貢物傳疏皆非也
傾因桓是來浮于潛逾于沔西傾山名桓水自西傾山南行因桓
水是來浮于潛漢上曰沔○西傾因
桓是來浮于潛逾于沔今文與古文同傾一作頃來一作徠潛一
作灊○西頃因桓是來者夏紀如此傾一作頃來一作徠者漢志
作西頃因桓是徠夏侯本文異史記集解引馬云治西傾山因桓
水是來言無餘道也又引鄭云地理志西傾山在隴西臨洮案漢

志隴西郡臨洮今岷州治云禹貢西頃山在縣西山水澤地篇云在縣
西南志蜀郡下云禹貢桓水出蜀郡蜀山西南行羌中入南海攷
西傾山在甘肅洮州衞西南三百餘里番名羅插普喇山綿亘千
餘里黃河以南諸山無大於此者水經桓水篇與志文同惟蜀山
作岷山岷蜀一也注云按經據書岷山西傾俱有桓水桓水出西
傾山更無別流所導者惟斯水浮于潛漢而達江沔故晉地道記
曰梁州南至桓水西抵黑水東限扞關今漢中巴郡汶山蜀郡漢
嘉江陽朱提涪陵陰平廣漢新都梓潼犍爲武都上庸魏興新城
皆古梁州之地自桓水以南爲夷書所謂和夷底績也所可當者
惟斯水與江耳桓水蓋二水之別名爲兩川之通稱矣鄭玄注尚
書言織皮謂西戎之國也西傾雍州之山也雍戎二野之間人有
事于京師者道當由此州而來桓是隴坂名其道盤旋曲折而上
故名曰桓是今其下民謂是坂曲爲盤也段云當作謂坂爲是曲爲桓也先謙案當作謂
坂盤曲爲是也斯乃玄之別致恐乖尚書因桓之義非浮潛入渭之文余
考校諸書以具聞見今略緝綜川流沿注之緒自西傾至葭萌入
西漢鄭所謂潛水也自西漢溯流而屆於晉壽界沮漾枝津南歷
岡穴迆邐而接漢沿此入漾書所謂浮潛而逾沔矣歷漢川至南
鄭縣屬於褒水遡褒暨於衙嶺之南溪水枝灌於斜川屆於武功
北達渭水不乖禹貢入渭之宗實符尚書亂河之義也段云上文
和字鄭讀爲桓不應一物而一用假借一用本名故此桓字不以
爲桓水古是氏通用見於曲禮覲禮宋微子世家後漢李雲傳說
文氏下云巴蜀名山岸脅之堆旁著欲落墒者曰氏楊雄賦響若
氏隤桓是卽此氏字也漢書作阺隤江云鄭言有事京師道由此
州當時京師在冀州冀州在北方雍州在西北當冀州之西西戎

又在雍州之西梁州則在雍州之南雍戎之人有事京師但東向
徑直而行不必迂道南折而由梁也且經於梁州言來明是來於
梁州非往京師矣余以爲雍戎之人來此州者道由桓是而來也
說文隴下云天水大阪也郡國志漢陽郡隴州有大阪名隴坻漢
陽故天水郡則桓是郎天水之隴阪矣西傾山在隴西郡郡名隴
西是在隴阪之西而梁州在隴阪南則由西傾而來梁州道由桓
是也西戎來梁必由雍州則亦必由桓是矣王鳴盛云雍州之織
皮崑崙云云知織皮謂西戎之國郎崑崙等是也漢臨洮今爲甘
肅洮州廳治三面臨番南與四川松潘廳接界外連蒙古邊境西
傾在界內傳以桓爲水名疏亦知其不通而附會以爲初發西傾
未有水南行得桓水考元和志云蜀山桓水在茂州今西傾在洮
州西南距茂州千餘里何云因乎先謙案織皮桓是當如鄭說馬
以爲禹治西傾山而因桓水是來雖與僞傳說異其不可通一也
織皮西傾來由桓是江說書指大明○浮于潛逾于沔者夏紀作
浮于潛踰于沔逾踰字同潛當爲涔後人妄改潛一作灊者漢志
作浮于灊逾于沔灊潛字同史記集解引鄭云或謂漢爲沔王鳴
盛云浮于潛逾于沔自是禹巡行州境非爲欲達帝都因桓是來
與浮潛各爲一截沔水一名沮水出武都沮縣東狼谷東南流至
沮口與漾水合漾於是兼有沔稱導水之文凡互受通稱者不志
故導漾不言沔據道元注以今輿地證之浮嘉陵江至廣元縣北
龍門第三洞口舍舟從陸越岡巒而北至第一洞
口出谷乘舟至沔縣南經所謂浮潛而逾沔也

入于渭亂于河

越沔而北入渭浮東渡河而還帝都白所治正絶流曰亂○入于渭
亂于河今文與古文同○今文同者夏紀漢志如此王鳴盛云自

沔水入漢中府南鄭縣界抵褒城東歷褒水登陸絕水行百餘里入斜水入至郿縣東北入渭沿流而東亂河則至雍州矣經例由水而陸以入水曰逾由水入水曰入此經不可兩言逾故變言入非沔渭有相通之道傳寅云上言逾沔可以該下而省文是也道元言褒灌于斜强爲附會河渠書溝洫志可證江云渭河皆在雍境入渭亂河爲治雍州而往也

黑水西河惟雍州

西距黑水東據河龍門之河在冀州西○黑水西河惟雍州今文與古文同書疏云雍州之境被荒服之外東不越河而西踰黑水王肅云西據黑水東距西河所言得其實孔誤也先謙案此又孔與王異而誤○今文同者夏紀漢志如此公羊莊十年傳疏引鄭云雍州界自黑水而東至于西河也書疏云河在雍州之東而謂之西河者以冀州西界故王制云自東河至于西河千里而近是河相對而爲東西也王鳴盛云鄭意以黑水在西徼外梁雍二州之西境皆至此爲界義詳梁州也又云爾雅河西曰雍州注云自西河至黑水李巡云兼得梁州之地周禮正西曰雍州疏云周之雍豫於禹貢兼梁州之地然雍州西北二邊世有戎翟之患其疆域未必能悉如禹貢又禹貢梁州之山水無一入職方者故杜氏言梁州當夏殷閒爲蠻夷國雍之併梁亦虛名耳今據周禮言之正東曰青州其南則有揚其北則有幽而西則不然目雍州以正西其西北西南兩隅皆缺焉然則梁地爲羈縻之國固不待言而雍之西境如西傾積石豬野流沙三危黑水皆没於戎翟矣爾雅目雍州以河西西則華山以南不在界中可知其西北亦當虧損殷周之雍實小於禹貢也又云以今輿地約之陝西之西安同州鳳翔延安榆林甘肅之蘭州平涼鞏昌慶陽甯夏西甯涼州甘州鎮

西十四府乾州邠州興安鄜州綏德肅州迪化安西八州洮州一廳漢中府除鳳縣秦州除徽縣兩當為梁州餘皆雍州其在化外者南至西傾積石西踰三危北至沙漢遼闊不可紀極矣黑水詳道川**弱水既西**導之西流至於合黎○弱水既西今文與古文同○今文同者夏紀漢志如此書疏引鄭云衆水皆東此水獨西故記其西下也詳見道川**涇屬渭汭**屬逮也水北曰汭言治涇水入於渭○涇屬渭汭今文與古文同僞傳水北曰汭謬說見下○今文同者夏紀漢志如此釋文汭本又作內同馬云入也詩谷風疏引鄭云涇水渭水發源皆幾二千里然而涇小渭大屬于渭而入于河案說文水相入曰汭涇屬渭汭言涇水及渭而入之此馬義也鄭召誥注汭隈曲中也是以屬為逮及而入之與馬義異王鳴盛云僞孔挪水北曰汭之說疏曲附云人南面望水則北為汭但人若北面望水則又可以南為汭矣凡二水相入其閒必有隈曲罕有十字相交徑橫入者然但可以曲處為內豈能限以必北為內乎雍州有二渭汭此渭汭當為漢高陵縣地後渭汭當為漢襄德縣地今朝邑高陵者涇渭二水之會襄德者河渭二水之會也涇詳道川**漆沮既從灃水攸同**漆沮之水已從入渭灃水所同同之於渭○漆沮既從灃水攸同今文與古文同灃一作酆攸一作迪○今文同者夏紀作漆沮既從灃水所同攸所故訓字一作酆水迪同者漢志如此夏侯本文異既從者從渭而入於河同合會也漆沮灃見道川**荆岐既旅**已旅祭言治功畢此荆在岐東非荆州之荆○荆岐既旅今文與古文同○荆岐既旅者漢志如此夏紀同既作已故訓字旅說見上荆岐見道山**終南惇物至**

于鳥鼠三山名言相望○終南惇物至于鳥鼠今文與古文同僞夏紀同惇作敦字同書疏云三山空舉山名不言治意蒙上既旅之文也漢志右扶風武功今陝西省郿縣東云大壹山古文以爲終南垂山古文以爲敦物皆在縣東山水澤地篇云在縣西皮云志特舉古文說則今文說當與古文不同今文家蓋不以惇物爲山名而班不從之漢無極山碑云有終南之惇物岱宗之松楊越之槐口條蕩洪适謂以惇物爲終南所產與松篠同科此歐陽夏侯家說程大昌本之謂終南產物般阜故稱惇物非別有一山攷漢書東方朔傳云夫南山天下之阻也其地從汧隴以東商雒以西其山出玉石金銀銅鐵豫章檀柘異類之物不可勝原是終南饒物產至漢猶然此文與下原隰底績至于豬野對文惇物正與底績相對先謙案終南亦曰太白山在郿縣東南四十里垂山封禪書郊祀志並稱岳山垂岳形近致誤今曰武功山在郿縣東南俗呼鰲山據水經注按其方位太壹山在武功縣南岳山又在太壹山南志東當爲南字之誤道元引杜彥達曰太白山南連武功山於諸山最爲秀傑是太白武功明爲二山又謂縣有太一山亦曰太白山太白山是終南則武功爲惇物無疑鳥鼠見道山

原隰底績至于豬野下濕曰隰豬野地名言皆致功○原隰底績至于豬野今文與古文同豬一作都○今文同者漢志作原隰底績至于豬壄野壄字同豬一作都者夏紀作至于都野歐陽本異書疏引鄭以爲詩云度其隰原即此原原隰是也原隰豳地從此致功西至豬野之澤也此古文說漢志武威郡武威今甘肅省鎮番縣北云休屠澤在東北古文以爲豬壄澤山水澤地篇與志合注

云馬城河東北逕武威縣故城東地理志曰谷水出姑臧南山北至武威入海屆此水流兩分一北入休屠澤俗謂之西海一水又東行百五十里入豬野世謂之東海通謂之都野矣陳澧云今鎮番縣東北邊外大池

三危既宅三苗丕敘

西裔之山已可居三苗之族大有次敘美禹之功○三危既宅三苗丕敘古文也今文宅作度○今文宅作度者夏紀作三危既度三苗大序丕大故訓字敘序字同漢志作三危既宅三苗丕敘段云作宅後人所改索隱引鄭云三危山在鳥鼠西南與岐岐誤之山相連御覽地部引河圖括地象云三危山在鳥鼠之西南與汶山相接司馬相如大人賦直徑馳夫三危張揖注三危山在鳥鼠山之西與嶓山相近是其證淮南墬形訓樂民拏閭在崑崙弱水之洲三危在樂民西也皮云緯書多同今文據河圖解三危亦當是今文家說先謙案山水澤地篇三危山在燉煌縣南古文無異說也注云山廣圓百里在鳥鼠山西書所謂竄三苗于三危也漢志敦煌郡敦煌今甘肅省敦煌縣治云杜林以爲古瓜州地瓜州今安西府治晉書地道記云三苗所處今安西州案史記五帝紀三苗在江淮荊山舜遷三苗于三危故雍州有三苗水災既平三苗得安定故大順敘也

厥土惟黃壤厥田惟上上厥賦中下

下田第一賦第六人功少○厥土惟黃壤厥田惟上上厥賦中下古文也今文有第一厥字無惟字王鳴盛云田之上中下鄭主地形高卑言則與賦之上中下不妨參錯不齊傳以上爲肥美下爲磽薄而賦輕重不能準是乃妄爲人功修人功少之說疏曲附之云治水爲此差後必更立其等云云聖王垂憲豈如此苟且紛更沇州云貞作十有三年乃同是固計其民困已蘇之後堪

爲定制而立之法也安得云禹貢非永定者邪○今文有第一厥字無惟字者漢志作厥土黄壤田上下賦中下夏紀同厥改其故訓

厥貢惟球琳琅玕 球琳皆玉名琅玕石而似玉○○厥貢惟球琳字琅玕古文也今文無厥惟字○○今文無厥惟字者漢志作貢球琳琅玕夏紀同球作璆歐陽本文異論衡率性篇禹貢曰球琳琅玕此則土地所生眞玉珠眞玉謂璆琳眞珠謂琅玕也詩韓奕疏引鄭云球美玉也琳美石也琅玕珠也今古文說同詩釋文引鄭注尚書作璆玲蓋古文作玲其作琳者今非古

浮于積石至于龍門西河 積石山在金城西南河所經也沿河順流而北千里而東千里而南龍門山在河東之西界○浮于積石至于龍門西河今文與古文同王鳴盛云僞傳金城郡漢昭帝時置孔安國何以知之僞託顯然○今文同者夏紀漢志如此積石龍門西河詳道川

會于渭汭 逆流曰會自渭北涯逆水西上○會于渭汭今文與古文同王鳴盛云此節依鄭注是循行州境浮積石至西河自西而東會渭汭又自東而西故僞孔亦云逆流曰會必如此循行州境乃偏足見鄭注之確自僞孔揶還都白帝之說各州皆尚可强說至此則窮矣禹治水功成在堯時堯都平陽禹至西河至河津滎河等縣界尚須從汾水往東幾百里方至平陽何得反西至渭汭於是僞孔不得不云逆水西上而疏申之云還都白帝訖又到雍州且云諸州皆然然則禹終年僕僕道涂何暇治水邪○今文同者夏紀漢志如此河南流渭西注交會於華陰故曰渭汭互詳上渭汭及下道川

織皮崐崘析支渠搜西戎卽敘 織皮毛布有此四國在荒服之外流沙之內羌髳之屬皆就次敘美

禹之功及戎狄也○織皮崐崘析支渠搜西戎即敘今文與古文同敘一作序○今文同者夏紀漢志如此崐崘紀作昆侖志作昆崘搜志作叟通用字敘作序者夏紀如此織皮者書疏引鄭云衣皮之民居此崐崘析支渠搜三山之野者皆西戎也鄭說織皮與上織皮西傾義同崐崘者鄭云昆侖謂別有昆侖之山非河所出者也釋文引馬云昆侖在臨羌西王鳴盛云傳記言昆侖凡四處一爲河源山海經云昆侖虛在西北河水出其東北隅河一水注云自昆侖至積石一千七百四十里禹本紀所謂昆侖是也一在海外大荒經西海之南流沙之濱大山名曰昆侖其下有弱水之淵環之此山與條支大秦國相近禹本紀云去嵩高五萬里者也一在酒泉漢志金城臨羌縣西有弱水昆侖山祠括地志云在酒泉縣西南八十里今肅州西南昆侖是也一在吐蕃通典云吐蕃自云昆侖山在國中西南河之所出唐書吐蕃傳劉鼎元使還言自湟水入河處西南行二千三百里有山直大羊同國古所謂昆侖蕃曰悶摩黎山東距長安五千里河源其閒是也馬云昆侖在臨羌漢金城郡屬今甘肅省西甯縣治此西戎所居非河所出是酒泉之昆侖與鄭說合江云逸周書王會解正西昆侖狗國鬼親祝已翕耳丹旬雕題離止漆齒孔鼂注九者西戎之別名是西戎有昆侖也段云說支無崐崘字唐宋人所加析支者馬云析支在河關西王鳴盛云河水注自析支以西濱于河首羌居其右河水東流屈而東北逕于析支之地是爲河曲矣後漢西羌傳西羌之本出自三苗姜姓之別也其國近南岳及舜流四凶徙之三危河關之西南羌地是也濱于賜支至乎河首緜地千里皆羌地賜支者禹貢所謂析支者也北音讀析如賜字從聲變故一作賜支其地後爲党項所居

通典云党項羌在古析支之地漢西羌之別種北連吐谷渾是也段云析支大戴禮五帝德作鮮支古音斯析同紐同義鮮之雙聲轉讀同斯析是以說文鮮聲之霹讀若斯也列子湯問篇長子生則鮮而食之盧文弨謂析而食之是也渠搜者江云五帝紀西戎析支渠廋氏羌廋叟借字是析支渠搜亦西戎也王鳴盛云王會解渠搜以鼩犬孔晁注渠搜西戎之別名是也釋文以漢志朔方郡有渠搜縣當之非先謙案涼土異物志古渠搜在大宛北界隋書西域傳鏺汗國都葱嶺之西五百餘里古渠搜國也西戎即敘者漢書西域傳贊云書曰西戎即序言禹就而序之非上威服致其貢物也敘傳西戎即序夏后是表案此以西戎總上文

導岍及岐至于荆山

更理說所治山川首尾所在治山通水故以山名之三山皆在雍州○導岍及岐至于荆山今文與古文同古文岍一作開○今文同者夏紀漢志如此岍並作汧汧正字說文有汧無岍導史漢皆作道段云釋文道音導衛包改經文道爲導開寶閒乃倒置之曰導音道也古文岍一作開者釋文馬本作開廣雅吳山謂之開山段云開從門幵聲古音與岍同紀道下增九山二字索隱岍壺口底柱大行西傾熊耳嶓冢內方岐是九山也古分爲三條故地理志有北條之荆山馬融以岍爲北條西傾爲中條嶓冢爲南條鄭玄分四列岍爲陰列當爲正陰列西傾次陰列嶓冢爲陽列當爲次陽列岐山次陽列當爲正陽列王鳴盛云天官書中國山川東北流其維首在隴蜀尾沒于勃碣鄭分四列皆在隴蜀正所謂維首鄭順經文先後之言其實正陽次陽次陰正陰爲列而至于碣石入于海正居陰列之末所謂尾沒于勃碣者此古義也馬云三條者漢志有北條荆山南條荆山是古有此

說但以嶓冢岷山二列併爲一條恐不如鄭義長先謙案四列古文說馬云三條本今文說也皮云西嶽華山堂闕碑云列三條則居其中三公山碑云三條列神白石神君碑云參三條之壹封龍山碑云三條之列神殽阬碑云中條之山蓋華嶽之體南通商雒皆爲中條華山碑亦以太華爲中條據此諸碑皆是漢世通行今文多云三條罕云四列漢志右扶風汧縣今甘肅省隴州南云吳山在西古文以爲汧山美陽武功縣西南云禹貢岐山在西北左馮翊懷德云禹貢北條荆山在南下有彊梁原山水澤地篇與志合吳山禹貢總稱汧山周禮總名嶽山俗分隴州西四十里爲汧山南八十里爲嶽山者非岐山今岐山縣東北五十里西自鳳皇山逾天柱山東至箭括山六十餘里皆是王鳴盛云漢懷德故城在今朝邑縣其富平縣之懷德故城寰宇記謂後漢末及三國時因漢舊名於此立縣爲名晉移富平來治後魏徙去故有故城存焉與西漢舊縣無涉隋地理志因此載荆山於富平縣唐宋仍其誤今案朝邑縣治地基頗高在彊梁原上土人謂原即荆山北麓其東麓臨河水經注言洛水東南歷彊梁原入渭原在荆山下而富平縣無洛水證一彊梁原爲荆山之麓一名朝坂一名華原山在朝邑縣西繞而北而東以絕於河古河壖也故曰至于荆山逾于河若富平則東距河二百餘里與經意不合證二至水經沮水注云水東南歷土門南原下東逕懷德城南城在北原上又澤泉水東逕懷德城北注鄭渠合沮水此皆指富平之懷德而言不與在今朝邑縣者溷而爲一也唐宋以來因之致誤者由先儒謂漆沮爲洛水而澤泉逕富平懷德城北東南絕沮注濁水得漆沮之名遂以爲漢志東南入渭之洛並荆山亦移之富平非也

逾于河此謂

梁山龍門西河○逾于河今文與古文同○今文同者漢志如此夏紀作踰同書疏云三山皆在雍州逾于河謂山逾之也此處山勢相望越河而東

壺口雷首至于太岳三山在冀州太岳上黨西○壺口雷首至于太岳古文也今文岳作嶽○今文岳作嶽者夏紀漢志如此壺口太岳見上志河東郡蒲反（今山西蒲州府永濟縣）云雷首山在南山水澤地篇與志合河水注云雷首山臨大河北去蒲坂三十里尚書所謂壺口雷首者也

厎柱析城至于王屋此三山在冀州南河之北東行○厎柱析城至于王屋今文與古文同厎一作砥○今文同者漢志如此厎一作砥者夏紀作砥柱厎柱見道川漢志河東郡濩澤（今山西陽城縣）云禹貢析城山在西南垣縣（今山西垣曲）云禹貢王屋山在東北山水澤地篇與志合沁水注云析城山在濩澤南山甚高峻上平坦有二泉東濁西清左右不生草木數十步外多細竹案在陽城縣西七十里王屋山在垣曲縣東北百里陽城濟源接界山有三重其狀如屋故名

大行恒山至于碣石入于海此二山連延東北接碣石而入滄海百川經此眾山禹皆治之不可勝名故以山言之○太行恒山至于碣石入于海今文與古文同恒一作常僞傳百川不可勝名以山言之非古說見下○今文同者漢志如此恒一作常者夏紀作常山恒常古通作不由避諱漢志河內郡壄王（今河南省河內縣治）云大行山在西北常山郡上曲陽（今曲陽縣西）云恒山北谷在西北（北谷徐松正作北岳是）山水澤地篇與志合案大行山在懷慶府城北二十里恒山在曲陽縣西北亦曰常山一曰北岳亘直隸保定府西境山西大同府東境碣石見上王鳴盛云道山本言山脈經言逾于河又云過九江自是言

山之脈江河不能斷而逾之過之天文志云尾沒于勃海則經云入于海亦是山脈盡於此故云入傳云水入孔疏附會爲漳潞諸水皆非也且道山諸節所舉之山在平陸距水次絶遠者多矣豈皆濱臨大川知馬鄭古注不可易也

西傾朱圉鳥鼠

西傾朱圉在積石以東鳥鼠渭水所出在隴西之西三者雍州之南山○西傾朱圉鳥鼠今文與古文同王鳴盛云僞傳於西傾朱圉牽引積石孔疏申之以爲河所經案河自積石以東勢皆向北西傾朱圉皆在河之南相距數百里安得爲河所經此等何異說夢又云鳥鼠渭水所出但言治渭之功而舉鳥鼠雍州已言之下道渭又詳言之此處言鳥鼠又爲治渭何重見迭出不憚煩邪若依馬鄭以山脈言則非爲治山旁之水何須妄引○今文同者夏紀如此漢志傾作頃夏侯本異志天水郡冀縣(今甘肅省伏羌縣南)云禹貢朱圄山在縣南梧中聚圄圖古通用山水澤地篇朱圉山在天水北冀縣南與志合渭水注山在梧中聚有石鼓不擊自鳴鳴則兵起史記集解引鄭云地理志朱圉在漢陽南玫天水郡明帝改漢陽鄭據後漢地理故與前志異案在今伏羌縣西南三十里鳥鼠見下王鳴盛云鳥鼠在渭源朱圉在伏羌若從傳爲治山旁水則自西而東應先鳥鼠後朱圉經似誤倒若以山脈言則通典云天水郡上邽縣有朱圉山九域志秦州成紀縣岷州大潭縣皆有朱圉山是山脈緜亘於伏羌西南可與鳥鼠錯舉必執班志梧中以爲村落中一聚小山似非

至于太華

相首尾而東○至于太華今文與古文同○今文同者夏紀漢志如此志京兆尹華陰(今陝西省華陰縣東南)華云太華山在南山水澤地篇華山爲西嶽在華陰縣西南與志合案山在縣南十里段云唐石經以下大皆作

太史漢作太亦俗人所改

熊耳外方桐柏至于陪尾

四山相連東南在豫州界洛經熊耳伊經外方淮出桐柏經陪尾凡此皆先舉所施功之山於上而後條列所治水於下互相備○熊耳外方桐柏至于陪尾古文也今文陪作負一作倍淮水不經陪尾僞傳非○今文陪作負者夏紀如此歐陽本也一作倍者漢志如此夏侯本也負倍音近字通段云古字多以負爲倍以倍爲向背之背亦以倍爲負漢月令王萯生呂覽作王菩生俗本譌善菩穆天子傳郭注萯今菩字音倍皆其證熊耳桐柏見下志潁川郡崈高今河南省登封縣治云武帝置以奉太室山是爲中岳古文以崈高爲外方山也江夏郡安陸今湖北省安陸縣北云橫尾山在東北古文以爲倍尾山山水澤地篇嵩高爲中岳在潁川陽城縣西北又云外方山崧高是也陪尾與志合史記集解引鄭云外方在潁川嵩高山陪尾在江夏安陸東北若橫尾者案陪尾山在安陸縣北六十里

導嶓冢至于荊山

漾水出嶓冢在梁州經荊山荊山在荊州○導嶓冢至于荊山今文與古文同○今文同者夏紀漢志如此嶓冢見下荊山見上

內方至于大別

內方大別二山名在荊州漢所經○內方至于大別今文與古文同○今文同者夏紀漢志如此志江夏郡竟陵今湖北省鍾祥縣西北云章山在東北古文以爲內方山六安國安豐今河南省固始縣東云禹貢大別山在西南山水澤地篇與志合沔水注沔水東逕竟陵縣又東南逕當陽縣之章山東禹貢所謂內方至于大別者也既濱帶沔流實會尚書之文矣案章山在鍾祥縣西南接荊門界周百里亦名馬良山大別山在霍邱縣西南八十里沈堯云大別山在光州西南黃州西北漢陽東北霍邱西南班志屬之安豐但据

山之東北一面言若論其西南則直至漢水入江處故商城西南麻城黃陂之山古人皆目爲大別洪亮吉有大別山釋一篇甚詳覈

岷山之陽至于衡山○岷山江所出在梁州衡山江所經在荆州○岷山之陽至于衡山今文與古文同齊召南云衡山湘水所經北去岷山甚遠傳云江所經謬○今文同者夏紀漢志如此岷紀作汶志作崏並涽變字岷山見下衡山見上王鳴盛云岷山南至衡山至爲荒遠相距數千里不知山脈何以相承又衡山在江南九江在江北敷淺原又在江南其文參錯經意尤難究悉先謙案衡山南嶽綿延廣遠大約自大江以南凡湘西衡北之山皆可以衡山統之不僅長沙一山爲嶽之麓也唐杜甫過南嶽入洞庭湖詩云衡山引舳艫先過南嶽而後入洞庭湖特舉地望爲言猶經意耳山脈起岷山訖敷淺原九江特遙過之衡山明而後

過九江至于敷淺原言衡山連延過九江接敷淺原言導從首起言陽從南敷書指可通也之陽山在揚州豫章界○過九江至于敷淺原今淺原一名博傳誤○今文同者夏紀漢志如此九江見下志豫章郡歷文與古文同○云傳易山傳易川在南古文以爲傳淺原山水澤地陵今江蘇省德安縣東篇與志合案一統志傳易山在德安縣南十二里通典江州潯陽縣有蒲塘驛即漢歷陵也驛前有敷淺原原西數十里有敷陽山胡渭云杜佑以驛爲歷陵殆因莽改歷陵爲蒲亭遂以蒲塘附會蔡傳注晁以道云饒州鄱陽界有歷陵故縣成蓉鏡云鄱陽山在九江府治西北百五十里吳至隋皆爲鄱陽郡後唐移今所然則府城西當即故歷陵地蒲塘驛距九江甚近以此當敷淺原與經文至于義例不合明輿地圖饒州府治鄱陽縣有敷淺二字以地

望測之今北珠湖上湖西湖之西鄱陽湖之東有平原長數十里郎其地說文原高平之野人所登原有山體故稱傳昜山猶彊梁原亦稱華原山也

導弱水至于合黎

合黎水名在流沙東○導弱水至于合黎今文與古文同黎一作蔾僞傳云合黎水名誤○今文同者夏紀如此導下增九川二字黎一作蔾者漢志如此夏侯本文異導並作道是釋文弱水本或作溺合黎馬云地名書疏引鄭云凡言導者發源於上未成流凡言自者亦發源於上未成流疏駁云言自某山者皆是發源此山欲使異於導河故加自耳必其俱未成流何須別導與自河出崐崘發源甚遠豈至積石猶未成流而云導河也又引鄭云此經自弱水以下言過言會者皆是水名言至于者或山或澤皆非水名又云弱水合黎鄭以爲山名漢志張掖郡刪丹今甘肅山丹縣治云桑欽以爲道弱水自此西至酒泉合黎說文弱作溺引桑說同山水澤地篇合離山在會水縣東北會水漢屬酒泉在今高臺縣鎮夷城東北注云合黎山也淮南子弱水出窮石山括地志蘭門山一名合黎一名窮石山在刪丹縣西南七里案山自甘州衞西北綿延而西接高臺鎮夷界

餘波入于流沙

弱水餘波西溢入流沙○餘波入于流沙今文與古文同○今文同者夏紀漢志如此志張掖郡居延今甘州衞西北千二百里云居延澤在東北古文以爲流沙山水澤地篇與志合注云澤在縣故城東北尚書所謂流沙者也形如月生五日弱水入流沙沙與水流行也又鱳得今張掖縣西北云羌谷水出羌中東北至居延入澤括地志羌谷水一名鮮水一名合黎水一名張掖河案此水出張掖縣西爲張掖河至會水縣合弱水爲合黎水自合黎山至居延海行千五百里溯源則二千餘里流沙在今安西縣沙門衞

西陳澧云今蒙古額濟納舊土爾扈特索博鄂模

導黑水至于三危入于南海

黑水自北而南經三危過梁州入南海○導黑水至于三危入于南海今文與古文同○今文同者夏紀漢志如此導並作道是書疏引鄭云今中國無也漢志益州郡滇池今雲南省晉寧州東云有黑水祠陳澧云黑水雲南怒江西南流入緬甸國其水在漢邊徼故但於昆明縣望祀之怒江上源曰喀喇烏蘇蒙古謂黑曰哈喇水曰烏蘇其爲古黑水無疑五經異義云以今漢地考之自黑水至東海經略萬里漢地至黑水而盡故班不著其源流耳先謙案一統志怒江出西二十六度北極出地三十四度之布喀鄂模番中大澤也西北流折而東南連匯爲澤東南流會諸水行數千里自怒夷界流入雲南麗江府西北境過魯庫渡口西自雲龍州曹澗西保山縣西北崩戛夷騰越廳東北大塘隘東四十里南流逕保山境又南逕馬面關東又南逕蠻邊東猛賴西合西溪水雪山水又南逕羅明西合蒲縹河水八塘灣水平市河水又南逕潞江安撫司東北潞乃怒之聲轉字變又東南合野豬河水施南河水同環河水又東屈南南流合南甸河水又西南逕孟定土府爲查里江又西南直騰越廳南稍東三百餘里出邊入緬甸阿瓦木邦孟乃至擺古東南入海此三危當別一山非三危既宅之三危山也前人以烏鼠西近岷山之三危當之云黑水出其南誤溷爲一

導河積石至于龍門

施功發於積石至于龍門或鑿山或穿地以通流○導河積石至于龍門今文與古文同○今文同者夏紀漢志如此河出昆侖詳余所著漢書補注西域傳中志金城郡河關云積石山在西南羌中河水行塞外東北入塞內至章武入海山水澤地篇積石在河

關縣西南注云山海經云在鄧林東河所入也案積石山卽今大雪山在西南甯邊外西南五百三十餘里黃河北岸綿亘三百餘里上有九嶂爲青海諸山冠河流其南至山之東乃折而北唐名大積石元史誤爲崑崙者也徐松云自章懷注後漢書誤仍龍支縣之小積石（今河州西北七十里山西北百二十里爲積石關）爲禹貢之積石杜佑通典踵其謬蔡沈援以釋經而大小積石合而爲一矣河水注云河水自西域鄯善國來東注於泑澤卽蒲昌海也亦有鹽澤之稱東去玉門陽關千四百里廣輪四百里其水澄渟冬夏不減（今名羅布淖爾在安西廳沙州衛西北境外天山以南蔥嶺以東之水皆會於塔里木河而瀦於淖爾自此伏流而至鄂敦他拉也）河水重源又發於西塞之外出於積石之山山海經云積石之山其下有石門河水冒以西流禹貢所謂導河自積石也山在西羌中河水屈而東北逕析支之地是爲河曲應劭云禹貢析支屬雍州在河關之西東去河關千餘里羌人所居謂之河曲羌也東北歷敦煌酒泉張掖南而纏絡遠矣（言距郡遠）又東逕西海郡南王莽置又歷大榆小榆谷北（今貴德廳西）又逕沙州北（卽漢河關縣境）又逕廣違城北（今循化貴德二廳閒）又逕邯川城南（巴燕戎格廳境徐松云羅布淖爾水伏流東南千五百餘里涌出於巴顏哈喇山麓爲阿勒坦郭勒東北行三百里入鄂敦他拉元潘昂霄河源志所謂火敦老兒也會碧水黃色稍淡縱廣百里南北長而東西狹泉數百如星故有星宿海之號又東出鄂敦他拉東南流百三十里瀦爲扎淩淖爾出淖爾東南流折而南五十里瀦爲鄂淩淖爾自淖爾東北出東流五十里折而東南百四十里又南流二百六十里折而東南三百里逕阿彌耶瑪勒津木遜山南麓又東流折而北又折而西北凡千六百餘里逕山之東麓迄於克僖渡口山卽古大積石也自漢書始言河源出蔥嶺于閶潛流地下南出積石得河之初源而未言重源唐劉元鼎使吐番誤指庫爾坤山爲崑崙而云河源出其閭則失河之初源而並失崑崙潘昂霄以火敦老兒爲河源而誤指大積石山爲崑崙小積石山爲禹貢積石則失河之初源重源而並失崑崙與積石矣）又東歷鳳林北（漢枹罕縣境縣今河州治）又東逕漢允吾縣（今皋蘭縣西北）金城（皋蘭西南）榆中（金城縣西北）天水郡勇士（金城東北）安定郡祖厲（靖遠縣西南）眗卷（中衛縣東）北地郡富平（靈州西南）朔方郡

三封鄂爾多斯後旗正西河外臨戎故朔方城西大河北流之東岸沃野套外河水北流一曲之西窳渾套外西北河北流折東之處臨河榆林邊外河套內五原郡河目故九原城西今烏喇特旗東南境西安陽九原城西成宜烏喇特旗南宜梁九原城西河陰鄂爾多斯左翼後旗界內九原烏拉特旗東南五原烏拉特旗東近茂明安旗界臨沃九原城東稒陽九原城東北近雲中郡雲中郡咸陽托克托城地楨陵托克托城西南沙南鄂爾多斯左翼後旗地定襄郡桐過右玉縣東北塞外歸化城西南濱河西河郡圁陽山西神木縣東離石永甯縣治隰成永甯州西中陽甯鄉縣西土軍今石樓縣治上郡高奴陝西膚施縣東河東郡北屈山西吉州東北皮氏河津縣西左馮翊夏陽陝西韓城縣南二十里而出龍門口昔禹疏決梁山謂斯處魏土地記云梁山北有龍門山大禹所鑿河水又逕梁山原原自山東南出至河晉之望也在夏陽縣西北

南至于華陰

河自龍門南流至華山北而東行○南至于華陰今文與古文同一無于字○今文同者漢志如此一無于字者夏紀如此歐陽本異據河水注河水又南逕漢河東郡汾陰山西榮河縣北又左馮翊郃陽陝西郃陽縣東南河東蒲反永濟縣東南京兆尹船司空華陰縣東北又南至華陰縣潼關縣在今華陰縣東南水側有長坂歷水出東崤通謂之函谷關也

東至于底柱

底柱山名河水分流包山而過山見水中若柱然在西虢之界○東至于底柱今文與古文同一無于字底作砥○今文同者漢志如此一無于字底作砥者夏紀如此據河水注河水又東逕漢京兆湖縣陝西閿鄉縣東宏農郡陝縣陝州治河東郡大陽平陸縣東北偪砥柱山間山在虢城東北大陽城東也山水澤地篇砥柱山在大陽縣東漢志大陽下無奪文

又東至于孟津

孟津地名在洛北都道所湊古今以爲津○又東至于孟津古文也今文孟作盟○今文孟作盟者夏紀漢志作又東至于盟津據河水注河水又東逕漢河南郡平陰今河南孟津縣東雒陽雒陽縣東北河內郡

河陽（孟縣西三十五里孟津在縣南十八野）平縣（孟縣東）於斯有盟津之目尚書所謂東至于孟津也又曰富平津**東過洛汭至于大伾**洛汭洛入河處山再成曰伾至于大伾而北行○東過洛汭至于大伾今文與古文同伾一作邳河水注爾雅山一成謂之伾許愼呂忱等並以爲邱一成也孔以爲再成曰伾非今本說文作再成乃後人妄改○今文同者漢志如此伾一作邳者夏紀作東過雒汭至于大邳歐陽本異釋文伾本或作岯或作阰紀作邳疑邳即阰異體也據河水注河水又東逕漢河南郡鞏縣（河南省鞏縣西南）合雒水謂之洛汭（互見道洛）又逕河內郡平皋（溫縣東）懷縣（武陟縣西南）河南成皋（汜水縣西北）流出伾際矣在河內修武武德之界濟沇之水與滎播澤出入自此然則大伾即是山矣奉溝水入之即濟沇之故瀆矣成皋縣故城在伾上縈帶伾阜絶岸峻周高四十許丈城張翕險奇而不平山水澤地篇大伾地在成皋縣北漢志無奪文大伾山下尚書曰過洛汭至大伾者也鄭云地喉也**北過降水至于大陸**降水水名入河大陸澤名○北過降水至于大陸今文與古文同○今文同者夏紀漢志如此志降當作絳上黨郡屯留云桑欽言絳水出西南東入海（當作入漳河水注引正作漳）信都國信都云故章（同漳）河故虖池東入海禹貢絳水亦入海（郡國志亦云信都有絳水）段云此皆釋禹貢而字作絳則前志述禹貢經文亦必作絳否則禹貢絳水四字前無所承今本地理志溝洫二志皆作降淺人用尚書改之耳先謙案夏本紀河渠書索隱亦皆作降且云地理志从糸作絳書疏引鄭云降讀爲下江反聲轉爲共河內共縣淇水出焉東至魏郡黎陽縣入河此近降水也周時國於此地者惡言降水改謂之共此鄭曾臆不可從也（鄭說詳見濁漳水注又引地說云大河東北流過絳）

（水千里至大陸為地腹）此鄭古文異說據此今古文皆有降絳之不同屯畱信都所述雖異實一川也據濁漳水注絳水出漢上黨郡穀遠東發鳩谷（山西省沁源縣南俗名高麗水）又逕屯畱（屯畱縣南）合濁漳水又逕壺關（長治縣東）襄垣（襄垣縣北）潞（潞城縣東北）魏郡武安（河南武安縣西南）合清漳水又逕鄴縣（臨漳縣西）梁期（元城縣東）斥丘縣北（成安縣東南）即裴（肥鄉縣南）廣平國列人（肥鄉東北）斥章（曲周縣東南）魏郡平恩（邱縣西）廣平國南曲（邱縣北）曲周（曲周縣東北）鉅鹿郡鉅鹿（平鄉縣治）堂陽（新河縣西）信都國南宮（直隸省南宮縣西北）其水與隅醴通為衡津又有長蘆涇水之名絳水之稱今漳水既斷絳水非復纏絡矣又北絳水故瀆出焉逕常山郡九門（藁城縣西北漳水故瀆別行入鉅鹿堂陽）清河郡繚縣北（南宮縣東南）信都國信都（冀縣治）辟陽（冀州東南）又逕信都與張甲河故瀆同歸於海地理志曰禹貢絳水在信都東入於海也注又云据地理志云絳水發源屯畱下亂漳津是乃與漳俱得通稱故水流間闞所在著目信都復見絳名而東入于海尋其川脈無他殊瀆先謙案此足明漳絳同川異派中流合而首尾分班志禹貢絳水今文家說述其委桑欽古文家說溯其源耳唐人謂之枯洚通典云清河郡經城縣界有枯洚渠北入信都郡界是也今南宮縣東南有虹江一曰牛口峪又有破塘在縣東北二十里疑即古降水所經今皆湮塞据河水注河水自成皋又東逕漢河南郡滎陽（河南省滎澤縣西南）卷縣（原武縣西北）武德（武陟縣東南）酸棗（延津縣北）南燕（延津東）又東合淇水又東逕滑臺城（滑縣西）黎陽（濬縣東北）白馬（滑縣東別為白馬瀆入濮水）又東北為長壽津河之故瀆出焉漢書溝洫志曰故導河自積石歷龍門二渠以引河一則漯川今所流也一則北瀆王莽時空故世俗名是瀆為王莽河也王莽河故瀆東北逕衛縣之戚城（觀城縣西）繁陽（內黃縣東）北陰安（清豐縣北）樂昌（南樂縣西北）元城（元城縣東）縣北有沙丘堰堰障水也尚

書禹貢曰北過降水不遵其道曰降亦曰潰至于大陸北播爲九河風俗通曰河播也播爲九河自茲始也漢志魏郡鄴（臨漳縣西）云故大河在東北入海所謂大河禹河也閻若璩云周定王時河徙不從此行錢坫云由鄴斥丘（成安縣東南）列人（肥鄉縣東北）得橫漳入海陳奐云故瀆當在滑濬二縣之西先謙案臨漳在滑縣北百里漳絳合流之後王莽河逕其東南經所謂北過降水也漢志鉅鹿下云禹貢大陸澤在北濁漳水自鄴縣又東北過鉅鹿縣東（引見上）在河合橫漳之後經所謂至于大陸也支義至爲明晰諸家泥地說河過絳水千里至大陸之言以致紛紛不定殊可不必大陸詳上

又北播爲九河

北分爲九河以殺其溢在兖州界○又北播爲九河今文與古文同一無又字○今文同者漢志如此一無又字者夏紀如此詩般疏引鄭云播散也九河見上河水注云禹貢沇州九河既道謂徒駭太史馬頰覆釜胡蘇簡潔句盤鬲津也及齊桓霸世廣塞田居同爲一河故自堰以北館陶廮陶貝丘鬲般廣川信都東光河間樂城以東城地並存川瀆多亡漢世河決金隄南北離其害議者常欲求九河故迹而穿之未知其所濁漳水注云九河既播八枝代絶遺迹故稱往往時存故鬲般列于東北徒駭瀆聯漳降同逆之狀初分陂障之會猶在案經考瀆自安故日矣胡渭云古之九河至章武高城柳縣之東合爲逆河入海及周定王時河徙自東光南皮浮陽絶八枝而北合徒駭漢人指此爲逆河是九河之所同故王莽改勃海曰迎河郡南皮縣日迎河亭而其實非也以意度之徒駭大勢北行亦迺東八枝太史最北宜最短向南則漸加長鬲津最南最長首受大河當在南宮縣界也要之九河所在後人率多附會馮逡云九河既滅難明

班固云自茲距漢北亡八枝道元云城地並存川瀆多亡斯爲實錄無俟深求先謙案王莽河故瀆自元城又東北逕漢東郡發干原堂邑縣西南清河郡貝丘清平縣西南厝清平南靈景州西南鄃平原縣西南平原郡平原平原縣東清河郡繹幕平原西北平原縣鬲縣德州北信都國脩縣景州南平原郡安縣吳橋縣西南勃海郡東光東光縣東北合漳水勃海郡成平下云虖池河民曰徒駭河獻縣南許商曰徒駭在成平交河縣東東光下云有胡蘇亭許商云胡蘇在東光于欽齊乘以滄州之大連淀當之鬲下云平當以爲鬲津許商云鬲津在鬲縣界中自界以北至徒駭相去二百里平原郡般德平縣東北顔師古注爾雅說九河云鉤般郭璞以爲水曲如鉤流桓般也王鳴盛云以許說推之太史馬頰覆釜三河當在成平之南東光之北簡潔鉤般三河當在東光之南鬲縣之北至水經注徒駭瀆連漳絳曰瀆連則非正流近儒因此以漳水卽九河之經流曰徒駭者並卽是禹河故道恐非也

同爲逆河入于海

同合爲一大河名逆河而入於渤海皆禹所加功故敘之○同爲逆河入于海今文逆當作迎○逆作迎者夏紀漢志作逆書疏引鄭云下尾合名爲逆河言相向迎受河渠書云同爲逆河入于勃海又太史公曰東闕洛汭大邳迎河溝洫志云同爲逆河入于勃海地理志勃海郡莽曰迎河南皮縣莽曰迎河亭史漢用今文當作迎其或作逆者後人以所習改之海上當有勃字陳云天官書中國山川其爲首在隴蜀尾沒於勃碣天文志增其文曰尾沒於勃海碣石此言川流盡於勃海山脈盡於碣石經言夾右碣石入于河知迎河在碣石西又言至于碣石入于海知海在碣石東矣段云迎與逆雙聲方言自關而東曰逆自關而西曰迎白虎通引顧命迎子釗此今文尚書之一

證也金縢之新逆伏生書當作迎此可意揣而知者也王鳴盛云漢志云河至章武入海章武屬勃海郡治浮陽即今滄州但九河故道在德棣滄景間此處已迫海口似無地可著逆河者溝洫志引王橫曰往者天嘗連雨東北風海水溢西南出寖數百里九(謂云)(當作逆)河之地已爲海所漸矣蓋海西南岸所漸者漢漯沃琅槐廣饒鉅定壽光平壽界今爲霑化利津蒲臺樂安壽光濰縣界其所溢出南北殆三百餘里則古之逆河當北起天津靜海滄州鹽山海豐及霑化北界而止至其入海則禹河與漢河同也又云自周定王時河徙而不詳其所以徙自後代有變遷歷漢至唐及宋橫隴之決河已改流猶存京東故道至和二年李仲昌開六塔河北流遂閉金明昌五年河徙自陽武而東至壽昌注梁山濼分爲二派汲一胙之流遂絕元至元間又徙自新鄉出陽武之南合泗奪淮河又一大變時會通河成資河以利漕明孝宗時築斷黃陵岡更以一淮受全河汴泗沂亦全注之此河徙之略也

嶓冢導漾東流爲漢水泉始出山爲漾水東南流爲沔水至漢中東流爲漢一作養○今文同者漢志如此漾一作瀁者夏紀如此一作養者志隴西郡氐道云禹貢養水所出東至武都爲漢漾瀁養三家異文說文漾下云从水羕聲瀁下云古文从養山水澤地篇嶓冢山在氐道縣南(甘肅省清水縣西南秦州西)志武都郡武都(今成縣西)云漢水受氐道水一名沔過江夏謂之夏水入江沮縣(略陽縣東)云沮水出東狼谷南至沙羨南入江史記集解引鄭云地理志瀁水出隴西氐道至武都爲漢至江夏謂之夏水沔水注云沔水一名沮水東南逕沮水戍注漢曰沮口尙書嶓冢導漾東流爲漢山海經所謂漢出鮒隅

山也東北流合沮口同爲漢水之源也志隴西郡西縣秦州西南云禹貢嶓冡山西漢所出沈垚云西縣在西氏道在東二縣相聯嶓冡縣亘二縣之南山之東南漢水所出山之西南西漢水所出班志本極分明後世因氏道至武都漾出故瀆不可見於是專以沮水爲漢源又別名一山曰嶓冡而眞嶓冡之在西與氏道者轉付之茫昧矣陳澧云班志氏道云養水至武都爲漢武都云漢水受氏道水皆存禹貢故道漢世漢水已不受氏道水故更以沮水爲其源凡漢水所納之水志云入漢或云入沔惟不云入沮以沮水本非漢水正源也

又東爲滄浪之水

別流在荊州○又東爲滄浪之水今文與古文同滄一作蒼僞傳云別流本馬鄭說○今文同者漢志如此滄一作蒼者夏紀如此歐陽本異索隱馬鄭皆以滄浪爲夏水即漢之別流也漁父歌曰滄浪之水可以濯吾纓是此水也正義括地志均州武當縣有滄浪水庾仲雍漢水記云武當縣西四十里漢水中有洲名滄浪洲也地記云水出荊山東南流爲滄浪水沔水注云沔水又東逕漢中郡沔陽今陝西省沔縣東南褒中褒城縣東南南鄭南鄭縣東安陽成固縣東成固成固西北西城興安府西北旬陽旬陽縣北錫縣白河縣東長利湖北省鄖縣東北南陽郡堵陽裕州東武當均州北縣西北四十里水中有洲名滄浪洲庾仲雍漢水記謂之千齡洲非也是世俗語訛音與字變矣千滄齡浪竝雙聲字地說曰水出荊山東南流爲滄浪之水是近楚都故漁父歌曰滄浪之水清兮可以濯我纓滄浪之水濁兮可以濯我足余按尚書禹貢言導漾水東流爲漢又東爲滄浪之水不言過而言爲者明非他水決入也蓋漢沔水自下有滄浪通稱耳纏絡鄢郢地連紀郢咸楚都矣漁父歌之不違水地考按經傳宜以尚書爲正耳沔水又逕武當縣故城北

合平陽川水又逕縣故城東合曾水平陽水出縣北伏龍山南入沔曾水出縣南武當山發源山麓越山陰東北入沔爲曾口滄浪洲蓋因水受名庾酈之說適符地望道元據尚書兩爲字以爲滄浪與漢同例隨地異名非有他水決入過江夏合夏水則蒙夏名故班志云漢水受氏道水一名沔謂之夏水入江此今文說也夏水注云自堵口下（[illegible]）沔水通兼夏目而會于江謂之夏汭也左傳吳伐楚沈尹射奔命夏汭杜預曰漢水曲入江卽夏口矣與班志合至馬鄭以滄浪爲夏水此古文說然滄浪夏水遼闊不關欲求其通則必滄浪入漢之後同川異派入江仍出爲夏水而後可水經注亦多有此例據括地志所言武當縣之滄浪水惟沔水注之平陽水曾水當之不能臆定也班志南郡華容云夏水首受江入沔行五百里夏水篇夏水出江津於江陵縣東南注云江津豫章口東有中夏口是夏水之首江之汜也又云鄭注尚書滄浪之水言今謂之夏水來同故世變名焉劉澄之著永初山川記云夏水古文以爲滄浪漁父所歌也（古文卽謂馬鄭古文）因此言之水應由沔今案夏水是江流沔非沔入夏假使沔注夏其勢西南非尚書又東之文余亦以爲非也案此水自江陵東流入監利沔陽界名長夏潛又名魯洑江亦曰大馬長川桑酈言夏水出江不云上源是漢而於滄浪之流爲夏水更無一語及之近儒堅主鄭說亦太偏執矣

過三澨至于大別

三澨水名入漢大別山名○過三澨至于大別今文與古文同○今文同者漢志如此夏紀至作入案大別山名不得言入蓋誤字索隱今竟陵有三參水俗云是三澨水參音去聲說文澨下云埤增水邊土人所止者夏書曰過三澨山水澤地篇三澨地在南郡邔縣北沱注云馬鄭

王孔咸以爲三澨水名左傳有句澨漳澨蘧澨服虔或謂之邑又謂之地京相璠杜預云水際及邊地名也今南陽淯陽二縣間有南澨北澨諸儒之論水陸相半惟鄭元及劉澄之言在竟陵縣界案山水澤地篇以三澨爲地馬鄭以爲水是古文原有二說又淯水注淯水逕南陽郡育陽縣（今南陽縣南）水南有南就聚案淯水左右舊有二澨所謂南澨北澨者水側之濆聚在淯陽之東北考古推地則近矣漢志南陽郡宛縣（今河南省南陽縣治）云縣南有北筮山（當爲聚）育陽（南陽南）云有南筮聚在東北則以爲地名者是据沔水注沔水又東逕南陽郡鄧縣（湖北省光化縣北）陰縣（光化西）筑陽（穀城縣東）山都（襄陽縣西北）南郡襄陽（襄陽治）東北有宛口淯水所入也經云過三澨當在左近沔水又逕中廬（襄陽西南）邔縣（宜城東北）宜城（宜城南）若縣（宜城東南）江夏郡竟陵（鍾祥縣西南）南郡當陽（當陽縣治）江夏郡雲杜（沔陽州西北）合夏水卽堵口也又東逕沙羨（漢川漢陽嘉魚蒲圻咸寧崇陽皆沙羨地）入江大別見上

南入于江觸山迴南入江○南入于江今文與古文同僞傳本地記見下○南入于江者夏紀漢志如此沔水注云地記古漢水東行觸大別江之阪南與江合地記卽地說上文史記正義引地記云水出荊山東南流爲滄浪水夏水篇載鄭引地說同是其證王鳴盛云觸者僅漸及之非水直至山下也回者回轉而後南入非南至山已入江也經兩言東不言南至大別下方用南字明係漢水抵東北始回轉而南若以漢口西岸山爲大別則南字爲贅疣矣

東匯澤爲彭蠡匯迴也水東迴爲彭蠡大澤○東匯澤爲彭蠡今文與古文同○東匯澤爲彭蠡者夏紀漢志如此据沔水注沔水又東逕漢豫章郡彭澤（江西省湖口縣東）過彭蠡澤尚書禹貢匯澤也鄭元云匯回也漢與江鬭轉東成其澤矣澤卽今鄱陽湖也

亦曰宫亭湖

東爲北江入于海

自彭蠡江分爲三入震澤遂爲北江而入海○東爲北江入于海今文與古文同僞孔說非見上三江及下導江注○東爲北江入于海者夏紀漢志如此志會稽郡毗陵云北江在北東入海据汪本監本續志吳郡毗陵亦云北江在此山水澤地篇北江在毗陵北界東入海据沔水注沔水又東逕漢盧江郡居巢安徽省巢縣南此下文缺今大江由江甯鎮江常州入東海即經北江也

岷山導江東別爲沱

江東南流沱東行○岷山導江東別爲沱今文與古文同○今文同者夏紀漢志如此紀岷作汶志作嶓並消變字導皆作道是志蜀都湔氏道云禹貢嶓山在西徼外江水所出東南至江都入海山水澤地篇與志合据江水注岷山即瀆山水曰瀆水又謂之汶阜山江源始發羊膊嶺下東逕汶關而歷湔氏道今四川省松潘廳北西番界蠶陵疊溪營西汶江茂州北云別爲沱者志汶江云江沱在西南東入江又郫縣云禹貢江沱在西東入大江山水澤地篇云益州沱水在汶江縣西南其一在郫縣西西南皆還入江渾舉之不別白据江水注江水又合湔水又東別爲沱開明之所鑿也陳澧云蓋即今理番廳孟董溝水東南入江其自江水分出之處已堙又逕緜虒保縣南臨邛邛州治江原崇慶州東郫縣郫縣北沱水於今灌縣西首受大江東逕崇甯縣南郫縣北新繁縣南新都縣南漢州北入湔水以合江水道元於此未敘沱水蓋其疏也山水澤地篇二沱未言何者爲禹貢之沱是古文說如此班以郫縣江沱應禹貢蓋今文說道元指汶江之沱爲開明所鑿則班志允矣釋水江爲沱郭璞注沱水自蜀郡都安縣湔山與江別而東流即此鄭康成梁沱注云郫縣江沱首不於此出江原有鄗江首出江南至犍爲武陽又入江豈沱之別與先謙案鄗水即大江非沱江詳漢書補注蜀郡江原下郫縣江沱出江入江鄭意不可曉古文

家有心立異轉不如今文家說之爲安矣

又東至于澧

澧水名○又東至于澧今古文皆當作醴僞傳澧水名本馬說○今古文皆作醴者夏紀漢志並作又東至于醴是今文作醴集解引馬王皆以醴爲水名鄭云醴陵名也大阜曰陵長沙有醴陵縣是古文作醴也段云唐石經以下醴作澧並依衞包妄改開寶又改釋文之醴爲澧也楚詞云濯余佩兮醴浦是醴亦爲水名洪興祖本不誤書疏引鄭云此經自導弱水以下言過言會者皆是水名言至于者或山或澤皆非水名故以合黎爲山名澧爲陵名据江水注江水又東逕成都今成都府治廣都華陽縣東南犍爲郡武陽彭山縣東南安夾江縣西北僰道宜賓縣治江陽瀘州治符縣合江縣西巴郡江州巴縣西枳縣涪州西涪陵彭水縣治臨江忠州治朐忍雲陽縣西魚復奉節縣東北南郡巫縣巫山縣東秭歸湖北省歸州治夷陵東湖縣治夷道宜都縣西北枝江枝江縣東江陵江陵縣治郢縣江陵東南華容監利縣西北長沙國下隽一統志計其地當在湖南澧州安鄉縣右合洞庭諸水漢志武陵郡充縣今湖南省永定縣西云歷山澧水所出此作澧疑亦後人所改下至下隽入沅行千二百里澧水注澧水自充縣東逕零陽慈利縣東孱陵公安縣南下隽西北會沅水入湖即經所謂至于澧矣湖匯水衆多經獨舉澧爲言蓋水道變遷上古澧流爲大故也互詳沱潛既道下

過九江至于東陵

江分爲九道在荊州東陵地名○過九江至于東陵今文與古文同僞傳江分九道謬○過九江者夏紀漢志如此志廬江郡尋陽今湖北省黃梅縣界云禹貢九江在南皆東合爲大江今文說也山水澤地篇九江地在長沙下隽縣西北本山海經洞庭九江爲文此古文異說班鄺皆不用之据江水注江水又東逕漢沙羨見上又逕魯山南古翼際山也今龜山而左與漢水合又逕邾縣黃岡縣治西陽黃岡東鄂縣武昌縣治軑縣蘄水縣西西陵蘄水西南蘄

春蘄州西北下雉興國州東南廬江郡尋陽左得青林水口青林水自東陵鄉來西南歷尋陽縣入之此下闕文以地望稽之又右逕今江西省瑞昌德化二縣境漢柴桑地又逕湖口縣境漢彭澤地又東逕梅家洲與鄱陽湖水合湖漢九水入之經所謂過九江也九水者志豫章郡鄱陽云鄱水西入湖漢餘汗云餘水在北至鄡陽入湖漢艾縣云修水東北至彭澤入湖漢南城云旴水西北至南昌入湖漢建成云蜀水東至南昌入湖漢宜春云南水東至新淦入湖漢南埜云彭水東入湖漢雩都云湖漢水東至彭澤入江贛縣云豫章水出西南北入大江豫章湖漢二支並行班臚列九水之名而總之曰禹貢九江在南皆東合爲大江與劉歆釋九江爲湖漢九水入彭蠡澤之言合引見上是今古文說不異洞庭九江古文異說有乖地望深所不取○至于東陵者夏紀漢志如此志廬江郡下云金蘭西北有東陵鄉山水澤地篇東陵地在金蘭縣西北而志無此縣決水注灌水導源金蘭縣西北東陵鄉大蘇山据此大蘇山卽東陵也在今河南商城縣東南五十里江水注利水出廬江郡之東陵鄉江夏有西陵縣故是言東尚書云江水過九江至于東陵者也雖未言金蘭縣然與決水注符合則知鄉隸金蘭不誤沅元浙江圖說云灌水利水同出東陵一地金蘭附注郡下則在郡治蕃後改爲舒也廬江治舒据續志舒縣有桐鄉劉注鵲岸在縣今桐城縣在漢屬舒通典宣城郡南陵有鵲州卽鵲岸是漢舒縣地直達大江洲渚禹貢江水過九江至于東陵東迆實指至此東迆爲南江也江之南岸正丹陽郡之石城與班志石城受江其義一也漢六安國蓼縣在今霍邱縣西北灌水自東陵至蓼行五百一十里今自桐城廬江至霍邱正五百里則江至東陵東迆卽石城分水何疑先

謙案江水合鄱陽湖後右逕湖口及安徽省東流並彭澤地貴池三縣境貴池左對漢盧江郡樅陽縣今桐城界與阮說合東迆北

會于匯迆溢也東溢分流都共北會爲彭蠡○東迆北會于匯今文與古文同僞傳北會爲彭蠡謬詳見下○今文同者夏紀漢志如此釋文引馬云迆靡也書疏引鄭云東迆者爲南江阮元云說文迆衺行也引夏書曰東迆北會于匯漢志丹揚石城云分江水首受江東至餘姚入海會稽吳縣云南江在南東入海分江水即是南江三江中惟南江北會具區所謂北會于匯也若彭蠡在江之南無所謂北會也江自石城分爲南江正東迆也蓋由今安徽池州甯國二府合太湖過吳江石門出仁和臨平半山之西南今錢塘折而東而北由餘姚北入海今吳江石門仁和數百里皆爲沃土惟一綫清流自北新關通漕達於吳江猶是仁和南江故道所當以鄭注說文一正諸家之誤先謙案阮說是也沔水注地理志曰江水自石城東出逕吳國南爲南江此知班氏以分江南江爲一水也又云江水自石城東入爲貴口東逕石城縣北東合大溪溪水首受江北逕其縣故城東又北入南江阮元云江南通志池口河在府西五里古稱貴口亦稱鱝口宋時稱池口齊書沈仲玉自鱝口欲斷江通鑑胡注即今之池州貴池口也紀要石城廢縣在貴池縣西七十里古之貴口在石城縣東今縣在古縣西故貴口又在今縣西也通志清溪河在府東北五里入江即清溪口鄱言溪水受江蓋即此水注又云南江又東與貴長池水合水出縣南郎山北流爲貴長池池水又北注於南江先謙案貴口池口皆以貴長池得名今有上池口下池口上池口在洲內下池口入大江疑古貴口即在上池口之上故分江口爲貴口而池口水得注南江也阮元云通志郎山在府西南七十里有玉鏡潭紀要池口即貴池水有

五源會於秋浦匯於玉鏡潭入池口達大江秋浦玉鏡潭所匯正古之貴長池也先謙案江水入貴池縣境東北逕攔江磯又東爲李陽河又東逕貴池縣北貴池水注之又東上下淸溪水注之一統志古分江水在貴池縣西今涸隋唐後諸志無及分江水者近人因此誣班酈之妄然言之鑿鑿必非無據今其道雖湮未可輕甞也先謙以輿圖覈之分江水首受江當自今李陽河而分也据一統志李陽河在貴池縣西六十里源引大江以江流之消長爲盈縮西五里曰新河自河口出江中有石槎枒橫突爲攔江羅刹二磯南唐役三十萬夫作支流以避其險是河水受江遺迹猶在證一宋史河渠志宣和六年前太平判官盧宗元言池州大江東岸皆暗石多至二十餘處西岸沙洲廣二百餘里諺云折船灣言船至此必毁折也今東岸有車軸河口沙地四百餘里若開通入杜塢使舟經平水逕出池口可避二百里風濤折船之險請速開修從之案杜塢在貴口般家匯之下游故貴池水一名杜塢河是沙地通河古今不易證二今新河車軸河遺址湮廢李陽河之名向存竊意江岸洲渚連綿今自李陽河以下入古夾洲烏落洲裕生洲泥洲相屬爲一其下卽下池口貴池水合淸溪水由此入江疑當日卽分江水道受此兩水又下爲鐵板諸洲及銅陵之荷葉洲新洲老洲頭復興洲楊陵洲東屈而入丁家洲以至涇縣皆郎分江中流其外洲岸聯屬自爲一水時代閱久洲岸流移而分江水道半合於大江猶幸江流別派沙地通河端緒尚存足爲左驗耳注又云南江又東逕宣城之臨城縣南晉宣城郡今南陵縣東吳臨城縣今靑陽縣南[illegible]又東合涇水阮元云晉宋之臨城屬宣城郡今池州靑陽縣也通志靑陽縣有臨城河在縣南會大通河入江先謙案臨城河卽

大通河分江水自石城來右入銅陵縣境（漢陵陽縣地）又東逕荷葉洲北合大通河水又出章家洲丁家洲之間又東逕紫沙洲又東屈逕新洲右入繁昌縣境（漢春穀縣地）合荻港水又東北逕黑沙洲入蘆席夾逕虎檻洲出三山夾右入蕪湖縣境（漢縣）又東入魯港為南江也南江水入魯港東南流左與天成湖通湖在蕪湖縣東南十五里又東南與五丈湖通湖在縣東南七十里又與涇水合水在涇縣（漢縣）南出績溪徽嶺山為徽水北流逕旌德縣合清潭水東溪水抱麟溪水又北逕龍首山北入涇縣境為涇水亦曰藤溪水又西北合楓溪水匯為落星潭下三門灘合旋溪水又北逕縣城西為賞溪又合幙溪水琴溪水入清弋江注又云南江又東逕安吳縣（晉分漢宛陵縣立今涇縣西南）號曰安吳溪又東旋溪水注之水出陵陽山下逕陵陽縣西（漢縣）為旋溪水又北合東溪水水出南里山北逕其縣東桑欽曰淮水出縣東南北入大江其水北流左合旋溪北逕安吳縣東同注南江先謙案淮水即東溪水今名小淮河旋溪亦名舒溪桑欽言入大江大江即南江也合旋溪者自五丈湖東流而同注清弋也（道元以為注南江則清弋為南江故道明甚）南江之北即宛陵縣界也南江又東逕甯國縣南（晉分宛陵縣立故城在今甯國縣南）先謙案漢志丹楊郡宛陵（今宣城縣治）云清水西北至蕪湖入江今清弋江也其源有三一旋溪一涇水一淮水（俱見上）旋溪涇水合流後北逕施家渡有清弋江之名又北左與五丈湖通淮水自湖東流注之又至灣址鎮北出右合水陽江南江水道由此東也清弋江又西北歷黃池鎮為黃池水又北左與天成湖通又西逕蕪湖縣南入江水陽江即宛溪水出宛陵縣東為宛溪又北合句溪水又逕敬亭山東為敬亭潭又北為龍溪又西北至水陽鎮為水陽江又西合清弋江南江東

流由清弋江入水陽江以達南湖也注甯國縣南南當爲北之誤宣城在甯國西北南江不得又逕甯國之南也注又云南江又東逕故鄣〔漢縣〕縣南安吉縣北〔在廣德縣東北廣德安吉今分隸蘇浙二省漢並爲故鄣地〕阮元云紀要故鄣在廣德州東南九十里湖州府長興縣西南八十里故安吉縣城在今州治西南三十里宏治湖州志故鄣城在安吉西北十五里寰宇記云今俗號府頭是也南江又東北爲長瀆歷湖口阮元云寰宇記箬谿在縣南五十步一名顧渚口一名趙瀆注於湖趙瀆當即長瀆之故迹注又云南江又東與桐水合〔注文在東過安吳縣上依地望訂正〕阮元云左哀十五年楚伐吳及桐汭杜注宣城廣德縣西南有桐水西北入丹陽湖紀要源出廣德州南白石山西北流逕建平縣境又西入宣城縣爲白沙川亦曰綏谿匯於丹陽湖入大江又曰宣城東北四十里有南碕湖其北爲北碕湖今總名南湖周四十餘里其東北百里有綏谿一名白沙谿廣德建平諸水由此入南湖府東境諸川亦匯焉北達固城丹陽諸湖會於黃池而達大江又靈山在廣德州南七十里又南十里曰桐山亦曰桐源山一名白石山桐水發源於此其曰桐汭者正桐水入江之處道元未言其方向蓋桐水自北而南注江也晉時已北入湖道元所敘蓋猶古迹矣先謙案阮氏既以桐水爲出廣德則南江先合水陽江而後至廣德桐水當移訂於此南江自合水陽江後又東入南湖其北與固城湖相連南江又與桐水合注又云南江東注于具區謂之五湖口先謙案經所云北會於匯也漢志會稽郡吳縣〔今蘇州府治〕云具區澤在西古文以爲震澤南江在南東入海阮元云全祖望謂道元以南江當具區然南江注具區而復出爲南江非以南江即具區也贛水入彭蠡而後入江不聞以彭蠡爲贛水

也注又云一江東南行七十里入小湖爲次谿自湖東南出爲谷水谷水出吳小湖逕由拳縣故城下（漢縣今浙江省嘉興縣南）又東南逕嘉興縣城西又逕鹽官縣故城南於縣出爲澉浦以通巨海先謙案漢志由拳云柴辟故就李鄉吳越戰地南江自吳東南出逕泰興秀水嘉善桐鄉石門五縣境並漢由拳地道元誤以爲谷水阮元云由太湖至嘉興乃南江故道由嘉興至澉浦則非南江今海甯海鹽平湖三縣沿海之地皆較嘉興地勢爲高澉浦水皆西流與海不通所以古江水於出太湖後不由海鹽入海折而由杭州入海也注言谷水出爲澉浦以通巨海是澉水東流矣此亦未確又漸江水注云浙江自山陰東流逕禦兒鄉國語句踐之地北至禦兒是也韋昭云越北鄙在嘉興又東逕柴辟南越絕稱吳故從由拳辟寨渡會稽湊山陰是也阮元云此條可爲南江郎浙江之證可爲辟南江由吳江嘉興石門錢唐通名浙江之證道元北人所注江南之水非得諸傳聞郎原於故籍而浙江逕禦兒柴辟兩言知其傳之舊也惜道元惑於以漸爲浙莫能分別見此逕禦兒柴辟之浙江不敢注入沔水下之南江而羼入漸江水下以敘浙江聽謂江水自臨平湖上通禦兒至於柴辟一似漸江之枝分由臨平而入正流者又似水由正流而倒上亦可以名浙江者於是於沔水注中亦微及之曰浙江自臨平湖南通浦陽江南江故道漸江舊名賴此而存夫南江上自嘉興爲谷水下自餘杭爲南江枝分此逕禦兒柴辟者正嘉興至錢唐之正流也特道元時已中塞耳沔水注又云今餘暨之南餘姚西北浙江與浦陽江同會歸海但水名已殊非班固所謂南江也郭景純曰三江者岷江松江浙江也然浙江出南蠻中（此道元誤以漸江水爲浙江）不與岷江同作者述志多

言江水至山陰爲浙江今南江枝分歷烏程縣南通餘杭縣則與
浙江合故闞駰云江水至會稽與浙江合阮元云此水不經吳縣
之南從長興安吉郎注錢唐殊於班志南江在南之說故道元以
爲枝分然從錢唐至餘姚之道未湮也其正流自太湖東出逕嘉
興石門至錢唐是時石門之流中斷嘉興之江從谷水而注澉浦
矣於是錢唐東折之南江且西續於烏程上承安吉而南江之流
奪於枝分蓋谷水自嘉興而北以至太湖南江也自嘉興至澉浦
非南江也枝分自錢唐入海南江也自餘杭上承烏程之流非南
江也安吉而西又南江之上流矣道元時之南江已異於班志今
谷水及南江枝分不可見而浙江且續漸江而爲漸所冒矣下塘
運道由石門嘉興上泝吳江蓋古南江之正流西湖保叔塔後西
谿一帶有古蕩等地窪下積水撲其形勢猶見南江遺迹胡朏明
謂餘杭郎餘姚之誤非也上海范本禮吳疆域水道圖說云自長
興安吉歷烏程餘杭至錢唐必絕東西苕溪亂流東南注恐無此
理漢烏程縣在今縣南道元所謂南江枝分歷烏程通餘杭者郎
東苕溪也蓋道元泥於誤本山海經以漸爲浙於漢晉諸儒所言
江至山陰爲浙江求其義而不得又未敢遽以爲非於是以東苕
溪之北入太湖者謂爲南江枝分強爲傅會而引闞駰之言於沔
水篇又引許愼晉灼之言於漸江水篇以調停其說不知漸江自
黟縣至錢唐雖有屈折未嘗方折豈可以當折之義而東苕溪之
自南而北者又何得反謂之自北而南平阮氏謂南江枝分今不
可見亦未深考矣漸江水注又云穀水東至錢唐縣而左入浙江
先謙案穀水合婺港水入漸江漢志大末下云穀水東北至錢唐
入江是也漸江至錢唐入海漢志黟縣下云漸江水東入海是也

漸江水出黟縣逕歙縣富春餘杭烏傷錢唐合穀水入海穀水出大末即今龍游逕烏傷合於漸江水以上道元誤
爲浙江注又云浙江又東逕靈隱山山下有錢唐故縣漢縣浙江逕
其南先謙案南江自由拳境西南流逕仁和縣東北五十里之塘
棲鎮又屈而東南逕臨平鎮北自此南行宋之下塘運河其故道
矣南江又逕錢唐縣東漸江水武林水於縣東入海漢志錢唐下云武林山武林水所出東入海案即今西湖
南江又絕武林水漸江水而東流也注又云浙江
北合詔息湖阮元云咸湻臨安志湖在縣東十八里注又云浙江
又東合臨平湖湖水上通浦陽江下注浙江名東江行旅所從以
出浙江也阮元云臨平湖在今上塘臨平山之西南地高於下塘以
故舊有四壩以蓄水其水或西北洩於南江之近石門者謂之下
注浙江可也必不可上通浦陽毛大可謂是臨湖之誤臨湖即今
臨浦在蕭山南三十里先謙案一統志臨平山在仁和東北五十
四里唐置臨平監於山下臨平湖在山東南五里張勃吳錄赤烏十
十二年寶鼎出臨平湖通志湖在縣東長樂鄉周四十里南宋爲
運道所經風波最險紹定中築塘捍之曰永和後湖日淤僅存小
河今上塘河所經也案今縣東北四十里臨平鎮即唐臨平監治
所臨平湖距浦陽江尙遠不相通注又云浙江又逕固陵城北今
之西陵也又逕柤塘謂之柤瀆有西陵湖亦謂之西城湖湖西有
湖城山東有夏架山湖水上承妖皋溪而下注浙江范本禮云一
統志固陵城在今蕭山縣西十二里柤塘在縣西南九里西陵湖
在縣西二十五里夏架山即翠嶂山亦在縣西二十五里先謙案
紀要吳越時以陵非吉語改曰西興柤瀆即查瀆亦曰查浦吳志
孫策分軍夜投查瀆道襲高遷屯是也阮元云固陵以東乃正浙
江道元至此稱浙江不誤宜合上文云浙江南逕柴辟南又逕禦

兒鄉又逕固陵城北爲合又云今之海塘所以捍潮自尖山至海
甯州以西隄雖險而地勢高惟老鹽倉至杭州府府城東北數十
里地勢低平潮汐往來活沙無定有朝爲桑田暮成滄海者且加
築隄塘難施樁石濬之愈深則沙性愈散不如老鹽倉東北鐵板
沙之堅固然則此數十里中非古浙江沙淤故道之明證而確爲
禹貢南江乎又云江水自九江至江甯乃自西南至東北自江都
至海門入海又爲自西北至東南志於毗陵記北江在北明江至
江都曲而東南也南江自石城至安吉爲由西而少東北自太湖
至錢唐爲自北而少西南由錢唐至餘姚入海又爲自西而東於
吳記南江在南以明南江入海由太湖折而西南又由錢唐折而
東南也江至江都而曲故廣陵之江曰曲江江至吳南而折故餘
姚入海之江曰浙江曲猶環曲之義折則方折矣漸水自西而東
南至錢唐雖非直注何有於折之寰宇記引虞喜志林及盧肇海潮
賦皆假借海濤之洄旋以爲折之取義尤非也范本禮云詔息湖
在今仁和縣東北則漸江注自北合詔息湖起皆正浙江非自
固陵始也浙江水注又云浙江自由拳之柴辟南見誤[illegible]逕永興縣
北縣在會稽東北二百里故餘暨縣也又東合浦陽江江水導源
烏傷縣東逕諸暨縣南又東南逕剡縣東又東逕上虞縣南江之
道南有曹娥碑上虞江東逕周市而注永興地理志云縣有仇亭
柯水東入海柯水疑卽江也又東北逕永興縣東與浙江合謂之
浦陽江地理志又云縣有蕭山潘水所出東入海又疑是浦陽江
之別名也韋昭以松江浙江浦陽江爲三江先謙案漢志餘暨今蕭
山縣西云蕭山在縣西潘水所出東入海南江自錢唐至餘暨又絕潘
水而東流全祖望云浦陽江發源義烏分於諸暨爲曹娥錢清二

江自義烏山南出者道由蒿壩所謂東小江也下流爲曹娥自山北出者道由義橋所謂西小江也下流爲錢清曹娥之水由諸暨紆而東至嵊至餘姚則已折而北始至上虞遂由會稽入海錢清之水至諸暨境西下至蕭山反東向山陰入海一曲一直源流不同然六朝皆以浦陽之名概之考浦陽之名漢所未有故班志不錄然志於浦陽東道之水則曰柯水而系之上虞卽曹娥也西道之水則曰潘水而系之餘暨卽錢清也續志有潘水而失柯水韋昭始以浦陽當三江之一六朝時合曹娥錢清二江總曰浦陽故謝康樂山居賦所云皆指曹娥李善因之而南史爭戰之地則皆在錢清歷唐五代作志乘者尚無曹娥錢清之名故九域志以曹娥鎭屬會稽錢清鎭屬山陰尚未有江名其以江名也自南宋始鄮注水經所志浦陽之水本屬曹娥其末始引及蕭山之潘水則是錢清之上流而疏析不精不知其分而爲二反以爲合而爲一故曰上虞江東至永興與浙江合移東就西其謬已甚或者六朝之世隄堰未備東小江之水尚能西出則東道之水得至永興亦未可定南史浦陽江南北津各有埭司以稽察行旅通鑑胡注云浦陽江南津埭卽今梁湖堰北津埭卽今曹娥堰與西陵埭柳浦埭稱四埭然則浦陽終以東道曹娥之水爲經流而西道匯於錢清者爲支流六朝官制足與水道相證明范本禮云自諸暨以上則今浦陽江自剡縣以下則今曹娥江自周市以下則今紹興運河之道蓋今浦陽江自諸暨以北入錢唐江者乃古之東江古之浦陽江東流而爲曹娥江後乃中絶耳夫曹娥江以曹娥投江得名其未投江前江必有名以水經注謝賦南史證之曹娥之本名浦陽無疑至浦陽逕永興者全氏以爲錢清是矣而其言錢清之

經流則恐非是竊意浦陽江自諸暨以北者於古爲東江乃臨浦之支流入錢唐江者與錢清本不相通故班志於潘水屬之餘暨若如全氏所言則班當屬之諸暨矣然則今紹興運河之道或卽古錢清江所逕而卽班所謂潘水道元所謂浦陽江乎但班氏明言潘水入海則錢清當自蕭山東流會浦陽江以入浙江道元乃欲强合入海之文故曰上虞江東逕周市而注永興又曰浙江又東北逕永興縣令地勢方向茫不可辨今錢清鎭在蕭山東與山陰接界疑古錢清江本自蕭山東流至鎭合浦陽江卽於此入浙江班言入海者亦如武林水漸水之例耳蓋浦陽江分三派入浙在西爲錢清道元所謂逕永興東與浙江合者卽志之潘水也其中爲曹娥卽志之柯水也全氏謂道元疏析不精不知其已分爲二而反以爲合爲一亦未盡然志言柯水東入海道元以柯水當上虞江亦知曹娥江之自入浙矣旣以柯水當上虞江而下文又引志之潘水疑卽浦陽江之別名則亦疑其分爲二矣惟於引志柯水上未明言上虞之入浙則其疏耳先謙案一統志浦陽江出今浦江縣西深褭山曰東溪水東流逕縣城南又東北流逶迤百餘里逕諸暨縣境納五洩溪水又逕茆渚潭分爲二正流名下東江西爲下西江至三江口復合爲一又北流至紀家匯爲錢清江以後漢劉寵受父老一錢事爲名又西北逕蕭山縣南二十里之臨浦鎭注山陰之麻溪又北過烏石山爲烏石江又東北逕其縣東十五里九折而東復入山陰縣境經錢清鎭入海志所謂潘水東入海也明天順初知府彭誼以江水泛溢築臨浦大小壩爲之內障而江分爲二又建白虎山閘以遏三江口之潮閘東盡漲爲田自是江水不通於海近人謂錢清本不入海者誤也南宋時開運河自蕭

山縣南西興鎮東流逕蕭山縣治北又東接錢清江凡十五里又東出至紹興府城西長五十五里又自城西東南出逕會稽縣境東流入上虞縣接曹娥江長百里又自上虞縣西三十里梁湖堰流至通明壩入姚江橫亘三十餘里今人知爲宋漕渠故道而不悟郎南江故道夫柯水郎曹娥潘水郎錢清各自入海六朝前二水之通南江通之也宋後二水之通運河通之也南江絕潘水柯水而至餘姚潘柯二水亦絕南江而入海以南江通流之故而後錢清曹娥得通名浦陽江六朝以後南江之名旣晦浦陽之跡俱湮曹娥錢清各自爲江人不知柯潘二水之名復不解浦陽通號之故逮宋開運河而曹娥錢清復通爲一後人以爲新工不悟其因舊迹也至水經注謂浦陽自諸暨入剡此道元之誤南江運河之通俱在曹娥錢清下游若諸暨剡縣間重嶺疊嶂本無通道不必因酈注強爲附會也浙江水注又云浙江自錢唐逕山陰縣紹興府治東與蘭溪合浙江又東北得長湖口有秦望山在城南史記云秦始皇登之以望南海又有會稽山東帶若邪溪溪水下入湖浙江又北逕山陰縣西西門外有怪石許愼晉灼並言江水至山陰爲浙江浙江又東北逕種山西文種所葬也下誤云入由拳先謙案蘭溪在縣南源出古博嶺長湖在縣南三里卽鏡湖也周三百五十八里總納山陰會稽二縣三十六源之水南傍山北屬郡城東至曹娥江西至西小江其初本通潮汐漢永和五年太守馬臻始環湖築塘瀦水溉田又界湖爲二曰東湖曰西湖宋時縱民耕種湖遂湮廢今自會稽五雲門東至娥江七十二里爲東湖至常禧門西至小江四十五里爲西湖府東二十里曰賀家池周四十七里南通鏡湖北抵海塘唐賀知章放生池也舊有鑑湖西起廣陵斗

門東抵曹娥斗門亘百六十里明嘉靖十七年知府湯紹恩改築
水滸東西橫亘百餘里遂爲通衢秦望山在縣東南四十里若耶
溪在縣東南二十里若耶山下北入境湖怪山亦名飛來山在臥
龍山南臥龍山即種山矣府治據其東麓南江自餘暨逕山陰境
始有浙江之目江自太湖出大勢南流絕錢唐江後折而東其形
方折故曰浙江也漢志上虞云有仇亭柯水東入海先謙案寰宇
記剡溪在漢剡縣今嵊縣西南百五十步有二源一出台州天台縣一
出婺州武義縣武義是東陽之誤合爲剡溪即王子猷雪夜訪戴逵之所
也亦名戴溪至上虞縣爲上虞江又逕會稽縣東九十里曹娥廟
前爲曹娥江又北絕南江逕歷海所入海志所謂柯水東入海也
南江自山陰逕上虞縣境又絕柯水而東流矣沔水注又云浙江
自臨平湖南通浦陽江又於餘暨東合浦陽江自秦望分派東至
餘姚縣又爲江也東與車箱水合江水又東逕黃橋下又東逕赭
山南又逕官倉倉即日南太守虞國舊宅江水又東逕餘姚縣故
城南今餘姚縣治又東逕穴湖塘又東注于海是所謂三江者也先謙
案赭山在海甯州西南五十里與蕭山縣龕山對峙東接龕子門
爲錢唐江入海之道非南江所逕一統志餘姚縣西嶼山有漢日
南太守虞國宅南江自上虞逕餘姚境由梁湖堰逕通明壩皆運
河水道又東逕石堰鎭歷觀海衞入海漢志南江東入海分江水
東至餘姚入海皆謂此也禹貢三江獨南江經文不顯幸分江餘
姚源流載於漢志康成有東迤爲南江之注叔重有江水至山陰
爲浙江之說賴此三者藉以窺尋顚委道元貫穿班書定二文爲
一水是其卓識惟於南江歸宿緝綜不明漸浙溷淆諸水倒亂自
分江湮失學者曹焉先謙攷求端緒於漢書補注分縣載明復依

經文彙注於此既以故籍糾紛務在推明指要詞之煩費所弗恤云**東爲中江入于海**有北則中南可知○東爲中江入于海今文與古文同○今文同者夏紀漢志如此志丹陽郡蕪湖云中江在西南東至陽羡入海山水澤地篇與志合續志蕪湖下云中江在西寰宇記中江即荆溪也輿地紀勝荆溪首受蕪湖水東至陽羡出湖蓋大江至蕪湖西南東出者也宋傅寅禹貢集解云班氏所指中江今蕪湖斷港也自宜興縣航太湖逕溧陽至鄧步凡兩日水路自鄧步登岸岸上小市名東壩自東壩陸行十八里至銀林復行水路係大江支港自支港行百餘里乃至蕪湖界即入大江也銀林之港鄧步之湖止隔陸路十八里故老相傳謂大江此港本入震澤知班氏所說中江古蓋有之阮元浙江圖考云中江者江水由高淳過五壩至常州府宜興縣入海自楊行密築五堰其流始絕永樂時設三壩陸行十八里矣又云班詳於南江北江而於中江僅云至陽羡入海何也廣陵國江都以東有臨淮郡之海陵志云有江海會祠言江至此而會海也會稽郡吴毗陵無錫陽羡丹徒婁爲今鎮江常州蘇州地婁在今崑山而太倉松江海門及江北之通州皆不置縣然則太湖以東至漢猶荒斥爲海潮所往來故敘北江止毗陵敘中江止陽羡且云南江在吴南北江在毗陵北則中江在毗陵之南吴之北可知北江以曲而詳南江以折而詳中江必自陽羡直貫太湖由婁縣之地入海又可知此班之不詳而詳者也成蓉鏡云以今輿圖按之東壩在高淳縣東南自東壩以西爲南碕固城諸湖又西爲丹陽湖又西郎志所稱中江出蕪湖西南者也東壩以東爲胥河又東則爲西九文選江賦注引水經注云中江東南左會滆湖西九北郎

漏湖也由漏湖東出又東入太湖悉與傳說合蓋中江水本自今
蕪湖經高淳溧陽諸縣至宜興入具區復由具區東出入海考元
和志當塗縣蕪湖水在縣西南入十里源出縣東南之丹陽湖西
北流入大江然則元和以前中江水已不復東而今則建平宣城
甯國涇旌德太平石埭諸縣水皆由此而西達江矣先謙案中江
水自蕪湖入而東流傳氏所謂蕪湖斷港卽今蕪湖縣河也東北
絕黃池水入唐溝河又東左入丹陽湖湖東卽高淳縣治也中江
又東南入固城湖湖北有固城鎭故受此名固城湖右與南湖通
中江水又東逕東壩又東爲胥溪又東北逕溧陽縣城北又東會
漏湖漏湖之北卽長蕩湖也又爲西氿卽西九也又東爲東氿東
氿南岸今宜興縣城也又東出爲沙港而入太湖禹貢三江既入
震澤底定指謂是矣北江入海中江南江入湖三江入而震澤以
致奠定也紀要引建康府志云銀林堰在溧水縣東南百里長十
二里自銀林稍東曰分水堰長十五里又東五里曰苦李堰長八
里又五里曰何家堰長九里又五里曰余家堰長十里所謂魯陽
五堰也今蕪湖縣南有支江俗稱爲縣河東達黃池入三湖三湖
者丹陽固城石臼也至銀林而止所謂中江東至陽羨卽此也蘇
常承此下流常病漂沒故築銀林五堰以窒之自是中江不復東
而宣歙之水皆由蕪湖達於大江濱湖之地皆隄爲圩田而中江
亦漸隘狹故老云當時慮後人復開此道則蘇常之間必被水患
遂以石窒五堰路又液鐵以固石故曰銀淋今譌淋爲林又云中
江舊逕溧陽縣界古三江之一今永陽江一名九陽江一名穎陽
江在縣西北三十五里卽其遺迹唐開元十七年蔣日用作本縣
城隍記云此縣南壓中江風波不借舟楫無施縣宰喬翔栅浮梁

以便行旅中江橋梁之設昉此景福三年楊行密將臺濛作五堰施輕舸饋糧是時中江置堰江流亦既狹矣東坡奏議云溧陽之西有五堰者古所以節宣歙金陵九陽江之衆水直趨太平州蕪湖後之商人販賣簰木東入二浙以五堰爲阻因給官中廢去五堰五堰既廢則宣歙金陵九陽江之水或遇暴漲皆入宜興之荆溪由荆溪而入震澤時元祐六年也一統志引寰宇記云宋宣和七年詔開江東古河自蕪湖由宣城溧水至鎮江渡揚子趨淮汴免六百里江行之險是此時中江已在通塞之間又有宜興進士單諤著書言修臺濛五堰蘇常之水十可去其七八明韓邦憲東壩攷云太祖初都金陵以蘇浙糧道自東壩入可避江險洪武二十五年復濬胥溪河爲運河建石閘啟閉因置廣通鎮又鑿溧水縣胭脂岡引丹陽諸湖之水會秦淮以入江於是蘇浙運道經東壩直達金陵永樂初運道廢改築土壩自是宣歙諸水希入震澤嘉靖三十五年倭入寇商旅多由壩上行復於壩東十里許分水堰處更作下壩謂之東西二壩而統名曰東壩自是兩壩相隔湖水絶不復東矣沔水注南江東注于具區東則松江出焉上逕太湖更逕笠澤在吴南松江左右也國語云越伐吴吴禦之笠澤越軍江南吴軍江北者也阮元云道元以松江爲南江東出之流非以爲中江也文選江賦李注引水經注云中江東南左會滆湖於經注無此語滆湖在常州西南三十五里半入宜興當太湖北正漢陽羨地會於滆湖而東出仍在太湖之北不必出自太湖東南也然則中江非松江乎曰必松江也吴松江口正中江入海處但中江由陽羨入海正在吴之北其趨海必歷崑山而至嘉定上海之間自中江出滆湖之口既湮南江逕禦兒之流亦塞而中江入海之

委轉與南江出湖之條兩相接續於是曰松江曰婁江曰三江口支派紛繁莫可究詰而庾氏三江之說起矣今吳松海口在嘉定縣東彼入澱湖而出澱湖直趨於此可也何至出澱湖者南出吳江復北注邪道元敘南江注具區東出爲松江明以東出者爲南江郭氏以松江當中江蓋指吳松口而言耳范本禮云吳松口在今寶山縣南攷丁取忠輿地經緯度里表寶山縣當緯度三十一度二十分蘇州府當緯度三十一度二十三分是吳松口在蘇州東南阮氏旣云中江在吳北直貫太湖東出而以吳松口爲郎中江入海之口亦矛盾也中江入海之道當在今劉河口北先謙案一統志松江自太湖分流經吳江崑山太倉嘉定境入海婁江自長洲婁門外承太湖東流逕崑山太倉界入海宋元以來水道變遷朱長文始以至和塘爲婁江郎劉河口盧熊指松江爲二派謂一出長橋一出甘泉橋已非一地王鏊又分松江吳松江爲二派以吳松爲東江又謂自大姚分支與盧熊說又異且謂婁江自太湖黚魚口分流則其口又不出自松江矣諸說皆無的據唐張守節謂三江口在蘇州府東南三十里但渾舉之蓋古今水道不同漢世中江入海之道無能臆定以方隅言劉河口近之婁者劉也注又云松江自湖東北流逕七十里江水岐分謂之三江口吳越春秋稱范蠡去越乘舟出三江之口入五湖之中者也此亦別爲三江五湖雖名稱相亂不與職方同庾仲初揚都賦注曰今太湖東注爲松江下七十里有水口分流東北入海爲婁江東南入海爲東江與松江而三非禹貢之三江也阮元云庾氏三江之說道元駁之明此可以辨蔡沈書傳之謬正

導沇水東流爲濟泉源爲沇流去爲濟在温西北平地○導沇水東流爲濟

今文與古文同一無流字○今文同者漢志作道沇水東流爲沛一無流字者夏紀作道沇水東爲濟濟沛三家本異導作道是濟水注云風俗通曰濟出常山房子縣贊皇山濟者齊也齊其度量也余按二濟同名所出不同鄉原亦別斯乃應氏之非矣段云說文沛出河東垣縣濟出常山房子二字各殊而應氏不別至二水淆亂可知漢人書濟瀆字不皆作沛也釋名濟者濟也亦不作沛六經惟詩周禮作沛他經不爾尚書濟字非必衞包所改也史記作濟漢志沛濟錯出志河東郡垣縣今山西省垣曲縣西云禹貢王屋山在東北沇水所出東南至武德河南省武陟縣東南入河酈道元云朱溝水分流爲奉溝水其流合沁水先儒以爲濟渠故云至武德入河分見沁水河水注濟水注山海經曰王屋之山聯水出焉西北流注於泰澤郭景純曰聯沇聲相近即沇水也潛行地下至共山南重源出河內郡軹縣濟源縣南西北平地

入于河

溢爲滎

濟水入河並流十數里而南截河又並流數里溢爲滎澤在敖倉東南○入于河今文與古文同溢爲滎今古文皆當作泆一作軼○入于河者夏紀漢志如此濟水注濟水又東至溫縣溫縣西南爲濟水與故瀆分又南入河其濟水故瀆東南出於溫城西北東南逕城北濟水當王莽世川瀆枯竭其後水流逕通津渠勢改故瀆合奉溝水入河與河南武陟縣相直今獲嘉縣治今古文皆作泆者夏紀作泆爲滎是今文作泆職方氏注滎兗水也出河東垣入于河泆爲滎疏引禹貢泆爲滎是古文作泆今禹貢作溢衞包改也說文泆下云水所蕩泆也溢下云器滿二義迥別蕩泆者動盪奔突而出不必滿也惟沛水能泆漢書顏注軼與溢同小學之不明久矣一作軼者漢志作軼爲滎夏侯本異段云左隱九年傳杜注軼突也與蕩泆義近說文軼下云車相出也此假軼爲泆之指志垣

縣云軼出滎陽北地中又東至琅槐入海濟水篇濟水與河合流又東過成皋縣北今汜水縣西北注云晉地道記云濟自大伾入河與河水鬭南泆爲滎澤濟水分河東南流又東逕敖山北又合滎瀆瀆首受河水有石門謂之滎口石門地形殊卑蓋故滎播所導自此始也滎瀆東南入濟今無水濟水又東逕滎陽滎澤縣西南縣又逕滎澤北故滎水所都也京相璠云滎澤在滎陽縣東南與濟隧合其水上承河水於卷縣北原武縣西北河之南逕卷縣故城東又南逕衡雍城西左傳諸侯伐鄭西濟於濟隧也濟瀆又出垂隴城北在滎陽東二十里濟水自澤東出是爲北濟濟水又東南

東出于陶丘北

逕釐城東東在滎陽東四十里右合黃水爲南濟陶丘丘再成○東出于陶丘北今文與古文同一無于字古文出一作至無北字○今文同者漢志如此一無于字者夏紀作東出陶丘北出作至無北字者說文陶下云再成丘也在濟陰从𠂤匋聲夏書曰東至于陶丘文選應貞華林闕詩注引無于陶丘有堯城堯嘗所居故堯號陶唐氏也段云禹貢導水罕言出者此經出當依說文作至先謙案段說非也無北則可言至有北則應作出據濟水注北濟自滎澤中北流至衡雍西與出河之濟會蓋滎播河濟往復逕通出河之濟即陰溝水即蒗蕩渠上源也濟隧絕焉故世謂十字溝又南會於滎澤北濟又東逕卷縣原武今陽武縣治陽武陽武東南陳留郡酸棗延津縣北封丘封丘縣治濮渠水出焉又逕浚儀祥符縣西北平丘長垣縣西南濟陽蘭儀縣北濟陰郡冤句荷澤縣西南呂都同上定陶定陶縣西北乘氏鉅野縣境合南濟濮渠同入鉅野澤漢志定陶云禹貢陶丘在西南陶丘亭奪在南二字濟水注引有山水澤地篇陶丘在定陶縣西南經所云東出于陶丘北也南濟又東南流入陽武蒗蕩渠出焉又東逕封丘浚儀小黃今陳畱縣

東北東昏蘭陽縣東北濟陽又東北菏水東出焉又逕冤句定陶**又東至**
又屈從縣東北流又合菏水又逕乘氏與北濟濮水合
于菏菏澤之水○又東至于菏古文也今文菏作荷○今文菏作荷者夏紀漢志並作又東至于荷此定陶之菏澤非湖陵之
菏水也見上及前達于河導菏澤下**又東北會于汶**濟與汶合○又東北會于汶今文與古文同○今文同者夏紀
漢志如此据濟水注濟水故瀆出鉅野澤北合洪水東北過漢東
郡壽張今東平州西南合汶水所謂清口也述征記云清河首受洪水北北
注濟或謂清即濟也禹貢濟東北會于汶今枯渠注鉅澤鉅澤北
則清口清與汶會也又北逕梁山東又逕須胸城西又逕微鄉東
在壽張西北三十里**又北東入于海**北折而東○又北東入于海今文與古文同一作又東北○今文同者漢志如
此一作又東北者夏紀如此蓋歐陽本異据濟水注濟水又北過
須昌今東平州西北自下通得清水之目又逕東阿臨邑東阿縣北泰山郡盧
縣長清縣南又東北逕濟南郡歷城歷城縣治臺縣歷城東北菅縣章丘縣西北梁鄒
縣鄒平縣治千乘郡狄縣高苑縣西北被陽高苑治平安新城縣東北高昌博興縣西南樂
安博興北博昌博興南齊郡利縣博興
東千乘郡琅槐又東北入海**導淮自桐柏**桐柏山在南陽之東○導淮自桐柏今文
與古文同○導淮自桐柏者夏紀漢志如此導並作道是志南陽
郡平氏云禹貢桐柏大復山在東南淮水所出東南至淮陵入海
陵當作浦淮水篇淮水出平氏縣今桐柏縣西胎簪山東北過桐柏山注云
淮醴同源俱導西流為醴東流為淮潛流地下三十許里東出桐
柏之大復山南謂之陽口又東逕復陽縣在大復山陽故曰復陽
桐柏縣東桐柏山在桐柏縣西南三十里大復山在縣東二十里胎簪

山桐柏旁小山也**東會于泗沂東入于海**與泗沂二水合入海○東會于泗沂東入于海今文與古文同○今文同者夏紀漢志如此据淮水注淮水又東北逕汝南郡成陽（今信陽州東北）安陽（正陽縣西南）新息（息縣東）期思（固始縣西北）女陰（阜陽縣治）六安國安風（霍邱西南）九江郡壽春（壽州治）沛郡下蔡（鳳臺縣西北）九江曲陽（鳳臺東北）陰陵（定遠縣西北）當塗（懷遠縣東南）沛郡平阿（懷遠西南）義成（懷遠東北）九江鍾離（鳳臺縣東）沛夏丘（泗州治）臨淮郡徐縣（泗州東南）盱眙（盱眙縣東北）淮陰（清河縣東南）合泗水又逕泗水國淩縣（宿遷縣東南）臨淮淮浦（安東縣西）又東入海泗水注泗水出卞縣東南（泗水縣東）西南流逕魯國魯縣（曲阜縣治）山陽郡瑕丘（滋陽縣西）南平陽（鄒縣治）橐縣（鄒縣西南）方與縣（魚臺縣北）湖陵（魚臺東南）合菏水又逕沛郡沛縣（沛縣東）廣戚（沛縣東）楚國留縣（沛縣東南）彭城（銅山縣治）呂縣（銅山北）東海郡下邳（邳州東）合沂水又逕臨淮郡下相（宿遷縣西）厹猶（宿遷東南）泗水淩縣（見上）泗陽（清河縣南）入淮漢志魯國卞縣云泗水西南至方與入沛（當作入沛渠）序至泗菏交會而止沛渠卽菏水也湖陵以下皆不及故道元補之志濟陰乘氏又云泗水東南至睢陵入淮泗當作菏酈注孔疏所見已誤沂水注沂水出泰山郡蓋縣（沂水縣西北）沂山東南流逕琅邪郡東莞（沂水治）東海郡東安（海州西）城陽國陽都（沂水南）東海郡臨沂（臨沂縣北）開陽（蘭山縣北）襄賁（蘭山西南）郯縣（郯城縣西）良成（邳州北）下邳入泗漢志泰山蓋縣云沂水南至下邳入泗也**導渭自鳥鼠同穴**鳥鼠共爲雌雄同穴處此山遂名山曰鳥鼠渭水出焉○導渭自鳥鼠同穴今文與古文同○今文同者夏紀漢志如此導並作道是志隴西郡首陽云禹貢鳥鼠同穴山在西南渭水所出東至船司空入河据渭水注渭水出首陽縣（今甘肅省渭源縣東北）首陽山渭首亭南谷其山在鳥鼠山西北此縣有高城嶺嶺上有城號渭源城渭水

出焉三源合注東北流逕首陽縣西與別源合其水南出鳥鼠山渭水谷禹貢所謂渭出鳥鼠者也地說曰鳥鼠山同穴之枝榦也渭水出其中東北過同穴枝間既言其二明非一山也山水澤地篇引鄭云鳥鼠之山有鳥焉與鼠飛行而處之又有止而同穴之山焉是二山也鳥名爲鵌似鵽而黃黑色鼠如家鼠而短尾穿地而共處鼠內而鳥外

東會于灃又東會于涇

灃水自南涇水自北而合○東會于灃又東會于涇古文也今文作東會于灃又東北至于涇一作東會于鄠又東至于涇○東會于灃又東北至于涇者夏紀如此歐陽本也東會于鄠又東至于涇者漢志如此夏侯本也据渭水注渭水又東南流逕襄武今隴西縣東天水郡豲道隴西東北冀縣伏羌縣南隴西郡上邽秦州西南天水縣諸道秦州東右扶風汧縣隴州南陳倉寶雞縣東郁夷隴州西郿縣郿縣東北武功郿縣東斄縣武功縣西南雍縣鳳翔縣南槐里興平縣東南與豐水合經所云會于灃也又逕渭城咸甯縣東京兆尹長安長安縣西北霸陵咸甯東左馮翊高陵高陵縣西南與涇水合經所云會于涇也灃鄠豐字同志扶風鄠縣今鄠縣北云鄠水出東南北過上林苑入渭渭水注豐水出豐溪西北流逕靈臺西又至石墩注於渭地說云渭水與豐水會于短陰山內水會無他高山異巒所有惟原阜石激而已先謙案豐水出鄠縣東南終南山北流經縣東又經長安咸陽二縣東南入渭吳卓信云詩云豐水東注維禹之績則渭南諸川惟灃爲大特關中諸水自周後歷代建都鑿引諸川多非禹迹胡渭謂禹時灃西之澇灃東之鎬潏灞滻當悉合灃以入渭是以得成其大而志云北過上林苑入渭則是北流而非東注矣禹導渭東會于灃當在漢霸陵縣北灞滻入渭之處也志安定郡涇陽今平涼縣西云幵頭山在西禹貢

涇水所出東南至陽陵入渭水經注佚涇水篇案涇水有二源北源出固原州南隆德縣北二派會流至平涼府城西北與南源合南源出華亭縣西北隆德縣東南二派會流合北源南爲正源北爲別源合流後東南逕涇州北又逕陝西長武邠縣三水湻化永壽醴泉涇陽諸州縣至高陵縣西南咸陽縣東北入渭郎漢陽陵地也开頭郎笄頭一作鷄頭崆峒山之別名在平涼府西北固原州界

又東過漆沮入于河

漆沮二水名二當爲一見阮校勘記亦曰洛水出馮翊北○又東過漆沮入于河今文與古文同一無又字○今文同者漢志如此一無又字者夏紀如此歐陽夏侯本異据渭水注渭水又東南逕京兆尹新豐今臨潼縣東北下邽渭南縣東北鄭縣華州北華陰華陰縣東南左馮翊懷德富平縣西南與洛水合經所云過漆沮也又東逕船司空華陰東北入河春秋之渭汭也志北地郡歸德今甘肅省安化縣東北云洛水出北蠻夷中入河左馮翊襃德今陝西省富平縣西南云洛水東南入渭王念孫云一記所出一記所入入河二字衍說文洛水出歸德北夷界中東南入渭淮南地形訓洛出獵山高注獵山在北地西北夷中洛水東南流入渭皆其證今水經注洛水篇佚史記匈奴傳注引云洛水出上郡雕陰綏德州治秦冒山過華陰入渭地名雖異方位仍符其散見御覽寰宇記初學記方隅紀要中者經趙一清謝鍾英輯補尚存崖略見余所著合校水經注志北地郡直路今陝西省中部縣西北云沮水出東西入洛東西倒誤字說文沮作瀘俗書從消据沮水注沮水自直路東南流逕左馮翊祋祤耀州東萬年臨潼縣北東注鄭渠有濁谷水水注之又分爲二一東南出爲濁水至白渠與澤泉合俗謂之漆水又謂之漆沮水絕白渠東逕萬年縣故城北爲櫟陽渠又南出爲石川水又西南合白渠枝渠南入渭一水東出爲沮水合澤泉郎漆水也出沮東澤中與沮水隔原相去十五里東流逕懷德城北東南注鄭渠合沮水又自沮直絕注濁水與白

渠合故濁水得漆沮之名入鄭渠又合白渠逕頻陽富平縣東北蓮勺渭南縣東北粟邑白水縣西北入洛故洛水亦蒙漆沮之名也其右扶風漆縣邠州西南云水在縣西漆水也蒙縣名渚文水經云漆水出扶風杜陽縣麟遊縣東北俞山岐山連麓東北入渭說文云漆水出杜陽岐山東入渭鄭注云今有水出岐山北漆溪謂之漆渠西南流注岐水合雍水杜水以入渭實別一漆水不與入洛之漆沮水相涉

導洛自熊耳在宜陽之西○導洛自熊耳今文與古文同○今文同者夏紀漢志如此導並作道是洛當爲雒夏紀不誤志宏農郡上雒今陝西省商州治云禹貢雒水出冢領山東北至鞏入河熊耳獲輿山在東北案山海經云讙舉之山洛水出焉讙獲舉輿音形相近傳寫譌也熊耳獲輿連麓異名志言熊耳必兼獲輿者以明近獲輿之熊耳爲眞禹貢導雒之山不與盧氏宜陽二熊耳溷也据雒水注雒水出冢領山東流門水出焉爾雅所謂雒別爲波也又東逕熊耳山北禹貢所謂導雒自熊耳博物志曰洛出熊耳蓋開其源者是也冢領山在今雒南縣西即秦嶺也

東北會于澗瀍會于河南城南○東北會于澗瀍今文與古文同○今文同者夏紀漢志如此据雒水注雒水又東北逕盧氏今盧氏縣治宜陽宜陽縣西河南郡河南洛陽縣西北與澗水瀍水合經所云會于澗瀍也澗水篇澗水出新安縣黽池縣東南白石山注云山海經曰白石之山澗水出其陰北流注于穀澗水東北流歷函谷東坂東謂之八特坂孔安國云澗水出黽池山今新安縣西北有一水北出黽池界東南流逕新安縣入穀水安國所言當斯水也又河南有離山水謂之爲澗水出離山東南流歷郊山於穀城東而南流注穀亂流南入洛疑是此水然意所未詳又穀水注云穀水又東澗水注之亦引山海經文而無所

考實又云北溪水出黽池山南注穀疑孔安國所謂澗水也蓋澗水上出白石山下至穀城入穀黽池北溪水近似其源河南離山水適符其委既鄽所不究所當闕疑志宏農一郡新安云禹貢澗水在東句南入雒閻若璩云澗水穀水一東流一東北流折而會于新安縣東自是澗遂兼穀之稱故洛誥澗水東瀍水西周語穀洛圖穀郎澗也蔡沈書傳謂澗水出黽池至新安入洛蓋誤讀班志之文志云南入洛者周時澗水在王城西入洛非新安也逮建武以後穿渠出堰水之變遷非一道矣又志黽池（黽池縣西）云穀水出穀陽谷東北至穀城入雒據穀水注水出黽池逕新安合澗水又逕河南郡穀城（雒陽縣西北）河南縣王城西北水右有石磧南出爲死穀北出爲湖溝又東逕乾祭門北入于金渠又枝分一東注天淵池逕雒陽南一爲陽渠水逕偃師（偃師縣治）東入雒（此張純所穿也禹迹所在自是死穀當時由彼入洛後爲周靈王所壅）又志穀成云禹貢瀍水出替亭北東南入雒據瀍水注穀城縣北有替亭瀍水出其北梓澤中東南流逕雒陽於千金渠合穀水又逕偃師入雒

又東會于伊

合於洛陽之南○又東會于伊今文與古文同○今文同者夏紀漢志如此一無又字者夏紀無又此志宏農郡盧氏云熊耳山在東伊水出東北入雒據伊水注伊水自熊耳東北逕陸渾（嵩高縣東北）河南郡新成峴雒陽峴北入伊闕東北流入雒雒水又逕雒陽與伊水合經所云會于伊也

又東北入于河

合於鞏縣之東○又東北入于河今文與古文同一無又字○今文同者漢志如此一無又字者夏紀無又字歐陽夏侯本異據雒水注雒水又東逕偃師峴緱氏（偃師縣南）鞏縣（鞏縣西南）東北入河謂之洛汭

九州攸同

所同事在下○九州攸同今文與古文同攸一作逌僞孔所同事在下以爲過脈語

氣上古無此文法也○今文同者夏紀如此上增於是二字攸一作逌者漢志如此歐陽夏侯本異蘇輿云此攸訓所不可通說文攸行水也戴侗六書故引唐本水行攸攸也案當作行水攸攸行水順其性則安流攸攸而入於海正與此攸義合九州之水皆攸行而會同於海承上文言之史公於禹貢攸皆作所惟此作攸句上又加於是二字明不訓攸爲所

四隩既宅 四方之宅可居○四隩既宅古文也今文作四奧既度古文隩一作墺○今文作四奧既度者夏紀作四奧既居段云古文宅字今文多作度史記於度字多作居此必經文作既度也大傳曰壇四奧鄭注奧內也安也四方之內人所安居也此今文有奧無隩之證先謙案今文宅作度說已詳前漢志作四奧既宅蓋後人改之古文隩一作墺者玉篇墺下注云四方之土可居引夏書四墺既宅蓋古文作墺

九山刊旅九川滌源九澤既陂 九州名山與槎木通道而旅祭矣九州之川已滌除泉源無壅塞矣九州之澤已陂障無決溢矣○九山刊旅九川滌源九澤既陂今文與古文同刊一作甄滌源一作既疏陂一作灑○今文同者夏紀漢志如此刊作栞詳源作原是刊一作甄者漢延光二年開母廟石闕銘曰九山甄旅皮云尚書鄭注甄表也說文栞槎識也徐鍇云槎識謂隨所行林木衰砍其枝爲道表識也是甄與栞義近滌源一作既疏者河渠書溝洫志如此陂一作灑者河渠書如此並三家異文段云陂者障其外灑者泄其中義相成也九川弱水一黑水二河三漾四江五沇六淮七渭八洛九也史公弱水上增九川二字則九川非九州泉源可知皮云史記道九山則禹貢之山實有九數非謂九州之山以經攷之汧及岐至于荊山一

也湖口雷首至于太嶽二也底柱析城至于王屋三也太行恆山至于碣石四也西傾朱圉鳥鼠至于太華五也熊耳外方桐柏至于陪尾六也嶓冢至于荊山七也內方至于大別八也岷山之陽至于衡山九也其數適合蓋山數不止於九而脈絡相承數山實止一山故可合爲一山觀經文皆自某山至于某山此數山可一合爲一山之證九澤亦實有九數非謂九州之澤以經攷之雷夏一大壄二彭蠡三震澤四雲夢五滎波六菏澤七盟豬八豬壄九適符九數雷夏彭蠡震澤菏澤禹貢明著澤名雲夢盟豬大壄皆爲澤見職方滎澤見左傳豬壄澤見水經其或一州無澤或一澤一州二澤三澤蓋無一定非如職方所載一州一澤也

四海會同六府孔修四海之內會同于京師九州同風萬國共貫水火金木土穀甚修治言政化和○四海會同六府孔修今文與古文同一府下多三事二字○今文同者夏紀漢志如此紀孔作甚故訓字一多三事二字者玉篇人部修下引書云六府三事孔修蓋亦三家異文四海說見皋陶謨

庶土交正底慎財賦交俱也眾土俱得其正謂壤墳壚致所慎者財貨貢賦言取之有節不過度○庶土交正底慎財賦今文與古文同○今文同者漢志如此夏紀庶作眾底作致故訓字集解引鄭云眾土美惡及高下得其正矣亦致其貢篚慎奉其財物之稅皆法定制而入之也

咸則三壤成賦中邦皆法壤田上中下大較三品成九州之賦明水害除○咸則三壤成賦中邦古文也今文邦作國○今文邦作國者夏紀漢志如此志於中國絕句王褒傳四子講德論云咸則三壤與漢志句讀同集解引鄭云三壤上中下各三等也

錫土姓祗台德

先不距朕行台我也天子建德因生以賜姓謂有德之人生此地
以此地名賜之姓以顯之王者常自以敬之我德爲先
則天下無距違我行者○錫土姓祇台德先不距朕行今文與古
文同○今文同者漢志如此夏紀錫作賜集解引鄭讀中國下屬
云中邦九州也天子建其國諸侯胙之土賜之姓命之氏其敬悅
天子之德既先又不距違我天子政教所行先謙案潛夫論志氏
族云昔堯賜契姓子賜棄姓姬賜禹姓姒氏曰有夏伯夷姓姜氏
曰有呂中候握河紀亦言稷契皋陶皆賜姓號此堯因諸臣有功
賜之據此經上下文是偏封賜諸侯又不
僅稷契等矣說文台下云悅也與鄭義合

五百里甸服規方千里之內謂之

甸服爲天子服治田去王城面五百里○五百里甸服今文與古
文同○五百里甸服者夏紀漢志如此書疏引鄭云服治田出穀
稅也言甸者主治田故服名甸也夏紀五上有令天子之國以外
七字孫云王制云天子之甸方千里又云千里之內曰甸服周語
云夫先王之制五百里甸服白虎通京師篇法日月之徑千里然
則五百里者去王城外面各五百里也故史公說爲令天子之國
以外國者鄭注曲禮云城中也皮云此言甸服在帝畿千里之外
如職方甸服在王畿千里之外也其外侯綏要荒各五百里五服
四面相距方五千里加帝畿千里則六千里蓋史公言五服五千
里不兼帝畿千里言之若國卽是城史公何必分別其詞云天子
之國以外五百里甸服乎賈馬以爲中國方六千里蓋同史公之
說然史公之意以爲帝畿之外乃爲五百里甸服納總之屬卽在
五百里甸服中而馬注云甸服之外每百里爲差所納總銍秸粟
米者是甸服之外特爲此數其侯服之外每言三百里二百里者

還就其服之內別爲名耳非是服外更有其地也甸服之外五百里至城千里其侯綏要荒服各五百里是面三千里相距爲方六千里据此則馬意以爲五百里甸服卽是帝畿千里甸服外乃別有納總之屬雖皆云六千里而其義稍異葢別爲古文說先謙案皮說是

百里賦納總甸服內之百里近王城者禾稾曰總入之供飼國馬○百里賦納總今文與古文同○今文同者夏紀漢志如此志納作內通用字下同詩甫田疏引鄭云甸服者堯制賦其田使入穀禹彌其外百里者賦入總謂入所刈禾也又云甸服之制本是納總禹爲之差使百里從之爾江云鄭以稱甸服則是治田出穀稅者使入穀卽是納總也經言百里二百里之等皆謂甸服之彌此百里在甸服外去王城六百里以內也說文總聚束也納總是聚禾而束之總其稃稾俱納故云謂入所刈禾也

二百里納銍銍刈謂禾穗○二百里納銍今文與古文同○今文同者夏紀漢志如此甫田疏引鄭云二百里銍銍謂刈禾斷去稾也江云二百里謂去王城七百里以內稾禾莖斷去其莖惟留穎於稃而納之較納總輕便

三百里納秸服秸稾也服稾役○三百里納秸服今文與古文同秸一作戛古文一作鞂僞傳云秸稾誤○今文同者夏紀如此秸一作夏者漢志如此歐陽夏侯本異古文一作鞂者禮器鄭注穗去實曰鞂禹貢三百里納鞂服釋文引馬云去其穎音鞂音乃曰之誤段云史記封禪書有稭異字而同物也案甫田疏引鄭云三百里稭稭又去穎也江云三百里謂去王城八百里之內說文穎禾末也案穎非卽稃乃禾末近稃之細莖稭又去穎惟納其稃則又輕於納銍矣銍是斷禾之器用銍斷稾而納之卽謂所納爲銍稭

是禾稾去皮者去穎而納之則盡去其稭反謂所納爲稭也陳奐云秸服二字連文得義斷去其稾又去其穎謂之秸帶稃言謂之秸服秸者實也秸服者粟之皮也服與稃聲相近

四百里粟五百里米

所納精者少麤者多○四百里粟五百里米今文與古文同○今文同者夏紀漢志如此甫田疏引鄭云四百里入粟五百里入米遠彌輕也江云謂去王城九百里及千里之內也所納尤精則尤少故云彌輕也詩殷武疏引鄭云堯之五服服五百里禹平水土之後每服更以五百里輔之是五服服別千里故一面而爲差至于五千里相距爲方萬里也每言五百里一服者是堯舊服每服之外更言三百里二百里者是禹所弼之殘數也江云此謂經百里至五百里與下四服所云百里二百里三百里之等皆是以綏要荒服下皆止言二百里三百里故鄭惟舉二百里三百里爲說也齊譜疏引鄭云甸服比周爲王畿其弼當侯服在千里之內江云職方氏方千里曰王畿其外方五百里曰侯服此言五百里甸服是自中及外就一偏言之若合四道則亦方千里是比周王畿也其弼環周其外亦面各五百里是當周之侯服也云在千里之內者自甸服之中至所弼面服之外畔四面面各千里是在王城千里之內皋陶謨注云去王城千里是也

五百里侯服

甸服外之五百里侯候也斥候而服事○五百里侯服今文與古文同○今文同者夏紀漢志如此紀句上增甸服外三字春秋緯云侯之言候候逆順兼司候王命者

百里采

侯服內之百里供王事而已不主一○百里采今文與古文同○今文同者夏紀漢志如此集解引馬云采事也各受王事者禮王制千里之外曰采鄭注九州之內地取其美物

以當穀稅皆古文說江云馬說
與男邦任事之義無別恐未然

二百里男邦

男任也任王事者○
二百里男邦古文也
今文作二百里任國○二百里任國者夏紀如此漢志作二百里
男國後人改之段云白虎通爵篇引酒誥侯甸男衞邦伯作侯甸
任衞國伯可見今文作任古文作男王莽傳莽封王氏女皆爲任
又下書曰在采任諸侯是爲維翰用今文尚書制爵也古南男任
三字同音互訓亦通用皮云晉書地理
志亦云百里采二百里任三百里侯

三百里諸侯

三百里同爲
王者斥侯故
合三爲一名○三百里諸侯今文與古文同○今文同者夏紀五
漢志如此皮云案三百里不合三當爲二史漢疑亦後人所改

五百里綏服

綏安也侯服外之五百里安服王者之政教○五百里
綏服今文與古文同○今文同者夏紀漢志如此紀句
上增侯服外三字詩齊譜疏引鄭云綏服於周爲采服其弼當衞
服在三千里之內江云周禮男服外方五百里曰采服又其外方
五百里曰衞服上侯服之男服之弼當周之男服則此綏服當其采服其
弼當其衞服矣自甸服之中央至禹所弼綏服之外畔四面面各
三千里是在王城三千里內皋也

三百里揆文教

揆度也度王者文
教而行之三百里
陶謨注云去王城三千里是也
皆同○三百里揆文教今文與古文同○今文同者夏紀漢

二百里奮武衞

志如此先謙案文揆教可同者則揆度而施之不強齊壹也
文教外之二百里奮武衞天子所以安○二百里奮武
衞今文與古文同○今文同者夏紀漢志如此先謙案
綏服尤遠者奮揚威武爲我
藩衞而已周之衞服義取此

五百里要服

以綏服外之五百里要束
文教○五百里要服

今文與古文同○今文同者夏紀漢志如此紀句上增綏服外三字案後漢南夷傳其在唐虞與之要質故曰要服國語蠻夷要服韋注要結好信而服從之齊譜疏引鄭云要服於周爲蠻服其弼當夷服在四千里之內江云周禮衛服外方五百里曰蠻服又其外方五百里曰夷服上綏服之弼當周之衛服則此要服當周之蠻服其弼當其夷服矣周之蠻服亦名要服故鄭注皋陶謨言與周要服相當也自甸服之中央至禹所弼要服之外畔四面面各四千里是在王城四千里之內皋陶謨注云去王城四千里是也

三百里夷○守平常之敎事王者而已○三百里夷今文與古文同者夏紀漢志如此釋文引馬云夷易也先謙案謂其風俗可變易者徐進之江云大行人於要服下云九州之外謂之蕃國明要服在九州之內猶是中國其弼在九州之外是四夷矣周禮九服有夷服其地適與此要服之弼相當

二百里蔡○蔡法也法三百里而差簡○二百里蔡今文與古文同○今文同者夏紀漢志如此書疏引鄭云蔡之言殺減殺其賦史記集解引馬云蔡法也受王者刑法而已先謙案受王者刑法恐非要服所及馬說非江云先王之制千里之內有賦無貢千里之外以貢當賦大行人職侯服以至要服各有朝貢之歲貢之物九州之外則世一見以所貴寶爲贄而已無朝貢之歲是夷服之貢減殺於中國貢所以當賦也故鄭云然廩人詔王殺邦用注殺猶減也左昭十年傳蔡蔡叔釋文引說文作𥻦故爲減殺也

五百里荒服荒要服外之五百里言荒又簡略○五百里荒服今文與古文同○五百里荒服者夏紀漢志如此紀句上增要服外三字集解引馬云政教荒忽因其故俗而治之周語戎狄

荒服韋注荒荒忽無常之言也義與馬同詩齊譜疏引鄭云荒服於周爲鎮服其弼當藩服在五千里之內江云周禮夷服外方五百里曰鎮服又其外方五百里曰藩服上要服之弼當周之夷服則此荒服當周鎮服其弼當周藩服矣自甸服之中央至禹所弼荒服之外畔四面皆五千里是在王城五千里之內皋陶謨注去王城五千里四面相距爲方萬里也

三百里蠻以文德蠻來之不制以法○三百里蠻今文與古文同○今文同者夏紀漢志如此集解引馬云蠻慢也禮簡怠慢來不距去不禁書疏引鄭云蠻者聽從其俗羈縻其人耳故云蠻蠻之言緡也疏引之云其意言蠻是緡也緡是繩也言蠻者以繩束物之名

二百里流流移也言政教隨其俗凡五服相距爲方五千里○二百里流今文與古文同○今文同者夏紀漢志如此集解引馬云流行無城郭常居詩殷武疏書疏引馬云甸服之外每百里爲差所納總銍秸粟米者是甸服之外特爲此數其侯服之外每言三百二百里者還就其里之內別爲名耳非是服外更有其地也甸服之外五百里至城千里其侯綏要荒服各五百里是面三千里相距爲方六千里孫云禮王制疏引五經異義云今尚書歐陽夏侯說中國方五千里古尚書說五服旁五千里相距萬里馬以百里納總至二百三百里俱在甸服外與史公說又異史公則以爲在王城之外甸服之內餘服又與史公說同故馬以爲面三千里相距爲六千里也賈馬鄭說以甸服之內自皆納總不當有納銍納秸之差故不從史公說亦或本之歐陽夏侯也書疏引王肅云賈馬既失其實鄭玄尤不然矣傳稱萬盈數也萬國舉盈數而言非謂其數滿萬也詩桓曰綏萬邦烝民曰揉此萬邦豈周之建國

復有萬乎天地之勢平原者甚少山川所在不啻居半豈以不食之地亦封建國乎王圻千里封五十里之國四百則圻內盡以封人王城宮室無建立之處言不顧實何至此也百里一師不出典記自造此語何以可從禹朝羣下于會稽魯語文也執玉帛者萬國左傳文也采合二事亦爲謬矣禹之功在於平治山川不在拓境廣土土地之廣三倍於堯而書傳無稱焉則鄭玄𣝔造難可據信且其所以爲服之名輕重顛倒遠近失所難得而通先王規方千里以爲甸服其餘均平分之公侯伯子男使各有寰宇而使甸服之外諸侯皆入禾稾非其義也史遷以諸小數皆五百里服之別名大界與堯不殊得之矣案禹貢山川皆在漢時郡縣之內漢地廣萬里則知禹時五服亦然不得謂鄭注異於今文之非也

東漸于海西被于流沙朔南暨聲教

漸入也被及也此言五服之外皆與王者聲教而朝見○東漸于海西被于流沙朔南暨聲教今文與古文同暨一作臮○東東漸于海西被于流沙者夏紀漢志如此皮云論衡談天篇曰禹貢東漸于海西被于流沙此則天地之極際也又曰東海流沙九州東西之際也相去萬里案王充習今文說今文說中國方五千里充云然者以爲東海流沙在中國之外故東西相去萬里中國之地實止五千里故談天篇又曰案周時九州東西五千里南北亦五千里周時疆域與禹貢略同則充必以禹貢九州亦止五千里矣王制曰西不盡流沙東不盡東海王制之説多與大傳同是知今文家說以東海流沙皆在中國之外經言漸被其德廣所及耳○朔南暨聲教者夏紀如此暨一作臮者漢志如此段云以蠙珠暨魚紀暨作臮例之此經作暨淺人所改也集解暨字斷句以聲

教下屬引鄭云朔北方書疏引鄭云南北不言所至容踰之皮云
漢書賈捐之傳云以三聖之德地方不過數千西被流沙東漸于
海朔南暨聲教訖于四海欲與聲教則治之不欲與者不彊治也
葢訓暨爲與以朔南暨聲教絕句荀悅漢紀亦云北盡朔裔南暨
聲教後漢杜篤傳朔南暨聲教諸夏是和是兩漢人
皆以朔南暨聲教爲句後人於暨字斷句非古義也**訖于四海禹**
錫玄圭告厥成功玄天色禹功盡加於四海故堯賜玄圭以彰顯之言天功成○訖于四海禹錫玄圭告厥成功
今文與古文同○今文同者夏紀漢志如此經文末二句紀作於
是帝錫禹玄圭以告成功于天下釋地九夷八狄七戎六蠻謂之
四海孫炎注海之言晦晦闇於禮儀也四海以地言非以水言也
御覽八十二引尚書璇璣鈐云禹開龍門道積石山玄珪出刻曰
延喜王受德天錫佩漢武梁祠石刻祥瑞圖云玄圭水泉疏通四
海會同則至以玄圭爲天錫瑞劉云中候亦出七十子猶箕子言
天乃錫禹洪範九疇也先謙案秦本紀云大費與禹平水土已成
帝錫玄圭禹受曰非予能成亦大費爲輔帝舜曰咨爾費贊禹功
其賜爾皁游後漢何敞傳奏記宋由云明君賜賚宜有品制忠臣
受賞亦應有度是以夏禹玄圭周公束帛據此玄圭實帝舜所賜
史公何敞漢人及書緯皆今
文說究以史記後漢書爲正

甘誓第二

夏書　孔氏傳　王先謙參正

甘誓　甘有扈郊地名將戰先誓○史記夏本紀啟卽天子之位有扈氏不服啟伐之大戰於甘將戰作甘誓淮南齊俗訓昔有扈氏爲義而亡高誘注有扈夏啟之庶兄也以堯舜舉賢禹獨與子故伐啟啟亡之高用今文說與史記合釋文扈馬云姒姓之國爲無道者呂覽高注有扈夏同姓諸侯與注淮南略異與馬說合墨子明鬼篇引此經作禹誓莊子人閒世篇禹攻有扈國爲虛厲呂覽召類篇禹攻曹魏屈驁有扈以行其教說苑正理篇昔禹與有扈氏戰三陳而不服禹於是修教一年有扈氏請服皆以爲禹事呂覽先己篇云夏后相與有扈戰于甘澤而不勝六卿請復之孫云相當爲柏謂伯禹也以甘誓爲禹誓當本古文書說莊子旣云國爲虛厲則有扈滅於禹時不應啟復伐之皮云古者天子征討諸侯誅其君不絕其後若舜伐三苗禹復伐三苗周公踐奄成王復踐奄是二事說見多士多方篇皆其明證又或別封一姓仍其國名不改如成王滅唐而封叔虞國仍號唐之類則禹伐有扈何必啟不再伐且高誘今文說以有扈爲啟庶兄則禹或滅有扈以封其庶子至啟卽位不服而啟伐之亦未可知馬鄭古文書序與史記同是今古文並無違異墨子引此經爲禹誓或所傳異耳蔡邕銘論云殷湯有甘誓之勒蓋殷湯時曾以此勒銘馮衍顯志賦云訊夏啟

於甘澤兮傷帝典之始傾注謂夏德之薄同姓相攻蔡馮所用皆今文家說也穀梁隱八年傳云誥誓不及五帝范甯注五帝謂黃帝顓頊帝嚳帝堯帝舜也誥誓尚書六誓七誥是其遺文據此則夏以前無誓而啟作誓是帝典始傾矣釋名釋言語云誓制也以拘制之也楚詞天問有扈牧豎云何而逢擊牀先出其命何從王逸注謂扈本牧人逢時爲侯啟攻之於牀擊殺之逸習今文其說當有所據

大戰于甘乃召六卿天子六軍其將皆命卿○大戰于甘乃召六卿今文與古文同○大戰于甘者夏紀如此引見上大戰者白虎通誅伐篇云戰者何謂也尚書大傳曰戰者憚警之也孫云夏紀云將戰是未戰也未戰稱大戰者謂天子親征之師故大傳以戰爲憚警之不以爲鬬也書疏引鄭云天子之兵故曰大白虎通三軍篇說爲天子自出也是今古文說同于甘者漢書地理志右扶風鄠下班自注云古扈國有扈谷甘亭依王念孫訂正夏啟所伐此今文說說文扈下云夏后同姓所封戰于甘者在鄠有扈谷甘亭王篇同續志右扶風鄠有甘亭案鄠縣故城在今鄠縣北夏爲扈扈國殷爲崇國周爲豐邑釋文甘有扈郊地名馬云南郊地也此古文說故皇甫謐帝王世紀云甘亭在縣南呂覽云甘澤者垷水經渭水注云渭水又東合甘水水出南山甘谷北又北逕甘亭西亭在水東鄠縣昔夏啟伐有扈作誓於是亭故馬融曰甘有扈南郊地名也甘水又東得澇水澇水北注甘水而亂流入於渭即上林故地也○乃召六卿者夏紀云乃召六卿申之史公說爲申之者孫云史記孫子傳云約束不明申令不熟將之罪也六

軍吏士多必告六卿使申令也六卿者詩棫樸疏禮曲禮疏引鄭云六卿者六軍之將周禮六軍皆命卿則三代同矣曲禮疏又引鄭注大傳夏傳云所謂六卿者后稷司徒秩宗司馬作士共工也皮云鄭據周制上推前代以爲虞夏皆同大傳亡佚未知其說如何而以今文家說推之必不同鄭說何以明之大傳云古者天子三公每一公三卿佐之每一卿三大夫佐之每一大夫三元士佐之故有三公九卿二十七大夫八十一元士所與爲天下者若此而已鄭注自三公至元士凡百二十此夏時之官也據鄭此注亦以爲夏時有三公九卿無六卿矣天子三公九卿大傳外又見於異義引今文尚書夏侯歐陽說禮記昏義篇春秋繁露官制象天篇白虎通封公侯篇其說相同自虞夏至周初官制皆然大傳太誓篇曰乃告於司馬司徒司空諸節史記周本紀漢河内所出太誓其文皆同牧誓亦曰司徒司馬司空是周初止有三公無六卿也立政曰司徒司馬司空是文王時亦止三公惟顧命曰乃同召太保奭芮伯彤伯畢公衛侯毛公則在成王崩時周公制禮之後爲周有六卿之墇證異義引古周禮說以太師太傅太保爲三公又立三少爲之副是謂三孤冢宰司徒宗伯司馬司寇司空是爲六卿之屬古周禮說乃周公制周禮之法不可以概前代並不可以例周初許以古說爲周制則今說爲前代制矣鄭駁無攷據鄭注大傳以三公九卿爲夏制則亦必以古說爲周制其於許君無駁可知特解此經六卿與羲和四子誤以周制說虞夏制耳兩漢今文家說以羲和四子爲司天之官禹稷契等九官爲治民之官初無六卿之說三公之名爲司徒司馬司空亦未分別九卿之名惟王莽所定官制以羲和作士秩宗典樂共工予虞爲六卿又置

三公司卿以擬三孤合爲九卿莽用劉歆之説兼凖周禮非用今文尚書異義引古周禮説當亦出於劉歆然周官有六卿而無三公三孤周官中屢言孤卿而不言孤有三人亦不以六卿合三孤爲九辨見王引之經義述聞是九卿與六卿初不相蒙莽蓋參用尚書周禮而傳合爲一耳班作百官公卿表乃沿莽制之誤以少師少傅少保爲三孤合六卿爲九鄭注周禮亦用其説又稍變之以説虞夏之制鄭言六卿無羲和較莽爲勝而又加以司馬司馬之名不見於尚書惟緯書有之稷爲天官亦出緯書然緯書並無六卿之説且鄭解堯典以羲和與仲叔四子爲六卿解夏書又以后稷司徒之屬爲六卿案書序云羲和湎淫則羲和之官夏時尚在何以又不在六卿之列此鄭古文説不及今文家説之可信也今文説夏止有三公而此云六卿者穀梁傳古者天子六師言古者則前代相同六師卽六軍白虎通引穀梁傳正作六軍鄭以六卿爲六軍之將是也以爲后稷司徒等官則誤其所以致誤者在誤解周禮軍將皆命卿句不知周禮之鄉大夫亦非分職之六卿鄉大夫之職曰受教法於司徒以歲時上其書小司徒之職曰頒比法於六鄉之大夫則六鄉大夫當爲司徒之屬官明甚云命卿者蓋假以卿名使爲軍將耳天子六軍出自六鄉則六卿卽六鄉之大夫夏制與周制當同大傳以爲夏有九卿則六卿或於九卿中擇用六人或别有六卿亦未可知要與羲和四子后稷司徒等官無涉也魏劉劭爵制云故啟伐有扈乃召六卿大夫之在軍爲將者也其説不誤羅泌路史云蓋大夫在軍爲將如齊以高子國子各率五鄉或六卿外别有此六人無事掌其鄉之政屬於大司徒有事則率其鄉之萬二千五百人爲之軍將屬於大司馬耳用

兵之時事統司馬執有天官冢宰更從屬於司馬哉**王曰嗟六事之人**○各有軍事故曰六事○王曰嗟六事之人今文與古文同○今文同者夏紀作敢曰嗟六事之人以敢字代王王曰嗟者白虎通號篇仁義合者稱王王者五行之稱也王者往也天下所歸往段云堯典曰咨甘誓則曰嗟此唐虞書與夏書語言之別也六事之人者書疏引鄭云變六卿言六事之人者容軍吏下及士卒也江云六卿止謂軍將此則六軍之執事者皆包之矣王鳴盛云下文左右及御皆不得爲六卿故知兼軍吏且下及士卒也**予誓告汝有扈氏威侮五行怠棄三正**五行之德王者相承所取法有扈與夏同姓侍親而不恭是則威虐侮慢五行怠惰棄廢天地人之正道言亂常○予誓告汝有扈氏威侮五行怠棄三正今文與古文同○今文同者夏紀如此汝作女是予誓告汝者釋文引馬云軍旅曰誓會同曰誥書疏引鄭云誓者戒要之以刑重失禮也墨子明鬼篇王乃命左右六人下聽誓於中軍威侮五行者史記集解引鄭云五行四時盛德所行之政也威侮暴逆之江云禮禮運播五行于四時明堂月令云立春盛德在木立夏盛德在火立秋盛德在金立冬盛德在水四時之政皆順五行之德故云盛德所行之政威侮暴逆之者若月令孟春行夏令行秋令之屬皆是暴逆也但政令由王者出有扈是諸侯而云威侮五行者王者順時出政諸侯不奉順之卽是威侮也怠棄三正者大傳云王者存二王之後與已爲三所以通三統立三正周人以至日爲正殷人以日至後三十日爲正夏人以日至後六十日爲正天有三統土有三王王者所以統天下也夏以十三月爲正色尙黑以平旦爲朔殷以十二

月爲正色尙白以雞鳴爲朔周以十一月爲正色尙赤以夜半爲朔必以三微之月爲正者當爾之時物皆尙微王者受命當扶微理弱奉成之義也禮三正記云正朔三而改文質再而復白虎通三正篇正朔有三何本天有三統謂三微之月也漢書律麻志三統者天施地化人事之紀也其於三正也黃鍾子爲天正林鍾丑爲地正太蔟寅爲人正三正之始後漢郎顗傳臣聞天道不遠三五復反注引春秋合誠圖云至道不遠三五而反宋均注三三正也五五行也三正五行王者改世之際會也皆今文家說三正之義夏時有三正者詩緯推度災云軒轅高辛夏后氏漢皆以十三月爲正少昊有唐有殷皆以十二月爲正高陽有虞有周皆以十一月爲正通典引尙書中候亦有其文是夏以前有三正也史記周本紀引大誓云今殷王紂乃用其婦人之言自絕于天毀壞其三正馬注動逆天地人也釋文引馬云建子建丑建寅三正也史記集解引鄭云三正天地人之正道子丑寅卽天地人其說似異而同馬鄭仍本今文說有扈怠棄三正與商紂毀壞三正文義正同

天用勦絕其命用其失道故剿截也截絕謂滅之

○天用勦絕其命今文與古文同勦一作剿一作樔○今文同者夏紀作天用勦絕其命勦誤勦後人妄改白虎通壽命篇亦作勦引見下勦一作剿者說文剿下云絕也从刀喿聲夏書曰天用剿絕其命案漢書王莽傳莽拜郭欽爲塡外將軍封剿胡子又詔曰將遣大司空將百萬之師征伐剿絕之矣莽用今文尙書知作剿爲今文一作樔者漢書外戚傳武帝作賦悼李夫人云命樔絕而不長顏注樔截也樔假借字亦今文也今尙書本勦誤勦廣雅勦勞也饕注辨禮勦說从刀左傳勦民从力甚明釋文云勦子六反玉篇子小反馬本作巢與

玉篇切韻同段云玉篇剿子小切絕也一作勦同切韻勦絕也子小切剿同出說文案馬本作剿卽剿之異字衛包改尚書本剿爲勦尚無不是乃竟改爲从力之勦於是張參五經文字力部云勦楚交反見禮記又子小反見夏書而刀部反無勦字開寶中依衛包改釋文旣改大書之剿爲勦復將馬本作剿之剿改爲巢重紕貤謬不可讀矣賈昌朝羣經音辨力部亦云勦絕也蓋惑於新定釋文說文灑下云讀若夏書天用勦絕勦必勦之誤亦淺人以今本尚書改之白虎通壽命篇命有三科以記驗有壽命以保度有遭命以遇暴有隨命以應行隨命者隨行爲命若言怠棄三正天用剿絕其命矣禮祭法疏引孝經援神契云命有三科有受命以任慶有遭命以謫暴有隨命以督行注隨命謂隨其善惡而報之與白虎通義合皆今文家說

今予惟恭行天之罰

予恭奉也言欲截絕之○今予惟恭行天之罰古文也今文作今予維共行天之罰共一作龔今一作命○今予維共行天之罰者夏紀如此墨子明鬼篇漢書王莽傳翟義傳並作共共一作龔者漢書敍傳呂覽高誘注引書文選班固東都賦並注引書鍾會檄蜀文並注引書吳志三嗣主傳注引孫盛說皆作龔孫云說文龔給也龔慤也慤謹也此經當作龔言謹行天罰今一作命者白虎通三軍篇王法天誅伐天子自出者以爲王者乃天之所立而欲謀危社稷故自出重天命也尚書曰命予惟恭行天之罰此言開自出伐扈也班引此爲重天命之證今作命亦三家異文段云尚書恭敬字不作共共奉字亦不作恭如甘誓般庚上中下牧誓召誥無逸君奭柴誓僞傳訓爲奉或訓爲供待者皆是也漢石經存於今者無逸一篇嚴恭作恭懿共維正之共皆作共可知二字

不相混儻古文尚書經文本作各恭爾事恭行天罰之類何必紆回訓爲奉尚書全經言恭者何不皆訓爲奉乎衞包誤認恭共古今字遂改尚書訓奉之共悉爲恭釋文元本各篇皆當有共音恭之語至開寶以爲無用而刪之遂使古經用字義例沈薶終古矣說文龔給也供給也孔傳共奉也奉給義同假龔爲共者龔訓奉非恭敬之謂宋次道家古文尚書凡恭敬字皆作龔此不通小學者所爲與衞包意見合

左不攻于左汝不恭命

左車左左方主射攻治也治其職○左不攻于左汝不恭命古文也今文無下句攻一作共○無下句者夏紀止作左不恭于左墨子引書亦無蓋以下文統之攻一作共者墨子作左不共于左魏志毛玠傳鍾繇詰玠引書亦作左不共左三家異文也段云攻作共其義亦訓供奉如柴誓無敢不共釋詁攻善也考工記鄭注攻猶治也

右不攻于右汝不恭命

右車右勇力之士執戈矛以退敵○右不攻于右汝不恭命今文與古文同攻一作共○今文同者夏紀作右不攻于右女不共命攻一作共者墨子引書作右不共于右若不共命毛玠傳亦作右不共右史記集解引鄭云左車左右車右

御非其馬之正汝不恭命

御以正馬爲政三者有失皆不奉我命○御非其馬之正汝不恭命古文也今文作御非其馬之政女不共命○今文作御非云云者夏紀如此墨子亦作御非爾馬之攻若不共命若汝同段云詩出車箋御夫則茲益憔悴憂其馬之政此用甘誓語也箋一作憂其馬之不正亦非詩閟宮疏引甘誓三不共命皆作共此衞包以前本如是條狠氏疏引皆作恭則天寶以後所改也

用命賞于祖

天子親征必載遷廟

之祖主行有功則賞祖主前示不專○用命賞于祖今文與古文同○今文同者夏紀如此大傳云古者巡守以遷廟之主行出以幣帛皮圭告于祖遂奉以載於齊車每舍奠焉然後就舍反必告奠卒斂幣玉藏之兩階之間葢貴命也師行亦然者禮曾子問曰古者師行無遷主則何主孔子曰主命問曰何謂也孔子曰天子諸侯將出必以幣帛皮圭告于祖禰遂奉以出載於齊車以行然則有遷主載遷主無遷主載幣帛皮圭大傳文不具耳大傳又云武王伐紂王升舟入水宗廟惡鄭注惡爲亞亞次也宗廟遷主是武王師行載遷主禮王制疏引皇氏說行必有主無則主命載於齊車書曰用命賞于祖是也餘詳下文

弗用命戮于社

天子親征又載社主謂之社事不用命奔北者則戮之於社主前社主陰陰主殺親祖嚴社之義○弗用命戮于社古文也今文弗作不戮作僇○弗作不戮作僇者夏紀作不用命僇于社墨子文同禮表記釋文戮本作僇廣雅釋詁戮辱也是戮僇字通墨子引此經說云賞于祖者何也言分命之均也僇于社者何也言聽獄之事也又云賞于祖者何也告分之均也僇于社者何也告聽之中也祖者廟主社者社主御覽三百六引摯虞決疑要注云古者帝王出征伐以齊車載遷廟之主及社主以行故尙書甘誓曰用命賞于祖不用命戮于社秦漢及魏行不載主也社主亦在軍者大司馬涖釁主及軍器注云主謂遷廟之主及社主在軍者也凡師既授甲迎主于廟及社主祝奉以從殺牲以血塗主及軍器皆神之蔡邕獨斷云天子之宗社曰泰社天子所爲羣姓立社也天子之社曰王社一曰帝社古者有命將行師必

予則孥戮汝

於此社授以政尙書曰用命賞于祖不用命戮于社

孥子也非但止汝身辱及汝子言恥累也○予則孥戮汝今古文孥作奴○今古文孥作奴者漢書王莽傳莽曰秦置奴婢之市與牛馬同蘭書曰予則奴戮女唯不用命者被此辜矣顏注奴戮戮之以爲奴也說者以爲帑此字俗非子也戮及妻子此說非也案莽用今文說也漢書季布欒布傳贊奴僇苟活司厲其奴男子入于罪隸女子入于舂稾鄭司農云謂坐爲盜賊而爲奴者輸于罪隸舂人稾人之官也由是觀之今之爲奴婢古之罪人也故書曰予則帑戮女論語曰箕子爲之奴罪隸之奴也班鄭用今文說夏紀作予則帑僇女段云淺人所改也詩棠棣樂爾妻帑毛傳帑子也孔疏左傳曰秦伯歸其帑書曰予則帑戮女皆是子也案唐初孔傳本或作帑尚屬六書之假借說文帑金幣所藏也衞包改作孥則斷不可從古書同一御字而或訓迎或如字或訓禦同一奴字而或訓子息或訓奴婢皆一字可包衆說後人因孔傳訓迎一則改御爲迓因孔傳訓子則改奴爲帑爲孥据匡謬正俗說奴戮一條經文作奴不作帑可證詳湯誓孫云周禮鄭注奴從坐而沒入縣官者男女同名案三代以前父子兄弟罪不相及至秦始有連坐收帑之法以此說夏書更不合僞傳釋此經爲辱及汝子其於湯誓又云權以脅之使勿犯皆失之江云奴戮者或奴或戮視其所犯文義完備夏紀終之云遂滅

有扈氏天下咸朝

五子之歌第三

夏書　孔氏傳　王先謙參正

五子之歌 啟之五子因以名篇○此梅氏古文之二史紀夏本紀帝太康失國昆弟五人須于洛汭作五子之歌書序失國作失邦此今古文之異而其說則同史記索隱引皇甫謐云號五觀也惠云墨子非樂篇云於武觀曰啟乃淫溢康樂野於飲食將將銘莧磬以力湛濁于酒湛與躭同躭淫濁亂也渝食于野萬舞翼翼章聞于大天之誤天用弗式故上者天鬼弗戒下者萬民弗利此逸書之五敘武觀之事即書序之五子也周書嘗麥解云其在殷夏之誤之五子忘伯禹之命假國無正用胥興作亂遂凶厥國皇天哀禹賜以彭壽思正夏略五子者武觀也彭壽者彭伯也汲郡古文云帝啟十一年放王季子武觀于西河十五年武觀以西河畔彭伯壽帥師征西河武觀來歸注云武觀即五觀也楚語士娓曰啟有五觀春秋傳曰夏有觀扈先謙案扈即有扈以其同族叛亂故觀扈並稱五子之歌墨子述其遺文周書載其逸事與內外傳所稱無殊韋昭國語注王符潛夫論皆依以爲說安有淫泆作亂之人述戒作歌以垂後世者乎梅氏之誣不待辨而明矣段云墨子作武觀楚語作五觀武即五也以左傳斟灌夏本紀作斟戈氏若干或言若柯桓表讀如和表例之歌即觀也五子之歌即五觀也之歌蓋謂往觀地觀地即雒汭韋語最爲明確約之曰五觀詳之曰五子之歌謂五子爲五觀或省五言觀皆以國名之也五子必非五人汲郡古文云放王季子武觀于西河云季子則一人也序言五人猶經言五子也古文又云武觀以西河畔然則觀地不在西河漢東郡觀縣非雒汭觀地也觀之爲歌猶甫之爲呂棐之爲肸作僞者泥於歌字敷衍五章尚書固不當以詩歌名篇也皮云段說非也尚書篇名如仲虺之誥高宗之訓微子之命蔡仲之命康王之誥文侯之命諸篇皆以

之字爲助詞也是書敘於四字篇名例加之字無訓之爲往者段以之歌爲往觀說甚鑿而不詞蔡邕述行賦云悼太康之失位兮慇五子之歌聲蔡用今文說亦以歌爲詩歌不得謂尚書不當以詩歌名篇也且斟觀臣瓚謂在東郡括地志謂在青州壽光縣段以爲即雒汭亦未可據引墨子諸書以證其說皆不甚塙予案墨子所引武觀乃書逸篇之名並不在百篇內與墨子上文所引湯之官刑相類而非此五子之歌也楚詞離騷云夏康娛以自縱非此書之太康離騷又云日康娛而自忘又云日康娛以淫遊康娛二字屢見則此康娛自縱亦當以康娛二字連文爲義其曰夏康娛者即指夏啟言啟之康娛自縱略見於墨子竹書紀年山海經楚詞天問諸書墨子非樂篇引武觀曰啟乃淫溢康樂云云詳上紀年曰啟巡狩舞九韶於天穆之野山海經海外西經曰大樂之野夏后啟於此舞九代大荒西經曰夏后開上三嬪於天得九辨與九歌以下天問曰啟棘賓天作商者誤九辨九歌皆可爲離騷之證離騷所云啟九辨與九歌兮即山海經紀年天問所言是也云夏康娛以自縱即墨子所云啟乃淫溢康樂是也其下文云不顧難以圖後兮五子用失乎家衖則推本其禍由於啟之失道猶墨子言武觀之事而推本於啟之淫溢康樂也古者嘉樂不野合啟舞大樂於野故屈子墨子皆以爲譏以古書考之啟非賢主孟子以爲賢者爲世立教耳王逸注離騷疑啟賢不應有此失乃以夏康二字連讀傳會爲此序之太康曰夏康啟子太康也不遵禹啟之歌而更作淫聲放縱情欲以自娛樂不顧患難不謀後業卒以失國兄弟五人家居閭巷失尊位也引此書序云云是誤解離騷而因誤解書序自王逸始惠氏又改墨子之啟乃爲啟子以就其說更

失之武斷矣五觀乃一人之名非五人而此五子之歌則古文書序及史記所載今文書序皆云昆弟五人是實有五人而別爲一事與古書所云五觀者迥然不同段云五子必非五人不知其解序之昆弟五人作何說也漢書古今人表太康下云啟子兄弟五人號五觀王符潛夫論云夏后啟子太康仲康更立兄弟五人皆有昏德不堪帝事降須洛汭是謂五觀韋昭國語注云五觀啟子太康昆弟也酈道元水經注云淇水又北逕頓丘縣故城西古文尚書以爲觀地矣蓋太康弟五君之號爲五觀者也諸說皆以五觀與五子之歌誤合爲一不知書序所云五子之歌在啟崩後太康失國之際史記所載甚明紀年所云五觀叛與來歸皆夏啟在位時非太康失國之後明明先後兩事何得强合爲一且以五觀爲一人與序言五人違異以五觀爲五人則無五人並封一處之理路史云后啟五庶並封於觀其謬蓋不待辨五觀爲啟季子乃太康之弟此五人中或有五觀在內亦未可知若謂五觀即此五人墨子所引五觀之書即此五子之歌則牽引附會不可信矣魏源書古微改五子之歌爲五子之過謂五觀隨兄失國過即左傳有過氏之過者往邊地逃難臆說無據俞樾羣經平議能辨段氏之失又牽引墨子傳合歌字憑空撰出正樂一層更無明證皆由不知五觀與五子之歌不得溷爲一也逸篇既亡史記又不詳其事今古文說皆無可徵宜從蓋闕近儒所說不敢附和又楊雄宗正箴云昔在夏時太康不恭有仍二女五子家降雄言有仍二女似即左傳所云虞思妻少康之二姚下文續以五子家降則以五子之歌與左傳言少康事相牽並論其詳亦不可弦先謙案楚語言啟有五觀與堯有丹朱舜有商均湯有太甲文王有管蔡並舉

而曰此五君者皆有玄德士娓言啟有玄德與孟子言啟賢合是啟非無道主特舞樂於野一事爲可議耳至離騷云啟九辨與九歌兮夏康娛以自縱不顧難以圖後兮五子用失乎家巷此論夏衰而牽連及啟康娛二字雖連文迭見而此處夏康則當爲太康王逸注不誤何也五子流離道路咎在太康淫縱不君卽啟有小過而太康能敬慎繼承何至遂有失國之事今舍太康而專責啟之不顧難圖後致五子用失家巷則事理不合恐無此立言之體也武觀事雜見非樂篇嘗麥解竹書紀年蓋五觀當啟之世先畔後歸其次第五而居觀地故稱五觀亦號五子覲周及太康失國昆弟五人須于洛汭五觀亦與焉故後人指五子爲五觀此班書人表王符潛夫論韋昭國語注所以紛紛致誤也不知五觀雖是五子然不能以彼之五子溷於此書之昆弟五人皮說致爲塙當淇水注頓丘縣故城古文尚書以爲觀地者頓丘屬漢東郡史記趙世家頓丘東有觀津齊敗趙於此此淇水所逕在今聊城縣西北又有觀縣河水注云古斟觀此浮水所逕在今觀城縣西至洛汭爲洛水入河處在漢河南郡成皋縣西今汜水縣西北遠不相涉韋注楚語云觀洛汭之地斯爲謬矣

太康尸位以逸豫尸主也主以尊位爲逸豫不勤○蘇輿曰詩白駒逸豫無期**滅厥德黎民咸貳**君喪其德則衆民皆二心矣○先謙案左傳滅德立違**乃盤遊無度**盤樂遊逸無法度○惠云無逸曰文王不敢盤于遊田**畋于有洛之表十旬弗反**洛水之表水之南十日曰旬田獵過百日不還○閻云據左襄

四年傳未嘗言太康淫于田卽辛甲爲虞箴亦專以責羿與太康無預魏晉閒書出始以后羿之田轉而爲太康之田惠云竹書紀年帝太康元年畋于洛表羿入居斟尋

有窮后羿因民弗忍距于河

有窮國名羿諸侯名距太康於河不得入國遂廢之○閻云左襄四年傳晉侯欲伐戎魏絳曰勞師於戎而弗救陳是棄陳也諸華必叛獲戎失華毋乃不可乎夏訓有之曰有窮后羿公曰后羿何如絳遂不復引夏訓止據其事以對曰昔有夏之方衰也云云未引虞箴仍及在帝夷羿冒於原獸試思有窮后羿以下其語不可得知果是因民弗忍距于河不引此鶡突之語以告悼公也梅云左昭二十六年傳王子朝使告於諸侯曰王心戾虐萬民弗忍又左傳因夏民以代夏政但言仲康帝相之後非太康時也書序但言失邦不言羿距

厥弟五人御其母以從

御侍也言從畋○梅云厥弟五人用史記昆弟五人改昆弟爲厥弟者以仲康繼立則其餘四人又仲康之弟皆不當稱昆不知昆如微子亦有不當立者也閻云禹自堯七十二載乙卯受命平水土則娶塗山氏女當在丁巳戊午啟生卽亥歲方生去癸亥告成之年頗遠故中間數年得三過其家門啟以生於戊午計之歷堯舜禹之崩及啟卽位改元歲丙戌年已八十九矣所以享國僅七年壽九十五而終竊意是時其元妃未必存況又立太康十九年歲辛亥方有失國之禍使啟若存壽百一十四歲古男子三十而娶女子二十而嫁此言其大限若國君十五而生子禮也妃必與之齊年天子何獨不然是仲康等御母以從母年當百十四莊子言人上壽百歲中壽八十下壽六十惟堯舜逾上壽之外他不少概見然則太康失國時固已

無復母存矣馮景云篇名五子子者有親之稱時父啟已逝安意其母尚存特著此句以應合子字耳先謙案五觀稱五子竹書紀年以爲王季子季子第五是啟子止五人自當連太康數之潛夫論啟子太康仲康更立昆弟五人皆有昏德此太康在五人內之明證史記太康失國昆弟五人須于洛汭人表太康啟子兄弟五人號五觀亦以太康在昆弟五人內僞書改爲厥弟五人則連太康有六人矣五觀何以稱爲五子乎說亦不可通 **徯于洛之汭五子咸怨** 待太康怨其久畋失國○梅云史記須于洛汭用 **述大禹之戒以作歌** 述循也歌以敘怨○程云五章之歌錯雜不倫無以見其必爲太康而作如一章之怨豈在明不見是圖與四章之關石和鈞王府則有有國語韋注關石和鈞所以一天下之輕重而立民信者此歌用之於義無取諸語不切時事時后羿有窺竊神器之心太康之敗在不能修君德以自振作歌者但言馭民而不言馭臣若爲奸賊諱者豈得事情者哉追而擬之宜其不當也胡渭云五子之歌讖者謂其剽竊傳記氣體卑近至韻句寥寥尤爲可怪古無所謂韻韻卽音之相應者故賡歌三章章三句句必韻夏諺六句一句無不韻當時歌體有然五子之歌大率首二句連韻餘則二句一韻而第一章之韻句尤疏殆不可誦章十五句叶者裁四五句豈作僞者但以掇拾補綴爲工竟忘其爲當韻邪 **其一曰皇祖有訓民可近不可下** 皇君也君祖禹有訓戒近謂親之下謂失分○姚際恆云周語單襄公曰夫人性陵上者也故引書曰民可近也而不可上也此處不能用此義故改上爲下 **民惟邦本本固邦寧** 言人君當固民以安國○梅云淮南泰族

訓國主之有民也猶城之有基木之有根根深則本固基美則土寧**予視天下愚夫愚婦一能勝予**言能畏敬小民所以得衆心○梅云中庸夫婦之愚**一人三失怨豈在明不見是圖**三失過非一也不見是謀備其微○惠云晉語夏書有之曰一人三失怨豈在明不見是圖韋昭云三失三失人也明著也不見未形也左成十六年傳夏書曰怨豈在明不見是圖將慎其細也今而明之其可乎**予臨兆民懍乎若朽索之馭六馬**十萬曰億十億曰兆言多懍危貌朽腐也腐索馭六馬言危懼甚○梅云論語以臨其民淮南子君子之居民上若以朽索馭奔馬惠云說苑子貢問治民於孔子孔子曰懍懍焉如以腐索御奔馬新序夫執國之柄履民之上懍乎如以朽索御奔馬說文馭古文御案經傳無言六馬者鄭駮五經異義云周禮校人養馬乘馬一師四圉四馬曰乘顧命皆布乘黃朱以爲天子駕四漢世天子駕六非常法也乃知六馬之謬皮云說苑新序皆云奔馬僞古文改爲六馬誠如惠氏所譏然惠云經傳無言六馬者則玆之猶未確異義易孟京春秋公羊說天子駕六引易經云時乘六龍以馭天也知天子駕六許案禮王度記曰天子駕六說與易春秋同鄭駮引周禮尚書已見惠說又云易經時乘六龍者謂陰陽六爻上下耳豈故爲禮制王度記云今天子駕六者自是漢法與古異今玆之周書王會解成王時書也而云其西天子車立馬乘六石鼓文宣王時詩也而云趍趍六馬是周已有六馬之制非自秦始皇數以六爲紀乘六馬也荀子勸學篇伯牙鼓琴而六馬仰秣楊倞注六馬天子路車之馬也又修身篇一進一退一左一右六驥

不致又議兵篇六馬不和則造父不能以致遠莊子逸篇金鐵蒙
以大縲載六驥之上二子之書皆在秦漢以前王度記齊稷下生
作不得以爲用漢法也據異義許用今文說而鄭據古文說駁之
漢法駕駕六安車駕四疑古本有駕六駕四兩法漢兼用之今古
文家各據其一爲說然則此書雖僞
未可專據六馬二字而斷其僞作也**爲人上者柰何不敬**能敬則
不驕在
上不驕則高而不危○梅
云召誥曷其柰何弗敬**其二曰訓有之內作色荒外作禽荒**作
爲
也迷亂曰荒色女色禽鳥獸○
惠云越語出則禽荒入則酒荒**甘酒嗜音峻宇彫牆**甘嗜無厭足
峻高大彫飾
畫○梅云戰國策儀狄作酒禹飲而甘
之左宣元年傳晉靈公厚斂以彫牆**有一于此未或不亾**此六
者棄
德之君必有其一有一必亾況兼有乎○閻云戰國策梁王魏嬰
觴諸侯于范臺酒酣魯君避席言曰昔者帝女令儀狄作酒而美
進之禹禹飲而甘之遂疏儀狄絕旨酒曰後世必有以酒亾其國
者又齊桓公曰後世必有以味亡其國者又晉文公曰後世必有
以色亾其國者又楚王曰後世必有以高臺陂池亡其國者今主
君之尊儀狄之酒云云有一于此足以亾其國今主君兼此四者
可無戒與惠云郊特牲
曰好田好女者亾其國**其三曰惟彼陶唐有此冀方**陶唐帝堯氏
都冀州統天
下四方○惠云左襄六年傳孔子引夏
書曰惟彼陶唐帥彼天常有此冀方**今失厥道亂其紀綱乃底**
滅亡失其行亂其紀綱乃滅而亾孔疏云賈逵以爲逸書解爲夏
言失堯之道亂其法制自致滅亾○惠云孔子引夏書曰今

桀之時賈傳古文而言如此則梅賾之誕可知皇甫謐帝王世紀
云案經傳曰夏禹堯舜同在河北冀州之域不在河南也故五子
歌曰惟彼陶唐有此冀方今失厥道亂其紀綱乃底滅亾言自禹
至太康與唐虞不易都域也案晉書謂謐之外弟天水梁柳傳古
文謐當見之故五子之歌湯誥諸篇閒載帝王世紀中王肅注家
語亦以今失厥道當夏太康時又左傳正義云案王肅注尚書其
言多是孔傳疑肅見古文匿之而不言陸德明經典敘錄云肅注
今文而解大與古文相類或肅私見孔傳而匿之據此二說疑後
出古文肅所撰也梅云左傳引夏書每句
用韻今厥道句獨不用韻不知而妄改也**其四曰明明我祖萬邦**
之君有典有則貽厥子孫君萬國爲天子典謂經籍則法貽遺也
言仁及後世○梅云詩明明天子又曰
萬邦之方閻云邦之六典入則首見天官大宰小宰職又見司會
司書乃歌大禹曰有典有則豈周因于夏禮與抑夏歌襲周禮也
惠云詩貽厥孫
謀以燕翼子**關石和鈞王府則有荒墜厥緒覆宗絕祀**金鐵曰
石供民
器用通之使和平則官民足言古制存而太康失其業以取亾○
惠云周語單穆公曰夏書有之曰關石和鈞王府則有韋昭注夏
書逸篇也關門關之征也石今之斛也言征賦調均則王之府
藏常有也一曰關衡也張超誚青衣賦云有夏取仍覆宗絕祀**其**
五曰嗚呼曷歸予懷之悲曷何也言思而悲○梅云
詩奚其適歸我心傷悲**萬姓仇予予**
仇怨也言當依誰以復國乎○先謙
將疇依案荀子議兵篇反顧其上若仇讎**鬱陶乎予心顏厚有**

忸怩鬱陶言哀思也顏厚色愧忸怩心慙慙愧於仁人賢士○閻者心初悅而未暢之意也郭注禮記詠斯猶猶卽繇也邢疏鬱陶難自然好學論云處在暗室覩烝燭之光不教而悅得於心況以長夜之冥得照太陽情變鬱陶而發其蒙是鬱陶作喜用晉摯虞思游賦詩凱風而南暨兮謝太陽於炎離感溽暑之鬱陶兮余安能乎留斯夏侯湛大暑賦何太陽之赫曦乃鬱陶以興熱蓋喜近燠憂近寒亦洪範之理僞傳直作哀思解非又云孟子象曰鬱陶思君爾此象之詞忸怩則敘事之語今竄入五子歌中以鬱陶忸怩併爲一人口氣不失卻孟子之文義乎梅云詩顏之厚矣晉語平公射鴳忸怩顏

弗慎厥德雖悔可追 言人君行己不慎其德以速滅敗雖欲改悔其可追及乎言無益○程云墨子非命篇云禹之總德有之曰不慎厥德天命焉葆惠云左哀十六年傳王命蒯聵曰弗敬弗休悔其可追

胤征第四

夏書　孔氏傳　王先謙參正

胤征 奉辭伐罪曰征○此梅氏古文之三夏本紀太康崩弟中康立是爲帝中康帝中康時羲和湎淫廢時亂日胤往征之作胤征書序義和湎淫廢時亂日胤往征之作胤征今古文說同陳云書序不言何時據史說則仲康時也集解引鄭云胤臣名顧命胤之舞衣鄭注亦以胤爲臣名攷漢書人表胤列中上次於夏中康時止稱胤不稱胤侯是胤爲臣名信矣皮云書疏引鄭曰胤征

臣名誤衍征字毛奇齡作古文冤詞不知孔疏誤衍用誑鄭君未一攷集解也

惟仲康肇位四海羿廢太康而立其弟仲康為天子○梅云詩商頌肇域彼四海**胤侯命掌六師**仲康命胤侯掌主六師為大司馬○先謙案堯典胤子朱僞傳解為胤國名取與此胤侯遥相應合肺肝如見**羲和廢厥職酒荒于厥邑**舍其職官還其私邑以酒迷亂不修其業○惠云越語人則酒荒**胤后承王命徂征**徂往也就其私邑往討之○先謙案竹書紀年仲康五年秋九月庚戌朔日有食之命胤侯帥師征羲和胤稱胤侯知紀年前多僞造**告于衆曰嗟予有衆**誓勅之○惠云湯誓今爾有衆**聖有謨訓明徵定保**徵證保安也聖人所謀之教訓為世明證所以定國安家○梅云左襄二十一年傳祁奚曰詩云惠我無疆子孫保之書曰聖有謨勳明徵定保杜注逸書言聖哲有謀功者當明定安之也又曰夫謀而鮮過惠訓不倦者叔向有焉杜注謀而鮮過有謀勳者也惠訓不倦惠我無疆也僞傳改勳為訓因惠訓之訓而改之古人之引詩書必不奪書以與詩也**先王克謹天戒臣人克有常憲**言君能慎戒臣能奉有常法**百官修輔厥后惟明明**修職輔君君臣俱明○梅云詩明明天子**每歲孟春遒人以木鐸徇于路**遒人宣令之官木鐸金鈴木舌所以振文教○陸奎勳云每歲二字鄙俚之甚漢人所不道猥以入夏書吾未信能欺明眼人也**官師相規工執藝事以諫**官衆

衆官更相規闕百工各執其所治技藝以諫諫失常○梅云左襄十四年傳師曠引夏書曰遒人以木鐸徇於路官師相規工執藝事以諫正月孟春於是乎有之諫失常**其或不恭邦有常刑**言百官廢職服大刑○梅云小宰正歲帥治官之屬觀治象之法徇以木鐸曰不用法者國有常刑**惟時羲和顛覆厥德**顛覆言反倒將陳羲和所犯故先舉孟春之令犯令之誅○梅云詩顛覆厥德**沈亂于酒畔官離次**○沈謂醉冥失次位也梅云詩沈湎于酒**俶擾天紀遐棄厥司**俶始擾亂遐遠也紀謂時日司所主也**乃季秋月朔辰弗集于房**辰日月所會房所舍之次集合也不合即日食可知○閻云日食之變爲人君所當恐懼修省然建子午卯酉之月所謂二至二分日有食之或不爲災其餘月則爲災尤重者則在建巳之月蓋自冬至一陽生至此月六陽並盛六陰並消於此忽以陰侵陽是爲以臣侵君故先王尤忌之夏則瞽奏鼓嗇夫馳庶人走周則樂奏瞽祝用幣史用辭雖名有四月六月之別皆謂之正月正月者正陽之月非春王正月之月也左傳昭十七年夏六月甲戌朔日有食之祝史請所用幣禮也平子不知而止之曰唯正月朔慝未作日有食之於是乎用幣於社伐鼓於朝其餘則否太史曰在此月也日過分而未至三辰有災於是乎百官降物君不舉辟移時樂奏鼓祝用幣史用辭故夏書曰辰不集于房瞽奏鼓嗇夫馳庶人走此月朔之謂也當夏四月是謂孟夏夫太史首言此禮在周之六月繼即引夏書以證夏禮亦即在周之六月一朔周之六月是爲夏之四月可謂反復明切矣此非二代同禮之一大驗乎作僞古

文者因仲康卽位初有九月日食之事撰云乃季秋月朔云云不
知此禮夏未嘗用之於九月是知麻法而不知典禮也又云余更
以麻法推之仲康在位十三年始壬戌終甲戌以授時時憲二麻
推算仲康四年乙丑歲距元至元辛巳積三千四百三十六年中
積一百二十五萬四千九百七十四日二六〇八冬至四十〇日
七九九二閏餘七日五五四九二一天正交泛一十七日五六九
五九一入轉五日四三四七七九經朔三十三日二四四二七九
九月朔交泛一十三日五四一〇五七飤限經朔二十八日五五
〇二〇九入縮麻一百〇五日一二九四五九縮差二度三五二
五入轉二十五日一九四七〇九遲差二度九〇〇三加差四刻
八四〇三九月定朔二十八日五九八六一二壬辰日未正一刻合朔日食
在氐宿一十五度仲康元年壬戌歲距積三千四百三十九年中
積一百二十五萬六千〇六十九日九八九二冬至二十五日〇
七〇八閏餘四日四五八四六二天正交泛一十三日四二六六
一入轉一十四日九八六八三八經朔二十〇日六一二三三八
五月朔交泛二十七日三三六八二四飤限經朔二十三日三〇
六九三八入盈麻一百七十二日七二五〇九六盈差〇度四六
四六入轉二十六日八四二七九六遲差〇度九〇四七如差一
十一刻三九二七五月定朔二十三日四二〇八六五丁亥日卯正初刻合
朔日食在井宿二十八度則仲康始卽位之歲乃五月丁亥朔日
食非季秋月朔也食在東井非房宿也在位十三年中惟四年九
月壬辰朔日有食之卻又與經文肇位四海不合且食在氐末度
亦非房宿也夫麻法疏密驗在交食雖干百世以上規程不爽無
不可以籌策窮之以仲康四年九月朔日食而誤附於肇位四海

之後以元年五月朔日食而謬作季秋集房之文皆非也又云史公固受逸書二十四篇者其作夏本紀不曰帝仲康初而曰帝中康時最合予又推中康十三年中惟十一年壬申歲距至元辛巳積三千四百二十九年中積一百二十五萬二千四百一十七日五六一二冬至一十七日四九八八閏餘二十四日六二三五二三閏四入轉七日七四九七七交泛二十六日四六三七五七經朔五十二日八七五二七七閏四月朔交泛一十三日一六一七四七食限經朔五十〇日〇五八八三五盈麻一百五十二日五六〇〇三五八轉一十九日六〇五七二七遲差五度三〇八二盈差一度三三一加差四十五刻定朔五十〇日五〇八八是閏四月甲寅日午時日食又步至十二年癸酉歲四月戊申日酉正初刻合朔亦入食限加烝時視三差乃戌時初虧在地人目不能見食無庸伐鼓取幣以救之則瞽奏鼓等禮在十一年閏四月朔無疑矣僞孔若知此易肇位四海爲卽位十一年季秋月朔爲閏四月朔既合麻法又協典禮雖有百喙豈能折其角哉**瞽奏鼓嗇夫馳庶人走**凡日食天子伐鼓於社責上公瞽樂官樂官進鼓則伐之嗇夫主幣之官馳取幣禮天神衆人走供救日食之百役○說見上**羲和尸厥官罔聞知**主其官而無聞知於日食之變異所以罪重○梅云書若罔聞知**昬迷于天象以干先王之誅**闇錯天象言昬亂之甚干犯也**政典曰先時者殺無赦**政典夏后爲政之典籍若周官六卿之治典先時謂麻象之法四時節氣弦望晦朔先天時則罪死無赦○惠云太宰掌建邦之六典四曰政典荀子君道篇引書曰先時者殺無赦不

逮時者殺無赦韓詩外傳引周制曰先時者死無赦不及時者死無赦若然荀卿所引乃周書也梅賾載之夏書又以爲先代政典之言其後僞造三墳者遂以政典爲三皇時書矣**不及時者殺無赦**不及謂麻象後天時雖治其官苟有先後之差則無赦況廢官乎○說見上**今予以爾有衆奉將天罰**將行也奉王命行王誅謂殺湎淫之身立其賢子弟○梅云大誥惟予以爾庶邦惠云湯誓致天之罰牧誓惟恭行天之罰**爾衆士同力王室尚弼予欽承天子威命**以天子威命督其士衆使用命○梅云孟子啟賢能敬承**火炎崐岡玉石俱焚**山脊曰岡崐山出玉言火逸而害玉○梅云晉書袁宏三國名臣傳贊滄海橫流玉石同碎又劉琨傳火焚崐岡可見是晉人語又後漢董卓傳論崐岡之火自茲而焚閻云陳琳檄吳文大兵一放玉石俱碎雖欲救之亦無及已鍾會檄蜀文大兵一發玉石俱碎雖欲悔之亦無及已琳會不相遠而語同足見其時自有此等語而僞孔忘其爲三代王者之師闌入筆端此書出魏晉又一佐已惠云周書世俘解焚玉四千**天吏逸德烈于猛火**逸過也天王之吏爲過惡之德其傷害天下甚於火之害玉猛火烈矣又烈於火○梅云孟子惟天吏則可以伐之盤庚惟汝逸德立政庶習逸德之人左傳子產曰火烈人望而畏之**殲厥渠魁脅從罔治**殲滅渠大魁帥也指謂義和罪人之身其脅從距王師者皆無治○閻云易離卦上九王用出征有嘉折首獲匪其醜无咎此用其意又陳琳檄吳文元惡大憝必當梟夷至於枝附葉從皆非詔書所特禽疾又云誅在一

人與衆無忌亦此意也**舊染汙俗咸與維新**言其餘人久染汙俗本無惡心皆與更新一無所問○梅云孟子同乎流俗合乎汙世詩周雖舊邦其命維新舊染卽舊邦之染也**嗚呼威克厥愛允濟**歎能以威勝所愛則必有成功○梅云左昭二十三年傳吳公子光曰吾聞之曰作事威克其愛雖小必濟不言出夏書**愛克厥威允罔功**以愛勝威無以濟衆信無功○姚際恆云此四句襲吳光語以爲書詞任威滅愛之言必是祖述桀紂之殘虐而云者且又出亂臣賊子之口不可爲訓明甚後世申商之法厥由以興旣載入聖經則生心害政發政害事罪不勝誅矣李衞公問對云凡將先有愛結於士然後可以嚴刑若愛未加而獨用峻法鮮克濟焉太宗曰尙書云威克厥愛允濟愛克厥威允罔功何也靖曰愛設於先威設於後不可反是也若威加於先愛救於後無益於事矣尙書所以愼戒其終非所以作謀於始案問對亦係假託然尙知辨正尙書之非可謂有識又東坡書傳云先王之用威愛稱事當理而已不惟不使威勝愛若曰與其殺不辜甯失不經又曰不幸而過甯僭無濫是堯舜以來常務使愛勝威也今乃謂威勝愛則事濟愛勝威則無功是爲堯舜不如申商也而可乎此肩后之黨臨敵警師一切之言當與申商之言同棄不齒而近世儒者欲行猛政輒以此藉口吾不可以不辨蘇所斥近世儒者殆謂安石至左傳作事威克其愛乃臨戰制勝之語非如僞尙書所云也**其爾衆士懋戒哉**言當勉以用命戒以辟戮○程云此篇以古序紀年爲根據而未悉當時用師原委卽所集古書諸語已非切當火炎崐岡以下文詞華美與魏晉檄文無異上視甘誓

簡嚴厚重有霄壤之别且渠魁脅從何所指斥
舊染汙俗全無實證於古序立言處亦有未合

湯誓第一

商書○書疏引鄭云契始封商湯遂以商爲有天下之號殷本紀云商國在太華之陽正義引括地志云商州東八十里商洛縣本商邑古之商國帝嚳之子卨所封也然則契始封在今陝西商州左襄九年傳疏引服虔云相土居商丘故湯以爲天下號與鄭說異孫云左傳士弱曰陶唐氏之火正閼伯居商丘相土因之則商丘是閼伯所居非契所封之商殷紀云自契至成湯八遷蓋自相土遷居於此今河南歸德府商丘縣是襄九年疏又云如鄭意契居上洛之商至相土遷於宋之商及湯有天下遠取契所封商以爲一代大號此說最明後又稱殷者以殷庚遷殷故然不全改商號詩大明云殷商之旅蕩云咨汝殷商皆取先後二號並言之湯名履見論語堯曰篇殷紀云主癸子天乙立是爲成湯集解引張晏曰禹湯皆字也二王去唐虞之文從高陽之質故夏商之王皆以名爲號謚法曰除虐去殘曰湯索隱稱天乙者譙周云夏殷之禮生稱王死稱廟主皆以帝名配之天亦帝也殷人尊湯故曰天乙

孔氏傳　　王先謙參正

湯誓戒誓其士衆○殷紀當是時夏桀爲虐政淫荒而諸侯昆吾氏爲亂湯乃興師率諸侯伊尹從湯湯自把鉞以伐昆吾遂

伐桀以告令師作湯誓書序伊尹相湯伐桀升自陑遂與桀戰于鳴條之野作湯誓今古文說同白虎通謚篇湯死後世稱成湯以兩言爲謚也風俗通皇霸篇湯者攘也昌也言其攘除不軌改亳爲商成就王道天下熾盛文武皆以其所長夫擅國之謂王能制割之之謂王制殺生威之謂王王者往也爲天下所歸往也崔駰大理箴夏用淫刑湯誓其軍

王曰格爾衆庶悉聽朕言契始封商湯遂以爲天下號湯稱王則比桀於一夫○王曰格爾衆庶悉聽朕言今文與古文同○王曰者殷紀作湯曰段云白虎通曰質家言天命已使已誅無道今誅得爲王故先伐文家言天命已成爲王者乃得誅伐王者耳故先改正朔也殷紀下文踐天子位作湯誥乃稱王自至於東郊告諸侯然則今文作湯曰古文作王曰殷紀於湯作誓下云於是湯曰吾甚武號曰武王王乃云桀敗于有娀之虛桀奔于鳴條是湯未敗桀之前已稱王矣皮云白虎通言質家先伐乃改正朔非謂稱王大傳曰湯放桀而歸於亳三千諸侯大會湯取天子璽置之於天子之坐左復而再拜從諸侯之位是其時未稱王殷湯號武王據後言之耳然據史官書則固當稱王曰史記作湯曰不作王曰者史公以意改之使人易曉與五帝紀作堯曰舜曰不作帝曰夏紀作啟曰不作王曰其義正同非用今文作湯曰也先謙案湯稱王在伐桀前史記自是明證亦未有改正朔而不稱王者殷紀作湯曰與五帝夏紀例同非今古文異則皮說得之○格爾衆庶悉聽朕言者殷紀作格汝衆庶來女悉聽朕言來女二字史公以訓詁代格爾誤倒在衆庶下上格汝二字乃後人誤加下作女上又作汝此謬誤之顯見者悉盡釋詁

文**非台小子敢行稱亂有夏多罪天命殛之**稱舉也舉亂以諸侯伐天子非我小子敢

行此事桀有昏德天命誅之今順天○非台小子敢行稱亂有夏多罪天命殛之今文與古文同○非台小子敢行稱亂者殷紀作匪台小子敢行舉亂非匪通用字稱舉故訓字集解引馬云台我也釋言稱舉也說文爯再舉也故史公以偁爲舉段云當是本作偁衞包改之詳牧誓○有夏多罪天命殛之者殷紀作有夏多罪予維聞女衆言夏氏有罪予畏上帝不敢不正今夏多罪天命殛之予維四句先後倒易又多今夏多罪四字段云以漢書考之尚書每簡或廿二字或廿五字此則伏生壁藏之簡甲乙互異之故也又劉歆移書太常博士曰得此逸書以考學官所傳經或脫簡傳或閒編此正閒編之一證皮云據史記所載疑史公所用今文尚書本與古文不同以文義論似史記文繁義複不如今傳本文從字順然文從字順者正恐後人改竄之本未可專據今傳本爲是疑史公古本爲非也釋言殛誅也段云此殛字亦當爲極詳洪範多方

今爾有衆汝曰我后不恤我衆舍我穡事而割正夏汝汝有衆我后桀也正政也言奪民農功而爲割剝之政○今爾有衆汝曰我后不恤我衆舍我穡事而割正今文與古文同夏字衍○今文同者殷紀作今女有衆女曰我君不恤我衆舍我嗇事而割政爾女同我后謂桀釋詁后君恤憂廢舍也穡爲嗇者說文嗇愛濇也田夫謂之嗇夫方言嗇積也特牲饋食禮注嗇者農力之成功廣雅釋言害割也政謂政令言我后力役不休妨民農時是廢舍我之穡事而爲害民之政也段云僞傳正政也言奪民農功而爲割剝之政

不言於夏邑則各本夏字賸也孔疏云爲割剝之政於夏邑增此三字以暢經意耳據史記則今古文皆無夏字今本據孔疏妄增非

予惟聞汝眾言不憂我眾之言○予惟聞女眾言今文與古文同○今文同者殷紀如此文在有夏多罪下惟作維今古文之異汝作女**夏氏有罪予畏上帝不敢不正**不敢不正桀罪誅之○夏氏有罪予畏上帝不敢不正今文與古文同○今文同者殷紀如此文亦在有夏多罪下孫云夏氏者周語稱禹有平水土之功皇天嘉之胙以天下賜姓曰姒氏曰有夏則夏雖爲有天下之號實即氏也汝眾俱言夏氏有罪天聽自我民聽予畏天不敢不正夏之罪上帝天也

今汝其曰夏罪其如台今汝其復言桀惡其亦如我所聞之言○今汝其曰夏罪其如台古文也今文作女其曰有罪其如台○女其曰有罪其如台者殷紀如此如台作奈何以訓詁代經孫云如台爲奈何者薛綜注東京賦云如奈也台何聲之轉江云其奈何呼號無告之甚也段云高宗肜日乃曰其如台西伯戡黎今王其如台殷紀皆作其奈何然則今文說台不訓我僞傳三處說皆不順不如史記爲長般庚上卜稽曰其如台如台如何也僞傳訓台爲我語亦不順法言問道篇莊周申韓不乖寡聖人而漸諸篇則顔氏之子閔氏之孫其如台謂顔閔其奈之何言不能勝之也正用尚書句法典引云作者七十有四人今其如台而獨闕也言奈何而不封禪也

夏王率遏眾力率割夏邑言桀君臣相率爲勞役之事以絕眾力謂廢農功相率割剝夏之邑居謂征賦重○夏王率遏眾力率割夏邑今文與古文同一作率奪夏國○夏王率遏眾力者殷紀

如此釋文引馬云遏止也止衆力卽上文舍穡事也○率割夏邑者白虎通京師篇或曰夏曰夏邑殷曰商邑周曰京師尙書曰率割夏邑謂桀也在商邑謂殷也割謂剝之虐政一作率奪夏國者殷紀如此割作奪三家文異謂奪其收斂也邑國故訓字說文邑國也牧誓姦宄于商邑周本紀亦作商國

有衆率怠弗協曰時日曷喪予及汝皆亡

衆下相率爲怠惰不與上和合比桀於日曰是日何時喪我與汝俱亡欲殺身以喪桀○有衆率怠弗協曰時日曷喪予及汝皆亡今文與古文同○有衆率怠弗協者殷紀作有衆率怠不和弗協作不和以故訓代之也集解引馬云衆民相率怠墮不和同釋詁協和也說文協衆之同和也○曰時日曷喪予及汝皆亡者殷紀作曰是日何時喪予與女皆亡時作是曷作何時喪及作與以故訓代之段云曷當是本作害衞包改之尙書大傳曰桀云天之有日猶吾之有民日有亡哉史記集解文選西征賦注皆有此句日亾吾亦亾矣呂覽愼大篇新序刺奢篇亦載桀自比日語因桀常以日自況故衆有此言孟子梁惠王篇引湯誓曰時日害喪予及女偕亾以趙岐注時是也日乙卯日也害大也言桀爲無道百姓皆欲湯共伐之湯臨士衆誓言是日桀當大喪亡我與女俱往亾之案趙亦讀害爲曷曷何也何與大義通故訓爲大其以此二語爲湯誓衆之詞乃今文異說陳喬樅以爲小夏侯說也書疏引鄭云桀見民欲叛乃自比於日曰是日何嘗喪乎日亾我與女亦皆喪亾引不亾之徵以脅恐下民也此古文說

夏德若茲今朕必往

凶德如此我必往誅之○夏德若茲今朕必往今文與古文同○今文同者殷紀如此釋詁茲此也

爾尚輔予一

人致天之罰予其大賚汝〇賚與也汝庶幾輔成我我大與汝爵賞
爾尚輔予一人致天之罰予其大賚
汝古文也今文輔作及賚作理〇爾尚及予一人致天之罰者般
紀如此釋言庶幾尚也孫云輔作及者今古文異字非詁也予一
人者白虎通號篇尚書曰或稱一人王者自謂一人者謙也欲言
己材能當一人耳論語曰百姓有過在予一人段云觀湯自稱予
一人則篇首稱王志其實也〇予其大賚汝者史記集解引鄭云
賚賜也予其大理女者般紀如此錢大昕云理賚聲相近詩釐爾
圭瓚鄭引作賚釐理義亦通孫云理與釐
通書序帝釐下土方馬注釐賜也理也
爾無不信朕不食言食
盡
其言僞不實〇爾無不信朕不食言古文也今文無作毋〇無作
毋者般紀作女毋不信朕不食言釋詁食僞也孫炎註食言之僞
也郭注引
此經以證
爾不從誓言
不用命〇爾不從誓言今文與古文
同〇今文同者般紀作女不從誓言
予則
孥戮汝罔有攸赦
古之用刑父子兄弟罪不相及今云孥戮汝無有
所赦權以脅之使勿犯〇予則孥戮汝罔有攸
赦今文與古文同〇今文同者般紀作予則帑僇女無有攸赦孥
俗字帑借字當作奴詳見甘誓戮作僇假借字罔作無故訓字段
云匡謬正俗云商書湯斷字誥誓云予則孥㬟黜古敦汝孔安國傳云
云𡸁案孥戮者或以爲奴或加刑戮無有所赦耳此非孥子之孥
猶泰誓稱囚孥正士亦謂或囚或孥也豈得復言并子俱囚也又
漢書季布傳贊云及至困戹奴僇苟活蓋引商書之言以爲折衷
矣玉裁案此條盡正爲奴字而後可讀亦可以證尚書之本作奴
矣古子女奴婢統稱奴其既也假孥爲奴其後又製孥字爲之詳

見甘誓至斷字見汗簡㪿字見薛季宣書古文訓豈唐初書已有是與斷者斱之譌古假斱爲誓也㪿者㬪參之譌古假㬪參爲㪿也中論賞罰篇書曰爾無不信朕不食言爾不從誓言予則孥戮汝罔有攸赦此孥字亦校書者所改書疏引鄭云大罪不止其身又孥戮其子孫周禮云其奴男子入于罪隸女子入于舂稾孫云古無從坐之法漢法因暴秦之舊未能盡除鄭用漢法說經失之罔有攸赦者軍法無赦令非常法也常刑則有赦史記秦始皇紀二十六年於是急法久者不赦是不赦者亦秦法也

仲虺之誥第二

商書　孔氏傳　王先謙參正

仲虺之誥仲虺臣名以諸侯相天子會同曰誥○此梅氏古文之四殷紀湯乃踐天子位平定海內湯歸至于泰卷陶中壨作誥集解引徐廣曰一無陶字書序湯歸自夏至于大坰仲虺作誥今古文說同史記用今文而中壨皆古字段氏謂伏生書中亦有古文是也

成湯放桀于南巢惟有慙德湯伐桀武功成故以爲號南巢地名有慙德慙德不及古○惠云魯語桀奔南巢梅云孟子湯放桀左襄二十九年傳季札見舞韶濩者曰聖人之宏也而猶有慙德聖人之難也閻云季札論樂非據詩書爲言猶有慙德卽孔子謂武未盡善意今謬以評樂之言入之湯語使聖人心事曖昧易曰湯武革命順乎天而應乎人苟有絲毫

之慙聖人必不爲之觀湯誓今朕必往之**曰予恐來世以台爲口**詞及論語元牡昭告之語豈抱慙者邪

實恐來世論道我放天子常不去口○梅云左襄二十二年傳公孫僑對晉人曰若不恤其患而以爲口實楚語王孫圉曰使無以寡君爲口實蘇輿曰來世二字不見於經莊列書中間有之然莊子引楚狂語來世不可待往世不可追論語止作來者往者二字葢濫觴於周末而盛稱於佛典梅取以入經殆爲不倫且篇首著此數語似湯諷仲虺作誥如後世君臣勸進之爲非獨誣經抑且誣聖

仲虺乃作誥陳義誥湯可無慙

曰嗚呼惟天生民有欲無主乃亂民無君主則恣情欲必致禍亂○程云逸周書文酌解民生而有欲梅云禮樂記人生而靜天之性也感於物而動性之欲也無主以治之則强凌弱衆暴寡而亂矣

惟天生聰明時乂言天生聰明是治民亂○梅云中庸爲能聰明睿知足以有臨也

有夏昏德民墜塗炭夏桀昏亂不恤下民民之危險若陷泥墜火無救之者○梅云多方有夏誕厥逸乃大淫昏惠云孟子坐于塗炭應璩與從弟君苗君胄書濟蒸民于塗炭

天乃錫王勇智表正萬邦纘禹舊服言天與王勇智應爲民主儀表天下法正萬國繼禹之功統其故服○梅云詩商頌古帝命武湯正域彼四方多方天惟時求民主乃大降顯休命于成湯詩纘禹之緒皋陶謨弼成五服

茲率厥典奉若天命天意如此但當循其典法奉順天命而已無所慙

夏王有罪矯誣上天以布命于下言託天以行虐於民乃桀

之大罪○惠云墨子非命篇引仲虺之告曰我聞有夏人矯天命布命于下**帝用不臧式商受命用爽**
厥師天用桀無道故不善之式用爽明也用商受王命用明其眾言爲主也○惠云墨子非命篇帝式是惡龔喪厥師一云帝
伐師惡用闕師一云帝式是憎用爽厥師喪一作爽者周語單襄公曰晉侯爽二吾是以云韋昭曰爽當爲喪字之誤也閻云墨子
言桀執有命湯特非之曰喪師曰闕師曰爽師此豈吉祥善事僞古文易之云式商受命用爽厥師訓爽爲明不與墨子悖乎又云
立政帝欽罰之乃伻我有夏式商受命奄甸萬姓言我周用一商所受之命而奄甸萬姓也此乃云上帝不善桀而用商受王命一是
商興一是代商興語意相反既誤會用爽厥師且誤用式商受命也**簡賢附勢寔繁有徒**簡略也賢而無勢則
略之不賢有勢則附之若是者繁多有徒眾無道之世所常○惠云左昭二十八年傳司馬叔游曰鄭書曰惡直醜正實蕃有徒周
書芮良夫解曰實蕃有徒**肇我邦于有夏若苗之有莠若粟之有秕**國始我商家於夏世
欲見翦除若莠生苗若秕在粟恐被鋤治簸颺○惠云孟子惡莠恐其亂苗也左傳孔子曰用秕稗也**小大戰戰罔**
不懼于非辜矧予之德言足聽聞言商家小大憂危恐其非罪見滅矧況也況我之道德善言足
聽聞乎無道之惡有道自然之理○梅云史記桀乃召湯而囚之夏臺已而釋之詩戰戰兢兢呂刑殺戮無辜姚際恆云如此說湯
之伐桀爲自全免禍計先發制人非爲救民塗炭也**惟王不邇聲色不殖貨利**邇近也不近聲樂言清簡

不近女色，言貞固殖生也，不生資貨財利，言不貪也。既有聖德兼有此行○惠云：禮月令仲夏止聲色，仲冬去聲色。梅云：論語賜不受命而貨殖焉，史記有貨殖傳。

德懋懋官，功懋懋賞，用人惟己，改過不吝。勉於德者則勉之以官，勉於功者則勉之以賞，用人之言若自己出，有過則改無所吝惜，所以能成王業○梅云：秦誓人之有技若己有之，論語過則勿憚改。

克寬克仁，彰信兆民。言湯寬仁之德明信於天下○梅云：易曰寬以居之，仁以行之，君德也。惠云：魯語湯以寬治民。

乃葛伯仇餉，初征自葛，東征西夷怨，南征北狄怨。葛伯遊行，見農民之餉于田者，殺其人奪其餉，故謂之仇餉。仇，怨也。湯為是以不祀之罪伐之，從此後遂征無道，西夷北狄舉遠以言，則近者著矣○閻云：孟子葛伯仇餉繫於亳眾往耕下，此古文湯征篇文也。湯一征自葛始，亦應為其文，今竄入仲虺之誥，非也。又云：書曰湯一征一節，書詞與孟子語頗相雜，偽古文以天下信之與十一征而無敵于天下互異，故不援入書，以東面而征西夷怨至奚為后我凡三見，斷為書詞入書，民望之以下又孟子語，蓋以別於書曰徯我后之故，此最其苦心分疏處。但味湯一征自葛始亦史臣所作，若仲虺對成湯，不得斥其號，偽古文輒變其詞曰初征自葛，又其苦心閃縮處。東面而征西夷怨，南面而征北狄怨，偽古文編為東征西夷怨，南征北狄怨，便蠢拙。又云：偽傳葛伯遊行云云，不曰亳眾曰童子，而泛曰農民，若葛伯所殺即葛人，與湯無涉，故與孟子違，以掩其剿孟子之迹，用心如此，將誰欺乎。先謙案：帝王世紀云湯始居亳，學者咸以亳本帝嚳之墟，在禹貢豫州河洛之間，今河

南偃師西二十里尸鄉之湯亭是也譑考之事實甚失其正孟子
稱湯居亳與葛爲鄰按地理志葛今梁國甯陵縣之葛鄉是也湯
地七十里葛又伯耳封域有制葛伯不祀湯使亳衆爲畊有童子
餉食葛伯奪而殺之計甯陵至偃師八百里而使亳衆爲畊有童
子餉食非其理也今梁有二亳南亳在穀熟北亳在蒙非偃師也
故古文仲虺之誥曰乃葛伯仇餉初征自葛卽孟子之書是也世
紀多引晚書以相應和是其朋謀作僞之顯證惠氏歷引之**曰奚獨後予**怨者辭也○惠云孟子奚爲後我**攸**
祖之民室家相慶曰徯予后后來其蘇湯所往之民皆喜曰待我君來其可蘇息○惠云孟
子書云徯我后后來其無罰一云后來其蘇帝王世紀云成湯有
聖德諸侯有不義者湯從而征之誅其君弔其民天下咸服東征
則西夷怨南征則北狄怨曰奚爲而後我故仲虺誥曰徯我后后來其蘇也**民之戴商厥惟舊哉**舊謂初征
自葛時**佑賢輔德顯忠遂良**賢則助之德則輔之忠則顯之良則進之明王之道**兼弱攻昧取**
亂侮亡弱則兼之闇則攻之亂則取之有亡形則侮之言正義○程云左宣十二年傳隨武子曰兼弱攻昧武之善經也仲
虺有言曰取亂侮亡兼弱也汋曰於鑠王師遵養時晦者昧也武
曰無競惟烈撫弱者昧以務烈所可也左傳惟取亂侮亡爲仲虺
語兼弱攻昧爲古武經語且引書以明兼弱引詩以明者昧又引
詩以明撫弱者昧若書詞果有兼弱攻昧取亂侮亡二句左傳不
得分取亂侮亡爲仲虺語兼弱攻昧爲武之善經亦不得以兼弱攻昧句爲提綱取亂侮亡句爲條目也**推亡固存邦**

乃其昌有亡道則推而亡之有存道則撫而固之王者如此國乃昌盛○闞云左襄二十九年傳子皮曰仲虺之志曰亂者取之亡者侮之推亡固存國之利也襄十四年傳中行獻子曰仲虺有言曰亡者侮之亂者取之推亡固存國之道也亦可爲上文有取亂侮亡無兼弱攻昧之證推亡固存一句即從上亡字增出存字以釋書詞故曰國之道也國之利也今以推亡固存湊併書詞以國之利也等句改爲邦乃其昌以叶韻兩處傳文割剝聯綴使經如補衲傳無完膚矣梅云洪範而邦其昌德日新萬邦惟懷志自滿九族乃離日新不懈怠自滿志盈溢○惠云易大傳日新之謂盛德左傳小邦懷其德梅云上二句即孟子苟能充之足以保四海也下二句即孟子不能充之無以保妻子也孟子又曰得道者多助多助之至天下順之失道者寡助寡助之至親戚叛之王懋昭大德建中于民以義制事以禮制心垂裕後昆欲王自勉明大德立大中之道於民率義奉禮垂優足之道示後世○梅云建中于民襲中庸用其中於民以義制事見荀子易君子義以方外敬以直內詩以保我後生惠云孟子湯執中予聞曰能自得師者王求賢聖而事之○惠云吳子昔楚莊王曰寡人聞之能得其師者王能得其友者霸荀子堯問篇其在仲虺之言也曰諸侯自爲得師者王得友者霸得疑者存自爲謀而莫己若者亡呂覽驕恣篇楚莊王曰仲虺有言曰諸侯之德能自爲取師者王能自取友者存其所擇而莫如己者亡謂人莫己若者亡自多足人莫之益亡之道○說見上好問則裕自用則

小問則有得所以足不問專固所以小○惠云古文禮記中庸好問近乎知先謙案中庸愚而好自用鳴呼愼厥終惟其始靡不有初鮮克有終故戒愼終如其始○梅云禮表記事君愼始而敬終殖有禮覆昬暴有禮者封殖之昬暴者覆亡之○梅云左閔元年傳齊仲湫曰親有禮因重固閒攜貳覆昬亂霸王之器也晉語公孫固曰晉文公殆有禮矣樹于有禮必有艾詩曰湯降不遲聖敬日躋隆有禮之謂也欽崇天道永保天命王者如此上事則敬天安命之道

湯誥第三

商書　　孔氏傳　　王先謙參正

湯誥以伐桀大義告天下○此梅氏古文之五殷紀既絀夏命還亳作湯誥書序湯既黜夏命還亳作湯誥殷紀載湯誥語與僞古文異詳書序

王歸自克夏至于亳誕告萬方誕大也以天命大義告萬方之衆人○梅云多方王來自奄至于宗周書序又云成王歸自奄在宗周誥庶邦惠云誕告出盤庚萬方出逸湯誓王曰嗟爾萬方有衆明聽予一人誥天子自稱曰予一人古今同義○梅云顧命王若曰庶邦侯甸男衛惟予一人釗報誥盤庚明聽朕言惟

皇上帝降衷于下民皇天上帝衍天字天也衷善也○梅云晉語梁由靡曰欲君之靈鬼神降衷吳語夫差曰今天降衷于吳左傳劉子曰民受天地之中以生中庸天命之謂性先謙案詩皇矣上帝**若有恆性克綏厥猷惟后**順天有常之性能安立其道教則惟爲君之道○惠云韓非子說林孔子曰絜哉民性有恆王應麟曰仲虺之誥言仁之始也湯誥言性之始也太甲言誠之始也棟謂言仁言性言誠皆見僞書其不可據也明矣程云周書常訓解天有常性梅云中庸率性之謂道修道之謂教**夏王滅德作威以敷虐于爾萬方百姓**夏桀滅道德作威刑以布行虐政於天下百官言殘酷○惠云左傳臧哀伯曰滅德立違洪範惟辟作威作威何害於爲君大誓數紂之罪云作威殺戮亦誤惟君無倚勢作威乃不與洪範悖耳先謙案牧誓俾暴虐于百姓**爾萬方百姓罹其凶害弗忍荼毒**羅被荼毒苦也不能堪忍虐之甚○梅云史記夏桀不務德而殘傷百姓百姓弗堪**並告無辜于上下神祇**言百姓兆民並告無罪稱冤訴天地○梅云左哀十六年傳余爲渾良夫叫天無辜論語禱爾于上下神祇閻云晉語韓宣子曰上下神祇無不徧諭也**天道福善禍淫降災于夏以彰厥罪**政善天福之淫過天禍之故下災異以明桀罪惡譴瘖之而桀不改○惠云國語單襄公曰天道賞善而罰淫左傳士貞子曰神福仁而禍淫梅云微子天毒降災荒殷邦多士弗弔旻天大降喪于殷呂刑上帝不蠲降咎于苗**肆台小子將天命明威不敢赦**行天

威謂誅之○梅云湯誓非台小子多士我有周佑命將天明威致王罰敢用玄牡敢昭告于上天神后請罪有夏明告天問桀百姓有何罪而加虐乎○梅云論語予小子履敢用元牡敢昭告于皇皇后帝有罪不敢赦今皆不通文理妄爲改竄以不敢赦移敢用玄牡之上又以有罪變作請罪字於下聿求元聖與之戮力以與爾有衆請命聿遂也大聖陳力謂伊尹放桀除民之穢是請命○程云墨子尚質篇湯誓曰聿求元聖與之戮力同心以治天下梅云淮南氾論訓高皇帝云以與百姓請命於皇天漢書賈捐之傳賴漢初興爲百姓請命上天孚佑下民罪人黜伏○孚信也天信佑助下民桀知其罪退伏遠屏梅云孟子天降下民殷紀桀奔于鳴條天命弗僭賁若草木兆民允殖僭差賁飾也言福善禍淫之道不差天下惡除煥然咸飾若草木同華民信樂生○梅云大誥天命不僭論語譬諸草木俾予一人輯寧爾邦家言天使我輯安汝國家國諸侯家卿大夫茲朕未知獲戾于上下此伐桀未知得罪于天地謙以求衆心○梅云論語獲罪于天慄慄危懼若將隕于深淵慄慄危心若墜深淵危懼之甚○梅云詩戰戰兢兢如臨深淵左哀十五年傳芊尹蓋曰雖隕于深淵則天命也凡我造邦無從匪彝無卽慆淫戒諸侯與之更始彝常慆慢也無從非常無就慢過禁之○梅云周語單子曰先王之令有之曰天道賞善而罰淫故凡我造國無從匪彝無卽慆淫各守爾典以承天休今離閒其文

閻云韋昭注先王之令文武之教也夫單襄公周臣也以周臣對周天子述周令其鑿然可信無疑僞孔乃竄入湯誥中其不足信可類推矣**各守爾典以承天休**守其常法承天美道○說見上姚際恆云國語彝字應上善字㑹淫應上淫字天字應上天道今割去領句別置於前此處數句全失照應剽竊古義既已乖舛不符又隔越不貫至此**爾有善朕弗敢蔽罪當朕躬弗敢自赦惟簡在上帝之心**所以不蔽善人不赦己罪以其簡在天心故也○梅云論語有罪不敢赦帝臣不蔽簡在帝心此改帝臣不蔽爲爾有善朕不敢蔽罪當朕躬卽罪在朕躬既移有罪不敢赦於上乃以弗敢自赦爲文舛紊重複不自覺也**其爾萬方有罪在予一人**自責化不至**予一人有罪無以爾萬方**無用爾萬方言非所及○閻云論語朕躬有罪毋以萬方萬方有罪罪在朕躬孔此章注云履殷湯名此伐桀告天之文墨子引湯誓其詞若此案安國親得古文二十五篇中有湯誥豈有注論語時不曰出逸書某篇者乎余是以知予小子履一段必非眞古文湯誥之文蓋斷斷也又云墨子引湯誓曰予小子履敢用玄牡敢昭告于皇皇后帝國語內史過引湯誓曰余一人有辠無以萬夫萬方有辠在余一人墨子生孔子之後書未焚也內史過生孔子之前書未刪也而引書同於論語者皆爲湯誓則予小子履一段爲古湯誓之詞無疑以武王太誓牧誓例之必不止湯誓一篇墨子尚賢中篇引湯誓曰聿求元聖與之戮力同心以治天下其語不見今湯誓當與予小子履一段別爲一篇古湯誥載殷本紀蓋作誓者一時作誥者又一時也史公時張霸之徒僞古文未出所見必孔壁物其爲眞古文湯誓無疑

嗚呼尚克時忱乃亦有終忱誠也庶幾能是誠道乃亦有終世之美○梅云盤庚欽念以忱詩鮮克有終

伊訓第四

商書　孔氏傳　王先謙參正

伊訓　作訓以敎道太甲○此梅氏古文之六據殷本紀云湯崩太子太丁未立而卒立太丁弟外丙三年崩立外丙弟中壬四年崩伊尹迺立太丁子太甲成湯適長孫也帝太甲元年伊尹作伊訓作肆命作徂后匸篇書序成湯既沒太甲元年伊尹作伊訓肆命徂后以太甲元年係成湯既沒之下與孟子史記不合序亦僞也辨見書序

惟元祀十有二月乙丑伊尹祠于先王此湯崩踰月太甲卽位奠殯而告○惠云漢書律麻志引伊訓篇曰惟太甲元年十有二月乙丑朔伊尹祀于先王誕資有牧方明先謙案漢志引伊訓稱元年僞書改稱元祀此亦拘拘於爾雅年祀之分惟恐失之之一證也餘詳說命**奉嗣王祇見厥祖**居位主喪**侯甸羣后咸在**在位次○惠云唐書王元感傳張柬之曰書稱成湯既沒太甲元年曰惟元祀十有二月伊尹祀于先王奉嗣王祇見厥祖孔安國曰湯以元年十一月崩顧命四月哉生魄王不懌翌日乙丑王崩丁卯命作冊度越七日癸酉伯相命士須材則成王崩至康王麻冕黼裳九十日康王始見廟明湯崩在十一月比殯訖以十二月祗見其祖顧命見廟訖諸侯出廟門俟伊訓言祗見厥祖侯甸羣

后咸在則崩及見廟是周因於殷也棟謂百官總己以聽冢宰伊尹
如張東之說則知梅賾竊顧命之文明矣
制百官以三公攝冢宰○梅云論語子
曰君薨百官總己以聽于冢宰三年伊尹乃明言烈祖之成德
湯有功烈之祖故稱焉○
梅云詩商頌衎我烈祖曰嗚呼古有夏先后方懋厥
以訓于王先君謂禹以下少康以上賢王言能以德禳災山川
德罔有天災○梅云左傳王孫滿曰昔有夏之方有德也
鬼神亦莫不寧莫無也言皆安之○程云墨子明鬼篇商書曰嗚
呼古者有夏方未有禍之時百獸貞蟲允及飛鳥
莫不比方矧在人面胡敢異暨鳥獸魚鼈咸若雖微物皆順之明
心山川鬼神亦莫敢不寧其餘無不順○程
云賈誼新書君德篇引靈臺詩而云文于其子孫弗率皇天降災
王之澤下被禽獸洽于魚鼈咸若攸樂
假手于我有命言桀不循其祖道故天下禍災借手於我有命商
王誅討之○惠云司馬相如諭巴蜀文子弟之率
弗謹閭云左傳上天降災梅云盤庚乃話民之弗率晉語驪姬曰
無必假手於武王左隱十一年傳鄭莊公曰天禍許國鬼神實不
逞於許君而假手於我寡人先謙造攻自鳴條朕哉自亳造哉皆
案墨子天志篇云乃曰吾有命始也始
攻桀伐無道由我始修德于亳○惠云唐石經作朕載自亳書序
曰伊尹相湯伐桀遂與桀戰于鳴條之野伊訓曰天誅造攻自牧
宮朕載自亳趙注伊訓尚書逸篇名鄭注書序云鳴條南夷地名
孟子引舜卒于鳴條東夷之地或云陳留平丘縣今有鳴條亭是

帝王世紀云伊訓曰造攻自鳴條朕哉自亳又云夏師敗績乃伐三朡湯誥王歸自克夏至于亳三朡在定陶於義不得在陳留與東夷也今安邑見有鳴條邑昆吾亭云云**惟我商王布昭聖武代虐以寬兆民允懷**言湯布明武德以寬政代桀虐政兆民以此皆信懷我商王之德○程云禮祭法湯以寬治民而除其虐**今王嗣厥德罔不在初**言善惡之由無不在初欲其愼始○梅云召誥今王嗣受厥命我亦惟茲二國命嗣若功王乃初服嗚呼若生子罔不在厥初生自貽哲命**立愛惟親立敬惟長始于家邦終于四海**言立愛敬之道始於親長則家國並化終洽四海○閻云禮祭義立愛自親始教民睦也立敬自長始教民順也孝經愛親者不敢惡於人敬親者不敢慢於人愛敬兼於事親而德教加于百姓刑于四海**嗚呼先王肇修人紀從諫弗咈先民時若**言湯始修爲人綱紀有過則改從諫如流必先民之言是順○梅云楊雄解嘲上世之士人綱人紀惠云詩商頌先民有作先謙案詩匪先民是程**居上克明**言理恕○梅云荀子臣道篇爲上則明程云說苑說叢篇爲人上者患在不明**爲下克忠**事上竭誠○程云說叢篇爲人下者患在不忠閻云臣道篇故因其懼也而改其過因其憂也而辨其故因其喜也而入其道因其怒也而除其怨曲得所謂焉書曰從命而不拂微諫而不倦爲上則明爲下則遜此之謂也僞書改以爲先王事語反淺近楊倞注亦以書曰爲伊訓而不言其不同**與人不求備檢身若不及**使人必器之常如不及恐有過

○梅云論語無求備於一人淮南氾論訓君子不責備于一人**以**亢倉子訓道篇君子檢身常若過班彪王命論見善如不及**至于有萬邦茲惟艱哉**言湯操心常危懼動而無過以至爲天子此自立之難**敷求哲人俾輔于爾後嗣**布求賢智使師輔於爾嗣王言仁及後世○梅云詩罔敷求先王又惟此哲人酒誥在今後嗣王惠云墨子尚賢篇先王之書距年之言也傳曰求聖君哲人以裨輔而身又曰於先王之書豎年之言然曰睎夫聖武知人以屏輔而身此言先王之治天下必選擇賢者以爲其羣屬輔佐**制官刑儆于有位**言湯制治官刑法以儆戒百官○閻云墨子非樂篇先王之書湯之官刑有之未言作於何時然左昭六年傳云昔先王議事以制不爲刑辟夏有亂政而作禹刑商有亂政而作湯刑周有亂政而作九刑三辟之興皆叔世也杜注言刑書不起於始盛之世則湯之官刑必作於湯之叔世不爲湯所制明矣不爲湯制郎不出於伊尹之口以訓太甲又可知矣或曰鞭作官刑虞舜有之豈湯無官刑邪予曰湯時非無刑特麗於官刑勒爲一書以豫告下民則湯未嘗有此法郎九刑之作原於周公所爲賊藏盜姦爲大凶德有常無赦是也說者猶謂後世記周公誓命之言非周公自爲之書何況禹湯**曰敢有恆舞于宮酣歌于室時謂巫風**常舞則荒淫樂酒日酣酣歌則廢德事鬼神曰巫言無政○惠云非樂篇又云曰其恆舞于宮是謂巫風其刑君子出絲二衛小人否似二伯黃徑乃言曰嗚呼舞佯佯黃言孔章上帝弗常九有以亾上帝不順降之百殃其家必壞喪**敢有殉于貨色恆于**

遊畋時謂淫風徇求也昧求財貨美色常遊戲畋獵是淫過之風俗○先謙案禮中庸遠色賤貨梅云無逸于遊于畋**敢有侮聖言逆忠直遠耆德比頑童時謂亂風**狎侮聖人之言而不行拒逆忠直之規而不納耆年有德疏遠之童稚頑嚚親比之是荒亂之風俗○惠云論語侮聖人之言逸周書有耆德篇梅云鄭語史伯惡角犀豐盈而近頑童吳語子胥曰今王播棄黎老而孩童焉比謀**惟茲三風十愆卿士有一于身家必喪**有一過則德義廢失位亡家之道○梅云孟子諸侯不仁不保社稷卿大夫不仁不保宗廟**邦君有一于身國必亡**諸侯犯此國亡之道○說具上**臣下不匡其刑墨具訓于蒙士**邦君卿士則以爭臣自匡正臣不正君服墨刑鑿其額涅以墨蒙士例謂下士士以爭友僕隸自匡正○朱彝尊云肉刑非舜五刑舜命皋陶流鞭扑贖賊是以苗民始作五虐之刑夏商無明徵伊訓其刑墨僞古文未足深信周官分職掌之司刑肉刑其昉於周與蘇輿云漢書刑法志禹承堯舜之後自以德衰而制肉刑湯武順而行之者以俗薄於唐虞故也是夏商用肉刑漢儒已有此說荀子云刑名從商爵名從周蓋刑辟至商趨重矣先謙案唐虞象刑者非無刑之謂先有五刑而後象之也其時風俗醇美罹法者少卽象刑人以爲恥亦無犯者所以明刑措至極也朱說非詳見堯典**嗚呼嗣王祗厥身念哉**言當敬身念祖德○梅云皋陶謨愼厥身又曰念哉率作興事**聖謨洋洋嘉言孔彰**洋洋美善言甚明可法○梅云夏書聖有謨勳

中庸洋洋乎詩亦孔之昭**惟上帝不常作善降之百祥作不善降之百殃**祥善也天之禍福惟善惡所在不常在一家〇惠云大較本墨子而有詳略梅云康誥惟命不于常易積善之家必有餘慶積不善之家必有餘殃**爾惟德罔小萬邦惟慶**修德無小則天下賴慶〇梅云易小人以小善爲無益而弗爲也以小惡爲無傷而弗去也漢昭烈戒子曰勿以惡小而爲之勿以善小而不爲**爾惟不德罔大墜厥宗**苟爲不德無大言惡有類以類相致必墜失宗廟此伊尹至忠之訓〇說具上閻云賈子有善不可謂小而無益不善不可謂小而無傷淮南子君子不謂小善不足爲也而舍之小善積而爲大善不謂小不善爲無傷也而爲之小不善積而爲大不善

太甲上第五

商書 孔氏傳 王先謙參正

太甲戒太甲故以名篇〇此梅氏古文之七殷本紀帝太甲既立三年不明暴虐不遵湯法亂德于是伊尹放之於桐宮三年伊尹攝行政當國以朝諸侯帝太甲居桐宮三年悔過自責反善於是伊尹迺迎帝太甲而授之政帝太甲修德諸侯咸歸殷百姓以寍伊尹嘉之迺作太甲訓三篇書序太甲既立不明伊尹放諸桐三年復歸于亳思庸伊尹作太甲三篇案據殷紀書名太甲下當有訓字又太甲立三年始有放桐之事放桐三年而後歸政則六年矣序以爲既立即放顯與史違以致後人異說紛紜不可據

信辨見
書序

惟嗣王不惠于阿衡阿倚衡平言不順伊尹之訓○梅云不惠自孟子予弗狎於不順翻出詩商頌實惟阿衡毛傳阿衡伊尹也伊尹作書曰先王顧諟天之明命以承上下神祇顧謂常目在之諟是也言敬奉天命以承順天地○梅云禮大學引太甲曰顧諟天之明命論語禱爾于上下神祇社稷宗廟罔不祇肅肅嚴也言能嚴敬鬼神而遠之○梅云社稷宗廟見孝經天監厥德用集大命撫綏萬方監視也天視湯德集王命於其身撫安天下○梅云詩大雅天監在下聿修厥德有命既集頌綏萬邦惟尹躬克左右厥辟宅師伊尹言能助其君居業天下之眾○梅云商頌實左右商王大雅殷之未喪師肆嗣王丕承基緒肆故也言先祖勤德致有天下故子孫得大承基業宜念祖修德惟尹躬先見于西邑夏自周有終相亦惟終周忠信也言身先見夏君臣用忠信有終夏都在亳西○梅云禮緇衣尹吉曰惟尹躬天見於西邑夏自周有終相亦惟終鄭注尹吉亦尹誥也天當爲先字之誤僞古文作先用鄭注其出於後不待言其後嗣王罔克有終相亦罔終言桀君臣滅先人之道德不能終其業以取亡嗣王戒哉祇爾厥辟辟不辟忝厥祖以不終爲戒慎之至敬其君道則能終忝辱也爲君不君則辱其祖○惠云禮坊記書云厥辟

不辟忝厥祖**王惟庸罔念聞**言太甲守常不改無念聞伊尹之戒○梅云多士惟時天罔念聞**伊尹乃言曰先王昧爽丕顯坐以待旦**爽顯皆明也言先王昧明思大明其德坐以待旦而行之○惠云淮南修務訓湯夙興夜寐以致聰明梅云左昭三年傳叔向引讒鼎之銘曰昧旦丕顯後世猶怠孟子周公坐以待旦姚際恆云作僞者改昧旦爲昧爽以避下句旦字閻云昧爽者欲明未明之時也旦早也明也相去時僅幾希此何足見湯憂勤之甚而舉以告嗣王乎若漢劉向之不寐達旦鄭當時之夜以繼日至明旦趙廣漢之夜不寐至旦歷時甚久故史志其異豈所謂昧爽與旦之間哉連綴此語者不惟文理不通亦太不曉事矣**旁求俊彥啟迪後人**旁非一方美士曰彥開道後人言訓戒○梅云書曰佑啟我後人**無越厥命以自覆**越墜失也無失亾祖命而不勤德以自顛覆○梅云禮緇衣太甲曰無越厥命以自覆也**慎乃儉德惟懷永圖**言當以儉爲德思長世之謀○梅云商書多用乃字如齊乃位度乃口之類左傳儉德之共也金縢惟永終是圖**若虞機張往省括于度則釋**機弩牙也虞度也度機機有度以準望言修德夙夜思之明旦行之如射先省矢括于度釋則中○梅云禮緇衣若虞機張往省括于厥度則釋**欽厥止率乃祖攸行**止謂行所安止君止於仁子止于孝○梅云盤庚乃祖乃父**惟朕以懌萬世有辭**言能循汝祖所行則我喜悅王亦見歎美無窮○先謙案雜誥汝永有辭**王未克變**未能變不用訓太甲性輕脫伊

尹至忠所以不已**伊尹曰茲乃不義習與性成**言習行不義將成其性○梅云孟子夫豈不義賈子曰習與智長故幼而不媿化與心成故中道若性孔子曰少成若天性習貫如自然閻云茲乃不義隱與無逸其在祖甲不義惟王相表裏以錯解爲實事**予弗狎于弗順營于桐宮密邇先王其訓無俾世迷**狎近也經營桐墓立宮令太甲居之近先王則訓於義無成其過不使世人迷惑怪之○梅云孟子予不狎于不順左成十六年傳叔聲伯曰以魯之密邇仇讎君爽我不以後人迷**王徂桐宮居憂**往入桐宮居憂位○皮云漢書王莽傳昔成湯既沒而太丁蚤天其子太甲幼少不明伊尹放諸桐宮而居攝以興殷道周武王既沒周道未成成王幼少周公屏成王而居攝以成周道案莽意種居攝並舉伊周故不及外丙仲壬論衡感類篇伊尹相湯伐夏爲民興利除害致太平湯死復相太甲太甲佚豫放之桐宮攝政三年乃復退位趙岐孟子注放之於桐邑史記集解引鄭云桐地名也有王離宮焉書序伊尹放諸桐僞傳云湯葬地也又造僞古文云王徂桐宮居憂以實其說帝王世紀亦云桐宮蓋殷之墓地有離宮可居在鄴西南皇甫謐即造僞書者不知劉向云殷湯無葬地是西漢人並不識湯陵所在哀帝建平元年大司空御史長卿案行水災因行湯冢蓋至此始知有湯陵而皇覽云湯冢在濟陰亳縣北郭東去州二里與僞傳不同括地志薄城北郭東三里平地有湯冢又云洛州偃師縣東六里有湯冢近桐宮前後兩說並存一沿皇覽之說一沿僞孔之說其眞僞皆不可知閻云後漢郡縣志梁國有虞縣有薄縣虞下注有桐地有桐亭薄下注有湯冢判

然二縣所有豈得指桐爲湯陵墓地乎然僞孔欲附會太甲居近先王則訓於義致生此說後儒見有居憂字並謂桐宮乃諒陰三年之制顯悖孟子尤爲怪矣

克終允德言能思念其祖終其信德○梅云晉語寺人勃鞮曰伊尹放太甲而卒以爲明王又曰佐相以終克成令名程云孔叢子子順對趙孝成王曰其在商王太甲嗣立而干冢宰之政伊尹曰惟王舊行不義習與性成予不狎于不順王始卽桐邇于先王其訓罔以後人迷王往居憂允思厥祖之明德案家語孔叢子出與晩書同時晩書竄其語於中以相標榜也

太甲中第六

商書　孔氏傳　王先謙參正

惟三祀十有二月朔湯以元年十一月崩至此二十六月三年服闋○此梅氏古文之八閻云治麻者以至朔同日爲麻元漢書律麻志遇至朔同日悉載之漢高帝八年十一月乙巳朔旦冬至十一月者漢承秦未改月十一月仍子月也周公攝政五年正月丁巳朔旦冬至正月者周改月正月爲子月也商太甲元年十二月乙丑朔旦冬至十二月者商改月十二月爲子月也或問周改月於春秋而徵之矣商改月於書亦有徵乎余曰亦徵於春秋左傳昭十七年梓愼曰火出於夏爲三月於商爲四月於周爲五月班志謂武王以殷十一月戊子師初發後三日得周正月辛卯朔殷十一月者建亥之月故後一月爲周正月建

子是也或者徒見蔡氏書傳謂三代及秦皆改正朔而不改月以
太甲元祀十有二月乙丑爲建丑之月商之正朔實在於此其祀
先王者以卽位改元之事告之不知此乃建子之月商之正朔不
在於此其祀先王者以冬至配上帝之故也班志曰言雖有成湯
太甲外丙之服以冬至越茀祀先王于方明已配上帝是旦朔冬
至之歲也後九十五歲商十二月甲申朔旦冬至亡餘分是爲孟
統可謂推法最密者矣而僞作太甲者求其說而不得以元祀十
有二月爲正朔遂以三祀十有二月亦爲正朔祠告復辟皆當以
正朔故曰惟三祀十有二月朔奉嗣王歸于亳不知商實改月未
常以十二月爲歲首曷爲復辟於是月乎不然商實不改月則十
二月建丑之月耳建丑之月朔旦安得有冬至而劉歆班固乃以
爲歷元而書之乎余蓄此疑凡數載久之方得其說故特著之以
補顏師古漢注之缺且以證蔡傳之多誤也或又問子以十二月
爲建子則如孔傳所云湯崩踰月太甲卽位奠殯而告是以崩年
改元矣余曰崩年改元亂世事也不容在伊尹而有之蘇子瞻旣
言之矣余豈敢復以崩年爲改元乎蓋成湯爲天子用事十三年
而崩則崩當於丁未太甲卽位改元則改元必於戊申始正月建
丑終十二月建子所謂十有二月乙丑朔旦冬至配上帝者乃太
甲元年之末非太甲元年之初也總之認十有二月乙丑爲卽位
之禮不得不以十有二月爲建丑知十有二月乙丑爲至朔同日
配上帝之禮又不容不以十有二月爲建子也或曰伊尹當卽位
之初祀于先王明言先王之德以訓太甲故曰伊訓余曰冬至以
先王配上帝獨不可明言先王之德以訓太甲乎或又曰劉歆三
統麻班固謂之爲最密杜預謂之爲最疏子何獨劉歆之是從乎

余曰余亦非漫信劉歆也自古治厤者皆紛如聚訟莫有定論獨劉歆載武王伐紂時日徵之於國語伶州鳩太甲時日徵之於古文尚書余之從夫劉歆者亦以其原本經傳而從之也不然一於三統厤也班固謂之爲最密杜預謂之爲最疏而唐僧一行又獨謂杜預之謬後人之議前人也如是余又將安所適從哉又云元祀十有二月孔傳以爲改月是矣但踰月卽位太甲稱元於湯崩之年子月則孔氏誤會書序之文也不可從蔡傳以爲踰年卽位是矣但不改月又與厤法十二月至朔不同日者不合亦不可從余故折衷於二者之閒著爲此論自謂頗不可易云皮云閻說甚辨猶未免沿書序之誤殷紀湯崩立外丙三年崩立中壬四年崩乃立太甲與孟子合是太甲繼中壬而立非繼湯而立也古文書序成湯既沒太甲元年則直以太甲接成湯抹撥外丙中壬兩代與孟子史記不合矣此古文書序之不可信者辯覼

伊尹以冕服奉嗣王歸于亳

冕冠也踰月卽吉服○梅云周語內史興曰太宰以王命冕服內史贊之三命而後卽冕服惠云云復歸于亳見孟子閻云僞古文出王肅之學肅錯解中月而禫爲在二十五月之中二十六月朔卽吉故撰太甲三祀十有二月朔嗣王被冕服歸非以是月爲月朔乃以是月爲服一闋而卽吉也服果闋於是月則太甲之元必改於湯崩之年丁未一年二君失終始之義此豈三代所宜有乎若踰年改元又不應至此月而後服闋反復推究無一可者蓋作僞者不能備知三代典禮既以崩年改元衰季不祥之事上加盛世又以祥禫共月後儒短喪之制上溯古人蓋至是而其僞愈不可掩矣

作書曰民非后罔克胥匡以生

無能相匡故須君以

生○梅云盤庚不能胥匡以生惠云禮表記太甲曰民非**后非民**
后無能胥以寧吳書駱統傳書曰衆非后無能胥以寧
罔以辟四方非須民以君四方○惠云表記太甲曰后
民無以辟四方駱統傳同民作衆**皇天眷佑有**
商俾嗣王克終厥德實萬世無疆之休言王能終其德乃天之顧
佑商家是商家萬世無窮
之美○梅云太甲方知改過自新郎謂之克終厥德非聖人慮終
之語亦與下文太甲圖惟厥終之言相戾先謙案召誥無疆惟休
王拜手稽首曰予小子不明于德自底不類君而稽首於臣謝前
過類善也闇於德故
自致不善○梅云洛誥王拜手稽首詩不明爾德先謙案殷紀云
太甲不明暴虐闇云太甲不得稽首於伊尹爲誤倣洛誥元闕皮
補云洛誥王拜手稽首孔傳成王尊敬周公答其拜手稽首兩處
之文相同闇氏以爲誤倣洛誥者案殷紀伊尹攝行當國與周本
紀周公乃攝行政當國事雖相同而周公攝政權稱王明見史記
及禮記明堂位逸周書明堂解荀卿子書兩漢今古文無異說伊
尹未嘗稱王周公叔父之尊伊尹異姓之卿是伊周雖同而不盡
同成王可稽首於周公太甲不當稽首於伊尹且臣拜而君答拜
古禮之常臣未拜而君先拜臣則無是禮洛誥篇先云周公拜手
稽首然後王答稽首傳云尊敬周公答其拜手稽首是也太甲篇
先但云伊尹以冕服奉嗣王歸于亳並未拜手稽首太甲遽稽首
於其臣傳云君而稽首於臣謝前過則害於義矣君雖有過不當
稽首而謝其臣公羊傳晉靈公望見趙盾愬而再拜乃東**欲敗度**
遷後衰世之事非三代前所宜有也故以爲誤倣洛誥

縱敗禮以速戾于厥躬速召也言己放縱情欲毀敗禮儀法度以召罪於其身○梅云左昭十年傳子皮曰書曰欲敗度縱敗禮酒誥曰惟民自速辜天作孽猶可違自作孽不可逭言孽災逭逃也言天災可避自作災不可逃○惠云禮緇衣大甲曰天作孽可違也自作孽不可以逭孟子太甲曰天作孽猶可違自作孽不可逭既往背師保之訓弗克于厥初尚賴匡救之德圖惟厥終言已往之前不能修德於其初今庶幾賴教訓之德謀終於善悔過之辭○惠云左傳楚共王曰未習師保之教訓又展喜曰匡救其災梅云論語既往不咎詩靡不有初鮮克有終金縢惟永終是圖伊尹拜手稽首拜手首至手曰修厥身允德協于下惟明后言修其身使信德合於羣下惟乃明君先王子惠困窮民服厥命罔有不悅言湯子愛困窮之人使皆得其所故民心服其教令無有不忻喜○梅云淮南修務訓湯夙興夜寐以致聰明輕賦薄斂以寬民氓布德施惠以振困窮弔死問疾以養孤孀百姓親附政令流行召誥越厥民茲服厥命並其有邦厥鄰乃曰徯我后后來無罰言湯俱與鄰並有國鄰國人乃曰待我君來言忻戴君來無罰言仁惠○閻云兩書有本出一處偶爲引者所增易實於義無妨者孟子齊人取燕章宋小國章兩引書徯我后后來其蘇徯我后后來其無罰是也奈何僞作古文者既以后來其蘇竄入仲虺之誥復以后來其無罰竄入太甲篇中可謂迂遠不切矣王懋乃德視乃

厥祖無時豫怠言當勉修其德法視其祖而行之無爲是逸豫怠惰奉先思孝接下思恭以念祖德爲孝以不驕慢爲恭○梅云詩永言孝思先謙案論語貌思恭視遠惟明聽德惟聰言當以明視遠以聰聽德○惠云楚語伍舉曰臣聞國君聽德以爲聰致遠以爲明朕承王之休無斁王所行如此則我承王之美無斁

太甲下第七

商書　孔氏傳　王先謙參正

伊尹申誥于王曰嗚呼惟天無親克敬惟親言天於人無有親疏惟親能敬身者○此梅氏古文之九惠云左傳周書曰皇天無親民罔常懷懷于有仁民所歸無常以仁政爲常鬼神無常享享于克誠言鬼神不保一人能誠信者則享其祀○惠云唐虞時未有誠字至伊尹告太甲乃曰鬼神無常享享于克誠誠字始見於此此眞西山之言也噫僞書安可據哉梅云左僖五年傳宮之奇曰鬼神匪人實親惟德是依天位艱哉言居天子之位難以此三者○梅云詩天位殷適德惟治否德亂爲政以德則治不以德則亂與治同道罔不興與亂同事罔不亡言安危在所任治亂在所法○惠云韓非子與亡國同事有不

可存也淮南說林訓與亂同道難與爲謀**終始慎厥與惟明明后**明慎其所與治亂之機則爲明王明君○先謙案胤征厥后惟明明與此文惟明明后卽一語而顛倒之**先王惟時懋敬厥德克配上帝**言湯惟是終始所與之難勉修其德能配天而行之○梅云詩殷之未喪師克配上帝**今王嗣有令緒尚監茲哉**令善也繼祖善業當夙夜庶幾視祖此配天之德而法之**若升高必自下若陟遐必自邇**言善政有漸如登高升遠必用下近爲始然後終致高遠○梅云中庸辟如行遠必自邇辟如登高必自卑**無輕民事惟難**無輕爲力役之事必重難之乃可**無安厥位惟危**言當常自危懼以保其位**慎終于始**於始慮終於終思始○梅云荀子議兵篇禮論篇皆言慎終如始**有言逆于汝心必求諸道**人以言咈違汝心必以道義求其意勿拒逆之**有言遜于汝志必求諸非道**遜順也言順汝心必以非道察之勿以自臧**嗚呼弗慮胡獲弗爲胡成一人元良萬邦以貞**胡何貞正也言常念慮道德則得道德念爲善政則成善政一人天子天子有大善則天下得其正○梅云左傳不索胡獲荀子事雖小不爲不成禮文王世子引語曰樂正司業父師司成一有元良萬國以貞鄭注一一人也此經直用鄭注改爲一人而刪有字閻云禮記稱世子今入伊尹口中以訓長君非也蓋見釋詁曰元良首也遂以此語實之耳郭璞彼注元良未聞**君罔以辯言亂舊政**利口覆國

家故特愼焉臣罔以寵利居成功成功不退其志無限故爲之極以安之邦其永孚于休言君臣各以其道則國長信保於美○梅云君奭厥基永孚于休

咸有一德第八

商書　孔氏傳　王先謙參正

咸有一德卽政之後恐其不一故以戒之○此梅氏古文之十殷本紀伊尹作咸有一德在湯作湯誥後咎單作明居前書序伊尹作咸有一德僞孔列太甲後誤辨見書序姚際恆云詳篇義疑史臣所紀當是尹與湯如虞之君臣作明良喜起歌相似故曰咸有一德但此不爲歌而爲文耳諸經傳記於伊尹並無告歸致仕之事作僞者見書序茫無可據鑿空撰出伊尹復政一節取配周公復政將咸有一德本屬尹在湯朝贊襄於湯者移入太甲朝陳戒於太甲夫贊襄於湯曰咸有一德喜同德之助陳交泰之休於義可也若陳戒於太甲而曰咸有一德則是矜功伐善且事其孫而追述與其祖爲一德豈復人臣對君之體司馬貞反據僞書以史公記於成湯朝爲顚倒失序可謂巨謬篇中句末用德字者十一句末用一字者四句末用一德者四句中所用一字德字又不在此數殆學語者所爲耳惠云禮緇衣引尹吉曰維尹躬及湯云云分見太甲及下文鄭注吉當爲告古文告字之誤也尹告伊尹之告也書序以爲咸有一德今亡逸書有此篇康成時已亡也又注惟尹躬天見于西邑夏云言尹之先祖見夏之先君臣皆忠信以自終今天

絕桀者以其自作孽伊尹始仕於夏此時就湯矣鄭據孔氏逸書爲說葢古文書序咸有一德次湯誥後故鄭以尹誥爲伊尹告成湯卽書序之咸有一德也又當克夏之後故云始仕于夏此時就湯皆古文說也今僞書以尹告一篇之文分屬太甲又以咸有一德爲陳戒太甲之詞失之遠矣

伊尹既復政厥辟 還政太甲○梅云復政厥辟襲洛誥復子明辟 **將告歸乃陳戒于德** 告老歸邑陳德以戒○惠云戰國策商君告歸姚際恆云此既造爲復政因造爲告歸下有嗣王新服厥命語是太甲歸亳後尹卽歸矣然君奭曰在太甲時則有若保衡左襄二十一年傳伊尹放太甲而相之卒無怨色是太甲歸後尹作相之日方長今據僞經太甲初喪時卽放之自攝太甲歸後旋卽復政若始終未嘗相太甲者孔疏殷本紀太甲崩子沃丁立沃丁序云沃丁既葬伊尹于亳則伊尹猶及沃丁之世壽百餘歲此告歸之時應已七十左右也予案太甲後爲賢君稱太宗享國綿長乃置伊尹於不問未嘗一日留相王室伊尹亦優游私邑終身恝然於其君葢萬無是理也

曰嗚呼天難諶命靡常 以其無常故難信○梅云君奭天命不易天難諶詩天難諶斯又曰天命靡常 **常厥德保厥位厥德匪常九有以亾** 人能常其德則安其位九有諸侯桀不能常其德湯伐而兼之○惠云常厥德卽易恆其德也厥德匪常卽易不恆其德也墨子非樂篇九有以亾

夏王弗克庸德慢神虐民 言桀不能常其德不敬神明不恤下民○梅云中庸庸德之行

皇天弗保監于萬方啟迪有命言天不安桀所爲廣視萬方有天命者開道之○梅云多士上帝不保詩監觀四方眷求一德俾作神主天求一德使伐桀爲天地神祇之主○梅云詩乃眷西顧又求民之莫又百神爾主矣惟尹躬暨湯咸有一德克享天心受天明命享當也所征無敵謂之受天命○梅云禮緇衣尹吉曰惟尹躬暨湯咸有一德閻云君前臣名禮也周公自名於王前曰予旦召公亦名之爲旦未有自稱字者緇衣兩引咸有一德此篇正序在湯誥後咎單作明居前史公亦親受逸書者卽繫於成湯紀內是必於太甲無涉矣王肅注言君臣皆有一德是必當時臣工贊美湯君臣之詞故君則號臣則字不必作於湯前作僞者止見書序伊尹作咸有一德遂以緇衣所引竄入口中又撰其詞於前曰惟尹躬克左右厥辟宅師喋喋稱字不已不可嗤乎以有九有之師爰革夏正爰於也於得九有之衆遂伐夏勝之改其正○惠云詩商頌奄有九有多士乃命爾先祖成湯革夏非天私我有商惟天佑于一德非天私商而王之佑助一德所以王○梅云楚詞皇天無私阿兮覽民德焉錯輔非商求于下民惟民歸于一德非商以力求民民自歸于一德德惟一動罔不吉德二三動罔不凶二三言不一○梅云詩二三其德左成八年傳季文子曰霸主將德是以而二三之其何以長有諸侯乎惟吉凶不僭在人惟天降災祥在德行善則吉行惡則凶是不差德一天降之善不一天

降之災是在德**今嗣王新服厥命惟新厥德**其命王命新其德戒勿怠○梅云詩其命維新召誥茲服
厥命又曰今王嗣受厥命又曰王乃初服**終始惟一時乃日新**言德行終始不衰殺是乃日新之義○惠云論
語有始有卒者其惟聖人乎孔安國注終始如一惟聖人耳梅賾以孔傳尚書故用其語梅云荀子議兵篇終始如一夫是之謂大
吉大學湯之盤銘曰苟日新**任官惟賢材左右惟其人**官賢才而任之非賢材不可任選左右必忠良
不忠良非其人○梅云禮王制任官然後爵之論語舉賢材禮文王世子設四輔及三公不必備惟其人**臣為上為德**
為下為民言臣奉上布德順下訓民不可官所私任非其人**其難其慎惟和惟一**其難無以為易
其慎無以輕之羣臣當和一心以事君政乃善**德無常師主善為師**德非一方以善為主乃可師○梅云論語
而亦何常師之有程云左成六年傳夫善衆之主也**善無常主協于克一**言以合於能一為常德**俾萬**
姓咸曰大哉王言一德之言故曰大○梅云孟子王曰大哉言乎**又曰一哉王心**能一德則一心
○梅云荀子用心一也**克綏先王之祿永底烝民之生**言為王而令萬姓如此則能保安先王之
寵祿長致衆民所以自生之道是明王之事○梅云大誥克綏受厥命先謙案詩天生烝民**嗚呼七世之廟可**
以觀德天子立七廟有德之王則為祖宗其廟不毀故可觀德○惠云呂氏春秋引商書曰五世之廟可以觀怪萬夫之長

可以生謀棟謂王肅主七廟以駁鄭君故嘗疑僞古文王肅撰也七廟制始晚周周公制禮以前未之有也喪服小記王者禘其祖之所自出以其祖配之而立四廟鄭注高祖以下與始祖而五漢永始四年詔議毀廟事丞相韋元成等主小記之說蓋周公制禮時文武尚在四廟之中穆共以下二廟當毀以其爲受命之主而不毀穀梁王制祭法禮器並云七廟荀卿劉歆班彪父子王肅孔晁虞喜干寶之徒咸以爲然穀梁王制祭法禮器皆晚周之書荀卿法後王又穀梁之徒故主七廟劉歆郴三宗不毀之說班氏和之王肅又因之以攻鄭於是造僞古文者改呂覽所引商書五世爲七世孔晁虞喜干寶又皆在僞古文已出之後故亦宗七廟之說不知其離經而畔道也皮云惠氏說詳明堂大道錄禘說金鶚求古錄禮說駁之金謂劉歆有功於經惠氏以爲畔經離道不可以無辨予謂劉歆亂經之人金氏以爲有功於經尤不可以無辨漢初廟制不應古法不知迭毀又立廟寢於郡國園陵翼奉貢禹韋元成匡衡始稍釐正至東漢後大壞皆稱宗皆不毀寶由劉歆宗無數之說啟之鄭君以七廟爲周制說本翼貢韋匡王肅復作聖證論以難鄭張融評之當矣劉歆有降殺以兩之說王肅遂有尊卑同制之疑不知廟制本於服制服不過五故親廟止於四天子不別爲高祖之祖與父制服何獨爲高祖之祖與父立廟古天子與諸侯異者天子有始封祖又有受命祖故商周以稷契爲始封祖而湯亦稱烈祖文亦稱太祖一爲始封一爲受命故可並稱祖而不嫌既皆稱祖則必皆有廟故禮緯云殷五廟至子孫六周六廟至子孫七也若諸侯止有始封祖無受命祖故止五廟然據魯而論周公魯公皆始封祖周公稱太廟魯公稱世室是魯亦有

六廟此皆禮由義起而非常數正與周有后稷文武故有七廟相類常數則天子諸侯皆止五廟呂氏春秋引商書曰五世之廟是商止五廟之明證禮緯言殷六廟商書言五廟者蓋作書時湯猶在親廟也予有天子七廟二祧攷七篇姑著其大略於此

萬夫之長可以觀政 能整齊萬夫其政可知○說見上

后非民罔使民非后罔事 以君使民自尊民以事君自生○惠云國語引夏書眾非元后何戴后非罪無與守邦大禹謨襲用其語此又襲其意而變其詞閻云禮記太甲曰民非后無能胥以監后非民無以辟四方與國語皆以民非后在上興起下后非民乃合告君語氣今倒置之則是告民語氣不容出伊尹對大甲之口矣

無自廣以狹人匹夫匹婦不獲自盡民主罔與成厥功 上有狹人之心則下無所自盡矣言先盡其心然後乃能盡其力人君所以成功○梅云匹夫匹婦見孟子答萬章問伊尹

盤庚上第九

商書　孔氏傳　王先謙參正

盤庚　盤庚殷王名殷質以名篇○左哀十一年傳引此經爲盤庚之誥釋文引馬云盤庚祖乙曾孫祖丁之子不言盤庚誥何非但錄其誥也取其徙而立功故以盤庚名篇殷本紀帝陽甲崩弟盤庚立是爲帝盤庚帝盤庚之時殷已都河北盤庚渡河南復居成湯之故居迺五遷無定處殷民咨胥相怨不欲徙盤庚乃告諭諸侯大臣曰昔高后成湯與爾之先祖俱定天下法則可修舍而弗勉何以成德乃遂涉河南治亳行湯之政然後百姓由寧殷道復興諸侯來朝以其遵成湯之德也帝盤庚崩弟小辛立是爲帝小辛帝小辛立殷復衰百姓思盤庚迺作盤庚三篇書序盤庚五遷將治亳殷民咨胥怨作盤庚三篇不言何時何人所作俞樾云作盤庚以諷小辛傷今思古猶小雅楚茨諸篇之義呂覽愼大篇武王乃恐懼太息流涕命周公旦進殷之遺老而問殷之亾故又問衆之所說民之所欲殷之遺老對曰欲復盤庚之政武王於是復盤庚之政然則史記謂百姓思盤庚信而有徵矣百姓思盤庚而作盤庚三篇所重者盤庚之政其首篇述盤庚遷殷以常舊服正法度卽所謂盤庚之政也此作書之本恉其中下二篇則取盤庚於始遷之時告誡其民之語附益之故雖三篇而伏生止作一篇也後漢文苑傳杜篤論都賦曰盤庚去奢行儉于亳李賢注

引帝王世紀云盤庚以耿在河北迫近山川自祖辛以來奢淫不絕盤庚乃南渡徙都于亳正義引鄭注意略同是盤庚之政去奢行儉之政也故以當時事實而言盤庚中宜爲上篇盤庚下宜爲中篇盤庚上宜爲下篇曰盤庚作惟涉河以民遷者未遷時也曰盤庚既遷奠厥攸居者始遷時也曰盤庚遷于殷民不適有居者則又在後矣然則作書者何以顛倒其序乎曰作書之序如此也盤庚之作百姓追思之而作也思盤庚思其政也始所作者蓋止今之上篇載盤庚正法度之言而已無中下篇也然而盤庚未遷與始遷時再三致告其民者民猶熟而能詳於是亦附其後焉此中下之篇所以作也是故盤庚三篇宜仍伏生之舊合爲一篇而其義則從史記案書疏引鄭云盤庚湯十世孫祖乙之曾孫以五遷繼湯篇次祖乙故繼之于上累之祖乙爲湯元孫七世也又加祖乙復其祖父通盤庚故十世祖乙居耿後奢侈踰禮土地迫近山川嘗圮焉至陽甲立盤庚爲之臣乃謀徙居湯舊都上篇盤庚爲臣時事下篇盤庚爲君時事此古文說皮云漢石經合爲一篇蓋本伏生之舊同史公之義若如鄭古文說則三篇非一時作不得合爲一篇矣漢人以盤庚爲去奢行儉不止杜篤賦言之鹽鐵論本議篇是以盤庚萃居舜藏黃金說苑反質篇殷之盤庚大其先王之室而改遷於殷茅茨不翦采椽不斲以變天下之視漢書楊雄傳非木摩而不彫牆塗而不畫周宣所考盤庚所遷夏卑宮室唐虞棌椽三等之制也翼奉傳臣聞昔盤庚改邑以興殷道聖人美之張衡西京賦盤庚作誥率人於苦後漢郎顗傳昔盤庚遷殷去奢即儉後漢紀崔實論世事云昔盤庚遷都以易殷民之弊荀悅申鑒云盤庚遷殷革奢即約曹翔漢敬隱后頌曰盤庚儉而

弗怠皆今文說與去奢行儉之恉合漢書孔光傳光議曰以尚書盤庚殷之及王爲比中山宜嗣光習大夏侯尚書亦今文說也先謙案魏志董卓傳注引華嶠漢書司徒楊彪曰昔盤庚五遷殷民胥怨故作三篇以曉天下之民而海內安穩楊氏世傳歐陽尚書以此經爲三篇漢書藝文志大小夏侯章句二十九卷歐陽章句三十一卷是已分三篇爲三卷矣上篇盤庚遷于殷民不適有居者敘作誥之由爲經文立案既云民不往有居則非遷都後事甚明俞說誤也上篇誥臣以數于民中篇將遷時誥民後兼及臣下篇既遷後誥臣篇次不紊鄭以上篇爲盤庚爲臣時事據篇中我王來及王若曰爲言白虎通引不施予一人爲臣下尊王之詞則是盤庚尊稱陽甲與鄭說盤庚爲臣時事合班氏通義用夏侯尚書然則以上篇爲盤庚爲臣時事亦夏侯遺說不自鄭始也此書大義自當依史記小辛時百姓追思盤庚而作惟遷都之舉始於陽甲爲君終於盤庚緩衆事言先後當時臣民必有記錄追思者本之而作皆紀實之詞與盤庚自爲之誥無異楊彪所云非有異說也

盤庚遷于殷○亳之別名○盤庚遷于殷今文與古文同盤一作般同之證盤一作般者楊雄傳般庚所遷作般洪适隸釋卷十四載蔡邕熹平石經殘碑盤庚下篇首句字作殷五經文字經舟皆作般釋文盤本又作般周禮司勳注作般庚是古文不異廣雅釋詁遷徙也殷紀集解引鄭云治於亳之殷地商家自此徙而改號曰殷亳皇甫謐曰今偃師是也漢書地理志河南郡偃師有尸鄉殷湯所都楊雄兗州牧箴云成湯五徙卒都于亳盤庚北渡牧野是宅與史記

不同史公謂盤庚自河北渡河南所遷是亳殷雄謂盤庚自河南渡河北所遷卽牧野乃今文家異說不如史記足據**民不**

適有居適之也不欲之殷有邑居○民不適有居今文無徵○民不適有居者殷紀云殷民咨胥相怨不欲徙卽所謂不適有居也民不欲徙者惑於在位之浮言也

率顲衆慼出矢言顲和也率和衆憂之人出正直之言○率顲衆慼今古文慼並當爲戚出矢言今文無徵王鳴盛云僞傳以慼爲憂衆憂之人不詞甚矣又因衆憂之人不易呼召訓顲爲和古無是訓也出矢言爲出誓言文義明順以矢爲正直尤非○今古文爲率顲衆戚者段云古于戚親戚憂戚同字衞包改戚爲慼俗字說文顲下云呼也从頁籥聲讀與籥同商書曰率顲衆戚衆戚者衆貴戚近臣王鳴盛云曉諭臣民必由近臣始故呼召之下文由乃在位在位卽衆戚也孫云殷紀云盤庚乃告諭諸侯大臣周禮鄭注云盤庚將遷于殷誥其世臣卿大夫道其先祖之善功是知衆戚爲貴戚近臣也矢言者釋詁矢誓也郭注相約誓易晉卦虞注矢古誓字

曰我王來既爰宅于茲我王祖乙居耿爰於也言祖乙已居於此○曰我王來既爰宅于茲今文無徵○曰我王來既爰宅于茲者劉云我王謂陽甲先謙案劉說是釋詁來至也言我王至此命我諭汝衆我邦爰居於此耿地者亦既有年非忍輕棄故土也下乃明其不得已之故

重我民無盡劉劉殺也所以遷此重我民無欲盡殺故○重我民無盡劉今文無徵○重我民者以民命爲重釋詁劉殺也言我民被水害與我殺之無異所謂天下有溺由己溺之也今河圯曰甚重我民命毋令盡戹於水**不能胥匡以生卜**

稽曰其如台言民不能相匡以生則當卜稽於龜以徙曰其如我所行○不能胥匡以生卜稽曰其如台今文無徵○
不能胥匡以生卜稽曰其如台者胥相匡救也稽卜以問疑也如
台猶言柰何問龜詞也江云言今民蕩析離居不能相救以生執
不可不遷於是稽之於卜曰其柰何哉周禮太卜國大遷則貞龜先王有服恪謹天命茲猶不常
寧先王有所服行敬謹天命如此尚不常安有可遷則遷○先王
有服三句今文無徵○先王有服云云者釋詁服事恪敬寧安
也書疏云先王謂成湯至祖乙不常厥邑于今五邦湯遷亳仲丁遷囂河亶甲居相祖乙居耿我往居亳凡五
徙國都○不常厥邑于今五邦今文與古文同○不常厥邑者杜
篤論都賦遭時制都不常厥邑用此經文說文邑國也又云邦國
也邑邦義通張衡西京賦殷人屢遷前八而後五居相圮耿不常
厥土改土以合韻○于今五邦者殷紀云迺五遷無定處[illegible]見明
史公用經于今五邦之文五邦即五遷也釋文五邦謂商丘亳囂
相耿也書疏引鄭云湯自商徙亳數商亳囂相耿爲五先謙案殷
紀云契封商丘湯始居亳帝仲丁遷於隞河亶甲居相祖乙遷于
邢商丘今陝西商州隞即囂今河南滎陽縣相今河南內黃縣邢
即耿今山西河津縣爲五邦故云于今已五邦矣不與盤庚遷都
相涉僞傳五徙并盤庚言之後儒以此篇爲遷都後作與馬鄭說
不合非是書疏云孔以盤庚意在必遷故通數往居亳爲五邦其說迂曲不可從今不承于古罔知天之
斷命今不承古而徙是無知天將斷絕汝命○今不承于古罔知天之斷命今文無徵○今不承于古罔知天之斷命者詩傳

承繼也古謂先王言今不繼先王之事是不知天之斷絕我命矣劉云斷命對下永我命續乃命言**矧曰其克從先王之烈**天將絕命尚無知之況能從先王之業乎○矧曰其克從先王之烈今文無徵○矧曰其克從先王之烈者釋言矧況克能也釋詁烈業也**若顛木之有由蘖**言今往遷都更求昌盛如顛仆之木有用生蘖哉○若顛木之有由蘖古文也今文作若顛木之有甹櫱○若顛木之有甹櫱者說文櫱下云伐木餘也从木獻聲商書曰若顛木之有甹櫱蘖下云櫱或从木辥聲不下云古文櫱从木無頭椊下云亦古文櫱甹下云木生條也从弓由聲商書曰若顛木之有甹枿古文言由枿本小刪徐之是作由者古文作甹者今文櫱蘖一字而異體作蘖者古文作櫱而與甹連文者爲今文矣釋文蘖本又作枿馬云顛木而肆生曰枿是古文一作枿之證據說文引書甹枿則今文甹櫱亦作甹枿矣段云枿蓋椊之譌體說文云古文言由枿者謂孔安國所傳壁中古文此許親見孔壁尚書之證左昭八年傳猶將復由此由當作甹猶將復甹與上是以卒滅語意以生滅相對詩序由儀萬物之生各得其宜也以生訓由以宜訓儀此由亦當作甹商書古文左傳詩序皆假由爲甹耳說文顛下云頂也槇下云木頂也一曰仆木也顛字可包木頂之訓木頂可兼仆木之解詁訓之法舉一顛字而顛倒之義見**天其永我命于茲新邑**言天其長我命於此新邑不可不從○天其永我命于茲新邑今文無徵○天其永我命于茲新邑者王鳴盛云亳殷本湯故都而曰新邑者五遷以來所都無定至是復故邦雖舊而邑則新也**紹復先王之大業底綏四方**言我

從欲如此○紹復先王之大業厎綏四方今文無徵○紹復先王之大業厎綏四方者釋詁紹繼綏安也

盤庚斆于民由乃在位以常舊服正法度斆教也教人使用汝在位之命用常故事正其法度○盤庚斆于民由乃在位以常舊服正法度今文與古文同○盤庚斆于民由乃在位者殷紀云盤庚乃誥諭諸侯大臣史公以諸侯大臣說經文在位由在位以教于民故但云告諭諸侯大臣也說文斆下云覺悟也鴻範云謀及庶民則商家之制每有大事必告知衆庶周禮小司寇亦云以致萬民而詢焉是也○以常舊服正法度者殷紀云法則可修史公說此經意也說文度法制也正謂修正之以有常之故事正其法度鄭杜篤輩所云去奢行儉之政

曰無或敢伏小人之攸箴言無有故伏絕小人之所欲箴規上者戒朝臣○曰無或敢伏小人之攸箴今文無徵○曰無或敢伏小人之攸箴者釋文引馬云箴諫也書疏引鄭云奢侈之俗小民咸苦之欲言于王今將屬民而詢焉故敕以無伏之廣雅釋詁伏藏也周語師箴百工諫庶人傳語韋注箴刺王闕說文箴綴衣箴也故有所諷刺亦謂之箴

王命衆悉至于庭衆羣臣以下○王命衆悉至于庭今文無徵○王命衆悉至于庭者宣陽甲之命統於上文曰字內經言衆皆謂羣臣江聲以爲庶民非也上文明言由在位以教于民又敕毋隱小民之諫言則至庭之衆必皆臣下無庶民在內矣隸古定本庭作廷通用字說文廷朝中也蓋朝中無屋故謂之廷釋詁悉盡也

王若曰

格汝衆予告汝訓告汝以法教○王若曰格汝衆古文也今文格作裕予告汝訓今文無徵○王若曰格汝衆者

代陽甲論眾臣云王如此言也今文格作裕者白虎通號篇尚書曰王曰裕汝眾皮云白虎通用今文故作裕不作格非誤字也方言裕猷道也是裕猷皆訓道道爲治道之道亦爲教道之道古無二字王莽大誥用今文以大誥猷爲大誥道道此作裕者當如大誥之猷莽誥之道道裕汝眾謂教道女眾也或以爲王郎盤庚若曰者小辛時史臣追述之非○予告汝訓者釋詁訓道也告汝以道民之言

汝猷黜乃心無傲從康謀退汝違上之心無傲慢從心所安○汝猷黜乃心無傲從康今文無徵○汝猷黜乃心無傲從康者說文黜貶下也下文亦云汝克黜乃心劉云時眾臣驕侈各懷二心故首告以謀去私心江云無傲慢而懷安較僞傳爲長段云傲本作敖衞包改之

古我先王亦惟圖任舊人共政先王謀任久老成人共治其政○古我先王亦惟圖任舊人共政今文無徵○古我先王亦惟圖任舊人共政者釋詁圖謀也廣雅釋詁任使也舊人久於其位者

王播告之修不匿厥指王布告人以所修之政不匿其指○王播告之修不匿厥指今文無徵古文播一作譒僞傳以修字上屬爲句非○古文播一作譒者說文譒下云敷也商書曰王譒告之段云此壁中故書也王郎謂上先王○修不匿厥指者孫云楚詞王逸注修遠也廣雅釋詁匿隱也釋言指示也說文有恉字云意也恉亦同旨言王爲敷告之言行之甚遠無隱其意恉者江云王敷告之以所當爲舊人修明之不隱匿其恉意王用是大敬之言君臣一德一心也連下王用丕欽爲說於義亦通

王用丕欽罔有逸言民用丕變王用大敬其政教無有逸豫之言民用大變從化○王用

丕欽三句今文無徵○王用丕欽云云者孫云釋言逸過也王敬其令無有過言民從其令用是變化二丕字詞也劉云匿厥指則德意不下達有逸言則民聽疑惑舊臣無之故能媚于天子媚于庶人也**今汝聒聒起信險膚予弗知乃所訟**謂聒聒無知之貌起信險爲膚受之言我不知汝所訟言何知乃所訟今文無徵○今汝聒今古文竝當爲今女聒聒起信險膚予弗馬及說文皆云拒善自用之意案說文聒下云拒善自用之意从心聒聲商書曰今女聒聒是訓拒善自用者作聒不作聒馬與說文同是古文本作聒也又重文聒下云古文从耳皮云古文从耳作聒則從心作聒者是今文段以聒爲古文聒爲壁書各執一說就經義推之今文之爲聒不爲聒固無疑也僞傳云無知之皃所用本亦必作聒不作聒段云唐以前尚書作聒故釋文大書聒聒今本釋文大書聒聒者因衞包改書字作聒故開寶中李昉陳鄂等並釋文改之王篇心部云聒愚人無知也耳部云聒無知皃廣韻十三末云聒愚聒無知此皆用僞傳無知之皃爲說衞改聒爲聒者以書疏引鄭云聒聒今疏改聒讀如聒耳之聒聒聒今疏聒聒改難告之皃鄭義與許馬僞孔諸說皆謂不可教訓不知話言非多言讙聒之謂云讀如聒耳之聒者讀如非讀爲也衞誤認聒聒爲古今字汗簡云聒古文聒字出尚書可證汗簡之說皆出包妄改以後說文云聒古文聒不云古文聒也集韻十三末聒通作聒亦惑於天寶後之尚書蔡沈訓聒聒爲讙讙多言五百年來墨守其說包之遺毒如此○起信險膚予弗知乃所訟者江云起造言也信古申字謂申說也此戒羣臣浮言則起信險膚非謂聽信人言乃責其

興造險詖膚浮之語而申說之以惑衆也說文訟爭也**非予自荒**所造之言專以沮撓國事故云予不知女所爭何謂**兹德惟汝含德不惕予一人予若觀火**我之欲徙非廢此德汝不從我命所含惡德但不畏懼我耳我視汝情如視火○非予自荒兹德今文無徵惟汝含德不惕予一人古文也今文含作舍惕作施予若觀火今文與古文同○非予自荒兹德者江云兹德兹君臣一德也荒廢也言先王與舊人一德今予與汝不能然非予自廢此德也○惟汝含德者孫云史記云舍而弗勉何以成德則今文含德當爲舍德謂汝自舍其德而弗勉也先謙案舍德與荒德語意相對較含爲合○不施予一人者白虎通號篇云臣下謂之一人何亦所以尊王者也以天下之大四海之內所共尊者一人耳故尚書曰不施予一人段云今文作施施與惕同在歌支一類詩何人斯我心易也韓詩作施廣雅釋詁移施狄斁也曹音施失異反斁亦鼓反皮云白虎通用今文作施與史公說異而與鄭說近鄭以上篇爲盤庚爲臣時事則予一人爲盤庚目其君之詞猶云我天子耳此云臣下謂之一人當與鄭同葢夏侯尚書閒與古文說合也孫云爾雅郭注引韓詩云惕惕悅也言汝不悅從我也詩釋文六引韓詩曰施善也施葢惕之緩讀善義亦近悅也○予若觀火者夏官序官注爟讀如予若觀火之觀陳云鄭注禮在注書前其讀爟爲觀當用學官所立三家今文使人易曉注又云今燕俗名湯熱爲觀則爟火謂熱火與鄭意言湯熱可呼觀則火熱亦可呼觀然則此經觀火與司爟之爟皆當訓爲熱觀火者猶言熱火也先謙案葢謂若火之方揚**予亦拙謀作乃逸**逸過也我不威脅汝

徙是我拙謀成汝過○予亦拙謀今古文當作予亦燪謀作乃逸
今文無徵○予亦燪謀者說文燪下云燪火光也从火出聲商書
曰予亦燪謀讀若巧拙之拙王鳴盛云許云讀若巧拙之拙後人
遂改尚書燪字爲拙非也經言予威若熱火之猛烈但予之自謀
絀威不用亦如火光燪然耳段云類篇燪火不光也玉篇燪火光
也爩也上也字衍當作火光爩也集韻六術燪爩煙皃九迄爩字
下云燪爩煙出也玉篇爩字下亦云煙出也然則類篇近是孫云
我如爟火之不用其光謂無赫赫之威也陳云今文尚書當與古
尚書同作燪謀江云唐本改拙隸古定本亦作燪○作乃逸者江
云司士作六軍之士執披鄭注作謂使之也作乃逸者使汝縱逸
不從令也劉云作始也爲也言始於憂勤終於逸
樂無逸所謂艱難乃逸也下屬爲解於義亦通　**若網在綱有條**
而不紊若農服田力穡乃亦有秋　紊亂也穡耕稼也下之順上當如網在綱各有條理而不亂也
農勤穡則有秋下承上則有福○若網在綱有條而不紊今文無
徵若農服田力穡乃亦有秋今文與古文同○若網在綱有條而
不紊者說文綱下云維紘繩也紊下云亂也從糸文聲商書曰有
條而不紊者言汝當從上教令若網之有綱綱舉則有條理而不紊
亂○若農服田力穡乃亦有秋者漢書成紀陽朔四年詔曰書不
云乎服田力嗇乃亦有秋渻若農二字引經體不拘也穡作嗇與
漢石經殘碑無逸篇合應劭注農夫服田厲其膂力
乃有秋收也此今文說以喻盡力遷徙則可永安　**汝克黜乃心**
施實德于民至于婚友丕乃敢大言汝有積德　汝羣臣能退去傲上之心施實德于

民至于婚姻僚友則我大乃敢言汝有積德之臣○汝克黜乃心四句今文無徵○汝克黜乃心云云者孫云言汝能去其傲慢從康之心施實德於衆民以至於婚姻僚友乃可大言汝有積德時諸臣之不欲遷居者方自謂有積德於民於婚友皆虛言也江云丕字若依本義訓大則大乃敢大言不詞甚矣召誥丕能諴於小民說文引丕作不金縢丕子之責鄭注讀丕爲不是丕不字通言汝毋以浮言相煽使民得居樂土不乃敢大言汝有積德乎

乃不畏戎毒于遠邇惰農自安不昬作勞不服田畝越其罔有黍稷

戎大昬强越於也言不欲從則是不畏大毒於遠近如怠惰之農苟自安逸不強作勞於田畝則黍稷無所有○乃不畏戎毒于遠邇惰農自安今文無徵不昬作勞不服田畝越其罔有黍稷今文與古文同○乃不畏戎毒于遠邇惰農自安者釋詁戎大邇近也說文毒下云害人之艸往往而生故毒之言害也言水患大害於遠近我當畏避汝乃不畏大害而不願遷是如怠惰之農苟自偸安而已○不昬作勞者張衡西京賦云何必昬于作勞反用書語明今文與古文同釋文昬馬同本或作𢿱音敏爾雅昬𢿱皆訓强故兩存段云昬聲古音在第十三部民聲在第十二部昬从氏省不从民唐人諱認爲民聲故高宗有詔改葉昬二字不知昬非从民也諱昬作昏而適與古合矣昬聲與民聲音韻亦多誤不昬作勞大司寇注竟爲不愍作勞可證也書疏引鄭云昬讀爲𢿱𢿱勉也是古文經本作昬鄭讀爲𢿱故或一本作𢿱文選冊魏公九錫文商民昬作李注引般庚曰不𢿱作勞而孫炎爾雅注三國志裴注作不昬作勞然則古本皆作昬一也陳云昬者𢿱字之渻借

○不服田畝越其罔有黍稷者後漢傳毅傳毅迪志詩云農夫不怠越有黍稷農夫不怠反用書惰農自安不昬作勞不服田畝三句越有黍稷反用書越其罔有黍稷句明今文與古文同㞋服字通用說文㞋下云治也畝下云六尺爲步步百爲畝越粤字通黍下云禾屬而黏者也以大暑而種故謂之黍稷下云齋也齋或作粢亦謂之粟**汝不和吉言于百姓惟汝自生毒**責公卿不能和喻百官是自生毒害○汝不和二句今文言和諧百姓是汝自生毒害江云此因羣臣以浮言恐猲下民而責之則此百姓是民詩節南山卒勞百姓亦謂民爲百姓也**乃敗禍姦宄以自災于厥身**言汝不相率共徙是爲敗禍姦宄以自災之道○乃敗禍二句今文無徵○乃敗禍云云者孫云方言露敗也敗亦爲露魯語里革曰竊寶者爲軌用軌之材者爲姦軌同宄釋詁裁危也烖同災言乃致敗禍發露其姦宄之行以自危其身**乃既先惡于民乃奉其恫汝悔身何及**羣臣不欲徙是先惡於民恫痛也不徙則禍毒在汝身徙奉持所痛而悔之則於身無所及○乃既先惡于民乃奉其恫今文無徵汝悔身何及古文也今文身作命○乃既先惡于民乃奉其恫者言敗露之後民皆惡其浮言惑衆惡當讀烏故反諸家訓爲以惡導民非也說文奉承也釋言恫痛也言既先見嫉惡於民而又自承其禍痛則悔何及矣○今文身作命者石經殘碑作口口命何及馮登府云上文屢言命下文矧予制乃短長之命與此悔命相應悔命何及卽所謂罔知天之斷命也較悔身義長**相時憸民猶胥**

顧于箴言其發有逸口矧予制乃短長之命言憸利小民尙相顧於箴誨恐其發動有過口之患況我制汝死生之命而汝不相教從我是不若小民○相時憸民古文也今文憸作散古文一作㤁猶胥顧于箴言三句今文無徵○相時憸民者釋文馬云相視也憸利小小見事之人也今文作相時散民者石經殘碑作相口散口散卽散也古文一作㤁者說文㤁下云疾利口也从心冊聲大徐本从心从冊商書曰相時㤁民商書誤詩依段訂正段云㤁與憸義同而音異女部孅下曰从女刪省聲此亦當爲刪省聲轉寫譌脫耳刪省聲則與散字異音同王鳴盛云立政憸人釋文云本亦作㤁馬於彼亦訓利但以爲佞人此則云小小見事之人者彼戒成王立政故言勿用佞人此則偸安而欲沮人謀故云小小見事之人皆望文爲說也時是也散民猶凡民也○猶胥顧于箴言云云者箴刺也孝經言滿天下無口過釋言逸過也則逸口猶口過謂過言也言憸民尙顧畏箴刺恐發言有口過矧我能生殺汝尙可輕發邪

汝曷弗告朕而胥動以浮言恐沈于衆曷何也責其不以情告上而相恐欲以浮言不從恐汝沈溺於衆有禍害○汝曷弗告朕三句今文無徵○汝曷弗告朕云云者孫云廣雅釋詁曷何也莊子釋文引司馬注云沈深也說文抌下云讀若告言不正曰抌疑告言不正是沈字言汝何不以民情告朕反相動以虛言恐衆惑之深

若火之燎于原不可嚮邇其猶可撲滅火炎不可嚮近尙可撲滅浮言不可信用尙可得遏絕之○若火之燎于原不可嚮邇其猶可撲滅今文無徵古文若一作如僞傳其猶可誤解○古文若作如者

左隱六年傳君子曰商書曰惡之易也如火之燎于原不可鄉邇其猶可撲滅莊十四年傳君子曰商書所謂惡之易也如火之燎于原不可鄉邇其猶可撲滅者其如蔡哀侯乎段云惡之易也四字櫽括上文汝不和吉言以下七十餘字葢以其詞繁而約結之女曷以下三十字爲一句一氣貫注之文中生橫槩矣先謙案說古人早有此法說尚書者謂此四字爲僞孔所刪而擅補之轉使文燎放火也其猶可撲滅者言不可撲滅也鄉作嚮衞包所改**則惟汝衆自作弗靖非予有咎**我刑戮汝非我咎也靖謀也是汝自爲非謀所致○則惟汝衆二句今文無徵僞傳訓靖爲謀非○則惟汝衆云云者釋文引馬云靖安也此條出釋文本注疏本無元孫云藝文類聚引韓詩曰靖善也靖又與靜通詳堯典廣雅釋詁安靜也義又與安通言汝自作不善以致刑戮咎不在予**遲任有言曰人惟求舊器非求舊惟新**遲任古賢人言人貴舊器貴新汝不從是不貴舊○遲今古文並當作迟迟任有言曰人惟求舊器非求舊惟新古文也今文當與古文同一作人惟舊器非救舊維新○今文遲作迟者段云集韻六脂云迟侍夷切迟任古賢人書迟任有言案此宋自未改釋文也今本釋文云遲直疑反徐持夷反自衞包改尚書之迟作遲開寶中又改釋文此集韻據未改本徐侍夷之音與直疑之反不同葢相傳舊讀故陸兼存之今本釋文譌爲持夷則與直疑不甚別可據集韻以正譌字說文遲下云或从𡰥作迟般庚作迟迟自是古本如此石經殘碑人維舊上有言曰二字則今文與古文同釋文引馬云迟任古老成人書疏引鄭云迟任古之賢史○人維舊器非救舊維新者石經殘碑作人維舊口口殺

舊下闕是今文作人維舊器非救舊也舊上無求字下求作救段云古殳攴通用救即救江云救以求爲聲故借爲求字大司徒以土圭之法正日景以求日中鄭云故書求爲救是以救爲求又堯典旁逑亦爲旁救又以救爲逑也潛夫論交際篇人惟舊器惟新據上句與石經合明今文止作人維舊無求字下句器惟新約經爲文明器非救舊下有惟新二字惟當依石經作維今古文之異也皮云風俗通窮通篇三國志王朗與許靖書引書皆作人惟求舊蓋三家本異或有惟字與古文合江云引此言者明用人當用舊人故我不絕爾善用器則不然舊則當更新者以喻國邑圮毀當遷新邑也

古我先王暨乃祖乃父胥及逸勤予敢動用非罰言古之君臣相與同勞逸子孫所宜法之我豈敢動用非非常之罰脅汝乎○古我先王三句古文也今文予下有不字逸一作肄○今文予下有不字者五經異義引尚書古我先王暨乃祖乃父胥及逸勤予不敢動用非罰案先王謂湯也殷紀云般庚誥諭諸侯大臣曰昔我高后成湯與爾之先祖俱定天下郎約此文非罰謂罰之不當也逸一作肄者蔡邕司空文烈侯楊公碑云公惟司徒之孫太尉公之允子皇祖考以懿德胥及肄勤此今文作肄勤之證皮云詩谷風既詒我肄毛傳肄勞也左昭三十年傳若爲三師以肄焉杜注肄猶勞也肄勤謂勤勞王事蔡舉楊祖考勤勞王事正用盤庚乃祖乃父胥及肄勤之義又蔡邕中鼎銘宣力肆勤肆勤亦即肄勤小宗伯肄儀爲位注故書肄爲肆曲禮君命大夫與士肄學記宵雅肄三釋文皆云肄本作肆是肆與肄通蔡用今文作肄勤實勝逸勤之義

世選爾勞予不掩爾善選數也言

我世世選汝功勤不掩蔽汝善是我忠於汝○世選爾勞予不掩爾善古文也今文掩作絕○今文掩作絕者詩文王疏引五經異義云謹案易爻位三爲公二爲卿大夫詒六三曰食舊德食舊德謂食父故祿也尚書古我先王云云引見世選爾勞予不絕爾善論語興滅國繼絕世國謂諸侯也世謂卿大夫詩云凡周之士不顯亦世孟子曰文王之治岐也仕者世祿知周制世祿也皮云許引此經爲諸侯卿大夫世祿興滅國繼絕世之證與大傳說同用今文義也司勳事功曰勞言乃祖父有勞於王室我先王以來世世選錄汝祖父之勞故我不絕棄汝之善不絕者大傳所云諸侯子孫采地不黜也覎

茲予大享于先王爾祖其從與享之

古者天子錄功臣配食於廟大享烝嘗也所以不掩汝善○茲予大享于先王爾祖其從與享之今文與古文同一無大字與字僞傳以大享爲烝嘗本鄭說○今文同者大傳云古者諸侯始受封則有采地百里諸侯以三十里七十里諸侯以二十里三十里諸侯以十五里其後子孫雖有罪黜其采地不黜使其子孫賢者守之世世以祠其始受封之人此之謂興滅國繼絕世書曰茲予大享于先王爾祖其從與享之此之謂也一無大字與字者韓詩外傳說與大傳略同惟云五十里諸侯以十里爲異引書曰茲予享于先王爾祖其從享之無大字與字趙校本無之字本據補書增陳云外傳與大傳說同足證三家詩皆用今文尚書五十里諸侯采地以十里較大傳少五里然以百里諸侯七十里諸侯例之其采地皆遞減十里外傳是也大傳以三十五里五葢衍字皮云陳說非也春秋繁露爵國篇附庸字者方三十里名者方二十里人氏者方十五里與大傳合則大傳十五里不誤外

傳脫五字耳伏韓之說與古文說不同證以董書則采地不黜使其子孫賢者守之卽附於諸侯之附庸其先百里之國其後爲稱字之三十里其先七十里之國其後爲稱名之二十里其先五十里之國其後爲稱人氏之十五里殷爵三等附庸亦分三等其數正合春秋時紀季以酅入于齊此國滅而采地不滅之證公羊傳云請後五廟以存姑姊妹是附庸亦得立五廟蓋子孫有罪黜而猶得爲附庸立五廟以祠其受封之人此古者興滅國繼絕世之義也今文家解此經並不訓爲功臣配祭則上句享字上不必加大字下句享字上不必加與字矣此則當從外傳無大字與字爲是今本大傳疑後人據古文尚書增之司勳凡有功者名書于王之大常祭于大烝司勳詔之鄭注生則書于王旌以識其人與其功也死則於烝先王祭之詔謂告其神以詞也般庚告其卿大夫曰茲予大享於先王爾祖其從與享之是也大享謂烝嘗也惠云王者吉禘之禮行於春夏謂之大禘行於秋謂之大嘗行於冬謂之大烝左傳烝嘗禘于廟是也祭統之大嘗禘司勳之大烝皆喪畢之吉禘一也又云烝嘗禘本四時之祭吉禘因之而有大禘大嘗大烝之名又云祭莫大於喪畢之吉禘一王終嗣天子卽位奉新陟之王升合食於明堂上自郊宗石室旁及毀廟下逮功臣無不與食合數十世之主行配天之禮故謂之大禘孫云大享謂禘祭于明堂曲禮大饗不問卜注云祭五帝於明堂禮器大饗腥注云大饗祫祭先王也疏引鄭注論語云禘祭之禮自血腥始禮器又云大饗其王事與下言諸侯之貢諸侯之賓是大饗卽禘祭也商頌長發大禘之詩云受小球大球爲下國綴旒受小共大共爲下國駿厖惟禘有諸侯助祭公羊文二年何休注禘所以異於

祫者功臣皆祭也案經云大享卽禮記大饗也云爾祖其從與享之知爲禘也鄭云大享謂烝嘗者王制云天子諸侯宗廟之祭春日礿夏日禘秋日嘗冬日烝注云此蓋夏殷之祭名周則改之春日祠夏日礿以禘爲殷祭統云凡祭有四時春祭日礿夏祭日禘秋祭日嘗冬祭日烝注云謂夏殷時禮也祭統又云礿禘陽義也嘗烝陰義也禘者陽之盛也嘗者陰之盛也故日莫重於禘嘗案此則大享當是禘嘗而鄭以爲烝嘗者據司勳文也書疏云嘗是烝之類故鄭以嘗配烝秋冬之際尚及功臣則禘祫可知又釋大享云若烝嘗對禘祫則禘祫爲大烝嘗爲小若四時自相對則烝嘗爲大礿祠爲小鄭雖舉烝嘗爲大享亦未嘗不兼祫禘也爾雅禘爲大祭凡祭之大於餘祭者皆得爲禘故冬至祭昊天上帝於圜丘夏至祭感生帝於南郊及宗廟五年一祭皆爲禘左傳云烝嘗禘于廟是烝嘗亦得名禘也王鳴盛云公羊文二年傳何注禘所以異於祫者功臣皆祭也是禘有功臣祫無功臣然祫祭兼毀廟未毀廟之主所祭旣多固不便更及功臣禘雖穆主於文廟昭主於武廟所祭差簡但禘祫皆序昭穆雖以功臣則非序昭穆矣當專主烝嘗爲是**作福作災予亦不敢動用非德**善自作福惡自作災我不敢動用非罰加汝非德賞汝各從汝善惡而報之○作福作災二句今文無徵○作福作災云云者江云作災猶言作威也威福之加必當功罪孫云祭統云古之於禘也發爵賜服順陽義也於嘗也出田邑發秋政順陰義也非德謂發爵賜服之不當者**予告汝于難**

若射之有志告汝行事之難當如射之有所準志必中所志乃善○予告汝于難今文無徵若射之有志古文也今文

射作矢○予告汝于難者書疏引鄭云我告汝於我心至難矣先
諓案據下句則難屬心言鄭說是僞傳專言行事於理未圓○今
文射作矢者石經殘碑作口口口有志不能據證王應麟藝文志
攷云漢人引若矢之有志既夕記志矢一乘注志猶擬也書曰若
射之有志陳云疑鄭所引書亦作若矢之有志書疏引鄭云夫射
者張弓屬矢而志在所射必中然後發之爲政之道亦如是也以
己心度之可施於彼然後出之朱彬
云志古通識索隱引作幟幟猶埻也**汝無侮老成人無弱孤有幼**
不用老成人之言是侮老之不從則孤幼受害是弱易之○汝無
侮老成人無弱孤有幼古文也今文無作毋老作翁弱作流○汝
無侮老成人者老侮誤倒書疏引鄭云老弱皆輕忽之意也段云
唐石經作汝無老侮成人僞傳侮老之亦當爲老侮之今本作侮
老者因老成人三字口習既熟又誤會孔傳故致倒亂漢書趙充
國傳充國年七十餘上老之此老侮之義也今文無作毋老作翁
者石經殘碑作女毋翁侮成人黃伯思東觀餘論同段云翁侮猶
狎侮也翁蓋狎之叚借字皮云淮南地形訓其人翁形注翁讀脅
幹之脅漢書王莽傳動靜辟脅顏注翁脅之聲相近義則同此翁
蓋借爲脅以勢脅侮之不聽遷也先謙案翁狎翁脅皆雙聲字於
義並通○無弱孤有幼者臧鏞堂云左傳華臣弱皐比之室杜注
弱侵易之此弱義同今文弱作流者石經殘碑作毋流口口口孫
云鄉飲酒鄭注流猶失禮也皮云管子宙合篇君失者則風律必
流注云流謂蕩散此流字亦當作蕩散解先謙案皮說較長既爲
水患所蕩析不遷則人皆流散矣王鳴盛云經意謂毋老侮其成
人者毋弱孤其有幼者王引之云老侮與弱孤對弱孤猶弱寡也

各長于厥居勉出乃力聽予一人之作猷盤庚敕臣下各思長於其居勉盡心出力聽從遷徙之謀○各長于厥居三句今文無徵○各長于厥居云云者厥居謂新邑各爲永久之圖勉盡心力作爲猷謀也言聽我一人之謀爲段云釋詁猷已也作猷猶作輟若後世言指揮進止也於義亦通**無有遠邇用罪伐厥死用德彰厥善**言遠近待之如一罪以懲之使勿犯伐去其死道德以明之使勸慕競爲善○無有遠邇用罪伐厥死今文無徵用德彰厥善今文與古文同彰一作章僞傳伐去其死迂謬○無有遠邇者言遠近視之一體孫云遠則諸侯近則臣工用罪伐厥死者以罪則誅伐至死不輕宥○用德彰厥善者後漢濟北惠王傳魏志高柔傳引如此廣雅釋詁彰明也今文彰一作章者漢書楚孝王囂傳王嘉傳引皆作用德章厥善**邦之臧惟汝眾**有善則眾臣之功○邦之臧惟汝眾古文也今文作國之臧則維女眾○今文作國之臧則維女眾眾者周語內史過引般庚如此邦國惟維今古文之異多則字韋注臧善也國俗之善則維女眾歸功於下**邦之不臧惟予一人有佚罰**佚失也是己失政之罰一罪己之義○邦之不臧惟予一人有佚罰古文也今文作國之不臧則維余一人是有逸罰○今文作國之不臧則維余一人是有逸罰者內史過引如此多則字是字佚逸古通用韋注逸過也罰猶罪也國俗之不善則維余一人是我有過也其罪當在我皮云韋注不言古今文同異疑古今文同注義或本今文家說作國作維亦與今文合也釋言逸過也郭注引書亦作逸罰**凡爾眾其惟致告**致我誠告

汝眾○凡爾眾其惟致告今文無徵○凡爾眾其惟致告者命致其告詞於下使咸知之**自今至于後日各恭爾事齊乃位度乃口**○奉其職事正齊其位以法度居汝口勿浮言自今至于後日今文無徵各恭爾事今古文恭並作共齊乃位度乃口乃口今文作爾口僞傳以法度居汝口不詞○古文恭作共者段云共孔訓奉與甘誓牧誓同衛包妄攺爲恭恭不訓奉也陳鄂於宋開寶中刪去釋文共音恭之語書古文之厄至斯而極今文恭作共者漢石經殘碑作各共爾事釋詁共具也○今文作齊乃位度爾口者石經殘碑如此齊乃位者廣雅釋言齊整也言整肅其位勿紊亂度爾口者度當爲斁江云古人作字輒有從其聲而省其文者如遹作爾諸作者說作兑之類皆是此經以度爲斁省去支旁說文斁閉也閉塞其口於誼允當**罰及爾身弗可悔**不從我謀罰及汝身雖悔可及乎○罰及爾身弗可悔今文無徵○罰及爾身弗可悔者江云示以梗令則有罰儆懼之段云今文尚書般庚三篇爲一篇然蔡邕所書石經中篇建乃家之下下篇般庚旣之上空一字自隸釋所載迄錢唐黃易所藏殘字翁方綱所摹勒皆然則上篇中篇相接處亦必空一字可知雖爲一篇固有區別蓋書序云作般庚三篇殷本紀亦云作般庚三篇書序不待壁中而始出故般庚之列爲三亦不待壁中本出而始分也

盤庚中第十

商書　孔氏傳　王先謙參正

盤庚作惟涉河以民遷爲此南渡河之法用民徙○盤庚作惟涉
河以民遷今文無徵○盤庚作者書疏引
鄭云作渡河之具惟涉河以民遷者耿
在河北殷在河南廣雅釋詁涉渡也**乃話民之弗率誕告用亶**
其有衆話善言民不循教發善言大告用誠於衆○乃話民之弗
率二句今文無徵○乃話民之弗率云云者釋文話馬云
告也言也亶馬本作單音同誠也說文話下云合會善言也釋詁
率循也誕大也言合會民之不循教遷居者而善言大告以誠於
其有衆末三字或下屬爲句段云馬作
單而讀爲亶與雜誥乃單文祖德同**咸造勿褻在王庭**造至也
衆皆至
王庭無褻慢○咸造勿褻在王庭今文無徵○咸造勿褻在王庭
者釋文造馬云爲也蒞即鄭所言爲渡河之具勿褻者謂衆心肅
靜段云衆經音義十五媟嬻條下引尚書咸造忽媟孔安國曰媟
慢也傷也案忽者勿之誤褻本作媟蒞衛包改之引傳文亦與今
不
同**盤庚乃登進厥民**升進命使前○盤庚乃登進厥民今文無徵
○盤庚乃登進厥民者江云王廷無堂則經
言登進不得解爲登堂但招來之使前進耳先謙案民數至衆非
升高則言不遠聞盤庚乃登句進厥民句則無疑於無堂可登矣

曰明聽朕言無荒失朕命荒廢○曰明聽朕言無荒失朕命今文無徵○曰明聽朕言無荒失朕命者詩
毛傳荒虛也江云古佚字省作失君奭遏佚前人光漢書王莽傳
引作遏失前人光公羊成二年傳佚獲也釋文佚一本作失史記
太史公自序网羅天下放失舊聞皆以失爲佚此經失字亦然當讀爲佚佚之言忽也**嗚呼古我前后罔不**
惟民之承言我先世賢君無不承安民而恤之○嗚呼古我前后今文無徵罔不惟民之承今文與古文同○嗚呼古我
前后者以下文推之嗚呼當作於戲○罔不惟民之承者石經殘
碑作□□□民之承江云讀當至保字絕句保安也言前后無不
承安其民也孫云文選注二十五引薛君章句云承受也說文保
下云任保也蓋言任使下文承汝俾汝俾亦使也洛誥云承保乃
文祖受命民是承保讀當絕句承保猶易言容保保民也**保后胥慼鮮以不浮于天時**民亦安君之政
相與憂行君令浮行也少以不行於天時者言皆行天時○保后
胥慼鮮以不浮于天時古文也今文慼作高○今文慼作高者石
經殘碑作保后胥高鮮以不浮斷黃伯思東觀餘論亦載保后胥
高四字后胥慼鮮以不浮于天時者孫云說文慽憂也謂后亦與
民共憂患釋詁鮮罕也浮讀爲孚言君民親附罕有不孚於天時
者孟子云天時地利不如人和是也后胥高鮮以不浮于天時者
江云胥相也詩聿來胥宇爾雅小山別大山曰鮮詩度其鮮原鮮
上屬爲句后胥高鮮者言前后相度高山之處而徙居之下篇所
謂適于山也浮過也禮表記恥名之浮于行也是浮有過義
經言既相地之宜又審天之時當遷則遷不過於天時也**殷降**

大虐先王不懷我殷家於天降大災則先王不思故居而行徙○殷降大虐先王不懷今文無徵○殷降大虐者書疏引鄭云將遷於殷先正其號名降大虐者謂先王時天降大災猶詩云降此大戾也江云上篇盤庚遷于殷謂殷地此言殷降大虐直謂國爲殷矣前此國惟稱商如詩商頌皆稱商惟殷武詩稱殷是在盤庚後則稱殷自此始先王不懷者當連厥攸作爲句釋詁懷安也詩毛傳作始也言先王不安其所始居之地莊述祖云懷囘也往而不囘猶言徂落劉云言遭家不造先王徂謝不獲親見遷都之業然其所造謀皆視民利用而遷之重稱陽甲以動萬民思慕之意而晉賀循之徒猶謂盤庚不序陽甲之廟誣古人矣別爲一解於義亦通**厥攸作視民利用遷**其所爲視民有利則用徙○厥攸作視民利用遷今文無徵○厥攸作視民利用遷者厥攸作見上視民之所利而以汝遷也江云視讀爲示其所爲示民以利用遷之事足爲後世法於義亦通**汝曷弗念我古后之聞**古后先王之聞謂遷事○汝曷弗念我古后之聞今文無徵○汝曷弗念我古后之聞者言所聞於先王之舊事當以爲念**承汝俾汝惟喜康共非汝有咎比于罰**今我法先王惟民之承故承汝使汝徙惟與汝共喜安非謂汝有惡徙汝令比近於殃罰○承汝俾汝四句今文無徵○承汝俾汝云云者言我法先王而承安汝使令汝惟喜安康以保汝身共具以庇汝家耳非汝有咎過比於放流之罰也俾使喜樂康安共具並釋詁文**予若籲懷茲新邑亦惟汝故以丕從厥志**言我順和懷此新邑欲利汝眾故大從其志而徙之

○予若籲懷茲新邑三句今文無徵○予若籲懷茲新邑云云者釋言若順懷來也籲呼也孫云丕詞也言我順呼汝來此新邑亦惟承保汝之故汝當從其志勿違之江云我順呼汝來此新邑亦惟汝故之以以字讀當絕之言爲安集汝故也左昭十三年傳莒人愬于晉曰我之不共魯故之以又昭十八年傳侈故之以蓋古人有此句法丕讀曰不言不從汝苟安之志先謙案江讀較長丕作不義亦較順

今予將試以汝遷安定厥邦試用○今予將試以汝遷安定厥邦古文也今文汝作爾邦作國○汝作爾邦作國者石經殘碑作口口口試以爾遷安定厥國段云漢人不以諱改經字故古文多作邦今文多作國各依其壁藏之本也

汝不憂朕心之攸困所困不順上命○汝不憂朕心之攸困古文也今文汝上多今字○汝上多今字者石經殘碑作今女不闕下馮登府云有今字語氣緊接今文是也江云朕心之所困謂故都圮毀不可居也

乃咸大不宣乃心欽念以忱動予一人汝皆大不布腹心敬念以誠感動我是汝不盡忠○乃咸大不宣乃心二句今文無徵○乃咸大不宣乃心云云者釋詁咸皆欽敬也說文忱誠也江云詩淇奧釋文引韓詩宣顯也言皆大不顯白其心孫云宣讀爲和王引之云太宰職正月之吉始和布令于邦國都鄙即小司寇職正歲帥其屬而觀刑象乃宣布于四方也禮檀弓曹桓公卒於會鄭注曹伯廬謚宣言桓聲之誤也是宣聲近桓禹貢和夷鄭注讀和爲桓則宣乃心謂和乃心也

爾惟自鞠自苦鞠窮也言汝爲臣不忠自取窮苦○爾惟自鞠自苦今文無徵○爾惟自鞠自苦者釋言鞠窮也郎說文鞫字省

若乘舟汝弗濟臭厥載言不徙之害如舟在水中流不渡臭敗其所載物○若乘舟三句今文無徵○若乘舟云云者孫云臭讀爲殠說文殠腐气也又云𣧍腐也或作朽廣雅釋器𣧍臭也言爾徙自窮苦譬如登舟不渡坐待其朽敗**爾忱不屬惟胥以沈不其或稽自怒曷瘳**汝忠誠不屬逮古苟不欲徙相與沈溺不考之先王禍至自怒何瘳差乎○爾忱不屬惟胥以沈今文無徵不其或稽自怒曷瘳今文稽作迪怒作怨○爾忱不屬惟胥以沈者說文屬連也言爾之誠信不連屬於我不圖共濟惟相與沈溺而已釋文屬馬云獨也案獨之言專也誠信不專注於上而肆其浮動是不屬爲不獨也○不其或稽自怒曷瘳者孫云說文稽畱止也瘳疾病愈也其或畱止不進自恚怒何能愈乎今文稽作迪怒作怨者石經殘碑作□其或迪自怨酈案釋詁迪進也此仍以乘舟爲喻言不或圖前進雖自怨悔庸有瘳乎怒作怨義較長**汝不謀長以思乃災汝誕勸憂**汝不謀長久之計思汝不徙之災苟不欲徙是大勸憂之道○汝不謀長以思乃災今文無徵汝誕勸憂古文也今文誕作永○汝不謀長以思乃災者謂不謀長久以思乃沈溺之災○汝誕勸憂者孫云釋詁誕大也廣雅釋詁勸助也言無遠謀如此大足助災耳江云左昭元年傳三大夫兆憂憂能無至乎杜注開憂兆勸憂猶兆憂也今文誕作永者石經殘碑作□永勸憂段云誕从延聲延永雙聲皆訓長也東觀餘論載女永勸憂女字隸釋所無豈黃氏所見字又較多邪先謙案諸家釋勸字未諦下文其上今字無解遂成羨文竊謂當以汝永勸憂今爲句言汝但長勸以今之遷徙震動爲憂

而不思有今罔後死喪無日之尤可憂也兩今字緊相呼應義似較長**今其有今罔後汝何生在上**言不從無後計汝何得久生在人上禍將及汝○今其有今罔後汝何生在上今文與古文同○今文同者石經殘碑作今其有今罔後女何生鄙今字上屬說見上其有今罔後者謂其或苟安目前而有今然恐死亡在卽而罔後矣語悚而意急汝何生在上者書疏申僞傳義云責羣臣何得久生在民上案經言告民云責臣者非諸家說以爲汝何得生在地上以上爲地上亦非也上者天也下文自上其罰汝上亦謂天是其明證詩文王在上赫赫在上西伯戡黎乃罪多參在上皆謂天也民爲天生則生命係屬在上天今不順天天延命汝生理已絶尚有何生命在上天乎與下文予迓續乃命于天相應**今予命汝一無起穢以自臭**我一心○今命汝汝違我是自臭敗○今予命汝一二句今文無徵○今命予命汝云云者言予所命汝者一而已一者奈何無爲浮言是也穢當作薉說文有薉無穢漢書武紀晉灼注薉古穢字考工記云敗也起者發動之義穢喻浮言起穢者謂胥動以浮言也以自臭者穢也敗之物惡臭遠聞浮言發動人皆知所由起不循正理而爲詭說不能害人徒以自爲惡臭耳諸家讀臭爲鼽今以本字讀之文義自明**恐人倚乃身迂乃心**言汝既不欲徙又爲他人所誤倚曲迂僻○恐人倚乃身迂乃心古文也今文倚作踦○今文倚作踦者玉篇足部踦下引書恐人踦乃身迂乃心言踦曲迂辟也段云說文踦戾足也廣韻踦脚跛也踦有曲訓倚訓曲則牽强顧本爲善陳云倚卽踦之段借作踦者今文尚書也皮云疑玉篇所采或今文家舊說其佚散

見於它書而顧氏摭之耳言恐汝造說爲人所持將踦
曲汝身迂回汝心牽制引誘不能自振致陷罪戾耳**予迓續乃**
命于天予豈汝威用奉畜汝衆迓迎也言我從欲迎續汝命于天
豈以威脅汝乎用奉畜養汝衆○予迓續乃命于天者匡謬正俗云
商書盤庚云予御續乃命于天詩鵲巢百兩御之訓解皆爲迎徐
仙民音訝段云此唐初本作御之證唐石經以下作迓者衞包改
也釋文云迓五駕反者開寶閒改也訓迎之字本作訝其作迓者
又訝之別體說文所無也凡各書用字有例如毛詩鵲巢古文尙書
般庚牧誓儀禮士昏禮禮記曲禮士大夫必自御之春秋穀梁傳跛者御跛者眇者御眇者列子
遇駭鹿御而擊之字皆作御惟周禮作訝此其大例也續者繼也言天將
永我命于茲新邑我爲汝迎而續之○予豈汝威用奉畜汝衆者
孫云淮南高注奉助也易鄭注畜養也言**予念我先神后之勞爾**
予豈以威脅汝遷以助養汝衆民而已言我亦法湯大能進勞汝以義懷汝心
先予丕克羞爾用懷爾然而汝違我是汝反先人○予念我先神
后之勞爾先予丕克羞爾古文也今文丕作不用懷爾然今文無
徵○予念我先神后之勞爾先予丕克羞爾者石經殘碑作□□
□□□□之勞爾先予㔻下闕段云洪不云孔作丕疑本是㔻字
板本誤㔻錢唐黃易所藏搨本正作㔻字是今文尙書作不也皮
云今文丕作不猶大誥爾丕克遠省王莽用今文丕作不也今文
尙書蓋以此句下屬爲義神后高后皆謂成湯神者配天之稱說
文天神曰神勞爾先者謂與爾先人曾共勤勞遷都遠害念此事
先代有之非自予始予不克羞爾者釋詁羞進也今爾不欲從是

予不能有以進爾也○用懷爾然者用以也釋詁懷安也旣不克進爾則無以安爾是則然矣用懷爾句然一字爲句江云然之言如是也**失于政陳于茲高后丕乃崇降罪疾曰曷虐朕民**崇重也今旣失政而陳久於此而不從湯必大重下罪疾於我曰何爲虐我民而不從乎○久失于政今文無徵陳于茲高后丕乃崇降罪疾曰古文也今文崇作知曷虐朕民今文無徵○失于政者言如此則我失于牧民之政乖爲君之道○陳于茲云云者石經殘碑作口于茲高后丕乃知降罪疾曰下闕釋詁陳延也塵久也孫云陳居之久久則塵矣陳塵聲近義通江云丕訓大大乃不詞丕讀爲不丕不古通凡後言丕乃仿此不乃猶無乃也言延久於此而不從高后在天之靈毋乃知而降罪疾於我其言如下文也○曷虐朕民者今之民猶是高后畱遺之民故以朕民爲詞民有利而不令遷有害而不使避是與虐朕民無異曷者訶責之詞**汝萬民乃不生生暨予一人猷同心**不進進謀同心徙○汝萬民乃不生生二句今文無徵○汝萬民乃不生生云云者孫云莊子大宗師云生生者不生釋文引崔云常營其生爲生生言汝萬民乃不知共營其生也先謙案孫說近是但此與上文一意貫下則不別指營生之事謂汝萬民不樂徙居是自取敗亡乃不往生於可生之地也釋詁猷謀也謂與上同心謀徙**先后丕降與汝罪疾曰曷不暨朕幼孫有比**言非但罪我亦將罪汝幼孫盤庚自謂比同心○先后丕降與汝罪疾二句今文無徵○先后丕降與汝罪疾云云者先后承上高后言亦謂湯孫云陽甲爲長故云幼孫江云易

象傳比下順從也

故有爽德自上其罰汝汝罔能迪

湯有明德在天見汝情下罰汝汝無能道言無辭○故有爽德二句今文無徵汝罔能迪今文與古文同○故有爽德云云者江云釋詁故今也周語實有爽德賈注爽貳也言今汝不與我同心是有貳德矣先后其自上天下罰於汝○汝罔能迪者黄易購藏石經殘字有能迪二字是今古文同之證江云迪道也汝無能道以自解免孫云馬注多方迪作攸攸同覽說文云長也言汝無能自長久

古我先后既勞乃祖乃父

勞之共治人○古我先后今文與古文同既勞乃祖乃父今文無徵○今文同者黄易石經殘字作古我先后既勞乃祖乃父者與上文我先神后之勞爾先相應爾先卽乃祖乃父也仍屬民說下作我畜民卽其證書疏申僞孔義以勞爲共治人非

汝共作我畜民汝有戕則在乃心

戕殘也汝共我治民有殘人之心而不欲徙是反父祖之行○汝共作我畜民汝有戕則在乃心古文也今文戕作近○今文戕作近者石經殘碑作□□□□□民女有近則在乃心東觀餘論亦載汝有近則在乃心祭統順于禮不逆于倫是之謂畜注畜謂順于德敎釋詁則法也言汝自祖父以來共作我順於德敎之民汝有近可爲法者在汝心何爲梗我敎令乎或釋畜民爲畜養之民於義亦通

我先后綏乃祖乃父乃祖乃父乃斷棄汝不救乃死

言我先王安汝父祖之忠今汝不忠汝父祖必斷絕棄汝命不救汝死○我先后綏乃祖乃父今文與古文同乃祖乃父乃斷棄汝二句今文無徵○今文同者石經殘碑作我先后綏下闕釋詁綏安也言

我先王當日安汝祖汝父亦有遷居之事皆以爲是安非虐也○乃祖乃父乃斷棄汝云云者言汝不近法乃祖乃父乃祖乃父將絕棄汝不救汝死矣**茲予有亂政同位具乃貝玉**亂治也此我有治政之臣同位於父祖不念盡忠但念具貝玉而已言其貪○茲予有亂政同位具乃貝玉今文無徵○今予有亂政同位具乃貝玉者釋詁共具也說文貝海介蟲也居陸名猋在水名蛤桓寬鹽鐵論幣與世易夏后氏以元貝周書王會解若人元貝釋魚說貝文狀云餘蚳黃白文餘泉文李巡注餘蚳貝甲黃爲質白爲文采餘泉貝甲以白爲質黃爲文采陸璣詩疏云貝龜鼈之屬其文黃質白文白質黃文又有紫貝白質如玉紫點爲文行列相當大者徑尺六七寸管子國畜篇玉起于禺氏金起于汝漢珠起于赤野距周七千八百里先王爲其涂之遠至之難故託用於其重以珠玉爲上幣黃金爲中幣刀布爲下幣地數揆度二篇亦然是貝玉二者古並以代刀布史記平準書虞夏之幣金爲三品或黃或白或赤或錢或布或刀或龜貝至秦幣爲三等黃金爲上幣銅錢爲下幣而珠玉龜貝銀錫之屬爲器飾寶藏不爲幣然則秦後貝玉始不爲幣江云孟子梁惠王篇太王居邪事狄人以珠玉逸周書王會解稱湯命伊尹爲四方獻令其正北諸國之獻有白玉是商時以玉爲幣矣言今予有治理庶政同居有位之臣徒知共具貝玉貪冒貨賄何足貴乎經至此方並責羣臣對衆民斥言之**乃祖乃父丕乃告我高后曰作丕刑于朕孫**言汝父祖見汝貪而不忠必大乃告湯曰作大刑於我子孫求討不忠之罪○乃祖乃父丕乃告我高后曰作丕刑于朕孫古文也今文我高后作

乃祖乃父○今文我高后作乃祖乃父者釋文我高后本又作乃祖乃父段云別本是也當讀乃祖乃父丕乃告句絕乃祖乃父曰作丕刑于朕孫句絕陳云陸不言又作本爲誰氏本則非馬鄭王本可知三家今文多與壁中本異葢作乃祖乃父者是三家今文見於他書所引者故陸附載之耳先謙案朕孫唐石經作朕子孫丕乃依江氏讀爲不不乃言子孫在位惟知保聚貨賄不顧國家大政乃祖乃父無乃將上告乎其上告之言奈何乃祖乃父曰作大刑於朕子孫也

迪高后丕乃崇降弗祥

言汝父祖開道湯大重下不善以罰汝陳忠孝之義以督之○迪高后今文無徵丕乃崇降弗祥今文崇作興弗祥作丕永○迪高后丕乃崇降弗祥者江云乃祖父既啟迪我高后不乃重降之殃禍乎說文祥福也祥爲福則弗祥爲殃禍矣崇作興弗祥作丕永者石經殘碑作口口興降丕永侯康云興崇義通文選東京賦進明德而崇業薛綜注崇猶興也孫云丕不字同不永言不長也祥以羊爲聲養羕俱長也今文作不永知弗祥亦謂不長也

嗚呼今予告汝不易

凡所言皆不易之事○嗚呼今予告汝不易古文也今文嗚呼作於戲○嗚呼作於戲者石經殘碑作於戲今予下闕書疏引鄭云我所以告汝者不變易言必行之

永敬大恤無胥絕遠

長敬我言大憂行之無相與絕遠棄廢之○永敬大恤今文無徵無胥絕遠今文與古文同○永敬大恤者謂國遇大憂之事當永敬其君上惟敎令之從上下一心方足以禦憂患濟艱難○今文同者石經殘碑作口口絕遠絕遠者謂上下情義乖離無胥絕遠勉其同患相恤

汝分猷念以相從各設中于乃心

羣臣當分明相與謀念和以相從各設中正於汝心○汝分猷念以相從各設中于乃心古文也今文分作比猷作猶設作翕○今文分作比云云者石經殘碑作女比猶念以相從各翕中下闕東觀餘論所載同孫云詩傳云擇善而從曰比廣雅釋詁猷順也釋詁翕合也言汝當比順思以相從各合於中道江云汝當比附其謀猶念慮以相從於遷所各合中正於汝心諭令同心無貳也

乃有不吉不迪不善不道謂凶人○乃有不吉不迪今文無徵**顚越不恭暫遇姦宄**顚隕越墜也不恭不奉上命暫遇人而劫奪之爲姦於外爲宄於內○顚越不恭今古文並當作顚越不共暫遇姦宄今文無徵○古文作顚越不共者段云衞包改共爲恭釋文無共音恭之語陳鄂刪之僞傳云不共不奉上命考傳凡訓奉者字皆作共共讀爲供甘誓共行天之罰女不共命無逸惟正之共皆是左傳疏謂尚書作恭所據非善本今文作顚越不共者史記伍子胥傳子胥引盤庚之誥日有顚越不共與左哀十一年傳伍子胥諫吳王曰盤庚之誥曰其有顚越不共同多其有及有字者引書上下文並有刪易此加字以檃括之也段云僞孔於衞賈馬鄭之本初無大異衞賈馬鄭本夫人誦習之當時皆知爲壁中本僞孔方欲將僞造之二十五篇令天下人信其眞若三十三篇大篇乖異則天下疑其僞而二十五篇不能依附以行矣惟舜典益稷分篇出於遷就顧命之成王堯典之帝曰小有刪增爲小異以誘人信斷不爲大異以啟人疑也況釋文序錄云馬鄭所有同異今亦附之音後書疏亦往往舉馬鄭王異孔之處是凡有異者梗概略具釋文雖經開寶刪節書疏尚仍其舊此經江聲據左刪書康誥亦據荀子刪改與前據

左傳增惡之易也四字其失一也杜預云顚越不恭縱橫不承命
者也○暫遇姦宄者王引之云暫讀曰漸漸詐也荀子正論篇上
幽險則下漸詐矣呂刑民興胥漸大傳云苗民用刑而民興犯漸
俱謂詐也遇讀曰偶淮南原道訓偶瞎智故曲巧僞詐是以偶爲
姦邪之稱說文齵齒不正也遇音近齵義亦爲不正說文宄下云
姦也外爲盜內爲宄**我乃劓殄滅之無遺育無俾易種于茲新邑**劓割育長也言不吉
之人當割絕滅之無遺長其類無使易種于茲新邑○我乃劓殄
滅之無遺育無俾易種于茲新邑今文與古文同○今文同者左
傳作則劓殄無遺育無俾易種于茲邑史記作劓殄滅之俾無遺
育無使易種于茲邑引書皆微有刪增足爲今古文同之證杜預
云易種轉生種類言逆亂之人當割絕之毋遺長其類毋使轉生
種類於此邑王引之云劓殄猶多方之刑殄劓割孫云說文劓劓
或字廣雅釋詁劓斷也魯語譬之如疾余恐易焉醫書有陰易陽易言病相延染**往哉生生今予將試以**
自今以往進進於善我用以汝徙長立汝家卿大夫稱家○往哉生生今予將試以汝遷今文無徵**汝遷永建乃家**
永建乃家今文與古文同○往哉生生云云者言往哉各謀生於
可生之地今我將遷汝於新邑也○永建乃家者長久建立汝家
此篇將遷誥民今予有亂政同位至此則對民訓戒羣臣之語今
文同者石經殘碑作口建乃家段云下空一字接般庚既此歐陽
夏侯尚書舊式也乾隆四十二年錢唐黃易購得石經尚書殘字
般庚篇三十字其或迪自怨一行勞爾先予不一行能迪古我先
后一行興降不永於戲今一行建乃家𥧌一般庚既一行唊辡僅

翁氏方綱摹勒於石此眞漢石經殘字也別有無錫人依隸釋僞造先謙案夏侯三篇相接處空一格是也歐陽章句既分爲三十一卷則其式不與此同

盤庚下第十一

商書　孔氏傳　王先謙參正

盤庚既遷奠厥攸居乃正厥位定其所居正郊廟朝社之位○盤庚既遷今文與古文同奠厥攸居乃正厥位今文無徵○今文同者石經殘碑作般庚既下闕○奠厥攸居乃正厥位者書疏引鄭云徙主於民故先定其里宅所處次乃正宗廟朝廷之位孫云奠厥攸居者王制司空執度度地居民小司徒云經土地而井牧其田野九夫爲井四井爲邑云云是也正厥位者鄭注天官辨方正位引召誥太保乃以庶殷攻位于洛汭越五日甲辰位成與此解正厥位略同**綏爰有眾曰無戲怠懋建大命**安於有眾戒無戲怠勉立大敎○綏爰有眾曰今文與古文同無戲怠懋建大命古文也今文作女罔台民勯建大命○綏爰有眾曰者石經殘碑作□□□眾曰眾謂羣臣下文邦伯師長百執事是也釋詁綏安也三國魏武帝紀注引鄭云爰于也安隱於其眾也廣雅釋詁隱安也俗作穩出言以安定之女罔台民者段云古罔無通台怠通先謙案怠从台聲故云台怠通女罔怠民言羣臣當勤以率下漢曹翔敬隱皇后頌般庚儉而弗怠用此經文孫云方言怠失也宋魯之間

日台言汝毋失民江云台讀爲紿欺也羣臣初以浮言恐衆是欺
紿愚民故戒無紿民也案三說並通段孫較長遷都事定訓戒臣
下而首以無紿爲詞似非立言之體○懋建大命者釋訓懋勉也
書疏引鄭云勉立我大命使心識教令常行之此古文說廣雅釋
詁建立也懋作勖者石經殘碑作勖建大命勖亦勉也大命謂天
命西伯戡黎大命不摯大命亦謂天命也遷居後各建生命勉思
樹立故曰勖建大命**今予其敷心腹腎腸歷告爾百姓于朕志**布心腹言以輸誠于百官以
告志○今予其敷心腹腎腸歷告爾百姓于朕志古文也今文作
今我其敷優賢揚歷一作優臤颺歷告爾百姓于朕志今文無徵
○今予其敷心腹腎腸者說文敷布也左宣十二年傳敢布腹心
用此經文今我其敷優賢揚歷者石經殘碑作今我下闕是予作
我也書疏卷二云鄭注古文尚書篇與夏侯等同而經字多異夏
侯等書心腹腎腸曰憂腎陽案憂賢陽乃優賢揚之誤合下歷字
讀爲優賢揚歷魏志管甯傳太僕陶丘一等薦甯曰優賢揚歷垂
聲千載裴注引今文尚書曰優賢揚歷謂揚其所歷試文選魏都
賦曰優賢著於揚歷張載注引尚書盤庚曰優賢揚歷歷試也是
今予其敷心腹腎腸歷爲今我其敷優賢揚歷一作優臤颺歷者
漢咸陽令唐扶頌優臤颺歷國三老袁良碑優臤之寵賢作臤揚
作颺皆三家異文皮云說文臤古文以爲賢字今文尚書亦多古
字說見前揚颺古通用皋陶拜手颺言史記作揚言蔡邕朱公叔
諡議曰天子諸侯咸用優賢禮同優賢字亦用今文尚書也江云
今我其溥求賢者而優禮之又揚其所歷試先謙案既勉以勤民
建命又言我自今用人之準○又告爾百姓于朕志者百姓百官也

或以爲百官族姓案此明告羣臣不必旁及支屬義可統之**罔罪爾衆爾無共怒協比讒言予一人**羣臣前有此過故禁其後今我不罪汝汝勿共怒我合比凶人而妄言○罔罪爾衆三句今文無徵○罔罪爾衆者經所謂綏爰有衆上云告爾朕志謂此爾無共怒協比讒言予一人我不罪爾棄除前過與爾更始爾勿共相忿怒合比爲讒言謗我也孫云詩正月洽比其鄰左僖二十二年傳引作協比與此同義**古我先王將多于前功**言以遷徙多大前人之功美○古我先王二句今文無徵○古我先王將多于前功者先王謂湯釋詁將大也王鳴盛云契父帝嚳實始居亳其後屢遷而不定成湯大多于前人之功故復往居亳書序云自契至成湯八遷湯始居亳從先王居先王者帝嚳也傳意以先王泛指商先王下適于山泛指五遷非**適于山用降我凶德嘉績于朕邦**徙必依山之險無城郭之勞下去凶惡之德立善功于我國○適于山用降我凶德嘉績于朕邦古文也今文嘉作綏○適于山者適往也鄭注立政云亳東成皋南轘轅西降谷故云適于山也漢書地理志河南郡成皋縣故虎牢後漢郡國志河南郡緱氏縣有轘轅關降谷今永甯縣北用降我凶德綏績于朕邦者石經殘碑作口口口凶德綏績下闕降下也民居墊陷不安定之是我爲君之凶德適山之後地高水下民無災害是降下我凶德而安業於我邦也釋詁綏安績業也**今我民用蕩析離居罔有定極**水泉沈溺故蕩析離居無安定之極徙以爲之極○今我民二句今文無徵○今我民云云者今對古言指未遷之時廣雅釋詁析分也釋詁

極至也言我民爲河水蕩泆分析離其室居無有定至之處王鳴盛云此正指祖乙圮耿之事三代時河患惟是爲甚然諸臣以從遷爲苦蓋尚止於瀕河侵溢之患而已**爾謂朕曷震動萬民以遷**言皆不明己本心○爾謂朕曷震動萬民以遷古文也今文作今爾惠朕害祇動萬民以遷○今爾惠朕害祇動萬民以遷者石經殘碑作今爾惠朕闕一當是害字祇動萬民以遷段云東觀餘論亦載爾惠朕曷祇動萬民以遷曷字洪氏所無疑黃氏聽補凡曷字今古文皆作害其作曷者後人所改匡謬正俗引多方害弗爽介古文之證王莽大誥曷皆作害今文之證也伯思偶補一字而適誤學古之當審愼如是孫云釋詁惠順也曷盍也祇敬也祇震聲轉震振字同堯典震驚史記作振驚皋陶謨日嚴祇敬六德無逸治民祇懼史記並作振禮內則祇見孺子鄭注祇或作振言今汝承順我何不敬動萬民徙居避患之爲得邪**肆上帝將復我高祖之德亂越我家**以徙故天將復湯德治理於我家○肆上帝今文與古文同將復我高祖之德亂越我家今文無徵○今文同者石經殘碑作肆上下闕釋詁肆今也將復我高祖之德亂越我家者釋詁亂治也粵于也越粵同言今天將興復我高祖之德治于我家**朕及篤敬恭承民命用永地于新邑**言我當與厚敬之臣奉承民命用長居新邑○朕及篤敬三句今文無徵○朕及篤敬云云者公羊昭元年傳及猶汲汲也釋詁篤厚也恭敬也言我汲汲厚敬恪恭奉承民命以順天心用久長其地於此新邑也據僞傳奉承恭當爲共史記賈誼傳共承嘉惠兮用此經文**肆予沖人非廢厥謀弔**

由靈沖童童人謙也弔至靈善也非廢謂動謀於衆至用其善○肆予沖人三句今文無徵○肆予沖人云云者後漢沖帝紀引諡法曰幼少在位曰沖說文迓至也古字弔與迓同江云靈謂龜以下云卜知之今我幼少之人非廢羣臣之謀而不用言其至極則必由靈龜以卜也禮禮運麟鳳龜龍謂之四靈易頤初九舍爾靈龜**各非敢違卜用宏茲賁**宏賁皆大也君臣用謀不敢違卜用大此遷都大業○各非敢違卜二句今文無徵○各非敢違卜云云者釋詁宏大也廣雅釋詁賁美也言汝衆各不敢違卜宏大此遷都之美舉是汝衆相助之力也**嗚呼邦伯師長百執事之人尚皆隱哉**國伯二伯及州牧也衆長公卿也言當庶幾相隱括共爲善政○嗚呼二句今文無徵嗚呼當作於戲尚皆隱哉今文隱哉作乘哉○嗚呼作於戲者以上文推之當然邦伯師長百執事之人者邦伯州伯也禮王制千里之內設方伯五國以爲屬屬有長十國以爲連連有帥三十國以爲卒卒有正二百一十國以爲州州有伯鄭注以爲殷制虞夏及周皆曰牧江云地官序官鄭注師之言帥此師蓋即謂連帥長即屬長也又云王制文尚有卒正此不及之者卒正之上爲州牧連帥其下爲屬長舉上下而卒正該在其內百執事之人謂在朝之臣金縢云二公及王乃問諸史與百執事蓋惟在內之臣乃得問及遷都時畿外諸侯各率其屬以衞從王故邦伯師長百執事之人並呼告也○尚皆隱哉者孫云釋言隱占也郭注隱度上言非敢違卜故此云尚皆占隱先謙案上文綏爰有衆鄭注安隱於其衆也鄭用隱字郎本經文隱猶安也言衆人庶幾皆以爲安不必致疑今文隱作乘者石經殘碑

作□□乘哉孫云宰夫鄭注乘計也言當計度之猶云隱度也江云鄭七月箋云乘治也言尚皆治其職哉皮云石經后胥高鮮江訓爲相度高山以經文適于山證之江說較合乘哉之乘當郎乘高之義謂乘高山以建新邑**予其懋簡相爾念敬我眾**簡大相助也勉大助汝念敬我眾民○予其懋簡相爾念敬我眾古文也今文懋作勖○今文懋作勖者石經殘碑作予其勖蕳相爾念敬我眾懋作勖見上簡作蕳漢隸從竹從艸之字多通作江云易繫詞虞注簡閱也相視也言予其勉閱視汝尚思念敬我眾民哉先謙案邦伯師長以下皆召見之故云勉閱視汝**朕不肩好貨敢恭生生鞠人謀人之保居敘欽**肩任也我不任貪貨之人敢奉用進進於善者人之窮困能謀安其居者則我式序而敬之○朕不肩好貨今文與古文同敢恭生生今文無徵鞠人謀人之保居敘欽今文保作萃○朕不肩好貨者石經殘碑作朕不下闕釋詁肩作也朕不作好貨之事江云肩所以任物者是肩爲任也釋詁肩勝也勝亦堪任之義詩敬之鄭箋亦云仔肩任也言我不任好貨之人○敢恭生生者據僞傳訓恭爲奉是恭本作共衞包改也孫云共具也不敢具生生之財與上句爲二義江云說文敢進取也共給也生猶生息謂貸錢於人以取息好貨之人取給於生息貨財以自利我不任用之與上句連讀爲一義說並通泉府職云凡民之貣者與其有司辨而受之以國服爲之息先鄭注貣者謂從官借本賈也故有息使民弗利後鄭注謂以國服爲之息以其於國服事之稅爲息也於國事受園廛之田而貣萬泉者則期出息五百是稱貣者必於本賈之外加息以償貸者貣者取息則

以爲利如是者數爲之則財貨生生不窮此之謂生生也○鞠人謀人之保居敘欽者書疏引鄭云鞠養也言能謀養人安其居者我則次敘而敬之先謙案惟能養人及謀人之安居者敘而敬之卽上文優賢揚歷之恉也今文保作萃者鹽鐵論本議篇文學曰是以盤庚萃居舜藏黃金高帝禁商賈不得仕宦所以遏貪鄙之俗而醇至誠之風張敦仁云卽盤庚下篇鞠人謀人之保居也以文學語意推之與上文朕不肩好貨下文無總于貨寶正相脗合臧庸云此萃居卽經之保居保或作葆與萃形近故文異然則古文作保居今文作萃居其說蓋猶齊語所云商羣萃而州處察其四時而監其鄉之賢制國爲二十一鄉工商之鄉六蓋別居之不令與士農雜處賤之也

今我旣羞告爾于朕志若否罔有弗欽已進告汝之後順於汝心與否當以情告我無敢有不敬○今我旣羞告爾于朕志二句今文無徵○今我旣羞告爾于朕志云云者釋言若順也言我旣進告爾以朕意無論汝心順否當罔有不敬聽之

無總于貨寶生生自庸無總貨寶以己位當進進皆自用功德○無總于貨寶二句今文無徵○無總于貨寶云云者說文總聚束也廣雅釋詁庸用也戒諸臣無聚于貨寶生殖以自用孫云上自言不作好貨此敕其臣以生生爲萬民之事不可與之爭利

式敷民德永肩一心用布示民必以德義長任一心以事君○式敷民德二句今文無徵○式敷民德云云者釋言式用也說文敷施也式敷民德上文所謂施實德于民也釋詁肩克也言在上好貨則德不下究己不愛貨寶用施德澤於民永克一心事君則國家無疆之休矣

說命上第十二

商書　孔氏傳　王先謙參正

說命始求得而命之○此梅氏古文之十一殷紀帝武丁卽位思復興殷而未得其佐三年不言政事決定於冢宰以觀國風武丁夜夢得聖人名曰說以夢所見視羣臣百吏皆非也於是乃使百工營求之野得說於傅險中是時說爲胥靡築於傅險見於武丁武丁曰是也得而與之語果聖人舉以爲相殷國大治故遂以傅險姓之號曰傅說書序高宗夢得說使百工營求諸野得諸傅巖作說命三篇今古文說同

王宅憂亮陰三祀陰默也居憂信默三年不言○惠云顧命恤宅宗程云論語書曰高宗諒陰三年不言禮喪服四制引同陰作闇無逸作其卽位乃或亮陰三年不言呂覽重言篇高宗天子也卽位諒闇三年不言喪服四制鄭注諒古作梁楣謂之梁闇讀如鶉鵪之鵪闇謂廬也廬有梁者所謂既虞翦屏柱楣也注儀禮喪服亦云柱楣所謂梁閒後人別以信默爲訓旣曰默又曰不言語病於複而義不可通也僞傳於無逸既然此經又云王宅憂亮陰三祀是僞孔不知亮陰之卽居喪也尙謂不足以盡信默之義故又曰既免喪其惟不言以爲高宗不惟信默於三年之中猶信默於三年之外也杜預據之遂使古天子喪親之大

禮一朝灰滅釋衰麻而爲心喪後來譏杜氏之非者有人而知晚
書之非者無有不有鄭注何以救之閻云爾雅唐虞曰載夏曰歲
商曰祀周曰年今文亦不盡合如周公告成王肆中宗享國七十
五年高宗五十九年祖甲三十三年及罔或克壽者亦稱年不等
或謂此以周之年述商在位之數耳若對商臣言則曰惟十有三
祀對商民言則曰今爾奔走臣我監五祀仍不沒其故稱子謂多
方亦云天惟五年須暇之子孫云云非對商民稱商君乎疑祀年
古通稱不盡若爾雅之拘觀周公稱高宗三年不言參諸論語戴
記皆然一入說命便改稱三祀亦見其拘拘
然以爾雅爲藍本唯恐或失之情見乎詞矣**既免喪其惟弗言**除喪
猶不言政○惠云左傳請免喪而後聽命閻云無逸乃或亮陰三
年不言其惟不言言乃雍其惟二字承上三年不言起下句言乃
雍今上下皆刪獨留此句其惟
二字無著語氣不完何以便住**羣臣咸諫于王曰嗚呼知之曰明**
哲明哲實作則知事則爲明智明智則能制作法則○先謙案呂
覽云卿大夫恐懼患之詩既明且哲惠云左昭六
年傳叔向曰
書曰聖作則**天子惟君萬邦百官承式**天下待令
百官仰法**王言惟作命不**
言臣下罔攸稟令稟受令亦命也○先謙案楚語卿士患之
曰王言以出令也若不言是無所稟令也**王庸**
作書以誥曰以台正于四方台恐德弗類茲故弗言用臣下怪之
故作誥類善
也我正四方恐德不善此故不言○惠云呂覽高宗乃言曰以余
一人正四方余恐言之不類也茲故不言先謙案楚語武丁於是

作書曰以余正四方余恐德之不類茲故不言**恭默思道夢帝賚予良弼其代予言**夢天與我輔弼良佐將代我言政敎○惠云嵇康幽憤詩奉時恭默楚語君子獨居思道先謙案楚語故三年默以思道既得道猶不敢專制

乃審厥象俾以形旁求于天下審所夢之人刻其形象以四方旁求之於民間○先謙案楚語如是而又以象夢求四方之賢聖又云使以象旁求聖人

說築傅巖之野惟肖傅氏之巖在虞虢之界通道所經有澗水壞道常使胥靡刑人築護此道說賢而隱代胥靡築之以供食肖似似所夢之形○傅巖詳上惠云孟子傅說舉于版築之閒

爰立作相王置諸其左右於是禮命立以爲相使在左右○顧炎武云相之名不見於經而說命有爰立作相之文惠云殷紀舉以爲相賈誼鵩鳥賦傅說胥靡兮乃相武丁此晚書所本墨子云傅說庸築乎傅巖武丁得之舉以爲三公公羊隱五年傳天子三公者何天子之相也先謙案楚語得傅說以來升以爲公

命之曰朝夕納誨以輔台德言當納諫誨直辭以輔我德○先謙案楚語而使朝夕規諫又云既得以爲輔又恐其荒失遺忘故使朝夕規誨箴諫

若金用汝作礪鐵須礪以成利器○先謙案楚語曰若金用汝作礪

若濟巨川用汝作舟楫渡大水待舟楫○先謙案楚語若津水用汝作舟

若歲大旱用汝作霖雨霖三日雨霖以救旱○先謙案楚語若天旱用女作霖雨

啟乃心沃朕心若藥弗瞑眩厥疾弗瘳開汝心以沃我心如服藥

必瞑眩極其病乃除欲其出切言以自警○先謙案楚語啟乃心沃朕心若藥不瞑眩厥疾不瘳惠云孟子滕文公篇引書曰若藥不瞑眩厥疾不瘳趙岐注書逸篇**若跣弗視地厥足用傷**跣必視地足乃無害言欲使爲己視聽○先謙案楚語若跣不視地厥足用傷**惟暨乃僚罔不同心以匡乃辟**與汝並官皆當倡率無不同心以匡正汝君○梅云詩及爾同僚盤庚暨予一人猷同心**俾率先王迪我高后以康兆民**言匡正汝君使循先王之道蹈成湯之蹤以安天下○梅云盤庚率迪高后**嗚呼欽予時命其惟有終**敬我是命修其職使有終**說復于王曰惟木從繩則正后從諫則聖**言木以繩直君以諫明○梅云孟子有復于王者曰惠云說苑孔子曰木受繩則直人受諫則聖**后克聖臣不命其承**君能受諫則臣不待命其承意而諫之○梅云戰國策任痤曰主聖則臣直**疇敢不祗若王之休命**言王如此誰敢不敬順王之美命而諫者乎○先謙案皋陶謨誰敢不讓敢不敬應

說命中第十三

商書　孔氏傳　王先謙參正

惟說命總百官在冢宰之任○此梅氏古文之十二惠云竹書紀年成王元年命周文公總百官**乃進于**

王曰嗚呼明王奉若天道建邦設都天有日月北斗五星二十八宿皆有尊卑相正之法言明王奉順此道以立國設都○惠云揚雄劇秦美新云奉若天命墨子尙同篇先王之書相年之道曰夫建邦設都乃作后王君公否用泰也輕𨘲大夫師長否用佚也維辨使治天均又曰古者建國設都乃立后王君公奉以卿士師長此非欲用說也唯辨而使助治天助明也**樹后王君公承以大夫師長**言立君臣上下將陳爲治之本故先舉其始○梅云左傳邾文公曰天生民而樹之君餘見上**不惟逸豫惟以亂民**不使有位者逸豫民上言立之主使治民○梅云顧命其能而亂四方洛誥亂爲四方新辟先謙案不惟逸豫卽墨子否用泰否用佚意**惟天聰明惟聖時憲惟臣欽若惟民從乂**憲法也言聖王法天以立教臣敬順而奉之民以從上爲治○惠云法言問明篇惟天爲聰惟天爲明欽若出堯典梅云論語惟天爲大惟堯則之**惟口起羞惟甲冑起戎**甲鎧冑兜鍪也言不可輕教令易用兵○梅云禮緇衣兌命曰惟口起羞惟甲冑起兵惟衣裳在笥惟干戈省厥躬鄭注兌當爲說謂殷高宗之臣傅說也作書以命高宗尙書篇名也羞猶辱也裳朝祭之服也惟口起辱當愼言語也惟甲冑起兵當愼軍旅之事也惟衣裳在笥當服以爲禮也惟干戈省厥躬當恕己不尙害人也**惟衣裳在笥惟干戈省厥躬**言服不可加非其人兵不可任非其才○說見上惠云管子大匡篇從列士以下有善衣裳賀之**王惟戒茲允茲克明乃罔不休**言王

戒慎此四惟之事信能明政乃無不美**惟治亂在庶官**言所官得人則治失人則亂**官不及私昵**

惟其能不加私昵惟能是官**爵罔及惡德惟其賢**言非賢不爵○梅云緇衣兌命曰爵無及惡德**慮**

善以動動惟厥時非善非時不可動**有其善喪厥善矜其能喪厥功**雖天子亦

必讓以得之○梅云老子曰自伐者無功自矜者不長**惟事事乃其有備有備無患**事事非一事○

程云左襄十一年傳書曰居安思危思則有備有備無患**無啟寵納侮**開寵非其人則納侮之道○梅云左定元年傳

士彌牟日啟寵納侮其此之謂矣**無恥過作非**恥過誤而文之遂成大非○梅云論語曰小人之過也必文**惟**

厥攸居政事惟醇其所居行皆如所言則王之政事醇粹**黷于祭祀時謂弗欽禮煩**

則亂事神則難祭不欲數數則黷黷則不敬事神禮煩則亂而難行高宗之祀特豐數近廟故說因以戒之○梅云

兌命又云民立而正事純而祭祀是爲不敬事煩則亂事神則難鄭注純或爲煩閻云黷于祭祀二語與高宗彤日相表裏僞傳特

爲揭出以錯解爲實事詳見高宗彤日**王曰旨哉說乃言惟服**旨美也美其所言皆可服行○梅云詩我

言惟服**乃不良于言予罔聞于行**汝若不善於所言則我無聞於所行之事**說拜稽首曰**

非知之艱行之惟艱言知之易行之難以勉高宗○惠云左昭十年傳子皮曰非知之實難將在行之司馬法

日非知之難行之難**王忱不艱允協于先王成德**王心誠不以行之爲難則信合於先王成德**惟**

說不言有厥咎王能行善而說不言則有其咎罪

說命下第十四

商書　**孔氏傳**　**王先謙參正**

王曰來汝說台小子舊學于甘盤學先王之道甘盤殷賢臣有道德者○此梅氏古文之十三梅云皋陶謨帝曰來汝禹湯誓非台小子程云竹書紀年小乙六年命世子武丁居于河學于甘盤案晚書據紀年者數事或於古籍絕無徵驗國語云武丁入河卽無逸所謂舊勞於外爰曁小人也若學於甘盤他書所無且小乙必以甘盤爲賢而後命世子從之學又何以不舉而用之而使隱處於河干乎君奭云在武丁時則有若甘盤是甘盤者小乙之所不知武丁時方見用耳紀年殊不可信觀禹謨說命數事晚書殆因紀年出而後作**既乃遯于荒野入宅于河**既學而中廢業遯居田野河洲也其父欲使高宗知民之艱苦故使居民閒○惠云據紀年是居河就學於甘盤非既學之後復入於河也故楚語白公子張云昔武丁能聳其德至于神明以入于河自河徂亳入于河往就學也自河徂亳入卽位也**自河徂亳暨厥終**自河往居亳與今其終故**罔顯**遂無顯明之德○說見上**爾惟訓于朕志**言汝當敎訓於我使我志通達○梅

云盤庚今我既羞告汝于朕志**若作酒醴爾惟麴蘗**酒醴須麴蘗以成亦言我須汝以成**若作和羹爾惟鹽梅**鹽鹹梅醋羹須鹹醋以和之○惠云詩商頌亦有和羹既戒既平注云頌殷中宗左傳和如羹焉水火醯醢鹽梅以亨魚肉**爾交修予罔予棄予惟克邁乃訓**交非一之義邁行也言我能行汝教○梅云楚語必交修予無予弃也詩我日斯邁**說曰王人求多聞時惟建事學于古訓乃有獲**王者求多聞以立事學於古訓乃有所得○惠云周書芮良夫曰古人求多聞以監戒楚語子高曰人之求多聞善敗以監戒也梅云詩古訓是式**事不師古以克永世匪說攸聞**事不法古訓而以能長世非說所聞言無是道○惠云史記秦始皇紀博士淳于越曰事不師古而能長久者非所聞也**惟學遜志務時敏厥脩乃來**學以順志務是敏疾其德之脩乃來○惠云學記兌命曰敬遜務時敏厥脩乃來**允懷于茲道積于厥躬**信懷此學志則道積于其身**惟斅學半念終始典于學厥德脩罔覺**斅敎也敎然後知所困是學之半終始常念學則其德之脩無能自覺○惠云學記兌命曰學學半又文王世子學記並引兌命曰念終始典于學竹書紀年武丁六年命卿士傳說視學養老梅云改學爲斅者用盤庚斅于民**監于先王成憲其永無愆**愆過也視先王成法其長無過其惟學乎○梅云孟子詩云不愆不忘率由舊章遵先王之法而過者未之有也**惟說式克欽**

旁招俊乂列于庶位言王能志學說亦用能敬承王志廣招俊乂使列眾官○梅云皋陶謨俊乂在官王曰嗚呼說四海之內咸仰朕德時乃風風教也使天下皆仰我德是汝教○先謙案洪範王曰嗚呼箕子股肱惟人良臣惟聖手足具乃成人有良臣乃成聖○梅云良臣句少輔字君字意不成詞昔先正保衡作我先王保衡伊尹也作起正長也言先世長官之臣○梅云詩羣公先正緇衣引逸詩昔我有先正惠云在太甲時則有若保衡乃曰予弗克俾厥后惟堯舜其心愧恥若撻于市言伊尹不能使其君如堯舜則恥之若見撻于市故成其能○惠云孟子述伊尹曰吾豈若使是君爲堯舜之君哉又云若撻之于市朝曹植求通親親表曰伊尹恥其君不爲堯舜梅云予弗克句伊尹自言下文遽云其心文理不安帖一夫不獲則曰時予之辜伊尹見一夫不得其所則以爲己罪○梅云孟子匹夫匹婦有不與被堯舜之澤者約爲一夫不獲四字若己推而納之溝中約爲時予之辜四字佑我烈祖格于皇天言以此道左右成湯功至于天無能及者○梅云詩商頌嗟嗟烈祖君奭成湯既受命時則有若伊尹格于皇天爾尚明保予罔俾阿衡專美有商汝庶幾明安我事則與伊尹同美○梅云後漢書傅毅迪志詩於赫我祖顯于殷國二迹阿衡克光其則僞孔本此爲文李注引此經以釋詩義惟后非賢不乂惟賢非后不食言君須賢治賢須君食其爾克

紹乃辟于先王永綏民民能繼汝君於先王長安民則汝亦有保衡之功**說拜稽首曰敢對揚天子之休命**對荅也荅受美命而稱揚之○程云詩對揚王休左傳二十八年傳奉揚天子之丕顯休命梅云漢書郊祀志孝宣時美陽得鼎有刻書曰王命尸臣官兹栒邑尸臣拜稽首曰敢對揚天子之丕顯休命

高宗肜日第十五

商書 **孔氏傳** **王先謙參正**

高宗肜日祭之明日又祭殷曰肜周曰繹○殷紀云帝武丁祭成湯明日有飛雉登鼎耳而呴武丁懼祖己曰王勿憂先修政事武丁修政行德天下咸驩殷道復興帝武丁崩子帝祖庚立祖己嘉武丁之以祥雉爲德立其廟爲高宗遂作高宗肜日及訓書序高宗祭成湯有飛雉升鼎耳而雊祖已訓諸王作高宗肜日高宗之訓皮云史公以高宗肜日作於祖庚時正如般庚作於小辛時其事仍爲高宗時事高宗崩後追序其事也漢書杜鄴傳臣聞野雞著怪高宗深動郎史記言武丁懼之意葢武丁懼而問祖己祖己乃言也先謙案說苑辨物篇昔我高宗成王感於雊雉暴風之變修身自致而享豐昌之福後漢曹節傳審忠上書曰昔高宗以雊雉之變故獲中興之功三國志高堂隆傳武丁有雊雉登於鼎以災恐懼側身修德又云此祖己之所以訓高宗高宗之所以享遠號也皆終言其事以美之漢書五行志引劉歆五行傳以雉雊登鼎爲繼嗣將易王音以雉雊之異爲繼嗣不立杜欽傳

引高宗雉雊之戒請正后妻抑女寵以銷災異皆以雉雊應宮闈繼嗣五行傳又云野鳥居鼎耳爲小人居公位敗宗廟之祀因舉傳說授以國政後漢劉陶傳陶疏云武丁得傳說以銷鼎耳之災書疏引鄭云雉升鼎耳而鳴象視不明天意若曰當任三公之謀以爲政又以爲主於用賢皆陰陽家推測之詞臣下因事納忠引以爲證與書本義無涉

高宗肜日越有雊雉於肜日有雉異○高宗肜日今文與古文同越有雊雉古文也今文越作粵○今文同者漢書外戚傳引書曰高宗肜日白虎通諡篇諡或一言或兩言何文者以一言爲諡質者以兩言爲諡故尚書高宗殷宗也釋天繹又祭也周曰繹商曰肜孫炎注祭之明日尋繹復祭肜者相尋之意何休公羊解詁云殷曰肜周曰繹繹者據今日道昨日不敢斥尊言之文意也肜者肜肜不絕據今日道昨日斥尊言之質意也段云詩絲衣箋作融不作肜[illegible]釋張衡思元賦云展泄泄以肜肜注左傳其樂也融融肜融古字通後漢馬融傳豐肜對蔚豐肜即豐融也玉篇五經文字皆云从舟即丑林切之肜字也集韻一東引李舟切韻云从肉予案皆非也从肉無據从舟亦音韻絕遠葢即說文丹部之彤字彤徒冬切疊韻又爲融音同部假借壁中固然而爾雅釋之轉寫小差如般字譌股之類不必議改彤爲融也張參五經文字云唐石經變舟作月變肉作月○今文越作粵者外戚傳引粵有雊雉釋詁粵于爰曰也爰粵于那都繇於也今尚書本有越無粵凡越必以於訓之于於古今字也魏三體石經遺字蘇望所摹刻見於隸續者大誥作粵茲蠢文侯之命作粵小**祖己**大說文引周書粵三日丁亥然則古文尚書亦作粵不作越

曰惟先格王正厥事言至道之王遭變異正其事而異自消○祖己曰今文與古文同惟先格王正厥事古文也今文格一作假○祖己曰者漢書外戚傳引書如此殷紀在武丁懼之下是曰爲告王也大傳云武丁問諸祖己漢書五行志武丁恐駭謀於忠賢以爲武丁問而祖己對與史記合今文說也書疏引鄭云祖己謂其黨此古文說孫云楚詞王逸注黨朋也祖已將訓王先告其朋儕知者大傳記高宗之訓桑穀生朝武丁召問其相次問祖己則知祖己之黨尚有相也人臣無退有後言之義史公說較長○今文格作假者格假通作字外戚傳引惟先假王正厥事又漢書孔光傳日蝕對曰上天聰明苟無其事變不虛生書曰惟先假王正厥事言異變之來起事有不正也臣聞師曰天右與王者故災異數見以譴告之欲其更改光世傳大夏侯尚書是夏侯本作假顏注言先代至道之王必正其事成帝紀建始元年詔引書云惟先假王正厥事顏注假至也言先古至道之君遭遇災變則正其行事修德以應之蓋本僞傳爲說史記云王勿憂先修政事者說經意也孫云王勿憂蓋釋假王爲寬暇王心詩長發昭假遲遲箋云假暇又以爲寛暇王粲登樓賦聊暇日以消憂文選王元長曲水詩序引孫子兵法云優游假譽是假暇通正厥事爲先修政事蓋今文說如此王闓運云大傳云武丁祭成湯有飛雉升鼎耳而雊武丁問諸祖己祖己曰雉者野鳥也不當升鼎今升鼎者欲爲用也遠方將有來朝者乎故武丁內反諸己以思先王之道三年編髮重譯來朝者六國孔子曰吾於高宗彤日見德之有報之疾也案此託言瑞應以寛王心所謂先假王也高宗修德而反見異恐怠善意而不畏天變故假言瑞應以寛王乃正

言其事此進言之要先謙案論衡指瑞篇云尚書大傳曰高宗祭成湯之廟有雉升鼎耳而鳴高宗問祖己祖己曰遠方君子殆有至者祖己見雉有似君子之行今從外來則曰遠方君子將有至者矣又異虛篇云高宗祭成湯之廟有蜚雉升鼎而雊祖己爲遠方將有至者說尚書家謂雉凶議駁不同且從祖己之言雉來吉也皆與寬假王心說合孟子格君心之非趙注格正也成紀詔引此經又云羣公孜孜帥先百寮輔朕不逮是亦以假王爲正王與鄭義合事讀如春秋傳有事於太廟楊雄兗州牧箴丁感雊雉祖己伊忠爰正厥事遂緒高宗漢書杜周傳高宗遭雊雉之戒飭己正事飭己亦與格王義應

乃訓于王曰惟天監下民典厥義○祖己既言遂以道訓諫王言天視下民以義爲常○乃訓于王曰惟天監下民典厥義古文也今文無民字○乃訓于王曰者殷紀作祖己乃訓王曰增省其文以明之既言於王遂作此訓也○惟天監下典厥義者殷紀如此監者說文臨也釋詁視也典者釋詁常也釋言經也天臨視下以義爲常經劉云禮喪服大傳云自仁率親等而上之至於祖名曰輕自義率祖順而下之至於禰名曰重天尊而不親故主義穀梁以文公先禰後祖爲無天言君子不以親親害尊尊春秋之義也

降年有永有不永非天夭民民中絕命言天之下年與民有義者長無義者不長非天欲夭民民自不修義以致絕命○降年有永有不永非天夭民民中絕命今文與古文同一作中絕其命○今文同者石經殘碑作民中絕命此與非天夭民分二句讀解如僞孔一作中絕其命者殷紀作降年有永有不永非天夭民中絕其命非下八字作一句讀大小夏侯

本異也書疏引鄭云年命者蠢愚之人尤愒焉故引以諫王也王鳴盛云釋言愒貪也郭注謂貪羨是也江云於此經言蠢愚似未安孫云殷自陽甲以來兄弟相及皆不永年此不敢斥言前王故泛推天命人事也

民有不若德不聽罪天既孚命正厥德

不順德言無義○不服罪不改修天己信命正其德謂有永有不永○民有不若德不聽罪天既孚命正厥德古文也今文孚作附一作付○今文孚作附者殷紀作民有不若德不聽罪天既附命正厥德一作付者孔光傳引書曰天既付命正厥德言正德以順天也附付古今字音義皆同石經殘碑作民有不若德不聽罪天既付孔作孚○下闕隸釋俗本改付為孚改孔作孚為孔作字案民有不若德不聽罪者故年有永有不永與非天夭民中絕其命句相屬為義江云民有不順之德不聽之罪不聽之罪謂惡深隱無人知聽讞所不及者明神無不知之匙不為天所譴此天折之由也一說不聽罪若王制所謂四誅者不以聽罪大惡極當即誅之不待聽也天既付命正厥德者說文付與也言天付與我命惟自正厥德而已宅非所問也故孔光言正德以順天也封禪書高宗懼祖己曰修德漢書郊祀志同指謂此語漢書五行傳武丁謀於忠賢修德而正事亦取此正厥德及上正厥事為文也

乃曰其如台

祖己恐王未受其言故乃復曰天道其如我所言○乃曰其如台今文與古文同偽傳訓台為我誤○乃曰其如台者殷紀作乃曰其柰何以訓詁釋經湯誓西伯戡黎皆有其如台之文史公俱作其柰何薛綜東京賦注如柰也台何聲之轉言惟正德可以禳災乃徒曰其柰何無益也時高宗恐懼博謀羣臣以柰何為問故祖己告之

嗚呼王司敬民罔

非天肖典祀無豐于昵肖嗣昵近也歎以感王入其言王者主民當敬民事民事無非天所嗣常也常上脫典字
祭祀有常不當特豐於近廟欲王因異服罪改修之○嗚呼王司
敬民罔非天肖典祀無豐于昵古文也今文司作嗣豐作禮昵作
弃道○司作嗣者殷紀作嗚呼王嗣敬民罔非天繼肖繼故訓字
段云司作嗣今文尚書也惠云古嗣字多省作司晉姜鼎銘云晉
姜曰余惟司朕先姑君晉邦呂大臨考古圖王俅嘯堂集古錄
薛尚功鐘鼎款識宣和博古圖皆釋司爲嗣此司字史記作嗣則
經亦古字省文言王嗣位敬民即無非天之繼嗣釋詁肖繼也孫
云天肖猶天子言陽甲已來先王有不永年者既嗣天位即爲天
肖王當修敬也殷紀云帝陽甲之時殷衰自仲丁以來廢嫡而更
立諸弟子弟子或爭相代立比九世亂陽甲崩弟盤庚立盤庚崩
弟小辛立小辛崩弟小乙立小乙崩子武丁立即高宗也自陽甲
以前有兄弟爭立廢適或不爲適立廟未失禮也陽甲嫡長嗣位
盤庚不爲立廟是爲弃其常道故明之曰罔非天肖○典祀無豐
于昵者釋文引馬云昵考也謂禰廟也段云昵本作尼經文昵衞
包所改釋文昵開寶改之正義云釋詁即尼也孫炎曰即猶今也
尼者近也郭璞引尸子曰悅尼而來遠是尼爲近也案此可證今經
作尼傳作尼近也正義引釋詁疏之所謂古文讀應爾雅也其下
文云尼與昵音義同則謂尼同昵以曉晚近假令經傳作昵何必
爲此詞費羣經音辨云尼近也乃禮切書祀無豐于尼此據未改
之釋文孫云周禮鄭注豐厚也昵同暱說文暱日近也或作昵玉
篇暱謂親近也案四親廟最近爲父廟故稱之爲昵馬以昵爲禰
廟者說文無禰字新附有之云秋畋也則古或借禰爲之或漢隸

書己有禰字皆不可知也今文豐作禮尼作弃道者殷紀云常祀
毋禮于弃道典常訓詁字豐字形近豊禮或亦當爲豐也孫云弃
道者盤庚尊禰廟而廢嫡長前王之祀高宗以子繼父亦不改其
道是爲弃道穀梁文二年傳大事於太廟躋僖公傳云先親而後
祖也逆祀也何休注高宗殷之賢王猶祭豐於禰以致雊雉之變
然後率修常禮故史公以豐于昵爲弃道也通典引賀循議以盤
庚不序陽甲之廟是陽甲無廟祀詩殷武箋云高宗之前王有廢
政敎不修寢廟者高宗復成湯之道故新路寢焉疏云其不修者
蓋小辛小乙耳案盤庚不爲陽甲立廟小辛繼世又値殷衰未能
修復廟祀高宗繼小乙居喪盡禮其於父廟祀必豐而世父之廟
不序猶承盤庚之失故於祭成湯廟之明日有雊雉之祥既感祖
己之言乃修建寢廟喪服四制云禮廢而復起尙書大傳云武丁
思先王之政繼絕世是殷時至高宗始有興廢之事如殷武詩所
言寢成孔安也知寢卽廟者隸僕掌五寢之埽除糞洒之事注云
五寢五廟之寢也周天子七廟惟祧無寢殷武疏云經止有寢耳
箋言廟者君子將營宮室宗廟爲先明亦修廟是也殷之廟制據
詩烈祖疏引禮稽命徵云殷五廟至於子孫六注契爲始祖湯爲
受命王各立其廟與親廟四故六何休公羊注云禮天子立五廟
受命始封之君立一廟至於子孫過高祖不得復立廟禮器疏引
五經異義云兄弟無相後之道則高宗時陽甲廟猶在不毀之列
祖己所以言常祀應修毋得獨豐于近也然則立陽甲之廟禮當
如何公羊何注云弟無後兄之禮爲亂昭穆之序失父子之親通
典引賀循議云若兄弟相代共是一代昭穆位同不得兼毀二廟
禮之常例也又云殷人六廟止有兄弟四人襲爲君者便當上襲

四廟乎如此四代之親盡無復祖禰之神矣又案成湯以下至於帝乙父子兄弟相繼爲君合十二代而正代惟六易乾鑿度曰殷帝乙六代王也以此言之明不數兄爲正代案此諸議則高宗當爲陽甲立廟而以盤庚小辛小乙共爲四室至祫祭時昭則同爲昭穆則同爲穆也通典引華恆議以爲兄弟旁及禮之變也則宜爲神主立室不宜以室限神主是知陽甲之廟當一廟四室共爲一代也高宗修寢廟之禮雖無文可知大率宜以父祔陽甲矣

西伯戡黎第十六

商書　孔氏傳

西伯戡黎　王先謙參正

○書序殷始咎周周人乘黎祖伊恐奔告于受作西伯戡黎釋文黎國名尚書大傳作耆皮云大傳云文王一年質虞芮二年伐邘三年伐密須四年伐畎夷紂乃囚之四友獻寶乃得免於虎口出而伐耆又云五年之初得散宜生等獻寶而釋文王文王出則克耆六年伐崇而稱王周紀於獻寶被赦虞芮質成之後云諸侯聞之曰西伯蓋受命之君明年伐犬戎明年伐密須明年敗耆國明年伐邘明年伐崇明年西伯崩案大傳以爲伐耆在受命之五年史記以爲在受命之四年大傳以爲文王被囚在三伐皆勝之後史記以爲被囚而出乃伐諸國大傳以爲六年伐崇乃稱王史記以爲受命之年稱王緯候之說文王年九十六始稱王春秋元命包云西伯既得丹書於是稱王改正朔誅崇侯虎緯候與大傳合大傳又於散宜生獻寶之後云紂大說曰非子罪也崇侯也遂遣西伯伐崇與前云出而伐耆不同者蓋五年伐耆六年伐崇其事相連紂使文王伐崇文王先伐耆乃伐崇也吳中本大傳云西伯既戡耆紂囚之牖里以戡耆在被囚前與詩文王序疏禮文王世子疏所引大傳皆不合其文蓋誤文王三伐皆勝紂畏惡之其事猶可解說若戡耆入紂圻內祖伊有訖命之告使紂於此時囚西伯恐非獻寶所能釋矣韓非子云文王侵孟

克莒舉豐而紂惡之文王乃懼入洛西之地請解炮烙之刑天下皆說又曰紂以其大得人心已又輕地以收人心是重見疑也固其所以桎梏囚於羑里也是韓非以被囚在三伐皆勝之後與大傳合孟郎邦莒郎伐密以遏徂莒之莒舉豐蓋因伐畎夷而舉其地也先謙案大傳史記皆今文說戡黎之年先後互異則夏侯歐陽所傳之不同也左襄三十一年傳衞北宮文子云紂囚文王七年則當在斷虞芮訟之前戰國趙策魯仲連云拘之羑里之庫百日其言被囚之年久暫不同與四年被囚五年得免相證合疑七年非也據殷紀文王聞紂脯鄂侯而歎紂囚之羑里閎夭之徒獻寶紂赦之文王獻洛西之地請除炮烙之刑紂許之賜弓矢斧鉞使得征伐爲西伯西伯修德行善諸侯多叛紂歸西伯及西伯伐飢滅之云云合周紀觀之虞芮質成諸事在爲西伯後爲西伯在被囚赦免後情事至順若未賜弓矢鈇鉞命爲西伯之前而肆行征伐圖拓疆土則叛臣矣豈文王之所爲而暴虐如紂尚能囚而復赦邪若謂三伐而勝紂知惡之赦而伐者反漠然無動此於情理不合以是疑大傳韓非之未爲得實也近王圻之諸侯在上黨東北○西伯既戡黎今文與

西伯既戡黎古文同戡一作𢦏黎作耆一作飢古文戡一作𢦏一作堪黎一作𨛫○今文作戡者路史國名紀云大傳作西伯戡耆一殷傳文漢藝文志攷證云大傳以西伯戡黎爲戡耆是作戡與古文同一作𢦏者衆經音義八十三引尚書大傳曰𢦏者克也釋此經文黎作耆者見上周紀云敗耆國尚書大傳周傳曰文王受命五年伐耆者一作飢者殷本紀西伯伐飢國滅之徐廣注飢一作阢又作耆宋世家及祖伊以西伯昌之修德滅阢國徐廣注阢音耆孫云阢不成字郎飢之誤字古文戡

一作𢦟一作堪黎一作𩑶者說文𢦟下云殺也从戈今聲商書曰
西伯既𢦟黎段云蓋壁書作𢦟後易爲戡或易爲堪一作堪者釋
詁堪勝也郭注引書西伯堪黎書疏引爾雅作戡勝古音任之
勝與勝敗之勝不分平去合克堪用德戡定厥功惟時二人弗戡
讀之可見黎一作𩑶者說文𩑶下云殷諸侯國在上黨東北从邑
𥝩聲𥝩秥商書西伯戡黎段云說文此戡字蓋本作𢦟戈部黎字
蓋本作𩑶皆後人改也書疏及詩二南譜疏引鄭云西伯周文王
也時國於岐封爲雍州伯也南兼梁荆國在西故曰西伯戡黎入
紂圻内孫云王制二百一十國以爲州有伯八州八伯鄭注殷
之州長曰伯此雍州伯是八州八伯之一周書大匡解維周王宅
程三年遭天之大荒作大匡以詔牧其方三州之侯咸率是文王
兼牧三州也知兼梁荆者詩序云文王之化行江漢之域是荆州之
地梁在荆西雍南兼之可知也地理志上黨郡壺關注應劭曰黎
侯國今黎亭是今山西長治縣西南距紂都朝歌在千里内其寓
衞之黎侯在魏郡黎陽縣今河南濬縣西南非此黎江云大宗伯
八命作牧先鄭注一州之牧又云九命作伯後鄭注上公有功德
者加命爲二伯楚詞天問伯昌號衰秉鞭作牧王逸注文王爲雍
州牧與鄭說合文王是州牧之伯非東西二伯之伯王肅欲爲異
說以爭勝謂西伯爲二伯之伯明知已說無稽又僞作孔叢子託
諸子思述子夏之言謂王季以九命作伯于西文王因之得專征
伐與已說相援期申己而詘鄭是說惑人不可不辨皮云班固典
引云以方伯統牧乘其命賜形弧黃鉞之威用討韋顧黎崇之不
恪班用今文而亦同古作黎或夏侯尚書同於古文或後人用古
文改之班云以方伯統牧則以西伯爲二伯豈始爲州牧後爲二

伯戡**祖伊恐奔告于王曰天子天既訖我殷命**文王率諸侯以事紂內秉王心紂不能制今又克有黎國迫近王圻故知天已畢訖殷之王命言將化爲周○祖伊恐四句古文也今文無天子二字○無天子二字者殷紀作紂之臣祖伊聞之而咎周恐奔告紂曰天既訖我殷命無天子二字紂之臣云云以敘事體述經也周本紀殷之祖伊聞之懼以告紂宋世家及祖伊以周西伯之修德滅阢國懼禍至以告紂並用經文殷高宗時有祖已知祖姓是殷世臣天既訖我殷命者訖同迄釋詁止也止我殷命謂天命終也**格人元龜罔敢知吉**至人以人事觀殷大龜以神靈考之皆無知吉○格人元龜罔敢知吉今文與古文同格一作假罔一作無人一作爾○今文同者論衡卜筮篇吉人鑽龜輒從善兆凶人揲蓍輒得逆數何以明之紂至惡之君也當時災異繁多七十卜而皆凶故祖伊曰格人元龜罔敢知吉賢者不舉大龜不兆何則人心神意同吉凶也王充以賢者訓格人則今文尚書與古文同格一作假罔一作無者殷紀如此下罔不欲喪作罔此蓋用今文本作無也格假通用字人一作爾者潛夫論卜列篇尚書曰假爾元龜罔敢知吉疑用夏侯尚書與史公王充用歐陽尚書不同蓋據曲禮假爾泰龜有常之義以此爲命龜之詞史記集解引馬云元龜大龜也長尺二寸**非先王不相我後人惟王淫戲用自絕**非先祖不助子孫以王淫過戲怠用自絕於先王○非先王不相我後人惟王淫戲用自絕古文也今文惟作維戲作虐○惟作維戲作虐者殷紀作非先王不相我後人維王淫虐用自絕惟維古今文之異集解引鄭云王暴虐於

民是鄭本亦作虐淫過也紂之惡暴虐尤甚何止淫戲今文義**故**
長江云虐从虍巳人戲字偏傍之虛亦从虍戲當爲虐字之誤
天棄我不有康食不虞天性不迪率典以紂自絕於先王故天亦棄之宗廟不有安食於天
下而王不度知天性命所在而所行不蹈循常法言多罪○故天
棄我四句古文也今文虞下多知字僞傳竊取爲注○虞下多知
字者殷紀作故天棄我不有安食不虞知天性不迪率典康安故
訓字集解引鄭云王暴虐於民使不得安食逆亂陰陽不度天性
傲很明德不修教法江云王自絕於天故天棄我殷將使滅
也不得有安食王猶不度知天性不遵循典法言其昏亂
今我民罔弗欲喪曰天曷不降威大命不摯今王其如台摯至也民無不欲王之亡
言天何不下罪誅之有大命宜王者何以不至王之凶害其如我
言○今我民罔弗欲喪曰天曷不降威大命不摯今王其如台古
文也今文弗作不不摯作胡不至古文摯一作墊○弗作不者殷
紀作今我民罔不欲喪論衡藝增篇尚書曰祖伊諫紂曰今我民
罔不欲喪罔無也我天下民無不欲王亡者夫言欲王之亡可也
言無不增之也紂雖至惡臣民蒙恩者非一而祖伊增語欲以懼
紂也江云紂恩惟惡臣蒙之良臣則否況民安得蒙恩乎良臣雖
不蒙恩無欲紂亡者即祖伊奔告亦惟恐王亡若民則不堪虐政
實無不欲王亡祖伊固言我民罔不欲喪不言臣也安得以爲增
語論衡說非案弗不今古文之異○曰天曷不降威云云者殷紀
作曰天曷不降威大命胡不至今王其柰何摯作至故訓字民望
天降威與大命之至急欲革命去暴主也唐開成石經於命不二

字之閒旁添胡字葢依史記增之如台爲柰何說見前古文摯作勢者說文勢下云至也从女執聲周讁之書曰大命不勢段云壁書作勢後昜爲摯勢執聲今本說文誤作摯執聲非也執聲在古音十五部執聲在古音第七部

王曰嗚呼我生不有命在天

言我生有壽命在天民之所言豈能害我遂惡之辭○王曰嗚呼我生不有命在天今文與古文同○今文同者殷紀作紂曰我生不有命在天乎周紀紂曰不有天命乎是何能爲宋世家紂曰我生不有命在天乎是何能爲並增文以顯經意淯嗚呼

祖伊反曰嗚呼乃罪多參在上乃能責命于天

反報紂也言汝罪惡衆多參列於上天天誅罰汝汝能責命于天拒天誅乎○祖伊反曰今文與古文同反一作返參一作絫乃能責命于天今文無徵僞傳云反報紂謬○祖伊反曰者殷紀同下云紂不可諫矣總括經文反一作返者說文返下云還也从辵反反亦聲商書曰祖伊返段云今本說文伊誤甲惟集韻所引不誤反返古通用參一作絫者釋文引馬云參字作累在上段云此條經開寶中竄改文理不可解玉篇厽力揰反累壍爲墻壁也尚書以爲參字此未經孫強輩改竄處葢尙書本从厽而孔讀爲參釋文厽七南反馬力揰反累也罪多累在上厽絫古通用積累字古多作絫累乃俗字汗簡四聲韻皆云絫字見石經尙書戬黎篇孔傳或有厽讀爲參之語衞包並刪之耳陳云據汗簡所見石經今文尙書作絫厽絫今古文之異壁書皆古文故用厽字也乃能責命于天者孫云廣雅釋詁讓責也言紂罪衆多森列在天豈能責讓天之降罰乎

殷之卽喪指乃功不無戮于爾邦

言殷之就亡指汝功

事所致汝不得無死戮於殷國必將滅亡立可待○殷之郎喪三句今文無徵○殷之郎喪云云者江云功事也殷之郎於喪亡指斥汝所爲之事不能無戮於爾國言後王將數其罪而戮之後武王誅紂懸首大赤是其驗矣先謙案指乃功者言殷之前王雖有興衰無大失德不至郎喪其立見敗亡者由紂一人之事也

微子第十七

商書　孔氏傳　王先謙參正

微子 微圻內國名子爵爲紂卿士去无道○殷紀紂愈淫亂不止微子數諫不聽乃與太師少師謀遂去比干強諫紂紂殺比干因箕子殷之太師少師乃持其祭樂器奔周宋微子世家微子度紂終不可諫欲死之及去未能自決乃問於太師少師云云武王克殷微子乃持其祭器造於軍門武王乃釋微子復其位如故合殷紀宋世家觀之微子與太師少師偕行紀言太師少師持其祭樂器孫云祭樂器祭時之樂器世家言微子持其祭器義互相備書序殷既錯天命微子作誥父師少師漢書儒林傳云遷書載微子多古文說所用古文說今無可攷

微子若曰父師少師 父師太師三公箕子也少師孤卿比干微子若曰父師少師古文也今文作太師少師僞傳用鄭說○今文作太師少師者宋世家云乃問於太師少師曰微子者周本紀帝乙

長子曰微子啟啟母賤不得嗣少子辛辛母正后辛爲嗣宋世家云本微子開者殷帝乙之首子而紂之庶兄也此今文說書疏及論語微子篇皇侃疏引鄭云微子與箕子俱在圻內箕子紂之諸父微子與紂同母當生微子母猶未正及生紂時已得正爲妻也故微子大而庶紂小而嫡也此古文說呂覽當務篇紂同母兄弟三人長曰微子啟其次曰仲衍其次曰受德受德乃紂也甚少矣紂母之生微子啟與仲衍也尙爲妾已而爲妻而生紂此鄭說所本禮王制疏引鄭志云張逸問殷爵三等公侯伯尙書有微子箕子何荅云微子箕子畿內采地之爵非畿外治民之君故云子孫云水經注濟水又北逕微鄉東春秋莊公二十八年經書冬築郿京相璠曰公羊謂之微東平壽張縣西北三十里有故微鄉魯邑也杜預曰有微子冢此在今山東東平州境疑采地亦在是郡國志薄故屬山陽湯所都注杜預曰蒙縣西北有薄城中有湯冢其西又有微子冢元和郡縣志沛縣微山上有微子冢去縣六十五里蒙縣西薄城湯冢當在今山東曹縣南沛今江南縣古宋地魯宋相鄰皆在殷千里畿內未知孰是微子若曰者周史述其誥太師少師如此言也太師少師者段云漢書禮樂志說殷紂時樂官師瞽抱其器而犇散或適諸侯或適河海此謂論語微子篇太師摯適齊云云也故人表太師摯亞飯干三飯繚四飯缺鼓方叔播鞀武少師陽擊磬襄皆系之殷紂時周本紀紂殺比干囚箕子太師疵少師彊抱其樂器而犇周是太師少師非微箕甚明合周紀宋世家證之勸微子去者太師疵少師彊也摯卽疵陽卽彊音皆相近皮云人表疵彊列二等摯陽列三等是班氏不謂摯卽疵陽卽彊也豈亦如士會范武子二名並列乎書疏引鄭云其子紂之諸父皇

侃論語疏引鄭云父師者三公也時箕子爲之少師者太師之佐孤卿也時比干爲之漢書五行志禹治洪水賜雒書法而陳之洪範是也降及于殷箕子在父師而典之是箕子爲父師之證大傳云古者天子三公每一公三卿佐之漢書公卿表太師爲三公少師爲孤卿與六卿爲九此鄭說所本因古今文尚書太父互異故鄭別爲說不從史記也

殷其弗或亂正四方

或有也言殷其不有治正四方之事將必亡○殷其弗或亂正四方古文也今文作殷不有治政不治四方○殷不有治政不治四方者宋世家如此弗不今古文之異書疏引鄭云或之言有也淮南高注廣雅釋詁並云或有也商頌奄有九有韓詩作九域說文或域字同也亂作治正作政詁訓並通不有治政即弗或亂正也四方上多不治二字謂殷不有治政不復治四方矣

我祖底遂陳于上

言湯致遂其功陳列於上世○我祖底遂陳于上古文也今文無底字○今文無底字者宋世家作我祖遂陳于上集解引馬云我祖湯也孫云呂覽高注遂成也漢書李斐注陳道也言我祖成治道於上知我祖爲湯者以史記下文敗厥德作敗湯德知之

我用沈酗于酒用亂敗厥德于下

我紂也沈湎酗醟敗亂湯德於後世○我用沈酗于酒用亂敗厥德于下古文也今文作紂沈湎於酒婦人是用亂敗湯德於下沈一作湛湎一作沔○紂沈湎於酒者宋世家如此我作紂史公易之微子不忍言紂惡經云我者隱之亦親之國家之詞也史公易作紂使人易曉沈酗作沈湎者漢書敘傳班伯曰沈湎于酒微子所以告去也用此經文是今文作沈湎非史公所改揚雄徐州牧箴帝癸及辛不祗不恪沈湎于酒而忘其

東作益州牧箴帝有桀紂沈湎顛僻易林賁之乾帝辛沈湎于酒沈湎一作湛湎一作沔者史記自序帝辛湛湎漢書五行志湛湎于酒禮樂志湛沔自若霍光傳奏昌邑王湛沔于酒皆用今文韓詩說云齊顏色均多寡謂之沈閉門不出者謂之湎君子不可以沈不可以湎孫云酗當爲酌說文酌醉醬也書疏引作酗俗字釋文醬音詠○婦人是用亂敗湯德于下者宋世家如此用字上屬爲句史公厥改湯亦使人易曉孫云太誓云紂乃斷棄其先祖之樂乃爲淫聲以悅婦人則此言婦人是用敗湯德于下正謂棄其先祖之樂爲淫聲也太師將抱樂器奔周故先言此皮云漢書谷永傳災異對曰沈湎荒淫婦言是從又黑龍見東萊對曰臣聞三代所以隕社稷喪宗廟者皆由婦人與羣惡沈湎于酒五行志谷永對曰臣聞三代所以喪亡者皆由婦人羣小湛湎于酒是永所據今文尚書有婦人是用句與史記合列女傳殷紂妲己傳云比干諫曰不修先王之典法而用婦言禍至無日不修先王典法所謂敗湯德也史記集解引馬云下下世也**殷罔不小大好草竊姦宄**草野竊盜又爲姦宄於內外○殷罔不小大好草竊姦宄古文也今文作殷既小大好草竊姦軌○殷既小大好草竊姦軌者宋世家如此皮云穀梁桓三年傳既者盡也廣雅釋詁既盡也盡與罔不義近故今文作既江云無逸至于小大鄭注小大謂萬民上及羣臣也草竊者呂氏春秋辨土篇凡耕之道毋與三盜任地夫大畞小畞爲青魚胠苗若直獵地竊之也既種而無行耕而不長則苗相竊也弗除則蕪除之則虛則草竊之也故去此三盜而後粟可多也孟子盡心篇引孔子曰惡莠恐其亂苗也然則害苗者莠草竊是莠害苗也民爲盜竊以病善良亦

如荐之害苗則此言草竊是以荐比況盜也國語長魚矯曰亂在內爲軌在外爲姦里革曰竊寶者爲軌用軌之財者爲姦軌宄聲同通借

卿士師師非度凡有辜罪乃罔恆獲六卿典士相師效爲非法度皆有辜罪無秉常得中者○卿士師師非度凡有辜罪乃罔恆獲古文也今文作卿士師師非度皆有罪辜乃無維獲○今文作卿士師師非度皆有罪辜乃無維獲者宋世家如此卿士師師非度者史記集解引馬云非但小人學爲姦宄卿士已下轉相師效爲非法度孫云師師者上師言衆下師言長或如梓材我有師師謂卿士師長不必如馬所云也凡有辜罪乃罔恆獲者書疏引鄭云凡猶皆也集解引鄭云獲得也羣臣皆有是罪其爵祿又無常得之者言屢相攻奪江云作爲不法乃有辜罪是辜罪有常得也刑罰不中則有罪非必其所當得故曰罔恆獲皆有罪辜乃無維獲者廣雅釋詁凡皆也唯獨也維唯同義言此有罪之人不必獨能得之則所獲者無恆詩瞻卬云此宜無罪女反收之彼宜有罪女覆說之也鄭云羣臣皆有是罪言皆有草竊姦宄不法之罪云爵祿又無常得之者鄭以獲爲得爵祿言罪既不當則爵人亦可以無常得之此經蓋如牧誓所云乃惟四方之多罪逋逃是崇是長是信是使是以爲大夫卿士俾暴虐于百姓以姦宄于商邑言有罪逋逃者紂爲之主不能卽獲致使民交相仇怨也陳云鄭注凡猶皆也史記作皆蓋以訓詁代之皮云史公用今文不必與鄭注古文同

小民方興相爲敵讎卿士既亂而小人各起一方共爲敵讎言不和同○小民方興相爲敵讎古文也今文作小民乃竝興相爲敵讎僞傳訓方興爲各起一方謬○小民乃竝興相爲

敵讎者宋世家如此段云方興今文尙書當是旁興竝者旁之故訓古音竝讀如旁皮云潛夫論述赦篇小民乃竝爲敵讎用此經文與史記合是今文作竝史公非用故訓也鄭注屢相侵奪覗上釋此文

今殷其淪喪若涉大水其無津涯 淪沒也言殷將沒亡如涉大水無涯際無所依就○今殷其淪喪若涉大水其無津涯古文也今文作今殷其典喪若涉水無津涯○今殷其典喪若涉水無津涯者宋世家如此集解裴駰云典國典也錢大昕云典讀如殄典喪者殄喪也攷工記輈欲頎典鄭司農讀典爲殄燕禮寡君有不腆之酒注古文腆爲殄是典腆與殄通皮云錢說是也列女傳云不修先王之典法則解典爲國典義亦可通江云典喪則國無所倚恃與涉水無津涯之喻正相當典與淪義訓絕異若尙書作淪史記必不以典易之故知作典無疑禮曲禮天子建天官先六太曰太宰太宗太史太祝太士太卜典司六典鄭注典法也此蓋殷時制也正此經所謂典典所以爲國典亡則國將從之涉徒行厲水也津濟渡處涯水邊地也若涉水無津涯言必沒溺以喻國無法守必亡也

殷遂喪越至于今 言遂喪亡於是至於今到不待久○殷遂喪越至于今今文與古文同○今文同者宋世家如此集解引馬云越於也於是至矣於今到矣釋詁粵於也越同粵遂竟也漢書遂字皆訓爲竟言殷竟喪亡乃至於今日乎

曰父師少師我其發出狂吾家耄遜于荒 我念殷亡發疾生狂在家耄亂故欲遯出於荒野言愁悶○曰父師少師我其發出狂吾家耄遜于荒古文也今文作曰太師少師我其發出往吾家保于喪僞傳云發疾生狂非○曰太師少師

者宋世家如此集解引馬云重呼告之○我其發出往者宋世家
如此集解引鄭云發起也紂禍敗如此我其起作出往也段云釋
文正義索隱皆不言鄭與孔異蓋今文作往古文作狂鄭從今文
讀狂爲往與告去說合孫云詩傳發行也往當爲㑌說文㑌遠行
也言我當出行遠去今書作狂者楚詞抽思狂顧南行王逸注狂
猶遽也○吾家耄遜于荒者史記集解引馬云卿大夫稱家書疏
引鄭云耄昏亂也吾家保于喪者宋世家如此江云保安也我卿
大夫安於喪亡之事恬不知畏亦言不與謀也皮云江說亦通然
據史公云微子欲死之及去未能自決乃釋此二句之義我其發
出往者將遠出以避難言欲去也吾家保于喪者保守也喪亡也
將居家以守死不去言欲死之也二句正言欲死之及去未能自決之意故重呼太師少師告之**今爾無指告予**
顛隮若之何其汝無指意告我殷邦顛隕隮墜如之何其救之○今爾無指告予顛隮若之何其古文也今文作今
女無故告予顛躋如之何其○今女無故告予顛躋如之何其者
宋世家如此集解引馬云躋猶墜也恐顛墜於非義當如之何也
鄭云其語助也齊魯之閒聲如姬禮記曰何居案指當爲恉說文
恉意也淮南高誘注國語韋昭注並云故意也是文異而義同言
爾若無意相告我顛墜當柰之何孫云馬云躋猶墜者躋登又爲
墜如亂之訓治徂之訓存也恐顛墜於非義者言恐去之非義則
當死之**父師若曰王子**比干不見明心同省文微子帝乙元子故曰王子○父師若曰王子古文也今文作太師
若曰王子○太師若曰王子者宋世家如此集解引鄭云少師不
荅志在必死江云鄭以少師爲比干與史記不合且忠臣憂國之

心雖死不渝豈以志在死而漠然置之不答於義未安

天毒降災荒殷邦方興沈酗于酒天生紂爲亂是天毒下災四方化紂沈湎不可如何○天毒降災荒殷邦方興沈酗于酒古文也今文作天篤下菑亡殷國無方興沈酗于酒○天篤下菑亡殷國者宋世家如此說文毒厚也釋詁篤厚也惠云平輿令薛君碑又以竺爲毒古毒竺篤三字通大宛傳其東南有身毒國卽天竺也竺古篤字降下故訓字荒亡聲近義通邦國今古文之異○無方興沈酗于酒者宋世家如此江云六字衍文天厚下災亡殷國乃不畏天威於文爲順實不容有此六字蓋因前文有小民方興及我用沈酗于酒之言而誤衍其字於此

乃罔畏畏咈其耇長舊有位人言起沈湎上不畏天災下不畏賢人違戾耇老之長致仕之賢不用其教法紂故○乃罔畏畏咈其耇長舊有位人古文也今文作乃毋畏畏不用老長無舊有位人○乃毋畏畏者宋世家如此毋無字同無罔故訓字江云畏畏當爲畏威古威畏字同禮表記引甫刑曰德威惟威鄭注德所威則人皆畏之是以威爲畏攷工記弓人注故書畏作威此經重言畏畏兩字皆訓敬畏不詞故讀下畏爲威○咈其耇長者說文咈下云違也从口弗聲周誤商書曰咈其耇長不用耇長者宋世家如此不用與違咈意同史公說經意或今文本作不用無可攷定說文耇下云老人面凍梨若垢○無舊有位人者宋世家如此皮云此句疑今文本無之或經師以舊訓老以有位人訓長誤入正文也先謙案無逸鄭注舊久也公羊莊二十九年傳注舊故也凡久故皆年耄人論語泰伯篇故舊不遺是舊卽耇也禮學記然後能爲長注長達官之長燕禮若賓若長

注長公卿之尊者是長即有位人也皮說是今殷民乃攘竊神祇之犧牷牲用以容將食無災自來而取曰攘色純曰犧體完曰牷牛羊豕曰牲器實曰用盜天地宗廟牲用相容行食之無災罪之者言政亂○今殷民乃攘竊神祇之犧牷牲用以容將食無災古文也今文作乃陋淫神祇之祀○今殷民乃攘竊神祇之犧牷牲云云者釋文引馬云往盜曰竊史記集解引馬云天曰神地曰祇也大人疏引鄭云犧純毛牷牲體完具盜祀神御物罪重乃民攘竊而競相容隱至將食之而以爲不有災禍墨子天志篇引泰誓云紂越厥夷居不肯事上帝棄厥先神祇不祀乃曰吾有命是其證也今殷民乃陋淫神祇之祀者宋世家如此集解徐廣曰一云今殷民侵神犧一云陋淫侵神祇孫云言祀牲不豐有司攘竊其經費陋者隱也說苑臣道篇晏子隱君之賜淫者文選演連珠云時累不能一淫注淫侵也言有隱匿侵沒其貲者故徐廣引一云殷民侵神犧一云陋淫侵神祇也降監殷民用乂讎斂召敵讎不怠下視殷民所用治者皆重賦傷民斂聚怨讎之道而又亟行暴虐自召敵讎不解怠○降監殷民三句今文無徵○降監殷民云云者釋文讎鄭音疇馬本作稠云數也斂馬鄭力豔反謂賦斂也案二讎字複馬作稠是也說文監臨下也言其下臨殷民所以爲治惟煩數賦斂自召敵讎且力行不怠不知其爲斂怨也罪合于一多瘠罔詔言殷民上下有罪皆合於一法紂故使民多瘠病而無詔救之者○罪合于一二句今文無徵○罪合于一多瘠罔詔者孫云說文合讀若集漢書食貨志孟康注肉腐曰瘠太宰鄭注詔告也言罪集於紂

一人多致死亡，罔所告訴也。江云：君臣同惡相濟，故曰罪合于一。浚民之膏，故民多瘠苦，上下並爲威虐，故民罔告。**商今其有災，我興受其敗。**○災滅在近，我起受其敗。言宗室大臣義不忍去。○**商今其有災，我興受其敗**，今文與古文同。古文敗一作退。○商今其有災，我興受其敗者，孫云：宋世家云今誠得治國，國治身死不恨。釋我興受其敗。先謙案：孫說是。治者，禮禮運疏謂修治也。喪服傳注：治，正也。言商至今日，令我誠得修正之，其或有災禍，幸不至滅亡，我願起而以身受其敗壞之咎，雖死不恨。此釋經意也。古文敗一作退者，說文退下云：數也。从辵貝聲。周商誤書曰：我興受其退。段云：壁書敗字蓋皆如此作。**商其淪喪，我罔爲臣僕。詔王子出迪。**商其沒亡，我二人無所爲臣僕。欲以死諫紂，我教王子出合於道。○商其淪喪三句，今文與古文同。○商其淪喪云云者，孫云：宋世家云爲死，終不得治，不如去，遂亡。段云此字爲句五釋商其淪喪至詔王子出迪也。先謙案：孫說是。言商其必淪喪，卽死終不得治，安之？我既無救於國，無用仕爲臣僕，不如遂去，故我告王子惟有出行之一道也。禮運：仕於公家曰臣，仕於私家曰僕。呂覽高注：出，去也。迪，行也。字从由、行。馬注多方迪作攸。說文：攸，行水也。**我舊云刻子，王子弗出，我乃顛隮。**刻，病也。我久知子賢，言於帝乙，欲立子。帝乙不肯，病子不得立，則宜爲殷後者子。今若不出逃難，我殷家宗廟乃隕墜無主。○我舊云刻子，王子弗出，我乃顛隮，古文也。今文我上有微子若曰，刻作孩，弗作不。○我舊云刻子，王子弗出，我乃顛隮者，釋文：舊云，馬云：言也。刻，馬云：侵刻也。孫云：莊子釋文引司馬注：刻，削也。與侵刻義同。馬以爲太師言

我舊時曾云紂當刻害於子而王子比干終不肯出是使我亦顚
墜也今文我上有微子若曰刻作孩弗作不者論衡本性篇微子
曰我舊云孩子王子不出紂爲孩子之時微子睹其不善之性性
惡不出眾庶長大爲亂不變故云也又云紂之惡在孩子之時孩
子始生未與物接誰令悖者弗不今古文之異孫云據此我上當
有微子若曰四字刻作孩聲義並通性惡不出眾庶者釋名出推
也推而前也言其資質不能在眾庶之前荀子勸學篇其出人不
遠矣是也王充時猶見古尚書章句當本歐陽夏侯之義非臆說
也先謙案據充引今文說王子屬紂言與上文王子指微子者不
同我乃顚隮者微子自我與上文予顚隮合微子聞太師詔以出
迪乃言我君爲孩子時性有不善我久已言之後爲
王子時性惡不出凡眾今乃果致我顚隮爲國慟也

自靖人自獻于先王

各自謀行其志人人自獻達于先王以不失道○自靖人
自獻下先王古文也今文靖作清○靖作清者釋文靖馬
本作清謂潔也案馬義仍本今文說傳世洵洪氏隸釋補云綏民
校尉熊君碑以自靖爲自清是其證清爲潔者言自潔其身以避
亂釋詁靖治也自治亦卽自潔意人人思自處之
道以上對先王在天之靈是人自獻于先王也

我不顧行遯

言將
與紂俱死所執各異皆歸於仁明君子之道出處語默非一途○
我不顧行遯今文無微○我不顧行遯者顧命鄭注回首曰顧釋
言遯遯也孫炎注遁逃去也言我不能返顧而行遯矣宋世家於
箕子爲奴比干諫死後云微子曰父子有骨肉而臣主以義屬故
父有過子三諫不聽則隨而號之人臣三諫不聽則其義
可以去矣於是太師少師乃勸微子去遂行史終言其事

泰誓上第一

周書　孔氏傳　王先謙參正

泰誓大會以誓眾○此梅氏古文之十四說詳書序姚際恒云伏醜詆敵國如後世檄文也亦有略數敵罪如甘湯牧諸誓今泰誓絕口不及軍政惟張目疾首洗垢索瘢若恐不盡古意蕩然矣

惟十有三年春大會于孟津三分二諸侯及諸戎狄此周之孟春○惠云皆本書序惟十有一年較異耳閻云朱子有古文例不書時之說以二十八篇書考之如康誥惟三月哉生魄多方惟五月丁亥書三月五月皆不冠以時洪範惟十有三祀金縢既克商二年書十三祀二年皆不繫以時更考逸書伊訓惟太甲元年十有二月乙丑朔畢命惟十有二年六月庚午朏益見朱子說確今此篇書惟十有三年春豈古史例邪王曰嗟我友邦冢君越我御事庶士明聽誓冢君大御治也友諸侯親之稱大君尊之下及我治事眾士大小無不皆明聽誓○惠云牧誓嗟我友邦冢君洛誥越自乃御事惟天地萬物父母惟人萬物之靈生之謂父母靈神也天地所生惟人為貴○惠云莊子達生篇天地者萬物之父母也孝經天地之性人為貴後漢劉陶傳臣聞人非天地無以為生天地非人無以為靈梅賾以

陶通古文故附會其說**亶聰明作元后元后作民父母**人誠聰明則爲大君而爲衆民父母○閻云中庸聰明足以有臨也詩亶不聰洪範天子作民父母**今商王受弗敬上天降災下民沈湎冒色敢行暴虐**沈湎嗜酒冒亂女色敢行酷暴虐殺無辜**罪人以族官人以世**一人有罪刑及父母兄弟妻子言淫濫官人不以賢才而以父兄所以政亂○梅云荀子君子篇以族論罪以世舉賢故一人有罪三族皆夷德雖如舜不免刑均是以族論罪也先祖當賢子孫必顯行雖如桀紂列從必尊此以世舉賢也此因行雖如桀紂之句故蒐入誓詞孟子士無世官閻云古之仕者世祿不得世位世卿兩見譏於公羊傳子似卽起春秋之世然左襄二十五年傳太叔文子謂甯喜曰九世之卿族甯氏出武公武公卒春秋前者三十六年春秋前有世卿矣又考毛詩宣王有文武吉甫幽王則有赫赫師尹宣王有蹶父孔武幽王則有蹶惟趣馬宣王有太師皇甫幽王則有皇甫卿士皆相接連其爲傳世無疑殆起自幽王世乎晚書云受官人以世吾無徵焉**惟宮室臺榭陂池侈服以殘害于爾萬姓**土高曰臺有木曰榭澤障曰陂停水曰池侈謂服飾過制言匱民財力爲奢麗○梅云淮南子竭百姓之力以奉耳目之欲志專在於宮室臺榭陂池苑囿**焚炙忠良刳剔孕婦**忠良無罪焚炙之懷子之婦刳剔視之言暴虐○惠云焚炙卽謂炮烙之刑墨子尚鬼篇昔者殷王紂剞剔孕婦庶者鰥寡號咷無告帝王世紀曰紂剖比干妻以視其胎**皇天震怒命我文考肅將**

天威大勳未集言天怒紂之惡命文王敬行天罰功業未成而崩肆予小子發以爾友邦冢君觀政于商父業未就之故故我與諸侯觀紂政之善惡謂十一年自孟津還時○惠云卽今文太誓四月觀兵事也程云逸周書大聚解乃觀於殷政惟受罔有悛心乃夷居弗事上帝神祇遺厥先宗廟弗祀悛改也言紂縱惡無改心平居無故廢天地百神宗廟之祀慢之甚○惠云墨子天志篇大誓之道之曰紂越厥夷居不肯事上帝弃厥先神祇不祀乃日吾有命無廖僨務天下天亦縱弃紂而不保犧牲粢盛既于凶盜凶人盡盜食之而紂不罪○惠云今殷民乃攘竊神祇之犧牷牲閻云晚書於弃厥先神祇不祀下增犧牲粢盛二句以合箕子之言刪去天亦縱弃紂而不保句以便下接孟子書豈墨子所見別有一篇大誓乎亦可謂舛矣乃曰吾有民有命罔懲其侮紂言吾所以有兆民有天命故羣臣畏罪不爭無能止其慢心○惠云墨子非命篇又云於太誓曰紂夷處不肯事上帝鬼神禍厥先神禔不祀乃曰吾民有命無廖排漏天亦縱之弃而弗葆此言武王所以非紂執有命也又云大誓之言嘫曰紂夷之居而不肯事上帝弃闕其先神而不祀也曰我民有命毋僇其務天亦不弃縱而不葆天佑下民作之君作之師言天佑助下民爲立君以政之爲立師以敎之○閻云孟子引書曰天降下民作之君作之師後師曠述之曰天生民而立之君又後荀卿釋之曰天之生民非爲君也天之立君以爲民也詞愈顯意愈警足徵孟子所引之確今泰誓改

降爲佑意覺索然不省作僞者何心**惟其克相上帝寵綏四方**○當能助天寵安天下○梅云孟子惟曰其助上帝寵之四方**有罪無罪予曷敢有越厥志**越遠也言已志欲爲民除惡是與否不敢遠其志○梅云孟子有罪無罪惟我在天下曷敢有越厥志閻云孟子引書一段至一人衡行于天下武王恥之皆書詞葢史臣所作孟子從而釋之曰此武王之勇也與引詩釋以此文王之勇也一例僞古文欲竄入武王口中不得不去末二語又改天下爲予此段在大誓中曾有一毫似武王之勇而孟子乃引之乎**同力度德同德度義**力鈞則有德者勝德鈞則秉義者強揆度優劣勝負可見○惠云左隱十一年傳不度德不量力閻云左昭二十四年傳萇宏曰同德度義大誓曰紂有億兆夷人亦有離德余有亂臣十人同心同德度義本萇弘語以興起大誓之語今僞孔不察襲此語於大誓之前又列諸大誓中豈有同德度義爲大誓之詞而下接以大誓曰之理邪且置逸書四句於中篇另換受有臣億萬四句既無德字全不照應又增同力度德一句左傳度作謀度解今作揆度之度同力度德猶可言同德度義便不可解僞傳強爲之解曰德鈞則秉義者強夫德既鈞矣又何謂之秉義乎豈義在德之外更居德之上乎豈紂與武之德鈞而武獨爲秉義者乎卽如其解又何以興起下引大誓離德同德之義謬不勝摘矣**受有臣億萬惟億萬心**人執異心不和諧○惠云管子大誓曰紂有臣億萬亦有億萬之心武王有臣三千而一心**予有臣三千惟一心**三千一心言欲同○閻云管子四語葢史臣美武王之詞與中篇于湯有

光同今撰爲武王自語**商罪貫盈天命誅之予弗順天厥罪惟鈞**紂之爲惡一以貫之惡貫已滿天畢其命今不誅紂則爲逆天與紂同罪○惠云左傳中行桓子曰使疾其民以盈其貫將可殪也周書曰殪戎衣韓非子曰是其貫將滿也墨子大誓之言曰小人見姦巧乃聞不言也發罪鈞梅云湯誓有夏多罪天命誅之又曰予畏上帝不敢不正**予小子夙夜祇懼受命文考類于上帝宜于冢土以爾有衆厎天之罰**祭社日宜冢土社也言我畏天之威告文王廟以事類告天祭社用汝衆致天罰於紂○惠云大傳牧之野武王之大事也既事而退柴于上帝祈于社王制曰天子將出類乎上帝宜乎社造乎禰又云受命于祖詩乃立冢土**天矜于民民之所欲天必從之**矜憐也言天除惡樹善與民同○梅云詩矜此下民左襄二十一年傳穆叔引泰誓民之所欲天必從之昭元年子羽引同杜注今尚書泰誓亦無此文故諸儒疑之孔疏今尚書泰誓謂漢魏諸儒馬融鄭玄王肅等所注者也惟東晉泰誓則傳記所引泰誓悉皆有之周語單襄公鄭語史伯並引此二句韋昭注今周書大誓無此言其散亡乎**爾尚弼予一人永清四海**穢惡除則四海長清○惠云湯誓爾尚輔予一人**時哉弗可失**言今我伐紂正是天人合同之時不可違失○梅云時哉弗可失乃擷通告韓信之言閻云晉獻公之喪秦穆公使人弔公子重耳曰喪亦不可久也時亦不可失也晉語姜氏告公子亦曰時不可失吳子因楚喪而伐之公子光曰此時也不可失也皆是取人國者之詞若

武王伐紂有天下所謂迫而起不得已而應何至出語如秦穆吳光哉縱上文云永清四海志在天下然涉急欲有功之心非武王也

泰誓中第二

周書　孔氏傳　王先謙參正

惟戊午王次于河朔○次止也戊午渡河而誓既誓而止于河之北此梅氏古文之十五惠云書序一月戊午程云洛誥我卜河朔黎水閻云周本紀十一年十二月戊午師畢渡盟津武王乃作大誓告于衆庶椒舉曰周武有孟津之誓是三篇俱作於河北之孟津於河南洛北無涉禹貢又東至于孟津僞傳云孟津地名在洛北都道所湊古今以爲津此傳出魏晉閒已錯認洛陽城北之渡處爲孟津書與傳同出一手故上篇惟十有三年春大會于孟津中篇惟戊午王次于河朔前誓河南此誓河北截然兩地案孟津之漸譌而南自東漢始更始二年使朱鮪屯洛陽光武亦令馮異守孟津以拒之時孟津猶在北靈帝中十六年何進使丁原燒孟津火照城中中者洛陽城中也則已移其名於河南歷代浸久土俗傳譌原不足怪獨怪武成三代閒人所作忽認南爲北如東漢中葉後人之稱孟津者**羣后以師畢會**諸侯盡會次也**王乃徇師而誓曰嗚呼西土有衆咸聽朕言**徇循也武王在西故稱西土○梅云湯誓格爾衆庶悉聽朕言**我聞吉**

人爲善惟日不足凶人爲不善亦惟日不足言吉人竭日以爲善凶人亦竭日以行惡○梅云吉人見易大傳凶人見左文十八年傳詩小雅惟日不足今商王受力行無度行無法度竭日不足故曰力行○梅云孟子子力行之多士惟爾洪無度播棄犂老昵比罪人鮐背之耇稱犂老布棄不禮敬昵近罪人謂天下逋逃之小人○梅云吳語申胥曰今王播棄黎老而孩童焉比謀牧誓四方之多罪逋逃是崇是長是信是使是昵比罪人也惠云尸子昔商紂有臣曰王子須弃黎老之言而用姑息之謀墨子尚鬼篇昔者殷王紂播弃黎老賊誅孩子楚毒無罪淫酗肆虐臣下化之過酗縱虐以酒成惡臣下化之言罪同○梅云微子我用沈酗于酒朋家作仇脅權相滅無辜籲天穢德彰聞臣下朋黨自爲仇怨脅上權命以相誅滅籲呼也民皆呼天告冤無辜紂之穢德彰聞天地○梅云左僖九年傳郤芮曰亡人無黨有黨必有仇微子小民方興相爲敵讎召誥以哀籲天康誥顯聞于天湯誥並告無辜于上下惟天惠民惟辟奉天言君天下者當奉天以愛民○梅云洪範惟天陰騭下民董子曰人君承天意以從事有夏桀弗克若天流毒下國桀不能順天流毒虐於下國萬民言凶害天乃佑命成湯降黜夏命言天助湯命使下退桀命惟受罪浮于桀浮過○梅云禮表記惟欲行之浮於名也剝喪元良賊虐諫輔剝傷害也賊殺也元善之長良善以諫輔紂紂反殺之謂

已有天命謂敬不足行謂祭無益謂暴無傷言紂所以罪過於桀○程云墨子非命篇泰誓之言於去發曰爲鑑不遠在彼殷王謂人有命謂敬不可行謂祭無益謂暴無傷**厥監惟不遠在彼夏王**其視紂罪與桀同辜言必誅之○梅云詩殷監不遠在夏后之世**天其以予乂民**用我治民當除惡○梅云立政以乂我受民**朕夢協朕卜襲于休祥戎商必克**言我夢與卜俱合於美善以兵誅紂必克之占○梅云左昭六年傳史朝曰筮襲于夢武王所用也周語單襄公曰吾聞之泰誓故曰朕夢協朕卜襲于休祥戎商必克**受有億兆夷人離心離德**平人凡人也雖多而執心用德不同○梅云左昭二十四年傳萇宏引大誓曰紂有億兆夷人亦有離德襄二十九年傳子太叔曰棄同卽異是謂離德**予有亂臣十人同心同德**我治理之臣雖少而心德同○梅云萇宏又曰予有亂臣十人同心同德左成二年傳臧宣叔曰泰誓所謂商兆民離周十人同論語亦引武王曰予有亂臣十人**雖有周親不如仁人**周至也言紂至親雖多不如周家之少仁人○閻云論語堯曰篇雖有周親不如仁人百姓有過在予一人孔安國注親而不賢不忠則誅之管蔡是也仁人謂箕子微子來則用之案安國於論語周親仁人引管蔡微箕以釋之是周之才不如商於尚書則釋周爲至言紂至親不如周仁人而商之才又不如周懸絕如是豈一人之手筆乎又云墨子兼愛篇昔者武王將事泰山隧傳曰泰山有道曾孫周王有事大事既獲仁人尙作以祇商夏變夷醜貉雖有

周親不若仁人萬方有罪維予一人玩其文義是武王旣定天下後望祀山川或初巡守岱宗禱神之詞非伐紂時事也惠云閻說是時紂尚在武王不得稱王大明之詩至牧野時猶曰維予侯興則知伐紂以前無稱王之事也横渠張子謂一日之閒天命未絕猶是君臣由此言之易王用享于西山王用享于帝其非文王明矣又雖有周親四語本相連屬今梅賾斷章取義何也**天視自我民視天聽自我民聽**言天因民以視聽民所惡者天誅之○梅云孟子泰誓曰天視自我民視天聽自我民聽**百姓有過在予一人**已能無惡於民民之有過在我教不至○惠云見上說苑書曰百姓有罪在予一人**今朕必往我武惟揚侵于之疆**揚舉也言我舉武事侵入紂郊疆伐之○閻云今朕必往此湯初興師告諭亳衆之言今入武王口中其時武王師已次河朔羣后畢會何必爲此言不幾眯目而道黑白耶惠云孟子大誓曰我武惟揚侵于之疆則取于殘殺伐用張于湯有光趙岐注大誓古尚書百二十篇之時大誓也今之尚書大誓篇後得以充學故不與古大誓同諸傳記引大誓皆古大誓也**取彼凶殘我伐用張于湯有光**桀流毒天下湯黜其命紂行凶殘之德我以兵取之伐惡之道張設也於湯又有光明○說見上閻云孟子引大誓必史臣美武王之詞非武王自語武王除殘之功固高於湯然禮記引大誓曰予克受非予武云云今侈然自多其功聖人氣象豈至於此**勖哉夫子罔或無畏寍執非敵**勖勉也夫子謂將士無敢有無畏之心寍執非敵之志伐之則克矣○梅云牧誓勖哉夫子閻

云孟子曰武王之伐殷也革車三百兩虎賁三千人王曰無畏寍爾也非敵百姓也若崩厥角稽首案無畏云云武王之詞若崩厥角稽首則敘事之詞今皆以爲武王口氣不愈失孟子之文義乎且詳玩所引王曰之文是至商郊慰安百姓之詞與河朔誓師絕不相蒙

百姓懍懍若崩厥角 言民畏紂之虐危懼不安若崩摧其角無所容頭○說見上

嗚呼乃一德一心立定厥功惟克永世 汝同心立功則能長世以安民者也○梅云一德一心卽同心同德詩者定爾功秦本紀以克永世閻云立定厥功惟克永世似本漢書刑法志引書立功立事可以永年微易其文而竄入之二語卽今文大誓文也

泰誓下第三

周書 孔氏傳　王先謙參正

時厥明王乃大巡六師明誓眾士 是其戊午明日師出以律三申令之重難之義眾士百夫長已上○此梅氏古文之十六閻云史家有追書之詞每以後之官名制度敘前代事其類甚多伶州鳩與景王論武王曰王以黃鍾之下宮布戎于牧之野所以厲六師也時武王僅三軍六師未備觀牧誓可見州鳩以有天下之制稱之亦追書者之常若當武王時敘武王所統軍而曰大巡六師則大不可僞書以追書爲實稱其誤如此

王曰嗚呼我西土君子天有

顯道厥類惟彰言天有明道其義類惟明言王所宜法則○惠云墨子非命篇於去發曰惡乎君子天有顯德其行甚章**今商王受狎侮五常荒怠弗敬**輕狎五常之教侮慢不行大爲怠惰不敬天地神明○梅云甘誓有扈氏威侮五行**自絕于天結怨于民**不敬天自絕之酷虐民結怨之○梅云西伯戡黎惟王淫戲用自絕戰國策燕昭王曰我有結怨深怒于齊惠云漢書霍光傳光謂昌邑王曰王行自絕于天**斮朝涉之脛剖賢人之心**冬月見朝涉水者謂其脛耐寒斮而視之比干忠諫謂其心異於人剖而觀之酷虐之甚○惠云淮南主術訓紂斮朝涉之脛而萬民叛俶眞訓剖賢人之心折才士之脛高誘注賢人比干也**作威殺戮毒痛四海**痛病也言害所及遠○梅云洪範惟辟作威呂刑殺戮無辜**崇信姦回放黜師保**回邪也姦邪之人反尊信之可法以安者反放退之○梅云牧誓是崇是長是信是使摘取崇信二字左宣四年傳王孫滿曰商紂暴虐其下有姦回昏亂之句襄十四年傳劉定公曰師保萬民**屏棄典刑囚奴正士**屏棄常法而不顧箕子正諫而以爲囚奴○梅云詩咨汝殷商雖無老成人尚有典刑曾是莫聽是屏棄典刑也先謙案殷本紀箕子懼乃佯狂爲奴紂又囚之**郊社不修宗廟不享作奇技淫巧以悅婦人**言紂廢至尊之敬營卑褻惡事作過制技巧以恣耳目之欲○梅云牧誓昏棄厥肆祀弗荅禮王制作淫聲異服奇技奇器月令毋或作爲淫巧以蕩上心漢書禮樂志書序殷紂斷棄祖宗之樂迺作淫聲用變

亂正聲以悅婦人禮中庸郊社之禮所以事上帝也宗廟之禮所以事乎其先也**上帝弗順祝降時喪**祝斷也天惡紂逆道斷絕其命故下是喪亡之誅○惠云墨子非命篇於去發曰上帝不順祝降其喪梅云多方天降時喪**爾其孜孜奉予一人恭行天罰**孜孜勸勉不怠○先謙案周本紀師畢渡盟津諸侯咸會曰孳孳無怠孜孜孳孳同義梅云湯誓爾尚輔予一人致天之罰牧誓惟恭行天之罰**古人有言曰撫我則后虐我則讎**武王述古言以明義言非惟今紂惡○惠云牧誓古人有言曰梅云荀子議兵篇暴國之君其民之視我歡若父母反顧其上若仇讎淮南道應訓尹佚曰四海之內善之則吾畜也不善則吾讎也昔夏商之民反讎桀紂而臣湯武程云周書芮良夫解德則民戴否則民讎又曰害民乃非后惟其讎**獨夫受洪惟作威乃汝世讎**言獨夫失君道也大作威殺無辜乃是汝累世之讎明不可不誅○梅云荀子議兵篇湯武之誅桀紂若誅獨夫故泰誓曰獨夫紂此之謂也多方洪惟圖天之命顧炎武云商之德澤深矣尺土莫非其有也一民莫非其臣也武王伐紂乃曰乃汝世讎曰殄殲乃讎紂之不善亦止其身何至并其先世而讎之邪閻云此若當時百姓未知讎紂而武王實嗾使之者噫其甚矣**樹德務滋除惡務本**立德務滋長去惡務除本言紂爲天下惡本○梅云左襄元年傳伍員曰臣聞之樹德莫如滋去疾莫如盡戰國策秦客卿造曰詩云樹德莫如滋除害莫如盡**肆予小子誕以爾衆士殄殲乃讎**言欲行除惡之義絕盡紂○梅云詩

惟予小子大誥肆予告我友邦君盤庚我乃劓殄滅之**爾衆士其尙迪果毅以登乃辟**迪進也殺敵爲果致果爲毅登成也成汝君之功○梅云左宣元年傳君子曰戎昭果毅以聽之之謂禮殺敵爲果致果爲毅**功多有厚賞不迪有顯戮**賞以勸之戮以威之○梅云宣元年傳又云易之戮也易之卽不迪之謂**嗚呼惟我文考若日月之照臨光于四方顯于西土**稱父以感衆也言其明德充塞四方明著岐周○梅云禮記惟朕文考惠云墨子兼愛篇大誓曰文王若日若月乍照光于四方于西土又云昔者文王之治西土若日若月乍光于四方于西土周書大誓曰斯用顯我西土**惟我有周誕受多方**言文王德大故受衆方之國三分天下而有其二○惠云惟我有周出墨子引見上顧命誕受羑若多方**予克受非予武惟朕文考無罪**推功於父言文王無罪於天下故天佑之人盡其用○惠云禮坊記大誓曰予克紂非予武惟朕文考無罪紂克予非朕文考有罪惟予小子無良鄭注此武王誓衆以伐紂之詞也今大誓無此章則其篇散亡**受克予非朕文考有罪惟予小子無良**若紂克我非我父罪我之無善之致○說見上

清長沙王氏本尚書孔傳參正

第三册

清 王先謙撰

天津圖書館藏清光緒三十年長沙王氏虚受堂刻本

山東人民出版社·濟南

牧誓第四

周書　孔氏傳　王先謙參正

牧誓 至牧野而誓衆。史記魯周公世家武王九年東伐至盟津周公輔行十一年伐紂至牧野周公佐武王作牧誓書序武王戎車三百兩虎賁三百人與受戰于牧野作牧誓段云詩大明矢于牧野疏引書序注云牧野紂南郊地名禮記及詩作坶野古字耳玉裁案此十七字鄭注也其下文云今本又不同者疏謂今本詩與禮記也此可證鄭本尚書作牧不作坶說文坶下云朝歌南七十里地引周書武王與紂戰于坶野此壁中故書孔安國以今文字讀之改爲牧而傳本因之坶牧不一如周官之有故書儀禮之有古文今文也坶一作⿰土每此乃體之小異每亦母聲也若玉篇云坶古文尚書作⿰土每此則宋陳彭年輩重修之語所謂古文尚書者謂郭忠恕爲之釋文傳至宋次道王仲至晁公武者耳

時甲子昧爽 時是克紂之月甲子之日二月四日昧冥爽明早旦。二月甲子昧爽古文也今文作二月甲子昧爽。二月甲子昧爽者周紀如此集解引徐廣曰二一作正此建丑之月殷之正月周之二月也孫云據此今文有二月漢書律厤志云序曰一月戊午師渡于孟津至庚申二月朔日也四日癸亥至牧壄夜陳甲子昧爽而合矣故外傳曰王以二月癸亥夜陳武成篇曰粤

若來三月既死霸粵五日甲子咸劉商王紂但史公以此二月爲十一年二月甲子律麻志云文王十五而生武王受命九年而崩崩後四年而武王克殷克殷之歲八十六矣是以爲十三年二月蓋今文古文各從文王受命數年之異也史公以虞芮質成之年爲文王受命則文王七年崩若以賜斧鉞爲受命則又在虞芮質成之前矣其云二月甲子或不異也皮云案史公用今文尚書則時甲子三字今文當作二月甲子四字而二月字又當從徐廣所據一本作正月齊世家云十一年正月甲子誓於牧野是其明證古文書序云一月戊午史記引今文書序云十二月戊午戊午距甲子僅七日不得相隔兩月故古文以戊午爲一月則當以甲子爲二月今文以戊午爲十二月則當以甲子爲正月周紀作二月後人據古文改之也史公以爲文王受命七年崩者本於大傳文王受命七年而崩史記云詩人道西伯蓋受命之年稱王而斷虞芮之訟後十年而崩史公用魯詩亦今文家說以斷虞芮之訟爲受命之年正與大傳一年質虞芮相合則史公必同伏生之義十年而崩是七年而崩之譌七十形近致誤太誓武成孔疏皆云史記言文王受命七年崩是孔氏作疏時所見史記尚是七年不誤張守節所據本已作十年張云十當爲九卽據僞武成爲說不知史公不見僞書也史記又云九年武王上祭于畢九年當蒙文王受命七年數之文王七年而崩又二年爲九年所謂再期觀兵也觀兵還師又二年伐紂則爲十一年故史記云十一年十二月戊午師畢渡孟津與書序云維十有一年武王伐殷一月戊午師渡孟津正合書序並無脫文其作一月與史記十二月相差一月乃殷正周正之異書序孔子所作大傳伏生所傳史記亦用伏生今

文三書皆相符合漢志所以與史記不合者用劉歆三統術劉歆又本於逸周書文王受命之九年劉向以爲周書葢孔子所論百篇之餘見漢書藝文志注故歆用父說以爲文王受命九年而崩武王再期觀兵爲十一年又二年伐紂爲十三年僞孔從之較史記皆差二年與書序大傳皆不合後人多沿其誤以疑書序之誣史記實爲大謬或又以逸周書所云受命乃受西伯專征之命亦調停之說鄭據伏生今文兼取劉歆之說以爲文王受命七年而崩崩後六年武王伐紂伐紂後五年而崩參用今古文說與再期觀兵須暇五年之數不合皆不如今文說之塙而有據也釋文引馬云昧未旦也詩大雅肆伐大商會朝清明鄭引此經證清明爲昧爽之義

王朝至于商郊牧野乃誓紂近郊三十里地名牧癸亥夜陳甲子朝誓將與紂戰○王朝至于商郊牧野乃誓古文也今文王上多武字說文云牧野在朝歌南七十里地僞傳三十里誤○王上多武字者周紀作武王朝至于商郊牧野乃誓孫云詩大明鄭箋引此經作武王閟宮疏同疑僞傳刪武字也史臣追加之文如湯誓稱王後人不省耳書疏引鄭云郊外曰野將戰於郊故至牧野而誓漢書律麻志作牧壄亦今文異字大傳云武王伐紂至于商郊停止宿夜士卒皆歡樂歌舞以待旦陳云禮祭統舞莫重於武宿夜疏引皇氏云師說書傳武王伐紂至于商郊停止宿夜云云武宿夜其樂名也葢此舞樂即象當時士卒之歡樂歌舞

王左杖黃鉞右秉白旄以麾曰逖矣西土之人鉞以黃金飾斧左手杖鉞示無事於誅右手把旄示有事於教逖遠也遠矣西土之人勞苦之○王左杖黃鉞右秉白旄以麾曰逖矣西土之

人古文也今文王上多武字○王上多武字者周紀如此逖作遠
故訓字釋文鉞本又作戉說文戉大斧也从戈乚聲司馬法曰夏
執元戉殷執白戚周左杖黃戉右秉白旄釋文引馬云白旄旄牛
尾段云釋詁遏遠也郭注書曰遏矣西土之人北齊書文苑傳顏
之推觀我生賦云遏西土之有衆文選李善注兩引書皆作遏是
唐初本尚作遏說文逖遠也古文作遏衞包據以改經而開寶中
又改釋文也

王曰嗟我友邦冢君同志爲友言志同滅紂○王曰嗟我友邦冢君古文也今文王上多武字友邦作有國○王上多武字友邦作有國者周紀作武王曰嗟我有國冢君邦國今古文之異集解引馬云冢大也**御事司徒司馬司空**治事三卿司徒主民司馬主兵司空主土指誓戰者○御事司徒司馬司空古文也今文無御事○無御
事者周紀作司徒司馬司空王鳴盛云太誓乃告司徒司馬司空
此文與彼同解亦當同伏生大傳於彼文引傳以說之云天子三
公司徒公司馬公司空公每一公三卿佐之每一卿三大夫佐之
每一大夫三元士佐之故三公九卿二十七大夫八十一元士玆
官數虞六十夏百二十殷二百四十周三百六十此官百二十故
鄭以爲夏制伏於虞傳言三公一公兼二卿舉下以爲稱則止有
六卿此益爲九卿是夏之異於虞者亦不知所益何卿殷又不可
玆若周禮六卿之制當自武王時已定則周制異於夏同於虞伏
生何以據夏制說之殊不可解依注疏以此經爲軍中有職掌之
人不必從伏也皮云王說非也伏生云天子三公九卿二十七大
夫八十一元士異義今尚書夏侯歐陽說禮記昏義篇春秋繁露
官制象天篇白虎通封公侯篇其說皆同蓋自虞夏以至周初皆

止有三公無六卿據此經與大傳史記所引太誓乃召司徒司馬司空諸節皆止有司徒司馬司空可證辯[illegible]周禮六卿之制定於周公制禮之後故顧命召太保奭等乃有六人王鳴盛謂武王時已定何以牧誓與太誓皆止三公無六卿又從注疏謬說以此爲軍中有職掌之人周公作立政亦止云司徒司馬司空豈軍中有職事之人乎以周禮解前代官制誤始鄭君王專阿鄭盜從僞孔而不從伏此大惑不解者

亞旅師氏

亞次旅衆也衆大夫其位次卿師氏大夫官以兵守門者○亞旅師氏今文與古文同○今文同者周紀如此亞旅者釋言亞次也釋詁旅衆也左文十五年傳宋華耦來盟公與之宴辭請承命於亞旅注亞旅上大夫也疏引此經爲證成二年傳魯賜晉三帥三命之服亞旅皆一命之服注亞旅大夫也疏云周禮典命公之孤四命其卿三命其大夫再命其士一命侯伯之卿大夫士亦如之此三帥皆卿故魯賜以三命之服亞旅大夫故受一命之服周禮大夫再命此一命者春秋時事異於周禮據此亞旅爲大夫甚明師氏者地官序官云師氏中大夫一人凡祭祀賓客會同喪紀軍旅王舉則從注云舉猶行也又云使其屬帥四夷之隸各以其兵服守王之門外且蹕朝在野外則守內列注云內列蕃營之在內者也守之如守王宮是師氏亦大夫從王在軍中守內列者

千夫長百夫長

師帥卒帥○千夫長百夫長今文與古文同書疏引王肅云師長卒長百人爲卒與僞傳師帥卒帥合此又僞傳出肅之一證也○今文同者周紀如此書疏引鄭云師帥旅帥也夏官序官云二千五百人爲師師帥皆中大夫五百人爲旅旅帥皆下大夫故鄭以干夫長爲師帥百夫長爲旅帥也

及庸蜀羌

髳微盧彭濮人八國皆蠻夷戎狄屬文王者國名羌在西蜀叟髳微在巴蜀盧彭在西北庸濮在江漢之南○及庸

蜀羌髳微盧彭濮人古文也今文盧作纑王鳴盛云傳羌在西蜀叟然叟者蜀夷別名後漢始見董卓傳呂布軍有叟兵劉焉傳遣叟兵五千劉璋傳送叟兵三百人張嶷傳叟夷數反武侯出師表賨叟青羌偏檢史漢西南夷傳並無叟字蓋出明章以後武帝時無此夷名亦魏晉人假託之證庸即上庸今房縣地在江北漢南傳云庸濮在江漢之南殊不分明先謙案建寧辰州兩處濮人皆與江漢無涉○盧作纑者周紀作及庸蜀羌髳微纑彭濮人集解引馬云武王所率將來伐紂也及者左宣七年傳凡師出與謀曰及庸者見文十六年傳爲楚所滅杜注今上庸縣案今湖北鄖陽府房縣地論衡恢國篇武王伐紂庸蜀之夷佐戰牧野蜀者華陽國志云黃帝爲子昌意娶蜀山氏之女生子高陽是爲帝嚳封其支庶於蜀世爲侯伯歷夏商周武王伐紂蜀與焉羌者說文西戎牧羊人也詩商頌自彼氐羌髳者後漢西羌傳武王克商羌髳率師會牧野亦與髦通詩角弓如蠻如髦傳云髦夷髦也箋髦西夷別名武王伐紂其等有八國從焉括地志岷洮等州以西爲古羌國以南爲古髳國今疊宕以西松當慈靜等州以南皆是也微者立政篇有夷微盧丞傳記無攷盧者左桓十三年傳盧戎釋文本或作盧文十六年傳楚使盧侵庸史記作纑者說文纑布縷也釋器同作纑同音借字彭者王鳴盛云後漢岑彭傳征公孫述至武陽所營地名彭亡惡之夜爲刺客所殺光武紀李注武陽縣屬犍爲郡故城在眉州隆山縣東案今彭山縣即漢武陽也蓋彭國故墟故有彭亡之名濮者周書王會解正南之國有百濮又卜人

以丹沙孔晁注卜人西南蠻丹沙所出王應麟補注卜卽濮人禹
貢荆州丹砂通典辰州貢光明砂四斤則今湖南辰州府古濮地
也爾雅南至于濮鉛杜預釋例云建寍郡南有濮夷無君長總
統各以邑落自聚故曰百濮又稱叟濮李恢傳賦出叟濮是也**稱**
爾戈比爾干立爾矛予其誓稱舉也戈戟干楯也○稱爾戈比爾干立爾矛予其誓今文與古文同○
今文同者周紀如此釋言偁舉也郭注書曰偁爾戈段云此如左
宣十六年傳禹偁善人見於玉篇者乃古本也俗本作稱亦衞
包所改考工冶氏鄭注戈今勾子戟也或謂之雞頭或謂之擁頸
說文比相次比也釋言干捍也孫炎注干盾所以自蔽捍故云干
盾也江云攷工記有酋矛夷矛此蓋酋矛記言車有六等之數酋
矛常有四尺崇於戟四尺謂之六等斯最崇矣夷矛有三尋大長不
與六等之數是兵車不建夷矛此止是酋矛矣鹽鐵論繇役篇
云武王之伐殷也執黃鉞誓牧之野天下之士莫不願爲之用**王**
曰古人有言曰牝雞無晨言無晨鳴之道○王曰古人有言曰牝雞無晨今文與古文同一言下無曰字
○今文同者漢書五行志昔武王伐殷至于牧壄誓師曰古人有
言曰牝雞無晨昔下十二字變文述事非有異本也一言下無曰
字者周紀作王曰古人有言牝雞無晨列女傳妲己傳亦引書曰
牝雞無晨詩蕩疏引鄭云以古賢之言爲驗說文雞知時畜也晨
早昧爽也春秋說題詞云雞爲積陽南方之象火陽精物炎上故
陽出雞鳴以類感也詩傳飛曰雄雌走曰牝牡亦通稱此經及詩
雄狐是也段云釋文牝頻忍反徐又持死反案未改釋文當如是
如月令遊牝鄘風騋牝皆云徐扶死反可證開寶間不知古音乃

改頫今本譌類引反徐扶忍反其可笑如此**牝雞之晨惟家之索**索盡也喻婦人知外事雌代雄鳴則家盡婦奪夫政則國亡○牝雞之晨惟家之索今文與古文同○今文同者周紀漢書五行志列女傳妲己傳引竝如此蔡邕荅詔問災異同後漢崔琦傳外戚箴倒用二句文楊震傳上疏曰書戒牝雞牡鳴易傳云婦人專政國不用靖牝雞雄鳴主不榮禮檀弓鄭注索散之也漢書外戚傳班倢伃賦云悲晨婦之作戒注張晏曰書云牝雞晨維家之索喻婦人無男事也先謙案周紀當作維今作惟者刊本之誤**今商王受惟婦言是用**妲己惑紂紂信用之○今商王受惟婦言是用古文也今文作今殷王紂維婦人言是用一作今殷王紂惟婦言用○今殷王紂維婦人言是用者周紀如此今殷王紂惟婦言用者漢書五行志如此蓋夏侯歐陽兩本不同唐石經惟婦言是用是字旁注今商王受者段云凡今文作紂凡古文作受史漢無言受者正義云鄭云紂帝乙之少子名辛帝乙愛而欲立焉號曰受德時人傳聲轉作紂也僞孔傳云受紂也音相亂本鄭注馬云受讀曰紂此依今文爲注也又云或曰受婦人之言故號曰受也此馬廣異聞也紂與受非名也據馬鄭云號曰受號與名不同史記云帝辛天下爲䦨之紂亦謂天下號以紂耳諡法殘義損善曰紂則周公以後因商紂立此文紂本非諡也又云周書克殷解尹逸筴曰殷末孫受德孔晁注受德紂字也然周紀錄周書作殷之末孫季紂立政桀德受德一例不得云桀德爲號也詩大明正義引鄭注書序云紂之母生受德此全本呂覽未可深信古文尚書外他書皆言紂不言受同音異字耳惟周紀云貶從殷王受此語在周書度邑解故作殷王受

也惟婦言是用者殷紀云紂嬖于婦人愛妲己惟妲己之言是從**昏棄厥肆祀弗荅**昏亂肆陳荅當也亂棄其所陳祭祀不復當享鬼神○昏棄厥肆祀弗荅古文也今文作自棄其先祖肆祀不荅○自棄其先祖肆祀不荅者周紀如此集解引鄭云肆祭名荅問也王引之云昏蔑也蔑讀曰泯左傳若泯棄之泯棄猶蔑棄也周語不共神祇而蔑棄五則泯蔑聲之轉孫云肆祀爲先祖祀者大祀凡大禋祀肆享注肆享祭宗廟也典瑞以肆先王注謂肆解牲體以祭因以爲名是肆爲祭先祖也鄉射禮鄭注荅對也此荅當讀如對越在天之對釋言郭注畣者應也**昏棄厥遺王父母弟不迪**王父祖之昆弟母弟同母弟言棄其骨肉不接之以道○昏棄厥遺王父母弟不迪古文也今文遺上多家國二字王一作任○遺上多家國二字者周紀作昏棄其家國遺其王父母弟不用國字句絕厥其迪用故訓字段云漢時民間所得太誓史公徵引之有離逷其王父母弟集解引鄭注云王父母祖父母之族必言母弟舉親者言之也劉云古稱王父猶言伯父叔父晉語年過七十者公親見之稱曰王父王父不敢不承是也江云釋詁迪進也不登進之卽不用也王一作任者隸釋載漢熹平石經殘碑作□□厥遺任父母弟不迪莊述祖云任父者任保也保父卽父師少師也母弟兼母兄言之謂微子微仲呂覽以爲皆紂之同母兄也俞樾云任乃誤字漢隸王王二字往往無別此經王字漢人書作壬字又加人旁作任耳韓子外儲說左篇王登爲中牟令呂覽知度篇作任登卽其例也皮云蔡邕等審定石經不應如此舛誤夏侯尚書異說或與史公所用歐陽說不同大傳盤庚篇引書曰湯任父言卑應言則今

文說有任父之義或謂遺任乃受遺任政者遺任父母弟謂**乃惟**箕子也書疏引鄭云誓首言此者神怒民怨紂所以亡也**四方之多罪逋逃是崇是長**言紂棄其賢臣而尊長逃亡罪人信用之○乃惟四方之多罪逋逃是崇是長古文也今文惟作維○今文惟作維者石經殘碑作乃維四方下闕殷紀作乃維四方之多罪逋逃是崇是長史記此經皆作維惟家之索作惟明傳栞之誤左昭七年傳紂為天下逋逃主宣十二年傳師叔楚之崇也謂楚之尊貴者紂於逃人乃尊長之也崇或為宗見下**是信是使是以為大夫卿士**士事也用為卿大夫典政事○是信是使是以為大夫卿士古文也今文作是信是使無是以為大夫卿士○作是信是使無是以為大夫卿士者周紀如此段云漢書谷永傳書曰迺用婦人之言自絕于天四方之逋逃多罪是宗是長是信是使永引書二十五字上十字顏注此今文泰誓之辭下十五字顏注亦太誓之辭也此正分別謂皆非牧誓之詞也惠棟譏之誤矣上十字見周紀引泰誓下十五字周紀存之於牧誓而泰誓則去之五行志載永對曰書云乃用其婦人之言四方之逋逃多罪是信是使顏注周書泰誓也此文從節志傳一事王應麟漢藝文志攷漢儒所引異字以乃用其婦人之言為牧誓之異文非也皮云是以為大夫卿士句疑今文尚書本無乃後人解經之詞誤入正文如禮記毋以嬖御士疾莊士鄭注莊士二字作大夫卿士今本禮記遂誤作莊士大夫卿士也**俾暴虐于百姓以姦宄于商邑**使四方罪人暴虐姦宄於都邑○俾暴虐于百姓以姦宄于商邑古文也今文宄作軌邑作國○宄作軌邑作國者周紀作俾暴虐

于百姓以姦軌于商國宄軌聲近借字說文邑國也**今予發惟恭行天之罰今日之事不愆于六步七步乃止齊焉**今日戰事就敵不過六步七步乃止相齊言當旅進一心○今予發惟恭行天之罰今日之事不愆于六步七步乃止齊焉古文也今文惟作維恭今古文皆作共一作龔不愆于作不過○今文惟恭作維共不愆于作不過者周紀作今予發維共行天之罰今日之事不過六步七步乃止齊焉惟維今古文之異愆過故訓字釋言愆作諐云過也共行猶奉行漢書翟方進傳兩言共行天罰是今文作共古文共作恭則衞包所改也一作龔者班固東都賦漢書敘傳呂覽高誘注鍾會檄蜀文孫盛論吳王及李賢李善注引尚書皆作龔葢三家異文段云龔給也與供皆得訓奉詩大明疏引鄭云好整好暇用兵之術藝文類聚五十九引尚書及此下兩不愆皆作弗諐弗勝於不歐陽詢所據葢善本足利古本上不字作弗**夫子勖哉不愆于四伐五伐六伐七伐乃止齊焉**夫子謂將士勉勵之伐謂擊刺少則四五多則六七以爲例○夫子勖哉不愆于四伐五伐六伐七伐乃止齊焉今文與古文同○今文同者周紀作夫子勉哉不過於四伐五伐六伐七伐乃止齊焉勖勉過愆故訓字石經殘碑作不衍于四伐五伐六伐七伐乃下闕是今文有六伐七伐禮樂記鄭注一擊一刺爲一伐牧誓曰今日之事不過四伐五伐江聲王鳴盛據此以六伐七伐爲衍文非也**勖哉夫子尚桓桓**桓桓武貌○勖哉夫子尚桓桓今文與古文同桓一作狟○今文同者周紀作勉哉夫子尚桓桓集解引鄭云威武貌勖勉故訓字

說文勔勉也从力冒聲周書曰勔哉夫子段云古音冒勔皆讀如茂是以般庚懋建大命今文作勔建顧命冒貢馬鄭王作勔皆贛也勔讀許玉反非古音皮云後漢高彪傳尚其桓桓孔彪碑爰尚桓桓爾雅釋訓桓桓威也廣雅釋訓桓桓武也楊雄趙充國頌赳赳桓桓班固十八侯銘桓桓上將軍漢書敘傳長平桓桓樊敏碑桓桓大度史孝山出師頌桓桓上將皆用此經文桓一作狟者說文狟犬行也从犬亘聲周書曰尚狟狟段云此壁中故書孔安國以今字讀之改從詩頌爾雅之桓桓矣許存其元文於此其字本無正字故或借犬行之狟或借亭郵表之桓也**如虎如貔如熊如羆于商郊**貔執夷虎屬也四獸皆猛健欲使士眾法之奮擊於牧野○如虎如貔如熊如羆于商郊古文也今文作如虎如貔如犲如離徐廣曰此訓與螭同于商郊○如虎如貔如犲如離于商郊者周紀如此段云禮曲禮則載貔貅注書曰如虎如貔說文貔豹屬周書曰如虎如貔此引古文也漢人習今文故班固十八侯銘云休休將軍如虎如貔如羆封燕然山銘云螭虎元士典引云虎離其師杜篤論都賦虓怒之旅如虎如螭皆用今文說文离下云歐陽喬說离猛獸也江聲云文選西都賦拖熊螭李善注引歐陽尚書說螭猛獸也歐陽書說唐初不存李蓋於各家注記得之與說文合正牧誓說也喬蓋卽漢書儒林傳之歐陽高字子陽者古喬高通用玉裁謂离正字離螭借字考工記鄭注嬴者虎豹貔螭爲獸淺毛者之屬左傳服注螭或曰如虎而噉虎皆猛獸之說也齊世家及六韜非龍非彲彲則螭之別字也螭之正訓說文若龍而黃也一曰無角曰螭廣雅無角曰螭龍一本作㲋龍非此离皮云漢書敘傳義得其勇如虎如貔與十八侯銘不同疑後

人用古文尚書改之**弗迓克奔以役西土**商衆能奔來降者不迎擊之如此則所以役我西土之義○弗迓克奔以役西土古文也今文弗作不迓作禦○弗作不迓作禦者周紀作不禦克奔以役西土弗不今古文之異尚書迓本作御史公直改作禦以曉學者也集解引鄭云禦彊禦謂强暴也克殺也不得暴殺紂師之奔走者當以爲周之役也釋文迓五嫁反馬作禦禁也古御禦音義通詩谷風亦以御冬傳御禦也左莊二十四年傳御孫漢書人表作禦孫釋言禦圉禁也釋文禦本作御此經本作御故史公馬本作禦其作迓者衞包改之也段云衞見僞孔訓御爲迎釋文御五嫁反乃改爲迓說文訝相迎也迓訝之或字古多假御爲訝正義云王肅讀御爲禦匡謬正俗云牧誓弗御克奔然則唐初經文作御甚顯白馬本作禦蓋古迎訝用御字彊禦字悔亦用御字馬作禦與史記合經文作御故鄭王與僞孔訓異若本作迓字鄭安得云彊禦馬安得云禁乎以役西土者釋文役馬云爲也爲于僞反孔疏云盡力以爲我西土鄭云爲周之役者孫云周國在西土役者謂使爲兵**勖哉夫子爾所弗勖其于爾躬有戮**臨敵所安汝不勉則於汝身有戮矣○勖哉夫子爾所弗勖其于爾躬有戮古文也今文弗作不○今文弗作不者周紀作勉哉夫子爾所不勉其于爾身有戮勖勉躬身故訓字弗不今古文之異集解引鄭云所言且也所且皆語詞故訓所爲且

武成第五

周書　孔氏傳　王先謙參正

武成文王受命有此武功成于克商○此梅氏古文之十七周紀武王乃罷兵西歸行狩記政事作武成書序武王伐殷往伐歸獸識其政事作武成獸是狩借字今古文說同詳見書序皮云周紀以縱馬放牛偃干戈振兵釋旅之文置於營洛邑後則史公所據今文說不以歸馬放牛爲罷兵西歸行狩時事武王行狩古有明徵周頌時邁序云巡守告祭柴望也左傳以爲武王克商作頌是時邁所云巡守墙是武王之事卽在作武成時樂記亦有散馬牛之語而在濟河而西之後遠不相屬僞孔不知獸是借字取史記樂記歸馬牛之文以當之謬矣劉歆三統術以周書世俘解爲武成乃古文家傳會之詞狩在紂都非歸後事不得謂之歸狩與今文序西歸行狩尤不相合如其說必易今文序爲武王行狩乃罷兵西歸始可通也據史記定之卽以世俘當武成之非是

惟一月壬辰旁死魄此本說始伐紂時一月周之正月旁近也月二日近死魄○惠云漢書律麻志周書武成篇曰惟一月壬辰旁死霸公誠鼎曰惟十有四月既死霸越翼日癸巳王朝步自周于征伐商翼明步行也武王以正月三日行自周往征伐商二十八日渡孟津○惠云律麻志武成篇曰若翼日癸巳武王乃朝步自周于征伐紂周書世俘解惟一月丙辰旁死魄若翼日丁巳王乃步自于周征伐商王紂厥四月哉生明王來自商至于豐其四月哉始也始生明月三日與死魄互言○惠云律麻志武成篇惟四月既旁生霸世俘解時四月既旁生

魄**乃偃武修文**倒載干戈包以虎皮示不用行禮射設庠序修文教**歸馬于華山之陽放牛于桃林之野示天下弗服**山南曰陽桃林在華山東皆非長養牛馬之地欲使自生自死示天下不復乘用○梅云樂記濟河而西馬散之華山之陽而弗復乘牛散之桃林之野而弗復服史記縱馬于華山之陽放牛于桃林之墟偃干戈振兵釋旅示天下不復用也閻云僞傳不釋華山止曰桃林在華山東明指太華山言則華山之陽亦即太華山可知後人無異說案太華山南爲禹貢梁州地歸馬於此太遠桃林塞爲今靈寶縣西至潼關廣圍三百里皆是而馬獨驅而跨出太華山南事所不解水經注洛水自上洛縣東北枝渠東北出爲門水門水又東北歷陽華之山即華陽山海經所謂陽華之山門水出焉也武成之華山非太華山乃陽華山今商州雒南縣東北有陽華山即武王歸馬之地與桃林之野南北相望壤地相接桃林多野馬周穆王時造父於此得驊騮騄耳盜驪之乘以獻蓋歸馬之遺種陸氏釋文華山在恆農通鑑華陽君芊戎下胡注云華陽即武王歸馬處引水經注文眞得其解僞傳云非長養牛馬之地欲使自生自死孔疏華山之旁本乏水草其誤認且勿論今靈寶縣西有馬牧澤正山海經所謂桃林中多馬者非乏水草之地也田子方見老馬于道曰少盡其力老棄其身仁者不爲果如傳言將謂武王不及一田子方一戰有天下即置牛馬於不長不養之地欲其殄滅乎此類既違事實又害義理不可不知緑耳出桃林見趙世家而樂書趙高曰何必華山之騄耳又稱華山蓋陽華桃林壤地相接所産之物得以通稱**丁未祀于周廟邦甸侯衛駿奔走執豆籩**四月丁未祭告

后稷以下文考文王以上七世之祖駿大也邦國甸侯衞服諸侯皆大奔走於廟執事○梅云禮大傳牧之野武王之大事也既事而退柴於上帝祈於社設奠於牧室遂率天下諸侯執豆籩逡奔走程云詩周頌駿奔走在廟

越三日庚戌柴望

大告武成

燔柴郊天望祀山川先祖後郊自近始○惠云律厤志武成篇惟四月既旁生霸粵六日庚戌武王燎于周廟翌日辛亥祀于天祖粵五日乙卯乃以庶國祀馘于周廟世俘解越六日庚戌武王朝至燎于周廟若翌日辛亥祀于位用籥于天位越五日乙卯武王乃以庶國祀馘于周廟孔晁注先廟後天者言功業已成故也閻云武王以一月癸巳伐商二月五日甲子誅紂是月閏二月庚寅朔三月己未朔四月己丑朔十六日甲辰望十七日乙巳旁之所謂惟四月既旁生霸是也粵六日庚戌是爲二十二日武王燎于周廟翌日辛亥是爲二十三日武王祀于天位粵五日乙卯是爲二十七日乃以庶國祀馘於周廟此劉歆三統厤班氏謂推法最密者也今後出之武成以四月哉生明爲王至于豐其說既無所本以丁未祀周廟越三日庚戌柴望又與其事相乖古人書時記事有一定之體召誥惟三月丙午朏越三日則爲戊申顧命丁卯命作冊度越七日則爲癸酉今丁未既祀于周廟矣越三日柴望則爲己酉豈庚戌乎甲子之不詳而可記事乎又云武王以周正月三日癸巳伐商二十八日戊午渡孟津二十九日己未晦冬至明日庚申二月朔四日癸亥至牧野五日甲子商王紂死三十日己丑晦大寒中明日閏二月庚寅朔此三統厤載之最悉者僞傳於牧誓甲子昧爽下曰是克紂之月甲子之日二月四日孔疏從而傳之曰二月四日者以厤推而知之也又

曰二月辛酉朔甲子殺紂果爾則己未冬至不得在晦日與己丑大寒中不得在閏前之一日矣推厤者固如是乎世俘解一月丙辰旁生魄若翌日丁巳王征伐商亦非是武王一月實爲辛卯朔日月合辰在斗前一度故伶州鳩曰辰在斗柄明日壬辰晨星始見癸巳武王始發戊午師渡孟津明日己未晦冬至晨星在須女伏天黿之首故伶州鳩曰星在天黿此驗之天文無不合者以辛卯朔推之則一月旁生魄當爲丁未若翌日當爲戊申豈丙辰丁巳乎卽以丙辰丁巳論當在一月之二十六日二十七日古者師行三十里孟津去周九百里故自前月戊子師初發至此月戊午三十一日而後渡孟津又五日癸亥至牧野甲子紂死此驗之地理無不合者今以武王爲二十七日始發明日戊午卽渡孟津明日甲子誅紂豈西師飛渡邪甚矣作僞者之愚而且妄也恐世之學者以三統厤所引古文爲出逸周書故具論之又云朱子疑漢志庚戌燎于周廟庚乃剛日宗廟內事非所宜用不如經文丁未合且庚戌至乙卯僅六日三舉大祭煩數不敬不知劉歆何所据而云爾予案外事以剛日內事以柔日曲禮文也果爲周一代定制乎果爲定制則洛誥戊辰王在新邑烝祭歲何解祭不欲數數則煩煩則不敬祭義文也不過謂春禘秋嘗各有定期不得煩瀆非謂初得天下事多郲典今日祭此明日祭彼者果爾則召誥周公丁巳用牲于郊翌日戊午乃社于新邑又何解古者天子出征所謂類帝宜社諸祭不過數日間卽徧及豈得拘祭不欲數遂曠日持久坐失兵機邪因悟僞書改丁未祀周廟者欲合柔日改庚戌柴望不似漢志庚戌辛亥連日者避祭不欲數之文也用心亦綦密矣

旣生魄庶邦冢君暨百工受

命于周 魄生明死十五日之後諸侯與百官受政命於周明一統○梅云牧誓友邦冢君堯典允釐百工 **王若曰**

嗚呼羣后 順其祖業歎美之以告諸侯 **惟先王建邦啟土** 謂后稷也尊祖故稱先王○閻云后稷不稱

得稱先王僞古文誤會國語此條元闕皮補云周語昔我先王后稷又曰我先王不窋韋昭云王之先祖故稱王案春官司服疏后

稷雖是公不諡爲王要是周之始祖感神靈而生文武之功因之而稷就故特尊之與先王同是以尚書武成云先王建邦啟土尊

亦謂之先王也又守祧疏后稷雖不諡爲王以其爲始祖故祫祭在焉從先王例也賈疏引武成證周禮孔疏引周語證武成文皆

明斷閻氏以爲誤會國語者國語言先王后稷則先王屬后稷甚明武成不舉后稷但云先王則讀者茫然不知先王爲何人建邦

啟土爲何人之事矣故以爲誤會國語魯頌奄有下國故云建邦啟土 **公劉克篤前烈** 后稷曾孫公爵劉名能厚

先人之業○梅云詩大雅篤公劉 **至于太王肇基王迹王季其勤王家** 大王修德以翦齊商

人始王業之肇迹王季纘統其業乃勤立王業○惠云史記王瑞自太王興禮祭統衞孔悝之鼎銘曰其勤公家 **我文考**

文王克成厥勳誕膺天命以撫方夏 言我文德之父能成其王功大當天命以撫綏四方中夏

大邦畏其力小邦懷其德 言天下諸侯大者畏威小者懷德是王威德之大○梅云左襄三十年傳北文

宮文子曰周書數文王之德曰大國畏其力小國懷其德 **惟九年大統未集** 言諸侯歸之九年而卒故大統未就

○惠云竹書紀年帝辛三十三年王錫命西伯得專征伐四十一年春三月西伯昌薨此僞武成所據又逸周書曰文王受命九年惟暮春在鎬召太子發作文傳亦謂受專征伐之命**予小子其承厥志**言承文王本意○梅云中庸武王善繼人之志今改作承厥志者不欲全寫中庸也但中庸所謂志者制禮作樂之志此所謂志者欲集大統之志也語順而志荒矣**厎商之罪告于皇天后土所過名山大川**致商之罪謂伐紂之時后土社也名山華岳大川河○梅云多士明致天罰告于皇天惠云周書商誓解上帝弗顯乃命朕文考曰殪商之多罪紂肆予小子發弗敢忘天命朕考周語以太蔟之下宮布令於商昭顯文德底紂之多罪韋注商紂都也厎致也既殺紂入商之都發號施令以昭文王之德致紂之多罪太蔟所以贊陽出滯蓋謂釋箕子之囚散鹿臺之財發鉅橋之粟也餘見下**曰惟有道曾孫周王發將有大正于商**告天社山川之辭大正以兵征之也○程云墨子兼愛篇昔者武王將事泰山隧傳曰泰山有道曾孫周王有事大事既獲仁人尚作以祇商夏蠻夷醜貉案有道指泰山之神言晚書以武王自稱有道曾孫恐無此理梅云湯誓余畏上帝不敢不正**今商王受無道**無道德○梅云史記天下起兵共誅無道秦無**暴殄天物害虐烝民**暴絕天物言逆天也逆天害民所以爲無道○惠云禮王制田不以禮曰暴天物**爲天下逋逃主萃淵藪**逋亡也天下罪人逃亡者而紂爲魁主窟聚淵府藪澤言大姦○梅云左昭七年傳芊尹無宇曰昔武王數紂之罪以告諸侯

日紂爲天下逋逃主萃淵藪故夫致死焉予案武成乃還周復記
政事而作非誥誓體也左傳明言數紂罪以告諸侯應在古泰誓
中疑無 **予小子既獲仁人敢祗承上帝以遏亂略** 仁人謂太公周召之徒略路也言誅
紂敬承天意以絕亂路○既獲仁人見上梅云詩式遏寇虐 **華夏蠻貊罔不率俾恭天成命** 冕服采章曰華大國曰夏及四夷皆相率而使奉天成命○梅云左襄三十年傳蠻夷率服詩昊天有成命 **肆予東征綏**
厥士女 此謂十一年會孟津還時○梅云孟子有攸不爲臣東征綏厥士女 **惟其士女篚厥玄黃昭**
我周王 言東國士女筐篚盛其絲帛奉迎道次明我周王爲之除害○梅云孟子又云篚厥玄黃紹我周王爾雅郭璞注逸周書曰釗我周王 **天休震動用附我大邑周** 天之美應震動民心故用依附我○梅云孟子又云見休
惟臣附于大邑周趙岐注從有攸以下道周武王伐紂時也皆向
書逸篇之文閻云孟子有攸不爲臣一段亦史臣作紹我周王見
休惟臣附于大邑周則史臣述士女之詞僞古文欲竄入武王口
中不得不去其首句又改爲昭我周王云云試思今文書大誥曰
天休于寧王興我小邦周多士曰非我小國敢弋殷命自卑如此
於勝國曰大國殷曰大邦殷曰天邑商尊人如此豈有武王初得
天下徧告羣后而乃侈 **惟爾有神尚克相予以濟兆民無作神羞**
然自尊爲大邑周者乎
神庶幾助我渡民危害無爲神羞辱○惠云左傳公子成曰平公
之靈尚輔相予梅云左襄十八年傳荀偃禱曰苟捷有功無作神

羞官臣偃無敢復濟惟爾有神裁之閻云孔疏言此篇有錯簡至於是宋儒劉王輩紛紛考正至朱子益密蔡傳從之以底商之罪至罔不率俾七十八字又惟爾有神四語皆繫於于征伐商下爲初起兵禱神之詞不知紂爲天下逋逃主萃淵藪在左傳昭七年爲武王數紂罪以告諸侯之詞非告神者左氏不應有誤故僞孔止繫於予小子其承厥志爲王若曰之詞蓋諸侯來受命王特告之並追述初起兵禱神如此以見天與人歸猶湯誥援予小子履散作初請命伐桀之詞又告諸侯之詞亦追述之也此最作者苦心湊泊處朱蔡移置必反爲所笑矣

既戊午師逾孟津癸亥陳于商郊俟天休命自河至朝歌出四百里五日而至赴敵宜速待天休命謂夜雨止畢陳○惠云書序一月戊午師渡孟津周語王以二月癸亥陳未畢而雨律麻志序曰一月戊午師渡孟津至庚申二月朔日也四日癸亥至牧野陳甲子昧爽而合矣牧誓王朝至于商郊易大有象傳順天休命閻云大雅上帝臨女無貳爾心魯頌無貳無虞上帝臨女皆指武王牧野時與湯誓予畏上帝不敢不正論語臨事而懼同一心法今撰其文曰俟天休命恐非武王心也

甲子昧爽受率其旅若林會于牧野旅眾也如林言盛多會逆距戰○惠云牧誓時甲子昧爽詩大雅殷商之旅其會如林矢于牧野維予侯興牧誓王朝至于商郊牧野牧野在商郊之南即商郊地猶有扈氏之郊名甘非二地也今云癸亥陳于商郊甲子會于牧野則似二地矣閻云律麻志武成篇二月既死霸粵五日甲子咸劉商王紂世俘解同

罔有敵于我師前徒倒戈攻于後以北血

流漂杵紂眾服周仁政無有戰心前徒倒戈自攻于後以北走流血漂春杵甚之言○惠云史記紂師雖眾皆無敵心欲武王亟入紂師皆倒戈以戰以開武王馳之紂兵皆崩畔孟子曰盡信書則不如無書吾於武成取二三策而已矣仁人無敵于天下以至仁伐至不仁而何其血之流杵也王充論衡曰察武成之篇牧野之戰血流浮杵案武成亡於建武之際充猶及見之梅云趙岐注孟子以爲經有所美言事或過故不取之甚合孟子語氣如僞書言則是紂眾自殺之血非武王殺之之血其言又躐居周初致疑孟子誤認紂眾自殺爲武王虐殺何其悖哉閻云僞孔見荀子厭旦於牧之野鼓之而紂卒易鄉遂乘殷人而進誅紂進南子云士皆倒戈而射遂併史記兼取成文甯使孟子誤會經文而武王之爲仁人甚著不可不力爲回護去其虐殺以全吾經僞傳甚之言含不可盡信意猶陰爲孟子地也又云孟子止血流杵三字趙注增漂字晚書與之同可驗其出趙後又云賈誼過秦論秦追亡逐北伏尸百萬流血漂鹵戰國策言武安君與韓魏戰於伊闕血流漂鹵帝王世紀亦言長平之戰血流漂鹵可知血流漂鹵爲戰勝殺人多者之恆詞而詞所從出卻於武成篇當七國時君臣日以殺人爲事而藉口武成以爲聖人亦嘗如此奚怪今日孟子傷心故慨然欲廢其書也朱子猶謂孟子設爲是言試思武王本無是事孟子何苦設爲是言孟子本意爲武王辨反先誣武王而後辨之乎

一戎衣天下大定衣服也一著戎服而滅紂言與眾同心動有成功○惠云太公六韜曰古之聖人聚人而爲家聚家而爲國聚國而爲天下陳其政教順其民俗各樂其所人憂其上命之曰大定禮中庸壹戎衣而有天下壹讀爲殪

戎大也衣讀爲殷言周殪滅大殷也鄭注齊人言殷聲如衣是中庸之壹戎衣卽康誥之殪戎殷也梅氏不知衣卽殷字而於此仍用壹戎衣之語斯爲謬矣**乃反商政政由舊**反紂惡政用商先王善政○梅云禮樂記乃反商家語亦云反商之政作僞出一手惠云此用呂覽復盤庚之政之說**釋箕子囚封比干墓式商容閭**皆武王反紂政囚奴徒隸封益其土商容賢人紂所貶退式其閭巷以禮賢○惠云荀子大略篇武王始入殷表商容之閭釋箕子之囚哭比干之墓天下鄉善矣史記命召公釋箕子之囚命畢公釋百姓之囚表商容之閭命南宮适散鹿臺之財發鉅橋之粟以振貧窮命閎天封比干之墓漢書張良傳武王入殷表商容閭式箕子門封比干墓閭云呂覽表商容之閭士過者趨車過者下此式字所本**散鹿臺之財發鉅橋之粟**紂所積之府倉皆散發以賑貧民○惠云御覽引逸周書曰武王克商散鹿臺之財發鉅橋之粟又見上**大賚于四海而萬姓悅服**施舍已債救乏賙無所謂周有大賚天下皆悅仁服德○惠云論語堯曰篇周有大賚善人是富**列爵惟五**卽所識政事而法之爵五等公侯伯子男○惠云禮王制鄭注武王初定天下更立五等之爵**分土惟三**裂地封國公侯方百里伯七十里子男五十里爲三品○閭云漢書地理志周爵五等而土三等公侯百里伯七十里子男五十里孔疏於此文引孟子班爵祿章非是孟子爵雖五等卻連天子在內地又四等與分土惟三不合葢直用漢志耳益驗晚出書多出漢書**建官惟賢**立官以官賢才**位事惟能**居位理事必任能事

○梅云孟子賢者在位能者在職**重民五教**所重在民及五常之教○梅云論語所重民食喪祭孔疏論語無五教字錄論語者自略之耳此正𥁞道孔聖誤諱言古文僞者也**惟食喪祭**民以食爲命喪禮篤親愛祭祀崇孝養皆聖王所重○說見上程云論語此句在謹權量下安國注云總言二帝三王之治道今傳武成知爲周政而安國自歧其說何邪**惇信明義**使天下厚行言顯忠義○梅云公羊傳云齊桓之信義明**崇德報功**有德尊以爵有功報以祿**垂拱而天下治**言武王所修皆是所任得人故垂拱而天下治○惠云管子任法篇垂拱而天下治漢書董仲舒傳垂拱無爲而天下治

洪範第六

周書○先謙案今文尚書當爲商書書疏云此篇箕子自作箕子商人故傳記引此篇者皆云商書

孔氏傳　王先謙參正

洪範洪大範法也言天地之大法○書序武王勝殷殺受立武庚以箕子歸作洪範大傳云鴻範可以觀度漢書梅福傳箕子佯狂于殷而爲周陳洪範箕子非疏其家而畔親也不可爲言也今文洪鴻同音通用

惟十有三祀王訪于箕子商曰祀箕子稱祀不忘本此年四月歸宗周先告武成次問天道○惟十有三祀王訪于箕子今文與古文同惟一作維○惟十有三祀一作維箕子者漢書律厤志引洪範篇如此風俗通王霸篇同惟十有三祀王訪于箕子者匡謬正俗云惟辭也蓋語之發端書云惟三月哉生魄惟十有三祀王訪于箕子之類是也古文皆爲惟字而今文尚書變爲維者同音通用厥義無別顔師古及見石經搨本是今文作維十有三祀也宋世家述此篇皆作維蓋史公用歐陽本作維班氏用夏侯本自作惟與古文同也惟十有三祀者宋世家武王既克殷訪問箕子云云於是武王乃封箕子於朝鮮而不臣也是訪範在封朝鮮之前周紀云武王已克殷後二年問箕子殷所以亡箕子不忍言殷惡以存亡國宜告武王亦醜故問以天道大傳云武王勝

殷繼公子祿父釋箕子囚箕子不忍周之釋走之朝鮮武王聞之因以朝鮮封之箕子既受周之封不得無臣禮故於十三祀來朝武王因其朝而問鴻範孫云周紀武王十一年十二月師渡孟津二月朝至于商郊牧野是十二年也已而命召公釋箕子之囚乃罷兵而歸封諸侯箕子之去朝鮮因而封之疑在此時又云武王徵九牧之君箕子宜以此時來朝故在武王已克殷後二年是十三年也皮云史公說爲文王受命七年而崩武王蒙文王受命之年再期觀兵爲九年又二年伐紂爲十一年克殷後二年爲十三祀與大傳合其不合者宋世家以訪範在封朝鮮前大傳以爲封朝鮮來朝乃陳洪範說異漢書儒林傳云遷書載洪範多古文說此當爲古文說之一漢書五行志劉歆以爲禹治洪水賜雒書法而陳之洪範是也聖人行其道而寶其眞降及於殷箕子在父師位而典之周既克殷武王親虛己而問焉故經曰惟十有三祀王訪于箕子歆說與書序相近書序不言作洪範之年歆則以爲文王受命九年而崩再期在大祥而伐紂故書序曰惟十有一年武王伐紂大誓八百諸侯會還歸二年乃遂伐紂克殷以箕子歸十三年也故書序曰武王克殷以箕子歸作洪範洪範篇曰惟十有三祀王訪于箕子自文王受命而至此十三年歆說見漢志僞孔傳用其說故孔疏有受封乃朝不得仍在十三祀之疑不知歆說較之大傳史記書序先後皆差二年本不足據大傳史記言陳鴻範封朝鮮先後雖異而言文王崩年相合則武王克殷之年亦必相合惟十有三祀自必皆在克殷後二年不在釋箕子囚時史記所載孔安國古文說與劉歆古文說異則歆說不可信不得據劉歆僞孔以駁伏生史公也書序所云以箕子歸或與歆說同或如

江聲說已而箕子來歸與今文說箕子受封來朝亦無不合釋天云商曰祀孫炎注祀取四時祭祀一訖也獨斷云商曰祀釋名云殷曰祀祀已也新氣升故氣已也此周書而稱祀者左傳說文皆引此經爲商書儒林傳云遷書在堯典禹貢洪範微子金縢諸篇多古文說班氏以洪範列微子上則今文尚書次序或以此篇列微子前則以爲商書故稱祀也

王乃言曰嗚呼箕子惟天陰騭下民相協厥居騭定也天不言而默定下民是助合其居使有常生之資○王乃言曰嗚呼箕子惟天陰騭下民相協厥居古文也今文嗚呼作於乎惟作維一本乃作迺嗚呼作烏嘑○嗚呼作於乎惟作維者宋世家作武王曰於乎維天陰定下民相和其居王乃言曰爲武王曰無箕子二字史公以意改消之騭定協和故訓字乃言作迺嗚呼作烏嘑者五行志作王迺言曰烏嘑箕子惟天陰騭下民相協厥居釋文陰默也馬云覆也騭馬云升也升猶舉也舉猶生也呂覽君守篇鴻範曰惟天陰騭下民陰之者所以發之也高注陰陽升陟也言天覆生下民本馬說王者助天舉發駒絕舉發即經文騭字義天云云謂經下文相協厥居明之以仁義也段云陰陽升陟也是陰覆陟升也之誤騭陟借字故注作陟釋詁騭陞也應劭五行志注陰覆也騭升也相助也協和也言天覆下民王者當助天居我不知居天常理所次序也師古曰騭定也協和也天不言而默定下民助合其居江云仁義爲民所居之常理卽所謂厥居所謂彝倫也言天陰覆下民而定其居視其合於善惡以定之居仁由義所謂相厥居也先謙案般庚諸篇嗚呼又作於戲三家今文本異

我不知其彝倫攸敘言我不知天所以定民之常道理次敘問何由

○我不知其彝倫攸敘今文與古文同攸一作逌○今文同者宋
世家作我不知其常倫所序彝常故訓字敘序字同攸一作逌者
五行志作我不知其彝倫逌敘逌卽說文逌字志引書攸皆
作逌蓋夏侯本如此釋詁彝常也侖理也是彝倫爲常理**箕子**
乃言曰我聞在昔鯀陻洪水汨陳其五行陻塞汨亂也治水失道是亂陳其五行○箕子
乃言曰我聞在昔鯀陻洪水汨陳其五行古文也今文乃一作迺
洪一作鴻陻一作伊汨一作日古文陻一作垔○乃作迺者五行
志作箕子迺言曰我聞在昔鯀陻洪水汨陳其五行洪作鴻者宋
世家作箕子對曰在昔鯀陻鴻水汨陳其五行洪鴻同音通用乃
言作對無我聞二字史公消易之陻作伊汨作日者石經殘碑作
□伊鴻水日陳其五行帝下闕馮登府云陻伊一聲之轉故相假
借中庸一戎衣注衣爲殷齊人讀殷如衣是古音通也詩溱洧箋
伊因也日卽汨之省古文陻作垔者說文垔塞也从土西聲商書
曰鯀垔洪水段云㙟古文垔蓋壁書如是小篆易㙟爲垔孔安國
所讀如是漢志應劭注水性流行而鯀障塞之失其本性其餘所
陳列皆亂故曰亂陳五行華嚴經音義引大傳曰汨亂也**帝乃震怒不畀洪範九疇彝倫攸斁**
畀與斁敗也天動怒鯀不與大法九疇疇類也故常道所以敗○
帝乃震怒不畀洪範九疇彝倫攸斁古文也今文洪作鴻乃作迺
不作弗攸作逌斁作殬○洪作鴻者宋世家作帝乃震怒不從鴻
範九等常倫所斁畀從疇等彝常攸所故訓字集解引鄭云帝天
也天以鯀如是乃震動其威怒不與天道大法九類言王所問所
由敗也孫云史公畀爲從者今文尙書字釋詁俾從也俾畀聲相

近段云疇爲等者漢書宣紀疇其爵邑張晏注疇者等也與訓類同說文等齊簡也乃作迺不作弗攸作逌者五行志作帝迺震怒弗畀洪範九疇彝倫逌斁顔注畀與也疇類也郎九章也斁作殬者說文殬下云敗也从歺睪聲商書曰彝倫攸殬段云作殬者葢壁中本皮云典引云彝倫殬而舊章缺與說文合

鯀則殛死禹乃嗣興放鯀至死不赦嗣繼也廢父與子堯舜之道○鯀則殛死禹乃嗣興與今文與古文同乃一作迺○今文同者宋世家如此集解引鄭云春秋傳曰舜之誅也殛鯀其舉也興禹乃一作迺者五行志如此釋文殛本又作極段云作極是也爾雅釋言魏志武帝紀注詩菀柳閟宮箋疏皆可證殛是極字之假借

天乃錫禹洪範九疇彝倫攸敘天與禹洛出書神龜負文而出列于背有數至于九禹遂因而第之以成九類常道所以次敘○天乃錫禹洪範九疇彝倫攸敘古文也今文洪作鴻乃作迺攸作逌○洪作鴻者宋世家作天乃錫禹鴻範九等常倫所序用故訓同前乃作迺攸作逌者五行傳作天迺錫禹洪範九疇彝倫逌敘此武王問雒書於箕子箕子對禹得雒書之意也又於初一曰五行至畏用六極云凡此六十五字皆雒書本文所謂天乃錫禹大法九章常事所次是也漢書敘傳河圖命庖洛書賜禹八卦成列九疇逌敘李奇曰雒書郎洪範九疇也案以洪範郎雒書兩漢今古文說無異尚書中候云堯率羣臣東沈璧於洛退俟至于下稷赤光起元龜負圖出背甲赤文成字宋均曰稷讀曰側此郎禹所受洛書也云堯率羣臣禹時預焉論衡正說篇禹之時得洛書書從洛水中出洪範九章是也禹案洪範以治洪水釋文引馬云從五行以下至六極洛書文也鄭

注大傳云初禹治水得神龜負文於洛於以盡得天人陰陽之用魏志辛毗等奏曰至於河洛之書著於洪範則殷周效而用之矣皆以洪範郎雒書王鳴盛云鴻範五行傳曰維王后元祀帝令大禹步于上帝禹乃共辟厥德受命休令鄭注王謂禹也后君也祀年也禹始居攝爲君之年也帝舜也步推也上帝天也帝令禹推演天道謂觀其得失反覆也休美也禹于是受舜之美令奉行之初禹治水得神龜負文於洛于以盡得天人陰陽之用至是奉帝命而陳之也據此則鄭以洪範爲出於洛書說與劉歆合亦與孔傳合也但漢儒雖有圖書配卦疇之說未詳圖書何狀其亡久矣桓君山曰河圖洛書但有兆朕而不可知見桓子新論俗儒紛紛之論以五行生成圖爲河圖以太一下行九宮圖爲洛書所未詳也

初一曰五行

九類類一章以五行爲始○初一曰五行今文與古文同○今文同者宋世家五行傳如此藝文志同白虎通五行篇五行者謂金木水火土也言行者欲言爲天行氣之義也永樂大典鑒字部引鄭云行者順天行氣

次二曰敬用五事

五事在身用之必敬乃善○次二曰敬用五事古文也今文無次敬用三字敬一作羞○次二曰敬用五事者詩小旻鄭箋云欲王敬用五事無次敬用者宋世家作二曰五事蓋一本無敬作羞者五行志作次二曰羞用五事下文又經曰羞用五事顏注羞進也藝文志五行者五常之形氣也書云初一曰五行次二曰羞用五事言進用五事以順五行也貌言視聽思心失而五行之序亂孔光傳光對曰書曰羞用五事建用皇極如貌言視聽思心失大中之道不立則咎徵薦臻六極屢降江云羞當爲苟說文苟下云自急勑也五事乃切身之事人當自整敕者於苟義爲允苟古文作𦍌

與羞相似學者蔽於罕見故誤差爲羞藝文志引作羞且云言進用五事以順五行則班氏已誤作羞矣**次三曰農用八政**農厚也厚用之政乃成○次三曰農用八政今文與古文同一無次農用三字僞傳農厚也本鄭說○今文同者五行志如此釋文引馬云食爲八政之首故以農名之書疏引鄭云農讀爲醲孫云說文醲厚酒也廣雅釋詁醲厚也後漢書馬援傳朱勃上書曰明主醲於用賞約於用刑皆與鄭義同陳云漢官解詁云勉用八政以勉代農則今文說訓農爲勉廣雅釋詁農勉也無次農用者宋世家作三曰八政蓋一本無先謙案據此知史公不以農爲實字馬冊立古文說也**次四曰協用五紀**協和也和天時使得正用五紀○次四曰協用五紀古文也今文協作叶一無次協用三字○協作叶者五行志作次四曰叶用五紀應劭曰叶合也合成五行爲之條紀也段云說文叶皆古文協字顏注叶讀曰叶此不知漢人作注言讀爲讀曰者皆是易其字而妄效之但當云叶同協無次協用者宋世家作四曰五紀**次五曰建用皇極**皇大極中也凡立事當用大中之道○次五曰建用皇極今文與古文同皇一作王一無次建用三字○今文同者五行志作次五曰建用皇極石經殘碑作□□曰建用皇極皮云案漢人引此經多作皇蔡邕爲陳留縣上孝子狀云建用皇極膠東令王君碑伊漢中葉皇極不建韓勅碑皇極之日開母廟碑皇極正而降休鄭注大傳云王極或皆爲皇極是大傳別本有作皇極者蓋皇王聲近義皆訓大故今文家或作皇或作王或訓君或訓大五行志引傳曰皇之不極是謂不建釋之曰皇君也極中建立也人君貌言視聽思心五事皆失不得其中

則不能立萬事此用大傳作皇之本訓皇爲君者也孔光傳光對
曰書曰建用皇極皇之不極是爲大中不立谷永傳日食地震對
曰正五事建大中以承天心則庶徵序於下日月理於上五事失
於躬大中之道不立則咎徵降而六極至後漢周舉傳策問曰思
協大中蔡邕答詔問災異曰建大中之道胡公碑協大中於皇極
宋均注考靈燿云皇大極中也與漢志應注同此皆訓皇爲大者
也皇王雖可通用而義則從五行志訓君蓋皇之不極王之不極
必訓爲君而後可通若訓大之不中則不詞矣皇一作王者鴻範
五行傳云爰用五事建立王極又曰王之不極是謂不建鄭注王
君也不名體而言王者五事象五行則王極象天也人法天元氣
純則不可以一體而言之也天變化爲陰爲陽覆成五行經曰厤
象日月星辰敬授民時論語曰爲政以德譬如北辰是則天之通
於人政也孔子說春秋曰政以不由王出不得爲政則是王君出
政之號也極中也建立也王象天以性情覆成五事爲中和之政
也王政不中則是不能立其事也皮云鄭解王極之義甚精則大
傳本當爲王極漢志續志皆作皇劉昭注尚書大傳是也鄭大傳
敘云張生歐陽生從其學而授之則作王極者當是歐陽本班蔡
皆習夏侯尚書故漢書與石經同作皇極當是張生本史記用歐
陽尚書亦作皇極者案史記於王極之傳言獨作王極疑此一篇
皆當作王極字其作皇乃後人改之而王極之傳言句改之未盡
故參差不一也無攷建用者宋
世家作五曰皇極蓋一本無

次六曰乂用三德治民必用剛柔正直之三德○

次六曰乂用三德古文也今文乂作艾一無攷乂用三字○乂作
艾者五行志作次六曰艾用三德應劭注艾治也治大中之道用

三德也石經殘碑作次六曰艾用三德下闕明
無次乂用者宋世家作六曰三德葢一本無用

次七曰明用稽疑

卜筮考疑之事○次七曰明用稽疑今文與古文同一無次明用
三字○今文同者五行志如此說苑反質篇凡古之卜日者將以
輔道稽疑論衡感類篇洪範稽疑是今文作稽王應麟引漢人異
字作卟段云說文卟下云卜以問疑也从口卜讀與稽同徐鍇繫
傳云尚書明用卟疑今文借稽字所引正陸氏云依傍字部改變
經文之本也徐鉉本因妄增書云卟疑四字若古文四聲韻謂古
尚書作乩則益蕪矣無次明用者
宋世家作七曰稽疑葢一本無

次八曰念用庶徵次九曰嚮用五福威用六極

言天所以嚮勸人用五福所以威沮人用六極此
已上禹所第敘○次八曰念用庶徵今文與古文
同一無次念用三字次九曰嚮用五福威用六極古文也今文嚮
作饗威作畏僞傳本馬說○今文同者五行志作次八曰念用庶
徵無次念用者宋世家作八曰庶徵葢一本無禮器疏引鄭云庶
眾也徵驗也謂眾行得失之驗○嚮作饗威作畏者五行志作次
九曰嚮用五福畏用六極應劭注天所以嚮樂人用五福所以畏
懼人用六極宋世家作九曰嚮用五福畏用六極集解引馬云言
天所以畏懼人用六極無次字史公消之漢書谷永傳引經曰饗
用五福畏用六極顏注饗當也言所行當於天心則降以五福若
所爲不善則以六極畏罰之永用今文作饗王應麟藝文志攷漢人引書異字饗用五
福葢郎谷永傳則史漢當本作饗字應注亦當是饗樂皆淺人妄改之漢
紀谷永對策引經曰嚮用五福威用六極同出永引與漢書不同
又淺人據今本尚書妄改之明證也段云經典向背字止作鄉絕

少作嚮者嚮字雖見於漢碑然其字上下二體皆諧聲也疑漢之俗字其字本作鄉也宣帝紀上帝嘉嚮讀曰饗魏大饗記殘碑文王大嚮之以嚮代饗凡鄉聲之字古皆相借然則古文尚書本作鄉或讀去聲或讀上聲義略相近古威畏同音通用畏之曰畏可畏亦曰畏本篇畏高明鄭讀爲威

一五行一曰水二曰火三曰木四曰金五曰土

皆其生數○一五行一曰水二曰火三曰木四曰金五曰土古文也今文五行上無一字○五行上無一字者宋世家如此下五事八政五紀皇極三德稽疑庶徵五福等字上亦無二三至八九等字五行志引無一字下文引見漢書者亦無二三等字漢紀孝惠帝紀亦無一字是今文無此數目等字也古文則有之釋文正義不言馬鄭本異於孔本不得以此爲僞孔所增白虎通五行篇水位在北方北方者陰氣在黃泉之下任養萬物水之爲言準也養物平均有準則也木在東方東方者陰陽氣始動萬物始生木之爲言觸也陽氣動躍觸地而出也火在南方南方者火在上萬物垂枝火之爲言委隨也言萬物布施火之爲言化也陽氣用事萬物變化也金在西方西方者陰始起萬物禁止金之爲言禁也土在中央中央者土土吐含萬物土之爲言吐也史記集解引鄭云此數本諸陰陽所生之吹也案陰陽謂天地易繫辭天一地二天三地四天五地六天七地八天九地十月令疏引鄭注云天一生水於北地二生火於南天三生木於東地四生金於西天五生土於中陽無偶陰無配未得相成地六成水於北與天一并天七成火於南與地二并地八成木於東與天三并天九成金於西與地四并地十成土於中與天五并也故其文如此若四時之次則

春德在木夏火中央土秋金冬水五音之次則宮土商金角木徵火羽水皆與此次不同故鄭明之劉云左傳疏洪範以生數爲次六府以相剋爲次

水曰潤下火曰炎上言其自然之常性○水曰潤下火曰炎上今文與古文同○今文同者宋世家五行志白虎通五行篇漢紀引如此漢書李尋傳亦引水曰潤下五行志引傳曰簡宗廟不禱祠廢祭祀逆天時則水不潤下說曰水北方終臧萬物者也其曰人道命終而形臧精神放越聖人爲之宗廟以收魂氣春秋祭祀以終孝道王者卽位必郊祀天地禱祈神祇望秩山川懷柔百神亡不宗祀愼其齋戒致其嚴敬鬼神歆饗多獲神助此聖人所以順事陰氣和神人也至發號施令亦奉天時十二月咸得其氣則陰陽調而終始成如此則水得其性矣若乃不敬鬼神政令逆時則水失其性霧水暴出百川逆溢壞鄉邑溺人民及淫雨傷稼穡是爲水不潤下又傳曰棄法律逐功臣殺太子以妾爲妻則火不炎上說曰火南方揚光輝爲明者也其於王者南面鄉明而治書曰知人則悊能官人故堯舜舉羣賢而命之朝遠四佞而放諸野孔子曰浸潤之譖膚受之訴不行焉可謂明矣賢佞分別官人有序帥由舊章敬重功勳殊別適庶如此則火得其性矣若迺信道不篤或燿虛僞讒夫昌邪勝正則火失其性矣自上而降及濫炎妄起災宗廟燒宮館雖興師衆弗能救也是爲火不炎上傳者伏生大傳鴻範五行傳也說者歐陽夏侯三家說也白虎通云五行之性或上或下何火者陽也尊故上水者陰也卑故下廣雅釋詁潤溼也說文炎火光上也

木曰曲直金曰從革木可以揉曲直金可以改更○木曰曲直金曰從革今文與古文同○今文同者宋世家

五行志白虎通漢紀引如此五行志引傳曰田獵不宿飲食不享出入不節奪民農時及有姦謀則木不曲直說曰木東方也於易地上之木爲觀其於王事威儀容貌亦可觀者也故行步有佩玉之度登車有和鸞之節田獸有三驅之制飲食有享獻之禮出入有名使民以時務在勸農桑謀在安百姓如此則木得其性矣若乃田獵馳騁不反宮室飲食沈湎不顧法度妄興繇役以奪民時作爲姧詐以傷民財則木失其性矣蓋工匠之爲輪矢者多傷財及木爲變怪是爲木不曲直又傳曰好戰攻輕百姓飾城郭侵邊竟則金不從革說曰金西方萬物既成殺氣之始也故立秋而鷹隼擊秋分而微霜降其於王事出軍行師把旄杖鉞誓士衆抗威武所以征叛逆止暴亂也詩曰有虔秉鉞如火烈烈又曰載戢干戈載櫜弓矢動靜應誼說以犯難民忘其死如此則金得其性矣若乃貪欲恣睢務立威勝不重民命則金失其性蓋工冶鑄金鐵金鐵冰滯涸堅不成者衆及爲變怪是爲金不從革白虎通云木者少陽金者少陰有中和之性故可曲可直案曲直者木可揉曲亦可從繩正直從革者言金可從順又可變革史記集解引馬云金之性從人而更可銷鑠說文金從革不違西方之行亦訓以從革爲從人而更但曲直有二義則從與革亦當分訓

土爰稼穡 爰種曰稼斂曰穡土可以種可以斂○土爰稼穡今文與古文同爰一作曰○今文同者五行志白虎通漢紀引如此顏師古云同爰亦曰也一說爰於也爰作曰者宋世家引如此論衡驗符篇引同蓋歐陽本異五行志引傳曰治宮室飾臺榭內淫亂犯親戚侮父兄則稼穡不成說曰土中央生萬物者也其於王者爲內事宮室夫婦親屬亦相生者也古者天子諸侯宗廟大小高卑有制后

夫人媵妾多少進退有度九族親疏長幼有序孔子曰禮與其奢也寧儉故禹卑宮室文王刑于寡妻此聖人之所以昭教化也如此則土得其性矣若迺奢淫驕慢則土失其性有水旱之災而艸木百穀不熟是爲稼穡不成白虎通云土者最大苞含物將生者出將歸者入不嫌清濁爲萬物母又云五行所以二陽二陰何土尊尊者配天金木水火陰陽自偶

潤下作鹹水鹵所生○潤下作鹹今文與古文同○今文同者宋世家五行志白虎通五行篇引如此石經殘碑作潤下作鹹白虎通云水味所以鹹何是其性也所以北方鹹何萬物鹹與所以堅之也猶五味得鹹乃堅也

炎上作苦焦氣之味○炎上作苦今文與古文同○今文同者宋世家五行志白虎通引如此石經殘碑作炎上作苦白虎通云火味所以苦何南方主長養苦者所以長養也猶五味須苦可以養也

曲直作酸木實之性○曲直作酸今文與古文同○今文同者宋世家五行志白虎通引如此石經殘碑作曲直作下闕白虎通云木味所以酸何東方萬物之生也酸者所以達生也猶五味得酸乃達也

從革作辛金氣之味○從革作辛今文與古文同○今文同者宋世家五行志白虎通引如此白虎通云金味所以辛何西方煞傷成物金所以煞傷之也猶五味得辛乃委煞也

稼穡作甘甘味生於百穀五行以下箕子所陳○稼穡作甘今文與古文同○今文同者宋世家五行志白虎通引如此白虎通云土味所以甘何中央者中和也故甘猶五味以甘爲主也

二五事一曰貌容儀○二五事一曰貌古文也今文無二字○無二字者宋世家五行志說苑修文篇論衡言毒篇引並作五事一曰貌說苑又云

貌者男子之所以恭敬婦人之所以姣好行步中矩折旋中規立則磬折拱則抱鼓**二曰言**詞章○二曰言今文與古文同○今文同者宋世家五行志論衡言毒篇訂鬼篇引如此言毒篇云諺曰衆口爍金口者火也五行二曰火五事二曰言言與火直故云爍金金制於火火口同類也訂鬼篇云鴻範五行二曰火五事二曰言言火同氣故童謠詩歌爲妖言王鳴盛云王充誤以五事之次卽五行之次皮云古尚書說云肺火也肺主音聲語言言與火同氣故肺屬火充謂言與火直其說有本且專主妖言言之五行傳亦云言之不從時有詩妖充說與五行傳合非誤也**三曰視**觀正○三曰視今文與古文同○今文同者宋世家五行志引如此**四曰聽**察是非○四曰聽今文與古文同○今文同者宋世家五行志引如此**五曰思**心慮所行○五曰思古文也今文作五曰思心○今文作五曰思心者說見下五經異義今文尚書歐陽說肝木也心火也脾土也肺金也腎水也古尚書說脾木也肺火也心土也肝金也腎水也許與古尚書同鄭駮之而說文云心人心土藏在身之中博士說以爲心火藏肝木藏肺金藏也脾土藏也腎水藏也則許又似以今文博士說爲正五行大義引孝經援神契云肝仁故目視肺義故鼻候心禮故耳司腎智故竅寫脾信故口誨此以肝爲木肺爲金心爲火腎爲水脾爲土也白虎通情性篇五藏肝仁肺義心禮腎智脾信也肝木之精也目爲之候肺者金之精鼻爲之候心火之精也耳爲之候腎水之精也雙竅爲之候脾土之精也口爲之候皆同歐陽今文之說皮云據此以五行配五事惟目視耳聽口言墒而可指若貌與思無以墒指之考鴻範五行傳則伏生之說異於此五

行傳曰貌屬木言屬金視屬火聽屬水思心屬土以五事配五行與古尚書說脾木肺火心土肝金腎水合而與歐陽說肝木心火脾土肺金腎水不同漢儒若董仲舒眭孟劉向劉歆言災異班志五行鄭注大傳皆同伏義楊雄玄數云三八爲木事貌用恭撝肅徵旱類爲狂四九爲金事言用從撝乂徵雨類爲僭二七爲火事視用明撝哲徵熱類爲舒一六爲水事聽用聰撝謀徵寒類爲急五五爲土事思用睿撝聖徵風類爲牟牟蓋瞀之叚借雄用今文睿當爲容後人改之也漢書天文志云木於人五常仁也五事貌也火禮也視也金義也言也水知也聽也土信也思心也仁義禮知以信爲主貌言視聽以心爲正律麻志云協之五行則角爲木五常爲仁五事爲貌商爲金爲義爲言徵爲火爲禮爲視羽爲水爲智爲聽宮爲土爲信爲思心漢紀云木爲貌金爲言火爲視水爲聽土爲思心又云合之五行則角爲木於五常爲仁於五事爲貌商爲金爲義爲言徵爲火爲禮爲視羽爲水爲智爲聽宮爲土爲信爲思心皆與鴻範五行傳合則伏說與古尚書不異歐陽說背其師傳也書疏引鄭云此數本諸陰陽昭明人相見之次也江云人相見則先見其貌既見則必有言因其言則可以知其所視所聽且可以知其所思是人相見之次也

貌曰恭儼恪○貌曰恭今文與古文同○今文同者宋世家五行志引如此

言曰從是則可從○言曰從今文與古文同○今文同者宋世家五行志引如此集解引馬云發言當使可從孫云此自人從言之五行志云言之不從從順也左文十四年傳宣子曰其詞順自我言言之

視曰明必淸審○視曰明今文與古文同○今文同者宋世家五行志引如此○

聽曰聰必徵諦○聽曰聰今

文與古文同○今文同者宋世家五行志引如此

思曰睿

必通於微○思曰睿古文也今文作思心曰容書疏引王肅云睿通也思慮苦其不深故必深思使通於微也與僞傳解同此又僞傳出肅之一證也○思曰睿者釋文引馬云睿通也書疏及詩凱風疏引鄭云此恭明聽睿行之於我身其從則是彼人從我以與上下違者我是而彼從亦我所爲不乖刺也睿通於政事今文作思心曰容者五行志引經曰思脫心字曰容今容誤又引傳曰思心之不容今容誤是謂不聖思心者心思慮也容寬也孔子曰居上不寬吾何以觀之哉言上不寬大包容臣下則不能居聖位以寬訓容明是容字知應傳作容誤則思曰容亦誤應劭注容通也古文作睿應言古文作睿與今文作容異今本漢書與注皆誤容非容非睿義不可通據漢志作容誤則知宋世家作思曰睿亦誤史公於洪範雖多古文說其字不當作睿也鴻範五行傳云次五事曰思心思心之不容是謂不聖鄭注容當爲睿睿通也聖者包親言視聽而載之以思心者通以待之思心不通則是非不能心明其事也思心曰土志論皆言君不寬容則地動元或疑焉今四行來沴土地乃動臣下之相帥爲畔逆之象君不通於事所致也以爲不寬容亦皆爲陰勝陽臣強君之異據鄭注則大傳作容鄭以爲當作睿志論從今文作容不寬容則地動鄭從古文作睿不睿通則地動其義甚明洪範月令疏引大傳皆改爲睿則鄭注豈可通乎續漢志及晉隋書五行志皆引五行傳云思心不容是謂不聖續志又云會秋明帝崩是思心不容也漢紀云土爲思心思心曰容容作聖戰國策高注引五行傳亦作思心之不容是謂不聖所引傳皆不誤春秋繁露五行五事篇曰思曰思

曰容思下雖脫心字容者言無不容容作聖聖者設也王者心寬大無不容則聖能施設事各得其宜也說苑君道篇大道容衆大德容下聖人寡爲而天下理矣書曰容今誤睿作聖皆與伏義同錢大昕云容與恭從聽爲韻鄭以爲字譌破容爲睿未必鄭是而伏非也說文思容也亦用伏義古之言心者貴其能容不貴其能察秦誓其心休休焉其如有容焉論語君子尊賢而容衆老子云容乃公公乃王王乃天天乃道道乃久故視主明聽主聰而思獨主容若睿哲之義已於明聽中該之矣先謙案皮引外鴻範五行傳云禦思心於有尤大傳注凡貌言視聽思心今刻本無此二字文獻通考有一事失則逆人之心又曰瞀與思心之咎同耳又曰六事貌言視聽思心王極也漢書藝文志貌言視聽思心失而五行之序亂漢紀孝昭帝紀云思心霿亂之應並引見段氏撰異說文容在谷部深通川也睿在叔部通也小篆作叡古文作睿是容與睿截然兩字

恭作肅心敬○恭作肅今文與古文同○今文同者宋世家五行志引如此志引五行傳曰貌之不恭是謂不肅厥咎狂厥罰恆雨厥極惡時則有服妖時則有龜孽時則有雞旤時則有下體生於上之痾時則有青眚青祥維金沴水

從作乂可以治○從作乂今文與古文同乂一作艾○今文同者宋世家作從作治乂治故訓字集解引馬云出令而從所以爲治也乂一作艾者五行志作從作艾古乂艾通用志引五行傳曰言之不從是謂不艾厥咎僭厥罰恆陽厥極憂時則有詩妖時則有介蟲之孽時則有犬旤時則有口舌之痾時則有白眚白祥維木沴金

明作哲照了○明作哲今文與古文同哲一作悊○今文同者宋世家引作明作智哲智故訓字哲一作悊者五行志引作明作悊段云坊

本哲皆作哲顧氏炎武九經誤字正之書疏引定本作哲則讀爲哲案說文晢下云昭晣明也从日折聲哲下云知也䂆𥎿智从口折聲悊下云敬也从心折聲三字各有所屬本義而經多相叚借五行傳作悊漢志因之作悊訓智此叚悊爲哲也鄭云君視明則臣照哲照哲二字與說文昭哲同适昭聑昭昭與易之明辨哲也同解非讀爲哲也心部悊敬也此許君元書口部哲或从心此必淺人據漢書羼入讀古書當識其正僞志引五行傳云視之不明是謂不悊厥咎舒厥罰恆奧厥極疾時則有草妖時則有蠃蟲之孽時則有羊旤時則有目痾時則有赤眚赤祥維水沴火

聽作謀所謀必成當○聽作謀今文與古文同○今文同者宋世家五行志引如此集解引馬云上聽則下進其謀志引五行傳云聽之不聽是謂不謀厥咎急厥罰恆寒厥極貧時則有鼓妖時則有魚孽時則有豕旤時則有耳痾時則有黑眚黑祥維火沴水

睿作聖於事無不通謂之聖○睿作聖古文也今文作容作聖○容作聖者說見上五行志作容作聖宋世家作睿作聖皆後人妄改志引五行傳云思心之不容容作是謂不聖厥咎霿厥罰恆風厥極凶短折時則有脂夜之妖時則有華孽時則有牛旤時則有心腹之痾時則有黃眚黃祥維金木水火沴土書疏及詩小旻疏引鄭云皆謂其政所致也君貌恭則臣禮肅君言從則臣職治君視明則臣照哲君聽聰則臣進謀君思睿則臣賢智春秋繁露五行五事篇云恭作肅言王誠能內有恭敬之姿而天下莫不肅矣從作乂言王者言可從明正從行而天下治矣明作哲哲者知也王者明則賢者進不肖者退天下知善而勸之知惡而恥之矣聰作謀謀者謀事也王者聽則聞事與臣下謀之故事無失矣容作

聖聖者設也王者心寬大無不容則聖能設施事各得其宜也據
董子說此經古義兼上下言之或謂肅艾哲悊謀聖專屬君身言之
或謂恭從明聰容屬君肅艾哲悊謀聖屬臣說殊泥王引之云恭與
肅從與乂明與哲睿與聖義並相近若以謀爲謀事則與聰義不與
相近斯爲不類矣今案謀與敏同敏古讀若每謀古讀若媒並見
唐韻正謀敏聲相近故字相通中庸人道敏政地道敏樹鄭注敏
或爲謀是其證也聽則敏不聽則不敏故五行傳曰聽之不聽是
謂不謀不謀則不敏若以爲不能謀事則謀上須加能字而其義
始明伏生解聽以謀爲敏正與經旨相合
董劉馬鄭諸儒以謀爲謀事胥失之矣
三八政一曰食
○勤農業
三八
政一曰食古文也今文無三字○無三字者宋世家作八政一曰
食漢書食貨志藝文志論衡識日篇同大傳云八政何以先食傳曰
日食者萬物之始人事
之本也故八政先食
二曰貨
寶用物○二曰貨今文與古文同
○今文同者宋世家如此漢書食
貨志論衡識日篇同志云食謂農殖嘉穀可食之物貨謂布帛
可衣及金刀龜貝所以分財布利通有無者也二者生民之本
三曰祀
敬鬼神以成教○三曰祀今文與古文同○今文同者宋世
家如此漢書郊祀志同又云祀者所以昭孝事祖通神明也
公羊定八年傳解詁云
祀者無已長久之詞
四曰司空
主空土以居民○四曰司空今
文與古文同僞傳本馬說○今
文同者宋世家如此集解引馬云
司空掌管城郭主空土以居民
五曰司徒
主徒眾教以禮義○
五曰司徒今文與古
文同○今文同者宋世家如此漢書藝文志儒家者
流蓋出於司徒之官助人君順陰陽明教化者也
六曰司寇
主
姦

盜使無縱○六曰司寇今文與古文同○今文同者宋世家如此集解引馬云主誅寇害

七曰賓

禮賓客無不敬○七曰賓今文與古文同○今文同者宋世家如此

八曰師

簡師所任必良士卒必練○八曰師今文與古文同○今文同者宋世家如此漢書藝文志兵家者流蓋出古司馬之職王官之武備也洪範八政八曰師書疏引鄭云其數本諸其職先後之宜也食謂掌民食之官若后稷者也貨掌金帛之官若周禮司貨賄是也祀掌祭祀之官若宗伯者也司空掌居民之官司徒掌教民之官也司寇掌詰盜賊之官賓掌諸侯朝覲之官周禮大行人是也師掌軍旅之官若司馬也江云食者民之天故爲最先貨所以通有無利民用故貨次之食貨既足民生阜矣聖主成民而後致力於神故祀又次之王制云食節事時民咸安其居樂事勸功尊君親上然後興學故司空在司徒之先先教而後誅故司寇在司徒之後德立刑以行遠方賓服故次之以賓其有暴虐無道不率化者則出六師以征之故又次以師是其職先後之宜也

四五紀一曰歲

所以紀四時○四五紀一曰歲古文也今文無四字○無四字者宋世家作五紀一曰歲白虎通四時篇所以名爲歲何歲者遂也三百六十六日一週天萬物畢成故曰一歲也

二曰月

所以紀一月○二曰月今文與古文同○今文同者宋世家如此書疏云月從朔至晦大月三十日小月二十九日是也

三曰日

紀一日○三曰日今文與古文同○今文同者宋世家如此孫云日者呂覽高注從甲至癸也淮南天文訓禹以爲朝晝昏夜晝者陽之分夜者陰之分是以陽氣勝則日修而夜短陰氣勝則日短而夜修孫云大傳云夏以十三月爲正色尚黑以

平旦爲朔殷以十二月爲正色尚白以雞鳴爲朔周以十一月爲正色尚赤以夜半爲朔然則三代分日夜各從其正書疏云從夜半以至明日夜半周十二辰以紀日非古義也

四曰星辰二十八宿迭見以敘氣節十二辰以紀日月所會○四曰星辰今文與古文同○今文同者宋世家如此集解引馬云星二十八宿辰日月之所會也鄭云星五星也開元占經引洪範五行傳云歲星者於五常爲仁恩德孝慈於五事爲貌威儀舉動仁虧貌失逆春令則歲星爲災雖主福德見惡逆則怒爲殃更重又曰田獵不當飲食不享出入不時及有奸謀則歲星逆行變色熒惑於五常爲禮辨上下之節於五事爲視明察善惡之事也禮虧視失逆夏令則熒惑爲旱災爲饑爲疾爲亂爲死喪爲賊爲妖言火怪也填星者於五常爲信言行不二於五事爲思心寬容受諫若五常五事皆失填星爲變動爲土功爲女主爲山崩爲地動太白者西方金精也於五常爲義舉動得宜於五事爲言號令民從義虧言失逆秋令則太白爲變動爲兵爲殺辰星北方水精也於五常爲智亂權貪道於五事爲聽不惑是非智虧聽失逆冬令則辰星爲變怪爲水災爲四時不和據此鄭云五星用今文說馬云二十八宿古文說也辰當爲曆謂十二曆說文日月合宿爲曆漢書律麻志辰者日月之會而建所指也周書周月解日月俱起於牽牛之初右回而行月周天進一次而與日合宿日行月一次而周天歷舍十有二辰終而復始左昭七年傳士文伯曰日月之會是謂辰是也

五曰麻數麻數節氣之度以爲麻敬授民時○五曰麻數今文與古文同○今文同者宋世家如此孫云麻數者麻如五帝紀麻日月而迎送之釋詁麻相也相象字同數如算經

云黃帝爲法數有十等漢書律厤志迺定東西立晷儀下漏刻以追二十八宿相距于四方舉終日定晦朔分至躔離弦望臣瓚注離歷也日月之所歷也志又云方士唐都分天部而落下閎運算轉歷則知厤象日月爲天部占驗之法數爲算法也

五皇極皇建其有極 大中之道大立其有中謂行九疇之義○五皇極皇建其有極古文也今文無五字皇一作王○無五字者宋世家如此漢書谷永傳永引經對曰皇極皇建其有極亦無五字皇一作王者大傳云王之不極是謂不建厥咎瞀厥罰恆陰厥極弱時則有射妖時則有龍蛇之孽時則有馬旤時則有下人伐上之痾時則有日月亂行星辰逆行漢志引傳同惟王作皇瞀作眊爲異又釋傳云皇君也極中建立也

斂時五福用敷錫厥庶民 以斂是五福之道爲教用一布與衆民使慕之○斂時五福用敷錫厥庶民今文與古文同一敷一作傳僞傳本馬說○今文同者蔡邕荅詔問災異引經作敷一作傳者宋世家作斂時五福用傳錫其庶民夏侯歐陽兩本異也一厥其故訓字集解引馬云當斂是五福之道用布與衆民廣雅釋言傳敷也說文尃布也

惟時厥庶民于汝極錫汝保極 君上有五福之教衆民於君取中與君以安中民之善言從化○惟時厥庶民于汝極錫汝保極古文也今文惟作維○惟作維者宋世家作維時其庶民于汝極錫汝保極惟維今古文之異厥其故訓字汝今古文皆作女今本衞包改之集解引馬云以其能斂是五福故衆民於女取中正以歸心也鄭云又賜女以守中之道詩傳云于取也詩崧高箋保守也

凡厥庶民無有淫朋人無有比德惟皇

作極民有安中之善則無淫過朋黨之惡比周之德爲天下皆大爲中正○凡厥庶民無有淫朋人無有比德惟皇作極今文與古文同無一作毋惟作維○今文同者石經殘碑作凡厥庶民無有淫㕣疑朋缺誤之人無有下闕段云本篇無偏無黨字作毋此兩無有字作無最有分別史記皆作毋古文皆作無無作毋惟作維者宋世家作凡厥庶民毋有淫朋人毋有比德維皇作極惟維今古文之異江云人謂臣也凡其衆民無有淫佚爲朋黨者臣無有比周爲德者維君爲中道以示之則故也

凡厥庶民有猷有爲有守汝則念之民或有道或舊誤戢有所爲有所執守汝則念錄敘之○凡厥庶民有猷有爲有守汝則念之今文與古文同○今文同者宋世家如此集解引馬云凡其衆民有謀有爲有其執守當思念其行有所趣舍也猷謀釋詁文有謀有爲是有所取有守則不爲不義是有所舍也劉云念卽念用庶徵之念鄭訓徵爲念則傳訓法也言庶民之賢者汝以官人之法試之

不協于極不罹于咎皇則受之凡民之行雖不合于中而不罹于咎惡皆可進用大法受之○不協于極不罹于咎皇則受之今古文並當作不離今文一作不麗協作叶○今文作不離者宋世家作不協于極不離于咎皇則受之古文作不離者段云離譌包改罹釋文罹馬力馳反又來多反此罹字開寶間依譌改古離訓分亦訓合詩鴻則離之月離于畢雖離于羅禮記宿離不貸史記離騷者猶離憂也漢書王褒傳離此患也楊惲傳遭離變故尹宙碑遭離寖疾皆是易曰離麗也此古訓也後人不知此義於離之訓陷者別造一罹字遂用以改經如詩之逢此百離詩釋文罹本又作離力知反此陸氏無識不依離爲定本書之

不離于咎皆是造此字者其在支脂不別之後乎漢建甯四年劉
脩碑已云少罹艱苦則其時古音已茫昧矣離字古音在歌部轉
音在支部聖人以麗訓離麗在支部支歌爲最近而罹从网惟聲
惟在脂部則與歌聲相遠陸云馬力馳反此明馬釋爲分離謂不
合於極不離於咎也力馳反在支部又來多反在歌部不違古音
自僞孔云雖不合於中而不離於咎始訓爲不陷於惡而裔包困
改爲罹字亦如讀詩者改百離爲百罹也作離字則統不免於咎
不陷於咎兩解作罹字則偏矣不離作不麗協作叶者王應麟困
學紀聞引大傳洪範曰不叶于極不麗于咎今本大傳佚此文叶
古文協離者麗也故大傳作麗劉云其未合於中行而亦未麗於
咎徵者汝以寬大之法容之**而康而色曰予攸好德汝則錫之福**汝當安汝顏色以謙下人
人曰我所好者德汝則與之爵祿○而康而色曰予攸好德汝則
錫之福今文與古文同○今文同者宋世家作而安而色曰予所
好德女則錫之福康安攸所故訓字江云言汝其安和汝之顏色
以宣示人曰我所好者德使明知上之所好而從之庶能叶於極
也夫然後汝則予以爵祿**時人斯其惟皇之極**不合於中之人汝與之福則是人此其惟大之中言可勉進○
時人斯其惟皇之極古文也今文惟作維○惟作維者宋世家作
時人斯其維皇之極言是人斯曰勉於德而協於皇建之大中矣
無虐煢獨而畏高明煢單無兄弟也無子曰獨單獨者不侵虐之寵貴者不枉法畏之○無虐煢獨而畏高明
古文也今文作毋侮鰥寡鰥一作矜一作無侮鰥寡古文無一作
亡僞傳次句本馬說○毋侮鰥寡者宋世家作毋侮鰥寡而畏高

明集解引馬云高明顯寵者不枉法畏之列女傳楚野辯女篇引周書與宋世家同鰥一作矜者困學紀聞引大傳洪範曰毋侮矜寡而畏高明矜鰥古通一作無侮鰥寡者後漢肅宗紀詔賜高年鰥寡孤獨帛一匹引經如此並三家文異古文無一作亡者釋文無虐馬本作亡侮畏鄭音威劉云詩不侮鰥寡不畏強禦馬說爲長**人之有能有爲使羞其行而邦其昌**功能有爲之士使進其所行汝國其昌盛○人之有能有爲使羞其行而邦其昌古文也今文邦作國羞一作脩○邦作國者宋世家作人之有能有爲使羞其行而國其昌許沖進說文上書引同石經殘碑作明上闕人之有能有爲使羞其行而下闕潛夫論思賢篇書曰人之有能有爲使循其行國乃其昌段云循蓋脩之誤脩又羞聲之誤也古書脩循互譌者甚多皮云段以循爲脩是也以脩爲羞誤則非李尤靈臺銘云人脩其行而國其昌正作脩蓋三家異文有作脩者王符依用之今作循傳寫誤耳**凡厥正人既富方穀**凡其正直之人既當以爵祿富之又當以善道接之○凡厥正人既富方穀今文與古文同○今文同者宋世家如此孫云正人謂在位之正長富謂重其祿穀善也江云公羊桓三年傳既者何盡也禮檀弓鄭注方猶常也釋言穀祿也太宰鄭注班祿所以富臣下書曰既富方穀經言凡其正人盡富之以常祿則可使勸於善而有好于汝家**汝弗能使有好于而家時人斯其辜**不能使正直之人有好于國家則是人斯其詐取罪而去○汝弗能使有好于而家時人斯其辜古文也今文弗作不○弗作不者宋世家作女不能使有好于而家時人斯其辜言汝不能使有好於

汝家是人斯有辜惡之人矣詩鹿鳴箋好猶善也劉云箕子自稱我稱武王女以賓師之道自處示罔爲臣也**于其無好德汝雖錫之福其作汝用咎**於其無好德之人汝雖與之爵祿其爲汝用惡道以敗汝善○于其無好德汝雖錫之福其作汝用咎今文無作毋今古文皆無德字○今文無作毋無德字者宋世家作于其毋好女雖錫之福其作女用咎古文無德字者集解引鄭云無好于女家之人雖賜之爵祿其動作爲女用惡謂爲天子結怨於民案鄭以于其無好女爲句段云定本僞傳無德字正義本有疏云無好對有好謂有善也此經諸傳記言好德者多矣故傳以好德言之或據傳增德字入經而唐石經依之非也**無偏無陂遵王之義**偏不平陂不正言當循先王之正義以治民○無偏無陂遵王之義今古文陂並作頗義一作誼今文無一作毋○今文陂作頗無一作毋者宋世家作毋偏毋頗遵王之義潛夫論釋難篇無偏無頗親疏同也義一作誼者呂覽貴公篇洪範曰無偏無頗遵王之誼高注誼法也匡謬正俗六引書同古文陂作頗義一作誼者案唐書經籍志開元十四年元宗以洪範無偏無頗聲不協詔改爲無偏無陂段云元宗不知義誼古音本魚何切而改普多切之頗爲彼義切之陂以韻宜寄切之義又不知陂之古音亦普多切與頗同因而擅改元宗勞此於偏鯿冊府元龜文苑英華並作遵王之誼唐時尚書義多作誼釋文呂刑文侯之命僞太甲可證宜誼古音同魚何切與頗元無不叶也封演聞見記云初太宗以經籍多有舛謬詔顏師古刊定頒之天下年代既久傳寫不同開元以來省司將試舉人皆先納所習之本文字差互輒以習本爲定義或

可通雖與官本不合上司務於收奬卽放過天寶初詔改尚書古文悉爲今文十年有司上言經典不正取舍無準詔儒官校定經本送尚書省並國子司業共相驗考張參遂撰定五經字樣書於太學講堂之壁學者咸就取正焉又頒字樣於天下俾爲永制由是省司停納習本太宗詔師古刊定頒之天下者卽正義所謂定本也定本未必盡善故或各守習本試舉人納之省司於此見唐時善本尚多至天寶十年後詔儒官校定經本至於停納習本而善本俱廢矣

無有作好遵王之道無有作惡遵王之路言無有亂爲私好惡動必循先王之道路○無有作好遵王之道無有作惡遵王之路古文也今文無一作毋有一作或古文好一作玫○無一作毋者宋世家作毋有作好遵王之道毋有作惡遵王之路集解引馬云好私好也有一作或者呂覽貴公篇洪範曰無或作好遵王之道無或作惡遵王之路高注或有也好私好也私好鬻公平於曲惠也作惡擅作威也案或有古字通江云曲惠若齊陳氏以家量貸以公量收是也古文好一作玫者說文玫下云人姓也从女丑聲商書曰無有作玫段云壁書如是荀子修身篇天論篇引書並與古文同

無偏無黨王道蕩蕩言開闢○無偏無黨王道蕩蕩今文與古文同無一作毋一作不僞傳蕩蕩訓開闢非○今文同者漢書王莽傳引如此左襄三年傳呂覽貴公篇同無作毋者宋世家漢書車千秋傳作毋偏毋黨王道蕩蕩石經殘碑作□□□路毋偏毋黨王道蕩蕩一作不者史記張釋之馮唐傳贊引書曰不偏不黨王道蕩蕩漢書東方朔傳說苑至公篇引同史記集解引鄭云黨朋黨呂覽高注蕩蕩平易也

無黨無偏

王道平平言辯治○無黨無偏王道平平今文與古文同無一作毋一作不平平一作便便○今文同者以上文例之今文應有作無之本而今不見無作毋者石經殘碑作毋黨下闕宋世家作毋黨毋偏王道平平無作不平平作便便者張釋之馮唐傳贊引書曰不黨不偏王道便便徐廣注便一作辯皮云堯典平章史記作便章鄭誕生本作辨章平秩史記作便程大傳作辨秩是古文作平今文作便一作辨也詩采菽平平左右釋文引韓詩作便便韓詩今文毛詩古文亦今文作便便古文作平平之證史公用今文當作便宋世家作平平豈亦洪範古文說之一與**無反無側王道正直**言所行無反道不正則王道平直○無反無側王道正直古文也今文無作毋○無作毋者宋世家作毋反毋側王道正直集解引馬云反反道也側傾側也說文反覆也側旁也覆則反道旁則傾側也**會其有極歸其有極**言會其有中而行之則天下皆歸其有中矣○會其有極歸其有極今文與古文同○今文同者宋世家如此集解引鄭云會謂君也當會聚有中之人以爲臣也歸謂臣也當就有中之君而事之**曰皇極之敷言是彝是訓于帝其訓**曰者大其義言以大中之道布陳言敎不失其常則人皆是順矣天且其順而況于人乎○曰皇極之敷言是彝是訓于帝其訓古文也今文皇作王敷作傅彝作夷訓作順○皇作王敷作傅彝作夷訓作順者宋世家作曰王極之傅言是夷是訓于帝其順集解引馬云王者當盡極行之使臣下布陳其言是大中而常行之用是敎訓天下於天爲順也段云此以王極之敷言庶民極之敷言對文視僞傳爲長洪範五行

傳王之不極是謂不建鄭注王君也王絢君出政之號也今文皇

極字本皆作王訓君雖鄭注云或皆爲皇然作皇赫訓君前後漢書五行志皆曰皇君也不訓君則

不得云王之不極與貌之不恭言之不從視之不明聽之不聽思

心之不容句法一例也馬本此處葢亦作皇而訓爲王者下訓作

順者上訓教訓也故如字下訓順也故易爲順馬注正如是皮云

篇中皇極字大傳皆作王極史記作王極與大傳合他處皇極疑

後人改之此則改之不盡者非此王極與上皇極不同義也王極

字三家異文或作皇其義皆當訓君史公於上文彝倫字皆以故

訓改彝爲常此直作夷疑今文尚書本作夷字劉

云王極之敷言即上文無偏以下四十八字是也**凡厥庶民極之**

敷言是訓是行以近天子之光凡其眾民中心之所陳言凡順是行之則可以近益天子之光明○

凡厥庶民極之敷言是訓是行以近天子之光古文也今文敷作

傳訓作順王鳴盛云馬訓極爲盡極是僞傳以爲中心非也先謙

案史記集解引王肅云近猶益也順行民言所以益天子之光與

僞傳合此又僞傳出肅之一證也○敷作傳訓作順者宋世家作

凡厥庶民極之傳言是順是行以近天子之光集解引馬云亦盡

極敷陳其言於上也孫云周禮詢萬民詩詢芻蕘周語邵公曰庶

人傳語故古者庶民得近天子也劉云王者常以極之敷言爲教

訓斯順於帝則庶民亦順行是言則可以近天子盛德之光輝也

曰天子作民父母以爲天下王言天子布德惠之教爲兆民之父母是爲天下所歸往不可不務○

日天子作民父母以爲天下王今文與古文同○今文同者宋世

家白虎通爵篇如此漢書刑法志引無以字省文石經殘碑作上

闕爲天下王大傳云聖人者民之父母也母能生之能食之父能教之能誨之聖人曲備之者也能生之能食之能教之能誨之也故書曰作民父母以爲天下王此之謂也

六三德一曰正直

一能正人之曲直○六三德曰正直古文也今文無六字王鳴盛云左襄七年傳正直爲正正曲爲直杜注正直爲正正己之心正曲爲直正人之曲僞孔以解此經與下剛克柔克不貫且遺正直爲正但言正人曲直亦非○今文無六字者石經殘碑作三德一曰正直宋世家同集解引鄭云中平之人孫云中平者謂不剛不柔中正和平之人

二曰剛克

剛能立事○二曰剛克今文與古文同○今文同者宋世家如此集解引馬云克勝也石經殘碑作二下闕

三曰柔克

和柔能治三者皆德○三曰柔克今文與古文同○今文同者宋世家如此集解引鄭云克能也剛而能柔柔而能剛寬猛相濟以成治立功詩羔裘疏引鄭云剛則彊柔則弱此陷於滅亡之道非能也疏又申之云然則正直者謂不剛不柔每事得中也剛克一者雖剛而能以柔濟之柔克者雖柔而能以剛濟之故三者各爲一德是也孫云此言人有三德當自治其性也漢書匡衡傳治性之道必審己之所餘而彊其所不足又云齊之以義然後中和之道應此三德謂天地人之道論語人之生也直人道也剛克天道也柔克地道皋陶謨疏云洪範三德先人事而後天地是也

平康正直

世平安用正直治之○平康正直今文與古文同○今文同者宋世家如此孫云經申言三德之性行正直者平康是得其中正不須克制也

彊弗友剛克

友順也世彊禦不順以剛能治之○彊弗友剛克古文也今文弗作不○弗作不者宋世家作

彊不友剛克孫云廣雅釋詁友親也言燮和也世和順
其性彊毅不可親剛克之人有是性**燮友柔克**以柔能治之○
燮友柔克古文也今文燮作內○燮友柔克者孫云釋詁燮和也
言柔克之人有此性二者君德之偏故下言自克之道書疏引鄭
云人臣各有一德天子擇使之安平之國使中平守一之人治之
使不失舊職而已國有不順孝敬之行者則使剛能之人誅治之
其有中和之行者則使柔能之人治之差正之孫云鄭以下文有
惟辟作福作威之言故爲此說王鳴盛云鄭云然者天子無職用
人其職天子之德才質不齊約有三等故隨其時地所宜用之變
作內者宋世家爲內友柔克段云古內入通用入變同部故假借
作內**沈潛剛克**沈潛謂地雖柔亦有剛能出金石○沈潛剛克古文
也今文潛作漸○沈潛剛克者集解引馬云沈陰也
潛伏也陰伏之謀謂亂臣賊子非一朝一夕之漸君親無將將而
誅案此謂有賊亂陰謀當以剛克不可優柔不決也潛作漸者宋
世家作沈漸剛克左文五年傳甯嬴引商書同漢書谷永傳永說
王音曰意豈將軍忘沈漸之義委曲從順所執不彊後漢趙壹傳
壹疾邪賦云佞諂日熾剛克消亡此皆以剛克爲自治德性孫云
甯嬴說陽處父曰以剛商書沈潛剛克高明柔克夫子壹之其不
沒乎天爲剛德猶不干時況在人乎杜注沈潛猶滯弱也高明猶
亢爽也言各當以剛柔勝己本性乃能成全也此周人引書卽言
治性不言治人**高明柔克**高明謂天言天爲剛德亦有柔克不干四時喻
臣當執剛以正君君亦當執柔以納臣○高明
柔克今文與古文同○今文同者宋世家如此集解引馬云高明
君子亦以德懷也案亦者亦上燮友柔克也皮云漢書敘傳孝元

翼翼高明柔克班氏以柔克爲言君德後漢梁統傳統上疏曰文帝寬惠柔克鄭興傳興上疏曰今陛下高明而羣臣皇促宜留思柔克之政垂意洪範之法後漢紀引興疏曰願陛下留神寬恕以崇柔克之德以柔克屬君德克爲自克之義與班氏合愼令劉君碑於惟君德惠孝正直至行通洞高明柔克亦以柔克爲德性皆今文義五行志艾用三德應劭注云謂治大中之道用三德則三德自當屬君德言馬鄭以此專屬人臣又探下文作福作威之意以沈潛爲賊臣高明爲君子古文異說殊乖經旨 **惟辟作福惟辟作威惟辟玉食** 言惟君得專威福爲美食○惟辟作福惟辟作威惟辟玉食古文也今文惟作維一本先威後福○惟作維者宋世家如此集解引馬云辟君也玉食美食不言王者關諸侯也鄭云作福專爵賞也作威專刑罰也玉食備珍美也公羊成元年傳疏引鄭云此凡君抑臣之言也一本先威後福者後漢荀爽傳爽引洪範曰惟辟作威惟辟作福惟辟玉食此三者君所獨行而臣不得同也今臣僭君服下食上珍所謂害于而家凶于而國者也蔡邕傳答詔問災異八事云書曰惟辟作威惟辟作福臣或爲之謂之凶害並先威後福孫云玉食猶好食史記封禪書索隱引三輔決錄云杜陵有玉氏音肅說文以爲從玉音畜牧之畜案玉讀爲畜畜好聲之緩急孟子梁惠王篇畜君者好君也凡經言玉女玉色義皆爲好後人忽之並刪說文音讀 **臣無有作福作威玉食臣之有作福作威玉食其害于而家凶于而國人用側頗僻民用僭忒** 有在位不敦平則下民僭差○臣無有作福作威玉食臣之有作福作

威玉食其害于而家凶于而國人用側頗僻民用僭忒古文也今文臣下無之字僻作辟一先威後福一玉食上多亡有二字忒作慝一凶上多而字○臣下無之字僻作辟者宋世家如此漢書武五子傳廣陵王策引書云臣不作福臣不作威此櫽栝之詞先福後威與史記同一先威後福者漢書劉向傳向上封事曰書云臣之有作威作福害于而家凶于而國王商傳張匡對曰丞相商作威作福後漢第五倫傳倫上疏曰書曰臣無有作威作福其害于而家凶于而國楊震傳震上疏曰書曰臣無有作威作福玉食李固傳馬融誣奏固曰作威作福莫固之甚襄楷傳楷疏曰而臣作威作福張衡傳衡疏曰洪範曰臣有作威作福玉食害于而家凶于而國魏志蔣濟傳夫作威作福書之所誡戰國策高誘注引書曰无有作威作福並先威後福隋梁毗論楊素封事曰臣聞臣無有作威福臣之作威福其害于而家凶于而國是隋人所據之本猶有先威後福者一玉食上多亡有二字忒作慝者漢書王嘉傳嘉奏封事曰臣聞箕子戒武王曰臣亡有作威作福亡有玉食臣之有作威作福玉食害于而家凶于而國人用側頗辟民用僭慝言如此則逆尊卑之序亂陰陽之統而害及王者其國極危國人傾仄不正民用僭差不壹此君不由法度上下失序之敗也顏注慝惡也段云嘉言僭差不壹正訓忒字此假慝爲忒顏之注非也但顏注自本馬融釋文引馬云忒惡也叉假忒爲慝一凶上多而字者石經殘碑作家而凶于而國人用□頗辟下闕凶上多而字以上引無其字者蓋亦今文異本公羊成元年疏引鄭云害于女家福去室凶于女國亂下民江云辟哀僭差忒疑也權歸于臣則下僚詔附用是傾側不正民將生心用是僭忒疑貳矣漢書序傳侯

服玉食敗俗傷化用此經義

七稽疑擇建立卜筮人龜曰卜著曰筮考正疑事當選擇知卜筮人而建立之○七稽疑擇建立卜筮人古文也今文無七字○無七字者宋世家作稽疑擇建立卜筮人書疏引鄭云將考疑事選擇可立者立爲卜人筮人白虎通蓍龜篇卜赴也爆見兆也筮也者信也見其卦也春官序官鄭注問龜曰卜問蓍曰筮說文卜下云剢龜也象炙龜之形一曰象龜兆之縱橫也筮下云易卦用蓍也

乃命卜筮建立其人命以其職○乃命卜筮今文與古文同○今文同者宋世家如此集解引鄭云將立卜筮人乃先命名兆卦而分別之兆卦之名凡七據此明僞孔說誤命名也

曰雨曰霽龜兆形有似雨者有似雨止者○曰雨曰霽古文也今文霽作濟○霽作濟者宋世家作曰雨曰濟集解引鄭云雨者兆之體氣如雨然也濟者如雨止之雲氣在上者也段云大卜疏引鄭云曰濟者兆之光明鷂此字有如雨止此鄭本作濟之證爾雅濟謂之霽濟者雨止也古凡止皆云濟如齊物論麗風濟則眾竅爲虛向注濟止也淮南時則訓九月失政三月春風不濟高注濟止也此經上言曰雨下言曰濟故鄭知爲雨止所以知僞孔作霽非衞包改者書疏蒙驛字作雩圛而霽不作濟且引說文霽雨止也則知作疏時字本作霽其引鄭云霽如雨止者雲在上也此順孔徑改爲霽耳

曰蒙蒙陰闇○曰蒙古文蒙本作雩一作蟊今文蒙作霧○古文蒙本作雩者書疏引鄭云雩者氣澤鬱鬱冥冥也禰擇訓擇艴上擇奪雩禾訓字氣王肅云雩天氣下地不應闇冥也此古文本作曰雩之證釋文蒙武工反徐亡鈞反段云雩从雨矛聲故徐邈音亡鈞反釋文元本大書雩字兼引徐氏反語若作蒙則但當武

工一反而亡鉤無附著處此衞包改雺作蒙開寶中李昉陳鄂復改釋文之雺作蒙也經作曰雺僞傳云雺蒙（句）陰闇也衞乃以蒙改雺下經作曰圉僞傳云圉氣落驛不連屬也衞乃以驛改圉此謬誤之尤者疏云曰雺兆氣蒙闇也（此釋經文）又云雺聲近蒙詩云零雨其蒙（从氵誤）則蒙是闇之義故以雺爲兆蒙是陰闇也（此釋傳文）此作疏時經文作雺不作蒙甚顯白凡衞所改竄本字如牧誓之御梓材之數猶存於疏中者舉視此文選三國名臣序贊李注引孔傳曰雺陰氣（今本作闇）也此唐初本作雺之明證一作蝨者大卜注引書作曰蝨借字汗簡古文四聲韻皆曰[illegible]古文蒙出古尚書則因作蝨傳會之今文蒙作霧者宋世家作曰霧集解引鄭云霧者氣不釋鬱冥冥也（釋當爲釋）說文霧下云地氣發天不應也雺下云籀文霧省是今古文同字集韻十九侯雺霿蒙三形一字迷浮切此合未改已改之釋文爲詞雺亦音蒙蒙不亦音矛史記徐廣注曰霽一作曰被錢大昕以爲被是霧之譌也

曰驛

氣落驛不連屬

○曰驛古文當作曰圉今文作曰涕○古文驛作圉者圉衞包改作驛其釋文大書圉字開寶改驛段云天寶以前作圉其證有八書疏云曰圉兆氣落驛不連屬也又曰圉郎驛也證一又云王肅云圉霍驛消滅如雲陰鄭元以圉爲明言色澤光明也證二詩齊風疏云洪範稽疑論卜兆有五曰圉證三史記集解云尚書作圉又引鄭元云圉色澤而光明也證四索隱云涕尚書作圉（震澤王氏本誤）鷊證五齊風篆古文尚書弟爲圉證六大卜注曰圉證七說文圉下云回行也从口罼聲商書曰曰圉證八說文又釋之曰圉者升雲半有半無玉篇妄移者字於雲字之下而後人刪說文者字以爲逸書有圉圉升雲半有半無二句誤也回行是圉字本義升雲

半有半無釋書圛字之義鄭箋詩云圛明也注書云色澤而光明此爲一說王肅云霍驛消滅如雲陰許云升雲半有半無僞孔云氣落驛不連屬此三家爲一說升雲半有半無卽不連屬霍驛消減之意謂龜兆如是爾雅屬者嶧郭注言駱驛相連屬僞孔則云落驛不連屬古義之相反而相成者也今文作涕者宋世家作曰涕詩齊風齊子豈弟箋云豈讀當爲闓弟古文尚書以弟爲圛釋文作豈弟疏作愷悌疏云古文尚書卽今鄭注尚書是也無以弟爲圛之字惟洪範稽疑論卜兆有五曰圛注云圛者色澤光明蓋古文作悌今文作圛賈逵以今文校之定以爲圛故鄭依賈氏所奏從定爲圛於古文則爲悌故云古文尚書以悌爲圛圛明也上言發夕謂初夜卽行此言圛明謂侵明而行今定本云悌古文尚書以爲圛更無弟字義得並通陳云賈定弟爲圛猶定雕爲烏皆從今尚書然於經不改雖字而獨改弟者弟字奇而義迂不如今文作圛爲順賈逵奏定尚書必已改弟爲圛故鄭因之說文圛字下釋書之詞許蓋卽本其師賈侍中說定從今尚書也段云詩疏誤也此字今文作悌古文作圛今文卽宋世家所載曰涕是也鄭箋詩云古文涕爲圛者謂今文之涕古文作圛則尚書涕可讀爲圛以是證之詩之弟與悌同聲弟亦可讀圛而豈弟可訓闓明也詩箋轉寫既久涕譌作悌悌爲圛之上妄增以字夫以某爲某此六書假借之法莫詳於說文如丂疋臭敳屮臤等字是也如詩疏所云賈逵定涕爲圛則箋當云涕讀爲圛如漢儒注經易字之例音近者云某讀爲某音殊者云某當爲某不得云以涕爲圛也凡以某爲某者在漢人爲假借之法若言以某字代某字也在唐宋人爲指摘繆戾若言將某字誤作某字也讀法各異若用唐宋人例例之則爲將涕字誤作圛字更不倫矣且今文作涕古文作圛皆有證佐不得反易

之孔衛賈馬鄭諸君皆貴古賤今未有易古從今者卽間有今文較長用今詮古亦斷不易古文之字如堯典馬注道德純備謂之思此用今文塞字之義要不易古文之思字也古文果是涕字賈必不敢改爲圖字且後漢書逵傳云逵數爲帝言古文尚書與經傳爾雅詁訓相應詔令撰歐陽大小夏侯尚書古文尚書同異逵集爲三卷帝善之據此則逵之三卷亦如後儒作攷異未嘗予奪其間或從古或從今也且以古形今之短非以古正今之失也其書唐初不存詩疏聽爲之說故艸誤若此先謙案段說詳明當爲定論史記徐廣注涕一作涑涕涑相似而亂說文鶂胡或作鶃胡是其證也涕之爲狀絡繹不相連屬與書疏釋曰圛爲兆氣落驛不連屬意義正同又案宋世家曰涕在曰霧之上集解引鄭注大卜注書疏引王鄭注曰圛在曰霽之上今本作曰驛曰蒙傳寫誤倒

曰克兆相交錯五者卜兆之常法○曰克今文與古文同○今文同者宋世家如此集解引鄭云克者如祲氣之色相犯也眂祲先鄭注祲陰陽氣相侵也兆名爲克如陰陽之氣相侵犯大卜注五色者洪範所謂曰雨曰濟曰圛曰蟊曰兙尅是兙之誤兙古止作克

曰貞曰悔內卦曰貞外卦曰悔○曰貞曰悔今文與古文同古文一作毎○今文同者宋世家如此集解引鄭云內卦曰貞貞正也外卦曰悔悔之言晦也晦猶終也古文悔作毎者說文毎易卦之上體也从卜毎聲商書曰[illegible][illegible]曰貞曰毎此壁書如是孔安國以今文字讀爲悔左僖十五年傳蠱之貞風也其悔山也易蠱卦巽下艮上巽爲風艮爲山卦以下爲內上爲外

凡七卜筮之數○凡七今文與古文同○今文同者宋世家如此

卜五占用二衍忒立時人

作卜筮三人占則從二人之言立是知卜筮人使爲卜筮之事夏殷周卜筮各異三法並卜從二人之言善鈞從衆卜筮各三人○卜五占用二衍忒立時人作卜筮三人占則從二人之言古文也今文用上有之字忒作貣言一作議○用上有之字忒作貣者宋世家作卜五占之用二衍貣集解引鄭云卜五占之用謂雨濟圛霧克也二衍貣謂貞悔也龜用五易用二審此道者乃立之也卦象多變故言衍貣也案史記於用字句絶鄭仍用今文說釋文占用二馬云占筮也以占爲筮則與用二爲句與鄭異古文說也江云占與衍忒對舉則占爲占兆衍爲推演卦意不得以占爲筮馬義非段云古忒多借貣爲忒說文差貣也差貣不相值也今本篤脫孫云詩傳忒變也緇衣其儀不忒釋文忒本作貳易豫釋文忒京本作貣皆郎貣字○立時人作卜筮者宋世家政爲卜筮故訓字集解引鄭云立是能分別兆卦之名者以爲卜筮人三占則從二人之言者宋世家如此集解士喪禮疏引鄭云卜筮各三人大卜掌三兆三易從其多者著龜之道幽微難明愼之深漢書郊祀志匡衡奏云故洪範曰三人占則從二人言言少從多之義也所引無之字蓋省文白虎通著龜篇或曰天子占卜九人諸侯七人大夫五人士三人又尚書曰三人占則從二人之言皮云前說以爲天子至士一占卜者多少各有等差後說引書以爲天子至士同用三人也言一作議者公羊桓二年傳解詁引尚書曰三人議則從二人之言王應麟藝文志攷引漢人文字異者三人議則從二人之言或郎引解詁或別有所據皆未可知何休習今文說則三家異文有作三人議者左成六年傳或謂欒武子曰商書曰三人占從二人衆故也**汝則有大**

疑謀及乃心謀及卿士謀及庶人謀及卜筮將舉事而汝則有大疑先盡汝心以謀慮之次及卿士衆民然後卜筮以決之○汝則有大疑謀及乃心謀及卿士謀及庶人謀及卜筮今文與古文同人一作民○今文同者宋世家作女則有大疑謀及女心謀及卿士謀及庶人謀及卜筮乃作女故訓字人一作民者石經殘碑作□□乃心謀及卿□謀及庶民下闕皮云卿大夫先鄭注洪範所謂謀及庶民小司寇先鄭注書謀及庶人段玉裁以下文四言庶民此作庶人爲誤案史記潛夫論白虎通皆作庶人或亦三家文異也白虎通蓍龜篇天子下至士皆有蓍龜者重事決疑示不自專尚書曰女則有大疑謀及卿士謀及庶人謀及卜筮禮三正記曰所以先謀及卿士何先盡人事念而不能得思而不能知然後問於蓍龜聖人獨見先睹必問蓍龜何示不自專也或曰清微無端緒非聖人所及聖人亦疑之尚書曰女則有疑謂武王也漢書藝文志蓍龜者聖人之所用也書曰女則有大疑謀及卜筮論衡卜筮篇洪範稽疑卜筮之變必問天子卿士或時審是潛夫論潛歎篇書云謀及乃心謀及庶人故聖人之施舍也不必任衆亦不必專己後漢胡廣傳書載稽疑謀及卿士國有大政必諮之於故老又盧植傳植規賣武曰書稱謀及庶人皆兩漢今文說楚詞招魂王逸注尚書曰決之蓍龜段云此用大傳說大誥天下從然後加之蓍龜也古多以傳系諸經書疏引鄭云卿士六卿掌事者**汝則從龜從筮從卿士從庶民從是之謂大同**人心和順龜筮從之是謂大同於吉○汝則從龜從筮從卿士從庶民從是之謂大同今文與古文同○今文同者宋世家如

此汝作女潛夫論卜列篇且聖王之立卜筮也不違
民以爲吉不專任以斷事故洪範之占大同是尚
身其康强子
動不違衆故後世遇吉○身其康强子孫其逢吉古文
孫其逢吉也今文身字上多而字○身字上多而字者宋世家作
而身其康强而子孫其逢吉釋文引馬云逢大也李惇云子孫其
逢句絕與上文從同爲韻皮云漢書王莽傳所謂康强之占逢吉
之符也班固典引逢吉丁辰景命也潛夫論夢列篇乃其逢吉天
祿永終金縢乃并是吉今文尚書作乃逢是吉論衡卜筮篇公曰
乃逢是吉善則逢吉惡則遇凶則今文尚書以逢吉連讀爲義不
以逢字絕句先謙案據典引論衡金縢今文家釋逢爲遇馬訓逢
大也古文㭊解僞傳云遇吉則**汝則從龜從筮從卿士逆庶民逆**
與今文說合而與古文說背矣
吉三從二逆中吉亦可舉事○汝則從龜從筮從卿士逆庶**卿士**
民逆吉今文與古文同○今文同者宋世家如此汝作女
從龜從筮從汝則逆庶民逆吉君臣不同決之卜筮亦中吉○卿
士從龜從筮從汝則逆庶民逆吉
今文與古文同○今文同**庶民從龜從筮從汝則逆卿士逆吉**民
者宋世家如此汝作女與
上異心亦卜筮以決之○庶民從龜從筮從汝則逆卿士逆吉今
文與古文同○今文同者宋世家如此汝作女集解引鄭云此三
者皆從多**汝則從龜從筮逆卿士逆庶民逆作內吉作外凶**二從
故爲吉三逆
龜筮相違故可以祭祀冠婚不可以出師征伐○汝則從龜從筮
逆卿士逆庶民逆作內吉作外凶今文與古文同○今文同者宋

世家如此汝作女集解引鄭云此逆者多以故舉事於境內則吉境外則凶**龜筮共違于人**皆逆○龜筮共違于人今文與古文同○今文同者宋世家如此洪範五行傳曰龜筮共違于人神靈不佑也**用靜吉用作凶**安以守常

則吉動則凶○用靜吉用作凶今文與古文同○今文同者宋世家如此集解引鄭云龜筮皆與人謀相違人雖三從猶不可以舉事

八庶徵曰雨曰暘曰燠曰寒曰風曰時雨以潤物暘以乾物燠以長物寒以成物風以動物五者各以其時所以爲眾驗○八庶徵曰雨曰暘曰燠曰寒曰風曰時古文也今文無八字暘一作陽燠作奧曰時見下○今文無八字燠作奧者宋世家作庶徵曰雨曰暘曰奧曰寒曰風曰時漢書五行志王莽傳何休公羊傳解詁皆作奧尚書大傳論衡漢紀皆作燠暘一作陽者五行志王莽傳作陽書疏引鄭云雨木氣也春始施生故木氣爲雨暘金氣也秋物成而堅故金氣爲暘火氣也寒水氣也風土氣也凡氣非風不行猶金木水火非土不處故土氣爲風五行傳曰貌之不恭是謂不肅厥罰恆雨言之不從是謂不乂厥罰恆暘視之不明是謂不悊厥罰恆燠聽之不聽是謂不謀厥罰恆寒思之不容是謂不聖厥罰恆風故鄭據此以雨暘等配五行也

五者來備各以其敘庶草蕃廡言五者備至各以次序則眾草蕃滋廡豐也○曰時五者來備各以其敘庶草蕃廡古文也今文無曰時二字作五是來備各以其序庶草繁廡是一作氏繁廡一作蕃蕪古文廡作一作無○今文作五是來備者後漢律麻志尚書令忠上奏曰五是以備監本不誤閩本汲古本改作五者是一作氏者後漢李雲傳雲上書曰臣

聞皇后天下母德配坤靈得其人則五氏來備不得其人則地動搖宮章懷注史記曰庶徵曰雨曰暘曰燠曰寒曰風五是來備（今本妄改是爲者）各以其序庶草繁廡是與氏古字通耳（惠棟云覲禮太史是右注古文是爲氏曲禮五官之長曰伯是職方注是或爲氏漢書云造父後有非子至元孫氏爲莊公顏注氏與是同古通用字）荀爽傳爽對策陳便宜曰嘉瑞降天吉符出地五韙咸備各以其敘章懷注韙是也史記曰五是來備各以其序也段云此二條可以證史記今本之誤今本宋世家作五者來備後人所妄改也曰時五者來備凡六字此古文也五是來備凡四字此今文也（李雲荀爽皆用今文尚書非用史記）曰時五者來備六字之一句時是也曰是五者今文約之云五是氏者是之假借韙者是之轉注也史記本無曰時二字而裴駰妄引孔傳云五者各以時與正文不相應於是或增改五是二字爲曰時五者四字困學紀聞云五者來備（當云曰時五者來備）史記云五是來備蓋南宋本妄增曰時二字而五是尚未改敘者宋世家作序字同江云僞孔讀曰時句絕屬上爲義言五者各以時則曰時卽是各以其敘何又言各以其敘乎知僞孔說非繁廡一作蕃蕪者隋志引尚書攷靈燿云璇璣中而星中爲調調則風雨時庶草蕃蕪而百穀登萬事康也古文廡一作無者廡堂下周屋說文橆下云豐也从林奭或說規模字从大卌數之積也林者木之多也卌與庶同意商書曰庶草繁無段云小徐以或說奭爲模字卌今直以爲四十字卌與庶同意當云橆與庶同意謂庶以光兒眾盛橆以林兒多皆非專謂光謂林也其意一也釋詁苞蕪茂豐也釋文蕪古本作無案許說本爾雅爾雅古本作無是也隸變橆作無以爲有無字遂改爾雅之無茂從艸作荒蕪字洪範之蕃無從广作廡廡字皆非本字晉語黍不爲黍不能蕃廡韋注蕃滋廡豐也則

假廡爲無，不獨尙書也。漢書谷永傳庶屮蕃滋，班固靈臺詩庶卉蕃蕪，則隨文易字，非有異本。**一極備凶，一極無凶。**一者備極，過甚則凶。一者極無，不至亦凶。謂不時失敘。○一極備凶，一極無凶，古文也。今文無作亡。○無作亡者，宋世家作一極備凶，一極亡凶。汪云：詩谷風何有何亡，以亡爲無也。極備卽所謂恆也。五者之中，或一者極備，或一者極無，皆凶。**曰休徵。**敘美行之驗。○曰休徵，今文與古文同。○今文同者，宋世家如此。五行志消曰字。**曰肅時雨若。**君行敬，則時雨順之。○曰肅時雨若，今文與古文同。○今文同者，宋世家如此。五行志同。王莽傳歲星司肅，東嶽太師典致時雨。**曰乂時暘若。**君政治，則時暘順之。○曰乂時暘若，今文與古文同。乂一作艾。暘一作陽。○今文同者，宋世家作曰治時暘若，乂治故訓字。乂一作艾，暘一作陽者，五行志作艾時陽若，無曰字，消文下同。王莽傳太白司艾，西嶽國師典致時陽。段云：漢志、續漢志引大傳皆作陽，今本大傳作暘，疑後人改之。**曰哲時燠若。**君能照哲，則時燠順之。○曰哲時燠若，古文也。今文燠作奧，哲一作悊。○燠作奧者，宋世家作曰知時奧若。哲知故訓字，上文明作智，不畫一。智亦當是知字。哲作悊者，五行志作悊時奧若。王莽傳熒惑司悊，南嶽大傳典致時奧。**曰謀時寒若。**君能謀，則時寒順之。○曰謀時寒若，今文與古文同。○今文同者，宋世家如此。五行志作謀時寒若。王莽傳辰星司謀，北嶽國將典致時寒。**曰聖時風若。**君能通理，則時風順之。○曰聖時風若，今文與古文同。○今文同者，宋世家如此。五行志作聖時風若。**曰咎徵。**敘惡行之驗。○曰咎徵，今文與古文同。○今文同者

宋世家如此五行志消曰字

曰狂恆雨若

君行狂妄則常雨順之○曰狂恆雨若今文與古文同○今文同者宋世家作曰狂常雨若漢人恆多作常非由避諱或用故訓也下同五行志作曰狂恆雨若大傳以爲貌之不恭之咎志云人君行己體貌不恭怠慢驕蹇則不能敬萬事失在狂易故其咎狂也上嫚下暴則陰氣勝故其罰常雨也後漢陳忠傳忠疏曰貌傷則狂而致常雨春秋大水皆爲君上威儀不穆臨莅不嚴臣下輕慢貴倖擅權陰氣盛彊陽不能禁故爲淫雨王鳴盛云庶徵雨乃貌不恭而劉向以爲卽大水既以恆雨爲大水當貌不恭之罰則改屬水矣皮云王說非漢志云凡貌傷者病木氣木氣病則金沴之衝氣相通也於易震在東方爲春爲木也兌在西方爲秋爲金也離在南方爲夏爲火也坎在北方爲冬爲水也春與秋日夜分寒暑平是以金木之氣易以相變故貌傷則致秋陰常雨言傷則致春陽常旱也至於冬夏日夜相反寒暑殊絶水火之氣不得相併故視傷常奥聽傷常寒者其氣然也逆之其極曰惡順之其福曰攸好德班氏引此在劉歆貌傳之前當是劉向之洪範五行傳班云夏侯始昌夏侯勝許商其傳與劉向傳同卽非劉向之傳向傳當亦與此不異據此則劉向亦以貌屬木未嘗改屬水也書疏及詩正月疏引鄭云狂倨慢也恆常也若順也五事不得則咎氣順之

曰僭恆暘若

君行僭差則常暘若順之○曰僭恆暘若今文與古文同暘一作陽○今文同者宋世家作曰僭常暘若暘一作陽者五行志作僭恆陽若後又云厥罰恆陽晉志亦作陽大傳以爲言之不從之咎志云言上號令不順民心虛譁憒亂則不能治海內失在過差故其咎僭僭差也刑罰妄加羣陰不附則陽氣

勝故其罰常陽也論衡言毒篇言之咎徵僭恆暘若僭者奢麗故蝮蛇多文文起於陽故若致文暘若則言不從故時有詩妖妖氣生美好故美好之人多邪惡後漢周舉傳舉變眚對曰書曰僭恆暘若夫僭差無度則言不從而下不正陽無以制則上擾下竭又楊震傳震上疏引同

曰豫恆燠若

君行逸豫則常燠順之○曰豫恆燠若僞古文也今古文豫並作舒今文舒一作荼燠作奧○今文豫作舒燠作奧者宋世家作曰舒常奧若五行志作舒恆奧若大傳以爲視之不明之咎志云言上不明暗昧蔽惑則不能知善惡親近習長同類亡功者受賞有罪者不殺百官廢亂失在舒緩故其咎舒也盛夏日長暑以養物政弛緩故其罰常奧也論衡寒溫篇洪範庶徵曰急恆寒若舒恆燠若順燠溫恆常也人君急則常寒順之舒則常燠順之又云洪範曰急恆寒若曰舒恆燠若如洪範之言天氣隨人易從漢紀高后紀云人君急則日晷進而疾舒則日晷退而緩故曰急恆寒若舒恆燠若魏志毛玠傳鍾繇詰玠曰按典謨急恆寒若舒恆燠若王荀鍾引經皆先寒後燠疑亦三家異文舒一作荼者大傳作荼荼亦與舒同攷工記工人斲目必荼先鄭注荼讀爲舒禮玉藻諸侯荼鄭注荼讀舒遲之舒古文作舒者書疏云鄭王本豫作舒王肅云舒惰也公羊成元年傳疏引鄭云舒舉遲也若順也言人君舉事太舒則有常燠之咎氣來順之段云舒與急爲反對僞孔作豫訓逸豫義隔

曰急恆寒若

君行急則常寒順之○曰急恆寒若今文與古文同○今文同者宋世家作曰急常寒若五行志作急恆寒若大傳以爲聽之不明之咎志云言上偏聽不聽下情隔塞則不能謀慮利害失在嚴急故其咎急也盛冬日短寒以殺物政迫

促故其罰常寒也書疏詩正月疏引鄭云急促自用也言由君急促太酷致恒寒之氣來應之**曰蒙恒風若**君行蒙闇則常風順之○曰蒙恒風若古文當作曰雺今文蒙作霧一作霿○今文蒙作霧者宋世家作若霧常風若一作霿者五行志作霿恒風若古文作雺者段云志引傳厥咎霿今本大傳作厥咎雺霧霿音義皆同蓋古文作雺與今文不異宋書隋書作厥咎雺雺亦霿字大傳思心之不容厥咎雺王之不極厥咎霿鄭注霿與思心之咎同耳是以霿雺爲一字也知孔本亦作雺者晉書五行志引經引傳同漢志而引經思心作思容作睿陽作暘奧作燠舒作豫似皆依僞孔本改竄惟霿作霧則可證唐初本尚不作蒙否則亦改爲蒙矣今本晉書霧是霿之誤房元齡等以漢志作霿孔本作雺不相遠故仍漢志僞傳云君行蒙暗猶稽疑之以蒙暗釋雺也書疏引鄭云蒙見冒亂也王肅云蒙瞀蒙兩注首蒙字蓋皆衛包以後改之大傳注亦以冒釋雺先謙案證之各書此經無作蒙者晉志尤爲孔本不作蒙之塙證孔疏多經改竄所引鄭王兩注自未可據王鳴盛說同志云言上不寬大包容臣下則不能居聖位貌言視聽以心爲主四者皆失則區霿無識故其咎霿也雨旱寒奧亦以風爲本四氣皆亂故其罰常風也**曰王省惟歲**王所省職兼所總羣吏如歲兼四時○曰王省惟歲古文也今文作王眚維歲○王眚維歲者宋世家如此集解引馬云言王者所眚職如歲兼四時也孫云古省眚字通公羊莊二十二年經肆大省左穀皆作眚康誥人有小罪非眚潛夫論引作省是眚亦省也眚職者如魯語夕省其典刑之省云兼歲四時者謂一歲有春夏秋冬**卿士惟月**卿士各有所掌如月之有別○卿士惟月古文也今文作卿士維月○卿士維

月者宋世家如此卿士分職治事如月統於歲**師尹惟日**衆正官之吏分治其職如日之有歲月○師尹惟日古文也今文作師尹維日○師尹維日者宋世家如此師衆尹正也衆職之官統於卿如日統於月**歲月日時無易**各順常○歲月日時無易古文也今文作歲月日時毋易○歲月日時毋易者宋世家如此賈子道術篇緣法循理謂之軌反軌爲易**百穀用成乂用明**歲月日時無易則百穀成君臣無易則政治明○百穀用成乂用明今文與古文同乂一作艾○今文同者宋世家作百穀用成治用明乂治故訓字乂一作艾者樊毅修華嶽廟碑艾用昭明是其證**俊民用章家用平康**賢臣顯用國家平寍○俊民用章家用平康古文也今文俊作畯○俊作畯者宋世家作畯民用章家用平康段云文選陸韓卿詩王門所以貴自古多俊民李注向書畯民用康之韓詩是畯俊字同皮云樊毅修華嶽廟碑穡民用章崔駰司徒箴嗇人用章蔡邕陳留太守行考城縣頌勸茲穡民疑三家異文有作穡民用章者周禮籥章以樂田畯先鄭注田畯司嗇今之嗇夫也是畯與嗇義近或今文本作畯而訓爲穡民漢人以故訓字代經亦未可知俊民用章蓋卽烝我髦士之義俊者說文云材過千人**日月歲時既易**是三者已易喩君臣易職○日月歲時既易今文與古文同○今文同者宋世家如此此所謂王之不極是謂不建也**百穀用不成乂用昏不明俊民用微家用不寍**君失其柄權臣擅命治闇賢隱國家亂○百穀用不成乂用昏不明俊民用微家用不寍古文也今文乂一作艾俊作畯○乂一作艾者以上文推之此

乂亦當有作艾者俊作畯者宋世家如此釋詁微隱也書疏引鄭云所以承休徵咎徵言之者休咎五事得失之應其所致尙徵故大陳君臣之象成皇極之事其道得則其美應如此其道失則敗德如彼非徒風雨寒燠而已王鳴盛云鄭意王省惟歲至則以風雨皆明皇極之得失惟歲月日作喻意解之皇極得失較五事一事之得失爲大則其所致休咎若百穀用成等較五事之休咎亦尤大故云非徒風雨寒燠也案大傳云二月三月維貌是司四月五月維視是司六月七月維言是司八月九月維聽是司十月十一月維思心是司十二月與正月維皇極是司漢書外戚傳云正月於尙書爲皇極皇極者王氣之極也郎用伏義五行志李尋引傳曰歲月日之中則正卿受之是今文說以歲月日分屬王者卿士師尹與馬鄭古文說異

庶民惟星星有好風星有好雨

星民象故眾民惟星箕星好風畢星好雨亦民所好○庶民惟星星有好風星有好雨今文與古文同惟一作維○庶民惟星者五行志引洪範如此此夏侯本惟作維者宋世家作庶民維星歐陽本也經惟字十一見此宋世家皆作維此匡謬正俗所謂古文作惟今文作維也漢書谷永傳星辰附離于天猶庶民附離王者也鹽鐵論論蓄篇常星猶公卿也眾星猶萬民也列星正則眾星齊常星亂則眾星墜矣○星有好風星有好雨者宋世家如此論衡感虛篇同集解引馬云箕星好風畢星好雨書疏及詩漸漸之石疏禮月令大宗伯大司徒疏引鄭云風土也爲木妃雨木也爲金妃故星好焉中央土氣爲風東方木氣爲雨箕屬東方木木克土土爲妃尙妃之所好故箕星好風也西方金氣爲陰克東方木木爲妃畢屬西方尙妻之所好故好雨也是

土十爲木八妻木八爲金九妻故月離于箕風揚沙月離于畢俾
滂沱推此而往南宮好暘北宮好燠中央四季好寒也是由己所
克而得其妃從其妃之所好故也左昭九年傳水火妃也又十七
年傳水火之牡也是五行以受克者爲妃經言星衆似民各有好
尚亦似民所好無常當示之以大中之道

日月之行則有冬有夏

日月之行冬夏各有常度君臣一政治小大各有常法○日月之行則有冬有夏今文與古文同一多有寒有暑四字○今文同者論衡感虛篇如此又云夫星與日月同精日月不從星星輒復變明日月行有常度不得從星之好惡也說日篇引經同漢書天文志日有中道月有九行中道者黃道一曰光道（黃道一二字從河圖帝覽嬉增）日冬則南夏則北冬至於牽牛夏至於東井日之所行爲中道冬至日南極晷長南不極則溫爲害夏至日北極晷短北不極則寒爲害月有九行者黃道一黑道二出黃道北赤道二出黃道南白道二出黃道西青道二出黃道東立春春分月東從青道立秋秋分西從白道立冬冬至北從黑道立夏夏至南從赤道然用之一決房中道故曰日月之行則有冬有夏宋世家作日月之行有冬有夏消則字非本異也一多有寒有暑者漢紀高后紀引洪範曰日月之行則有冬有夏有寒有暑段云詳上下文則有寒有暑非荀語蓋今文多此四字也皮云開元占經引洪範五行傳曰日月之行則有冬有夏而有寒暑若其失節晷過而長則爲寒退而晷短則爲燠人君急則晷進疾而寒舒則晷退遲而燠故曰舒急燠寒占經所引五行傳亦當出劉向父子其言晷長晷短則有寒燠與漢志合蓋皆出夏侯尚書之說月令疏引鄭云四時之間合於黃道也孫云廣雅云月行九道四季之月還從

黃道漢志紀月之行止言其四時從青赤白黑之間而不及黃道故鄭補其未備**月之從星則以風雨**月經於箕則多風離於畢則多雨政教失常以從民欲亦所以亂○月之從星則以風雨今文與古文同○今文同者宋世家如此論衡感虛篇說日篇同明雩篇云書曰月之從星則以風雨然則風雨隨月所離從也漢書天文志箕星爲風東北之星也及異在東南爲風其星軫也月失中道移而東北入箕若東南入軫則多風西方爲雨雨少陰之位也月失中道移而西入畢則多雨書曰星有好風星有好雨月之從星則以風雨言失中道而東西也漢紀云若月失道而妄行出陽道則旱風出陰道則陰雨箕軫之星爲風畢星爲雨故月失度入箕軫則多風入畢星則多雨洪範曰星有好風星有好雨月之從星則以風雨書疏引鄭云不言日者日之從星不可見故也禮月令孟春之月日在營室所以知日在星分者注云日月之行一歲十二會聖王因其會而分之以爲大數焉觀斗所建命其四時此云孟春者日月會於諏訾而斗建寅之辰也然則欲知日行以月行與日會於十二次測之欲知會於何次以斗建知之日光盛則星微而不見也

九五福一曰壽百二十年○九五福一曰壽古文也今文無九字壽一作富○無九字者宋世家作五福一曰壽壽一作富者說苑達本篇河間獻王曰夫穀者國家所以昌熾士女所以姣好禮義所以行而人心所以安也尚書五福以富爲始據此則今文尚書爲一曰富也一日富則當云二曰壽矣皮云禮郊特牲云富也者福也故今文以爲五福之始案獻王與史公同時其時尚書惟有歐陽史記所載與獻王說異疑後人改之中論天壽篇壽有三有王澤之

壽有聲聞之壽有行仁之壽書曰五福一曰壽此王澤之壽也**二曰富**財豐備○二曰富今文與古文同富一作壽○今文同者宋世家如此一作壽者說見上**三曰康寧**無疾病○三曰康寧今文與古文同○今文同者宋世家如此**四曰攸好德**所好者德福之道○四曰攸好德今文與古文同○今文同者宋世家如此**五曰考終命**各成其短長之命以自終不橫夭○五曰考終命今文與古文同○今文同者宋世家如此漢書李尋傳成帝詔曰蓋聞尚書五曰考終命言大運壹終更紀天元人元考文正理推厤定紀數如甲子也鄭寬中習小夏侯尚書以授成帝此詔所引蓋小夏侯異說與洪範義不合皮云元帝紀初元二年詔曰蓋聞賢聖在位陰陽和風雨時日月光星辰靜黎庶康寧考終厥命成帝紀鴻嘉二年詔曰敎化流行風雨和時百穀用成黎庶樂業咸以康寧此今文尚書以五福爲德化所致兼天下臣民而言也先謙案中論以此經壽爲王澤之壽亦與此義合五行志視之不明其極疾順之其福曰壽聽之不聽其極貧順之其福曰富言之不從其極憂順之其福曰康寧貌之不恭其極惡順之其福曰攸好德思心之不容其極凶短折順之其福曰考終命此劉向本大傳爲說書疏及詩旣醉疏引鄭云此數本諸其尤者福是人之所欲以尤欲者爲先極是人之所惡以尤所不欲者爲先以下緣人意輕重爲次耳康寧人平安也攸好德人皆好有德也考終命考成也終性命謂皆生佼好以至老也此五者皆是善事自天受之故謂之福福者備也備者大順之總名鄭謂緣人意輕重爲次者以不循五行五事之次也與今文說異**六極一曰凶短折**動不遇吉短未

六十折未三十言辛苦○六極一曰凶短折今文與古文同○今文同者宋世家如此詩菀柳後予極焉箋極誅也釋詁作殛誅也言不順天天降之罪罰大傳以爲思心之不容之應五行志常風傷物故其極凶短折也傷人曰凶禽獸曰短屮木曰折一曰凶夭也兄喪弟曰短父喪子曰折孫云今文以爲君行失中則有人物夭折之咎故以禽獸草木及兄喪弟父喪子爲說言其咎延於民物也釋文引馬云凶終也孫云謂凶短折不以天年終也書疏引鄭云凶短折皆是夭極之名未齔曰凶未冠曰短未婚曰折說文齔毀齒也男八月生齒八歲而齔女七月生齒七歲而齔未齔謂七歲以下喪服傳所謂無服之殤也

二曰疾

常抱疾苦○二曰疾今文與古文同○今文同者宋世家如此大傳以爲視之不明之應五行志奧則冬溫春夏不和傷病民人故其極疾也

三曰憂

多所憂○三曰憂今文與古文同○今文同者宋世家如此大傳以爲言之不從之應五行志旱傷百穀則有寇難上下俱憂故其極憂也

四曰貧

困於財○四曰貧今文與古文同○今文同者宋世家如此大傳以爲聽之不聰之應五行志寒則不生百穀上下俱貧故其極貧也

五曰惡

醜陋○五曰惡今文與古文同○今文同者宋世家如此大傳以爲貌之不恭之應五行志水傷百穀衣食不足則姦軌並作故其極惡也一曰民多被刑或形貌醜惡亦是也皮云班兩說當以前說爲正今文說以惡爲攸好德之反前說謂姦軌並作故其極惡正與民皆好德相反後說拘於以惡爲貌不恭之應謂人君貌不恭則民形貌醜惡恐無是理且形貌醜惡亦不宜列於六極鄭與僞孔皆從後說似不若從班前說以惡爲善惡之惡也

六曰弱

厎劣○六曰弱今文與古文同○今文同者宋世家如此集解引鄭云愚懦不壯毅曰弱案大傳以爲王之不極之應五行志易曰亢龍有悔貴而亾位高而亾民賢人在下位而亾輔如此則君有南面之尊而無一人之助故其極弱也漢書鄭崇傳崇諫曰臣聞師曰逆陽者厥極弱逆陰者厥極凶短折犯人者有亂亾之患犯神者有疾夭之禍潛夫論德化篇德政加於民則多滌暢姣好堅彊考壽惡政加於民則多疲瘺厎病夭昏札瘥故尚書美考終命而惡凶短折國有傷明之政則民多病以此觀之氣運感動亦誠大矣漢人說此經以五福六極爲政化美惡之應書疏引鄭云凶短折思不睿之罰疾視不明之罰憂言不從之罰貧聽不聰之罰惡貌不恭之罰弱皇不極之罰反此而云王者思睿則致壽聽聰則致富視明則致康寧言從則致攸好德貌恭則致考終命所以然者不但行運氣性相感以義言之以思睿則無壅神安而保命故壽若蒙則不通殤神夭性所以短折也聽聰則謀當所求而會故致富違則失計故貧也視明照了性得而安寧不明以擾神而疾也言從由於德故好者德也不從而無德所以憂耳貌恭則容儼形美而成性以終其命容毀故致惡也不能爲大中故所以弱也孫云鄭以思不睿則凶短折爲壽之反與漢志爲考終命之反異義者鄭旣以凶短折爲未齔未冠未婚之屬不以爲凶終及人物夭折故反之則爲壽也以聽不聰則貧爲富之反與五行志說同云聽聰則謀當所求而會故致富違而失計則貧即五行志所謂偏聽不聰下情隔塞也以視不明則疾爲康寧之反與五行志言不從則疾爲壽之反異義及以貌不恭則惡爲考終命之反與五行志思心不容則凶短折爲考終命之反異義似鄭說俱遜於

今文說以不能爲大中所以弱與五行志同皮云班志傳自夏侯始昌皆本大傳爲說當得其眞鄭以古文睿字改今文不盡用伏生之說疑並以己意改易其次序未可據依

旅獒第七

周書　孔氏傳　王先謙參正

旅獒因獒而陳道義○此梅氏古文之十八釋文獒馬云作豪酋豪也云字當在酋上孔疏引鄭云獒讀曰豪西戎無君名强大有政者爲酋豪國人遣其酋豪來獻見於周閻云古書字多假借安國書中元有旅獒篇鄭親從馬講習知不得讀以本字蓋從篇中文與義定之也僞孔以馬鄭爲不識獒字乎

惟克商遂通道于九夷八蠻四夷慕化貢其方賄九八言非一皆通道路無遠不服○梅云魯語仲尼曰昔武王克商通道于九夷百蠻使各以其方賄來貢閻云易百爲八者襲禮明堂位及爾雅文以自炫其學博也**西旅底貢厥獒**西旅之長致貢其獒犬高四尺曰獒以大爲異**太保乃作旅獒用訓于王**陳貢獒之義以訓諫王○閻云序書者遠出刪書者之後故流傳說頗謬見召誥有太保字及顧命康王之誥皆然遂以太保爲召公之官曰西旅獻獒太保作旅獒不知武王時召公尚未爲太保也然史家多以其人所終之官加之初不計其時亦追書之常若當武王時敘召公所居官而曰太保乃作旅獒則不可也此亦以追書爲實稱之誤又云書是史臣所命篇名有整取篇中字面如高宗彤日西伯

戡黎之類有割取篇中字面如甘誓牧誓之類皆篇成以後事曰此太保乃作旅獒分明是既有篇名後乃按篇名以作書耳

嗚呼明王慎德四夷咸賓言明王慎德以懷遠故四夷皆賓服○先謙案大學是故君子先慎乎德有德此有人梅云楚語申叔時曰四方小國其不賓也久矣**無有遠邇畢獻方物惟服食器用**天下萬國無有遠近盡貢其方土所生之物惟可以供服食器用者言不爲耳目華侈○梅云左僖七年傳諸侯官受方物**王乃昭德之致于異姓之邦無替厥服**德之所致謂遠夷之貢以分賜異姓諸侯使無廢其職○梅云魯語又云先王欲昭其令德之致遠也以示後人使永監焉又云分異姓以遠方之職貢使無忘服也**分寶玉于伯叔之國時庸展親**以寶玉分同姓之國是用誠信其親親之道○梅云魯語又云古者分同姓以珍玉展親也**人不易物惟德其物**言物貴由人有德則物貴無德則物賤所貴在於德○梅云左僖五年傳宮之奇曰周書曰民不易物惟德繄物**德盛不狎侮**盛德必自敬何狎易侮慢之有○梅云禮表記狎侮死焉而不畏也**狎侮君子罔以盡人心**以虛受人則人盡其心矣○梅云論語狎大人侮聖人之言**狎侮小人罔以盡其力**以悅使民民忘其勞則力盡矣**不役耳目百度惟貞**言不以聲色自役則百度正○梅云孟子耳目之官不思而蔽於物左昭元年傳茲心既爽昏亂百度**玩人喪德玩物喪志**以人爲戲弄則喪其德以

器物爲戲弄則喪其志**志以道寧言以道接**在心爲志發氣爲言皆以道爲本故君子勤道**不作無益害有益功乃成不貴異物賤用物民乃足**遊觀爲無益奇巧爲異物言明王之道以德義爲益器用爲貴所以化洽生民○梅云禮王制鄭注質則用物貴淫則侈物貴淮南精神訓不貴難得之貨不器無用之物**犬馬非其土性不畜**非此土所生不畜以不習其用○梅云左傳慶鄭曰古者大事必乘其產生其水土而知其人心安其教訓而服習其道惟所納之無不如志**珍禽奇獸不育于國**皆非所用有損害故**不寶遠物則遠人格**不侵奪其利則來服矣○梅云國語周穆王得白狐白鹿而荒服因以不至**所寶惟賢則邇人安**寶賢任能則近人安近人安則遠人安矣○梅云大學惟善以爲寶張衡東京賦所貴惟賢所寶惟穀左傳遠至邇安**嗚呼夙夜罔或不勤**言當早起夜寐常勤於德○梅云詩夙夜匪懈**不矜細行終累大德**輕忽小物積害毁大故君子慎其微○梅云論語大德不踰閑**爲山九仞功虧一簣**八尺曰仞喻向成也未成一簣猶不爲山故曰功虧一簣是以聖人乾乾日昊慎終如始○梅云論語譬如爲山未成一簣止吾止也孟子掘井九仞闇云山非可言九仞當以百仞計也且孔子爲譬語如書言則正語矣**允迪茲生民保厥居惟乃世王**言其能信蹈行此誡則生人安其居天子乃世世王天下武王雖聖猶設此誡況非聖人可以無誡乎其不免於過則亦宜矣○梅

云皋陶謨允迪厥德盤庚鞠人謀人之保居
梓材欲至于萬年惟王子子孫孫永保民

金縢第八

周書　孔氏傳　王先謙參正

金縢 遂以所藏爲篇名○書序武王有疾周公作金縢案此篇自縢於大誥後葉夢得云伏生以金縢作於周公歿後故次大誥之下孫云史記載周公卒後乃有暴風雷雨命魯郊祭之事是經文秋大熟以下必非金縢之文孔子見百篇之書而序稱周公作金縢周公不應自言死後之事此篇經文當止於王翼日乃瘳或史臣附記其事亦止於王亦未敢誚公也其秋大熟以下考之書序有成王告周公作亳姑是其逸文後人見其詞有以啟金縢之書乃以屬於金縢耳皮云大傳以雷雨開金縢在周公薨後則當次於立政周官之下乃僅列大誥後豈當時已合亳姑於金縢乎

既克商二年王有疾弗豫 伐紂明年武王有疾不悅豫○既克商二年王有疾弗豫古文也今文弗作不古文豫一作悆書疏引王肅云既克商二年克殷明年也與僞傳伐紂明年同誤此又僞傳出肅之一證也○既克商二年者克商後之二年也弗作不者魯世家云武王克殷二年天下未集武王有疾不豫論衡死僞篇卜筮篇知實篇引皆作不豫漢書韋元成傳匡衡禱高祖等廟曰今皇帝有疾不豫白虎通續漢禮儀志亦云不豫蔡邕和熹鄧后謚議云遭疾不豫並用今文皮云史公以

爲十一年伐紂則克商二年爲十三年卽王訪箕子之歲也古文豫作悆者說文悆忘也嘾也从心余聲周書曰有疾不悆悆喜也段云此與引曰圛而釋之曰圛者升雲半有半無引壂讒說而釋之曰壂疾惡也一例皆與字之本義有別葢壁書如是孔安國以今文讀之易爲豫也今文作不古文作弗而說文引不悆釋文云書序武王有疾馬本作有疾不豫是古文亦作不也葢弗不二字淆亂者多矣釋文豫本又作忬忬葢卽悆字

二公曰我其爲王穆卜周公曰未可以戚我先王穆敬戚近也召公太公言王疾當敬卜吉凶周公言未可以死近我先王相順之辭○二公曰我其爲王穆卜周公曰未可以戚我先王今文與古文同穆一作睦○今文同者魯世家云羣臣懼太公召公乃繆卜周公曰未可以戚我先王穆本一作睦者一切經音義引作睦並引僞傳云睦敬也葢正義以前本說文睦下云一曰敬和也史記司馬相如傳敀敀睦睦漢書作穆穆魯世家作繆者集解引徐廣云古書穆字多作繆案周本紀云羣公懼穆卜仍作穆徐說是鄭云二公欲就文王廟卜戚憂也未可憂怖我先王也書疏引鄭云周公既內知武王有九齡之命又有文王曰吾與爾三之期知今必瘳不以此終故止二公之卜王鳴盛云左僖二十四年傳疏云自后稷以後一昭一穆文王於次爲穆是文子則爲昭武子則爲穆故鄭以穆卜爲於文王廟卜也逸周書文酌解三穆一絕靈破二筮奇昌爲三龜從兆凶似穆卜爲古人問卜之名葢周家有太事輒詣文王廟卜其後遂名此卜爲穆卜孫云周公欲自禱請代故止二公之卜疑戚爲近未可以戚我先王謂此大事未可僅禱於考廟當並禱太王王季於壇耳不

當如鄭說皮云僞傳不可通小爾雅廣名云請天子命曰未可以
戚先王小爾雅多與僞孔說同蓋出王肅一人之手尤不可據鄭
謂公知武王有九齡之命今必瘳故止二公之卜如其說公何以
卜爲又何以禱爲蓋公爲恐卜而不吉憂怖先王故必先禱請以
身代而後敢卜庶卜無不吉故止二公而自爲質也
劉云公意二公分疏未可以近我先王於義亦順**公乃自以爲**
周公乃自以請命爲己事○公乃自以爲功古文也今文功作
功質○功作質者魯世家作周公於是乃自以爲質孫云釋詁功
質成也功與質同訓晉語沈璧以質注質信也沈璧以自誓爲信
自以爲質以身爲質也江云質當讀如周鄭交質之質謂公以己
爲質質於三王以代武王先謙案周本紀云周公乃齋祓自爲質
欲代武王是史記皆作質後文乃得周公所自以爲功代武王之
說史記亦作功**爲三壇同墠**因太王王季文王請命於天故爲三
蓋淺人所改壇壇築土墠除地大除地於中爲三
壇○爲三壇同墠古文也今文爲作設○爲作設者魯世家作設
三壇無同墠二字湝文也論衡死僞篇周公請命設三壇同一墠
是今文有同墠之證釋文壇馬云土堂書疏引鄭云一特爲壇墠于
墠壇墠之處猶存焉江云三壇者太王王季文王各一壇也劉云
不於廟而爲壇墠者**爲壇於南方北面周公立焉**立壇上對三王
特禱而卜非常事也○爲壇於南方
北面周公立焉古文也今文作周公北面立○周公北面立者魯
世家如此江云言北面則三壇南鄉可知此亦君南面臣北面之
詛**植璧秉珪乃告太王王季文王**璧以禮神植置也置於三王之
也坐周公秉桓珪以爲贄告謂祝

辭○植璧秉珪乃告太王王季文王古文也今文植作戴珪作圭
乃告作告于僞傳植置也用鄭說○植作戴云云者魯世家作戴
璧秉圭告于太王王季文王植璧者書疏引鄭云植古置字段云
今文作戴璧秉圭漢王書王莽傳大元挸皆作戴可證易林无妄之
繇云載璧秉圭載戴古通用大宗伯以玉作六器以禮天地四方
注云禮謂始告神時薦於神坐書曰周公植璧秉圭是也此引古
文尚書秉古以爲柄字如國子實執齊秉是也柄圭者爲之格如
柄立諸神前也非手執之謂陳云古者以玉禮神皆有幣以薦之
璧加於幣之上故曰戴璧亦作載璧讀如束牲載書之載論衡死
僞篇作植璧秉圭乃告于太王王季文王王充習今文作植璧告
上有乃字疑後人改增下文珪並作圭不復出劉云璧珪以禮神
祇非祀先王所用也周官三公執璧上公執桓圭蓋周公以二公
兼分陝之事故以二者爲質

史乃冊祝曰惟爾元孫某遘厲虐疾史爲冊書祝辭也元孫武
王某名臣諱君故曰某厲危虐暴也○史乃冊祝曰惟爾元孫某
遘厲虐疾古文也今文作史乃策祝曰惟爾元孫王發勤勞阻疾
僞傳臣諱君本鄭說○史乃策祝曰者魯世家如此集解引鄭云
策周公所作謂簡書也祝者讀此簡書以告三王皮云漢書論衡
皆作策祝與史記同蓋今文作策古文作冊○惟爾元孫某者書
疏引鄭云諱之者由成王讀之也惟爾元孫王發勤勞阻疾者魯
世家如此集解引徐廣云阻一作淹孫云某爲王發者發武王名
禮臨文不諱又父前子名遘厲爲勤勞今古文之異言武王勤勞
以致險疾也說文阻險也淹險聲相近疑今文本作淹疾史公易
爲阻也淹久也皮云鄭以爲諱之由成王讀之則當時策書本作

王發今文爲得其實**若爾三王是有丕子之責于天以旦代某之身**大子之責謂疾不可救於天則當以旦代之死生有命不可請代聖人敘臣子之心以垂世教○若爾三王是有丕子之責于天以旦代某之身古文也今文丕作負某作王發○若爾三王云云者釋文丕普悲反馬同鄭音不叚云馬同者馬亦同孔訓丕子爲大子也書疏引鄭云丕讀曰不愛子孫曰子元孫遇疾若女不救是將有不愛子孫之過爲天所責欲使爲之請命也作注之例凡言讀曰卽讀爲也讀爲者易其字也丕不字經典中多互易者丕作負某作王發者魯世家如此段云曲禮疏引白虎通云天子疾曰不豫言不復豫政也諸侯曰負子子民也言憂民不復子之也此以諸侯之稱通加之天子耳何休注公羊徐廣注史記作諸侯疾曰負茲徐廣徐彥說復乖異漢隗囂告州牧部監等曰申命百姓各安其所庶無負子之責蓋謂民安其所乃無背弃子民之咎負者背也金縢今文是有負子之責于天謂武王有背弃子民之咎而將死也囂用今文司馬貞李賢注皆未叶鄭以不子爲不愛子孫此古文異說

予仁若考能多材多藝能事鬼神我周公仁能順父又多材多藝能事鬼神言可以代武王之意○予仁若考能多材多藝能事鬼神古文也今文予仁若考作旦巧○旦巧者史記作旦巧能多材多藝能事鬼神江云仁若衍字也薛季宣書古文訓考字作丂丂古文巧俗讀丂爲考或且改作考字非也能字屬上讀丂能故多材藝也皮云論衡死僞篇引此經作予仁若考又釋之云鬼神者謂三王也卽死人無知不能爲鬼神周公聖人也聖人之言審則得幽冥之實得幽冥之實則三

王爲鬼神明矣充君歐陽尚書而與史公引歐陽尚書異者**乃元**
乃後人以古文改之如植璧不作戴璧乃後人改之之證也汝元孫
孫不若旦多材多藝不能事鬼神乃命于帝庭敷佑四方受命于天
庭爲天子布其德教以佑助四方言不可以死○乃元孫四句古
文也今文乃元孫作乃王發若作如○乃王發不如旦多材多藝
云云者魯世家如此集解引馬云武王受命于天帝之庭
布其道以佑助四方詩傳敷布也佑同祐說文祐助也**用能定**
爾子孫于下地四方之民罔不祗畏言武王用受命帝庭之故能
定先人子孫於天下四方之
民無不敬畏○用能定爾子孫于下地三句今文與古文同○今
文同者魯世家作用能定汝子孫于下地四方之民罔不敬畏爾
汝同祗敬故訓字江云對上
天言則地爲下指謂人世**嗚呼無墜天之降寶命我先王亦永**
有依歸歎惜武王言不救則墜天之寶命救之則先王長有依歸
○嗚呼三句古文也今文作無墜天之降葆命我先王亦
永有所依歸○無墜天之降葆命云云者魯世家如此無嗚呼二
字寶作葆多所字孫云易繫辭聖人之大寶曰位釋文引孟喜本
作保保畱侯世家集解引徐廣曰史記珍寶字皆作葆是也集解引
鄭云降下也寶猶神也有所依歸爲宗廟之主也段云神祕之義
近於寶故云寶猶神也案後漢皇甫嵩傳注寶器猶神器**今我即**
也此寶神同詁之證王鳴盛從震澤王氏本改神爲主
命于元龜就受三王之命於大龜卜知吉凶○今我即命于元龜
古文也今文我下多其字○我下多其字者魯世家如

此集解引馬云元龜大龜也孫云釋詁卽就也命謂命龜以下至屏璧與珪皆命龜詞

爾之許我我其以璧與珪歸俟爾命

許謂疾瘳待命當以事神○爾之許我三句古文也今文珪下有以字○歸下有以字者魯世家如此集解引馬云待汝命武王當愈我當死也說文云許聽也俟待也

爾不許我我乃屏璧與珪

不許謂不愈也屏藏也言不得事神○爾不許我二句今文與古文同○今文同者魯世家如此孫云屏同庰廣雅釋詁藏也禮曾子問云天子諸侯將出以幣帛皮圭告於神明奉以出必告設奠卒斂幣玉藏兩階之間是藏幣玉之事劉云言成德永終之事命不在我則三公分陜之事我亦不敢任也

乃卜三龜一習吉

習因也以三王之龜卜一相因而吉○乃卜三龜一習吉今文與古文同○今文同者魯世家云周公已令史策告太王王季文王欲代武王發於是乃卽三王而卜卜人皆曰吉發書視之信吉此說經意也孫云史公以爲卽三王而卜是太王王季文王前各置一龜以占祖考之意也習者易象上傳習坎重險也是習爲重也論衡知實篇云武王不豫周公請命壇墠既設筴祝已畢不知天之許已與不乃卜三龜三龜皆吉又死僞篇云周公請命史策告祝祝畢辭已不知三王所以與不陳云所以卽許已也古所許通用以已通用乃卜三龜三龜皆吉然後乃喜能知三王有知爲鬼不能知三王許已與不須卜三龜乃知其實與史記合云發書視之信吉者既聞卜人之言又見其書皆是吉也

啟籥見書乃并是吉

三兆既同吉開籥見占兆書乃亦并是吉○啟籥見書乃并是吉古文也今文啟作開并作逢○啟作開并作逢者魯世家作

周公喜開籥乃見書遇吉案卜師注引書曰開籥見書與史記合是今文啟作開論衡卜筮篇云周武王不豫周公卜三龜公曰乃逢是吉善則逢吉惡則逢凶天道自然非爲人也乃并是吉作乃逢是吉是今文并作逢史記作遇者故訓字也籥者釋文引馬云藏占兆書管書疏引鄭云籥開藏之管也開兆書藏之室以管乃復見三龜占書亦合孫云說文籥下云書僮竹笘也又云潁川人名小兒所書寫爲笘廣雅釋器籥籲也一切經音義引纂文云關西以書篇爲書籥然則籥者竹䈰非管籥也先謙案馬鄭以爲管是也文選注引鄭氏易注云齊魯之閒名門戶及藏器之管曰籥卜師掌開龜之四兆注開謂出其占書也太卜掌三兆之法其經兆之體皆百有二十其頌皆千有二百鄭注頌謂籀也每體十籀然則龜兆之體總三兆兆三百六十籀詞凡三千六百皆有成書藏於太卜既卜得兆據兆體以檢其籀以占其吉凶史記先言發書視之信吉者蓋占書之副簡明易檢不在藏書之室者發視之而吉開籥出繇重之占書檢之而適遇是吉兆之籀詞故喜可知也**公曰體王其罔害**公視兆曰如此兆體王其無害言必愈○公曰體王其罔害古文也今文罔作無一無體字○罔作無者占人凡卜簭君占體注云體兆象也引此文罔作無禮玉藻卜人定龜史定墨君定體注云視兆所得也引周公曰體王其無害亦作無一無體字者魯世家周公入賀武王曰王其無害亦作無無體字以公曰爲賀王言今文說也**予小子新命于三王惟永終是圖**周公言我小子新受三王之命武王惟長終是謀周之道○予小子新命于三王惟永終是圖古文也今文作旦新受命三王維永終是圖○旦新

受命三王維永終是圖者魯世家如此永作長故訓字**茲攸俟能念予一人**言武王愈此所以待能念我天子事成周道○茲攸俟能念予一人古文也今文茲攸俟作茲道○茲攸俟能念予一人者史記集解引鄭云茲此也馬云一人天子也段云俟即上文俟爾命之俟上文馬注云待汝命武王當愈我當死也此云茲攸俟者於此用待王之愈己之死也神旣許之則俟之而已矣孫云言我小子絜新以受命於三王惟長終是謀此所俟者祖宗能念武王耳茲攸俟作茲道者宋世家作茲道能念予一人茲道二字當連上維長終是圖爲句江云傳言武王惟長終是謀周之道僞孔葢多采取漢儒之說此言謀周之道似與史記義合能念予一人者三王必能念我天子保安之也皮云疑亦王肅本其父朗所受楊賜之歐陽義故與史公合**公歸**

乃納冊于金縢之匱中王翼日乃瘳從壇歸翼明瘳差也○公歸乃納冊于金縢之匱中王翼日乃瘳古文也今文冊作策今古文翼作翊○今文冊作策者魯世家云周公藏其策金縢匱中誡守者勿敢言明日武王有瘳此依經述事也論衡感類篇克殷二年之時九齡之年未盡武王不豫則請之矣人命不可請獨武王可非世常法故藏于金縢不可復爲故掩而不見此今文說也書疏引鄭云縢束也凡藏祕書藏之於匱必以金緘其表今古文翼作翊者蔡邕胡公夫人哀贊云翊日斯瘳是今文作翊日翊即昱字說文有翊無昱段云釋言郭注眾經音義漢書五行志顏注文選陸機弔魏武帝文李注引書皆作昱日知唐初本不誤唐石經及各本作翼衞包改也釋詁翼敬也釋言昱明也分別畫然說文昱日明也昱乃昱之叚借衞因

翌冀皆從羽誤認爲一字尚書翌字金縢大誥各一見召誥顧命各二見天寶盡改爲翼翼逸周書亦然**武王既喪管叔及其羣弟乃流言於國**武王死周公攝政其弟管叔及蔡叔霍叔乃放言於國以誣周公以惑成王○武王既喪管叔及其羣弟乃流言於國今文與古文同○今文同者魯世家云其後武王既崩成王少在强褓之中周公恐天下聞武王崩而畔周公乃踐阼代成王攝行政當國管叔及其羣弟流言於國此依經述事也既喪者白虎通崩薨篇喪者何謂也喪者亡也人死謂之喪何言其喪亡不可復得見也不直言死稱喪者何爲孝子之心不忍言也尚書曰武王既喪詩譜疏引鄭云管國名叔字周公兄武王弟封于管羣弟蔡叔霍叔武王崩周公免喪欲居攝小人不知天命而非之故流公將不利於孺子之言於京師皮云鄭以既喪爲終喪服據白虎通用今文說以武王既喪證人死稱喪之義是讀喪爲喪亡之喪非喪服之喪史公訓喪爲崩與白虎通義同羣叔流言當在武王初崩時今文家說爲是逸周書作雒解武王既歸乃歲十二月崩鎬肂於岐周周公立相天子三叔及殷東徐奄及熊盈以畔又云元年夏六月葬武王于畢則周公攝政三叔流言皆在武王未葬以前初崩踰年事也江云禮檀弓云古者天子崩王世子聽于冢宰三年左定四年傳周公爲太宰然則周公攝政當在武王崩時不應待免喪後若謂免喪而始攝政則三年之內誰攝政乎若謂曠年無攝政必不然矣管叔及其羣弟乃流言於國者管蔡世家云管叔蔡叔疑周公之爲不利於成王大傳云武王殺紂立武庚而繼公子祿父據詩邶鄘衞譜疏引使管叔蔡叔監祿父武王死成王幼在襁褓據詩斯干疏引周公盛養成王

使召公奭爲傅周公身居位聽天下爲政管蔡疑周公據詩左傳疏引御覽作管叔流言於國曰公將不利於王奄君薄姑謂祿父曰武王既死矣成據詩左傳疏引王尚幼矣周公見疑矣此世之將亂也請舉事然後祿父及三當作二監叛也大傳史記言三監皆無霍叔漢書地理志鄁以封紂子武庚鄘管叔尹之衛蔡叔尹之以監殷民謂之三監古今人表管叔蔡叔在第九等霍叔處在第四等是羣弟流言無霍叔在內霍叔同罪當時亦不得獨赦之也皮云史記蒙恬傳昔成王初立未離襁褓淮南要略訓成王在襁褓之中後漢桓郁傳竇憲疏曰昔成王幼少越在襁褓此皆今文家說然實形容已甚之詞據大傳云周公攝政一年救亂二年克殷三年踐奄四年建侯衛五年營成周六年制禮作樂七年致政成王又云天子太子年十八曰孟侯周公封康叔在四年是建侯衛之年成王年已十八則武王崩時成王非襁褓可知也史記云成王七年周公反政又云成王長能聽政於是周公乃還政於成王史記無避居之文則七年當從武王崩後數起若武王崩成王在強葆再加七年不過十歲公既攝政何不再攝數年俟其長而歸之乃遽授之十歲孺子豈十歲孺子即已長能聽政乎則武王崩時成王非強葆又可知也五經異義引古文尚書說成王即位年十三明年葬武王于畢成王年十四周公冠之而出征東征三年歸營洛制禮樂而致政成王年十九譙周五經然否論引古文尚書說亦云武王崩成王年十三王肅以爲文王年十五而生武王九十七而終時受命九年武王八十三矣十三年伐紂明年有疾時年八十八矣九十三而崩以冬十二月其明年稱元年周公攝政遭流言作大誥而東征二年克殷殺管蔡三年而歸制禮作樂出入四年至六年

而成七年營洛邑作康誥召誥洛誥致政成王然則文王崩之年
成王已三歲武王八十而後有成王武王崩成王已十三周公攝
政七年致政成王年十八鄭以爲武王崩時成王年十歲服喪三
年居東三年成王年十五迎周公反而居攝居攝四年封康叔作
康誥是成王年十八也故書傳云天子太子十八稱孟侯鄭解孟
侯用今文說又加服喪居東之年故與古文說不同與今文說亦
異若大傳以爲攝政四年建侯衞成王年十八稱孟侯則武王崩
時成王年已十四與古文說成王即位年十三相去一年再加三
年爲周公七年致政之年成王年二十一與古文說成王年十九
相去二年是今古文說成王之年本無大異初非幼在襁褓之中
漢書杜欽傳昔周公身有至聖之德屬有叔父之親而成王有獨
見之明無信讒之聽然管蔡流言而周公懼此亦不在襁褓之一
證若在襁褓安得有獨見之明周公作詩貽王若在襁褓安知未
敢訓公周公抗世子法於伯禽若在襁褓何以抗法大戴記盧辨
注云武王崩成王十有三也而云在襁褓之中言其小盧說是也
必以襁褓爲實則古書所言成王之事無一可通然其誤亦有自
來賈誼請豫敎太子疏云昔者成王幼在繈抱之中召公爲太保
周公爲太傅太公爲太師此成王爲太子在繈抱時事諸家或以
太子時事傳爲即位時事遂致此誤又新書修政篇云成王年六
歲即位故云襁褓案六歲即位加以攝政七年正合十三歲之數
或又誤以嗣王之初歲爲復辟之元年故少卻七年耳又大傳以
武庚祿父爲二人論衡恢國篇隱彊異姓也尊重父祖復存其祀
立武庚之義繼祿父之恩方斯羸矣以武庚祿父爲二人正用伏
義白虎通姓名篇春秋譏二名何所以譏者乃謂其無常者也若

作爲祿甫元名武庚則以武庚祿父爲一人二名蓋班用夏侯說與王充用歐陽義不同其所言讖二名亦與公羊義不合詩破斧疏左定四年傳疏引大傳皆無立武庚三字乃後人不知武庚祿父爲二人而誤刪之當以邶鄘衛譜疏引爲正先謙案鄭舉霍叔者本周書作雒解爲說

曰公將不利于孺子三叔以周公大聖有次立之勢遂生流言孺稚也稚子成王○

曰公將不利于孺子今文與古文同○今文同者魯世家作曰周公將不利於成王成王二字自後追稱之詩疏引鄭云孺子謂成王也

周公乃告二公曰我之弗辟我無以告我先王辟法也告召公太公言我不以法法三叔則我無以成周道告我先王○周公乃告二公曰三句今文與古文同古文弗一作不辟一作𨐨○周公乃告二公曰云云者魯世家云周公乃告太公望召公奭曰我之所以弗辟而攝行政者恐天下畔周無以告我先王太王王季文王三王之憂勞天下久矣於今而後成武王蚤終成王少將以成周我所以爲之如此於是卒相成王而使其子伯禽代就封於魯史公讀辟爲避訓爲避位釋文辟馬鄭音避謂避居東都詩七月疏引鄭云我今不辟孺子而去我先王以謙讓爲德我反有欲位之謗無以告于先王言媿無辭也弗作不辟作𨐨者說文𨐨法今本訛治也从辟从井周書曰我之不𨐨段云此壁書如是許訓法與僞傳合金吉父謂古文尚書辟字作𨐨此即宋次道王仲至本作𨐨者𨐨之譌文也劉云說此經者謬亂不可勝辨惟史記云弗辟而攝行政得之公羊傳云古者周公東征則西國怨西征則東國怨又云周公何以不之魯欲天下之一乎周也蓋聖人所在朝覲訟獄謳歌者皆歸

公豈得避流言而出奔乎汪中云周公念社稷新造旋遭大喪自
以王室懿親身爲冢宰踐阼而治以鎮天下而三叔覬主少國疑
苟肆惡言相率拒命周公秉國之鈞征伐自己龔行天罰以執有
辠誠不得已也洎管叔既經蔡霍流放雖任常刑猶悼同氣是故
咎鴟鴞之取子睹零雨而心悲詩東山我心西悲傳公族有辟公親素服不舉樂為之變如其倫之
喪言文聲哀仁至義盡若流言一至公卽避位釋萬乘之國而爲
匹夫以遯於野一死士之力足以制之是豈不爲之寒心哉公之
旣出此二年中官府之事竟將誰屬使二公可代則周公亦將不
攝況管蔡能以流言閒公其不能以流言閒二公乎當成王之立
朝野宴然三叔輒思動搖王室及宗臣釋位國釁已生乃圖不視
動待至三年而後反非其理也故使攝位之舉自公始處非其
據是之謂擾浮言朝播大權夕謝倉皇竄伏若恐不及王船事
莫復誰何是謂之愚居東二年東征又三年伏國既夷王年亦長
比其反也乃更居攝是之謂貪且公之攝位卿尹牧伯下及士庶
其誰不知而云辠人周公臣屬與知攝之者
此又私黨陰謀之說不可以論周公也

周公居東二年則罪人斯得

周公旣告二公遂東征之二年之中罪人此得○周公居東
二年則罪人斯得今文與古文同○周公居東二年則罪人
斯得者劉云史不書東征而曰居東不斥管蔡而曰罪人緣周公
之心爲諱詞先謙案魯世家管蔡武庚等果率淮夷而反周公乃
奉成王命興師東伐作大誥遂誅管叔殺武庚放蔡叔放殷餘民
甯淮夷東土二年而畢定世家所言周公東伐及二年畢定釋居
東二年誅管叔武庚放蔡叔云云釋罪人斯得此史公依經述事
也大傳云周公攝政一年救亂二年克殷以居東卽是東征與史

記合論衡恢國篇周成王時管蔡悖亂周公東征皆今文說逸周書作雒解二年又作師旅臨衞攻殷殷大震潰降辟三叔王子祿父北奔案史記云殺武庚此云祿父北奔則武庚祿父非一人管叔經而卒乃囚蔡叔于郭淩凡所征熊盈族十有七國詩豳風傳以二子爲管蔡故詩譜疏云毛以罪人爲得管蔡周公居東爲東征也墨子耕柱篇周公旦非關叔辭三公東處于商蓋管關字通非管叔者罪管叔也以管叔爲罪而征之辭三公之尊安而親戎事東處與經居東義同商蓋卽商奄此疋周公東征之地若以爲避居商奄豈可通乎詩豳疏引鄭云居東者出處東國待罪以須君之察己鴟鴞疏引鄭云罪人周公之屬黨與知居攝者周公出皆奔今二年盡爲成王所得謂之罪人史書成王意也罪其屬黨言將罪之此古文異說案論衡感類篇云古文家以武王崩周公居攝管蔡流言王意狐疑周公周公奔楚故天大雷雨以悟成王此以周公奔楚爲管蔡流言時事鄭避居東國之說卽萌牙於此然楚不在東也史記蒙恬傳恬曰昔周成王初立未離襁褓周公旦負王以朝卒定天下及成王有病甚殆公旦自揃其爪以沈于河曰王未有識是旦執事有罪殃旦受其不祥乃書而藏之記府可謂能治國有賊臣言周公旦欲爲亂久矣王若不備必有大事王乃大怒周公旦走而奔于楚成王觀于記府得周公旦沈書乃流涕曰孰謂周公旦欲爲亂乎殺言之者而反周公旦恬時百篇之書未焚當親見之而爲此說魯世家云初成王少時病周公乃自揃其蚤沈之河以祝於神曰王少未有識奸神命者乃旦也亦藏其策於府成王病有瘳及成王用事人或譖周公周公奔楚成王發府見周公禱書乃泣反周公與恬傳大同其述禱神藏策成與武各爲一事奔楚與居

東又各爲一事此史公親從孔安國問故載入世家者易林需之无妄云載璧秉珪請命于河周公剋敏沖人瘳愈亦言爲成王請命自經文殘缺金縢亳姑合爲一篇東漢古文家說流傳改易始併管蔡流言周公奔楚爲一時事至鄭君時易奔楚爲居東遂成鐵案後人不究事理不考書文宜其千古難明也江云鄭以罪人爲周公之屬荒誕不可從

于後公乃爲詩以貽王名之曰鴟鴞王亦未敢誚公成王信流言而疑周公故周公既誅三監而作詩解所以宜誅之意以貽王王猶未悟故欲讓公而不敢○于後公乃爲詩以貽王名之曰鴟鴞王亦未敢誚公古文也今文名作命誚作訓○以名作命誚作訓者魯世家云唐叔得禾異母同穎獻之成王成王命唐叔以餽周公於東土周紀作兵所作餽禾周公既受命禾嘉天子命作嘉禾東土以集周公歸報成王乃爲詩貽王命之曰鴟鴞王亦未敢訓周公集解引徐廣曰訓一作誚皮云釋文名徐仙民亡政反是徐從史公讀爲命也訓與順通用鴟鴞詩言綢繆牖戶郎營成周作禮樂之意成王未敢自任故亦未敢順公意也段云玉篇信古文作訆集韻信古作訆玉篇之訆即集韻之訆皆本說文作[illegible]字玉篇從立心非從大小字也史記之訓乃訆字之誤蓋今文作未敢信與古文作誚不同亦備一解于後者詩豳譜疏引鄭云于二年後也怡悅也周公傷其屬黨無罪將死恐其刑濫又破其家而不敢正言故作鴟鴞之詩以貽王今豳風鴟鴞也鸒子斥成王成王非周公意未解今又爲罪人言欲讓之推其恩親故未敢鄭本貽作怡孫云經文自武王既喪至此史臣所記以終周公作金縢之事其秋大熟以下今文以爲周公薨後之事史記亦

云周公卒後秋未穫考
是亳姑逸文當別行

秋大熟未穫天大雷電以風二年秋也蒙恆風若雷以威之故有風雷之異○秋大熟未穫天大雷電以風古文也今文電作雨○今文電作雨者論衡感類篇金縢曰秋大熟未穫天大雷電誤雨之以風禾盡偃大木斯拔邦誤國之人大恐當此之時周公死儒者說之以爲成王狐疑於周公欲以天子禮葬公公人臣也欲以人臣禮葬公公有王功狐疑於葬周公之間天大雷雨動怒示變以彰聖功古文家以武王崩周公居攝管蔡流言王意狐疑周公周公奔楚故天大雷雨以悟成王夫一雷一雨之變或以爲葬疑或以爲信讒二家未可審且訂葬疑之說秋夏之際陽氣尚盛未嘗無雷雨也顧其拔木偃禾頗爲狀耳當雷雨時成王感懼開金縢之書見周公之功執書泣過自責之深自責適已天偶反風書家則謂天爲周公怒也皮云論衡雷電當作雷雨邦人當作國人後漢張奐傳注引大傳亦誤作電作邦皆淺人據古文尚書改之感類篇雷雨字凡二十餘見則其前引經當作雷雨甚明王充習今文故引今文說辨駁甚多而於古文家不置一詞也魯世家略云成王七年周公營雒邑還政成王人或譖周公周公奔楚成王發府見周公爲己禱書乃泣反周公周公作多士毋逸周官立政百姓說周公在豐病將沒曰必葬我成周以明吾不敢離成王周公既卒成王亦讓葬周公於畢從文王以明予小子不敢臣周公也周公卒後秋未穫暴風雷雨大傳云周公致政封魯三年之後周公老於豐心不敢遠成王而欲事文武之廟然後周公疾曰吾死必葬於成周示天下臣於成王成王曰

周公生欲事宗廟死欲聚骨肉於畢畢者文王之墓也周公死成王欲葬之於成周天乃雷雨以風禾盡偃大木斯拔國人大恐王與大夫開金縢之書執書以泣曰周公勤勞王家予幼人弗及知乃不葬於成周而葬之於畢示天下不敢臣所以明有功尊有德故周公封魯身未嘗居魯也忠孝之道咸在成王周公之閒故魯郊成王所以禮周公也孫云此秋大熟以上有脫簡不知何年秋也史公說爲周公卒後秋未穫並云周公在豐病將沒欲葬成周之事合之書序云周公在豐將沒欲葬成周公薨成王葬于畢告周公作亳姑則此是亳姑逸文成王所作亳姑與周公所作金縢別是一篇亳姑今亡猶可以此考見其云告周公者蓋以天變祝告改葬之先謙案西漢諸儒以雷雨啟金縢爲周公沒後事並無感雷雨而迎周公反國之說據史記作詩貽王時周公已返國矣王充所引古文家管蔡流言周公奔楚天雷雨以悟成王併二事爲一談自因書缺有閒東漢諸家騰其口說又展轉易奔楚爲居東然後避居之解漸成實事不知經雖闕佚史公從安國問故參酌古文班志云史記引金縢多古文說著爲世家者不可誣也若以史記不可信豈伏生親見先秦完書所述大傳亦不可信乎知雷雨啟金縢史記大傳皆爲遷葬周公之事則知無因雷雨反周公之事知周公非因雷雨迎歸則知周公居東之非爲避居矣書疏引鄭云秋謂周公出二年之明年秋也**禾盡偃大木斯拔邦人大恐**文風災所及邦人皆大恐○禾盡偃大木斯拔邦人大恐古文也今文斯作盡邦作國○斯作盡邦作國者魯世家云禾盡偃大木盡拔周國大恐國人作周國史公隨文易之論衡感類篇引金縢作禾盡偃大木斯拔邦人大恐斯字邦字淺人據古

文本妄改也凡古文邦字今文皆作國段云詩王赫斯怒**王與大**
鄭箋斯盡也上文罪人斯得鄭注亦云盡爲成王所得
夫盡弁以啓金縢之書皮弁質服以應天○王與大夫盡弁以啓金縢之書古文也今文啓作開○王與大
夫盡弁者蔡邕獨斷引周書如此古人注引書同啓作開者魯世
家云成王與大夫朝服以開金縢書論衡順鼓篇成王開金縢之
書感類篇開匱得書見公之功恢國篇周成之開匱後漢章帝紀
建初五年詔曰輒有開匱反風之應皆作開史記弁作朝服者司
服云視朝皮弁王藻云皮弁以日視朝故史公以朝服釋弁也公
羊隱元年傳疏引異義古尚書說云武王崩時成王年十三後一
年管蔡作亂周公東辟之王與大夫盡弁以開金縢之書成王年
十四言弁明知已冠矣許引古文說以開金縢郎在武王崩後一年
年與鄭說秋大熟爲周公出二年之後明年秋又異皆與今文說
不同書疏穀梁文十三年傳疏引鄭云弁爵弁天子諸侯十二而
冠佩爲成人成王此時年十五於禮已冠必爵弁者承天變故降
服亦如國家失道焉書疏引鄭云開金縢之書者省察變異所由
故事也江云禮檀弓天子哭諸侯爵弁紂衣鄭以承天變宜有異
必非皮弁故云然士冠禮始加緇布冠再加皮弁三加爵弁則爵
弁尊于皮弁鄭彼注亦云爵弁尊茲云降服者蓋以爵弁非天子
服而王服之故爲降服也云亦如國家失道者王藻云國家失道
則不充其服焉也**乃得周公所自以爲功代武王之說**○所藏請命冊書本乃得周公所自
以爲功代武王之說古文也今文功當作質○今文功當作質者
魯世家云王乃得周公所自以爲功代武王之說功當作質淺人

妄改說見前乃上多王字非今古文異集解引徐廣曰說一作簡或今文字也論衡感類篇引經所作死傳寫之訛**二公及王乃問諸史與百執事**二公倡王啟之故先見書史百執事皆從周公請命者○二公及王乃問諸史與百執事今文與古文同事一作士○今文同者魯世家云二公及王乃問史百執事無諸與字蓋史公湝之事作士者後漢蔡邕傳邕上封事曰臣伏讀聖旨雖周成遇風訊諸執士無以或加事作士三家異文史記集解引鄭云問者問審然否也**對曰信噫公命我勿敢言**史百執事言信有此事周公使我勿道今言之則負周公噫恨辭○對曰信噫公命我勿敢言今文與古文同噫一作懿○今文同者魯世家云史百執事曰信有昔周公命我勿敢言此依經述事也噫作懿者釋文噫馬本作懿猶億也段云詩瞻卬懿厥哲婦鄭箋懿有所痛傷之聲也億蓋噫之誤江云命猶誡也**王執書以泣曰其勿穆卜**本欲敬卜吉凶今天意可知故止之○王執書以泣曰其勿穆卜今文與古文同○今文同者魯世家云成王執書以泣曰自今後其無繆卜乎此增文釋經也穆作繆同上集解引鄭云泣者傷周公忠孝如是而無知之者皮云蔡邕文烈侯楊公碑帝乃震動執書以泣亦以執書以泣爲公薨後之事**昔公勤勞王家惟予沖人弗及知**言己童幼不及知周公昔日忠勤○昔公勤勞王家惟予沖人弗及知古文也今文沖作幼○沖作幼者魯世家云昔周公勤勞王家惟予幼人弗及知增周字漢書翟義傳注沖稚也今文作幼古文作沖大誥又云幼沖人其義一也**今天動威以彰**

周公之德發雷風之威以明周公之聖德○今天動威以彰周公之德今文與古文同○今文同者魯世家如此漢書梅福傳昔成王以諸侯禮葬周公而皇天動威雷雨著災杜鄴傳大風暴過成成王怛然後漢周舉傳永和元年詔問曰昔周公攝天子事及薨成王欲以公禮葬之天爲動變及更葬以天子之禮卽有反風之應對曰昔周公有請命之應隆太平之功故皇天動威以彰聖德李注引尚書洪範五行傳曰周公死成王不圖大禮故天雷雨禾偃木拔及成王寤金縢之策改周公之葬尊以王禮申命魯郊而天立復風雨禾蓋盡起又張奐傳奐疏曰昔周公葬不如禮天乃動威李注引大傳何休公羊解詁曰昔武王旣沒成王幼少周公居攝行天子事制禮作樂致太平有王功周公薨成王以王禮葬之命魯使郊以彰周公之德論衡感類篇天之欲令成王以以天子之禮葬周公以公有聖德以公有王功又云天彰周公之功令成王以天子禮葬又云周公不以天子禮葬故爲雷雨以責成王皆與大傳史記義合**惟朕小子其新逆我國家禮亦宜之**周公以成王未寤故留東未還成王改過自新遣使者迎之亦國家禮有德之宜○惟朕小子其新逆我國家禮亦宜之古文也今文逆作迎無新字古文新逆一作親迎史記集解引王肅云亦宜襃有德也與僞傳亦國家禮有德之宜合又僞傳出肅之一證也○逆作迎無新字者魯世家作惟朕小子其迎我國家禮亦宜之案古文多作逆今文多作迎逆河迎河其一證也惟朕小子其迎者時周公將葬成周天變示誡故成王往迎其柩祝告改葬更以天子禮遷公於畢也我國家禮亦宜之者言公雖人臣有王功於我國家葬以王禮雖變而於事

爲宜稱漢書儒林傳載谷永疏云昔周公薨成王葬以變禮而當天心是也白虎通封公侯篇周公身薨天爲之變成王以天子之禮葬之命魯郊以明至孝天所與也又喪服篇云養從生葬從死周公以王禮葬何以爲周公踐阼理政與天同志展興周道顯天度數萬物咸得休氣充塞原天之意子愛周公與文武無異故以王禮葬使得郊祭尚書曰今天動威以彰周公之德下言禮亦宜之古文新逆作親迎者釋文新逆馬本作親迎親新通用字逆作迎馬用今文也詩東山疏引鄭云新逆逆改先時之心更自新以迎周公於東與之歸尊任之段云惟馬作親迎鄭作新逆廟正義不轉寫淆亂今坊本蔡氏集傳逆皆誤迎唐石經及注疏監本作逆不誤

王出郊天乃雨反風禾則盡起郊以玉幣謝天天卽反風起禾明郊之是○王出郊天乃雨反風禾則盡起古文也今文乃作止無則字○王出郊者魯世家如此孫云郊祭也因郊祭而止天變遂賜魯以郊魯世家云於是成王乃命魯得郊祭文王白虎通喪葬篇亦云以王禮葬使得郊祭後漢和帝紀詔曰成王出郊而反風李注王乃出郊祭天事見尚書是其明證論衡感類篇云開匱得書覺悟泣過決以天子禮葬公出郊觀變天止雨反風禾盡起王充以爲出郊觀變今文異說○乃作止者論衡如此引見魯世家作天乃雨後人妄改王引之云琴操說周金縢曰成王聞周公死以公禮葬之天乃大暴風疾雨成王懼取所譏公者而誅之天乃反風霽雨據此則古文之天乃雨今文當作天乃霽雨止爲霽故論衡以止雨代之蓋古文言天天大雷電而不言雨故下文曰天乃雨今文既言天大雷雨則下文不得言天乃雨也皮云王說是但云今文作天乃霽亦無塙證

琴操云天霽雨不云天乃霽也論衡明云天止雨當從之又順鼓篇云周成王之時天下雷雨偃禾拔木爲害大矣成王開金縢之書求索行事得周公之功執書以泣過雨止風反禾大木復起過與止同義明今文作止○反風禾盡起者魯世家論衡並如此是今文無則字史記集解引馬云反風風還反也書疏引鄭云易傳云陽感天不旋日陽謂天子也天子行善以感天不回旋經日

二公命邦人凡大木所偃盡起而築之歲則大熟木有偃拔起而立之築有其根桑果無虧百穀豐熟周公之德此已上大誥後因武王喪幷見之

○二公命邦人凡大木所偃盡起而築之歲則大熟古文也今文邦作國○邦作國者魯世家如此熟作孰字同釋文引馬云築拾也史記集解引馬云禾爲木所偃者起其木拾其下禾乃無所失亾也書疏云鄭王皆云築拾也禾爲大木所偃者起其木拾下禾無所亾失意太曲碎當非經旨論衡感類篇成王不以天子禮葬周公天爲風雷偃禾拔木成王覺悟執書泣過天乃反風偃禾復起何不爲疾反風以立大木必須國人起築之乎應曰天不能據此則今文家解築之爲築大木與古文說訓築爲拾不同

大誥第九

周書　孔氏傳　王先謙參正

大誥陳大道以誥天下遂以名篇○周紀云初管蔡畔周周公討之三年而畢定故初作大誥次作微子之命魯世家周公於是卒相成王而使其子伯禽代就封於魯管蔡武庚等果率淮夷而反周公乃奉成王命興師東伐作大誥書序武王崩三監及淮夷叛周公相成王將黜殷作大誥今古文說同伏生大傳以大誥列金縢前

王若曰猷大誥爾多邦越爾御事周公稱成王命順大道以誥天下眾國及於御治事者盡及之

○王若曰今文與古文同猷大誥爾多邦越爾御事偽古文也今文猷大誥作大誥猷古文作大誥繇禮明堂位疏引王肅云稱成王命故稱王與偽傳周公稱成王命合此又偽傳出肅之一證也○王若曰者漢書翟方進傳王莽依周書作大誥曰惟居攝二年十月甲子攝皇帝若曰案攝皇帝若曰即倣王若曰為文是今文作王若曰與古文同也大傳云周公身居位聽天下為政管叔疑周公居位即居攝也史公說以周公作大誥在踐阼攝政之後故可稱王書疏引鄭注王周公也周公居攝命大事則權稱王鄭言居攝之年與史記大傳先後皆異而以王為周公攝王與今文義同皮云論衡書虛篇說尚書者曰周公居攝帶天子之綬戴天子

之冠負扆南面而朝諸侯王充所引即三家尚書說然則史公云周公奉成王命興師東伐作大誥亦史臣推原周公本意而言周公當時旣權代王不必言奉成王命也周公攝王見於逸周書明堂解禮明堂位荀子兩漢今古文家皆無異義後人乃謂周公無攝王事用王肅僞孔謬說以王爲成王皆陋妄不足置辨孫云若謂是周公述王命以告則當如多方言周公曰王若曰或如多士先言周公告乃復言王若曰今此文不然則是王卽周公矣○猷大誥作大誥猷者莽誥云大誥道諸侯王三公列侯于汝卿大夫元士御事應劭注言以大道告於諸侯以下也莽倣大誥釋猷爲道則今文作大誥猷古文作大誥繇者釋文云馬本作大誥繇爾多邦書疏云鄭本猷在誥下釋詁繇道也方言猷道也繇猷同訓道是馬鄭古文與莽所用今文義同或據爾雅繇於也謂馬本大誥繇爾多邦當爲大誥於爾多邦然據莽誥易猷爲道則今文說以繇爲道不以繇爲於也釋詁粤于也故莽誥易粤爲于鄭曲禮注詩思齊箋皆引書曰越乃御事疏云大誥文則經文或作越乃莽誥作汝乃汝爾義並同鄭又云御猶主也言大誥道汝衆國于汝主事之臣也應注猷在誥上誤僞孔所本經傳釋詞越猶與也段云班固幽通賦謨先聖之大繇詩巧言秩秩大猷聖人莫之釋文莫一本作謨顏注引詩直作大繇然則經典猷訓道者古本作繇僞孔移猷於王若曰下欲與多方篇畫一之故案古引導字多作道道爲繇教道亦爲繇此云誥道多方云道誥一而已矣莽云大誥道文義正如此僞傳訓猷大爲大道文理不通如其傳當云王若曰大猷誥爾多邦其所作僞周官王曰若昔大猷正自用其說也其僞微子之命竟云王若曰猷殷王元子愈不可解矣

弗

弔天降割于我家不少 言周道不至故天下凶害於我家不少謂三監淮夷並作難○弗弔天降割于我家不少古文也今文弗作不王鳴盛云僞傳以延洪連文毛奇齡據晚晉僞傳古無此訓也○弗作不者莽誥云不弔天降喪于趙傳唐裴度中和節賜百官之詩用延洪字以爲唐人知古義不知出丁董顔注不弔言不爲天所弔閔降下也段云蓋如左傳昊天不弔之解非訓至也釋文割馬本作害不少馬讀弗少延爲句案莽誥淆不少延三字下云洪惟我幼沖孺子則今文不連延洪爲義當如馬鄭古文讀不少延爲句也書疏引鄭云言害不少乃**延洪**延長之劉云不弔猶言遭家不造不少延謂武王享國不久**惟我幼沖人** 凶害延大惟累我幼童人成王言其不可不誅之意○延字上屬洪惟我幼沖人今文與古文同○今文同者莽誥云洪惟我幼沖孺子卽倣此文我幼沖人者周公我成王也王引之云洪發語聲也多方洪惟圖天之命語與此同解者訓爲大失之**嗣無疆大麻服弗造哲迪民康** 言子孫承繼祖考無窮大數服行其政而不能爲智道以安人故使叛先自責○嗣無疆大麻服弗造哲迪民康古文也今文弗造哲作不遭悊○弗造哲者劉云造哲猶云作哲不遭悊者莽誥云當承繼嗣無疆大麻服事予未遭其明悊能道民於安卽倣嗣無疆大麻服弗遭悊迪民康三句文嗣繼麻數服事並釋詁文詩傳疆竟也言我沖人繼無竟麻服之事不遭遇明哲之人以自輔而導百姓於安康也**矧曰其有能格知天命** 安人且猶不能況其有能至知天命者乎○矧曰其有能格知天命古文也今文格作往○格作往者莽誥云況其

能往知天命釋詁格至也故可爲來亦爲往漢書作往言不能前知天命江云有讀爲又**已予惟小子若涉淵**

水予惟往求朕攸濟已發端歎辭也我惟小子承先人之業若涉淵水往求我所以濟渡言祇懼○已予惟小子四句古文也今文已作熙○已作熙者莽誥云熙我念孺子若涉淵水予惟往求朕所濟度儆此經文顔注熙歎詞案已者噫也熙者嘻也以莽誥例之此小子謂成王漢書武紀詔曰若涉淵水未知所濟魏志潘勖作策命魏公曰若涉淵水非君攸濟皆用大誥文

敷賁敷前人受命茲不忘大功前人文武也我求濟渡在布行大道在布陳文武受命在此不忘大功言任重○敷賁敷前人受命古文也今文作奔傅前人受命茲不忘大功見下○奔傅前人受命者莽誥云奔走以傅近奉承高皇帝所受命王念孫云奔走二字與涉水義不相屬顔注屬上讀今案當以奔走以傅近奉承高皇帝所受命爲句奔賁敷傅古字通用此效經之敷賁敷前人受命也莽誥皆效今文疑今文無上敷字但作奔傅前人受命莽以奔爲奔走傅爲傅近亦用今文說也

予不敢閉于天降威用天下威用謂誅惡也言我不敢閉絕天所下威用而不行將欲伐四國○茲不忘大功予不敢閉古文也今文閉作比于天降威用見下○茲不忘大功者言今茲不忘艱難締造之大事莽誥消文閉作比者莽誥云予豈敢自比於前人乎段云此卽經之予不敢閉也其字句解說今古文家絕異閉疑作比皮云顔注前人謂周公非莽意莽自謂不敢比高皇帝猶周公不敢比文王此公自明攝位不敢卽眞之意先謙案承上文言予惟奔走依傅敬承前人所受之

命雖今茲不忘前功予未敢上比前人也文義自明

寧王遺我大寶龜紹天明卽命

安天下之王謂文王也遺我大寶龜疑則卜之以繼天明就其命而行之言卜不可違○寧王遺我大寶龜紹天明卽命今文與古文同○今文同者莽誥云天降威明用寧帝室遺我居攝寶龜太皇太后以丹石之符迺紹天明意詔予卽命居攝踐阼如周公故事于者釋詁粵于也于義同粵詞也孫云釋詁威則也則者法也言天降明法於靈龜以寧王室詩何彼穠矣疏引鄭云受命曰寧王王書疏引鄭云時既卜乃後出誥故先云然先謙案以寧王爲文王此鄭古文說據洛誥鄭注又不專指文王詳經意總謂受命安天下之前王耳如下寧考句周公代成王言之必指武王僞傳以寧屬文以考屬武又非也莽誥於前寧人代以祖宗字或竟不用代寧屬王或代以祖宗或改爲安皇帝安帝室是今文訓解本無一定推詳諸篇文義以不指定文王爲是天降威用寧王者與莽誥天降威明用寧帝室同一句例天降威下有複句可證將有兵事託詞天威動人敬畏誥誓之體固然不當作法則解用猶以也言兵事之動正天欲以寧我王室紹天明者訓如莽誥之紹天明意言天意昭明我當繼事卽命者卽大命而攝王訓如莽誥卽命踐阼也

曰有大艱于西土西土人亦不靜越茲蠢

曰語更端也四國作大難於京師西土人亦不安於此蠢動○曰有大艱于西土西土人亦不靜古文也今文靜作靖越茲蠢屬下○今文靜作靖者莽誥云反虜故東郡太守翟義擅興師動衆曰有大難于西土西土人亦不靖顏注曰者述翟義之言云爾也西土謂京師也言在東郡之西皮云邶鄘衞在鎬京之東亦

以鎬京爲西土莽以曰爲翟義之言則今文家說亦必以曰爲管蔡之言云西土鎬京有大難也大難指公將不利於孺子之事西土人亦不靖者京師之人惑於流言亦不安靖書疏引鄭云周民亦不定其心騷動言以兵應之魏石經曰作粤詞也

殷小腆誕敢紀其敘言殷後小腆之祿父大敢紀其王業欲復之○殷越茲蠢者訓如莽誥於是動殷小腆者書疏引鄭云腆謂小國也王肅云腆主也殷小主謂祿父也段云說文敟主也王以典爲敟之假借經書敟多作典釋文腆馬云至也至亦主之譌紀作犯敘作序者莽誥云於是動嚴鄉侯信誕敢犯祖亂宗之序（亂祖字倒）顏注誕大也孫云今文紀作犯形相近段說同皮云據莽誥則越茲蠢殷小腆六字作一句莽謂翟義造言於是動劉信起兵之意今文家說亦必謂管蔡流言於是動武庚作亂之心也莽謂管蔡挾祿父以畔今翟義亦挾劉信以畔是以翟義比管蔡劉信比祿父也近人斷句多誤故於莽所引今文不得其解說文蠢古从𢧵周書曰我有截于西段云此壁書孔讀爲蠢引書乃許君記憶之誤

天降威知我國有疵天下威謂三叔流言故祿父知我周國有疵病○天降威知我國有疵疵古文也今文疵作呰○疵作呰者莽誥云天降威遺我寶龜（洪頤煊云據經文四字涉上文而衍唐本已誤）固知我國有呰災顏注呰病也讀與疵同釋文疵馬云段也（段卽瑕字）書疏引鄭云知我國有疵病之瑕疵瑕義通

民不康曰予復反鄙我周邦祿父言我殷當復欺惑東國人令不安反鄙易我周家道其罪無狀○民不康曰予復反鄙我周邦古文也今文鄙作啚邦作國○鄙作啚邦作國者莽誥云使

民不安是天反復右我漢國也顏注右讀曰祐俞樾云曰者天假
寶龜以告也予復反鄙我周國七字一句蓋今文家讀如此予者
設爲天言與詩予懷明德同復反猶反復語有倒順耳鄙當作啚
說文啚下云嗇也嗇下云愛濇也啚爲嗇卽爲愛濇故莽誥作右
右之言助愛之斯助之矣是其義通也詩蓼莪顧我復我鄭箋復
反復也卽可以說此經先謙案古文啚爲鄙與圖字形近其義當
爲圖言天知我國有病使民不康天意若曰予
方反復圖謀我周國也不言右而右意自見**今蠢今翼日民獻**

有十夫予翼以于敉寧武圖功今天下蠢動今之明日四國人賢者有十夫來翼佐我周用撫安武
事謀立其功言人事先應○今蠢今翼日民獻有十夫予翼以于
敉寧武圖功古文也今文獻作儀○獻作儀者莽誥云粵其聞日
宗室之儁有四百人民獻儀九萬夫予敬以終於此謀繼嗣圖功
孟康曰翟義反書上聞日也民之表儀謂賢者師古曰我用此宗
室之儁及獻儀者共圖謀國事終成其功案翼本作翌衞包改翼
說見金縢今蠢今翼日以莽誥粵其聞日例之當訓爲聞祿父蠢
動之日及明日也民獻有十夫者尚書大傳周傳云書曰民儀有
十夫古文作獻今文作儀莽誥民獻儀九萬夫衍獻字段云孟注
釋儀不釋獻若班書本有獻字孟當云民獻儀民之賢者可爲表
儀不當先訓儀而云謂賢者誤本兩存小顏不辨古文苑班固車
騎將軍竇北征頌云民儀響慕可據證論語鄭注獻猶賢也凡訓
故之例義隔而通之曰猶獻本不訓賢直以其儀字之假借故曰
猶賢也若僞孔於萬邦黎獻傳云賢也則未嘗窺見此恉矣司尊
彝注獻讀爲犧又讀爲儀說文義聲之轙或從金獻聲作钀大射

儀注獻讀爲沙郊特牲注獻讀爲莎皆歌元部闗通聲轉予翼以于敉寍武圖功者段云莽誥翼訓敬今文家說也案釋詁于往武繼也言此十夫者我敬以往撫安民人繼武所圖謀之功後漢蔡邕傳注引靈帝制曰敉寍我人

我有大事休朕卜幷吉 大事戎事也人謀旣從卜又幷吉所以爲美○我有大事休朕卜幷吉今文與古文同○今文同者莽誥云我有大事休予卜幷吉書疏引鄭云卜幷吉者謂三龜皆從也孫云古人卜用三龜而以玉兆瓦兆原兆三兆各占一龜也

肆予告我友邦君越尹氏庶士御事 以美故告我友國諸侯及於正官尹氏卿大夫衆士御治事者言謀及之○肆予告我友邦君越尹氏庶士御事今文與古文同○今文同者莽誥云故我出大將告郡太守諸侯相令長仿經爲詞知今文不異也肆故釋詁文越與也書疏云尹正也諸官之正謂卿大夫據莽誥大將告云云今文告上疑多誕字

曰予得吉卜予惟以爾庶邦于伐殷逋播臣 用汝衆國往伐殷逋亡之臣謂祿父○曰予得吉卜予惟以爾庶邦于伐殷逋播臣今文與古文同邦當爲國○今文同者莽誥云予得吉卜予惟以汝于伐東郡嚴鄉逋播臣說文逋亡也李登聲類云播散也邦當爲國者以今文例推之無文可證下同不復出

爾庶邦君越庶士御事罔不反曰艱大 汝衆國上下無不反曰征伐四國爲大難敘其情以戒之○爾庶邦君越庶士御事罔不反曰艱大古文也今文邦作國○邦作國者莽誥云爾國君或者無不反曰難大罔無艱難故訓字越與也書疏引鄭云汝國君及下羣臣不與我同志者無

不反我之意云三監叛其爲難大魏石經艱作囏說文囏艱或體**民不靜亦惟在王宮邦君室**言四國不安亦在天子諸侯敎化之過自責不能綏近以及遠○民不靜亦惟在王宮邦君室今文與古文同邦當爲國○今文同者莽誥民亦不靜亦惟在帝宮諸侯宗室案以上文西土人亦不靜例之此靜字今文亦當爲靖**越予小子考翼不可征王害不違卜**於我小子先卜敬成周道若謂今四國不可征則王室有害故宜從卜○越予小子考翼不可征王害不違卜古文也今文無害字○無害字者莽誥云於小子族父敬不可征帝不違卜顏注劉信國之宗室於孺子爲族父當加禮敬不可征討段云據此今文家越予小子考句絕管叔及羣弟皆成王之諸父故云考也尚書本無曷字假害爲之衞包盡改害爲曷獨此以僞傳不訓曷僅存蔡傳害曷也王曷不違卜而勿征乎最爲得解先謙案段說是帝不違卜者言帝將不違卜而往征乎欲帝之違卜也雖無害字文意則同詳上下文不當有別解故知今文王不違卜亦當爲勸阻之詞釋詞越猶惟也**肆予沖人永思艱曰嗚呼允蠢鰥寡哀哉**故我童人成王長思此難而歎曰信蠢動天下使無妻無夫者受其害可哀哉○肆予沖人永思艱曰嗚呼允蠢鰥寡哀哉古文也今文嗚呼作烏虖○嗚呼作烏虖者莽誥云故予爲沖人長思厥難曰烏虖信義所犯誠動鰥寡哀哉肆故永長艱難允誠蠢動故訓字言四國搆難誠擾動鰥寡爲可哀也**予造天役遺大投艱于朕身**我周家爲天下役事遺我甚大投此艱難於我身言不得已○予造天役遺大投艱于朕

身古文也今文造作遺○造作遺者莽誥云予遭天役遺大解難于予身顏注言天以漢家役事遺我而令身解其難今文從遺字絕句言予遭天以役事相遺也釋文造馬云遺也遺亦當爲遺之誤大解難于朕身者以解詁投蓋投去與解義近孫云疑投本挩字說文挩下云解挩也

越予沖人不卬自恤義爾邦君越爾多士尹氏御事

言征四國於我童人不惟自憂而已乃欲施義於汝衆國君臣上下至御治事者○越予沖人不卬自恤義爾邦君越爾多士尹氏御事古文也今文恤作卹邦作國○恤作卹邦作國者莽誥云以爲孺子不身自卹予義彼國君泉陵侯應劭曰泉陵侯劉慶也上書令莽行天子事案越予沖人猶言惟予沖人莽誥以爲𩖅孺子文相似而意不同不卬自卹謂不暇自憂僞傳解非釋詞上越猶惟也下越與也

綏予曰無毖于恤不可不成乃寧考圖功

安勉我曰無勞於憂不可不成汝寧祖聖考文武所謀之功責其以善言助之○綏予曰無毖于恤不可不成乃寧考圖功古文也今文恤作卹○恤作卹者以上文不身自卹例之此恤亦當作卹說文毖下云慎也从比必聲周書曰無毖于卹段云尚書恤本作卹莽誥云上書曰謂泉陵侯成王幼弱周公踐天子位以治天下云云案上書曰卽倣經綏予曰也皮云據莽擬經文此必周公設爲慰己之言謂無勞于憂不可不成寧考之謀績也先謙案說文訓毖爲慎則無毖于卹謂勿因憂而過慎遂不事征討也邦君等綏公之言如此故周公義之

已予惟小子不敢替上帝命

○不敢廢天命言卜吉當必征之已予惟小子不敢替上帝命

古文也今文已作熙替作僣○已作熙替作僣者莽誥云熙爲我
孺子之故予惟趙傅丁董之亂云云予不敢僣上帝命顏注僣不
信也言順天命而征討段云魏三體石經作不敢替知今文尚書
作替讀爲僣故漢書作僣魏石經葢用今文也篇末云天命不僣
此亦當作僣爲長天命不僣謂天命無不
信也不敢僣上帝命謂不敢不信天命也**天休于寍王興我小邦**
周寍王惟卜用克綏受茲命言天美文王興周者以文王惟卜之
用故能安受此天命明卜宜用○天
休于寍王興我小邦周寍王惟卜用克綏受茲命古文也今文邦
作國無众寍王王字○邦作國無众寍王王字者莽誥云天休於安帝
室興我漢國惟卜用克綏受茲命據此天休
于寍王今文亦謂安王室與上寍王同訓**今天其相民矧亦惟**
卜用民獻十夫是天助民況亦用卜乎吉可知矣亦亦文王○今
天其相民矧亦惟卜用今文與古文同○今文同者莽誥云
今天其相民況亦惟卜用矧況故訓字江云今天其相助我
民況我亦惟卜是用則敬承天意必獲吉矣明卜不可違**嗚呼**
天明畏弼我丕丕基歎天之明德可畏輔成我大大之基業言卜
不可違也○嗚呼天明畏弼我丕丕基古文
也今文嗚呼作烏虖畏作威○嗚呼作烏虖畏作威者莽誥云烏
虖天明威輔漢始而大大矣釋詁基始也據此知今文基訓始段
云以矣訓基葢今文作丕丕其也其讀如姬語詞故莽以矣
字代之立政篇丕丕其見隸釋故知此亦當同也於義亦通**王曰**
爾惟舊人爾丕克遠省爾知寍王若勤哉特命久老之人知文王
故事者大能遠省識古

事汝知文王若彼之勤勞哉目所親見法之又明○王曰爾惟舊人爾丕克遠省爾知寧王若勤哉今文與古文同○今文同者莽誥云爾有𣿰惟舊人泉陵侯之言爾不克遠省爾豈知太皇太后若此勤哉皮云據莽誥惟訓思惟公云舊人蓋指文武舊臣與公同心者故莽以與己同之泉陵侯當之古丕不同字今文作不於義爲優寧王字莽誥多訓爲安王室此文以太皇太后代寧王與鄭以寧王爲文王者略同是今文說亦不盡以寧王爲安王室也江云爾乃不能省識於遠爾豈知寧王若此勤勞哉責其不知

天閟毖我成功所予不敢不極卒寧王圖事閟愼也言天愼勞我周家成功所在我不敢不極盡文王所謀之事謂致太平○天閟毖我成功所予不敢不極卒寧王圖事古文也今文閟毖作毖勞○閟毖作毖勞者莽誥云天毖勞我成功所予不敢不極卒安皇帝之所圖事孟康曰天愼勞我國家成功之所在師古曰卒終也言我不敢不終祖宗之業安帝室所謀之事段云毖祕閟古通用尚書斷無複用閟毖二字之理毖或作閟字皆必聲以其或作閟遂兩存之曰閟毖猶民儀一作民獻兩存之一曰民獻儀也據莽誥蓋今文多一勞字

肆予大化誘我友邦君我欲極盡文王所謀故大化天下道我友國諸侯○肆予大化誘我友邦君今文與古文同○今文同者莽誥云肆予告我諸侯王公列侯卿大夫元士御事顏注肆陳也陳其理而告之先謙案顏訓肆爲陳陳在予上不詞當依上文訓故告者開導之與化誘義同非今古文異

天棐忱辭其考我民言我周家有大化誠辭爲天所輔其成我民矣○天棐忱辭其考我民古文也今文忱作諶考

作累○忱作諶者漢書孔光傳書曰天棐諶辭言有誠道天輔之也古忱諶通用莽誥云天輔誠辭以訓詁代經顏注言有至誠之辭則爲天所輔○考作累者莽誥云天其累我以民顏注累託也言天以百姓託我案莽誥增字釋經今文尚書當作其累我民猶今人言以此累汝矣故顏以託釋之**予曷其不于前寧人圖功攸終**我何其不於前文王安人之道謀立其功所終乎○予曷其不于前寧人圖功攸終古文也今文其作敢○其者釋詞語助也其作敢者莽誥云予害敢不於祖宗安人圖功所終曷作害是也古文作曷衞包所改說見上前寧人莽誥易爲祖宗安人下文直作祖宗不云安人知今文訓義亦隨文變改也予曷其與前後皆作敢不合今文作敢其義爲優**天亦惟用勤毖我民若有疾**天亦勞慎我民欲安之如人有疾欲已去之○天亦惟用勤毖我民若有疾古文也今文無毖毖字○無毖字者莽誥云天亦惟勞我民若有疾段云莽誥以勞代勤據此今文無毖字我民若有疾苦必當除去之**予曷敢不于前寧人攸受休畢**天欲安民我何敢不于前文王所受美命終畢之○予曷敢不于前寧人攸受休畢古文也今文畢作弼○畢作弼者莽誥云予害敢不于前寧人攸受休輔段云上文弼作輔棐亦作輔此畢與弼音近今文蓋作弼故與弼我丕丕基同以輔字代之害亦衞包改曷宜從今文**王曰若昔朕其逝朕言艱日思**順古道我其往東征矣我所言國家之難備矣日思念之○王曰若昔朕其逝朕言艱日思今文無徵**若考作室既底法厥子乃弗肯堂矧肯**

構以作室喻治政也父已致法子乃不肯爲堂基況肯構立屋乎不爲其易則難者可知○若考作室既厎法厥子乃弗肯堂矧肯構古文也今文肯作克弗一作不○肯作克者蔡邕陳留太守胡公碑克構克堂司空文烈侯楊公碑克丕堂構祖德頌克構其堂可證弗一作不者魯峻碑承堂弗構後漢肅宗紀不克堂桓是今文作弗一作不也章懷注引尚書乃不肯堂矧肯桓或疑桓是桓楹以爲今文構作桓非也莽誥云予思若考作室厥子堂而構之是兩漢經文皆作構作桓者乃宋人避諱栞作御名後人回改誤構爲桓耳厎法厎定其作室之法書疏引定本云一作矧弗肯構又云鄭王本於矧肯構下亦有厥考翼其肯曰予有後弗棄基段云其事既別理應重出淺者以其重複而妄刪之

厥父菑厥子乃弗肯播矧肯穫

又以農喻其父已菑耕其田其子乃不肯播種況肯收穫乎○厥父菑厥子乃弗肯播矧肯穫古文也今文弗肯作不克○弗肯作不克者以上文推之當然莽誥云厥父菑厥子播而穫之依經意正說之顔注反土爲菑一曰田一歲曰菑書疏引定本云一作矧弗肯穫

厥考翼其肯曰予有後弗棄基

其父敬事創業而子不能繼成其功其肯言我有後不棄我基業乎今不征是棄之○厥考翼其肯曰予有後弗棄基今文無徵古文予一作我○予作我者詩文王有聲鄭箋引書曰厥考翼其肯曰我有後弗棄基彼疏引鄭云其父敬職之人其肯曰我有後子孫不廢棄我基業乎釋詞其猶甯也

肆予曷敢不越卬敉寧王大命

作室農人猶惡棄基故我何敢不於今日撫循文王大命以征逆乎○肆予曷敢不越卬敉寧王大命今

文與古文同○今文同者莽誥云予曷敢不於身撫祖宗之所受大命越於印身救撫故訓字**若兄考乃有友伐厥子民養其勸弗救**若兄弟父子之家乃有朋友來伐其子民養其勸不救者以子惡故以比四國將誅而無救者罪大故○若兄考乃有友伐厥子民養其勸弗救古文也今文養作長○若兄考云云者考父也對下文其子言之故曰兄考以譬武王王闓運云尊者弟兄不以屬通周公攝政故得兄武王是也友譬武庚其子譬成王民養謂民家之廝養若後漢劉聖公傳所稱竈下養之類周公言若民家之兄考而有友人伐擊其子彼民養其勸弗救乎語意甚明僞傳迂謬今文養作長者莽誥云若祖宗迺有效湯武伐厥子民長其勸弗救莽言若漢家祖宗以擬若兄考則兄考爲武王甚明段云友作效者爻爻形相似今文疑作爻說今文家必曰爻者效也效湯武也故莽用其說江云夏小正執養宮事傳曰養長也民長邦君御事是也邦君有土有民御事亦治民事皆爲民長上文邦君越庶士御事言翼不可征是其相勸弗救故此責其當相救助**王曰嗚呼肆哉爾庶邦君越爾御事**歎今伐四國必克之故以告諸侯及臣下御治事者○王曰嗚呼肆哉爾庶邦君越爾御事古文也今文嗚呼作嗚虖○嗚呼作烏虖者莽誥云烏虖肆哉諸侯王公列侯卿大夫元士御事釋詁肆力也言當勤力今文尚書邦當爲國越與也**爽邦由哲亦惟十人迪知上帝命**言其故有明國事用智道十人蹈知天命謂民獻十夫來佐周○爽邦由哲亦惟十人迪知上帝命古文也今文邦作國○邦作國者莽誥云其勉助國道明亦惟宗室之俊民之表儀迪知上帝

命孫云方言廣雅爽猛也猛孟聲近釋詁孟勉也說文爽明也明
都卽孟諸明孟字通是明亦勉也故莽誥易爽爲勉由道哲明故
訓字先謙案邦之爽明必由哲人卽先知覺後之義迪道也衆人
不知上帝命所在亦惟此此民獻之十夫道而知之經意自明不勞
穿鑿僞太誓疏引鄭說以十人爲十亂周公在亂臣中不應自稱

越天棐忱爾時罔敢易法矧今天降戾于周邦於天輔誠汝天下是知無敢易天法況今天下罪於周使四國叛乎○越天棐忱爾時罔敢易法矧今天降戾于周邦古文也今文法作定戾亦作定邦作國○法作定者莽誥云粵天輔誠爾不得易定顏注粵詞也天道輔誠爾不得改易天之定命案隸古定本作金古法字金與定相似疑經文亦本是定字傳寫者誤爲金也時是也罔敢作不得莽以意改之○戾作定邦作國者莽誥云況今天降定于漢國知經文作矧今天降定于周國與上文義貫注益知上文作定不作法也

惟大艱人誕鄰胥伐于厥室爾亦不知天命不易惟大爲難之人謂三叔也大近相伐於其室家謂叛逆也若不早誅汝天下亦不知天命之不易也○惟大艱人誕鄰胥伐于厥室爾亦不知天命不易今文與古文同○今文同者莽誥云惟大囏人翟義劉信大逆欲相伐于厥室亦豈知命之不易乎案此經大艱人謂管蔡也孫云說文遴行難也或作僯與鄰形聲近誕鄰卽大難漢書以大逆訓之今文義也

予永念曰天惟喪殷若穡夫予曷敢不終朕畝稼穡之夫除草養苗我長念天亡殷惡主亦猶是矣我何敢不順天終竟我壟畝乎言當滅殷○予永念

曰天惟喪殷若穡夫予曷敢不終朕畝今文與古文同○今文同者莽誥云予永念曰天惟喪翟義劉信若嗇夫予害敢不終予晦顏注言我當順天以終竟田晦之事曷當作害衞包所改穡莽作嗇古通用無逸稼穡漢石經作嗇

天亦惟休于前甯人予曷其極卜敢弗于從天亦惟美于文王受命我何其極卜法敢不於從言必從也○天亦惟休于前甯人予曷其極卜敢弗于從古文也今文作害敢不卜從○不卜害敢不卜從者莽誥云天亦惟休于祖宗予害其極卜害敢不卜從江云予曷為究極之於卜哉以爾眾心不安今既卜矣曷敢不惟卜是從乎先謙案據莽誥則書敢不于從亦訓敢不卜從也

率甯人有指疆土矧今卜并吉循文王所有指意以安疆土則善矣況今卜并吉乎言不可不從○率甯人有指疆土矧今卜并吉古文也今文指作旨○指作旨者莽誥云率甯人有旨疆土況今卜并吉顏注言循祖宗之業務在安人而美疆土況今卜并吉乎段云經作指疏中三云旨意皆作旨知經傳爲備包所改疏則其所未改也先謙案旨訓美有美猶美美也詩傳多此例漢鐃歌上陵曲上陵何美美言撫前人之美美疆土必思勉繼其事矧今卜并吉乎

肆朕誕以爾東征天命不僭卜陳惟若茲以卜吉之故大以汝眾東征四國天命不僭差卜兆陳列惟若此吉必克之不可不勉○肆朕誕以爾東征天命不僭卜陳惟若茲今文與古文同○今文同者莽誥云故予大以爾東征命不僭差卜陳惟若此白虎通誅罰篇誅不避親戚何所以尊君卑臣強榦弱枝明善善惡惡之義也尚書曰肆朕誕以爾東征誅弟也又云征猶正

也欲言其正也輕重從辭也尚書曰誕以爾東征誅祿甫也大傳云周公先謀於同姓同姓從謀於朋友朋友從然後謀於天下天下從然後加之蓍龜是以君子聖人謀義不謀不義故謀必成卜義不卜不義故卜必吉以義擊不義故戰必勝是以君子聖人謀則吉戰則勝正釋此經之旨皮云誅弟者白虎通姓名篇文王十子以管叔鮮次周公旦下是以管叔爲周公弟列女傳母儀篇趙岐孟子注呂覽開春篇高注後漢樊儵傳張衡思元賦魏志毋丘儉討司馬師表傳子通志篇皆以管叔爲周公弟與白虎通合漢武石室畫像列武王同母兄弟十人周公列武王下管蔡上此石刻之最可據者惟史記管蔡世家以管叔次周公之上當是用歐陽說與諸家用大小夏侯說不同

微子之命第十

周書　　孔氏傳　　王先謙參正

微子之命 稱其本爵以名篇○此梅氏古文之十九史記宋微子世家周公既承成王命誅武庚殺管叔放蔡叔乃命微子開代殷後奉其先祀作微子之命以申之國於宋書序成王既黜殷命殺武庚命微子啟代殷後作微子之命史記啟作開今古文異

王若曰猷殷王元子 微子帝乙元子故順道本而稱之○梅云王若曰猷見大誥等篇左哀九年傳陽虎曰微

子啟帝乙之元子也先謙案猷字難通說見大誥

惟稽古崇德象賢惟考古典有尊德象賢之義言今法之○惠云令文太誓曰惟稽古立功立事又策董賢語見下梅云左文二年傳謂之崇德士冠禮繼世以立諸侯象賢也統承先王修其禮物言二王之後各修其典禮正朔服色與時王並通三統作賓于王家與國咸休永世無窮為時王賓客與時偕美長世無竟○惠云易利用賓于王梅云左傳宋樂大心曰我於周為客改客作賓用虞賓在位之字

嗚呼乃祖成湯克齊聖廣淵言汝祖成湯能齊德聖達廣大深遠澤流後世○梅云乃祖字見盤庚齊聖廣淵見左傳稱八愷皇天眷佑誕受厥命大天眷顧湯佑助之大受其命謂天命○梅云二語皆見周書撫民以寬除其邪虐撫民以寬政放桀邪虐湯之德也○惠云禮祭法湯以寬治民而除其虐國語同功加于時德垂後裔言湯立功加於當時德澤垂及後世裔末也爾惟踐修厥猷舊有令聞汝微子能踐湯德久有善譽昭聞遠近○梅云左文元年傳踐修舊好詩令聞不已恪慎克孝肅恭神人子嘉乃德曰篤不忘言微子敬慎能孝嚴恭神人故我善汝德謂厚不可忘○梅云盤庚恪謹天命左傳子木曰能歆神人左僖十二年傳王命管仲曰予嘉乃勳應乃懿德謂督不忘上帝時歆下民祗協孝恭之人祭祀則神歆享施令則人敬和用是封立汝於上公之位正此東方庸建爾于上公尹茲東夏

華夏之國宋在京師東○梅云詩上帝居歆多方尹爾多方惠云
漢書董賢傳上冊賢曰朕承天序惟稽古建爾于公以爲漢輔

欽哉往敷乃訓愼乃服命率由典常以蕃王室敬哉敬其爲君之德往臨人布汝教
訓愼汝祖服命數循用舊典無失其常以蕃屛周室戒之○梅云
欽哉見堯典立政是訓用違明乃服命左僖二十八年傳敬服王
命詩率由舊章左襄二十九年傳堅事晉楚以蕃王室

弘乃烈祖律乃有民永綏厥位毗予一人大汝烈祖成湯之道以法度齊汝所有之人則長安其位以輔我一人言上下同榮慶

世世享德萬邦作式言微子累世享德不忝厥祖雖同公侯而特爲萬國法式○先謙案詩萬邦作字

俾我有周無斁汝世世享德則使我有周好汝無厭○先謙案洛誥我惟無斁

嗚呼往哉惟休無替朕命歎其德遺往之國言當惟爲美政無廢我命○梅云堯典往哉惟汝諧召誥無疆惟休詩無廢朕命左傳往踐乃職無逆朕命惠云漢書王莽傳莽策命孺子曰往踐乃位無廢予命閻云既云往敷乃訓又云往哉惟休既云愼乃服命又云無替朕命太複

康誥第十一

周書　孔氏傳　王先謙參正

康誥　命康叔之誥康圻內國名叔封字○史記衞世家周公旦以成王命興師伐殷殺武庚祿父管叔放蔡叔以武庚殷餘民封康叔爲衞君居河淇閒故商墟周公旦懼康叔齒少乃申告康叔曰必求殷之賢人君子長者問其先殷所以興所以亡而務愛民告以紂所以亡者以淫于酒酒之失婦人是用故紂之亂自此始爲梓材示君子可法則故謂之康誥酒誥梓材以命之書序成王旣伐管叔蔡叔以殷餘民封康叔作康誥酒誥梓材今古文說同書疏引馬云康圻內國名僞孔所本索隱引宋忠曰康叔從康徙封衞畿內之康不知所在也疏又引鄭云康謚號江云逸周書謚法解溫柔好樂曰康安樂撫民曰康令民安樂曰康此三義皆與康叔之行相似故鄭以康爲謚史記言康叔封冄季載皆少未得封是當武王時康叔未有國及武王崩卽有流言之事周公東征時未遑封康叔也三監誅而以其地封康叔則始封卽衞國何嘗有康國乎鄭說是馬宋僞孔皆非皮云康乃謚號而以之名篇者史公分別康誥酒誥梓材之義以務愛民屬之康誥則康當取愛民爲義康誥篇云用康保民用康乂民迪吉康康乃心康字甚多疑康叔卽以此爲號如成王生號成王之比逮沒而因以爲謚也

惟三月哉生魄 周公攝政七年三月始生魄月十六日明消而魄生○惟三月哉生魄古文也今文魄一作霸哉一作載僞傳說非見下○惟三月者大傳云周公攝政四年建侯衞則三月爲攝政四年之三月也魄一作霸者漢書律厯志引顧命惟四月哉生霸此亦當同釋詁哉始也說文霸下云月始生霸然也承大月二日承小月三日周書曰哉生霸隸古定本同唐本改魄哉一作載者漢書王莽傳作載生魄叚借字禮鄉飲酒義月三日則成魄推度災云月三日成魄八日成光援神契云月三日而成魄三月而成時白虎通日月篇三日成魄八日成光楊子法言五百篇月未望則載魄於西既望則終魄於東是今文說皆以月初生明爲魄釋文引馬云魄朏也謂月三日始生兆朏名曰魄說文朏下云月未盛之明也从月出是馬古文說與今文同惟律厤志引三統術云死霸朔也生霸望也孟康曰月二日以往明生魄死故言死魄魄月質也此劉歆古文異說僞傳所本

周公初基作新大邑于東國洛四方民大和會 初造基建作王城大都邑於東國洛汭居天下土中四方之民大和悅而集會○周公初基今文無徵作新大邑于東國洛四方民大和會古文也今文無大字○周公初基者書疏及大司徒疏詩芣苢疏引鄭云此時未作新邑基謀也岐鎬之域處五嶽之外周公爲其於政不均故東行於洛邑合諸侯謀作天子之居四方民聞之同心來會樂即功作効其力焉是時周公居攝四年也隆平已至今文無大字者大傳周傳云周公將作禮樂優游之三年不能作君子恥其言而不見從恥其行而不見隨將大作恐天下莫我知也將小作恐不能揚父祖功業德澤然後

營洛以觀天下之心於是四方諸侯率其羣黨各攻位於其庭周公曰示之以力役且猶至況導之以禮樂乎然後敢作禮樂書曰作新邑于東國洛四方民大和會此之謂也孫云大傳云各攻位于其庭是今文以基爲基址與鄭說異洛當爲雒詳禹貢章謙存云經言大邑指王都言新邑指下都王都起四年三月成於五年三月下都起五年三月乙卯成於六年此鄭善推伏生年數脗合經史**侯甸男邦采衛百工播民和見士于周**此五服諸侯服五百里侯服去王城千里甸服千五百里男服去王城二千里采服二千五百里衛服三千里與禹貢異制五服之百官播率其民和悅並見卽事於周○侯甸男邦采衛古文也今文男邦作任國百工播民和見士于周今文無徵○男邦作任國者以史記引禹貢文推之當然大傳云周公攝政四年建侯衛周語侯衛賓服韋注此總言之也侯侯圻衛衛圻言自侯圻至衛圻其閒凡五圻五圻者侯圻之外曰甸圻甸圻之外曰男圻男圻之外曰采圻采圻之外曰衛圻周書康誥曰侯甸男采衛是也職方氏辨九服之邦國方千里曰王畿其外方五百里曰侯服又其外方五百里曰甸服又其外方五百里曰男服又其外方五百里曰采服又其外方五百里曰衛服又其外方五百里曰蠻服又其外方五百里曰夷服又其外方五百里曰鎮服又其外方五百里曰藩服蠻服以內爲中國蠻服亦謂之要服書疏引鄭云不見要服者遠於役事而恆闕焉九服於大司馬職爲九畿亦曰九近畿圻近三字通邦宇居中以貫上下○百工播民和見士于周者工官播布士事也百官徧布民皆和悅天官書以星見爲效正義效見也此見士訓爲效事**周公咸勤乃**

洪大誥治 周公皆勞勉五服之人遂乃因大封命大誥以治道○周公咸勤乃洪大誥治今文無徵○周公咸勤乃洪大誥治者釋詁咸皆勤勞也凡效事於周者公皆勞之書疏云爲大封命大誥康叔以治道鄭以洪爲代言周公代成王誥案釋詁洪代也爾雅作鴻古字通釋文一本作周公迺洪大誥治

王若曰孟侯朕其弟小子封 周公稱成王命順康叔之德命爲孟侯孟長也五侯之長謂方伯使康叔爲之言王使我命其弟封封康叔名稱小子明當受教訓○王若曰孟侯朕其弟小子封今文與古文同王鳴盛云四代州牧皆牧伯通稱從無稱爲孟侯者僞傳臆說不足信○今文同者漢書王莽傳莽上奏太后日尚書康誥王若曰孟侯朕其弟小子封此周公居攝稱王之文也書疏引鄭以王若曰爲總告諸侯大傳略說云天子太子年十八日孟侯孟侯者於四方諸侯來朝迎於郊者問其所不知也問之人民之所好惡土地所生美珍怪異山川之所有無及父在時皆知之鄭注孟迎也十八嚮入大學爲成人博問庶事也鄭又注尚書云依略說太子十八爲孟侯而呼成王詩豳譜疏引鄭注金縢云作康誥時成王年十八江云呼成王與俱誥康叔使誥詞若自成王出禮文王世子云仲尼曰昔者周公攝政踐阼而治抗世子法于伯禽所以善成王也又云成王幼不能涖阼以爲世子則無爲也是故抗世子法于伯禽使之與成王居欲令成王之知父子君臣長幼之誼也是周公居攝時以世子禮教成王則呼成王爲孟侯不足異也伏生爲傳尚書之鼻祖大傳所說是未經秦火時所受於先師之遺義蓋自七十子以來遞有師承者不可駮也皮云白虎通朝聘篇朝禮柰何諸侯將至京師使之通

命于天子天子遣大夫迎之百里之郊遣世子迎之五十里之郊矣覲禮經至于郊王使人皮弁用璧勞尚書大傳云天子太子年十八曰孟侯于四方諸侯來朝迎于郊據莊述祖禰孝經曰昔者明王之以孝治天下不敢遺小國之臣而況於公侯伯子男乎鄭云古者諸侯五年一朝天子使世子郊迎儀禮賈疏引書大傳太子出迎之文以爲此異代之制又引孝經鄭注天子使世子郊迎皆異代法非周制也唐冊太子文云盡謙恭于齒胄審方俗于迎郊猶用大傳之文書疏乃云禮制無文義理駢曲不知一代有一代之法不得以周禮無文爲疑大傳毋佚篇高宗有親喪居廬三年然未嘗言國事而天下無背叛之心者何也及其爲太子之時盡以知天下人民之所好惡是以雖不言國事也知天下無背叛之心伏生言高宗爲太子時知人民之所好惡與略說孟侯義合是殷時有此制史記五帝紀解四門穆穆云諸侯遠方賓客皆敬集解引馬融云四門四方之門諸侯羣臣朝者舜賓迎之皆有美德也賓迎四方諸侯正太子迎侯之事蓋堯將禪舜先使舜居太子之職自唐虞至殷其制皆然封康叔在居攝四年未制周禮故循殷制呼成王爲孟侯其後周公制禮損益前代無復此制所以儀禮無太子迎侯之文後人不知有此事惟伏生見古書識其制耳書疏云豈周公自許天子以王爲孟侯皆不可信不知周公攝政稱天子見逸周書明堂解禮記明堂位諸書荀子史記大傳說苑淮南論衡皆有居位踐阼之文此王若曰實居攝稱王民無二王公稱王則成王止可稱世子古者世子之稱繫於今君亦繫於先君禮記曾子問曰君薨而世子生如之何是君薨仍可稱世子孔子曰卿大夫士從攝主是古有代君攝位之事左傳是以隱公立而

奉之杜注立爲太子帥國人奉之孔疏云太子者父在之稱今惠公己薨而云立爲太子者以其未堪爲君仍處太子之位故也以此推之成王少未堪爲君猶之魯桓周公攝位猶之魯隱隱可奉桓公爲太子周公何不可奉成王爲太子乎其云孟侯者周公使成王迎諸侯非周公以王爲侯如孔疏所疑也王鳴盛據大戴記公冠篇公冠爲成王可稱公卽可稱侯孫星衍據釋詁侯君也太子稱孟侯猶云長君漢靈帝皇子辨稱史侯皇子協號董侯雖申伏義皆與伏義不符且史董乃亂世之事豈可以證古制哉漢書地理志周公封弟康叔號曰孟侯與其所撰白虎通引大傳義不合陳喬樅以爲班固從祖伯從鄭寬中受小夏侯尙書蓋小夏侯說也然攷之史記康叔不得稱侯衞世家云封康叔爲衞君不言何爵後皆稱伯至頃侯厚賂周夷王夷王命衞爲侯始稱侯是衞初封時乃伯爵非侯爵然則班志未可據而伏鄭以爲成王者其義不可易矣周公封康叔必呼成王者成王爲太子主迎諸侯則封諸侯亦太子之所有事故公並戒成王趙岐注孟子以康誥爲周公戒成王及康叔封而作岐用今文說蓋今文義如是段云孟爲迎者孟音如芒迎音如卬此於疊韻求之

惟乃丕顯考文王克明德慎罰

惟汝大明父文王能顯用俊德慎去刑罰以爲教首○惟乃丕顯考文王克明德慎罰今文與古文同一明下多俊字○今文同者尙書大傳周傳引書曰惟乃丕顯考文王禮大學引康誥曰克明德大小戴記與大小夏侯尙書同出夏侯始昌此夏侯本也大傳又云子夏曰昔者三王愨然欲錯刑遂罰平心而應之和然後行之然且曰吾意者以不平慮之乎吾意者以不和平之乎如此者三然後行之此之謂

愼罰一明下多俊字者周傳引書如此蓋歐陽異文左成二年傳
周書曰明德愼罰文王所以造周也明德務崇之之謂也愼罰務
去之之謂也荀子正論篇書曰克明明德謂王道貴宣明不當以
元而難知使人疑荀子引書又多一明字案此言文王尙德緩刑
荀說非經本恉**不敢侮鰥寡庸庸祗祗威威顯民**惠恤窮民不慢鰥夫寡婦用可用敬可敬刑可
刑明此道以示民○不敢侮鰥寡庸庸今文無徵祗祗威威顯民
古文也今文威作畏○不敢侮鰥寡者左成八年傳韓厥告晉侯
引周書如此釋之曰所以明德也蒙上文言之庸庸釋詁云勞也
今文威作畏者王應麟藝文志攷證云漢人引祗祗畏畏顯民皆廣
雅釋詁祗祗畏畏敬也徐幹中論法象篇文王祗畏造彼區夏杜
以畏爲威古祗古威畏通用左宣十五年傳周書所謂庸庸祗祗者
注用可用敬可敬則畏畏當爲畏可畏也釋詁顯見也
酒誥厥命罔顯於民言文王勤勞敬畏德澤顯見於民**用肇造我**
區夏越我一二邦以修用此明德愼罰之道始爲政於我區域諸夏故於我一二邦皆以修治○用肇造我
區夏越我一二邦以修今文無徵邦當作國○肇者釋詁云始也
修者中庸鄭注治也言用是始造我區域於中夏於我一二友邦
皆以修治邦作國者以今文例之當然下同不復出**我西土惟時怙冒聞于上帝帝休**我西土岐
周惟是怙恃文王之道故其政教冒被四表上聞于天天美其治
○我西土惟時怙今文無徵冒聞于上帝帝休今文與古文同○
我西土惟時怙者詩蓼蕭韓傳怙賴也恃也言西土之民惟是恃
賴之冒聞于上帝帝休者論衡初禀篇引康王誥作之誥如此趙

岐孟子注引康誥同王鳴盛云冒有上進意故曰冒聞讀如氾勝之農書土長冒橛之冒

天乃大命文王殪戎殷誕受厥命

天美文王乃大命之殺兵殷大受其王命謂三分天下有其二以授武王○天乃大命文王今文與古文同殪戎殷今文殪作壹誕受厥命今文無徵○天乃大命文王者大傳云天之命文王非哼哼然有聲音也文王在位而天下大服施政而物皆聽命則行禁則止動搖而不逆天之道故曰天乃大命文王文王受命一年斷虞芮之質二年伐于三年伐密須四年伐畎夷五年伐耆六年伐崇七年而崩論衡初稟篇天乃大命文王所謂大命者非天乃命文王也聖人動作天命之意也與天合同若天使之矣書乃激勸康叔勉使為善故言文王行道上聞于天天乃大命之也○殪戎殷者左宣六年傳引周書曰殪戎殷杜注殪盡也康誥言武王以兵伐殷盡滅之殪作壹者禮中庸壹戎衣而有天下鄭注戎兵也衣讀如殷聲之誤也壹戎殷者一用兵伐殷也鄭本作壹與左傳作殪不同蓋鄭用今文楊雄兗州牧箴武果戎殷與左傳禮記同以戎殷為武王事今古文說不異○誕受厥命者釋詁誕大也

越厥邦厥民惟時敘

於其國於其民惟是次序皆文王教○越厥邦厥民惟時敘今文無徵邦當作國此言武王事偽傳屬文王非○越厥邦厥民惟時敘者言于其國其民惟是順敘咸有理紀

乃寡兄勖肆汝小子封在茲東土

汝寡有之兄武王勉行文王之道故汝小子封得在此東土為諸侯○乃寡兄勖肆汝小子封在茲東土今文無徵○乃寡兄勖者詩文王刑于寡妻箋云寡妻寡有之妻言賢也書曰乃寡兄勖是寡兄亦謂寡有之

兄言殪殷受命乃汝寡兄武王勉繼先人之志爲之○肆汝小子封在茲東土者釋詁肆故也追述得受封爲諸侯之故由前人勑業勤勞以厲之白虎通封公侯篇天下太平乃封親屬者云不私也即不私封之何普天之下莫非王土率土之賓莫非王臣海內之衆已盡得使之不忍使親屬無短足之居一人之使封之親親之義也以尚書封康叔據平安也鄭注居攝四年隆平已至與白虎通合

王曰嗚呼封汝念哉念我所以告汝之言嗚呼封汝念哉今文無徵○王曰**今民將在祗遹乃文考紹聞衣德言**今治民將在敬循汝文德之父繼其所聞服行其德言以爲政敎○今民將在二句今文無徵○今民將在云云者釋文遹馬云述也釋詁祗敬也紹繼也孫云聞謂舊聞衣同依學記不學博依依或爲衣言今人將在敬述文王繼其舊聞依其德言江云齊語殷衣同聲故或以衣爲殷如殪戎殷中庸作壹戎衣是其明證下文言殷先哲王商耇成人讀衣爲殷乃與下意貫注言今民將覗汝之敬述乃文考紹文考所聞殷之德言遂周書世俘解云古朕聞文考修商人典是文考嘗聞商先王之德言而奉行之先謙案在察也言民將察汝之所行政敎

往敷求于殷先哲王用保乂民汝往之國當布求殷先智王之道用安治民○往敷求于殷先哲王用保乂民今文與古文同乂一作艾○今文同者史記云問其先殷所以興所以亡而務愛民依經文說之也詩賚鄭箋敷偏也釋詁保安也乂治也言往偏求殷先賢王之道以安治其民是問其先殷所以興而以愛民爲務也乂一作艾者以今文例之當然

汝丕遠惟商耇成人宅

心知訓
汝當大遠求商家耉老成人之道常以居心則知訓民○
汝丕遠惟商耉成人宅心知訓今文與古文同宅當爲度
○今文同者史記云必求殷之賢人君子長者亦依經文說之賢
人君子謂成人長者謂耉言汝大遠思惟商耉成人之言度之於
心則知道矣釋詁耉壽也訓道也周公誥康叔以此四語爲
最要故史公說經亦注重四語宅作度者以今文例之當然
別求聞由古先哲王用康保民
又當別求所聞父兄用古先智王之道
用其安者以安民○別求聞由古先哲
王用康保民今文無徵○別求聞由云云者由繇同釋詁繇道也
又進而上之別求聞道於虞夏先王以安保斯民書疏引鄭云古
先哲王
虞夏也
弘于天若德裕乃身不廢在王命
大于天爲順德則不見
廢常在王命○弘于天
若德裕乃身不廢在王命今文無徵○弘于天云云者荀子富國
篇足國裕民而善藏其餘故知節用裕民則必有仁義聖良之名
而且有富厚邱山之積矣康誥曰弘覆乎天若德裕乃身此之謂
也楊倞注宏覆如天又順于德是乃所以寬裕汝身也先謙案爲
君者徒務寬容而不能善善惡惡則弘覆而不順於德非裕乃身
之道故若德爲尤要宋本荀子裕乃身下有不廢在王庭五字元
刻近刻皆脱之言登顯在王
庭不至廢替與在王命義同
王曰嗚呼小子封恫瘝乃身敬哉
恫
痛
瘝病治民務除惡政當如痛病在汝身欲去之敬行我言○王曰
嗚呼小子封恫瘝乃身敬哉古文也今文瘝作矜○瘝作矜者後
漢和帝紀永元八年詔曰朕寤寐恫矜引此經文李注尚書曰恫
矜乃身孔注曰恫痛也矜病也是唐初本尚作矜古書鰥矜通作

王鳴盛云釋詁鰥病也與鰥寡字同從魚不從疒故說文無瘝字
後人以其訓病改從疒召誥智藏瘝在同皆非也段云爾雅郭注
引書作瘝當是俗改本書疏引鄭云刑罰及已爲痛病
江云言當視民如傷若痛病之在汝身敬哉屬下爲義**天畏棐忱**
民情大可見小人難保天德可畏以其輔誠民情大可見以小人難安○天畏棐忱古文也今文畏作威忱
作諶民情大可見小人難保今文無徵○畏作威忱作諶者風俗
通十反篇書曰天威棐忱言天德輔誠也爾雅郭注文選李注引
皆作威蔡邕瑯琊王傳蔡公碑示以棐諶之威今文尚書祇祇畏
畏作畏天威棐諶作威與古文尚書適相反天威棐諶者言天威
之明惟誠是輔於下民無私愛也○民情大可見小人難保者江
云天之惟誠是輔即於民情見之故曰民情大可見小人不易保
安當盡治民之道**往盡乃心無康好逸豫乃其乂民**往當盡汝心爲政無自安好逸豫寬身其
乃治民○往盡乃心無康好逸豫乃其乂民古文也今文盡作悉
無作毋康作侗一作桐逸一作佚無豫字乂一作艾○往盡乃心
云云者言汝往臨民惟自盡其心無苟安而好逸豫乃其治民之
道也盡作悉者漢舊儀丞相御史大夫初拜策云往悉乃心宣帝
神爵三年丞相初拜策五鳳二年御史大夫初拜策皆曰往悉乃
心和裕開賢史記三王世家武帝封燕齊廣陵三王策皆曰悉爾心
漢書董賢傳哀帝封賢策曰往悉爾心漢故國三老袁良碑往悉
乃心蔡邕西鼎銘悉心在公朱公叔鼎銘悉心臣事文烈侯楊公
碑悉心畢力三國志引英雄記袁紹遣使拜烏丸版文曰用能悉
乃心克有勳力於國家皆用今文○無作毋康作侗一作桐逸一

作佚無豫字者三王世家立廣陵王策云毋侗好佚段云此今文尚書也漢書武五子傳作毋桐好逸顏注桐輕脫之貌皆無豫字侗桐字通佺侗一作空桐是其證也兪樾云經豫字衍傳以自安釋康字以逸豫釋逸字非經文有豫字也僞五子之歌太康尸位以逸豫故僞傳遇逸字每以逸豫釋之酒誥無逸多方諸傳可證此經豫字卽涉傳文而誤衍漢書毋侗之好逸葢康聲轉而爲空與同聲相近古文傳文康誤今文作侗下無豫字有明徵當據以訂正先謙案乂故一作艾者以今文例之當然廣陵王策又云於戲保國艾民可不敬與亦用乃其艾民文**我聞曰怨不在大亦不在小惠不惠懋不懋**不在大大起於小不在小小至於大言怨不可爲故當使不順者順不勉者勉○我聞曰怨不在大亦不在小今文與古文同惠不惠懋不懋今文無徵○我聞曰者古有是言引以證小人之難保也今文同者說苑貴德篇智果諫智襄子引周書有之曰怨不在大亦不在小與晉語知伯國引周書同惠不惠懋不懋者左昭八年傳引周書懋作茂古懋茂通用**已汝惟小子乃服惟弘王應保殷民**已乎汝惟小子乃當服行德政惟弘大王道上以應天下以安我所受殷之民衆○已汝惟小子乃服惟弘王應保殷民今文無徵已當作熙僞傳誤讀宏王爲句○已作熙者以大誥例之當然汝惟小子乃服惟弘者段云左傳引周書曰惠不惠茂不茂康叔所以服弘大也此與周書曰明德愼罰文王所以造周也文法正同皆㬎括之法造周卽經文肇造我區夏也服弘大卽經文乃服惟弘也說文服治也言其所治弘大王應保殷民者王引之云周語韋注應受也應保猶云受保

士冠禮字辭云永受保之應與容承俱聲相近易臨象傳容保民無疆容亦受也洛誥承保乃文祖受命民承亦受也言王方受保殷民也殷民者左定四年傳分康叔以殷民七族陶氏施氏繁氏錡氏樊氏饑氏終葵氏是也**亦惟助王宅天命作新民**引王道安殷民亦所以惟助王者居順天命爲民日新之敎○亦惟助王宅天命今文無徵宅當作度作新民今文與古文同○宅作度者以今文例之當然言王受保殷民汝亦思惟助王圖度天命也作新民者禮大學引康誥如此殷民被紂化漸染日久戒康叔與之更始**王曰嗚呼封敬明乃罰**敷而勑之凡行刑罰汝必敬明之欲其重慎○王曰嗚呼封古文也今文嗚呼作於戲敬明乃罰今文與古文同○嗚呼作於戲者潛夫論述敎篇引尚書康誥王曰於戲段云凡古文作烏呼者今文作於戲見匡謬正俗今本匡謬正俗古今字互譌證以漢石經殘碑於戲字可定○今文同者潛夫論引敬明乃罰禮緇衣引同孫云衞世家成王長用事舉康叔爲司寇今此告以司寇之事在攝政之時者蓋周公知康叔仁厚可爲司寇故先敎以愼刑後乃命以官也**人有小罪非眚乃惟終自作不典式爾**小罪非過失乃惟終身行之自爲不常用犯汝○人有小罪四句古文也今文非眚作匪省式作戒○非眚作匪省式作戒者潛夫論云人有小罪匪省乃惟終自作不典戒爾江云典法式用也言自爲不法故用如此眚作省者通用字洪範王省惟歲史記亦作眚自作不典戒爾者既不法又不戒也**有厥罪小乃不可不殺乃有大罪非終乃惟眚災適爾既**

道極厥辜時乃不可殺汝盡聽訟之理以極其罪是人所犯亦不可殺當以罰宥論之○有厥罪小七句古文也今文非終作匪終眚災作省哉辜作罪時乃作時亦○非終作匪終云云者潛夫論云有厥罪小乃不可不殺言恐殺云當是惡字人有罪雖小然非以過差爲之也乃欲終身行之故雖小不可不殺也何則是本頑凶思惡而爲之者也乃有大罪匪終乃惟省哉適爾既道極厥罪時亦不可殺言殺殺云字誤人雖有大罪非欲以終身爲惡乃過誤爾是不殺云當有可字殺也若此者雖曰赦之可也金作贖刑赦過宥罪皆謂眚人吉士時有過誤不幸陷離者爾孫云省哉當爲省裁詩傳適過也道極厥辜者以正道盡其罪也後漢陳忠傳忠上疏曰明者慎微智者識幾書曰小不可不殺此引書省文非有異本

王曰嗚呼封有敘時乃大明服歎政教有次敘是乃治理大明則民服○王曰嗚呼封有敘時乃大明服今文無徵○有敘時乃大明服者左僖二十三年傳引周書曰乃大明服荀子富國篇誠乎上則下應之如景響雖欲無明達得乎哉書曰乃大明服惟民其力懋和而有疾此之謂也宋本如此江云觀左荀所引知時字不下屬釋詁敘順也時是也言其順是殺終赦眚之法則法大明而民服矣

惟民其勑懋和民既服化乃其自勑正勉爲和○惟民其勑懋和今文無徵○惟民其勑懋和者釋詞其猶乃也下同荀子勑作力峴楊倞注懋勉也言君大明以服下則民勉力爲和調

若有疾惟民其畢棄咎化惡爲善如欲去疾治之以理則惟民其盡棄惡修善○若有疾惟民其畢棄咎今文無徵○若有疾者荀子作而有疾峴楊倞注而疾速以明效上之急也

案如荀引有當讀爲乂惟民其畢棄咎者釋詁畢盡也說文棄捐也言民盡捐去咎惡

若保赤子惟民其康乂

愛養人如安孩兒赤子不失其欲惟民其皆安治○若保赤子古文也今文若作如惟民其康乂今文與古文同乂一作艾○言若保赤子者孟子墨者夷之曰儒者之道古之人若保赤子此言何謂也孟子曰彼有取爾也赤子匍匐將入井非赤子之罪也趙注以赤子無知故救之王鳴盛云此經文用孟義乃合蓋此主用刑言民之犯法如赤子無知觸陷於死地吾保救之民自安治若作如者禮大學引康誥曰如保赤子心誠求之雖不中不遠矣鄭注養子者推心求之而中於赤子之嗜欲也○惟民其康乂者釋詁曰康安乂治也後漢順帝紀詔曰儉以恤民政致康乂梁商傳商疏曰賞不僭濫刑不淫濫五帝三王所以同致康乂也蔡邕和熹鄧后謚議以迄康乂薦皇甫規表迄用康乂用此經文乂一作艾者以今文推之當然樊毅修華嶽碑康艾室宇即用經字

非汝封刑人殺人

言得刑殺罪人○非汝封刑人殺人今文無徵○非汝封刑人殺人言刑殺皆由天討非汝所得專刑人之刑說文作刑云剄也與荆異

無或刑人殺人

無以得刑殺人而有妄刑殺非辜者○無或刑人殺人今文無徵○無或刑人殺人者言無或以己意刑殺人

非汝封又曰劓刵人

劓截鼻刵截耳刑之輕者亦言所得行○非汝封又曰劓刵人僞古文也今古文刵作刖○今古文刵作刖者王引之云刵當爲刖字形相似而誤易困九五劓刖虞翻注割鼻曰劓斷足曰刖正與康誥劓刖同義楊雄廷尉箴有國者無云何謂是刖是劓即本於康誥也書疏引鄭注康誥曰臣從君坐之

刑則字當作刖刖左僖二十八年傳刖鍼莊子正臣從君坐之刑呂刑刵劓亦刖劓之譌說文㪿字引書曰刖劓㪿黥是許氏所見本正作刵刖夏侯等今文尚書作臏劓宮𫉲上本誤𫉲在割頭庶剠案臏爲去臏蓋與刖同類故今文作臏古文作刖猶捌辟之捌今文作臏王周官作刖也若作刵字而言斷耳則與臏義不相當矣先謙案說是據楊雄廷尉箴所見今文本作劓刖人據鄭注所見古文本作劓刖人也疏云刵者周官五刑所無尚書二文證之它書皆非是則刵字出僞經無疑**無或劓刵人**所以舉輕以戒爲人輕行之○無或劓刵人今古文刵作刖○刵作刖者說詳上言雖輕刑亦不得以己意行之**王曰外事汝陳時臬司師茲殷罰有倫**言外土諸侯奉王事汝當布陳是法司牧其眾及此殷家刑罰有倫理者兼用之○王曰外事汝陳時臬司師今文無徵茲殷罰有倫今文與古文同○王曰外事者江云聽獄之事也聽獄在外朝故云外事周禮朝事掌建邦外朝之法左九棘孤卿大夫位焉羣士在其後右九棘公侯伯子男位焉羣吏在其後面三槐三公位焉州長眾庶在其後左嘉石平罷民焉右肺石達窮民焉槀人鄭注外朝司寇聽獄蔽訟之朝也汝陳時臬司師者廣雅釋詁臬法也說文臬射的也準的猶準則故以譬法釋詁師眾也司與何同言陳列是法以司察汝眾也○今文同者大傳云茲殷罰有倫今也反是諸侯不同聽每君異法聽無有倫是故知法難也荀子正名篇刑名從商爵名從周楊倞注商之刑法未聞康誥曰殷罰有倫言殷刑之允當也倫同侖說文云理也言商刑有倫理可從**又曰要囚服念五六日至于旬時丕蔽要**

要囚謂察其要辭以斷獄既得其辭服膺思念五六日至於十
囚 日至於三月乃大斷之言必反覆思念重刑之至也○又曰要
囚服念五六日至于旬時丕蔽要囚今文無徵○又曰者書疏引
顧氏云周公重言之也要囚者周禮鄉士云異其死刑之罪而要
之注云要之爲其罪法之要辭服者言其詞服而獄具也要囚服
三字爲句念五六日至于旬時者旬十日時一時三月也小司寇
云以五刑聽萬民之獄訟附于刑用情訊之至于旬乃蔽之卿士
云辨其獄訟異其死刑之罪而要之旬而職聽于朝遂士二旬而
職聽于朝縣士三旬而職聽于朝皆司寇聽之方士三月而上獄
訟于國司寇聽其成于朝言斷獄者據要囚辭服以論罪恐不詳
慎而誤入人於刑當思念五六日或至于十日及三月也丕蔽要
囚者丕大也王鳴盛云太宰八日官計以弊邦治小宰羣吏之要
治鄭皆訓弊爲斷說文無弊有蔽弊即蔽也左昭十四年傳蔽罪
邢侯杜注蔽斷也久而後大斷之者求其情覬有可生之路且恐
因虛承其罪亦容其自反覆刑者 **王曰汝陳時臬事罰蔽殷彝** 陳是
一成而不可變故君子盡心焉
法事其刑罰斷獄用殷家常法謂典刑故事○王曰汝陳時臬事
罰蔽殷彝今文無徵○王曰汝陳時臬事罰蔽殷彝者釋詁彝常
也司尊彝序官鄭注彝法也江云上文云汝陳時臬此亦當
同事字下屬言汝陳列是法以從事於罰斷爲殷之常法 **用其**
義刑義殺勿庸以次汝封 義宜也用舊法典刑宜於時世者以刑
殺勿用以就汝封之心所安○用其義
刑義殺勿庸以次汝封今文無徵○用其義刑義殺勿庸以次汝
封者荀子宥坐篇不教而責成功虐也書曰義刑義殺勿庸以即

旬予維曰未有順事言先敎也致士篇云書曰義刑義殺勿庸以卽女惟曰未有順事言先敎也楊注當先敎後刑躬自厚而薄責於人也王肅自定家語始誅篇云書云義刑義殺勿庸以卽汝心惟日未有愼事肅注庸用也卽就也刑殺皆當以義勿用以就汝心之所安當謹自謂未有順事且陳道德以服之以無刑殺而後爲順段云據注文引經愼字亦當同荀子作順轉寫之誤也尙書卽作爻者古音爻同桼在第十二部如爻室之女一作漆室之女小篆坴字古文作皇周禮巾車故書軌字讀爲桼皆其證肅依傍荀子荀所據非必壁中本故字異而長短亦不同疑與今文尙書合也先謙案肅注與僞傳合此又僞傳出肅之一證也劉云殷彝常法也義刑義殺因時制宜周官所謂重典輕典不常用也

乃汝盡遜曰時敘惟曰未有遜事

乃使汝所行盡順曰是有爻敘惟當自謂未有順事君子將興自以爲不足○乃汝盡遜曰時敘惟曰未有遜事今文遜當作訓○今文遜作訓者荀子兩引書予惟曰未有順事釋之曰言先敎也現就荀義推之則今文尙書此文當作乃汝盡訓曰時敘惟曰未有訓事上曰字詞也言汝盡訓其民曰已於是就敘惟自念曰尙未有訓民之事也故荀引以爲先敎之證荀訓事作順事者順訓義同字亦通用史記堯紀能明馴德徐廣讀馴爲訓而解爲順舜紀五品不馴殷紀作五品不訓亦釋爲順漢書律厤志予欲聞六律五聲八音七始詠以出內五言詠字係傳寫之誤當作訓故隋書律厤志引書作訓以出納五言而漢志釋書云順以歌詠五常之言以順釋訓非以歌詠釋詠也荀子之順事亦卽訓事之誤堯典五品不遜今文尙書作不訓詳見堯典知此盡遜遜事兩遜字今文

必皆作訓說文愻順也唐書曰五品不愻是古文尚書亦作愻不作遜也此兩遜字葢亦衞包以借字改之或包前已然

已汝惟小子未其有若汝封之心朕心朕德惟乃知已乎他人未其有若汝封之心言汝心最善我心我德惟汝所知欲其明成王所以命己之款心○已汝惟小子五句古文也今文已作熙○已作熙者以大誥例之當然釋詞其語助也王鳴盛云左定六年傳太姒之子惟周公康叔爲相睦故云朕心朕德惟乃知也江云朕心屬上讀心朕心言以我心爲心也其義亦通

凡民自得罪寇攘姦宄殺越人于貨凡民用得罪爲寇盜攘竊姦宄殺人顯越人於是以取貨利○凡民自得罪寇攘姦宄殺越人于貨今文無徵○凡民自得罪云云者荀子君子篇聖王在上分義行乎下刑罰綦省而威行如流治世曉然皆知夫爲姦則雖隱竄逃亡之由不足以勉也故莫不服罪而請書曰凡人自得罪民作人葢唐人避諱改之此之謂也楊注人之自得其罪不敢隱也與今康誥義不同或斷章取義王鳴盛云此以自作服罪解葢殺人取貨惡之大者有誅無赦必服其罪荀義得之先謙案言凡民有自得罪而不悔者若寇賊攘奪內爲姦外爲宄殺于人取于貨也孟子引康誥曰殺越人于貨趙注越于皆於也

暋不畏死罔弗憝暋強也自強爲惡而不畏死人無不惡之者言當消絕之○暋不畏死罔弗憝僞古文也今古文罔上有凡民二字今文暋作閔弗憝作不譈○暋不畏死凡民罔弗憝者說文暋下云冒也从攴昏聲周書曰暋不畏死憝下云怨也从心敦聲周書曰凡民罔不憝是許用古文有凡民二字今文有凡民二字暋作閔弗憝

作不譈者孟子引康誥閔不畏死凡民罔不譈是不待敎而誅者也殷受夏周受殷所不辭也趙注閔然不知畏死者譈殺也凡民無不得殺之者若此之惡不待君之敎命遭人得討之三代相傳以此法不須辭問也經注並有凡民二字是僞經獨無二字矣皮云趙岐治今文學所據孟子本當與今文尚書同故與說文引周書異其訓譈爲殺亦與說文作憝訓怨不同疑亦今文說也孫云暋作閔聲相近譈非古字云殺未詳

王曰封元惡大憝矧惟不孝不友大惡之人猶爲人所大惡況不善父母不友兄弟者乎言人之罪惡莫大於不孝不友○王曰封元惡大憝今文與古文同矧惟不孝不友今文無徵○今文同者楊雄法言修身篇君子悔吝不至何元譈之有李軌注元譈大惡也憝譈字同元譈卽㯻括此經元惡大憝之文釋詁元首也元惡惡人之魁首大憝大爲怨於人剡惟不孝不友者說文剡作弦云詞也言首惡爲民大怨者其惟不孝不友之人乎釋訓善父母爲孝善兄弟爲友

子弗祗服厥父事大傷厥考心爲人子不能敬身服行父道而怠忽其業大傷其父心是不孝○子弗祗服厥父事二句今文無徵○子弗祗服厥父事云云者釋詁祗敬也服同𠬝說文治也禮記生曰父母死曰考妣書疏云考妣通生死倉頡篇考妣延年明非生死異稱也

于父不能字厥子乃疾厥子於爲人父不能字愛其子乃疾惡其子是不慈○于父不能字厥子二句今文無徵兪樾云士冠禮鄭注于猶爲也聘禮記注于讀曰爲古于爲同聲通用此于亦當讀爲下于弟同

于弟弗念天顯乃弗克恭厥兄於爲人弟不念天之

明道乃不能恭事其兄是不恭○于弟弗念天顯二句今文無徵
○于弟弗念天顯云云者孫云釋詁顯代也謂兄於天倫有代父之道

兄亦不念鞠子哀大不友于弟

爲人兄亦不念稚子之可哀大不篤友于弟是不友○兄亦不念鞠子哀二句今文無徵

惟弔茲不于我政人得罪

不惟人至此不孝不慈不友不恭不於我執政之人得罪乎道敎不至所致○惟弔茲不于我政人得罪今文無徵○惟弔茲不于我政人得罪者政人爲政之人說文得取也惟至此不孝慈友恭我政人必取而罪之若不於我政人得罪則爲不善者無所懲戒也

天惟與我民彝大泯亂

天與我民五常使父義母慈兄友弟恭子孝而廢棄不行是大滅亂天道○天惟與我民彝大泯亂今文無徵○天惟與我民彝大泯亂者承上不得罪言王引之云泯亦亂也呂刑泯泯棼棼傳泯泯爲亂也此傳訓泯爲滅失之

曰乃其速由文王作罰刑茲無赦

言當速用文王所作違敎之罰刑此亂五常者無得赦○乃其速由今文無徵文王作罰刑茲無赦今文與古文同○曰乃其速由者孫云由同訧廣雅釋詁云辠也速與酒誥惟民自速辜之速同義言此父子兄弟不睦之人乃其自召罪訧也○文王作罰刑茲無赦者漢書宣紀元康二年詔風俗通皇霸篇引書同潛夫論述赦篇云養稊稗者傷禾稼惠姦宄者賊良民書曰文王作罰刑茲無赦先王制刑非好傷人肌膚人壽命乃以威姦懲惡除民害也又左僖三十三年傳晉臼季引康誥云父不慈子不祗兄不友弟不恭不相及也又昭二十年傳苑何忌引康誥曰父子兄弟罪不相及與臼季語意同後漢肅宗

紀元和元年詔亦引書父不慈云云李注引左傳胥臣云云胥臣曰季也潛夫論論榮篇堯聖父也而丹凶傲舜聖子也而瞍頑惡鯀殛而禹興管蔡爲戮周公祐王故書稱父子兄弟不相及也語意同前書疏以爲即此文孫星衍云罪不相及即不於我政人也得罪也細按文理實不相合無庸强附王鳴盛云蓋逸文也反側也初平用法宜寬猛兼濟刑茲無赦法嚴矣所謂刑亂國用重典也疑此即當繼以曰季所引云云然不可攷矣江聲說略同

不率大戞矧惟外庶子訓人

戞常也凡民不循大常之敎猶刑之無赦況在外掌衆子之官主訓民者而親犯乎○不率大戞矧惟外庶子訓人今文無徵○不率大戞者釋詁戞常也郭注戞義見書矧惟外庶子訓人者書疏引鄭云訓人謂師長江云庶子言外者對小臣近君者而言故爲外也庶子周禮謂之諸子禮燕義古者周天子之官有庶子官職諸侯卿大夫士之庶子之卒掌其戒令與其敎治云云與周禮諸子職同文故鄭注於敘官諸子云或曰庶子也周禮云云諸子掌國子之卒又云凡國之政事國子存游卒使之修德學道春合諸學秋合諸射以攷其藝而進退之燕義稱庶子官職亦云然然則庶子主訓敎國子者目爲訓人以此故也

惟厥正人越小臣諸節

惟其正官之人於小臣諸有符節之吏其有不循大常者則亦在無赦之科○惟厥正人越小臣諸節今文無徵○惟厥正人者孫云釋詁正長也即上文正人王鳴盛云鄭注周禮宮正主宮中官之長句師主共野物官之長大府爲王治藏之長此類是也書疏三百六十職正官之首案三百六十職中如太宰司徒六官之長其秩甚峻此經正人在庶子之下品秩不甚尊恐

止當指宮正之類疏說非也越小臣諸節者江云周禮小臣掌王之小命此則諸侯之小臣掌君之小命節所以爲瑞信小臣傳命或受節以出故曰小臣諸節王鳴盛云馬注太誓云諸節諸受符節有司也彼太誓在軍警戒羣臣則諸節自是受符節從軍者此是國中之官則諸節爲有符節吏周禮掌節上士二人中士四人則諸侯之掌節當亦不止一二人故云諸也

乃別播敷造民大譽弗念弗庸瘝厥君時乃引惡惟朕憝

汝今往之國當分別播布德教以立民大善之譽若不念我言不用我法者病其君道是汝長惡惟我亦惡汝○乃別播敷造今文與古文同民大譽弗念弗庸瘝厥君時乃引惡惟朕憝今文無徵○乃別播敷造者孫云漢書王尊傳尊曰律無妻母之法聖人所不忍書此經所謂造獄者也注晉灼曰歐陽尙書有此造獄事也造獄者不循常法遇非常之事不得已而用之歐陽造獄別無可附疑今文說此條之義也劉云播當作譒說文譒敷也此敷字疑衍以訓詁字入經耳先謙案盤庚王播告之說文作譒此亦當同乃別播敷造與上文不率大戛相對爲文言不率常法而別造非刑以譒敷於衆也○民大譽弗念弗庸瘝厥君時乃引惡惟朕憝者言民共大譽者乃不念不用以病厥君是乃引進惡人俾民惟朕怨也瘝當作鰥見上

已汝乃其速由茲義率殺亦惟君惟長

汝乃其速用此典刑宜於時世者循理以刑殺則亦惟君惟長之正道○已汝乃其速由茲義率殺亦惟君惟長古文也今文已作熙○已作熙者說見上汝乃其速由茲義率殺者言庶子以下諸官有如此者汝當速用此義刑循而殺之○亦惟君惟長者

江云亦者亦弦惟也君長謂他國諸侯康叔爲牧伯得征諸侯之有罪者故及之詩旄邱序云衞不能修方伯連率之職則衞之先世爲方伯也此上不孝不友之民及外庶子小臣之官皆就衞言若君長於衞者卽康叔矣故知君長謂他國諸侯也

不能厥家人越厥小臣外正惟威惟虐大放王命乃非德用乂

爲人君長而不能治其家人之道則於其小臣外正官之吏並爲威虐大放棄王命乃由非德用治之故○不能厥家人五句今文無徵○不能厥家人云云者江云不能不相能也左文十六年傳宋昭公曰不能其大夫至于君祖母以及國人與此經語意相似小臣外正者小臣卽小臣諸節外卽外庶子訓人正卽正人也言若他國諸侯不能其家人及其小臣外正惟恣行威虐放棄王命乃非德敎可用以治也謂當征討之而語特含蓄

汝亦罔不克敬典乃由裕民惟文王之敬忌

常事人之所輕故戒以無不能敬常汝用寬民之道當惟念文王之所敬忌而法之○汝亦罔不克敬典乃由裕民今文無徵惟文王之敬忌今文與古文同○汝亦罔不克敬典乃由裕民者典常也法也由同猷猷裕道也言汝於常法亦當無不克敬毋稍怠忽乃更善道其民斯民皆感化矣○今文同者說苑君道篇虞芮質其成於文王入文王之境未見文王之身而讓其所爭以爲閒田而反孔子曰大哉文王之道乎其不可加矣不動而變無爲而成敬愼恭己而虞芮自平故書曰惟文王之敬忌此之謂也此言虞芮敬畏文王引經文推言平獄之事荀子君道篇引同俔書疏引鄭云敬忌祇祇威威是也案威畏字同祗敬畏忌義亦同也禮表記引

甫刑曰敬忌鄭彼注忌之言戒也言己外敬而心戒愼戒愼亦畏意也顧命云以敬忌天威其義亦同謂此心當惟文王之敬畏而奉行其道**乃裕民曰我惟有及則予一人以懌**汝行寬民之政曰我惟有及於古則我一人以此悅懌汝德○乃裕民三句今文無徵○乃裕民者言必惟文王之敬畏乃能裕道其民也曰我惟有及者言文德如天不能仰望惟敬畏之甚其心嘗曰我惟有庶幾企及之事則予一人以懌者天子當悅懌汝也詩傳懌悅也荀子君道篇明主急得其人得其人則身佚而國治功大而名美故君人者勞于索之而休于使之書曰惟文王之敬忌一人以擇此之謂也孫云荀以爲用賢之義此秦以前古文書說詩靜女釋文說懌當作說釋懌非古字與擇音相近亦可通故荀爲擇也**王曰封爽惟民迪吉康**明惟治民之道而善安之○王曰封爽惟民迪吉康今文無徵○王曰封爽惟民迪吉康者書疏云鄭以迪屬下讀江云國語實有爽德賈侍中注爽貳也下文云今惟民不靜未戾厥心迪屢未同則此爽惟民謂民心爽貳也釋詁迪道也說文吉善也道之善則安靜**我時其惟殷先哲王德用康乂民作求**我是其惟殷先智王之德用安治民爲求等○我時其惟殷先哲王德二句今文無徵○我時其惟云云者釋詞其猶乃也詩下武世德作求鄭箋作爲求終也江云我是以思惟殷先哲王之德以安治民庶爲終成殷先王之道**矧今民罔迪不適不迪則罔政在厥邦**治民乃欲求等殷先智王況今民無道不之言從教也不以道訓之則無善政在其國○矧今民二句今文無徵邦當作

國○矧今民云云者江云釋詁在存也況今民無道之者則不適於善政所以治民也不有以道民則無政以存其國矣**王曰**

封予惟不可不監告汝德之說于罰之行我惟不可不監視古義告汝施德之說於罰之所行欲其勤德慎刑○王曰封三句今文無徵○王曰封予惟不可不監者釋詁監視也言我思惟不可不於民監卽對下文民不靜言告汝德之說于罰之行者上文詳告以明德慎罰則德之說謂明德之說罰之行謂慎罰之行惟視民情如此故德刑不可偏廢也王引之云于猶越也與也連及之詞行道也

今惟民不靜未戾厥心迪屢未同假令今天下民不安未定其心於周敎道屢數而未和同設事之言○今惟民不靜三句今文無徵○今惟民不靜云云者釋詁戾止也釋言屢亟也郭注亟太數也言今思惟殷民不安靜未定止其心道之者數矣猶未和同言其難治

爽惟天其罰殛我我其不怨明惟天其以民不安罰誅我我其不怨天汝不治我罰汝汝亦不可怨我○爽惟天其罰殛我我其不怨今文無徵○爽惟天其罰殛我我其不怨者說文爽明也言明明者天以不能安民之故其或誅罰我我亦不敢怨天也段云例以洪範多方此殛亦當本作極

惟厥罪無在大亦無在多矧曰其尚顯聞于天民之不安雖小邑少民猶有罰誅不在多大況曰不慎罰明聞於天者乎言罪大○惟厥罪四句今文無徵○惟厥罪云云者言我但自思惟其罪凡過不在大亦不在多皆不敢不引咎自責況曰殷民不靜上顯聞于天者乎鄭書贊云尚者上也

王曰嗚呼封

敬哉無作怨勿用非謀非彝言當修己以敬無爲可怨之事勿用非善謀非常法○王曰嗚呼封敬哉無作怨古文也今文無作毋勿用非謀非彝今文無徵○無作毋者史記三王世家燕王旦策云毋作怨漢書武五子傳同謂無造作私怨也勿用非謀非彝者勿用非道之謀非常之法段云燕王旦策文毋作怨下作毋俷德徐廣注一作毋非德漢書作毋作棐德蓋今文尚書勿用非謀非彝等語之異文蔽時忱丕則敏德斷行是誠道大法敏德信則人任焉敏則有功○蔽時忱丕則敏德今文無徵○蔽時忱者文選辨命論引鄭注論語云蔽塞也說文忱誠也言非謀非彝蔽塞是誠心故當勿用丕則敏德者江云師氏以三德教國子二曰敏德以爲行本故告以當大則效敏德也段云此丕則與無逸不丕則有愆同不必訓則爲法段說較長用

康乃心顧乃德遠乃猷用是誠道安汝心顧省汝德無令有非遠汝謀思爲長久○用康乃心顧乃德遠乃猷今文無徵○用康乃心顧乃德者言惟敏行其德以康定汝心顧省汝德也遠乃猷者當連下裕字爲句王引之云方言裕猷道也東齊曰裕或曰猷遠乃猷裕即遠乃道也君奭云告君乃猷裕與此同猷由古字通道謂之猷裕道民亦謂之猷裕上文曰乃由裕民皮云據方言則揚雄所用今文義當如此裕乃以民寧不汝瑕殄行寬政乃以民安則我不汝罪過不絕亡汝○裕乃以民寧不汝瑕殄今文無徵○裕義見上乃以民寧不汝瑕殄者江云鄉射禮主人以賓揖鄭注以猶與也此經以亦訓與言如是乃與民相安我則不汝疵瑕不汝殄絕也王曰嗚呼肆汝小子封惟命不于常

以民安則不絕亡汝故當念天命之不于常汝行善則得之行惡則失之○王曰嗚呼肆汝小子封惟命不于常今文與古文同○今文同者禮大學引康誥曰惟命不于常道善則得之不善則失之矣鄭注命天命也天命不于常言不專佑一家也史記三王世家齊王閎策亦引惟命不于常左成十六年傳襄二十三年傳戰國策二十四引同**汝念哉無我殄**無絕棄我言而不念○汝念哉無我殄今文無徵○汝念哉無我殄者當連下享字爲句江云毋殄絕我之命祀也凡封諸侯必命之祭其封內之山川社稷所謂命祀國亡則絕其祀左僖二十一年傳衞遷于帝邱成公夢康叔曰相奪予享公命祀相甯武子曰不可以閒成王周公之命祀是也**享明乃服命**○享有國土當明汝所服行之命令使可則享明乃服命今文無徵○享義見上明乃服命者明勉也服謂七章之服命七命也大行人諸侯之禮冕服七章七章者鷩冕之服自華蟲而下其衣三章華蟲也火也宗彝也其裳四章藻也粉米也黼也黻也典命侯伯七命其國家宮室車旗衣服禮儀皆以七爲節**高乃聽用康乂**高汝聽聽先王道德之言以安治民○高乃聽用康乂民今文**民**無徵○高乃聽用康乂民者廣雅釋詁高敬也言敬聽我訓以安治民漢書張釋之傳文帝命釋之卑之無甚高論釋之乃言秦漢閒事此云高聽則非高論不足以聽知當時康乂殷民非用先王道德之言不能爲治也**王若曰往哉封勿替敬典**汝往之國勿廢所宜敬之常法○王若曰往哉封勿替敬典今文無徵○王若曰往哉封者往就所封之衞地也勿替敬典者釋詁替廢也承上文汝罔不克敬典言之望其承守弗失

聽朕告汝乃以殷民世享順從我所告之言卽汝乃以殷民世世享國福流後世○聽朕告汝乃以殷民世享今文無徵○聽朕告汝乃以殷民世享者唐石經告作誥康叔封於殷虛故以殷民言之皮云按周公居攝封康叔兩漢今古文無異義後人乃謂武王時事又或用宋忠說以爲由康徙封衞臆說無據既明辨之矣惟史記三王世家云康叔後扞祿父之難後漢書蘇竟曉劉龔書曰周公之善康叔以不從管蔡之亂也或據以爲康叔先封管蔡後亂之證案管蔡流言時京師必有從亂者惟康叔不從周公東征康叔當有協贊之功故公知其能使監殷民於衞此二說所由來也或又以云後扞祿父之難似乎受封在先攷未央宮羣臣奏云伏聞康叔親屬有十武王繼體周公輔成王其八人皆以祖考之尊建爲大國康叔之年幼周公在三公之位而伯禽據國於魯蓋爵命之時未至成人康叔後扞祿父之難伯禽殄淮夷之亂此蓋諸臣約舉其事未及分別其文伯邑考前卒不云有後封國云八人建爲大國已失其實諸臣意在早封王子引古失眞不得據一時疑似之文違史公明說也

酒誥第十二

周書　孔氏傳　王先謙參正

酒誥 康叔監殷民殷民化紂嗜酒故以戒酒誥○史記衛世家周公申告康叔告以紂所以亡者以淫於酒酒之失婦人是用故紂之亂自此始覦又自序云申以商亂酒材是告此因書非一篇故云申告皮云或謂武王封叔於康時已作誥成王徙衛乃取武王封叔於康之誥以申之或又謂康誥作於武王酒誥梓材作於成王故三家與馬本作成王若曰不知周本紀云作康誥酒誥梓材其事在周公之篇衛世家云故謂之康誥酒誥梓材以命之是三篇皆周公一時所作此篇獨云成王若曰蓋舊史之文如是非別有異義也楊子法言問神篇昔之說書者序以百而酒誥之篇俄空焉今亡夫酒誥與康誥同一序楊疑別有序而亡之故有俄空之歎

王若曰明大命于妹邦 周公以成王命誥康叔順其事而言之欲令明施大教命於妹國妹地名紂所都朝歌以北是○王若曰今文作成王若曰明大命于妹邦今文無徵邦當作國段云僞孔本無成字蓋因馬說刪之然則僞孔之或異於馬鄭王者多不可信矣○今文作成王若曰者釋文云馬本作成王若曰注云言成王者未聞也俗儒以爲成王骨節始成故曰

成王或曰以成王爲少成二聖之功生號曰成王沒因爲謚衛賈以爲戒成康叔以慎酒成就人之道也故云成此三者吾無取焉吾以爲後錄書者加之未敢專從故云未聞也書疏云馬鄭王本以文涉三家而有成字鄭云成王所言成道之王段云所言者衛賈所說也謂三家云王年長骨節成立皆爲安也案馬云俗儒謂三家也魯世家云周公誡伯禽曰我文王之子武王之弟成王之叔父大傳荀子堯問篇韓詩外傳三皆日成王之叔父又云周公在豐病將沒曰必葬我成周以明吾不敢離成王大傳云吾死必葬於成周示天下臣於成王詳玩此等皆實生稱成王如湯生稱武王之比非史家誤筆三家之說固可信也況顧命云琞日乙丑成王崩尤顯然可證平僞孔刪之大非馬云後錄書者加之亦非也皮云藝文類聚引春秋元命包云交王造之而未遂武王遂之而未成周公旦抱少主而成之故曰成王亦以成王爲生稱漢書韋元成傳成王成二聖之業制禮作樂功德茂盛廟猶不世以行爲謚而已亦即生號成王沒因爲謚之說大傳云奄君薄姑謂祿父曰成王尚幼矣今本多改爲今王不知成王本生號也衛賈馬之本同三家而馬詆三家爲俗儒不用其說詩周頌成王不敢康國語明云道成王之德乃成王在時所作毛鄭以爲成是王事其說迂回難通宋儒乃疑是祀成王詩今文廢而經義不明不得不歸咎於毛公馬鄭之崇尚古文者矣○明大命于妹邦者釋文引馬云妹邦即牧養之地詩桑中及邶鄘衛疏引鄭云妹邦者紂之所都處於詩國屬鄘故其風有沫之鄉其民尤化紂嗜酒今祿父見誅康叔爲其連屬之監先謙案妹沫字通妹牧一聲之轉妹邦即牧野也段云如茅蒐之爲韎卯谷之爲昧是矣余有說詳詩三家義疏桑中篇毛分邶鄘衛爲三卷鄭誤因之以爲妹邦

專屬鄘非也康叔之封兼有邶鄘衞不能析爲三國大命謂王命尊之故言大誥康叔明敎妹邦即下文沬土嗣爾股肱等語也今文邦作國者以諸篇例之當然下同不復出

乃穆考文王肇國在西土

父昭子穆文王第稱穆將言始國於西土西土岐周之政○乃穆考文王二句今文無徵○乃穆考文王云云者自后稷以下至文王十五世不窋爲昭至文王當爲穆故云穆考說文肇始開也文王遷都於豐故言始開國也

厥誥毖庶邦庶士越少正御事朝夕曰祀茲酒

文王其所告愼衆國衆士於少正官御治事吏朝夕勑之惟祭祀而用此酒不常飲○厥誥毖庶邦庶士越少正御事古文也今文毖作祕邦作國朝夕曰祀茲酒今文與古文同○毖作祕者王念孫云漢碑多用今文衞方碑鐫茂伐祕將來伐功也祕告也言刻石紀功以告來世廣韻祕告也毖與祕古字通毖亦告也車騎將軍馮緄碑刊石立表以毖來世酒誥厥誥毖庶邦庶士言誥告庶邦庶士也又曰汝典聽朕毖言汝常聽朕告也皮云張遷碑刊石立表以毖後昆亦同此義廣韻之訓蓋本尙書舊注莽誥云天毖勞我成功所毖亦當訓告孟康訓愼失之王鳴盛云士之言事朝臣各有事故稱庶士康誥正人爲正官之首此少正乃正官之副左傳鄭有少正公孫僑家語魯有少正卯則少正之名其來巳久御事者蓋亦總目庶士少正而言○今文同者論衡語增篇按酒誥之篇朝夕曰祀茲酒此言文王戒愼酒也又譴告篇云紂爲長夜之飲文王朝夕曰祀茲酒何則非疾之者宜有以改易之也

惟天降命肇我民惟元祀

惟天下敎命始令我民知作酒者惟爲祭祀○惟天

降命肇我民惟元祀今文無徵○惟天降命肇我民惟元祀者釋
詁元大也惟天之降命賦性肇生我民所以報本反始者惟祀爲
大就祀事推言之祀 **天降威我民用大亂喪德亦罔非酒惟行** 天
必有酒重祭神也 下
威罰使民亂德亦無非以酒爲行者言酒本爲祭祀亦爲亂行○
天降威三句今文無徵○天降威云云者言天降嚴威監臨於下
我民所以大喪亂其德性 **越小大邦用喪亦罔非酒惟辜** 於小大
者亦無非以酒而亂行 之國所
用喪亡亦無不以酒爲罪也○越小大邦用喪二句今文無徵邦
當爲國○越小大邦云云者于小大之國所以喪亡者亦無非以
酒敢 **文王誥教小子有正有事無彝酒** 小子民之子孫也正官治
罪 事謂下羣吏教之皆無常
飲酒○文王誥教小子三句今文無徵○文王誥教小子云云者
孫云小子謂康叔先謙案孫説是也承上文文王誥毖庶邦復舉
康叔當日親聞誥教者爲言以深戒之有正有事者正政字同荓
氏鄭注引此文作政疏云有政之大臣有事之小臣無彝酒者釋
詁彝常也韓非子説林篇康誥曰毋彝酒彝酒者常酒也常酒者
天子失天下匹夫失其身段云案此酒誥而系之康誥蓋周時通
酒誥梓材爲康誥也皮云據此則三篇實同一篇韓非在焚書之
前其説當可據彼執酒誥成王若曰以康誥爲武王作者其謬不
待 **越庶國飲惟祀德將無醉** 於所治衆國飲酒惟當因祭祀以
矣辨 德自將無令至醉○越庶國飲惟
祀今文無徵德將無醉今文與古文同無一作毋○越庶國飲惟
祀者江云於是衆國用文王教飲酒惟於祭祀○德將無醉者廣

雅釋言將扶也言以德相扶持也不至於醉大傳云天子有事諸侯皆侍尊卑之義宗室有事族人皆侍終日大宗已侍於賓奠然後燕私燕私者何也祭已而與族人飲也宗子燕族人於堂宗婦燕族人於房序之以昭穆不醉而出是不親也醉而不出是媟宗也出而不止是不惠也親而甚敬惠而不倦若是則兄弟之道備備者成也成者成於宗室也故曰飲而醉者宗室之意也德將無醉族人之意也是故祀禮有讓德施有復義之至也引見禮郊特牲鄭注云事謂祭祀大宗謂卿大夫以下宗室大宗之家也言衆邦惟祀事侍於天子或飲於大宗無作毋者論衡語增篇世聞德將毋醉之言見聖人有多德之效

惟曰我民迪小子惟土物愛厥心臧文王化我民教道子孫惟土地所生之物皆愛惜之則其心善○惟曰我民迪小子三句今文無徵○惟曰我民迪小子者言惟是我民皆用文王之教各善道其子孫據下聽祖考之彝訓句則此及下文小子與祖考相對爲文必指民之子孫或以爲指康叔非○惟土物愛厥心臧者土物黍稷洪範土爰稼穡釋詁臧善也惟愛土地所生之物以善其心謂酒以糜穀當知愛惜也

聰聽祖考之彝訓越小大德小子惟一言子孫皆聰聽父祖之常教於小大之人皆念德則子孫惟專一○聰聽祖考之彝訓三句今文無徵○聰聽祖考之彝訓者惟土物愛卽常訓也祖考以是爲教子孫皆明聽無忽越小大德小子惟一者於大德不踰閑小德亦無出入小子惟歸於純一也

妹土嗣爾股肱純其藝黍稷奔走事厥考厥長今往當使妹土之人繼汝股肱之教爲純一之行其當勤

種黍稷奔走事其父兄○妹土嗣爾股肱三句今文無徵○妹土嗣爾股肱云云者江云文選七發引賈逵注云純專也言今汝往妹土惟當告妹土之民嗣續爾股肱之力專惟黍稷是藝服勞奔走以事其父兄五穀惟言黍稷者舉其土所宜鄭詩譜云邶鄘衛在冀州大行之東職方氏云河內曰冀州其穀宜黍稷則沬土宜黍稷也孫云藝當爲埶說文稷齋也五穀之長齋或爲粢越絕書甲貨之戶曰粢爲上物乙貨之戶曰黍爲中物古者貴黍稷喪大記疏云案公食大夫禮黍稷爲正饌稻粱爲加是稻粱卑於黍稷故舉五穀以黍稷言之

肇牽車牛遠服賈用孝養厥父母

農功既畢始牽車牛載其所有求易所無遠行賈賣用其所得珍異孝養其父母○肇牽車牛遠服賈用孝養厥父母古文也今文孝養作欽○孝養作欽者白虎通商賈篇行曰商止曰賈易曰先王以至日閉關商旅不行論語曰賈之哉我待賈者也卽如是尙書曰肇牽車牛遠服賈用何言遠行可知也方言欽厥父母段云疑作防欲畱供養之也段云此謂如書言牽車牛遠服賈用似非止曰賈矣然書下文言欽厥父母欲畱供養之則非遠遊不返仍是止曰賈也班以用字上屬爲句孝養二字作欽字今文然也其引論語證止曰賈與蔡邕石經合今本白虎通始改賈爲沽皮云今文以賈用二字連文與詩賈用不售同義兪樾云論語爲政篇邢疏解大車無輗引此經車牛遠服賈用或賈用連文古語有然陳云釋言肇敏也郭注引書肇牽車牛爲證其義與僞傳異當亦本爾雅漢注所用今文書說也先謙案釋詁服事也說文賈坐賣售也言疾牽車牛遠從事於賈用仍歸敬奉其父母夫既曰遠行則非賈矣然其意刻不忘親實非逐末之商可比故推

其畜養之心不謂之商而謂之賈也。**厥父母慶自洗腆致用酒**其父母善子之行子乃自絜厚致用酒養也○厥父母慶三句今文無徵○厥父母慶自洗腆致用酒者釋文引馬云洗盡也孫云盡蓋盪字之誤說文盪滌器也先謙案盡疑滌之聲近而誤也說文腆下云設膳腆腆多也言其父母見子勤孝慶幸之餘自洗滌其器豐多其膳而致用此酒斯亦飲酒之美事也

庶士有正越庶伯君子其爾典聽朕教眾伯君子長官大夫統庶士有正者其汝常聽我教勿違犯○庶士有正三句今文無徵○庶士有正云云者上執黍稷服賈用是告沫土之民此則沫土之士大夫亦命康叔告之伯長也典常也王鳴盛云庶士統卿大夫而言有正正官之首各見上文上言庶士而繼以少正則以其卑賤者別言之此言庶士而繼以有正則指其尊貴者別言之皆舉此以該彼互文亦省文也庶伯君子疑又就其中齒德尤重者言之耳若如傳云統庶士有正者未必然也

爾大克羞耇惟君爾乃飲食醉飽汝大能進老成人之道則爲君矣如此汝乃飲食醉飽之道先戒羣吏以聽教次戒康叔以君義○爾大克羞耇惟君二句今文無徵○爾大克羞耇惟君云云者爾謂庶士以下釋詁羞進也耇老也耇謂老成有德者惟圖惟也禮檀弓晉申生謂狐突曰伯氏不出而圖吾君惟君猶圖君也古天子諸侯皆有養老之禮言汝大克進耇老以圖君事而助君養之爾乃飲食醉飽奚不可者大傳云古者聖帝之治天下也五十以下非烝社不敢遊飲六十以上遊飲也此傳釋經羞耇之義陳云羞耇即養老之事古天子諸侯皆有養老之禮百官與執事焉惟老成有德

者始得用酒以養爾庶士助君養老乃亦得醉飽也**丕惟曰爾克永觀省作稽中德**我大惟教汝曰汝能長觀省古道爲考中正之德則君道成矣○丕惟曰爾克永觀省作稽中德今文無徵○丕惟曰云云者丕大也小宰先鄭注稽合也大而言之爾更能永自觀省而所作爲稽合於中德**爾尚克羞饋祀爾乃自介用逸**能考中德則汝庶幾能進饋祀於祖考矣能進饋祀則汝乃能自大用逸之道○爾尚克修饋祀二句今文無徵○爾尚克修饋祀云云者書疏引鄭云饋祀助祭于君文選祭顏光祿文注引倉頡云饋祭名也籩人鄭注饋食薦熟也君之祭祀必擇羣臣之賢者使之助祭既能永觀省合中德庶幾克進而助祭於君也釋詁介右也右亦助也薛綜東京賦注逸樂也既在饋食祭祀之列爾乃自助祭之賓以燕樂而飲酒又不僅助君養老之可飲食醉飽矣**茲乃允惟王正事之臣**汝能以進老成人爲醉飽考中德爲用逸則此乃信任王者正事之大臣○茲乃允惟王正事之臣今文無徵○茲乃允惟王正事之臣者上文有正有事正卽政也此正事亦當爲政事允信也此人雖共職侯國信惟我王朝正事之臣言爲天子之命卿**茲亦惟天若元德永不忘在王家**言此非但正事之臣亦惟天順其大德而佑之長不見忘在王家○茲亦惟天若元德二句今文無徵○茲亦惟天若元德云云者若順也元大也言此人大德惟天亦順助之而其功名德業將存在王家永不見遺忘矣自妹土至此所謂明大命於妹邦也段云足利古本不作弗下亦不暇越怨不易民罔不盡傷心不惟自息我其可不大監撫于時

竝同王裁按弗與不古義略同而淺深有別如雖有嘉肴弗食不知其旨也雖有至道弗學不知其善也可證弗不之不同矣春秋經僖二十六年公追齊師至巂弗及何邵公曰弗者不之深者也二字古音亦徑庭遠甚弗在第十五脂微部不在第一之咍部而轉入於第三尤幽部絕不相假借也不字之不可入物韻猶弗字之不可入尤幽韻也集韻始誤認爲一字入勿不字下云分物切無也通作弗嶭季宣書古文不問不弗字皆以弜爲之夫弜字本卽說文左戾右戾兩字之合𢿱用其形𢿱謂兩弓相背弓非戾己之己也則與弗同音可矣何以不亦作弜也不亦作弜則尚書有弗而無不矣有弗而無不則語言之輕重全不可攷矣曾謂宋次道家之古文尚書可盡信乎古文四聲韻說不古孝經弗字也其謬正同至若古經轉寫既久不弗互譌不可究正姑皆仍舊發其例於此以俟能者詳之

王曰封我西土棐徂邦君御事小子尚克用文王教不腆于酒我文王在西土輔訓往日國君及御治事者下民子孫皆庶幾能用上教不厚於酒言不常飲○王曰封五句今文無徵邦當爲國○王曰封云云者棐輔徂往腆多也言我西土之輔佐若往日之邦君治事小子尚能用文王教不多於酒徂訓往與下至于今相應御事總謂朝臣小子舉民之幼者以該長者也

故我至于今克受殷之命以不厚於酒故我周家至于今能受殷之王命○故我至于今克受殷之命今文無徵○故我至于今克受殷之命者言我受殷命由西土邦君御事小子不多飲酒之故以勸勉康叔能使沬土從化亦永保其福祚矣

王曰封我聞惟曰在昔殷先哲王迪畏天

顯小民聞之於古殷先智王謂湯蹈道畏天明著小民○王曰封四句今文無徵○王曰封云云者告康叔言我聞於人惟日在昔殷先哲王所以名稱後世者其道惟在上畏天之明命下畏小民**經德秉哲自成湯咸至于帝乙成王畏相**能常德持智從湯至帝乙中間之王猶保成其王道畏敬輔相之臣不敢爲非○經德秉哲成王畏相今文無徵自成湯咸至于帝乙今文無咸字○經德秉哲者孟子盡心篇經德不回經德其德有常易所謂恆其德也釋詁秉執也哲當作悊說文敬也言所執持在敬自成湯咸至于帝乙者江云咸偏也左莊十年傳小惠未偏魯語作小賜不咸咸偏義同言自成湯偏數之至于帝乙今文無咸字者易卦泰與歸妹之六五皆云帝乙歸妹易緯乾鑿度云孔子曰自成湯至于帝乙帝乙湯之元孫之孫也此帝乙即湯也易之帝乙爲成湯書之帝乙六世王同名不害以成功白虎通姓名篇易曰帝乙謂成湯書曰帝乙謂六代孫也六代孫即六世王亦即元孫之孫緯書多同今文禮檀弓鄭注云易說易之帝乙爲成湯書之帝乙六世王王疏云先儒皆以酒誥帝乙爲紂父此先儒即賈馬也案殷本紀湯子太丁太丁子太甲太甲子沃丁沃丁弟子小甲小甲弟子仲丁仲丁弟子帝祖乙祖乙立殷復興不數兄弟相及則祖乙正湯之六世孫與白虎通乾鑿度所稱帝乙合殷紀又云帝乙崩子辛立天下謂之紂此紂父帝乙也又云帝乙立殷益衰是帝乙非令主周公不應稱其人又與六世之說不合賈馬說非鄭同今文周易說是也成王畏相者周語叔向曰詩曰成王不敢康注言文王武王皆自勤以成其王與此成王義同畏相者敬畏輔相之大臣相若君奭所云成

湯既受命時則有若伊尹在祖乙時則有若巫賢諸人也中論引成王作成正說見下**惟御事厥棐有恭不**

敢自暇自逸惟殷御治事之臣其輔佐畏相之君有恭敬之德不敢自寬暇自逸豫○惟御事二句今文無徵○惟御

事云云者言商家治事之臣其輔國有恭敬之行不敢暇逸上畏

相君敬其臣此有恭臣敬其君中論譴交篇自王公至於列士莫

不成正畏相厥職有恭不敢自暇自逸行文用經語疑有點竄未可據爲異本**矧曰其敢崇飲**崇聚也自暇自逸猶

不敢況敢聚會飲酒乎明無也○矧曰其敢崇飲今文無徵○

矧曰其敢崇飲者釋詁崇充也言況敢云充其飲酒之量乎**越**

在外服侯甸男衛邦伯於在外國侯服甸服男服衛服國伯諸侯之長言皆化湯畏相之德○越在外服今

文無徵侯甸男衛邦伯今文作侯甸任衛作國伯○越在外服者

謂在外治事之臣說文服作艮云治也侯甸男衛邦伯者孫云侯

甸男采衛經文葢省采字邦伯者王制云千里之外設方伯五國

以爲屬百一十國以爲州州有伯八州八伯注伯帥殷之州長曰

伯虞夏及周皆曰牧又云八伯各以其屬屬於天子之老二人分

天下爲左右二伯此邦伯未必是二伯葢卽方伯也侯甸任衛作

國伯者白虎通爵篇爵有五等以法五行也或三等者法三光也

或法三光或法五行何質家者據天故法三光文家者據地故法

五行含文嘉曰殷爵三等周爵五等各有宜也王制曰王者之制

祿爵凡五等謂公侯伯子男也此周制也殷爵三等謂公侯伯也

所以合子男從伯者何王者受命改文從質無虛退人之義故上

就伯也尚書曰侯甸任衛作國伯謂殷也案男卽任國卽邦多一

作字盧文弨云白虎通引以子男從伯之義似作字亦非衍文王鳴盛云殷本沿虞夏甸侯綏要荒之名此特借周名以言殷制或周因殷禮但鄭謂殷時中國最小僅方三千里必無九州之名此節蓋借周名以言之耳**越在內服百僚庶尹惟亞惟服宗工**於在內服治事百官眾正及次大夫服事尊官亦不自逸○越在內服三句今文無徵○越在內服云云者釋詁僚官也釋言尹正也亞次也服事也亞蓋正官之倅惟服猶御事以上文例之百僚庶尹即有正者惟亞惟服即有事者工亦事也宗工宗人之任事者**越百姓里居**於百官族姓及卿大夫致仕居田里者○越百姓里居今文無徵○越百姓里居者百姓百官說詳堯典其致仕居田里者王鳴盛云載師三等采地疆內大國九凡三種三公之田三致仕者副之三王子弟三縣內次國二十一凡四種卿之田六致仕者副之六三孤之田三王子弟六稍內小國六十三凡三種大夫之田二十七致仕者副之二十七王子弟九並見王制鄭注疏云有致仕者副之者以在朝既有正田既致仕不可仍食采地身又見存不可無地故公卿大夫皆有致仕副邑鄭說畿內九十三國三代皆同則致仕副邑殷亦與周同**罔敢湎于酒不惟不敢亦不暇**自外服至里居皆無敢沈湎于酒非徒不敢志在助君敬法亦不暇飲酒○罔敢湎于酒三句今文無徵○罔敢湎于酒云云者說文湎沈於酒也从水面聲周書曰罔敢湎于酒詩蕩疏引鄭云飲酒齊色曰湎言醉則面色齊一**惟助成王德顯越尹人祇辟**所以不暇飲酒惟助其君成王道明其德於正人之道必正身敬法其身正不令而

行○惟助成王德顯二句今文無徵○惟助成王德有顯於民云云者尹正也祇敬也辟君也言當時殷臣惟思助成王德有顯於民及正人以敬其君而已故無暇飲酒之事**我聞亦惟曰在今後嗣王酣身**嗣王紂也酣樂其身不憂政事○我聞亦惟曰二句今文無徵○我聞亦惟曰云云者後嗣王稱紂僞傳止稱嗣王以今後連文非說文酣酒樂也呂覽分職篇高注飲酒合樂曰酣以身殉之故曰酣身案紂作淫聲以悅婦人飲酒亦作樂故史公云酒之失婦人是用紂之亂自此始也**厥命罔顯于民祇保越怨不易**言紂暴虐施其政令於民無顯明之德所敬所安皆在於怨不可變易○厥命罔顯于民二句今文無徵○厥命罔顯于民者言非特其德不足以顯即其命令亦無可顯於民者對上文言之祇保越怨不易者江云易復初九釋文引馬云祇詞也釋詁保安也言紂之行安於作怨而不思改易**誕惟厥縱淫泆于非彝用燕喪威儀民罔不盡傷心**紂大惟其縱淫泆于非常用燕安喪其威儀民無不盡然痛傷其心○誕惟厥縱淫泆于非彝三句今文無徵○誕惟厥縱淫泆于非彝云云者言紂之大惟其縱淫泆于非法以燕安喪其威儀民無不痛傷心者詩傳燕安也釋文泆又作逸亦作佚字同說文盡傷痛也从皿聿皕聲周書曰民罔不盡傷心殷紀紂大最樂戲於沙丘以酒爲池縣肉爲林使男女倮相逐其間爲長夜之飲論衡語增篇傳語曰紂沈湎于酒以糟爲邱以酒爲池牛飲者三千人爲長夜之飲亡其甲子又言紂懸肉以爲林令男女裸而相逐其間是謂醉樂淫戲無節度也周公封康叔告以紂用酒期於悉極欲

以戒之也而不言糟邱酒池肉林長夜之飲亡其甲子聖人不言殆非實也傳書家欲惡紂故言增其實也**惟荒腆于**
酒不惟自息乃逸言紂大厚於酒晝夜不念自息乃過差○惟荒腆于酒二句今文無徵○惟荒腆于酒云云者
詩傳荒大也腆多也逸卽泆也上引釋文可證言紂大多於酒不思惟自止息其淫逸**厥心疾很不克畏死**
紂疾很其心不能畏死言無忌憚○厥心疾很二句今文無徵○厥心疾很不克畏死者下文辜字當屬此爲句辜罪也詩箋疾害
說文很盭也言紂心疾害很戾雖以天降死亡之罪懼之亦不知自克而生畏如祖伊告紂云天訖殷命惟王淫戲自絕紂言我有
命在天是其證也**辜在商邑越殷國滅無罹**紂聚罪人在都邑而任之於殷國滅亡無憂懼○辜見上
在商邑今文與古文同越殷國滅無罹今文無徵○在商邑者白虎通京師篇夏曰夏邑殷曰商邑周曰京師尚書曰率割夏邑謂
桀也在商邑謂殷也據此今文家說以辜字上屬爲句○越殷國滅無罹者罹卽離俗字釋詁云憂也言紂在商邑以及殷國之滅
皆無憂恐之日**弗惟德馨香祀登聞于天誕惟民怨**紂不念發聞其德使祀見享升聞於天大
行淫虐惟爲民所怨咎○弗惟德馨香祀三句今文無徵○弗惟德馨香祀云云者說文馨香之遠聞者周語國之將興其德足以
昭其馨香國之將亡其政腥臊馨香不登韋注馨香芳馨之升聞者也登上也芳馨不上聞於天神不享也言紂不思以明德之馨
香薦祀升聞於天誕惟民怨文氣連下**庶羣自酒腥聞在上故天降喪于殷罔愛于**

殷惟逸紂衆羣臣用酒沈荒腥穢聞在上天故天下喪亡於殷無愛於殷惟以紂奢逸故○庶羣自酒五句今文無徵○庶羣自酒云云者詩傳自用也承上文言大惟民之怨氣及衆羣臣之用酒腥穢上聞天之所以降喪亡於殷無愛於殷者惟紂淫泆故也上引釋文泆作逸同焦循云承上文言民則怨矣而紂之羣臣自沈於酒不顧民怨於義亦順

天非虐惟民自速辜言凡爲天所亡天非虐民惟民行惡自召罪○天非虐二句今文無徵○天非虐惟民自速辜者統紂與庶臣言自天視之在下皆民也天降喪亡非天之暴虐乃民自召之釋言速徵也徵召也

王曰封予不惟若茲多誥我不惟若此多誥汝我親行之○王曰封二句今文無徵○王曰封云云者言不徒如此多誥欲康叔有所法戒

古人有言曰人無於水監當於民監古賢聖有言人無於水監當於民監視水見己形視民行事見吉凶○古人有言曰三句今文無徵○古人有言曰云云者釋詁監視也古本監作鑒同中論貴驗篇周書有言人毋鑒於水鑒於人也鑒也者可以察形言也者可以知德此引書順文改易非有異本國語申胥諫吳王曰王盍亦監於人毋監於水戰國策蔡澤說應侯曰監於水者見面之容監於人者知吉與凶史記載湯征曰人視水見形視民知治否書稱古人有言疑本此

今惟殷墜厥命我其可不大監撫于時今惟殷紂無道墜失天命我其可不大視此爲戒撫安天下於是○今惟殷墜厥命二句今文無徵○今惟殷墜厥命云云者墜俗字說文作隊云從高隊也撫循也言今惟殷隕失其天命我其可不大監視於

是而循省於是乎予惟曰汝劼毖殷獻臣劼固也我惟告汝曰汝當固慎殷之善臣信用之○予惟曰汝劼毖殷獻臣古文也今文獻當作儀○予惟曰汝劼毖殷獻臣者說文劼慎也从力吉聲周書曰劼毖殷獻臣大徐本劼上有汝字獻賢也據上文厥誥毖庶邦庶士王念孫說釋毖爲告此經當同命康叔以慎告殷賢臣也今文獻作儀者以大誥例之當然下同侯甸男衛矧太史友內史友侯甸男衛之國當慎接之況太史內史掌國典法所賓友乎○侯甸男衛古文也今文男作任矧太史友內史友今文無徵○男作任者說見上矧太史友內史友者矧詞也下並同大戴禮盛德篇內史太史左右手也盧辨注太史爲左史內史爲右史王制疏引鄭云太史內史掌記言記行案玉藻動則左史書之言則右史書之疏引熊安期云太史記動作之事在君左廂記事則太史爲左史也內史所掌在君之右故爲右史江云太史內史在君之右故曰友也友从二又猶右也左閔二年傳成季之將生也桓公使卜楚邱之父卜之曰男也其名曰友在公之右及生有文在其手曰友是其宜在公右而以手文著其義則友爲右在右之義孫云友讀爲右覲禮太史是右注云右讀如周公右王之右廣雅釋詁右比也言左右史尤比近於王故曰友越獻臣百宗工矧惟爾事服休服采於善臣百尊官不可不慎況汝身事服行美道服事治民乎○越獻臣百宗工三句今文無徵○越獻臣百宗工者詩傳宗尊工官也賢臣百尊官統舉之矧惟爾事者言康叔執事之臣也服休服采者書疏引鄭云服休燕息之近臣服采朝祭之近臣案說文休息止也故服休爲燕息之臣采之言事朝

祭大事故服采爲朝祭之臣孫云魯語天子大采朝日少采夕月注云虞說曰大采衮職也少采黻衣也葢掌朝祭之服**矧惟**

若疇圻父薄違農父圻父司馬農父司徒身事且宜敬愼況所順疇咨之司馬乎況能迫迴萬民之司徒乎言

任大○矧惟若疇圻父二句今文無徵○矧惟若疇圻父者圻父詩作祈父鄭箋祈畿圻同左傳叔孫豹賦圻父字作圻箋又引書曰若疇圻父謂司馬也釋文疇此古疇字本或作壽詩疏云書曰若壽圻父酒誥文也彼注云順壽萬民之圻父圻父謂司馬主封畿之事與此同意定本作若疇與疏不合誤也案釋詁若順也司馬主討逆用兵而本意以順壽萬民爲主故鄭云順壽萬民之圻父也薄違農父者釋文違馬云違行也易訟象傳天與水違行違行者違道而行宋刻白帖作薄韋農父羣經音辨韋違行也音回書曰薄韋農父段云此據未改釋文也經文本作韋故僞孔訓迴迴卽回俗字馬釋以違行違行邪行也左傳昭德塞違卽大雅厥德不回之回其字同也釋文徐音回者徐以孔讀韋爲回故音回也衞包以韋是皮韋而改爲違至開寶又改釋文讀者疑馬以行訓違矣說文蕽亦古文農薄迫也司徒之職敬敷五教禁民爲非民有違行則迫使改悔故曰薄違周禮大司徒辨十有二壤之物而知其種以教稼穡樹藝則農事屬司徒故知農父卽司徒也**若保宏父定辟矧汝剛制于酒**宏大

也宏父司空當順安之司馬司徒司空列國諸侯三卿愼擇其人而任之則君道定況汝剛斷於酒乎○若保宏父三句今文無徵○若保宏父者若順也詩傳保安也宏父疑卽司空司空度地居民則順安萬民是其職也孫云釋詁宏大也詩傳空大也宏與空

俱訓大知宏郎空也定辟矧汝剛制于酒者說文辟法也廣雅釋詁剛强也上文侯甸男衛先庶邦後本國太史友至宏父由小臣及大臣言汝愼告殷之賢臣外內小大諸人以定法之不可易矣況汝之於酒復能剛以制之其孰敢不遵下文云云所謂剛制也

厥或誥曰羣飲汝勿佚其有誥汝曰民羣聚飲酒不用上命則汝收捕之勿令失也○厥或誥曰羣飲汝勿佚古文也今文勿佚作無失○厥或誥曰者誥與告同勿佚作無失者王應麟漢藝文志攷云漢人引此句作羣飲女無失今未檢出何書段云君奭過佚前人先王莽傳引書亦作失先謙案佚通作失說文失縱也

盡執拘以歸于周予其殺盡執拘羣飲酒者以歸於京師我擇其罪重者而殺之○盡執拘以歸于周予其殺今文無徵○盡執拘以歸于周云云者說文抲攜也从手可聲周書曰盡執抲段云說文攜有二義裂也一曰手指攜也周書之抲自當訓手指攜而獻字不可通恐是齊語義字沙字儀字皆以獻爲之獻音在歌戈部抲獻合二字疊韻成文讞議罪也从水獻聲水取其平也言有告汝以羣聚飲酒者汝文蓋齊語如是蓋伏生今文尚書如是江云獻當爲讞壞字說勿縱佚盡執抲而平議其罪以歸於周當殺者我其殺之先謙案既以示威亦戒毋專殺也

又惟殷之迪諸臣惟工乃湎于酒勿庸殺之又惟殷家蹈惡俗諸臣惟眾官化紂日久乃沈湎于酒勿用法殺之○又惟殷之迪諸臣惟工三句今文無徵○又惟殷之迪諸臣惟工云云者釋詁迪進也言又思惟殷紂之進用諸臣工乃沈湎于酒者特爲舊染所汙且勿以爲罪而即殺之段云惟工俗本誤百工自明迄今

官書不誤王鳴盛云諸惟字語助**姑惟教之有斯明享**以其漸染惡俗故必三申法令且惟教之則汝有此明訓以享國○姑惟教之二句今文無徵○姑惟教之云云者釋詁享獻也言姑且教之果有此因教而克明者則獻之江云禮射義古者天子之制諸侯歲獻貢士於天子此享當爲獻士之義先謙案周公誥詞嚴厲而和緩原以待其自新紬繹經文江說固不可易**乃不用我教辭惟我一人弗恤弗蠲乃事時同于殺**汝若忽怠不用我教辭惟我一人不憂汝乃不潔汝政事是汝同於見殺之罪○乃不用我教辭四句今文無徵僞傳謂康叔同於見殺之罪謬甚○乃不用我教辭云云者說文恤收也言其人若不用我教辭惟我一人不能收恤之此人將不蠲絜於汝之政事而濁亂教化是亦同於誅殺之罪而已**王曰封汝典聽朕毖**汝當常聽念我所愼而篤行之○王曰封汝典聽朕毖今文無徵○王曰封汝典聽朕毖毖告也言常聽朕告說見前**勿辯乃司民湎于酒**辯使也勿使汝主民之吏湎于酒言當正身以帥民○勿辯乃司民湎于酒今文無徵○勿辯乃司民湎于酒者欲嚴酒禁惟親民之官是賴故上文雖誥毖外內大小諸臣此復專言司民之吏勿使湎酒爲尤要也段云一案序王俾榮伯作賄肅愼之命馬本俾作辨雒誥平來來示予平一作辨平俾辨一聲之轉辨讀如偏皆訓使

梓材第十三

周書　孔氏傳　王先謙參正

梓材告康叔以爲政之道亦如梓人治材○衛世家周公懼康叔齒少爲梓材示康叔可法則張守節正義云若梓人爲材君子觀爲法則也梓材匠人也大傳云伯禽與康叔見周公三見而三笞之康叔有駭色謂伯禽曰有商子者賢人也與子見之乃見商子而問焉商子曰南山之陽有木焉名喬橋一作二三子往觀之見喬實高高然而上反以告商子商子曰喬者父道也南山之陰有木焉名杍梓一作二三子復往觀之見杍實晉晉然而俯藝文類聚引鄭注晉肅貌反以告商子曰杍者子道也二三子明日見周公入門而趨登堂而跪周公迎拂其首勞而食之曰爾安見君子乎二子以實告周公曰君子哉商子也此事亦見說苑建本篇論衡譴告篇世說新語排調注文選王文憲序注御覽宗親部引略同皮云史記於此篇不載其文而云爲梓材示君子可法則亦同大傳之義史記所載書序卽今文序也其以康誥酒誥梓材三篇同屬康叔與馬鄭書序同又自序云收殷餘民叔封始邑申以商亂酒材是告是今古文皆以梓材爲誥康叔之書其兼載伯禽事者大傳一書本別撰大義非必字字與經比附此事元有康叔在內故附見周公命康叔書中喬梓之梓與梓材之梓其字偶同本不相涉伏生並非以喬梓之梓釋梓材文義也梓材一書周公誥康叔並戒成王文王世子云周公抗世子法於伯禽成王有過則撻伯禽此之三笞卽抗法之意康叔齒少故同在子弟之列且周公攝位康叔亦在臣列臣子一體故並笞康叔論衡譴告篇云康叔伯禽失子弟之道見於周公拜起驕悖三見三笞往見商子商子令觀橋

梓之樹二子見橋梓心感覺悟以知父子之禮是梓材告康叔古經傳無異義或以此爲誥伯禽之書左傳所云命以伯禽或更加以附會皆非也

王曰封以厥庶民暨厥臣達大家言當用其衆人之賢者與其小家之政於國○王曰封三句今文無徵達當作通○王曰封云云者書疏引鄭云于邑言達大家釋詁暨與也家司馬敘官鄭注家卿大夫采地大家皆有采邑故云于邑謂中國之都邑也以臣民達大家則一國之情皆通達作通者以今文例之當然**以厥臣達王惟邦君**汝當信用其臣以通王教於民通民事於國通王教於民惟乃國君之道○以厥臣達王惟邦君今文無徵達當作通邦當作國○以厥臣達王惟邦君者書疏引鄭云于國言達王與邦君王謂二王之後江云如鄭說經惟字誤當爲暨暨與也以臣達王與邦君謂使其臣往來聘問以聯邦交之誼康叔所職乃當州之牧故得總領二王之後與列邦之君

汝若恒越曰我有師師可師法○汝若恒越曰我有師師今文無徵○汝若恒越曰我有師師者釋言若順也釋詁恒常也越同粤於也師衆也周禮鄭注師猶長也孫云此師師當訓爲衆長言汝當順常道於以告我之衆長也**司徒司馬司空尹旅曰予罔厲殺人**言國之三卿正官衆大夫皆順典常而曰我無厲虐殺人之事如此則善矣○司徒司馬司空尹旅二句今文無徵○司徒司馬司空尹旅者司徒司馬司空

爲三卿內則鄭注諸侯并六卿爲三或兼職焉王制疏引崔靈恩疏云三卿者依周制而言謂立司徒兼冢宰之事立司馬兼宗伯之事立司空兼司寇之事尹旅者江云尹謂大夫旅謂眾士釋詁尹正也旅眾也曰予罔厲殺人者逸周書謚法解殺戮無辜曰厲言使羣臣知我之意順常典而禁淫刑

亦厥君先敬勞肆徂厥敬勞亦其爲君之道當先敬勞民故汝往治民必敬勞來之○亦厥君先敬勞二句今文無徵○亦厥君先敬勞云云者肆遂也見堯典釋詁徂往也言臣之善惡視其君亦其君率先之以敬勞臣遂往蒞事其皆敬勞之

肆往姦宄殺人歷人宥以民當敬勞之故汝往之國又當詳察姦宄之人及殺人賊所過歷之人有所寬宥亦所以敬勞之○肆往姦宄殺人歷人宥今文無徵○肆往姦宄殺人歷人宥者言使臣行罰遂往於姦宄殺人之事歷訊其人而於中有所寬宥

肆亦見厥君事戕敗人宥聽訟折獄當務從寬恕故往治民亦當見其爲君之事察民以過誤殘敗人者當寬宥之○肆亦見厥君事今文無徵戕敗人宥古文也今文作彊人有○肆亦見厥君事戕敗人宥者釋文戕馬云殘也王鳴盛云亶十八年經邾人戕鄫子于鄫賈逵注邾使大夫往殘賊之是戕爲殘也先謙案承上文言其臣能寬宥罪人者故亦由見其君刑獄之事凡殘人傷人者皆能原情宥罪上行下效之驗今文作彊人有者論衡效力篇引如此段云彊戕音同宥有音同無敗字先謙案戕彊音近而誤有是宥之壞字解義當同

王啟監厥亂爲民言王者開置監官其治爲民不可不勉○王啟監厥亂爲民古文也今文作王開賢厥率化民○王啟監

厥亂爲民者太宰立其監鄭注監謂公侯伯子男各監一國書曰
王啟監厥亂爲民引與此經同案康叔代管叔監殷民故周公特
舉王啟監之義以見任重也釋詁亂治也言其治專以爲民欲保
安之非欲戕虐之王開賢厥率化民者論衡效力篇彊人有王開
賢厥率化民此言賢人亦壯彊於禮義故能開賢其率化民化民
須禮義禮義須文章行有餘力則以學文能學文有力之驗也段
云啟開音同爲化音同古文亂作皁與率相似賢監形略相似又
云漢舊儀丞相御史大夫初拜策皆曰往悉乃心和裕開賢孫云和裕
當爲弘裕和弘字形相近用康誥弘于天若德裕乃身也此用今文尚書開賢字見永樂大典內漢官舊儀今有
刻本皮云鄭注大傳云天於不中之人恒耆其味厚其毒增以爲
病將以開賢代之也亦用今文開賢字先謙案古文作啟今文作
開說見皋陶謨王開賢厥率化民者言王之進達賢人致之開顯
其在督率化導斯民乎言不重刑罰王充習今文尚書所引
乃歐陽家舊說鄭君書贊云歐陽氏失其本誼蓋此類也**曰無
胥戕無胥虐至于敬寡至于屬婦合由以容**當教民無得相殘傷相虐殺至於敬養寡
弱至於存恤妾婦和合其教用大道以容之無令見冤枉○曰無
胥戕無胥虐今文無徵至于敬寡至于屬婦僞古文也今文敬作
矜今古文屬作媰合由以容今文無徵○曰無胥戕無胥虐者大
司馬疏引鄭云無胥戕無胥虐無相殘賊無相暴虐釋詁胥相也
○今文敬作矜者大傳梓材傳云老而無妻謂之鰥老而無夫謂
之寡幼而無父謂之孤老而無子謂之獨行而無資謂之居而
無食謂之困此皆天下之至悲哀而無告者故聖人在上君子在
位能者任職必先施此使無失職段云此釋至于矜寡而推言之

蓋古文作敬今文作矜矜亦作鰥呂刑古文哀敬折獄大傳作哀矜漢書于定國傳作哀鰥正其比例今古文屬作嫣者說文嫣婦人妊身也从女芻聲周書曰至于嫣婦（從大徐本小徐奪于字）段云說文蓋存壁書元文孔安國讀嫣爲屬如讀哥爲好堋爲朋狟爲桓之比所謂以今文讀之也嫣之本義爲婦人妊身許必有所受之屬婦與敬寡儷句則爲存恤聯屬之義（疏云經言屬婦傳言妾婦者以妾屬於人故名屬婦此不知孔）（意以屬對敬以存恤對敬養以妾婦對寡婦）若今文與鰥寡儷句則小爾雅所說是也小爾雅云妾婦之賤者謂之屬婦屬逮也逮婦之名言其微也小爾雅雖非孔鮒之書其說必有所本蓋今文家說也今文作屬故孔讀嫣爲屬芻聲蜀聲古音同在尤侯一類故孔得知其假借崔瑗淸河王誄惠於嫣嬬崔蓋見古文故書者嬬郎寡也皮云此與呂刑哀敬折獄皆當從今文作鰥作矜此爲鰥寡之鰥亦可作矜彼爲矜憐之矜亦可作鰥古鰥矜通用僞孔本皆作敬或郎僞孔改之或古文以聲近假借要其義必非恭敬之敬也段過信僞傳云屬婦與敬寡儷句失之又謂孔安國讀嫣爲屬今文說當如小爾雅其說尤謬崔瑗非習古文者未必見壁中故書所據當是今文崔所撰百官箴多同今文可證說文作嫣與崔所引書合是今古文皆作嫣廣雅嫣妸也玉篇嫣婦姙娟也廣韻嫣姙娠其義皆同說文張揖亦習今文而與崔瑗皆同說文之義則說文非必用壁中字也小爾雅與僞孔同出王肅皆不可據朱子疑孔傳孔傳之僞云訓詁皆出小爾雅最爲卓見以段之精識豈不知孔傳小爾雅皆是僞書乃信小爾雅爲今文僞孔傳必是孔安國元本云孔安國讀嫣爲屬一似今古文皆不作嫣者豈許崔所據乃不如王肅之可信乎且如其說孔讀嫣爲屬則說文訓爲妊身而引周書

者當是假借媰與屬非一字崔何以用經義云惠於媰嬬若媰非妊身當讀爲屬而訓以聯屬屬逮試易其文曰惠於屬嬬豈可通乎先謙案據說文引媰婦上句對文必是矜寡矜無緣作敬若以敬爲禮敬則宜加敬者豈獨一寡且至于二字文氣不順江聲云僞孔作敬不詞呂刑哀矜僞孔作哀敬以彼況此敬字乃僞孔所改其說是也至改媰婦爲屬婦恐其說之不足取信而別撰小爾雅以輔行之其作僞之迹欲蓋彌章此屬字當仍從說文作媰崔瑗東漢人其撰述用今文不得據說文引經以爲崔用壁書且說文引書元不專取古文也皮以爲今古文皆作媰是○合由以容者周禮鄭注合同也詩傳由用也言窮民無告卽有罪亦同用寬容之

王其效邦君越御事厥命曷以王者其效實國君及於御治事者知其教命所施何用不可不勤○王其效邦君越御事厥命曷以今文無徵邦當作國○王其效邦君云云者廣雅釋言效考也言王者之考察邦君及于治事之臣其命令用何者爲先乎

引養引恬自古王若茲監罔攸辟能長養民長安民用古王道如此監無所復罪當務之○引養引恬三句今文無徵○引養引恬云云者釋詁引長也說文恬安也辟法也言王命其臣惟長養民長安民而已自古王者如此監臨其國無所用刑辟也說文監臨下也

惟曰若稽田旣勤敷菑惟其陳修爲厥疆畎言爲君監民惟若農夫之考田已勞力布發之惟其陳列修治爲其疆畔畎壟然後功成以喻教化○惟曰若稽田三句今文無徵敷當作傅○惟曰若稽田云云者惟思也宮正鄭注稽猶計也稽田者計度其地而規畫之敷

布治之也菑者說文云才耕田也釋地田一歲曰菑郭注今江東呼初耕地反草曰菑詩大田鄭箋民以利耜熾菑發所受之地與初耕反草義合或作甾陳者詩信南山維禹甸之稍人注引作隞云甸治是陳修猶言修治也說文疆界也畎篆文作く云六畎爲廣一畝く水小流也匠人爲溝洫梠廣五寸二梠爲耦一耦之伐廣尺深尺謂之く倍く謂之遂倍遂曰溝倍溝曰洫倍洫曰巜又云方百里爲巜廣二尋深二仞巜讀若澮同蓋用考工記文言譬若計田既勤力以敷土反草當思修治之爲正其經界猶治國之先正其綱紀也敷作傳者以今文例之當然

若作室家既勤垣墉惟其塗墍茨

如人爲室家已勤立垣牆惟其當塗墍茨蓋之○若作室家二句今文無徵惟其塗墍茨今古文塗當作斁古文一作敵○若作室家既勤垣墉者釋文引馬云卑曰垣高曰墉孫云吳語君有短垣而自踰之短郎卑也詩良耜其崇如墉崇郎高也○惟其塗墍茨者釋文引馬云墍亟色說文墍仰涂也亟白涂也茨以茅葦蓋屋也經言譬作室家既勤力爲牆當以白色亟飾之又以茅葦覆蓋爲屋以喩政事修舉乃有成也今古文塗當爲斁者書疏云二文皆音斁郎古塗字明其終而塗飾之段云集韻十一模斁同都切塗也周書斁丹雘去聲十一莫斁徒故切塗也賈昌朝羣經音辨斁音徒書惟其斁墍茨又同路切丁賈皆據釋文然則古文尚書音義必有斁音徒塗如也又同路反之文明矣自衞包改斁爲塗而孔疏猶存斁字此如牧誓弗御克奔改御爲逗而御字猶存於疏中也陳鄂盡取音義之文去之人莫知枅材古字矣斁得音徒者如彝倫攸殬讀當故反於菟亦作於擇皆罫聲字也中論治學篇引書惟其塗丹雘中

論經宋人校正必盡改其不與今尚書同者未可據也文選張華勵志詩李注引尚書亦作塗字恐唐初本已不畫一劉云斁當如字讀說文斁終也言塈茨丹雘所以終垣墉樸斲之事也起下用斁先王受命先謙案劉說是書疏云明其終而塗飾之亦訓斁爲終蓋言塈則塗義已顯即下文丹雘之上亦不待加塗始明今古文皆作斁不作塗固無疑義古文一作斁者說見下

若作梓材既勤樸斲惟其塗丹雘爲政之術如梓人治材爲器已勞力樸治斲削惟其當塗以漆丹以朱而後成以言教化亦須禮義然後治○若作梓材二句今文無徵惟其塗丹雘今古文塗當作斁古文一作斁○若作梓材者篇首釋文云梓本作杍馬云古作梓字治木器曰梓治土器曰陶治金器曰冶孫云說文以杍爲李字之古文馬以爲梓字蓋本大傳古字以子爲聲考工記有梓人爲筍虡爲飲器爲侯因梓材美以名工也陶人冶氏俱見考工記既勤樸斲者釋文樸馬云未成器也說文樸木素也謂木質去皮存素者說文斲斫也謂斫治爲器惟其塗丹雘者釋文雘馬云善丹也說文同書疏引鄭云山海經云青丘之山多有青雘案說文丹巴越之赤石也雘與丹連文知非青雘故馬以爲丹之善者而鄭以爲丹青二色也今古文塗當爲斁者說詳上古文一作斁者說文丹下引周書曰惟其斁丹雘隸古定本二塗字皆作斁江云說文斁閉也斁塈連文不可訓閉斁塗聲相近蓋借字先謙案土木在內塈茨丹雘居外與閉義亦合以喻國既治理更須修明制度典章使粲然可觀也

今王惟曰先王既勤用明德懷爲夾言文武已勤用明德懷遠爲近汝治國當法之○今王惟曰三句今文無

徵○今王惟曰者周公自謂也皮云或以此爲周公戒成王則康誥篇首呼成王爲孟侯於此又呼爲王首尾兩歧似非塙詁王康誥篇首王若曰鄭注云總告諸侯此以下當爲總告諸侯之詞蓋封康叔時侯甸男邦采衛諸侯皆在故云庶邦享作兄弟方來今王者周公自謂所謂命大事則權代王也公若以此自儆而戒成王之意即在其中若以王屬成王則成王時爲太子未得稱王也成先謙案皮說精塙不可易○先王既勤用明德懷爲夾者此既勤與上三既勤喻意相應釋詁懷來也眾經音義十二引倉頡云夾輔也周公又總告諸侯云先王文武既極勤勞用大顯明其德懷來諸侯以爲夾輔**庶邦享作兄弟方來亦**

既用明德眾國朝享於王又親仁善鄰爲兄弟之國方方皆來賓服亦已奉用先王之明德○庶邦享作三句今文無徵邦當作國○庶邦享作云云者釋詁享獻也詩傳作始也享作猶言作享儀禮鄭注方猶併也言眾邦諸侯始來朝獻兄弟之國併來賓服亦既奉用先王之明德矣**后式典集庶邦丕享**君天下能用常法則和集眾國大來朝享○后式典二句今文無徵邦當作國○后式典云云者說文后繼體君也釋言式用也江云后之言後對先王言故曰后先謙案此后謂成王意戒之不顯言後來繼體之君仍用先王之典以安集諸國則諸侯大來朝享矣**皇天既付中國民越厥疆土于先王肆**大天已付周家治中國民矣能遠拓其界壤則於先王之道遂大○皇天既付中國民古文也今文付作附越厥疆土于先王今文無徵○付作附者王應麟藝文志攷云漢人引皇天既附中國民案釋文付馬本作附付附古通高宗

彤日天既付命正厥德殷紀付命作附命是其證說文付與也越厥疆土于先王者言天既與中國民人及其疆土於先王文武肆字當下屬爲義**王惟德用和懌先後迷民用懌先王受命**今王惟用德和悅先後天下迷愚之民先後謂教訓所以悅先王受命之義○肆王惟德用三句今文無徵○肆王惟德用云云者釋詁肆今也懌服也釋言迷惑也先迷民謂爲紂所惑羣湎于酒者後迷民謂爲管叔武庚所惑而畔亂者言今王惟德之用務和悅懌服此先後迷民也江聲引詩緜傳相道前後曰先後說先後爲教道之於義亦通用懌先王受命者釋文懌字又作斁案又作本是也此與上文斁塈茨斁丹雘相應言用終先王所受大命也**已若茲監惟曰欲至于萬年惟王**爲監所行法已如此所陳法則我周家惟欲使至于萬年承奉王室○已今文作熙若茲監今文無徵惟曰欲至于萬年今文與古文同○已作熙者以大誥例之當然若茲監者與上王啟監自古王若茲監相應言如此監臨其民今文同者孟子盡心篇趙岐注引梓材曰欲至於萬年岐用今文也萬年言其久惟王下屬爲義**子子孫孫永保民**又欲令其子孫累世長君國以安民○子子孫孫永保民今文與古文同○今文同者盡心篇趙岐注引子子孫孫永保民經言惟我周王子子孫孫長保有斯民也此篇三言監指公侯伯子男各監一國者言而康叔實爲牧長往監殷民時四方諸侯咸在故周公因誥康叔並普戒侯甸男采衞且以勉王如此

召誥第十四

周書　孔氏傳　王先謙參正

召誥 召公以成王新卽政因相宅以作誥○書序成王在豐欲宅洛邑使召公先相宅作召誥大傳云五年營成周六年制禮作樂七年致政成王周紀周公行政七年成王長周公反政成王北面就羣臣之位成王在豐使召公復營洛邑如武王之意周公復卜申視卒營築居九鼎焉曰此天下之中四方入貢道里均作召誥洛誥魯世家成王七年二月乙未王朝步自周至豐使太保召公先之雒相土其三月周公往營成周雒邑卜居焉曰吉遂國之先謙案史公以召誥洛誥爲周公攝政七年作是也說詳下

惟二月既望 周公攝政七年二月十五日日月相望因紀之○惟二月既望今文與古文同○今文同者漢書律麻志云三統麻周公攝政五年正月丁巳朔旦冬至後二歲得周公七年復子明辟之歲是歲二月乙亥朔庚寅望後六日得乙未故召誥曰惟二月既望粵六日乙未顏注今文尚書之辭釋名釋天云望月滿之名月大十六日小十五日日在東月在西遙相望也大司徒疏詩文王疏引鄭云是時周公居攝五年二月三月當爲一月二月不云正月者蓋待治定制禮乃正言正月故也王鳴盛云鄭言一月二月者據洛誥十二月戊辰逆推之江云武王有天下以建子月爲年首而稱一月不言正月者武成篇一月壬辰是也

時未追制禮故改月而不稱正至六年周禮成而洛誥當七年時猶詔王稱殷禮明必待七年反政之明年爲成王元年乃稱正也王鳴盛又云鄭以此篇爲居攝五年事者大傳云周公居攝五年營成周召誥正是營成周事故鄭以爲居攝五年是本之伏生也魯世家作七年劉歆三統厤以召誥洛誥爲一年內事洛誥是七年致政時事故亦以召誥爲七年皆不如伏生爲可信孫云史公以營洛邑作召誥爲在七年反政之時者據經文云王朝步自周下文云周公朝至于洛周公至是不稱王經文又云錫周公又有旦曰故知在反政之後也此蓋孔安國古文說大傳以爲在攝政五年者今文異說也皮云鄭從大傳以作召誥在五年洛誥在七年史公劉歆以作召誥洛誥皆在七年以經考之當以史記與劉歆之說爲合然大傳之說亦自不誤大傳云四年建侯衞五年營成周封康叔在四年而康誥篇首已云周公初基作新大邑于東國洛者蓋三監既平遷殷民於洛邑以其餘民封康叔於衞皆一時之事故建侯衞營成周於四五年連言之基謀也營亦謀也公於四五年定其謀七年乃成其事而作召誥洛誥營洛大事非一時所能辦大傳言其始史記要其終兩說互證益明本無違異伏生云五年營成周不云五年作召誥召誥與洛誥文勢相接不得以爲相隔二年鄭過求分析失之拘泥用伏說而非伏意伏無五年作召誥之文王從鄭駁史固非孫從史駁伏亦非也周紀以爲復政乃營洛世家以爲營洛乃復政據大傳營成周在致政前當以世家之說爲正蓋洛邑未成制作未定公必不遽復政也越

六日乙未王朝步自周則至于豐於既望後六日二十一日成王朝行從鎬京則至于豐以遷都

之事告文王廟告文王則告武王可知以祖見考○越六日乙未
王朝步自周則至于豐今文與古文同越一作粵○越一作粵者
三統厤引召誥作粵六日乙未垷云一作者下文越三日丁巳漢
志作越是今文亦有作越之本說文作粵是古文亦有作粵之本
也王朝步自周則至于豐者大傳云成王在豐欲宅洛邑使召公
先相宅六日乙未王朝步自周至于豐無則字魯世家成王七年
二月乙未王朝步自周至豐無于字蓋皆省文非異本也集解引
馬云周鎬京也豐文王廟所在朝者舉事上朝將即土中易都大
事故告文王武王廟集解及詩王風譜疏曲禮疏引鄭云步行也
堂下謂之步豐鎬異邑而言步者告武王廟即行出廟入廟不以
遠爲父恭也於此從鎬京行至于豐就告文王廟告文王則武王
可知曲禮疏文作文案豐在鄠縣東臨豐水東去鎬二十五里云告武王
廟者考親於祖既告祖廟必及禰也**惟太保先周公相宅**太保三公官名召公也召公於周公前相視洛居周
公後往○惟太保先周公相宅今文與古文同○惟太保先周公
相宅者大傳周傳如此皮云宅疑作度史記漢石經及漢人引三
家尙書三家詩宅皆爲度今文如此逸周書有度邑篇言營洛之
事大傳云營成周其義當爲度此云宅疑後人改之先謙案皮說
是下同不復出魯世家云使太保召公先之雒相土集解引鄭云相視也**越若來三月惟丙午朏越三**
日戊申太保朝至于洛卜宅朏明也月三日明生之名於順來三月丙午朏於朏三日三月五日召公
早朝至於洛邑相卜所居○越若來今文無徵三月惟丙午朏今
文惟一在三月上朏一作蠢越三日戊申太保朝至于洛卜宅今

文無徵○越若來者越同粵越若猶粵若皆詞也王引之云釋詁來至也越若來三月言至三月也逸周書世俘解漢律厤志引武成篇粵若來二月既死霸粵五日甲子文法與此同三月惟丙午朏者說文朏下云未盛之明从月出周書曰丙午朏今文惟一在三月上者律厤志云又其三月甲辰朔三日丙午召誥曰惟三月丙午朏孟康注朏月出也志又引畢命豐刑六月丙午朏字亦作朏一作蠢者王應麟漢藝文志攷漢儒引經異字作雒丙午蠢段云未檢出何書此惟丙午朏之異文今文也朏從月出蠢出雙聲方言蠢作也廣雅蠢出也越三日戊辰云云者太保以五日之朝至洛相卜所居孫云丁未至戊申自豐至洛行十四日吉行日五十里豐至洛七百里段云此洛及下洛汭天官序官鄭注並作雒此古文作雒之大驗也**厥既得卜則經營**其己得吉卜則經營規度城郭郊廟朝市之位處○厥既得卜則經營今文與古文同○今文同者魯世家云卜居焉曰吉遂國之引見上史公據此經說其意可爲今古文同之證詩靈臺傳經度之也士喪禮鄭注營猶度也楚詞九歎王逸注南北爲經東西爲營**越三日庚戌太保乃以庶殷攻位于洛汭越五日甲寅位成**於戊申三日庚戌以眾殷之民治都邑之位於洛水北今河南城也於庚戌五日睞鐺䏶所治之位皆成言眾殷本其所由來○越三日庚戌四句今文無徵○越三日庚戌云云者大傳云於是四方諸侯率其羣黨各攻位於其庭周書作雒解乃作大邑成周於土中城方千七百二十丈郛方七十里十本作百依江聲王鳴盛攷定南繫於雒水北因於郟山以爲天下之大湊乃位五宮太廟宗宮考宮路寢明堂孔鼂注五

宮宮府寺也大廟后稷二宮祖考廟路寢王所居明堂在國南王
鳴盛云古者六尺四寸爲步三百步爲里一里之長百九十二丈
依考工記匠人營國方九里當云方千七百二十八丈適符其數
今略其奇數也書疏引鄭云汭隈曲中也江云作邑大事豈能五
日而成且下言庶殷丕作耳則此言成但規畫就緒耳**若翼日乙卯周公朝至于洛**周公順位成之明日
而朝至於洛汭○若翼日乙卯二句今文無徵○若翼日乙卯云云者若亦越也翼當爲翌下同不復出噣包改翼說詳金縢**則**
達觀于新邑營周公通達觀新邑所營言周徧○則達觀于新邑營古文也今文達當作通○達作通者以今文例
之當然石經顧命史漢禹貢可證段云達觀如今諺云通看一徧
書疏引鄭云史不書王往者王於相宅無事也劉云下文郊社之
事王親舉之洛誥亦云孺子來相宅則是時王亦至洛**越三日丁巳用牲于郊牛二**於乙卯三日用
牲告立郊位於天以后稷配故二牛后稷貶於天有羊豕羊豕不
見可知○越三日丁巳二句今文與古文同古文越一作粵○今
文同者漢書郊祀志丞相衡御史大夫譚奏言祭天於南郊就陽
之義也瘞地於北郊即陰之象也天之於天子也因其所都而各
饗焉昔者周文武郊於豐鄗成王郊於雒邑由此觀之天隨王者
所居而饗之可見也又王商等以爲禮記曰燔柴於大壇祭天也
瘞薶於太折祭地也兆於南郊所以定天位也祭地於太折在北
郊就陰位也郊處各在聖王所都之南北書曰越三日丁巳用牲
于郊牛二周公加牲告徙新邑定郊禮於雒明王聖主事天明事
地察天地明察神明章矣天地以王者爲主故聖王制祭天地之

禮必於國郊白虎通郊祀篇祭日用丁與辛何先甲三日辛也後甲三日丁也皆可以接事昊天之日故春秋傳郊以正月上辛日尚書曰丁巳用牲于郊牛二五經異義云春秋公羊說禮郊及日皆不卜常以正月上丁也魯於天子並事變禮今成王命魯使卜從乃郊不從卽已下天子也魯以上辛郊不敢與天子同也五經通義云祭日以丁與辛何丁者反復丁寧也辛者自克辛也漢郊祀志元始五年王莽改祭禮曰以孟春正月上辛若丁天子親合祀天地于南郊後漢禮儀志云上丁祠南郊葢漢人用今文家說據此經爲郊日用丁之證皮云據漢志匡衡王商等奏古皆南北郊不分祭天地周書作雒解但云設丘兆於南郊以祀上帝配以后稷不及北郊者文不備耳後人乃用王莽謬說以爲天地當合祭又謂古無北郊北郊卽社皆非是又據王商等議牛二乃加牲告徙新邑故用二牛或兼稷牲言之亦非也古文越一作粵者說文粵于也審愼之詞者也字之誤从宷从亏周書曰粵三日丁亥段云宷卽審字粵上體从宷也丁亥乃丁巳之誤孫云洛誥云騂牛此不言其色者時尚稱殷禮用白牡也丁巳月十四日**越翼日**

戊午乃社于新邑牛一羊一豕一告立社稷之位用太牢也共工氏子曰句龍能平水土祀以爲社周祖后稷能殖百穀祀以爲稷社稷共牢○越翼日戊午三句今文與古文同僞傳用王肅說見下○今文同者白虎通社稷篇王者所以有社稷何爲天下求福報功人非土不立非穀不食土地廣博不可徧敬也五穀衆多不可一一祭也故封土立社示有土尊稷五穀之長故封稷而祭之也尚書曰乃社于新邑又曰祭社稷以三牲何重功故也尚書曰乃社于新邑牛一羊一豕一又

曰王者自親祭社稷何社者土地之神也土生萬物天下之所主也尊重之故自祭也皮云白虎通所引今文義皆出孝經援神契見周禮疏通典玉海郊祀門風俗通禮典篇禮郊特牲疏引援神契五經異義引今孝經說與郊特牲疏同蓋援神契卽今孝經說也今尚書說與今孝經說同故白虎通引之足見漢世諸儒今文家說無不相通鄭駮異義亦用今文說王肅好與鄭異乃以社稷爲句龍柱棄而聖證論馬昭已駮之僞傳同肅義此亦僞傳出肅之一證論衡祭意篇社稷報生萬物之功社報萬物稷報五穀亦同今文之說而又引左傳禮記句龍柱棄之文並云傳或曰炎帝作火死而爲竈禹勞力天下水死而爲社是漢人異說有以禹爲社者漢平帝元始五年用王莽議於官社後立官稷以夏禹配食官社后稷配食官稷淮南子曰禹勞力天下死而爲社要皆不若今文義塙也續漢祭祀志注引鄭義難社土神云再特于郊牛當作用牲于郊牛二者后稷配故也社于新邑牛一羊一豕一所以用三牲者立社位祀句龍緣人事之也如此非祀地明矣以宮室新成故立社耳鄭義以牛二爲后稷配與王商等議不合以用三牲爲立社祀句龍乃古文義仲長統荅鄭義難以爲社祭土神用今文說周書作雒解乃建大社於國中其壝東青土南赤土西白土北驪土中央疊以黃土與白虎通義合獨斷云天子社稷二壇方廣五丈社稷二神功同故同堂列壇俱在未位土地廣博不可徧覆故封社稷劉云舉社以見稷僞傳社稷共牢誤

越七日甲子周公乃朝用書命庶殷侯甸男邦伯

於戊午七日甲子是時諸侯皆會故周公乃昧爽以賦功屬役書命衆殷侯甸男服之邦伯使就功邦伯方伯卽州牧也○越七日甲子二句今文當與古文同男邦當作任

國○今文當同者漢書王莽傳公以八月載生魄庚子奉使朝用書臨賦營築朝用書倣此經文知今文同也男邦作任國者以禹貢酒誥例之當然三月甲子二十一日也距乙未三十日左昭三十三年傳士彌牟營成周計丈數揣高卑度厚薄仞溝洫物土方議遠邇量事期計徒庸慮材用書餱糧以令役於諸侯茲周公以此類書於冊以命侯甸男服之邦伯 **厥既命殷庶**

庶殷丕作 其已命殷眾眾殷之民大作言勸事○厥既命殷庶二句今文當與古文同○今文當同者王莽傳云越若翊辛丑諸生庶民大和會十萬眾並集平作二旬大功畢成顏注平字或作丕丕亦大也王念孫云隸書丕字或作伓與平相似因譌而爲平先謙案丕作亦倣此經文是今文同之證江云作訓起又訓爲言大起趣功 **太保乃以庶邦冢君出**

取幣乃復入 召公與諸侯出取幣欲因大會顯周公○太保乃以庶邦冢君二句今文無徵邦當作國下同○太保乃以庶邦冢君云云者以猶與也鄉飲酒禮主人與賓三揖鄉射禮作主人以賓三揖是其證書疏引鄭云諸侯公卿並覲於王王與周公俱至文不見王無事因大戒天下故與諸侯出取幣刊見鄭讀以爲與也餘詳下 **錫周公曰拜手稽首**

旅王若公 召公以幣入稱成王命錫周公曰敢拜手稽首陳王所宜順周公之事○錫周公曰三句今文無徵○錫周公者釋詁錫賜也陳所取幣以王命賜之後漢宗意傳昔周公懷聖人之德有致太平之功然後王曰叔父加以賜幣又何敵傳奏記宋由云明君賜賚宜有品制忠臣受賞亦應有度是以夏禹元圭周公束帛書疏引鄭云召公見眾殷之民大作周公德隆功成有

反政之期而欲顯之因大戒天下故與諸侯出取幣使戒成王立於位以其命賜周公所賜之幣蓋璋以皮及寶玉大弓此時所賜江云小行人合六幣璋以皮是璋必配以皮也陳云鄭此注用今文說公羊傳何休注云半圭曰璋白藏天子青藏諸侯魯得郊天故錫以白何亦用今文說故以白璋與寶玉大弓爲成王特賜周公與鄭同皮云陳說非也公羊傳璋判白弓繡質龜青純公羊以寶玉大弓爲三物璋判白玉也弓繡質大弓也龜青純寶也禮禮器天子以龜爲寶樂記青黑緣者天子之寶龜也是龜青純稱寶之明證此三物皆周所以封魯公者非所以錫周公左定四年傳祝鮀曰分魯公以大路大旂夏后氏之璜封父之繁弱封父龜名繁弱弓名封父之繁弱者之當訓與解如皇父之二子謂封父與繁弱也禮明堂位崇鼎貫鼎大璜封父龜天子之器也越棘大弓天子之戎器也是封魯公有大璜封父龜大弓與祝鮀說同惟公羊傳不言璜而言璋稍異何休云不言璋言玉者起圭璧琮璜璋五玉盡亾之也傳獨言璋者所以郊事天尤重也何言五玉與白虎通以珪璧琮璋璜爲五瑞說同典鮮堯又以當時爲五玉盡亡則魯之分器璜亦當在內傳不言璜而言璋者以郊天之物特舉之是公羊與左傳禮記本無不合公羊亦非謂魯之寶玉內無璜也鄭注禮記誤以封父爲國名不知左傳之封父繁弱卽公羊之弓繡質龜青純遂疑寶玉大弓非封魯之分器旣非封魯之分器則當是特賜周公此致誤之所由來也然鄭云蓋亦以無明文爲疑詞陳援何以阿鄭然何說具在未嘗以爲成王特賜周公也何敞六世祖比干學尙書於晁錯則敞當亦治今文家說者以幣爲束帛今文說不誤拜手稽首旅王若公者釋詁旅陳也漢書高紀注

若及也言旅王及公則王在矣孫云洛誥公旣定宅伻來視予卜休恆吉則相宅時王畱西都未來當於使來告卜之後來洛也

誥告庶殷越自乃御事召公指戒成王而以眾殷諸侯於自乃御治事爲辭謙也諸侯在故託焉○誥告庶殷二句今文無徵○誥告庶殷云云者詩思齊鄭箋引書曰越乃御事無自字自葢衍文時眾殷殷諸侯及治事之臣咸在召公欲大顯周公之功德於天下並以誥徧告眾殷及其治事者使皆明聽之

嗚呼皇天上帝改厥元子茲大國殷之命歎皇天改其大子此大國殷之命言紂雖爲天所大子無道猶改之言不可不慎○嗚呼皇天上帝二句今文無徵○嗚呼皇天上帝云云者釋詁元首也書疏引鄭云言首子者凡人皆天之子天子爲之首爾改下十字爲一句言改易其首子大國殷之命茲語詞

惟王受命無疆惟休亦無疆惟恤所以戒成王天改殷命惟王受之乃無窮惟美亦無窮惟當憂之○惟王受命三句今文無徵○惟王受命云云者詩傳疆竟也釋詁休慶也恤憂也言天改殷命王旣受之無竟惟慶亦卽無竟惟憂也

嗚呼曷其柰何弗敬何其柰何不憂敬之欲其行敬○嗚呼曷其柰何弗敬今文無徵○嗚呼曷其柰何弗敬者曷當作害見上段云柰何止借用李柰字俗製柰字唐石經用之集韻十四太柰果也一曰那也無奈字陳云據北海相景君碑故民吳仲山碑童子逢盛碑已皆作奈則奈字當出今文尚書

天旣遐終大邦殷之命茲殷多先哲王在天言天已遠終殷命此殷多先智王精神在天不能救者以紂不行敬故○

天旣遐終大邦二句今文無徵邦當作國○天旣遐終云云者案說文無遐字詩泉水傳訓瑕爲遠則遐字古當作瑕孫云遐當爲假釋詁假已也言天旣已終殷之大命此殷之先智王猶多在天非不欲右助其子孫

越厥後王後民茲服厥命於其後王後民謂先智王之後繼世君臣此服其命言不忝○越厥後王後民二句今文無徵○越厥後王後民云云者後王紂也言及其後嗣王與其後之民同此天下非不於此服其天命服命者奉持在身猶言被命矣下文有夏服天命同

厥終智藏瘝在其終後王之終謂紂也賢智隱藏瘝病者在位言無夏臣○厥終智藏瘝在今文無徵○厥終智藏瘝在者書疏引鄭云瘝病也江云及其終也賢智者退藏病民者在位段云瘝俗字葢本作鰥俗人以其訓病改作瘝康誥同爾雅鰥病也郭注引書曰智藏鰥在邢疏云智藏鰥在者周書召誥文似邢所據注尚未作瘝今本爾雅注作瘝釋文鰥字下云古頑反注瘝同考說文玉篇廣韻唐之五經文字九經字樣皆不錄瘝字恐釋文本止是注同二字

夫知保抱攜持厥婦子以哀籲天徂厥亾出執言困於虐政夫知保抱其子攜持其妻以哀號呼天告冤無辜往其逃亡出見執殺無地自容所以窮○夫知保抱攜持厥婦子三句今文無徵○夫知保抱攜持厥婦子云云者釋詁知匹也徂往也保同緥說文小兒衣也籲呼也言丈夫有匹偶者繦負其子攜持其婦以悲哀呼天其往亾他方或出而被拘執冤苦如此

嗚呼天亦哀于四方民其眷命用懋民哀呼天天亦哀之其顧視天下有德者命用勉敬者爲民主○嗚呼天

亦哀於四方民三句今文無徵○嗚呼天亦哀于四方民云云者說文睠顧也釋訓懋懋勉也言四方之民哀呼天天哀此民而欲拯救之其睠顧而命我言王當疾行周者非私我以勉我也**王其疾敬德相古先民有夏**敬德視古先民有夏之王以為法戒之○王其疾敬德二句今文無徵○王其疾敬德云云者言王當速敬德以荅天睠命之意釋詁速疾也相視也魯語云昔曰先民**天迪從子保面稽天若今時既墜厥命**天道從而子安之禹亦面考天心而順之今是桀棄禹之道天已墜其王命○天迪從子保三句今文無徵○天迪從子保云云者迪道也書疏引鄭云面猶回向也墜俗字當為隊說文從高隊也言天開道夏禹在位又從其子保右之禹亦回向稽度天心而順之今時既隊失其命**今相有殷**次復觀有殷○今相有殷今文無徵**天迪格保面稽天若**言天道所以至於保安湯者亦如禹○天迪格保二句今文無徵○天迪格保云云者文選蕪城賦注引倉頡篇格量度也言天開道量度而保右殷者亦如夏殷王亦回向稽度天心而順之**今時既墜厥命**墜其王命○今時既墜厥命今文無徵○今時既墜厥命者王先慎云厥厥承天言上文同下乃早墜厥命亦言墜天命也偽傳皆訓為王命非**今沖子嗣則無遺壽耇**童子言成王少嗣位治政無遺棄老成人之言欲其法之○今沖子嗣則無遺壽耇古文也今文壽耇作耇老○壽耇作耇老者漢書孔光傳太后詔曰俊艾大臣惟國之重其猶不可以闕焉書曰無遺耇老顏注言不遺老成之人也釋詁耇老壽也**曰其**

稽我古人之德，矧曰其有能稽謀自天？沖子成王其考行古人之德則善矣況曰其有能考謀從天道乎言至善○曰其稽我古人之德二句今文無徵○曰其稽我古人之德云云者矧況也有讀爲又自從也言所以無遺老成者曰其能稽攷我古人之德以匡正君心況曰其又能考謀以從天道乎稽謀自天猶面稽天若也嗚呼！有王雖小，元子哉。其丕能誠于小民今休。召公歎曰有成王雖少而大爲天所子其大能和於小民成今之美勉之○嗚呼有王雖小三句今文無徵○嗚呼有王雖小云云者有詞也詳下說文誠和也从言咸聲周書曰丕能誠于小民段云大徐本宋刊李燾本集韻作不能集韻刊本作丕能小徐本丕下無能字韻會用小徐本而作誠于小民無丕字參錯不定言王雖幼沖天之首子哉其大能和於小民乃今之休慶也王不敢後，用顧畏于民碞。王爲政當不敢後能用之士必任之爲先碞僭也又當顧畏於下民僭差禮義能此二者則德化立美道成也○王不敢後用顧二句今文無徵○王不敢後用顧云云者書序高宗夢得說使百官負求得諸傅巖本紀得說于傅險中公羊僖三十三年傳必于殽之嶔巖何注其處險阻隘埶是巖爲險也說文碞嶃碞也周書曰畏于民碞讀與巖同則碞亦險也小民難保其險有若碞然故曰民碞言今民情雖和未可保恃其險若碞後顧有無疆之憂慮故云王不敢後以顧也惟當畏於民碞時自敬德而已江孫皆依說文以顧字上屬爲句今從之王來紹上帝，自服于土中。言王今來居洛邑繼天爲治躬自服行教化於地勢正中○王來紹上帝自服于土中今文與古文同○今文同者白虎通京師篇王者京師必擇土中何所以均教道平往來使善易以聞爲惡易以聞明當懼慎損於善惡尙書曰王來紹上帝自服於土中論衡難歲篇儒者論天下九州以爲東西南北盡地廣長九州之內五千里竟三河土中周公卜宅經曰王來紹上帝自服于土中雒則土之中也云九州之內五千里與歐陽家說同史記云此天下之中四方入貢道里均漢書地理志昔周公營洛邑以爲在於土中諸侯蕃屏四方故立京師婁敬傳成王乃營成周都洛以爲此天下中諸侯四方納貢職道里均矣有德易以王無德易以亡凡居此者欲令務以德致人不欲險阻令後世驕奢以虐民也新序善謀篇引同孝經援神契云八方之廣周洛爲中謂之洛邑新書屬遠篇古者天子地方千里中之而爲都輸將繇使其遠者不在五百里而至公侯地百里中之而爲都輸將繇使其遠者不在五十里而至輸將者不苦其勞繇使者不傷其費故遠方人安其居士民皆有歡樂其土此天下所以能長久也說苑至公篇南宮邊子曰昔周成王之卜居成周也其命龜曰予一人兼有天下辟就百姓敢無中土乎使予有罪則四方伐之無難得也此皆今文說以中土爲道里均兼有懼慎易亾之意也大司徒以土圭之法測土深正日景以求地中日南則景短多暑日北則景長多寒日東則景夕多風日西則景朝多陰日至之景尺有五寸謂之地中天地之所合也四時之所交也風雨之所會也陰陽之所和也然則百物阜安乃建王國焉此正周公作洛之事書疏云鄭以自爲用說文服治也言王來繼天立極用出治於土中

旦曰其作大邑其自時配皇天稱周公言其爲大邑於土中其用是大邑配上天而爲治○旦曰二句今文無徵○旦曰

云云者禮曲禮君前臣名案成王卽政雖在明年此時已正君臣之分故稱王稱旦也述周公之言云爲大邑於土中自是可以配皇天**毖祀于上下其自時中乂**爲治當愼祀于天地則其用是土中大致治○毖祀于上下二句今文無徵○毖祀于上下云云者愼祀於上下神祇其自是於此土中致治**王厥有成命治民今休**用是土中致治則王其有天之成命治民今獲太平之美○王厥有成命二句今文無徵○王厥有成命云云者釋詁注卽猶今也今亦訓卽漢書多以今爲卽言王其有天之成命治民卽獲休慶矣**王先服殷御事比介于我有周御事**召公既述周公所言又自陳己意以終其戒言當先服殷家御事之臣使比近於我有周治事之臣必和協乃可一○王先服殷御事二句今文無徵○王先服殷御事云云者言治民之先當治殷治事之臣使比近於我有周治事之臣務相和叶日本山井鼎云足利古本介作迩段云僞傳凡介皆訓大不應此獨訓近疑本作迩而譌介**節性惟日其邁**和比殷周之臣時節其性令不失中則道化惟日其行○節性惟日其邁今文無徵○節性惟日其邁者呂覽重己篇節乎性也高注節猶和也釋言邁行也詩小宛我日斯邁言治諸御事當和其天性而勉以力行惟日進於善**王敬作所不可不敬德**敬爲所不可不敬之德則下敬奉其命矣○王敬作所二句今文無徵○王敬作所云云者衆經音義三引三蒼云所處也言王者當以敬爲居處猶孟子云仁人之安宅也王既以敬治羣臣豈可不以敬自處乎**我不可不監于有夏亦不可**

不監于有殷言王當視夏殷法其歷年戒其不長○我不可不監于有夏亦不可不監于有殷古文也今文監作鑒○監作鑒者後漢崔駰傳駰獻書誡竇憲曰書曰鑒于有殷可不慎哉以此推上句監于有夏亦當作鑒我不敢知曰有夏服天命惟有歷年以能敬德故多歷年數我不敢獨知亦王所知○我不敢知曰三句今文無徵○惟有歷年者若君奭云多歷年所言夏殷之先多賢王故有歷年若曰夏殷服天命歷數本來長久則非我敢知服義見上我不敢知曰不其延惟不敬厥德乃早墜厥命言桀不謀長久惟以不敬其德故乃早墜失其王命亦王所知○我不敢知曰四句今文無徵○我不敢知曰云云者釋詁延長也其者不定之詞不其延謂短祚言夏殷後王之亡若以爲天命不延亦非我所敢知惟知其以不敬德乃早隊天命我不敢知曰有殷受天命惟有歷年夏言服殷言受明受而服行之互相兼也殷之賢王猶夏之賢王所以歷年亦王所知○我不敢知曰三句今文無徵我不敢知曰不其延惟不敬厥德乃早墜厥命紂早隊墜其命猶桀不敬其德亦王所知○我不敢知曰四句今文無徵今王嗣受厥命我亦惟茲二國命嗣若功其夏殷也繼受其王命亦惟當以此夏殷長短之命爲監戒繼順其功德者而法則之○今王嗣受厥命三句今文無徵○今王嗣受厥命云云者言今王繼受其命我亦思惟此夏殷二國之亦命者而繼其成功可也王乃初服嗚呼若生子罔

不在厥初生自貽哲命言王新卽政始服行敎化當如子之初生習爲善則善矣自遺智命無不在其初生

爲政之道亦猶是也○王乃初服嗚呼若生子罔不在厥初生古文也今文作今王初服厥命於戲若生子罔不在厥初生自貽哲命今文無徵○今文云云者論衡率性篇人性有善惡善則養育勸率無令近惡近惡則輔保禁防令漸於善召誥戒成王曰今王初服厥命於戲若生子罔不在厥初生生子謂十五子初生意於善終以善初生意於惡終以惡傳言譬猶練絲染之藍則青染之丹則赤十五之子其猶絲也段云嗚呼作於戲與蔡邕石經合孫云十五子者學記云大學之法禁於未發之謂豫注云未發情欲未生謂年十五時白虎通辟雍篇古者所以年十五入大學何以爲八歲毁齒始有識知入學學書計七八十五陰陽備故十五成童志明入大學學經術案十五爲太子入學之年故王充以釋經若生子謂若養子敎之初生謂情欲初生也皮云左傳國君十五而生子故王充以十五爲生子之時周公攝王抗世子法於伯禽蓋奉成王爲太子故召公舉太子入學之年以爲戒不以生子爲嬰孩之時者以自貽哲命非嬰孩所能也○自貽哲命者江云哲之言智孟子盡心篇智之於賢者也命也賢智賦於命是哲命謂賢智也云自貽者勉王早自厲於善也孫云言王初服如敎子之初自傳之以明哲之命也

今天其命哲命吉凶命歷年今天制此三命惟人所修修敬德則有智則常吉則歷年爲不敬德則愚凶不長雖說之於天其實在人○今天其命哲三句今文無徵○今天其命哲云云者其是不定之詞言天其命明哲命吉命凶命歷年長短皆非我所敢知

知今

我初服宅新邑肆惟王其疾敬德天已知我王今初服政居新邑洛都故惟王其當疾行敬德○知今我初服三句今文無徵宅當作度○知今我初服云云者言我所可知者今我王初服厥命宅茲新邑今惟王其速敬德耳

王其德之用祈天永命言王當其德之用求天長命以歷年○王其德之用二句今文無徵○王其德之用者與梓材肆王惟德用句例同或以用字下屬非也用以也猶言爲政以德祈者說文求福也言王當惟德是以祈求天命之永長

其惟王勿以小民淫用非彝○勿用小民過用非常欲其重民秉常其惟王勿以小民淫用非彝今文無徵○其惟王勿以小民淫用非彝者釋詁彝法常也言勿以小民可用而過用非法戒毋擾禮王制用民之力歲不過三日

亦敢殄戮用乂民亦當果敢絕刑戮之道用治民戒以慎罰○亦敢殄戮用乂民今文無徵○亦敢殄戮用乂民者江云聘禮辭曰非禮也敢對曰非禮也敢鄭注二者皆竝曰敢言不敢是敢有不敢意也此敢讀同彼義亦者承上之詞上言勿下言亦則亦是蒙上勿字而言亦勿敢殄戮以治民戒毋虐也

若有功其惟王位在德元順行禹湯所以成功則其惟王居位在德之首○若有功二句今文無徵○若有功者言順以導之則有功其惟王位在德元者江云易文言傳飛龍在天乃位乎天德又云君子行此四德者故曰乾元亨利貞元是乾德乾爲天則乾元即天德此德元天德乾元也王者體元居正故云位在德元與位乎天德同義

小民乃惟刑用于天下越王顯王在德元則小民乃惟用法於天下

言治政於王亦有光明○小民乃惟刑用于天下越王顯今文無徵○小民云云者釋詁刑法也顯光也言小民乃惟法王以用於天下於王有光顯**上下勤恤其曰我受天命丕若有夏歷年式勿替有殷歷年**言當君臣勤憂敬德曰我受天命大順有夏之多歷年勿用廢有殷歷年庶幾兼之○上下勤恤四句今文無徵○上下勤恤云云者丕詞也式用也替廢也我君臣勤勞憂恤其曰我受天命如有夏歷年之久用勿廢有殷歷年之久冀得兼有之**欲王以小民受天永命**我欲王用小民受天長命言常有民○欲王以小民受天永命古文也今文無欲字○無欲字者潛夫論正列篇人君身修正賞罰明者國治而民安民安樂者天悅喜而增厤數故書曰王以小民受天永命葢以勤恤卽安民安民乃命永是說此經之義也江云太誓曰民之所欲天必從之故民安樂則天說喜也**拜手稽首曰予小臣敢以王之讎民百君子**拜手首至手稽首首至地盡禮致敬以入其言言我小臣謙辭敢以王之匹民百君子治民者非一人言民在下自上匹之○拜手稽首曰二句今文無徵○拜手稽首曰云云者書疏引鄭云拜手稽首者召公既拜興曰我小臣以下言召公拜訖而復言也百君子王之諸侯與羣吏案以猶與也釋文讎字或作酬說文讎猶應也讎應卽酬應諸侯羣吏皆爲王治民者曰與民接對故謂之讎民百君子**越友民保受王威命明德**言與匹民百君子於友愛民者共安受王之威命明德奉行之○越友民古文也今文友作有保保受王威命明德今文無徵○友作有者續漢律歷

志冀百君子越有民同心敬授蓋今文作有民如牧誓友邦史記作有國不作朋友解有者詞也有民民也有國國也有王王也保受王威命明德者釋詁保安也我小臣與百君子及民共安受王之威命明德言畏王威兼懷王德**王末有成命王亦顯**臣下安受王命則王終有天成命於王王亦昭著○王末有成命王亦顯今文無徵○王末有成命王亦顯者周書孔晁注末終也詩周頌昊天有成命二后受之言王終有天之成命則王亦光顯於四方**我非敢勤惟恭奉幣用供王能祈天永命**言我非敢獨勤而已惟恭敬奉其幣帛用供待王能求天長命將以慶王多福必上下勤恤乃與小民受天永命○我非敢勤三句今文無徵○我非敢勤云云者釋詁勤勞也勞於身爲勤勞於口亦爲勤詩采薇序杕杜以勤歸也疏云勤者陳其勞苦陳人之勞苦爲勤陳己之勞憂亦爲勤也召公所以誥王者頻煩反復所謂勞於口者是勤之義也又謙言我非敢爲是勤苦相戒諭惟恭奉此幣以奉王能祈天永命而已幣卽上文入錫周公之幣周書謚法解孔晁注供奉也共作供衞包所改

說見前

尚書孔傳參正二十二

洛誥卷十五

周書　孔氏傳

洛誥　既成洛邑將致政成王告以居洛之義○洛當作雒詳見禹貢等篇石經多士篇洛字作雒據史記作洛誥召誥在七年將反政時召誥引見　王先謙參正

周公拜手稽首曰朕復子明辟周公盡禮致敬言我復還明君之政於子子成王年二十成人故必歸政而退老○周公拜手稽首曰朕復子明辟今文與古文同○周公拜手稽首者白虎通姓名篇所以先拜手後稽首名詻之順其文質也尚書曰周公拜手稽首段云此條殘闕當云殷所以先稽首後拜手何周所以先拜手後稽首何各順其文質也蓋殷之禮拜先稽首後拜手其喪拜則拜手而後稽顙周之禮拜先拜手後稽首其喪拜則稽顙而後拜手詳段說文解字讀○曰朕復子明辟者漢書王莽傳羣臣奏言書逸嘉禾篇曰周公奉鬯立于阼階延登贊曰假王涖政勤和天下此周公攝政贊者所稱成王加元服周公則致政書曰朕復子明辟周公常稱王命專行不報故言我復子明君也俞樾云漢儒亦以復爲逆復之復平時周公稱王命專行無須復命至是成王已長周公將歸政退從臣禮故須復命也蓋復命成王卽是明已將歸政非以歸政爲復子明辟也皮云漢

羣臣引逸書之奏必出於劉歆漢書律厤志引劉歆三統厤云後二歲得周公復子明辟之歲凡以事紀歲必屬當時大事則羣臣奏所云必指復政成王不專指營雒復命一節且以復爲復命於此文猶可通王莽傳又云孺子加元服復子明辟如周公故事又策命孺子云昔周公攝政終得復子明辟今予獨迫皇天威命不得加意後漢桓帝紀順烈梁后歸政詔曰遠覽復子明辟之義李注復還也子謂成王也辟君也謂周公攝政已久故復還明君之政於成王也魏志注引魏王丕令曰公旦履天子之籍聽天下之斷然復子明辟書美其人凡此諸文皆當解爲復政不得以復命解之不宜曲徇宋人謬說反易漢儒古義也

王如弗敢及天基命定命如往也言王往日幼少不敢及知天始命周家安定天下之命故已攝○王如弗敢及天基命定命

今文無徵○王如弗敢及天基命定命者如若也基始也言王若弗敢逮及天之始命定命江云詩大明有命自天命此文王序云文王有明德故天復命武王也又下武序云武王有聖德復受天命是文王爲基命武王爲定命禮文王世子云成王幼不能莅阼周公相踐阼而治是王實以年幼不能莅阼然在周公不可謂王不能而我代之嫌於斥王不能故言不敢使若謙沖退託者然段云文選沈約宋書謝靈運傳論注引經弗作不案下不敢不敬天之休予不敢宿皆作不似此亦不敢爲長

予乃胤保大相東土其基作民明辟我乃繼文武安天下之道大相洛邑其始爲民明君之治○予乃胤保三句今文無徵○予乃胤保云云者堯典馬注胤嗣也詩傳保安也釋詁相視也言予乃嗣前王保安之大相視東土洛邑王其始作民明

君致政在冬之本其春來至洛衆說始卜定
矣**予惟乙卯朝至于洛師**都之意○予惟乙卯二句今文無徵○
予惟乙卯朝至于洛師者卽召誥云乙卯周公朝至于洛也詩王
風譜疏引鄭云我以乙卯日至于洛邑之衆案洛師猶言京師也
我卜河朔黎水我乃卜澗水東瀍水西惟洛食我使人卜河北黎水上不吉又卜澗
瀍之間南近洛吉今河南城也卜必先墨畫龜然後灼之兆順食
墨○我卜河朔黎水今文無徵我乃卜澗水東瀍水西惟洛食今
文與古文同僞孔云龜兆食墨非見下○我卜河朔黎水者書疏
引顏氏云先卜河北黎水者近於紂都爲其懷土重遷故先卜近
以悅之用鄭說義或然也河朔河北也黎水未詳漢黎陽故城在
今河南濬縣東北但有黎山無黎水也○今文同者漢書元后傳
予乃卜波水之北郎池之南惟玉食倣此文是今古文同之證澗
水者水經云澗水出新安縣南白石山東南入於洛注云東北流
歷八特阪今在河南西四十里周書所謂我卜澗水東者是也又
云又案河南有離山水謂之爲澗水西北出離山東南流是歷郟
山於穀城東而南流注於穀水舊與穀水亂流南入于洛或以是水
爲周公之所相卜也瀍水者水經云出河南穀城縣北山東與干
金渠合注云周書曰我卜瀍水西謂斯水也瀍水又東南流注於
穀案穀城魏省入河南亦卜今河南縣地王風譜疏引鄭云觀召公
所卜之處皆可長久居民使服田相食孫云此解經惟洛食之義
洪範惟辟玉食則知食爲玉食此土顏注訓玉爲玉兆非僞孔以
爲龜兆食墨不知食墨不必盡吉且古人云凡卜君占體大夫占
色史占墨卜人占坼此卜作洛是王之事宜占體不宜占墨也

今洛陽也將定下都遷殷頑民故并卜之

我又卜瀍水東亦惟洛食伻來以圖及獻卜

遣使以所卜地圖及獻所卜吉兆來告成王○我又卜瀍水東亦惟洛食伻來以圖今文與古文同及獻卜今文無徵○我又卜瀍水東亦惟洛食者元后傳予又卜金水之南明堂之西亦惟玉食做此經文是今古文同之證王風譜疏引鄭云瀍水東既成名曰成周今洛陽縣是也召公所卜處名曰王城今河南縣是也漢書地理志河南郡雒陽縣周公遷殷民是爲成周河南縣故郟鄏地周武王遷九鼎周公致太平營以爲都是爲王城至平王居之孫云河南故城在今河南府城西北二十里漢洛陽縣在洛北河南縣在伊北洛南近洛水故經云洛食也江云河朔黎水及瀍水東乃周公所卜序云召公既相宅周公往營成周是成周非召公所營則召誥所云厥既得卜則經營是也召公所卜處分言之則亦以瀍水東爲召公所未卜故知瀍水東是周公所卜也河朔黎水與瀍水東皆爲遷殷民卜河朔黎水不吉故更卜瀍水東也○伻來以圖及獻卜者漢書劉向傳引書曰伻來以圖孟康注伻使也使人以圖來示成王明口說不了指圖乃了也釋詁抍使也釋文抍字又作伻羣經音辨伻作平孫云了郎聴假音字

王拜手稽首曰公不敢不敬天之休來相宅其作周匹休

成王尊敬周公荅其拜手稽首而受其言述而美之言公不敢不敬天之美來相宅其作周以配天之美○公不敢不敬天之休來相宅今文與古文同王拜手稽首曰其作周匹休今文無徵○王拜手稽首者孫云聘禮君勞使者及介君皆答拜又曰大夫入門再拜

君拜其辱曲禮大夫士見於國君君若迎拜則還拜不敢答拜是君於臣有拜手也左哀十七年傳非天子寡君無所稽首諸侯尙不稽首王稽首周公爲太師盡敬非常禮也○今文同者白虎通京師篇聖人承天而制作尙書曰公不敢不敬天之休來相宅今文宅皆作度此處疑後人改之下同其作周匹休者言作立周邦配天之美命**公既定宅伻來來視予卜休恆吉我二人共貞**言公前已定宅遣使來來視我以所卜之美常吉之居我與公共正其美○伻來來視予卜休恆吉古文也今文伻作辨視作示公既定宅我二人共貞今文無徵○公既定宅者卜洛之事公與召公共之然總其事者公也辨來來示予卜休恆吉者王應麟藝文志攷說漢人引經異字如此皮云伻平一字平辨一聲之轉以堯典平秩今文作辨秩平章今文作辨章例之則作辨者是今文書疏引鄭云伻來來者使二人也江云使二人者先後兩遣使也召公先得卜經營郎當繪圖發使及周公至營成周卜吉畫圖有兼句之事周公必先以召公圖卜獻於王所後卜吉成周乃更遣使故重言來來以見兩遣使之意曲禮幼子常視毋誑鄭注視今之示字釋詁恆常也常者兩卜皆吉也我二人共貞者釋文貞馬云當也言我與公二人共當其美**公其以予萬億年敬天之休**公其當用我萬萬億年敬天之美十千爲萬十萬爲億言久遠○公其以予萬億年敬天之休今文無徵○公其以予云云者釋詞以猶與也江云詩伐檀傳萬萬曰億楚語韋昭注十萬曰億古數也秦乃以萬萬爲億億是有二說詩下武鄭箋書曰公其以予萬億年亦君臣同福祿也**拜手稽首誨言**成王盡禮

致敬於周公求教誨之言○拜手稽首誨言今文無徵○拜手稽首誨言者說文誨曉教也敢拜手稽首受公教誨之言江云上拜手稽首是史公所記此則成王自道己拜非有二拜也

周公曰王肇稱殷禮祀于新邑咸秩無文

言王當始舉殷家祭祀以禮典祀於新邑皆次秩不在禮文者而祀之○王肇稱殷禮祀于新邑古文也今文肇下有修字無于字咸秩無文今文與古文同○肇下有修字無于字者白虎通禮樂篇太平乃制禮作樂何夫禮樂所以防奢淫天下人民饑寒何樂之乎功成作樂治定制禮王者始起何用正民以爲且用先代之禮樂天下太平乃更制作焉書曰肇修稱殷禮祀新邑此言太平去殷禮必復更制者示不襲也書疏引鄭云王者未制禮樂恆用先王之禮樂伐紂以來皆用殷之禮樂非始成王用之也周公制禮樂既成不使成王卽用周禮仍令用殷禮者欲待明年卽政告神受職然後班行周禮班訖始得用周禮故告神且用殷禮也鄭說與今文義合釋詁肇始也釋言稱舉也孫云大傳云周公攝政六年制禮作樂七年致政成王若然則此時卽致政矣而鄭云欲待明年卽政者此篇末云王在新邑烝漢書律麻志引其文以爲十二月戊辰晦周公反政是周公反政在是年年終則成王卽政在明年歲首故云明年卽政也○今文同者漢書郊祀志天子祭天下名山大川懷柔百神咸秩無文顏注秩序也舊無禮文者皆以秩序而祭之翟方進傳云正天地之位昭郊宗之禮定五畤廟祧咸秩無文孟康注諸廢祀無文籍皆祭之風俗通山澤篇傳曰五嶽視三公四瀆視諸侯其餘或伯或子或男大小爲差尚書傳咸秩無文王者報功以次秩之無有文也魏封孔羨碑秩

羣祀于無文諸家皆以爲用殷禮之質故無文王引之讀文爲紊孟以爲諸廢祀非

予齊百工伻從王于周

予惟曰庶有事我整齊百官使從王于周行其禮典我惟曰庶幾有善政事○予齊百工三句今文無徵○予齊百工云云者周謂成周江云有事祭也春秋傳曰天子有事于文武又曰有事于武宮是也言我整齊百官使從王於洛邑我惟勉之日庶幾得與於祭事宗廟之中以有事爲榮也

今王即命曰記功宗以功作元祀今王就行王命於洛邑曰當記人之功尊人亦當用功大小爲序有大功則列爲大祀謂功施於民者○今王即命曰記功宗以功作元祀今文無徵○今王即命曰記功宗云云者釋文曰音越一音人實反是古本作日當從之江云記者書於竹帛以銘識之宗尊也祭有功臣配食之典般庚云茲予大享於先王爾祖其從與享之是也司勳云凡有功者銘書于王之大常祭于大烝司勳詔之銘書于太常是記功祭于大烝是以功作元祀與今文證合言王即命於周之日惟先記諸有功者尊異之以其功作元祀元大也

惟命

曰汝受命篤弼丕視功載乃汝其悉自教工惟天命我周邦汝受天命厚矣當輔大天命視羣臣有功者記載之乃汝新即政其當盡自教衆官躬化之○惟命曰三句今文無徵乃汝其悉自教工今文教工作學功書疏引王肅云此其盡自教百官謂正身以先之與僞孔其當盡自教衆官躬化之同義此又僞傳出肅之一證也○惟命曰汝受命篤弼者江云惟命曰詔所祀者以詞篤厚弼輔也言立汝之祀者以汝受命先王厚輔王室故蓋沒者祀而命之其存者亦豫命以

沒後之典也丕視功載者丕大也視古示字功載者記功之書也詩傳載識也左僖二十六年傳載在盟府注載書也言以此載書大示諸臣乃汝其悉自學功者大傳云書曰乃女其悉自學功悉盡也學效也傳曰當其效功也於卜洛邑營成周改正朔立宗廟序祭祀易犧牲制禮作樂一統天下合和四海而致諸侯皆莫不依紳端冕以奉祭祀者其下莫不自悉以奉其上者莫不自悉以奉其祭祀者此之謂也盡其天下諸侯之志而效天下諸侯之功也侯康云上言祀於新邑以功作元祀下言汝其敬識百辟享則謂諸侯奉祭祀而效功與前後義合

孺子其朋孺子其朋其往少子慎其朋黨少子慎朋黨戒其自今已往○孺子其朋孺子其朋其往古文也今文其往上有慎字○其往上有慎字者後漢爰延傳延上封事曰臣聞之帝左右者所以咨政德也故周公戒成王曰其朋其朋言慎所與也李注尚書周公戒成王曰孺子其朋孺子其朋慎其往段云較今本多慎字足利古本同楊雄尚書箴書稱其朋用洛誥與爰延說同皮云據爰延說爲慎所與今文尚書當有慎字三國魏志何晏奏曰周公戒成王曰其朋其朋言慎所與也又蔣濟傳濟上疏曰周公輔政慎於其朋皆有慎字書疏引鄭云孺子幼少之稱謂成王也案前後稱王此言孺子特詔之言年少時朋從之人尤宜慎也

無若火始餤餤厥攸灼敘弗其絕言朋黨敗俗所宜禁絕無令若火始然餤餤尚微其所及灼然有次序不其絕事從微至著防之宜以初○無若火始餤餤古文餤餤作炎炎今文作炎炎一作庸庸厥攸灼敘弗其絕今文無徵○古文餤餤作炎炎者段云炎炎讀以瞻反左傳人之所忌其氣炎

以取之杜注引書無若火始炎炎釋文炎音燄正與洛誥釋文音燄同炎音燄者讀爲爓也以廣韻推之陸法言切韻爓音以贍切燄音以冉切燄不音燄也衞包因釋文音燄妄謂炎燄爲古今字而改之陳鄂並改釋文之炎爲燄唐石經左傳不誤今板本亦改作燄蓋不考說文爓燄各字妄謂燄卽爓字可音燄耳集韻五十燄炎燄爲一字以贍切取宋初未改釋文衞包已改尚書合和爲說也此可爲未改尚書作炎之一證今文作炎炎者漢書敘傳炎炎燎火亦允不陽炎炎二字用此經文蓋夏侯本如此一作庸庸者漢書梅福傳福上書曰書曰毋若火始庸庸勢陵於君權隆於主然後防之亦無及矣顏注庸庸微小貌言火始微小不早撲滅之則至熾盛矣段云炎庸雙聲故相通借侯康云左文十八年傳閻職齊世家作庸職說苑復恩篇作庸織閻古讀如燄詩小雅燄妻煽方處漢書谷永傳作閻妻是也○厥攸灼敘弗其絕者釋文敘絕句馬讀敘字屬下句今誤作字屬下句釋詞其語助也廣雅釋詁灼爇也言火始起雖微其所延爇次敘逮及不可遏絕孫云釋詁敘緒也謂火所爇端緒不可絕言戒慎朋從當如防火**厥若彝及撫事如予惟以在周工**其順常道及撫國事如我所爲惟用在周之百官○厥若彝四句今文無徵○厥若彝云云者楚詞王注撫循也戒成王其順常法及循故事如我所爲惟用在周之官欲不改其政與其臣也**往新邑伻嚮卽有僚明作有功惇大成裕汝永有辭**往行政化於新邑當使臣下各嚮就有官明爲有功厚大成寬裕之德則汝長有歎譽之辭於後世○往新邑五句今文無徵○往新邑云云者言今王往新邑惟使諸

臣向就有官思盡其職顯爲有功勿怠其事惇厚廣大以成寬裕之治則汝永有聞譽之辭於後世矣段云嚮當爲鄉衛包改**公曰已汝惟沖子惟終**已平汝惟童子嗣父祖之位惟當終其美業○公曰已汝惟沖子惟終今文無徵○公曰已汝惟沖子惟終者已以大誥例之今文亦當爲熙歎辭也言汝惟沖子卽政之始遇事當思其終庶幾慎終於始**汝其敬識百辟享亦識其有不享享多儀儀不及物惟曰不享**奉上謂之享言汝爲王其當敬識百君諸侯之奉上者亦識其有違上者奉上之道多威儀威儀不及禮物惟曰不奉上○汝其敬識百辟享亦識其有不享今文無徵享多儀儀不及物惟曰不享今文與古文同一無惟字○汝其敬識百辟享亦識其有不享者釋詁辟君也享獻也諸侯各君其國故云百辟雖同一享而有不享者非以物之豐殺爲衡當各敬心識之○享多儀儀不及物惟曰不享者書疏引鄭云朝聘之禮至大其禮之儀不及物所貢篚者多而威儀簡也威儀既簡亦是不享也今文同者漢書郊祀志谷永說上引經曰享多儀儀不及物惟曰不享又永傳載永對曰絕郤不享之義儀字亦用此經文一物無惟字者鹽鐵論散不足篇書曰享多儀儀不及物曰不享與孟子告子篇引書無惟字同趙岐孟子注云享多儀謂享見之禮多儀法也物事也儀不及事謂有闕也與鄭說大同經言享因助祭而享見谷永兩引皆就神之享祀言或今文家有此說**惟不役志于享凡民惟曰不享惟事其爽侮**上言人君惟不役志於奉上則凡人化之惟曰不奉上矣如此則惟政事其差錯侮慢不可治理○惟

不役志于享三句今文無徵○惟不役志于享者與孟子引書同言於享獻之事未嘗用心故孟子謂其不成享也凡民惟曰不享云云者天子以禮飭正諸侯則自上化下而民莫敢不敬果有是不役志於享者天子不識不言羣下見之皆生慢易怠忽之心凡民聞之亦惟曰不享可也如此則事有不爽差侮傷者乎**乃惟孺子頒朕不暇聽朕教汝于棐民彝**我爲政常若不暇汝爲小子當分取我之不暇而行之聽我教汝於輔民之常而用之○乃惟孺子頒三句今文無徵○乃惟孺子頒者說文頒作攽云分也从攴分聲周書曰乃惟孺子攽段云許所據壁中故書也釋文頒馬云猶也猶下奪文亦當是分字朕不暇聽乃惟孺子頒此倒裝文法書疏引鄭云成王之才周公倍之猶未而言分者誘掖之言也朕教汝于棐民彝者言我教汝惟在輔民之常法無他道**汝乃是不蘉乃時惟不永哉**汝乃是不勉爲政汝是惟不可長哉欲其必勉爲可長○汝乃是不蘉二句今文無徵○汝乃是不蘉云云者釋文蘉馬云勉也書疏引鄭同玉篇首部蘉下云周書曰汝乃是弗蘉不作弗說文無蘉字錢大昕云釋詁孟勉也爾雅所以訓釋六經蘉之訓勉他未有見蓋孟之古音近茲洛誥蘉字本是孟字故鄭王偽孔皆訓勉江云淮南氾論訓孟卯戰國策作茲卯先謙案是者承上文輔民常法言之初政以安民爲要安民惟在以常法輔之使各守正樂生不待別求異術汝若是之不勉乃是惟不久長哉**篤敘乃正父罔不若予不敢廢乃命**厚次敘汝正父之道而行之無不順我所爲則天下不敢棄汝命常奉之○篤敘乃正父三句今文無徵○篤

敘乃正父者咎繇謨惇敘九族篤敘猶惇敘也釋詁惇篤皆訓厚正長也正父蓋父行所尊長者若曹叔成叔康叔聃季及召芮畢毛之屬皆是篤敘正父而親之躬行孝弟以化民即所以輔民之也罔不若予不敢廢乃命者罔不若予與上文如予義同言予彝厚敘同族汝當以爲法無不若予則正父諸人皆親睦敬恭無敢廢棄汝之命或以無不順我敎臣下自不敢廢汝命或以爲無不如我正長之官皆非

汝往敬哉茲予其明農哉彼裕我民無遠用戾

汝往居新邑敬行敎化哉如此則我其退老明敎農人以義哉彼天下被寬裕之政則我民無遠用來言皆求○汝往敬哉四句今文無微○汝往敬哉者汝往新邑惟以敬事爲主茲予其明農哉若將退老也大傳云大夫士七十而致仕老於鄉里大夫爲父師士爲少師耰鋤已藏祈樂已入歲事已畢餘子皆入學距冬至四十五日始出學傅農事上老平明坐於右塾庶老坐於左塾餘子畢出然後皆歸夕亦如之餘子皆入父之齒隨行兄之齒雁行朋友不相踰輕任并重任分頒白者不提攜出入皆如之書疏略引傳文云是教農人以義也孫云鄭彼注云上老父師也庶老少師也此大學小學造人之法周公致仕則爲上老稱父師故欲明農皮云孫說過泥大傳所云父師少師乃大夫士之事非周公所當爲也周禮鄉老二鄉公一人蓋以三公退老若爲之屬大司徒掌敎農人之事周公致政當爲鄉老故曰明農大傳所云乃推廣言之耳公即致政豈得歸鄉里坐門塾爲大夫士之事哉彼裕我民無遠用戾者彼彼新邑言新邑之我民企望恩澤能於彼寬裕以待之俟咸樂其生則聞風者無遠皆至矣

王若曰公明保予

沖子○成王順周公意請留之自輔言公當明安我童子不可去也○王若曰公明保予沖子今文無徵○王若曰公明保予沖子者江云此下偁述周公往日居攝之功非謂自今以後知者以下文明光于上下云云贊美公德是謂已然之效則此經明保右我沖子亦指當日言之**公稱丕顯德以予小子揚文武烈**言公當留舉大明德用我小子褒揚文武之業而奉順天四字衍○公稱丕顯德以予小子今文無徵揚文武烈今文作揚文武之德烈○公稱丕顯德云云者說文稱揚也丕顯猶不顯丕不皆語詞釋詁烈業也揚續也言公稱揚前人之顯德以予小子繼續文武之德業餘詳下**奉荅天命和恆四方民居師**又當奉當天命以和常四方之民居處其眾○奉荅天命和恆四方民古文也今文荅作對恆下多萬邦字居師無徵○荅作對多萬邦邦字者大傳云廟者貌也以其貌言之也宮室中度衣服中別犧牲中辟殺者中死割者中理也搏弁者有文饕竈者有容棜杙者有數太廟之中繽乎其猶模繡也天下諸侯之悉來進受命於周而退見文武之尸者千七百七十三諸侯皆莫不磬折玉音金聲玉色然後周公與升歌之而弦文武諸侯在廟中者伋然淵其志和其情愀然若復見文武之身然後曰嗟子乎此蓋吾先君文武之風也夫及執俎抗鼎執刀執匕者負牆而歌憤於其情發於中而樂節文故周人追祖文王而宗武王也是故周書自大誓就召誥而盛於洛誥也故其書曰揚文武之德烈奉對天命和恆萬邦四方民是以見之也鄭注辟法也搏弁或作振非當言拚帚杙者繫牲者也模繡言文章之可觀也模所棜文章之範八州州二百一十國畿內九十三國此周所

因於殷九州諸侯之數玉音金聲言宏殺之調也與諸侯升歌文
王武王之德又以琴瑟播之假讀曰播播然變動貌子成王也執
鼎俎刀匕卑賤者尚然而況尊貴者乎陳云漢書王莽傳周公居
攝郊祀后稷以配天宗祀文王於明堂以配上帝是以四海之內
各以其職來助祭蓋諸侯千八百矣案周公追祖文王以宗武王
莽仍言宗文王者蓋公雖已制禮於時未用侯成王即政而後行
之觀此經下文王曰四方迪亂未定於宗禮謂四方雖進於治而
尚未定宗祀之禮也篇末云王在新邑烝祭歲文王騂牛一武王
騂牛一乃改殷禮行周禮與召誥用牲不言色者不同是祖文宗
武在成王即政後舉行益明矣荅作對者荅對雙聲字詩雨無正
聽言則荅漢書賈山傳作聽言則對可證荅對通用詩箋對配也
易彖傳恒久也言上以奉配天命下以和恆萬邦四方之民安居
其眾江云和則相親易繫辭有親則
可久是和恆之義也釋詁師眾也 **惇宗將禮稱秩元祀咸秩無**
文 厚尊大禮舉秩大祀皆次秩無禮文而宜在祀典者凡此待公
而行○惇宗將禮今文無徵稱秩元祀咸秩無文今文與古文
同○惇宗將禮者言公惇厚宗尊此大禮也稱秩元祀咸秩無文
者漢東觀書章帝議增修羣祀詔引經如此稱舉也舉秩大祀其
餘咸次秩之言敬
承公誥遵行之也 **惟公德明光于上下勤施于四方** 言公明德光
於天地勤政
施於四海萬邦四夷服仰公德而化之○惟公德明光于上下勤
施於四方古文也今文明光作光明施下無于字○明光作光明
施下無于字者大傳云孔子曰吾於洛誥見周公之德光明于上
下勤施四方旁作穆穆至于海表莫敢不來服莫敢不來享以勤

文王之鮮光而揚武王之大訓而天下大治故曰聖之與聖也猶規之相周矩之相襲也大傳略說載東郊迎日辭曰明光于上下勤施于四方旁作穆穆大戴禮公冠篇同陳云此三句古有是語而成于王以之贊美周公謂公德如日月之照臨也文選豪士賦序云光于四表德莫富焉王曰叔父親莫暱焉蒙于上文周公言之也潘勗冊魏公九錫文云伊尹格于皇天周公光于四海皆用洛誥而竄易其文

旁作穆穆迓衡不迷文武勤教

四方旁來爲敬敬之道以迎太平之政不迷惑於文武所勤之教言化洽○旁作穆穆今文與古文同迓衡不迷文武勤教今文無徵○旁作穆穆者引見上揚雄劇秦美新同段云古文例用方今文例用旁古文尚書作勤施于四方方作穆穆今文作勤施四旁旁作穆穆皮云段說非也四方者方面之方自應作方旁作者旁溥之旁自應作旁非可以古文作方今文作旁例之謂一皆作方一皆作旁也且四方字屢見經傳無有作四旁者豈皆古文無今文抑豈皆後人改之邪段改旁作爲方作以爲古文失之專輒亦未可依其說改四方爲四旁以爲今文也蔡邕東鼎銘勤施八方旁作穆穆又楊公碑旁施四方維明方旁字皆分別甚晰釋詁穆穆美也旁作穆穆者旁溥爲穆穆之美化也○迓衡不迷者魏志文帝紀裴注延康元年詔引御衡不迷明迓舊作御文選卷五十二五十五引鄭云稱上曰衡鄒陽傳懸衡天下如涫注衡稱之衡懸法度於其上是也言其稱物如衡日過萬幾而無所迷惑皮云此句或以舜在旋璣玉衡烈風雷雨不迷比之公之攝猶舜之攝也釋文迓五嫁反馬鄭皆音魚據反段云僞孔訓迎則讀爲迓馬鄭訓馭讀如字衞包依孔訓改御字作迓開寶改釋

文大書作逷以合衞本而小字仍之不思今音逷可五嫁不可魚據也○文武勤教云云者莊述祖云文王之勤武王之教皆予沖子早夜敬慎奉祀者也江云詩六月文武吉甫崧高文武是憲子傳皆訓爲有文有武此解當同言公有文有武又勤教於下我沖子安受其成惟早夜慎其祭祀而已於義亦通 **予沖子夙夜毖祀** 言政化由公而立我童子徒早起夜寐慎其祭祀而已無所能○予沖子夙夜毖祀今文無徵○說見上 **王曰公功棐迪篤罔不若時** 公之功輔道我已厚矣天下無不順而是公之功○王曰三句今文無徵○王曰云云者釋詁棐輔迪道篤厚若順時是也言公之功輔道我者厚矣我無不順是而行謂無事不敬奉公教 **王曰公予小子其退即辟于周命公後** 我小子退坐之後便就君於周命立公後公當留佐我○王曰公五句今文無徵○王曰公云云者釋詁辟君也言我小子其退即君位於新邑我將命公後矣謂封伯禽也王意立公後而留公相王朝也於江云左宣三年傳成王定鼎于郟鄏蓋在此行時王城初建周公欲尊異之於天下故請成王正王位于新邑此即辟于周是爲有事而特行定鼎及即政頒禮樂皆其時之大事事訖即退居西都也知者据周本紀贊云成王使召公卜居居九鼎焉而周復都豐鎬是也公羊文十三年傳封魯公以爲周公也周公拜乎前魯公拜乎後曰生以養周公死以爲周公主然則周公之魯乎曰不之魯也封魯公以爲周公主然則周公曷爲不之魯欲天下之一乎周也何休解詁云拜謂始受封時拜於文王廟也尚書曰用命賞于祖是也父子俱拜者明以周公之功封魯公也生以魯國供養周

公如周公死當以魯公爲祭祀主加曰者成王始授其茅土之辭禮記明堂位曰封周公於曲阜地方七百里革車千乘葢以有王功故半天子也周公聖人德至厚功至大東征則西國怨西征則東國怨嫌之魯恐天下囘心趣鄉之故封伯禽命使遙供養死則奔喪爲主所以一天下之心於周室説苑敬慎篇昔成王封周公周公辭不受乃封周公子伯禽於魯後漢申屠剛傳剛對策曰周公先遣伯禽守封於魯以義割恩寵不加後東觀記曰昔周公豫防禍首先遣伯禽受封於魯離斷至親以義割恩使己尊寵不加其後此皆今文家説而其義不同葢使天下一心於周又不使伯禽更襲尊寵兩義皆當有之皮云宋人以命公後爲命公留後治雒史記云周公在豐病將沒是公沒於豐漢書杜欽傳昔周公雖老猶在京師皆不言留後治雒且留後乃唐宋以後官號三代時無此名毛奇齡已辨之

四方迪亂未定于宗禮亦未克敉公功言四方雖道治猶未定於尊禮禮未彰是亦未能撫順公之大功明不可以去○四方迪亂三句今文無徵○四方迪亂云云者釋詁迪進亂治也言四方雖進於治尚未定宗禮宗禮之天下江云宗禮言禮爲天下所宗尊無敢違倍故中庸云非天子不議禮是也○亦未克敉公功者説文敉撫也周書曰亦未克敉公功讀若弭小祝疏引鄭云敉安也廣雅釋詁侎安也侎即敉或字言公功至大我亦未能有以撫安之公不可遽舍而去也

迪將其後監我士師工公留教道將助我其今已後之政監篤我政事衆官委任之言○迪將其後二句今文無徵○迪將其後云云者説文將扶也士事也言公惟當道進扶助於其後監臨我治事之衆官

誕保

文武受民亂爲四輔大安文武所受之民治之爲我四維之輔明當依倚公○誕保文武受民今文無徽亂爲四輔今文當與古文同○誕保文武受民云云者大保安我文武受所受於天之民治爲我之四輔言畱公以此任處之誕保文武受民與下文言承保文祖受命民義同亂爲者蓋當時有此語下文亂爲四方新辟句法與此同今文同者漢書谷永傳永對曰四輔既備成王靡有過擧顏注四輔謂左輔右弼前疑後丞下引此經禮文王世子虞夏商周有師保有疑丞設四輔也王莽爲漢設四輔官自爲太傅幹四輔之事漢策莽曰四輔之職三公之任而公幹之蓋用今文之說大傳云古者天子必有四鄰前曰疑後曰丞左曰輔右曰弼天子有問無以對責之疑可志而不志責之丞可正而不正責之輔可揚而不揚責之弼其爵視卿其祿視次國之君也大戴禮千乘篇國有四輔輔卿也卿設於四體又保傅篇明堂之位曰篤仁而好學多聞而道慎天子疑則問應而不窮者謂之道道者導天子以道者也常立於前是周公也誠立而敢斷輔善而相義者謂之充充者充天子之志者也常立於左是太公也絜廉而切直匡過而諫邪者謂之弼弼者拂天子之過者也常立於右是召公也博聞彊記接給而善對者謂之承承者承天子之遺亡者也常立於後是史佚也故成王中立而聽朝則四聖維之是以慮無失計而擧無過事後漢桓郁傳竇憲疏曰昔成王幼少越在襁保周公在前史佚在後太公在左召公在右中立聽朝四聖維之是以慮無遺計擧無過事皆謂是也**王曰公定予往已公功肅將祗歡**公畱以安定我我從公言往至洛邑已矣公功以進大天下咸敬樂公功○王曰公

定二句今文無徵○王曰公定者釋詁定止也謂公其畱止予往已公功肅將祗歡者往謂往日論語往者不可諫是往日爲往也已已字同已當爲㠯說文肅持事振敬也詩箋將奉也釋詁祗敬也說文歡喜樂也言我往日以公之功惟肅以奉之敬以樂之

公無困哉我惟無斁其康事公勿替刑四方其世享公必畱無去以困我哉○我惟無厭其安天下事公勿去以廢法則四方其世世享公之德○公無困哉古文也今文哉作我無一作毋我惟無斁三句今文無徵○公無困我者漢書杜欽傳欽說王鳳曰周公雖老猶在京師明不離成周示不忘王室也書稱公無困我續漢祭祀志劉注引東觀書曰章帝賜東平憲王蒼書曰宜勿隱思有所承公無困我無一作毋者漢書元后傳王鳳乞骸骨上報鳳曰書不云乎公毋困我顏注言公必須畱京師毋得遠去而令我困皆用今文周書祭公解王曰公公毋困我哉兼有我哉二字疑古文無我字語意不完○我惟無斁云云者江云言我惟無有厭倦其安事公勿有替廢俾儀型於四方其世世享公之德

周公拜手稽首曰王命予來承保乃文祖受命民拜而後言許成王畱言王命我來承安汝文德之祖文王之所受命之民是所以不得去○周公拜手稽首曰三句今文無徵○周公拜手稽首曰云云者言王命我來承奉保安文王受命之民也詩維天之命疏引鄭云文祖者周曰明堂以稱文王是文王德稱文祖也皮云鄭注堯典亦云文祖者五府之大名猶周之明堂也鄭以文祖即是明堂本尚書帝命驗緯書雖與今文義合然可以解堯典之文祖不可以解洛誥之文祖唐虞曰文祖周曰明

堂公不應近舍周名而遠陳古制祖文宗武雖在明堂然以此經文義論之與明堂無涉此云文祖下云烈考武王則文祖卽是文王似不必牽引明堂文祖之解先謙案皮說是

越乃光烈考武王弘朕恭

於汝大業之父武王大使我恭奉其道欽成王畱己意○越乃光烈考武王弘朕恭今文無徵○越乃光烈考武王弘朕恭者釋詞越猶及也詩雖蔬引鄭云烈威也莊述祖云說文俟下云古文以爲訓字尚書當是本作俟後改作朕字孫云釋詁弘大也弘俟者大訓也大傳有云以揚武王之大訓莊說是段云僞孔訓恭爲奉則其字本作共衞包改恭也先謙案弘俟共倒裝文法言及汝光烈考武王共奉其大訓也作雒本武王之命故公云然

孺子來相宅其大惇典殷獻民

少子今所以來相宅於洛邑其大厚行典常於殷賢人○孺子來相宅二句今文無徵宅當作度獻當作儀○孺子來相宅云云者言孺子既來相宅定居於此其大惇厚典常於殷賢民皋陶謨勑我五典五惇哉五典卽五常也庶殷之民中有賢者厚於五常之性則我當別異之使厚者益大歸於厚今文宅爲度獻爲儀者以它篇例之當然

亂爲四方新辟作周恭先

言當治理天下新其政化爲四方之新君爲周家見恭敬之王後世所推先也○亂爲四方新辟二句今文無徵○亂爲四方新辟云云者亂治辟君作爲也言出治爲四方之新君爲周家萬世恭敬之王稱首焉

曰其自時中乂萬邦咸休惟王有成績

曰其當用是土中爲治使萬國皆被美德如此惟王乃有成功○曰其自時中乂三句今文無徵邦當作國○曰其自時中乂云云者曰

聿時是也聿其自是土中出治萬邦咸被休美則惟王其有成功矣**予旦以多子越御事篤前人成烈荅其師作周孚先**我旦以眾卿大夫於御治事之臣厚率行先王成業當其眾心為周家立信者之所推先○予旦以多子越御事四句今文無徵○予旦以多子越御事云云者子男子之美稱多子謂眾卿大夫釋詞越及也釋詁烈業師眾孚信也言予以眾卿大夫及治事諸臣篤厚前人已成之大業以答其眾民之望為周家萬民尊信之臣稱首焉**考朕昭子刑乃單文祖德伻來毖殷乃命寧**我所成明子法乃盡文祖之德謂典禮也所以君土中是文武使已來慎教殷民乃見命而安之○考朕昭子刑四句今文無徵○考朕昭子刑乃單文祖德者詩維天之命疏引鄭云成我所用明子之法度者乃盡明堂之德明堂者祀五帝太皞之屬為用其法度也周公制禮六典就其法度而損益用之釋文引馬云單丁但反信也案釋詁考成刑法也大戴禮盛德篇天道不順生於明堂不飾故有天災則飾明堂禮月令天子十二月各有所居所云青陽左个至元堂右个合之一明堂也天子南面聽天下順四時之德以出治是明堂之德也云祀五帝者月令春帝太皞夏帝炎帝中央帝黃帝秋帝少皞冬帝顓頊也太皞之屬五人帝配明堂五色之帝卽黃神斗赤熛怒白招矩叶光紀靈威仰之神孝經云宗祀文王於明堂以配上帝禮祭法祖文王而宗武王鄭彼注云祭五帝於明堂曰祖宗是明堂為祀五天帝五人帝而以文武配食之處所以祀之者為用其法度也王鳴盛云鄭以周公制禮六典為用明堂法度者太宰掌建六典曰治典教典禮典政典

刑典以事典盛德篇云明堂天法也禮度德法也所以御民之嗜慾好惡以順天法也冡宰以成道司徒以成德宗伯以成仁司馬以成聖司寇以成義司空以成禮六官六政以御天地人事據大傳居攝六年制禮而詩斯干疏引鄭志荅趙商張逸二條皆謂周公於洛邑建明堂是制禮用明堂法也損益之者論語馬注所損益謂文質三統是也先謙案呂覽明理篇高注盡極也上文文祖鄭釋爲明堂與此經同但上文祖卽是文王此文不容遠引明堂轉致文義隔閡經言成朕所用明子之法乃爲盡極文王之德於天下是此文祖仍當訓爲文王惟所用明子之法度卽指公制禮六典而言亦卽古明堂遺法不必訓文祖爲明堂始爲符契鄭說也王祖部云馬訓單爲信者謂考成明子之法度乃尊信文祖之至德則亦以文祖爲文王單亶字通詩天保俾爾單厚釋詁某氏注作亶般庚誕告用亶釋文馬本作單詩常棣傳亶信也馬讀單爲亶故訓爲信鄭義乃古文異說馬蓋承用今文說也○伻來毖殷乃命寧者毖猶告也詳見大誥言使我來誥告庶殷者乃命自寧王也詩何彼穠矣疏引鄭云周公謂文王爲寧王成王亦謂武王爲寧王此一名二人兼之孫云謂武王爲寧王尚書無其文鄭言此者周書度邑解云武王曰我南望過于三塗我北望過于有嶽不顧瞻過于河宛瞻于伊洛無遠天室周本紀王曰定天保依天室悉求夫惡貶從殷王受日夜勞來定我西土我維顯服及德方明自洛汭延于伊汭居易無固其有夏之居我南望三涂北望嶽鄙顧詹有河粤詹雒伊無遠天室營周居于雒邑而後去則營洛乃武王之意此毖殷乃受命於武王也先謙案大誥云不可不成乃寧考圖功寧考寶謂武王武之稱寧尚書未嘗無文此寧王

亦自周公稱之疑鄭說成王二字衍營洛乃武王意而兼及文王者文王始受命故亦推本之書疏引顧氏云文武使我來愼教殷民我今受文武之命以安民也訓寧爲安不依鄭說王先惠云乃命寧當連下予字爲句上文云亦未克敉公功又云其康事公勿替敉康皆訓安敉公康公卽寧公也故公承王命以寧予爲詞詩江漢釐爾圭瓚秬鬯一卣告于文人是秬鬯以賜重臣祭神確有明證曰者王命之詞兩予字兩禋字相應文義甚順

予以秬鬯二卣曰明禋拜手稽首休享周公攝政七年致太平以黑黍酒二器明絜致敬告文武以美享既告而致政成王留之本而說之○予以秬鬯二卣三句今文無徵○予以秬鬯二卣云云者大宗伯疏及書疏引鄭云禋芬芳之祭曰明禋者六典成祭於明堂告五帝太皞之屬也秬者說文鬯黑黍也一稃二米以釀也秬或作字鬯者說文以秬釀鬱草芬芳攸服以降神也鬱人凡祭祀賓客之祼事和鬱鬯以實彝而陳之先鄭注鬱草名十葉爲貫百二十貫爲築以煮之鐎中停於祭前鬱爲草若蘭說文同又云一曰鬱鬯百草之華遠方鬱人所貢芳草合釀之以降神鬱今鬱林郡也卣者釋器中尊也詩江漢秬鬯一卣曰明禋者大宗伯注禋之言煙周人尚臭煙氣之臭聞也說文禋絜祀也明絜義近故絜祀謂之明禋大宗伯以禋祀昊天上帝是祀天地之名曰禋明堂祭五祀之帝與昊天上帝爲六天故知明禋爲祭五帝也五天帝五人帝以文武分配之故秬鬯各一卣釋言休慶也釋詁享獻也拜手稽首而慶獻之

予不敢宿則禋于文王武王言我見天下太平則絜告文武不經宿○予不敢宿二句今文無徵○予不敢宿云云者

書疏引鄭云既告明堂則復禋於文武之廟告成洛邑詩傳一宿曰宿不敢宿者秉心敬將事敏不敢經宿也孫云周書作雒解有太廟宗宮考宮注云太廟后稷廟二宮祖考廟考廟也据此是雒有文王武王廟詩清廟序云清廟祀文王也周公既成洛邑朝諸侯率以祀文王焉是其事也不及后稷者大事格於祖禰經義皆然示承先志**惠篤敘無有遘自疾萬年猒于乃德殷乃引考**汝爲政當順典常厚行之使有次序無有遇用患疾之道者則天下萬年猒于汝德殷乃長成爲周○惠篤敘四句今文無徵○惠篤敘云云者釋言惠順也惠篤敘者江云惠其篤敘正父之道推以厚敘其臣民也釋詁遘遇也詩傳自用也詩思齊肆戎疾不殄傳云故今大疾害人者無有遘自疾言順施臣民無有遇用疾害人之政者釋文引馬云厭飫也說文厭飽也釋詁引長也考成也萬年飽飫汝德庶殷乃長有成績矣**王伻殷乃承敘萬年其永觀朕子懷德**王使殷民上下相承有次序則萬年之道民其長觀我子孫而歸其德矣勉使終之○王伻殷乃承敘三句今文無徵○王伻殷乃承敘云云者言王使殷承順其敘將自是萬年其長觀法我周家子孫而懷其德矣**戊辰王在新邑**成王既受周公誥遂就居洛邑以十二月戊辰晦到○戊辰王在新邑今文與古文同○今文同者漢書律麻志引如此俔釋文王在新邑烝書疏云鄭以烝祭上屬歲文王騂牛一者於是成王元年正月朔日特告文武封周公也段云疑釋文烝下脫祭字江云冬祭曰烝據釋天烝是常祭不必特記此以洛邑新成行烝禮故記之**烝祭歲文王**

騂牛一武王騂牛一王命作册逸祝册惟告周公其後明月夏之仲冬始於
新邑烝祭故曰烝祭歲古者褒德賞功必於祭日示不專也特加
文武各牛告曰尊周公立其後爲魯侯○烝祭歲今文與古文同
王命作册今文册作策餘無徵○今文同册作策者漢書律厤志
是歲十二月戊辰晦周公以反政故洛誥曰戊辰王在新邑烝祭
歲命作策惟周公誕保文武受命惟七年又云成王元年正月已
巳朔此命伯禽俾侯於魯之歲也詩維清疏引鄭云歲成王元年
正月朔日也以朝享之後用二特牛祫祭文王武王於文王廟使
史佚讀所作册祝之書告神以周公其宜爲後者謂將封伯禽也
是非時而特格祖廟故文武各特牛也孫云祭歲謂歲朝朝享也
詩烈文箋云新王即政必以朝享之禮祭於祖考告嗣位也騂即
說文觲字檀弓周人尚赤牲用騂即大傳所云易犧牲也前文不
言牲色葢稱殷禮則用白牡矣爲周公立後必於廟者祭統云古
者明君爵有德而禄有功必賜爵禄於太廟示不敢專也下文云
王入太室祼則此當在明堂明堂亦云文王廟即謂文祖也大戴
明堂篇云或以爲明堂者文王之廟也告嗣位畢即可以封周公
後葢一日之事俱即在明堂詩維清疏引洛誥此文及鄭注而云
彼言正月朔日與此祭祖告嗣位同日事也此言以朝享之禮彼
言祫祭文武者此言即政助祭是王自祭廟告已嗣位彼祭文武
謂告封二公此二禮必不得同也何則身未受位不可先以封人
明是二者各自設祭當是先以朝享之禮偏祭羣廟以告已嗣位
於祭之末即敕戒諸侯事訖乃更以禮祫祭文武於文王之廟以
告封周公也逸與佚同史其官偕周公太公召公俱爲成王四輔

者也皮云班志所引乃劉歆三統術歆以烝祭歲命作策爲一時之事在攝政七年十二月戊辰晦伯禽於十二月晦始受策則是年不得就國故俾侯于魯在成王元年劉歆云成王元年正月己巳朔者乃麻家推朔之文又云伯禽侯魯者乃舉是年大事以紀歲之法故云伯禽俾侯于魯之歲非以元年正月己巳朔爲命伯禽俾侯于魯之日也鄭誤會劉旨以命伯禽爲卽元年正月朔日之事故以烝祭上屬云歲文王騂牛一者歲是成王元年正月朔日特告文武封周公也茲以經文弦之經云戊辰有日無月在十有二月有月無年於末結之曰惟七年則當爲七年十二月戊辰日無疑古人文法多倒裝故先日次月又次年王命周公後四句文法一氣命後作策文已見前然封周公乃大事故又復舉其文云王命周公後作策逸誥在十有二月謂命後作策在十二月之戊辰日也而十二月爲七年之十二月故又總結之曰惟周公誕保文武受命惟七年據此文足知此篇以上皆周公居攝時事以下則周公致政後事故下多士篇首卽變其文云周公告商王士王若曰異於前之周公稱王此古史之文所以簡而明也若以今人文法例之則當以十有二月列戊辰之上而以七年冠於篇首然尚書二十九篇惟洪範金縢篇首冠以年而年月日不悉具則古史書事與今人異鄭以烝祭與歲分爲兩時兩事作策既屬元年正月下文何以云王命周公後作策逸告在十有二月惟七年乎卽以十有二月惟七年屬戊辰烝祭言之然年月日語氣隔絕而以次年正月封周公一事橫亘於中首尾決裂且作策命後已見於前王命周公後二句既不連在十有二月言之無故複舉其文毫無意義古史書事當不若是之拙如鄭說非將經文顚倒移

易其義萬不可通諸家曲通鄭說然以經文案之無一通者釋文
云王在新邑馬孔絕句是馬同劉說今文義當如是僞孔以烝祭
與告文武爲一事其說較鄭爲優而以烝祭歲爲十二月之明月
與漢志不合則亦失之先謙案據漢志劉歆引經以烝祭歲爲句
是今文家舊讀如是書疏云自作新邑以來未嘗於此祭祀此歲
始於新邑烝祭故云烝祭歲也周禮大司馬仲冬教大閱遂以享
烝是也王者冬祭必用仲月此是周之歲首故云歲耳王鳴盛云
知戊辰是十二月者以是日烝祭晏子春秋云天子以下至士皆
祭以首時首時謂孟月也十二月於周爲季冬於夏正爲孟冬是
首時也攷春秋隱六年經書秋七月公羊傳云此無事何以書春
秋雖無事首時過則書是首時謂周之孟月必知晏子所言首時
是夏孟月非周孟月者禮雜記云七月而禘獻子爲之也鄭注記
魯失禮所由也魯之宗廟猶以夏之孟月耳明堂位云季夏六月
以禘禮祀周公于太廟又春秋桓八年春正月已卯烝公羊傳云
讖亟也何休注亟數也屬十二月已烝今復烝也又左桓五年傳
云始殺而嘗閉蟄而烝是夏之七月二月於周爲九月十二月也
然則四時之祭皆以夏之孟月此十二月正當烝祭之月故知戊
辰是十二月日也若然則以戊辰爲晦日安見其不然平劉歆據
召詔三月丙午胐以推而云是歲十二月戊辰晦攷伏生大傳周
公攝政五年營成周七年致政則召誥是攝政五年事洛誥是七
年事歆以二篇月日爲一年內誤矣則其所推安得不誤疏以爲
冬祭必用仲月援仲冬大閱享烝爲證豈知彼注謂是月令季秋
祭禽之事本非大烝之祭也先謙案江聲亦據大傳周公攝政五
年營成周七年致政以爲召誥洛誥不在一年內以駁劉歆據三

月丙午朏推戊辰爲十二月晦之誤與王說同但大傳云四年建侯衛五年營成周封康叔在四年而康誥篇首已云周公初基作新大邑於東國洛蓋遷殷民於洛封康叔於衛皆一時之事故建侯衛營成周於四五年連言之營洛大事非必經歲卽成之公於四五年定其謀七年乃蒇其事耳故周本紀略云周公行政七年成王長周公反政成王北面就羣臣之位成王在豐使召公復營洛邑周公卒營築居九鼎焉作召誥洛誥是召洛二誥皆爲七年將致政時所作史有明徵大傳云五年營成周未嘗云五年作召誥也玩二篇文勢相接不得相隔二年然則劉據三月丙午朏以推戊辰爲十二月晦何嘗誤乎劉以烝祭歲命作策爲一時之事稽合時日無可疑者周書小開武解孔注四時終則成歲釋天孫注四時一終曰歲行烝祭禮於歲終故云烝祭歲也既舉時祭之禮且以封周公後於魯告文武之神作冊後命史佚讀冊文而已書疏云祝是讀書之名故云祝冊至明年正月卽政始降伯禽侯魯之命情事至明皮說精當推云伯禽於十二月晦受策蓋失之

王賓殺禋咸格王入太室祼

王賓異周公殺牲精意以享文武皆至其廟親告也太室清廟祼鬯告神○王賓殺禋咸格二句今文無徵○王賓殺禋咸格者江云王賓謂助祭諸侯郊特牲云諸侯爲賓灌用鬱鬯是諸侯有爲賓於天子之義詩臣工篇遣助祭諸侯之詩也鄭箋云諸侯來朝天子有不純臣之義是天子於助祭諸侯以賓禮待之故云王賓皮云據大傳虞傳云尚考大室之義唐爲虞賓此言禹受舜禪舜爲賓客而禹爲主人上考舜受堯禪唐爲虞賓之故事也受終在文祖文祖卽周之明堂中有大室故曰大室之義周公攝王遜周書武王有

兄弟相後之命公不受而復致政其義同於禪讓故用禪讓之禮公居賔位成王爲主人王賔郎屬周公受終在明堂故云王入太室祼正與尚攷太室之義唐爲虞賔義同先謙案皮說今文義當如此祼殺者殺牲殺禋者江云禋之言煙周人尚臭殺牲則取臂脊合蕭與黍稷燔之煙臭旁達故曰殺禋釋詁咸皆格至也言王與賔於殺禋之時皆至於廟○王入太室祼者釋文引馬云太室廟中之夾室據月令太室在明堂中央左青陽右總章夾之也蔡邕明堂月令論云取其宗祀之貌則曰清廟取其堂則曰明堂異名而同事其實一也故書疏引王肅云太室清廟中央之室也江云言祼於殺禋之後則非祼地降神乃祼尸也禮祭統云君執圭瓚祼尸司尊彝鄭注祼謂以圭瓚酌鬱鬯始獻尸也

王命周公後作冊逸誥

王爲冊書使史逸誥伯禽封命之書皆同在○烝祭日周公拜前魯公拜後○王命周公後作冊逸誥今文無徵○王命周公後云云者重其事特復舉之而書在十有二月者因上止書戊辰月不具互相備也作冊今文當爲作策誥者告神郎上所云惟告周公其後也誥告字同大祝三曰誥杜注誥當爲告書亦或爲告是其證也

在十有二月惟周公誕保文武受命惟七年

言周公攝政盡此十二月大安文武受命之事惟七年天下太平自戊辰以下史所終述○在十有二月惟周公誕保文武受命惟七年今文與古文同○在十有二月者漢志引三統術云是歲十二月戊辰晦是今文有在十有二月之證此文上屬爲義○惟周公誕保文武受命惟七年者漢志載三統術引洛誥文如此峴言公大保安文武所受之命惟七年乃反政成王也誕保文武受命與上

文誕保文武受民句例同又云承保乃文祖受命民卽其義也釋文受命絕句馬同惟七年周公攝政七年天下太平馬同鄭云文王武王受命及周公居攝皆七年詩文王疏天官序官疏引鄭云文王得赤雀武王俯取白魚受命皆七年而崩及周公攝政不敢過其數也大傳云周公七年致政禮明堂位周書明堂解史記魯世家漢書律厤志韓非子說難淮南齊俗訓皆云周公居攝七年韓詩外傳云周公踐天子之位七年說苑尊賢篇周公攝天子位七年漢書王莽傳昔周公奉繼體之嗣據上公之尊然猶七年制度乃定皆今文說也皮云文王得赤雀見尚書中候我應武王俯取白魚見中候合符后春秋璇璣鈐大傳五行傳中史記周本紀漢書董仲舒終軍傳王逸楚辭注其說略同論衡初稟篇文王得赤雀武王得白魚赤烏儒者論之以爲雀則文王受命魚烏則武王受命文武受命於天天用雀與魚烏命授之也天用赤雀命文王文王不受天復用魚烏命武王也王充所引乃今文家博士之說雖充不取其義然亦可見今文家說與鄭說同緯書多同今文之義鄭據緯書故同今文說也中候擿洛戒云若稽古周公旦欽惟皇天順踐阼卽攝七年歸政於成王太平制禮作樂而治鸞鳳見蓂莢生

多士第十六

周書　孔氏傳　王先謙參正

多士所告者卽衆士故以名篇○書序成周既成遷殷頑民周公以王命誥作多士周紀成王既遷殷遺民周公以王命告作多士無佚今古文說同魯世家云初成王少時病周公乃自揃其蚤沈之河以祝於神曰王少未有識奸神命者乃旦也亦藏其策於府成王病有瘳及成王用事人或譖周公周公奔楚成王發府見周公禱書乃泣反周公周公歸恐成王壯治有所淫佚乃作多士作毋逸據此則是篇作於周公奔楚成王迎歸之後俞正燮據左傳魯哀公適楚夢周公祖而行以證周公有奔楚之事其說甚塙餘互見金縢史公云公恐成王治有所淫佚乃作多士作毋逸毋逸誥戒成王其詞明顯多士雖誥殷民篇中嗣王誕淫厥佚天命不保諸語述紂事卽以儆成王故史公云然

惟三月周公初於新邑洛用告商王士周公致政明年三月始於新邑洛用王命告商王之衆士○惟三月三句今文無徵○惟三月云云者書疏引鄭云成王元年三月周公自王城新往成周之邑用成王命告殷之衆士以撫安之鄭云元年三月者因此篇列洛誥後事在致政後可知故以爲慰諭殷民之三月必係成王元年又鄭不信奔楚之說直

改爲居東併管蔡流言成王信讒爲一事則致政告多士可以相連而及今案奔楚之事蒙恬傳與魯世家同史公親問故孔安國載入史記不得因略似金縢藏策臆斷以爲無其事若謂奔楚不可信豈鄭君於數百年後取金縢亳姑傳合之文揉亂事實改奔楚爲避居東都便可信乎世家言成王用事人譖周公當是卽政未久之事奔楚復反卽使王悔悟至速亦已隔年則告商王士不在元年明矣成周工竣方遷殷民安集之餘始行誥諭其閒容或稍需時日以爲必元年事亦未然也俞樾云王士二字連文王士之稱猶周易言王臣春秋書王人傳稱王官其義一也周書世俘解癸丑薦殷俘王士百人此王士二字連文之證**王若曰爾殷遺多士**順其事稱以告殷遺餘衆士所順在下○王若曰爾殷遺多士今文無徵**弗弔旻天大降喪于殷**○稱天以愍下言愍道至者殷道不至故旻天下喪亡於殷○弗弔旻天大降喪于殷今文無徵○弗弔旻天大降喪于殷者釋文引馬云秋日旻天秋氣殺也方言降喪故稱旻天也王引之云大誥曰弗弔天及此弗弔旻天俱當連讀言此不祥善之旻天也詩節南山云不弔昊天箋弔至也至猶善也左襄十三年傳君子以吳爲不弔言伐人之喪不祥卽越語云助天爲虐者不祥是也孫云漢書五行志載左哀十六年傳旻天不弔應劭注旻天不善於魯僞傳以不弔絕句解爲不至固不安翟義傳顏注云不爲天所弔憫亦於文義不協皮云五經異義今尚書歐陽說秋日旻天白虎通四時篇同說文旻秋天也虞書曰仁覆閔下則稱旻天所引虞書蓋卽尚書大傳之說馬亦用今文義江云馬意上文言三月是年春建寅之月而舉秋時之天號故云言降喪故

有取殺義而稱旻天也案詩大小雅三言旻天旻天疾威取威罰之義於雨無正則云降喪饑饉召旻則云天篤降喪二詩稱旻天亦皆言降喪故馬云然**我有周佑命將天明威**言我有周受天佑助之命故得奉天明威○我有周佑命將天明威今文無徵○我有周佑命將天明威者釋詁右勴也右佑同勴卽助也言天有命而我有周助天行之聘禮鄭注云將猶奉也**致王罰勑殷命終于帝**天命周致王者之誅罰王黜殷命終周於帝王○致王罰三句今文無徵○致王罰云云者言致王者之罰勑正殷命終于末帝受據史記本紀夏殷皆稱帝殷紀云帝乙崩子辛立是爲帝辛**肆爾多士非我小國敢弋殷命**天佑我故汝衆士臣服我弋取也非我敢取殷王命乃天命○肆爾多士二句今文無徵○肆爾多士者釋詁肆今也呼多士而誥之非我小國敢弋殷命者釋文弋馬本作翼義同書疏云鄭王本弋作翼王亦云翼助也鄭云翼猶驅也非我周敢驅取女殷之王命段云弋翼古音同在第一部訓取者讀翼爲弋也僞孔作弋者因馬王之說而改經字也先謙案僞傳本出王肅手於今文注旣訓翼爲取因徑改古文本作弋以助其說也詩騶虞傳虞人翼五豝以待公之發是翼有驅義江云周起於百里故云我小國**惟天不畀允罔固亂弼我我其敢求位**惟天不右與信無堅固治者故輔佑我我其敢求天位乎○惟天不畀四句今文無徵○惟天不畀云云者釋詁畀予也說文弼輔也孫云釋言允佞也論語罔之生也幸而免何注罔誣罔也孔安國論語注罔蔽也呂覽高注亂惑也言惟天所不畀予者佞罔蔽惑之人故

輔佑我我其敢求天位乎**惟帝不畀惟我下民秉爲惟天明畏**惟天不與紂惟我周家下民秉心爲我皆是天明德可畏之效○惟帝不畀三句今文無徵○惟帝不畀云云者帝亦天也釋詁秉執也釋文畏一音威案畏威字同明畏卽明威也言惟天帝所不畀者仍驗之我下民惟民所秉執所作爲卽知惟天之明威矣**我聞曰上帝引逸有夏不適逸則惟帝降格**言上天欲民長逸樂有夏桀爲政不之逸樂故天下至戒以譴告之○我聞曰上帝引逸今文與古文同逸一作佚有夏不適逸則惟帝降格今文無徵○今文同者論衡語增篇經曰上帝引逸謂虞舜也舜承安繼治任賢使能恭己無爲而天下治逸一作佚者論衡自然篇天地無爲至德純渥之人稟天氣多故能則天自然無爲周公曰上帝引佚上帝謂舜禹也舜禹承安繼治任賢使能恭己無爲而天下治此今文家說也釋詁引長也周公自述所聞之言上帝上古之帝者承安無爲長久逸樂君民同享故知是舜禹也有夏不適逸則者廣雅釋言適悟也古帝則天無爲故能引逸有夏桀不悟引逸則天之道勞擾眾民不安其生惟天帝升降所鑒察也格同假釋詁假升也**嚮于時夏弗克庸帝大淫泆有辭**天下至戒是嚮於時夏不背棄桀不能用天戒大爲過逸之行有惡辭聞於世○嚮于時三句今文無徵○嚮于時者釋文云時夏絕句馬以時字絕句今從之言天帝降假未嘗不向於是邦也嚮本當作鄉衞包所改夏弗克庸帝者桀弗能用帝命也大淫泆有辭者廣雅釋言淫游也眾經音義五引倉頡云泆蕩也上言不適逸則謂勞民至大淫泆則其惡愈著有

罪朕可指說也釋文泆音逸又作佾馬本作屑云過也衆經音義
二十三佚古文泆同淫泆皆有過義故馬作屑仍訓爲過也說文
屑動作切切也方言屑勞也孫云多方紂大淫圖天之
命屑有辭與此文相似則泆卽屑聲相近之異文也**惟時天罔**
念聞厥惟廢元命降致罰惟是桀惡有辭故天無所念聞言不佑其惟廢其天命下致天罰○惟時天罔
念聞三句今文無徵○惟時天罔念聞云云者言桀自取滅亡惟
時天亦不念聞佑助之其惟廢黜大命降致誅罰而已詩傳元大
也**乃命爾先祖成湯革夏俊民甸四方**天命湯更代夏用其賢人治四方○乃命爾先祖二
句今文無徵○乃命爾先祖云云者易雜傳革去故也說文革獸
皮治去其毛革更之故以革爲更改之義臯陶謨馬鄭注才德過
千人爲俊此俊民義同詩傳甸治也**自成湯至于帝乙罔不明德恤祀**自帝乙以上無不顯用有
德憂念齊敬奉其祭祀言能保宗廟社稷○自成湯至于帝乙罔
不明德恤祀古文也今文作自湯至于帝乙無不率祀明德○自
湯至于帝乙無不率祀明德者魯世家引多士文如此罔無故訓
字釋詁率循也循祀神之常典無敢廢墜又能自明其德以治民
也帝乙今文家以爲祖乙見酒誥疏據殷本紀武乙爲偶人射天
震死不當謂之明德恤祀故以爲帝乙當是祖乙也詩文王鄭箋
殷自紂父之前未喪天下之時皆能配天
而行故不亡也以帝乙爲紂父此古文說**亦惟天丕建保乂有殷**
殷王亦罔敢失帝罔不配天其澤湯既革夏亦惟天大立安治於殷殷家諸王皆能憂念祭祀無

敢失天道者故無不配天布其德澤○亦惟天丕建三句今文無徵帝罔不配天其澤今文與古文同○亦惟天丕建云云者言亦惟天大建立之以安治有殷殷王亦無敢自失失讀曰泆罔敢泆與下誕淫厥泆相對爲文古失與佚泆逸並通用帝罔不配天其澤者魯世家帝無不配天者史公約舉其文據此知帝字下屬爲句其澤者言其帝之世澤皆可配天也劉云董子說三統之前推而遠之稱帝曲禮措之廟立之主曰帝詩文王殷之未喪師克配上帝傳帝乙以上也 **在今後嗣王誕罔顯于天矧曰其有聽念于先王勤家** 後嗣王紂大無明于天道行昏虐天且忽之況曰其有聽念先祖勤勞國家之事乎○在今後嗣王今文與古文同誕罔顯于天二句今文無徵○今文同者魯世家作在今後嗣王紂誕罔顯于天云云者言紂大不明於天道況其能聽念先王勤勞國家之訓乎 **誕淫厥泆罔顧于天顯民祇** 言紂大過其過無顧於天無能明人爲敬暴亂甚○誕淫厥泆罔顧于天顯民祇古文也今文泆作佚○泆作佚者魯世家作誕淫厥佚衆經音義二十三佚古文泆同淫過也紂大過其佚樂謂無節史記集解引馬云紂大淫樂其逸佚逸字同罔顧于天顯民祇者魯世家作不顧天及民之從也此史公說經意也天顯者天之顯道康誥云弗念天顯是也罔顧天道是不顧天之從否釋詁祇敬也民敬則服罔顧民祇是不顧民之從否也集解引徐廣曰一作敬之也又引馬云無所能顧念於天施顯道於民而敬之也天顯民祇串說似非經意 **惟時上帝不保降若茲大喪** 惟是紂惡天不安之故下若此大喪亡之誅○惟時

上帝不保二句今文無徵**惟天不畀不明厥德凡四方小大邦喪罔非有辭于罰**惟天不與不明其德者故凡四方小大國喪滅無非有辭於天所罰言皆有闇亂之辭○惟天不畀不明厥德今文無徵凡四方小大邦喪罔非有辭于罰今文當與古文同邦當為國○惟天不畀不明厥德者言大喪之所以降由不明其德者惟天不畀與之也凡四方小大邦喪罔非有辭于罰者言不特殷紂為然凡四方小大國喪無非有可誅罰之辭天不枉罰也魯世家云其民皆可誅史公說此經意也段云其民皆可誅郎凡四方小大邦喪罔非有辭于罰其說是也魯世家自多士稱曰至其民皆可誅當在胐作多士作毋逸之下傳寫倒亂論衡率性篇傳曰堯舜之民可比屋而封桀紂之民可比屋而誅引大傳當即此經之義周書世俘解武王遂征四方凡憝國九十有九國孟子滕文公篇周公相武王誅紂伐奄三年討其君滅國者五十此四方小大邦喪之證**王若曰爾殷多士今惟我周王丕靈承帝事**周王文武也大神奉天事言明德恤祀○王若曰四句今文無徵○王若曰云云者言爾殷多士敬聽之今惟我周王大善承奉上帝之事詩箋靈善也**有命曰割殷告敕于帝**天有命命周割絕殷命告正於天謂既克紂柴於牧野告天不頓兵傷士○有命曰割殷告敕于帝今文無徵○有命曰割殷云云者割殷與湯誓率割夏邑同義謂剝取之言天有命曰汝割取殷邑敕同飭詩傳云正也禮大傳坶之野既事而退柴于上帝是武王克殷告祭於天經云告敕于帝謂此事也**惟我事不貳適惟爾王家我適**言天下事已之我周矣不貳之

佗惟汝殷王家已之我不復有變○惟我事不貳適二句今文無徵○惟我事不貳適云云者釋詁貳疑也江云禮雜記鄭注適讀爲匹敵之敵論語里仁篇釋文適鄭本作敵是古者適敵同字通用故以適爲敵也今從之言惟我周之事順天而動旣封武庚不有疑貳與爲讎敵之意今武庚畔惟爾王家乃與我周爲敵也**予其曰惟爾洪無度我不爾動自乃邑**我其曰惟汝大無法度謂紂無道我不先動誅汝亂從汝邑起言自召禍○予其曰三句今文無徵○予其曰云云者我其曰惟爾武庚大無法度我不爾動也難發自汝邑耳白虎通京師篇天子所都夏商曰邑周曰京師此言自乃邑下言天邑商是殷稱邑之證也王鳴盛云孟子引書臣附于大邑周康誥作新大邑於東國洛時未制禮用先代禮故仍舊稱也此篇首言新邑洛下文朕作大邑於茲洛對商士言如洪範因箕子而稱祀也**予亦念天即于殷大戾肆不正**我亦念天就於殷大罪而加誅者故以紂不能正身念法○予亦念天二句今文無徵○予亦念天云云者江云大司馬曰賊殺其親則正之鄭注正正之者執而治其罪王霸記云正殺之也詩傳即就也釋詁戾罪也肆故也言予亦念天就於殷降此大罪戾乃爾王家運命致然非爾多士之由故不正爾多士釋所以不誅而遷之之意**王曰猷告爾多士予惟時其遷居西爾**以道告汝眾士我惟汝未達德義是以徙居西汝於洛邑教誨汝○王曰猷告爾多士二句今文無徵○王曰猷告爾多士者段云猷道也道導也猷告者導告也僞傳釋爲以道告汝眾士非僞周官云若昔大猷正與僞傳出一手予惟時其遷居

西爾者時是也殷民在朝歌地今遷於成周是從東北遷於西南故云遷居西

非我一人奉德不康寧時惟天命

我從汝非我天子奉德不能使民安之是惟天命宜然○非我一人奉德不康寧今文無徵時惟天命今文作惟天命元○非我一人奉德不康寧者多方云非我有周秉德不康寧奉猶秉也言非我天子秉德不安靜是惟天命使然維天命元者漢石經殘碑如此無下無違二字王鳴盛云无誤爲元脫天違字段云此今文尚書然也漢石經無不作无王說非皮云天命元謂天之元命上云厥惟廢元命元命郎命元也

無違朕不敢有後無我怨

汝無違命我亦不敢有後誅汝無怨我○無違無我怨今文無徵朕不敢有後今文與古文同○無違云云者詩傳違去也言汝無違去此遷所我不敢有後命誅責於汝汝無以遷故而怨我今文同者石經殘碑作朕不敢有下闕

惟爾知惟殷先人有冊有典殷革夏命

言汝所親知殷先世有冊書典籍說殷改夏王命之意○惟爾知四句今文無徵○惟爾知云云者言殷革夏命之事殷之先人冊典具在惟爾所知非我周郴舉也說文冊下云象其札一長一短中有二編之形典下云从冊在六上尊閣之也莊都說典大冊也然則典冊總謂書籍之名

今爾又曰夏迪簡在王庭有服在百僚

簡大也今汝又曰夏之衆士蹈道者大在殷王庭有服職在百官言見任用○今爾又曰三句今文無徵○今爾又曰云云者謂殷士有此怨言釋詁迪進也服事也寮官也僚同寮詩箋簡擇也言殷革夏命時之人有進擇在王庭而大用者有服事在百官而小用者舉前事

以形周之不用殷士或謂迪簡在王庭是封夏王之後對滅武庚言案武庚叛誅不得以此爲周咎且時已封微子其説非也**予一人惟聽用德肆予敢求爾于天邑商**言我周亦法殷家惟聽用有德故我敢求汝於天邑商將任用之○予一人惟聽用德今文無徵肆予敢求爾于天邑商今文當與古文同○予一人惟聽用德者廣雅釋詁聽從也言我周王非不以用人爲急惟有德者從而用之肆予敢求爾于天邑商者肆故也故予亦嘗敢旁求爾賢士於商邑非不留意訪察爾多士惟無德之患勿以不用爲患也天邑商者尊仰之詞書疏引鄭云言天邑商者亦本天之所建詩商頌云天命元鳥降而生商又云帝立子生商是也今文當同者漢班固典引革滅天邑蔡邕注天邑天子邑也天邑二字用此經文是今古文同之證**予惟率肆矜爾非予罪時惟天命**惟我循殷故事憐愍汝故從教汝非我罪咎是惟天命○予惟率肆矜爾古文也今文肆矜作夷憐非予罪時惟天命今文惟作維○予惟率肆矜爾者王引之云率同聿詞也左傳杜注肆緩也言我惟緩爾之罪矜爾之愚而已肆矜作夷憐者論衡審虛篇人君罪惡初聞之時怒以非之及其誅之哀以憐之故論語曰如得其情則哀憐而勿喜紂至惡也武王將誅哀而憐之故尚書曰予惟率夷憐爾段云此今文尚書也夷肆古音同第十五部憐矜古音同第十二部矜從令聲讀如鄰自誤從今聲而古音亡矣俞樾云行夫注夷發聲是夷乃語詞予惟率夷憐爾者予惟率憐爾也率者用也詩思文帝命率育傳率用也今古文字異義同肆亦語詞予惟率肆矜爾者予惟率矜爾也僞傳解率肆爲循殷故事失其義

矣凡尚書肆字如肆予肆女之類皆可以語詞讀之解者或訓爲陳或訓爲故胥失之矣先謙案王命說並通至論衡云紂至惡也武王將誅哀而憐之經言革殷應指武庚無預紂事自是屬文之誤非予罪時惟天命者言商家之滅非予罪過是惟天命使然爾多士爲爾王家所詿誤其爲周王所矜憐更不待言

王曰多士昔朕來自奄予大降爾四國民命昔我來從奄謂先誅三監後伐奄淮夷民命謂君也大下汝民命謂誅四國君○王曰多士古文也今文曰下多告爾字昔朕來自奄二句今文無徵○曰下多告爾字者石經殘碑作王曰告爾多闕下昔朕來自奄予大降爾四國民命者說文奄作鄣云周公所誅鄣國在魯續漢郡國志魯國奄國劉昭注引皇覽曰奄里伯公家在城內祥舍中民傳言魯五德奄奄里即伯公葬其宅周紀正義引括地志云兗州府曲阜縣奄里即奄國之地也案曲阜今山東兗州府屬縣史記集解引鄭云奄國在淮夷之北與說文皇覽不同淮夷北境亦即魯七百里之地也來自奄者謂攝政誅管蔡踐奄時事四國者管蔡商奄大降爾民命者謂我大下教命於汝四國民也多方云王來自奄至于宗周周公以王命告四國多方曰我惟大降爾命又云我惟大降爾四國民命與此同也孫云書序成王東伐淮夷遂踐奄作成王征成王既踐奄遷其君于薄姑周公告召公作將薄姑成王歸自奄在宗周作多方書疏引鄭云此伐淮夷與踐奄是攝政三年伐管蔡時事其編篇於此未聞謂編在多士無逸君奭之後也案周紀召公爲保周公爲師東伐淮夷踐奄亦在多士無逸之後與上文周公奉成王命伐誅武庚管叔放蔡叔

不同時誅管蔡在攝政時踐奄在七年歸政後蓋史公用孔安國
古文說管蔡流言周公不避居而以成王命伐誅武庚及三監及
七年反政有譜公者成王疑之公乃奔楚成王開金縢悟迎周公
歸乃作多士無逸管蔡流言時奄君亦與知尚書大傳載其事其
時未及誅奄君及反政後又有譜公者當即奄君故蒙恬云殺言
之者而反周公旦當謂成王踐奄也若大傳云二年克殷三年踐
奄則踐奄者周公與書序所言成王征及成王歸自奄不合此今
文異說且大傳有揜誥在君奭後百篇之序所無疑揜即奄也王
應麟以爲即成王征案奄既滅於攝政三年此時又何誥俱不可
解經言大降爾四國民命疑即揜誥皮云孫說非也伐奄非一次
一是周公踐奄見大傳一是成王踐奄見史記伏生史公各載其
一大傳不及成王踐奄史公不言周公踐奄文不備耳非因一事
而訛傳重出也此云昔朕來自奄乃公自言三年踐奄之事周公
雖代王言亦可自述己事史記引書序說多士在成王踐奄前若
屬成王踐奄公不應豫言後來之事又不當云昔朕來自奄也僞
孔傳云奄再叛再征攷之經文其說不誤帝王世紀云王既營都
洛邑復居酆鎬淮夷徐戎及商奄又叛王乃大蒐於岐陽東伐淮
夷云奄又叛與僞孔義同僞孔傳即王肅與皇甫謐等爲之而此
條實有據本之今文家說鄭誤合爲一故云編篇未聞經云昔朕
來自奄爲公追述三年踐奄予大降爾四國民命四國爲管蔡商
奄詩破斧毛傳云四國管蔡商奄是毛公亦謂東征曾踐奄與大
傳今文合孫傳會以爲譖周公即奄君降四國民命即揜誥說皆
無據且大傳明云踐奄謂殺其身孫既引大傳管蔡流言奄君與
知又云其時未及誅奄君明背大傳之文安得反以大傳爲異說

乎大傳云奄君薄姑史記云遷其君薄姑疑前之奄君名薄姑後之奄君遷於薄姑其地卽蒲姑左傳所謂蒲姑商奄者人名地名不妨相同鄭疑薄姑非奄君名江聲疑書序將遷其君于蒲姑于字當衍皆未知其一人名一地名也周公誅奄君薄姑蓋不滅其國誅君之子不立後之君奄者或亦薄姑之族今見周遷殷士疑懼再叛成王再踐奄而遷其君故多士與將蒲姑篇次相連也先謙案周公成王各有踐奄之舉皮說最塙皇覽云奄在曲阜是奄卽魯矣周以魯封周公此時不應尙爲奄據鄭云在淮夷北境較爲得之

我乃明致天罰移爾遐逖比事臣我宗多遜四國君叛逆我下其命乃所以明致天罰今移徙汝於洛邑使汝遠於惡俗比近臣我宗周多爲順道○我乃明致天罰三句今文無徵○我乃明致天罰云云者移同迻說文遷徙也釋詁遐遠也說文逖遠也古文作逷逖本作逷衞包改之見牧誓廣雅釋詁比近也釋詁宗尊也言我乃明致天之罰於四國之君移爾新邑遠於故土比近臣事以我爲尊多遜順不背叛也段云遜壁中故書當作愻先謙案今文遜當作訓釋爲順說詳康誥下同

王曰告爾殷多士今予惟不爾殺予惟時命有申所以徙汝是我不欲殺汝故惟是教命申戒之○王曰四句今文無徵○王曰云云者釋詁時是也申重也言予惟不忍殺汝恐汝復陷罪戾故重命汝江云前歸自奄大降爾命故此爲重命也

今朕作大邑于茲洛予惟四方罔攸賓今我作此洛邑以待四方無有遠近無所賓外○今朕作大邑于茲洛予惟四方罔攸賓古文也今文洛作雒惟作維○洛作

雒者石經殘碑作〔上闕〕兹雒段云漢人不以避諱改經字一字石經雖亡而多士篇雒字兩見可知伏生經文作雒不以火行忌水之故擅改經文也惟作維者石經殘碑作予維四方罔攸賓今鈔本刻本皆作責顧廣圻據漢隸字原作賓卻賓字也釋文引馬云賓卻也據此馬讀賓爲擯言我作大邑於此洛汭之地以四方來者道里均我惟四方無所擯卻也戰國策蘇秦說趙王曰六國從親以擯秦史記蘇秦傳擯作賓是賓擯古字通

亦惟爾多士攸服奔走臣我多遜

非但待四方亦惟汝眾士所當服行奔走臣我多爲順事○亦惟爾多士攸服奔走臣我多遜古文也今文惟作維○惟作維者石經殘碑作亦維爾〔下闕〕釋詁服事也言我於四方無所擯卻豈擯卻爾多士乎亦惟爾多士所有事奔走以臣於我者多能奉順耳

爾乃尚有爾土爾乃尚寧幹止

汝多爲順事乃庶幾還有汝本土乃庶幾安汝故事止居以反所生誘之○爾乃尚有爾土二句今文無徵○爾乃尚有爾土云云者廣雅釋詁幹事也止居也幹當爲榦言爾乃庶幾得有爾土爾乃庶幾安其事業與居止

爾克敬天惟畀矜爾

汝能敬行順事則爲天所與爲天所憐○爾克敬二句今文無徵○爾克敬天惟畀矜爾者以上文予惟率肆矜爾例之此矜今文亦當作憐

爾不克敬爾不啻不有爾土予亦致天之罰于爾躬

汝不能敬順其罰深重不但不得還本土而已我亦致天罰於汝身言刑殺○爾不克敬三句今文無徵○爾不克敬云云者釋文啻徐本作翅音同下篇放此無逸不啻不敢含怒鄭注云不但不敢含怒是啻訓但也此與上文有爾土皆謂遷洛後所畀多

土之土偽傳云還本土非**今爾惟時宅爾邑繼爾居爾厥有幹有年于茲洛**今汝
惟是敬順居汝邑繼汝所當居爲則汝其有安事有豐年於此洛
邑言由洛修善得還本土有幹有年○今爾惟時宅爾邑繼爾居
今文無徵爾厥有幹有年于茲洛今文洛作雒○今爾惟時宅爾
邑繼爾居者以今文例之宅當作度江云宅爾邑謂安其居處則
繼爾居不得復謂居處葢言繼爾所居之業易文言象修詞立其
誠所以居業也是業可言居詩蟋蟀職思其居亦謂所爲之事爲
居也今文洛作雒者石經殘碑作上闕有年于茲雒言汝其有事業有長年於茲雒邑也**爾小子乃興從爾遷**
汝能敬則子孫乃起從汝化而遷善○爾小子乃興從爾遷今文
與古文同○今文同者石經殘碑如此小子謂子孫與酒誥我民
迪小子同義言爾子孫乃由此興盛是從爾遷始也**王曰又曰時予乃或言爾攸居**言汝衆士當是
我勿非我也我乃有教誨之言則汝所當居行○王曰今文與古
文同又曰三句今文無徵○今文同者石經殘碑作王下闕又曰
者江云上有脫文此篇文體與多方相似多方末云王曰我不惟
多誥我惟祇告爾命乃更云又曰此篇王曰下當亦別有一二語
而後稱又曰今此不然故疑有脫文時予乃或言爾攸居者論
語鄭注或之言有也言今時予乃有言告汝汝其安所居哉

無逸第十七

周書　孔氏傳　王先謙參正

無逸成王即政恐其逸豫本以所戒名篇○無逸爲周公作周紀魯世家同説見多士今文無作毋見魯世家云作毋逸又作亡見漢書梅福傳福上書曰嚚意亡逸之戒逸作佚見周紀云作無佚大傳同又作劮見漢石經殘碑云毋劮于遊田皆三家尚書異文王應麟困學紀聞云無逸大傳作毋佚毋者禁止之詞其義尤切段云石經作劮葢蔡邕斟酌古今而爲此字

周公曰嗚呼君子所其無逸歎美君子之道所在念德其無逸豫君子且猶然況王者乎○周公曰嗚呼君子所其無逸古文也今文嗚呼作於戲無逸作毋佚○嗚呼作於戲者石經於篇末公曰嗚呼作於戲此亦當同下不復出無逸作毋佚者論衡儒增篇尚書毋佚曰君子所其毋佚先知稼嗇之艱難乃佚人之筋骨非木非石不能不解故張而不弛文王不爲弛而不張文王不行一弛一張文王以爲當書疏引鄭云嗚呼者將戒成王欲求以深感動之君子謂在官長者所猶處也君子處位爲政其無自逸豫也據鄭本古文作嗚呼張謂勤勞弛謂逸豫**先知稼穡之艱難乃逸則知小人之依**稼穡農夫之艱難事先知之乃謀逸豫則知小人之所依怙○先知稼穡之艱難乃逸古文也今文穡作嗇逸作佚

則知小人之依今文無徵○先知稼嗇之艱難乃佚者論衡儒增篇引如此俔先知乃佚與一張一弛義合謂先勞後逸習之然後知之也則知小民之依者言小民依賴惟在稼穡也**相小人厥父母勤勞稼穡厥子乃不知稼穡之艱難**○視小人不孝者其父母躬勤艱難而子乃不知其勞相小人厥父母勤勞稼穡厥子乃不知稼穡之艱難古文也今文穡並作嗇○穡作嗇者漢石經殘碑作上闕稼嗇之艱難以此推之上句穡字亦當作嗇言視彼小民其父母勤勞郴業其子孫安享其成乃不知先艱難後佚豫之義**乃逸乃諺既誕否則侮厥父母曰昔之人無聞知**小人之子既不知父母之勞乃爲逸豫遊戲及叛諺不恭已欺誕父母不欺則輕侮其父母曰古老之人無所聞知○乃逸乃諺既誕否則侮厥父母曰昔之人無聞知古文也今文逸作劮諺作憲誕作延否作丕○逸作劮云云者石經殘碑作乃劮乃憲既延丕則侮厥下闕案乃劮二字上屬爲義不知稼穡之艱難乃逸與上文先知稼穡之艱難乃逸反對成義乃憲既延者謂其父母之憲法至延長否作丕者丕即丕字詞也言侮慢其父母反謂昔人無聞知據石經知否不丕字同可爲下文兩否則卽丕則之證魯世家云母逸稱爲人父母爲業至長久子孫驕奢忘之以亡其家爲人子可不慎乎正說此經之義爲業至長久卽經之乃憲既延也子孫驕奢忘之以亡其家卽經之丕則侮厥父母曰昔之人無聞知此今文義也段云今本作諺非也僞傳叛諺不恭疏云論語由也諺諺則叛諺案論語由也喭字从口集解引鄭云子路之行失於吷喭也釋文吷普半反本一作畔今本釋文

改大書吺字爲叛邪㫄咼則依陸所見別本作畔喭此經文改喭爲諺傳疏改吺喭爲叛諺葢始於衛包誤認喭諺爲古今字也吺喭二字在漢人當是常語論語王弼注喭剛猛也剛猛與不恭義略同史記仲尼弟子傳正義喭音岸則尚書亦宜音岸宋刊釋文云諺五旦反韻書諺無五旦反之音葢唐初經文作喭故音五旦反天寶改喭爲諺至開寶又改釋文之喭爲諺而五旦之音未改刊注疏者改爲魚戰通志堂刊釋文改作魚變而此字之本作喭無可考矣此原委井然可言者**周公曰嗚呼我聞曰昔在殷王中宗**大戊也殷家中世尊其德故稱宗○周公曰嗚呼今文作於戲我聞曰昔在殷王中宗今文當作其在中宗在肆太宗饗國三十三年句下○今文作其在中宗者說見下漢石經殘碑作上闕中宗魯世家云故昔在殷王中宗直接可不愼乎句乃後人用古文尚書改之殷本紀帝太戊立殷復興諸侯歸之故稱中宗五經異義詩魯說丞相匡衡以爲殷中宗周成宣王皆以時毀古文尚書說經稱中宗明其廟宗而不毀許君案春秋公羊御史大夫貢禹說王者宗有德廟不毀宗而復毀非尊德之義鄭從而不駮皮云古文尚書說中宗不毀則今文尚書說當爲中宗亦以時毀可知匡治齊詩異義引作魯說葢齊魯同義三家詩多與今文尚書合也漢書韋元成傳王舜劉歆議云又說中宗高宗者宗其道而毀其廟名與實異非尊德貴功之意也古文尚書說葢即出於劉歆劉歆又出於貢禹詩商頌疏引鄭云中宗謂大戊也**嚴恭寅畏天命自度**言大戊嚴恪恭敬畏天命用法度○嚴恭寅畏天命自度今文與古文同度一作亮○今文同者魯世家作嚴恭敬畏天命自度寅

敬故訓字如寅賓寅餞寅皆作敬之例江云嚴恭在貌寅畏在心表裏純一也天命自度者圖度天命敬畏之實也度一作亮者石經殘碑作嚴恭寅畏天命自亮段云度與亮音不相涉亮與量音同自量猶自度也孫云釋詁亮信也言以天命自信釋文嚴馬作儼案嚴儼古通**治民祗懼不敢荒寧**爲政敬身畏懼不敢荒怠自安○治民祗懼不敢荒寧古文也今文祗作震治作以○祗作震者魯世家作治民震懼不敢荒寧集解引馬云知民之勞苦不敢荒廢自安也段云祗震異部而音轉最近如臯陶謨祗敬夏本紀作振般庚震動漢石經作祗祡誓祗復之魯世家作振皆是也治作以者石經殘碑作以民祗懼下闕三家文異江云以訓用言用民常敬懼**肆中宗之享國七十有五年**以敬畏之故得壽考之福○肆中宗之享國七十有五年古文也今文無之字有字享作饗○無之有字享作饗者魯世家作故中宗饗國七十五年享作饗與石經同**其在高宗時舊勞于外爰暨小人**武丁其父小乙使之久居民閒勞是稼穡與小人出入同事○其在高宗時舊勞于外爰暨小人古文也今文無時字舊作久爰作爲○無時字云云者魯世家作其在高宗久勞于外爲與小人久勞于外者舊久義同續漢祭祀志注引東觀書云高宗久勞猶爲中興敦煌長史武斑碑云久勞于外與史記合是今文作久之證爲與小人者爲小人之事與小人相偕也暨與故訓字史記集解引馬云武丁爲太子時其父小乙使行役有所勞役于外與小人從事知小人艱難勞苦也集解詩商頌疏引鄭云舊猶久也爰于暨與也武丁爲太子時殷道衰爲其父小乙將師役于外與小人之

故言知其憂勞也殷本紀武丁修政行德天下咸驩殷道復興帝武丁崩帝祖庚立祖己嘉武丁之以祥雉爲德立其廟爲高宗鄭詩譜云後有高宗者舊勞于外蓋刪去時字中論云其在高宗寔舊勞于外讀時爲寔下屬

作其卽位乃或亮陰三年不言武丁起其卽王位則小乙死乃有信默三年不言言孝行著○作其卽位乃或亮陰三年不言古文也今文或作有亮陰作作亮闇一作諒闇一作諒陰一作涼陰一作梁闇僞傳用馬說見下○或作有亮陰作亮闇者魯世家云作其卽位乃有亮闇三年不言今文或作有古或有字通集解引馬云亮信也陰默也爲聽於冢宰信默而不言一作諒闇者春秋繁露云先王之制有大喪者三年不呼其門順其志之不在事也書曰高宗諒闇三年不言居喪之義也禮喪服四制云書曰高宗諒闇三年不言善之也白虎通爵篇尚書曰高宗諒闇三年是也論語曰君薨百官總己聽於冢宰三年緣孝子之心則三年不忍當故三年除喪乃卽位統事卽位踐阼爲主南面朝臣下稱王以發號令也故天子諸侯凡三年卽位終始之義乃備所以諒闇三年卒孝子之道也又四時篇尚書曰諒闇三年公羊文九年傳注子張曰書云高宗諒闇漢書王吉傳臣聞高宗諒闇三年不言後漢濟北惠王傳諒闇已來二十八月景君碑諒闇沈思鄭詩譜亦作諒闇一作諒陰者論語子張曰書云高宗諒陰論衡儒增篇高宗諒陰三年後漢魯恭傳云諒陰三年一作涼陰者漢書五行志殷道既衰高宗承敝而起盡涼陰之哀天下應之顏注涼讀曰諒一說涼陰謂居喪之廬也謂三年處於廬中不言一作梁闇者大傳云書曰高宗梁闇三年不言何謂梁闇也傳曰高宗居倚廬三年不言百

官總己聽於冢宰而莫之違此之謂梁闇又曰高宗有親喪居廬三年然未嘗言國事而天下無背叛之心者何也及其爲太子之時盡以知天下人民之所好惡是以雖不言國事也知天下無背叛之心左隱元年疏史記集解引鄭云作起也諒闇轉作梁闇楣謂之梁闇謂廬也小乙崩武丁立憂喪三年之禮居倚廬柱楣不言政事案鄭讀諒爲梁用伏義也鄭又注禮記云諒古作梁楣謂之梁闇讀如鶉鴿之鴿謂廬也其義亦同段云諒亮涼梁古四字同音不分平仄陰闇古二字同音在侵韻不分侵覃大傳釋梁闇爲居廬鄭注闇讀如鶉鵪之鵪謂廬也其注禮記尚書皆用大傳說上字讀爲梁讀爲者易其字也下字讀如鵪讀如者釋其音也大雅涼彼武王韓詩作亮白虎通釋禪於梁甫之義云梁信也然則古同音通用之法可見矣皮云同音通用段說得之而尚書之義當本作梁闇大傳用其本字其或作諒亮涼或作陰者字之段借也喪服傳居倚廬寢苫枕塊又云既虞翦屏柱楣鄭云楣謂之梁是梁闇者倚廬而柱楣者也父母之喪無貴賤一也葢古天子至士喪禮皆同其制漢人舊說皆以梁闇爲居喪馬解爲信默則認段借之字爲本字矣

其惟不言言乃雍不敢荒寧

在喪則其惟不言喪畢發言則天下和亦法中宗不敢荒怠自安○其惟不言言乃雍古文也今文無其惟不言雍作讙不敢荒寧今文與古文同○其惟不言言乃雍者書疏引鄭云其不言之時時有所言則羣臣皆和諧今文無其惟不言者魯世家大傳論語憲問篇禮檀弓喪服四制論衡儒增篇三年不言下皆無此四字是今文無之以文義論古文亦不當有禮坊記引高宗云三年其惟不言言乃讙鄭注高宗殷王武丁也名篇在尚書

案書序有高宗之訓高宗即高宗之訓也據鄭說則三年其惟不言在逸書高宗篇非毋佚篇文蓋毋佚篇三年不言言乃讙高宗篇三年其惟不言言乃讙皆不作三年不言其惟不言也雍作讙者魯世家檀弓坊記引皆作言乃讙段云史記作讙今文尚書也禮記與今文尚書合然則今文不盡非古文不盡是於此可見王肅自定家語亦作讙注云尚書作雍蓋以古文正今文也皮云史記集解引鄭云讙喜悅也言乃喜悅則民臣望其言久矣鄭注檀弓同又注坊記云讙當爲歡聲之誤也其既言天下皆歡喜樂其政教也據此疑鄭所據本亦作讙而鄭詩譜云三年不言言乃雍書疏引鄭注古文尚書自作雍鄭注戴記乃用今文者以戴記本今文學故從今文解之也集解引鄭注與書疏所引注異集解所引或即檀弓注也孔融薦謝該疏云三年乃讙用今文尚書中論夭壽篇三年不言惟言乃雍從古文作雍○今文同者魯世家作不敢荒寧集解引馬云寧安也光武封禪刻石文云乾乾日昃不敢荒寧

嘉靖殷邦至于小大無時或怨善謀殷國至于小大之政人無是有怨者言無非○嘉靖殷邦至于小大無時或怨古文也今文作密靜殷國至于小大無怨一有時或二字○密靜殷國至于小大無怨者魯世家如此段云御覽九十一引東觀漢紀序稱肅宗云密靜天下容於小大高宗之極至也此櫽括無逸篇文與史記密靜殷國合史公劉珍等皆用今文尚書元文非以密訓嘉也詩公劉止旅乃密毛傳密安也說文宓訓安以密爲宓假借之法也書疏引鄭云小大謂萬民上及羣臣也言人臣小大皆无怨王鄭詩譜中論皆作嘉有時或二字者石經殘碑作上闕或怨明有時或二字蓋三家本不同肆

高宗之享國五十有九年高宗爲政小大無怨故亦享國永年○今肆高宗之享國五十有九年古文也今文作肆高宗饗國五十五年一作肆高宗之饗國百年○肆高宗饗國五十五年者魯世家云故高宗饗國五十五年肆故故訓字皮云此文與兩漢人所引今文尚書不合周紀穆王立五十五年崩亦與論衡氣壽篇不同疑皆後人改之如改太宗爲祖甲以合於古文尚書不知其與殷本紀云帝甲淫亂不符也一作肆高宗之饗國百年者石經殘碑如此段云漢書五行志說高宗攘木鳥之災致百年之壽劉向傳高宗有百年之福杜欽傳高宗享百年之壽論衡氣壽篇高宗享國百年周穆王享國百年幷未享國之時皆出百三十四十歲矣又無形篇高宗有桑穀之異悔過反政享福百年又異虛篇高宗改政修行享百年之福皆用今文尙書也侯康云古文單舉在位之歲今文統舉壽數言之御覽皇王部引帝王世紀云武丁享國五十有九年年百歲正參用今古文世紀一書不可盡信此則其可信者王充說以百年爲單舉在位誤呂刑王享國百年傳疏謂從生年數周紀穆王卽位春秋已五十矣立五十五年崩與傳疏合以呂刑例之高宗百年亦必從生年數享國二字不必以文害辭皮云侯說非也周公舉三宗享國之年一云三十三年一云七十五年一云百年皆舉在位之年故云享國若高宗並數生年則與上太宗中宗不一例若謂太宗中宗亦數生年則太甲壽止三十三年何云克壽僞古文云五十有九年與昔儒所云百年皆不合皇甫謐郎僞造古文者故世紀獨與之同豈可爲據且世紀又云太甲一名祖甲享國三十三年年百歲夫同一享國也太甲則單舉在位高宗則並數生年皇甫之言

一何紕繆下文文王享國五十年九十七乃總明是單舉在位以三
宗文王當同一例何獨異於高宗漢書禮樂志王吉疏云壽何以
不若高宗吉習齊詩葢亦用今文家說以高宗爲在位百年顏注
用僞古文說云高宗享國五十九年故云壽信如其說則中宗七
十五年享國視高宗爲久何捨中宗而舉高宗乎先謙案世
紀云太甲一名祖甲與王肅說合正其朋謀作僞之明證　**其在**

祖甲不義惟王舊爲小人湯孫太甲爲王不義久爲小人之行伊尹放之桐○其在祖甲今文當作昔在
殷王太宗至三十有三年句皆在周公曰於戲下其在中宗上不
義惟王舊爲小人古文也今文惟作維舊作久○其在祖甲者史
記集解引馬鄭云祖甲武丁子帝甲也今文作昔在殷王太宗者
段云漢石經殘碑高宗之饗國百年自時厥後隸釋所載緊接不
隔一字洪氏云此碑獨闕祖甲計其字當在中宗之上以傳序爲
次也云計其字者謂以每行若干字數計之洪於殘石得辜較每行字數也是今文與古文大異考殷
本紀太甲稱太宗太戊稱中宗武丁廟爲高宗漢書王舜劉歆曰殷
於殷太甲曰大宗大戊曰中宗武丁曰高宗周公爲毋逸之戒舉
殷三宗以勸戒成王倘非尚書有太宗二字司馬王劉不能臆造
賈誼傳顧成之廟稱爲太宗景帝九年申屠嘉等議曰高皇帝宜
爲太祖之廟孝文皇帝廟宜爲太宗之廟實本尚書據此則今文
尚書祖甲二字作太宗二字其文之次當云昔在殷王太宗其在
高宗否則今文家無由倒易其次第也今本史記魯世家作其在
祖甲與古文同者葢淺人用古文尚書改之殷本紀帝甲淫亂殷
復衰與國語帝甲亂之七世而隕相合史公既依無逸篇云太甲
稱太宗則其所謂淫亂殷復衰者非古文尚書之祖甲可知也王

肅注古文尚書而云祖甲湯孫太甲也先中宗後祖甲先盛德後
有過此用今文家說注古文不知從今文之次則太宗爲湯孫太
甲從古文之次則祖甲爲祖庚之弟帝甲各不相謀也故知自殷
王中宗及高宗及祖甲今文必云自殷王太宗及中宗及高宗此
無可疑者此條今文實勝古文古文祖甲在高宗之後則必以帝
甲當之帝甲非賢主雖鄭注亦不得不失之誣矣皮云漢書平帝
紀四年尊孝宣廟爲中宗孝元廟爲高宗王莽大誥云尊中宗高
宗之號蕃莽用今文說尊宣帝爲中宗元帝爲高宗以仿殷之三
宗東觀書章帝賜東平王蒼書云比放三宗誠有其美亦據今文
尚書比放三宗疑是比殷三宗之誤○不義維王久爲小人者魯
世家如此集解引馬云祖甲有兄祖庚而祖甲賢欲立之祖甲以
王廢長立少不義逃亡民開故曰不義惟王久爲小人也武丁死
祖庚立祖庚死祖甲立書疏引鄭云祖甲有兄祖庚賢武丁欲廢
兄立弟祖甲以此爲不義逃於人聞故云久爲小人書疏駁之云
武丁賢主祖庚復賢以武丁之明無容廢長立少祖庚之賢誰所
傳說武丁廢子事出何書妄造此語書疏及史記集解引王肅云
祖甲湯孫太甲也先中宗後祖甲先盛德後有過也皮云王肅兼
用今文之義傳合古文之次序以祖甲爲太甲又置之高宗之後
作僞孔傳解不義惟王爲爲王不義倒易經文以就己說又造僞
古文太甲篇茲乃不義以實之不知此篇屢言小人皆謂小民不
應於此獨以不義爲小人與下文于外知小人之依顯然不合周
公舉殷三宗以勸戒成王當舉其美德不當舉其顛覆典刑之惡
王說允非也經云不義惟王義古儀字擬也不義惟王謂不擬居
王位孟子云湯崩太丁未立外丙二年仲壬四年殷法兄終弟及

立子不立孫使外丙仲壬或有一人永年則太甲無次立之勢故太甲不自擬維王殷之王子多在民閒太甲未立之時或亦在外

故云久爲小人于外知小人之依也**作其卽位爰知小人之依能保惠于庶民不敢**

侮鰥寡在桐三年思集用光起就王位於是知小人之所依依仁政故能安順於衆民不敢侮慢惸獨○作其卽位爰知小

人之依能保惠于庶民不敢侮鰥寡古文也今文無作其句爰作于外惠于庶民作施小民無敢字○于外知小人之依能保施小

民不侮鰥寡者魯世家如此知小人之依解見上中論夭壽篇云能保惠庶民不侮鰥寡亦無于字敢字徐幹今古文雜引不足據

證惠作施者晉語韋注施惠也**肆祖甲之享國三十有三年**太甲亦以知小人之依故得久年此○以德

優劣立年多少爲先後故祖甲在下殷家亦祖其功故稱祖○肆祖甲之享國三十有三年古文也今文作肆祖甲饗國三十三年

案僞傳以祖甲爲太甲云以德優劣爲先後與王肅先盛德後有過相應此又僞傳出肅之一證也○今文云云者魯世家作故祖

甲饗國三十三年肆故故訓字太宗作祖甲後人以古文尚書改之孫云唐石經三十作卅說文卅三十幷也今疏本作三十史記

亦作三十疑後人所改案秦刻石廿及卅載在史記皆爲二十三十則一句增二字與文體不合是知後人改之**自時厥**

後立王生則逸從是三王各承其後而立者生則逸豫無度○自時厥後今文與古文同立王生則逸今文無徵○

今文同者石經殘碑作自時厥後下闕中論夭壽篇同立王生則逸中論引同**生則逸不知稼穡之艱難**

言與小人之子同其徼○生則逸今文無徵不知稼穡之艱難今文與古文同穡一作嗇○生則逸者中論不重此句今文同者後漢荀爽傳爽引周公之戒曰不知稼穡之艱難中論同穡一作嗇者以上文例之當然漢書鄭崇傳崇諫哀帝曰周公著戒曰惟王不知艱難約舉其文也**不聞小人之勞惟耽樂之從**過樂謂之耽惟樂之從言荒淫○不聞小人之勞惟耽樂之從今文與古文同一耽作湛之作是○今文同者荀爽傳作不聞小人之勞惟耽樂之從耽作湛之作是者論衡語增篇引經曰惟湛樂是從鄭崇傳作唯耽樂是從中論與崇傳同勞下有苦字**自時厥後亦罔或克壽**以耽樂之故從是其後亦無有能壽考○自時厥後亦罔或克壽古文也今文無自厥後三字或一作有○自時厥後亦罔或克壽者中論如此無自厥後者荀爽傳作時亦罔或克壽或作有者論衡引經作時亦罔有克壽鄭崇傳同段云古或有二字音義皆同如不或亂政史記作不有治政乃或亮陰史記作乃有亮闇皆古文作或今文作有之證先謙案爽傳作罔或三家文異**或十年或七八年或五六年或四三年**高者十年下者三年言逸樂之損壽○或十年或七八年或五六年今文無徵或四三年今文與古文同○或十年云云者中論作或十年或七八年或五六年或三四年四三作三四疑傳本不同今文同者漢書杜欽傳欽說王鳳曰女德不厭則壽命不究於高年書曰或四三年言失欲之生害也顏注失讀曰佚**周公曰嗚呼厥亦惟我周太王王季克自抑畏**太王周公曾祖王季卽祖言皆能以義自抑畏敬天

命將說文王故本其父祖○周公曰四句今文無徵嗚呼作於戲
惟作維○周公曰云云者江云二王能自謙抑敬畏則无佚可知
段云尚書大傳云書曰厥兆天子爵系之無佚白虎通爵篇云書
無逸篇曰厥兆兆天子爵攷之於經漢人以亡爲無蓋古文尚書厥
亦惟我周五字今文尚書駁異如此大傳言書曰者皆確然可信
兆天子爵者卽兆基王迹之謂也孫云兆亦字形相近惟我周不
應是天子爵之誤顧廣圻以爲脫天子爵三字惟
我周三字下屬太王王季爲句先謙案顧說是 **文王卑服卽康**
功田功 文王節儉卑其衣服以就其安人之功以就田功以知稼
穡之艱難○文王卑服今文無徵卽康功田功今文與古
文同○文王卑服者釋詁服事也謂就卑賤之事釋文卑馬本作
俾使也言文王使民各事其事今文同者石經殘碑作口口功田
功康功安居之功田功田作之功孟子盡心篇西伯養
老制其田里梁惠王篇文王治岐耕者九一是其事也 **徽柔懿恭**
懷保小民惠鮮鰥寡 以美道和民故民懷之以美政恭民故民安
之又加惠鮮乏鰥寡之人○徽柔懿恭懷保
小民惠鮮鰥寡古文也今文作徽柔懿共懷保小人惠于矜寡○
今文云云者石經殘碑作徽杲懿共懷保小人惠于矜下闕江云
堯典愼徽五典史記作愼和五典是徽柔爲和柔也段云案隸釋
載石經嚴恭寅畏作恭維正之共作共分別如是懿共亦作共則
漢時不作懿美恭敬解僞傳釋懿恭云以美政恭民此必今文作
共故云共民共民猶給民卽下文所云供待也正義云以此柔恭
懷安小民似正義始誤解因之衞包擅改左傳供恭字皆作共一
書自有一書之例皮云共恭古通用段說稍拘盧江太守范式碑

徽柔懿恭用此經文正作恭不作共不得謂漢時不作懿美恭敬解先謙案懿恭與徽柔對文若作懿共串說未合皮說較長懷保小人惠于矜寡者漢書谷永傳引經作懷保小人惠于鰥寡矜鰥通作三家文異景十三王傳云惠于鰥寡班固典引懷保鰥寡之惠浹後漢明帝紀中元二年詔引惠于鰥寡皆不作惠鮮惟漢紀載谷永對策引經曰懷保小民惠鮮鰥寡與漢書不合乃後人改之段云惠鮮是惠于之誤于字與羊字略相似又因下文鰥字魚旁誤增之

自朝至于日中昃不遑暇從朝至日昳不暇食思慮政事用皆和萬民○自

食用咸和萬民朝至于日中昃不遑暇食古文也今文作至于日中昃不暇食昃一作稷暇一作夏用咸和萬民今文無徵○自朝至于日中昃不遑暇食者釋文昃本亦作仄段云遑俗字當作皇疑之衛包改也下文則皇自敬德鄭注皇謂暇謂寬暇自敬可以證此改如不從辵矣皇暇疊文同義釋言偟暇也凡詩書遑字皆後人所改如不遑啟處不遑假寐之類不皇假寐與不皇暇食句法正同古假暇通用如假日即暇日非趙盾假寐之云也楚語左史倚相曰周書曰文王至於日中昃不皇暇食惠于小民唯政之恭惠于小民即上文懷保小民惠鮮鰥寡也唯政之恭即下文以庶邦惟正之供也左史摘舉不以次耳今文作至于日中昃不暇食者魯世家作周多士文王日中昃不暇食多士二字衍自故祖甲饗國三十三年引見上下應緊接周文王今本誤入多士稱曰至其民皆可誅一段引見多士篇此段史記當在硯作多士作毋逸下史公約舉經文無至于二字漢書董仲舒傳策曰周文王至于日昃不暇食對曰當此之時紂尚在上尊卑昏亂百姓散亡故文王悼痛而欲安之是以日昃

而不暇食也後漢黃瓊傳詩詠成湯之不怠遑書美文王之不暇
食風俗通過譽篇文王日昃不暇食又墨子云文王至日昃不暇
飲食雖語有增渻皆無自朝字遑字蓋今文如是昃作稷暇作夏
者皮云成湯靈臺碑日稷不夏正用此經之文費鳳別碑乾乾日
稷鄐閣頌劬勞日稷辛通達李仲曾造橋碑亦以日稷爲日昃惟
樊毅碑作勞神日昃易豐日中則昃孟喜作稷穀梁春秋經戊午
日下稷左公羊經皆作昃中候握河紀云昒明禮備至於日稷孝
經鉤命決云堯禪舜沈書日稷而赤光起此昃稷古通之證暇夏
古亦通用多方須夏之子孫是其證也兪樾云詩唐棣箋周公弔
二叔之不咸疏咸和也蓋咸卽諴字之省說文諴和也用咸和萬
民者用諴和萬民也僞傳
以爲皆和萬民則不詞矣**文王不敢盤于遊田以庶邦惟正之供**
文王不敢樂於遊逸田獵以衆國所取法則當以正道供待之故
○文王不敢盤于遊田以庶邦惟正之供古文也今文盤作槃田
作畋惟正之供作維正之共無以庶邦三字○盤作槃者後漢郅
惲傳惲上書諫帝曰昔文王不敢槃于游田以萬人(民字避唐諱改)爲憂
李注引尚書云以萬人惟政之共也陳蕃傳諫幸廣城校獵疏曰
周公戒成王無槃于遊田亦作槃作田與惲傳同皮云惲言以萬
民爲憂釋經言文王不敢盤游之意非謂經有此文若注所引乃
下文周公戒嗣王語非謂文王且惲所據是今文今文尚書並
文亦無以萬民三字東觀漢記載惲上書與後漢書同後漢紀載
惲諫曰昔文王不敢盤游于田以萬民惟正則其文尤誤乃淺人
據古文尚書改之石經與谷永傳於下文皆作毋劮于游田則游
田二字連文晏子諫下篇作昔文王不敢盤遊于田故國易而民

安疑亦出後人妄改田作畋者張衡西京賦盤于游畋李善注尚書曰不敢盤于游畋維正之共無以庶邦三字者楚語倚相引周書曰惠于小民維政之恭晛陳云古政正恭共通作谷永傳引下文惟正之共作正作共較長葢今文作正古文作政凌人注故書正作政是其驗也皮云谷永引下文無以萬民三字楚語引此文無以庶邦三字葢今文尚書本無之楚語與今文合石經於下文作維作共此亦當同

文王受命惟中身厥享國五十年

文王九十七而終中身即位時年四十七言中身舉全數○文王受命惟中身厥享國五十年古文也今文無厥字○今文無厥字者白虎通壽命篇壽命者上命也若言文王受命惟中身享國五十年葢夏侯本作享與古文同魯世家作饗國五十年又總之曰作此以誡成王歐陽本作饗也詩文王疏引鄭云中身謂中年受命謂受殷王嗣立之命陳云鄭謂文王爲諸侯受天子命也呂覽制樂篇文王立國八年歲六月地動政行重善無幾何疾乃止文王即位八年而地動已動之後四十三年凡文王立國五十一年而終韓詩外傳說同韓詩外傳是今文家說知鄭注亦用今文說也

周公曰嗚呼繼自今嗣王

繼從今已往嗣世之王皆戒之○周公曰三句今文與古文同嗚呼作於戲一作烏虖○嗚呼作於戲者見下一作烏虖者漢書翼奉傳顏注引作周公曰烏虖陳云今文三家之本容有不同如漢書翟義傳王莽仿大誥文嗚呼皆作烏虖亦其證也今文同者谷永傳引經曰繼自今嗣王王據下文嗣王監于茲則嗣王專指成王僞傳嗣世之王皆戒之非

則其無淫于觀于逸于遊于田以萬民惟正

之供所以無敢過於觀遊逸豫田獵者用萬民當惟正身以供待之故○則其無淫于觀于逸于遊于田以萬民惟正之供古文也今文作其毋淫于酒毋逸于遊田維正之共○今文云云者石經殘碑作上闕酒毋劮于遊田維□□共谷永傳引經曰其毋淫于酒毋逸于遊田惟正之共正與石經合石經維下共上所闕必正之二字漢時民閒所習章奏所用皆今文也今文無以萬民三字供作正谷永引書而釋之曰未有身治正而臣下邪者也訓共爲奉言臣下皆惟正是奉也古文供亦作共王應麟漢藝文志攷說漢世諸儒所引尚書異字以萬民惟正之共此引古文尚書也今未檢得出何書書疏引鄭云淫放恣也淫者浸淫不止

無皇曰今日耽樂乃非民攸訓非天攸若時人丕則有愆無敢自暇曰惟今日樂後日止夫耽樂者乃非所以敎民非所以順天是人則大有過矣○無皇曰今日耽樂古文也今文無皇作毋兄乃非民攸訓三句今文無徵○無皇作毋兄者石經殘碑作毋兄曰今日下闕段云下文皇自敬德石經作兄曰敬德鄭注皇暇也言寬暇自敬王肅本皇作況注曰況滋益用敬德王莽據今文以攺古文也此皇字鄭亦當訓暇王亦當作況訓滋益詩常棣況也永歎況或作兄兄是古字況是今字桑柔倉兄塡兮召旻職兄斯引毛詩皆云兄滋也國語韋注況益也毋兄曰者毋益曰云云也秦誓我皇多有之公羊傳作而況乎我多有之尋秦誓詞義則兄亦訓皇暇矣尚書大傳云君子之於人也有其語也無不聽者皇于聽獄乎鄭注皇猶況也然則皇蓋齊言兪樾云若順也訓亦順也廣雅釋詁訓順也非民攸訓言非民所順也非天攸若言非天所順也文異而義

不異僞傳於洪範篇諸訓字皆釋爲順而於此失之先謙案上文惟耽樂之從論衡引作湛樂以例此經耽亦當作湛言今日湛樂之言民與天皆不順之是人則有愆罪矣今文訓與順同詳堯典多士諸篇

無若殷王受之迷亂酗于酒德哉以酒爲凶謂之酗言紂心迷政亂以酗酒爲德戒嗣王無如之○無若殷王受之迷亂酗于酒德哉古文也今文無作毋受作紂酗作酒○無作毋受作紂者漢書劉向傳向上奏曰周公戒成王毋若殷王紂翼奉傳奉上疏曰書則曰王毋若殷王紂後漢梁冀傳袁著上書曰周公戒成王無如殷王紂毋若作無如隨文改黜棐　有論衡譴告篇周公勑成王曰毋若殷王紂毋者禁之也殷紂至惡故曰毋以禁之段云無作毋受作紂者今文尚書然也凡古文尚書受字今文皆作紂古文不言紂今文不言受酗作酒者史記漢書引微子之命沈酗于酒皆作沈湎于酒此文當同古文苑載鄭炎遺令書汝毋逸于邸毋湎于酒語意襲毋逸文尤此經作湎之明證

周公曰嗚呼我聞曰古之人猶胥訓告胥保惠胥教誨歎古之君臣雖君明臣良猶相道告相安順相教誨以義方○周公曰嗚呼六句今文無微嗚呼作於戲○周公曰嗚呼云云者釋詁訓道保安惠順也說文誨曉教也江云古之君臣猶相告以正道有道則相安順失道則相曉教孝經事君章將順其美匡救其惡卽此義

民無或胥譸張爲幻譸張誑也君臣以道相正故下民無有相欺誑幻惑也○民無或胥譸張爲幻僞古文也今古文無民胥二字今文譸作侜或作輈或作舟或作侏○無民胥二字者說文譸下云詶也讀若醻周書曰無或譸張爲幻

又幻下云相詐惑也周書曰無若譸張爲幻此古文無民胥字釋
訓侜張誑也郭注書曰無或侜張爲幻陳云爾雅今文之學郭蓋
襲用樊李舊注語此今文無民胥字段云此句無胥字爲是上文
三胥字皆君臣相與之詞此胥字不倫下文人乃或譸張爲幻亦
無胥字先謙案段置民字不言案無民字是也無或者泛論之詞
統臣民言之譸作侜者見上詩陳風誰侜予美鄭箋誰侜張誑欺
我所美之人乎此鄭以今文書義釋詩也或作輈者後漢書皇后
紀董皇后詈何后曰汝今輈張怙汝兄釋文譸馬本作輈據後書
推之知馬用今文也或作舟者大傳云舟張辟雍舟即侜之省字
蓋伏生本作舟三家作侜或作輈也皮云說文侜有壅蔽也是壅
蔽爲侜本義雍即壅字辟雍以有壅蔽得名舟張辟雍謂其有
壅蔽而張大也凡有壅蔽則多欺誑故侜張引申爲誑或作佅者
楊雄國三老箴姦寇佅張李善注輈與佅古字通先謙案佅輈雙
聲此文作侜正字譸佅輈借聲字壅蔽張大與董后詈語合君受
盡言臣民自無敢爲幻惑者皮云爲與僞通漢書王莽傳引堯典
作南僞史記索隱本作南爲是其證侜張爲幻蓋即侜張僞幻四
字平列於義亦通

此厥不聽人乃訓之乃變亂先王之正刑至于小大

此其不聽中正之君人乃教之以非法乃變亂先王之正法至于小大
無不變亂言已有以致之○此厥不聽人乃訓之乃變亂先王之
正刑至于小大古文也今文作此厥不聖人乃訓變亂正刑至于
小大○今文云云者石經殘碑作上闕厥不聖人乃訓變亂正刑
至于下闕段云聽聖字古音同部秦泰山碑皇帝躬聽史記作躬
聖見廣川書跋馮登府云禮樂記小人以聽過釋文聽本作聖皮

云今文作不聖其義當爲不容洪範五行傳思心之不容是謂不聖然則不聖卽不容之義東觀漢記序云密靜天下容於小大乃檃括今文密靜殷國至于小大無怨二句文義葢能容則小大無怨不能容則至于小大民丕則厥心違怨丕則厥口詛祝也石經作不聖與五行傳不聖義同東觀漢記容于小大之容字卽容作聖之容以經文前後合觀之能容之效與不能容之弊正相反可以攷見兩漢今文家遺說俞樾云訓亦順也言人乃順從其意以變亂舊法也僞傳教之以非法失之先謙案以上文小大例之此小大亦當謂萬民羣臣訓變亂正刑者**民否則厥心違怨否則厥**謂道之以變亂正法也刑法釋詁文

口詛祝以君變亂正法故民否則其心違怨否則其口詛祝言皆患其上○民否則厥心違怨二句今文無徵○民否則厥心違怨云云者江云小大既該臣民則不應復言民民葢衍字段云兩否則字恐皆丕則之誤上文丕則有愆康誥云丕則敏德此處文理蒙上直下恐不似今人俗語云否則也古然否字止作然不先謙案否不通丕不亦通葢經本作丕或作不而淺人妄改作否也據此經及康誥用丕則字古人自有此句例言或違戾怨恨其上或詛祝其上也詩蕩鄭箋詛祝求其凶咎無極也**周公**

曰嗚呼自殷王中宗及高宗及祖甲及我周文王茲四人迪哲此言四人皆蹈智明德以臨下○周公曰七句今文無徵嗚呼作於戲○周公曰嗚呼云云者段云此經次第今文當不如是自殷王中宗及高宗及祖甲今文必作自殷王太宗及中宗及高宗也**厥或告**無可疑者釋詁迪作也洪範明作哲哲或作哲作哲明也

之曰小人怨汝詈汝則皇自敬德其有告之言小人怨詈汝者則大自敬德增修善政○厥或告之曰小人怨汝詈汝今文與古文同則皇自敬德古文也今文皇自作況曰○厥或告之曰者與康誥厥或誥曰同一句例則皇自敬德者書疏引鄭云皇謂暇言寬暇自敬說文詈罵也皇自作況曰者石經殘碑作則兄曰敬德段云黃伯思東觀餘論引石經則兄自云今兄作皇隸釋引石經則兄曰云孔作皇自洪黃所見皆宋初所出石搨非有二也東觀餘論自當作曰一時失檢耳先謙案兄同況況益也況曰敬德即益曰敬德也詳上文無皇曰今日耽樂下後漢楊震傳震上疏曰殷周哲王小人怨詈約舉此經厥或告之曰小人怨汝詈汝二句爲文此今古文同之證又曰則還自敬德還蓋遑之誤作自與今文不合楊世傳歐陽尚書不當有此蓋傳寫妄改**厥愆曰朕之愆允若時不啻不敢含怒**其人有禍則曰我過案禍當作過疏民有愆過則曰我過是其證百姓有過在予一人信如是怨詈則四王不啻不敢含怒以罪之言常和悅○厥愆曰朕之愆允若時今文與古文同不啻不敢含怒今文無徵○今文同者石經殘碑作厥衍曰朕之衍允下闕言此四王其有告以政事之愆過則曰此我之過信如是怨詈之言也不啻不敢含怨者書疏引鄭云不但不敢含怨且欲屢聞之以知己政得失之原也子產不毀鄉校即此意**此厥不聽人乃或譸張爲幻曰小人怨汝詈汝則信之**此其不聽中正之君有人誑惑之言小人怨懟詛詈汝則信受之○此厥不聽四句今文無徵○此厥不聽者皮云石經於上文作不聖此亦當同不聖者不容也

下云不寬綽厥心亂罰無罪殺無辜正不容之義人乃或譸張爲幻曰小人怨汝詈汝者說並具上信之謂聽讒言**則若時不永念厥辟不寬綽厥心**則如是信讒者不長念其爲君之道不寬緩其心言含怒○則若時三句今文無徵○則若時云云者釋詁辟罪也言如是信讒而不長以己之罪過爲念與四王引過歸己相反不寬綽厥心句起下文釋言寬綽也寬綽連文同義**亂罰無罪殺無辜怨有同是叢于厥身**信讒含怒罰殺無罪則天下同怨讎之叢聚於其身○亂罰無罪殺無辜三句今文無徵○亂罰無罪云云者言妄行殺罰民心同怨聚於其身國亦傾敗矣說文叢聚也

周公曰嗚呼嗣王其監于茲視此亂罰之禍以爲戒○周公曰嗚呼嗣王其監于茲古文也今文嗚呼作於戲無其字○今文云云者石經殘碑作上闕公曰於戲嗣王監于茲

清長沙王氏本尚書孔傳參正

第四册

清 王先謙撰

天津圖書館藏清光緒三十年長沙王氏虚受堂刻本

山東人民出版社·濟南

尚書　孔傳參正二十五

君奭第十八

周書　孔氏傳　王先謙參正

君奭尊之曰君奭名周同姓也陳古以告之故以名篇○書序召公爲保周公爲師相成王爲左右召公不說周公作君奭未明言所以不說之故史記燕世家其在成王時召公爲三公自陝以西召公主之自陝以東周公主之成王既幼周公攝政當國踐阼召公疑之作君奭君奭不說周公周公乃稱湯時有伊尹云云於是召公乃說據此召公不說在周公攝政踐阼之時漢書孫寶傳周公上聖召公大賢尚猶有不相說著於經典兩不相損王莽傳羣臣奏言臣聞周成王幼少周道未成成王不能共事天地修文武之烈周公權而居攝則周道成王室安不居攝則恐周隊失天命書曰我嗣事子孫大不克共上下遏失前人光在家不知命不易天應棐諶乃亡隊命說曰周公服天子之冕南面而朝羣臣發號施令常稱王命召公賢人不知聖人之意故不說也又引禮明堂位云周公朝諸侯於明堂天子負斧依南面而立謂周公踐天子位六年朝諸侯制禮作樂而天下大服也召公不說時武王崩縗麤未除由是言之周公始攝則居天子之位非乃六年而踐阼也後漢申屠剛傳剛對策曰臣聞成王幼少周公攝政聽言下賢均權布寵無舊無新惟仁是親動順天地舉措不失然近則召公不說遠則四國流言是西漢今文家皆以周公作君奭在攝政

當國時與史記合孫云李賢申屠剛傳注言周公既還政成王宜其自退今復爲相故不說也君奭編篇在多士之後疑非踐阼時矣皮云孫說非也列子楊朱篇武王既終成王幼弱周公攝天子之政召公不說四國流言列子六國時人與史公說同是今文說遠有所本嵇康管蔡論云周公居攝召公不說嵇生三國時今文尚書猶存故得引其說伏生傳尚書二十九篇次序先後不盡可攷今之書序出於馬鄭乃古文說史記所載書序與今本書序多異乃今文說史公既以作君奭在踐阼之時則其所據今文篇次必與馬鄭不同不得據馬鄭書序編篇在多士之後以駁今文也李賢之注顯與申屠背違豈足依據郎孫寶以明經爲郡吏亦非治古文者其所引經與當是今文博士說與申屠策羣臣奏不異王鳴盛乃引孫寶說謂與馬鄭合陳喬樅又引鄭注謂與孫寶傳所言略同豈知西漢人自據今文以爲攝政之初馬鄭自據古文以爲反政之後郎不敢駁馬鄭聽其各自爲說可矣何必牽引西漢文書說以强合於馬鄭使今古文糾紛莫辨哉先謙案皮說是也周公踐阼本聖人之權道召公不知其心而疑之大傳云周公盛養成王使召公奭爲傳則在京師之時必多篇末云往敬用治者蓋召公分陝始出巡行故周公於其往時特作是篇以誠相告紬繹篇中語意若如古文說在反政後不合之處甚多仍當以今文說爲正

周公若曰君奭順古道呼其名而告之○周公若曰君奭今文無徵○周公若曰君奭者君是尊稱猶爾雅所稱后辟召公爲三公故稱曰君也周書克殷解召公奭贊采知奭是召公名也說文云奭从大从皕皕亦聲此鄰召公名白虎通不臣篇

召公文王子也論衡氣壽篇以召公爲周公之兄穀梁莊三十年傳燕周之分子也惠注分子猶別子禮大傳別子爲祖注別子爲公子然則繼體者爲世子別於世子者爲別子則召公其文王長庶與皮云史記云召公奭與周同姓漢書人表亦云周同姓不以爲文王子與白虎通論衡不同蓋亦三家說異

弗弔天降喪于殷殷既墜厥命我有周既受言殷道不至故天下喪亡於殷殷已墜失其王命我有周道至已受之○弗弔天降喪于殷三句今文無徵○弗弔天降喪于殷云云者弗弔天猶言不善之天說詳多士

我不敢知曰厥基永孚于休若天棐忱廢興之跡亦君所知言殷家其始長信於美道順天輔誠所以國也○我不敢知曰三句今文無徵○我不敢知曰云云者釋詁基始也孚信也言天心難測我不敢知曰其始長信於休慶順天而天輔其誠也書疏云言與君奭同知舉殷興亡爲戒鄭元亦然以爲公不敢獨知也先謙案我不敢知曰與召誥同以爲公自言不敢知文義亦順據下文天應棐諶天不可信二語與此兩不敢知相應且上言我有周既受而以此爲舉殷興亡理似未合鄭意終出不祥之語在成王即政後不宜有此耳若如今文說作君奭在居攝時武王既喪成王尚幼周公地處危疑羣情猜貳向疑而不說之召公傾吐誠悃欲其顧念天威同心匡輔則此言並非不倫右古文者更審之

我亦不敢知曰其終出于不祥言殷紂其終墜厥命以出於不善之故亦君所知○我亦不敢知曰今文無徵其終出於不祥古文也今文作其道出於不詳○今文云云者石經殘碑作上闕道出于不祥言天道幽遠不

能究知惟人君自盡其職而已馮登府云詳祥通用經子甚多左成十六年傳德刑祥義禮信疏祥詳古字同單行本釋文云終馬本作崇云充也詩傳崇終也崇充釋詁文充滿周備兼有終義

嗚呼君已曰時我我亦不敢寍于上帝命

歎而言曰君也當是我之畱我亦不敢安于上帝之命故不敢不畱○嗚呼君已曰時我古文也今文嗚呼作於戲我亦不敢寍于上帝命今文無徵○嗚呼作於戲者石經殘碑作於戲君闕曰時我者時是也言我攝位君既曰以我爲是矣我亦不敢寍于上帝命者不敢以天命爲可安恃也

弗永遠念天威越我民罔尤違

言君不長遠念天之威而勸化於我民使無過違之闕○弗永遠念天威二句今文無徵○弗永遠念天威者承上文言之謂不敢恃天命而不長遠畏念天威也越我民罔尤違者江云越當爲曰聲之誤也言前王雖棄天下而我民尚無愆尤違背者此自有故

惟人在我後嗣子孫大弗克恭上下遏佚前人光在家不知

惟眾人共存在我後嗣子孫若大不能恭承天地絕失先王光大之道我老在家則不得知○惟人在今文無徵我後嗣子孫大弗克恭上下遏佚前人光在家不知古文也今文後嗣作嗣事弗作不佚作失今古文恭作共○惟人在者言民無尤違惟以朝廷有人在耳江云王莽傳引下文不聯引惟人在知漢人在字讀絕不當如僞孔說後嗣作嗣事云者王莽傳羣臣奏引經作我嗣事子孫大不克共上下遏失前人光在家不知釋嗣事子孫爲成王共上下爲共事天地前光爲文武之烈不居攝爲在家引見此今文說傳又云遭孺子幼少未

能共上下白虎通以太誓上天下地爲上下是其義也詩傳遏止也佚同失言成王幼尚不能共奉天地恐絶失文武之光烈我若退位在家亦不得知今古文恭作共者莽傳可證段云衞包改共爲恭**天命不易天難諶乃其墜命**

弗克經歷天命不易天難信無德者乃其墜失王命不能經久歷遠不可不愼○天命不易天難諶乃其墜命古文也今文作命不易天天應棐諶乃亡隊命弗克經歷今文無徵○今文云云者王莽傳如此釋詁應當也諶信也江云命之吉凶不變易也天意當輔至誠乃若不爲天所輔而亡隊其命則不能經歷久遠矣先謙案下文言天不可信此不當又言天難諶今文作天應棐有諶義長釋詁經常也歷謂歷年召誥云夏殷服天命惟有歷年與此文亡隊天命不克常有歷年義正相反**嗣前人恭**

明德在今予小子旦繼先王之大業恭奉其明德正在今我小子旦言異於餘臣○嗣前人恭明德在今三句今文無徵○嗣前人云云者江云繼嗣前人恭承其明德在于今也予小子旦下屬段云傳恭訓奉當是共衞包改正**非克**

有正迪惟前人光施于我沖子我留非能有改正但欲蹈行先王光大之道施正於我童子童子成王○非克有正三句今文無徵○非克有正云云者言予小子旦非能有所改正惟道揚前人光烈施及我沖子而已禮曲禮天子未除喪曰予小子周公攝天子位在武王新喪時故自稱予小子若在反政之後周公不應有此稱釋詁迪道也施讀如詩葛覃施于中谷之施延也陳云周公以成王爲沖子正幼少之時若在復辟後則成王年逾二十早有成人之道豈得稱爲沖子尚書篇次

不無錯出未可以君奭編次在雜誥多士後遂以爲作於致政後也**又曰天不可信我道惟寧王德延**無德去之是天不可信故我以道惟安寧王之德謀欲延久○又曰三句今文無徵○又曰天不可信者書疏引鄭云又曰周公稱人之言也案經意言人又曰天不可信與上天應棐諶相對爲文公葢謂無論天之可信不可信惟盡其在我以答天心而已我道惟寧王德延者單行本釋文云道馬本作迪書疏云言寧王者卽文王也鄭同先謙案據大誥洛誥寧王兼稱文武此亦兼文武言之總謂安天下之王耳謂天不可信我亦惟道揚寧王之德使延長也**天不庸釋于文王受命**言天不用令釋廢於文王所受命故我留佐成王○天不庸釋于文王受命今文無徵○天不庸釋于文王受命者說文捨釋也釋亦爲捨轉相訓言天眷文王誕受厥命我能道而延之則天亦不用釋捨之矣多方云非天庸釋有夏非天庸釋有殷與此庸釋義同

公曰君奭我聞在昔成湯既受命已放桀受命爲天子○公曰君奭四句今文無徵**時則有若伊尹格于皇天**伊摯佐湯功至大天謂致太平○時則有若伊尹格于皇天今文與古文同格一作假○今文同者論衡感類篇伊尹相湯伐夏爲民興利除害致天下太平湯死復相太甲太甲佚豫放之桐宮攝政三年乃退復位周公曰伊尹格于皇天天所宜彰也孔彪碑伊尹之休格于皇天三國志潘勖作策命魏公曰伊尹格于皇天一作假者燕世家周公乃稱湯時有伊尹假于皇天王莽傳伊尹爲阿衡周公爲太宰又曰咸有聖德假于皇天蔡邕文烈侯楊公碑勛假皇天皆用經文史

記集解引鄭云皇天北極大帝也月令鄭注皇天北辰耀魄寶也商人祖契而宗湯則湯配五帝於明堂也案格于皇天者謂湯得伊尹輔佐成功升配於天也**在太甲時則有若保衡**太甲繼湯時則有如此伊尹爲保衡言天下所取安所取平○在太甲二句今文無僞傳用鄭說○今文無者燕世家無此句或今文本無或史公消文疑不能明書疏及詩蕩疏引鄭云伊尹名摯湯以爲阿衡阿倚衡平也伊尹湯所倚而取平以尹天下故曰伊尹至太甲改曰保衡保安也言天下所取安所取平阿衡保衡此皆三公之官當時爲之號也陳云大傳云古者天子三公注坐而論道謂之三公通職名無正官名然則阿衡保衡皆三公之號所謂職名者非正官名也鄭注本今文家說春秋繁露三代改制質文篇湯受命變夏作殷作宮於洛陽名相官曰尹說文伊下云殷聖人阿衡尹治天下者从人从尹俞樾云阿保一也阿郎娶之假字說文娶女師也讀若阿史記范雎傳不離阿保之手列女傳貞順篇下堂必從傅母保阿並阿保連文知阿猶保也伊尹爲太保故云保衡保衡猶保奭也詩謂之阿衡書謂之保衡阿保字異而義同皮云廣韻通志引風俗通云阿氏阿衡伊尹號其後氏焉衡氏伊尹爲湯阿衡子孫以衡爲氏說與鄭合**在太戊**太甲之孫○在太戊今文與古文同○今文同者燕世家如此**時則有若伊陟臣扈格于上帝巫咸乂王家**伊陟臣扈率伊尹之職使其君不隕祖業故至天之功不隕巫咸治王家言不及二臣○時則有若伊陟臣扈三句今文與古文同格一作假○格作假者燕世家作時則有若伊陟臣扈假于上帝巫咸治王家乂治故訓字集解引

鄭云上帝太微中其所統也伊陟伊尹之子又引馬云道至于上帝謂奉天時也咸乂序釋文引馬云巫男巫也名咸殷之神巫也殷本紀帝太戊立伊陟爲相亳有祥桑穀共生于朝一暮大拱帝太戊懼問伊陟伊陟曰臣聞妖不勝德帝之政其有闕與帝其修德太戊從之而祥桑枯死而去伊陟贊言於巫咸巫咸治王家有成作咸艾作太戊帝太戊贊伊陟於廟言弗臣伊陟讓作原命商書有夏社疑至臣扈三篇同序列湯誓後臣扈湯臣疑不逮事大戊或臣扈二字在伊尹下誤移於此封禪書伊陟贊巫咸巫咸之興自此始論衡言毒篇巫咸能以祝延人之疾愈人之禍者楚詞王逸注巫咸古神巫也後漢張衡傳咎單巫咸實守王家白虎通姓名篇于民臣亦得以甲乙生日名子何不使亦不止也以尚書道殷臣有巫咸有祖乙也王引之云巫咸今文蓋作巫戊白虎通用今文尚書故與古文不同後人但知古文之作咸而不知今文之作戊故改戊爲咸耳不然咸非十日之名何白虎通引爲生日名子之證乎案王說甚有理而史記諸書皆作咸蓋三家文不同古今人表亦作巫咸與白虎通說不合鄭云太微中其所統者謂太微天庭中蒼赤黃白黑五帝座也**在祖乙時則有若巫賢**祖乙殷家亦祖其功時賢臣有如此巫賢賢咸子巫氏○在祖乙時則有若巫賢今文與古文同○今文同者燕世家如此殷本紀帝祖乙立殷復興巫賢任職據殷紀推之祖乙是太戊孫**在武丁時則有若甘盤**高宗卽位甘盤佐之後有傅說○在武丁時則有若甘盤今文與古文同盤一作般○盤作般者燕世家如此古今人表作甘盤與傅說並列**率惟茲有陳保乂有殷故殷禮**

陟配天多歷年所之言伊尹至甘盤六臣佐其君循惟此道有陳列多歷年所○率惟茲有陳保乂有殷今文與古文同故殷禮陟配天多歷年所今文無徵集解引王肅云循此數臣有陳列之功安治有殷也與傳文合此乂僞傳出肅之一證也○臣有陳列者燕世家作率維茲有陳保乂有殷惟作維今古文之異凡經作乂史記作治以訓詁代此作乂蓋淺人改之孫云率同聿文選注引薛君章句云聿辭也漢書哀紀李斐注陳道也言惟此有道之臣安治有殷故殷禮陟配天多歷年所者江云祀禮升配乎天歷年長以久禮祭法殷人禘嚳而郊冥祖偰而宗湯鄭注禘郊祖宗謂祭祀配食也左宣三年傳商祀六百俞樾云夏殷之君死則稱帝史記夏殷本紀無不稱帝者載禮曲禮措之廟立之主曰帝鄭注同之天神然則殷禮陟配天者謂殷人之禮死則配天而稱帝也言殷有賢臣爲輔故殷君無失德死則配天稱帝其子孫享國長久也

天惟純佑命則商實百姓殷禮配天惟天大佑助其王命使商家百姓豐實皆知禮節○天惟純佑古文也今文純作醇命則商今文無徵實百姓下屬○今文純作醇者古文苑漢樊毅修西嶽廟碑天惟醇佑萬國以康明今文於佑字絕句左隱元年傳注純猶篤也廣雅釋詁醇厚也篤厚同義命則商者釋詁則法也天厚助商故命四方惟商是則罔敢違背經殷商並稱如此及多士之商王士多方之商後王皆是

王人罔不秉德明恤小臣屏侯甸自湯至武丁其王人無不持德立業明憂其小臣使得其人以爲蕃屏侯甸之服小臣且憂得人則大臣可知○實百姓王人三句今文無徵

○實百姓王人罔不秉德明恤者釋詁實是也荀子王制注是此也○江云百姓百姓異姓之臣詩傳百姓百官族姓也則百姓非王同族王人對百姓言知是王之族人同姓之臣也言此百姓及王人無不秉持其德明憂恤其政事小臣屏侯甸者下至小臣外至爲屏藩於侯甸之服者也先言小臣後言屏侯甸者由內達外如康誥言越厥小臣外正之比**矧咸奔走惟茲惟德稱用乂厥辟**王猶秉德憂臣況臣下得不皆奔走惟王此事惟有德者舉用治其君事○矧咸奔走三句今文無徵○矧咸奔走云云者矧說文作矤詞也言皆效奔走服從王事釋詁艾相辟君也惟此羣臣各以其德見稱以相其君**故一人有事于四方若卜筮罔不是孚**一人天子也君臣務德故有事於四方而天下化服如卜筮無不是而信之○故一人有事于四方若卜筮罔不是孚古文也今文作迪一人使四方若卜筮○故一人有事于四方云云者言天子有事於四方奉行之如卜一筮無不是之無不信之今文云云者文選四子講德論云書曰迪一人使四方若卜筮段云此今文也事使二字篆體相似李注引尚書曰迪一人有事四方若卜筮無不是孚孔安國曰迪道也孚信也今孔本經文又與李善所據不同傳文又無迪道也六字**公曰君奭天壽平格保乂有殷有殷嗣天滅威**言天壽有平至之君故安治有殷有殷嗣子紂不能平至天滅亡加之以威○公曰五句今文無徵○公曰君奭云云者書疏引鄭云格謂至于天也專言臣事案平格謂平天下之功至于天上文所謂格于皇天格于上帝也天於諸賢臣與之以年壽以保乂有殷可謂純

佑矣至有殷之嗣紂而天滅之威之命不于常若此**今汝永念則有固命厥亂明我新造邦**今汝長念平至者安治反是者滅亡以為法戒則有堅固王命其治理足以明我新成國矣○今汝永念三句今文無徵邦當為國○今汝永念云云者言汝長念此天命之無常則有以堅定我命其治足以光明我新造之國矣晉語韋注固定也

公曰君奭在昔上帝割申勸寍王之德其集大命于厥躬在昔上天割制其義重勸文王之德故能成其大命於其身謂勤德以受命○公曰君奭在昔上帝割申勸寍王之德其集大命于厥躬古文也今文在昔作昔在割申作厥亂○今文云云者禮緇衣引君奭曰昔在上帝周田觀文王之德其集大命于厥躬鄭注古文周田觀文王之德為割申勸寍王之德今博士讀為厥亂勸寍王之德段云傳是樓所藏宋本禮記岳珂所謂舊監本也作厥亂勸寍王德無之字三者皆異古文似近之割之言蓋也言文王有誠信之德天蓋申勸之集大命于其身段云今本在昔宋本昔在疏云往昔之時在上天則宜從昔在今博士讀者謂夏侯歐陽尚書也讀猶習也謂博士所習此於讀字逗與他注言讀為者不同不云今文尚書而云今博士讀者漢時謂伏生本為尚書謂孔壁本為古文尚書無今文之名目也又云集韻十四太创居太切制也書创申勸寍王之德鄭康成讀案鄭注緇衣割之言蓋然則蓋是詞助集韻謂割有居太切鄭康成讀則可易割為创訓斷制則入太韻而云鄭康成讀則不可此创字惟宋次道古文尚書及汗簡乃有之又集韻十二曷割古作伧案伧乃伺之偽伺即太韻之创字从人亡人亡者匄字也太韻作创形亦誤王應麟藝文志

攷說漢世諸儒所引異字有刱申勸寍王之德案此句見集韻非漢儒所引也古字割害通用如堯典方割割害也大誥降割馬本作害害與周篆體略相似此古文作害緇衣作周所由來若作刱則與周絕遠此宋次道古文尚書之不可信也皮云鄭從古文故以古文爲近然割申勸三字義不可通鄭讀割爲蓋尚書二十九篇無用蓋字爲語詞者則鄭說亦未可據當從今博士讀爲厥亂勸厥亂二字與上文厥亂明我新造邦義同王引之云率詞也字通作亂梓材厥亂爲民論衡效力篇引作厥率化民亂者率之借字厥亂勸寍王德者厥率勸寍王德也先謙案江云釋言蓋割裂也蓋割同訓然鄭意實不如此厥亂勸寍王之德當依本義釋之亂之言治與上文厥亂訓同文王三分有二以服事殷無得天下之心故周公上推天意以勸爲詞言昔在上天其欲治之意若勸文王之至德而集大命於其身使之王天下也說似較圓

惟文王尚克修和我有夏亦惟有若虢叔有若閎夭

文王庶幾能修政化以和我所有諸夏亦惟賢臣之助爲治有如此虢虢國叔字文王弟閎閎氏夭名○惟文王三句今文無徵○惟文王云云者言文王尚能修治安和我中夏以有五臣爲之輔也虢叔者左僖五年傳虢仲虢叔王季之穆也爲文王卿士勳在王室晉語云文王敬友二虢其卽位也咨于二虢白虎通辟雍篇周公師虢叔漢書人表虢中虢叔列第三格地理志右扶風虢縣西虢也虢叔所封後滅於晉河南郡滎陽縣應劭注故虢今虢亭東虢也虢仲所封閎夭者晉語又云文王卽位度于閎夭人表閎夭列第二格餘見下

有若散宜生有若泰顛有若南宮括

散泰

南宮皆氏宜生顛括皆名凡五臣佐文王爲胥附奔走先後禦侮之任○有若散宜生三句今文無徵江云大戴禮帝系篇堯取于散宜氏之子則散宜爲氏僞傳誤佐文王云云用鄭說○有若散宜生云云者書疏及詩緜疏引鄭云詩傳說有疏附奔走先後禦侮之人而曰文王有四臣以受命此之謂也不及呂望者太師也教文王以大德周公謙不敢自比焉先謙案今毛詩箋不載蓋韓魯詩說也大傳云散宜生南宮括閎夭三子相與學訟於太公遂與三子見文王於羑里獻寶以免文王又云文王以閎夭太公望南宮括散宜生爲四友又云周文王胥附奔輳先後禦侮謂之四鄰以免於羑里之害楚詞離騷忽奔走以先後兮王逸注奔走先後四輔之職詩曰予聿有奔走予聿有先後此之謂也或以此經有太顛無太公大傳言四鄰四友有太公無太顛遂疑太顛即太公人表並列太顛與師尙父宋吳仁傑直以爲誤然文王佐命太公周召皆在其內公作君奭時太公尙在疑公數五人但舉既沒者爲言二號俱賢有叔無仲亦因仲存而叔沒且太公漁釣渭陽而遇西伯見齊世家尙書中候雒師謀墨子尙賢篇文王舉閎夭泰顛于罝網之中授之政詩周南兔罝正詠其事是太公太顛二人之見文王操業各異載籍可徵不容溷合爲一也齊世家又云或曰呂尙隱海濱西伯拘羑里散宜生閎夭素知而招呂尙三人爲西伯求美女奇物獻紂西伯得以出言呂尙所以事周雖異然要之爲文武師周本紀文王禮下賢者太顛閎夭散宜生鬻子辛甲大夫之徒皆往歸之紂囚西伯閎夭之徒患之求美女獻紂紂赦西伯淮南道應訓同後漢延篤傳所謂文王牖里閎散懷金也墨子非攻篇天命周文王伐殷有國泰顛來賓說苑君道篇文王

以武王周公爲子以泰顛閎夭爲臣晉語文王卽位謀于南宮人表泰顛閎夭散宜生南宮适列第二格括作适亦云卽論語之伯适單行本釋文云南宮馬本作南君太公爲四友見大傳泰顛又在四臣之列出鄭引詩說或二人先後任此職傳說錯舉之

曰無能往來茲迪彝教文王蔑德降于國人有五賢臣猶曰其少無所能往來而五人以此道法教文王以精微之德下政令於國人言雖聖人亦須良佐○無能往來今文文與古文同無一作亡又曰茲迪彝教二句今文無徵○又曰無能往來云云者風俗通十反篇杜密曰劉勝位故大夫見禮上賓俯伏甚於鼇蜩冷溜比於寒蜒無能往來此罪人也又曰若能納而不能出能言而不能行講誦而已無能往來此俗儒也無一作亡者漢書朱雲傳雲疏言丞相韋元成容身保位亡能往來李奇注不能有所前卻孫云前卻謂進退也無能往來無能進賢退不肖書疏引鄭云蔑小也言無能以文王緒餘之小德教國人明大德非國人所企及也江云周書祭公解追學于文武之蔑孔鼂注言已追學文武之微德言此五臣又自謂无能往來言其自視若不足也由此爲文王道其常教故文王精微之德下及於國人先謙案諸說未諦據杜朱說可以推漢人無能往來之義往來猶往復主陳言說劉勝無能往來謂不能往復諫諍韋元成容身保位亡能往來其義亦同至杜論俗儒分爲三事能納不能出有聽無難也能言不能行多華鮮實也講誦而已無能往來不能往復辨論故皆謂之俗儒李奇訓往來爲前卻孫以進賢退不肖實之以之說劉韋猶可以之說俗儒則非矣又曰者詩卷耳疏言又者繫前之詞也亡能往來茲迪彝教爲一句貫下周

公承上文復言此五人者若事上無能往來陳言及治民道以典
常之教則文王亡德降于國人矣甚言有君無臣之不可也論語
亡之命矣夫漢書楚元王傳作蔑之命矣
夫易剝虞注蔑亡也是亡蔑通用之證
亦惟純佑秉德迪知天
威乃惟時昭文王文王亦如殷家惟天所大佑文王亦秉德蹈知
天威乃惟是五人明文王之德○亦惟純佑古
文也今文純作醇秉德迪知天威乃惟時昭今文無徵文王下屬
○今文純作醇者以上文天惟純佑例之當然承上故言亦也言
茲五臣秉執明德進知皇天威命所屬共輔文王乃惟是名益昭
顯江云文王之德不待五臣而昭以下文推之當於昭字絕句今
從
之
迪見冒聞于上帝惟時受有殷命哉言能明文王德蹈行顯見
覆冒下民彰聞上天惟是見
故受有殷之王命○冒聞于上帝古文也今文冒作勖文王迪見
惟時受有殷命哉今文無徵○文王迪見者孫云迪用也見牧誓
疏見猶顯也文王迪見猶言文王用顯文之德光於四方有五臣
而愈顯所謂君臣相得益章也今文冒作勖者崔瑗侍中箴昔在
周文創德西鄰勖聞上帝賴茲四臣瑗用詩緜疏文王四臣之說
釋文冒馬作勖勉也是馬本與今文同皮云論衡引康誥亦以冒
聞于上帝爲句疑古勖冒一字冒乃上進之義不當如馬訓勉段
云勖今音許玉切古音勖冒皆音懋懋勖冒並通是以顧命冒貢
馬鄭作勖贛般庚懋建今文尚書作勖建也
惟時受有殷命哉者言五臣之有益於國家也
武王惟茲四人尚迪
有祿文王沒武王立惟此四人庶幾輔相武王蹈有天祿虢叔先
死故曰四人○武王惟茲四人尚迪有祿今文無徵○武王

惟茲四人尙迪有祿者書疏引鄭云至武王時虢叔等有死者餘四人也皮云古者稱死曰不祿曰無祿則生者爲有祿云四人尙迪有祿則有二人無祿先死可知周紀武王克紂其明日除道修社散宜生太顚閎夭皆執劍以衞武王命南宮括散鹿臺之財發鉅橋之粟以賑貧弱萌隸五人獨不見虢叔是虢叔先死之證迪有祿者謂進於有祿**後暨武王誕將天威咸劉厥敵**言此四人後與武王皆殺其敵謂誅紂○後暨武王三句今文無徵○後暨武王云云者釋詁暨與也劉克也殺也說文鐂殺也徐鍇云說文無劉字偏旁有之此即劉字也从金从丣刀字屈曲傳寫誤作田耳周書世俘解武王遂征四方凡憝國九十有九國故云咸劉厥敵也**惟茲四人昭武王惟冒丕單稱德**惟此四人明武王之德使布冒天下大盡舉行其德○武王惟冒古文也今文冒作昭惟茲四人昭丕單稱德今文無徵○惟茲四人昭者與上文乃惟時昭同一句例言咸劉厥敵之功惟茲四人名甚昭著也今文冒作昭者說文昭低目視也从目冒聲周書曰武王惟昭陳云昭字之訓疑據今文說僞孔作冒據王肅本肅所注即馬鄭古文本釋文於冒字不言馬鄭文異僞傳訓冒爲布冒天下孔疏亦不言馬鄭義異則昭字出今文尙書可知矣丕單稱德者丕詞也詩箋單盡也稱與偁同舉也言武王下視羣臣惟盡稱舉四人之德**今在予小子旦若游大川予往暨汝奭共濟小子同未在位誕無我責**我新還政今任重在我小子旦不能同於四方若游大川我往與汝奭其共濟渡成王同於未在位即政時汝大無非責我留○今

在予小子旦五句今文無徵○今在予小子旦云云者言今日之任在予小子旦矣若游大川者詩谷風就其淺矣泳之游之辟若大川則非可游而渡予惟往與汝奭同濟庶無沈溺之患子小子雖在位與未在位者同予大無以居攝責我則幸矣皮云今文家以爲周公踐阼時作則小子是公自稱召公以公攝王恐有兄終弟及之事故公言同未在位以釋召公之疑解者誤以此篇爲返政時作而周公稱子小子遂失其義又以下小子當屬成王不知一簡中兩小子不應前後異義且成王在位而謂其同於未在位似有鞅鞅非少主臣之意非所以爲周公由馬鄭古文家不知周公作書在攝政時故說解多謬宜其爲後人攻駁也**收罔勖不及耇造德不降我則鳴鳥不聞矧曰其有能格**今與汝留輔成王欲收教無自勉不及道義者立此化而老成德不降意爲之我周則鳴鳳不得聞況曰其有能格于皇天乎○收罔勖不及四句今文無徵古文不聞一作弗聞○不一作弗者三國管寧傳明帝下詔曰夫以姬公之聖而耇德不降則鳴鳥弗聞裴注尚書君奭曰耇造德不降我則鳴鳥不聞矧曰其有能格鄭元曰耇老也造成也詩曰小子有造老成有德之人不降志於我並位則鳴鳥之聲不得聞況乃曰能有德格于天者乎言必無也鳴鳥謂鳳也單行本釋文引馬云鳴鳥謂鳳皇也陳云周公作君奭以鳳至期召公其能果致此祥尚書中候擿雒戒云曰若稽古周公旦欽惟皇天順踐阼即攝七年鸞鳳見然則鳳鳥之至卷阿之作皆攝政七年事也先謙案周語周之興也鸑鷟鳴于岐山注鸑鷟鸞鳳之別名後漢賈逵傳武王終父之業鸑鷟在岐皆周公所夙聞也收罔勖不及云云者

說文斂收也收亦爲斂互相訓言我今日若斂退去位而不勉其所不及君以老成之德而不降志我則不復聞在岐之鳴鳥矣況云其或能如殷賢臣之格於　皇天格於上帝乎有或古字通**公曰嗚呼君肆其監于茲我受命無彊惟休亦大惟艱**以朝臣無能立功至天故其當視於此我周受命無窮惟美亦大惟艱難不可輕忽謂之易治○公曰嗚呼五句今文無徵○公曰嗚呼云云者肆今也言君今其監於此我周受命固無竟之慶然亦大惟艱難天命信不易也**告君乃猷裕我不以後人迷**告君汝謀寬饒之道我留與汝輔王不用後人迷惑故欲斂之○告君乃猷裕我三句今文無徵○告君乃猷裕我不以後人迷者書疏引鄭云召公不說似監急故令謀於寬裕也先謙案方言裕猷道也東齊曰裕或曰猷康誥乃由裕民由與猷同由裕民謂道民也乃猷裕我與乃猷裕民同一句例告君乃猷裕我者我以誠告君君亦當道告我也不以後人迷者言我不得已之苦心君尚疑焉何論後人幸君察之不至以後人共相迷惑也**公曰前人敷乃心乃悉命汝作汝民極**以前人文武布其乃心為法度乃悉以命汝矣為汝民立中正矣○公曰四句今文無徵○公曰前人敷乃心云云者前人謂武王述其遺命如此也江云周公召公蓋並受武王顧命輔成王先謙案公言前人敷布乃心乃盡以命汝為汝庶民之極使庶民有所取則付託甚重**曰汝明勖偶王在亶乘茲大命**汝以前人法度明勉配王在於成信行此大命而已○曰汝明勖三句今文無徵○曰汝明勖云云者明與孟通勖勉也

此經之明訓與爾雅孟勉義同釋詁亶誠也江云偶王者序云二公相成王爲左右是二人偶俱侍王先謙案淮南氾論注乘加也公言武王命曰汝當孟勉與我偶俱侍王惟在誠信不相疑貳此武王之大命實加於汝與我之身

惟文王德丕承無疆之恤惟文王聖德爲之子孫無忝厥祖大承無窮之憂○惟文王德丕承無疆之恤今文無徵○惟文王德丕承云云者孟子引書曰丕顯哉文王謨丕承哉武王烈是武王能承文王之德也言既奉武王之命卽惟文王之德是承始可以繼武王烈任大責重如此眞無竟之憂也我實與汝共之

公曰君告汝朕允告汝以我之誠信也○公曰君告汝朕允今文無徵○公曰云云者釋詁允誠也

保奭其汝克敬以予監于殷喪大否呼其官而名之勑使能敬以我言視於殷喪亡大否言其大不可不戒○保奭三句今文無徵○保奭云云者序云召公爲保兪樾云保奭猶保衡是也鄉射禮鄭注以猶與也易天地交爲泰天地不交而萬物不通爲否殷之末世天地閉塞是大否也言汝惟能敬與予觀於殷喪亡之大否引以爲鑒段云釋文否方九反當是本作不方九反薛季宣作亟卽其不字也

肆念我天威予不允惟若茲誥予惟曰襄我二人以殷喪大故當念我天德可畏言命無常我不信惟若此誥我惟曰當因我文武之道而行之○肆念我天威三句今文無徵○肆念我天威云云者詩傳肆長也言命不于常我天之威甚可畏汝當長以爲念上云我不敢寍于上帝命弗永遠念天威故欲召公同念之不允允也詩經多此例上云告汝朕允故知此不允爲允言

予之誠心惟若此誥予惟曰在我二人成之左傳杜注襄成也汝有合哉言曰在時二人天休滋
至惟時二人弗戡言汝行事動當有所合哉發言常在是文武則天美周家日益至矣惟是文武不勝受言多福
○汝有合哉五句今文無徵○汝有合哉者我所言當於汝心有合哉言日在時二人云云者釋詁戡勝也孫云言者日在是二人
致天休美益至惟是我二人弗敢勝段云汲古本監本滋作茲說文茲下云艸木多益滋下云益也常棣召旻傳況茲也國語韋注
況益也然則茲滋古通用其汝克敬德明我俊民在讓後人于丕時其汝能敬行德明我
賢人在禮讓則後代將於此道大且是○其汝克敬德三句今文無徵○其汝克敬德云云者明顯也在察也俊民才過千人也于
丕時者丕詞也于時猶於是與堯典女于時同義倒裝文法言汝克敬厥德登顯我民之俊者於是察而讓之後人此時則未可也
蓋因召公退讓而爲此言嗚呼篤棐時二人我式克至于今日休言我厚輔是文武之道而
行之或用能至于今日其政美○嗚呼三句今文無徵○嗚呼篤棐時二人云云者篤厚棐輔式用也言厚輔周室是我二人同心
同德我用能至於今日之休美我咸成文王功于不怠丕冒海隅出日罔不率俾
今我周家皆成文王功于不懈怠則德教大覆冒海隅日所出之地無不循化而使之○我咸成文王功于不怠二句今文無徵罔
不率俾古文也今文罔作莫○我咸成文王功于不怠者上文襄我二人襄之言成也言我所願成者我偏成文王功於不懈怠○

不冒海隅出日云云者魏志武帝紀注引鄭云率循也俾使也四海之隅日出所照無不循度而可使也海隅日出分二義總言疆界之廣今文罔作莫者漢書武帝紀云莫不率俾顔注言皆循其職貢而可使也釋言俾職也**公曰君予不惠若茲多誥予惟用閔于天越民**行我不順若此多誥而已欲使汝念躬民○公曰君五句今文無徵○公曰君云云者江云漢書昌邑王傳清狂不惠蘇林注心不慧惠與慧通穀梁僖二年傳達心則其言略達心卽智慧周公謙言予不慧故言煩也詩閔予小子箋閔悼傷之言也釋詞越猶及也言予惟以閔傷天命及民心之不常故多言若此**公曰嗚呼君惟乃知民德亦罔不能厥初惟其終**惟汝所知民德亦無不能其初鮮能有終惟其終則惟君子戒召公以愼終○公曰六句今文無徵○公曰嗚呼君云云者書疏引鄭云召公是時意不說周公恐其復不說故依違託言民德以剴切之詩靡不有初鮮克有終本勉召公而云凡民之德是託言**祗若茲往敬用治**當敬順我此言自今以往敬用治民職事○祗若茲往敬用治今文無徵○祗若茲者江云言我所誥如此而已祗有敬義下言敬則此不當作敬解易無祗悔馬注祗詞也往敬用治者用以也孫云往謂述職治自陝以西也白虎通巡守篇傳云周公入爲三公出爲二伯中分天下出黜陟詩曰周公東征四國是皇言東征述職又曰蔽芾甘棠勿翦勿伐召伯所茇言邵公述職親稅舍於野棠之下也先謙案孟子云諸侯朝天子述所職曰述職周召爲二伯入則述職出則巡行周公攝王召公爲保傅必

常在成王左右此時葢以分陜後巡行布政故周公勉以往敬用
治又其心不說周公居攝公葢微窺見之故開布誠悃反覆周詳
使召公坦然無疑得以同德
宣力聖人之明誠兼至如此

蔡仲之命第十九

周書　孔氏傳　王先謙參正

蔡仲之命蔡國名仲字因以名篇○此梅氏古文之二十書序蔡叔既沒王命蔡仲踐諸侯位作蔡仲之命說詳下文

惟周公位冢宰正百工百官總己以聽冢宰謂武王崩時○惠云左定四年傳祝佗曰周公爲太宰竹書紀年成王元年命冢宰周公總百官梅云冢宰字見周禮百工字見虞書**羣叔流言乃致辟管叔于商囚蔡叔于郭鄰以車七乘**致法謂誅殺囚謂制其出入郭鄰中國之外地名從車七乘言少管蔡國名○惠云金縢管叔及其羣弟乃流言于國周書作雒解降辟三叔王子祿父北奔管叔經而卒乃囚蔡叔于郭淩左傳祝佗曰管蔡啟商惎間王室王于是乎殺管叔而蔡蔡叔以車七乘徒七十人梅云致辟二字本左襄二十五年傳惟罪所在各致其辟閻云僞傳郭鄰中國之外地名此臆說也作雒解孔鼂注郭鄰地名未詳所在**降霍叔于庶人三年不齒**罪輕故退爲眾人三年之後乃齒錄封爲霍侯子孫爲晉所滅○惠云三年不齒見周禮大司寇**蔡仲克庸祗德周公以爲卿士**蔡仲能用敬德稱其賢也明王之法誅父用子言至公周公圻內諸侯二卿治事○惠云左傳祝佗曰其子蔡

仲改行帥德周公舉之以爲己卿士梅云克庸祇德儆克明俊德克慎明德句例祇德見呂刑先謙案史記管蔡世家蔡叔度既遷而死其子曰胡胡乃改行率德馴善周公聞之而舉胡以爲魯卿士魯國治於是周公言於成王復封胡於蔡以奉蔡叔之祀是爲蔡仲索隱案尚書云蔡仲克庸祇德周公以爲卿士叔卒乃命諸王邦之蔡元無仕魯之文又伯禽居魯乃是七年致政之後乃此攝政之初未知史遷何憑而有此言也皮云周公封魯在武王定天下之初周本紀封弟周公旦於曲阜曰魯是也伯禽就國於魯則周公攝政之初魯世家云於是卒相成王而使其子伯禽就國於魯是也史記之說甚明不待七年致政之後成王封伯禽爲周公後伯禽始就國也王制天子使其大夫爲三監監於方伯之國國三人鄭注以王制爲殷制若周制則大國三卿皆命於天子亦與古制似異而同鄭注儀禮諸公云容牧有三監是其制同之證周公舉胡以爲魯卿士卽魯卿之命於天子者左傳云周公舉之以爲己卿士亦以爲魯國卿士與史記說不異僞孔不弦史記以爲當時未封伯禽尙無魯國不得有魯卿士於是刪去魯字但云周公以爲卿士若以爲王朝卿士者然不知王朝卿士乃執政之最尊者周公之屬不得有卿士也僞古文顯與史記相違索隱據僞古文以駁史記尤謬

叔卒乃命諸王邦之蔡

叔之所封圻內之蔡仲之所封淮汝之閒圻內之蔡名己滅故取其名以名新國欲其戒之○惠云左傳祝佗曰見諸王而命之以蔡闔云漢汝南郡上蔡縣爲蔡叔父子所封不聞別地傳說謬周宣王弟友封畿內咸林之地名鄭後徙溱洧之閒施舊號於新邑亦名鄭未聞蔡復爾此緣世本蔡叔居上蔡宋仲子注胡

徙居新蔡不知漢志班自注胡後十八世平侯自上蔡徙新蔡非胡徙新蔡也後漢志河內郡山陽邑有蔡城劉昭注蔡叔邑此猶鄭管城之類乎

王若曰小子胡言小子明當受教訓胡仲名順其事而告之○梅云左傳祝佗曰其命書云王曰胡無若爾考之違王命也傳云王曰此增若字者效前後經文王若曰也傳但稱胡此加小子者效小子封也

惟爾率德改行克愼厥猷言汝循祖之德改父之行能愼其道歎其賢○梅云率德改行見上克愼厥猷倣詩克愼其德先謙案詩克壯其猷

肆予命爾侯于東土往卽乃封敬哉以汝率德改行之故故我命汝爲諸侯於東土往就汝所封之國當修己以敬哉○梅云肆予命爾侯于東土倣肆爾在茲東土往卽乃封敬哉卽康誥往哉封勿替敬典也

爾尙蓋前人之愆惟忠惟孝汝當庶幾修德尙蓋前人之過子能蓋父所以爲惟忠惟孝○梅云爾尙二字見酒誥蓋前人之愆本魯語臧文仲曰孟孫善守矣其可以蓋穆伯而守其後于魯乎

爾乃邁迹自身克勤無怠以垂憲乃後汝乃行善迹用汝身使可蹤迹而法循之能勤無懈怠以垂法子孫世世稱頌乃當我意

率乃祖文王之彝訓無若爾考之違王命言當循文武之常教以父違命爲世戒○朱彝尊云成王命蔡仲王若曰胡無若爾考之違王命也見左傳僞古文增益其文曰率乃祖文王之遺訓案盤庚古我先王暨乃祖乃父又曰我先后綏乃祖乃父此誥臣民之詞則然若周公誥康叔云惟乃丕顯考文王又曰乃穆考文王誥成王云承保乃文祖受

命民越乃光烈考武王何等莊重今成王命蔡仲曰率乃祖文王乃祖者伊誰之祖與**皇天無親惟德是輔民心無常惟惠之懷**天之於人無有親疏惟有德者則輔佑之民之於上無有常主惟愛己者則歸之○惠云左僖五年傳宮之奇曰周書曰皇天無親惟德是輔杜注逸書**爲善不同同歸于治爲惡不同同歸于亂**言人爲善爲惡各有百端未必正同而治亂所歸不殊宜慎其微**爾其戒哉慎厥初惟厥終終以不困不惟厥終終以困窮**汝其戒治亂之機哉作事云爲必慎其初念其終則終用不困窮○惠云杜注左傳引書在二十九篇外者曰逸書見逸周書者曰周書惟襄二十五年傳衞太叔文子引書曰慎始而敬終終以不困此本周書常訓解慎微以始而敬終乃不困杜偶不照而云逸書梅氏遂采入此篇以爲二十九篇之外逸書徐幹中論云書云慎始而敬終終以不困蓋逸周書漢人皆見之**懋乃攸績睦乃四鄰以蕃王室以和兄弟**勉汝所立之功親汝四鄰之國以蕃屏王室以和協同姓之邦諸侯之道○惠云以蕃王室見微子之命**康濟小民率自中無作聰明亂舊章**汝爲政當安小民之居成小民之業循用大中之道無敢爲小聰明作異辯以變亂舊典文章○梅云詩率由舊章王制悉其聰明罔以辨言亂舊政**詳乃視聽罔以側言改厥度則予一人汝嘉**詳審汝視聽非禮義勿視聽無以邪巧之言易其常度必斷之以義則我一人善汝矣○梅云文侯

之命曰若汝予嘉**王曰嗚呼小子胡汝往哉無荒棄朕命**歎而敕之欲其念戒小子胡汝往之國哉無廢棄我命欲其終身奉行後世遵則○說見微子之命元王充耘云蔡仲之命與太甲篇相出入言天輔民懷卽克敬惟親懷于有仁之說爲善同歸于治爲惡同歸于亂卽與治同道罔不興與亂同事罔不亡之說惟厥終終以不困不惟厥終終以困窮卽自周有終相亦惟終其後嗣王罔克有終相亦罔終之說古文出於一手掇拾附會故不覺犯複耳

多方第二十

周書　孔氏傳　王先謙參正

多方衆方天下諸侯○書序成王歸自奄在宗周誥庶邦作多方周紀召公爲保周公爲師東伐淮夷殘奄遷其君薄姑成王自奄歸在宗周作多方史記次於作多士無佚後係成王卽政事與大傳所云周公攝政三年踐奄各爲一事史記所載書序多與馬鄭書序異此序以成王踐奄在周公反政後與馬鄭同是今古文無異說諸家臆改古書以就己說今並無取

惟五月丁亥王來自奄至于宗周周公歸政之明年淮夷奄又叛魯征淮夷作費誓王親征奄滅其國五月還至鎬京○惟五月丁亥今文無徵王來自奄至于宗周今文與古文同○惟五月丁亥者不能定爲何年成王卽政信讒而周公奔楚及寤迎公歸始作多士故多士篇之惟三月鄭以爲在成王元年以史記推之知其非也多方又在多士之後其年

更不能定僞傳以爲歸政明年之五月誤矣今文同者周紀作成王自奄歸在宗周尙書它篇無歸在之文知經文必仍作至于趙岐孟子注引尙書多方曰王來自奄趙用今文不與周紀作成王同知此乃史公變文紀事可爲今古文同之證詩豳譜疏引鄭云奄國在淮夷之旁周公居攝之時亦叛王與周公征之三年滅之自此而來歸先謙案孟子云伐奄三年討其君滅國者五十此伐奄周公相武王時事也趙注奄東方無道國武王伐紂至于孟津還歸二年復伐前後三年滅與紂共爲亂政者五十國也奄大國故特伐之尙書多方曰王來自奄趙引書爲奄大國之證非以王來自奄爲彼時事也大傳云周公攝政一年救亂二年克殷三年踐奄四年建侯衞五年營成周六年制禮作樂七年致政于成王又云管叔蔡叔流言于國奄君謂祿父曰武王既死矣成王幼矣周公見疑矣此百世之時也請舉事破斧云周公東征四國是皇傳四國管蔡商奄也明奄與管蔡武庚俱叛故多士篇周公自追述之曰昔朕來自奄予大降爾四國民命此踐奄周公居攝時事也史記殘奄遷其君薄姑引見此殘奄周公相成王時事也三事分明書傳皆可據證後儒輒以偏詞臆見必欲溷合爲一治絲愈棼不知其何說也宗周者孫云詩正月赫赫宗周傳宗周鎬京也周之東遷無復西都亦名東都王城爲宗周此時宗周實鎬京也周官序云還歸在豐成王是時常居豐去鎬京二十五里然則至鎬誥庶邦後仍歸豐矣

周公曰王若曰猷告爾四國多方周公以王命順大道告四方稱周公以別王自告○周公日三句今文無徵○周公曰王若曰者書疏引王肅云周公攝政稱成王命以告及還政稱王曰嫌自成王辭故加周公以明之孫

云王肅雖亂經之人此說多方在周公反政後實本於史記未爲無據皮云肅雖善賈馬之學其父朗師楊賜楊氏世傳歐陽尚書則肅亦嘗習今文者故肅僞撰孔傳名爲古文實參合今古文爲之其意在攻鄭故陰用今文說以駁鄭之古文說如謂羲和卽仲叔四子虞時日月星辰卽畫於旌旗不在衣祖甲爲湯孫太甲奄再叛再征多方在歸政後其說皆與今文家合遠勝馬鄭古文學者當分別觀之據馬鄭以駁僞孔可也據馬鄭以駁伏生史公不可也近儒偏執鄭義以駁孔傳不知以古義爲折衷殊爲失之猷告爾四國多方者猷繇字通釋言道也方言猷道也東齊日猷猷告猶道告也四國者管蔡商奄多方者方猶邦也多方猶言衆邦此文當連下惟爾殷侯尹民爲句知者時四國中管商已滅未別置君蔡雖立仲不當在內奄君新遷薄姑未聞曲宥則此云四國者並無四國之君在內乃周公攝政三年伐管蔡商奄後遷四國民於洛邑今復誥之下文大降爾四國民命其明證也多方亦非謂衆諸侯孟子滅國五十周書懿國九十九經文之四方小大邦喪周皆遷其民於洛故總之曰多方惟爾殷侯所尹之民也且書詞峻厲非告諸侯之體因作書之年昔儒紛紜莫定以致書指塵封耳

惟爾殷侯尹民我惟大降爾命爾罔不知殷之諸侯主民者我大降汝命謂誅紂也言天下無不知紂暴虐以取亡○惟爾殷侯尹民三句今文無徵○惟爾殷侯尹民云云者殷侯尹民說已見上說文尹治也**洪**言我惟大降下爾以命令爾無得昏然不知負我猷告之意

惟圖天之命弗永寅念于祀惟帝降格于夏大惟爲王謀天之命不長敬念于祭祀謂

夏桀惟天下至戒於夏以譴告之謂災異○洪惟圖天之命不永
三句今文無徵○洪惟圖天之命弗永云云者寅敬格至也言天
命不常有永有弗永人君大惟圖度天命以弗永爲戒則當敬念
於祀事庶幾克享上帝昔夏有天命之時惟帝降格嚮於夏矣
有夏誕厥逸不肯感言于民有夏桀不畏天戒而大其逸豫不肯
逸二句今文無徵○有夏誕厥逸云云者言夏王大肆其逸樂不厭
肯有憂感之言及於其民謂不卹民段云衞包改戚爲感俗字
乃大淫昏不克終日勸于帝之迪言桀乃大爲過昏之行不能終
句今文無徵○乃大淫昏云云者言桀乃大淫泆昏亂不能有一二
日勸勉於天之道釋文迪馬本作攸云所也案攸所釋言文史記
趙世家趙簡子寤語大夫曰我之帝所甚樂帝所所謂帝居也人君
若以帝所爲念而思格于帝則必終日勸勉以求之今桀不然是
不勸于帝**乃爾攸聞**言桀之惡乃汝所聞○**厥圖帝之命不克開**
之所也乃爾攸聞今文無徵
于民之麗○桀其謀天之命不能開於民所施政教麗施也言昏昧
○厥圖帝之命二句今文無徵○厥圖帝之命云云者
麗附也帝之命命有德民之附附有德桀之在位其於天帝之命
卽圖度及之而於民之所以附麗不能開通而有合於天天心天聽
於民民之不附而帝命是圖其將能乎周書程典解愼德德開開
乃無患孔鼂注開通言德合也王鳴盛云周書有九開文開保開
皆亡又有大開小**乃大降罰崇亂有夏因甲于內亂**於桀乃大下罰
開開本周人語民重亂有

夏言殘虐外不憂民內不勤德因甲於二亂之內言昏甚○乃大降罰三句今文無徵○乃大降罰崇亂有夏者詩傳崇終也言桀乃大降誅罰終亂有夏因甲于內亂者書疏云鄭以甲爲狎又引鄭云習爲鳥獸之行於內爲淫亂甲狎釋言文說文狎犬可習也故訓狎爲習釋詁仍因也因亦訓仍因仍狎習義相比近因不作虛字解大司馬云外內亂鳥獸行則滅之鄭注引王霸記曰悖人倫外內無以異於禽獸

不克靈承于旅罔丕惟進之恭洪舒于民

言桀不能善奉於民衆無大惟進恭德而大舒惰於治民○不克靈承于旅三句今文無徵○不克靈承于旅者詩箋靈善也釋詁旅衆也言不能善承於民衆罔丕惟進之恭者釋言罔無也孫云丕與不通恭與共通史記呂不韋傳進用不饒索隱引小顏云進財也漢書高紀蕭何主進顏注進本作賮言其所用之人無不惟財賮之共奉先謙案盤庚罔不惟民之承與此句例同知丕當作不洪舒于民者考工記注荼古文舒困學紀聞云洪舒于民古文作洪荼薛季宣云大爲民荼毒也段云此宋次道古文葢見古籍舒荼通用如史記荆荼是徵玉藻諸侯荼之類因而改字立異亦無大害薛氏乃以荼毒訓之恐失之鑿矣先謙案讀舒爲荼訓爲荼毒於義亦順此處不能有別解江孫皆從薛訓大爲荼毒於民今依之

亦惟有夏之民叨懫日欽劓割夏邑

桀洪舒於民故亦惟有夏之民貪叨忿懫而逆命於是桀民尊敬其能劓割夏邑者謂殘賊臣○亦惟有夏之民叨懫二句今文無徵古文夏下一有氏字懫作耋○夏下有氏字懫作耋者說文耋忿戾也从至至而復孫孫遁也周書曰有夏氏之民叨耋耋讀與摯同

段云今尙書㜸作慣天寳改釋文㜸作慣開寳改也釋文慣勑二
反說文之二反案慣字惟見大學鄭注尙書本作㜸與說文所引
同衞包妄謂㜸爲古字慣爲今字改㜸作慣開寳中又改釋文大
字作慣而小字仍舊是以云說文之二反而不知說文無慣字也
不云說文作㜸則可知大字本作㜸矣集韻六至兩云㜸或作慣
此正合未改釋文新定釋文爲此語說文饕貪也重文作叨江云
詩晨風憂心欽欽傳思望之心中欽欽然言有夏民之民貪叨忿
戾日欽欽然思劓割夏國言民之貪亂欲夏亡也湯誓曰有衆率
怠弗協曰時日害喪予及女
偕亡此之謂也說文邑國也

天惟時求民主乃大降顯休命于成湯

天惟是桀惡故更求民主以代之大下明美之命於成湯使王
天下○天惟時求民主二句今文無徵○天惟時求民主云云
者言天惟是求可爲萬民之主
者乃大下光顯之美命於成湯

刑殄有夏惟天不畀純

命湯刑絕
有夏惟天
不與桀亦已大○刑殄有夏二句今文無徵○刑殄有夏者謂誅
絕之惟天不畀純者詩傳畀與也晉語韋注純專也言天不以天
下私一姓惟視其克享與否桀
不克享惟天亦不專畀之也

乃惟以爾多方之義民不克永于多享

天所以不與桀以其乃惟用汝多方之義民爲臣而不能長
久多享國故○乃惟以爾二句今文無徵○乃惟以爾多方
之義民云云者江云義民猶民儀謂賢者大誥民獻大傳作民儀
是也言乃惟以汝多方之賢民不克長享祿位俞樾云義讀爲俄
立政茲乃三宅無義民王念孫謂義與俄同衺也言居賢人於官
而任之則三宅無傾衺之民也此說爲先儒所未發然義民已見

此篇王說顧不之及案此義字亦與俄同言天所以大不與桀以其惟用汝多方傾衰之民爲臣故不能長久多享國也義爲俄之假字王引呂刑鴟義姦宄大戴禮千乘篇誘居室家有君子曰義管子明法解篇雖有大義主無從知之爲證今以其說推之左文十八年傳掩義隱賊義亦俄也義賊皆不善之事故掩蔽之隱蔽之也字亦作議管子法禁篇法制不議則民不相私議亦俄也言法制不傾衺則民不相私也字又作儀荀子成相篇君法儀禁不爲儀亦俄也此與上文君法明論有常相對成文言君法明盛則其論有常君法傾邪則常禁之使不爲也皆可爲證先謙案孫從江說然讀義爲儀民儀見今文說非古文所有讀義爲俄是也但兪云用爲臣則不當仍謂之義民矣下多士謂夏臣此義民乃夏民上文言叨懫卽是夏民之俄者又日思劓割夏邑故不克永于多享也

惟夏之恭多士大不克明保享于民惟桀之所謂恭人衆士大不能明安享于民言亂主所任任同己者○惟夏之恭多士三句今文無徵○惟夏之恭多士云云者恭與共同言夏之共職多士大不能明於治道保享于民下屬爲義大不克明與下大不克開相對爲文

乃胥惟虐于民至于百爲大不克開桀之衆士乃相與惟暴虐於民至於百端所爲言虐非一大不能開民以善言與桀合志○乃胥惟虐于民三句今文無徵○乃胥惟虐于民云云者言上得民乃能安享夏多士保享于民乃相惟虐于民至于百端大不能開于民之麗夏之民與士皆如此宜其蹈刑殄之禍也惟天不畀純以下說夏之亡非特桀有罪其民臣皆有罪

乃惟成湯克以爾多方簡代

夏作民主乃惟成湯能用汝衆方之賢大代夏政爲天下民主○
肇命民主五德初起蔡邕注引尙書曰成湯簡代夏作民主此蔡
約舉經文非有異本詩箋簡擇也言乃惟成湯能以爾衆方諸侯
推擇而代夏爲民之主殷本紀於是諸侯
畢服湯乃踐天子位平定四海與此證合慎厥麗乃勸厥民刑用
勸湯愼其施政於民民乃勸善其人雖刑亦用勸善言政刑淸○
愼厥麗乃勸二句今文無徵○愼厥麗乃勸云云者湯知民所
附在德而愼其德乃以勸民共勉於德其以至于帝乙罔不明德
民雖被刑者皆當其情亦以相勸於德
愼罰亦克用勸言自湯至于帝乙皆能成其王道長愼輔相無不
明有德愼去刑罰亦能用勸善○以至于帝乙三
句今文無徵○以至于帝乙云云者帝乙郎要囚殄戮多罪亦克
祖乙湯六世孫說見酒誥亦克用勸屬民說
用勸開釋無辜亦克用勸帝乙已上要察囚情絕戮衆罪亦能用
勸善開放無罪之人必無枉縱亦能用
勸善○要囚五句今文無徵○要囚云云者要囚爲其皋法之要
辭詳康誥上多戮罪人民知無枉亦能以勸赦宥無辜民知無縱
亦能以勸今至于爾辟弗克以爾多方享天之命今至于汝君謂
言刑平也紂不能用汝衆
方享天天之命故誅滅之○今至于爾辟二句今文無徵○今至于
爾辟云云者釋詁辟君也爾君謂紂言至于汝君乃不能以多方
諸侯之衆嗚呼王若曰誥告爾多方非天庸釋有夏歎而順其事
保享天命以告汝衆方

非天用釋棄桀桀縱惡自棄故誅放○嗚呼四句今文無徵○嗚呼云云者周公歎而述王命也晉語韋注釋舍也言非天舍去夏所受之命君奭天不庸釋于文王受命與此庸釋文義正同**非天庸釋有殷乃惟爾辟以爾多方大淫圖天之命屑有辭**非天用棄有殷乃惟汝君紂用汝眾方大爲過惡者共謀天之命惡事盡有辭說布在天下故見誅滅也○非天庸釋有殷四句今文無徵○非天庸釋有殷云云者言非天之舍殷乃惟紂恃爾多方諸侯之眾大過圖度天命謂我生不有命在天切切有辭致**乃惟有夏圖厥**天不佑多士大淫泆有辭馬本泆作屑與此同**政不集于享天降時喪有邦間之**更說桀也言桀謀其政不成于享故天下是喪亡以禍之使天下有國聖人代之言有國明皇天無親佑有德○乃惟有夏四句今文無徵邦當作國○乃惟有夏云云者詩傳集就也釋詁間代也言夏桀謀其政而不就於享天命故天降是喪亡以有國諸侯代之**乃惟爾商後王逸厥逸**後王紂逸豫其過逸言縱恣無度○乃惟二句今文無徵○乃惟爾商後王逸厥逸者言逸樂自恣猶言樂其所樂**圖厥政不蠲烝天惟降時喪**紂謀其政不絜進于善故天惟下其喪亡謂誅滅○圖厥政三句今文無徵○圖厥政云云者釋文馬云蠲明也烝升也孫云言無明德升聞於天詩傳蠲絜也廣雅釋詁烝美也言紂謀其政不絜不美天惟降是喪亡之咎**惟聖罔念作狂惟狂克念作聖**惟聖人無念於善則惟狂人惟狂人能念於善則爲聖人言桀紂非實狂

愚以不念善故滅亡○惟聖二句今文無徵○惟聖云云者言善惡無常變改甚速故天須之中論法象篇墮其威儀怳其瞻視忽其辭令而望民則我未之有也莫之則慢之者至矣小人皆慢也致怨乎人患己之卑而不知其所以然哀哉故書曰維聖罔念作狂維狂克念作聖孫云大傳云貌之不恭是謂不省厥咎狂又云思之不容是謂不聖鄭注君貌不恭則是不能敬其事也君臣不敬則倨慢如狂矣又云容當爲睿睿通也心明曰聖孔子說休徵曰聖者通也兼四而明則所謂聖聖者包貌言視聽而載之以思心者通以待之君思心不通則是不能心明其事也言惟通明者無念則慢倨矣慢倨者能念則通明矣王鳴盛云徐幹以威儀言之此古義也能去其狂則進於聖新序刺奢篇言桀爲酒池糟隄縱靡靡之樂酒誥言紂燕喪威儀是桀紂皆以狂亡也

天惟五年須暇之子孫誕作民主罔可念聽天以湯故五年須暇湯之子孫冀其改悔而紂大爲民主肆行無道事無可念言無可聽武王服喪三年還師二年○天惟五年須暇之僞古文也古文暇作夏子孫誕作民主罔可念聽今文皆無徵○古文暇作夏者詩皇矣上帝耆之鄭箋天須假此二國養之至老疏云多方云天惟五年須夏之子孫注云夏之言假天覬紂能改故待假其終至五年欲使傳子孫五年者文王八年至十三年也周頌武箋云言不汲汲於誅紂須假五年疏引書注同段云經本作夏鄭注用鄉飲酒義釋爲假其箋詩則徑用須假字大雅周頌同詩釋文假戶嫁反本又作暇案作暇者淺人所改僞孔作須暇之子孫正用鄭注易夏爲假而又作暇如用鄭注易卯谷爲昧谷之比武疏引多方天惟五年須暇湯之子

孫暇從孔本又媵湯字古義假訓大故假包閒暇之義淺人泥於假訓假借暇訓閒暇不知其義相兼無煩改字匡謬正俗似未識此意而引登樓賦作假日可證今本文選之誤孫云此云五年當從文王七年數至武王十三年伐紂也自入年數至十三年是帀五年鄭用十三年伐紂之説與史記十一年異皮云史記以爲文王受命七年其後五年武王伐紂爲十一年劉歆以爲文王受命九年其後五年武王伐紂爲十三年今古文説不同而先後五年之數則一鄭既用今文受命七年之説又用古文十三年伐紂之説則首尾凡七年與須假五年之數不合矣先謙案之字當句絕詩思文疏引太誓鄭注云禮説曰天意若曰須假紂五年乃可誅之武王還師不伐是須待寬假之雖人事亦天心也故云天惟五年須假之紂雖不善其子孫或冀傳位大作民主湯之世澤猶可不斬而皆無可念聽天亦末如何矣念聽猶念聞也**天惟求爾多方大動以威開厥顧天**天惟求汝衆方之賢者大動紂以威開其能顧天可以代者○天惟求爾多方三句今文無徵○天惟求爾多方云云者詩譜序疏引鄭云顧猶視念也其意言天下災異之威動天下之心開其能爲天以視念者案經言天求衆方之有德者大動威以誅紂而啟其能顧提天命者鄭説似未合**惟爾多方罔堪顧之惟我周王靈承于旅**惟汝衆方之中無堪顧天之道者惟我周王善奉於衆言以仁政得人心○惟爾多方四句今文無徵○惟爾多方云云者詩譜序疏引鄭云衆國無堪爲之惟我周能堪之**克堪用德惟典神天**言周文武能堪用德惟可以主神天之祀任天王○克堪用德二句

今文無徵○克堪用德惟典神天者能堪以德主神天之祀典同歟說文主也**天惟式敎我用休簡畀殷**
命尹爾多方天以我用德之故惟用敎我用美道代殷天與我殷之王命以正汝眾方之諸侯○天惟式敎我用休三
句今文無徵○天惟式敎我用休云云者式用簡大尹治也言天惟用敎我以休祥大畀我以殷之王命以治爾眾方之諸侯**今**
我曷敢多誥我惟大降爾四國民命今我何敢多誥汝而已我惟大下汝四國民命謂誅管蔡
商奄之君○今我曷敢多誥二句今文無徵○今我曷敢多誥云云者命謂敎命據上文我惟大降爾命下文乃有不用我降爾命
則僞傳以爲誅四國君救民生命者非也因前此四國首亂此次成王伐奄四國民居洛尚有不靖者又特誥之**爾曷不**
忱裕之于爾多方汝何不以誠信行寬裕之道於汝眾方欲其戒四國崇和協○爾曷不忱裕之于爾多方今文
無徵○爾曷不忱裕之于爾多方者忱諶字通釋詁諶誠也方言裕道也道猶告言爾四國何不以誠告之於爾眾方俾眾方尊信
我周**爾曷不夾介乂我周王享天之命**夾近也汝何不近大見治於我周王以享天之命而爲不
安乎○爾曷不夾介乂我周王二句今文無徵○爾曷不夾介乂我周王云云者匡謬正俗引此經二句曷作害不作弗段云今本
作曷衞包改也此篇曷字四見皆當正作害王莽依大誥多作害是今文亦皆作害也夾者眾經音義十二引倉頡云輔也介者釋
詁善也乂艾字通釋詁相也言汝何不惟善是輔相我周王共享天命乎**今爾尚宅爾宅畋爾田爾曷**

不惠王熙天之命今汝殷之諸侯皆尚得居汝常居臣民皆尚得自懷
疑乎○今爾尚宅爾宅三句今文無徵爾一作尒畋一作田○今
爾尚宅爾宅畋爾田云云者說文畋平田也从攴田周書曰畋尒
田畋一作田者詩無田甫田疏引書宅爾宅田爾田皮云光武封
禪刻石文黎庶得居爾田安爾宅蓋用此經今文義先謙案此降
四國民命僞傳以宅爾宅屬諸侯言非也言向者爾國民從亂我
不加誅罰今爾民猶居爾居治爾田我周王恩至渥矣爾何不順
王以成天命之美
乎惠順也熙美也**爾乃迪屢不靜爾心未愛**汝所蹈行數爲不安
汝心未愛我周故○
爾乃迪屢不靜二句今文無徵○爾乃迪屢不靜云云者迪道也
屢俗字當爲婁婁數也迪婁不靜與康誥惟民不靜迪婁未同文義
互相證合言教道爾者婁矣爾之不安靜如故是
爾心尚未順也孫云說文悉惠也釋言惠順也**爾乃不大宅天命爾乃屑播天命**汝乃不大居安天命是汝乃盡播棄天命○爾
乃不大宅天命二句今文無徵○爾乃不大宅
天命云云者江云宅當讀爲度先謙案宅度一也今文當作度天
命上文宅爾宅以文義推之今文亦當作度爾宅下宅字不改光
武封禪刻石文其證也多士大淫泆有辭馬本泆作屑云過也此
屑亦訓過言爾乃不大圖度天命不知命之有定爾乃過自播散
天命以致
罹於喪亡**爾乃自作不典圖忱于正**汝未愛我周播棄天命是汝
乃自爲不常謀信於正道○
爾乃自作不典二句今文無徵○爾乃自作不典云云者釋詁典
法同訓常典之言常法也詩傳忱信也釋詁正長也言爾乃自作

不法之事謀取信於正長欺罔如此**我惟時其教告之我惟時其戰要囚之**我惟汝如是不謀信于正道故其教告之謂訊以文誥其戰要囚之謂討其倡亂執其朋黨○我惟時其教告之二句今文無徵○我惟時其教告之者時是也書疏云昭十三年說戰法云告之以文辭是將戰之時於法當有文辭告前敵郎教告之謂我惟時其戰要囚之者要囚見康誥言爲其罪法之要辭也戰時所俘獲則要決而囚之終以釋放多士云惟不爾殺也**至于再至于三**再謂三監淮夷叛時三謂成王即政又叛言迪屢不靜之事○至于再至于三古文也今文不重至于字○至于再至于三者言成王此次東伐諸國之民從亂有至于再者有至于三者不重至于字者漢書文三王傳引書曰至于再三論衡譴告篇管蔡篡畔周公告教之至于再三與漢書合**乃有不用我降爾命我乃其大罰殛之**我教告戰要囚汝已至再三汝其不用我命我乃大下誅汝君乃其大罰誅之○乃有不用我降爾命古文也今文無乃字我乃其大罰殛之今文無徵○今文無乃字者文三王傳引書作有不用我降爾命命郎謂此教命也我乃其大罰殛之者釋文殛本又作極段云作極者是也足利古本亦作極罰殛謂誅殺也**非我有周秉德不康寍乃惟爾自速辜**非我有周執德不安寍自誅汝乃惟汝自召罪以取誅○非我有周二句今文無徵○非我有周秉德不康寍者與多士非我一人奉德不康寍句例同乃惟爾自速辜者與酒誥惟民自速辜句例同**王曰嗚呼猷告爾有方多士暨殷多士**王歎

而以道告汝衆方與衆多士○王曰嗚呼四句今文無徵○王曰嗚呼猷告爾有方多士暨殷多士者上文誥民此下誥其爲臣者有方猶有邦謂多方服事殷者殷卽三監之殷有方多士殷多士指前克殷所遷者**今爾奔走臣我監五祀**監謂成周之二監此指謂所遷頑民殷衆士今汝奔走來從臣我監五年無過則得還本土○今爾奔走臣我監五祀今文無徵案克閱于乃邑謀介節疏引王肅云其無成雖五年亦不得反也王鳴盛云據此僞傳卽王義意以五祀爲虛設之言謂若能五年相安則可復還本土經無此意若果如此適以擾亂殷民非所以安集之也成周非荒遠之區不毛之地五年之後士著重遷彼頑民肯聽從乎先謙案秦漢以來徙民者多矣從無命復反故土之事肅之不達至此而傳說同之此又僞傳出肅之一證也○今爾奔走臣我監五祀者江云武王命三叔監殷殷民皆臣服於茲十年矣言五祀者本其未叛時言也孫云監謂三監五祀五年也皮云二說皆非也據史記今文說多方在周公歸政後與馬鄭古文書序同是今古文無異說此時三監已滅不應追述前事且從三監監殷數起又不止五祀則監非三監也大傳云周公攝政一年救亂二年克殷三年踐奄四年建侯衞建侯衞卽封康叔事監當讀如王啟監之監指康叔中旄父言之臣我監五祀當從建侯衞之年數起多方之作蓋在歸政一二年後距四年建侯衞適得五祀商奄之屬既叛而服服而再叛經云今爾奔走臣我監五祀當從既叛而服數之不當追數未叛以前事也先謙案皮說是但周公建侯衞封康叔監殷雖在四年營成周則在五年是殷士殷民之徙亦當在五年召誥云庶殷丕作正就遷時也以今文說推之周

公七年反政成王元年用事周公奔楚旋爲成王迎歸乃作多士無逸成王踐奄歸在宗周周公作多方事疑在成王二年距營成周之歲適得五年或在成王三年亦帀五年故云臣我監五祀後儒遷就古文不如今文之明確可據也對殷士言故稱祀**越惟有胥伯小大多正爾罔不克臬**於惟有相長事小大眾正官之人汝無不能用法欲其皆用法○越惟有胥伯小大多正古文也今文作越維有胥賦小大多政爾罔不克臬今文無徵○越惟有胥伯小大多正者釋詞越猶及也地官序官鄭注正師胥皆長也胥者大射禮鄭注宰官之胥伯者內則云州史獻諸州伯州伯州里之伯也多眾也臬者廣雅釋詁法也言爾臣於監及監以下所有官長如宰官之胥吏州伯之小大眾正爾罔不能奉法我亦嘉之釋文臬馬作劓劓乃臬借字越維有胥賦小大多政者大傳云古者十稅一多於十稅一謂之大桀小桀少於十稅一謂之大貊小貊王者十一而稅而頌聲作矣故書曰越維有胥賦小大多政案惟維今古文之異孫云天官序官云胥十有二人徒百有二十人注此民給繇役者是給繇役者有胥名大司馬云凡令賦以地與民制之上地食者三之二其民可用者家三人中地食者半其民可用者二家五人下地食者三之一其民可用者家一人是繇役亦賦也今文言于維有繇賦之事小大多得中之政令也江云說文臬射準的也臬訓爲準言繇賦小大多政須令於爾爾無不任繇賦之準額也**自作不和爾惟和哉爾室不睦爾惟和哉爾邑克明爾惟克勤乃事**小大多正自爲不和汝有方多士當和之哉汝親近室家不睦汝亦當和

之哉汝邑中能明是汝惟能勤汝職事○自作不和六句今文無徵○自作不和云云者說文睦敬和也言爾前此自作不和爾尚化其暴戾而惟和哉爾家不睦爾尚導以敬順而惟和哉爾邑中能皆明此理則是爾能勤其事而不愧爲表率爾邑之人矣**爾尚不忌于凶德亦則以穆穆在乃位**汝庶幾不自忌入于凶德亦則用敬敬常在汝位○爾尚不忌于凶德僞古文也古文作上不碁于凶德則亦以穆穆在乃位今文無徵○古文云云者說文碁忌也从言其聲周書曰上不碁于凶德段云玉篇廣韻集韻引說文同小徐本及汲古所刻大徐本作爾尚不碁于凶德誤也宋麻沙本及李燾孫韻本皆不誤尚上古通僞孔本作爾尚不忌恐皆是以訓詁同音字改其本字如夏改服之比先謙案言爾當日自作不和乃爲凶德上之人不忌嫉於爾之凶德亦則惟以敬在汝位可也**克閱于乃邑謀介爾乃自時洛邑尚永力畋爾田**汝能使我閱具于汝邑而以汝所謀爲大則汝乃用是洛邑庶幾長力畋汝田矣言雖遷徙而以修善得反邑里○克閱于乃邑謀介三句今文無徵○克閱于乃邑謀介云云者漢書車千秋傳閱經歷也釋詁介善也言爾又必能經歷汝邑惟善是謀有利於民者皆爲之爾乃自是洛邑庶幾永遠力治汝田爲身家長久之計陳云大傳云周公攝政五年營成周此誥多方在三年而云自時洛邑者蓋成周之營本爲安集殷民多方作於克殷踐奄以後此時將遷殷民於洛故先誥之皮云陳說非也此篇作於攝政三年成周未營何故先有洛邑經云自時洛邑明是營成周後史記書序皆以多方列成王親政後無誥多方在攝政三年之說僞孔云

奄再叛再征按之史記書序塙不可易當是王肅襲用今文家言近人必欲執鄭誤解移易經文篇次而以奄再叛再征爲不可信故其解多士多方二篇皆不可通陳治今文必以鄭古文說汨之可謂大惑不解

天惟畀矜爾我有周惟其大介賚爾汝能修善天惟與汝憐汝我有周惟其大大賜汝言受多福之胙○天惟畀矜爾二句今文無徵○天惟畀矜爾云云者言爾如此天惟當與爾憐爾與多士篇句義同其有不給於用者我有周惟其大助賜爾釋詁介右也說文右助也此承上汞力畋田言之俞樾云說文夰大也从大介聲讀若蓋今經典無夰字蓋皆假介爲之凡訓大之介皆夰之假字也此經疑用夰本字作惟其夰賚爾夰賚卽大賚也後人罕見夰字遂分爲大介二字耳說亦明通

迪簡在王庭尙爾事有服在大僚非但受憐賜又乃蹈大道在王庭庶幾修汝事有所服行在大官○迪簡在王庭三句今文無徵○迪簡在王庭云云者迪進簡擇服事僚官也言汝在位能事將進擇在我周王之庭嘉尙汝之勤事且有事在大官矣承上閱邑謀介言之多士篇逑殷士之言曰夏迪簡在王庭有服在百僚此特因其希冀之情加以策勉

王曰嗚呼多士爾不克勸忱我命爾亦則惟不克享凡民惟曰不享王歎而言曰衆士汝不能勸信我命汝亦則惟不能享天祚矣凡民亦惟曰不享於汝祚矣○王曰嗚呼多士四句今文無徵○王曰嗚呼多士云云者詩傳忱信也言汝不能勸衆民信我之敎命汝亦則惟不能享天之命衆民以汝不職之故亦惟曰不克享天之命矣

爾乃惟逸惟

頗大遠王命則惟爾多方探天之威我則致天之罰離逖爾土若爾乃為逸豫頗僻大棄王命則惟汝眾方取天之威我則致行天罰離逖汝土將遠徙之○我則致天之罰今文與古文同爾乃惟逸惟頗四句今文無徵○爾乃惟逸惟頗云云者言汝若惟放逸而不勤事惟邪頗而不謀善大與王之敎命相遠則惟汝多方自取天威我則致天之罰於汝身離遠爾土不得安汝田宅於茲洛矣此又專誥有方多士釋詁探取也書疏引鄭云分離奪汝土也今文同者石經殘碑作我則致天之下闕

王曰我不惟多誥我惟祇告爾命我不惟多誥汝而已我惟敬告汝吉凶之命○王曰三句今文無徵○王曰我不惟多誥我惟祇告爾命者詳具上文誥殷多士中此誥有方多士亦無他辭故云我不更多誥惟敬告爾天命可畏視汝克享與不克享耳

又曰時惟爾初不克敬于和則無我怨又誥汝是惟汝初不能敬于和道故誅汝汝無我怨解所以再三加誅之意○又曰四句今文無徵○又曰者書疏引顧氏云王又復言曰也時惟爾初者是惟汝有方多士初聽我誥也不克敬于和則無我怨者禮文王世子疏于是語辭上文告殷多士以穆穆在位望其克敬也又告以爾惟和哉望其克和也爾有方多士亦同此意若不克敬與和則我致天之罰令在必行汝無我怨也

周書　孔氏傳　王先謙參正

立政第二十一

立政 言用臣當共立政故以名篇○史記魯世家周之官政未次序於是周公作周官官別其宜作立政以便百姓百姓說孫云便猶辨也百姓百官也

周公若曰拜手稽首告嗣天子王矣 順古道盡禮致敬告成王言嗣天子今已爲王矣不可不愼○周公若曰三句今文無徵○周公若曰云云者周紀周公行政七年成王長周公反政成王北面就羣臣之位魯世家成王長能聽政於是周公乃還政於成王北面就羣臣位匑匑如畏然是此經拜手稽首之義**用咸戒于王曰王左右常伯常任準人綴衣虎賁** 周公用王所立政之事皆戒於王曰常所長事常所委任謂三公六卿準人平法謂士官綴衣掌衣服虎賁以武力事王皆左右近臣宜得其人○用咸戒于王曰今文無徵王左右常伯常任今文與古文同準人作辟人綴衣作贄衣古文伯一作故○用咸戒于王曰者用以也周公率羣臣見王故云羣臣同進戒于王也今文同者古文苑載胡廣侍中箴亦惟先正克慎左右常伯常任實爲政首箴中備引籍孺閎孺鄧通石顯弘恭董賢爲戒則常伯常任皆侍中之職

漢書谷永傳治遠自近治習善在左右誠敕正左右齋栗之臣戴
金貂之飾執常伯之職者則左右肅艾蔡邕陳畱太守胡公碑乃
位常伯恪處左右與經云王左右合應劭漢官儀侍中周成王常
伯任侍中殿下稱制楊雄侍中箴光光常伯羽獵賦羣公常伯楊
朱墨翟之徒後漢書楊賜傳樂松處常伯松時爲侍中李固傳光祿
大夫周舉才謨高正宜在常伯朱穆傳案漢故事中常侍參選士
人建武以後乃悉用宦者假貂蟬之飾處常伯之任襄楷傳黃門
常侍天刑之人今乃反處常伯之任決謀於中蔡邕陳太邱碑便
可入踐常伯超禰三事司空文烈侯楊公碑帝以機密齊栗常伯
劇任漢書王莽傳霍光郎席常任之重皮云杜佑通典云侍中者
周公戒成王立政之篇所云常伯常任以爲左右郎其任也又云
直侍左右分掌乘輿服物下至褻器虎子之屬據此則常伯常任
與贅衣虎賁同列故進戒首及之又云或疑常伯常任二職何以
皆爲侍中案漢書百官表侍中中常侍皆加官亡員多至數十人
得入禁中侍中在漢分左右曹或又爲散騎或又爲中常侍疑周
成王時亦分大小二職谷永傳執常伯之職顏注云一曰常任使
之人此其長也言常伯爲常任之長足爲大小二職之證衛顗受
禪碑延公侯卿士常伯常任納言諸節岳牧邦君以常伯常任别
於公侯卿士岳牧邦君之外亦必以爲侍中常侍之官也準人者
王左右治獄之官葢若　國朝之愼刑司也與下文準人不同一
作辟人者石經殘碑作常伯常任辟下闕孫云辟法也辟人謂法
官也皮云王出入必有執法之官周禮有朝士屬秋官司寇故辟
人與贅衣虎賁同列緌衣者亦侍帷幄之臣後漢百官志內者令
注掌中布張諸衣物葢卽此官一作贅衣者楊雄雍州牧箴班固

西都賦崔瑗北軍中候箴皆作贅文選李注引公羊傳曰贅猶綴也皮云古贅綴通用公羊傳贅旒張衡傳引作綴旒顧命篇綴路鄭司農周禮注引作贅路是其證漢書王莽傳又置大贅官主乘輿服御物莽蓋用今文說仿古贅衣之官虎賁者續漢百官志引蔡質漢儀曰主虎賁千五百人無常員多至千人戴鶡冠次右將府又虎賁舊作虎奔言如虎之奔也王莽以古有勇士孟賁故耏誤近名焉漢官儀曰言其猛怒如虎之奔赴也平帝元始元年更名虎賁郎古有勇士孟賁改奔爲賁先謙案古書無作虎奔者其說未可據周禮夏官屬虎賁氏下大夫一人風俗通十反篇周公將沒戒成王以左右常伯常任準人綴衣虎賁言此五官存亡之機不可不謹也是漢人以此爲周公將沒之言而準不作辟綴不作贅一者應兼通今古文或用古文尚書字或後人以古文改之古文伯一作敀者說文敀迮也从攴白聲周書曰常敀常任段云此壁中故書孔以今文讀作伯 **周公曰嗚呼休茲**

知恤鮮哉 歎此五者立政之本知憂得其人者少○周公曰嗚呼古文也今文作於戲休茲知恤鮮哉今文當與古文同○嗚呼作於戲者以下文作石經證之當然下不復出休茲知恤鮮哉者休美也恤憂也鮮少也言此五官皆近臣最所宜慎人君美此而知憂此者少矣哉蓋周初文言休恤相對成義召誥無疆惟休亦無疆惟恤及此可證也今文當同者蔡邕太尉楊公碑庶尹知恤又文烈侯楊公碑常伯劇任鮮克知臧以釐其寀並用知恤鮮哉之義是今古文同之證 **古之人迪惟有夏**

乃有室大競籲俊尊上帝 古之人道惟有夏禹之時乃有卿大夫室家大強猶乃招呼賢俊與共尊事上

天○古之人三句今文無徵書疏引王肅云古之人道惟有夏之大禹爲天子也與僞傳說同此又僞傳出肅之一證也○古之人迪惟有夏者畢以田云此及下文迪字當訓爲適迪即由字迪適也亦語詞釋詁適由皆訓自迪惟有夏猶云適惟有夏也乃有室大競者有室猶有家皋陶謨曰宣三德夙夜浚明有家謂卿大夫也釋言競彊也詩烈文無競惟人箋云人君爲政無彊於得賢人者言夏時在朝之卿大夫皆得其人可謂大彊矣籲俊尊上帝者說文籲呼也皋陶謨俊乂在官馬鄭注並云才德過千人爲俊釋言宗尊也尊亦爲宗得賢安民即所以尊事上天下文以敬事上帝立民長伯即其義也論衡語增篇以多士上帝引逸爲虞舜解上帝爲古帝今文義也此經上帝亦爲虞舜下文九德亦即皋陶謨之九德言夏之有室大彊夏后猶招呼俊乂以虞帝爲宗主也**迪知忱恂于九德之行**禹之臣蹈知誠信於九德之行謂賢智大臣九德皋陶所謀○迪知忱恂于九德之行今文無徵○迪知忱恂于九德之行者迪義見上下迪知同說文忱誠也釋詁恂信也皋陶謨亦行有九德故曰九德之行言俊乂之臣於皋陶所云九德之行知誠信之**乃敢告教厥后曰拜手稽首后矣曰宅乃事宅乃牧宅乃準茲惟后矣**知九德之臣乃敢告敎其君以立政君矣亦猶王矣宅居也居汝事六卿掌事者牧牧民九州之伯居內外之官及平法者皆得其人則此惟君矣○乃敢告敎厥后曰六句今文無徵宅當作度準當作辟○乃敢告教厥后曰云云者言誠信九德之臣乃敢告教其君拜手稽首而陳言也宅乃事者釋言宅居也孫云事謂三事大夫詩

十月之交擇三有事傳云有事國之三卿先謙案下文準夫牧作三事知事卽三事孫說是也宅乃牧者書疏引鄭云殷之州牧曰伯虞夏及周曰牧白虎通封公侯篇州伯何謂也伯長也唐虞謂之牧者曰尚質使大夫往來牧諸侯是也曲禮九州之長曰牧下文稱牧夫亦云牧作宅乃準者準謂執法之官三代愼刑特言之上文準人謂左右用法之臣故與常伯及虎賁等並列此準人是大臣故三宅並重經義甚明或以準卽上之準人非也言人君於內外重臣及執法大臣愼擇居位此惟我后矣宅作度者以下文惟厥宅心石經作度心例之準作辟者以上文準人石經作辟人例之知今文同

謀面用丕訓德則乃宅人茲乃三宅無義民謀所面見之事無疑則能用大順德乃能居賢人于眾官若此則乃能三居無義民大罪宥之四裔次九州之外次中國之外○謀面用丕訓德古文也今文謀上多亂字則乃宅人二句今文無徵宅當作度○謀面用丕訓德者孫云周書官人解有考言觀色是謀面也丕大也訓與順通先謙案孫說是也用丕訓德與下文用憸人不訓于德相對爲文義民者王念孫云古字俄義同聲通用學記蛾子時術之卽蟻子也說文俄行頃也廣雅釋詁俄衺也俄民卽邪民呂刑鴟義姦宄馬注義者傾衺反側也大戴禮千乘篇誘居室家有君子曰義與盜媟賊閒媟讒貸並舉管子明法解篇雖有大義主無從知之義皆與邪同訓先謙案多方篇乃惟以爾多方之義民不克永于多享案其文義並不能用正訓王讀義爲俄是也言察言觀色謀于其面而用大順九德之人則乃居其人於官此乃宅事宅牧宅準三者無邪民矣謀上多亂字者石經殘碑作亂謀面用下闕皮

云亂與率通語詞也梓材厥亂爲民論衡作厥率化民是其證**桀德惟乃弗作往任是惟暴德罔後**桀之爲德惟乃不爲其先王之法往所委任是惟暴德之人故絶世無後○桀德三句今文無徵○桀德惟乃弗作往任云云者言桀之爲德惟乃不爲往者任人之法是惟暴德之人是用以致無後後古德字不專作善解德之言得也得於心皆謂之德桀德受德暴德凶德可證**亦越成湯陟丕釐上帝之耿命**桀之昬亂亦於成湯之道得升大賜上天之光命王天下○亦越成湯二句今文無徵○亦越成湯云云者亦亦夏先王釋詁越猶及也陟升丕大釐賜也說文耿光也上帝有光命而大賜之於成湯此倒裝文法湯升其位則陟其命故云陟丕釐上帝之耿命也史記夏本紀陟天之命**乃用三有宅克即宅曰三有俊克即俊**湯乃用三有居惡人之法能使就其居言服罪又曰能用剛柔正直三德之俊能就其俊事言明德○乃用三有宅四句今文無徵○乃用三有宅云云者三有宅即上文事牧準三宅即就也言湯用三宅能就宅之位各稱其職其三宅所籲之俊能就俊俊之實不愧其名**嚴惟丕式克用三宅三俊**言湯所以能嚴威惟可大法象者以能用三居三德之法○嚴惟丕式二句今文無徵○嚴惟丕式云云者言湯之嚴威惟大法於天下者以能用三宅三俊故也殷本紀載湯誥告諸侯羣后毋不有功於民勤力乃事予乃大罰殛女毋予怨此湯嚴惟丕式古籍可徵者**其在商邑用協于厥邑其在四方用丕式見德**湯在商邑用三宅三俊之道和其邑

其在四方用是大法見其聖德言遠近化○其在商邑四句今文當與古文同○其其在商邑者邑猶國也白虎通京師篇尚書曰在商邑蓋指酒誥文與此經言之今文當同者石經殘碑作于厥邑其在下闕以文義推之上下文不容有異言其在商之都邑以是能協和于其邑其其在四方以大法布昭無敢違背兆民康樂見其聖德能用人也

嗚呼其在受德暋惟羞刑暴德之人同于厥邦受德紂字帝乙愛焉爲作善字而反大惡自強惟進用刑與暴德之人同于其國並爲威虐○嗚呼四句今文無徵嗚呼當作於戲邦當作國○嗚呼其在受德暋者釋文受德馬云受所爲德也說文忞彊也从心文聲周書曰在受德忞讀若旻段云此壁書也古音文聲昏聲敯聲同在第十三部忞或爲敯猶暋亦作汶書疏云釋詁敯強也敯卽昏也故訓爲強案此當云敯強也昏卽敯也故訓爲強乃合鄭注般庚亦讀昏爲敯先謙案受德與桀德同馬說是古文作受今文作紂牧誓毋佚諸篇可證惟羞刑暴德之人者廣雅釋詁羞辱也被刑受辱故曰羞刑牧誓言紂惟四方之多罪逋逃是宗是長是信是使俾暴虐於百姓羞刑暴德之人蓋卽指此而言同于厥邦者言同惡相濟與下同于厥政互文見義

乃惟庶習逸德之人同于厥政乃惟眾習爲過德之人同于其政言不任賢○乃惟庶習二句今文無徵○乃惟庶習逸德之人同于厥政者庶眾也習者與人君相親狎所謂左右近習之臣逸與失同逸德猶失德也詩伐木民之失德

帝欽罰之乃伻我有夏式商受命奄甸萬姓天以紂惡故敬罰之乃使我周家王有華夏得用商所受

天命同治萬姓言皇天無親佑有德○帝欽罰之四句今文無徵○帝欽罰之云云者釋詁欽欽憂也此欽亦訓憂釋詁伻使也說文夏中國之人也式法也奄大有餘也詩傳甸治也言上帝見紂之不善憂閔斯民而降罰於紂乃使我克有中夏法商之受天命代夏以大安治萬姓

亦越文王武王克知三有宅心灼見三有俊心紂之不善亦於文武之道大行以能知三有居惡人之心灼然見三有賢俊之心○亦越文王武王二句今文無徵宅當作度灼見三有俊心今文俊作會○亦越文王武王云云者言及文王武王能知事牧準三宅之心而使在官明見宅事牧準三俊之心而不失實廣雅釋訓灼灼明也說文焯明也从火卓聲周書曰焯見三有俊心段云作灼者同部假借字俊作會者石經殘碑作上闕有會心孫云釋詁會合也言明見三宅之合於心者始用之陳云會讀如會計之會會猶最也胡廣所謂課第長吏其有治能者爲最是也莊逵祖云會合也聚也言俊乂皆聚於其官也

以敬事上帝立民長伯言文武知三宅三俊故能以敬事上天立民正長謂郊祀天建諸侯○以敬事上帝今文與古文同立民長伯今文無徵劉云賢俊者上帝之心文武能官人所以事天治民卽夏王之顯俊尊上帝也傳以郊祀建侯解之非○今文同者石經殘碑作以敬事下闕立民長伯者立賢人以爲民長伯釋詁伯長也長伯同義

立政任人準夫牧作三事文武亦法禹湯以立政常任準人及牧治爲天地人之三事○立政任人二句今文無徵準當作辟○立政任人者總冒下文將欲立政則必擇人而任之準夫牧作三事者孫云卽上文事收準三宅

之倒文是也此言文王任人以此三宅爲最重尤加意焉準夫猶準人牧作者王先和云司士注作謂使之也射人疏作使也牧作謂膺牧民之任使者三事者詩十月之交三事大夫箋云三公是也

虎賁綴衣趣馬小尹趣馬掌馬之官言此三者雖小官長必慎擇其人○虎賁綴衣趣馬小尹古文也今文綴作贅○虎賁云云者自近臣先舉之綴作贅者孟子盡心篇趙注引書云虎賁贅衣趣馬小尹綴作贅與楊雄班固崔瑗所引今文合趣馬者周禮爲校人屬官馬十二匹立趣馬一人掌贊正良馬而齊其飲食是趣養馬之官職雖卑而常近人君故與虎賁贊衣並舉詩正月蹶維趣馬以此職居寵臣是其證矣小尹者三官之下各有小官書疏云趣馬郎下士其馬一匹有圍師一人是趣馬下有小官郎虎賁綴衣可知

左右攜僕百司庶府雖左右攜持器物之僕及百官有司主券契藏吏亦皆擇人○左右攜僕百司庶府今文無徵○左右攜僕者孫云蓋若周禮太僕射人也鄭注射人云射人與僕人俱掌王之朝位檀弓云扶君卜人師扶右射人師扶左注卜當爲僕聲之誤也僕人射人皆平時贊正君服位者然則此文左右攜僕正當彼二官之職也百司庶府者江云若曲禮云天子之六府曰司土司木司水司草司器司貨是也周禮則官名言司者尤多府則有太府玉府內府外府泉府天府之屬言百言庶皆凡括諸官之詞也書疏云百官有司之下主券契藏之吏謂其下賤人非百官也有司之身也先謙案此皆包舉官吏非置官不言也

大都小伯藝人表臣百司小臣猶皆慎擇其人況大都邑之小長以道藝爲表幹之臣及百官有司之職可以非其任乎○大都二

句令文無徵○大都小伯者其在外之大都邑居官則有小長蓋若邑宰之屬藝人者俞樾云藝當讀爲埶藝人埶御之人猶上之左右攜僕下云表臣百司猶上之百司庶府但有內外臣之別耳公卿都邑亦自有埶御之人儀禮有司徹篇私人于阼階上埶人其私人與私埶一也因字作藝昔儒遂以道藝釋之非表之言外因上有百司加外臣以明之

太史尹伯庶常吉士

太史下大夫掌邦六典之貳尹伯長官○大夫及旅掌常事之善士皆得其人○太史二句今文無徵○太史尹伯庶常吉士者舉內官之要職言之周禮太史下大夫掌建邦之六典又太宰掌建邦之六典太史副之貳太宰掌正太史掌貳六典治典教典禮典政典刑典事典太史有尹有伯皆長官若兩漢之太史令太史丞也其眾治常事者謂之吉士吉善也

司徒司馬司空亞旅

此有三卿及次卿眾大夫則是文武未伐紂時舉文武之初以爲法則○司徒司馬司空亞旅今文無徵○司徒司馬司空亞旅者孫云司徒司馬司空周禮六卿之三也曲禮云天子之五官曰司徒司馬司空司士司寇鄭注以爲殷制然則殷紂時天子五官文武爲諸侯降于天子故三官皮云孫說非也今尚書說天子三公曰司馬司徒司空公則古天子亦止有三公無六卿詳見甘誓先謙案舉內官自小至大故先太史尹伯而後及司徒司馬司空也亞旅者左文十六年傳宋華耦請承命於亞旅杜注亞旅上大夫也成二年傳魯賜晉三帥三命之服亞旅一命之服服注亞旅大夫也釋言亞次也釋詁旅眾也則亞旅爲次於卿之眾大夫

夷微盧烝三亳阪尹

蠻夷微盧之眾師及亳人之歸文王者三所爲之立監及亳阪地之尹

長皆用賢○夷微盧烝三亳阪尹今文無微盧當作纑○夷微盧烝者釋詁烝君也言夷地微盧二國皆有君長書疏云此舉夷微盧以見彭濮等諸夷也先謙案夷地屬周先後不一或文王時微盧之君先服至武王時始有彭濮諸夷也今文盧作纑者史記錄牧誓文作微纑彭濮人此文當同微地無攷盧即左傳之盧戎一作盧戎三亳阪尹者書疏引鄭云三亳者湯舊邦之民服文王者分爲三邑其長居險故曰阪尹蓋東成皋南轘轅西降谷也孫云阪是三阪之名尹是正長之稱既分亳爲三邑各爲立長其長稱阪尹以居峻險處也地理志成皋故虎牢或曰制左傳所云制巖邑也轘轅見國策降谷即函谷降函聲相近江云鄭以亳北臨大河於其東西南三面推求以成皋轘轅函谷當三亳阪險之處皇甫謐說三亳以蒙爲北亳穀熟爲南亳偃師爲西亳不可信也先謙案三亳之說從鄭爲安但謂置尹於阪險似未甚合疑阪亦地名三亳與阪各置尹也知者左昭二十三年傳單子從阪道劉子從尹道阪道尹道分爲二地蓋文王時得此阪地因立阪尹歷年久遠制變名留後人取爲二道之目地名改革失其本眞如續漢志會稽郡下之東郡侯國本爲東部侯官今爲侯官縣之比阪道尹道地在王城古之周南今之洛陽是文王開拓疆土成周一帶實已來屬故於其地置官也此及三亳皆在中夏而官列夷微盧烝之下者蓋文王受命後經略之轄地故郲立官名以別之於周邦之舊焉

文王惟克厥宅心乃克立茲常事司牧人以克俊有德文王惟其能居心遠惡舉善乃能立此常事司牧人用能俊有德者○文王惟克厥宅心古文也今文惟作維宅作度無克字乃克

立茲常事司牧人二句今文無徵○今文惟作維云云者石經殘碑作□王維厥度心乃下闕惟維宅度今古文之異宅度義同言人君宅人在先能宅心文王惟能自宅其心乃能立此常事及司牧人之人用能皆俊民有德者常事常任三事者即上文之宅乃事也司牧主司牧民者即上文之宅乃牧也宅乃準見下**文王罔攸兼于庶言庶獄庶慎惟有司之牧夫**文王無所兼知于毀譽眾言及眾刑獄眾所當慎之事惟慎擇有司牧夫而已勞於求才逸於任賢○文王罔攸兼于庶言三句今文無徵○文王罔攸兼于庶言者言人君用人必資兼聽文王則不然由其宅心公明於人心克知灼見無所兼于眾言之薦達如拔呂尚於漁釣舉顯夭於兔罝皆其明證非他人所庶幾也庶獄庶慎惟有司之牧夫者言眾獄則眾慎之惟責成有司牧民之人不更言宅乃準者以宅準是朝廷專任之一人如虞廷皋陶作士之比至於天下刑獄惟司牧者分任之而受成於在上之準人以事至繁重故非宅準一語所能賅舉也**是訓用違庶獄庶慎文王罔敢知于茲**是萬民順法用違法眾獄眾慎之事文王一無敢自知於此委任賢能而已○是訓用違三句今文無徵○是訓用違者用以也以猶與也訓與順通是順與違猶言或順或違以眾獄之必賴眾慎雖文王無敢與知於此事孫云法者天下之平君欲知之必有承望意旨以爲輕重者故不敢康誥云勿庸以即汝封亦此意也**亦越武王率惟敉功不敢替厥義德**亦於武王循惟文王撫安天下之功不敢廢其義德奉遵父道○亦越武王三句今文無徵○亦越武王云云者說

文敉撫也小視注安也兩率惟語詞孫云率與欥通詩作聿言**率**
亦及武王撫安天下之功不敢替廢其治事之義愛民之德也
惟謀從容德以並受此丕丕基武王循惟謀從文王寬容之德故君臣並受此大大之基業傳之子
孫○率惟謀從容德今文無徵以並受此丕丕基古文也今文此
作茲基作其○率惟謀從容德者釋言謀心也禮鄭注從順也言
武王之心順於寬容之德故舊無大故不棄無求備於一人以並
受此丕丕基者言文武作述並受大業僞傳言君臣非此作茲基
作其者石經殘碑作上闕受茲丕丕其段云大誥亦有丕丕基莽
誥作大大矣以矣訓基蓋今文大誥亦作丕丕其其語詞讀如姬
周頌夙夜其命其始也蓋古文尚書本作其與今文同後訓爲始
乃加土耳皮云莽作大誥云始而大大矣明以始訓基石經此文
作其即基字省文並非語詞江說同**嗚呼孺子王矣**歎稚子今以爲王矣不可不勤法祖考之德○嗚呼孺子王矣
今文嗚呼作於戲○嗚呼作於戲者石經殘碑作於戲下闕**繼自今我其立政立事準人牧夫**
我其克灼知厥若丕乃俾亂繼用今已往我其立政大臣立事小臣及準人牧夫我其能灼然知其順
者則大乃使治之言知臣下之勤勞然後莫不盡其力○繼自今
五句今文無徵準當作辟○繼自今云云者釋詁若順也亂治也
言自今以往我其以立政爲要於建立事準牧三宅之人我其如
文王之克知灼知其人而善乃使治其職而爲立政之大臣江云
丕乃連文是語詞丕發語聲般庚丕乃字四見亦當如此解**相我受民和我庶獄庶慎時則勿**

能治我所受天民和平我衆獄衆愼之事如是則勿有以
有間之代之言不可復變○相我受民二句今文無徵時則勿有
間之今文勿作物○相我受民云云者受民謂受天命與我之民
洛誥承保乃文祖受命民又云誕保文武受民此義同也詩傳相
助也鄭語韋注和平也說文間隙也言能助我受民平我衆獄衆
愼之事者是則宜專令治獄勿以他務間之以明刑之才尤難得
也今文勿作物者論衡明雩篇德豐政得災猶至者无妄也德衰
政失變應來者政治也政治則外雩而內改以復其虧无妄則內
守舊政外修雩禮以慰民心故夫无妄之氣應世時至當固自一
不宜改政何以驗之周公爲成王陳立政之言曰時則物有間之
自一話一言我則末維成德之彥以乂我受民周公立政可謂得
矣知非常之物不賑不至故敕成王自一話一言政事無非毋敢
變易然則非常之變無妄之氣間而至也水氣間堯旱氣間湯周
宣以賢遭遇久旱政無細非旱猶有氣間之聖主知之不改政行
轉穀以賑贍損鄴濟耗斯見之審明所以救赴之者得宜也王鳴盛
云據此勿當作物謂災物也易无妄鄭讀妄爲望言无所望劉逵
吳都賦注引易无妄曰災氣有九陽阨五陰阨四合爲九一元之
中四千六百一十七歲各以數至王充據此以說此經爲災物間
至不宜改政此必晚周學者相傳古訓也段云詳充意於末字句
絕末無也謂無非也不賑不至當作不賑不去謂去非常之災異
也侯康云司常雜帛爲物說文勿州里所建旗象其柄有三游雜
帛幅半異所以趣民是勿即物又勿無也而物故之物高堂隆答
魏朝訪亦訓爲無釋名續漢志注同蓋二字非獨音近義亦本通
矣但充釋此經與古文絕殊乃以物爲災物左僖四年傳必書雲

物注雲物氣色災變也史記留侯世家然言有物漢書東平王宇
傳或明鬼神信物怪充以物爲災怪義同於此案如論衡說相我
受民二句屬上爲義時則物有間之云云者江云時則物有乘間
而至者乃无妄之氣非政治所致也自一話一言政事无非無敢
變易我則終惟成德之美士以相我受民而已先謙案王充
依文立訓然以上下文義推之此不當言及災物侯說較長**自一**
話一言我則末惟成德之彥以乂我受民言政當用一善善在一言而已欲其口無擇言
如此我則終惟有成德之美以治我所受之民○自一話一言三
句今文與古文同惟作維○自一話一言云云者釋詁言也說
文會合善言也如禹益皋陶相與言於帝前所謂一話帝庸作歌
是自言所謂一言也周書孔注末終也釋訓美士爲彥言自一話
一言之間無不終思成德之美士以治我受民謂念念以**嗚呼予**
求賢爲事也今文同惟作維者論衡明雩篇引如此現
旦已受人之徽言咸告孺子王矣歎所受賢聖說禹湯之美言皆以告稚子王矣○嗚呼予旦已
受人之徽言古文也今文嗚呼作於戲已受作以前徽作微咸告
孺子王矣今文無徽○予旦已受人之徽言云云者江云徽善也
人之善言以上所云是也周公以所戒託爲羣臣之言故曰予旦
既受人之善言皆告孺子王矣先謙案已以字同据石經作以則
已不訓既已受作以前徽作微者石經殘碑作口旦以前人之微
言下闕東觀餘論同孫云漢書藝文志孔子沒而微言絕文選注
引論語崇爵讖曰子夏等六十四人共撰仲尼微言微與媺聲義
近媺言亦美言也皮云漢丹陽太守郭文碑微言絕矣漢人多用

微言字當訓精微之微顏注漢書精微要妙之言是也與微言訓美言不同義**繼自今文子文孫其勿誤**

于庶獄庶慎惟正是乂之文子文孫文王之子孫從今已往惟以正是之道治衆獄衆慎其勿誤○其勿誤于庶獄庶慎今文與古文同繼自今文子文孫惟正是乂之今文無徵○今文同者後漢陳寵傳寵上疏曰周公作戒勿誤庶獄節引經文繼自今文子文孫云云者江云文子文孫謂爲前王守文之子孫史記外戚世家繼體守文之君索隱守文謂非受命創制之君但守先帝法度爲之主爾言繼自今守文之子孫承重大之任其毋誤於衆獄衆慎之事惟用中正之人是治之先謙案此言自今以後之爲君者皆當永守成規以慎刑爲首務而後政可立也獄者萬民之命故周公尤反復致詳焉**自古商人**

亦越我周文王立政立事牧夫準人則克宅之克由繹之茲乃俾

乂言用古商湯亦於我周文王立政立事用賢人之法能居之於心能用陳之此乃使天下治○則克宅之克由繹之今文宅作度由作猶自古商人亦越我周文王立政立事牧夫準人茲乃俾乂今文無徵準當作辟○自古商人云云者商人謂商之先賢王釋詁由用繹陳也言自古商王亦及我周文王之立政於建立事牧準三者則能擇而居之至於所治之事能用敷陳之乃使治之郎唐虞詢事考言之道也宅作度由作猶者王應麟漢藝文志攷說漢儒所引異字有則克度之克猶繹之段云未檢得所出此今文尚書也**國則罔有立政用憸人不訓于德是罔顯在厥世**商周賢聖之國則無

八八○

有立政用憸利之人者憸人不訓于德是使其君無顯名在其世○國則罔有立政用憸人今文無徵不訓于德是罔顯在厥世古文也今文無于字在作哉○國則罔有立政用憸人者釋文憸本又作𢙎馬云憸利佞人也說文憸下云詖也𢙎下云疾利也據般庚憸民石經作散民此經今文憸亦當作散說文引下憸人作論人此處憸亦或作論訓與順同言凡有國無有用憸人而能立政者彼不順于德則才祇以濟惡是無能顯用在其世也今文無于字在作哉者石經殘碑作上闕訓德是罔顯哉厥世東觀餘論亦引是罔顯哉厥世先謙案不訓德與上文丕訓德相對成義侯康云州輔碑我貴不濡我貴卽在貴也與哉字形近疑因此致譌

繼自今立政其勿以憸人其惟吉士用勱相我國家立政之臣惟其吉士用勉治我國家○繼自今立政其勿以憸人三句今文無徵用勱相我國家今文勱作勖○繼自今立政云云者言憸佞之人傾覆邦家繼自今立政其勿用憸人其惟善士以勉助我國家說文勱勉力也从力萬聲周書曰用勱相我國家王篇引同皮云古文作邦今文作國僞孔用今文本說文論下云問也从言僉聲周書曰勿以論人段云論者今之驗字此於六書爲假借如玫狚等字之比亦壁書然也勱作勖者吳志孫權傳魏文帝策命權曰以勖相我國家勖亦勉也疑三家異文或以訓詁代也

今文子文孫孺子王矣告文王之子孫言稚子已卽政爲王矣所以厚戒○今文子文孫孺子王矣今文無徵○今文子文孫云云者言今周家守文之子孫自孺子王始矣

其勿誤于庶獄惟有司之牧夫獨言眾獄有司欲其

重刑慎官人○其勿誤于庶獄二句今文無徵○其勿誤于庶獄云云者言成王宜擇人專任江云上文庶獄庶慎文王罔敢知于茲言文王專任有司之牧夫也此文義亦然**其克詰爾戎兵以陟禹之迹**其當能治汝戎服兵器威懷並設以升禹治水之舊迹○其克詰爾戎兵二句今文無徵○其克詰爾戎兵云云者釋文詰馬云實也孫云實蓋責形近而誤廣雅釋詁詰責也江云大司寇鄭注詰謹也周語夫兵戢而時動動則威謹爾戎兵戢武修文以懷遠也陟登也禹覇成五服至于面各五千里四面相距爲方萬里要服以內爲中國分爲九州爲方七千里夏末既衰土地四削幅員減殺殷湯承之更制中國方三千里之界亦分爲九州各方千里周公輔成王致太平復禹之舊域分其五服爲九亦爲方萬里亦以要服之內方七千里爲九州是登復禹之舊迹也禮王制凡四海之內九州州方千里鄭注此大界方三千里三三而九方千里者九也其一爲縣內餘八各立一州此殷制**方行天下至于海表罔有不服**方四方海表蠻夷戎狄無不服化者乎○方行天下至于海表罔有不服古文也今文方作旁○方作旁者漢張衡東巡誥云旁行海表約此經文漢書地理志昔在黃帝作舟車以濟不通旁行天下晉書地理志昔黃帝旁行天下卽本漢志此今文作旁之明證**以覲文王之耿光以揚武王之大烈**能使四夷賓服所以見祖之光明揚父之大業○以覲文王之耿光以揚武王之大烈古文也今文覲作勤耿作鮮烈作訓○覲作勤云云者大傳周傳雒誥篇云以勤文王之鮮光而揚武王之大訓蓋卽用此經文石經殘碑作上闕王之鮮

光以揚武王下闕東觀餘論引文王之鮮光陳云鮮之訓爲明此言鮮光猶雒誥言明光也侯康云覲作勤者大宗伯注覲之言勤也欲其勤王之事是覲有勤義也蔡中郎筆賦紀三王之功伐兮表八百國之肆覲傳六經而綴百代兮建皇極而敘彝倫是覲又有勤音也耿作鮮者耿訓明鮮亦訓明是耿鮮義同也皮云今文作勤當與下揚字同義爾雅勤庸皆訓勞庸從庚有賡續之義凡勤勞者必賡續用力不絕也勤與庸同訓當亦有賡續之義爾雅賡揚續也是揚字訓續此經勤字亦當有續義上言勤下言揚皆謂賡續前人之功也

嗚呼繼自今後王立政其惟克用常人其惟能用賢才爲常人不可以天官有所私○嗚呼三句今文無徵嗚呼作於戲○嗚呼繼自今後王立政者皮云風俗通以此篇爲周公將沒之言故於繼自今後王反復申之以垂戒也魯世家於作立政後即云周公在豐病將沒則立政爲公臨沒之言應說可信其惟克用常人者江云大司樂以樂德教國子中和祇庸孝友鄭注庸有常也則有常是人之一德皋陶謨彰厥有常吉哉則其德有常乃爲善人先謙案有常爲吉其惟克用常人與上其惟吉士同意

周公若曰太史若順其事並告太史○周公若曰太史今文無徵○周公若曰太史者呼太史而告之周禮太史掌八法一曰官屬二曰官職三曰官聯四曰官常五曰官成六曰官法七曰官刑八曰官計又云凡辯法者攷焉蓋典籍藏於太史蘇公治獄有成書藏在太史故公特言之

司寇蘇公式敬爾由獄以長我王國忿生爲武王司寇封蘇國能用法敬汝所用之獄以長施行於我王國言主獄當求蘇公之比○司寇蘇

公式三句今文無徵○司寇蘇公式云云者左成十一年傳昔周克商使諸侯撫封蘇忿生以溫爲司寇杜注蘇忿生周武王司寇蘇公也式法也言司寇蘇公之法式能敬爾用獄以延長我王國之祚此敬當讀爲矜敬矜字通蘇公當武王初得天下用輕典爲多故云矜爾用獄

茲式有慎以列用中罰

此法有所慎行必以其列用中罰不輕不重蘇公所行太史掌六典有廢置官人之制故告之○茲式有慎二句今文無徵○茲式有慎云云者大司寇刑平國用中典鄭注平國承平守成之國用中典者常行之法案中罰即中典也成王時正承平守成之世故周公以用中典爲戒有讀爲又言此時之法式不同蘇公爲司寇時又當慎益加慎以條列之而用其中罰焉勿用重典也葢周公矜恤民命之意如此

周官第二十二

周書　孔氏傳　王先謙參正

周官言周家設官分職用人之法○此梅氏古文之二十一周紀成王既絀殷命襲淮夷歸在豐作周官興正禮樂度制於是改而民和睦頌聲興魯世家云成王在豐天下已安周之官政未次序於是周公作周官官別其宜作立政書序成王既黜殷命滅淮夷還歸在豐作周官今古文說竝同惠云鄭氏書序立政在周官後梅氏置周官前以立政官名與周官矛盾故耳明邵寶謂立政固任人而未定官制此未考古文書序而妄爲之說也

惟周王撫萬邦巡侯甸卽政撫萬國巡行天下侯服甸服○惠云周語韋昭注聘者王者所以撫萬國存省之竹書紀年成王十九年王巡守侯甸方岳召康公從歸于宗周遂正百官**四征弗庭綏厥兆民**四面征討諸侯之不直者所以安其兆民十億曰兆言多○惠云左傳以王命討不庭又曰同討不庭杜注下之事上皆成禮於庭中**六服羣辟罔不承德歸于宗周董正治官**六服諸侯奉承周德言協服還歸於豐督正治理職司之百官○惠云孔疏周禮九服此惟言六歸于宗周董正治官見上閻云周禮治官專指天官冢宰非可泛及僞書首云董正治

官似未諳治字之義**王曰若昔大猷制治于未亂保邦于未危**言當順古大道制治安國必于未亂未危之前思患預防之○梅云詩匪大猷是經老子爲之於未有治之於未亂易曰危者有其安者也惠云漢書匈奴傳楊雄上書曰臣聞六經之治貴於未亂**曰唐虞稽古建官惟百內有百揆四岳外有州牧侯伯**道堯舜考古以建百官內置百揆四岳象天之有五行外置州牧十二及五國之長上下相維內外咸治言有法○梅云堯典百姓百工僞傳俱訓百官百揆以下見堯典皋陶謨閻云百揆非官名左傳解最分明僞書不通此義疑誤後人之甚者**庶政惟和萬國咸寧**官職有序故衆政惟和萬國皆安所以爲至治○梅云萬國咸寧見易**夏商官倍亦克用乂**禹湯建官二百亦能用治言不及唐虞之清要○惠云禮明堂位有虞氏官五十夏后氏官百文雖不同見夏商官倍於唐虞也梅云康誥乃非德用乂**明王立政不惟其官惟其人**言聖帝明王立政修教不惟多其官惟在得其人○梅云書有立政篇文子世子惟其人**今予小子祗勤于德夙夜不逮**今我小子敬勤於德雖夙夜匪懈不能及古人言自有極○梅云呂刑罔不惟德之勤先謙案詩庶幾夙夜論語恥躬之不逮也**仰惟前代時若訓迪厥官**言仰惟先代之法是順訓蹈其所建官而則之不敢自同堯舜之官準擬夏殷而蹈之**立太師太傅太保茲惟三公論道經邦燮理陰陽**師天子所師法傅傅

相天子保保安天子於德義者此惟三公之任佐王論道以經緯國事和理陰陽言有德乃堪之○惠云羅義云太師太傅太保非三公也然則何官曰此太子三公也保氏序官疏引鄭小同所撰鄭志云趙商問曰案成王周官立太師太傅太保茲惟三公卽三公之號自有師保之名成王周官是周公攝政三年事此周禮攝政六年時則三公自名師保起之在前何也答曰周公左召公右兼師保初時然矣案孔氏逸書無周官趙商據以爲說此必見緯書及書大傳梅賾卽用之以入周官也閻云論道經邦本考工記或坐而論道來西漢以丞相太尉御史大夫爲三公漢書丙吉傳三公典調和陰陽程云漢書陳平傳宰相上佐天子理陰陽職所當憂此自謂其丞相爲三公耳與太師太傅太保之三公不相涉僞書不通西漢時三公妄以太師太傅太保當之曰茲惟三公變理陰陽失之遠矣

官不必備惟其人 三公之官不必備員惟其人有德乃處之○惠云禮文王世子記曰虞夏商周有師保有疑丞設四輔及三公不必備唯其人語使能也

少師少傅少保曰三孤 此三官名曰三孤孤特也言卑於公尊於卿特置此三者○梅云公孤見周禮太師太傅太保少師少傅少保見賈子新書今案周禮孤廁於三公之下卿大夫之上而無三孤之數賈子有三公三少之數而非三孤之稱此文太師太傅太保爲三公少師少傅少保曰三孤正用賈子保傅之語特改三少從周禮之孤耳考工記九卿注云六卿三孤

貳公弘化寅亮天地弼予一人 副貳三公弘大道化敬信天地之敎以輔我一人之治○梅云王制鄭注云三孤無職佐公論道班固燕然山銘寅亮聖明

冢宰掌邦治統百官均四海天官卿稱太宰主國政治統理百官均平四海之內邦國言任大○惠云周禮乃立天官冢宰使帥其屬而掌邦治以佐王均邦國又曰六典三曰禮典以統百官**司徒掌邦教敷五典擾兆民**小大皆協睦○惠云周禮乃立地官司徒使率其屬而掌邦教以佐王安擾邦國太宰曰二曰教典以擾萬民堯典敬敷五教案周禮司徒掌十有二教鄭注有虞氏五而周有十二焉據此周禮無敷五典之文周有六典教典爲司徒與唐虞異也閻云成王訓迪厥官不以本朝職掌而遠引上古之制殆必不爾**宗伯掌邦禮治神人和上下**春官卿宗廟官長主國禮治天神地祇人鬼之事及國之吉凶軍賓嘉五禮以和上下尊卑等列○惠云周禮乃立春官宗伯使帥其屬而掌邦禮以佐王和邦國又曰大宗伯掌建邦之天神人鬼地示之禮**司馬掌邦政統六師平邦國**夏官卿主戎馬之事掌國征伐統正六軍平治王邦四方國之亂者○惠云周禮乃立夏官司馬使帥其屬而掌邦政以佐王平邦國又云凡制軍王六軍詩整我六師顧命張皇六師皆以六軍爲六師故亦變六軍言六師也**司寇掌邦禁詰姦慝刑暴亂**秋官卿主寇賊法禁治姦惡刑强暴作亂者夏官司馬討惡助長物秋官司寇刑姦順時殺○惠云周禮乃立秋官司寇使帥其屬而掌邦禁以佐王刑邦國又曰佐王刑邦國詰四方**司空掌邦土居四民時地利**冬官卿主國空土以居民士農工商四民使順天時分地利授之土能吐

生百穀故曰土○閻云周禮太宰六典六曰事典小宰六官六曰冬官掌邦事又六曰事職則司空斷宜曰掌邦事此易爲邦土者殆以左傳聃季爲司空又曰聃季授土之故不知司空事繁備見鄭注非土字所能包括也又云王制司空執度度地居民山川沮澤時四時非此司空掌邦土居四民時地利之所從出乎惠云周初士不在四民之列始於管子之士鄉

六卿分職各率其屬以倡九牧阜成兆民

之六卿各率其屬官大夫士治其所分民之性命皆能其官則政治○惠云各率其屬見上九牧見逸周書閻云漢書百官公卿表夏殷無聞焉周官則備矣天官冢宰地官司徒春官宗伯夏官司馬秋官司寇冬官司空是爲六卿各有徒屬職分周於百事太師太傅太保是爲三公蓋參天子坐而議政無不總統故不以一職爲官名又立三少爲之副少師少傅少保是爲孤卿與六卿爲九焉記曰三公無官言其有人然後充之中段所本

六年五服一朝

五服侯甸男采衛六年一朝會京師○惠云左昭十三年傳叔向曰明王之制使諸侯歲聘以志業間朝以講禮再朝而會以示威再會而盟以顯昭明孔疏周官六年五服諸侯一時朝王即此再朝而會是也此傳之文與尙書正合不知乃梅賾竊左傳之文也姚際恆云周蓋三年一朝故叔向云間朝杜注十二年有四朝是也春秋以降文襄世霸簡之至五歲而朝子太叔稱其不煩諸侯果如僞書六年一朝叔向不妄語乎且上云六服此云五服少卻一服則多卻一年又不知如何分年耳閻云禹貢五服甸侯綏要荒連帝畿在內周禮六服不數王畿曰侯甸男采衛要又有九服與九畿同皆不數王畿

曰侯甸男采衞蠻夷鎮藩並無五服晚書前曰六服合周制矣此五服將以爲同禹貢乎不應內諸侯與外諸侯同一朝期以五服爲仍周制而除去要服乎不應周家大一統之時即有荒服不至之事反復皆不可通**又六年王乃時巡考制度于四岳**周制十二年一巡守春東夏南秋西冬北故曰時巡考正制度禮法于四岳之下如虞帝巡守然○惠云周禮大行人十有二歲王巡守邦國**諸侯各朝于方岳大明黜陟**覲四方諸侯各朝于方岳之下大明考績黜陟之法○惠云左傳再會而盟以顯昭明杜注十二年而一盟所以昭信義也再會王一巡守盟于方岳之下孔疏杜言巡守盟于方岳闡與周官符同不知亦梅賾竊左傳及杜注而爲之耳黜陟見堯典姚際恆云自阜成兆民以上皆王言下又著王曰中間入六年至大明黜陟一段爲史臣紀事語夾雜淩亂無此體格**王曰嗚呼凡我有官君子欽乃攸司愼乃出令令出惟行弗惟反**有官君子大夫以上歎而戒之使敬汝所司愼汝出令從政之本令出必惟行之不惟反改若二三其令亂之道○梅云漢書劉向傳向上封事云易云渙汗其大號號令如汗汗出而不反者也今出善令未能踰時而反是反汗也**以公滅私民其允懷**從政以公平滅私情則民其信歸之○惠云說文倉頡作書背厶者謂之公梅云左文六年傳臾騂曰以私害公漢書賈捐之傳徇公絕私**學古入官議事以制政乃不迷**言當先學古訓然後入官治政凡制事必以古義議度終始政乃不迷錯○梅云左襄三十一年傳子産曰僑

聞學而後入政昭六年傳叔向曰昔先王議事以制**其爾典常作之師無以利口亂厥官**其汝爲政當以舊典常故事爲師法無以利口辯佞亂其官○梅云孟子作之師論語惡利口之覆邦家者**蓄疑敗謀怠忽荒政不學牆面蒞事惟煩**積疑不決必敗其謀怠惰忽略必亂其政人而不學其猶正牆面而立臨政事必煩○梅云論語不爲周南召南其猶正牆面而立也與**戒爾卿士功崇惟志業廣惟勤惟克果斷乃罔後艱**此戒凡有官位但言卿士舉其掌事者功高由志業廣由勤惟能果斷行事乃無後難言多疑必致患○梅云易所以崇德而廣業也詩無有後艱顧炎武曰詩虡業惟縱傳業大板也所以飾栒爲縣捷業如鋸齒或白畫之爾雅大板謂之業左傳學人舍業禮大功廢業並謂此也縣者常防其墜故借爲敬謹之業書之兢兢業業詩之赫赫業業有震且業是也凡人所執之事亦當敬謹故又借爲事業之業易傳進德修業可大則賢人之業盛德大業禮記之敬業樂羣是也然三代詩書之文並無此義而業廣惟勤一語乃出梅氏之古文尚書其不可信也決矣**位不期驕祿不期侈**貴不與驕期而驕自至富不與侈期而侈自來驕侈以行己所以速亡○梅云戰國策平原君引公子牟與應侯曰貴不與富期而富至富不與粱肉期而粱肉至粱肉不與驕奢期而驕奢至驕奢不與死亡期而死亡至**恭儉惟德無載爾僞**言當恭儉惟以立德無行姦僞○梅云孟子曰侮奪人之君惡得爲恭儉恭儉豈可以聲音笑貌爲哉左襄三十年傳引詩曰淑愼爾止無載

爾偽**作德心逸日休作偽心勞日拙**爲德直道而行於心逸豫而名日美爲偽飾巧百端於心勞苦

而事日拙不可爲**居寵思危罔不惟畏弗畏入畏**言雖居貴寵當思危懼無所不畏若乃不畏則

入可畏之刑○先謙案荀子仲尼篇安則慮危惠云太元禮次七日出禮不畏入畏范望注家信爲禮違出其表未有所畏故曰不

畏出禮入刑入刑以正衰故曰入畏偽傳若乃不畏則入可畏之刑用范注也**推賢讓能庶官乃和不和**

政厖賢能相讓俊乂在官所以和諧厖亂也○惠云荀子非十二子篇推賢讓能而安隨其後如是有寵則必榮梅云劉向封

事日雜遝衆賢罔不肅和崇推讓之風以銷分爭之訟又曰此皆不和賢不肖易位之所致也**舉能其官惟爾之**

能稱匪其人惟爾不任所舉能修其官亦惟汝之功能舉非其人亦惟汝之不勝其任**王曰嗚呼**

三事暨大夫敬爾有官亂爾有政歎而敕之公卿已下各敬居汝所有之官治汝所有之職○閻

云偽書以詩有三事大夫鄭箋專指三公此則欲併孤與六卿之屬皆及故云暨大夫總承上文之詞**以佑乃辟永**

康兆民萬邦惟無斁言當敬治官政以助汝君長安天下兆民則天下萬國惟乃無厭我周德○梅云詩以佐

戎辟

君陳第二十三

周書　孔氏傳　王先謙參正

君陳臣名也因以名篇○此梅氏古文之二十二書序周公既沒命君陳分正東郊成周作君陳詳見序

王若曰君陳惟爾令德孝恭言其有令德善事父母行己以恭○梅云周語單襄公曰驩此其孫也而令德孝恭非此其誰**惟孝友于兄弟克施有政**言善父母者必友于兄弟能施有政令○閻云論語曰書云孝乎惟孝友于兄弟施于有政包咸注孝乎惟孝美大孝之詞書云句孝乎惟孝句晉書夏侯湛昆弟誥古人有言孝乎惟孝友于兄弟潘岳閒居賦序孝乎惟孝友于兄弟此亦拙者之爲政也梁元帝劉孝綽墓志銘孝乎惟孝與武陵王書云友于兄弟爲唐王利貞幽州石浮圖頌云孝乎惟孝忠爲令德張齊賢奉眞宗命撰弟子贊云孝乎惟孝曾子稱焉張耒黃氏友于泉銘云孝乎惟孝友于兄弟又錢謙益家藏湻熙九經本點斷句讀號稱精審亦以孝乎惟孝四字爲句僞書竟將孝乎二字讀斷以爲孔子之語歷覽載籍所引詩書之文從無此等句法朱子從之遂改論語之讀又云論語所引未知何篇作僞者見坊記鄭注君陳蓋周公之子伯禽弟也故以孝友二語實之又嫌接君陳太突特裝惟爾令德孝恭一句爲贊本文尹茲東郊從有政生下湊泊彌縫痕迹宛然或問孝乎惟孝句法它處有之否予曰禮仲尼燕居子曰禮乎禮素問形乎形神乎神史記淮陰侯傳蒯通曰時乎時不再來子法言有習乎習雜乎雜辰乎辰才乎才皆是惠云釋文孝于一楊本作孝乎古論語作孝于惟孝蔡邕石經作孝于御覽引華嶠後

漢書劉平江革等傳序云此殆所謂孝于惟孝友于兄弟施于有政是亦爲政也唐石經始定爲乎**命汝尹茲東郊**

敬哉正此東郊監殷頑民敎訓之○惠云竹書紀年成王十一年王命周平公治東都沈約注周平公卽君陳周公之子伯禽之弟序云命周公分正東郊成周**昔周公師保萬民民懷其德往愼乃司茲率厥**

常言周公師安天下之民民歸其德今往承其業當愼汝所主此循其常法而敎訓之○梅云左襄十四年傳王使劉定公賜齊侯命曰昔伯舅太公股肱周室師保萬民今余命爾環茲率舅氏之典**懋昭周公之訓惟民其乂**勉明周公之敎惟民其治○先謙案康誥乃其乂民**我聞曰至治馨香感于神明黍稷非馨明**

德惟馨所聞上古聖賢之言政治之至者芬芳馨氣動于神明所謂芬芳非黍稷之氣乃明德之馨勵之以德○梅云左僖五年傳宮之奇引周書曰黍稷非馨明德惟馨下云若晉取虞而明德以薦馨香神其吐之乎卽至治馨香感于神明之謂然則所謂我聞者曷聞哉聞諸宮之奇而已閻云詳左傳元文馨香本屬黍稷言黍稷本屬祀神言謂祀神所重在德苟有德其馨香非第黍稷而已乃明德之馨香也今上無黍稷字突曰至治馨香馨香於至治何與此不言祀神事下又突曰黍稷非馨黍稷於治民何與種種迷謬皆爲吞剝周書成語三國志張紘傳紘牋曰自古有國有家者咸欲修德政以比隆盛世至於其治多不馨香竊以此爲作僞者所本**爾尚式時周公之猷訓惟日孜孜無敢逸豫**汝庶幾用是周公之道敎

殷民惟當日孜孜勤行之無敢自寬暇逸豫○梅云臯陶
謨予思日孜孜康誥無康好逸豫先謙案詩無敢戲豫**凡人未**
見聖若不克見既見聖亦不克由聖道此言凡人有初無終未見聖道如不能得見已見聖道亦
不能用之所以無成○梅云禮緇衣君陳云
未見聖若己弗克見既見聖亦不克由聖**爾其戒哉爾惟風下**
民惟草汝戒勿爲凡人之行民從上教而變猶草應風而偃
不可不慎○梅云論語君子之德風小人之德草**圖厥**
政莫或不艱有廢有興出入自爾師虞庶言同則繹謀其政無有不先慮其難
有所廢有所起出納之事當用汝衆言度之衆言同則陳而布之
禁其專○梅云緇衣君陳曰出入自爾師虞庶言同無則繹二字
爾有嘉謀嘉猷則入告爾后于內爾乃順之于外汝有善謀善道則入告汝君於
內汝乃順行之於外○梅云禮坊記君陳曰爾
有嘉謀嘉猷入告爾君於內女乃順之於外**曰斯謀斯猷惟我**
后之德此善謀此善道惟我君之德善則稱君人臣之義○梅云緇衣君陳曰日此謀此猷惟我君之德**嗚呼臣**
人咸若時惟良顯哉歎而美之曰臣於人者皆順此道是惟良臣則君顯明於世○梅云緇衣君陳曰於乎是
惟良顯哉臯陶謨咸若時惟惠云春秋繁露所引與坊記同云忠臣
不顯諫欲其由君出也古之良大夫其事君皆若是困學紀聞云
先儒謂成王失言蓋將順其美善則稱君固事君之法然君不可
以是告其臣順之一字其獘爲諫有善歸主李斯所以亡秦也閻

愎之君誦斯言則歸過求名之疑不可解矣閻云爾有云云出於臣工之相告誡則爲愛君出於君之告臣則爲導諛導諛中主所不爲而謂三代令辟如成王爲之乎坊記子云善則稱親過則稱己則民作忠下引君陳曰云云子又云善則稱君過則稱己則民作孝下引太誓曰予克紂非予武惟朕文考無罪紂克予非朕文考有罪惟予小子無良以取證太誓爲人子之言則取證君陳必爲人臣之言例可知也假若文王告武王曰汝克紂非汝武惟朕無罪可乎不可也作僞者見書序命君陳云云遂通篇作成王語安知當日不更參以臣言如顧命例邪

王曰君陳爾惟弘周公丕訓無依勢作威無倚法以削汝爲政當闡大周公之大訓無乘勢位作威人上無倚法制以行刻削之政○梅云篇內言周公訓者三**寬而有制從容以和**寬不失制動不失和德教之治○梅云苟子寬而不慢立政率惟謀從容德**殷民在辟予曰辟爾惟勿辟予曰宥爾惟勿宥惟厥中**殷人有罪在刑法者我曰刑之汝勿刑我曰赦宥汝勿宥惟其當以中正平理斷之○梅云禮文王世子有司讞于公其死罪則曰某之罪在大辟其刑罪則曰某之罪在小辟公曰宥之有司又曰在辟公又曰宥之有司又曰在辟呂刑惟良折獄罔非在中**有弗若于汝政弗化于汝訓辟以止辟乃辟**有不順於汝政不變於汝教刑之而懲止犯刑者乃刑之**狃于姦宄敗常亂俗三細不宥**習於姦宄凶惡毀敗五常之道以亂風俗之教罪雖小三犯不赦所以絕惡源○梅云堯典寇

賊姦宄康誥乃惟終自作不典式爾有厥罪小乃不可不殺**爾無忿疾于頑無求備于一夫**人有頑嚚不喻汝當訓之無忿怒疾之使人當器之無責備于一夫○梅云論語無求備于一人**必有忍其乃有濟****有容德乃大**爲人君長必有所含忍其乃有所成有所包容德乃爲大欲其忍恥藏垢○梅云周語富辰曰書有之曰必有忍也若能有濟也韋注若乃也**簡厥修亦簡其或不修**簡別其德行修者亦別其有不修者善以勸能惡以沮否○梅云禮王制簡不肖以絀惡命鄉簡不率教者**進厥良以率其或不良**進顯其賢良者以率勉其有不良者使爲善**惟民生厚因物有遷**言人自然之性敦厚因所見所習之物有遷變之道故必慎所以示之○梅云左成十六年傳申叔時曰民生厚而德正先謙案孟子物交物則引之而已矣**違上所命從厥攸好**人之於上不從其令從其所好故人主不可不慎所好○梅云大學其所令反其所好而民不從**爾克敬典在德時乃罔不變允升于大猷**汝治人能敬常在道德是乃無不變化其政教則信升於大道○梅云康誥勿替敬典此文所本**惟予一人膺受多福**汝能升大道則惟我一人亦當受其多福無凶危○梅云盤庚惟予一人有佚罰**其爾之休終有辭於永世**非但我受多福而已其汝之美名亦終見稱誦於長世言沒而不朽○先謙案雒誥汝永有辭此與太甲萬世有辭所本

尚書　　孔傳參正二十九

顧命第二十四

周書　孔氏傳　王先謙參正

顧命實命羣臣敘以要言○書序成王將崩命召公畢公率諸侯相康王作顧命周紀成王將崩懼太子釗之不任乃命召公畢公率諸侯以相太子而立之成王既崩二公率諸侯以太子釗見於先王廟申告以文王武王之所以爲王業之不易務在節儉毋多欲以篤信臨之作顧命釋文引馬云成王將崩顧命康王命召公畢公率諸侯輔相之集解及書疏引鄭云臨終出命故謂之顧顧將去之意也回首曰顧

惟四月哉生魄王不懌成王崩年之四月始生魄月十六日王有疾故不悅懌○惟四月哉生魄王不懌古文也今文作惟四月哉生霸王有疾不豫○惟四月哉生魄王不懌者書疏及詩烈文疏引鄭云此成王二十八年居攝六年爲年端孫云紀年成王三十九年陟是以武王崩之明年爲成王元年統周公居東二年攝政七年凡九年故三十七年除此九年則爲二十八年與鄭合竹書後出或即用鄭義云居攝六年爲年端者王鳴盛云詩疏引此注不全當續其下云至此三十年文義乃備知者鄭注康王之誥云周公居攝六年制禮作樂至此三十年居攝終於七年加二十八年故三十年也又注金縢云據大傳大戴

禮武王崩成王年十歲三年喪畢年十三將踐阼稱己小求攝管蔡流言周公避居東三年感風雷迎公歸時成王年十五即居攝元年五年營成周六年制禮作樂七年致政明年成王即政年二十二即政二十八年崩年四十九也案新書修政篇成王年二十歲即位享國親以身見於粥子之家而問焉與此推爲年二十二又不同釋文懌馬本作不釋云不釋疾不解也段云釋懌同字詩悅懌女美鄭箋讀爲說釋僞孔云不悅懌猶今人云不爽快不自在也其疾淺馬云疾不解則深矣今文云云者漢書律厤志引劉歆三統厤云成王元年正月己巳朔此命伯禽俾侯于魯之歲也後三十年四月庚戌朔十五日甲子哉生霸故顧命曰惟四月哉生霸王有疾不豫甲子王乃洮沬水作顧命孫云成王在位年數史記無文劉歆說以哉生霸爲十五日亦不可信皮云白虎通日月篇三日成魄是以月明生爲生霸則明盡爲死霸晦日爲死霸故朔日爲既死霸二日爲旁生霸死盡則復生故三日爲哉生霸禮記說文緯書推度災援神契之說皆同是今古文家無異說惟劉歆以爲十五日甲子哉生霸則與古義大異與經義亦不相符經云惟四月哉生霸王有疾不豫甲子王乃洮沬水則甲子與哉生霸必非一日若甲子即哉生霸之日則於是日得疾即於是日作顧命無此急遽之事若謂成王以暴疾猝崩又何云病日臻既彌留乎然則劉歆所引經雖爲今文尚書而其自爲之說殆不可據以爲成王三十年亦與鄭說不同鄭所推多居東三年故謂武王崩成王十歲周公居攝成王十五今文家說雖不可攷然據大傳云居攝四年建侯衞成王年十八稱孟侯則武王崩周公居攝時年當十四五與鄭說不相遠其後或當如鄭所推通鑑外紀引

王肅注亦云成王二十八年崩說與鄭同疑今文說本如是也若劉歆以爲文王受命九年而崩武王十一年觀兵十三年伐紂與史記文王受命九年而崩武王九年觀兵十一年伐紂始終皆差二年故以成王卽位爲三十年亦較鄭注二十八年差二年則劉說爲古文異說與今文不同也皇甫謐帝王世紀云八年王始躬親王事七年王崩年十六矣太子釗代立以成王崩年止十六說更難通如其說則康王當在襁褓中豈能冕服見諸侯作誥乃世紀又云康王元年釋喪冕作誥申諸侯何其自相矛盾先謙案律厤志引劉歆三統術以死霸爲朔生霸爲望言明生則魄死以魄爲月質與諸家不同如其說則甲子應是哉生霸特有疾作顧命在一日之內不可通耳釋詁哉始也

甲子王乃洮頮水相被冕服憑玉几

王發大命臨羣臣必齋戒沐浴今疾病故但洮盥頮面扶相者被以冠冕加朝服憑玉几以出命○甲子王乃洮頮水相被冕服憑玉几古文也今文頮作沬今古文憑當作凭○甲子王乃洮頮水者釋文引馬云洮洮髮也頮頮面也吳志注虞翻別傳翻奏鄭元解尙書違失四事成王疾困憑几洮頮爲濯以爲澣衣成事此字虛更作濯以從其非段云此爲濯之上當有脫文當云洮讀爲濯易其字故下文云此字虛更作濯鄭蓋以洮字不可解馬雖以洮髮訓之非由故訓故更爲濯字解爲浣衣雖於事或乖而於字義必求是翻乃云天子頮面謂之澣衣甚違不知蓋闕之義夫洮頮自是二事浣衣自釋濯耳非統頮在內也王鳴盛駁虞乃摘出洮頮爲濯四字系之鄭注似文理未安且云鄭無浣衣之語鄭未嘗作昧谷鄭未嘗作分北三苗云云虞親讀鄭

書注而非之非造爲蜚語以誣之王欲翼鄭而不能折虞且以誣虞矣洮讀爲濯者守祧注古文祧爲濯爾雅郭本珧衆家本皆作濯是其例也兆聲翟聲同在第二部頮作沬者律厤志引如此垷説文沬洒面也从水未聲又作湏云古文沬从頁則作沬者爲今文段云頮作湏誤孫云頮俗字當爲湏或沬漢書禮樂志注晉灼曰沬古靧字司馬遷傳集注云頮古沬字實則頮靧皆湏別字也衆經音義引通俗文淅米謂之洮汏爾雅釋文引釋訓注洮猶淅也玉藻日五盥沐稷而靧粱洮是淅米或當爲沐稷故馬以洮髮爲説也先謙案孫説是説文沬一作湏故沬邦之沬古亦作湏而誤爲須詩泉水云思須與漕也此千古疑案發自陳氏詩庭詳予所著詩三家義疏○相被冕服憑玉几者書疏引鄭云相者正王服位之臣謂太僕僕冕元冕孫云此以相爲相導之相周禮太僕掌正王之服位檀弓卜人師扶右注謂君疾時也卜當爲僕聲之誤也僕人射人皆平生時贊正君服位者中論法象篇顛沛而不亂者成王其人人也將崩體被冕服然後發顧命是説此經之義江云被冕服者以冕服加王身也司服云冕服有六元冕爲下皆祭服也覲禮云天子衮冕者以受諸侯朝覲於廟中故服冕服之尊者此時傳顧命蓋在路寢不得在廟中特以傳重大事比尋常視朝當加一等則此是元冕矣憑當作凴者司几筵注鄭司農云書顧命曰成王將崩命太保芮伯畢公等被冕服凴玉几孫云先鄭以相爲太保等也此蓋今文説與後鄭異皮云説文凭依几也从任几周書曰凭玉几讀若馮蓋古文作凭先鄭用今文作凴淮南王安上書云負黼扆凴玉几用今文亦作凴段云凭正字作凴者同音假借字經典凡馮河馮依字皆作馮皮冰反未有作憑者此必

衛包改尚書之馮爲憑而開寶中又改釋文之馮爲憑也**乃同召**
先謙案太保等大臣非爲王贊服之人孫説會先鄭意

太保奭芮伯彤伯畢公衛侯毛公同召六卿下至御事太保畢毛稱公則三公矣此先後六卿次第冢宰第一召公領之司徒第二芮伯爲之宗伯第三彤伯爲之司馬第四畢公領之司寇第五衛侯爲之司空第六毛公領之召芮彤畢衛毛皆國名入爲天子公卿○乃同召太保奭芮伯今文與古文同彤伯今文作師伯畢公衛侯今文無徵毛公今文與古文同○乃同召太保奭云云者同謂同召羣臣受顧命也詩淇奧疏桑柔疏引鄭云公兼官以六卿爲正次芮伯入爲宗伯畢公入爲司馬今文同者漢石經殘碑作乃闕召太保闕太保奭即召公論衡氣壽篇武王九十三而崩周公武王之弟也兄弟相差不過十年武王崩周公居攝七年復政退老出入百歲矣召公周公之兄也至康王之時尚爲太保出入百有餘歲矣芮伯者漢書人表第三等有芮伯與師伯同列顏注周司徒也蓋以六卿之序推之召公繼周公爲冢宰芮伯當爲司徒鄭云入爲宗伯或别有據桑柔序云芮伯畿内諸侯王卿士當即此芮伯子孫彤伯者路史國名紀彤伯爵成王子唐韻云成王支庶江云書疏引王肅云姒姓之國肅蓋據夏本紀禹後有彤城氏言之未必是此彤伯也彤蓋是采地非國名今文作師伯者人表第三等有師伯顏注周宗伯也尚書作彤伯顏亦以六卿之序推之畢公衛侯毛公者太宰鄭注都鄙公卿大夫之采邑王子弟所食邑周公毛聃畢原之屬在畿内者則畢毛皆畿内諸侯左僖二十四年傳魯衛毛聃畢原酆郇文之昭也則畢衛毛皆文王子也衛侯者皮云今文疑作衛

伯據史記衛世家康叔後代立者康伯孝伯嗣伯庢伯靖伯貞伯至頃侯侯厚賂周夷王王命衛爲侯是頃侯前衛稱伯不稱侯大傳孟侯指成王不指康叔史公蓋同伏生說也稱侯乃古文家說漢書地理志謂周封康叔號曰孟侯蓋班用大夏侯說與古文說同而與大傳史記皆不合此衛侯依大傳史記皆當作衛伯也毛公者人表第三等有毛叔鄭顏注文王子又有毛公顏注周司空也據此毛公毛叔鄭非一人顏云周司空亦以六卿之序推之孫云大傳天子三公司徒公司馬公司空公鄭注周禮天子六卿與大宰司徒同職者謂之司徒公與宗伯司馬同職者謂之司馬公與司寇司空同職者謂之司空公一公兼二卿舉下以爲稱鄭注君奭序荅趙商問皆謂三公兼師保則得師保之稱今此經六人中有三人爲三公自是以三公兼六卿者皮云三公兼六卿自是周制若周公未制禮以前止有三公並無六卿曲禮以太宰與宗祝史卜士並列白虎通以太宰爲天子之大夫皆今文家說曲禮列六太於五官之前以其爲司天之官故耳其實太宰秩卑非必同周之冢宰也若宗伯司寇其名亦不見於周以前尚書云秩宗即宗伯之職士即司寇之職在周以前此二官與太宰皆當爲三公之屬官不得與三公並列故牧誓立政與古太誓皆止有司徒司馬司空之官今文家說信而有徵若此經所列六人是周公制禮以後周有六卿之明證召公與畢公毛公爲三公即在六卿之中鄭云一公兼二卿惟可以解此經與大傳云天子止有三公其義判然不合且如鄭說畢公入爲司馬則召公當爲司徒毛公當爲司空畢毛爲司馬司空或當如鄭說若召公爲司徒則當時冢宰何人周公既薨豈有復位於召公之上者若謂一公兼二卿召公

以司徒兼冢宰當時六卿何以實有六人是知今尚書說天子三公乃周以前之制古周禮說天子六卿乃周公制禮以後之制鄭合今古文說傳會爲一其注大傳實與大傳之義不符孫氏引之不加別白非也

師氏虎臣百尹御事師氏大夫官虎臣虎賁氏百尹百官之長及諸御治事者○師氏虎臣百尹御事古文也今文虎作龍○師氏者見周禮地官中大夫一人掌以媺詔王人表第三等有師氏顏注周大夫也虎作龍者人表第三等有龍臣顏注周武賁氏也尚書作武臣段云唐諱虎爲武師伯龍臣今文尚書也班以師氏龍臣爲人名顏用僞傳以虎注龍誤

王曰嗚呼疾大漸惟幾自歎其疾大進篤惟危殆○王曰嗚呼疾大漸惟幾今文與古文同○疾大漸惟幾者漸進也列子力命篇季梁得疾七日大漸殷敬順釋文漸劇也釋詁幾危也今文同者蔡邕陳留太守胡公碑是日疾遂大漸議郎胡公夫人哀讚云疾大漸以危亟兮胡公夫人靈表云疾大漸兮速流哀讚全用此經文義

病日臻既彌留恐不獲誓言嗣茲予審訓命汝病日至言困甚已久留言無瘳恐不得結信出言嗣續我志以此故我詳審教命汝○病日臻恐不獲誓言嗣茲予審訓命汝今文無徵既彌留今文與古文同留一作流○病日臻云云者說文病疾加也詳審議也故審亦爲詳釋詁臻至也釋言彌終也誓謹也言病至日加已將終而暫留恐不得謹言後嗣之事今我詳審教命汝既彌留者蘇順漢和帝誄彌留不豫蔡邕濟北相崔君夫人誄寢疾彌留是今文同之證一作流者孔彪碑而疾彌流

昔君文王武王宣重光奠麗陳教則

言昔先君文武布其重光累聖之德定天命施陳教則勤勞○

肄昔君文王武王奠麗陳教則肄今文無徵宣重光今文與古文同○昔君文王武王者文選陸機皇太子宴元圃詩李注尚書曰昔先君文王武王宣重光鍾會檄蜀文注尚書曰昔我君文王武王宣重光李注參差不足據證康王之誥亦云昔君文武則不必以昔君二字文義不完爲疑也宣重光者釋文重光馬云日月星也太極上元十一月朔旦冬至日月如疊璧五星如連珠故曰重光皮云洪範五行傳云明王踐阼則日儷其精重光以見吉祥漢書兒寬傳寬奉觴上壽曰癸亥宗祀日宣重光李奇注太平之世日裦重光謂日有重日也孝經說云德及于天斗極明日月光春秋元命包云文王之時五星以聚房也桓譚新論云二月甲子日日月若連璧五星若連珠昧爽武王至于商郊牧野荀悅漢紀後序云至于有周對日重光崔豹古今注音樂篇漢明帝爲太子樂人作歌詩四章以贊太子之德一曰日重光天子之德光明如日太子比德焉故云重爾據諸說今文家以重光爲日或兼月與星言謂文武時有此重光之瑞兒寬傳今文故同五行傳義馬亦用今文義也後漢和帝紀永元二年詔曰豈非祖宗迪哲重光之鴻烈與班固典引云然後宣二祖之重光蔡邕胡公碑人倫輯睦日月重光陳留索昏庫上里社碑爰我虞宗乃世重光張表碑銘令德攸兮宣重光祝睦後碑領二郡曜重光鍾會檄蜀文奕世重光魏受禪碑宣重光以照下邯鄲淯魏受命述聖嗣承統爰宣重光皆以重光爲重熙累洽郎大傳云光華復旦之意若班以漢二祖比文武邯鄲以操丕比文武其義尤明亦不盡以重光爲文武時疊璧連珠之瑞蓋三家今文不同也奠麗陳教則肄者奠定麗附也

多方云不克開於民之麗此言文武能定民之麗也敷陳敎令則民莫不服習之說文肄習也**肄不違用克達殷集大命**○文武定命陳敎雖勞而不違道故能適殷爲周成其大命肄不違今文無徵用克達殷集大命古文也今文達作通集作就○肄不違者承上則肄言之謂習文武之敎自近及遠咸無違背如虞芮質成二南被化是也達作通集作就者石經殘碑作上闕通殷就大命在下闕見隸釋及東觀餘論此今文也段云古文達今文作通禹貢達于河達于沛達于淮泗史記皆作通集就古通用韓詩是用不就毛詩作不集是也言文武修德用能通殷爲周就大命而有天下也**在後之侗敬迓天威嗣守文武大訓無敢昏逾**在文武後之侗稚成王自斥敬迎天之威命言奉順繼守文武大敎無敢昏亂逾越言戰慄畏懼○在後之侗四句今文無徵○在後之侗者釋文侗馬本作詷云共也說文詷共也周書曰在後之詷引與馬本合後后通用字說文后繼體之君也段云徐鉉李仁甫本作在夏后之詷誤衍夏字不可通徐鍇本無夏字玉海藝文志攷引在夏后之詷用大徐誤本韻會引無夏字莊述祖云說文侗下云大也詷下云一曰譀也玉篇憨愚也癡也譀訓誕非詷義說文蓋借譀爲憨而訓爲愚此謙詞也敬迓天威者猶呂刑云敬逆天命也段云迓天寶前必作御衞包改之御天威謂用天威治民也訓迎亦當作御詳般庚牧誓雒誥諸篇嗣守文武大訓無敢昏逾者說文逾越進也从辵俞聲周書曰無敢昏逾江云大訓蓋下文西序所陳是也**今天降疾殆弗興弗悟爾尙明時朕言**今天下疾我身甚危殆不起不悟言

必死汝當庶幾明是我言勿忽略○今天降疾殆爾尚明是朕言今文無徵弗興弗悟古文也今文弗作不○今天降疾云云者釋詁殆危也釋言興起也悟與寤通詩傳覺也時是也言天降疾危殆臥而弗起惛而弗覺今聽朕告汝庶幾明我言是我言也弗作不者費鳳碑不悟奄忽又云終則不悟是今文作不悟例推之弗興亦當爲不興**用敬保元子釗弘濟于艱難**用奉我言敬安太子釗釗康王名大渡於艱難勤德政○用敬保元子釗弘濟于艱難今文無徵○用敬保元子釗云云者釗康王名見說文釗字下周紀人表同言敬安輔元子大濟於艱難也**柔遠能邇安勸小大庶邦**言當和遠又能和近安小大眾國勸使爲善○柔遠能邇二句今文無徵邦當作國○柔遠能邇云云者孫云能而字通而如也說文勸勉也言當安遠如邇以勸勉小大眾國使爲善**思夫人自亂于威儀爾無以釗冒貢于非幾**後羣臣皆宜思夫人夫人自治正於威儀有威可畏有儀可象然足以率人汝無以釗冒進于非危之事○思夫人二句今文無徵非幾與古文同○思夫人云云者夫人泛說眾人亂治也冒觸也言思凡人必自治於威儀王者更不待言爾無以釗觸陷於不善江云易繫詞幾者動之微吉之先見者也說文吉善也幾爲善則非幾爲不善先謙案動之微爲幾動而之善則爲善幾動而之惡則爲非幾也孫云左文十八年傳冒于貨賄注冒亦貪也廣雅釋言貢獻也幾與機通淮南主術訓治亂之機高注機理也言汝眾國無以釗爲貪而奉獻以非理之財賄史記云申告文武王業之不易務在節儉毋多欲以篤信臨之此篇惟冒貢非幾爲多

欲之義釋文冒一音墨是古說亦有以爲貪墨之義者知史公卽
解此文葢孔安國古文說也皮云孫說是以爲孔安國古文說則
非史記引經皆今文說漢書云遷書載堯典禹貢洪範微子金縢
多古文說則餘篇非古文說可知孫以爲史記皆從古文失考先
謙案自治於威儀卽史公所云以篤信臨之也篤厚也厚重然後
有威儀卽論語君子不重則不威主忠信之義故自治威儀必以
篤信臨之若色厲內荏非君子所謂威儀也釋文冒馬鄭作勖貢
馬鄭王作贛馬云陷也案勖冒通借字段云鄭王本字作贛而讀
爲戇集韻去聲三用云戇亦省作贛此本尙書音義也馬釋爲陷
說又與鄭王不同贛从貝竷省聲竷苦感切說文引詩竷竷舞鼓之誤字我卽小雅之坎坎鼓我漢書顏注戇古音下紺反是與陷音同
馬讀爲坎訓爲陷本說卦傳江云說文陷或作臽贛臽同聲故云
贛陷也王鳴盛云凡人爲惡或進而冒觸或退而墜陷
茲既受命
故兼言勖贛也今文非幾與古文同者石經殘碑如此
還
此羣臣已受賜命各還本位○茲既受命還古文也今文既作卽○既作卽者石經殘碑作茲卽下闕茲此也統謂羣臣卽就也言就路寢而受命非平日朝覲之所故云卽
出綴衣于庭越翼日乙丑王崩
綴衣幄帳羣臣既退徹出幄帳於庭王寢於北墉下東首反初生於其明日王崩○出綴衣于庭今文無徵綴當作贅越翼日乙丑今文無越字王崩僞古文也今古文皆作成王崩○出綴衣于庭者幕人疏引鄭云連綴小斂大斂之衣於庭中孫云喪大記小斂衣十九稱大斂君陳衣于庭百稱鄭以出綴衣爲陳衣江云時王猶未崩乃豫凶事乎禮檀弓喪具君子恥具王制絞紟衾冒死而後制鄭皆有注疑此

不然王鳴盛云王制六十歲制七十時制八十月制九十日修疏云歲制謂棺也不易成故歲制時制一時可辦是衣物難得者月制一月可辦衣物易得者日修棺衣皆畢但日修理之此皆謂大夫以下人君卽位爲椑不待六十成王崩年四十九喪具固宜早辦況疾已危殆斂衣尤不可緩也今文綴作贅者以立政例之當然○越翼日乙丑段云翼本作昱衞包改集韻一屋昱音余六切明也書昱日乙丑者劉昌宗讀案此周禮司几筵音讀據此可證昱爲昱之段借不容妄改爲翼今文無越字者漢書律厤志作昱日乙丑司几筵鄭注引同○今文作成王崩者律厤志如此司几筵先鄭注引同天府注引書無成字後人刪之王鳴盛孫星衍皆云天府注有成字當見善本白虎通崩薨篇書曰成王崩天子稱崩何別尊卑異生死也古文作成王崩者釋文王崩馬本作成王崩注安民立政曰成用周書謚法解文僞經刪成字段云馬蓋謂成爲死謚非生稱與酒誥注相表裏而不知初崩未有謚春秋之例云薨至葬乃曰葬我君某公皮云酒誥成王三家説以成王爲少成二聖之功生號曰成王沒因爲謚其義最塙

太保命仲桓南宮毛冢宰攝政故命二臣桓毛名○太保命仲桓南宮毛古文也今文仲作中毛作髦○仲作中毛作髦者漢書古今人表第三等有中桓南宮髦中仲毛髦古通用

俾爰齊侯呂伋以二干戈虎賁百人逆子釗于南門之外臣子皆侍左右將正太子之尊故出於路寢門外使桓毛二臣各執干戈於齊侯呂伋索虎賁百人更新逆門外所以殊之伋爲天子虎賁氏○俾爰齊侯侯呂伋以二干戈虎賁百人逆子釗於南門之外古文也今文逆作迎○俾爰齊侯呂伋云云者呂伋太

公子見齊世家左昭十二年傳作呂級俞樾云釋詁俾從也爰于也俾爰齊侯呂伋者從於齊侯呂伋也蓋桓毛呂伋皆受命逆子釗先書桓毛者王人也不以外先內也從於齊侯者齊侯尊也不以卑厭尊也桓毛蓋虎賁氏下大夫位卑率屬虎士百人從齊侯往迎太子且爲衞也逆子釗於南門之外者江云太子喪主未嘗不尊不必出而復逆乃成其尊僞傳非也且路寢門外正朝所在羣臣當有在焉虎賁守王宮大喪則守王門蓋在其外逆者自內而出迎豈容自外操戈而入內乎蓋王未疾時世子奉使而出旣反逆者自南門出衞之而入南門蓋外朝之外門所謂臯門也據上文王命羣臣時世子實不在左右也孫云南門者廟門史記所云二公率諸侯以太子釗見於先王廟是也玉藻疏引左氏舊說及賈逵盧植蔡邕服虔等皆以祖廟與明堂爲一逆作迎者白虎通爵篇何以知不從死後加王也以上迎子釗不言迎王也段云古文逆今文作迎如逆河馬班作迎河之比巾車注書曰以虎賁百人逆子釗此引古文也皮云時成王新崩故稱子釗與春秋未殯稱子某之義同

延入翼室恤宅宗明室路寢延之使居憂爲天下宗主○稱延入翼室今文無徵恤宅宗古文也今文宅作度○延入翼室者釋詁延進也段云翼本作翌衞包改傳作明室疏引釋言翌明也則字必作翌明室卽明堂明堂卽路寢皮云後漢袁紹傳注引經作翌室恤宅宗者釋詁恤憂也宅居也宗主也憂居爲喪主宅作度度者後漢班固傳典引云正位度宗李注尚書曰延入翼室恤度宗度居也宗尊也孫云此本蔡邕典引注李賢襲之

丁卯命作冊度三日命史爲冊書法度傳顧命於康王○丁卯命作冊度今文無徵○丁卯命作冊

度者成王命詞書之於冊下文御王冊命是
也度法制也謂喪儀下文祭饗諸文皆是
越七日癸酉伯相命
士須材
邦伯爲相則召公於丁卯七日癸酉召公命士致材木須
待以供喪用○越七日二句今文無徵○越七日癸酉者
書疏引鄭云癸酉蓋大斂之明日江云禮王制天子七日而殯計
王以乙丑崩辛未爲七日壬申爲八日然則成王壬申大斂矣鄭
意蓋以大斂與殯同日天子殯斂以死之明日數也知鄭意然者
禮曲禮生與來日死與往日鄭注與猶數也生數來日謂成服杖
以死明日數也死數往日謂殯斂以死日數也此士禮貶於大夫
者大夫以上皆以來日數鄭以天子殯斂數來日故不數乙丑而
以壬申爲七日因以癸酉爲大斂之明日也伯相者召公以西伯
爲相初時與周公爲二伯周公沒畢公代之故下文太保率西方
諸侯畢公率東方諸侯也命士須材者江云須當爲須字之誤也
禮玉藻大夫以魚須文竹釋文用文竹及魚班隱義云須音班蓋
班頒音同須頒形近以須爲班實由班爲頒而誤此文須亦頒之
誤也太史先鄭注頒讀爲班班布也斂後有布材之事檀弓云天
子崩虞人致百祀之木可以爲棺椁者斬之此時既殯之後命士
頒材是椁材也檀弓又云既殯旬而布材此殯之明日即命士頒
材者天子七日而殯與諸侯以下不同彼旬而布材者欲其材之
乾腊天子尊則材尤宜乾腊當益早布且檀弓云君即位而爲椑
是天子諸侯棺早豫爲之則椁材何嫌於早布況此云命
士須材是日命之或不於是日即布非必與檀弓不合也
狄設黼
扆綴衣
狄下士扆屏風畫爲斧文置戶牖間復設幄帳象平生所
爲○狄設黼扆綴衣古文也今文扆作衣綴當作贅○狄

者禮祭統翟者樂吏之賤者也狄與翟通喪大記狄人設階鄭注狄人樂吏之賤者狄設二字冒下諸文黼扆者司几筵云王位設黼依考工記白與黑謂之黼釋器斧謂之黼郭注黼文畫斧形因名案斧刃白近鑿處黑故以黑白采綫繡之扆者說文戶牖之閒謂之扆謂一戶兩牖之間也明堂位注斧依爲斧文屏風於戶牖之間綴衣者孫云蓋郎中庸所云設其裳衣江云顧炎武謂自此以下是康王踰年即位之事其意以爲陳設華美非初喪所宜故有是說案周禮天府有大喪陳寶器之文典路有大喪出路之文是周制固然今文扆作衣者石經殘碑口口黼衣下闕段云詩公劉既登乃依鄭箋依或扆字見釋文古字多通用明人爲九經考異五經考異者所援石經多不可信如云契作石經作鄭召誥則至于豐作即至于豐雒誥頒作邵多方胥伯作胥賦立政其勿以儉人作毋以譣人在後之侗作在夏后之詷黼裳作黼衣或取之說文或取之大傳而譏云石經以歎世顧命漢石經黼衣誤謂黼裳之駮文凡漢石經在隸釋外者皆不可信如楊慎引石經佌佌彼有屋本諸玉篇非見石經也天子負斧依釋文本作扆依亦作衣學記不學博依注或爲衣衣郎衣省也李富孫云說文衣依也釋名訓同依與扆通故石經從省作衣綴作贅者說見上

牖間南嚮敷重篾席黼純華玉仍几篾桃枝竹白黑雜繒緣之華彩色華玉以飾憑几仍因也因生時几不改作此見羣臣覲諸侯之坐○牖間南嚮三句今文無徵古文篾一作莫書疏云王肅說四坐皆與孔同此又僞傳出肅之一證也○牖間南嚮者江云大戴盛德篇說明堂之制云一室而有四戶八牖攷工匠人云四傍兩夾窻牖間者二牖之間正當北戶以屏風也段云嚮當作鄉衞包改下同案司几筵注先鄭引此作鄉○敷重篾席黼純者釋文引馬云篾纖蒻書疏引鄭云篾析竹之次青者不用生時席新鬼

神之事故也篾一作𦾓者說文𦾓火不明也从苜火苜亦聲周書
日布重𦾓席𦾓席纖蒻席也讀與蔑同段云此據壁書也訓爲纖
蒻纖作纖者蒻則字當作蔑而作𦾓者假借也四席諸家說不同讀者
皆不得其意義王肅云蔑席纖蒻苹席𦾓蒲席也與馬許說同此
合下文底席爲言底席爲蒻苹蔑席則蒻苹之纖細者蔑訓細方
言木細枝謂之杪江淮陳楚之內謂之蔑郭注蔑小兒鴟鵰謂之
蔑雀於此可知經本作蔑故諸家以纖說蔑衞包因僞孔訓爲桃
枝竹改爲從竹之篾陳鄂又依以改釋文鄭云蔑析竹之次青者
合下文筍席爲言禮器疏引鄭注尙書云筍析竹青皮也是析其
最外之青皮爲席曰筍席析其次青者爲席曰蔑席鄭意蔑同禮
注之篾字也先謙案據說文則古文尙書敷本作布黼純者釋器
緣謂之純以白黑采繒緣席邊江云司几筵云王位設黼依依前
南鄉設莞筵紛純加藻席畫純加次席黼純是王生存時牖間之
位設三重席席各異位異純不用蔑席今則重席唯用蔑席黼純
上下不異擧一反三則下文三席皆非生時席可知矣○華玉仍
几者書疏引鄭云華玉五色玉也司几筵云几吉事變几凶事仍
几先鄭云變几變更其質謂有飾
仍因也因其質謂無飾也引此文**西序東嚮敷重底席綴純文貝**
仍几東西廂謂之序底蒻苹綴雜彩有文之貝飾几此旦夕聽事
之坐○西序東嚮三句今文無徵綴當作贅僞傳旦夕聽事
之坐用鄭說○西序東嚮者書疏云此旦夕聽事之坐鄭亦以爲
然明鄭注如此釋宮東西牆謂之序○敷重底席綴純者書疏引
鄭云底致也𦾓纖致席也段云鄭意蒙上文蔑席爲言蔑席之纖
致者則謂之底底席致今緻字底致也比附字義以立說玉篇底之

履切書曰敷重蔵蓆孔安國曰蔵蒻苹也本作厎案此俗加草也
疏云禮注謂蒲席爲蒻苹不言何篇禮注考問傳鄭注苄今之蒲
苹也釋名蒲苹以蒲作之其體平也苹本當作平俗加艸耳今本
釋名苹誤草釋文引馬云厎青蒲也說文蒻蒲子可以爲平席也
世謂蒲平今本無四字御覽引有蒲子猶云子蒲謂蒲之稱脆者綴純者江
云以此上下文與周禮參之則綴純當其繢純司几筵有莞繅次
蒲熊五席又有葦席萑席凡七席而純則惟紛畫黼繢四者此經
有黼純畫純紛純而無繢純則綴純卽繢純矣孫云大戴盛德篇
云赤綴戶也盧氏注綴飾也以爲畫飾則與繢
同文貝仍几者文貝貝之有文者詳見般庚
豐莞彩色爲畫雕刻鏤此養國老饗羣臣之坐
席畫純雕玉仍几○東序西嚮三句今文無徵○東序西嚮者文
王世子云始之養也適東序釋奠于先老遂設三老五更之席位
焉特牲云祝命徹胙俎豆籩設于東席下注云胙俎主人之俎設
于東序下將私燕也是東序爲養國老燕羣臣之坐○敷重豐席
畫純者書疏引鄭云豐席刮湅竦誤之竹席以雲氣畫之爲緣段云
湅治也刮湅亦合下筍爲言筍席用竹外青皮而不刮治豐席用
竹外青皮而刮治使浮筠色澤姘容可觀故曰豐席江云鄭注三
禮凡言畫者輒以雲氣爲說蓋古文之畫有所取象者若旌旗服
章射侯之等皆畫成物其欲用文采而無所取象者惟畫雲氣而
已○雕玉仍几者雕琢文釋西夾南嚮敷重筍席玄紛純漆仍几
器玉謂之彫又云彫謂之琢
西廂夾室之前筍蒻竹玄紛黑綬此親屬私宴之坐故席几質飾○
西夾南嚮三句今文無徵○西夾南嚮者江云明堂有五室四堂

中央太室正室也四隅之室夾室也四堂之正中皆曰太廟夾室皆在其兩傍明堂太廟其南向正室也西夾其西偏室也太室○室在四堂之中央西夾則在南堂之西偏是當太室之西南隅矣○敷重筍席元紛純者釋文筍馬云箬箬也說文箬下云竹箬也箬，下云楚謂竹皮曰箬是馬以爲竹皮禮器疏引鄭云筍析竹青皮也禮器如竹箭之有筍段云今本筍作筠聘義孚尹旁達鄭注孚讀爲浮尹讀爲竹箭有筍之筍浮筍謂玉采色也釋文筍又作筠古从旬从勻之字多通用竹胎呼筍竹青皮亦呼筍後人別作筠鄭時筍筠不分玄紛純者書疏引鄭云以元組爲之緣司几筵鄭注紛如綬說文組綬屬○漆仍几者漆說文作桼云木汁可以髹物象形桼如水滴而下

越玉五重陳寶

於東西序坐北列玉五重又陳先王所寶之器物○越玉五重陳寶今文無徵古文寶一作宋○越玉五重陳寶者釋文越玉馬云越地所獻玉也王鳴盛云據伊尹四方獻令南方不產玉馬說非此一節總目下文越詞也江云玉蓋王所服用者攷工記天子用全上公用駹侯用瓚伯用埒禮家說曰全純玉也駹四玉一石瓚三玉二石埒玉石半相埒也然則純玉五玉也玉重石輕五玉故曰五重于是設玉五重其所置之處未聞先謙案王說較長陳寶者書疏引鄭云方有大事以華國也天府凡國之玉鎮大寶器藏焉若有大祭大喪則出而陳之此將有朝諸侯之事陳之以爲國華美也寶一作宋者說文宋藏也从宀禾聲禾古文保周書曰陳宋赤刀段云史記一書寶字皆作葆亦其證也許據壁書後人易以同音之寶字

赤刀大訓弘璧琬琰在西序

寶刀赤刀削大訓虞書典謨大璧琬琰之珪爲二重○赤刀大訓二

句今文無徵書疏云大訓虞書典謨王肅亦以爲然此又僞傳出肅之一證也○赤刀大訓云云者書疏及天府疏引鄭云赤刀者武王誅紂時刀赤爲飾周正色也大訓者謂禮法先王德教虞書典謨是也大璧琬琰皆度尺二寸者案諸家言周書克殷解商辛自燔于火武王以輕呂擊之周紀作輕劍明是劍非刀先謙案此蓋武王克商時常佩之刀故傳爲世寶非必誅紂用此刀猶漢高祖斬蛇劍亦未嘗加於秦項之身也江云禮法是先王之德教所以垂訓後世者故鄭以當此大訓不專謂周先王之訓往古帝王之典法皆在也玹工玉人云大琮十有二寸宗后守之則王所世守之大璧亦必尺二寸琬圭琰圭皆九寸彼是王使之瑞節此宗器自然大於使節故亦尺二寸也

大玉夷玉天球河圖在東序

三玉爲三重夷常也球雍州所貢河圖八卦伏犧王天下龍馬出河遂則其文以畫八卦謂之河圖及典謨皆歷代傳寶之○大玉夷玉天球今文無徵河圖在東序今文作顓頊河圖雜書在東序序一作杼○大玉云云者釋文夷玉馬云東夷之美玉球玉磬書疏引鄭云大玉華山之球也夷玉東北之珣玗琪也天球雍州所貢之玉色如天者三者皆樸未見琢治故不以禮器名之河圖圖出於河水帝王聖者所受江云華山之球未詳釋地東方之美者有醫无閭之珣玗琪焉鄭言東北者職方氏云東北曰幽州其山鎮曰醫无閭是醫无閭實在東北也說文醫无閭之珣玗琪周書所謂夷玉也則鄭說有自來矣孫云天球色如天蒼卽蒼璧未詳河圖者漢書五行志云劉歆以爲伏羲氏繼天而王受河圖則而畫之八卦是也鄭言帝王聖者所受者禮運疏引握河紀云堯時受河圖龍銜赤文綠色握河紀

又云舜受河圖黃龍負卷出水廣博物志十四引尸子云禹理洪水觀於河見白面長人魚身出曰吾河精也授禹河圖而還於淵中是不獨伏羲受之案墨子非攻篇天命文王伐殷有國泰顛來賓河出綠圖宋書符瑞志周公旦攝政七年與成王觀於河沈璧禮畢榮光出河青龍臨壇元甲之圖坐之而去周公援筆寫之則周家世授河圖尤宜爲祕寶也今文云云者班固典引云御東序之祕寶以流其占蔡邕注東序牆也尚書曰顓頊河圖雒書在東序流演也河圖二字舊脫據段說增雒書皆存亡之事尚覽之以演禍福之驗也段云此今文也序一作杼者王儉褚淵碑餐東野之祕寶李善注雒書天准聽曰顧命云天球河圖在東序杼天球寶器也河圖本紀圖帝王終始存亡之期典引曰御東序之祕寶然野當爲杼古序字也案尚書大傳天子賁庸諸侯疏杼鄭注疏亦廥也是杼爲序之假借今文尚書盍如此大傳今文漢時緯書亦皆用今文皮云典引御東序句下云夫圖書亮章天哲也上言東序下言圖書是班氏以東序兼有圖書確然可據顓頊河圖雒書盍見緯候今緯書亡佚不可考蔡書石經據小夏侯尚書其注典引亦當用小夏侯本三家今文各異故蔡注所引與雒書天准聽鄭司農注不同

肩之舞衣大貝鼖鼓在西房

肩國所爲舞者之衣皆中法大貝如車渠鼖鼓長八尺商周傳寶之西房西夾室東○肩之舞衣三句今文無徵○肩之舞衣云云者肩爲此衣者之名或卽肩征之肩僞傳肩國之謬說詳虞夏書大貝者天府疏引鄭云書傳云散宜生之江淮之浦取大貝如車渠是也鼖鼓大鼓也此鼖非謂攷工記鼖鼓長八尺者若是周物何須獨寶守明前代之物與周鼖鼓同名耳案釋文云車渠車輞

也散宜生事見殷傳獻之紂以免文王蓋武王克紂仍得之以文王所賴以免禍故寶之使後世子孫無忘憂患也說文房室在傍也夾室皆在四堂之兩傍淮南本經訓高注明堂四出各有左右房謂之个又以明堂左个爲東頭室右个爲西頭室是房室个可通稱在西房者在西夾之前所謂明堂右个在東房者在東夾之前卽明堂之左个矣蓋陳寶以爲國華必於夾室之外左右个之地則入應門卽見故知不在室內統於夾室言之故曰在房也

兌之戈和之弓垂之竹矢在東房

兌和古之巧人垂舜共工所爲皆中法故亦傳寶之東房東廂夾室○兌之戈四句今文無徵○兌之戈云云者天府疏引鄭云肴也兌也二字脫依江增和也垂也皆古人造此物者之名

大輅在賓階面綴輅在阼階面

大輅玉綴輅金面前皆南向○大輅在賓階面今文無徵綴輅在阼階面今文綴作贅○大輅在賓階面者段云古經傳無作輅者當本作路衞包改之巾車明堂位禮器郊特牲皆作路儀禮注君所乘車曰路此耳路大之義也釋名路亦車也謂之路者言行於道路也輅本改輅釋名論語乘殷之輅亦俗字當改典路疏引鄭云大路玉路大戴朝事篇乘大路建大常十有二旒樊纓十有二就巾車云王之五路一曰玉輅錫樊纓十有再就建大常十有二斿合證二文大路卽玉路禮檀弓周人殯於西階之上則猶賓之也西爲賓位賓階卽西階今文綴作贅者典路先鄭注引顧命作贅路在阼階面與今文合疏引鄭云贅次也次在玉路後謂玉路之貳也大戴朝事篇天子乘大路貳車十有二乘是玉路有貳也檀弓夏后氏殯於東階之上則猶在阼也是阼階卽東階

先輅在左塾之前

次輅在右塾之前先輅象次輅木金玉象皆以飾車木則無飾皆在路寢門內左右塾前北面凡所陳列皆象成王生時華國之事所以重顧命○先輅二句今文無徵僞傳玉金象木四輅義與王同阴見又僞傳出肅之一證也○先輅在左塾之前者典路疏引鄭云先路象路門側之堂謂之塾謂在路門內之西北面與玉路相對云先路象路者江云巾車王之五路無先路之名惟見此及郊特牲鄭於郊特牲無解而以此爲象路者巾車云象路以朝此經將有受朝之事不容不陳象路此凡四路大路既是玉路贊次又是副貳之名故推先路以爲象路但巾車言象路朱樊纓七就而郊特牲言先路三就就數不同而云先路象路者蓋郊特牲言大路繁纓一就亦與巾車玉路十有再就不同彼文所言殷制尚質故也云門側之室謂之塾者釋宮文孫云塾俗字當爲孰隸字譌羊爲土或以埻字當之未是云在路門內之西北面與玉路相對者門之內外皆有東西堂皆謂之塾門外之塾南向門內之塾北向此陳路於路寢之庭則左右塾乃路門內之東西堂北向者矣北向則西左東右經言左塾是西堂其直北當西階玉路在西階前南面此先路在門內西堂之前北面則與玉路相對矣○次路在右塾之前者典路疏引鄭云次路象路之貳與玉路之貳相對在門內之東北面書疏引鄭云綴次是從後之言二者皆爲副貳之車不陳金路革路木路者主於朝祀而已案說文次不前也對先而言則爲副貳之名云與玉路之貳相對在門內之東北面者江云右塾是門內東堂正當阼階之前玉路之貳爲贊在阼階前南面此次路在右塾之前北面則與玉路之貳相對矣陳設之事宜統於堂而南順階前爲上塾前爲下今象

路在左塾前而阼階之前乃玉路之貳則在西者皆正路在東者皆貳車是以西爲上矣由殯在西堂故統於殯而西上也檀弓云周人殯于西階之上是殯在西堂也書疏引馬王云不陳戎輅者兵事非常故不陳之是與僞傳同以大路爲玉綴路爲金先路爲象次路爲木惟不陳革路王鳴盛云鄭云主於朝祀則革路以即戎木路以田不陳宜矣金路以賓與朝同屬賓禮而不陳者既朝而將饗食則陳金路迎賓今喪中陳設無取禮賓故也

二人雀弁執惠立于畢門之內士衛殯與在廟同故雀韋弁惠三隅矛路寢門一名畢門○二人雀弁執惠二句今文無徵雀當作爵○雀當作爵者書疏引鄭云赤黑曰雀言如雀頭色也雀弁制如冕黑色但無藻耳雀者後人改之江聲正作爵白虎通紼冕篇爵弁者何謂也其色如爵頭周人宗廟士之冠也禮郊特牲曰周弁士冠經曰周弁殷冔夏收爵何以知指謂其色又乍言爵弁乍但言弁周之冠色所以爵何爲周尚赤所以不純赤但如爵頭何以本制冠者法天天色元者不失其質故周加赤獨斷云冕冠周曰爵弁殷曰冔夏曰收皆以三十升漆布爲殼廣八寸長尺二寸加爵冕其上周黑而赤如爵頭之色前小後大釋名釋衣服云弁如兩手相合抃時也以爵韋爲之謂之爵弁據此今文家說皆作爵蔡劉說異者蓋爵弁有布韋二種凡兵事韋弁此執兵者宜韋也執惠者鄭又云惠狀蓋斜刃宜芟刈俞樾云惠爲兵器必借字非本字說文惠篆下有重文𢡃曰古文惠疑即執惠之本字从茻者象三隅之形从惠者其聲也蓋壁書作𢡃孔安國以今文讀作惠此經惠字遂無得其本字者矣○立于畢門之內者鄭司農閽人朝士注並云路門一曰畢門金榜云康

王受冊命在祖廟畢門者祖廟門也先儒以下經王出在應門之內因釋畢門爲路門蓋失考天子七廟太祖廟居中兩廂各有三廟每廟之前有南北隔牆牆皆有閤門見賈氏禮疏祖廟以西凡有四閤門司儀每門止一相聘禮每門每曲揖是也入門者至祖廟門而終畢故曰畢門出則云廟門者出入異詞

四人綦弁執戈上刃夾兩階戺綦文鹿子皮弁亦士堂廉曰戺士所立處○四人綦弁三句今文無徵○四人綦弁者孫云綦當作綥說文帛蒼艾色新修增綦字卽綥別體也釋文綦馬本作騏云青黑色書疏引鄭云青黑曰騏詩曰我馬維騏案說文騏下云馬青驪文如簙綦也驪是黑色故云青黑曰騏且引詩以證謂騏弁之文如馬之騏文也疏又引王肅云綦赤黑色案爵爲赤黑則騏當爲青黑馬鄭本是王說非○執戈上刃者書疏引鄭云戈卽今之句孑戟司戈盾鄭注同輿當時之名以曉人劉云上刃刃向前也○夾兩階戺者廣雅釋室戺砌也說文戺古文戺从戶江云張衡西京賦設切厓隒呂向注厓隒邊也切卽砌字謂堂廉直下厓也夾兩階者二人夾戺者二人夾階則在兩階之外畔一在西階之西一在阼階之東當前廉厓下相向立夾戺則在戺之兩耑夾堂厓而立一立於東南堂隅之東一立於西南堂隅之西當前廉厓下之兩耑蓋皆南向也上下文立異處者皆別言之此夾階夾戺各二人亦應分異經總言四人者以其所服所執同也

一人冕執劉立于東堂一人冕執鉞立于西堂冕皆大夫也劉鉞屬立於東西廂之前堂○一人冕執劉四句今文無徵○一人冕執劉云云者書疏引鄭云劉蓋今鑱斧鉞大斧序內半以前曰堂說文鑱

銳也戉大斧也鉞車鑾聲也二字絕殊段云如經作鉞則陸德明當云說文作戉大斧也今釋文云音越說文云大斧也無作戉二字知大字本作戉衞包以爲戉鉞古今字而改之陳鄂又改釋文也詩公劉疏引太公六韜云大阿斧重八斤一名大戉銳斧其制未詳云序半以前曰堂者對序半以後爲房室言

一人冕執戣立于東垂一人冕執瞿立于西垂戣瞿皆戟屬立于東西堂之階上○一人冕執戣四句今文無徵○一人冕執戣云云者書疏引鄭云戣瞿蓋今三鋒矛詩小戎厹矛鋈錞傳厹三隅矛也鋒即隅謂三稜說文戣下云周書侍臣執戣立于東垂兵也从戈癸聲釋詁邊垂也說文垂遠邊也江云垂者東西序外之堂廉也堂基必累土爲之築令平高四面皆設石砌以爲厓隒其東西序不盡東西廉之廣序外皆有餘地以容人往來鄉射禮賓與大夫之弓倚于西序矢在弓下北括衆弓倚于堂西矢在其上鄭注上堂西廉言堂西廉則是西序外之廉矣其下文又云主人之弓矢在東序東則其上文賓與大夫之弓倚于西序者在西序西之廉上矣衆弓倚于堂西者倚于廉下之厓故矢在廉上也是東西序外之廉上皆有餘地也與此經東垂西垂可以證合

一人冕執銳立于側階銳矛屬也側階北下立階上○一人冕執銳二句今文無徵○一人冕執銳者書疏引鄭云銳矛屬凡此七兵或施矜或著柄周禮戈長六尺其餘未聞長短之數說文銳下云芅也鈗下云侍臣所執兵从金允聲周書曰冕執鈗讀若允段云玉篇廣韻無鈗字有銳字皆云矛也集韻韻會禮部韻略皆云鈗矛屬則說文鈗字有無未可定廣雅釋器說矛無鈗似魏時說文尚無之釋

文亦不言說文作鈗至張佖校漢書始引說文鈗侍臣所執兵云
云集韻十三祭鈗俞芮切侍臣所執兵或作鏸十四太鋭徒外切
矛屬或作鈗此合鈗鋭爲一字不免牽合案說文列字有次第金
部自鏡鉹至鏝鑽鑪凡若干字皆器名錐鋭也以音近爲訓其下
不當云鋭芒也橫梗於中使鏝鑽鑪等字不貫疑鈗本是鋭讀若
允本作讀若兌其下或當有一曰芒也四字後人以鋭譌爲鈗遂
分別移置岳珂刊正九經沿革例云顧命一人冕執脫脫實鋭字
也案說文以爲兵器注中釋爲矛屬今只從衆作鋭玉裁玩岳氏
語所据說文亦作鋭是宋時說文尚有善本存也先謙案江孫王
諸家据今本說文以爲鋭當作鈗然段說具有原委並非武斷似
不可駁人情喜新甯道鋭非不言鈗誤詳載段說以質明者○立
于側階者書疏引鄭云側階東下階也江云鄭解側爲傍側故以
爲東下階東階在傍也雜記注以側階爲傍階義與此同案側階
北下階也在北堂之下曰東垂卽東面階上已立執戣者與立西
垂執瞿者爲對不應東垂多此一人故知側階非東下階矣士昏
禮婦洒在北堂直室東隅鄭注北堂房中半以北是東房之北爲
北堂也大射儀工人士與梓人升自北階是路寢有北階矣燕禮
及大射儀鄭注羞膳者從而東由堂東升自北階立于房中西面
南上則北階在東房之堂下可知矣雜記三年之喪則君夫人歸
夫人至入自闈門升自側階爾雅宮中之門謂之闈則是內寢之
門當在路寢之後由闈門而升側階則側階是北階矣士冠禮側
尊一甒醴鄭注側猶特也無偶曰側北堂惟東房有之蓋東房無
北壁故有北堂西房之北有壁則不得有堂無堂則無階矣故北
堂惟一階取特一之義而云側異於前堂之有兩階也攷工記匠

人說夏后氏世室有九階鄭注以爲南面三三面各二乃明堂之
制蓋夏之世室殷之重屋周之明堂名異實同皆非路寢攷工鄭
注以重屋爲王寢非也　**王及羣臣皆吉服**
路寢北堂實一階也　**用西階升不敢當**
主○王麻冕黼裳今文與古文同由賓階隮今文無徵○王麻冕
黼裳者論語子罕篇麻冕緇布冠也古者績麻三十升布以爲之
書疏引鄭云黼裳者冕服有文者也案周之冕服九章黼當其第
八其等差則自九章以至一章凡五等天子備有焉據司服鄭注
毳畫虎蜼宗彝也其衣三章裳二章凡五也則此黼裳者是毳冕
之裳刺黼黻二章者是有文者也此言有文對下蟻裳彤裳皆以
色言無文也今文同者白虎通爵篇天子大斂之後稱王者明民
臣不可一日無君也故尚書曰王麻冕黼裳此大斂之後也皮云
成王以乙丑崩自丙寅至王申爲大斂之期故書疏引鄭注以癸
酉爲大斂之明日王麻冕以下皆承癸酉之文是稱王在大斂後
春秋繁露玉英篇天子三年然後稱王經禮也有故則未三年而
稱王變禮也康王以子繼父非有他故而稱王者史臣之詞也以
稱王爲史臣之詞與白虎通說異又白虎通紼冕篇麻冕者何周
宗廟之冠也禮曰周冕而祭十一月之時陽氣俛仰黃泉之下萬
物被施如冕前俛而後仰故謂之冕也冕所以用麻爲之者女功
之始示不忘本也郎不忘本不用皮何皮乃太古未有禮文之服
故論語曰麻冕禮也尚書曰王麻冕皮云白虎通未分別吉凶之
異則以麻冕仍同吉服魏尚書奏王侯在喪襲爵云案周禮天子
公卿諸侯吉服皆元冕朱裳元衣纁裳有凶喪則變之麻冕黼裳
邦君麻冕蟻裳云麻冕者則素冕麻不加采色又變其裳亦非純

王麻冕黼裳由賓階隮

吉亦不純凶說與白虎通不同疑亦三家尚書異說也○由賓階隮者隮俗字當爲躋釋詁躋升也曲禮踐阼臨祭祀內事曰孝王某外事曰嗣王某又文王世子云成王幼不能莅阼周公相踐阼而治鄭注代成王履阼階攝王位治天下是嗣位爲王乃得踐阼階今升自西階不由阼階以未受顧命未敢遽當王位也又坊記子云升自客階弔於賓位教民追孝也注謂反哭時也既葬矣猶不由阼階不忍卽父位也江云檀弓云周人殯于西階之上則西階上是殯前也時將就殯前受顧命則升自西階爲便矣

卿士邦君麻冕蟻裳入卽位公卿大夫及諸侯皆同服亦廟中之禮蟻裳名色玄○卿士邦君三句今文無徵僞傳色玄用鄭說○卿士邦君麻冕蟻裳入卽位者書疏引鄭云蟻謂色玄也卽位者卿西面諸侯北面案夏小正十有二月元駒賁元駒也者蟻也是蟻之色元裳色似之故云蟻裳也此改其裳以示變入卽位者殯宮在畢門內皆入階位也卿西面在中廷之東邦君北面在其南少東不言升階知皆位於廷也

太保太史太宗皆麻冕彤裳執事各異裳形纁也太宗上宗卽宗伯也○太保二句今文無徵○太保太史太宗皆麻冕彤裳者廣雅釋器彤赤也士冠禮注凡染絳一入謂之縓再入謂之赬三入謂之纁絑則四入與纁淺於絑故爲赤色司服注凡冕服皆元衣纁裳是也

太保承介圭上宗奉同瑁由阼階隮大圭尺二寸天子守之故奉以奠康王所位同爵名瑁所以冒諸侯圭以齊瑞信方四寸邪刻之用阼階升由便不嫌○太保承介圭上宗奉同瑁由阼階隮古文也今文同作銅○太保承介圭者說文承奉也承與下奉

同義介价之通省字爾雅圭大尺二寸謂之玠攷工記鎮圭尺有
二寸天子守之是玠圭卽鎮圭也上宗奉同瑁者書疏引鄭云上
宗猶大宗變其文者宗伯之長鐺之作鐳大宗伯一人與小宗伯二
人凡三人使其上二人也一人奉同一人奉瑁案此以同瑁爲二
物也吳志虞翻傳注引翻別傳云鄭元解尚書違失事四以顧命
康王執瑁古月字似同佡眛同從誤作同既不覺定復訓爲杯玉
人職天子執瑁以朝諸侯謂之酒杯誤莫大焉又馬融訓注亦以
爲同者大同天下今經益金就作銅字詁訓言天子副璽雖皆不
得猶愈於元段云虞意同是月之譌欲命學官改同作月案鄭訓
同爲杯則奉同受同及以下同字如貫珠若作月瑁則三宿三祭
三咤者果爲何物且以下同字不可皆更爲月如其說瑁字已足
月爲贅文其謬甚矣馬云同者大同天下亦以同瑁爲一物鄭覺
其非故更之也江云古瑁字作玥見說文玉部月則別是一字說
文別有月部以月爲古瑁字非也今文同作銅者白虎通爵篇王
者既殯而卽繼體之位何緣臣民之心不可一日無君也故先王
不可得見則後君繼體矣故尚書曰王再拜興對乃受銅瑁明爲
繼體君也緣終始之義一年不可有二君故尚書曰王釋冕喪服
吉冕服受銅稱王以接諸侯明已繼體爲君也釋冕藏銅反喪服
明未稱王以統事也段云作銅者今文尚書虞翻所謂今經益金
就作銅字也今經者今文也云益金就作銅字詁訓言天子副璽
者謂伏生本亦作同今文家說易爲銅字訓爲副璽也班固因今
文作銅故云受銅藏銅正謂天子副璽通典引白虎通乃用古文
改銅作同非班意也陳云訓銅爲酒器亦今文家說何以驗之王
所受同許鄭均解爲爵名自是圭瓚之器用銅爲之者故三家今

文或作銅也攷工記言大璋中璋邊璋之制皆黃金勺青金外杜子春云勺謂酒尊勺也鄭云三璋之勺形如圭瓚三璋之勺皆以黃金爲之則圭瓚亦黃金爲勺可知飲器以梓爲質飾以金玉此鬯瓚爲傳重之器觀白虎通言既事藏之則非祭祀常用之瓚當必用銅爲之取其永遠世守之意觀商周彝器皆以銅爲之金飾其外可見惟虞義別異蓋據秦制天子玉璽其副璽當用金故爲此說然以璽爲傳重之器秦漢以前無此說未可據以解此經之銅瑁不如許鄭義長皮云大傳曰湯伐桀而歸于亳三千諸侯大會湯取天子之璽置之於天子之坐左復而再拜從諸侯之位此今文家說三代以前已以璽爲傳重之器之明證也大傳又曰古者圭必有冒言不敢專達之義也天子執冒以朝諸侯白虎通瑞贄篇瑁之爲言冒也上有所覆下有所冒義取覆天下故爲大同也班以瑁爲天下大同與馬注大同天下之說合是馬云大同天下者亦即以瑁言之惟馬作同與班作銅不合耳馬以同瑁爲一物即虞所本特虞以爲經當作上宗奉同瑁言同珪者瑁以月訓瑁與馬小異而以爲一物則同故虞以爲馬猶愈鄭也虞以訓酒杯爲鄭誤則鄭前無訓酒杯者陳以爲今文說非也由阼階隮者阼階惟君得升降今太保上宗由之以所承奉爲天子重器不敢褻也

太史秉書由賓階隮御王冊命太史持冊書顧命進康王故同階○太史秉書三句今文無徵

○太史秉書云云者釋詁秉執也書即顧命之冊書疏引鄭云御猶鄉也王此時正立賓階上少東太史東面于殯西南而讀冊書以命王嗣位之事知此時立賓階少東者以太史隨王升階將由其西讀冊王當少東避之知太史東面於殯西南隅者禮少儀云

詔詞自右此以成王命詔王當主殯之右
故也莊述祖云御王句冊命曰句當從之**曰皇后憑玉几道揚末**
命命汝嗣訓冊命之辭大君成王言憑玉几所道稱揚終命所以
感動康王命汝繼嗣其道言任重因以託戒○曰皇
后憑玉几命汝嗣訓今文無徵憑當作馮道揚末命今文與古文
同○曰皇后憑玉几者成王爲周朝守文繼體之君故稱之曰皇
后憑玉几云云郎上文之事孫以皇后爲指康王王憑玉几以聽命
案此時康王恭聽冊命無憑几之理且與下文命汝云云文義不
貫非是段云憑當作馮衞包改道揚末命者謂言說此臨終之命
禮大學注道言也廣雅釋詁揚說也古道揚連文韓詩不可道也
文不可揚辭作也說云揚猶道也末終也今文同者漢書敘傳博
陸堂堂受遺武皇擁毓孝昭末命道揚漢蘇順和帝誄彌留不豫
道揚末命是其證命汝嗣訓者持冊書
以詔王則嗣訓是嗣守此冊書之訓也**臨君周邦率循大卞**用是道臨
君周國率羣臣循大法○臨君周邦僞古文也古文作君臨率循
大卞今文皆無徵書疏引王肅云大卞大法與僞傳合此又僞傳
出肅之一證也○古文作君臨者臨君文義不順文選責躬詩李
善注引書作君臨賈公彥序周禮廢興引鄭周禮序曰斯道也文
武所以綱紀周國君臨天下是鄭本作君臨也通典天子敬父晉
何琦議亦作君臨率土○率循大卞者孫云士冠禮鄭注卞名出
於槃槃與般通廣雅釋詁般任也率循大卞率循大任也段云卞
卽弁隸體之變見於孔宙孔龢韓勑三碑釋文卞皮彥反徐扶變
反與上文雀弁音正同似作釋文時雀弁大卞已分爲二**燮和天**
不始於開成石經也九經字樣弁今經典相承或作卞

下用荅揚文武之光訓言用和道和天下用對揚聖祖文武之大教敘成王意○燮和天下二句今文無徵荅當作對○燮和天下者釋詁燮和也今文荅作對者據下文興荅白虎通作興對此荅揚當作對揚言命康王大和天下以對揚文武光顯之訓**王再拜興荅曰眇眇予末小子其能而亂四方以敬忌天威**言微微我淺末小子其能如父祖治四方以敬忌天威德乎謙辭託不能○王再拜興荅曰古文也今文荅作對眇眇予末小子今文與古文同其能而亂四方以敬忌天威今文無徵○今文荅作對者白虎通爵篇引書作王再拜興對垷凡古文荅字今文皆作對如雒誥奉荅天命大傳亦作奉對也釋文興起也今文同者後漢明帝紀永平二年詔曰眇眇小子屬當聖業班固幽通賦咨孤蒙之眇眇兮亦用今文曹大家注眇眇微也亂治也言我微末小子其何能而治四方以敬畏天威乎謙詞**乃受同瑁王三宿三祭三咤**王受瑁爲主受同以祭禮成於三故酌者實三爵於王王三進爵三祭酒三奠爵告已受羣臣所傳顧命○乃受同瑁古文也今文同作銅○同作銅者白虎通爵篇引書作乃受銅瑁垷乃受同瑁王三宿三祭三咤者書疏引鄭云王既對神則一手受同一手受瑁宿肅也卻行曰咤王徐行前三祭又三卻復本位案少牢饋食禮前宿一日宿戒尸鄭注宿讀爲肅釋詁肅進也此以徐行前爲肅者亦以宿爲肅進也卻行曰咤未詳王鳴盛云小宰注及祭用圭瓚秬鬯獻尸尸受酒不飲但沃茅灌地今此權禮非吉禮未必有尸故王代尸祭酒傳以宿爲進爵咤爲奠爵則嫌文繁備禮此喪中不當如吉祭備禮

故鄭但以宿爲進咤爲卻也釋文云咤陟嫁反亦作宅又音妬徐又音託又豬夜反說文作詫丁故反馬本作詫與說文音義同段云說文詫奠爵酒也从宀託聲周書曰王三宿三祭三詫許益據壁書馬作詫字之誤也僞孔作咤者王篇引周書曰王三宿三祭三詫孔安國曰王三進爵三祭酒三奠爵本或作吒是孔本亦作詫而咤乃吒之誤也其作宅者別本也釋爲奠爵則有居義故其字無妬作宅先謙案據下文祭嚌宅則此別本作宅是也徐音殆故反是今文宅亦作度此處經文亦必作度也江云宿當作莤字或作縮誤消爲宿說文禮祭束茅加于祼圭而灌鬯酒是爲莤 上左傳齊桓公責楚不貢包茅王祭不共無以縮酒郎其義也

宗曰饗 祭必受福讚王曰饗福酒○上宗曰饗今文無徵○上宗曰饗者江云王不嚌酒勸彊之使嚌故曰饗士虞禮哀薦祫事適爾皇祖某甫饗鄭注勸彊之也鄭又注特牲饋食禮云饗勸彊之也劉云上宗告神饗也 **太保受同降** 受王所饗同下堂反於篚○太保受同降今文無徵○太保受同降者王嚌酒後以同授太保太保受之以降寘於篚自受同以下五同字今文當與古文同若作銅則王受之後不應有太保受授兩次之文亦不當更有異銅故知今文亦必作同也 **盥以異**

同秉璋以酢 太保以盥手洗異同實酒秉璋以酢祭半圭曰璋臣所奉王已祭太保又祭報祭曰酢○盥以異同云云者盥澡手也以異同者臣不敢襲君器故別取同也孫云璋者璋瓚祭統云君執圭瓚祼尸大宗伯執璋瓚亞祼郊特牲云灌以圭璋知灌地之璋瓚得單名璋也詩棫樸箋祭祀之禮王祼以圭瓚諸臣助之祼以璋瓚以圭璋爲柄杓此太保秉璋則上文王所用

以祭之同或卽圭瓚以酢者既獻則自酢也司尊彝禴嘗烝追享朝享於六彝六尊各用其二其下輒云皆有罍諸臣之所酢也注云昨讀爲酢字之誤也諸臣獻者酌罍以自酢劉云成王未葬不立尸雖異於吉祭亦必自酢傳謂報祭曰酢酢訓報本爾雅不得訓報祭也江云或曰禮王制云喪三年不祭唯祭天地社稷爲越紼而行事曾子問篇曾子問曰天子嘗禘郊社五祀之祭簠簋既陳天子崩后之喪如之何孔子曰廢今當喪而祭毋乃非禮與曰否先王之顧命不可不傳亦不可遲至踰年其傳之也比爵命諸侯事爲大天子爵命諸侯雖不當正祭猶必特假於廟而告祭豈傳顧命於嗣王而不可告祭新陟王乎且祭於殯宮特比朝夕饋奠非禮有加非入廟而行吉祭也何言非禮邪俗儒瞽議非通論也**授宗人同拜王荅拜**宗人小宗伯佐大宗伯大宗供王宗人供太保拜白已傳顧命故授宗人同拜王荅拜尊所受命○授宗人同拜王荅拜今文無徵○授宗人同拜拜者同卽上文之異同宗人謂小宗伯江云上宗奉同瑁鄭注以爲春官之長大宗伯一人小宗伯二人凡三人使其上二人一人奉同一人奉瑁此時有小宗伯一人與大宗伯同在堂上自當大宗伯贊王小宗伯贊太保且上言上宗此變文言宗人自是小宗伯矣將拜故授宗人同也王荅拜者燕義云君舉旅于賓及君所賜爵皆降再拜稽首升成拜明臣禮也君荅拜之禮無不荅明君上之禮也與此經證合**太保受同祭嚌**太保既拜而祭既祭受福嚌至齒則王亦至齒王言饗太保言嚌互相備○太保受同祭嚌今文無徵○太保受同祭嚌者說文嚌嘗也从口齊聲周書曰太保受同祭嚌受同者又自宗人受之祭者奠之地也太保

既亞祼自酢將飲福酒復祭之地嚌者禮雜記小祥之祭主人之醋也嚌之衆賓兄弟則皆啐之大祥主人啐之衆賓兄弟皆飲之可也鄭注嚌啐皆嘗也嚌至齒啐入口是則嚌啐有淺深之分時成王崩未踰旬故太保但嚌之不忍啐也

宅授宗人同拜王荅拜 太保居其所授宗人同拜白成康當是王以事畢王荅拜敬所白○宅古文也今文作度授宗人同拜王荅拜今文無徵○宅作度者釋文宅如字馬同徐殆故反段云按徐音則宅同度古宅度二字通用皆訓居宅古音如鐸亦音徒故反集韻十一暮度或作庑宅二十陌宅或作度是也先謙案上三咤釋文云咤亦作宅明此宅與上文咤同義古文如此作度者今文其訓皆爲奠爵酒也小宰云凡鬱鬯受祭之啐之奠之與此經祭嚌宅次第證合授宗人同拜王荅拜者太保授宗人同以傳顧命畢王受顧命亦畢又荅拜之也

太保降收 太保下堂則王下可知有司於此盡收徹○太保降收今文無徵○太保降者江云太保降而出應門不言出者於下言入見之省文也收者江云蓋太史收冊宗人收同與先謙案收者蓋今文家云藏銅也白虎通爵篇釋冕藏銅反喪上引見藏銅之說它處無文以應之惟此收字爲合釋冕反喪在朝見諸侯後銅無所用而於此時藏之也

諸侯出廟門俟 言諸侯則卿士已下亦可知殯之所處故曰廟待王後命○諸侯出廟門俟今文無徵○諸侯出廟門俟者諸侯卽上文卿士邦君入卽位者畿外齊衛二侯餘皆畿內食采諸侯非下文西方東方諸侯也出廟門俟者此時事畢出畢門言廟門者江云以殯宮爲廟蓋尊先王之靈若神明也禮雜記至于廟門不毀牆遂入適所殯注廟所殯宮是亦謂殯宮爲廟

與此經廟門同義王鳴盛云畢門卽路門出至路門外則在應門內矣此時太保畢公以將率諸侯故並出至應門外餘人則皆序立以俟也皮云史記云成王乃命召公畢公率諸侯以相太子而立之成王既崩二公率諸侯以太子釗見於先王廟據此今文說以廟門卽先王廟門劉云太保下堂以堂下諸侯出畢門應門雖門而於文王廟以俟者俟王受朝享也古者朝享皆受之於廟周公宗祀文王爲文祖文子文孫受終之禮皆於是行焉金榜說見前

尚書孔傳參正三十

康王之誥第二十五

周書　孔氏傳　王先謙參正

康王之誥求諸侯之見匡弼○書序康王既尸天子遂誥諸侯作康王之誥周紀太子釗遂立是爲康王康王卽位徧告諸侯宣告以文武之業以申之作康誥是史公所見康王之誥與顧命各自爲篇書名少二字僞孔書序云伏生康王之誥合於顧命書疏云伏生以此篇合於顧命共爲一篇馬鄭王本此篇自高祖寡命已上內於顧命之篇王若曰以下始爲康王之誥諸侯告王王報誥諸侯而使報告異失其義也此孔沖遠祖僞傳之言以爲分篇勝於馬鄭釋文於若曰下云馬本從此以下爲康王之誥又云與顧命差異敘歐陽大小夏侯同爲顧命皮以云史公從孔安國問故所載多今文說此引書序以康誥別爲篇則史公所受伏生尚書不以康王之誥合於顧命蓋伏生傳書亦二十九篇有康王之誥而無太誓史公云伏生獨得二十九篇數當不數太誓其後歐陽夏侯三家誓併入太誓與二十九篇之數不符乃以康王之誥合於顧命僞孔序詞不別白因以三家本爲伏本耳史公用今文說以爲卽位徧告諸侯亦當從王若曰以下分篇誥與馬鄭同蓋馬以爲太誓僞故用伏生史公舊說仍以康王之別於顧命而不數太誓也今文尚書二十九篇見於史記儒林傳漢書藝文志儒林傳論衡正說篇甚詳無二十八篇之說但史公

所謂二十九篇當分顧命康誥爲二篇數之班固王充所謂二十九篇在三家增入太誓之後當合顧命康王之誥爲一篇數之其後僞孔書出別撰泰誓三篇不數漢之太誓又當顧命康王之誥二篇合併之後於是尚書止有二十八篇而僞孔叢子及漢書劉歆傳臣瓚注遂有今文尚書二十八篇之說矣僞孔雖分顧命康王之誥爲二而以王出在應門之內以下屬之康王之誥欲示異於馬鄭而與史公說亦不合其非伏生尚書之舊斷然也魏晉閒人見僞古文不數大誓又見三家今文已合顧命康王之誥僞一乃以合爲一篇者爲伏生今文而以王出在應門之內以下爲康王之誥者爲眞古文不知史公傳於伏生者初不合爲一篇馬鄭古文亦不斷自王出在應門之內也近儒皆知二十八篇之說爲不然然猶未知二十九篇當分顧命康王之誥爲二乃以後出之太誓當之不知太誓之文體近緯書與二十九篇文體不類周紀白魚躍入王舟中索隱此以下至火復王屋皆見周書及今文太誓文選注引周書云武王將渡河中流白魚入於王舟王俯取出涘以祭藝文類聚引尚書中候說赤烏白魚事其文多同太誓然則大傳史記董仲舒策所引蓋出逸周書及緯候之書後出之太誓亦取逸周書緯候爲之而三家併入之伏生書中若伏生大傳所載之文雖與太誓文同其所傳二十九篇實不當有太誓也又或以爲二十九篇不數太誓當以百篇之序居其一攷漢書儒林傳張霸分析合二十九篇爲數十又宋左氏傳書序爲作首尾則今文書序亦在二十九篇之外是二說皆未爲塙也惟據史公所引今文書序分顧命康王之誥爲二篇以合伏生二十九篇之數不數太誓與書序則其詞直而二十九篇之數亦足矣先謙案劉

逢祿以顧命康王之誥爲異序同篇與二典同不如皮說之精實

王出在應門之內出畢門立應門內之中庭南面○王出在應門之內今文無徵○王出在應門之內者釋宮正門謂之應門郭注以爲朝門王自殯宮出畢門即路門之內其內爲內朝亦曰燕朝路門之外應門之內爲治朝是正朝也 **太保率西方諸侯入應門左畢公率東方諸侯入應門右**二公爲二伯各率其所掌諸侯隨其方爲位皆北面○太保率西方諸侯四句今文無徵○應序太保率西方諸侯云云者時畢公爲東伯代周公東方諸侯以爲在前以畢公率之官次於太保故入門右也 **皆布乘黃朱**諸侯皆陳四黃馬朱鬣以爲庭實○皆布乘黃朱古文也今文作黼黻衣黃朱紱○皆布乘黃朱者廣雅釋詁布列也四馬曰乘詩干旄疏引鄭駁異義云尚書顧命諸侯入應門皆布乘黃朱言獻四黃馬朱鬣也黼黻衣黃朱紱者白虎通紼冕篇紼者何謂也紼者蔽也行以蔽前者爾有事因以別尊卑彰有德也天子朱紼諸侯赤紼詩曰朱紼斯皇室家君王謂天子也又云赤紼金舄會同有繹又云赤紼在股皆謂諸侯也書曰黼黻衣黃朱紼亦謂諸侯也並見衣服之制故遠別之謂黃朱亦赤矣段云後二句當作別於天子謂之黃朱黃朱亦赤矣段云此今文也古文布乘黃朱之異文漢書韋孟傳孟諷諫詩黼衣朱黻正用今文黼衣謂畫黼於衣黻同市亦作韍蔽膝也假借作紼芾茀朱黻與詩斯于易困卦訓同顏注漢書云畫爲亞文故謂之黻誤矣毛傳於采芑曰朱芾黃朱芾也於斯干曰芾者天子純朱諸侯黃朱說與今文尚書合 **賓稱奉**

圭兼幣曰一二臣衛敢執壤奠賓諸侯也舉奉圭兼幣之辭言一二見非一也爲蕃衛故曰臣衛來朝而遇國喪遂因見新王敢執壤地所出而奠贄也○賓稱奉圭兼幣三句今文無徵○賓稱奉圭兼幣者賓即諸侯大宗伯以賓禮親邦國稱者舉其詞也書疏引鄭云此幣圭以馬蓋舉王者之後以言耳諸侯當璧以帛亦有庭實案小行人合六幣圭以馬璋以皮璧以帛琮以錦琥以繡璜以黼鄭注六幣所以享也五等諸侯享天子用璧享后用琮其大各如其瑞皆有庭實以馬若皮皮虎豹皮也用圭璋者二王之後也二王後尊故享用圭璋而持之上言布乘此言奉圭故知是二王之後杞宋是也此外諸侯則當如覲禮所云皆束帛加璧庭實惟國所有大戴朝事篇奉國地所出重物明臣職也不在圭馬璧帛之內○曰一二臣衛敢執壤奠者曰者釋詞也外臣皆爲天子蕃衛故稱臣衛壤奠者禮記鄭注奠猶獻取其國土所產以獻也書疏引鄭云此朝兼享禮也與常禮不同釋辭者一人其餘奠幣拜者稽首而已其時諸侯雖衆其長一人釋辭下再拜稽首言皆則此不皆可知曲禮鄭注諸侯春見曰朝受贄于朝受享于廟則常禮朝而後享二事不同時並行今朝兼享禮故云不同常禮也**皆再拜稽首王義嗣德荅拜**諸侯拜送幣而首至地盡禮也康王以義繼先人明德荅其拜受其幣○皆再拜稽首今文與古文同王義嗣德荅拜今文無徵○今文同者白虎通姓名篇人所以相拜者何所以表情見意屈節卑體尊事之者也拜之言服也所以必再拜何法陰陽也尙書曰再拜稽首也必稽首何敬之至也頭至地何以言首首謂頭也○王義嗣德荅拜者白虎通性情篇義者

宜也時王未嗣位而於義宜繼先王之德既當王位故荅拜也春
秋文九年春毛伯來求金公羊傳何以不稱使當喪未君也踰年
矣何以謂之未君卽位矣而未稱王也未稱王何以知其卽位以
諸侯之踰年卽位亦知天子之踰年卽位也時成王崩未踰年康
王實未嗣位而於義宜嗣故禮以義起也左襄十四年傳 **太保曁**
君義嗣也誰敢奸君季札謂諸樊之言也與此經意同
芮伯咸進相揖皆再拜稽首 冢宰與司徒皆共羣臣諸侯並進陳 戒不言諸侯以內見外○太保曁芮
伯二句今文無徵○太保曁芮伯云云者江云公羊僖五年傳獻
公揖荀息而進之何注以手通指曰揖此咸進相揖義同引手相
招與俱 前也 **曰敢敬告天子皇天改大邦殷之命** 大天改大國殷之王 命謂誅紂也○曰敢
敬告天子二句今 文無徵邦當作國 **惟周文武誕受羑若克恤西土** 言文武大受天 道而順之能憂
我西土之民本其所起○惟周文武三句今文無徵○惟周文武
云云者釋文羑馬云道也說文羑進善也釋言若順也言文武二
王大受天命而善順之克撫恤西土 以開王業也馬義未安僞傳所本 **惟新陟王畢協賞罰戡定厥**
功用敷遺後人休 惟周家新升王位當盡和天下賞罰能定其功 用布遺後人之美言施及子孫無窮○惟新陟
王戡定厥功用敷遺後人休今文無徵畢協賞罰今文與古文同
○惟新陟王者釋詁假陟登陞也曲禮告喪曰天王登假是赴告
之詞稱天子崩爲登假也陟與登假義同故稱成王曰新陟王成
王雖是生號此時尚未議及死謚但稱曰新陟王猶後世稱大行

皇帝也畢協賞罰者協和也言有所賞罰皆和協於衆心今文同者說苑政理篇夫誅賞者所以別賢不肖而列有功與無功也故誅賞不可以謬誅賞謬則美惡亂矣夫有功而不賞則善不勸有過而不誅則惡不懼善不勸惡不懼而能以行化乎天下者未嘗聞也書曰畢協賞罰此之謂也段云周紀云畢力賞罰以定其功大傳云書曰畢力賞罰以定厥功白虎通諫諍篇尚書曰畢力賞罰以定厥功此漢民閒所得太誓之文與此文相似而不可亂爲一王應麟以爲漢儒所引異字誤○戡定厥功者釋詁戡克也言克定文武之成功用敷遺後人休者說支敷施也从支尃聲周書曰用敷遺後人段云敷今作敷乃隸變也變寸爲万筆勢相同非从方今俗誤經言以施遺後人之休美許書無休字疑傳寫奪之

今王敬之哉

敬天道務崇先人之美○今王敬之哉今文無徵

張皇六師無壞我高祖寡命

言當張大六師之衆無壞我高德之祖寡有之教命○張皇六師二句今文無徵○張皇六師云云者詩傳皇大也六師六軍夏官序官云萬有二千五百人爲軍王六軍詩常武整我六師是也小司徒五師爲軍是師軍人數多寡不同對文異散文通耳承平日久則武備不修人有玩志而國不可保故太保等首以此爲言高祖謂文王魯語周人祖文王而宗武王故稱文王爲高祖寡命與大雅寡妻康誥寡兄同義文王以百里起克集大命此乃寡有之命言宜張大六師之聲力以無敗壞我高祖文王寡有之大命也自此以上馬鄭王本皆內於顧命自王若曰以下爲康王之誥引見前皮云今文亦當爲顧命文續漢禮儀志三公奏尚書顧命太子卽日卽天子位于柩前據此則今文說以越七日癸酉以下皆此一日之事卽國不可一日無君之義不以爲異時事也

王若曰庶邦侯甸

得如顧炎武說以狄設黼扆綴衣爲異時事也

男衛順其戒而告之不言羣臣以外見內○王若曰二句今文無徵邦當作國男當作任○王若曰庶邦侯甸男衛者詩周頌譜疏引鄭云獨舉侯甸男衛四服者周公居攝六年制禮班度量至此積三十年再巡狩餘六年侯甸男要服正朝要服國遠既事遣之衛服前冬來以王有疾畱之案鄭以不見要服推求其故而爲是說江云當周之四月於夏正爲春仲要服國遠蓋未至也衛服諸侯往年來朝容有往年國中多故不得以時至而於是來與王鳴盛云周都豐鎬四方道里不均東方侯甸亦遠西方衛要反近周禮朝貢之歲不過言其大略不必過泥酒誥亦云侯甸男衛皆約舉之詞耳**惟予一人釗報誥**報其戒○惟予一人釗報誥今文無徵○惟予一人釗報誥者曲禮疏云顧命成王殯未踰年稱子一人者熊氏云天下不可一日無王故也今謂予一人者以麻冕黼裳即位受顧命從吉故暫稱一人也報者宰夫鄭注復之言報也既稱予一人又稱名者循春秋嗣王在喪則書名之例**昔君文武丕平富不務咎**言先君文武道大政化平美不務咎惡○昔君文武三句今文無徵○昔君文武云云者江云說文務趣也咎災也言文武大平富天下之民使不趣於咎災爲民除害也**底至齊**○底至齊今文無徵○底至齊者釋文馬讀絕句釋詁底止也釋言齊中也言文武爲君之道止於至中**信用昭明于天下**致行至中信之道用顯明于天下言聖德洽○信用昭明于天下今文無徵○信用昭明于天下者信誠也文之光於四方武之不失顯名皆昭明於天下之證**則亦有熊羆之士不二心之臣保乂王家**言文武既聖則

亦有勇猛如熊羆之士忠一不二心之臣共安治王家○○則亦有熊羆之士不二心之臣保乂王家古文也今文二作貳○二作貳者蔡邕司空文烈侯楊公碑總其熊羆之士不貳心之臣保乂帝家東鼎銘云保乂帝家夏勤策文云保乂皇家行文稍有竄易皆足爲今古文同之證**用端命于上帝皇天用訓厥道付畀四方**君聖臣良用受端直之命於上天大天用順其道付與四方之國王天下○用端命于上帝三句今文無徵○用端命于上帝云云者說文端直也直猶當也言皆足以當上帝之命訓與順通言皇天見我周君臣如此用順於其道而以中國盡四方付與之**乃命建侯樹屏在我後之人**言文武乃施政令立諸侯樹以爲藩屏傳王業在我後後之人謂子孫○乃命建侯樹屏二句今文無徵○乃命建侯樹屏者樹立也釋言屏蔽也言武王命封建諸侯樹立爲我周邦之屏蔽在我後之人者王念孫云在謂相顧在也吳語昔吳伯父不失春秋必率諸侯以顧在余一人左襄二十六年傳衞獻公使讓太叔文子曰吾子獨不在寡人郎此在字之義下文云今予一二伯父尚胥暨顧亦謂相顧在也**今予一二伯父尚胥暨顧綏爾先公之臣服于先王**天子稱同姓諸侯曰伯父言今我一二伯父庶幾相與顧念文武之道安汝先公之臣服於先王而法循之○今予一二伯父三句今文無徵○今予一二伯父云云者覲禮天子稱諸侯同姓大國曰伯父異姓曰伯舅同姓小邦曰叔父異姓曰叔舅釋詁胥相暨與綏安也言一二伯父庶幾相與顧在孫云綏說文作緌夏采以乘車建綏注綏當爲緌釋詁緌繼也綏爾先

公之臣服于先王爲一句言繼爾先公之臣服于先王也**雖爾身在外乃心罔不在王室**言雖汝身在外土爲諸侯汝心常當忠篤無不在王室熊羆之士勵朝臣此督諸侯○雖爾身在外乃心罔不在王室古文也今文罔作無○今文罔作無者漢書谷永傳永對曰忠臣之於上志在過厚是故遠不違居死不忘國經曰雖爾身在外乃心無不在王室後漢荀彧傳彧勸操曰雖禦難於外乃心無不在王室皆今文作無之證張酺傳肅宗詔報曰經云身雖在外乃心不離王室引用經文稍有改消**用奉恤厥若無遺鞠子羞**當各用心奉憂其所行順道無自荒怠遺我稚子之羞辱稚子康王自謂也○用奉恤厥若二句今文無徵○用奉恤厥若云云者說文恤收也釋詁若善也言諸臣當一心王室以奉收其善猶言奉行善政無遺稚子以羞辱也釋言鞠稺也稺子猶言沖人小子**羣公既皆聽命相揖趨出**已聽誥命趨出罷退諸侯歸國朝臣就次○羣公二句今文無徵○羣公既皆聽命云云者書疏引鄭云羣公主謂諸侯與王之三公諸侯亦在焉案三公稱公諸侯亦通稱之又時朝臣皆在亦同趨出故鄭以羣公爲統稱之詞相揖與咸進相揖義同**王釋冕反喪服**脫去黼冕反服喪服居倚廬○王釋冕反喪服今文與古文同○王釋冕反喪服者書疏引鄭云王釋冕反喪服朝臣諸侯亦反喪服禮喪服臣爲君諸侯爲天子皆斬衰案喪服篇斬衰裳苴經杖絞帶冠繩纓菅屨其目首列父其次諸侯爲天子其次君鄭於此補言之今文同者白虎通爵篇引書王釋冕喪服其下文又言釋冕藏銅反喪引見上反喪下無服字通典引有服字明與古文不異也

畢命第二十六

周書　孔氏傳　王先謙參正

畢命言畢公見命之書○此梅氏古文之二十三周紀康王命作策畢公分居里成周郊作畢命書序康王命作冊畢分居里成周郊作畢命分上脫公字辨見書序

惟十有二年六月庚午朏康王卽位十二年六月三日庚午○惠云漢書律麻志康王十二年六月戊辰朔三日庚午故畢命豐刑曰惟十有二年六月庚午朏王命作策書豐刑梅賾襲其詞梅云蔡沈曰此僞作者傳聞舊語得其年月不得以下之詞妄言作豐刑耳不知豐刑之言何所道也予謂蔡氏又何所據而知之哉此東晉作僞畢命者以豐刑之年月可以欺人而用之耳程云竹書紀年康王十二年夏六月壬申王如豐錫畢公命予案周書紀年月者七篇洪範金縢召誥洛誥多士多方顧命也洪範紀十有三祀重武王之訪道稱祀而不稱年明武王不敢臣箕子也金縢紀克商二年言天下未定不可無武王此周公所爲願以身代也惟此二篇紀年餘惟紀月營洛之事大矣成之終康之始尤大而皆不紀年蓋古人之書不屑屑於紀年如此也畢命之作不得大於營洛今書但襲漢志所引之文而不考書例惑矣又云一畢命也書序漢志竹書爲三鄭又以爲有冊命霍侯之事則畢命有四矣洛邑爲周東都成王周公時曰新邑曰東土曰東國洛不聞成周之名其稱成周蓋在平王東遷後何則

成周宗周皆指周天子之居而言鎬京亦曰成周衞世家管叔欲攻成周是也洛邑亦曰宗周孔悝鼎銘即宮于宗周是也洛邑雖曰東都而其時周王未嘗居之則不得曰成周也觀書序屢以洛邑爲成周則知其出於秦漢之間明矣使畢命逸篇尚存其眞僞亦當以是辨之而不在其他又其可疑者君陳序曰分正東郊成周此篇序又云成周郊晚書分東郊成周爲二日成周周之衆保釐東郊成周何地東郊又何地邪僞傳一則曰成定東周郊境一則曰安理治正成周東郊詞意愈以齟齬鄭以命霍侯與序不相應爲非豈知後世之書更有甚於此者至漢志之畢命豐刑本非序所云分居里成周郊據顧命成王末年畢公已領東方諸侯於時東都甚重蓋即以畢公治之不待康王十二年始命疑古書以他事命畢公非爲成周也晚書以其年月合之書序使書序既失其書中之意漢志復喪其豐刑之說又與顧命相剌謬謂可與伏書並行哉

越三日壬申王朝步自宗周至于豐於朏三日壬申王朝行自宗周至於豐宗周鎬京豐文王所都○惠云竹書紀年康王十二年夏六月壬申王如豐錫畢公命召誥越六日乙未王朝步自周則至于豐姚際恆云宅洛係大事須告文王廟故言至于豐命畢公何必爾且命君陳畢公果至豐告廟二人當一例而獨畢命云然者蓋因逸書畢命有豐刑二字既不可解故就用其豐字傳會以爲至于豐亦如今伊訓用逸書伊訓方明作乃明耳

以成周之衆命畢公保釐東郊用成周之民衆命畢公使安理治正成周東郊令得所

王若曰嗚呼父師惟文王武王敷大德于天下用克受殷命王順其事歎告畢公代周公爲

大師爲東伯命之代君陳言文武布大德於天下故天佑之用能受殷王之命○梅云父師見微子周稱太師太保無同殷稱父師者顧命昔君文王武王君奭惟時受有殷命哉**惟周公左右先王綏定厥家**言周公助先王安定其家○梅云左襄十四年傳昔伯舅太公右我先王詩克定厥家**毖殷頑民遷于洛邑密邇王室式化厥訓**慎殷頑民恐其叛亂故徙於洛邑密近王室用化其教○梅云洛誥伻來毖殷大誥天亦惟用勤毖我民書序成周既成遷殷頑民**既歷三紀世變風移四方無虞予一人以寧**言殷民遷周已經三紀世代民易頑者漸化四方無可度之事我天子用安矣十二年曰紀父子曰世○閻云或曰成王七年周公留治洛公薨君陳繼之君陳卒乃命畢公在康王十二年逆數至成王七年己四十有三年非三紀也予按三統麻載周公攝政七年作召誥洛誥此七年在武王崩後七年成王未立之先故下載成王僅三十年邵子皇極數始通以此爲在成王下三十七年僞孔似誤讀三統麻之攝政七年以爲在成王三十年內成王七年作召誥洛誥三十年作顧命凡二十四年接以康王十二作畢命正得三十六年故曰既歷三紀若使知攝政在外既逾三紀何難變其文以求合而敢與麻背馳哉**道有升降政由俗革不臧厥臧民罔攸勸**天道有上下交接之義政教有用俗改更之理民之俗善以善養之俗有不善以法御之若乃不善其善則民無所勸慕○梅云左襄二十九年傳叔向曰宋之樂其以宋升降乎禮檀弓道隆則從而隆道污則從而污益之損之與時宜

之論語舉善則勸**惟公懋德克勤小物弼亮四世正色率下罔不祗師言**言公勉行德能勤小物輔佐文武成康四世爲公卿正色率下下人無不敬仰師法○梅云晉語知伯國曰夫君子能勤小物故無大患韋注物事也公羊傳孔父正色而立于朝閻云畢公不得輔四世僞古文誤會國語此條元闕皮補云書疏曰晉語説文王之事云詢于八虞訪于辛尹重之以周召畢榮則畢公於文王之世已爲大臣是輔佐文武成康四世爲公卿也孔疏引晉語爲證似亦可通閻氏以爲誤會國語者案左傳管蔡郕霍魯衛毛聃郜雍曹滕畢原豐郇文之昭也是畢公爲文王之子十人依漢武梁祠象位次伯邑考武王發周公旦管叔鮮蔡叔度曹叔振鐸成叔武霍叔處康叔封冉季載畢公不在內是畢公爲文王庶子文王以父詢訪於子自因畢公之賢然畢公雖賢要不得爲文王輔相賢如周召孟子云周公相武不云相文召伯甘棠之詩鄭康成以爲在武王時非文王時然則畢公在文王時雖偶詢訪及之究不得如孔傳云輔佐文爲公卿亦不得如孔疏云畢公於文王之世已爲大臣也故以爲誤會國語**嘉績多于先王予小子垂拱仰成**公之善功多大先人之美我小子爲王垂拱仰公成理言其上顯父兄下施子孫○梅云左傳予嘉乃績淮南道應訓武王之佐五人許慎注謂周公召公太公畢公毛公也武王於五者不能一事也然垂拱而受成功焉善乘人之資也惠云愼子曰君逸樂而臣任勞臣盡智力以善其事而君無與焉仰成而已閻云漢書薛宣傳馮翊垂拱蒙成後漢淸河王慶傳仰恃明主垂拱受成**王曰嗚呼父**

師今予祗命公以周公之事往哉今我敬命公以周公所爲之事往爲之哉言非周公所爲不敢枉公往治旌別淑慝表厥宅里彰善癉惡樹之風聲言當識別頑民之善惡表異其居里明其爲善病其爲惡立其善風揚其善聲○梅云禮緇衣有國者章善癉惡以示民厚又曰故君民者章好以示民俗愼惡以御民之淫表記彰人之善而美人之功左文六年傳君子曰並建聖哲樹之風聲弗率訓典殊厥井疆俾克畏慕其不循教道之常則殊其井居田界使能畏爲惡之禍慕爲善之福所以沮勸○梅云左文六年傳告之訓典不用過行弗率而用先謙案表宅里殊井疆郎本史記分居里意申畫郊圻愼固封守以康四海郊圻雖舊所規畫當重分明之又當謹愼堅固封疆之守備以安四海京圻安則四海安矣政貴有恒辭尚體要不惟好異政以仁義爲常辭以體實爲要故貴尚之若異於先王君子所不好商俗靡靡利口惟賢餘風未殄公其念哉紂以靡靡利口爲賢覆亡國家今殷民利口餘風未絕公其念絕之○惠云書疏云韓非子紂使師延作靡靡之樂論語惡利口之覆邦家者我聞曰世祿之家鮮克由禮以蕩陵德實悖天道特言我聞自古有之世有祿位而無禮教少不以放蕩陵邈有德者如此實亂天道○梅云孟子仕者世祿禮記隆禮由禮謂之君子敝化奢麗萬世同流言敝俗相化車服奢麗雖相去萬世若同一流茲殷庶士

席寵惟舊怙侈滅義服美于人此殷眾士居寵日久怙恃奢侈以滅德義服飾過制美於其民言僭上○梅云左襄二十七年傳叔孫曰服美不稱必以惡終驕淫矜侉將由惡終雖收放心閑之惟艱言殷眾士驕恣過制矜其所能以自侉大如此不變將用惡自終雖今順從周制心未厭服以禮閑禦其心惟難○惡終見上王應麟云雖收二句孟子求放心之說也資富能訓惟以永年惟德惟義時乃大訓不由古訓于何其訓以富資而能順義則惟可以長年命矣惟有德義是乃大順若不用古訓典籍於何其能順乎○梅云蜀先主戒子惟德義可以服人王曰嗚呼父師邦之安危惟茲殷士不剛不柔厥德允修言邦國所以安危惟在和此殷士而已治之不剛不柔寬猛相濟則其德政信修立○程云詩商頌不剛不柔惠云大司徒六德智仁聖義忠和鄭注和不剛不柔僞孔言邦國所以安危惟在和此殷士而已此采鄭注而用其義若蔡傳則又郢書而燕說矣梅云多士篇末言爾攸居至康王十二年將四紀不止三紀而已猶以安危係之者僞辭也既言世變風移又言餘風未殄自相矛盾周公面命之詞但言紂之無道自絕於天未嘗言殷庶士無禮蔑義且驕淫矜侉其亡無日周公前此何故與言非我小國敢弋殷命哉周公當時以夏之俊民比之四紀之後猶以不由古訓而謂之頑民何邪惟周公克慎厥始惟君陳克和厥中惟公克成厥終周公遷殷頑民以消亂階能慎其始君陳弘周

公之訓能和其中畢公闡二公之烈能成其終**三后協心同底于道道洽政治澤潤生民**三君合心爲一終始相成同致于道道至普洽政化治理其德澤惠施乃浸潤生民言三君之功不可不尙○惠云荀子臣道篇澤被生民班彪王命論流澤加於生民先謙案王命畢公而與周公等並稱曰后不合**四夷左衽罔不咸賴予小子永膺多福**言東夷西戎南蠻北狄被髮左衽之人無不皆恃賴三君之德我小子亦長受其多福○惠云竹書紀年成王二十五年王大會諸侯于東都四夷來賓論語被髮左衽**公其惟時成周建無窮之基亦有無窮之聞**公其惟以是成周之治爲周家立無窮之基業於公亦有無窮之名以聞於後世○梅云漢書建不拔之基詩令聞不已**子孫訓其成式惟乂**言後世子孫順公之成法惟以治**嗚呼罔曰弗克惟既厥心**人之爲政無曰不能惟在盡其心而已**罔曰民寡惟慎厥事**無曰民少不足治也惟在慎其政事無敢輕之**欽若先王成烈以休于前政**敬順文武成業以美於前人之政所以勉畢公

君牙第二十七

周書　孔氏傳　王先謙參正

君牙命以其名遂以名篇○此梅氏古文之二十四禮緇衣引作君雅鄭注雅書序作牙假借字也君雅周穆王司徒作尙書

篇名也釋文君牙或作君雅是古文亦有作雅者緇衣篇則據今文作雅

王若曰嗚呼君牙其順其事而歎稱其名而命之**惟乃祖乃父世篤忠貞服勞王家厥有成績紀于太常**言汝父祖世厚忠貞服事勤勞王家其有成功見紀錄書于王之太常以表顯之王之旌旗畫日月曰太常○梅云盤庚乃祖乃父金縢昔公勤勞王家洛誥惟王有成績周禮司勳凡有功者銘書于王之太常惠云周書嘗麥解用大正順天思序紀于大常大常今作大帝乃知梅賾所據逸周書猶是善本**惟予小子嗣守文武成康遺緒亦惟先正之臣**正一作王**克左右亂四方**惟我小子繼守先王遺業亦惟父祖之臣能佐助我治四方言己無所能○梅云詩惟予小子顧命嗣守文武大訓其能而亂四方文侯之命亦惟先正克左右惠云漢書谷永傳永疏引經云亦惟先正克左右師古曰周書君牙之詞也此誤記文侯之命爲君牙**心之憂危若蹈虎尾涉于春冰**言祖業之大己才之弱故心懷危懼虎尾畏噬春冰畏陷危懼之甚○梅云易履虎尾詩如履薄冰

今命爾予翼作股肱心膂今命汝爲我輔翼股肱心體之臣言委任○梅云子翼見皋陶謨及周書周語太子晉曰謂其能爲禹股肱心膂**纘乃舊服無忝祖考弘敷五典式和民則**繼汝先祖故所服忠勤無辱累祖考之道大布五常之敎用和民令有法則○梅云左襄十四年傳劉定公賜齊侯命曰纂乃祖考無忝乃舊

堯典敬敷五教爾身克正罔敢弗正民心罔中惟爾之中言汝身能正則下無敢不正民

心無中從汝取中必當正身示民以中正○梅云論語子帥以正孰敢不正夏暑雨小民惟曰怨咨夏月

暑雨天之常道小人惟曰怨歎咨嗟言心無中也○梅云緇衣君雅日夏日暑雨小民惟日怨資鄭注資當爲至齊魯之語聲之誤

也冬祁寒小民亦惟曰怨咨冬大寒亦天之常道民猶怨咨○梅云緇衣冬祁寒小民亦惟曰怨厥

惟艱哉思其艱以圖其易民乃寧天不可怨民猶怨嗟治民其惟難哉當思慮其難以謀其易民

乃寧○梅云老子圖難於其易漢書蕭何傳民以寧一嗚呼丕顯哉文王謨歎文王所謀大顯明○惠云孟

子書曰丕顯哉文王謨丕承哉武王烈佑啟我後人咸以正無缺丕承哉武王烈言武王業美大可承奉○說見

上啟佑我後人咸以正罔缺文武之謀業大明可承奉開助我後嗣皆以正道無邪缺○說見上爾

惟敬明乃訓用奉若于先王汝惟當敬明汝五教用奉順於先王之道○梅云詩敬明其德對揚

文武之光命追配于前人言當答揚文武光明之命君臣各追配於前令名之人王若曰君

牙乃惟由先正舊典時式民之治亂在茲汝惟當奉用先正之臣所行故事舊典文籍是

法民之治亂在此而已用之則民治廢之則民亂率乃祖考之攸行昭乃辟之有乂言當循汝

父祖之所行明汝君之有治功

○梅云文侯之命用會紹乃辟

冏命第二十八

周書　孔氏傳　王先謙參正

冏命以冏見命名篇○此梅氏古文之二十五周紀穆王卽位春秋已五十矣王道衰微穆王閔文武之道缺乃命伯冏申誡太僕國之政作冏命漢書人表伯冏列上中第四等顏注穆王太僕也王應麟漢藝文志攷證尚書大傳冏命爲冏命是今文作冏說文冏下云从𠔿䍜周書曰伯冏是許所據古文亦作冏矣書序穆王命伯冏爲周太僕正作冏命與史記申誡太僕以國政異閻云周禮太馭中大夫掌馭玉路以祀其下有戎僕齊僕道僕田僕皆馭王車太馭爲最尊又有太僕下大夫掌正王之服位出入王之大命掌諸侯之復逆王出入則自左馭而前驅其佐有小臣祭僕御僕隸僕此等官以僕名無預馭車之事太僕所重在正服位出入大命與大馭不相涉也僞書出入起居罔有不欽發號施令罔有不臧似太僕所掌與書序合其云命汝作大正正于羣僕又云爾無昵于憸人充耳目之官則官高職親與王同車又似大馭非太僕所可當僞孔蓋誤合周官兩職爲一其書序傳云太僕長大御中大夫其自吐供招也漢百官表太僕秦官應劭注周穆王所置蓋大御衆僕之長中大夫也豈非僞經僞傳之所從出哉又云漢表太僕掌輿馬以太僕專司出政蓋自秦失之秦官制多不師古固無足異獨異周穆王朝命其臣爲太僕不本周官而旁侵

大馭職掌下同秦制爲可笑耳

王若曰伯冏惟予弗克于德嗣先人宅丕后順其事以命伯冏言我不能於道德繼先人居大君之位人輕任重怵惕惟厲中夜以興思免厥愆言常悚懼惟危夜半以起思所以免其過悔○惠云祭義必有怵惕之心七發惕惕怵怵臥不得瞑梅云秦誓則冏所愆闇云孔疏厲訓危也卽易稱夕惕若厲之義也予謂乾之九三君子終日乾乾夕惕若句厲无咎句證以下文言雖危无咎益驗句讀斷宜如此三代以上人必不誤讀厲字連上如王輔嗣輩可知或問誤果自輔嗣輩乎予曰張竦爲陳崇草奏曰終日乾乾夕惕若厲淮南人間訓終日乾乾以陽動也夕惕若厲以陰息也誤已見於此昔在文武聰明齊聖小大之臣咸懷忠良聰明視聽遠齊通無滯礙臣雖官有尊卑無不忠良○惠云中庸聰明聖知詩人之齊聖其侍御僕從罔匪正人雖給侍進御僕役從官官雖微無不用中正之人○梅云賈子左右前後皆正人也以旦夕承弼厥辟出入起居罔有不欽小臣皆良僕役皆正以旦夕承輔其君故君出入起居無有不敬○梅云盤庚罔有不欽發號施令罔有不臧下民祗若萬邦咸休言文武發號施令無有不善下民敬順其命萬國皆美其化○梅云詩何用不臧惟予一人無良實賴左右前後有位之士匡其不及惟我一人無善實恃

左右前後有職位之士匡正其不及言此責羣臣正己○梅云禮記引太誓曰惟予小子無良顧命惟予一人釗報誥孟子左右前後皆薛居州也又見上賈子太傅匡其不及**繩愆糾謬格其非心俾克紹先烈**言侍左右之臣彈正過誤檢其非妄之心使能繼先王之功業○梅云孟子惟大人爲能格君心之非**今予命汝作大正正于羣僕侍御之臣**欲其敎正羣僕無敢佞僞**懋乃后德交修不逮**言侍御之臣無小大親疏皆當勉汝君爲德更代修進其所不及○梅云楚語引衛武公曰朝夕以交戒我史老引武丁曰交修予無予弃也**愼簡乃僚無以巧言令色便辟側媚其惟吉士**當謹愼簡選汝僚屬侍臣無得用巧言無實令色無質便辟足恭側媚諂諛之人其惟皆吉良正士○梅云臯陶謨巧言令色論語友便辟立政庶常吉士又云其惟吉士閻云唐永淳元年魏元同上言穆王命伯冏爲大僕正命曰愼簡乃僚此自擇下吏之言也大僕正特中大夫尙以僚屬委之則三公九卿可知故大宰內史並掌爵祿廢置司徒司馬別掌興賢詔事是分任羣司而統以數職王命其大者而自擇其小者也竟以僞古文爲眞周官制不知爵祿予奪生殺廢置八者人君馭世之大柄冢宰勿敢專告王以施之而已至內史第掌其副貳爲考其當否以將就匡救之於辟除僚屬無與而司徒所掌之興賢則謂其賓興司馬所掌之詔事則謂其以能皆無關辟屬不知元同所讀是何周禮也

僕臣正厥后克正僕臣諛厥后自聖言僕臣皆正則其君乃能正僕臣諂諛則其君乃自

謂聖○梅云詩具曰予聖**后德惟臣不德惟臣**君之有德惟臣成之君之無德惟臣誤之言君所行善惡專在左右**爾無昵于憸人充耳目之官迪上以非先王之典**汝無親近於憸利小子之人充備侍從在視聽之官道君上以非先王之法○梅云立政國則罔有立政用憸人繼自今立政其勿以憸人惠云耳目見臯陶謨**非人其吉惟貨其吉**若非人其實吉良惟以貨財配其吉良以求入於僕侍之臣汝當清審**若時瘝厥官**若用是行貨之人則病其官職**惟爾大弗克祗厥辟惟予汝辜**用行貨之人則惟汝大不能敬其君惟我則亦以此罪汝言不忠也○梅云越尹人祇辟又曰惟民自速辜**王曰嗚呼欽哉永弼乃后于彝憲**歎而勑之使敬用所言當長輔汝君於常法此穆王庶幾欲蹈行常法

呂刑第二十九

周書　孔氏傳　王先謙參正

呂刑後爲甫侯故或稱甫刑○書序呂命穆王訓夏贖刑作呂刑周紀甫侯言於王作修刑辟引書末云命曰甫刑明古文作呂今文作甫云作修刑辟者史記匈奴傳周道衰而穆王伐犬戎得四白狼四白鹿以歸自是之後荒服不至於是周遂作甫刑之辟辟法也修刑之辟猶言甫刑之辟也大傳云甫刑可以觀誡臨鐵論詔聖篇御史曰故姦萌而甫刑作皆今文作甫之證漢書刑法志作甫侯而人表作呂侯匈奴傳作呂刑蓋後人妄改馬鄭古文書序列費誓後今文不可攷呂作甫者書疏云揚之水不與我成甫明子孫改封爲甫侯然穆王時未有甫名而稱爲甫刑者後人以子孫之國號名之猶叔虞封唐子孫封晉而史記稱晉世家案詩崧高傳堯時姜氏掌四岳之祀述諸侯之職於周則有甫有申有齊有許則甫侯四岳之後周語胙四嶽國命爲侯伯賜姓曰姜氏曰有呂則呂是其氏甫是其國今文作甫爲長

惟呂命王享國百年耄荒言呂侯見命爲卿時穆王以享國百年耄亂荒忽穆王即位過四十矣言百年大期雖老而能用賢以揚名○惟呂命王享國百年古文也今文呂作甫享當作饗耄荒今文與古文同耄一作眊古文一作旄○

惟呂命王者孫星衍皮錫瑞皆如此讀今從之書序呂命穆王史記甫侯言于王是今古文讀同禮緇衣鄭注傳說作書以命高宗同此義也史記集解引鄭云書說周穆王以甫侯爲相所引書說書緯刑德放文書疏引鄭云呂侯受王命入爲三公大傳云天子三公司徒公司馬公司空公鄭注一公兼二卿舉下以爲稱是呂侯於六卿爲司寇於三公爲司空公也論衡非韓篇周穆王之世可謂衰矣任刑治政亂而無功甫侯諫之穆王存德享國久長功傳於世夫穆王之世始亂終治非知昏於前才妙於後也前任蚩尤之刑後用甫侯之言也與史記匈奴傳證合上引見○享國百年者論衡氣壽篇傳稱老子二百餘歲邵公百八十高宗享國百年周穆王享國百年並未享國之時皆出百三十四十歲矣此用今文尙書無逸甫刑也以連老子召公言之故云傳稱案周紀穆王卽位春秋已五十矣又云周穆王立五十五年崩以百年爲壽數與王充說異史記此文與無逸高宗饗國五十五年之文豈參用古文說抑後人改之與享當作饗者石經毋劮與史記載毋佚文享國字皆作饗此亦當同○耄荒者樂記鄭注同釋文耄本亦作蘉段云此說文蕘字之譪今文同者楊雄廷尉箴穆王耄荒甫侯伊謀五刑訓天周以阜基訓與順通謂順天道以制刑也又法言云周穆王少不好學至於耄長據此今文亦作耄荒耄一作眂者漢書刑法志周道既衰穆王眂荒古眂耄通用作武紀哀夫老眂平紀眂悼之人彭宣傳年齒老眂皆以眂爲耄是其證說文眂目少精也周書耄字如此依周段誤說虞訂如正誤從許所據不知何本而與今文相合古文一作旄者大司寇鄭注引書作旄荒隸古定本同孫云詩傳荒治也言耄而治事先謙案論衡云始亂終治也

度作

刑以詰四方度時世所宜訓一作贖刑以治天下四方之民○度作
刑以詰四方刑一作詳刑今文度作度時○度作刑
以詰四方者度量度也釋文度馬如字云法度也似非同一作詳刑
者大宰鄭注引書曰度作詳刑以詰四方大司寇注引同疏云量
度詳審之刑也詰者大宰刑典以詰邦國注以詰邦國爲禁大司寇佐
王刑邦國詰四方注以詰爲謹布憲以詰四方邦國注同謹亦禁句
意也王應麟困學紀聞費誓說文作粊誓史記作肹大傳作鮮度
度作刑以詰四方周禮注云度作詳刑以誥四方惠棟誤連作鮮
爲句江聲孫星衍俱從之非也誥亦詰之字誤諸書無作誥之本
今文度作度時者漢書刑法志云命甫侯度時作刑以詰四方後
漢紀崔寔論世事云昔盤庚遷都以易殷民之
弊周穆改刑以正天下之失正度時作刑之義
王曰若古有訓蚩
尤惟始作亂延及於平民順古有遺訓言蚩尤造始作亂惡化相
易延及於平善之人九黎之君號曰蚩
尤○王曰若古有訓蚩尤惟始作亂今文無徵延及于平民今文
與古文同僞傳蚩尤用馬說○王曰若古有訓云云者若詞也言
古有遺訓如此蚩尤惟始作亂者釋文引馬云少昊之末九黎君
名書疏引鄭云蚩尤霸天下黃帝所伐者學蚩尤爲此者九黎之
君在少昊之代也案史記五帝紀神農氏世衰諸侯相侵伐暴虐
百姓而神農氏弗能征於是軒轅乃習用干戈以征不享諸侯咸
來賓從而蚩尤最爲暴莫能伐又曰蚩尤作亂不用帝命於是黃
帝乃徵師諸侯與蚩尤戰於涿鹿之野遂禽殺蚩尤楚語昔少昊
之衰也九黎亂德與蚩尤在神農末不同故鄭與馬異也延及於
平民者釋詁延引也延及謂連引相及平民卽齊民詩箋平齊等

也今文同者後漢和帝紀貪苛慘毒延及平民是其證**罔不寇賊鴟義姦宄奪攘矯虔**平民化之無不相寇賊爲鴟梟之義以相奪攘矯稱上命若固有之亂之甚○罔不寇賊鴟義姦宄奪攘矯虔古文也今文鴟作消奪作敓矯作撟○罔不寇賊鴟義姦宄者釋文引馬云鴟輕也書疏引鄭云盜賊狀如鴟梟鈔掠良善劫奪人王念孫云古俄義同聲或訓義爲仁義字非也鴟者冒沒輕儳義者傾邪反側也說文俄行頃也詩箋俄頃貌廣雅釋詁俄衺也古書義字多作不善解引詳多方立政兩義民下司刑疏引姦宄作姦軌併引鄭注蓋鄭本一作軌鴟作消者潛夫論述赦篇古者唯始受命之君承大亂之極被前人之惡其民乃並爲敵讐罔不寇賊消義姦宄奪攘以革命受祚爲之父母故得一赦是今文鴟義作消義孫云廣雅釋詁消滅也消義姦軌或解爲滅義善而干軌法也奪作敓矯作撟者大傳云降畔寇賊劫略敓攘矯虔者其刑死明今文作敓漢書武紀元狩六年詔曰撟虔吏因乘勢以侵蒸庶孟康注虔固也撟稱上命以貨賄用爲固尚書曰敓攘撟虔韋昭注凡稱詐曰撟强取曰虔據孟引則矯當作撟大傳作矯蓋淺人改之方言秦晉之北鄙燕之北郊翟縣之郊謂賊爲虔今小說家斥女人曰虔婆卽賊婆也俗語猶存古義司刑疏引鄭云有因而盜曰攘撟虔謂撓擾春秋傳虔劉我邊陲謂劫奪人物以相撓擾也亦从手作撟**苗民弗用靈制以刑惟作五虐之刑曰法**三苗之君習蚩尤之惡不用善化民而制以重刑惟爲五虐之刑自謂得法蚩尤黃帝所滅三苗帝堯所誅言異世而同惡○苗民弗用靈制以刑惟作五虐之刑曰法古文也今文弗用靈作匪用命○匪用命者禮

緇衣引甫刑云苗民匪用命制以刑惟作五虐之刑曰法是以民有惡德而遂絶其世也鄭注甫刑尚書篇名匪非也命謂政令也高辛氏之末諸侯有三苗者作亂其治民不用政令專制御之以嚴刑乃作五虐蚩尤之刑以是爲法於是民皆惡起倍畔也三苗由此見滅無後世由不任德疏引鄭注呂刑云苗民謂九黎之君也九黎之君於少昊氏衰而棄善道上效蚩尤重刑必變九黎言苗民者有苗九黎之後顓頊代少昊誅九黎分流其子孫居於西裔者爲三苗至高辛氏衰又復九黎之君惡堯興又誅之堯末又在朝舜時又竄之禹攝位又在洞庭逆命禹又誅之穆王深惡此族三生凶惡故著其氏而謂之民民者冥也言未見仁道段云注民有惡德即泯泯棼棼以覆詛盟也遂絶其世即罔有馨香也墨子尚同篇昔者聖王制爲五刑以治天下逮至有苗之制五刑以亂天下則此豈刑不善哉用刑則不善也是以先王之書呂刑道之曰苗民否用練折則刑唯作五殺之刑曰法則此言善用刑者以治民不善用刑者以爲五殺案墨子云呂刑古文也緇衣云甫刑今文也靈練雙聲依墨子上下文觀之練亦訓善與僞孔同緇衣作命者古靈令通用皆訓善令之爲命字之歧誤也折制古通用皮云楊雄廷尉箴昔在蚩尤爰作淫刑延於苗民夏氏不盜雄蓋用今文說以爲作淫刑之苗民即是蚩尤夏氏不盜蓋謂夏后氏以苗民作淫刑爲之不盜乃制贖刑易之書序訓夏贖刑謂穆王順夏后贖刑之義以制罰也論衡以苗民之刑爲蚩尤之刑民興胥漸爲蚩尤之民亦與雄義同蓋今文說以蚩尤苗民爲一非如鄭義以爲苗民效蚩尤然則緇衣所云苗民匪用命即史記云蚩尤不用帝命也古謂天爲帝趙岐注孟子引帝清問下民以帝

爲天不用帝命葢謂不用天命今文作匪用命其義亦當如是不
必傳合古文靈字以命爲令之誤如段說也鄭以命爲政令亦古
文說與今文不同論語魯讀折爲制魯論是今文此今文作制古
文作折之證故緇衣引甫刑作制墨子引吕刑作折也鄭解苗民
爲穆王惡之而謂之民亦非古義繁露三代改制質文篇聖王生
則稱天子崩遷則存爲三王絀滅則爲五帝下至附庸絀爲九皇
下極其爲民先後鄭注周禮皆有九皇六十四民之文賈疏云並
是上古無名號之君然則民乃上古之君名非謂無仁道也如鄭
言詩言民之初生厥初生民豈亦惡之而謂之民乎兪樾云禮坊
記先民有言鄭注先民謂上古之君也三苗之君謂之苗民正合
先民之義鄭於此曲爲之說非也召誥相古先民有夏豈亦惡之
與先謙案皮兪說是鄭云命爲令誤是也苗之時其民弗用令者
制御之以嚴刑文義大順
靈令通用故令又作靈矣
殺戮無辜爰始淫爲劓刵椓黥三苗之
主頑凶
若民敢行虐刑以殺戮無罪於是始大爲截人耳鼻椓陰黥面以
加無辜故曰五虐○殺戮無辜○今文無徵爰始淫爲劓刵椓黥古
文也今文作臏宮割劓頭庶剠○殺戮無辜爰始淫爲劓刵椓黥
者管子內業篇注淫進貌也又云淫淫增進貌淫乃增進之義殺
戮五刑之一其不殺者始爲劓刵椓黥四刑此苗民制刑之次第
也葢苗民嗜殺其後變而從輕乃增有劓刵椓黥四刑耳書疏引
鄭云刵斷耳劓截鼻椓謂椓破陰黥謂羈黥人面苗民大爲此四
刑者言其特深刻異於皋陶之爲王鳴盛云下文墨劓剕宮大辟
五刑據鄭堯典司刑等注謂虞夏及周皆用之苗民之刑略與之
同但皋陶用當其罪而民不犯苗民用罰深刻特異於皋陶耳非

謂皋陶竟不用刑也說文斁去陰之刑也从支蜀聲周書曰刖劓斁黥段云此皆先刵後劓正義卷二引鄭本劓刵劓剠則先劓後刵與僞孔同鄭本黥作剠說文斁从支不从刀爲異劓今本作椓衛包所改開寶併釋文改之今文作臏宮割劓頭庶剠者虞書疏云夏侯歐陽等書劓刵劓黥云臏宮劓割頭庶剠王引之云宮劓割當作宮割御覽刑法部宮割下引尚書刑德放曰宮者女子淫亂執置宮中不得出刑割者丈夫淫割其勢也此引訓釋甫刑之詞蓋宮割皆淫刑割在宮下故書緯隨宮字解之若在劓下則與宮字不屬不得如此訓釋矣白虎通說五刑曰割宮在其中刑者也割宮當爲宮割亦本甫刑也其下文曰宮者女子淫執置宮中不得出也此下當有割者二字丈夫淫割去其勢也先宮後割亦依甫刑宮割之文而解之也列女傳貞順篇士庶人外淫者宮割文王世子鄭注宮割臏墨劓刖皆以刀鋸剌割人體也又曰宮割淫刑也又孝經注科條三千謂劓墨宮割臏大辟男女不以禮交者宮割皆本甫刑也或曰安知經文不作劓宮割乎曰不然大傳曰決闕梁踰城郭而略盜者其刑臏男女不以義交者其刑宮觸易君命革輿服制度姦軌盜攘傷人者其刑劓亦卽依甫刑臏宮割劓之文爲先後之次是臏字在宮割上劓字在宮割下大傳不言割者言宮可以統割故甫刑前言宮割後則但言宮辟宮罰也王氏尚書後案云臏宮劓割頭庶剠者臏卽剕割頭卽大辟庶剠卽墨庶煮也秋官庶氏以藥物熏攻毒蠹故以名官彼注庶讀如藥煮之煮司刑注墨黥也先割其面以墨窒之言刻額爲瘡以墨塞瘡孔令變色則墨須煮故云庶剠也案王氏不知割在宮下誤以割頭二字連讀其說庶義尤穿鑿考御覽刑法部黥下引尚書刑德放曰

涿鹿者笮人頟也黥者馬羈笮人面也又引鄭注曰涿鹿黥皆先以刀笮傷人墨布其中故後世謂之刀墨之民也然則墨刑在面謂之黥在頟謂之涿鹿涿古讀若獨涿鹿疊韻字也頭庶剠即涿鹿黥頭涿古同聲庶即鹿之譌耳先謙案王說是夏侯歐陽等書之臏宮割劓頭庶剠即說文之刖劓歜黥也臏即刖宮割即歜頭庶剠即黥劓則今古文同與上之殺戮合爲五刑若以割頭爲大辟則與殺戮複矣康誥劓刵人刵是刖誤今古文皆當作刖辭此經據說文刵作刖方與夏侯等書之臏今古文兩相證合自不應別有作刵之本書疏引鄭注有刵斷耳之語豈鄭有異本抑後人竄改之與

越茲麗刑并制罔差有辭

苗民於此施刑并制無罪無差有直辭者言淫濫○越茲麗刑并制罔差有辭今文無徵○越茲麗刑并制罔差有辭者詩正月疏引鄭云越于也茲此也麗施也于此施刑并制其無罪者案越同粵粵于茲此並釋詁文麗施廣雅釋詁文言於此施刑并爲定制雖有情辭可解免者亦罔有差減言刻深至極

民興胥漸泯泯棼棼罔中于信以覆詛盟

三苗之民瀆於亂政起相漸化泯泯爲亂棼棼同惡皆無中于信義以反背詛盟之約○民興胥漸古文也今文胥作犯泯泯棼棼今文作涵涵紛紛罔中于信以覆詛盟今文無徵○民興胥漸者猶言民起相詐王引之云漸詐也言小民方興相爲詐欺故下文云罔中于信也莊子胠篋篇知詐漸毒荀子不苟篇小人知則攫盜而漸議兵篇招近募選隆埶詐尚功利是漸之也正論篇上幽險則下漸詐矣皆其證今文胥作犯者大傳唐傳云唐虞象刑而民不敢犯苗民用刑而民興犯漸犯漸者亦言興詐以犯上也○

泯泯棼棼者段云泯徐音民案韓詩載芟民民其麃常武民民翼翼云民民眾貌徐音所本棼棼亂貌左傳治絲而棼之周書祭公解汝無泯泯芬芬與此棼同湎湎紛紛者漢書敘傳風流民化湎湎紛紛論衡寒溫篇前世用刑者蚩尤亾秦甚矣蚩尤之民湎湎紛紛亾秦之民赤衣比肩是以苗民即蚩尤也○罔中于信以覆詛盟者兪樾云釋詞于猶越也越猶與也罔中于信無中與信也中忠字通大司樂中和祗庸孝友鄭注中猶忠也此中字亦當爲忠言三苗之民無忠信也案詩傳覆反也詛詛祝盟誓盟人無忠信雖詛盟不足恃未有不反覆者

虐威庶戮方告無辜于上上帝監民罔有馨香德刑發聞惟腥三苗虐政作威眾被戮者方方各告無罪於天天視苗民無有馨香之行其所以爲德刑發聞惟乃腥臭○虐威庶戮方告無辜于上古文也今文作庶僇旁告無辜乃于天天帝上帝監民罔有馨香德刑發聞惟腥今文無徵○今文云云者論衡變動篇甫刑曰庶僇旁告無辜于天帝此言蚩尤之民被冤旁告無罪於上天也亦以苗民爲蚩尤無虐威二字蓋今文本無僇戮同古文作方者今文多作旁方旁皆溥徧意天帝與上義同釋詁監視也上帝監視苗民罔有馨香之德上聞惟刑之發聞腥薉耳酒誥弗惟德馨香祀登聞于天是此經罔有馨香德之所本諸家訓德爲升非

皇帝哀矜庶戮之不辜報虐以威遏絕苗民無世在下皇帝帝堯也哀矜眾被戮者之不辜乃報爲虐者以威誅遏絕苗民使無世位在下國也○皇帝哀矜庶戮之不辜古文也今文無皇字報虐以威遏絕苗民今文與古文同以一作用無世在下

今文無徵○今文無皇字者困學紀聞云皇帝始見於呂刑趙岐注孟子引甫刑帝清問下民無皇字案王氏未知有皇字者古文無皇字者今文也此皇帝當同趙注謂帝爲天此經今文說亦當訓帝作天以爲天絕蚩尤矣報虐以威者漢書敍傳述酷吏云報虐以威殃亦凶終顏注尙書呂刑曰皇帝哀矜庶戮之不辜報虐以威言哀閔不辜之人橫被殺戮乃報答爲虐者以威而誅絕也以一作用者論衡譴告篇周繆王任刑甫刑篇曰報虐用威威虐皆惡也用惡報惡亂莫甚焉段云此今文說也謂蚩尤報虐用威而皇帝哀矜之也皮云以與用同義故今文亦作用蓋以此承庶僇不辜言之用惡報惡即淫刑之事非謂帝報淫刑之虐以誅絕之威也敍傳意亦當然報虐以威指酷吏之虐威殃亦凶終言其後受殃之事顏注蓋非班旨用惡報惡乃苗民之事王充以爲周繆王任刑者論衡非韓篇繆王任蚩尤之刑今文說以爲苗民即蚩尤故以爲苗民之刑即周繆王所任之刑也先謙案趙注訓帝爲天則報虐以威乃謂天降誅絕之威以報苗民虐待庶僇之罪非用惡報惡之謂也今文說各家不同就趙注推之似較王說爲長遏絕苗民者眾經音義引倉頡篇云過遮也言遮絕竄滅之也今文同者揚雄梁州牧箴云帝有桀紂湎沈頗僻過絕苗民滅夏殷績皮云此文雖同然借用苗民爲梁州之苗借古時遏絕苗民以言桀紂時梁州聲教中絕非今文本義無世在下者言不令嗣世在下土**乃命重黎絕地天通罔有降格**重即羲黎即和堯命羲和世掌天地四時之官使人神不擾各得其序是謂絕地天通言天神無有降地地祇不至於天明不相干○乃命重黎三句今文無徵○乃命重黎云云者重黎顥

項時司天地官名楚語昭王問於觀射父曰周書所謂重黎實使天地不通者何也若無然民將能登天乎對曰非此之謂也少昊之衰也九黎亂德民神雜糅不可方物夫人作享家爲巫史無有要質民匱于祀而不知其福烝享無度民神同位民瀆齊盟無有嚴威神狎民則不蠲其爲嘉生不降無物以享禍災薦臻莫盡其氣顓頊受之乃命南正重司天以屬神命火正黎司地以屬民使復舊常無相侵瀆是謂絕地天通其後三苗復九黎之德堯復育重黎之後不忘舊者使復典之以至于夏商故重黎氏世敘天地而別其分主者也潛夫論志姓氏篇引其文張衡應閒云重黎又相顓頊而申理之日月卽次則重黎之爲也春秋文燿鉤云高辛受命重黎說天文以重黎爲高辛時人韋昭國語注顓頊高辛氏作絕地天通絕地民與天神相通之道也此卽據春秋緯以重黎爲顓頊高辛兩朝人法言重黎篇羲近重和近黎是今文說不以重黎爲羲和也罔有降格者絕其相通之道無有升降格同假釋詁升也

羣后之逮在下明明棐常鰥寡無蓋羣后諸侯之逮在下國皆以明明大道輔行常法故使鰥寡得所無有掩蓋○羣后之逮在下三句今文無徵○羣后之逮在下云云者釋言逮遝也周禮禁殺戮掌遝訟者先鄭注遝止獄訟者也釋詁棐輔也明明義與堯典同言顓頊時諸侯遝止在下之獄訟皆顯明其明德之人輔行常典故雖鰥寡無有掩蓋不伸者墨子尚賢中引羣后之肆在下明明不常鰥寡不蓋十四字在有辭有苗下德威維威上江聲據以移易經文又據書疏引鄭云皇帝哀矜庶戮之不辜至罔有降格皆說顓頊之事乃命重黎卽是命重黎之身非羲和也皇帝清問以下乃說堯事顓

項與堯再誅苗民故上言遏絕苗民下云有辭於苗異代別時非一事也是鄭本降格下卽接皇帝清問云云與墨子合訓肆爲陳明明爲察讀棐爲匪言堯當除有苗之刑先審問下民皆有辭說訟有苗之罪且曰羣后之所陳在下明其言之有徵也帝明察匪常周悉民隱鰥寡之人無有掩蓋不上達者段云果爾釋文正義不應無一字道及正義櫽括鄭注之語不應拘泥且墨子捃摭不同又不應據子改經也

皇帝清問下民鰥寡有辭于苗 帝堯詳問民患皆有辭怨於苗民○皇帝清問下民古文也今文無皇字鰥寡有辭於苗今文無徵○皇帝清問下民云云者釋文清問馬云清訊書疏云帝堯清審詳問下民清是也據表記皇帝謂舜今文無皇字者趙岐孟子注引甫刑曰帝清問下民謂帝爲天云天不能問民今本注疏俗增皇字困學紀聞引趙注及曲阜孔氏邠卿孟子此今文甫刑無皇字墨子引呂刑皇帝清問下民此古文呂刑有皇字魏志鍾繇傳繇上肉刑疏引書皇帝清問下民鰥寡有辭于苗用古文也辭者怨痛之詞墨子于作有苗下有曰字

德威惟畏德明惟明 言堯監苗民之見怨則又增修其德行威則民畏服明賢則德明人所以無能名焉○德威惟畏德明惟明今古文畏作威○今文畏作威者禮表記引甫刑曰德威惟威德明惟明非虞帝其孰能如此乎云云甫刑則今文也古文作威者墨子引呂刑二句惟作維畏作威云云呂刑則古文也段云威改畏者皆唐以前不通訓詁者所爲與皋陶謨明畏明威正同表記釋文惟威讀者亦依尚書音畏則知不始於衞包也先謙案據上引書甫刑作惟呂刑作維是今古文惟維不定與予禹貢說證合表記鄭注德所威則人皆畏之言服罪也德所明

則人皆尊之言得人也案以尊訓明者史記高帝紀云吾能尊顯之尊則顯顯卽明也故訓明爲尊**乃命三后恤功于民伯夷降典折民惟刑禹平水土主名山川稷降播種農殖嘉穀**伯夷下典禮教民而斷以法禹治洪水山川無名者主名之后稷下教民播種農畝生善穀所謂堯命三君憂功於民○乃命三后恤功于民今文無徵伯夷降典折民惟刑禹平水土主名山川古文也今文典下一有禮字惟一作以古文折一作悊名作命稷降播種農殖嘉穀今文無徵○乃命三后恤功于民者墨子引呂刑命作名名命字通釋詁后君也古諸侯皆有君后之稱三后伯夷禹稷說文恤收也恤功于民猶言收功于民○古文折作悊者釋文折馬鄭王皆音悊馬云智也段云此謂馬鄭王本字作折而讀爲悊又單舉馬說以著其義也案墨子引書作哲民惟刑馬鄭用墨子義也言伯夷下典禮以爲教所以開明民心者兼用刑也今文典下有禮字惟作以者大傳云孔子曰古之刑者省之今之刑者繁之其教古者有禮然後有刑是以刑省也今也反是無禮而齊之以刑是以繁也書曰伯夷降典禮折民以刑謂有禮然後有刑也陳云此引書歐陽本也皋陶謨以有典有禮並舉此有禮字於義尤備伏生於甫刑傳屢言禮曰吳越之俗其刑重而不勝由無禮也中國之教其刑重而勝由有禮也又曰有罪者懼無罪者恥民近禮矣蓋以經文本有禮字故詳言之皮云世本伯夷作五刑是伯夷有作刑之事伯夷典禮而兼作刑所謂出於禮者入於刑也白虎通王者不臣篇以伯夷爲老臣則伯夷作刑蓋在皋陶之先甫刑所以言伯夷不及皋陶也漢書刑法志書云伯夷

降典悊民惟刑言制禮以止刑猶隄之防溢水也顏注悊知也言伯夷下禮法以導民民習知禮然後用刑也段云悊當作折班意以制止訓折止同大傳說淺人用馬鄭本改折作悊小顏又取馬鄭說注之殊失班意先謙案段說是也潛夫論氏姓篇伯夷爲堯典禮折民惟刑亦作折班引書雖無禮字其說云制禮以止刑亦謂典卽典禮也○主名山川者釋水云從釋地以下至九河皆禹所名也江云立山川之主命山川之名禹貢奠高山大川馬注以爲定其差秩祀禮所視是謂立山川之神主而修祀禮也名作命者潛夫論五德志篇主平水土命山川是王符所見今文名作命○稷降播種農殖嘉穀者降與伯夷降典之降同義大戴五帝德篇使后稷播種務勤嘉穀文選藉田賦注引倉頡篇云殖種也嘉穀詩云貽我來牟是也

三后成功惟殷于民

各成其功惟所以殷盛於民言禮教備衣食足○三后成功惟殷于民今文與古文同○三后成功惟殷于民者兪樾云殷有正義殷于民謂正于民也墨子引書作假假格字通格亦正也今文同者後漢楊賜傳賜曰三后成功惟殷于民皐陶不與焉蓋吝之也李注吝恥也蔡邕司空臨晉侯楊公碑亦引賜言楊氏世習歐陽尚書蓋歐陽說也淮南人閒訓云三后之後無不王者有陰德也三后舉禹稷契亦無皐陶

士制百姓于刑之中以教祇德

言伯夷道民典禮斷之以法皐陶作士制百官於刑之中助成道化以教民爲敬德○士制百姓于刑之中僞古文也今文士作爰中作衷以教祇德今文與古文同○士作爰中作衷者後漢梁統傳統對曰經曰爰制百姓于刑之衷孔子曰刑法不衷則人無所厝手足衷之爲言不輕不重之謂也王鳴

盛云偽孔釋士爲皋陶以此篇言刑事而皋陶不見疑其不備遂安改以就其說非也兪樾云此與上文一氣相屬制百姓于刑之中卽所以正于民也偽孔改爰爲士則與三后無涉惟殷句遂若結上之詞而不知爲上下承接之語此經士制之當爲爰制以文勢求之實無可疑下文又云今爾何監非時伯夷播刑之迪可知此經不及皋陶偽孔之誤顯然矣百姓謂民○以敎祗德者民服敎則莫不敬德大傳云夏后氏主敎以忠又曰周人之敎以文陳云二句當相屬中說殷人之敎脫文上敎以文君子其失也小人薄白虎通三敎篇王者設三敎者何承衰救弊欲民反正道也三正之有失故立三敎以相指授夏人之王敎以忠其失野救野之失莫如敬殷人之王敎以敬其失鬼救鬼之失莫如文周人之王敎以文其失薄救薄之失莫如忠三者如順循環周則復始窮則反本敎所以三者何法天地人內忠外敬文飾之故三而備也卽法天地人各何施忠法人敬法地文法天人道主忠人以至道敎人忠之至也人以忠敎故忠爲人敎也地道謙卑天之所生地敬養之以敬爲地敎也敎者何謂也敎者效也上爲之下效之民有質樸不敎不成故尙書曰以敎祗德案白虎通正本大傳爲說也**穆穆在上明明在下灼于四方罔不惟德之勤**堯躬行敬敬在上三后之徒秉明德明君道於下灼然彰著四方故天下之士無不惟德之勤○穆穆在上四句今文無徵○穆穆在上云云者釋訓穆穆美也廣雅釋訓灼灼明也言堯舜在上有穆穆之美三后在下有明明之德其政化彰灼於四方當世之民無不思勤其德惟思也**故乃明于刑之中率乂于民棐彝**天下皆勤立德故乃能明

於用刑之中正循道以治於民輔成常敎○故乃明于刑之中二句今文無徵中當作衷○中作衷者以上文推之當然下同不復出釋詁率循也彝常也說文棐輔也言人皆明於用刑之中非以爲虐也循之以治於民輔行彝常之敎而已

典獄非訖于威惟訖于富

言堯時主獄有威有德有恕非絕於威惟絕於富世治貨賂不行○典獄非訖于威二句今文無徵○典獄非訖于威云云者釋詁訖止也言其時典主刑獄者非止于威而廢去刑罰惟止於富而禁絕貨賄故獄事無不得其平堯時典獄皆能敬其職忌其過故無有可擇之言在其身

敬忌罔有擇言在身

○敬忌罔有擇言在身古文也擇今文罔上有而字身作躳○今文云云者鄭注忌之言戒也外敬而心戒愼則罔有擇言在躳甫刑是今文○鄭注云云者禮表記甫刑曰敬忌而無有可擇之言在于身也王引之云擇讀爲斁洪範彝倫攸斁鄭注訓斁爲敗說文殬敗也引商書曰彝倫攸殬殬斁擇古音並同敬忌罔有擇言在身言必敬必戒罔或有敗言出乎身也表記作敬忌而罔有擇言在躳而汝也言女罔或有敗言出乎身也太元元掜云言正則無擇行正則無爽水順則無敗無敗故久也無爽故可觀也無擇故可聽也法言吾子篇君子言也無擇聽也無淫擇則亂淫則辟述正道而稍邪哆者有矣未有述邪哆而稍正也然則邪哆之言謂之擇言故孝經曰非法不言非道不行口無擇言身無擇行也蔡邕司空楊公碑云用罔有擇言失行在於其躳擇言與失行並言蓋訓擇爲敗也此又一證矣先謙案王說是楊蔡皆用今文家說蔡引作躳與表記合亦今文作躳之證

惟克天德自作元命配享在下

凡明於刑

之中無擇言在身必是惟能天德自爲大命配享天意在於天下○惟克天德三句今文無徵○惟克天德云云者說文克肩也詩敬止傳仔肩克也箋仔肩任也元大也書疏引鄭云大命謂延期長久也洪範皇建其有極斂時五福五行傳以皇極配五事爲六鄭注五事象五行則皇極象天也然則皇極卽天德也建極則能肩任天德矣五福一曰壽五曰考終命能建極則能斂是五福延期長久永配天命而享上天之祿於下矣

王曰嗟四方司政典獄非爾惟作天牧主政典獄謂諸侯也非汝惟爲天牧民乎言任重是汝○王曰嗟四句今文無徵○王曰嗟云云者左襄十四年傳天生民而立之君以司牧之言今四方主政典獄之諸侯作天之司牧者非爾乎言當承天意以恤民

今爾何監非時伯夷播刑之迪言當視是伯夷布刑之道而法之○今爾何監今文無徵非時伯夷播刑之迪古文也今文迪上有不字○今爾何監云云者言今爾將何所監視而取法非是伯夷布刑之道乎迪上有不字者禮緇衣子曰政之不行也教之不成也爵祿不足勸也刑罰不足恥也故上不可以褻刑而輕爵甫刑曰播刑之不迪云甫刑今文也鄭注播猶施也不衍字耳迪道也言施刑之道先謙案記言政教不行不成刑罰不足恥而引播刑之不迪爲證則不字非衍當讀非時伯夷句播刑之不迪句言今爾何所監視若非是伯夷之爲則布刑之不道矣蓋今文義如此鄭依古文爲注非其恉

其今爾何懲惟時苗民匪察于獄之麗其今汝何懲戒乎所懲戒惟是苗民非察於獄之施刑以取滅亡○其今爾何懲二句今文無徵○其今爾何懲云

云者其語詞表記鄭注懲創艾也麗之言附也匪察于獄之麗與多方不克開于民之麗句例同言今爾何所懲艾以免咎惟是苗民不詳察於刑獄之所附麗語意直注下乃絕厥世言此所宜懲戒也**罔擇吉人觀于五刑之中惟時庶威奪貨**言苗民無肯選擇善人使觀視五刑之中正惟是眾爲威虐者任之以奪取人貨所以爲亂○罔擇吉人二句今文無徵中當作衷○罔擇吉人云云者吉善也言苗民不選擇善人俾審觀於五刑之適中惟時庶威奪貨下屬**斷制五刑以亂無辜上帝不蠲降咎于苗**苗民任奪貨姦人斷制五刑以亂加無罪天不潔其所爲故下咎罪謂誅之○斷制五刑以亂無辜今文無徵上帝不蠲降咎于苗今文當與古文同○斷制五刑云云者承上文言惟是眾作威奪貨之人使斷制五刑以亂罰無罪上帝不蠲云云者書疏引鄭云天以苗民所行腥臊不潔故下禍誅之詩傳蠲絜也上帝不潔其所爲故罪有苗即上文云報虐以威也崔寔諫議大夫箴虐及于天天慢德不蠲用此經義此今文同之證**苗民無辭于罰乃絕厥世**言罪重無以辭於天罰故堯絕其世申言之爲至戒○苗民無辭于罰二句今文無徵○苗民無辭于罰者言無說以自解於天罰也乃絕厥世者即上文云遏絕苗民無世在下也**王曰嗚呼念之哉**以念伯夷爲法苗民爲戒○王曰嗚呼念之哉今文無徵**伯父伯兄仲叔季弟幼子童孫皆聽朕**皆王同姓有父兄弟子孫列者伯仲叔季順少長也舉同姓包異姓言不殊也聽從我言庶幾有至命○**言庶有格命**

伯父伯兄三句今文無徵○伯父伯兄仲叔季弟幼子童孫皆聽朕言者呼族姓諸人深戒之時穆王百數十歲子孫輩行甚眾故云幼子童孫童當作僮說文未冠之稱庶有格命者書疏引鄭云格登也登命謂壽考者案釋詁格登陞也謂登於天命猶上文云自作元命也**今爾罔不由慰曰勤爾罔或戒不勤**今汝無不用安自居日當勤之汝無有徒念戒而不勤○今爾罔不由慰曰勤二句今文無徵○今爾罔不由慰曰勤云云者曰阮刊注疏本作日釋文日人實反一音曰猶皋陶謨思曰贊贊襄哉曰一作日也江孫皆以作曰爲是今從之詩傳由用也慰安也或與有同義釋詁勤勞也言任職非勤事不可今爾無不用安逸而自云勤勞爾又無有以不勤爲戒者則事何由得舉乎**天齊于民俾我一日非終惟終在人**天整齊於下民使我爲之一日所行非爲天所終惟爲天所終在人所行○天齊于民俾我一日古文也今文于作乎俾作假非終惟終在人今文無徵○天齊于民俾我一日者釋文天齊于民絕句馬云齊中也俾我絕句俾馬本作矜矜哀也孫云言人受天地之中以生天必矜哀其一日之命于作乎俾作假者後漢楊賜傳賜上封事曰夫善不妄來災不空發王者心有所惟意有所想雖未形顏色而五星以之推移陰陽爲其變度以此而觀天之與人豈不符哉尚書曰天齊乎人假我一日是其明徵也李注我君也天意欲整齊乎人必假於君也段云此今文也賜通尚書桓君章句即歐陽尚書宋吳棫書禆傳攷異引假我一日王應麟藝文志攷引天齊乎人假今本誤作俾我一日與漢書同非終惟終在人者言天同此視人其使有一日之命非考終與惟考

終與實在乎人言敬刑成德則邀天之眷而永年也上文云庶有格命此終其說江云假讀爲天假之年之假終謂考終命也據賜引書意則非終者謂不邀天眷而短折不終惟終者謂邀天眷而考終也天中乎人而假我一日之命其有修短實在乎人之能敬德與否耳下文郎承之以爾尚敬逆天命則可知此經義然矣先謙案江說釋經甚明而非賜意賜言天符乎人感應甚速其引天齊乎人郎天與人符之謂假我一日郎未形顏色推移變度之意言天之昭假於我在一日之間耳**爾尚敬逆天命以奉我一人雖畏勿畏雖休勿休**汝當庶幾敬逆天命以奉我一人之戒行事雖見畏勿自謂可一敬畏雖見美勿自謂有德美○爾尚敬逆天命今文逆作迎以奉我一人雖畏勿畏今文無徵雖休勿休今文與古文同○今文逆作迎者以禹貢諸篇例之當然說文奉承也釋詁休息也言爾庶幾敬迎天命以承我一人之教戒雖可畏亦勿畏懼雖可休亦勿休息今文同者漢書宣紀五鳳三年詔曰書不云乎雖休勿休祇事不怠祇事不怠申勿休意外戚傳成帝報許皇后書引同僞傳訓休爲美非**惟敬五刑以成三德一人有慶兆民賴之其寧惟永**先戒以勞謙之德次敎以惟敬五刑所以成剛柔正直之三德也天子有善則兆民賴之其乃安寧長久之道○惟敬五刑以成三德一人有慶兆民賴之今文與古文同兆一作萬其寧惟永今文無徵○惟敬五刑以成三德者三德洪範正直剛克柔克是也言敬五刑之中以成三德之美今文同者漢書外戚傳後漢陳寵傳魏志陳羣傳書緯刑德放引並同江聲於此經增祇事不怠四字以惟敬五

行爲衍文非○一人有慶兆民賴之者白虎通號篇王者自謂一人者謙也欲言己材能當一人爾詩皇矣傳慶善也內則鄭注萬億曰兆言一人有善則眾民恃賴之也今文同者禮緇衣孝經天子篇說苑君道篇引甫刑如此漢書賈誼傳引書曰一人有慶兆民賴之荀子君子篇左襄十三年傳引同蔡邕上始加元服與羣臣上壽表云一人有慶兆民賴之魏志王朗傳朗上疏曰易稱敕法書著祥刑一人有慶兆民賴之慎法獄之謂也兆一作萬者大戴保傅篇淮南主術訓引書曰一人有慶萬民賴之漢書刑法志後漢安帝紀同張衡東巡誥云一人有慶萬民賴之蓋三家異文左傳天子曰兆民諸侯曰萬民對文異散文通○其寍惟永者左襄[illegible]三年傳引書同釋詁寍靜也言寍靜可致久長

王曰吁來有邦有土告爾祥刑吁歎也有國土

諸侯告汝以善用刑之道○王曰吁來有邦有土告爾祥刑古文也今文邦作國爾作汝○邦作國爾作汝者周紀作王曰吁來有國有土告汝祥刑凡古文作邦今文多作國墨子尚賢下引書亦作有國有土釋文吁馬作于于於也墨子作於於音烏歎詞于訓於有兩義詞助衣魚切歎詞哀都切今音如此分別有邦有土者有國外諸侯有土畿內有采地者也王鳴盛據汲古本史記土作士云周禮其附于刑者歸于士注士謂主斷刑之官或謂歸于圜土鄭以古士字有作土者故復以圜土釋之詩周頌保有厥土作士世本作篇云相士作乘馬即相土也漢隸字士土不別作士於義亦通告爾祥刑者祥當爲詳漢書敘傳威實輔德刑亦助敎季世不詳背本爭末顏注不詳謂不盡用刑之理周書呂刑曰告爾詳刑後漢明帝紀永平三年詔曰詳刑慎罰明察單辭十三

年制曰詳刑察寃存恤孤寡劉愷傳非先王詳刑之意也李注尚書曰有邦有土告爾詳刑鄭注詳審察之也文選王粲從軍詩司典告詳刑太宰大司寇注皆引度作詳刑而正義皆云詳審是今古文並作詳不作祥段云僞孔蓋亦作詳而讀爲祥後徑改作祥如鳥讀爲島後徑改作島也史記作祥亦後人所改墨子作告汝訟刑段云訟刑公刑也古訟公通俞樾云祥古通作常言告爾常刑也左襄十四年傳周有常刑**在今爾安百姓何擇非人何敬非刑何度非及**在今爾安百姓兆民之道當何所擇非惟吉人乎當何所敬非惟五刑乎當何所度非惟及世輕重所宜乎○在今五句今文與古文同及作宜書疏引王肅云謀慮刑事度世輕重所宜也肅傳合史記爲說而僞傳與之同此又僞傳出肅之一證也○在今者言當今爲急務也據潛夫論引當斷句墨子云在今而安百姓女何擇言人段云言是吉之譌云何擇非吉人乎承上喆民罔擇吉人言何敬不刑何度不吉能擇人而敬爲刑堯舜禹湯文武之道可及也是何也則以尚賢及之案而汝也釋詁度謀也言何謀度之不及乎釋文度馬云造謀也今文同者潛夫論本政篇是故將致太平者先調陰陽調陰陽者先順天心順天心者先安其人安其人者在審擇其人故國家存亡之本治亂之機在明選而已矣書曰爾安百姓何擇非人此先王致太平而發頌聲也及作宜者周紀作在今爾安百姓何擇非其人何敬非其刑何居非其宜與度居故訓字及作宜者段云此今文尚書之駁異非以宜訓及也先謙案言擇人而敬刑則處事無不得宜也**兩造具備師聽五辭**兩謂囚證造至也兩至具備則衆獄官共聽其入五刑之辭○兩造具備師聽

五辭今文與古文同造一作遭○兩造具備師聽五辭者大司寇以兩造禁民訟鄭注造至也使訟者兩至詩節南山傳具俱也師士師小宰鄭注聽平治也兩至俱備其情實士師平治其訟辭言五辭者入于五刑各有辭也今文同者周紀如此造一作遭者徐廣注如此段云作遭者今文尚書也以大誥造天役王莽作遭證之史記本作遭淺人用古文改爲造而徐中散不瞭先謙案段說固是然三家文多異未必無作造之本與古文同者宜兩存皮云今文作遭蓋叚借爲曹說文𣍘獄之兩曹也在廷東从棘治事者徐鍇云以言辭治獄者故从曰然則兩遭蓋即獄之兩曹漢人謂官名爲曹當本於今文**五辭簡孚正于五刑**五辭簡核信有罪驗則正之於五刑○五辭簡孚正于五刑今文與古文同○今文同者周紀作五辭簡信正于五刑孚信故訓字江云王制鄭注簡誠也五辭誠實信有罪乃正之於五刑定其獄**五刑不簡正于五罰**不簡核謂不應五刑當正五罰出金贖罪○五刑不簡正于五罰今文與古文同○今文同者周紀如此五刑不簡者有所傷害而陷於罪意實無他是所犯非其誠故云不簡堯典金作贖刑馬注意善功惡使出金贖罪五罰同也**五罰不服正于五過**不服不應罰也正于五過從赦免○五罰不服正于五過今文與古文同○今文同者周紀如此王鳴盛云五過即下文五過之疵也五罰不服則其人必有所恃欲挾私倖免故不服宜察其是五過否如非五過然後赦之如是五過必正其罰言此則人之挾私以倖免於五刑者亦必正於五過可知**五過之疵惟官惟反惟內惟貨惟來**五過之所病或嘗同官位

或詐反囚辭或內親用事或行貨枉法或舊相往來皆病所在○
五過之疵六句古文也今文作五過之疵官獄內獄古文來或作
求○五過之疵云云者釋詁疵病也官謂挾威勢反訓如孟子惡
聲至必反之之反謂報恩怨內謂從中制貨謂行賂來謂謁請今
文作五過之疵官獄內獄者史記如此孫云官獄內獄者舉其重
也官獄謂貴官之獄內獄謂中貴之獄或畏高明或投鼠忌器也
先謙案言此二獄五過尤甚古文來作求者釋文來馬本作求云
有求請賕也說文賕以貨物枉法相謝也孫云上文有貨此又云
求者葢貨爲勒索貨賄賕則以財干請也惠云漢律
有受賕之條卽此經惟貨也有聽請卽此經惟求也**其罪惟均其**
審克之以病所在出入人罪使在五過罪與犯法者同其當清察
能使之不行○其罪惟均其審克之古文也今文克作核
一作閱實其罪惟鈞其過○其罪惟嚴惟均者史記集解引馬云以此
五過出入人罪與犯法者等案此嚴枉法之律也其審克之者江
云克任也聽獄之事其詳審任之今文克作核者漢書刑法志元
帝詔曰書不云乎其審核之下兩克字當同段云葢古文作克今
文作核也克當爲核之叚借僞孔訓能非孫云核又通覈說文覈
實也考事西笮邀遮其辭得實曰覈一作閱實其罪惟鈞其過者
周紀如此言簡閱實有枉法之罪則與
所犯者之過相等禮投壺鄭注鈞等也**五刑之疑有赦五罰之疑**
有赦其審克之刑疑赦從罰罰疑赦從免其當清察能得其理○
五刑之疑有赦三句今文無徵克當作核○五刑
之疑有赦云云者五刑五罰之疑皆有赦也書疏引鄭云不言五
過之疑有赦者過不赦也禮記曰凡執禁以齊眾者不赦過案鄭

引王制文執禁齊衆謂有司所以禁民爲非五過之疵枉法亂政不可赦

簡孚有衆惟貌有稽

簡核誠信有合衆心惟察其貌有所考合重刑之至○簡孚有衆惟貌有稽僞古文也今文貌作訊古文作緢○簡孚有衆者簡誠也貌作訊者周紀云簡信有衆惟訊有稽孚信故訓字詩傳訊問也孫云廣雅釋詁貌治也故史記作訊小司寇以三剌斷庶民獄訟之中一曰訊羣臣二曰訊羣吏三曰訊萬民蓋欲其誠信有衆必用三訊之法與官民共治之也貌或藐省文先謙案據僞孔傳則僞古文作貌甚明小宰先鄭注稽猶計也合也言欲誠信有衆惟訊治之下衆議皆合則無不允當矣古文貌作緢者說文緢旄絲也从糸苗聲周書惟緢有稽蓋壁書如此隸古定本同知唐初尚相承作緢不以僞孔爲然也旄絲牛尾絲也推言之則爲微細之義故說文次細字纖字後言必詳細稽合於衆

無簡不聽具嚴天威

無簡核誠信不聽理具獄皆當嚴敬天威無輕用刑○無簡不聽具嚴天威古文也今文聽作疑○無簡不聽者與王制文同鄭注有其意無其誠者不論以爲罪聽作疑者周紀作無簡不疑共嚴天威共具故訓字具訓俱俱訓共也孫云言無誠則非疑獄亦不可輕出人罪嚴敬也當共敬天威無輕用刑

墨辟疑赦其罰百鍰閱實其罪

刻其顙而涅之曰墨刑疑則赦從罰六兩曰鍰鍰黃鐵也閱實其罪使與罰各相當○墨辟疑赦其罰百鍰閱實其罪古文也今文墨作黥鍰作率一作選一作饌辟一作罰○墨辟疑赦云云者墨卽黥先刻其面以墨窒之辟罪也犯黥罪者疑則赦而不罰其罰者百鍰必簡閱當其實也大傳云非事而事之出入不以道義而誦不詳

之辭者其刑墨白虎通云墨者法火之勝金墨其額也墨作黥鍰作率者周紀云黥辟疑赦其罰百率閱實其罪徐廣注率即鍰也音刷案古罰用銅以爲兵器職金掌受士之金罰貨罰入于司兵說文鍰下云亦（依段補釋文引作六鋝六是亦之誤）鋝也从金爰聲周書曰罰百鍰鋝下云十一（依段補一）銖二十五分銖（依段補銖）之十三也（釋文云馬同）从金寽聲周書曰重三鋝北方二十兩爲三（依戴震補三）鋝（段云北方下別一義）釋文鍰徐戶關反六兩也鄭及爾雅同馬云賈逵說俗儒以鋝重六兩（段云此鋝是鍰之誤賈說古文尚書語也）周官劍重九鋝俗儒近是段云職金疏云夏侯歐陽說墨罰疑赦其罰百率古以六兩爲率古尚書說百鍰鍰者率也一率十一銖二十五分銖之十三也百率爲三斤鄭元以爲古之率多作鍰案此蓋出五經異義今文作率古文作鍰今文說率重六兩古文說鍰重十一銖二十五分銖之十三其字其說皆異賈云俗儒者謂歐陽夏侯卽大傳之一鐉六兩也大傳鄭注死罪出鐵三百七十五斤亦卽六兩之說爾雅者謂小爾雅也小爾雅云二十四銖曰兩兩有半曰捷倍捷曰舉倍舉曰鋝鋝謂之鍰（案以鋝鍰聯合爲一此出駿說可證小爾雅之譌）鄭王以六兩訓鍰此用今文說說古文尚書也馬許則用古尚書說謂鍰卽考工記之鋝字馬注考工記云鋝量名當與呂刑鍰同（見書正義周紀索隱）此許謂鍰卽鋝之所本也王鳴盛云馬既不從古文說而於俗儒亦但云近是引周禮劍重九鋝爲證攷工記桃氏爲劍上制九鋝中制七鋝下制五鋝彼注以九鋝爲三斤十二兩七鋝爲二斤十四兩三分兩之二五鋝爲二斤一兩三分兩之一十六兩爲一斤則鄭意以一鋝爲六兩大半兩攷工記又有冶氏戈戟重三鋝彼注說文云鋝鍰也今東萊稱或以大半兩爲鈞十鈞爲鍰鍰重六兩大半兩鍰鋝似同矣則三

鋝爲一斤四兩又弓人膠三鋝彼注鋝鍰也彼疏云尚書其罰百
鍰等言鍰此與治氏言鋝鋝與鍰爲一物皆是六兩大半兩也據
此諸文知鄭意以鍰即是鋝其數當爲六兩大半兩必與馬合説
文鋝下引周禮鍰下引周書兩經一義故云鍰鋝也鄭既從之以
解攷工記馬注尚書又與之同則其説不可易十一銖二十五分
銖之十三此本尚書古文家説鍰字之義非鋝字之訓今乃入之
鋝字聊存古義其下即繼以二十兩爲三鋝然後次以鍰字則許
意以鍰即是鋝俱爲六兩大半兩明矣今文説雖脱去大半兩但
云六兩猶爲近之較古文説一鍰十一銖二十五分銖之十三百
鍰僅爲銅三斤可贖黥面之罪推之大辟亦止用銅三十斤可贖
死罪有是理乎一作選者索隱舊本率一作選漢書蕭望之傳張
敝曰甫刑之罰小過赦薄罪贖有金選之品應劭曰選音刷金銖
兩名也師古曰音刷是也字本作鋝鋝即鍰也其重十一銖二十
五分銖之十三一曰重六兩王鳴盛云史記平準書有白選蘇林
音選擇之選包愷及劉氏音息戀反尚書大傳死罪罰千鐉段云鐉誤
當作饌漢書食貨志作撰音同或作率或作選饌撰皆鋝之異文音
近而假借也一作饌者大傳云禹之君民也罰弗及強而天下治
一饌六兩辟一作罰者職金疏引如此垷皮云墨辟夏侯歐陽作
墨罰則三家今文於下文劓臏宮大辟等句辟字皆當作罰蓋肉
刑始於苗民堯舜時未盡廢而至治刑措乃以畫象代之所謂象
以典刑也至夏用肉刑然亦未嘗輕用乃制罰以贖罪大傳云夏
后氏不殺不刑罰有罪而民不輕犯書序以此篇爲訓夏贖刑蓋
五刑不輕用故不云墨辟而云墨罰若罪可疑則並不罰赦之而
已故云墨罰疑赦其不可赦者乃罰之六百兩故云其罰百率先

謙案五刑不輕用非廢五刑也言墨辟固無妨於
疑赦文義大同史記作墨辟或亦有異文作罰者
劓辟疑赦其罰
惟倍閱實其罪
截鼻曰劓刑倍百爲二百鍰○劓辟疑赦其罰惟
倍閱實其罪古文也今文惟倍作倍灑○劓辟疑
赦者大傳云觸易君命革輿服制度姦軌盜攘傷人者其刑劓白
虎通云劓者法木之穷土劓墨者何其下刑者也劓者劓其鼻也
惟倍作倍灑者周紀云劓辟疑赦其罰倍灑閱實其罪徐廣注一
作蓰五倍曰蓰段云此今文也灑當讀如釃酒之釃即倍差也五
倍曰蓰蓰本孟子趙注其實書之倍差孟子之倍蓰史記之倍灑三
字古音相近謂倍之而又不止於倍也差是正字趙以下文云十
百千萬故少於十而曰五倍二臆說也陳云以下文倍差例之則於
倍爲二百之數又加十之五二百五十鍰也徐以蓰爲五倍則比
剕辟有加輕重
失倫非其義矣
剕辟疑赦其罰倍差閱實其罪
刖足曰剕倍差謂
倍之又半爲五百
鍰○剕辟疑赦其罰倍差閱實其罪古文也今文剕作臏○今文
剕作臏者周紀如此集解引馬云倍二百爲四百鍰也差者又加
四百之三分一凡五百三十三三分一也大傳云決關梁踰城郭
而略盜者其刑臏白虎通云臏者法金之刻木臏者脫其臏也段
云凡古文剕字今文作臏考司刑注大傳注皆云周改臏爲剕而
駁異義云皋陶改臏爲剕呂刑有剕周改剕爲刖[illegible]公鄭云皋
陶改臏爲剕呂刑有剕者此據古文言之云周改剕爲刖者此據
司刑言之臏者白虎通云脫其臏也剕說文作跸云跀也刖說文
作跀許鄭皆云斷足也然則臏與剕異制剕與刖同制而異字耳
鄭云皋陶改臏爲剕謂改其制云周改剕爲刖謂改其名但皋陶

既改臏爲剕夏刑用之而今文作臏者司刑注周改臏作刖夏刑臏辟三百鄭此注獨從今文作臏鄭意謂夏刑實用臏至周乃改剕今文得其實古文乃用周制說夏政耳與駁異異義不同皮云鄭注周禮是也駁異義葢未定之說

宮辟疑赦其罰六百鍰閱實其罪　宮淫刑也男子割勢婦人幽閉次死之刑序五刑先輕轉至重者事之宜○宮辟疑赦其罰六百鍰閱實其罪古文也今文六百鍰作五百率○作五百率者周紀如此徐廣注五一作六大傳云男女不以義交者其刑宮白虎通云宮者法土之壅水宮者女子淫執置宮中不得出也丈夫淫割其勢也段云六百作五百此今文尚書之別本

大辟疑赦其罰千鍰閱實其罪　死刑也五刑疑各入罰不降相因古之制也○大辟疑赦其罰千鍰閱實其罪古文也今文鍰作率一作饌○鍰作率者周紀如此大傳云降畔寇賊劫略奪攘矯虔者其刑死又云夏后氏不殺不刑死罪罰二千饌索隱引大傳如此二字衍鄭注饌所出金鐵死罪出三百七十五斤用財少爾白虎通云大辟法水之滅火大辟者謂死也陳云鄭注云三百七十五斤通合千饌六千兩之數此用今文說也如以鍰重六兩大半兩計之當爲四百十六斤十兩大半兩

墨罰之屬千劓罰之屬千剕罰之屬五百宮罰之屬三百大辟之罰其屬二百五刑之屬三千　別言罰屬合言刑屬明刑罰同屬互見其義以相備○墨罰之屬千六句古文也今文剕作臏一作髕罰一作辟○今文剕作臏者周紀如此一作髕者漢書刑法志昔周之法建三典以刑邦國詰四方一曰刑新邦用輕典二

曰刑平邦用中典三曰刑亂邦用重典五刑墨罪五百劓罪五百宮罪五百刖罪五百殺罪五百所謂刑平邦用中典也甫刑墨罰之屬千劓罰之屬千髕罰之屬五百宮罰之屬三百大辟之罰其屬二百五刑之屬三千蓋多於平邦中典五百章所謂刑亂邦用重典者也江云周禮司刑屬各五百合二千五百此云三千者罪之條目歷時輒增同罪而犯者之情事各異則一條輒分數條此時去周公時百有餘年宜其多於周禮也然墨劓倍於其初宮與大辟皆減焉以是差之故爲輕矣此穆王詳刑之意也皮云書序云穆王訓夏贖刑大傳云夏刑三千條是甫刑之五刑三千乃用古法非穆王自造如甫刑爲亂邦之制孔子必删之矣志又云宜删定律令纂二百章以應大辟其餘罪次皆復古刑爲三千章如此則法可畏而民易避則班亦不盡以三千章爲重典也孝經孔子曰五刑之屬三千漢書成帝河平中詔曰甫刑云五刑之屬三千大辟之罪其屬二百鹽鐵論刑德篇親附之屬甚衆上附下附而服不過五五刑之屬三千上殺下殺而罪不過五論衡謝短篇古禮三百威儀三千刑亦正刑三百科條三千出於禮入於刑禮之所去刑之所取故其多少同一數也後漢陳寵傳寵疏曰臣聞禮經三百威儀三千故甫刑大辟二百五刑之屬三千禮之所去刑之所取失禮則入刑相爲表裏者也罰一作辟者白虎通五刑篇刑所以五何法五刑也科條三千者應天地人情也五刑之屬三千大辟之屬二百宮辟之屬三百臏辟之屬五百劓墨辟之屬各千公羊疏引元命包云墨劓辟之屬各千臏辟之屬五百宮辟之屬三百大辟之屬二百列爲五刑罪次三千司刑鄭注周改臏作刖夏刑大辟二百臏辟三百宮辟五百劓墨各千周則變焉所

謂刑罰世輕世重也疏云臏辟三百宮辟五百此傳寫之誤據此今文蓋有異本作辟皮云五罰不能包五刑五刑可以包五罰下云五刑之屬則上五句皆當據五刑言若上五句皆作罰則下當云五罰之屬不當云五刑之屬矣豈五刑三千條皆中罰無中刑者乎似作罰之本爲勝

上下比罪無僭亂辭勿用不行上下比方其罪無聽僭亂之辭以自疑勿用折獄不可行○上下比罪三句今文無徵○上下比罪者禮王制云凡聽五刑必察小大之比以成之是也鄭注小大猶輕重已行故事曰比疏云比例也上下比與小大比同義無僭亂辭者詩傳僭差也上比下比期當其罪無差亂其辭使輕重失實漢書路溫舒傳溫舒上書云囚人不勝痛則飾詞以視之吏治者利其然則指道以明之上奏畏卻則鍛鍊而周內之是差亂罪人之辭以文致其罪也又刑法志云姦吏因緣爲市所欲活則傅生議所欲陷則予死比是又差亂其決獄之辭以出入人罪皆輕重失實者也勿用不行者旣更定五刑之科條則舊時之科條必有因有革革卽不行之謂也若仍用之刑罰不信民無所措手足矣故戒以勿用也

惟察惟法其審克之惟當清察罪人之辭附以法理其當詳審能之○惟察惟法二句今文無徵克當作核○惟察惟法者大傳云聽獄之術大略有三治必寬寬之術歸於察察之術歸於義是故聽而不寬是亂也寬而不察是慢也古之聽訟者言不越情情不越義是故聽民之術恐必畏畏思義案大傳蓋釋此經之義寬之術歸於察不可故縱故經云惟察察之術歸於義勿用非刑故又云惟法法得其宜是義也

上刑適輕下服重刑有可以虧減則之輕服下罪○上刑適輕下服古文也今

文適作挾○上刑適輕下服者適之也服與及通說文治也言當在上刑之科者而其情之輕則以下刑治之下服減等也今文引見下

下刑適重上服輕重諸罰有權

一人有二罪則之重而輕并數輕重諸刑罰各有權宜○下刑適重上服古文也今文適作挾輕重諸罰有權今文無徵○下刑適重上服者當在下刑之科而其情之重則以上刑治之上服加刑等也適作挾者後漢劉愷傳愷引尚書曰上刑挾輕下刑挾重如今使臧吏禁錮子孫以輕從重懼及善人非先王詳刑之義也李注今尚書呂刑篇曰上刑適輕下服下刑適重上服謂二罪俱發原其本情須有虧減故言適輕適重此言挾輕挾重意亦不殊與今尚書不同耳段云愷用今文也以策字隸多作筴例之適之爲挾恐亦類此書疏云劉以爲上刑適輕下刑適重皆以爲一人有二罪上刑適輕者若今律重罪應贖輕罪應居作官當者以居作官者爲重是爲上刑適輕下刑適重者謂若二者俱是贓罪罰從重科輕贓亦備是爲輕并數也葢劉用今文家說如此輕重諸罰有權者上言刑此言罰言罰之宜輕宜重有權以審酌其平春秋所謂反經而有善者不可執一

刑罰世輕世重惟齊非齊有倫有要

言刑罰隨世輕重也刑新國用輕典刑亂國用重典刑平國用中典凡刑所以齊非齊各有倫理有要善○刑罰世輕世重三句今文無徵○刑罰世世輕世重者荀子正論篇刑稱罪則治不稱罪則亂故治則刑重亂則刑輕犯治之罪故重犯亂之罪固輕也書曰刑罰世輕世重此之謂也漢書刑法志引荀子文同後漢應劭傳劭議曰夫時化則刑重時亂則刑輕書曰刑罰時輕時重此之謂也時化二字唐人避世治

諱改之非有異本○惟齊非齊有倫有要者江云上刑適輕下刑適重非齊也輕重有權隨世制宜齊非齊也荀子王制篇勢位齊而欲惡同物則必爭爭則亂先王惡其亂也故制禮義以分之使有貧富貴賤之等足以相兼臨者是養天下之本也書曰維齊非齊此之謂也斷章取義不關經恉倫謂倫理猶言此條理康誥云茲殷罰有倫要謂綱要**罰懲非死人極于病**刑罰所以懲過非殺人欲使惡人極于病苦莫敢犯者○罰懲非死人極于病古文也今文人作佞○罰懲非死人極于病者表記鄭注懲謂創乂言罰所以懲創之非欲其死而人已極于病矣所當深慎人作佞者王應麟藝文志攷漢儒引尚書異字曰罰懲非死佞極于病段云佞與人古同部同音如國語佞之見佞果喪其田佞田爲韻大戴公冠篇祝雍辭曰使王近於民遠於佞民佞爲韻左氏春秋佞夫公羊作年夫皆其證此漢人所引今文也今未檢得出何書皮云今文說葢以佞即非佞折獄之佞先謙案罰鍰所以懲創罪不至死之人但若使佞有口者臨之則變亂是非顚倒輕重其病民亦至極也**非佞折獄惟良折獄罔非在中**非口才可以斷獄惟平良可以斷獄無不在中正○非佞折獄三句今文無徵○非佞折獄云云者言口才辨給之人能使囚窮於辭則容有辭屈無以自解而枉入刑者故非佞人可以折獄惟良善之人折獄公正不偏無不在中也中論賞罰篇賞重則民徼倖罰重則民無聊故先王明恕以得之思中以平之而不失其節故書曰罔非在中察辭于差**察辭于差非從惟從**察因辭其難在於差錯非從其僞辭惟從其本情○察辭于差云云者差謂不齊一言囚證之辭每

有參差不一折獄者於其辭之參差察之以求其情既得其情非從其辭惟從其情也大傳云君子之於人也有其語也無不聽者皇於聽獄乎皇況也今文皇多作況詳見無逸必盡其辭矣聽獄者或從其情或從其辭僞孔叢子以爲說此經之言雖不可據然大傳說有從情從辭二義與經恉合故知非從其辭惟從其情也

哀敬折獄明啟刑書胥占咸庶中正

當憐下人之犯法敬斷獄之害人明開刑書相與占之使刑當其罪皆庶幾必得中正之道○哀敬折獄古文也今文敬作矜一作鰥折作哲一作制明啟刑書胥占咸庶中正今文啟當作開○哀敬折獄者敬當爲矜僞孔本作敬非敬作矜折作哲者大傳引孔子曰聽訟者雖得其情必哀矜之死者不可復生斷者不可復續也書曰哀矜折獄矜一作鰥者漢書于定國傳贊于定國父子哀鰥哲獄爲任職臣段云矜鰥古同音互借借矜爲鰥亦借鰥爲矜漢書作鰥而訓哀矜顏注非也皮云漢書於明悊字作悊此引悊獄字作哲其義當與明悊之悊不同一班意蓋以明悊字當從心哲斷字當從口應劭注哲知也失之折一作制者鹽鐵論詔聖篇甫刑制獄則今文折有作制者墨子引呂刑作折以刑緇衣引甫刑作平制以刑即其證○明啟刑書胥占咸庶中正者釋詁胥相也史記作附準書索隱引郭璞云占自隱度也言當明視刑書相與占度比附書之皆庶幾合於中正啟當作開者如開明開呱呱而泣開籥見書可證

其刑其罰其審克之

○其所刑其所罰其當詳審能之無失中正其刑其罰二句今文無徵克當作核○其刑其罰云云者言其爲當刑與其爲當罰與其務詳核任之勿失中正之道

獄成而孚輸而孚

斷獄成辭而信

當輸汝信於王謂上其鞫劾文辭○獄成而孚輸而孚今文無徵
○獄成而孚輸而孚者下而訓汝言獄成而信則輸汝信也廣雅
釋言輸寫也秦策云常以國情
輸楚輸猶達也謂讞獄於王
其刑上備有并兩刑
其斷刑文書
上王府皆當
備具有并兩刑亦具上之○其刑上備二句今文無徵○其刑上
備者孫云具列爰書上之勿增減其罪狀也有并兩刑者有所犯
之罪雖重而其情有可原其罪當寘重典原其情應從末減介
於兩刑之間者則并兩刑而論上之以待決於朝御覽刑法部引鄭
注大傳云二人俱罪呂侯之說刑也犯數罪以上猶以一罪刑之
一本作犯數罪猶以上罪刑之依孫訂正皮云鄭注之意蓋以五刑雖並列爲教而犯
罪則惟科其重罪之一而輕罪不更科
後世有具五刑者非古并兩刑法也
王曰嗚呼敬之哉官伯族
姓朕言多懼
敬之哉告使敬刑官長諸侯族同族姓異姓也我言
多可戒懼以徵之○王曰五句今文無徵○王曰云
云者伯長也官長謂司政典獄族姓謂伯父伯兄仲叔
季弟幼子童孫朕言及獄甚多畏懼下乃申言其故
朕敬于刑
有德惟刑
我敬於刑當使有德者惟典刑○朕敬于刑二句今文
無徵○朕敬于刑云云者言朕言所以多懼者朕甚敬
於刑之故也欲有德於民其
惟刑乎謂慎刑則人被其德
今天相民作配在下明清于單辭
今天
治民人君爲配天在下當承天意聽訟當清審單辭單辭特難聽
故言之○今天相民作配在下今文無徵明清于單辭今文當與
古文同○今天相民云云者釋文相馬云助也言今天佑助我民
作之君以配天在於下土責任重矣可不愛民以答天乎今文當

同者後漢明帝紀永平三年詔曰詳刑愼罰明察單辭引經而徵易其文非有異本朱浮傳有人單辭告浮事者李注單辭謂無證據書曰明清于單辭案單辭謂一偏之言下文兩辭爲兩造之言相對成義聽一偏之辭上明且清不爲所惑則聽兩造之辭更無不明清矣

民之亂罔不中聽獄之兩辭民之所以治由典獄之無不以中正聽獄之兩辭兩辭棄虛從實刑獄清則民治○民之亂二句今文無徵○民之亂云云者釋詁亂治也言民之治無他道惟在聽獄兩造之辭無不得中

無或私家于獄之兩辭典獄無敢有受貨聽詐成私家於獄之兩辭○無或私家于獄之兩辭今文無徵○無或私家于獄之兩辭者或之言有也取貨於獄以成私家之富是私家于獄之兩辭也無有如此者則民之治可決矣

獄貨非寶惟府辜功報以庶尤受獄貨非家寶也惟聚罪之事其報則以衆人見罪○獄貨非寶今文與古文同惟府辜功今文無徵報以庶尤古文也今文尤作訧○今文同者大傳云獄貨非可寶也然後寶之者未能行其法者也貪人之寶受人之財未有不受命以矯其上者也親下以矯其上者未有能成其功者也潛夫論班祿篇三府制法未聞赦彼有罪獄貨爲寶者也皆今文同之證惟府辜功者漢書司馬遷傳智之府也顏注府者所聚之處也辜罪也以貨爲寶惟以府罪知其非寶惟以府功尤作訧者王應麟藝文志攷漢儒引尚書異字報以庶訧是今文作訧說文訧罪也引周書此文同與今文合庶衆也報之以衆罪是天所罰

永畏惟罰非天不中惟人在命當長畏懼惟爲天所罰非天道不中惟人在教命使不中

不中則天罰之○永畏惟罰三句今文無徵○永畏惟罰云云者言長久可畏者惟天之罰非天道不中惟人有以召之在其行政之命令不中耳**天罰不極庶民罔有令政在于天下**天道罰不中令眾民無有善政在於天下由人主不中將亦罰之○天罰不極二句今文無徵○天罰不極云云者釋詁令善也天罰不至極則庶民不知畏懼罔有善政在於天下矣有苗民絕世之罰然後庶民不敢濫刑有寶貨降就之罰然後庶民不敢鬻獄天罰可畏惟圖令政以答天心耳對天言則在下者以庶民統之**王曰嗚呼嗣孫今往何監非德于民之中尚明聽之哉**嗣孫諸侯嗣世子孫非一世自今已往當何監視非當立德於民為之中正乎庶幾明聽我言而行之哉○王曰六句今文無徵○王曰嗚呼嗣孫者詔畿內畿外諸侯永戒其後嗣也今一往何監非德于民之中者與上今往何監非時伯夷播刑之迪同一句例非者反言之之言自今以往何所監視非此立德於民之中乎上云有德惟刑又云惟良折獄罔非在中所謂德于民之中也尚明聽之哉者言庶幾皆明以聽獄也**哲人惟刑無疆之辭屬于五極咸中有慶**言智人惟用刑乃有無窮之善辭名聞于後世以其折獄屬五常之中正皆中有善所以然也○哲人惟刑四句今文無徵○哲人惟刑云云者吳志步騭傳騭上疏曰哲人惟刑書傳所美自今蔽獄都下則宜顧雍武昌則陸遜潘濬平心專意務在得情言擇哲人而任之則乃能思惟慎刑是平心專意惟刑之謂也詩傳疆竟也慶善也周禮鄭注屬猶合也五極五刑之中言雖有無竟之獄辭哲人必反

覆審詳使合於五刑之中能皆合於中則必有善慶矣**受王嘉師監于茲祥刑**有邦有土受王之善眾而治之者視於此善刑欲其勤而法之爲無疆之辭○受王嘉師二句今文無徵○受王嘉師云云者釋詁嘉善師眾也嘉師若今俗言好百姓矣王穆王自稱言有邦有土者皆受王之民而牧之當監視於此告爾之詳刑也祥當作詳說見上後漢仲長統傳續呂侯之祥刑祥亦詳之誤呂當作甫後人以古文改之

文侯之命第三十

周書　孔氏傳　王先謙參正

文侯之命 平王命爲侯伯○書序平王賜晉文侯秬鬯圭瓚作文侯之命史記晉世家晉文公五年五月丁未獻楚俘于周駟介百乘徒兵千天子使王子虎命晉侯爲伯賜大路彤弓矢百旅弓矢千秬鬯一卣珪瓚虎賁三百人晉侯三辭然後稽首受之周作晉文侯命又自序云嘉文公錫珪鬯作晉世家第九新序善謀篇晉文公時周襄王有弟太叔之難出亡居鄭晉侯以師逆王入于王城取太叔于温殺之晉侯朝王王享醴命之侑其後三年文公再會諸侯以朝天子天子賜之弓矢秬鬯以爲方伯晉文公之命是也先謙案書序釋文云馬本無平字是馬說當與史記同不以爲平王鄭說與僞孔同蓋有別本後漢丁鴻傳永平十年召見說文侯之命篇丁用今文當無異義李注平王東遷洛邑晉文侯仇有功平王賜以車馬弓矢而策命之因以名篇亦非

王若曰父義和 順其功而命之文侯同姓故稱曰父義和字也稱父者非一人故以字別之○王若曰父義和今文與古文同○今文同者晉世家如此集解引馬云王順曰父能以義和我諸侯書疏引鄭云義讀爲儀儀仇皆匹也故名仇字儀案以義和爲字是也馬說未圓鄭義迂回又於和字無解

丕顯文武克慎明德 大明乎文王武王之道能詳慎

顯用有德○丕顯文武二句今文與古文同○今文同者晉世家作丕顯文武能愼明德克能故訓字丕顯文武者丕大顯明也言大明哉文王武王也克愼明德者康誥云克明德禮大學君子先愼乎德愼德斯明德矣故云克愼明德**昭升于上敷聞在下惟時上帝集厥命于文王**更述文王所以王也言文王聖德明升于天而布聞在下民惟時以是故上天集成其王命德流子孫○昭升于上敷聞在下惟時上帝集厥命于文王古文也今文升作登敷一作鋪聞一作傳惟作維王作武○昭升于上者集解引馬云昭明也上謂天升作登者晉世家作昭登于上班固典引云昭登之績蔡邕注引尚書曰昭登于上又邕太尉汝南李公碑云懿鑠之美昭登于上段云此今文也凡古文作升今文作登如高宗肜日升鼎耳而雊史漢升皆作登喪服鄭注布八十縷爲升升字當爲登今之禮皆以登爲升此當作以升爲登謂用升字代登字俗誤已行久矣然則二字古通三體石經昭作邵○敷聞在下者集解引馬云下謂地今文同者晉世家作布聞在下敷敷布故訓字禹貢篠簜既敷夏本紀作竹箭既布是其例也典引云昭登之績匪堯不興鋪聞遺策在下之訓匪漢不宏段云鋪聞卽敷聞也書以文武爲上襄王爲下班以堯爲上漢爲下此今文說也蔡邕太尉楊公碑敷聞于下昭升于上敷升字與今文不合後人所改一作傳者後漢東平憲王傳傳聞在下凡古文作敷今文多作傳禹貢禹敷土洪範用敷錫厥庶民皇極之敷言史記皆作傳堯典敷奏以言皋陶謨敷納以言漢書文宣成紀皆作傳是其證○惟作維王作武者晉世家作維時上帝集厥命于文武上言文武下不當單舉文王今文是也釋詁時是也詩傳集就

也

亦惟先正克左右昭事厥辟言君既聖明亦惟先正官賢臣能左右明事其君所以然○亦惟先正克左右今文與古文同昭事厥辟今文無徵○亦惟先正克左右者魏志武帝紀注引鄭云先正先臣謂公卿大夫也今文同者漢書谷永傳永對曰經曰亦惟先正克左右未有左右正而百官枉者也顏注周書君牙之辭段云僞古文君牙永所不見永正引文侯之命耳江云左右助也先謙案永下云左右正則左右不訓作虛字克任也言先正任左右親臣之職昭事厥辟者昭明也明事其君與詩昭事上帝同義

越小大謀猷罔不率從肆先祖懷在位文王君聖臣良於小大所謀道德天下無不循從其化故我後世先祖歸在王位○越小大謀猷三句今文無徵○越小大謀猷云云者越魏三體石經篆作粵於也猷與猶同禮緇衣引君雅曰爾有嘉謀嘉猶鄭注猶道也釋詁率循也肆故也詩箋懷安也言先臣於善謀善道無不循而從之庶政惟和故先祖安於其位

嗚呼閔予小子嗣造天丕愆言歎而自痛傷也言我小子而遭天大罪過父死國敗祖業隤隕○嗚呼三句今文無徵○嗚呼云云者釋詁嗣繼也釋言愆過也過猶責也言痛我小子繼位而遭天之大責僞傳我小子遭天大罪過疏引王曰遭天之大愆段云造字王孔皆訓遭此必今文尚書作遭故用以注古文也於大誥呂刑知之

殄資澤于下民侵戎我國家純言周邦喪亂絕其資用惠澤於下民侵兵傷我國及卿大夫之家禍甚大○殄資澤于下民二句今文無徵○殄資澤于下民云云者釋詁殄絕也純大也詩傳資財也孟子趙注澤祿也風

俗通戎兇也言下民之財祿皆爲之殄絕外夷侵
淩兇禍我國家甚大指謂王子帶以翟人入周事

卽我御事罔或耆壽俊在厥服予則罔克

所以遇禍卽我治事之臣無有耆宿壽
考俊德在其服位我則材劣無能之致
○卽我御事罔或耆壽俊在厥服古文也今文或作克俊作咎服
作躬予則罔克今文無徵○卽我御事云云者釋詁孫注卽猶今
也御事治事之臣或有字通者壽謂老成俊謂賢才服事也言卽
今治事之臣無有老宿賢材任其事者或作克俊作咎服作躬者
漢書成紀鴻嘉元年詔曰書不云乎卽我御事罔克耆壽咎在厥
躬注文穎曰此尚書文侯之命篇中辭也言我周家用事者無能
有耆壽賢者使國之危亡罪咎在其用事者也顔注咎在厥躬平
王自謂故帝引之以自責耳予則罔克者克能也言予則自愧無
能

曰惟祖惟父其伊恤朕躬嗚呼有績予一人永綏在位

王曰同
姓諸侯
在我惟祖惟父列者其惟當憂念我身嗚呼能有成功則我一人
長安在王位言恃諸侯○曰惟祖惟父其伊恤朕躬嗚呼有績予
一人永綏在位古文也今文作恤朕身繼予一人永其在位○曰
惟祖惟父云云者釋詁伊維也綏安也績功也我意謂祖行父行
之諸侯其維收恤我身嗚呼有功於我一人則長安在位矣恤朕
身繼予一人永其在位者周紀如此恤朕身承上父義和言之躬
身故訓字釋詁績繼也言文公能收恤我身繼
令我一人永其在位功莫大焉故歎而美之

父義和汝克昭乃顯祖

重稱字親之不稱名尊之言汝能明汝顯祖唐叔之道獎之
○父義和二句今文無徵○父義和汝克昭乃顯祖者顯祖

顯名之祖葢謂唐叔虞言能光昭其顯祖之業昭舊作紹唐石經作昭阮校勘記以作紹爲誤段云魏三體石經篆隸汝皆作女知今本作汝之誤**汝肇刑文武用會紹乃辟追孝于前文人**言汝今始法文武之道矣當用是道合會繼汝君以善使追孝於前文德之人汝君平王自謂也繼先祖之志爲孝○汝肇刑文武三句今文無徵○汝肇刑文武者釋詁肇敏刑法也文王伐密莒黎崇武王誅紂滅國五十有戡亂之功今文公逐翟人誅叔帶以安王室是敏於法文武也○用會紹乃辟者用以也會謂合諸侯釋詁紹繼辟君也乃辟襄王自謂言文公以會合諸侯繼續汝君之王位謂納王也○追孝于前文人者以宗廟祭祀言翟人之難王避居鄭享祀廢墜文公納王然後宗廟血食故特言此以大其功兪樾云追孝乃古人常語古鐘鼎款識每有追孝之文追敦云用追孝于前文人語與此同楚良臣余義鐘云以追孝先祖邾遣敦云用追孝于其父母亦與此文義相近又鄀公敦云用享孝于乃皇祖于乃皇考陳逆簠云以享以孝于大宗享孝並言可知所謂追孝者以宗廟祭祀言也禮祭統云祭者所以追養繼孝也追孝卽追養繼孝之謂**汝多修扞我于艱若汝予嘉**戰功曰多言汝之功多甚修矣乃扞我於艱難謂救周誅犬戎汝功我所善○汝多修三句今文無徵○汝多修者司勳鄭注戰功曰多引司馬法云上多前虜詩傳修長也言文公之戰功利賴長遠也扞一作敦說文上敦止也从攴旱聲周書曰敦我于艱段云敦扞古今字眾經音義引說文扞止也又引說文扞止也葢謂捍扞皆卽敦之別體釋詁嘉美也言能捍衞我於艱難如汝之功朕實嘉美之**王**

曰父義和其歸視爾師寧爾邦遣令還晉國其歸視汝衆安汝國內上下○王曰四句今文無徵○王曰云云者釋詁師衆也言歸國見汝百姓覲禮伯父無事歸寧乃邦

用賚爾秬鬯一卣黑黍曰秬釀以鬯草不言圭瓚可知卣中罇也當以錫命告其始祖故賜鬯○用賚爾秬鬯一卣今文當與古文同○今文當同者晉世家云秬鬯一卣圭瓚引見說文賚賜也从貝來聲周書曰賚尒秬鬯段云尒爾古今字秬下云䆉或从禾作秬疑壁中古文當是作䆉轉寫易爲秬耳

彤弓一彤矢百盧弓一盧矢百彤赤盧黑也諸侯有大功賜弓矢然後專征伐彤弓以講德習射藏示子孫○彤弓一彤矢百盧弓一盧矢百古文也今文盧矢百當作盧矢千盧一作黸○百當作千者晉世家云彤弓矢百旅弓矢千引見左僖二十八年傳王賜晉文公彤弓一彤矢百旅弓矢千與史記合則作盧矢百者非也彤盧弓皆一據此經及史記左傳推之可知盧一作黸者楊雄法言如此引見段云書疏盧作玈玈字凡六見且曰彤字从丹玈字从玄故彤赤玈黑也據此知尚書經傳皆本作玈今經傳作盧者未知孔疏本與釋文本所據有異抑陸本亦作玈天寶初改作盧而音義玈字爲宋開寶中所刪也凡訓黑之字作黸見說文經傳多假盧爲之如公羊定四年傳何注作盧弓漢書王莽傳盧弓矢是也法言五百篇彤弓黸矢與說文合黸之異體作玈左僖二十八年文四年傳皆云玈弓矢千其字从玄旅省聲而非古字也古音旅盧無魚模斂侈之別如盧卽盧聲可證古字假旅爲黸魏三體石經遺字㫃旅二文一篆一隸卽此經盧字廣雅釋器訓黑之字廿九而有黸無玈則魏時

無㫋字信矣左傳音義云㫋本或作旅此正古本之善轉以爲非詩彤弓音義亦云㫋本或作旅字者非皆陸之疏耳魏石經隸體不用㫋字則起於魏後昧於假旅之恉而改從㫃旁

馬四匹馬供武用爲傳合也說文無㫋字孔疏云說文㫋从㫃似誤四匹曰乘侯伯之賜無常以功大小爲度○馬四匹今文無徵○馬四匹者晉世家云賜大路案路駕四馬則馬四匹即大路之服也曲禮疏引含文嘉云九賜一曰車馬二曰衣服三曰樂則四曰朱戶五曰納陛六曰虎賁七曰斧戉八曰弓矢九曰秬鬯此賜大路虎賁弓矢秬鬯是九賜已有其四

父往哉柔遠能邇惠康小民無荒寍父往歸國哉懷柔遠人必以文德能柔遠者必能柔近然後國安安小人之道必以順無荒廢人事而自安○父往哉四句今文無徵○父往哉云云者命往歸國也釋詁柔安也柔遠能邇謂安遠如邇古能與而而與如字通其在近之小民則務加以惠愛而康定之無荒怠而自安寍周書謚法解好樂怠政曰荒

簡恤爾都用成爾顯德當簡核汝所任憂治汝都鄙之人人和政治則汝顯用有德之功成矣不言鄙由近以及遠○簡恤爾都二句今文無徵僞傳不言鄙云云用鄭說○簡恤爾都云云者書疏引鄭云都國都也鄙邊邑也言都不言鄙由近以及遠也釋詁簡大也說文恤收也言大收恤汝國都之眾以終成汝顯著之德也

費誓第三十一

費誓

費魯東郊之地名○書序魯侯伯禽宅曲阜徐夷並興東郊不開作費誓史記魯世家伯禽即位之後有管蔡等反也淮夷徐戎亦並興反於是伯禽率師伐之於肸作肸誓未云作此肸誓遂平徐戎定魯集解引徐廣曰一作鮮一作獮駰案尚書作粊索隱云尚書作粊誓今尚書大傳作鮮誓鮮誓即肸誓古今字異義亦變也鮮獮也言於肸地誓眾因行獮田之禮以取鮮獸而祭故字或作鮮或作獮段云說文粊惡米也从米比聲周書有粊誓篇韻引說文作粊譌字釋文五經文字不誤粊即粃或體雍氏禮曾子問今禮記改費釋文可證鄭注皆作粊誓肸鮮獮三字雙聲鮮音一讀如斯子獮古音如徙故與肸音近蓋許鄭從古文作粊史記用今文作肸也據裴駰司馬貞唐初尚書本尚作粊衞包用司馬貞粊即魯卿季氏費邑之陋說改爲費字廣韻五至粊魯東郊地名此用孔傳蓋陸法言元文也可證孔不作費陳鄂又改釋文之粊爲費耳王鳴盛云粊爲魯東郊地應在今曲阜而已無攷唐人改爲費春秋初費自爲國左隱元年傳費伯率師城郎是也後併於魯爲季氏邑漢爲縣屬東海故城在今兖州府費縣西北二十里去曲阜且三百里後人疑作誓之地在此非也大傳云已有三牲必田狩者孝子之意以爲己之所養不如天地自然之性逸豫肥美禽獸多則傷五穀因習兵事又不空役故因以捕禽獸所以共承宗廟示不忘武備又因以爲田除害鮮者何也秋取嘗也秋取嘗何以也習鬬也習鬬也者男子之事也然而戰鬬不可空習故於蒐狩閑之也閑之者貫之也貫之者習之也已祭取餘獲陳於澤然後卿大夫相與射命中者雖不中也取命不中者雖中也不取何以也所以貴揖讓之取而賤勇力之取也鄉之取也於囿中勇力之取也於澤揖讓之取也鄭注取

禽嘗祭澤射宮也陳云傳文專釋鮮字此鮮誓之傳也案
馬鄭古文書序此篇列呂刑文侯之命前今文不可攷

公曰嗟人無譁聽命伯禽爲方伯監七百里內之諸侯帥之以征歎而勑之使無喧譁欲其靜聽誓命○公曰

嗟人無譁聽命今文無徵○公曰嗟人無譁聽命者釋名嗟佐也
言之不足以盡意故發此聲以自佐也書疏引鄭云人謂軍之士
眾及枲地之民
說文譁讙也

徂茲淮夷徐戎並興今往征此淮浦之夷徐州之戎並起爲寇此戎夷帝王所

羈縻統敘故錯居九州之內秦始皇逐出之○徂茲淮夷徐戎並
興今文無徵○徂茲淮夷徐戎並興者言命往征此淮夷且有徐
戎並起爲亂也淮夷不言興徐戎不言征互文見義淮夷者詩傳
云東國在淮浦而夷行也徐戎者魯世家頃公十九年楚伐戎取
徐州郡國志魯國薛縣六國時曰徐州孫云魯世家淮夷徐戎反
與管蔡同時引見其上文云周公於是卒相成王而使其子伯禽
代就封於魯管蔡武庚等果率淮夷而反周公乃奉成王命興師
東伐作大誥周紀云召公爲保周公爲師東伐淮夷殘奄又云既
絀殷命襲淮夷在豐作周官是伯禽伐淮夷在管蔡以殷畔之時
周公伐淮夷歸在政踐奄之後但伯禽封魯據雒誥經文及惟告
周公其後則在七年歸政之時此云卽位後有管蔡淮夷反殊
不可解史公從安國問故又用伏生所傳今文故說有歧異後漢
東夷傳康王之時肅愼復至後徐戎僭號乃率九夷以伐宗周西
至河上穆王畏其方熾乃分東方諸侯命徐偃王征之此疑今文
說則魯公征徐戎在穆王時故編篇於顧命後呂刑前也皮云孫
說謬此篇伏生今文雖不可考而史記作腁一作鮮與大傳合則

史公以淮夷徐戎反與管蔡同時即伏生今文說也論衡儒增篇成王之時四國簒畔淮夷徐戎並爲患害王充用歐陽說與史公說同四國者管蔡商奄也伯禽就封於魯在管蔡流言時史公之說明甚而成王又於七年歸政時封伯禽爲魯公後者周紀云武王封弟周公旦於曲阜日魯是魯於武王時已受封其時周公在朝使何人守國不可攷至三監畔乃使伯禽就封然其時國猶周公之國伯禽不過代攝國事周禮凡諸侯之子誓於天子則下其君之禮一等伯禽即位蓋亦如是其制猶後世之監國也及公致政當就國成王留公輔政乃加封伯禽以大國命爲公後於是公不令之魯魯爲伯禽之國伯禽爲魯始封祖故伯禽稱魯公史記多用今文則伏生今文亦當如史公說魯之封國在武王初定天下時不在七年歸政後孫讀史記不熟何反以史公說爲歧異乎若後漢書並無魯公征徐戎之事豈可傅會以爲今文孫氏之疑蓋拘於漢書序編次不知馬鄭書序與史記所載今文書序多不合必非孔子之舊史記用書序作肸與大傳合而與古文作粊不同此史記用今文書序之明證若專據馬鄭書序以定先後之次則蔡仲之命明屬成王封蔡仲時事而馬鄭書序亦列於穆王之世粊誓之前豈亦可傳會爲穆王事乎伏書二十九篇雖可攷定而其次序無以定之書序有今古文不同據史記說君奭當在康誥前據漢書說洪範當在微子前此今文次序之略可攷者史公以肸誓在周公攝政時似亦不應列此惟今文編次不可盡曉未敢以意更定耳

善敹乃甲胄敿乃干無敢不弔

言當善簡汝甲鎧胄兜鍪施汝楯紛無敢不令至攻堅使可用○善敹乃甲胄敿乃干無敢不弔古文也今文作陳爾甲

冑無敢不善○善敹乃甲冑云云者書疏引鄭云敹謂穿徹之敹猶繫也弔至也至猶善案甲冑皆以革爲之穿徹謂縫綴也說文敹繫連也从攴喬聲周書曰敹乃干至謂至於軍所陳爾甲冑無敢不善者魯世家如此說文敹擇也从攴㐬聲周書曰敹乃甲冑夏小正云陳筋革者省兵甲也省亦擇也是陳有擇義史記敹上無善字以善代弔亦訓弔爲善與鄭意同也段云采从网米聲或省冃作㐬然則敹字古音不讀如了彫切當讀如彌綸之彌

備乃弓矢鍛乃戈矛礪乃鋒刃無敢不善

備汝弓矢弓調矢利鍛鍊戈矛磨礪鋒刃皆使無敢不功善○備乃弓矢四句今文無徵○備乃弓矢云云者備與葡同說文具也廣雅釋詁鍛椎也礪俗字當爲厲火鍊用椎磨厲用石說文鏠兵耑也鋒省字刃刀堅也

今惟淫舍牿牛馬

今軍人惟大放舍牿牢之牛馬言軍所在必放牧也○今惟淫舍牿牛馬今文無徵○今惟淫舍牿牛馬者書疏引鄭云牿爲桎梏之梏施牿於牛馬之腳使不得走失此讀牿爲梏而易其字也說文牿牛馬牢也从牛告聲周書曰今惟牿牛馬段云大徐本無淫舍二字小徐本有淫無舍此轉寫奪之或據說文以改周書此爲顛倒見先謙案釋詁淫大也釋詁郭注舍放置也今惟大放置牢中牛馬使得散牧說文義較長

杜乃擭斂乃穽無敢傷牿牿之傷汝則有常刑

擭捕獸機檻當杜塞之穽穿地陷獸當以土窒斂之無敢令傷所牿牢之牛馬牛馬之傷汝則有殘人畜之常刑○杜乃擭斂乃穽牿之傷汝則有常刑今文無徵無敢傷牿今文與古文同○杜乃擭斂乃穽者書疏引鄭云山林之田春始穿地爲穽或設擭

其中以遮獸擭柞鄂也雍氏云秋令塞阱杜擭鄭注阱穿地爲塹
所以禦禽獸其或超踰則陷焉世謂之陷阱擭柞鄂也堅地阱淺
則設柞鄂於其中書柴誓曰敜乃阱時秋也伯禽以出師
征徐戎釋文杜本又作𢾀是古文有杜𢾀兩作大傳云擭捕獸機
檻書疏云檻以捕虎豹穿地爲深坑又設機於上防其躍而出也
鄭以擭爲柞鄂者雍氏疏云或以爲豎柞於中向上鄂鄂然所以
載禽獸使足不至地不得躍而出謂之柞鄂也機但渾言之柞鄂
乃實指其物非異義說文敜下云塞也从攴念聲周書曰敜乃穽
阱下云陷也穽下云重文阱穽捕小獸不施機爲與擭異魯語鳥
獸成設穽鄂穽鄂猶擭穽也所以杜擭敜穽者便放牧牛馬也無
敢傷牿者魯世家如此明今古文同所謂牿者即出牢而放牧之
牛馬承上文牿牛馬之文故此不更言牛馬直以牿言之而文義
自明又云牿之傷汝則有常刑亦謂施刑於傷及
牛馬之人耳若以爲傷牛馬之牢則有刑非也

馬牛其風臣妾逋逃勿敢越逐

馬牛其有風佚臣妾逋亡勿敢棄越壘伍而求逐
之役人賤者男曰臣女曰妾○馬牛其風三句今
文與古文同○今文同者魯世家如此集解引鄭云風走逸臣妾
廝役之屬案左僖四年傳賈注風放也牝牡相誘謂之風相誘則
追逐而走逸臣者公羊宣十二年傳廝役扈養死者數百人何注
刈草爲防者曰廝汲水漿者曰役養馬者曰扈炊烹者曰養故鄭
以廝役之屬言之雖賤役皆必有統屬左昭七年傳隸臣輿輿臣
僕僕臣臺此臣義同也妾者墨子備城門篇守法五十步丈夫十
人丁女二十人老小十人計之五十步四十人是軍中有女子書
疏云古者或以婦女從軍也說文逋亡越踰逐追也雖有此事毋

得踰越部伍而追逐恐亂行列也段云經言無敢者六惟越逐作勿敢唐石經及注疏本皆然今坊本作無敢者誤**祗復之**衆人其有得佚馬牛逃臣妾皆敬還復之我則商度汝功賜與汝○祗復之今文與古文同我商賚爾今文無**我商賚爾**

徵○今文同者魯世家作敬復之以故訓代經集解引徐廣曰一作振段云作振者今文也般庚篇震動石經作祗動臯陶謨祗敬夏本紀作振敬無逸篇祗懼魯世家作震懼祗作振語之轉○我商賚爾者言以人物還其故主者我量度賜賚之釋文商徐音章段云此舊音也漢書律歷志商之爲言章也物成孰可章度也白虎通云商之爲言章也章其遠近度其有亡通四方之物故謂之商也（今本章皆誤商）史漢貨殖傳千章之楸木千章如湻注舊將作大匠主材吏名章曹掾百官公卿表將作大匠屬官有東園主章皆謂能度材爲章也章度乃周漢古語商度即章度不讀尸羊切匡謬正俗云或問曰今市井之人謂算料量度爲章佐有何義荅曰周書粜誓云我商賚汝孔傳云商度徐仙民音章然則商字舊有章音章佔即商估也謂度其貴賤當其大小所堪爾**乃越逐**

不復汝則有常刑○越逐爲失伍不還爲攘盜汝則有此常刑乃越逐不復汝則有常刑今文無徵**無敢**

寇攘踰垣牆軍人無敢暴劫人踰越人垣牆物有自來者無敢取之○無敢寇攘踰垣牆古文也今文垣牆作牆垣○作牆垣者魯世家如此集解引鄭云寇劫取也因其失亡曰攘釋詁儴仍因也攘儴字同**竊馬牛誘臣妾汝則**

有常刑軍人盜竊馬牛誘偷奴婢汝則有犯軍令之常刑○竊馬牛三句今文無徵○竊馬牛誘臣妾云云者說文𠨗相誂

呼也重文作誘**甲戌我惟征徐戎**誓後甲戌之日我惟征之○甲戌二句今文與古文同○今文同者白虎通誅伐篇征者何謂也征猶正也欲言其正也輕重從詞也尚書曰誕以爾東征誅祿甫也又曰甲戌我惟征徐戎魯世家作而征徐戎并入下文甲戌築下**峙乃糗糧無敢不逮汝則有大刑**皆當儲峙汝糗糒之糧使足食無敢不相逮及汝則有乏軍興之死刑○峙乃糗糧無敢不逮今文與古文同乃作爾汝則有大刑無汝則字古文糗糧一作餱粻○乃作爾者魯世家作峙爾芻茭糗糧楨榦無敢不逮史公以芻茭糗糧楨榦并入峙爾爲一句列魯人三郊三遂下峙當爲峙轉寫之誤下同釋詁峙具也卽說文偫字說文糗熬米麥也釋詁逮及與也今文無汝則字者魯世家作有大刑并入末句或本無或史公消之集解引馬云大刑死刑也古文一作餱粻者說文餱乾食也从食侯聲周書曰峙乃餱粻釋言郭注粻糧也**魯人三郊三遂峙乃楨榦甲戌我惟築**總諸國之兵而但稱魯人三峙具楨榦道近也題曰楨旁曰榦言三郊三遂明東郊距守不峙甲戌日當築攻敵壘距堙之屬○魯人三郊三遂四句古文也今文遂作隧乃作爾魯世家集解引王肅云東郊留守故言三僞傳與之同此又僞傳出肅之一證也○遂作隧者魯世家作魯人三郊三隧遂隧字通匠人廣二尺深三尺謂之隧釋文隧本作遂是其證禮王制疏引大傳云古者百里之國三十里之遂二十里之郊七十里之國二十里之遂九里之郊五十里之國九里之遂三里之郊正此篇之傳王制疏引尚書傳云多士傳周禮典命疏云毋逸傳皆誤魯國百里則郊當在二十里之外遂又在其外也孫云釋地邑

外謂之郊王制鄭注郊鄉界之外者也遠郊之外曰遂大司馬云凡制軍大國三軍魯大國宜爲三軍小司徒疏云凡出軍之法先六鄉賦不止次出六遂賦猶不止徵兵于公邑及三等采賦猶不止乃徵兵於諸侯大國三軍次國二軍小國一軍此軍等皆出於鄉遂賦猶不止則諸侯有徧境之法則千乘之賦是也左成元年傳疏云天子六軍出自六鄉大國三軍出自三鄉其餘公邑采地之民不在三軍之數古者用兵天子先用鄉鄉不足取遂遂不足取公卿采邑及諸侯邦國若諸侯出兵先盡三鄉三遂鄉遂不足然後總徵境內之兵今此淮夷徐戎並寇兩發其勢甚急故悉起鄉遂之兵應之尚不至總徵境內也王肅謂東郊留守故不言四郊非○乃作爾者魯世家作峙爾楨榦統於峙爾糗糧句引見集解引馬云楨榦皆築具楨在前榦在兩旁凡築牆及城者以繩束板置於兩旁更豎木於其耑首乃取土實其中而築之楨是其耑首之木故云在前榦則其兩旁之板也甲戌我惟築者魯世家作我甲戌築而征徐戎以上文我惟征徐戎併入此甲戌下此皆史公隱括錄之也

無敢不供汝則有無餘

峙具楨榦無敢不供不供汝則有無餘之刑刑者非一也然亦非殺汝○無敢不供三句今文無徵○無敢不供者

刑非殺

段云供本作共衛包所改也釋文共音恭開寶中又改大字作供此與召誥用共王能祈天永命無逸惟正之共同也○汝則有無餘刑非殺者書疏引鄭云謂盡奴其妻子不遺其種類在軍使給廝役反則入於罪隸舂稾不殺之司厲其奴男子入於罪隸女子入於舂稾先鄭注謂坐爲盜賊而爲奴者輸於司隸舂人稾人之官也禮檀弓杞梁妻云君之臣不免於罪則將肆諸市朝而妻妾執

然則周之刑法軍人有罪固有沒入妻孥者**魯人三郊三遂峙乃芻茭無敢不多汝則有大刑**〇郊遂多積芻茭供軍牛馬不多汝則亦有乏軍興之大刑魯人三郊三遂峙乃芻茭無敢不多汝則有大刑古文也今文遂作隧乃作爾多作及無汝則字〇遂作隧者此魯人三郊三隧魯世家統於上句乃作爾者魯世家作峙爾芻茭統於峙三爾糗糧句[illegible]引書疏引鄭云茭乾芻多作及者魯世家作無敢不及孫云芻茭不至牛馬不得食不可以戰故有大刑若及而不多不應云大刑也當從史記多與及相似而誤無汝則字者魯世家作有大刑總括上句[illegible]上亦皮云禮曾子問注伯禽周公子封於魯時徐戎作難喪卒哭而征之急王事也疏云周公致政之後成王即位之時周公猶在則此伯禽卒哭者爲母喪也據史記此篇之作在周公居攝時疏云母喪是也而以爲周公致政之後則與史記不合蓋亦惑於周公致政乃封伯禽之文不知公居攝時伯禽已就封也江聲以爲當次亳姑事在周公薨後尤非是

秦誓第三十二

周書　孔氏傳　王先謙參正

秦誓貪鄭取敗悔而自誓〇書序秦穆公伐鄭晉襄公帥師敗諸崤還歸作秦誓史記秦本紀三十六年繆公復益厚孟明等使將兵伐晉渡河焚船大敗晉人取王官及鄗以報殽之役晉人皆城守不敢出於是繆公乃自茅津渡河封殽中尸爲發喪哭之

三日乃誓於軍史公用今文說與書序以爲在師敗還歸之後左
傳以爲在釋歸三帥之時不同公羊文十二年傳何賢乎秦繆公
以爲能變也荀子大略篇春秋賢穆公能變楊倞注謂不用蹇叔
百里奚之言敗於崤函而自變悔作秦誓詢茲黃髮是也中論修
本篇人之過在於悔往而不在於
懷來故書舉穆公之誓善變也

公曰嗟我士聽無譁 誓其羣臣通稱士也○公曰嗟今文與古文
同我士聽無譁今文我士作士卒○公曰嗟
我士聽無譁者書疏引鄭云誓其羣臣下及萬民獨言士者舉中
言之今文同者者白虎通號篇伯子男臣子於其國中褒其君爲公
何以諸侯有會聚之事相朝聘之道或稱公而尊或稱伯子男而
卑爲交接之時不私其臣子之義心俱欲尊其君父故皆令臣子
得稱其君爲公也何以知諸侯得稱公尚書曰公曰嗟公謂秦伯
也秦紀作乃誓於軍曰嗟我士作士卒者秦紀作士卒聽無譁以
此時誓于軍中也

予誓告汝羣言之首 首衆言之本要○予誓告汝羣言之首古文也今文予作余無羣言之
首四字○予作余無四字者秦紀作余誓告汝

古人有言曰民訖
禮曾子問今之祭者不首其義鄭注首本也

自若是多盤 言民之行已盡用順道是多樂稱古人言悔前不順
忠臣○古人有言曰二句今文無徵○古人有言曰民訖
云云者釋詁訖止也盤樂也釋言若順也穆公述古人之言謂民
性喜承順惡違忤止以自順其意是爲多樂耳論語孔子引人之
言曰予無樂乎爲君惟其言而莫予違與此古人之言合俞樾云
盤與般通說文般辟也多般猶多辟詩板民之多辟鄭注民之行

多爲邪辟民訖自若是多般言民盡自順其意故多辟也於義亦通責人斯無難惟受責俾如流是惟艱哉人之有非以義責之此無難也若己有非惟受人責即改之如水流下是惟艱哉○責人斯無難三句今文無徵

我心之憂日月逾邁若弗云來言我心之憂欲改過自新如日月並行過如不復云來雖欲改悔恐死及之無所益○我心之憂今文無徵日月逾邁若弗云來今文當與古文同○我心之憂日月逾邁若弗云來者呂覽高注逾益也釋言邁行也詩傳云旋也言我心之憂日月行疾如不旋來者恐天不假年改過不及隸古定本云作員書疏云員即云也則本是員字衞包改云爲員下雖則員然同困學紀聞云周益公名必大云唐賦多用員來讀秦誓正義知今之云字乃員之省文段云周猶未悟云係衞改漢書韋賢傳顏注引作員說之曰員與云同顏時未經衞改也今文當同者後漢傅毅傳迪志詩云日月逾邁豈云能復豈云能復即若弗云來意

惟古之謀人則曰未就予忌惟爲我執古義之謀人謂忠賢蹇叔等也則曰未成我所欲反忌之耳○惟古之謀人今文當與古文同則曰未就予忌今文無徵○今文當同者秦紀云古之人謀無惟字省文謀人作人謀蓋傳寫倒誤史公隱括誓文可爲今古文同之證疑此時蹇叔已死杞子等尚存故以蹇叔爲古之謀人事具左公羊傳則曰未就予忌者說文惎毒也从心其聲周書曰來就惎惎段云來是未之誤惎上當脫予字下惎字下當有脫文如圖升雲半有半無堲疾惡也莫席纖篛席也皆引書而釋之與其字之本義不必合攷惎字在左傳有訓毒者如惎間王室惎澆能

戒之是也有訓教者如惎之脫扃西京賦天啟其心人惎之謀是也教之訓則惎與誋同毒之訓則惎與忌略同說文蓋作周書曰未就予惎惎教也而脫誤與惎忌同部同音壁書作惎說古文者讀爲誋忌蓋誋之省與俞樾云廣韻惎教也一曰謀也未就予惎者未成我之所謀也惎之訓謀蓋古訓也釋詁基謀也玉篇諆謀也惎與基諆並聲近義通先謙案訓惎爲教是也言古之謀人反以爲未就予教孟子所云好臣其所教不好臣其所受教也俞訓惎爲謀亦通

惟今之謀人姑將以爲親

惟指今事爲我所謀之人我且將以爲親而用之悔前違古從今以取破敗○惟今之謀人二句今文無徵○惟今之謀人云云者今之謀人指杞子輩其時尚存者詩傳姑且也言不可信之謀人我且將以爲親厚我而從之

雖則云然尚猷詢

茲黃髮則罔所愆

言前雖則有云然之過今我庶幾以道謀此黃髮賢老則行事無所過矣○雖則云然今文無徵尚猷詢茲黃髮則罔所愆今文當與古文同罔一作無一髮下多之言二字○雖則云然者漢書韋賢傳李尋傳顏注並引作員然衞包未改本也尚猷詢茲黃髮則罔所愆者顏注引猷並作猶猷猶同字言雖則如是自今以後庶幾猶詢謀此黃髮之人則無所過失矣詢俗字當作恂釋詁云謀也詩南山有臺遐不黃耇傳黃黃髮也疏引釋詁舍人注黃髮老人髮白復黃也今文當同者秦紀黃髮番番則無所過愆過故訓字史公隱括上下經文韋賢傳韋孟諷諫詩云追思黃髮秦繆以霸又云咢咢黃髮李尋傳尋說王根曰思惟黃髮任用百里奚卒伯西域德列王道論衡狀留篇百里奚之知明於黃髮魏志管甯傳注引明帝詔曰以秦繆之

賢猶思詢於黃髮蜀志秦宓傳宓薦任定祖曰昔百里蹇叔以者艾而定策故書美黃髮皆用此經文漢官儀殤帝策曰張禹三世在上黃髮罔愆是今文亦作罔一作無者新序雜事篇秦穆公敗其師曰黃髮之言則無所愆美用老人之言以安國也王應麟藝文志孜漢儒引尚書異字亦作無皮云今文三家異字作無猶康王之誥乃心罔不在王室今文作無不在王室也史記亦云則無所過愆一作諐者張超誚青衣賦云秦繆思諐一故獲終吉李尋傳顏注引秦誓則罔所諐是唐初尚有從籒文者一多之言二字者新序引作黃髮之言垷漢書息夫躬傳丞相嘉曰昔秦繆公不從百里奚蹇叔之言以敗其師悔過自責疾詿誤之臣思黃髮之言名垂於後世所引黃髮下亦有之言二字

番番良士旅力既愆我尚有之

勇武番番之良士雖衆力已過老我今庶幾欲有此人而用之○番番良士旅力既愆今文與古文同番番一作皤皤我尚有之今文無徵○番番良士云云者江云秦紀云黃髮番番以番番屬於黃髮則番番爲老人狀貌說文皤老人皃也从白番聲此番番當讀爲皤皤詩嵩高申伯番番傳番番勇武皃僞孔據之以解此經案云旅力既愆我尚有之則不以勇武爲尚豈猶稱美其勇武乎僞傳非也詩傳良善也旅膂省文說文呂脊骨也或作膂廣雅釋詁膂力也王念孫云膂力一聲之轉詩箋尚猶也言番番然白頭之善士膂力既過我猶有之今文同者史記自序云番番黃髮爰饗營巨與秦紀黃髮番番同後漢王梁傳建武七年詔云旅力既愆皆其證番番一作皤皤者漢書敘傳營平皤皤主功主論後漢樊準勸崇儒學疏云故朝多皤皤之良華首之老皤皤之良正用經文

仡仡勇

夫射御不違我尚不欲仡仡壯勇之夫雖射御不違我庶幾不欲用自悔之至○仡仡勇夫今文與古文同

古文一作訖訖射御不違我尚不欲今文無徵○仡仡勇夫云云
者說文仡勇壯貌从人气聲周書曰仡仡勇夫古文一作訖訖者
單行本釋文云馬本作訖訖無所省錄之貌公言壯勇之夫射御
皆合法度無所違失我猶不欲用之左僖三十三年傳秦師過周
北門左右免胄而下超乘者三百乘王孫滿曰秦師輕而無禮必
敗此勇夫即謂超乘者寡謀取敗故公追悔之云非我所欲也今
文同者李尋傳尋說王根云昔秦穆公說諓諓之言任仡
仡之勇身受大辱社稷幾亡悔過自責此今古文同之證

惟截截

善諞言俾君子易辭我皇多有之昧昧我思之惟察察便巧善為辨佞之言使君子

同心易辭我前大多有之以我昧昧思之不明故也○惟截截善
諞言三句今文作惟諓諓善竫言竫一作靖一作靜諓諓一作戔
戔辭作怠皇作況昧昧我思之今文無徵○惟截截善諞言者釋
文截馬云辭語截削省要也諞馬作偏云少也詞約指明大辯佞
之人今文云云者公羊文十二年傳稱此誓之辭云惟諓諓善竫
言何注諓諓淺薄之貌竫猶撰也李尋傳昔秦穆公說諓諓之言
詳上劉向九歎讒人諓諓孰可愬兮王逸注諓諓讒言貌引尚書諓
諓竫言鹽鐵論國病篇諓諓者賊也論誹篇風疾小人諓諓面從
以成人之過也後漢書樊準勸崇儒學疏云習諓諓之辭國語范
蠡曰又安知是諓諓者乎韋注諓諓巧辯之言賈逵注諓諓巧言
也廣雅釋訓諓諓善也皆本今文竫一作靖者潛夫論救邊篇諓諓
善靖俾君子怠一作靜者楚詞九辯王逸注靜言諓諓而無信諓

諓一作戔戔者說文戔戔賊也周書曰戔戔巧言段云說文殘賊也是戔殘同易束帛戔戔子夏傳作殘殘引周書者秦誓今文也今文尚書作戔戔靖言說文無諓字蓋治經者加言旁耳諓靖埩古文同音通用周書曰戔句絕下當云戔戔巧言也如引商書曰圛下文云圛者升雲半有半無後人轉寫脫去複出之戔戔字及也字非巧言爲埩言之駁文也皮云堯典共工靖言一作靜言是靖與靜通史記以故訓改爲善言是靖與善同義論語異乎三子者之撰鄭訓撰爲善何注埩猶撰也與鄭義同然則善靖言卽善言善言卽巧言非善惡之善○辭作怠者公羊文十二年傳俾君子易怠何注俾使也易怠猶輕情也段云易怠疊字易讀如素問解佞之佞疏云易爲怠情非史記三王世家齊王策云義之不圖俾君子怠潛夫論救邊篇俾君子怠皆用今文○皇作況者公羊文十二年傳而況乎我多有之段云石經今文尚書無皇曰今日眈樂作毋兄曰則皇自敬德作則兄曰兄卽今文況字與我皇多有之作況乎我多有之合然則作皇者古文作況者今文也徐彥疏引戴宏序云子夏傳公羊高高傳子平平傳子地地傳子敢敢傳子壽至漢景帝時壽乃其弟子齊人胡毋子都著於竹帛然則此傳成於伏生書已出之後戴說可信非公羊高成之也尚書大傳皇於聽獄乎此假皇爲矧況字也公羊傳而況乎我多有之此假況爲皇暇字也皇況互借而況乎我多有之猶言而何暇我多有之也○昧昧我思之者江云昧昧深思之意穆公追悔不及中心鬱結若昏昧不明故云昧昧也秦紀云以申思不用蹇叔百里奚之謀故作此誓則昧昧我思者是穆公自道思此一介臣僞傳以此文上屬非是

如有一介臣斷斷猗

無他技其心休休焉其如有容如有束脩一介臣斷斷猗然專一之臣雖無他技藝其心休休焉樂善其如是則能有所容言將任之○如有一介臣斷斷猗無他技其心休休焉其如有容古文也今文作若有一介臣斷斷兮無他技其心休休焉其如有容焉一作惟一介斷斷焉無他技其心休休能有容古文斷一作鄐○古文斷一作鄐者說文斷下云截也从斤𢇍𢇍古文絕鄐下云古文斷从𠂤古文叀字周書曰鄐鄐猗無他技釋文引馬云一介耿介一心端慤者禮記釋文引鄭云斷斷誠一之貌他技異端之技也休休寬容貌若有一介臣云云者禮大學引秦誓如此釋文一个古賀反一讀作介音界尚書釋文介字又作个音工佐反王鳴盛云說文無个字公羊傳引作介後漢杜詩傳一介之才李注引書亦作介則作个非也皮云大小戴記傳自夏侯始昌與大夏侯同師則大學所引是今文个即介之別體不當讀爲箇公羊傳作一介是今文本作介東觀漢記建武元年詔曰故密令卓茂束身自修執節惇固斷斷無他其心休休焉後漢卓茂傳論曰卓茂斷斷小宰無他庸能又謝弼傳弼上封事曰今之四公傳惟司空劉寵斷斷首善皆用今文惟一介云云者公羊傳如此何注一介猶一槩斷斷猶專一也他技奇巧異端也孔子曰攻乎異端斯害也已休休美大貌能有容能含容賢者逆耳之言案公羊所引與大學略異或所據本不同或省文人之有技若己有之人之彥聖其心好之不啻若自其口出是能容之人之有技若己有之樂善之至也人之美聖其心好之不啻如自其口出心好之至也是人必能容之○人之有技六句古文

也今文如作若是作寔○如作若是作寔者大學云人之有技若己有之人之彥聖其心好之不啻若自其口出寔能容之鄭注有技才藝之技也若己有之不啻若自其口出皆樂人有善之甚也美士爲彥彥或作盤案盤與般同大也不啻不但也言語不盡好之之意

以保我子孫黎民亦職有利哉用此好技聖之人安我子孫衆民亦主有利哉言能與國○以保我子孫二句古文也今文保上有能字職作尚○今文云云者大學云以能保我子孫黎民尚亦有利哉鄭注黎衆也尚庶幾也論衡刺孟篇尚書曰黎民尚亦有利哉安吉之利也行仁義得安吉之利段云此今文尚書也子孫上屬黎民下屬爲句依此爲長書疏非也王引之云大學引秦誓曰尚亦有利哉尚書亦當爲亦尚今秦誓作亦職職尚皆主也與亦尚一人之尚同義皮云王說是也論衡引經亦當作亦尚作尚亦者傳寫之誤後漢魯恭傳恭上疏曰所以助仁德順昊天致和氣利黎民者也末用此經文淮南高注廣雅釋詁並云尚主也

人之有技冒疾以惡之人之彥聖而違之俾不達見人之有技藝蔽冒疾害以惡之人之美聖而違背壅塞之使不得上通○人之有技四句古文也今文冒作媢達作通○冒作媢達作通者大學云人之有技媢疾以惡之人之彥聖而違之俾不通鄭注媢妒也違猶戾也俾使也拂戾賢人所爲使功不通於君也案大學作媢是此經作冒省借疾同僟說文僟下云妎也或作嫉妎下云妒也達作通與今文尚書合禹貢顧命等篇皆可證

是不能容以不能保我子孫黎民亦曰殆哉冒疾之人是不能容人用之不能安

我子孫衆民亦曰危殆哉○是不能容三句古文也今文是作寔○是作寔者大學云寔不能容以不能保我子孫黎民亦曰殆哉鄭注殆危也案寔是古通用據論衡所引此黎民亦下屬爲句

邦之杌隉曰由一人

杌隉不安言危也一人所任用國之傾危曰由所任不用賢○邦之杌隉二句今文無徵○邦之杌隉云云者說文隉危也从自从毀省徐巡以爲隉凶也賈侍中說隉法度也班固說不安也周書曰邦之阢隉讀若虹蜺之蜺段云徐巡傳古文尚書此古文說也賈訓法度如其說則杌字連隉爲文當是法度建立兀然之意班則今文說也阢阢石山戴土也言邦之不安爰自一人爲之公自責故云然

邦之榮懷亦尚一人之慶

國之光榮爲民所歸亦庶幾其所任用賢之善也穆公陳戒背賢則危用賢則榮自誓改前過之意○邦之榮懷二句今文與古文同○邦之榮懷云云者晉語韋注榮樂也釋詁懷安也詩傳慶善也言邦之樂安亦主一人之善也今文同者白虎通號篇尚書曰邦之榮懷亦尚一人之慶知秦穆公之霸也孫云班氏據此經文知秦穆公之霸是謂榮懷之言當在敗晉報怨之後則是今文說與史記同義也

書序一 孔氏傳 王先謙參正

書序 史記三代世表序云孔子因史文次春秋紀元年正時月日蓋其詳哉至於序尚書則略無年月或頗有然多闕不可錄故疑則傳疑蓋其慎也孔子世家云序書傳上紀唐虞之際下至秦繆編次其事漢書藝文志云書之所起遠矣至孔子篹焉上斷於堯下訖秦凡百篇而爲之序言其作意儒林傳云孔子干於七十餘君自衞反魯究觀古今之篇籍於是序書則斷堯典劉子歆傳歆移太常博士書云孔子序書疏云此序鄭馬王並云孔子所作段云案書序亦有古文今文之殊藝文志云尚書古文經四十六卷此蓋今文二十八篇爲二十八卷又逸篇十六卷併書序得此數也伏生教於齊魯之間未知卽用書序與否而史公臚舉十取其八九則漢時書序盛行非侯孔安國也假令孔壁有之民間能絶無則亦猶逸篇十六卷絶無師說耳馬班安能采錄馬鄭安能作注以及妄人張霸安能竊以成百兩哉孔叢子與連叢子皆僞書也藏與安國書云聞尚書二十八篇取象二十八宿何圖古文乃有百篇邪學者因此說疑百篇序至安國乃出然則其所云弟素以爲堯典雜有舜典今果如所論者豈亦可信乎噫亦惑矣惟內外皆有之是以史記字時有同異如女房女方登鼎耳升鼎耳飢耆紂受牧坶行狩歸嘼異母異畝餽禾歸禾魯天子命旅天子命毋逸無逸息愼肅愼伯臩伯冏肸誓獮誓粊誓甫刑呂刑之類皆今古文尚書之異也陳云尚書釋文云馬鄭之徒百篇之序總爲

一卷書疏云作序者不敢厠於正經故謙而聚於下藝文志云孔子上斷於堯下訖於秦凡百篇而爲之序秦燔書伏生獨壁藏之是伏生壁書有序也古書序皆總爲一篇置卷末今所存逸周書猶可見漢志周書七十一篇今案逸周書篇目自度訓至器服止七十篇其一卽卷末之序也桓譚新論云古文尚書舊有四十五卷爲五十八篇而藝文志載尚書古文經四十六卷新論合二十九卷及逸篇十六卷除序數之藝文志併序數之著錄從其實也古文如是今文度亦宜然伏生之二十九篇併序數之也伏生本經有序無太誓太誓之合於伏書其始於歐陽氏乎漢武帝建元五年置五經博士書惟有歐陽當時既以太誓付博士讀說立於學官卽合入伏書矣況今文家顧命不分篇盤庚亦不異卷歐陽經獨三十二卷是於伏生經文及序二十九篇外增以後出之太誓三篇明矣歐陽既增太誓立於學官故兩夏侯亦從而增入其書特併太誓爲一篇而除序不數故仍爲二十九篇以合伏生篇數之舊與歐陽小異書疏云伏生二十九篇而序在外蓋永嘉之亂三家尚書已亡孔穎達嘗見漢石經拓本所言似據石經卽如此要是夏侯之本後增太誓者西漢經師不爲序作訓故歐陽章句仍止三十一卷詩書之序至馬鄭始爲之注毛詩篇首疏云毛傳不訓序是漢初治經者未有爲序作訓者也論衡佚文篇東海張霸通左氏春秋案百篇以左氏訓詁造作百二篇漢書儒林傳張霸分析合二十九篇以爲數十又采左氏傳書序爲作首尾凡百二篇成帝時求治古文者霸以能爲百兩徵以中書校之非是霸所采書序卽出今文非古文也何言之孔氏古文天漢後獻遂祕於中外不得見霸但見今文有百篇之序而不見孔書故霸作

百兩篇以欺世，如所采書序出古文，是霸見孔壁之本矣，甯不知孔氏古文天子自有中書可校，敢更作之而獻於朝哉？故知霸所取書序出今文也。今文有序，此其塙證矣。孔疏嘗引石經，其云二十九卷而序在外者，必見石經尚書有百篇之序，故爲是言耳。皮云西漢馬班，東漢馬鄭，皆以書序爲孔子作，唐以前尊信無異詞。至宋儒始疑之，近治漢學者以疑書序爲宋儒罪案。然今之書序出馬鄭古文，實亦不無可疑。若今文書序，史記載其大半，與馬鄭所注古文書序義多不同。周公作君奭，史記引書序在踐阼當國時，馬鄭書序列復政後，遂有召公疑周公不當復列臣職之言。周公東征，攝王成王不親行，馬鄭書序於成王既黜殷命、成王既伐管蔡皆冠以成王字，後人遂誤執爲周公未嘗攝王之證。舜典序云歷試諸難，鄭注云入麓伐木，與堯典納于大麓相混，遂開梅姚分愼徽五典以下爲舜典之妄說。伊訓序云成湯既沒，太甲元年，於中失去外丙、仲壬兩朝，遂啟宋人以孟子外丙二年、仲壬四年爲年歲，不爲卽位紀年之謬論。然則馬鄭古文書序不見於史者，多不可信，與今文不合者，尤爲可疑。蓋書序之有今文、古文，猶詩序之有今文、古文也。三家詩序雖亡，其僅存可攷者，多與毛異。三家之序皆有實事，毛詩之序多衍空文。漢書藝文志毛詩自謂子夏所傳，未得立，自謂者，甚不然之之詞，是謂毛詩序出子夏乃漢儒所不信。而衛宏作毛詩序明見於後漢書。說毛詩序者，或云首句子夏作，以後毛公合作；或云首句毛公作，以後衛宏續作。魏源以爲古文書序亦衛宏作，雖無明文可據，然古文書序爲後人改竄，不必是孔子之舊，亦猶毛詩序不必卽子夏所傳也。宋儒一概疑之固非，近人一概信之亦未是，惟史記所載者乃可信耳。段分別書序有今古文最爲卓識史記升作登受作紂無作毋吕作甫皆據今文尚書飢卽耆阶卽鮮合於伏生大傳據此史記所引書序與古文書序字異者皆今文與古文不同而非史公改竄可知陳說詳明惟謂伏生二十九篇併序數之顧命不分說尚未塙史記所引書序卽伏生今文明分顧命康王之誥爲二分之則二十九篇已具不必併序數之蓋歐陽博士增入太誓後乃合顧命康王之誥爲一篇以符二十九篇之數耳書疏云伏生二十九篇而序在外其說甚塙孔氏所見石經爲夏侯尚書亦然特歐陽太誓爲三故較夏侯之合爲一篇者多出二篇耳

昔在帝堯聰明文思光宅天下言聖德之遠著○書疏引鄭云書以堯爲始獨云昔在使若無先之典然也釋文引馬云堯謚也翼善傳聖曰堯論衡須頌篇問說書者欽明文思以下誰所言也曰篇家也篇家者誰也孔子也陳云論衡以爲孔子所言者蓋指堯典序書序實孔子作也據論衡則今文序聰明作欽明爲異皮云後漢陳寵傳注引尚書考靈耀曰堯聰明文塞晏晏是今文堯典欽明字一作聰明據論衡此文則今文書序聰明字一作欽明漢時今古文互異如此文思據今文思當作塞王充所引仍同古文作思或三家之文不同亦有作文思者或後人依古文改之未可知也光宅今文當作光度班固典引云有不俾而假素罔光度而遺章今其如台而獨闕也班用光度字蓋出今文尚書堯典序今文尚書宅皆作度也**將遜**遜遁也老使攝遂禪之○書疏引鄭云堯尊如故**于位讓于虞舜**舜攝其事段云公羊莊元年傳疏及左傳疏引遜

作孫知此淺人所改**作堯典**○書疏引鄭云舜之美事在于堯時

虞舜側微爲庶人故微賤○書疏引鄭云虞氏舜名孫云微玉篇作側微引書云虞舜側微微賤也微即說文敚字**堯聞之聰明將使嗣位歷試諸難**○嗣繼也試以治民之難事書疏引鄭云入麓伐木**作舜典**○趙岐孟子注云孟子時尙書凡百二十篇逸書有舜典之敘亡失其文孟子諸所言舜事皆舜典齡趺讖曉典及逸書所載劉云禮大學引作帝典者葢堯典舜典異序同篇序言將孫于位讓于虞舜即前半篇咨岳舉舜之事也又言虞舜側微堯聞之聰明將使嗣位歷試諸難即後半篇賓四門納大麓以下之事也今古文二典皆合爲一篇漢人多以百篇爲尙書二十篇爲中候孟子所載舜往于田完廩諸事不稱典曰又不稱書曰其祇載見瞽瞍稱書曰則逸書大傳之類也又曰不及貢以政接于有庳此之謂也亦傳記書說皆不足爲舜典之證即史記云逸書得十餘篇而不詳其篇目且所作舜本紀亦無出堯典所述之外者可知非別有篇矣至劉歆讓太常博士書始云逸書有十六篇而書疏載其目云舜典一汨作二九共九篇十一大禹謨十二棄稷十三五子之歌十四肩征十五湯誥十六咸有一德十七典寶十八伊訓十九肆命二十原命二十一武成二十二旅獒二十三冏命二十四九共九篇共卷故十六篇然馬融云逸十六篇絕無師說則亦逸周書之類未必孔壁中本或劉歆輩增竄之以抑今文博士耳東漢初治古文者衞賈諸子皆不爲注說故遂亡佚要之據舜典皋陶謨序讀之則典謨皆完備逸書別有舜典大禹謨棄稷等篇必歆

等之僞也皮云劉説是也伏生傳書二十九篇漢人以配二十八宿其一日斗説見王充論衡劉歆移太常博士書云以尚書爲備是漢時今文家説謂尚書止有二十九篇也孔壁古文逸書史漢皆不載篇目書疏載鄭注書序有舜典汨作九共等篇而孔穎達不信以爲張霸僞書孔以僞孔古文爲眞馬鄭古文爲僞自明以來攻僞孔者則以孔氏古文爲僞馬鄭古文爲眞近之治今文者又謂孔氏古文僞馬鄭古文亦僞予謂逸書十六篇既亡眞僞固不可辨而據鄭引斷句見於孔疏者大有可疑劉以爲逸周書之類爲得其實劉之不駁書序以爲典謨皆異序同篇案史記所載今文書序無典謨之序典謨有序獨見於古文古文書序與逸書十六篇同出東漢以後逸書既不可信何以書序獨可信乎鄭親見逸書舜典而注舜典序云入麓伐木入麓郎書納于大麓今文尚書納作入見史記漢書其文本在堯典篇中而鄭引爲歷試諸難之注是鄭所見逸書舜典已以納于大麓分在舜典篇矣且非獨鄭注可疑也以書證序所謂將孫于位讓于虞舜郎書汝能庸命巽朕位至曰虞舜云云也所謂將使嗣位歷試諸難郎書納于大麓云云也然則據書序之文所謂古文逸篇分堯典舜典爲二者已與僞孔本無大異不過虛張篇目以示異於今文僞孔分愼徽五典以下爲舜典正襲書序之説而小變之者也史記不載今文典謨之序而據今文家二十九篇爲備之説必不同於古文所分證以禮記引帝典曰之文二帝之典應爲一篇禮記出后蒼與夏侯尚書同一師承今文家説較古文爲有據矣劉云異序同篇因不敢駁書序故爲調停之説耳自趙岐以孟子所言補舜事爲舜典逸書閻若璩從之爲毛奇齡作舜典補亡遂盡摭拾以補舜典且引

舜本紀爲證予謂史記所載當即本於孟子非必古文逸篇魏源尊信劉氏而書古徵猶作舜典補亡沿毛氏之誤斯好奇之過也先謙案二帝應爲一典參證諸書無可疑者劉云異序同篇乃尊信古文書序之過龔自珍云同序異篇以一序領衆篇可也若異序同篇一身二首名之不正萬事失紀何取夥此駁論其説韙矣

帝釐下土方設居方言舜理四方諸侯各設其官居其方○釋文釐馬云賜也理也下土絕句一讀至方字絕句劉云商頌禹敷下土方則方字絕句是也設居方蓋即舜肇州封山濬成五服之事**別生分類**生姓也別其姓族分其類使相從○劉云此即咸建五長分北三苗之事定其疆域設其君長區其土俗典謨舉其綱汨作九共等篇詳其目故十一篇同序也**作汨作**汨治作興也言其治民之功興故爲汨作之篇亡

九共九篇稾飫稾勞也飫賜也凡十一篇皆亡○釋文引馬云共法也汨作等十一篇同此序其文皆亡而序與百篇之序同編故存今馬鄭之徒百篇之序總爲一卷孔以各冠其篇首而亡篇之序即隨其次篇居見存者之間書疏引鄭云汨作九共已逸孫云鄭以有目無書者謂之亡有書而不立學官者謂之逸分別甚明故漢人所云逸十六篇亡於晉永嘉之時也魏源云九共之篇疑即職方氏所陳九州孔穎達云九州之志爲九邱則五行汨作之後使禹治之而辨其風土爲九共九篇皮云魏說本宋儒及近儒江聲據大傳是言諸侯來朝述職之事魏說非也大傳略說云天子太子年十八曰孟侯孟侯者於四方諸侯來朝

迎於郊者問其所不知也問之人民之所好惡土地所生美珍怪異與九共篇云土地美惡人民好惡正同蓋諸侯來朝述之故太子迎諸侯來朝者得問之也段云疏云左傳言犒師者以師枯槁用酒食勞之則唐石經作槀爲是槀即枯槁字也注疏釋文本作槀从禾非也

九共佚文

予辯下土使民平平使民無敖 大傳虞夏傳九共篇九共以諸侯來朝各述其土地所生美惡人民好惡爲之貢賦政教略能記其語曰云云先謙案九共在古文爲逸書伏生誦習今文百篇有其全文略舉所記之語如此舜爲太子時賓於四門故於諸侯來朝得問其人民土地而爲之貢賦政教也路史後紀十一引作民以無敖說文辯治也敖出游也詩采菽平平左右傳平平辯治也

皋陶矢厥謨 矢陳也 **禹成厥功** 陳其成功 **帝舜申之** 申重也重美二子之言 **作大禹皋陶謨** 大禹謨九功皋陶謨九德○書疏引鄭云大禹謨逸 **益稷** 凡三篇○書疏云馬鄭王所據書序此篇名爲弃稷又合此篇於皋陶謨皆由不見古文妄爲說耳先謙案段玉裁云作僞者割分皋陶謨帝曰來禹之下爲益稷因暨益暨稷之文易弃爲稷劉逢祿云此即今書一謨三序非三篇同序典謨皆完書也逸書十六篇乃有大禹謨及弃稷然書序孔子所定周人以諱

事神必無以弃稷名篇之理詳益稷篇予案序云作大禹臯陶謨益稷者謨首臯陶中有大禹昌言兼及益稷之功因禹嗣位故特先大禹以尊之此臯陶謨並序大禹益稷之故史記不載今文典謨之序馬鄭作弃稷僞孔作益稷閻段江王以弃爲是益爲非劉以弃爲非益爲是予謂君前臣名禹對帝言無稱弃以官之理篇中暨稷當爲暨弃今作稷者周人改之書序果係孔子所作以篇中暨稷例之自必稱稷不稱弃且官與名不須並舉連言弃稷實爲贅文篇中有暨益暨稷之文置益不言尤爲漏義以是見益稷是而弃稷非也史記司馬相如傳封禪文云書曰元首明哉股肱良哉因斯以談君莫盛於唐堯臣莫賢於后稷相如引書在臯陶謨篇而專舉后稷爲言說者因疑臯陶謨中兼有益稷篇文閻若璩據法言言合稷契之謂忠謨合臯陶之謂嘉若稷契無一遺言雄不當遽立此論知弃稷眞篇雄得見之予謂臯陶謨篇不及唐堯法言稷外又增一契雄特取上古名臣以配臯陶耳文士華詞未可泥也

禹別九州分其圻界**隨山濬川**刊其木深其流**任土作貢**任其土地所有定其貢賦之差此堯時事而在夏書之首禹之王以是功○書疏引鄭云任土謂定其肥磽之所生段云疑當有作禹貢三字史記河渠書引夏書云禹抑鴻水十三年過家不入門陸行載車水行載舟泥行蹈毳山行即橋以別九州隨山浚川任土作貢漢書溝洫志引夏書云禹堙洪水十三年陸行載車水行乘舟泥行乘毳山行則揭以別九州隨山浚川任土作貢陳云史漢引禹別九州云云並冠以夏書是州自禹

抑鴻水以下皆禹貢篇之序也古文作濬川今文作浚川

啟與有扈戰于甘之野作甘誓 夏啟嗣禹位伐有扈之罪○釋文扈馬云姒姓之國也甘馬云南郊地也甘水名今在鄠縣西誓馬云軍旅曰誓會同曰誥案夏本紀云有扈氏不服啟伐之大戰於甘將戰作甘誓此今文書序也皮云今文啟作開白虎通論衡引書皆作開可證史記作啟疑後人據古文改之

太康失邦 啟子也盤于遊田不恤民事爲羿所逐不得反國 **昆弟五人須于洛汭作五子之歌** 太康五弟與其母待太康於洛水之北怨其不反故作歌○釋文須馬云止也書疏引鄭云避亂於洛汭五子之歌逸夏紀帝太康失國昆弟五人須于洛汭作五子之歌案此今文書序也古文作邦今文作國今古文序止有昆弟五人僞孔增入其母辨見本篇楚詞離騷云不顧難以圖後兮五子用失乎家衖蔡邕述行賦悼太康之失位兮愍五子之歌聲與今古文序相證合諸家曲說皆不取餘詳本篇墨子非樂篇引武觀文江段以爲五子之歌眞篇之詞未敢從

羲和湎淫廢時亂日 羲氏和氏世掌天地四時之官自唐虞至三代世職不絕承太康之後沈湎於酒過差非度廢天時亂甲乙 **胤往征之作胤征** 胤國之君受王命往征之○書疏引鄭云胤臣名又云胤征逸夏紀帝中康時四字記文史羲和湎淫廢時亂日胤往征之作胤征案此今文書序也集解引鄭云胤臣名僞傳以爲胤國之君取與堯典胤子顧

命肩之舞衣
曲說相傳合

肩征佚文

厥篚元黃昭我周王堯典疏云鄭注禹貢引肩征如此郭注爾雅引逸周書釗我周王釗肩征也孫云周王者禮記鄭注忠信爲周非殷周之周也

自契至于成湯八遷十四世凡八徙國都○書疏引鄭云契本封商國在太華之陽案周語元王勤商十四世而興史記殷本紀契封於商卒子昭明立卒子相土立卒子昌若立卒子曹圉立卒子冥立卒子振立卒子微立卒子報丁立卒子報乙立卒子報丙立卒子主壬立卒子主癸立卒子天乙立是爲成湯凡十四世也世本昭明居砥石左傳相土居商丘王鳴盛云商今陜西商州其地是華山南也王肅云相土居商丘故湯因以爲國號非也商丘今縣屬河南歸德府與商州無涉湯必不舍商而取商丘併亳四遷餘未聞

湯始居亳從先王居契父帝嚳都亳湯自商丘遷焉故曰從先王居○書疏引鄭云亳今河南偃師縣有湯亭地理志河南郡偃師尸鄉成湯所都**作帝告釐沃**告來居治沃土二篇皆亡○書疏云今文既亡其義難明孔以意言耳所言帝告不知告誰序言從先王居或當告帝嚳也鄭云帝告釐沃亡案殷紀自契至湯八遷湯始居亳從先王居作帝誥此今文書序也皮云禮緇衣鄭注告古文誥是告爲古文誥爲今文馬鄭古文序作告史記今文序作誥

也索隱云一作告因僞孔解先王爲帝嚳淺人遂改誥爲告耳亳
非一地六國表湯起於亳徐廣注京兆杜陵有亳亭是湯所起之
亳在西方即契所封之商鄭以爲在太華之陽皇甫謐云今上洛
商是也商頌稱契爲元王故云從先王居湯起亳得天下遂以亳
爲大名故其後遷都偃師偃師與景亳皆稱亳盤庚遷殷亦稱亳
殷紂都朝歌而國語云紂踣于亳周時猶有三亳之稱猶周起於
京遂以京爲大名而豐鎬雒皆稱京也至帝嚳都偃師之亳並無
明證何以知湯所居之亳即是嚳之所都乎皇覽云帝嚳冢在東
郡濮陽是河北非河南與偃師之亳相距甚遠惟括地志分列三
亳之名而以偃師爲帝嚳及湯所都云亳邑故城在洛州偃師縣
西十四里本帝嚳之墟商湯之都也張守節正義據以爲證不知
括地志乃唐初人作其時崇信僞傳傳會僞孔及皇甫謐所攷之
地豈足徵信帝告者古二王後得郊天詩生民以歸肇祀傳始歸
郊祀也箋云得祀天者二王之後也三國志注引虞喜志林云詩
曰以歸肇祀庶無罪悔以迄于今言自后稷以來皆得祭天猶魯
人郊祀也此后稷郊天之明證稷契皆帝嚳後同有大功於國稷
之後得郊天契之後亦得郊天可知郊天祭感生帝以祖配之湯
居亳時未得天下而已得郊祀蓋告黑帝汁光紀以契配之故篇
名帝告謂告帝以從先王居之事也江聲以先王爲契帝爲黑帝
足正僞孔之失惟以亳爲偃師猶爲僞孔所誤先謙案漢書地理
志宏農商下云秦相衞鞅邑也水經丹水注丹水自上洛東南過
商縣南契始封商皇甫謐闞駰並以爲斯縣也殷商之名起於此
矣一統志商縣故城在今商州東八十五里尚書中候云天乙在
亳諸鄰國襁負歸德東觀于洛降三分沈璧洛即上洛之洛水也

洛當作雒故六國表序言禹興西戎湯起於亳周以豐鎬秦用雍州漢自蜀漢皆在西方是湯都西亳卽契始封商州之地故曰從先王居無緣降譽稱王且違諸侯不祖天子之義封禪書雍西亳社有三社主祠說文亳京兆杜陵亭也杜陵故城今陝西咸甯縣東南雍縣故城今鳳翔縣南秦本紀寍公三年遣兵伐湯社與亳戰亳王奔戎遂滅湯正義引括地志云其國在三原始平之界蓋湯之始大商地兼有亳名故自陝以西皆蒙亳號秦所伐之亳王蓋以湯裔孫而稱祖號者亦可爲湯時亳名不一之證故湯遷都偃師偃師遂擅亳稱而在先之亳反不顯至景亳亳殷之流貤更屬後起可見皇甫三亳之說爲不根也亳亦借作薄大傳云盍歸于薄薄亦大矣是其證

帝告佚文

施章乃服明上下王應麟困學紀聞引大傳殷傳帝告書如此云豈伏生亦見古文逸篇邪孫云王說非也伏生以秦時藏百篇於壁中親見其文故記其賸語若孔壁逸書無帝告也皮云湯居亳必施章乃服明上下者蓋如子產使都鄙有章上下有服之義古者遷都必改制度盤庚遷殷改奢卽儉以常舊服正法度湯蓋與之同考工疏文選注引殷傳云未命爲士者不得乘飾車乘朱軒有飛軨又外紀卷二成湯令未命之爲士者車不得朱軒及有飛軨不得乘飾車駢馬衣文繡命然後得以順有德通志器服略湯令未命之士不得朱軒及飛軨不得飾車駢馬衣文繡命然後得以旌有德此施章乃服明上下之事也

湯征諸侯爲夏方伯得專征伐**葛伯不祀湯始征之**葛國伯爵也廢其土地山川及宗廟神祇皆不祀湯始伐之伐始於葛**作湯征**述始征之義也亡○鄭云湯征亡殷紀湯征諸侯葛伯不祀湯始伐之作湯征案此今文書序與古文同惟征作伐段云趙岐注孟子云尚書逸篇不云亡書者趙不見中古文於亡與逸不能如鄭之區分也

湯征佚文

葛伯仇餉孟子滕文公篇云湯居亳與葛爲鄰葛伯放而不祀湯使人問曰何爲不祀曰無以供犧牲也湯使遺之牛羊葛伯食之又不以祀湯又使人問之曰何爲不祀曰無以共粢盛也湯使亳衆往爲之耕老弱饋食葛伯率其民要其有酒食黍稻者奪之不授者殺之有童子以黍肉餉殺而奪之引書如此趙岐注葛夏諸侯嬴姓之國仇怨也言湯伐葛伯怨其害此餉也江云孟子未稱書篇名然文與湯征序相應則所引是湯征文仇餉謂葛伯殺餉者史記集解引地理志葛今梁國甯陵之葛鄉皮云皇甫謐以此證湯都穀熟不在偃師但湯此時所居在商州之亳非偃師亦非穀熟也葛必近商州之地不可攷

湯一征自葛始孟子梁惠王篇引書如此江云彼文此下云天下信之東面而征西夷怨南面而征北狄怨曰奚爲後我不似尚書文又滕文公篇云湯始征自葛載十一征而無敵于天下東面而征云云湯始征自葛載與梁惠王篇引小異而梁惠王篇明稱書曰滕文公篇則否故用梁惠王文至言十一征而無敵于天下與天下信之之文絕殊皆非書文也

徯我后后來其蘇孟子梁惠王篇引書如此趙注徯待也后君也待我后來則我蘇息已又滕文公篇引云書曰徯我后后來其無罰雖小異非二文不兩采

湯曰予有言人視水見形視民知治不伊尹曰明哉言能順道乃進君國子民爲善者皆在王官勉哉勉哉湯曰女不能敬命予大罰殛之無有攸赦殷紀引湯征文如此壁書增多之篇無湯征此蓋如九共帝告之佚文載入大傳史公據而錄之

伊尹去亳適夏伊尹字氏湯進於桀○孫云釋詁適往也趙注孟子云伊尹爲湯見貢于桀不用而歸湯案射義古者諸侯有貢士於天子之制蓋伊尹爲湯貢士而適夏也既醜有夏復歸于亳醜惡其政不能用賢故退還入自北門乃遇汝鳩汝方鳩方二人湯之賢臣不期而會曰遇○皮云自夏歸亳入自北門則桀都在湯都之北乃桀都在河北不在河南之證若桀都河南不入自北門魏源書古微駁金鶚桀都河南考甚覈未及引此爲證作汝鳩汝方言所以醜夏而還之意二篇皆亡○鄭云汝鳩汝方亡釋文云此五亡篇舊解是夏書馬鄭之徒以爲商書兩義並通書疏云鄭序以爲虞夏書二十篇商書四十篇周書四十篇帝告釐沃湯征汝鳩汝方於鄭元爲商書先謙案太誓牧誓等篇亦

在周未得天下之前而稱周書以此例之五亡篇應列商書殷紀

伊尹去湯適夏既醜有夏復歸于亳入自北門遇女鳩女房作女鳩女房案此今文書序也汝作女今古文同作汝者衞包所改亳作湯無乃字方方作房今古文異方房古字通詩大田既方既皁箋方房也孟子五就湯五就桀者伊尹也大傳云夏人飲酒醉者持不醉者相和而歌曰盍歸乎薄薄亦大矣伊尹退而閒居深聽樂聲更曰覺兮覺兮吾大命格兮去不善而就善何樂兮見路史疏仡紀夏后紀新序刺奢篇桀作瑤臺罷民力殫民財爲酒池糟隄縱靡靡之樂一鼓而牛飲者三千人羣臣相持歌曰江水沛沛兮舟楫敗兮我王廢兮趣歸薄兮薄亦大兮又曰樂兮樂兮四牡蹻兮六轡沃兮去不善而從善何不樂兮伊尹知天命之至舉觴而告桀曰君王不聽臣之言亡無日矣桀拍然而作啞然而笑曰子何妖言吾有天下如天之有日也日有亡乎日亡吾亦亡矣於是接履而趨遂適湯湯立爲相

伊尹相湯伐桀升自陑桀都安邑湯升道從陑出其不意陑在河曲之南○釋文引馬云俗儒以湯爲謚或爲號號者似非其意言謚近之然不在謚法故無聞焉及禹俗儒以爲名號名帝系禹名文命王侯世本湯名天乙推此言之禹豈復非謚乎亦不在謚法故疑焉**遂與桀戰于鳴條之野**地在安邑之西桀逆拒湯○書疏引鄭云鳴條南夷地名殷紀桀敗于有娀之墟桀奔于鳴條張守節正義括地志云高涯原在蒲州安邑縣北三十里南坂口即古鳴條陌也鳴條戰地在安邑西書疏云或云陳留平丘縣今有鳴條亭是也後漢隱逸傳昔湯即桀于鳴條而大城于亳注或云陳留平丘今有鳴條亭也

孫云案言鳴條在安邑本皇甫謐之說不可信呂覽簡選篇殷湯登自鳴條乃入巢門遂有夏桀奔走淮南主術訓湯困桀鳴條擒之焦門修務訓湯整兵鳴條困夏南巢以其過放之歷山觀下文伐三𣪘三𣪘在今山東定陶南巢在今安徽巢縣則桀所奔地皆在東南故鄭以鳴條爲南夷周書殷祝解湯將放桀於中野桀與其屬五百人南徙千里下又再徙方至南巢也隔字說文所無未知其地所在先謙案序云升自陑呂覽云登自鳴條升登義同則自陑地距鳴條皆登山越險而過與桀戰於其野也

作湯誓○書疏云孔以湯誓在夏社前於百篇爲第二十六鄭以爲在臣扈後第二十九殷紀湯乃興師率諸侯伊尹從湯湯自把鉞以伐昆吾遂伐桀湯曰格汝眾云云以告令師作湯誓案此今文書序也湯誓在伐桀先夏社在勝桀後論先後之次商書當以湯誓居前今文書序是也鄭本古文顛倒失次不可據

湯誓佚文

湯曰惟予小子履敢用元牡告於上天后曰今天大旱卽當朕身履未知得罪于上下有善不敢蔽有罪不敢赦簡在帝心萬方有罪卽當朕身朕身有罪無以萬方墨子兼愛篇引湯說如此論語堯曰篇云予小子履敢用元牡敢昭告于皇皇后帝有罪不敢赦帝臣不蔽簡在帝心朕躬有罪無以萬方萬方有罪罪在朕躬孔安國注此伐桀告天之文墨子

引湯誓其詞若此周語引湯誓云余一人有罪無以萬夫萬夫有罪在余一人韋注尚書伐桀之誓也今湯誓無此言則已散亡矣呂覽順民篇昔者湯克夏而正天下天大旱五年不收湯乃以身禱于桑林曰余一人有罪無及萬夫萬夫有罪在余一人無以一人之不敏使上帝鬼神傷民之命孫云合證諸文知此桑林禱雨之詞非伐桀誓師之詞也方夫聲近當爲萬萬夫葢爲民請命之詞韋云今湯誓散亡者非也或即夏社佚文所謂既致其禱祀明德以薦而猶旱至七年故告天以遷社也周語既引作湯誓姑附於此先謙案孫說是也史記全錄湯誓文與今書大同是今古文尚書具存以上所引必非湯誓之文墨子引自作湯說論語孔氏注因國語而誤耳

聿求元聖與之戮力同心以治天下 墨子尚賢篇引湯誓如此

湯既勝夏欲遷其社不可 湯承堯舜禪代之後順天應人逆取順守而有慙德故革命創制改正易服變置社稷而後世無及句龍者故不可而止 **作夏社疑至臣扈** 言夏社不可遷之義疑至及臣扈三篇皆亡○書疏引鄭云犧牲既成粢盛既潔祭祀以時然而旱暵水溢則變置社稷當湯伐桀之時大旱致災既致其禮祀明德以薦而猶旱至七年故湯遷柱而以周棄代之欲遷句龍以無可繼之者於是故止又引馬云疑至臣扈二臣名聖人不可自專復用二臣自明也鄭云夏社疑至臣扈亡先謙案殷紀湯既勝夏欲遷其社不可作夏社封禪書湯伐桀欲遷夏社不可作夏社郊祀志與封禪書同殷

紀與古文書序合實今文序也勝夏之後大旱連年方議遷社不能以伐桀之時卽遷其社封禪書撮敘古事隨文改易郊祀志襲其舊文也下又云迺罷烈山子柱而以周棄代爲稷祠應劭注連大旱七年明德以薦而旱不止故遷柱以棄代爲稷欲遷句龍德莫能繼故作夏社說不可遷之意陳云大傳言湯大旱七年禱於桑林之社而雨大至是湯欲遷社以旱故也僞傳以爲湯革夏命遷社謬江云先後之次先湯誓次典寶次此三篇次仲虺之誥及湯誥知當然者湯誓序言伐桀遂與桀戰典寶序言夏師敗績則是旣戰而敗故湯誓宜先典寶次之此序言旣勝夏則是旣敗夏師之後故此三篇宜次典寶仲虺之誥序云湯歸自夏旣勝夏而歸也湯誥序云復歸于亳則歸而至國矣故此三篇後當次以仲虺之誥及湯誥殷紀順序文而爲之次也皮云史記無疑至臣扈篇目葢今文本無之莊述祖疑臣扈爲大戊臣不當列此是也

夏師敗績湯遂從之大崩曰敗績從謂逐討之**遂伐三朡俘厥寶玉**三朡國名桀走保之今定陶也桀自安邑東入山出太行東南涉河湯緩追之不迫遂奔南巢俘取也玉以禮神使無水旱之災故取而寶之**誼伯仲伯作典寶**二臣作典寶一篇言國之常寶也亡○鄭云典寶逸案殷紀夏師敗績湯遂伐三朡俘厥寶玉義伯仲伯作典寶朡作㚇誼作義無遂從之三字此今文書序也漢書人表義伯中伯列第三等仲作中葢夏侯本異段云疏舉鄭注書序湯誥十六咸有一德十七典寶十八伊訓十九據此則典寶在咸有一德之後伊訓之前而疏說百篇次第孔鄭不同但舉湯誓咸有

一德蔡仲之命周官柴誓五篇不舉典寶用此知疏所舉次第不同者尚未備也但據二十四篇次第知典寶在咸有一德後伊訓前而百篇次第伊訓之前尚有明居未知鄭本典寶在明居後抑在明居前也

湯歸自夏至于大坰 自三朡而還大坰地名 **仲虺作誥** ○爲湯左相奚仲之後

案殷紀湯歸至于泰卷陶中𤳵作誥此今文書序也無自夏二字亡大坰泰卷同徐廣注一無陶字索隱云鄒誕生卷作詗又作洞則卷當爲坰與尚書同非衍字也其下陶字是衍耳何以知然解尚書者以大坰今定陶是也舊本或傍記其地名後人轉寫遂衍斯字也正義云陶古銘反段云卷坰雙聲不必改字正義陶古銘反則誤謂卷爲衍字也皮云史記用今文而中𤳵皆古字者段謂伏生書中亦有古文是也孫云𤳵當爲𤳹省文見說文荀子堯問篇其在中蘬之言也又作蘬左定元年傳仲虺居薛以爲湯左相孟子盡心篇若伊尹萊朱則見而知之注萊朱亦湯賢臣也一曰仲虺是也

仲虺之誥佚文

亂者取之亡者侮之 左襄三十年傳鄭子皮引仲虺之志如此哀十四年傳中行獻子引仲虺有言同宣十二年傳隨武子引仲虺有言曰取亂侮亡

我聞于夏人矯天命布命于下帝伐之惡龔喪厥師 墨子非命上篇引仲虺之

告如此中篇云于先王之書仲虺之告曰我聞有夏人矯天命布命于下帝式是惡用闕師下篇云仲虺之告曰我聞有夏人矯天命于下帝式是增用爽厥師案式作伐形近而誤之是之誤厥作闕聲近而誤闕上脫文天命下無布命二字脫文增當爲憎爽當爲喪

諸侯自爲得師者王得友者霸得疑者存自爲謀而莫若己者亡

荀子堯問篇吳起引楚莊王之言曰其在中蘬之言如此呂覽驕恣篇李悝曰楚莊王曰仲虺有言不穀說之曰諸侯之德能自爲取師者王能自取友者存其所擇而莫如己者亡案疑者有疑事就而問之卽疑丞輔弼之義大傳所云有問無以對責之疑也詳皋陶謨欽四鄰下

書序二　孔氏傳　王先謙參正

湯既黜夏命黜退也退其王命復歸于亳作湯誥○鄭云湯誥逸殷紀既此今文書序也紬黜字通文具史記録見下孫云此篇似是全文史公卽從孔安國問故得之者馬鄭諸儒不據以編入二十九篇中而以爲逸文漢人家法如此

湯誥佚文

維三月王至自於東郊告諸侯羣后毋不有功於民勤力迺事予乃大罰殛女毋予怨曰古禹皋陶久勞于外其有功乎民民迺有安東爲江北爲濟西爲河南爲淮四瀆已修萬民乃有居后稷降播農殖百穀三公咸有功于民故后有立徐廣曰一作土昔蚩尤與其大夫作亂百姓帝乃弗予有狀先王言不可不勉曰不道毋之徐廣曰一作末云以令諸侯索隱謂禹皋陶有功於人建立在國女毋我怨其後故云有立帝天也謂蚩尤作亂上天乃不政

佑之是爲弗與有狀言其罪大而有形狀故黃帝滅之先王指黃帝帝堯帝舜等言禹皋陶以久勞于外故後有立及蚩尤作亂天不佑之乃致黃帝滅之皆是先王賞有功誅有罪言今汝不可不勉此湯誡其臣不道猶無道也又誡諸侯云汝爲不道我則毋令汝之在國魏源云王至于東郊告諸侯明是自東歸於商亳若景亳在桀都之東則湯當歸至西郊何爲反至於東江云勉當爲勖史公以詁訓代經皮云言諸侯必有功於民乃得有國從徐本作有土文義更明

成湯既沒太甲元年太甲太丁子湯孫也太丁未立而卒及湯沒而太甲立稱元年**伊尹作伊訓肆命祖后**凡三篇其二亡○鄭云伊訓肆命逸祖后亡殷紀湯崩太子太丁未立而卒於是迺立太丁之弟外丙是爲帝外丙帝外丙卽位三年崩立外丙之弟中壬是爲帝中壬帝中壬卽位四年崩伊尹迺立太丁之子太甲太甲成湯適長孫也是爲帝太甲帝太甲元年伊尹作伊訓作肆命作徂后案太甲元年以下史公引今文書序也正義云尚書孔子序云成湯既沒太甲元年不言有外丙仲壬而太史公採世本有外丙仲壬二書不同當是信則傳信疑則傳疑漢書律麻志商十二月乙丑朔旦冬至故書序曰成湯既沒太甲元年使伊尹作伊訓曰惟太甲元年十有二月乙丑朔伊尹祀于先王誕資有牧方明言雖有成湯太丁外丙仲壬之服以冬至越紼祀先王於方明以配上帝是朔旦冬至之歲也皮云孟子曰湯崩太丁未立外丙二年仲壬四年史記引世本文與孟子合自可據信謂史記世本不可信豈孟子亦不可信乎書疏曲附僞孔謂劉歆班固不見古文謬從史記皇甫謐既

得此經作帝王世紀乃述馬遷之語是其疏也顧氏亦云止可依經誥大典不可用傳記小說孔穎達信僞孔古文而疑史記所見與張守節相等夫孟子非傳記小說顧孔張氏非不讀孟子而既信僞孔則雖孟子有明文者亦置之不顧凡暖暖姝姝守一先生之言者弊必至此今人皆知僞孔古文之不可信未必知古文書序之不可信也據劉歆所引書序與馬鄭僞孔本不異則此序非僞孔臆造然其文鶻突不明脫誤已甚成湯既沒之下卽接太甲元年脫外丙仲壬兩代說與孟子不合必非孔子之舊宋人解孟子謂二年四年是年歲之年非謂卽位年數說尤難通古者植遺腹朝委裘二歲四歲之君豈得謂不可立殷法本兄終弟及故不立太甲而立外丙仲壬若二年四年非卽位年數孟子何必贅此二語以疑誤後人乎史記引今文書序其前詳敘外丙仲壬可見古文書序之不可信劉歆所引伊訓亦未必眞孔壁古文其說解云雖有成湯太丁外丙仲壬之服以冬至越茀祀先王於方明歆雖知有外丙仲壬兩朝其說亦謬江聲云據孟子所說太甲元年湯與外丙之服皆除之久矣況太丁之沒又在其前乎歆言有成湯太丁外丙之服誕妄甚矣太甲除喪卽位以月朔行吉禘之禮宗祀成湯於明堂以配上帝太丁外丙仲壬亦從而與享焉祀畢乃見諸侯遂率之以祀方明也案江說亦未是太丁未居帝位不得與享明堂若太丁可與享明堂則明興獻王之入廟不得云非禮矣古文書序已不可信其逸篇僞者僞眞者亦未必不僞何必强爲之說劉逢祿云堯典疏載鄭注典寶序引伊訓曰載孚在亳卽朕載自亳又曰征是三朡卽遂伐三朡以是見十六篇亳無意義故絶無師說且疑劉歆僞作以厭伏今文博士者

伊訓佚文

惟太甲元年十有二月乙丑朔伊尹祀于先王誕資有牧方明 漢書律厤志引見上注如淳曰覲禮諸侯覲天子爲壇十有二尋加方明于其上孟康曰方明者神明之象也以木爲之方四尺畫六采東青西白南赤北黑上元下黃孫云釋詁誕大也資咨之借字資有牧如堯典咨十有二牧也御覽四百八十引三禮圖曰方盟木方四尺設六色東青西白南赤北黑上元下黃設六玉上圭下璧南方璋西方琥北方璜東方圭方盟者上下四方之神明天之司盟江云方明即明堂六天堯典所謂六宗也

天誅造攻自牧宮朕載自亳 孟子萬章篇引伊訓如此趙注牧宮桀宮朕我也謂湯載始也言意欲誅伐桀造作可攻討之罪者從牧宮桀起自取之也湯曰我始與伊尹謀之於亳遂順天而誅之也

載孚在亳 孫云孚俘通 **征是三朡** 堯典疏載鄭注典寶序引見上

從諫不拂微諫而不倦爲上明爲下則遜 荀子臣道篇引書如此楊倞注書伊訓也案楊時伊訓已亡此注或據舊說

肆命 陳天命以戒太甲亡○史記集解引鄭云肆命者陳政教所當爲也

祖后陳往古明君以戒亡○史記集解引鄭云祖后者言湯之法度也

太甲既立不明不用伊尹之訓不明居喪之禮**伊尹放諸桐**湯葬地也不知朝政故曰放**三年**

復歸于亳思庸念常道**伊尹作太甲三篇**○鄭云太甲三篇亡殷紀帝太甲既立三年不明暴虐不遵湯法亂德於是伊尹放之於桐宮三年伊尹攝行政當國以朝諸侯帝太甲居桐宮三年悔過自責反善於是伊尹迺迎帝太甲而授之政帝太甲修德諸侯咸歸殷百姓以寧伊尹嘉之迺作太甲訓三篇褒帝太甲稱太宗集解引鄭云桐地名也有王離宮焉皮云孟子太甲顛覆湯之典刑伊尹放之於桐三年太甲悔過自怨自艾於桐處仁遷義三年以聽伊尹之訓己也復歸于亳史記之說與孟子文略同太甲訓三篇雖亡據史公所載今文家說猶可得其大略古文書序止云太甲放桐三年無太甲既立三年之文史公以爲太甲既立三年乃放於桐可補古文書序所不及蓋今文家說如此據孟子文亦有六年解者合兩三年爲一謂止有三年蓋爲古文所誤太甲雖不明暴虐亦必經歷數年訓之不改乃不得已而放未有甫立未久卽驟然放之者蓋太甲既立三年卽屬諒闇三年時事百官聽於伊尹伊尹且攝政且訓王諒闇三年既滿伊尹當歸政矣而太甲仍不明故伊尹不得已而放太甲於桐自攝行政當國也

太甲佚文

民非后無能胥以寧后非民無以辟四方禮表記引太甲如此注胥相也民非君不能以相安

毋越厥命以自覆也若虞機張往省括于度則釋禮緇衣引太甲如此注越之言蹷也厥其也覆敗也言無自顚覆女之政教以自毀敗虞主田獵之地者也機弩牙也度謂所擬射也虞人之射禽弩已張從機閒視括與所射參相得乃後釋弦發矢爲政亦當以己心參於羣臣及萬民可乃後施也

顧諟天之明命禮大學引太甲如此注顧念也諟猶正也諟或爲題

天作孽猶可違自作孽不可活孟子公孫丑篇引太甲如此注言天之妖孽尚可違避若高宗雊雉宋景守心之變皆可以德消去也自己作孽者若帝乙慢神震死是爲不可活故若此之謂也禮緇衣引太甲曰天作孽猶可違也自作孽不可以逭

伊尹作咸有一德言君臣皆有純一之德以戒太甲○書堯典疏引鄭云伊陟臣扈曰下闕未詳又云咸有一德逸在湯誥後第三十二殷紀伊尹作咸有一德次湯誥後禮緇衣引尹吉鄭注吉當爲告告古文誥字之誤也尹告伊尹之誥也書序以爲咸有一德絢今亡段云是篇本逸而云今亡者蓋逸篇十六舊有此篇至鄭時亡之如武成逸篇建武之際亡然則馬鄭未

全見十六篇也陳云鄭本篇次與史記同是今古文次第皆如此自是成湯時所作僞孔以爲伊尹訓太甲謬矣鄭釋尹吉能訂正其誤蓋本今文家相承師說伏生傳尚書雖僅存二十八篇然百篇書序尚具梗概經文皆所誦習大恉尚能言之故佚文遺說散見大傳惜殘闕過甚無可徵證耳

尹告佚文

惟尹躬及湯咸有壹德禮緇衣引尹告咸有一德如此注咸皆也君臣皆有壹德不貳則無疑惑也**尹躬天見于西邑夏自周有終相亦惟終**同上注天當爲先字之誤也忠信爲周相助也謂臣也伊尹言尹之先祖見夏之先君臣皆忠信以自終今天絕桀者以其自作孽伊尹始仕于夏此時就湯矣夏之邑在亳西見或爲敗邑或爲予

沃丁既葬伊尹于亳沃丁太甲子伊尹既致仕老終以三公禮葬**咎單遂訓伊尹事**訓暢其所行功德之事**作沃丁**咎單忠臣名作此篇以戒也亡○鄭云沃丁亡殷紀帝沃丁之時伊尹卒既葬伊尹於亳咎單遂訓伊尹事作沃丁案此今文書序也正義云帝王世紀伊尹名摯爲湯相號阿衡年百歲卒天大霧三日沃丁以天子禮葬之書疏云皇甫謐云沃丁八年伊尹卒年百有餘歲大霧三日沃丁葬之以天子禮葬祀以太牢親臨喪以報大德晉文請隧襄王不許沃

丁不當以天子之禮葬伊尹也孔言三公禮葬未必有文要情事當然也皮云僞傳疑謚作而此傳與謚不合則謂盡出謚手亦未必然僞傳與王肅說又不盡同或肅謚故爲參差以掩其迹也沃丁以天子禮葬伊尹成王葬周公亦然蓋以伊周曾攝位當國不嫌於僭僞傳乃易之曰以三公禮葬書疏以爲情事當然攷古當有實徵若以爲想當然豈可信哉伊尹卒大霧三日見論衡感類引百兩篇亦非謚臆造張霸百兩僅存此文未知出於今文尚書否而王充引之則已見於今文家所稱說矣

伊陟相太戊伊陟伊尹子太戊沃丁弟之子○釋文太戊馬云太甲子王鳴盛云殷紀太戊爲沃丁弟大庚子世表以大戊爲沃丁弟亦太甲子馬據世表僞孔據殷紀案下傳云仲丁大戊子河亶甲仲丁弟祖乙河亶甲子疏云皆世本文此疏獨不言世本文則可知世本必云大戊太甲子世表馬注皆據世本本紀偶誤耳僞孔非也**亳有祥桑穀共生于朝**祥妖怪二木合生七日大拱不恭之罰**伊陟贊于巫咸作咸乂四篇**贊告也巫咸臣名皆亡○咸釋文巫咸馬云巫男巫也名咸殷之巫也書疏引鄭云巫咸巫官又云咸艾四篇亡殷紀帝太戊立伊陟爲相亳有祥桑穀共生於朝一暮大拱帝太戊懼問伊陟伊陟曰臣聞妖不勝德帝之政其有闕與帝其修德太戊從之而祥桑枯死而去伊陟贊于巫咸巫咸治王家有成作咸艾作太戊案伊陟爲相以下今文書序也集解引鄭云兩手搤之曰拱孫云漢書郊祀志孟康注贊說也咸爲巫官伊陟爲說桑穀之祥使禳除之王鳴盛云疏引君奭傳云巫氏也以鄭爲非案呂覽勿躬篇巫咸作筮則巫咸爲人可知先謙

案楚詞亦以巫咸主神楚語云古者民神不雜民之精爽不攜貳者而又能齊肅衷正其智能上下比義其聖能光遠宣朗其明能光照之其聰能聽徹之如是則明神降之在男曰覡在女曰巫是使制神之處位次主而爲之牲器時服周禮司巫掌羣巫之政令屬有男巫女巫其制必因於古是巫者男女通得稱之蓋咸爲巫官其子賢始以巫爲氏也咸治王家有成必其人才德邁衆由巫官舉非僅以巫著稱伊陟贊之者以其人之賢進說於太戊若桑穀枯死由太戊修德所致孫用索隱之說以爲使巫咸禳除之失之遠矣封禪書至帝太戊有桑穀生於廷一暮大拱懼伊陟曰妖不勝德太戊修德桑穀死伊陟贊巫咸巫咸之興自此始是桑穀死在贊巫咸前其非由咸禳除明甚漢書五行志書序曰伊陟相太戊亳有祥桑穀共生傳曰俱生乎朝七日而大拱伊陟戒以修德而木枯郊祀志帝太戊有桑穀生於庭一暮大拱懼伊陟曰妖不勝德太戊修德桑穀死伊陟贊巫咸說苑君道篇殷太戊時有桑穀生于庭昏而生比旦而拱史請卜之湯廟太戊從之卜者曰吾聞之祥者福之先者也見祥而爲不善則福不生殃者禍之先者也見殃而能爲善則禍不至於是乃早朝而晏退問疾弔喪三日而桑穀自亡韓詩外傳三亦記此事作湯時問於伊尹尹對曰云云與史漢說苑不同陳云論衡感類篇帝王世紀亦以桑穀共生爲太戊事五行志又引劉向以爲殷道既衰高宗承敝而起盡諒陰之哀天下應之既獲顯榮怠於政事國將危亡故桑穀之異見桑猶喪也穀猶生也殺生之柄失而在下近草妖也一曰野木生朝而暴長小人將暴在大臣之位危亡國家象朝將爲虛之應也案困學紀聞引伏生大傳亦言武丁之時桑穀俱生於朝七日

而大拱是太戊武丁皆有其事故劉向著說苑亦兩載其事劉所錄當即本之書傳也呂覽又言湯時穀生於廷比旦而大拱然則殷時此祥三見皮云陳說是也殷人尚鬼葢信祥異之事桑穀當是三見傳者各異不必疑大傳與書序不合說苑君道篇以桑穀爲太戊又以爲武丁敬愼篇與五行志引劉說亦以爲武丁論衡感類順鼓篇以桑穀爲太戊又以爲武丁異虛篇又以爲武丁向充皆習今文而兼言太戊武丁是今古文不異作太戊說見下

太戊贊于伊陟告以改過自新**作伊陟原命**原臣名原命伊陟二篇皆亡○鄭云伊陟亡原命已逸殷紀帝太戊贊伊陟于廟言弗臣伊陟讓作原命集解引馬云原臣名也命原以禹湯之道我所修也江云殷紀作咸艾下有作太戊三字太戊篇名因下太戊贊于伊陟曡太戊字而脫但如此則百篇之數多一篇依史記則書序作伊陟原命原者再也因其讓而再命之也如此則適得百篇之數段云原命爲二十四逸篇之一馬實親見而云然命原非命伊陟也史記脫作伊陟三字賸作太戊三字實轉寫之譌不得緣誤立說凡書序有佚其序僅存其目者如作伊陟句絕原命別爲一句其所以作原命者未著也作夏社句絕疑至臣扈不上屬所以作疑至臣扈亦未著也莊述祖云史記有太戊無伊陟是太戊篇即伊陟篇史公從安國問故因得聞百篇之說曰帝太戊贊伊陟于廟言弗臣伊陟讓作原命是也皮云馬鄭古文書序與史記所載今文書序本不盡合而如康王命作策畢之脫公字王錫晉文侯之增平字又經後人增竄並非馬鄭之舊不如史記可信馬鄭所見逸篇其眞僞亦未可知段以

爲史記脱作伊陟三字殊未必然如其説則史記之與古文書序
異者將悉以爲脱誤乎先謙案史記明云作太戊作原命與古文
書序判然不同莊云太戊篇卽伊陟篇是也至以伊陟讓而作原
命今文書序情事分明馬説以原爲臣名自是古文異説史公在
馬鄭前又親問故於安國今古文皆其
所通習以言可信馬不如史皮説是也

仲丁遷于囂 太戊子去亳囂地名○殷紀帝仲丁遷于隞囂隞聲
相近隞一作敖詩車攻搏獸于敖箋敖鄭地今近滎
陽水經濟水注濟水又東逕敖山北詩所謂搏狩于敖者也其山
上有城卽殷帝仲丁之所遷也史記正義引括地志云滎陽故城
在鄭州滎陽縣西南
七十里殷時敖地也 **作仲丁** 陳遷都之義亡○鄭云仲丁亡殷紀
中丁書闕不具索隱蓋太史公知有
仲丁書今已遺闕不具也莊述祖云仲丁書闕不具當亦一書序語
蓋百篇卽有録無書否則漢時亡逸者多不應獨舉仲丁一篇也
皮云史公不云作仲丁作河亶甲作祖乙但言仲丁書闕不具則
似當時河亶甲祖乙之書皆亡而仲丁之書又闕不具也先謙案
史公但言仲丁書闕而河亶甲祖乙不言則今
文尚書有河亶甲祖乙與否不可知莊説是也

河亶甲居相 仲丁弟相地名在河北 **作河亶甲** 亡○鄭云河亶甲亡殷紀河
亶甲居相正義引括地志云
故殷城在相州内黄縣東南三十里卽河亶甲所
築都之所名殷城也漢書地理志沛郡有相縣

祖乙圮于耿 亶甲子圮於相遷於耿河水所毀曰圮○釋文圮馬
云毁也書疏引鄭云祖乙又去相居耿而國爲水所

毁于是修德以禦之不復徙也錄此篇者善其國圯毁以改政而不徙

作祖乙亡〇鄭云祖乙亡殷紀祖乙遷於邢地理志宏農郡皮氏有耿鄉案在今山西河津縣西一里索隱邢音耿近代本亦作耿集韻三十九耿云邢地名通作耿本索隱段云說文邢鄭地有邢亭也祖乙所遷當是此地此字

盤庚五遷將治亳殷自湯至盤庚凡五遷都盤庚治亳殷〇書疏引鄭云祖乙居耿後奢侈踰禮土地迫近山水嘗圯焉至陽甲立盤庚爲之臣乃謀徙居湯舊都治于亳之殷地商家自此徙而改號曰殷段云書疏引汲冢古文云盤庚自奄遷于殷殷在鄴南三十里束晳云尚書序盤庚五遷將治亳殷舊說以爲居亳亳殷在河南孔子壁中尚書云將始宅殷是與古文同也漢書項羽傳洹水南殷墟上今安陽西有殷案此晉書所謂晳在著作得觀竹書隨疑分釋皆有義證也唐初尚存今則亡矣與古文同謂與汲冢古文同也今注疏本誤衍作不同紀年作自奄遷于蒙北曰殷書疏又云將治亳殷不可作將始宅殷亳字摩滅容或爲宅壁內之書安國先得始皆作亂其字與治不類無緣誤作始字知束晳不見壁內之書妄爲說耳案此數語淺人妄改宋槧本作治皆作𤔔其字與始不類無緣誤作始字乃合𤔔字見汗簡集韻古之四聲韻羣經音辨用此知作疏時已有將古篆寫成之古文尚書郎流傳至郭忠恕定其釋文晁公武得本鐫石薛季宣作書訓者然其原流未可信陸德明所訶爲穿鑿之徒務欲立異者也晳當晉初未經永嘉之亂或孔壁原文尚存祕府所說殆不虛鄭注尚書或依今文讀始宅爲治亳如徵庸三十易爲二

十未可知也晢所見壁中本作始而他本作治正與皋陶謨篇始
滑治曶相類又可以見壁中古文始治相似斷非作亂或云古文
尚書始作乱則與亂相似然始作亂者胥相也民不欲
亦汗簡云爾無以見壁中本必然也**民咨胥怨**徙乃咨嗟憂愁
相與怨上○書疏引鄭云民**作盤庚三篇**○殷紀帝盤庚之時殷
居耿久奢淫成俗故不樂徙已都河北盤庚渡河南
復居成湯之故居迺五遷無定處殷民咨胥皆怨不欲徙盤庚乃
告諭諸侯大臣曰昔高后成湯與爾之先祖俱定天下法則可修
舍而弗勉何以成德乃遂涉河南治亳行湯之政然後百姓由甯
殷道復興諸侯來朝以其遵成湯之德也帝盤庚崩弟小辛立是
爲帝小辛帝小辛立殷復衰百姓思盤庚迺作盤庚三篇索隱此
以盤庚崩帝小辛立百姓思之乃作盤庚由不見古文也皮云盤
庚三篇今古文皆有之史公非不見盤庚及序者史記所引今文
書序亦與古文不異云五遷無定處遂涉河南治亳卽序云盤庚
五遷將治亳殷也云殷民咨胥皆怨不欲徙卽序云民咨胥怨也
惟古文書序無小辛時思盤庚迺作三篇之語人遂不知盤庚作
於何時而五遷五邦
之數亦莫能定矣
高宗夢得說盤庚弟小乙子名武丁德高可尊故號高宗夢得賢相其名曰說**使百工營求諸野**
得諸傳巖使百官以所夢之形象經營求之於外野得之於傳巖之谿**作說命三篇**命說爲相使攝政○
書疏引馬云高宗始命爲傳氏鄭云得諸傳巖高宗因以傳命說
爲氏又云說命三篇亡殷紀帝武丁卽位思復興殷而未得其佐

三年不言政事決定於冢宰以觀國風武丁夜夢得聖人名曰說以夢所見視羣臣百吏皆非也於是迺使百工營求之野得說於傅險中是時說爲胥靡築於傅險見於武丁武丁曰是也得而與之語果聖人舉以爲相殷國大治故遂以傅險姓之號曰傅說案史公述其事不云作說命三篇說文敻營求也从夐从人在穴上商書曰高宗夢得說使百工敻求得之傅巖絢巖穴也許引商書是書序文營作敻蓋古文序楚語韋注引書序曰高宗夢得說使百工營求諸野得之傅巖作說命與史記合蓋今文序也段云說文㝷取也尚書高宗夢㝷說是也眾經音義引衞宏詔定古文官書鄭孔穎達書疏漢書顏注引用其序及韓愈得諸李服之者三條曰㝷得同體枹桴同體圖啚同體今尚書作得說蓋衞包所改釋文無㝷說之文又陳鄂所重定也

說命佚文

高宗梁闇三年不言曰以余正四方余恐德之不類茲故不言曰若金用女作礪若津水用女作舟若天旱用女作霖雨啟乃心沃朕心若藥不瞑眩厥疾不瘳若跣不視地厥足用傷必交修余無余棄也禮大傳說命引書如此楚語白公子張曰昔武丁能聳其德至于神明以入於河自河徂亳於是乎三年默以思道卿士患之曰王言以出令也若不言是無所稟令也武丁於是作書曰以余正四方余恐德之不類茲故不言如是而又使以象夢

求四方之賢聖得傳說以來升以爲公而使朝夕規諫曰若金用女作礪若津水用女作舟若天旱用女作霖雨啟乃心沃朕心若藥不瞑眩厥疾不瘳若跣不視地厥足用傷若武丁之神明也其聖之叡廣也其知之不疚也猶自謂未乂故三年默以思道既得道猶不敢專制使以象旁求聖人得以爲輔又恐其荒失遺忘故使朝夕規諫箴誨曰必交修無余棄也孟子滕文公篇引書曰若藥不瞑眩厥疾不瘳瞑一作眄說文丏下云讀若周商誤之書若藥不眄眩潛夫論五德志篇武丁卽位默以不言思道三年而夢獲賢人以爲師乃使以夢象求之四方側陋得傳說方與胥靡築於傳巖升以爲大公而使朝夕規諫恐其有惰怠也則敕曰若金用汝作礪若濟巨川用汝作舟楫若時大旱用汝作霖雨啟乃心沃朕心若藥不瞑眩厥疾不瘳若跣不視地厥足用傷爾交修余無棄故能中興

稱號高宗

念終始典于學 禮文王世子引兌命如此注兌當爲說說命書篇名殷高宗之臣傳說之所作學記引同注兌當爲說字之誤也高宗命傳說求而得之作說命三篇在尚書今亡段云禮記六引皆作兌說亦兌聲不必謂字之誤先謙案禮記與大夏侯尚書同一師承

蓋夏侯本說作兌

斆學半 禮學記引兌命如此注已之學半

敬孫務時敏厥修乃來 同上注敬孫敬道孫業也敏疾也厥其也學者務及時而疾其所修之業乃來

惟口啟羞惟甲冑起兵惟衣裳在笥惟干戈省厥躬禮緇衣引兌命如此注兌當爲說說謂殷高宗之臣傅說也作書以命高宗尚書篇名也羞猶辱也衣裳朝祭之服也惟口啟羞當慎言語也惟甲冑起兵當慎軍旅之事也惟衣裳在笥當服以爲禮也惟干戈省厥躬當恕己不尚害人也

爵無及惡德民立而正事純而祭祀是爲不敬事煩則亂事神則難同上注惡德無恒之德純猶皆也言君祭祀賜諸臣爵毋與惡德之人也民將立以爲正言倣倣之疾事皆如是而以祭祀是不敬鬼神也惡德之人使事煩事煩則亂使事鬼神又難以得福也純或作煩

高宗祭成湯有飛雉升鼎耳而雊耳不聽之異雊鳴**祖己訓諸王**賢臣也以道訓諫王**作高宗肜日高宗之訓**所以訓也亡○書疏引鄭云鼎三公象也又用耳行雉升鼎耳而鳴象視不明天意若曰當任三公之謀以爲政又云高宗之訓亡殷紀武丁祭成湯明日有飛雉登鼎耳而呴武丁懼祖己曰王勿憂先修政事祖己乃訓王曰惟天監下云云武丁崩子帝祖庚立祖己嘉武丁之以祥雉爲德立其廟爲高宗遂作高宗肜日及訓漢書五行志引書序曰高宗祭成湯有蜚雉登鼎耳而雊史記作武丁祭成湯者依經述事故文有更易多明日二字蓋據經高宗肜日而言古文作升今文作登呴俗字飛一作蜚乃歐陽夏侯本異陳云大傳說高宗之訓以桑穀共生事系之武丁故五行傳言野木生朝野

鳥入廟皆敗亡之異武丁懼而修德用能攘木鳥之妖致百年之
壽葢今文書說如是桑穀事說苑論衡皆載之當在高宗之訓篇
中

高宗之訓佚文

三年其惟不言言乃讙 禮坊記引高宗云如此注高宗殷王武丁也名篇在尚書三年不言有父小乙喪之
時也讙當爲歡聲之誤也其既言天下皆歡喜樂其政教也疏云
尚書序有高宗之訓此經有高宗云謂是高宗之訓有此語故云
名篇在
尚書

殷始咎周 咎惡○釋文引馬云咎周者爲周所咎詩文王疏左襄三十一年傳疏引鄭云咎惡也紂聞文王斷虞芮之訟
又三伐皆勝而始
畏惡之拘于羑里 **周人乘黎** 乘勝也所以見惡○詩疏左傳疏引鄭云乘勝也紂得散宜生等所獻寶
而釋文王釋文王
而伐𨛫明年伐崇 **祖伊恐** 祖己後賢臣 **奔告于受** 受紂也音相亂帝乙之子嗣立暴虐無道
○釋文引馬云受讀曰紂或曰受婦人之言故號受也詩疏左傳
疏引鄭云紂帝乙之少子名辛帝乙愛而欲立焉號曰受德時人
傳聲轉作紂爾史掌
書知其本故曰受 **作西伯戡黎** 戡亦勝也○殷紀云及西伯伐飢國滅之紂之臣祖伊聞之而
咎周恐奔告紂曰云云周紀虞芮之人俱讓而去諸侯聞之曰西
伯葢受命之君明年伐犬戎明年伐密須明年敗耆國殷之祖伊

聞之懼以告帝紂紂曰不有天命乎是何能爲皆在囚羑里後尚書大傳殷傳云文王一年質虞芮二年伐于三年伐密須四年伐畎夷紂乃囚之四友獻寶乃得免於虎口出而伐耆據史記咎周卽祖伊書序云殷始咎周古文書序非與史記今文異餘詳本篇

殷既錯天命 錯亂也○釋文錯馬云廢也 **微子作誥父師少師** ○告二師而去紂○詩大明疏引鄭云微子啟紂同母庶兄紂之母本帝乙之妾生啟及衍後立爲后生受德殷紀紂愈淫亂不止微子數諫不聽乃與太師少師謀遂去宋世家於是太師少師乃勸微子去遂行今文以太師少師爲樂官篇本與古文作父師少師以爲箕子比干者大異

尚書　孔傳參正三十五

書序三　孔氏傳　王先謙參正

惟十有一年武王伐殷周自虞芮質厥成諸侯並附以爲受命之年至九年而文王卒武王三年服畢觀兵孟津以卜諸侯伐紂之心諸侯僉同乃退以示弱○詩文王序疏引鄭云十有一年本文王受命而數之是年入戊午蔀四十歲矣

一月戊午師渡孟津十三年正月二十八日更與諸侯期而共伐紂**作泰誓三篇**渡津乃作○周紀十一年十二月戊午師畢渡盟津諸侯咸會曰孳孳無怠武王乃作太誓告于眾庶云云齊太公世家武王即位九年欲修文王業東伐以觀諸侯集否師行師尚父左杖黃鉞右把白旄以誓曰蒼兕蒼兕總爾眾庶與爾舟楫後至者斬遂至盟津諸侯不期而會者八百諸侯諸侯皆曰紂可伐也武王曰未可還師與太公作此大誓據此太誓首篇武王與太公共作今略見於史記所載司馬貞索隱於周紀白魚躍入王舟中下注云此已下至火復王屋爲烏皆見周書及今文太誓又云案今文泰誓流爲鵰齊世家蒼兕蒼兕下注云此文上下並今文泰誓也皮云小司馬及見今文太誓其說當可信周紀自上祭于畢至白魚赤烏等語皆見尚書大傳與尚書中候必今文泰誓之文據周紀說則太誓下篇乃武王作亦略見於史記所載中篇其文早佚史記亦未多引所云武王徧告諸侯曰殷有重罪不可以不畢伐蓋史公約中篇之文也古文書序云一月戊午史記云十二月戊午殷之十二月周之一月

古文書序據周正言史記用今文說仍據殷正其義非有異也太誓三篇首篇言觀兵事中下二篇言居二年再伐紂事蓋三篇非一時之事實一時所作由伐紂追溯觀兵時事而並言之故書序總云作泰誓三篇史記亦未分列三篇之目說者乃分十一年爲觀兵一月戊午爲伐紂前有年無月日後有月日無年文義甚不可通或又謂序有脫文據史記所引今文書序與古文書序不異則序並無脫誤史記云虞芮質成諸侯聞之曰西伯蓋受命之君明年伐犬戎明年伐密須明年敗耆國明年伐邘明年伐崇侯虎而作豐邑自岐下而徙都豐明年西伯崩與大傳云七年而崩合是史公用今文說也又云詩人道西伯蓋受命之年稱王而斷虞芮之訟後七年而崩七年今本誤十年孔疏所引不誤詩人蓋魯詩亦今文說也又云武王郎位九年而欲修文王業當以位字絕句九年蒙文王受命七年數之乃武王郎位之二年所謂再期觀兵觀兵還師居二年而伐紂蒙文王受命七年爲十一年史記引今文書序云十一年十二月戊午師畢渡盟津與古文書序所云皆文義一氣相承年月日必是一時之事而漢志云書序曰惟十有一年武王伐紂大誓八百諸侯會又云序曰一月戊午師度于孟津是班氏始分觀兵爲十一年師渡孟津爲十三年其說本於劉歆歆蓋據逸周書以爲文王受命九年而崩故以再期觀兵爲十一年又二年伐紂爲十三年僞孔傳用歆說較史記皆差二年與今文說不合鄭兼用今古文說既從大傳史記文王受命七年而崩又從劉歆十一年觀兵十三年伐紂與再期觀兵年數不符與史記大相枘鑿矣漢書禮樂志云書序殷紂斷棄先祖之樂乃變淫聲用亂變正聲以悅婦人顏注今文泰誓之辭案小顏時太誓見存史記所引乃

爲淫聲用變亂正聲云云塙是今文大誓襲自珍劉逢祿力辨太誓爲僞謂伏生傳書無太誓今攷大傳史記所引伏生史公實覩其書史記此文與牧誓相出入未可盡疑其僞也先謙案書序疏引劉向別錄云武帝末民有得泰誓書於壁內者獻之與博士使讀說之數月皆起傳以教人又引後漢史獻帝建安十四年黄門侍郎房宏等說云宣帝本始元年河內女子有壞老屋得古文泰誓三篇漢書劉歆傳歆與太常博士書云太誓後得博士集而讀之與別錄合論衡正說篇孝宣皇帝之時河內女子發老屋得逸禮尚書各一篇奏之宣帝下示博士然後逸禮尚書各益一篇云一篇者蓋今文以二篇連屬爲一每篇空一字如石經盤庚之式而尚書二十九篇始定矣書疏又云史漢書皆云伏生得二十九篇則司馬遷時已得泰誓以并歸於伏生不得云宣帝時始出也或者爾時重得之故於後亦據而言之乎余謂一太誓也劉向以爲得自武帝末房宏王充以爲宣帝時傳記雜說所言年代多不可信伏生二十九篇塙無太誓漢書婁敬傳有武王伐紂不期而會孟津上八百諸侯之語不言是書蓋自挾書律除古籍間出敬連引周事非必尚書之文董仲舒對策在武帝七年終軍上對在武帝十八年皆引太誓司馬遷作史記當武帝時亦詳引之是太誓已出之明證別錄若云景帝末或武帝初則合矣尚書百二十篇漢人以百二篇爲尚書十八篇爲中候白魚赤烏符瑞雜陳與書經氣體不類而並見於中候其爲中候之文無疑特以獻自民間朝命付學官集讀古書初出球壁同珍既以并入尚書不復致辨至大傳一書歐陽張生相與撰錄非必盡出師傳鄭君言生終後張生歐陽數子各論所聞以己意彌縫其闕卽此類也若以爲伏生親見太誓失之誣矣段云

泰當作大僞孔傳云大會以誓衆王肅注以大道誓衆則字本作大可知疏云武誓非一故史推義作名泰誓見大會也顧氏以爲泰者大之極也猶如天子諸侯之子曰太子天子之卿曰太宰此會中之大大故稱泰誓也據此疏似顧彪當隋時經已作泰而以俗說解之大大讀爲太而訓爲大大之極太與泰同用此俗說也困學紀聞云泰泰誓古文作大誓晁氏云開元間衛包定今文始作泰新經以交泰爲說員燕書哉大誓與大誥同音泰者非玉裁謂作泰在顧彪以前非衛包始改王氏所謂古文者乃宋次道家之本晁氏所謂今文者即衛包改本也自天寶以後謂衛包改本爲今文尚書

太誓佚文以下後得太誓書疏引馬書傳序云太誓後得按其文似若淺露又云八百諸侯不召自來不期同時不謀同辭及火復於上至於王屋流爲鵰五至以穀俱來舉火神怪得無在子所不語中乎王肅云太誓近得非其本經趙岐孟子注云今文尚書本無泰誓後得以充學左襄三十一年傳引民之所欲云云杜注今尚書亦無此文故諸儒疑之蓋西漢時奉詔充學傳習偏於學校自魏晉以來儒者皆深致不滿至唐爲僞孔作疏而此後得太誓亦亡段云馬疑之而仍注之者因壁中所有合於博士所習也先謙案段說非孔壁得多十六篇具載堯典疏無太誓也說詳序例

九年唯四月九年周紀如此此蒙文王受命七年數之唯四月大傳引書如此鄭注四月周四月也孫云周四月爲夏二月以再期觀兵言之則是文王崩在七年之二月

太子發上祭於畢下至于孟津之上大傳

引書如此鄭注發周武王也卒父業故稱太子也周紀武王上祭於畢東觀兵至於盟津爲文王木主載以車中軍武王自稱太子發言奉文王以伐不敢自專集解引馬云畢文王墓地名也孫云此史記釋經之詞故不以爲經文孟子離婁篇趙注引書曰太子發上祭於畢下至於盟津是知經文稱太子發史公改稱武王白虎通爵篇天子之子稱太子尚書曰太子發升於舟也詩文王疏引我應云文王之戒武王曰我終之後但稱太子河洛復告遵朕稱王御覽百四十六引尚書中候云予稱太子發明慎父以名卒考注予我也父死曰考文王命武王我終之後恆稱太子者明順文王之命也君存稱世子薨稱太子未葬稱太子已葬稱公今踰年猶稱太子發若父業有不成者而將軍此武王之稱太子發遵父命之事也

乃告司馬司徒司空諸節周紀如此集解引馬云諸受符節有司也孫云吳中本大傳司徒在司馬前誤也藝文類聚十六御覽百四十六引尚書皆作司馬司徒司空詩大明疏引太誓司馬在前謂此月令疏引書傳有司馬公司徒公司空公領三卿可見唐本大傳亦司馬在司徒前也

齊栗允哉周紀作齊栗信哉蓋詁允爲信經文當爲允哉大傳無齊栗作亢才二字亢允形近致誤才哉字通孫云呂覽貴信篇引周書允哉允哉又說之云以言非信則百事不滿也高注周書逸書也滿猶成疑用此文而高偶不照齊栗敬慎戰懼貌

予無知以先祖先父之有德之臣左右小子予受先公大傳引書如此周紀作予無知以先祖有德臣小子受先功集解徐廣曰一作予小子受先公功孫云釋詁公事也魏志三少帝紀詔曰庶憑先祖

先父有德之臣左右小子用此經文**必力賞罰以定厥功于先祖之遺**吳中本大傳引書如此御覽百四十六引大傳必作戮于作明于白虎通諫諍篇引尚書同孫云管子賞罰必則下服度詩箋力猶勤也淮南高注定成也周紀必作畢厥作其無于先祖之遺句**遂興師**周紀如此齊世家作師行**師尚父左杖黃鉞右把白旄以誓號曰蒼兕蒼兕**周紀但作師尚父號曰齊世家如此集解引鄭云號令之軍法重者馬云蒼兕主舟楫官名索隱此文上下並今文太誓伊者氏疏引今文泰誓此文以誓號曰作誓曰論衡是應篇師尚父爲周司馬將師伐紂到孟津之上杖鉞把旄號其眾曰倉光倉光倉光者水中之獸也善覆人船因神以化欲令急渡不急渡倉光害汝又云河中有此異物時出浮揚一身九頭人畏惡之未必覆人之舟也尚父緣河有此異物因以威眾索隱本或作蒼雉馬云主舟楫官以下文推知之**總爾眾庶與爾舟楫後至者斬**周紀齊世家如此索隱此文今文泰誓大傳無**太子發升于舟**大傳引書如此白虎通爵篇引尚書曰太子發升于舟藝文類聚十六引尚書同周紀作武王渡河改說其文**中流白魚入于舟中跪取出涘以燎**大傳引書如此藝文類聚十六引尚書作王跪取出涘以燎多王字禮檀弓疏引泰誓言武王伐紂而白魚入于王舟漢書董仲舒傳引書曰白魚入于王舟終軍傳云昔武王中流未濟白魚入于王舟俯取以燎又云白魚登舟順也周紀作白魚躍入王舟中武王俯取以祭集解引馬云魚者介鱗之物兵象也白者殷家之正色

言殷之兵衆與周之象也詩思文疏引鄭云白魚入舟天之瑞也魚無手足象紂無助白者殷正也天意若曰以殷予武王當待亡助今尚仁人在位未可伐也得白魚之瑞卽變稱王應天命定號也涘涯也王出於岸上燔魚以祭變禮也詩文王序疏云太誓說武王升冊疑舟誤稱太子得魚卽云王俯取孫云王跪取者太子至是稱王所謂河洛復告遵朕稱王也說文跪下云拜也涘下云水厓也引周書曰王出涘大傳跪取上無王字說文約爲王出涘則藝文類聚引有王字是也董仲舒傳作王舟是時未得魚瑞疑非經本字燎說文作尞云柴祭天也儀禮有司徹疏引尚書中候云魚者水精隨流出入得申朕意鄭彼注引春秋璇璣樞云魚無足翼紂如魚乃討之是也紂雖有臣無益於殷肱魚雖有翼不能飛亦與此意同以仁人在位未可伐者御覽百四十六引尚書中候云太子發以殷有三仁附卽父位不稱王注三仁箕子比干微子稱仁者論語殷有三仁是也論衡初稟篇文王得赤雀武王得白魚赤烏儒者論之以爲雀則文王受命魚烏則武王受命故鄭以爲得瑞稱王應天定號也詩文王疏云太誓止云白魚不言魚之大小中候合符后云魚長三尺赤文有字題之目下授右之下有一百二十餘字王維退寫成以二十字魚文消後漢光武紀引中候合符后云武王伐紂度孟津中流白魚躍入王舟長三尺赤文有字告以伐紂之意先謙案諸書所引中候亦不盡經文蓋有傳注在內猶書傳書說亦稱尚書也

羣公咸曰休哉大傳引書如此終軍傳同周紀無孫云釋詁休美也

周公曰雖休勿休楚詞天問周王逸注云白魚入于王舟羣臣咸曰休哉周公曰雖休勿休大傳周紀無

○周公曰

都懋哉予聞古先哲王之格言以下**太子發再拜稽首**太祝疏引今文太誓如此以下二字疏約之詞稱太子當在白魚入舟未稱王之時○**正稽古立功立事可以永年丕天之大律**漢書郊祀志引泰誓如此顏注今文泰誓周書也稽考也永長也丕奉也律法也言正考古道而立事則可長年享有天下是則奉天之大法也又刑法志引書曰立功立事可以永年說之云言爲法而宜於民者功成事立則受天祿而永年命此或鄭注顏所本也**傳于亡窮**漢書平當傳引書正稽古建功立事可以永年下有此四字顏注今文泰誓之辭言能正考古道以立功立事則可長年享國案此文或以爲即周公所陳古先哲王之格言亦無明文可據○**附下而罔上者死附上而罔下者刑與聞國政而無益于民者退在上位而不能進賢者逐**說苑臣術篇引泰誓如此漢書武紀元朔元年有司議曰夫附下罔上者死附上罔下者刑與聞國政而無益於民者斥在上位而不能進賢者退潛夫論書績篇亦引此文○**既渡**周紀如此**至于五日**詩思文疏引太誓如此周紀渻之**有火自上復于下至于王屋流爲烏其色赤其聲魄云**周紀如此集解引馬云王屋王所居屋流行也魄然安定意也董仲舒傳云有火復于王屋流爲烏此蓋受命之符也顏注今文尚書泰誓之辭也大傳作有火流於王屋化爲赤烏三足尚書帝命驗云太子發渡河中流火流爲烏其色赤注云以魚燎於天有火

自上復於下至於王屋流爲烏是謂此火即燎魚之火與太誓注燎後五日有火之說不同元命苞云火流爲烏烏孝烏赤烏陽之精也天意烏在日中從天以昭孝也史記索隱云今文太誓流爲鵰先謙案據顏注及索隱今文太誓有二本一本作烏一本作鵰也索隱引馬云鵰鷙鳥也明武王能伐紂詩思文疏引鄭云五日燎後數日王屋所在之舍上流猶變也鵰當爲鴉鴉烏也燎後五日而有火爲烏天報武王以此瑞書說云烏有孝名武王卒父大業故烏瑞臻赤者周之正色也書疏卷二引賈逵奏尚書疏云流爲烏段云此分析今古文烏鵰異字之語先謙案孔壁十六篇實無太誓其文字有不同者葢歷年久遠傳寫互異如復哉之爲茂哉是其明證此非今古文之異也

五日以穀俱來詩思文疏引太誓如此又引鄭注云武王赤烏穀芒應周尚赤用兵王命曰爲牟牟天意若曰須暇紂五年乃可誅之武王即位此時已三年矣葢牟麥也詩云貽我來牟尚書中候云有火自天出于王屋流爲赤烏五至以穀俱來赤烏成文雀書之福烏以穀俱來云記后稷之德注五至猶五來文王得赤雀丹書今武王致赤烏俱應周尚赤故言成文也后稷好農稼今烏銜穀故云記之也繁露同類相動篇引尚書傳云周將興之時有大赤烏銜穀之種而集王屋之上者書傳葢大傳也

武王喜諸大夫皆喜周公曰茂哉茂哉天之見此以勸之也恐恃之大傳引書如此繁露同類相動篇引尚書傳同董仲舒傳引書曰復哉復哉顏注亦見今文太誓復報也言周有盛德故天報以此瑞也案以上周紀湝文釋詁茂勉也恐懼也復茂聲近顏注非孫云老子河上公章句恃

待也言天之見此正以勸勉我君臣當恐懼以待天命**使上附以周公書報誥于王王動色變**太祝疏引今文太誓如此周紀消文大傳無洪頤煊云上附郎四鄰之疏附蒞周初官名此周公書郎上茂哉云云也檀弓疏引尚書太誓云火流為烏王動色變動色變者鄭以為振動之拜太祝辨大攆四曰振動注云元謂振動戰栗變動之拜書曰王動色變漢書劉輔傳昔武王周公承順天地以享魚鳥之瑞然猶君臣祗懼動色相戒是說此經也**遂至盟津**齊世家如此周紀消文云是時諸侯不期而會盟津故知當有此四字**八百諸侯不召自來不期同時不謀同辭**書疏引馬氏書序所稱太誓如此周紀作是時諸侯不期而會盟津者八百諸侯齊世家作諸侯不期而會者八百諸侯皆消文漢書婁敬傳武王伐紂不期而會孟津上八百諸侯繁露王道篇周發兵不期會於孟津之上者八百諸侯文選任彥升表李注引周書云武王伐紂渡河中流白魚入于王舟王俯取出涘以祭不謀同辭不期同時一朝會于武王郊下者八百諸侯又于令升晉紀總論注引周書云武王將渡河不期同時一朝而會于武王郊祀下者八百諸侯孫云據此經文當有郊祀下三字或郎申燎白魚之意不敢安增越絕書云文王死九年天下八百諸侯皆一旦會於孟津之上不言同辭不呼自來盡知武王忠信欲從武王與之伐紂水經河水注河南有鉤陳壘世傳武王伐紂八百諸侯所會處尚書所謂不期同時也河水至斯有盟津之目論衡云武王伐紂陽侯波起疾風逆流武王操黃鉞而麾之風波畢除中流白魚入于王舟燔以告天與八百諸侯咸同此盟尚書所謂

不謀同辭也**諸侯皆曰帝紂可伐矣**文選幽通賦舊注引周書如此周紀云諸侯皆曰紂可伐矣齊世家矣作也詩閟宮疏引紂作受**武王曰女未知天命未可也乃還師歸**周紀如此詩閟宮疏引太誓說十一年觀兵孟津之時八百諸侯皆曰受可伐王曰爾未知天意未可伐孫云言十一年觀兵者用鄭義也越絕書云是時比干箕子微子尚在武王賢之未敢伐也樂記鄭注武王除喪至盟津之上紂未可伐還歸二年乃遂伐之疏云並出今文太誓後漢鄭興傳八百諸侯不謀同會皆曰紂可伐矣武王以未知天命還兵待時公孫述傳昔武王伐紂先觀兵孟津八百諸侯不期同辭然猶旋師以待天命俱說此經也齊世家云武王曰未可還師與太公作此太誓是此上為太誓上篇**丙午逮師**堯典疏云劉歆作三統麻論武王伐紂引今文泰誓如此案漢書律麻志疏引三統麻不云引太誓疏云引太誓者孔穎達親見今文太誓故知劉所引為太誓文也詩大明疏引律麻志作逮師今志作還師御覽五百七十四引尚書大傳作惟丙午王建師還與建皆逮字之誤釋言逮及也諸侯之師以殷十一月二十八日戊子先發而武王以周正月初三日癸巳始發故至十六日丙午及之也律麻志引三統麻云師初發以殷十一月戊子日在析木箕七度是夕也月在房五度後三日得周正辛卯朔合辰在斗前一度明日壬辰晨星始見癸巳武王始發丙午逮師戊午度於孟津孟津去周九百里師行三十里故三十一日而度明日己未冬至晨星與婺女伏歷建星及牽牛至於婺女天黿之首今文太誓丙午上蓋言十一月戊子師初發癸巳王始發無成文不敢臆增殷紀

云居二年聞紂昏亂暴虐滋甚殺王子比干囚箕子太師疵少師彊抱其樂器而犇周於是武王徧告諸侯曰殷有重罪不可以不畢伐乃遵文王遂率戎車三百乘虎賁三千人甲士四萬五千人以東伐紂後漢袁術傳武王伐紂曰殷有重罰吳志孫策傳注引張紘云武王伐紂曰殷有罪罰重哉皆用此又

前師乃鼓鼗譟

大司馬注引書如此大傳同詩大明疏引太誓作師乃鼓譟孫云鼓鼗譟者大司馬職鼓皆駴車徒皆譟注吏士鼓譟象攻敵克勝而喜也譟讙也字書無鼗字當爲拊文選長笛賦拊譟踴躍卽用此文拊者拊手字同撫釋名撫敷也敷手以拍之也武王後至諸侯先發故曰前師前師聞武王至若已勝敵皆駴鼓讙呼而喜也隸釋魏大饗碑士有拊譟之歡楚詞王注武王三軍人人樂戰並馳驅赴敵爭先前歌後舞鳧藻讙呼拊譟鳧藻字別而聲義同後漢杜詩傳士卒鳧藻劉陶傳武旅有鳧藻之士蔡邕上加元服與羣臣上壽表云臣等不勝踴躍鳧藻魏志文帝紀注臣妾遠近莫不鳧藻班彪冀州賦感鳧藻以進樂兮李賢後漢書注云如鳧之戲於藻顏延年秋胡詩鳧藻馳目成似與李注同意皆失之

師乃搯

說文搯下云搯捾也从手舀聲周書曰師乃搯搯者抽刃以習擊刺也依詩釋文引詩曰左旋右搯段云此引書而釋之明周書搯不訓捾如圖者升雲半有半無墜者疾惡也同一文法古音搯抽同在第三部明此搯爲抽之叚借又引詩以證之也詩清人之搯亦訓抽今本經作抽字則以訓故字改其本字也大傳作師乃慆鄭注慆喜也衆大喜前歌後舞也葢所據太誓本異莊述祖云前師是諸侯之師此師則從王之虎賁三千人革車三百兩車右卽虎賁主擊刺故云師乃搯車有步卒七十二

人凡二萬一千六百人故稱師也**前歌後舞**詩大明疏引太誓如此大傳同白虎通禮樂篇樂所以必歌者何夫歌者口之言之也中心喜樂口欲歌之手欲舞之足欲蹈之故尚書曰前歌後舞假于上下後漢西南夷傳板楯蠻俗喜歌舞高祖觀之曰此武王伐紂之歌也乃命樂人習之所謂巴渝舞也華陽國志云周武王伐紂實得巴蜀之師著乎尚書巴師勇鋭歌舞以淩殷人殷人倒戈故世稱之曰武王伐紂前歌後舞也**格于上天下地**詩大明疏引太誓如此白虎通禮樂篇引尚書作假于上下垷格假三家文異上天下地作上下湝文**十一年十二月師畢渡盟津諸侯咸會曰孳孳無怠**周紀如此十一年殷十二月周正月律麻志引三統說戊午度於孟津益二十八日去丙午逮師十有二日也詩大明疏引太誓云咸曰孜孜無怠無十一年以下云云或湝文詩譜序疏引太誓亦作孜孜說文孜下云孜汲汲也从攴子聲周書曰孜孜無怠孜孳三家文異漢書成紀羣公孜孜谷永傳夙夜孳孳屢省無怠孫云詩大明云上帝臨女無貳爾心疏云伐紂之事本出武王之心詩人反言眾人之勸武王見其勸戰之甚引此經爲證則此爲諸侯勸戰之詞**天將有立父母民之有政有居**詩譜序疏引太誓孜孜無怠下如此詩鴻鴈箋引書同疏云今太誓文又引鄭注云言將有立聖德者爲天下父母民之得有善政有安居又申之云武王將欲伐紂民喜其有安居孫云淮南高注立置也漢書谷永傳天生烝民不能相治爲立王者以統理之父母者謂天子也**武王乃作太誓告于眾庶**周紀如此莊述祖云

經文當爲王曰告爾衆庶孫云前云殷有重罪不可以不畢伐是徧告諸侯之詞疑是太誓中篇史公約其旨爲殷有重罪也其文卽書傳所引太誓此下篇武王以紂罪告衆庶**今殷王紂乃用其婦人之言自絕于天毀壞其三正離逷其王父母弟**周紀如此集解引馬云動逆天地人也鄭云王父母弟祖父母之族必言母弟舉親者言之也案甘誓怠棄三正釋詁逷遠也**四方之多罪逋逃是宗是長是信是使**漢書谷永傳引書如此上云迺用婦人之言自絕于天顏注亦泰誓之辭也周紀消之因其文見牧誓漢書五行志谷永引書云乃用其婦人之言四方之逋逃多罪是信是使顏注周書太誓也宗牧誓作崇呂覽先識篇武王告諸侯曰商王大亂沈於酒德辟遠箕子爰近姑與息注云箕子忠臣而疏遠之姑息之臣而與近之**乃斷棄其先祖之樂乃爲淫聲用變亂正聲怡悅婦人**周紀如此漢書禮樂志云書序殷紂斷弃先祖之樂乃變淫聲用亂變正聲以悅婦人顏注今文泰誓之辭集解引徐廣曰怡一作辭孫云辭古文作辞怡辞形聲相近漢志怡作㠯亦聲相近**故今予發維共行天罰勉哉夫子不可再不可三**周紀如此集解引鄭云夫子丈夫之稱勉當爲勖史公以訓詁代之孫云史記孫子傳有三令五申軍法也言勉從誓令不可待三令五申

又以下古太誓馬書序又云又春秋引太誓曰民之所欲云云今之太誓疏誤今之爲文依段訂正今皆無此語吾見書傳多矣所引太誓而

不在太誓者甚多弗復悉記略舉五事以明之亦可知矣僞孔竊
取其說乃別造太誓三篇以實彼之僞凡傳記諸子所引太誓語
盡組綴其中
以衒彼之眞

民之所欲天必從之 左襄三十一年傳穆叔引太誓如此注今尚書泰誓無此文故諸儒疑之昭元年傳子羽引太誓同注逸書周語單襄公引太誓同注今周書太誓無此言其散亾乎鄭語史伯引太誓同

朕夢協朕卜襲于休祥戎商必克 周語單襄公曰吾聞之泰誓故曰如此注泰誓伐紂之誓也故故事也朕武王自謂也協亦合也休美也祥福之先見者也戎兵也言武王夢與卜合又合美善之祥以兵伐殷當必克之

我武維揚侵于之疆則取于殘殺伐用張于湯有光 孟子滕文公篇引泰誓如此注泰誓古尚書百二十篇之時泰誓也我武王用事之時惟鷹揚也侵紂之疆界則取于殘賊者以張殺伐之功也民有簞食壺漿之歡比于湯伐桀爲有光寵美武王德優前代也今之尚書泰誓篇後得以充學不與古泰誓同諸傳記引泰誓皆古泰誓也

獨夫紂 荀子議兵篇引泰誓如此

予克紂非予武惟朕文考無罪紂克予非朕文考有罪惟予小子無良 禮緇衣引太誓如此注太誓尚書篇名也克勝也非予武非我武功也文考文王也無罪則言有德也無良無功善也此

武王誓眾以伐紂之辭也今太誓無此章則其篇亡以上馬引五事

紂有億兆夷人亦有離德余有亂臣十人同心同德左昭二十四年傳萇宏引太誓如此注紂眾億兆兼有四夷不能同德終敗亡武王言我有治臣十人雖少同心也今太誓無此語成二年傳君子曰太誓所謂商兆民離周十人同者又管子法禁篇引泰誓曰紂有臣億萬人亦有億萬之心武王有臣三千而一心

文王若日若月乍照光于四方于西土墨子兼愛下引泰誓如此乍古與作通

紂夷處不肯事上帝鬼神禍厥先神禔不祀乃曰吾有民有命無廖排扇天亦縱之棄而弗葆墨子非命上引泰誓如此又非命中引泰誓之言然曰紂夷之居而不肯事上帝棄闕其先神而不祀也曰我民有命毋僇其務天不亦棄縱而不葆天志篇中引泰誓之道之曰紂越厥夷居不肯事上帝棄厥先神祇不祀乃曰吾有命無僇傳務天下天亦縱棄紂而不葆

於去發曰惡乎君子天有顯德其行甚章爲鑑不遠在彼殷王謂人有命謂敬不可行謂祭無益謂暴無傷上帝不常九有以亡上帝不順祝降其喪惟我有周受之大帝墨子非命下云泰誓之言也如此孫云去發未聞或

太子發三字之誤

小人見姦巧乃聞不言也發罪鈞墨子尚同篇引太誓之言然曰如此孫云此葢言紂苛政郎漢書見知之法先王所無

天視自我民視天聽自我民聽孟子萬章篇引泰誓如此注泰誓尚書篇名自從也言天之視聽從人所欲也

天聰明自我民聰明詩烝民箋引書如此疏云太誓文也

武王戎車三百兩兵車百夫長所載車稱兩一車步卒七十二人凡二萬一千人舉全數○戎僕注車僕注皆引書序此文**虎賁三百人**勇士稱也若虎賁言其猛也皆百夫長**與受戰于牧野**詩大明疏引鄭云牧野紂南郊地名**作牧誓**○周紀武王遂率戎車三百乘虎賁三千人甲士四萬五千人以東伐紂二月甲子昧爽武王朝至于商郊牧野乃誓齊世家十一年正月甲子誓于牧野魯世家十一年伐紂至牧野周公佐武王作牧誓案此史公皆用今文書序而增省其文也孟子盡心篇呂覽簡選貴因二篇淮南泰族訓風俗通正失篇皆作三千與史記合韓非子戰國策亦云武王將素甲三千領戰一日破紂之國江云司馬法曰革車一乘士十人徒二十人樂記虎賁之士說劍然則虎賁士也一乘十人三百兩則

三千人矣書序百字誤今依史記諸書訂正皮云齊世家十一年徐廣注一作十三年是徐所見有作十三年者史記前後文皆作十一年其作十三者後人據僞孔說妄改之周紀作二月齊世家作正月蓋周紀亦後人妄改周紀徐廣注云一作正月此建丑之月殷之正月周之二月也是古本史記有正月二月兩本不同武王師渡孟津古文書序以爲一月戊午周紀以爲十二月戊午相去一月殷之十二月周之正月史公既用殷正爲十二月戊午戊午至甲子相去七日則甲子當爲正月不當爲二月齊世家作正月是也據徐說則周紀亦有作正月者作二月乃誤本耳漢志用古文書序一月戊午之說則當作二月甲子史記用今文書序十二月戊午之說則當作正月甲子自今文之說爲古文所汨淺人多以古文妄改今文乃致前後參差不合猶幸其有參差之說尙可攷見今文遺說牧誓乃周公佐武王作

猶太誓首篇乃太公與武王共定作之也

武王伐殷往伐歸獸往誅紂克定偃武修文歸馬牛於華山桃林之牧地○魏都賦武人歸獸而去戰張載注引尙書往伐歸獸之文**識其政事**記識殷家政教善事以爲法**作武成**武功成文事修○書疏引鄭云著武道至此而成武成逸書建武之際亡孫云建武光武紀年武成至此亡其殘文八十二字見漢書律歷志古文尙書五十一篇爲四十六卷藝文志載之而注云五十七篇者班氏當武成亡後惟見存實數也周紀乃罷兵西歸行狩記政事作武成案此今文書序也段云行狩卽歸獸古獸狩通用淮南覽冥訓狡蟲死高注蟲狩也漢石門頌蘁蟲蔽狩卽惡蟲弊獸也孫云詩車攻搏獸于敖後

漢安帝紀注引作薄狩于敖漢張遷碑帝游上林問禽狩所有以狩爲獸古字通用皮云獸狩通用是也謂史記以狩爲獸則非今文序是巡狩古文序往伐歸獸乃叚獸爲狩所以知史公非叚狩爲獸者周紀以縱馬放牛偃干戈振兵釋旅之文置於營成周於洛邑之後則史公所據今文說不以歸馬放牛爲罷兵西歸行狩時事卽不得以歸馬放牛之文當歸狩之文古文序作往伐歸獸者謂往而伐殷歸而巡狩其義與今文不異解者誤以爲用本字則往伐歸獸近於不辭矣武王行狩古有明徵周頌時邁序云巡守告祭柴望也左傳以爲武王克商作頌是時邁所云巡守塙是武王之事卽在作武成之時樂記云武始而北出再成而滅商卽往伐也三成而南四成而南國是疆卽歸狩也濟河而西之後乃散馬牛遠不相屬作僞武成者不知序獸字是叚借取史記樂記歸馬牛之文以當之其謬固不待言江段諸儒徒用顏師古匡謬正俗之說改獸爲嘼而不知用史記改獸爲狩何也孔廣森引周書世俘解武王狩禽之事以爲狩是田狩世俘解卽古之武成魏源書古微從之案世俘解語多誇張不可信劉歆三統術以世俘解爲武成乃古文家傅會之詞且狩在紂都非歸後事不得謂之歸狩與今文序西歸行狩尤不相合也據史記今文義定之卽知以世俘當武成非是

武成佚文

惟一月壬辰旁死霸若翌日癸巳武王迺朝步自周于征伐紂 漢書

律麻志引武成篇如此說云序自一月戊午師度于孟津至庚申二月朔日也四月癸亥至牧壄夜陳甲子昧爽而合矣故外傳曰王以二月癸亥夜陳注孟康曰月二日以往月魄死故言月魄魄月質也**粵若來三月既死霸粵五日甲子咸劉商王紂**同上志又說云是歲也閏數餘十八正大寒中在周二月己丑朔明日閏月庚申朔三月二日庚申驚蟄四月己丑朔死霸死霸朔也生霸望也是月甲辰望乙巳旁之故武成篇曰惟四月既旁生霸云云顏注今文尚書之辭劉殺也孫云咸與戕通說文戕絕也讀若咸**惟四月既旁生霸粵六日庚戌武王燎于周廟翌日辛亥祀于天位粵五日乙卯乃以庶國祀馘于周廟**上同顏注亦今文尚書也祀馘獻于廟而告祀也截耳曰馘

武王勝殷殺受立武庚不放而殺紂自焚也武庚紂子以爲王者後一名祿父○殷紀封子武庚祿父以續殷祀令修行盤庚之政**以箕子歸作洪範**歸鎬京箕子作之○周紀武王已克殷後二年問箕子殷所以亡箕子不忍言殷惡以存亡國宜告武王王亦醜故問以天道宋世家武王既克殷訪問箕子武王曰云云集解引馬云箕國名也子爵也漢志引三統麻云惟十有一年武王伐紂大誓八百諸侯會還歸二年乃遂伐紂克殷以箕子歸故書序曰武王克殷以箕子歸作洪範洪範篇曰惟十有三祀王訪于箕子自文王受命而至此十三年案劉歆所引今文書序也以滅紂作洪範爲受命十三年

一年內事與史記異說詳本篇段云左傳三引洪範說文五引洪範皆曰商書漢書儒林傳云堯典禹貢洪範微子金縢諸篇且以洪範先於微子案商周書各四十篇今若移之則皆非四十矣疑洪範系商書者今文尚書系周書者古文周書也左氏所據同於今文皮云說文引微子咈其耇長我興受其退兩處皆作周書若以爲誤不應皆誤疑用今文家說以微子爲周書洪範爲商書則商書周書仍合各四十篇之數故儒林傳以洪範列於微子之前也

武王既勝殷邦諸侯班宗彝賦宗廟彝器酒罇賜諸侯○釋文班一作般**作分器**言諸侯尊卑各有分也亡○史記集解引鄭云宗彝宗廟樽也作分器著王之命及受物又云分器亡周紀封諸侯班賜宗彝作分殷之器物在武成後洪範前案此今文書序也封諸侯即邦諸侯江云漢書嚴助傳淮南王安上書偁古者封內甸服封外侯服即周語所謂先王之制邦內甸服邦外侯服也明國語以邦爲封康誥序云邦康叔彼疏云古字邦封同史記多賜字分器作分殷之器物著其實也鄭以彝爲尊者釋器彝卣罍器也卣中尊也𣪘人鄭注卣中尊尊者彝爲上罍爲下是彝卣罍統名曰尊故序官鄭注云彝亦尊也鬱𣪘曰彝彝法也言爲尊之法也皮云武王訪箕子在克殷後二年分器當在初克殷時史公用今文說較古文次序爲合蓋古文家誤以克殷訪範爲一年內事故移其次序耳若知訪範不在克殷之年則分器不當在訪範之後矣

西旅獻獒西戎遠國貢大犬○釋文獒馬云作豪酋豪也書疏引鄭云獒讀若豪西戎無君名強大有政者爲酋豪國人

遺其酋豪之長來獻見於周

太保作旅獒

召公陳戒○鄭云旅獒已逸孫云廣雅釋詁旅客也晉語禮賓旅遠國以客禮待之故稱曰旅獒當爲敖或爲勢經文必不从犬說文獒犬知人心可使者春秋傳曰公嗾夫獒若尚書有此字許必不引後出之書此僞孔所改字也太保僞傳以爲召公非也周書史記竝稱武王克殷有召公奭不言太保自成王幼在襁褓中召公爲太保始見賈誼新書作僞者以此太保爲召公疏謬甚矣陳云今文尚書本有百篇之序疑作獒者古文尚書用叚借字今文尚書用豪本字故馬鄭均讀獒爲豪讀從今文也先謙案此亦備一說

書序　四　孔氏傳　王先謙參正

巢伯來朝殷之諸侯伯爵也南方遠國武王克商慕義來朝○書仲虺之誥疏王制疏象胥疏引鄭云巢伯殷之諸侯伯爵也南方之國世一見者聞武王克商慕義而來朝大行人九州之外謂之蕃國世一見巢今安徽巢縣**芮伯作旅巢命**芮伯周同姓圻內之國爲卿大夫陳威德以命巢亡○詩桑柔疏引鄭云芮伯周同姓國在畿內僞傳所本旅義與旅獒同書疏引世本云芮姬姓地理志左馮翊臨晉縣芮鄉故芮國在今陝西朝邑縣南

武王有疾周公作金縢爲請命之書藏之於匱緘之以金不欲人開之○釋文有疾馬本作有疾不豫周紀武王病天下未集羣公懼穆卜周公乃祓齋自爲質欲代武王武王有瘳魯世家亦載武王克殷二年天下未集武王有疾不豫云云皆依經述事或卽今文書序也孫云管子七臣七主篇武王伐殷克之七年而崩周書明堂解旣克紂六年而武王崩經文武王旣喪云云在五年之後非周公所作又有秋大熟天動威之文今文以爲周公死後之事序云周公作金縢則武王旣喪以下必非一篇明矣說詳金縢本篇大傳大誥在金縢前今文如是

武王崩三監及淮夷叛三監管蔡商淮夷徐奄之屬皆叛周○書疏詩東山疏引鄭云三監管叔蔡叔霍叔

三人爲武庚監於殷國者也前流言於國公將不利于成王周公還攝政懼誅因遂其惡開導淮夷與之俱叛此以居攝二年之時繫之武王崩者其惡之初自崩始也**周公相成王將黜殷作大誥**相謂攝政黜絶也將以誅叛者之義也大誥天下○書疏詩東山疏引鄭云誅之者周公意也而言相成王者自迎周公而來蔽已解矣黜貶退也案鄭以爲周公出奔成王迎還與史記異說詳金縢本篇周紀周公乃攝行政當國管叔蔡叔羣弟疑周公與武庚作亂畔周周公奉成王命伐誅武庚管叔放蔡叔以微子開代殷後國於宋頗收殷餘民以封武王少弟封爲衞康叔晉唐叔得嘉穀獻之成王成王以歸周公於兵所周公受禾東土魯天子之命初管蔡畔周周公討之三年而畢定故初作大誥次作微子之命次歸禾次嘉禾次康誥酒誥梓材其事在周公之篇魯世家管蔡武庚等果率淮夷而反周公乃奉成王命興師東伐作大誥段云本紀與世家合惟二年作三年恐是譌字蓋此與世家皆述金縢居東二年罪人斯得也不應世家作二此作三皮云大傳云周公攝政一年救亂二年克殷卽謂誅武庚及管蔡之事若三年踐奄又在後

成王既黜殷命殺武庚一名祿父**命微子啓代殷後**啟知紂必亡而奔周命爲宋公爲湯後**作微子之命**封命之書○詩有客疏引鄭云黜殷命謂殺武庚也微采地名微子啓紂同母庶兄也武王投之于宋因命之封爲宋公代殷後承湯祀又云微子之命亡案禮樂記武王克殷而投殷之後於宋注投者舉徙之辭宋世家周公既承

成王命誅武庚殺管叔放蔡叔乃命微子開代殷後奉其先祀作微子之命以申之國於宋案此引今文書序也古文啟今文作開

唐叔得禾異畝同穎唐叔成王母弟食邑內得異禾也畝壟穎穗也禾各生一壟而合爲一穗○史記集解引鄭云二苗同爲一穗**獻諸天子**拔而貢之**王命唐叔歸周公于東**異畝同穎天下和同之象周公之德所致周公東征未還故命唐叔以禾歸周公唐叔後封晉**作歸禾**亡○鄭云歸禾亡周紀晉唐叔得嘉穀云云引見上集解引徐廣云歸一作餽魯世家唐叔得禾異母同穎獻之成王成王命唐叔以餽周公于東土作餽禾索隱尚書作畝此爲母義亦並通陳云母疑晦之壞字古文書序作歸禾歸餽古通古論語詠而饋魯論語讀饋爲歸是其證也歸餽今古文之異史記據今文尚書本用餽字周紀作歸與魯世家異疑後人依古文尚書改之徐云歸一作餽可見舊書本是餽字也皮云歸當爲餽是也云母爲晦則非大傳云成王時有苗異莖而生同爲一穟人有上之者王召周公而問之公曰三苗爲一穗抑天下共和爲一乎果有越裳氏重譯而來大傳異莖郎史記所云異母今文序作異母與古文序作異畝其義不同

周公既得命禾旅天子之命已得唐叔之禾遂陳成王歸禾之命而推美成王善則稱君○書疏引鄭云受王歸己禾之命與其禾**作嘉禾**天下和同政之善者故周公作書以善禾名篇告天下亡○鄭云嘉禾亡周紀周公受禾東土魯天子之命作嘉禾魯世家周公既受命禾嘉天子命作嘉禾集解引徐廣曰嘉一作魯陳云案春秋正義云石經古文

魯作裴說文裴古文旅古文以爲魯衛之魯蓋古旅字魯字皆作
裴故旅字亦作魯也索隱云魯字誤史意云周公嘉天子命於文
不必作魯此由不知魯卽旅字見篇名嘉禾遂改魯爲嘉耳旅與
臚通漢書敘傳大夫臚岱鄭氏曰臚岱季氏旅於泰山是也師古
曰旅陳也臚旅聲相近其義
一耳此謂陳述天子之命也

嘉禾佚文

周公奉鬯立於阼階延登贊曰假王莅政勤和天下漢書王莽傳羣臣奏引書
逸嘉禾篇如此皮云王鳴盛以爲壁中書於增多外別有殘章陳
喬樅以爲如九共帝告逸文皆載之伏生大傳段玉裁以爲取諸
張霸百二篇劉逢祿以爲劉歆僞造予謂尚
書自今文二十九篇外其眞僞皆不必深究

成王既伐管叔蔡叔滅三監**以殷餘民封康叔**以三監之民國康叔爲衛侯周公懲其數
叛故使賢母弟主之○段云疏引序云邦康叔則知今本邦字作封蓋亦衛包改之**作康誥酒誥梓材**○書疏詩
邶鄘衛譜疏引鄭云言伐管蔡者爲因其國也不言霍叔者蓋赦
之也康爲號謚初封于衛至子孫而幷邶鄘也周紀頗收殷餘民
云云上引見衛世家周公以成王命興師伐殷殺武庚祿父管叔放
蔡叔以武庚殷餘民封康叔爲衛君居河淇閒故商墟周公旦懼
康叔齒少乃申誥康叔謂之康誥酒誥梓材以命之漢書地理志
引書序云武王崩三監畔周公誅之盡以其地封弟康叔號曰孟

侯以夾輔周室陳云志言康叔號曰孟侯與大傳言太子年十八謂之孟侯義異所引書序亦與古文書序不同蓋引大誥之序非康誥序也大誥序云武王崩三監及淮夷叛班引之以證三監耳其云周公誅之盡以其地封弟康叔者班蓋約大誥序周公相成王將黜殷命及康誥序既伐管叔蔡叔以殷餘民封康叔之語非書序元文其云號康叔曰孟侯蓋本小夏侯說固之從祖伯從鄭寬中受小夏侯尚書知其家世習小夏侯之學也皮云陳說是小夏侯尚書後出間有與古文合者已失伏生之恉史記云衞康叔康是號謚甚明詳本篇

成王在豐欲宅洛邑武王克商遷九鼎於洛邑欲以爲都故成王居焉**使召公先相宅**所相居而卜之遂以陳戒○詩王風譜疏引鄭云欲擇土中建王國使召公在前視所居者王與周公將自後往也**作召誥**召公以成王新即政因相宅以作誥

召公既相宅周公往營成周使來告卜召公先相宅卜之周公自後至經營作之遣使以所卜吉兆逆告成王○公羊宣十六年傳疏引鄭云居攝七年天下太平而此邑成乃名曰成周也**作洛誥**○周紀周公行政七年成王長周公反政成王北面就羣臣之位成王在豐使召公復營洛邑如武王之意周公復卜申視卒營築居九鼎焉曰此天下之中四方入貢道里均作召誥洛誥案此今文書序同序異篇也據史記今文說召誥洛誥同時作詳本篇魯世家云營洛乃

復政與周紀稍異世家是
蓋制作定然後致政也
成周既成洛陽
下都**遷殷頑民**殷大夫士心不則德義之經故徙近王
都教誨之○詩王風譜疏引鄭云此皆
士也周謂之民
民無知之稱**周公以王命誥**稱成王命
告令之**作多士**○周紀成王既
遷殷遺民周公
以王命告作多士無佚案無
佚上當有作字謂同時作
周公作無逸中人之性好逸豫故戒以無逸○魯世家周公歸恐
成王壯治有所淫佚乃作多士作毋逸案二篇同時
作故牽連言之論衡用歐陽尚書引書
正作毋佚此作逸上作無蓋後人改之
召公爲保周公爲師相成王爲左右○釋文引馬云保氏師氏皆
大夫官又云分陜爲二伯東
爲左西爲右書疏引鄭云保氏
師氏大夫之職聖賢兼此官**召公不說周公作君奭**○史記集
解引馬云
召公以周公既攝政致太平功配文武不宜復列在臣位故不說
以爲周公苟貪寵也書疏引鄭云周公既攝王政不宜復列於臣
職故不說燕世家成王時召公爲三公自陜以西召公主之自陜
以東周公主之成王既幼周公攝政當國踐阼召公疑之作君奭
君奭不說周公周公乃稱湯時有伊尹云云於是召公乃說案不
說者疑公之當國踐阼也此史公用今文說裴引馬氏古文說注
之誤矣周紀魯世家不載作君奭事無以考其篇次據燕世家以
爲踐阼時作當列大誥金縢之次不當在多士無佚之後古文書

序但云召公不說脫去周公踐阼召公疑之之語遂不知召公不說何事此書作於何時乃列之成王政將蒲姑前馬鄭遂以召公不說周公復列臣位解之由於篇次旣淆故事實全誤殊不知周公退居臣列翺翺如畏聖德愈光召公相得益章豈有願其去而不說其留之理周公舍天子而不爲而召公乃以列臣位爲苟貪寵於情事又豈有合乎

蔡叔旣沒以罪放而卒**王命蔡仲踐諸侯位**成王也父卒命子罪不相及**作蔡仲之命**冊書命之○案僞傳以此篇列君奭後成王政前與古文書序不合鄭云蔡仲之命亡今文次序無攷管蔡世家蔡叔度旣遷而死其子曰胡胡乃改行率德馴善周公聞之而舉胡以爲魯卿士魯國治於是周公言於成王復封胡於蔡以奉蔡叔之祀是爲蔡仲史公述事葢隱括序文餘詳本篇

蔡仲之命佚文

王曰胡毋若爾考之違王命也左定四年傳引蔡仲命書如此

成王東伐淮夷遂踐奄成王卽政淮夷奄國又叛王親征之遂滅奄而徙之以其數反覆○釋文踐似淺反馬同尚書大傳周傳云成王政遂踐奄踐之者藉之也藉之謂殺其身執其家豬其宮段云此必篇中有此語伏生記憶釋之非釋書序也左昭元年傳周有徐奄疏引賈逵注云書序曰成王伐淮夷遂踐奄徐卽淮夷先謙案粊誓徂茲淮夷徐戎並興淮夷徐戎

並舉然則賈說非也

作成王政

爲平淮夷徙奄之政令亡○釋文政馬本作征云正也書疏史記集解引鄭云奄國在淮夷之北此伐淮夷與踐奄是攝政三年事其編篇於此未聞畢讀曰翦翦滅也凡此伐諸叛國皆周公謀之成王臨事乃往事畢則歸又云成王政亡書疏又云洛誥之篇言周公歸政成王成王多士以下皆是成王即政初事編篇以先後爲次此篇在成王書內知是成王即政淮夷奄國又叛王親征之又案洛誥成王即政始封伯禽伯禽既爲魯侯乃居曲阜費誓稱魯侯伯禽宅曲阜淮夷徐戎並興魯侯征之作費誓彼言淮夷並興即此伐淮夷王伐淮夷魯伐徐戎是同時伐明是成王即政之年復重叛也多方之篇責殷臣云我惟一時其戰要囚之至於再至於三若武王伐紂之後惟攝政三年之叛正可至於再爾安得至於三乎故知是成王即政又叛也皮云困學紀聞云大傳之序有揜誥孔廣林疑揜即奄揜誥即成王政然無明文可攷史記不載成王政篇目周紀於多士無佚後多方前有東伐淮夷殘奄遷其君薄姑之文東伐淮夷殘奄即此序所云東伐淮夷踐奄也遷其君薄姑即下篇將蒲姑序也史記不載篇名已詳事實是史公所據之今文書亦以成王政將蒲姑二篇與多方相次皆在周公反政之後矣今古文說無殊旨則孔傳成王即政親征之說甚合經義鄭偶不照以成王踐奄與周公踐奄誤合爲一遂疑編次有誤近儒不攷史記乃欲移序以就鄭說謬矣孔疏申傳不誤而引費誓爲證則非魯世家伯禽即位之後有管蔡等反也淮夷徐戎亦並興反於是伯禽率師伐之於肸作肸誓是伯禽伐淮夷在居攝奄叛時不在反政後奄再叛時孔疏不攷史記之文乃謂成王即位始封伯禽殊誤

成王既踐奄將遷其君於蒲姑已滅奄而徙其君及人臣之惡者於蒲姑蒲姑齊地近中國教化之○釋文蒲馬本作薄史記集解引馬云齊地詩破斧疏引鄭云奄既滅矣其君佞人不可復故欲徙之於齊地使服於大國左昭九年傳王使詹伯辭于晉曰蒲姑商奄吾東土也昭二十年傳晏子對景公曰昔爽鳩氏始居此地季萴因之有逢伯陵因之蒲姑氏因之而後太公因之漢書地理志齊地殷末有薄姑氏至周成王時薄姑與四國共作亂成王滅之以封師尚父江云據大傳蒲姑爲奄君名此序當言將遷其君蒲姑于乃衍字成王遷奄君其地遂爲齊有故左傳云蒲姑氏因之而後太公因之蒲姑氏卽奄君也皮云周紀召公爲保周公爲師東伐淮夷殘奄遷其君薄姑殘奄因奄再叛與大傳所云三年踐奄並非一事前之奄君名薄姑後之奄君遷於薄姑非一人說在多士古文書序以召公爲保周公爲師爲君奭篇之序史公據今文說以爲將蒲姑之序者召公爲保周公爲師本反政後事非踐阼時事君奭乃周公踐阼時作今文家說是也先謙案志云殷末齊地有薄姑氏是薄姑之在齊地殷末已然非周所遷也薄姑與四國共作亂四國乃管蔡商奄明奄與薄姑是二非一師尚父封齊在武王之世成王滅薄姑乃爲尚父益封至奄君特遷居薄姑之地耳並非徙封而謂太公所因之薄姑氏爲卽奄君尤爲失實蒲薄形近又係雙聲故蒲姑一作薄姑也古文作蒲今文作薄馬本仍用今文

周公告召公作將蒲姑言將徙奄新立之君於蒲姑告召公使爲此冊書告令之亡○鄭云將蒲姑亡先謙案奄再叛合武王伐討奄君之事已三叛矣其先世未聞有功德在人亦非殷商可

比似不在興滅繼絕之列屢叛復存恐無其事傳以意言耳

成王歸自奄伐奄歸**在宗周誥庶邦**誥以禍福**作多方**○周紀成王自奄歸在宗周作多方案此今文書序也皮云周公居攝三年踐奄王不親行此序云成王歸自奄乃奄再叛而王親征之塙證詳本篇

周公作立政周公既致政成王恐其怠忽故以君臣立政爲戒○段云凡言咎單作明居伊尹作咸有一德周公作無逸周公作立政皆讀尚書而義自見者也今文篇次在周官後

成王既黜殷命滅淮夷黜殷在周公東征時滅淮夷在成王即政後事相因故連言之**還歸在豐**

作周官成王雖作洛邑猶還西周○魯世家成王在豐天下已安周之官政未次序於是周公作周官官別其宜作立政以便百姓百姓說據此今文篇次周官在立政前周紀成王既絀殷命襲淮夷歸在豐作周官是今文書序與古文同據堯典疏鄭本周官亦在立政前江云此序與上三序相承次則事相聯接皆在周公攝政三年時立政經云孺子王矣則周公致政成王之後其先後之次當先周官而後立政王鳴盛云周禮疏引鄭志趙商問有云成王周官是攝政三年時事此語必本於鄭立政是成王即政時事自應在周官後皮云江王二說非也史記以周官立政相接連文爲義則二篇一時所作不得分三年七年史記云天下已安官政未次序於是公作周官立政若攝政三年時方踐奄日不暇給尚未建侯營洛何得云天下已安亦未制禮作樂何遽能次

序官政史公以作周官立政列於周公反政之後在豐病將沒之
前則今文家說必不以作周官爲攝政時事矣魯世家云成王在
豐與周紀云在豐相合紀云既絀殷命襲淮夷亦與古文書序同
者葢周官篇中必有絀殷命之語故序追溯前事言之如多士多
方皆去克殷已久而
皆追述克殷之事也

成王既伐東夷肅愼來賀海東諸夷駒麗扶餘馯貊之屬武王克商皆通道焉成王即政而叛王伐而服之故肅愼氏來賀**王俾榮伯作賄肅愼之命**榮國名同姓諸侯爲卿大夫王使之爲命書以幣賄賜肅
愼之夷也亡○鄭云賄肅愼之命亡釋文肅愼馬本作息愼云北
夷也俾馬本作辯周紀成王既伐東夷息愼來賀王賜榮伯作賄
息愼之命明今文書序作息愼集解引馬云榮伯周同姓畿內諸
侯爲卿大夫也五帝紀北發息愼集解引鄭云息愼或謂之肅愼
東北夷是馬鄭皆作息與史記合江聲本俾作畀說云畀賜也書
或爲辨辨古班字班亦賜也王以息愼所貢分賜榮伯也隸古定
本凡俾字作卑與畀字無異而其傳或解爲予或解爲使唐天寶
中詔以時字改其文凡其傳之解爲使者悉改作俾故此畀字正
義本亦改作俾史記錄此序作王
賜榮伯據賜義則字當改爲畀

周公在豐致政老歸**將沒欲葬成周**已所營作示終始念之**公薨成王葬于畢**不敢臣周公故使近文武之墓**告周公作亳姑**周公徙奄君於亳姑因告柩以葬畢之義所及奄君已定亳姑言所遷之

功成亡○鄭云亳姑亡孫云亳姑未詳其義僞傳非也魯世家周公在豐病將沒曰必葬我成周以明吾不敢離成王周公旣卒成王亦讓葬周公於畢從文王以明予小子不敢臣周公也下文周公卒後秋未穫至歲則大孰與金縢後半篇文同詳觀金縢又云於是成王乃命魯得郊祭文王魯有天子禮樂者以褒周公之德也皮云史記不載作亳姑之序此周公在豐數語在作周官立政之後與古文作亳姑序以合此郎亳姑序也孫云秋未穫以下據史記當是亳姑之篇後人以其詞有云開金縢書故連屬於金縢傳之旣久不敢改易大傳云三年之後周公老于豐心不敢遠成王而欲事文武之廟然後周公疾曰吾死必葬于成周示天下臣于成王周公死天乃雷雨以風禾盡偃大木斯拔國恐王與大夫開金縢之書執書以泣曰周公勤勞王家予幼人弗及知又說成王曰先謙案當叚上大奪大敦周公生欲事宗廟死欲聚骨于畢畢者文王之墓故周公死成王不葬于周先上謙案戚周字而葬之于畢示天下不敢臣也所以明有功尊有德故忠孝之道咸在成王周公之間故魯郊句成王所以禮周公也案三年之後據路史高辛紀下有周公致政不封魯是當作致政封魯三年之後也先謙案魯世家周公在豐至不敢臣周公也總敘欲葬成周終葬於畢之事周公卒後云云追敘葬畢前天變動王與大傳敘述不同事實無異

周公旣沒命君陳分正東郊成周成王重周公所營故命君陳分居正東郊成周之邑里官司○肆師載師疏王制郊特牲疏引鄭云成周在近郊五十里天子之國五十里爲近郊今河南洛陽相去則然東郊周之近郊也半遠

郊

作君陳作書命之〇鄭云君陳亡案毛詩譜周公子伯禽封魯次子君陳世守采地正義曰鄭元注中庸云君陳蓋周公子者以經云周公既沒命君陳猶若蔡叔既沒命蔡仲故也皮云史記不載君陳書序今文說無可攷戴記與夏侯尚書同一師承坊記緇衣皆引君陳篇文鄭注禮記多引今文家說或有所據非必但以序文同蔡仲臆斷君陳爲周公子也正義引坊記誤作中庸

君陳佚文

爾有嘉謀嘉猷入告爾君於內女乃順之於外曰此謀此猷惟我君之德於乎是維良顯哉禮坊記引君陳如此注君陳蓋周公之子伯禽弟也名篇在尚書今亡嘉尚也猷道也於是乎惟良顯哉美君之德

未見聖若己弗克見既見聖亦不克由聖禮緇衣引君陳如此注克能也由用也

出入自爾師虞庶言同緇衣引君陳如此注自由也師庶皆眾也虞度也言出入政教當由女眾之所謀度眾言同則行之政教當由一也

成王將崩命召公畢公二公爲二伯中分天下而治之**率諸侯相康王作顧命**臨終

之命曰顧命○周紀成王將崩懼太子釗之不任乃命召公畢公率諸侯以相太子而立之成王既崩二公率諸侯以太子釗見於先王廟申告以文王武王之所以爲王業之不易務在節儉毋多欲以篤信臨之作顧命案成王既崩五句史公敘述經意成王將崩云云乃今文書序也

康王既尸天子尸主也主天子之正號○釋文云馬本此句上更有成王崩三字**遂誥諸侯作康王之誥**既受顧命羣臣陳戒遂報誥之因事曰遂○周紀太子釗遂立是爲康王康王卽位偏誥諸侯宣告以文武之業以申之作康誥案康王卽位以下今文書序也史記以此與顧命爲二卽本伏書康王之誥曰康誥與康叔之誥曰康誥正同康皆諡也

康王命作冊畢命爲冊書以命畢公**分居里成周郊**分別民之居里異其善惡成定東周郊境使有保護**作畢命**○書疏引鄭云今其逸篇有冊命霍侯之事不同與此序相應畢命亡周紀康王命作策畢公分居里成周郊作畢命案此今文書序冊作策畢下有公字是也古文書序脫公字鄭云逸篇有冊命霍侯之事者漢書律厤志引三統術有畢命豐刑曰惟十有二年六月庚午朏王命作策豐刑之文是漢世別有畢命篇鄭猶及見之故云逸云不同與此序相應者江聲以爲疏引誤多同字是也畢命亡者言此畢命篇亡也

穆王命君牙爲周大司徒穆王康王孫昭王子作君牙君牙臣名○鄭云君牙亡案史記不引君牙篇今文序禮緇衣引作君雅詳本篇

君牙佚文

夏暑雨小民惟曰怨資冬祈寒小民亦惟曰怨緇衣引君雅如此注資當爲至齊魯之語聲之誤也祈之言是也齊西偏之語也夏日暑雨小民怨天至冬是寒小民又怨天言民恒多怨爲其君難

穆王命伯冏爲周太僕正伯冏臣名也太僕長太御中大夫作冏命○鄭云冏命逸周紀王道衰微穆王閔文武之道缺乃命伯臩申誡太僕國之政作臩命案此今文書序也古文作冏今文作臩太僕與太御不同說詳本篇

呂命呂侯見命爲天子司寇穆王訓夏贖刑呂侯以穆王命作書訓暢夏禹贖刑之法更從輕以布告天下作呂刑○周紀甫侯言於王作修刑辟命曰甫刑案此今文書序也古文作呂今文作甫呂命穆王句僞孔誤讀說詳本篇

平王錫晉文侯秬鬯圭瓚以圭爲杓柄謂之圭瓚○釋文平王馬無平字錫馬本作賜作文侯之命所以名篇也幽王爲犬戎所殺平王立而東遷洛邑晉文侯迎送安定之故錫命焉○史記晉世家天子使王子虎命晉侯爲伯賜大路彤弓矢百旅弓矢千秬鬯一卣珪瓚虎賁三百人晉侯三辭然後稽首受之作晉文侯命案此今文書序以爲文公

重耳之事據馬本今古文皆無平字也鄭始以義和之義爲文侯仇字書疏引王肅云幽王既滅平王東遷晉文侯鄭武公夾輔王室晉爲大國功重故平王命爲侯伯蓋本鄭說而申之僞孔因於序首加平字此又僞傳出肅之一證也餘詳本篇

魯侯伯禽宅曲阜治封之國居曲阜**徐夷並興東郊不開**徐戎淮夷並起爲寇於魯故東郊不開○釋文開馬本作闢江云馬氏傳古文古文闢作闢馬本必作闢蓋陳鄂改闢**作費誓**魯侯征之於費地而誓衆也諸侯之事而連帝王孔子序書以魯有治戎征討之備秦有悔過自誓之戒足爲世法故錄以備王事猶詩錄商魯之頌○費當作粊詳本篇魯世家伯禽即位之後有管蔡等反也淮夷徐戎亦並興反於是伯禽率師伐之於肸作肸誓案此今文書序也集解徐廣曰一作鮮一作獮今文異字

秦穆公伐鄭遣三帥帥師往伐之○事在左僖三十三年傳**晉襄公帥師敗諸崤**崤晉要塞也以其不假道伐而敗之四其三帥○續漢郡國志宏農郡黽池縣有二殽風俗通山澤篇東殽西殽黽池所高崤俗字**還歸作秦誓**晉舍三帥還歸秦穆公悔過作誓○秦紀繆公復益厚孟明等使將兵伐晉渡河焚船大敗晉人取王官及鄗以報殽之役晉人皆城守不敢出繆公乃自茅津渡河封殽中尸爲發喪哭之三日乃誓於軍案史公以爲敗晉後作誓今文說也左傳云三帥還歸秦伯素服郊次向師而哭不言有悔過作誓之事以還歸屬之三帥僞傳則然無以見其必爲古文說今案還歸二字與上

文義不屬疑有奪文僞孔不如史公可據
仍當從秦紀以爲穆公敗晉還歸爲合

尚書序○釋文此孔氏所作述尚書起之時代并敘爲注之由

古者伏犧氏之王天下也始畫八卦造書契○閻云說文序以初造書契爲黃帝史倉頡本之易繫辭及世本極確此以爲伏犧孔疏從而傳會非也後世聖人易之以書契後世聖人指黃帝堯舜豈謂伏犧乎以代結繩之政由是文籍生焉伏犧神農黃帝之書謂之三墳言大道也少昊顓頊高辛唐虞之書謂之五典言常道也至于夏商周之書雖設教不倫雅誥奧義其歸一揆是故歷代寶之以爲大訓八卦之說謂之八索求其義也九州之志謂之九丘丘聚也言九州所有土地所生風氣所宜皆聚此書也春秋左氏傳曰楚左史倚相能讀三墳五典八索九丘卽謂上世帝王遺書也先君孔子生於周末覩史籍之煩文懼覽之者不一遂乃定禮樂明舊章刪詩爲三百篇約史記而修春秋讚易道以黜八索述職方以除九丘討論墳典斷自唐虞以下訖于周芟夷煩亂翦截浮辭舉其宏

綱撮其機要足以垂世立教典謨訓誥誓命之文凡百篇所以恢弘至道示人主以軌範也帝王之制坦然明白可舉而行三千之徒並受其義○梅云此序皆依傍左傳推尋漢志而爲之三墳五典之說用鄭元周禮外史掌三皇五帝之書鄭云楚靈王所謂三墳五典是也賈逵又云三墳三皇之書五典五帝之典八索九丘則用馬融之說馬云八索八卦九丘九州之數也既曰言大道言常道歷代寶之以爲大訓矣又曰討論墳典斷自唐虞以下則言大道者盡刪於言常道者亦去其三而於歷代所寶以爲大訓者亦爲寶非其寶而不足以爲訓所謂寶訓獨二典耳豈夫子信而好古之旨哉程子覺其言之失遂爲之分疏曰所謂大道若性與天道之說聖人豈得而去之哉若言陰陽四時七政五行之道亦必至要之理非如後世之繁衍末術固非常道聖人所不去也或者所謂羲農之書乃後人稱述當時之事失其義理如許行爲神農之言及陰陽權變醫方稱黃帝之說耳此聖人所以去之也五典既皆常道又去其三蓋上古雖已有文字而制立法度爲治有迹得以紀載有史官以識其事自堯始耳審如程子之言則外史所掌玉石不分而倚相所讀疏稗並蓄此又不通之論也先儒覺此言不足爲之分疏則又曰外史掌三皇五帝之書周公所錄必非僞妄而春秋時三墳五典八索九丘之書猶有存者若果全備孔子亦不應悉刪去之或其編簡脫落不可通曉或是孔子所見止自唐虞以下不可知耳今亦不必深究其說也亦疑而不知從矣殊不知夫子贊易雖穆姜之言亦在所取況八蓋

卦之說豈忍盡黜誦詩雖鳥獸草木之名亦貴多識況九州之地志豈忍盡除誰謂聖人之聞孫而如此立論哉**及秦始皇滅先代典籍焚書坑儒天下學士逃難解散我先人用藏其家書于屋壁漢室龍興開設學校旁求儒雅以闡大猷**○徐嘉炎云學士逃難解散何其俗漢室龍興開設學校旁求儒雅以闡大猷何其卑靡竟類近代矣**濟南伏生年過九十失其本經口以傳授裁二十餘篇以其上古之書謂之尚書百篇之義世莫得聞**○梅云旁求出楚語僞古文屢用之大猷見詩謂大道也濟南伏生云云其言皆本衞宏與史漢不合衞宏定古文尚書序云伏生老不能正言言不可曉使其女傳言教錯齊人語多與潁川異錯所不知凡十二三略以其意屬讀而已宏固作僞之尤者也伏授錯時年過九十其先教於齊魯之間未至九十也伏爲秦博士以秦禁書壁藏之漢定求其書亡數十篇獨得二十九篇是今文二十九篇正伏壁藏之本經也僞孔云亡其本經全非事實其教於齊魯間豈有匿其本經而口以傳授之理果使本經盡亡數十年之久何不錄出成帙以相授其羣弟子及其女又何不以伏所口授者錄出授人而必由其女傳言教錯邪隋經籍志謂伏生爲尚書傳四十一篇以授同郡張生源遠末分端緒較然豈伏生能作四十一篇之傳而不能寫二十九篇之經邪蓋漢自惠帝除挾書令孝文博求遺書則二十九篇之經已出特無治之者故帝使錯往受其講解之說以治經耳餘皆衞宏及晉人

附會之詞史漢所不載不足據以爲信其所以爲此妄説者蓋不媒蘖伏生之短不能爲其古文增重耳王鳴盛云漢書云伏生有孫以治尚書徵後漢伏湛傳湛是生九世孫歷敘其先皆名學則伏生固有子孫承學何至家無本經

至魯共王好治宮室壞孔子舊宅以廣其居於壁中得先人所藏古文虞夏商周之書及傳論語孝經皆科斗文字王又升孔子堂聞金石絲竹之音乃不壞宅悉以書還孔氏○梅云家語云孔騰字襄畏秦法峻急藏尚書孝經論語於夫子舊堂壁中而漢紀尹敏傳云孔鮒所藏二説又不同

科斗書廢已久時人無能知者○程云案晉衛恒書勢云古文自黃帝始創下至三代其文不改至周史籀始有異同名大篆秦人復增損大篆爲小篆而焚書之後古文絕矣漢武時魯恭王壞孔子宅得尚書春秋論語孝經時人不復知有古文謂之科斗書又云魏正始中立三字石經誤因科斗之名遂效其形殊失古法據此則古文本無異名其曰科斗書者世俗之訛言耳又按史漢儒林傳及漢藝文志劉歆移太常書其稱壁中書但曰古文並無科斗之説今孔序云皆科斗文字又云科斗書廢已久夫古文廢絕時僅百有餘年豈有安國不聞其源流遷變而謬遵世俗稱爲科斗書者誠所謂若問遠焉其焉能知之矣閻云許沖説文序秦燒滅詩書滌除舊典初有隸書以趨約易而古文由此絕矣自爾秦書有八體曰大篆小篆刻符蟲書摹印署書殳書隸書漢興以八體試學僮新莽居攝時有六書曰古文奇字篆

書佐書繆篆鳥蟲書古文者卽孔子壁中書若自秦以後壞孔宅
以前無所爲古文也者不知藝文志云漢興以六體試學童六體
者古文奇字篆書隸書繆篆蟲書皆以通知古今文字豈得云書
廢已久時人無能識乎張蒼修左傳多古字古言河閒獻王所得
皆古文先秦舊書司馬遷十歲誦古文皆章章明著不待安國以
今文字參考而可識也許序云古文由是絕亦絕經典之古文耳
非謂天下盡不識也但云以八體試學僮不云六體爲誤新莽時
六書卽漢六體舊制非自莽始也太史公自序秦撥去古文焚滅
詩書繼云漢興百年之間遺文古事靡不畢集蓋秦有天下十五
年天下不明古文漢興而古文復矣王伯厚云秦下令焚書始禁
古文距漢興十七年又許序云今雖有尉律不課小學不修莫達
其說久矣尉律漢律篇名蓋漢至和帝時學僮不試古文僅有一
二通人如賈逵輩相從受古學至晉衞恒作書勢去漢逾遠並謂
共王得孔子書時人已不復知古文謂之科斗書漢代祕藏希得
見恒曾見書序與否不可知要彼時自有此種
議論散諸撰述益徵此序不作於漢武時決矣以所聞伏生之書
考論文義定其可知者爲隸古定更以竹簡寫之增多伏生二十
五篇伏生又以舜典合於堯典益稷合於皋陶謨盤庚三篇合爲
一康王之誥合於顧命復出此篇并序凡五十九篇爲四十六卷
其餘錯亂摩滅弗可復知悉上送官藏之書府以待能者○梅云汨作九

共九篇槀飫帝告釐沃湯征女鳩女方夏社疑至臣扈典寶明居肆命徂后沃丁咸乂四篇伊陟原命仲丁河亶甲祖乙高宗之訓分器旅巢命歸禾嘉禾成王政將蒲姑賄肅愼之命亳姑凡四十二篇今亡案周宣王石鼓文摩滅不可讀猶存一二如其魚維鱮何以貫之維楊及柳云云可考四十二篇之書藏之壁中未及二三十年遽盡不可讀何邪二十五篇之字句以今文考定無一脫誤四十二篇曾不能考定其片言半語以傳後人又何邪西漢之末劉歆移書太常請立古文尚書博士止言十六篇未嘗言二十五篇可見晉人妄說王鳴盛云疏曰增多伏生二十五篇者以壁內古文篇題殊別故知以舜典合於堯典益稷合於臯陶謨伏生之本亦壁內古文而合之者蓋老而口授因誦連之耳其盤庚本當同卷康王之誥以一時事連誦而同卷當以王出在應門之內爲篇首乃以王若曰庶邦亦誤矣以伏生本二十八篇盤庚出二篇加舜典益稷康王之誥凡五篇爲三十三篇加所增二十五篇爲五十八加序一篇爲五十九故云復出此篇幷序凡五十九篇此云爲四十六卷者謂除序也下云定五十八篇既畢不更云卷數明四十六卷故爾又伏生二十九卷而序在外故知然矣此云四十六卷者不見安國明說蓋以同序者同卷異序者異卷故五十八篇爲四十六卷何者五十八篇內有太甲盤庚說命太誓皆三篇共卷減其八又大禹謨臯陶謨益稷又三篇同序共卷其康誥酒誥梓材亦三篇同序共卷則又減四通前十二以五十八減十二非四十六卷而何其康王之誥乃與顧命別卷以別序故也余按此段皆作僞者展轉遷就之詞其謬不可勝言何則伏生之書二十九歐陽則太誓分出二篇爲三十一夏侯仍爲二十九至

杜林衞宏賈逵及馬鄭則用歐陽本又分出盤庚二康王之誥一爲三十四而從無所謂三十三篇者有之自僞書始孔壁增多之書十六內九共出八爲二十四而從無所謂二十五篇者有之亦自僞書始益作僞者貪太誓文多易於剽襲旣已別撰三篇乃於伏書去其太誓則三十四者僅存三十一又於其中妄分舜典益稷於是遂爲三十三矣至增多之書雖亡其篇目篇數鄭具述之作僞者豈不欲照彼撰之無柰中有汩作九共等皆不能憑空構造故不得已祗就其有可捃摭依傍者綴緝以成篇而不顧其與鄭所述不合於是遂爲二十五矣夫眞書五十八篇僞書亦五十八篇其篇數合而不知眞書乃三十四與二十四爲五十八僞書則三十三與二十五爲五十八此篇數似合而實不合也眞書四十六卷僞書亦四十六卷其卷數似合而不知眞書三十四篇內盤庚三篇同卷太誓三篇同卷顧命康王之誥二篇同卷實二十九卷二十四篇內九共九篇同卷實十六卷共四十五卷耳桓譚新論云古文尚書舊有四十五卷爲五十八篇是也漢藝文志云四十六卷者兼序言之而僞書乃除序爲四十六此卷數似合而實不合也作僞者旣欲同於眞書之篇數卷數而無如不能盡合進退兩無所據疏曲爲附會乃援伏書之序在卷數外以爲例跦彝尊以伏書止二十八云二十九者其一是序非也一若以藝文志所載序卽在卷數內爲非者然然則何以篇數卷數又必有意曲與之合也且所謂同序同卷異序異卷者亦非也伏書康誥酒誥梓材同序而異卷顧命康王之誥異序而同卷孔書汩作九共大禹謨棄稷伊訓肆命皆同序而異卷作僞者乃剏爲此例何足信哉

承詔爲五十九篇作傳於是遂研精覃思

博考經籍採摭羣言以立訓傳○閻云傳注之起實自孔子之於易孔子自卑退不敢干亂先聖正經之辭故以己所作十翼附於後漢藝文志易經十二篇十二篇者經分上下二篇餘則十翼是也一亂於費直再亂於王弼而古十二篇之易遂亡有宋諸儒出始一一復古唐孔氏詩疏謂漢初爲傳訓者猶與經別行三傳之文不與經連故石經書公羊傳皆無經文而藝文志所載毛詩故訓傳亦與經別及馬融爲周禮注乃云欲省學者兩讀故具載本文而就經爲註朱子曰據此則古之經傳本皆自爲一書故高貴鄉公所謂彖象不連經文者十二卷之古經傳也所謂注連之者鄭氏之注具載本經而附以彖象如馬融之周禮也愚考諸藝文志周官經六篇周官傳四篇果各自爲書然則馬融以前不得有就經爲注之事決矣今僞孔傳出武帝時詳其文義明是就經下爲之與毛詩引經附傳出後人手者不同豈得謂武帝時輒有此耶**約文申義敷暢厥旨庶幾有補於將來書序序所以爲作者之意昭然義見宜相附近故引之各冠其篇首**○閻云漢書藝文志載尚書古文經四十六卷四十六卷之分鄭以同題者同卷異題者異卷孔則以同序者同卷異序者異卷其同序者太甲盤庚說命太誓皆三篇共序凡十二篇止四卷大禹謨皋陶謨益稷康誥酒誥梓材亦各三篇共序凡六篇止二卷外四十篇篇各有序凡四十卷通共序者六卷故爲四十六卷也然鄭注四十六卷元無武成而以百篇之序寘爲末卷孔則有武成一篇篇自爲序已足四十六卷故不便以百篇序復爲一卷止得引之各冠其

篇首云宜相附近此則遷就之詞耳定五十八篇既畢會國有巫蠱事經籍道息用不復以聞傳之子孫以貽後代若好古博雅君子與我同志亦所不隱也○梅云史記言孔氏有古文尚書而安國以今文讀之因以起其家逸書得十餘篇蓋尚書滋多於是未嘗言二十五篇也至漢書藝文志武帝末魯共王壞孔子宅得古文尚書以考二十九篇得多十六篇安國獻之遭巫蠱事未列於學官楚元王傳亦云得書十六篇未嘗言承詔作傳也僞序云悉上送官藏之書府此語與漢書合又云承詔爲五十九篇作傳會巫蠱事不復以聞殊不可信既藏之官府故劉歆移書太常請立學官然亦但云十六篇未以爲二十五篇亦未以爲五十九篇也且既承詔作傳其時非有焚書禁學之令安國豈得廢閣詔令傳成而不復以聞哉閻云後漢杜林傳林前於西州得漆書古文尚書一卷常寶愛之雖遭艱困握持不離身後出示衛宏等遂行於世同郡賈逵爲之作訓馬融鄭元之傳注解皆是物也夫曰古文尚書一卷不言篇數然馬融書序則云逸十六篇是古文篇數見於東漢者又如此此書不知何時遂亡梅賾所上古文增多二十五篇止此篇數之不合僞可知矣又云論衡正說篇孝景帝時魯共王壞孔子教授堂以爲殿得百篇尚書於牆壁中武帝使使者取視莫能讀者遂祕於中外不得見至孝成皇帝時張霸僞造百兩之篇帝出祕百篇以校之予謂成帝時向歆父子校理祕書東京班固亦典其職豈有親見古文百篇而云爾者乎劉云十六篇逸班云得多十六篇確然可據王充或得於傳聞傳聞之與親見固難並論且

不云安國獻之而云武帝取視此何據也惟云孝景時魯共王壞孔子宅較漢志武帝末爲確共王以孝景前三年丁亥徙王魯二十七年薨則薨當武帝元朔元年癸丑武帝方即位十三年安得云武帝末乎且共王初好治宮室季年好音則壞宅廣宮正初王魯之事作孝景時爲是又云孔壁書出景帝初而武帝天漢後安國始獻遭巫蠱之難倉卒未及施行則相去六十餘年而安國之壽必且高矣及考孔子世家安國爲今皇帝博士至臨淮太守蚤卒則孔壁書出安國固未生也故僞序亦云悉以書還孔氏予意書藏壁中不知幾何年出壁外又幾何年安國始以隸古字更寫之則其錯亂摩滅弗可復知豈特汨作九共諸篇已也即安國所云可知者二十五篇亦必字畫脫誤文勢齟齬而乃明白順易無一字理會不得又何怪吳氏朱子及草廬輩切切然議之哉又云此作僞者知兩漢祕府有古文而無訓傳今又並出訓傳不得不遷就傳會其說以售其欺耳孔子世家安國爲今皇帝博士至臨淮太守蚤卒史公親從安國遊記其蚤卒應不誤考漢兒寬傳寬以郡國選詣博士受業孔安國補廷尉文學卒史時張湯爲廷尉據表湯爲廷尉在武帝元朔三年乙卯楚元王傳天漢後孔安國獻古文書遭巫蠱之難未施行巫蠱難在武帝征和元年己丑二年庚寅相距凡三十五六年漢制擇民年十八以上儀狀端正者補博士弟子則爲之師者年又長於弟子安國爲博士卽年最少如賈誼亦應二十餘歲越三十五六年而獻書旋死亦五十七八且望六矣安得爲蚤卒乎竊意或安國死後其家子孫獻之後讀荀悦漢紀成帝紀云魯恭王壞孔子宅得古文尚書多十六篇武帝時孔安國家獻之會巫蠱事未列於學官安國下多一家字足

補漢書之漏而此序所謂作傳畢會國有巫蠱事出於安國口中其僞不待辨矣又云百官公卿表武帝元狩五年初置諫大夫儒林傳安國爲諫大夫授都尉朝古文蓋置官後安國即爲之何者元狩五年癸亥上距博士時乙卯凡九年後又幾年至臨淮太守遂卒此安國之歷官也爲博士二十餘則諫大夫時年三十外卒於郡太守應亦不滿四十此安國之壽命也博士秩比六百石郡守秩二千石由比六百石遷比八百石由比八百石遷二千石此安國之祿秩也

[illegible]